# 2016
# 中国税官论税制改革

中国税制改革与发展编辑部 编

（上 卷）

中国工商出版社

责任编辑　聂　艳
封面设计　吴雪佳

图书在版编目(CIP)数据

2016中国税官论税制改革 / 中国税制改革与发展编辑部编.
— 北京 ：中国工商出版社，2016.9

ISBN 978－7－80215－887－0

Ⅰ. ①2… Ⅱ. ①中… Ⅲ. ①税收改革－中国－文集
Ⅳ. ①F812.422－53

中国版本图书馆CIP数据核字(2016)第231084号

书名 / 2016中国税官论税制改革(全2册)
编者 /中国税制改革与发展编辑部

出版・发行 / 中国工商出版社
经销 / 新华书店
印刷 / 三河市金轩印务有限公司
开本 / 787毫米×1092毫米　1/16　印张 / 118　字数 /2510千
版本 / 2016年10月第1版　2016年10月第1次印刷
印数 / 01－3000册

社址 / 北京市丰台区花乡育芳园东里23号(100070)
电话 / (010)63730074,83670785　电子邮箱 / zggscbs@163. com


书号:ISBN 978－7－80215－887－0/F・948
定价:318.00元

# 《中国税官论税制改革》编辑委员会

林京华（福建省国家税务局局长）
陈青文（福建省地方税务局局长）
胡立升（江西省国家税务局局长）
张和平（江西省地方税务局局长）
薛建英（山东省国家税务局局长）
张洪军（山东省地方税务局局长）
孙荣洲（河南省国家税务局局长）
智　勐（河南省地方税务局局长）
张国钧（湖北省国家税务局局长）
杨天然（湖北省地方税务局局长）
刘明权（湖南省国家税务局局长）
张云英（湖南省地方税务局局长）
胡金木（广东省国家税务局局长）
吴紫骊（广东省地方税务局局长）
汤志水（广西自治区国家税务局局长）
关　礼（广西自治区地方税务局局长）
于智广（海南省国家税务局局长）
陈如军（海南省地方税务局局长）
李　杰（重庆市国家税务局局长）
黄玉林（重庆市地方税务局局长）
刘建国（四川省国家税务局局长）
刘晓华（四川省地方税务局局长）
卢自强（贵州省国家税务局局长）
季　可（贵州省地方税务局局长）
张树学（云南省国家税务局局长）
唐新民（云南省地方税务局局长）
胡苏华（西藏自治区国家税务局局长）
席七万（陕西省国家税务局局长）
姚　炬（陕西省地方税务局局长）
韩月朝（甘肃省国家税务局局长）
吴仰东（甘肃省地方税务局局长）
胡效国（青海省国家税务局局长）
赵念农（青海省地方税务局局长）
张曙东（宁夏自治区国家税务局局长）
马建民（宁夏自治区地方税务局局长）

刘培平（新疆自治区国家税务局局长）
赵　炜（新疆自治区地方税务局党组书记）
赵福增（大连市国家税务局局长）
王安栋（大连市地方税务局局长）
牟可光（宁波市国家税务局局长）
叶双猛（宁波市地方税务局局长）
朱俊福（厦门市国家税务局局长）
洪和平（厦门市地方税务局副局长）
冯光泽（青岛市国家税务局局长）
郑卫星（青岛市地方税务局局长）
范立新（深圳市国家税务局局长）
钱　勇（深圳市地方税务局局长）
任桐喜（沈阳市国家税务局局长）
曲　放（沈阳市地方税务局局长）
孟　军（长春市国家税务局局长）
沈德生（长春市地方税务局局长）
谷剑锋（哈尔滨市国家税务局局长）
王继升（哈尔滨市地方税务局局长）
沈中立（南京市国家税务局局长）
柏　鹏（南京市地方税务局局长）
姜　锋（武汉市国家税务局局长）
罗　涛（武汉市地方税务局局长）
杨伟文（广州市国家税务局局长）
揭　晔（广州市地方税务局局长）
郝川明（成都市国家税务局局长）
张　建（成都市地方税务局局长）
刘新民（西安市国家税务局副局长）
李毅刚（西安市地方税务局局长）
沈　华（杭州市国家税务局局长）
金　翔（杭州市地方税务局局长）
杜　锋（济南市国家税务局局长）
张志明（济南市地方税务局局长）
解爱国（国家税务总局税务干部进修学院院长）

# 目录

## 税制改革

## 增 值 税

## 所得税



## 房地产税



## 消费税环境保护税及其他

## 税收征管

## 税务稽查

## 涉外税收



## 税收法制建设

## 职工队伍建设

# 税制改革

# 税收视角下山东省制造业发展情况的调查报告

薛建英

制造业是国民经济的重要支柱，是地区经济实现工业化、现代化的主导力量。“十二五”以来山东省制造业经济税收总量不断积聚，但增速逐年下降，在全省经济税收总量中所占比重逐年降低。通过对2011—2014年鲁苏浙粤四省税收数据对比分析，可以发现我省制造业发展中存在着高耗能制造业占比偏高、装备制造业差距明显、创新竞争力有待提高、市场主体总量偏小、区域发展不均衡等问题。作为工业大省，我省应抓住我国实施“中国制造2025”战略机遇，加快发展战略性新兴产业，鼓励发展有税行业、高税行业，加大科技研发投入的扶持力度，推动互联网与制造业加速融合，着力打造山东工业升级版。

## 一、山东省制造业经济税收总体情况

“十二五”以来，山东省制造业经济税收增长总体比较协调，制造业GDP从2011年的17710.53亿元增长至2014年的22116.17亿元，平均增速为8.24%，同期，制造业税收收入从2011年的2885.29亿元增长至2014年的3211.97亿元，平均增速为7.14%，制造业税收收入与GDP的弹性系数为0.87。

从发展趋势来看，我省制造业GDP和税收收入增速逐年趋缓，制造业GDP增速从2011年的9.91%下降为2014年的4.99%，制造业税收增速从2011年的18.38%下降为2014年的1.27%，2014年宏观税负(14.52%)为各年最低。

从所占比重来看，我省制造业GDP和税收收入占全省GDP和税收总量的比重逐年下降，制造业GDP占第二产业GDP比重由2011年的73.74%上升为2014年的76.82%，在全省GDP中所占比重由2011年的39.04%下降为2014年的37.22%；同期，制造业税收占第二产业税收比重由2011年的74.85%下降至2014年的71.94%，占全部税收的比重由2011年的45.83%下降至2014年的38.55%。

**表一 “十二五”以来山东省制造业经济税收情况表**

单位：亿元、%

| 年度 | 制造业GDP及增幅 | | 制造业税收及增幅 | | 税负 |
|---|---|---|---|---|---|
| | 总额 | 增幅 | 总额 | 增幅 | |
| 2011年 | 17710.53 | 9.91 | 2885.29 | 18.38 | 16.29 |
| 2012年 | 19273.2 | 8.82 | 3114.38 | 7.94 | 16.16 |
| 2013年 | 21065.24 | 9.30 | 3171.63 | 1.84 | 15.06 |
| 2014年 | 22116.17 | 4.99 | 3211.97 | 1.27 | 14.52 |
| “十二五”以来累计总量及平均增速 | 80165.14 | 8.24 | 12383.27 | 7.14 | 15.45 |

## 二、山东省制造业与苏浙粤三省制造业的税收比较分析

(一)山东省制造业税收总量不断积聚、增速逐年趋缓,鲁苏浙粤四省制造业税收发展趋势相同,但山东省制造业税收总量和增速为四省最低

"十二五"以来我省制造业税收规模不断扩大,增速逐年趋缓,占比逐年下降,但在第二产业税收和整个税收收入中仍占据主导地位。"十二五"以来我省制造业税收平均增速(7.14%)明显低于同期第二产业税收增速(8.31%)、第三产业税收增速(19.85%)及全部税收增速(12.85%)。

同期,苏浙粤三省制造业税收都呈现出增速趋缓的态势,均低于同期本地区第三产业和全部税收收入的平均增速,但我省制造业税收总量和平均增速为四省最低。2014 年我省制造业税收总量为 3211.97 亿元,略低于浙江(少 73.7 亿元),仅为江苏的 63.15%,广东的 60.57%;平均增速(7.14%)分别比江苏、浙江、广东低 2.13、2.41 和 3.6 个百分点。

表二 "十二五"以来鲁苏浙粤制造业税收总量、占比及平均增速表

单位:亿元、%

| 项目 | 2011 年 | | 2014 年 | | 平均增速 |
|---|---|---|---|---|---|
| | 税额 | 占全部税收比重 | 税额 | 占全部税收比重 | |
| 山东 | 2885.29 | 45.83 | 3211.97 | 38.55 | 7.14 |
| 江苏 | 4405.36 | 48.93 | 5085.9 | 42.14 | 9.27 |
| 浙江 | 3023.43 | 44.16 | 3285.67 | 38.31 | 9.55 |
| 广东 | 4034.9 | 34.29 | 5303.06 | 33.45 | 10.74 |

(二)高耗能制造业和装备制造业共同构成山东省制造业税源结构的主体,而苏浙粤以装备制造业为支柱税源,结构明显优于我省

随着制造业转型升级力度加大,我省制造业内部各行业税收呈现出有升有降、有增有减、逐步调整的态势。总体而言,税额总量排名前十的行业相对稳定,行业之间位次略有调整,高耗能制造业和装备制造业共同构成我省制造业税源结构的主体,消费品制造业各行业税收占比不高,但增速较快,成为重要的拉动力量。2014 年,高耗能制造业税收总量为 938.69 亿元,占全部制造业税收的比重为 29.22%,平均增速为 5.24%;装备制造业税收总量为 776.41 亿元,占比为 24.17%,平均增速为 8.23%;消费品制造业税收总量为 782.6 亿元,占比为 24.37%,平均增速为 11.18%。

苏浙粤三省以装备制造业作为本地区的支柱税源,高耗能制造业税收比重相对较低,整体行业结构优于我省。2014 年,苏浙粤三省装备制造业税收占本地区制造业税收的比重分别为 42.13%,35.25%,44%,而高耗能制造业占比分别为 16.79%,18.95%,16.96%。

(三)山东省高耗能制造业税收增速趋缓、占比下降,但在制造业税收总量排名前十的行业中至少占据三席,石油加工、炼焦和核燃料加工业以及化学原料和化学制品制造业稳居前两位,与苏浙粤相比山东省税收收入仍过于依赖高耗能行业

"十二五"以来,我省五大高耗能制造业税收平均增速为 5.24%,低于同期制造业税收平均增速 1.9 个百分点。其中,石油加工、炼焦和核燃料加工业平均增速仅为 1.82%,但其税收总量仍稳居第一位,化学原料和化学制品制造业居第两位,非金属矿物制品业在第五位和第六位上下波动,受钢价持续下跌、运营成本增加等因素影响,黑色金属冶炼和压延业出现−1.8%的增长,从 2013 年起退出前十。

2014 年,我省五大高耗能制造业实现税收分别比苏、浙、粤三省多 84.74 亿元、316.1 亿元、39.15 亿元;五大高耗能制造业在全部制造业税收占比分别比苏、浙、粤高 12.43、10.27、12.26 个百分点。这也说明我省高耗能制造业占比仍然偏高,制造业整体结构仍待优化。

(四)山东省装备制造业税收增速快于整体制造业税收平均增速,但各行业税收总量和占比均偏小,江苏和广东

的八个装备制造行业均比我省有较大优势，浙江则在部分装备制造行业优势较明显

“十二五”以来，我省八大装备制造业税收平均增速为8.23%，高于同期制造业平均增速1.09个百分点。2014年我省八大装备制造业实现税收收入仅为江苏的36.24%、浙江的67.04%、广东的33.28%，税收占整个制造业税收的比重分别比江苏、浙江、广东低17.96个、11.08个、19.83个百分点。

2014年，我省有四个装备制造业税收总量入围本地区制造业税收前十，分别为通用设备制造业、专用设备制造业、汽车制造业以及计算机、通信和其他电子设备制造业，但税收总量和占比均偏小，汽车制造业税收(150.24亿元)为各行业最高。值得关注的是尽管通用设备制造业居于前十，却出现了－5.73%的增长，与苏浙粤三省该行业快速增长的态势差距明显。

2014年，江苏有六个装备制造行业税收总量入围本地区制造业税收前十，税收总量超过300亿元的有四个行业，分别为汽车制造业，通用设备制造业，计算机、通信和其他电子设备制造业以及电气机械和器材制造业，其中，汽车制造业平均增速高达30.44%，为四省最高。

广东的优势产业为计算机、通信和其他电子设备制造业，电气机械和器材制造业和汽车制造业，2014年三行业实现税收均超过400亿元。其中，计算机、通信和其他电子设备制造业占据绝对优势，2014年实现税收883.52亿元，占本省制造业税收的16.66%，分别是鲁、苏、浙该行业税收的6.34倍、2.35倍、6.39倍。

浙江的电气机械和器材制造业、通用设备制造业明显优于我省，2014年上述两行业税收分别是我省的2.96倍、2倍，汽车制造业税收略高于我省，但平均增速高于我省4.68个百分点，发展势头较好。

**表三　2014年鲁苏浙粤装备制造业税收情况表**

单位：亿元、%

| 项目 | 山东 | | 江苏 | | 浙江 | | 广东 | |
|---|---|---|---|---|---|---|---|---|
| | 税额 | 占比 | 税额 | 占比 | 税额 | 占比 | 税额 | 占比 |
| 金属制品业 | 85.61 | 2.67 | 206.59 | 4.06 | 167.29 | 5.09 | 207.52 | 3.91 |
| 通用设备制造业 | 127.16 | 3.96 | 393.08 | 7.73 | 255.01 | 7.76 | 156.53 | 2.95 |
| 专用设备制造业 | 124.87 | 3.89 | 274.47 | 5.4 | 115.69 | 3.52 | 127.91 | 2.41 |
| 汽车制造业 | 151.24 | 4.71 | 415.01 | 8.16 | 157.71 | 4.8 | 406.44 | 7.66 |
| 铁路、船舶、航空航天和其他运输设备制造业 | 56.17 | 1.75 | 123.65 | 2.43 | 52.99 | 1.61 | 55.82 | 1.05 |
| 电气机械和器材制造业 | 83.88 | 2.61 | 311.65 | 6.13 | 248.57 | 7.57 | 448.61 | 8.46 |
| 计算机、通信和其他电子设备制造业 | 139.27 | 4.34 | 375.95 | 7.39 | 127.48 | 3.88 | 883.52 | 16.66 |
| 仪表仪器制造业 | 8.21 | 0.26 | 42.19 | 0.83 | 33.41 | 1.02 | 46.83 | 0.88 |
| 合计 | 776.41 | 24.17 | 2142.59 | 42.13 | 1158.15 | 35.25 | 2333.2 | 44 |

(五)山东省高技术行业发展较好，拉动全省制造业税收增长，但与苏粤相比税收总量和占比差距明显，略低于浙江

“十二五”以来，我省制造业企业的创新能力不断增强，创新业态比较活跃。2012年至2014年，我省部分高技术行业税额和税收占比逐年递增，平均增速为9.63%，高于同期制造业平均增速8.08个百分点，其中，航空、航天及设备制造和医药制造业增长显著，平均增速分别为15.8%、12.6%；同期，部分高技术行业税收占全部制造业税收的比重由6.36%提高至7.14%。

表四 2012年至2013年山东省部分高技术行业税收情况表

单位:亿元、%

| 项目 | 2012年 | | 2013年 | | 2014年 | | 近三年平均增速 |
|---|---|---|---|---|---|---|---|
| | 税额 | 占比 | 税额 | 占比 | 税额 | 占比 | |
| 医药制造业 | 70.54 | 2.26 | 77.95 | 2.46 | 89.43 | 2.78 | 12.60 |
| 航空、航天及设备制造业 | 0.88 | 0.03 | 1.26 | 0.04 | 1.18 | 0.04 | 15.80 |
| 计算机、通信和其他电子设备制造业 | 118.6 | 3.81 | 115.62 | 3.65 | 139.27 | 4.34 | 8.36 |
| 仪表仪器制造业 | 8.08 | 0.26 | 7.43 | 0.23 | 8.21 | 0.26 | 0.80 |
| 部分高技术行业合计 | 198.1 | 6.36 | 202.26 | 6.38 | 238.09 | 7.41 | 9.63 |

2014年,我省部分高技术制造业实现税收238.09亿元,分别为江苏的41.6%、浙江的95.7%、广东的23.1%;部分高技术制造业在全部制造业税收占比为7.41%,分别比苏、浙、粤低3.86、0.16、12.06个百分点。此外,从高新技术企业户数和产值上看也有差距。2014年,我省新认定高新技术企业892家,分别比苏、浙、粤少2069、617、917家;同期,山东省高新技术企业实现总产值4.5万亿元,低于江苏、广东的5.7万亿元、5万亿元。

(六)山东省制造业税源结构日趋多元化,小微型企业税收增长较快,但与苏浙粤相比市场主体总量偏小,微观经济活力不足

"十二五"以来,我省大中型制造业企业税收集中度较高,发展速度相对放缓;而小微型企业各行业税收分布相对均衡,增长较为明显。从税收总量来看,2014年,大、中、小、微四种规模的制造业纳税人分别实现税收676.83亿元、501.8亿元、496.44亿元、1536.89亿元,占制造业税收的比重分别为21.07%、15.62%、15.45%、47.86%,小微企业税收约占整个制造业税收的三分之二。

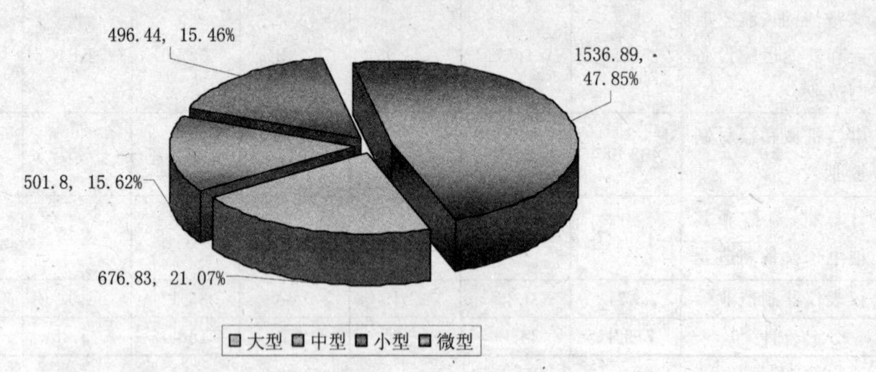


图一 2014年山东省制造业大中小微企业税收情况图

但从市场主体总量来看,2014年我省制造业国税纳税户数为24.29万户,分别比苏浙粤少23.6万户、36.04万户、39.85万户,仅为三省的50.72%、40.26%、37.87%。作为制造业税收收入的主力,山东大中型企业3823户,略少于浙江,为江苏的46.11%,不及广东的十分之一(8.43%)。作为最活跃的市场主体,山东小型微型企业23.9万户,分别为苏浙粤的50.79%、39.88%、40.11%。

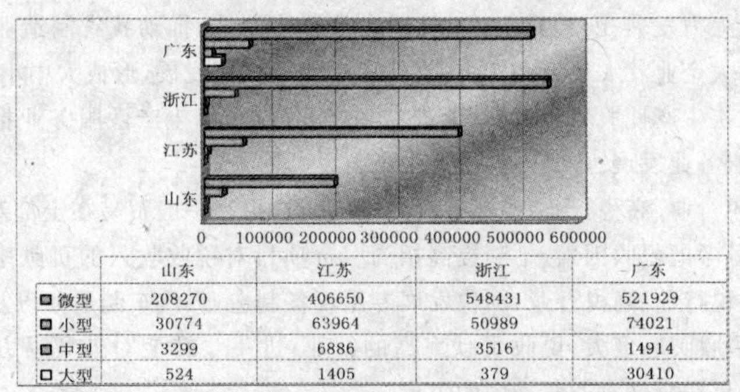


图二　2014 年鲁苏浙粤四省大中小微企业户数情况图

(七)山东省“两区一圈一带”制造业集群优势初步显现,但仍存在区域产业同构、产业集中度不高、区域发展不协调等问题

从税收总量来看,2014 年,半岛蓝色经济区、黄三角经济区、省会城市群经济圈和西部经济隆起带制造业实现税收分别为 1993.73 亿元、355.56 亿元、906.42 亿元和 500.06 亿元,占全省制造业税收的比重分别为 62.07%、11.07%、28.22%和 15.57%。

从税源结构状况来看,半岛蓝色经济区税源结构相对较优,高技术行业、装备制造业较发达,2014 年半岛蓝色经济区的高技术行业实现税收 162.11 亿元,占全省该类行业税收的比重为 64.1%;装备制造业实现税收 548.74 亿元,占全省装备制造业税收的比重为 62.9%;黄三角经济区区域性税源特征明显,其石油加工、炼焦和核燃料加工业税收占到本区域税收的 20.56%;省会城市群经济圈高耗能制造业占比较高,占到本区域税收总量的 46.3%,高技术行业、装备制造业与半岛蓝色经济区差距明显;西部经济隆起带在医药制造业占据比较优势,2014 年实现税收 41.07 亿元,占全省该行业税收的比重为 45.92%,是四个区域中该行业税收总额最大的区域。

**表五　2014 年山东省“两区一圈一带”税收情况表**

单位:亿元、%

| 项目 | 高耗能行业 | | 装备制造行业 | | 高技术行业 | | 全部制造业 | |
|---|---|---|---|---|---|---|---|---|
| | 税额 | 全省同行业占比 | 税额 | 全省同行业占比 | 税额 | 全省同行业占比 | 税额 | 占全省比重 |
| 半岛蓝色经济区 | 431.72 | 36.10% | 548.74 | 62.90% | 162.11 | 64.10% | 1993.73 | 62.07 |
| 黄三角经济区 | 195.48 | 16.30% | 45.12 | 5.20% | 4.02 | 1.60% | 355.56 | 11.07 |
| 省会城市群经济圈 | 420.03 | 35.10% | 175.82 | 20.10% | 41.62 | 16.50% | 906.42 | 28.22 |
| 西部经济隆起带 | 150.29 | 12.60% | 103.08 | 11.80% | 45.23 | 17.90% | 500.06 | 15.57 |

## 三、提高山东省制造业增长质量和税收效益的对策建议

(一)加快发展战略性新兴产业,推动互联网与制造业的加速融合,鼓励产业集群发展,推进二三产业互融互促

调整支柱产业构成,着力培育打造新材料、新医药、新一代信息技术、新能源、海洋产业、节能环保和资源综合利用等战略性新兴产业;发挥科技创新的重要作用,加大科技研发投入的扶持力度,推动互联网

与制造业的加速融合，大力发展3D打印、工业机器人等智能制造，推动我省制造业抢占创新制高点；推进产业集群发展，鼓励大企业壮大规模和实力，支持中小企业快速发展，形成大中小型企业兼备的金字塔状的分工协作体系；加快生产性服务业发展，促进二三产业融合，以生产性服务业推动制造业升级，以制造业升级带动生产性服务业发展。

（二）鼓励发展有税行业、高税行业，提高有税GDP比重，提高一般贸易在全部对外贸易中的比重

在招商引资中充分考虑税收因素，不断提高招商引资项目对税收收入的贡献率，增强经济可持续发展的后劲；鼓励发展有税行业、高税行业，加快发展专用设备制造业、汽车制造业以及计算机、通信和其他电子设备制造业等与税收关联度大、税收贡献率高的行业；进一步转变对外贸易方式，重点发展一般贸易，进一步缩减加工贸易在全部对外贸易中的占比。

（三）用足用好税收政策，增强财税政策调控的系统性、协同性、统一性，促进制造业健康发展

发挥现行税收政策引导作用，全面、及时、准确地落实好增值税转型、固定资产抵扣、资源综合利用、技术创新、小微企业等优惠政策，充分发挥税收政策在引导产业结构优化升级、增强企业可持续发展能力方面的积极作用；进一步完善支持制造业发展的税收政策，用产业税收优惠政策替代区域优惠政策，推动经济结构转型升级，实施促进中小企业发展的各种税收优惠和财政补贴政策，帮助中小企业减轻要素成本的上涨压力；注重提高税收政策调控效能，严格控制减税、免税等直接干预型政策手段，创新完善间接引导型政策手段，加强税收政策与财政调节工具的系统性、协同性、统一性，避免反向调节。

（四）稳步深化税制改革，大力推进依法治税，加强国地税联合办税，为制造业发展营造良好环境

依法组织税收收入，深入推进以税收风险管理为导向的征管改革，不断提高税收现代化治理能力和水平；稳步深化税制改革，按照国家深化财税体制改革总体方案的要求，全面完成营改增任务，充分释放改革红利，紧密结合国家“一带一路”战略实施和中韩自贸区建设，深度参与国际税收博弈与合作，服务对外开放大局；大力推进依法治税，切实规范各级税务机关的税收执法行为，在法律框架下解决一切涉税问题；优化纳税服务工作，加快推进行政审批机制改革，加强国地税联合办税，进一步提升纳税服务的制度化、标准化水平。

（作者单位：山东省国家税务局）

# 国际产能合作视角下<br>广西面向东盟发展蔗糖产业的新思路及财税支持

广西壮族自治区国家税务局课题组

广西蔗糖产业陷入连年亏损的低谷，税收贡献能力也逐年下滑，其国税收入在2010～2011年以36.5%的速度高位增长之后，从2012年起已连续3年大幅下降，目前不及2011年历史最高值的一半，其在广西国税收入总量中的比重由5%降至1%，在主要税源的排位中由第3位下滑至第13位。现行的政府定价和财政补贴政策并没有从根本上解决产业发展的问题，反而难以及时适应市场变化的需要，在占用大量政府财政资金的同时，易出现政策效应延迟、产能过剩而又大量进口的状况。调整产业扶持政策迫在眉睫。通过面向东盟输出蔗糖产业以消化优势富余产能，依靠市场化来实现产业发展突围和规模经济的提升，并在维持产业现有税收规模的情况下尽可能减轻政府财政负担，是广西落实“一带一路”发展战略和实现优势产业转型升级的新思路。

## 一、广西蔗糖产业面向东盟开展国际产能合作的必要性

(一)“一带一路”战略落地的重要形式

推进国际产能合作是“一带一路”建设的重点内容，其为广西赋予的新定位，要求广西积极策应国家战略，充分发挥政策优势、产业优势、地缘优势、示范效应优势，借鉴外省的扶持方式，用足用好国家支持富余产能“走出去”的政策与服务，推动优势产业和中低端产业向东盟低收入国家转移，牢牢抓住利用政策效应实现转型升级的机会，进而营造中国—东盟政治外交和商贸对话交流的氛围。蔗糖产业的“优质富余产能”成为广西开展国际产能合作与对接的基础。

(二)新形势下广西蔗糖产业面临的重大挑战

通过加快良种推广应用、适度规模经营、推进全程机械化作业、改善蔗田基础设施等手段来提高广西蔗糖产业的国际竞争力非一日之功，需要较长的时间和较大的投入。通过大幅度增加直补支持、实施政府统一定价等手段，不仅脱离了国家提出的市场决定资源配置原则，与国际通行惯例不符，而且受到地方财力的限制，也面临较高的政策执行成本和许多实际困难。因此，在低迷的市场环境下，通过国际产能合作来稀释产业总体成本、提升生产效益、优化生产组织形式，成为广西蔗糖产业新的出路。

(三)产业扶持政策面临国内同业的激烈竞争

在南方四大蔗区中，只剩广西尚未取消糖料蔗收购省级政府统一定价机制，云南、广东、海南均已改由制糖企业根据生产成本、市场供求等与蔗农协商自主定价，使得广西2015/2016榨季甘蔗价制定骑虎难下。随着甘蔗产量和行情的剧烈波动，政府统一定价的弊端必将更为明显。在当前糖业低迷的局势下，外省市场竞争将很可能引发当地甘蔗收购价格的下降，导致广西糖企因本地成本被动地相对上升而失去更多竞争优势。

同时，随着“一带一路”战略的推进，其他省市纷纷出台了扶持农业优势产业“走出去”的发展规划、管理办法和补贴政策，广西与之相比仍停留在简单的政府直接补贴模式，在产能合作规划管理、扶持方式创新等方面仍存在差距。例如，新疆出台《兵团农业“走出去”项目暂行管理办法》和《兵团“十三五”农业“走

出去”发展规划》,组建“中新建集团国际农业合作公司”,设立海外投资基金。江西出台《关于加快融入“一带一路”战略鼓励企业参与国际合作的实施方案》,明确了面向东南亚的优先合作国以及农业开发等领域的合作重点,提出打造江西优势产能转移优先承接地、海外农产品生产基地,并通过设立基金等措施鼓励和引导农业企业赴境外开展农业种植等合作,实施境外农产品种养加工基地及现代农业示范园区建设。陕西的《关于进一步做好境外投资工作的实施意见》则为农业国际合作提供具体指导与配套。而目前,广西在这方面的配套政策仍相对缺失。

## 二、推动广西蔗糖产业面向东盟开展国际产能合作的对策

蔗糖产业既是广西的税收贡献大户,也是享受财政补贴的大户。其长期以来依靠大量政府财政资金的扶持,却依然陷于亏损困境,并且导致地方财政的产业投入与收益长期倒挂。因此,需要着眼于全球走市场化的道路,充分利用财税等方面的支持政策及服务机制,引导和推动蔗糖产业的国际产能合作,从而把握市场主动权乃至糖业的国际规划话语权,以实现产业可持续健康发展。

(一)制定合作规划,设立管理机构

应结合本产区蔗糖产业发展、结构调整和产能情况,设定国际产能合作布局、战略目标与合作方向,并完善与之相适应的配套扶持政策,形成糖企“走出去”的外部诱因。组建机构为协调国际产能合作提供服务,统一协调解决糖业企业对外投资中遇到的多头管理、沟通不畅等突出问题。完善糖料甘蔗境外替代种植农资出境管理规定。

(二)充分利用国家财税金融政策

政府应积极引导企业充分利用国家针对农业“走出去”新出台的财税金融鼓励政策。税收方面,国家出台《融资租赁货物出口退税管理办法》(2014 年 10 月 1 日),对融资租赁出口货物试行退税政策,对融资租赁企业、金融租赁公司及其设立的项目子公司,以融资租赁方式租赁给境外承租人且租赁期限在 5 年(含)以上,并向海关报关后实际离境的货物,试行增值税、消费税出口退税政策。国务院办公厅发布《关于加快融资租赁业发展的指导意见》(2015 年 8 月 31 日),提出对农机等设备融资租赁简化相关登记许可或进出口手续,支持设立面向小微企业、“三农”的租赁公司,鼓励通过租赁推动装备走出去和国际产能合作,鼓励各地通过奖励、风险补偿等方式,引导融资租赁和金融租赁服务实体经济。金融方面则简化审批手续、拓宽融资渠道、健全政策体系。保险方面,国家对面向东南亚等“一带一路”沿线国家和地区的农产品出口和农业投资项目给予有针对性的承保优惠,结合各地农业特产情况制定具有地域针对性的农业细分行业专项出口支持措施,提高海外投资保险的承保能力。引导企业一方面积极参与全球性糖业分工合作,通过上下游产业链联动、关联产业合作发展的形式集群式“走出去”;另一方面,积极参与国家与东盟的合作载体和园区建设,在国家布局的国外产业园区建设中,建立广西主导的蔗糖产业园区,构建资源互补、产业关联、梯度发展的糖业协作圈,促进糖业集群发展,享受包括税收、签证的办理,以及交通、原材料供应等政策优惠,以加强贸易政策沟通和衔接。

(三)完善配套财税支持政策

1、在现行涉外税收政策的加速折旧、投资抵免、费用扣除、亏损结转和再投资退税上,应按照鼓励对外投资的政策进行调整,提供更为明确的政策导向,将具有比较优势的产业和产品作为优先扶持的对象。对蔗糖产业国际产能合作项目准予享受投资退税、国内农业优惠政策、地方招商引资优惠政策和费用减免。例如江苏推出对国有企业并购境外研发中心、营销网络等资源所发生的费用经认定后在考核中视同利润等配套。

2、借鉴外省的做法,将财政资金与信贷资金衔接配套。支持风险资本投向蔗糖产业国际产能合作项目,对投资者、风险投资基金均给予财税支持政策,例如江苏为风险投资者或风险资本的贷款提供一定比

例的担保等。探索与政策性金融机构合作设立“蔗糖产业国际合作专项基金”或“糖业龙头企业境外合作基金”，以股权投资方式有限支持广西糖企进行境外项目投资与合作，为广西糖企和资本“走出去”提供金融服务。加强政银企合作，引导金融机构主动对接广西蔗糖产业国际合作的优先推进项目，解决融资难的问题，例如山西举办“政、证、银、企”涉农金融创新对接洽谈活动。

3、利用财政资金提供信贷担保和信用保险，帮助糖企获得资金支持。例如，可运用财政资金建立海外投资保险支持服务平台，或借鉴外国经验设计海外投资风险基金、糖业境外合作专项贷款、境内外种植灾害保险，为跨国糖企提供较大优惠的税收和资金，降低其“走出去”风险。建立针对重点国别、境外经贸合作区和境外产业集聚区的投资风险统一保障机制，提升企业防范境外风险能力。例如江西建立企业综合信息服务及宣传平台、国际合作动态项目库、海外联络平台、信用保险统保平台、国别整体开发平台、国际友城合作平台、人才培养平台、翻译服务平台等8个平台，从信息引导、项目管理、沟通联络、风险防控、语言人才等方面加强服务保障。

4、设立财政专项基金以及财政补助，直接支持企业把资源集中在符合产能合作导向的项目。对内，对糖企改造和兼并给予财税支持，应包含对糖企设备和技术改造工程优化产能、对产能落后的糖企关停并转这两方面。对外，对蔗糖产业境外转移给予财税支持，推出专门针对糖业国际产能合作的科目与资金安排，建立海外糖业投资激励机制，选择具有比较优势的产品和龙头企业作为优先扶持对象，发展战略性海外糖业投资项目并给予贷款贴息，以期尽快获得规模效益。对于国内紧缺糖产品的回运、国内蔗糖产业生产资料出境给予适度补贴或减免相关税费。

5、用好地方税收立法权。对企业设立具备独立法人资格的分支机构（具有总部性质）应采取更具激励性的财税政策，促使落户在广西的糖企产生的所得税税收收留归本地，带动地方糖业持续发展和对外合作。切实减轻“走出去”糖企的税收负担，因企业境外合作前期农资设备资金投入量较大，负担较重，可在固定资产抵扣额度、认定标准、征收率税收减免和延期纳税等方面给予更富激励色彩的优惠政策。应大力扶持出口保险业务的发展，对于承保国家和地方鼓励出口的产能过剩产品的保险公司直接给予财政补贴，同时给予减免税收等优惠。

6、通过政府购买服务形式，鼓励广西糖业协会、商会、中介机构发挥积极作用，为糖业企业“走出去”提供市场化、社会化、国际化的法律、会计、税务、投资、咨询、知识产权、风险评估和认证等方面的专业服务。

（四）简化糖料蔗收购价格制定的行政审批事项

借鉴其他主产区的做法，由市场主导蔗糖生产的优化组合。调整现行甘蔗收购政府统一定价的模式，逐步缩小政府定价范围，并引导建立制糖企业和蔗农的中长期契约形式，最终改由企业自主定价。

（五）加快培育市场主体

1、培育大型蔗糖企业集团。广西应启动新一轮广西蔗糖企业资本运作战略，扶持总部在广西的糖企集团通过并购、重组和对外直接投资扩大经营，合并弱小产能，进一步提高制糖企业的集约化生产水平，以利于先进生产工艺的推广应用和国际竞争力的提升。

2、扶持民营企业成为农业“走出去”新生力量。鼓励本区糖企参股国外农业加工和贸易企业以及直接投资农产品仓储物流设施，对国内短缺资源开展国际并购，获取品牌和渠道，借以提升广西糖企的创新能力和参与国际化经营的能力；鼓励其投资于糖业加工、物流、仓储等资本和技术密集型行业，以及蔗种、糖业研发等科技含量较高的关键领域。

3、建立平台公司实现“抱团出海”。鼓励糖业龙头企业建立境外合作的平台公司，在物流、销售和技术方面合作，强强联合，共享资源，优势互补，抱团出海。例如江西成立海外农业投资联盟、民营企业“走出去”合作联盟等。

（六）鼓励跨国经营

1、以广西为中心实现蔗糖产品深加工。以资本和技术为纽带，在越南、老挝等自然资源丰富的国家建设蔗糖产业境外产能合作示范基地，乃至与当地企业合作投资建厂实现本地化生产。利用中国—东盟自贸区的贸易政策优势，在境外进行原料生产和初加工后，可进口原糖或半成品到国内深加工提高附加值，使产品满足国内需要转为内销或向第三方市场出口，这样就能以更低的成本进入糖业产业链上游。用好对外贸易税收政策，加大综合保税区、保税物流中心等建设力度，将糖业优势产品推送到国际市场。在广西建设具有中国—东盟特色的涉糖商品专业市场与涉糖产品国际物流服务中心，完善仓储、包装、运输等环节的基础物流设施，吸引更多合作。

2、利用地缘优势巩固边境种植合作基础。东盟国家土地资源集约化高、易进行农业机械耕种，且劳动力成本低，可与已有合作基础的越南等国进行蔗料供应联盟，通过土地开发和建立糖产品加工及仓储物流体系，将之建设成为中国重要的"海外糖仓"，逐步实现蔗料供应国际化。可探索共同研发、共同生产、共筹资金、共享市场，提高区域蔗糖产业的综合竞争能力。

3、积极发展与国外制糖企业的技术联盟。在学习借鉴其制糖、循环综合利用等方面技术的同时引进先进设备，在节能降耗、提高单产上取得进步。

（七）强化公共服务保障

建设蔗糖产业国际产能合作平台，充分利用重大经贸活动拓宽合作范围和领域，借助推介会、洽谈会、设立驻外代表处等方式实地推介广西蔗糖产业的优势产品和企业，在推广营销、渠道建设、售后服务等方面增强政企合力。构建规范诚信的税收管理模式，完善境外税收信息申报管理，建设跨境税源数据分析平台，逐步建立分国家（地区）涉税风险预警机制，及时提示对外投资税收风险。打造惠民便捷的税收服务平台，为纳税人提供国别税收信息和政策解读、纳税指引和涉税纠纷双边磋商服务。组织专家型税务人员开展针对蔗糖产业国际产能合作的专题宣讲培训，逐步建立分国别分行业的产能合作税收分类辅导机制。进一步宣传落实农业生产的固定资产融资租赁出口退税政策，畅通农产品和农资设备等进出境渠道；宣传落实新增的"对外劳务出口"可办理退税内容，鼓励糖企向境外单位提供研发服务。开辟"走出去"企业办税绿色通道和外语服务，简化"走出去"办税流程和审批手续。

课题指导：汤志水
课题组组　长：霍　军
副组长：严秀成
成　员：李林林　刘景荣　孔祥军　秦大磊
赖　英　刘　展　秦　洁
执笔人：李林林

# 大企业税源监控体系构建的国际借鉴研究

张德昌

## 第一章　我国大企业税源变化的现代特征及对税收管理的挑战

### 一、现代大企业税源变化的新特征

经过多年来迅速发展，我国大企业的规模和数量不断增长，其中中国企业五百强 2012 年的营业收入规模相当于美国五百强的三分之二，中国大企业已成为全球举足轻重的大企业群体之一，对我国经济发展的贡献则更加突显。因此，分析我国大企业的自身成长、发展的轨迹，对有效监控其税源的变化有着十分重要的意义。

(一)大企业商业活动形式日趋多样化，交易量巨大，税源多元化

从总局税源情况来看：一是多元化趋势明显。纳税主体多元化，定点联系企业占大企业比重较小(21%)，其中以十家企业集团税收收入为主；税种多元化，种类分布较为分散，又多集中于主要税种；商业活动多样化也造就了税源的多样化。二是大企业交易量巨大。以中石化为例，其国内业务范围遍及 35 个省、区、市。2014 年年销售额达 2.8 万亿元，净利润 713 亿元，当年在全球 500 强企业中排名第 3 位。加之税务机关与大企业联系关系不紧密，为大企业税源监控带来一定困难。

(二)集团管理，决策集中，跨区域操作

大企业往往通过跨省市、跨年度的操作，充分利用税收优惠政策管理集团内部经营行为，进行长期性、大范围的避税活动，其周期长，隐蔽性强，地方税务机关难以进行有效管理。以 A 集团为例，该集团公司在 08－13 年五年期间内，分别在五省，通过在子公司间进行股权转移，以利润弥补亏损的方式将股权由原持股人转移至 B 集团，避税金额达数十亿。具体操作如下图：

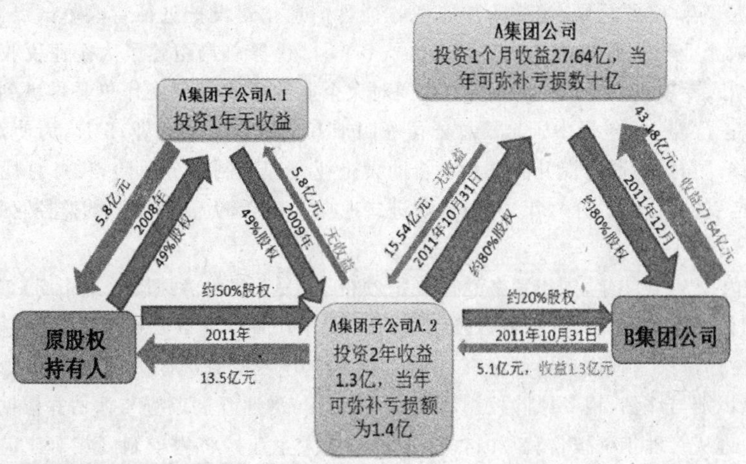

(三)以高度集中的信息管理系统和财务系统实现一体化、扁平化管理核算

大企业多拥有体系完善的商业财务系统或自行开发财务系统,应用总部统一采集数据并集中数据的信息管理模式。高度集中的各分支机构财务信息使得管理核算更加趋向一体化、扁平化。大企业从整体上进行税收筹划和避税成为可能。

(四)实施跨国经营,利用各国税制差异避税

各国在纳税人身份的认定及税收政策方面均存在较大差异。大企业普遍利用这种差异,尤其是在低税国。以将居民国和所得来源国均将应纳税额降至最低,从而大幅减少其全球总体税负,导致"双重不征税"的客观结果。由于其对税基的严重侵蚀,该活动已为各国所广泛关注。2013 年,美国"苹果案"中,美国苹果公司利用爱尔兰的低所得税税率、爱尔兰与荷兰的欧盟成员国身份及实际管理机构所在地原则,通过定价工具转让,投资架构安排和交易手段变通等复杂手段,把高额利润通过成本分摊协议转移到爱尔兰进行跨国避税。苹果公司 2012 年底拥有的 1450 亿美元现金或现金资产中有 70.34%漂移于美国海外,而且几乎没有缴税。

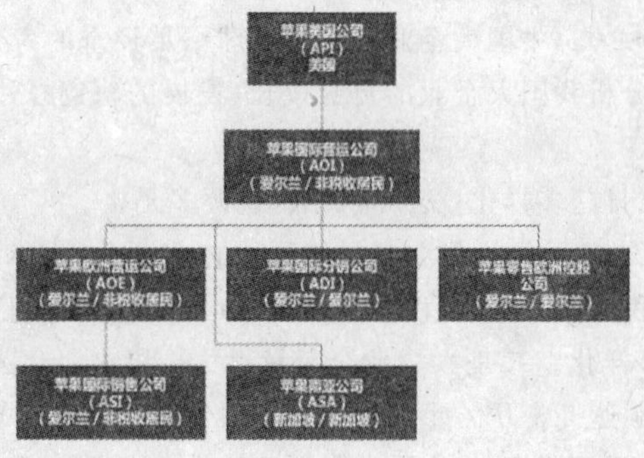


## 二、我国大企业税收管理情况

(一)我国大企业税收管理历程与现状

1999 年,国家税务总局明确了"建立严密、有效的重点税源监控体系"的管理思路,制定了《重点企业税源监控数据库管理暂行办法》,开发了重点税源管理软件,首次将第一批 1404 户大企业作为重点税源纳入监控视野;2001 年,税务总局在《关于加速税收征管信息化建设推进征管改革试点工作方案》中,进一步提出了构建大企业税收管理机制的思路;2008 年 7 月,税务总局组建了大企业税收管理司,将对大企业的税收管理纳入专项重点管理。2009 年,我国对大企业的税收管理工作更是推进到一个新的阶段:1 月,税务总局确定了第一批包括中国烟草总公司等四十五户定点联系企业;5 月,为使对大企业的税务管理工作关口前移,同时,为通过提升服务水平帮助大企业合理控制税务风险,税务总局正式下发《大企业税务风险管理指引(试行)》。近六年来,通过渐进式地探索,我国大企业税源的监控管理体系构建已初见成效。

1、加强企业内控。2009 年,国家税务总局制定颁布了《大企业税务风险管理指引》,就税务风险管理与组织、识别和评估、应对策略、内部控制以及信息与沟通等方面作出重要指示;风险内控测试指标体系也在制定当中。另外,每年,国税总局都会在部分大企业中开展税务风险内控调查和评估,针对控制环境、税务风险环境识别与评估、税务风险控制活动以及信息与沟通开展调查与评估并根据调查情况,每年编制《大企业税务遵从管理年度报告》。2011 年,国税总局大企业司将内控制度相对比较健全的中海油、中国人寿、西门子等 3 户企业集团作为总局首批协议企业对象,并于 2012 年 10 月,与 3 户企业签订了税

收遵从合作协议。截止目前，我国已有27个省、市级税务机关与本地的定点联系大企业签订了遵从合作协议，共签约三百零八家。规范整个系统签订协议工作的《税收遵从合作协议管理办法》也在起草中。

2、提供个性化服务。近年来，我国已逐步在税企沟通、诉求处理、服务创新及内控推进方面建立起一系列大企业纳税服务规范和大企业个性化纳税服务工作制度，包括：大企业联络员制度、大企业工作小组制度、常态化走访工作机制、税企高层对话联络机制、涉税诉求快速响应机制、大企业涉税事项纵向协调机制、大企业重大事项报告制度以及大企业税收风险管理指南等。同时也建立起了含走访活动、联络员制度等不同层级税企定期沟通的互动机制。在服务产品创新方面，国家与各省均在积极开展税收事先裁定探索，北京市经济技术开发区国税局改变以往坐场的形式采用了驻场式调研模式，为企业提供个性化服务。

3、创新风险管理——企业集团双管齐下，实行全流程、分事项的税收风险管理。全流程风险管理是我国大企业管理的主要方式，即根据对企业集团整体风险的总体判断和征管资源状况，周期性组织对我国大企业实施风险管理，此种方式下，国税总局以企业集团整体为对象，进行全方位的、系统的风险排查和应对。全流程风险管理模式征管资源投入较大，周期较长，但管理的覆盖面更广、工作更有深度。目前，我国已在金融、烟草、电力行业建立起税收风险点汇集库。并以此为据开发企业税收风险自查软件，先后派发并收到自查数据包2200多个。经过层级精炼，通过集中案头审计和现场审计发现并精炼税收风险点，为企业完善内控、提高税收遵从能力提供具体意见。近两年，我国正在进一步扩展风险管理的重点行业领域，探索完善一个扁平化的管理模式，确立以总局和省局两级统筹为基础，以税企合作为前提，以控制和防范税务风险为目标，针对大型企业集团的风险管理的模式和方法。

2015年起，我国还开展了以企业重大交易事项风险为管理重点的分事项税收风险管理工作。对通用电气、中化集团、中粮集团的股权转让、关联交易、跨境投资三类重大交易事项开展风险管理工作。

4、探索组织体系、管理模式和工作机制建设。在机构设置方面，税务总局于2008年9月成立大企业管理司并于2013年重新明确司内各处的行业管理和纳税服务、风险管理、反避税、系统工作指导等职责。各省局中，北京市国税局成立了企业税收管理局，主要负责协助总局大企业管理司对36家落户北京的总局定点联系企业的总部开展税收服务和风险管理。北京、湖北、湖南、广东、海南、青海等省地税局也纷纷在省级成立大企业税收管理局。地市级层面上，多地都分别在国、地税系统设置大企业税收管理局。其中，海南省国税局组建省和市(县)两级大企业税收管理专门机构，对省和市(县)局所辖大企业实行分级定点管理。

在管理模式上，总局与各省市均选择部分大企业作为定点联系对象，开展个性化服务和风险管理工作。在总局或省局层面，以整个企业集团为管理对象，整合系统内外各种资源，对集团总部及其各个层级的成员企业进行全税种统筹管理。同时，以信息技术为依托，按照企业集团业务板块或产业链，分集团、分行业建立起基础数据库、风险特征库、行业税收风险管理指南，实施更有针对性的税收服务和风险管理，并建立分行业的工作小组和专业化行业管理团队，实行团队管理。

在工作机制上，一是通过总局、省局、市局、县局四级联动，横向之间的部门协作、纵向各层级税务机关的通力配合，对定点联系企业和列名企业开展服务和管理工作，实现跨层级配合。二是部分地方采取了项目组形式的“矩阵式”管理模式以实现跨部门协作。此外，天津市与辽宁省还通过国地税共同走访企业，召开税企见面会，签订税收遵从协议，联合制定税收风险管理工作方案等多种方式开展国地税合作，并将其作为大企业税源监控的首要工作。

5、强化信息技术保障。自2008年大企业司成立以来，已建立起了内外网衔接的大企业税收管理信息平台和税务审计软件以实现总局定点联系企业税收分析和风险管理。在地方，信息化管理意识不断增强、信息化基础建设日益完善，信息化应用水平也有显著提高。浙江省国税局自行研发了以“风险过滤器”为核心的重点税源风险管理信息系统；海南省国税局致力于数据仓库建设，以此为基础，开发了多项涉税应用系统，通过全面运行多维分析系统和税收管理信息监控系统，实现了八大类信息数据的实时监控，从而使得对大企业的税源监控、税收风险分析、大企业内控机制的评价有全面、客观的依据提供了有力保障。

(二)我国大企业税收管理历程与现状

1、信息不对称问题。首先，税务部门与企业之间信息不对等，企业对税务机关的税政及管理措施了解渠道相对透明，而税务机关对企业的信息却无法全面掌握。其次，总部所在地与成员企业所在地税务机关之间信息不对称。由于总部与成员企业所在地的地域分布差异，形成在税源地和征收地的不一致，从而形成看得见的管不着，管得着的看不见的尴尬局面。再次，总局与各地税务局掌握的分税种信息与按集团实施税收管理的需要不与匹配，分税种管理模式与分省份管理模式之间存有差异。最后，国税局与地税局之间信息不沟通，缺乏信息交换和协调协作机制，使得税源监控存在盲点。

2、专业能力不对等问题。以大型外资企业为代表的大企业具有强大的税务管理团队。而与之相比，除了税务稽查外，税务部门开展全流程税收风险管理，存在不少劣势。

3、组织机构和管理模式不适应问题。以大型外资企业为代表的大企业具有强大的税务管理团队。而与之相比，除了税务稽查外，税务部门开展全流程税收风险管理，存在不少劣势。

4、技术手段不匹配问题。大企业的财税部门拥有较好的技术支撑平台，而目前我们的税管部门无论在技术支持的软硬件上还是在总体平台构建上都处于相对劣势。技术能力的不对等使得对大企业税源进行全面、有效监控变得困难。

5、法治环境欠佳问题。大企业规模大，对地方经济有举足轻重的影响，甚至关系到所在区域的经济命脉，所以备受地方重视，加之(国有)大企业的行政级别较高，来自各方面的干预较多，税源监控可能受到较大阻力。

## 第二章　典型国家大企业税收税源监控的管理模式、方法及特点

由于全球经济一体化程度的不断深化，各个国家尤其是发达国家的企业规模不断扩大，集团化和跨国化的特点越来越突出，为加强税源监控，许多国家在对纳税人按不同规模进行分类管理的同时，于税务部门本身也进行了机构和业务流程的重组和再造，确立了新型税收征管模式，以强化税收管理工作力度。研究国外大企业税收管理的模式、方法及特点，对加强我国大企业税源监控有着重要的现实意义。

### 一、典型国家大企业税源监控的管理特点

(一)美国

实行自行申报制度税收征管的美国，因其高度的信息化技术支撑和发达的经济，经过数十年发展，在大企业税收税源监控模式、方法上形成了带分支机构的中央机构的全功能型机构，形成了将纳税咨询和辅导、纳税申报和税款征收、税务审计和强制执行等所有纳税服务和执法功能都集于一体的特点。

1、税源监控有强大信息化支撑。信息管理体系发达。美国是信息技术的发源地，市场经济发展的第一强国，其税收征管网络早在上世纪 60 年代起就已在全国范围内建立。而现在由国家计算机中心和 10 个分布在全国各地的数据处理中心构成了全美强大的税务管理系统。该系统从纳税人递交申报表的处理、到年终所得税的汇总和缴费计算以及纳税资料的收集处理、税收审计遴选、票据鉴审判定、税收信息咨询服务等工作，全部均由系统处理，功能强大的税收管理系统年处理税源信息量高达 13 亿条之多。

2、纳税代码的统一及社会化税源监控网络。首先，在美国，所有纳税人都拥一个纳税代码，这使税管部门对纳税人的各类经济活动全方位监控有了强有力的保障。这一纳税代码记录着纳税人的股息、红

利、利息、佣金、特许权使用费、工薪、津贴、代扣税额等全面的与税收有关的信息,这种全方位的信息来源,使税务局可以将各方资料相互比对印证,也使得纳税人无法造假。其次是人员队伍专业化。在日常管理中,其拥有一支1.8万余名具有很高权威的税务专家和数据库专业顾问为管理中心的高科技专家团队,同时还拥有一个跨部门的横向信息共享平台,在银行、社保局、人口普查局等部门的共同协作下,使信息资料来源包罗企业的方方面面。再次是征收评估体系高度的发达,纳税人的申报材料电脑系统能够自动进行审核比较,并将有90%以上的税案评估筛选出来。目前,该国又开发出了"信息挖掘"的新征管软件,实现了纳税申报数据的录入时检测,使的微小的偷漏税行为都难以逃脱。

3、法律保障到位。美国的法律对纳税评估制度有着详尽的法律规定和完善的法律体系。从纳税评估范围的确定、依据内容、操作方法、征纳双方权利义务等都有明确的规定和清晰的说明。在美国,任何类型的公司、企事业单位按照规定向税务当局提供资料是法律规定的义务,企业及个人的任何交易、收入和支出资料,税务局都可以依法收集。在美国,银行、社会保障等部门的向税务部门提供其需要的资料是作为法律义务有强制规定的,而且,由于有强大的税务管理系统的技术支撑,使许多信息都直接通过计算机网络端口"自动"传入税务部门。国内收入局对纳税人的任何账簿、记录和其他数据都有权查阅,并可取得必要的证词,甚至无须法院批准就可以传唤相关人员收集有关信息。如果纳税人不配合,将转由法院强制执行。严密的审查监督制度与严格的实施程序要求,使税源的监管和征收有了强有力的法律保障。二是信用中介服务发达,评估体系健全。美国联邦、州、地方三套税务机构,分属各级政府,各司其职。美国联邦税务系统组成分为三级,税务总局设在首都华盛顿为第一级;七个按经济区域设置在全国各大区域的税务局为第二级;在全国设立的63个税务分局为第三级,它主要负责纳税评估。各州税务局的内设机构一般有五个,其中有专门负责纳税评估的机构。健全的机构和严格的信用行业管理机制,将对税源的监控纳入机构及民间的信用管理协会等部门的共同监管作用下,纳税人都有很强的信用意识,且不讲信用的成本非常之高,健全的税制、完善的管理办法、严格的惩处措施使美国纳税人的依法纳税意识很强,税源失控得到了有效遏制。

(二)日本

1、税收法律体系完备。日本拥有一套相当完善的税收法律制度体系。无论法律、法规的具体条文内容,还是实体法律和程序法律,法律规范的内容都比较具体明确,而且具有较强的可执行性,便于税务机关的执行和纳税人的理解。日本宪法第30条规定,"国民根据法律的规定负有纳税的义务。"宪法第84条规定,"要课征新的租税或要变更现行的租税,必须要根据法律或法律规定的条件。"这些规定除明确提出了公民有依法纳税的义务外,还对税法的稳定性进行了规定。从而使税收法律体系具备了相对独立性。其次,在税收执法中,日本国税厅对税收法律、法令等进行统一的规范和解释,从而有效保障了国税机关执行税收法律的规范、统一和准确度。同时,与税收实体法律体系相对应的是一套比较健全的税收程序法律体系,在发生税收争讼时,法院只依据税收法律、法令作出裁决。税收程序法律对各税种实体法中基本的、一般的和共同的程序性方面进行了规定,一方面简化了税收实体法律的具体执行问题,使每一个税收实体法律更加易于操作,便于执行;另一方面更加明确地界定了税收管理过程中征纳双方的权利义务关系。税收法律体系的完善,有力地支持了日本税收管理法治化。征纳双方都必须遵守国家制定的税收法律、法规,基于法律的保障。

2、信息管理系统健全。在日本,计算机税务管理网络系统在60年代就建立了起来,国税厅、地方国家税务局、税务署等税务管理部门之间实现了上下纵横网络互联。同时税务部门的计算机与系统外也实现了横向对接。例如,税务管理网络系统的网络服终端在全国的各地与银行和邮政局的计算机联网对接。另外,日本的信息管理系统由按税种建立的信息管理系统、征收统计分析功能和公共通用系统三部分组成,对纳税人的编号、地址等纳税人共性的信息资源实行资源共享,从而保证了收集数据的全面、完整和统一。快速的系统处理、通畅的信息传递和高程度的信息利用率,不仅大大降低了税收成本,也使纳税申报率和申报正确率达大大提高。

3、管理精简高效,税代理制度成熟。日本国税厅大企业管理部门实行的是三级管理,分别由国税厅、地方国家税务局、税务署组成。日本的税收管理市场化特征突出,行政化成份相对较少。在日本,税收管理机构的人员和内部管理层次均较少,具有管理统一性和高效性的特点。在国税厅、区国税局和税务署三级管理机构中,只有国税厅是纯粹的管理机构。税务官员与纳税人之比为:1:315;与公司纳税人之比为:1:51;与年税收收入之比为:0・71 亿元,大大低于其他国家。同时,为弥补税务机关和税务人员的不足,日本大力推广代理纳税人从事税务代办的专家"税理士制度"。历经 80 余年的发展,税理士制度已成为当今世界上最健全、最完善的税务代理制度,它一方面实现了对税务当局违法行政行为进行有效监督,另一方面也帮助纳税人依法合理纳税,减少了偷漏税行为的发生。

## 二、典型国家大企业税源监控的国际比较

(一)大企业税收管理组织机构的国际比较

1、美国。美国大企业税收管理主要由美国国内收入局(IRS)下设的大企业和国际税收管理局(LB&I)负责。进行全功能、集中式管理,囊括了包括纳税申报、税款征收、税务风险评估、执行欠税、税务检查和税务审计等大企业税收征管相关所有职能。LB&I 共有 6000 余人,占国内收入局总人数的 6.6%。其中 90%人员主要职责是管理一线各个地区办公室。而直接从事税务审计的人员占局内人数约 80%,多达 4900 人。

LB&I 下按国际与其他事项分成两部分。其中国际税务设分局 3 个,分别管理公司与个人税收;其他业务和管理部门下按行业设置分局 5 个,另设 2 分局专门管理高收入人群及提供技术支持。同时设置六个处室以处理行政事务并提供技术支持。

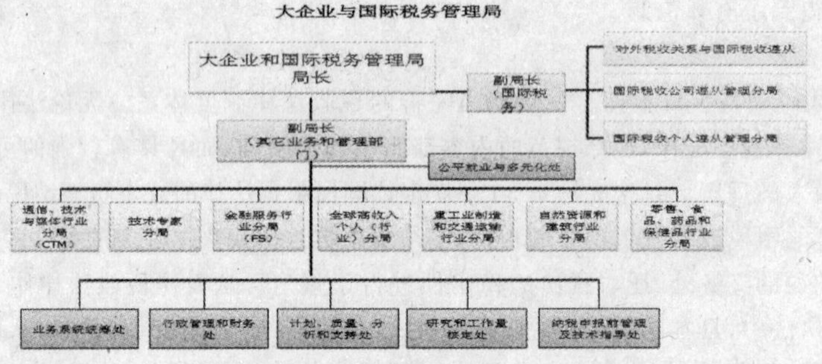


同时,各行业分局按照本行业最具代表性的地点派驻在五个不同区域,在未覆盖区域的其他城市,若该行业相对集中,则由该分局设立分支机构。如在美国西北部,通信技术与传媒业十分发达,相应分局也就在此设立。

2、澳大利亚。澳大利亚大企业税收管理主要由联邦政府税务局内的 LB&I 负责。2013 年,联邦政府税务局局将该局改组为上市集团和国际税收管理局,专门负责对上市集团公司进行专业化管理。澳大利亚的"小企业和个人税收管理司"内部设有 Criminal Investigation,也同时负责大企业的涉税犯罪调查。PG&I 下设案件领导司、国际税收司、经合组织外派管理司及上市公司管理司。其中上市公司管理司下按行业设置了银行和金融行业、能源和资源行业及能源资源租赁税、保险和养老金行业策略分别设置策略和运营管理副司长、并设置风险策略常务副司长及运营管理副司长负责风险管理。在工作人员构成方面,近一半是兼具专业知识和查税经验的一线工作人员,其余人员负责如:国际业务、法律协助、客户关系

等其他事务。

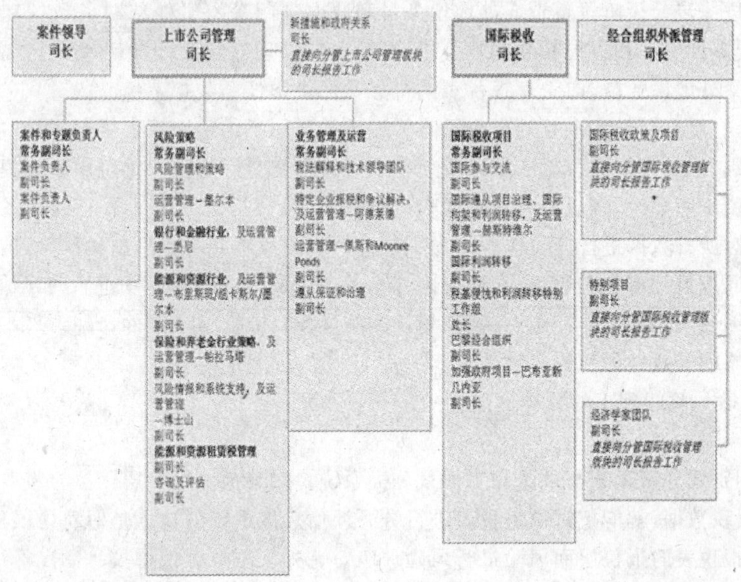


(二)大企业税源管理信息化的国际比较

1、澳大利亚。澳大利亚的税务管理中广泛使用了计算机信息网络。因此,澳大利亚在全国税务机关内实现了计算机系统的全面应用并实现了内部联网以及与政府有关如海关、保险部门的信息互联,纳税申报、出口退税、公文流转等日常管理工作都通过信息系统进行。同时,为加强对大企业税源管理,澳大利税务部门也将大企业按照其市值列入重点监控对象以增强对其税源的监控。另外政府还专门设立了一个澳大利亚交易报告和分析中心来存储于分析异常金融交易记录,可供税务人员使用。

2、美国。美国的税源管理信息化自上世纪六十年代初建以来,不断发展完善,目前智能化程度已非常高,其税收收入中有82%是通过计算机系统征收上来的。第一,美国的计算机电子化系统由东海岸国家计算中心和按地区设立的十个税务征收中心组成。该系统还与银行、海关、边防等部门进行了联网,共同构成了严密的税源监控体系。纳税资料搜集、纳税报表处理、票证正误鉴定、所得税汇算、税务咨询服务等工作都可以通过该系统实现全国统一进行。纳税人报税的相关资料进入电脑后,该系统将自动进行评估计算应纳税额。近年,美国开始使用"数据发掘"的税源控管软件对申报信息进行过滤分析。第二,美国建立了完善的税务统一识别号制度,大企业识别号由税务局指定,利用该识别号,税务机关可以获取大量第三方信息,将该信息与申报信息进行核对以发现风险。第三,美国还利用各类中介机构征集各类信用数据,税务机关可通过世界上最大的信用数据库D&R;普尔等财务分析服务机构资料;各类经济研究机构资料,全国电算化数据库等获得大企业更为真实的数据,为税源监控提供基础数据支持。

(三)大企业税收风险管理的国际比较

1、国外税收风险管理流程。

(1)美国。美国大企业的税务风险管理从流程上讲主要分为:报税、数据管理、报税评分和查明问题、数据进一步分析、完成工作量、监测和评价等六个阶段。在报税阶段,由纳税人将提交报税表提交给LB&I,LB&I将电子报税表存入电子报税数据库,并更新IRS主档案,LB&I运用多种专业数据平台处理纳税人的报税信息。在数据管理阶段,LB&I会将报税数据转换为影像,以供传输给外地员工并存入LB&I的数据集市和关系数据库。在报税评分和查明问题阶段,LB&I的工作主要是运用算法规则来识别可能有重大合规风险的报税表，并为其分级、运用挑选和工作量分类系统在具体报税表中发现需要关注的问题。数据进一步分析阶段负责向外地税务员和政府部门等提供外部财务数据和某个纳税人的历史税务数据，编制各种比率和进行其他基本分析，显示税务管理对象之间的联系。完成工作量阶段则主要挑选案件提供给外地税务员，向受理报税表的税务员提供影像和数据。

(2)澳大利亚。澳大利亚大企业的税收风险管理则主要包括纳税申报表提交、类别层面风险识别、纳税人层面风险识别、纳税人层面遵从活动以及效率和有效性衡量等五步。纳税申报表提交即由纳税人提交纸质申报单和税率明细表，然后税务局对两表进行扫描，将数据录入统一核心处理系统。类别层面的风险识别指通过对所有数据进行分析以识别类别层面的税收风险并对识别出的风险进行评级；纳税人层面的遵从活动是通过风险审查和审计，在经过内部小组讨论及约谈后得到修正后的评估的过程。效率和有效性衡量包括编制明年的工作计划，监督计划的实施成效；，监督遵从案件，计算每案所用的平均时间，确定风险管理策略的有效性如何等多项内容。

2、大企业税收风险管理中的具体方法。

(1)美国。

第一，采用判别式分析系统与挑选和工作量分类系统。作为预测报税层面风险重要途径的判别式分析系统，仅使用报税数据，就能把每份报税表进行分开评估。该系统的特点是对每份报税表进行评分，并据此分数为每份报税表的报税层面风险进行风险评级。首先利用数据挖掘技术制定算法规则，其次利用得出的有关税收抵扣和税收负担的DAS公式为综合风险进行评分。(规则示例如下)，最后，以报税表中资产规模为标准确定风险等级。该方法简便易且费用低廉，但难以发现具体问题，也难以对接下来的工作给出指导。

规则1：如果纳税/总收入＝＞.071和＜.156，加100，否则加0

规则2：如果国外税收抵扣＝＞1,165,731和＜5,000,000，加50，如果国外税收抵扣＝＞5,000,000，加100，否则加0

挑选和工作量分类系统可用来分析具体问题层面的风险。包括利用外地税务人员经验和课题组专家分析编制筛选标准以确定存在具体风险的报税表，继而通过筛选标准发现问题，利用YK－1分析软件显示纳税人见的关系并查明问题，使用纳税人信息系统以分析问题。挑选和工作量分类系统有利于税务机关对大企业税收风险实施战略性管理，但同时，数据利用不够全面，成本也相对较高。

第二，确定风险优先顺序。LB&I通常用三个标准来确定风险的优先排序并以此作为工作指导。第一标准是对司内主管的多个行业构成合规风险，通常涉及纳税人多，涉税金额达，合规风险高，或易引起关注。第二标准是指可能存在的重大违规情况或对公司管辖的某行业有重大违规风险的领域，包括需要进一步研究、澄清和指示以及就本司的立场提供更多指导的新问题。第三级是对某个具体行业构成高度合规风险，需要以针对该行业的独特办法进行处理。在实际操作过程中，绝大部分风险问题都被划分至第三类中。

第三，采用风险管理战略与战略评价指标。风险管理战略主要目的是遏制、发现并处理风险。主要战略有立法规范纳税人行为，通过税务裁决、国税局通知、法律顾问意见等向纳税人提供的指导，“安全港”规定，针对所涉问题进行限制范围的集中检查，制定查税方法指南和标准的资料文件索取函，以保证以一致的方式分析所涉问题，与纳税人进行非查税接触等。尤其值得一提的是增加透明度战略，该战略的重点由税务局转向纳税人揭露，揭露内容主要包括应披露交易事项，财务与税务核算具体差异以及不确定税务状况。

(2)澳大利亚。

第一，建立“健康卡”与客户身份系统。两者都是识别大企业税务风险的重要方法。“健康卡”是税务局为每个纳税人设计的一个数据库，内容主要是纳税人违规违法案件的历史数据，所有不遵从事件的信息，税务案件审理信息。每个风险都被赋予了一个风险识别码，在查阅时，既可以按风险，也可以按纳税人对基本信息和风险信息进行查询。客户信息系统是大企业和国际处与间接税处使用的专有系统。存储纳税申报表的基本财务和识别信息。以及公司结构方面的信息。

第二，遵从金字塔模型和风险识别框架。分析大企业遵从行为有利于按风险的方式对不同风险的纳税人采取差异化的应对策略和服务方式。在澳大利亚，分析大企业遵从行为主要有遵从金字塔模型和风险识别框架。在两类模型中，都将大企业按不同的遵从程度分成了四类，对不同纳税人应用不同的管理方式。

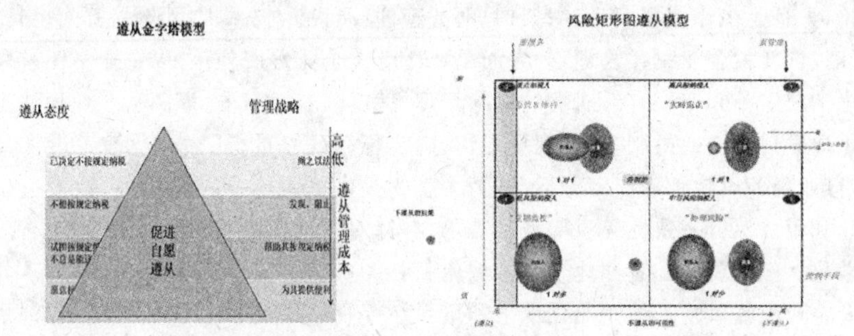


(四)税务审计制度的重点建设

在发达国家，进行大企业税收风险管理的重点是建设以风险为导向的税务审计，目前，在大部分OECD国家，都已建成事先风险防范、事中风险控制、事后风险处理，完整的风险防控体系，同时也形成了覆盖风险识别、风险分析、等级排序、应对处理、绩效评价全流程的闭环管理。

1、澳大利亚。在澳大利亚，税务审计流程主要包括风险全面分析和选案、风险审查、税务审计和结束审计四个步骤。值得一提的是，澳大利亚非常重视信息的采集，也拥有极大的信息采集权力。

2、美国。美国的税务审计主要可分为三步。第一步：由管理员开展风险分析，决定是否展开审计，确定开展审计所需的税源，若核准，在审计报告控制系统中将个案分配给审计员。第二步：由审计员开展风险分析，作出是否开展审计的最终决定。问题管理系统收到申报表并进行分析。第三步：由审计员组成审计小组，创建个案文件夹，利用问题管理系统开展审计进行个案管理。在审计过程中，审计信息管理系统对全过程进行监控。

# 第三章　结　　论

## 一、强化我国大企业税源监控的建议及对策

(一)坚定改革的目标方向

大企业税收管理的质量和效率直接关系到整个税收工作和经济社会发展大局。为大企业提供更好、更全面的服务是税务机关的重要任务，要按照深化征管改革、创新征管模式的思路，以税法遵从为目的，以风险管理为导向，全力打造一个“服务＋管理”的业务平台，为大企业提供个性化纳税服务和风险管理。同时以总局定点联系企业和各省、市级定点联系大企业为服务对象，发展建立新型的税企关系，构建以个性化纳税服务和全流程风险管理为两大主线的核心业务框架，帮助大企业纳税人提高税法自我遵从能力。税企双方在平等、合作、互信的基础上，力争实现税法遵从的互利双赢。

(二)推进体制改革和机制完善

一是要通过落实科学化、精细化、专业化、信息化管理的有效举措，解决税收征纳成本偏高、征管资源有限、处理涉税复杂事项能力不强、税企关系有待进一步和谐、税收风险不能有效防控等问题。二是要将个性化纳税服务与税源专业化监控有机结合起来，二者要相辅相成，不可偏废其一；三是要集中组建税务系统业务骨干团队，以税务团队对企业集团，解决层级管理不对等问题。并实施以风险管理为导向、以行业分类为基础、以投入产出、财务核算为基准、以征管程序和运行机制为保障的大企业税源专业化管理模式，深化大企业税源管理专业化管理的措施与对策。

（三）创新大企业个性化纳税服务

随着市场经济的发展，大企业管理一体化、信息化的特点起越来越突出，集团化、国际化运作的趋势日益明显。因此，大企业在经营规模、组织架构、财务管理、涉税诉求、税收风险等方面也具有与中小企业不同的特点，所以，创新大企业税收管理，一方面是要适应大企业发展趋势，以企业集团整体为服务对象，通过提供个性化纳税服务和实施有针对性的风险管理，满足其合理需求，提高大企业税法自觉遵从能力。另一方面要强化建立信息沟通机制，通过现场走访、确定税企联络员、征集企业涉税诉求、试行涉税事项事先裁定、制定行业税务风险管理指南等活动，为大企业提供更便捷、更多元的沟通渠道，帮助企业解决税法适用确定性和税法执行一致性等重要涉税需求，有针对性地实现管理模式专业化、管理手段现代化和资源配置科学化。三是要有针对性地开展个性化服务。

（四）提升大企业税收风险管理专业化水平和培育好专业化团队

一是要构建起专业化的税源管理风控体系。要针对大企业集团点多面广线长、税源跨区跨省跨国流动性强等特点，以风险为导向，以信息为纽带，以制度为保障，构建起专业化的税源监控体系，使税源管理更具针对性和有效性。二是要致力于风险防控制度化。引导和帮助大企业逐步完善公司治理和税收风险内控机制，最大限度地把税收风险化解在大企业内部和涉税风险发生之前。同时，要加强税务机关的风险防控和应对能力，以风险为导向，依托信息化手段，建立快速、准确的风险识别、分析、评估系统和应对机制，有效控制税收风险。三是要打造有一支专业化的人才队伍。要使大企业税务管理人员熟悉大企业的情况、了解相关税收政策法规、具有较强的沟通能力和业务素质。要通过选调、培训、交流培养、实践锻炼和开展国际交流等方式，不断充实队伍，提高人员素质，确保税务人员数量和质量与大企业税收管理和服务的要求相匹配。四是要着力建章建制，通过编制行业的风险管理指南等方式逐步建立和完善各行业的“行业税收风险管理指南”，形成行业税收管理技术标准，提供给企业和税务系统行业团队，规范具体涉税操作，事前防范税收风险。

（五）强化大企业征管基础建设和信息化建设

一是要统一标准，在大企业管理信息系统的基础上，大力扩容信息和数据源，广泛采集定点联系企业相关涉税信息和数据，在保证信息和数据的真实、完整、准确、及时的同时，对采集的信息进行深入加工、整理和分析，逐步建立健全定点联系企业涉税信息数据库。二是要建立预警监控系统，对信息及时识别与分析。三是培养专门的素质优良的税收数据管理队伍，不断提高他们的专业知识和业务能力水平，增强录入人员录入数据时的责任心，确保信息录入的准确性，不断提高工作质量。四是要加强信息管理系统的基础建设，不断完善软件功能，切实提高税收基础数据的质量。五是要建立信息采集汇总平台。充分做好数据的分析利用，增强对相关数据资源的共享能力。深入开展对定点联系企业的经济税源分析、政策效应分析、管理风险分析和预测预警分析，同时把实地核查、调账检查、案件调查等税收执法活动作为数据信息情报采集的重要过程，使大企业涉税信息的利用最大化。

（作者单位：辽宁省沈阳市地方税务局）

# 完善地方税体系研究

广西壮族自治区地方税务局课题组

地方税体系是我国财政体系的重要组成部分，是由地方税权划分、税种配置、税收收入和征管体制等四个部分组成的有机整体。地方税权是地方税体系的主要核心，它主要是由税收的立法权与征管权组成，其中税收立法权是税权的核心内容；税种配置是地方税体系的重要基础，地方税种是指根据法律规定划归地方政府征收、管理和支配的税种；税收收入是地方税体系的重要组成部分，它是地方政府实施政治、经济等职能的财力保障；征管体制是地方税体系的主要构成之一，是指各级地方政府为实现税收管理和税款的征解入库而建立的税收管理体制。

## 一、地方税体系现状

我国共有五级政府，即中央政府、省（直辖市、自治区）政府、地级市（自治州、盟）政府、县（区、旗、县级市）、乡（镇）政府，地方税体系主要是指省及省以下地方税，但目前我国地方税体系的框架基本是在1994年分税制财政管理体制改革的基础上建立起来的，省以下并没有实行真正的分税制。

### （一）税权划分

1994年分税制财政管理体制改革的纲领性文件《国务院关于实行分税制财政管理体制的决定》（国发〔1993〕第85号）明确规定："中央税、共享税以及地方税的立法权都要集中在中央，以保证中央政令统一，维护全国统一市场和企业平等竞争。"这就决定了我国税收立法、税法解释、税目税率调整和税收减免等权力高度集中于中央，而地方只拥有对中央制定的税种的使用权、管理权、征收权。

### （二）税种设置

1994年分税制实施以来，我国陆续对地方税体系进行了一些改革：如将企业所得税和个人所得税实行中央与地方按比例共享；取消农业税、牧业税、屠宰税；农业特产税只就烟叶部分改征烟叶税；将车船使用税和车船使用牌照税修订合并为车船税；废止城市房地产税暂行条例和固定资产投资方向调节税暂行条例；筵席税暂行条例被宣布失效，以及"营改增"试点在全国范围内推开等等。目前，严格意义上的地方税种只有房产税、城镇土地使用税、耕地占用税、契税、土地增值税、车船税和烟叶税。分税制改革时确定的地方税种，如地方政府征收的营业税、企业所得税、个人所得税、资源税、印花税、城市维护建设税逐渐成为了共享税种。为了方便理解和计算地方税收收入，本文依然将营业税、企业所得税、个人所得税、资源税、印花税、城市维护建设税划分为地方税种，但是它们是有限的地方税种。

### （三）税收收入

按照国际惯例，地方税收收入为地方政府征收、管理和使用的税收，因此，共享税中属于地方分享部分也应纳入地方税收收入的范畴。按此口径，本文中的"地方税收收入"为地方本级公共财政收入中的税收收入。

近年来，我国地方税收收入占全国税收收入的比重逐年提高，从2009年的43.95%提高至2013年的48.76%。地方税收收入占地方公共财政收入的比重也在逐年提高，从2009年的42.76%提高至2013年的46.05%，地方税收收入的增长为地方财力提供了稳定的保障。

表一 2009—2013 年我国地方税收收入情况表

单位:亿元 %

| 年份 | 地方税收收入 | 全国税收收入 | 地方税收收入占全国税收收入比重 | 地方公共财政收入 | 地方税收收入占地方财政收入比重 |
|---|---|---|---|---|---|
| 2009 年 | 26157.44 | 59521.59 | 43.95 | 61166.38 | 42.76 |
| 2010 年 | 32701.49 | 73210.79 | 44.67 | 72954.13 | 44.82 |
| 2011 年 | 41106.74 | 89738.39 | 45.81 | 92468.32 | 44.45 |
| 2012 年 | 47319.08 | 100614.28 | 47.03 | 106439.97 | 44.46 |
| 2013 年 | 53890.88 | 110530.70 | 48.76 | 117031.08 | 46.05 |

(四)税收征管

我国分税制财政管理体制改革在征管方面的最大变革即为国、地税分设,设立了国家税务局和地方税务局两个征收机构,对税收实行分级征管。当前征管分工为:中央税种由国家税务局征管,地方税种由地方税务局征管,共享税种根据法律规定分别由国家税务局和地方税务局负责征管。地方税务机构管理体制为:省级地方税务局受省级人民政府和国家税务总局双重领导,省级以下地方税务机关原则上按行政区域设置,由省级地方税务机关垂直领导。

## 二、地方税体系存在问题及其原因

(一)现行地方税体系存在的问题

1994 年的分税制财政管理体制改革带有明显的过渡性特征,存在着许多先天性不足,主要体现在以下几个方面:

1、税权过度集中,影响地方发展的积极性。目前我国税权集中在中央,税权集中对保证国家税收政策的权威性和税制体系的统一性起到了积极作用,但地方无法根据自身的特点确定本地区的税种配置和调节措施,地方税调控职能的发挥受到一定的限制,影响了地方自主发展经济的积极性。部分地方政府为发展地域经济,争取地方税收资源,越权制定减免税政策或采取地方留成税收返还等其他变通方法。政府间无序的税收竞争,干扰了正常的税收秩序,弱化税法刚性,严重损害了税法的严肃性和统一性。

2、税种配置不科学,税制混乱复杂。在现行的税制中,中央税和地方税有的按税种划分,有的按行业、部门、企业性质划分,有的按课征对象品目划分,分类混乱复杂。如营业税是地方税种,但铁路、各银行总行和保险公司集中征收的营业税却属于中央收入。又如企业所得税、个人所得税自 2002 年开始实行中央与地方分成,成为实质上的共享税。再如城市维护建设税、教育费附加、地方教育附加,由于三者不是独立的税种,没有特定的征税对象,而是随增值税、消费税、营业税(以下简称“三税”)附加计征,其纳税义务发生时间同纳税人缴纳“三税”的时间一致,且受“三税”政策影响较大,“三税”的征收条例、实施细则、补充规定、减免税政策等都会影响到城市维护建设税、教育费附加、地方教育附加的征收。

3、主体税种不稳定,地方税重点不突出。分税制划归地方税的税种数量不少,但除了营业税、企业所得税和个人所得税以外多是一些税源零星分散、征收难度大、收入不稳定的小税种,难以形成规模收入,且现有的主体税种也不稳定。营业税在地方税收收入中的比重较大,从“营改增”前 2010 年、2011 年、2012 年的数据看,分别占地方税总收入的 33.65%、32.85%和 32.85%(2012 年地方税收总收入中包含了耕地占用税和契税),主体地位明显,但“营改增”完成后,营业税将不复存在;而企业所得税和个人所得税都不是严格意义上的地方专享税种,且随着企业所得税各项税收优惠政策的实施落地以及个人所得税免征额的提高,也使地方分享部分的企业所得税和个人所得税的收入规模受到影响。可见,现行地方税体系缺乏持续稳定的主体税种。

4、地方税收收入对一次性收入依赖过大，缺乏持续稳定的来源。以广西为例，近年来广西耕地占用税、土地增值税增速居前，主要是得益于土地审批用地量增多以及广西地税部门加大耕地占用税清理、土地增值税清算等征管工作力度。2009—2014年，土地增值税、耕地占用税年均递增分别为35%、25%，均远高于同期广西地方税收收入19%增速水平，尤其是耕地占用税从2009年完成33.57亿元增长到2014年完成104.18亿元，占同期地方税收收入比重从8.04%提高到10.65%。耕地占用税、土地增值税属于一次性税收，不具有持续、反复征收的可能，虽然其可以维系地方税收收入的一时增长，但难以保障地方税收收入长期稳定增长。

5、地方税种老化，难以适应经济税收新形势。现行地方税体系中，很多税种都是在计划经济向市场经济转轨过程中产生的，一些税种如印花税、城市维护建设税等课税范围狭窄，收入数量少，弹性差，收入功能和调节功能弱化，已不适应当前市场经济的发展，其纳税人、征税范围、计税依据、税率、课征方法、减免税规定等构成要素都需要调整。

(二)地方税体系问题产生的原因

1、地方税收制度改革滞后。近年来，我国的税制改革侧重于流转税和所得税的改革，对于已不适应当前市场经济发展的税种未能及时研究调整，对于在社会分配中能发挥明显作用的一些地方税如财产税、社会保障税、环境税等税种的开征研究明显不足，造成地方税体系的不健全，影响了地方财力的持续稳定增长。

2、我国分税制具有不彻底性。首先，我国现行分税制明确了税权要集中于中央，这就决定了我国的分税制本质上是分税不分权。其次，分税制是在当时中央财政比重不断下降，中央政府的宏观调控能力弱化的背景下提出的，其改革的目标之一就是要提高中央财政收入的比重，使中央从财政收入的增量中适当多得一些，以保证中央财政收入的稳定增长。因此，在划分税种时，把收入比重大、税源广而集中和便于征管的税种划归中央，或是作为中央与地方共享税；而把一些收入少、税源小而分散以及征收难度大的税种留给地方。分税制实行二十多年来，中央财力已得到明显增强，但该划分模式却没有适时进行调整，从而逐渐出现了地方经济高速增长但地方财政却日益困难的不协调局面。

3、现行税收体制下国、地税的征管范围难以清晰界定。分税制财政管理体制以及税收制度不完善等因素，导致实践中对国地税的征管范围难以界定清晰，对纳税人的交叉管理难以有效避免，国税与地税之间税收管辖权的矛盾及其带来的各种负面影响始终存在。

## 三、完善地方税体系的总体目标和基本原则

(一)构建地方税体系的总体目标

地方税体系的建设是一个系统工程，需要科学规划，逐步推进。从中国政治、经济、社会发展实际出发，考虑到维持现行分税制体制总体架构的基本稳定，学习借鉴国外一些国家地方税体系发展的成功经验，我国地方税体系改革完善的基本思路是：在科学界定中央与地方政府事权的基础上，确立地方政府的财权和税权，适度扩大地方税收收入规模，通过改革现有税种、废除过时税种、开征新税种，适当扩大财产税类规模，并与所得税、流转税配合，形成以所得税、消费税、房地产税为主体税种，其他税种相配合的与社会主义市场经济相适应的地方税体系。

(二)完善地方税体系的基本原则

1、调动中央、地方两个积极性的原则。在中国这样一个幅员辽阔、人口众多、地区差异很大的国家，经济社会发展需要充分调动中央与地方两个积极性。在新一轮税制改革中，既需要考虑中央加强宏观调控的需要，也要充分考虑地方因地制宜加快本地区发展的现实需求，充分调动中央和地方两个积极性，才能有效促进我国经济社会持续、快速、健康发展。

2、财权与事权相统一的原则。事权的划分是财权划分的基础。只有事权与财力相匹配、相适应，政府履行职能才有物质保证，同时也能有效提高资金配置效率，减少权力寻租空间。应明确政府与市场的

分工，在此基础上，合理划分各级政府的事权，并把各级政府的事权用法律形式固定下来，然后根据财权与事权相统一的原则，确定各级政府的财力水平，合理划分中央与地方税权。

3、简税制、宽税基、低税率、严征管的原则。简税制就是要清理不合理税种，避免重复征税，减少纳税环节，简化申报程序，降低征税成本等。宽税基，就是要通过清理不合理收费，将具有税收性质的收费纳入税收体系，同时还应扩大税收覆盖面，使更多的潜在纳税人变为实在纳税人，维护税收公平。低税率则是从降低纳税人税收负担考虑，通过降低税率达到减税目的。而严征管则是在税法既定的前提下，实现税款的应收尽收，避免税款流失。

4、优化地方税种结构的原则。国际上地方税种的设置有四项原则，即地方受益原则，税源地域性、税基非流动性原则，收入稳定原则，方便征管原则。我国的税种设置，应借鉴国际上的通常作法，把调节全社会收入分配，宏观调控性能强的税种，划归中央税；把具有明显地方受益性质，属于区域性资源配置与地方经济发展密切相关的税种，划归地方税。

5、因地制宜的原则。税收制度受经济发展水平等诸多因素影响，一国的税收制度必须与该国国情相适应，作为国家税收制度重要组成部分的地方税体系的建设也应与一国的具体国情相适应。目前我国的经济发展水平还较低，要以发达国家的财政收支结构为样板来制定我国目前的中央与地方财政收支的相对结构，是脱离我国发展阶段实际的。并且我国地域辽阔，人口众多，各地情况千差万别，因此，地方税体系的建设要保持一定的灵活性和差异性，不能搞一刀切。

6、节约税收成本的原则。税收成本一般分为征税成本、纳税成本和社会成本，其中主要是征税成本和纳税成本。税制的确定是关系税收成本的关键因素，税收制度过于复杂，征管机构设置不合理，必然导致征税成本和纳税成本的无谓损失。所以，税制必须尽可能简化，尽可能方便税收征管，方便纳税人遵从执行。

## 四、完善地方税体系的具体构想

(一)赋予地方必要的税政管理权

十八大报告提出“加快改革财税体制，健全中央和地方财力与事权相匹配的体制”，十八届三中全会报告也提出“建立现代财政制度，发挥中央和地方两个积极性。完善税收制度，建立事权和支出责任相适应的制度。”因此，科学界定中央与地方以及地方各级政府间的职责权限十分重要。在明确地方政府事权范围的基础上，应赋予地方适当的税权，原则上，中央控制税收的立法权，赋予地方一定的税政管理权。

(二)合理配置和改革完善地方税种

为了进一步简化税制，便于征管，建议地方税种(含附加)基本构成为消费税、个人所得税、房地产税(整合了现行的房产税、土地增值税、城镇土地使用税、耕地占用税、契税)、资源税、车船税、城乡建设发展税(整合了现行的城市维护建设税、教育费附加、地方教育附加)、环境保护税、印花税等。

1、稳步推进“营改增”。在充分研究论证的基础上，对适宜改征增值税的相关行业，尽快改征，以缩短改革过渡期。对一些不涉及增值税抵扣链条，属于终端消费的行业，如生活性服务业，建议改征消费税，以便利征管。

2、推进消费税改革。基于消费税的特点和“营改增”后地方税主体税种缺乏的基本情况，建议扩大消费税的征收范围，将现行的特别消费税改革为一般消费税；同时改变消费税征收环节，将其由生产环节调整为消费终端环节。

3、改革企业所得税。建议将企业所得税作为共享税。对企业所得税不分企业性质类型，实行中央、地方按率分享，60%作为中央所得，40%划为地方所得。之所以保留企业所得税为共享税，除了企业所得税是构成地方政府收入的重要来源外，还因为企业所得税是调控职能很强的税，保留企业所得税作为共享税并实行分率计征，对于体现中央和地方的区域政策和产业政策，调控经济发展作用重大。此外，建议企业所得税按属地原则在生产核算地缴纳。改变现行的总分机构税款分配政策，分支机构应缴纳的企业所得税全部在当地缴纳。

4、改革个人所得税。推进个人收入申报、财产登记和社会征信系统建设,逐步建立健全综合和分类相结合的个人所得税制度,将固定性、经常性所得如工薪收入、经营性收入等作为综合所得实行按年计算征税,并逐步过渡到按家庭人口年均收入综合计征;将资本所得和临时性、偶然性所得如股权转让收入、稿酬收入、演出收入和彩票收入等一次性收入作为分类所得按次计算征税。

5、深化房地产税制改革。十八届三中全会明确提出"加快房地产税立法并适时推进改革"、"建立全社会房产、信用等基础数据统一平台,推进部门信息共享",这为下一步推进房地产税收改革指明了方向。为消除目前房地产税制繁复、重复征税和税负不公问题,应将现有的土地增值税、房产税、城镇土地使用税、耕地占用税和契税合并,统一设立房地产税。进一步扩大房地产税的征税范围,将农村和山区也纳入征税行列,并设置一定的免征面积。

6、改革资源税。应进一步扩大资源税从价计征品种的覆盖面,把有色金属、黑色金属资源税计征办法逐步由从量征收改为从价征收,并适当提高税负水平,对其他一些不宜从价计征的矿产资源也应适度提高从量计征税额。应实行区域差别化税收政策,鼓励资源就地深加工,减少运输过程的浪费和环境污染,保护资源富集地财政利益。还应适时将水资源、风资源、空气资源等纳入资源税征收范围,充分发挥资源税筹集财政收入、促进资源节约和环境保护的功能。

7、设立城乡建设发展税。为加强城市维护建设税、教育费附加、地方教育附加对地方城乡建设和教育发展的促进作用,建议将这三项税费简并为城乡建设发展税,包括随消费税征收并归中央的城市维护建设税、教育费附加,并进行改革,使其成为科学、完整、独立的地方税种。

8、开征环境保护税。首先应明确环境保护税的征收范围,可先选择防治任务较重、技术标准成熟的二氧化硫、废水、固体废物以及二氧化碳等税目作为征收对象,以应对气候变化和空气污染对国民福利所造成的损失。其次是配套制定企业实施环保的税收优惠政策,包括科研、购进设备及材料等支出允许税前抵扣、加计扣除等优惠措施,特别是要进一步推进费改税,不断减轻企业负担。

9、开征社会保障税。借鉴国外征收社会保障税的成功经验,探索建立社会保障税制。在提高统筹级次、统一筹资和待遇标准的前提下,按照"正税清费"和"分类规范"的原则,积极借鉴国外征收社会保障税的成功经验,继续清理整合行政事业性收费和政府性基金,逐步将社会保险费改征社会保障税,实行专款专用,从而为社会保障提供更加稳定可靠的财力支持。

10、取消烟叶税。烟叶税是过去农业特产税的残留,其收入占比很小,继续保留对财政意义不大。长期以来,我国烟草专卖局(烟草公司)处于行政垄断地位,控制烟草制品的批发与零售。在原材料供应的一端,由烟草公司按统一的计划价格来收购烟叶,再转售给各烟草加工企业。在整个烟草业产供销链条中,烟农处于链条的末端,基本没有选择市场与价格的权利。国家征收的烟叶税实际上几乎由烟农完全负担。取消烟叶税,可以减轻烟农负担。

(三)科学确定地方税主体税种,适当扩大地方税收收入规模

作为地方税主体税种必须有以下几个主要特征:税基较广,收入规模大,以满足地方政府支出的需要;具有适度的弹性,能随经济的增长而增长;由地方征管效率高,降低税收成本;税基流动性较差,避免因地区间税收负担的差异造成资源配置的扭曲;受益具有明显的地域性,税源的增长与地方政府提供的公共服务密切相关。据此,建议将消费税、个人所得税、房地产税确定为地方税主体税种。从长期来看,财产类税收是比较理想的地方税主体税种。目前,我国的财产税体系尚不完善,收入规模很小,未来随着房地产税的改革,有望将房地产税培育成地方税主体税种之一,但从房地产税可能实现的收入规模看,其作为省、市级地方政府主体税种并不现实,其收入规模和属性决定了其只能作为县、乡一级地方政府主体税种。从收入规模和税种属性看,个人所得税和消费税也应列为地方主体税种。由于个人收入取得和消费的地域性,决定了把个人所得税和消费税划为地方税并作为地方税主体税种培育是适宜的。个人所得税在发达国家基本上列为中央税,主要原因在于一方面西方国家以直接税为主体,另一方面在于高度现

代化税收管理手段的普遍运用,对个人税源实施了有效控制。而我国受经济发展水平、分配制度的制约,个人所得税的税源不大,其收入功能和调节功能相对较弱,并且其税源分散,征管难度大,实施税源有效控管难度也比较大,所以将其归属于地方是比较符合国情的。

按改革完善地方税种的配置方案,以 2014 年国内税收收入总额及各税种收入静态数据测算,改革后地方各税种收入占国内税收收入的比重为:消费税 7.67%,个人所得税 6.35%,房地产税(不考虑改革后收入规模的变化,仅考虑 2014 年房产税、土地增值税、城镇土地使用税、耕地占用税、契税等税种静态数据)约占 11.9%,车船税 0.47%,资源税 0.93%,城乡建设发展税(仅以现行城市维护建设税测算)3.14%,印花税 1.33%;企业所得税分率计征 40%占比为 8.49%,则地方税收收入占国内税收收入的比重为 40.28%,其中消费税、个人所得税、房地产税三个主体税种占地方税收收入的比重在 60%以上,其他辅助性税种和分率计征的共享税比重约为 40%左右。

**表二　改革完善地方税种后部分税种收入情况表**

**(以 2014 年国内税收收入总额及各税种收入静态数据测算)**

单位:亿元　%

| 项　目 | 收　入 | 占国内税收收入的比重 |
|---|---|---|
| 国内税收收入 | 116106.47 | 100 |
| 消费税 | 8907.12 | 7.67 |
| 个人所得税 | 7376.61 | 6.35 |
| 房地产税 | 13818.69 | 11.90 |
| 车船税 | 541.06 | 0.47 |
| 资源税 | 1083.82 | 0.93 |
| 城乡建设发展税 | 3644.64 | 3.14 |
| 印花税 | 1540 | 1.33 |
| 企业所得税 | 9856.88 | 8.49 |
| 地方税部分税种收入合计 | 46768.82 | 40.28 |

考虑到改革后的房地产税征税范围会有所扩大,新开征环境保护税,以及整合城市维护建设税和教育费附加、地方教育附加为新的城乡建设发展税,地方各税种收入规模会进一步扩大,再加上增值税地方分享 25%部分,地方税收收入占国内税收收入的比重预计接近 50%。

(四)优化地方税收征管

规范税收征管是地方税制改革的重要组成部分。而简化征管程序和提高征管质量,则有助于税法的贯彻实施,并使税收征管更加有效。首先,要本着"分权、分税、分征、分管"的原则,解决国税与地税部门在征管权限和征管范围上的交叉问题。对确需由国税部门代征、代管的少数地税征管业务,尽可能不要采用模糊而缺乏约束力的协商方式,而是要明确代理者应承担的责任并采取必要的监督制约措施。其次,要加强国、地税部门的协调与合作。如以金税三期(优化版)的推广应用为基础,建立以现代信息技术为支撑的税收征管体系,把税收征管的全过程都纳入信息管理的范畴,国地税共用信息平台,实现信息共享;建立国地税工作联系制度,明确相互联系的形式、环节和内容,定期进行资料的传递和交换;国、地税办税大厅实行联合办公,以降低纳税人纳税遵从成本,提高纳税人依法纳税的积极性。

课题组组长:关　礼

成员:蒙启华　李　伟　张星强

高丽峰　杨　静　刘石敏

# 从江浙两省税收分析看经济

浙江省地方税务局课题组

近年来,江苏省经济与税收一直保持持续快速的增长势头,并逐步拉大与我省的差距。为明晰差距所在,探究差异成因,本文以两省税收总量(不包含海关代征税款)为视角,对比两省经济发展,为我省的经济转型提供借鉴。

## 一、税收数据之现实观察

从总量看,江苏省持续拉开与我省的差距。近十年来,江苏省税收总量都高于我省,且差距正逐年扩大。2014 年江苏省税收总量为 10870 亿元,是我省税收总量(7491 亿元)的 1.5 倍,两省税收总量的差距为 3379 亿元。

表一　2008－2014 年浙江、江苏税收总量情况表

单位:亿元

| 年份<br>地区 | 2008 年 | 2009 年 | 2010 年 | 2011 年 | 2012 年 | 2013 年 | 2014 年 |
|---|---|---|---|---|---|---|---|
| 浙江省 | 3677 | 4085 | 4943 | 5943 | 6402 | 6881 | 7491 |
| 江苏省 | 4725 | 5359 | 6633 | 8095 | 8900 | 9828 | 10870 |
| 差距 | 1048 | 1274 | 1690 | 2152 | 2498 | 2947 | 3379 |

从增幅看,江苏省税收增幅一直高于我省。2006－2014 年,江苏省税收年均增幅达 18.5%,我省为 15.4%,两省相差 3.1 个百分点。在金融危机后,我省利用快速转型升级的优势,增幅差距有所缩小,而江苏省也能较快地稳住下行趋势,并始终保持稳定的增幅优势,仍在拉大与我省税收总量的差距。

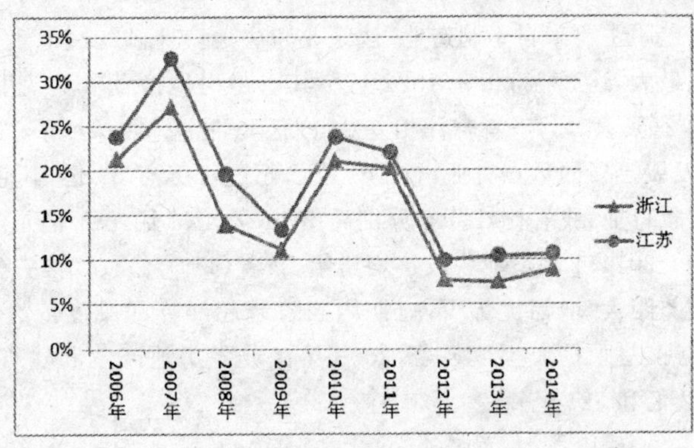


图一　2006－2014 年浙江、江苏税收增幅情况图

表二　2008－2014 年浙江、江苏税收增幅情况表

单位：%，百分点

| 地区＼年份 | 2008 年 | 2009 年 | 2010 年 | 2011 年 | 2012 年 | 2013 年 | 2014 年 |
|---|---|---|---|---|---|---|---|
| 浙江省 | 13.9 | 11.1 | 21.0 | 20.2 | 7.7 | 7.5 | 8.9 |
| 江苏省 | 19.6 | 13.4 | 23.8 | 22.0 | 10.0 | 10.4 | 10.6 |
| 差距 | 5.7 | 2.3 | 2.8 | 1.8 | 2.3 | 2.9 | 1.7 |

从税种看，两省税收差距主要集中在营业税和增值税。2014 年，江苏省税收总量高出我省 3379 亿元，其中营业税就比我省多 998 亿元，占总差距的 29%；其次为增值税，相差 885 亿，占总差距的 25%，两者合计占总差距的 54%。

营业税总量的差距主要归结于两省建筑业、房地产业发展上的差距，2014 年江苏省建筑业、房地产业营业税合计 1391 亿元，我省为 572 亿元，相差 819 亿，占两省营业税总体差距的 82%；增值税总量的差距主要因两省制造业发展上的差距，2014 年江苏省制造业增值税 2411 亿元，我省为 1709 亿，相差 702 亿，占两省制造业税收总量差距的 79%。

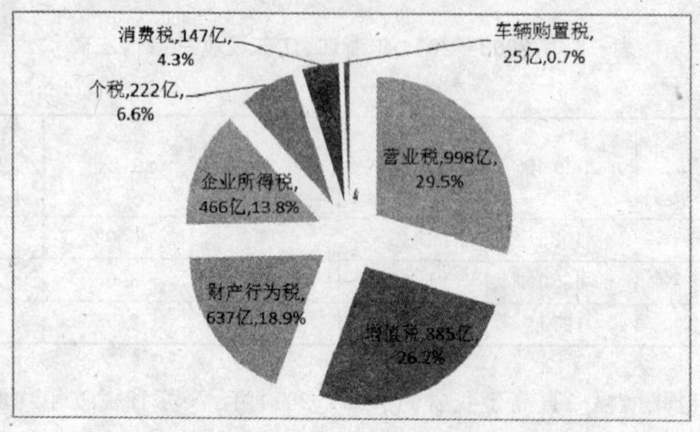


图二　2014 年浙江、江苏税收总量差距分税种占比情况图

从行业看，两省税收差距主要来自于制造业、建筑业和房地产业。2014 年我省与江苏省税收总量的差距中，制造业税收占比最大，达 39%，相差 1322 亿。其次是房地产业和建筑业，分别相差 822 亿、521 亿元，分别占总量差距的 24%、15%，三者合计相差 2666 亿元，占总量差距的 79%。信息传输、软件和信息技术服务业作为我省发展迅猛的重点行业，行业税收已超过江苏省 57 亿，其它还有文化、体育和娱乐业、卫生和社会工作以及教育业，我省比江苏省分别高出 11 亿元、3 亿元、1 亿元。

从增幅角度看，2009－2014 年制造业税收年均增幅，我省(11.3%)较江苏省(11.1%)高出 0.2 个百分点，但因制造业税收基数差距大，增幅优势少，短期内我省赶超江苏的难度依然较大。从差距变化角度看，房地产业和建筑业税收差距扩大幅度显著，2008 年江苏省房地产业和建筑业税收均高出我省 102 亿，到 2014 年已高出 822 亿和 521 亿。

## 二、经济原因之探索分析

近年来江苏省地区生产总值一直高于我省，2009－2014 年江苏地区生产总值年均增长 10.8%，我省为 8.9%，至 2014 年江苏省地区生产总值达 65088 亿元，是我省(40154 亿元)的 1.6 倍，与江苏税收总量

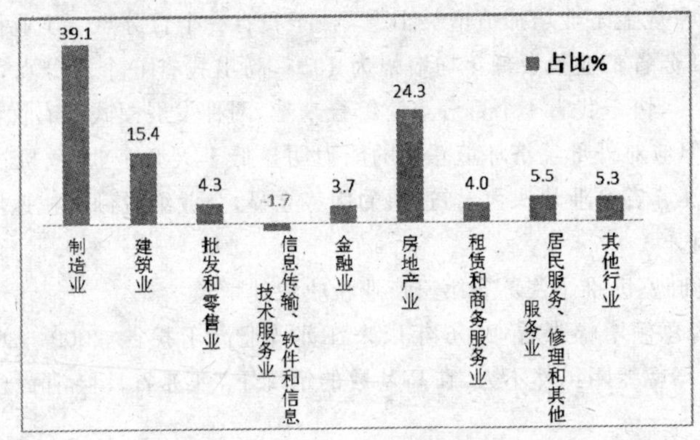


图三　2014 年浙江、江苏税收总量差距分行业占比情况图

为我省 1.5 倍基本匹配。经济增速的差距决定了税收增速的差异，具体从税收差距最大的四个行业（制造业、房地产业、建筑业、批发零售业）来看：

（一）固定资产投资的巨额优势提高了江苏省房地产业、建筑业的税收贡献度

固定资产投资是推动经济税收增长的一大动力。长期以来，江苏省固定资产投资额增幅普遍高于我省，直到 2011 年开始转由我省领跑，但前期积累的基数差距大，而增幅优势小，2011－2014 年我省年均新增投资额约 3000 亿，江苏省近 4600 亿，可见短期内较难缩短绝对额的差距。2014 年，江苏省固定资产投资额（41553 亿）已达我省（23555 亿）的 1.8 倍，高于地区生产总值的差距比值。2014 年，江苏省商品房销售面积为 9847 万平方米，是我省（4677 万平方米）的 2.1 倍。2014 年江苏房地产业和建筑业税收（2787 亿元）为我省（1444 亿元）的 1.9 倍，与固定资产投资额的比值基本匹配。固定资产投资额的差距，使得我省房地产业、建筑业税收贡献度不及江苏省，2009 年以来房地产业、建筑业税收合计拉动江苏省税收年均增长约 4.3 个百分点，而我省约为 2.3 个百分点，这是江苏省税收持续高增长并拉开与我省税收总量差距的主要因素之一。

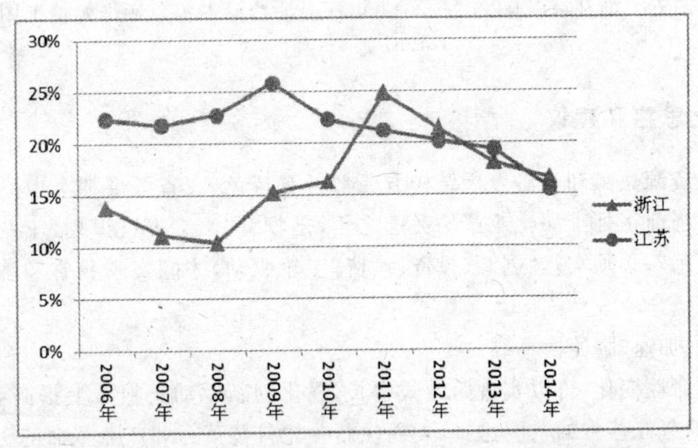


图四　浙江、江苏 2006－2014 年固定资产投资增幅情况图

（二）企业抗风险能力江苏省强于我省

一直以来，我省致力于发展民营经济，小企业、民营企业、个体工商户居多，而江苏省拥有良好的工业基础，大中型企业、外资企业数量较多，企业规模更大。2014 年，江苏省规上工业企业总户数为 46975 户，较我省多 8454 户，规上工业企业户均资产、户均利润分别为我省的 1.3 倍、2 倍。同时，规上工业增速

快于我省，2014年江苏省规上工业增加值增长10%，快于我省3个百分点。工业投资额拉开的差距更为明显，2009－2014年，江苏省工业投资额年均增幅为19%，高出我省6个百分点，其中2014年的工业技改投资，江苏省增长20%，快于我省4个百分点。综合来看，两种发展模式各有优劣，中小企业面广量大，发展空间和潜力较大，但应对外部经济坏境恶化的能力明显低于大型企业，危机过后数年我省民营经济企稳回升的态势较弱，江苏省企业块头大、增速快的优势立显，企业纳税额的快速增长也是拉大与我省税收总量差距的重要原因。

（三）社会消费市场旺盛助推了江苏省第三产业税收快速增长

从社会消费品零售总额增幅来看，2006年以来江苏普遍高于我省，2009－2014年江苏年均增幅为15.4%，我省为14.9%，增幅差距虽然不大，在高基数的情况下，江苏省社会消费总量仍能较快地拉大与我省的差距。

消费增速的差距直接导致批发零售业等第三产业税收的差距，2009－2014年，江苏省批发和零售业税收实现了年均12.4%的快速增长，高出我省（10.5%）1.9个百分点；同期，江苏省第三产业税收年均增幅为18.4%，高出我省（14%）4.4个百分点。

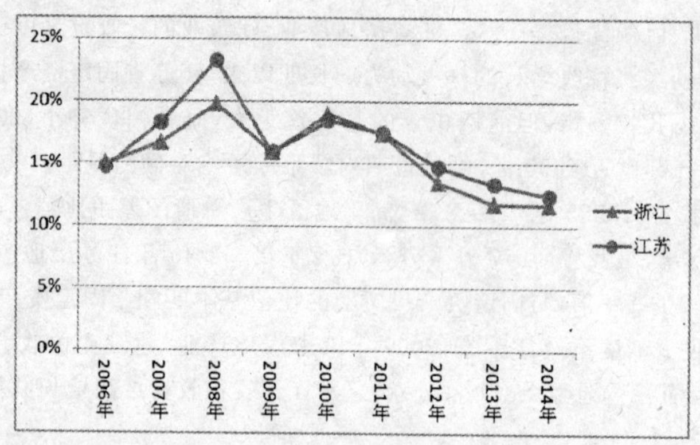


图五　浙江、江苏2006－2014年社会消费品零售总额增幅情况图

## 三、促进发展之思路和建议

我省与江苏省在资源禀赋和经济发展结构方面都各有特色，我省既要树立“标兵”，更要坚持符合浙江特色的发展思路。当前正处于深化改革的关键之年，是收官“十二五”、谋划“十三五”的承上启下的关键时期，面对“标兵渐远”，必须实行“创新、投资、消费”多轮驱动，才能实现我省经济税收协调发展、奋勇直追。

（一）强创新驱动，加速“腾笼换鸟”

创新可以带来革命性变化，可以实现跨越式增长，强化创新驱动是根本上提高我省企业素质的必由之路，也是实现快速追赶江苏省的首要途径，要抓住新一轮科技革命和产业革命的历史机遇，着力形成万众创新的良好格局，大力推动新兴战略产业的创新，逐步替代低端产业；要吸引培育研发设计队伍，激发创新动力；要加快建立政府推动、社会参与、市场运作的融资创新服务体系，为创新型企业搭建集创业辅导、人员培训、管理咨询、技术指导等服务于一体的综合平台，着力推动我省企业由“低、散、弱”向“高、精、优”迈进，由“浙江制造”向“浙江创造”转变。

（二）扶龙头企业，抓大型项目

大企业、大项目具有抗风险能力强、带动作用强、税收贡献强的特点，和江苏相比，我省工业的质量和效益尚未较大差距。2012年，我省规模以上工业增加值率为18.6%，明显低于江苏的22.2%；劳动生产率为15.1万元/人·年，明显低于江苏的24.4万元/人·年；主营业务收入利润率5.4%，也低于江苏的6.1%，而我省“阿里系”十户企业2014年就缴纳税收97亿元。为此，下一步，要坚定不移地扶优扶强，打造龙头企业集群，着力引进体量大、带动力强、持续发展能力强的大项目、大产业，支持企业加快技术研发和产业转化，大力培育发展名企、名品、名家，形成一支大企业、大项目的“浙江队”，放大带动引领效应。

（三）扩有效投资，增加发展能量

要抓住“互联网＋”时代的机遇，立足“五水共治”、“四换三名”、浙商回归，齐心协力抓投资，打好转型升级组合拳；发挥产业基金作用促进信息经济、金融、高端装备等七大产业的发展，打造优势产业集群，推进特色小镇建设；提振社会投资信心，提高民间企业投资比重，盘活用好民营资本，拓展投资资金来源渠道，形成多方共举齐抓投资的良好局面，为我省发展增加源动力，推动浙江经济企稳向好。

（四）稳住房消费，挖市场消费潜力

要大力稳住房消费，积极消化存量压力，要坚持分类指导，因地施策，落实好首付款比例和贷款利率政策等措施，要利用好房地产市场去泡沫时期，引导房价趋于理性健康，促进房地产市场平稳发展，给城镇居民可支配收入“松绑”；同时加快推进城镇化发展，不断完善社会保障，释放农民消费潜力，双管齐下激发消费市场活力；积极壮大信息消费渠道，为消费者提供更加多元化的产品服务，有效促进我省消费结构朝更高层次转型升级。

课题组组长：劳晓峰

# 加快"互联网+税务"建设的若干思考

于智广

互联网技术的快速发展，以其预想不到的方式改变了人们的生产、工作和生活。国务院正式将"互联网+"纳入国家行动计划，上升为国家战略，在全国掀起了一股势不可挡、争先恐后的改革浪潮，必将对包括税收管理在内的各行各业产生革命性、颠覆性、划时代的深刻影响和根本变革。国家税务总局对税务系统加快推进"互联网+"行动高度重视，要求各级税务机关加强研究部署，积极探索推进"互联网+税务"建设，为我们下一步推进"互联网+税务"建设统一思想、找准定位、理清思路、加快发展奠定了良好的基础。

## 一、深刻认识"互联网+"对税收工作带来的挑战

"互联网+"深刻影响着经济运行方式、社会组织形式和人们的行为模式，也对税收工作带来了全方位的挑战，主要表现为：

在管理方面。"互联网+"是打造大众创业、万众创新和增加公共产品、公共服务双引擎的重要推动力，将推动税收工作理念和方式发生革命性变革。这客观上要求广大税务干部进一步加深对"互联网+税务"建设的重要性、必要性和紧迫性的认识和体会，转变传统管理理念，积极探索"互联网+"的工作规律和发展特点，善于运用"互联网+"来充分听取民意、凝聚民心、集中民智，增强税收工作的透明度和公信力，不断提升税收管理水平。

在执法方面。"互联网+"的发展，电子商务、互联网金融等新兴业态的迅速崛起，促进了市场主体的日益多元化、经营网络化、产品虚拟化、交易隐蔽化，使得传统管理方式难以实施有效监管。客观上要求税务部门加强对涉税信息资源的共享整合，着力打破内部和外部的信息孤岛，强化信息资源的挖掘、利用和增值，为提高税收管理和服务效能提供有力的支撑。特别是要通过风险分析指标和风险分析模型对海量数据进行深度挖掘和利用，提高分析模型的科学性和分析结果的有效性。

在服务方面。"互联网+"的推进，也暴露出纳税服务方面存在的诸多问题和不足，主要是服务方式的创新难以跟上时代的快速发展，部分纳税人个性化需求无法满足，税企互动方式亟需多元化，与建立移动互联、为纳税人提供如影随行的全方位服务体验的要求还有很大差距。如在支付宝、微信支付已成为常见支付手段的情况下，税务部门的网上缴纳税款仍主要依赖于银行转账，缴款方式过于单一，无法满足纳税人多元化支付方式的需求。

## 二、牢固树立适应"互联网+税务"建设的思维方式

面对"互联网+"这股势不可挡、争先恐后的改革浪潮，我们惟有科学判断形势变化，准确把握时代要求，转变思想观念，转换思维方式，加快推进符合本地实际的"互联网+税务"建设，才能在"互联网+"的改革大潮中争得主动，抢得先机，赢得未来。

(一)牢固树立"用户思维"

用户是"互联网+"的直接受益者，"互联网+税务"的效果如何，纳税人和税务干部最有发言权。因此，在推进"互联网+"建设的过程中，一方面，要牢固树立纳税人至上的理念，以纳税人需求为导向，从纳税人

的视角去思考问题，掌握“用户”意向，提升“用户”体验，响应“用户”诉求，把纳税人办税是否更方便、更快捷、更经济作为我们“互联网＋”建设的根本衡量标准，努力为纳税人提供从“足不出户”到“如影随行”的服务体验，不断提高纳税人的满意度和税法遵从度。另一方面，要从税收管理工作实际出发，努力通过“互联网＋”建设，使税务人员从大量重复性、机械性的手工操作中解放出来，既减轻干部负担，又规避执法风险，切实满足税务干部各项管理需要，全面提升税务机关的服务和管理水平。

（二）牢固树立“跨界思维”

“互联网＋税务”不是互联网和税务的简单相加和组合，而是通过互联网来改造传统税收管理模式，促进税收管理的升级换代。因此，要牢固树立“跨界思维”，进行换位思考，从互联网的角度来重新审视和评估我们的税收管理理念、管理方式、管理手段、管理目标，积极探索税收管理模式创新，充分利用好互联网技术发展的最新成果，加快互联网与税收管理体系的深度融合，促进税收管理创新供给和管理资源整合，努力构建面向纳税人的一体化税收管理体系，使互联网技术在税收管理中最大限度地发挥其应有的作用。

（三）牢固树立“大数据思维”

经过多年的信息化建设，税务机关积累了大量的数据资源，这些数据已经成为我们的核心资产和巨大财富。如何实现对海量数据的深度挖掘和综合应用，更好地辅助税收以及经济、社会决策，将成为税务机关在国家治理体系和治理能力建设过程中的关键竞争力乃至核心竞争力。大数据是云计算、物联网之后IT行业又一大颠覆性的技术革命，为我们深度挖掘利用数据资源提供了有力的工具和手段，必将成为未来“互联网＋税务”建设的重点和方向。因此，在“互联网＋”的建设过程中，要更加注重运用大数据的先进理念、技术和资源，通过信源整合化、数据规范化、分析相关化、研判跨域化、发布共享化，有效挖掘利用数据信息，科学指导税收管理决策，降低行政管理成本，努力实现税务治理体系和治理能力现代化。

## 三、深入推进“互联网＋税务”建设的重点工作

“互联网＋税务”工作的目标是实现税收的现代化，它要求我们紧密围绕目标，充分利用互联网思维和技术，以满足纳税人需求为导向，以管理、执法、服务为着力点和切入点，以规范高效的管理体制为支撑，着力打造线上掌上方便快捷的纳税服务新方式，充分发挥信息技术的乘法效应和聚变效应，最终提高纳税人遵从度和纳税人满意度。

（一）创新管理方法，抢占“互联网＋管理”新高地

1、推进“互联网＋”与管理的深度融合。积极推进“互联网＋”与管理各方面的深度融合。一是拓展电子政务应用。依托现代信息技术，力争建立起覆盖管理全流程的电子政务体系，确保行政运转的全程记录、公开透明、痕迹可查、效果可评，实现办公电子化、无纸化、自动化、网络化，推进行政管理的现代化。二是健全完善内控机制。适应信息技术的发展，不断明晰和优化部门、岗位职责，深化惩防体系建设。三是落实系统运维责任。加强系统的运行维护工作，不断对系统进行完善，为用户提供高效便捷的服务体验。

2、创新人才管理模式，重视复合型人才培养。“互联网＋税务”建设的怎么样关键在人才，抓住人才才能抓住未来。一是充分运用信息化技术，将现有的人才配置模式在互联网上进行重构，建立覆盖各业务领域的人才库，根据工作的需要和个人能力划分到不同的团队，建立可跨界、可协作、可融合的使用模式。二是打造过硬的“互联网＋税务”人才队伍。有针对性的加强教育培训，提高全体人员对“互联网＋税务”的理解力和运用大数据发现问题解决问题的能力，提高税收执法效能和办案质量。注重对既精通税务又精通互联网的复合型人才培养，为“互联网＋税务”建设提供强有力的智力支持。

（二）强化数据支撑，启动“互联网＋执法”新引擎

1、强化数据共享利用。提高数据的共享利用程度对深入开展税收监管工作具有重要意义。一是采取切实行动，贯彻落实相关信息共享利用方面的法律法规。认真研究《海南省税收保障条例》，细化责任，深化

落实，研究税务数据如何与其他单位共享，以及我们对外单位数据的需求层次，从具体操作层面研究制定相关的实施办法。二是不断提高数据的利用程度。依托我局开发的数据管理信息平台，组织专业人员，深入挖掘，最大化数据的利用价值。微观层面优化风险监控，堵塞征管漏洞，提高税收质量，进一步加强对电子商务领域税收风险的管理工作，进一步扩大股权转让信息的监控范围；宏观层面服务宏观决策和经济社会发展，为领导决策提供依据。

2、强化税收风险管理。“互联网＋”的浪潮，给税收风险管理带来了新的发展机遇，大数据技术的应用，使得强化税收风险管理具备了条件。一是强化风险防控中心职能作用。依托大数据技术和完备的数据仓库，充分发挥风控中心在风险分析、统筹应对等工作中的核心枢纽作用。二是加强大数据背景下的税收分析工作。深入挖掘利用，让大数据真正地服务于一线税收风险管理的需求，从涉税信息的分析比对中，及时发现纳税人的涉税风险点和税收管理服务中的风险点。不断优化风险分析模型，提高分析结果的命中率。三是提升大数据辅助风险应对的能力。依托我局完备的数据仓库和自行开发的税收风险应对信息管理系统，将风险分析来源、稽查来源、审计来源、市县局提交来源、自查来源等五种来源任务进行统筹，综合考虑纳税人风险程度和应对部门人力资源配置情况，将其分别推送给稽查、审计、纳税服务等部门进行应对，利用大数据完善对风险应对全过程的监控、风险应对结果的分析评价、风险应对结果的反馈等，实现大数据背景下风险管理各环节首尾相连，环环相扣，阳光下运行。

（三）创新服务観点，打造“互联网＋服务”新品牌

1、构建“三位一体”的纳税服务新格局。用互联网思维重构我们的纳税服务，打造智能高效运行的税务局。一是深化实体办税服务。推进全智能办税服务厅建设，将实体办税服务厅建成网上税务局的坚实后盾和体验中心，将实体办税窗口打造成智慧税务的窗口；二是优化网上办税体验。完善网上办税功能，力争实现所有涉税事项都可以通过网上办理，真正实现足不出户办理各项业务；推行用户需求分析机制，通过大数据汇总分析，了解掌握网上办税系统的改进方向；跟进技术服务，全天候立体式的技术服务保证网上办税系统的7×24小时正常运行。三是完善移动办税功能。打破技术屏障，延伸办税触角，完善基本办税功能，持续开发智能语音办税、影像资料实时上传等特色应用，不断提升用户粘性，给纳税人提供触动指尖即“能看、能听、能说、能办”的服务体验。四是强化实体、网上、移动办税系统间的互联互通。突出“用户思维”，以纳税人需求为导向，整合线上线下掌上资源，加强互联互通，融合办税服务边界，推动纳税服务的集约化和高效化，提升纳税体验。

2、满足“私人定制”的纳税服务新要求。“互联网＋”带来的纳税人类型多元化、业务多样化，必然导致服务需求的多元化；随着纳税人维权意识的增强，服务需求层次的提高，其涉税需求也越来越个性化。探索个性服务按需订制，推进涉税需求在线征集，以及对纳税人办税和咨询信息的智能化分析，掌握纳税人的个性化需求，将量体订制的纳税事项提醒、税收风险提示、税收政策资讯等个性化服务，及时推送给纳税人。利用大数据技术，分析纳税人的偏好和习惯，在用户界面、操作体验上因需而变，有的放矢，为纳税人打造“我的税务局”。

3、创造“沟通无限”的税企互动宽渠道。在充分利用税企通、QQ群、微信群等税企沟通渠道的同时，充分考虑增加涉税业务办理过程中的税企互动。在网上办税系统开辟专栏，方便纳税人和税务工作人员在线实时沟通；在视频培训纳税人的过程中，增加纳税人与视频内容实时互动，将纳税人发送的简短评论，以滚动、停留甚至更多动作特效的方式出现在视频上，增加用户在学习中的沟通交流。

（作者单位：海南省国家税务局）

# 关于基层税务机关全面推进依法治税的思考

张曙东

依法治税作为依法治国在税收领域的具体体现，是国家治理现代化的重要内容，是适应经济新常态的迫切需要，是全面深化改革的必然要求。基层税务机关是依法治税的落脚点，必须认真贯彻落实国家税务总局关于全面推进依法治税的指导意见，立足税收工作和队伍建设实际，将依法治税要求贯穿于各项税收工作全程，始终坚持依法征税、依法管理、依法服务、依法带队，在更高层次更高水平上推进法治税务建设，为实现税收现代化提供法治保障。

## 一、坚持依法征税，铸牢依法治税之魂

依法征税是基层税务机关的天职。各项税收职能作用的发挥，无论是组织税收收入、宏观经济调控，还是调节收入分配，都要通过征税来实现。基层税务机关要把依法征税作为依法治税的核心，始终坚持税收法定原则，严格依据国家税收法律法规征收税款。

(一)依法组织税收收入

严格按照法定范围征税，明确课税征收的法律界限，对应税项目要依法征收，非应税项目坚决不征，不得擅自扩大或缩小征收范围；严格按照法定税率征税，准确把握征收的比例或额度，做到征之有度，足额入库；严格按照法定时限征税，既确保当期实现税款及时入库，又杜绝提前征收、延缓征收等人为调节收入现象；严格按照法定级次征税，防止混淆入库级次、擅自截留、挪用税款等现象，确保各级财政资金依法有序分配。特别是在今年经济下行压力依然较大、税收形势比较严峻的情况下，既要抓紧抓好组织收入工作，采取有效措施，挖潜堵漏增收，努力完成全年税收任务，又要严格依法组织收入，绝不能因税收任务吃紧而收过头税。

(二)依法落实税收优惠

围绕加快建设开放富裕和谐美丽宁夏大局，不折不扣地落实国家关于西部大开发、出口退税、起征点提高等各项税收优惠政策，特别是落实好小微企业、创业就业、对外贸易、扩大内需、环境保护等方面的税收优惠政策，该减的减，该免的免，该抵的抵，该退的退，从稳增长、促改革、调结构、惠民生等层面服务全区社会经济发展。同时，要切实加强减免税管理，严格按照法定范围、条件和权限减免，有效防止税收优惠政策滥用和越权减免税，真正发挥税收优惠政策调节作用。

(三)依法保障税收实现

在组织收入过程中要注重税收权利义务实体合法和具体征税行为程序合法的有机统一，在严格执行各税种法律法规等税收实体法的同时，对纳税申报、税额核定、税款征收、代收代缴、代扣代缴、税收保全、税收强制等组织收入工作的各个环节，都要严格按照税收征管法及实施细则等税收程序法规定的权限、程序规范操作，既有效运用法定手段保障国家税收实现，又依法维护纳税人的合法权益。

## 二、坚持依法管理，夯实依法治税之基

依法管理是税收工作的永恒课题，也是依法治税的重要基础。基层税务机关应将依法治税要求落实

到税收行政和业务管理的各领域，扎实推进依法行政，始终坚持依法办事，不断提升税收工作管理法治化水平，为全面推进依法治税奠定坚实基础。

(一)依法推进科学民主决策

进一步健全依法科学民主决策机制，将重要工作决策部署、重要制度办法制定、重大税务案件审理、重要人事任免、重大项目安排和大额资金使用等事项纳入重大决策范围，建立健全重大决策调查研究、合法性审查、责任追究机制和法律顾问制度，对涉及纳税人切身利益或对税收管理具有重大影响的事项要采取公众参与、专家论证、风险评估、集体讨论决定等法定程序，努力做到决策前有可行性调研论证，决策中有合法性审查把关，决策后有激励性评估问责，不断提高依法科学民主决策水平。

(二)依法实施税务行政审批

认真贯彻落实国务院关于推进简政放权、放管结合、职能转变工作的部署要求，继续深化税务行政审批改革。按照法无授权不可为、法定职责必须为的原则，把该取消的审批事项彻底取消，把该下放的审批权限下放到位，不能以加强管理为由擅自设立审批、明放暗不放、上放下不放或变相审批；同时结合税务审批改革和税收征管实际需要，把该衔接的后续管理衔接起来，把该严格的监管措施严格起来，不能以简政放权为由一放了之、放任自流，切实做到审批项目减少而管理力度不减，审批程序简化而事后监管不松，审批效率提高而管理标准不降。

(三)依法规范日常税收管理

认真贯彻实施税收征管法、发票管理办法及其实施细则和税务登记、税收票证、纳税申报、纳税评估、风险管理、税务稽查、行政处罚等方面的税收管理法规制度办法，积极推行税收征管、出口退税、国地税合作等业务规范。按照总局统一部署，推行税收执法权力清单制度，不断规范统筹进户执法和税收执法自由裁量权，依据法定权限履行职责，运用法治方式强化征管，遵循统一标准开展执法，按照制度流程规范操作，有效杜绝税收管理中随意性、选择性、多头执法等问题，全面规范税收征管行为，切实提升税收征管质效。

(四)依法维护税收公平公正

把公平公正的法治精神体现到税收管理执法始终，在执法理念上崇尚公平，坚持纳税主体法律面前人人平等，对所有的纳税人都一视同仁；在执法尺度上体现公平，对同等条件、同等情形的纳税人适用相同的税收政策，核定相同的税收定额，采取相同的征管标准，实施相同的处罚措施，公平公正地行使税收执法权和自由裁量权；在激励惩戒中保障公平，根据纳税人诚信纳税情况开展纳税信用管理，对税法遵从度较高的纳税人在税收征管、办税服务、“银税互动”贷款等方面实行守信激励，对税法遵从度较低的纳税人在发票领用、退税审核、纳税评估、税务检查等方面采取更为严格的惩戒措施，积极营造公平公正的税收环境。

## 三、坚持依法服务，突出依法治税之要

纳税服务是税务部门的核心业务，必须体现依法治税的原则要求。基层税务机关要注重运用法治思维衡量、规范和引领纳税服务，从办税服务、税收宣传、税务救济等方面着手，不断提升纳税服务满意度和纳税人税法遵从度，为推进依法治税营造良好氛围。

(一)依法优化纳税服务

以推行全国税务机关纳税服务规范为契机，按照统一的服务流程、办理时限和资料报送要求，对税务登记、税务认定、发票办理、申报纳税、优惠办理、证明办理等涉税事项实行标准化服务；以已经正式上线的金税三期工程优化版为平台，大力推行“互联网＋税务”，因地制宜地加强电子税务局建设，依托信息技术手段实行多元化服务，既方便纳税人，又方便税务人；以便民办税春风行动为载体，认真落实首问责任、领导值班、办税公开、一次性告知等纳税服务制度，积极开展导税服务、延时服务、限时服务、提醒服务、预

约服务等优质服务，进一步扩大免填单和同城通办范围。

(二)依法开展税法宣传

按照税收征管法的规定和纳税服务规范明确的流程，立足税收法律法规的实施需要和纳税人的实际需求，综合运用办税服务厅、纳税人学堂、12366热线、门户网站、手机短信、微博微信和各类新闻媒体，开展全方位、多渠道、立体化的税法宣传，使各项税收政策法规在出台前有广泛宣传，颁布后有跟进解读，执行中有培训辅导，咨询时有准确回复，通过深入细致的宣传咨询辅导服务，引导纳税人和社会公众尊崇税法、知晓税法、遵守税法。

(三)依法实施法律救济

牢固树立征纳双方法律地位平等的理念，关注纳税人合理诉求，倾听纳税人意见建议，畅通纳税人投诉受理和解决渠道，尊重纳税人的知情权、陈述权和申辩权，积极探索柔性执法管理方式，努力构建平等信赖合作的税收征纳关系。主动适应税收管理向税收治理转变的新形势，认真落实行政复议法、行政诉讼法、行政赔偿法和行政听证制度，依法保障纳税人申请行政复议、提起行政诉讼、请求行政赔偿和要求举行听证等权利，发挥行政复议解决税收争议的主渠道作用，积极做好税务行政应诉工作，有效处理税收纠纷，妥善化解征纳矛盾，切实维护纳税人合法权益。

## 四、坚持依法带队，培植依法治税之根

按照法治要求加强干部队伍建设是全面推进依法治税的应有之义，税务人员的法治素养是决定依法治税水平的关键因素。基层税务机关要把依法带队作为依法治税的根本，将法治理念融入干部教育、选拔和管理的全过程，着力培养一支带头学法、严格执法、模范守法的干部队伍，为推进依法治税提供有力保证。

(一)依法培训干部

认真贯彻落实《公务员法》《教育培训工作条例(试行)》关于培训对象、培训内容、培训方式和培训时间的规定，依法实施分级分类教育培训，把教育培训作为税务部门的法定职责来履行，作为税务干部的法定权利来保障。围绕领导干部、业务骨干和一线干部等不同群体的岗位需求加强学习培训和岗位锻炼，全面提升干部职工的综合素质和岗位技能。要把干部法治素养摆在与政治素养、业务素养、文化素养同等重要的位置，加大依法行政知识教育培训力度，引导税务人员弘扬法治精神，增强法治观念，提高运用法治思维和法治方式推动工作、解决问题的能力。

(二)依法选任干部

严格按照《党员领导干部选拔任用条例》规定的原则、条件和程序选人用人，进一步完善选人用人机制，坚持公平公正竞争择优原则，严肃人事工作纪律，树立正确用人导向，真正把综合素质高、业务能力强、法治素养好、工作绩效优、工作作风实的优秀干部选拔出来，根据岗位需求和干部特点统筹安排使用，进一步充实、优化和加强各级班子，为全区国税工作提供组织人才保证。

(三)依法管理干部

以《党内监督条例(试行)》《党员领导干部廉洁从政若干准则》《公务员处分条例》等党纪国法和税务系统干部监督管理制度为依据，全面落实从严从实加强税务干部管理责任和党风廉政建设“两个责任”，综合运用巡视审计、行政监察、执法督察、督查督办、绩效管理、年度考核、明察暗访、案件查处、责任追究等各种手段，从履职尽责、廉洁自律、纪律作风等方面入手，对干部职工实施严格管理、严格监督、严格约束，重点加强各级领导班子和领导干部监督管理，深入开展“三严三实”专题教育活动，切实强化税收执法权和行政管理权日常监督，持续推进作风建设，努力形成风清气正、干事创业的良好氛围。

(作者单位：宁夏回族自治区国家税务局)

# 培育发展高层次创业创新人才的税收政策研究

浙江省地方税务局课题组

人才是竞争之本、转型之要、活力之源。在经济全球化、新科技革命推动下,高层次创业创新人才竞争已成为国与国之间、地区与地区之间、城市与城市之间竞争的核心。2015年,省政府进一步提出要加快形成创新带动就业、创业促进创新的体制机制,使浙江成为全国高端人才创业创新高地的要求。本文从税收政策支持的角度,在借鉴国际经验的基础上,研究培育发展高层次创业创新人才的问题,以期更好地发挥税收职能作用,加快高层次创业创新人才的培育。

## 一、地税助推培育发展人才措施及成效

浙江省地税系统深入贯彻实施《浙江省人才发展"十二五"规划》、《浙江省中长期人才发展规划纲要(2010－2020年))》等重大人才规划和政策,认真组织收入,积极落实相关税费政策,助推创业创新人才的培育。

2012－2014年,全省地税系统累计组织各项收入达到15305亿元,其中税收收入9321亿元。2015年前三季度,全省地税部门共组织入库各项收入4957亿元,同比增长11.8%,其中:税收收入2918.4亿元,同比增长7.8%,为全省引进培育和发展人才提供了有力的财力保障。

2012－2014年,全省地税系统积极落实有利于人才培育和发展的企业所得税、个人所得税等一系列税收政策,其中落实企业研发费用加计扣除金额共183.8亿元,落实创投企业抵扣应纳税所得额1.30亿元,非货币性资产投资分期缴纳个人所得税备案45笔,纳税人分期缴纳个人所得税1.45亿元,有效促进了全省人才队伍不断壮大,创业创新激情不断提升,创新型企业不断涌现。

截至2014年,浙江省人才资源总量达到800万人,人才资源占人力资源总量的比重达到20%。全省已有超过300家省级创新型试点示范企业,4000家高新技术企业,其中国家创新型(试点)企业40家,居全国前列。省创新型试点企业中有80余家上市公司。

## 二、现行税收政策存在的主要问题

纵观现行税收政策,虽然在支持创业创新人才方面取得了一定效果,但也存在不少问题,制约了创业创新人才进一步培育和发展。

(一)扶持初创阶段企业和个人政策少

目前,我国激励企业创新政策中75%以上采取直接优惠,直接优惠的受益对象多为能够和已经获得创新收益的企业,是事后利益的让渡。对于亟待更新改造的企业、正在进行研究开发或处于成果转化阶段的企业和个人,由于其效益尚未充分体现,间接优惠更为有效,而目前税收政策对提取风险准备金、技术开发准备金和新产品试制准备金等不允许进行税前扣除,不利于降低企业和个人创业创新风险。

(二)鼓励企业使用专业人才措施少

目前,税收优惠政策主要以企业为受益对象,对专业技术人才专门的税收优惠政策仅限于技术创新、科技转化和获得奖励的优惠。优惠政策还偏向有形产出,只有取得技术转让、技术开发业务和与之相关

的技术咨询、技术服务业务收入、实现科技成果转化及符合条件的奖金的人员才能享受优惠;对于大多数从事专业技术并以薪金为主要收入的人才,缺少相关税收优惠政策。

(三)相关税收政策门槛高享受面不宽

一是现行个人所得税法中关于高层次创业创新人才取得的收入的免税项目仅限于省级人民政府、国务院部委和中国人民解放军军以上单位,以及外国组织、国际组织颁发的科学、教育、技术等方面的奖金,而对省级以下部门以及企业颁发的重大成就奖、科技进步奖没有相应的免税规定,门槛过高,享受面太小。二是对个人以技术成果等入股、中小高新技术企业以盈余积累转增个人股本及高新技术企业转化科技成果给予相关技术人员的股权奖励3项政策,目前实行的均是不超过5年内分期缴纳,由于这些行为一般均没有现金流,对科技人员来说仍存在一定资金压力。

(四)区域性税收政策仍存在不平衡

近年来,国家不断深化改革,给予了某些综合试验区、科技园区等先行先试地区特殊的税收政策,有利地促进了这些地区的发展,但另一方面产生了洼地效应,特别是直接针对具有高度流动性的人才政策,吸引了大批人才流向这些试点地区。尽管近年来,这些政策正逐步推向全国,但由于工作粘性,原有政策造成的洼地现象一时难以消除。

## 三、相关税收政策的国际借鉴

世界各国都根据自身实际,采取了多种税收政策来培育发展人才,其政策的主要特点有以下几个方面:

(一)税收鼓励政策稳定性强

许多发达国家制定了多种多样的税收优惠政策吸引和培育高层次创新创业人才。这种税收优惠政策既有直接规定税收优惠的对象、范围、程度的方式,又有准备金制度、加速折旧等间接方式,大都通过颁布法案进行公布,政策稳定性强,且对税收优惠的对象做出明确定义。如美国制定的《小企业技术创新研究法》、《技术及人才开税金扣除制度》、《免征外国企业技术人员的所得税制度》等。

(二)税收优惠政策针对性强

股权激励制度被视为送给高层次创业创新人才的"金手铐"。股权激励对人力资本起到了最大限度的保障作用,能更好地点燃员工工作激情,加快企业战略目标实现的步伐。因此,配合股权激励政策,许多国家或地区出台了一系列税收优惠政策,如法国税法规定,雇员股票期权的法定持有期为4年。如果4年期满后的2年内行使期权,所得不超过100万法郎的,按40%的税率征税;超过100万法郎的,按50%的税率征税;如果4年期满后超过2年行使期权的,所得不超过100万法郎的,按26%的税率征税;超过100万法郎的,按40%的税率征税。

(三)注重做优创业创新环境

其中,许多国家尤其注重解决人才的后顾之忧,出台相应税收激励政策以促进企业年金发展,保持企业人才队伍的稳定性,如美国,雇主向企业年金计划的缴费在雇员工资15%以内的部分允许税前扣除,对企业年金计划的投资收益免税;大约半数以上的州都对部分养老金收入免征所得税。在加拿大,雇主和雇员向企业年金计划的缴费在限额以内的可以税前扣除;对企业年金计划的投资收益免税;年金和一次总付养老金都作为收入缴纳个人所得税,税前允许有20000加元的扣除额作为购房或教育支出。英国的年金税收优惠包括:向企业年金计划的缴费允许税前扣除限额(确定津贴型计划雇员缴费税前扣除比例为15%;确定缴费计划雇主和雇员缴费的税前扣除限额随着雇员年龄的变化而变化。对企业年金计划的投资收益免税。日本的企业年金计划的缴费允许税前扣除;对企业年金计划的投资收益免税,对雇主缴费形式的基金资产额课征1.127%的特别税。

(四)鼓励企业加大创新投入

对企业加大研发投入的税收优惠政策激励方式主要有:研发费用税前抵扣、提取技术准备金、科研设备加速折旧等。如英国对大企业的研发投入实行按照125%的比例进行税前抵扣。对于年营业收入少于2500万英镑的中小企业,每年的研发投入超过5万英镑时,实行研发投入按照150%税前抵扣的政策。新加坡则为鼓励企业进行技术研发和设备更新,设备折旧年限通常为3年,但是对于高新技术产业、新兴工业的机器设备,在1年后可折旧完。技术准备金方面,韩国规定,企业为解决技术开发和创新的资金需要,可按收入总额的3%(技术密集型产业4%,生产资料产业5%)提取技术开发准备金,在投资发生前作为损耗计算。这种做法适用的行业很广,并且该制度对资金使用范围和未用资金的处理有一定的限制。准备金必须自提留之日起3年内使用,主要用于技术开发、引进技术的消化改造、技术信息及技术培训和研究设施等方面,在投资发生前作为损耗计算。

(五)鼓励企业做好技术培训

西班牙规定,与雇员继续教育计划相关的支出允许5%－10%的税收抵免,如果支出是雇主为了使雇员熟悉新技术的使用也符合抵免要求。这些支出不被视为给雇员的实物福利。马来西亚规定,对经批准的培训雇员项目发生的费用允许双倍扣除;培训费用双倍扣除的规定同样适用于中小型制造业公司。韩国规定,技术及人才开发费可按课税年度技术和人才开发费用总支出金额的5%(中小企业为15%)进行扣除;或以课税年度前两年技术、人才开发费用的平均值为基数,对超过基数的部分给予50%的扣除。

## 四、积极培育发展高层次创业创新人才的政策建议

加强部门之间的协调和联动,形成包括税收在内的各项政策的综合效应,营造良好的市场环境,进一步培育发展高层次创业创新人才。

(一)落实现有税收政策,保持政策稳定和可预期

落实好现行各项税收政策,有效发挥市场对技术研发、要素价格、创新要素配置的导向作用,引导创业创新人才积极开展技术创新决策、投入、组织和成果转化,鼓励各类市场主体加大人才培养力度不断推进科技创新,实现以创业创新带动经济社会发展。

落实《全国税收征管规范》、《浙江省税收征管保障办法》、《国家税务局　地方税务局合作规范》等,健全税收风险管理、税源专业化管理、涉税信息共享、征管协作等制度。确保各项税收制度和政策有效落实,为纳税人提供稳定、可预期的制度保障。

(二)关注政策试点效应,争取试行相关政策

以杭州高新区获批国家自主创新示范区为契机,结合浙江经济社会发展实际,努力在跨境电子商务、科技金融结合、互联网创新创业等方面争取先行先试相关税收政策。密切关注国家高新园区、自贸区等地方试点政策,积极做好在我省复制推广的准备工作。现阶段主要争取落实以下5个方面政策:

一是在研发的设备设施的加速折旧、提取研发风险准备金、研发费用的税前扣除等方面给予企业更多税收优惠;二是对技术人才其取得股份、出资比例时,暂不征收个人所得税;三是提高技术人才个人所得税扣除额,扩大免税奖金范围;四是对个人以技术成果等入股、中小高新技术企业以盈余积累转增个人股本及高新技术企业转化科技成果给予相关技术人员的股权涉及的个人所得税,在个人转让或处置股权时再确认应纳个人所得税并缴纳;五是对企业发生的对科技人员的股权激励计划涉及的个人所得税可参照目前高新技术企业转化科技成果给予本企业技术人员股权奖励相关个人所得税政策。

(三)全面推进依法行政,更加优化纳税服务

全面推进依法行政,把法治要求融入到税收工作各环节,完善依法决策机制和制度、行政管理体制、税收执法体制、防范和化解涉税矛盾机制,维护纳税人合法权益。加大减政放权力度,推行权力清单、责

任清单,做到法无授权不可为、法定职责必须为。深化行政审批改革,全面取消非行政许可审批事项,强化审批事项取消后的事中事后监管,规范行政许可。

落实"互联网+税务"行动计划,全面落实纳税服务规范,充分利用移动办税平台和智能办税终端,发挥手机服务平台等渠道作用,为纳税人提供"如影随行"服务。深入开展便民办税春风行动、纳税服务志愿者和纳税人之家活动,建立"纳税人学堂",有效开展个性化服务。全面推行自助办税、免填单等服务,更加方便纳税人办理涉税事项。

(四)加强相关单位协作,有效发挥政策合力

加强部门之间、地区之间的协作配合,完善人才居留落户、教育医疗、社会保障、创业资助、融资渠道、成果转化等一系列政策,逐步消除人才政策"碎片化"和"多小散"问题,加快推进政策一体化,促使政策集中发力、效应叠加。

做优做强各类人才平台,着力提升各类人才平台和产业平台对创新创业人才的承载能力,为人才创业企业日常管理提供专业化外包服务。畅通信息交流,促进各类人才间的交流与合作,加强供需交流对接。

课题组组长:钱巨炎
成员:王成林　周仕雅　蔡于革　徐　建
陈伟军　宋根松　林　森　王颖蓓
楼利燕　步杨怀　章仲云　章静瑶
执笔:万　柯

# 江苏与浙江、广东上市公司税源发展比较研究

——基于2012至2014年税收调查数据

陈 銙 傅 彤

上市公司是现代企业制度创新和经营机制转换的典范,代表着一个地区经济发展水平。同时,上市公司还是筹集社会资金、优化资源配置、转变发展方式和促进税收稳定增长的中坚力量,受到各界广泛关注。从1993年江苏第一家上市公司太极实业在上交所上市起,20余年来,江苏省上市公司得到长足发展。但与浙江、广东相比,江苏省上市公司无论从企业发展还是税源状况均存在差距。

## 一、江苏上市公司发展落后于广东、浙江

(一)江苏上市公司数量少于广东、浙江

截至2014年底,广东、浙江、江苏三省A股上市公司的户数分别为420户、296户、273户。江苏少于广东、浙江。从上市企业数与各地经济总量的关系看,江苏与广东的GDP总量相近,但上市公司数量只有其三分之二;江苏2014年每百亿元地区生产总值上市企业个数为0.42个,浙江、广东两地分别为0.74和0.62个,江苏明显低于其他两地。

(二)江苏企业上市行为对江苏新兴经济拉动作用不足

从行业分布看,三地上市公司均以第二产业为主,但广东结构更为合理。至2014年底,广东第三产业上市公司占当地上市公司28.1%,分别比浙江、江苏高7.5和8.4个百分点。与广东相比,江苏、浙江在信息技术、房地产、金融保险、交通运输、建筑等二、三产业上市公司培育上有待加强,特别是农林牧渔和卫生两个行业,江苏尚无上市公司。江苏上市公司多集中于传统行业,企业上市行为对江苏新兴经济拉动作用不足。

(三)江苏上市企业规模明显小于广东,缺乏龙头企业

2014年,江苏上市公司资产总额为2.33万亿元,浙江上市公司资产总额为2.05万亿元,广东上市公司资产总额为16.0万亿元,广东省上市公司资产总额为江苏的6.9倍,浙江的7.8倍,显示出广东上市公司较强的规模优势。2014年,江苏上市公司户均资产总额为85.5亿元,仅相当于当年中国500强企业平均资产总额的2.1%。

从营业收入规模看,1000亿元以上的企业,广东8家(中国平安、招商银行、万科、美的集团、格力电器、保利地产、南方航空、TCL集团),江苏仅1家(苏宁云商);500—1000亿元的企业,广东5家,江苏1家;100—500亿元的企业,广东29家,浙江22家,江苏18家。与广东相比,江苏、浙江上市公司中,规模大、影响力强的行业龙头企业较为缺乏。

(四)江苏融资规模小于广东,高于浙江

从2014年底上市公司市值看,广东市值超500亿元企业明显多于浙江、江苏两省,如招商银行、中国平安、中信证券、平安银行、万科、保利地产、招商证券、格力电器、美的集团8家市值均超千亿元,而江苏仅苏宁云商1家市值过千亿元。按发行规模统计,江苏融资总额累计为3762亿元,超出浙江275亿元,但仅为广东融资总额的46.1%,相差4398亿元。

（五）江苏上市公司生产效率低于广东

2014 年，江苏上市公司营业利润率只有 9.9%，而广东、浙江分别为 17.6%、11.9%，江苏是三省中营业利润率唯一不足两位数的省份。从人均利润看，江苏上市公司 2012—2014 年平均人均利润为 15.28 万元，广东为 32.39 万元，江苏仅为广东的 47.2%。2014 年，江苏仅在饮料、纺织、机械、特种金属冶炼等少数行业的上市公司还保持生产效率优势，其他行业均不及广东，在服装、电子等江苏传统优势行业人均利润水平也被浙江迎头赶上。

## 二、江苏、浙江、广东上市公司税收情况比较

江苏、浙江、广东 2014 年列入税收调查的上市公司数量分别为 223 户、219 户、306 户。从列入税收调查上市公司税源情况看，江苏上市公司税收情况不及广东、浙江。

（一）江苏上市公司税收贡献率不及广东、浙江

2014 年，江苏 223 家样本上市公司共缴纳各项税收 195.42 亿元，同比增长 13.2%，占全省税收总额 1.09 万亿元的 1.53%。浙江 219 家样本上市公司共缴纳各项税收 173.22 亿元，同比增长 12.4%，占全省税收总额 7491.1 亿元的 2.31%；广东 306 家样本上市公司共缴纳各项税收 575.32 亿元，同比增长 11.4%，占全省税收总额 1.31 万亿元的 4.39%。广东上市公司的税收总量、税收贡献率均大幅领先于江苏、浙江，江苏上市公司税收贡献率不及浙江。

（二）江苏上市公司企业所得税贡献率不及广东

从税种构成看，2014 年江苏样本企业入库企业所得税 56.04 亿元，占税收总额的 28.7%。浙江样本企业入库企业所得税 50.0 亿元，占税收总额的 28.9%。广东样本企业入库企业所得税 237.24 亿元，占税收总额的 41.2%。广东上市公司在税收方面最明显的特征就是企业所得税占比高，说明广东省上市公司在盈利方面超出江苏、浙江两省。

（三）江苏上市公司税收产业特色较弱

江苏、浙江以制造业为第一支柱产业，浙江省制造业税收占比达 63.5%。而广东以金融保险业为第一支柱产业，占比达 50.4%，制造业占比为 33.0%，稍逊色于金融保险业。与浙江、广东相比，江苏省的制造业、金融保险业都不是特别突出，制造业占比 56.3%，金融保险业占比为 24.6%，两大支柱产业相较两省的发展比较平衡，没有特色产业优势。江苏虽然作为建筑强省，但建筑业上市公司入库税款 9.74 亿元，低于浙江的 10.04 亿元。

（四）江苏重点上市公司税收集中度不及广东

2014 年，江苏、浙江、广东上市公司纳税前 10 名分别合计入库 89.88 亿元、61.78 亿元、376.7 亿元，占上市公司税收的比重分为 46.0%、35.7%、65.5%。广东税收集中度较高，招商银行、格力电器、平安银行入库税款超 60 亿元，遥遥领先于其他企业。

## 三、发展和壮大江苏上市公司经济板块建议

（一）加强顶层设计，构建上市企业发展的战略规划

1、制定发展规划。充分研究利用现行国家对企业上市的有关政策，结合江苏实际，制定发展规划，搞好顶层设计。对江苏省今后一段时期推进企业上市工作，做出统一部署，实施分类指导。

2、确定上市目标。针对江苏省上市企业数量规模与经济地位不相称的问题，研究确定今后一段时期推进企业上市的基本目标，在此基础上，优化江苏省上市公司地区结构和行业结构，重点推进苏中、苏北地区符合上市条件的企业尽快上市，加强金融业企业、战略新兴产业企业上市推进步伐。同时，结合落实《国务院关于国有企业发展混合所有制经济的意见》，通过推进主业处于充分竞争行业和领域的省属、市

属国有企业改制上市,完成对这些企业的混合所有制改造。

3、建立协调推进机制。成立由省有关部门参加的企业上市推进工作机构,协调解决江苏企业上市工作中的重大问题。对符合主板上市条件的企业,加强上市辅导,促进企业改革管理体制,更好适应上市要求;对有发展潜力的创新型中小企业,要鼓励其改进经营模式,增强盈利能力,适应中小板、创业板和新三板上市要求;对于已上市企业,加强对其在资本运作、兼并重组等方面的政策辅导,促进企业尽快做大做强。

(二)加大财税政策扶持力度,充分运用财税杠杆,为企业发展营造良好税收环境

1、加大财税政策力度,为上市企业创造更加宽松的经营环境。一是国家明确企业、个人对上市公司投资的,可抵免企业所得税、个人所得税等税收,鼓励社会主体对上市公司的投资,进一步拓宽上市公司筹资渠道;二是通过扩大企业科研支出加计扣除范围等政策,加大对创新的财税扶持力度,促进上市公司产业升级;三是对上市公司对外投资实行所得税抵免,解决上市公司对外投资中的重复征税,推动上市公司通过对外投资、兼并重组等方式,迅速扩大规模,确立企业优势。

2、用足现有税收政策,促进上市公司发展。一是充分利用股份公司设立过程中,投资者出资的税收优惠,鼓励上市公司出资人扩大投资规模。二是利用所得税优惠政策,鼓励上市公司投资符合条件的环境保护、节能节水项目、公共基础设施建设项目。利用开发新技术、新产品、新工艺发生的研究开发费用可以享受加计扣除优惠以及高新技术企业所得税优惠政策,引导企业研发新技术,提高科技转化率,提升市场竞争力。三是利用合并、分立、债务重组中税收政策,鼓励企业进行重组,实现利益最大化。四是利用企业转增资本的税收优惠政策,鼓励企业利用未分配利润、资本公积、盈余公积等盈余积累转增资本,扩大规模。

3、优化纳税服务机制,落实好各项税收优惠政策。深入开展税收政策宣传解读,组建专家级团队,对上市企业的兼并、重组过程中的涉税难点、疑点问题加强业务辅导。根据上市公司的需求,为企业定做纳税服务套餐,有针对性地对上市公司提供涉税资讯指引、优惠政策指引、税收企划指引、风险管理指引、税收维权指引等个性化服务,营造良好的税收环境。

(三)优化资源配置,推动更多高质量企业尽快上市

1、加快推进大型企业上市步伐。参照广东、浙江等地经验,江苏省在推进省内大企业上市时,应按照"企业自愿、市场主导、政府推动"的原则,采用"储备一批、培育一批、辅导一批、申报一批、上市一批"的工作思路,有针对性地推动一批在省内有影响力的大企业上市,不断壮大上市队伍和企业规模。

2、推动中小企业上市。以产业链为纽带深化调整生产力布局,按照"高轻优强"原则,推动产业积聚。在此基础上,引导中小企业走专精特新之路,形成一批掌握核心技术、拥有自主知识产权,形成独特优势的中小企业,通过鼓励这些企业上市,解决中小企业长期存在的融资难问题,促进中小企业发展。

3、加强孵化平台作用。要通过促进以产业园区为孵化平台,加快打造产业集群,形成基地型龙头型上市企业。通过盘活闲置厂房、物流设施等作为企业孵化平台,对众创空间等的办公用房、网络等给予优惠,为企业发展和上市提供低成本办公场所,降低企业成本。在园区内推动投贷联动、股权众筹等融资方式,为企业发展筹集资金。鼓励设立创业基金,对孵化机构和投向战略新兴产业企业的投资给予税收优惠,为企业发展和上市提供支持。

4、培育上市后备资源。坚持"政府引导、企业自主、市场运作、梯度推进"的工作机制,建立重点上市后备企业资源库,加大对企业改制上市的政策扶持,提高政府服务水平。加强对企业改制上市工作的组织管理,有关政府部门要对上市后备企业给予"绿色通道"待遇,加大政策扶持和财政扶持力度,帮助更多的符合条件的企业上市。

(四)加大政策扶持,促进已上市企业的效率提升

1、发挥比较优势，做大做强优势上市企业。对在市场竞争中占据优势地位的上市公司，要加大政策扶持，鼓励做大做强。一要充分利用企业上市的有利条件，在政策上支持企业通过合并、兼并等多种手段，加快优势产业的集聚和集中，进一步扩大企业规模，扩大竞争优势。二要促进上市企业实施质量和品牌提升工程。一要加强监管，促使企业通过完善质量标准、提升产品质量；二要加强服务，帮助企业实施名牌创建等多种战略措施。培育出一批既有规模，又有效益，既有产品知名度，又有品牌美誉度的上市公司。

2、推进转型升级，激发上市企业新活力。对于在产业上不占优势的江苏省上市公司，要通过完善促进上市企业发展的各项工作机制，形成整体合力，支持上市公司调整现有产业结构。一是通过财政手段，支持企业从产业深化和产业链整合两个方面，进行产业结构调整。例如，利用财政补助和税收优惠等财政手段，支持企业淘汰落后工艺和过剩产能；对技改实施税收减免；对企业通过再增发融资，募投项目落在当地或在本地投资给予奖励和政策补偿等。二是鼓励企业转型投资新兴产业。如对企业投资政策扶持的生态农业、现代服务业和先进制造业，给予工商、财税、土地等方面的政策扶持，促进产业结构优化和升级，实现“弯道超车”，增强上市公司总体税收效益。

（五）转变政府职能，为企业发展营造良好市场环境

在充分发挥市场在资源配置中基础性作用的同时，加强政府的科学引导，激发企业发展活力。

1、推动简政放权。取消妨碍人才和资本自由流动的户籍、投资等限制，最大限度取消、下放行政审批事项。采用负面清单管理，放宽市场准入。通过放管结合、优化服务，更好发挥政府作用，营造宽松的发展环境，为企业成长留出空间，推动企业发展。

2、完善扶持机制。一是进一步挖掘土地等的资源要素政策空间。对于上市公司符合国家产业政策的项目，在土地供给、项目安排、资金扶持等方面给予支持。二是进一步制定扶持新兴产业发展的鼓励政策。规范产业政策导向，要加大资产重组力度，鼓励上市公司跨行业重组，鼓励有经济实力和经营能力的高新技术企业参股、控股上市公司，改造提升传统制造业。

3、拓展融资渠道。根据企业不同的成长阶段、不同的产业类型，鼓励企业在资本市场上找到适合自己的融资渠道。目前，国内资本市场改革发展的积极效应正加快显现，企业上市环境不断改善。随着创业板的推出，中小板的扩容，国际板的谋划，新三板的建设，企业上市渠道越来越多，企业既可在境内也可在境外上市，既可在主板也可在中小板、创业板发行，既可在场内上市也可在场外进行股权交易。

4、严控金融风险。一是坚持审慎原则，综合平衡发展速度和资金安排，积极拓展融资渠道，加强资金集中管理，严控债务规模过快增长。二是合理控制对外投资，在资金承受能力范围内调整投资规模与投资节奏，严格把握投资项目决策，做好投资项目可行性研究和尽职调查，控制投资项目风险。三是强化内控管理，严格落实降本增效，抓紧处置和清理低效资产，提高资产运行效率，深入开展经济增加值考核和价值管理，不断提升盈利能力和价值创造能力。从而在总体上达到提高上市公司金融风险管控能力的目标。

5、加强法治建设。结合全省经济发展战略，推进资源节约、环境保护、质量安全、劳动者权益保护等方面的规章制度立法。同时清理和废除妨碍公平竞争的地方性做法和规定。另一方面大力推进依法行政，严格规范市场秩序，促进企业守法经营。

（作者单位：江苏省地方税务局）

# 支持"大众创业、万众创新"发展战略的税收政策执行情况效应分析与对策思考

贵州省地方税务局课题组

## 一、实施"大众创业、万众创新"的战略意义及完善相应税收政策体系的现实价值

去年9月，李克强总理在天津举行的第八届夏季达沃斯论坛上首次提出"大众创业"、"万众创新"观点，引起社会各界热烈反响。2015年3月5日，"大众创业、万众创新"写入《政府工作报告》，并被提升到作为国家经济发展"引擎"之一的战略高度。3月13日，中共中央、国务院出台《关于深化体制机制改革加快实施创新驱动发展战略的若干意见》，围绕"需求导向、人才为先、遵循规律、全面创新"四个方面明确了加快实施创新驱动发展战略的主要思路和总体目标。6月11日，国务院印发《关于大力推进大众创业万众创新若干政策措施的意见》(国发〔2015〕32号)，明确了支持"大众创业、万众创兴"的30个方面的政策和上百项具体举措。至此，"大众创业、万众创新"作为国家经济社会发展的战略，既有了宏观顶层的目标设计，又有了具体明确的政策支持。当前，尽管我国经济运行仍处于合理区间，结构调整稳中有进，但国内外环境依然错综复杂，短期困难和长期问题相互交织，经济稳中向好基础尚不牢固，经济仍存在下行压力。

(一)实施"大众创业、万众创新"的战略意义

实施"大众创业、万众创新"发展战略，既是为经济发展增加动力，也是富民之道、公平之计、强国之策；是稳增长、扩就业、激发亿万群众智慧和创造力，促进社会纵向流动、公平正义的重大举措，对于推动经济结构调整、打造发展新引擎、增强发展新动力、走创新驱动发展道路具有重要意义，主要体现在以下几个方面。

1、推进大众创业、万众创新，是培育和催生经济社会发展新动力的必然选择。随着我国资源环境约束日益强化，要素的规模驱动力逐步减弱，传统的高投入、高消耗、粗放式发展方式难以为继，经济发展进入新常态，需要从要素驱动、投资驱动转向创新驱动。推进大众创业、万众创新，就是要通过结构性改革、体制机制创新，消除不利于创业创新发展的各种制度束缚和桎梏，支持各类市场主体不断开办新企业、开发新产品、开拓新市场，培育新兴产业，形成小企业"铺天盖地"、大企业"顶天立地"的发展格局，实现创新驱动发展，打造新引擎、形成新动力。

2、推进大众创业、万众创新，是扩大就业、实现富民之道的根本举措。我国有13亿多人口、9亿多劳动力，每年高校毕业生、农村转移劳动力、城镇困难人员、退役军人数量较大，人力资源转化为人力资本的潜力巨大，但就业总量压力较大，结构性矛盾凸显。推进大众创业、万众创新，就是要通过转变政府职能、建设服务型政府，营造公平竞争的创业环境，使有梦想、有意愿、有能力的科技人员、高校毕业生、农民工、退役军人、失业人员等各类市场创业主体"如鱼得水"，通过创业增加收入，让更多的人富起来，促进收入分配结构调整，实现创新支持创业、创业带动就业的良性互动发展。

3、推进大众创业、万众创新，是激发全社会创新潜能和创业活力的有效途径。目前，我国创业创新理念还没有深入人心，创业教育培训体系还不健全，善于创造、勇于创业的能力不足，鼓励创新、宽容失败的良好环境尚未形成。推进大众创业、万众创新，就是要通过加强全社会以创新为核心的创业教育，弘扬

“敢为人先、追求创新、百折不挠”的创业精神，厚植创新文化，不断增强创业创新意识，使创业创新成为全社会共同的价值追求和行为习惯。

(二)构建和完善支持“大众创业、万众创新”税收政策体系现实价值

税收是经济的“晴雨表”，作为推动落实“大众创业、万众创新”战略的职能部门之一，税务部门在实施“大众创业、万众创新”战略过程中发挥着政策引领和杠杆调节的重要作用，如何构建和完善支持“大众创业、万众创新”税收政策体系，最大限度地发挥税收政策效用带动创业创新，具有直接的现实意义。

1、税收是国家宏观调控的重要手段，在服务创业创新工作中具有重要调节作用。如何发挥税收职能作用，更好地服务创业创新，是税务部门服务经济发展的最直接有效的手段，是助推企业减负增效的重要渠道，同时也是落实便民办税春风行动、深化和拓展纳税服务内容的本质要求。

2、完善税收政策体系对“大众创业、万众创新”战略实施具有直接的激励和保障作用。税收优惠是降低创业创新主体的税收负担、增强企业活力、增强投资意愿的重要保障，通过有针对性地实施税收优惠，可以直接降低特定纳税主体的税收负担，鼓励和带动一定范围内的社会群体投身创业，激发他们就业创业的积极性和主动性；鼓励具有创新能力的实体企业进行技术创新，不断提高产品或服务的科技含量和技术水平，增加附加值，增强企业市场适应能力和持续发展能力。因此，如何进一步完善现行支持创业创新税收政策体系，对于推动“大众创业、万众创新”战略实施具有直接的激励和保障作用。

3、分析税收政策的执行情况可以为“大众创业、万众创新”的实施和推进提供新的决策方向和思路。对现行税收政策的执行和落实情况进行统计和分析，通过税收数据，可以直观地反映“大众创业、万众创新”战略实施的整体规模。同时，通过税收优惠和减免数据，能够定量地衡量税收政策在带动创业创新方面的直接经济效应，从而为如何完善税收政策支持创业创新提供新的决策方向和思路。

如何利用税收政策引领创业创新战略推进实施，如何发挥税收发展战略过程中当如何作为？当前，支持“大众创业、万众创新”的税收政策执行落实情况到底如何？作为顶层设计的税收立法，如何从制度层面完善现有政策体系最大限度地支持“大众创业、万众创新”？作为执行政策制度的各级基层税务机关，如果贯彻落实好相关税收政策，确保“大众创业、万众创新”充分享受“税收雨露”的浇润，使其真正成为富民之道、公平之计、强国之策？本文将围绕这些问题作初步探索和思考，以期对进一步完善和落实税收政策推动“大众创业、万众创新”战略实施提供政策参考。

## 二、我省“大众创业、万众创新”主要税收政策执行情况实证分析

(一)支持特定群体就业、创业的主要税收政策及其执行情况

1、政策内容：一是对持《就业创业证》人员从事个体经营的，在3年内按每户每年8000元为限额依次扣减其当年实际应缴纳的营业税、城市维护建设税、教育费附加、地方教育附加和个人所得税，限额标准最高可上浮20%。二是对商贸企业、服务型企业、劳动就业服务企业中的加工型企业和街道社区具有加工性质的小型企业实体，在新增加的岗位中，当年新招用在人力资源社会保障部门公共就业服务机构登记失业一年以上且持《就业创业证》(注明“企业吸纳税收政策”)人员，与其签订1年以上期限劳动合同并依法缴纳社会保险费的，在3年内按实际招用人数予以定额依次扣减营业税、城市维护建设税、教育费附加、地方教育附加和企业所得税优惠。定额标准为每人每年4000元，最高可上浮30%。以上两项规定，详见“财税〔2014〕39号、国家税务总局公告2014年第34号、财税〔2015〕18号、国家税务总局财政部人力资源社会保障部教育部民政部公告2015年第12号”。三是对自主就业退役士兵从事个体经营的，在3年内按每户每年8000元为限额依次扣减其当年实际应缴纳的营业税、城市维护建设税、教育费附加、地方教育附加和个人所得税。限额标准最高可上浮20%。四是对商贸企业、服务型企业、劳动就业服务企业中的加工型企业和街道社区具有加工性质的小型企业实体，在新增加的岗位中，当年新招用自主就业

退役士兵，与其签订1年以上期限劳动合同并依法缴纳社会保险费的，在3年内按实际招用人数予以定额依次扣减营业税、城市维护建设税、教育费附加、地方教育附加和企业所得税优惠。定额标准为每人每年4000元，最高可上浮50%。以上两项规定，详见“财税〔2014〕42号”。

2、执行情况：2013年至2015年上半年，全省地税系统支持特定群体就业、创业主要税收政策执行情况如下：

| 税收政策文件字号 | 地区 | 执行情况统计（2013年－2015年上半年） | | 带动就业创业人数 |
|---|---|---|---|---|
| | | 执行户数 | 享受税收优惠（万元） | |
| 1.《财政部国家税务总局人力资源和社会保障部关于继续实施支持和促进重点群体创业就业有关税收政策的通知》（财税〔2014〕39号）；2.《财政部国家税务总局人社部教育部关于支持和促进重点群体创业就业税收政策有关问题的补充通知》（财税〔2015〕18号）；3.《国家税务总局财政部人力资源和社会保障部教育部民政部关于支持和促进重点群体创业就业有关税收政策具体实施问题的公告》（国家税务总局公告2014年第34号）；4.《关于支持和促进重点群体创业就业有关税收政策具体实施问题的补充公告》（2015年第12号）；5.《财政部国家税务总局民政部关于调整完善扶持自主就业退役士兵创业就业有关税收政策的通知》（财税〔2014〕42号）。 | 贵阳 | 125 | 36.62 | 137 |
| | 遵义 | 110 | 148.6 | 83 |
| | 六盘水 | 70 | 53.15 | 220 |
| | 安顺 | 5 | 4.5 | 40 |
| | 毕节 | 6 | 17.31 | 22 |
| | 黔东南 | 30 | 74.75 | 95 |
| | 黔南 | 5 | 19.32 | 17 |
| | 黔西南 | 5 | 2.53 | 6 |
| | 铜仁 | 26 | 20.89 | 126 |
| | 贵安 | —— | —— | —— |
| | 仁怀 | —— | —— | —— |
| | 威宁 | —— | —— | —— |
| 合计 | | 382 | 377.67 | 746 |

3、效应分析：2013年至2015年上半年，全省支持特定群体就业创业主要税收政策惠及382户纳税人，惠及对象主要包括两大类：一是持“就业创业证”从事个体经营的人员以及吸纳这些人员就业的商贸企业、服务型企业、劳动就业服务企业中的加工型企业和街道社区具有加工性质的小型企业实体，共计354户；二是自主就业的退役士兵以及吸纳其就业的商贸企业、服务型企业、劳动就业服务企业中的加工型企业和街道社区具有加工性质的小型企业实体，共计28户。

两年半时间里，全省地税共计减免支持特定群体就业创业税收377.67万元，带动746人实现就业或创业。其中，“退伍不褪色，创业富乡亲”的退役士兵创业故事尤为突出，2015年8月份，《贵州日报》专题报道了复员退伍军人陈志坤发展生猪养殖；退伍军人罗吉明父子（罗吉明、罗康、罗超）成立保安公司、创办驾校和物业管理公司，带动群众就业；退伍军人韦明贤从事根雕艺术开发等成功创业就业的典型事例，在社会上引起强烈反响。他们的成功，既有个人的勤苦奋斗，也是政府及工商、税务等多部门运用相关政策积极引导和扶持的结果。

（二）支持科技创新的主要税收政策执行情况

1、政策内容：一是创业投资企业采取股权投资方式投资于未上市的中小高新技术企业2年（24个月）以上，可以按照其对中小高新技术企业投资额的70%，在股权持有满2年的当年抵扣该创业投资企业应纳税所得额；当年不足抵扣的，可以在以后纳税年度结转抵扣。以上规定详见“国税发〔2009〕87号”。二是自2013年1月1日至2015年12月31日，对符合条件的孵化器自用以及无偿或通过出租等方式提供给孵化企业使用的房产、土地，免征房产税和城镇土地使用税；对其向孵化企业出租场地、房屋以及提供孵化服务的收入，免征营业税。以上规定详见“财税〔2013〕117号”。三是自2013年1月1日至2015年12月31日，对符合条件的科技园自用以及无偿或通过出租等方式提供给孵化企业使用的房产、土地，免征房产税和城镇土地使用税；对其向孵化企业出租场地、房屋以及提供孵化服务的收入，免征营业税。以上规定详见“财税〔2013〕118号”。四是《企业所得税法》第二十八条规定：国家需要重点扶持的高新技术企业，减按15%的税率征收企业所得税；第三十条第一款规定：开发新技术、新产品、新工艺发生的研究开发费用可以在计算应纳税所得额时加计扣除。

2、执行情况：2013年至2015年上半年，全省地税系统支持科技创新主要税收政策执行情况如下：

| 税收政策文件字号 | 地区 | 执行情况统计（2013年—2015年上半年） | | 带动就业创业人数 |
|---|---|---|---|---|
| | | 执行户数 | 享受税收优惠（万元） | |
| 1.《国家税务总局关于实施创业投资企业所得税优惠问题的通知》（国税发〔2009〕87号）；2.《财政部国家税务总局关于科技企业孵化器税收政策的通知》（财税〔2013〕117号）；3.《财政部国家税务总局关于国家大学科技园税收政策的通知》（财税〔2013〕118号）；4.《中华人民共和国企业所得税法》 | 贵阳 | 2 | 151.34 | 72 |
| | 遵义 | 50 | 1117.38 | 452 |
| | 六盘水 | 7 | 679.16 | 715 |
| | 安顺 | 2 | 316.85 | 58 |
| | 毕节 | —— | —— | —— |
| | 黔东南 | 2 | 238.58 | 174 |
| | 黔南 | 4 | 652.03 | 379 |
| | 黔西南 | 4 | 174.82 | 83 |
| | 铜仁 | —— | —— | —— |
| | 贵安 | —— | —— | —— |
| | 仁怀 | —— | —— | —— |
| | 威宁 | —— | —— | —— |
| 合计 | | 71 | 3330.16 | 1933 |

3、效应分析：2013年至2015年上半年，全省地税系统落实支持科技创新主要税收政策惠及71户纳税人，惠及对象涉及以下四类：一是符合条件的孵化器企业，共2户，享受税收优惠151.34万元；二是符合条件的创业投资企业，共41户，享受税收优惠3.95万元；三是国家重点扶持的高新技术企业，共9户，享受税收优惠432.21万元；四是开发新产品、新工艺，研发费用在计算应纳税所得额时加计扣除的企业，共19户，享受税收优惠2742.66万元。以上四类共计71户纳税企业，在两年半时间里累计享受税收优惠3330.16万元，为全省1933人提供了就业创业机会。

（三）支持小微企业主要税收政策执行情况

1、政策内容：一是《企业所得税法》第二十八条规定：符合条件的小型微利企业，减按20%的税率征收企业所得税。二是自2015年1月1日至2017年12月31日，对年应纳税所得额低于20万元（含20万元）的小型微利企业，其所得减按50%计入应纳税所得额，按20%的税率缴纳企业所得税。以上规定详见“财税〔2015〕34号”。三是自2013年8月1日起，对增值税小规模纳税人中月销售额不超过2万元的企业或非企业性单位，暂免征收增值税；对营业税纳税人中月营业额不超过2万元的企业或非企业性单位，暂免征收营业税。以上规定详见“财税〔2013〕52号”。四是自2014年10月1日起至2015年12月31

日，对月销售额2万元(含本数，下同)至3万元的增值税小规模纳税人，免征增值税；对月营业额2万元至3万元的营业税纳税人，免征营业税。以上规定详见“财税〔2014〕71号”。五是增值税小规模纳税人和营业税纳税人，月销售额或营业额不超过3万元(含3万元，下同)的，按照上述文件规定免征增值税或营业税；其中，以1个季度为纳税期限的增值税小规模纳税人和营业税纳税人，季度销售额或营业额不超过9万元的，按照上述文件规定免征增值税或营业税。以上规定详见“国家税务总局公告2014年第57号”。

2、执行情况：2013年至2015年上半年，全省地税系统支持小微企业发展主要税收政策执行情况如下：

<table>
<tr><th rowspan="2">税收政策文件字号</th><th rowspan="2">地区</th><th colspan="2">执行情况统计<br>(2013年—2015年上半年)</th><th rowspan="2">带动就业创业人数</th></tr>
<tr><th>执行户数</th><th>享受税收优惠(万元)</th></tr>
<tr><td rowspan="12">1.《财政部　国家税务总局关于暂免征收部分小微企业增值税和营业税的通知》(财税〔2013〕52号)；2.《财政部　国家税务总局关于进一步支持小微企业增值税和营业税政策的通知》(财税〔2014〕71号)；3.《国家税务总局关于小微企业免征增值税和营业税有关问题的公告》(国家税务总局公告2014年第57号)；4.《财政部　国家税务总局关于小型微利企业所得税优惠政策的通知》(财税〔2015〕34号)；5.《中华人民共和国企业所得税法》。</td><td>贵阳</td><td>81730</td><td>12265.3</td><td>313209</td></tr>
<tr><td>遵义</td><td>53877</td><td>10127.27</td><td>153454</td></tr>
<tr><td>六盘水</td><td>3320</td><td>902.47</td><td>16600</td></tr>
<tr><td>安顺</td><td>1650</td><td>373.59</td><td>6064</td></tr>
<tr><td>毕节</td><td>14675</td><td>2568.78</td><td>17823</td></tr>
<tr><td>黔东南</td><td>15735</td><td>4262.24</td><td>31845</td></tr>
<tr><td>黔南</td><td>23795</td><td>7414.05</td><td>55191</td></tr>
<tr><td>黔西南</td><td>23038</td><td>2227.1</td><td>49702</td></tr>
<tr><td>铜仁</td><td>3336</td><td>1502.17</td><td>14440</td></tr>
<tr><td>贵安</td><td>930</td><td>469.73</td><td>3422</td></tr>
<tr><td>仁怀</td><td>609</td><td>108</td><td>1631</td></tr>
<tr><td>威宁</td><td>1464</td><td>384.04</td><td>6290</td></tr>
<tr><td colspan="2">合计</td><td>224159</td><td>42604.74</td><td>669671</td></tr>
</table>

3、效应分析：2013年至2015年上半年，小微企业主要税收政策惠及我省22万余户小微企业，共计享受税收优惠4.26亿元，带动全省近67万人实现就业创业，是近两年多时间里我省支持“大众创业、万众创新”经济效应最为明显的税收政策。

以铜仁市为例，自各类小微企业税收优惠政策落地实施以来，全市充分释放税收政策红利，重点围绕茶叶加工、新发展特色种植养殖合作社、农副产品加工、乡村旅游、高端生活服务等行业，把有一定经济基础、发展意识较强，会经营、懂管理的创业者作为发展对象，扶持一批想发展、能发展、发展得好的小微型企业，形成了扶持微型企业发展工作全面辅开、有序推进的良好局面。税收政策犹如一场场春雨，滋润着、扶持着该市小微企业挺直腰杆，发出拔节的声响。2012年以来，该市注册小微企业3802户，注册资金62060.7万元，户均注册16.32万元，3336户微企共计享受各类税收减免1502.17万元，784户微型企业获得税收奖励418.32万元，带动14440人成功创业就业。“想创业，但又缺少资金，还要纳税”，谈到企业创业初期的艰辛，该市沿河自治县和平镇红星桥社区云意食用菌厂老板黄云超有感而发。由于资金困难，2011年下半年，他的食用菌厂几乎处于停工状态，2012年，该县税务、工商等部门联合送来了微企扶持政策，帮助他渡过了难关，他购置了灭菌锅和搅拌机，生产区由原来的300多平方米增加到了1200多平方米，菌包由原来的1万余个增加到5万多个，年产值30多万元，创业至今，共计享受税收减免5.54万元，获得税收奖励7.08万元。2013年，该市印江县合水镇百元村村民任廷元在得知微企扶持政策后，义无反顾回乡创业，开办了茶叶加工厂，创业初期，因资金短缺，茶叶厂出现资金周转困难，后来，该县税务、工商、微企办等部门主动上门，宣传微企政策，并为其申办了微型企业，如今，加工厂效益一天比一天好，他创业的梦想实现了，还帮助了25名群众实现了在家门口就业的梦想。仅2014年，印江县就落实微型企业税收返还奖励资金31.26万元，扶持微型企业589户，注册资金达到5920万元。“2013年以前，酒店的经营业绩一直不怎么好，自从有了税收扶持后，感觉负担减轻了不少，现在，税收扶持已经成为酒店持续发展的帮手和动力”，思南饭店的负责人杨平也深深感受到近年来企业生存发展得益于税收政策的红利，使他的酒店已从当初的“家庭小作坊”成长为如今注册资金30万元，带动15人就业的规模化经营企业，2012年至2014年，累计享受税收优惠3.51万元，获得税收奖励2.37万元。税收政策的红利极大地鼓舞了全社会创业激情，形成了酒店服务业创业支持的“税收效应”，据统计，2012年至2014年，该县共发展同类创业企业20户，累计享受国家税收奖励17.61万元。全县共72户各类小微企业享受税收奖励22.82万元。铜仁市运用税收优惠政策扶持小微企业发展的一个个成功实例，正是我省近年来运用税收优惠政策支持“大众创业、万众创新”并取得显著成效的真实缩影。

## 三、支持“大众创业、万众创新”税收政策体系存在的主要问题和不足

（一）支持对象和范围仅限于特定类别企业和社会群体，离创业创新大众化和万众化尚有差距

从对象上看，现行税收政策仅惠及少数特定纳税群体，如：退役士兵、下岗再就业人员、高校毕业生以及吸纳这些特定群体就业的小型实体企业，创业投资企业，在示范区内从事国家规定项目研究开发活动的企业等。从行业看，现行鼓励创业创新的税收优惠政策大多专门针对某一特定性质的行业和领域，优惠政策普惠性不高，不能惠及所有的创新创业群体。例如：有些政策只有高新技术企业才可以享受，传统企业科技创新得不到优惠政策扶持。一些优惠政策只支持特定的产品和行业创新，如只对软件和集成电路等行业给予税收优惠，其他高科技行业则不能享受该税收优惠。以我省支持特定社会群体就业创业税收政策执行效应为例，由于税收政策支持的对象仅限于持“就业创业证”从事个体经营的人员及吸纳这些人员就业企业和自主就业的退役士兵以及吸纳其就业的企业，两年半时间里，全省享受税收政策优惠的纳税企业不足400户，平均每年仅150余户享受税收政策支持，除贵阳、遵义两地区执行户数突破100户以外，其余地区两年多时间里享受政策扶持的均不足百户，有4个地区甚至低于10户。从带动就业创业的效应看，全省仅仅746人实现就业或创业，平均每个地区不到80人，个别地区甚至低于10人。

（二）对创新的支持还不够到位，在提升企业创新能力和创新水平方面的效应不明显

财税〔2014〕42号、〔2014〕39号均只针对从事个体经营的特定人员以及吸纳特定人员就业的商贸企业、服务型企业、劳动就业服务企业中的加工型企业和街道社区具有加工性质的小型实体企业。国税发〔2009〕87号对创业投资企业的优惠政策，仅限于其以股权投资方式对未上市中小高新技术企业的投资活动，由于投资方式、投资对象均受到限制，企业实际能够享受的优惠政策非常有限。财税〔2013〕117号仅在房、土两税、营业税等税种上对孵化器给予税收优惠，支持力度有限。对技术创新的税收优惠政策仅有《企业所得税法》第二十八条“国家需要重点扶持的高新技术企业，减按15%的税率征收企业所得税”和第三十条第一款“开发新技术、新产品、新工艺发生的研究开发费用可以在计算应纳税所得额时加计扣除”两项明文规定，优惠幅度和力度有限，对企业研发新技术、新产品、新工艺的鼓励和推动作用十分有限。从我省实际情况看，两年半时间里，全省仅有71户符合条件的纳税企业享受了支持科技创新的税收政策优惠，其中符合研发费用加计扣除的仅19户，符合国家重点扶持的高新技术企业仅9户，符合孵化器条件的企业仅2户。分地区看，除遵义以外，其余地区均不足10户，毕节、铜仁、贵安、仁怀等地执行户

数均为零。虽然税收优惠达3300余万元,并成功为1900余人提供了就业创业机会,但在支持创新、提高企业科研水平和研发能力方面效应并不明显。

(三)政策执行期限相对较短,税收优惠的持续性效应保持不够好

如:财税〔2010〕81号是对示范区内企业研发创新的一项十分有利的税收优惠政策,但该政策仅执行了2年(2010年1月1日至2011年12月31)。财税〔2014〕39号和财税〔2014〕42号有效期限均截至2016年12月31日,从出台到执行期满,仅3年时间。由于这些政策有效期限相对短暂,受惠的个人或企业不能持续享受政策支持,发展后劲受到一定限制。特别是在贵州这样欠发达的地区,"创业"受产业结构、社会资源、市场等多方面因素的制约,"创新"受到经济水平、企业科研能力及创业者自身素质等因素影响,税收政策在支持创业、创新方面更需要持续发力,久久为功,才能确保创业者和创新者在相对充足的时间、空间里成功实现创业,成功提升企业创新能力和水平。

(四)优惠方式不尽合理、优惠条件认定繁琐

例如:从创新角度看,现行的支持创业创新的税收政策主要倾向于具有一定创新实力的高新技术企业,侧重于研发创新成功企业的终端环节,对正在实施技术研发、设备更新等环节的税收扶持力度不大,优惠方式不尽合理。从税收优惠的性质看,主要有税基式优惠和税率式优惠,税基式优惠主要以投资抵免、投资扣除、加速折旧等方式体现,侧重于引导,强调事先优惠;税率式优惠主要体现在直接减免、低税率等方面,侧重于让利,强调事后优惠。目前,无论是前者还是后者,其支持的对象均集中于已具备有创新能力的企业,而对尚处于研发阶段以及需要进行技术改造的企业,其鼓励和支持的力度十分有限。再如:从税收管理角度看,小型微利企业限制条件比较多,享受税收优惠的条件较为复杂,工信部等部委的《中小企业划型标准规定》对小微企业的认定标准比较宽松,而《企业所得税法实施条例》对小微企业认定标准较为严格,除符合上述条件外,还必须同时满足"年应纳税所得额不超过30万元,且从事国家非限制和非禁止行业"等条件。

(五)税源管理、纳税服务和政策宣传还不够到位,影响了税收政策的执行落实

调查中,通过与纳税企业有关人员面对面交谈,我们了解到:一部分具备享受税收优惠政策的企业的办税人员以为其能享受的税收优惠数额不大,而要求报送的资料比较多,且企业办税人员对相关政策缺乏了解,不熟悉办理程序,故不愿意报送备案资料。以贵阳市高新技术开发区分局为例,2014年,该局管理的企业及个体户应享受税收优惠共2064户,实际只执行了1235户,通过与相关企业沟通进一步了解到:部分企业虽然对相关税收优惠政策有所知晓,但了解不透,未全部按政策规定享受到税收优惠,有的企业则认为税收减免流程复杂,办理环节多,资料填报繁琐,主动放弃了享受税收优惠的权利。同时,调查发现:有一部分企业是从个体工商户变更过来的,其财务制度和核算体系不规范,账目混乱,经营范围、资产总额、年纳税所得额等指标均难核实,且不愿意接受税务机关动态管理,税收优惠政策执行没有到位。在税收政策宣传方面,部分基层税务机关缺乏针对性、专题性的支持创业、创新税收政策的专门宣传。在税源管理方面,由于现行支持创业、创新的税收政策缺乏政策执行的程序性规定,对税务机关后续管理未作出实质性、规范性的规定,导致了部分基层单位在税源管理和监控操作上不够规范和到位。同时,由于不达起征点的小微企业和个体户对税收收入没有直接贡献,部分基层管理分局对这部分纳税群体实际上没有进行动态监控,税源管理和纳税服务工作均没有真正到位。

(六)税收政策体系还不够规范,立法层次不够高

从政策性质上看,现行的促进创业创新的税收政策大多是税收优惠措施的简单罗列,部分规定是为了配合国家特定发展战略或计划而制定,系统性、规范性、指导性、稳定性、可操作性均不够强。在现行税收政策体系中,支持创业、创新的税收政策是分散于各专门税种法律、法规及相关条例、规定和文件通知之中的,国家对"大众创业、万众创新"没有制定出台专门的法律法规。这种政策体系和优惠格局,导致了

部分税收优惠政策叠加重复，形成某些特定群体可以享受多项税收优惠的情况（比如：据贵阳市局此次课题报告统计分析，小微企业可享受的税收优惠政策达27项之多，面宽量大，政策累计叠加，造成了优惠资源浪费）。由于支持创业、创新的税收优惠政策规定较为分散，部分企业对税收优惠政策的理解与政策自身的逻辑之间存在偏差，在办理优惠申请时感到无所适从。从立法层面看，我国现行的支持创业、创新的税收政策，一般都是国务院及相关职能部门针对一定时期内国家经济社会发展实际情况研究制定的，主要以暂行条例、通知、公告等形式出台，属于部门规范性文件（以本文为例，前述"我省'大众创业、万众创新'主要税收政策执行情况实证分析"部分所梳理的13项相关税收政策，除《企业所得税法》以外，一律属于部门规范性文件）其效力低于法律和行政法规。由于缺乏统一、科学、规范的法律形式，其立法层次比较低，制定和修改的随意性大，因而稳定性、连续性相对较差。同时，由于制定和修改都是由职能部门进行，其科学性得不到更广泛的论证和研讨，对创业、创新的支持便难以得到最大程度的研判和认同。

## 四、完善"大众创业、万众创新"税收政策制度的对策建议

国务院《关于大力推进大众创业万众创新若干政策措施的意见》（国发〔2015〕32号）第四项（优化财税政策，强化创业扶持）第六条（完善普惠性税收措施）对支持"大众创业、万众创新"发展战略的税收政策作出了明确要求："落实扶持小微企业发展的各项税收优惠政策。落实科技企业孵化器、大学科技园、研发费用加计扣除、固定资产加速折旧等税收优惠政策。对符合条件的众创空间等新型孵化机构适用科技企业孵化器税收优惠政策。按照税制改革方向和要求，对包括天使投资在内的投向种子期、初创期等创新活动的投资，统筹研究相关税收支持政策。修订完善高新技术企业认定办法，完善创业投资企业享受70%应纳税所得额税收抵免政策。抓紧推广中关村国家自主创新示范区税收试点政策，将企业转增股本分期缴纳个人所得税试点政策、股权奖励分期缴纳个人所得税试点政策推广至全国范围。落实促进高校毕业生、残疾人、退役军人、登记失业人员等创业就业税收政策。"《意见》关于支持创业、创新的税收政策规定，是完善支持创业创新税收政策体系的纲领。当前，要围绕创业创新主题，在现行税收政策体系基础上，着重从以下几个方面入手，进一步完善支持"大众创业、万众创新"发展战略的税收政策体系。同时，要进一步规范和完善执行落实政策的程序性规定，确保政策"落地生根"，真正惠及创业、创新的千百万大众，发挥税收政策对创业创新的促进作用，真正体现税收政策对"大众创业、万众创新的"撬动效应。

（一）"税收减免优惠"与"税收返还奖励"齐头并进，继续落实好扶持小微企业发展各项税收优惠政策，并进一步加大对小微企业的税收优惠力度，扶持小微企业这支就业创业的"主力军"不断发展壮大。小微企业是我国国民经济的重要组成部分，是"大众创业、万众创新"的强大生力军和实践主体。从全国看，2014年，全国享受企业所得税优惠的小微企业户数达246万户，共计减免税额101亿元，优惠政策受益面达90%；享受小微企业减免增值税、营业税优惠约有2200万户，共计减免税款511亿元，其中减免增值税307亿元、营业税204亿元。三个税种合计，2014年小微企业共减免税款612亿元。从我省地税系统情况看，近两年多时间里，小微企业税收政策惠及我省224159户小微企业，共计享受税收优惠42604.74万元，带动我省669671人就业创业，经济效应最为明显。因此，小微企业是我省就业创业的主力军，也是税收优惠政策重点扶持的就业创业对象。当前，税务部门要认真落实国家出台的一系列扶持小微企业发展的税收优惠政策，主动靠前服务，千方百计打通政策落实的"最后一公里"，让优惠政策变成小微企业的"真金白银"，让更多的人投身小微企业，掀起"小微"创业的时代热潮。一是坚持生产经营环节的"减免优惠"与年度经营期满后"税收奖励"双措并举，进一步加大小微企业税收优惠力度。例如：对投资周期长、收效慢的行业，提高前期税收优惠幅度；对就业带动强的行业，按照其吸纳就业的人数规模和规定的优惠标准予以税收优惠支持，更广泛地带动创业就业。再如：逐步将增值税（营业税）起征点提高至年销售额50万至100万。对自然人、个体工商户、企业及非企业性单位，月销售额（营业额）在3万元以下的

纳税人，可无限期免征增值税或营业税。对我省实施的“15 万元的税收奖励”，可根据小微企业的行业特点和发展情况，进一步提高标准(如：建议提高到 20－25 万元)，同时，对不同的行业实行区别对待，对创业、创新带动效应大，经济效应和社会效应好的行业，要实行高标准税收返还奖励。二是要持续做好小微企业税收优惠政策宣传。充分利用报纸、杂志、电视、网站、12366 纳税服务热线等载体，结合税法宣传月和“便民办税春风行动”持续开展小微企业税收优惠政策的普及性宣传，要编印小微企业税收优惠政策宣传手册，免费送达每一户小微企业。三是要全程服务，确保小微企业办理税收优惠手续更加便捷。要将专门备案改为通过填写纳税申报表自动履行备案手续，进一步修改企业所得税季度预缴申报表，使纳税人通过填写申报表有关栏次自动履行备案手续，不再另行报送专门备案材料；要完善小微企业所得税纳税申报软件，通过核心征管系统或开发应用小微企业纳税申报税务端软件，运用软件自动识别小微企业身份，主动提示享受优惠政策；通过手机短信或其他形式告知纳税情况，使其享受税收优惠更便捷、更明白。四是对于因各种原因未及时享受优惠政策的小微企业，要及时采取电话、上门提示等跟踪服务，切实提高享受税收优惠政策的覆盖面。五是要加强统计分析，及时、全面掌握小微企业各项减免税户数、减免税额等数据，建立典型企业调查制度，开展减免税效果分析，查找问题及差距，全面实施小微企业税收优惠政策落实情况的跟踪问效。

(二)进一步落实好促进高校毕业生、残疾人、退役军人、登记失业人员等特定群体创业就业税收优惠政策，同时进一步拓宽优惠对象，将具有创业就业典型效应、具备一定规模和代表性的社会群体纳入优惠范围，最大限度促进重点特殊群体创业就业。调查显示，两年多以来，我省享受支持特定群体就业创业税收政策优惠不足 400 户，除贵阳、遵义等个别地区，其余地区两年多时间里甚至不足百户，全省仅 746 人在国家税收优惠政策支持的范围内就业创业，税收政策对特定社会群体就业创业的支持效应不明显。当前，要进一步执行落实好相关政策，最大限度支持特定群体走上就业创业道路。一是要重点落实好“财税〔2014〕39 号、财税〔2014〕42 号、国家税务总局公告 2014 年第 34 号和 2015 年第 12 号”等一系列专门针对重点特殊社会群体创业就业税收政策，不折不扣地落实高校毕业生、残疾人、退役军人、登记失业人员等特殊群体创业就业税收优惠，鼓励和推动他们最大限度地参与到“大众创业、万众创新”的发展浪潮中，创造社会财富。二是要结合经济社会发展实际情况，进一步拓宽优惠对象，将具有典型效应的就业创业群体纳入税收优惠范围。例如：对劳动力输出人口比较多的地区，可以针对“返乡就业创业人员”出台税收优惠政策。以铜仁为例，市委市政府于 2014 年 9 月出台了《铜仁市“雁归工程”实施方案》，鼓励铜仁籍在外人员(简称“雁归人员”)返乡创业就业，明确了 2014 年至 2017 年，全市每年新增“雁归人员”创业就业 3.5 万人以上，新增创办企业和个体户 5000 以上，新增返铜创业就业各类专门人才 3000 人以上，新增建成“雁归人员”创业孵化基地和创业园区 10 个以上，并明确了 6 大服务体系和 14 项政策支持，但在税收方面，却只提到了财税〔2014〕39 号相关政策，缺乏专门针对“雁归人员”这一特定社会群体就业创业的税收优惠政策。如此大的一项就业创业工程，却不能从税收政策上得到特定优惠，不能不说是现行税收政策体系的一个遗憾。三是要加强对重点特殊群体享受税收优惠政策的服务工作，特别是在享受资格的申请、税款减免额度的认定、税收减免的备案等环节，要更加主动靠前、透明公平，进一步规范程序，缩短流程，做好宣传提示，让服务对象轻松办理。四是要做好沟通联系，加强部门协作。县级以上税务、财政、人社、教育、民政部门要建立劳动者就业信息交换和协查制度，人社部门要建立统一的就业信息平台，供税务、财政、民政部门查询《就业创证》信息；教育部门要按时将高校毕业生申领《就业创业证》情况通报人力社和税务部门。五是要加强政策落实情况的统计分析，及时与本地有关部门开展信息比对，检查政策贯彻落实的程度，反思政策执行过程中存在的问题和不足。

(三)加大支持科技创新税收优惠力度，切实提高企业科技水平，增强创新能力和发展潜力

1、进一步完善并落实科技企业孵化器、大学科技园、研发费用加计扣除、固定资产加速折旧等税收优

惠政策体系，切实增强企业创新能力，提高科研水平。近两年来，我省仅有71户符合条件的企业享受了科技创新税收政策优惠政策，毕节、铜仁、贵安、仁怀等地执行户数更是为零，税收优惠政策引导创新的效应并不明显。因此，要进一步完善并落实好支持创新的税收政策体系，切实增强企业创新能力。一是重点落实好财税〔2013〕117号、财税〔2013〕118号等支持科技企业孵化器、国家大学科技园发展的税收政策，充分发挥其较强的科研实力，促进高新技术产业园和高等学校科技成果转化、高新技术企业孵化和创新创业人才的培养，发挥其对“万众创新”的带动作用与示范效应。二是要对符合条件的众创空间等新型孵化机构同等适用孵化器、大学科技园税收优惠政策，充分利用国家自主创新示范区、国家高新技术产业开发区、科技企业孵化器、大学科技园等有利条件，构建一批低成本、便利化、全要素、开放式的众创空间，发挥政策集成和协同效应，实现创新与创业相结合、线上与线下相结合、孵化与投资相结合，为广大创新、创业者提供良好的工作空间、网络空间、社交空间和资源共享空间。三是要完善一批支持技术创新、研发、转让、咨询、服务等行业的税收优惠政策。如：修订和完善《财政部　国家税务总局关于贯彻落实中共中央　国务院关于加强技术创新，发展高科技，实现产业化的决定有关税收问题的通知》(财税字〔1999〕273号)，在营业税、企业所得税优惠的基础上，将优惠面扩展到其他相关税种。四是要借鉴以往的支持创新的税收优惠政策，出台新的支持技术研发活动的税收优惠政策，如：可参照财政部、国家税务总局2011年10月8日出台的《对中关村科技园区建设国家自主创新示范区有关研究开发费用加计扣除试点政策的通知》(财税〔2010〕81号，执行期限为2010年1月1日至2011年12月31)规定，出台类似税收政策，对企业在创新示范区内从事国家当前重点发展的高新技术领域规定项目的研究开发活动，其在一个纳税年度中实际发生的相关研发费用，允许在计算应纳税所得额时按照规定实行加计扣除。五是要严格按照税收减免管理办法的有关规定，为符合条件的孵化器、科技园、众创空间和创新示范区企业办理税收减免，加强对创新企业的日常税收管理和服务。同时，密切关注支持创新税收政策的执行情况，做好统计分析与实地调查。

2、要按照税制改革方向和要求，针对对包括天使投资在内的投向种子期、初创期等创新活动的投资行为，研究出台相关税收优惠政策，为创业型经济发展创造有利环境。一是要按照2015年5月4日国务院常务会议的决定，对小微企业、孵化机构和投向创新活动的天使投资给予税收政策支持，发挥税收政策作用支持天使投资、创业投资发展，培育发展天使投资群体，推动大众创新创业。二是针对当前创业投资税收政策仍存在税率过高、双重征税(例如：公司制天使基金存在双重征税的现象：在公司层面，需按照《中华人民共和国企业所得税法》以25%税率缴纳企业所得税；在股东层面，股东需在分红时按照《中华人民共和国个人所得税法》以20%税率缴纳个人所得税)、普惠范围有限，不利于引导资金流向创业创新领域等问题，采取逐步降低税率、打破双重征税、扩大优惠范围等措施进行解决。三是充分考虑天使基金的整体盈利情况，合理设置天使投资征税时点。在只有单个项目退出的情况下，不对基金全额征税，克服“成本未收回，先要被征税”的现象。四是借鉴美国、日本等发达国家的做法，推行天使投资税收抵扣政策(抵扣程度随税收优惠额度和项目的持续时间不同而有所区别)，让税收政策分担投资风险，激励个人风险投资，不断壮大天使投资群体，为天使投资发展扫清政策障碍，为创业型经济发展孕育优越的环境。

3、着力在示范地区推广《财政部国家税务总局科技部关于中关村国家自主创新示范区有关股权奖励个人所得税试点政策的通知》(财税〔2014〕63号)中明确的中关村国家自主创新示范区税收试点政策，将企业转增股本分期缴纳个人所得税试点政策、股权奖励分期缴纳个人所得税试点政策推广至全国范围，充分发挥示范地区对“大众创新”的示范带动作用。一是要严格按照2015年6月9日财政部、国家税务总局《关于推广中关村国家自主创新示范区税收试点政策有关问题的通知》(财税〔2015〕62号)要求，在国家自主创新示范区、自主创新综合试验区实施好以下4项税收政策.第1项，股权奖励个人所得税政策。对示范地区内的高新技术企业转化科技成果，给予本企业相关技术人员的股权奖励，技术人员一次缴纳税款有困难的，经主管税务机关审核，可分期缴纳个人所得税，但最长不得超过5年。第2项：对注册在示范地区的有限合伙制创业投资企业采取股权投资方式投资于未上市的中小高新技术企业2年(24个月)以上的，该有限合伙制创业投资企业的法人合伙人可按照其对未上市中小高新技术企业投资额的70%抵扣该法人合伙人从该有限合伙制创业投资企业分得的应纳税所得额，当年不足抵扣的，可以在以后纳税年度结转抵扣。第3项：对注册在示范地区的居民企业在一个纳税年度内，转让技术的所有权或5年以上(含5年)许可使用权取得的所得不超过500万元的部分，免征企业所得税；超过500万元的部分，减半征收企业所得税。第4项：对示范地区内中小高新技术企业，以未分配利润、盈余公积、资本公积向个人股东转增股本时，个人股东应按照“利息、股息、红利所得”项目，适用20%税率征收个人所得税。个人股东一次缴纳个人所得税确有困难的，经主管税务机关审核，可分期缴纳，但最长不得超过5年。二是加大政策宣传力度，在示范地区广泛宣传以上税收政策，通过在示范地区企业之中建立微信群、QQ群、短信平台等方式，宣传试点政策；同时，编印宣传资料，开展上门辅导，尽快提高政策知晓率。三是不折不扣地在示范地区执行好前述4项税收政策，确保政策落地生根，充分发挥示范地区示范效应，推动全国范围的“大众创业、万众创新”。

4、进一步拓宽创新优惠范围和优惠对象，规范税收优惠方式，最大限度鼓励企业加大创新力度，扶持企业走上创新道路。一是针对现行支持创业创新的税收政策主要倾向于具有一定创新实力的高新技术企业，侧重于研发创新成功企业的终端环节，对正在实施技术研发、设备更新等环节的税收扶持力度不大，优惠方式不尽合理等问题，要进一步修订完善《企业所得税法》第二十八条和第三十条相关内容，对尚处于研发阶段、需要进行技术改造的企业，实行税收优惠。二是要将针对特定行业、企业、产品及服务的创新优惠规定，适当推广到相关行业领域，进一步拓展创新优惠的范围，使更多的企业、更多的创新行为能够享受税收政策的扶持，充分调动企业创新的积极性，最大限度鼓励企业的创新行为，使企业走出一条依靠创新持续发展的道路。

(四)充分考量政策的延续效用，适当延长部分支持“大众创业、万众创新”税收政策的执行期限，保持税政策执行的持续性、稳定性。对一些执行效果好、税收经济作用突出的政策，在执行期满后或执行期将满时，要及时行文，作出延长执行期限的决定，进一步延伸和拓展其支持创业、创新的积极效果。如2011年10月8日出台的财税〔2010〕81号(2011年12月31日到期)，是一项对示范区内企业研发创新十分有利的税收优惠政策，可认真分析其对创业、创新的带动作用，作出延长执行期限的规定。特别是对正在执行中的有关税收政策，如：财税〔2014〕39号、财税〔2014〕42号，其有效期限均为2016年12月31日，从出台到执行期满，仅3年的时间，而这些政策对于支持重点特殊社会群体创业、创新具有非常鲜明的针对性，作用突出，在执行期将满时，要科学分析其效用，适当延长其执行期限，确保特定社会群体在“大众创业、万众创新”过程中能够持续享受税收政策的支持，增强发展后劲。在贵州这样欠发达的地区，由于“创业”受产业结构、社会资源、市场等多方面因素的制约，“创新”受到经济水平、企业科研能力及创业者自身素质等因素影响，创业、创新更需要税收优惠政策持续发力，久久支持，确保企业在充足的空间里不断发展壮大。

(五)在税源管理和纳税服务方面，要进一步简化税收优惠申请程序，简并办税流程，做好税收优惠政策辅导、宣传、解释，加强与企业的联系沟通，主动靠前服务。一是针对企业办税人员对相关政策掌握不够到位的情况，要及时通过税企QQ群、税企短信平台及纸质资料等形式，要及时做好宣传、解释工作，引导企业正确理解税收优惠政策及享受条件、标准等细节问题。二是针对要求报送的资料比较多，企业办税人员不熟悉办理程序，不愿意报送备案资料等问题，要进一步规范和完善资料报送，简并资料内容，能通过系统查询和抓取的一律不再另行报送；要采取一次性告知、网络报送等方式，最大限度方便企业办理税收优惠认定。三是针对部分企业财务制度和核算体系不规范，账目混乱，资产、计税依据等指标难以核实，不愿意接受税务机关管理等问题，要分行业、分片区组织企业财务人员开展专题培训，邀请专业人士讲解相关知识和业务技能，要求企业规范财务核算，最大限度地争取税收优惠政策的支持。四是针税收政策宣传缺乏针对性、专题性的支持创业、创新税收政策的专门宣传问题，基层税务机关要结合本地区实际情况，组织策划一系列支持创业创新的税收政策专题宣传活动，邀请符合条件的企业参加宣传动员会议，印制并发放创业创新税收政策宣传资料；同时，借助当地报纸、电视、官方网站、微信等媒体平台，定期开展创业创新税收优惠政策专题宣传。五是针对现行支持创业创新的税收政策执行的程序性规定不够完善的问题，要结合基层实际，对每一项支持创业创新的税收优惠政策，都要明确规定执行落实的具体措施，明确申请流程和办理要求，使企业对优惠政策的理解一目了然，对申请办理各环节要求一看便知。六是针对部分基层税务分局对不达起征点的小微企业和个体工商户没有适时进行税源监控的问题，要进一步转变税务干部观念，将税源管理质量与组织收入情况同步考核，确保税源监控不留盲区，并根据企业经营发展情况，及时变更、认定其享受税收优惠政策的资格，明确其应纳税义务。

（六）在税收立法方面，要科学统筹规划，做好顶层设计，切实提高立法层级。一是要整合现行支持创业创新的各项税收政策，统一出台专门支持创业创新的税收法律法规。二是针对现行的促进创业创新的税收政策系统性、规范性、指导性、稳定性、可操作性不够强的问题，要结合当前经济社会发展实际，做好创业、创新对税收政策的需求分析和判断研究，做到有的放矢。三是在制定政策过程中，要扩大立法主体的参与范围，集思广益，确保支持创业、创新税收政策的科学性、可执行性和有效性。要与财政、科技、民政、教育、工商、人社等部门做好协调沟通，整合各部门在推进“大众创业、万众创新”战略过程中所掌握的信息资源，立足于创业、创新过程中的政策需求和创业主体、创新活动的市场导向，把握创业创新的方向、路径、组织方式和实现方法，抓住创业创新遵循的市场规律，深入分析创业创新对税收政策的深层次需求，做好税收政策体系的整体规划与设计。四是针对现行支持创业创新的税收政策分散于各专门税种法律、法规及相关条例、规定和文件通知之中的实际情况，要全面梳理现行政策规定，科学分析和研究现行政策的特点、规律、实用性，根据政策性质和内容，对相关政策进行融合、简并，尽量简化税收政策数量和优惠方式，体现政策的科学性，突出优惠的公平价值和对创业创新的带动效应。对意义不大、效应不明显的政策，执行期满后可采取自动失效的方式进行终止，也可结合创业创新需要及时进行修订。对作用明显的政策，可根据其对创业创新的经济效应适当延长执行期限。五是要广泛论证和科学研判，深刻把握税收政策对创业创新的推动与支持效应，在逻辑理论和现实数据的双重支持下，组织起草税收法律草案，抓住时机向有关方面提交立法请示，争取“大众创业、万众创新”税收政策立法得到国务院乃至全国人大及其常委会的支持，从而提高其立法层级，强化政策的稳定性和带动创业创新的持续效应。

（七）改革税收立法，适当赋予各级地方政府一定的支持创业创新的税收立法权限。目前，我国没有在宪法和法律中就地方税收立法权问题作出明文规定，我国地方政府经过中央授权，仅享有非常有限的税收立法权，主要体现为：一是省级政府可以对一些地方税种（如城建税、房产税、车船税和城镇土地使用税）制定实施细则；二是省级政府可以在特定情形下对部分税种予以减税或免税（如对残疾、孤老人员和烈属所得减征个人所得税）；三是省级或省级以下税务机关可以在其权限范围内制定适用于本管辖区域的有关税收征管的具体程序规则；四是省级政府可以在相应的幅度内，对契税、车船税和娱乐业营业税等地方税税种自主确定本地适用的税率。这种高度集中税收立法体制在一定程度上削弱了地方政府管理本地区经济社会发展的权利，不利于发挥和调动地方“大众创业、万众创新”的自主性和积极性。因此，可以考虑向地方下放支持创业创新的税收立法权，充分调动各地创业创新的主动性和积极性。一是要以法律形式适当赋予地方政府支持创业创新的的税收立法权，并对其进行必要的限制和监督，从而实现统一税法与适度分权、全国市场统合与地方因地制宜的有机结合。二是结合各地产业布局和经济发展实际情况，由地方政府对一部分创业创新带动性强、经济效应和社会效应比较明显的地区的产业和行业（如：东部科技产业和高技术人才集中、创新效应突出的地区，西部返乡农民工创业集中的地区等）出台相应的税收优惠政策，重点扶持本地区、本行业创业创新企业发展。三是将特定情形下部分税种减税或免税权力进一步延伸和下放（如，将省级政府“可以在相应的幅度内，对部分地方税种自主确定本地适用税率”的税收权限下放至市级政府），进一步拓宽地方政府支持创业创新的政策渠道，体现地方政策差异性和灵活性，让税收政策成为扶持各地创业创新的一池活水，使“大众创业、万众创新”战略能够在不同经济结构和水平的地区差异化地推进实施。

课题顾问：李　可

课题组组长：张林军

课题指导：姜大方　潘　韬

课题成员单位：各市、州、区地方税务局

# 构建大数据时代下数据管税新格局的对策与建议

广东省广州市地方税务局调研组

当前，随着移动互联网、物联网和云计算等新一轮信息技术的迅猛发展，我们正步入一个全新的大数据时代。大数据(Big Date)是在海量、无序的数据中洞察规律、发现新知识、挖掘新价值。当今大数据已经成为重要的生产因素，是一个组织或国家竞争力的重要来源和重要标志，被誉为“21世纪的新石油”。为更好地研究和推进地方税收工作在大数据时代下如何发展，由省局揭晔副局长牵头的省局专题调研组赴咸阳、沈阳、珠海等市地税局开展调研，在分析面临的新机遇和新挑战，结合国内税务部门经验借鉴，查找存在问题和薄弱环节的基础上，提出构建完善数据管税新格局的对策建议。

## 一、大数据时代下地方税收工作面临的机遇和挑战

(一)大数据给税收工作带来的机遇分析

1、大数据为税收征管改革指明了方向和路径。大数据可将海量数据无差别集成，使数据信息在纳税人与税务部门、税收各系统之间直接送达，将促使税收征管更趋扁平化、专业化、集约化。

2、大数据为税收工作质效提升提供了技术动力。大数据能够对数据进行深度挖掘和利用，能够突破信息孤岛，大大提升海量数据的查询效率，能够整合纳税人内外部数据信息，提高税源监控管理效能，能够深入分析纳税人数据信息的关联性，大幅提升稽查效率等。

3、大数据为税收管理服务创新提供了有力支撑。大数据为数据管税和征管服务创新提供了坚实基础和有力支撑，税务部门“用数据来说话、用数据来管理、用数据来决策、用数据来创新”工作机制将不断完善。

(二)大数据给税收工作带来的挑战分析

1、海量涉税数据对传统税收征管模式提出新课题。当前全球每年产生的数据信息量年增40%，信息总量每两年可以翻一番。随着大数据发展，“人盯人”、“人盯户”的传统征管模式难以适应大数据时代的发展要求。

2、大数据下的新业态对税务部门征管能力提出新挑战。当前，互联网经济快速发展，纳税人核算方式更趋电子化、集中化、专业化，经营收入跨界化、跨地域化趋势明显，跨国、跨地区、跨行业公司利润转移更加隐蔽，对现行的税收法规政策、税源监管提出了新挑战、新要求。

3、大数据技术发展对税务部门的工作格局和组织架构带来新冲击。大数据去结构、精准化的特点，将对当前税务部门层级较多、条块分割的工作格局和组织架构造成较大的冲击。

## 二、当前税务部门开展数据管税的探索借鉴和存在问题

(一)当前国内税务部门开展数据管税的探索借鉴

广州地税试点开发运用大数据管理平台、开发试点运用风险管理评估系统、加强第三方涉税数据分析利用，对大数据利用做出了一些探索。其他兄弟单位的做法主要体现为“五个注重”：

一是注重树立大数据理念，确立数据管税的总体思路和改革方向。咸阳地税确立了“征税费、管数据、改模式、革思维”的改革思路。无锡地税初步形成一套以数据采集为基础、数据加工为重点，数据应用

为核心的大数据治税机制。厦门地税提出了“智慧地税”的理念。二是注重数据采集质量，夯实数据管税基础。咸阳地税建立政府主导、地税牵头、考核保障的综合治税体系，推动市政府对各职能部门涉税数据交换共享开展目标责任考核，进行财政奖励。无锡地税推动市政府出台税收征管保障办法和考核办法。三是注重数据挖掘应用，推动税收管理创新。咸阳地税建立风险指标和模型，识别、推送风险任务。无锡地税研发应用风险状况分析系统和风险预分析管理系统。四是注重数据管税平台支撑，促进技术与业务融合。咸阳地税开发应用数据管税综合平台，为税源管理、风险应对提供数据支撑。沈阳地税开发建设“网上地税机关”。厦门地税搭建大数据应用开发平台辅助决策支持系统、第三方信息综合分析利用平台、三级监控平台和岗位风险防范电子监察系统。五是注重按数据流优化配置资源，强化组织保障。咸阳地税设立数据管理中心，组成数据管理“专家团”。无锡地税专门设立了数据管理机构。

(二)当前数据管税存在问题和薄弱环节

1、大数据管税理念尚未形成。主要体现在：一是拥抱大数据的战略思维缺乏。对数据的作用认识不足，还没有做好迎接大数据时代的准备。二是善用大数据的创新思维缺乏。工作思维较为守旧，与大数据的开放、交互、拓展等理念要求不相符。三是数据管税的系统思维缺乏。对推进数据管税缺乏整体规划和顶层设计，数据采集、处理和应用全过程缺乏统筹。

2、数据管税基础较为薄弱。涉税数据主要包括纳税申报数据、企业经营数据、第三方数据、互联网数据等，当前存在问题主要体现在：一是涉税数据的全面性有待增强。部分部门、单位提供涉税数据的主动性不强、配合度不高、时效较为滞后；从互联网等渠道获取的涉税数据较少等。二是涉税数据的准确真实性有待增强。很多数据真实性和准确性较差，第三方数据交换共享的标准、规则、格式等不统一，部分从互联网获取的涉税信息分散零碎、真假难辨。三是涉税数据的整合共享性有待增强。传统的业务分割模式和纵向思维模式影响了数据的同质化和统一性，业务信息系统之间数据打架、数据孤岛等现象较为严重。

3、数据应用仍然停留在较低层次。主要体现在：一是数据管理与税收征管的融合力度有待加大。尚未能利用数据流打通融合税收征管各环节；管评查联动风险数据的整合、分析、推送、反馈机制尚未建立。二是数据分析应用对税收征管支撑力度有待加大。涉税数据特别对涉税业务的数据支撑力度不足；纳税评估指标和模型构建有待加快；税收分析利用涉税数据水平仍有较大提升空间。三是数据整合推动服务创新力度有待加大。当前涉税渠道难以精准掌握纳税人需求；纳税服务平台、国地税部门之间数据尚未完全打通。

4、数据管税平台有待进一步健全。主要体现在：一是信息系统的数据整合能力较弱。信息化建设难以实现不同系统、不同部门涉税数据的有机整合。二是信息系统的数据处理能力较弱。数据处理存在海量数据难以处理应用、比对分析难度大、风险识别精准度不高等问题。三是信息系统的数据分析能力较弱。数据分析功能较为薄弱，税收大数据基本处于沉睡状态，亟需建立大数据应用平台。

5、适应大数据要求的组织架构亟待建立。主要体现在：一是缺乏专职的数据管理统筹部门或机构。数据分析应用缺少专职部门或机构进行统筹部署。二是缺乏相应的工作流程链条。需要形成数据管税链条，依照数据流建立相应的风险管理、纳税评估体系。三是缺乏明确的数据管理岗位职责。税收管理员难以集中精力开展数据调查、税收分析和纳税评估。四是缺乏专业的数据管税人才。既懂业务又通技术的复合型人才匮乏。

## 三、构建大数据时代数据管税新格局的对策和建议

总局王军局长提出，“制数权”是继“制陆权”、“制海权”、“制空权”之后的最大制权，谁拥有了“制数权”，谁就拥有未来。全省地税部门突出数据管税，推动税收征管从“管户”到“管事”再到“管数”转变，建立与大数据时代相适应的税收征管新格局。

(一)全面制定大数据战略规划,推动发展导向从人机同管向数据统管转变

要加强数据管税顶层设计,制定全省地税大数据战略规划,建议从三个层面推进:第一层面是推进税收业务的同质化,这是数据管税的前提和基础。继续以税收业务同质化改造为基础,依托完整的数据管理体系,不断推进跨业务、跨部门、跨领域的数据统筹。第二层面是推进数据共享利用,这是数据管理的核心本质。要推动信息系统和涉税数据互联共享,统筹整合各种税收业务的信息基础,运用大数据技术打造"连横"的数据管理业务模式。第三层面是推进智慧税务建设,这是数据管理的目标路径。遵循"大数据+互联网+云计算+税务=智慧税务"思路,依托数据技术支撑,对各种税收业务进行重组。

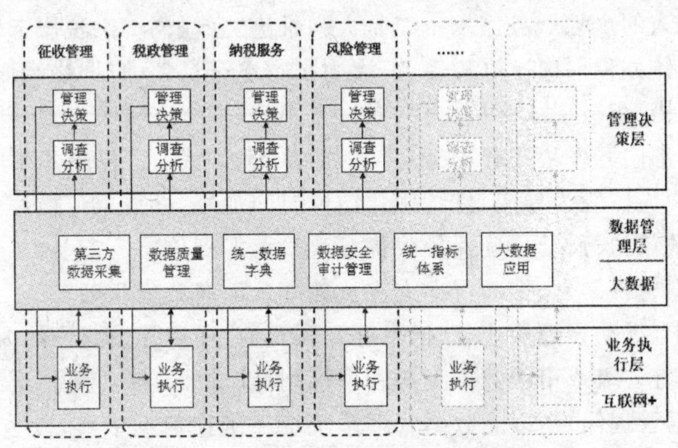


图一　数据管税业务模式示意图

(二)全面提升大数据采集质量,推动数据管理从数量规模向质量效益转变

应做到:一是拓展涉税数据采集范围和渠道,做大数据。向上级建议推动数据提供义务入法,明确相关部门向税务机关及时提供涉税数据的法律义务;以国家建设数据公开平台为契机,将数据开放共享纳入各地政府部门绩效考核;依托应用程序接口技术、网络爬虫技术等加大外部数据、互联网数据的主动抓取力度。二是规范涉税数据共享规则,做实数据。统一各类涉税数据的标准规范、格式代码、统计口径等,制定规范统一的数据采集、甄别、审计、评价、分类、应用等系列规则,推动形成标准化、规范化、可视化的大数据仓库。三是严把涉税数据质量审核关,做优数据。建立数据质量审核管理机制,定期对不符合规范的数据进行修正;制定涉税数据管理制度,建立涉税数据问责制度。

(三)全面强化大数据分析应用,推动管理模式从"管户"到"管事"再到"管数"的转变

应加快推进数据分析应用,深度挖掘涉税数据"金山银库"背后的价值,为各项税收改革创新提供有力支撑。

1、按照大数据理念深化业务同质化改革,构建"大征管"格局。主要从三个方面着手:一是依托数据流重组税收征管前后端业务。用数据流进一步打通前后台和工作流程各环节,窗口服务前端最终进化为只有少量服务窗口甚至无服务大厅的纯"互联网+"形式;税源管理、风险评估、税务稽查等后端则根据纳税人规模、行业、业务种类等标准重建管理业务和机构,实行专业化、团队化管理,并基于数据流实现管、评、查的有机联动。二是应用大数据推动组织收入重心向数据驱动型转变。强化数据分析应用,从数据中找税源,用数据管税源,借数据增税收,推动组织收入由税源驱动型向数据驱动型转变。三是借助大数据、"互联网+"技术创新税收征管方式。以大数据"人物画像"手法建立纳税人电子档案,实现个性化的税源管理和服务;大力推行电子发票,降低税收遵从成本。

2、依托大数据技术统筹风险业务,构建"大风险"管理格局。一是建立大数据应用和税收业务相结合的风险管理体系。将数据管理流程和税收风险管理流程有机融合,建立"指标设计+风险推送+应对流程"的标准化风险管理业务体系。二是建立风险统一推送和指标分级管理相结合的风险管理机制。由市

级风险管理部门统一推送风险任务，将评估事项统筹推送到征管、稽查等应对部门；建立风险指标分级管理机制，鼓励基层单位创新风险分析方法和风险指标。三是建立事前防范和后续管理相结合的风险管理链条。推广应用风险管理评估系统，形成风险识别、等级排序、任务推送、风险应对、风险反馈、监督评价的全流程、闭环式管理链。强化事前税务风险管理，在纳税人申报时，依托大数据自动识别不匹配的申报表，从而发现税收风险点并及时应对。

3、适应大数据发展建设“互联网＋税务”，构建“大服务”格局。主要从三个方面着手：一是通过“互联网＋”技术广泛收集纳税人服务需求。依托大数据和云平台生成各种政策或服务评价的口碑云图，深入探究各群体、各类型纳税人的个性服务需求。二是大力推进“互联网＋纳税服务”创新应用。积极应用移动互联网新平台，推动实体办税向电子办税转变；大力推行电子证照、自助终端通办、网上预约办税、预填单、免填单等便民办税举措；积极引入微信支付、支付宝、银联在线支付等方式，并在前台或者自助终端推出扫码支付等；联合国税部门开发税务移动APP，打造综合性的掌上“智能办税服务厅”。三是开发应用体验式办税服务。以纳税人体验为导向，持续优化纳税时间提醒、办理渠道推荐等人性化服务；通过数据分析核实相关税收优惠政策执行情况，确保税收优惠政策落实到位。

（四）全面搭建大数据管税平台，推动技术支撑从独立分散向集成联动转变

向总局提出业务需求，推动国地税业务、信息等互联互通，加快建设统一的大数据管理平台。一是建立统一数据应用平台，完善省级或市级数据统筹管理机制，以云计算中心统一运营服务器硬件，以电子数据管理系统统一提供数据管理门户，以元数据管理系统统一维护数据字典，以数据交换系统统一实现数据共享，以数据质量管理系统统一强化数据质量，以数据安全系统统一把控数据安全。二是建立分级数据管理机制。机关和基层各单位协同实施数据采集、数据安全、数据质量管理等事项，上下联动，共同推进数据管理。三是建立各类大数据应用。基于统一的数据管理平台建立各种应用软件，包括智能信息搜索引擎、纳税人电子档案等。

（五）全面建立适应大数据要求的组织保障体系，推动资源配置从按业务层级分配向按数据流优化转变

按大数据、“互联网＋税务”要求，对组织架构、人力资源等进行适当的重组和优化配置：一是调整优化适应大数据发展的职能机构。主要从三个方面着手优化：建立组合式、多元化的税源管理机构。在大数据的支撑下，税源管理机构不再与属地挂钩，而是根据税源管理需要进行重新组合设立。例如设立中小微纳税人管理机构或团队对个体户进行规范化管理，根据行业管理需要设立房地产管理机构或团队统筹解决跨区税收难题等。建立市局层面的统一风险管理部门，负责统筹和指导风险评估的开展，指导风险挖掘手段的探索创新，统一推送风险任务，指导建立风险闭环管理链条等。建立集中的数据管理统筹部门，负责统筹组织全局数据管理工作，指导各单位实施数据管理。二是优化税收业务岗位资源配置。依照数据流和组织架构设置调整优化岗位资源配置，例如将办税服务厅人力资源重点调整到数据管理岗位，将精业务懂技术的复合型人才优先配置到数据管理岗位，让税收管理岗位人员更多承担数据采集、风险调查、纳税人服务和维权等事务。三是加强大数据、“互联网＋”人才培养。加快培养熟悉税收业务、数据管理的综合性、复合型人才，做好大数据和“互联网＋”人才储备。

调研组组长：揭　晔

成员：唐铁建　王朝晖　文　芸　胡裕堂　黄　峥
杨文涛　郑毅晖　陈英聪　王　隽　陈　健
林映君　彭佑文　王经胜　周礼晶

# 从税收视角看"长江经济带"战略下南京现代服务业发展

沈中立

现代服务业发展水平是衡量一个国家或地区综合竞争力和现代化程度的重要标志。南京作为长江经济带的门户城市，抓住长江经济带这一重大国家战略带来的历史机遇，提升现代服务业发展水平，是优化产业结构，提升城市综合实力的重中之重。本课题在阐述"长江经济带"战略为现代服务业发展带来重大机遇的基础上，基于税收的视角，对南京现代服务业发展现状进行了深入分析，提出依托"长江经济带"国家战略，提升现代服务业发展水平的相关对策建议，以期对促进南京现代服务业发展、建设"强富美高"新南京有所启示。

## 一、"长江经济带"战略为现代服务业发展带来重大机遇

近代以来，长江流域一直是我国最重要的经济带，在经济社会发展中起着至关重要的作用。2014年9月，国务院发布《关于依托黄金水道推动长江经济带发展的指导意见》(国发〔2014〕39号)，将长江经济带建设上升为国家发展战略，从而使得长江经济带在我国经济新常态下的地位和作用得到进一步凸显。南京作为长江经济带的区域中心城市，迎来了更加有利的发展机遇。

(一)以现代服务业为主的产业结构导向进一步明确

"长江经济带"战略明确提出，要加快发展现代服务业，大幅提高服务业比重，积极推动区域中心城市逐步形成以服务业为主的产业结构。南京自2008年服务业产值首次超过工业产值起，产业结构已呈现出"三二一"式的格局。2012－2014年，南京服务业占GDP比重分别为53.4%、54.4%和55.8%，呈逐年增长态势。目前，南京是全省唯一一个服务业增加值占全市GDP比重超过50%的省辖市。对接"长江经济带"战略，在今后的产业结构调整和优化升级方向上，统筹推进现代服务业发展，大力发展服务型经济，积极推动产业转型升级和区域协调发展，成为南京的必然选择。

(二)促进现代服务业发展的各项政策进一步聚焦

国家促进现代服务业发展的诸多政策正逐步向南京聚焦，包括国家创新型试点城市、"宽带中国"示范城市、下一代互联网示范城市、软件名城、国家电子商务示范城市等等方面。2014年11月，国务院批复同意支持南京等8个高新技术产业开发区和苏州工业园区建设苏南国家自主创新示范区，并参照执行国家支持中关村科技园区的各项政策及配套措施。2015年6月，国务院批复同意设立南京江北新区，要求将之逐步建设成为自主创新先导区、新型城镇化示范区、长三角地区现代产业集聚区、长江经济带对外开放合作重要平台。所有这些，无疑将使南京现代产业发展格局得到进一步优化，现代服务业的发展赢得更加有利的政策条件。

(三)有利于现代服务业发展的区位优势进一步彰显

南京作为长三角地区的中心城市，是"长江经济带"战略与"一带一路"战略交汇区的节点城市，是长江经济带上向东、向西开放的重要门户，特别是在苏皖浙赣交汇区域，有着无可替代的辐射能力和中心地位。落实战略规划，南京区域性航运物流中心、全国性综合交通枢纽和国家互联网骨干直联点的定位和

建设，将使有利于现代服务业发展的基础条件得到大幅改善，使具有高动态性的现代服务业尽享南京得天独厚的区位优势，从而增强在长江经济带中的集聚力、辐射力和带动力。

## 二、南京现代服务业发展现状分析

### (一)取得的主要成效

随着南京转变经济发展方式，加快转型创新跨越发展战略的持续推进，近年来服务经济得到了快速稳定增长，在地方经济社会建设中占据越来越重要的地位。据统计，2012－2014 年，南京服务业实现税收收入合计数分别为 666.01 亿元、771.12 亿元和 852.29 亿元，占全省服务业税收收入的比重分别为 14.52%、14.94%和 15.29%，年均增速超过全省平均增速约 3 个百分点，发展势头较为强劲。在全市税收收入中，2012－2014 年服务业税收收入占比分别为 43.22%、45.14%和 44.53%，行业地位稳步提高。其中，基础服务平稳发展，为地方经济发展提供了良好基础；生产性服务地位突出，成为二三产业融合发展的重要动力；个人消费服务稳中有升，房地产行业仍是地方经济的重要支撑力量；公共服务税收贡献有限，但发展前景广阔。

### (二)有待改进的地方

1、现代服务业比重有待于进一步提高。目前，虽然南京服务业增加值占全市 GDP 的比重超过了五成，并在全省居于首位，但是与同处长江下游的上海 64.8%的水平相比，与“长江经济带”战略对产业结构的要求相比，仍有一定的差距。而且，现在的服务业中有相当部分属于传统服务业。如，2012－2014 年，年实现税收收入居服务业榜首的行业始终是房地产业，当前该行业基本属于劳动密集型和资金密集型，知识与技术含量还不是很高，亟需进行转型调整。又如，批发和零售业，2012－2014 年实现税收收入分别占当年服务业税收收入的 23.09%、21.32%和 20.52%，这其中大部分来自于传统商业销售业务，只有少部分来自于高成长的电子商务业务。

2、现代服务业内部构成有待于进一步优化。南京现代服务业虽然发展较快，但高端生产性服务业对经济贡献度仍偏低，其辐射能力也偏弱。如科学研究和技术服务业，2012－2014 年实现税收收入分别为 11.10 亿元、16.53 亿元和 22.49 亿元，仅占当年服务业实现税收收入总额的 1.67%、2.14%和 2.64%；软件和信息技术服务业，2012－2014 年实现税收收入分别为 26.64 亿元、29.20 亿元和 35.98 亿元，占当年服务业实现税收收入总额的 4%左右。以上两个高端生产性服务行业均具有一定的辐射能力，但基本限于南京都市圈内部，目前南京提供的主要还是一些基础性、中低端层次的生产性服务。

3、现代服务业对外开放程度有待于进一步加强。“长江经济带”战略的基本原则之一是海陆统筹，双向开放，以更好利用国际国内两个市场、两种资源，构建开放型经济新体制，形成全方位开放新格局。据南京国税税务登记信息，2012－2014 年，服务业当中的港澳台投资、外商投资和外国企业三者合计户数分别为 3425 户、3630 户和 4026 户，占当年服务业总户数的比重分别为 1.36%、1.27%和 1.21%。据南京市国民经济和社会发展统计公报，2012－2014 年，服务业实际使用外资分别为 21.33 亿美元、25.95 亿美元和 23.64 亿美元，明显低于省内的苏州同期 30.24 亿美元、34.2 亿美元和 30.5 亿美元。

4、现代服务业集聚区发展有待于进一步完善。现代服务业集聚区是服务业集中集约发展的新型业态，是促进二三产业联动发展和产业结构优化升级的必要支撑。南京于 2005 年在全省率先提出建设现代服务业集聚区。十年来，全市服务业集聚区的建设取得了明显成效，吸引了大批现代服务业企业入驻，已成为南京承接和集聚生产性服务业的重要载体。但是，集聚区发展中也暴露出一些不足，主要表现为总体布局上仍需进一步加强谋划设计，以避免无序竞争，具体发展中有的产业园区层次偏低，发展较慢，有的入驻企业质量不高，经济贡献度低。如，软件业渐呈遍地开花之势，产业集中度和规模效益难以有效提升。

## 三、对接"长江经济带"战略助推现代服务业发展的思考

在当前的新常态下，面对"长江经济带"战略给长江沿岸城市群带来的协调发展机遇，南京务必要按照十八届五中全会强调的创新、协调、绿色、开放和共享发展的理念，统筹推进现代服务业发展，进一步提升其在经济结构中的比重，积极推动产业转型升级和区域协调发展。税收作为政府调控经济和推动产业结构升级的宏观调控工具，对培育和发展现代服务业具有重要作用。税务部门要充分发挥税收调节经济的职能作用，主动加强促进现代服务业发展方面的税收政策宣传与落实，持续改进和优化纳税服务，进一步深化税收管理改革和税制改革，积极助推南京现代服务业提质增效升级。

(一)落实"营改增"相关政策，促进现代服务业结构调整

南京现代服务业的长远发展，应基于区域服务业的发展状态、资源禀赋和比较优势进行规划，在对现有服务业的内部构成进行优化调整的同时，积极拓展服务业的门类，努力提升服务业态的发展水平。就税务部门而言，应着重宣传落实好"营改增"相关税收政策，促进交通运输业、现代物流业、信息服务业和商务服务业等生产性服务业的发展，并鼓励和引导部分制造企业改造现有业务流程，细化深化专业分工，分离发展研发设计、财务管理、现代物流和专业配套服务等业务环节，促进其向专业化和规范化发展，并加强项目示范引领，引导一批企业由生产型制造向服务型制造转变。同时，提前做好金融业、房地产业、建筑业和生活性服务业等行业"营改增"的调研、测算等前期准备工作，帮助企业尽享"营改增"带来的政策红利，并以"营改增"为契机，推动流转税优惠政策完善，通过扩大超税负返还政策适用范围、提高起征点等手段，让那些一时难以取得利润或微利的纳税人也能享受到税收优惠，从而促进现代服务业转型升级。

(二)用好用足税收优惠政策，推动现代服务业集聚区发展

现代服务业集聚区是发展服务经济，促进经济结构和经济发展方式转变的重要区域。在"长江经济带"战略下，要结合苏南国家自主创新示范区、国家级新区江北新区的建设，统筹进行服务业集聚区规划建设。对于税务部门来说，重点是辅导帮助企业用好用足中关村国家自主创新示范区四项税收试点政策、高新技术企业优惠政策以及促进大众创业、万众创新的相关政策，使企业进一步降低研发成本和引进海内外高层次人才，更好地进行创新创业。税务部门要加强与集聚区主管部门的沟通联系，及时了解集聚区发展中需要解决的涉税问题。对于享受对象确定、专业性强的税收优惠政策，有针对性地组建专家咨询团队开展咨询辅导，及时召开专题政策解读会，将政策精准传达到所有需要的纳税人，帮助纳税人提高税收政策应用水平和财务核算水平，并对纳税人在税收优惠政策执行过程中的涉税风险提前预警提示，帮助纳税人正确、全面地享受各项税收优惠政策，增强税收促进经济发展的政策效应。

(三)改革和优化管理服务，帮助现代服务业融入经济发展新格局

要又好又快地发展现代服务业，就必须切实提升对内、对外两个开放水平，主动融入国际国内经济发展新格局。为促进现代服务业对外开放，税务部门要深入开展"便民办税春风行动"，对出口企业实行分类管理，进一步简化审核流程，提高办税效率。抓住南京作为江苏无纸化电子退税试点城市的契机，积极进行探索实践，积累经验做法，加快出口退税进度，切实减轻纳税人负担。为促进现代服务业对内开放，税务部门要贯彻好《国家税务总局关于落实长江经济带发展战略要求做好税收服务和管理工作的意见》(税总函〔2015〕108号)，按照"一个窗口、两区运作、统分结合、协同服务"的工作思路，进一步转变职能，简政放权，加强协同管理和服务，提升依法治税水平，提高纳税人的税法遵从度，发挥税收调控产业发展、优化资源配置的职能作用，促进区域内要素合理流动、产业分工协作，实现区域合作共赢、推动长江经济带发展的目标。通过承东启西，优势互补，努力促进"长江经济带"现代服务业一体化，形成统一的现代服务业市场。

(四)完善技术、人力资本税收政策,增强现代服务业核心竞争力

现代服务业具有高科技含量、高人力资本含量的特点,对技术、人力资本投资予以政策倾斜,是促进经济结构调整、加快发展现代服务业的有效途径。作为税务部门,一方面要积极落实好研发费用加计扣除新政,为企业开展研发活动提供助力,主动为引进的科技人才提供创新创业税收政策解读,帮助其克服水土不服,尽快落地生根,另一方面要积极进行政策建言,完善技术、人力资本投资方面的税收政策,以增强现代服务业核心竞争力。加大技术投资优惠方面,要根据服务业发展的特点,放宽《当前国家重点鼓励发展高新技术领域》中高技术服务业认定为高新技术的核心自主知识产权和研发费用标准,将技术先进型服务企业也纳入高新技术企业优惠范畴。加大人力资本优惠方面,要允许高技术服务、商务服务等行业的职工教育经费全额扣除,鼓励企业加大对职工教育的培训力度。对个人从高新技术企业中获取的投资所得适当降低税率,以鼓励风险投资。

(作者单位:江苏省南京市国家税务局)

# 运用“互联网+”思维深化国税文化建设的思考

杨伟文

新形势下如何推动文化管理的转型升级，充分发挥税务文化引领税收工作发展的重要作用，是各级国税部门面临的一项重要课题。本文分析了广州国税文化建设的发展历程和面临挑战，解构了“互联网+”的本质特征对税务文化建设的启示，并对如何运用“互联网+”思维深化国税文化建设进行了深入思考。

## 一、广州国税文化建设的发展历程与面临挑战

(一)广州国税文化建设的发展历程

广州国税自2002年起探索开展国税文化建设，经历了三个阶段，打造了三个版本。

1、自发性的萌芽阶段，为1.0版本。2003年提出文化建设战略目标，继而先后召开了国税文化建设启动会，参与了税务总局指导意见编写和文化论坛，开展了文化深度访谈、文化问卷调研、文化诊断、文化大讨论等一系列活动。

2、系统性的建设阶段，为2.0版本。2010年起着力搭建“一个宗旨、两个基石、三个平台、六个理念和六个一流”的广州国税文化理念体系，编印了《文化理念》《行为规范》《形象识别》《文化故事集》等系列文化手册。

3、体系性的深化阶段，为3.0版本。2014年起全面推进精神、制度、行为、物态四个文化层次建设，打造“文化·道德讲堂”“文化大家谈”“青年国税论坛”等文化品牌，规范了制度文化建设机制，建设了文化展厅等多功能物态文化设施，初步实现了文化的宣贯落地。

| 文化历程 | 1.0版—文化自发<br>(2002—2007) | 2.0版—文化管理<br>(2008—2013) | 3.0版—文化引领<br>(2014——) |
|---|---|---|---|
| 面临情况 | 1.收入规模激增<br>2.业务多元化<br>3.队伍活力不足<br>…… | 1.科学化<br>2.精细化<br>3.效率化<br>…… | 1.“六大体系”<br>2.“六个面向”<br>3.“六个差距”<br>…… |
| 组织目标 | 组织快速发展 | 管理效能提升 | 税收现代化 |
| 改革措施 | 1.征管改革<br>2.人力资源改革<br>3.信息化改革<br>4.能级管理<br>5.绩效管理 | 1.深化征管改革<br>2.人才培养<br>3.信息化建设<br>4.税收风险防控<br>5.知识管理 | 1.依法治税法治化<br>2.税源管理专业化<br>3.纳税服务多样化<br>4.人力资源人本化<br>5.行政管理效能化 |
| 文化匹配 | 1.文化引入<br>2.凝聚共识<br>3.舒缓压力<br>4.激励措施<br>5.人文关怀 | 1.组织核心价值<br>2.文化理念体系<br>3.BI,VI配套体系<br>4.物态文化环境<br>5.宣贯落地载体 | 1.文化引领<br>2.文化创新<br>3.文化参与<br>4.文化品牌<br>5.文化输出 |

| 学习型组织建设 | 自我超越(目标)<br>改善心智模式 | 建立共同愿景<br>团队学习<br>系统思考 | 自我超越(新)<br>改善心智模式(新) |
|---|---|---|---|

图一　广州国税文化建设导图

(二)广州国税文化建设的面临挑战

1、税务文化如何更好地引领事业发展？作为一项长期性、持久性的系统工程，税务文化应当始终发挥引领税收事业发展的重要作用。目前，在深化文化建设的过程中，仍然存在着系统性不强、缺乏长远规划，统筹性不强、缺乏整体规划，传承性不强、工作力度不一等问题，在发挥税务文化引领税收事业发展的作用上仍然显得不足。

2、税务文化如何更好地保持内生活力？在新的形势、新的要求下，应当激发税务文化新的内生活力，使税务文化始终与时代发展步调一致、与税收发展科学配套、与干部需求紧密结合。当前，宏观上，文化建设面临新的形势和要求；微观上，文化建设手段仍然不多，做法仍然相对陈旧，迫切需要寻找新的突破口和发力点。

3、税务文化如何更好地服务中心工作？税务机关的主要任务是带好队、收好税。文化建设作为队伍建设的一项重要举措，在带好队方面已经发挥了很好的作用。但在收好税方面，个别基层单位仍然停留在“为了文化搞文化”的层面，部分文化管理措施停留在喊口号、贴标签的浅层面，没能以文化建设指导税务工作，税务文化建设运行机制也未完善，未能使文化管理产生出有效的生产力。

4、税务文化如何更好地形成文化认同？干部职工对文化理念的认识仍然停留在较为浅的层面，对文化理念的深度认同仍然不够，如何化“无形精神”为“有形行为”，将这些形式实实在在变成税务人员的行为规范，自觉发挥约束作用，还需要进一步的实践。

5、税务文化如何更好地发挥辐射作用？税务文化理念不仅来自组织内部，同时也凝聚着社会各界和广大纳税人的智慧。文化建设不应局限在国税内部，更应回馈社会、服务社会。当前，国税文化建设与兄弟单位、地方政府、社会各界的联系不够紧密，在文明创建、税法宣传、廉政共建等方面的作用发挥仍然不够，文化建设强大的辐射作用仍未得到充分体现。

## 二、“互联网＋”的本质特征及其对国税文化建设的启示

(一)“引领”是“互联网＋”的时代属性

当前，“互联网＋”已成为中国经济新一轮发展的重要引擎，将逐步颠覆传统经济业态的发展模式，改变组织和个人的生产和生活方式，也必将引领政府部门职能和管理模式的新一轮适应性转变。近期，税务总局王军局长提出了“解放思想、顶层设计、形成机制”三大要求，要求全国税务系统开阔思路、转变观念、提高认识，从上到下予以推动、指导和规范，调动系统上下、系统内外各方面的力量和积极性推动“互联网＋”行动。在“互联网＋”潮流的引领下，税务机关也应紧跟时代发展大势，积极运用“互联网＋”思维推动文化建设的转型升级，更好地引领税收事业发展。

(二)“创新”是“互联网＋”的原始动力

“互联网＋”模式的灵魂就是创新。互联网这一事物的产生，本身就是不断创新的结果。广州国税文化建设的阶段性进程也表明，每一个版本的向上跃升都是对前一个版本的突破、创新与再造。在当前“互联网＋”时代，要寻求文化管理新的发展模式与方向，必须依靠“创新”这一发展前进的不竭源泉，不断深化国税文化建设，为税收事业发展提供源源不断的动力。

(三)“极致”是“互联网＋”的理念精髓

互联网不仅是放大器，更是乘法器，其产生的作用往往是几何倍数的增长。互联网时代的竞争，只有

第一,没有第二,只有做到极致,才能真正赢得未来。在文化建设的初期阶段,我们通过文化宣讲、文化研讨、文化互动等形式推进文化理念的宣贯,深化干部职工的文化认同。但随着干部职工认知的不断深化,过去传统的文化建设形式与载体已经被反复挖掘,创新突破的空间变得越来越窄。"极致思维"指明了这样的一种发展理念,即如果做不到"人无我有",那就必须在"人有我优"上狠下功夫,将传统的活动做出特色、做到极致,挖掘传统文化建设新的突破口和发力点。

(四)"人本"是"互联网+"的生存基础

"互联网+"模式的重要属性是以人为本。发动用户深度参与的"众筹"模式,更是充分运用了"参与"、"分享"、"共赢"的理念,实现了资源的充分运用和高效配置。过去多年的实践表明,文化理念只有反映干部职工的真实想法,才能为干部职工接受;文化活动只有切中干部职工的工作实际,才能有效促进税收中心工作。国税文化建设的重要目的就是让税务干部形成主动而充分的文化自觉,使税务干部自觉认同并践行组织的核心理念和价值观,以税务干部主观世界的改变激发他们的工作热情与主动性,因此,必须牢固树立"以人为本"的理念。这与互联网+的"人本思维"是一脉相承的。要深化文化建设,既要以"人本思维"为指导路径,更要以"人本思维"为工作原则。

(五)"跨界"是"互联网+"的发展趋势

"互联网+"不是要颠覆,而是要整合、跨界和融合,创造出新的价值。"互联网+"作为一种理念,是以互联网思维改造传统行业的一种新业态,是一种新的管理文化和管理行为的改变,是将互联网的创新成果深度融合于经济社会各领域之中,促进国民经济提质增效升级。过去,税务部门往往比较注重国税文化在系统内部的建设与完善,很多时候满足于"独善其身"、"墙里开花墙里香",虽然在一定程度上实现了精益求精,但国税文化的作用仍有更加广阔的发挥空间。"互联网+"跨界的思维,启发我们积极探索将国税文化向纳税人、政府部门、社会各界进行辐射,在树立国税机关良好形象的基础上,发挥国税文化建设的最大价值。

## 三、运用"互联网+"思维深化国税文化建设的思考

运用"互联网+"思维探索文化引领的新路径,要在国税文化建设取得阶段性成果的基础上,推进文化引领 3.0 版本建设,通过改革创新不断赋予组织精神新的内涵和外延,进一步创新形式和载体,激发国税队伍和事业发展的持续动力。

(一)以"自我超越"为核心,打造"引领型"国税文化

实现新的"自我超越"不是要颠覆过去的文化建设成果从头开始,而是因应发展需要的螺旋式上升,是以新的视角和站位赋予组织精神新的内涵和诠释,这要求我们以改革的勇气推动国税文化的转型升级。

1、引领方向。按照面向全面深化改革大局、面向税收现代化发展目标的要求来定位、谋划国税文化建设,正确把握经济发展新常态对税收工作的影响,准确把握国税事业发展的阶段性特征,努力实现"依法治税法治化"、"税源管理专业化"、"纳税服务多样化"、"人力资源人本化"、"行政管理效能化"。

2、引领共识。通过改革创新凝聚事业发展的活力和持续动力,不断培育干部职工共同的理想、信念、精神支柱和道德规范,实现税收与经济、税务与社会、征税与纳税的文化共建和良性互动。大力提倡"我的文化我做主,我的文化我参与",国税文化不仅是管理者的文化,也是广大干部"共创"、"共建"的文化,更是"共享"、"共赢"的文化,要以"众筹"的思维强化文化建设的广泛深度参与,畅顺渠道、互联互通。

3、引领发展。国税文化建设具有历史性,既要继承更要发展,是一项具有长期性、复杂性的思想改造工作,要充分调查论证,多方听取意见,广泛吸取经验,制定出集科学性、超前性、可行性于一体的建设规划,并且依照规划有计划、分阶段地扎实推进。上级机关要进一步强化对国税文化建设的整体规划和具体指导;基层单位要通过上报文件、现场汇报、活动展示等方式,及时将本单位文化建设的总体思路、工作

进展、工作特色及存在不足向上级汇报，便于上级在全局的高度上全面把握，整体谋划。

(二)以“创新思维”为遵循，打造“创新型”国税文化

国税文化要发挥持久效力，必须立足发展变化，着眼长效，不断推陈出新，以文化创新激发工作创新，破解组织发展所面临的各种新情况和新难题。

1、创新思维方式。国税文化在完成理念体系、制度体系、行为体系、物态环境等软硬件建设的基础上，在飞速发展的互联网时代，必须坚持以“创新”及时更新思维方式。要进一步加强“互联网＋”新形势的学习与研判，以科学的方法、工具以及互联网的传播沟通方式找到最有效的传播渠道，不断更新干部职工对新形势下推动文化建设的新思维。

2、创新管理模式。要充分借鉴互联网时代“大数据”、“云计算”等管理模式，探索管理模式的创新。如在传统的“管人”、“管事”等模式的基础上，探索将科技化的理念全面应用到日常管理之中，将各项工作依据、工作规程、操作指引等显性知识和工作经验、案例分析等隐性知识纳入知识库，建设知识管理平台，全面实施知识管理，在对知识加强管理、提升工作效率的基础上，延伸到对人的管理等方方面面，切实提升工作质效。

3、创新激励方式。要适应大数据时代要求，将制度和科技有机融合，充分利用信息化手段和技术，建立和应用信息管理系统，深入开展“数字人事”建设；建立科学有效的考核评价体系，突出重德才、重实绩的考评导向，推行平时考核数据化管理，建立税务干部个人成长账户，对税务干部成长轨迹进行数据化全记实，定期进行统计、分析、比较，为优化人力资源配置提供参考依据，进一步建立完善干部培养、考核、使用机制，激发干部队伍活力，促进税务干部全面发展，

(三)以“极致思维”为抓手，打造“效能型”国税文化

要立足现行的各种管理载体、管理工作和管理模式，引入“极致”思维，充分发挥各种管理工作的效能，以“效能型”的文化理念服务管理质效的不断提升。

1、发挥“规范化”管理作用。要着力建设完善更为科学和民主的决策机制，为国税文化建设提供相对稳定的政策支持；完善组织内部各层级之间的联动机制，借鉴矩阵式管理模式的灵活手段，打破直线式管理的限制瓶颈，形成协调共赢的合力；研究制定文化建设考评机制，评估文化建设的成效，分析税务文化对组织的效能和具体作用；充分发挥示范机制，促进一些特色做法有效转化为普遍做法，进而形成相应的制度和标准，成为规范化的运作机制。

2、深化“绩效化”管理模式。要深入推进绩效管理工作，将精细化的管理要求落实到绩效考核之中，结合总局、省局的要求设计科学的绩效管理体系，将税收发展的总体要求、阶段要求、具体要求等内容纳入到绩效管理的全局中，用科学有效的考核评价和激励办法及时发现和纠正税收工作中存在的问题，切实发挥好绩效管理的“指挥棒”作用。

3、提升“人本化”管理质效。充分利用培训机制，促使干部主动接受和认同核心价值观、国税精神和共同愿景，并转化为自觉的行为准则；要准确把握新时期队伍建设的主要方向，进一步健全完善教育培训机制，推进精英税务团队建设，以“领军人才”选拔培养为契机加强人才库建设。要进一步完善培训育人机制，把培训作为最好的福利，创新培训方式，多形式、多途径开展骨干培训、能手竞赛、业务擂台赛、选送培训、潜能培训、科技培训，切实培养税务干部高度的税务文化自信。

(四)以“用户思维”为依托，打造“品牌型”国税文化

文化品牌是国税文化建设的最优形式载体，是建设成效的最直观展现，是彰显组织文化特色的最佳名片。要始终坚持以“用户思维”为指导，深入挖掘、积极整合、持续培养、打造精品品牌，不断加强干部职工的文化认同。

1、始终贯彻“用户参与”原则。坚持以人为本，尊重广大干部的主体地位和首创精神，充分调动干部

参与文化建设的主动性、积极性和创造性,用先进的文化培育人、塑造人、提升人,用充分的人文关怀激励人、凝聚人、发展人。突出"团队学习"精神,以提升团队凝聚力、战斗力、协作力、创新力、执行力"五力"为核心,倡导公平正义、诚信友爱、和睦互助、宽容合作的人际关系,打造团结拼搏、合作共享、创新活力的团队发展平台。

2、始终贯彻"用户认同"原则。要充分发挥"组织搭台、大家唱戏"的品牌载体作用,对树立的文化品牌持续深化、长期培养、固化认识,不断丰富文化品牌的主题、内容和形式,积极赋予新的内涵及拓展外延,使之常做常新,形成精品品牌;要充分发挥税收新闻媒体、国税内外部网站、简讯板报、宣传栏、文化室等媒介的作用,不断丰富学习载体、宣贯载体、工作载体和活动载体。要大力应用信息化手段,积极拓展网上文化平台、移动文化 APP,创新文化应用平台和载体。

3、始终贯彻"用户问效"原则。要以干部职工的行为规范、素质提升和精神面貌的整体焕发为检验原则,切实抓好思想政治理念和道德品行教育,使干部职工树立正确的政治行为、社会行为、工作行为、廉政行为和文明行为规范意识,加以不断地循环强化,促进形成广大干部自觉的行为意识和文化认同。

(五)以"跨界思维"为指导,打造"输出型"国税文化

1、注重外树形象。充分利用税收宣传月、纳税服务日、税企文化共建等多种载体,积极向政府机关、广大纳税人以及社会各界宣传国税文化品牌、文化理念,切实增进相互之间的理解、认同和协作,树立国税部门的良好社会形象。

2、注重回馈社会。国税部门承担着为国聚财、为民收税的神圣使命,也应忠实履行为纳税人服务、回馈社会的重要责任。要积极开展学雷锋志愿活动,深入开展"税爱学子"志愿活动,走进社区,走进学校,走进群众,广泛开展社会公益、结对服务、扶贫接力、文化下乡、绿色行动等各类税收志愿服务。

3、注重职能发挥。要立足长远,从可持续发展的高度统筹各项工作的开展,使文化建设发挥凝心聚力、服务社会的显著作用;要切实融入地方发展,注重将文化建设融入到广州打造国家中心城市经济发展大局中,强化税收宣传、用好用足税收政策,发挥国税部门职能作用,更好服务区域经济发展和社会发展。

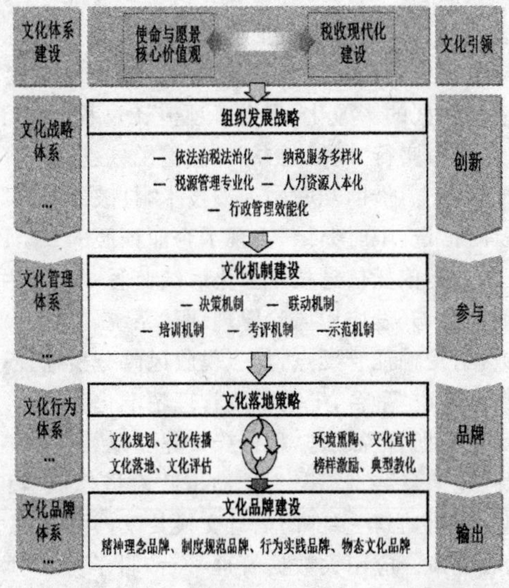


图二 "文化引领 3.0 版本"工作思路

(作者单位:广东省广州市国家税务局)

# 运用“互联网＋”思维<br>推进税收现代化的实践与思考

揭　晔

当今世界，信息化和经济全球化相互促进，互联网已经融入社会生活的方方面面，深刻改变整个社会的生产方式、生活方式、消费方式以及治理方式。今年7月国务院印发《关于积极推进“互联网＋”行动的指导意见》，部署加快推进互联网与传统的融合创新。“互联网＋”是把互联网的创新成果与经济社会各领域深度融合，推动技术进步、效率提升和组织变革，提升实体经济创新力和生产力，形成更广泛的以互联网为基础设施和创新要素的经济社会发展新形态，具有广阔前景和无限潜力，已成为不可阻挡的时代潮流。税务部门应积极认识和把握“互联网＋”成为当今发展趋势和主流战略的新常态，从实现税收现代化高度认识和推进“互联网＋”在税务领域的应用创新。本报告结合广州市地税局推进“互联网＋”的实践探索，在系统分析当前税务部门推进“互联网＋税务”面临的问题和挑战基础上，对运用“互联网＋”思维加快税收现代化建设提出若干建议。

## 一、广州市地税局应用“互联网＋”创新税收工作的做法及成效

近年来，广州地税准确把握互联网发展的新趋势、新特点，积极把握发展机遇，主动推动税收工作与互联网相融合，着力搭建“互联网＋税务”新平台，在提升征管质效、推动税收改革、强化数据管税、创新纳税服务等方面取得了一定成效。

（一）着力搭建“互联网＋税收征管”平台，提升税收专项改革质效

积极依托互联网平台，打破地域、部门等限制，推动税收征管融合创新，促进税收征管改革质效的全面提升。主要做法有：一是推动流程电子化实现“同城通办”。开发应用电子文档影像系统、无纸化办理平台，实现纳税人申报资料和涉税数据的影像化、审批事项流转过程的电子化、办税业务标准的规范化，目前已有660项税（费）事项在广州市实行“同城通办”。涵盖税务登记、税（费）申报、社保费申报等业务。二是推动跨部门融合实现“多证联办”。借助互联网云端技术，打破部门界限，在地税、国税、工商、质监等多部门间实行数据共享互通、及时推送、限时办结，实现了企业证照的“三证合一”、“四证一章”和“一照一码”，试点推行电子税务登记证。三是依托信息技术强化后续监管。在大力推行税务行政审批制度改革、加快简政放权、精简审批环节的同时，开发应用风险管理评估系统，依托互联网新技术全方位搜索分析纳税人的经营情况、纳税申报等数据，发掘征管疑点，加强税收风险分析监控，进一步强化后续监管。

（二）着力搭建“互联网＋数据管税”平台，推动税收管理精准化

应用互联网新技术，不断深化数据管税工作，积极探索建立以数据采集为基础、数据应用为核心的数据管税新模式。一是整合资源强化信息共享。牵头推动市政府搭建涵盖税务、工商、银行、国土等34个部门的综合治税平台，借助互联网平台强化多部门信息交换共享，并持续做大“税融通”项目，共建公共信用体系。二是开发数据优化税收决策。应用大数据管理平台，科学分析、联结不同业务模块，构建采集、研究、应用一体的数据管理链，深入挖掘复合型风险指标，生成完整的风险指标体系，为税收分析预测提供智能化支撑。三是强化数据应用提高税收管理精准度。推广应用电子取证工具，深度挖掘第三方涉税数据信息和互联网涉税数据，依照分析模型比对涉税数据，打破行业、模块限制，多维度展现涉税疑点。2014年通过大数据分析应用，集中开展“出口制造业”、“生产制造业”、“驾驶员培训业”、“保险代理业”四

大行业稽查专项行动，共计查补税款1.5亿元，选案准确率超过90%。今年上半年利用电子技术查补税款9.8亿元，其中利用互联网+行业稽查在两个月内查办某资产管理公司案件金额1.96亿，创历史新高。

(三)搭建“互联网+纳税服务”平台，创新便捷高效的线上服务新方式

积极构建“以网上办税为主，以实体办税服务厅为辅，以电子办税自助终端为补”的办税服务新格局。一是拓展电子办税服务厅。完善电子办税服务厅建设，实现税务登记、发票、认定、证明、税收减免备案、税收减免申请等六大类共418项涉税(费)业务全流程网上办理，CA户数达到7.2万户，占全省40.6%，电子办税率达95.72%。二是完善自助办税终端功能。在全市各政务中心、重点地段配置115台自助终端机，实现个人完税证明和社保费清单打印、小额发票开具等9类涉税(费)事项全天候自助办理。三是推广发票在线领购配送。全市范围推广发票“电厅申领、邮政配送”业务，纳税人在智能办税终端(CA)提交发票领购申请，主管税务机关核准，即由邮政专车派送上门，上半年免费配送发票1.2万户次。四是构建移动互联“微服务”平台。推广网上预约办税系统，纳税人通过互联网、手机办理各项涉税(费)业务预约服务。开通“广州地税”政务微信，定期推送事项告知、税费优惠、办税服务厅排队情况查询等资讯服务及微视频节目，有效推送41.4万人次，被评为广东省“十大区域特色微信”。

## 二、当前税务部门应用“互联网+”面临的挑战和问题

(一)现行税收征管模式难以适应“互联网+”新业态

“互联网+”作为一种新的经济创新模式，正在各个行业、各个领域掀起一场创新浪潮，特别是电子商务、移动支付、跨境电商等新业态、新技术、新商业模式发展迅猛。据统计，2014年国内消费市场全年实现社会消费品零售总额26.2万亿元，其中电子商务交易额(包括B2B和网络零售)达到约13万亿元，占消费品零售业的半壁江山。根据工信部最新发布的《移动互联网产业发展报告(2014—2015)》相关数据显示，2014年我国移动互联网市场总规模首次突破2000亿元大关，达到2134.8亿元，同比增长115.5%，2015年总产值有望突破4000亿元。依托互联网、物联网、云计算等技术，纳税人核算方式更趋电子化、集中化、专业化，经营收入跨界化、跨地域化趋势明显，跨国公司利润转移更加隐蔽；互联网增值服务、知识产权特许使用等互联网新业态层出不穷。“互联网+行业”带来传统行业经营理念和方式变革创新的新形势，不仅对现行的税收法规政策提出了新课题，也对税务部门如何应对和监管“互联网+”的新业态、新模式提出了新挑战和新要求，税源管理的复杂性和工作难度进一步加大。目前许多税务干部还缺乏对“互联网+”的正确认知，拥抱互联网的积极心态尚未确立，对“互联网+”的税收政策和征管举措研究不透、办法不多。

(二)税务部门对大数据增值利用尚处于较低层次

目前税务部门更多是推进“互联网+”与税务工作的简单相加，在加强大数据增值利用、夯实“互联网+”与业务融合基础上仍有较大的提升空间。主要体现在：一是大数据管理理念尚未形成。部分税务干部对数据的作用认识不足，“用数据来说话、用数据来管理、用数据来决策、用数据来创新”的思维意识仍然较为薄弱，与互联网技术结合打造电子税务、数字税务缺乏整体规划和顶层设计。二是涉税数据质量有待提高。在获取外部涉税数据方面，虽然已经建立涉税数据共享交换机制，但部分部门、单位提供涉税数据的主动性不强、配合度不高、时效性较为滞后，而且交换共享的数据标准、规则、格式等不统一，难以真正转化为可利用的数据；从互联网等渠道获取的涉税数据较少。在内部数据管理方面，各个业务系统数据缺乏流动性，相互共享程度不高，难以整合利用。三是数据整合应用仍然停留在较低层次。分散在不同系统、不同部门的涉税数据没有实现有机整合，难以开展深度地分析和挖掘，数据比对和数据纠错只限于表面化，纳税评估模型构建困难，精准化纳税服务和税收分析尚未开展等。四是大数据平台和组织架构尚未建立。传统的“人机结合”数据处理模式无法实现不同数据库和不同业务的数据关联分析，对海量数据难以处理应用，工作流程、部门职责设置、人才配置等与大数据管理要求不相适应。

（三）税务部门应用“互联网＋”的配套机制有待完善

推进“互联网＋税务”将会带来税收业务、组织机构和信息技术的变革，但其配套机制亟待健全。一是后续监管和风险管理机制有待加强。随着行政审批制度改革、商事登记制度改革的深入推进和“互联网＋”的广泛应用，目前广州市地税局近九成涉税业务实现了先办后审、即时办理，广东省从今年9月1日开始全面推行“一照一码”，在释放改革红利、激发市场活力的同时，也对税务部门的后续监管和风险管理提出了新的挑战：对实施“一照一码”、“一址多照”、“一照多址”的纳税人日常监控的难度加大；“先办后审”事项后续监管的信息化、智能化水平亟待提升。二是响应服务需求机制有待完善。税务部门面对纳税人众多，特别是地税部门还直接面对大量的自然人、缴费人，涉及税费业务多样复杂。纳税人、缴费人对便捷化、人性化的办税服务需求更为强烈，但现有的信息技术未能完全满足纳税人特别是自然人的办税要求，例如不少税收业务无法在线办理，缺乏移动申报、掌上纳税等服务，移动设备身份认证机制和安全可靠的网上支付手段尚未开发利用，互联网办税体验较差等。三是互联网安全防范机制有待健全。随着税收业务对信息技术的利用程度日渐上升，数据高度集中，外部信息交换不断扩展，税务系统信息安全（如网络攻击、病毒入侵、网络泄密等）、人员安全意识、应急处置能力等方面都亟需提高和完善。

## 三、加快应用“互联网＋税务”的思考与建议

把握潮流才能赢得未来。互联网和各领域的融合发展具有广阔前景和无限潜力，对税收事业发展具有全局性和战略性的影响。要加快实现税收现代化，推进“互联网＋税务”是必经之路和有力举措。税务部门应主动适应“互联网＋”新常态、新浪潮，将“互联网＋”的新思维应用到税收工作中来，用“互联网＋”让税收管理服务走进更加便捷智能的“云时代”，推动税收改革创新，加快推进税收现代化建设。

（一）强化“互联网＋”的开放性思维，推动税收资源的整合共享

积极把握“互联网＋”跨界融合、开放生态的特点，推动税收内外部资源的共享、互动、整合。一是深化开放共享，推动数据“大包容”。以修订《税收征管法》为契机，推动数据提供义务入法；推动从国家层面统筹规划和出台数据公开的指导意见和行动规划，将数据开放共享纳入政府部门绩效考核，推动涉税数据共享交换的常态化、制度化、实时化；利用“互联网＋传统行业”使得越来越多数据进入互联网的契机，依托应用程序接口技术、爬虫采集技术等加大外部数据、互联网数据的主动抓取力度，在确保数据安全前提下建立与互联网互通互联的数据共享开放系统，使得涉税数据源具有更大的包容性和共享性。二是强化征纳互动，把准服务“大需求”。借助互联网资源和技术，通过强大的税务云，建立集税法宣传、投诉建议、意见收集、实时交流等多项功能于一体的征纳交互平台，创新互联网时代下的征纳互动新方式，多渠道、全面广泛地收集纳税人需求，以此为纳税人提供更多量身定制的服务，更好地满足纳税人个性化需求。三是优化金税三期，推进平台“大整合”。优化金税三期核心征管系统，并以金税三期为基础平台，加强信息系统建设的顶层设计和统筹规划，开发对接电子影像系统、电子办税服务厅系统、地理信息系统以及申报、支付等具有互联网功能的子系统，实现数据共享和平台整合，构建税务云平台，消除信息孤岛现象。四是应用引擎技术，实现业务“大搜索”。依托大数据技术、智能引擎技术，建设业务知识智能搜索引擎平台，实现对海量结构化和非结构数据的搜索、分析和挖掘，提供智能“答疑知识库”，为税务人员或纳税人办税提供搜索帮助、决策依据等，进一步提高数据管理的智能化水平。

（二）强化“互联网＋”的大数据思维，全力构建数据管税新格局

进一步强化大数据在“互联网＋税务”中的管理应用，推动税收管理从“管户”到“管事”再到“管数”转变，进一步提升征管质效。一是要强化涉税数据质量管理。整合包括税务内部数据、纳税人数据、第三方数据、互联网数据等数据的处理模式，统一各方面数据的标准规范、格式代码、统计口径等，形成规范统一的数据采集、甄别、审计、评价、分类、应用等系列规则；建立数据应用质量审核机制，制定涉税数据管理、考核和数据变更等管理制度，建立涉税数据增量、质量逐级负责的问责制度；同时，在统一规则的基础上，

提高对数据的预处理能力，形成标准化、规范化、可视化的大数据仓库，确保涉税数据的可靠性和可用性。二是要强化大数据增值应用。进一步拓展大数据应用的深度和广度，广泛收集、深度挖掘、精准掌握各类税源信息，从数据中找税源，用数据管税源，借数据增税收，提高税收征管的精准度；深挖数据之间的相关性和规律性，构建税收大数据分析模型，提高税收预测分析的科学性和准确性；利用海量的可视化数据，横向广泛收集全体纳税人共性服务需求，纵向深入探究各群体、各类型纳税人的个性服务需求，以数据驱动服务的精准化和多元化；科学搭建评估指标模型体系框架，不断丰富体系内容，对管理对象进行体检式扫描，提高整体评估效能；全面采集、主动挖掘纳税人各类动态行为数据，强化稽查指标筛选和利用数据规律发现违法线索的能力，提高选案的精准性和检查的效率性。三是强化大数据管理平台整合。建立统一的数据管理平台，为数据管税提供有力的平台支撑；设立集中的数据管理和分析应用专职部门，建立数据统筹管理机制，整合涉税数据共享、外部数据采集、风险管理评估、数据分析应用等功能，进一步提升信息技术在数据的建档归类、查阅检索、风险提示、分类推送等方面的应用水平，实现数据管理的智能化。

（三）强化“互联网＋”的多元化思维，推动纳税服务方式变革

适应纳税人的多元化需求，开发应用基于“互联网＋”技术、大数据的纳税服务平台，推动线上线下服务融合，为纳税人提供多元化、个性化、便捷化的纳税服务方式。一是推动涉税事项“网上通办”。以信息系统集群为依托，持续开发新系统模块，不断增加 PC 终端、自助终端、移动终端等互联网办税终端可处理业务数量，将传统实体业务逐步电子化、网络化，推动实体办税向电子办税转变，实现全电子化资料流转、全流程无纸化办税、全业务“网上通办”，着力打造电子税务局、网上税务局。二是建设新型移动办税系统。开发应用符合纳税人需要的移动办税 APP 和微博微信等移动服务平台，打造综合性的掌上“智能办税服务厅”。探索在移动终端应用影像采集、指纹确认、视频连线等功能，实现申报、查询、缴费、等绝大部分业务的移动在线办理，打破传统纳税服务空间与时间上的限制，实现服务零距离、零等待，让纳税人随时随地轻松办税。三是开发应用体验式办税服务。以纳税人的满意度为导向，建设互联网口碑分析系统，依托大数据和云平台生成各种政策或服务评价的口碑云图，持续优化各服务平台的功能设置、操作流程等；以纳税人的需求为导向，根据纳税人的浏览记录、网络评价等判断其需求倾向，分析纳税人行为偏好，提高服务的主动性、精准性和针对性；以纳税人的办税体验为导向，增加、完善办税资料查询、纳税时间提醒、办理渠道推荐、服务厅线上指引、网上预约、交通路线导航、拥挤分流推荐、知识库业务咨询、办税进度查询等各类人性化服务，为纳税人提供全方位、全流程的系统化整体服务方案。

（四）强化“互联网＋”的安全性思维，推进“安全税务”建设

在加快推进“互联网＋税务”融合创新同时，应注重加强涉税信息安全体系建设，为“互联网＋税务”提供安全可靠的保障。一是强化涉税信息安全的制度建设。制定一整套信息安全管理规章制度，包括涉税信息保密、机房出入、口令密码和内外网强制隔离等管理制度，以及严密的安全管理责任、考评和计算机监管制度，确保信息系统的稳定、安全、有效运行；建立涉税信息安全监控机制，根据资源的重要性和涉密程度、安全风险等因素，划分安全域，确定安全保护等级，统一做好风险防范。此外，还应由独立第三方的咨询服务机构对涉税信息安全性评估，制定相关应急预案，做好涉税信息安全突发事件的应对。二是提高涉税信息安全的技术水平。提高网上办税系统硬件和系统软件平台的信息安全技术水平，加大数据信息系统安全防护和维护等资金的投入，提高对网络攻击、病毒入侵的防范能力和网络失泄密的检查发现能力；通过工作人员用户认证与访问控制、VLAN、MPLS 及 SSL 加密、密钥交换、防火墙、防篡改和入侵测试等信息技术，对违规操作自动预警、及时查处，防范涉税信息风险。

（作者单位：广东省广州市地方税务局）

# “一带一路”战略下推进青岛西海岸新区发展的经济税收分析报告

青岛市地方税务局课题组

青岛西海岸经济新区的成立，“一带一路”战略的承接，以及自贸区试点的申建，为西海岸及带动青岛市经济腾飞带来前所未有的机遇。本文旨在对西海岸新区“十二五”以来经济税收运行情况及特点进行分析，立足税收，对进一步培植壮大地方经济税源，促进经济税收提质增效提出建议。

## 一、西海岸新区税收的现状及结构特点

### （一）地税收入增长较快

2011－2014 年青西新区实现地税收入 439.6 亿元，受经济税源增长、政策变化、管理增收等因素综合拉动，年均增长 20.4%，地税收入增幅明显高于 GDP 增幅。2011 年增幅较高主要是耕契两税当年划归地税部门增收，拉动当年收入增幅 7.8 个百分点。

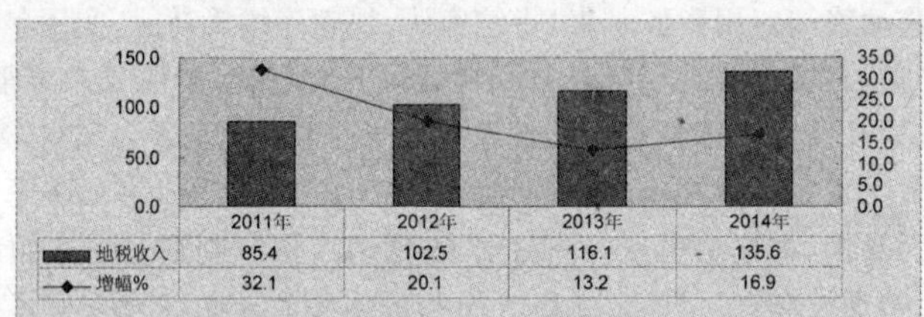


图一　2011－2014 年青西新区地税收入及增幅（亿元、%）

### （二）税收结构不断优化

2014 年第三、第二产业分别实现税收 79.6 亿元、55.8 亿元，占地税收入的比重分别为 58.7%、41.2%，第三产业占总收入的比重比 2011 年提高 4.2 个百分点，第二产业占总收入的比重比 2011 年下降近 4.2 个百分点。三产上升、二产下降的税收收入结构一定程度反映调结构、转方式取得进展。

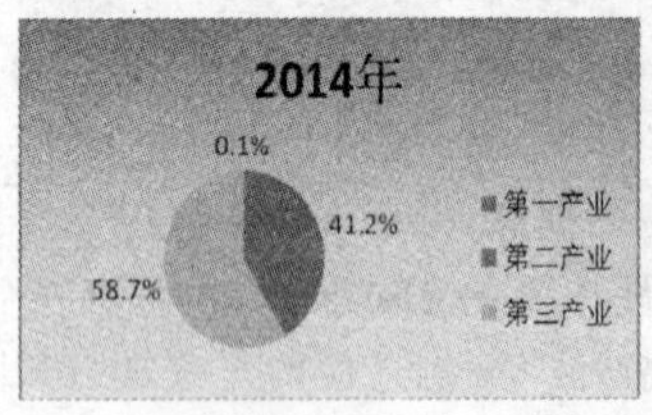


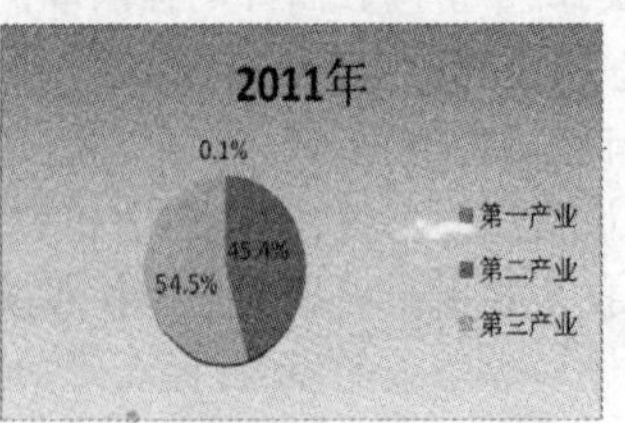


图二　各产业税收占总收入的比重变化

### （三）税制变化对局部区域影响较大

自 2013 年 8 月开始部分行业“营改增”并陆续扩围，年减收营业税 4.2 亿元。其中对保税港区影响最大，由于营业税占保税港区地税各项收入的比重接近三分之一，而在营业税的构成中，近 90%是交通运输业及其相关产业贡献，“营改增”政策实施，已将 81.4%的营业税改征增值税，直接绝对减收 1.75 亿元。

(四)现代服务业税收快速增长

2011－2014 年,现代服务业发展迅速,实现税收 18.1 亿元,年均增长 33.8%,高于各行业平均增幅 13.4 个百分点,年增收额都在 3－5 亿元左右,税收贡献增长较快。2012 年受青岛港(集团)有限公司码头租赁、青岛海西城市投资有限公司、城发投资集团有限公司开发房地产实现税款影响,租赁和商务服务、居民和其他服务业税收增收较大,增幅达到了 41.6%。

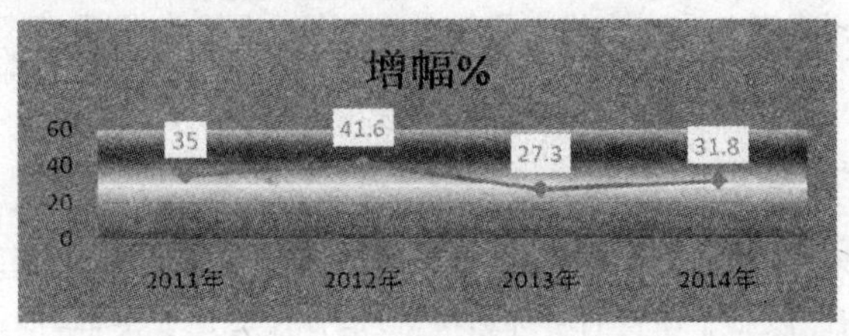


图三　2011－2014 年现代服务业税收增长情况

(五)传统服务业增速平稳,受房地产、交通运输业影响较大

2011－2014 年,传统服务业实现税收 19.5 亿元,年均增长 15.7%,增幅相对平稳。其中房地产、交通运输业实现 12.7 亿元,占传统服务业税收比重的 65%,两个行业走向直接影响传统服务业税收走势。金融危机以后,房地产连续三年实现了 30%以上的增幅,受房地产调控及高基数影响,2012 年房地产税收出现负增长,影响传统服务业增幅同比下降 1.3 个百分点,2013、2014 年房地产增长有效弥补交通运输等营改增减收,并进一步拉动 2014 年传统服务业税收增幅 8.8 个百分点。

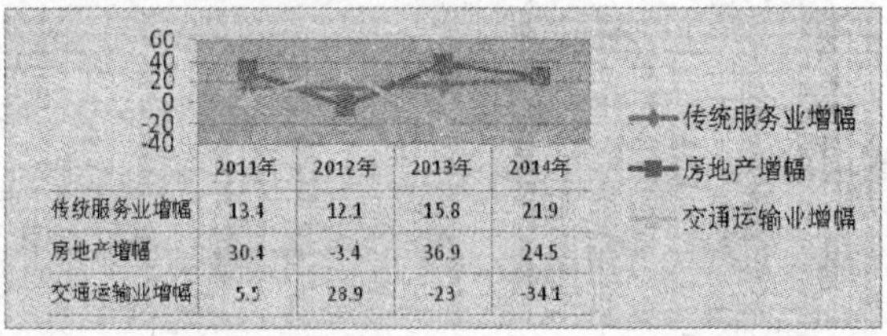

| | 2011年 | 2012年 | 2013年 | 2014年 |
|---|---|---|---|---|
| 传统服务业增幅 | 13.4 | 12.1 | 15.8 | 21.9 |
| 房地产增幅 | 30.4 | -3.4 | 36.9 | 24.5 |
| 交通运输业增幅 | 5.5 | 28.9 | -23 | -34.1 |

图四　2011－2014 年传统服务业、房地产、交通运输业税收增幅

(六)建筑业税收呈“v”型趋势增长

金融危机以后,持续性投资拉动建筑业税收从 2008 年的负增长连续提高到 2011 年 41.6%的增幅高点,2012 年后在绝对高数基础上逐年回落,受 2012 年中交运泽浚航有限公司转让土地入库税收 9800 万元影响,2013 年仅同比增长 10.9%。随着青新西区成立带来的发展机遇,固定资产投资加速,同时青钢等一些大项目搬迁共同拉动建筑业税收增幅随后翻转上扬,2014 年增幅达到 19.2%。

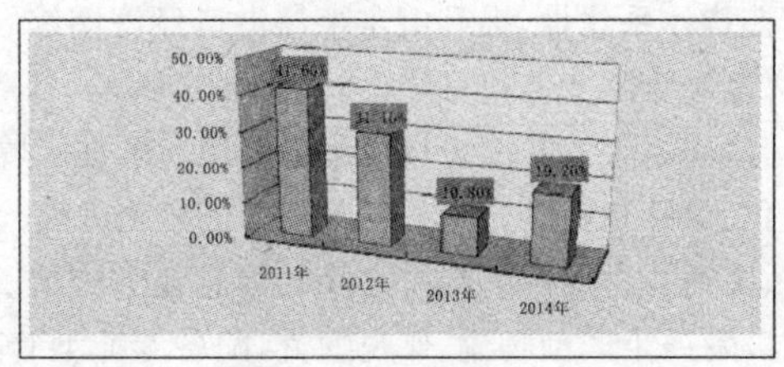


图五　2011－2014 年建筑业税收增幅

(七)制造业税收持续回落

2011—2014年制造业实现税收130.6亿元,增幅从2011年的67.2%一直回落到2014年的3%,行业税收持续下滑且幅度较大。受市场饱和、原材料价格下跌及行业不景气影响,部分骨干企业产值逐年下滑,特别是石油化工行业受成品油市场需求疲弱、管线安全改造、企业搬迁等因素叠加影响,企业收入呈下降态势。其中,中石化青岛炼油化工有限责任公司2014年入库4.6亿元,同比下降2.5亿元。以上汽通用五菱汽车股份有限公司青岛分公司为代表的新能源汽车行业稳步发展,五菱荣光平台微型客车和微型货车2014年实现税收8658万元,新能源汽车行业做大做强的空间还很大。

## 二、西海岸新区功能发展定位分析

继续围绕海洋经济主题,依托区位优势,突出主导产业,重点发展海洋工程与装备等具有核心竞争力的产业,加大高端制造和新能源产业项目的引进和扶持,培育优势产业集群,推动区域全方位转型,实现新常态下的新发展。

(一)进一步增强东北亚门户功能

一是建设东北亚区域重要的国际贸易功能区,积极拓展国际贸易功能,完善贸易产业链,成为东北亚地区重要的转口贸易平台。二是建设东北亚区域重要的国际物流基地,构建以保税港区为重要节点、以港口腹地为依托、以东北亚地区为主体的区域化、国际化的物流链网体系。三是建设东北亚区域重要的临港国际航运服务集聚区。培育扶持高附加值航运服务产业,重点发展与船舶交易、船舶检验及注册登记、海事处理等相关的各类服务业,创设政策平台、服务平台、空间平台,完善航运服务产业链,使航运服务功能向较高层次、门类齐全、各类服务协同发展的方向转变。

(二)进一步深化中日韩区域合作

充分利用中韩自贸协定,加速中日韩自贸区建设,以面向东北亚合作为先导,着力推动高端电子信息、海洋生物、新能源、机械制造及金融、科技、文化创意等产业的合作与融合。积极参与国家和周边各国的合作载体和关联产业发展,形成资源与产业关联互补、技术共享、层次明显的区域产业协作圈。建立有效的协作和开发机制,加强与周边各国海洋渔业、海洋生物、海洋科技、海洋工程等产业合作。

(三)进一步促进产业合理布局

合理定位和区分青西新区各功能区的战略定位,防止同质竞争。突出"蓝色、高端、新兴"产业导向,优先扶持新区海洋工程装备制造、海洋交通运输物流、海洋生物制药、远洋渔业等重点产业,推动海洋产业高端、集群发展。继续鼓励高新技术企业发展,创新产业引导基金运作模式,支持产学研协同创新,提升企业技改投资占比,推动相关生产性服务业发展,培育一批成长性强的科技型企业,加快形成新的产业竞争优势。以建设金融投融资平台为抓手,促进资本和商品输出,进一步推动和释放新区工业潜能。

(四)进一步推进港口经济的跨越发展

一是加强口岸跨区域、黄河流域各口岸,以及国际港口的合作,鼓励新区货运代理、综合物流服务等企业到无水港开展业务,加强揽货体系建设,提升山东半岛港口经济圈综合竞争力。二是加快集疏运体系建设。加强铁路、公路、管道等集疏港交通项目建设,发展多式联运,打造连接海内外、沟通沿海地区、辐射内陆腹地的现代化综合运输体系。三是改善口岸服务环境。推进区域"大通关"建设,增强港口的集聚和辐射功能,提升口岸便利化、国际化程度。四是完善港区信息化进程。建立先进的公共信息平台,实现政府、企业、社会之间,口岸、腹地与世界各大港口之间的信息业务交流。五是扶持发展现代港口物流业。加快园区物流业建设,积极发展生产型物流、保税物流,配备专业型管理人才,吸引国际化大型物流企业入驻,实现港航兴市的目标。

(五)进一步培植特色旅游文化产业

发挥凤凰岛旅游度假区作为首批国家级旅游度假区的辐射带动作用，逐步扩展旅游度假集群，推进重点旅游文化项目的引进和建设，大力发展海上娱乐产业，推动旅游产业提档升级。积极开发培育休闲农业发展。降低进口高端消费品关税，打造半岛高端购物消费中心。加深与相关国家的旅游交流合作，拓展入境旅游市场。

## 三、支持区域经济发展的经济和税收政策建议

西海岸新区已成为青岛新一轮发展的重要承载区和蓝色经济产业发展的核心区，围绕提升经济增长的质量和效益，培植壮大经济税收实力，综合提出以下建议：

(一)打造国际贸易功能集聚区

规划建设国际商务区，集中建设一批国际商品展示交易、电子商务等功能性项目和功能性平台，集聚一批跨国公司和国内大型企业总部，形成贸易总部经济集聚地；集聚与培养贸易订单分拨企业、以订单为核心的虚拟企业，形成贸易订单中心；集聚国际采购分销企业，形成国际商品采购分销中心；积极培育国际竞争力强、带动性辐射能力大的内外贸大型龙头企业，形成若干大型跨国贸易企业为主导，中小贸易商云集，法律、审计、会计等专业服务业共同参与，商务商业融合发展的贸易产业链。扩大和提升“互联网＋”的范围和定位，对相关企业实行企业所得税和印花税税收优惠政策。

(二)建设国际现代物流园区

鼓励企业以保税仓储功能为核心，拓展高附加值的服务功能，向前延伸提供进出口贸易代理和金融服务，向后延伸提供集装箱堆场和运输配送服务，配套物流增值服务，打造提供供应链管理服务的第三方物流企业；积极引进国际航运集团和综合物流骨干企业入驻，利用国际航运集团现代化管理手段和货主资源，营建国际物流网络。同时，为减轻仓储物流企业负担，促进港口产能释放，建议延长物流仓储业土地使用税减半征收政策。

(三)创造国际航运服务产业发展的良好环境

依托国际集装箱枢纽港，集聚发展船舶代理、货运代理、航运经纪企业；引进和大力培育能够满足青岛东北亚国际航运中心建设要求的航运服务企业与机构；积极争取外资航运金融、法律和保险机构的地区总部、业务总部、主报告行等落户或迁移区内。对实际从事服务的企业和机构，建议给予一定的所得税优惠政策。

(四)以税收政策导向推动港口经济发展

积极争取吸引优质企业入驻的全方位税收优惠政策，不断扩大税收优惠园区范围，通过税收优惠和财政补贴，吸引更多的物资流和资金流，加大引进资金、技术、人才的力度，鼓励企业落户港区。密切关注“涉蓝”税收政策，研究探索与自贸区基本法律法规体系相配套、相衔接的税收政策，力争实现跨境服务贸易税收政策的创新和突破。建立与产业结构优化和升级相适应的税制调控的联动机制，适时调整税收对产业的扶持和优惠政策，重点倾斜国家鼓励产业，兼顾区域性税收一体化趋势，促进形成港区税收政策合力。

(五)出台提升区域投资贸易便利化水平的税收优惠政策

按照自贸试验区总体方案要求，研究酝酿可复制推广和先试先行的税收优惠政策：一是试点申建自贸区，争取出台促进港区离岸贸易业务方面的税收政策，降低税负，对离岸业务的金融服务企业实行营业税免税政策，所得税减按10%—15%征收。二是对转运业务加大税收优惠力度，减少退税环节，优化纳税服务。三是对从事园区融资租赁和非货币性资产投资交易的企业，给予企业所得税优惠，减低税率、减轻税负，促进发展。

(六)大力促进休闲农业发展

一是对开展休闲农业投资的业户给予更大的金融贷款扶持，以财政补贴形式降低贷款利率；二是对从事农业休闲旅游投资的企业，在税收上可对从获利年度开始给予一到三年的企业所得税免税优惠，或是允许接受的投资额和广告宣传费税前全额扣除的优惠政策；三是完善企业上市或并购整合方面的企业所得税政策，鼓励企业向集团化、规模化发展，促进农业休闲旅游企业做大做强。

（七）积极拓展入境旅游市场

推进国际游客落地签证和72小时过境免签，争取旅游购物离境退税、离岛免税等政策。抢占中韩贸易合作区建设先机，探索开通中韩海上旅游快速通道，填补海上国际旅游航线的空白，争取国旅免税旅游城等项目尽快落地建设。加快建立和完善特别消费购物区，除建立购物退税机制外，对区域内生产适合境外旅游者购买的特色商品的企业，给予研发费用和广告宣传费用企业所得税税前加计或全额扣除的优惠。

（八）扶持新能源汽车行业发展

新能源汽车的广阔市场前景和政策优惠吸引了众多生产企业、科研机构和高等院校进入，许多企业涉足与新能源汽车相关的电池、发动机和关键零部件的研制和生产。青西新区驻有如上汽通用五菱等具有新能源汽车研发和生产能力的企业，对类似企业的新能源汽车项目进行大力扶持，有利于区内汽车制造企业抢占新能源汽车战略先机。

（九）建立“丝绸之路经济带”集中查验中心和海运跨境直购（黄岛）集中查验中心

“丝绸之路经济带海关区域通关一体化”，实现了“丝路”沿线9省10关如同一关，建立“丝绸之路经济带”集中查验中心，将更好地吸引西部货源向青岛港集聚。同时，打造中韩跨境物流的“首选通道”，在前湾港区，为黄岛海关建立海运跨境直购集中监管查验中心提供仓储和分拨设施，具有运输距离短、成本费用低、便于实行集中监管和查验等优势。

（十）提高税收管理服务水平

以“互联网＋税务”建设为契机，研究制定税源模块化和一体化相结合的管理模式。在全面掌握、积极跟进新兴产业销售经营模式的基础上，探索实施结合产业特色的税收专业化管理，特别是针对下一步离岸金融、融资租赁业务，以及进口商品国际贸易总部基地的电子交易，探讨落实相关营业税征收管理办法，以及电子交易印花税征收管理方式，培育新的税收增长点。

课题组组　长：郑卫星
副组长：沈　宏
成　员：胡晓晖　张　弛　高　进
宋书杭　夏　俊
执　笔：胡晓晖

# 关于济南市与长沙等三省会城市地方税收行业结构对比分析及税源发展建议的报告

张志明　刘振新　张　莉　于光远　寻子员

近一个时期特别是今年以来，宏观经济下行压力持续加大，地方税收和财源建设面临严峻挑战，如何科学分析济南经济发展现状及地方税源结构，促进地方税收稳定增长，为经济社会发展提供可靠财力保障尤为迫切。近期，市地税局选择了与济南地方税收规模相近且增速较快的长沙、福州、合肥三个省会城市作为样本，通过重点比较各市地税收入行业结构差异，剖析济南市税源建设的优劣势，在此基础上提出有关对策建议。

## 一、近年来济南市地方税收发展基本情况

近年来，我市经济运行保持总体平稳态势，地方税收持续稳定发展。2012－2014 年，全市地方税收规模分别达到 310.59 亿元、350.93 亿元、391.55 亿元，占 GDP 的比重不断提升，分别为 6.45％、6.71％、6.79％；其中：公共财政预算收入分别为 239.10 亿元、312.52 亿元、344.84 亿元，占财政收入的比重分别为 62.79％、64.82％、66.22％。三年税收增幅分别为 13.85％、12.99％、11.57％，分别高于我市 GDP 增幅 4.63、4.31、1.24 个百分点。

从全国 25 省会城市（因统计数据原因，不包含呼和浩特、拉萨、台北）地方税收收入看，基本上可分为三个梯队。第一梯队是广州、成都、杭州、武汉、南京等 5 城市，年地方税收收入 700 亿元以上；第二梯队是沈阳、长沙、西安、福州、合肥、济南、长春、哈尔滨、郑州、昆明等 10 城市，年地方税收收入在 300 亿元至 500 亿元；第三梯队是贵阳、石家庄、南宁、南昌、乌鲁木齐、太原、兰州、海口、银川、西宁等 10 城市，年地方税收收入在 300 亿元以下。2012 年－2014 年，济南地方税收额均位居第 11 位，在第二梯队中游水平。从与济南地方税收规模接近且近几年增速较快的长沙、福州、合肥排名情况看，2012 年－2014 年长沙由第 8 位上升到第 7 位；福州由第 12 位上升到第 9 位；合肥由第 14 位上升到第 10 位。以上三市上升态势明显。济南地方税收在 2013 年和 2014 年分别被福州、合肥两市超越，与长沙的差距逐渐拉大。

**四城市 2012－2014 年地方税收情况表**

| 城市 | 2012 年 | | 2013 年 | | 2014 年 | |
|---|---|---|---|---|---|---|
| | 地方税收 | 增幅％ | 地方税收 | 增幅％ | 地方税收 | 增幅％ |
| 长沙 | 443.97 | 19.9 | 506.06 | 13.99 | 559 | 10.46 |
| 福州 | 310.15 | 10.2 | 382.38 | 23.29 | 401.81 | 5.08 |
| 合肥 | 284.79 | 12.97 | 321.87 | 13.02 | 400.18 | 24.33 |
| 济南 | 310.59 | 13.85 | 350.93 | 12.99 | 391.55 | 11.57 |

## 二、济南与长沙等城市地方税收行业构成比较分析

在地方税收构成中，第一产业税源及税收贡献极低，基本可忽略不计。近年来，济南市地方税收发展

趋势与其他省会城市相吻合，地税收入主要来自三产，且三产发展快于二产。2014年，济南市地方税收二、三产业占比为23.4：76.6，同期全国25省会城市均值为25.8：74.2。2012－2014年，济南市二产地方税收年均增幅9.34％，低于全国25个省会城市9.42％的平均增幅；三产地方税收年均增幅13.23％，高于全国25个省会城市9.59％的平均增幅。总体上看，济南三产占比高、增速快，对地方税收贡献要大于二产。但从产业均衡度上看，二产税收规模相对较小、发展相对较慢，产业结构亟需优化。

各城市第二产业中的制造业、建筑业，第三产业中的房地产业、金融业、批发零售及住宿餐饮业等行业是地方税收的支柱行业，占地方税收总额的比重均在80％左右。我们选择第二梯队中，规模与我市相近的长沙、福州、合肥等三城市进行重点行业发展对比，分析济南税源状况的结构特征。为使经济税收数据具有可比性，真实反映各市区域经济税源状况，在四城市对比分析中我们采用了包含省直属局的区域地方税收数据。

**四城市2014年地方税收对比表**

| 城市 | 地方税收总量 | 占全省地税比重 | 2012－2014年均增幅 | 济南与各市差距 |
|---|---|---|---|---|
| 长沙 | 559.0 | 42.59％ | 12.21％ | 167 |
| 福州 | 446.7 | 26.49％ | 15.95％ | 55 |
| 合肥 | 400.2 | 25.79％ | 18.54％ | 9 |
| 济南 | 391.6 | 11.67％ | 12.28％ | — |

（一）房地产业

房地产业是地税收入第一大行业，近年来发展迅速，成为地税收入的主要增长点。从行业规模及占比看，济南在四市中均为最低。2014年，济南房地产业地方税收完成135.1亿元，分别比长沙、福州、合肥少66.7亿元、51.1亿元、45.8亿元。济南房地产业占全部税收的比重为34.5％，低于合肥的45.2％、福州的41.7％和长沙的36.1％。从行业增速看，2012－2014三年来，济南房地产业税收年均增长30.12％，增速居四市首位，高于合肥的28.20％、福州的21.21％和长沙的20.79％。反映出近年来济南房地产业发展速度较快，但是受制于基数小，很难缩小差距。从行业税收构成看，济南市房地产业实现税收额不大，主要是房产销售流转税和土地交易契税低于其他城市较多所致。2014年济南市房产销售营业税及土地增值税78亿元，分别比长沙、福州、合肥少15亿元、36亿元和27亿元。从行业主要经济数据看，尽管从2014年新建商品房均价来看，济南高于长沙、合肥，仅低于福州，但济南商品房销售面积仅为865万平方米，分别比长沙、福州、合肥少654万平方米、101万平方米和730万平方米。深入探究济南房地产税收在四市中最低的原因，一是济南行政区划面积仅相当于其他三市面积的70％左右，城市规模小，省会首位度低，发展空间不如其他三市；二是长沙、合肥等全省单核心城市，良好的教育配套、医疗配套和升值空间，带动外来人口不断聚集。据有关统计调查，长沙市自2008年开始深化户籍制度改革，进一步放宽城乡落户政策，降低入户门槛，取消购房入户面积、居住条件限制；降低投资入户标准、降低招聘录用学历等要求。2012年长沙购房群体中，非长沙户口购房者超过60％。合肥市为吸引外来购房，规定凡在合肥市购买成套住房（无面积限制），准予其本人及其直系亲属落户；购买其他用途的商品房（如门面房、厂房等），资金达到20万元以上，就可准予其本人及其直系亲属落户。福州市从2004年开始在入户口这一环节，原来要有产权证才可以办理，改为只要到房地产交易登记中心备案后就可以办理，极大方便了外来购房者。几年间，外地人到福州买房所占比例不断扩大，一度达到一半；直到2013年，福州出台“严控房价”的“榕七条”，对非福州市户籍居民限购，提高外地人购房门槛，外来购房者比例有所缩小。相比而言，济南市本地购房者是市场的主流人群，2014年外地人购房仅占两成。

**四城市 2014 年房地产业地方税收情况表**

| 城市 | 税收额（亿元） | 税收占比 | 同比增长 | 2012 年—2014 年均增幅 | 2014 年商品房销售面积（万平米） | 2014 年 9 月份新建商品房均价（元/平米） | 行政区划面积（平方公里） | 2014 年末常住人口（万） |
|---|---|---|---|---|---|---|---|---|
| 长沙 | 201.8 | 36.1% | 13.81% | 20.79% | 1519.2 | 6469 | 11819.5 | 731.15 |
| 福州 | 186.2 | 41.7% | 1.48% | 21.21% | 965.6 | 13563 | 11968 | 743 |
| 合肥 | 180.9 | 45.2% | 28.18% | 28.20% | 1594.8 | 7700 | 11445.1 | 769.6 |
| 济南 | 135.1 | 34.5% | 12.72% | 30.12% | 864.9 | 10232 | 8177 | 706.7 |

（二）建筑业

建筑业是地方税收的重要支柱行业，随着近年来各地加大城市开发和建设力度，建筑业税收呈现快速增长之势。从行业规模及占比看，济南在四市中均为最低。2014 年，济南建筑业地方税收完成 42.6 亿元，分别比长沙、福州、合肥少 42.9 亿元、20.5 亿元、6.4 亿元。济南建筑业占全部税收的比重为 11.0%，低于长沙的 15.3%、福州的 14.1%和合肥的 12.2%。从行业增速看，2012－2014 三年来，济南建筑业税收年均增长 18.24%，居四市第二位，低于长沙的 23.20%，高于福州的 15.02%和合肥的 9.80%。从行业主要经济数据看，2014 年济南市固定资产投资额仅为 3063.4 亿元，分别比长沙、福州、合肥低 2372 亿元、1325 亿元和 2322 亿元。近几年，长沙、福州、合肥等城市利用承办各类全国性展会契机，大力推进轨道交通、城际铁路等重大基础设施建设，在扩大城市规模、提升城市环境的同时，也带动了建筑业地方税收增长。济南市建筑业税收规模小，除了商品房投资开发力度小、房地产业规模小的因素外，主要是由于城市建设扩围及基础设施改造投资的相对偏小。从提升城市发展竞争力，拉动城市经济发展和财源建设角度看，作为典型的发展中城市，济南在道路桥梁建设改造、轨道交通建设、市政设施维护提升等公共设施建设方面有较大提升空间，城市基础设施建设发展投入上需要进一步加强。

**四城市 2014 年建筑业地方税收情况表**

| 城市 | 税收额（亿元） | 税收占比 | 同比增长 | 2012 年－2014 年均增幅 | 2014 固定资产投资（亿元） |
|---|---|---|---|---|---|
| 长沙 | 85.5 | 15.3% | 23.20% | 22.81% | 5435.8 |
| 福州 | 63.1 | 14.1% | 12.28% | 15.02% | 4388.6 |
| 合肥 | 49.0 | 12.2% | 9.20% | 9.80% | 5385.2 |
| 济南 | 42.6 | 11.0% | 32.80% | 18.24% | 3063.4 |

（三）制造业

尽管从现行税制看，制造业的主体税种是增值税、消费税，地税收入主要是附征税费和企业所得税，但由于制造业发展规模大，依然是地方税收的主体行业之一。从行业规模及占比看，济南在四市中位次居前。2014 年，济南制造业地方税收完成 41.9 亿元，居第二位，比福州、合肥多 13.6 亿元、8.5 亿元，比长沙少 2.1 亿元。济南制造业占全部税收的比重为 10.7%，居四市首位，高于长沙的 7.9%、福州的 6.3%和合肥的 8.3%。从行业增速看，2012－2014 三年来，济南制造业税收年均增长 3.35%，居四市第三位，低于福州的 13.33%、合肥的 7.54%，高于长沙的－0.21%。从行业税收构成看，济南贡献最为突出的是烟草制品业（12.74%），石油加工、炼焦和核燃料加工业（10.33%）、非金属矿物制品业（9.04%），合计占制造业的 32.11%。长沙是烟草制品业（40.57%）、专用设备制造业（12.07%）、汽车制造业（11.79%），合计占制造业的 64.43%；福州是计算机通信和电子设备制造业（15.15%）、纺织业（12.90%）、非金属矿物制品业

(8.39%),合计占制造业的36.44%;合肥是电气机械和器材制造业(13.62%)、烟草制品业(10.12%)、计算机通信和电子设备制造业(8.63%),合计占制造业的32.37%。显然,济南市龙头行业对制造业的支撑度远低于其他城市。剔除国家限制性发展的烟草制品业后,济南贡献排前两位的行业税收占制造业比重为19.37%,而长沙、福州、合肥分别是23.68%、36.44%、22.25%,济南与其他城市的差距进一步扩大。总的来看,相对其他三市,济南市制造业门类齐全,且具有一定的规模优势,但从内在结构看,以烟草制造及能源加工为主决定了发展空间的局限性和税源质量不佳,深加工、高附加值的先进装备制造业仍是发展的短板,产业集群发展尚不充分,制造业经济发展质量不高,亟需转型升级、优化结构。

**四城市2014年制造业地方税收情况表**

| 城市 | 税收额(亿元) | 税收占比 | 同比增长 | 2012年—2014年均增幅 |
| --- | --- | --- | --- | --- |
| 长沙 | 44.0 | 7.9% | 12.30% | −0.21% |
| 福州 | 28.3 | 6.3% | −5.80% | 13.33% |
| 合肥 | 33.4 | 8.3% | 34.60% | 7.54% |
| 济南 | 41.9 | 10.7% | 7.00% | 3.35% |

**四城市2014年制造业主导行业占制造业比重**

| 制造业行业大类 | 长沙 | 福州 | 合肥 | 济南 |
| --- | --- | --- | --- | --- |
| 烟草制品 | 40.57% | | 10.12% | 12.74% |
| 汽车制造 | 11.79% | | | |
| 计算机、通信、电子设备制造 | | 15.15% | 8.63% | |
| 纺织 | | 12.90% | | |
| 专用设备制造 | 12.07% | | | |
| 电气机械和器材制造业 | | | 13.62% | |
| 石油加工、炼焦和核燃料加工 | | | | 10.33% |
| 非金属矿物制品业 | | 8.39% | | 9.04% |
| 合计 | 64.43% | 36.44% | 32.37% | 32.11% |

(四)金融业

金融业是地方税收的重要支柱行业,近年来稳定快速发展,成为地方税收增长的一大亮点。从行业规模及占比看,济南在四市中均位居第三位。2014年,济南金融业地方税收完成66.6亿元,比长沙、福州少43.2亿元、15.2亿元,比合肥多13.6亿元。济南金融业占全部税收的比重为17.0%,低于长沙的19.6%和福州的18.2%,高于合肥的13.2%。从行业增速看,2012—2014三年来,济南金融业税收年均增长11.78%,增速在四市最低,低于长沙的20.30%、福州的26.84%和合肥的21.46%。从行业税收构成看,四市的银行业地方税收在行业税收中都占66%以上,是当前各区域金融业主打力量,也是济南市金融业绝对实力偏弱、税收规模相对偏小症结所在。而济南之所以银行业偏小偏弱,一个重要因素是山东省地方商业银行分散发展、整合不足。当前山东全省共14家(17市中除菏泽、滨州、聊城外,其他各市都有)地方商业银行,总部设在济南的只有1家(齐鲁银行)。而近些年长沙等省会着力打造金融CBD,整合集聚全省金融资源,加快地方商业银行发展,形成了显著的规模优势。如,湖南全省2家(长沙银行和华融湘江银行),总部均设在长沙;福建全省3家(福建海峡银行、厦门银行、泉州银行),1家设在福州(福建海峡银行);安徽全省1家(徽商银行),总部设在合肥。此外,福州还拥有1家全国性商业银行总部(兴业银行)。基于此,济南金融业缺乏实力强的总部银行和龙头企业,增长速度也明显不如其他三市。

**四城市 2014 年金融业地方税收情况表**

| 城市 | 税收额（亿元） | 税收占比 | 同比增长 | 2012 年—2014 年均增幅 | 2014 银行业税收 | 2014 银行业税收占金融业比重 |
|---|---|---|---|---|---|---|
| 长沙 | 109.8 | 19.6% | 17.38% | 20.30% | 88.0 | 79.97% |
| 福州 | 81.4 | 18.2% | 21.73% | 26.84% | 63.9 | 78.88% |
| 合肥 | 53.0 | 13.3% | 17.50% | 21.46% | 35.6 | 67.19% |
| 济南 | 66.6 | 17.0% | 16.60% | 11.78% | 44.3 | 66.13% |

**四城市 2014 年存、贷款余额情况表**

| 城市 | 本外币各种存款金额（亿元） | 占本省比重 | 贷款余额（亿元） | 占本省比重 |
|---|---|---|---|---|
| 长沙 | 11266.1 | 37.24% | 10712.82 | 51.55% |
| 福州 | 9731.03 | 30.54% | 9766.85 | 32.5% |
| 合肥 | 9269.58 | 30.81% | 8666.79 | 38.09% |
| 济南 | 12010.2 | 17.36% | 10002.5 | 16.65% |

（五）批发零售及住宿餐饮业

批发零售业、住宿餐饮业均属于传统服务行业，与一个地方的消费水平密切相关，近年来两行业地税收入增长较为稳定。从行业规模及占比看，济南在四市中均位居首位。2014 年，济南两行业地方税收完成 27.1 亿元，略高于长沙的 26.3 亿元，比福州、合肥多 5.7 亿元、8.2 亿元。济南两行业占全部税收的比重为 6.9%，长沙、福州、合肥均为 4.7%左右。从行业增速看，2012—2014 三年来，济南两行业税收年均增长 4.04%，增速在四市居第二位，低于合肥的 7.52%，高于福州的 2.53%和长沙的—1.16%。从行业主要经济数据看，2014 年济南社会消费品零售总额 2964.1 亿元，居四市第三位，比长沙、福州分别低 198 亿元和 27.9 亿元，比合肥高 1297.7 亿元。据统计，2014 年济南市城镇居民人均消费性支出为 22980 元、增长 6.1%，而长沙为 26779 元、增长 19.8%，消费支出增速比收入增速高出 10.4 个百分点，七成收入用来消费。总的来看，济南批发零售和住宿餐饮业有一定的规模优势，但受消费观念影响，居民整体购买力不旺、消费不足仍是制约行业发展的重要因素。

**四城市 2014 年批发零售和住宿餐饮业地方税收情况表**

| 城市 | 税收额（亿元） | 税收占比 | 同比增长 | 2012 年—2014 年均增幅 | 2014 社会消费品零售总额 |
|---|---|---|---|---|---|
| 长沙 | 26.3 | 4.7% | 5.08% | —1.16% | 3162.1 |
| 福州 | 21.4 | 4.8% | 3.99% | 2.53% | 2992.0 |
| 合肥 | 18.9 | 4.7% | 18.05% | 7.52% | 1666.4 |
| 济南 | 27.1 | 6.9% | 8.24% | 4.04% | 2964.1 |

**四城市 2014 年批发零售业地方税收情况表**

| 城市 | 税收额（亿元） | 税收占比 | 同比增长 | 2012 年—2014 年均增幅 | 2014 商品零售额 |
|---|---|---|---|---|---|
| 长沙 | 17.4 | 3.1% | 12.19% | 1.53% | 2862 |
| 福州 | 15.0 | 3.4% | 9.57% | 3.51% | 2526 |

| 合肥 | 12.6 | 3.2% | 19.70% | 8.62% | 1559 |
|---|---|---|---|---|---|
| 济南 | 19.9 | 5.1% | 11.50% | 7.48% | 2490 |

**四城市2014年住宿餐饮业地方税收情况表**

| 城市 | 税收额（亿元） | 税收占比 | 同比增长 | 2012年—2014年均增幅 | 2014餐饮收入额 |
|---|---|---|---|---|---|
| 长沙 | 8.9 | 1.6% | −6.53% | −5.86% | 296.0 |
| 福州 | 6.4 | 1.4% | −7.16% | 0.32% | 466.0 |
| 合肥 | 5.9 | 1.5% | 7.66% | 2.01% | 107.4 |
| 济南 | 7.1 | 1.8% | −0.84% | −4.50% | 474.1 |

## 三、推动济南经济税源发展的几点思考与建议

通过与长沙、福州、合肥等城市的行业税收对比，我们建议从以下几个方面注重济南市的经济税源发展：

（一）坚持规划引领，提升城市发展战略

近几年长沙、福州、合肥发展迅速，离不开发展规划的引领和推动。近年来长沙市发展目标定为率先建成“三市”（全面小康之市、两型引领之市、秀美幸福之市）、强力实施“三倍”（产业倍增、收入倍加、城乡品质倍升）；大力推进以长沙为中心的城市群建设，2007年长沙、株洲、湘潭城市群获批为“全国资源节约型和环境友好型社会建设综合配套改革试验区”，几年来长株潭一体化进程不断推进。同时，依托长沙先导区组建跨行政区的湘江新区，今年已经国务院批复同意，成为我国中部地区第一个国家级新区。福州市主动融入国家“一带一路”战略，开发建设福州新区，海上丝绸之路核心区、自贸试验区、国家级新区三区合一，加快打造闽江口金三角经济圈。合肥市依托国家长江经济带建设的重大区域发展战略，将合肥市定位为长三角世界级城市群副中心和全国性综合交通枢纽，确立“大湖名城、创新高地”的发展目标，经济发展步入快车道。借鉴三市做法，济南市应围绕“打造全国的区域性经济、金融、物流中心和科技创新中心，建设与山东经济文化强省相适应的现代泉城”的发展目标，强化规划引领、做大做强济南城市群核心城市。2013年，山东省政府推出了“1＋6”省会城市群经济圈发展规划，济莱协作区先行起步，但是，由于仅是省级层面区域经济发展战略，层次明显偏低，获得国家政策支持的空间较小，很难取得后发优势。建议在更大范围内系统研究济南城市群经济圈发展问题，尽快选取改革突破口，力争将省会城市群经济圈发展战略早日提升到国家层面，争取更大的政策支持力度，提升城市发展层次。

（二）全面推进现代泉城建设，带动房地产建筑业持续发展

城市建设体现城市的综合实力、关系民生福祉。按照市委、市政府的部署，全面推进现代泉城建设，促进城市功能和品位的不断提升，以此带动建筑房地产业的发展。结合济南区位优势和基础条件，一是拓展城市发展空间。城市空间直接影响着城市人口吸纳功能的发挥。与其他三个城市相比，济南存在着城市规模偏小、发展空间不足的问题。据有关资料显示，2005年以来，15个副省级城市建成区面积年均扩大19.3平方公里，济南建成区面积不足400平方公里，年均仅扩大8.2平方公里。长沙市2007年以来，建成区面积年均扩大10平方公里；合肥在2011年合并巢湖市城区和庐江县后，面积增加了300平方公里，人口增长32%，按照该市“1331”规划，未来合肥建成区将达到近1000平方公里，比现在扩大近两倍；福州2014年提出建设“闽江口金三角经济圈”，2020年福州新区将是现在建成区的十几倍。为此，我

市既要提高建成区的土地利用效率，也要尽快扩展城市空间。二是加大基础设施投资力度，加快城市重大项目建设。早在2009年，国务院就批复了长沙、福州、合肥三城市的快速轨道交通建设规划，目前，长沙地铁2号线一期已经运行；福州地铁1号线已试运行；合肥地铁1号线将于2016年底运行。济南市应立足省会城市群经济圈，加快推进高铁、城际铁路、高速公路等交通、通信等基础设施互联互通建设，增强“中心城市”的承载能力和辐射带动能力，提升济南的知名度。三是打造优越的人居环境，吸引外来置业者。济南是著名的泉城，有着让很多人羡慕的优势条件。结合打造四个中心、建设现代泉城，进一步加大城市改造和环境整治，建设生态城市，增强宜居指数；进一步深化改革，从户籍、资金、人才、知识产权、放开管制等方面入手，大力营造有利于大众创业、万众创新的政策环境和制度环境；进一步加强医疗卫生、子女入学、公共文化、社会保障等公益性项目建设，释放改革红利，增强城市资源魅力，吸引更多外地人到济南置业。此外，加快解决市区国有土地上历史遗留无证住宅问题。据不完全统计，市区国有土地上的无证住宅达52万套，4600余万平方米，涉及上百万群众的切身利益。解决这些历史遗留问题，既可有效盘活存量社会资源，提高房地产二级市场活跃度，又能补征房产交易相关的契税、营业税等税费，增加政府财政收入，还会消除无证住宅带来的各类矛盾隐患。

(三)加快转型升级，提升制造业规模优势

在制造业结构优化调整方面，长沙、福州、合肥等城市结合区域地理优势，加大对先进装备制造业扶持力度，尤其是注重形成自身优势行业的上下游产业链，颇具启示意义。如长沙市汽车及零配件、专用设备制造等主导产业产值2014年增速超过25%，以上海大众、广汽菲亚特、广汽三菱、比亚迪等为龙头的汽车产业已成为新的增长极；福州市依托福清融侨经济开发区等产业园区建设，建立了多个显示器件等电子设备国家级产业区，电子设备制造业成为当地制造业的龙头行业；合肥市加大对装备制造、家用电器、平板显示及电子信息、光伏及新能源等主导特色产业扶持，新兴产业呈现快速发展势头。而从济南市发展现状看，产业集群发展尚不充分，还存在“有拳头产品无产业链，有龙头无龙身”的问题。比如，浪潮集团的零部件配套主要来源于东莞等南方地区；生产小家电的知名企业九阳集团，在济南主要是成品组装，其配件超过96%都来自浙江等地。建议我市在保持规模优势的基础上，加快结构调整。一是扶持发展先进交通装备制造业税源。依托重汽、吉利等龙头企业，强化配套企业跟进，实现大交通装备产业集群发展，提升制造业产业素质和竞争优势。二是扶持发展计算机、通信、电子设备先进制造业税源。充分利用区域生产要素，大力发展以浪潮集团为代表的计算机、通讯和电子设备制造业，提高配套率，支持产业链缺项产品本地化生产，提高产品附加值；以“新信息、新材料、新能源”战略性新兴产业为引导，大力支持发展高端智能装备制造业，并以其为原点，向上向下延伸并完善产业链，形成产品门类精细分工的产业集群，使全市制造业结构更加多元化。此外，进一步培育信息服务和软件业税源。据统计，全球软件外包业务目前占软件业产值的三分之一，并以每年近30%的速度增长，发展潜力巨大。我市是软件外包示范城市。为此，围绕做强信息软件产业，大力支持和加强国家信息通信国际创新园、齐鲁软件园、量子通信研究院、齐鲁动漫基地等载体建设，实施更高水平中国软件名城建设计划，争创下一代互联网示范城市，构筑信息时代新优势。加强对国内外龙头软件公司、服务外包公司的定向招商，提高引领示范效应，加大对本土成长型重点企业的扶持和培育。

(四)加大扶持力度，加快金融业等现代服务业态发展

作为社会经济活动的“血液”，金融业的地位和作用不言而喻，必须加快打造区域性金融中心的步伐，进一步发挥好金融业的经济辐射、税源贡献和税收集聚作用。一是做大做强金融龙头企业。前面分析已经提到，不少省份整合原来的多个小型城市商业银行，组建较大规模的股份制商业银行(如，徽商银行、江苏银行等)，提升了集中度和竞争力。目前我省各地共有14家城市商业银行，资源分散、竞争力差，亟待整合壮大，建议举通过资产重组整合，举全省之力整合全省地方商业银行在省会聚集以及打造本地商业

银行龙头企业，形成规模优势，提升整体竞争力。二是加快引进和培育金融机构。继续发挥省会城市传统银行保险业的基石作用，抓住契机积极引入外资银行进入济南，积极引进各类金融和企业总部，鼓励民间资金创办法人金融机构，支持本地银行、证券公司增设分支机构，加强金融行业竞争，促进区域融资机制的转变。加快实现金融服务结构调整和转型升级步伐，在金融产品工具多样化、融资方式证券化以及金融市场一体化等方面多下功夫，以产品和服务创新推动行业发展。此外，设立专项基金，大力发展政策性担保机构和小额贷款担保、天使基金、风险投资等，帮助中小微企业解决融资难题。

（五）积极扩大内需，挖掘居民消费潜力

在目前发展动力转换的新形势下，加快发展不仅需要投资驱动，更需要消费拉动。一是加强对电商产业的规划和扶持。我市是全国电子商务示范城市，应抓住互联网经济迅猛发展的机遇，促进电子商务快速、健康发展。除了对韩都衣舍、三际电子等已有的电商企业扶持外，还可以集中多方的力量和资源，搭建一个统一的电商平台，让企业在平台上唱戏，政府加强监管，形成一个服务优、信誉高的具有济南品牌的电商门户，由电商的线上市场带动我市实体企业的线下市场并行发展，从而拉动我市消费品市场的发展。二是建设区域性物流中心和省内旅游集散地。发挥区位优势和泉水的天然禀赋，大力发展交通运输、物流、会展和旅游业。借鉴福州“三坊七巷”先进经验，做好保泉用泉文章，讲好泉水和泉城故事，增强交通、信息、餐饮、环境整治等综合配套，吸引更多人群来济旅游观光、休闲消费、投资置业。三是积极培育消费热点。引导和推动消费观念转变，发展“夜经济”；积极发展健身、休闲行业，引导居民健康消费；大力发展社会化养老、家政、文化娱乐、教育培训等服务消费业，引导个性化、时尚化、品牌化消费，培育和发展定制类消费，构建扩大消费的长效机制。同时，建议加快实施收入倍增规划，调整收入分配结构，通过稳定和扩大就业，持续提高基本工资标准，提高社会保障水平，增强居民消费意愿和消费能力。

（作者单位：山东省济南市地方税务局）

# “营改增”对地方税及管理体系的影响和建议

## ——基于扬州市样本数据的分析

徐祖跃

### 一、地方税及管理体系现状

(一)地方税制体系存在的不足

1994年分税制改革,国家将税种划分为中央税、地方税和中央与地方共享税,分别由国家税务局和地方税务局两套机构征收管理,其中地税部门负责征收的有营业税等13个税种,由此构建了地方税制体系。从地税部门多年来征管情况来看,目前的地方税制体系存在以下不足:一是税权高度集中,地方权限不完整。从分税制实施现状分析,虽然中央税、地方税划分已大致明确,但税收立法权仍高度集中在中央。几乎所有地方税种的税法、条例以及大多数税种的实施细则都由中央制定,地方税的减免权、税目与税率的调整权等管理权限也基本集中在中央,地方只具有征收管理权及制定一些具体征税办法和补充措施的权限。随着经济社会的发展,特别是中央财政收入占财政收入比重不断提高的情况下,这一制度严重阻碍了地方政府参与税收管理的积极性,限制地方政府组织财政收入的能力,不利于财政资源的有效配置。二是地方税制体系相对薄弱,缺乏主体税种。目前地方税制体系中虽然税种数量并不少,但这些税种往往都是税源较分散、征管难度较大、税收收入数量少的小税种。营业税是地方税制体系中一个比较大的税种,但铁道部门、各银行总行、保险总公司集中缴纳的营业税归中央,使之也具有了共享税性质。随着地方政府承担的事权和支出责任有增无减,单薄的地方税制体系对地方政府财力造成的负面影响体现得也就越来越明显。在税权划分高度集中,地方财政无法通过增加地方税收入来增加财力的情况下,地方政府只能通过盲目扩大地方收费权限和收费规模以及举债来保证政府职能的实现。三是地方税种设计滞后,不尽合理。1994年税制改革确定了流转税的征税格局,形成了增值税与营业税两税并存征收的格局。但随着我国市场经济的逐步发展,增值税和营业税并存重复征税所暴露出来的问题日益突出,造成产业分工越细,重复征税次数越多,企业税负越高,极大制约了服务业的发展和产业结构升级,并对经济的运行造成了一系列的扭曲,不利于经济结构的转型与产业结构的升级。另外,目前地方税制体系中很多税种立法层次较低、零散交叉,仅房地产税类就包括契税、房产税、耕地占用税、土地增值税、城镇土地使用税5个税种,并涉及营业税、城市维护建设税、印花税和个人所得税。不少税种间还存在交叉征收的现象,如城镇土地使用税与耕地占用税、土地增值税与企业所得税、对从租计征的房产税与营业税都存在交叉征收的现象;在房地产所有权和使用权转移时,印花税与契税还存在征税范围重叠问题。

(二)地方税收对地方经济发展的实证分析

分税制改革以来,地方税制虽存在诸多问题,但随着地税部门征管能力和水平的不断提高,地方税收入有了大幅度的增长,占地方总财政收入的比例也明显上升,已经成为地方政府财政收入最主要的资金来源,为地方政府职能实现提供了必要的财力保障,为地方经济发展做出了卓越的贡献。以扬州市为例:

1、税收收入及增长速度分析。从收入绝对值来看,扬州市地方税收入从1994年的3.8亿元增长到2011年的140.2亿元,增长了36.89倍,远高于全国地税收入增长16.52倍的平均水平。地税部门负责征收的各项税费收入更是从1994年的4.41亿元增长到2011年的234.1亿元，增幅高达53.08倍。

表一 1994年－2011年扬州地税收入、公共财政预算收入和全国税收收入对比

单位：亿元

| 年度 | 扬州地税总收入 | 增幅 | 其中：地税收入 | 增幅 | 公共财政预算收入 | 增幅 | 全国税收收入 | 增幅 |
|---|---|---|---|---|---|---|---|---|
| 1994 | 4.41 | —— | 3.80 | —— | 13.14 | —— | 5070.8 | —— |
| 1995 | 5.85 | 32.58% | 4.48 | 18.15% | 16.34 | 24.37% | 5973.7 | 17.81% |
| 1996 | 6.75 | 15.32% | 5.25 | 17.14% | 9.97 | －38.98% | 7050.6 | 18.03% |
| 1997 | 7.39 | 9.46% | 5.72 | 8.92% | 10.46 | 4.90% | 8225.5 | 16.66% |
| 1998 | 8.21 | 11.17% | 6.48 | 13.21% | 12.29 | 17.48% | 9093 | 10.55% |
| 1999 | 8.88 | 8.22% | 7.08 | 9.31% | 13.57 | 10.39% | 10315 | 13.44% |
| 2000 | 12.30 | 38.44% | 8.30 | 17.26% | 16.34 | 20.42% | 12665.8 | 22.79% |
| 2001 | 20.27 | 64.75% | 10.26 | 23.57% | 20.51 | 25.55% | 15165.5 | 19.74% |
| 2002 | 24.51 | 20.96% | 11.91 | 16.15% | 23.16 | 12.93% | 16996.6 | 12.07% |
| 2003 | 30.78 | 25.58% | 15.83 | 32.86% | 30.55 | 31.91% | 20466.1 | 20.41% |
| 2004 | 43.50 | 41.32% | 21.80 | 37.70% | 38.14 | 24.83% | 25718 | 25.66% |
| 2005 | 54.26 | 24.73% | 27.72 | 27.16% | 49.55 | 29.92% | 30865.83 | 20.02% |
| 2006 | 68.87 | 26.92% | 35.63 | 28.55% | 63.02 | 27.19% | 37636.27 | 21.94% |
| 2007 | 89.03 | 29.28% | 47.18 | 32.40% | 85.69 | 35.98% | 49449.29 | 31.39% |
| 2008 | 110.89 | 24.56% | 58.69 | 24.42% | 104.83 | 22.34% | 54223.79 | 9.66% |
| 2009 | 127.97 | 15.40% | 70.29 | 19.76% | 128.08 | 22.18% | 59521.59 | 9.77% |
| 2010 | 168.55 | 31.71% | 101.25 | 44.04% | 167.78 | 31.00% | 73210.79 | 23.00% |
| 2011 | 234.10 | 38.89% | 140.20 | 38.47% | 218.08 | 29.98% | 89738.39 | 22.58% |

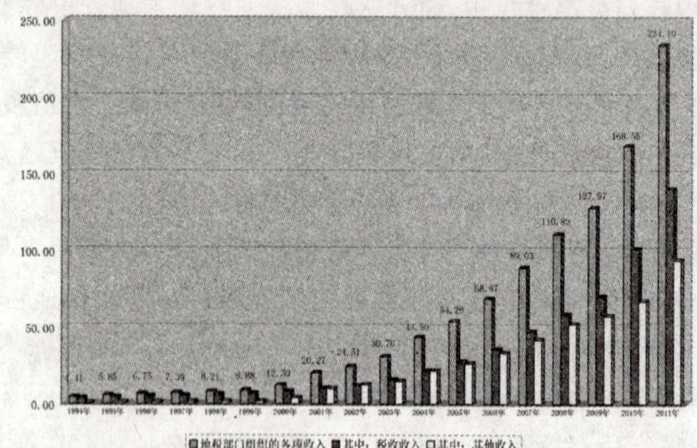


图一 994年－2011年扬州地税总收入和税收收入增长情况

从收入增长速度来看，1994年－2011年扬州市地方税收入的增长速度均高于全国税收收入的增长速度，只有1997年亚洲金融危机带来扬州市地方税收入增长速度略低于全国税收增长速度。

2、地方税收入占地方财政收入比重分析。地方税收入占地方财政收入的比重，反映的是地方税收入对地方财力的贡献度和重要性。正是因为有了稳定增长的地方税收入，地方财力才能得到保证。扬州市

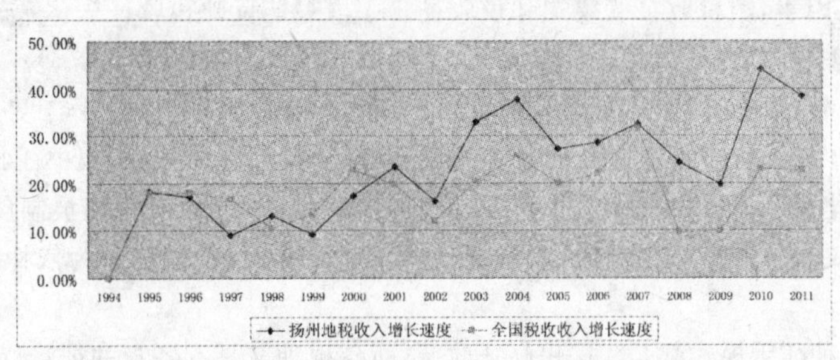


图二　扬州地税收入增长速度和全国税收收入增长速度比较

地方税收入比重占地方公共财政预算收入在逐年增加，截止 2011 年，地方税收收入为 140.2 亿元，占比已达到 64.29%。

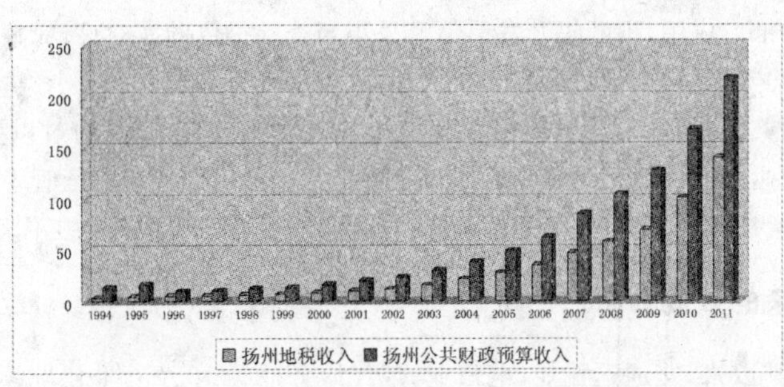


图三　1994 年－2011 年扬州地税收入和公共财政预算收入

3、地方税收入结构占比分析。为全面展示地方税收各税种及结构占比情况，以下数据取自耕地占用税和契税划归扬州地税部门近 5 年来的征管数据。2010 年－2014 年营业税占地方税总收入的比重高达 40.02%，个人所得税已成为地税部门入库的第二大税种，占比为 12.29%，紧随其后的是企业所得税占比 10.55%，土地增值税占比为 9.39%，契税占比 8.95%；土地增值税和契税的比重较高，一方面说明近年来地税部门加强税收征管卓有成效，同时也说明扬州市近年来房地产业蓬勃发展，政府在房地产等相关行业获得了大量税收。

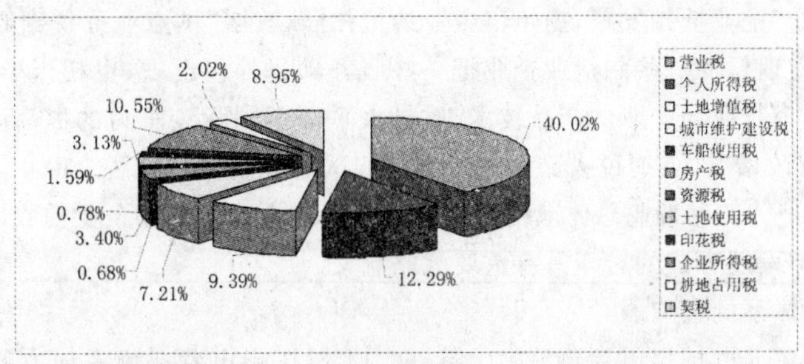


图四　2010 年－2014 年扬州市地方各税种占比情况

(三)地方税收征管模式的转变

分税制以来，为了与经济发展态势更好的相适应，地方税收征管工作也迈开了改革的脚步。构建税收征管体系包括很多因素，但税收征管模式和税收征管手段最能反映税收征管体系的核心。以扬州地税系统为例，从分税制以来，地税征管模式转变如下：为保障纳税人的权利和义务，税收征管模式从税收专管员模式演变到“征、管、查三分离”的征管模式，这带来税务机关内部专业化分工更加明确，征管效率得到大幅提高。但随着“以纳税申报和优化服务为基础，以计算机网络为依托，集中征收，重点稽查”的征管新模式的建立，为强化税收管理，解决“疏于管理，淡化责任”的问题，税收管理员制度又应运而生。而近两年来，江苏地税以税收风险管理为导向，以分级分类管理为基础，以信息化为依托，建立了专业化管理的税源管理新格局。

其实无论采用哪种征管模式都是为了提高征收率，而各税种又具有各自的征管特点和要求，这就需要采取不同的征管手段。而征管手段并不随着征管模式的改变而改变，作为目前的地税的主体税种，营业税的征管特点和手段决定了地方税征管的主要特点，也从一定程度上形成地方税征管体系的主要特征。

营业税作为流转税，必然形成以票控税的征管手段，从扬州地税多年征管经验分析，以票控税的征管措施已日趋完善。如通过认定交通运输业和建筑业的自开票纳税人，以及对税控装置的使用、网开发票管理、税控网开与电子发票的推广应用，不断提升发票信息采集与查验提供的实时性、完整率；为了鼓励消费者索要发票，采取了发票摇奖等手段；通过付款方的发票存根，查实发票开具大头小尾等虚开行为；利用建筑企业和房地产企业的产业关联，加强土地增值税等其他相关税收的征管；以及通过以票控税手段，形成营业税、城市维护建设税、企业所得税等相关税收的比对和稽核。上述以票控税的征管手段，为堵塞税收征管漏洞、促进地方税收入的增长，奠定了坚实的基础，同时积累了宝贵和卓有成效的工作经验。

## 二、“营改增”以来的效应分析

自2012年“营改增”以来，交通运输业、电信业、现代服务业等10个行业已陆续改征增值税。2014年7月份，财政部部长楼继伟在接受新华社记者采访时在谈到“营改增”时，他说“下一步营改增范围将逐步扩大到生活服务业、建筑业、房地产业和金融业等各个领域，‘十二五’全面完成营改增改革目标，相应废止营业税制度，适时完成增值税立法”。国务院总理李克强在今年的《政府工作报告》中也提出，“2015年力争全面完成‘营改增’”。从目前试点情况来看，“营改增”实施效应已显现。

### （一）对经济发展的影响

“营改增”是“十二五”期间我国税制改革的重点工作，其主要目的在于完善税制，消除重复征税，在客观上也降低了税负。一是加快传统服务业向现代生产性服务业的转型。以扬州市为例，交通运输业企业提供的专票约70%在本地抵扣，部分现代服务业企业提供的专票约80%在本地抵扣。按此比例计算，加上接受的外地“营改增”企业抵扣发票，扬州市企业约抵扣“营改增”试点业务税额约3.75亿元，有力地促进了产业的分工，促使现行的一些制造业企业把一些服务项目外包出去，也相当于产业的融合有了一个发展。二是有利于整个行业和产业的产品技术、质量水平以至国际竞争力的提高。以江苏省为例，截至2014年底，江苏省“营改增”试点纳税人已达34.4万户，试点以来累计减税358.6亿元，其中试点行业减税155.5亿元，占43.4%，试点行业总体减税面达96.5%。这大幅降低了企业税收成本，增强了企业发展能力，对加快实现生产发展方式的转变具有重要战略意义。

### （二）对地方税制体系的影响

一是主体税种缺失。以扬州市为例，2010年－2014年扬州市营业税占地方税收的平均比重为40.02%，是当之无愧的地方主体税种。除营业税外的各税种对地方税收的支撑作用较营业税相去甚远，即便是金额最大的个人所得税，占比也仅仅为12.29%，比营业税少了一大半。但是一旦实现全面“营改增”后，这一情形将不复存在。剔除营业税后，个人所得税、企业所得税、城市维护建设税、土地增值税及契税这五个税种将构成地方税收的主力（合计占比为80.66%），而参考江苏省数据，以上五个税种占比也在

80%左右，主体税种缺失是全面"营改增"后地方税制体系首先面临的困境。二是其他地方税种可持续性增长不强。若将税种按可持续性的标准进行划分，全面"营改增"后，扬州市不可持续性增长的土地增值税、契税、耕地占用税和资源税占整体的比重达到35.25%，地方税收收入可持续增长堪忧。三是地方税制体系急待重构。地方税制体系中的主体税种缺失，同时也造成了地方税收入过低的现象出现，加上其他地方税种收入规模较小、不具有可持续发展性和合理性，影响了地方税收税源的稳定性，不利于地方税收结构的稳定性和地方经济的发展，重构地方税制体系迫在眉睫。

(三)对地方税收入及地方财政的影响

1、对地方税收收入的影响。一是地税收入基数逐年降低。以2011年江苏省地税收入为基数(设定基数为100，后续在此基础上变动)进行静态分析。2012年10月，交通运输及部分现代服务业纳入"营改增"，地税收入较基期减少2.4%；2014年1月，铁路和邮政业纳入营改增，地税收入减少0.1%；2014年6月，电信业纳入营改增，地税收入较基期再降0.6%；截止2014年底，地税收入基数累计减少3.1%。二是地方税收入总量将大幅减少。以扬州为例，2012年—2014年，扬州市营业税平均每年入库81.06亿元，平均占比地方各税收入达到41.07%，其中重点税目建筑业、销售不动产、金融保险业合计占比84.09%。如果2015年对建筑业、房地产业和金融保险业进行"营改增"，这会使地方税收入大幅减少，预计直接减少营业税70亿元。另外，随同建筑业、房地产业和金融保险业的营业税相关的地方各税在地税收入总量中也占有相当的比重。以上三大行业2012—2014年地方各税在扬州地税收入总量中占比高达70.78%，因此，全面"营改增"后将导致地税收入大幅度下降，提高地税收入占地方GDP和地方财政收入比重的目标将难以实现。

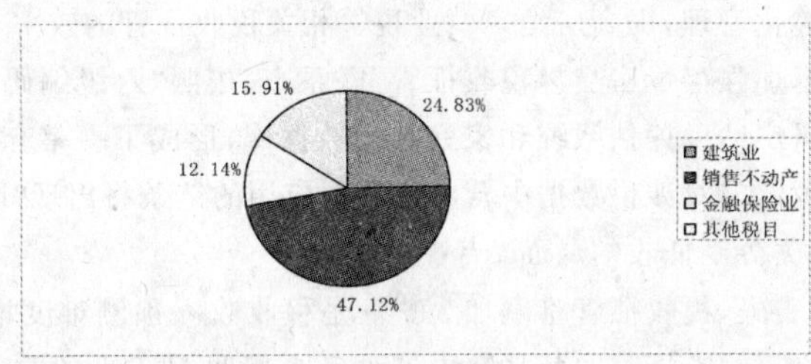


图五　2012年—2014年扬州市营业税税目入库占比情况

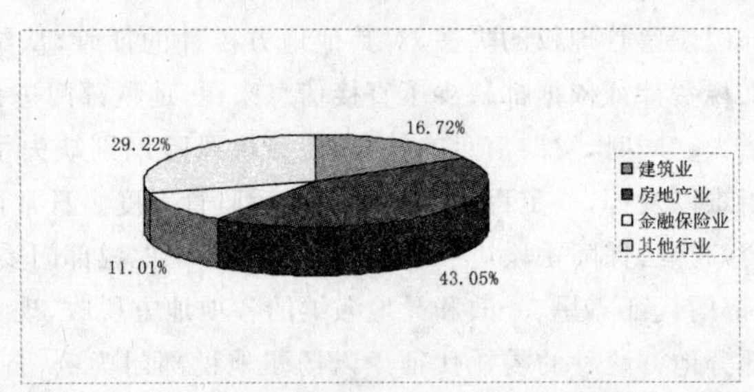


图六　2012年—2014年扬州市重点行业地税收入入库占比情况

2、对地方财政收入的影响。一是收入缺口增大。"营改增"后，地方税收收入总量大幅下降，必然会使地方财政收入下降，虽然目前试点方案中明确规定，试点企业的增值税部分仍归地方财政所有，但地方财政收入会因减税等因素会减少，这个影响会在全面"营改增"后凸显。以扬州市为例，仅2014年1—11

月份，扬州市 9960 户"营改增"试点企业减税达 1.86 亿元。财政部部长楼继伟在谈到"营改增"的影响时说，就全国而言，"营改增"渠道所实现的整个减税规模，可达 9000 亿元左右。现有试点结果表明，纳入"营改增"试点的纳税人平均减税幅度约为 31%，按 2012 年全国地方营业税收入总额 1.55 万亿元静态测算，在"营改增"全面推广到位的情况下，如维持现行增值税分享比例不变、其他税种收入归属不变，对地方政府而言，将会出现 1.28 万亿元的财力缺口。从长远发展角度来看，若"营改增"后，新地方税制体系不能及时构建，地方财政收支将面临更大压力，继而可能引发地方政府职能缺位，影响地方事权的发挥。二是催生财税分配体制的重构。由于"营改增"的全面推进意味着营业税和增值税收入归属及其征管格局的打破，现行分税制财政分配体制的基础也会随之动摇，如何进一步理顺中央和地方收入划分，明确中央和地方事权和支出责任，对整个中央和地方之间的财政关系以及整个中央和地方之间的行政关系的重新界定并调整，将是目前深化财税体制改革的重点内容。

(四)对地方税收征管体系的影响

1、历史征管经验失去效用和数据应用链条出现"断档"。营业税由地税部门负责征收，已积累了 20 年的征管经验，一是逐步形成了以票控税、数据分析比对等税源监控措施和征管手段。对交通运输业、建筑业、房地产业等营业税税目，也都积累很好的征管经验，同时也保证了随营业税征收的城市维护建设税等地方税费得到全面有效的控管，取得了堵漏增收的良好效果。而"营改增"后，地税部门失去发票抓手，建立在发票信息基础上的预警体系将失去支撑。地税部门长期以来形成的数据分析、收入预测、税源监控等方面的历史征管经验，也将随着全面"营改增"的实行而失去效用。二是为加强税收征管，对涉税数据的采集、审核、分析、推送、反馈等内在数据的应用，形成了一整套的数据链条管理。以扬州地税系统为例，为加强房地产税收一体化管理，提高房地产营业税等相关税收征管的效率，扬州地税局作为国家税务总局"应用房地产估价技术加强存量房交易税收征管"联系点，按照"六级编码体系"，全面规范地采集了全市房产信息，建立了存量房纳税评估系统和家庭房产数据库，形成了一整套涉税数据应用链条。但随着全面"营改增"实行，地税部门对涉税数据中营业税数据应用的链条将出现"断档"。房地产税收一体化也将会形成被两个税务机关分割征收的局面。

2、现有税源监控手段丧失，税收征管难度加大。一是税收收入预测难度增大。全面"营改增"后，地税部门由于数据链条应用出现"断档"，尤其是缺失了对房地产业、建筑业等重点行业相关数据的收集、整理和比对，无法及时准确地建立税收收入信息数据库，而准确、及时、全面、完整的数据又是税收收入预测的生命线。因此，这带来地税部门在全面"营改增"后，对税收收入预测的难度增大。二是丧失"以票控税"征管手段。随着地税部门发票管理权的失去，对其他地方税种的征管，从纳税人的收入、成本费用等涉税数据，以及流转税附加税费计征依据都缺少了直接信息来源，地税部门进行事前税源分析、事中控管难度增加，漏征漏管风险增大。同时，发票信息的缺失，使涉税风险识别缺失了比对依据，税收风险管理信息源不足，风险监控作用难以发挥，一定程度上削弱了事后监管力度。日常征管过程中，发票停限供措施的缺失，也使得地税部门的执法保障手段进一步弱化。三是带来地税部门委托代征情况发生变化。比如原先可以委托交通运输部门代征零星、分散和异地缴纳的各项地方税收，现无法进行，只能委托国税部门在门临开票环节，进行部分地方税种的委托代征。以扬州地税部门为例，自 2013 年 8 月以来，扬州地税部门委托国税部门代征门临地方税费仅 323 万元。"营改增"试点以来，地税部门征管手段薄弱，对税收收入和征管质量的影响已初步显现。

3、人力资源配置和业务流程需调整重组。"营改增"试点以来，地税部门的纳服窗口发票办理事项大幅减少，其工作量也大幅降低，原窗口需大量采集的相关数据工作，也已消失，纳服的操作性服务逐步淡化，这使得地税部门的前台人力资源得以释放。这在全面"营改增"后以及在新地方税制体系重构之前的时段，这种情况将尤为明显。另外，地税机关用于数据分析和应用部门的职责也发生变化。而新地方税制体系又不是一朝能够建立的,全面“营改增”又迫在眉睫,为了强化地税管理体系,地税部门的机构和人力资源配置需要重新整合。

同时,对于税收业务流程而言,由于主体税种营业税的缺失,带来相应的业务流程遭到弃用;现有的委托代征体系,将会随着地税部门失去发票管理权,而彻底散失,委托国税部门进行代征,将成为地税部门构建新委托代征体系的一个重要方面。另外,由于地税机构和人力资源配置发生变化,也会带来相应的税收业务流程发生变化。

## 三、对策和建议

(一)科学划分财权,建立事权和支出责任相适应的制度

1、科学划分财权,设立税基稳定的地方税种,增加地方财政收入。从“营改增”试点情况来看,“营改增”后不可避免的会影响到中央和地方财权的划分,从“营改增”试点情况来看,虽然营业税改增值税部分仍归地方财政所有,但是由于减税等因素不可避免的造成地方财政收入下降,而提高增值税地方分成比例,有助于地方财政收入的稳定。从地方税制角度来看,目前除营业税外,地方税种大都零散、税基不稳,这带来地方财政收入不足,使得非税收入比重有所提高,不利于地方财政收入的健康发展。因此,在构建新地方税制体系时,应考虑税种属性和功能,可将收入波动较大、税基分布不均衡、税基流动性较大的税种划为中央税,将地方掌握信息比较充分、对本地资源配置影响较大、税基相对稳定的税种划为地方税,从而科学划分中央和地方的财权。

2、建立事权和支出责任相适应的的制度,助力地方财政收入的理性增长。由于分税制的遗留问题,带来我国各级政府事权不明确,地方政府的支出责任过大,使得地方财政收入吃紧,造成地方政府下达地方税收任务时,一味地只考虑政府财政支出,而未能完全考虑地方税源可持续增长,科学理性的下达地方税收任务,从而造成税收任务增长速度明显高于GDP增长速度。因此,合理划分各级政府间事权与支出责任,将国防、外交、国家安全、关系全国统一市场规则和管理的事项集中到中央,减少委托事务;将区域性公共服务明确为地方事权;明确中央与地方共同事权。在明晰事权的基础上,进一步明确中央和地方的支出责任,中央可运用转移支付机制将部分事权的支出责任委托地方承担。这样一来,可以减轻地方政府的财政支出压力,对地方政府培养地方税源可持续发展,保持地方财政收入的理性增长,有着重要的意义。

(二)逐步提高直接税比重,重构地方税收体系

1、以个人所得税和房地产税为主要载体,逐步提高直接税比重。随着我国经济社会发展进入新的历史时期,现行以间接税为主体税制结构的弊端日益显著。按照经济合作与发展组织(OECD)所发布的有关各国税收收入的税种构成情况来看,间接税和直接税收入之比,大致为42∶58。企业缴纳的税收收入和自然人缴纳的税收收入之比,大致为55∶45。而据调查,目前我国间接税收入与直接税收入之比,大致为7∶3,这意味着中国税收收入的绝大部分可作为价格的构成要素而嵌入各种商品和要素的价格之中,使得商品价格的升降同税收制度的变化和税负水平的高低捆绑在一起。从税收来源结构来看,我国企业来源收入与自然人来源收入之比,则大致为94∶6。而只有大约6%的税收收入来源于自然人的缴纳,意味着中国税收同自然人之间的对接渠道是极其狭窄的,中国税收收入是难以直接触碰到自然人的。政府运用税收手段调节居民收入分配差距,特别是调节包括收入流量和财产存量在内的贫富差距,便会在很大程度上陷于空谈状态。

从目前“营改增”情况来看,间接税收入及其比重减少,显然为直接税收入及其比重的增加腾挪了空间。这个空间,可为开征房地产税和建立综合与分类相结合的个人所得税制为代表的,旨在以增加自然人直接税为主线索,提高直接税比重的操作铺平道路。

从立法进程上来看，应按照先建立综合与分类相结合的个人所得税制、后开征房产地产税，顺序渐进增加对自然人的直接税比重。另外，从长远看，在现代税制体系中，择机开征遗产和赠与税，也迟早要纳入议事日程。

2、分步确定地方主体税种，稳定地方税收入水平。从地方税主体税种的特点来看，需具备以下特点：一是税收持续增长潜力较大；二是税基具有非流动性的特点；三是能体现税收受益原则；四是便于地方政府征管。从以上情况分析，房地产税等财产行为税最符合地方税主体税种的特点，但是房地产税虽目前已纳入人大立法规划，但是由于开征时机和税收征管条件及手段还不成熟，尚不能立即作为地方税的主体税种。因此，目前而言，可依据税种的经济属性划分中央与地方税种收益，将消费税、个人所得税作为“营改增”后省级政府的主体税种。消费税改革后，国内征收的消费税可改为中央和地方共享税，并赋予地方一定的税收管理权，先期作为地方税的主体税种，稳定地方税收入水平。据统计，消费税作为共享税，就全国而言，可补充地方财力1万亿元左右，就江苏省而言，个人所得税及消费税全部作为地方收入后，可以弥补66.4%营改增带来的一般公共预算收入缺口(假定增值税中央地方分享比例不变)，若增加零售环节消费税，则可基本弥补“营改增”影响。另外，根据受益原则，可考虑将车辆购置税作为地方税。

3、加快其他地方税种的立法进程，调整部分税种的征收机关。一是加快其他地方税种的立法进程，主要是环境保护税、资源税等，立法的同时要注意对现有的契税、耕地占用税、土地增值税、城镇土地使用税等进行整合，提高税制的科学性与公平性。尤其是环境保护税，目前《征求意见稿》存在着征收范围较窄，与保护环境的立法目标差距较大；立法授权过大，易形成区域不当竞争；征管程序不明晰，易产生职责推诿等诸多问题。当前应抓紧在税制设计要素、征管职责流程、配套措施等方面加以修改和完善，促使环境保护税早日出台。二是调整部分税种的征收机关。建议以预算级次确定税种的征收机关，对于共享税，主要从征管效率和有利于建立规范公平统一的市场角度来考虑。

(三)构建现代税收管理体系，完善配套征管制度

如前文所述，个人所得税、房地产税等直接税改革或立法将是今后一段时期税制改革的重点，这些税种的推行都极大地将激活公民的纳税人权利意识，使得国家征税权前所未有地直接面对自然人。因此，建立面向自然人的税收管理体系，就需要加强对自然人的税收征管制度的顶层设计，以解决直接税征管的法律基础问题。目前修订之中的《税收征管法》应在完善纳税人识别号制度、强化自然人的税收征管措施、建立税收优先受偿权制度和优化税收征管程序等方面作出较大补充和完善。

一是完善纳税人识别号制度。将纳税人识别号制度覆盖到所有自然人，通过识别号可以把纳税人所有涉税事项归集在一起，以实现与有关部门、金融机构、第三方及其他社会单位之间的信息传递与共享。同时，为推广使用纳税人识别号进行配套制度安排，包括纳税人在开立账户、签订合同协议、缴纳社会保险、不动产登记时需要注明纳税人识别号，不按规定使用纳税人识别号，则承担一定的法律责任或者不能享受相关优惠政策。二是强化自然人税收征管措施。应在自然人纳税人的凭证资料保管、检查权限、强制措施等方面进行统筹考虑。如，自然人纳税人应当按规定保管与纳税义务相关的凭证及有关资料；授予税务机关检查自然人纳税人与取得收入相关的涉税账簿和资料的权力；将税收保全和强制执行措施扩大适用于自然人；实行“先税后证”，增加对未完税物权相关部门不予登记的规定。在自然人涉税信息的获取上，要考虑到如果个人所得税一旦施行混合申报制，在个人年龄、婚姻状况等信息确认就需要公安部门、民政部门的信息交互比对，不动产交易、股票交易所得需要国土部门和证券部门的信息共享，这都需要政府机关之间进行数据实时互联。三是建立税收优先受偿权制度。税收优先受偿权是指纳税人因故意或者过失，不能履行纳税义务时，税务机关有权针对纳税义务人的某一不动产，设置税收优先受偿权，在纳税人处置时优先受偿。对于纳税人收到税务机关发出的催缴税款通知书后仍未缴纳的，税务机关可向欠税人发出预设优先受偿权通知，即可依法自动获得预设优先受偿权。税收优先受偿权既能保障税

权，又能尽量避免对个人财产特别是住房采取强制执行等激烈手段。这对于税制改革后的房地产税、个人所得税等直接税征管非常具有实际意义。四是优化税收征管程序。借鉴国际通行做法，结合国内实践经验，明确建立以纳税人自行计税申报为基础，由纳税申报、税额确认、税款追征、违法调查、争议处理等环节构成的税收征管基本程序。从而对征纳双方的证明责任进行分配，明确纳税人有权获得行政复议和行政诉讼等法律救济等权益保护的要求。

（四）确立大数据和“互联网＋”思维，提升税收征管能力

1、确定大数据和“互联网＋税务”思维，提升认知能力。当前我们已经进入大数据时代，国家层面正在实施“互联网＋”行动计划，国家税务总局局长王军指出：“不热情拥抱，主动融入‘互联网＋’，税收工作就没有希望，也没有未来，税收现代化更是无从谈起。”尤其是地税部门在“营改增”后，失去以票控税手段，如何通过大数据加强税收管理显得尤为重要。但目前地税系统内许多人员不清楚“互联网＋税务”和大数据技术应用会对税收征管产生什么样的影响。因此，正确引导税务人员培养互联网思维，用大数据理念推进税收征管，是当前急需解决的问题。

2、深挖大数据利用价值，提升信息加工能力。大数据时代不仅要掌握数据，最关键的应该是对数据的深度挖掘和利用，发现数据背后的价值。只有通过深度数据挖掘，才能揭示数据背后的潜在规律、逻辑关系和演变趋势。现代税收征管水平在一定程度上，取决于对数据的有效分类加工、归集整合能力，以及为分类分级服务管理提供服务的水平。一是要用好大数据，强化税收分析。除了充分利用广泛的数据开展税源分析外，还要加强宏观、行业和微观税负数据分析，加强税收政策、经济和税收关系分析，进一步发现税收与经济之间的关系，从而更好地预测税收走势，科学估算收入规模，增强组织收入工作的预见性。二是用好大数据，实现信息管税。要结合风险管理和大数据理念，将获取的涉税数据作比对分析，准确地判断税源状况。如通过获取土地权属数据、土地发证信息与土地使用税税源登记数据和土地使用税入库数据进行风险识别和应对，稳步推进“以地控税”，通过国土和房管部门房产土地登记信息，坚持“先税后证”，确保耕契两税应收尽收；要利用大数据，加强政策效应的宏观分析评估，揭示重点类型、行业、领域、群体的税情及税源培植和风险管控方向，并据此开展模型建设，抓好数据深度挖掘应用。从而化解“营改增”对地税机关税收征管手段的影响。

3、完善大数据应用平台，提升征管优化能力。随着房地产税等涉及自然人直接税改革的推进，纳税人将在现有企业、个体工商户的基础上增加数量庞大的自然人。这既会使税收征管面临更直接、更尖锐、更繁多的矛盾和问题，但又将有效倒逼地税部门进一步加快提高管理的集约化水平，不断加快改进税收管理方式。这也就需要地税部门进一步完善大数据应用平台，重新审视征管流程式，通过信息系统、业务技术重构，规范税源管理事项及机构职能配置，建立数字化、可视化岗责配置体系，加快推进“互联网＋税务”5大板块，20项行动。

（五）优化机构和人力资源配置，重组税收业务流程

随着“营改增”的推进，纳税服务工作的业务结构将发生较大变化，地税部门纳税服务的对象将逐步从以企业纳税人为主转向企业纳税人、自然人纳税人并重的格局。仅从江苏省2014年个税管理对象看，有工薪所得个税申报记录的近3000万人，其中47.1%为有税申报人群；另外，全省还有180多万名自然人股权投资者、10万名来苏外籍个人、50多万名年所得12万元以上个税自行申报的自然人纳税人。面对如此庞大的自然人群体，调整服务策略这个重大而紧迫的问题已经现实地摆在我们面前。这就需要我们确立“互联网＋”思维，优化机构和人力资源配置，建立有效支撑自然人纳税人服务的工作机制。

另外，由于新地方税制建立后，地税部门从征收间接税转向间接税与直接税相兼容，由主征企业税拓展至企业税与自然人税相兼容，主征现金流税拓展至流量税与存量税相兼容，因此税收业务流程也应相应进行重组。要围绕自然人作为直接纳税人的要求，从法律框架、制度设计、资源配置等各个方面真正转

换税收征管机制，尤其是对税收也流程进行重造，方能够实现地税部门的税收征管机制与自然人直接税的对接。

今年10月份刚出台的《深化国税、地税征管体制改革方案》，对地税部门在便民纳税、优化征管资源配置等方面对机构和人力资源配置以及税收业务流程重组也提出了新要求。

（六）落实国地税合作规范，推进信息共享和业务衔接

“营改增”改革的推进不仅落实了结构性减税政策，而且深化了国税部门和地税部门的协作，以后地税部门委托国税部门在代开发票并征收增值税时，代征个人所得税、城市维护建设税、教育费附加、地方教育附加等相关税费，将成为常态化。国税和地税部门虽然征收范围各不相同，但工作性质基本相同，服务对象大体一致，征管基础信息和办税具体流程具有同质性。并且随着《全国税务机关纳税服务规范》和《全国税收征管规范》的全面推行，这种具有同质性的工作，标准更加统一，流程更加规范。在此基础上，随着《国家税务局地方税务局合作工作规范（1.0版）》的深入推进，依托税务专网实现涉税信息的共享和处理，推动国税和地税部门加强合作，可以促进税务机关转变职能、优化纳税服务，可以建立常态化、规范化的合作机制，以真诚的合作之心推出更多的便民办税举措，最大限度便利纳税人。

国家税务总局2015年初提出，国地税部门，要按照实现税收现代化的内在要求，以信息共享为基础，以优化纳税服务、提高征管效能、规范税收执法为重点，以现代信息技术为依托，通过整合资源、优化流程、完善机制，不断创新合作形式、拓宽合作领域，实现优势互补，形成工作合力，携手同心加快推进税收现代化。

最新出台的《深化国税、地税征管体制改革方案》更是对国地税部门加强合作方面提出“三合”，即“服务深度融合、执法适度整合、信息高度聚合”。所谓“服务深度融合”，也就是说国地税部门相关涉税事项可以合并、办税环节得以压缩、纳税人申报有望更加方便，这将有效减轻纳税人办税负担、降低其遵从成本；“执法适度整合”将预示着国地税在税务稽查等方面很有可能会联合执法；“信息高度聚合”将有利于国地税部门之间联合开展涉税信息比对分析，提高风险识别准确率，将有效避免目前国地税部门重复执法、执法标准不统一等现象，并能大大提高征管和服务效率、节约行政成本。

（作者单位：江苏省扬州地方税务局）

# “创新驱动”促进产业转型升级的税收政策研究

——以东莞为例

广东省东莞市国家税务局、地方税务局联合课题组

## 一、东莞创新驱动发展现状

(一)东莞实施创新驱动发展的迫切性

东莞从实施加工贸易起步,经过30余年的发展,“制造业名城”的形象深入人心,但东莞制造业体量大而不强、经济发展效益不高等问题也日益凸显。特别是2008年全球金融危机以来,东莞制造面临的各种制约因素加快显现:一是要素驱动发展的模式难以为继。“用工荒”和“涨薪潮”现象持续、土地资源瓶颈凸显、原材料价格快速上涨,各类要素成本均呈现快速上升趋势,企业利润空间被严重挤压。二是国际产业转移的空间逐步压缩。由于资源能源的约束和环境的承载压力有限,以往依赖于国际产业转移模式的空间逐步压缩。而且随着近年来要素成本上升、优惠政策减少,许多跨国企业纷纷削减产能或者直接关停,将在莞产业转移到东南亚等地区。三是企业创新不足的弊病日益显现。东莞大量传统低端制造企业基本不具备自主研发能力,而且随着社会消费观念的转变,过去以价格优势在国内外市场“攻城略地”的东莞低端制造业逐渐被边缘化,加工贸易转型势在必行。

(二)东莞实施创新驱动战略取得的成效

近年来,东莞大力实施“科技东莞”工程和“人才东莞”战略,推动科技创新呈现出“一个快速集聚”、“两个有效突破”、“三个大幅增长”的良好态势。目前全市已引进22个省级创新科研团队和8个市级创新科研团队,全市新型研发机构达到24个,获认定为国家级科技企业孵化器6家,数量位居全省前列。同时,设立了总规模20亿元的产业转型及创业投资引导基金,全社会R&D投入大幅增长、发明专利申请量和授权量大幅增长、高新技术企业数大幅增长。

表一　2011—2014年东莞市高新技术企业指标表

| 指标名称 | 单位 | 2011年 | 2014年 | 2014年比2011年增长 |
|---|---|---|---|---|
| 高新技术企业数量 | 家 | 413 | 755 | 82.8% |
| 规模以上高新技术企业数量 | 家 | 214 | 427 | 99.5% |
| 占规模以上工业企业比重 | % | 5.0% | 8.2% | 3.1% |
| 规模以上高新技术企业总产值 | 亿元 | 1309.62 | 2213.62 | 69.0% |
| 占规模以上工业总产值比重 | % | 15.5% | 18.4% | 2.9% |
| 规模以上高新技术企业增加值 | 亿元 | 261.28 | 472.34 | 80.8% |
| 占规模以上工业增加值比重 | % | 15.9% | 18.2% | 2.3% |
| 规模以上高新技术企业年末资产合计 | 亿元 | 1264.96 | 1845.99 | 45.9% |
| 规模以上高新技术企业利润总额 | 亿元 | 82.31 | 112.55 | 36.7% |

| 规模以上高新技术企业利税总额 | 亿元 | 108.73 | 149.69 | 37.7% |
|---|---|---|---|---|

此外,东莞近年来大力扶持电子商务、外贸综合服务等新兴业态发展。2014 年成功创建国家电子商务示范城市,率先启用跨境电商服务平台、建设跨境电商公共监管仓,东莞速卖通跨境电商交易额升至全国第七。外贸综合服务方面,东莞外贸服务的龙头企业广东汇富控股集团通过搭建"易富网",建设跨境电商闭环生态圈,服务广大外贸出口企业,"汇富模式"受到汪洋副总理的充分肯定。

(三)东莞实施创新发展面临的问题和困难

一是产业结构影响创新意愿。作为制造业名城,制造业在东莞经济中所占比重很大,远高于广州和深圳。相当数量的制造业企业以从事贴牌生产为主,依赖外商的技术输入,创新意愿与动力有所欠缺。二是企业结构制约创新能力。东莞企业总数中,中小企业占比 99.9%,但中小企业缺乏核心竞争技术,科技创新意识不够强,以及其在吸引融资、人才方面的天生劣势,制约了整体创新能力的发展。三是创新投入助力不足。2014 年东莞市全社会研发投入强度预计达 2.25%,仍大幅落后于深圳,创业风险投资机构集聚的数量和投资规模也远远比不上广州、深圳,对创新发展的支持助力不足。四是创新资源集聚效应不显著。与周边城市相比,东莞市高水平的科技园区和载体不多,对高科技含量、高成长性科技企业和项目的承接力不强,对创新型人才和优质科研成果的吸引力不足。五是业态创新发展有待提升。以电子商务和外贸综合服务为代表,目前东莞的营销业态创新已有所发展,但研发业态创新还有待提升,对提升东莞中小企业竞争力将有积极的意义。

**表二　2014 年广州、深圳、东莞及全省三次产业比重**

| | 广州 | 深圳 | 东莞 | 全省 |
|---|---|---|---|---|
| 第一产业 | 1.42 | 0.10 | 0.30 | 4.70 |
| 第二产业 | 33.56 | 42.70 | 45.90 | 46.20 |
| 第三产业 | 65.02 | 57.30 | 53.80 | 49.10 |

## 二、当前税收政策在推动创新方面存在的问题与不足

近年来,国家为了推动社会创新,掀起"大众创业、万众创新"的新浪潮,特别是大刀阔斧推进财税改革,出台了一系列政策。但是总体来说,现有税收政策尚未形成完整的促进企业创新的税收体系,引导和激励创新的作用没有充分体现。

为了更加深入地了解东莞企业对当前支持创新税收政策的看法、意见和建议,课题组选取东莞市高新技术企业或高新技术培育企业共计 440 户进行了问卷调查,占全市高新技术企业和高新技术培育企业总数的 30.73%,并收回有效问卷 440 份。此次调查问卷以客观选择题为主,从问卷结果统计的整体情况来看,被调查企业对创新的重要性认识都很充分,97%的企业有"强烈"或"非常强烈"的创新意愿;超过 90%的企业认为人才和资金是企业开展创新活动最重要的因素,也是企业创新面临的最主要障碍和困难;95%的企业认为税收优惠对推动企业创新有比较明显的作用,但其中仅有不到 13%的企业认为当前税收优惠政策在推动企业创新方面起到决定性作用,大多数企业都希望国家能丰富税收优惠政策内容,加大优惠力度。

(一)限制:税收优惠政策扶持力度不足

1、优惠政策门槛较高。2008 年实施的新企业所得税法提高了资格认定的门槛,特别是取消了旧办法中劳动密集型高新技术企业科技人员比例要求的差别待遇。东莞众多传统加工制造业通过技术革新转型的企业获取高新技术企业资格的难度变大。即使已获得高新技术企业资格认定的企业,在认定后随

着生产规模的扩大也可能造成比例不达标，从而影响企业享受优惠。2014 年汇算清缴中东莞市税务部门管辖的高新技术企业中有 19.97％的企业因条件变化而无法享受优惠。

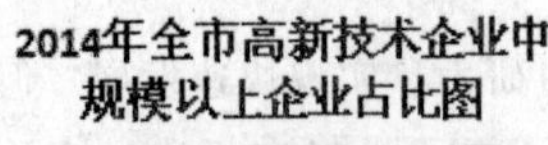


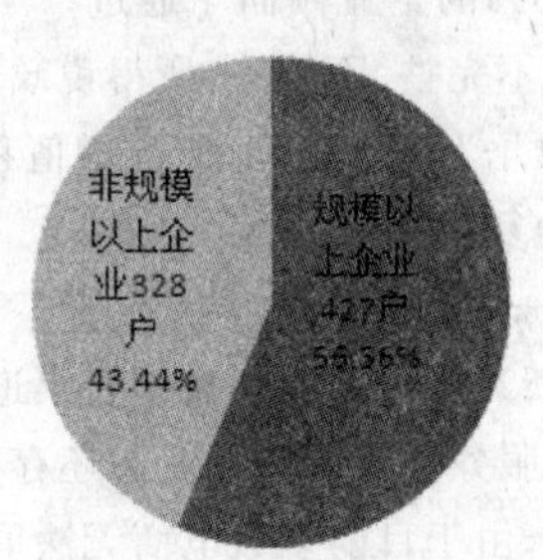


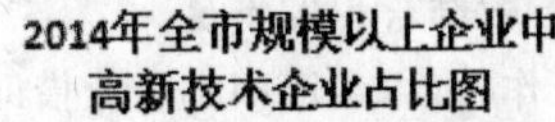


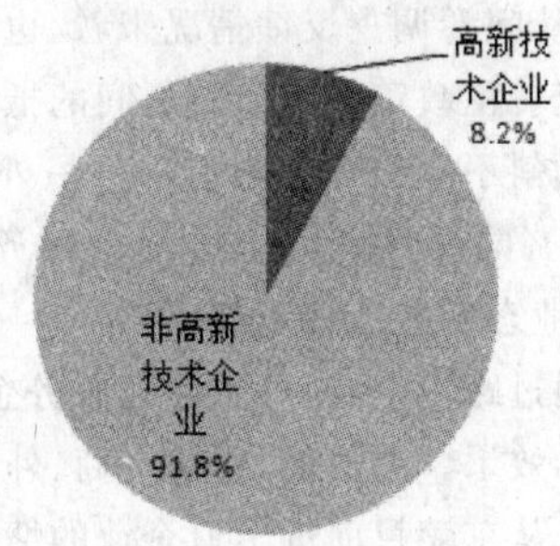


图一

研发费加计扣除优惠方面，其要求的“新技术、新产品、新工艺”的三新性标准也将诸多企业的研发项目挡在优惠门槛之外。2014 年度，东莞市享受该优惠的高新技术企业企业 232 户，仅占全市 755 户高新技术企业的 30.73％，且加计扣除总金额的大部分主要集中于华为终端等几家大企业。

2、指标设计不尽合理。以高新技术企业优惠为例，其人员指标中要求大专以上学历科技人员和研发人员达到一定比例。以东莞市某高新技术企业为例，其研发能力最强的人员仅具有小学二年级学历，但企业为达到高新技术企业优惠条件只能另外招聘大专学历人员，造成不必要的浪费。调查显示，2014 年度东莞市税务部门管辖的高新技术企业中，因生产规模变化导致人员指标或研发投入指标不达标的企业占比达到 10.94％。

3、财务核算要求繁琐。高新技术企业优惠、研发费加计扣除优惠等各项所得税优惠都对财务核算具有较高要求，从调查问卷企业反馈的意见和建议来看，企业 100％均反映研发费用加计扣除优惠的纳税调整相当繁琐；研发费用归集复杂，耗时耗力，且部分费用界定不清晰。固定资产加速折旧优惠政策出台后，很多企业也因为处理财会差异工作繁琐且难度较大，享受意愿不高，导致政策的实际效果大打折扣。

4、事前扶持较为欠缺。新技术转化为现实生产力一般要经过研究开发期、成果转化期、市场成熟期三个阶段。目前税收优惠主要集中在成果转化期，针对研究开发期的间接优惠政策（主要为研发费加计扣除优惠），其政策门槛较高，企业受惠面较窄，以东莞市为例，2014 年所属期全市享受研发费加计扣除优惠的企业仅有 294 户，得到事前扶持的企业比例少之又少，这使得税收政策对于引导企业事前进行技术改革和科研开发的激励作用较弱。

此外，现有鼓励科技创新的税收优惠政策主要集中在企业所得税方面，流转税很少，主要为软件企业超税负返还优惠。由于流转税仍是我国现阶段的主要税种，流转税优惠政策的欠缺限制了对企业自主创新激励作用的发挥。

（二）欠缺：中小企业创新倾斜不够

创新型中小企业是推动社会创新的新兴力量和中坚力量，但中小企业在吸引资金和人才等方面处于明显劣势。目前很多发达国家为鼓励和支持中小企业创新都形成了较为独立和完善的法律体系，包括税收法律体系。但我国在这方面起步较晚，目前缺乏专门针对中小企业创新的税收优惠。据统计，现有税收优惠政策减免税集中度明显，受益最多的主要是华为、步步高等大型知名企业，而中小科技企业税收减免较少。这与在目前经济环境下，中小科技企业盈利能力不强、创新人才缺乏、资金来源不足等有一定关系，也与税收优惠政策对小企业扶持力度不够有关。

（三）制约：产学研有效结合程度不足

积极开展产学研合作，可以帮助中小企业借助外部科研力量实现快速发展。但目前实施产学研合作的企业还少之又少，从问卷调查反馈情况来看，也仅有23%的企业倾向于通过产学研结合的方式开展创新活动。这与目前流转税政策在产学研之间的抵扣链条不完整、不统一，所得税政策对高等院校、科研机构的研发活动优惠倾斜不明显等因素有关。另外，"营改增"以后，由于现行增值税有17%、13%、11%、6%等不同税率，及3%的征收率，增加了企业财务核算的复杂性。

（四）滞后：创新业态发展扶持不够

众多出口企业通过跨境电商、外贸综合服务企业等新兴服务企业拓宽销售渠道、开辟国外新兴市场，可以取得事半功倍的效果。但目前，跨境电商、外贸综合服务企业等新兴业态还存在总体规模相对较小、发展不充分等问题。从东莞目前进出口企业的情况来看，由于目前多数电商无法取得现行政策要求的出口单证资料进行备案，以及外贸综合服务企业的出口货物退（免）税政策内容不够具体和明确等原因，目前东莞市以外贸综合服务企业形式开展业务的企业仅占全市申报出口退（免）税外贸出口企业户数的2.30%，不利于加快培育外贸综合服务等新业态。

（五）阻碍：财政投入效能受到制约

税收优惠主要通过对企业形成的税收进行一定程度的减免从而达到鼓励扶持的目的，但对企业事前研发投入的资金筹集则作用不大，而财政政策的补贴投入能更好地解决企业研发初期的资金短缺问题。目前各地方政府、各部门为鼓励企业自主创新纷纷给予一定的财政资金支持，但这部分财政资金在税收上往往需作为应税收入，仅有部分符合条件的可作为不征税收入处理，而基本没有享受到免税待遇，财政资金的使用效率将大打折扣。

## 三、进一步推动创新驱动发展的税收政策建议

从近十年重点城市经济增速的排名来看，东莞的位次变化巨大，后退较多。东莞的现状也是全国经济发展的缩影。面对严峻的经济形势，党的十八大提出实施创新驱动发展战略正当其时。经过反复调研，课题组着重针对东莞目前创新驱动发展战略实施中遇到的税收问题，提出有利于进一步推动创新发展的税收政策建议：

（一）完善现有科技创新税收优惠政策

从东莞乃至全国的情况来看，高新技术产业仅处于起步阶段，产业基础还比较薄弱，建议在现有税收优惠政策的基础上进一步加大优惠政策的扶持力度。

所得税方面，一是进一步降低优惠政策的门槛，降低或取消高新技术企业的人员指标和研发费指标要求，将重点转向高新技术产品收入指标；结合"机器换人"等传统产业转型升级的需要，将固定资产加速折旧政策优惠范围扩充到传统产业实施技术改造的范畴。二是进一步扩大税收优惠的范围，扩大国家重点支持的高新技术领域，将现代服务业整体纳入高新技术领域，并给予认定通过的高新技术企业一定期限的"优惠补偿期"，补偿期间不需考核相关指标；进一步减少研发费加计扣除优惠中研发费用的税会差异调整，为更多的企业享受加计扣除优惠创造便利。三是将重心转向以研发环节为重点的税收激励。在鼓励研究开发投入和设备投资两个阶段加大税收支持力度，例如准予提取一定比例的研发准备金扣除；允许企业因研发造成的亏损弥补可以选择现有的向后结转五年，也可以选择向前结转两年和向后结转三年的扣除方式，以分担企业研发的风险、降低研发成本，从而提高科技创新效率。

流转税方面，一是简化即征即退政策，将目前软件企业享受软件产品超税负返还优惠先提请备案、再

定期提交资料申请退税的做法，调整为按简易计税方法计算缴纳增值税，大大减轻软件企业的资金压力。二是扩大即征即退范围，将软件产品超税负返还优惠扩大到经认定的高新技术产品，使从事研发创新的企业能享受到更多的税收优惠，以更好地促进企业自主创新。

进出口税收方面，在出口企业分类管理等级评定方面给予创新出口企业适当照顾，予以优先审核和加快退税待遇，对研发设计"营改增"企业免抵税额免征城市维护建设税及教育费附加两项税费，支持创新企业扩大出口。

地方税方面，加大对创新创业示范园区科技孵化器的税收扶持力度，延长科技企业孵化器税收优惠政策，对符合条件的企业免征土地使用税和房产税，进一步促进科技成果转化，大力培植科技创新企业。

(二)强化中小企业创新发展的政策倾斜

针对中小企业在发展初期吸引资金方面处于明显劣势的情况，建议放宽创业投资企业投资中小型高新技术企业抵扣应纳税所得额优惠的条件限制，受益对象不仅仅局限于中小型高新技术企业，而是扩充到经认定的科技产业园或科技孵化器内的所有中小型科技企业或创新型企业，帮助创新型中小企业获得更多的风险资金来源，助其健康成长，为明天的积累竞争优势。同时，从税收层面扶持股权投资类合伙企业发展壮大，对于合伙制股权基金转让股权，区分执行与不执行合伙事务合伙人，仅对执行合伙事务的自然人普通合伙人按照"生产经营所得"征收5%至35%的累计个人所得税，而对不执行合伙事务的自然人有限合伙人取得的收益，按照"财产转让所得"项目征收个人所得税，税率为20%。

(三)促进业态创新和产业转型升级

随着全球经济形势的变化，以及我国生产要素成本持续上升，培育新的经济增长点成为当务之急。要大力鼓励业态创新，促进产学研结合以及二产与三产的融合，通过产业价值链的分解，进一步细化专业化分工，延长区域内产品链和增值链，增加区域内的附加值，实现由"中国制造"向"中国创造"的转变。建议调整现行的税收政策：一是将中小企业与高等院校、科研机构合作进行研发的支出纳入可加计扣除的范围；二是对中小企业进行产学研合作取得的技术成果转让给予更为优惠的免征企业所得税政策，鼓励合作开发；三是逐步降低对现代服务业一般纳税人认定的门槛，适时简并增值税税率，进一步完善增值税的抵扣链条；四是确立"降门槛、简手续、强规范、减负担"作为出口退税政策设计的总体思路，对申报资料缺失的跨境电商零售出口货物免征增值税、消费税；明确外贸综合服务企业的出口货物退(免)税政策，切实为外贸综合服务企业"松绑"；五是建立新业态示范园区，制定新业态示范企业认定办法，对新业态示范企业给予一定的税收宽免期，鼓励创新、鼓励试错，引导形成以示范企业为引领，其他企业协同发展的新兴产业集群。

(四)加快培育企业创新能力

加强对技术创新人才的税收优惠力度，对经认定的科技产业园或科技孵化器内的所有中小型科技企业或创新型企业，其职工教育经费的扣除比例比照高新技术企业，借以降低中小科技企业所承担的税收负担，激励企业加强创新人才的储备和培养。同时，对科技人员给予更多的税收激励措施，适度扩大科技人员以技术入股所取得的股权分红收益及转让技术成果的转让所得给予个人所得税减免范围，参照科研机构或高等学校的个人所得税政策，允许科技企业或创新型企业转化职务科技成果以股份或出资比例等股权形式给予个人奖励，暂不征收个人所得税，以及进一步完善非货币性资产个人所得税政策，加大政策可操作性，切实鼓励科技创新人才技术投资。

(五)加大财政资金优惠力度

在融资方面对中小企业科技创新加大扶持力度。建议除在税收政策上加大鼓励风险投资的优惠力度外，更进一步加大财政扶持，例如由财政出资设立自主创新风险投资基金，给自主创新的研发项目予以资助；采用财政补贴建立风险投资亏损的弥补机制等，带动社会资金参与研发投入。同时，为提高财政研发投入资金的使用效率，建议对符合一定条件的财政补贴予以作为免税收入处理，提高财政扶持资金的绩效。

（六）建立促进高新技术企业自由流转的机制

随着全国科技创新的不断发展，领域、区域间的界限逐渐被打破，高新技术企业在不同区域间流转的频率也加快。但受制于区域认定机构不同的因素，一些高新技术企业在迁移后需重新办理认定手续，造成企业1－2年的税收优惠真空期，挫伤了企业合理流动的积极性，企业对此反响较为强烈。鉴于目前高新技术企业认定是全国统一标准、统一流程，最终结果均报科技部备案，建议由省牵头争取科技部支持，对异地迁入企业保留其高新技术企业资格，更好地支持高新技术产业发展。

课题组成员：东莞市国家税务局　曹益镇　傅平辉　黄　焱　陈建启
刁帅敏　郭　柳　何汉良　何　锋
东莞市地方税务局　钟毅民　莫灿洪　莫鹏苏　尹慕贞
黄柏明　叶瑞丰

# 广州地区分行业地方财力贡献度比较研究

广东省广州市地方税务局课题组

近年来，在经济稳步增长的推动下，广州地区税收收入实现平稳较快增长。但受现行财政分成体制制约，与其他国家中心城市相比，广州地方财力明显不足，且增长偏慢，这已成为制约广州经济社会进一步发展的重大瓶颈之一。本文拟立足税务部门职责，从产业创税能力的视角，探求广州地方财力不足的内在原因，提出若干有利于提升经济发展对地方财力增长拉动力、促进地方财力平稳较快增长的对策建议。

## 一、衡量国民经济产业、行业地方财力贡献度的指标说明

（一）产出率分析——衡量行业创税能力

某行业年度税收总量产出率＝某行业年度贡献的税收总量/该行业的年度行业增加值

某行业年度市区级税收产出率＝某行业年度贡献的市区级税收/该行业的年度行业增加值

（二）弹性分析——量化税收对增加值变动的反应

指标“地方财政收入增长拉动系数”，指国内生产总值（GDP）的相对变动引起地方财政收入相对变动的量化反映；指标“市区级税收增长拉动系数”，指某行业增加值的变动引起该行业市区级税收相对变动的量化反映。

文中分别通过近 6 年各城市 GDP 与地方财政收入数据、行业增加值与市区级税收收入数据，运用对数消除两组数据可能存在的异方差性，分别建立对数回归模型：

公式 1：$\ln LFR_i = \alpha_i + \beta_i \ln GDP_i$

与

公式 2：$\ln CT_j = \alpha_j + \beta_j \ln IV_j$

其中，公式 1 中的 $LFR_i$ 为 i 市的地方财政收入，$GDP_i$ 为 i 市的国民生产总值。系数 $\beta_i$ 即为 GDP 增长对地方财政收入的拉动系数，即 i 市 GDP 每增长 1%，可带动该市的地方财政收入增长 $\beta_i$%。

公式 2 中的 $CT_j$ 为第 j 个行业的市区级税收收入，$IV_j$ 为第 j 个行业的行业增加值。拉动系数 $\beta_j$ 为第 j 个行业的行业增加值增长对市区级税收收入的拉动系数，即如果第 j 个行业增加值每增长 1%，市区级税收收入增长 $\beta_j$%。当拉动系数 $\beta_j>1$ 时，说明该行业发展对市区级税收的拉动作用较强，市区级税收比增加值增长快，反之，则该行业发展对市区级税收的拉动作用偏弱。

## 二、与其他五大国内主要城市相比，广州地方财政收入差距明显

（一）广州地方财政收入规模较小

在六大城市中，广州市的 2015 年国内生产总值规模约为上海的 72.5%、北京的 78.8%，领先于深圳、天津和重庆，居六大城市第三位，但地方财政收入规模位居末位，大约仅相当于上海的四分之一（24.4%）、北京的三成（28.6%）、天津的一半（50.6%）、深圳的一半（49.5%）、重庆的八分之五（62.6%）。

（二）广州地方财政收入增速较慢

近五年广州市地方财政收入 9.1%的年均增速，远低于天津(20.1%)、深圳(19.8%)、重庆(16.2%)、北京(14.9%)等城市，比地方财力规模最大、增速较慢的上海仍低 4.8 个百分点，排在六个城市末位。

(三)广州地方财政收入占 GDP 比重较低

2015 年广州市地方财政收入占 GDP 的比重仅为 7.5%，是六大城市中唯一一个比重低于 10%的城市，与比重最高的上海的差距有 14.7 个百分点之多，与排名第五的重庆也有 6.3 个百分点的差距。

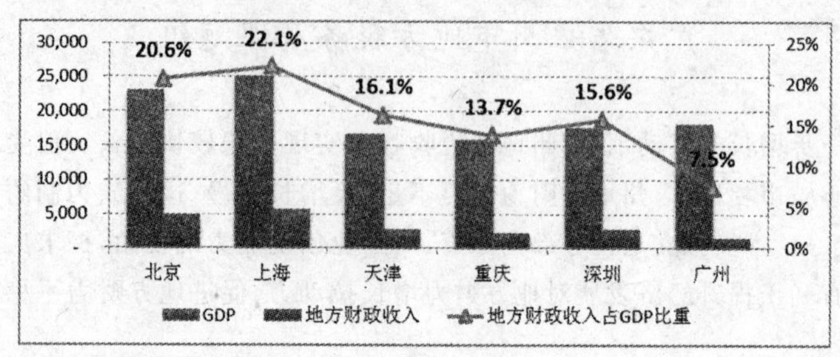


图一　2015 年国内六大主要城市地方财政收入占 GDP 比重情况

(四)广州 GDP 增长对地方财政收入的拉动作用较弱

经过对数回归模型计算，六大城市的 GDP 增长对地方财政收入的拉动系数。模型结果显示，天津的 GDP 增长对地方财政收入的拉动系数最高，达到 1.46，即天津 GDP 每增长 1%，地方财政收入可增长 1.46%，上海、重庆、北京、深圳拉动系数也大于 1，表明这五大城市的 GDP 增长对地方财政收入增长的拉动作用较强。而广州拉动系数仅为 0.91，即广州 GDP 每增长 1%，地方财政收入仅增长 0.91%，明显弱于其他五大城市。

**表一　六城市地方财政收入拉动系数情况表**

| 城市 | 2010－2014 年地方财政收入增长拉动系数 | 拉动系数排名 |
|---|---|---|
| 北京 | 1.259 | 4 |
| 上海 | 1.366 | 2 |
| 天津 | 1.456 | 1 |
| 重庆 | 1.306 | 3 |
| 深圳 | 1.214 | 5 |
| 广州 | 0.910 | 6 |

## 三、广州地方财力较弱的原因剖析

(一)广州财政体制相对直辖市和计划单列市存在劣势

按照现行财政体制，广州的税收收入需要同时与中央和广东省分享，而直辖市天津、计划单列市深圳则不必与省分享，其上缴中央库以外的部分全部留成于市。然而，即便按加上省级收入的同口径计算，广州地方财政收入近 5 年的平均增速也仅为 13.6%(比实际口径增速高出 1.5 个百分点)，仍大幅落后于天津的 23.8%和深圳的 18.9%；GDP 增长对地方财政的拉动系数提升为 1.05，仍显著低于天津的 1.46 和深圳的 1.21。可见，财政体制的劣势导致广州地方财政收入规模偏小，但这并不是广州财政收入增速偏慢、经济增长对地方财政收入的拉动作用偏弱的主要原因。

(二)广州支柱行业地方级税收拉动作用偏弱

为剔除财政体制上的不可比因素，本部分广州地方级税收按“省级＋市区级”口径计算，即按与天津、深圳地方财政收入同口径计算。从广州、天津、深圳地方级税收前五大行业对比情况看，广州支柱行业对地方级税收拉动作用明显偏弱。广州前五大行业依次为房地产业、工业、金融业、批发零售业和租赁商务服务业，五大行业总体地方级税收增长拉动系数为1，低于天津的1.3和深圳的1.16。五大支柱行业中，广州的薄弱环节主要在工业，广州工业地方级税收增长拉动系数仅为0.71，大大低于天津的1.2，也低于深圳的0.87。可见，广州支柱行业特别是工业对地方级税收拉动作用偏弱，而天津、深圳的支柱行业对地方税收拉动作用较强，是导致广州地方财力增长弱于天津、深圳的主要原因。

**表二　广州、天津、深圳五大支柱行业地方级税收贡献情况表**

| 城市 | 行业门类 | 2011－2013年贡献市区级税收占比 | 2011－2013年市区级税收产出率 | 2010年－2014年地方级税收增长拉动系数 |
|---|---|---|---|---|
| 广州 | 全行业总计 | 100.0% | 9.4% | 0.964 |
| | 五大行业小计 | 74.9% | 10.3% | 0.996 |
| | 房地产业 | 27.5% | 32.9% | 0.914 |
| | 工业 | 22.2% | 6.6% | 0.712 |
| | 金融业 | 10.2% | 13.5% | 1.090 |
| | 批发和零售业 | 9.0% | 6.1% | 0.732 |
| | 租赁和商务服务业 | 5.9% | 6.9% | 1.336 |
| 天津 | 全行业总计 | 100.0% | 9.4% | 1.325 |
| | 五大行业小计 | 78.4% | 9.7% | 1.299 |
| | 工业 | 31.8% | 6.3% | 1.202 |
| | 房地产业 | 18.7% | 48.8% | 2.271 |
| | 金融业 | 10.4% | 12.7% | 1.191 |
| | 建筑业 | 9.6% | 21.0% | 1.323 |
| | 批发和零售业 | 7.8% | 5.7% | 0.761 |
| 深圳 | 全行业总计 | 100.0% | 10.4% | 1.076 |
| | 五大行业小计 | 77.5% | 10.3% | 1.155 |
| | 工业 | 23.6% | 5.9% | 0.865 |
| | 房地产业 | 17.6% | 21.3% | 1.065 |
| | 金融业 | 19.2% | 14.7% | 0.984 |
| | 批发和零售业 | 9.7% | 8.7% | 0.853 |
| | 租赁和商务服务业 | 7.4% | 26.4% | 1.650 |

（三）从广州各产业对地方财政收入的贡献情况看，产业结构有待进一步优化

**表三　2014年广州各产业、行业税收贡献对比情况**

| 行业门类 | 增加值占GDP比重 | 贡献税收总量占比 | 贡献市区级税收占比 | 税收总量产出率 | 市区级税收产出率 | 2010－2014年市区级税收增长拉动系数 |
|---|---|---|---|---|---|---|
| 全行业合计 | 100.0% | 100.0% | 100.0% | 19.8% | 6.0% | 0.854 |
| 第二产业 | 33.5% | 46.7% | 29.2% | 27.6% | 5.2% | 0.751 |
| 工业 | 30.4% | 40.7% | 24.1% | 26.5% | 4.8% | 0.862 |

| 建筑业 | 3.2% | 3.5% | 5.1% | 21.7% | 9.6% | 1.414 |
|---|---|---|---|---|---|---|
| 第三产业 | 65.2% | 55.7% | 63.6% | 16.9% | 5.9% | 0.803 |
| 房地产业 | 8.2% | 15.2% | 26.9% | 36.7% | 19.7% | 0.730 |
| 批发和零售业 | 15.0% | 12.1% | 10.9% | 15.9% | 4.4% | 0.679 |
| 金融业 | 8.5% | 9.3% | 3.8% | 21.7% | 2.7% | 1.047 |
| 信息传输、计算机服务和软件业 | 3.0% | 4.6% | 3.3% | 30.2% | 6.7% | 1.229 |
| 租赁和商务服务业 | 7.0% | 4.5% | 5.5% | 12.7% | 4.7% | 1.051 |
| 交通运输、仓储和邮政业 | 6.8% | 2.7% | 3.3% | 8.0% | 2.9% | 0.504 |
| 科学研究、技术服务和地质勘查业 | 2.5% | 2.1% | 2.6% | 16.6% | 6.2% | 0.658 |
| 居民服务和其他服务业 | 1.1% | 1.7% | 2.4% | 29.7% | 12.7% | 1.568 |
| 住宿和餐饮业 | 2.7% | 1.0% | 1.6% | 7.5% | 3.5% | 0.328 |
| 公共管理和社会组织 | 2.4% | 0.9% | 1.5% | 7.3% | 3.7% | 1.199 |
| 文化、体育和娱乐业 | 1.5% | 0.5% | 0.6% | 7.1% | 2.5% | 0.315 |
| 教育 | 3.3% | 0.4% | 0.4% | 2.6% | 0.8% | 0.550 |
| 卫生、社会保障和社会福利业 | 2.5% | 0.4% | 0.3% | 2.8% | 0.6% | 0.583 |

1、第二产业中，工业税收规模大但对市区级税收贡献偏弱，战略新兴产业发展弱于天津、深圳。

——工业税收总量产出率高，但对市区级税收贡献偏弱

近年来，在汽车、石化、电子信息三大行业的引领下，广州的工业总产值稳步增长，稳居广州经济的第一大支柱行业，2014年在国内生产总值中所占份额高达30.4%，领先第二名批发零售业15.4个百分点。从税收贡献看，该行业贡献了税收总量的40.7%，税收总量产出率达26.5%，市区级税收增长拉动系数为0.86，与全行业总体水平相当，但市区级税收产出率仅有4.8%，明显低于全行业市区级税收产出率6%的水平。从工业内部各主要行业税收贡献看，汽车制造业贡献最大，2014年该行业共完成税收325亿元，占工业税收总量(1346亿元)的24%。从市区级税收增长拉动系数来看，仅食品制造业(1.188)和医药制造业(1.056)大于1(即有放大效应)；从市区级税收产出率看，仅食品制造业(5.3%)、烟草制造业(5.5%)高于工业平均水平(4.8%)，而汽车制造业的市区级税收产出率仅1.5%。

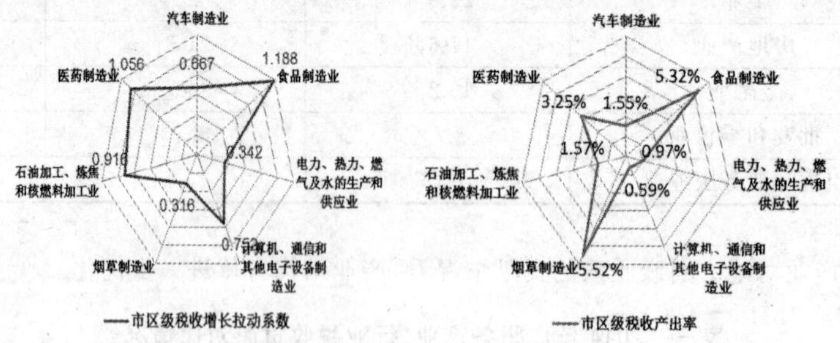


图二 广州工业主要行业的市区级税收增长拉动系数与市区级税收产出率

——战略新兴产业税收贡献尚未形成规模，发展现状明显弱于天津、深圳

从税收总量规模看，2014年，广州生物医药、节能环保、电子信息产业等战略新兴产业共完成税收136.2亿元，比天津(167.9亿元)少31.7亿元，仅为深圳(460.8亿元)的三成；广州新兴产业税收占税收总量的比重仅为4.1%，低于天津(5.8%)1.7个百分点，低于深圳(12.8%)8.7个百分点。从市区级税收贡献看，2014

年，广州新兴产业贡献市区级税收 25.5 亿元，占市区级税收总量的 2.5%，近 5 年年均仅增长 4%，市区级税收产出率为 0.8%，对市区级税收增长拉动系数仅 0.454；而天津、深圳新兴产业分别贡献市区级税收 61.6 亿元和 166.7 亿元，分别占市区级税收总量的 3.9%和 9.7%，近 5 年年均增幅分别达 15.4%和 9%，市区级税收产出率分别达 1.6%和 1.1%，对市区级税收增长拉动系数分别高达 1.667 和 1.069。

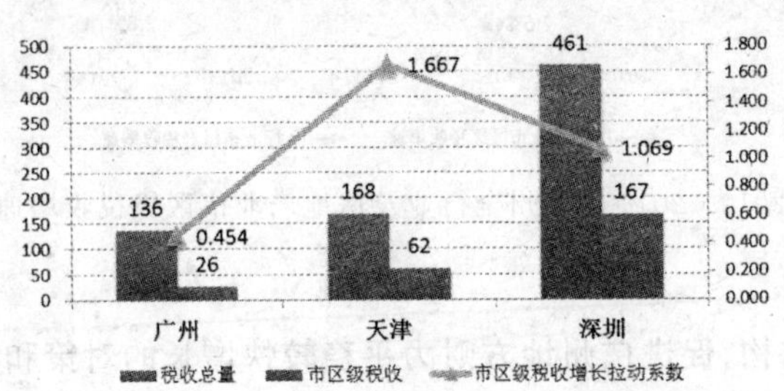


图三　广州、天津、深圳战略新兴产业税收贡献情况图

2、第三产业中，生产性服务业对市区级税收拉动作用显著，房地产业税收贡献突出但周期性波动风险较大。

——生产性服务业增长势头良好，对市区级税收拉动作用显著

从税收贡献看，2014 年，广州生产性服务业贡献了税收总量的 25.8%，税收总量产出率达 16.3%，虽然市区级税收产出率仅有 4.3%，但其市区级税收增长拉动系数达 1.02，高于总体市区级税收增长拉动系数 0.85。生产性服务业内部各主要行业中，居民及其他服务业的市区级税收产出率和市区级税收增长拉动系数均位列第一位，两指标分别高达 12.7%和 1.57，明显高于 6%和 0.85 的总体水平；信息服务业、公共管理业、商务服务业和金融业市区级税收拉动作用也较强，四行业市区级税收增长拉动系数分别为 1.23、1.2、1.05 和 1.05，均明显高于总体市区级税收增长拉动系数。

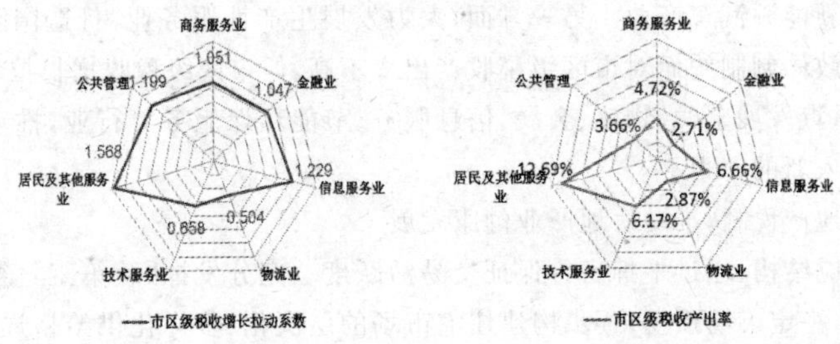


图四　广州生产性服务业各行业市区级税收增长拉动系数与市区级税收产出率

——房地产业对市区级税收贡献突出，但其周期性波动给地方财政带来结构性风险

近 5 年，房地产业市区级税收年均增长 11.4%，与全市市区级税收增速持平；市区级税收占比已趋于平稳，近五年基本维持在 27%左右。虽然近几年房地产业的市区级税收比重持续走高的趋势有所扭转，但该行业仍然是市区级税收的第一大行业，对市区级税收和地方一般预算收入仍会带来很大的结构性波动风险。从近五年房地产行业市区级税收发展看，2010 年增速为 21.3%，2011 年却下降至 2.6%，2012 年、2013 年回升到 14.3%和 17.3%，2014 年又下落至 2.8%，增速波动相当明显，并直接影响全市市区级税收增速 2010 年达 20.6%、而 2011 年仅－0.4%，这两年波动幅度高达 21 个百分点。

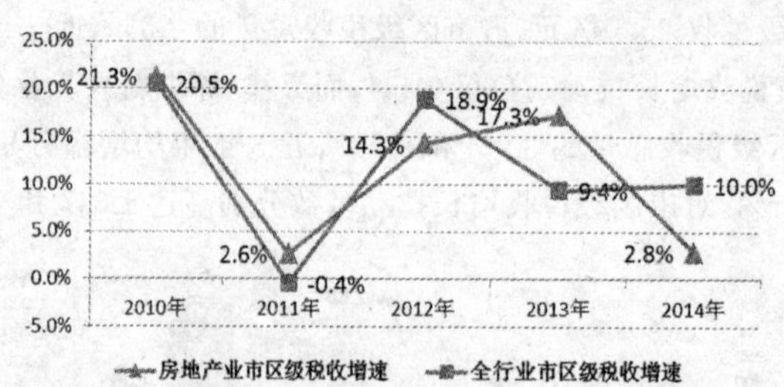


图五　2010－2014 年广州全行业及房地产业市区级税收增速情况图

## 四、加快优化产业结构，促进广州地方财力平稳较快增长的对策和建议

（一）深入推进财税体制改革，推动“财力”与“事权”相匹配

一是减小政策劣势。广州目前地方财力偏弱，一个十分重要的原因就是财政体制存在劣势、经济管理权有限，这与国家中心城市的建设要求不相匹配。建议广州积极争取更多的政策支持，缩小与其他几个国家中心城市的“政策差距”。二是增加地方税收分成比例。广州“财权”的偏小，与税收分成比例低密切相关。如 2015 年广州地税部门组织税收收入 1469.5 亿元、其中仅有 46％(676.3 亿元)入市区库，而深圳地税部门组织税收收入 2276.2 亿元，72％(1637.9 亿元)入市区库，两者相去甚远。总体而言，广州对金融保险业等重点行业以及在穗央企、省企等重点企业的税收分成比例较低。为此，建议要适时对税收分成体制进行调整，进一步增加广州地方税收留成比例。

（二）不断优化产业结构，推动地方财力稳定增长

一方面，积极打造高端制造业，优化战略性新兴产业。在巩固电子产品制造、食品制造等传统行业的同时，大力打造战略性新兴产业，重点发展新一代信息技术、生物健康、新材料与高端制造产业，培育发展时尚创意、节能环保、新能源汽车产业。另一方面，大力发展生产性服务业，打造国际航运中心。生产性服务业尽管受现行财政体制制约而对市区级税收产出率不高，但市区级税收增长拉动系数较高。广州要继续加大支持力度，重点发展金融、物流、会展、信息服务、节能环保服务等行业，推动“广州服务”为经济增长以及财力增强注入新的动力。

（三）继续优化房地产税制，推动房地产业健康发展

一是科学调节供应结构，通过平抑房价保证交易活跃度。充分发挥“政策工具箱”作用，因地制宜科学调控用地供应规模，稳定市场预期，逐步构建住宅市场的层次化、多样化供给格局，最大限度释放住房刚性需求，促进市场交易的长期活跃，推动房地产税收以及地方财力可持续增长。二是整合房地产相关税种，降低房地产业税收的波动风险。对房地产市场的税收“重保有轻流转”是目前国际通行的做法，而我国的房地产市场税收则是“重流转轻保有”，这也是导致目前房地产市场需求过旺、房价过高的原因之一。建议将现有的城镇土地使用税、土地增值税与房产税合并为房地产税，在房地产保有环节征收，以房屋的评估价格作为计税依据，并恢复对居民住宅的房产征税。

课题组组长：谢红鹰

成员：王朝晖　张　镭　樊泓坤　王经胜

林立成　黎广超　曾　艳

# 关于新常态下进一步做大做强做优横县茉莉花茶产业的思考

广西壮族自治区南宁市国家税务局课题组

中国茉莉之乡——横县的花茶产业，经过30多年的风风雨雨，如今已成为横县经济发展的一大支柱产业。党的十八大以来，中国经济已经进入一个发展新常态，新常态下如何进一步做大做强做优横县花茶产业，对于促进地方经济发展、增加地方财政收入、带动城乡居民增收致富，意义重大。笔者通过分析现状，指出问题，并就如何破解瓶颈、解决问题提出一些对策。

## 一、花茶产业发展历程和现状优势

横县茉莉花茶产业的蓬勃发展，除了得益于横县悠久的茉莉历史文化基础和400多年厚重的历史文化底蕴外，更是得益于横县县委、县政府敏锐的眼光和超凡的决策。

(一)发展历程

1、起步阶段：时间从1981年至1990年。起源于横县茶厂以“订单”的方式，发动县城周边的农民种植茉莉花并按预先约定的价格回收。随着种植面积逐步扩大，茶厂逐步增多，花茶加工厂与花农的关系也由原来的“订单”方式向市场化过渡。到1990年，全国的茉莉花茶生产重心开始逐步从福建、江苏、浙江一带转移到广西的横县。

2、发展阶段：时间从1991年至1999年。以县政府成立“花茶办”为标志，加大对产业的引导力度。至1999年茶厂发展最高峰时达到190家，茉莉花种植面积稳定在6万亩，年产鲜花5万吨，花茶加工能力10万吨，实际加工量5万吨。横县政府出台一系列的扶持政策，举办首届“花茶节”，建成茉莉花及原料茶交易市场，在北京成功举办“中国茉莉之都——广西横县茉莉花产业发展研讨会”。

3、高潮阶段：时间从2000年至2005年。共举办4届全国茉莉花茶交易会，花茶产业发展达到高潮。横县在全国的茉莉花茶产业中的地位进一步巩固，扶持一批有实力的花茶加工企业和树立了一批花茶品牌，茉莉花的种植技术和花茶的加工技术取得长足的进步，花茶产业文化初步形成。横县西南茶城成西南地区最大的成品茶销售中心。

4、转型升级阶段：时间从2005年至今。茉莉花茶产业已趋于稳定，种植面积稳定在10万亩左右，基本保持在县城周边乡镇，带动花农保持在30万人以上，花茶加工厂经过转型升级，优胜劣汰，产业稳居全国之首，世界第一。是横县花茶产业的转型、升级阶段。

(二)现状优势

横县2000年被国家林业局、中国花卉协会正式命名为“中国茉莉之乡”。2006年获得国家工商总局商标局颁发的“横县茉莉花茶”证明商标，同年7月又获国家质量监督检验检疫总局批准“横县茉莉花地理标志产品保护”，2015年8月，国际茶叶委员会授予横县“世界茉莉花和茉莉花茶生产中心”荣誉称号。目前，横县茉莉花种植面积超过10万亩，花农33万多人，年产鲜花近6万吨，茉莉鲜花年销售总额达11亿元。现有花茶加工企业100多家，年加工茉莉花茶6万吨，产值达33亿元以上，茉莉花和茉莉花茶产量分别占全国的80%以上，占到世界的60%以上。2014年全县农民人均纯收入达到8883元，同比增长11.62%，其中茉莉花种植带给花农收入就达到人均3333元。

横县种植茉莉花历史悠久，种植的茉莉花以开花早、花期长、花蕾大、产量高、质量好、香味浓而闻名。

1980年以前,茉莉花在广西只有零星种植,至1991年全区共种植茉莉花1453.3公顷,产花8000吨,加工花茶15955吨,占当时全国花茶总量的21.33%,仅次于福建。到1993年春,茉莉花种植面积已跃居全国之首。形成了自己的产业优势:一是地处亚热带,日照充分,雨量充沛(年平均日照为1778.3小时,年平均气温21.4℃,年降雨量1236—1530毫米),气候、土壤条件适宜茉莉花生长。二是茉莉花种植有文字记载的历史就有400多年,大规模商品化发展也有35年以上。三是地域土地广阔肥沃,劳动力资源十分丰富,全县有耕地面积95万亩,人口超过120万。四是当地政府部门对花茶产业十分重视,花茶产业配套设施较为完善,能吸引吸引全国各地的茶商前来投资。五是种植面积和花茶加工量排名全国第一,是名符其实的全国最大茉莉花种植基地和花茶生产加工的集散地。

## 二、阻碍产业发展瓶颈和问题分析

随着中国经济逐步进入新常态,横县花茶产业也进入转型升级时期。由于市场需求变化及花茶产业自身存在的问题,面临着重大调整压力和机遇,也出现一些阻碍发展的瓶颈和问题。

(一)产业规模不大

在产业规模方面,目前茉莉花和茶叶种植还是农民分散种植为主,一些茶园种植为辅,产业集中度不高。在产业品种方面,茉莉花和茶叶品种单一,茉莉花种植老龄化面积多,茶园品种少、面积小,并且病虫害较多,无法抵抗自然灾害。在产业模式上,还是以低水平、分散式种植经营的传统生产模式,对绿色环保、有机生产等没有足够的认识,整个产业开发程度低。在产业融资方面,还是沿袭传统的融资方式,融资渠道单一、不够灵活。

(二)竞争实力不强

一是茉莉花原料的多元化、个性化、多样化的问题没有解决,茉莉花只局限于窨制花茶、制作花干的模式,只有少量用在茉莉花精油、日用化妆品、药用等保健品方面。二是对茉莉花收购、加工、窨制花茶的企业跟踪管理、监督检查不够,有以次充好、以假乱真的造假现象。三是产业税收贡献率比较低,由于花茶加工主要是以来料委托加工为主,自有品牌所占比例极少,说白了还是帮别人加工,让别人拉到外地销售,税收在外地实现,直接影响了本地产业税收贡献率。以国税部门为例,最近5年花茶产业每年税收收入占整个年度国税收入比例都在3%以下。目前国内茶叶自主品牌(如普洱茶、乌龙茶等)共有近1000个,而横县花茶自主品牌目前才有17个,相对比例较低,真正意义上的国家和自治区级龙头企业还没有,只有6家南宁市龙头企业。四是产业文化内涵挖掘不够,品牌文化的包装推广不力,与其他文化产业相融合的氛围还没有真正形成。

(三)品牌质量不优

在整个花茶产业当中,政府主导作用还有待进一步拓展,相关职能部门扶持渠道也有待进一步拓宽。比如对农民种植茉莉花的宣传和教育,企业自主创新,花茶产业名优文化品牌的打造等。优惠政策的扶持力度不够,特别是在税收优惠政策、自主创新扶持政策和产业技术改造优扶政策方面。在大力支持花茶产业发展方面,在服务内容和服务手段上,还存在企业多头跑、无序跑现象。花茶产业规划与城镇化融合方面还有待加强,各种生产、生活设施以及商务配套服务还有脱节。产品专利申请和推广包装也在一定程度上影响横县花茶产业名优特新产品的创建。

## 三、进一步推动产业发展的对策

针对影响横县花茶产业发展的瓶颈问题,笔者认为,要继续围绕"标准化、现代化、国际化"发展目标,通过科技创新、质量把关、品牌培育、形象提升、营销拓展等多种策略和措施,进一步提升横县花茶产业的品牌形象、市场竞争力和产业活力,努力在做大、做强、做优上下功夫。

(一)在做大产业上下功夫

1、提高产业集中度，不断完善产业链条。建议引进国内外的龙头企业，依靠花茶产业巨头带动配套企业落户，形成基地化生产、研发、制造、销售同步发展。如依托龙头企业北京张一元、浙江华茗园、台湾隆泰等，带动上、下游企业产业链，发展生态基地、茶叶加工、产品印刷以及物流企业。加大土地流转力度，扩大种植面积和规模，实行“土地入股、企业运作、农民分红”模式，走企业化、集团化、集约化经营道路。建议将花茶相关产业逐步集中到兴六高速公路横县出口至县城、县城至那阳工业集中区以及周边乡镇，坚持培养产业集聚效应，不断延长产业链，促进这些区域的进一步繁荣。

2、增加高效益品种，丰富完善产品体系。建议对引进的茉莉品种进行植物学、生态学、花期、花色、花香等综合性状评价，从中筛选出加工型和观赏型优良品种。同时建议政府加大财政资金投入支持力度，对新品种种植给予适当补贴，为种植户提供保险，降低花农在推广应用新品种方面的风险。如可利用尖瓣茉莉和单瓣率茉莉，打造出具有独特清香型的茉莉花茶；通过将双瓣茉莉和尖瓣茉莉或单瓣茉莉相结合，打造出香味醇和、耐久的混合香型产品。既可以拓宽香料生产的路子，增加横县茉莉花产业的附加值，弥补茉莉花产业的不足，又可以拓宽农民的种植门路。

3、推广有机化生产，建立绿色生产基地。建议通过举办培训班讲座、印发相关宣传资料、媒体宣传等手段，提高花农和企业主对绿色环保、有机生产的认识，特别是对花农进行施肥、除草、病虫害防治、鲜花采摘等方面的知识培训。在稳固现有种植面积的基础上，对全县花茶产业区域进行包括土壤、空气、水等方面的普查、整治和改造。建议通过大力推广使用生物有机肥或农家肥、高效低残生物农药，杜绝使用除草剂以及生长激素，使花茶产业逐步向无公害、绿色、有机转向，按照有机生产规程进行生产管理，全面推进花茶产业升级。

4、拓宽融资渠道，不断探索融资新思路。建议首先要取得金融部门支持，推广纳税诚信程度无抵押贷款，适当降低融资门槛。其次是通过招商引资，加大地方政府在场地划拨和财政资金支持力度。第三是盘活土地存量，加大土地整体流转，建议对新、扩种面积实行由财政补贴方式进行扶持，形成连片开发。第四可以借鉴先进地区的融资经验，如江浙一带多元化的融资平台，花茶产业经营者通过土地的股权化、证券化，结合土地资本与金融资本、国内外市场、房地产开发和高科技投资资源，将花茶产业区的地产、房产和项目转变为流通性能好、具有市场价值的项目股权。

（二）在做强产业上下功夫

1、坚持落实“三化”理念。首先是标准化。以北京张一元、浙江华茗园、台湾隆泰等知名企业在横县的建设项目为重点，加快推进茉莉花茶标准化加工示范中心建设，逐步淘汰规模小、设备落后企业。依托高标准的茉莉花生产基地，打造出生态绿色、有机的茉莉花产品，巩固已建成 4000 亩标准化栽培示范基地，逐步完成 2.5 万亩老龄化低产园改造，争取新扩种基地。其次是多样化。加大对茉莉花及花茶健康功效的宣传以及对产品深加工研究，在茉莉花精油、日用化妆品、药用等方面大做文章。再其次是高端化。通过无公害产地认定与产品认证，推进无公害、标准化栽培，建议引导并扶持企业开展绿色食品基地建设。

2、坚持走可持续发展道路。建议在基地和新产品开发、有机认证、设施配套等方面给予政策优惠和资金扶持，从产地环境、生产技术、质量标准等构建质量安全保证体系。相关部门对茉莉花收购、加工、窨制花茶企业要进行跟踪管理、监督检查。加大南山白毛茶的保护与开发，恢复校椅卜基、莲塘圣山以及百合六答、陶圩尖固等老茶区生产。通过质监部门开展企业 QS 复核认证，强化企业环保清洁化、标准化生产监督指导，支持金花公司、顺来公司、南山公司等龙头企业开展技术改造，逐步开展废气治理，引导企业使用新型生物质燃料，减少燃煤热风炉的使用量。

3、坚持打造自主品牌。建议培育和发展一批有着雄厚基础、辐射能力强的龙头企业来带动、提升产业，通过多创名牌产品，提升传统品位，优化产业结构，打造自主品牌，推动名优花茶品牌的注册、宣传、推广、保护，以名牌产品和龙头企业为引导，促进产业链的延伸、优化和扩张市场，提高自主品牌的营运能力。大力拓展茉莉花茶消费市场，建议加大自营茶经营规模，进一步扩大成品茶销售专业市场，直逼茶商在横县销售产品，依托“互联网+”消费平台，面向全国乃至世界，实现税收在横县征收，进一步提高花茶产业的税收贡献率，增加横县的财政收入。

4、坚持融合文化产业。首先是与旅游文化产业相结合。加快茉莉花纪念品、工艺品和特色商品的开发步伐，在校椅镇石井村委会碑口屯至新村地段打造一个集茉莉文化展示区、茉莉湖湿地生态观光区、茉莉花田园游乐区、茉莉花茶加工示范区、产业商务区等区域于一体的中华茉莉园区。其次是与现代文化产业相结合。通过横县县花或横州市花的评选活动来提升人们对花茶产业的关注度。再其次是与历史文化产业相结合。大力挖掘和推广横县悠久的历史文化资源，进一步包装、打造横县的花茶产业文化，在产品市场、区域创新、文化建设等方面，厚积薄发，更创辉煌。

（三）在做优产业上下功夫

1、突出政府主导，拓宽部门扶持渠道。建立以政府主导为主、相关部门扶持为辅、全民创业的产业发展新机制。建议第一是加强对农民的宣传和教育，积极引导农民使用茉莉花专用肥和专用药，定期发布病虫害信息，让花农对病虫害防治更加心中有数。第二是引导企业加强自主创新，不断培养产业品牌，提升企业创新水平。第三是积极打造花茶文化品牌，通过文化建设推广产业品牌。第四是要壮大产业品牌，抱团打造“横县茉莉花茶”公共品牌，提升核心竞争力。第五是建立企业诚信档案制度，保证产业品质，保障企业经济效益。

2、出台优惠政策，借助创新发展产业。建议积极争取出台产业扶持优惠政策，包括税收优惠政策、自主创新扶持政策和产业技术改造优扶政策，充分发挥产业政策在税收优惠、自主创新和技术改造方面的引领和扶持作用。经验表明，借助有利的国家政策是区域经济迅速发展的捷径。以浦东新区为例，享有的是“先行先试”相关优惠政策，土地、资金、税收等各方面都是特事特办，这对当地的招商引资、经济发展、城市规划等具有十分积极的作用。又比如重庆的直辖，海南离岛免税，政策的倾斜大大加快了这些区域的发展。

3、支持产业发展，推行“四联四便四畅通”服务。作为税务部门，要创新服务方式，加快构建“互联网+”纳税服务新模式。建议第一是推行四联合服务，即国地税联合设置办税窗口，联合设立税收服务工作室，联合开展微信服务，联合为新办企业开设绿色通道，方便纳税人办理涉税事宜。第二是推行四便捷服务，在 APP 移动办税平台设置花茶产业专栏，实现便捷企业政策解读和服务推送，便捷网上申领发票，便捷网上代开发票，便捷网上涉税审批。第三是推行四畅通服务，即畅通自助电子取件，畅通网上辅导培训，畅通自助体验平台，畅通税收事先约定，不断优化纳税服务质量。

4、拓展服务内容，不断创新服务手段。作为政府以及相关职能部门，建议在自己的职能工作范围内，为企业提供覆盖产前、产中和产后的“全过程”服务，实行“一站式办公”、“一门式服务”，避免企业多头跑、无序跑。在招商引资、项目审批、土地规划、环境评估、融资贷款、场地划拨等方面采取灵活手段，提高服务效率。加快花茶产业园区住房、教育、交通、娱乐等生活设施以及商务配套服务的建设，把产业园区建成一个环境优美、设施完善、功能齐全的新城区。积极帮助花茶产业园区企业申请产品专利，打造产业名优特新产品，进行推广包装，提高知名度。

课题组组　长：周元卫
副组长：卢华君　农建旗
成　员：郭远海　卢　娟　虞江军　黄济桓
执　笔：黄济桓

# 对我省证券业发展预期的若干思考

浙江省地方税务局直属税务一分局课题组

2015年,国内经济虽然面临下行压力,但仍继续保持平稳发展势头,“换挡降速、提质增效”逐渐成为新常态。今年前三季度的股市跌宕起伏,经历了上半年的爆发式增长和三季度的大级别调整。上证指数从年初3,235点,一路高歌猛进,在6月12日达到5,178.19的高点,随之A股在市场“去杠杆化”的调整下出现暴跌,7月8日上证指数收3,507.19点,18个交易日下降32.27%,8月26日上证指数再次跌至2,850.71点,回落到2014年年底点位。但证券业税收却一枝独秀,截至10月,我省地税部门共入库证券业税收40.7亿元(不含宁波,下同),同比增长166.7%,总量占在金融业税收的10.7%,较同期上升6.1个百分点,对金融业税收的增收贡献率为78.1%,对全部税收的增收贡献率为12.6%。

从证券行业对经济的影响来看,全省前三季度GDP同比增长8.0%,而金融业增加值大幅增长16.1%,对经济增长拉动较大,据相关研究公司测算,金融业增加值大幅增长主要来源于证券子行业的贡献,从证券业税收增收对金融业税收增收的贡献率可以得到印证。

随着证券行业改革创新的不断深化和注册制的推行,证券市场总体扩容与成交量的高位运行,将给税收增长提供前所未来的空间,证券行业税收比重将会稳步提升。对此,有必要对证券行业的发展预期作些分析。

## 一、我省证券业基本情况及近年税收收入

(一)行业规模不断扩大

截至2015年10月底,我省共有全国性的证券公司3家,证券公司分公司33家,证券营业部563家,证券投资咨询机构2家,证券经营机构托管市值17426.27亿元,客户交易结算资金余额1743.26亿元。

我省证券业在全国占据重要地位,全省证券业分支机构占全国总量的7.55%,而全省证券业股票基金交易量占全国总额比例达19.4%。

表一　浙江省内证券业分支机构、交易量、户数明细表

| | 2013年 | 2014年 | 2015年1—9月 |
|---|---|---|---|
| 分支机构(个) | 400 | 531 | 593 |
| 股票基金交易量(亿) | 88720 | 135382 | 410009 |
| 分支机构全国占比 | 6.91% | 7.38% | 7.55% |
| 股基交易量全国占比 | 18.37% | 17.15% | 19.40% |

(二)行业税收增速喜人

随着证券市场逐步回暖,各种金融创新不断推出,2012年—2014年,我省证券业税收年均增长27.32%,2015年1—10月证券业税收增长166.7%,占金融业税收比重逐年提升。

表二　证券业 2012－2015 年税收情况

单位:亿元

| 年度 | 证券行业税收 | 占金融业税收比重(%) | 其中:营业税 | 其中:个人所得税 | 其中:限售股转让税收 |
|---|---|---|---|---|---|
| 2012 年 | 11.5 | 3.4 | 2.8 | 6.7 | 3.6 |
| 2013 年 | 16.4 | 4.9 | 4.4 | 9.7 | 6.1 |
| 2014 年 | 18.6 | 5.0 | 5.3 | 10.7 | 6.7 |
| 2015 年 1－10 月 | 40.7 | 10.7 | 12.6 | 24.6 | 17.3 |

就位于浙江的券商而言,其行业地位也有显著提升。总部在浙江的券商共有财通证券、浙商证券和中信证券(浙江)3 家,2014 和 2015 年 1－10 月营业收入分别为 61.88 亿元、113.72 亿元,占全国比重由 2.38%增长至 2.60%。

表三　证券业近两年营业收入及构成占比表

单位:亿元

| 年度 | 省内 3 家券商 | | 全国券商营业收入 |
|---|---|---|---|
| | 营业收入 | 占全国比重 | |
| 2015 年 1－10 月 | 113.72 | 2.60% | 4380.43 |
| 2014 年 | 61.88 | 2.38% | 2602.84 |

(三)比较差距依然明显

从税收总量上看,今年上半年江苏证券业税收 117.2 亿,是我省(此处含宁波进行分析)的 3.9 倍。从增幅上看,我省上半年证券业税收增幅 179.7%,超过江苏的 144.2%,但由于总量原因仅拉动金融业整体税收增长 7.5 个百分点,而江苏拉动金融业整体税收增长 24.1 个百分点。江苏证券业税收总量较大,主要受益于限售股转让(因江苏部分地方政府制定财政返还、奖励优惠政策吸引税源),今年上半年江苏限售股转让个税增收 60 亿,而我省仅增收 12 亿元,差距明显。就更能反映证券业发展情况的营业税而言,我省上半年证券业营业税总量是江苏的 1.6 倍,表明我省证券业总体发展优于江苏。

## 二、证券业税收影响因素分析

证券业地税税收主要由营业税和个人所得税构成,两者占比超过 90%。营业税以证券公司营业收入为计税依据,目前证券业营业收入主要来源于经纪业务、自营业务、投行业务、资管业务、两融业务和基金业务等。个人所得税主要来源于证券从业人员的工资薪金所得,但近年来限售股转让个人所得税增速迅猛,今年 1－10 月已占个人所得税的 70%。

(一)市场行情是税额变动的主导因素

2015 年上半年股票市场的大牛市行情和债券指数的温和上涨,带动传统经纪业务交易量和两融等资本中介业务规模大幅增长,证券投资业务、资产管理业务和投资银行业务等收益激增,券商行业的整体盈利水平带来快速提升,今年上半年行业收入创历史新高。截至 2015 年 10 月,全省证券业营业税收入 12.65 亿元,是去年全年的 2.4 倍。同时,火爆的行情使得证券公司效益大增,从业人员工资薪金大幅提升,也带动了个人所得税的增长。

6 月 A 股市场“去杠杆化”引发的股灾,又使得证券业受到强烈冲击,下半年券商经营业绩在三季度迅速回落。从图中可以看出,与经营业绩密切相关的营业税1—10月税额走势基本与市场行情保持一致(税额入库在次月),1—7月持续上涨(其中3月营业税入库数较低是由于2月交易天数较少所致),在7月到达最高点后迅速下降。由于经营业绩导致的奖金变化使得个人所得税也在6月达到最高点后随之迅速滑落。

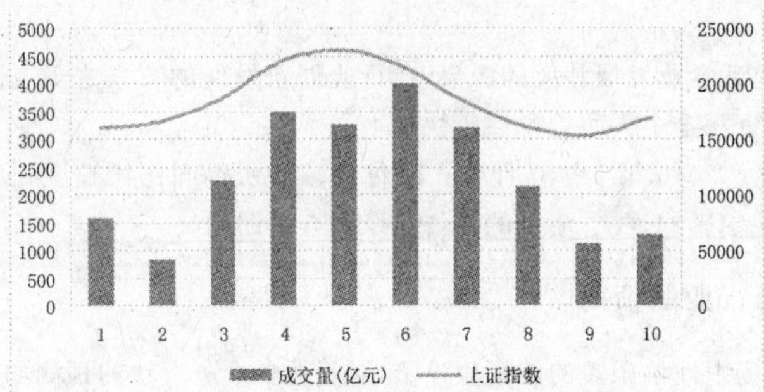


2015年1—10月上证指数与成交量情况

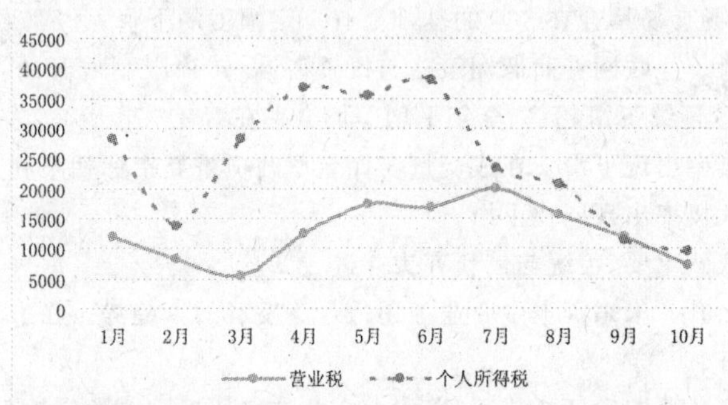


2015年1—10月证券行业分月税收走势图

(二)不同主营业务类型证券公司的税收收入受股市影响程度各不相同

1、经纪业务为主的证券公司受到股市成交量的影响相对较大。一般来说经纪业务占比越大,受两市成交量影响也越大。以财通证券公司为例,2014年至2015年1—10月财通证券股票基金交易量分别为1.69万亿元、5.12万亿元,同比增长61.59%、78.20%,营业税金分别增长73.95%和93.42%,略高于交易量的增长。主要原因是该公司投行、资产管理、融资融券等多项业务的开展加快了营业税金及附加的增长。

2、纯投资银行类证券公司受到股市成交量的影响相对较小。以中国国际金融有限公司杭州教工路证券营业部为例,其主要业务为投资银行和资产管理、经营企业海外上市和发债,其客户数只有几百家,但托管资产高达百亿元,其减持的限售股也是所有营业部中最多的。在全国股票基金交易量成倍增长的情况下,该公司2015年1—10月营业税同比仅增长37.46%。

(三)证券公司综合实力的快速发展是各类税费增长的内生动力

1、经纪业务转型成效明显。我省证券公司大力开展综合化经营,加快经纪业务向综合财富管理转型。

2、资本中介业务保持快速发展。各家证券公司积极对接外部资金大力发展融资融券、股票质押等业务,同时深入推进协同创新,将资本中介业务与经纪、资管、投行业务协同深入推进。

3、证券自营业务稳步发展。大力拓宽固定收益业务链，在巩固撮合业务的基础上，大力开展债券销售业务，积极参与PPN、短融、中票、企业债的销售，同时积极开展业务创新，推进投资业务转型。

4、投资银行业务增势强劲。加强对上市公司的业务开拓，上市公司融资规模持续提升；大力发展债券承销和场外市场业务，大力发展企业债和新三板业务。

(四)其他因素

1、人才因素。人才是证券业发展壮大的源泉，在行业创新发展的背景之下，券商对高端人才的争夺趋于白热化，由此造成工资薪金个人所得税逐年快速上涨。

2、税收财政政策因素。2015年1－10月个人限售股转让所得同比增长338.8%。受各地逐渐取消限售股个税财政奖励的一定影响，我省流失的限售股个税有所回归。

## 三、对2016年证券行业的预期

在2016年内证券市场中性偏乐观的前提假设下，对行业各业务板块的预测如下：

(一)经纪业务收入将下滑，收入结构更趋合理

1、两市成交量下降确定性较大。预计未来1年内，成交量在目前水平下维持缓慢回升态势。在中性偏乐观的情况下，明年市场交易量会在今年的基础上有一定幅度的下降。

2、佣金率将继续下滑。互联网券商低佣策略与投资者开/转户限制放开两者结合，带来行业佣金率显著下滑。2016年会继续延续下滑趋势，全年平均净佣金率在万4.5至万4.8左右。

3、经纪业务收入大概率出现下滑。在成交量与佣金率两项重要指标朝不利方向变动的影响下，明年代理证券买卖业务收入大概率出现同比下滑。

(二)资本中介业务依然重要，传统与创新齐头并进

1、两融余额恢复性上升。未来资本中介业务还是行业发展的大趋势。在市场相对平稳的形势下，明年两融余额有望缓慢上升。

2、新业务风生水起。从长期发展趋势看，资本中介业务将从目前以类贷款业务为主扩展至做市业务(特定债券产品做市、OTC市场做市、衍生品做市等)、杠杆收购、并购融资、跨境TRS等新兴资本中介业务。

(三)自营业务稳中求进，大投资优势将会凸显

1、回归正常轨道，权益类投资规模稳中有升。监管部门出台的一系列限制交易的措施，会随着市场的稳定而逐步取消。券商自营中性投资策略又可恢复运行，而趋势策略受阻于市场行情的不确定性，操作难度会加大。对于原先自营规模不大的券商，为了寻求规模增长和改善收入结构，将会适当增加投入。

2、债券牛市持续，固收类自营占比提高。在明年市场流动性充足的假设下，债券市场的牛市格局仍将延续，但震荡会加剧。券商在债券自营、销售交易等方面的投入规模将有所增加，固收收入占比也会有相应的提高。

3、直投业务日显重要。随着新一轮国企改革、企业并购、上市公司资本运作、移动互联网等新兴领域投资热潮的到来，股权投资迎来新的机遇；而大众创业、万众创新，以及新技术、新产业、新业态的蓬勃发展，又给创业投资创造了新的发展空间。未来，券商参与股权投资、创业投资等直接投资领域的广度和深度将进一步提高，盈利能力逐渐显现。

(四)投行业务整体向好，股债融资前景可期

1、股权融资将健康稳步扩大。随着IPO的重新开闸以及新股发行制度的调整，市场的正常功能正在逐步恢复。明年有望审议通过的新《证券法》，将为股权融资带来巨大的制度红利，投行业务的规模和收入增长将驶入快车道。但注册制的筹备和实施需要一定的过渡期，在监管层的管控下，明年新股发行

速度和数量都会有一个爬坡过程。因此，预计 2016 年的股权融资规模会比 2015 年有一定的扩大。

2、债券融资蓬勃发展。随着债券市场利率降至较低水平，债券相对于银行贷款的融资优势凸显，企业发行债券进行融资的积极性将得到激发。同时，监管部门先后放松债券发行条件，有利于进一步挖掘债券融资需求。分品种来看，43 号文后地方融资平台融资受限，企业债的发行规模会持续萎缩；公司债由于发行人范围扩大并且机制设置灵活，对发行人的吸引力不断上升，预计 2016 年公司债融资规模将会继续延续 2015 年的增长势头。

3、并购业务方兴未艾。2016 年，在经济“新常态”下，无论是传统产业还是新兴产业，都将迎来并购重组、资源整合的高峰，并购数量和交易金额都将显著增加。此外，证监会于近期进一步优化了并购重组的审核流程，有助于提高审核效率，推动并购重组市场快速发展。因此，券商在并购基金、产业基金、财务顾问、过桥贷款等领域的施展空间将进一步扩大。

(五)资管业务空间巨大，主动管理日显重要

受益于居民资产配置需求改善，同时也得益于产品创新能力增强、满足客户需求能力不断提高，券商资管主动管理规模占比将会持续上升，资管业务对券商收入贡献将会显著提高。

## 四、几点建议

随着多层次资本市场的建设，注册制的逐步推进，提升直接融资比例成为“供给侧改革”的题中之义。金融业特别是证券业，不仅是现代经济的重要融资平台，而且是现代服务业的支柱产业。资本市场支持实体经济，不应仅作为投融资工具和手段来看待，而应把证券业作为一项战略性支柱产业来大力发展，建立现代金融服务体系不但能为实体经济带来金融资源，也是浙江转型发展的关键环节。

(一)大力支持券商做大做强

对于总部在浙江的证券公司要加大扶持力度，鼓励进行兼并收购、行业重组，扩大市场份额，引进国内大型券商总部或地区总部、投研部门落户浙江，为券商做大做强营造良好市场环境。同时，由财政部门落实省政府有关文件，比照上海浦东等地给予总部落户浙江的金融企业，尤其是证券公司给予税收增量部分优惠及高管个人所得税财政返还优惠。

(二)对创新业务及时提供政策扶持

目前金融创新如火如荼，监管部门也鼓励创新。建议对创新业务给予财政扶持或税收优惠，如对金融企业之间的证券回购业务，建议按金融机构往来业务暂不征收营业税。

(三)明确营改增后证券业税收政策

目前国内增值税率共有 17％、13％、11％、6％四档，建议对证券行业取得的手续费及佣金收入适用 6％的低档税率，同时对其隐性收入，包括利息(包括两融)、自营等收入，予以免税，这样既能小幅降低券商税负又不影响地方财政，达到合理征税、兼顾公平的效果。

课题组组长：许保国

成员：郑立元　金国农　吴　婷　倪　颖

执笔：杨旖旎

# 供给侧改革减税理论探究及实践

魏　强　王　伟　张　浩

减税是减轻企业负担、提升经济活力最直接、最有效的手段，是供给侧改革中的核心政策工具。因此，有必要从理论和历史中深入探究，以指导我国的改革实践，发挥减税效用，以有效释放经济潜力，助力经济发展向中高速增长和中高端水平目标迈进。

## 一、供给侧改革的理论探究

供给侧理论的提出，到以减税为核心的政策实践，大体可以分为三个阶段。

第一阶段，供给侧理论的提出。制定宏观经济政策有4个目标：经济增长、充分就业、物价稳定、国际收支平衡。同时追求这4个目标，可能会引起混乱，需要一个有组织的架构来思考这个问题。总供给与总需求模型是思考这个问题的最常见的基本架构。从整体上看，总供给和总需求是相等的，可以视为一个等式。但是，由于供给和需求组成因素不同，这些因素如何互动，产生出2种不同的观点。其中一种观点认为总供给驱动总需求，另一种观点恰恰相反。

萨伊定律，是供给派的理论基础。简而言之，就是“供给创造其自身的需求”。它是由法国经济学家让－巴蒂斯特·萨伊在19世纪初提出的。该理论指出，从宏观经济意义上讲，供应价值，必定在社会某处创造了等值的收入及需求。也就是说，每当商品或服务生产和销售时，表示某人赚到了钱，无论他是生产商品的厂商，还是生产链的供货商。即使供求短时间发生不等，在自由竞争的影响下价格将发生变化，从而使供给和需求相等。

萨伊定律的提出有其特定的历史背景，也有着自身缺陷。但是，它的提出为研究、解决经济问题提供了一种思路和框架。20世纪里，人们围绕促进经济发展进行了深入的研究，取得了一系列的理论成果。

第二阶段，供给侧理论的丰富和发展。按照需求与供给的思考框架，经济学界形成了共识，在长期的经济增长的分析中全部是供给侧的分析，也可以说全部是供给学派。供给学派也对其理论和实践进行了持续、系统、深入的研究。在储多的供给学派研究中，有代表性的观点有这么几个。第一，美国经济学法熊彼特提出创新是经济发展的动力。而所谓创新是企业引入新的生产要素或对生产要素进行新的组合。第二，英国经济学家哈罗德，在研究长期经济均衡增长后，提出物质资本的积累以及体现在物质资本上的技术进步是经济增长的源泉。第三，美国经济学家索罗，提出了新古典经济增长模型，借以说明，劳动的增长、资本的增长以及体现在劳动和资本上的技术进步是经济增长的源泉。第四，美国经济学家舒尔茨，提出了人力资本说。这就是说，对物进行投资形成的物质资本，对人进行投资则形成人力资本，人力资本是经济增长的源泉。因此，可以将供给侧的核心要素为3个，劳动力、资本、创新。

第三阶段，供给侧理论的实践应用。这一阶段，减税作为核心政策在供给侧理论实践中，被提出并广泛应用。世界银行的研究也表明，当一个国家的宏观税负在10.3％－30.9％时，税负与国内投资、GDP增速成负相关。每提高1％的税负，将使国内投资下降0.66％，GDP增速下降0.36％。供给学派代表人物、美国经济学家拉弗，针对减税问题而提出了著名的拉弗曲线：降低税率不会减少税收收入，反而由于扩大了税基，将会带来税收增加。因此，充分使用减税手段，可以有效释放资本、劳动力、创新等供给侧要素的活力，为经济长期增长奠定基础。

## 二、供给侧改革的实践先例

在供给学派的理论成果比较集中的美英两国，在上世纪 80 年代，以此为主导思想，实施了大规模减税政策，成就了“里根新政”和“撒切尔改革”。

(一)美国的减税实践

从 1969 年 12 月爆发经济危机，到 1982 年 12 月经济复苏为止，美国约有 13 年的时间处于滞胀的阴影下。这一阶段中生产停滞、通胀率飙升和失业率高企并存。特别是 1979 年，经济局势进一步恶化，通胀率高达 14%、而 GDP 增速连续下滑，工业产出持续下降，企业倒闭、银行破产数和失业率都创出战后最高纪录。

1981 年 1 月，里根就任美国总统，以拉弗等为代表的供给学派开始登上历史舞台，主张实行以减税为主要手段的“供给管理政策”。其主要观点是，从供给端着手，优化资本和劳动力等生产要素的数量以及使用效率，使经济恢复活力。而美国的高税率则抑制了经济主体生产和储蓄的积极性，导致生产率低下。作为增加社会储蓄、投资和劳动的有效工具的减税，成为了政策选择的必然。

里根 81—86 年开始全面削减个人所得税及公司所得税，采取的方式主要有：1、降低税率，个人所得税最高税率由原来的 14% 和 70% 下降为 11% 和 50%；2、通货膨胀抵税，1985 年开始计税基数开始扣除物价上涨后的实际收入；3、提高免税额，1985 年起个人实际免税额从 1949 美元提升至 2480 美元；4、降低企业所得税税率，从 46% 降至 33%。此外，还有企业采取加速折旧，等各种纳税优惠。

由于 1981 年减税法案是分阶段实施，一些政策到 1982 年和 1983 年陆续推出，因此政策效用在 1983 年开始显现。税负显著降低。从边际实际税率来看，制造业的税率由前期的 52.7% 大幅下降至 43.5%；商业的税负则由前期的 38.2% 大幅下降到 27.5%。个人和企业所得税的税负逐步降低。企业所得税占 GDP 的比重达到了历史低点 1.05%，而个人所得税所占比重也在 1984 年达到阶段性低点 7.55%。刺激了企业投资和美国经济增长。由于个人和企业的税负降低，极大地提高了企业投资的积极性。为美国经济打下了一个良好的基础。美国的 GDP 和资本形成迥异于前期的良好表现。

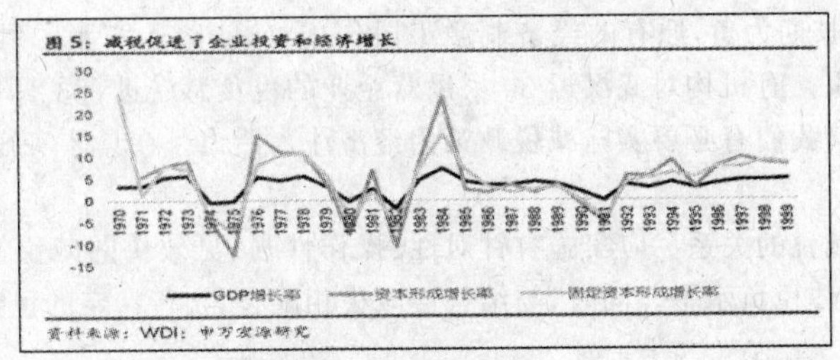

图 5：减税促进了企业投资和经济增长

资料来源：WDI；申万宏源研究

(二)英国的减税实践

撒切尔上任之初，英国也出现了经济停滞和通货膨胀并存的状况。撒切尔政府把改革税制作为应对滞胀、振兴英国经济的重要政策，通过降低税负来激发市场主体生产经营活动的积极性，刺激企业投资。

撒切尔时期的税制改革集中在以下几个方面：1、降低个人所得税。包括降低税率、提高起征点和简化征税层级三方面。个人所得税的基本税率从原来的 33% 降到 25%；最高税率从 83% 降到 40%。起征点从 8000 英镑提高到 1 万英镑。十一级超额累进税率改为两级税率。2、降低公司税负。公司所得税税率由 53% 降到 35%，起征点从年利润 20 万英镑提高到 22.5 万英镑，对中小企业减税扶持其发展。3、提高投资收入附加税的免税额。将投资收入税的起征点从 1700 英镑提高到 6250 英镑。减征土地开发税；降低股市交易的印花税税率和遗产税税率等。4、增加了消费税的比重。消费税的标准税率由 8% 提高到 15%，并且扩大了课税对象。

受益于减税等供给侧改革的相关政策，个人和企业的生产经营积极性得到极大的提升，英国经济保持了较快的增长速度。

制造业劳动生产率大幅提高。据日本银行调查局统计，1981—1987 年，英国制造业劳动生产率平均每年增长 5.6%，同期，美国为 3.6%，日本为 2%，西德为 2.6%。个人和企业投资大幅度提高。1982 年至 1988 年，按照 2005 年美元计算，英国的资本形成总额由 1981 年的 1559.43 亿美元提高到了 1988 年的 2827 亿美元，提高了 64%。而平均的资本形成增长率也达到了 8.97%，平均的固定资本形成增长率则为 7.26%，显著高于 20 世纪 70 年代的水平。GDP 增长大幅度提高。在 1982－1988 年间，英国的平均的 GDP 增长率为 3.82%。从横向上看，在主要发达国家中仅次于日本，高于美国、德国和法国。从纵向看，与 1970 年到 1981 年英国平均 GDP 增长率 1.94%相比，增长了近一倍。

图 10：撒切尔主义推动了投资的快速增长

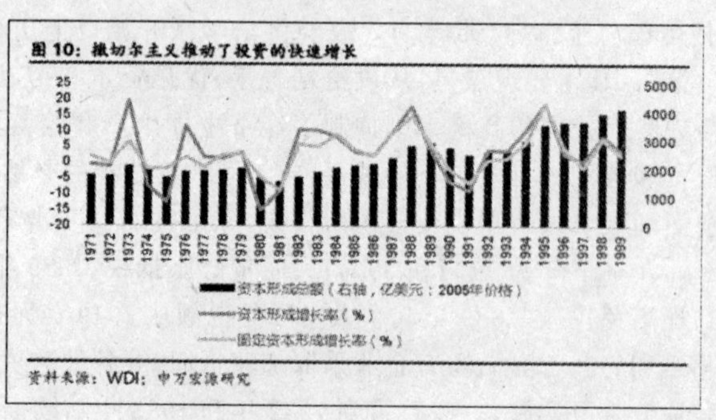


资料来源：WDI：申万宏源研究

比照美英减税政策的实施，我们不难发现这么几个特点：第一，实施背景都是由“滞胀”引起的。第二，以减低所得税为主。第三，效果显著。与美国相比，英国的减税力度更大，覆盖面更广，因此成效也就更突出。

## 三、对我国的减税启示

通过理论的梳理和历史验证，实施以减税为核心的供给侧改革对我国有着重要的意义。目前，我国经济增速连续下滑，PPI 长期为负，原有的经济刺激手段作用衰减，陷入滞胀的风险较高。同时，我国纳税人对税负感受普遍较重。有机构对武汉近 30 家民营企业的税负感受进行了调查，60%的人认为较重，7%的人认为很重。因此，我们有必要实施减税政策为经济注入活力。在具体实施减税过程中，应当处理好几个关系。

1、总量减税与结构减税的关系。应实施有针对性、操作性强、见效快的减税策略。应当在财政可承受的范围内，适当降低总体税负水平。同时，与结构性减税相配合，实行特定的税收减免、税收豁免、欠税免除和滞纳金豁免。

2、不同类型税收之间的关系。不同类型的税系功能定位存在差别，实施减税策略，其作用效果也会存在差异。商品劳务税，其特定减税的空间非常有限。即使全面实施“营改增”，释放“减税红利”，也要注重保持增值税内在链条的完整性，使其中性作用充分显现。防止出现，不降反增或明降暗增的情况。所得税通常被认为是实施特定减税的重要手段，也是促进经济结构转换的重要政策工具，其灵活性的特点和针对不同类型、不同行为方式的相机抉择，成为促进供给侧改革的首选调控措施。财产行为税是对特定行为对象课征的税种，在化解过剩产能、调整存量结构、介入特定交易等方面，具有一定的作为空间。

3、中央税收收入与地方税收收入的关系。目前纳入减税范畴的税种，各级地方政府负担较大，特别是“营改增”的全面推开，必然会对按税种比例分享的中央与地方财政分配关系形成一定的冲击。税收增速回落，增长乏力，地方财政更加困难。因此适当调整两者收入分配，更加有助于相关政策落到实处。

（作者单位：吉林省四平市地方税务局）

# 对完善地方税体系的几点思考

朱延彪

党的十八大报告指出，加快改革财税体制，健全中央和地方财力与事权相匹配的体制，完善促进基本公共服务均等化和主体功能区建设的公共财政体系，构建地方税体系，形成有利于结构优化、社会公平的税收制度。

1994年的分税制财政管理体制改革，明确了中央政府和地方政府之间的基本财政分配关系，并首次从制度上确立了地方税体系。地方税制度的建立，一定程度上调动了地方政府的积极性，促进了税收收入整体的快速增长以及地方公共服务数量和质量的提高。但1994年至今，我国税制改革实际上始终围绕着中央税和共享税进行，长期忽视地方税制度建设，导致地方政府财力不稳定、收费规模日益膨胀等诸多问题，已影响到整个税收制度的完善和分税制改革的推进，成为公共财政建设亟需解决的现实问题之一。随着"营改增"在全国的推进，对地方经济和税收带来影响，如何完善地方税体系成为当务之急。

## 一、我国地方税体系存在的问题

（一）地方税收入规模较小，不能成为地方财政收入的主要来源

我国各级政府的税收收入高度依赖共享税种，地方税种在收入规模上远未达到其应有地位。目前征收的18个税种中，只有7个税种收入完全归地方政府所有，其收入不到全部税收的一成，仅能提供地方财政收入的两成。从全国层面看：2011年，3个共享税收入为5.1万亿元，占全部税收收入的56.3%，若加上具有共享性质的4个地方税种，比重为76.5%，而纯粹的7个地方税种收入仅占到9.6%.从地方层面看：共享税分成收入1.5万亿元，占地方税收收入的36.9%，若加上具有共享性质的地方税种，比重为79%，纯粹的地方税仅占到21%。

表一　2011年我国各类税种实现收入所占比重情况

| | 中央税 | 共享税 | 地方税 | |
|---|---|---|---|---|
| | | | 共享性质 | 纯粹地方税 |
| 税种数量 | 4 | 3 | 4 | 7 |
| 税种名称 | 消费税、车辆购置税、关税、船舶吨税 | 增值税、企业所得税、个人所得税 | 营业税、城市维护建设税、资源税、印花税 | 契税、房产税、城镇土地使用税、耕地占用税、土地增值税、车船税、烟叶税 |
| 占全部税收收入比重 | 13.9% | 56.3% | 20.2% | 9.6% |
| 占地方税收收入比重 | —— | 36.9% | 42.1% | 21.0% |

首先，由于地方税税种多、收入少、法制性差、随意性大，致使一些经济欠发达地区的各级政府和征税

机关为了保基数、争返还,而采取某些"非常"措施,如有的地方实行税收"空转"、财政"虚收",有的地方收"过头税"、"寅吃卯粮",有的地方采取"借征",甚至"买卖税款"等不合法手段,以完成根本不可能完成的税收收入任务。其次,现行地方税税源窄,收入规模小,财政功能薄弱,难以体现事权、税权、财权相统一的原则,也不足以保证现行体制下地方政府的财政需要,由此造成地方政府及所属部门大肆越权设立多项基金、收费项目。名目繁多的政府税外基金、收费应运而生,使政府预算不能约束政府的行为,使税收制度不能完全规范政府和居民之间的分配关系,极大地冲击了地方税收。再次,由于财政上解基数大,税收征管体制不顺,转移支付力度较弱等问题较为突出,造成税收计划政府层层下达,与现实税源状况极不相符,直接影响到地方财政收入的良性增长及依法治税环境的形成,也加重了企业及其他纳税人的负担,在一定程度上阻碍了地方经济的协调和持续发展。

(二)税权高度集中的状况尚未打破

实行分税制财政管理体制,不仅要求中央与地方政府之间划分税种,还要求适度划分税权,这既是分税制财政管理体制对税收管理体制的基本要求,也是正确处理中央与地方财政税收分配关系所不可回避的问题。但从当前的现实看,虽然中央税、地方税划分已大致明确,但税收立法权仍高度集中于中央。《国务院关于实行分税制财政管理体制的决定》明确指出:"中央税、共享税以及地方税的立法权都要集中在中央,以保证中央政令统一,维护全国统一市场和企业平等竞争。"按照这一规定,目前几乎所有地方税税种的税法、条例及其实施细则都是由中央制定和颁发的,只是把屠宰税、筵席税的某些税权(如是否征收及征收额度)下划给地方。地方税的其它税权,如税法解释权、开征停征权、税目税率调整权、制订税收优惠减免政策的权力也基本集中在中央。这种高度集权的税权管理模式很难与我国各地复杂的社会经济情况和千差万别的税源状况相适应,不利于调动地方政府当家理财的积极性,不利于地方政府利用税收杠杆调控地方经济运行,严重束缚了地方政府的手脚。由于地方税权缺乏,地方政府在采取鼓励性措施时往往不是直接采用减税的方式,而是绕开税收,转向财政支出。比如,地方政府为了招商引资或引入高端人才,常常采用给予专项资金奖励、购房补贴、提供住房或其他利益,这实质上等同于"税收返还",并不规范。无疑,中央税权需要统一,地方减免税需要规范,从规范地区税收竞争的角度来看,中央政府的相关制度规定有一定道理,但目前地方政府的一些不规范操作也凸显了地方对地方税支配权严重缺失的现实。

(三)地方税收体系过于薄弱,缺乏主体税种

目前,我国归于地方税收收入的税种包括营业税、土地增值税、城镇土地使用税、契税、房产税、城市维护建设税、资源税、车船税等。企业所得税和个人所得税属中央和地方共享税。营业税是地方税体系中一个比较大的税种,但铁道部门、各银行总行、保险总公司集中缴纳的营业税归中央,使之也具有了共享税性质。个人所得税是市场经济条件下一个十分重要的税种,在1994年进行分税制改革时,由于收入量少,征管难度大,划为了地方税,但随着近年来收入的增加,又被中央调整为共享税。虽然税种很多,但地方政府自身筹集的税收收入远远不能满足支出的需要。2012年,中央对地方的转移支付(包括税收返还和转移支付)占地方财政支出约为42%。如此庞大的转移支付规模,不仅易引发寻租问题,资金转移过程中的效率损失也不可避免。总之,地方税体系单薄,缺少主体税种的问题自分税制改革以来一直没有解决。虽然分税制改革是在不侵犯地方政府既得利益的前提下进行的,但中央政府毕竟在收入增量分配中占据绝对主导地位,随着时间的推移,收入增量越来越大,分配越来越向中央政府倾斜,而地方政府承担的事权和支出责任却有增无减,地方税体系单薄对地方政府财力造成的负面影响体现得也就越来越明显。这种状况越到基层财政特别是县乡财政就越严重。在通过正常的分税渠道无法获取足够财力,收支矛盾突出,而税权划分又高度集中、地方财政无法通过增加地方税收入来增加财力的情况下,地方政府只能通过盲目扩大地方收费权限和收费规模来保证政府职能的实现。另外,我国地方税制的税种设计也

不适应社会经济迅速发展的要求，遗产税、赠予税、社会保障税、环境保护税等税种尚未开征，税收聚财功能、调节功能的发挥受到很大限制；其他地方税如房产税、城市维护建设税、土地使用税等也不适应形势发展的要求，需要进一步改革完善。

(四)地方税征管不规范

国税和地税两套税务机构的关系没有完全理顺，税收征管范围划分不够合理，在两个系统操作运行中也暴露出不少矛盾和问题。主要表现在：一是按税种划分的收入分配体制执行不到位；二是税权归属与征收管理权不统一；三是税收征管工作相互配合不够密切；四是征收管理操作程序不规范：国税局和地税局之间在征收管理的具体操作上极易发生互不协调的问题，在税务登记、纳税申报、发票管理、税款征收、纳税核查、税务稽查等日常征收管理工作中出现了互相扯皮、拆台和争执，使纳税人无所适从，或使纳税人有机可乘，既影响分税制的正常运行，也制约了地方税的管理作用；五是国、地税政策不统一，既造成征收范围的交叉和重叠，导致国税、地税征管工作的矛盾和困难，又形成税负不平等、税款流失、收入混库等问题。特别是从 2002 年 1 月 1 日起新登记注册的企事业单位的企业所得税全部由国税局征管，不但造成了基层国税、地税部门间在对企业征管范围鉴定上的打架，而且由于国、地税机关执行企业所得税政策的不一致造成了纳税人企业所得税负的不公平。

## 二、完善我国地方税体系的对策

如何构建地方税体系？党的十八大报告指出，要将财产行为类有关税收作为地方税体系的重要内容，不断增加地方税收收入，进一步增强地方特别是中西部地区安排使用收入的自主性、编制预算的完整性和加强资金管理的积极性。在统一税政的前提下，赋予省级政府适当税政管理权限，培育地方支柱税源。中央集中管理中央税、共享税的立法权、税种开征停征权、税目税率调整权、减免税权等，以维护国家的整体利益。对于一般地方税税种，在中央统一立法的基础上，赋予省级人民政府税目税率调整权、减免税权，并允许省级人民政府制定实施细则或具体实施办法。

(一)改革和完善现行地方税制

1、构建以财产税为主体的地方税体系，是我国地方税制改革的发展趋势。

财产税是对财富存量课征的直接税，税负不易转嫁，税基不易流动，税源稳定，税务资料便于获取，不易逃税，具有调节收入功能，因而成为世界各国通行的地方税，是地方财政收入的主要来源。由于我国的财产税的税种较少，比重小，难以满足地方财政收入的需要。许多地方政府只能靠出卖土地使用权来补充财政收入，土地出让金已经成为地方政府财政收入的主要来源。在 2010 年全国国有土地有偿出让金收入高达 29397 亿元。我国地方税制改革的就是要让各级地方政府拥有自己的能够获得稳定的财政收入主体税种。2012 年全国房产税收入为 1372.5 亿元，占全国税收总收入的 1.36%.显然，当前的房产税收入规模较小，在地方税体系中的地位也不重要。但全国 2012 年土地增值税、城镇土地使用税、契税和房产税收入之和已占到全国税收总收入的 8.45%。借鉴国际成功经验，把我国现行的房产税、城镇土地使用税、城镇土地使用费、土地增值税和土地出让金等加以改革，整合为新的财产税，并以此作为我国地方税结构的主体税种是一种较为可行的方案。原因如下：首先，财产税是一种典型的受益税。因为房地产为代表的财产的升值并不是因为其自然增值，而主要是由于地方政府对该房产周围所进行的公共物品的投放，使其区位价值发生了改变，从而使其市场价值增加。地方政府通过征收财产税对政府投资溢价进行回收改善地方财政状况，体现了税收公平原则。其次，财产税的税基非常稳定。财产税的税基是房地产的市场价值，尽管房地产市场起伏不定，但从长期来看，房地产的价格总体是上涨的。另外，由于财产税的税基相对固定，当邻近的地区降低税率或者给予税收优惠时，该区的居民也难以迁移过去，从而有效地抑制了地区间政府的税收竞争。再次，财产税由地方征管符合税收效率原则。以房地产为代表的财产税计税依据非常复杂,需要有房产评估部门根据房产的特征逐一评估来认定,因为地方政府熟悉征税对象,具有信息优势,便于对业主的收入状况进行核查,所以该税种由地方政府来征管具有成本优势。

2、扩大资源税改革范围。

2012年全国资源税收入达到904.37亿元,约占全国税收总收入的0.9%。近年来,我国一直在推动以提高税负为中心的资源税改革。2010年6月,我国资源税改革已在新疆率先启动,原油、天然气资源税由从量征收改为从价征收,税率为5%。同年12月,原油、天然气资源税改革推及到西部十二个省份。下一阶段,应逐步扩大资源税改革范围,使其在地方税体系中发挥重要作用。一是扩大资源税的征税范围,将一些具有税收性质的收费和基金尽快纳入税收分配范畴。二是提高资源税税负水平,将资源税的课征方式由从量计征改为从价计征,使得税收与资源市场价格直接挂钩,调节资源利用,并促使地方政府收入增加。三是逐步扩大资源税改革的地域范围,使得税收能够真实地反映资源级差收益,促进地方政府节约和合理开发资源,并通过资源税改革筹集资金,积极进行环境治理和修复。

3、开征新税种。

一是燃油税。将现有的车辆收费改为征税,以规范征管和降低成本。燃油税以油价为计税价格,税率可设计在5%左右。为照顾地方利益和便于征管,最好在销售环节征收,由销售者缴纳。二是环境保护税。应将现有各种有关环境收费改为征收环境保护税,对污染行为或污染物征收。主要对排放废气、废水、废物和噪音等4种行为征收,纳税人为污染的制造者。为体现4种污染对生态环境的不同危害,可设计不同的税率,实行从量计征。三是教育税。将现有的教育费附加、职工个人教育费和农村教育费改为教育税,以纳税人的销售收入为计税依据,税率以1%左右为宜,具体由省、自治区、直辖市人民政府确定。四是社会保障税。建立完善的社会保障体系,是市场经济健康运行的重要保证。国际上多数国家都开征了社会保障税。我国目前征集的各种社会保险基金,虽有缴纳人直接受益性质　但主要内涵属于税,现在有的省、市已由税务机关征收。借鉴国际经验,应积极创造条件开征社会保障税,它能有效克服社会保险统筹基金在缴纳和使用管理上的混乱现象,充分发挥税收的职能作用,促进社会保障事业的健康发展。五是遗产和赠予税。遗产和赠予税具有调节财富分配的功能但其开征受到经济发展程度、人民收入水平、财政支出需要等因素的制约。因此,目前可借鉴西方国家成熟的经验,首先建立行之有效的征收办法和财产登记等配套制度,为开征遗产和赠予税营造良好的制度环境。同时,采用超额累进税率、起征点、扣除项目等安排进行制度设计,综合考虑我国现实状况和居民的承受能力,更好地发挥其量能负担和公平原则。

(二)赋予地方适度的税收立法权限

从调动地方政府管理税收的积极性出发,中央政府应在总的税制结构框架下,在保证中央财政收入稳定增长的基础上,根据中央集权、合理分权的原则,充分考虑地方经济发展需求和地方政府运用地方税调控地方经济的能力,适度放权,使地方政府在所辖区域内有一定的税收立法权。对国民经济影响较大的地方主体税种,如营业税、企业所得税、个人所得税等,其立法权应在中央。对税基比较固定的地方税种,如房地产税、车船税等,应由中央立法,地方负责在中央规定的总原则和税率、税额幅度内制定实施细则。对具有特定用途的地方税种,如城市维护建设税、教育税等,其立法权可下放给地方,但需报中央。

(三)完善转移支付制度,均衡政府间财力差距

建立科学、规范的财政转移支付制度,不仅是分税制的重要内容,也是平衡地区间差异、协调经济社会发展的客观要求。

1、转移支付结构的优化。扩大均等化转移支付总量,缩小专项转移支付和税收返还规模,逐步提高一般转移支付比重,降低专项转移支付的配套资金要求,对于贫困地区,尽量减少地方配套资金数额。

2、完善省级以下转移支付制度的规范化建设。目前中央转移支付只分配到省一级,但资金需求大部

分在市县级,必须完善省级以下财政转移支付管理体制。(1)增强省级政府的责任意识。省级财政在分配中央拨给地方的转移支付资金时,不仅要更多地让利于基层,而且要做到辖区内公平、公正、公开,切实把解决域内地方政府级财政困难问题作为稳定基层政权和完善财政体制的战略任务。(2)在转移支付的结构和项目安排上,应根据辖区内地方政府的财政状况,合理确定转移支付项目和资金,科学设置省内均等化转移支付项目,均衡各地的财力,实现各地公共服务均等化的目标。(3)积极推行省直接管县和乡镇财政管理体制改革。建立省对县的直接转移支付体系,减少财政管理层级,有利于从制度上增强县级财政,缓解我国基层财政的实际困难,提高行政效率和财政资金使用的效益。

(四)规范地方征管体系

新征管法的颁布,为我国建立科学严密的税收征管体制创造了良好的条件。税收的征管过程,实际上表现为贯彻执行税法的过程。因此,当务之急是加强税收的法制建设,以法律规范征纳双方的行为。围绕《税收征收管理法》的落实,尽快制定税务代理、税务稽查和税收处罚等法规章程,严格区分征、纳、代三方的法律责任和法律权利,以保证税收征管的每一环节都有法可依有章可循;健全税务诉讼程序,对于纳税人的偷逃税行为和税务人员的滥用职权行为,依法从严查处;努力营造良好的税收法律环境,以尽快建立"宽管、严查、重罚"的新征管模式。

加强国地税的协调与合作。一是建立以现代信息技术为支撑的税收征管体系,把税收征管的全过程都纳入信息管理的范畴,国地税联网运行,信息共享。二是建立国地税工作联系制度,明确相互联系的形式、环节和内容,定期进行资料的传递和交换,明确传递和交换的内容和形式。三是国地税办税大厅联合办公,以降低纳税人纳税遵从成本,提高纳税人依法纳税的积极性。

(作者单位:江苏省连云港地方税务局)

# 供给侧改革中的税收政策研究

## ——以动漫创意产业为例

马玉宁　孙吴舒婷

供给侧改革是由习近平总书记与时俱进而提出的一种新的改革思路，是指着力提高供给体系质量和效率，其核心在于提高全要素生产率。供给侧与需求侧相对应，需求侧有“消费、投资、出口”，并且政府在十二五期间主要在需求侧进行改革；而供给侧则有“劳动、土地、资本、创新”，十三五期间，政府将从这个四个角度进行优化，使得中国经济在未来能够实现长期增长。

### 一、供给侧改革的背景

当前，全球经济增长乏力，依然处于金融危机后的深度调整期。在我国经济增速换挡期、结构调整阵痛期、前期刺激政策消化期“三期叠加”的背景下，经济下行压力依然较大，矫正供给和需求的结构性错位问题势在必行。

一是长期以来受凯恩斯主义的影响，我国经济形成了由政府主导调控的显著特征。虽然在一定程度上拉动了内需，促进了经济增长，但是政策的边际效应递减，经济波动性明显增强。

二是生产要素成本居高不下，低成本的比较优势已显著弱化。理论上说，一国潜在总供给是劳动力、资本、土地等生产要素、技术进步和制度安排等参数共同作用的结果。随着近年来劳动年龄人口逐渐减少，人口红利下降，劳动力成本日益上升；社会融资成本居高不下，企业融资难、融资贵的问题依然存在；技术进步放缓，自主创新能力不足，全要素生产率提升缓慢。

三是我国供给端呈现结构性分化特征，部分行业在全球价值链中处于较低水平。从行业分布来看，钢铁、水泥、煤炭、玻璃等行业面临着严重的产能过剩，而高端装备制造业、高科技智能环保产业等供给不足；从供给产品结构来看，传统低端产品供给过剩，中高端产品供给严重不足。

### 二、供给侧改革的经济学原理

经济学的基本原理告诉我们“供给”与“需求”本就是一个硬币的两面，是社会经济的矛盾统一体。与需求侧管理理论相比较，供给侧管理对于拉动经济增长有不同的逻辑。

一是供给侧理论认为供给可以创造其自身的需求，通过对供给端的调节实现经济目标。而需求侧理论假定生产要素供给不变，通过调整总需求实现经济目标，体现出典型的凯恩斯主义式思潮。

二是供给侧理论认为商品价格具有充分的灵活性，能促使需求和供给迅速达到均衡，市场可以自动出清，所以拉动经济增长需要提高生产能力即潜在产出水平，而非单纯刺激需求式的刺激政策。而需求侧理论认为商品价格存在刚性，短期内无法充分调整，市场无法自动出清，需要通过刺激政策提高总需求，促进经济增长。

三是供给侧理论侧重于长期分析框架，强调经济增长的动力来自有效供给对有效需求的引导。而需求侧理论侧重于短期分析框架，强调经济增长的动力来自需求围绕供给的波动。

## 三、供给侧改革中我国动漫产业面临的主要困境

(一)知识产权保护缺失

1、动漫产业知识产权相关立法不够完善。覆盖整个动漫产业链的知识产权包括著作权、专利权、商标权、商业秘密权等多种形式,而且产业链越往高端延伸,其涉及的知识产权类型越复杂,对知识产权综合保护的要求越高。动漫产业链的不同阶段对知识产权保护的要求不同,不同类型的知识产权制度的保护方式和特点也各有差异。传统知识产权立法的原则、规则应用于动漫产业领域时会面临不少由新技术的运用、作品使用方式的改变等带来的新问题。

2、动漫行业协会的知识产权保护职能有待加强。随着国内动漫产业基地的陆续建立,各省市纷纷成立不同层次的动漫行业协会,但从整体上看,动漫行业协会在行业内知识产权开发、应用、管理和保护过程中的应有职能没有得到充分发挥。协会不能为企业提供详尽有价值的知识产权信息,缺乏知识产权专业人员开展企业培训,无法有效指导动漫企业的知识产权创新活动,在应对国外知识产权人的诉讼时无力进行反诉调查和充分准备。

3、动漫企业及个人层面的知识产权保护意识薄弱。企业及个人是动漫产业发展的生力军,然而我国动漫企业及作品创作者的知识产权保护整体上比较薄弱,主要表现为:由于我国动漫产业中小规模企业居多,知识产权的自我保护能力受限;企业和个人对动漫产业与知识产权的相关性缺乏深层次认识,面临侵权纠纷时被动吃亏;动漫产业链各环节中的商业秘密技术保护措施运用不到位等。

(二)融资困难

1、行业风险大,阻碍资本的进入。我国动漫产业发展还不成熟,在前期的发展中会消耗掉一部分不能直接带来经济利益的资本投入,这部分资本投入对行业的整体性贡献较大,但对企业个体性贡献则较小。大部分投资者并不是对发展动漫产业不感兴趣,而是在等待进入时机,归避较大的投资风险。另外,因为缺乏专业的风险评估体系,部分投资者不能正确地认识风险、归避风险,导致不愿或不敢投资。且相对于国外投入动漫产业资本的回报率而言,中国投入动漫产业中的资本回报率偏低,资本进入行业内存在盲目跟风的现象。

2、融资渠道窄,局限了资本规模。一些企业在融资过程中主观能动性不强,融资渠道窄多归究于政府扶持力度不够,而很少从自己身上找问题,忽略了提高自身融资能力的重要性。而对于刚起步的中小型企业而言,并没形成商业信用体系,也很难找到第三方为其进行担保,因此想通过银行贷款进行融资比较难,银行也不能对无法进行贷款调查的企业发放贷款。

(三)税收政策针对性不足

1、对动漫产业的创新激励性不足。对于动漫产业来说,原创是产业发展的生命线,创新则是其发展的灵魂。动漫产品的制作过程是流程化的,制作一部好的动漫作品是一个漫长的过程,而我们的税收优惠政策的时效性很短,当一件好的动漫作品包括衍生品进入市场时,税收政策带来的优惠就无从谈起了。另外我国的税收政策通常采取的是定期减免和即征即退的方式,这种征收方式在某种程度上增加了动漫企业的机会成本,也无形中抬高了动漫产品的制作成本,这也是动漫产业无法做到创新的原因之一。

2、缺乏促进动漫人才的培养和引进机制财税政策。动漫工作人员的收入具有一定的波动性,就可能使动漫产业从业人员税负高低严重不均个别月年份税负显著偏高,而其他月年份税负极低。这也是动漫产业人才缺乏的原因之一。目前创新人才的大量流失这是我国动漫专业质量不高的原因之一。引进创新人才需要我国财税政策的指导,但是目前我国并没有制定专门的动漫人才培养和动漫人才保护方面的相关财税政策。

(四)高端人才缺乏

1、师资奇缺，教材老化。在动漫专业学生猛增的情况，与相关专业配套的师资和教材却从来就没有猛增过。全国大多数动画学院的教学仍然停留在动画技术层面，更偏重于动画影视，真正集制作、策划和编剧于一身的复合型人才少之又少。而实际从事动画工作的人员，大多是由美术专业“转行”过来的，在动画制作技术方面并不十分擅长，造成了毕业生过多和企业需求脱节的现象。

2、动画技术人员缺少创新能力。中国传统文化的氛围过分强调寓教于乐的结果，动漫作者对“动漫”的概念认识相当模糊。他们在创作时很少考虑到消费者对动漫这种文化产品的消费诉求。很多院校的毕业生只是动漫技术人员，没有过多动漫艺术的创新意识与创新能力。很多时候，往往是社会上自然涌现的许多动漫爱好者或业余创作者才是真正的创意人才。

## 四、供给侧改革中促进动漫产业创新发展的税收政策建议

在西方，一般认为，拉弗曲线包含了供给侧经济学的基本原理：税率从 0－100％，税收总额从零回归到零，中间必然有一个转折点，在此点之下，即在一定的税率之下，政府的税收随税率的升高而增加，一旦税率的增加越过了这一转折点，政府税收将随税率的进一步提高而减少。供给学派的经济学家深受拉弗曲线的影响，认为税率过高或过低都会导致一个低于最大税收的税收收入。

供给侧改革的政策手段包括简政放权、放松管制、金融改革、国企改革、土地改革、提高创新能力等。其中以减税为中心的财政政策是供给侧改革的重头戏。对于动漫产业这样的创意产业，要明确优惠的针对性和导向性，打造以所得税优惠为主，其他税种优惠为辅的政策体系，形成具有激励性的产业政策体系。

一是进行财税体制改革。从财税金融政策视角出发，加快税收体制改革，尤其要加大税收减免优惠力度，为中小微企业、创新型企业、走出去的企业松绑减负。要加大财政扶持力度，成立财政引导发展基金用于支持、奖励重点产业领域企业的发展。

二是通过税收优惠拓宽融资渠道。首先，推动金融资本进入动漫产业方面，建议对金融机构取得的国家鼓励产业贷款利息收入免征增值税；其次，社会资本方面，建议社会资本的投资项目与国有资本享受同等优惠待遇，促进社会资本注入动漫产业。

三是通过税收优惠鼓励创新。首先，研发项目方面，建议与创新相关研发费用享受企业所得税税前全额列支；其次，针对企业开发的拥有知识产权的新产品，在投入市场的初始阶段，通过知识产权转让环节免征增值税和企业所得税的优惠政策，保护其进一步投入研发和市场开发；最后，建议注重动漫产业的原创性税收激励策略，减少对非原创性产品的税收激励。如翻译、翻拍其他国家的动漫产品或创意产品等不得享受税收优惠。

四是通过税收优惠吸引高端人才。要建立一套激励人才引进的税收优惠政策：对于高端人才给予个人所得税方面的减免；针对个人因转让文化创新等无形资产取得的收入减免个人所得税，对以文化创意入股而获得股权收益的文化主创人员免征个人所得税；鼓励高等院校和科研院所科技人员创办或进入动漫企业，对其取得的所得免征个人所得税；鼓励高等院校在校学生创办动漫科技实体，对其准予适用大学生创业的增值税、企业所得税和个人所得税优惠政策等。

五是通过税收优惠鼓励“走出去”。为鼓励动漫等创新型产业“走出去”，建议对出口的文化产品和服务收入免征企业所得税。同时，注重动漫产业的人力资源成本扣除问题。动漫产业的人力资源成本占总成本的 60％左右，为促进动漫产业的发展，建议对其人力成本实行加计扣除。

（作者单位：江苏省南京市建邺地方税务局）

# 促进高新技术产业发展的税收优惠政策分析及完善建议

——以南京市为例

南京市国家税务局高新产业税收优惠课题组

## 一、南京市高新技术产业发展现状分析

(一)江苏省高新产业发展概述

截至2014年底,全国经认定的高新技术企业总计6.8万家,江苏省高新技术企业达7703家,占全国的11.3%。2014年全省高新技术产业产值超5.7万亿元,比去年同期增长10.36%;高新技术产业产值占规模以上工业比重达39.5%。

2014年,江苏省全社会研发投入达1630亿元,比上年增长12.4%,占地区生产总值比重达2.5%。其中工业企业研发经费投入1376.54亿元,比上年增长11%,占全社会研发投入达1630亿元的84.5%。我省区域创新能力已连续六年位居全国第一。

2013年全省有4187户高新企业申请高新企业所得税减免148.18亿元,高新企业申报高新优惠税率比例为62%。从江苏国税系统的统计看,全省国税稽管的5000多户高新技术企业2013年实现销售收入16308.72亿元,占工业销售的比重达到17.38%;但同期高新技术企业实现利润1113.74亿元,占工业利润(2869.35亿元)的38.82%,说明高新技术企业的盈利能力远高于其他工业企业。另外2013年有7051户企业申报可加计扣除的研发费用461.32亿元,占当年企业研发投入的36%。

**表一　江苏省2008－2014年高新产业创新发展指标**

单位:户、亿元

| 科技创新指标\年度 | 2008 | 2009 | 2010 | 2011 | 2012 | 2013 | 2014 |
|---|---|---|---|---|---|---|---|
| 高新户数 | 1368 | 2723 | 3093 | 3852 | 5147 | 6769 | 7703 |
| 高新产值 | 1.84万 | 2.20万 | 3.04万 | 3.8万 | 4.5万 | 5.19万 | 5.7万 |
| 占规模以上工业总产值比重 | 28.53% | 30.11% | 33% | 35.3% | 37.5% | 38.5% | 39.5% |
| 企业研发投入 | 440 | 560 | 680 | 846 | 1079 | 1280 | 1376.5 |
| 占地区生产总值比重 | 1.8% | 2% | 2.1% | 2.2% | 2.3% | 2.4% | 2.5% |

(二)南京市高新技术产业发展情况

**表二　南京市2008－2014年高新产业发展情况统计数据**

单位:户、亿元

| 科技创新指标\年度 | 2008 | 2009 | 2010 | 2011 | 2012 | 2013 | 2014 |
|---|---|---|---|---|---|---|---|
| 高新企业户数 | 233 | 414 | 507 | 602 | 733 | 866 | 1023 |

| 高新产值 | 2673.2 | 2706.7 | 3383.4 | 4265.69 | 4866.86 | 5419.13 | 5740.94 |
|---|---|---|---|---|---|---|---|
| 占规模以上工业总产值比重 | 40.3％ | 39.8％ | 39.3％ | 41.2％ | 42.5％ | 42.8％ | 43.4％ |
| 企业研发投入 | 94.48 | 120.56 | 145.50 | 210.8 | 253.5 | 236.35 | 262.86 |
| 占地区生产总值比重％ | 2.45％ | 2.85％ | 2.90％ | 3.43％ | 3.52％ | 2.95％ | 2.98％ |
| 高新企业研发投入 | 56.6 | 105.0 | 122.2 | 145.3 | 167.6 | 169.1 | 198.8 |
| 企业发明专利申请数（件） | 5019 | 4424 | 11008 | — | — | 7530 | 9761 |
| 高新企业发明专利申请数 | — | 1794 | 3798 | 4335 | 2881 | 3793 | 3933 |

从上表分析，一是高新企业对南京工业总产值贡献日益增强。近三年占规模以上工业总产值比重保持在42％以上，高新产值年增长率平均达到17％，呈逐年稳定增长趋势。二是高新企业是南京企业技术创新的主力军。2014年全市R&D经费支出达262.86亿元，占全省的16％，居全省第一位；其中高新企业研发投入198.8亿元，占全市企业研发投入75.6％；2014年全市企业发明专利申请量9761件，增长29.6％；其中高新企业发明专利申请量3933件，占全年企业发明专利申请量的40.3％。三是南京高新产业占全市指标比重情况优于全省平均指标，但在规模和数量指标在全省占比不高。如2014年高新产值5740.94亿元，只占全省的10％，低于苏州23.82％和无锡10.67％的比重；高新企业共1023户，只占全省的13％。这两项规模指标既低于南京GDP占全省13.55％的数据，也低于南京企业户数占全省比重。

## 二、我国现行促进高新技术产业发展的税收优惠政策体系

(一)企业所得税优惠

目前企业所得税是国家在鼓励企业自主创新、科技进步方面制定最多税收优惠政策的税种之一，对促进企业高新技术发展，带动全社会科技进步和发展，发挥了重要的作用。现行促进高新技术产业发展的企业所得税优惠主要包括：

1、一般优惠规定。

(1)税率优惠。企业所得税法规定，国家需要重点扶持的高新技术企业，减按15％的税率征收企业所得税。国家需要重点扶持的高新技术企业须具备拥有核心知识产权、产品(服务)属于国家重点支持的高新技术领域；研究开发费用、高新技术产品(服务)收入、科技人员和研发人员不低于规定比例等条件，突出了国家的技术创新导向。

(2)研发费加计扣除优惠。根据企业所得税法规定，企业开发新技术、新产品、新工艺发生的研究开发费用可以在计算应纳税所得额时加计扣除。《国家税务总局关于印发〈企业研究开发费用税前扣除管理办法(试行)〉的通知》(国税发[2008]116号)对可以加计扣除的研发费用的范围进行了明确；财政部、国家税务总局于2013年发布《关于研究开发费用税前加计扣除有关政策问题的通知》(财税[2013]70号)进一步扩大了加计扣除的研发费用的范围。上述规定突出了国家对技术研发的支持力度。

(3)职工教育经费扣除优惠。财政部、国家税务总局于2015年发布《关于高新技术企业职工教育经费税前扣除政策的通知》(财税[2015]63号)，对高新技术企业发生的职工教育经费支出，不超过工资薪金总额8％的部分(一般企业为2.5％)，准予在计算企业所得税应纳税所得额时扣除；超过部分，准予在以后纳税年度结转扣除。

(4)创业投资优惠。根据企业所得税法及实施细则规定，创业投资企业采取股权投资方式投资于未

上市的中小高新技术企业2年以上的，可以按照其投资额的70%在股权持有满2年的当年抵扣该创业投资企业的应纳税所得额；当年不足抵扣的，可以在以后纳税年度结转抵扣。该政策可以调动创业投资企业投资于中小高新技术企业的积极性，促进中小高新技术企业的发展。

(5)技术转让优惠。企业所得税法及实施细则规定，一个纳税年度内，居民企业技术转让所得不超过500万元的部分，免征企业所得税；超过500万元的部分，减半征收企业所得税。该优惠政策有利促进企业加快技术成果转让，推进高新技术的产业化。

(6)加速折旧优惠。2014年，国家税务总局发布《关于固定资产加速折旧税收政策有关问题的公告》(国家税务总局公告2014年第64号)，规定"企业在2014年1月1日后购进并专门用于研发活动的仪器、设备，单位价值不超过100万元的，可以一次性在计算应纳税所得额时扣除；单位价值超过100万元的，允许按不低于企业所得税法规定折旧年限的60%缩短折旧年限，或选择采取双倍余额递减法或年数总和法进行加速折旧。该政策有利于企业加速资金周转，提高研发投入的能力和动力。

(7)软件和集成电路企业优惠。新办的集成电路设计企业和符合条件的软件企业，自获利年度起计算优惠期，第一年至第二年免征企业所得税，第三年至第五年按照25%的法定税率减半征收企业所得税。国家规划布局内的重点软件企业和集成电路设计企业，如当年未享受免税优惠的，可减按10%的税率征收企业所得税。集成电路设计企业和符合条件软件企业的职工培训费用，单独进行核算并按实际发生额在计算应纳税所得额时扣除。

2、中关村试点政策及国家自主创新示范区适用的优惠政策。

中关村被誉为"中国的硅谷"，1988年成为中国第一个国家级高新技术产业开发区，2009年成为第一个国家自主创新示范区，是我国体制机制创新的试验田，也是我国诸多税收优惠政策的先行先试区。中关村国家自主创新示范区先行先试的各项政策中，涉及税收的优惠政策8项，其中企业所得税相关优惠6项。8项试点政策中，研发费加计扣除范围扩大2013年已推广至全国适用，高新技术企业职工教育经费扣除比例提高优惠政策2015年已推广至全国适用；2015年开始，有4项政策推广至所有国家自主创新示范区适用，2项仍限中关村适用。

(1)限中关村适用政策。

一是《科技部　财政部国家税务总局关于完善中关村国家自主创新示范区高新技术企业认定管理试点工作的通知》(国科发火〔2011〕90号)，增加反映创新成果的"国家新药、国家一级中药保护品种、经审(鉴)定的国家级农作物品种、国防专利、技术秘密"作为核心自主知识产权等，扩大了享受优惠的高新技术范围。

二是《科技部　财政部国家税务总局关于在中关村国家自主创新示范区开展高新技术企业认定中文化产业支撑技术等领域范围试点的通知》(国科发高〔2013〕595号)，对中关村示范区从事文化产业支撑技术等领域的企业，按规定认定为高新技术企业的，可减按15%的税率征收企业所得税，进一步扩大享受优惠的高新技术范围。

(2)国家自主创新示范区适用政策。

一是有限合伙制创业投资企业法人合伙人投资抵免优惠。注册在示范地区的有限合伙制创业投资企业采取股权投资方式投资于未上市的中小高新技术企业2年(24个月)以上的，该有限合伙制创业投资企业的法人合伙人可按照其对未上市中小高新技术企业投资额的70%抵扣该法人合伙人从该有限合伙制创业投资企业分得的应纳税所得额，当年不足抵扣的，可以在以后纳税年度结转抵扣。这一优惠有利于吸引更多资本以创投形式向中小高新技术企业投资，促进中小高新技术企业发展。

二是技术转让所得税减免优惠。注册在示范地区的居民企业在一个纳税年度内，转让技术的所有权或5年以上(含5年)许可使用权取得的所得不超过500万元的部分，免征企业所得税；超过500万元的部分,减半征收企业所的税。与一般优惠规定相比,国家自主创新示范区优惠政策,在享受优惠的技术让范围中增加"国防专利"项,在享受优惠的许可使用权转让方面,取消了"全球独占许可"的限制,享受优惠的许可使用权转让范围进一步扩大。

(二)个人所得税及相关地方税优惠

1、个人所得税优惠。

一是针对高校、科研部门研发人员的优惠。《财政部　国家税务总局关于教育税收政策的通知》(财税[2004]3号)规定"对高校、科研部门转让职务科技成果以股份或出资比例等股权形式给予科技人员个人奖励,暂不征收个人所得税";《中央人才工作协调小组关于实施海外高层次人才引进计划的意见》(中办发〔2008〕25号)规定"引进海外高层次人才回国(来华)时取得中央财政给予引进人才每人人民币100万元的一次性补助(视同国家奖金),免征个人所得税"。这一优惠有利于科技人才引进,提高科技研发能力。

二是中关村试点政策推广至所有国家自主创新示范区的优惠。财税[2015]62号文规定"对示范地区内的高新技术企业转化科技成果,给予本企业相关技术人员的股权奖励,技术人员一次缴纳税款有困难的,经主管税务机关审核,可分期缴纳个人所得税,但最长不得超过5年""示范地区内中小高新技术企业,以未分配利润、盈余公积、资本公积向个人股东转增股本时,个人股东应按照"利息、股息、红利所得"项目,适用20%税率征收个人所得税。个人股东一次缴纳个人所得税确有困难的,经主管税务机关审核,可分期缴纳,但最长不得超过5年",这一优惠有利于国家自主创新示范区企业引进科技人才,提高企业自主创新能力。

2、地方税相关优惠。财政部、国家税务总局《关于科技企业孵化器税收政策的通知》(财税〔2013〕117号)、《关于国家大学科技园税收政策的通知》(财税〔2013〕118号)规定,对符合条件的孵化器、科技园自用以及无偿或通过出租等方式提供给孵化企业使用的房产、土地,免征房产税和城镇土地使用税;对其向孵化企业出租场地、房屋以及提供孵化服务的收入,免征营业税。"营改增"后的营业税优惠政策处理问题由"营改增"试点过渡政策另行规定。

(三)增值税相关优惠政策

1、营改增税收优惠。根据财税〔2013〕106号《营业税改征增值税试点过渡政策的规定》,试点纳税人提供技术转让、技术开发和与之相关的技术咨询、技术服务免征增值税。

2、进口税收优惠。根据《科技开发用品免征进口税收暂行规定》(财政部、海关总署、国家税务总局令第63号)规定,对经认定的企业技术中心,在合理数量范围内进口国内不能生产或者性能不能满足需要的科技开发用品,免征进口关税和进口环节增值税、消费税。

## 三、南京市促进高新技术产业发展税收优惠政策效应分析

(一)南京市落实高新技术产业税收优惠政策及其效应分析

2008年开始施行的《企业所得税法》,充分体现科学发展与优化产业结构的要求,出台了较多的鼓励与支持科技创新型企业发展的优惠政策。主要包括高新技术企业优惠税率、软件企业两免三减半优惠税率、研发费用加计扣除、技术转让所得减免、固定资金产加速折旧等。南京市各级税务部门紧紧立足税收职能作用,突出强化税政服务和优化纳税服务,着力服务科技创新,助推创新型经济加快发展,为建立国家创新型城市做出积极的贡献。南京市国税局每年都针对高新技术企业等科技创新类企业召开专场培训,加强高新企业税收政策与财会核算规范辅导。从高新技术企业认定和复审条件、企业研发费用加计扣除政策享受、企业研发费用核算会计与税法要求等方面进行针对性的专项辅导;并对高新产业聚集较多的开发区、软件谷等区域企业开展集中辅导,提升税法遵从水平和享受税收优惠面。

以下主要从高新企业直接享受的税率优惠、研发费用加计扣除数据来分析税收优惠对高新产业的促进效应。

表三　2008－2014年南京高新企业及研发费用加计扣除税收优惠数据

单位:户、亿元

| 指标\年度 | 2008 | 2009 | 2010 | 2011 | 2012 | 2013 | 2014 |
|---|---|---|---|---|---|---|---|
| 高新企业户数 | 233 | 414 | 507 | 602 | 733 | 866 | 1023 |
| 申报享受高新减免税户数 | 174 | 239 | 316 | 400 | 496 | 586 | 623 |
| 高新企业减免所得税 | 5.24 | 9.30 | 13.36 | 22.46 | 17.72 | 21.98 | 21.32 |
| 申报研发费加计扣除户数 | 282 | 350 | 448 | 579 | 792 | 979 | 1221 |
| 申报可加计扣除研发费金额(100％部分) | 20.44 | 29.88 | 39.88 | 56.12 | 73.62 | 88.78 | 113.37 |
| 加计扣除研发费占企业研发投入比例 | 22％ | 25％ | 27％ | 27％ | 29％ | 37％ | 43％ |

数据分析结论：

1、由于高新优惠政策的直接驱动,有效涵养了税源,促使企业持续加大自主创新投入、保持强劲创新势头。同时高企政策也加速创新资源向企业聚集、促进了高新技术企业群体不断壮大和南京高新企业集群的形成。南京市高新企业户数与享受优惠金额逐年上升,针对高新技术企业的所得税优惠政策达成了政策制定的初衷,执行情况良好。以国税数据为例,2008—2014年间市国税企业累计有1946户(次)申报高新技术企业减免税92亿元,申报研究开发费用加计扣除172亿元。从减免数据来看,高新企业享受的减免税占所得税减免税总额的20％以上。

2、企业享受研发费用加计扣除户数和金额逐年上升,高新企业是享受企业研发费用加计扣除优惠政策的主体。从2008年282户享受研发费用加计扣除到2014年的1221户,享受企业数年增长25％;享受加计金额年增长28％以上。享受加计扣除的研发费占企业研发投入比例由2008年的22％上升到2014年的43％。其中高新企业申报加计扣除金额占全部加计扣除总额的78％,高于高新企业研发投入占全市企业研发投入71％的指标。说明在税务部门积极扶持和辅导下,高新企业更主动申请享受税收优惠。显示出税务机关的大力宣传辅导起到了不断促进企业规范研发核算和享受优惠政策作用。

3、减免税已经成为国家扶持企业创新发展的主要资金来源和促进企业创新的重要保障。2008－2014年南京市高新企业享受高新企业减免税和加计扣除优惠总金额约156亿元,占同期高新企业研发投入总额的16％;远高于2014年度政府补助经费占高新企业研发投入1.66％的扶持力度。就高新产业相关统计而言,2014年度各类促进企业创新的税收优惠政策如高新企业所得税减免、软件企业所得税减免和增值税退税、研发费用加计扣除、技术转让所得减免、技术开发、转让增值税减免等各项优惠减免税规模在80亿元以上,占同年度企业研发投入金额的％;2008－2014年全市企业创新类减免税规模在390亿元以上,占同期全市企业研发投入金额1324亿元的30％。税收优惠成为促进企业自主创新与技术研发进步的重要保障,也成为国家对企业技术创新投入的主要方式。

(二)实证分析—以江宁经济技术开发区为样本

“十一五”以来,江宁区坚持把发展高新技术及新兴产业放在促进现代产业体系建设的关键环节,大力培育具有自主知识产权和产业特色的高新技术企业和产品群。2014 年，全区高新技术企业总数达 256 家，高新技术产业实现产值 1775 亿元，成为全省高新技术产业高度集聚区之一。区内建成智能电网、新能源、通信与网络、生物医药等 4 个国家级特色产业基地，分别实现产值 800 亿元、240 亿元、192 亿元和 34 亿元，其中智能电网产业被科技部获批国家创新型产业集群试点。江宁开发区在江宁乃至南京的产业转型升级中起着引领的作用，以江宁开发区为样本剖析高新技术产业税收优惠政策效应，具有一定的代表性。

1、高新技术企业优惠政策。2008 年新企业所得税法实施以来，区内享受高新技术优惠的企业各年分别为：2008 年 16 户，减免税 1.62 亿元；2009 年 26 户，减免税 2.05 亿元；2010 年 36 户，减免税 2.66 亿元；2011 年 50 户，减免税 4.62 亿元；2012 年 53 户，减免税 2.48 亿元；2013 年 60 户，减免税 2.64 亿元；2014 年 67 户，减免税 2.46 亿元。

2、研发费加计扣除优惠政策。2008 年新企业所得税法实施以来，区内企业开发新技术、新产品、新工艺发生的研究开发费用(并申请加计扣除的)各年分别为：2008 年 29 户(其中高新技术企业 12 户)，0.69 亿；2009 年 38 户(其中高新技术企业 17 户)，0.98 亿；2010 年 53 户(其中高新技术企业 29 户)，1.85 亿；2011 年 77 户(其中高新技术企业 42 户)，2.52 亿；2012 年 98 户(其中高新技术企业 51 户)，3.11 亿；2013 年 116 户(其中高新技术企业 54 户)，4.46 亿；2014 年 149 户(其中高新技术企业 65 户)，6.10 亿。研发费投入呈逐年上升趋势，且上升幅度较大。

3、技术转让及创投优惠政策。2008 年新企业所得税法实施以来，区内企业享受技术转让所得优惠的情况分别为：2008 年 6 户，技术转让所得 1.15 亿；2009 年 6 户，技术转让所得 0.12 亿；2014 年 2 户，技术转让所得 0.009 亿。享受创投优惠企业 1 户，2010 年抵减应纳税所得额 1400 万元。总体看，上述两项优惠在区内的效应并不明显。

4、固定资产加速折旧优惠政策。根据《财政部国家税务总局关于完善固定资产加速折旧企业所得税政策的通知》(财税[2014]75 号)，据测算，2014 年度涉及加速折旧的企业约 190 余户，2014 年度共计减少应纳税所得额 4113 万元，减少年度应纳企业所得税税款 1028 万元。

5、营改增税收优惠政策。根据财税〔2013〕106 号《营业税改征增值税试点过渡政策的规定》，2013 年享受提供技术转让、技术开发和与之相关的技术咨询、技术服务免征增值税优惠的企业共 47 户，享受免税额共计 11.93 亿元，2014 年共 53 户，享受免税额共计 8.90 亿元。数据显示，营改增税收优惠在区内的政策执行效应较为显著。

## 四、国外促进高新技术产业发展的研究借鉴

国外发达国家较早运用所得税税收优惠政策促进高新技术产业发展，经过多年的实施和改进，相关经验已经相对成熟，对本国的科技、经济、社会的发展产生了重大影响。

(一)美国高新技术产业税收优惠

美国是世界上最早关注高新技术产业发展的国家之一，正因为如此美国在二战之后始终是世界高新技术市场的领导者。根据数据统计战后资本主义国家有 65%的科技发明来自于美国，最先在美国投入使用的达到 75%。

1、税收优惠政策概述。美国的税收政策一般以税收优惠的形式存在，或者有专门的立法形式，比如《小企业投资公司法》、《国内收入法》专门规定了对小企业、投资公司的税收优惠法律制度。美国主要税收优惠政策包括：

(1)投资额税前抵免。美国规定企业用于技术更新改造的设备投资，可按其投资额 10%可抵免当年应纳所得税额。凡购买新的资本设备，如法定使用年限在 5 年以上，其购入价格的 10%可直接抵扣当年

的应纳所得税额；如法定使用年限为3年，抵免额为购入价格的6%；某些购入的旧设备，也可获得不同程度的税收抵免。

(2)缩短设备折旧年限。根据《经济复兴税法》，用于研究开发的机器设备最低折旧年限是3年，用于高新技术产业的机械设备最低折旧年限是5年，鼓励高新技术企业更新研究用机器设备。

(3)研发费用税前扣除。1981年美国《经济复兴税法》规定，纳税人可把发生的与贸易或商业活动有关的研究或实验支出，直接作为可扣除费用予以抵扣，而不作为资本性支出。凡是当年研究与开发支出超过前3年研究与开发支出值的，其增加部分给予25%的税收抵免。如果企业当年没有盈利，或没有应纳所得税额，则允许减免额和费用扣除往前结转3年，往后结转7年，其中费用扣除顺延最长可达15年。

(4)对中小型高新技术企业的税收优惠。美国的《国内收入法》规定，投资者对小型企业投入25000美元以内而遭受的资本损失，在交缴计税的过程中，可以冲抵该投资者的一般收入；为鼓励高新技术及其产品向国内转移，政府对以研究开发为主营业务的中小型跨国企业采取税收优惠措施。

(5)对风险投资的税收优惠。主要包括以下两个方面：一是风险投资额的投资抵免。依据美国税法规定，高新技术企业风险投资额的60%可予以免税，其余的40%则征收50%的所得税；二是制定旨在降低营业风险的税收优惠。

2、促进美国高新技术产业发展的效应分析。

(1)持续促进企业创新和国家整体竞争力。美国政府没有针对高新技术产业或高新技术开发区制定或颁布特定的税收优惠措施，但是通过对企业的研究开发费实行税收优惠，引导企业加大科技投入，提高产品技术含量，推动了企业市场竞争能力和国家整体竞争力；税前投资抵免有利于高新技术企业获得更多的社会资源，取得资金支持，从吸收投资的源头上支持高新技术企业的发展。通过加速折旧规定可以鼓励高新技术企业缩短固定资产的使用年限，促进对固定资产以及机器设备进行更新换代，有利于企业采用新技术、新工艺，生产出新产品，提高高新技术企业的市场竞争力。目前，美国每年的投资中，折旧提成所占比重最高竟然达90%。

美国为了鼓励企业增加科技投入，在1999年底通过了《R&D减税修正法案》，该法案规定政府给予企业一定的免税额度，并且允许企业在以后的一定期间内逐步实现其过去未能使用以及尚未用完的免税额度。以佛罗里达州为首的一些州政府也作出了相应规定，例如有些州规定，从事以科技研究与开发为主的企业只征收有形财产税，从高科技园区销售出去的产品可免交科技产品税。美国政府在2009年《美国创新战略》中提出要实现研发税收减免永久化。在2011年新版的《美国创新战略》中，总统奥巴马再次呼吁简化研究和实验税收减免政策并使其永久化，从而为美国企业创新和加大研发投资提供持续动力。

(2)大力扶持中小高新技术企业发展壮大。中小型企业规模较小，大多处于起步发展阶段，企业进行技术研发或技术投入的抗风险能力较弱，融资能力较弱。1958年，美国制定《中小企业投资法》，其中界定的小企业投资公司(简称SBIC)是经美国中小企业管理局(简称SBA)审批后设立的，以向新创办的中小企业提供权益性资金为目的的投资公司。美国政府为了鼓励中小企业投资公司积极投资新兴产业，规定中小企业投资公司的发起人每增加1美元的投资额，可以从国家中小企业管理局获得其投资额四倍的低利息贷款，而且可以享受特殊税收优惠政策，此外，中小企业管理局还为中小型高新技术企业提供银行贷款担保。这些优惠措施大大加快了高新技术产业的发展速度。1982年，美国又通过了《中小企业发展法》，其规定：若联邦政府部门的年度科学实验与发展经费超过1亿美元，则应依法实施“中小企业技术研究创新计划”，即每年向中小企业拨发一定比例的科技研发经费来鼓励中小企业发展科技创新项目。从1987年到1993年期间，美国联邦政府为“中小企业技术研究创新计划”提供的资助额达到25亿美元。

(3)引导风险投资向高新技术企业倾斜。美国对投资于高新技术企业的风险投资有特殊优惠，高新技术企业风险投资额的60%可予以免税，其余的40%则征收50%的所得税。得益于这一特殊优惠，20

世纪 80 年代美国的风险投资以每年 46％的幅度剧增。此外美国允许资本收益和损失互相冲抵，对于经核准的风险投资公司，可以冲抵八年内的全部资本所得；净营业亏损数额可以向前追溯 2 年，若追溯后仍然有剩余，可以向后结转 20 年。目前美国的资本收益税边际税率低于 17％，低于同时期美国个人所得税和企业所得税税率，这对美国风险投资的发展起到了积极的促进作用。

（二）日本高新技术产业税收优惠

日本高新技术产业相关的立法规定有《促进基础技术研究税则》、《增加实验研究费税额扣除制度》等法律法规，此外 1995 年颁布了《科技技术基本法》，进一步明确科技立国的基本政策和相关做法，促进高新技术企业的发展。

1、税收优惠政策概述。

（1）投资额税前抵免。日本在《增加实验研究费税额扣除制度》中规定，对于企业购入的从事基础研究的设备，可按其购进成本的 7％抵免当年的应纳所得税。

（2）允许提取科技专项准备金。日本税法规定允许企业提取科研专项准备金用来进行科技研发等活动，以此降低科技投入风险，鼓励企业增加高新技术投入。

（3）鼓励研发。日本在《增加实验研究费税额扣除制度》中规定，对用于尖端电子技术、新材料、宇宙发技术、电气通讯技术等的开发支出全部按 7％免征税款；当企业 R&D 支出的增加部分超过过去的最高水平时，其增加部分的 20％可抵免所得税税金（最高限额为税金的 10％）。

（4）加速折旧。日本对技术先进的机器设备及高科技企业的主要设备实行短期特别折旧制度。规定在科技开发区内总资产超过 10 亿日元的高科技公司，用于研发活动的新固定资产，除进行正常折旧外，在第一年可根据购置成本按规定的特别折旧率实行特别折旧，对某些特定产业和项目，加提的特别折旧率最高可达到 55％，凡属国家规定的重点产业部门或行业引进和购买的技术设备，第一年可折旧其价值的一半，从利润总额中予以扣除，形成企业内部的税额。

2、促进日本高新技术产业发展的效应分析。

（1）以"减税"促高新技术企业国际竞争力。为了促进高新技术产业发展，日本政府从 1985 年起，每年减少的税收达 1000 亿日元。通过加速折旧规定可以鼓励企业缩短固定资产的使用年限，促进对固定资产以及机器设备进行更新换代，有利于企业采用新技术、新工艺，生产出新产品，提高高新技术企业的市场竞争力；通过规定增加研发支出的额外税收优惠制度，有利于增强企业不断增加研发投入的动力，对于增加社会科研投入，促进国家整体科技发展具有积极意义。在此基础上，日本有些省市还要求国家对高新技术产品的研究与开发、商品化和技术产业化等各个环节全面实行税收优惠政策。

（2）以政府扶持提升中小型高新技术企业发展活力。为了激励本国高新技术的研发，日本政府对可以促进产业进步的重大技术的科技研发提供补助金，一般技术项目的在 50％左右，特殊的节能环保等项目可以达到 75％左右。为了促进中小型高新技术企业发展，1983 年，日本又对中小型企业的高新技术研发费用实行优惠政策，规定补助其费用 60％，其中中央财政和地方财政各补助研发费用的 30％。此外，国家政府在大阪、名古屋、东京和 5 个主要工业区分别设立了投资资助公司，主要从事购买正处于创办期的高新技术企业的债券和股票。还规定，各省地方政府须提供 10 亿美元的基础建设费，用于当地新建高新技术开发园区的建设；与此同时，对于刚入驻高新技术发园区的科研机构和高新技术企业，国家财政给予一定程度的补助。这些措施都大大提升了中小型高新技术的发展活力，有利于其突破瓶颈期，形成高新产业效能。

（三）其他国家高新技术产业税收优惠借鉴

1、韩国。近几十年来韩国成功发展了大批高新技术企业，这为其实现工业化起到了积极的促进作用，韩国利用税收优惠政策使得高新技术产业取得了比较好的成就，主要包括：

(1)对高新技术开发的鼓励。首先是加速折旧和加计扣除,企业为研究开发而购进的设备以及设备的更新换代可以采用加速折旧的办法;和高新技术企业培训相关的费用可以在所得税前进行扣除,当年所得税扣除额不足抵扣的,可以在之后的5到7年结转;不同类型的企业可以按照其年总收入的3%、4%和5%提取技术开发准备年金,并将该年金计入当期成本;同时政府还规定企业应该在自提取之日起3年内用于高新技术的培训、研发等方面,三年期满后没有使用完的准备金将计入到企业所得税额缴纳企业所得税,除此之外还按年加收利息。

(2)鼓励高新技术产业化的税收政策。首先,对风险投资企业的支持。处于创业初期的风险投资企业,刚开始两年内获得的不动产按75%征收所得税,五年内企业所得税、综合土地税和财产税按50%征收;其次,对中小型高新技术企业的税收支持,中小型高新技术企业和风险投资企业的税收优惠相同;对高新技术转让的支持,《租税特例限制法》规定将高新技术转让给韩国公民的所得全额免征个人所得税或法人所得税,韩国公民将高新技术转让给外国人的所得减半征收个人所得税或法人所得税。

2、印度。近年来印度在高新技术产业特别是计算机软件行业取得的成就是有目共睹的,印度在计算机软件开发市场上已经占据了全球19%左右的份额,仅次于全球计算机第一大国的美国。如此好的成绩与印度政府对高新技术产业的扶持和鼓励是分不开的,印度政府对高新技术产业的税收优惠政策主要有:在税收减免上,对于以技术研发为主的企业在获得确认五年之内减征所得税,对研发机构获取的收入仍然用作研发活动的免征所得税,风险投资者的利得和红利收入都免征所得税;对国内企业软件产品出口的支持,在规定范围内的软件产品的进出口都可以享受到免缴关税的优惠政策,计算机软件产业除了可以享受到无关税、无服务税和无流通税的税收优惠外还可以在3到5年之内免征销售税,软件企业的产品全部用于出口的还可以免缴企业所得税;以许可方式取得使用权而支付的特许权使用费,视作营业性支出,可在支出当年全额扣除;以一次性付款方式购进专有技术所支付的费用,则可分6年摊销,向外购进专利或版权的,分14年摊销;若专有技术是由实验室、大学或科研机构提供的,摊销可缩短到3年。从境外取得的技术转让收入60%免税。

(四)国外高新技术产业税收优惠政策的启示

从国外促进高新技术产业发展税收优惠的实践经验可以总结发现,各国为推动高新技术产业发展都建立了适合本国发展的税收优惠政策,并主要呈现以下特点:

1、税收优惠法律层次较高。国外针对高新技术企业的税收优惠规定较多,几乎都上升到法律的层面。例如美国的《技术创新所得税法》《经济复兴税法》《研究开发减税修正法案》;日本的《促进基础技术研究税则》《增加实验研究费税额扣除制度》《科技技术基本法》;韩国的《技术开发促进法》《新技术产业化投资税金扣除制度》《科研设备投资税金扣除制度》《技术转让收入减免所得税制度》等一系列促进高新技术产业发展的法规。

2、综合运用各种优惠方式。从以上国外促进高新技术产业发展税收优惠的方式看,主要包括:投资额税前抵免、提取科技准备金或创新基金、研究发费用扣除、加速折旧、现金返还制度、低税率等,形成了间接优惠和直接减免相辅相成、相互结合的政策格局。同时,各种优惠方式在不同环节、不同阶段发挥作用,对促进高新技术产业发展构成了立体结构,综合发挥税收优惠的调节作用。

3、突出鼓励企业研发投入。促进高新技术产业发展主要包括技术研发、产品研制、测试和产业化等环节。从国家战略出发,促进高新技术产业发展的核心在于扶持企业加大技术研发投入力度,并确保技术成果能够实现产业化。因此,高新技术产业税收优惠政策的重点往往放在对研发及科研项目上,对研发环节设计优惠政策,鼓励企业加大科技投入。

4、区分大型企业和中小型企业。中小型企业规模较小,大多处于起步发展阶段,企业进行技术研发或技术投入的抗风险能力较弱,融资能力较弱。因此,对中小型企业实行专门的优惠政策。例如英国根据企业的规模将税收优惠措施分为中小型企业税收优惠和大型企业税收优惠两类，从2012年4月1日起，英国研发税收减免幅度增至225%，大大提升了英国中小企业在研发创新方面的竞争力；而大型企业的减免幅度为125%。在对高新技术企业优惠制度上区分中小型企业和大型企业，更具针对性和实际操作意义，有利于提高税收优惠的实际效果，提高更多企业科技创新的积极性，促进中小型高新技术企业的发展。

5、区域性与产业化有机结合。世界各国对高新技术产业主要采用实行区域税收优惠、产业税收优惠，或区域税收优惠和产业税收优惠相结合的方式。综合来看，发达国家采用产业税收优惠的方式较多，而发展中国家的区域税收优惠方式较多。

## 五、高新技术产业税收优惠政策应然性分析和存在问题

(一)高新技术产业税收优惠政策设计的应然性分析

高新技术产业是以高新技术为基础，从事一种或多种高新技术及其产品的研究、开发、生产和技术服务的企业集合，这种产业所拥有的关键技术往往开发难度很大，但一旦开发成功，却具有高于一般的经济效益和社会效益。高新技术产业的发展具有以下特点，税收优惠政策体系应针对其发展特点予以整体设计。

1、企业是科技创新的主体。企业特别是科技型中小企业是科技创新领域最活跃的群体，如2013年，我国企业R&D经费中企业投入达8838亿元，占我国R&D经费总量的74.6%。2014年，企业研发支出占全社会研发支出比重达76%，企业研发人员占我国研发人员总量达77%，企业发明专利超过国内有效发明专利总量55%，国家科技进步奖获奖项目企业参与的占76.3%，企业作为第一完成单位的占40%，首次超过高校位居第一。

《国务院办公厅关于强化企业技术创新主体地位全面提升企业创新能力的意见》(国办发〔2013〕8号)提出："构建以企业为主体、市场为导向、产学研相结合的技术创新体系"。因此，高新技术产业税收优惠政策设计要有利于"促进创新要素向企业集聚，增强企业创新能力，加快科技成果转化和产业化"。

2、企业研发具有阶段性特点。高新技术企业从创办到成熟大体可以分为播种期、创建期、成长期、和成熟期，投资强度逐级递增，而投资风险却呈逐级下降的态势。多数发达国家的做法是，在播种期和创建期，税收优惠的重点侧重于事前扶持，事前扶持突出地表现为政府与企业共担风险；而在成长期和成熟期，税收优惠的重点则更倾向于事后鼓励，体现在政府对企业的利益分割与让渡。事前扶持与事后鼓励并用，是国外促进企业技术水平的提高和科技事业发展的税收优惠政策的成功经验。

3、人才是科技创新的根本。提高企业科技创新能力，人才是根本。高科技人员培养时间长、花费大，一般企业用高薪聘请才能吸引高科技人才到本企业工作，高新技术产业税收优惠政策设计要有利于企业培养建立科技创新人才队伍、引进高尖科技人才，促进科技人才要素向企业流动。

(二)现行高新技术产业税收优惠政策存在的问题

1、科技创新税收优惠政策设计层面存在需改进和扩大优惠的空间。目前我国高新技术企业税收优惠制度体系尚未形成一个整体的规划，对高新技术产业税收优惠制度以国家法律规定的条款很少，大多数以暂行条例、通知、暂行规定等行政法规和部门规章的形式存在，从而导致难以从整体上把握政策。一方面，现行高新认定及研发费用加计扣除政策要求严格，对企业的会计核算水平和税法遵从水平都有较高的要求。另一方面，现行税收优惠政策设定中存在一些不合理因素，影响高新等创新优惠政策效应发挥。

如在现行高新认定指标中，要求高新技术产品(服务)收入占企业当年总收入应达到60%以上，税务部门对总收入的解释口径是企业取得的所有收入总额。如此带来两方面影响，一是对一些经营规模较小

的新兴企业而言，可能会因为取得相关部门的政府补助而导致当期高新收入不达标；而对一些成熟的大中型企业来说，又可能因为取得大额投资收益或股权转让收入而导致当期高新收入不达标，从而影响高新企业资格认定或暂停享受优惠税率。

另一方面，现行税收优惠政策设定中存在一些不合理因素，影响企业创新优惠政策效应发挥。如技术转让所得税优惠政策，财税 2010 年 111 号《财政部 国家税务总局关于居民企业技术转让有关企业所得税政策问题的通知》明确，技术转让的范围包括居民企业转让专利技术、计算机软件著作权、集成电路布图设计权、植物新品种、生物医药新品种，以及财政部和国家税务总局确定的其他技术。而很多企业，出于技术保密的考虑，往往将大量技术申请为技术秘密，而技术转让所得优惠政策并未将此考虑在内，未达到预期的优惠政策效应。以南京市技术交易市场数据为例，2008－2014 年间登记的 1946 份技术转让合同中，标的为技术秘密转让的 1472 份，比例高达 75.64％；技术秘密转让合同成交额 19.93 亿元，占技术转让合同成交总额的 81.67％。再加上专利实施许可合同中也少有全球独占许可使用条款。可以享受技术转让所得税优惠的技术交易额仅占到全部技术转让交易额的 15％左右。从享受优惠情况看，南京市国税系统征管的企业所得税户中，2013 年度仅有 14 户企业申报技术转让所得减免 0.37 亿元；2014 年度也仅有 25 户企业申报技术转让所得减免 0.52 亿元。这些数据不仅远远小于 2008 年度 92 户企业申报技术转让所得减免 3.24 亿元，甚至也不及《企业所得税法》施行前的 2007 年度的 68 户企业申报技术转让所得减免 0.61 亿元的金额。与同期其他如研发费用加计扣除、高新优惠等同类促进科技创新的政策比较起来，技术转让所得税收优惠促进科技成果转化和产业化发展的政策效应大为逊色。

创业投资企业所得税优惠政策效应不显。作为促进高新产业发展的一项重要税收优惠政策，2014 年度南京国税稽管企业中仅有 2 户创业投资企业申报“抵扣应纳税所得额”优惠 1200 万元。2008－2014 年累计也仅有 7 户次企业申报“抵扣应纳税所得额”优惠 4600 万元。

2、对科技型中小企业的激励政策还有待加强。科技型中小企业是科技创新最活跃的群体，但起步期的科技型中小企业的创业创新能力往往受资金、抗风险能力的严重制约。如《高新技术企业认定管理办法》规定，销售收入小于 5 千万元、5 千万元到 2 亿元之间、2 亿元以上企业的研发费用比例要求分别是 6％、4％和 3％。按此规定，规模越小的企业，研发费用比例要求越高，与中小企业融资困难、发展资金不足，技术、人才处于劣势、研发的抗风险能力更弱的现状也不相符。

从南京市 2013 年度投入产出绩效分析，大型工业企业获得的政府资金补助达 62.4％，但其当期研发投入 71.23 亿元，只占全部工业 R&D 投入的 55.4％。相比较而言，从 R&D 投入增幅来看，2013 年我市小型企业 R&D 投入增幅达 29.4％，超出全部工业增幅 14.9 个百分点，表现出了更为明显的创新活力。而从产出的最直观的营业收入和利润总额指标比较，小型企业由于资金限制等在研发投入金额上较小，但其单位营业收入产出绩效是大型企业的 1.56 倍，单位利润产出绩效是大型企业的 1.58 倍。

**表四 南京市 2013 年分企业规模的收入、利润与 R&D 投入强度对照**

单位：万元

| 企业规模 | R&D经费支出 | R&D投入强度(％) | 主营业务收入 | 单位 R&D 投入产出收入额 | 利润总额 | 单位 R&D 投入产出利润额 |
|---|---|---|---|---|---|---|
| 大型 | 712274.5 | 1.15 | 61783455.4 | 86.74 | 3782544 | 5.31 |
| 中型 | 366042.4 | 1.29 | 28419939.6 | 77.64 | 2657908.6 | 7.26 |
| 小型 | 208150.4 | 0.73 | 28469766.7 | 136.77 | 1748704.3 | 8.40 |
| 微型 | 0 | 0 | 5578891.8 | — | 1601887.3 | — |

以南京市江宁开发区为样本，2014年，4599户参加汇缴的查账征收企业中(不含分支机构)，30万元以上的盈利企业375户，30万元以下的微利企业1350户，零申报和亏损企业2874户，大量中小企业经营仍较为困难。其中，汇缴企业开发新技术、新产品、新工艺发生的研究开发费用为6.1亿元，历史比较呈逐年大幅度增长趋势，但从企业户数看仅149户(其中已有高新技术企业资质户68户)，占查账征收企业总户数的3.2%，大量起步期的科技型中小企业还不能有效享受政策红利。因此，税收激励政策应更关注科技型中小企业的事先扶持，从“锦上添花”向“雪中送炭”转移。

3、激励创新型科技人才的税收政策支持力度待加强。现行税收政策中对创新性科技人才的激励政策较为有限，仅仅是针对高校、科研部门转让职务科技成果以股份或出资比例等股权形式给予科技人员个人奖励，暂不征收个人所得税；对引进海外高层次人才回国(来华)时取得中央财政给予引进人才每人人民币100万元的一次性补助(视同国家奖金)，免征个人所得税；对示范地区内的高新技术企业转化科技成果给予本企业相关技术人员的股权奖励、示范地区内中小高新技术企业，以未分配利润、盈余公积、资本公积向个人股东转增股本时，个人股东可分期缴纳税款。可见，税收政策高科技人才的收入缺乏实质的个人所得税优惠，对高科技人才的“技术入股”等问题缺乏专门的税收优惠，不利于提高科技人才的工作积极性。

4、企业对优惠政策的知晓度和应用能力有待提高。主要体现在企业享受研发费用加计优惠政策面仍偏低，远低于企业研发投入指标。以2014年为例，全市企业申报加计扣除的研发费用金额为113.37亿元，占当年企业研发投入总额的43%；2013年南京国税征管的617户高新企业中，也有131户未申报研发费用加计扣除，比例高达21%；而全市登记的1453户软件企业中，申报研发费用加计扣除户数不足20%；其他类型的企业申报研发费用加计优惠政策的更少。高新企业和软件企业的认定及年度申报享受都是有研发支出比例要求的，从理论上说，这两类企业申报研发费加计扣除优惠比例应是100%。

从2014年江苏省及南京市税务机关抽样调查的信息分析，造成企业研发费用加计扣除优惠面偏低的原因主要有：企业对该项税收优惠了解和重视不够；企业财会核算基础薄弱，不能满足研发费用专账核算要求；税务机关对加计扣除优惠政策要求较高，而企业研发活动存在不合规因素，主动减少加计扣除申报以降低税收风险；企业出于技术保密等原因主动放弃申报等等。

5、高新技术企业认定及后续管理存在较大风险。高新技术企业认定过程中，科技、经济、财政、税务等部门在初次审理阶段的工的联合认定过于分散，没有深层次地挖掘企业的实际情况，没有形成一个拳头，一定程度上存在盲区，导致高新技术企业认定质量不高；后续管理方面，由于缺少具体操作规程和有效的管理机制，同时受到人力资源、自身技术水平等的限制，在如何加强高新技术企业的税收征管方面，主管税务机关存在一定困惑，也不利于整个高新技术产业的规范。例如：随着企业经营情况发生变化，原本具备认定资格的企业可能已经不再从事高新技术的创新活动，税务机关却未能及时发现这些变化，无法及时针对客观变化调整其税收优惠政策或报送上级主管税务机关。再如，在高新技术企业的复审认定方面，税务机关可以向认证机构提出复审请求，但其提供依据、复审程序、准备材料等各种事项均没有明确规定，缺乏具体可行的操作细节要求。

从近年来审计署、财政专员办和税务部门对高新技术企业的检查情况看，高新企业大量存在认定质量不高、研发费用核算混乱等情况。究其原因，有四方面的影响因素。一是企业出于自身提升企业形象，和享受税收优惠考虑，千方百计寻求高新资质认定；二是地方政府为完成产业升级指标，主动积极帮助“制造”尽量多的高新企业；三是中介机构已形成完整产业链，提供一条龙包装服务，推波助澜，分享高新优惠“蛋糕”；四是税务机关强调服务地方经济发展、还责于纳税人，主动“弱化”认定管理和优惠备案要求。前三方合力下，虚假或低质的高新资质有了立足、滋生的土壤；而主管税务机关主动“弱化”，也为低质认定开了方便之门。2015年9月，科技部　财政部　国家税务总局《关于高新技术企业认定管理工作重点检查有关情况及处理意见的通知》(国科发火[2015]299号)中就指出,高新技术企业认定管理中认定机构存在的突出问题就包括:追求认定数量,认定把关不严;认定后疏于跟踪管理,对不符合认定标准的问题处理不及时。

2015年8月开始实施的《税收减免管理办法》(国家税务总局公告2015年第43号)也对减免税的监督管理提出更明确要求。如第二十一条规定,税务机关应当结合税收风险管理,将享受减免税的纳税人履行纳税义务情况纳入风险管理,加强监督检查。第二十三条规定,税务机关应当将减免税核准和备案工作纳入岗位责任制考核体系中,建立税收行政执法责任追究制度;第二十五条规定,税务机关应对享受减免税企业的实际经营情况进行事后监督检查。但从江苏省现行征管模式来看,强调还责于纳税人,对税收优惠的管理过分依赖纳税人自律。税务机关对高新企业的风险控制,主要依赖于后续风险管理,但现行后续纳税评估、稽查等后续管理手段限制条件多、覆盖面偏低,高新优惠等税收风险沉积。在外部检查中有爆发风险,不仅高新企业纳税风险大,也给税务机关与干部带来执法风险。

## 六、借鉴国外经验完善高新税收优惠政策的相关建议

借助于税收优惠政策推动高新技术企业的发展,是当代各国政府经济政策的重要内容。鉴于前文对高新技术产业发展税收优惠的政策效应分析和存在问题,借鉴国际成功经验的基础上,对完善高新税收优惠政策提出相关建议。

(一)立法层次和设计体系有待提升完善

国外针对高新技术产业的税收优惠规定较多,涉及范围较为全面,此外几乎都上升到法律的层面,一些国家还将该领域的税收优惠单独立法,形成较为全面系统的税收优惠法律体系。我国的税收优惠立法呈现出立法层次低,多为政策性规定以及部门规章,上升到法律层次的较少,此外规定较为散乱,不成体系。发达国家针对高新技术企业的法律法规则更显系统规范,且大多已上升到法律的层次,并且在规定上也考虑到企业研发至产品转化的各个环节。因此,建议提升我国高新技术产业税收优惠政策的立法层次,并在企业发展的不同阶段,分别给予适宜的优惠政策,在创业初期注重对研究、开发的扶持与鼓励,在成长期则侧重于对收益的优惠等,完善优惠政策设计体系。

(二)以科技型中小企业为核心,进一步完善促进企业创新的事前税收扶持政策

1、完善创业投资税收优惠。完善创业投资税收优惠政策体系,鼓励各类创业投资资本向科技型中小企业聚集,解决科技型中小企业发展瓶颈。一是在试点基础上将享受投资抵扣政策的创业投资企业范围全面扩大到有限合伙制创业投资企业法人合伙人;二是完善"天使投资"税收优惠政策,按照税制改革的方向与要求,对包括天使投资在内的投向种子期、初创期等创新活动的投资,统筹研究相关税收支持政策。解决天使投资重复征税问题,赋予天使投资"天使税收待遇"。

2、完善研发投资税收抵免优惠。在研发费加计扣除、研发固定资产加速折旧的基础上,借鉴国际经验,对研发投资的资产设备按一定的比例抵免应纳税额,以体现事先扶持阶段,政府与企业的风险共担。

3、建立研发准备金制度。允许企业提取研发准备金并在税前扣除,在一定期限内使用。为企业开展科技创新提供资金储备。否则,企业尚未实际开展研发活动,则难以享受到优惠。

4、完善研发费加计扣除政策。统筹研究企业所得税加计扣除政策,完善企业研发费用计核方法,调整目录管理方式,扩大研发费用加计扣除优惠政策适用范围,使更多的企业享受到政策红利。

5、放宽研发设备免退税门槛。按现行政策,国家认定的技术中心或实验室或工程中心,在进口研究所需设备时,可享受免征进口关税和进口环节增值税、消费税优惠政策,经认定的外资研发机构采购国产设备可退增值税。建议进一步放低门槛,扩大受惠范围,以推动企业自主创新,加大技术开发投入,促进"万众创新"。

6、完善促进技术成果转化的所得税优惠政策。进一步扩大技术转让所得减免优惠适用范围，对财税[2010]111号文件进行修订，明确“财政部和国家税务总局确定的其他技术”内容包括专利申请、技术秘密等技术转让内容；将国家自主创新示范区试行的取消技术许可使用权“全球独占许可”的限制政策推广到全国适用；对企业从事技术开发的所得实施税收减免政策。

(三)进一步完善人才激励的税收优惠

1、适当扩大对科技研究开发人员技术成果奖励个人所得税的免税范围。对企业以股份或出资比例等股权形式给予科技人员个人的有关奖励，予以减征、免征个人所得税的优惠。

2、促进科技人才“技术入股”的税收优惠。对科技人才技术入股的，在技术评估换股权环节，免征个人所得税，以完善科研人员在企业与事业单位之间流动时社保关系转移接续政策，促进人才双向自由流动。

(四)加强政府性资金的引导性

发挥财政性资金促进的扶持作用，积极推动企业实现技术创新。尤其要加大对中小型新兴产业企业研发资金的直接支持；在财政资金扶持上引入规模限制机制，将有限扶持资金用好用足，少一些对大企业“锦上添花”式的奖励，多一些对中小新兴企业“雪中送炭”类的扶持，提高财政性资金的投入产出绩效。为防止税收优惠支出额度和支出方向的失控，建议由政府规定严格的税式支出统一账目，建立规范的税式支出预算，并对资助的项目进行成果鉴定，对其经济与社会效益进行预算和考核，控制税收优惠的规模和方向，把握税收优惠的成本和效益，更好地发挥税收优惠政策对企业技术水平的提高和科技事业发展的积极作用。

(五)加强政策辅导，加大高企培育和认定力度

加大高新技术企业培育和认定工作力度，加强政策辅导，实现我市高新技术产业的“量、质”双提升。近年来，南京产业结构中新一代信息技术、生物医药、节能环保、高端装备制造、智能电网、风电光伏、轨道交通以及新能源汽车等战略性新兴产业在近几年经济下行的压力下，仍以20%的年均增幅快速增长，新兴行业在高新领域要求、研发投入和科技人员上都有着较好的认定基础，可以成为我市高新技术企业认定发展的重点对象，让南京市高新企业规模取得较大突破；通过多渠道政策辅导，强化现有高新企业内控水平、提高会计核算和税收政策应用水平，提高高新企业防范税收风险能力，充分享受税收优惠政策；坚持和扩大高新企业培育制度，从税收政策扶持、资金扶持、研发辅导、成果转让辅导(促进研发成果的交流与产业化)、会计核算辅导等多方面夯实高新认定基础，扩大高新企业规模。

课题组组长：陈修根

成员：杨仁良　李俊生　蔡秋萍

王　震　张伟利　胡克念

# 影响地区宏观税负(国税)因素的探究

董永军　蔡文辉

税收源于经济,税收与经济的比值就是税负。宏观税负是指一定时期一个国家或地区的税收总量与其生产总值的比例关系。通常情况下,税收总额与国内生产总值的比率(T/GDP)被国际上视作衡量宏观税负水平的公认指标。税负的最终形成要受到经济状况、税收政策和征管强度等诸多因素的影响。一个地区的宏观税负水平到底由哪些因素决定,受哪些因素影响;政府等经济管理部门如何通过宏观税负水平的高低和变动来科学、客观地评价税务部门的征管水平,如何通过税负分析进一步调整经济结构,实现经济又好又快的发展;税务部门如何通过税负分析发现征管薄弱环节,完善税收征管基础建设,提高税收征管的质量,促进税收与经济的协调发展,已经成为一个极为重要而紧迫的课题。

## 一、影响地区宏观税负(国税)的因素

### (一)经济结构决定地区宏观税负水平

经济决定税收,税收反作用于经济,是我们多少年来对税收与经济关系的直观阐述。经济总量决定税收总量,经济结构决定税收结构,经济因素是地区税收总量变化的主要因素,同时也是导致地区税负差异的重要原因。在经济因素中,经济结构是宏观税负水平的决定因素。经济结构对地区宏观税负的影响主要表现在产业结构的影响、产业内行业结构的影响(包括由此带来的税种结构的影响)和经济类型(所有制)结构的影响三个方面。

1、产业结构影响地区宏观税负。税负水平与GDP结构紧密相关,产业结构对宏观税负的影响不论是在全国、一个省还是一个市的各个地区之间均会不同程度的存在。一般来说,第一产业比重越高,宏观税负越易处于较低的区间;第二产业比重越高,宏观税负越易处于较高的区间。这一特征对于国税收入口径的宏观税负体现尤为明显。由于我国长期以来对第一产业和第三产业采取鼓励发展的政策,虽然近年来第一产业和第三产业得到了很大发展,但其税收贡献率很小,其总体税负水平也明显低于第二产业。同时,以农业为主的第一产业几乎不提供国税收入,以金融、贸易和服务业为主的第三产业,只有商业批发和零售以及修理修配行业的增值税和部分行业的所得税形成国税收入(随着营改增的全面实施,第三产业国税税负将会逐渐提升),这样就必然导致第一产业和第三产业比重高的地区,国税部门的宏观税负偏低。由于各地区经济产业发展的不均衡,地区GDP构成中一、二、三产业的比重相差较为悬殊,造成其宏观税负水平反差很大。以辽宁省为例,国税宏观税负较高的分别是盘锦、鞍山、本溪和抚顺,而这四个市的第二产业增加值占GDP的比重均处在全省的前五位之列。也就是说,第二产业比重的高低直接决定着宏观税负总体水平,二产比重高,宏观税负一般较高。而第一产业比重高的地区宏观税负一般较低,全省第一产业比重较高的铁岭、朝阳、阜新、锦州和丹东这五个地区除朝阳市外宏观税负均处于全省较低水平。因此,我们在分析、测算地区税负时,只有充分考虑地区产业结构对宏观税负的影响,对第一产业和第三产业进行必要的调整和剔除,才能客观评价各地区的实际税负状况。

2、行业结构影响地区宏观税负。一般而言,宏观税负的变化是企业微观税负变化的结果,而不同行业门类之间及大类行业内的行业明细之间其微观税负更是存在较大的差距。因此,即使在产业结构趋同

或变化不大的情况下，行业结构不同会导致宏观税负有所不同，行业结构发生变化也会导致宏观税负随之变化。以辽宁省各行业增值税税负标准看，税负较高的行业有：烟草制品业、石油和天然气开采业、非金属矿采选业、医药制造业、煤炭开采和洗选业和有色金属矿采选业；税负较低的行业有：农林牧渔服务业、化学纤维制造业、农副食品加工业、通信设备计算机及其他电子制造业和交通运输设备制造业；其他行业的增值税税负介于中间位置。税负最高的行业其税负是最低行业的6倍多。因此，不同地区的产业结构即使接近，如果行业结构不同，宏观税负必然出现较大的差距。

经济结构对宏观税负的另一个影响就是体现在经济结构的不同带来的税种收入结构的差异。地区之间税种收入结构的不同表面上表现为税收政策制定的结果，实际上是在税收政策既定的情况下，各地区的经济结构或者说行业结构所决定的。由于国税部门征收的税种既有与GDP高度相关的增值税，还有与GDP关联度低一些的消费税、企业所得税，同时还有与GDP关联度较低的个人所得税和车辆购置税(海关代征和证券交易印花税不具有普遍性，在此不考虑)。因此使得宏观税负不仅为GDP所左右，还要受到税种收入结构的影响。不同地区的经济结构不同，其国税收入的税种收入结构必然不同，而各税种与地区GDP的相关性不同，导致地区宏观税负的不同。也就是说，经济结构引起的税种收入结构的不同会引起地区宏观税负水平的差异。

3、经济类型结构影响地区宏观税负。随着市场经济的发展和经济体制改革的不断深入，我国非公有经济得到了极大的发展，企业经济类型(所有制)结构变化明显。由于企业纳税意识、对税法的遵从度以及对各企业类型的一些税收政策不同，导致各企业类型的税负差异较大。一般而言，国有企业的税负高于非国有企业，内资企业的税负高于外资企业。各地区的企业类型构成不同，宏观税负水平也会存在差异，随着企业类型构成的不断发展变化，宏观税负也必然发生相应的变化。

(二)税收征管能力影响地区宏观税负水平

经济决定税收，经济增长只是提供了可供课税的税源，对这些税源是否课税、如何课税、课什么税以及课征多少税由税法规定，而最后能入库多少税收，则由实际征税力度来决定。因此，征管质量是造成地区宏观税负的重要因素之一。也就是说，在经济增长和经济结构一定的情况下，税收政策稳定，征管因素就成为影响税负的决定性因素。税收征管水平对宏观税负的影响主要体现在税收征收率、税收入库率两个方面。

1、税收征收率对地区宏观税负的影响。税收征收率是实际入库数与纳税能力之间的比例关系，是税收收入与应征税收的比值，是表明税收征管水平的指标。征收率的高低、纳税人是否据实申报、漏征漏管问题是否存在都对宏观税负水平具有决定性的影响。据相关资料显示，1994年我国税收征收率只有45.7%，而税收流失额则高达54.3%。随着税务部门大力实施科学化、精细化管理，提出了全面提高税收征管质量和效率的目标，建立和完善了税收管理员制度，金税工程得到普遍应用和不断优化。各级税务机关针对薄弱环节，加强税源管理，强化税源的宏观分析和微观监控，通过宏观分析查找问题，追踪到微观税源管理，积极开展纳税评估工作。这一系列征管措施的应用，使得全国的税收征收率已经上升到60%—70%之间，宏观税负水平也保持一种不断上升的趋势。尽管如此，我们的征收率还是低于发达国家水平，离征收率的上限还有相当的差距。不断强化征管措施，使持续性征管措施的累积效应不断显现和强化，应该是我们提高宏观税负水平的一个重要着眼点。

2、税款入库率的高低对地区宏观税负的影响。征管因素影响税负的另一个体现就是税款入库率的高低。入库率是实际入库税额与申报应征税额之间的比例关系。加大稽查力度，减少税款流失；加大清欠防欠工作力度，最大限度地清理陈欠入库，防止新欠发生；依法治税，避免收过头税和有税不收。通过这些加强征管的措施，尽最大努力实现入库税款达到甚至超过申报税款，也是保持和提高宏观税负水平的一个重要方面。同时，现行的税收计划管理体制也影响了税收规模，政府对税务机关的考核要求、工作目标，以及税务机关内部的管理理念等，影响着实际入库税收与已实现税收的差异。当前，在实际征管实践中，个别地区存在着按税收计划任务征税的情况。任务轻时，就少收税，任务重时，就收过头税；有的地区税务稽查流于形式，稽查税款占税收收入的比重过低；也有的地区税款入库率低、欠税逐年增加，这些都会造成地区宏观税负水平的差异。

(三)税收政策变化影响地区宏观税负水平

尽管全国各地区间实行基本相同的税收政策，但由于各地区产业、行业结构不同以及一些针对特定地区税收优惠政策的出台，导致不同地区享受税收优惠的总量和比例不同，从而造成地区宏观税负水平的差异。

1、税收优惠政策对地区宏观税负的影响。税收政策对宏观税负的影响主要体现为税收优惠政策的影响。长期以来，我国出台的一系列税收优惠政策一方面促进了地区经济的发展，另一方面也使得税基变小、税负下降。不同的地区税收减免退税额占税收收入的比重不同，宏观税负也会不同。一方面，针对不同税种有不同的税收优惠。另一方面，针对不同地区也有不同的税收优惠政策。还有就是针对国有粮食企业、软件集成电路等特殊行业的税收优惠以及起征点等税收优惠政策。这些税收优惠政策的大量存在，导致地区 GDP 中都不同程度的存在着无税 GDP 和低税 GDP，而不同地区及同一地区不同阶段的无税 GDP 和低税 GDP 所占的比重差异较大，使得地区间的宏观税负水平缺乏可比性，同一地区的不同年度之间税负水平也发生了变化。

2、税收制度的设计对宏观税负绝对水平的影响。税收政策对宏观税负水平的影响还体现在税收制度的设计上。在我国税收立法权高度集中的情况下，税收制度的设计不会引起地区宏观税负的差异，税收制度只是对宏观税负的绝对水平有影响。第一，当各税种税率保持在一个较合理的程度上，税种设置过多，将使得征税范围变宽，税基扩大，宏观税负水平就会得以提高。同时，在税制设计中，主体税种和辅助税种的不同选择和搭配，对宏观税负水平的影响也比较明显，以间接税作为主体税种，对宏观税负水平的影响相对来说要小一些；以所得税作为主体税种，对经济变化的反应比较敏感，因而对宏观税负水平的影响相对来说要大一些。第二，从税率和税基的角度考虑，税收体系中整体税率同宏观税负水平具有方向趋同的关系，整体税率提高将会引起宏观税负水平的提高，反之宏观税负水平则下降；扩大税基，会使税收收入增加，引起宏观税负水平提高，缩小税基，则会造成税收收入的减少，使宏观税负水平降低。作为税制要素中的两个重要因素，税率和税基的设计如何，不但直接影响到宏观税负水平的高低，而且会对税负公平产生重要影响。第三，将特定对象纳入征税范畴也是影响税负变化的重要原因，如对证券交易征收印花税，对卷烟、酒类、小汽车、贵重首饰和化妆品等征收较高比率的消费税，使有这类产业的地区整体税负明显提升。

3、征管范围的划分引起地区宏观税负差异。征管范围的划分对地区宏观税负的影响可以列为政策因素的影响，在此我们之所以列为征管因素，主要是考虑企业所得税是集中缴库还是就地入库会对税收总额产生一定的影响。国家为了提高征管效率，规范税收执法行为，以及确保中央政府的收入来源，将金融、保险、石油、烟草、铁道、航空等特大型集团企业的所得税和部分流转税分别集中在总机构所在地汇总入库，相应增加了总部所在地的税收总量，而这部分税源来源于集团企业分布在各地区的分支机构创造的 GDP。这就会造成总机构较多的地区的宏观税负水平高于其他地区。

(四)经济质量(经济效益)影响地区宏观税负水平

经济质量也是影响地区宏观税负水平的重要因素。按收入法计算的 GDP 包括劳动者报酬、折旧、生产税净额和营业盈余。其中劳动者报酬增加实际是削减了劳动的增值能力和对社会的贡献率，使得税基减少，税负下降。折旧反映的是已有投资的情况，本身计入 GDP，但不能直接创造税收，所以折旧的提高势必造成一定时期的税负下降，当然如果考虑到投资拉动经济的滞后效应的话，从长期来看折旧的增加可能使生产后劲加大,经济持续发展,税源扩大,税收增加。营业盈余作为GDP的组成部分,直接反映了GDP的质量,盈余比重高,说明GDP的质量高,税源绝对数大。换句话说,一般利润高的行业所创造的GDP质量比利润低的行业要高,税收承担能力要强。通常我们把微观经济运行正常,效益较好的企业产生的增值额称为“良性增值额”,包括工资,折旧,利和税;把经营情况一般,与前一类企业相比较差的企业的增值额称为“中性增值额”,包括工资,折旧,生产税,但此时已无利润;营业情况更差的企业的增值额称为“劣质增值额”,包括计入GDP的工资,折旧或部分折旧,但完全无利无税,如果这样的劣质增值额占的比重大,势必使得税负下降。换句话说,即使税率相等,同等的GDP也不一定产生等量的税收,税收的承受能力也不尽相同。另外,当GDP一定的情况下,“良性增值额”在GDP中所占比重增加,就可能出现税收收入增长快于经济增长,税收弹性高于1;反之当“中性增值额”和“恶性增值额”在GDP中比重增加,就会出现税收收入增长落后于经济增长,税收弹性低于1,从而使税收增长与经济增长并不绝对完全同步。

税收收入最终来源于社会总产品中的剩余价值,单位产品提供的剩余价值越多,可以提供的税收收入也就越多。经济质量对企业所得税的影响是直接的,对增值税的影响是间接的。首先,等量的GDP产生的增值税是不同的,当经济效益提高时,利润在总产出和增加值中的比重提高,等量的产出中含有更多的纯收入,企业产出的价值结构得到优化,等量的GDP中就会含有较多的利润(营业盈余)和税收。其次,等量的GDP产生的所得税差距更大,经济质量高,GDP的利润含量也会随之提高,所得税的大幅增长必将带动宏观税负的提升。同时,对于一个地区而言,如果经济发展水平高,经济效益好,对税收的承受能力也会随之增强,税款的入库也会得到很好的保障,其税负也会相对提高。由于各地区经济质量不同,GDP构成差异较大,相应造成宏观税负水平的差异。也就是说,如果经济增长是高投入的产值速度型外延扩张,则GDP增量能提供的税收收入增量就很有限,一般弹性系数就会低于1,宏观税负水平相应下降;如果是经济效益型增长,那么同等的经济增量可提供的税收收入要多得多,弹性系数也相应较高,税负会上升。

经济质量是影响宏观税负的一个重要因素,二者具有高度正相关关系,并且工业经济质量与国税宏观税负的相关程度更高,对国税宏观税负的影响更明显。经济质量对宏观税负的影响还体现在产销率上。因为税收体现的是销售成果,而GDP体现的是生产成果。如果一个地区的经济质量好,产销率高,也会加速税金的实现,带动宏观税负上升,反之降低。从较长时期看,各地的产销率水平对宏观税负的影响不大,但产销率会带来不同地区同一年度或同一地区不同年度间的宏观税负水平的差异。

(五)物价水平影响地区宏观税负

物价的影响也是形成地区税负差异和引起宏观税负水平变化的重要因素。随着我国市场经济的发展,各种产品的价格几乎由市场决定,但是由于地区资源优势各异以及地区之间高昂的运输费用,导致各地物价水平不一。一般来说税收是含价的,价格变动对税收收入的短期影响非常明显。价格上涨在短期对GDP结构有明显影响,使生产税净额和营业盈余的增长速度快于其他GDP构成项目,拉动流转税和内外资企业所得税快速增长。

较高的物价上涨具有提高税收收入占GDP的比重即提高税负的作用,这可以通过分析物价上涨对GDP各项目的影响来发现。从GDP的项目之一劳动者报酬看,由于我国没有实行工资指数化制度,物价的上涨不直接影响工资水平;从折旧项目看,物价的上涨也不直接影响到固定资产原值和折旧;从营业盈余项目看,下游产品价格的上涨对营业盈余在短期内有促进效应,上中游产品价格上涨有抵消营业盈余的作用,其净影响是使营业盈余增加。因此,价格上涨最终使税收具有优先增长的特征,并使税收占GDP的比重上升,即税负提高。

(六)GDP核算方法影响地区宏观税负

以上从经济结构、征管强度、税收政策、经济质量和物价水平等五个方面分析了影响地区宏观税负变化的因素。从实践中看,GDP 的核算方法以及核算的准确性也是影响地区宏观税负的一个非常重要的因素。其主要原因就是 GDP 指标不是各经济单位增加值汇总的结果,而是统计部门利用统计方法核算的结果。既然是核算的结果就会和实际 GDP 总量存在一定的差距,可能高估也可能低估。这样造成的结果就是:不同地区的 GDP 总量高估和低估的程度不同,甚至一个地区高估,另一个地区低估;同一地区不同年份之间也是如此,尤其在物价水平变化较大的情况下,GDP 核算结果和经济的真实总量差距会更大。统计部门工业增加值核算是对社会财富及其增长的反映,因其价格可比,增值率相同,所以其发展速度只不过是将不能累加的社会财富实物量转化成货币量形式加以比较的结果。而税收指标绝对量及其发展速度均为现价。正常情况下价格因素的存在使税收超经济增长,但当工业价格指数下降或其重点行业产品价格指数下降时,情况则正好相反。

另外,GDP 核算中的中间投入影响和地区差异影响。一方面,生产法 GDP 等于总产出减中间投入,在计算时扣除的中间投入只剔除本期一次性使用的物质产品投入和服务投入。而在计算增值税时,等于销项税金减进项税金,其进项税金抵扣以当期购进的全部税额进行抵扣,不管当期消耗多少。另一方面,因 GDP 是核算数,而非统计上报汇总数据,故各市 GDP 之和大于全省 GDP,各省 GDP 之和大于全国 GDP。这样出现的结果就是核算方法造成高估了上一级地区的宏观税负,而低估了下一级地区的宏观税负。由此可见,统计数据口径的出入对宏观税负的影响也是不可小视的。

## 二、通过税负分析促进税收经济协调增长的思路

宏观税负是一个综合性较强的指标,并受多因素的影响和制约,在实际的经济工作中,不能对宏观税负的结果进行简单化的评价和处理,作为经济管理部门和经济工作者应对对宏观税负有一个科学的认识,并努力在稳增长、调结构、提效益上下功夫;作为国税部门在认真贯彻"依法征税、应收尽收、坚决不收过头税、坚决防止和制止越权减免税、坚决落实各项税收优惠政策"组织收入原则的基础上,不断提高税收征收率和入库率,不断提高税收征管质效,促进税收与经济的协调增长。

(一)发挥宏观税负分析在税收征管实践中的作用

受诸多因素制约,从当前看,宏观税负分析的思路和方法仍然在不断的探索之中,但开展好宏观税负分析对加强税源管理的作用毋庸质疑。各级税务机关应高度重视宏观税负分析的长远意义,从工作机制、人员配备、教育培训和部门沟通上为宏观税负分析工作创造条件。做好数据收集和积累工作,为宏观税负分析奠定数据基础。一要着重加强税收分析档案建设,在现行税收分析档案指标的基础上因地制宜,结合各地特点增设指标,按月全面掌握税收政策、税收征管、非即期因素和重点税源企业对本地税收的影响。二要加强与统计部门的沟通和协调,全面了解统计核算方法和体系,全面及时地掌握第一手统计资料。

(二)掌握科学的宏观税负分析方法

开展地区国税宏观税负的分析的基本方法就是要先进行总量分析,通过总量分析直观地了解某地区宏观税负水平的纵向及横向变动情况,判断税收与经济总量的发展是否协调。在总量分析的基础上,对总量分析的结果进行因素分解,细化税收与经济指标。具体包括工业增值税和消费税与工业增加值、商业增值税与商业增加值、所得税与营业盈余、个人所得税和车辆购置税与人均生产总值的对比分析。在分析的过程中,关键是要做好税收与经济指标的调整,使二者的对比口径趋于一致,进而反映地区国税宏观税负的真实水平。

(三)加强税收各环节管理,确保应收尽收

1、进一步调整征管机构,完善考核机制和责任追究机制。近几年来,随着税收管理科学化、精细化和

信息化水平的不断提升，国税部门的税收征管质量有了质的提高，但征管工作仍有不到位的地方，仍有潜力可挖。国税部门应进一步发挥税收专业化管理、大企业管理等税收分类管理、整合征管资源的积极作用；进一步完善对各征收单位的税收征管考核机制和责任追究机制并与绩效成绩相挂钩，确保各征收单位组织收入工作的主动性和自觉性，对有税不收和徇私舞弊等行为进行责任追究；进一步完善考核分析体系，深入开展分析评估，加强那些对征管指标影响较小，但却极具税收潜力的纳税人的征收管理，夯实征管工作，进一步提高征管质量，从管理体制上确保应收尽收。

2、进一步强化税收风险管理和税源监控分析工作，增加税收收入。要重点从行业税负预警、税收经济分析和充分利用外部信息入手，全面加强税收风险管理和税源监控分析工作，确保税源管理水平不断提高的同时增加税收收入。要定期对各行业进行税负预警分析和通报，对低于税负预警值的纳税人进行逐户评估和稽查，对低于平均税负水平的纳税人进行跟踪调查；通过电业、医保等外部部门的第三方信息，取得相关纳税人的耗电量和销售情况，与纳税人的申报数据相互印证，为纳税评估提供直接证据。

3、进一步优化管理环境，加强所得税管理工作。国税部门应进一步研究更好地利用好现行的税收优惠政策营造"洼地"效应吸引更多的投资，争取从税收政策上创造鼓励投资的最优环境，吸引更多域外资金投资兴业，推动经济发展和税收增长。由于所得税管理仍是国税部门征管的薄弱环节，应进一步把加强企业所得税管理作为增收的重点抓手，全面培养所得税管理人才，加强和完善企业所得税的分类管理和层级管理，根据所得税纳税人的生产经营规模、行业、信誉等级、财务管理水平等采取针对性更强的管理办法，进一步完善所得税的税源管理，增加税收收入。

4、进一步加大稽查打击力度，促进税收公平。应从经费、人力、装备方面对稽查工作进一步加大投入，加大整治相关行业的税收秩序力度，提高对涉税犯罪纳税人的震慑，起到打击一个企业、整治一个行业、规范一个行业的效果，通过稽查既要整顿税收秩序，营造公平的税收环境，又要促进征管质量的提高，增加税收收入。

（作者单位：辽宁省国家税务局税收科研所
辽宁省朝阳县国家税务局）

# “新常态”形势下河南省工业经济税收发展状况及对策

河南省国家税务局收入规划核算处

2014年底中央经济工作会议明确提出“认识新常态、适应新常态、引领新常态，是当今和今后一个时期我国经济发展的大逻辑”。河南省是经济大省，工业经济在河南省经济社会发展中具有重要的地位和作用。从国税税收收入情况来看，工业税收占全省国税税收入的比重超过50%，18个省辖市中，有12个省辖市国税工业税收占比在50以上，比重最高的超过80%。在“新常态”的形势下，研究、分析全省工业经济税收发展的特征和问题，促进全省工业经济税收发展适应新常态具有重要的意义。

## 一、“新常态”形势下河南省工业经济税收的总体状况和新特征

(一)工业经济税收对全省经济税收起到支撑作用

从经济构成上来看，从2009年—2014年全省GDP构成中，工业增加值占GDP总量的比重分别为50.8%、51.8%、51.8%、50.7%、49.6%和45.5%，尽管比重由50.8%下降到45.5%，下降了5.3个百分点，但占经济总量的比重依然较高。2014年，全省工业增加值占GDP的比重比三产占GDP的比重(36.9%)高8.6个百分点，比全国工业增加值占GDP比重(35.8%)高9.7个百分点；在中部六省中，我省工业增加值占比重低于湖北省(46.3%)0.8个百分点和安徽省(46%)0.5个百分点，高于湖南省(39.7%)5.8个百分点，高于山西省(43.2%)2.3个百分点，高于江西省(44.5%)1个百分点。从国税税收情况来看，从2009年—2014年全省工业税收占税收总量的比重分别为67.3%、63.9%、64.6%、64.2%、58.7%和53.8%，比重由67.3%下降到53.7%，下降了13.4个百分点，但占税收总量的比重超过五成。2014年，我省工业税收占税收总量的比重虽然在中部六省中最低(安徽省63.8%、湖北省65.2%、湖南省69.2%、山西省64.4%、江西省58.3%)，但和全国工业税收占税收总量的比重(40.3%)相比高13.4个百分点。由此可见，在全省经济税收总量中，工业占据绝对地位，对全省经济税收起到支撑作用。

(二)工业经济税收增速换挡进入“新常态”

2009年以来，全省工业增长相对平稳，经济税收呈稳中趋缓态势。2009年—2014年，全省工业增加值分别增长11.4%、15.4%、16.1%、11.8%、9.9%和9.5%，国税工业税收分别增长-1.6%、9.9%、22.2%、12.4%、-0.6%和2.2%。除2009年受国际金融危机影响工业经济税收增长出现较大变动外，2011年开始，工业经济税收增速基本上是逐年回落，工业税收在2013年甚至出现下降。长期以来，全省工业经济税收一致保持两位数的高速增长，但2013年以来进入低速增长的“新常态”，尤其是作为经济发展“晴雨表”的税收，更是出现了小于3%、甚至下降的情况，明显低于2009年—2014年6年8.6%的平均增速。从目前情况来看，今后一段时期，低速增长将成为全省工业经济税收增长的“新常态”。

(三)工业经济税收结构变化进入“新常态”

在“新常态”形势下，全省工业经济税收行业构成发生了变化。从规模以上工业增加值比重上看，2009—2013年传统工业行业增加值占规模以上增加值比重分别为26.8%、28.4%、27%、28.1%和27%，所占比重呈下降趋势；高成长工业行业增加值占规模以上增加值比重分别为53.9%、54.9%、55.3%、57.

9%和59%，所占比重逐年上升，5年间上升了5.1个百分点；高载能工业行业增加值占规模以上增加值比重分别为43.3%、41.2%、40.7%、39.9%和37.4%，所占比重逐年下降，5年间下降了5.9个百分点。从税收比重上看，2009－2014年传统工业行业税收占全部工业税收比重分别为25.1%、24.1%、23.8%、18.4%、17.7%和18.1%，所占比重基本上是逐年下降，6年间下降了7个百分点；高成长工业行业税收占全部工业税收比重分别为45.9%、48.4%、48%、55.1%、54.1%和56.5%，所占比重逐年上升，6年间上升了10.6个百分点；高载能工业行业税收占全部工业税收比重分别为41.8%、39.1%、39%、33.4%、34.1%和32.5%，所占比重逐年下降，6年间下降了9.3个百分点。经济税收比重的变化既反映了全省工业经济结构性调整对部分行业发展的压力，也体现出工业经济转型升级正在取得积极进展，新的税收增长点正在形成。一方面，传统工业行业和高载能工业虽然目前仍然具有行业比重“霸主”地位和短期内不可或缺的经济税收发展支撑作用，但受市场竞争难度加剧、产能过剩和产品价格下滑等因素影响，发展前景优势逐步减弱；另一方面，高成长工业行业随着宏观经济转型和市场选择需求的转变，发展前景收到青睐，经济税收比重逐步加大。长期来看，随着科技发展和互联网经济的兴起，全省工业必将进入以高成长行业发展为推动的“新常态”。

(四)工业经济税收增长动力进入“新常态”

在增速进入“新常态”的同时，工业经济税收也出现了传统行业和高载能行业增长减缓、高成长行业增长加快和增长动力转换的“新常态”。从规模以上工业增加值增长情况来看，2009－2013年，传统工业行业增加值分别增长－4.5%、35.2%、14.1%、10.6%和6.2%，5年间平均增长7.6%，低于规模以上工业增加值平均增速(9%)1.4个百分点，2010年后呈增长减缓趋势；高成长工业行业增加值分别增长14.4%、29.8%、20.9%、11.5%和12.7%，5年间平均增长6.9%，虽然低于规模以上工业增加值平均增速2.1个百分点，但从2012年开始增长呈加速态势；高载能工业行业增加值分别增长4.1%、21.9%、18.5%、4.3%和3.7%，5年间平均增长6.4%，低于规模以上工业增加值平均增速2.6个百分点，2010年后呈增长减缓趋势。从税收增长情况看，2009－2013年，传统工业行业税收分别增长－12.9%、5.5%、20.9%、－13.1%、－4.4和4.2%，6年间平均增长2%，低于全部工业税收平均增速(8.9%)6.9个百分点，2011年后呈增长减缓趋势；高成长工业行业增加值分别增长6.9%、11%、26.4%、29.2%、－2.3和6.6%，6年间平均增长13.5%，高于全部工业税收平均增速4.6个百分点，2009年到2012年呈增长加速态势，近两年受宏观经济形势影响增速放缓，但高于全部工业税收增长速度；高载能工业行业增加值分别增长－12.8%、2.7%、21.8%、－3.5%、1.4和－2.7%，6年间平均增长3.6%，低于全部工业税收平均增速2.3个百分点，2010年后呈增长减缓趋势。2013年，传统工业行业、高成长工业行业和高载能工业行业增加值增加额分别占全省规模以上工业增加值增加额的16.5%、70%和13.8%，分别拉动全省规模以上工业增加值增长1.7、7.4和1.5个百分点；2014年，传统工业行业、高成长工业行业和高载能工业行业税收增加额分别占全省工业税收增加额的34.2%、163.6%和－42%，分别拉动全省工业税收增长0.8、3.6和－0.9个百分点。

## 二、“新常态”形势下河南省工业经济税收发展存在的主要问题

(一)工业行业构成竞争优势减弱

经济发展新常态三个显著的变化特点：经济增长速度变化—“从高速增长转为中高速增长”，经济结构变化—“经济结构不断优化升级”，经济发展动力变化—“从要素驱动、投资驱动转向创新驱动”。在“新常态”形势下，经济发展主要靠结构优化升级和创新驱动来形成新的竞争力。从我省工业行业构成情况来看，缺乏竞争优势主要表现在三个方面。一是传统工业行业发展优势面临较大挑战。传统行业中，有色金属、钢铁两大类行业近年来面临着产能过剩、产品价格持续回落的状况。以电解铝为例，2013年，全

省电解铝产量已经占全国15%，铝工业增加值近4000亿元，对GDP贡献6%左右。据统计，截止2015年1月份，全国铝冶炼企业在建产能3669万吨，运行产能3100.7万吨，产能过剩的矛盾非常突出，淘汰落后产能并抑制总产能继续发展已经成为我国电解铝产业未来5年的主要任务。受产能过剩和价格下降制约，加上西部电解铝生产电价优势，我省的电解铝行业发展优势正在逐步丧失。反映在税收上，全省铝加工行业税收2011－2014年分别为21.88亿元、9.74亿元、10.56亿元和14.14亿元，减收幅度非常明显。二是能源和资源行业比重过大。2009－2013年，全省工业行业中，能源原材料行业规模以上工业增加值分别为4074.26亿元、5097.39亿元、5964.42亿元、6361.57亿元和6566.67亿元，分别占全省规模以上工业增加值的52.5%、51.5%、50.2%、50.3%和47%，尽管比重下降了5.5个百分点，但仍然占据了全省工业的"半壁江山"。能源原材料行业发展对资源的依赖性较强，对适应"新常态"形势下经济发展方式转变的要求十分迫切，这些行业所占比重过大，容易形成"船大调头难"的局面。三是高成长行业规模效应不明显。高成长行业中，汽车、电子信息、装备制造三大类行业是适应"新常态"形势的优势行业，国家提出的"互联网＋"和"中国制造2025"等发展战略，给这些行业的发展给予了良好的政策支持和发展氛围。2013年，我省汽车、电子信息、装备制造三大类行业规模以上行业增加值为2840.39亿元，占全省规模以上工业增加值的20.3%；主营业务收入为11328.98亿元，占全省规模以上工业主营业务收入的18.9%；利润总额为825.23亿元，占全省规模以上工业利润总额的18.2%；税收收入为146.89亿元，占全省工业税收的16.2%。可以看出，除规模以上工业增加值占全省比重达到20%以外，主营业务收入、利润总额和税收收入均不足两成，和传统行业和高载能行业相比，在全省工业经济税收中的地位还缺乏规模效应。

(二)全省工业区域发展不均衡

2013年全省全部工业增加值占GDP的比重为49.6%，18个地市中，占比超过50%的地市达到12个，最高的是济源市(74.8%)，最低的是驻马店市(38.6%)。近年来，全省工业经济税收发展进程中，各省辖市之间不仅存在工业对经济税收贡献程度的较大差异性，同时也存在区域间的工业经济税收发展的不均衡性。从总量上看，2013年郑州市、洛阳市、南阳市、许昌市和焦作市全部工业增加值分别占全省的19.4%、10%、7.9%、7.5%和6.8%，合计占51.6%；郑州市、洛阳市、许昌市、焦作市、新乡市和三门峡市规模以上工业主营业务收入分别占全省的18.4%、9.8%、7.1%、7%、5.8%和5.4%，合计占53.5%；郑州市、许昌市、周口市、焦作市、漯河市和洛阳市规模以上工业利润总额分别占全省的21.5%、8.4%、7.4%、7%、5.9%和5.2%，合计占55.4%。总体来看，郑州市、洛阳市、南阳市、许昌市和焦作市是全省工业经济的前五强，对全省工业经济的贡献超过40%。而开封市、信阳市、鹤壁市和济源市等地市全部工业增加值、主营业务收入和利润总额和工业税收，占全省的比重分别为12.3%、11.2%和10.4%，对全省工业经济的贡献仅在10%左右。2014年，郑州市、洛阳市、许昌市、南阳市和安阳市工业税收分别占全省的23.9%、14.3%、9.7%、6.9%和6.8%，合计占61.6%；而商丘市、三门峡市、济源市、开封市、周口市、信阳市和鹤壁市等7个地市合计占全省的13.9%。从增长情况看，工业大市中，郑州市和许昌市工业增加值、主营业务收入、利润总额和工业税收增幅均超过全省平均水平，郑州市工业增加值和工业税收五年平均增幅分别高于全省8和4个百分点，许昌市工业增加值和工业税收五年平均增幅分别高于全省3.9和5.5个百分点，保持了较好的发展优势；洛阳市、焦作市和南阳市工业经济发展基本上还能跟上全省步伐，但工业税收受能源资源行业比重较大影响，增速明显慢于全省平均水平，分别低于全省平均水平3.5、6.7和0.7个百分点，这也是近年来全省工业税收发展突出的现象；平顶山市、三门峡市、鹤壁市和商丘市由于受煤炭价格持续下跌影响，工业税收五年平均增幅分别为－0.8%、0%、0.4%和1.9%，分别低于全省平均水平7.7、6.9和6.5个百分点；开封市、驻马店市和信阳市三个自身工业比重较小的省辖市，工业经济五年平均增幅分别达到17.7%、21.4%和21.9%，分别高于全省平均水平5、8.7和9.2百分点，工业税收五年平均增幅分别达到12.3%、11.7%和8.9%，分别高于全省平均水平5.4、4.8和2个百分点。

**各省辖市全部工业增加值、规模以上工业主营业务收入及利润总额和工业税收比重及五年平均增幅情况表**

比重、增幅：%

| 单位 | 全部工业增加值 | | | 规模以上工业主营业务收入 | | 规模以上工业利润总额 | | 工业税收 | | |
|---|---|---|---|---|---|---|---|---|---|---|
| | 占全省全部工业增加值比重 | 占本市GDP比重 | 五年平均增幅 | 占全省比重 | 五年平均增幅 | 占全省比重 | 五年平均增幅 | 占全省工业税收比重 | 占本市税收比重 | 五年平均增幅 |
| 河南省 | 100.0 | 49.6 | 12.7 | 100.0 | 20.7 | 100.0 | 16.8 | 100.0 | 53.7 | 6.9 |
| 郑州市 | 19.4 | 50.0 | 20.7 | 18.4 | 23.6 | 21.5 | 18.3 | 23.9 | 35.6 | 10.9 |
| 开封市 | 3.5 | 40.8 | 17.7 | 3.4 | 23.1 | 4.3 | 14.7 | 1.6 | 45.8 | 12.3 |
| 洛阳市 | 10.0 | 50.6 | 12.1 | 9.8 | 18.2 | 5.2 | 7.7 | 14.3 | 70.3 | 3.4 |
| 平顶山市 | 5.2 | 53.7 | 6.2 | 3.9 | 6.1 | 3.5 | 8.5 | 4.8 | 63.7 | −0.8 |
| 安阳市 | 5.4 | 50.8 | 10.2 | 5.3 | 13.8 | 4.9 | 11.4 | 6.8 | 67.5 | 7.9 |
| 濮阳市 | 4.3 | 61.1 | 15.1 | 4.3 | 21.0 | 4.8 | 28.5 | 3.1 | 65.8 | 4.5 |
| 新乡市 | 5.5 | 49.5 | 18.5 | 5.8 | 20.3 | 4.5 | 12.2 | 4.7 | 61.6 | 3.9 |
| 焦作市 | 6.8 | 63.5 | 14.4 | 7.0 | 19.4 | 7.0 | 10.6 | 3.2 | 50.8 | 0.2 |
| 鹤壁市 | 2.6 | 66.5 | 18.5 | 2.6 | 24.9 | 2.0 | 22.6 | 1.2 | 63.9 | 0.4 |
| 许昌市 | 7.5 | 63.1 | 16.6 | 7.1 | 24.8 | 8.4 | 15.6 | 9.7 | 78.9 | 12.4 |
| 漯河市 | 3.4 | 63.7 | 11.8 | 3.7 | 16.5 | 5.9 | 15.0 | 4.9 | 79.2 | 12.8 |
| 三门峡市 | 4.6 | 61.5 | 16.3 | 5.4 | 20.8 | 5.0 | 15.7 | 2.8 | 59.1 | 0.0 |
| 商丘市 | 3.9 | 40.6 | 14.7 | 4.1 | 22.4 | 3.3 | 16.7 | 2.9 | 49.3 | 1.9 |
| 周口市 | 5.0 | 44.6 | 21.4 | 5.1 | 35.7 | 7.4 | 28.0 | 1.3 | 36.0 | 5.7 |
| 驻马店市 | 3.7 | 38.6 | 17.6 | 3.4 | 24.8 | 3.5 | 30.1 | 3.8 | 62.3 | 11.7 |
| 南阳市 | 7.9 | 50.6 | 13.9 | 5.3 | 20.3 | 4.8 | 21.0 | 6.9 | 63.2 | 6.2 |
| 信阳市 | 4.0 | 40.5 | 21.9 | 3.0 | 23.6 | 2.4 | 26.1 | 1.3 | 34.3 | 8.9 |
| 济源市 | 2.2 | 74.8 | 15.0 | 2.2 | 20.2 | 1.7 | 19.2 | 2.7 | 81.1 | 15.7 |

（三）部分工业行业经济与税收匹配关系差异较大

总体上看，近年来全省规模以上工业增加值平均增速高于工业税收平均增速，2009－2013年，全省规模以上工业增加值平均增速为15.9%，高于工业增值税平均增速（4.9%）11个百分点。2010年－2014年，全省国税分别抵扣固定资产进项税额66.47亿元、91.75亿元、99.51亿元、95.46亿元和78.17亿元，合计431.36亿元，平均增长4.2%。如果加上已抵扣的固定资产进项税额，2010－2014年全省增值税平均增长4.8%，低于规模以上工业增加值平均增幅11.1个百分点。从行业上看，煤炭、有色金属采选、烟草制品、纺织、橡胶和塑料制品、非金属矿物制品、黑色金属冶炼、金属制品、电气器材制造和通信电子设备制造等11个行业规模以上工业增加值比重与工业增值税比重差异均超过1个百分点，五年平均增速差异均超过10个百分点。从贡献度情况看，煤炭和烟草制品规模以上工业增加值比重小于工业增值税比重6.3和6.4个百分点，税收贡献度高于规模以上增加值贡献度；其他9个行业规模以上增加值贡献度均高于税收贡献度，经济与税收在匹配性上存在差异，尤其是非金属矿物制品业，经济贡献度高于税收贡献度6.2个百分点，经济活动转化为税收成果的能力有待提高。从增长情况看，通信及电子设备制造业、电气器材制造、纺织业、金属制品业和有色金属矿采选业等5个行业规模以上工业增加值五年平均增速分别高于工业税收平均增速75.9、20.4、19.1和18.9个百分点，说明这些行业经济发展和税收发展差异较大，经济发展能力还没有很好地体现在税收发展上。

**部分工业行业规模以上工业增加值和工业增值税比重及五年平均增幅情况表**

比重、增幅:%

| 行业 | 规模以上工业增加值 | | 工业增值税 | | 差异 | |
|---|---|---|---|---|---|---|
| | 比重 | 五年平均增速 | 比重 | 五年平均增速 | 比重差 | 增速差 |
| 工业行业合计 | 100.0 | 15.9 | 100.0 | 4.9 | 0.0 | 11.0 |
| 煤炭开采和洗选业 | 6.4 | 5.1 | 12.7 | −8.2 | −6.3 | 13.3 |
| 有色金属矿采选业 | 2.9 | 15.8 | 1.8 | −3.1 | 1.1 | 18.9 |
| 烟草制品业 | 2.6 | 28.1 | 9.0 | 17.7 | −6.4 | 10.4 |
| 纺织业 | 3.8 | 18.5 | 2.0 | −1.9 | 1.9 | 20.4 |
| 橡胶和塑料制品业 | 2.5 | 19.4 | 1.3 | 9.1 | 1.1 | 10.3 |
| 非金属矿物制品业 | 12.9 | 17.7 | 6.7 | 3.7 | 6.2 | 13.9 |
| 黑色金属冶炼及压延加工业 | 5.5 | 15.1 | 3.2 | 0.6 | 2.3 | 14.4 |
| 金属制品业 | 2.3 | 22.9 | 1.0 | 3.8 | 1.3 | 19.1 |
| 电气机械及器材制造业 | 3.2 | 24.8 | 0.6 | −2.3 | 2.6 | 27.1 |
| 通信、计算机及其他电子设备制造业 | 2.9 | 82.2 | 0.6 | 6.3 | 2.3 | 75.9 |

(四)工业投资选择与税收效益存在差距

总体上看,近年来全省工业投资平均增速高于工业税收平均增速,2009－2013年,全省工业投资平均增速为19.6%,高于工业税收平均增速(8.7%)10.9个百分点。从行业投资占工业固定资产投资比重和行业税收占工业税收比重的比较情况来看,有25个行业固定资产投资比重高于行业税收比重,其中17个行业高出1个百分点,10个行业投资比重比行业税收比重高出2个百分点,7个行业高出3个百分点。在行业投资比重高出行业税收比重3个百分点的7个行业中,农副食品加工业、化学原料及化学制品制造业、非金属矿物制品业、通用机械制造业、专用设备制造业、电气机械及器材制造业和通信、计算机及其他电子设备制造业投资比重分别为6.2%、6.5%、10.6%、6%、6.9%、6.5%和4.7%,合计47.4%,接近工业固定资产投资的一半,规模以上工业增加值比重合计39.5%,接近四成;而税收比重为19.8%,不足两成,经济活动与税收产出差异性较大。

**部分工业行业投资和税收比重及五年平均增幅情况表**

比重、增幅:%

| 行业 | 投资 | | 税收 | | 差异 | |
|---|---|---|---|---|---|---|
| | 比重 | 五年平均增速 | 比重 | 五年平均增速 | 比重差 | 增速差 |
| 工业行业合计 | 100.0 | 19.6 | 100.0 | 8.7 | 0.0 | 10.9 |
| 有色金属矿采选业 | 1.9 | 7.3 | 1.3 | −2.9 | 0.5 | 10.2 |
| 非金属矿采选业 | 0.7 | 0.4 | 0.2 | −3.6 | 0.5 | 4.0 |
| 农副食品加工业 | 6.2 | 21.7 | 1.7 | 13.3 | 4.6 | 8.5 |
| 食品制造业 | 3.9 | 24.5 | 1.9 | 14.2 | 2.0 | 10.4 |
| 纺织业 | 3.4 | 19.8 | 1.2 | −2.0 | 2.3 | 21.9 |
| 纺织服装、鞋、帽制造业 | 2.3 | 32.7 | 0.5 | 16.5 | 1.8 | 16.3 |
| 皮革、毛皮、羽毛(绒)及其制品业 | 1.9 | 38.0 | 0.8 | 14.4 | 1.1 | 23.6 |
| 木材加工及竹、藤、棕、草制品业 | 1.3 | 21.4 | 0.3 | 2.1 | 1.1 | 19.4 |
| 家具制造业 | 1.5 | 27.6 | 0.1 | −0.2 | 1.4 | 27.8 |

| | | | | | | |
|---|---|---|---|---|---|---|
| 造纸及纸制品业 | 1.5 | 15.2 | 0.7 | 1.2 | 0.8 | 14.0 |
| 化学原料及化学制品制造业 | 6.5 | 15.7 | 3.2 | 12.4 | 3.2 | 3.3 |
| 医药制造业 | 2.8 | 29.6 | 1.5 | 9.6 | 1.3 | 20.0 |
| 化学纤维制造业 | 0.3 | 49.6 | 0.0 | −4.6 | 0.3 | 54.2 |
| 橡胶和塑料制品业 | 2.5 | 18.9 | 1.1 | 6.2 | 1.4 | 12.7 |
| 非金属矿物制品业 | 10.6 | 13.7 | 4.9 | 5.4 | 5.7 | 8.3 |
| 有色金属冶炼及压延加工业 | 4.3 | 16.4 | 2.6 | −2.7 | 1.7 | 19.1 |
| 金属制品业 | 3.5 | 21.0 | 0.8 | 4.4 | 2.7 | 16.6 |
| 通用机械制造业 | 6.0 | 17.3 | 2.7 | 0.9 | 3.3 | 16.4 |
| 专用设备制造业 | 6.9 | 30.4 | 3.1 | 6.6 | 3.8 | 23.7 |
| 交通运输设备制造业 | 6.1 | 41.6 | 5.2 | 20.4 | 0.9 | 21.1 |
| 电气机械及器材制造业 | 6.5 | 35.7 | 2.6 | 13.0 | 3.9 | 22.7 |
| 通信、计算机及其他电子设备制造业 | 4.7 | 82.8 | 1.6 | 51.3 | 3.1 | 31.6 |
| 仪器仪表及文化、办公用机械制造业 | 0.7 | 31.6 | 0.3 | 14.0 | 0.4 | 17.6 |
| 燃气生产和供应业 | 0.9 | 18.9 | 0.7 | 27.6 | 0.2 | −8.7 |
| 水的生产和供应业 | 1.2 | 18.3 | 0.2 | 5.8 | 1.1 | 12.4 |

从行业大类上看，2013 年高成长性制造业投资占工业固定资产投资的比重比 2012 年提高 1.1 个百分点，传统支柱产业和六大高载能行业占比比 2012 年下降 1.2 和 0.8 个百分点，但从从税收上看，2014 年全省高成长性制造业税收占工业税收比重比 2013 年提高 1.4 个百分点，传统支柱产业和六大高载能行业占比比 2013 年下降 2.3 和 1.6 个百分点。由此可见，近两年来工业固定资产投资虽然在行业上有所变化，但整体上还是偏重于税收产出较慢的传统支柱产业和六大高载能行业。

**规模以上高成长性制造业、传统支柱产业和**

**六大高载能行业固定资产投资和税收情况表**

| 行业 | 投资占工业固定资产投资额比重(%) | | | 税收占工业税收的比重% | | |
|---|---|---|---|---|---|---|
| | 2012 年 | 2013 年 | 变化 | 2013 年 | 2014 年 | 变化 |
| 高成长性制造业 | 25.6 | 26.7 | 1.1 | 18.1 | 19.5 | 1.4 |
| 电子信息产业 | 2.5 | 2.1 | −0.3 | 1.6 | 1.6 | 0.0 |
| 装备制造业 | 10.5 | 10.8 | 0.3 | 9.6 | 10.0 | 0.4 |
| 汽车及零部件产业 | 2.2 | 2.4 | 0.1 | 3.7 | 4.6 | 0.9 |
| 食品产业 | 6.0 | 6.2 | 0.2 | 1.8 | 1.7 | −0.2 |
| 现代家居产业 | 2.3 | 2.4 | 0.2 | 0.3 | 0.3 | 0.0 |
| 服装服饰 | 2.2 | 2.8 | 0.6 | 1.2 | 1.3 | 0.1 |
| 传统支柱产业 | 39.7 | 38.5 | −1.2 | 39.4 | 37.1 | −2.3 |
| 冶金工业 | 6.2 | 6.0 | −0.2 | 3.9 | 4.5 | 0.7 |
| 建材工业 | 9.7 | 9.6 | −0.2 | 5.3 | 4.9 | −0.4 |
| 化工工业 | 8.0 | 7.9 | −0.1 | 2.5 | 2.6 | 0.1 |
| 轻纺工业 | 9.3 | 9.0 | −0.4 | 1.6 | 1.7 | 0.1 |
| 能源工业 | 6.4 | 6.1 | −0.3 | 26.2 | 23.4 | −2.8 |
| 六大高载能行业 | 28.7 | 27.9 | −0.8 | 34.1 | 32.5 | −1.6 |
| 煤炭开采和洗选业 | 2.2 | 1.4 | −0.8 | 11.0 | 8.4 | −2.6 |
| 化学原料及化学制品制造业 | 6.5 | 6.5 | −0.1 | 2.8 | 3.2 | 0.4 |

| 非金属矿物品制造业 | 10.9 | 10.6 | −0.3 | 5.3 | 4.9 | −0.4 |
|---|---|---|---|---|---|---|
| 黑色金属冶炼及压延加工业 | 2.5 | 1.8 | −0.8 | 1.6 | 1.09 | 0.3 |
| 有色金属冶炼及压延加工业 | 3.7 | 4.3 | 0.6 | 2.2 | 2.6 | 0.4 |
| 电力、热力的生产和供应业 | 2.8 | 3.4 | 0.6 | 11.1 | 11.4 | 0.3 |

(五)国有性质工业企业发展活力欠缺

过去30年中国主要依靠改革开放政策、廉价生产要素、投资驱动和地方政府推动型的经济增长由于金融危机的爆发而基本告一段落,"新常态"形势下中国经济增长新的源泉更多地将来自于技术创新与技术深化、社会改革和政府体制改革、消费率的提升,城市化加速和服务业发展。长期以来,国有性质的工业企业发展受惠于政府政策的倾斜,现阶段的发展进入调整期,表现出市场需求萎缩、产能过剩的生存压力,和民营性质工业企业相比,发展活力有待激发。2009－2013年,国有性质规模以上工业增加值年均增长8.4%,低于规模以上工业行业增加值平均增速7.5个百分点,其中国有控股工业企业增加值年平均增长8%;民营性质规模以上工业增加值年均增长18.9%,高于规模以上工业行业增加值平均增速3个百分点,其中私人控股工业企业增加值年平均增长18.6%。从税收上看,2009－2014年,国有经济工业税收年均增长8.7%,低于全部工业税收平均增速0.2个百分点,其中国有控股工业企业税收年平均增长只有4%;民营经济工业税收年均增长9.2%,高于全部工业税收平均增速0.3个百分点。

(六)科技投入和技术创新能力需要进一步加强

根据我省和全国大中型工业企业研究与试验发展活动情况统计数据来看,我省工业企业在人才储备、科技投入和创新能力上都在一定程度上制约着工业的发展。在科技人员储备上,全省大中型工业企业科技机构人员由2009年的5.94万人发展到2013年的8.55万元,年均增长9.5%;全国由155万人发展到238.8万人,年均增长11.4%,我省工业企业科技人员不仅增速落后全国1.9个百分点,而且占全国的比重由2009年的3.8%下降到2013年的3.6%,降低了0.2个百分点,工业人才储备状况落后于全国。在工业企业技术经费投入上,引进技术经费支出、购买国内技术支出和技术改造经费支出合计占规模以上工业企业利润总额的比重由2009年的7.1%下降到2013年的3.4%,2013年全国的比重为7.4%,高于我省4个百分点,我省工业企业技术经费投入和全国相比明显不足;表现在新产品销售收入上,2013年全省占规模以上工业企业主营业务收入的7.7%,比全国12.5%的比重低4.8个百分点。在科技创新能力上,工业企业申请发明专利项数年均增长35.4%,高于全国13.3个百分点,而有效发明专利数量年均增长36%,高于全国6.2个百分点,申请数量和实际有效数量存在较大差异;申请发明专利项数占全国的比例由2009年的9.9%提高到2013年的15.1%,提高了5.2个百分点,而有效发明专利数量由占全国的比例由2009年的4.5%提高到2013年的5.4%,只提高了0.9个百分点,我省工业企业科技创新能力还需要强化。

## 三、"新常态"形势下促进河南省工业经济税收发展的建议和措施

(一)适应新常态发展结构,优化工业结构

在相当长的一段时间内,工业经济仍将是我省经济发展的支撑,但发展中的一些长期性、结构性矛盾比较突出。政府有关部门应针对工业产业层次低,高资源消耗、高能耗工业比重过大、科技投入不足、产业链条短、经营效益低下、自主创新能力弱等矛盾,依据产业特点,在引导企业强化技术创新、加快产业转型升级上加大工作力度。同时要做好战略引导,把即将丧失"资源红利"的风险扭转为赢得"创新红利"的机遇,逐步奠定未来全面协调可持续发展格局的基础,不断在发展中解决产业结构不合理、科技创新能力不强、发展过多依靠投资拉动等深层次问题,最终实现经济发展方式的根本转变。高载能行业要充分发

挥战略、规划、政策的引导作用，发挥技术标准、法律法规和市场机制的约束作用，加大淘汰落后产能力度，继续化解过剩产能，推动企业兼并重组；传统优势产业以产业内升级为方向，通过工艺升级、产品升级、功能升级等路径，提高技术水平与产业层次，培育产业链整体竞争力；优势支柱产业和高新技术产业以链式发展为重点，以产业集聚区为载体，加速培育特色产业集群，形成高新技术的局部强势和群体优势，形成产业集群竞争力；着力发展先进制造业，加快向价值链前后两端延伸，努力拓展组装、制造之外的技术、专利和品牌、服务，努力提高科技含量，树立品牌服务，实现结构优化、技术进步，通过加大投入和自主创新来延伸和完善产业链条，进一步提升传统制造业的发展水平、盈利能力和税收产出；战略性新兴产业以产业间升级为重点，坚持以产品为纽带，制定符合每一行业的发展方式。

（二）适应新常态增长动力，提高创新实力

长期以来，我省工业发展主要依靠要素低成本优势、通过引进技术和管理迅速形成生产力来实现规模扩张，对关键基础材料、核心基础零部件、先进基础工艺和产业技术基础的重视不够，企业研发投入强度偏低，产业长期被锁定在国内外价值链中低端环节。“新常态”形势下，要坚持把增强创新能力摆在首要位置，增强我省工业升级的动力。一是强化人才储备，通过引进、招聘、培训等方式培养行业领军人才，通过创造环境、优化待遇、政策奖励等方式让人才能够在我省拴心留人、扎根生长，不见异思迁。二是加大科技投入，在引进技术经费支出、购买国内技术支出和技术改造经费支出等方面要“舍得”，让这些投入为推动工业发展换取更多的回报。三是鼓励创新成果，制定专门政策，鼓励在工业领域以科技为基础、应用为核心、市场为导向、企业为主体的发明创造，提高我省工业基础能力与智能技术、产品创新和装备水平，健全我省工业创新网络体系，支持众设众包、技术创新、业态创新、模式创新等多元创新发展，加快推动工业从要素驱动、投资驱动向创新驱动转型，培育壮大产业竞争新优势。四是加快国企改革，要选准选好重点国有企业，研究制定对应的改革政策，具体政策落实中，要进一步细化管理措施，简化流程，压缩环节，提高效能，提升政策落实的针对性、可操作性和实效性，确保各项改革政策及时落实到位。

（三）适应新常态发展方式，转变经济活动理念

一是优化工业发展环境。坚持把简政放权作为全面深化改革的突破口，着力深化行政审批制度改革，使市场在资源配置中起决定性作用和更好发挥政府作用，激发企业发展活力。一方面要重点清理涉及企业生产经营活动的审批事项，进一步减少工业领域的审批、核准、备案事项；认真梳理并向社会公布“负面清单”、“责任清单”和“权力清单”，为企业创造一个更加宽松公平，更有利于创新发展的市场环境。另一方面要按照宽进严管的原则，从加强依法监管、完善监督检查、提高服务能力、推进行业自律等方面入手，守好安全生产、产品质量、环保标准、用户权益保障等“红线”，将工作重点更多放在制定法规标准、完善基础设施、提供公共平台，更好为企业服务上来；二是盘活工业投资资源，要积极支持绿色低碳、节能环保设备和产品开发，提高我省智能产品、智能装备的制造能力，为农业、服务业提供更加节能高效的设备；要加快节能环保、再制造、新能源汽车等产业发展，探索能源合同管理、节能资源协议、高耗能产品能耗限额标准等新模式，加快形成工业绿色发展的长效机制；要大力支持智能电网建设，促进能源资源的优化调配，大幅提高能源利用效率；要以高投入、高消耗、高排放行业为重点，组织开展低碳技术试点，推动建设一批低碳工业园区；三是重视招商引资中的财税效益，招商引资是促进经济发展的重要手段。要制定符合长远发展、有约束力的招商评价体系，充分考虑招商项目带来的就业及财税收益是否大于环境污染带来的损失，项目实际投资是否与土地足够匹配。建立发改委、环保、国土、人力资源、税务、科技、工信等主要部门参加的招商评价委员会，通过土地投资强度、单位土地就业率、单位产值能耗、污染程度、研发投入、税收贡献率等指标，及时发布招商项目评价预警报告，规避招商“高污染、土地浪费、就业率低、税收潜力小”的项目，增强经济税收持续发展能力。

# 建立和完善供给测改革下地方税收体系的探索

江苏省淮安地方税务局课题组

供给侧改革的核心是制度供给。财税制度的有效供给是供给侧改革的关键部分。2012年,我国开始以“营改增”为试点的税制改革,通过取消营业税改增值税来实现全面税负下降。2016年5月,“营改增”试点工作全面实施,营业税正式退出舞台。营业税作为地方税的主体税种不复存在,使地方税收体系面临重构的局面。地方税收作为税收组建的重要部分,同样也要符合供给侧改革的大背景。我们结合深化国地税征管体制改革的要求,从满足供给侧改革方向入手,探讨建立地方税收体系的具体思路。

## 一、供给侧改革中税收应发挥的调节作用

(一)供给侧改革的特点

我国的供给测改革相对于西方的供给学派所提出的观点,有着更加丰富的内涵和针对性。主要集中在三个方面上:

我国供给测改革是结构性改革。我国经济由年均增速10%向7%左右转换过程之中,背后是结构、动力、体制、政策环境的转换,是转型的再平衡。从制度供给方面供给侧改革包含了行政管理制度改革、产权制度改革、土地制度改革、国企改革、财税制度改革、金融制度改革、价格制度改革、社会福利制度改革、生态制度改革等各个方面;从结构优化上,继续挖掘新型工业化、新型城镇化、区域经济一体化、产业转型升级蕴含的动力;从要素升级上,包括推动技术进步、人力资源升级、资金运用效率提高、基础设施完善等,相当于“政府调控”转向“全面改革。

我国供给测改革兼顾需求侧。供给侧与需求侧室一个硬币的两面,缺一不可。需求与供给总量的相等是经济发展的最理想状态。现在我们提出供给侧改革的目的,是对以前发展中过渡采用需求手段的修正,而不是否定。我国经济发展面临的问题,供给和需求两侧都有。我国不是需求不足,或没有需求,而是需求变了,供给的产品却没有变,质量、服务跟不上。有效供给能力不足带来大量“需求外溢”,消费能力严重外流。

我国供给测改革不仅在宏观上,更多的在微观上。供给学派所强调的减税等措施之外,还需要通过实质性改革措施,开放要素市场、打通要素流动通道,优化资源配置,全面提高全要素生产率。围绕“三去一补一降”的目标,在加快行政性垄断行业改革、产业转型和精致生产、引导培育创新环境和能力等方面出台更加具体的制度和办法。

(二)税收政策在供给侧改革中的着力点

针对我国提出的供给侧改革的特点,财税制度供给不只简单地停留在减税层面上,更多的是突出对总供给侧和需求侧的调节,使其能够有机结合,实现“三去一降一补”,达到新的供需平衡。围绕这个核心,我们既要通过减税的方式为市场降成本,为企业“松绑”、“减负”,也要发挥税收的调控作用,控制公共资源的过渡获取,要素供给和边际收益的失衡,使资源配置效率实现最优。

1、通过结构性减税,同时增加市场有效供给量和需求量。供给侧改革不仅是简单的减税,更是要全面地降低税负。全面推开营改增试点是税制改革的重头戏,固定资产进项税额抵扣范围由动产进一步扩

大到不动产，实现固定资产抵扣全覆盖，完成增值税由生产型向消费型全面转型。通过营改增实现结构性减税是税制改革的主基调。李克强总理在今年两会政府工作报告中提出所有行业税负只减不增承诺，初步测算将给企业减税5万亿元以上，将极大降低企业税收成本，增强企业活力和竞争力，提高产品竞争力。

2、在市场失灵的领域，发挥税收杠杆作用。科技创新、社会养老、医疗救助、环境保护等领域需要投入大量的资源，但产出的收益较低，或者面临的风险较大，市场所能发挥的自我调节能力较弱，企业不愿过多涉及相关产业。政府需要在这些领域提供更多的制度供给和公共产品，要进一步完善对产权和所有权保护，从税收上对知识产权、专利权投入市场产生的经济效益给予优惠。用于企业研发的设备、投资、人才和劳动成本，应准予在所得税税前扣除项目中予以充分体现。对企业、个人过度获取公共资源、牺牲环境产生的受益行为要通过资源税、环保税、个人所得税进行调节。

3、精准扶持中小微企业，为创业创新提供制度保障。2012年底，全国内资企业私营企业实有1085.71万户，比2009年底增加345.56万户，平均增长13.4％；城镇75％以上的就业岗位是中小企业所提供，中小企业的转型成败是供给测改革的关键。在原需求侧的发展大背景下，大量的社会资源流向国有企业、垄断企业和房地产市场，不利于中小企业、特别是实体中小微企业的健康发展。因此，税收优惠应当避免“撒胡椒面”现象，而集中精力以中小微企业为重点，提供更加精准、力度更大、范围更宽的制度保障，比如所得税全额减免、科技研发全额加计扣除、放宽高新技术企业认定、融资贷款免税等税收优惠，着力发挥政府的引领作用，将成本的天平向中小微企业倾斜，在全社会营造鼓励中小微企业创业、创新的社会氛围。

4、完善收入分配机制，实现要素投入和要素收益相对称。新供给主义经济学认为，收入分配机制应当以“供给要素贡献和边际报酬”为核心，防止出现个体收入过度，导致社会要素贡献停滞或减少的现象，对收入分配改革提出了六个主张，包括遏制公权直接或间接参与财富分配、减少垄断对财富的瓜分、控制个体过度利用公共资源获取收入、为小微企业减税、通过税收调节严重偏离要素边际报酬的收入、减少公共支出和转移支付。围绕这些主张，我们需要对现有的财产分配税收制度、社会保障制度进行调整和完善，甚至需要开征新的税种来确保收入分配的公平，把财富还给企业和群众，提高整体消费的需求和质量，激活社会创造财富的积极性。

## 二、当前地方税收体系如何对接供给侧改革

### (一)地方税收体系的变化分析

根据《深化国地税征管体制改革方案》的文件精神，2016年基本完成深化财税体制改革的重点工作和任务，2020年各项改革基本到位，现代财政制度基本建立。早在2014年财税改革全面启动之初，财政部就提出了六大税制改革，分别是营业税改增值税、资源税、消费税、房地产税、环境税和个人所得税。

方案中明确了国税和地税继续保持分设的现状，对国税和地税的征管职责进行了初步明确划分。王军局长曾表示：理顺国税、地税征管职责，是深化合作的前提。方案对此的部署有三个突出特点：一是理顺国税、地税征管职责划分，这是随着财税体制改革推进而动态调整的过程。二是改革实施到位后，中央税、地方税和共享税的征管职责将会更加清晰，目前一些税种“两家管”的问题将得到解决。三是方案明确将一些依法保留、适宜由税务部门征收的非税收入项目，改由地税部门统一征收。

根据《深化财税体制改革总体方案》，今年5月1日起，全面实施“营改增”试点工作已经推开，标志着税制改革的首轮重头戏已经进入轨道，下面将进行征管职责的进一步调整。从《深化国地税体制改革方案》初步设想来看，在税种职责划分上进行调整：

取消营业税，改为增值税；

消费税划转地税征收；

企业所得税划转国税征收；

车购税划转地税征收；

开征环境税；

烟叶税转地税征收；

适时开征房产税；

从方案中可以看出，“营改增”后除了企业所得税全部调整给国税，其他税种的改革都涉及地税，地方税源的重构是税制改革下阶段的重点。方案除了对国地税征管职责的调整进行了初步明确，还指出将对消费税和资源税的改革方向进行了明确。

资源税改革：资源税方案已经初步成型，今年 7 月 1 日起将全面推进资源税改革。此次改革的重点集中在资源征收方式由从量征收改为从价征收。这种征收方式可以及时、准确地反映资源价格，对资源生产行为产生制约效应，引导资源优化配置，减少信息不对称、不完全带来的效率损失和资源浪费。资源税改革的第二个方向，将扩大资源税的征税范围，比如由对矿藏征收扩大到更宽泛的自然资源征收。2016 年 5 月 9 日，财政部、国家税务总局、水利部印发关于《水资源税改革试点暂行办法》，对水资源的使用开始从价征收水资源税，并于 7 月 1 日在河北省与资源税改革一并试点实施。政策的出台，主要是希望改变以往水资源费征收不力的局面，同时也为即将出台的环境费改税、水权交易等政策进行铺垫，倒逼排污企业主动寻求改造。方案中虽未列明，但借鉴国际经验，在未来也不排除通过向土地、植被、甚至碳排放等要素征收资源税，以提高要素配置的效率。

消费税改革：按照现在财税改革的整体方案，消费税改革的基本原则是针对“三高”，高耗能、高污染和高档消费品，这些要纳入消费税的征收范围。随着时代发展，消费品特别是高档消费品的定义在不断变化，原本属于高档消费品很可能在当今市场中是生活必需品，比如化妆品、汽车轮胎等。为了更好的实现产品升级，满足社会消费升级，对现有部分消费税涉及的项目调整已经是必须和必要的。这将会使原本属于高消费的商品价格走低，产量和销量提高，更好地保障市场供给。同时，不排除对部分产品消费税的征收由生产环节向零售环节转变的可能。这样的调整将能够更加准确的反映产品在市场需求变化，也能够保护地方税源，鼓励地方出台区域性刺激消费的个性化政策。

(二)目前地方税收体系对接供给测改革的存在的不足

虽然，《深化国地税征管体制改革方案》对“营改增”后国地税征收职责调整进行了明确，同时也对部分税种改革方向初步作了说明，但目前“营改增”后，地方税源对接供给测改革所能发挥的作用仍旧未能显现。就当前地税部门涉及的税收征管范围来分析，主要问题体现在以下几个方面：

缺少以完整的财产分配为核心的税收调节制度。一个完整的税收体系应该包括流转税、所得税和财产税。我国现在唯一缺乏的是从收入分配、财产转让到财产保留全过程的财产税征收体系。财产税分为一般财产税和特种财产税。一般财产税指纳税人全部财产价值为课税对象，如个人所得税；特种财产税是对某类或某几类财政征税。如对土地、房屋和有关建筑物、机械、车辆以及其他固定资产综合在一汽，征收的不动产税。此外，还有财产转让税，包括遗产税、继承税和赠与税。营改增后，地方主体税种缺失，借鉴国际通行的做法，财产税很可能成为地方税收的核心。

财富过度集中，影响要素供给。我国改革开放已经 30 余年。30 余年间少部分人先富的目标得到实现，但贫富差距已经成为不可回避的现实问题。北京大学社会学研究所不久前做的一项统计显示，目前只占人口 1% 的人群已经拥有中国总财富的 1/3，而占总人口 1/4 的收入较低人群却只拥有总财富的 1%。贫富悬殊带来的不仅仅是社会问题，同时对经济结构转型也形成制约。张永军认为我国长期存在的寻租行为即加大了贫富差距，又对自主创新能力产生负面影响。财富过于集中到少数人不利于需求的升级。美国学者 Sokolof 等人在 2007 年做的调查研究结果表明,高收入阶层倾向于消费个性化,只有中等收入阶层是消费标准化的工业创新产品的主力军,扩大中等收入群体规模,能够推动国内的消费和创新。

长期以来,我国缺少对远超边际报酬所积累的财产进行再次分配的税收调节制度,财富过度集中,不利于土地、人员、资金等要素流动和交易,无法将剩余资本重新转化为供给要素,在制造业利润过低、实体经济效益下滑的环境中,将影响供给侧改革的成效发挥。

现有的个人所得税征收方式不足以发挥调节功效。个人所得税对劳动供给调节能力不足。个人所得税与劳动供给的关系表现为三个方面:收入效应、替代效应、对劳动结构的影响。替代效应包括正激励替代效应和负激励替代效应。我国个人所得税纳税人数相对比较少,纳税所得覆盖纳税人的实际收入也有较大差距,使我国个人所得税的收入效应和对劳动结构的影响很难在现实中体现出来。

对个人收入调节能力不足。从税种的制度设计来说,现行的个人所得税不能满足调节收人分配差距需要,故而调节功能色彩淡薄。我国个人所得税实行的是分类所得税制。表面上是一个税种,但实际上,它是由 11 个类别的个人所得税构成的。如此的税制格局,其优点是便于源头扣缴,不易跑冒滴漏,故而收入功能色彩浓重。

抵扣项目与社会经济发展不相匹配。我国目前的个人所得税制度实行收人减去固定标准的免征额作为应税所得额的方法,设立个人免征额的目的之一是为保障纳税人的基本生活需要。随着经济社会发展,产品供给的升级,个人投资意愿增强,够买服务需求增加,个人所得税抵减项目不全,将难以释放有效需求,对接供给侧改革。税收监管难、成本高。个税被戏称“工薪税”,其主要原因是在个税征管中高收入群体监管失灵。以淮安市的基本数据为例,淮安市注册登记的企业、个体工商户总数 8 万余户,但每年自主申报 12 万元以上所得的仅 2 万余人,而且多数是垄断企业职工、教师等。征纳双方信息不对称现象较为严重,法律保障力度不够。

综上来看,目前个人所得税的调整是势在必行。建立有效、公正的个人所得再分配制度,能够对供给测改革起到推动作用。

地方税收制度供给还有待完善。除了上述两个涉及财产和收入方面的税收之外,要建立符合供给测改革配套的地方税收制度,还应具备有以下三个原则:一是对供给和需求相对缺乏弹性的商品和生产要素征税;二是对意外所得和因占有稀缺资源而获得的收益征税;三是用以矫正市场失灵的税。结合这三个原则,我们必须对现有的地方税种进行调整,开征部分新税种,如环境税、房地产税,甚至是碳排放税。

需求侧转向供给侧的另一个重要的特点,就是由收入型转向调节型。不难看出我国的税收征管制度设计都是围绕高效组织收入为前提,间接税的比重占税收总量的 70%,直接税比重则较小。但在供给侧改革背景下,更加强调税收的调控能力,认为高边际税率有害无益,超过边际税率的征税会使企业产量、质量下降,税收总量减少,总供给减少。在供给侧背景下,地方税收制度的供给将面临重新设计的可能。

税收征管模式也面临改革。原有征管模式是在营业税、企业所得税为基础下,形成的税收风险管理模式。部分地税都建立了以重点税源和一般税源为区分的管理机构,而重点税源多数都是房地产企业。营业税取消后,地方税务部门很有可能产生原有的管理方式与新的地方税收体系不相匹配的现象,面临着信息不畅、机构重组、重心转移的变革境地。而完善相应的管理方式,需要投入时间、资金、人员,同时还要寻求国家政府在法律、政策层面上的支撑,其中政策制度的不确定因素将持续影响地方税源体系建设。

### 三、结合供给侧改革对构建地方税收体系的几点建议

完善地方税收体系建设是深化征管体制改革的下阶段重点。营改增实现税负全面下降,给构建地方

税收体系预留了空间。从供给侧改革角度分析,税制改革本身就是一种制度供给,而如何才能更好地对接供给侧改革的需求是构建新型地方税收体系的难点。除了简单的税种调整之外,更重要的是相关的制度和机制保障、边际税率的确定。同时,在发挥地方税收的杠杆效应时,既要考虑各地区发展的差异,给各地区充分的调整空间,又要避免地方税产生的区域不良竞争。因此,在重构地方税收体系过程中,要分步推进。先将部分税种改革实施到位,再逐步建立地方主体税种,最后赋予地方更多的税收立法权和管理权。

加快推进资源税改革、消费税、个人所得税的改革。供给侧改革是经济发展结构调整的长期性改革。就当前我国面临的严峻形势来看,改革的重点是“三去一降一补”。资源税、消费税、个人所得税的改革目标也应当围绕这个目标进行调整,具体的方向是:资源税改革应发挥出控制资源过度摄取的调节功效;消费税改革应突出围绕降低生产成本,推动消费升级,提升产品品质,提高对有效供给的承接能力;个人所得税改革应体现出对消费、投资、储蓄行为的积极鼓励,为市场资源配置提供更多可用要素。还应尽快启动环境税的征收,摆脱对高能耗、高污染、低附加值的工业依赖,倒逼企业自我改进。

建立以财产税为主体的地方税收体系。根据国际借鉴,财产税可以作为地方税收的主力税源。财产税的建立主要填补我国目前在财产保有环节的税收空白。房地产税是目前列入开征计划的财税。在此基础上,还可以着手遗产税的研究。通过对财产税的不断完善,缩小社会贫富差距,扩大中产阶级群体,增加社会购买力。

探索赋予地方政府税收立法权和管理权限的实施办法。我国领土面积巨大、地区发展差异较大,各地对供给和需求的实际情况也有较大差异。以房地产为例,一线城市的房地产明显区别于二、三线城市的房地产情况。因此,在统一税政的前提下,赋予省级政府适当税政管理权限,让地方政府可以根据自身的发展情况,在国家财政法规政策的背景下,适当的调整地方税收体系,有助于更好的进行要素配置,使供给能够满足当地的需求。

加强国地税深度合作,降低制度费用。从制度经济学角度分析,构建新型地方税收体系的过程中,税收的制度费用必然会有所增加。针对这一现象,我们首先必须认清税社会进步与制度费用增长的必然联系;其次,我们要通过推行税收现代化管理改革来最大程度地降低额外制度费用的产生。最有效的办法就是加深国地税的深度合作,适当放松对纳税人管制。国地税合作还有较大的空间可以利用,比如:双方在加强信息共享,统一服务和执法标准等方面进行合作,减少征纳双方信息不对称,降低制度费用。同时,还可以利用互联网、物联网、大数据等现代化工具,用“互联网+”的新思维来将制度费用压缩到最低。

课题组负责人:孙长举　陈兆田　张红兵

成　　员:周立刚　吴笑程

# 服务京津冀一体化发展的税收思考

## ——以保定市为例

窦自铁

京津冀协同发展是党中央国务院在经济新常态下，做出的重大战略部署。经济决定税收，税收影响经济。如何发挥税收职能优势，服务京津冀协同发展已成为当务之急。本文以保定市为例，在调研分析的基础上，阐述税收支持京津冀协同发展中面临的主要问题和矛盾，从发挥税收政策导向入手作，创新税收利益协调机制、优化纳税服务，推进税收便利化、创新有利于协同发展的税收工作机制，提出税收服务京津冀协同发展的政策建议与措施。

### 一、保定市在京津冀协同发展中现状

保定素有"京师门户、京畿重地"之称，在参与京津冀地区协同发展中，有着其他地区无法比拟的独特优势——

一是拥有深厚的历史渊源。保定是北京的"南大门"，与北京、天津三角相倚，相距均不到 140 公里，清为直隶总督署，建国后曾为河北省会，"京津保三角"城市合作关系历史悠久。二是同城化交通体系基本建立。京广高铁和保津城际铁路使保定通达京津仅需半小时左右，与规划建设的北京新机场最近距离只有 15 公里。市域内京港澳、大广、京昆和荣乌等高速公路构成京南地区"三纵两横"城际大通道，为同城化发展创造了条件。三是人才支撑能力强。保定是名副其实的"大学城"，现有华北电力大学、河北大学等 16 所高等院校，在校大学生 25 万人，高校数量和大学生万人拥有量在全国地级城市中位居首位。全市有各类科研机构 140 多所，科研人员 22 万多人，建有"院士工作站"13 家，科技创新实力在全省位居前列，具有了高端对接的基础和条件。四是产业基础较好。保定是新中国第一批老工业基地、全国首批低碳试点城市，拥有国家汽车及零部件出口基地、国家新能源产业基地、国家科技创新示范园区、国家高新技术产业园区，多年来培育形成了为汽车、新能源、纺织服装、建材代表的现代产业体系，涌现出长城、英利、奥润顺达、巨力等一批成长性强、影响力大的领军企业。五是承载空间广阔。保定总面积 2.2 万平方公里，全市辖 26 个县(市、区)，总人口 1023 万，是华北地区除京津外最大的城市。北京西、北部均为山区，北京东部、天津西部空间有限，唯有南部的保定，地势平坦开阔，资源条件能满足 500 万人口特大城市的发展需要，可为首都功能疏解提供广阔空间。六是京保合作基础广泛。近年来，保定市与中科院北京分院、北京中医药大学、北京服装学院、清华大学、北京中关村等建立了战略合作关系。特别是在央企合作方面已成为河北省重要的转移基地，2013 年，河北省跟踪保定市央企合作项目共 33 项，总投资 710.96 亿元，项目涉及石油化工、装备制造、航天航空等多个行业和领域。随着京津冀协同发展战略的实施，对保定发展的影响是全面的、深远的，这是我们当前面临的最大机遇、最现实的机遇、最不能错失的机遇，必将推动保定在新的历史起点上实现新的跨越发展。

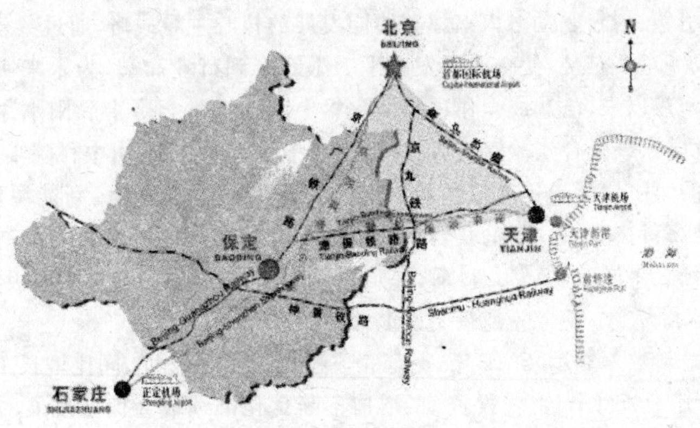


“京津保”三角格局

按照京津冀协同发展战略，保定市积极谋划了河北白洋淀科技城、装备制造与生物医药等总占地1216.5平方公里的7大产业发展平台，主动承接京津功能疏解产业转移。按照京津冀协同发展战略，保定市积极推动、谋划产业园区34个，并依据资源禀赋、产业基础、发展潜力等，划分为7大产业承接平台，主动承接京津功能疏解产业转移。2014年，该市承载平台实现主营业务收入4350亿元人民币，工业增加值完成938亿元，上交税金168亿元。

为全面融入京津冀协同发展，保定市发挥承载空间广阔、交通便利、现代产业体系较完善、特色产业突出等优势，着力构筑承接京津产业转移基地和创新合作平台。重点在高新技术、新兴产业方面吸引更多企业、项目和人才，已与中科院北京分院、北京中医药大学、北京服装学院、清华大学、北京中关村建立战略合作关系，谋划推进。河北安国现代中药工业园区瞄准建设北方最大药材集散地，已有北京同仁堂中药材加工生产及物流配送等9个项目落户，总投资92亿元，其中3个项目开工建设。同时，安国市加紧建设的天津天士力集团中国北方中药材交易中心，总投资达50亿元，成为津冀合作的示范项目。该中心将美国纽交所模式运用于中药材交易，使中药产业向国际化发展。白沟新城物流产业聚集区建设，成为对接京津的现代商贸物流产业基地。其作为保定市唯一的省级物流产业聚集区，自去年9月北京首批1500家商户相继入驻，600多家商户“大挪移”到国际服装城A座以来，运营效果良好。投资50亿元、占地2000亩的北京新发地高碑店农副产品物流园区已有蔬菜、水果、粮油、干副产品等5598个档口签约，其中80%来自北京的农批市场，签约河北辖区合作社662家。今年5月1日，园区内总占地3.2万平方米的香蕉库投入运营。作为以创新著称的中关村在北京以外设立的首个创新中心，保定·中关村创新中心正在迅速崛起，为京津冀协同发展的深入推进增添动力。截至目前，已有39家企业入驻该中心。据统计，截止到2016年6月底，保定市与京津签订合作项目共183个，总投资3923.42亿元，其中：在建项目58项，总投资1101.52亿元；签约待建项目54项，总投资1506.45亿元；洽谈项目71项，总投资1315.45亿元。

从我们调研分析得知，能够容纳如此巨大的经济体量，源自于保定市超前的工作规划。去年4月份，保定行政区划调整完成，此举不仅使城区结构通过合并更加精简，而且将原市区周边的清苑、满城、徐水3县撤县设区，一举将保定城区面积由312平方公里增加到2531平方公里，人口由119.4万人增加到280.6万人，彻底改变了保定长期以来“小马拉大车”的局面。“大保定”由此更具大能量。“原南市区、北市区合并成莲池区，绝不是简单的‘1+1=2’，而是一个整合爆发的过程。全区紧抓京津冀协同发展机遇，去年共有21个项目列入省市重点项目盘子，总投资452亿元。”

保定坚持把高端引领、创新驱动融入京津冀协同发展的核心主导战略，通过共建研发中心、联合实验室、试验基地，一对一、一对多对接，使企业研发水平一举跃升到行业高端，为未来实现优质、快速发展奠定了坚实基础。去年9月以来，已达成合作项目71个(中国化工学会牵手晨阳水漆、中国金属学会对接巨力集团，成立了一批国家级联合实验室)。通过加强与中科院的合作，由中科院半导体研究所领衔与保定同光晶体公司成立的第三代半导体产业联盟，与长城汽车在发动机研发、新能源汽车等领域开展的广泛合作，正在产生一批高科技成果。国电联合动力成立了全国唯一风电设备及控制国家重点实验室，高技术价值使企业营业额三年增长37倍。目前，保定还在着手成立"中国科协国家级学会保定创新联盟"，保定成为京津项目、技术、人才、资金等创新要素汇聚地的进程正在加快。

据保定市统计局最新数据显示，2015年，保定完成投资1149.6亿元，同比增长14.7%，高于全省平均水平1.7个百分点，新开工项目个数多、投资快，结构不断优化继续成为保定发展的鲜明亮点，全市新开工465个项目，同比增加67个，完成投资375.2亿元，增长30.6%，其中汽车、医药、计算机通信和其他电子设备等制造业完成投资127.9亿元；全市限额以上消费品零售额实现208.4亿元，同比增长11.8%，高于全省平均水平5.5个百分点，其中全市批发业、零售业销售额占到全市限额以上零售额的97%。

## 二、税收支持京津冀协同发展中面临的主要问题

京津冀发展不协调，最大问题是公共服务非均等化，它的根子在财税体制上。财富分配不合理，财税体制不合理，以邻为壑、恶性竞争的局面不打破，城乡二元结构、京津冀二元结构不打破，一体化无从谈起。

(一)税收政策支持京津冀协同发展面临的问题

1、现行支持区域创新驱动发展的税收政策的力度不足。由于现行与京津冀协同发展相关的税收政策在一定程度上存在缺失或缺陷，亟需有关部门根据中央文件精神和京津冀协同发展规划要求，进行必要的税收政策调整或研究出台新的税收政策。一方面，及时清理和规范三地自行制定的地方税收政策，逐步减少政策差异，在更大范围内推广现行的中关村国家自主创新示范区税收优惠政策，以进一步发挥市场在资源配置中的决定性作用，促进京津冀协同创新共同体和区域市场一体化格局的形成。另一方面，根据国家战略要求，在推动京津冀产业转型升级和转移对接等方面进行税收政策梳理和分析，补充完善政策空白点，适时出台先行先试税收政策，从而在京津冀协同发展进程中更好地发挥税收调控作用。现行的支持京津冀区域创新驱动发展的税收政策，其力度及施行范围均存在不足。现行的中关村国家自主创新示范区税收政策对企业技术创新和升级改造发挥了较好的促进作用，但在执行中存在惠及面窄、优惠力度有限、配套政策不完善等问题。由于河北无法享受中关村示范区"1+6""新四条"等试点税收政策，阻碍了科技创新产业在河北、天津的落地孵化。此外，由于研究开发费加计扣除政策门槛过高，致使部分创新性中小企业无法享受相关优惠政策，不利于创新型中小企业的发展壮大。

2、现行税收政策难以适应优化京津冀产业布局的战略要求。立足京津冀地区的比较优势，按照现代产业的分工要求，通过制定相应的税收政策促进区域产业的优化升级与合理布局，是发挥税收调控作用的题中之义。目前，国家对于优化京津冀产业布局的战略要求已经明确。北京应疏解非首都核心功能定位产业和构建高精尖经济结构，天津应加快发展战略性新兴产业和先进制造业，河北应积极承接首都产业功能转移和京津科技成果转化，改造提升传统优势产业，建设新型工业化基地和产业转型升级试验区。但适应上述战略要求的税收政策制度安排存在缺失，不利于三地实施产业差异化发展和融合发展。

(二)税收利益分享面临的问题

在当前分税制体制下，随着京津冀协同发展的推进，部分产业将按照布局规划进行调整，届时将有大批企业转移，因此亟需研究相关的税收利益分享机制，避免可能发生的相关问题。从财政体制层面来看，

现行分税制中关于区域横向税收分配的制度安排还不够完善，造成区域内欠发达地区与发达地区的经济发展差距进一步拉大，严重影响了地区间的社会公平，因此从长远考虑需要进一步完善财税分配制度。

1、改革为产业转移税收分享机制。以政府为主导的大型企业的搬迁转移，目前缺少相应的税收分享制度，短期内将给产业转出地的财政收入筹集带来很大的难题，产业转出地出于自身利益的考虑，可能会通过其他手段减缓企业转移速度。因此，应借鉴以往大型企业搬迁的税收分享经验，制定普遍适用于大型企业搬迁的税收分享办法，减少大型企业搬迁中"一事一议"的成本，明确大型企业转移的税收分享方法，降低产业转移协商过程中的时间成本。

2、区域间横向税收分配制度有待完善。分税制改革以来，中央和地方之间的财权划分基本理顺，然而随着经济活动的不断复杂化，地方政府之间的税源划分成为突出问题，出现了税收在不同地区的不当转移，造成了地区之间税收缴纳和税源不一致的情况，即税收与税源相背离，极大地影响了区域经济协调发展。从京津冀三地情况来看，总分机构问题显得尤其突出。北京以其独有的优势，拥有全国数量最多的企业总部，设在河北的分支机构的税收汇总至北京纳税，北京分享了河北税收。随着京津冀协同发展的深入，产业重新布局形成了产业区域内的转移，在目前总分机构税收分配的制度框架下，作为产业转移承接地河北，不但难以完全享受通过产业转移带来的税收收入增加，而且还要承担可能带来的环境污染等代价，这将在很大程度上影响津冀地区承接产业转移的积极性。因此，如何对跨区经营布局京津冀区域的企业产生的税收实行分享，成为促进产业承接转移的重要课题。

（三）优化纳税服务面临的问题

1、区域纳税服务水平亟待提升。京津冀三省市税务机关纳税服务联动机制不够完善，造成区域的纳税服务水平存在差异，区域内纳税服务资源整合力度不够。京津冀三省市税务机关虽然为纳税人提供多种咨询方式，但是由于三地税收政策和办税程序方面存在差异，尚未建立相关的咨询服务平台，使跨地经营企业和迁移企业难以全面掌握三地有关政策，影响企业税收成本的预测及企业顺利落地。另外，京津冀三省市税务机关在同城通办事项选择、免填单服务数量、自助办税服务功能等诸多方面均存在差异，导致区域内纳税服务水准参差不齐。

2、区域办税服务机制有待完善。目前，京津冀三地税务机关都已在国家税务总局的工作指导下，在简化辖区内纳税人迁移的办税程序、实行国税地税联合办理税务登记方面取得了重大进展，但由于区域内地区之间办税服务制度机制上存在设计缺陷，地区内横向部门之间缺少工作联动的制度保障，区域的办税服务工作仍有待进一步的创新和完善。一是多部门联合办理注册登记工作进展缓慢。虽然国税总局已明确要求各级税务机关要加强与工商管理部门、质量监管部门的沟通，及时获取工商登记、组织机构代码等信息，积极探索多证联办机制，但由于缺乏制度保障以及信息共享技术支持，相关工作进展情况较为缓慢。二是跨省迁移企业税收征管程序有待简化。由于税收征管信息尚未实现省际之间共享，纳税人发生跨省迁移时仍需办理注销税务登记，并将纳税清算作为前置环节，纳税清算时间较长。

3、京津冀三地涉税信息共享协同水平不高。目前，京津冀三地内部国地税部门之间信息共享已经具备了良好的基础，但跨行政区域的信息共享和业务协同手段缺位，三地税务机关之间的"信息孤岛"现象依然存在，没有形成区域内网络互联互通，数据共享交换，标准规范统一的协同共享机制，尚未建立跨区域税务机关间数据共享交换平台。

（四）加强税收征管　推进征管协同面临的问题

目前，由于行政体制和财政收入分配体制的影响，京津冀三地存在企业经营地与纳税地不一致的现象，增加了税务机关对纳税人实施全面、及时、有效风险监控的难度，税收面临流失风险。另外，当前我国企业的组织形式呈现多样化发展的态势，已经由原来绝大部分企业生产、销售局限于一个地区的组织形式过渡到全国布局。总部经济、连锁经济、异地投资设厂等跨地区经营的各种经济组织形式发展迅猛，出现纳税人向多地税务机关申报纳税并接受税务管理的状况。由于纳税人在不同地区的应税事项相对独立却又密切相关，在登记与管理独立的模式下，税务机关对同一纳税人的申报和缴库信息难以比对分析，给实施纳税评估和税务稽查带来较大难度，增加了税收风险。

## 三、税收服务京津冀协同发展的政策措施和建议

京津冀三地具有特定区位优势。目前三地GDP占全国GDP比重近11%，地方财政收入占全国地方财政收入比重近12%，人口占全国人口比重近13%，三地协同发展本质上是各地优势互补进而带动三地共同加快发展的过程。然而要看到，三地协同发展涉及改革、发展、稳定多层次问题，而财税制度是经济、社会和行政三者运行的支撑体系，推进三地协同发展必然要相应破解一系列财税难题。首先，如何平衡三地税制待遇。有必要把北京中关村的税收政策推广到河北的高新技术产业和省级开发区。通过这种税制待遇统一来激励河北产业结构优化。其次，中央政府要从协同发展角度单独考虑对三地的转移支付政策。中央对三地的转移支付要考虑三地协同发展过程中人口流动、资金流动和技术流动等对经济发展和社会发展的影响。操作上可按照三地的功能定位来有针对性地、统筹考虑确定转移支付。最后，三地应从协同发展角度制定区域性财税政策。制定区域性财税政策时，要考虑三地协同发展因素，具体安排基础设施投入时要优先三地协同发展项目，对三地间资本和技术流动要采取激励性税收政策。

(一)充分发挥税收政策导向作用

1、完善推广促进京津冀区域创新驱动发展的税收政策。进一步完善现行的中关村国家自主创新示范区税收政策。降低研发加计扣除政策门槛，使相关政策惠及中小型科技创新企业。研究制定促进中关村示范区产学研合作的企业所得税优惠政策，对示范区科研机构免征企业所得税，对示范区企业科技成果转让实施更大力度优惠，适度扩大中关村示范区税收政策适用范围。

2、规范统一促进京津冀市场一体化的税收政策。一是归并取消部分优惠政策。按照国发62号文有关清理规范税收优惠政策的通知精神，对京津冀三地各自制定的税收优惠政策逐一进行清理甄别，取消“即征即退”、“财政返还”等妨碍区域公平竞争的招商引资政策，营造良好的区域发展环境。二是为减少区域内横向税收不良竞争，京津冀地区应加快由区域税收优惠政策向产业税收优惠政策转变。对已经出台的不利于三地协同的区域性税收优惠政策，执行到期的应彻底终止不再延续，对未到期限的要明确政策终止的过渡期，对符合三地协同发展需要的优惠政策，要进一步加强执行力度，确保政策落到实处，发挥此类政策的效用；对带有试点性质且具有推广价值的，应尽快转化为普惠制，在全国范围内实施。同时，统筹制订区域地方税种的征收标准，例如营业税、车船税、土地使用税、房产税、契税、土地增值税预征率等，建议在尽可能短的时间内，在京津冀区域内实现以上地方税种征收标准的统一。

3、创新优化京津冀产业布局的税收政策。按照京津冀协同发展国家战略规划的要求，三地应结合自身功能定位，制定鼓励促进产业发展目录和不宜发展产业目录。税收政策制定部门根据鼓励促进产业发展目录，健全完善相关的税收优惠政策，完善产业税收优惠政策体系，对于列入不宜发展产业目录的产业，逐步取消税收优惠政策。同时，对京津冀区域内为淘汰落后产能而新上项目以及转型升级的重大项目，享受固定资产加速折旧政策。对压缩过剩产能的企业，按企业压缩产能的比例，相应抵扣企业应纳税所得额。

(二)创新完善区域税收分配制度

1、研究制定大型企业转移的税收分享办法。企业的搬迁必然引发迁出、迁入地政府筹集财政收入的变化，特别是短期内将会影响到迁出地政府的财政收入。为避免“一事一议”，减少协商成本，促进产业转移有序推进，可采取以下措施：对于政府主导的整体搬迁落地非园区的大型企业，可对企业产生的主体税种包括：增值税、企业所得税、个人所得税的地方留成部分、营业税在产生税收的一定时期内，按照五五分

成的比例进行税收分享，其他的地方税种可以在一定期内予以减免，以鼓励促进企业的搬迁发展。对于落地园区的企业，不论政府主导还是市场选择，不论企业规模大小，建议由国家设立园区专项扶持基金，促进共建园区建设。借鉴上海浦东新区的成功经验，在一定年限内，以中央核定的税收返还数为基数，每年税收增幅在一定比例内的税款进入园区发展基金，增幅超过比例的部分50%入园区发展基金，最大限度保证税收分享制度的公平合理。

2、进一步完善跨地区经营所得税分配制度。为促进京津冀协同发展的产业布局调整，提高三地产业转移中的积极性，建议进一步完善已有跨区经营企业税收分配制度安排，如《跨地区经营汇总纳税企业所得税征收管理办法》(国家税务总局公告2012第57号)，充分考虑企业总分支机构的实际经营规模、经济活动贡献、涵养税源的前期建设成本、企业生产带来的负外部性成本等综合因素，适当调整总分支机构的税收分配比例，调增在津冀地区迁入地的分享比例，确保跨区经营企业所得税按照税源贡献大小原则在相关区域政府间公平分配，避免出现“有税源无税收，无税源得税收”的情形，损害税源地政府的税收权益。

(三)营造优质的税收服务环境

1、大力提升纳税服务水平。探索建立京津冀纳税服务标准示范区域。以国家税务总局颁布的《全国县级税务机关纳税服务规范》为基础，推动京津冀三地涉税事项办理同政策、同流程和同时限。建立标准统一、透明公开、服务集约、科技含量高的全国示范性公共服务平台。简化办税流程、精简涉税资料，缩短办税时限，推进规范升级，为纳税人提供高附加值的服务。充分发挥网络优势，建立基于互联网的统一办税服务平台，实现办税服务“一点通”。纳税人打开三地税务部门网页，即可进入京津冀统一的网上办税平台，输入纳税人识别号之后，能够立即接入到三地税务机关的办税服务系统。

2、实现京津冀涉税业务三地通办。在三地现有通办服务基础上，逐步实现税务登记、纳税申报和备案类事项通办。对纳税人已享有的税收资质(如高新技术企业等税收优惠资质、增值税一般纳税人认定资质等)在纳税人迁移时，承接地主管税务机关继续予以认可，承接时不再审核调查，同时加强后续监管。推进三地涉税信息共享，实现三地统一的免填单服务。

3、创新完善税收服务措施。推进多部门联合办理注册登记。京津冀三地税务机关应加强与工商、质监等职能部门的外部协调，规范信息共享口径，确保信息真实有效。基于获取的工商登记、组织机构代码等信息，直接赋予纳税人识别号，并主动推送给纳税人签字确认，不再要求纳税人重复提供并填报信息。探索建立三证联办的工作程序和规范，完善信息系统，适时实现一表登记、三证(营业执照、组织机构代码证、税务登记证)合一。

4、简化京津冀跨省迁移税收征管程序。比照省内跨区县迁移模式，迁出地税务机关对发生跨省迁移的纳税人做迁出处理，简化和规范纳税清算程序或不作纳税清算，迁出前正在对企业实施稽查的，如无重大问题，应限期在两月内结案，减少企业在京津冀间跨省迁移的行政障碍，为产业转移和企业合理流动提供便利。

(四)强化税收征管　促进三地征管协同

1、严格维护征管秩序。建立并完善企业异地经营税务管理协作机制。对企业工商注册地与税务登记地不一致的，要努力解决历史遗留问题，落实税务登记管理制度。对企业工商注册地与企业实际经营地不一致的，应在调整完善地方财政收入分配体制的基础上，减少地方政府的非正式优惠政策和行政干预，引导区域间企业良性流动，逐步减少税收与税源背离的情况。

2、强化税收风险协同管理。建立跨地区经营企业的户籍式信息管理模式。将分支机构、子公司、临时外出经营户等纳税人的经营和纳税信息归并到其总机构、母公司、注册地纳税人的户籍信息内，以便于总机构、母公司、注册地税务机关对纳税人及时实施风险应对管理。

3、完善税收工作协调机制。京津冀三地税务部门应在《京津冀协同发展税收合作框架协议》的基础上，进一步细化工作方案，明确部门职责，落实国家税务总局京津冀协同发展税收工作领导小组确定的工作事项，制定相关配套制度。建立会商机制，及时沟通交流工作中的动态、问题和经验。建立涉税争议协调机制，设立争议协调机构，对因税收管辖权等事项产生的争议，组织各局相关部门妥善研究解决。

4、提高三地涉税信息共享水平。首先，建立跨区域税务机关间数据共享交换平台。充分利用三地税务机关多年来信息化建设成果以及数据资源，在建立统一的数据交换标准的基础上，根据现行税收管理体制要求，结合金税三期的建设情况，由国家税务总局建立三地六局相互联接的信息共享交换平台，实时共享交换三地六局管理的所有纳税人的税务登记信息、申报征收信息、发票管理信息、税收风险控制类信息、税务稽查信息、相关的重大税收违法案件信息、自然人信息、纳税信用信息、政策法规库等各类信息，实现三地间税务部门数据共享。其次，建立涉税信息交换机制。规范数据信息交换的对象、格式标准和工作流程，实现对涉税信息的有效利用，并明确信息更新的时间周期和责任部门，确保信息的时效性。第三，构建京津冀跨地区纳税人信用奖惩联动机制。按照国税总局《纳税信用管理办法》和《重大税务违法案件信息发布办法》的相关规定，制定《京津冀跨地区信用奖惩联动机制》，通过实现纳税人纳税信用信息和严重税收违法黑名单等信息数据的共享，探索利用第三方涉税信息，实现对守信纳税人的奖励激励与对失信纳税人的约束惩戒在三地之间联动推进，协同管理。

（作者单位：河北省保定市国家税务局）

# 探讨"互联网＋"在税收实践中的运用

王志平

## 一、产生"互联网＋税务"的时代背景

"互联网＋"为税收工作带来新机遇和新挑战。互联网应用创新的飞速发展给企业经营、社会发展、政府管理带来巨大改变,纳税人、社会公众期待更加方便、快捷的服务,互联网因其泛在、实时和便捷的特点,为税收工作提供了转型契机。当前和未来几年,随着税制改革、简政放权、加强征管和优化服务工作的不断推进,都将促使税务部门不断创新管理和服务模式。

(一)互联网经济成为现实的可能性

《新经济新规则》一书的作者凯文·凯利是业内著名的《连线》杂志第一任主编,号称互联网精神教父,其思想影响了比尔·盖茨、史蒂夫·乔布斯、史蒂文等IT巨头,甚至连电影《黑客帝国》的导演安迪·沃卓斯也是其坚定的支持者和拥护者,要求主要演员必须读他的作品。《新经济新规则》作为互联网经济领域的重要著作之一,在业内一直获评甚高。提出在新经济中要"拥抱集群",新经济已经通过"去中心化"的方式联系在一起,具有所谓的集群效应。同时,作者非常睿智地指出,"完全听任"最底层的摆布并不是集群效应的宗旨和实质,能够清晰地认识未来的顶层领导力仍然具有不可估量的方向性作用。"慷慨才能在网络中胜出。"在新经济当中,价值创造不再来自以前的垄断和稀缺,而是随着网络不断增长,通过普及、丰富产生,实现"胜利连着胜利"。

(二)"互联网＋"引领创新驱动发展新常态

2015年3月,李克强总理在2015年政府报告中提出制定"互联网＋"行动计划的要求。7月1日,国务院下发《国务院关于积极推进"互联网＋"行动的指导意见》(国发〔2015〕40号),对加快推动互联网与各领域深入融合和创新发展提出具体指导意见。8月31日,国务院发布的《促进大数据发展行动纲要》(国发[2015]50号),从顶层设计层面系统部署了我国大数据发展的相关工作。各行各业积极探索互联网应用新需求、新形式、新业态,互联网金融、电子商务、交通物流等新型业态日新月异。"互联网＋"意味着要把互联网的创新成果与经济社会各领域深度融合,推动技术进步、效率提升和组织变革,提升实体经济创新力和生产力,形成更广泛的以互联网为基础设施和创新要素的经济社会发展新形态。在全球新一轮科技革命和产业变革中,互联网与各领域的融合发展具有广阔前景和无限潜力,已成为不可阻挡的时代潮流。

(三)开启"互联网＋税务"的新时代

国家税务总局局长王军指出:"不热情拥抱、主动融入'互联网＋',税收工作就没有希望,也没有未来,税收现代化更是无从谈起。"王军局长在《以"智慧苏州国税"为抓手打造网上纳税服务体系》明确指示"总结各地好做法、好探索,积极借鉴有关部门经验。制定"互联网＋税务"行动计划",并要求全国税务系统认真思考"互联网＋税务"这个新课题,把握发展新机遇,紧跟时代新步伐,倾情打造"互联网＋税务"靓丽品牌。2015年9月30日国家税务总局印发《"互联网＋税务"行动计划》,要求各级税务机关应以开放包容的胸怀、改革创新的勇气、合作共赢的心态,充分调动和发挥税务系统上下、系统内外各方的积极性,

广泛获取民智。对"互联网＋税务"的各类创意和创新，区分系统前台和后台、点子和项目、单位和个人，各有侧重，统分结合，分类推动，促进"互联网＋税务"行动广泛开展和有序推进。

## 二、对"互联网＋税务"的认识和思考

随着"互联网＋"在社会各领域的不断创新，税务机关要顺应时代要求，不断创新工作视角，主动适应"互联网＋"时代的新特点、新要求和新挑战，充分挖掘利用互联网技术，积极谋求与互联网、云计算、大数据的广泛对接和深度融合。

（一）深刻认识"互联网＋税务"的特征

深入探究"互联网＋税务"的特征，不断深化对"互联网＋税务"内涵的认识，既是一个实践问题，也是当前紧迫的理论问题。本文试图对"互联网＋税务"的有关问题作出一些描述，以深化对"互联网＋税务"的认识。

1、"互联网＋税务"是互联网技术与税收业务高度整合，而不是简单相加。信息网络技术、纳税服务信息化终端产品对税收业务的简单实现，是税收信息化的内容，也是"互联网＋税务"不可或缺的组成部分，但"互联网＋税务"的本质，绝不是互联网技术与税收业务的简单相加。所以要防止和克服将"互联网＋税务"简单化、浅显化、表象化倾向，认真研究移动互联网技术的特点，发挥信息技术、互联网技术、移动通信技术的优势，深度创新、全面重构税收业务，构建移动互联网技术与税收业务高度融合的税收业务生态系统。

2、"互联网＋税务"是税收公共服务系统，而不是自建自用的征收系统。纵向层级、横向不同部门和单位局域网的叠加，是税收信息化建设的初期特征。但在互联网，特别是移动互联网的时代，国家有线、无线网络体系建设和智慧城市推进，为"互联网＋税务"提供了丰富的公共资源。所以要树立开放型思维，充分利用、嫁接、整合各类公共资源，特别是网络资源，加快有线、无线高速网路，甚至极速网路建设，是"互联网＋税务"的基础性、先导性工程，是加快"互联网＋税务"建设的必由之路。

3、"互联网＋税务"是消解与重构权力，而不是固化与确认权力。互联网的本质是提供链接，相互链接的结果是结构的扁平和对纵向权力的消解。所以要勇于革新，对税务系统现有纵向层级作出战略规划和削减，横向职能部门进行整合和调整，建立起以区域化、扁平化为特征，实体化、团队化运作的全新税收工作格局。所以"互联网＋税务"不单纯是技术、业务问题，不改革税务系统管理体制，仅从业务、技术层面着手，必然影响"互联网＋税务"效能的发挥。

4、"互联网＋税务"建设重点是以提高服务质量和风险管理效能为目标，而不是原有业务职能流程增减或再造。用信息技术实现改造税收业务是税收信息化初期的任务，同时又是一个长期持续跟进的过程，但这不是"互联网＋税务"的建设重点。"互联网＋税务"建设重点是：采取多种方式构建基于申报数据、部门共享数据、互联网数据的大数据和云计算平台；开发和应用让纳税人更便捷办税的各类智能终端，特别是移动智能终端；集成和应用以提高税收风险管理效能为目标的各种智能分析、应对工具。基于顶层设计的多用途应用，而不是各地创新的简单累加"互联网＋税务"构建离不开基层的创新，但零散的、不系统的创新绝对建设不出真正的"互联网＋税务"。

（二）思考"互联网＋税务"需要解决的问题

"互联网＋税务"并不是互联网与传统税务机关的简单相加。要做好"互联网＋税务"模式，还需解决许多难以回避的实际问题。

1、要提高认识，解决观念问题。国家税务总局提出到 2020 年基本实现税收现代化，并将"信息体系建设"作为推动税收现代化建设的六大体系之一。这不是一句空泛的口号。"互联网＋"使整个经济社会的深层次运行模式发生了改变，我相信每名税务干部都有体会。在商业模式、征管对象都发生了巨大变

化的情况下，我们未来很难延续传统的模式进行税收征管。要切实推进“互联网＋税务”，税务系统自上而下首先要真正认识到改革的迫切性。

2、把握“互联网＋税务”的开放性特征，解决大数据的社会包容性问题。大数据的集成与应用是“互联网＋税务”的重要特征，它不同于以往税务系统内部进行的、相对封闭的信息系统的改造与升级，它应该是一个具有开放性的系统。在保护好纳税人隐私和国家涉密信息的前提下，税务系统的大数据建设应该具有更大的包容性，融入全社会的大数据建设中，注重信息的共享和交流。

3、解决好跨政府部门信息共享的问题。利用“金税三期”推广的契机，把税务、工商、银行、国土、统计等部门的信息共享，切实坚决纳税人“最后一公里”问题；将税务平台与电子商务的支付平台结合，以满足各类纳税人需要，提供多元化无缝隙的办税服务。

4、解决好纳税人和税务系统信息的安全性问题。在大数据时代，用户数据信息的安全性和隐私性是阻碍“互联网＋”发展的最大因素。只有提高对网络攻击、病毒入侵的防范能力，统一做好风险评估，才能保护好用户的隐私，保护好税务系统的各类数据。

5、系统总结以往信息化建设的经验和教训。以往国地税的信息化建设有成绩也有问题，最突出的问题就是各类信息系统林立，互不兼容，形成了众多的信息孤岛。进入“互联网＋”时代，社会、经济等大量信息在同一平台上运行，完整的顶层设计至关重要。

此外，“互联网＋税务”模式的应用，需要政府和税务机关的不断努力，运用“制度＋技术”手段，优化纳税服务，推动简政放权和实现职能转变。“互联网＋税务”模式的应用，不仅仅是软件和硬件设施的应用，还需要在各种技术成熟之后再推广，避免在推广过程中产生更高的税收成本，增加税务机关和纳税人负担。

## 三、“互联网＋税务”的发展未来

### （一）“互联网＋税务”的行动创新

总局下发《“互联网＋税务”行动计划》之后，各省税务机关积极落实《行动计划》的工作要求，在总局制订的框架之下，按照“各有侧重、统分结合、分类推动”的原则，因地制宜，制定了本省的《“互联网＋税务”行动计划实施工作方案》，开启了各具特色的“互联网＋税务”行动创新计划。各地税务部门运用“互联网＋”思维，在推动简政放权、便民办税、管理创新、规范执法等方面进行了一些尝试，并取得了不错的效果。这些行动计划的实施，为进一步研究“互联网＋税务”在更加广阔的领域应用，奠定了坚实的基础。

1、辽宁国税凝心聚力，打造“互联网＋税务”国税品牌。辽宁国税系统上下凝心聚力，以开放包容的胸怀、改革创新的勇气、合作共赢的心态，充分调动和发挥系统上下、系统内外各方的积极性，广泛获取“互联网＋税务”的各类创意和创新，制定适合辽宁实际的“互联网＋税务”行动的总体实施方案。同时，辽宁国税在省局层面做好顶层设计，组织梳理适应本省实际的规范、制度、流程，坚持长远目标与近期目标相结合，统筹建设全省国税系统电子税务局和具有一定示范效应的“互联网＋税务”单项应用系统。

2、云南国税遵循“用户思维”开展“互联网＋”建设。云南国税坚持“用户思维”，通过问卷发放、电话调查和网上调查等多种形式，广泛收集纳税人、税务干部和社会公众对电子税务局建设的需求，并以此为导向启动电子税务局建设。

3、广西国税借势“互联网＋”打造电子税务新格局。近年来，广西国税下大力气整合升级后台软硬件资源，优化征收管理、纳税服务等税收核心业务流程，积极将虚拟化、大数据，二维码等技术应用于税收工作，点燃了“互联网＋税务”的星星之火，为下一步全面实施“互联网＋税务”行动计划打下了坚实基础。

4、湖南国地税召开“互联网＋税务”联席会议。湖南国、地税组织召开“互联网＋税务”联席会议，双方就“互联网＋税务”行动实施方案进行了深入探讨，并对国、地税合作中的实体办税服务厅联合办税和网上办税服务厅深度融合进行了重点讨论和确立实施方案。

5、湖北国税利用云技术打造“云端办公”新模式，解决传统计算机因分布广、数量大而故障率高、维修复杂、安全管理难度大的问题，实现所有涉税业务均能在桌面云平台中办理，成功实现局机关和办税服务大厅内外网全面部署桌面云的新模式，为搭建标准统一、数据集中、运维快捷、实用安全的办公桌面平台奠定了基础。

6、青岛国税打造“数字国税”移动办公平台，不断适应税务人的“互联网+移动办公”需要。“数字国税”移动办公平台通过与网上办税系统、手机税税通APP、综合征管软件、综合办公系统、大数据应用平台等系统的有效对接，实现了包括待办事宜、行政办公、业务办理、管理决策、移动课堂、移动运维六大板块，82项功能。

（二）“互联网＋税务”未来发展的趋势

在“互联网＋”推进过程中，税务部门集多重身份于一身，需要扮演好新商业生态系统的助推者、和谐税务环境的建设者、纳税服务创新的设计与推动者、宏观经济的预测和调控者等多种角色，需要关注“互联网＋税务”未来发展的趋势。

1、“互联网＋税务”整体融入互联网经济。在财税领域，应进一步发挥税收宏观经济调控作用，支持新经济、新业态成长。电子政务向云计算模式迁徙，并夯实政府数据基础云计算、大数据基础设施，以其规模效应和技术优势，将显著降低IT成本、增强应用的灵活性、加快创新速度。因此在这一新时期，“接入”比“拥有”更有价值。“互联网＋”行动应力戒大规模的自建数据中心和信息系统，而应充分利用性能更为优越的云计算和大数据服务，从周期漫长的基础设施建设向政务服务快速创新转型。

2、积极探索“互联网＋税务”服务模式。税务机关一方面要简政放权、简化审批，用“互联网＋税务”的创新模式，着力为纳税人提供流程更优、环节更简、效果更佳的服务，最大限度便利纳税人。另一方面，通过对涉税信息的分析，发挥税收对宏观经济发展的预测能力，加强对微观经济的洞察能力，进一步了解纳税人的财税需求，提升纳税服务能力，构建和谐的征纳关系，最终促成基于合作性遵从的税务管理现代化新局面。

3、借助“互联网＋”扶持小微企业成长。新信息基础设施的出现，降低了创业的门槛，在此基础上小微企业也愈发显示出大企业不具备的创新能力与意识。税务机关应以服务创新的姿态，为小微企业培育良好生态并致力推动“创业、生态、社会”三者的良性循环。借助互联网技术和平台优势，发挥指导和服务功能，给市场留足空间，充分调动人民群众“大众创业、万众创新”的积极性。

4、构建税收诚信体系。税收信用，一方面要求税务机关抓好内部管理机制建设，建立诚信服务纳税人的奖惩约束机制；另一方面需要纳税人增强税收法制观念和依法纳税意识，自觉做到诚信纳税。而互联网将有助于税务机关实现与工商、海关等部门的信息互通，建立对纳税信息不实的企业和个人进行公告的制度，完善纳税信用等级评定管理等，还可以借助其公开、透明的特性，使税收诚信体系建设在整个社会形成巨大示范效应，逐步形成新时代的税收文化。

5、要做好“互联网＋税务”的人才储备，建设一支适应现代税收管理需要的税务人才队伍，培养一批既懂税收业务又了解互联网的复合型人才。

（作者单位：辽宁省国家税务局）

# 关于营改增后加强国地税管理与服务合作的研究

江苏省淮安市涟水地方税务局课题组

## 一、营改增后国地税征管和服务面临的挑战和问题

2012年1月1日，国务院在上海启动交通运输和现代服务业营业税改为增值税试点，由此拉开了"营改增"的大幕。经过4年多的试点，2016年5月，我国已经全面完成了营改增试点工作。虽然国家已有一些配套措施出台，但多为临时性，而非长期性制度。

(一)国地税的业务格局将出现失衡

作为地方政府的主体税种，对营业税的征管曾是地方税务机关的主要业务。在营改增试点过程中，地方税务机关的征管业务量已有较大幅度下降，而国家税务机关的征管业务量则明显上升。在全面完成营改增之后，国地税工作量的差距进一步加大的现象已经凸显。

以江苏省淮安市为例，淮安地税在2016年5月份营改增之前管理的纳税人有16.03万户。随着2015年营改增全面扩围，地税机关将向国税机关移交纯营业税管户为6.3万户，这就意味着地税管户规模将下降39.30%。如果按国地税机关的税务登记基本一致计算，同期国税机关管户也将出现相近幅度的增长。对税务机关而言，营改增仅仅是管户的移交，双方的征管人、财、物资源并不随之而发生变化，势必将造成国地税业务格局出现失衡现象。比如：一方面，国税机关的服务人员、服务场所无法承载新增业务量；另一方面，地税机关的服务场所的业务将出现大幅下降，服务人员的工作量也将大量减少。再比如，在管户交接方面，国税机关对新接手的纳税户需要花大量时间、精力去研究，人少户多的问题越来越突出，国税机关不但要增加相应技术设备，培训人员、办税服务厅也要调整。

(二)国地税的税源控管手段将出现失衡

对地税机关而言，"营改增"后，地税机关行之有效的以票控税手段将随之失去功效，纳税人尤其是零散户纳税人在国税取得增值税发票后将有可能有意无意地忽略地税的管理，甚至避开申报地方税费这一环节，相关的所得税、城建税等地税收入难以得到保证。主体税源的带动作用缺失必然带来小税种、零散税源管理工作难度加大，进而导致系统性的漏征漏管风险，在一段时期内，地税机关可能面临纳税人遵从度下滑的风险。

对国税机关而言，在营改增之前，国地税所征管的税种与税收收入水平是平衡的，营改增后国税人员结构未作相应调整，就这一点来说，国税机关的任务和工作压力势必加大。且对不动产、建筑业等"营改增"行业税收的征管，国税缺少这方面的行家里手，也缺乏成熟的征管经验。

(三)营改增"所涉行业国地税的信息交换存在不足之处

在信息交换的深度和频度方面，由于现行国地税分属两个不同的独立执法主体，行政资源存在共享壁垒，纳税人信息的获取主要通过纳税人自行申报和税务机关根据工作需要各自进行采集，信息采集不可避免地会出现不完整、不准确问题。当前国地税数据利用普遍局限于应付眼前的需要，缺乏对数据的深入挖掘思考，与宏观经济、市场变动、税收结构变化等联动分析不足等，这些因素都制约了国地税的信

息交换的频度和深度。

在国地税交换信息的标准和内容方面，国地税共管户注销登记涉及清税核查、资料传递、发票以及防伪控设备缴销等，国地税要求各有侧重。有的纳税人认为只要将国地税其中的一方管户状态注销就可以，无需到另一方再办理相关手续，而在办理注销登记手续时，也未得到相关提醒或提示。办完手续后纳税人就远走他乡，另一方无法联系进而被认定为非正常户。由于国、地税征管系统的不同，国地税的管户部分不匹配的情况长期存在，该情况的存在，既影响着总局对金税三期上线工作要求的落实，也影响着国、地税之间的具体事项合作。

以江苏淮安为例，国地税机关的税务登记底册存在诸多不一致的情况。如国税机关登记的个体工商户共6.6万户，地税机关登记的个体工商户共9.7万户，经过数据比对，国地税个体工商户信息匹配成功4.4万户。这说明国地税税务登记的管户家底存在巨大差异，而且对同一户个体工商户，国地税登记的纳税人识别码、纳税人名称、注册地址、营业执照号存在不一致的现象，这就为国地税后续的服务和管理合作造成了较大的困难。

(四)目前国地税的执法方面存在诸多弱项

"营改增"后，如何防控减税风险，必须依靠国地税加强稽查工作。目前，虽然国地税也开展联合稽查、联合风险应对，但是合作的深度和细节考虑不够全面，仅仅是形式上方便了纳税人，实质上还是各干各的，工作成果很少被对方利用。

1、国地税各自独立执法，有失公正。两个国地税机关所辖的中等风险应对和稽查机构几乎互不干涉，没有信息共享平台，导致纳税人同一涉税违法行为国地税定性和处罚存在较大差异，或关联税基的查处也因国地税一方执法而存在"顾此失彼"的时候，特别在案件移送司法机关的环节存在更多不规范的地方等，必然导致税收执法公正的情形。

2、分散执法力量，降低打击力度。由于国地税对共管户实施检查等执法行为的时间先后不同、处理的角度不同，加上都要是各自独立执法，各自独立处理，势必造成被查纳税人一定时期内的偷、逃、骗税的金额不能合并确定、是否接受过几次涉税违法行为行政处罚难以确认、对违法税收金额占应纳税额的比例更难计算清楚，给是否移送司法机关追究刑事责任和司法判决都带来难度，明显降低了税务执法的打击力度。

3、欠税管理是目前税收管理中的难题，目前的欠税都是由国地税分别负责，分别进行公告和清缴。对恶意欠税人没有实施联合惩戒，国地税双方在处理欠税问题方面都存在力度不够、手段单一、管理措施匮乏的问题，进而导致清理欠税工作效率较低。

## 二、"营改增"后加强国地税征管和服务合作的创新路径

(一)国地税加强"营改增"过程相关政策业务宣传培训合作

"集众智成大事"，应在全社会营造"营改增"氛围，国地税联合对建筑业、房地产业、金融业和生活服务业等企业法定代表人、财务人员、办税人员进行培训；向纳税人发放印制简便、可操作性强的宣传手册，以"打补丁"形式兑现"营改增"服务承诺。"营改增"对于地方税体系尚未建立又失去征管主体税种的地税部门来说，失落感和茫然感在所难免；对于国税部门来说，凭空加重了工作负担。应从总局、省国地税局层面加强宣传，积极引导税务干部确立大局意识，深刻认识"营改增"的重要性与时代性，调整狭隘心态，化解负面情绪，按照守土有责、安全履职的要求，干好当下活、做好眼前事。

(二)国地税做好管户的交接核查工作，确保状态一致

"上下同欲者胜"，"金税三期"上线后，国地税共用一个系统。根据税务总局"涉税违法风险纳税人名录库"中的国地税非正常户数据对碰结果及应对情况，可采取以下六种策略：

一是“核”,对本机关认定为正常户而对方税务机关认定为非正常户的同一法人进行调查核实。对单方认定为非正常户,另一方应敦促纳税人到认定方接受处理;二是“换”,国地税双方将非正常户核实情况表进行清分交换和信息比对,国地税一方注销前应将拟注销的信息通过平台传给另一方,双方确认可注销后方可进行注销处理;三是“查”,由非正常户认定税务机关牵头、正常户主管税务机关配合开展非正常户实地检查工作;四是“促”,通过发送提醒短信、发放《税务事项通知书》等形式,督促经过核实的纳税人及时到税务机关办理登记状态变更手续;五是“限”,对逾期登记或拒不配合的纳税人,发票发售方采取限量供应发票、严格日常监管等措施,提高纳税遵从度;六是“督”,加强后续管理,每季度根据认定非正常情况,联合对非正常户进行一定比例的实地复查,发现已认定非正常户或失踪户的纳税人重新经营的,或纳税人主动申请恢复正常户,及时通知双方税务机关。七是“宣”,充分利用新闻媒体以及各级国地税办税服务厅、12366 纳税服务热线、门户网站、官方微信等宣传渠道,加大国地税非正常户联合清理应对工作的宣传力度,争取纳税人的理解和配合,督促引导依法诚信纳税,加强向地方党政及有关部门的沟通协调,营造良好税收环境。

(三)建立以票控税和协作交流机制

“万人操弓,共射一招,招无不中”,对于不缴纳税款的纳税人,地税机关可以建议国税机关转成非正常户,让国税的票来控地税的税收;或者进一步将纳税人的纳税信用等级和金融机构的信用体系挂钩,增加纳税人不及时缴纳税款的成本。国地税联合与其他部门如国土、房产、外汇等建立数据平台,实时传递数据,使地税部门能收获取第一手信息,保障税款及时足额的征收入库。国地税双方加强联系,地税部门在对扩围的“营改增”纳税人,如房地产、建筑安装、餐饮住宿等行业税收征收管理上好的经验、做法和征管措施,与国税部门及时介绍交流。同时国税要将对“营改增”纳税人如何进行管理及税源、税负变动情况及时与地税交流,解决“营改增”过程中遇到的问题,通过互动,起到互相学习,提升征管水平的目的。

(四)开展欠税核对和数据核查工作

“涓流聚合”,国、地税税务机关每年要协调力量,精心组织一次对陈欠税款的核实工作,根据现有的欠税台帐,在坚持要求重点企业按月报送税收月报表和季度财务报表,及时了解企业的生产经营、财务状况、纳税申报等情况的同时,严格按照《定期走访纳税制度》执行,既要对正常经营着户进行核实,又要对关停并转企业进行调查,特别是对改制企业欠税要认真核实,依法确定欠税归属,严防税收流失。与原欠税数字有出入的要督促企业限期调帐,确保企业帐面欠税与税务机关欠税台帐一致,经确认无误后,核发《欠税确认通知书》,向纳税人发出《公函》和《欠税确认书》都须具备税务文书和《送达回证》,然后由管理员分户填写《企业欠税对帐》一式两份。一份并入《责任区管理台帐》进行跟踪监控,一份报上级税务机关留存备查,对底稿和核实表要存入一户或资料归档。

(五)拓展国地税合作方式共享双方征管经验

“在帮助纳税人理解并履行纳税义务过程中,在向所有纳税人实施公平、公正的执法过程中,为纳税人提供优质的服务”。

开展大数据治税。借助全国“金税三期”工程或专门开发一款国地税征管数据实时查询软件,实现国地税征管数据互联、共享,国地税任何一方可实时查询对方征管系统内有关数据。

做好国地税干部的交流挂职。在内设部门可以尝试在保持现有的隶属关系不变、经费来源不变的前提下人员相互补充,相互交流。这样,既可抵消各自业务不熟悉面导致的办事效率不高的问题,更可以缓解人员不足的现实问题,对国地税的交流、沟通和合作也将起到推动和促进作用。

建立统一的办税服务厅加强办税服务合作,互相派人员进驻办税服务厅,对各自征管的税种进行征收,一个窗口受理、内部流转,方便纳税人。

完善国地税委托代征机制。为方便纳税人办税,向“国地税+”时代迈进。部分业务的增值税将由国税局委托地税局征收，并代开增值税专用发票，那么地税局也可以委托国税部门在开具发票时一并代征应缴的所得税和地方税费，可以达到事半功倍的效果。目前，委托代征基本上是各个地方自行委托，没有统一的标准，如国地税是否愿意代征，代征是否有手续费等等。建议国家税务总局对委托代征能以文件或者上升到法规的层面加以规范，对"委托代征"明确规定在全国范围内统一部署，在国地税部门之间实行地方税费征管的委托代征机制，建立有效的、长久的代征关系，确保应收尽收。

(六)加强协调配合，健全社会信息共享制度

"我们不能使纳税变得更美好，但我们能使纳税变得更容易"。利用本次营改增契机，国、地税必须加强部门的协作，建立健全部门协作机制：

要畅通信息渠道，建立大数据库。对内，紧盯纳税人申报信息、企业生产经营信息、日常征管信息、第三方涉税信息和网络涉税信息等主要数据源，实现系统内部不同层级、不同部门数据的流动共享。对外，在完善国地税综合治税机制的基础上，以法律形式赋予工商、国土、房管、银行等涉税信息拥有者向税务机关及时准确提供涉税信息的法律义务和责任，从根本上解决征纳双方信息不对称的问题。

要统一数据信息系统，打造数据归口平台。充分运用现代信息科技手段，通过集成整合、完善优化现行的各种软件系统，搭建起一个国地税信息化、智能化、一体化的基础数据综合处理应用的归口平台。

要充分运用系统数据，构建税收分析机制。将骨干人才整合为专业团队，借助科研机构、社会中介等各方力量，进一步深入挖掘数据潜在价值。利用先进的分析工具，将各种分析方法与系统数据相结合，通过对数据信息进行多角度、深层次的分析和挖掘，探索发现数据信息中存在的关联关系和业务规律，逐步建立涵盖各个税种、主要税目和主要行业的实用税收分析预测模型，使税收风险监控更加精确、税收决策更有针对性，提高税收征管水平，使那些企图偷税者无处可藏，无空可钻。

(七)细化国地税的联合风险应对和稽查

"始于纳税人需求、基于纳税人满意、终于纳税人遵从"。目前国地税已经开展的对大企业联合分析工作，对同一纳税人的"资金流　票流　物流"等三流、"法律凭证　会计凭证　税务凭证"等三证、"合同价　发票价　结算价"等三价，无论是国税或地税在开展检查、处理结案之前，都可以将检查的相关情况传递到对方，让对方分析在征管中是否也存在风险。国地税会商选案、协同调查、联合审案，这样做的结果是，既方便了纳税人，又使国地税真正的合作、整合，更为重要的是只要纳税人接受国地税任一方的检查，其在国地税的风险都能及时得到应对和解决，使得无论是中央级收入或是地方收入都能共同增长。

边试点边完善，专门班子落实。在国地税机关有计划有组织地试行联合风险应对和稽查，边试点边完善，省以下税务机关要成立专门的组织机构负责国地税联合稽查的试点工作，及时汇总联合风险应对和稽查在组织、人员、程序、经费等方面的问题，不断完善联合风险应对和稽查工作规范办法。

制定规章规范，统一全国标准。基层国地税双方要实现联合稽查自然会碰到许多矛盾和困难，解决的办法就是由总局制定新的《税务稽查工作规程》或《国地税联合稽查工作规程》，将联合稽查从组织机构、人员配备、经费安排和联合稽查在选案、实施、审理、执行等四个环节的具体要求作出统一规定，便于基层规范操作执行。

相关措施配套，全力服务改革。在国地税稽查系统还不能全面实现信息实时共享的情况下，双方可以将年、季、月稽查计划定期交换意见，共同确定联合稽查共管户；对专项稽查、重大案件稽查、重点税源户稽查、举报案件稽查可以临时通知对方寻求配合稽查；有条件的地方可以探索国地税合署办公或部分合署办公的方式提高联合稽查的协作效果，通过相关配套措施的实行，最终顺利实现国地税联合稽查，圆满完成本轮国地税征管体制改革任务。

(八)建立以国地税一体化为特征的社会征信体系

当前，国地税作为两个执法机关，共同参与社会征信体系建设。未来可以将国地税作为一个整体，参

与到社会信用体系建设中去。目前的税收法律体系中,尚无税务机关对自然人税收案件强制执行的法律支撑,对于自然人不履行纳税义务,税务机关只能通过移送法院申请强制。按照现有环境申请法院强制执行,其效率低下,执法风险高,不利于自然人纳税遵从的养成。因此,建立自然人纳税信用等级并将其纳入社会征信体系的框架中,显得尤为迫切。利用信用惩戒的方式,提高自然人税务案件的执行力,引导自然人的纳税遵从。充分考虑纳税人欠缴税款的数额、与税务机关的配合程度、是否主观故意不履行纳税义务等因素,形成纳税人信用等级,并将纳税信用等级低下的自然人纳税人,如:主观故意通过隐瞒收入、拒不配合税务机关检查、无正当理由拒不履行纳税义务的自然人纳税人进行提交法院向社会进行失信人公告,利用在一定期限内禁止信用贷款等方式进行信用惩戒。

课题组负责人:孙长举　陈兆田　张文虎

成　员:杜美霞　周立刚　李永久　朱　珉　张成群

张以秀　吴国静　吴　建　李相颖

执笔人:周立刚　张如松

# “一带一路”走出去企业税收管理服务实践与探索

山东省日照市地方税务局课题组

## 一、“一带一路”走出去企业发展现状及特点

自2000年国家正式提出企业走出去战略至今，山东省日照市走出去企业从无到有，逐渐呈现快速发展的态势，根据商务局的统计，2007年之后，全市境外投资年均增长30%以上，2015年全市已办理境外投资项目90个，新核准（备案）境外投资企业24个，核准（备案）境外投资总额11亿元美元，同比增长400%，实际对外投资总额2.84亿美元，同比增长139%。企业所得税属地税管理的企业31户，境外投资主要涉及俄罗斯、美国、德国、澳大利亚、蒙古、匈牙利、墨西哥、新西兰、马来西亚、菲律宾和香港等30个国家和地区，其中19个为“一带一路”沿线国家和地区。

作为“一带一路”主要节点城市，日照市走出去企业呈现出以进出口贸易、境外资源开发为中心，参股并购等多种投资方式并存的格局。主要的走出去企业有日照港集团和岚桥集团、日钢集团等。对方国家以澳大利亚、美国、俄罗斯、日本等东南亚国家和香港地区较为集中。主要的贸易形式有5种：一是资源互补模式，一般是国有企业、民营企业、股份制企业在国外寻找新的资源来支撑企业更大的发展，如岚桥集团在澳大利亚的天然气、石油收购，山东金天地集团等有色金属矿开采等，岚桥集团并购澳大利亚达尔文港项目5.6亿美元，成为我市目前最大的境外投资项目；二是借鸡生蛋模式，通过购买境外非居民公司在海外上市，带回资金和规范化的经营管理，如山东恒宝食品集团有限公司为融资在马来西亚上市；三是产品代理模式，设立境外销售或服务代表处或办事处，如：日钢集团在韩国、菲律宾、缅甸、越南4国设立了办事处；四是对外承包工程模式，主要是到海外市场去承揽工程，2015年日照市具有对外承包工程资质的企业有3家，但基本未开展相关业务；五是劳务合作模式，境内公司与境外企业签订劳务派遣合同，外派劳务646人次。

## 二、“一带一路”走出去企业税收管理与服务状况

### （一）与相关部门签订《合作备忘录》，建立信息共享机制

据了解，企业走出去之前要经过发改委项目审批，经过商务部门投资额审批，走出去之后，如果发生资金汇出要经过外汇部门管理。国有企业走出去还要经过国资委的审批或备案。为切实掌握全市走出去情况，自2012年下半年开始，市地税局借助综合治税平台，陆续与市外汇管理局、商务局、国税局等部门实行高层对话，签订《合作备忘录》，建立了定期联系和信息共享制度，为全面做好走出去企业税收管理打好了基础。

### （二）开展广泛调查研究

市地税局制作了《“走出去”企业调查问卷》，开展走出去企业税收服务现状及需求调查活动，内容涉及境内母公司基本情况、走出去总体基本情况、每个境外公司的经营管理情况、走出去面临的问题及税收服务需求4个大的方面，对走出去企业发放，并对反馈情况进行深入细致地分析归类，全面地理清了全市走出去企业的发展脉络。

(三)实地走访重点走出去企业

根据外部信息和调查问卷的分析,市地税局确定了有实体投资和实际经营的走出去企业作为重点调查对象,进行了实地走访。特别是为贯彻落实市委、市政府做出的“突破园区、聚力招引”和“推动企业上市”的工作部署,市地税局提出“服务企业发展、实现税企共赢”的倡议,局领导带队调研、针对园区走出去企业的特点及涉税问题和需求,发挥税收职能作用,分管领导带领国际税收业务部门主动送政策上门,传达税务部门为走出去企业服务的信息,打消纳税人的顾虑,获取了企业的信任和配合。

(四)积极搭建走出去企业服务平台

市地税局不断收集整理网络、内部税务研究资料和专业研究机构发布的世界各国公司所得税税率、部分国家的投资环境和税收制度等资料,联合国税局共同撰写《“走出去”企业税收管理与服务指南》,送到纳税人手中,帮助纳税人更清楚地了解投资东道国的环境,化解境外投资风险,避免双重征税,增强了应对风险的能力,增强了税企间互信合作。

(五)坚持管理与服务并重,维护国家税收权益

一是做好境内公司及其境外子公司享受税收协定待遇的管理,对其支付境外股东股息红利扣缴企业所得税情况和境外子公司利润分配情况进行跟踪管理。二是开展关联交易同期资料的申报和审查工作,根据《国家税务总局印发〈中华人民共和国企业年度关联业务往来报告表〉的通知》(国税发[2018]114号)和《总局关于做好居民企业报告境外投资和所得信息工作的通知》(税总函〔2015〕327号)等有关规定,要求其每年5月31日前在报送关联交易报告的同时,将境外子公司经营情况作为重要同期资料详细报告。三是依据企业和个人申请做好企业外派人员《中国税收居民身份证明》的开具工作,保证走出去企业和个人及时享受到税收协定待遇。

## 三、当前走出去企业税收管理与服务面临的问题

(一)税收法律制度不够完善

目前,我国税收实体法和程序法中均没有走出去企业管理的配套制度,可用的法律条文寥寥无几,且在执行中缺乏细化的规定。如:在对纳税人的境外所得实行外国税收直接抵免的政策规定,可以抵免的数额必须是以中国税率计算出来的应纳税额。实际上,因国内外会计制度和汇率存在差异,纳税周期也不同,应纳税额很难界定,主管税务机关只能承认企业申报的境外缴纳税款,并予以抵免,一定程度存在逃税的漏洞。

(二)管理与服务手段匮乏

目前,有关税务登记的管理条款中,没有母公司将境外设立机构情况及时登记的明确规定,而母公司作为投资主体,不是境外子公司经营所得的法定扣缴义务人,税务机关不能强行要求母公司提供境外子公司财务报告。而从地税部门近4年调查数据来看,全市大部分走出去企业都是企业法人一手操作,境内公司财务人员根本不了解内幕,不到税务部门进行境外投资备案的情况较普遍。全市仅有4户企业填报其境外经营收入、境外纳税及境外业务境内源泉扣缴营业税金及附加情况,占被调查企业的20%左右,其余企业境外所得均报告为零。针对上述问题,发票、评估、稽查等日常管理手段根本派不上用场,因此税收管理难度非常大。

(三)走出去企业税收监控难度大

走出去企业资金、人员、技术等生产要素在世界范围内流动,独资、控股、跨国并购等投资形式层出不穷,大量的网络化交易使传统的税收管理失去了证据和凭证依托。同时,境内母公司也在逐步加强对境外公司的控制,使子公司在费用的分摊、所得的归属、股息的分配等方面,与集团关系愈加密切,愈加受控于母公司,加大了避税筹划,也增加了走出去企业的监控的难度。

(四)税收专业人才缺乏

走出去企业的全球化发展,各种经济手段的应用及会计电算化的普及,对税务管理工作提出了更高的要求。目前,税务部门尚未建立一支走出去专业化税收管理和服务队伍,缺乏既懂国际税收业务、又精通计算机、外语,能解决复杂税收与财务问题的高素质的专业人才。

## 四、加强"一带一路"走出去企业税收管理与服务的建议

(一)建立专业的税收管理制度

一是建立走出去企业"三个一"管理制度,即实行同一编号登记、统一户管档案、唯一管理小组,实施"一对一"服务和管理。二是制定走出去企业定期财务报告制度,由境内母公司在纳税申报时,一并附送对外投资经营的财务报告。三是实行严格的关联交易申报制度和同期资料报告制度。对所有上报的关联业务报告进行严格审核,筛选境外投资线索,并及时督促企业做好后续同期资料的上报。

(二)搞好税收协定宣传和执行

税收协定是维护国家税收权益和企业对外投资利益的法律保障。税务机关应定期对走出去企业应用税收协定情况开展调查,特别是对常设机构、预提所得税、个人非独立劳务所得、营业利润等条款的执行做好解释和检查,确保走出去企业和个人在境外的税收权益。应重视专项情报的提起,重点针对境外所得和纳税申报情况难以掌握等情况,充分发挥情报交换在走出去企业税收管理中的重要作用。

(三)加强走出去个人所得税管理

主管税务机关应按照"境外投资主体企业、对外承包工程企业、对外劳务合作企业"等类型分类归集数据,以境内企业为建档主体,分年度分外派批次整理外派人员信息,形成"一户一档",健全清册,做好企业外派人员的统计摸底、登记和管理工作。要加强母公司个人所得税扣缴义务人的宣传,对取得两处以上所得的外派人员实行合并申报的监督和检查。

(四)加大对走出去企业反避税调查

目前,走出去企业的避税大多表现为关联交易和推迟纳税。税务机关应提前防范,发现苗头性的避税线索,及时实施企业的风险提醒,要利用对境内母公司的关联申报、纳税评估、转让定价调查、成本分摊分析等工作,加大反避税调查力度,堵塞漏洞,减少税收流失。

(五)开展国际税收情报交换工作

在做好对外提供自动情报工作的同时,重视专项情报的提起,重点针对境外所得和纳税应申报不申报、未申报、申报不实等难以掌握的情况,通过国家税务总局层面向境外投资国发出情报请求,获取、查证或核实境内公司或个人居民身份、收取或支付价款、费用,转让财产或提供财产的使用等与纳税有关的情况、资料和凭证等,充分发挥情报交换在走出去企业税收管理中的重要作用。

(六)实行分类管理,提高纳税遵从度

要按经营模式对走出去企业实行分类,有重点、有差别地实施税源分析、税源监控和纳税服务工作。及时帮助企业发现跨境运作与控制中存在的问题,并将行业分析与风险分析引入税收管理,做到税收服务与管理高度融合,为纳税人营造公平和谐的纳税环境,不断提高纳税人的纳税遵从度,促进税收管理工作。

课题组组长:王　娜

成员:丁　伟　孙　莹　陈修胜

# 关于结构性减税促进江苏产业转型升级的研究

江苏省淮安地方税务局课题组

## 一、江苏省产业结构现状及展望

(一)我省"十二五"期间产业结构现状

"十二五"期间,中国经济遭遇增长速度换挡期、结构调整阵痛期、前期刺激政策消化期"三期叠加",江苏作为东部沿海发达省份,迎难而上、开拓创新,主动适应和引领新常态,深入实施六大战略,扎实推进"八项工程",以占全国1%的国土面积,创造了超过10%的经济总量,创造了江苏发展史的又一个黄金期。

1、综合经济实力显著提升。综合经济实力显著提升,经济总量接连跨越5、6、7三个万亿元台阶,年均增长9.6%,高于全国1.8个百分点,人均GDP超过8.8万元,位居全国各省(区)首位。一般公共预算收入连跨四个千亿元台阶,突破8000亿元,年均增长14.5%。工业企业运行保持稳定,2015年规模以上工业增加值比上年增长8.3%,其中轻工业增长7.8%、重工业增长8.6%。分经济类型看,国有工业增长1.6%,集体工业增长10.4%,股份制工业增长10%,外商港澳台投资工业增长6%。在规模以上工业中,国有控股工业增长2.1%,私营工业增长1%。

2、产业结构不断优化。2015年,我省经济结构首次出现"三、二、一"的格局,一、二、三次产业分别实现增加值3988亿元、32043.6亿元、34084.8亿元,较上年分别增长353.7亿元、1189.1亿元、3525.3亿元,三次产业占GDP的比重分别为5.7%、45.7%、48.6%。

3、转型升级取得重大进展。战略新兴产业销售收入年均增长16.8%,高新技术产值占规模以上工业比重达到40.1%,年均提升1.4个百分点。先进制造业增势良好,2015年规模以上工业中,汽车制造业实现产值7128.8亿元,同比增长9.6%;医药制造业产值3551.6亿元,同比增长14.5%;专用设备制造业产值5943.4亿元,同比增长6%;电气机械及器材制造业产值16910.3亿元,同比增长8.7%;通用设备制造业产值8803.8亿元,同比增长6.2%;计算机、通信和其他电子设备制造业产值19334.4亿元,增长9.4%。十大战略性新兴产业产值年均增长26%,新材料、节能环保、医药、软件、新能源、海洋工程装备等产业规模居全国第一位,光伏产业占全国比重近50%。

(二)我省"十三五"期间产业结构转型升级展望

经过"十二五"时期的快速发展,全省发展动力正在加快转换,发展空间不断拓展优化,特别是"一带一路"、长江经济带建设、长三角一体化等国家战略在江苏交汇叠加,为建设"强富美高"新江苏提供了重大机遇。"十三五"期间,全省将坚持调高调轻调优调强调绿的导向,深入实施转型升级工程,推进产业高端化、高技术化和服务化发展,加快健全以高新技术产业为主导、服务经济为主体、先进制造为支撑、现代农业为基础的现代产业体系。

建设具有国际竞争力的先进制造业基地。建设全国智能制造先行示范区,深入实施《中国制造2025江苏行动纲要》,引导制造业向分工细化、协作紧密方向发展,促进信息技术向市场、设计、生产环节渗透,推动生产方式向柔性、智能、精细转变。实施企业制造装备升级行动计划,突出数控装备普及换代、现有装备智能改造、高端装备自主制造、工业机器人推广应用等重点领域，推进制造业装备由机械化向数字化、网络化、智能化提升。实施智能制造试点示范工程，加快培育智能制造模式，搭建智能制造国际合作平台，支持智能制造核心关键技术、智能化装备研发及产业化。推行基于网络的数字化制造，鼓励发展个性化定制、众包设计、云制造等网络生产新模式，支持工业云和中小企业公共服务平台建设，推进研发设计、数据管理、工程服务等制造资源开放共享，构建网络化企业集群。到2020年，建成1000个智能车间（工厂）。改造提升优势传统产业，实施"工业强基"工程，推进"互联网＋制造业"、"双百工程"项目、新产品新技术推广应用三大计划，全面实施制造业绿色改造，推进节能改造示范、减排改造示范、再制造示范等。深入开展两化融合管理体系贯标试点，促进企业管理软件普及推广应用，推动机械、石化、冶金、纺织、轻工、建材等传统产业向高端化品牌化发展，打造一批具有国际影响力的特色产业集群和先进制造业基地。推进重点装备技术和产品质量攻关计划，支持制造业名品名牌建设。到2020年，两化融合发展指数达到100，制造业质量竞争力指数达到88。

建设战略性新兴产业重要策源地。突出先导性和支柱性，深入实施战略性新兴产业培育发展规划和推进方案，更好发挥产业投资引导基金作用，优先选择培育一批拥有自主核心技术、发展成长性强、代表未来方向的战略性新兴产业集群。重点发展新一代信息技术、高端装备、海洋工程、航空航天、新材料、节能环保、生物医药和新型医疗器械、新能源和智能电网、新能源汽车、数字创意等产业，细分行业、细分领域，做精做特做优做实一批新产业。加快南京智能电网、无锡传感网、苏州新一代信息技术和高技术服务业、盐城海上风电、泰州和连云港生物医药、常州智能制造等集聚区建设。抓住国家开展下一代互联网试点城市、新能源汽车推广应用城市、电子商务试点城市、信息惠民试点城市、智能制造试点城市建设等机遇，深入开展新技术、新产品推广示范。到2020年，战略性新兴产业增加值占GDP比重达15%。

建设现代服务业创新发展高地。打造"江苏服务"品牌，实施现代服务业发展五年规划，推动生产性服务业向专业化、网络化和价值链高端延伸，生活性服务业向精细和高品质转变。围绕全产业链的整合优化，重点发展现代金融、软件和信息服务、电子商务、现代物流、科技服务、服务外包、检验检测、国际航运等生产性服务业，大力发展基于网络的平台经济、文化创意、工业设计、人力资源服务等新兴业态。推进产业融合与跨界发展，大力推动制造业由生产型向生产服务型转变，以拓展产品功能、提升交易效率、增强集成能力、满足深层次需求为重点，培育一批服务型制造示范企业，实施一批服务型制造示范项目。支持企业面向客户提供个性化产品设计和整体解决方案，引导有条件的企业由提供设备向提供系统总集成总承包服务转变。推动南京、苏州等地建设区域金融中心。到2020年，生产性服务业增加值占服务业增加值比重提高到58%，金融业增加值占GDP比重达到9%左右。加快服务业改革开放，加快落实服务业进一步扩大开放的政策措施，进一步放开服务业领域市场准入，引导外资投向高端服务业和新兴服务业领域，延伸外资企业服务链，促进本土服务业提升发展，推动服务业向资本密集型、技术密集型、知识密集型转变。进一步减少生产性服务业重点领域前置审批和资质认定项目，制定落实扶持服务业发展的优惠政策。加强苏港、苏澳、苏台、苏新、苏韩服务业合作。

优化产业布局。沿沪宁线地区重点推动区域高端创新要素集聚，加快转型升级，发展拥有自主知识产权的高新技术产业、战略性新兴产业，推动金融服务、科技服务、研发设计等高端服务业集聚，大力发展总部经济，建设具有国际水平的战略性新兴产业、先进制造业基地和现代服务业高地。沿江地区重点发展现代物流、滨江旅游等服务业，推动新能源、新材料、生物技术和新医药、海洋工程装备等特色产业发展，提高关键技术和核心产品的自主研发和生产能力，有序推进劳动密集型、资源密集型、环境压力大的产业向苏北、沿海地区转移。沿海地区重点推进沿海深水港、临港产业园和城镇"三位一体"协同发展，主动承接国内外先进制造业和高端产业转移，做强做大传统优势产业和特色产业，加快发展物流、石化等临海产业，做大海洋经济规模和品牌。沿东陇海线地区重点发挥"一带一路"战略交汇点和丝绸之路经济带的重要战略支点作用，加快传统产业改造升级，积极承接中高端产业转移，重点发展原材料工业、消费品工业、电子信息、工程机械等产业，打造新的经济增长极。

## 二、我省促进产业结构优化税收优惠政策执行情况

(一)国家层面生产供给侧财税政策

1、通过“营改增”，力求统一第二产业和第三产业的税收制度，消除重复征税因素，使各个产业在同一公平的税收制度环境下，由市场机制发挥资源配置作用。

2、调整财政支出结构，增加民生事业的资金供给，在一般性公共预算中，用于民生的支出比重占全部财政支出的比重不断提高，已经超过60%以上。

3、在经济增长方式转换过程中，重点对小微企业实施税收优惠政策，这一方面有利于服务业的发展，另一方面有利于扩大就业；总体上有助于经济增长方式的平稳转换。对于小微企业实行税收优惠是国际上许多国家在经济衰退和低谷时期对企业的一种通常使用的保护性税收政策。

4、清理地区性税收优惠政策。地区性税收优惠政策起到了地区间税收竞争的作用，是地区间经济竞争的一种重要手段。十八届三中全会决定中已经确定了对税收优惠政策进行清理的改革任务，重点对地方和部门针对特定企业及其投资者等在税收、非税等收入和财政支出等方面实施的优惠政策进行全面的清理和规范。目的是规范市场秩序，维护市场统一，减少政府对市场行为的过度干预。

(二)我省优惠政策内容及结构性减免情况

十二五期间，全省产业结构逐渐由“二、三、一”向“三、二、一”转变，截止2015年年底，第三产业经济总量首次超越第二产业，这表明，目前我省经济已经开始由工业主导，发展为服务业主导。目前我省地方税收的优惠政策共计374项，其中营业税类62项，企业所得税优惠类87项，个人所得税优惠类21项，房产税优惠类44项，城镇土地使用税类67项，土地增值税优惠类12项，耕地占用税优惠类6项，资源税优惠类8项，契税优惠内34项，印花税优惠类18项，车船税优惠类14项，城市建设维护税，教育费附加优惠类1项。同时为了进一步将简政放权落到实处，将258项税收优惠项目变为备案管理，在税收优惠期间内纳税人可以自行享受，而不是像以前那样须经审批，简化了手续，提高了效率。

十二五期间，我省各级税务机关大力宣传税收优惠政策，精准宣传，精确解读，创新服务，简化流程，认真贯彻落实各项税收优惠政策。税收优惠政策最直接的体现在于各项税收减免，五年间共计减免地方各项税收1275.17亿元，年平均减免255.03亿元。主要由于十八大前后国家密集出台一系列的税收优惠政策，优化产业结构，确保经济中高速发展。从表一数据也可以看出，税收减免占地方税收总量在2012年、2013年达到峰值，2014年、2015年由于经过两年的税收优惠期，新的税源基础得以培育壮大，导致2014、2015年所占比例有所下降。同期我省的税收弹性(税收增长率与国民收入增长率之比)表明，税收增长速度逐渐降低，整体宏观税收负担有所降低，显示我省在落实各项税收优惠政策，助力经济平稳发展取得了卓越成效。

**表一**

单位:亿元

| 年份 | 地方税收减免 | 地方税收总量 | 比例 | 税收弹性系数 |
|---|---|---|---|---|
| 2011年 | 223.33 | 3570.46 | 6.25% | 2.5 |
| 2012年 | 319.43 | 4140.07 | 7.72% | 1.6 |
| 2013年 | 342.59 | 4685.75 | 7.31% | 1.4 |
| 2014年 | 125.41 | 5170.28 | 2.43% | 1.2 |

| 2015 年 | 264.40 | 5752.06 | 4.60 | 1.3 |
|---|---|---|---|---|

在各项税收减免中，作为国家重点扶持产业，税收优惠政策密集关注产业，小微企业、高新技术产业、节能节水环保型产业变化尤为明显，充分体现了税收优惠在调整产业结构方面的取得的积极作用。

**表二**

单位：亿元

| | 2011 年 | 2012 年 | 2013 年 | 2014 年 | 2015 年 |
|---|---|---|---|---|---|
| 小微企业 | 51,252 | 54358 | 67825 | 75926 | 87585 |
| 高新技术产业 | 294,770 | 278874 | 307984 | 241240 | 435644 |
| 节能节水环保产业 | 6935 | 8646 | 6578 | 5525 | 15645 |

(三)我省不同产业(行业)税收优惠政策落实现状

1、小微企业税收优惠政策落实现状。我省小微企业占企业总量的98%以上，也是我省经济发展最具活力、潜力的朝阳产业，在安置富于劳力，解决重点群体就业等方面都起到了重要作用。同时由于小微企业产业规模较小，对社会资源的配置尤为敏感，税收优惠政策对其产业结构的影响更为显著。据统计目前我省针对小微企业的税收优惠政策有如下几个方面：将增值税、营业税起征点优惠政策扩大至所有小微企业，2013 年 8 月将起征点提高为 20000 元，2014 年 10 月进一步将起征点调高至 30000 元；2008 年 1 月起，对符合条件的小型微利企业，减按 20%的税率征收企业所得税，2014 年 4 月将核定征收企业纳入优惠范畴，并先后 5 次提高应纳税所得额上限，2015 年 10 月 1 日应纳税所得额提高至 30 万元；对金融机构与小型微型企业签订的借款合同免征印花税；自 2015 年 1 月至 2017 年 12 月，月纳税销售额或营业额不超过 3 万元(季纳税的季度销售额或营业额不超过 9 万元)的小微企业，免征教育费附加、地方教育附加、文化事业建设费；自 2015 年 1 月 1 日起，对小微企业免征防洪保安资金；十二五期间，共计减免小微企业各项地方税收 33.69 亿元。

2、高新技术产业税收优惠政策落实现状。高新技术技术在推进产业升级、实现高端制造、高端服务发挥着重要作用，是推动我省经济持续健康发展的重要因素。落实好各项税收优惠政策，助力高新技术企业发展，是实现我省经济跨越发展的迫切要求，我省落实国家一系列的税收优惠政策，从科技创新的各环节对国家需要重点扶持的高新技术企业给予政策扶持。

在支持高新技术企业创新创面减按 15%的税率征收企业所得税；对于信息产业核心和基础的软件和集成电路企业，实行增值税即征即退、减免企业所得税等优惠政策。

在鼓励企业加大研发开发费用投入和科技成果转化方面，一是研发费用加计扣除政策，未形成无形资产计入当期损益，按照研究开发费用的 50%加计扣除，形成无形资产的，按照无形资产成本的 150%摊销；二为鼓励企业加大研发设备投入，对于研发设备可以缩短折旧年限或者采取加速折旧的方法。并对生物制药等六大行业、四大领域新购进的研发设备进一步放宽了加速折旧的条件；三是科技成果转化减免税政策，居民企业年度技术转让所得不超过 500 万元的部分，免征企业所得税；超过 500 万元的部分，减半征收企业所得税。四是为鼓励社会资本参与中小高新技术企业发展，对于符合条件的创业投资企业可以按照其投资额的 70%在股权持有满 2 年的当年抵扣企业应纳税所得额。十二五期间，我省高新技术产业合计减免地方税收 155.85 亿元。

3、节能节水环保产业。大力发展节能节水环保产业，是促进我省经济可持续发展，打造绿色经济，实现碧水蓝天新常态的迫切要求，是加快经济发展换挡升级的有力保障，为今后发展预留空间。目前针对该产业的地方税收优惠有如下几个方面：；一是综合利用资源企业所得税优惠，生产国家非限制和非禁止并符合国家及行业相关标准的产品取得的收入，减按90%计入企业当年收入总额；二是购置环境保护、节能节水、安全生产等专用设备企业所得税优惠，可以按专用设备投资额10%抵免当年企业所得税应纳税额；三是从事符合条件的环境保护、节能节水项目企业所得税优惠，企业自项目取得第一笔生产经营收入所属纳税年度起，第一年至第三年免征企业所得税，第四年至第六年减半征收企业所得税；四是节能服务公司实施合同能源管理项目税收优惠，符合条件的企业实施合同能源管理项目，取得的营业税应税收入，暂免营业税，自项目取得第一笔生产经营收入所属纳税年度起，第一年至第三年免征企业所得税，第四年至第六年减半征收企业所得税。

## 三、税收优惠政策促进产业结构优化效应分析

税收政策对产业结构的影响效应，主要是通过对资本、消费、劳动力和技术水平等中间要素的影响进而作用于产业结构。具体而言，就是通过不同税种的设置、税目的选择、税率的设定、税收优惠政策的实施等措施，使得不同商品、不同产业承担不同的税负，最终引起产业结构优化。

（一）税收优惠政策对产业结构优化的促进作用

税收政策与产业结构的关系主要包括三个方面：首先，不同产业之间的税收政策差异直接影响产业结构的变化；其次，产业内部不同行业之间的税收政策差异直接影响行业结构的变化；第三，产业结构和行业结构的变化对税收政策制定具有助推或牵制作用。从理论上讲，税收政策的科学性与产业结构的合理性紧密相关，产业结构在一定意义上是特定税收政策体系下的产物，因而产业结构优化必须以科学的税收政策为先导。税收政策通过直接或间接地作用于国内生产总值形成过程及利润分配过程的主要环节，进而对产业结构演进形成作用力，即税收政策既作用于经济过程，调节资源流动，同时也作用于经济结果，对利润进行分配。税收政策作为政府调控经济的主要工具之一，能够直接调节纳税人的收入，从而间接影响纳税人的行为，进而影响社会经济活动，从而达到政府调控的目的。应积极运用经济、法律和行政手段，严格控制高耗能产业投资，大力淘汰过剩、落后产能，加大对节能减排、环境保护的支持力度，引导企业发展由资源消耗型、环境污染型向绿色制造转变；积极运用“互联网+”思维，整合资金流、信息流、物流，引导传统产业与互联网的融合发展，引导企业发展从传统的生产型制造向生产服务型制造转变，由传统制造业向数字化、网络化、智能化转变，由低效制造向质量效益型转变。

（二）产业结构优化反作用于税收收入的增加

产业结构优化的目标是使经济发展走上健康轨道，产业之间能够协调发展，并形成核心竞争力，在推动技术进步的同时，创造更加稳定的税收基础，不断提高人民生活水平。稳定税收必须以税收来源的合理为条件，这必然需要有优化的产业结构作支撑。优化的产业结构的重要特征是各个产业之间能够相互支撑，同时体现现代产业发展的主导方向，即在新的产业的引领下形成具有核心竞争力和创新动力的产业组合。优化的产业结构既能保证产业竞争能力的持久性，同时也能扩大生产能力和利润边界，进而为扩大税源和增加税收创造更加牢固的基础。以创新驱动为导向的税收政策制定，就是要定位于促进产业创新能力的提升，扶植知识密集、高技术、环保型的产业，淘汰技术落后的产业，严格控制产能过剩产业的规模。税收政策制定与产业结构优化这种在方向上的一致性，通过其作用力度和调节方向的匹配，对产业结构优化起着重要推动作用。

（三）我省鼓励产业转型升级税收优惠政策的实施效应

1、“营改增”激发了第三产业活力。营改增的产业转型效应主要体现在促进产业主辅分离、融合发展、精细分工、外包服务等组织结构调整和方式转变，从而提升企业经营效益。从2012年1月1日起，我国在部分地区和行业开展增值税制度改革试点，逐步将目前征收的营业税改为增值税，至2016年5月1日，营改增全面推进。增值税扩围是结构性减税政策的重要内容，营改增以消除商品和服务往来中的重

负征税、完善增值税抵扣链为核心，在引导产业合理分工与深化协作基础上，通过促进结构优化、层次提升、重点产业发展来实现结构调整。营改增消除了原来对第三产业的税收歧视，拉动了投资的意愿，加速设备更新，直接为第三产业的发展注入活力。数据显示，2013 年至 2015 年，江苏省第三产业增加值比重分别为，呈较快上升的蓬勃发展之势，2015 年，江苏首次进入“三、二、一”时代。同时，在进一步打通、延伸和拉长货物与劳务增值税抵扣链条过程中，还促进了第三产业整合资源、拓展业务范围、开拓市场渠道、创新服务领域，实现了发展模式和经营方式的转变与优化。

2、内外资企业所得税统一促进产业转型升级。内外资企业所得税统一使得内资企业税率降低，公司利润增加，盈利能力增强，提高了与外资竞争的实力。这种做法对我国的产业结构有很大帮助，表现在：一是有利于提升内资企业竞争力。内资企业原本在资本、技术和生产效率都比不上外资企业，且外资企业拥有很多税收方面上的优惠，使得内资企业在与外资企业进行竞争时一开始就处于劣势。“两税统一”后外资企业失去了在税率等方面所获的“特权”，相对的提高了本国企业的资本质量，这将有可能改变本国企业“大而不强”的不利局面。因此，“两税统一”为内资和外资企业提供了更加公平、公正的竞争环境，推动了本国企业更快、更好地发展，提升了我国产业竞争优势和竞争力。二是鼓励技术进步，加快产业升级。我国在“两税统一”之前，各地方政府为了经济的发展，通过各种税收优惠政策来吸引外资的进入，“两税统一”后对外资企业进入我国市场的门槛变高，外资企业必须加大对生产技术和企业的创新能力的投入来获取竞争优势，带动了本国企业的创新意识，加快了产业结构升级。

3、增值税转型与出口退税政策有利于企业进行产业结构调整。国务院从 2009 年 1 月 1 日起，全面实行增值税转型改革，即增值税由增长型转为消费型，同时将小规模纳税人增值税征收率由 6%（工业企业）和 4%商业企业统一下调到 3%，从而鼓励企业增加自主创新和进行技术改造，促进产业结构升级优化。2008 年 4 次提高部分出口退税率的基础上，2009 年又先后 3 次提高劳动密集型、科技含量及付加值较高产品的出口退税率；2011 年 1 月 1 日起对销售自行开发软件产品，按 17%税率征收增值税后，对其增值税实际税负超过 3%的部分实行即征即退政策；2012 年 1 月 1 日起调整出口关税，对 730 多种商品实施较低的进口暂定税率；同时以暂定税率形式对煤炭、原油、化肥、铁合金等“两高一资”产品征收关税；等。这些减税政策的实施对部分产业进行结构性调整起到了积极的作用。在 2008 年我国先是调高了部分日常大宗产品的出口退税率，如服装、纺织品、塑料制品、日用及艺术陶瓷制品、家具等；后又扩大范围，提高了 3770 项其他的属于劳动密集型产品、机电产品的出口商品的退税率；2012 年国家进一步提高了部分技术含量和附加值高的机电产品的出口退税率。这些调整缓解了出口企业困难，企业直接获得了支持，促进了企业进行产业升级与技术创新。

4、高新技术企业优惠政策促进战略新兴产业发展。高新技术产业是知识经济时代经济增长的核心，是推动技术进步的动力，因此，大力发展高新技术产业是产业结构调整的重中之重，而税收优惠政策是促进高新技术发展的重要因素。在信息产业核心和基础的软件和集成电路企业，实行增值税即征即退、企业所得税减免优惠；为鼓励企业加大研发设备投入，对于研发设备可以缩短折旧年限或者采取加速折旧的方法，并对生物制药等六大行业、四大领域新购进的研发设备进一步放宽了加速折旧的条件；实施科技成果转化减免税政策，居民企业年度技术转让所得不超过 500 万元的部分，免征企业所得税；超过 500 万元的部分，减半征收企业所得税；为鼓励社会资本参与中小高新技术企业发展，对于符合条件的创业投资企业可以按照其投资额的 70%在股权持有满 2 年的当年抵扣企业应纳税所得额。十二五期间，我省战略新兴产业销售年均增长 16.8%，高新技术产值占规模以上工业比重达到 40%。

5、节能节水税收优惠政策引导循环经济发展。发展循环经济，建立资源节约和环境友好型社会是产业结构调整的方向和原则，我国积极利用税收优惠政策，根据社会经济的发展目标，并结合特定产业的发展需要，给予这些产业相应的税收优惠。随着市场经济体制的日益完善，国家不断利用税收优惠政策促进产业的发展。例如,为促进新能源产业的发展,我国规定利用风能生产的电力、石煤和油母页岩等原料所生产的热力实行增值税即征即退50%的优惠政策;为推动节能减排产业的发展,对有利于减少污染物排放的新型设备的投资给予增值税进项税额抵扣的优惠,对生产符合国家产业政策产品的所得收入,实行减计收入的企业所得税优惠政策;对大部分进口的新能源汽车实行25%的最惠国关税税率等等。如对综合利用资源企业所得税优惠,对购置环境保护、节能节水、安全生产的专用设备企业所得税优惠等引导发展节能节水环保产业。十二五期间,我省节能环保、新能源等产业规模居全省第一。

## 四、供给侧背景下促进产业结构优化税收优惠政策存在的问题

(一)缺乏促进产业结构优化升级的系统税制顶层设计

产业结构是经济结构的核心,事关经济总量均衡与结构调整,理应有整体系统的税制顶层规划方案,以对产业结构的优化调整作出全面统筹的导向性安排。当前调整产业结构的税收正向激励机制以税收优惠为主,促进三大产业优化调整的税收政策不少,但由于缺乏整体规划的税制顶层体系,促进产业结构优化升级的税制上位体系缺失,有关产业结构调整优化的税收政策散落于各具体的税种结构与税制要素安排中,产业税收方案具有分散性与零落性,缺乏整体性、统筹性与总括性。

(二)缺乏促进产业结构调整的税收优惠政策体系

1、产业导向不明确。税收优惠偏重于减免税和减低税率等直接手段,较少运用间接方式,且现有的税收优惠政策有着明显的区域导向的特点,税收优惠由经济特区－经济技术开发区－经济开发区－其他地区依次递减,与区域导向相对的是税收优惠的产业导向比较薄弱,对区域优惠采取“一刀切”的低税率优惠,而较少划分行业和产业的差别。这不公不符合产业政策,而且有悖于税收公开的原则,弱化了税收政策在促进产业结构调整中的作用。

2、激励机制不健全。现阶段的税式支出政策对技术创新设置了鼓励措施,如对高新技术企业实行低税率,对软件开发企业实际发放的工资总额,在计算应纳税额时予以全额扣除,对技术先进型服务企业减按15%的税率征收企业所得税,等等,对企业技术的升级改造具有一定的作用,但是依然存在不足。税式支出对技术创新的鼓励范围过窄,限制条件过多。相对于其他发达国家的技术创新税式支出政策,我们鼓励技术进步的税式支出较少,而且对税式支出范围的企业要求严格,对技术创新采取的鼓励措施主要是降低税率、减免税。其他措施虽有所采用,但是使用的不多。

3、受益对象存在偏差。资源税、消费税征税范围过窄,有的非再生的自然资源未纳入征税范围,导致资源过度消耗,一些高利润的消费品及国家不鼓励或限制发展的项目也未纳入消费税的征税范围。环境保护税缺失,与国外比较完善的能源税收体系相比,缺少真正意义上的环境保护税。比如一些发达国家已经建立起包含污染税、能源补偿税等税种的绿色税收体系,现行的环境税收制度中缺少专门针对高能耗、高污染的税种,限制了税收对能源消耗的调控力度,弱化了其在环境保护中的作用,在一定程度上也制约了我省产业结构的优化与调整。

(三)产业结构调整的税收政策以区域而非产业激励为主

在基本导向方面,区域导向的税收优惠政策占优,产业导向的区域优惠政策为辅。

在作用机制方面,侧重简单的直接税收优惠方式,弱化基于市场传导机制的间接税收优惠方式,且激励覆盖范围过窄。当前的税收优惠措施大多是针对特定纳税人的直接税收优惠。对产业税收受惠人的上游与下游企业的传导机制不通畅,难以涵盖整体产业链条,政策效应的波及力较弱。

(四)税收调节收入分配作用没有充分发挥

目前我国仍处于以间接税为主体的阶段,直接税的社会公平调节作用受限。对比西方国家的税收收入构成,法国、德国、芬兰等国家的所得税和货物与劳务税基本相当;日本、英国、加拿大等国所得税已超

过了货物与劳务税;所得税尤其是个人所得税在西方主要国家税收中占有重要位置。

## 五、税收优惠政策促进江苏产业结构优化的原则与举措

科学的财税体制是优化资源配置、维护市场统一、促进社会公平、实现国家长治久安的制度保障。需求侧管理依靠的是货币政策,供给侧管理主要是发挥财政政策的作用。税收是财政政策的重要组成部分。因此在供给侧结构性改革中,税收的调节调控作用非常重要和突出。在新常态下,应当从税收获取的难易程度、总量规模和来源渠道等方面评价现行税收政策与产业结构之间匹配的实际效果,并通过调整税种结构、增加或取消税目、提高或降低税率等措施来纠正由经济增长观念所引起的产业关系扭曲、地区发展不平衡以及收入分配不公,从而使税收政策制定与产业结构优化必须保持方向上的一致性。

(一)遵循的原则

供给侧改革核心是实现要素最优配置。就财税领域而言,不应是简单的结构性减税,或者仅对小微企业减税,而应从注重中长期的高质量财税制度供给的视角,减少行政审批,改革财税体制,调整和完善税收体系和政策。具体来说,当前税收政策调整的着力点应主要放在结构调整和转型升级上,重点要把握好以下几点原则。

1、引导性原则。结构性减免及税收优惠政策必须体现产业政策导向,体现优惠对象的重点和一般选择。税费作为企业的经营成本之一,对企业的盈利有重要影响。因此,通过减税降费降低企业经营成本是推动供给侧结构性改革最主要的政策措施,必须加强正确引导。

2、适时调整的原则。从经济建设全局和可持续发展来看,税收优惠政策应始终介入战略性产业调整全过程,但不能长期一成不变。要通过降低个人所得税税负调动普通劳动者的积极性。一方面,对企业创新和技术进步实施定向减税,可以最大限度激励企业的生产积极性;另一方面,政府让利于民,通过降低个人所得税税负等调动普通劳动者的积极性。

3、区域性优惠和产业性优惠相结合的原则。从长远看,应加大税收优惠范围和力度,缩小区域性优惠政策,使税收资源配置更加公平。要通过税收措施,化解产能过剩,推动产业结构调整。目前我省市场总体供给情况是低端产品过剩、高端产品供给不足。因此推动产业结构调整,核心是化解过剩产能,为新经济、新业态提供发展空间,具体途径就是利用2-3年时间通过关、停、并、转和优化重组等手段化解传统过剩产能。并把税收作为宏观调控的重要手段,可以通过调节企业经营成本,鼓励或抑制不同产业的发展,促进培育战略新兴产业,化解过剩产能。

(二)建议与思考

1、税收优惠政策体现产业导向。在新常态下,税收政策应当总体上坚持"宽税基、低税率",以促进产业结构优化为导向,为经济发展创造宽松环境。大力扶持优势产业,巩固主体税源,支持支柱产业做大做强。全面落实国家税收优惠政策,加大重点企业扶持力度,重点税源企业扩规升级,支持和引导重点骨干企业与省内大企业、大集团进行资产重组,实现"裂变式"发展,加快发展第三产业,壮大基础税源。大力加强城市基础设施建设,改善人居环境,努力提高城市品位,充分利用有利区位优势,加快规划建设各类专业市场,积极支持现代物流业、交通运输业和住宿餐饮业发展。积极利用现行税收优惠政策,支持农村商业银行、村镇银行及地方法人金融机构和小额贷款公司发展,为中小企业解决筹资融资瓶颈,加大对保险业的服务与支持力度,助力发展金融服务和保险业。

2、税收优惠政策考虑行业特点。新技术行业是未来产业结构优化与升级的重要领域。但是,新技术行业发展面临着较大的风险。投资巨大和技术外溢也在一定程度上削弱了相关行业企业的创新动能。因此,必须以税制改革为契机,对新技术行业进行扶植,从人、财、物等各个方面降低此类行业的税负。对于创新的制度变革与组织设计、创新管理方式、创新资源利用方式等都应当在税收政策上给予支持。再

如，对于重塑社会伦理的教育、文化事业，以及其他使人文精神与物质文明同步发展的行业，也应当在税收政策上给予大力支持。但是，对于那些破坏生态环境、污染生活环境、破坏道德文明的行业或者发展过度、无序竞争的行业，就应当从税收政策上体现出限制性和惩罚性。

3、税收政策突出加大特色产业税收扶持力度。我省部分市经济形成了一些特色的产业，这些产业具备良好的成长性和广阔的市场前景，未来可能出现持续较快增长，具有资源消耗低、产业带动系数大、综合效益好的产业特征。江苏省是经济发展发达省份，同时也处于经济转型升级的关键时期，可考虑在江苏大胆探索和转化先行先试相关税收政策，取得经验后在向全国推广，充分发挥试点地区先行先试的作用。如针对我省产业集群发展优势明显，产业集群区域特色鲜明，试点政策就要充分考虑江苏自身特点，引导特色产业集群培育成出口带动效应强、产业优势明显、龙头企业作用突出的转型升级示范基地。

4、税收政策有利于降低成本。降低企业税负有利于降低企业成本。要清理各种不合理税费。通过建立广泛参与的税费决策机制，加强政府、媒体、各类行业协会及企业的信息沟通。进一步放宽标准，扩大针对部分小微企业优惠税率惠及面。在简政放权的基础上，完善税式支出方式，进一步降低企业税负。要完善制造业税收政策。在供给侧，企业生产的边际成本在上升，尤其制造业受到成本的约束，是拖累经济增长的重要原因。目前，制造业大部分实行17%的增值税税率，明显高于第三产业，应进一步完善制造业税收优惠政策，通过减轻税负促使制造业的投资和生产加速。同时考虑到土地价格是抬高税负成本的重要因素，可以考虑通过“营改增”，将地价、房租等部分纳入增值税抵扣范围，为企业减负。要降低社会保险费，研究精简归并“五险一金”，进一步降低企业成本。

5、运用税收政策推动创新创业。技术进步和创新是提高要素供给效率，实现经济长期增长的条件，必需要通过差别化税收优惠政策，完善体制机制，支持企业技术改造和设备更新，促进创业、创新活动。可从以下几个方面入手。一是根据产业政策针对技术研究与开发项目给予相应的税收优惠待遇。支持企业与研发机构、高等院校之间的合作；对于传统企业的技术改造，同样给予优惠待遇。二是给予促进技术进步或产业升级的风险投资公司和基金加倍提取风险准备金、转让交易、延期纳税等方面的税收优惠。三是税收激励中除对企业研究与开发经费予以扣除以外，应鼓励企业加强技术中心建设，给予进口税优惠和资产加速折旧待遇，采取措施鼓励企业加大研发投入。四是重视发挥货物劳务税类促进企业技术进步活动的优惠作用。

6、完善促进产业税收优惠政策。为了更好的调整产业结构，必须对现有税制进行有增有减的结构性调整。对那些鼓励类产业实行低税负的税收激励政策，同时对那些高能耗、高污染的限制类产业运用高税负的约束机制，增加其产业升级或退出的压力。

一是促进现代服务业发展的税收优惠政策。针对重点支持的高新技术领域范围的金融业共性技术、航运、现代物流等服务企业及相关产业积极落实企业所得税政策。在高端服务业如知识和智力密集型服务业、金融、航运与现代物流等，应建立健全鼓励创新的普惠制政策，对掌握自主知识产权、专利技术的企业加大税收激励力度。率先在智力密集型服务业探索实行综合与分类相结合的个人所得税改革试点。在部分城市试点实行现代服务业研发费用税收抵扣政策采取区别于制造业、具有差别化的税收激励政策激励金融、航运、现代物流、生物医药、集成电路、软件业等行业的自主创新。

二是完善促进高新技术产业发展的税收政策。目前世界工业化过程已经历重工业化、高加工度化和技术密集化阶段，并将全面进入信息化阶段。我省产业结构开始由原材料工业为重心的结构向以加工、组装工业为重心的结构发展，工业结构呈现高加工度化倾向。为促进工业生产要素结构转移到以技术为中心的技术集约化，我国必须高度重视激励高新技术产业发展，通过技术进步促进产业结构演变，并将激励高新技术产业发展的税收政策作用于高新技术产业发展的各环节。

三是完善中小企业税收优惠政策。从我省近年来支持转型升级税收优惠的大户来看，基本都是集中在大型企业，享受项目主要是高新技术，同时外资企业由于资金和技术等方面的优势，享受的优惠明显高于民营企业。当前中小企业的商业企业较少设备更新和部分工业企业受产能定型无需投入等因素，仍然有大量企业无固定资产税金抵扣。同时中小企业融资渠道过窄，大部分中小企业没有条件也没有能力新增固定资产进行技术更新。中小企业无疑面临着产业结构调整、人员安置、甚至洗牌淘汰等一系列重大生存问题。因此，建议在积极兑现落实小型和微型企业税收优惠新政的同时，进一步强化金融支持，全面落实小额担保贷款贴息、劳动密集型小企业贷款发放等扶持政策，为中小企业注入更多资金稳定经营、帮扶复苏和改造升级，并帮助企业规范财务管理，树立良好的企业信用，不断提高其自身抗风险能力。

四是鼓励节约能源资源和环境保护的税收政策。制定激励节能环保产品需求的税收政策。将政策信号间接地经消费者需求方面传导到生产方面。调整消费税政策，将目前尚未纳入消费税征收范围、不符合节能技术标准的高能耗产品、资源消耗品纳入消费税征税范围；适当调整一些现行应税消费品的税率水平，提高能源消耗量较大产品的消费税税率，适当降低符合节能标准节能产品的消费税税率或使其享受消费税减征优惠。调整车辆购置税、车船税政策。对以清洁能源为动力，符合节能技术标准的车辆可按适当比例减征车辆购置税。对不同能耗水平的车船规定不同的征税额度，实行差别征收。在出口税收方面综合考虑国家能源政策导向调整出口货物退税率对鼓励类和限制类的出口产品，实行差别化的退税率。

课题组负责人：符晓露　赵继光

成　员：王一民　舒颖萍　张　朋　黄可可　张　军

执笔人：倪仁高

# 关于助推大众创业的税收政策探讨

王　俏

## 一、税收政策推动大众创业的作用机理

创业活动在发展过程中受到诸多因素的制约与影响，如资金、人才、团队、运营等，国家各项扶持政策和措施中，税收激励政策以其针对性强、作用直接、效果显著在鼓励创业方面发挥着不可替代的作用。创业活动的生命周期离不开财力和人力的大量投入，政府为支持企业完成初始资本积累，辅助企业成长壮大，必然会营造更好的政策环境，给予企业创业活动中相应的税收优惠政策。

(一)税收政策对创业过程的资源配置作用

政府通过制定针对一定时期、支持特定经济产业的税收政策，体现其对这些产业、领域经济发展的倾向性，从而影响市场资源配置的流向，促进和引导资源向政府支持的领域、区域归集。政府通过实施不同的税收政策，在各个行业和区域影响资金链、销售链、服务链、人才链，对创业者的收入直接调节，对创业者的行为间接影响，进而影响市场资源、创业资源的配置，最终达到政府推动创业的目的。

(二)税收政策可以降低创业风险，提高创业收益

政府为减少初创企业面临的各种不确定性，通过制定税收政策，适度干预和影响创业投资可能遭遇的市场失灵，如利用税收信贷、加速折旧等政策降低企业占用资金的风险，通过减免企业所得税、投资抵免降低企业获利风险，通过个人所得税优惠降低人力资本投资风险，进而达到合理配置社会资源，降低创业风险的目的。

(三)税收优惠政策可以降低创业成本、增加收益预期

政府利用税收优惠政策促进创业，实质上将一部分收入让渡给企业，这部分收入贯穿于创业活动的过程与结果，一方面降低企业的创业成本，另一方面增加创业收益，税收优惠政策帮助创业企业克服困难，提高了创业主体的创业积极性。

(四)税收激励政策可以促进创业融资

资本是企业生存发展的基础，创业融资对于创业者至关重要。目前，创业投资的迅速发展，已经成为创业者融资的重要途径，创业投资是通过向初始的创业企业提供股权资本，为其提供管理和经营服务，期望在企业发展成熟后获取中长期收益的投资行为。税收激励政策是影响创业投资的重要外部政策因素，许多国家采取直接减免与间接优惠相结合的方式，从实质上不同程度的鼓励了创业投资的持续发展，进而拓宽了创业活动的融资渠道。

(五)税收优惠政策为创业企业提供发展资金，实现可持续发展

企业创业之初，往往面临资金短缺、融资困难，直接的税收减免优惠相当于企业获得了一部分发展资金，有利于增强资金周转和运用能力，同时，加速折旧等递延方式，也缓解创业初期的资金消耗，提高资金积累能力，有助于其实现可持续良性发展。

## 二、推动创业税收政策的国际经验

我国目前的促进创业税收政策正在不断完善，通过研究国外发达国家在促进创业税收政策上的举措，有我们值得借鉴的三方面特点：

(一)税收优惠政策的法定权威性

目前,国外发达国家大多已经正式颁发了法律形式的中小企业及创业投资税收优惠政策,在政策层面加强了法律效力。如美国的《经济复兴税法》、《减税法案》,加拿大的《小企业减税法》,日本的《中小企业创造活动促进法》,英国政府颁布的《公司投资法规》、《公司创业投资法规》及《创业投资信托法规》等,完善的法律保障更有利于创业个人及中小企业的成长发展。

(二)创业税收优惠内容丰富,涉及面广

国外发达创业税收政策涉及的税种包括流转税、所得税等,对于初创期的企业资金缺乏、成本费用高等特点,提供了丰富的税收优惠政策。英国政府提供创业投资者所得税优惠及资本利得税的抵免和延后缴纳。加拿大规定,小企业的投资收益如果继续投资于其他小企业,可以免征所得税。日本对于中小企业使用的设备,采取减半征收固定资产税 3 年。新加坡规定创业投资收益可以在开始的 5 到 10 年内完全免税,美国减半征收持有 5 年以上的创业投资的资本利得税。

(三)政策的适用贯穿企业的全生命周期

这些税收优惠政策大多贯穿于企业的初创期、发展期到成熟期,保障企业在未来的各个阶段都能享受到政策支持。英国规定,在初创期的中小企业尚未盈利的,研发投入可以先申报税收减免,并获得一定的资金返还。许多国家利用多项优惠政策引导天使投资、长期投资和创业投资的收益进行再次投资。加拿大将可用于抵减的收入时间范围扩大到从 3 年到后 7 年。

(四)倾向创新型中小企业的创办和发展

发达国家中有大概 80%的创新价值来源于中小型企业,在提供中小企业优惠的同时,加强对于创新型中小企业的创办指引,采取有效的税收激励政策鼓励和引导中小企业加大研发投入。美国对于创新型小企业的创业投资资本利得税仅为 14%。日本规定企业研发费用的 6%可抵扣企业所得税,最高可抵扣 15%。德国,中小企业用于研发的设备或建筑达到全部的三分之一,可以享受高额的税后减免。

(五)灵活简化的申报程序和纳税方式

发达国家侧重于采用简化的纳税申报程序,降低监管限制,为企业减轻负担。美国规定中小企业可根据自身情况,自行选择公司所得税或者合伙企业的纳税方式,此外,还普遍给与中小企业宽松的纳税期限,加拿大对收入不足 20 万加元的中小企业,提供 3 个月的缴税宽限期,日本给予中小微利企业 10 个月的纳税宽限期,美国则为 6 个月。

## 三、现阶段我国创业税收政策存在的问题

为促进国民经济发展动力的优质转化,激发大众创业创新的活力,近年来我国已经出台了一系列鼓励创业创新的税收优惠政策,虽有一定成效,但是仍存在一些问题。

(一)创业税收优惠政策的法律级别低,权威性不足

我国目前的税收政策在系统性和权威性上仍存在不足,优惠政策条目多,但是多是零散的出现在一些补充性规定或者通知中,分布在各个税种上,且法律级次不高,稳定性不强,缺乏规范系统性和政策权威性。同时,许多政策仅限于企业开办之初,缺乏贯穿于中小企业初创、发展至成熟整个生命周期中的有效税收激励政策,对于降低投资风险、筹集资金、引导人才流向的扶持作用有限,从而对于大众创业不能达到更好的效果。

(二)促进大众创业的政策手段不足、覆盖面小

税收优惠包括直接优惠和间接优惠,我国目前创业税收优惠政策主要集中在降低税率与提高减免税的直接优惠上,95%以上是直接优惠的范围,这更适合长期盈利的企业,对那些短期不能盈利创业公司支持作用十分有限。发达国家较为常见的间接优惠方式,加速折扣、延期纳税等做法并不常见。同时,创业税收政策大多集中于针对特定企业特定区域,如允许固定资产加速折旧的政策仅适用于高新技术产业,上海自贸区的股权激励个人所得税分期缴税,投资重组的所得税分期缴税的覆盖面较小。

(三)对于中小创业型企业的扶持力度有待加强

我国目前的税收政策更多是作为社会问题的调节工具,更多的是倾向直接减轻中小企业发展过程中的纳税负担,忽视了中小企业作为创业型企业的重要组成部分,其初创期、发展期、成熟期各个阶段自身的特殊性,缺乏培育中小企业竞争力的有效政策。同时,中小企业普遍存在财务人员配置、财务制度规范程度等方面的欠缺,税务机关应该更多的侧重创业型企业的纳税服务工作,提供更加便捷有效的纳税服务咨询与培训。

(四)创业税收政策的普惠性不强

对于创业企业,现行的创业税收政策主要针对科技型创业企业,较少的关注到其他非科技型企业,但随着产业结构的不断调整,物流、服装、服务型新兴企业在市场经济中具有更强的发展壮大潜质,这些企业却不能普遍适用相关的创业税收优惠政策标准。

对于个人创业,现行的创业税收政策主要针对于下岗职工、毕业大学生及退伍军人等。例如,对于创业大学生,毕业两年内办理营业执照,可以享受注册资本 50 万以下分期交款的优惠,然而这些特殊群里仅是全社会潜在创业者中的一部分,还有更多的大众创业者没有获得普遍的优惠政策支持,与实现大众创业的目标并不贴合。

## 四、优化我国推动创业税收政策的建议

(一)加快立法进程,完善创业税收政策法律体系

政府部门应该把握新一轮财税体制改革的契机,深度结合国家相关经济发展改革政策文件精神,加快深化税收制度创新改革。进一步完善《中国人民共和国中小企业促进法》的相关内容,逐步转变临时性税收政策的思维,从经济发展和创业企业成活发展的长远角度考虑,加快推进创业税收政策配套法律法规的立法进程,确保法律政策的执行力,为系统性、规范性、权威性的全面制定落实创业税收优惠政策提供坚实稳定的法律依据。

(二)拓展税收优惠政策的多样性和广泛性

逐步扩大税收间接性优惠的适用范围,摆脱直接性优惠占主导地位的失衡局面,制定增加间接性优惠与直接性优惠相结合的灵活适应性税收政策,这样的激励作用产生的经济正外部效应具有更为深远和显著的影响。同时,扩大法律规定的受惠行业、区域的范围。可参考多数发达国家促进创业投资和促进中小企业发展的税收优惠政策,提高政策的有效性和系统性。如,鼓励创业投资的二次投资,简并纳税申报手续,强化备案机制的应用,优化征管体制,向创业型企业提供更为灵活的的纳税方式和缴税期限。扩大区域内税收优惠政策的正向激励作用,逐步试点政策的全国范围推广。

(三)完善推进大众创业税收政策

对于鼓励创业企业,扩大法律规定的享受创业税收优惠的企业范围,提高创业税收政策的普惠程度。在扶持高新技术产业的同时,对于一些成活率高、成长性好、市场潜力大的非技术创新型企业,也应扩大优惠政策的侧重面。同时,适当的考虑不同类型的行业和企业的自身成长变化特点,如丰富和完善创业投资企业的税收优惠政策,降低创业投资风险。对于新创立的小型微利企业,可考虑免除房产税、城镇土地使用税等税费,提高企业的成活率,进而发展壮大。对于一些投资大、周期长、风险大的高新技术创业活动,可制定更为灵活的纳税申报方式和宽松的缴税期限,进一步降低企业发展的综合风险。

为鼓励个人创业,应逐步降低劳务收入的税率,适当参考工资薪金所得税率降低劳务报酬收入的个人所得税税负。目前承包、承租人和个体工商户的个人所得税税率较高,可以适当下调一定比例,缓解这部分创业群体的税负比重。同时,将创业税收优惠政策的扶持对象由特殊群体扩大到普通大众,激励全社会有创业梦想和热情的创业者投身大众创业、万众创新的时代大潮中。

(作者单位:辽宁省大连经济技术开发区地方税务局)

# 开发区外商投资企业和港澳台投资企业发展状况的分析

唐家利

## 一、外商投资企业分布及特征

截至 2014 年底，开发区累计批准外商投资企业(含港澳台地区，下同)为 2126 户(登记类别为单位登记的企业)，合同外资金额 384.6 亿美元，实际使用外资金额 300.4 亿美元。

从投资形式看：2004 年—2014 年，所有投资形式的外商投资企业登记户数均实现增长，其中以港澳台独资和外国企业常驻代表机构增长最为快速，年均增长分别达到 16.7%和 14.5%。独资企业登记户数所占比重不断提高且一直位居第一位，2014 年末占比更是高达 59.8%，比 2004 年提高 13.4 个百分点，其中外资企业占比 50.6%，比 2004 年提高 8.7 个百分点，港澳台独资企业占比 9.2%，比 2004 年提高 4.7 个百分点。合资企业登记户数所占比重则呈现下降态势，2004 年合资企业登记户数所占比重为 45.7%，2014 年占比为 32.2%，10 年间下降 13.5 个百分点，与独资企业占比提高程度持平。其中，中外合资企业和港澳台合资企业占比分别下降 9.7 和 2.8 个百分点。合作企业与合资企业情况相同，中外合作和港澳台合作所占比重分别比 2004 年下降 1.2 和 0.1 个百分点。

**外商投资企业按投资形式分布表**

单位：户

| 投资形式 | 2004 年 | 比重% | 2014 年 | 比重% | 年均增长% |
|---|---|---|---|---|---|
| 外资企业 | 391 | 41.9 | 1075 | 50.6 | 10.6 |
| 中外合资经营企业 | 297 | 31.8 | 470 | 22.1 | 4.7 |
| 港澳台商合资经营 | 130 | 13.9 | 214 | 10.1 | 5.1 |
| 港澳台商独资经营 | 42 | 4.5 | 196 | 9.2 | 16.7 |
| 外国企业常驻代表机构 | 27 | 2.9 | 105 | 4.9 | 14.5 |
| 中外合作经营企业 | 26 | 2.8 | 34 | 1.6 | 2.7 |
| 港澳台商外企常驻代表机构 | 8 | 0.9 | 11 | 0.5 | 3.2 |
| 港澳台商合作经营 | 5 | 0.5 | 8 | 0.4 | 4.8 |
| 外商投资股份有限公司 | 3 | 0.3 | 6 | 0.3 | 7.1 |
| 港澳台商投资股份有限公司 | 1 | 0.1 | 3 | 0.1 | 11.6 |
| 其他外国企业 | 1 | 0.1 | 2 | 0.1 | 7.2 |
| 提供劳务、承包工程作业 | 2 | 0.2 | 2 | 0.1 | 0.0 |
| 合计 | 933 | 100.0 | 2126 | 100.0 | 8.6 |

从国民经济行业分布看：各行业分布不均衡，超过 50%的企业集中在制造业。2014 年末，外商投资企业中制造业企业占全部外商投资企业登记户数的 50.1%，所占比重虽然比 2004 年下降 19.7 个百分点，但仍居于首位。租赁商务服务业和批发零售业登记户数比重有所提高，分别占全部外商投资企业登

记户数的11.5%和10.5%,分别比2004年提高5.6和8.2个百分点。

外商投资企业按投资行业分布表

单位:户

| 投资行业 | 2004年 | 比重% | 2014年 | 比重% | 年均增长% |
|---|---|---|---|---|---|
| 制造业 | 651 | 69.8 | 1065 | 50.1 | 5.0 |
| 租赁和商务服务业 | 55 | 5.9 | 245 | 11.5 | 16.1 |
| 批发和零售业 | 21 | 2.3 | 224 | 10.5 | 26.7 |
| 房地产业 | 51 | 5.5 | 148 | 7.0 | 11.2 |
| 居民服务、修理和其他服务业 | 22 | 2.4 | 94 | 4.4 | 15.6 |
| 住宿和餐饮业 | 39 | 4.2 | 84 | 4.0 | 8.0 |
| 信息传输、软件和信息技术服务业 | 16 | 1.7 | 73 | 3.4 | 16.4 |
| 建筑业 | 37 | 4.0 | 61 | 2.9 | 5.1 |
| 科学研究和技术服务业 | 4 | 0.4 | 56 | 2.6 | 30.2 |
| 文化体育和娱乐业 | 14 | 1.5 | 18 | 0.8 | 2.5 |
| 交诵运输仓储和邮政业 | 8 | 0.9 | 17 | 0.8 | 7.8 |
| 金融业 | 2 | 0.2 | 16 | 0.8 | 23.1 |
| 农林牧渔业 | 9 | 1.0 | 12 | 0.6 | 2.9 |
| 教育 | 3 | 0.3 | 5 | 0.2 | 5.2 |
| 电力热力燃气及水的生产和供应业 | 1 | 0.1 | 4 | 0.2 | 14.9 |
| 卫生和社会工作 | | | 2 | 0.1 | |
| 水利、环境和公共设施管理业 | | | 2 | 0.1 | |
| 合计 | 933 | 100.0 | 2126 | 100.0 | 8.6 |

从投资国别及地区看:投资地区以日韩为主,截至2014年末,日韩投资企业1180户,比2004年增加648户,占全部外商投资企业登记户数的55.5%,比2004年下降1.5个百分点。其中日本投资企业832户,比2004年增加了419户,占全部外商投资企业登记户数的39.1%,比2004年下降5.2个百分点;韩国投资企业348户,比2004年增加229户,占全部外商投资企业登记户数的16.4%,比2004年提高3.7个百分点;港澳台投资企业518户,比2004年增加318户,占全部外商投资企业登记户数的24.4%,比2004年提高3个百分点。欧美投资企业318户,比2004年增加174户,占全部外商投资企业登记户数的15%,比2004年下降0.4个百分点。

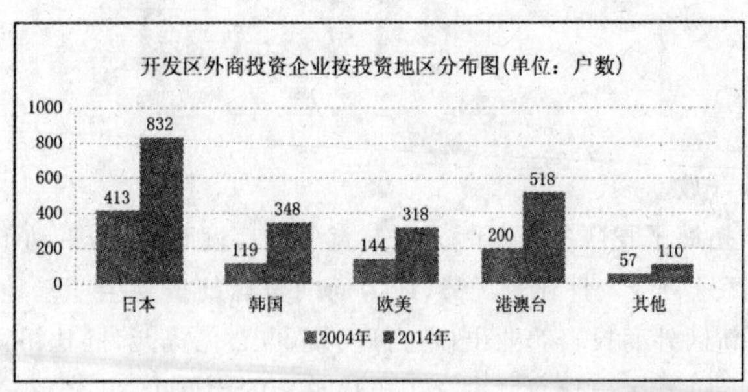

## 二、外商投资企业对开发区经济发展的贡献

开发区成立以来，在利用外资方面取得了长足的进展，对开发区乃至大连市经济社会的快速发展和综合实力的增强起到了积极的作用。外资企业对开发区经济的贡献主要体现在以下几个方面：

(一)促进了国民经济持续快速健康发展

2004－2014 年，开发区外商投资企业规模以上工业总产值年均增长 13.8%。2014 年，金州新区规模以上外商投资企业实现工业产值 2162 亿元，占全区规模以上工业总产值的 74.8%，同比增长 24.3%。2004－2014 年，开发区累计实际使用外资 264.5 亿美元，年均增长 20.2%，2014 年实际使用外资 42.9 亿美元，同比增长 10%(注：2010 年以前开发区实际使用外资占大连市实际使用外资的三分之一左右，2011 年以后降到 30%左右)。2004－2013 年，开发区外商投资企业项目建设投资累计完成 807.3 亿元，年均增长 24%。

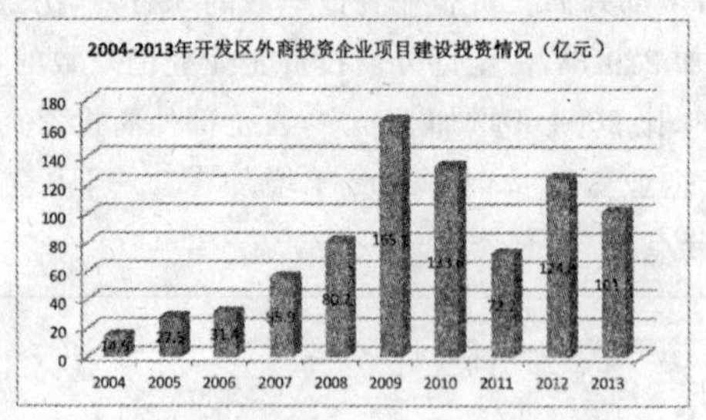


(二)推进了我区对外开放

吸收外资的迅速增长拓展了我区参与国际分工与竞争的广度和深度，带动了全球生产链条向东北乃至全国的快速延伸，为我区进一步发挥比较优势，成为面向全球的重要生产基地和技术开发基地创造了有利条件。2014 年，金州新区外商投资企业出口总额实现 99.2 亿美元，同比下降 16.4%，占全区出口总额的 77.9%。2004－2014 年，我区出口总额占全市出口总额的比例由 39.4%提高到 43.2%，外商投资企业功不可没。

(三)扩大了社会就业

截至2014年末,开发区企业从业人数为27万人。规模以上工业企业从业人员12.5万人,其中规模以上外商投资工业企业吸呐从业人员9.9万人,占规模以上工业企业从业人员的79.2%。与此同时,与引进先进技术设备和管理经验相配套,为我区训练了一批适应现代化生产的产业大军。

(四)引进了国外先进技术装备和管理经验,有力促进了产业结构调整、升级和管理创新

通过利用外资,注重引进先进的工艺、技术装备和先进的管理理念,促进了我区产业结构调整、升级和管理水平的提高。金州新区正在全力打造东北大型石油化工基地、东北亚先进制造业基地、亚洲重要电子信息产业基地等三个千亿级产业集群。尤其是建设以汽车整车及其零部件、新能源汽车、新能源新材料等为主的高端制造业核心聚集区,引进汽车零部件配套相关产业,建设以生物制药、医疗器械为主的生物医药制造业核心聚集区,使全区出现了一批设备先进、技术含量高、经济效益好的汽车制造和生物医药制造等相关行业,在一定程度上促进了我区一些工业行业和产品的升级换代,推动了我区产业结构、产品结构和企业组织结构的调整。更重要的是,外资的引进还带来了先进的管理经验,引进了竞争机制,促进了内资企业的改革和创新,促进了我区传统产业的升级,高新技术产业的发展,增强企业持续发展能力和竞争力。

(五)外商投资企业贡献的地方财力促进了开发区经济社会的发展

2004－2014年,开发区外商投资企业累计缴纳税收673.9亿元,占同期国、地税税收总量1104.2亿元(不含出口退税)的61%,其中国税局征收496.7亿元,占同期国税税收总量611.7亿元的81.2%;地税局征收177.2亿元,占同期地方税收总量492.5亿元的36%。缴纳税收形成的区级财力220.6亿元,占同期国、地税区级财力总量451.5亿元(不含出口退税)的48.9%,其中国税104.4亿元,占同期国税区级财力总量125.6亿元的83.1%;地税116.2亿元,占同期地税区级财力总量325.9亿元的35.7%。外商投资企业缴纳税收形成的区级财力占国、地税全部区级财力的近50%,为开发区经济社会发展做出巨大贡献。

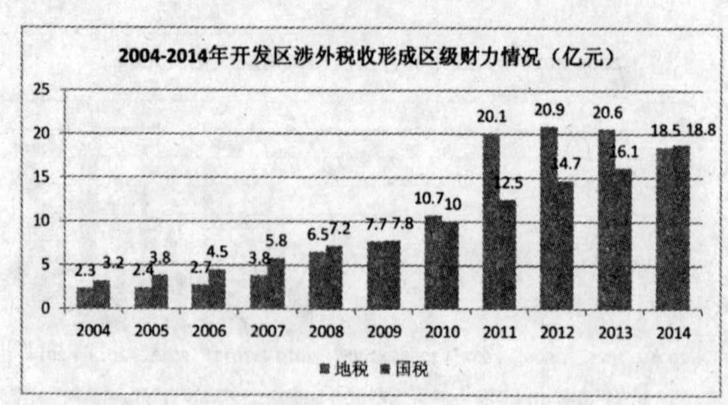


## 三、当前我区外商投资企业发展中存在的主要问题

（一）外商投资行业分布不均衡

从行业分布来看，外商投资领域主要集中在制造业，比重超过50%，加上租赁和商务服务业、批发零售业、房地产业，合计占据全部外商投资行业的80%。在第三产业尤其是高新技术、高技能服务业的投资、合作严重不足，使第三产业的发展依然缓慢，与经济发展需求不相适应。

（二）投资来源地区相对单一，开放国别有待增加

由于我区毗邻日本和韩国，区位优势明显，日韩企业来我区投资十分便利，过去吸引了大批日韩企业。随着市场竞争日趋激烈，产品毛利润下降，企业效益和税收贡献也随之下滑。近年来中日两国政治关系比较紧张，加之我国劳动力成本上升，一些劳动密集型的日韩制造业企业逐渐向其他国家和地区转移，对我区经济发展带来了不利影响。

（三）日韩企业实现的地方税收呈现下降态势

日韩企业缴纳地方税收绝对额在增加，但是占全部税收和涉外税收的比重都在下降，这说明日韩企业的税收增长速度要低于其他国家涉外税收和内资企业税收的增长速度。尤其是日本投资企业的下降态势更为明显，日本投资企业缴纳地方税收占全部涉外税收的比重在逐年下降，2014年缴纳地方税收6.2亿元，占全部涉外税收的比重为23.2%，比2004年低了31.9个百分点。每年的纳税户数占全部外商投资企业户数的比重同样在逐年下降，2014年比2004年低了13.4个百分点。

**2004—2014年日本投资企业缴纳地方税收情况**

单位：万元

| | 税收收入总额 | 占全部税收的比重% | 占涉外税收的比重% | 中央级收入 | 占全部中央级收入的比重 | 市本级财力 | 占全部市本级财力的比重% | 县区级财力 | 占全部县区级财力的比重% | 纳税户数 | 占全部外资户数的比重% |
|---|---|---|---|---|---|---|---|---|---|---|---|
| 2004年 | 24712 | 18.4 | 55.1 | 9859 | 25.2 | 3981 | 13.7 | 10846 | 14.1 | 317 | 34.0 |
| 2005年 | 26931 | 17.1 | 55.8 | 10735 | 27.4 | 4259 | 14.5 | 11933 | 13.6 | 362 | 32.1 |
| 2006年 | 27852 | 15.4 | 53.9 | 9971 | 26.6 | 4708 | 13.1 | 13165 | 12.4 | 368 | 29.2 |
| 2007年 | 31639 | 12.1 | 44.9 | 10844 | 18.5 | 5528 | 10.9 | 15242 | 10.1 | 391 | 27.9 |
| 2008年 | 34194 | 10.1 | 32.2 | 11466 | 19.5 | 6128 | 9.9 | 16571 | 7.7 | 414 | 27.4 |
| 2009年 | 32008 | 7.9 | 25.3 | 11102 | 19.2 | 5681 | 8.0 | 15211 | 5.6 | 428 | 26.2 |
| 2010年 | 39891 | 7.9 | 22.7 | 14394 | 15.9 | 6972 | 7.2 | 18510 | 5.9 | 428 | 24.6 |
| 2011年 | 64450 | 10.2 | 22.1 | 17564 | 19.7 | 7957 | 7.6 | 36174 | 8.6 | 431 | 23.1 |

| | | | | | | | | | | | |
|---|---|---|---|---|---|---|---|---|---|---|---|
| 2012 年 | 66930 | 9.1 | 22.3 | 16373 | 19.2 | 8366 | 7.1 | 38742 | 7.6 | 450 | 23.1 |
| 2013 年 | 63568 | 7.7 | 21.8 | 14587 | 16.3 | 7843 | 6.0 | 37578 | 6.4 | 456 | 22.4 |
| 2014 年 | 62071 | 8.3 | 23.2 | 14125 | 16.3 | 7237 | 6.1 | 36884 | 7.1 | 439 | 20.6 |
| 合计 | 474246 | 9.6 | 26.7 | 141020 | 19.3 | 68660 | 8.1 | 250856 | 7.7 | | |

**2004—2014 年韩国投资企业缴纳地方税收情况**

单位:万元

| | 税收收入总额 | 占全部税收的比重% | 占涉外税收的比重% | 中央级收入 | 占全部中央级收入的比重 | 市本级财力 | 占全部市本级财力的比重% | 县区级财力 | 占全部县区级财力的比重% | 纳税户数 | 占全部外资户数的比重% |
|---|---|---|---|---|---|---|---|---|---|---|---|
| 2004 住 | 2338 | 1.74 | 5.21 | 957 | 2.45 | 334 | 1.15 | 1044 | 1.35 | 81 | 8.7 |
| 2005 年 | 2489 | 1.58 | 5.16 | 1082 | 2.76 | 320 | 1.09 | 1086 | 1.23 | 98 | 8.7 |
| 2006 年 | 2966 | 1.64 | 5.74 | 1172 | 3.13 | 433 | 1.21 | 1361 | 1.28 | 109 | 8.6 |
| 2007 年 | 4273 | 1.63 | 6.06 | 1378 | 2.36 | 694 | 1.37 | 2202 | 1.46 | 129 | 9.2 |
| 2008 年 | 4954 | 1.47 | 4.66 | 1302 | 2.21 | 829 | 1.35 | 2823 | 1.31 | 138 | 9.1 |
| 2009 年 | 4554 | 1.13 | 3.60 | 1278 | 2.21 | 843 | 1.19 | 2433 | 0.89 | 144 | 8.8 |
| 2010 年 | 6192 | 1.23 | 3.53 | 1651 | 1.82 | 1057 | 1.10 | 3483 | 1.11 | 148 | 8.5 |
| 2011 年 | 7935 | 1.26 | 2.73 | 1770 | 1.99 | 1031 | 0.99 | 4806 | 1.14 | 156 | 8.4 |
| 2012 年 | 7994 | 1.09 | 2.67 | 1417 | 1.66 | 1085 | 0.92 | 5036 | 0.99 | 140 | 7.2 |
| 2013 年 | 8925 | 1.08 | 3.06 | 1563 | 1.75 | 1004 | 0.76 | 5725 | 0.98 | 134 | 6.6 |
| 2014 年 | 8894 | 1.19 | 3.33 | 1908 | 2.20 | 1137 | 0.95 | 5394 | 1.04 | 122 | 5.7 |
| 合计 | 61514 | 1.3 | 3.5 | 15478 | 2.1 | 8767 | 1.0 | 35393 | 1.1 | | |

## 四、促进我区外商投资企业发展的几点建议

为把金普新区建设成为面向东北亚区域开放合作的战略高地,全力打造"一地一极三区两中心",针对我区目前外商投资企业发展中出现的突出问题,政府应提高外商投资企业的管理和服务水平,充分利用好现有的税收和其他优惠政策,扩大开放领域,广泛吸纳各国投资者,对外商投资企业经营情况及时跟踪,建立完善的退出机制。

(一)扩大投资领域,推动外商投资产业结构优化

提高利用外资水平,鼓励外资投向战略性新兴产业、先进装备制造、现代农业、高新技术、节能环保、新能源、现代服务业等领域。我区产业和科技基础雄厚,装备制造、生物医药、新能源汽车、汽车整车及零部件、电子信息、保税物流及商品贸易已成为我区的支柱性产业,应鼓励上述产业的优秀国外企业来我区投资,进一步整合现有资源,发挥产业发展集群效应,提升产业整体实力。

随着我国消费结构升级将进一步加快,消费品进口的潜力将会进一步释放,鼓励外资抓住商品进口机遇,充分利用我区优越的区位优势和发达的海陆空交通以及中韩自贸协定签署的契机,同时鼓励外资企业投资居民消费领域,加快养老、家政、健康、医疗消费发展,提升我区旅游休闲消费水平,扩大教育、文化、体育消费。

(二)扩大对外开放,促进产业转型升级

充分发挥与日、韩、俄、朝、蒙等国的地缘优势,创新开放模式,提升开放层次,拓宽开放领域,加强同

东北亚及世界主要经济体的经贸和科教合作，融入国际产业分工合作体系。抓住全球产业重新布局的机遇，欢迎包括日韩在内的世界各国、各地区投资者来我区投资兴业，形成贸易、投资、技术相互促进、协调发展的良好机制，带动我区产业结构调整和经济转型升级。

(三)加快转变引资观念，提高外资引进质量

将千方百计吸引外资转变为优选精选外资，实现招商引资从"量"到"质"的根本转变，把利用外资的重点从弥补资金、外汇不足切实转到引进先进技术、管理经验和高素质人才上来。鼓励跨国公司在我区设立地区总部和功能性机构。设立总部具有明显的辐射示范效应，将对整个外资转型起到非常大的推动作用。应充分利用好夏季达沃斯论坛及一系列国际活动举办的良好契机，对外展示大连以及我区良好的营商环境，吸引跨国公司以及国内优秀企业在我区设立地区总部、功能性机构乃至全国总部。

(四)加强全过程管理，完善外资管理服务体系

加强对外资经营阶段的检查监督，督促其兑现所承诺的技术水平、外销比例、资金和设备，建立外商投资信息报告制度及外商投资信息公示平台，完善企业信用信息公示系统，形成外商投资生命周期监管体系。对于经济贡献较高的外商投资企业，各职能部门负责人应定期走访，第一时间了解企业对政府工作的需求，从各职能部门选派骨干人员组成专家团队，开启"大企业服务直通车"，有针对性的为其提供咨询服务。把对外商的监督、管理与服务很好的结合起来，真正提高引进外资的质量与效果。

对于之前引进的效益不好、质量不高、经营困难、资源环境友好程度低、不适应未来新区发展要求的外资企业，应建立有序退出机制，工商、税务、劳动保障、海关、外汇管理、出入境管理等相关部门应该切实履行职责，引导其有序退出，保持社会稳定，为我区今后更好地对外开放创造条件。

(五)吸引高层次人才，积极争取税收优惠政策

为国家级新区发展提供智力支持和人才保障，吸引高层次人才到浦东新区、滨海新区、两江新区工作，上海、天津、重庆都各自出台了吸引高层次人才的管理办法，规定了一系列优惠政策。大连市委、市政府今年也陆续出台了《大连市支持高层次人才创新创业若干规定》、《大连市加强高技能人才队伍建设若干规定》、《大连市加强创业孵化平台建设进一步促进创业型人才在连创业办法》、《大连市解决引进人才住房办法》、《大连市人才服务管理办法》等 5 个文件，为吸引高层次人才来连创业提供了全方位的政策支持。

根据《个人所得税法》第四条规定，"省级人民政府、国务院部委和中国人民解放军军以上单位，以及外国组织、国际组织颁发的科学、教育、技术、文化、卫生、体育、环境保护等方面的奖金"，免纳个人所得税。

与上述直辖市相比，我市行政级别略低。根据税法规定，个人取得的奖励资金应缴纳个人所得税，使得我市的人才优惠政策力度有所折扣。建议省委省政府向中央政府积极争取对金普新区的政策支持，让金普新区颁发的奖金也能享受个人所得税免税政策。除此之外，对境外人士在国内外缴纳的个人所得税差额部分，以及企业给予高端人才股权激励缴税期限等方面，国务院、财政部、国家税务总局也对个别地区出台了相应的税收优惠政策。

根据《国务院关于支持深圳前海深港现代服务业合作区开发开放有关政策的批复》(国函[2012]58号)的规定，"对在前海工作、符合前海规划产业发展需要的境外高端人才和紧缺人才，取得的暂由深圳市人民政府按内地与境外个人所得税负差额给予的补贴，免征个人所得税"。

深圳前海管理局据此发布了《前海境外高端人才和紧缺人才个税补贴暂行办法》。文件规定，在前海工作、符合前海优惠类产业方向的境外高端人才和紧缺人才，其在前海缴纳的工资薪金所得个人所得税已纳税额超过工资薪金应纳税所得额的 15% 部分，由深圳市政府给予财政补贴，申请人取得的上述财政补贴免征个人所得税。该暂行办法仅对适用个税累进税率的工资薪金所得予以补贴，对适用个人所得税

20%税率的一次性收入或偶然所得不纳入补贴范围。

根据财政部、国家税务总局《关于中关村、东湖、张江国家自主创新示范区和合芜蚌自主创新综合试验区有关股权奖励个人所得税试点政策的通知》(财税[2013]15号)的规定，对试验地区内的高新技术企业转化科技成果，以股份或出资比例等股权形式给予本企业相关技术人员的奖励，技术人员一次缴纳税款有困难的，经主管税务机关审核，可分期缴纳个人所得税，但最长不得超过5年。

建议省委、省政府、市委、市政府及金普新区党工委、管委会积极争取国务院、财政部及国家税务总局批准金普新区为吸引高端紧缺人才，按照区内与境外的个人所得税差额给予补贴，并对补贴部分免征个人所得税，同时参照已在中关村等地区实行的股权激励个人所得税分期纳税的做法，对区内企业以股份制或出资比例等股权形式给予企业高端人才的奖励准予分期缴纳税款。

(作者单位：辽宁省大连经济技术开发区地方税务局)

# "互联网+"时代背景下推进政府大数据治理的实践与思考

江苏省淮安地方税务局课题组

在这一轮以"互联网+"为总思路的经济转型升级大背景下，政府大数据建设已经提升到"推动经济转型发展的新动力"的新高度。近年来，淮安市地税局立足主业，顺势而为，在实践中努力探索"互联网+税务"在税收服务方面的路径选择，对运用大数据优化政府服务提高行政效能进行了深入探索与思考。

## 一、基层税务部门运用大数据的几方面实践

(一)构建　"四方联网"，探索数据整合

2015年9月，淮安市在全省率先实现自由职业者在全国任何地点都可以通过互联网缴纳社保费，这是淮安市地税局依托社保费"四方联网"系统便民惠民的又一重要突破。

**表一　淮安市社保费"四方联网"平台使用前后对比情况**

| | | 四方联网前 | 四方联网后 | 备注 |
|---|---|---|---|---|
| 信息传递 | 传递方式 | 人工导盘 | 系统传递 | 数据来源淮安地税局、淮安市人社局2012年（四方联网前）、2015年（四方联网后）的统计数据和相关资料 |
| | 传递时间 | 1个月 | 实时（最长1天） | |
| 信息处理 | 处理方式 | 人工处理 | 系统处理 | |
| | 处理情况 | 不同管理部门之间信息共享困难，同一单位或个人不同险种有不同社保代码，业务不规范 | 系统统一社保代码，环节监控严密，提高了信息处理的准确性 | |
| 征收方式 | 缴费渠道 | 征收前台 | 征收前台、TIPS系统、自助办税机、网上办税以及银行窗口缴费等多种缴费方式 | |
| | 缴费时间 | 2小时 | 5分钟 | |
| 后续管理 | 管理方式 | 半人工方式 | 系统处理 | |
| | 管理情况 | 工作效率低下，对账工作量很大，资金核算不到位，沉淀资金量大，容易出现管理漏洞 | 信息实时传递，对三方都有约束和监督，各方业务在很大程度上得到了规范和统一 | |

此前，淮安市地税局已经联合该市人社局、财政局、审计局四部门共同开发了社会保险费"四方联网"实时征管监控系统，完成了与江苏省地税局大集中系统、"金保工程"等差异性较大数据库之间的有效对接，在全国率先实现了社保数据跨部门、跨区域、跨系统的信息实时共享与科学整合，从根本上解决了社保征管工作中存在的管理难、成本高、缴费烦、效率低等诸多难题，大幅提高了参保单位和参保人员的满意度。

(二)推广"全市通办",探索技术创新

2015 年 1 月,淮安市地税局使用白纸介质打印完税信息与开发应用 MISPOS 系统两项全国先进技术,历史性突破税款属地征管的限制,推广"全市通办"业务。纳税人在该市、县(区)的任意一个办税服务厅均能办理税务登记、税务认定、发票办理、申报纳税、税收优惠、证明办理等八大类 117 小项的涉税事项。统计显示,每件业务平均为纳税人节约时间 4 小时、节省路程 100 余公里。目前,"全市通办"正逐步走向"全市能办"、"全市好办",为全省统一纳税服务规范提供"试验田"。

**表二　某纳税人在"全市通办"推出前后的对比情况**

| 江苏艺华园林建设有限公司 | 全市通办前 | 全市通办后 | 节约成本 | 备注 |
|---|---|---|---|---|
| 注册地点 | 淮安市清河区 | 淮安市清河区 | | 数据来源江苏省地方税务局大集中系统,淮安市地图 |
| 开票日期 | 2014.01.20 | 2015.03.16 | | |
| 经营地点 | 淮安市盱眙县 | 淮安市盱眙县 | | |
| 开票地点 | 淮安市盱眙县 | 淮安市淮阴区 | | |
| 来回路程(公里) | 270 | 2 | 268 | |
| 办理时间(小时) | 4 | 0.1 | 3.9 | |

(三)开发"唯一住房查询系统",探索数据共享

2015 年 5 月,淮安地税主动作为,联合市住建局在全省首推房屋登记簿信息利用查询系统,减免税环节需查询利用房屋登记信息的,纳税人可利用二代身份证直接验证查询,无需再至住建部门开具证明,彻底解决了纳税人办理"唯一住房证明"出现的"多头跑"、"多次跑"的问题,以往平均需要 2 小时左右才能办好的业务,如今实现了"立等可取"。避免人为操作,消除了"中梗阻",减少权力寻租机会,杜绝纸质证明造假的风险,维护了税收秩序。截至 10 月底,淮安地税共办理相关业务 8408 件,三个月合计为纳税人节约 16816 小时的时间。

**表三　"唯一住房信息直接查询系统"上线前后对比情况**

| | 办理时间 | 办理地点 | 证明材质 | 优缺点 |
|---|---|---|---|---|
| 系统上线前 | 2 小时 | 地税局一住建局 | 纸质证明 | 有造假,办事推诿现象 |
| 系统上线后 | 1 分钟 | 地税局 | 电子数据 | "一站式"服务,数据真实 |

实践证明,政府部门间数据的开放、共享、有效整合,确实给民众提供更多便利,缓解了办事难的问题,能够大幅度降低民众办事的资金和时间成本,极大地提高了工作效率,促进了政府部门与民众关系和谐,无疑是多方共赢的局面。

## 二、政府部门大数据运用需要解决的主要问题

2015 年 7 月 20 日,江苏省地税局局长江建平在江苏省地税系统干部能力素质提升工程暨大数据治税工程推进会上作了题为《建设高素质队伍　强化大数据治税　推动江苏地税税收治理能力迈上新台阶》的讲话,学习过程中我们发现淮安市地税局在实践过程中搜集、分析、解决、研究的问题,在江苏省地税系统也是不同程度存在的共性问题,具有一定的代表性。

(一)服务意识欠缺导致工作被动

江苏省地税局:纳税人反映的问题不能快速响应、有效解决,本地主动解决的少,面向纳税人的高效统一规范的信息化专业服务体系不健全。

淮安市地税局:四方联网"、"全市通办"、"唯一住房查询系统"等三项系统的开发上线,源于淮安市地税局快速呼应企业和纳税人的呼声,包括建议、反映、投诉,通过主动作为赢得企业和纳税人的信赖。

**表四 淮安地税等部门开发大数据运用的基本情况**

| | | 四方联网 | 全市通办 | 唯一住房查询系统 | 备注 |
|---|---|---|---|---|---|
| 开发部门(参与部门) | | 地税局、人社局、财政局、审计局(人行) | 地税局 | 地税局、住建局 | 数据来源淮安地税局、淮安市人社局、淮安市财政局、淮安市住建局 2011 年、2014 年、2015 年统计数据和相关资料 |
| 开发原因 | | 社保费归集时间长、手续繁琐,办理社保事宜等待时间长 | 一位企业负责人提出属地办税困惑及"全市通办"建议 | 12366 热线经常接到纳税人投诉反映多头跑开"无房证明" | |
| 开发时间(月) | 合计 | 28 | 3 | 6 | |
| | 前期论证 | 2 | 1 | 1 | |
| | 数据共享 | 8 | 1 | 2 | |
| | 互联互通 | 18 | 1 | 3 | |
| 数据分析能力 | | 无 | 无 | 无 | |

原因分析:在肯定政府部门服务意识、服务能力、服务水平不断提高的同时,必须清醒认识到,"互联网+"时代背景下政府部门的服务意识、能力素质、工作效率仍然有提高的空间,相关制度需要继续完善优化,工作手续和程序可以继续简化。

(二)"信息孤岛"阻隔数据共享

江苏省地税局:各地基础设施仍有重复投资现象,利用云计算技术科学整合、共建共享系统基础设施资源还不够。

淮安市地税局:"四方联网"、"唯一住房查询系统"的开发应用,部门间数据共享难度相当大,地税部门在沟通协调方面下足了功夫,正式召开的协调会就有 16 次,通过电话、互联网等非正式沟通的次数更多,耗时长达 10 个多月,占这两项系统合计开发时间近 30%。

原因分析:政府组成部门大多都有自己独立的信息系统,系统之间各自孤立,壁垒森严,核心的数据信息无法共享交流,且重复建设、重复采集的问题较为突出,加之有些部门视本部门数据为独有,态度保守,往往以涉密为由不予开放,形成"信息孤岛",这给数据利用造成极大障碍。同时,政策法规不完善,大数据挖掘缺乏相应的立法,无法既保证共享又防止滥用,一方面欠缺推动政府和公共数据的政策,另一方面数据保护和隐私保护方面的制度不完善抑制了开放的积极性。

(三)标准不一影响数据整合

江苏省地税局:存在"有需求,无数据"、"有数据,无整合"的现象,互联网公开披露信息和政府部门间有关涉税信息的获取、解析、应用不够,效果不佳。

淮安市地税局:"四方联网"、"全市通办"、"唯一住房查询系统"合计开发时间为 37 个月,在提升数据质量以及整合数据方面则耗时 22 个月,占比达 59.5%,有些不规范数据在系统运行后仍然存在不少负面效应。

原因分析:政府各部门已开放的数据资源,存在标准化、准确性、完整性低,利用价值不高的情况。一方面主要围绕数据准确性不高,异常数据多;异常数据监控不及时;数据入口把关不严,数据完整性不够;操作人员业务不熟练等四方面问题着手提高数据质量。另一方面大数据运用不仅是指数据放到同一平台要达到"可查",还要求有关联的数据内容和数据结构必须有严密的逻辑联系以便实现能实时更新的

“可转”,但不同部门在一些数据的统计口径、统计时间、统计范围、数据格式等方面不一致,缺乏有效整合,使可查可转遇到困难。如:参保人员的社保缴纳信息在人社部门“金保”工程系统中有所反映而在地税部门省级大集中系统中滞后或者不匹配,就会造成数据“打架”的局面,这大大降低了数据的利用价值。

(四)分析能力掣肘成果运用

江苏省地税局:对既有数据有目的地归集整合、分析研究不够,为数据应用提供公共服务的平台建设还处于初级阶段。运用大数据技术、方法分析政策效应,揭示风险管控方向,协同改进信息平台的作用未能充分发挥。

淮安市地税局:基于“四方联网”、“全市通办”、“唯一住房查询系统”及相关应用,目前基本不具备大数据分析的能力。

对发达国家及地区大数据实践的研究表明,大数据运用至少可以在三个方面提高政府的治理水平:

从民众角度,主要运用在公共服务方面。主要是指基于大数据分析,更加个性化,高效、互动、协作的公共服务。举例:美国通过分析庞大的医疗档案向每个独立的个体公民推送健康信息,告知这个公民未来可能得什么病,做到提前预防。

从自身角度,主要运用在政府决策方面。比如政策制定,机构改革,宏观调控,绩效评估。具体来说,数据规模增大有利于决策科学性与合理性。举例:美国国家税务局已经在它的返回审查程序中集成了大数据分析能力,通过分析大量的数据,美国国家税务局能够检查、预防和处理避税和诈骗案。

从社会角度,主要运用在社会治理方面。社会发展到一定程度,大数据技术可能会变革政府与社会利益群体的关系,从单一的管理与被管理的主、客体关系转变为多元主体的协同治理关系,并以协作、沟通、互动、对话为特征。

**表五　大数据运用流程**

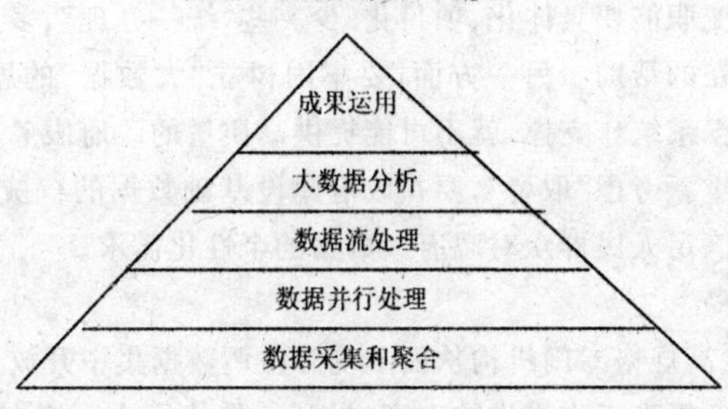


不管从哪方面研究,大数据治理的最终成果运用取决于强大的大数据分析能力,而这恰恰是目前政府部门最欠缺的。

原因分析:一是数据筛选能力不足。仅江苏省地税省级大集中系统数据量已超10TB,是全省地税系统数据集中之初的18倍,大量数据如何通过数据收集和整理进而筛选有用的数据并为部门整体发展战略创造价值值得进一步研究。二是数据分析工具欠缺。要以低成本和可扩展的方式处理大数据,需要开发先进的软件平台和先进算法。而我国数据处理技术基础相对薄弱,没有完全掌握大数据关键技术,难以满足大数据大规模应用的需求。三是技术人才欠缺。能够融合数据、技术和业务等各方面高端人才的团队尚未建立。四是改革的决心不够。大数据开发的根本目的是以数据分析为基础,协助政府部门做出更明智的政策决定,以数据代替经验说话,需要政府自身坚定改革的勇气和决心。

## 三、推进政府大数据治理的对策建议

淮安市地税局在实践过程中,对“互联网+”的内涵有了初步认识。

"互联网＋"的应用:民众需求

"互联网＋"时代是一个大变革时代,是政府角色转换的时代,要真正将简政放权、放管结合、职能转变重要领域和关键环节的重大改革措施落实落地,必须以实际行动迅速回应民众需求,真正实现价值共创。

"互联网＋"的本质:融合与创新

"互联网＋"是以互联网包括移动互联网为主的一整套技术在政府各部门各领域的扩散与应用、不断释放数据流动性的过程,实际上是信息时代下互联网发展的新形态、新业态。换而言之,"互联网＋"通过互联网技术在政府各个部门内部以及部门间的运用,借助大数据、云计算等配套技术的辅助,在部门间产生反馈、互动与协调,最终产生化学反应式的融合与创新。"互联网＋"的前提是互联网作为一种基础设施的广泛应用,过程是传统治理模式升级并互联网化,抓手是推进开放式技术创新,目标是通过平等、开放、协作、共享精神使"大数据"的潜能得以爆发,并最终转化为巨大生产力。

"互联网＋"的关键:数据资源

数据作为"互联网＋"时代关键生产要素的显著特征,一是具有及时性,数据生成实时在线,处理速度快,与生产同步;二是数据的出让者并未因出让数据而丧失数据的价值,具有共享性特征;三是数据具有边际生产力递增性,即数据在使用过程中非但没有被消耗,还会产生新的数据;四是数据自我修复性不足,异常、错误等问题数据的修复,仍然需要人工处理。数据的生产要素特征决定了其不仅为互联网带来新的增长和创新空间,而且将带动生产方式和经济发展模式的深刻转型,是"互联网＋"的关键要素。

在初步认识"互联网＋"内涵的基础上,充分挖掘大数据潜力,科学运用数据分析的结果,提升政府运用大数据治理的能力和水平,有必要在以下四方面下功夫。

(一)主动优化政务服务

一方面,政府各部门转变职能要具体化、项目化、少一些"统一办理"、多一些"随到随办",切实为大众创业、万众创新提供实实在在的帮助。另一方面,要牢固树立"大数据"的思维,在"互联网＋"时代背景下,如果没有整合性的大数据系统作支撑,就不可能提供高质量的政府服务。所以,在大数据运用和部门利益面前,政府各部门都要重新考虑"取舍",要在政府建设基础数据的权威性和数据信息安全性的前提下,用市场和创新的"活水"满足人民群众对政府大数据的个性化需求。

(二)全力消除"信息孤岛"

1、设立牵头机构。设立高规格专门机构从面上统筹协调数据集中开放工作,破除政府部门各自为政的壁垒,加大工作调度的密度提高工作推进的力度,提升工作执行力。广东、辽宁、四川等省份地方政府设立大数据管理局,牵头领导政府部门的数据开放共享的做法,值得我省(市)学习与借鉴。

2、搭建共享平台。

目标:整合原有分散在政府各个部门并且需要在大数据平台开放共享的数据以及在进行大数据分析时需要使用到的本身具有相关性的各类数据,通过大数据相关技术如分布式存储,流计算等来解决对数据的海量和实时性要求,经过处理和分析后的数据能力能够共享和开发,体现业务价值。

重点:大数据平台不仅是一个单纯的数据存储平台,而是必须提供数据存储,数据处理和数据分析能力的完整平台,还必须是可开放和共享的数据能力服务平台。

难点:首先要准确理解和把握"对公众开放"与"在内部共享"内涵与外延,找准异同,区别对待;其次要根据数据的不同性质,先划分所属类别,明确公开级别,再确定开放的权限,共享的范围,规范标准分级分类科学管理。

(三)确保数据互联互通

1、完善数据质量。更好的数据意味着更好的决策,如果数据本身是错的,分析出来的结果,推导出来的结论未必准确有用。在数据的整合过程中，要妥善解决部门内部数据质量不高、部门之间数据打架的问题，建立规范的数据质量运行机制、完善异常数据检测机制和数据审计规则、丰富检测指标体系，确保在整合过程中及时有效识别出“问题数据”严防“害群之马”；建立过程管理的数据监控机制，通过源头控制、实时控管等措施确保整合之后异常数据不发生、零容忍。

2、规范数据标准。建立规范标准，推进关键共性标准的制定和实施，这也是规范整合乃至科学运用庞大政府数据体系的当务之急。建立面向不同主题、覆盖各个领域、不断动态更新的大数据建设标准，为实现各级各类信息系统的网络互连、信息互通、资源共享奠定基础。

3、打造互联互通网络。淮安市政府与江苏省地税局同为厅(局)级单位，但是不管从下属单位、工作内容看，还是从数据标准、接口、数量、质量等方面分析，地方政府大数据的互联互通难度比条线管理部门大的多。打造大数据互联互通网络，应遵循先易后难原则，操作上应先线条互联，再密织成网。金税、金关、金财、金审、金盾、金宏、金保、金土、金农、金水、金质以及各省(市、自治区)垂管单位等投入较早、运用比较成熟、数据比较规范统一的信息系统应最先通过统一平台进行数据共享和交换，打造数据互联互通的主干道，待主干道成熟稳定后，再有序稳健地接入政府各部门数据，最终形成大数据互联互通的立体网络。

(四)致力提高数据分析能力

1、加强队伍建设。大数据建设的每个环节都需要依靠专业人员完成，因此，必须培养和造就一支懂指挥、懂技术、懂管理的大数据建设专业队伍。一方面加强教育培训力度，加快专业人才培养的步伐，不断提升现有人员的技术水平；另一方面抓紧人才引进，通过招录、聘用等多种方式拓宽人才引进渠道，补充新鲜血液。

2、抓紧技术攻关。由政府推动大数据分析关键算法和共性基础技术研发，开发专业化的数据处理分析工具，形成大数据基础技术与产品资源池。加大对具有自主知识产权的新兴技术研发的资金投入，加强核心技术攻关，尽快形成拥有自主知识产权的大数据技术体系。

3、发挥第三方应用。发挥大企业平台引领作用和专业大数据服务企业创新优势，加快市场化的大数据应用，发展第三方大数据服务，提供特色化的数据服务。

4、突击重点领域。选择重点行业领域，如：财税、交通、安全等涉及民生经济发展的重要领域开展基于“互联网+”的大数据示范应用，推动专业化的大数据挖掘、分析、应用和服务发展，提高大数据行业应用能力。

课题组组　长：孙长举　卢李华

副组长：陈兆田

成　员：王　波　徐亚东　孙汉东　孙新军

封　颖　张　朋　夏　磊

# 促进沈丘县域经济发展的税收治理研究

河南省沈丘县财税经济学会

为落实全国及省市经济工作会议精神及“十三五”规划建议要求，推动结构性改革，促进经济持续健康发展。河南省沈丘县在今年全县经济工作会议上提出，以提高经济发展质量和效益为中心，围绕“一城两带三点”的空间布局，深入贯彻“123456”总体发展思路，努力实现“率先脱贫、撤县设市”目标，确保沈丘如期全面建成小康社会，开启沈丘城镇化建设的新征程。在“十三五”全面建成小康社会的决胜阶段，财税部门如何服务县域经济的发展，为结构性改革提供科学高效的供给已成为当前我们亟待解决的课题。

## 一、沈丘县情及经济发展情况

沈丘县地处中原经济区对接华东经济区的开放前沿，具有公路、铁路、水路“三位一体”的综合区位交通优势。辖22个乡镇(办事处)，面积1080平方公里，人口129.3万，耕地114万亩。近年来，沈丘县形成了以产业集聚区和商务中心区为载体和平台的经济发展集群。沈丘县产业集聚区规划面积17.29平方公里，商务中心区规划面积2.38平方公里，目前两区建设面积达12.4平方公里，入驻企业162家，主要有食品加工、机械制造、聚酯网、纺织服装、光电新材料、现代服务业等支柱产业，其中规模以上企业136家，产业集聚区连续4年受到省政府表彰，2014年晋升为河南省二星级产业集聚区。

(一)全县实现生产总值持续增长。2015年，全县实现生产总值(简称GDP)214.9亿元，同比增长9.6%，总量与增速均居全市第2位，增速分别高于全国、全省、全市2.7、1.3、0.6个百分点。其中，第一产业实现增加值43.2亿元，同比增长4.9%；第二产业实现增加值98亿元，同比增长10.6%；第三产业实现增加值73.7亿元，同比增长11.6%。三次产业结构由2014年的20.8:46.7:32.5调整为20.1:45.6:34.3。二三产增加值比重比2014年提高0.7个百分点，二三产增加值对全县经济增长的贡献率达到93.5%，拉动GDP增长8.98个百分点，成为支撑全县经济增长的主要力量。

(二)固定资产投资快速增长。全县500万元以上固定资产投资累计完成183.6亿元，同比增长22.8%，总量与增速分别居全市第1位和第3位，增速分别高于全国、全省、全市12.8个、7.0个、5.9个百分点。产业集聚区完成投资118.9亿元，同比增长11.1%；商务中心区完成投资13.6亿元，总量居全市第2位，极大提升了沈丘县经济发展的承载能力和发展潜力。

(三)工业生产稳定增长。全县规模以上工业企业实现增加值91.22亿元，同比增长12.8%，增幅高出全市平均水平2.1个百分点，增幅比2014年上升2个百分点，其中，县产业集聚区规模以上工业企业实现增加值84.46亿元，同比增长14.8%；规模以下及个体工业增加值增长3.1%，整体经济效益不断改善。2015年全年规模以上工业企业实现主营业务收入492.7亿元，同比增长10.7%，实现利润48.14亿元，增长5.5%。其中，产业集聚区工业主营业务收入404.2亿元，增长12.1%，利润总额45.67亿元，增长6.6%。实体工业的稳步发展，为财税收入的稳定增长奠定了基础。

(四)消费品市场快速发展。全县社会消费品零售总额完成87.7亿元，同比增长13.1%，增速居全市第1位，增速分别高于全国、全省、全市2个、0.7个、0.3个百分点。

(五)金融行业运行平稳。全县金融机构各项存款余额216.1亿元，比年初净增24.9亿元，同比增长11.6%，其中，居民储蓄存款余额186.6亿元，比年初净增25.2亿元，同比增长15.7%。金融机构各项人民币贷款余额92.1亿元，比年初净增3.5亿元，同比增长19.5%。

## 二、沈丘县财税收入完成情况

(一)财政总收入情况。2015 年沈丘县财政总收入完成 145317 万元,同比增长 8.1%,增收 10966 万元。其中,入中央金库 28609 万元,同比下降 11.6%,短收 3764 万元。

(二)地方公共财政预算收入情况。2015 年,全县公共财政一般预算收入完成 115830 万元,同比增长 13.6%,增收 13905 万元。其中,财政部门组织收入完成 30626 万元,同比增长 24.6%,国税部门组织收入完成 13523 元,同比下降 1.5%,短收 212 万元;地税部门组织收入完成 71681 万元,同比增长 12.7%,增收 8069 万元。全县地方级税收完成 83796 万元,占年初预算的 97.3%,同比增长 10%,增收 7590 万元,占地方公共财政预算收入的比重为 72.3%。总量全省第 29 位、全市第 1 位,增速在全省排第 33 位、全市排第 2 位。

**表一　2015 年沈丘县财税收入完成情况表**

单位:万元,%

| 项　目 | 计划收入 | 累计完成 | 同期完成 | 同比增收 | 同比增减% |
|---|---|---|---|---|---|
| 财政收入 | 115175 | 115830 | 101925 | 13905 | 13.6 |
| 税收收入 | 86113 | 83796 | 76206 | 7590 | 10.0 |
| 国税 | 16085 | 13523 | 13735 | −212 | −1.5 |
| 地税 | 71316 | 71681 | 63612 | 8069 | 12.7 |
| 其中:增值税 | 10314 | 8706 | 9127 | −2421 | −4.6 |
| 营业税 | 24033 | 17545 | 21268 | −3723 | −17.5 |
| 企业所得税 | 8321 | 7312 | 7364 | −52 | −0.7 |
| 个人所得税 | 2852 | 1486 | 2524 | 1038 | −41 |
| 资源税 | 10 | 2 | 9 | −7 | −77.8 |
| 城市维护建设税 | 2005 | 1509 | 1774 | −265 | −14.9 |
| 房产税 | 803 | 702 | 711 | −9 | −1.3 |
| 印花税 | 363 | 312 | 321 | −9 | −2.8 |
| 城镇土地使用税 | 2867 | 1838 | 2537 | −699 | −27.6 |
| 土地增值税 | 7022 | 5166 | 6214 | −1048 | −16.9 |
| 车船税 | 937 | 808 | 829 | −21 | −2.5 |
| 耕地占用税 | 21403 | 26649 | 18941 | 7708 | 40.7 |
| 契税 | 5183 | 11761 | 4587 | 7174 | 156.4 |
| 非税收入 | 29062 | 32034 | 25719 | 6315 | 24.6 |

1、分税种完成情况。从国、地税征收的 13 个税种看,主体税种(增值税、营业税、企业所得税、个人所得税和城市维护建设税)完成 36558 万元,同比下降 10%,短收 5499 万元,占地方公共财政预算收入比重比去年同期低 9.6 个百分点,占税收收入比重低于同期 11.5 个百分点。营业税负增长较大,企业所得税、个人所得税、城市维护建设税和增值税呈现负增长。小税种(房产税、印花税、城镇土地使用税、土地增值税、车船税、耕地占用税、资源税、契税)完成 47238 万元,同比增长 38.3%,增收 13089 万元,占地方公共财政预算收入比重低于同期 9.6 个百分点,占税收收入比重高于同期 11.5 个百分点。

2、非税收入情况。非税收入完成 32034 万元,占年预算的 110.2%,比序时进度减收 830 万元,同比增长 26.6%,增收 6315 万元,占地方公共财政预算收入比重为 27.6%。

(三)重点税源行业税收完成情况。2015 年,从沈丘县国、地税共管的 8 个行业 61 家重点税源企业税收完成情况看，共纳税 23300.5 万元，同比减少 48.1％，8 个行业企业税收均有不同程度的下降。从分行业看：粮油食品行业纳税 5358.5 万元，同比减少 66.5％，减收 10620.5 万元，其中，缴纳国税 4050 万元、地税 1308.5 万元；矿山机械行业纳税 2606.7 万元，同比减少 48.3％，其中，缴纳国税 2298.6 万元、地税 308.1 万元；纺织行业纳税 761 万元，同比下降 55.2％，其中，缴纳国税 612.3 万元、地税 148.7 万元；磨料磨具行业纳税 535.1 万元，同比减少 41％，其中，缴纳国税 467.5 万元、地税 67.6 万元；皮革制业行业纳税 232.8 万元，同比减少 63.6％，其中，缴纳国税 203 万元、地税 30 万元；聚酯网业行业纳税 517.7 万元，同比减少 77.9％，其中，缴纳国税 507 万元、地税 10.7 万元；机电建材行业纳税 2129.2 万元，同比减少 43.4％，其中，缴纳国税 1805.5 万元、地税 323.7 万元；其他行业（主要为国有企业）纳税 1159.4 万元，同比下降 23.2％，其中，缴纳国税 7872 万元、地税 3287.4 万元。

**表二　2015 年沈丘县重点税源行业税收完成情况**

单位：万元，％

| 行业 | 税收累计数 | 上年同期 | 增减％ | 其中：国税 | 同期 | 地税 | 同期 |
|---|---|---|---|---|---|---|---|
| 粮油食品 | 5358.5 | 15979 | －66.5 | 4050 | 9301 | 1308.5 | 6678.2 |
| 矿山机械 | 2606.7 | 5040.9 | －48.3 | 2298.6 | 2286 | 308.1 | 2754.9 |
| 纺织服装 | 761 | 1699.6 | －55.2 | 612.3 | 721.1 | 148.7 | 978.5 |
| 磨料磨具 | 535.1 | 906.2 | －41.0 | 467.5 | 319.9 | 67.6 | 586.3 |
| 皮革制业 | 232.8 | 634.3 | －63.6 | 203 | 293 | 30 | 341 |
| 聚酯网业 | 517.7 | 2347.3 | －77.9 | 507 | 1128 | 10.7 | 1219.3 |
| 机电建材 | 2129.2 | 3762.1 | －43.4 | 1805.5 | 1461.6 | 323.7 | 2300.5 |
| 其他行业 | 1159.4 | 14528 | －23.2 | 7872 | 5501.7 | 3287.4 | 9026.3 |
| 合计 | 23300.5 | 44897.6 | －48.1 | 17815.9 | 21012.3 | 5484.6 | 23885.3 |
| 产业集聚区 | 46314.29 | 57827.37 | －19.91 | 19192.08 | 16102.9 | 27122.21 | 41724.47 |

（四）产业集聚区税收完成情况。目前，沈丘县产业集聚区共有纳税企业 132 家，2015 年纳税 46314.29 万元。其中，缴纳国税 19192.08 万元，比上年减收 3089.18 万元，减少 19.2％，征收的税种主要为增值税、企业所得税等；缴纳地税 27122.21 万元，比上年短收 14602.26 万元，减少 35％。征收的税种主要为营业税、土地使用税、房产税、个人所得税、印花税；其次为随流转税（增值税、消费税、营业税）附征的城建税、教育费附加。

（五）乡镇及县本级税收完成情况。全县 22 个乡镇（办事处）和县本级共完成税收 85085.3 万元，占年计划的 97.4％。乡镇办完成税收 35728.1 万元，占年计划的 100.6％；县本级共完成税收 49357.2 万元，占年计划的 95.1％。其中，国税共完成 13517.4 万元，占年计划的 84％，地税共完成 71567.85 万元，占年计划的 100％。

## 三、沈丘县经济发展与财税收入的关联表现

从以上数据分析看，县域经济发展和地方税收的关联十分紧密，沈丘县经济发展同财税收入的关系呈现出以下几个方面：

（一）经济同财税增长总体协调。2015 年沈丘全县实现生产总值 214.9 亿元，同比增长 9.6％。公共财政预算收入完成 115830 万元，增长 13.6％。其中，全县地方级税收完成 83796 万元，同比增长 10％，增收 7590 万元，占地方公共财政预算收入的 72.3％。总体状况表明了财税收入增长与经济增长大体上正向同步。

(二)财政各部分收入呈现差异。财政部门组织收入完成 30626 万元,同比增长 24.6%,国税部门组织收入完成 13523 元,同比下降 1.5%。地税部门组织收入完成 71681 万元,同比增长 12.7%。从征收的税费税种看,财政部门征收的费增长快于税收,而从国地税征收的 13 个税种看,只有耕地占用税和契税两个税种实现了高速增长,同比分别增长 40.7%、156.4%,其余 11 税种同比均有不同程度下降。

(三)重点税源企业纳税增幅下滑。全县 8 个行业 61 家重点税源企业全年纳税 23300.5 万元,比上年 44897.6 万元下降 48.1%,减收 21597 万元。分别只有 4 家企业税收保持稳定增长,其余 57 家企业纳税同比存在不同程度下降。国地税收入与上年同期相比,国税比上年减收 3196 万元,地税比上年减收 18400.7 万元,地税收入波动较大。县产业聚集区 118 家纳税企业全年纳税 46314.29 万元,与上年 57827.37 万元比下降 19.91%,减收 11513.08 万元。税收下滑最严重行业有聚酯网业、粮油食品业、皮革制业,分别比上年减少 77.9%、66.5%、63.6%。

(四)乡镇辖区税收增长加快。全县 22 个乡镇办事处全年完成税收 35728.1 万元,超计划 0.6 个百分点。地税完成 23002.30 万元,占计划额 111%。国税完成 12725.8 万元,占计划额 86%。地税收入增长取决于二大方面:一方面是得力于县域经济的快速发展,使经济发展成果转化为税源税收;另一方面是县委、县政府加强了对新农村建设项目和涉土税收的管控,促进了营业税、耕地占用税和契税完成及高速增长,为全县税收做出了巨大贡献。

(五)税收增长滞后于城镇化发展。全县积极推进以人为核心的新型城镇化建设,加快户籍制度改革,鼓励农民进城就业,城镇化率达到 35.34%。同时,带动了房地产、商贸、物流、电子商务、餐饮、住宿、文化娱乐等第三产业发展,2015 年第三产业完成增加值 73.7 亿元,增长 11.6%,成为全县经济发展新动力。然而反映城镇化发展成果的地方级营业税收入完成 17545 万元,同比下降 17.5%,城镇土地使用税完成 1838 万元,同比下降 27.6%,土地增值税完成 5166 万元,同比下降 16.9%,房产税完成 702 万元,同比下降 1.3%。

## 四、沈丘县经济发展与财税收入之间存在的问题

(一)高税 GDP 总量偏小,税收规模扩大受阻。在三大产业中,各产业的含税量各不相同,不同产业的含税量存在较大差异,对地方税收来说,第一产业是无税 GDP,第二产业属于低税 GDP,而第三产业属于高税 GDP。随着经济增速放缓,沈丘县三次产业 GDP 结构为 20.1:45.6:34.3。从三大产业看,第二产业 GDP 比重为 45.6,而且大部分为中小企业,受经济下行压力影响,尤其是制造业盈利水平不断下降,生产经营困难,影响了国税收入;第三产业 GDP 比重为 34.3,总量较小、比重不高,影响了地方税收规模的进一步壮大。

(二)大企业存量不足,后继税源乏力。沈丘县缺少对地方税收贡献较大的企业,目前除金丝猴集团、凯旺电子、三闸纺织、康泰微粉、乾丰暖通等少数大企业外,真正上规模、科技含量高、创新能力强的纳税大企业非常少。而中小型企业又面临转型升级的压力影响,生产销售形势下滑,同时影响了税收增长。

(三)房地产市场趋冷,增收形势大不如前。房地产企业销售形势缓慢,使房地产税收持续大幅度下滑,全年房地产业入库各项税收 27562 万元,同比下降 12.2%;营业税完成 17545 万元,同比下降 17.5%,减收 3723 万元。但房地产业营业税主要是稽查补交以前年度的税款,县城新开工的房地产项目很少,很难实现持续性增收。

(四)税源排查存在漏洞,征管机制有待强化。从全县 61 家重点税源企业和产业集聚区企业纳税情况看,有些企业只缴纳了国税征收的增值税和企业所得税,而应向地税缴纳的土地使用税、房产税、个人所得税、印花税、城建税、教育费附加等税费,没有积极足额申报缴纳。一方面是国地税信息不能共享,影响了城建税、教育费附加征收;另一方面一些征收部门存在征管层次低、手段弱,税收政策执行不到位,存

在漏征漏管现象，至使土地使用税、房产税严重下滑；再一方面工业企业受市场因素影响，生产销售形势下滑，部分企业依法诚信纳税意识不强，没有足额申报纳税。

（五）税收优惠政策把关不严，减免税标准执行失范。一方面，财税部门落实国家出台的一系列税收优惠政策，如支持小微企业、个体工商户发展，调整增值税、营业税起征点和所得税优惠政策等，由于小微企业和个体户账务不健全，税务部门在政策执中很难界定月收入 3 万元以下标准，使优惠政策享受面扩大，造成小微企业和个体户税收减少。另一方面，地方政府往往为了吸引企业投资，大幅度提供优惠措施。如在招商引资政策制定中，对企业缴纳的地方级收入，实行 3 年先征后退和 3 年减半征收税收优惠。然而在具体执行中，财税部门或顾忌企业对当地发展的影响，对受惠标准把关不严，以牺牲财政收入为代价换取企业的投资入驻。税收优惠政策的制定缺乏科学性，减免税标准执行中缺乏有效的规范，这看似惠及了纳税人，照顾了企业和地方的利益，但从长远看，过度使用优惠政策、随意制定减免税标准对地方经济的发展难以维持长久的良好作用，相反会导致地方财政收入萎缩，政府的资源配置和宏观治理能力受到削弱。

## 五、促进沈丘县域经济发展的税收治理政策建议

2016 年，沈丘县确立了一系列新的经济增长目标，GDP 总值增长 9%；地方公共财政预算收入增长 8.5%；全社会固定资产投资增长 15%；社会消费品零售总额增长 13%；外贸进出口总额增长 8%；实际利用外资增长 7%；城乡居民收入与经济增长同步；城镇新增就业 8200 人以上；居民消费价格控制在 3%左右。为完成今年的目标任务，应加快县域经济发展与税收治理相结合，抓好供给侧结构性改革，进一步激发经济增长活力。

（一）加快产业结构调整升级，增强 GDP 应税收入能力。目前，全县拟定“六个一批”76 个重点项目，总投资 203 亿元，其中，2016 年计划投资 84 亿元。随着投资总量的增加，在加速扩充经济体量的同时，要加快产业结构调整步伐，促进产业结构优化升级，着力形成以农业为基础、工业为主导、服务业全面发展的产业格局。一要在工业经济方面，着力加强供给侧结构性改革，实现由低水平供需平衡向高水平供需平衡的跃升，推动产业产品向中高端迈进。因此，稳增长必须在适度扩大总需求的同时，抓好食品加工、机电建材、聚酯网“三大产业集群”的转型提质。鼓励技术创新，开拓市场，坚持工业化、信息化融合发展，鼓励企业引进国际、国内领先的自动化、智能化设备，成立国家级、省级产品技术研发中心，提高企业核心竞争力。加快产业结构调整，对低税亏损企业或“僵尸企业”，采取“腾笼换鸟”，退出产业集聚区，避免生产要素的空置浪费。二在农业经济方面，继续推进高标准粮田“百千万工程建设”，整合“千亿斤粮食、农业综合开发、土地综合整治”等涉农项目，利用财政和国家农机补贴资金，引导农民发展草食畜牧业。三在现代服务业方面，要加快商务中心区建设，发展电子商务、现代商贸业及现代物流业，强力推进新兴服务业发展。

（二）加快重点项目推进，壮大县域经济税源。积极推进郑合高铁沈丘站、沙颍河航运枢纽下移和华电国际 2×100 万千瓦绿色煤电项目，全力打造郑合高铁经济带重要节点、沙颍河内河航运枢纽和豫东南绿色煤电基地。加快构建“一城两带三点”的空间布局。“一城”，即进一步提升县城综合承载能力、产业发展水平和交通通达能力，打造周口副中心城市。“两带”，即构建郑合高铁经济带和沿沙颍河经济带，带动周边乡镇发展。“三点”，培育付井镇、纸店镇、老城镇三个经济增长点。

（三）强化税收管控力度，促进税源有效转化。经济是税收之源，要使税源有效地转化为税收，必须强化税收管控力度。一是严格依法治税。坚持“依法征税，应收尽收，坚决不收过头税，坚决防止和制止越权减免税”的组织收入原则，认真执行各项税收政策，严格组织收入纪律，健全完善“税收经济分析、企业纳税评估、税源监控管理、税务稽查”四位一体的横向互动机制，加大税收违法惩治力度，规范纳税行为，

大力组织税收收入。二是加强税源监控。加强基础性管理，落实税收管理员制度，进一步夯实征管基础。针对不同纳税人，进行科学分类管理，对重点企业、重点行业实行重点监控，对新建、续建重大项目专人跟踪管理，分级监控。加快征管信息化应用进程，进一步整合税收征管流程，提高征管质量和效率。加强税源调查和分析，研究收入增减变化的情况及原因，分析税收与经济结构关系，准确把握税源变动。三是加强综合治税。建立健全以“政府领导、财政牵头、部门配合、司法保障、信息支撑、社会参与”综合治税体系，积极构建协税护税网络，形成政府依法管税、税务部门依法征税、纳税人依法纳税、社会各界综合治税的良好局面，形成强大的税收征管工作合力。

（四）严格执行税收政策，提升税收征管质量。严格执行各项税收政策，运用税收杠杆，创造公平竞争的税收环境，促进各种经济成分竞相发展，推动不同类型企业上规模、创特色、出效益、增后劲。在税收征收上，逐个税种、逐个行业、逐个区域分析征管漏洞、查找薄弱环节，推出一批针对性、精准性强的堵漏增收措施并上升为制度安排，持续拓展向堵塞漏洞要收入的空间。一是加强对建筑房地产业税收征管。对建筑房地产业项目完工销售的住宅区，按照房地产规划立项面积、房屋销售面积逐项对照，查看销售不动产营业税发票、契税发票开具和房产证办理，加快清理欠税，完成征收任务。同时，特别对开发年满5年或销售70%的住宅项目，对照税种税率按政策全部进行税收清算，定期公布清算进度，确保征收任务完成。还要结合房地产业发展形势，去库存促销售，落实财政部、国家税务总局和住房城乡建设部对房地产交易环节契税、营业税优惠政策，促进税收增长。二是抓好产业集聚区企业及重点乡镇工业税收。加强工业企业增值税、企业所得税、个人所得税、土地使用税、房产税、城建税及教育费附加等税种征收。对产业集聚区企业所缴纳的土地使用税、房产税及有关地方税种，按季按税率征收，均衡入库。三是加强城区及农村涉土税源税收管理。加大对新农村开发、打井修路、沿衔沿路商品房开发、小产权房开发和自建房开发等税源项目征收。四加强民办学校、私立医院、餐饮宾馆、文化娱乐、交通物流和个体大型商户等行业的税收征管。同时，加大电子商务和直销行业的税收管控，形成对新兴行业税源的有效管理。

（五）加强征收质量考核，落实目标责任制。为加快财税收入目标任务完成，应联合各有关部门成立财税征收质量考核领导小组，加强对财税收入工作领导。一是对征收部门推进税收执法权力清单制度。加强征管质量监控评价，制定监控评价办法，强化对税收收入与税源匹配性、征管潜力评估、风险管理、第三方信息获取及应用、清理欠税等征管主观努力程度的考核评价、排序和展示，对由于征管努力程度不够而没有完成任务的，考核时要严格问责。二是加强对企业入库税收考核。对完成税收较好而不欠税的企业，优先享受优惠政策。对重点税源企业税收降幅较大，相关税种收入较大异常，组织财税专业人才进行剖析和指导，制定堵漏增收措施。三是对收入进度缓慢的乡镇及财税征收单位按月通报，把征收任务与绩效考核、公务员考核相挂钩。

课题组组　长：张建党

副组长：吕孝坤　张文平

成　员：崔晨涛　崔玉亮　汪　洋　李新峰　姚　栋　迟　驰

课题参与单位：郑州大学马克思主义学院、沈丘县财政局

沈丘县国家税务局、沈丘县地方税务局

# “三证合一”登记制度改革工作调研报告

山东省日照市地方税务局课题组

国家税务总局“三证合一”登记制度改革实施意见出台后，日照市地税系统迅速统一思想、大力推进、狠抓落实，于2015年10月1日全面展开，截至今年4月底，已完成“三证合一”登记2979个，简化了企业登记程序，提高了市场准入效率，激发了市场内在活力。

## 一、“三证合一”登记改革对地税工作的影响

“三证合一”登记制度改革是我国商事制度的颠覆性变革，对税收征管工作的影响意义深远，其带来的链式反应显而易见，不仅影响税务登记制度的变革，而且对地税信息化建设、税源管理、部门协作、信息采集和后续监管等具有深远影响和添加效应。随着登记制度改革的不断推进，给税务部门带来一定利好因素，同时也有挑战和困难，税收征管难度加大，税源后续管理困难增多，具体分析如下：

(一)利好因素

1、堵塞漏洞，强化户籍管理。一是在设立登记方面，“三证合一”登记制度降低了企业设立门槛，简化了登记程序，鼓励企业规范化登记经营，有效缩小监管盲区，有利于强化户籍管理工作。从纵向看，以今年4月为例，全市地税办理“三证合一”登记530个，与3月环比增长24%，净增103户；从横向看，截至今年4月底共登记“三证合一”纳税人2979户，平均每月426户，登记数量大幅提高，降低了漏管漏征户风险。二是在变更登记方面，工商、国税和地税之间实现信息高效互通，避免了纳税人只在工商部门办理营业执照变更登记而不到税务机关办理税务变更登记的情况，加强了变更登记环节风险防控。三是在注销登记方面，“三证合一”登记制度要求纳税人在工商部门注销登记时出示税务机关《清税证明》，避免了注销工商登记的纳税人不办理税务登记注销的情况，堵塞了管理漏洞。

2、打破部门界限，实现信息共享。以往税务机关采集第三方涉税信息，需要分别与相关部门疏通协调，不仅工作效率低，而且容易产生执法风险。随着“三证合一”登记制度改革的不断深化，纳税人提供的登记资料实现数字化管理，办理工商登记时所报送的资料一次性由工商部门传递至税务机关，统一归档，强化监督，实现了地税部门与各个相关职能部门之间的资源整合，打破了信息孤岛，有利于税务部门逐步建立起源头管控、实时传递、资源共享、部门协作的税收征管体系。

3、减轻前台压力，释放工作潜能。“三证合一”登记制度改革实现信息有效互通，在减轻纳税人负担的同时，将前台工作压力从税务部门转移到了工商部门，有利于基层税务科所调整工作重心，深挖工作潜能。

(二)困难和挑战

“三证合一”登记制度改革推行以来，在简政放权红利不断释放的同时，存在着配套法律法规保障不完善、纳税人基础登记信息质量不高、登记环节合法性审查缺失、后续管理配套机制不健全等问题，具体表现为六个方面：

1、法制保障不完备。目前推行的“三证合一”登记制度改革，是由国务院和相关部委以规范性文件的形式予以推动的，相关法律法规制定修改与改革步伐不协调。一是合法性受制约。营业执照、税务登记证、组织机构代码证的核发，分别由工商、税务、质监部门依据《公司法》、《税收征收管理法》和《组织机构

代码管理办法》的规定来颁发,而目前这三部法律法规并没有随着"三证合一"改革的推行而修改,这就制约了"三证合一"营业执照的合法性。二是监管职责分工滞后。我国现行法律没有对"三证合一"改革后三个部门的监管职能分工、时间节点、工作内容、监督检查进行具体、明确的规定,使得各部门的监管比较困难,例如:企业违反了工商部门管理法律,按照规定应该吊销营业执照,但并没有违反税务部门管理法律,那么吊销执照时该怎么办?

2、税务登记信息须二次采集。由于"三证合一"登记制度改革涉及工商、税务、质检等四个部门,四部门对采集资料有各自的需求,纳税人申请办理营业执照时,只向工商部门提供基本的申请资料,但地税部门所需的登记资料不能一次性采集完整,还需补充和完善,如房屋、土地、车船、总分支机构相关信息和其他所需资料等。根据国家税务总局《关于落实"三证合一"登记制度改革的通知》要求,"对于工商登记已采集的信息,税务机关不再重复采集;其他必要涉税基础信息,可在企业办理有关涉税事宜时,及时采集,陆续补齐"。如果纳税人不主动到税务机关补录纳税信息,税务部门无法获取相关信息,存在漏管风险。对地税部门需补录资料以何种方式采集,有待进一步明确。

3、基础登记信息质量不高。"三证合一"登记制度改革后,税务机关的纳税人基础登记信息主要来源于工商部门,但工商对企业基础信息采集的范围及口径,与税务机关要求存在一定差异。例如,工商的行业、注册类型代码与税务机关不同,有部分行业类型在国税函办〔2009〕198 号文件里无对应类型代码;工商部门对股东信息、投资比例、总机构信息等数据录入要求不高;工商登记注册地址仅收录经营场所房产证注明的模糊地址,不够精确,给税收管理员实地核查带来困难,容易出现"一址多照"情况。这些问题增加了税务机关核实登记信息的难度,也给后续的税种登记、发票管理、催报催缴和非正常户认定等工作带来监管风险。

4、工商登记环节合法性审查缺失。传统国地税联合登记模式下,税务登记环节能初步识别并提示纳税人法定代表人及其股东是否存在非正常户情况,登记人员可核查法定代表人及自然人股东身份信息真实性。"三证合一"登记制度改革后,纳税人能够绕开合法性审查,直接从工商登记部门领取"三证合一"营业执照,存在纳税人利用虚假信息虚开增值税发票风险,增加了税务机关的征管难度。

5、税源控管有待探索新的路径。随着"三证合一"登记制度改革的推行,税源后续管理困难增多,原来一些行之有效的方法和措施已不适应新的税收征管需要。比如,企业股权转让缺少了前置环节,对股权转让所得个人所得税,无法在变更登记时借助工商部门"先税后证"机制进行控管;又比如对印花税控管,以前在纳税人办理税务登记证时,由税务机关告知其纳税义务,督促其按税法规定期限申报缴纳;再比如对房屋租赁税收征管方面,在纳税人办理税务登记时,由税务机关查验其是否取得发票,出租方是否已缴纳房屋租赁税收,进行源头控管等手段和措施。随着三证合一"推进,税源控管失去了过去的路径支撑。

6、后续管理配套机制不健全。税务部门对传递的税务登记事项需要进行后续调查核实,但往往由于管户多、时间紧、任务重,在后续监管中不能做到全查,造成了监管盲区。加之工商部门传递的一些"三证合一"办证户地址不明,无法查找,给实地调查带来了困难。同时,由于登记信息管理本身也缺少科学、严密、有效的制度规范,正处于不断完善和发展阶段,使得税务登记工作前期录入信息不完备,后期监督不能得到全面落实,达不到掌握纳税人真实情况的效果。此外,企业跨区迁移时,在税务机关需先办理迁移注销和税款缴纳,才可变更主管税务机关。但在工商可直接办理迁移,使得税务机关的后续处理较为被动。

## 二、深化"三证合一"登记改革工作的探索

"三证合一"登记制度改革给地税系统管理和服务提出了新的课题,同时也是探寻新的征管路径和模式的契机,应从以下六个方面入手做好税收征管工作:

(一)完善顶层设计,加强制度建设。相关部门应对"三证合一"登记制度改革涉及需要修订完善的法

律法规进行全面梳理，按照立法程序，提请启动法律、行政法规的修订程序。比如对《公司法》、《税收征收管理法》和《组织机构代码管理办法》有关条款的修改；再比如对“三证合一”营业执照是否征收印花税予以明确。

（二）深化部门协作，提高信息化应用水平。一是要集中建设“三证合一”营业执照审批平台，实现工商登记信息与税务登记信息的实时对接；进一步完善数据交换共享平台，明确各部门的业务和技术规则，通过信息化手段将各部门的信息数据进行有效连接，确保各项技术指标符合联合登记业务需求，满足不同层级工商、税务、质检等部门业务办理需要。二是要建立工商、税务常态化跨部门联合工作机制，定期召开联席会议，全面梳理并解决“三证合一”施行过程中的问题，协商制订跨区域迁移、注销清税、非正常户名单等具体事项的管理方案。

（三）规范信息采集，创新登记资料管理。针对登记信息质量不高的问题，一是要规范信息采集流程。建立起登记信息补充采集制度和信息核实确认制度，增设身份核查环节，对办理“三证合一”工商登记户，通过公安户籍身份信息比对、企业相关信息审核、法人经营合规性验证等多种方式，确保信息真实、准确，减少后续监管困难。二是要完善涉税资料采集。对地税部门所需要的涉税资料，通过部门联席会议形式进行及时沟通，协商工商机关在初始采集时尽可能采集完整，或者对国税、质监等部门采集的电子信息进行互认。对不能一次采集或互认的资料，由地税部门二次采集补录完整。对采集的程序、期限、范围、录入、传递和归档制定出科学规范、系统完整的管理办法。

（四）加强税源控管，制定具体措施。基层税务机关要进一步研究加强纳税人户籍管理、规范发票管理以及没有统一社会信用代码的临时性税源管理等具体措施。一是要定期对户籍信息进行清理，对长期未申报户、申报虚假经营信息或不经营户分类筛选，并进行实地调查核实，对查无下落并且无法强制其履行纳税义务的，及时认定为非正常户。二是多部门联合监管，对一些失踪户或已经被税务机关认定为非正常户的法人代表或业主，在重新注册“三证合一”企业时，工商部门要责成其履行纳税义务，接受税务机关处理，否则不予办理。三是定期开展企业经营情况信息比对工作。定期查验纳税人的税务登记项目与实际情况是否相符，及时掌握纳税人生产经营变化情况，清理和更新纳税人基础资料，并与工商部门申报经营信息相比对，发现差异，严厉查处。

（五）强化后续监管，调整工作重心。税源管理单位要强化后续监管工作，重点针对联系人或联系方式不准确、注册地址模糊及经营范围宽泛的纳税人开展实地核查，补充基础信息，做好税种登记。工作重心要实现从设立登记岗工作向实地调查核实岗转移，基层税务人员工作重心从案头工作向实地巡查转移，主要做好户籍日常巡查、停歇业户巡查和非正常户巡查工作，防止漏征漏管。同时，为了防止工作脱节、推诿或因职责不清，导致工作流转不畅现象，要按照新的税收管理要求，对纳税服务部门和管理部门的工作职责进行科学合理的界定，使其工作范围清晰、职责明确，为后续管理工作有序开展提供保障。

（六）联合社会监督，建立信用体系。加速全社会诚信体系建设，充分发挥税收诚信度在社会诚信体系中的作用，做到“牵一发而动全身”，从而提高整个社会的税收诚信度。要构建纳税人诚信体系，通过纳税人日常涉税行为记录，形成纳税人诚信度。同时，建立纳税失信惩戒机制，制定失信纳税人名单，定期向社会公布，达到惩防并举的目的。

“三证合一”登记制度改革的实施，简化了市场准入程序，降低了行政成本，提高了企业和市场活力，推广以来，成效显著。与此同时，“三证合一”登记制度改革也给税收征收工作带来新的挑战，我们要以此为契机，转变管理方式，深化部门协作，规范涉税信息采集，加强税源管控，强化事中事后监管，构建信用体系，不断提高征管质效，将“三证合一”登记制度改革工作推向深入。

课题组组长：牟志华

成员：孙衍花　李　珊

# 财税体制改革后地税部门优化税收环境的思考

姜延超

财政税收作为国民收入分配和社会公共资源配置的重要工具，对促进经济社会和谐发展具有十分重要的作用。新一届中央政府上任以来，始终把深化经济体制改革、改善民生、维护公正，促进经济协调稳定可持续发展作为重要施政目标，明确提出将进一步推进包括财税体制、宏观调控、行政管理等领域体制的改革。财税体制改革后，地方政府财权和事权将更加匹配，财政支出结构将更加合理，同时财政收入体系对地方税收的依赖度更加提高，这也为地税部门提出了更高的要求：财税体制改革后，地税部门该如何发挥职能作用，优化税收环境，更加贴进当地政府，适应经济社会的发展，笔者认为，地税部门应做好以下几点：

## 一、加强沟通交流，密切与地方政府的关系

财政体制改革后，将赋予地方政府更多的财政分配权利，地方税务部门将在执法行政管理方面和地方政府形成更加紧密的领导关系，地税部门由于财政体制以及经费划拨体制的转变，对地方政府的依存度不断加大，所以，处理好于地方政府的关系至关重要。

一是摆正自身位置，积极争取地方政府支持。积极向当地政府进行工作汇报，尤其在开展各项重大工作之前，及时向地方政府进行汇报，使政府能够充分了解开展工作的目的、意义和效果，讲明重点和难点，取得地方领导的理解和支持，并将地方政府的指示和意见贯彻到具体工作中去。工作开展后，及时将工作进展情况、工作成果、工作中遇到的问题向政府进行汇报，进一步取得地方政府的理解和信任。

二是积极建言献策，当好政府参谋助手。地税部门作为经济建设的前沿部门，应发挥自身特点，结合当地实际，加强调查研究，及时了解和掌握经济发展中出现的新情况、新问题，及时发布税收数据和税收政策，通过对税收与经济增长各项数据的分析，积极寻找税收与经济发展的最佳结合点，提出发展经济、优化环境、开源节流的合理化建议，为地方经济决策提供政策和数据支持。应积极参与地方政府招商引资评估服务工作，对引资企业和项目进行税收评估，引导政府发展绿色生态经济、循环经济，拒绝高耗能、高污染、低效益、低税收的行业，促进社会资源的高效利用，为地方经济的长远发展打下良好基础，以实际行动当好地方政府发展经济的参谋助手。

## 二、加强政策引导，促进地方经济健康发展

经济增长是税收增长的源泉，离开了经济，税收就成了无源之水，无本之木。当前经济发展尤其需要加快经济增长方式转变，显著提高经济整体素质和效益。地税部门要做到发挥税收政策的引导和调节作用，优化经济结构，支持产业升级，促进当地经济的持续健康发展。

首先，做到鼓励企业转型升级。近年来，国家为鼓励发展高新技术、科技研发、节约能源、促进环保等，陆续出台了包括税收政策在内的各项优惠政策。地税部门应用好用活税收政策，帮助地方政府建立起第一产业、第二产业中的主导型、龙头型企业，强化对重点税源企业在政策、资金等方面支持力度，引导这些企业在产品升级、优化投资和管理、提高竞争力上下功夫，刺激重点税源企业向做大做强做优发展。

其次，优化产业结构，加快服务业发展。第三产业税收收入的主要来源是营业税和地方小税种，对地方税收贡献较大，增长潜力也较大，地税部门应通过政策引导加大二三产业剥离力度，大力发展商贸物流服务业，积极拓展现代服务业，发展金融保险、信息技术服务、生态旅游、交通运输、电子商务等现代服务业，构建结构布局合理、特色鲜明的现代服务业体系，促使三产企业做大做强，成为地方税收增长的新亮点。

## 三、加强地方税收保障建设，形成综合治税合力

《山东省地方税收保障条例》(以下简称《条例》)的实施，拓宽了税收管理的覆盖面，促进了税收科学管理水平的提升，在信息综合采集利用、强化经济税收分析、实现源头控管、深化内外协作中发挥了积极作用。地税部门应充分认识《条例》在促进税收增收，提高控管水平中发挥的重要作用，及时与地方政府沟通交流，进一步形成综合治税合力，最大限度地发挥《条例》在保障地税收入中的重要作用，使其成为坚持依法治税的有力武器和制度保障。

一是健全综合治税各级网络。注重国税、工商、国土、房管、财政、公安、发改等相关部门的联系与配合，构建涵盖社区、街道办事处、政府机关、中介机构、企业等多渠道多层次的协税护税网络，将综合治税贯穿到各项税收管理事务中。

二是完善地方税收保障平台建设。建立健全政府牵头的部门信息交换共享机制，发挥好涉税信息共享平台作用，完善经济管理职能部门涉税数据信息传递考核奖惩机制，将信息交换与信息利用标准化、制度化、长期化，提高涉税信息获取能力和共享程度，深化涉税信息的分析应用，增强信息管税能力。

三是强化税源源头控管。在地方政府牵头协调机制下，应切实加强建筑、房地产、土地、重大建设项目、耕地占用等税收的源泉控管，尤其要加强与房管、土地、交通、保险公司等部门的协调和委托代征工作，力争源泉控管取得显著效果，更好地解决收入质量和征管力量不对称的问题。

## 四、提高行政效能，优化发展环境

首先，强化税源监控，优化税收环境。环境也是生产力，良好的税收环境是加快经济发展的润滑剂。地税部门应充分利用现有的信息技术手段，不断优化和改进征管方式，使现有的税源尽可能的转化为税收。通过开展“以地控税”、“重大项目税收管理”、纳税评估、税收检查等各项措施，强化税源监控，严格依法治税，为企业发展创造良好的公平竞争环境，促进地方经济发展。

其次，不折不扣的落实税收优惠政策。将小微企业优惠、营改增、提高营业税起征点、高新技术企业、支持再就业等税收优惠政策通过税收宣传月活动、办税服务厅公告栏、12366 纳税服务热线、内外网站和报纸、电视、广播等新闻媒体，广泛深入地宣传，重点宣传优惠政策的范围、条件、计算方法以及办理程序和工作要求，切实将优惠政策信息准确无误、全面及时地传递给纳税人。

第三，简化审批和纳税程序。按照“提速、降槛、服务”的原则，积极落实行政审批制度改革，理顺权责义务关系，以“服务社会、服务经济、服务纳税人”的精神，开通绿色通道、设置专门窗口和专人专员，实行“首问负责制”，简化审批程序、缩短审批时间，对符合条件的涉税审批事项，在规定时间内受理办结，杜绝越权和滥用权利进行行政审批和许可，提高行政执法效率，形成“精简、统一、高效”的审批服务体系。

(作者单位：山东省临清市地方税务局)

# 财政支持对钢铁业转型升级作用分析

## ——以邯钢为例

河北省邯郸市复兴区国家税务局课题组

据中国钢铁协会2015年11月3日消息:1—9月份,中国出口钢铁产品同比下降68%。在国内多数钢企限产、停产的大环境下,作为邯郸钢铁企业的龙头,邯钢发挥转型升级优势,突出高精尖产品研发,不断开拓国内外市场,2015年累计出口钢材装船170万吨,结算166.7万吨,较2014年全年装船150万吨增加20万吨,比2014年全年结算130万吨增加36.7万吨。虽然利润空间受到严重影响,但产销形势依然坚挺,邯钢明确了2016年出口钢材200万吨的目标。如何为钢铁产品出口提供有力的帮助,我们进行了分析。

### 一、影响邯钢钢材出口的因素

(一)出口环境变化影响首当其冲

邯钢钢材出口在2014年及以前年度主要销往全球第二大钢铁消费国—美国。《华尔街日报》2015年3月15日称:2015年1月,中国向美国出口的钢材同比增长了40%。中国出口大量的钢铁,促使钢铁生产商寻求本国政府的保护,原因是价格的下跌令其面临莫大的压力。同时,美国经济不振和2015年新一轮企业裁员,加快了美国钢铁企业提出反倾销投诉的力度和进程,并且也引发了欧盟、土耳其等地区和国家对中国钢材出口进行反倾销围堵。

(二)出口平台固定单一降低了钢材出口的利润

邯钢作为大型钢铁企业,无力应对数量巨大的终端用户。其出口产品多通过与中国五矿集团公司等为数不多的几家公司签订战略销售协议,利用中国五矿等公司作为进出口交易平台,将其产品销往世界各地。由于出口交易平台的单一性,同时又要兼顾销售共赢的目的,从而导致产品销售利润有所降低。

(三)钢材出口价格跳水让企业备受煎熬

受全球经济危机影响,钢材行业整体低迷、部分国家和地区对中国钢材出口实施反倾销政策,以及其他综合因素影响,2014年邯钢钢材出口均价为500美元/吨,2015年为350美元/吨左右,每吨钢材相差150美元,导致出口钢材几乎无利可图。

### 二、财政支持对钢铁业转型升级的作用

扩大钢企出口,支持钢铁业转型升级,需要国家、政府、税务机关和企业共同努力,国家优环境,政府增扶持,税务减负担,企业提质量。

财政扶持是基础。对邯钢这样已经基本完成技改,并且担负着巨大社会责任的大型钢铁企业,在节能减排、绿色转型、技术引进、产品领先方面都取得较快发展,不但是地方的支柱产业,更是地方的支柱税源。在财政上予以倾斜,不但可以缓解企业资金压力,促进产品出口,更有利于企业做大做强。

税收统筹是重点。截止2015年底,国税局为邯钢随到随办出口退税42353万元,较2014年42016万元增长337万元,为促进邯钢出口提供了有力的帮助。由于增值税和企业所得税分别属于国税和地税

管理，存在税源管理分歧和所得税入库级次的差距，在税收管理上存在“铁路警察各管一段”的问题。深化国地税合作，统筹邯钢增值税和企业所得税管理的同时，加强企业设备技术引进过程中的税前指导，将对促进邯钢更好发展以及促进邯钢出口产生深远影响。

税收减免是支撑。调整和完善企业引进专利技术、提升技术水平等方面投入的税收优惠政策，提高出口退税比例，减免企业购买专利技术、设备配套技术诀窍等方面的税收负担，为企业提升产品品质、打造产品品牌、扩大出口铺平道路。

解除预收款比例约束是松绑。盼望国家完善外汇管理办法，对出口产品预收款不再设置限制，以便企业能够最大限度取得出口产品预售款，支撑出口产品生产，减轻资金压力。

改善出口环境是根本。建立完善钢铁出口贸易摩擦预警机制，为钢铁企业提供市场发展方向和综合分析指导，提出相应的对策和措施。同时加强国家层面钢铁贸易对话，消除出口壁垒。

课题组组长：刘怀君

成员：翟富强

执笔：王海军

# 长春民营经济唱响转型升级快进曲

## ——对经济转型中的长春民营经济转型升级调查与思考

叶大壮

4月的长春，民营经济发展的浪潮正在这片黑土地激情涌动。鳞次栉比的民营企业，环环相扣的产业链条，星罗棋布的交易市场，民营经济处处涌动着勃勃生机。5月初，随着国家全面铺开"营改增"试点，我们随着市政府有关调查组，对经济转型中的全市民营经济发展情况进行了调查。

这是一组关于长春民营经济的耀眼数据：2015年，长春市民营经济市场主体数量达到47.3万户，增长17.5，民营"四上"企业户数达到4098户，增长27%，主营业务收入11071亿元，增长8.6%，从业人员222.8万人，增长6.8%，新增14.3万人。民营经济增加值占全市GDP的比重达到46%，科技"小巨人"企业和高新技术企业达到400户和242户，分别增加14.28%和20.4%。

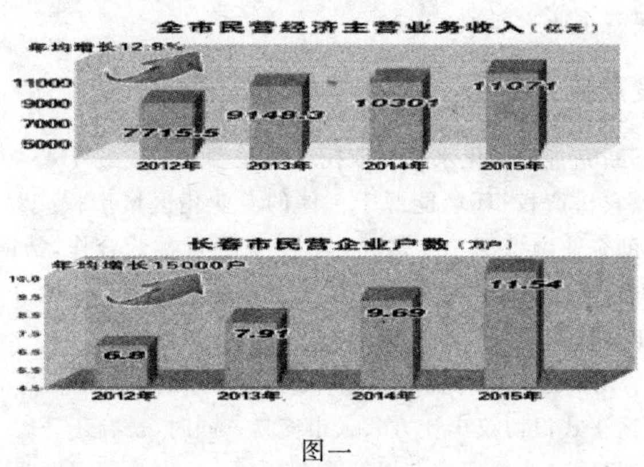


图一

探寻长春市民营经济快速发展的背后，是深刻理解把握中央、省、市突出发展民营经济重大战略部署的精彩实践，也是长春市突出发展民营经济综合配套改革工作结出的累累硕果。2013年吉林省突出发展民营经济以来，长春市作为唯一的突出发展民营经济综合配套改革示范区试点，大胆创新，勇于突破，对行政审批制度，商事制度等开展了大刀阔斧的改革，不断优化民营经济环境，提升民营企业素质，推动全市民营经济发展实现了质与量的突飞猛进和跨越提升。

强实力、增动力、添活力。长春民营经济平稳较快增长，不仅在全市繁荣经济、改善民生、优化结构、催生产业、扩大就业、强市富民等方面发挥了重要作用，更为长春在全省新一轮振兴发展中打先锋、站排头打下坚实基础。

### 一、简化行政审批比例达70.1%

在长春市开展突出发展民营综合配套改革试点建设过程中，助力民营经济提升，首先就是通过推进行政审批制度改革，最大限度降低准入门槛，给企业减负。去年年初以来，长春市取消和下放了一批行政审批项目,由原来的823项减少到目前的246项,减放比例达到70.1%,市本级非行政许可实现“零审批”。同时,建立起了市级权力清单制度,3888项没有法律法规授权的行政权力被取消,精简53.9%,特别是市政务中心全流程网上审批系统的建立和不断完善,使行政审批工作效率明显提高,工业项目审批时限由301个工作日缩短到120个工作日。更让企业称赞的是,在农安县开展的行政审批改革试点,推出一个窗口、一颗印章管审批,一站式办理、联合现场踏查、审批环节不出政务中心等改革措施,建设项目审批时间比原来减少了82个工作日。

## 二、改革商事制度,民企业数量爆增质量飚升

示范区试点建设启动两年来,长春市全面落实了注册资本认缴登记制,先照后证、工商年检年度报告公示制等工商制度改革,进一步降低了市场准入门槛,民营经济市场主体出现井喷式增长,2014年新增市场主体8.98万户,同比增长28.6%,2015年又新增6.9万户,总数达到47.3万户,全面实施了五证合一、一照一码,营业执照共计23887户,其中新登记企业9268户,变更登记事项换领新执照14619户。

为了更好地推进民营经济发展,长春市不仅注重民营企业数量的增长,更加注重民营企业发展质量的提高。近年来,长春市开展了“百强民营企业”和“百户民营企业科技型小巨人企业”的培养工程,启动了民企业现代企业制度管理咨询项目,推进了重大技术创新和技术改造项目建设,民营企业实力不断增强。截止目前,长春市国家高新技术企业达到242户,科技型“小巨人”企业达到400户,战略性新兴企业总数达到241户,“四上”民营企业达到4098户。

## 三、完善市场体系发展活力倍增

推进市场体系建设,不断完善市场化水平。依托吉林长春产权交易中心,建成了集产权、股权、技术产权、文化产权、金融资产、农村产权、环境能源于一体的专业化区域产权交易市场,实现企业挂牌312家,开展股权质押服务,帮助企业融资源209亿元,与12家银行签约合作,帮助企业获得受信额度总计400亿元。长春首家杂粮电子交易平台“渤海商品交易所杂粮电子交易中心正式上线运行,实现了网上杂粮的国际化网络销售,年交易额达到500亿以上。

2015年,长春市推进了九台区国家首批农村集体经营性建设用地入市试点,去年底,吉林省首宗集体经营性建设用地在九台区正式以协议出让方式入市交易。同时,长春还开展了政府与社会合作建设社会公共领域投资项目试点,目前已有静态停车场等7个市政项目进入国家发改委PPP项目库。

## 四、培育创新体系创新能力大跃升

以创新为引领,长春市通过北湖科技园吉林省集成创新综合体的建设,搭建了涵盖公共技术、投融资和市场开拓三个方面的专业平台,实现了科技地产的分割出售,吸引了50家高水平研发机构入住,开展了技术产权交易,签订了技术合同五项,促成技术交易20笔,总交易额1680万元。

推进企业技术创新能力建设。目前,已建成国家级企业技术中心5个,国家重点实验室14个,国家工程技术研究中心2个,省级企业技术中心119个,市级企业技术中心82个,公共技术服务中心42个。

推进服务能力建设。吉林省技术产权交易中心投入运营,国家技术转移东北中心正式挂牌运行,中科院长春市技术转移中心促成多个项目落户长春。中试与检测中心达到20个,建设15家国家级科技企业孵化器。

积极开展科技合作,加强与中科院所属研究的项目对接合作,与14个国家建立科技合作关系,与俄、白等14个独联体国家合作引进35项孵化器,与韩国企业发展25项合作项目,合作成效日益明显。同时,长春中俄科技园、中白科技园、中德汽车产业园等国际科技合作园区建设扎实推进,长春光机所获批

成为国家光电国际创新园。

## 五、建设融资服务体系解民企转型升级之困

融资难是很多民营中小企业在转型升级、壮大发展中遇到的一道坎。为更好地帮助企业融资,长春市采取了一系列创新办法。通过建设市“互保金池”融资平台,帮助13户企业实现融资1.17亿元,同时,推进工商局动产抵押、商标专用权质押、股权出质登记融资平台建设,先后办理抵押和质押登记943件,帮助企业实现融资556亿元。

长春科技金融服务中心的建设,实现了全省六个第一,累计为科技企业投融资超过22亿元。

加强融资担保体系建设,使融资担保机构达到79家,为近4000户中小微型企业提供贷款担保365亿元。

通过推进企业直接上市融资,2015年新增新三板挂牌企业16家,全市总数达到22家,同时,通过搭建多种融资渠道,2015年共帮助民营企业实现融资1578亿元。

## 六、构筑创业服务体系扶上马更要送一程

推进创业服务体系建设,不断优化发展环境,推进了融资担保、创业咨询、人才培训、事务代理、管理诊断、信息网络、法律维权、公共技术、电子商务、市场开拓等10大公共服务平台建设,全市中小企业公共服务平台数达到316个,其中省级以上中小企业公共服务平台47个,占全省比重达到41%,组织公益性和低收费服务对接活动1000余次,年服务中小企业能力达到2万户以上,推进了双创孵化基地建设,已建成双创孵化基地88户,建设面积628万平方米,在孵企业2551户,累计毕业企业601户,带动就业人数66117人,被工信部认定首批国家小型微型企业创业创新示范基地2个,全市众创空间达到30家。

同时,长春市还开展人才培养和创业培训,2015年共举办各类创业培训,对接活动89期,培训和服务3万余人,开展了千名科技专家服务民营企业行动,征集科技专家7人,科技成果19项,科技难题120个,向国家人社部申请人才资金3项。实施了千名高技能领军人才培养工程。对首批评选出来的20名技能大师、60名岗位技能带头人、120名技术能手进行了表彰。完成了17个引进海外高层次人才项目在国家立项。引进国外高层次人才73人。依托市中小企业服务大厦,通过公开招标方式共引进25家服务机构入驻,为中小企业提供资产评估、环评、审计、法律、管理咨询、会计代理和税务代理等八个方面的服务,累计服务中小企业1200户,财政已拨付政府购买服务补贴资金200万元。

## 七、创设试点区域载体民营经济现集群之势

依托开发区,推进基础设施建设,开展城乡一体化,进一步夯实民营经济发展硬环境。去年,开发区坚持企业集聚原则,把产业群作为发展的基本模式,推进企业有序迁移,加快50个产业集群建设。全市开发区开工投资3000万以上项目1032个,计划投资7118亿,实际完成投资2246亿,使以发展工业为主的国家级开发区产业集聚度达到80%,同时建设了兴隆综合保税区、生物产业制造园等一批新兴产业园区,为民营经济发展提供了充足的发展空间。

为进一步推动民营经济集聚群发展,今年,长春市将围绕工业转型升级,重点抓好6个省级特色工业园和13个省级特色规划管理园区建设,重点培育9个市级特色工业园区,围绕高新技术特色产业和服务业,重点建设2个国家级高新技术特色产业基地,14个省级现代服务业集聚区。同时,以项目建设为契机,推进长春产业创新发展示范区、德国工业园、轨道交通装备产业园、光电和智能装备产业园、长东北生物化工产业园、大众物流产业园、跨境电子商务产业园等10大新型产业园区建设,抓好汽车产业、轨道客车产业、生物化工产业、生物医药产业、光电信息产业、装备制造产业、新能源产业、新材料产业等10大产

业集聚，为民营经济集群发展搭好载体，建好平台。

## 八、蓄力发展新动能争创两个国家级

力争民营经济主营业务收入达到12015亿元，增长4%，企业户数达到12.7万户，增长10.8%。个体工商户达到38.3万户，增长7%，民营经济增加值全市GDP的比重达到47%。“瞄准”国家级民营经济改革试点城市和国家级小微企业创业创新基础示范城市两个国家级目标，长春市确定了2016年民营经济发展目标。今年，长春市将按照省市全面深化改革的部署，加强政策支持、组织领导、突出20个一区多点示范点的典型示范效应，全面深化民营经济综合配套改革试点，进一步改善民营经济发展环境，促进民营经济实现快速健康发展。

突出抓好“一区多点”，2016年将重点在开发示范点中选树一批改革创新的示范典型，开展体制机制创新改革试点，推进民营经济综合配套改革，重点在行政审批制度改革试点、放宽市场准入和加强市场监管试点、民营经济创新体系建设试点、民营企业做优做强试点、开发区转型升级试点、城乡一体化建设试点、创新发展环境试点上实现突破。在行政审批上重点推进建立“四张清单一张网”，即政府权力清单、政府责任清单、企业投资负面清单、市级部门专项资金管理清单和政务服务网。在全市开展并联审批试点，大幅压缩项目审批时限。在商事制度改革上，重点推进工商登记全程电子化，开发建设“网上申请、网上受理、网上审核、网上公示”的全新登记管理模式，积极探索“证照分离”，适时启用工商电子营业执照。

加强服务体系建设，重点推进10大公共服务平台建设，推进创业孵化基地、融资服务和公共技术服务平台建设，推进创业培训、创业服务工作和百户民营企业建立现代企业制度，深入开展“政府购买服务”活动。

加强创新体系建设。加快政产学研用金介“七位一体云平台、长东北科技创新中心和吉林集成创新综合体”两大载体，企业技术中心行业中试中心及公共科技服务中心三类中心、八大产业协同创新基地建设。

加强市场体系建设，重点推进吉林省技术产权交易中心、渤海商品交易所杂粮交易中心、中国长春人力资源产业园、长春市科技金融创新服务中心、兴隆综合保税区跨境电商平台建设，推进PPP项目建设，在特许经营领域向民营推出一批投资项目。

推进民营企业做优做强。推动民营企业完善人才培训体系，建立企业制度，推动民营企业并购重组，引导企业开发新产品、新技术、新业态和新模式，提升企业竞争力，促进企业转型升级发展。同时，加大招商引资力度，继续实施国家高新技术企业和科技型“小巨人”企业培育计划，力争实现新增国家高新技术企业40户，新增科技型“小巨人”企业达到50户，并依托开发区全力打造50个产业集聚区和14个产业集群。

## 九、提振长春民营经济的再思考

当前在经济新常态下，营改增全面推开迈出了我国结构性改革的重要一步。从长远来看，“十三五”期间，全面实施营改增是推动供给侧结构性改革的一项重要举措，具有一举多得、牵一发而动全身的显著作用，它可以为民营经济的发展运行提供有力支撑和增添持续动能，民营经济应该抓住六个方面的发展机遇：

（一）市场对资源配置决定性作用更加凸显带来的机遇

“十三五”以来，制定市场准入负面清单，公布政府权力清单，尤其是促进市场公平竞争上，明确提出着力化解市场体系不完善，政府干预过多和监管不到位等问题，把市场决定资源配置上升到经济发展的一般规律来认识，更加明确了市场的引领和决定作用。

(二)供给侧结构性改革带来的机遇

目前中央大力推进供给侧结构性改革,去产能、去库存、去杠杆、降成本、补短板,对民营企业来说既是挑战也是机遇。"三去"对民营企业会有很大压力,但压力也是动力,倒逼企业自身主动调整,加快转型。

(三)创新驱动发展带来的机遇

国家决定设立新兴产业创业引导基金规模400亿元,估计可拉动10倍以上的社会资本,互联网+行动、电子商务、节能环保、智能制造、新能源等,都给民营创新带来了巨大的发展空间。

(四)结构调整带来的机遇

现在国家大力推进区域总体发展战略,推进"一带一路"、新型城镇化等,为国家经济提供新的增长点、同时也为民营企业发展提供了很多机会和空间。

(五)新一轮国企改革带来的机遇

中国正在发起新一轮国企改革攻坚战,大力发展国有资本、集体资本、私有资本交叉持股、相互融合的混合所有制经济,意味着民营企业有望依法进入更多的投资领域,获得更大的发展空间和机会。

(六)"走出去"海外扩张的好机遇

民营企业到海外一方面通过并购,购买海外先进技术,引进高端人才,另一方面向海外转移劳动力密集型产业。

总之长春民营企业只有树立新理念,提振企业发展信心,提高创新能力,加快转型升级,再创发展新优势,才能实现长春民营经济的持续健康发展。

(作者单位:吉林省长春市国家税务局第二稽查局)

# 长江经济带各省税收状况的比较分析

陈懿赟

长江经济带包括长三角地区(江、浙、沪)、成渝地区(川、渝)、中部地区(鄂、湘、赣、皖)和滇黔经济走廊(滇、黔)等区域,是我国综合实力最强、战略支撑作用最大区域之一。本文对该区域各省税收收入、税源结构等进行了比较研究,得出相关结论。

## 一、长江经济带各区域税收比较

整体上,长三角地区税收收入独占鳌头,2013年税收收入3万亿元,占长江经济带税收总收入的六成。中部地区在总量上居第二,累计税收收入1.07万亿元,占总量的21.10%,成渝地区和滇黔经济走廊的税收收入占比分别为11.24%和8.33%。人均纳税额方面,长三角地区继续遥遥领先,达到18929.42元/年,比长江经济带的平均水平的2倍还多。成渝地区和滇黔经济走廊的人均纳税额分别为5130.97元/年和5145.64元/年,中部地区人均纳税额最低,仅为4631.94元/年。在宏观税负上,长三角地区以25.36%增长速度继续领跑,滇黔经济走廊紧跟其后,为21.36%,两者均高于长江经济带和全国平均值;成渝地区和中部地区宏观税负整体偏低,仅分别为14.60%和12.93%,远低于平均值。从整体分析,税收状况呈现比较明显的东、中、西地区分异,税收相关指标与经济发展程度呈现紧密的正相关,一般经济较为发达的地区,税收总量、人均纳税额、宏观税负都较高,反之亦然。

长江经济带内省级行政单位之间差异明显。将税收收入分为>10000亿元、5000-9999亿元、3000-4999亿元、2000-2999亿元、<2000亿元五个等级,位于第一等级有江苏和上海,第二等级有浙江,第三等级有四川和湖北,第四等级有湖南、安徽和云南,第五等级有重庆、江西和贵州。税收收入的最高的江苏省是位于末位的贵州省的7.08倍。地域上,位于第一等级和第二等级的省级行政单位均属于长三角地区,而其他地区差异相对较小,展现出比较明显的区域分异。人均纳税额方面,若分为>20000元/年、10000-19999.99元/年、5000-9999.99元/年、<5000元/年四个等级,位于第一等级的仅有上海,第二等级有江苏和浙江,第三等级有重庆、湖北和云南,第四等级有四川、湖南、江西、安徽和贵州。与人均纳税额关系最为密切的为人均GDP,两者呈正相关,即人均GDP越高,其人均纳税额通常来说也较高,反之亦然。从宏观税负来分析,若分为>30%、20-29.99%、15-19.99%、<15%四个等级,位于第一等级的仅有上海,位于第二等级有浙江、云南,位于第三等级的有江苏、重庆、贵州,位于第四等级有四川、湖北、湖南、江西、安徽。与宏观税负关系最为密切的主要有产业结构和纳税政策与手段,长三角地区宏观税负最高,与其发达的服务业和相对完善的纳税体系有直接关系,云南和贵州宏观税负高则与其行业结构关系密切,云南和贵州的烟草制品业、酒、饮料和精制茶制造业占地方GDP比重较大,而烟草和酒品制造业的税率远高于其他行业,显著拉高了区域宏观税负。中部地区和成渝地区的宏观税负整体较低,内部差异较小,且均远低于全国水平(21.09%)。

**表一　长江经济带省际税收比较(2013)**

(万元/年　%)

| 地区 | 省份 | 税收收入 | 人均纳税额 | 宏观税负 | 税收收入比重 |
|---|---|---|---|---|---|

| | | | | | |
|---|---|---|---|---|---|
| 长三角地区 | 江苏 | 109968042 | 13850.77 | 18.59 | 21.74 |
| | 浙江 | 80893053 | 10473.05 | 21.53 | 15.99 |
| | 上海 | 109220119 | 45222.91 | 50.56 | 21.59 |
| | 合计 | 300081214 | 18929.42 | 25.36 | 59.33 |
| 成渝地区 | 四川 | 37458626 | 4620.53 | 14.26 | 7.41 |
| | 重庆 | 19377099 | 6524.28 | 15.31 | 3.83 |
| | 合计 | 56835725 | 5130.97 | 14.60 | 11.24 |
| 中部地区 | 湖北 | 31815269 | 5486.34 | 12.90 | 6.29 |
| | 湖南 | 27139890 | 4056.42 | 11.08 | 5.37 |
| | 江西 | 19998791 | 4422.36 | 13.95 | 3.95 |
| | 安徽 | 27773320 | 4606.01 | 14.59 | 5.49 |
| | 合计 | 106727270 | 4631.94 | 12.93 | 21.10 |
| 滇黔经济走廊 | 云南 | 26605194 | 5676.86 | 22.70 | 5.26 |
| | 贵州 | 15531527 | 4434.77 | 19.40 | 3.07 |
| | 合计 | 42136721 | 5145.64 | 21.36 | 8.33 |
| 长江经济带 | | 505780930 | 8295.53 | 19.49 | 100 |

整体上分析，长三角地区和成渝地区第三产业税收收入占总税收收入比重高于长江经济带平均值，且均超过50%，说明其形成了以第三产业税收收入为主的税收产业结构；中部地区和滇黔经济走廊第三产业税收收入占总税收收入的比重低于长江经济带和全国的平均值，且均低于50%，税收产业结构呈现二三一的结构特征，与产业结构相一致。

## 二、长江经济带重点税源分析

长江经济带重点税源企业分布具有明显的差异性。分地区分析，2013年各地区重点税源企业户数以长三角地区为首，为22218户，为户数最低的滇黔经济走廊的7.62倍，占全国重点税源企业的22.14%。中部地区重点税源企业户数居第二，为12599户，占全国重点税源企业的12.55%。成渝地区和滇黔经济走廊户数分别为5086户和2915户，占全国重点税源企业的5.07%与2.90%。重点税源企业分地区税收收入两极分化严重，长三角地区2013年重点税源企业税收收入达12805亿元，中部地区为4794亿元，成渝地区与滇黔经济走廊仅为2161亿元和2276亿元，长三角地区重点税源企业税收收入为最低的成渝地区的5.93倍。1亿至10亿元的重点税源企业构成情况方面，长三角地区继续领先，为1805户，占全国总户数的26.23%，随其后的成渝地区仅为580户，占全国户数的8.43%。中部地区与滇黔经济走廊户数分别为328户和165户，占全国总户数的4.77%和2.40%。10亿元以上的重点税源企业构成情况方面，长三角地区依旧位居首位，为101户，占全国总户数的20.74%，成渝地区、中部地区与滇黔经济走廊户数分别为17户、38户和18户，占全国总户数的3.49%、7.80%和3.70%。

分省区分析。长江经济带中上海、江苏、浙江、安徽、湖南重点税源企业户数超过北京，其中江苏10510户，是位于末位的贵州的9.35倍，是北京的2.81倍，占全国重点税源企业总户数的10.47%。长江经济带仅江苏、浙江、上海重点税源企业超过5000户。1亿至10亿元的重点税源企业构成情况方面，上海居于榜首，为754户，占全国户数的11%，紧随其后的江苏、浙江分别为691户和360户，占全国户数的10%与5.2%，位于末位的贵州仅有71户，占全国户数的1%。长江经济带仅上海与江苏超过北京的653户。1亿至10亿元的重点税源企业分布最广的上海是为末位的贵州的10.62倍。10亿元以上的重点税源企业构成情况方面，长江经济带各省级行政单位分布情况均低于北京的69户，首位的上海为44户，江西与贵州并列末位，仅为6户。

## 三、基本结论

(一)长江经济带总体税负水平中等偏下，中游地区税负水平偏低

长江经济带覆盖11个省市，地域辽阔，情况复杂，生产力发展水平不均衡，当中既有已经基本完成工业化，开始进入现代化的长三角地区，还有处于初级工业化与传统农业并行的欠发达成渝地区，地区之间差异较大。长江经济带人均纳税额略低全国人均纳税额水平，宏观税负整体呈现增长趋势，但与相比依旧存在差距，总体宏观税负处于全国中等偏下水平。分地区而言，2013年宏观税负为长三角地区＞滇黔经济走廊＞成渝地区＞中部地区。成渝地区与中部地区宏观税负较低，且均低于全国平均值。分省际而言，长三角地区的上海、江苏、浙江宏观税负都处于较高水平，成渝地区与中部地区税负偏低，中部地区各省2013年税负水平远低于长江经济带与全国平均水平。整体上看，长江经济带经济发展已处于中等发展水平，总体税负处于中等偏下水平，长江中游地区税负水平偏低。

(二)地区税收差异明显，区域带动作用不显著

长江经济带在税收收入上以长三角地区居首，2013年创造税收3万亿元，接近长江经济带税收总收入的六成，达59.33%，排名第二的中部地区税收收入1.07万亿元，仅占总量的21.10%。人均纳税额方面，长三角地区远超长江经济带其它地区，是人均纳税额最低的中部地区的4.09倍。宏观税负与重点税源方面，长三角地区也是遥遥领先于其它三大地区，呈现比较明显的东、中、西地区分异。分省际看，在税收收入、人均纳税额、宏观税负、重点税源企业数方面两级差异显著，长三角地区所属的江苏、上海、浙江均居于高位，尤其人均纳税额方面，首位的上海人均纳税额为居于末位的湖南的11.15倍。长江经济带内四大区域与区域内各省级行政单位间税收差异较为显著，表明长江经济带还未能充分发挥区域带动作用。

(三)区域内税收结构有待优化

2005年—2013年长江经济带税收结构发生明显的变化，流转税占税收比重出现下降趋势，其中增值税下降明显。所得税所占比重微升，但个人所得税所占比重不升反降。财产税波动受经济影响最大，最为敏感，行为税占比比较小。整体来看，长江经济带税收结构逐渐优化，流转税的主体地位下降，所得税、财产税和行为税的占比均上升，表明税收结构更加平衡，更为成熟，但长江经济带税制结构还是存在不合理性，表现为流转税依旧占据主体地位，税类和税种结构过于单一，税收过于倚重间接税，所得税偏低，尤其个税反而下降，财产税主要依赖土地和经营性房产，行为税偏低。2013年，长江经济带流转税占比为59.43%，高于全国流转税占比，所得税占比为23.14%，低于全国所得税占比，其中个税仅占5.91%。

从功能看，长江经济带税收结构不利于实现政府的职能型目标。我国欲构建以流转税为主体转变为以流转税和所得税并重为双主体税制模式，长江经济带流转税比重较大，所得税占比偏低，其中尤其个人所得税占比偏小，长江经济带税收结构还有待进一步优化。

(四)总部经济效应影响大，税收出现转移现象

将长江经济带11个省市和北京比较分析，可以发现北京在重点税源企业户数、纳税总额等指标位居全国第一，上海紧跟其次，也是长江经济带各省区市最高的。数据显示，由于大型企业集团和跨国公司总部集中在北京、上海等国际化大城市，税收转移的情况较为突出。

(作者单位：湖南省国家税务局税科所)

# 从国税视角探析乌鲁木齐市经济结构调整

刘瑞贤

几年来，乌鲁木齐市紧紧抓住“一带一路”经济发展战略的历史机遇，坚持走新型工业和地区特色工业化道路，着力提升科技研发能力，推进信息化与工业化的深度融合，改造传统产业升级，重点培育发展战略性新兴产业，工业经济保持平稳较快发展，整体竞争力显著增强。从以下数据来看，2014 年末登记户数由 2010 年末的 11 万户增加到 2014 年的 16 万户，增长 46.88％；国税全口径税收收入由 2010 年的 153.21 亿元增长到 2014 年的 267.28 亿元，增长 74.45％；市县两级收入由 2010 年 28.23 亿元增长到 2014 年的 71.6 亿元，增长 153.63％；GDP 由 2010 年 1311 亿元增长到 2014 年的 2510 亿元，增长 91.45％；这些数据真实的反映出乌鲁木齐市经济稳步快速增长。

## 一、乌鲁木齐市工业转型升级取得明显成效

2010 年至 2014 年，全市各项经济指标稳步增长。呈现出一些新特点：

（一）管户不断增长，三次产业管户结构不断变化

管户由 2010 年末的 109982 户增加到 2014 年的 161550 户，增长 46.88％，年均增长 10.08％；三次产业管户结构不断变化；一产、三产表现出快速增长的势头，二产则是平稳增长。

**2010 年至 2014 年三次产业管户分析表**

| 年度 | 第一产业 | 占总户比 | 第二产业 | 占总户比 | 第三产业 | 占总户比 | 总户数 |
|---|---|---|---|---|---|---|---|
| 2010 | 398 | 0.36％ | 7012 | 6.37％ | 102572 | 93.26％ | 109982 |
| 2011 | 543 | 0.46％ | 11004 | 9.36％ | 105991 | 91.57％ | 117538 |
| 2012 | 668 | 0.5％ | 11518 | 8.77％ | 119057 | 90.71％ | 131243 |
| 2013 | 1042 | 0.73％ | 11305 | 7.98％ | 129197 | 91.27％ | 141544 |
| 2014 | 1638 | 1.01％ | 11766 | 7.28％ | 148146 | 91.70％ | 161550 |

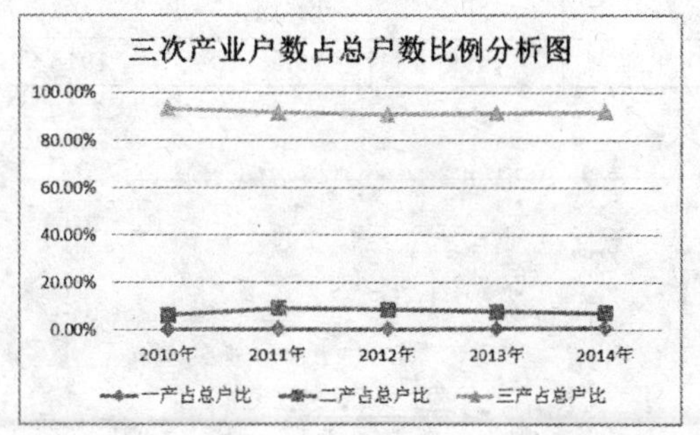

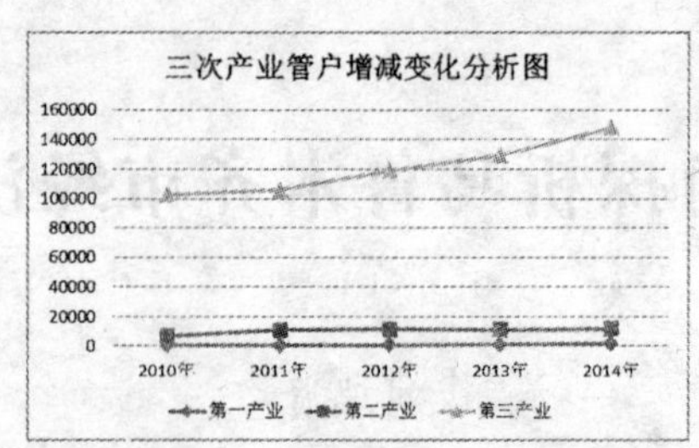


(二)纳税额50万元以上管户逐年增加

一产由2010年的4户增加到2014年的9户;二产由2010年的394户增加到2014年的499户;三产由2010年的923户增加到2014年的1918户。但是占总户数的比例,一产基数很小,不显特点;二产呈现下降趋势,三产快速增长。

**2010年至2014年纳税额50万元以上三次产业管户增幅分析表**

| 年度 | 第一产业 | 增幅 | 第二产业 | 增幅 | 第三产业 | 增幅 | 总户数 | 增幅 |
|---|---|---|---|---|---|---|---|---|
| 2010 | 4 | | 394 | | 923 | | 1321 | |
| 2011 | 4 | 0% | 460 | 16.75% | 1157 | 25.35 | 1621 | 22.71% |
| 2012 | 6 | 50% | 489 | 6.30% | 1324 | 14.43% | 1819 | 12.21% |
| 2013 | 9 | 50% | 506 | 3.47% | 1577 | 19.10% | 2092 | 15.00% |
| 2014 | 7 | −22.22% | 499 | −1.38% | 1918 | 21.62% | 2424 | 15.86% |

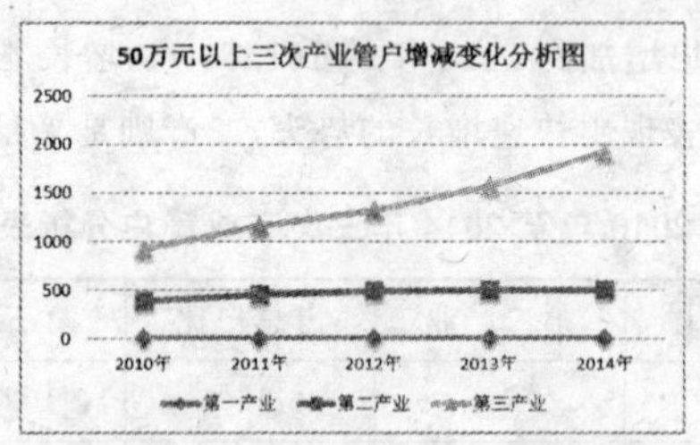


**2010年至2014年纳税额50万元以上三次产业管户分析表**

| 年度 | 第一产业 | 占总户比 | 第二产业 | 占总户比 | 第三产业 | 占总户比 | 总户数 |
|---|---|---|---|---|---|---|---|
| 2010 | 4 | 0.3% | 394 | 29.82% | 923 | 69.87% | 1321 |
| 2011 | 4 | 0.24% | 460 | 28.37% | 1157 | 71.37% | 1621 |
| 2012 | 6 | 0.32% | 489 | 26.88% | 1324 | 72.78% | 1819 |
| 2013 | 9 | 0.43% | 506 | 24.18% | 1577 | 75.38% | 2092 |
| 2014 | 7 | 0.28% | 499 | 20.58% | 1918 | 79.12% | 2424 |

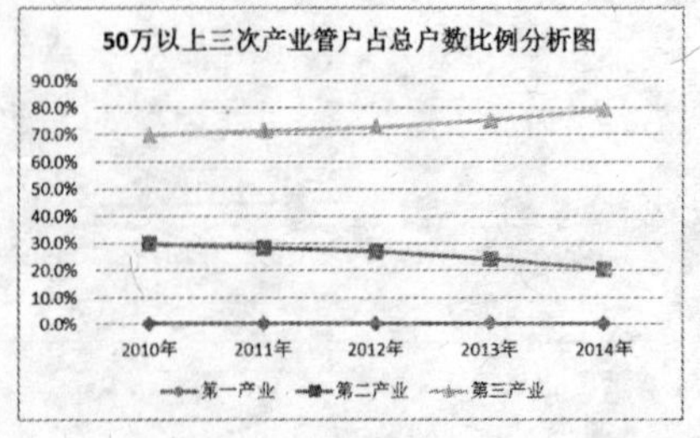

(三)税收收入稳步增长

税收收入由2010年度的153.21亿元,增长到2014年度的267.28亿元,增长74.45%,年均增长14.92%;市县两级收入由2010年28.23亿元增长到2014年的71.6亿元,增长153.63%;年均增长26.15%。三次产业税收总体在增长,但是占总收入的比例:一产基数很小,不显特点;二产2010年至2013年呈现下降趋势,2014年略有回升;三产快速增长。

**三次产业税收收入占总收入分析表**

单位:亿元

| 年度 | 第一产业 | 占总比 | 第二产业 | 占总比 | 第三产业 | 占总比 | 本年累计 |
|---|---|---|---|---|---|---|---|
| 2010 | 0.078 | 0.05% | 81 | 52.86% | 72.13 | 47.07% | 153.21 |
| 2011 | 0.46 | 0.26% | 77.96 | 45.70% | 92.16 | 54.02% | 170.58 |
| 2012 | 1.62 | 0.80% | 85.9 | 42.02% | 114.94 | 56.77% | 202.46 |
| 2013 | 1.49 | 0.69% | 79.19 | 37.09% | 132.79 | 62.20% | 213.47 |
| 2014 | 1.4 | 0.52% | 107.89 | 40.36% | 157.99 | 59.11% | 267.28 |

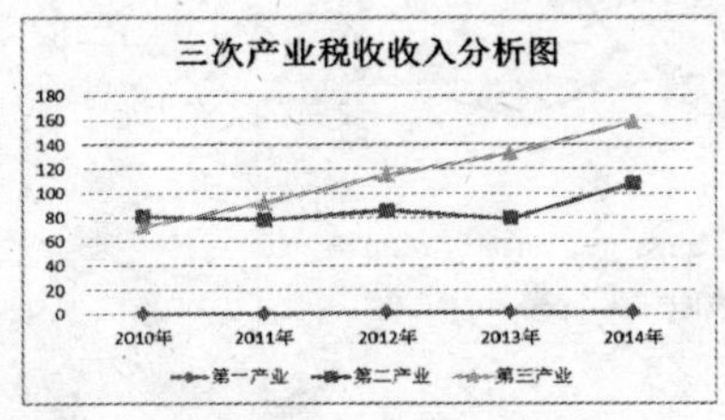


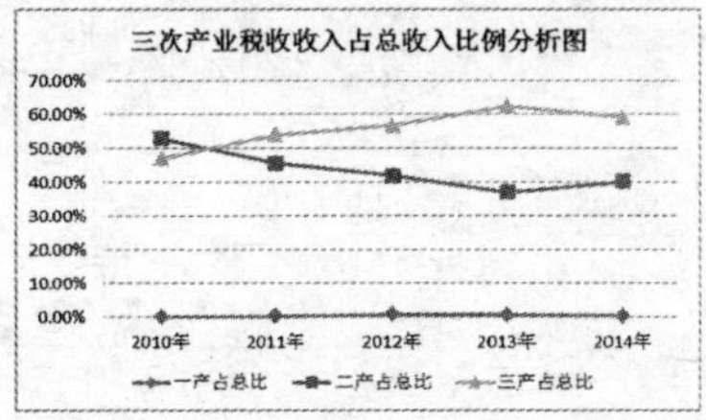


(四)三大税种逐年递增

增值税由2010年的67.62亿元增长到2014年的112.8亿元,增长66.81%,年均增长13.65%;消费税由2010年的43.45亿元增长到2014年的55.66亿元,增长28.10%,年均增长6.39%,但此数无实际意义,是个虚数;我们将2011年至2014年实际入库的消费税相加计算,发现2011年至2014年消费税是减收。所得税由2010年的34.21亿元增长到2014年的82.04亿元,增长139.81%,年均增长24.44%;

**2010年—2014年增值税、消费税、所得税统计表**

单位:亿元

| 年度 | 增值税金额 | 增幅 | 消费税金额 | 增幅 | 所得税金额 | 增幅 |
|---|---|---|---|---|---|---|
| 2010年 | 67.62 | 36.14% | 43.45 | 3.30% | 34.21 | 34.79% |
| 2011年 | 76.89 | 13.70% | 35.66 | −17.92% | 45.86 | 34.05% |
| 2012年 | 83.01 | 7.95% | 42.52 | 19.23% | 64.79 | 41.27% |
| 2013年 | 96.06 | 16.10% | 32.02 | −24.69% | 68.31 | 5.43% |
| 2014年 | 112.8 | 17.68% | 55.66 | 73.82% | 82.04 | 18.29% |

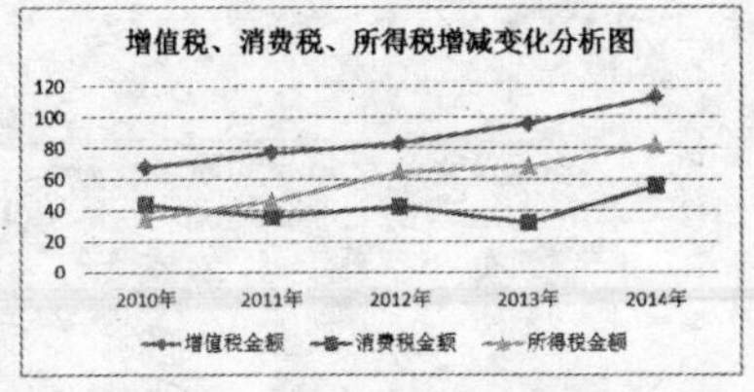


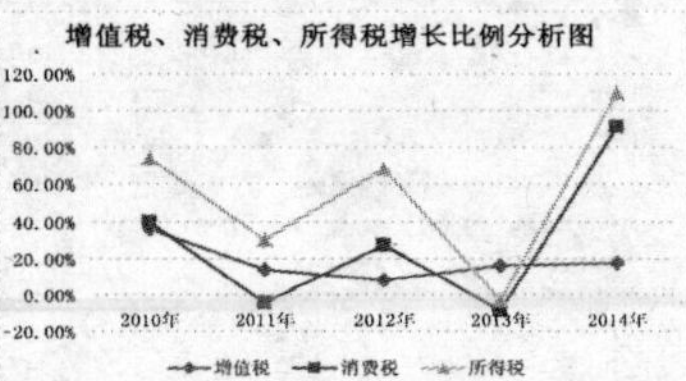

(五)三大税种占总收入的比例变化明显

各税种占总收入的比例变化比较大,增值税、消费税稳中有降,所得税占比稳中有升。

2010 年—2014 年增值税、消费税、所得税与总收入占比统计表

单位:亿元

| 年度 | 增值税金额 | 占比 | 消费税金额 | 占比 | 所得税金额 | 占比 | 三税合计 | 占比 |
|---|---|---|---|---|---|---|---|---|
| 2010 | 67.62 | 44.13% | 43.45 | 28.35% | 34.21 | 22.32% | 145.28 | 94.82% |
| 2011 | 76.89 | 45.07% | 35.66 | 20.90% | 45.86 | 26.88% | 158.41 | 92.87% |
| 2012 | 83.01 | 41.00% | 42.52 | 21.00% | 64.79 | 32.00% | 190.32 | 94.00% |
| 2013 | 96.06 | 44.99% | 32.02 | 14.99% | 68.31 | 31.99% | 196.39 | 91.99% |
| 2014 | 112.8 | 42.20% | 55.66 | 20.82% | 82.04 | 30.69% | 250.5 | 93.72% |

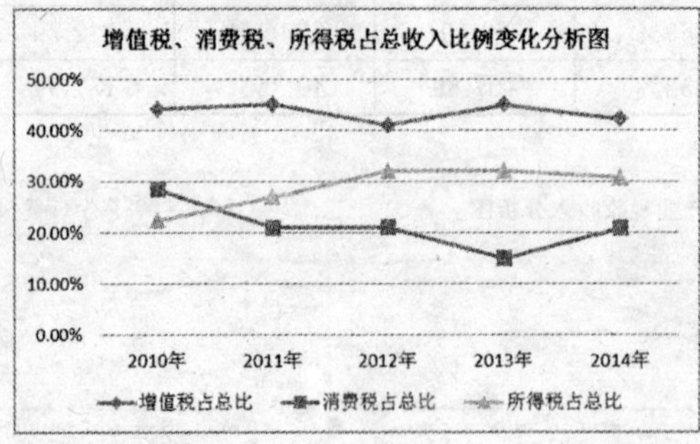


(六)规模以上企业税收收入占据主导地位

乌鲁木齐市 50 万元以上企业占总户数的比例 1.20%—1.50%之间,而税收收入在 83.34%—85.35%之间,占据了很高比重,说明规模以上企业稳步发展,引领乌鲁木齐市国税收入的逐年稳步增长。

2010 年至 2014 年 50 万元以上管户、税收统计表

| 年度 | 总收入(亿元) | 50 万元以上户税收 | 占总比 | 总户数 | 50 万元以上户 | 占总管户比 |
|---|---|---|---|---|---|---|
| 2010 | 153.21 | 129.55 | 84.55% | 109982 | 1321 | 1.20% |
| 2011 | 170.57 | 143.52 | 84.12% | 117538 | 1621 | 1.37% |
| 2012 | 202.46 | 170.09 | 84.01% | 131243 | 1819 | 1.38% |
| 2013 | 213.47 | 177.91 | 83.34% | 141544 | 2092 | 1.47% |
| 2014 | 267.28 | 228.13 | 85.35% | 161550 | 2424 | 1.50% |

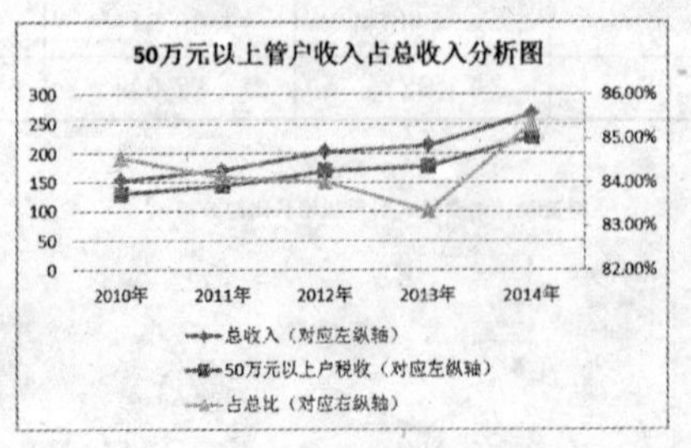


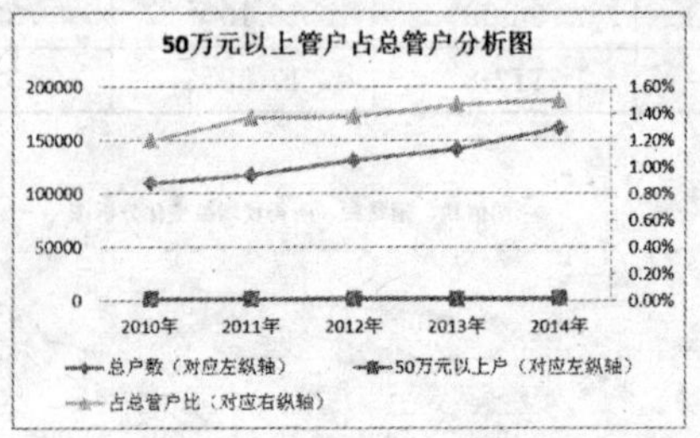

(七)全市GDP、固定资产投资、消费零售总额逐年递增

全市GDP、固定资产投资、消费零售总额分别从2010年的1311亿元、483亿元、563亿元,增加到2014年的2510亿元、1536亿元、1070亿元,增长幅度分别为91.45%、218.01%、90.05%,年均增长幅度分别为22.86%、54.50%、22.51%。经济增长促进了税收的持续增长,但由于受增值税转型及减免税政策影响,税收增幅略低于经济增长。但市县两级收入合计快于经济增长幅度,一是基数小;二是所得税的增加带动市县两级收入增长。

2010年—2014年GDP、固定资产投资、消费零售总额统计表

单位:亿元

| 年度 \ 金额 | GDP | 增幅 | 固定资产投资额 | 增幅 | 消费零售总额 | 增幅 |
|---|---|---|---|---|---|---|
| 2010 | 1311 | 12.20% | 483 | 22% | 563 | 19% |
| 2011 | 1700 | 17.10% | 635 | 27% | 690 | 23% |
| 2012 | 2060 | 17.30% | 1010 | 59% | 834 | 20% |
| 2013 | 2400 | 15% | 1280 | 26.70% | 970 | 16.30% |
| 2014 | 2510 | 10.50% | 1536 | 20% | 1070 | 10.30% |

(八)新型产业税收贡献凸显

近两年来,全市新型产业税收贡献呈现较快增长的趋势,2014年7—12月,卷烟行业实现税收收入10.85亿元,是乌鲁木齐市一个新的行业有了投入产出,也是乌鲁木齐市主要的经济增长点。

## 二、存在的问题与不足

综合来看,乌鲁木齐市工业经济转型升级有些方面仍不够理想,还有较大的发展潜力。

(一)规模以上新型产业还比较单一,传统行业在税收规模上仍然占据主导地位

纳税额1亿元以上的新型产业寥寥无几,向新疆卷烟厂特大型行业,近年来进驻乌鲁木齐市有收入的也仅此一家,收入占总收入比重也很低,为3.81%。而传统行业收入占很大比重,仅乌石化2014年入库税收56.53亿元,占总收入的比例为33.79%。可以看出乌鲁木齐市的区位优势、资源优势、人才优势,经济发展现状,使乌鲁木齐市新型产业有很大的发展空间。

(二)小企业的创税能力较弱

截止2014年底乌鲁木齐市国税注册161550户;纳税额50万元以下管户159126户,占总户数的98.50%,实现税收39.15亿元,占总收入的14.65%。纳税额50万元以上户数2424户,占总户数的1.50%,实现税收228.13亿元,占总收入的85.35%;

(三)乌鲁木齐市就业率逐年下降

根据有关统计分析发现经济在发展,税收在增长,适龄青年就业率在下降。与经济发展、税收增长成

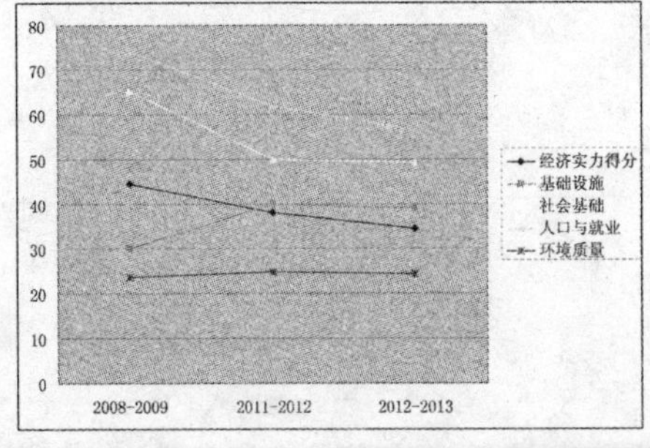


2008——2013年乌鲁木齐基础条件发展能力指标图

反比，反映出乌鲁木齐市适龄青年就业能力的培养、专业人才的培养、自主创业的能力培养还有不足，就业环境的改善有瑕疵，依法保护就业劳动者的合法权益不到位。

## 三、对策建议

（一）发挥供给侧经济结构调整的指导作用

乌鲁木齐市需要抓住新疆经济建设的历史机遇，不断引进具备一定规模新型产业，新的行业，扶持发展龙头企业，加快提升企业核心竞争力。要着力突破核心技术，缓解对外技术的依赖，加快形成自己的品牌。延伸产业链，提升企业产品附加值。落实各类优惠政策，为企业建立服务快车道等便捷举措，促进企业发展，彻底改变乌鲁木齐市支柱产业、支柱行业单一的局面，加快提升城市产业竞争力。

（二）提升就业率

充分利用劳动力，发挥劳动者的聪明才智，体现劳动者的价值，是社会稳定，经济发展的基础。政府宏观上提升劳动者就业能力、自主创业能力的不断提高，制度上提供依法保护劳动者合法权益的平台。在广泛宣传法律的同时，对用人单位和劳动者之间的合法关系，进行督导检查，形成全民懂法、全民用法、依法提高劳动就业率的法制局面。

（三）进一步支持中小企业的发展

乌鲁木齐市中小企户数比较高，但中小企业的发展后劲不足，这就需要继续保持对中小企业扶持。从落实税收优惠，优化场地使用，拓宽融资渠道等方面下功夫，促使小企业发展有动力、有保障、有激情。进一步加强税收管理，堵塞漏洞，营造良好的公平竞争税收环境。

（四）提升专业服务和政府服务的水平

专业服务依靠市场调节，市场有需求，专业服务的团队和水平就会有提高。而政府服务，则需要政府的宏观调控，一方面全方位的提高服务意识；另一方面加强人才储备，提高服务水平。

经济在发展，社会在进步。乌鲁木齐市总体看经济快速稳步发展，但也存在某些方面不足，多方位的深入研究，及时发现问题，快速解决问题，营造良好的发展环境，是社会稳定、经济发展、提升城市竞争力的必然选择。

（作者单位：乌鲁木齐税务学会）

# 从基层税务学会发展路径探析新形势下学会工作振兴之策

范先植　杨书元　韩朝晖

2015年10月,中共中央办公厅、国务院办公厅印发了《行业协会商会与行政机关脱钩总体方案》。《方案》的印发和实施,对基层税务学会如何推进工作或多或少产生了一些影响。那么,究竟如何看待学会工作,在新常态下如何推进学会工作就成为我们亟需澄清和解决的问题。笔者试图以习近平总书记在哲学社会科学座谈会上的讲话为指针,结合基层税务学会的发展路径,就此进行粗浅探析。

## 一、行业协会商会和税务学会的关系

去年,"两办"印发了《行业协会商会与行政机关脱钩总体方案》。其目的是解决当前一些行业协会商会还存在政会不分、管办一体、治理结构不健全、监督管理不到位、创新发展不足、作用发挥不够等问题。由于与税务机关无关,机关内未做系统传达,但有的同志只凭道听途说的一些信息,就产生了某些似是而非的想法和说法。如:学会要脱钩了,上级不重视了等等。

鉴于此,我们认真学习了两办印发的《方案》精神,试图澄清一些概念。一是二者的相同之处。按照规定,税务学会和方案中提出的"行业协会商会"都是社会团体,都是由公民或企事业单位自愿组成、按章程开展活动的社会组织。二是不同之处。二者分属于不同类型:行业协商会属于"行业性社会团体",是指由相同或相近领域的法人组织或个人组成,通过沟通本行业企业和从业者与政府的关系,协调同行业的利益,规范市场行为,提供行业服务,反映会员需求,保护和增进全体成员合法权益的非营利性社会组织。其名称参照《国民经济行业分类》标准设置,一般以行业协会、同业公会命名。税务学会则属于社会科学范畴,是学术性社会团体。具体到邯郸市税务学会,它是由邯郸市国税局实行业务主管、附属于邯郸市社科联指导下的学术研究类社会团体。国家税务总局领导多次在中国税务学会换届会上强调:"税务学会是税务机关不可或缺的组成部分"。"税务学会是税务系统行政工作不可或缺的外脑和智库,是税收工作的补充。"

由此可见,行业协会商会和税务学会是社会团体中并存的两种类型,不是包含与被包含关系。因此,税务学会也就不属于本次方案的实施对象。行业协会商会与行政机关脱钩方案的有些精神和原则是社会组织通行的,但其中五个分离脱钩任务和措施不完全适合税务学会,尤其是人员管理分离规定中行政机关不得推荐安排在职和退休公务员到行业学会和商会任职和兼职,明显不适合税务学会实际。

## 二、税务学会的由来

1985年3月,全国科学技术工作会议召开,随着科技界各种社团组织的产生,全国的社科组织油然而生。税务学会作为联结税务界、理论学术界、工商企业界相关人士的纽带,伴随着税收事业的蓬勃发展脱颖而出,成为研究税收运用理论、推动税收科学研究、开展学术交流的群众性学术团体。我市税务学会于1985年10月成立,以裴家相(时任邯郸市税务局局长)为会长,并组建了办事机构——学会秘书室。

1988年10月7日召开市税务学会第二届会员代表大会，选举产生理事会屠守功（时任邯郸市税务局局长）为会长，学会秘书处设在市局政研室。1989年，由于资产阶级自由化泛滥，对各种社会团体和跨省市跨区域的大型交流活动进行了清理和规范。随后，由于税收体制改革力度加大，如市税务机构与地区税务机构合并，国地税机构分设，领导及机关人员变动频繁等原因，加之两个税务机构，税务学会如何设立未进行明确，因此，第二届理事会没能按期换届，使学会活动受到一定影响。这期间出现一个由热变冷的过程，学会创办初期，各级领导比较重视，学会领导都由在职领导兼任，秘书处设在局政研室，领导得力，机构专一，活动内容丰富。如邯郸市税务学会不仅创办了《学会工作动态》，共编印20多期，第二届理事会还创办了《邯郸税收论文集》，共编印35期，同时积极承办省税务学会在邯郸举行的税收理论研讨会3次，参加全国十大产瓷区举办的税收工作联席会5次，参加晋冀鲁豫毗邻的九个地区税务机关税收工作联谊会8次。

直到国家税务总局决定成立国际税收研究会，河北省国税局与省地税局协商确定：税务学会以国税局为主，国际税收研究会以地税局为主，并对学会领导的人选、会费的收取与管理等都做了明确。根据国务院《社会团体登记条例》的有关规定，按照中央办公厅、国务院办公厅《关于党政领导机关领导不兼任社会团体领导职务的通知》（中办发[1998]17号）及民政部对此文件的解释（民社函[1998]234号）文件规定要求，各市税务学会根据省国、地税协商意见先后进行换届。我市税务学会于2003年10月召开第三届会员大会，选举产生第三届理事会，以范先植（邯郸市国税局调研员）为会长，秘书处设在市局办公室。常务理事会根据省局意见和学会章程，先后制定了《邯郸市税务学会经费管理办法》及《邯郸市税务学会税收调研成果奖励办法》，并创办了会刊《邯郸税苑》，还抽调一名离岗干部专门负责学会日常工作和会刊编辑工作，使学会工作步入正轨。

## 三、税务学会现状

当前的税务学会是第四届理事会，于2010年10月选举产生。第四届理事会组建以来，在市局党组的关心指导下，在省税务学会、市社科联、市民政局的具体指导和市地税局的支持配合下，以党的十八大精神为指导，围绕中心工作，服务税收大局，充分发挥开展学术研究交流，提升基层调研水平、转化调研成果、为部门和领导决策建言的职能作用，不断加强自身建设，学会发展步入了规范化、制度化、科学化轨道。

### （一）学会领导不断加强

现任学会理事会由市县级国税部门领导、市直有关部门领导、企业负责人和有关专家学者组成，实行的是市局办公室、学会秘书处、会刊编辑部“三位一体”的合署办公模式。机构改革前，学会秘书处设在政研室；机构改革后，因政研室与办公室合并，学会秘书处便设在办公室。由于办公室职责逐年增多，人员编制较少，已不能完全承担学会秘书处的职责，为加强学会日常工作处理能力，学会理事会专门聘用一名离岗干部任常务副秘书长，负责学会日常业务工作和会刊编辑工作，会刊编辑部也设在办公室，这样就形成了学会、政研、办刊三位一体的组织结构，既分工又合作，不仅精简了编制，而且实现了工作效率最大化。

### （二）制度管理不断完善

第四届理事会严格按照《社会团体登记管理条例》和民政部门的要求，建立完善了学会章程、学会登记和年审制度以及科研管理制度、科研课题制度、科研成果交流制度、调研工作奖励办法等制度，初步形成了制度化的管理体系。根据学会章程，常务理事会再次修订了《学会经费管理办法》和《学会调研成果奖励办法》，各会员单位按期缴纳会费，由市局财务处设专人专户进行管理，各项开支均按规定权限审批，保证了学会在管理科学、制度规范、工作高效的轨道上运行。

（三）基层调研水平不断提高

学会充分发挥密切联系基层的职能作用，采取多种方式提升调研水平。通过举办培训班、开展以会代训、邀请上级有关部门领导和专家进行专题讲座、购买下发“调研报告写作”丛书，在《邯郸税苑》刊发调研写作知识等途径，激励资料人员不断充电学习。特别是近年税收调研写作骨干短缺，学会针对新进大学生较多，新进办公室文秘岗位人员较多的现状，采取传帮带形式进行一对一辅导，有效提高了基层调研写作人员的能力和水平，为税收调研工作的可持续发展储备了人才。

（四）科研成果大量涌现

21世纪是新理念、新技术大变革的时代，更是税收事业大发展的时代，乘着这股东风，税收科研和学术研究也呈现出了大繁荣的景象。近些年来，我市税务学会和各会员单位，紧密围绕金税三期、纳税评估、风险管理、服务规范、文明创建、国地税合作、服务企业发展、营改增等各种热点、重点和难点问题进行广泛深入的调查研究，撰写了大量有情况、有数据、有分析、有对策的调研成果，并在国家级、省级、市级等不同层次和领域刊发、交流、获得批示。从2010年以来，市税务学会完成“税收风险管理”、“营改增税负问题调研”、“减排治污问题调研”等国家级、省级专项课题成果11项。各会员单位撰写上报调研文章达560多篇，其中在省级以上报刊或会议上采用230多篇，在市级以上报刊或会议上采用380多篇，被国家税务总局、省国税局、省、市政府刊物刊发调研报告、工作成效等300余篇。以税咨政亮点频出，其中获总局领导、省委政府领导批示9篇，省局领导、市委政府领导批示35篇。这些调研成果不仅有效指导了基层工作，发挥了参谋决策作用，也宣传了税收工作，提升了国税形象。

## 四、新形势下推进税务学会工作的构想

以上论述从一个侧面反映了基层学会的发展路经。虽然起伏不定，曲折迂回，但总体上是螺旋式上升。当前在新常态下，尤其是行业协会商会与政府脱钩方案出台后，由于对脱钩政策等规定不甚理解，使学会正常工作不同程度地受到一些影响。如有的学会名存实亡，只有空架子，没有活动，有的甚至找不到人等等，正值徘徊观望之际，迎来了党中央召开的哲学社会科学座谈会，习近平总书记亲自主持会议，并做了重要讲话，繁荣发展社会科学的又一次春风吹遍祖国大地，不仅为社科工作指明了方向，也为社科领域的细胞组织——基层税务学会增加了动力。笔者认为，要改变学会目前存在的消极现象就必须以习近平总书记讲话为指针，结合学会现状和实际从五个方面推进学会工作。

（一）推进学会工作需要各级领导的重视和支持

习近平总书记在讲话中指出，“在新形势下，我国哲学社会科学地位更重要、任务更加繁重”。“构建中国特色社会科学是一个系统工程，是一项极为繁重的任务，要加强顶层设计，统筹各方面的力量协调推进”。并强调“各级党委要把哲学社会科学工作纳入重要的议程，加强政治引导和工作指导”。多年来，邯郸市国税局各级领导高度重视学会工作，在业务指导、人力资源、经费保障、税收科研、评奖激励等方面都给予了极大的支持，使我会整体工作水平得以稳步提升。如果缺少领导的重视和支持，学会工作将寸步难行。

（二）推进学会工作需要切合实际的领导机构

目前不少税务学会面临换届难题，按照民政部门掌握的原则，现职公务员不能兼任学会领导。行业学会商会与政府脱钩方案规定，公务员领导人员只有在退休三年后才能任学会领导。这些要求和规定并不适用于基层税务学会。基层税务学会主要任务是结合税收工作实际与时俱进地搞好税收理论研究，要完成这一任务，基层税务学会领导必须了解现实的税收政策和税收情况，长期脱离税收工作实际，很难主导税收研究工作。基层学会还必须紧紧依靠在职的税务干部和企业负责税收的财务人员中的税收调研骨干。因为只有他们最了解税收，对税收的新情况新问题亲身感受，最有发言权，他们的调研文章才可能

是真知灼见。要调动他们的积极性，只靠退休三年的学会领导是不可能胜任的。因此建议学会会长应由实职领导兼任，副会长由副调研员兼任，这样，学会领导参加局办公会，能够及时了解全局中心工作和急需解决的重要问题，适时组织税收调研工作。基层税务学会重点是研究税收应用理论，不了解当前税收工作实际，就不能做到有的放失、深入细致的研究。

（三）推进学会工作需要精简高效的办事机构

目前基层税务学会办事机构基本上有两种模式：一种是独立办公的办事机构，秘书长、副秘书长、会计都是专职的，只有副秘书长由办公室副主任兼任。它的优势是自成一体，自主开展活动，真正发挥学会的外脑和智库作用。另一种是与办公室合署办公的办事机构，学会秘书处设在办公室，秘书长由办公室主任兼任，有一名副秘书长是专职的，有在职的也有聘任的，但必须是能够胜任秘书处日常工作和会刊编辑工作。它的优势是能够把办公室负责的税收科研与学会的税收调研、学术研究有机结合在一起，共同研究，共同交流，共同评选奖励，邯郸市税务学会就直接延续了这种模式。学会独立是大趋势，但仍必须与办公室搞好协作、配合，不能单打一。有的单位把学会秘书处当成离岗领导的收容所，人员不少，但实际干事的不多。目前两种模式并存，各有优势。只要学会工作能够正常高效运转就是好的工作模式。

（四）推进学会工作需要建立严格的规章制度

税务学会不论采用什么工作模式，都必须建立严格的规章制度，尤其是学会经费使用管理、调研成果的奖励等，必须根据学会章程及上级有关规定制定严格的规章制度，让经费装在笼子里，谁审批谁负责，严格问责追责，严格落实第三方审计和年检制度，确保学会工作科学化、规范化、制度化，真正发挥参谋决策作用。

（五）推进学会工作需要建立良好互动的调研成果转化平台

税收调研成果只有完成转化才能实现其应有价值。有条件的基层税务学会最好能创办一个会刊，以促进调研成果的转化和交流。邯郸市税务学会自 2004 年初创办了会刊——《邯郸税苑》，每年六期，每期 68 页，由最初的黑白印刷到现在的全彩铜板印刷，不断更新完善。内容以调研文章为主，兼容多种题材多文种。多年来，学会以《邯郸税苑》会刊为阵地，立足税收，面向基层，服务经济，发展理论，逐步成为国税系统文化建设的窗口，干部交流的平台，税收宣传的门户，成为广大干部职工不可或缺的工作帮手和精神食粮。

（作者单位：河北省邯郸市税务学会）

# 促进克拉玛依石油石化企业混合所有制发展的财税政策研究

新疆克拉玛依市国家税务局课题组

党的十八届三中全会《中共中央关于全面深化改革若干重大问题的决定》(以下简称《决定》)指出:“国有资本、集体资本、非公有资本等交叉持股、相互融合的混合所有制经济,是基本经济制度的重要实现形式,有利于国有资本放大功能、保值增值、提高竞争力,有利于各种所有制资本取长补短、相互促进、共同发展。”石油石化行业在本轮混合所有制改革中突破藩篱,将混合所有制改革不断向上游延伸,对新疆的地方经济发展产生了深远的影响。近年来,试点企业已初步取得成效,不仅为石油石化企业在疆进一步发展混合所有制提供了经验,而且为税收政策提供了样本。

## 一、克拉玛依市发展混合所有制的背景

(一)克拉玛依市经济结构分析

1、资源丰富、产业完整,是发展石油石化产业的基础。克拉玛依市地处准噶尔盆地西北缘,石油天然气资源占全国已探明储量约5%,而早期建立的石油产业体系日渐成熟。同时,由于地处北疆中心,向西连接中亚地区,在油品运输和进出口贸易中具有较好的地缘优势。现在的克拉玛依已成为新疆乃至全国比较重要的石油石化工业基地。

2、产业结构严重不均衡,石油石化企业是地方经济的主要带动力量。2013年克拉玛依三大产业的比重为0.6:86.6:1.8。第二产业比重远高于全疆平均水平(45.2%);本市国内生产总值达到853.11亿元,其中,工业国内生产总值达到739亿元,占全市国内生产总值的83.89%。特别需要注意的是,石油石化行业国内生产总产值高达694.01亿元,占工业国内总产值的93.91%,占全市国内生产总值的84.35%。可见克拉玛依当地的主要经济为石油化工行业,其他产业发展基本上微乎其微。

3、石油石化产业链分布不均衡,价值转移严重。克拉玛依目前石油石化产业主要集中在原油及天然气的勘探与开采业务和石油化工产品生产业务,处于石油石化行业产业链的上游,而利润最高的化工产品及成品油销售环节则转移至疆外,造成税源转移现象严重。

(二)克拉玛依市财税现状分析

1、现行财税制度导致中央企业对地方财政的利税率不高。依据目前的财税分配体系,石油石化行业企业涉及的主要税种中:仅有增值税为中央地方共享,共享比例为中央75%,地方25%,而消费税和企业所得税财政预算级次全部为中央100%,以2014年为例,克拉玛依一般预算财政收入为80.9亿元,其中,地税收入为60.75亿元,而国税收入形成地方财政收入仅为20.15亿元,仅占当年国税系统总税收收入的9.27%。

2、石油石化行业是克拉玛依的重要税源。2006年至2014年的数据显示,石油加工行业税收占比从2006年的16.74%增加到2013年的60.18%,石油加工行业税收总量占全市企业之首。

(三)克拉玛依发展混合所有制的必要性

通过对克拉玛依当地的经济结构和财税状况的分析,我们可以看出,一方面,克拉玛依长期依托中央

石油石化企业发展的趋势长期不能改变，在调整产业结构过程中，石油石化产业仍是发展石油石化外围产业、旅游业、金融保险业、物流运输业、专业技术服务业等产业的核心产业。另一方面，基于目前的财税分配体制，需要通过混合所有制改革，将中央石油石化企业落户地方，实现企业所得税中央与地方共享，提高中央企业对地方企业的带动作用。可以说，混合所有制改革将是克拉玛依市十三五期间重要的发展契机。

## 二、克拉玛依混合所有制现状

(一)国有企业控股－地方政府资金及地方国有资金参股模式

2012 年央企首先在新疆尝试了落地式改革，由中央企业的中国石油股份公司作为控股方、与地方政府资金和地方国有企业资金的新疆能源集团公司和新疆兵团投资公司合作，投资组建了克拉玛依红山油田有限责任公司，共同开发 100 平方公里合作区石油，合作期限 20 年。该公司设立模式基本被认为是中石油在石油勘探领域混合所有制改革的模板。

从公司的股权结构可以看出，红山油田公司的股权结构是典型的混合所有制企业。根据《关于中国石油天然气股份有限公司合并缴纳企业所得税问题的通知》(国税函[2004]1072 号)的规定，克拉玛依红山油田有限责任公司企业所得税实现中央与地方共享，预算级次由原来的中央 100%变更为现在的中央 60%地方 40%。自成立以来，该公司 2012 年至 2014 年，上缴各项税费 5.72 亿元，其中地方财政收入 1.66 亿元，其中企业所得税对地方的贡献为 0.66 亿元。

(二)国有企业控股－境外资金合作模式

中石油引进新理念，吸引外资注入，与境外合作开发油田设立的 HAFNIUM(新港)有限公司就是由国有企业资金控股、境外资金合作模式的代表。该公司成立以后，增值税根据《国务院关于外商投资企业和外国企业适用增值税、消费税、营业税等税收暂行条例有关问题的通知》(国发[1994]10 号)第三条规定，按 5%计征不得抵扣进项税的税收政策来缴纳；而企业所得税除了享受外商投资企业相关税收优惠外，入库税额实现了中央与地方共享。2008 年至 2014 年底，HAFNIUM 有限公司累计上缴各类税费 20.95 亿元，实现地方财政收入 7.05 亿元，其中：缴纳企业所得税 12.11 亿元，实现地方财政收入 4.84 亿元。

(三)国有资金控股地方企业模式

2009 年，中国石油天然气集团公司对本地银行克拉玛依市商业银行注资，成为该银行主要股东，并且将该银行更名“昆仑银行股份有限公司”，简称“昆仑银行”。该银行是央企资金入注金融行业试点，从而形成了国有资本控股地方企业的混合所有制模式。从中石油控股以来，昆仑银行作为一家西部地区的小型商业银行在得到中央资金支持、列入中石油系统布局后，经营规模逐年扩大，盈利能力得到了大幅提升，地方财政收入也同步提升。自 2009 年至 2014 年的营业税及附加税款共计 4.9 亿元，企业所得税税款共计 17.93 亿元。六年间，昆仑银行税款收入对地方财政收入的贡献为 12.10 亿元。

(四)出让股权改组国有企业分公司模式

2015 年，中石油股份有限公司克拉玛依分公司(以下简称：克石化分公司)正式开始混合所有制改革，2015 年 4 月成立中石油克拉玛依市石化有限责任公司(以下简称：克石化有限责任公司)。中石油天然气股份公司以克拉玛依石化分公司全部业务相关资产、负债和人员投资，持有股份 99%；新疆投资集团以现金 0.438 亿元出资，持有股份 1%。合营期限 20 年。新成立的中石油克拉玛依石化有限责任公司适应增值税政策不变，企业所得税变为居民纳税人，企业所得税由原来按照应纳税所得额的 50%在本地预缴入库转变为 100%入库本地，预算级次由中央 100%改变为中央 60%地方 40%共享。该公司注册后，2015 年 7 月 1 日开始企业所得税入库 2.93 亿元，增加地方财政收入 1.17 亿元。

## 三、克拉玛依混合所有制存在的问题

(一)发展混合所有制的目标不明确,涉及行业面太窄

在目前财税分配体制下,地方政府为了地方财政能参与分配、中央企业为完成政治目标,这些原因造成在发展混合所制过程中,混合所有制企业仅仅是实现了形式上的混合,即通过地方政府向企业注入少量资金,改变企业资金形式,借混合所有制改革改变财政收入分配的格局。没有改变对企业的垄断经营和利润分配的监督方式,现代企业制度的监督和激励作用没有体现,并未从根本上提高资源配置的效率。另一方面,由于石油资源的稀缺性和资源垄断权并未发生改变,目前能形成有效的混合所有制企业涉及面太窄,没有充分调动私营企业资金和个人资金参与。导致目前混合所有制发展仅限于中央资金和地方国有资金为争取财政分配而进行的形式上的混合。

(二)现行财税政策的公平性有待商榷

1994 年分税制之后,中央财政和地方财政在收入方面基本保持了各 50%的比重,但长期以来地方政府承担了更多的事权,中央财政支出与地方财政支出基本呈现 2:8 的划分,进而导致了地方财政的收支不平衡。目前克拉玛依的石油石化企业处于上游生产链条,这些企业随着中石油股份公司的内部注册地点变化,导致了税收从产业链的上游向中下游转移,从西部不发达地区向经济发达地区转移,现各地争夺税源的现象。

(三)区块经营带来的税收问题不容小觑

石油及天然气等矿产资源本身的特点,导致采矿权范围及开采地与行政区域不一致,开采企业按照区块组织生产活动符合实际情况。依据《油气田企业增值税管理办法》(财税[2009]8 号)和《油气田企业增值税问题的补充通知》(财税[2009]97 号)的规定,解决了跨省、自治区、直辖市开采石油、天然气的油气田企业增值税的划分问题。随着混合所有制改革的深入,参与混合所有制改革的油气田企业的企业所得税也应将面临税款划分的问题,这一问题如果没有得到有效解决,不仅会引起地方政府之间因税源问题产生的摩擦,而且会给企业的涉税事宜办理产生不必要的麻烦。

(四)"在疆未注册"企业税收征管问题需要进一步明确

依据《油气田企业增值税问题的补充通知》(财税[2009]97 号)的规定,"新疆以外地区在新疆未设立分(子)公司的油气田企业,在新疆提供的生产性劳务应按收入的 5%在劳务发生地预交增值税"。但是由于参与新疆油气田企业生产性劳务的企业多,且以生产小队的形式存在,财务核算能力弱,人员流动性大,作业面积广阔,多采用直接结算的方式,因此新疆国税难以掌握其提供生产性劳务的工作量,进而预征税款的征收存在困难。站着全疆的角度来看,仍存在很多油气开发企业尚未在新疆注册的情况,从而难以保证新疆的税源监控,进而容易导致税源流失。随着石油石化企业在疆产业链的逐步深入,"在疆未注册"企业的税收征管问题将成为石油石化行业混合所有制改革的税收征管的重要方面,如果无法得到有效的解决,则税收征管的基础将被侵蚀。

## 四、推动克拉玛依发展混合所有制的建议

(一)国家针对混合所有制经济发展出台统一财税政策

混合所有制的改革需要多部门共同配合,国家应加强顶层设计,打破行业垄断,提高资源配置的效率,发挥财税政策的宏观调控作用,充分将党的十八届三中全全《中共中面关于全面深化改革若干重大问题的决定》落到实处。首先,建立统一的预算分配体系。在推进公平科学的财税改革中,应当不断理顺中央和地方的财税关系,改变目前依据所有制形式区分企业所得税预算分配方式的不合理局面。其次,放宽混合所有制企业行业,让央企逐步退出低端市场,优先让位地方参与运营。最后,央企应为资源地的政

府、居民开放,并提供一定的股权份额,以混合所制的形式共同享有自然资源因发展所带来的地方财政收入和个人收入。

(二)完善油气田企业税收政策

一方面考虑到油气田企业跨区域经营的特殊性,建议将油气田企业的企业所得税参考油气田企业增值税和汇总纳税企业所得税的规定,由总机构统一核算,然后按照产量或其他指标作为分税依据,统一汇算分别入库。另一方面加快资源税改革,为保证资源不被过度开发,石油石化行业需要在一定时期保证国有控股的现状,那么稀缺不能再生资源产生的垄断利润应当以资源税的形式上缴,可以在一定程度上提高对垄断行业的监控。

(三)共同解决混合所有制注册地问题是稳步之策

石油石化企业的特点导致经营地与企业核算地不一致,跨区域经营的现象很常见。特别是,在疆未注册的油气开发企业在疆从事生产经营活动。为了保证税源稳定、同时减少企业办理涉税事项的不便。建议采用经营地作为注册地的方式进行税务登记和税源管理。从税收征管角度,可以借鉴红山油田的模式,采用区块落地的模式,即以油田区块所在地作为注册地。

(四)丰富混合所有制改革形式是促进混合所有制稳定发发展的基础

混合所有制改革可以因地制宜,采取多种形式推进混合所有制改革,在考虑央企落地引入资金的同时,可以利用中石油的资源优势,通过向具有石油石化生产基础的地方企业提供技术或原料的形式参股,延伸石油产业链,支持地方经济发展。

(五)加快征管模式改革是主动适应变革的重要手段

提高税务机关参与企业的混合所有制改革的参与度。随着混合所有制改革的深入,涉及到资产划拨、非货币性资产投资、资产评估、企业重组、债务重组等行为的税收业务问题日渐显现,税务机关应当将纳税辅导工作做到前面,与第三方共同帮助企业应对税收风险,帮助改革平稳过渡。

课题组成员:徐立光　刘全惠　苗玉东　牛星河
刘　力　丁丽芳　柳爱霞

# 发挥知识管理"互联网+"特性助推税收管理创新的思考与实践

胡融冰

知识管理作为一种将知识视为资源的管理思想和方法体系，能使组织中的每位成员都快速便捷地获取、共享和使用组织中的知识，推动知识的传播和创新，为组织提升绩效和个人发展提供了高效途径。随着国家"互联网+"发展战略的推进，可以充分发挥知识管理的"跨界"、"整合"、"个性化"和"平台"等"互联网+"特性，为解决当前税收管理创新难题提供一些思路和方法。

## 一、知识管理的概念

(一)知识管理的基本定义

知识是通过学习、实践或探索所获得的认识、判断或技能，是建立在大量数据、事实基础上的经验总结。知识按表现形式可分为显性知识(能够以文字、符号、图形等方式表达的知识)和隐性知识(存在于人的头脑中而难以用文字等表达的知识)。知识管理是对知识的挖掘、归集、分享、应用过程进行规划和管理的活动。

(二)知识管理的主要内容

知识管理主要包括:知识挖掘、知识归集、知识分享、知识应用四大环节。知识挖掘就是将组织内人员头脑中的隐性知识，经过归纳、总结、提炼等相关的挖掘手段使此类知识显性化。知识归集，就是将散落在个人和组织内外的各种资料和文档等显性知识，将其分类归集并加以存储，方便应用与分享。知识应用，就是个人通过学习显性知识(如岗位工作要求、经验总结、案例分析等)并通过自己的体会而掌握成为自己新的隐性知识，运用到工作中。知识分享，主要是通过交流、研讨、师传徒受等方式实现个人之间隐性知识的传递与增长。

在组织不断进行知识挖掘、归集、应用和分享的过程中，组织中每个人可以方便、快捷地查找需要的知识、经验以及进行交流，达到可以快速运用的目的。同时，随着员工将挖掘和归集的知识应用到工作中，由此迅速地拓宽、延伸和重建自己的知识系统，从而促进知识的再次分享，达到不断的创新。

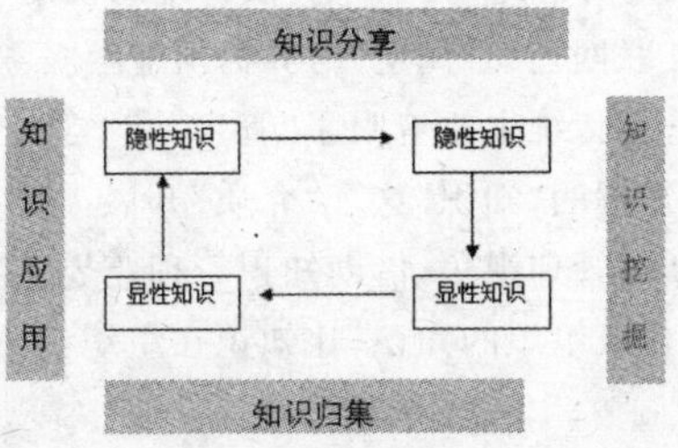


## 二、知识管理"互联网+"特性可解决当前税收管理的问题

(一)当前税收管理中值得关注的问题

1、工作绩效方面，工作如何更高效高质完成。近年来从税务总局到基层单位，大力推行绩效管理，促进了各方面工作的落实。但是大量的税收政策、工作依据、指引等随着税收发展的要求不断更新，广大税务干部急需在工作中迅速查找和使用最新的、最准确的工作依据、规范来保证执法规范和工作质量，也急需他人和前辈的工作经验来提高工作绩效。有没有一种方法可以帮助干部快速掌握或找到相关的知识，提高工作质效，减少执法风险？

2、纳税服务方面，规范如何更快速同步维护。随着征管、纳税服务规范要求的不断优化更新，为保证纳税人和税务工作人员都能及时查询和使用最新和最准确的税收工作规范要求。各业务部门分别承担着大量对内部指引、外部指引，外部门户网站，12366问答库等进行多方维护的繁重任务。有没有一种技术，可以实现同步管理各税务事项的对内、对外规范，保证纳税人获取的信息与税务机关同步和对称？

3、干部素质方面，学习如何更及时和个性化。多年来税务部门通过大规模、点面结合的教育培训、全员岗位练兵和业务能手选拔竞赛等多种方式提升干部综合素质和业务技能。教育培训的深度和广度往往还是不能及时满足岗位和业务的不断变化和干部学习的个性化需求。要在全系统中做到各工作岗位培训的及时、培训内容的深入和覆盖人员的全面，将使培训组织和管理工作所投入的人力、物力和时间等成本大大提高。有没有一种投入较少、效率较高的方式来提高干部培训和学习的及时性和针对性？

4、人才培养方面，方式如何更灵活多样。税务部门近年来大力加强人才队伍建设，以领军人才为龙头，着力打造了分级分类的专业人才库，培养了各类优秀人才。各级税务部门也不断健全选人、用人机制，发现和选拔各类骨干和人才。在这些机制基础上，还有没有更灵活和丰富的形式，让拥有真才实干、又乐于分享的骨干和人才得到大家的认可，为组织发现人才提供更丰富的途径，能让人才充分展现才能，将自己的经验让更多的人分享呢？

5、税务文化方面，载体如何更丰富充实。税务系统目前正在努力构建具有鲜明时代特征、浓郁税务特色和丰富实践内涵的税务文化体系。从精神、制度、行为、物态各个层面，用先进文化凝心聚力，引导和激发税务干部开拓进取、扎实工作。还有没有更丰富的载体，在精神文化层面，推动“分享”、“创新”、“和谐”等积极向上的精神和理念落地，在制度、行为文化层面，让干部在工作中能时刻按照制定的制度执行、对照，从而铭记于心，逐步转化为行动的自觉呢？

（二）知识管理的“互联网＋”特性分析

对于税务部门来说，工作专业性、技能性强，涉及知识面广，人才济济。各个岗位涉及的知识，每个干部掌握的工作技能，各项工作的经验材料，都是宝贵的知识资源。我们可以利用知识管理这种管理模式，发挥其“互联网＋”特性，使每位税务干部都能够便捷地获取、使用和分享组织和个人的知识，从而解决在提升工作绩效，纳税服务、教育培训、人才培养等多方面所关注的问题。

1、管理域的“跨界”。互联网的跨界思维，是敢于突破传统的视角和观念，直接从用户需求、发展优势等扁平化的角度进行创新。例如互联网公司“淘宝”跨界提供金融服务，不做手机的“小米”公司卖手机等等的成功案例。我们税务部门的管理传统主要着眼于“管事”和“管人”两大方面。但如果我们换一个角度思考，其实每位干部都是借助所掌握的“知识”这个“介质”开展工作，“知识”是当今社会生产力的重要资源和资产。我们可以开辟一个新的管理视角，借助知识管理跨界从“管人管事”聚焦到“管知识”，让组织留下个人的知识，让个人知识转化成组织的知识，让知识在组织内方便、高效地进行分享，从而使一些老大难问题得到化解。

2、大数据的整合。“互联网＋”的一个显著特点是善于使用大数据、云计算等思维和管理模式，发掘信息的价值、用户的反映和需求。我们税务系统至今积累了相当的知识资源，一些单位、部门也不断对知识进行了零散整理，例如各级税务机关建立的各类法规、规程库、12366知识库等等，都显现了大数据整合的雏形，但系统管理的思维不够，整合的层次不高。对于法律法规、操作指引、手册等显性知识，各层单位、各部门都有整合，但是比较分散，或者是范围不大，查询和搜索不方便；对于一些典型案例的分析、经验技巧等隐性知识，整合力度不够，许多单位业务骨干和人才的知识经验没有及时和充分地转化成岗位、组织的知识经验，导致了系统内其他人员的重复劳动。我们可以借助知识管理，通过将税收系统海量的显性和隐性知识进行大数据管理，进行整合、将这些极具价值的知识通过统一方式进行整合、管理、发布和共享，使每个单位了解干部目前急需怎样的知识，哪些人才和部门可以提供这些知识，每个税务干部都可以借助统一的知识资源迅速提升工作绩效。

3、个性化的满足。互联网思维中大家感受最深的是对用户个性化的响应和满足。许多互联网产品都能做大限度地响应用户的个性化需求，提升用户的使用满意度。我们可以搭建一个知识管理的平台，将各类各级的税务知识分门别类梳理好，还可以按照不同税收业务、涉税事项、部门、知识类型等等进行排列组合，形成各类知识的培训学习“套餐”和“自助餐”，方便干部进行灵活的组合查询和开展个性化的学习培训。

4、自媒体的平台。互联网企业例如淘宝，仅为各类商家提供一个销售和管理的平台，本身不卖产品。微信的朋友圈，也是提供一个分享资讯、心得的载体而已，大家亦师亦友，利用平台方便、快捷地提供和分享丰富的内容，从而达到朋友之间互相学习、交流、娱乐的目的。我们可以借助知识管理，搭建一个知识分享平台，除了将组织的知识提供进行学习分享，同时也可以汇聚百万税务大军的集体智慧，在平台上进行知识的传授、交流和分享。大家可以借助知识管理平台，提交自己的工作方法、经验和心得。培训和学习的内容来自每位干部，每位税务干部既是学员也是老师。目前税务系统的技术应用水平和金税三期的建设也为搭建知识分享平台提供了必要的技术支撑。

（三）知识管理对解决当前税收管理难题的作用

1、利于传承优良经验，提高工作绩效。通过知识收集，将零散的知识汇集为系统管理的组织级知识库，帮助税务干部在工作中、学习中高效地查找、使用各类知识，不再需要像以前一样花费很大精力和时间去查书本、找文件、问师傅或请教同事，大大提高了工作效率。同时，个人的知识通过归集的环节，不断积累成为组织的知识，减缓了因干部交流换岗导致的工作经验流失，岗位工作的效率和质量不会因为人员离开受到较大影响。通过知识应用，为干部提供了统一、有效和准确的工作依据、工作规程和操作要求，成为规范执法的管理抓手，保证工作质量的一致性，在工作依据引用和工作规程操作方面最大限度减少执法风险的产生。通过知识分享和挖掘，将相关案例和工作经验提供给税务人员参考，对业务工作有更加全面和系统地了解，帮助税务人员借鉴经验、拓展思维。

2、利于工作规范同步维护，提升纳服水平。利用知识管理平台，对纳税服务规范、征管工作规范等各级面向内部税务人员的知识以及面向外部纳税人的相关涉税事项的办税指南，实现了统一的管理和维护。在金税三期上线、纳服工作规范升级和征管规范发布等工作量繁重的情况下，能按时按质完成规范和指引的更新，税务干部可以在上线前及时在知识管理平台上学习最新工作指引，在工作中快速、便捷地利用知识管理系统查找和使用相关的工作指引。同时，面向纳税人的最新办税指南也可以及时推送到外门户网站相应的办税模块，方便纳税人及时了解和掌握办税的最新情况，保证征纳双方信息对称和同步，有效提升了纳税服务水平。

3、利于拓宽学习途径，提升干部素质。实施知识管理，对有价值的知识资源进行积累，提供给大家应用和分享，拓宽了干部提升素质的培训和学习途径。知识管理在教育培训的基础上大大提高干部学习的个性化需求和便利性，是对常规培训和自我学习的有力补充。对于组织，知识管理和培训相比，传授知识过程的投入较小：各部门积累的知识、经验可以重复提供，不用一而再、再而三地针对这些内容重复培训换岗人员；而且通过知识管理所传递的知识质量比培训获得的更加统一、标准。不会因培训者水平和培训环境等因素受到影响。对于个人，知识管理和培训相比，学习更具个性化：知识可以按照业务、事项、部门等多种角度进行个性化的排列组合，使真正个性化的岗位知识学习得到实现。运用更具便捷化：工作依据性的知识可以直接运用，经验、技巧类的参考性知识，或经少量改动之后就可以马上运用到工作中去。

(四)利于加强人才培养，发展专业人才

在激励人才方面，每一个贡献知识的干部也是知识的掌握者，知识管理在储存知识的同时，也储存了知识贡献者的信息。贡献知识的干部通过知识的交流、分享和评价平台贡献知识的同时，逐步建立起"专家"品牌，得到大家认可，使自身价值得到体现，精神得到激励。在发现人才方面，人事部门根据知识管理中涌现出来的知识贡献度高、知识理解透彻的人择优推荐，选拔进入"专业人才库"，进而为组织发现人才、选拔人才提供了新渠道。在使用人才方面，人事部门通过赋予人才库人员、业务专家骨干进行知识分享的职责，安排他们将自身在工作中的业务经验及时总结，向身边的同时进行分享，促进大家沟通学习先进的工作方法和技巧，共同提高业务水平。

(五)利于建设学习型组织，促进文化建设

知识管理和文化建设的关系相当密切，一方面，税务文化是决定知识管理能否可持续发展的关键，反过来知识管理也促进良好税务文化的形成。知识管理成为税务文化建设的一个具体落实的抓手，是促进文化管理、打造和谐团队的重要载体。在制度文化层面，通过知识管理一系列对各类规章制度的维护、管理和使用的要求，让广大干部在工作中通过知识管理平台非常方便地查找、了解和使用最新的制度要求，促进制度文化的落实、便利干部自觉规范行为。在精神文化层面，通过知识管理促进"学习、分享、合作、创新"等先进向上的文化理念的落地，干部在主动学习、积极分享的氛围影响下，将知识分享、团队合作视为理所当然的事情，逐步形成鼓励分享的文化、鼓励学习的文化、促进合作的文化、促进创新的文化，从而为税收事业现代化的发展提供强大动力。

## 三、广州国税推进知识管理的实践

广州国税引入知识管理这种创新模式，作为促进税收工作的一种新途径，通过"构建一个管理体系、打造一个信息化平台、完善一个运维机制"，有效激发出知识管理的强大活力。

(一)构建"一个管理体系"

知识管理体系由中心的核心层、中间的运作层和外围的支撑层三个部分组成。

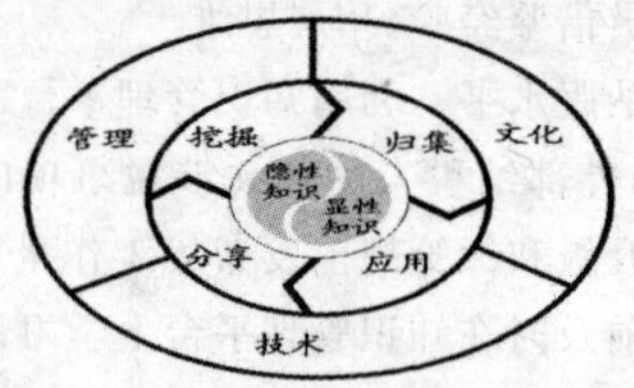


1、确定知识管理的核心对象。中心的核心层明确了在税务系统内，税务知识是知识管理的核心对象。广州国税开展知识管理的首要工作就是依据税务系统的业务属性和特点，在大量数据、信息、资讯等基础上，将提炼、归纳出来的行动指南和经验总结纳入管理的范畴。一方面，将涉及税收业务法律依据、工作规程和操作指引等方面的显性知识纳入管理；另一方面，将存在于个人头脑里，未经整理还无法与其他人共享的工作技巧、经验、分析和体会等隐性知识一并纳入管理。

2、确立知识管理的运行模式。中间的运作层，主要设计了知识归集、知识应用、知识分享和知识挖掘四个环节，实现对税务知识的全生命周期管理。通过知识归集环节将散落在各个部门、各种岗位、各类文件、各信息系统中的法规依据、工作规程、操作指引等显性的知识进行系统性归集、分类和储存，实现显性知识从个人、部门到组织的集中；通过知识应用环节将系统归集的显性知识方便、快捷地提供给税务人员查询、学习和应用，从而提升个人能力和工作质效；通过知识分享环节促进干部之间、团队之间和单位之间将经验、心得类的隐性知识进行分享和传递，实现组织内部知识的快速传播；通过知识挖掘环节将隐性知识进行总结、归纳，形成文字，变成新的显性知识，再次进行新一轮的归集和储存。通过四大环节的管理，推动知识在组织和成员之间的积累发展和创新，实现螺旋形的上升发展。在这个循环过程中，人和组织可以共同成长。

3、明确知识管理的发展保障。外围的支撑层，主要通过“技术＋管理＋文化”的组合模式，推动知识管理的循环实现螺旋式上升发展。强大的技术支撑为知识管理搭建了高效的管理平台，为组织和税务干部归集知识、应用知识、分享知识和挖掘知识的全过程、全方位提供信息化、智能化的支撑。科学的管理支撑为知识管理提供了机制的保障，通过建立管理制度规范对知识的界定、分类、发布、维护等标准、要求和流程，通过组建管理团队，保障知识维护的人力资源和长效运行。长效的文化引领为知识管理拓展了应用的外延，通过知识管理使广大税务人员乐于参与知识管理，乐于分享知识，使其成为推动税务文化的动力源泉，进而使知识管理成为税务文化的有机组成。

（二）打造“一个信息化平台”

由于税务知识内容丰富，管理要求高，应用范围广，仅依靠传统管理手段难以支撑，广州国税借助信息技术通过设计和应用知识管理系统，全面支撑知识管理的应用与实践。

1、知识管理系统的主要架构。广州国税知识管理系统为了实现与金税三期系统的无缝衔接，总体架构设计和技术规范均按照金税三期的标准涉及开发，并通过外部接口为金税三期其他业务系统提供实时的知识支持服务。

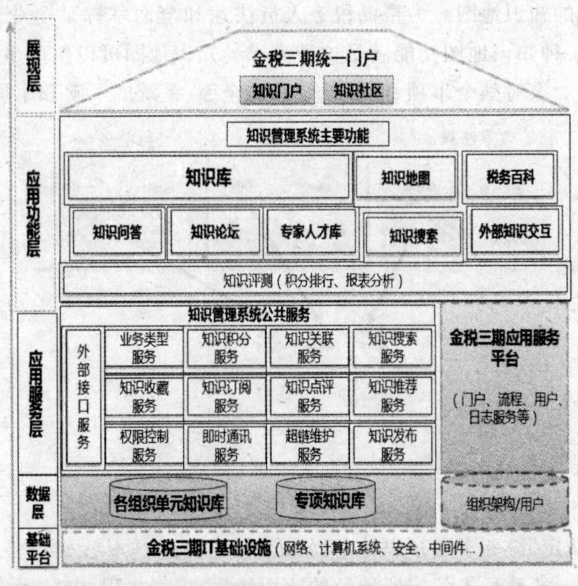


知识管理系统由五个层次组成，分别是基础平台层、数据平台层、应用服务层、应用功能层和应用展现层。基础平台层主要是充分利用金税三期的IT基础设施，为知识管理系统正常运行提供基础和保证。数据平台层主要用于存储知识管理系统的数据，构建税务知识库。应用服务层将知识管理应用功能中的共性功能抽取出来形成应用服务，为金税三期各业务系统提供外部接口服务，如知识搜索、知识收藏、知识接口等，为业务系统提供基础服务。应用功能层主要是提供各类知识管理应用功能，实现各种类型知

识的统一管理，满足不同用户的需求。应用展示层通过门户技术为业务人员提供界面的展现集成，提供统一的业务人员入口。

2、知识管理系统的主要功能。

(1)分级分类的知识库。广州国税根据日常税务工作的内容和习惯，将现行有效的各级各类涉税知识归集入知识库，并按照税收业务、税务部门、知识类型、税种四个维度分类，按照总局、省局、市局和区局四个层级分级。业务类型维度体现知识的业务特征，部门类型维度反映知识的管理部门，知识类型维度体现知识的用途，税种维度主要体现知识涉及的税种。构建好分类的知识库使各级税务机关可以在基本统一的分类体系框架下对知识按照各种维度进行归集。分类见下图。

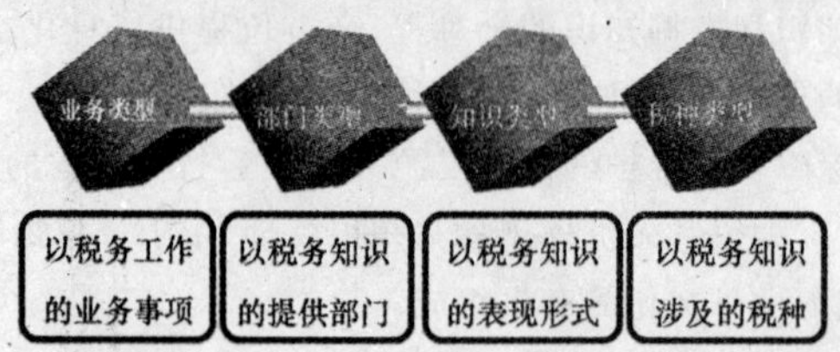


知识库的建立，使税务干部可以按照统一的分类规则，通过不同的维度进行自由组合查询，从而快速定位、找到某类需要的知识。分类查询既可以覆盖知识面，也可以定位知识点、方便对某类知识进行系统性学习和研究。例如，通过设置查询条件可以一次性查出总局、省局到市局的税源专业化管理业务的工作依据、工作参考或是案例分析等所有知识。而不需要再去一一查找散落在各份文件、各类书本、或是各类文件库中的知识。

(2)快速、准确、全面的知识地图。为帮助税务人员快速和全面掌握某个业务或事项的知识，在知识管理系统中专门设计了一种知识地图功能满足这种需求。知识地图可以按照事项、专题等主线将所有相关的知识串联起来，方便大家对某个事项、业务或专题的全面、系统的了解和掌握。

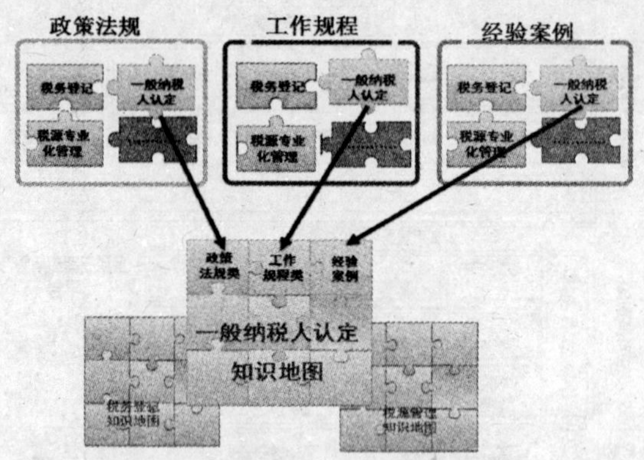


例如，“一般纳税人认定”税务事项知识地图，就是以一般纳税人认定这一事项为路径，将与该事项相关的知识串联起来，包括一般纳税人认定所涉及的适用依据、工作规程、电脑操作指引、表证单书、分析调研报告、最佳实践、问题答疑、涉税经济知识、税务百科、知识专家等各类显性和隐性知识，

(3)解释标准权威的税务百科词条。知识管理系统设计了税务百科，为广大税务干部提供一个税务知识词典，对涉及税务名词和指标进行描述和解释。税务百科以词条的形式管理和展现，和互联网上的百度百科、维基百科等类似。为提高干部甄别解释的有效性和准确性的效率，税务百科分为权威性和参考性，权威性税务百科依据国家税务总局政策和规定文件制定，用于作为工作的依据。参考性税务百科

依据税务干部依据自身税收工作知识和实践经验制定,用于分享各级组织对税收业务工作的理解和经验。

税务百科导览图

(4)功能强大的信息交互平台。知识管理系统设置了知识测评、知识论坛以及外部传输等功能。组织既可以通过知识测评功能发现某个时期的热点问题,掌握干部关注的业务动向,又可以通过知识论坛、知识问答发现人才。经验丰富的业务骨干可以通过知识问答、知识论坛分享自己的工作经验和心得,帮助其他人共同提高工作水平。纳税人也可以通过外门户,及时查询到从知识管理系统传送的最新办税业务指引,提高了纳税服务的效率。

**知识管理系统主要功能一览表**

| 序号 | 主要功能 | 功能描述 |
|---|---|---|
| 1 | 知识库管理 | 实现税务知识的多维度管理和全生命周期管理,包括税务知识的提交、审核、储存、发布,知识的查询、点评、推荐、收藏、维护等应用。 |
| 2 | 知识地图 | 将税务知识以工作事项地图索引的方式呈现,满足某类税务人员快速查找某个工作事项所涉及的相关知识,包括税收业务事项知识地图、岗位知识地图、初任公务员知识地图等。 |
| 3 | 税务百科 | 汇聚百万税务人员的智慧共同建立和维护涵盖所有税务知识领域的百科全书。 |
| 4 | 知识论坛 | 税务人员友好、方便、自由的交流知识和经验的公共平台。 |
| 5 | 知识评测 | 实现按个人、组织、知识的应用情况统计分析,为知识管理推广及考核提供数据依据。 |
| 6 | 外部知识传输 | 利用信息交换平台将内部知识向外发布,为纳税人提供最及时的办税指引等。 |

(三)完善"一套运维机制"

为促使知识管理成为一种长期持续的管理方式和管理行为,广州国税建立了一套管理有序的维护机制需要构建完善的管理体系予以保障。包括了管理团队的配置和管理规范的确定等内容。

1、设置了分工明确的管理团队。为将知识管理作为一种长期和持续性的机制体系融入到各项具体的业务工作中,广州国税建立了跨部门的管理机构。在设置上与现有组织结构良好匹配,实现知识管理在组织内的平稳展开。领导小组,由市局领导和部门负责人组成,从总体上把握知识管理的战略发展方向,对知识管理相关的活动开展、系统建设等重大问题进行决策。推进小组,由关键部门的骨干组成,贯彻和执行知识管理领导小组的相关决策,按照部署,负责推进和协调知识管理工作,监督和审查知识管理进展情况,以及持续改进。维护小组,由各个部门的人员负责知识管理的日常管理和具体业务,包括采集、分类、审核和维护等工作。技术小组,负责知识管理系统的技术实现和系统维护。组织机构设置的具体情况。管理团队架构见下图。

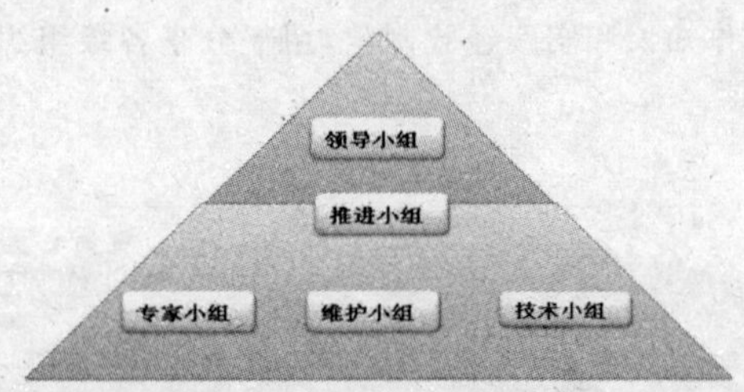


2、建立了科学规范的管理制度。广州国税制定《广州市国家税务局知识管理办法》《广州市国家税务局知识管理运维办法》，列示了与知识管理四大环节有对应关系的税务知识的分类、采集、审核、储存、发布、应用、分享、维护的管理活动，作为知识管理日常的管理行为准则，用以规范工作人员在日常工作中的知识管理行为，对这些活动进行规范将保证知识管理应用能够长效运行。

3、推进知识分享挖掘机制。主要是通过建立知识总结机制、项目带头人制和导师制等知识分享和挖掘机制，促进隐性知识的显性化。

(1)基于经验积累的知识总结机制。知识总结机制是广州国税知识管理融入具体工作的隐性知识转化机制。主要是结合征管重大项目工作、稽查标准化和四大环节工作情况，制定隐性知识总结模板、流程和评价标准。在每项重大工作完成后，将工作情况、遇到的问题、解决的措施，取得的成效以及有待解决的问题和建议，进行填写、审核后，按照所属业务工作和部门等分类采集进入知识管理平台。推行“未总结、未完成”的标准，以知识总结的提交作为该工作项目(专项检查、专案)完成的最后环节。纳入知识库的项目总结案例，作为同类型工作的参考，为后续工作人员和其他从事相关工作的人员提供经验借鉴。

(2)基于团队合作的项目带头人制。项目带头人制是广州国税知识管理融入团队建设的分享机制。在稽查工作中，由稽查部门确定专门团队负责某项案件的稽查，由经验丰富的业务骨干专家作为项目带头人，项目开始时，由带头人负责将工作方式、方法和工作要点进行讲解和布置，相当于传授隐性经验。在项目过程中，项目团队进行阶段性小结，成员提出工作中遇到的问题、项目带头人根据工作经验和思路进行分析，团队一起进行交流分享，研究解决方案。项目工作完成后，团队成员一起进行工作总结，将项目工作中的方式方法、遇到的问题，解决的方案、存在的问题等情况形成模板式的项目总结，形成文档和报告，向部门提交进入知识库。当其他人员在经历相同情况时，可以在知识库中查阅，进行参考和借鉴，并根据情况进行修正和完善。

(3)基于培养新人的导师制。为了有效将知识进行新老干部的传承，广州国税推行了为培养新入职干部的“导师制”。每一位新入职的干部，单位都为其配置一位有经验丰富的业务骨干作为老师，部门会指派一些工作由师生共同完成，老师负责在工作中将自身的工作方法、经验传授给初出茅庐的青年干部，可以充分发挥传、帮、带的作用。同时新入职人员有较高的学习力和文字水平，可以将师傅言传身教的隐性经验，经过自己的消化理解和掌握后，应用在工作中，并能将总结提炼成文字，分类放进知识库，对知识库不断进行丰富和完善。

(作者单位：广东省广州市国家税务局)

# 促进小微企业发展税收政策的国际借鉴研究

黄静怡

近年来,我国经济增速有所放缓,加上结构调整和国际经济不景气的影响,小微企业的发展十分有限。我国的小微企业数量庞大,是国民经济的重要组成部分,也是社会发展中不可或缺的重要组成部分。截至2013年3月底,我国实有小微企业1169.87万户,占企业总数的76.57%。若将4436.29万户个体工商户视作微型企业纳入统计,则小微企业在工商登记注册的市场主体中所占比重达到94.15%。可见,小微企业已经无可争议地占据中国经济的半壁江山。同时,工商总局指出,目前小微企业发展仍存在许多问题,如发展不平衡、区域优势集中等问题。由于其体积小,抗风险能力弱,对外部经济,政策环境普遍敏感度较高。税收作为国家宏观调控的重要手段,对小微企业的扶持作用不容忽视,但我国的税收政策扶持小微企业不充分,针对性不强,管理体制复杂繁琐。如何进一步完善相关税收政策,对促进我国小微企业的发展具有重要的现实意义。

## 一、我国小微企业发展的现状

截至2013年3月,我国登记注册有1374.88万户实有企业,有4062.92万户个体工商户,注册资金85.94万亿元。大型企业的数量不到0.1%,中型企业不到1%,其余99%为小微企业,几乎涵盖了国民经济的所有部门。目前,小微企业创造的最终产品和服务价值,已达到国内生产总值的60%左右,税收总额达到50%左右的国家税收总额。小微企业已成为我国实体经济发展的主要驱动力。但由于自身和外部环境的一些原因,在发展中仍面临着诸多制约和困难。生产成本高,利润空间小;涉及税种多、税收负担重;区域、产业结构不平衡;融资困难,融资成本高等问题,都制约着我国小微企业的发展。

## 二、我国促进小微企业发展的现行税收政策

### (一)现行小微企业税收优惠政策

小微企业的发展越来越受到中国政府的重视,在国际金融危机和中国经济产业转型的背景下,中小企业面临着诸多困难和风险,促进中小微企业发展得到了社会和政府的一致认可。2003年,《中华人民共和国小微企业促进法》实施后,国家积极改革,改善小微企业的各项政策的发展。继国务院出台《关于进一步支持小型微型企业健康发展的意见》之后,一系列推动小微企业发展税收优惠政策纷纷出台,这些政策推动小微企业的发展,取得了一定的成效。

1、增值税、营业税和附加税。自2011年11月1日起,提高增值税、营业税起征点:按期纳税的,月销售额(营业额)统一提高到5000－20000元;按次纳税的,每次(日)销售额(营业额)提高到300－500元。自2013年8月1日起,对月销售额或营业额不超过2万元(含2万元)的增值税小规模纳税人和营业税纳税人中的企业或非企业性单位,免征增值税或营业税。自2014年10月1日起至2015年12月31日,对月销售额(营业额)2万元至3万元的小规模纳税人和营业税纳税人免征增值税或营业税。自2015年1月1日起至2017年12月31日,月销售额或营业额不超过3万元(含3万元)的缴纳义务人,免征教育

费附加、地方教育附加、水利建设基金、文化事业建设费。

2、企业所得税政策。从事国家非限制和禁止行业，并且年度应纳税所得额、从业人数和资产总额不超过规定标准的小型微利企业，减按20%的税率征收企业所得税。自2010年1月1日起对年应纳税所得额低于3万元(含3万元)的小型微利企业，其所得减按50%计入应纳税所得额，按20%的税率缴纳企业所得税。2012年将年应纳税所得额标准提高到6万元，2014年再次提高到10万元，2015年又提高到20万元。同时扩大税收优惠范围，采取核定征收方式的企业也享受该政策。

3、个人所得税政策。在计算要缴纳的个人所得税时，个体工商户的生产、经营所得和企事业单位的承包经营、承租经营所得，适用5%－35%的五级超额累进税率；而工资、薪金所得，适用3%－45%的九级超额累进税率。将计征个体工商户、个人独资企业和合伙企业自然人投资者的生产经营所得个人所得税的费用扣除标准提高到42000元/年(3500元/月)。

4、印花税政策。自2011年11月1日起至2014年10月31日止，对金融机构与小型、微型企业签订的借款合同免征印花税。该政策的适用范围不仅是向小型微型企业贷款的金融机构，而且还包括与其签订借款合同的小型微型企业，其实质是鼓励金融机构向小型微型企业贷款，支持小微企业发展。

5、进口环节税。中小企业投资国家鼓励类项目，除《国内投资项目不予免税的进口商品目录》中所列商品外，所需的进口自用设备以及按照合同随设备进口的技术及配套件、备件，免征进口关税。将符合条件的国家中小企业公共服务示范平台中的技术类服务平台纳入现行科技开发用品进口税收优惠政策范围。

(二)支持小微企业发展税收政策存在的问题

1、小微企业概念不统一。2011年，国家出台了新的小微企业划型标准，但是目前在税收政策上，直接提及并使用小微企业这一概念的仅有财政部、国家税务总局下发的《关于金融机构与小微企业签订借款合同免征印花税的通知》(财税[2011]105号)、《关于暂免征收部分小微企业增值税和营业税的通知》(财税[2013]52号)及其相关配套文件，而企业所得税政策使用的是小型微利企业，增值税政策使用的是小规模纳税人，这使得主管税务机关在落实相关税收政策时需要对三个概念进行把握，在实际操作上易产生混淆或把握不清。

2、相关税收法律制度不完善，制约小微企业享受税收优惠。目前我国还没有建立起一套完整的小微企业的税收法律制度体系，多数小微企业的税收政策分散在各个条例、通知、办法中。这种分散的税收政策对企业财务人员提出了更高的要求，小微企业不能全面和迅速地了解税收优惠政策，从而影响政策的实施效果。而在现实中，小微企业由于自身的财务核算能力有限、信息获取渠道不畅等原因，往往很难真正享受到税收优惠政策的支持。

3、小微企业宏观税负重。所得税和商品税是小微企业税负的主体部分，除了这些，小微企业和其他大中型企业一样要负担城建税、房产税、车船税、车辆购置税、资源税、城镇土地使用税等税收，社会保障基金及其他基金和行政事业性收费等。在这些众多税费规定中，体现量能课税原则和对小微企业的照顾支持性的规定非常少。此外，税制结构复杂，企业所得税与个人所得税存在重复征税。

4、税收优惠门槛高、力度小，优惠方式单一。我国对小微企业的税收政策优惠力度与外国相比较小。以所得税为例，许多国家的常用做法是对小微企业适用较低的所得税征收税率。我国对符合条件的小微企实行20%的优惠税率，仅略低于企业所得税25%的基本税率。而优惠力度相对较大的应税所得额减半(其所得减按50%计入应纳税所得额)、并按20%计征所得税的规定，仅适用于应纳税所得额低于20万的小微企业，适用范围窄；且此规定只在2015年到2017年间有效，具有明显的临时性。

5、增值税进项税额抵扣政策有待完善。多数小微企业因为销售额未达一般纳税人标准而被视为小规模纳税人进行纳税，在计算应纳税额时不能抵扣进项税额，而只能按照3%的税率来计算缴纳增值税。

此外,增值税一般纳税人购进免税农产品,按照13%的扣除率计算抵扣进项税额,企业再销售或者销售以免税农产品为原材料生产加工的产品时则按照17%的税率缴纳增值税,增加了收购农产品的企业税收负担。

## 三、国外对小微企业的税收优惠政策

从发达国家的税收政策的经验学习,有助于续改进和完善国内小微企业的税收政策,促进小微企业持续发展。从实施效果来看,发达国家中的美国、法国、英国、日本、德国较为成功。

(一)美国的相关政策

法律较全面且管理有序。美国为促进小企业发展制定了一系列单行法律,包括《1953年中小企业法》、《小企业资助法》、《小企业投资法》、《小企业经济政策法》、《小企业创新开发法》等。此外,积极鼓励中小企业投资。一是促进投资。企业可以实行加速折旧,缩短固定资产法定使用年限,建筑物法定使用年限为10年,机器设备为5年,科研设备为3年。二是减免投资税。交税年度研究费用的发生额超过之前3年的平均发生额的,对超过的部分实施25%的免税,最高限额是法人税的10%;如果企业当年无盈利或应纳税所得额,则允许费用扣除和见面向前结转3年,向后结转7年。

(二)法国的相关政策

法国有着规模相当大的中小企业群,政府制定了比较完善的税收优惠制度来支持中小企业的发展。2003年取消了中小企业缴纳的公司所得税的附加税;从1996年开始,法国为促进中小企业的创立,规定中小企业在其创办当年及随后的2年之内,可以用一部分利润所得继续进行投资,该部分所得给予全部或部分免税。对中小企业要转为公司时所确认增加的资产,实行暂缓征税,而且成立的公司可以结转原公司的亏损;在此同时,也规定中小企业无形资产专利投资收益可延缓5年纳税。

(三)英国的相关政策

英国对小企业的税收优惠政所涉及税种有所得税、印花税、投资所得税、国民保险附加税和资本税等,主要方式有降低税率、将利润的纳税起征点提高、提高固定资折旧、税收豁免等。依照"关税及贸易总协定"(GATT)规定,英国企业税收一般要达到企业增加值的40%—50%。为减轻中小企业税收负担,1999年3月英国把中小企业的公司所得税税率从原有的30%降到20%。之后又在2000年4月提高中小企业利润的纳税起征点,由原来的4万英镑提高到5万英镑,税率则再次下调至10%,并提高固定资产折旧率,使中小企业税负水平减少为大企业的一半。

## 四、完善我国促进小微企业发展的税收政策建议

(一)统一小微企业认定标准,扩大政策受益范围

《中小企业划型标准规定》由多部门共同制定,规范了小微企业的认定标准,因此,国家在制定税收政策时应尽量以现有的小微企业认定标准为基础,然后再根据政策目标附加相应的限制条件。

建议扩大所得税优惠政策的惠及面,将绝大多数小微企业纳入优惠政策支持范围内,使《中华人民共和国企业所得税法》及实施条例与工信部联企业[2011]300号文件关于小微企业的概念界定相一致。这样一是可以使广义上的小微企业和税法中的小微企业界定概念相一致,避免政出多门造成的混乱;二是可以通过进一步抬高增值税和营业税的起征点,扩大优惠政策受惠范围,调动广大小微企业的经营管理积极性,在社会上形成小微企业竞争发展的良好氛围,为优秀小微企业提供一个做大做强的宽松制度环境,以实现国民经济的长期协调发展。

(二)提高立法水平,完善小微企业税收优惠制度

发达国家通常会通过税收立法程序,明确本国扶持小企业发展的税收政策。可根据工信部联企业

[2011]300 号文关于中、小、微型企业的划分标准,对《中小企业促进法》进行修订,补充针对小微企业的扶持政策,以此作为促进中小微型企业发展的基本法。并在此基础上,对现有税收政策进行整合,以公平竞争、税负从轻、促进发展为原则,整理、完善小微企业税收政策,制定相关的单行法律,将融资、创业、技术创新、人力资源培养等各个方面的扶持政策以法律形式确定下来,形成一个系统而完整的、以《中小企业促进法》为核心、配套各个单行法律的小微企业税法体系。通过立法形式规范我国小微企业相关的税收政策,提高政策的稳定性、连续性和协调性,推动我国小微企业健康发展。

(三)简化现行税制,加大对小微企业的税收优惠力度

复杂的税收制度设计,除了给小微企业带来沉重税收负担,还造成了高昂的遵从成本。要破除小微企业发展坚冰,可以从以下几个方面进一步简化现行税制:(1)尽快将小微企业纳入增值税扩围范畴,将城市维护建设税、教育费附加等并入增值税,一并申报缴纳,并将小规模纳税人征收率降至 2%。(2)在所得税方面,允许小微企业自由选择交纳个人所得税或企业所得税,避免重复征收。(3)新设低税率的小微企业税统一税以代替土地增值税、城镇土地使用费、房产税等税种。(4)取消、减少小微企业行政事业性费用,尽量规范完善针对小微企业的收费体制,减少政府对小微企业的行政干预,切实减轻小微企业的实际税负。

(四)鼓励小微企业创新,推动电子商务

第一,对新创办的技术密集型小企业,可实行两免三减半(即从获利年度起 2 年免征、3 年减半征收企业所得税)的税率优惠。第二,对科技型小企业购进的用于提升自身研发能力的固定资产,允许其在购置当期提 30%的特别折旧;对其生产用的机器设备等固定资产进行加速折旧。提高职工教育经费的税前扣除比例。此外,提供信贷支持。

完善税收扶持政策,减轻"互联网+"企业实际税负。考虑将与"互联网+"相关的符合条件的企业纳入税收优惠范畴,完善我国现有增值税、所得税、消费税、资源税及关税等相关规定,鼓励和支持"互联网+"新模式、新业态、新产品、新服务的推广应用。

(五)优化税务管理和服务系统

一是提供更加全面、便捷的纳税服务。在采用传统的征收方式的同时,全面推行网上申报、电话申报等申报方式,提供统一的全国纳税申报电话和网上申报地址。加大税收宣传力度,加强对小微企业人员纳税相关培训,并向其提供税务咨询等服务。充分利用互联网和其他现代媒介,以及办税服务厅等公开场所,多渠道、全方位地为纳税人提供政务公开服务。二是简化税收征管,延长纳税申报期。我国大多数小微企业面对复杂的征管程序感到畏难,因此应考虑简化申报程序和申报材料,完善电子税务平台,采用企业网上报送申报表、税务部门抽样检查的形式进行征管。

(作者单位:广西国际税收研究会)

# 促进左右江革命老区经济发展的税收政策探析

李庆琳

2015 年 2 月 9 日，国务院正式批准实施《左右江革命老区振兴规划》，标志着振兴左右江革命老区跃升为国家战略，广西短板区域的发展迈入新阶段。振兴左右江革命老区是国家深入实施西部大开发战略的重要组成部分，是广西推进"双核驱动、三区统筹"重大战略的重要一环，对进一步优化"两区一带"区域发展总体布局、构筑广西开放合作和区域协调发展新格局具有重要意义。

左右江革命老区地处中国西南边陲，与越南北部毗邻，具有丰富的自然资源、优美的自然景观和浓郁的民族文化，是发展潜力较大的地区。一直以来，由于历史和自然等多方面原因，目前老区仍面临经济社会发展后劲不足、交通等基础设施落后、社会公共服务能力有限、旅游资源开发较浅、环保问题突出等困难和问题。税收政策是国家对经济进行宏观调控的重要政策之一，运用税收手段可以有效地对宏观经济总量及经济结构进行调节，因此，发挥税收政策服务经济社会发展的职能作用，对促进左右江革命老区经济发展起着非常重要的作用。

## 一、左右江革命老区经济发展现状分析

### (一)左右江革命老区经济发展概况

2014 年末，左右江革命老区三市(百色市、河池市、崇左市)陆地国土面积 87010 平方公里，总人口 1071.9 万人，分别占广西陆地国土面积和总人口的 36.67%和 20.29%，人均地区生产总值分别仅为全国和广西的 53.9%、75.99%。

1、经济增速放缓，人均 GDP 较低。从 2012 年至 2015 年，左右江革命老区 GDP 总量持续增长，从 2012 年的 1778.46 亿元增长至 2015 年的 2281.21 亿元，三年增长 28.27%，年同比增长率呈现先升后降的趋势，与全国 GDP 增速趋势一致，老区发展进入经济增速放缓、结构优化升级的新常态。从人均 GDP 情况来看，左右江革命老区从 2012 年的 20766.3 元增长至 2014 年的 25146.7 元，增长 21.09%；但近三年老区人均 GDP 占广西人均 GDP 的比重与占全国的比重分别约为 75%和 50%，说明该地区经济发展严重落后于广西其他地区及全国平均水平，老区经济发展迫在眉睫。

表一　2012～2015 年左右江革命老区 GDP 及人均 GDP 情况表

| 项目／年份 | GDP | | 人均 GDP | | |
|---|---|---|---|---|---|
| | 总量(亿元) | 同比增长(%) | 总量(元) | 占广西的比重(%) | 占全国的比重(%) |
| 2012 年 | 1778.46 | 6.0 | 20766.3 | 74.32 | 52.51 |
| 2013 年 | 1917.12 | 9.8 | 22362.7 | 73.11 | 51.62 |
| 2014 年 | 2169.03 | 8.3 | 25146.7 | 75.99 | 53.90 |
| 2015 年 | 2281.21 | 7.0 | — | — | — |

2、财政与税收收入不断增长，社会公共服务能力得到有效保障。财政收入的增长是地方经济发展、社会公共服务能力提升的重要保障。2012 年至 2015 年老区财政收入从 208.67 亿元增长至 245.8 亿元，

增长 41.5%；从年增长率来看，2012 年、2013 年约为 9%，呈现中高速发展的趋势，到 2014 年以后转为低速发展，年增长率降低为 3%左右，低于广西发展的平均水平(8%)。从税收上看，2012 年至 2015 年，老区税收收入分别为 81.77 亿元、92.92 亿元、92.4 亿元、103.52 亿元，年增长率为 14.27%、13.64%、-0.56%、12.03%，除 2014 年外，均高于当年 GDP 的增长，呈现税收快于经济增长的良好态势。

**表二　2012 年至 2015 年左右江革命老区财政、税收收入情况表**

| 年份/项目/区域 | 2012 年 | | 2013 年 | | 2014 年 | | 2015 年 | |
|---|---|---|---|---|---|---|---|---|
| | 总量（亿元） | 同比增长（%） | 总量（亿元） | 同比增长（%） | 总量（亿元） | 同比增长（%） | 总量（亿元） | 同比增长（%） |
| 财政收入（亿元） | 208.67 | 8.5 | 230.93 | 10.7 | 236.53 | 2.4 | 245.8 | 3.9 |
| 税收收入 | 81.77 | 14.27 | 92.92 | 13.64 | 92.4 | -0.56 | 103.52 | 12.03 |

3、固定资产投资稳步提升，产业结构不断优化。

(1)从固定资产投资情况看，2013 年至 2015 年老区固定资产投资分别为 1550.21 亿元、1787.09 亿元、2109.31 亿元，同比增长率分别为 15.3%、25.2%、18%，固定资产投资的增长一方面拉动了老区经济的增长，另一方面也反映出老区近几年的经济建设和社会发展取得了一定的成效。

(2)产业结构是指一个国家或地区的资金、人力资源和各种自然资源与物质资料在国民经济各部门之间的配置情况及其相互制约的方式，它受一定时期的自然资源、生产力水平、科技进步、人口、环境、历史文化、居民收入、进出口贸易等因素的影响。产业结构合理与否，在很大程度上决定了一个地区综合经济实力的强弱和人民生活水平的高低。在一个国家的不同发展区域，第一、第二和第三产业在各个区域的构成也会有所不同。因而通过某区域各产业占 GDP 的份额中可以看出该区域经济发展水平的高低以及处于哪种发展状态。2011-2014 年左右江革命老区三次产业占国内生产总值的比重为“二、三、一”的格局，说明左右江革命老区依然处于以机械制造工业为主导的阶段；从变化趋势来看，第一产业与第二产业呈逐年降低的趋势，分别是由 23.4%降低到 20.4%和由 46.3%降低到 44.85%，而第三产业呈上升态势，2011 年至 2014 年上升了 4.5 个百分点。从以上趋势可以看出，左右江革命老区第二产业主导明显，产业结构优势不明显，但第一、二产业比重逐年降低及第三产业比重呈缓慢上升的态势说明该区经济结构正在缓慢变化，产业结构处于不断优化状态。

**表三　2011-2014 年左右江革命老区产业占 GDP 比重情况表**

单位：%

| 产业/年份 | 第一产业 | 第二产业 | 第三产业 |
|---|---|---|---|
| 2011 年 | 23.4 | 46.3 | 30.3 |
| 2012 年 | 22.9 | 45.4 | 31.7 |
| 2013 年 | 22.6 | 45.4 | 32.0 |
| 2014 年 | 20.4 | 44.8 | 34.8 |

4、企业所得税负增长，企业发展后劲不足。2012 年至 2015 年，百色、崇左和河池三市地税局实现企业所得税收入分别为 95210 万元、79629 万元、87696 万元、84627 万元，同比增长率为-12.2%、-16.4%、10.1%、-3.5%，除 2014 年为正增长外，其余三年均为负增长，老区企业利润总体降低，扩大再生产受阻。

表四　2012－2015年左右江革命老区企业所得税收入情况表

| 区域 \ 项目 \ 年份 | 2012年 | | 2013年 | | 2014年 | | 2015年 | |
|---|---|---|---|---|---|---|---|---|
| | 企业所得税（万元） | 同比增长（%） | 企业所得税（万元） | 同比增长（%） | 企业所得税（万元） | 同比增长（%） | 企业所得税（万元） | 同比增长（%） |
| 左右江革命老区 | 95210 | －12.2 | 79629 | －16.4 | 87696 | 10.1 | 84627 | －3.5 |

（二）左右江革命老区经济发展优势及瓶颈

1、区位优势明显，但基础设施薄弱。老区背靠大西南，连通北部湾，面迎东南亚，处于沿江沿边近海的开放高地，良好的区位使其在多方面获得振兴发展的先机。一是地处桂黔滇三省（区）结合部，是我国西南地区重要的物流集散地。二是百色市、崇左市与越南毗邻，拥有893.5公里边境线，10个国家一类、二类口岸，20个边民互市点，边境贸易发展大有作为。三是老区位于左右江上游，是北部湾港的腹地，可与珠江水系连通发展流域经济，同时可通过北部湾港出海全面提升对外贸易水平，促进区域经济发展。但老区以山地地貌为主，交通等基础设施建设相对滞后，铁路、公路的路网密度和等级均低于周边地区水平，快速通道少，区域互联互通能力不强。

2、资源禀赋丰裕，但产业潜力尚未充分释放。老区煤炭、水能、铝土、锰、锡等资源丰富，农林资源富集，是国家重要的"西电东送"基地、有色金属产业基地和特色农产品基地。但生产方式相对粗放，产业结构比较单一，产业层次和核心竞争力不高，能源资源就地转化率低，贫困问题突出，74%的县是国家扶贫开发工作重点县。

3、旅游资源丰富，但总体开发程度不高。区域内多民族聚居，少数民族人口占73%。壮、布依、苗、侗等民族文化风情独特，百色起义等红色文化光照千秋，自然景观绚丽多彩，打造国际国内知名旅游景区的潜力十分巨大。但旅游资源开发不足，景点分布不集中，配套设施不完善，旅游产品单一，缺乏精品旅游线路。

## 二、左右江革命老区现行的税收优惠政策

（一）西部大开发税收优惠政策

进入21世纪，国际政治、经济形势发生新的变化，我国经济社会发展进入新的阶段。中央从社会主义现代化建设的全局出发，提出了实施西部大开发重大战略决策。从2001年起，国家先后出台了一系列税收优惠政策，旨在促进西部地区经济发展。第一轮西部大开发税收优惠政策到2010年执行期满后，2011年7月，财政部、海关总署、国家税务总局联合发布了《关于深入实施西部大开发战略有关税收政策问题的通知》（财税〔2011〕58号），2012年4月，国家税务总局又通过《关于深入实施西部大开发战略有关企业所得税问题的公告》（国家税务总局公告2012年第12号，以下简称12号公告），对优惠政策中居于核心位置的企业所得税优惠政策的具体操作事项作了进一步明确。具体内容如下。

(1)《财政部　海关总署　国家税务总局关于深入实施西部大开发战略有关税收政策问题的通知》（财税〔2011〕58号）：

①自2011年1月1日至2020年12月31日，对设在西部地区的鼓励类产业企业减按15%的税率征收企业所得税。

上述鼓励类产业企业是指以《西部地区鼓励类产业目录》中规定的产业项目为主营业务，且其主营业务收入占企业收入总额70%以上的企业。

②对西部地区2010年12月31日前新办的、根据《财政部　国家税务总局　海关总署关于西部大开发税收优惠政策问题的通知》（财税〔2001〕202号）第二条第三款规定可以享受企业所得税"两免三减半"

优惠的交通、电力、水利、邮政、广播电视企业，其享受的企业所得税“两免三减半”优惠可以继续享受到期满为止。

(2)《国家税务总局关于深入实施西部大开发战略有关企业所得税问题的公告》(国家税务总局公告2012年第12号)：

自2011年1月1日至2020年12月31日，对设在西部地区以《西部地区鼓励类产业目录》中规定的产业项目为主营业务，且其当年度主营业务收入占企业收入总额70%以上的企业，经企业申请，主管税务机关审核确认后，可减按15%税率缴纳企业所得税。

上述所称收入总额，是指《企业所得税法》第六条规定的收入总额。

(二)有关边境地区的税收优惠政策

左右江革命老区地处边境地区，为促进广西边境地区贸易的发展，广西壮族自治区人民政府出台了《广西壮族自治区人民政府关于加快边贸市场建设促进边境贸易发展的意见》(桂政发〔2010〕64号)，其中涉及税收优惠政策的主要内容为：新设立的重点边贸市场自项目取得第一笔经营收入所属纳税年度起，两年减半征收企业所得税地方分享部分。

根据《广西壮族自治区人民政府办公厅关于印发加快重点边贸市场建设工作方案的通知》(桂政办发〔2011〕87号)中所提出的总体目标，广西“十二五”期间需完成新建和扩建重点边贸市场14个，其中中国红木文化城、龙州县布局边贸城、靖西县岳圩农副产品海产品交易市场等10个重点边贸市场是属于左右江革命老区范围内的。

(三)糖果休闲食品产业园

广西是全国糖业资源最丰富的省区，食糖产量占全国的60%以上，号称中国的“糖罐子”，而蔗糖产业是崇左的特色优势产业，为做大做强崇左蔗糖产业，2012年自治区决定在崇左市规划建设广西糖果休闲食品产业园，重点发展糖果食品生产、糖果研发、糖果贸易等糖果休闲食品产业。针对崇左糖果休闲食品产业园的税收优惠政策有《广西壮族自治区人民政府印发关于促进糖果休闲食品产业发展的若干政策规定的通知》(桂政发〔2012〕83号)，内容主要为：

1、2011年1月1日至2020年12月31日，对符合《财政部　海关总署　国家税务总局关于深入实施西部大开发战略有关税收政策问题的通知》(财税〔2011〕58号)规定的糖果休闲食品企业以及进入糖果休闲食品产业园的鼓励类产业企业减按15%税率征收企业所得税。

2、2012年7月1日至2015年12月31日，在园区内新设立的符合《西部地区鼓励类产业目录》中规定的产业项目的企业，自取得第一笔生产经营收入所属纳税年度起，其鼓励类项目业务收入占企业总收入50%以上的，免征5年属于地方分享部分的企业所得税，免征5年自用土地的城镇土地使用税和自用房产的房产税。

## 三、左右江革命老区现行的税收优惠政策存在的问题

(一)针对性不强导致效用减弱

从以上对左右江革命老区现行税收优惠政策的梳理情况来看，老区所享受的税收优惠政策是针对整个西部地区或广西区的，而崇左糖果休闲食品产业园的税收优惠政策也仅仅是针对制糖产业，在这些政策中没有一项是专门为促进老区经济发展而设计的。而且当前老区最主要的税收优惠政策——西部大开发税收优惠政策虽然能在一定程度上减轻了企业的负担，但也存在一些问题：一是范围较窄。该优惠政策囊括的企业主要是一些新兴或前沿企业，如高新技术企业、环保节能企业、研发型企业等，而这些企业大部分都集于经济较为发达地区，而对于老区来说，最需要扶持的产业领域是基础设施和基础工业，但这些领域的税收优惠目前处于“缺位”状态。二是门槛较高。能够享受该政策条件是企业主营业务收入

必须占企业收入总额的70%以上。三是执行较难。在实际工作中对于如何认证企业是否属于《西部地区鼓励类产业目录》内的企业存在缺乏认证主体的困难。

(二)优惠时间及力度缩减削弱政策优势

根据《关于实施企业所得税过渡优惠政策的通知》和《财政部、国家税务总局关于贯彻落实国务院关于实施企业所得税过渡优惠政策有关问题的通知》的规定,广西享受西部大开发税收优惠政策的优惠时间已经不多,一定期限后中央分享企业所得税的部分将不再给予减征或者免征,优惠的幅度也明显降低,而且《左右江革命老区振兴规划》的时限是从2015年至2025年,目前左右江革命老区可以享受的各种税收优惠政策最长时限仅仅到2020年,优惠政策执行时限的缩减和优惠幅度的降低使得老区现有的政策优势逐步受到削弱,最终可能影响到左右江革命老区经济的发展。

(三)优惠税种及方式单一不利于企业发展

其一,老区现行税收优惠政策涉及的税种绝大部分都是企业所得税,该税种的减免主要获益的都是高投入、周期长的产业,且前提条件是企业必须实现盈利才能享受政策带来的红利,这不仅限制了企业受惠面,而且对于吸引民间资本的流入作用不大。其二,目前老区的税收优惠政策主要是以单一的直接减免优惠形式为主,如降低税率、减税、免税、退税等方式,而对于加速折旧、投资抵免、再投资退税、技术开发基金等间接优惠手段运用较少,不利于老区增强自主创新能力,影响老区重大产业结构的优化升级。

(四)优惠成本由地方政府承担将限制地方发展

老区现行税收优惠政策所减免的税收收入有很大一部分是属于地方财政收入,因此,税收优惠成本也就很大程度上由地方政府来承担,这样不仅不利于地方政府职能的有效发挥,而且有可能导致一些财力比较薄弱的地区为了增加财政收入而想方设法通过其他途径来弥补,如通过变相收费的形式来将财政包袱重新分包给企业,无形中将税收优惠政策架空。

## 四、促进左右江革命老区经济发展的税收优惠政策建议

(一)深化税收优惠体制改革

1、制定单独的税收优惠法,提高税收优惠政策法律地位。目前税收优惠政策的制定大多以行政法规、部门规章的形式颁布,法律层级低,数量虽不少但分布不集中,且缺乏连贯性,这样不仅增加一线税务人员的工作难度,而且也难以被纳税人熟知。因此,制定税收优惠法,将现行的税收优惠政策分门别类,统一以一部法律的形式颁布执行,不仅能凸显其重要性,而且也方便了税务人与纳税人。

2、积极争取相应的税收优惠政策和管理权限。鉴于广西属于民族自治区域,可以努力向中央争取适当的税收优惠政策的制定与管理权限,如地方政府对企业所得税中属于地方分享的部分有减免的决定权、对除企业所得税外的其他共享税中地方分享部分有一定的管理权、对《西部地区鼓励类产业目录》有调整权等,以有针对性地扶持地方经济的发展

(二)完善西部大开发税收优惠政策

1、进一步扩大税收优惠范围,加大税收优惠的力度。调整《西部地区鼓励类产业目录》,争取老区优势产业和基础工业等鼓励类产业企业享受西部大开发税收优惠政策。适当降低享受优惠政策的前提条件,将主营业务收入必须占企业收入总额70%的比例降低到50%或更低。延长优惠时长,对于可享受企业所得税"两免三减半"或减按15%税率征收企业所得税优惠的老区企业,建议延长至2025年或更久。

2、增加流转税税收优惠,改变税收优惠形式单一的现状。一是采取多样优惠方式。如增加固定资产加速折旧、投资抵免等间接优惠方式,支持中小型企业发展壮大,使得微利企业、亏损企业也能享受到税收扶持;对老区投资金额大、资本有机构成高的企业,给予设备投资全额一定比例的所得税抵免优惠。二是增加流转税税收优惠。如对新办国家鼓励类企业(建议3年)给予一定的流转税优惠(如即征即退、先

征后返)。三是针对老区财力有限的实际,适当增加地方在共享税中的比例分成,以更好地体现国家对老区开发的扶持力度。

(三)注重对老区优势产业的扶持

1、制定推动老区旅游业发展的税收优惠政策。根据老区自然景观优美、民族与红色文化底蕴深厚的实际情况,建议政府积极研究并出台各项符合老区实际的税收措施以加强对老区旅游企业的引导作用:如对从事旅游等相关的企业,可以考虑在一定期限内免征企业所得税、个人所得税、自用土地的城镇土地使用税以及自用房产的房产税等。

2、降低边贸税率。因老区边境各县(市)经济基础薄弱、财力不足、交通不便、基础设施陈旧、仓储装卸能力低等实际,可以考虑以中国——东盟自由贸易区的税收协调和降税幅度为参照系,调整和确定边贸税收的优惠范围及幅度,确保边贸税收政策优于一般国贸,此外可以对进口关税和进口环节税实行免征或降低税率。

3、加大对农业企业的税收扶持力度。如对从事发展特色农产品加工的新办企业、生产少数民族用品的企业给予"三免三减半"企业所得税照顾。

(四)强化税收征管,提高纳税服务质效

1、制定《左右江革命老区税收优惠服务指南》,为规范老区税收优惠管理奠定制度基础。

2、畅通税收宣传渠道。利用"互联网+税务"定期梳理可享受优惠政策的企业,通过完善电子税务局建设、开展户外政策宣传、点对点信息推送、上门辅导等方式提醒纳税人可享受的税收优惠政策。

3、加强税收政策辅导。开展多种形式的税收优惠政策辅导,定期举办专门的税收培训或召开专门的政策咨询会,为老区企业提供更加专业的个性化服务。

4、深化国地税合作。在税收优惠方面深入开展国地税联合办税,做到数据共享、资料互通、一窗办理,确实提高办税效率和减轻纳税人负担。

(作者单位:广西壮族自治区地方税务局)

# 关于大数据下税收推动长春汽车工业发展策略的思考

邹积刚

长春是中国汽车工业的摇篮，全国著名的“汽车城”，其汽车工业经过60多年的发展，已经从单一的中型卡车生产发展成为中、重、轻、微、客多品种、宽系列、全方位的产品系列格局。产量从当初设计年产3万辆发展成为年产整车200多万辆、发动机130万台以及变速器100万台的生产能力。拥有汽车零部件企业500多家，生产上万个品种汽车零部件。全市从事汽车产品制造的专业人员有20多万人，汽车研发人员1.5万人。目前，长春市汽车工业拥有中外合资、独资企业120多家，其中，世界500强企业有20多家在长春投资从事汽车相关项目。一汽一大众、一汽丰田、一汽通用等合资企业注重新产品开发，不断推出新车型。一汽解放、一汽轿股等自主品牌车型不断升级，产品技术含量不断提升，长春市汽车及零部件制造企业实力不断增强，成为集重、中、轻型商用车和中、高档乘用车及新能源车型等九大系列十几大类百余种及种类专用汽车为一体的汽车生产基地。长春市是国家汽车及零部件出口基地。

长春市的汽车工业以1956年第一辆“解放”牌汽车下线为标志，蓬勃发展到今天，整车产销量2003年突破60万辆，2014年200多万辆水平。据统计，2014年，全市汽车整车总产量为250.3万辆，同比增长11.4%，占全国汽车总产量2389.5万辆的10.5%；其中：乘用车182.2万辆，同比增长11.9%，占全国汽车总产量的7.6%。近几年，长春汽车扩产增能的速度明显加快，每年以几十万辆的速度递增，2010~2014年产量占比一直保持在9%左右，占全国汽车总量的比重有上升趋势。汽车总量4年中由150万辆增加到250.3万辆，2010年－2014年增速快于全国增速10.8%、8%、2.7%、5.6%和4.3%，平均增速快于全国5.6个百分点。可以看出，长春市汽车产量与全国汽车总量增速保持方向一致，总量占全国的比重稳中有升。

**表一　2010～2014年汽车工业经济指标情况表**

单位：万辆

| 项目 | 2010年 | | 2011年 | | 2012年 | | 2013年 | | 2014年 | |
|---|---|---|---|---|---|---|---|---|---|---|
| | 本年 | 占全国% | 本年 | 占全国% | 本年 | 占全国% | 本年 | 占全国% | 本年 | 占全国% |
| 全国汽车总量 | 1826.5 | — | 1841.9 | — | 2059.9 | — | 2211.7 | — | 2389.5 | — |
| 全市汽车总量 | 150.0 | 8.2 | 163.2 | 8.9 | 186.9 | 9.1 | 224.7 | 10.2 | 250.3 | 10.5 |
| 其中：乘用车 | 113.1 | 6.2 | 119.7 | 8.3 | 145.5 | 7.1 | 162.9 | 7.4 | 182.2 | 7.6 |

汽车工业具有产业链长、关联度高、辐射面广、消费拉动大的特点，在国民经济和社会发展中发挥着重要作用。近几年，长春汽车工业实现跨越式和超常规发展，其速度和效益的增长，对长春市工业的快速发展做出了巨大贡献，是全市工业中总量最大、效益最好、贡献最大的行业。以2014年为例，实现工业总产值5894.2亿元，占全市规模以上工业总产值的60%。产量达到250.3万辆，成为近几年的一个高点。

**表二　2014 年汽车工业对全市工业增长贡献情况**

单位:亿元

| 年度 | 工业总产值 | 同比增长% | 所占比重% | 增量贡献% |
|---|---|---|---|---|
| 全市工业 | 9831.1 | 6.7 | — | — |
| 汽车工业 | 5894.2 | 7.7 | 60.0 | 60.9 |
| 其他产业 | 3936.9 | 6.4 | 40.0 | 39.1 |

## 一、长春市汽车工业与税收的特点

(一)行业规模不断扩大,税收总量快速增长

据统计,截止 2010 年底长春市汽车拥有规模以上汽车零部件企业 518 家,整车制造企业 9 家,汽车年生产能力 200 万辆,生产零部件近万种的规模。全市从事汽车产品制造的专业技术工人 15 万余人,汽车研发 1 万余人。拥有国家级研发中心——一汽集团技术中心,吉林大学,工业机械第九设计研究院等研究机构,创新和研发能力也在同步提升,在国内汽车产业中处于优势的地位。"十二五"时期(2011—2014 年)前四年,长春市汽车工业的总产量和产能不断增加,截止 2014 年底,长春汽车产量达到 250.3 万辆,产值达到 5894.2 亿元。汽车制造业产值占长春市工业总产值的比重一直从中保持在 60%左右,在国民经济中处于主导产业地位。

从税收情况看,汽车工业仍是高产出行业,虽然产值所占比重不到工业总产值的 60%,但提供的税收仅制造业就达 62%以上。从全市国税收入看,2011 年入库税收 320 亿元,占全市国税收入的比重为 63.9%。到 2014 年,税收增加到 476.2 亿元,比重降为 62.6%,但加上汽车批发和零售税收之后,比重达到 70%以上,四年中比重有所起伏,但变化幅度不大,税收和产值弹性保持在 1 以上。

**表三　2011—2014 年长春市经济指标表**

单位:万辆、亿元

| 项目 | 2011 年 | 2012 年 | 2013 年 | 2014 年 |
|---|---|---|---|---|
| 产量 | 163.2 | 186.9 | 224.7 | 250.3 |
| 汽车产值 | 4181.9 | 4888.5 | 5492.6 | 5894.2 |
| 全市工业总产值 | 7005.0 | 8263.5 | 9213.4 | 9831.1 |
| 产值占比(%) | 59.7 | 59.2 | 59.6 | 60.0 |
| 汽车制造业税收 | 320.0 | 348.7 | 453.9 | 476.2 |
| 全市国税收入 | 501.1 | 560.0 | 701.7 | 760.5 |
| 税收占比(%) | 63.9 | 62.3 | 64.7 | 62.6 |

(二)零配配套能力增强,技术水平仍然较低

据统计,2010 年长春市规模以上零部件企业占全市汽车零部件制造业的 80%以上,大部分企业以 OEM(代工生产)方式为一汽集团配套。同时,一些具有核心技术的汽车零部件企业,如丰田发动机、大陆汽车电子、德尔塔—江森内饰等为大众系列配套产品,这些企业在国内具有很强的竞争力。一汽丰田(长春)发动机有限公司、富奥法压缩机(长春)有限公司等一批超大规模零部件企业建厂投产。长春市内的汽车配套体系尽管完善,但能够很好地实现零部件配套,大而强的企业却很少,2013 年仅一汽富维一家企业入围全国零部件企业百强企业,大多数零部件企业技术力量薄弱,缺乏独立开发能力,长春市属地汽车零部件企业为一汽配套率比以前有很大提高,但也仅为 38%,与发达国家的汽车产业集群内配套率的 80%相差很多。长春市汽车产业没有按照汽车产业链形成上下游产业紧密联系的专业化配套,整车

制造企业和零部件企业之间缺乏有效的合作关系。

图一　2009－2014 年汽车零部件税收对比情况（单位：%）

重点税源数据监控显示，2009 年长春市纳入监控标准（500 万元）汽车零部件企业共 63 户，入库税收 27 亿元，占全国汽车零部件企业税收总额的 6.8%。到 2014 年，汽车零部件企业增加到 89 户，入库税收 47.6 亿元，占全国汽车零部件企业税收总额的 5.8%。可以看出，通过五年的发展，长春市汽车零部件重点企业户数增加 26 户，税收增加 20.6 亿元，但占全国税收的比重却缩小 1 个百分点，说明其他省市汽车零部件企业的发展快于长春，长春原有的市场份额已被技术更为发达的省市抢占。

（三）人才储备具备优势，自主研发有待加强

在汽车科研与人才培养方面，长春市领先全国，拥有汽车研究所、吉林大学、长春汽车工业高等专科学校、机械工业第九设计研究院等科研院所、大专院校 100 多家，国家、省级、市级技术中心 17 家。长春市在汽车技术、光学电子、精密仪器等领域的研究居国内领先地位。但人才储备优势并没有转化为技术优势，由于起步较晚，长春市汽车技术以外资输入为主导，企业自主开发能力较弱。以一汽轿车为例，2009 年入库税收 19.4 亿元，占全国整车企业税收比重为 2.1%。到 2014 年入库税收 18.9 亿元，占全国整车企业税收比重为 0.8%。经过五年的时间，一汽轿车实现税收不增反降，停滞不前，所占比重随之下降 1.3 个百分点，体现出自主研发能力的不足。

**表四　2009－2014 年汽车整车企业税收排名情况**

单位：万元

| 项目 | 2009 年 | | 2010 年 | | 2011 年 | |
|---|---|---|---|---|---|---|
| | 合计 | 9126939.4 | 合计 | 13248148.8 | 合计 | 16849940.9 |
| 1 | 一汽－大众 | 1273106.3 | 一汽－大众 | 2660387.7 | 一汽－大众 | 2449465.2 |
| 2 | 上海通用 | 872295.5 | 上海通用 | 2234891.6 | 上海通用 | 1590854.0 |
| 3 | 上海大众 | 634251.9 | 上海大众 | 1758270.5 | 上海大众 | 1414179.0 |
| 4 | 广汽丰田 | 583622.2 | 广汽丰田 | 1400260.2 | 广汽丰田 | 954317.3 |
| 5 | 天津一汽丰田 | 526353.2 | 天津一汽丰田 | 1372681.4 | 北京现代 | 888796.5 |
| 6 | 北京现代 | 494422.6 | 北京现代 | 1163328.9 | 天津一汽丰田 | 846405.6 |
| 7 | 东风本田 | 447491.5 | 东风本田 | 1069700.8 | 华晨宝马 | 677179.0 |
| 8 | 广汽本田 | 347415.7 | 东风日产 | 898735.3 | 东风本田 | 649335.4 |
| 9 | 东风日产 | 326487.6 | 广汽本田 | 739385.6 | 东风日产 | 552831.3 |
| 10 | 广汽本田增城 | 273621.5 | 广汽本田增城 | 649803.4 | 东风悦达起亚 | 466071.2 |
| | 一汽轿车 | 194067.8 | 一汽轿车 | 494556.3 | 一汽轿车 | 279532.0 |
| 项目 | 2012 年 | | 2013 年 | | 2014 年 | |

| | 合计 | 19076287.6 | 合计 | 22030897.4 | 合计 | 23564435.1 |
|---|---|---|---|---|---|---|
| 1 | 一汽一大众 | 2951154.1 | 一汽一大众 | 3848074.0 | 一汽一大众 | 3900200.7 |
| 2 | 上海大众 | 1696545.2 | 上海大众 | 1547769.2 | 上海大众 | 1857474.2 |
| 3 | 上海通用 | 1320954.1 | 北京现代 | 1536860.0 | 华晨宝马 | 1539786.8 |
| 4 | 北京现代 | 1006492.7 | 华晨宝马 | 1201776.5 | 北京现代 | 1386209.9 |
| 5 | 华晨宝马 | 993143.5 | 上海通用 | 1123962.0 | 上海通用 | 1170069.7 |
| 6 | 广汽丰田 | 839184.3 | 广汽丰田 | 964109.7 | 神龙汽车 | 816494.5 |
| 7 | 天津一汽丰田 | 815521.6 | 东风本田 | 913178.1 | 广汽丰田 | 808410.1 |
| 8 | 东风本田 | 738146.2 | 天津一汽丰田 | 690293.4 | 长安福特 | 780081.2 |
| 9 | 北京奔驰 | 640567.1 | 长安福特 | 685736.8 | 上海大众南京 | 758294.5 |
| 10 | 上海大众南京 | 622276.3 | 上海大众南京 | 655632.4 | 东风本田 | 739721.0 |
| | 一汽轿车 | 197424.2 | 一汽轿车 | 174637.1 | 一汽轿车 | 188877.7 |

(四)一汽奠定行业基础,国际竞争劣势明显

截止2009年底,在长春市所拥有的300户规模以上汽车零部件企业中,有200户企业为一汽集团三大主机厂配套。其中,124户零部件企业为一汽大众整车配套,93户零部件企业为一汽轿车主机厂配套,117户零部件企业为一汽解放配套,零部件企业的配套率达到了2%,在全国处于领先地位。一汽集团已经成为国内最先进的生产制造基地之一,自主研发与企业核心竞争能力不断提升,形成了解放卡车、一汽客车、中高级轿车、轻型及微型车等多品种、宽系列的产品格局。在世界500强汽车企业中,一汽集团排在385位。重点税源数据显示,长春市汽车工业与国内其他厂家相比,盈利能力仍然较强,利润占全国比重由2009年的12.7%增长到2014年的13.4%。其中,一汽一大众公司利润由2009年147亿元增加到2014年的593亿元,占比由2009年的7.9%增长到2014年的9.7%,这为长春汽车工业发展提供了信心支持。

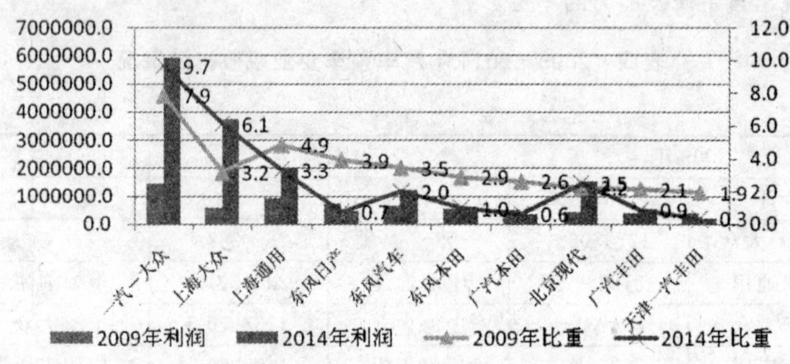


图二　2009－2014年主要汽车企业利润情况(单位:万元、%)

同时应看到,长春汽车产业集群是由唯一一个大型核心集团一汽构成,而世界著名的汽车产业集群大都是由数个知名的大型汽车生产集团构成,而且这些集团无论是经济实力还是竞争力都比长春汽车产业集群强。长春一汽集团通过引进国外先进技术,与德国、日本等国外大型汽车集团进行合资合作,使整车水平有了很大提高,拥有自主品牌红旗、解放、奔腾以及一定的新产品研发技术,但销量基本局限于国内市场,在国外还不具备竞争力。其零部件企业很难为国外合资的汽车企业提供核心零部件,自主研发能力不足,技术水平落后,远远不能满足整车的需求。总的来说,一汽集团与全球著名汽车厂商相比,自

主品牌整体销量微乎其微，产品的价值较低，不具备国际竞争力。

## 二、汽车工业发展的策略措施

目前，在东北三省经济发展集体失速的背景下，老工业基地如何振兴成为摆在人们面前一个难解的课题。今年中央提出去产能、去库存、去杠杆、降成本、补短板五大任务，长春应围绕五大任务积极对照，因地制宜，谋划快速发展思路。

(一)助推汽车“走出去”，促进老工业基地振兴

一是发挥税收协定积极作用。要围绕“东北老工业基地振兴计划”，积极扩大出口，逐步建立起为“走出去”汽车企业护航的“协定互联网”，最大限度地保障企业在缔约国享受优惠税收待遇，维护企业合法利益。对已有协定要结合新环境、新要求、新成果对税种范围、反协定滥用条款等内容修订完善。二是加强境外税收信息服务。畅通交流渠道，建立健全汽车产业“走出去”企业定点联系制度和跨境涉税纠纷快速响应机制。定期了解、收集企业境外生产经营状况和涉税政策需求。健全国别信息系统，完善海外投资税务指南，帮助企业尽快熟悉投资目的地的税务要求。三是协助企业解决境外税收争议。充分利用双边税收协定下的双边磋商机制，积极受理“走出去”企业遇到的涉税诉求。通过协定条款的设计及与主管当局的协商合作为我市企业享受协定待遇提供便利。密切关注“走出去”企业境外税收法律适用状况，充分利用税收协定的争端解决机制帮助企业化解和应对跨境税收纠纷，为汽车企业走向国际发展助力。

(二)加大税收扶持力度，做强汽车零部件企业

一是提高自主研发能力，提升本地零部件配套率。加强“营改增”后汽车零部件研发税收抵扣力度加大的有利时机，重点支持对整车制造关联作用较大的共性、关键性和前瞻性零部件技术研发，选项集中于可提高汽车整体竞争力的关键零部件和重点通用零部件的发展，如汽车电子产业。二是加强整车和零部件企业合作。要不断补短板，原来汽车零部件企业一度是长春汽车工业发展的长板，如今随着江浙等地汽车零部件企业的崛起，长春市的长板已变为短板。要使一汽集团旗下一汽大众、轿车、解放等的9大整车制造企业与汽车零部件制造企业之间营造和树立协调“双赢”的整零关系，这样有利于零部件企业在产品、技术、制度等方面的创新和发展。三是完善汽车零部件销售模式。以“互联网＋税务”为契机，积极搭建信息交换平台，鼓励零部件企业技术创新，据市场调查显示，一汽乘用车生产厂商的网络营销意识最强，80%以上的轿车生产商制定了专门的互联网行销战略。零部件制造商的网络营销意识最弱，大约只有不到10%的公司利用网络电子商务为公司带来商机和品牌提升意识。零部件企业加大营销网络的创新，对自身企业和促进整个汽车产业集群的竞争力起着重要的作用。

(三)推进自有技术成长，大力发展自主品牌

一是充分利用高校人才优势提高研发能力。技术创新是增强企业核心竞争力的重要途径，也是保持汽车产业快速发展的重要支撑。要承办好汽车研究机构，鼓励兴办汽车职业学院，加大对自主创新、技术改造的重点资助。推动产业园区内企业间的技术合作，推进企业、学校及科研机构之间的合作。积极实施人才战略，形成一整套切实可行的操作方法，建立良性的引才、育才、用才机制，通过股权激励等方式方法吸引人才，留住人才。二是促进企业技术并购。鼓励汽车企业之间、汽车企业与科研院所之间跨行业、跨区域、跨所有制的联合与重组，培育拥有自主知识产权和国际竞争力的大型汽车制造企业集团。对于国内企业并购海外汽车企业，当并购后吸纳技术达到一定标准时，在股权交易、资产交易等方面给予必要支持。

(四)利用“互联网＋税务”，推进管理模式升级

一是加强“互联网＋税务”的税收征管。充分利用互联网资源和大数据平台，研究汽车新兴产业的课税对象和纳税环节，并尽快出台相应管理办法，防止税收流失。二是加强大数据平台建设。“互联网＋汽

车”产业迅速发展，税收征管逐步向大数据时代迈进，跨地域、跨部门的数据共享成为精准管理的基础。三是完善税收法律体系。借助征管法修订契机，明确电子凭证法律效力，明确纳税人及与纳税相关第三方应提供涉税相关数据等，为“互联网＋税务”管理模式提供法律保障。

(五)加强税收征收管理，扶持二手车市场发展

一是建立健全二手车管理体系。规范二手车交易税费标准。建立统一公开透明的信息网络平台，健全二手车价格评估体系，完善相关的信用保障体系，引入民间资本，开辟多渠道资金担保，建立个人信用体系，防范信用风险。二是加强开票主体管理。进一步对二手车开票主体的资格进行规范管理，对二手车交易流程、开票行为，进一步强化监管。三是强化二手车互联网平台征管。对新兴的二手车互联网平台，应加强税收管理，面对新业态，利用大数据，做好征管工作，既要培育新市场，又要防止税收流失。

(六)促进新能源汽车发展，加速实现“弯道超车”

一是重点扶持传统汽车改造及其后续服务产业。普通汽车改装电动汽车的改装成本不高，行车费用降低，促进清洁环保。要在鼓励我市汽车企业进行新能源汽车设计研发整车生产的同时，加强后续服务产业的开发，真正实现节能减排。对维修保养企业进行规范和扶持，建立企业核心竞争力。二是引导企业研发和制造强强联合。节能汽车研发成本高，一般在10亿美元以上，要引导汽车企业与相关企业组成技术联盟。政府要制定优惠政策引导社会资本投入新能源汽车零部件产业，促进电动汽车、动力电池与燃料电池、智能电网等产业的交叉融合与综合发展，打造新兴战略产业链。三是运用税收手段扩大新能源汽车竞争优势。在税收政策上应借鉴发达国家成功经验进行细化和合理化调整。增加非新能源汽车的使用成本，逐渐改变人们消费习惯，增强新能源汽车产品的市场竞争力。出台新能源汽车消费相关的优惠政策，如减免车船税、道路收费、停车费等。

(七)强化汽车金融管理，抓住汽车产业增长点

与新车销售趋缓和利润趋薄形成反差的是，汽车金融正在成为未来整个行业发展非常重要的利润点和税收收入的主要来源。通观汽车产业链全局，在生产制造环节，银行的订单融资和跨境并购等金融服务助力供应商的融资和延展；在销售环节，传统库存融资仍发挥着交易纽带的作用；在消费和后市场领域，汽车租赁、汽车消费贷款ABS、PE投资带动的产融结合等金融创新为新消费方式和商业模式带来了广阔空间。面对汽车金融在汽车产业链各环节日益重要的催化作用，要对汽车金融进一步加强专业化管理，以分行业管理和分规模管理为着力点，达到加大管理力度和拓展管理深度的目的，保障汽车金融可持续发展。

(作者单位：吉林省长春市国家税务局)

# 当前形势下分税制存在的局限性及改革建议

赵　强

分税制改革推行20余年，取得了丰硕成果，但同时，它的边际效益正在下降。现在的问题是，事权与财权不协调，供给结构错配问题严重。这些问题的主要矛盾不是周期性的，而是结构性的，必须把改善供给结构作为主攻方向，实现由低水平供需平衡向高水平供需平衡跃升。新一轮税制改革布局，必须从完善立法、明确事权、改革税制、稳定税负、提高效率入手，发挥中央和地方两个积极性。

## 一、改革开放以来我国税制改革历程

回顾改革开放以来的历史，我国税制改革都伴随中央和地方分配关系的调整、二者财力关系的"此消彼长"。

如上世纪八十年代中期的"分灶吃饭"，贯彻的就是"放权让利"的基本思想。结果，无论是财政收入占GDP的比重，还是中央财政占财政总收入的比重都出现持续下滑的趋势，最后甚至影响到政府有效履行职能、影响到宏观调控的实施。

1994年税收制度改革是在中央提出建立社会主义市场经济体制的大背景下进行的。当时，我国税制改革的指导思想是"统一税法、公平税负、简化税制、合理分权"。其目的在于按照市场经济对税收制度的要求，实现初步同国际接轨、淡化原税制的计划经济痕迹。1994年税制改革初步建立了适应发展社会主义市场经济要求的税制体系的基本框架；规范了中央和地方政府之间的分配关系；调动中央和地方积极性，使中央财政得到了极大的充足，促进了地方财政收入以至整个国家财政收入的增长；促进了国民经济持续、快速、协调发展，提高了GDP增长率；初步实现了与国际接轨。

## 二、当前形势下分税制存在的局限性

（一）1994年实施分税制后，由于收入来源稳定、税源集中、增收潜力较大的税种，都被列为中央固定收入或中央与地方共享收入，留给地方的几乎都是收入不稳、税源分散、征管难度大、征收成本高的中小税种，地方政府的财政收入占整个财政收入的比重在逐年下降。但在支出责任上，由于1994年的分税制改革进行了税权改革而没有进行相应的事权改革，导致了收入的层层上解和支出责任的层层下压，直接加重了地方政府尤其是基层政府的财政压力。当地方财政收不抵支的，地方政府就会通过多种途径来弥补：如向下摊派收费、扩大预算外收入和非预算收入、借债等，从而造成了地方预算外和非预算收入的迅速增长。而在新预算法的刚性约束下，地方债务受到了严格的控制，土地财政也难以为继，改革分税制的财政体制似乎成为了唯一出路。

（二）为缓解地方财政支出压力，中央对地方采取转移支付方式。转移支付资金绝大部分是被中央各部委掌控，内容涉及到基础设施、农林水、国土气象、教育科技、医疗社保等多个领域，由此催生了中国式"跑部钱进"乱象。转移支付客观上不同程度地干预了地方事权，地方也无动力做好本不适于地方承担的事务，造成行政效率偏低，制约市场统一、司法公正和基本公共服务均等化。

（三）1994年税制改革后，我国的税制已经趋于简化，但是税种重复与缺位的问题仍然存在，应当适时加以合理调整。全面推开营改增试点后，营业税退出历史舞台，地方政府失去了主体税种，从而把地方收入体系建设提高到了历史高度；另一方面，全面推开"营改增"试点后，现行增值税制度存在的税率过多等问题也凸显出来,需要采取措施予以解决。

(四)直接税与间接税的结构比例失衡。中国社科院财经战略研究院院长高培勇提供的2012年中国税收收入结构图直观表明,当年我国税收收入中流转税占比70%以上,所得税税种占比26%,其它类税种只占比4.3%。间接税比重过高,造成政府财政对间接税的过度依赖,增大了财政风险,阻碍经济转型,也不利于商品的流通。更重要的是,直接税比重过低,制约了税制整体调控功能的发挥,不利于实现市场经济效率与公平的目标。

(五)《福布斯》认为中国的宏观税负为世界第二,国税总局虽然否认,如果税收加上社保基金和各种其他规费、罚款,中国人的税负确实不轻。企业会把税负通过价格转嫁给消费者,使产品的价格越来越高。企业成本过高,也会让我们在国际贸易当中处于劣势,使消费外流、消费空心化现象越来越严重。

(六)从更广阔背景看,当前我国正处在由"中、上等收入国家"向"高收入国家"跨越的关键时期,产业结构变动剧烈,政府职能和政府履职方式变化深刻,对改革分税制也提出了新的要求。

## 三、对税制改革的建议

税制改革并不仅仅是经济体制改革,应把税制改革提高到国家现代治理的层面,让税收发挥支柱性、基础性、保障性的作用。

(一)我国当前税制改革的根本任务

应主动对接供给侧结构性改革,在保证国家财政收入稳定增长的同时,促进国民经济的快速发展,发挥税收宏观调控功能,配合各项改革事业的顺利推进。

(二)税制改革应遵循的原则

1、立足国情,渐进接轨。税制改革应考虑宏观经济环境变化,力求使税制能够在较长时期内保持稳定,从长期来看减税有利于税收持续增长,但也不能笼统地一味强调减税,还应考虑到财政承受的压力,采取渐进式改革路径,实行适度的结构性减税。

2、效率优先,兼顾公平。针对目前经济发展过程中暴露的一些深层次结构性矛盾问题,以及我国财政政策正实现由"积极"向"中性(稳健)"的转向,税制改革应贯彻效率优先与兼顾公平的原则,突出发挥税收提高经济社会效益、维护社会公平正义、调节地区发展平衡的职能。

3、合理划分中央与地方的事权、财权。在税制改革过程中要贯彻落实适度集权、分权原则。在中央享有中央税、中央地方共享税立法权的基础上,明确地方税主体税种,赋予地方政府一定的地方税收立法权,使地方性公共产品供给逐步达到均等化。

(三)对我国税制改革的建议

1、税负应保持总体稳定,但总的趋势应是减税。改革应实行"减税为主,有增有减"的结构性减税政策,即结合税制调整,逐步把一些主体税种和重要税种的微观负担(税率)适当降低,同时辅以开征一些新税种和调高一些辅助性税种的税率,以辅助性增税措施为深化税制改革提供操作空间。但就总体而言,应该以减税为主。

2、合理设置税种,最大限度实现税制的简化。合并重复设置的税种和性质相近、征收有交叉的税种;对某些特定目的税开征的必要性和征税效果重新认真研究,权衡利弊后决定取舍,适时开征一些必要的新税,对一些明显不适用的,税收收入又很少的税种,及时宣布废止。经过调整,由中央立法的税有十来种即可,并以增值税、消费税、企业所得税、社会保障税为主体税种。

3、合理调整直接税与间接税的比例,逐步提高直接税在税收总额中所占的比重,降低间接税的比重。这一比例的调整不能简单地通过两者之间的此消彼长方式去实现,而是从总体税负调整的角度出发,通过增量的安排去实现。今后应将大量的预算外资金转化为直接税,如开征社会保障税,扩大资源税和财产税等。

4、在准确届定事权的基础上合理划分中央收入与地方收入。在中央、地方税种划分方面，可以将收入波动较大、具有较强再分配作用、税基分布不均衡、税基流动性较大的税种划为中央税。将地方政府掌握信息比较充分、对本地资源配置影响较大、税基相对稳定的税种划为地方税。选择与培育地方主体税种，健全地方税收体系，逐步建立以财产税、行为税为主体的地方税种。

5、逐步完善现行税制中的主要税种，并根据形势变化适时开征新税种。①改革个人所得税，推行按年计征的综合所得税。逐步扩大征收范围；合理确定税基，使个税改革分步到位。个人所得税综合计税很复杂，需要综合考虑个人职业发展、再教育的费用扣除，满足基本生活的首套住宅按揭贷款利息的扣除；抚养孩子费用的扣除，赡养老人费用扣除等。应根据条件分步实施，先做一些比较简单的部分，随着信息系统、征管条件和大家习惯的建立，逐渐完善改革。②开征遗产税、赠与税等财产转让税，利用税收杠杆调节财富分配，缓解社会矛盾。开征遗产税、赠与税，第一面要窄，起点要高，级距、税率要适中。第二要采取总遗产税制，即对被继承人死亡时遗留的财产先行课税，然后再分割给继承人。采用属人与属地相结合的课征原则。在开征遗产税的同时，辅以对财产所有人赠与他人的财产征收的赠与税，为了防止因转移财产造成偷漏税，可规定对被继承人死亡前五年内的赠与并入遗产税征收。③完善消费税，对消费税进行改革，把现行的部分不太适合征收增值税的服务业，譬如传统的消费型服务业改为征收消费税，适当调整部分产品税率和级距，将部分高档消费品纳入征税范围，下一步除将高耗能、高污染产品和部分高档消费品、以及部分服务纳入征收范围外，还应该把一些不适合继续征收消费税的产品从应税品目中剔除。④完善资源税，现在的资源税课税对象主要是矿产资源、油气，为实现人与自然和谐发展，应扩大现行资源税征收范围，将其扩大到所有需要保护的自然资源，如矿产资源、森林草原资源、水资源、海洋资源等等。进一步推动理顺能源生产和消耗环节中的税收调节机制。⑤开征环保税。随着社会经济快速发展，我国环保形势日益严峻，一些地区灰霾污染为特征的复合型污染日益突出。水污染、大气污染、固体废弃物污染、海洋污染和矿山环境问题也日渐突出，征收环保税刻不容缓。今后应将现行针对一些排污项目而收取的废水、废气、垃圾等收费改为开征环境保护税。⑥开征社保税，将社会保障中的社会统筹部分的“费”改为社会保障税。可以采取社会统筹部分改为征税，个人帐户部分仍保留收费的中国特色社会保障形式。其税目可设置为基本养老保险、基本医疗保险、失业保险和工伤保险，征税范围先设定为城镇，对于农民征税设计城乡统一税制问题，采取“分步实施，逐步到位”的办法。⑦以统一的房产税(物业税)取代诸多房地产税费。现行的房地产有关税费很多，大约占到了房价的3%至5%，严重制约了房地产的发展。应将现行房地产开发和保有各环节的所有税种和相关收费，合并调整，按统一名称房产税(物业税)征收。对房地产实行按评估价征税，税负水平依据现行房地产税和房地产开发建设环节收费转为税收的负担测算，征收环节后移，由拥有或使用房地产的单位和个人承担。⑧改革现行的证券交易印花税。实行印花税与证券交易税并征制度。对于一级市场证券发行时订立的产权转移书据或合同征收印花税。取消现行印花税关于“股权转让书据”税目规定，对证券转让等二级市场交易行为征收证券交易税，不再征收印花税。因继承、赠与而发生的转让行为原包含于现行印花税课征，归入遗产税、赠与税中。⑨普遍降低关税税率，逐步削减关税，打破贸易壁垒，促进国际贸易发展。⑩进一步改革和完善其他税制。改革出口退税制度，研究一揽子解决欠退税问题的办法，健全退税机制。⑪按照经济和社会发展需要，研究对电子商务征税。针对电子商务税收管辖范围难以界定，征税对象的性质、数量不清，政府税收流失风险大、税收法规不健全，税收征管稽查困难重重的问题，税收对策应遵循保持中性的原则，既不扭曲也不阻挡电子商务的发展，可以选择对增值的数据交易征税。

6、结合国地税征管体制改革厘清征管权限、范围、职责，实现资源整合、数据聚合、服务融合，提高征管质效和纳税遵从度，降低税收成本。

(作者单位：山东省平邑县地方税务局丰阳中心所)

# 当前预算管理体制下财务管理的实践与思考

祝秀娟

随着预算管理体制的调整,国库统一支付方式的实行,尤其是新预算法的实施,对地税部门财务管理工作提出了很多新的挑战。如何做好新形势下的财务管理,是摆在财务工作人员面前的新课题。

## 一、当前财务管理面临的问题

(一)经费来源完全依赖地方政府,对地方的依附加大。

经费下放后,地税经费收入来源的97%以上是地方财政拨款收入,完全靠财政"吃饭"。除了正常预算拨款外,水利基金征收手续费、省财政厅拨付的专项资金均通过财政部门拨付,其他经费收入也必须通过国库集中支付账户核算,地税经费收入尽在财政掌握中,对地方财政的依赖加大,自主性减少,地方政府对地税的掌控力度全面加大。

(二)零余额账户使地税经费收、支更加透明化,也给资金支出带来某些不便利性

经费下放到地方后,按照财政部门的要求开设了零余额账户,用于财政授权支付。这样,地税部门的收入、支出、结余全部通过财政专户得以体现。零余额账户无法使用网上银行操作,这对于习惯了使用电子支付系统的地税财务部门而言,感觉很不便利。同时,对每天的提现额度、时间都有限制,特殊紧急情况下资金支出无法实现。

(三)财权和人事权的分离,在预算经费争取上会造成某些程度的掣肘

经费下放到地方,人事管理权依然是垂直管理,工资调整、人员变动的审批地方人事部门不参与,上级部门批复的增资标准或调整工资标准,财政部门要重新复核。有些国家规定的奖金发放,如年终一次性奖金,地方政府不发放,地税部门对该项经费的争取也很困难。如果争取不到经费发放年终一次性奖金,干部收入减少,对地税干部队伍的稳定会造成负面影响。

(四)经济发展新常态,影响经费收入的稳定

地税部门的经费收入来源于地方财政预算收入,正常情况下,税收收入占财政预算收入的比重在80%以上。因此,税收收入的规模和增长幅度决定着财政预算收入的总量和增速。我国目前经济进入新常态,经济的下行和增速放缓必然造成税源增量的缩减,地方财力吃紧必然压缩支出,会波及到所有预算单位,包括地税部门。

(五)新预算法的实施,对预算管理提出了更高的要求

新预算法作为我国的"经济宪法",对部门预算的完整性、透明性、前瞻性和纪律性提出了一系列新要求。包括建立全口径预算管理,加强预算执行管理,硬化预算约束,依法公开预决算,接受社会监督等。预算管理要求更加明确、严肃,透明化程度非常高,这就对财务部门预算编制和执行水平提出了更高的要求,部门预算管理的难度加大。

## 二、加强财务管理的措施

(一)换位思考,扎实工作,有效沟通

地方财力吃紧从政府角度来讲，必然会要求税务部门增加组织收入的力度，对政府提出的要求不要一味地逆反和牢骚，要积极作为，有作为方有地位。

年初，我们及时将本年度组织收入、经费预算方面存在的困难和问题以及解决问题的建议，形成专题报告，呈报市委、市政府和财政部门，争取理解和支持。每季度主动将税收分析报告呈报市委、市政府和财政部门，使其了解地税为加强地方财力建设所作的努力。平时一些临时性、应急性工作，财政部门只要有要求就全力配合，特殊情况不能按规定时限达到其要求的，也及时说明情况，彼此之间形成良好的互动和互助关系。

正是由于我局财务部门与财政对口科室预算科、国库科一直保持着良好的互动和交流，所以财政部门在日常工作中给予了很多支持和帮助。经费下放以后，我们更是摆正位置、放平心态，业务上有问题及时请示、沟通。坚持“小问题”经常交流，“大问题”上门沟通，良好互动一直稳步推进。

(二)强化学习，学用互促，提升业务技能

专业知识是做好财务管理工作的前提，每年我们都会制定培训计划，确定培训内容，如:2014 年新《行政单位会计制度》、《行政事业单位内部控制规范》，2015 年新《预算法》、《政府采购实施条例》等。并定期通过网络教育学院，组织进行考试。我们不仅要求基层单位会计加强学习提高技能，科室内部人员也必须参加学习考试，科长首先带头。2015 年省局组织的骨干人才考试，收入核算和财务科正副科长带头参加，在烟台选拔入选考试中名列第一、第二；省局能手考试，财务全省第二名，直接进入 20%的能手名单；计统岗位也是全省前十名之内，获得岗位能手称号。烟台计财岗位 4 名人员进入人才库，莱阳就占 2 名。这对全局会计人员学习积极性的提高，有着极大的催化和鼓舞作用。

通过学习，对日常工作有三方面的提高:一是对上级局工作部署的认识有提高，如:通过《新会计制度》的学习，理解了经费下放地方的依据和必然性。二是对遵守《新预算法》、《内控规范》等法律、法规、制度的敬畏之心有提高，严格依法依规办事。三是处理日常业务问题的能力有提高，遇到新情况新问题会从理论的角度，规范的途径找到解决问题的办法。

(三)加强制度建设，财务规范管理常态化

随着财务规范化管理的深化和细化，上级部门出台了一系列规章制度和管理办法，根据上级部门的文件规定，结合我局实际，制定了《国内公务接待和公务出差管理办法》、《会议费管理办法》、《机关差旅费管理办法》等制度，重新梳理了《经费管理暂行办法》、《固定资产管理暂行办法》、《内部控制管理流程》等相关制度，并组织基层财务人员进行集中学习，严格执行公务接待、会议审批等有关规定，严控“三公经费”支出。逐步形成了用制度管权、按制度办事、靠制度管人的良好机制，为财务规范管理持续、健康、稳步发展打下坚实的基础。

(四)加强预、决算控制，严格预算执行

在单位预算管理过程中切实做到“收入一个笼子、预算一个盘子、支出一个口子”。

1、预算编制管理。预算编制按照“全面编制、不重不漏、科学合理、量入为出”的原则，由各科室、各基层单位分项预编，然后由市局财务部门统一汇总，上报市局办公会研究，财务科根据办公会议研究结果，统一编制上报本部门预算。对于项目支出预算，对编入项目库的项目，按轻重缓急进行合理排序。对专项资金，采取全过程监控的方法，确保专款专用，不擅自扩大支出范围。

2、预算执行过程控制。一是时间节点控制，二是考评监控控制。根据年初预算，按季度测算预算推进程度。对支出较快的预算项目，将剩余预算额度通报到各部门，让各部门尽力控制支出项目。对停滞不前的预算，让预算部门说明缘由，制定执行时限。对各部门预算执行的质量、时间、绩效按季度进行定期考评通报，通过考评，掌握全局整体预算的执行程度，总结年初预算编制的优劣。

3、决算管理。首先在年度终了前，对全年收支活动进行全面清查、核对，及时办理相关业务的结算及往来款项的清理工作，并认真核对各项缴拨款项。其次，编制财务决算报表，对照年初预算，看各项目预决算差异额、执行准确率。最后，进行决算分析。对全年的财务收支情况、资金运用情况、人员增减、固定资产使用、人均经费等情况，按照财务分析指标方法，进行全面分析，并对各部门预算执行的差异化进行考评，对预算执行偏离较大的进行调查，查找预算管理的薄弱环节，分析资金使用效益。

（五）严格授权审批控制，形成制约管理体系

1、严把审批关。建立重大事项集体决策和会签制度，单笔2万元以上支出、资产处置、预、决算编制等重大事项必须"过会"，经过领导班子集体研究讨论后，方能进行。不足2万元的，单笔支出1000元以上的报销凭证，需"一把手"审批；1000元以下的，由分管财务的副局长审批。

2、严把政策关。领导审核前，要求报销人员先将原始单据及附件送到财务部门审核，符合报销规定的，财务部门盖上"财务已审核"印章，领导见章后方审核签字；不符合报销规定或附件不齐全的，直接告知报销人员。基层单位报销，必须由报销人、单位负责人、纪检监察员三人签字审批，再按审批权限报经市局局长或分管局长审批。

3、严把支出关。审批后的单据财务部门严格依照相关规定审核合格后才能报销。报销一般以财政直接支付方式或转账支票、公务卡的形式，减少现金使用量，尽可能形成相互监督、制约，透明化、无缝隙的公务消费报销支出管理体系。

（作者单位：山东省莱阳市地方税务局）

# 地方税体系建设中的几个问题

何德学

2016年5月1日后，营改增全面完成，营业税消失，这是我国税制结构的一次深刻变化。

1994年，分税制财政体制改革，建立中央和地方事权和财权相适应的财税体系，这个目标在今天营改增完成后是否实现了呢？答案是否定的，应该说，这个目标只完成了一部份。今天，营改增后，地方税体系主体税种消失，地方税体系建设明显滞后，地方税体系建设的任务突现得重大而紧迫。

## 一、历史视野

一朝之制度，必有一朝之人事。任何制度，如果没有保证其施实之人事，则再好的制度也沦为虚设。这是中国一千多年的历史长河里，无数次财税改革所展现出的不变道理。从商鞅变法、王安石变法、张居正的一条鞭法等。改革者的初衷、勇气、决断力，都是超群和卓越的，而最终成败之关键，便是人事格局的影响。执行的人、执行的过程，要么是不理解、要么是为了一己之私、要么就是政敌打压，使改革最终失败。

今天，我们是党领导下法治国家，当然和封建社会不可同日而语，但面对财税改革这个牵动各方利益的博弈，多年来，政策执行的走样，依然存在，改革设计的初衷和最后执行的结果，依然有着较大的差距。这是我国幅员辽阔，各地经济发展不平衡，各地利益诉求不同、资源差异等因素决定的。因此，我们在地方税体系的建设中，要把这个因素作认真的考虑。如，当前针对环境恶化，对毒工厂排污的处理，各种地方保护势力极为嚣张，试想，如果开征环境保护税，该会有多难呢？所以，地方税体系建设的首要问题，就是要充分调动中央和地方的两个积极性，使税收改革措施，被大多数执行者接受，才能够被积极主动的贯彻落实好。

## 二、税种格局

营业税消失后，地税部门征收的税种有：企业所得税、个人所得税、土地增值税、城镇土地使用税、城市维护建设税、房产税、车船使用税、资源税、印花税、烟叶税、契税、耕地占用税、文化事业建设费、教育费附加。

这些税种，可以概括为三个字。散、小、乱。

散，是税源分散，零星，如印花税、契税、耕地占用税等。

小，是税收收入数量不大，有的税种，早已经失去了存在的必要，如城建设，教育费附加等，这是随主体税种征收的税，相当于从牛身上拔毛，现在营业税、增值税、消费税等税种的改革都进行了多次，可谓牛也不是那头牛，但毛还是原来的毛！何不把增值税税率提高一个点，这个点城市建设和教育各得一半，这样，全国节约多少征管力量，少开多少税票，节约多少征管成本呢？

乱，就是管理混乱，如企业所得税，一个税种，一部法律，它的管理机关就有国税地税两个部门，在企业所得税的征管范围上,多年来,国税总局变了很多次,有时候是按照出资额来划分;有时候是按照原来管好的地税管、新办的国税管;有时又是随主体税种走。这带来了无穷的后患,笔者在实际征管中,就遇到国地税两家都不好认定的企业,谁管谁不管?

## 三、立法权限

我国税收的立法权,目前都是集中在中央,省级政府有很少的立法权。

建立科学完备的地方税体系,就应该給地方适当的税收立法权。

但难就难在这适当两个字。一是什么时候給?二是給多少?

对于一个中央集权的国家,集中财力才能够办成大事。但同时,地方要活、要强,这样整个国家才能够强大,給地方一定的税收立法权,是带活地方经济发展的必由之路。但是,国家应该对这个权加以严格的限制,要防止地方保护主义乘虚而入,人为制造壁垒和不平等竞争,破环全国一盘棋的经济大局。

## 四、可操作性

建立地方税体系,在开征新税种和制定相关政策时,要充分考虑可操作性。

如:当我国的居民存款制度还不完善,家庭的财产和收入申报制度还不成熟时,要把个人所得税改为按照家庭所得综合计征,这对征管机关来说,有多难呢?当我们从一个小学生的书包里,都可以找到几张银行卡,我们怎么准确确定每个家庭的收入情况呢?

再如:在我国房产登记制度还执行得不是很好,各地小产权房还没有处理好的情况下,如果开征房地产税,这些因素如何处理,就要事前作充分的调研。以笔者所在的云南省威信县扎西镇为例,县城周边没有办理任何手续修建的房子,就有数百栋,现在这些没有产权证的房子,如果纳入征管范围,那纳税人都确定不了;如果不纳入,那么对于缴纳了土地出让金,按照正规手续修建的房屋,就是一个严重的税收不公平,并将激化社会矛盾。

还有,有种说法,将来的房地产税,在征管上,将是家庭的一套房免税、二套房轻税、三、四套房重税,如此这般,那如果我家现在有三套房,要交税了,我可不可以离婚,变成三个家庭,妻子一套,我一套,孩子和爷爷奶奶一套,这样,不是不用交税了!

有句话说,凡是让人妻离子散的政策都是弊政!所以,我们基层税务机关,尚不知道高层在这些税收改革的大框架上是怎样设计的,但每一个政策的出台,都要充分考虑现实环境,考虑其可操作行,而不是理论上是那样就行了!

## 五、建议

(一)大道至简

治大国若烹小鲜。税收政策的制定,应该是越简单越好,不要经常变更税收政策。以后,各级税务机关没有必要设立税政一、二、三科,设这样多的机构这样多的人,繁琐而消耗,不合符科学化法制化的管理要求,税收法律法规规定好了,执行好就不错了。

(二)对地方税体系建设

特别是涉及对所得、财产、资源的征税,要求国家对一些基础性的改革先行,税务机关应该立即呼吁和推动这些改革的尽快实施。如:身份证制度改革。应该按照每一个人出生时,以申报的 DNA 样本,建立一个唯一的终身不变的身份证号,以后,此人的银行卡、纳税号、信用识别号等,都是唯一的,这样税务机关才能准确确定家庭和个人的收入额，许多理论上公平税负、科学管理的措施才能变得切实可行。再如：财产申报制度改革，这涉及到反腐败、对居民财产的保护等内容，但这是完备对财产征税的一个先具条件。

（三）简并税种

地方税税种小而散，许多税种的出台，已经过去了几十年，当时出台这个税种的经济和政治环境已经发生了翻天覆地的变化。今天，无论的政治还是经济意义，甚至组织收入的功能，这些税种已经没有多大的现实意义，如房产税和城镇土地使用税，把它简并，开征新的房地产税已经势在必行。

（四）理顺税收征管机构

随着金税三期甚至金税四期的实施，税收级次的人库问题已经不是问题，混淆中央和地方收入的混级混库现象，已经不是技术问题而是政治纪律的问题，在严格纪律的前提下，没有哪里敢这样做。随着国税总局大力推行的国、地税合作规范向前深入，国、地税机构合并已经是水到渠成之事。当然，合和分，是各有优劣的，但从提高效率、节约税收成本、统一税权、严格执法等方面看，合的优点还是大于分。

（作者单位：云南省威信县地方税务局）

# 对地方税体系建设的思考与对策

徐光辉

地方税体系是我国税收体系的重要组成部分，不仅能够起到税收组织收入功能、引导地方资源合理配置、调控经济目标，而且也能充分发挥地税部门在实现地方税收中的职能作用。因此，地方税体系的建设意义重大。对此，本文浅显地谈谈对完善地方税体系建设的几点认识。

## 一、新一轮地方税体系建设的必要性分析与存在问题

我国“营改增”后，新一轮的地方税体制改革，受到广泛关注，回顾我国大的几次税制改革，笔者认为，1994 年的财税体制改革是具有基础性、方向性和制度性的改革。但是随着社会经济发展的快速变化和市场经济体制的确立，特别是公共财政体制框架的确立，在地方事权、财权、税种设置及收入划分上都留有一定缺憾。比如：税种改革主要集中在中央税和共享税方面，如增值税转型(2008 年)、内外资企业所得税合并(2009 年)、个人所得税免征额提高(2007、2011 年)等，而地方税改革却停滞不前。直到近两年，我国税制改革开始涉及地方税(营改增、个人住宅房产税和资源税)，但客观上讲，距同时包括地方税权、地方税种、一定收入规模和固定征管机构的完整意义上的地方税体系，仍差之甚远。目前我国新一轮税制改革大幕即将拉开，特别是中央在进行大部制改革和精简行政机构的形势下，以及营业税改增值税扩围，以营业税为主的地方主体税种受到了很大影响，地方税收是否会受到削弱，地税部门的职能地位会否被取代，时下，给我们带来很多的思考。笔者认为，历史的经验反复告诉我们，地方税体系的建设只能加强不能削弱、不可或缺。有学者认为，目前地方的财源主要有三种方式：一是税收(包括中央税收转移支付)、二是卖地、三是举债。如果不能深化和完善地方税体系的建设，甚至是取消地方税，地方建设靠“举债”和“卖地”都是不可持续、也是不能想象的。退一步说，税收“财权”划归中央，地方的收入完全靠中央财政转移支付，就会又重回历史的老路，违背中央“调动地方积极性”的改革初衷。如果国、地税系统合并，地税划归国税目前也不太现实，虽可方便纳税人办税和统一使用征管信息系统，但势必又造成一种新的“人财物”巨大浪费，也不太符合中央“精简机构和人员”的要求，同时，庞大的地税人员靠哪一级财政供养？等都是问题。另外，据统计，中国国家审计局 2013 年末称，截至 2013 年 6 月末，地方政府负有偿还和担保责任的债务总额较 2010 年末上一次统计的总额人民币 10.7 万亿元大幅增长 67%，增至 17.9 万亿元，而且大都投向大型项目和基础设施，这些项目周期长、见效慢，债务到期地方政府可能会出现非常大的融资缺口。以连云港市例，如图示：

**连云港市本级 2013 年地方可支配收入及 2013 年底地方债务(亿元)**

| 地方债务(截至 2013 年年底) | 金额 | 地方财力(2013 年度) | 金额 |
|---|---|---|---|
| (一)直接债务余额 | 98.85 | (一)地方一般预算本级收入 | 104.19 |
| 1、外国政府贷款 | | 1、税收收入 | 78.30 |
| 2、国际金融组织贷款 | | 2、非税收入 | 25.89 |

| 3、国债转贷资金 | | (二)转移支付和税收返还收入 | 38.02 |
|---|---|---|---|
| 4、农业综合开发借款 | | 1、一般性转移支付收入 | 3.76 |
| 5、解决地方金融风险专项借款 | | 2、专项转移支付收入 | 29.91 |
| 6、国内金融机构借款 | | 3、税收返还收入 | 4.35 |
| 7、债券融资 | | (三)国有土地使用权出让收入 | 144.31 |
| 8、粮食企业亏损挂账 | 0.14 | 1、国有土地使用权出让金 | 142.37 |
| 9、向单位、个人借款 | | 2、国有土地收益基金 | 1.67 |
| 10、拖欠工资和工程款 | | 3、农业土地开发资金 | 0.28 |
| 11、其他 | | 4、新增建设用地有偿使用费 | |
| (二)担保债务余额 | 7 | (四)预算外财政专户收入 | 3.80 |
| 1、政府担保的外国政府贷款 | 0.08 | | |
| 2、政府担保的国际金融组织贷款 | | | |

如何既要化解地方债务融资风险,又要解决摆脱土地财政依赖问题,并解决中央和地方事权和财权匹配严重失衡的问题,都已经到了财税体制改革的十字路口,可以说,推进地方税体系建立将是新一轮改革的大方向。化解一系列风险的根本在于健全地方税体系为目的的财税体制改革。地方税收是地方财政收入的主要来源,努力提高地方税收占税收总收入的比重,扩大地方政府理财空间和调控能力,扩大地方财政来源才是化解风险的根本之策。

当前我国地方税体系建设中存在的主要问题,主要表现为地方事权与财力不匹配,缺少主体税种,收入规模偏小,对地方经济调控能力弱,税收管理权小征管成本高等问题。

一是主体税种缺位,尚无新税种可以替代。目前营业税作为地方税的主体税种,一旦营业税被增值税所取代,会使地方税陷入群龙无首的境地。因此构建地方税体系主体税种,形成地方税收入的稳定来源就成为当下急需解决的问题。

二是地方税收总体规模较小。按照国际惯例,在实行分税制的国家,地方税占 GDP 和税收总额的比重一般在 7%和 40%以上,而我国所占的比重仅为 4.69%和 35.8%以下,总量过小。并且地方政府承担的事权中,也就是财政支出并没有随财政收入的下降而下降,一直稳定在 70%左右的支出水平波动,使得分税制改革后的地方财力大幅度下降,加剧了地方财政困难,使得一些地方政府不得不采取一些收费、基金等形式。来筹措地方财源,损害地方经济的运行效率。

三是地方税收占地方财力比重较小。一般来说,地方税收是地方政府的主体财政来源,具有强制、无偿、固定的特定,取众人之财,办众人之事,但是我国运行的实际是地方税对地方财政的支撑力逐年下降,只能服务于吃饭财政,比如连云港近年来税收收入仅占连云港地方财政收入的 50 左右%,与国家税收占中央财政支出的 95%以上相差较大,没有多余的财力来为地方提供高质的公共服务,地方税收入的主体地位下降,地方税的财政功能日渐弱化,不利于政府整体的运行效率。

四是税收对经济增长反应滞后。当前地方的税收体系缺乏弹性,间接税比重大,直接税比重小,不能有效地引导市场行为,直接后果就是带来地方税收收入的下降,增强了对中央政府的转移支付依赖,以及开征基金、增加收费项目侵蚀地方税税基,从而进一步缩减地方税收入规模,扰乱正常的国民经济分配秩序。

五是地方税管理权限小和地方征管成本过高。我国的地方税管理权限高度集中于中央,几乎所有地方税种的税法、条例以及大多数税种的实施细则都由中央制定,地方税的减免权、税目与税率的调整权等管理权限也基本集中在中央,地方只具有征收管理权及制定一些具体征税办法和补充措施的权限。这种高度集权的管理模式,难以适应各地复杂的经济环境和税源状况,影响了地方政府以本地税收调控经济和保障收入的职能。目前地方税多是税源分散、收入零星、征管难度大的小额税种,也不同程度地增加了地方税收的征管成本。

## 二、完善现行地方税体系的思考与建议

(一)构建以个人所得税和财产税为主体税种,配以辅助税种的地方税种模式

1、建议将个人所得税明确为地方税的主体税种。首先,个人所得税已经具备了作为主体税种的条件。近年来,我国个人所得税税收收入占地方税收增长较为快速,个人所得税的发展获得了良好的经济体制基础。比如:以连云港市为例,2014 年全市个人所得税达到 106159 万元,是 1994 年 393 万元的 312 倍,年均增幅在 33.25%。如图示:

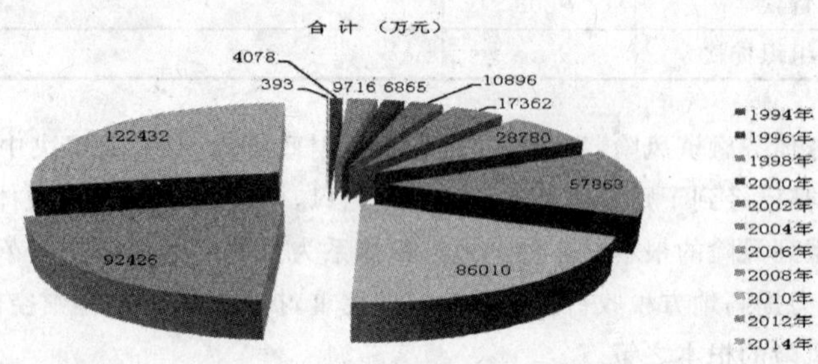


另外,随着我国进一步实行综合与分类相结合的个人所得税制改革,将来征收个人所得税不仅仅多限于工薪阶层,非工薪阶层以外的收入较高人群和收入较高的家庭将在扣除一定的比例费用后,扩大个人所得税的征缴面,税基将更加巩固和稳步扩大,税源也将产生积聚效应,个人所得税作为地方税的主体税种的地位,也更加突出。二是可以更有效的调节财富分配公平税负。个人所得税被广誉为经济发展的"内在稳定器"。特别是当前我国居民收入差距不断扩大的情况下,可以说,个人所得税已成为宏观调控体系的重要部分,对政府解决或缓解收入分配不公的功能要比流转税有效得多,建议改进个人所得税,实行综合与分类相结合的个人所得税制,强化对高收入者的税收调节力度,并朝有利于低收入者的方向发展。三是可以强化组织收入职能,使地方政府可备有充足的财力。将个人所得税明确为地方税的主体税种,税源稳定,税基大,假以时日,大力加以培植,能够逐步增加地方财政收入,真正使地方税收收入能满足地方经济建设的需要。四是个人所得税作为地方主体税种便于征收。个人所得税现阶段采用与中央政府分成的办法,由地税部门征收,作为地方税种无可置疑,也为个人所得税的征收提供了良好的纳税人条件。如果中央能够实现新一轮的"放权让利",不仅给地方政府开辟了新的财源,又能与中国经济转型和结构调整结合起来,促进经济体制焕发出新的活力。

2、建议将来在适当时机开征房地产税并作为地方税主体税种。目前,从地方各税种收入情况来看,税源零星分散,且真正属于地方税的各个税种所组织的收入规模有限。从长远来看,随着条件的成熟,可以参照国际做法建立起以财产税为主体税种,并配之以其他辅助税种的地方税种模式。财产税可以成为地方税收入主要来源的原因在于财产税具体税种的税基稳固,纳税面广,而且从税收公平的衡量标准来看,财产税充分体现了受益原则,即只要受益于地方财政公共支出,享受到地方政府提供的公共产品和服务,就应当纳税。当然,财产税的开征并不意味着一定是加税,有学者建议将财产税的开征定义为房地产税,改革的基本思路是,将现行房产税、土地使用税、土地增值税、土地出让金等项税费合并,转化为房地产保有阶段统一收取的税种。比如:以连云港市为例,将 2013 年底个人所得税、房产税、土地使用税、土地增值税、土地出让金作为预设主体税种与营业税收入进行分析比较,如图示:

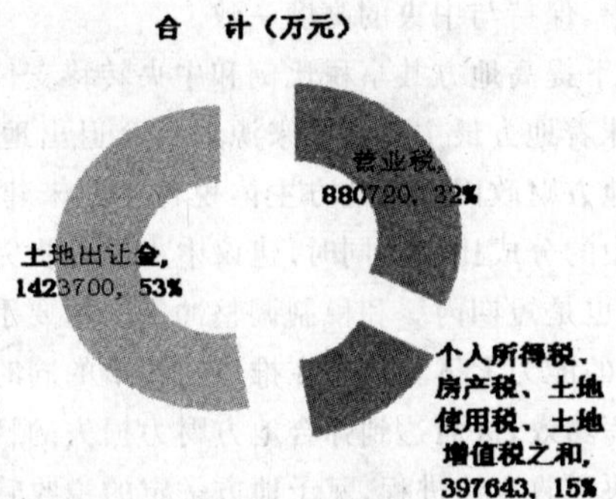


可以看出预设主体税种占有较大权重，以此填补目前地方税种的缺位。

笔者认为，开征房地产税特别需要注意以下几个环节：一是要通过全国人大立法实施。房地产税，作为税收体制改革的重要内容和新的税种开征，涉及到国家、地方、个人利益关系格局的调整，尤其是目前在居高不下的房价面前再开征新税种，必须考虑千家万户百姓的心理承受力和实际负担，为了保证其新税种开征的科学性、透明性、合法性，开征要经过立法程序，须由全国人大审批通过才行。二是房地产税的开征，要避免重复征税。因为未来房地产税是在房地产保有环节征税，目前已经取得房产证的"纳税人"，在房屋购买环节其购买的房价里已经包含了政府卖给开发商的土地出让金、土地使用税等税费。下一步又要在房地产保有环节再征一次房地产税，岂不是重复征税吗？三是未来开征房地产税，要先解决征管技术难题。比如：如何确认房源信息，如何科学评估房产的增值部分，是按人均面积征收还是按人均户数的套数征收，都是征管的难点。四是未来若开征房地产税，建议要提高起征点。房地产在保有环节，只要不出让，对于购房者来说是没有赢利和利润可图的，甚至有相当一部分人在交房地产税的同时，还要继续向银行交房贷，因此，开征房地产税，建议调高起征点，重点是调节高收入阶层，同时，增加减免税政策，保护普通购房者利益。五是开征房地产税，作为地方政府要能同时起到增加财政收入和调控经济的目的。房地产税的开征，其计税依据可能是按房价计征，地方政府若为稳定税源和增加房地产税收入，可能不会希望房价下降，解决目前房价居高不下的问题，也是房地产税开征将来面临的问题。

3、建议开征环境保护税、地方消费税和推进资源税改革进程，并将环境保护税、地方消费税、资源税作为地方税辅助税种。一是将环境保护费改税。据介绍，目前，我国相关部门已将现行排污收费改为环境保护税提上日程，将综合考虑现行排污费收费标准、实际治理成本、环境损害成本和收费实际情况等因素确定税率。二是建议开征地方消费税。在消费税改革方面，高耗能、高污染产品及部分高档消费品将被纳入征收范围。最近，财政部部长楼继伟曾表示，将一些高耗能、高污染产品及部分高档消费品等纳入征税范围，调整征收环节，促进解决重复建设和产能过剩问题，努力提高经济发展质量。在消费税征收环节上，国家税务总局原副局长许善达建议，把消费税从生产环节征收改为从消费环节征收，如此将遏制地方为扩大税源而盲目投资的行为。将转移后的消费税划归地方税的主体税种，有助于解决地方税主体税种问题。中国社科院财经战略研究院院长高培勇认为，消费环节征收和地方利益挂钩，地方对税收征管会进一步加强。"生产环节征税税源往往分布不均，但是如在零售环节征收，就是在哪个地方消费，哪个地方纳税，这个税源就分布均匀了。"三是推进资源税改革。目前国家已经开始推进资源税改革进程，为了加强资源税节约资源、保护环境的功能，可以参照国际经验，将改革后的资源税收入由中央财政与地方财政按照固定比例分享。

总的来说，地方主体税种的选择，要富有地方特色，体现保障地方政府财政支出和调控地方经济发展的需要，不侵占中央税源，不能影响到中央政府的财政收入，同时还必须兼顾中央政府调控全国经济的目标，在灵活处理地方经济的问题上，保持与中央的高度一致。

(二)在未开征主税种的情况下提高地方共享税比例和中央转移支付力度

目前，营改增的全面推进意味着地方最主要税收来源迟早会退出地方财税体系，届时地方财政困难恐会进一步加剧。因此，在解决地方财政困境的地方主体税种还尚未建立的情况下，建立提高地方政府在增值税、企业所得税等共享税中的分成比例。同时，建议中央进一步完善政府间转移支付体系，缓解地方财政风险。加大转移支付力度也是短期内缓和税制调整冲击的重要手段，因为转移支付的目的就是使各地政府提供地方公共品和服务的能力大体相当。在推进营改增的同时，应将各种形式的转移支付配合使用，使各转移支付方式分别发挥功效，进而达到弥合地方财力损失的目标。

(三)加强地方征管力量、加快税收立法进程，赋予地方一定的税收管理权

从调动地方政府管理税收的积极性出发，中央政府应在总的税制结构框架下，在保证中央财政收入稳定增长的基础上，按照“统一税法、分级管理”的原则，充分考虑地方经济发展需求和地方政府运用地方税调控地方经济的能力，赋予地方一定的税收管理权限。有学者认为，中央税和共享税的税收立法权、征收权和管理权集中于中央，以保持中央税和共享税管理权限的完整和统一，维护中央的利益，增强宏观调控能力。其次，在全国统一开征、对宏观经济影响较大的税，即地方税中的重要税种，包括个人所得税、房地产税的开征等，其税收立法权、税率确定和调整权、减免权等应集中于中央，其征收权由地方拥有。再是，在全国统一开征、但对宏观经济影响较小的地方税，即地方税中的次要税种，在立法权归中央的前提下，应由地方政府拥有一定的税政管理权，即地方政府有权在中央规定的基本法规的基础上，根据本地区的实际情况，对具体的开征范围、税目的设计、税率的确定等进行调整。另外，建议中央制定《税收基本法》，全国人大认为必要时可授权省级人大根据当地的区域、资源特色，决定开征某些地方税小税种。当然，须保障和维护全国税政的统一。建议由省、自治区、直辖市人民代表大会，在认为必要时向全国人民代表大会提出申请，报经全国人民代表大会常委会备案和批准后作出授权决定，使地方拥有适当的税收立法权并处于中央的监督和约束之下。

(作者单位：江苏省连云港地方税务局)

# 构建广州市“一带一路”税收服务与管理体系的思考

王 峰

在“一带一路”战略体系中，广州充分利用在粤港澳一体化、中国一东盟经贸合作中的区位优势，着力发挥南沙自贸区、广州港和白云空港在新一轮对外开放大格局中的重要作用，鼓励广州企业“走出去”，在夯实吸引外资和促进外贸优势的基础上，打造成为国际性战略功能平台。在复杂多变的国际经贸环境下，税收政策对于“走出去”企业的发展战略、经营成本，权益维护等方面都有着举足轻重的影响。为此，本文结合广州市“一带一路”建设着力点，全面分析广州市“走出去”企业发展现状，探索构建广州市“一带一路”税收服务与管理体系。

## 一、广州市“一带一路”战略实施情况

(一)广州市对外投资总体情况

2014 年，广州全年新增境外投资项目 174 个，中方协议投资额 31.05 亿美元，同比增长 70.74%。而同期北京的境外投资中方实际投资额为 54.6 亿美元，同比增长 77.6%；上海的境外投资中方投资额为 103.8 亿美元，同比增长 186.44%。

投资主体方面，民营企业新增境外投资项目 132 个，中方投资额 18.80 亿美元，同比增长 41.78%，国有企业新增项目数 25 个，中方投资额 8.85 亿美元，同比增长 226.53%；投资产业方面，贸易类和服务类分别是境外投资项目数和投资额第一，其中贸易类投资额占 51.72%，同比增长 63.64%，资源和研发类项目均为 2 个，同比增长 1.15%；投资目标国(地区)方面，全年对香港的中方投资额最高，达 16.2 亿美元，占 52.20%，同比增长 23.93%；其次为亚洲(除港澳地区)和北美洲，投资额占比分别为 17%和 14%，全年在“一带一路”沿线国家投资项目 30 个，中方投资额 81456 万美元，占总投资额的 26.24%。

截至 2014 年，广州市累计对外协议投资已超过 80 亿美元，其中超千万美元的境外投资项目有 89 个，总投资额约为 66 亿美元，主要涉及能源资源、农林牧渔业、房地产、批发展贸、物流仓储以及金融、租赁、投资等商务服务业。截至 2015 年 4 月 30 日，广州共有 772 家境外投资企业，30 家对外承包工程企业。

由上述数据可见，广州市对外投资呈现以下特点：1、境外投资额增长较快，但与其他一线城市相比在规模和增速上均有一定差距；2、境外投资主体呈现多元化趋势，民营企业开展境外投资在总项目数和总投资额都占绝对优势，但在项目平均投资额上国有企业远超于民营企业；3、投资产业广泛涉及第一、二、三产业，但研发、资源类项目较少，投资目标国(地区)集中于传统投资热门国家(地区)，“一带一路”沿线国家的投资增长空间较大。

(二)广州市参与“一带一路”建设的着力点

“一带一路”是“丝绸之路经济带”和“21 世纪海上丝绸之路”的简称，由习近平主席于 2013 年分别在哈萨克斯坦和印度尼西亚发表重要演讲时首次提出。今年年初，李克强总理在政府工作报告中明确提出“一带一路”战略后，全国上下积极响应，迅速推进“一带一路”建设工作。国务院相关部委联合发布了《推动共建丝绸之路经济带和 21 世纪海上丝绸之路的愿景与行动》，广东省于今年 6 月也出台了《广东省参

与建设"一带一路"的实施方案》,该方案突出体现了"建世界级港口群、突出粤港澳合作以及经贸合作"这三大"广东特色"。广州市作为全省经济建设的主力军,于今年9月出台了《广州市推进21世纪海上丝绸之路建设三年行动计划(2015－2017年)》,深挖发展潜力,发挥竞争优势,积极参与到"一带一路"的建设大局中,并主要体现为以下三个着力点。

1、以南沙自贸区建设为核心,打造高端海陆空物流枢纽。广州市以"一带一路"重要基地南沙自贸区建设为基础,打造海陆空物流枢纽具有巨大优势。一方面,以南沙港区为依托的广州港,致力于国际航运中心建设,以信息化建设提高口岸管理服务效率和水平,提升对外交流合作层次,发挥港口集聚辐射和桥梁纽带作用。另一方面,依托于广州白云国际机场的广州空港,利用机场产业聚集效应,以机场为中心形成了航空关联度不同的临空产业集群。在"一带一路"所涉及区域,南航在航班频率、通航点数量和市场份额上在国内航空公司中均居首位。广州物流总部经济产业聚集效应逐步发挥,电子商务平台、物联网等信息化、智能化技术促成现代高端物流业与产业转型升级融合发展的新模式,提速实现集群化、高端化的广州现代物流产业。

2、新业态发展态势强劲,传统产业开拓国际市场。在当前"互联网＋"业态发展环境下,跨境电商借助于现代金融、税收、通关、检疫、流通等政策,有望形成未来生产、贸易、金融、物流、服务一体化的集约式国际贸易新体系,助力传统外贸升级转型,促进"一带一路"国家间的生产分工协作、资源共享和相互市场开放。广州拥有产业门类齐全、综合配套能力、科研技术能力和产品开发能力较强的外向型现代工业体系,是全国互联网三个核心节点和国际出口之一。据初步统计,2015年1－7月广州跨境电商进出口超过30亿元人民币,居全国试点城市第一名。纺织、服装、轻工、家电等在国内已形成产业集聚优势的广州传统产业,将借助跨境电商国际贸易平台实现产业转型,更快更好地投入到"一带一路"沿线国家的新市场中。

3、比邻港澳面向东盟,城市区位优势显著。

(1)借力港澳,创新金融。香港作为国际金融中心,拥有国际化融资平台与营商环境,在税制、人才、专业服务等方面具有突出优势,是我国企业"走出去"的重要平台和首选地。广州产业结构与香港的金融和实体经济结合度高,而金融创新是广州"一带一路"建设的关键突破口之一。2014年底,广州出台了《关于支持广州南沙新区深化粤港澳台金融合作和探索金融改革创新的意见》,突显了支持南沙新区深化粤港澳台金融更紧密合作的政策重心,体现了粤港澳一体化在推动广州"一带一路"建设,助力南沙打造成为彰显综合金融服务标杆重要阵地的关键性作用。据了解,截至2015年7月底已有超过70家融资租赁企业在南沙自贸区注册,在融资租赁业税收优惠政策的贯彻落实下,目前已办理退税1500万元。

(2)立足东盟,产业升级。随着中国－东盟自由贸易区的建成,东盟各国是"一带一路"沿线国家中吸引中国直接投资最多的地区,也是中国大型承包工程业务的最大需求市场。广州历来都是中国与东盟经贸合作的门户城市,与东盟在资源禀赋、产业结构等方面具有较高互补性,贸易总量连续多年保持增长态势。东盟各国经济发展程度不一、产业跨度大,为广州产业转型升级提供了广阔市场和空间。

## 二、广州市"走出去"企业税收服务与管理工作现状

(一)工作开展情况

"一带一路"国家战略的实施,离不开顶层设计与基层实践两相结合,围绕国家税务总局的要求,我局从推进信息化进程和丰富纳税服务手段两大方面着手开展"走出去"企业税收服务与管理工作。在信息化方面,一是搭建起"走出去"企业基础数据管理信息系统。加强与市商务委、外管局、地税局等相关政府部门的沟通与合作,充分利用其通过对"走出去"企业的审批、监管和备案职能进而掌握"走出去"企业信息的优势,定期获取广州市"走出去"企业相关信息,不断丰富和完善我局"走出去"企业基础数据信息,对

我局“走出去”企业信息管理平台进行升级完善。二是规范境外所得申报。我局根据《国家税务总局关于居民企业报告境外投资和所得信息有关问题的公告》的要求，加强对基层单位和纳税人的辅导，做好《居民企业参股外国企业信息报告表》和《受控外国企业信息报告表》的填报工作，规范居民企业境外投资和所得信息的申报管理。在2015年第一季度中，广州共有300多户企业申报了《居民企业参股外国企业信息报告表》。在纳税服务方面，我局采取多种措施全方位服务“走出去”企业。一是联合市地税局多次开展了“走出去”税收政策宣讲会，我市共100多户企业参加了宣讲活动；二是建立网上税收政策服务平台，在我局门户网站和我局微信平台上开辟“走出去”税收服务与管理专栏，充分利用网络的实时性和便利性宣传“走出去”相关国内税收政策、“一带一路”沿线国家税制和税收协定等内容；三是建立定期走访机制，定期对“走出去”典型企业进行上门纳税服务，开展个性化政策宣讲和境外涉税问题指导工作。四是与市地税、普华永道联合编写了《“走出去”企业税收政策与风险管理手册(2015版)》，并已派发给各单位以及部分“走出去”企业。上述措施均取得了明显的成效，得到了纳税人的一致好评。

(二)存在的问题

为进一步提高对“走出去”企业的税收服务与管理水平，增强服务的针对性和管理的有效性，我局目前对我国境外投资税收管理体系进行了全面分析研究，并对全市“走出去”企业的涉税情况开展了深入调研，结果显示，目前对“走出去”企业的税收服务与管理主要存在以下四个方面的问题：一是我国境外投资税收管理体系建设不足。境外投资税制设计落后于我国境外投资发展需求，具体体现在：1.分国限额抵免方法容易导致跨国企业境内外总体税负上升；境内外成本分摊的实际操作性不强；对境外亏损弥补、抵免层级及超限额抵免结转等方面的限制性规定影响了企业“走出去”的积极性，不利于正常的资本输出和资本国际流动，不符合当前国家战略要求。2.境外税收优惠政策覆盖面窄、形式单一，难以体现调控与导向作用；3.境外所得税收法律体系及相关政策分散于法律、规范性文件和条例中，缺乏系统性、稳定性。二是企业“走出去”面临多重问题。据调查，在“企业‘走出去’过程中遇到的最大问题”的选项中，20%的企业选择了“资金问题”，主要包括国内银行融资的申请难度高、审批流程长、国内融资渠道单一等融资难问题以及汇率变动引致的境外资金安全问题；15%的企业选择了“税务问题”，其中“不了解投资国税制导致不必要的税收负担”占47%，个别存在税收歧视、双重征税、投资国税收政策变动导致追溯调整风险等问题；此外，企业核心竞争力不够、国际化人才不足、国际化战略观念落后等问题均在不同程度上制约着“走出去”企业的发展壮大。三是税企之间沟通协作机制尚不完善。在“是否了解国家双边税收协定”选项中，96%的企业选择了“听说过”或“完全不了解”，享受过双边协定待遇的企业不足一半；在“是否了解居民企业报告境外投资和所得信息”选项中，37%的企业选择“完全不了解”；在遇到税收歧视或争议时，大部分企业选择“服从当地税务机关决定”或“聘请税务中介处理问题”，选择“寻求我国税务机关帮助”的不到一半，可见税企之间的沟通交流不够通畅，税企协作机制亟待完善。四是“一带一路”战略对境外投资的导向效应尚不明显。在回收的问卷中，四成企业选择“有意扩大境外投资规模”，而在意愿“走出去”国家的选择中，近半数为传统走出去国家(地区)如香港、美国等，东盟十国占四分之一，其余“一带一路”沿线国家所占比例总计不足四分之一，这与“一带一路”战略提出之前广州市境外投资国家(地区)的构成情况基本一致。

## 三、构建广州市“一带一路”税收服务与管理体系的对策建议

结合广州“一带一路”建设情况以及“走出去”企业现状，课题组从税制和政策设计、信息化管理和服务以及社会资源整合这三大方面提出构建广州市“一带一路”税收服务与管理体系的对策建议，以推进广州市“一带一路”建设。

(一)合理调整制度设计，提升政策竞争力

1、建立完整的海外投资法律体系。一是解读我国已签订的税收协定。目前,中国已经与99个国家签订了避免双重征税的协定,加上内地与港澳签署的税收安排,共有101个协定和安排,国家间税收协定可以为企业避免双重征税和解决涉税争议提供法律支持,建议组织有关专家开展国际税收协定的解读工作,针对税务总局已出台的协定文件,率先对我国与东盟十国等"一带一路"沿线国家签订的税收协定制作简明易懂的宣传文本或解读文本;二是梳理境外投资所在国(地区)税制,重点梳理东盟十国等"一带一路"沿线国家税制。东盟各成员国的税收体制差异较大,包括税种、吸引外资的税收优惠政策、税收协定等方面,建议组织有关专家按国别、产业、所得类型和税收优惠等类别,多维度、多层次梳理境外投资所在国(地区)税制;三是尝试与外单位相关部门联合整理国家扶持企业"走出去"的相关政策,对包括税收、财政、融资、外汇、保险、通关商检、权益保护、信息发布等政策在内的对境外经济活动扶持政策形成一揽子"走出去"企业扶持政策体系。

2、优化我国税收法律法规体系。建议优化我国境外所得税收抵免制度,对现行制度中的分国限额抵免法、亏损弥补限制、抵免层级限制等不适应当前境外投资发展需要的条款进行修订,提高税收抵免征管流程的可操作性,提升税制竞争力。具体包括但不限于以下方面:第一,对于无法从境外获得合法完税凭证的特殊情况,明确采用何种方式进行抵免,如由主管税务机关核定扣除额;第二,强化对交易支付系统的管理监控,探索通过银行交易数据确定应纳税额;第三,鼓励高新技术行业,对能源资源开发项目,先进技术并购项目等降低间接抵免中的持股比例限制。

3、加强政策研究力度。一是开展有利于广州优势产业境外发展的税收扶持政策研究。广州的机械制造、纺织、轻工、建材等行业经过多年发展,在国内市场上已经呈现产业集群态势,但集群优势未能延伸到海外市场,民营企业在"走出去"过程中难以在争取当地税收优惠、应对东道国政府投资管制及解决劳工纠纷等方面形成合力。建议研究有利于扩大"走出去"企业资本规模、产业和地域合作范围的税收优惠政策,鼓励企业创新对外投资和合作方式,形成一批在国际市场上具有竞争力的大项目,激发民营企业的"走出去"潜力。二是加大有利于"一带一路"新业态发展的税收政策调研力度。在促进金融创新方面,快速发展的金融交易市场对现行税收体系提出了较高要求。当前,南沙片区重点布局商业保理、互联网航运保险等适应南沙航运产业发展的金融生态,建议针对南沙金融业务发展需求,积极研究完善金融创新政策环境,改善金融创新税务环境。在促进跨境电子商务方面,针对当前跨境电子商务的涉税争议问题越发突出的趋势,建议加快研究适应我国国情及国际互联网贸易规则的税收政策,并加大对税务电子化建设的投入,建立规范的电子商务税法体系,促进跨境电商健康发展。在促进物流业方面,针对运输业增值税多档税率所造成的征抵不科学、税负不公平问题,建议考虑将运输业"货物运输服务"和"物流辅助服务"税目统一为6%的税率,降低物流企业税负,提升"一带一路"物流载体竞争力。

(二)以信息化建设为抓手,升级境外投资税收服务与管理水平

1、探索应用"互联网+"提高数据采集效率。"互联网+"在跨境贸易领域的应用程度远超于在政府部门的应用,传统的税务征管模式与信息经济的发展不适配,一定程度上制约了互联网金融、高端物流和电子商务等新兴行业的健康发展,也给税务工作带来障碍。建议在确保信息安全的前提下提高互联网科技在境外税务管理工作中的应用程度,优先探索通过互联网自动抓取数据功能实现第三方数据采集,包括海关、工商、人民银行等国家行政管理机构的相关数据、各行业统计数据,研究机构、行业组织及中介机构的相关数据以及新闻媒体在互联网披露的相关数据等等。

2、加大境外投资税务征管软件的研发力度。一是结合38号公告中对《居民企业参股外国企业信息报告表》和《受控外国企业信息报告表》的填报要求,开发境外所得抵免教程和自动计算软件,简化境外所得申报工作,并实现同一居民企业境内外所得申报数据相互衔接,形成明确严谨的数据勾稽关系;二是依托金税三期征管平台的框架,开辟包括登记、申报、入库等环节在内的"走出去"企业征管模块,全面规范

境外税收管理，将企业对外投资经营纳入征管系统。

3、建设境外投资风险信息管理平台。“一带一路”沿线国家经济发展水平差异巨大，地缘政治复杂，社会不稳定因素较多，跨境投资风险较高。据统计，2005年至2014年上半年期间，我国在“一带一路”沿线国家投资失败的大型项目数量为32个，占我国对外投资失败的大型项目总数的24.6%。建议由市政府牵头建立国际市场风险预警机制，海关、外汇管理、税务及公安等相关政府部门共同参与，探索打造境外投资风险管理信息平台，实现境外风险识别、分国别(地区)风险提示等功能，为“走出去”企业提供信息查询、成本收益评估、项目可行性研究等资讯类服务，以及政治、税收、汇率、法律等风险预警服务。

(三)多方资源整合，优化服务支持体系

1、打造“一带一路”人才智库。一是培养专业人才队伍。加大税务机关“走出去”企业服务与管理专岗和兼职人才的培养力度，率先在南沙自贸区试点设置境外税务专岗，选择学习能力强、业务能力过硬、责任心强的干部担任专岗人员，积累经验后逐步推广到各单位，逐步建立起“走出去”企业服务与管理人才队伍。二是提升培训质效。在发挥局内业务骨干师资力量的同时，充分利用财税中介专业人士、本土高教、港澳金融和法律人才等资源，邀请其加入我局“走出去”企业税收业务的培训师资队伍中，增强培训的专业性和综合性，促进学术交流合作，提高业务培训效果。

2、调动社会资源推进政策落地。媒体、财税中介以及行业协会等是政府与企业之间联系、协调的重要桥梁和纽带。据了解，广州“走出去”企业更偏好于聘请财税中介获取境外资讯、投资建议以及处理税收歧视或税收争议，向政府部门主动寻求支持或帮助的企业占少数，且多为大型国有企业。因此，建议一是加强与各大主流媒体合作，一方面定期报导“一带一路”建设相关财税政策，特别是对支持类和优惠类政策作专题式深入报导；另一方面邀请媒体参加税务机关服务“一带一路”的公开活动，加大宣传报道力度。二是加大与财税中介、行业协会等的合作力度，在政策宣传、事项办理等方面探索尝试多样化的合作模式，利用财税中介、行业协会等组织的专业性优势，充分调动社会资源以促进境外税务相关法律法规和政策的落实，真正发挥税收对广州“一带一路”建设的服务和支持作用。

(作者单位：广东省广州市国家税务局)

# 对京津冀协同发展的税收思考

代秀龙

随着京津冀一体化上升为国家战略，北京、天津、河北如何实现协同发展，成为众人关注焦点。推动京津冀协同发展是我国首次将省际间协同发展上升为国家战略，其着眼于攻坚，核心在协同，根本靠创新，反映出改革开放进入新的历史阶段，优化经济发展空间格局这个大战略被赋予新使命、新内涵、新常态。

税收是财政收入的主要来源和宏观调控的重要手段，积极发挥税收职能作用，有利于为京津冀协同发展提供稳定均衡的财力保障和精准定向的政策支持；有利于激发万众创新的潜能与活力，促进形成京津冀协同创新共同体；有利于通过机制体制改革和核心业务创新提升区域税收治理能力，发挥试点示范效应，为国家区域发展战略的实施提供税收领域的改革经验。

当前，税收服务京津冀协同发展面临一些亟待解决的问题，主要是：区域税收协作机制和涉税信息共享机制有待建立健全；对跨省迁移、经营的纳税人在行政审批、征管程序、办税服务等方面的便利化程度有待提高；尚未形成与京津冀协同发展相适应的地方税收政策体系，现有税收优惠政策惠及面较窄，政策门槛较高，配套措施尚不完善，且政策执行标准存在差异。

## 一、发挥税收职能作用服务京津冀协同发展

一是改革创新税收体制机制。创新区域税收利益分享机制，完善区域税收协作工作机制，建立区域涉税信息共享机制，推进跨区域、跨部门合作，充分调动各方积极性、主动性、创造性，为税收服务京津冀协同发展提供机制体制保障。

二是创新完善税收业务。创新纳税服务方式，推进税收征管协同，突破现有税收行政管辖区划的局限性，提升税收便利化水平，为区域协同发展提供良好税收环境，以利于区域产业对接协作和市场一体化格局的形成。

三是调整完善税收政策。调整现行的不利于区域协同发展的税收政策，出台有利于区域协同发展的先行先试税收政策，提高税收政策的科学性、规范性、针对性，有效发挥税收政策导向作用，支持和促进京津冀协同发展。

积极发挥税收职能作用服务京津冀协同发展，应坚持四点原则：

一是坚持税收法定原则。加快清理地方自行制定的税收优惠政策，发挥市场在资源配置中的决定性作用，促进市场主体公平竞争和生产要素自由流动，以利于区域统一市场的形成。在单纯依靠市场力量难以有效推进的重点领域，如交通一体化、生态环保、产业转移等方面，应由国家层面有针对性地调整完善税收政策，更好地发挥税收调控作用，以破解京津冀协同发展面临的难题。

二是坚持税收便利原则。在税务登记、纳税申报、咨询辅导、政策执行、发票管理、纳税清算等方面加快推进业务创新，全面推行便利化举措，营造法治、公平、高效、便捷的区域税收环境。

三是坚持开放合作原则。紧密围绕国家战略部署，研究税收工作存在的差距和发挥税收职能作用的着力点。创新完善税收工作体制机制，加强部门合作和信息共享，破除不利于协同发展的行政壁垒，增强

税收服务区域协同发展的整体合力，形成协同、高效、透明、共赢的工作格局。

四是坚持统筹兼顾原则。以完善税收体制机制为先导，以创新税收业务为重点，以健全税收政策体系为支撑，统筹推进税收服务京津冀协同发展各项工作。三省市税务机关应统筹好服务京津冀协同发展与服务本省市经济社会发展的关系，围绕《京津冀协同发展规划纲要》和京津冀"十三五"规划深入开展调查研究，系统制定落实措施。

## 二、要着力解决四个问题

(一)有效运用税收手段促进北京非首都功能疏解

对列入《北京市新增产业的禁止和限制目录》产业涉及的与首都功能不相适应的税收优惠政策，在北京市首都功能核心区和城市功能拓展区范围内停止执行。出台有利于区域公共服务资源均等化的税收优惠政策，对北京市非营利性公共服务机构以及符合一定资质营利性公共服务机构迁移到河北或在河北设立分部的，给予税费减免优惠；对随迁人员取得的补贴性质的薪金收入以及临时劳务、交流、讲学取得的报酬免征个人所得税。

(二)推进区域税收协作

在税收征管法中对区域税收协作涉及的地域管辖、级别管辖以及管辖权争议作出明确规定。完善区域税收协作机制，建立税收协调保障制度和涉税争议协调机构。建立涉税信息共享机制和共享平台，统一数据交换标准，实时共享涉税信息。全面清理三地各自制定的税收优惠政策，取消"即征即退"、"财政返还"等招商引资政策，尽快统一区域地方税种征收标准。

(三)提升区域税收便利化水平

建立京津冀基本一致的税务行政审批目录，实现审批事项、环节、流程的规范统一。建立全国纳税服务标准示范区，实现三地涉税事项办理同政策、同流程、同时限。

(四)出台支持京津冀协同发展的先行先试税收政策

由国务院制定行政法规，对京津冀区域实施先行先试税收政策，对效果较好的先行先试税收政策适时在全国推广实施。扩大中关村示范区"新四条"税收政策适用范围，延长优惠期限，减少前置条件，降低适用门槛。对京津冀交通一体化重点基础设施项目以及生态建设相关项目的投资、支出、收入给予企业减免所得税等优惠。

(作者单位：河北省涿州市国家税务局)

# 对税收支持我国养老机构体系建设的思考

业德瑞　盛小根　熊　然

根据国家统计局发布的数据，截止 2013 年底，我国 60 周岁及以上老年人口 2.02 亿，占总人口 14.9%，65 周岁及以上老年人口 1.31 亿，占总人口 9.7%。而截止 2014 年底，我国 60 周岁及以上老年人口 2.12 亿，同比增长 4.9%，占全国人口的 15.5%，65 周岁及以上老年人口 1.37 亿，同比增长 4.6%，占总人口 10.1%，老龄化加速。

在人口老龄化日益严峻的今天，国家将养老机构建设作为落实民生幸福工程的重要内容。2013 年 9 月，国务院发布《关于加快发展养老服务业的若干意见》【国发〔2013〕35 号】，其中明确提出了"完善税费优惠政策"的一系列政策建议，要求为养老服务产业注入活力。

## 一、我国目前关于养老机构的税收优惠政策。

(一)各项税种优惠

1、营业税。营业税暂行条例第八条规定，托儿所、幼儿园、养老院、残疾人福利机构提供的育养服务，婚姻介绍，殡葬服务免征营业税。

2014 年，财政部、国家税务总局发布《关于支持文化服务出口等营业税政策的通知》【财税〔2014〕118 号】。通知称，为落实《国务院关于加快发展养老服务业的若干意见》【国发〔2013〕35 号】精神，更好地发挥税收政策鼓励民间资本投资养老服务业的引导作用，对现行养老机构提供的养老服务免征营业税政策作出明确。通知明确，养老机构是指依照《养老机构设立许可办法》【民政部令第 48 号】设立并依法办理登记的为老年人提供集中居住和照料服务的各类养老机构。养老服务是指上述养老机构按照《养老机构管理办法》【民政部令第 49 号】的规定，为收住的老年人提供的生活照料、康复护理、精神慰藉、文化娱乐等服务。

因此，无论是营业税暂行条例还是通知，养老院或养老机构提供的育养或养护服务，均没有非营利性和营利性之分。也就是说，对养老院或养老机构提供的育养或养护服务，不分营利性、非营利性，均可享受免征营业税优惠。

2、房产税、城镇土地使用税。老年服务机构自用房产、土地暂免征收房产税、城镇土地使用税。老年服务机构，是指专门为老年人提供生活照料、文化、护理、健身等多方面服务的福利性、非营利性的机构，主要包括：老年社会福利院、敬老院(养老院)、老年服务中心、老年公寓(含老年护理院、康复中心、托老所)等。

3、印花税。印花税暂行条例规定，财产所有人将财产赠给社会福利单位所立书据免征印花税。社会福利单位是指扶养孤老伤残的社会福利单位。

4、企业所得税。对符合条件的非营利组织的收入按规定免征企业所得税。企业所得税优惠也将从事养老服务业的营利性企业或组织排除在外。

5、占用耕地免税。根据《中华人民共和国耕地占用税暂行条例》【中华人民共和国国务院令第 511 号】第八条规定："下列情形免征耕地占用税：(一)军事设施占用耕地；(二)学校、幼儿园、养老院、医院占用耕地。”

(二)税前扣除政策

国发〔2013〕35号文件规定,对企事业单位、社会团体和个人向非营利性养老机构的捐赠,符合相关规定的,准予在计算其应纳税所得额时按税法规定比例扣除,其中对个人通过非营利性的社会团体和政府部门向福利性、非营利性的老年服务机构的捐赠,在计算个人所得税时准予全额扣除。

(三)间接税费减免

各地对非营利性养老机构建设要免征有关行政事业性收费,对营利性养老机构建设要减半征收有关行政事业性收费,对养老机构提供养老服务也要适当减免行政事业性收费,养老机构用电、用水、用气、用热按居民生活类价格执行。

## 二、关于养老服务体系建设中的税收局限性

(一)登记管理制度欠缺

养老机构登记问题是我国养老机构管理上比较突出的问题。在调研中发现,许多养老机构是由闲置的校舍、医院、厂房等老建筑物改建而来的,设施简陋,大多不符合《老年人建筑设计规范》和《老年人社会福利机构基本规范》的要求;此外,大部分养老机构不具有房产证、土地证,消防设施缺乏,很难取得消防许可证。更主要是有些人事部门和乡镇领导、养老机构的负责人,对养老机构登记的重要性认识不足,认为养老机构登记可有可无,缺乏积极主动去登记的意识和行为。以南京市为例,有关数据对比显示,目前南京市养老行业税务登记率仅40%。由于未登记,养老机构就不能成为法人组织,这给养老机构的日常管理和今后发展带来了许多的问题和不便

(二)税收优惠限制多

目前只有营业税和耕地占用税没有规定只有非营利性老年服务机构才能享受优惠,而其它税种的优惠都将从事养老服务业的营利性企业或组织排除在外,向营利性养老机构的捐赠也不能税前扣除。这些优惠的限制对于从事养老服务的营利机构相当不利,而民间资本对投资非营利性质的养老服务机构兴致也不高,影响行业发育程度,导致税收政策效果不佳。

(三)养老服务质量低

养老机构想要享受更多的税收优惠,就要申请非营利组织。而想要申请非营利组织的认定,就要符合《财政部 国家税务总局关于非营利组织免税资格认定管理有关问题的通知》【财税〔2014〕13号】的要求,其中“(七)工作人员工资福利开支控制在规定的比例内,不变相分配该组织的财产,其中:工作人员平均工资薪金水平不得超过上年度税务登记所在地人均工资水平的两倍,工作人员福利按照国家有关规定执行。”由于文件规定了非营利组织的工资水平不得超过人均工资水平的两倍,这使得大多有护理经验的人员不愿意到养老机构当护工。其次,养老机构的工作环境差、劳动强度大,即使有护工愿意留下来,大多也因为本身文化素质较低、缺乏专业的护理技能,很难胜任外面的工作。这些都影响了护理工作的质量。

## 三、对支持我国养老服务体系建设的税收建议

(一)完善登记管理

做好养老机构登记工作,是当前促进和规范养老机构管理的重要工作。作为税务部门,可以定期与事业单位登记管理部门和民政部门联系,争取相关部门支持,获取乡镇敬老院的事业单位登记名单及民办养老机构名单。主动提醒养老机构前来办理税务登记。

(二)加强政策宣传

为进一步营造落实养老机构税收优惠的良好环境,可以通过发放税收宣传册、更新公告栏、播放税收解读短片、发送短信提醒、设置政策咨询辅导岗,定期开展纳税人学堂等宣传方式,向纳税人讲解税收优惠政策内容、减免条件、管理方式、减免手续办理方法等,便于纳税人掌握享受税收优惠政策的具体操作,保证养老服务机构能够多方位得到税收优惠政策的信息。

(三)扩大税收优惠面

加大对营利性养老机构的扶持力度,鼓励民间资本进入养老服务业。建议对不论是非营利还是营利性质的养老机构,在延续统一营业税免税政策的同时,考虑房产税、城镇土地使用税、企业所得税优惠政策方面能否实行无差别待遇。

(四)研究可促进养老产业发展的税收优惠政策

为了鼓励老年服务体系的建设与发展,建议像社区居家养老服务中心、小型托老所、老年助餐送餐点、社区老年活动中心、老年大学等各类老年服务机构,养老服务收入给予免征营业税。

加强社会养老服务体系建设,是应对人口老龄化、保障和改善民生的必然要求,是适应传统养老模式转变、满足人民群众养老需求的必由之路,是让老年人安享晚年生活、促进社会和谐稳定的当务之急。加强社会养老服务体系建设,需要越来越多的部门给予重视。

(作者单位:江苏省南京市江宁地方税务局)

# 发挥税收职能作用
# 支持新疆经济发展和社会长治久安

吴运新　郑保新

近年来新疆经济快速增长，综合实力显著提高，各族群众生活日益改善，新疆大地发生了翻天覆地的变化，为了新疆进一步繁荣昌盛、安定祥和，党和政府出台了一系列加快新疆发展重大举措：实施新一轮对口援疆，进行资源税改革，扶持南疆发展，下大力气解决就业、教育等民生问题，取得了经济发展和民生建设的丰硕成果，但由于历史、自然、社会等多方面因素影响，新疆同我国东部地区的发展差距仍然较大，尤其是南疆部分群众生活仍然比较困难；民族宗教方面出现一些新的复杂因素，社会稳定基础有待加强。

社会稳定是经济发展的前提，经济发展和民生改善有力保障了社会长治久安，经济是税收之源，民生之本；充足的税收，安定的民生是促进社会经济稳定发展的重要因素，发展与税收的良性互动为改善民生提供了坚强的财力支撑。党的十八届三中全会强调“科学的财税体制是优化资源配置、维护市场统一、促进社会公平、实现国家长治久安的制度保障”，就新疆税务部门来说，要认真贯彻落实中央关于做好新疆工作的一系列决策部署，充分发挥税收职能，敢于担当、务求实效，用税务人的实际行动支持了新疆天山南北大地的经济发展和社会长治久安。

## 一、发挥税收职能作用，为新疆经济发展和长治久安提供保障

第二次中央新疆工作座谈会提出了关于新疆工作以经济发展和民生改善为基础的要求，这就要求我们必须在财政政策上进一步关注民生、服务民生、保障民生，让人民享受改革发展成果。新疆在连续六年开展“民生建设年”活动，启动实施数百项重点民生工程，每年用于民生的支出占公共财政支出的70%以上，着力解决关系各族群众切身利益的住房、就业、教育、社会保障、水电路气等方面的突出问题，公共服务水平得到历史性提升，公路、铁路、航空运输快速发展，形成四通八达的交通网，医疗卫生条件不断改善，形成了完善的县乡村医疗体系等等。据自治区财政厅的数据显示，2010年至2012年的三年中，自治区用于民生建设的财政资金从2010年的1184亿元大幅上升至2012年的1975亿元，三年累计达到4830亿元，年均增加386亿元，新疆自治区政府对民生建设的巨额投资带来的巨大发展变化，充分反映了税务部门充分发挥了税收组织财政收入和保障民生服务社会的职能。改革开放三十年来，我国经济社会发生了翻天覆地的变化，特别是近几年税收收入呈两位数持续、快速增长的势头，2014年新疆税收收入1800.97亿元，为经济社会又好又快发展提供了坚实的财力保障。税收收入的大幅度增加，显著提高政府的可支配财力，提升了政府公共管理水平，促进了经济社会全面、协调、可持续发展，加快了和谐社会建设的进程。

但目前税制改革的目的和原则仍侧重于增加财政收入，体现调节社会分配功能的作用比较薄弱，特别是随着形势发展变化，现行财税体制也显现出不少问题，已经不能完全适应国家治理的客观要求。现在经济发展过程当中存在的许多问题，社会发展当中存在的诸多矛盾，比如说发展方式粗放、重复建设、

产能过剩、收入分配差距拉大、公共服务滞后、资源环境问题突出等等，虽然有政绩观等方面的问题，但从体制机制上面找原因，与财税体制改革不到位也有很大的关系，因此必须深化财税改革。在新形势下，充分发挥税收组织收入的职能作用，不断改革和优化税制，使税制改革除体现科学发展和统筹兼顾的要求，促进经济又好又快发展，为财政提供强大的财源，不断改善民生，构建和谐、繁荣、稳定的社会作出积极的贡献。

税收职能作用发挥面临许多新机遇新挑战。这决定了经济发展新常态下税务部门如何“定好位”。过去谈到税收，主要强调其经济属性。党的十八届三中全会从推进国家治理体系和治理能力现代化的高度部署税制改革，使税收职能作用从经济层面拓展到经济、政治、社会、文化、生态、外交等诸多领域，更加深刻地介入国家治理的各个方面，真正成为治国理政的重要基础，从更深层次、更广范围服务于国家发展。这既为税收工作提供了更为广阔的舞台，也对税收职能作用提出了新的更高要求。

## 二、把握税收工作方向，服务新疆社会经济发展大局

### (一)新疆南北疆发展不平衡的现状对充分发挥税收职能的迫切要求

自国家实施西部大开发战略以来，新疆的经济和社会事业获得了前所未有的大发展，基础设施、基础产业已初具规模，综合经济实力大为增强，人民生活水平也有了极大提高。但南北疆之间的发展差距正在急剧扩大，突出地表现在喀什、和田、克孜勒苏柯尔克孜自治州这三地州(以下简称南疆三地州)和天山北坡地区之间的发展差距上面。南疆自然条件十分恶劣，降水稀少，沙漠广布，加之经济基础薄弱、经济结构不合理、缺乏支柱性产业，南疆地区人口占全疆的46.48%，农村人口占自治区农村人口的61%以上，这就造成了南疆地区整体的经济水平和社会发展水平远远落后于新疆北疆及其他地区，甚至低于平均发展水平。2004年，南疆三地州的总人口为585.56万人，占全疆总人口比重的29.8%；其少数民族人口占全疆少数民族人口比重的45.84%，占当地总人口占当地总人口的96%。新疆内部区域经济呈现北疆—东疆—南疆发展梯度渐次发展格局。北疆、南疆出现“经济发展水平高、增长速度快”和“经济发展水平低、增长速度慢”的两极分化现象。2004年，这三地州的人均GDP提高到405美元，但当年天山北坡地区人均GDP已经达到3089美元，相当于南疆三地州人均GDP的7.6倍，自2000年四年间差距继续增大1.6倍，平均每年以40%的幅度扩大差距。2009年，占全疆总人口44.7%的北疆地区创造了全区69.2%的增加值，占全疆总人口29.3%的南疆三地州实现增值仅占全区GDP的9.5%。

新疆自治区南北疆发展之间的巨大差距，凸显了对公平发展、协调发展的要求。更要把充分发挥税收职能放到服务新疆社会大局中去把握，放到实现社会稳定和长治久安这个总目标、推进新疆治理体系和治理能力现代化的要求中去看待，坚持“人民税务为人民”的理念，要围绕税收组织收入和调控经济、保障民生的职能，勇于承担责任，严格依法征管，积极推进税制改革，大力推进精细化管理，进一步优化纳税服务，发挥好税收在促发展、调结构、惠民生等方面的积极作用。

### (二)资源税率先改革对新疆的巨大意义

2010年以新疆先行的方式启动的资源税改革，给新疆乃至全国的产业运行和经济结构调整带来深远影响。新疆有着丰富的原油、天然气、煤炭的资源。无论是“西气东输”、“西油东输”，还是“疆煤外运”，新疆为国家贡献了资源，但是使用资源的地区却在东部，资源税改革试点选在新疆，有利于平衡内陆地区和沿海经济发展的关系。资源税改革令新疆的发展如虎添翼，资源税改革之后，按2009年新疆生产原油2518万吨、生产天然气245亿立方米，以税率5%计算，新疆原油和天然气资源税两项就让新疆地方财政增收上百亿元，是改革前的6倍多。由于我国的资源税收入可以归地方支配，资源税的改革率先在新疆

启动,除了使得新疆的地方财力得到明显增强之外,其"富民固边"的政策含义不可低估。

2011 年,石油、天然气资源税改革在全国推行后,煤炭的资源税改革在 2014 年底终于靴子落地,签于新疆在国家发展战略中的特殊地位,建议在全国资源税成功改革的基础上在新疆率先试行有色金属矿产项目的资源税改革,遏制掠夺性的资源开发,着力推进绿色发展、循环发展、低碳发展,进一步提高新疆的地方财力,努力建设大美新疆,为建设团结和谐、繁荣富裕、文明进步、安居乐业的社会主义新疆打下坚实基础。

(三)用活用足用好新疆的地方区域财政税收政策

我国实行民族区域自治的基本政治制度,决定了民族自治地方应当享有适当的税收自治权。民族自治地方的税收自治权仍然是国家税权的一部分,是国家公共权力的一种具体表现。但是在权力的内容、特征上,它与一般地方政府享有的税权是有区别的。其原因在于,民族自治地方的自治机关与一般地方机关的行政职能存在一定差别。"我国民族自治地方的自治机关在中央的统一领导下,既行使同级一般地方国家机关的职权,同时还行使宪法、民族区域自治法和其他法律规定的自治权,所以自治机关享有财税自治权是与其法定职能密不可分的。"从 2000 年西部大开发以来,国家连续颁发《关于西部大开发税收优惠政策问题的通知》、《关于落实西部大开发有关税收政策具体实施意见的通知》等文件,在民族自治地方实施了一系列税收优惠政策,其后实施的一些税收法律更是作出了明确规定,如《中华人民共和国企业所得税法》(中华人民共和国主席令第 63 号)第二十九条规定:"民族自治地方的自治机关对本民族自治地方的企业应缴纳的企业所得税中属于地方分享的部分,可以决定减征或者免征。自治州、自治县决定减征或者免征的,须报省、自治区、直辖市人民政府批准。"

财税机关要加强政策研究,从新疆社会经济发展的实际出发,积极筹划,用活用足用好税收优惠政策,切实把政策变成实实在在的效益;树立"向政策要效益"观念,将优惠政策争取列为年度重点工作重要环节抓紧抓好。积极争取新的各项优惠政策,密切关注政策动向,召开专项会议对拟上报的优惠政策进行全面讨论和论证,确定争取各项新优惠政策时间表,明确责任分工、提前谋划、提前准备;对已经争取到的优惠政策进行全面跟踪,适时总结,及时反馈。通过机制和制度的引导安排,使税收优惠政策争取工作满足新疆社会经济发展需要,使新疆地区的特色项目如番茄酱、啤酒花加工、坚果脱壳、熏衣草产品加工、纺织业、旅游业等产业等都充分享受到各种税收政策优惠,以促进此类新疆特色农业、支柱产业的迅速发展。

## 三、营造良好的税收环境　推动新疆社会经济发展

税收作为政府调控经济的重要手段和市场利益分配的主要形式。在服务经济社会跨越发展中扮演着越来越重要的角色。作为税务部门,应主动围绕新疆经济跨越发展大局,加强税收管理、规范执法行为、转变工作作风、强化服务意识、提高工作效率,为纳税人提供文明、优质、高效服务,保证税收执法公平、公正、公开,当好经济发展的"助推器"。市场经济是法治经济。依法治税是依法治国、建设法治政府的重要内容,是发展社会主义市场经济、促进生产力发展的客观要求,是现代税收工作的灵魂和生命线。我们要努力为市场主体创造公平、公正的投资软环境,促进新疆经济的发展和社会的长治久安。强化执法刚性。以涉税违法案件查处为突破口,以税收专项检查为主要手段,开展各类专项整治活动。加强与公检法机关的司法协调配合,严厉打击涉税违法犯罪行为,为纳税人创造公平的税收环境。强化执法监督。坚持内外并举,重在内治的方针,突出抓好自由裁量权的规范,减少执法的随意性。其一,切实落实好执法"两制"。对纳税人关注的热点问题,强化执法责任制和过错追究制,确保依法办事、依法行政。其

二,加大政务公开力度。做到税法公开、政策公开、征管制度公开、税务人员纪律公开、税务案件查处公开,营造规范执法的良好环境。其三,强化执法监督的制度体系建设。从内部制约机制人手。保障税收执法权的正确行使,促进规范执法。强化日常征管。税收服务于新疆经济,就是要依法加强税收征管,最大限度地应收尽收。首先应强化税源管理。落实好常规性税源管理措施。加强动态税源管理,扩大重点税源的监控范围,建立重点税源监控网络。其次,强化征收管理。建立完善单个税种管理办法,做到精细化管理,努力挖潜增收。

正如习近平总书记指出的,要坚定不移推动新疆更好更快发展,同时发展要落实到改善民生上、落实到惠及当地上、落实到增进团结上,让各族群众切身感受到党的关怀和祖国大家庭的温暖。税收是全社会的共同事业,税收工作与新疆经济发展和社会长治久安息息相关。因此,我们只有不断加强税收征管,切实促进依法纳税,充分发挥税收职能,坚决完成税收任务,为推动新疆经济社会又好又快做出新的更大的贡献!

(作者单位:新疆巴音郭楞蒙古自治州国家税务局)

# 发展海上丝绸之路的税收协调研究

——以东南亚地区为例

苏 畅

“连天浪静长鲸息，映日帆多宝舶来”，这是我国古代诗人对盛唐海上丝绸之路古港码头繁盛贸易的生动描述，展开了一幅繁华盛世对外开放发达的历史画卷。2013 年 10 月，习近平总书记基于历史和现实，提出“21 世纪海上丝绸之路”的战略构想，勾勒出中国与各国各地区共同发展共享繁荣的美好蓝图。在我国经济增速放缓的大背景下，海上丝绸之路发展战略的实施将会成为我国将投资重心从趋于饱和的国内市场转向广阔的国际市场，鼓励国内企业走出去，增强企业国际化经营能力，进行区域合作实现地区稳定、和平与发展的有效新途径。企业在向外发展的同时可能会面临一系列的问题，税收问题是其中的重要方面。研究税收协调促进全球化趋势中的生产要素流动、解决税收管辖权的交叉重叠等问题，对海上丝绸之路发展有着积极的意义。

## 一、海上丝绸之路相关区域发展概况

(一)“海上丝绸之路”定义及研究范畴

2015 年 3 月，国家发展改革委、外交部、商务部联合发布的《推动共建丝绸之路经济带和 21 世纪海上丝绸之路的愿景与行动》，指出“21 世纪海上丝绸之路重点方向是从中国沿海港口过南海到印度洋，延伸至欧洲；从中国沿海港口过南海到南太平洋。”“海上以重点港口为节点，共同建设通畅安全高效的运输大通道。”

落实到具体区域，东北亚地区应该成为海上丝绸之路的起点，以推动中蒙俄朝韩次区域合作为主攻方向；中国沿海地区应以两岸四地之间的区域经济合作框架为核心；在东南亚地区以打造中国东盟自贸区的升级版为基础；在南亚地区，以正在构建的孟中印缅经济走廊与中巴经济走廊为突破口；延伸到西亚地区，应加快中国海合会自贸区的谈判进程。至于海上丝绸之路的终点则应该是一个开放的选择。

自秦汉时期开通以来，海上丝绸之路就为东西方经贸交流架起了的重要桥梁，而东南亚地区一直是海上丝绸之路的重要枢纽和组成部分。考虑到海上丝绸之路沿海涉及区域广，国家多，差异大，本文主要选取东南亚地区 11 个国家研究，对其税收制度、政策、协定等方面展开对比分析，提出促进海上丝绸之路发展的税收政策建议。

(二)东南亚地区各国发展

1、独特的东盟方式。东南亚地区共有 11 个国家，包括越南、老挝、柬埔寨、泰国、缅甸、马来西亚、新加坡、印度尼西亚、文莱、菲律宾、东帝汶，目前除东帝汶于 2002 年脱离印度尼西亚正在申请加入外，其他十国已经加入了东南亚国家联盟（简称东盟），形成一个人口 6.25 亿、面积约 443 万平方公里的 10 国集团，成为亚洲最有成就的区域合作组织。根据自身特点和需要，东盟创建了独特的“东盟方式”（ASEAN Way），通过一份《曼谷宣言》达成共同的承诺，依托“六大原则”实现地区的稳定、和平与发展，推动更大范围的区域合作。2007 年制定了《东盟宪章》，东盟由一个松散的合作平台发展为具有法律地位和决策效力的区域合作组织。

2、区域经济发展总体态势良好。区域总体经济增长较快，总量不断扩大，对外部的影响也在不断增强。2010年至2013年东盟整体GDP从1.88万亿美元增长到2.4万亿美元，年均增长5.92%，人均GDP从3138.59美元增长到3831.85美元，国际商品贸易从2万亿美元增长到2.51万亿美元。

3、区域内部各国发展不平衡。该区域国家多为岛国，联系松散，各国经济基础、产业结构、资源禀赋差异较大，利益差异大，成员国贫富明显，各国经济发展水平不同，农业、工业和服务业在国民经济中所占比重相差较大，在各自国民经济中的地位和作用不同。新加坡经济较为发达，主导产业为现代服务业；文莱因石油资源比较富裕；马来西亚、泰国、菲律宾和印度尼西亚第二产业与第三产业发展水平相当，制造业占有重要地位；越南第一产业占比也相对偏高，而缅甸、柬埔寨和老挝第一产业占GDP比重更是超过50%，第二产业基础薄弱，制造业水平低。2014年该区域有6个国家GDP超千亿美元，包括印度尼西亚、马来西亚、菲律宾、新加坡、泰国、越南，其中印度尼西亚GDP最高为8886.48亿美元；有4个国家GDP在百亿美元，包括文莱、柬埔寨、老挝、缅甸，其中老挝GDP最低仅为116.76亿美元；东帝汶国土面积小，人口少，国家财政主要依靠石油出口，GDP为44.78亿美元。可见，东南亚区域各国经济发展不平衡。

## 二、海上丝绸之路沿线国家税制比较

### (一)税收立法权和征收权

各国立法权和征收权主要集中在中央，征税制度分为中央政府一级征税制度和中央与地方两级征税制度。实行中央政府一级征收制度的国家有马来西亚、越南、文莱、老挝、柬埔寨等；实行中央和地方两级征税制度的国家主要有印度尼西亚、菲律宾、泰国等。这些国家虽然实行两级税款征收制度，但是税收的征收权主要集中在中央，地方只有小部分税收征收权。如菲律宾地方政府无权征收所得税，只允许征收一些地方(经营)税收和许可费，地方税所占份额很小，中央税收收入占主要部分。

### (二)税制结构

经济发展水平的差异影响着税制的差异。从2014年该区域国家人均GDP收入来看，经济发展水平可分为三个层次：一是发达国家新加坡和文莱，属高收入国家，2014年人均GDP收入在全世界排名分别为第9位和第26位；二是人均GDP收入2000美元以上的马来西亚、泰国、菲律宾、印度尼西亚、东帝汶、越南，属于中等收入国家；三是处于经济欠发达的柬埔寨、老挝、缅甸，人均GDP收入低于2000美元。世界银行把税收分为所得税、社会保障税、商品劳务税、国际贸易和交易税、其他税。新加坡、文莱等经济发达国家税制结构明显地表现为以所得税为主体的税制结构，其所得税占总税收收入的比重较大，而且社会保障税也已成为税制体系中的主要税种之一。马来西亚、泰国、菲律宾、印度尼西亚等国家税制结构明显地表现为以商品税为主体的税制结构，商品税一般占其税收总额的比重为50%—60%左右，但所得税和其他税所占的比重逐渐提高，呈现出商品税与所得税平分秋色的格局。而越南、柬埔寨、老挝、缅甸等国家商品及劳务税占全部税收的比重偏高，所得税与商品税相比所占比重过低并主要依赖公司所得税。

### (三)税种税率

各国设立的主要税种有公司所得税、个人所得税、增值税、营业税、销售税、关税、社会保障税、房屋与土地税、离境税、国内消费税、不动产利得税、石油所得税、服务税、不动产税、进口税、石油税、印花税等。从税种设置上来看，东盟各国设置的税种较少，最多的有17个(印度尼西亚)，最少的只有3至4个(文莱、柬埔寨)。从税率上看，同一税种各国税率有一定差异。例如公司税，新加坡最低仅为17%，印度尼西亚、马来西亚、缅甸等国为25%，菲律宾为30%；对于增值税，缅甸、文莱不征收，越南、印度尼西亚基本上为10%。从近几年税率变化的整体趋势上看，不难发现各国为更好融入到经济全球化的大浪潮中，基本上都采取了直接降低税率的手段吸引投资。

表一　东南亚部分国家主要税种概况表

| 国　家 | 公司所得税 | 个人所得税 | 商品劳务税 |
| --- | --- | --- | --- |
| 新加坡 | 实行单一公司税制，公司就其收益缴纳的所得税是最终税款，股息取得者不用就取得股息缴税，标准税率为17%。 | 居民个人所得税按照累进税率征税，税率为2%至20%；非居民个人受雇所得为15%，其他收入为20%。 | 标准税率为7%，对国际服务和出口贸易为零税率。 |
| 印度尼西亚 | 标准企业所得税为25%，自2013年7月1日起，对年收入不超过48亿印尼盾的居民企业总利润不超过48亿的部分享受50%企业所得税率减免。 | 按照5%至30%的累进税率征税。 | 标准税率为10%。出口应税商品和特定应税服务适用零税率。 |
| 马来西亚 | 标准税率为25%，将在2013年评税年度后降至24%。 | 采用累进税率，最高26%，将从2015年评税年度降至25%。 | 2015年4月1日用商品劳务税替代销售税。 |
| 菲律宾 | 标准税率为30%。 | 按照5%至32%的累进税率征税。 | 销售部分货物和提供劳务及进口须缴纳20%增值税。 |
| 越南 | 标准税率自2014年1月1日起由25%降至22%(部分企业为20%)。 | 居民个人适用5%至35%的累进税率；非居民适用20%统一税率。 | 增值税税率为0%，5%和10%，特别销售税税率为10%至70%。 |
| 泰国 | 2013和2014年为20%。 | 2013和2014年获得应税收入按照新累进税率，最高不超过35%(原37%)。 | 标准增值税税率为7%；出口商品劳务为零税率。 |
| 缅甸 | 标准税率为25%。 | 居民个人工资适用1%至20%超额累进税率；非居民个人适用税率为35%。 | 不征收增值税，对商业税法列举的特定交易征收商业税。 |
| 文莱 | 标准税率为20%；石油煤气公司税率为55%。 | 居民个人须对来源于文莱的收入纳税。 | 不征收增值税或销售税。 |

(四)征管机构

各国税收征管机构一般是根据税收体制来设置。以马来西亚为例，该国设联邦政府财政部、内陆税务局、皇家关税局。联邦政府财政部负责管理税务制度，制定、实施及管理该国税收政策。内陆税务局主要负责评估征收直接税，如所得税、附加税、房地产税、印花税等。内陆税务局统筹管理全国各地的直接税评估和调查工作，另外，还具有与外国商签避免双重征税协定的职能。皇家关税局主要负责征收管理间接税，如进口税、出口税、销售税和服务税等。皇家关税局下设统筹管理和财务处、关税处、国内税收处、预防处、研究规划和培训处、税收处。州政府以及没有专设的地方税务局，税款的征收由有关部门进行征收。如土地税、矿产税由州矿务局征收，森林税由州森林局征收。州政府部门给予政策上的指导。在征管水平上，经济发达、国民素质较高的新加坡、文莱等国税收征管水平相对较高，而柬埔寨、老挝等经济欠发达国家税收征管水平较低。

## 三、我国与东南亚国家税收协调现状

国际税收协调主要包括关税协调、商品税协调和所得税协调。为了商品、资本、劳动力能够自由地在国家间流通，就要消除税收障碍，国与国之间进行税收协调。目前，我国与海上丝绸之路沿线东南亚地区国家进行税收协调，主要是通过建立中国—东盟自由贸易区消除成员国关税壁垒和签订双边避免双重征税协定来解决税收分配，减少差异与税收歧视，强化税收管理合作。

(一)中国—东盟自由贸易区的税收协调

根据耶鲁大学巴拉萨教授(Bela Balassa,1962)五分法,国际税收协调程度应与区域经济一体化发展程度保持一致,国际区域经贸合作形式可划分为自由贸易区、关税同盟、共同市场、经济联盟和完全经济一体化,根据合作程度依次加深,最终贸易参与方完全消除交易障碍,基本同属一个经济实体,利益分配处于均衡状态。通常自由贸易区的建立是为了消除成员国间的关税和非关税壁垒,非成员不能享受同等待遇,形成自贸区内成员自由贸易,对外保护贸易的差别。

2010年1月1日,我国与东南亚十国正式建成了中国—东盟自由贸易区,各国首先进行的就是关税的协调。中国—东盟自贸区各国关税税率差异较大,有些国家不征收关税,有些国家的关税最高高达300%。目前,自贸区成立后我国对东盟十国91.5%以上的产品的关税降低至零,对东盟产品的平均关税也从9.8%降低到0.1%;东盟6个老成员国对我国90%以上的产品也取消了关税,对我国产品平均关税也从12.8%降低为0.6%。

**表二　中国—东盟自由贸易区部分国家关税税率表**

| 国　家 | 关税税率 |
| --- | --- |
| 柬埔寨 | 不征收关税 |
| 文　莱 | 不征收关税 |
| 新加坡 | 5%;15%;40%;45%; |
| 泰　国 | 成品10%至15%;半成品15%至40%; |
| 菲律宾 | 10%至100% |
| 越　南 | 一般商品0%至50%;特定商品50%至200%; |
| 马来西亚 | 最高300% |

由于自贸区成员国多属于发展中国家,在税收制度上差异较大,自贸区成员国间的商品税协调时机还没有成熟,还没有开展中国—东盟自由贸易区对外的共同关税协调,我国与东盟国家的税收协调程度仍处于初级阶段,这也正与自贸区建设阶段相符。

(二)双边税收协定

随着海上丝绸之路发展战略的逐步推进,走出去企业遇到的跨境税收问题也不断增多。税收协定作为处理协调不同国家地区跨境税收问题,避免双重征税和解决涉税争议的法律工具,其重要作用不断凸显。具体来看,税收协定主要具有以下几个方面作用:一是避免双重征税。这是税收协定的基本目的,通常采用扣除、免税、抵免三种方式来消除双重征税。我国签订税收协定均有税收抵免的规定,有些税收协定规定的抵免条件比国内法更为宽松,有些税收协定包括税收饶让条款。二是加强税收确定性。根据国际惯例,税收协定的法律效力高于国内法。因此对于来源国国内法有时变更导致税收不确定性的隐患,可以通过税收协定的方式加强确定。三是降低来源国税负。由于税收协定对部分所得的限制税率通常都比来源国国内法规定低,例如股息、利息以及特许权使用费的预提所得税税率,可以使我国企业直接获利,提升企业的竞争力。四是解决税务争议。对于我国企业在当地出现的税务问题争议,可使用税收协定相互协商程序,由两国税务主管当局共同协商解决。此外,税收协定还具有合理分配征税权、防止偷漏税、消除歧视待遇等作用。

目前,在海上丝绸之路沿线东南亚11个国家中,我国已与8个国家签订了税收协定,尚未与柬埔寨、缅甸、东帝汶3个国家签订协定。21世纪,随着互联网技术和数字经济的兴起,世界经济早已发生巨大变化,协定的缔约国各国税制也有所调整,有些协定已经不能满足现实需要。例如我国与东南亚国家已经签署的税收协定中,签署时间为上个世纪80年代的国家有3个(与新加坡在2007年重新修订),90年代的有 3 个,大部分比较老旧。上个世纪末我国处于资本输入国的地位,签署的税收协定中坚持收入来源国征税优先的原则,随着我国不断增长的海外投资(2014 年我国对外投资首次突破千亿美元)及从资本输入国到净资本输出国的转变,税收协定也应该重新考虑修改。我国对本国居民纳税人就其全球范围内的收入征税,并且采用抵免法来避免双重征税,对于本国居民纳税人来源于国外的所得,允许其从本国应纳税所得额中抵免已经在来源国缴纳的全部或部分税款。这种规定虽然符合资本输出中性原则(海外投资和国内投资都负担相同的税率),但可能会造成居民的全球税负比被投资国市场上的其他国家投资者高,降低了本国企业在海外市场的竞争力,也不利于本国居民将海外收入汇回居民国的积极性。

**表三　我国与东南亚国家签订避免双重征税协定一览表**

| 国　家 | 签署日期 | 生效日期 | 执行日期 | 避免双重征税的方式 | 税收绕让 |
|---|---|---|---|---|---|
| 马来西亚 | 1985.11.23 | 1986.9.14 | 1987.1.1 | 限额抵免法 | 有 |
| 新加坡 | 1986.4.18 | 1986.12.11 | 1987.1.1 | 限额抵免法 | 有 |
|  | 2007.7.11 | 2007.9.18 | 2008.1.1 | 限额抵免法 | 有 |
| 泰国 | 1986.10.27 | 1986.12.29 | 1987.1.1 | 限额抵免法 | 有 |
| 越南 | 1995.5.17 | 1996.10.18 | 1997.1.1 | 限额抵免法 | 有 |
| 老挝 | 1999.1.25 | 1999.6.22 | 2000.1.1 | 限额抵免法 | 无 |
| 菲律宾 | 1999.11.18 | 2001.3.23 | 2002.1.1 | 限额抵免法 | 无 |
| 印度尼西亚 | 2001.11.7 | 2003.8.25 | 2004.1.1 | 限额抵免法 | 无 |
| 文莱 | 2004.9.21 | 2006.12.29 | 2007.1.1 | 限额抵免法 | 有 |

## 四、欧盟税收协调经验借鉴

作为当前区域经济一体化程度最高的经济组织,欧盟税收协调的范围最广、程度最深。欧盟的税收协调开始于《罗马条约》,从关税的协调到关税同盟的建立,到间接税(增值税和消费税)和直接税的协调,欧盟成员国之间的税收协调达到了比较高的程度。

(一)税收协调主要内容

1、关税协调。关税协调主要分为对内和对外二个方面:对内先是协调欧共体原 6 国(法国、德国、意大利、荷兰、比利时和卢森堡)的关税,再吸收英国、丹麦和爱尔兰与原 6 国协调关税,建立 9 国关税同盟;随后西班牙、葡萄牙、希腊加入再进行关税协调;对外确定共同对外统一关税税率时,以该区域 4 个关税区在 1957 年 1 月 1 日适用的实际税率为基础,按照算数平均法来确定的,并采用共同对外关税税率分步到位的方式来减少成员国关税税率调整过快产生的不利影响。

2、间接税协调。间接税主要包括增值税和消费税。增值税协调主要通过税收制度与征管办法协调、征税原则协调和税率协调三个阶段来完成。由于各国政府出于维护税收主权考虑,增值税税率协调处于"瓶颈"状况,正常增值税税率在 15%到 25%。消费税协调主要通过基本方案来实现:各成员国应逐步取消对占税收收入贡献不大的商品征收的消费税,加紧对占税收收入贡献较大的商品的消费税协调。1987 年,欧盟明确了消费税课税范围为酒类、烟草和矿物类产品,并在 1989 年明确了课税产品的最低税率和目标税率,同时对成员国调整本国消费税做出时间规定。

3、直接税协调。通过税收协定方式对公司所得税、个人所得税、财产税、社会保障税等做出协调,欧盟对于公司所得税协调,主要成果是实施"一揽子计划",消除母子公司双重征税,防止公司采用合并、股份转让等做法来逃避税,避免一国税务主管当局对另一国关联企业进行利润调整而重复纳税。对个人所得税主要是对于个人投资的股息、利息回报实行"预提税制度"。

(二)经验启示

虽然欧盟在税收协调中也存在很多问题障碍,但作为经济一体化程度高的实体组织,欧盟在税收协调方面的经验值得其他国家地区参考借鉴。

1、欧盟税收协调有明确的税收协调原则。在欧盟成立之初就提出了平等互利,自主自愿的税收协调原则,明确以各国原有税制作为协调基础,确立“协调并非统一”,各国有权决定是否参与某个税收协调,保证了各国主动参与通过税收协调赢得利益的积极性。

2、欧盟税收协调得到较好的法律保障。欧盟的税收协调基于强有力的法律基础,并且有欧洲法院作为其司法机构,可以强有力的实施保障税收协调工作的开展。

3、欧盟税收协调提出了合理的税收协调任务。在税收协调工作开展中制定了合理的协调目标、分阶段任务,基于经济发展程度循序渐进的对关税、间接税、直接税展开协调。

4、欧盟税收协调结合各国实际提出弹性方案。针对各国经济发展实际不同,在考虑到不同国家的税收协调成本与收益等情况下,欧盟采用逐步过渡方式,通过过渡机制来解决问题。

## 五、促进海上丝绸之路发展的税收协调建议

“海上丝绸之路”战略是我国“走出去”战略的延续和升级,在经济全球化的大背景下,税收管理面临传统主权和地理边界突破的挑战,我国必须要尽快加强参与国际税收治理的能力,为企业运用国际税收规则外出经营并维护合法税收收益保驾护航。

(一)建立国际税收管理体系

作为“海上丝绸之路”战略的提出者和主导者,我国应结合经济发展和对外开发实际情况,完善我国税制,对反避税工作、非居民税收管理、走出去企业税收服务管理和国际税收征管协作等方面进行一系列细化,学习借鉴发达地区成功经验,进一步与国际接轨,在区域税收协调上发挥出大国应有的地位作用。同时,要着眼于数字经济变革的大背景,考虑 BEPS 计划和 FATCA 方案的大环境,基于我国实际情况,在税收法定原则的指导下,建立完善国际税收法制体系和管理体系,主动积极的参与区域税收协调。

(二)完善区域税收协调机制

用好中国—东盟自由贸易区平台,完善中国与东盟税收协调组织机构。建议与东盟协商设立相关职能部门处理税收方面的谈判、协商、争端协调事宜,或建立“税务部门领导高层定期会晤制度”,沟通税收方面的主要问题,通过协商制度,缓解双方税收矛盾和争端。定期会晤制可根据情况设定为半年一次会晤或一年一次会晤。结合中国—东盟自由贸易区自身特点,借鉴欧盟税收协调经验,建立健全税收协调司法保障体系,改善目前停留在外交手段推进的合作,并根据各国实际实施相对灵活务实的弹性方案。在中国—东盟自由贸易区经贸合作发展论坛、中国—东盟博览会及其附设的商务与投资峰会论坛中设立税收方面的专业议题,在论坛上增强沟通了解并发现问题、提出问题,为完善区域国家税收协调提供思路和对策。

(三)积极发挥税收协定作用

一方面,我国政府要抓紧与缅甸、柬埔寨等国家签订税收协定,积极构建海上丝绸之路沿线税收协调网络;严格执行已有税收协定,帮助跨境纳税人解决税收歧视和国际重复征税问题,帮助企业在国外发展壮大;对一些签署时间过久,不适应经济发展新形势的老旧协定进行重新修订或签订;改变原先订立税收协定吸引外资的思路立场,更多考虑是否有利于我国企业走出去,在海外投资、办厂,以增强企业海外竞争力。另一方面,要提高企业对税收协定的知晓水平,加强对企业解释宣传居民身份确认、常设机构判定和利润归属、股息、利息及特许权使用费优惠条款、财产收益条款、消除双重征税条款、相互协商程序等税收协定内容,最大限度的让企业真正能够保护其合法税收权益。

（四）运用税收优惠手段

发挥税收政策导向作用，引导我国具有比较优势的企业在海上丝绸之路沿线国家进行投资，实现部分产业转移。运用税收优惠手段向鼓励发展的产业倾斜，在减免税基础上增加侧重于税前优惠的间接优惠。对在沿线国家区域投资基础设施的企业，可实施特别准备金制度，允许企业提取境外投资可扣除特别税款储备金或境外生产经营减值准备金，帮助企业抵御和降低境外生产经营和投资风险。

（五）提供税收一站式服务

首先要建立海上丝绸之路沿线国家的税收法律法规及相关优惠政策的查询平台。可借助现已在沿线国家设立会计师事务所的国际机构，整理提供准确性高、及时性强的分国税收资料，以方便纳税人对感兴趣国家的税收制度、税收协定等情况进行查询。其次，要根据不同行业产业特点，编制境外投资经营税务指南，尽可能提供准确详尽的税收指引，加强对境外税收案例的梳理，帮助企业更好的走出去。同时，要加强税收协定、税收抵免、相互协商程序等专题税收政策业务培训，明确告知企业的自身的权利和义务。最后，针对走出去企业单独设立涉税信息申报表，做好企业的税收协定待遇认定、税收居民身份证明等工作，及时为企业办理跨国税收争议协调申请等受理上报手续，真正做好后续服务和管理，使企业放心走出去而无后顾之忧。

（作者单位：广西壮族自治区地方税务局）

# 发展区域经济视角下强化税收职能的路径研究

王仙虎

面对环境约束和经济转型的巨大压力,区域经济协调发展迫在眉睫。税收作为国家宏观经济调控的主要手段之一,在促进区域经济完善发展的过程中具有不可替代的作用,既能提供资金支持和制度保障,又能弥补市场失灵,引导生产要素流动和资源有效配置,达到生产力的合理布局。另外,随着大数据时代来临,信息共享和挖掘应用越来越被提高到影响区域经济发展的战略层次,税收信息准确、客观、价值含量高,是调控经济的重要情报,是税务部门公认的优势资源。经济新常态下,亟需以财税、金融等与企业密切相关的信息为核心重新构建区域经济战略分析"总参谋部",探索建立"自下而上"、机动性强、更加适应市场经济的制度设计和管理体系,在战略情报支撑的更高层面,进一步发挥税收"调节经济"的职能作用,不断提升税务部门的经济决策话语权。

## 一、区域经济战略为进一步做好税收工作提供新机遇、提出新课题

为了保持经济社会又好又快发展,近年来国家大力实施区域发展总体战略和主体功能区战略,构筑区域经济优势互补、主体功能定位清晰、国土空间高效利用、人与自然和谐相处的区域发展格局,逐步实现不同区域基本公共服务均等化。随着经济发展进入新常态,产生了产业转移的压力和动力,给区域间经济协调发展赋予了更加突出的时代使命与责任,伴随国家密集出台的区域经济新政,客观要求各级税务部门必须结合区域经济发展战略对自身的职能进行重新研判和思考。

(一)方向目标和职能定位的问题

经济决定税收,税收反作用于经济。一方面,经济发展进入新常态,区域经济产业组织必将变迁、支柱税源必将更替、发展方式必将转型,这些特征直接影响税收结构和税收增长。随着经济结构优化,必将为税收增加新的增长点和动力,促使税收收入规模继续不断扩大。另一方面,税收作为宏观调控的重要政策工具,在市场经济充分的竞争中,将对流动要素带来巨大影响,已成为促进或制约区域经济发展的重要因素,这就要求税务部门在区域经济大发展、大调整的背景下,根据区域经济战略对税收工作的理念、思路、定位、方法、效果重新思考,充分发挥税收在区域经济社会协调发展中的职能作用。尤其是在招商引资、项目建设的过程中,积极参与纳税能力、促进就业、产业链延伸等方面的评估工作,把强化税收职能和优化纳税服务工作前置,发挥好税务机关的数据分析、税源预测等先天优势,使税收情报和税收政策对相关经济决策起到积极的引导和扶持作用。

(二)依法治税和涵养税源的问题

必须在坚持依法治税前提下,围绕区域经济发展实际需要和地方党委政府战略抉择,不折不扣地落实各项税收优惠政策,强化跟踪问效,争做支持项目建设的"排头兵";引导企业享受优惠政策,让企业将返还税款作为资金,扩大再生产,增加自身效益,增强发展活力,进而做大经济总量;借助情报优势和专业优势,帮助企业做好税收筹划,调动经济主体有所为、有所不为,间接引导经济结构合理化,通过引导后续税源尽快转变为现实税收,实现从经济到税收的良性循环。简要概括,关键难点是处理好两个问题:一是遵守法定权限、法定依据、法定程序,不能为了发展经济擅自、非法涵养税源,并着力防止执法风险和廉政

风险；二是强化监督、考核和信息应用，确保小微企业等税收优惠政策及时、准确、有效落实到位；制定和落实扶优扶强的政策措施，培育一批企业集团，扩张重点企业规模，“增肥”利税大户，突出抓好大集团、大企业、大项目，增强这些企业实力，提高企业竞争力，使其成为经济发展的骨干和龙头。

（三）财税法治和财税改革的问题

当前的财税体制过分强调中央财政宏观调控能力，尚未很好兼顾地方利益，造成税权过于统一；地方几乎没有任何立法权，税收的灵活性受到抑制，致使地方“费挤税”现象严重，分配秩序混乱。在“营改增”的背景下，营业税正在被增值税所替代，导致地方税主体税种缺失。从现实情况下，如果将企业的流转税主要归中央，将企业所得税主要归地方，非常有利于调动中央和地方的积极性，促使中央和地方共同关心和合力推动各类企业协调发展，调动区域加强经济税源建设，提高企业效益。但分税制在收入划分上既有按税种、税目划分，又有按行业、隶属关系划分，现行的税权划分体系在运行中所暴露的缺陷不断增多，企业所得税按隶属关系确定最终收入归属，也导致地方政府为追逐税收利益而大搞重复建设和总部经济，加剧了区域之间的恶性竞争，导致项目建设、招商引资与经济税源建设的相背离的问题普遍存在且问题突出没有很好解决，倒逼中央政府建立与之相配套“转移支付”制度。而我国转移支付制度的构建和完善明显滞后，“跑部钱进”问题、人为调节弊端突出，促使地方政府眼睛始终“向上”看，无法安心、脚踏实地发展区域经济，客观上也逼着地方政府恶性竞争。财税法治和财税改革事关区域发展宏观大计，犹如车之双轮、鸟之双翼，因此必须加快推进相关立法改革、预算制度改革、税收制度改革、事权和支出责任相适应的制度改革，为区域经济发展打牢经济治理的基础。目前，相关改革正在研讨阶段，各级财政、税务部门应该加强相关数据分析，协调配合完成不同制度设计及改革措施对地方经济社会影响的分析报告，在过渡期为区域经济社会发展提前谋划合理合法的财税利益。

## 二、发挥税收职能作用，强化发展区域经济的驱动力量

党的十八届三中全会从推进国家治理体系和治理能力现代化的高度部署税制改革，使税收职能作用从经济层面拓展到经济、政治、社会、文化、生态、外交等诸多领域，更加深刻地介入国家治理的各个方面，真正成为治国理政的重要基础，从更深层次、更广范围服务于国家发展。这既为税收工作提供了更为广阔的舞台，也对税收职能作用提出了新的更高要求。各级税务部门要在发展区域经济的进程中大有作为，必须紧紧围绕履行好“为国聚财、为民收税”这一重要职责，自觉地把税收职能置于经济调整转型的大背景下去定位、思考和谋划，结合区域经济税源建设实际情况，及时、准确、系统对经济产业结构存在的突出问题进行宏观分析，帮助地方政府和市场主体找出制约区域经济发展的瓶颈所在，强化发展区域经济进程中的驱动力量。

（一）坚持提供战略咨询和税收情报输出双轮驱动

在省、市级政府部门层面，税务机关由于直接接触企业最真实、最及时的经济数据，所掌握的市场经济信息质量超过统计局、发改委等政府相关部门，因此应该以财税、金融数据为基础，着重加强税收形势分析、税收风险分析、政策效应分析和经济运行分析，成立区域经济“总参谋部”，重新构建区域统计分析体系，建设完备的经济情报分析机制，分门别类提出区域经济发展建议，和相关部门联合打造一批实战应用型强、符合市场经济潮流的分析“拳头”产品和战略建议精品，把信息及时传递给地方党委、政府，促使地方产业规划趋利避害、科学布局。与此同时，及时掌握资产投资、项目建设、信贷投放的经济信息资料，定期为政府及相关部门提供包括涉税信息在内的各类经济政策咨询，并给予银行、企业法定的相关数据查询使用权限，允许其查阅与区域经济建设、企业发展直接相关的经济信息，使各个区域内部实现信息资源利用效率最大化。这样一方面可以化解优质企业在筹建期、发展间的相关难题，力促项目早日达产达效；另一方面对投资额度大、享受优惠政策额度较大、对推进经济发展方式转变有重要影响力的企业，可

以有效整合区域经济生产要素，将其作为重点服务对象，引导产业结构调整，从源头上推进经济发展方式转变。

(二)坚持税收立法改革和管理体制改革双轮驱动

地方政府由于受到权限的约束，尽管结合区域经济发展实际制定出台了许多优惠政策，对经济税源建设起到了一定的作用，但依然与预期目标差距很大，不能有效引导国内发达地区资金及其它生产要素向落后地区经济圈有效流动，弥补处于欠发达地区都市经济圈自我发展能力较低的不足。解决以上问题的关键在于，坚持立法论证程序和改革完善途径双轮驱动，不断完善与区域经济发展相协调的税收政策和管理体制，通过法律形式明确并固化中央和地方政府的税收政策制定权限和其它政策制定权限，处理好基层探索与顶层设计之间的关系，尊重经济规律，尊重市场选择，尊重基层实践，保证各级地方政府在合理区间内拥有一定税收政策制定的主动权，探索建立“从下到上”的税收政策及各项政策形成机制，第一时间准确把握市场的脉搏，研究出台更加有利于促进总部经济、战略性新兴产业、现代服务业、非公有制经济等发展的具体优惠政策，努力营造有利于各类市场主体发展的政策环境。上述分析建议主要集中于国家立法改革等宏观层面，对于基层国税微观层面，目前有很多艰巨的改革任务摆在面前，税务干部坚持向改革要红利、向创新要效益。一是改变传统的思维惯性，构建以纳税人为中心的征管新模式。二是改变旧的考评机制，打造以质量评价为核心的“三个质量体系”。以税收质量为生命线，全力构建服务、执法和征管“三个质量体系”。通过进一步明确执行标准和评价标准，使其成为税收工作的“指挥棒”和“任务书”，最大限度地规范执法、优化服务、强化征管。三是改变落后的管理方式，构建以数据应用和风险识别为重心的信息管税模式。

(三)坚持破除流通瓶颈与理顺财政关系双轮驱动

传统的区域利益协调，主要是靠中央政府的计划手段和行政手段，很少利用市场力量。随着市场经济体制改革的不断深化，传统的区域利益协调机制难免会出现失效问题。建立新型的利益分享机制和利益补偿机制，将有利于消除地区利益矛盾，实现区域之间的和谐发展。清理规范税收及其它优惠政策，促使地方政府将发展区域经济的着力点从违规制定变相减免税等“土政策”向营造合法的市场经济发展环境转变，突破目前行政区划的限制，全面清除阻隔区域经济生产要素非正常流动的体制障碍，形成资本和生产要素在更大地理范围和市场空间进行有序配置，进一步激发区域经济发展活力，逐步实现资源的优化配置和经济结构的互补与改善。建立和完善总部企业统计分析体系和统计核算制度及总部企业联系制度，及时动态掌握总部经济发展状况和税源管理背离情况，在此基础上加强税务机关与财政机关协作，设立处理税收跨地区分配问题的职能部门，综合统计各方数据，定量分析各地区在相关税收中的贡献程度，健全转移支付制度、调整税收返还依据、改进支出与GDP挂钩方法，理顺中央与地方政府、地方各级政府之间的财政关系，科学划分中央与地方事权和合理安排支出责任，确保地方政府财力、事权和支出责任协调统一。

(四)坚持税源总量扩张和经济结构优化双轮驱动

为壮大区域经济税源总量，税务部门不能简单地按章收税，而要始终把抓好现实税源与培植后续税源有机地结合起来，在遵守税法的前提下，积极运用各项税收政策和信息资源，加快项目建设，提升企业效益，把经济总量的扩张与经济结构的优化、经济效益的提升有机地结合起来，在转变经济发展方式的基础上，不断推动区域经济总量排名的争先进位，从根本上提升经济对税收的贡献率。

(作者单位：吉林省四平市国家税务局)

# 供给侧改革模式与财税政策实施效应的国际借鉴

秦大磊

美国、英国、日本和德国在经济发展滞后的大背景下，把财税政策作为供给侧改革的主要措施，取得了显著的改革成效，同时造成了一些负面问题。目前中国遇到的经济发展问题与部分西方发达国家有着类似之处，但本质有所不同。借鉴发达国家供给侧改革的先进经验和模式来制定符合中国发展国情的供给侧结构性改革对策，同时规避供给侧改革的负面效应是本文研究的重点。

## 一、西方主要发达国家供给侧改革的经济背景与改革模式

美国、英国、日本、德国四国都面临过一系列的经济发展难题，在凯恩斯主义政策失灵时，都采取了供给侧措施进行改革。面临的经济发展背景表现为经济和股市低迷、失业率上升、物价上涨、产能过剩等。采用的供给侧措施有相同的地方，也有不同的地方。美国侧重为国家对经济运行松绑，消减财政支出。英国侧重为控制通货膨胀，为市场的正常运转提供一个长期稳定的环境。日本侧重为主要是进行产业机构调整，鼓励高新技术产业发展。德国侧重为以稳定物价和扩大出口竞争为主。

**表一　美、英、日、德供给侧改革的经济背景和改革模式**

| 国别 | 时间 | 经济背景 | 改革模式 |
| --- | --- | --- | --- |
| 美国 | 20世纪70年代 | 1.经济发展停滞，高失业，高通胀。<br>2.传统工业竞争力下降。<br>3.劳动生产率缓慢，企业出口下降。<br>4.财政开支增加，银行低利率导致信贷问题。 | 1.实行大规模的减税计划。<br>2.执行紧缩货币政策，下调贴现率。<br>3.缩减政府规模、减少政府干预。<br>4.削减联邦开支，降低福利支出。 |
| 英国 | 20世纪70年代 | 1.经济停滞，通货膨胀，失业率上升。<br>2.劳动生产率较低，工资成本高。<br>3.国际收支不平衡，出现逆差。<br>4.商品成本上升，消费需求降低，信贷扩大。 | 1.大规模降低税负，刺激企业投资。<br>2.实行紧缩货币政策，废除汇兑管制，提高英镑利率。<br>3.简政放权，推进国有企业的私有化。<br>4.对社会保障制度进行市场化改革。<br>5.打破工会垄断，实施区域政策。 |
| 日本 | 20世纪60－70年代 | 1.经济出现负增长，失业率上升。<br>2.投资减少，银行破产，房价下跌，股市低迷。<br>3.劳动力成本快速上升，工资上涨，老龄化严重。<br>4.消费需求乏力，物价下跌，居民需求减少。<br>5.粗放经营，污染严重。 | 1.加大财政补贴，实施税收优惠政策和金融政策。<br>2.鼓励和培育新兴产业发展。<br>3.消减石油化工、钢铁等行业过剩产能，鼓励产业转移。<br>4.实施减量经营，降低企业成本。 |
| 德国 | 20世纪80年代 | 1.财政赤字，政府债务利息严重。<br>2.贸易逆差严重。<br>3.产业结构调整缓慢，企业产能过剩。<br>4.政府效率低下，经济氛围低迷。<br>5.银行信贷风险较高。 | 1.整顿财政，压缩开支，实施减税法。<br>2.保护自由竞争，推进联邦资产私有化。<br>3.推进产业结构升级，压缩钢铁、煤炭、纺织等高耗能行业产能。<br>4.实施稳健以稳定物价为优先的货币政策。 |

## 二、西方主要发达国家供给侧改革的财税政策分析

税收政策是西方主要发达国家进行供给侧改革的关键环节。美国、英国、日本、德国四国在供给侧改革中的税收政策重点均为积极降低税负，但采取的具体措施不大相同。

（一）美国。20 世纪 80 年代，美国先后出台了《1981 经济复苏税法》（俗称坎普－罗斯减税法案）和《1986 年税制改革法案》，制定大规模减税计划促进经济发展。

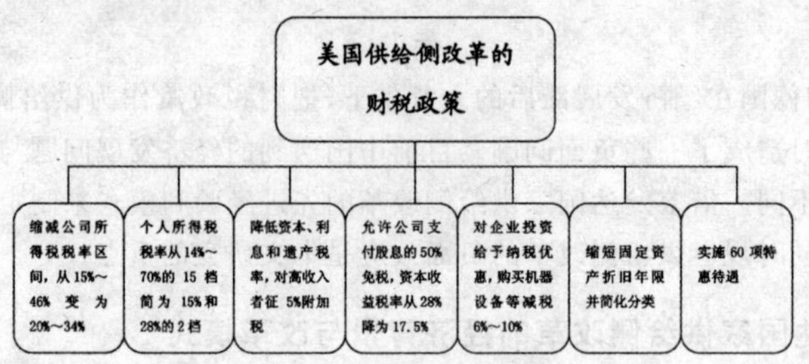


图一　美国供给侧改革的财税政策

（二）英国。上世纪 80 年代撒切尔执政时期的英国实行了供给侧管理式的减税改革，出台了一系列减税措施，同时提升消费税税率。

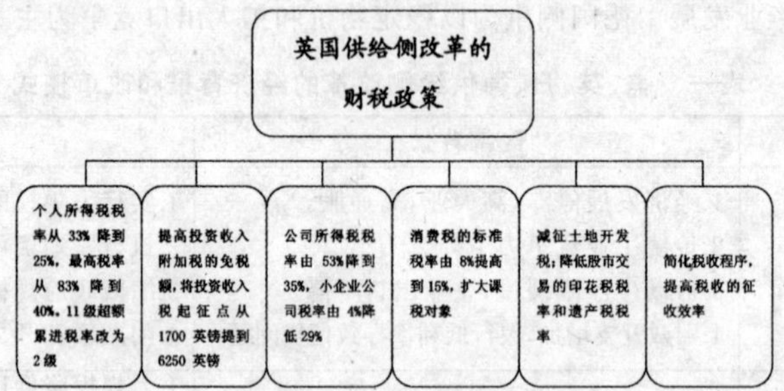


图二　英国供给侧改革的财税政策

（三）日本。日本实施供给侧改革分为两个阶段，分别是 1975－1985 年和 2002－2007 年，制定了《今后的经济财政运作以及经济社会的结构改革的基本方针》，采取“减量经营”政策，加大科技补贴，降低税率，减少政府干预。

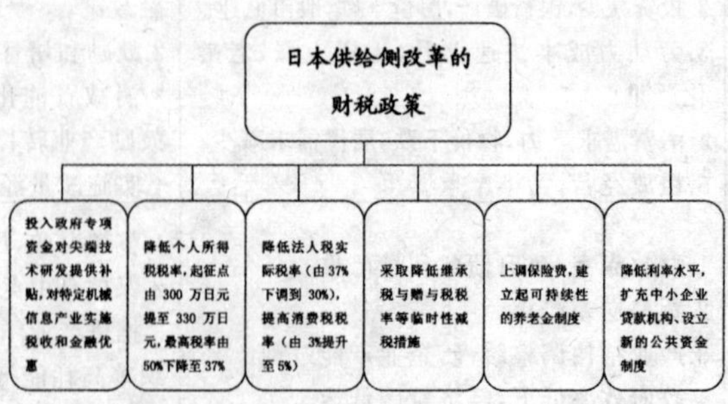


图三　日本供给侧改革的财税政策

(四)德国。1982～1989年,德国科尔政府采取了"多市场、少国家"的经济和财政政策对产业结构进行调整,颁布减税法,通过资金扶持科技创新和减低过剩产能,减少政府行政干预,降低边际税率刺激投资,使资本、劳动力等要素自由流动。

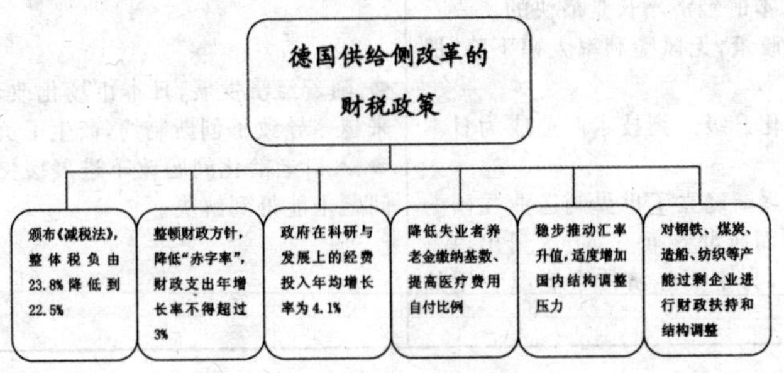


图四　德国供给侧改革的财税政策

## 三、财税政策的实施效应

通过对这些国家经济转好的时间段和财税政策实施的时间段进行纵向对比,时间节点大致吻合。在通过与同一时期世界上其他国家发展情况进行横向比较,这四个国家改革后的经济状况普遍好转。这说明美、英、日、德四国的财税政策在很大程度上促进了供给侧改革的成功。任何政策都具有两面性,一系列财税改革政策的实施也会导致其它经济问题的出现,但正面效应大于负面效应。

表二　美国供给侧改革的正面效应和负面效应

| 正面效应 | 负面效应 |
|---|---|
| ◆ 经济出现好转,GDP快速增长,税收占GDP的比例显著降低,如企业所得税占GDP的比重达到了历史低点,为1.05%。<br>◆ 实际税率由37.2%大幅下将至26.2%,扩大了税基。<br>◆ 税收的减免激励了个人和企业投资的积极性,资本形成表现良好。<br>◆ 促进了美国股市的繁荣。在税负降低的同时,美国股市却呈现出长达8年的牛市,道琼斯工业指数由776.92点攀升至2753.2点,上涨2.54倍。 | ◆ 大量的减税和增加国防开支使美国成为世界上最大债务国。<br>◆ 高额的利率导致美元升值,外贸逆差从427亿美元上升到1446亿美元。<br>◆ 不同家庭的收入增加相差较大,上层10%家庭收入提高16%,而下层10%家庭的收入下降14.8%。<br>◆ 税制改革扩大了贫富差距,10%收入最高的纳税人平均税额下降6.4%,而10%收入最低的纳税人平均税额却上升了20%。 |

表三　英国供给侧改革的正面效应和负面效应

| 正面效应 | 负面效应 |
|---|---|
| ◆ 1982－1988年,英国的平均的GDP增长率为3.82%,税收占GDP比重降低。<br>◆ 减税扩大了税基、促进了税收收入上升。<br>◆ 财政赤字收缩,后期出现财政盈余。<br>◆ 制造业的劳动生产率明显提高,企业投资也保持较快增长。资本形成总额从1981年到1988年提高了64%。<br>◆ 股市实现了长期的繁荣,富时100指数经历了长期的上涨行情。<br>◆ 经济自由度提高,加强了企业内部的动力机制,工会的权力被削减,劳动力市场的灵活性提高。 | ◆ 对冲上述减税的影响,消费税的比重有所提升。<br>◆ 除了汇兑管制,提高英镑利率,降低了英国制造业商品的竞争力,<br>◆ 生产率的提高导致了就业机会严重减少,失业率居高不下。 |

**表四 日本供给侧改革的正面效应和负面效应**

| 正面效应 | 负面效应 |
|---|---|
| ◆ 1975－1985 年日本经济平均增长率保持在 4%左右，在主要发达国家中日本的经济增长是最快的。<br>◆ 采取中性偏紧的货币政策，无风险利率大幅下降，股市持续繁荣。<br>◆ 产业结构顺利完成优化升级。高技术产业成为日本经济增长的主导产业。<br>◆ "减量经营"帮助日本逐渐确立了世界制造业强国的地位，汽车产量超越美国而居世界第一位并大量出口。<br>◆ 在节能方面成效显著，为主要经济体中能源利用效率最高的国家。 | ◆ 随着经济发展，日本市场化改革不深入，政府干预越来越多导致了创新制约，产生了负面影响。<br>◆ 人口老龄化问题改革进展缓慢，改革措施非常有限，问题未能得到解决。 |

**表五　德国供给侧改革的正面效应和负面效应**

| 正面效应 | 负面效应 |
|---|---|
| ◆ 经济实现稳定增长，1983－1989 年 GDP 平均增速达到 2.6%。<br>◆ 通货膨胀得到控制，居民收入提升速度与物价涨幅接近，居民购买力提升。<br>◆ 国家支出比例、财政赤字、新债务减少，国家内部重建稳定。<br>◆ 贸易逆差得到扭转，实现顺差逐年增加，出口和进出口余额跃居世界第一位。<br>◆ 稳定的货币政策使德国马克发展为 1979 年建立的欧洲货币体系的实质上的"定锚货币"和第二大国际储备货币。<br>◆ 德国股市指数上升，上市企业数量持续增加，资本市场得到突破性发展。 | ◆ 过剩产能被淘汰和工业自动化导致失业率一直保持在 8%左右。其中比较严重的两个行业是钢铁和纺织业，钢铁工业减少就业人口 24 万，纺织业减少就业人口 11 万多。 |

## 四、中国供给侧结构性改革背景下的经济问题分析

改革开放以来，中国借助发达国家制造业产业转移的机遇，充分利用了劳动力，土地等要素价格低廉的优势，重点发展加工制造业，依靠投资和出口拉动经济长期快速增长。由于国内外经济形势变化以及经济结构等原因，中国出现了一系列发展困境。

(一)当前中国面临的主要经济发展问题

1、经济增速放缓，下行压力较大。2007 年中国 GDP 增速为 14.16%，随后呈现出逐渐下降的趋势，到 2015 年 GDP 增速为 6.9%。虽然在世界上还是增速较高的国家之一，但是纵向比较来看，经济发展速度大幅放缓。

2、产业结构不合理，第三产业比重还需提高。根据 Maddison 数据，目前中国人均 GDP 大致相当于美国 1947 年、英国 1960 年和日本 1969 年的水平。在同样的人均 GDP 水平上，以上三个国家的服务业占 GDP 比重分别为 59%、53%和 51%，中国仅为 43%。

3、生产和消费，供给和需求矛盾突出。一方面中国钢铁、水泥、煤炭、平板玻璃、电解铝、风电等行业产能过剩。另一方面高科技产品的生产与供给无法满足消费需求。

4、对外出口贸易增长乏力。2013－2014 年，中国对外出口额增长率为 7.9%，6.1%，到 2015 年对外出口出现负增长，下降 1.8%。美日欧等国需求驱动带动出口的贸易模式发生变化，贸易摩擦频繁出现。

5、国有企业缺少市场活力，利润不断下降。部分国有企业缺少市场活力，主要集中在中部、东北等地。根据财政部 2016 年 1 月 25 日发布的数据显示，2015 年国企利润下降 6.7%，但国企债务却激增近 20%。国企占有了 45%的信贷资源，却仅仅创造了不到 30%的 GDP。

6、中小企业税收负担加重。根据财政部有关数据显示，近年来中国企业税收负担过重，特别是中小企业税收负担到达了 40%左右，超过了 OECD 国家的平均水平。

7、科技创新能力不足。中国科研人员数量排世界第一位，经济总量排世界第二位，而《国家创新指数报告 2014》显示中国创新能力仅排在世界第 19 位，中国科技创新能力与综合国力地位差距较大。

8、房地产行业持续低迷，库存过剩严重。除北上广深等大城市外，很多一二三线城市库存严重，2015 年中国商品房库存去化周期 32 个月，比 2012 年增长 30%。

9、人口老龄化日趋严重，企业劳动力成本上升。2014 年，中国 60 岁以上老人占全国总人口的比重为 15.5%，中国劳动力人口 2015 年开始出现负增长，下降的幅度已经开始超过日本，企业劳动力成本不断上升。

10、生产能耗较大，环节污染严重。中国欠发达地区企业能耗较大，新能源普及还不够，水污染，大气污染等环境问题日趋严峻。

11、中国股市进入持续低迷状态。从 2015 年 7 月开始，中国的股市由牛市转向熊市，上证综合指数从当时的 5000 多点，一直在下降到目前的 3000 点左右。

(二)经济发展问题的国际对比

中国经济体制和基本国情与西方发达国家不同，但是中国当前经济发展的若干困境与美、英、日、德四国在供给侧改革时期面临的经济困境有相似之处。通过比较我们发现，中国经济发展的主要困境与供给侧改革时期的日本经济发展困境最为相似，这对中国制定供给侧改革措施提供了参考和借鉴。

**表六　中国供给侧改革背景下的经济发展问题与西方发达国家对应表**

| 中国经济发展问题 | 与中国经济发展问题类似的国家(美、英、日、德) |
|---|---|
| 问题 1 | 美、英、日、德 |
| 问题 2 | 美、德 |
| 问题 3 | 美、日、德 |
| 问题 4 | 英、德 |
| 问题 5 | 英、日 |
| 问题 6 | 英、德 |
| 问题 7 | 美、日 |
| 问题 8 | 日 |
| 问题 9 | 日 |
| 问题 10 | 日、德 |
| 问题 11 | 美、英、日、德 |

## 五、中国实施财税政策推进供给侧结构性改革的借鉴对策

中国宏观调控政策正在发生重大变化，从以往的偏重需求侧调控转为偏重供给侧调控。当前中国经济受到三大供给约束：一是高行政成本约束；二是高融资成本约束；三是高税收成本约束。中国应结合国情，借鉴发达国家供给侧改革经验，制定符合中国社会主义市场经济的供给侧改革新思路。

(一)切实完善和制定行之有效的减税政策

中国的税收收入连续几年都超过了 GDP 的增速,说明税收减免的深度和广度还不够。好钢用在刀刃上,在经济最困难的时候,将税制改革与宏观调控有效结合。第一,加大税收减免优惠的力度,特别是对高新技术企业、创新型中小企业的税收减免和优惠;第二,对高能耗企业、污染严重企业以及过剩产能企业加强税收征收管理,适当征税或者减少已有的税收优惠政策;第三,完善消费税制度,加快资源税改革,开征房产税、遗产税、环境保护税等;第四,简化税制和税率,对一些税率比较复杂的,如增值税税率,尽可能降低为单一税率,或者减少为 2 档税率;第五,调整个人所得税起征点,取消和调整一些不必要的非税收入项目;第六,落实税收法定原则,保障税收政策法规的权威性、稳定性和持续性,严格税收征管程序,提高税收征管效率。

(二)建立健全调节和引导经济结构转型升级的财政政策

适度扩大财政赤字规模,保持公共支出力度,提高财政资金使用效益。第一,通过政府财政手段鼓励产业调整升级,对部分效益差的国有企业和过剩产能企业进行引导、调整和淘汰,合理安置职工就业;第二、加大对基础设施、教育、医疗等急需的民生项目的投资补贴,加大社会会福利水平,盘活财政存量资金使用力度;第三,加大对新建商品住房的抑制,采用购房补贴等形式鼓励各行业人员购买库存商品住房,消化目前二三线城市的商品房库存;第四,对出口企业海外投资和产业转移提供财政扶持,扩大对外产能输出;第五,取消政府提供普遍公共服务或体现一般性管理职能的收费项目,减少对不适应产业发展落后企业的财政补贴和转移支付的;第六,对高端装备制造,新能源,新材料等战略性新兴产业和重要领域服务业,在财政资金上给予适度鼓励。

(三)采取适度宽松的货币政策,降低企业融资风险和融资成本

相比西方发达国家,中国的金融体制还不完善,中小企业面临的债务和融资问题复杂多样,杠杆问题比较突出,应采取灵活适度的货币政策进行去杠杆,推动供给侧结构性改革。第一,要完成利率市场化,积极推进民营银行的设立,引导和规范中小信贷公司的信用贷款风险;第二,在金融改革以服务于实体经济为前提,加速推进人民币国际化,为企业贸易提供更便捷的金融服务;第三,完善股票、基金、债券发行流动和买卖机制,解决大中型企业融资难的问题;第四,根据市场经济规律,清理财务不健康问题,采取高度分散的股权结构对国企改革;第五,为中小型创新企业和创业人员提供优惠贷款,为资金紧缺,债务较重且信誉好,发展前途广的小企业营造好的融资环境。

(四)简政放权,精简政府工作机构和财政供养人员

从供给侧结构性改革的角度来看,当前中国在人口劳动、土地资源、资本金融、技术创新、制度管理等领域存在很多供给抑制,无法充分发挥作用。政府对市场权力的过度占有,以及部分国有企业靠垄断获取财富,或成为僵尸企业,严重影响社会生产积极性。所以要切实转变政府职能,实施简政放权,减少政府垄断、放松市场管制,为企业松绑,促进自由竞争。一是推动国有企业调高效益和效率,完善企业治理机构;二是采取降低电力价格,推进电价市场化改革。减少垄断,降低企业生产成本;三是对国内消费需求较高的产业,减少行政审批,通过市场化手段进步补短板,创造新供给,拉动新需求。精简财政机构设置,降低财政供养人数,尤其是对事业单位进行改革,既可以解决行政机构“臃肿”问题,提高行政工作效率,又可以降低财政赤字压力。

## 六、中国规避供给侧结构性改革负面效应的主要思路

中国明确了“供给侧改革”的具体内容和方向,但是因为经济具有一定的相通性,依然要吸取西方发达国家的经验教训,避免出现改革的负面问题。中国规避供给侧结构性改革负面效应的主要思路有以下几点。

(一)做好政策储备,避免实际减税效应达不到预期

“低税率”是发达国家供给侧改革的重点，中国全面推进的“营改增”政策，承诺“所有行业税负只减不增”，理论和实际上确实可以为企业降低税负。据估算，“营改增”政策实施后每年可以为企业减税5000亿元，仅占中国每年20万亿政府财政收入的2.5%。如果减税力度不够，将严重影响企业生产投资信心。因此政府要做到未雨绸缪，积极储备其它的财税政策。

（二）理清地方政府财税收入体系，避免地方政府债务过重

全面“营改增”政策实施后，地方财政收入会发生变化。中央政府应尽快划分新的财税分项体制机制，构建合理的分税体系，规范地方收入，避免地方政府因为财政困难而采取大规模负债行动，或重新采取土地财政等非常规政策，进而产生更多的经济社会和民生负担问题。

（三）解决因体制不完善而导致产生新的政府干预问题

由于中国的政治体制与西方发达国家不同，所以通过简政放权或者是“精兵简政”来提高财政收入利用效率以后，难免会导致地方政府官员更多的不作为，或者乱作为，进而会对市场经济产生更多的干预和干扰。所以精简机构和人员的同时，要采取绩效、激励等措施提高地方政府工作人员干事创业的积极性，防止出现慵懒散的现象。

（四）应对可能出现的失业和贫富差距问题

“去产能”会导致出现企业破产和失业问题，政府在采取行政手段进行关闭落后产能和过剩产能企业同时，要制定好下岗工人新的就业渠道，可以尽早采取财政补贴、产业升级、就业培训等政策扩大新的就业。此外，开设新税种和减免个人所得税会造成不同阶级新的税负差异，建议充分考虑中低层消费群体的经济负担，防止出现更大的贫富差距。

（五）重视供给侧不等于放弃需求侧

供给侧改革是一个全方位的政策选择，供给和需求是相互联系的，不能把需求和供给对立起来。供给侧结构性改革的另一端就是产生新的需求，比如在西部投资、民生改善方面还有很大的需求空间。政府要把握住“放松供给约束，解除供给抑制，创新消费需求”的理念，实施有效的财税措施来减少多余的高耗能和过剩产能的供给，扩大高技术、新能源的消费需求，全面推进中国供给侧结构性改革取得成效。

（作者单位：广西壮族自治区国家税务局科研所）

# 从供给侧破解城市群发展财税机制问题探讨

河南省地方税务局、河南省地方税收研究会课题组

2015年以来，中央对供给侧结构性改革从理论思考到具体实践，都作了全面深刻阐述，从顶层设计、政策措施直至重点任务，都进行了全链条部署。在2016年1月份召开的中央财经领导小组第十二次会议上，专题研究了供给侧结构性改革思路，提出了"五个搞清楚"，即搞清楚现状、方向和目的、干什么、谁来干、怎么办。供给侧结构性改革的五大任务，即去产能、去杠杆、去库存、降成本、补短板是一个系统设计，各项任务之间关联互补，需要统筹兼顾，动态优化，积极推进。

城市群作为全球当下城市发展的主流和趋势，也是中国新型城镇化的主体形态。中国社会主义市场经济体制的基本建立和逐步完善，为城市群发展创造了必要的机制保障。然而，不必要的行政管制严重制约着城市群协调、包容发展的市场化和经济一体化进程。鉴于建立城市群发展统一的行政管理机构难以在短期内到位，当务之急，应基于国家供给侧结构性改革的战略布局出发，着重从供给侧发力，努力在改善和创新政策、机制、制度等软环境上有所作为，破解城市群发展中存在的系列问题。其中财税保障机制方面，应在创新财税体制、规范税收竞争秩序、有效释放财税政策在供给侧结构改革中的动能、推进城市群生态文明建设、推进税收管理一体化发展等方面着力，努力提高新型城镇化可持续发展能力，促进城市群空间布局与形态优化，提升城市群资源要素配置效率，实现城市经济社会协调发展。

## 一、完善有利于城市群协调发展，促进合理竞争的财税体制

长期以来，地方政府习惯于充当资源配置的主体，对经济活动的行政干预行为过多，常常直接介入微观经济活动，成为市场中的一个重要竞争体。中央、地方财权事权职责不清，地方政府承担责任过大，且因缺乏稳定的主体税种而财力不足、政绩考核过于注重经济增长指标，使地方政府干预微观经济活动的动机和能力日益加强，政府对于产业和企业的选择行为趋同，产业同构化现象严重，影响了经济结构转型升级的步伐。国家规划和产业政策引导不够有力，2005年以来，国家出台的一系列指导地区发展的规划和政策过于原则和宏观，操作性不够强，提出的产业发展重点多有雷同（如发展先进制造及新能源、新技术等战略性产业几乎成为每一个区域规划共有的内容），国家战略在某种程度上成为诱发地区之间同质化竞争的推手。鼓励地区发展政策的一致性和关联性不够，政策落实过程中缺乏统筹，削弱了区域发展政策的整体效力，尤其在结构调整、生态环境保护之间的不协调问题十分突出，制约了国家战略意图的落实。在新的发展时期，如果继续维持甚至加强地方政府竞争，城市发展方式转型很难实现。地方政府竞争加剧了城市经济产能过剩，恶化了城镇生态发展环境，导致城市债务过重和地方政府公司化，加剧割裂全国统一市场，阻碍要素的市场配置。由于资本相对稀缺，地方政府会展开恶性财税竞争以吸引域外资源，通过财税补贴和税收优惠等手段增加资本边际收益率，吸引更多的资本进入本地辖区，扩大投资规模，用外域的资本刺激辖区内经济增长。

城市群的形成主要靠市场机制发挥作用，政府应让市场引导各类要素在大中小城市（镇）自由流动，最终形成大中小城市（镇）优势互补、功能各异、协调发展的城镇体系。当市场的力量无法解决城市群发展中面临的环境负外部性、无法协调城际利益冲突的时候，政府应通过健全协调机制、加强空间管制、破除要素流动障碍，有效协调城际利益冲突，引导城市群协调发展。众所周知，在发达市场经济国家，各类

要素在市场空间内自由流动，提升了城市群的综合效益，使城市群成为国际上竞争力最强的区域。相比之下，我国的城市群发育则较多受到城镇化特殊体制和背景的影响，地理空间上的集聚现象明显，真正的功能整合远未形成，城市群应有的规模经济、集聚效应和节约利用资源的优势都没有得到很好发挥。因此，应正确处理地方政府间的关系，从构建有利于促进城市间合理竞争与合作的目标出发，改变由政府对行业和企业进行直接投资和财政补贴所造成的不公平竞争，加快推进财税体制改革，加强对政府补贴和税收优惠政策的监督，把可能对市场竞争造成的负面影响控制在最小范围，建立有利于地方政府发展宜居城市、吸引人而非排斥人的新型财税体制。

在我国现有的城市群中，地级及以上城市集中了全国非农经济总量的2/3左右，在各地区发挥着经济中心作用，扩大这些城市规模有利于提高集聚效益。在城市化进程中，各地的地级及以上城市的产业结构比例将得以优化，仅市辖区即可容纳七亿非农业人口，这些城市的发展主导着各地城镇化的道路。因此，国家的财税政策设计，应倾斜引导非农产业和剩余农业人口向规模偏小的地级城市及其周边城镇集聚，形成以地级城市为核心的地方性城市群，使其成为我国城市体系的基层结构，让更多的人口分享大中城市所提供的各类保障和发展机会。具体而言，欠发达的中西部地区应有序地推动人口和产业集聚，扩大作为地区增长中心的地级城市规模，积极从发达的大城市承接制造业，吸收滞留在低端服务业的额外劳动力，促进制造业与生产性服务业间的关联效应；经济发达的大城市应积极培育对生产性服务业有更多需求的高附加值产业，向外转移标准化的、不能带来更多集聚收益的成熟产业；最发达的大城市应向现代高级服务业转型，提高自身经济效益，同时促进承接制造业的中小城市更快地跨越发展，形成专业化分工的城市群。

解决区域税源分布和税源竞争性争夺问题，更好地协调地区间税收分配，将有利于实现公共服务均衡化，缩小地区发展不平衡，促进区域经济的协调发展。

在地区间经济一体化程度不断提高的现状下，横向税收分配失衡问题亟须解决。突出表现在“三个背离”。一是税收管辖权与税收属地入库原则相背离。众所周知，税权须与事权相匹配，才能满足事权的需要。享有税收管辖权，就应享有税收收益分配权。如多个地方政府对同一纳税人拥有管辖权，则它们有权共享税收收益。企业在发展过程中开展跨区经营，在其他地区设立分支机构、生产基地，负责生产、销售和其他具体业务经营，总部负责统筹、协调、管理和控制整个企业发展，这就必然产生跨区经营和税收属地管理问题。企业分支机构和销售网点一般都为非独立核算单位，使得来自生产地的税源要在注册地纳税。如，现行税制规定，中央铁路运输企业营业税、企业所得税由铁道运输总公司集中在北京缴纳，收入归属中央政府，但按税权与事权相匹配的原则，这一税源应由中央与相关地方共享。二是资源类产品非市场定价导致税收与税源相背离。自然资源，特别是战略性资源为国家所有，资源性初级产品如煤、石油、天然气等由政府定价，资源性初级产品流转到下游市场后，价格提高几倍或十几倍，生产成本集中发生在上游，而利润却转移到下游，部分税收利益由资源输出地转移到资源输入地，具有税收管辖权的上游所在地政府税收流失严重。三是税制设计本身造成的税源与税负归属的背离。增值税、消费税、关税实行生产地（进口地）课税而非消费地课税办法，造成税负的可转嫁性。尤以增值税最为典型。制造业增值税占增值税收入比重最大，我国制造业主要集中在东部发达地区，这些地区的政府据此获得了增值税地方分享部分；而中西部欠发达地区则是制造业产品的输入地和消费地，这里的居民在购买商品时负担了实际的增值税。这种税收转移影响了地方政府间的利益分配。就企业所得税而言，为减轻企业税负，税法规定总公司与分公司可汇总缴纳企业所得税。而跨区经营企业一般都将总公司设在发达地区，把生产基地设在各类成本相对较低的欠发达地区，这种情况下，欠发达地区生产基地所创造的税收就流入了总公司所在地，而为其提供公共产品和服务的税源生产地政府，却未得到相应的税收。此外，各地的税收征管和优惠政策存在差异和不对等，一些地方竞相出台不规范的税收优惠政策或自行制定税收先征后返政策，导致资本在区域间无序外流、税收流失和不合理转移。

## 二、减轻税收背离，缩小区域间财力差异

基本公共服务均等化的前提条件在于各地公共服务供给的财政投入大体均等。我国区域经济发展的不平衡性，导致地区间财力差距巨大。在现行的税收征管和归属权配置约束下，市场经济活动的复杂性、企业生产和管理的空间分离等使区域税收与税源背离现象普遍存在，也即产生税源的地区并没有获得相应的税收，未产生税源的地区却获得了产生于其他税源地的税收，出现税收与税源的非一致性和不匹配，即“税收转移”(李建军，2013)。税收背离所产生的地区间的税收流入(taxinflow)和税收流出(tax-outflow)的结果是，税收由经济欠发达地区向经济发达地区的流入。经济社会发达地区往往是税收净流入地，经济社会欠发达地区则为税收净流出地(国务院法制研究中心，2011)。由税收背离造成的税收与经济发展水平逆向的地区间转移和流动，有悖于税收的横向公平，加剧了区域间的财力差异，不利于公共服务均等化和区域经济协调发展。

在税制统一的情况下，一个地区所能征收的税收主要取决于该地的税源和税收征管水平，而一个地区最终能获得的税收又取决于中央与地方的税收分配制度。企业汇总纳税、跨地区经营、生产地与管理地的分离、总部经济、资源产品的价格转移、企业策略性定价、地区间税收竞争等，为税源和税收背离创造了条件(贾康，2007；刘金山，2009)。我国税收收入归属权与税收征管权合二为一，地方税收征管的属地管辖和行业管辖交织并存，地区间税收分配协调机制的缺失，成为地区间税收背离的主要原因。而在相对统一的中央与地方的税收分配制度下，以征得的已发生税收背离的税收收入在中央与地方间分配，又使税收征收上的税源与税收背离转换成了地区间税收收益的背离，造成了地区间财力的非正常转移和税收分配的不公，加大了地区间的财力差距，进而强化了地区间经济社会发展的不均衡(“制度长效与区域协调研究”课题组，2011)。

我国中央与地方间的税收分配是以各地税务机关征得的税款为基础，分税种按一定比例进行划分的。这种划分是建立在对各地征收的已产生税收背离的税收收入分配。税种不同，在中央与地方间分配的方式不同，对地区间财力差异的影响也不同。若一种税全部收入属于中央，在不考虑财政转移支付的情况下，税收背离则不会改变地区间的财力差异，而共享税、地方税若发生税收背离，则会造成地区间横向税收分配不公，改变地区间的财力分配，并强化地区间的财力差距和非均衡。

税收背离是造成地区间财力差异的重要原因。减轻和消除税收背离现象，应是缩小地区间财力差异、实现公共服务均等化和区域经济社会协调发展的重要途径，也是构建公正合理的横向财税分权、分配制度的内在要求。就纵向调整看，在中央与地方的税收分配中，应对税收流入地提高中央税收分配比例，对税收流出地降低中央税税收分配比例，并通过中央财政转移支付，使流入地的税收向流出地转移，以矫正背离的影响。就横向调整而言，改革当前税收征管权与税收归属权合二为一的做法，根据税源和税基所在地的空间分布，按一定比例和权重在地区间分配征收的税收，同时设立独立专业权威的跨区域税收协调机构负责跨省域税收征管和分配协调工作。

随着税收体制的进一步完善，“营改增”试点全面到位，增值税地区间的分配方式改革的必要性和重要性日益迫切。增值税地区间按生产地或消费者分享原则，是国家之间或一国的各地区间协调商品税税收管理权的一项原则。从受益原则看，增值税收入应归属于消费地，不适合按生产地原则在地区间分享。但增值税以商品价值或附加值为课税对象，决定其更适合在生产环节征收和缴纳，这就导致增值税被生产地政府征收，从而产生归属地和实际征管地的差异。增值税的实际负担者是消费者所在地的消费地，其很可能的结果是，经济欠发达地区的消费者负担了增值税，但这部分税收却实际成为了经济发达地区的政府收入，导致税负在地区间的转移。而经济发达地区的政府又可继续利用这部分财政收入提供公共

产品或吸引生产企业，从而进一步拉大地区间税收差距。国际上，增值税的地区分享方式涉及国家政体、征管模式和征管水平等因素，大部分国家都是以消费地原则为基础分享增值税，但在实际的制度设计中各有不同。比如，加拿大有着全球最复杂也最精细的增值税分享体制，是中央政府和地方政府在税制的历史演变中竞争和妥协的结果。加拿大协调销售税是联邦政府和几个州政府联合实行的一种州增值税，从1997年起，共有5个州加入这一系统，税率从8%－10%不等。协调销售税统一由联邦州政府征收，并按一定公式分配给各州。州的分享比例取决于该州的增值税税基大小和税率高低，它以各州的投入产出表为基础，计算出一般消费支出和非增值税纳税企业相关的税基，再根据联邦政府的税收收入和税率倒推得到该州相关的税基、金融机构相关的税基和公共部门相关的税基，最后根据预期的人口增长率对分享比例进行调整。日本的增值税税率为8%，但收入分享上中央增值税占75%，地方占25%，由国税局征收。每三个月，各都道府县间会进行一次地方间的增值税清算。各都道府县将获得的税收减去向国家支付的征收费后，以消费相当额为基础，在各都道府县间进行相互抵消后支付。它是一种各都道府县间进行的横向转移的过程，即按消费地原则，由征收增值税多的地方将税收转移给征收少的地方。“消费相当额”是测定各都道府县增值税税基的基础，消费相当额中6/8为年度商品零售总额和服务业及个人事业收入额之和，1/8是全国前两项总和的1/8部分按各都道府县人口比例分配，另外1/8部分则按从业者比例分配。日本的地方增值税清算是在中央政府的指导下，在地方间进行“多退少补”的过程。在德国，增值税的地方分配不仅是一种税收的分配方式，更是维持地方财政平衡的一种运行机制，约54%的增值税收入归联邦政府，44%的收入归州政府，2%的收入归州下一级的地方政府。其增值税分配为：先将全国所有州的增值税总额的75%按各州人口规模分摊，即将所有州的增值税总额的75%除以全国人口数得到人均增值税税额，再乘以各州的居民人数确定各州应分配得到的增值税。其次，将剩余的25%增值税部分在财力不足的州间进行分配。德国的增值税分配方式并非完全基于消费地原则，虽然人口可以在一定程度上衡量消费水平，但德国的分配更多是从平衡地方财力的角度设计的。以上可以看出，以生产地原则进行增值税分配存在易导致地方税收竞争、盲目引资、资源转移和扩大地方间财力差距等问题；消费地原则下的增值税则存在征管困难、易产生避税等问题。而在生产地征收增值税然后按消费地原则进行分配，则是适应中国目前税收制度和征管水平的一种方式（杨帆、刘怡，2014）。通过利用投入产出表、消费类的宏观数据和人口数据对中国增值税地方分享比例进行测算，发现与原来的增值税返还制度相比，经济发达、工业增加值高的地区增值税分配比例大多有所下降，而人口众多、经济水平一般的地区增值税分配比例上升，新的增值税分享方式有利于促进地区间税收收入平衡。同时，青海、新疆等人口较少、物价水平较低的地区增值税分配比例有小幅度下降，这提示人们在制定增值税分配政策时，不仅应考虑消费量、人口等因素，也应将地区税收收入平衡情况纳入调整范围。

具体到增值税税源与税收背离而言，中国目前增值税收入的地区间分配体制是基于生产地原则而非消费地原则。营改增全面试点完成后，根据《国务院关于印发全面推开营改增试点后调整中央与地方增值税收入划分过度方案的通知》（国发〔2016〕26号）要求，2016年5月1日后，以2014年为基数核定增值税中央返还和地方上缴基数；所有行业企业缴纳的增值税均纳入中央和地方共享范围；中央分享增值税的50%；中央上划收入通过税收返还方式给地方，确保地方既有财力不变；中央集中的收入增量通过均衡性转移支付分配给地方，主要用于加大对中西部地区的支持力度。增值税在中央与地方间进行分配，中央分得的部分将通过转移支付等手段进行再分配，地方分得的部分则属于机构所在的市一级地方政府，由机构所在地的市一级地方政府按一定比例进行再分配。即现行增值税是按销售节点（机构所在地）来直接安排地方分成的，非机构所在的市一级地方政府不在销售节点，就不能直接参与增值税的地方分成。即使它与该笔增值税直接相关，或是购进点，或是该笔增值税业务的收入来源地，也不能直接参与本环节增值税的地方分成，带来了税收收入从落后地区向发达地区转移的财富逆流现象。这种现象有可能会进一步引导资本和劳动力向富裕地区集中,符合要素资源逐利的市场效率原则,但却背离了中国区域均衡发展的战略目标。建议改革增值税收入的地区间分配体制,建立基于消费地原则的增值税收入地区间分配体制,以利于引导要素资源在区域间的有序流动,减轻发达地区城镇化发展的人口集聚压力,进而实现资源要素在区域间均衡配置,促进中国经济社会的均衡发展。具体地说,增值税在中央与地方、地方与地方间进行分配和再分配时,同时考虑购进单位所在地方政府(收入来源地)的财政利益,特别是考虑异地购进单位所在地地方政府(收入来源异地)的财政利益。地方分得的部分在机构所在地方政府和购货单位所在地方政府间进行第二次分配,机构所在地方政府所占比例应远低于购货单位所在地方政府所占比例,由于某地方政府可能既是机构所在地,又是购货单位所在地,故其可能均沾两者的税收利益。机构所在地方政府和购货单位所在地方政府分别共享增值税进行第三次分配。在第三次分配前,各购货单位所在市一级地方政府需按占销货单位当期销货总金额的比重进行一次属地分配,划分权益。通过安排购销环节购销双方所在的地方政府共同参与增值税的地方分成,购货单位所在地方政府,特别是异地购货单位所在地方政府,享有了增值税的直接分配权。这样同时直接考虑购货单位所在地方政府和销货单位所在地方政府(机构所在地)利益的税收分配体制,更能从地域和人的角度体现税收的“公平与效率”。表现在:平衡机构所在地和最终消费异地的税收权益及上下游机构所在地的税收权益;直接的财政分配比间接的财政分配更公平、有效;照顾购货单位所在地方政府的税收权益甚至比照顾销货单位所在地方政府的税收权益更重要;收入来源异地与机构所在地将成为利益共同体,有利于加强税收征管,堵塞税收漏洞。按照收入来源地的原则,消费税等货物劳务税中收入来源异地的财政利益同样也应得到直接保障,企业所得税、个人所得税等直接税中收入来源异地的财政利益也可探讨办法予以保障。

随着城镇化的推进,户籍制度改革步伐会逐步加快,要素资源的流动性将增强,中国财税制度的优化设计须适应要素资源流动性的要求,也即在城镇化背景下,各区域之间的公共劳务供给责任的配置须以自由流动为基础,在以动态的观念追求基本公共劳务的均等化和一体化的同时,在各区域的财力、财权与事权之间须建立一种中长期的动态匹配的协调机制,方能适应资源的流动性和城镇化发展的要求。

尽快制定、补充和完善横向地方政府间的税收分配办法,形成适用范本,并建立向中央政府备案制度,以确保横向税收分配依法、合理、规范进行。建议财政部和国税总局设立处理税收跨地区分配的职能部门,综合统计各方数据、定量分析各地区在相关税收中的贡献程度,可按各地区的营业额、销售收入、资产总额、利润总额、职工工资总额等要素,设计测算出科学的税收分配系数,并据以制定地区间税收分配方案,协调平衡地区间的利益。坚持按税源地划分收入归属的原则,这符合所有地方政府的要求。同时,应将提供公共服务与分享税收利益对应起来,即按税收贡献度对跨区经营企业的税收在相关地方政府间进行分配。如由汇总纳税企业总、分支机构共同创造的利润(包括缴纳的所得税),各分支机构所在地政府都应享有汇总纳税的税收收益权,都应参与税收分配。调整企业所得税有关政策,不论汇总纳税企业的所得税是在总部所在地汇总缴纳,还是在分公司、子公司所在地缴纳,都统一按税源地的贡献大小进行分配,特别对跨区经营企业,应严格实行在税收实现环节分配,即采取就地申报纳税,按产量、销量比例分别缴入税源所在地国库(唐文倩,2011)。

设立专业、独立、权威的跨区域税收协调机构,负责跨省、省域内的跨区域税收征管和分配协调工作,实现区域经济协作一体化发展,重点研究区域协同发展中的税收政策协调,统一执行口径和管理标准,建立区域内各方互认的政策管理制度,统筹税收政策措施。促进税收便利化。从方便纳税人的角度出发,优化工作流程,简化跨区迁移变更登记、外出经营税收管理流程,按照城市群内各地非行政审批类涉税事宜“同城通办”。促进信息共享交换,建立信息共享体系,定期交换涉税信息,加强非正常户管理,建立跨地区信用奖惩联动机制,利用共享信息联合执法,加强税收风险管理。建立涉税争议协调机制,对区域税收管辖权、税收政策执行口径和税收执法标准差异等事项进行进行协调解决。

细化大企业总分机构具体标准。近年来,财政部、国家税务总局陆续发布了有关企业所得税、增值税汇总纳税的规范性文件,对有效平衡居民企业总机构和分支机构所处的不同地区间税收利益分配,防止税款地区间无序转移发挥了重要作用,但汇总纳税也加大了税务机关对企业税收管理和监控的难度,易产生税收漏洞,同时企业也面临诸多税务风险。企业所得税法的"实际管理机构"指对企业的生产经营、人员、财务和财产等实施实质性的全面管理和控制的机构。据此居民企业汇总纳税的"总机构"应指企业组织机构的主体,是经营管理和控制的中心机构,在税收实践中可用"实际管理控制机构"做判定标准。二据民法通则,公司的住所即公司的主要办事机构所在地,所谓的"主要办事机构所在地",通常是指公司发出指令的业务中枢机构所在地,据此总机构所在地应是公司住所,即注册地。实践中,很多企业处于经营成本或政府政策的考虑,公司注册地和实际管理控制机构所在地不一致,如企业注册在开发区、工业园区等政策优惠地区,但企业业务不在政策优惠区域经营,出现"注册地"和"实际管理控制所在地"分离的现象。此种状况该如何判断总机构所在地,在汇总纳税时,总机构所在地是指企业注册地还是"实际管理机构所在地"。以上在居民企业汇总纳税的规范性文件中没做出明确规定。若仅从征管便利考虑,以企业注册地作为总机构所在地,会方便税款征收和分配,但这种设立"空壳法人"的行为,严重违反了公司法、公司登记管理条例和有关规定。税务机关对有关总机构之名而无总机构之实的这类"影子总机构"(李春阳,2014),应按企业组织架构的实质而非按法人登记形式作为基本纳税单位征税,这有利于税法与民商法、公司法有关规定的协调一致,防范利用"空壳法人"来避税和规避税收责任的行为,且符合"总机构"统一汇总纳税的立法原则。《国家税务总局关于跨地区经营汇总纳税企业所得税征收管理办法》(2012 年 57 号公告)所述的"分支机构"包括具有主体生产经营职能的分公司、部门和项目部等,并由总机构统一核算和管理。但此规定在实践中存在:虽然分支机构接受总机构管理,但是否分支机构都应由总机构统一核算,文件规定总机构统一核算的分支机构汇总纳税,那么总机构非统一核算的分支机构是否汇总纳税;有些分支机构虽不是法人地位,但独立核算,而它依然是总机构统一管理和控制,这类独立核算的分支机构应纳入汇总缴纳企业所得税的分支机构范围。以上文件规定的分支机构和有关增值税文件中规定的分支机构界定有不一致的地方。增值税暂行条例实施细则规定,分支机构若发生增值税应税收入或视同销售收入,应以纳税人身份缴纳增值税,但这些分支机构并不作为企业所得税纳税人缴纳企业所得税。增值税有关文件中提到的分支机构的概念外延应大于企业所得税有关规定中的分支机构的概念外延,因此增值税有关文件应明确分支机构的界定。此外机构间内部交易一般不会影响企业所得税总额,但会影响各分支机构的营业收入、资产总额,进而影响各分支机构分摊的企业所得税款。因此,在企业所得税汇总纳税的有关文件中对于机构间内部交易,如购销商品、提供服务、转移资产等也应进一步规范和明确,以减轻税收背离,利于地区间的税收协调。

## 三、坚持包容性增长与发展,扩大公共财政提供有效供给政策空间

包容性增长与发展强调的是平等和公平,注重经济发展的成果惠及所有人群,注重发展和改善民生,提高劳动者特别是贫困人口、农村人口的收入水平和福利水平,创新制度和改进政策。

随着国家经济实力的增强,国家采取了一系列财政改革与政策措施,有效促进了社会包容性发展与和谐社会的建设。政府财政支持解决"三农"问题的力度不断加大,公共财政覆盖农村步伐明显加快,"三农"财政政策体系不断完善,从 2004 年起在全国范围内对农业生产者实施补贴,加强农村水、电、路等基础设施建设,从 2006 年起对农民免税免费,建立健全农村基本公共服务体系,实施农村公共公益事业"一事一议"奖补机制等。

但当前中国的包容性增长与发展中还存在以下主要问题:全社会的收入差距趋于扩大,分配不公日益严重,基本公共服务有效供给不足,城乡发展失衡,农村贫困问题仍相当突出,扶贫攻坚面临新的挑战。

公共财政支持和促进包容性增长与发展的途径如下:通过参与国民收入分配和再分配活动,综合利用税收、支出、补助等政策手段,优化收入分配格局,调节居民收入和财富的差异,强化对社会弱势群体的支持和保护;积极推进财政体制创新,动态调整转移支付制度和办法,不断完善和改进中央及地方、省以下政府间关系,为财力的纵、横向均衡奠定基础,从而有效地推进城乡、区域间的相对均衡发展,为中国的中西部地区、贫困地区及整个农村的经济发展和基本公共服务提供财力基础;通过资金分配、财税优惠政策等手段,有效发挥财政的间接调节效应或引导功能,引导社会民间资金、银行资金及外资等向欠发达地区、贫困地区、向"三农"倾斜,引导社会富裕阶层捐赠、慈善等给社会弱势群体予帮助,促使社会包容与和谐得到更好体现。

基本公共服务均等化是实现包容性增长与发展的关键手段(苏明,2012)。国家出台的《基本公共服务均衡化(2011－2020)规划》,明确了基本公共服务的范围、标准和政策,各级要抓好财政体制创新,增强公共财政的保障能力,主要是做好基本公共服务供给机制的创新:完善公共服务的提供策略,确保低收入人群和贫困人口能从基本公共服务项目中平等、充分地获益;建立基本公共服务多元化供给机制,大力拓展社会扶贫,将原由政府包揽的直接供给职能交由市场主体行使,政府则主要做好筹资与监管,建立和完善基本公共服务需求和利益表达机制,并能使这种需求转变为政府决策的参考依据和行动目标,构建起惠及所有穷人共享式的城乡一体化发展模式和公共政策体系,推动包容性增长和发展。

## 四、规范税收优惠政策,提高新型城镇化可持续发展能力

税收优惠作为税收杠杆的代表性体现,在区域协同发展中尤为引人注目。在中央把清理各地过多过滥的税收优惠作为税制改革方向的大背景下,在推进各区域协同发展过程中不应再出台针对某一区域的税收优惠政策,应依靠市场的力量凝聚协同发展的力量,促进协同发展的方向。随着经济发展进入新的阶段,曾作出重要贡献的区域税收优惠政策面临调整,不允许制造新的"税收洼地",依靠区域性的税收优惠或财政补贴促发展是不现实的。按凡属市场能发挥作用的,财税等优惠政策要逐步退出;凡属市场不能有效发挥作用的,政府包括公共财政等要主动补位的原则,除专门的税收法律、法规和国务院规定外,各区域内各地起草其他法规、发展规划和区域政策都不得突破国家统一财税制度、规定的税收优惠政策。未经国务院批准,各地不能对企业规定财政优惠政策。区域各方要对已出台的税收优惠政策进行规范,违反法律法规和国务院规定的一律停止执行;没有法律法规障碍且具有推广价值的,尽快在区域内实施;有明确时限的到期停止执行,未明确时限的应设定优惠政策实施时限。建立税收优惠备案审查、定期评估和退出机制,加强考核问责,严肃处理各类违法违规行为。现实中可供选择的路径是将已有的税收优惠视情况在区域城市范围内推开。在清理规范区域税收优惠政策的同时,对那些促进科技创新与文化创意产业的税收优惠政策,按照产业化布局的要求予以保留,并将此类先行先试的税收优惠政策,结合各城市群的产业发展布局,以园区的方式逐步扩大实施,通过税收优惠政策促进高新技术在城市群内各城市落地,增强高新技术等产业发展的内生动力,促进城市群的产业优化,提质增效。

完善税收优惠政策的决策与运行机制。由财政主管部门出台法律效力层次较低的规章和规范性文件来实施优惠政策,虽然效率较高、针对性强,但易致寻租等负面效应。应借助结构性减税政策的实施,逐步形成由人大立法部门、财税主管部门和纳税人共同参与的税收优惠政策形成机制。根据经济发展总体战略和经济结构调整的基本要求,在对各行业的税负总体水平和税负结构作整体判断的基础上,在财政可承受限度内测算优惠的总体规模,进而依据现行的税收结构,将优惠合理配置于各税种之上,确定各行业和相关纳税人的减税结构,以及优惠实施的方案和时限,形成有针对性、可预期和可操作的差异化税收优惠方案。建立由财税主管部门主导的税收优惠政策反馈调整机制,关注税收优惠政策实施后纳税人税负结构的变动趋势,对税收优惠政策的实施细节作符合税法精神和经济发展要求的解释和调整。对优

惠政策实施所发生的税收成本和经济效益作具体测算与量化分析，全面评判优惠政策的减税效应和经济示范效应，为后续优惠方案的制订与实施提供经验数据。

清理不合理、不公平与低效率的优惠规定。按照税收立法目的，清理因历史原因出台的优惠规定，力求在差别化治理框架下，做到税收效率与公平的统一，严防优惠过多，导致对税制的消极减损。根据结构性减税的原则和经济结构调整的要求，严格执行优惠政策的认定和实施条件，避免优惠政策的借用、误用。对法律法规规定的税收优惠政策和经国务院批准实施的非税收及财政支出优惠政策，由财政部牵头定期评估，对不符合经济发展需要，效果不明显的政策，财政部应牵头会同有关部门提出调整或取消的意见，报国务院审定。各级人民政府主要负责人为本地区税收等优惠政策管理的第一责任人，税收等优惠政策的制定、调整或取消等信息要形成目录清单，并以适当形式及时、完整地向社会公开，鼓励和引导各方对违法违规制定实施税收等优惠政策行为进行监督，中央有关部门按职责分工，及时查处并纠正各类违法违规制定税收等优惠政策行为，中央财政按税收等优惠额度的一定比例扣减对该地区税收返还或转移支付，在扎实开展清理规范工作的同时，各地要切实落实国家统一制定的税收等优惠政策，促进经济社会发展。

税收优惠政策体系应按照产业结构优化的基本要求，针对现有税收产业激励机制存在的问题与不足，拓宽税收优惠政策对产业结构优化的作用空间。生产性服务业推动营改增改革，完善增值税抵扣，减轻服务业税负。引入企业所得税间接优惠方式，根据各服务业特点灵活选择延长减免期、加大项目扣除数量和额度以及加速折旧等方式，提高教育培训支出税前扣除标准，以满足生产性服务业对高素质劳动力的要求。生活性服务业应进一步降低农产品批发、农贸市场中个体经营户的增值税征收率，并减轻其生产、经营所得的个税税负。对高新技术、节能环保和创新产品，扩大增值税的即征即退、先征后退适用范围，实行常用消费税抵税政策。对企业研发支出实施300%的企业所得税税前抵扣，引入再投资税收抵免和延期纳税政策。将独立性科技研发机构视为非营利性机构，予以免税。加大对上述产业的房产税和城镇土地使用税优惠。对产能过剩行业、污染严重行业产品征收消费税等，落实节能减排目标。

进一步推进扩大内需导向的结构性减税，与收入分配体改相对接，加大对居民住房、医疗、教育和养老等民生领域的税收优惠力度（庞凤喜，2013）。在免征蔬菜和部分鲜活肉蛋产品流通环节增值税的基础上，将增值税减免范围扩大到居民日常刚性的食品类支出项目，减轻居民日常消费支出所负担的流转税税负。对居民常用药品、基本保健用品实行增值税即征即退或先征后退办法，降低居民的医保支出负担。对金融类企业源于居民首套普通住房的按揭利息收入，免征营业税，降低乃至取消当前已成为居民日常生活必需品的产品消费税负担。对节能型车辆的车购税予以免征。对生产和销售居民日常食用品的企业以及居民日常医保品的企业，实行企业所得税低税政策，降低个人所得税工薪所得税目最高边际税率，同时允许居民将日常教育、住房利息、医保支出和扶养性支出，以每月定额的方式予以税前列支。在对居民非营业用住房开征房产税的同时，通过简并税种，降低税率，减轻房地产流转环节的税负负担。降低能源、资源类和原材料产品的进口关税，对先进技术设备和关键零部件实施较低的进口关税，增加低碳产品、高科技产品和高附加产品的出口退税，减少甚至取消高污染高耗能产品的出口退税，淘汰落后产能。落实扶持小微企业税收优惠，鼓励民众创业和就业。

## 五、加快税制绿色化进程，促进城市群生态文明建设

建立生态环境的财税补偿机制。生态补偿主要体现为区域发展外部环境公平，调整生态保护和受益相关各方间利益关系的环境经济政策和措施。生态补偿体系主要包括：政府补偿，即政府以财政补贴、政策倾斜、项目实施、税费改革、人才和技术投入等手段对生态环境保护贡献者进行补偿；社会补偿，指国际、国内各种组织和个人对保护生态环境的非利益相关者提供物质性的捐赠与援助；国际合作补偿，地球

生态系统作为一个整体，推动国际合作，实现利益共享、成本分摊，可使生态补偿机制更好发挥作用；生态移民补偿，在生态脆弱地区实行生态移民，是保护生态环境、蓄积自然资源的重要举措。

有效的生态补偿机制，需要政府财政资金的有效参与。在构建生态补偿机制时，应考虑政府级次的事权与财力划分问题，将生态补偿与财政级次有机结合，形成一个主体的、有效的生态补偿机制。在生态补偿机制中，资金来源于相关的财税运作。通过转移支付、生态税收、税收政策差异化等政策手段，政府将资金在补偿者与受偿者之间进行转移，达到生态补偿的目的。针对中国当前环境问题多具有跨区域、跨流域的特点，应引入生态服务交易的理念，着力加强区域生态协作。注重生态环境建设，加快生态补偿财税机制建设。具体建议如下：

理顺财税体制。科学合理划分各级政府间事权和财力支持范围。在中央和地方对生态环境保护的合理分工基础上，科学界定各自的环境支出范围，中央和省级政府预算都应设立专项的生态建设资金，省以下各级地方政府分担生态补偿资金；建立环保财政资金稳增机制，加大财政对环保的投入力度，促进生态补偿建设，加大对环保资金的监督力度，提高资金的使用效率，提过建立多渠道的融资机制，适量发行环境专项国债，实施 BOT 融资、贷款担保等，扩大环保资金来源。

构建纵向生态财政补偿机制。生态补偿财政转移支付应以纵向转移支付制度为主，做到地方政府环保事权与自身财力的匹配。核心在于中央向各地方的财政转移支付，平衡不同地区在财政收入能力上的差异，体现发展机会的公平。在纵向财政转移支付中增加生态环境影响因子权重，增加对生态脆弱和生态保护重点地区的支持力度，按照平等的公共服务原则，中央应重点加大对中西部地区的转移支付，用于对重要自然保护区或国家生态公益林的购买等，建立生态建设重点地区经济发展、农牧民生活水平提高和区域可持续发展的长效投入机制。在中央财政转移支付项目中，增加生态补偿项目，用于国家级自然保护区与生态功能区的建设补偿。建立生态保护环境治理和保护的财政专项拨款项目，对限制开发区和禁止开发区实行政策倾斜。加强地方政府对生态补偿的支持与合作。地方政府除了负责辖区内生态补偿机制的建立外，在一些主要依靠中央财政支持的生态补偿中给予支持。

构建主体功能区内横向生态补偿机制。建立地方政府间的横向转移支付制度，实行主体功能区的下游地区对上游地区、开发地区对保护地区、受益地区对生态保护地区的财政转移支付。让生态受益的开发区和重点开发地区政府直接向提供生态保护的限制和禁止开发区政府提供财政转移支付，以横向财政转移改变四大功能区间既得利益格局，提高限制、禁止开发区人民生活水平，缩小功能区间的经济差距。在大气综控综防上，能源税、燃油税和碳税的征收，有助于补偿化石燃料利用对环境的破坏，降低二氧化碳排放。

加强生态补偿税费机制建设。完善现行保护环境的财税政策，发挥其对生态补偿机制建设的促进与导向作用。增收生态补偿税，开征环境税，调整现行资源税，把资源开采使用同促进生态环保结合起来，提高资源的开发利用率；完善税收优惠政策。在所得税上实行优惠，以更有效地减轻纳税人负担，调动企业保护生态环境的积极性。利用增值税低扣、免征等优惠促进企业技术进步，降低企业经营成本，利于生态环保；加强资源费征收使用和管理工作，增强其生态补偿功能。进一步完善水、土地、矿产、森林、环境等各种资源税费的征用管理办法，加大各项资源税费使用中用于生态补偿的比重，向欠发达地区、重要生态功能区、水系源头地区和自然保护区倾斜（刘辉，2013）。

以主体功能定位为依据，切实保护生态系统。要以重点区域为抓手，实施重大战略性生态工程，以保护和恢复植被为核心，将自然修复与工程建设相结合，加强草原、森林、荒漠、湿地与河湖生态系统保护和建设，完善生态监测预警体系，夯实生态保护和建设的基础，从根本上遏制生态整体退化的趋势。要突出水资源节约集约利用，促进产业结构优化、人口有序转移，加强生态保护建设与环境综合治理，在主体功能区规划实施、集中连片特困地区区域发展与扶贫攻坚等方面不断取得突破，构筑西北乃至全国的生态安全屏障。鼓励各类社会主体投资治沙造林,达到技术标准的均可享受相关补助,推进防护林更新改造,支持地方大力发展沙产业和林下经济,实现生态改善、农民增收。在开展重点流域水污染防治、集中治理水质较差湖泊的同时,对水质较好湖泊进行分区保护,做好相关规划衔接,调整流域产业结构和布局,加强入湖河流污染治理,建设和修复流域生态,有序推进湖泊休养生息。

完善公共财政体系。发挥公共财政在缩小城乡差距、地区差距和促进基本公共服务均等化方面的作用。国家重点生态功能区的公共财政应主要用于交通、水利等公共基础设施的建设和服务体系运作。中央财政既给承担保护责任的地方政府进行补贴,又要给承担保护责任的个人与集体进行经济补偿。中央财政转移支付与森林资源保有量、洁净水外流量、生态农业产量挂钩,使保护生态的地区不再承受经济损失。中央财政设立专项资金,用于支持环境受污染责任保险在全国的推广,重点用于符合条件的投保企业的保费补贴,允许符合条件的企业在投保环境保护责任险时其保费支出在一定额度内享受税前抵扣,以此财税激励手段,支持环境保护责任险业务的发展。

完善符合可持续发展的主体功能区税收政策。建立一个生态补偿机制,通过设立专项基金,对承担环境保护功能的限制和禁止开发区域给予财政转移支付。当前各级政府预算安排中缺乏专门用于生态补偿的财政收入来源,拟开征的环境税应是可供选项之一。中央政府从环境税中取得的收入用于关系到整个国家生态安全区域的生态补偿,地方政府取得的环境税收入主要用于关系到本地区生态安全区域的生态补偿。考虑推进城乡一体化税制建立,把对"三农"的课税纳入现行税制体系,推进增值税和个人所得税改革,将增值税链条延伸至农业,使农业部门购进的生产资料在进项税额中得到抵扣。为体现税法的公平性,对专业种粮大户和从事种养业的农民收入应征收个人所得税,提高农产品功能区地方政府的财政能力。缩小各区域经济发展的不平衡,促进优化开发区产业升级,实行鼓励战略性新兴产业、现代服务业和先进制造业的税收政策,取消优化开发区域普惠式税收优惠政策。加大地方政府在资源税收入中的分成比例,根除资源税税源与税收收入背离,使中西部地区的资源优势转化为经济发展的优势。从完善地方税的角度,来解决地方政府对土地财政和房地产业过度依赖问题,减少对耕地的占用和对生态环境的破坏。将所有的"三农"补贴改为对粮食核心区土地发展权的购买,使其专注于粮食生产和生态保护,形成区域功能下的粮食及生态补偿储备金,用于购买耕地发展权,保护粮食生产功能区生态环境。制定耕地质量建设投入政策,如从土地出让收入中提取一定比例用于耕地质量建设,实施耕地质量提升行动,健全耕地质量监管机制。国家财政新增补贴向粮食生产规模经营主体倾斜,优先安排农机具购置补贴,开展生产者补贴试点,扶持粮食规模化生产;规划好粮食主产区、粮食生产功能区、高产创建项目实施区,引导经营主体生产粮食;合理引导土地流转价格,以降低粮食生产成本,稳定粮食种植面积,采取停发粮食直接补贴,良种补贴,农资综合补贴等,遏制撂荒耕地和非粮化、非农化现象。在规定国家建立土壤污染整治资金的同时,鼓励和刺激私人资本投资与粮食生产主产地污染土壤的清洁和治理,搭建土壤污染治理修复与资源可持续利用的科技交流平台,促进土壤污染治理修复市场的形成与发展。

处理好环保税与消费税、资源税税目交叉问题。我国消费税税目包括14类商品。从税目看,有些商品收入征收范围显然不利于提高人们的消费水平,与刺激内需政策有悖。消费税更好地发挥调节功能,要在征收范围上做调整。应从高污染、高环境风险的"双高"产品目录中,挑选出一些较合适的产品纳入到消费税征收范围,如铅蓄电池、含磷洗衣粉、镉电池等纳入消费税征收范围;或对一次性使用、污染治理成本高的产品征收消费税,如塑料袋、铅蓄电池等;或对用得越多、价格越便宜的高污染产品征收消费税,如化肥、农药等。

我国拟将部分过度消耗资源、严重污染环境的产品和部分高档消费品纳入消费税征收范围,同时适当调整与国内产业结构、消费水平变化不相适应的部分应税品目的税率,提高部分高档消费品的现行税率水平,增强消费税的调控功能。扩大消费税征收范围,缩小非低碳产品与低碳产品间的成本差距,有助于更好地促进低碳产品的推广。应厘清对高耗能、高污染商品是纳入消费税征收范围,还是纳入即将推出的环保税，以避免交叉和重复征税。

对生产环节征税会与对排污企业征收的排污费、对企业超标准排污的罚款等税费叠加，造成重复征收，故对使用环节征税更符合税改方向，对高耗能、高污染产品加征的消费税或环保税款应设立财政专项基金，用于节能环保领域。对于过去属于奢侈品但如今日益平民化的消费品，税率应有所调整，如对高、中、低不同档次的化妆品适用于不同税率，同时可考虑把一些新兴奢侈品如摩托艇、娱乐性帆船、私人飞机等奢侈性劳务、服务消费纳入消费税征收范围。而对普通化妆品、汽车轮胎、摩托车、酒精等由奢侈品变为普通消费品的商品，则应使其从消费税征收范围中淡出，这样的消费税应称为特别消费税更为贴切。而对于调高成品油消费税新增收入则主要用于治理环境污染，鼓励新能源汽车发展，让居民看到治理的效果，感受到生活环境的改善。

将消费税的征收范围、税率、征收环节、扣除政策、纳税评估等进行调整，包括对一些具备条件的应税消费品，由生产环节改为在批发或零售环节征收，在一定程度上可减轻地方的投资冲动，有助于促进地方政府转变行为模式，鼓励地方从消费者处获得收入。应该看到，以生产环节为主征收方式能减少征管成本，避免税款流失，但消费者感受较不明显，不符合消费税调控方向。且在生产环节征收，一些企业采取增加流通环节的方式来降低消费税的税负，如有的酒厂会成立销售公司，酒出厂后低价售给销售公司，销售公司再高价卖给消费者，消费税在出厂环节按出厂价格征收，降低了消费税的税基。改消费税价内税为价外税，并在零售环节征收，有利于减少税务部门征税的随意性，增加消费者的纳税意识。

中央政府曾提出，将部分大量消耗资源、严重污染环境的商品纳入消费税征收范围，《2013 年深化经济体制改革重点工作意见》也指出，要合理调整消费税征收范围和税率，增加消费税应税品目，发挥消费税促进节能减排和引导理性消费的作用。稀土是不可再生的重要战略资源，可比照对原油征收资源税、对成品油征收消费税的做法，对稀土冶炼分离产品征收消费税，以体现国家的产业政策和消费政策，通过价格的上涨抑制稀土产品的开采消费和出口，维护国家利益。随着经济发展，一些大众消费品应降低税率，对游艇、私人飞机及其他可能新出现的奢侈品应提高税率。应在保障税款征收的前提下，针对不同税目特点，生产经营方式和征管实际，合理设置消费税征收环节：对批发、零售环节易于区分，经营主体多，难以征管的应税消费品，如烟、酒、汽油和柴油等在批发环节征收；对批发、零售环节易于区分，具有相应征管基础和手段的应税消费品，如小汽车、游艇、贵重首饰及宝珠玉石、高档化妆品、高档手表、高档家具等在零售环节征收；对批发、零售环节难以区分或收入规模较小的应税消费品，如除汽油、柴油以外的成品油、电池、焦炭、高尔夫球及球具、鞭炮与焰火等在生产环节征收。据测算，消费税和车辆购置税可以基本上对冲"营改增"后地方政府减少的收入，二者划归地方后对于地方政府的投资和工作导向会有改善的作用。对于各地消费水平不同导致的欠发达地区地方税收增长低于发达地区产生不平衡问题，可通过中央转移支付予以解决。消费税收入是否完全划归地方还需时日，因中央与地方的财税体制调整是个系统工程，需要整体规划。地方可向中央提出在消费税扩围上先行先试的建议，把部分原本征收营业税的消费型服务改为消费税，即在推行营改增的同时，试行营改消，从而把消费税的税基得以适当扩大，在营改消推行一段时间后，再把消费税扩围成商品和劳务税为主的销售税，在消费终端环节征收，以鼓励地方营造良好的消费和宜居环境，打破地方盲目追求 GDP 目标的惯性思维，为地方税收做出贡献。

## 六、推进税收管理一体化发展，为城市群发展提供税收服务保障

打造一体化的税收环境。区域协同发展，相比税务机关和地方政府，纳税人更关注大的税收环境。以京津冀为例，三地的税收差异多达 10 项之多。差异形成的主要原因是税法授权省级政府和税务机关在规定幅度内可自行调整。税收政策趋同程度、涉税事项业务程和征管制度、信息一体化程度都有待进一步提高，发挥区域税收一体化征管工作协调机制的作用。现有税收政策应在城市群区域范围保持统一。制定有利于区域协同发展的税收政策，统一执行口径和管理标准，建立各城市互认的政策管理制度，

梳理现行税收政策，分析比较税收政策执行中的差别，结合产业结构调整的战略布局，规范调整各地的税收政策；建立税收合作机制，就重大税收问题的协商结果签订框架协议，解决税收利益争端机制等。设置政策缓冲期，对重点支柱税源转移的，适当给予缓冲期限，让转出地有时间、方向、政策去培育新的税收增长点；促进征管体制与纳税服务水平的统一高效，统一税收业务流程、征管软件、探索税务登记业务通办、同步提升纳税服务水平、强化执法行为监控，提高纳税遵从度，消除因征管因素造成地区间税负不公；统一发票管理，推行网络发票，解决总分机构往返多地领取发票的不便；建立信息化共享平台，加大区域一体化征管工作税收信息和网络化建设力度，实现税源信息、政策信息和政府其他信息的共享，搭建风险防控预警系统，建立纳税评估模型，推广行之有效的行业分析模型，形成完备的风控体系。定期开展税收收入数据关联分析，查找区域间税负差距，形成税收收入综合数据库，为公平税负提供支撑。

探索建立税收共享机制。区域协同发展最大障碍在于现行财税体制下的地方利益冲突，具体表现为财政收入和分配问题。在产业转移中合理共享机制建立之前，对于企业的转移，往往只能采用一事一议的办法，由区域内各地政府共同沟通解决税收分配问题。区域内政府应抱着开放的姿态，调动各方的积极性，建立利益共享机制，以解决产业链条延伸带来的利益分配。因产业重新布局带来的企业总分机构变化引发的税收分配也应予以重视，应调整分支机构税收征管政策，实行属地纳税，合理分配税源。在一体化进程中，产业转入和转出地都面临财政收支压力，中央应增加地方对相关税种收入的分享比例，充实地方财力，可考虑设立协同发展专项基金，促进中心城市产业、资源向周边地区有效、有序转移。在区域经济协同发展的进程中，科学的财税体制和政策应成为基础性制度保障和重要的促进手段，中央应研究制定相应促进协同发展的财税体制改革方案和城市群各子系统财税分配体制，以实现跨区域的利益共享。平衡总部和分支机构的税收收入，在分配比例上应有新的统筹安排，总的原则是把税收留在创造财富的地方，尽量减少对纳税人缴税的干扰。

提高税制的国际竞争力。随着国家开放程度的加深和融入全球经济步伐的加快，中国面临着日益严重的国际税收竞争问题。同时，随着我国政府财政体制的日益完善，地方政府间税收竞争也日益强化。中国对境外投资在提高企业国际化水平，开拓企业发展空间的同时，也为促进国内产业结构的优化升级，加快转变经济发展方式及促进世界共同发展发挥了积极的作用。但鉴于跨国投资经验的欠缺，竞争秩序有待完善，如何应对国外税收政策的变化并作出正确应对，以防止国家利益的受损；如何协调地方政府间的税收竞争，以实现地方政府和中央政府的社会总福利的最大化等，成为摆在我们面前的急迫问题。而就前者而言，中国的税制改革须顺应世界税收竞争的潮流，立足于提高实体经济的国际竞争力，包括国家预算制度、政府考核制度、税收制度和收入分配制度等，尤其要保持和进一步提高税制在国际经济交往中的竞争力。即开放型的中国经济建设要适应全球经济的新形势，税制设计应服务于中国经济转型、升级和可持续发展，通过有竞争力税制引领中国的比较竞争优势的持续发挥，运用现代技术手段，研究和解决流转税由间接征收向直接征收转变问题。间接征收已不能适应现代市场经济分工扁平化、产业链分工日新月异的趋势。将间接税改为直接征收，有利于解决中国出口退税不足和骗退税问题，有利于促进服务贸易和跨境电商等新型贸易业态的发展。比如，在流转税方面，除继续免征进口的研发设备的关税和增值税优惠外，应尽快实现增值税的彻底转型和完全扩围，消除对企业购进资本品的重复征税，新型业态认定和征税，应建立灵活务实、动态调整的机制，建立高水平开放平台，提高边民互市贸易免税额度，增加免税品种，促进边境地区贸易、旅游和经济合作的发展。严格履行 WTO 的有关规则，积极鼓励外资投向符合经济发展方式转变的产业和领域，把提高税制竞争力作为税制改革的核心目标之一。积极参与和引导国际税收治理，根据 WTO 和国际惯例，进一步完善境外投资的财税支持政策，减轻企业税负，做好结构性减税这篇大文章，促进形成国际合作和竞争的新优势。

课题组成员：张战军　石文雅　侯春艳　刘雪宇

# 供给侧改革形势下税收优惠效应分析

辽宁省丹东市国家税务局课题组

在2015年11月中央财经领导小组工作会议上，习近平总书记提出了供给侧结构性改革。其后，中央逐步厘清相关概念与思路，全面部署了供给侧改革，改革渐入“深水区”。税收政策作为宏观经济调控的重要工具，无疑会成为推动供给侧改革的积极因素。如何让税收优惠政策在推进供给侧改革过程中发挥促进作用，则是我们需要研究的课题。

## 一、“供给侧”的含义

制度经济学代表人物之一、美国著名经济学家舒尔茨说过：任何制度都是对实际生活中已经存在的需求的响应。当前，我们在讲“供给侧”和“需求侧”时，早已脱离了这两个词汇的方位性意义，而确切地指向一种经济制度。针对当下学术界有意划清“供给侧”与“需求侧”的泾渭之别，笔者反倒更倾向于把二者视作矛盾的对立统一体。与其分开来说两个，不如合起来说一个，谈供给时不忘需求，这对于中国经济的认识尤为有意义。

一方面，供即是需，有需求才有供给。另一方面，“供”必须对应“需”，供给要以需求为导向。那么，对不断变化的需求实现有效供给，自然就是经济运行的良好形式。而中国供需关系正面临着不可忽视的结构性失衡，有效供给不足、供需错配是其深层症结。通俗的实例很多：我国作为一个资源和制造业大国，生产的产品大多却是低端产品，同时，产能过剩成了重大包袱，但精钢特钢却需大量进口；国人出国旅游狂买马桶盖、净化器、奶粉等海外产品，而有些外购产品诸如马桶盖等还是在日本厂家中国设厂生产出口的。这在证明我国有强大消费需求的同时，也证明供给方面出现了问题。以马桶盖被海淘回国为例，我们既有强烈的消费需求，也有足够能力的生产供给，但仅因产品标准的不同，就将国内自己的供需市场拱手让为别人的批发转售市场。

强调供给侧改革，就是要从生产、供给端入手，调整供给结构，为真正启动内需，打造经济发展新动力寻求路径。所谓供给侧结构性改革，就是用改革的办法推进结构调整，减少无效和低端供给，扩大有效和中高端供给，增强供给结构对需求变化的适应性和灵活性，提高全要素生产率，使供给体系更好适应需求结构变化。

## 二、“供给侧”改革的重要意义

“需求侧”有投资、消费、出口三驾马车，“供给侧”则需要劳动力、土地、资本、创新四大要素。可以说，在此前的经济政策主导下，三驾马车我们已经基本具备，而四大要素的活力却激发不足，这对中国经济发展提出了严峻的历史课题。

(一)从国际经济大背景看

当前世界经济结构正在发生深刻调整。国际金融危机打破了欧美发达经济体借贷消费，东南亚地区提供高储蓄、廉价劳动力和产品，俄罗斯、中东、拉美等提供能源资源的全球经济大循环，国际市场有效需求急剧萎缩，经济增长远低于潜在产出水平。主要国家人口老龄化水平不断提高，劳动人口增长率持续下降,社会成本和生产成本上升较快,传统产业和增长动力不断衰减,新兴产业体量和增长动能尚未积聚。在这个大背景下,我们必须及时从供给侧发力,找准在世界供给市场上的定位。

(二)从国内经济局势看

当前,国内经济发展面临"四降一升",即经济增速下降、工业品价格下降、实体企业盈利下降、财政收入下降、经济风险发生概率上升。具体问题表现在:一是产业结构问题,这是发展基础问题。突出表现在低附加值、高消耗、高污染、高排放产业比重偏高,而高附加值产业、绿色低碳产业、具有国际竞争力产业的比重偏低。二是投入结构问题,这是发展后劲问题。中国经济发展过度依赖劳动力、土地、资源等一般性生产要素投入,人才、技术、知识、信息等高级要素投入比重偏低,导致中低端产业偏多、资源能源消耗过多等问题。三是排放结构问题,这是长治久安问题。中国排放结构中废水、废气、废渣、二氧化碳等排放比重偏高。这种不合理的排放结构导致了资源环境的压力比较大。

这些问题所产生的主要矛盾不是周期性的,而是结构性的。供给结构错配问题严重,需求管理边际效益不断递减,单纯依靠刺激内需难以解决产能过剩等结构性矛盾。因此,必须把改善供给结构作为主攻方向,实现由低水平供需平衡向高水平供需平衡跃升。

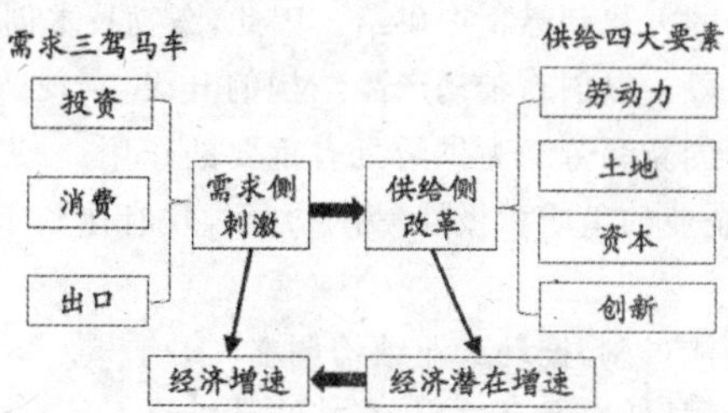


图一　需求侧三驾马车与供给侧四大要素

## 三、供给侧改革的基本路径

供给侧结构性改革旨在调整经济结构,改革的政策目标是减少无效供给,扩大有效供给,提高供给结构的适应性和灵活性,最终实现要素最优配置,提升经济增长的质量和数量。推进供给侧结构性改革,要从产端入手,重点是促进产能过剩有效化解,促进产业优化重组,降低企业成本,发展战略性新兴产业和现代服务业,增加公共产品和服务供给,提高供给结构对需求变化的适应性和灵活性。简言之,就是"去产能、去库存、去杠杆、降成本、补短板",包括处置僵尸企业,化解房地产库存,防控金融风险,降低企业成本和补充供给短板等具体方面。

供给侧改革要解决的核心问题,是校正三个层面的要素配置扭曲:一是企业内部要素的配置及其组合。这主要取决于企业家精神,靠企业科学管理来实现。二是企业间要素配置的结构。是指将资源更多地配置到优质企业、有竞争力、有创新精神的企业,从而提高全社会的效率。上世纪 90 年代对国有企业进行的战略性结构调整解决的其实就是企业间资源配置效率的问题。现在说要解决僵尸企业的问题,实际还是要解决这样的问题。三是产业间要素配置的结构。也就是通常说的产业结构的调整和优化,要让资源更多地流向有需求、有前途、效益高的产业和经济形态,比如从农业流向非农产业,从工业流向服务业,从传统产业流向新兴产业等等。

## 四、税收政策对"供给侧"改革的实际效应

需求侧管理依靠的是货币政策,供给侧管理主要是发挥财政政策的作用。而税收是财政政策的重要组成部分。因此,税收政策在供给侧改革中发挥着至关重要的作用。

（一）通过减税可激发市场活力

通过降低生产环节税负，可相应增加企业和居民在国民收入分配中所占份额。企业份额增加，有更多的资金投入生产领域，同时增加供给量；居民份额增加，使他们有更多收入，增强消费能力，增加消费需求，有针对性地激发市场活力。

（二）通过减税降费可降低企业经营成本

推进供给侧结构性改革，核心是提升全要素生产率。全要素生产率主要包括技术进步、组织创新、专业化和生产创新等，可以说全要素生产率是由企业来推动完成的。因此，调动企业积极性是供给侧结构性改革的重中之重。按照市场经济规律，利润是企业追求的最重要指标。因此，降低企业成本，提高企业盈利能力，是推动供给侧结构性改革的重要途径。税费作为企业的经营成本之一，对企业的盈利有重要影响。所以，通过减税降费降低企业经营成本是推动供给侧结构性改革最主要的政策措施。

（三）通过降低个人所得税税负可调动普通劳动者的积极性

决定生产供给的主要有四要素，即劳动力、自然资源、生产技术和资本。四要素中，自然资源是先天决定的要素，后天无法更改。资本可以短期推动生产供给，但持续扩张会带来通货膨胀等负面影响，所以长期来看不宜一味采取扩大投资的方式刺激生产供给。因此，激励技术创新和劳动力水平提升是目前供给侧结构性改革应运用的主要手段。以创新带动产品结构的升级，实现产业结构的调整，是解决供需不对接的重要方面。税收对于激励创新和劳动力供给具有重要的作用：一方面，对企业创新和技术进步实施定向减税，可以最大限度激励企业的生产积极性；另一方面，政府让利于民，通过降低个人所得税税负等调动普通劳动者的积极性。

（四）通过税收措施可化解产能过剩，推动产业结构调整

目前，我国市场总体供给情况是低端产品过剩、高端产品供给不足。推动产业结构调整，核心是化解过剩产能，为新经济、新业态提供发展空间，具体途径就是利用2—3年时间通过关、停、并、转和优化重组等手段化解传统过剩产能。税收作为宏观调控的重要手段，可以通过调节企业经营成本，鼓励或抑制不同产业的发展，促进培育战略新兴产业，化解过剩产能。

## 五、当前税收优惠政策对“供给侧”改革已呈现的作用

目前，税收优惠政策对供给侧改革的促进作用主要体现在以下几个方面：

（一）鼓励企业自主创新

税收优惠政策从鼓励企业自主研发、技术成果转化，支持高新技术企业发展、引导鼓励发展新兴产业等方面发挥重要作用，为供给侧改革在自主创新、发展新兴产业等方面助力。

1、鼓励企业自主研发。《企业所得税法实施条例》规定：“企业为开发新技术、新产品、新工艺发生的研究开发费用，未形成无形资产计入当期损益的，在按照规定据实扣除的基础上，按照研究开发费用的50％加计扣除；形成无形资产的，按照无形资产成本的150％摊销。”同时，对企业2014年1月1日后新购进的专门用于研发的仪器、设备，单位价值不超过100万元的，允许一次性计入当期成本费用在计算应纳税所得额时扣除，不再分年度计算折旧；单位价值超过100万元的，可缩短折旧年限或采取加速折旧的方法。

2、支持高新技术企业发展。《企业所得税法》规定：“国家需重点扶持的高新技术企业，减按15％的税率征收企业所得税。”《企业所得税法实施条例》规定：“符合条件的创业投资企业采取股权投资方式投资于未上市的中小高新技术企业2年（24个月）以上，可以按照其对中小高新技术企业投资额的70％，在股权持有满2年的当年抵扣该创业投资企业的应纳税所得额；当年不足抵扣的，可以在以后纳税年度结转抵扣。”

3、鼓励技术成果转化。纳税人提供技术转让、技术开发和与之相关的技术咨询、技术服务收入免征增值税。境内单位和个人向境外单位提供技术转让服务，适用增值税零税率政策。一个纳税年度内，居民企业技术转让所得不超过500万元的部分，免征企业所得税；超过500万元的部分，减半征收企业所得税。自2015年10月1日起，居民企业转让5年(含)以上非独占许可使用权取得的技术转让所得，纳入享受企业所得税优惠的技术转让所得范围。

(二)引导产业结构调整

供给侧改革，关键在于"结构性"，重点在于引导产业结构调整升级，发展现代服务业。税收优惠政策在以下几个方面，促进产业结构调整。

1、引导过剩产能转移。钢铁企业利用预压余热发电，按规定享受资源综合利用税收政策。对水泥、水泥熟料产品由增值税即征即退100%调整为即征即退70%。对符合条件的特定建材产品和建筑砂石骨料由免征增值税调整为即征即退50%。对化肥恢复征收增值税，纳税人销售和进口化肥统一按13%税率征收国内环节和进口环节增值税。自2015年2月1日起对电池、涂料征收消费税，对符合条件的电池、涂料免征消费税。

2、全面实施"营改增"。按照国家部署，自今年5月1日起，将"营改增"试点范围扩大到建筑业、房地产业、金融业和生活服务业，并按规定将所有企业新增不动产所含增值税纳入抵扣范围，降低所有行业税负。

3、支持生态循环产业发展。纳税人销售自产符合条件的资源综合利用产品和提供资源综合利用劳务，可享受增值税即征即退政策。自2015年7月1日起，对纳税人销售自产的利用风力生产的电力产品，实行增值税即征即退50%的政策。装机容量超过100万千瓦的水力发电站销售自产电力产品，实行增值税超税负即征即退政策。对垃圾发电实行增值税即征即退100%的政策。

4、引导环保消费理念。自2014年9月1日至2017年12月31日，对购置的新能源汽车免征车辆购置税。自2015年10月1日起至2016年12月31日止，对购置1.6升及以下排量乘用车减按5%的税率征收车辆购置税。

(三)支持企业改制重组

1、支持企业改制上市。符合条件的国有企业改制上市过程中发生的资产评估增值，应纳企业所得税可以不征收入库，作为国家投资直接转增该企业国有资本金。符合条件的国有企业100%控股(控制)的非公司制企业、单位，在改制为公司制企业环节发生的资产评估增值，应缴纳的企业所得税可以不征税入库，作为国家投资直接转增改制后公司制企业的国有资本金。符合条件的国有企业改制上市过程中经确认的评估增值资产，可按评估价值入账并按有关规定计提折旧或摊销，在计算应纳税所得额时允许扣除。

2、支持企业资产重组。纳税人在资产重组过程中，通过合并、分立、出售、置换等方式，将全部或者部分实物资产以及与其相关联的债权、负债和劳动力一并转让给其他单位和个人，不属于增值税的征税范围，其中涉及的货物转让，不征收增值税。增值税一般纳税人在资产重组过程中，将全部资产、负债和劳动力一并转让给其他增值税一般纳税人，并按程序办理注销税务登记的，其在办理注销登记前尚未抵扣的进项税额可结转至新纳税人处继续抵扣。

(四)扶持小微企业发展

为更好地鼓励小微企业发展，自2015年10月1日起至2017年12月31日，对年应纳税所得额低于30万元(含30万元)的符合条件的小型微利企业，其所得减按50%计入应纳税所得额，按20%的税率征收企业所得税。对月销售额不超过3万元(按季纳税销售额不超过9万元)的增值税小规模纳税人(含个体工商户)，暂免征收增值税。

## 六、税收优惠政策在落实过程中存在不足

在推行供给侧改革过程中，税收优惠政策发挥了关键性的作用，但由于客观因素影响，目前税收优惠政策在落实过程中还存在一些问题，如不及时解决，必然会阻碍改革发展。

（一）审批程序过于复杂，影响落实效果

现行的税收优惠政策类别多样，内容繁杂，如有针对税种的，也有针对行业的；有针对社会群体的，也有针对企事业单位的；有长期性减免的，也有短期性减免的；有适用全国的，也有区域性的。且减免退税程序包括受理、认定、备案、审批、申报、核算、退库等程序。管理流程包括：信息采集、筛选提醒、测算查询、统计报表、分析评估等工序。再者减免退税管理跨部门多、数据信息量大，各行政管理部门在日常管理中要求各有不同，如此繁多的优惠对象及优惠方式，复杂的工作程序，既不便于纳税人掌握，又加大行政人员的工作负担，延缓减免退税办理时间，甚至导致部分符合条件的纳税人不能及时享受到政策优惠。

（二）税收优惠透明度较低

在商品税制中，作为税负最终承担者的消费者无法得知所购商品中含有多少税款、该商品是否享受税收优惠以及享受了多少税收优惠；在所得税制中，税收优惠纷繁复杂，变动频繁，常常出现优惠政策发布时间滞后于实施时间的情况，而征收机关的宣传力度不够，纳税人无法完全掌握税收优惠政策信息，难以得知自己究竟能够享受多少税收优惠。

（三）税收优惠形式单一、方式不合理，缺乏深入调研

我国税收优惠主要以直接优惠为主，间接优惠的使用较少。虽然直接优惠操作简单，具有确定性且短期效果明显，但间接优惠更具有弹性，且在长期效用和激励纳税人调整生产经营活动方面的效果却是直接优惠所无法达到的。目前，我国税收优惠在颁布前往往缺乏理论分析和实证调研，而盲目出台一系列优惠政策和措施，不仅无法达到预期的调控效果，反而不利于经济的健康发展。此外，我国税收优惠因地区而设、因人而设的现象较为普遍，这样人为地制造税收优惠也是导致我国税收优惠政策实施效果差的重要因素。

## 七、相关政策的改进建议

结合当前经济背景以及政策目标，可以看出，此次供给侧改革强调的是用改革的办法去推进结构调整，关键点不是简单的总量性减税，而是结构性减税。同时，也绝不应刻意纠结于“减”，僵死在税负“只减不增”的条条框框内，而应是实事求是有减有增，奖优罚劣。基于此，笔者认为，制定、调整税收优惠政策应注意以下几点：

（一）结合财政体制改革推进减税

在财政体制改革当中，事权改革是重点，也是当前财政体制改革的短板和主要矛盾，但并不是中央和地方财政关系的全部内容。财政体制体现的是收入与支出之间的关系，在减税的过程当中，要充分考虑财政体制的安排。财政政策是政府的收支，单讲支出不是财政，单讲收入也不是财政，一定要把收入和支出对接起来，才叫财政。所以这个时候，要把减税优惠政策的操作融入到新一轮财政体制改革的安排当中去，加以调整。

（二）结合税收体制改革推进减税

在供给侧改革形势下，推进减税，不仅要在税收政策层面操作，更要结合税制改革进行操作，这样才能达到结构性减税的目的。另外，制定税收优惠政策时还应注意把三中全会以来关于治国理政的一些新的理念、思想和战略融入其中，通过推进税制改革，降低企业遵从成本。结合营改增的全面推进，理顺收入体制暂行办法。由“分税制”向“分钱制”转变。营改增全面推行后，计划减税五千亿，这五千亿是地方

税收的减少额度，中央财政应经过转移支付，或通过其他办法给地方贴补。由于此次供给侧改革是在大的环境中，采取税收优惠进行减税，所以应统一由中央来“买单”，从而保护各级积极性。

(三)对企业和个人创新给予“精准”税收优惠

一是建议对从事国家重点扶持重大战略创新项目的人员给予个人所得税的优惠，如对创新人员从事创新所得的绩效收入、专利权转让收入、各种奖励等减征或者免征个人所得税，吸引和激励高科技人员服务国家战略技术创新。二是在企业所得税方面，建议放宽弥补企业亏损只能后转5年的规定，对创新企业的亏损准予10—15年的弥补限期；对新兴产业企业利用利润扩大再生产或再投资于高新技术项目的，实施再投资退税的优惠政策，对已缴纳的企业所得税按照投资额的大小按比例抵扣应纳企业所得税额。对天使、众筹、众创等投资模式，建议加大风险准备金税前扣除力度。三是在增值税方面，对新技术、新产品实施一定比例的增值税即征即退的政策。四是建议加大知识产权形成推广和保护方面的税收扶持力度，对知识产权推广中签订合同和履行合同的行为，给予减征契税和印花税的优惠。

(四)通过资源税改革“倒逼”结构调整

一是进一步加大资源税改革力度，将其他矿产资源，比如稀土、各种有色金属矿，特别是铁矿石、铜矿石等纳入从价计征改革范围，实现资源使用中的价税联动，推动税收调控资源利用的同时，加大对高耗能、高污染资源企业的课税杠杆调节力度，通过增加经营成本促令企业转轨。二是加快推进环境保护税改革，推进绿色发展。《中华人民共和国环境保护税法(征求意见稿)》将大气污染物、水污染物、固体废物和噪声纳入环境保护税征税范围，并对超标、超总量排放污染物的实施加倍征收环境保护税。建议将碳排放纳入环境保护税征税范围，合理确定税率，实施从量定额和从价计征相结合的征收方式。体现税收对环境保护的调控力度，淘汰高耗能、高污染、低收益等企业。

(五)推进房产税改革，化解房地产业过剩产能

建议降低房地产开发销售环节的税收，引导房地产开发企业主动降价，以降价促销售。出台鼓励个人购房的税收政策，对二手房交易中的个人所得税等进行减免，同时房贷利息纳入个人所得税扣除范围。

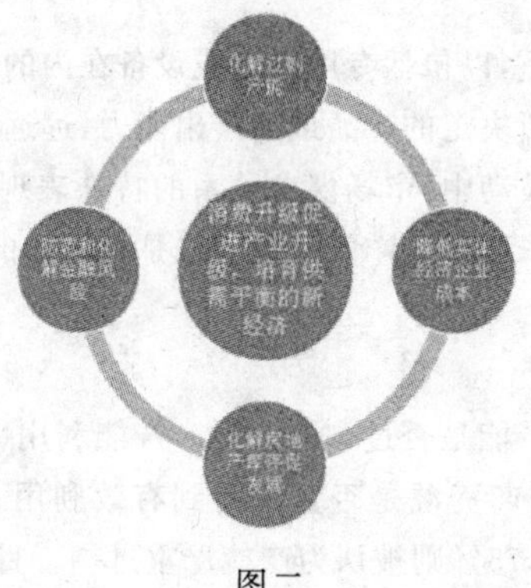


图二

课题组组长：王宏伟

成员：杨万斌

执笔：孙鹏飞

# 供给侧改革中的税收政策研究

## ——中国供给侧去产能端改革与税收政策协同

管纯亮

## 一、供给侧结构性改革的含义

供给侧是相对需求侧而言的。经济学通常把投资、消费、出口称作需求侧拉动经济增长的“三驾马车”。与之对应的供给侧则聚焦生产要素的供给和有效利用。有需求就会有供给,“供给侧”跟“需求侧”就像硬币的两面。长期以来,我国的宏观调控比较侧重于“需求侧”。现在,中央明确要把调控的重点转向供给侧,即在适度扩大总需求的同时,着力加强供给侧结构性改革。供给侧结构性改革,就是要用改革的办法矫正供需结构错配和要素配置扭曲,解决有效供给不适应市场需求变化,使供需在更高水平实现新的平衡。其中,供给侧结构性改革的政策手段和扩大需求的政策有所不同,主要不再是扩大投资、扩大财政支出、扩大货币的发行,结构性改革的手段主要是激发微观主体的活力,激励创新,化解过剩产能,降低企业成本,减轻企业税费负担,提高劳动力市场的灵活性,鼓励竞争,打破垄断,放宽准入,减少政府不正当干预等,而解决产能过剩问题则是供给侧改革的第一步。

## 二、我国目前产能过剩的问题

### (一)产能过剩的含义

产能过剩是指在一定技术水平下,以包括专用设施或设备在内的固定资产、专门技能的劳动力、专门用途的原材料等为内容的要素投入所决定的产品最大产出能力,远远超过由市场需求所决定的最优供应量的状况。产能过剩是经济周期性波动中,市场供求关系的特殊表现,它有可能造成生产过剩的全面展开,在某种程度上,是一种潜在的生产过剩。产能过剩一般是指行业的实际生产能力超过了市场需求,超过了正常期望水平的状态。

### (二)我国产能过剩的现状

通常选取产能利用率作为衡量产能是否过剩的指标。产能利用率是指长期均衡中的实际产出与设计生产能力的比值,反映了企业的生产资源是否真正得到有效利用。一般认为,产能利用率在79%—83%之间被认为产能利用合理,低于75%则被认为产能严重过剩。目前我国总体工业产能利用率为78.7%。处于近4年来的较低水平,我国目前78.7%的平均产能利用率水平看似与合理区间差距不大,但不少行业的产能利用状况其实堪忧,据有关统计显示,我国有19个制造业产能利用率都在79%以下,有7个产业产能利用率还在70%以下,只有2个接近79%。需要注意的是,我国产能利用率过低的行业范围,已经从钢铁、水泥、电解铝、石油化工、平板玻璃、造船等传统产业扩展到光伏、风电等战略性新兴产业。

### (三)产能过剩的危害

1、制约经济增速回升。2014年前,制造业投资同比增速为8.5%,较2011年的高点34.1%回落25.6个百分点。制造业投资占全部固定资产投资的比重在30—35%之间,较其他产业占比高,其投资回落对固定资产投资整体增长影响较大,加上房地产投资增速大幅回落,经济增长下行风险明显增大。2014 年工业增长率为 8.5%,较 2010 年的 15.7%,下降了 7.2 个百分点。

2、产能过剩加剧可能带来经济通缩风险。近三年来由于工业产能过剩加剧,工业生产者出厂价格指数(PPI)连续三年处于通缩状态。2012 年、2013 年和 2014 年的 PPI 分别为-1.72%、-1.91%和-1.60%,的 PPI 较 2011 年的 6.03%回落了 7.63 个百分点。

3、产能过剩行业杠杆率持续上升增大债务风险。业和制造业在产能利用率下降和净资产收益率持续回落的同时,杠杆率(资产负债率)却不断上升,其中重工业等资本密集型产能过剩行业杠杆率上升更快,产能过剩行业与高杠杆行业在相当程度上重叠,产能过剩加剧和杠杆率上升相互强化。当宏观调控政策从紧时,产能过剩行业流动性风险进一步加剧,并可能通过上下游行业扩散为整体风险。

4、产能过剩行业资金链断裂可能引发系统性金融风险。业和制造业不良贷款率已连续 10 个季度上升,不良贷款率分别为 1.52%和 2.01%,较 2009 年四季度末累计提高 0.32 和 0.51 个百分点,较同期全部贷款不良率分别高 0.28 和 0.76 个百分点。其中,工业不良贷款率较同期房地产贷款、基建贷款和个人贷款不良率分别高 1.18、1.17 和 0.97 个百分点;制造业不良贷款率较同期房地产贷款、基建贷款和个人贷款不良率分别高 1.67、1.65 和 1.46 个百分点。产能过剩实际上孕育着严重的经济社会风险,必须予以高度重视。化解过剩产能是当前我国经济亟待解决的重要问题,若要最大限度地降低化解过剩产能可能带来的负面问题,通过供给侧结构性改革与协调性税收政策不失为良策。

## 三、造成产能过剩问题的税收政策原因分析

(一)分税制下中央政府与地方政府财力事权不对称,引发地方政府盲目追求 GDP 增长,导致体制性产能过剩

1、我国实行分税制改革后,中央与地方的财政收入明确划定,但提供公共服务方面的事权模糊,各级政府事权财权配置存在明显的不匹配。地方政府在财权被上收而事权不变的前提下,为履行好事权,必须想尽办法创收,地方政府为了尽可能多地分享 25%增值税的总量,必然加大招商引资和加大投资上项目的力度,尤其是在对 GDP 拉动效果最快的城建领域和上游产业上项目,片面追求 GDP 增长以增加财政收入。这种地方政府主导的粗放型经济增长方式,成为体制性产能过剩的重要原因之一。

2、在现行地方政府的政绩考核中,除了 GDP 等经济指标外,财政收入也是衡量与考核地方政府权力和办事能力大小的一个重要指标。地方政府为了最大限度地筹集财政收入,就必须施行最有利的税收政策,特别是搞产值大、税收多的资本密集型行业项目或新兴行业项目,地方间恶性投资竞争加剧,过度的税收优惠政策,加上地方保护主义的存在,跨部门、跨行业和跨地区的兼并重组难以实现,促使产能扩张难以抑制,导致区域经济结构趋同,全国范围内的产能过剩问题加重。

(二)税制改革起步较晚,行业投资结构不合理,导致行业性产能过剩

我国增值税改革起步较晚,服务业的发展速度与税制改革步伐明显不匹配。在"营改增"之前,服务性行业税负明显高于生产性企业。税制因素不仅制约了服务业的发展,而且导致投资过度集中在工业生产性行业和基础设施相关行业,从而造成行业投资结构的不合理。这种因税制改革滞后、行业间税负与经济发展不匹配所带来的后果就是工业性行业在投资过度扩张,产能过剩日渐加剧的同时,服务性行业,以及医疗卫生、文化教育等公共性行业的需求不能得到及时满足,因此形成行业性的产能过剩。

(三)税制结构不合理,制约消费需求扩大,导致相对性产能过剩

导致产能过剩的重要原因就是最终消费相对不足,尤其是与投资相比,长期存在着结构性失衡,而税制结构不合理则是造成消费能力不足的体制性原因。第一,由于政府与国民在收入分配中的税收比重失衡,政府财政收入挤占了居民收入。从分税制开始,财政收入增长迅速,宏观税负快速提高,财政收入增

速是城镇居民增速的2.4倍，是农民收入增速的3.6倍。第二，现行的流转税计税依据是以商品和服务的价格为基础的，由于价格高、税收高，税收通过价格转嫁出去，推高了商品和服务的价格，从而进一步挤压了消费者的消费能力。第三，我国个人所得税并未实行综合计征，而是采用分项计征模式，税率和扣除方法不尽合理，导致个人所得税本应有的提升低收入人群消费能力的功能缺失。总之，不合理的税制结构直接影响了居民消费需求的扩大和国内需求的不足，加深了当前产能过剩问题的严重性。

(四)资源税改革尚不完善，扭曲了企业的经营成本，诱发资源性行业低水平发展，导致结构性产能过剩

目前，我国对石油和天然气企业实行从价征收资源税，而其他稀缺性资源仍采用的是从量征收模式，总体来看，我国资源税仍属于征收标准过低，低资源价格和低排放成本，造就了一大批高污染、高耗能行业，如钢铁、有色、建材等大多属于“有效产能不足、无效产能过剩”的低水平过剩行业。主要是由于这种低资源税政策存在着计税依据缺乏收入弹性、资源开采地税收收入偏低、对节约开采和有效利用资源的调节力度不够等问题，特别是长期以来实行从量定额征收，单纯根据销售量依据固定税额征收计征模式惯性仍在起作用，征收范围还未完全覆盖资源性行业，单一的从价计征模式也恶化了资源供需矛盾，从而无法抑制资源性企业伴随资源价格的增长而对资源大量开采，甚至过度开采，既不能充分体现出资源稀缺性的特点，也不能真实地反映资源市场的供求关系。由于扭曲的生产要素价格在一定程度上降低了资源性行业领域的进入门槛，投资成本低，加之资源性行业存在暴利，社会资金加倍向资源性行业流入，最终导致这些行业投资过度，形成结构性产能过剩的局面。

## 四、解决产能过剩的税收政策建议

(一)深化分税制改革，明确中央与地方支出责任边界，激励地方政府推进淘汰或整合一部分过剩产能

第一，深化分税制改革，明确中央与地方支出责任边界，解决中央与地方税种归属问题，从根本上，引导地方政府建立规范化、法律化、合理化的税收机制。第二，及时调整税收优惠政策，清理名目繁多的区域性税收优惠，建立以产业优惠为主、区域优惠为辅的税收优惠体系，控制因地区间同质化竞争产生的过剩问题；第三，减少或取消原来给予高污染、高耗能、低产出行业的税收优惠政策，促进以钢铁、水泥、机械制造、船舶等行业为重点的落后产能淘汰；第四，研究制定有利于产能过剩行业内企业兼并重组的财税政策，激励地方政府参与到重点行业兼并重组的工作中，整合一部分过剩产能。

(二)形成引导产业结构调整的税收政策合力，推进营改增改革，规避行业性产能过剩风险

1、“营改增”全面展开之后，我国应加快增值税立法进程。增值税立法应该把简并税率从总体上降低税负作为重要任务来完成。针对未被认定一般纳税人的小规模纳税人，允许其购建的生产、研发设备实行进项税额抵扣，减轻税负负担；

2、突出鼓励技术开发和高新技术投资，推动实行普惠的企业研发费用税前加计扣除政策，实行以间接优惠为主的税收优惠政策，充分调动企业从事研究开发的积极性；加快增值税转型，降低固定投资大、原材料耗用少的行业的实际税负，形成企业应用高新技术的正向激励。通过增强对第三产业的税收政策效力，降低行业性产能过剩的风险。

(三)减税、退税和增税并举，增加居民收入，提高消费率水平，扩大内需，消解过剩产能

第一，减税方面来看，首先，要适度降低增值税和营业税的税率，加大结构性减税力度，增加居民可支配收入；其次，减少中低收入者的个人所得税税负，提高个人所得税税前扣除费用；第二，退税方面来看，由于退税不受税收收入比例的限制，可以通过出台相关消费退税政策，以最大限度地释放居民的消费欲望，完善个税申报制度，为消费退税政策出台创造条件；第三，增税方面来看，就是通过降低高收入者的收

入或财产金额为减税和退税提供一定的财力支持，增加有利于消费的税种和税收（如所得税和财产税），在维持总体税收收入不变的前提下，促进消费率的提高。另外，还需加快改善我国的消费环境，加大社保、医疗、教育等公共领域的投资力度，解决人们消费的后顾之忧。总之，通过减税和退税，提高居民消费率，同时，通过增加所得税和财产税占财政收入的比重，为减税和退税政策提供长期资金支持，刺激内需市场，化解一部分过剩差能。

（四）构建系统的资源财税政策，引导不可再生资源行业过剩产能和社会资金转向可再生资源行业

1、加快资源税改革步伐，将水、草原和森林等资源列入资源税的征收范围，提高不可再生资源税的税额，拉大各档税额之间的差额，提高不可再生资源性企业的经营成本；通过固定资产投资方向调节税政策应对投资过热问题，对高污染行业按高税率征收，达到限制其发展，甚至停产的目的。

2、加大对可再生资源包括基础研究阶段和应用推广阶段的直接财政投入，引导和鼓励社会各投资主体进入可再生资源行业；完善国家财政对可再生资源行业的补贴政策，给予财政贴息或低息贷款；对于从事可再生资源行业的企业给予优惠的企业所得税和增值税税率。形成合理的资源性行业结构，转移一部分资源型行业结构性过剩产能。

（作者单位：辽宁省大连市金州区地方税务局）

# 构建税收宣传新常态的实践与思考

浙江省地方税务局办公室课题组

随着我国经济发展进入新常态,税收工作也随之进入新常态,主要表现为税收增长中高速,税收改革进入加速期,税收执法更刚性,纳税服务更多元,税收征管更高效,纳税人税感更强烈。税收工作新常态,对税收宣传工作提出了新的挑战和要求,要求必须构建税收宣传新常态的机制与举措,以适应税收工作新常态。

## 一、税收新常态对构建税收宣传新常态提出新要求

(一)税收改革加速对凝聚共识、推进税收宣传新常态提出新要求

十八届三中全会提出了全面深化改革的目标任务,并从推进国家治理体系和治理能力现代化的高度对税制改革进行了总体部署,对税收改革提出了更高的要求。

当前,税收改革开始加速,并已经进入攻坚期和深水区,各种深层次矛盾日益凸显,各种利益关系更加复杂,社会各界和广大民众关心改革热情日益高涨,税感更加强烈。并且随着社会思想的多元化,对涉及群众切身利益的税收改革也有一些不同的认识和看法。在这种情况下,统一思想、凝聚共识的难度越来越大,税收改革任务也越来越重。

税收与经济社会发展、与人民群众切身利益有着特殊的密切关系,社会各界都非常关心关注税收,推进税收现代化建设需要凝聚起方方面面的社会共识。而凝聚共识优化环境离不开税收宣传。由此可见,税收新常态对税收宣传工作提出新挑战和要求,税收宣传要提升站位、主动作为,围绕税收改革的“路线图”和“时间表”,大力宣传税收改革的目的、意义和重要作用,及时发出权威声音,澄清公众模糊认识,使社会各界和广大纳税人及时了解政策导向和改革意图,凝聚社会共识,理解改革、支持改革、配合改革,为改革顺利推进扫清认识误区、思想障碍、营造舆论氛围。

(二)社会各界对税收关注度越来越高对涉税舆论引导、推进税收宣传新常态提出新挑战

近来年,税收愈益成为“热点中的热点”、“焦点里的焦点”。税收关系国计民生和利益分配及再分配,备受社会各界关注,很易形成和引发社会热点。随着社会公众法治意识和权利意识的不断增强,不同社会群体对税收的关注度和诉求日益高涨。几乎每一项税收法律法规、重大政策的变化,都会触动公众的敏感神经,引发社会舆论热议,“税感强烈”已经成为当今社会的一个显著特征。如何实现快速反应、正确应对,掌握舆论主导权,提升舆情的掌控和处置能力,是地税宣传亟需研究的新课题。同时,当前我省地税部门已开通官方微信和官方微博,但不少仍沿用传统的信息传播模式和较为严肃的语言风格,信息发布质量与数量很难两全。

为此,税收宣传必须主动谋划、积极作为,提高主动性,把握话语权,围绕社会关注的税收热点,发挥新媒体效应,设置宣传议题,回应社会关切,引导社会舆论,化解矛盾问题,积极建立与媒体和社会公众的良好公共关系,努力争取社会各界对税收工作的理解与共识。

(三)新媒体涌现传媒格局迅速变化对媒体应对、推进税收宣传新常态提出新任务

当前,以互联网为代表的新技术、新媒体,正在广泛而深刻地影响媒体格局和舆论生态。由新媒体引

发的涉税舆情呈多发高发态势。网络成为思想观点的“集散地”、社会舆论的“放大器”，网络信息参差不齐，如网上热议的“馒头税”、“月饼税”以及湖州织里“机头税”引发的涉税舆情，都引起海量转帖报道。由此可见，一方面，新兴媒体覆盖面广、互动性强、传播速度快，为信息传播提供了更加便捷的渠道和更为广阔的空间。另一方面，“人人都是自媒体，个个都有麦克风”，越来越多的人通过网络发表意见看法、表达利益诉求，在集聚和放大效应的作用下，很多意想不到的事情都可能引发“现场直播”，造成“全民围观”，近年来由新媒体引发的涉税舆情呈多发高发态势。

同时，受社会发展复杂多变的影响冲击，地税干部队伍思想呈现多元化。少数干部社会主义核心价值观不牢固，思想出现懈怠，工作积极性不够高，精气神不足。部分干部存在“干多干少一个样”的想法，干部队伍的向心力、凝聚力、战斗力需进一步提升。迫切需要以积极有效的地税文化宣传，弘扬主旋律，传播正能量，激发干部工作热情，增强干部的归属感、责任感和使命感，提升地税干部依法行政、依法治税的能力和水平。

面对这种情况，税收宣传既要与时俱进、勇于创新，积极研究新媒体的传播特点和规律，对外部纳税人宣传，对内部税务人教育，都要运用新技术、新手段和新媒体不断提高税收宣传教育能力，又要进一步加强涉税舆情的监测分析，不断提高涉税舆情的掌控和处置能力，为税收事业健康发展营造良好的舆论环境。

## 二、构建税收宣传新常态新机制和新举措

### (一)宣传内容上重点聚焦改革助力改革

税收宣传应拓宽宣传内容，不仅仅有针对社会热点的政策解读、论坛以及专题宣传，更应该将常规的税收基础知识在平时加以宣传，让纳税人系统了解税收知识。尤其是在当前，税制改革是深化改革的重头戏，要敢于承担改革发展任务，主动对接改革，服务改革大局，为此税收宣传工作要重点聚焦改革。

1、坚持重点聚焦改革。深入学习贯彻党的十八届三中全会和全国宣传思想工作会议精神，按照全面推进税收现代化的部署，重点围绕国家税制改革，以及省委、省政府正在大力实施“五水共治”、“四大国家战略”、“浙商回归”、审批制度改革等重大改革部署开展税收宣传。精心做好议题设置，积极运用新兴媒体，扎实抓好项目实施，充分发挥税收宣传的思想引领、舆论推动、精神激励、文化支撑作用。如围绕“公开行政审批清单、公开执法权力清单”等改革具体内容展开宣传，让纳税人全面了解地税部门便民利民的各项措施，帮助纳税人用足用好、便捷办税。

2、加强税收基本常识宣传。培养税收共识，就是将税收宣传延伸到社会生活的方方面面，寻求社会公众对税收认知的最大公约数，引导全社会共同关心和支持税收工作。为此，大力开展税收基本常识的宣传，诸如税收种类职能和作用，税收历史、税收文化等宣传，通过丰富的税收内容、新颖的叙述形式、创新的宣传方式如动漫，增强可读性、可看性和观赏性，增加公众对税收的了解理解和认知认同。

3、突出税费优惠政策宣传。针对当前错综复杂的经济形势和中小企业不断要求减税的呼声，大力宣传帮扶企业税费优惠政策，尤其是广泛宣传与企业发展和群众生活密切相关的税费政策，如涉及小微企业税费优惠政策，社保费集中减征和缓缴等；深化结构性减税政策宣传，积极推进企业转型升级，促进经济发展方式加快转变。同时，坚持不懈地开展税法宣传，不断提高社会公众的税收法制意识，使全社会能够理解税法、遵从税法。

4、着力税收整体形象的宣传。树立部门形象，就是广泛宣传税务机关服务社会发展的突出贡献和干部队伍奋发向上的精神风貌，赢得社会尊重和良好声誉，对外营造诚信纳税、支持税收的社会氛围，为税收事业和经济社会发展创造有利条件。当前，高发频发涉税舆情对税务部门的整体形象有一定程度的影响，对此要不断加大税收整体形象的宣传，通过宣传税务部门不断创新和优化的纳税服务举措，如浙江地

税系统大力开展的纳税人之家、纳税服务志愿者、“四个日”等，提升浙江地税系统“同心汇聚”服务品牌的感染力，在公众中塑造地税良好的整体形象。

(二)宣传对象上覆盖各类纳税人及潜在群体争取全覆盖

加强税收宣传，培养诚信纳税意识绝非只是税收部门的事情，各级政府要综合考虑动用多部门来进行税收宣传和教育。结合税收宣传工作特点和宣传对象的差异性，分类开展宣传工作，进一步延伸税收宣传触角。

1、“有大有小”。依托“纳税人之家”、“四个日”等平台，针对大型企业开展宣传，强化大企业风控和服务，有效增进征纳互动；聚焦小微企业，结合近年来国家陆续出台的小微企业优惠政策，主动走近小微企业开展优惠政策宣传，切实为小微企业减负。

2、“有长有幼”。在宣传对象上涵盖现有的纳税人和未来潜在的纳税人，除了对纳税人开展宣传外，税收教育要从小抓起，以培养全民纳税意识。因此，就像发展一项体育运动一样，在中小学教学中加以安排和灌输。如开展“税宣进校园”主题活动，深化与中小学生的交流互动，让未来纳税人轻松掌握税收小知识，使得依法纳税作为公民的一项行为规则。

3、“有内有外”。对内面对党政机关开展政策和税收职能宣传，对外组织税务干部走进农村、走进社区、走进企业，开展日常宣传，真正做到税收宣传“有内有外”。同时，在宣传中推进内外的征纳互动。重视纳税人需求，倾听纳税人心声，不断健全地税部门与纳税人之间的横向互动。征集纳税人、社会各界对地税工作的意见和建议，并及时回复反馈，构建和谐征纳关系。

(三)舆情管理上注重预防与疏导凝聚社会共识

1、抓住舆论主动权。进一步扩大涉税舆情监测范围，覆盖市县新闻网站和主要商业网站的贴吧、论坛，及时收集涉税舆情信息，强化掌控能力。强化底线思维，完善涉税舆情管理机制，形成正确的税收舆论导向。

2、改进舆情分析方式，做好税收舆情报告和分析工作。要发挥网络宣传员和特邀评论员作用，各方联动，及时发声，做好舆论引导工作。并加强与当地新闻宣传管理部门、网管网监部门、新闻媒体的联系沟通，有效处置负面舆情。

3、及时回应社会关切。广泛采集分析纳税人需求，实现需求与宣传的有效对接。回应社会关切，引导公众舆论，澄清模糊错误认识，使社会各界和广大纳税人准确了解政策导向，正确把握税收问题，凝聚起对税收客观、公允的社会共识，为税收改革发展营造良好的外部环境。

(四)宣传方式上传统平台和新媒体互促互补构建宣传矩阵

统筹发挥官方微博、微信、网站等新媒体与报刊、电视等传统媒体作用，实现多个平台高低搭配、优势互补、联动宣传，打好地税宣传的“组合拳”，形成税收宣传矩阵，扩大传播效应，构建立体的宣传格局。将良好的税收形象建立在普通百姓的“口碑”之上，以此增强公众对税收的了解、理解和认知、认同。

1、进一步优化网站。进一步优化内外网，完善栏目设置，提升业务功能，在地税政府信息公开、办税服务和互动咨询等功能上有新突破。及时更新完善内外网内容，以最快速度，让纳税人了解最新税收政策尤其是最新优惠政策；以最专业解读，让纳税人轻松掌握税收政策，增强对税收工作的认知度。

2、打造电视宣传精品。完善提升浙江经视《阳光行动》节目，打造电视宣传精品，提高节目收视率、强化宣传效果。各地也可以借助当地的电视台，加强合作，推出电视宣传精品，增强公众认同感。通过电视片所具有的独特感染力、影响力，进一步增进社会各界对地税工作的了解，营造良好税收舆论氛围。

3、丰富报刊内容。依托《浙江税务》、地税专刊更多地展示亮点，更有效地引导热点，更有力地配合重点，突出实例，努力扩大栏目的影响力。不断丰富报刊内容，如新增经济知识、税收常识、税收史话、税收文化及故事等内容，通过丰富的税收内容、新颖的叙述形式、赏心悦目的版式，增强可读性、可看性，促进纳税人及公众对税收工作的了解和认知。

4、充分发挥新媒体效应。强化微信微博及时推送、交流互动、在线查询、收集民情民意等服务。掌握纳税人对税收工作的意见和建议,倾听纳税人心声。转发省级权威部门及上级税务机关的官方微博(网站信息),为纳税人和粉丝提供涉税便利。同时,推进报刊网络融合,通过新媒体把握受众整体需求,借助新媒体推介优质的纸质内容,与新媒体实现有效呼应。加强技术创新,通过开发手机新闻客户端,让移动端成为地税宣传的前沿阵地。

5、拓展12366应用功能。作为全国首家由财政、国税、地税三部门共同建立、集财税政策咨询、涉财涉税投诉举报、发票真伪查询等业务于一体的省级财税全天候语音咨询平台,要健全12366语音系统运营及日常管理制度,拓展12366应用功能。加强12366平台与地税网站的咨询互动功能对接,力争做到12366平台、短信平台、地税网站、微信微博四位一体的如影随形服务。

课题组组长:楼志坚

成员:侯兴钏　李异凡　金胤秋

倪冠军　唐　亮　虞立教

执笔:傅白水

# 关于大连设立自贸区的税收政策前瞻

汪杰峰

2015年3月，中共中央政治局召开会议，审议通过了福建、天津、广东自贸区试验区总体方案及进一步深化上海自贸区试验区改革开放方案。至此，四大地方自贸区的方案设计获得通过，也传递出国家继续扩大开放的新信号。

目前，仍有关于部分城市和地区申办第三批自贸区的新闻见诸于各类媒体平台。其中，大连凭借其优越的港口区位和口岸条件、较强的综合经济实力以及日趋完善的城市建设，获得了极大的呼声和支持。另外，我们可以看到新设立的3个自贸区有明确的地理接口，比如福建对口台湾，广东对口港澳，天津则主要针对"京津冀一体化"。而对口"中日韩自由贸易"的区域一直悬而未决，大连无疑是其中最具竞争力的城市。再者，大连是贯彻落实东北老工业基地振兴和辽宁沿海经济带开发开放等两大国家战略的龙头城市，建立大连自贸区，支持大连在投资、贸易、物流、航运、金融等方面先行先试，将极大地拉动东北地区的经济发展，有助于改善近几年来东北三省经济发展相对滞后的局面。

国际上自贸区都是"先有法后有区"，即事先制定相关法律条款、规章制度，后再依据制定的政策指导如何建设自贸区。而税收政策是影响自贸区发展的重要支撑。本文通过对国内自贸区和国外自贸区相关税收政策的介绍，讨论设立大连自贸区的税收政策前瞻并提出相关建议。

## 一、税收政策的作用机制

### (一)税收政策的基本机制

税收政策作为政府对经济运行进行宏观调控的手段，是政府通过运用税收工具直接调节经济主体的收入，从而间接影其投资行为，进而引导社会经济活动的变化，以实现政府调控目标的活动。

1、税收政策对资源的配置方向具有引导作用。政府结合经济、产业、区域和科技等方面的一系列措施，有针对性地制定相适应的税收政策以体现政府对相关产业发展的支持，从而对市场资源配置的过程产生影响，促使资源向有利于产业发展的方向流动。

2、税收政策可以影响企业的收益和成本。政府通常会利用税收优惠政策来支持某一个产业的发展。从本质上来讲，是政府将一部分法定应得的税收收入让渡给了纳税人；从纳税人的方面来说，则表现为收益的增加和成本的节省。

3、税收政策帮助企业抵御技术创新风险。技术创新活动有投资大、周期长的特点，这使得企业面临着较高的创新风险，这种风险一方面依靠企业自身的能力和财务手段来化解；另一方面，也需要政府采取税收政策来帮助企业，鼓励其创新。政府通过税收政策可以减少企业技术创新活动费用与支出的风险，增强其抵御技术创新风险的能力，进而实现产业创新发展新格局。

### (二)自贸区税收政策的基本特征

自贸区的税收政策作为自贸区各项政策的一个重要组成部分，通常会根据本地区的经济发展状况、自贸区的功能定位以及现实需求因地制宜地来制定。自贸区税收政策的特征主要体现在：

1、多样化的税收优惠。为促进自贸区经济快速拉动当地经济、吸引外部资金和先进技术、促进本国贸易、提升国家的世界地位，设区国对自贸区与非自贸区在税收政策上会有差别对待，制定更优惠、更多样、更具吸引力的税收政策。

2、功能配套的管理手段。根据自贸区类型、功能定位的不同，与其配套的税收管理方式也有所不同。自贸区的主要作用是“贸易便利化”，制定便捷高效的纳税服务管理制度，是促进自贸区发展的重要保障。

## 二、国内自贸区税收优惠政策及存在的问题

(一)国内自贸区税收优惠政策汇总

目前，国内各自贸区最引人关注的是税收优惠政策，而税收优惠政策焦点是企业所得税、个人所得税及流转税方面。汇总来看，四个自贸区的税收优惠政策主要有以下几个方面：

1、企业所得税。

(1)符合条件的企业采用15%的优惠税率或实行“两免三减半”政策；

(2)部分企业发生的职工教育培训经费在企业所得税税前扣除比例有所提高；

(3)对于注册在自贸区的企业，因非货币性资产对外投资等资产重组行为而产生的资产评估增值部分，可递延(或分期)缴纳所得税。

2、个人所得税。

(1)符合条件的高端人才和紧缺人才其缴纳的个人所得税超过一定比例后由政府给予财政补贴；

(2)实行股权激励政策，对区内企业以股份或出资比例等股权形式给予高端人才和紧缺人才的奖励，可递延(或分期)缴纳个人所得税。

3、增值税。

(1)在符合国家税收相关规定的框架下，区内设有税收征收后财政返还的优惠条件。

(2)区内注册的企业之间进行的交易免征增值税；区外销往区内适用增值税退税政策的货物视同出口，由区内从区外购买货物的企业或者区内水电气企业向主管国税机关申报增值税退税。

各自贸区的税收政策同质化的现象较为明显，如果大连被批准设立自贸区，上述很多政策可以进行复制和推广。

(二)国内自贸区税收政策存在的问题

在借鉴其他自贸区的税收政策的同时，我们同样也要看到其存在的问题。

1、现有税收政策无本质上的创新。目前自贸区已执行的政策多数是国内保税区等地区已经实行的政策，例如分期缴纳个人所得税政策是借鉴中关村的个人收入激励机制。在出口退税方面，自贸区应该是比保税区更先进的概念，目前拟出口企业将货物运送到保税区，虽然从海关管理的角度来说视作出口，但在税务管理上却有所不同，使得企业无法当即享受退税优惠。比如和香港相比，香港是自由港，没有流转税，而且企业所得税的税率比较低，为16%或17.5%；而内地不仅有消费税、增值税等，国内企业一般需缴纳25%的所得税，且对外国企业在境内的投资所得征收10%的预提所得税。从这一点上来看，自贸区建设应当从改善税制与降低企业税负上入手。

2、未形成完整的税收政策体系。我国自贸区处于刚起步阶段，涉及到流转税、关税等方面的税收政策都不尽完善，而且没有详尽的税收法律来支撑。《京都公约》中要求自贸区应建立一套完整的立法以确保自贸区的有效运转。韩国、新加波等国家和地区都有专门的法律，而迪拜每个自贸区都有其酋长签发生效的专有法律。国际上自贸区都是“先有法后有区”，我国虽然也是先出台了相应的方案后经批准成立园区，但该方案的完整性却有待提高。

3、税收政策跟不上市场的发展程度。有方案曾提到，我国应加大与境外股权投资和离岸业务发展相关的税收政策的研究力度。当前关于如何促进境外股权投资，只有分期缴纳所得税这一政策。总体上来

说，这项政策也只是偏重于对境内所得的管理，较少涉及来源于境外的所得，然而随着自贸区的快速发展，来源于境外所得的管理应成为我们研究的一项重要课题。另外，既然要着力发展境外投资业务与离岸业务，那相应的税收政策就需予以调整，不管是税制的创新还是税率上的优惠。在其他国家的自贸区，有一揽子税收政策是围绕发展离岸业务进而促进金融创新而设立的，但我国类似的税收立法基本处于空白，如何借鉴先进地区的经验是未来一个长期过程。

## 三、对设立大连自贸区税收政策的可行性建议

(一)设计具有创新性的多样化税收优惠

目前自贸区的税收政策与保税区的政策无较大差别，大连自贸区若想从同类的园区中脱颖而出就必须在税收政策上有创新举措。

从税率的角度看，可以免征一些税费例如增值税、进口关税及一些其他进口费用，对重新进口的已出口产品实行税收优惠，并加之增值税退税方面的政策；依据产业类型的不同，可以对中间产品和最终产品采用不同的税率；可以参考韩国自贸区的方式设计企业所得税，综合考虑大连自贸区的情况来设计适合本地的所得税税基和税率。

从税收优惠期限和优惠条件看，现行小型微利企业所得税优惠政策规定如下：对年应纳税所得额10万元以下的企业减按20%的税率征收企业所得税再减半征税。若想加快小微型企业发展成大中型企业的脚步，可以通过降低其享受税收优惠政策的门槛，继续提高增值税的起征点，放宽减免所得税的限定条件等。

从税收抵免制度方面来看，将综合限额抵免取代分国限额抵免。一般的抵免政策只能将给予投资主体的优惠转为居住国的税收收入，无法实现吸引外资的目的。因此，为了促进企业的对外投资行为，对于其他国家为吸引外资给予企业的减免税优惠，视同为企业的已缴纳税款，允许从企业的应纳税额中抵扣。

(二)设立专门制定和管理自贸区税收政策的机构

国内的自贸区目前尚未形成较完整的税收政策体系，这使得自贸区内发生的税收活动可能存在征收核定方面的问题。相比之下，韩国的自贸区在这方面有较好的尝试：制定了各部门权责明晰的《指定和经营关税自由区培育国际物流基地的相关法律》与《自贸区法案》，同时各职能部门组成了自贸区委员会，统一实施管理。

设立管理自贸区的专门机构便于将区内的税收活动方面产生的问题及时反馈给中央政府，从而能客观准确的处理这些问题。自贸区的专设机构可以按期对已实行的税收政策展开测评，确定该项政策能否积极地影响自贸区的发展，防止税收优惠政策实行后对财税体制的长期发展产生影响。

(三)优化自贸区税收征管环境

JackM.Mintz 和 Thomas Tsiopoulos 曾在研究报告中指出，除了极高的税收水平以及资本自由流动两种特殊情况外，通常税收优惠在跨国公司的投资决策中并不起决定性作用。实践也表明，拥有高效的税收征管体系的地区比单纯实行低税率的地区更受投资者青睐。因此在当前自贸区税收优惠政策有限的情况下，税收征管环境的优化会在一定程度上弥补我国自贸区税收优惠程度与国际的差距，而且我国在自贸区统一实行的“负面清单”管理模式更是为税收征管体系的优化提供制度支持。

大连优化自贸区税收征管环境可以从以下几个方面入手：一是推进依法治税。依法治税是现代税收治理的基本要求，是实现自贸区税收征管水平现代化的基础。为强化依法治税，深圳前海自贸区在税务管理中提出了“法无授权不可为”的“全力清单”和“法有规定必须为”的“责任清单”，是一种非常有益的尝试，有效推进了税收征管环境的法治化，大连可以进行借鉴。二是建立科学便捷的税收征管模式，这是目前自贸区税收征管工作的中心内容。当前的四个自贸区在税收征管上的创新实践各具特色，如上海自贸

区推出的税收一网通10项创新税收服务，福建自贸区推出的“3A移动税务服务平台”，广东自贸区推出的“自贸税易通”12项创新税收服务措施，使办税、发票领用、备案、认定、缴税等涉税事项可以在网上自主完成，提高了办税效率。又如福建自贸区对国地税前台窗口业务进行整合，在办税服务厅互设窗口，联合受理税务登记、纳税申报、税款征收、纳税咨询服务等，做到“单一窗口受理、内部流转、统一出件”，极大地方便了区内企业。大连可以充分学习其他自贸区的经验，从而形成一套适合本地的税收征管创新模式。三是建立公正透明的税务纠纷处理制度，用税收程序的正义公平取代税收实体优惠吸引更多地投资者。为此税务管理要改变追求“税务零纠纷”的维稳思维，自觉通过税务复议和诉讼等法治方式来解决纠纷、化解矛盾，向企业敞开寻求税务司法救济的大门；建立重大税收事项事先裁定制度，鼓励前来投资的企业事先沟通以避免事后税法适用上的不确定性，避免耗费不必要的税务争议救济成本；在税务行政复议工作中引进第三方专家，对重大税务案件实行会审制度，保证税务纠纷处置的公开透明；在条件许可时设置税务法院，使税务纠纷能得到专业的解决。

（作者单位：辽宁省大连市地方税务局第三稽查局）

# 关于大数据时代下做好"互联网＋税收经济分析"的探析

冯　蕾

## 一、拥抱互联网，探究"互联网＋税收经济分析"

大数据时代下，经济发展步入新常态，税收工作要适应新常态，新常态需要找到新引擎，针对2015年经济工作，中央明确提出了"双目标"、"双结合"和"双引擎"以及实现中国经济提质增效升级的总体思路和要求。而经济发展"双引擎"的连接器正是"互联网＋"，总局领导在"互联网＋税务"主题研讨班上指出要热情拥抱互联网，加快实现税务梦，让中国税务腾飞。因此，互联网成为了实现税收现代化的新引擎。

（一）"互联网＋"解析

"互联网＋"代表一种新的经济形态，即充分发挥互联网在生产要素配置中的优化和集成作用，将互联网的创新成果深度融合于经济社会各领域之中，提升实体经济的创新力和生产力，形成更广泛的以互联网为基础设施和实现工具的经济发展新形态。随着移动互联网、大数据、云计算、物联网与人工智能等新技术、新业务和新生态的发展，各行各业正在以互联网为平台进行融合创新，"互联网＋"成为产业转型升级和融合创新的时代。

"互联网＋"与传统行业结合的成功案例已为我们的生活带来了变革，比如：互联网＋传统集市＝淘宝，互联网＋传统百货卖场＝京东，互联网＋传统银行＝支付宝，互联网＋通信＝即时通信，互联网＋传统交通＝滴滴快的等。"互联网＋"正在推动传统产业换代升级，推动新兴产业地位升级。"互联网＋"发展中面临的主要问题有：一是缺乏对"互联网＋"的正确认知。二是"互联网＋"相关技术需要进一步完善。三是"互联网＋传统产业"融合创新有待普及。

（二）"互联网＋税务"解析

日前，国家税务总局出台了《"互联网＋税务"行动计划》，该行动计划是税收工作拥抱"互联网＋"的行动指南，其将"互联网＋税务"行动计划内涵概括为将互联网与税收工作深度融合，以税收信息化建设为基础，拓展信息化应用领域，积极谋求税收工作与互联网、云计算、大数据的广泛对接和深度融合，推动税收工作效率提升和管理的变革。

"互联网＋税务"是税收信息化适应互联网时代发展的创新，是实现税收现代化的抓手和引擎。从具体税收工作的角度看，只有将互联网与税收各项工作充分融合创新才能将"互联网＋"引擎作用充分发挥到税收管理工作中。比如"互联网＋税收管理"可以创新征收管理，"互联网＋税收经济分析"可以通过提高分析质效服务决策，"互联网＋纳税服务"提高纳税便利遵从度，"互联网＋政务管理"优化保障服务等。

（三）"互联网＋税收经济分析"初探

税收经济分析是利用相关的税收经济数据指标进行统计和对比分析，揭示税收与经济发展的内在规律和协调程度，查找税收管理中存在的问题，为各级领导决策提供参考依据。税收经济分析不同与单纯的税收分析，而是在税收分析的基础上，跳出税收看经济，利用税收数据优势，分析对宏观经济运行、税收收入走势和税收征管工作产生重要影响的数据指标。

“互联网＋税收经济分析”是对“互联网＋税务”行动计划的具体分解，是互联网创新成果与税收分析工作的深度融合。概括总结为利用互联网把握经济热点和政策导向，通过大数据平台集合信息，综合利用(移动)互联网税收经济分析系统等信息化手段对大数据进行深度挖掘和利用，深挖电子税务局和各关联方信息共享带来的大量涉税数据与信息，以达到透过税收数据反映经济运行情况的目的。

## 二、传统税收分析现状

近几年，税收经济分析已成为各级政府制定经济发展决策的重要依据，各级税务机关对税收分析的重视程度不断提高，但是由于多年累积的数据管理问题及方法手段水平参差不齐等状况的存在，做好“互联网＋税收经济分析”工作任重而道远。结合实际税收分析工作情况，笔者总结传统税收分析存在的问题如下：

(一)基础数据偏差较大，信息不完善，缺少多元大数据信息共享平台，数据整合度不高

在大数据与“互联网＋”时代下，“互联网＋税收经济分析”的前提就是数据的收集、整合与管理。现阶段基层地税机关的税收分析数据获取途径多通过客户端软件和浏览器应用端口来访问调取各级地方税务机关自行开发的数据库平台中的大数据。但是，上述数据库在基础数据采集录入阶段不乏有失真的数据的存在，尤其在基础数据发生变更时，相关的数据库有时未能及时得到更新，导致信息不对称、不完善。虽然有的税务机关与第三方涉税机关建立了信息共享机制，但仍需完善，现实情况中，多数税务机关对第三方涉税信息的采集或不完整，或仍停留在原始的表格采集、人工收集和加工分析层面，没有利用数据库及互联网税收经济分析系统集中有效的收集和处理相关数据，数据分散，数据的整合度有待提高。

在大数据时代，互联网中具有海量的数据信息，现阶段一些税务机关在获取数据和信息对数据价值度及真伪性的辨析方面，所应具备的信息技术、设备仍较为落后和匮乏。数据信息分析处理方法多停留在基础比率对比分析层面，少有互联网分析系统的开发与应用。一方面数据的供给不能完全满足税收经济分析的需求，数据价值的体现受限。另一方面，利用互联网思维与方法开展税收经济分析的方法与技术亟待提高。

(二)就税收论税收，缺乏专项调研与专门数据的挖掘利用，少有与互联网分析系统的结合应用，税收与经济数据酌证分析不足

现阶段，多数基层税务机关的税收分析材料仅就税收论税收，缺乏专项调研与数据的挖掘分析，有的调研工作流于形式，不同领域间数据“不说话”，税收与经济数据酌证分析不足，不能活用数据，税收经济分析的针对性与实际解决问题的效果不佳。目前，税收经济分析已成为各级政府经济发展决策的重要依据，因此，通过专项调研发现地区潜在的税收增长点与行业发展潜力，通过分析预测提供有价值的信息其作用就显得更为举足轻重了。单纯的税收数据分析若不能和其他涉税信息酌证、关联起来，就难以现通过税收看经济的目的。而税收经济分析则需要跳出税收看经济，综合分析多部门数据，通过对各种数据的分析预测来酌证和预测经济发展运行情况。目前大多数税务机关传统税收分析工作的开展通常运用统计分析方法对数据开展分析，虽然有对 excle 及统计软件的应用，但很少有对(移动)互联网税收经济分析系统的开发应用，分析技术与应用多停留在数据统计分析层面，互联网思维与技术植入不够。

(三)税收分析缺乏对收入质量和税收风险的评估分析，税收分析人才储备相对匮乏

现阶段基层税务机关的收入分析材料多沿用以前的模版和模式，主要针对组织入库税收增减收影响因素及税收形势开展分析，缺乏全面的组织收入质量考评分析，更缺乏对税收风险的评估分析，而收入质量是反映税收征管质效的重要指标之一，真实的收入质量水平才能如实的反映税收征管、经济发展水平。科学收入质量管理的主旨是风险防控，核心是指标评价体系的构建，要点是信息化手段的应用。因此税收经济分析如果没有剔除不可比因素，不能如实反映收入质量，该税收经济分析的价值也将被大打折扣。

此外，目前各级税务机关的税收分析人才配备比较匮乏，税收经济分析作为一项综合性强的工作，需要集合税收、财务会计、经济学、统计学、信息技术等多门学科的知识与较高水平的写作能力。实际工作中，税务机关往往过于重视税政征管等业务部门人才的配备与发展，而税收经济分析与信息技术部门人才匮乏，往往存在搞分析的人不懂专业知识，具备专业知识的人才不擅长分析，甚至有很多分析人员两者都不具备的情况。人才储备匮乏，势必影响税收经济分析工作的有效开展。

## 三、问题存在原因浅析

### (一)主观意识上关注度不够

税收管理工作中，税务机关管理者及税收分析人员主观意识上多停留在浅层次的分析层面，往往主要关注税收任务完成情况及收入影响因素方面。高层管理者主观意识的着眼点就是税收经济分析的着眼点，管理者的着眼点与意识关注度不够，势必影响税收经济分析工作的深入开展。意识形态决定发展趋势，开展工作的相关人员意识提高不上来，分析人员知识结构的短板等主观因素都会影响税收经济分析的质量和水平。

近几年，国家税务总局领导层高度重视税收经济分析工作，税收经济分析的作用愈加凸显，各级地方政府决策者也开始关注税收经济分析成果。但是不乏有的基层税务机关管理者仍未充分理解税收经济分析的内涵与其重要性。因此，需要各级税务机关管理者转变传统意识，跳出税收看经济，跳出任务看发展，关注“互联网+”关注“税收经济分析”，将互联网思维与技术运用到税收经济分析，从意识上转变观念，结合互联网信息技术挖掘区域发展的潜力产业与增收税源。笔者结合日常税收工作调查发现，多数基层税务机关的税收分析报告基本上仍就税收任务及形势开展分析，税收分析一般由计会部门牵头完成，在工作任务较为繁重，在时间紧、任务重的情况下，想短时间完成高质量的税收经济分析报告难度较大，需要投入时间和精力来完成，而管理决策层的支持力度恰恰是影响该项工作投入时间和精力的重要影响因素，因此决策者的主观意识度是税收经济分析质量水平的重要影响因素之一。

### (二)客观技术上，相关信息技术与应用设施水平有待提高

大数据时代下，海量数据的获取渠道和手段也是对税务机关的一个考验。如果不具备高水平的技术，获取数据就是第一道关卡；数据采集到位后，利用互联网等信息技术及专业知识甄别信息、选取信息、核对勾稽信息，加工信息既需要信息技术又需要各项税收经济专业知识，甚至是外围行业专业知识，有一项短板可能就会导致分析结果的偏差。因此，加强信息化、网络安全等技术开发与研究，是税收现代化进程中，每一个税务机关刻不容缓的任务，只有这些方面提高和完善了，税收经济分析的地基才会牢不可摧。而现实情况是税务机关信息化高端人才储备有限，相应的信息技术仍有很大的开发潜力，税务机关税收经济分析信息系统未得到有效的开发和利用，信息设备设施有待进一步更新。现实信息技术的短板，也是导致税收经济分析问题存在的重要因素之一。

## 四、关于做好“互联网+税收经济分析”的对策建议

“互联网+税收经济分析”的前提是利用互联网把握经济热点和政策导向，核心是大数据平台的搭建及对大、小数据的深度挖掘和利用，目的是利用互联网平台开展分析，将税收经济分析作用发挥的淋漓尽致。笔者结合平时的税收分析工作，试图运用互联网思维对开展“互联网+税收经济分析”工作提出些许点滴建议。

### (一)完善“互联网+数据库”，搭建税收经济分析信息化平台，为税收经济分析提供数据支持和信息资源

“金税三期”应用系统拟正式运行，可见税务机关在税收管理数据的开发与利用的技术上日趋完善。

但是从税收经济分析的需求信息方面看，"金税三期"访问的数据平台的数据供给信息仍较为有限，需要进一步补充完善。金税系统调取的数据信息一般多局限在国地税系统内的数据信息。并且现阶段金税应用系统平台中的税收分析模块多流于形势，虽然征管系统中开发了税收计划模块，但是并没有得到充分的利用，未能实现税收计划模块与其他模块之间的兼容、跳转，已开发的模块也不能满足目前税收经济分析工作的需要。

税收经济分析数据来源大体上分为三部分：一是税务机关内部各项数据、二是关联方涉税信息（统计、财政、海关、经济发展部门等涉税信息）、三是海量的互联网政治经济相关信息。为了充分利用好大数据，实现"互联网＋税收经济分析"，建议税务机关要打造自身的税收经济分析信息化平台，实现上述跨界数据资源与政治经济信息的融合。税务机关可以在利用专门的数据库的同时，开发微信、app、二维码等信息平台，开通税收经济分析微讯，在技术上实现后台数据库与互联网信息之间的跳转兼容，实现信息资源的整合共享。当然，在实现"互联网＋数据库"的过程中，由于企业经营数据与相关税收数据具有敏感性和保密性，在提取税收经济分析中的部分数据时需要考虑资质审核与安全性管理，在确保网络数据应用安全的前提下采集应用数据。

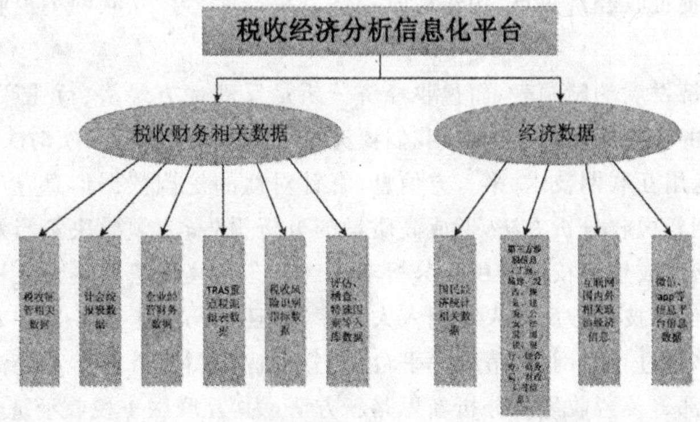


单一数据反应的信息是有限的，只有结合地方区域经济发展态势的数据，才是税收经济分析所需要的有价值的信息。目前，互联网的优势就是通过技术手段可以让发展的动态的信息和数据结合起来，成为税收经济分析的新引擎。因此，我们要在今后的"互联网＋税收经济分析"中利用好互联网优势，选取对税收经济分析有价值的数据及信息，把互联网作为税收经济分析的眼睛，为做好税收经济分析保驾护航。

（二）提高意识和站位，运用互联网思维开展经济调研，深耕细作大数据，开发（移动）互联网税收经济分析系统，挖掘产业及税源增长点

意识指导行动，站位决定方向。建议各级税务机关及各个部门提高意识和站位，结合当地的经济发展形势和税源分布情况，运用互联网思维有针对性的开展经济税源调研，利用互联网等信息平台搜集选取有价值的数据源与信息，提高把控数据的能力即数字分析能力和洞察力。

在数据整理分析阶段，税务机关在选取运用有效的统计分析方法、统计分析软件及模型的同时，建议汲取移动互联网分析和网站分析商业应用的经验，将移动互联网分析和网站分析应用到税收经济分析上，开发（移动）互联网税收经济数据分析系统，利用移动终端平台进行部分数据搜集，运用互联网统计分析、移动互联网分析系统对部分经济税收数据开展分析，可能会得到意想不到的收获。大数据与互联网极速发展的时代下，未来经济形势的走势、产业发展的前景以及潜在税源的增长点等预测分析，都可以通过移动互联网数据分析系统分析得出，因此，税务机关如果能够把握好这个机遇，必然能够在"互联网＋

税务行动计划”上抢占先机。

（三）构建收入质量管理体系，通过税收经济分析和纳税服务实现电子税务局职能

近年来，受国际经济形势动荡冲击、经济结构转型调整、结构性减税政策陆续出台，以及税收收入经过连年持续高幅增长税收基数的逐年提高，使得税收收入持续增长压力越来越大。因此笔者建议各级税务机关借鉴国外以及兄弟单位的经验，科学构建以风险为导向的税收收入质量管理体系，通过税收经济分析反映税收征管质量、税政落实情况以及评估稽查等检查手段的落实情况，通过构建风险指标体系、研发税收能力估算软件，建立重点行业、重点税种的估算模型，结合税收经济分析有效解决摸清税源底数的问题，防范税收征管基础不牢固及税收执法不严的风险。通过收入质量分析，及时查找发现税收征管存在的问题和薄弱环节，从而有针对性的加强征管、堵塞漏洞，促进税收征收率和纳税遵从度不断提高。在大数据与互联网时代下，笔者大胆构想我国未来的税务局发展模式是以分析和纳税服务为主要职能的主体。未来税务机构工作人员将利用信息化工具获取各类数据，在后台利用系统软件进行加工处理，比对分析各种数据，通过各项分析发现问题，查找问题，解决问题。因此，数据分析必将成为未来税收征管各项职能的大基础，利用互联网做好税收经济等各项分析，将推动电子税务局各项职能的顺利开展。

（四）利用互联网捕捉税收经济热点，构建税收经济分析智库，为“互联网＋税收经济分析”提供保障支持

地方税收是地方经济发展的晴雨表，而税收经济分析是反映地方经济、行业产业发展的着眼点。要做好“互联网＋”时代下的税收经济分析工作，我们要充分利用互联网平台，实时关注税收经济热点和党委政府重大战略部署，运用互联网技术、第三方信息，有针对性的挖掘数据信息，应用好（移动）互联网税收经济分析系统，不断创新税收分析方法，形成高质量的分析报告，为领导决策当好参谋助手，使税收分析更具科学性和准确性，形成较为权威的税收分析拳头产品。建议税务机关建立税收经济分析智库，将税收、财会、经济、统计、信息技术方面的人才纳入人才库，并且不局限于税务工作人员，鼓励外聘专家团队，完善智库，定期培训，通过互联网、微信群等平台，为分析智库团队搭建学习交流平台，实时分享经济税收热点和市政府决策部署及税收经济分析新思路新方法，为“互联网＋税收经济分析”提供智力支持和财力保障，使大数据时代下的税收经济分析实现信息化、常态化、动态化。

总之，伴随着大数据与互联网、物联网、云计算等信息技术的高速发展，税务机关的各项职能也要顺势转化，而各项税收征管的基础就是大数据分析，通过分析既可以反映收入完成情况，又可以反映税收征管质量，也能够反映一个地区、一个行业、甚至一个企业的税源状况，管理情况，经济产业行业的发展趋势等。

税收分析包罗万象，未来的电子税务局将以税收经济等各项分析为基点，通过分析反映出的问题评价管理水平，有针对性的为纳税人开展服务。因此，借互联网发展之势，从现在起探究“互联网＋税收经济分析”刻不容缓。

（作者单位：辽宁省大连市西岗区地方税务局）

# 关于发展绿色税收的思考

康瑞更　周乃方

## 一、我国环境的基本状况及绿色税收制度的提出

随着全球工业化进程的不断加快，环境问题已成为人类面临的共同性问题。我国作为一个发展中国家，自改革开放以来，在经济迅速发展的同时，也产生了严重的环境问题，其主要表现在：一是在经济发展的过程中，由于生产者对经济效益的片面追求，导致对森林草地资源的过度采伐和放牧，使森林、草场等植被资源遭受严重破坏，造成水土流失和草场的退化；二是由于我国长期实行粗放型经济发展模式，致使一些高能耗、重污染型企业发展迅速，致使工业有害物质的排放量骤增，对我国的大气、陆地和水资源造成严重污染。有关资料表明：燃煤、化工废气所造成的污染，使全国500多座城市的大气环境质量大多数都不符合国家一级标准；大量排放的工业废水使全国131条流经城市的河流有80％被污染，特别是淮河、松花江、辽河流域水污染严重；一些重要的大型湖泊，其污染程度已影响到城市的正常供水。可见，环境问题已成为制约我国经济发展的一个重要因素。为了有效地治理和防止我国的环境污染，就要求我们不仅需要采取法律、科技、计划等手段，而且应运用包括税收在内的经济手段。税收作为国家实现宏观调控的重要工具，在环保方面也能发挥它应有的作用，特别是随着“绿色税收”理论的提出和实践，使税收调控职能在环保方面发挥了特殊作用。

绿色税制从广义上讲是指税收体系中与生态环境、自然资源利用和环境保护有关的各税种和税目及税收优惠的总称。它产生于20世纪70年代，而受到重视是在20世纪80年代末。进入20世纪90年代以来，可持续发展成为世界各国普遍采用的发展模式，同时也成为政府制定税收政策的重要指针。尤其是在世界银行、联合国环境规划署、联合国开发计划署、经济合作与发展组织等国际机构的积极推动下，绿色税收的研究得到极大发展，这促使经济发达国家特别是欧盟国家加速了从零散的、个别的环境税收的开征到提出全面绿色税制的过程。进入21世纪后，许多发展中国家也在积极尝试引进绿色税制。随着人们资源与环境保护意识的加强和可持续发展的需要，可以预见全球绿色税制的征收使用范围将更加广泛，全球经济一体化、绿色税制的国际化势在必行。

## 二、构建我国绿色税收制度的定位原则

建立绿色税收制度，既符合我国环境政策目标和以人为本的科学发展观，又能通过征税为治理污染提供所需资金，并减少污染造成的损失，因此，建立我国绿色税收制度是十分必要的。其定位原则是：

(一)以国情为本

建立并完善我国的环保税制，当然要借鉴国外的成功经验，但应以我国的基本国情为本，建立适合自身发展的环保税制，而不能盲目照抄照搬他国做法。

(二)公平与效率相协调

环境保护税应该体现出“谁污染谁治理”的原则，对造成环境污染，破坏生态平衡的企业和个人征税。同时，环保税应在生产者与消费者之间进行合理、有效的分配，以提高效率，更好地治理环境。

(三)依法征收

在以前与环保相关的税收征收上,经常出现“人情税”和地方保护主义的干扰。在新环保税制中,应体现对破坏环境的企业和个人必须依法征收的原则。

(四)专款专用

税款专用是环保税充分发挥作用的一个重要条件。应当把税收用于政府承办的环保设施和重点环保工程上。同时,又要为环保科研部门提供科研经费,用科技手段来加大环保的力度。

## 三、构建我国绿色税收制度的几点建议

我国建立绿色税收制度的基本思路是:在进一步完善现行保护环境和资源的税收措施的基础上,尽快开征环境保护税,使其成为“绿色税收”制度的主体税种,从而构建起一套科学完整的“绿色税收”制度。

(一)变排污费为环境保护税

首先,应将已经实行的。税收具有强制性、固定性、无偿性的特征,比收费更具有约束力。而且税收由税务机关统一征收,征收成本也比收费低。同时环境保护税收人将作为财政的专项支出,有严格的预算约束,可以保障宝贵的环保资金的使用效率。因此,在排污等领域实行费改税已势在必行。这有利于税收政策措施在促进可持续发展方面发挥应有的作用。具体的措施包括:将二氧化硫排放费、水污染费、噪音费分别改为二氧化硫税、水污染税和噪音税。其次,对一切开发利用环境资源的单位和个人,按其对环境资源开发、利用程度和对环境污染破坏程度征收环境保护税。具体设计是:以排放“三废”和生产应税塑料包装物的企业、单位、和个人为纳税人;以工业废气、废水和固体废物及塑料包装物为课税对象;对不同的应税项目采用不同的计税依据。对“三废”排放行为,以排放量为计税依据从量课征,对应税塑料包装物,则根据纳税人的应税销售收人按比例税率课征;在税率的设定上不宜按全部成本定价,以防把税率定得过高,使得社会为环境保护付出太大的代价。此外,应将环境保护税确定为地方税,由地方税务局负责征收,并且环保税收人作为地方政府的专用基金全部用于环境保护开支。

(二)改革消费税,开征燃油税

我国消费税对汽油、柴油各规定了一档税率,以定额的方式征收税款,在当前国际油价大幅度上升的情况下,大大减少了国家的相关税收收人。因此,可考虑取消消费税中对汽油、柴油的课征,对汽油、柴油、重油等在其销售环节从价开征燃油税,一方面控制燃油的使用,保护大气环境;另一方面增加国家税收收人。可适当提高含铅汽油的税收负担,以抑制含铅汽油的消费。

(三)以多种税收优惠政策引导企业注重环境保护

我国现行的有关可持续发展的税收优惠政策应在减税、免税的基础上综合运用加速折旧、投资抵免等手段对原有政策做出完善。首先,制订环保技术标准,对高新环保技术的研究、开发、转让、引进和使用予以税收鼓励。可供选择的措施包括:技术转让收人的税收减免、技术转让费的税收扣除、对引进环保技术的税收优惠等。其次,制定环保产业政策,促进环保产业的优先发展。如环保企业可享受一定的所得税的减免;在增值税优惠政策中,对企业购置的环保设备应允许进行进项抵扣,从而鼓励企业对先进环保没备的购置与使用;对环保设备实行加速折旧;鼓励环保投资包括吸引外资,实行环保投资退税;在内、外资企业所得税的有关政策中,对于企业采用先进环保技术改进环保设备、改革工艺、调整产品结构所发生的投资应给予税收抵免;对于环保产品在出口政策上给予税收支持等等。

(四)税收政策的制定要致力于促进再生资源业的发展

再生资源业不仅有利于环境保护,而且电有利于资源使用效率的提高。我国现行的增值税对再生资源业利用废旧物资允许按10%作进项抵扣,在一定程度上促进了再生资源业的发展。今后,在绿色税收政策的制定上,还应进一步促进废旧物资的回收和利用。

（五）适当拓宽资源税的征收范围

我国现行资源税征收范围过窄，仅对矿产品和盐类资源课税，起不到全面保护资源的作用。因此，我国资源税的征收范围应尽可能包括所有应该给予保护的资源。把矿藏和非矿藏资源列人其中。并且对非再生性、非替代性、稀缺性资源课以重税，以扩大资源的保护范围。可将土地使用税、土地增值税并人资源税中，使资源税制更加规范、完善，以进.一步促进我资源的合睬护和开发。

（六）税率的确定要有助于扶持企业的成长

从理论上讲，为了使污染企业的全部社会成本内部化，税率应该能够使减污的边际成本等于边际社会损失，但实际操作很难。所以次优的选择是先设定环境改善目标，即是以污染削减为目标还是以资金筹集为目标，目标选定后，再确定税率的高低。就我国目前状况来说，环境改善的目标既包括对污染的控制，又包括筹集必要的环保资金。因此税率不宜过高，以扶持企业的成长，并保持税收收入的可持续性和可预测性。

总之，征收环境税是加强环境保护的有效手段，但并不是惟一的手段，只有与其它手段相互协调配合，才能实现最佳的环境目标，要借鉴西方国家的经验，寓绿色税收制度的实施于可持续发展之中。

（作者单位：辽宁省丹东市国际税收研究会）

# 小微企业税收优惠政策效应分析

## ——以广州市小微企业发展为例

钟鉴雄

小微企业是我国国民经济和社会发展的重要力量，在促进经济增长和增加就业等方面发挥着不可替代的作用。2008 年全球经济危机以来，我国出台了一系列有利于小微企业发展的税收优惠政策，给小微企业的发展带来了较大影响。本文以广州市小微企业的发展现状为例，系统地分析了小微企业税收优惠政策所产生的效应，探讨我国现有政策体系的不足，从而提出有利于小微企业下一步发展的政策建议。

### 一、小微企业的定义及促进小微企业发展的必要性分析

(一)小微企业的定义

国际上一般以企业人数、资产总额来定义小微企业，但因发展水平和划分角度不同，即使同一个国家，各行业对小微企业的界定也可能存在差异。2011 年 6 月，我国《关于印发中小企业划型标准规定的通知》(工信部联企业〔2011〕300 号)中正式提出小微企业的概念，明确小微企业是小型企业和微型企业的统称，区分不同行业把企业的从业人数、营业收入、资产总额等指标作为划分微型企业类型的依据。而税法上通常说的小微企业是指小型微利企业。《中华人民共和国企业所得税法》第二十八条第一款规定，符合条件的小型微利企业，是指从事国家非限制和禁止行业，并符合下列条件的企业：工业企业，年度应纳税所得额不超过 30 万元，从业人数不超过 100 人，资产总额不超过 3000 万元；其他企业，年度应纳税所得额不超过 30 万元，从业人数不超过 80 人，资产总额不超过 1000 万元。

(二)小微企业对我国经济发展的重要意义

大中型企业是国民经济的脊梁，小微企业是国民经济的血肉，数量众多的小微企业几乎涵盖了国民经济的所有行业，是推动经济发展的重要力量。

1、小微企业是解决我国城镇就业和农村富余劳动力向非农领域转移就业问题的重要渠道。随着技术构成和管理水平的不断提高以及不断优化重组，大中型企业特别是大型企业提供的新就业岗位将越来越有限，劳动密集型的特征正在迅速淡化。相对大中型企业，小微企业创业就业门槛低、使用资源少、创办速度快、环境适用性强，在总量上提供的就业机会更多，已成为应届大学毕业生就业和失业人员再就业的重要承担者。

2、小微企业在促进经济发展和深化改革方面发挥了重要推动作用。根据 2013 年中国家庭金融调查(CHFS)数据，使用收入法计算，小微企业对 GDP 的贡献为 25%左右。大多数小微企业在服务业和轻工业领域，与大中型企业相比，市场竞争激烈、改革成本低、操作便利、社会震荡小、新机制引入快。因此，在改革过程中，小微企业是政府实施各项政策最好的试验田和突破口，同时，改革成效也会对大中型企业改革实践提供有益经验，最终有利于多种经济成分共同在市场上发挥作用。

3、小微企业是经营管理模式和技术创新的重要源泉。在优化经营管理模式方面，大中型企业有着“大船难调”的弊端，开展内部创新模式的风险大、成本高。小微企业的生产经营较为“灵活”，更加注重技

术和经营管理模式创新，以促使企业快速发展。众多大型企业如阿里巴巴、京东等，它们是从小微企业发展起来的，其发展历程也说明了小微企业对于创新的优势性。

## 二、我国及广州市小微企业发展的现状分析

（一）当前小微企业发展的整体情况

1、小微企业比重大，且呈增长趋势。2014 年国家工商行政管理总局发布的《全国小微企业发展报告》（以下简称《发展报告》）中指出，截至 2013 年底，全国小微企业占企业总数 76.57%，如果将 4436.29 万户个体工商户视作微型企业纳入统计，则小微企业在工商登记注册的市场主体中所占比重达到 94.15%。在小微企业内部结构中，小型企业占 14.88%，微型企业占绝对份额，达到 85.12%，小型企业与微型企业的比例约为 1:5.72。

据广州国税征管系统数据统计，2014 年广州国税经管的小微企业占全部经管企业的比重是 98.51%，较 2013 年的 98.38%和 2012 年的 98.31%呈逐年增长趋势。在小微企业内部结构中，2014 年小型企业与微型企业的比例约为 1:14，2013 年约为 1:13.64，微型企业也占绝对份额。相比其他企业类型，小微企业的新增户数和注销户数较多，流动性较强，户数增长速度快，2014 年小微企业新增户数是注销户数的 2.8 倍。与全国小微企业数据相比，广州市小微企业特别是微型企业的户数比重更大。

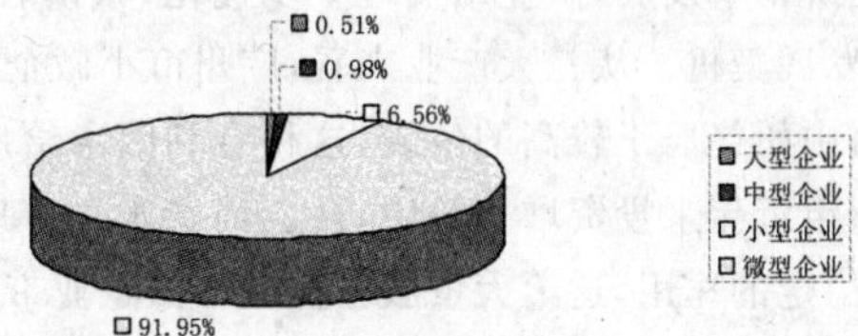


图一　2014 年广州国税经管企业分类户数比重图

2、小微企业并非税收收入的主要来源。《发展报告》指出，据统计，我国中小企业纳税占国家税收总额的 50%。据广州国税征管系统的数据统计，2014 年小微企业的纳税总额是经管企业纳税总额的 33.26%，远低于其户数的比重 98.51%，并非税收收入的主要来源。既然小微企业不是保障税收收入增长的主要纳税主体，应该考虑在财政收入允许的范围内，作为政府通过财税政策大力扶持培养的对象，提供有利的生长环境，为培育更多大中型企业和促进经济持续稳定增长奠定基础。

3、小微企业的税收负担较重。2014 年北京会计学院的《中小企业税收发展报告》显示，12.93%的企业认为"较重的税负"是经营过程中除"用工成本上升"及"原材料成本上升"外最主要的困难。小微企业与大中型企业在增值税方面的税收负担（增值税/收入）比例大致相当，但在所得税方面，小微企业的税收负担明显高于大中型企业，差距近一倍。

根据我们发放的广州市服务业、制造业以及其他等三大类小微企业的税收优惠政策状况调查问卷的结果显示，制约小微企业快速发展的因素主要是税收负担重、工资和原材料成本高、融资困难以及市场环境差等。税收负担重的原因是税种太多、税率较高，主要负担税种是企业所得税和增值税。据广州国税征管系统数据统计，2014 年小微企业整体税收负担率（纳税额/营业收入）比大中型企业低 0.84%，其中，增值税的税收负担率（增值税纳税额/营业收入）方面低 0.44%，企业所得税的税收负担率（企业所得税纳税额/营业收入）高 1.65%，企业所得税的差异远高于增值税的税收负担率。以上数据反映了广州市小微企业与大中型企业的税收负担差异与全国数据基本一致。

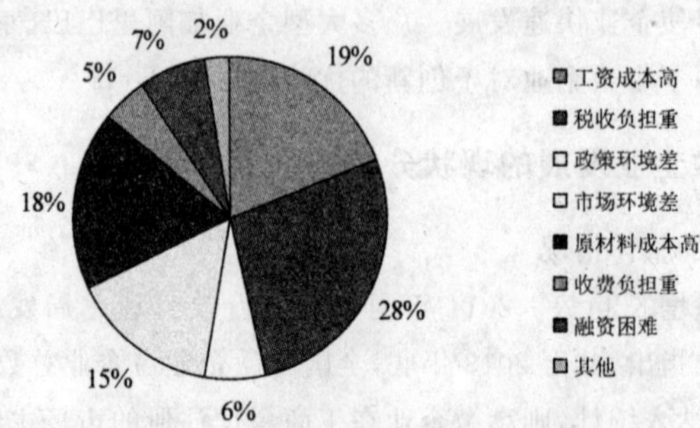


图二　广州市小微企业发展中的瓶颈分析

(二)小微企业发展的机遇与挑战

1、小微企业发展的机遇。在政策环境方面,我国税收政策总体上趋于稳定,各级政府愈发重视小微企业发展。2008年经济危机以来,我国连续出台了多项关系到小微企业发展的财税政策,如包括六条金融政策和三条财税政策的"新国九条"、实施"有增有减"的结构性减税政策、设立财政专项资金和中小企业发展基金、清理取消一批各省(区、市)设立的涉企行政事业性收费等。近年来广州市主要税种变化稳定,增值税和企业所得税呈现稳步增长趋势,受"营改增"的影响,营业税自2012年以来上升幅度降低。在经济和社会环境方面,我国经济稳步发展,产业结构进一步优化,城镇居民人均可支配收入逐年增加,给小微企业发展带来了有利的发展契机。从三大产业来看,广州市小微企业在第三产业中所占的数量较多,而第三产业在地区生产总值中始终居于较高的位置,这种有利因素给广州市小微企业带来较大的发展空间。从三大需求来看,广州市近年来投资增长较快,社会消费水平有所回升,进出口总值增长加快,最终消费支出一直发挥着较为稳定的作用,这给大量服务业的小微企业带来了更多的发展动力。从经济运行环境看,广州市财政收入增速小幅回升,消费价格基本平稳,整体经济环境运行良好,批发和零售业商品销售总额趋于平稳上升态势,没有出现大的波动,这给小微企业迅速发展带来了较好的发展环境。

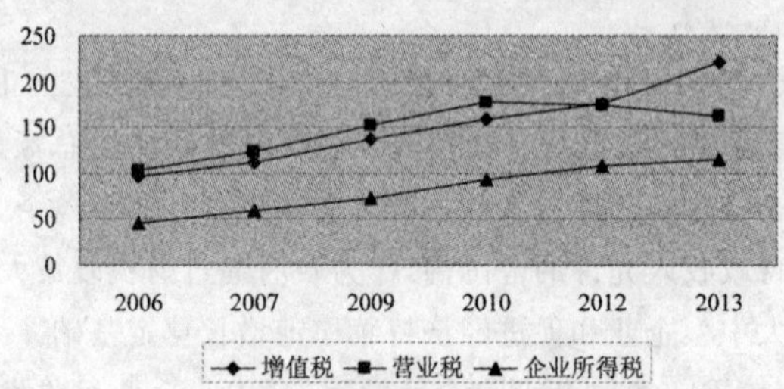


图三　广州市近年来主要税种的收入变化情况　单位:亿元

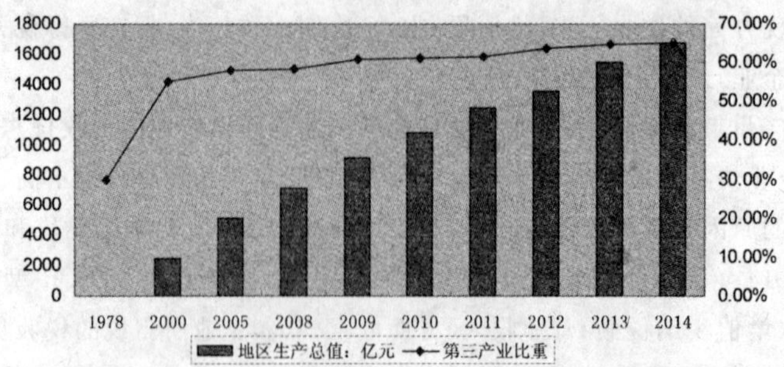


图四　广州市地区生产总值和第三产业所占比重

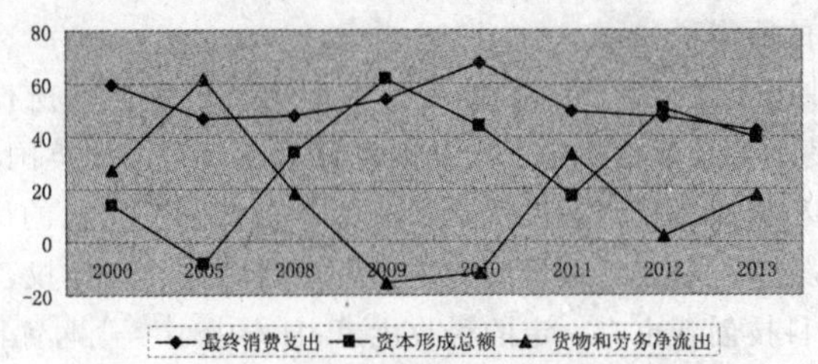


图五　广州市三大需求对地区生产总值增长的贡献率　单位:%

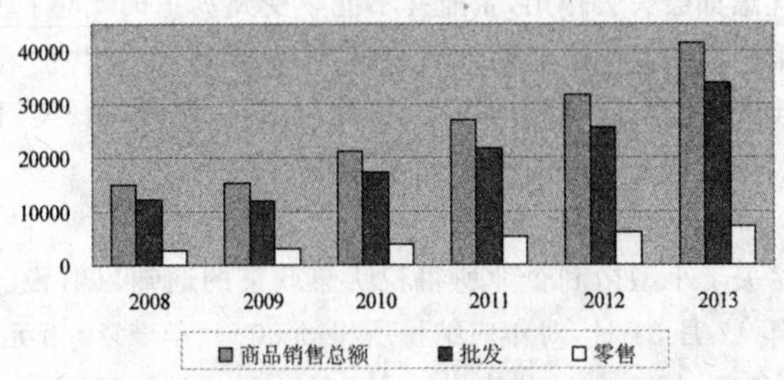


图六　广州市批发和零售业商品销售总额　单位:亿元

2、小微企业发展面临的挑战。除小微企业普遍提出的税负问题,企业生产经营中还普遍存在工资成本高、技术升级慢、融资难等困难。大部分小微企业从事产品初加工型和服务低层次型的传统行业,普遍缺乏核心竞争力,能源、原材料、劳动力价格成本的普遍上涨,给小微企业规模扩张和技术改造增加了经营风险。2012年以来,融资难问题也制约了小微企业发展,一方面,相比于大中型企业,小型商业银行对小微企业的贷款风险和不良贷款率较高,导致银行支持力度较小;另一方面,受民间借贷风险大、利率高、交易不透明和缺乏有效监管等特点影响,发展中的小微企业在选择民间借贷时较为谨慎。同时,小微企业面临的国际经济环境也不乐观,受国际金融危机和欧洲主权债务危机影响,各国再次兴起贸易保护浪潮,国际技术壁垒在较大程度上不利于我国从事出口的小微企业的发展。

《发展报告》指出,调查显示仅有12%的小型微型企业表示在近几年营业额快速或高速增长(增长率30%以上),其余大多数企业经营发展缓慢。此外,小型微型企业在发展过程中仍面临大企业的挤出效应,尤其是宏观经济环境不景气的背景下,各种社会资源向大中型企业倾斜倾向更加明显。

## 三、小微企业税收优惠政策的效应分析——以广州市为例

### (一)小微企业税收政策的国际经验借鉴

支持促进小微企业发展是发达国家的政策重点,在政策实践中,我国可以借鉴部分发达国家的先进经验,并结合实际出台切实有利于小微企业发展的财税政策。在促进小微企业发展方面,国外采取的方式主要体现在降低税负、鼓励创新、分担风险及强化服务等方面。

1、降低税负方面。由于税收种类或者征收方式不同,国外降低小微企业税负的方式多种多样。在货物与劳务税方面,日本对年应税销售额低于临界点的中小企业实行折扣征收消费税的边际扣除制度,英国通过提高增值税起征点来减轻企业税负。在所得税或资本收益税方面,法国对年利润低于标准的新建小企业及失业人员投资创办的企业实行定期的所得税减免,英国对中小企业限额内的投资资本享受所得税定期优惠,优惠期满后,处置投资资本的利得免税。英、日、韩及加拿大等国对公司应税所得低于一定

数额的中小企业，下调适用的所得税税率。

2、鼓励创新方面。与我国小微企业20%和高新技术企业15%的企业所得税低税率类似，国外很多国家对从事高新技术产业的小微企业也实施了大量的税收优惠政策。如英国对小企业的自主科技创新活动提供税务信贷支持，对小型高科技企业投资给予减免20%公司所得税的优惠，研发支出加计扣除政策明显倾向中小企业；美国给予小企业将可折旧的企业资产费用化的选择权，对企业科研经费增长额实行税收抵免，各州对小企业科技创新也有一定的税收优惠；日本中小企业购置特定机器设备，可在正常提取折旧之外，在投入使用的第一年按一定比例提取折旧，或选择按一定的抵免率进行限额税收抵免等。

3、分担风险方面。小微企业市场竞争力差、生命周期短，更易出现亏损，一旦亏损，则各种税率式优惠、税基式优惠及税额式优惠都会失去作用，企业并不能享受到真正的实惠。只有实行全面的税前亏损弥补，才能使税收优惠政策全面顾及到企业的处境，真正体现政府、企业共担风险、共享利润的利益共同体特征，降低小微企业的投资风险与收入波动幅度。为应对金融危机，美、英、日等国专门制定了针对小企业亏损弥补的税收政策，规定符合条件的小企业可以向前弥补亏损等。

（二）我国针对小微企业出台的税收政策

1、企业所得税方面。《关于小型微利企业所得税优惠政策的通知》（财税〔2015〕34号）文件规定，自2015年1月1日至2017年12月31日，对年应纳税所得额20万元（含20万元）以下的小型微利企业，其所得减按50%计入应税所得额，按20%的税率缴纳企业所得税。《国家税务总局关于贯彻落实进一步扩大小型微利企业减半征收企业所得税范围有关问题的公告》（国家税务总局公告2015年第61号）规定，自2015年10月1日起至2017年12月31日，扩展到应纳税所得额在20万到30万元（含30万元）之间的小型微利企业。

2、增值税和营业税方面。在月销售额2万元（含本数，下同）以下的增值税小规模纳税人或营业税纳税人暂免征收增值税或营业税的基础上，《关于进一步支持小微企业增值税和营业税政策的通知》（财税〔2014〕71号）文件规定，自2014年10月1日起至2015年12月31日，对月销售额2万元至3万元的增值税小规模纳税人，免征增值税；对月营业额2万元至3万元的营业税纳税人，免征营业税。

3、政府性基金方面。《关于对小微企业免征有关政府性基金的通知》（财税〔2014〕122号）文件规定，自2015年1月1日起至2017年12月31日，对按月纳税的月销售额或营业额不超过3万元（含3万元），以及按季纳税的季度销售额或营业额不超过9万元（含9万元）的缴纳义务人，免征教育费附加、地方教育附加、水利建设基金、文化事业建设费；自工商登记注册之日起3年内，对安排残疾人就业未达到规定比例、在职职工总数20人以下（含20人）的小微企业，免征残疾人就业保障金；免征上述政府性基金后，有关部门依法履行职能和事业发展所需经费，由同级财政预算予以统筹安排。

除上述税收政策支持外，我国政府扶持小微企业的措施还包括简政放权、加大财政支持、加大融资支持，以及鼓励地方政府将小微企业纳入专项资金的扶持范围中等。

（三）小微企业主要的税收优惠政策落实情况

国家税务总局将落实支持小微企业发展的税收优惠政策列入“一号督察”事项。广州市国税局结合新一轮“便民办税春风行动”，助力小微企业创新发展，政策落实效果显著。

1、企业所得税方面。据国家税务总局统计，2015年上半年，全国共有239万户纳税人享受了小微企业所得税优惠，减税86.54亿元。据广州国税征管系统的数据统计，2014年度企业所得税汇算清缴申报期，已有逾12万户纳税人享受小型微利企业优惠政策，享受面达到100%，减免企业所得税3.56亿元；2015年上半年符合小型微利企业条件并且已享受小微优惠的企业共8.18万户，预缴期内减免税额2.37亿元。按照趋势预测，财税〔2015〕34号文件施行后，享受小型微利企业优惠政策的企业户数和税额明显增加。

2、增值税和营业税方面。据国家税务总局统计，2015 年上半年 2700 多万户小微企业和个体工商户享受了暂免征收增值税、营业税优惠政策，减税 399.77 亿元。据广州国税征管系统的数据统计，2014 年全市有近 47 万户小微企业和个体工商户享受小微企业减免的增值税政策，共减免增值税 10.8 亿元；2015 年上半年共有 54.6 万户小微企业和个体工商户享受小微企业减免的增值税政策，共减免增值税 5.1 亿元。财税〔2014〕71 号文件施行后，享受暂免征收增值税优惠政策的小微企业和个体工商户户数大幅上升。

（四）小微企业税收优惠政策的"正外部性"分析

针对小微企业出台的一系列的税收优惠政策是政府干预市场的一种体现，其目的是在不打乱市场正常运行的前提下，产生更多的"正外部性"。

1、小微企业受惠范围增加，税负降低。小微企业税收优惠政策施行以来，越来越多符合条件的小微企业享受到政策优惠，使小微企业降低了税负，增加了资金流转，一定程度缓解了小微企业的经营困难。广州市国税局开展的小微企业税收优惠政策状况调查问卷显示，在应纳税所得额减半征收税收优惠政策实施后，约有 83％的参与调查的小微企业享受了这一优惠政策，剩余企业不能享受这一优惠政策的主要原因是虽属于小型微利企业，但年应纳税所得额 20 万元以上。较大的税收优惠力度上减轻了"初生型"小微企业的税负，增加了受惠范围，在很大程度上带动了小微企业的发展。

2、经济活跃程度增强，第三产业发展迅速。2014 年，广州市实现地区生产总值 16706.87 亿元，比上年增长 8.6％，增速高于全国（7.4％）和全省（7.8％），其中第三产业增加值突破万亿元，经济在新常态下平稳运行。从全年运行走势看，各季累计 GDP 增速逐季稳步提升，经济增长总体平稳。在全国主要城市 GDP 排行榜中，广州地区生产总值依然稳居第三，人均 GDP 排名第三。2015 年上半年，广州市实现地区生产总值（GDP）8285.27 亿元，同比增长 8.1％，增速比一季度提升 0.6 个百分点，其中第一、二、三产业分别增长 2.0％、6.9％和 8.9％。以上数据显示，小微企业税收优惠政策力度增加后，对广州市经济的影响较小，本市经济仍然保持着较为稳健的增长速度。同时，由于小微企业数量众多，税收优惠政策幅度的增加在很大程度上推动了第三产业的发展，并使经济运行状态更加活跃。

3、扩大内需效果显著，居民消费需求增加。税收优惠政策在减轻小微企业税收负担的同时，也起到了扩大内需的作用。近年来，广州市居民消费和投资都呈现出了增长态势，城镇居民收入保持了合理增长。作为结构性减税大框架下的税收政策，小微企业税收优惠政策的最终目的是在近期减轻企业税收负担，在长期进一步扩大内需，优化产业结构，从而完全释放市场活力。全球经济危机后，政府在扩大内需方面的政策已经发挥了良好的效果，如 2013 年广州市城市居民家庭平均每人全年消费性支出 33156.83 元，相对于 2012 年增长 8.8％，与经济增长水平保持同步。政策间效果作用可以相互影响，结构性减税框架下的各个税收政策也不例外。

（五）目前小微企业税收优惠政策的不足之处分析

1、税制设置有待进一步统一化。一是部分政策时效性强具有临时性和多变性的特点，如 2014 年出台的小微企业减半征税政策截止到 2017 年 12 月 31 日，这些暂时性政策无法形成长效机制，容易诱致企业的短期投机行为，不利于企业成长。二是认定标准不统一，《关于印发中小企业划型标准规定的通知》（工信部联企业〔2011〕300 号）中对小微企业认定标准宽于税收优惠政策的标准。如按现行小微企业认定标准，除农林牧渔业、软件和信息技术服务年营业收入为 50 万元以下是微型企业外，其余微型企业最低是 100 万元标准；而暂免征增值税和营业税政策的受惠标准为年销售额或营业额 36 万元以下（月销售额或营业额 3 万元以下）的小微企业。按对比认定标准与税收政策我们发现，小型企业一般不在受益之列，微型企业中也是部分企业才能受益，这既影响了税法的规范性，也容易导致对落实优惠情况的理解不一致，尤其是符合国家统计标准但不符合税收优惠标准未能享受税收优惠的纳税人反响较大。

2、受惠范围有待进一步扩大化。在小型微利企业税收优惠政策方面,小型微利企业的范围小于小微企业的范围,导致大部分的小微企业未能享受该政策。受到年度应纳税所得额标准限制,使纳税人实际享受该政策的效果不够明显,在经济发达地区效果更不明显。同时,享受小型微利企业政策需核实人数和资产条件,纳税人需要区分企业是否符合条件,税务机关更需要花费了很多的资源来核实小型微利企业的申报信息,一定程度上耗费了大量精力。在起征点的设置方面,月销售额或营业额在3万元以下的增值税小规模纳税人免征增值税或营业税,但对于超过3万元销售额的小微企业,就要全额纳税,起征点前后的税负差异较大,不尽合理,影响了小微企业发展壮大的积极性。根据小微企业税收优惠政策状况调查问卷显示,被调查企业普遍希望扩大税收优惠政策的范围。

3、政策设置有待进一步多样化。小微企业各个发展阶段遇到的困难和需要的扶持不同,创建期融资难问题突出,成长期关注于提高核心竞争力,成熟期重视企业发展壮大,税收优惠政策应根据不同发展阶段进一步优化。一是在解决融资难的问题上,小微企业资信不足,贷款风险较大,为此国家出台了金融机构对中小企业贷款损失准备金企业所得税税前扣除政策。同时,需鼓励不同主体对小微企业进行投资,扩大小微企业的资金来源。二是在解决创新和提高核心竞争力的问题上,高新技术企业15%的企业所得税优惠税率政策认定标准较高,主要针对已拥有成熟核心自主知识产权的企业。现行规定的开发新技术、新产品、新工艺发生的研究开发费用的加计扣除企业所得税政策不区分企业类型,小微企业抗风险能力较差,容易亏损,实际能够享受这些优惠的数量十分有限。三是如何鼓励企业壮大的问题上,目前我国没有针对此类问题的税收优惠政策规定,正如有关调查显示,1990年以来我国的小微企业的平均寿命仅有3—5年,60%以上的企业在创办后不到5年便归于破产。因此,在成熟期如何鼓励小微企业壮大,促进资源优化,保持和继续创造核心竞争力显得特别重要。

## 四、促进小微企业发展的财税政策建议

### (一)简化税制,完善税制结构

1、建立统一稳定的税收优惠政策体系。现行的各项税收优惠政策缺乏完整统一的框架,多为临时性,无法保障小微企业的长远发展。建议积极构建统一稳定的扶持小微企业的税收优惠政策体系,完善税制结构,包括小型微利企业所得税优惠在内的所有扶持小微企业的税收政策相关标准都向国家统计标准靠拢,扩大享受税收优惠政策的小微企业的范围,明确划型指标数据采集方式和报送要求,要求所有企业申报划型指标数据。

2、优化税收优惠政策,减轻小微企业负担。首先,进一步推进"营改增"改革,对在初创建期符合条件的小微企业实行免税,借鉴国际经验,减少成长期的小微企业的税收种类。"营改增"推行后,降低小微企业增值税税率,加大其设备购买和进项税额的抵扣力度。其次,无论是企业所得税方面的应纳税所得额减免,还是月销售额免征增值税或营业税,建议在临界点设置方面将起征点改为免征额,并且提高免征额。我们结合小微企业标准和问卷调查结果,建议增值税、营业税或企业所得税的年免征额达到50万元以上,如目前未能实现将起征点改为免征额,也需相应提高年起征点金额至50万元以上。再次,规范政府对小微企业的费用征收行为,以更大的力度减轻企业的缴费负担,尽量变费为税。

3、实施多层次优惠政策,助推小微企业发展。首先,对投资小微企业的纳税人在创立时期和投资阶段应给一定的政策支持。引导社会资金的流入方向,使小微企业在融资过程中不再处于弱势地位。建议可考虑对投资小微企业的投资额按照一定比例在税前抵扣,增强金融机构、民间资本和社会团体等投资小微企业的积极性。其次,针对小微企业的实际,建议对小微企业认定高新技术企业的标准适当降低,例如降低学历、研发费用和收入的标准。亏损弥补时对研发费用部分(不超亏损额度)不设期限。再者,建议对小微企业之间合并给予税收政策优惠,例如合并后待再销售股权时才缴纳所得税,鼓励小微企业发

展壮大。同时,对小微企业信用担保机构继续实施税收优惠政策,帮助他们提高自身的市场发掘能力、项目评判能力和风险控制能力。

(二)加大财政扶持力度,推动小微企业发展

建议政府综合运用财政补贴、政府采购、财政贴息等多种手段,加大财政资金对小微企业支持力度。如扩大中央预算扶持小微企业发展的专项资金规模,重点支持小微企业技术创新、结构调整和节能减排。加快设立国家小微企业发展基金,发挥财政资金的引导作用,带动社会资金支持小微企业发展。支持小微企业加大研发投入,对符合相应条件的企业提供专项补贴,政府采购的制度适当向小微企业倾斜。另外,政府还可设立专项资金,购买科研院校研制的产品和技术成果免费转让给小微企业使用,达到"产学研"相结合的效果。在政府采购管理中引入担保机制,以扩大小微企业参与政府采购的力度;加大小额担保贷款财政贴息的力度,鼓励担保机构为劳动密集型小微企业提供融资担保服务,充分发挥其对社会就业的促进作用。

(三)完善纳税服务体系,多管齐下促进小微企业发展

税务机关应强化自身的"服务型机构"的角色,继续完善纳税服务体系。应以小微企业需求为导向,突出个性化、差异化服务,做好税收宣传,详细解读税收政策,及时关注听取小微企业诉求,不断完善税收政策执行情况反馈机制,完善税收救济维护纳税人的合法权益。注重优化小微企业办税流程、简化审批程序,精简申报资料种类,最大限度降低企业遵从的时间成本和非劳务成本,并充分利用信息化系统,继续积极推进网上办税、电子缴税以及绿色通道服务等。加强国地税、社保、财政、工商、银行、海关等部门的协作配合,加大协办、共办涉税事项和服务的力度,做好小微企业日常监管和动态跟踪等后续管理。加大教育培训力度,将纳税服务业务纳入教育培训的重点计划,大力抓好纳税服务专业培训和日常在岗培训,不断提高人员素质。注重建立税务机关专门服务与社会服务结合的纳税服务体系,充分发挥税务代理的作用。

(作者单位:广东省广州市国家税务局)

# 非居民间接股权转让涉税实务研究

马世超　孙国文　陈春晖　郑速雄

伴随着经济全球化，以股权转让为表现形式的资本跨国流动迅猛发展，由此引发的避税筹划问题日益突出，这已成为了近年来国际税收领域重点关注和研究的内容。2013 年 G20 与 OECD 倡议启动了应对税基侵蚀与利润转移(BEPS)的行动计划，在全球掀起了打击 BEPS 的浪潮，我国通过加入国际反避税行动，升级国际税收管理体制。

长期以来，跨国公司通过一系列较为激进的筹划，利用国际税收规则存在的不足以及各国的税制差异和征管漏洞，并非为合理的商业经营需要，而将大部分利润转移至低税地、避税地，使发达国家和发展中国家双重不征税。据 OECD 预估，全球利润至少 50%以上涉及国际交易，特别是企业集团跨境关联交易数额巨大，以跨境股权交易转移居民国留存的巨额利润。据商务部统计，仅 2012 年，香港一地以及维尔京、开曼群岛等另外 7 个自由港对华直接投资超 800 亿美元，占当年外商投资总额的 78%，不能否认这其中有相当比例都是意图通过设立避税地导管公司“中转”投资谋求日后利润转移和税务上的便利筹划。

2015 年总局国际司披露，对待跨境恶意避税，各地的反避税工作在两个领域运用最为频繁，一是滥用税收协定，另一个就是间接股权转让，而尤以后者数量最多。近年来，税务机关对间接股权转让启动反避税的案例时常见诸报端，涵盖非居民企业和个人，涉案金额屡次刷新上限。

**表一　近年间接股权转让课税大案**

| 非居民企业 | | | |
|---|---|---|---|
| 年份 | 税务机关 | 案件 | 入库金额 |
| 2010 | 扬州江都国税 | 美国非居民转让香港公司案 | 1.73 亿元 |
| 2011 | 南通启东国税 | 英属维尔京群岛公司转让案 | 2.99 亿元 |
| 2012 | 山西晋城 | 英属维尔京群岛公司转让案 | 4.30 亿元 |
| 2013 | 据《国际税收》期刊统计，截至 2013 年初我国已对 20 余起较大的间接转让案征税 | | |
| 2014 | 北京海淀国税 | 开曼群岛公司转让案 | 4.68 亿元 |
| 个人 | | | |
| 2011 | 深圳地税 | 全国首例非居民个人转让香港企业间接转让境内股权 | 1368 万元 |
| 2014 | 南京地税 | 某境外上市公司 14 名股东通过 BVI 持股公司减持案 | 2.48 亿元 |

本文以间接股权转让的典型案例为切入点，对非居民企业和个人的反避税形式和方法、政策和争议、难点和建议进行详细探讨。简单介绍间接转让操作。我国所得税法规定权益性投资转让所得来源地为被投资企业所在地，企业为了规避直接转让境内居民企业的所得税税负，往往采取在中间插入一家避税地中间控股企业的股权架构，通过转让中间企业实现间接转让居民企业的交易目的，同时规避直接的境内纳税义务。

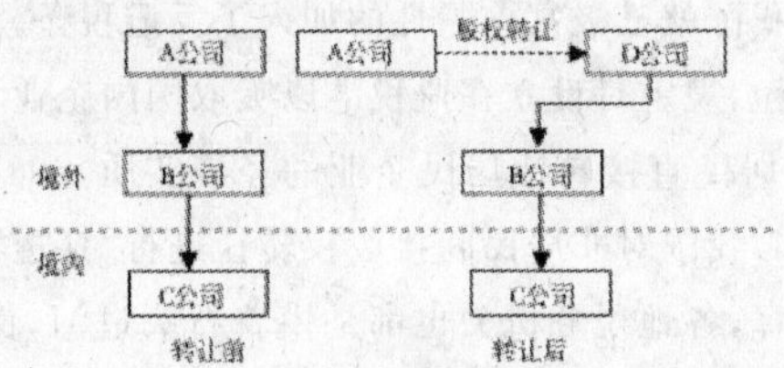


图一　非居民间接股权转让图解

## 一、反避税法规架构

### (一)税收管辖权的一般原理

我国在税收管辖权方面实行的是“地域管辖权”和“居民管辖权”双重标准。对非居民直接转让我国居民企业股权的,我国应当享有征税权,但对非居民通过转让直接或间接持股中国居民企业的境外企业股权的,一般情况下不属于直接来源于境内的所得,我国无征税权。个人所得税类似,但同时还需结合税收协定财产收益条款和所得来源地具体分析进行综合判定。

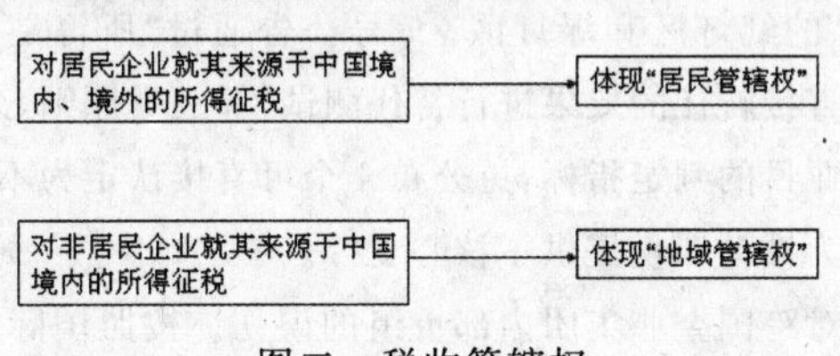


图二　税收管辖权

### (二)反避税具体规定

表二　适用法律法规

| 条款 | 表述 | 地位 |
|---|---|---|
| 企业所得税法第 47 条 | 企业实施其他不具有合理商业目的的安排而减少其应纳税收入或者所得额的,税务机关有权按照合理方法调整 | 源头 |
| 实施条例第 120 条 | 不具有合理商业目的指是“以减少、免除或者推迟缴纳税款为主要目的” | |
| 《特别纳税调整实施办法(试行)》第 94 条 | 税务机关应按照经济实质对企业的避税安排重新定性,取消企业从避税安排获得的税收利益。对于没有经济实质的企业,特别是设在避税港并导致其关联方或非关联方避税的企业,可在税收上否定该企业的存在 | 引入了国际上通行的“穿透原则” |
| 国税函[2009]698 号文第 6 条 | 境外投资方(实际控制方)通过滥用组织形式等安排间接转让中国居民企业股权,且不具有合理的商业目的,规避企业所得税纳税义务的,主管税务机关层报税务总局审核后可以按照经济实质对该股权转让交易重新定性,否定被用作税收安排的境外控股公司的存在 | 第一次针对间接股权转让的问题予以明确 |

在企业所得税立法之初，我国就已极富前瞻性的加入了反避税条款，在税制上已有基本完善的应对。《特别纳税调整实施办法（试行）》规定对设立在避税港以吸取国内企业利润、无经营实质的“导管公司”可直接在持股链中抹去，体现非居民直接转让居民企业的经济实质，698号文更是税务机关近年来征税的最直接依据。从上述规定可知，我国对非居民间接股权转让进行“穿透”的前提是不具有合理商业目的或经济实质，但如何判断并无解释，各地税务机关也都是摸着石头过河，例如扬州案判定避税地企业“无雇员，无其他资产、负债，无其他投资，无其他经营业务”的经济实质，境外控股企业的转让仅是形式上的空壳，从而穿透征税。

而对个人，目前我国暂无针对其跨境股权转让所得进行“穿透”的具体规定，一般可依据个人所得税法及其实施细则，税收协定及协定解释进行纳税义务的判断。

（三）7号公告的应运而生

随着经济发展和税务实践工作的逐步深入，698号文在执行中逐渐暴露出了一些问题，例如规定相对笼统和简单，转让成本价、转让价、纳税义务时间的确认有争议，最重要的是，698号文对不合理的商业目的未有更多阐述。为满足跨境税源管理的需要，总局适时发布了2015年7号公告，增强执行层面的确定性，利于规范执法和纳税遵从。主要有三大显著变化：

1、界定了“合理商业目的”的红灯区和绿灯区。7号公告通过“所得是否主要来源于境内、间接持股方是否具有经济实质、与假设直接转让的效果进行替代测试”等三类原则，列举了价值和收入来源等7个需整体考虑的条件，细化了商业目的判定指标，更公布4个可直接认定为不具有合理商业目的“红灯区”，使政策的可操作性大大增强，为推动课税提供了核心支撑。

2、加设安全港规则，减少对跨国企业集团内部重组的误伤。按照国际通行的合理持股比例，规定交易双方互有或者被同一第三方直接或间接持有80%以上股份的，其间接股权转让可认定为具有合理商业目的，同时为保证政策不被滥用，公告要求间接转让交易后再次进行的转让与前次状态相比，我国所得税负担不会减少，例如，若初次转让方是避税港居民，而受让方是与我国签订了协定地区的居民，如香港和新加坡，再次转让时，征税可能受协定25%股权比例的限制，套取协定优惠。7号公告将以获取更有利的税收结果为目的的集团内部间接转让排除在安全港之外。

3、还责于纳税人，由其自愿申报，申明法律后果。在执行698号文时，经常发生就应缴未缴税款是否罚息以及是否存在代扣缴义务的不同看法，7号公告明确了上述事项，澄清了疑义，通过设定减轻或免除处罚的规定，从强制执法转变为以提高遵从为主的柔性执法，客观上鼓励各方积极主动申报。

7号公告仍有进一步细化的空间，例如所得是否主要来源于境内的“主要”标准有必要予以量化为50%或以上为宜，又如“股权价值”的提法应着重考虑第三方评价的公允价值。但总体而言，公告为进一步规范非居民间接转让我国应税财产的税务处理提供了较为明晰的指导原则和操作规范。但仍需关注的是，涉及个人的反避税条款依然没有相应的规范性文件可做执行参考。

## 二、以非居民企业税案透视间接转让的启示与问题

2014年6月，海淀区国税局收到所辖某从事互联网技术居民A企业报送的境外股东股权协议。股权转让方和受让方都在境外，股权组织结构复杂，金额巨大。

税企谈判的焦点在于股权转让价格的确定。企业提出应根据主营手机浏览器境内外月均活跃用户数量比例、境内外公司收入比例进行加权计算，并据此划分股权转让价。海淀国税认为，A企业将境外运营收入全部归属于避税地公司的账户下，存在避税嫌疑，企业的境外用户以及境外收入也是来源于境内

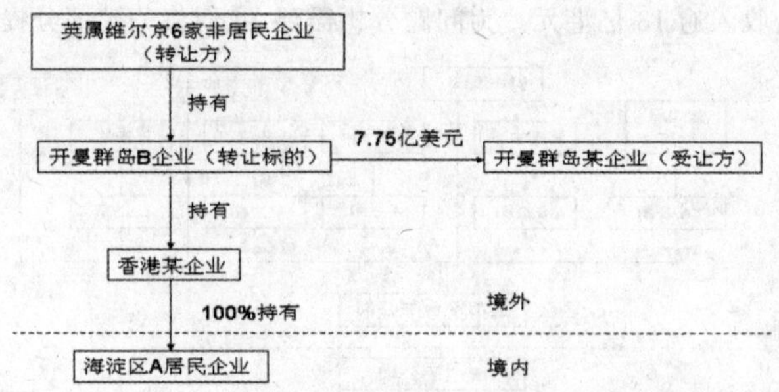


图三　海淀国税案股权交易架构图

公司对于产品长期的研发投入及推广，运用 BEPS 提出的“税收要与实质经济活动和价值创造相匹配”的国际税收原则，境内外收入的价值创造者均为境内公司，不应拆分股权转让价格。此次转让存在股权支付部分，价格确定是另一个难点。在谈判关键阶段，税局从互联网获取重要证据——股权交割时点招股说明书，最终确认按照股权交割时点对应的公允价值作为股权支付部分的价格。经过半年努力，税企双方达成一致意见。

此案贡献了迄今为止非居民企业间接股权转让领域入库的最大单笔税款，也是税务机关充分运用第三方信息解决间接股权转让关键问题的示范。启示一是避税港运作是当今国际资本筹划的主流。避税港由于当地宽松的金融环境、低门槛的准入条件和优惠的税收政策，吸引了众多跨国企业。在跨国经营链条中，投资者通常是在经济增长速度快的国家实体经营，将财产和所得集中到避税港进行分配和转移，需高度关注股权转让及股东变更中的避税地投资方行为；二是明确了多层控制的复杂控股结构，可层层穿透，如本案中接连穿透香港和开曼群岛两户企业，才能拨开多层间接转让的迷雾。

此案透露的问题具有代表性，一是如何确定计税依据。在股权转让成本价方面，假设避税港 6 户企业投资 1 万美元设立开曼 B 公司，香港公司以 1 亿美元设立境内 A 公司。那么股权成本价是 1 万，还是 1 亿美元？笔者认为，因间接转让的征税，实质是穿透境外被转让企业，否定中间控股无实质企业的存在，因此成本价应为非居民对间接持有居民企业的实际出资额，即按持股比例分配 1 亿美元出资额；同时，对居民企业发生两次或以上被间接转让的情况，本次转让应以上次转让时的课税受让价为本次转让成本价，以避免重复征税，形成税收上的制衡链条。在股权转让价方面，现金结算以外其他利益流入的价值如何确定？双方具有关联关系，按照低于公允价甚至成本价转让股权减轻税负，该如何合理调整呢？一般来说，股权转让价是以被转让企业的资产价值为基础，对非货币或关联交易应按照资产评估取得市场价值的常规方法解决，关键是如何操作。

问题二是税收协定的适用问题。假设转让方是美国企业而不是避税港公司，那美国企业可否申请享受中美税收协定的财产收益条款税收优惠？笔者认为，参照转让成本价的分析思路，中间控股公司被“透视”后，根据税收的中性和公平原则，税收协定对穿透后的转让方仍有约束效力，应允许其享受协定待遇，贯彻双边税收公约。也就是仅有在满足“转让前三年内居民企业股份价值 50%以上直接或间接由境内不动产组成”，或“转让前 12 个月内非居民转让方曾直接或间接参与居民企业 25%资本”的任一条件时，我国才有权征税。

## 三、以个人境外所得税案透视间接转让的启示与问题

2009 至 2010 年，南京某境外上市公司的多名个人股东通过其控股的 BVI 离岸公司 FA 两次减持境

外上市主体Y公司转让收入逾18亿港元。为问题分析需要，我们将关键部分提炼。

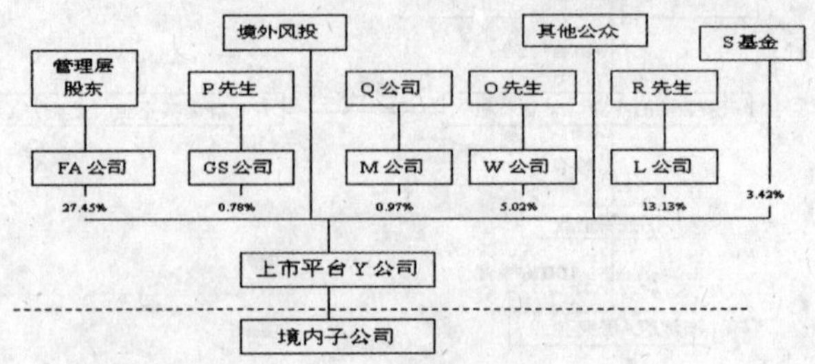


图四　南京Y公司案股权架构图

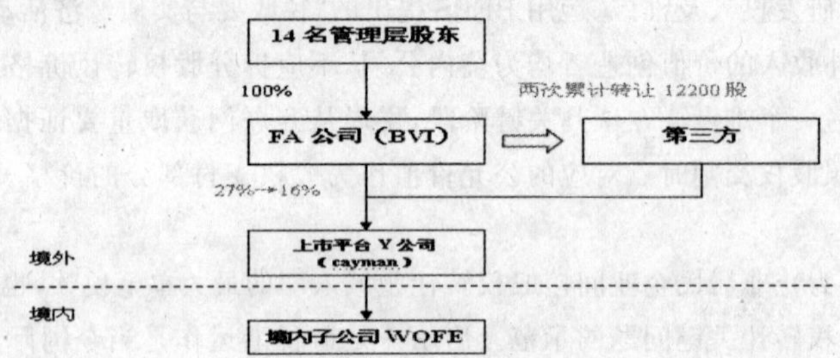


图五　个人股东的间接股权转让示意图

本案属于个人间接股权转让，且中间存在上市企业，将中间层“穿透”的规则显然不能适用。南京地税在案件中注意到，虽然表面上是FA公司转让Y上市公司的股权，但Y公司是红筹模式上市的境外注册公司，虽注册在离岸地，仍有可能依据实际管理机构原则认定为中国居民企业，进而实施管辖。但因缺乏税法具体操作细则，这种判断的后续管理存在较大不确定性，且境外注册中资控股企业的认定标准难以同时满足四个苛刻条件。南京地税转而将重点放在FA公司是否对居民股东进行分配的问题上。税务机关查找网络公开信息，发现证券公司公布Y境内子公司募资说明书透露2010年－2011年FA公司净利润大幅减少。由于投资公司除持股外一般不进行其他经营，故可以推理得出FA净资产减少是基于对股东的分配。同时FA公司的内部报表显示减持收益部分已汇回国内。多轮交涉后，税款申报入库。

作为我国极少数个人境外间接股权转让征税的案例，该案为我们很好的解释了对个人境外所得的税收管辖权，一是来源地原则，二是行使居民管辖权对纳税人全球所得进行课税。案例中税务机关本想通过认定境外中资控股企业确定Y被转让的所得来自于境内，但由于条件限制无法实现，转向从居民纳税人取得境外财产转让所得的方向研究，成功突破。但此案也反映了一个迫切的问题：对个人的反避税管理不容忽视。自然人有着“面广、量大、流动性强、法律支撑不够、纳税意识薄弱、维权意识强”的特征，相较企业征管难度更大。而境外投资者恰恰是自然人当中的高收入人群，这部分人目前几乎游离于现有征管之外，税收流失问题难以估量。

按我国税法，对居民纳税人应就其境内外所得课税，现行的管理文件主要是国税发〔1994〕44号和〔1998〕126号文。文件确立了个人境外收入的自行申报制度，但并未贯彻境外投资和所得的信息报告制度，缺少反避税规则，亟待完善。而对非居民，因其仅需承担来源于境内所得的纳税义务，必须结合对应的税收协定具体分析，现行有两种常见做法：一是根据国税发〔2010〕75号文的“居民”定义，对在华外籍个人最终居民身份的归属，根据永久性住所－重要利益中心－习惯性居处－国籍等四个条件的先后标准确定，这通常需要反复举证和沟通，必要时，可以通过情报交换获取个人在缔约国对方的经营和收入信息帮助身份判定。二是利用协定财产收益条款判定，如深圳地税案中，香港个人转让无经营实质的香港企业（100％持股深圳子公司），税务机关认为因深圳子公司从事仓储物流形成大量不动产储备，达到了中港税收安排的企业价值50％以上由不动产组成的条件，从而实现征税权。总结对个人间接股权转让的课税判断。

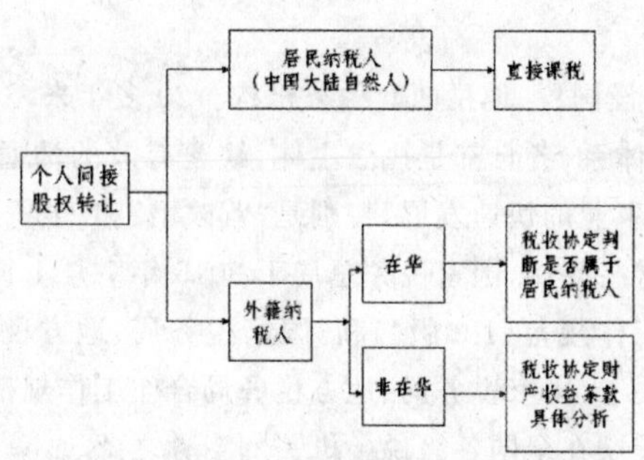


图六　个人间接股权转让征税权判定

## 四、提升非居民间接股权转让管理水平的建议

（一）规范非居民税源监控机制，打造专业信息平台

对间接股权转让行为，税务机关难以直接掌握境外的交易信息。从目前已征税的案例看，除极少数由税务机关主动出击以外，绝大多数都是纳税人主动申报，这种现象极易造成执法不公。如何有效监控间接转让，笔者认为跨境税收的管理依赖于风险点梳理及涉税信息收集，应重新搭建税源监控机制，主动出击。在现代经济活动参与方及信息披露渠道多元化的背景下，税务机关可以从商务、工商、外管、证监等部门，以及网络，报刊等媒体渠道搜集信息，建议从总局层面建立税务系统内部、外部的信息收集机制、共享信息平台。例如，税务机关可通过爬虫技术抓取财经网站信息，通过关键字（如大股东姓名、"减持"字眼）模糊搜索进行定位，并在联交所、SEC网站等查询公告再次核准确认，形成涉税核查要点。

（二）规范股权转让价格评估机制，规避执法风险

对非居民关联交易或非货币交易，需核定合理的转让价格，根据698号文，税务机关被赋予了按照合理方法调整转让价的权力。但税务部门并非专业的资产评估机构，难以直接运用资产评估方法对非居民企业资产现值进行评定估算。因此，建议总局明确非居民股权价值评估机制，要求非居民企业提供由公认的资产评估机构出具被转让企业的资产评估报告，同时建议各地组织资产评估专业团队，探索外聘专家或资产评估机构的专业人员进行审核非居民资产评估报告的专项工作，规避计税依据认定的执法风险。

（三）规范出台个人反避税措施，提升管理水平

现行反避税文件仅能基本覆盖非居民企业，对个人跨境股权交易的追缴方法和政策支撑严重不足，通过个案分析可以看出，当前征管现状迫切需要总局就个人跨境转让所得的反避税工作出台更加明确和细化的规定，改变当前个税政策方面的分布零散，针对性不强等问题，提升基层税务机关的执法水平，实现企业和个人的税收公平。

（作者单位：广东省广州开发区地方税务局）

# 关于加强国税地税合作的探讨

张国生

1994年的税制改革,我国分设国税、地税两套税务机构。20多年来,双方工作都取得了显著的成绩。但是,由于两套税务机构各自成体系、各自都是执法主体,缺乏有效的沟通与合作,随着经济社会的发展和各领域全面改革的推进、税收事业的快速发展,特别是"营改增"和"金税三期"的逐步实现,所以双方存在的弊端日趋显现。为了解决这些弊端,国家税务总局于2015年7月1日和2016年1月1日分别实施《国家税务局、地方税务局合作工作规范(1.0版)》和《国家税务局、地方税务局合作工作规范(2.0版)》。为此,贯彻落实《国家税务总局关于〈国家税务局、地方税务局合作工作规范(2.0版)〉》,加强国税、地税合作(以下简称为"国地税合作")是摆在全国各级税务机关的当务之急。

## 一、国地税合作的内涵

上个世纪90年代,为了建立社会主义市场经济体制,进一步理顺中央与地方的财政分配关系,更好地发挥国家财政的职能作用,增强中央的宏观调控能力,我国开始实行分税制财政管理体制。为适应分税制财政管理体制的需要,省及省以下的税务机构分设为国家税务局(以下简称"国税局")和地方税务局(以下简称"地税局")两个系统。随之也就产生了一个新的概念—国地税合作。

国地税合作是指两个执法主体之间,根据工作需要和双方意愿,在双方各自法定职责和范围内,在多领域、多层级联合或协同开展工作的行为。其内容较多,归纳起来,包括四大方面内容:一是服务深度融合;二是执法适度整合;三是信息高度聚合;四是其他方面的合作。其目的是全国各级国税局、地税局要按照实现税收现代化的总目标要求,以信息共享为基础,以优化纳税服务、提高征管效能、规范税收执法行为为重点,以现代信息技术为依托,通过整合资源、优化流程、完善机制,发挥各自比较优势,不断创新合作形式、拓宽合作领域,实现优势互补、资源共享、服务联合、征管互助、执法协同,形成工作合力,解决管理中出现的问题,以更好地履行各自法定职责,切实提升服务和管理水平,切实做到服务更便捷、征管更高效、执法更公平。

## 二、国地税合作的必要性

国地税合作不是某个单位和个人主观臆造的,是我国的经济社会发展形势及税收事业发展形势、各领域全面改革推进形势及税制改革推进形势所决定的。为此,国地税合作具有重大现实意义和深远的历史意义。

(一)加强国地税合作是进一步落实党和国家转变政府职能的需要

以习近平为总书记的新一届政府自2013年以来多次召开"加快转变政府职能,深化行政体制改革工作会议",部署全国的机构改革、转变职能、简政放权工作。提别是2015年5月12日,国务院召开"推进全国简政放权、转变职能工作电视电话会议",李克强总理作了《简政放权放管结合优化服务深化行政体制改革切实转变政府职能》的讲话。税务部门是政府组成部门之一,必须落实会议精神。加强国地税合作就是贯彻落实党和国家"简政放权、放管结合、优化服务、转变政府职能"的具体行动。

(二)加强国地税合作是繁荣和发展税收事业的需要

上个世纪90年代,我国省及省以下的税务机构分设为国税、地税两个系统。这只是为适应分税制财政管理体制的需要从政治角度出发,在税务机构设置上,国家把税务机构设置为国税、地税两个系统。从学科属性和学术角度出发,税收领域只能存在一个领域,不能分为两个领域;税收学是一个学科,不能分为两个学科,税收事业是一个事业,不能分为两个事业。只有加强国地税两个系统的合作,才能不断地繁荣和发展税收学领域、税收学和税收事业。

(三)加强国地税合作是充分发挥税收职能作用的需要

税收具有筹集财政资金、调控经济、调解分配的职能。充分发挥税收的职能作用,服从、服务于经济社会发展是国税、地税共同工作的理论基础。既然工作的理论基础相同、目标相同、职能相同,那么国税、地税就应该在相同的理论基础上进一步加强沟通与合作,统一制定工作计划、统一部署共性工作、统一检查和总结工作。双方互通信息、密切合作,形成税收工作合力,促进税收职能作用的充分发挥。

(四)加强国地税合作是推进队伍建设的需要

1、能够进一步规范税收执法行为。国税、地税联合执法,税务干部可以统一执法依据、程序、标准,做到执法礼仪、形象和行为的统一。

2、能够进一步提高干部的政治和业务水平。国税、地税联合作业,可以使干部有相互接触、共同面对纳税人的机会。在执法的过程中,大家可以互相交流、相互学习、互相借鉴、取长补短、共同提高,不断提高执法的政治素质和业务素质。

3、能够进一步推进双方的队伍建设。国税、地税联合作业,使税务干部通过信息共享和情况交换,可以在加强本系统内干部管理的基础上,形成两个系统之间对干部的互相监督、互相制约,从而加强双方的队伍建设。

(五)加强国地税合作是提高税收管理效率的需要

税收效率是国家征税必须有利于资源的有效配置和经济机制的有效运行,必须有利于提高税务效率。它包括税收经济效率原则和税收行政效率原则。前者是通过税收的经济成本和经济收益之间的比值来衡量的;后者是通过一定时期直接的征税成本与入库收入的对比来衡量。加强国地税合作,实现信息资源共享:一是双方取长补短、解决自身难以发现且难以解决的问题;二是可以避免对纳税人的多头管理、多头检查,进而避免双方在人力、才力、物力和精力上的投入,从而减少重复劳动、降低税收成本,不断提高税收管理效率。

(六)加强国地税合作是优化纳税服务的需要

纳税服务是指税务机关在税收征管过程中向所有纳税人提供的旨在方便纳税人履行纳税义务和享受纳税权力的服务总称。国税、地税同为税收执法部门,对纳税人实行共同管理。如果没有协作配合、信息共享、各自为战,那么必然导致对同一纳税人的多头管理、重复检查。国地税加强合作,设置联合办税服务大厅。纳税人"进壹家门、办两家事"。这样可以为纳税人提供全面、优质、便捷的服务。

(七)加强国地税合作是税务信息化建设的需要

税收信息化是将信息技术广泛应用于税务管理,深度开发和利用信息资源,提高管理、监控、服务水平,并由此推动税务部门业务重组、流程再造、文化重塑,进而推进税务管理现代化建设的综合过程。国税、地税都有税收管理信息的工作,应该具有一定的共通性和互补性。但是,国税、地税目前尚没有完全建立税收信息化共享机制,两个系统单独运行、各自为战,形成了信息孤岛。只有加强国地税合作、共同开展税收信息化工作、实现信息资源共享,才能有效整合信息资源,使税收信息化建设成果转化为实实在在的税收工作成果。

## 三、国地税合作的可能性

自1994年国税、地税分设以来,国家税务总局一直倡导并推动国地税之间加强合作,在不同时期出台过多份指导性文件。全国各级国税机关、地税机关也进行了一些合作的实践,这为落实《国家税务局、地方税务局合作工作规范(2.0版)》创造了条件。

(一)合作有条件

国税、地税征收范围和征管职责虽然不同,但工作性质基本相同,服务对象大体一致,征管基础信息和办税流程具有同质性。随着《纳税服务规范》和《税收征管规范》的全面推行,这种具有同质性的工作,标准更加统一,流程更加规范。这为进一步加强国地税合作提供了有利的条件。

(二)合作有基础

自国税、地税机构分设以来,为倡导和推动国地税合作,税务总局在不同时期出台了多个指导性文件。这些文件中关于国地税合作的要求,经过各地多年的实践证明是基本可行的。这为制定出台《合作规范》提供了必要的工作基础。

(三)合作有经验

多年来,各地国税局、地税局按照国家税务总局要求,积极探索合作形式,拓宽合作领域,取得了明显成效,积累了丰富的经验,其中有很多好的经验和做法,被吸收到《国家税务局、地方税务局合作工作规范(2.0版)》中。实际上,《合作规范》中精选的合作事项,都是对各地成熟经验的总结、提炼和升华

(四)合作有保障

国地税合作的前提和基础是信息共享,没有信息共享,许多深层次合作事项根本无法开展;即便勉强开展了,实际可能会事与愿违。所以说,实现信息共享是推进国地税合作的前提和基础。目前,国税局、地税局之间已开通了税务专网,双方可依托税务专网实现涉税信息的共享和处理。随着"金税三期工程"的推进,国地税双方的数据标准将更加统一,信息传递将更加顺畅,为深入推进双方合作提供更强大的信息技术保障。

## 四、国地税合作的建议

我国的国税、地税分设在建立社会主义市场经济体制、更好地发挥国家财政的职能作用、增强中央的宏观调控能力和调动中央与地方的两个积极性等方面都取得了显著成效,但是在税收管理方面也出现了纳税人办税多头跑、政策多口径、执法多头查等一些问题。这些问题只有通过加强国地税合作,才能得到解决。按照《国家税务局、地方税务局合作工作规范(2.0版)》的规定,国地税合作的事项很多。当前,国地税合作应做好以下几项主要工作。

(一)联合开展税法宣传工作

1、在税法宣传方面。国税、地税联合成立宣传组织机构,联合制定宣传方案,联合承担宣传费用,统一宣传内容、口径、方式等;通过办税服务厅、互联网、12366咨询热线、微信公共平台、QQ群、LED显示屏、税务公告栏等媒体,多渠道、多形式、多方位联合开展税收宣传。

2、在税法培训方面。国税、地税联合成立纳税人学校、学堂等机构,联合制定培训教材,统一培训内容,联合培训辅导。

双方通过以上两个方面的宣传彻底解决税收宣传过程中存在政策"多口径"和答复标准不一致的问题。

(二)联合开展纳税服务工作

各省国税局、地税局以整合办税资源为载体,打造联合办税服务平台,因地制宜地采取三种方式打造

联合办税服务平台。

1、在新区内共建共管办税服务厅。在新区办税服务厅内设置综合服务窗口，连通双方信息系统，可同时办理国税、地税业务，对纳税人涉税事项从税务登记、申报征收到发票管理，统一做到一窗受理、内部流转、即时办结、窗口出件。

2、对双方已有的办税服务厅实行互相派人进驻。双方办税服务大厅均设置综合办税窗口，连通双方信息系统，可同时为纳税人办理国税、地税业务。办税大厅内统一导税服务、统一叫号排队、统用涉税信息，对纳税人涉及的税务登记、申报征收、发票管理等业务实行"一窗通办"，建立起了"物资资源整合、人力资源统筹、信息资源共享、办税流程融合"的合作机制。

3、双方共同派人进驻当地政务大厅。对当地政府设置政务大厅的，国税局、地税局都要派人进驻，联合办公。有的联合设立综合服务窗口，"一窗通办"国税、地税业务；有的分别设置窗口，实现对纳税人涉税事项的"一站式"服务。一些省国税局、地税局还通过互联互通网上办税平台，在对方网上办税厅增设链接导航的方式，实现网上联合办税，让纳税人享受到在虚拟办税厅办税的服务。

双方通过上述三种方式，让纳税人真正享受到"进壹家门，办两家事"的便捷服务。

（三）联合开展税收征管工作

国税、地税在联合落实《国家税务局、地方税务局合作工作规范（2.0 版）》的基础上，要不断创新管理理念和管理方式，堵住税收流失，提高征管质量和效率。

1、联合下发文件。双方联合制定、下发《省国税、省地税关于加强税收征收管理合作的通知》，从合作目标、原则、内容、方式和要求等方面都做出具体明确的规定，合作形成制度化、规范化、经常化。

2、合理划分国税、地税征管职责。中央税由国税部门征收，地方税由地税部门征收，共享税根据税种属性和方便征管的原则确定。

3、明确地税部门征收收费基金等征收职责。发挥税务部门税费征收效率高的优势，按照便利征管、节约行政资源的原则，国家税务总局应明确规定，凡是由税务部门征收的行政事业性收费、政府性基金等非税收入项目全部由地税部门统一征收。

4、双方共同控管纳税人。国税局、地税局通过对纳税人的税务登记、纳税申报等征管信息的横向比对，有利于从源头上控制税款流失；通过互相利用对方的信息资源，可以为税务稽查提供可靠依据和案源；通过加强在整顿和规范税收秩序等方面的联合作业，可以提高税务机关对纳税人的管理力度，推进依法治税，优化税收环境。

（四）联合开展税收稽查工作

国税局、地税局要联合开展专项检查和区域税收专项整治，联合开展重点税源企业税收抽查和轮查，联合开展共同管辖纳税人的案件检查，协同开展案件协查；统一税务行政处罚裁量权基准，在事实、情节、性质及社会危害程度等因素基本相同或相似的情况下执行相同的处罚标准，对属于双方共同管理的税务行政相对人的同一税收违法行为，应当严格执行"一事不二罚"原则。双方通过联合进户执法，定期交流情况，共享检查信息和检查结果，以整合稽查资源，形成执法合力，统一执法标准；通过最大限度地实现税稽查联合办案，可以更加准确地对偷、逃、骗、抗税行为予以定性。

这样做旨在通过执法协同，彻底解决执法标准不统一、"多头查"和"重复入户"等问题，推动实现公平执法、规范执法、高效执法。

（五）联合开展纳税信用等级评定工作

1、纳税信用等级评定工作的依据。按照 2014 年总局印发的《纳税信用管理办法（试行）》规定，纳税信用评价采取年度评价指标得分和直接判级方式。评价指标包括税务内部信息和外部评价信息。纳税信用评价周期为一个纳税年度。纳税信用级别设 A、B、C、D 四级。纳税信用评价结果的确定和发布遵循谁评价、谁确定、谁发布的原则。税务机关每年 4 月确定上一年度纳税信用评价结果，并为纳税人提供自我查询服务。

2、双方联合开展纳税信用等级评定工作。国税局、地税局要运用统一的指标体系和双方的指标信息，依据统一的评价方式和标准，对同一纳税人得出或者协调得出一致的纳税信用评价级别。

(六)联合开展税收信息共享工作

国税局、地税局之间要共享内部涉税信息，明确信息共享范围、流程和信息清洗、审核、应用与反馈等环节的责任分工，以融通数据资源、激活信息聚合效应、提高征管和服务效率、节约征纳成本；要联合采集第三方涉税信息，拓宽信息来源渠道，减少重复投入，提高信息的采集和使用效率；要联合开展税收调查，共享调查信息和结果，做到纳税人一次填报，税务机关一次采集，以避免重复调查、重复填报，切实减轻纳税人和基层负担。

综上所述，本文通过对国地税合作的内涵、必要性、可能性的论述，得出了加强国地税合作是唯一正确的结论；进而提出了彻底解决纳税人办税多头跑、政策多口径、执法多头查等问题的建议。国地税合作必定走向全方位、多层级的深度合作。

(作者单位：辽宁省国家税务局)

# 关于加强税收收入监控分析的研究

河南省国家税务局课题组

税收收入监控分析是运用科学的理论和方法，对一定时期内税收与经济税源、税收政策、税收征管等相关因素及其相互关系进行分析、评价，查找税收运行规律，并运用规律实施税收管理的综合性管理活动。经济和税收新常态下，如何更好地将税收收入监控分析融入税收管理决策范围并稳步运行，从而提升税收决策效率、征管质效和税收质量，是当前税收工作中的一个重要课题。对此，笔者从税收收入监控分析功能界定入手，结合当前税收工作形势，对加强税收收入监控分析的粗浅认识。

## 一、关于税收收入监控分析的内涵和定位

税收收入监控分析是税收管理的重要内容和环节，在反映经济活动、揭示税收经济关系、检验税收政策执行情况和税收征管工作效果、指导和促进税收工作、提供宏观决策服务等方面具有重要作用。总局王军局长强调："税务部门掌握大量数据，利用这些数据开展税收分析是服务大局的一个重要切入点。要让睡着的数据醒过来、死数据变成活信息，从税收角度敏锐观察、全面反映经济运行情况，折射经济社会发展中值得关注的问题，形成税收分析系列拳头产品，积极主动为地方各级党委、政府决策提供科学依据"。经济新常态下，税收收入监控分析在税收管理活动中的作用越来越重要，必须认真思考其内涵和定位。

（一）围绕经济、政策、征管三因素重新打量

税收收入由经济因素、政策因素、征管因素共同决定，其中经济对税收收入具有决定性和基础性影响，政策变动对税收收入具有直接影响，征管力度大小是影响税收收入的重要因素，可以反映出实际税收与理论税收之间的差距。我们用公式 G＊T＝R 表示税收与经济的关系，公式中的 G 代表经济、T 代表国家税制、R 代表税收，这里的经济指的是经济总量以及经济结构，国家税制指的是经济对应的一组税制变量，税收代表理论税收。实际工作中，经济指代区域经济，国家税制表现为各种税收实体法，税收代表实际税收。将公式进行变换，经济（区域经济）等于税收除以国家税制，用公式表示为 G＝R/T；实际税负（国家税制）等于税收除以经济，用公式表示为 T＝R/G。由此可以理解：经济可以通过税收和税制（宏观税负）反映，国家税制（宏观税负）可以通过经济和税收的比较反映。也就是说，通过税收收入监控分析，可以进一步认识经济规模、经济质量、经济结构等运行状态，为调整和制定宏观经济政策服务；可以反映政策实施效应，为改进和完善税制服务。另外，征管因素对经济税收也能够形成直接影响，主要表现在三个方面：一是客观存在的经济税源与税务部门掌握的经济税源之间的差异；二是税收政策执行过程中产生的政策执行差异；三是既定经济和税制基础上的理论税收和实际税收之间的差异。通过税收收入监控分析，可以了解和掌握税源情况，并以此检验税收实际征收情况，可以客观地评价税收征管以及纳税人的税收缴纳状况。因此，经济（税源）、税收政策和税收征管构成税收收入监控分析的三个主要内容，要运用联系和发展的眼光开展税收收入监控分析工作。

（二）围绕全面发挥税收职能作用重新打量

根据当前国内理论研究成果，税收的职能作用主要表现在五个方面：一是组织财政收入职能，这是税

收的第一职能;二是反映和监督经济运行职能;三是调控经济职能;四是贯彻社会政策职能;五是维护国家主权(权益)职能。税务机关作为国家税收管理部门,其职责是履行税收职能、实现税收职能之间的相互融合,依据《税收征管法》等程序法及相关实体法,实施税收管理。作为税收管理的重要内容和环节,各级税务部门在实际工作中,多方位、多层次开展税收收入监控分析,以期全面履行税收职能,服务经济和社会发展。因此,深化完善税收收入监控分析,必须立足于全面发挥税收职能作用,重新审视税收收入监控分析的必要性,这也是税收职能赋予税收工作的一项重要内容。

(三)围绕税收收入管理长效机制重新打量

税收收入管理长效机制是基于对经济、税收政策、征管状况的分析评价,不断发现问题、分析问题、提出方案、决策实施、执行反馈和运行监督的动态循环过程,集组织架构和相关制度于一体的有效运转机制。税收收入监控分析是一项税收管理活动,同样也是一个预测、分析、监控、提出问题、方案建议、执行评价的动态循环过程,需要税收管理决策层的参与、组织、协调和支持,也需要相关部门的监督和执行,必须通过税收收入管理长效机制来保障实施。因此,税收收入监控分析是税收收入管理长效机制建设的重要组成部分。

(四)围绕建立监控分析指标体系重新打量

目前,税收收入监控分析主要有四类,即税源分析、税政分析、税收征管分析和税收收入分析,主要目的是提升税收收入质量。从税收收入分析监控的三项主要内容来看,经济(税源)、税收政策和征管状况等因素都可能对税收收入质量带来影响,单纯从税收收入增减或者质量变动的角度对税收收入开展监控分析,只能是就数字论数字,只有开展税收与经济(税源)、税政、征管的相关分析,才能动态、全面地反映税收与相关因素的内在联系,从而更加全面地把握税收运行规律。在实际工作中,需要对反映经济(税源)变动的指标体系、反映税收政策变动的指标体系、反映征管水平变动的指标体系等进行交叉应用,才能全面反映税收收入质量变化;只有建立起税源、税政以及征管的综合评价指标体系,才能全面反映税收收入质量与经济税源质量、税收政策变动效应、税收征管质效的相互关系。

(五)围绕建设税收收入监控分析平台重新打量

从理论上讲,一个完整的税收收入监控分析平台应涵盖三个层次的内容:一是涉税信息平台,在现有征管系统金税三期(生产环境)基础上采集税务系统内外部信息,在税收收入分类指标的基础上采集涵盖反映经济(税源)、税收政策和征管质效的涉税相关信息;二是设计税收收入质量与经济(税源)和税收政策、税收征管的相关分析指标,细化至构建微观企业税收收入监控分析指标体系;三是设置基于问题导向(风险管理)的自定义分析评价指标。如按照风险管理理念,提取风险管理实施之前的相关指标,与实施风险管理之后的相关指标进行对比,科学评价税收分析、风险应对成效。税收收入监控分析需要从掌握税收质量变动入手,通过数据指标的动态变化寻找差异、总结规律、拟定措施、指导工作,具体过程为:理论构建——原始数据收集——构建分析模型——开展分析——实施管理——对执行成效进行评价。按照这一设计理念,税收收入监控分析只有做到上下联动、横向互动,多层面、多部门、多岗位协调开展,才能取得理想的效果;单纯依靠个人能力或者单个部门之力实施全过程监控分析,难以构建一个完整的税收收入监控分析平台。

## 二、目前税收收入监控分析工作中存在的问题

经济新常态下,发展方式转变、经济结构调整、税制改革深化、税收职能进一步拓展等,都对税收收入监控分析工作提出了更新更高要求,原有的工作理念和工作方法已无法适应新形势的需要,亟待改进完善。当前,基层税收收入监控分析工作中,主要存在以下几类问题:

(一)税收职能作用发挥不够充分

从税收职能来看，组织财政收入是税收的第一职能，其他职能依次为反映和监督经济职能、调控经济职能、贯彻社会政策职能和维护国家权益职能。实际工作中，一些基层税务部门“唯任务论”思想根深蒂固，开展税收收入监控分析单纯以组织财政收入为首要和主要目标，忽略了反映和监督经济、调控经济，特别是贯彻社会政策职能的落实，扭曲了税收各职能之间的协调关系。

(二)税收收入运行规律把握不够精准

在税收运行过程中，目前掌握的有四个类别的特征和规律：一是税收自身运行形成的动态特点，如分月度、分季度的动态数据序列分析，体现税收长期趋势、季节因素、循环波动和不规则变动的规律；二是税收与经济运行形成的动态特点，如分月度、分季度动态序列与相关经济指标的动态序列指标对比，体现税收与经济的协调性特点；三是税收与税收政策变动形成的动态特点，如简化征收率对税收的影响，调整烟草消费税税率对税收的影响等，体现税收政策调整对税收的影响特点。四是税收与征管水平变动形成的动态特点，如税务稽查和纳税评估对税收的影响等。其中很重要的一条思路，就是微观企业生产经营状况与税收贡献适应性分析，如通过相关风险识别促进征管，增加税收收入，体现征管水平对税收的影响等特点。通过税收收入监控分析，可以实现对税收收入运行特点，以及税收与经济(税源)、税收政策、税收征管的相关影响特点把握，为税收决策提供及时准确的依据。但在实际工作中，税收收入监控分析还存在四个方面的问题，导致收入监控分析对税收管理决策支持作用发挥不够。一是“就税收论税收”现象比较突出，将税收分析定位为事后描述性分析，虽然可以解释税收分类增减原因，但在税收预测、税收风险提示方面有所欠缺。二是对税收规律的把握不够，如受所得税季报或节假日等季节性因素影响，税收收入在每一年度变化趋势不一，而有的税收分析对这种季节性或周期性因素影响把握不够充分，辅助决策可靠性不足。三是对税收政策变动的影响测算比较简单，有的对政策变动涉及的纳税人范围、期间不能准确界定，对政策调整对收入的影响分析不到位。四是当前微观企业税收流失风险指标体系比较完善，但在此基础上形成的中观层次上的行业监控、区域风险方面的监控分析等还有一定差距。

(三)税收收入管理机制不够完善

税收收入监控分析是依据税收运行情况，提出问题、确定目标，可以是税务部门内部掌握的税收动态变化数据，也可以是经济政策征管三因素的数据，其核心是从经济、政策、征管等大方面发现问题，反映问题，当然也可从行业、微观企业方面提出相关问题。同时，税收收入监控分析还可以对税收决策的成效进行分析评价，提出意见。二者的关系是收入核算等业务部门提出问题和建议，提供领导决策，领导决策后分口实施，收入核算等业务部门进行分析评价。当前，税收收入管理机制的核心内容包括三个方面：一是依法治税原则的实施方面；二是税收收入质量的管理方面；三是长效机制建设方面。税收收入监控分析的核心是“税收收入质量”，它综合反映应收尽收、应退尽退依法治税原则落实情况，同时也反映组织、制度以及管理相结合的长效机制效率情况。而在当前，“分析所指，工作所向”落实不尽人意，税收收入监控分析的指向性不强，在实施税收管理决策时，部门分工协作以及与决策层的反馈监督多数流失于决策动态循环之外。主要表现：一是以税收收入质量作为税收收入长效机制的起点和落脚点体现不足，对欠税、应退未退、多缴税款等指标的分析监控纳入长效机制管理方面还有一定差距。二是以税收原则作为衡量税收收入管理的标准方面还不够严格，如部分单位收入压力大的时候，税收收入明显异常偏高，形成月度或季度收入该高不高、该低不低，人为调控痕迹明显，还有个别地方人为预收，对应退未退税款不积极落实造成无序延压。三是以风险管理为导向的税收管理在部分单位运行中变形走样，稽查、评估进度不能与全局和全年安排协调，导致部分税款不能按预计时间准确入库，影响税收预测的准确性。四是以风险管理作为加强税收征管重点内容的制度还有待完善，如税收分析与风险应对部门互动不够全面，税收收入监控分析与长效机制相对应的起点和终点不明确，以及在监控分析中不协调，制约了长效机制的发挥。

(四)层级之间的协作不够紧密

税收收入监控分析贯穿预测决策管理整体流程,它以税务部门为主体,但与外部的经济环境、人文因素、区域习惯必须适应,更要适应经济形势发展,围绕目标协同推进。当前,表现比较突出的问题是,上层决策与基层实际差距较大,基层决策与年度计划和区域经济特点差距较大,主要原因是是组织构建、队伍建设以及内嵌的相关流程和制度还不符合税收现代化的需要,存在"压力传导层层衰竭"、"一竿子插到底"却发现基层没有相应的职权和职责等问题。如基层税务分局在专业化分工下的职责主要是日常管理,负责税源调查,相关执行等,对税源状况最为了解,但受体制机制影响,与自成体系开展的纳税评估、税务稽查等工作,配合度不够。

(五)税收分析平台建设不够完善

税收分析平台是开展税收风险分析监控的主要工具,是实现涉税数据信息转换的主要途径,涉税数据的收集需要税务部门系统掌握微观企业涉税数据,以及外部门经济数据、涉税相关数据,通过相关经济税收理论和信息技术,采用税收风险分析指标(多采用相对数指标)开展定期分析,实施管理。目前在基层税务部门,高素质的税收分析人才不足,并且现有征管系统中的数据不全面、不准确,填报错误、信息过时的情况比较普遍,同时社会化的综合涉税信息集聚渠道没有形成,获取第三方信息比较困难,获取信息零碎化、分散化,难以对内部数据形成有效的补充和分析链条,不能满足有效实施税收风险分析监控的需要。特别是"金三"系统上线以来,涉税信息平台建设滞后,对当前开展税收收入监控分析形成瓶颈制约。主要表现为,分析人员对某方面税收开展分析,需要设计分析指标、提取数据和实施分析,形成材料,诸多分析环节需要人工提取和计算,而分析结果往往局限于某一行业或某一政策方面的专题分析,与税收管理目标实现有一定差距。

(六)评价机制不够科学

征管努力的评价不仅仅表现在加强管理直接组织收入多少以及对税收的贡献度,更侧重于通过管理,实现期间税收增长与经济的不同步性,即纳税人遵从度的提升。当前,加强日常管理、纳税评估、税务稽查对一定时期的税收收入起到了有力的促进作用,但对税务部门的征管努力评价存在三个难以突破的问题:一是如何评价纳税人遵从度问题。如一个纳税人正常申报,但通过纳税评估或税务稽查查出较多税款,究竟是纳税人遵从度高了还是低了?税务稽查查补和纳税评估税款多了,是征管努力提高了,还是征管薄弱环节多了?二是如何评价可比口径问题,假如今年稽查和评估税款对期间税收是有贡献的,是不是只有超过同期税款才能证明征管努力提高了?三是如何依据《征管法》进行分类评价的问题。作为税务部门,税收收入监控分析属于加强税收管理的范畴,其内容与税收管理的内容一致,包括税务登记、税收凭证及账务管理、税款征收以及纳税评估、税务稽查等《征管法》赋予的职能。从各种管理行为施行的后果来看,对当期的税收收入影响是直接的,但对同期和后期的税收收入影响是间接和长期的,如纳税人遵从度的提升和税收征管水平的提升;对不同时期税收管理的评价可能是一致的,也可能是相反的,如在实际工作中,假设评估税款对企业申报税收趋势的影响不明显,则有分拆税款的嫌疑,本期对某类纳税人查补比重较大,则意味着查补期间税收征管风险较大。

## 三、进一步改进和加强税收收入监控分析的意见和建议

经济和税收新常态下,进一步改进和加强税收收入监控分析工作,必须以经济税收观为指导,全面落实税收职能,构建税收原则、质量和管理长效机制密切协调的工作格局,健全税收与区域经济、政策调整和税收管理相融合的分析评价机制,打造新形势下的税收预测决策动态循环机制,从而更好地服务区域经济与税收协调发展。

(一)坚持经济税收观,全面落实税收职能

经济决定税收,经济结构决定税收结构,这是在既定征管水平和国家税制基本假定下的一种基本逻

辑。但是税收政策调整和税收征管水平的波动也是影响税收收入的重要因素，会导致税收与经济的不可比性。坚持以经济税收观指导税收收入监控分析工作，要着力在三个方面认真履行税收职能：一是在履行组织财政收入职能的基础上，确保其他相关职能落实到位，特别是反映和监督经济职能、调控经济职能和贯彻社会政策职能；二是发挥税收监控分析工作成效，特别是要坚持眼睛向内，将宏观经济运行状况和微观企业生产经营状况相结合，准确把握经济（税源）差异、税收政策执行差异以及税收征收率差异，客观评价征管努力水平，充分发挥税收反映监督经济的职能；三是加强税收政策变动分析，依托经济政策和税收的基本分析框架，从政策变动角度分析经济与税收的适应性，促进税收与经济协调发展。

（二）打造原则、质量和机制相融合的税收收入监控分析构架

组织税收收入原则是税收收入监控分析的主要评价标准；收入质量是税收收入监控分析的起点和终点；税收收入预测决策是加强收入管理长效机制建设的核心。要将税收职能、税收原则和税收管理融入税收收入监控分析构架，确保税收收入监控分析立足税收收入质量的变化，通过税收收入管理长效机制，贯彻落实税收原则，实现税收收入质量与经济税源质量、税收政策变动影响以及税收征管质效的有机结合，稳步提升税收收入监控分析工作水平。具体来讲，要做好五个方面工作：一是由专门机构和人员负责整理相关业务需求，对相关指标和数据进行分析整理；二是搭建符合税收收入监控分析的理论和数据模型；三是依据相关模型测算筛选区域重点管理企业或行业；四是对相关收入质量指标落实情况进行督导和考评；五是修改完善涉税信息交换平台。

（三）完善经济、政策、征管三因素相融合的税收收入变动分析评价制度

通过经济变动、税收政策调整变化和税收征管状况，从三个角度勾画报告期税收增减变化的原因。第一，经济变动可以从宏观经济角度分析相关经济指标变动的方向和幅度，也可以从税务部门掌握的企业申报情况分析相关税源指标变动的方向和幅度。第二，税收政策变动可以通过定义税源和税率的变动，在框定税收政策变动涉及的纳税人和对应期间的前提下，测算基于一定经济规模的税收政策变动影响税收。第三，对征管的评价可以从对税基的影响、对税收政策的影响、对征收率的评价等三个方面展开，监控分析现有征管手段的实施对报告期内税收的影响以及对基期税收的影响。

从具体分析方式来讲，应当增强经济税源分析的敏锐性和主动性，宏观上密切关注宏观经济指标变化和政策实施对税收的影响，微观上深入开展税源调研，加强税源状况和征管现状分析，及时反馈全局性的税源变化和影响组织收入问题。建议：一是坚持和完善税收分析例会制度，打破传统分析模式和部门利益思维障碍，建立与税政、征管等部门协调统一的税收分析体系，以开放的思维汇集全局的智慧，形成逻辑清晰、数据翔实、疑点明确的税收分析报告，把税收分析真正融入风险管理、税收征管中。二是把税收分析纳入年度绩效考核，形成“税收分析查问题、剖析问题找原因、针对问题定措施、督促落实抓成效”的闭合式管理链条，市局机关科室、基层税源管理部门同频共振，营造出上下联动、齐抓共管的良好局面，由税收分析带动整体工作有序开展。

从分析层次来讲，在宏观分析层面，坚持从大局高度把握，有重点地开展经济与税收、税收与民生等热点课题研究。尤其是当前改革进入攻坚期和深水区，需要国税部门积极顺应税收改革形势，既要用税收数据来研究改革成效，又要跳出税收视野，最终着眼于优化税收稳定增长的常态机制。在中观分析层面，着力于地方税源结构特点与加强税源管理，开展产业、行业或税种管理分析，查找、提炼行业管理的风险点。在微观分析层面，以提取重点税源和大企业的风险项目和风险点为主，有重点开展针对大企业或重点企业的分析，查找和筛选服务和管理风险点，完善服务措施、堵塞管理漏洞、提升征管水平。

（四）完善依据、方法、监督相结合的风险应对动态循环

税收风险防范和应对是税收决策管理的重要内容，是一个贯穿发现问题、分析问题、提出方案、决策实施、执行反馈的动态决策管理流程。税收收入监控分析的目的首先是为了说明税收运行的状态和原

因,但更需要从税务部门内部针对涉税风险进行发现和应对,从而提升税收管理质效,降低税收执法风险和纳税人涉税风险。因此,有效实施风险应对也是加强税收收入监控分析的主要目标,要完善依据、方法、监督相结合的风险应对动态循环,需要做好三个方面的工作:一是风险判定的依据是经济理论、分析理论和税收法理,在实践中具有可执行性;二是风险判定的方法具有理论与实践的指导意义;三是风险应对要提供执行反馈和接受监督。税收风险分析监控必须结合区域经济税收特点,在把握全省或全国基本经济税收规律的基础上,理论与实际结合,实现区域主导行业、重点企业的管理与主导行业、重点企业生产经营状况相适应,首先要依据税收管理流程,实现基层与领导机关结合的分层次管理,提升税收风险分析指标的系统性、可移植性和可推广性;其次要有效发挥区域经济特点,针对主要税收政策变化和征管薄弱环节,动态有序安排税收收入监控分析工作。再次,结合现有税源管理优势,发挥业务部门合力,融合税收实体法和相关程序法,形成横向联合,将税收风险分析监控管理作为税收收入管理长效机制的重要部分抓好。

(五)形成纵向和横向相结合的税收预测决策管理机制

税收是税务部门实施税收管理的结果。就税收管理内容来看,包括税务登记、凭证与账务管理、税款征收、税务稽查等。就税收收入监控分析而言,税收收入是税收资金运动环节的一个重要节点,与地域、时期和税制相对应,从监控分析的目的而言,不仅仅是事后分析和评价,更多的应是事前的预测和分析。发挥税收收入监控分析的事前预测和决策管理功能,需要加强税务系统内部上下级纵向联动和相关业务部门横向合作,依据经济、政策、征管三因素对税收收入产生的影响做出科学评价和预测,并坚持问题导向,及时做出税收管理决策,进而采取相应措施,以期达到税收管理决策目标。

课题组组长:贾宝同

成员单位:新乡市国家税务局

执笔:李继祥

# 关于推进我市餐饮业调结构促转型的浅思

## ——基于番禺区餐饮业地方税收数据的分析

江伟文　洪雨田　彭启智　陆翠霞

“食在广州”的金漆招牌是我市最突出的“软实力”之一，近年番禺区餐饮业蓬勃发展，已成为我市“岭南饮食文化”的代表，但随着全国节俭节约新风盛行，餐饮行业进入新一轮“大洗牌”，部分企业出现经营困难甚至倒闭。笔者在对番禺区餐饮业开展综合调研的基础上，结合近年行业税收征管状况，试图分析该区餐饮业发展的变化走势，力求从税收角度帮助餐饮企业突破困局、应对挑战、实现转型、走上良性发展的道路。

### 一、番禺区餐饮业发展与税收征管现状

近年来，番禺区餐饮业发展迅猛，餐饮业零售总额年均增长均达到双位数，2010 年同比增幅达 38.7%，创下 2008 年以来的最高水平，在此期间以渔民新村、四海一家等为代表的龙头企业崛起，形成声名鹊起的“番禺品牌”，但自 2013 年起该行业发展速度明显放缓，且规模小、单店多、综合实力偏弱、龙头企业缺乏的特点更加显著。

（一）新增登记保持较快增长，注销登记数量未现异常

从登记情况来看，近两年新增餐饮业户数仍保持较快的增长速度，2013 年、2014 年户数增速分别为 12.15%、27.76%。从注销情况来看，2013 年、2014 年注销户数分别同比增长 32.98%、27.18%，与历年相比增速略显加快，但没有呈现大幅增长的趋势，与管户逐年较快增长的发展态势基本相符。

（二）小微业户淘汰速度快，大中型业户收入整体下降

从经营质量来看，在 2014 年新办登记的管户中至年底仍正常经营的仅占 75%，即四分之一的业户在成立后不到一年就退出市场；在 2010 年新办登记的管户中至 2014 年底仍正常经营的仅占 31.81%，即成立 5 年仍能维持经营的业户仅约三成；在注销业户中，非企业法人（下文简称个体户）占绝大多数，其中 2012 年、2013 年和 2014 年占比为 92.61%、91.07%和 91.87%，上述数据说明餐饮业特别是小型餐饮业户淘汰速度十分快。

从税收规模来看，番禺区规模以上餐饮业户数偏少，小型管户较多，企业等法人组织的数量仅占登记户数约 25%，其余均为个体或个人经营户。2014 年缴纳营业税超过 10 万元（推算年销售额 200 万元以上）的大中型业户有 243 户，仅占餐饮业总户数的 5.9%，入库营业税 1.25 亿元，贡献行业税收 83.48%，即餐饮业逾八成的税收份额都集中在 5.9%的“塔尖业户”上，但这些业户的纳税总额、单户纳税额却同比下降 6.65%、6.94%，仅达到 2011 年相当水平；2014 年缴纳营业税不高于 10 万元的小微纳税户有 1032 户，入库营业税 2480 万元，纳税总额、单户纳税额分别同比增长 5.3%、12.45%；2014 年未达起征点予以免征营业税的小微业户有 2853 户，同比增长 51.19%。近三年，大中型纳税户的数量有所下降，总体营业收入下滑使其缴纳营业税出现不同程度的下滑；小微纳税户总体营业收入增长带动其缴纳营业税整体增长，但营业税起征点提高等优惠政策的落实，税收减负惠及面更广。

**番禺区 2012－2014 年餐饮业户缴纳营业税级距情况表**

| 类型 | 数量(户) | | | 纳税税额(万元) | | | 户均纳税额(万元) | | |
|---|---|---|---|---|---|---|---|---|---|
| | 2012 年 | 2013 年 | 2014 年 | 2012 年 | 2013 年 | 2014 年 | 2012 年 | 2013 年 | 2014 年 |
| 大型纳税户 | 57 | 57 | 54 | 9560 | 9181 | 8422 | 167.72 | 161.07 | 155.96 |
| 中型纳税户 | 195 | 185 | 189 | 4483 | 4233 | 4113 | 22.99 | 22.88 | 21.76 |
| 小微纳税户 | 1269 | 1102 | 1032 | 2438 | 2355 | 2480 | 1.92 | 2.14 | 2.40 |
| 免税户 | 1360 | 1887 | 2853 | 0 | 0 | 0 | 0 | 0 | 0 |

(三)税收贡献增幅下滑,所得税收入逐年收缩

从行业整体税收来看,番禺区餐饮业表现不甚理想。从 2012 至 2014 年的税收贡献来看,2012 年贡献税收 2.1 亿元,下降 0.86%,其中营业税 1.65 亿元;2013 年贡献税收 2.06 亿元,下降 2.07%,其中营业税 1.61 亿元;2014 年贡献税收 1.97 亿元,下降 4.61%,其中营业税 1.5 亿元。这三年餐饮业税收增长速度远不能匹配餐饮业零售额的增幅,尤其是营业税水平与行业发展情况相比仍有一定差距。

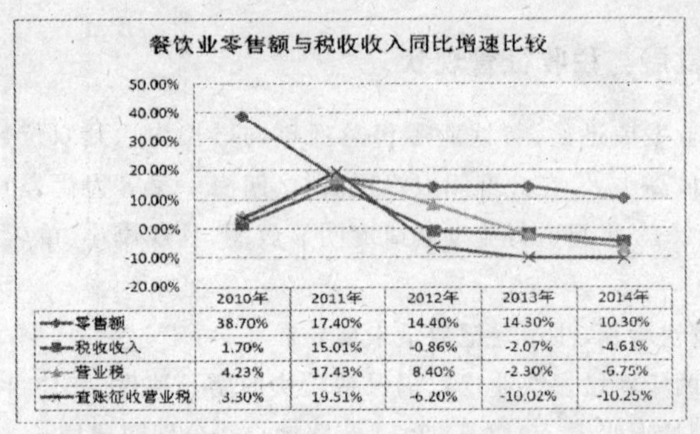


从所得税纳税户数来看,2012、2013 年我区缴纳所得税(含企业所得税、“生产经营所得”个人所得税)的餐饮纳税户数分别同比下降 13.57%、1.87%,至 2014 年纳税户数略有所增长,但尚低于 2010 年水平。从所得税收入来看,近年呈逐年下滑态势,到 2012 年出现历年最大降幅达 35.18%,户均创税量下降 24.99%;此后两年下降趋势持续,2014 年该行业缴纳所得税下降 13.19%,户均创税量下降 16.02%,纳税超过 10 万元以上的户数仅 50 户,税收贡献跟 2010 年相比分别下降 84%、180%,可见行业整体盈利水平明显降低。

从税收效应来看,2014 年“查账征收”类业户贡献营业税 1.02 亿元,同比下滑 10.25%,占该行业入库营业税总额的 67.79%,创下近年最低值,比 2010 年下降 19 个百分点,即查账征收方式的纳税人缴纳营业税远高于采用核定等其他征收方式的纳税人,但采取此类征收方式的纳税人近年来的创税能力和税收贡献度却明显下滑。

## 二、餐饮业发展挑战与机遇分析

多年来番禺区餐饮业在社会消费零售总额中的比重超过 16%,已成为第三产业中的重要支柱,在拉动消费需求、吸纳就业、普惠民生等方面发挥了稳定器的作用。但在经济发展新常态下,餐饮业进入了发展寒冬期和转型升级深水区,制约行业发展的一些新情况新问题亟待关注和解决。

(一)高端大额消费明显减少,企业主动转型成大气候

当前,公务消费萎缩,高端餐饮市场大幅收窄,主营高端消费的餐饮业户税收贡献大部分均呈现减收。以重点税源户"XX 美食城"为例,该户 2010 年、2011 年缴纳营业税同比增长 4.39%、22.04%,但自 2012 年开始就进入了"减速带",2012 年－2014 年的营业税贡献分别同比下降 0.6%、10.64%、21.98%;据商户介绍,尽管推出多种促销手段能在一定程度上增加客流量,但由于人均消费额明显下降,其中中餐消费下降 25%,自助餐消费下降 5%,而原材料、人工等成本年均以 6%的速度增长,使利润明显下降。从开票情况来看,大额的、单位性质的开票数额大幅减少,"家庭式"消费开票量增加。以"海 XX 大酒楼"2014 年 1－8 月的开票数据为例,金额在 2000 元以下的用票量同比增长 9.44%、开票额增长 16.19%,但金额在 2000 以上的用票量同比下降 10.13%、开票额下降 11.78%。进入行业调整期后,大部分原来主打高端消费的业户都积极调整经营模式,通过降价促销、重新包装定位、特色经营等手段提升人气,以期利用番禺作为广州近郊这一地理优势,充分挖掘消费潜力,吸引更多市民、家庭休闲式消费客源,开拓更广阔的市场。经过两年多调整,目前大部分业户已逐渐适应市场的变化,纳税额趋于平稳,部分不能适应市场需求的业户也退出行业竞争。但由于受到整体经济的影响,加上人工、材料、租金成本高企,部分企业表示 2014 年以来经营更趋困难,盈利空间进一步压缩,经营者继续发展的信心不足,预计行业"大洗牌"在未来数年仍将延续。

(二)行业市场持续分化,中低端餐饮发展不均衡

随着经济发展以及居民收入水平不断提高,市民对餐饮业的消费需求在不断扩大,面向大众的中档餐饮企业前景广阔,中型餐饮业户营业收入的增长也较为稳定。如以标榜"农家乐"吸引大众的"X 丰饮食"为例,2012－2014 年缴纳营业税增长 27.84%、6.01%、28.65%,实现了较快发展。同时一些有特色、连锁型、经济实惠的中低档餐饮业户成为消费者首选,以"九毛九"、"肯德基"等为代表;但相比之下,部分中低档餐饮企业缺乏特色经营的,同质化的经营模式难以留住理性消费者,加上受"周末经济"影响严重,同样面临严厉"洗牌"。此外,部分以"农庄"、"私人会所"等形式招揽客人的业户采取家庭作坊式经营,存在不办理营业证照、拒绝开具发票等问题,规模较难掌控、收入较为隐蔽、纳税遵从度较低,一定程度上影响了行业生态环境的公平有序发展。

可见,当前我市餐饮业发展一定瓶颈。一是高端餐饮业利润普遍下降,部分企业在本地消费群体中高端品牌形象深入民心,短时间内难以扭转社会大众的消费印象;二是高端餐饮企业大多在装修、场地、配置等方面投入的沉淀成本较大,人工、材料和租金等经营成本也年年上升,在面临亏损的情况下,再次投入调整消费定位、打造特色美食等方面的转型成本,企业负担较大;三是部分个体大户出于经营成本、外部监管、税费负担等考虑,不愿意转为企业性质进行运营,制约了餐饮业梯次发展、品牌经营做大做强;四是个别无序化经营实体影响了市场公平竞争秩序,动摇餐饮企业转型发展的信心。

同时,机遇与挑战并存。一是伴随市场规范发展,社会消费结构已发生深刻变革,中等收入群体逐渐壮大,成为理性餐饮消费的主力客源,大众化餐饮发展适逢其时,家庭聚餐、朋友聚会、婚庆餐饮、休闲饮食、服务体验成为餐饮消费的主要需求;二是八项规定等政策性因素虽然直接抑制了高端餐饮消费的需求,但有利于餐饮业及早认清社会消费结构变化,以倒逼机制推进餐饮供给结构的转型发展,为市场转型提供了良好契机;三是高端餐饮转型空间广阔,广州近郊交通路网日渐发达,周边游、自驾游、亲子游等大众旅游消费市场兴旺,高端餐饮可以充分利用自有的特色经营、厨品质量、个性服务等优势获得更多市场认同,为生存发展赢得主动权;四是减轻企业税费已成为国家政策的大方向,工商登记制度改革、营改增等已全面铺开,有实力的个体户转型升级为企业更有利于餐饮业户实现突破性发展。

## 三、推进当前餐饮业转型升级的相关建议

扶持企业在新一轮市场"洗礼"中找准切入点,摆脱经营困境,在提升服务质量、革新营销手段、挖掘

消费潜力等方面有所作为，既要加强政策上的支持力度，又要营建公平有序、持久健康的市场竞争环境。

（一）发挥部门合力研究出台扶持政策，切实减轻餐饮业户负担

政府采取适当的扶持政策，研究出台本地区促进餐饮业户转型发展指导意见，重点建立餐饮业行业标准，加快发展直营连锁、特许加盟等大众餐饮新模式，打造具有地区特色的餐饮品牌体系，推进餐饮业产业化建设，正确引导餐饮业转型方向；研究建立餐饮业转型激励机制，对重点发展的大众连锁餐饮、名优特色小吃等企业给予补贴，为有转制意愿的个体餐饮大户提供政策保障和金融信贷支持，培育一批富有竞争力的本土大众骨干餐饮企业，形成健康可持续发展的餐饮行业结构；大力落实税收优惠政策，配合国家传统服务业“营改增”政策落地，充分发挥行业协会等社会组织的作用，引导建立规模化、标准化的餐饮原辅料基地，推进原材料集中采购、统一配送，降低采购成本，同时使餐饮企业通过进项抵扣，享受税制改革带来的减负实惠；深化价格体制改革，重点清理与行政职能挂钩的各类服务收费，对明显陷入困境的餐饮企业适当降低行政收费标准，逐渐实现餐饮企业在水电气等使用标准上与工业、居民靠拢。

（二）搭建规范公平有序的行业发展软环境，帮助餐饮业户增强信心渡难关

政府牵头，由经贸、财政、工商、税务、质检、环保、卫生、消防等部门组成协调机构，建立多部门联动机制，为餐饮业户转型发展提供便利服务；坚持依法行政，部门联合对辖区内餐饮业开展全面清查，对碰各职能部门的登记管理数据，严格查处餐饮服务存在食品安全隐患、利用隐蔽就餐场所偷逃税款等违法违规行为；建立健全餐饮业信用体系，充分利用新闻媒体，对国家有关政策、服务措施等进行广泛宣传，引导业户诚信守法、规范经营；财政部门加强对个体大户建账监督力度，要求年营业额达到限额以上以及已形成连锁经营规模的业户一律强制建账建制；税务部门加强餐饮个体业户的税收征管，实行与企业相同的管理标准，积极推行查账征收，规范小规模业户的管理办法，通过加强纳税辅导、检查等手段，加强餐饮业发票管理，督促业户据实申报纳税，营造个体、企业公平竞争的税收环境。同时，还应鼓励行业协会发展，发挥其提供服务，反映诉求、规范行为的作用，加强与政府部门的沟通协调，协助政府部门开展行业规范等相关工作。

（三）餐饮业户应积极面对挑战抢抓机遇，推进企业自身完成转型升级

在餐饮业新一轮调整中，市场竞争更加白热化，优胜劣汰得到充分体现，只有能够有足够市场洞察力的餐饮业户才能抓住机遇，及时调整经营模式，适应平民化、大众化、普及化的市场需求，积极寻找商机，开创新的盈利模式，从而占据更多的市场份额。因此，餐饮企业自身才是推动行业走出困境、谋求发展的关键，要认识到所有的转型改革必须以消费者的需求和心理支付能力作为餐饮业发展的出发点和归宿。

（作者单位：广东省广州市番禺区地方税务局）

# 关于新形势下加强国地税合作的实践与思考

郭金平　阚　扬　徐　瑶

近年来,国家税务总局不断提出要"统筹加强国税地税合作,提升国、地税局合作深度和广度"。2004年以来,总局分别下发加强国家税务局地方税务局协作、合作的意见和《全国县级税务机关纳税服务规范》等指导性文件,为国地税合作提出了明确要求。随着税收征管改革不断向纵深推进,纳税人对国地税合作提出了更高的需求,加强国地税合作已成为新形势下税务部门面临的一个重要课题。

## 一、仪征市国地税合作实践现状

2015 年 6 月,仪征地税局与国税局举行以"共创和谐新税风"为主题的"仪征市国地税深度合作活动"启动仪式,国、地税班子成员,相关科室、分局主要负责人共 20 余人参加会议。在原先联合办理税务登记、信用等级评定、税收宣传、行业信息共享等税收征收管理的基础上,协商成立深度合作领导小组及办公室,建立信息共享、活动互联、沟通会议三项工作机制。

(一)联合开展税务登记管理

从 2006 年 8 月 10 日起,省局要求实行国地税联合办理税务登记。仪征国地税局共同制定了税务登记联合办证实施办法,属于国、地税共管户的纳税人无论在国税或地税办一个税务登记证,另一方加盖规章即可,避免重复办证,实现了四个"一":一个场地、一套证件、一个税号、一个涉税信息,极大方便纳税人,提高税收管理工作效率,降低纳税成本。截止目前,共联合办理税务登记约 2 万户。

(二)联合开展纳税信用等级评定

仪征市国地税联合召开协调会,在纳税人纳税信用等级评定标准的制订、评估、审定、公告等方面进行协商,达成共识,制定下发管理实施办法,根据评定标准共同评定出纳税人纳税信用等级,对评选出的 A 级纳税人,联合下发表彰通报并颁发了奖牌。"同标准"、"同步式"的联合信用评定方式使纳税信用评定工作透明化、公正化,极大提高了 A 级纳税信誉企业的权威性和公开性。2010 年以来,每两年国地税联合对约 150 户次纳税人进行了纳税信用等级 A、B 级评定。

(三)联合开展税收宣传和共建党建园地活动

国地税步调一致,重点突出,早计划早部署,联合组织开展"税收宣传月"、发票管理和行风评议活动,充分利用宣传媒体的作用,围绕宣传主题,共同加强宣传。自 2007 年始,国地税连续 9 年联合举办税收宣传月启动仪式;共建基层党建园地,开展上党课、党员进社区等活动,定期举办干部培养交流座谈会、青年干部交流培养、绩效管理办法座谈等交流活动,互相开展"三查三找"、进行明察暗访,建立交流、监督机制。合作内容涵盖税收工作的方方面面,对降低税收成本、提升管理效率、提升服务水平等起到积极的推进作用。

## 二、新形势下纳税人对国地税合作的需求

在新的形势下,纳税人对税收工作和纳税服务提出了更高的期盼和要求,一致希望从方便纳税的角度出发,统一涉税资料报送,统一办税场合,统一申报软件,统一税源管理标准,优化为纳税人服务流程,

切实减轻纳税人的负担。

(一)减少纳税成本

目前,国地税部门没有统一的税收征管系统,纳税人在缴纳多个不同税种时,需要在国地税之间重复申报,重复填制税收会计报表,需要购买不同的国税、地税申报征管软件,需下载安装不同的网上申报软件和数字认证证书,而且,经常往返于国税和地税部门,浪费了大量时间,同时,在国地税共管户的管理中,两家单位有重复评估检查等执法现象,影响了纳税人的正常经营,加重了纳税人的负担,增加了纳税成本。

(二)有效开展税收宣传

根据调研,很多纳税人对税收政策不了解,甚至不知道国地税部门有何差异,征收税种有何区别。在日常税收征管中,经常出现有纳税人需缴纳地税税种却到国税部门咨询现象。在税收宣传方面,要建立高效的宣传机构,通过行之有效的税收大讲堂、政策发布会、专题辅导会,有针对性地宣传纳税人关注的国、地税政策,进一步提高政策宣传效果。

(三)高效办理涉税事宜

建立联合办税服务厅,在一个服务厅就可以办理完毕一切税收事宜;纳税人足不出户就可以办理完毕纳税申报、税款缴纳、发票领购等事宜,纳税人接受一家税务稽查等。

## 三、基层国地税部门合作中存在的主要问题

国税局与地税局虽为两个独立的行政执法主体,有着各自的工作职责和工作范围,但共同执行统一的税收法律和法规,面对共同的纳税人,税收征管的流程也基本一致。国税局、地税局之间的协作与配合较之与其他单位的协调配合更直接、更密切、更方便、更有效,但是,也不可避免地存在一些问题。

(一)信息交流和共享尚存在多方面的制约

尽管税收征管法以及实施细则对税收征管信息的共享内容作了较为全面的规定,但是由于责任主体欠明晰,以致难以具体实施。这不仅导致了税收征管效率进一步提升的困难,也使得国地税联动合作、沟通的状况难以进一步改善。由于国税、地税征收管理软件的差异,国地税双方数据库信息不能自动地形成比对结果,对于共管户主管税务机关不能及时、准确掌握,势必影响征管质量和效率,造成信息资源的极大浪费。

(二)规范合作的制度不够完善

一是信息共享机制仍需完善。由于管理和操作软件的各自独立性,导致国地税双方数据库信息不能自动地形成比对结果,彼此不能及时、准确地掌握共管户的相关信息,多通过纸质或人工手段进行资料传递,一定程度上造成信息滞后、效率不高。二是沟通反馈机制仍需完善。对国地税合作推进过程中出现的问题能够及时召开联席会议进行研究,但多是因需要而开,没有形成长期性的制度固定下来。三是考核评价机制仍需完善。双方均将国地税合作工作纳入各自目标考核范畴,但具体考核内容和标准各异,没有形成统一的、共同遵循的考核评价体系。

(三)纳税服务合作机制范围尚需进一步扩大

一是服务层面合作得多,执法层面合作得少。大多是围绕纳税服务开展国地税合作,取得的成效也比较明显,但在联合执法等方面却重视得不够,合作面比较窄。二是市局层面合作得多,分局层面合作得少。无论是共建办税服务厅,还是联合开展税收宣传,多停留在市局层面,国地税分局由于受双方管辖区域划分不一致和权限不够等因素影响,在资料传递、联合调查等方面合作开展得较少。三是业务层面合作得多,管理层面合作得少。一方面表现在对国地税合作工作的人员配置和管理责任上不明确,比如对联合办税服务厅工作人员的日常管理由谁主导等;另一方面表现在国地税合作的宣传力度不够,没有形

成较为响亮的品牌,影响力不足。

(四)国地税联合检查尚需进一步加强

总局税务稽查规程规定,稽查局在所属税务局领导下开展税务稽查工作,各级国地税稽查局应当加强联系和协作,及时进行信息交流与共享,对同一被查对象尽量实施联合检查,并分别作出处理决定。以上规定对加强国地税合作只作了原则性的规定,对如何进行国、地税联合稽查没有明确规定,不便于两部门实际操作。

## 四、加强基层国地税部门合作的建议

整合国税局、地税局的行政资源,加强顶层设计,建立和完善国、地税纳税服务协调与合作的长效机制,有效降低纳税人的办税成本,提升税务行政工作效率。

(一)深化征管改革,整合信息资源,科学实施顶层设计促国地税合作有效深入

1、征管改革进程尽量保持同步。国、地税机构设置不同,为联合办税增加了难度。这样就因国、地税管辖范围不同,主管国税和主管地税管辖范围往往不一致,为纳税人的划分、联合调查的实施、资料的传递等联合项目增加了难度。因此,在哪些方面进行合作,如何合作,需要哪些措施来保证合作的顺利进行等诸多方面均需省局以上层面进行规划、设计。

2、整合国、地税税收征管系统。通过管理平台的建设,来进一步整合国税、地税、统计、工商、建设、房管、社保等部门掌握的企业基本经营情况、税源信息和纳税、减免退税、欠税等征管综合信息,加强对纳税户及其税源的控管,并切实解决登记企业中的零申报企业、非正常企业、未依法登记的纳税人等应当纳入征管范畴的纳税人依法行使纳税义务的问题。

3、建立联合纳税评估与税务检查。省局层面需加强完善联合纳税评估与税务检查。一是联合日常纳税评估与税务检查。对于纳税评估计划,国、地税事先联合确定评估名单、评估时间等事项,以便国、地税联合实施纳税评估,使纳税人避免重复的资料报送。对于日常税务检查计划,国地税也可事先联合确定检查名单、检查时间等事项,以便国地税联合实施税务检查,最大限度地解决“重复检查”问题,保护纳税人合法权益。二是互相通报及介入。国地税办理重大案件时,发现涉及对方业务的重大税收违法线索的情况,要及时通报对方或商请对方介入,实行联合检查;对各自接到的举报案件,有对方管辖范围的,及时向对方传递信息或商请对方介入,确保税收违法案件的及时、全面查处,共同打击违法犯罪行为。

(二)降低征纳成本,提高办税效率,扩大国地税合作的范围

1、联合设立办税服务厅。省局层面需统一明确联合设立实体办税服务厅和网上办税服务厅事宜。一是联合设立实体办税服务厅。对税务登记、纳税申报、税款缴纳、普通发票代开、涉税审批等业务“一厅通办”。二是联合设立网上办税服务厅。加快税收信息化建设步伐,整合国、地税现有网上办税服务厅,升级为应用方便快捷、便于纳税人操作的网上联合办税平台,逐步拓展网上咨询、网上登记、网上申报、网上涉税审批、网上下载表证单书等功能,为纳税人提供更加方便快捷的服务。控管,达到执法最公正的目标。

2、强化所得税管理。一是统一所得税汇算清缴标准和要求。在所得税汇算清缴期间国地税可以共同组织召开共同对新办企业或重点服务企业进行政策宣传和纳税辅导,统一发布所得税汇算清缴政策,有效解决部分重点纳税人“两头跑”的问题,既有效提高税种管理效能,又有效提升税务部门新形象。二是统一所得税核定征收标准。对财务制度不健全需要核定征收企业所得税的企业,国地税应密切配合,制定统一的核定征收办法。对建筑业等经营规模、方式、范围基本相似的企业,国地税应执行统一的核定征收企业所得税应税所得率标准,避免因主管税务机关不同而形成税收负担不公。

3、提高征管合作深度。对涉及国地税共管的个体工商户实行统一的定税依据;共同搭建电子申报缴

税平台，实现同一纳税人用一个银行账户缴纳国地税税款；对边远地区和专业市场的涉税事项实行统一征管等。

（三）建立长效机制，推动管理科学化，为国地税协调合作提供有力保障

1、建立沟通联络机制。一是建立专题研讨机制。针对税收征管中出现的新情况、新问题，定期组织税收征管专题研讨活动，研究制定相关措施，内容包括纳税人注册、变更及注销情况，区域税收征管措施，国家新出台的税收政策执行情况，经济指标、宏观税负、行业税负及相关税收分析等，减少国地税在执行政策口径上的差异，促进税负公平。二是建立“营改增”沟通机制。明确国地税双方加强“营改增”政策的宣传与解答，避免纳税人在国、地税大厅两头跑的问题，对纳税人反映的问题，双方应及时进行反馈。

2、建立风险应对机制。风险管理已成为税务部门在加强税源管理的重点。应加强国、地税在风险识别、应对方面的合作，通过对疑点数据的分析筛选排查，加强疑点数据交换，建立和形成国、地税税收风险识别、应对协作机制，进一步提高双方的风险管理应对能力，有效规避执法风险。

3、健全督查考核和权益维护制度。在落实各项规定执行的基础上，应结合实际情况，共同制定督查考核办法，明确责任追究的具体形式，保证国税、地税人员切实执行联合办税各项规定。对所得税税源管理情况加强监督，对不该本部门管理的而纳入管理的问题，建立追究机制严格进行追究。同时，建立权益维护机制，联合统一标准，规范纳税人涉税信息运用，落实税务系统保密工作要求，保障纳税人合法权益。

（作者单位：江苏省扬州市仪征地方税务局）

# 广东自贸区南沙片区税收政策和管理创新的国际借鉴研究

李健强　陈汉钗　梁若莲　卫广林　黄瑞昌　吴巧伶
何卫红　夏　畅　曹绍贤　吴　凡　叶暖君

2015 年 4 月 21 日，随着中国自贸区战略的进一步推进，中国（广东）自由贸易试验区正式挂牌，成为我国对外开放、深化改革、深度参与国际合作的重要平台。本课题在学习借鉴国内、外自贸区经验的基础上结合广东自贸区广州南沙新区片区（以下简称南沙自贸区）的功能定位，从为自由贸易便利化提供法律保障、营造公平透明的投资环境的角度，探讨研究如何优化南沙自贸区的税收法治环境，并提出相应的政策建议。

## 一、自贸区的理论和发展机遇

自由贸易园区（Free Trade Zone，FTZ），又称免税贸易区或对外贸易区、自由关税区，是处在设区国的政治管辖之下、关境之外、受海关治外法权保护、无贸易限制的关税豁免区。

（一）自贸区在全球范围内的发展与创新

现代意义上的自贸区起源于 17 世纪的欧洲，20 世纪 60—70 年代全球进入了自由贸易区的快速发展期，大量亚洲国家和地区建立了自由贸易区。据不完全统计，目前全球已有 80 多个国家设立了 1200 多个自由贸易园区，自由贸易园区的功能趋向综合化，目前世界上多数自由贸易园区通常都具有出口贸易、转口贸易、仓储、加工、商品展示、金融等多种功能。

2013 年 9 月 29 日，“中国（上海）自由贸易试验区”，正式挂牌成立，标志着我国以自由贸易区为发展方向的海关特殊监管区域转型升级正式启动。2015 年 4 月 21 日，广东自贸区连同天津自贸区、福建自贸区正式挂牌投入运行，我国自贸区战略的步伐进一步加快。

## 二、南沙自贸区的竞争优势及存在问题

南沙自贸区是广东自贸区三大片区之一，总面积达 60 平方公里，分为 7 个区块：海港区块、明珠湾起步区区块、南沙枢纽区块、庆盛枢纽区块、南沙湾区块、蕉门河中心区区块、万顷沙保税港加工制造区块。

（一）南沙自贸区的竞争优势

南沙自贸区的优势主要集中在明确的功能定位和良好的发展预期上。

1、功能定位优势。南沙自贸区致力于构建与国际新规则体系相适应的法治化国际化营商环境，率先实现与港澳服务贸易自由化，通过重点发展航运物流、特色金融、国际商贸、高端制造等产业，建设以生产性服务业为主导的现代产业新高地和具有世界先进水平的综合服务枢纽，形成 21 世纪海上丝绸之路沿线国家和地区科技创新合作的示范基地，为国家构建开放型经济新格局发挥重要作用。

2、南沙自贸区已实施的创新税收服务。广东自贸区在上海自贸区 10 项创新税收服务措施的基础上，加推了 10 项创新税收服务措施，统称为“办税一网通 10＋10”，包括网络税收管理、国地办税一窗化、自助业务一厅化、培训辅导点单化、缴税方式多元化、出口退税无纸化、业务预约自主化、税银征信互动化、税收遵从合作化、预先约定明确化、风险提示国别化等，目前大部分项目已在南沙自贸区内落实推进。

（二）现行税收政策对南沙自贸区发展的制约

1、广东自贸区各片区税收优惠政策不统一。目前，在南沙自贸区内暂时还没有特殊的税收优惠政策，但是在前海高端人才可享15%个人所得税优惠和产业优惠目录的企业入驻可享15%的企业所得税优惠；在横琴，对鼓励类产业企业按15%的税率征收企业所得税，对在区内任职受雇的、符合一定条件的港澳居民免缴工薪个人所得税。

2015年，南沙、前海、横琴税收收入(含国地税)为334.7亿元、95.4亿元、87.2亿元，同比增长－0.6%、213.1%、42.3%，三个片区中，唯独南沙自贸区为负增长。2015年，前海自贸区新增注册企业43827家，新增注册资本18824亿元，而南沙自贸区，2015年新登记企业仅为7589户，新增注册资本965亿元。由此可见，广东自贸区内各片区税收优惠政策的不统一，使南沙自贸区处于相对不利的位置。

2、离岸金融业务税收政策。自贸区金融开放的重点主要是境外资金融通的离岸银行、证券、保险和衍生业务。但目前我国对离岸金融业务还没有税收上的鼓励政策，世界上其他国家和自贸区大多对离岸金融服务收入实行增值税零税率优惠，不但免征销项税，同时退还进项税，有的甚至还有免征或减征所得税政策，这就使得南沙自贸区内离岸金融业务在国际竞争中处于不利地位。

3、境外股权投资税收政策。境外股权投资既涉及投资主体不同性质的企业和个人，也涉及投资、转让、持有不同投资环节，而我国由于对法人和非法人企业实行不同所得税制度和所得税政策，所以涉及境外股权投资的处理方式也不同。同时境外股权投资中的税收抵免政策较为复杂，境外完税凭证难以保管，部分“走出去”企业不得不放弃申请抵免的权力，其境外已纳税利润回国后仍需按25%税率再征一次企业所得税，纳税人负担加重，严重制约了我国企业走出去的步伐。

## 三、自贸区功能定位与税收政策设计的国际经验

针对南沙自贸区的功能定位和存在问题，我们选取了部分借鉴意义较大的自贸园区和自贸区域成功案例作为参考和比较。

(一)国际航运中心——新加坡自由港

新加坡国土面积仅有6百多平方公里，却发展成为世界第二大国际航运中心，与其自由港政策紧密相关：1.低税率：公司所得税税率为17%，来自海外公司的红利收入免征所得税。货物的从价税关税率为5%，低于WTO成员总体6%的平均关税水平。2.海运及金融税收优惠：新加坡建立了海事奖励计划(MSI)，推出国际航运公司、海事船舶仓库租赁业和船舶相关服务业等的税收优惠措施；国际旅游航行的娱乐用船适用零消费税率；金融服务免征商品和劳务税。

(二)综合性自贸区——美国纽约港自贸区

综合性自贸园区已经成为美国的主流模式，其中，美国纽约港第49号自贸区于1979年成立，是全美260个对外贸易区中最大的区域。区内可享受以下税收优惠：1.关税优惠：实行关税延期、关税倒置、无出口关税、关税减免、消耗性商品免税、免库存税、免税展览、便利原产地标识等关税优惠。2.增值税优惠：相对区外6.5%的增值税税率，区内企业增值税率仅为3%。

(三)区域合作典范——欧盟自贸区域

欧盟是世界三大自由贸易区域之一，它的诞生使欧洲的商品、劳务、人员、资本自由流通，其区域合作经验，尤其是边境工人的税收制度对如何促进南沙自贸区和港澳地区的人才交流有较高参考价值。

## 四、国内自贸区的税收创新实践

(一)鼓励区域合作的税收政策

上海自贸区成立以来，受益于多项制度创新，溢出效应凸显，成为上海乃至华东地区跨区域经贸合作的有力推手。

一是将区内注册的融资租赁企业或金融租赁公司在试验区内设立的项目子公司纳入融资租赁出口

退税试点范围；二是对区内注册的国内租赁公司或租赁公司设立的项目子公司，经国家有关部门批准从境外购买空载重量在25吨以上并租赁给国内航空公司使用的飞机，享受相关进口环节增值税优惠政策；三是对设在区内的企业生产、加工并经“二线”销往内地的货物照章征收进口环节增值税、消费税，根据企业申请，试行对该内销货物按其对应进口料件或按实际报验状态征收关税的政策；四是在现行政策框架下，对区内生产企业和生产性服务业企业进口所需的机器、设备等货物予以免税；五是完善启运港退税试点政策。

（二）吸引人才的税收政策

为吸引高端人才前往自贸区创业和发展，多个自贸区推出了针对个人的财政补贴或税收优惠政策。

在横琴新区工作的港澳居民，对其实际缴纳的个人所得税与其按照港澳税法测算的应纳税款的差额，给予全额补贴；在深圳前海，符合优惠条件的境外人才，其在前海缴纳的工资薪金所得个人所得税已纳税额超过工资薪金应纳税额15%的部分，给予财政补贴，申请人取得的上述财政补贴免征个人所得税。

## 五、南沙自贸区税收优惠和制度创新的建议

（一）南沙自贸区税收优惠政策建议

自贸区虽然不是政策的洼地，但纵观全世界，各个自贸区均存在具有自身特色、符合当地经济发展的税收优惠政策，因此我们建议南沙自贸区可试行以下税收优惠政策，其中部分优惠政策可在取得成效后，适时推广复制到全国其他地区：

1、实行促进投资的税收政策。一是对区内企业在所得税方面给予特定优惠，比如参照广东自贸区横琴、前海片区，对注册在南沙自贸区、从事国家鼓励类产业的企业，减按15%的税率征收企业所得税。或在现行规定折旧年限的基础上，按不高于40%的比例缩短折旧或摊销年限，对于用于研究和开发的费用100%加计扣除。二是对于区内企业在自贸区内的房产，按一定比例减征房产税，进一步减轻税收负担。

2、实行鼓励金融创新优惠政策。

(1)鼓励离岸金融。一是对离岸金融服务收入实行增值税零税率。二是对离岸账户持有人取得的由注册在南沙自贸区内企业支付的利息收入免征预提税。

(2)鼓励融资租赁。一是不动产融资租赁参照有形动产租赁服务，同样享受增值税超过实际税负3%的部分给予即征即退等税收优惠。二是区内融资租赁企业从事不动产租赁时，对于出租方在取得租赁标的物产权时按1.5%优惠税率缴纳契税，融资租赁期满，在将标的物产权转移给承租方时退还已缴纳的契税。

(3)鼓励民间投资。一是非合伙制股权投资基金和股权投资基金管理企业参照创业投资企业享受应纳税所得额抵扣优惠。二是以有限合伙制设立的合伙制股权投资基金或创投企业中，自然人有限合伙人按照“利息、股息、红利所得”或“财产转让所得”项目征收个人所得税，适用20%税率；自然人普通合伙人，既执行合伙业务又为基金的出资人的，取得的所得能划分清楚时，对其中的投资收益或股权转让收益部分，适用20%税率。

(4)鼓励小额贷款。对设立在自贸区的小额贷款公司按规定提取的贷款损失准备金允许在企业所得税税前扣除。

3、实行鼓励物流业发展的税收优惠政策。

(1)增值税优惠。对“货物运输服务”和“物流辅助服务”统一执行6%税率，并设立“综合物流服务”税目，对运输、仓储、货代、配送等物流业务各环节统一增值税税率。

(2)企业所得税优惠。允许对注册在自贸区内的集团型物流企业实行企业所得税总分机构统一申报缴纳，取消对跨省市总分机构物流企业实行“就地预缴”的政策。

(3)土地使用税优惠。将专业建造并出租仓储设施的企业和提供仓储服务的仓库企业视同专业物流企业享受土地使用税减半征收政策,同时明确物流基础设施平台建设类单位(物流园区、物流中心、货物中转站)也可以享受该项政策。

4、实行鼓励粤港澳合作的税收优惠政策。

(1)面向企业的税收优惠。对港澳企业取得的由注册在南沙自贸区的居民企业分配的的股息、红利等权益性投资收益,参照"符合条件的居民企业之间的股息、红利等权益性投资收益为企业所得税的免税收入"的政策,免征企业所得税。

(2)面向个人的税收优惠。一是对在南沙自贸区工作的港澳居民由广东省人民政府按内地与港澳个人所得税差额给予补贴,纳税人取得的上述补贴免征个人所得税。二是对港澳青年来南沙自贸区创业、就业,参照有关实施支持和促进重点群体创业就业的相关优惠政策给予政策扶持。

(二)南沙自贸区税收监管制度创新建议

南沙自贸区要在借鉴主要国家和地区自贸区税收监管的先进经验的基础上,建立遵循国际惯例,并与新兴产业、新业态发展相适应的税收管理模式。

1、加强部门协作,简化办税流程。健全单一窗口模式,国地税与工商、海关、边检、环保、消防等管理部门联合建立统一综合管理服务平台,推动金税三期系统与政务系统的融合对接,推行"一口受理"、"一照一码"、跨境电子商务一体化通关管理模式,实行透明办理、限时办结和网上办理服务。

2、推行制度创新,提高税收透明度。一是推行税务权责清单制度,通过建立税务权责清单制,进一步明确税务部门职责权限,健全问责机制,形成科学有效的权力监督、制约、协调机制。二是推行税收信用制度,建立税收黑名单,健全纳税信用评价体系,应用量化指标体系综合评判企业纳税遵从情况,通过责任追溯制度,实施包括名誉惩戒、信用惩戒和征收管理从严等各方面惩戒措施,实施"一处违法,处处受限"的失信惩戒和约束联动机制

3、创新征管模式,提升税收征管质量。一是简政放权,推行"先办理、后监管",突出纳税人权利义务主体地位,由事前保姆式管理向事后针对性追责转变,以"窗口办理、内部流转、风险管理、事后核查"的模式,规范并强化税务审批事项业务流程和后续管理;二是数据管税,打破各管理部门"信息孤岛",依托综合治税机制,建立覆盖税务、海关、工商、国土、社保、水电气等部门的涉税信息应用平台,实现各类涉税数据互联互通,提高数据利用水平。

(作者单位:广东省广州市地方税务局)

# 广州市天河区地方税收增长态势分析及预测

## ——与越秀区、海珠区等七城区比较

陈杰辉　杨华贤　杨文涛　罗正东　沈　坤　张　成

## 一、天河区地方税收的主要特点

(一)地方税收总量长期位居全市首位,占全市比重接近三分之一

2011 至 2015 年,天河区地方税收总量(指地税部门在天河区征收的税收收入,不包含省地税局直属分局征收的税收收入,下同)呈持续增长趋势。从税收总量来看,由 2011 年的 211 亿元到 2015 年的 306 亿元,五年的平均收入达到 259 亿元,在八区(越秀区、海珠区、荔湾区、天河区、白云区、原黄埔区、广州开发区、南沙区,下同)中稳居第一位;从增长趋势来看,五年来天河区、海珠区、荔湾区、广州开发区、南沙区地方税收总量增长明显;而从相对差异系数来看,天河区地方税收总量与其他区呈现三种趋势,一是与白云区、越秀区、原黄埔区税收总量差距越来越大,二是与广州开发区、南沙区的税收总量差距越来越小,三是与荔湾区和海珠区的税收总量差距保持持平。

**表一　天河区等八区地方税收相对差异系数变动情况**

| 区县 | 2011 | 2012 | 2013 | 2014 | 2015 |
|---|---|---|---|---|---|
| 越秀区 | 0.75 | 0.70 | 0.62 | 0.56 | 0.57 |
| 海珠区 | 0.36 | 0.36 | 0.36 | 0.37 | 0.33 |
| 荔湾区 | 0.25 | 0.24 | 0.26 | 0.24 | 0.25 |
| 天河区 | 1.00 | 1.00 | 1.00 | 1.00 | 1.00 |
| 白云区 | 0.38 | 0.32 | 0.34 | 0.29 | 0.29 |
| 原黄埔区 | 0.14 | 0.11 | 0.11 | 0.11 | 0.11 |
| 广州开发区 | 0.40 | 0.37 | 0.42 | 0.41 | 0.42 |
| 南沙区 | 0.14 | 0.17 | 0.19 | 0.19 | 0.23 |

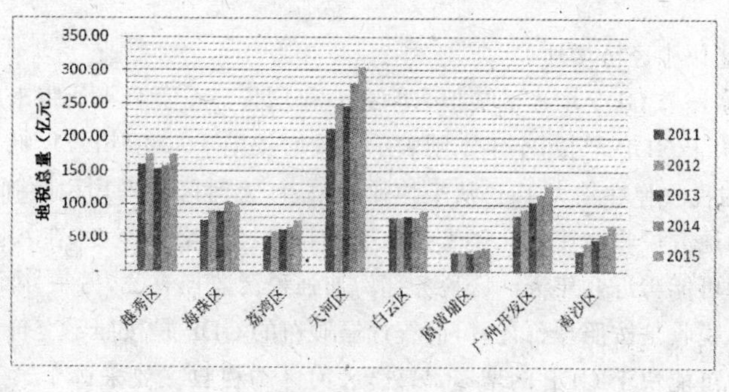


图一　天河等八区地方税收总量

从各区地方税收总量占广州市地方税收总量的比重来看，2011至2015年，天河区地方税收所占比重持续上升，由2011年的29.32%增加到2015年的31.22%，逐渐接近全市地税收入总量的1/3。这说明天河区地方税收无论是在绝对数量还是在增长趋势上均位居全市前列。

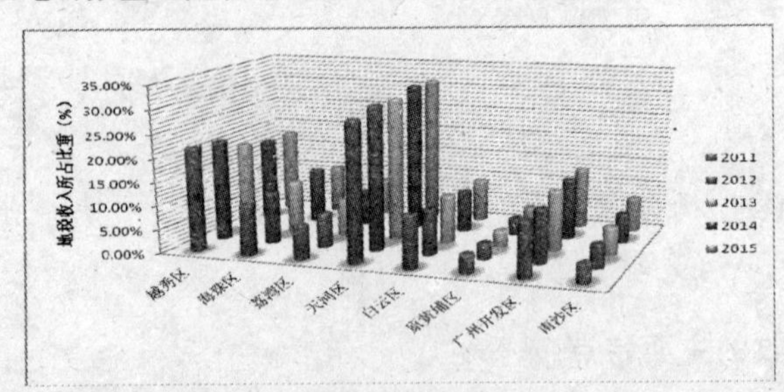


图二　天河等八区2011－2015地税收入占全市地税收入比重

（二）地方税收总量近五年持续增长

2011至2015年，天河区地方税收总量均保持增长态势。近五年来天河区地方税收的平均增长速度为9.67%，位居八区第四位，其计算公式如下：

$$天河区地税收入五年平均增长速度=\left(\frac{2015年天河区地税收入总量}{2011年天河区地税收入总量}\right)^{\frac{1}{4}}-1$$

通过与其他7城区的平均增长速度对比发现，天河区的平均增长速度比最快的南沙区低6.88%，而比最慢的越秀区高7.27%。特别是2014年，天河区地税收入的增长速度大幅度上升，达到16.14%，位居八区第二位。

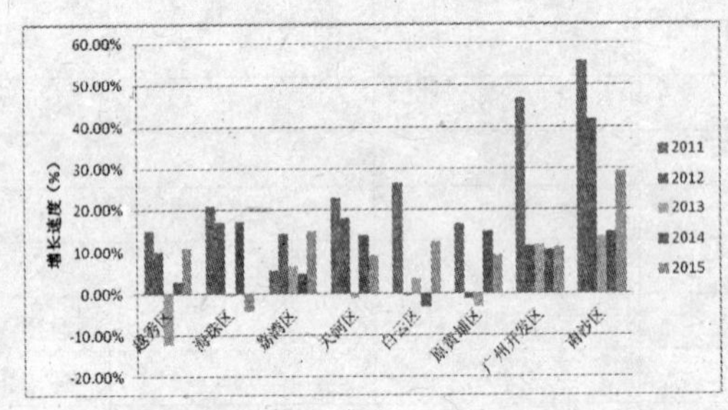


图三　天河区等八区2011－2015年地方税收总量增长率

（三）地方税收增速快于经济增速

税收弹性是税收增速与GDP增速的比值，即GDP每增长一个百分点所带来的税收增幅。税收弹性大于1表示税收增长快于GDP增长，小于1则表示税收增长慢于GDP增长。除了2013年（税收弹性为－0.15）以外，天河区的税收弹性均大于1，从平均弹性来看，天河区的平均税收弹性为1.57，在八区中位列第三，说明天河区的地方税收增速近几年来大体上都超过经济增长速度，在八区中比较突出。出现这种情况的原因，一方面可能与近几年天河区税务部门加强税源监控有关，另一方面与税收和GDP的计算方法和结构差异有关，税收是按照现价计算，而统计局颁布的GDP是按照不变价计算，因此，由于通货膨胀等原因，税收的增速可能快于GDP的增速，另外，天河区的税收主要来源于第三产业，而GDP则包含三大产业的增加值，第一、二产业的增长速度远远低于第三产业的增长速度，所以天河区的税收增长速度才超过GDP的增长速度，即表现出超经济增长。

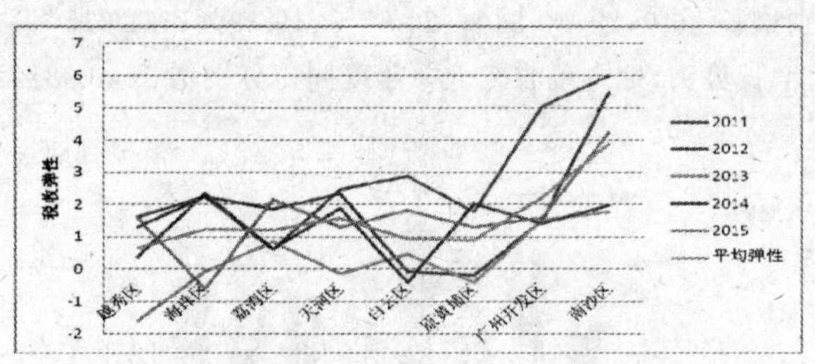


图四　天河区等八区 2011－2015 税收弹性

**表二　天河区等八区 2011－2015 税收弹性**

| 区县＼年份 | 2011 | 2012 | 2013 | 2014 | 2015 | 平均弹性 |
|---|---|---|---|---|---|---|
| 越秀区 | 1.61 | 1.30 | －1.60 | 0.37 | 1.58 | 0.65 |
| 海珠区 | 2.23 | 2.23 | －0.08 | 2.33 | －0.62 | 1.22 |
| 荔湾区 | 0.59 | 1.86 | 0.85 | 0.63 | 2.16 | 1.22 |
| 天河区 | 2.46 | 2.34 | －0.15 | 1.87 | 1.31 | 1.57 |
| 白云区 | 2.87 | －0.07 | 0.47 | －0.42 | 1.81 | 0.93 |
| 原黄埔区 | 1.78 | －0.18 | －0.41 | 2.02 | 1.30 | 0.90 |
| 广州开发区 | 5.04 | 1.50 | 1.53 | 1.41 | 1.59 | 2.21 |
| 南沙区 | 6.00 | 5.47 | 1.76 | 1.98 | 4.24 | 3.89 |

(四)第三产业尤其是现代服务业对地方税收贡献巨大

2011 至 2015 年,天河区第三产业地方税收占天河区地方税收总量的平均比重为 89.66%,在八区中排名第二,其他七区第三产业地方税收的平均占比从高到低依次为:越秀区(90.38%)、海珠区(85.24%)、白云区(81.68%)、荔湾区(73.72%)、南沙区(56.78%)、广州开发区(55.25%)、原黄埔区(47.37%)。值得注意的是,天河区第三产业地方税收的占比呈逐年增长态势,并在 2015 年达到 91.44%,首次超过 90%,位居全市第二。这说明第三产业对天河区地方税收总量的贡献突出。

而从第三产业中的细分行业来看,现代服务业对天河区第三产业地方税收贡献巨大。我们发现 2011 至 2015 年“信息传输、软件和信息技术服务业”、“租赁和商务服务业”、“房地产业”、“金融业”这四个行业的地方税收占天河区第三产业地方税收总量的平均比重已经超过了 70%,在八区在位居第一,这说明天河区的现代服务业非常发达,具有极强的创税效应。尤其是在 2014 年以来,随着“互联网＋”的兴起,各传统行业迎来了新的发展机遇,现代服务业得到了迅猛发展。2014 年,天河区这四大行业的地方

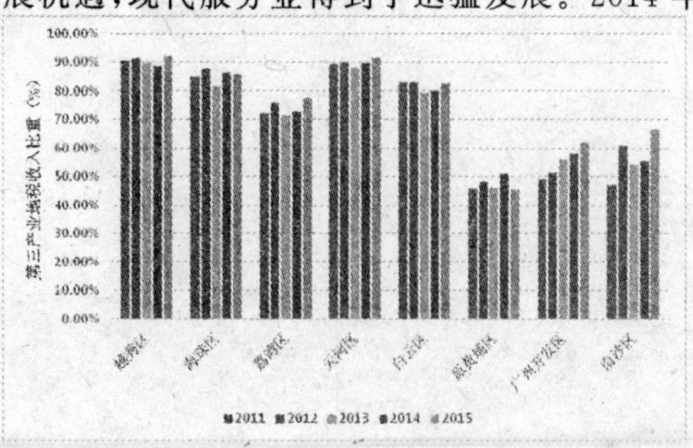


图五　天河等八区 2011－2015 年第三产业的税收比重

税收较上一年度同比分别增长 36.04%、30.24%、20.65%、19.39%；在 2015 年，“金融业”和“租赁和商务服务业”依然保持良好的增长势头，地方税收较上一年度同比分别增长 40.38%和 22.17%。

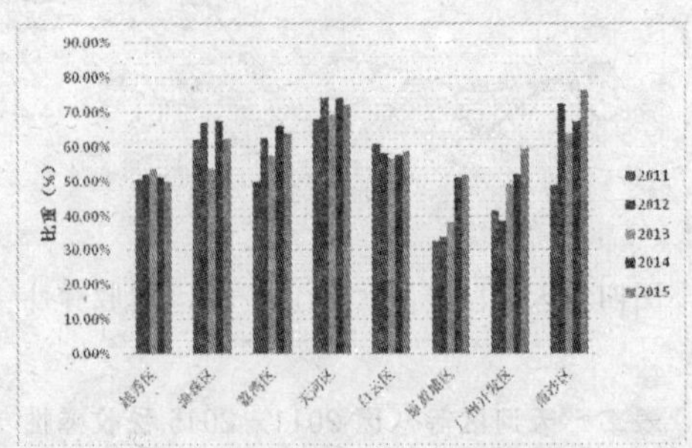


图六　天河等八区现代服务业占地税收入总量比重

（五）地方税收增长主要依靠民营经济

从企业类型上看，2011－2015 年，天河区、越秀区、白云区、海珠区、荔湾区、原黄埔区的地方税收主要依靠内资企业，而广州开发区、南沙区的地方税收主要依靠内资企业和外商投资企业。天河区内资企业 2011 至 2015 年地方税收占全区总值的平均比重达到 68.96%，说明内资企业为天河区的地方税收做出了巨大的贡献。

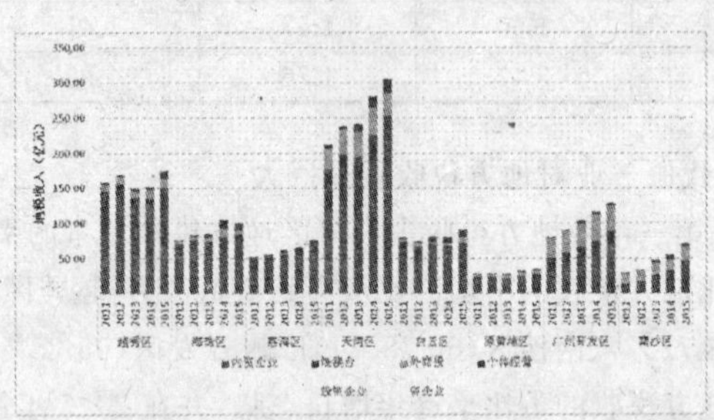


图七　天河等区各企业类型地税收入

通过分析内资企业的不同类型发现，2011 至 2015 年，天河区的地方税收主要依靠民营经济（包括股份合作企业、股份有限公司、有限责任公司、联营企业、私营企业和其他企业），且民营经济占内资企业税收总量比重逐年上升，平均比重在八区中位列第二，由 2011 年的 91.36%到 2015 年的 95.34%，上升了 3.97%，平均增长速度为 1.07%。而国有经济（包括国有企业和集体企业）的地方税收总量则低于越秀区，

图八　天河等区内资企业 2011－2015 年税收收入

但高于其他六区，其比重在近几年也呈下降的趋势，其比重的平均增长速度为－14.30％。这充分说明天河区扶持民营经济发展的系列措施取得了良好的成效。

**表三　天河区国有经济、民营经济税收占比和平均增速**

| | 2010 | 2011 | 2012 | 2013 | 2014 | 平均增速 |
|---|---|---|---|---|---|---|
| 国有经济 | 8.64％ | 6.99％ | 6.56％ | 5.48％ | 4.66％ | －14.30％ |
| 民营经济 | 91.36％ | 93.01％ | 93.44％ | 94.52％ | 95.34％ | 1.07％ |

## 二、天河区地方税收增长态势中存在的问题及原因分析

### (一)从行业上看，地方税收增长主要依靠房地产业

2011至2015年，天河区、白云区、海珠区、越秀区、南沙区、荔湾区、广州开发区地方税收主要依靠房地产业，而原黄埔区则无特别突出的行业。天河区房地产业的地税收入占天河区地方税收的比重由2011年的27.95％上升到2015年的30.98％；而占天河区第三产业地方税收总量的比重则由2011年的31.58％上升到2015年的33.80％。

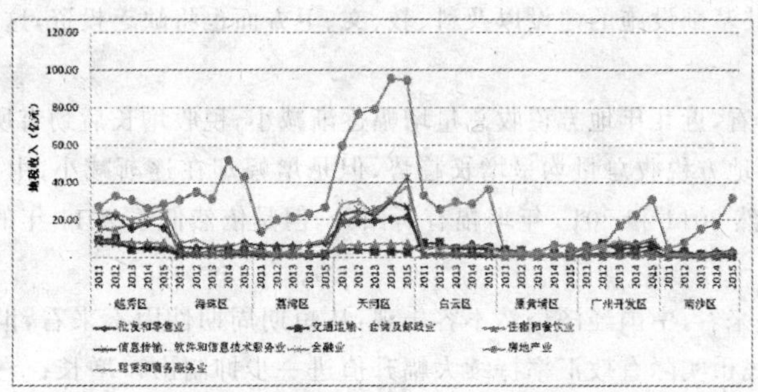


图九　天河等区各行业2011－2015年地税收入

### (二)从税种上看，地方税收主要来源于个人所得税和营业税，营业税收入呈递减趋势

从营业税、企业所得税(包括内资企业、外资企业)、个人所得税这三大主体税种来看，天河区的地方税收主要依靠个人所得税和营业税，并且，这两大主体税种的收入总量均远超其他七区。

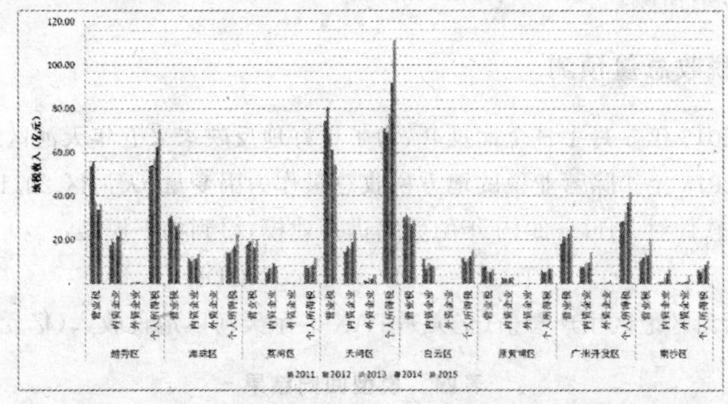


图十　天河等区2011－2015年三大主体税种收入

在税收增长方面，天河区2011－2015年的地方税收增长主要依靠个人所得税，其平均增长速度为11.81％，高于天河区的地方税收这五年的平均增长速度9.67％。企业所得税收入在这五年基本保持稳

定。但营业税从2013年开始呈逐渐下降趋势，2015年天河区营业税收入较2012年下降了32.50%，其他各区(除广州开发区、南沙区和荔湾区外)的营业税收入也均呈现出下降的趋势。

出现上述情况，一方面是近年来天河区职工工资收入不断增长，房产交易和资本市场日趋活跃，导致工资薪金所得、利息股息红利所得和财产转让所得三大征税所得不断增加，使天河区个人所得税收入持续增长；另一方面是"营改增"的逐步实施导致天河区营业税收入逐年减少。

(三)从未来发展上看，"营改增"将对地方税收造成巨大冲击，更对将来的地方财政体系造成影响

根据国务院部署，2016年5月1日开始，营改增工作将全面推开，至此，增值税将完全取代营业税。"营改增"对天河区地方税收体系将造成巨大的冲击，作为地方税主体税种的营业税将由国税征收。这将无疑会对天河区地方税收造成更大的压力，不利于地方政府开展相关的公共服务。与此同时，营业税改征增值税意味着把原来属于地方收入的营业税收入拿出来与中央共享。根据国务院公布的《全面推开营改增试点后调整中央与地方增值税收入划分的过渡方案》，增值税将按照中央和地方各50%的比例进行分成，这虽然提高了增值税的地方分配比例，但从长远看，"营改增"后地方税主体税种的缺失，将逐渐造成地方可用财力减少，财权与事权不相匹配，而地方财政收入的骤减很可能引起地方政府对促进产业升级的投资降低，地方公共基础设施的建设以及科、教、文、卫方面也将缺乏投资，这些都将不利于地方经济和社会发展。

(四)从增长态势上看，近几年地方税收总量增幅逐渐减小，税收增长后劲有所减弱

虽然天河区近五年地方税收总量均呈增长趋势，但是增幅却在逐渐减小，由2011年的22.87%降低到2013年−1.13%，虽然2014和2015年增幅有所回升，但是依然低于2011年的增长幅度，税收增长后劲有所减弱。

从当前的经济形势来看，中国经济仍然不容乐观：从短期周期性因素来看，世界经济复苏低于预期，中国外需明显不足，人民币实际有效汇率持续大幅升值进一步抑制出口增长；企业盈利前景不佳以及去库存化等因素导致投资出现减速；房地产和汽车两大消费龙头市场调整导致消费稳中略降。从中期结构性因素来看，当前中国经济增速换挡的压力和结构调整的阵痛相互交织，新兴产业增长难以弥补传统产业下降的影响，要素投入支撑作用减弱，结构升级要求提高，化解过剩产能、强化生态环境保护等都会影响经济增速。这些共同构成了较大的经济下行压力。与之相对应的是，2015年第三季度中国GDP增速为6.9%，低于官方为全年设定的"7%左右"的目标。加之"营改增"等结构性减税举措的不断实施，天河区地方税收的增长后劲有所减弱。

## 三、天河区地方税收总量预测

由于营改增已于2016年5月1日全面推开，为了更好地反映未来五年天河区地方税收总量的趋势，我们将天河区2011－2015年扣除营业税的地方税收总量作为因变量，天河区2011－2015年地区生产总值为自变量，利用统计软件对2011－2015年的数据进行建模，得到如下模型：

$$TAX = -44.532 + 0.084GDP$$

其中，GDP表示天河区地区生产总值(亿元)，TAX表示天河区地税收入(亿元)。

**表四　模型回归结果**

| | Estimate | Std. Error | t value | Pr(>\|t\|) | |
|---|---|---|---|---|---|
| 常数项 | −44.532 | 36.440 | −1.222 | 0.309 | |
| GDP | 0.084 | 0.013 | 6.549 | 0.007 | * * |

模型调整后的拟合优度为 0.913,P 值为 0.007＜0.05,说明模型的拟合效果较好,可以用于预测分析。

从以上模型的拟合优度可以发现,天河区的税收变动有 90%左右可以由 GDP 的变动解释,拟合优度已经很高,因此,这里不再引进其它变量。2015 年,天河区的地区生产总增长速度为 8.8%,为了计算方便,我们假设未来几年,天河区的地区生产总值将保持 8.5%的增长速度,利用模型分别对 2016－2020 年天河区的地税收入进行预测,2016 年,天河区的地方税收总量理论值为 269.21 亿元;到 2020 年,天河区地方税收总量理论值将为 390.28 亿元。需要说明的有两点:(1)2016 年 1－5 月仍有营业税收入产生,由于受提交时间所限,2016 年的预测数据没有添加上述营业税收入;(2)根据模型得到的预测数仅考虑了地税部门现有的征收税种,随着地方税体系建设的不断推进,未来地税部门征收的税种将会增加,实际的地方税收总量将会高于预测数。那时,预测模型应该根据政策变动作适当的调整。

**表五　天河区未来五年地方税收总量预测**

| | | 2016 | 2017 | 2018 | 2019 | 2020 |
|---|---|---|---|---|---|---|
| | GDP(亿元) | 3,724.58 | 4,041.17 | 4,384.67 | 4,757.37 | 5,161.74 |
| 模型 | TAX(亿元) | 269.21 | 295.88 | 324.82 | 356.21 | 390.28 |

## 四、实现天河区地方税收与经济可持续增长的对策与建议

(一)紧跟“互联网＋”步伐,着力发展现代服务业

“互联网＋”时代的到来使传统经济面临着深度转型,这既是机遇,也是挑战。在加快发展中应调整优化行业结构,促进各行业的多方向、全方面发展。除了继续保持龙头行业——房地产业的高速增长外,还应注重其他行业的可持续发展近年来,天河区信息传输、软件和信息技术服务业、租赁和商务服务业、金融业等行业发展迅猛,因此,应该重视这几个行业的发展,并给予一定政策支持和税收优惠,从而增强天河区地方税收增长速度的稳定性,避免税收增长速度不稳定的现状,并发挥天河区引领地区经济发展的强大的服务功能。一是成立现代服务业领导小组,明确职能,充实力量,建立适应现代服务业发展的一体化管理,牵头推进区域现代服务业发展。二是加强对现代服务业的统计和监测工作。现代服务业是一个多层次的庞大服务系统,应该进一步完善统计方法、调查范围和统计指标,力求客观、准确、及时地反映本地区现代服务业发展情况,确保税收的合理性。三是设定考核体制。构建一个准确、可操作性的考核评价体系,明确考核对象,确定考核内容,如增加值、就业量、投资额、税收等。

(二)优化税制,实现地方税收的可持续发展

在推动“营改增”的实施过程中,地方政府不应被动“应战”,而应积极采取有效措施,以可持续发展为目标,整体优化税制,最大程度地减少“营改增”对当地地方税收收入所造成的影响。地方政府的税收定位应从以前单纯追求 GDP 的增长向追求可持续发展转变,认识到营业税改征增值税,与科学发展、可持续发展的要求是一致的。地税部门要加强征管,挖潜增收。要开展好税源调查,坚持依法治税,加大稽查力度。

同时,国家也应当加快地方税体系建设,通过开征房产税、环境税,加快消费税改革等举措尽快培育地方主体税种,重塑地方税体系。

(三)保持适度的固定资产投资增长趋势,维持税收增速的稳定

在买方市场条件下,投资对于拉动经济增长至关重要。根据哈罗德－多玛增长模型和乘数原理,投资会对经济、税收产生加速增长效应。利用统计分析软件对 2009－2014 年天河区的固定资产投入和地方税收进行回归分析,发现固定资产投资对地方税收确实具有正相关作用,即固定资产投资的增加,将会促进地方税收的增长,其回归模型如下:

$$T=-547221+0.369C$$

其中：T 表示天河区地方税收收入，C 表示天河区固定资产投入，模型的拟合优度为 $R^2=0.794$，说明模型的拟合效果较好，P 值$=0.017<0.05$，说明模型具有显著性。因此，当固定资产投入每增加 1 个单位时，天河区的地方税收将平均增加 0.369 个单位。2009－2014 年天河区固定资产投资的平均增长率为 11.37％，说明天河区固定资产投资确实拉动了天河区地方税收增加。

由天河区地方税收收入与固定资产投资的关系式可以得出：

$$\Delta C/C=\frac{\Delta T/T}{1+547221/T}$$

其中，$\Delta C/C$ 即为固定资产投资的增长率，$\Delta T/T$ 即为天河区税收的增长率，当税收的增长率维持在 15.46％时，固定资产投资的增长率应保持不低于 13.11％（公式中的 T 用 2015 年税收总收入）的增长率。因此，应该增加对大型公共基础项目的投资，同时全力推进区域金融中心建设。对于地方税收的支柱行业——房地产业，要加强市场监管，防止价格过度上涨，并加快库存的出售，从而获得更多的资金用于投资其他行业，避免地方税收过于依赖房地产业，从而实现经济的可持续发展。

（作者单位：广东省广州市天河区地方税务局）

# 国际原油价格波动对克拉玛依石油化工行业影响的调研报告

新疆克拉玛依市国家税务局课题组

随着近几年国际原油价格的剧烈波动以及我国工业化和石油价格市场化的不断深入，国际原油价格波动对工业和整个国民经济的冲击更加显著，其中对原油加工业影响较大。克拉玛依市作为国内重要的石油石化产业基地之一，其石油化工行业也受到了较大地冲击，对税收也产生了较大的影响。

## 一、克拉玛依市石油化工行业发展现状

### (一)克拉玛依市石油化工行业在全疆占重要地位

克拉玛依石油化工经过 50 年的建设发展和近 10 年的大发展，已经成为具有国际竞争力的国内最重要的石油石化产业基地之一。目前原油一次加工能力达到 2200 万吨/年，占全疆的近六成；乙烯生产能力达到 122 万吨/年，是亚洲最大的环烷基稠油加工基地以及国内最大的高档润滑油、低凝柴油、重交通沥青生产基地。

**2014 年新疆原油加工能力及比例**

| 序　号 | 企业名称 | 原油一次加工能力(万吨/年) | 所占比例% |
|---|---|---|---|
| 1 | 中石油独山子石化分公司 | 1600 | 43.24% |
| 2 | 中石油克拉玛依石化有限责任公司 | 600 | 16.22% |
| 3 | 中石油乌鲁木齐石化分公司 | 1000 | 27.03% |
| 4 | 中石化塔河炼化有限责任公司 | 500 | 13.51% |
| 合　计 | | 3700 | 100.00% |

### (二)炼油能力持续增长

随着油气资源的加快开发，克拉玛依市石油炼制及化学工业迅速发展，原油炼制能力持续增长。2014 年原油加工量达到 1489 万吨，保持了连续 6 年的增长，是 2008 年的 1.57 倍，占全区原油加工量的 56.31%；乙烯产量达到 128.5 万吨，是 2008 年的 4.96 倍，占全区乙烯产量的 100%。

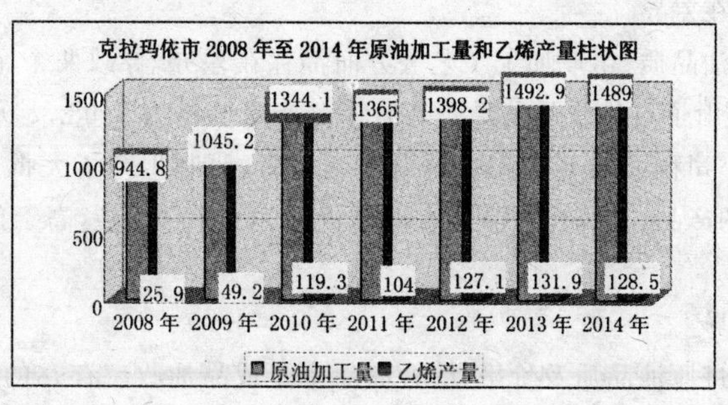

(三)建立了较为完整的石化产业体系

“十一五”以来,克拉玛依市石油和化工产业保持了快速增长的态势,产业规模不断扩大,产量大幅提升。目前克拉玛依市的石油化工业原油加工能力、乙烯和三大合成材料生产能力均居全疆前列,形成了包括汽油、柴油、润滑油、航空炼油、合成树脂、合成橡胶等为主的石油和化学工业体系。

## 二、独山子石化公司与克拉玛依石化公司差异性分析

通过深入开展工作调研,我们了解到独山子石化公司和克拉玛依石化公司从购进原油、加工生产、产品结构等方面都存在一定的差异,导致税收负担存在较大的差异。

(一)购进原油存在差异

1、独山子石化公司购进原油主要是克拉玛依中质油Ⅰ、克拉玛依中质油Ⅱ以及哈萨克斯坦进口原油,其中进口原油占比达到85%以上。2014年加工原油896万吨,其中:进口原油784万吨,占全部加工原油的87.5%。哈萨克斯坦进口原油由于运输成本等原因,价格一直高于国内原油价格。

2、克拉玛依石化公司购进原油主要是新疆油田公司生产的石西轻质原油、陆梁中质原油、克拉玛依中质原油及稠油,稠油占了很大比例。2014年加工原油575万吨,其中:加工稠油387万吨,占全部加工原油的67.3%。由于稠油酸值高、粘度大、腐蚀设备严重、加工难度大、流程长、成本高等特性,导致其价格偏低。2014年克拉玛依石化公司购进原油平均价格比独山子石化公司低688元/吨。

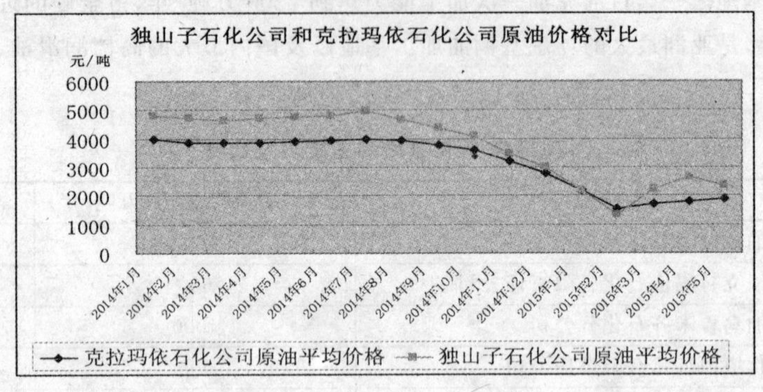


(二)轻质油收率存在差异

由于两个石化公司购进原油的品质存在差异,导致其综合商品率存在一定的差异:独山子石化公司由于加工原油品质较好,其轻质油收率较高,达到了89.01%;克拉玛依石化公司由于加工原油品质较差,其轻质油收率较低,仅为54.19%,从以上数据可以表明独山子石化公司的各类成品油收率普遍高于克拉玛依石化公司的各类成品油收率。

(三)综合产品价格存在差异

由于两个石化公司原油品质、生产加工工艺等方面都存在差异,导致两个企业之间的综合产品价格存在一定差异:2014年,独山子石化公司主要产品的综合产品价格为7198.38元/吨;克拉玛依石化公司主要为炼化产品,由于该公司稠油加工工艺居国内领先水平,研制生产了大批重交通道路沥青、变压器油、冷冻机油等高附加值的产品,其炼化产品综合产品价格为6564元/吨,高于独山子石化公司炼化产品的综合价格。

(四)产品结构存在差异

由于两个石化公司购进原油品质及价格、综合商品率及成品油收率存在的差异,也最终已达到其生产的产品结构有所不同:独山子石化公司是集炼油化工于一体的企业,炼化产品主要有汽油、柴油、煤油、

润滑油以及石脑油，由于建有122万年加工能力的乙烯厂，生产聚丙烯、聚乙烯等化工产品。2014年，成品油销量600万吨，占全部产品销量的67%；化工产品销量294万吨，占全部产品销量的33%。

克拉玛依石化公司主要有汽油、柴油、煤油、润滑油，2014年，产品总销量507万吨，其中：汽油97万吨、柴油196万吨、润滑油63万吨、沥青127万吨。

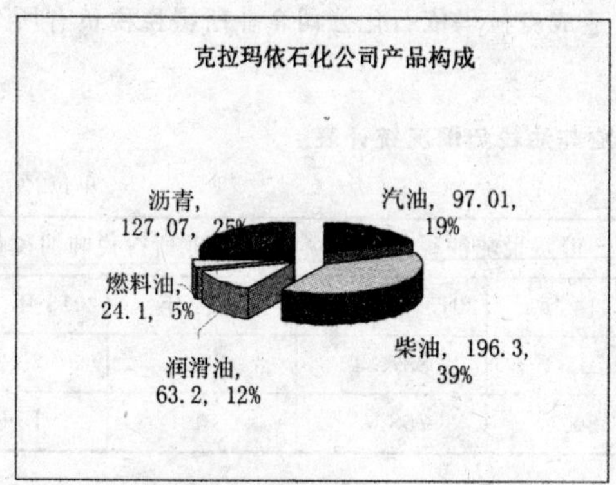


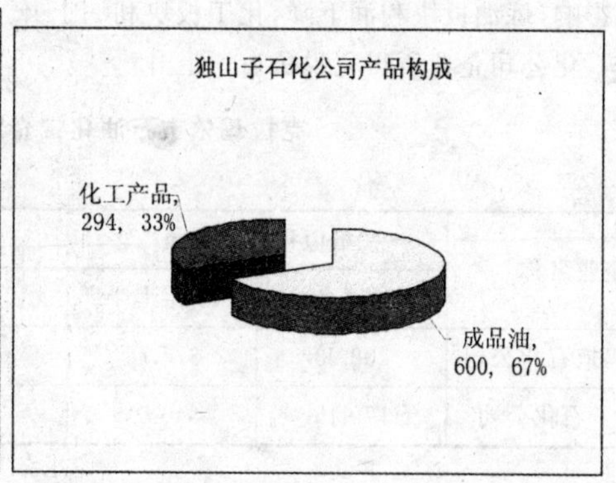


（五）企业实现利润存在差异

目前，炼化产品中一部分为国家控制价格的战略产品，如汽油、柴油由国家发改委定价，产品的价格不随市场需求的变化而变化，另一部分如润滑油、石脑油等产品以及化工产品由中国石油天然气股份公司定价，基本是随市场的需求而变化，而由于市场的需求石化企业之间的产品收率也存在差异。因此，独山子石化公司和克拉玛依石化公司实现利润存在较大差异。2014年，独山子石化公司实现利润总额－11.72亿元，其中：炼油板块－0.42亿元、化工板块－11.3亿元；克拉玛依石化公司实现利润总额18.34亿元。

（六）吨油税负存在差异

综合以上五个方面的差异，造成了两个石化公司的企业利润水平以及吨油税负存在较大的差异：克拉玛依石化公司由于稠油购进价格较低且生产的产品附加值较高，企业利润水平较高，吨油税负也较大，2014年克拉玛依石化公司实现税收53.94亿元，全年加工原油575万吨，吨油税负为938元/吨；独山子石化公司炼化产品主要以国家控制价格的汽油、柴油等战略产品为主，虽然有乙烯产品的利润作为补充，但是企业利润水平及缴纳的各项税收比克拉玛依石化公司要低，2014独山子石化公司实现税收82.89亿元，剔除15亿元的非即期因素影响，按照加工原油896万吨测算，吨油税负为757元/吨。

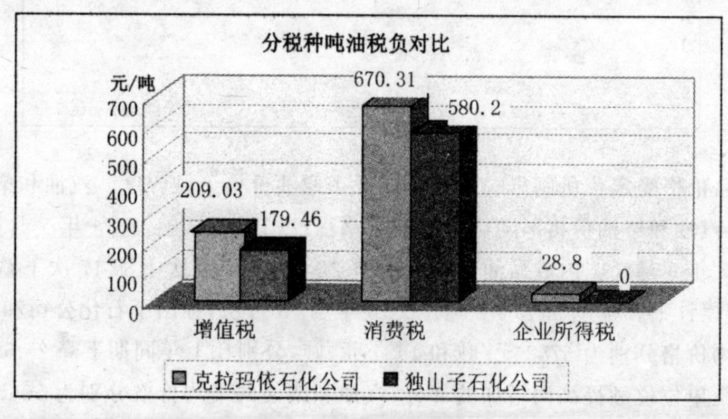

## 三、国际原油价格对克拉玛依市石油化工行业的影响

2015 年 1—8 月份，受国际原油价格大幅下降以及成品油消费税单位税额提高等因素的影响，独山子石化公司和克拉玛依石化公司增值税和消费税单位税额均出现了较大的增幅；受停产检修，产能下降等因素影响，炼油板块利润下降，化工板块利润上升，造成克拉玛依石化公司企业所得税税负有所下降而独山子石化公司企业所得税税负有所上升。

**克拉玛依市石油化工企业吨油税负情况统计表**

单位：元/吨

| 企业名称 | 增值税吨油税负 | | 消费税吨油税负 | | 企业所得税吨油税负 | |
|---|---|---|---|---|---|---|
| | 2014 年 | 2015 年上半年 | 2014 年 | 2015 年上半年 | 2014 年 | 2015 年上半年 |
| 克拉玛依石化公司 | 209.03 | 375.78 | 670.31 | 837.34 | 28.8 | 20.21 |
| 独山子石化公司 | 179.46 | 340.51 | 580.2 | 768.02 | 0 | 15.68 |

(一)原油结算价格下降幅度大于石油化工产品价格下降幅度是造成增值税税负提高的主要原因

1、国际原油价格下跌带动国内原油价格快速下跌。原油位居石油产业链的上端，涉及的行业广泛、产业链长，国际原油价格波动将影响石油工业，这一影响很大程度上是通过国际石油价格→国内原油价格→石油开采业→石油加工业→石油销售业这一传导渠道实现的，并通过产业链进一步渗透到生产、生活的各个方面。

2015 年 1—8 月份，独山子石化公司和克拉玛依石化公司原油结算价格分别为 2316 元/吨和 1881 元/吨，比上年同期分别下降 51.29%和 51.94%，基本保持与国际原油价格增减幅度，其中：独山子石化公司购进原油以哈萨克斯坦进口原油为主，原油价格较为贴近国际原油价格；克拉玛依石化公司购进原油主要为"稠油"，原油价格低于国际原油价格。

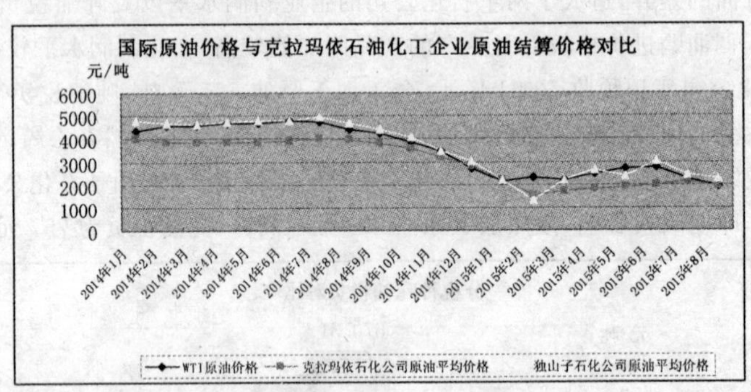


2、石油化工产品价格受定价机制影响下跌幅度低于原油价格下跌幅度。汽油和柴油：按照现行的成品油定价机制，国内汽油和柴油价格跟随国际原油价格涨(跌)进行调整，2014 年 7 月国际原油价格开始快速下跌，截止 2015 年 6 月底国内成品油价格共调整 22 次，其中 5 次上涨 17 次下跌，汽油累计下调幅度 2330 元/吨，柴油累计下调幅度 2545 元/吨。2015 年 1—8 月份，独山子石化公司和克拉玛依石化公司汽油和柴油综合平均价格分别为 5782 元/吨和 4904 元/吨，分别比上年同期下降 25.59%和 22.61%。如果剔除成品油消费税单位税额提高而增加的部分，汽油和柴油的平均价格分别为 5060 元/吨和 4316 元/吨，分别比上年同期下降 34.67%和 31.52%。

润滑油:润滑油是原油通过一定的加工工艺生产的优质石油产品,受原油价格波动的影响也较大。由于变压器油等润滑油产品是由中石油股份公司自主定价,其价格主要受市场容量、产品竞争以及市需求决定,因此2015年上半年变压器油等润滑油产品价格下降幅度低于成品油和原油价格下降幅度,1-8月份克拉玛依石化公司润滑油产品平均价格为5171元/吨,比上年同期下降23.59%。

化工产品:化学原料及化学品制造业化工行业市场竞争程度高,产品由市场定价,企业生产成本更容易通过销售转移到购买者。在市场竞争定价机制下,油价波动对中间石化产品的影响相对较小。2015年1-8月份,受国际油价大幅回落的影响,大部分化工产品出口严重受阻,国内市场需求明显减弱,市场冷淡,产品库存量增加,化工产品价格急剧下降。独山子石化公司化工产品综合平均价格为6563.66元/吨,比上年同期下降20.11%。

沥青:石油沥青受经济形势低迷影响,2015年全国高速公路等大型项目偏少,市场需求减少。同时,国际原油价格与沥青期货的关联度较高,对沥青的价格也形成较大影响。2015年1-8月份,克拉玛依石化公司沥青平均价格为2633元/吨,比上年同期下降27.68%。

从以上数据分析可以看出:由于定价机制不同,汽油和柴油、润滑油、化工产品、沥青等产品价格下跌幅度有所不同,但与原油价格下跌幅度相比,均低于原油价格下降幅度,这是造成2015年克拉玛依石油化工企业增值税吨油税负提高幅度较大的主要原因。

(二)成品油单位税额提高推动消费税税负上升

2014年11月29日以来,财政部连续三次提高成品油消费税单位税额,汽油、石脑油、溶剂油和润滑油单位税额提高至1.52元,累计增幅达到52%;柴油、航空煤油和燃料油单位税额提高至1.2元,累计增幅达到50%。由于成品油消费税实行从量定额办法计算应纳税额,因此成品油单位税额提高是推动克拉玛依石油化工企业消费税吨油税负的唯一原因。

(三)停产检修和消费税增加影响企业所得税实现

1、原油结算价格下降造成营业成本下降对于中上游的石油加工业,原油成本通常占其主营业务成本的80%以上,国际油价波动对炼油行业的影响主要体现在增加其生产成本上。2015年1-8月份,国际原油价格快速下跌致使两个石化公司主营业务成本大幅下降,独山子石化公司和克拉玛依石化公司营业成本分别下降了60.4%和43.98%。

2、企业停产检修增加生产成本、减少营业收入。

(1)停产检修增加生产成本。2015年独山子石化公司执行四年一次的大检修,检修期从4月10日至6月10日,停工50天,检修费用5.49亿元;克拉玛依石化公司执行三年一次检修,检修期从5月20日至7月10日,停工50天,检修费用2.8亿元,增加企业生产成本,影响企业利润总额。

(2)原油加工量下降减少营业收入。由于停工检修将影响公司的原油加工能力,2015年中石油下达独山子石化公司和克拉玛依石化公司原油加工计划共计1200万吨,比2014年实际加工量减少271万吨。1-8月份,独山子石化公司和克拉玛依石化公司累计加工原油796万吨,比上年同期减少286万吨,汽油、柴油、化工产品的销量均出现了不同程度的下降,营业收入也随之下降。

3、消费税增加影响利润实现消费税是价内税,实际缴纳的消费税需要记入销售税金,作为收入的抵减项目计入利润表。2015年1-8月份,独山子石化公司和克拉玛依石化公司缴纳消费税63.71亿元,比上年同期增加3.93亿元,直接影响企业利润。

从以上的数据分析来看,成品油价格下降幅度较大、产品销售下降和消费税税额增加影响炼油板块利润实现,而化工产品价格降幅远低于成品油价格降幅且没有成品油消费税影响,导致克拉玛依石油化工企业炼油板块和化工板块利润实现有所不同:一是独山子石化公司2015年1-6月公司实现利润总额0.31亿元,实现了自2009年以来的首次盈利,但是从炼油板块和化工板块核算来看,盈利主要来自化工板块，实现利润总额0.71亿元；炼油板块仍然维持亏损状态，实现利润总额－0.41亿元。二是克拉玛依石化公司2015年1－6月公司实现利润总额8.04亿元，比上年同期下降26.57％，剔除原油加工量下降和因素，利润总额仍然比上年同期下降了21.57％。

国际原油价格波动将影响石油工业产业链，由于石油开采业、石油加工业和石油销售业在产业链中所处位置不同，对价格因素的传导和转嫁能力不同，因而受原油价格波动的影响也存在差异：

一是石油开采业位于石油产业链的上游，国际原油价格波动会对其产生直接影响，原油价格下降导致原油天然气开采业利润和税收明显下降。

二是石油加工业位于石油产业链的中游，国际原油价格通过影响国内原油价格传导至石油化工企业，原油价格下跌降低了企业生产成本，同时由于国家提高成品油消费税单位税额，导致税收收入有了较大幅度的提高。

三是2015年独山子石化公司和克拉玛依石化公司增值税和消费税吨油税负比2014年均有所增加，但中石油股份公司下达原油加工计划比2014年实际加工量减少271万吨，相应减少税收31亿元。

从以上的调研分析我们可以得出以下结论：克拉玛依市作为既有上游开采又有中游加工的石油资源城市，国际原油价格下降，对原油天然气开采业产生负面影响的同时对原油加工业产生正面影响，从税收的角度来看，原油加工业税收增长在一定程度上弥补了原油天然气开采企业税收的减少。

课题组组长：安建华

执笔：苗玉东

# 加强连云港市地方税源培育的思考与建议

武　琼

近年来，连云港市积极抢抓机遇、开拓进取，经济保持平稳较快增长。2014 年，市国内生产总值（以下简称 GDP）实现 1966 亿元，增长 10.14％，地税收入完成 199.42 亿元，增长 9.48％。市 GDP 和地税税收总量在全省的位次均高于宿迁，低于淮安，但连云港市 GDP 与淮安的差距呈逐年扩大之势，与宿迁的差距则呈逐年缩小之势，形势逼人。因此，本文立足连云港市经济发展与地方税收实际，通过与淮安市、宿迁市经济与地方税收的对比分析，就连云港市如何把握“一带一路”建设机遇，优化产业结构，发挥经济区位优势，壮大地方税源，促进连云港市经济与税收协调发展提出相关建议。

## 一、总体经济税收情况对比分析

（一）从三市 GDP 看，连云港市总量居中，增速落后，三产占比低于淮安

GDP 总量上，连云港、宿迁市相当，淮安优势较大。国民生产总值（GDP）在总量上，连云港低于淮安，高于宿迁。但是，与淮安的差距已从 2011 年的 280 亿元扩大至 2014 年的 490 亿元。而我市与宿迁的差距四年间由 90 亿元缩小至 35 亿元。GDP 增速上，连云港、淮安、宿迁从 2011 年至 2014 年年平均增速分别为 8.65％、9.79％、9.96％，连云港落后于淮安、宿迁，且淮安、宿迁的增速逐年加快，后劲足，加速度较大，可持续性强。三市 GDP 结构均呈逐渐优化趋势，第三产业 GDP 比重逐步增长，大有赶超二产的势头。连云港市三产占比落后淮安 1.51 个百分点。

2011－2014 年三市 GDP 分产业情况表

| 指标 | | GDP（亿元） | 其中：一产 | 二产 | 三产 | 其中：一产比重（%） | 二产比重（%） | 三产比重（%） | 三产四年平均比重% |
|---|---|---|---|---|---|---|---|---|---|
| 连云港市（L） | 2011年 | 1411 | 204 | 654 | 552 | 14.47 | 46.39 | 39.14 | 39.89 |
| | 2012年 | 1603 | 232 | 736 | 635 | 14.49 | 45.91 | 39.60 | |
| | 2013年 | 1785 | 259 | 807 | 719 | 14.52 | 45.22 | 40.26 | |
| | 2014年 | 1966 | 278 | 891 | 797 | 14.12 | 45.32 | 40.57 | |
| 淮安市（H） | 2011年 | 1690 | 223 | 794 | 672 | 13.22 | 46.99 | 39.78 | 41.40 |
| | 2012年 | 1921 | 248 | 889 | 784 | 12.91 | 46.29 | 40.80 | |
| | 2013年 | 2156 | 273 | 983 | 900 | 12.64 | 45.60 | 41.75 | |
| | 2014年 | 2455 | 292 | 1101 | 1062 | 11.90 | 44.85 | 43.25 | |
| 宿迁市（S） | 2011年 | 1321 | 210 | 614 | 497 | 15.88 | 46.52 | 37.60 | 38.16 |
| | 2012年 | 1522 | 227 | 717 | 578 | 14.90 | 47.10 | 38.00 | |
| | 2013年 | 1706 | 235 | 816 | 656 | 13.77 | 47.80 | 38.43 | |
| | 2014年 | 1931 | 252 | 934 | 745 | 13.03 | 48.35 | 38.61 | |

（二）从三市地税收入看，连云港市总量居中，增速落后，公共财政预算收入占比高于其他两市

地税税收收入总量上，淮安、连云港和宿迁 2011 年至 2014 年的四年间平均分别为 161.15 亿元、194.78 亿元、147.39 亿元；税收收入增速上，连云港、淮安、宿迁从 2011 年至 2014 年年平均增收 28.63 亿元、36.06 亿元、27.95 亿元，年平均增长率分别为 15.13％、15.59％、16.34％，连云港落后于淮安、宿迁；公共财

政预算收入占比上，连云港比重较大，2011年至2014年，连云港公共财政预算收入占地税税收比重为三市最大，平均为89.59%，比最低的宿迁高8.51个百分点。

2011－2014年三市税收情况表

| 指标 | | 税收收入合计 | 四年平均 | 税收年平均增收额 | 年平均增长率% | 其中：1.省级 | 2.中央级 | 3.公共财政预算收入 | 公共财政预算收入占比% |
|---|---|---|---|---|---|---|---|---|---|
| 连云港 | 2011年 | 113.52 | 161.15 | 28.63 | 15.13% | 10.89 | 3.85 | 98.78 | 90% |
| | 2012年 | 149.52 | | | | 10.21 | 4.98 | 134.33 | |
| | 2013年 | 182.14 | | | | 11.00 | 5.27 | 165.87 | |
| | 2014年 | 199.42 | | | | 13.01 | 6.06 | 180.34 | |
| 淮安 | 2011年 | 137.77 | 194.78 | 36.06 | 15.59% | 14.67 | 3.56 | 119.55 | 88% |
| | 2012年 | 177.84 | | | | 15.90 | 5.15 | 156.79 | |
| | 2013年 | 217.56 | | | | 19.43 | 4.92 | 193.20 | |
| | 2014年 | 245.95 | | | | 18.08 | 6.41 | 221.45 | |
| 宿迁 | 2011年 | 100.78 | 147.39 | 27.95 | 16.34% | 18.96 | 2.60 | 79.21 | 81% |
| | 2012年 | 137.43 | | | | 22.94 | 3.79 | 110.71 | |
| | 2013年 | 166.71 | | | | 26.15 | 4.50 | 136.06 | |
| | 2014年 | 184.64 | | | | 24.64 | 5.74 | 154.26 | |

(三)从三市地税宏观税负看，虽相差不大，但有逐年增大的趋势

2011年至2014年，连云港、淮安和宿迁地税的四年平均宏观税负分别为9.43%、9.38%、9.00%，连云港税负最大，淮安居中，宿迁最小。三市宏观税负均有逐年增大的趋势，连云港在四年间地税税收宏观税负从8.05%增长到10.14%，淮安从8.15%增长到10.02%，宿迁从7.63%增长到9.56%。

2011－2014年三市税收情况表

| 指标 | | GDP（亿元） | 税收收入（亿元） | 宏观税负 | 四年平均宏观税负 |
|---|---|---|---|---|---|
| 连云港 | 2011年 | 1410.52 | 113.52 | 8.05% | 9.43% |
| | 2012年 | 1603.42 | 149.52 | 9.33% | |
| | 2013年 | 1785.42 | 182.14 | 10.20% | |
| | 2014年 | 1965.89 | 199.42 | 10.14% | |
| 淮安 | 2011年 | 1690.00 | 137.77 | 8.15% | 9.38% |
| | 2012年 | 1920.91 | 177.84 | 9.26% | |
| | 2013年 | 2155.86 | 217.56 | 10.09% | |
| | 2014年 | 2455.39 | 245.95 | 10.02% | |
| 宿迁 | 2011年 | 1320.83 | 100.78 | 7.63% | 9.00% |
| | 2012年 | 1522.03 | 137.43 | 9.03% | |
| | 2013年 | 1706.28 | 166.71 | 9.77% | |
| | 2014年 | 1930.68 | 184.64 | 9.56% | |

(四)从全市的公共财政预算收入及地税占比看，连云港市总量、增幅居中，地税占比落后

2011年至2014年，三市的财政部门的公共财政预算收入年平均分别为221.02亿元、254.54亿元、168.58亿元；公共财政预算增长上，宿迁紧追连云港。2011年至2014年，三市的财政部门的公共财政预算收入年增收额分别为：27.23亿元、34.62亿元、29.71亿元，淮安增收额最大，宿迁增收额紧追连云港。地税对全市公共财政预算收入的总量贡献上，连云港最低。三市的公共财政预算收入中地税所占比重分别为：64.78%、67.12%、70.60%，连云港占比最低。地税对全市公共财政预算收入的增量贡献上，三市的财政增收全部来自地税的增收。三市的地税一般预算收入年增收额分别是财政增长的为：99.85%、98.12%、84.21%，财政增收几乎全部来自地税增收的贡献。

2011－2014 年三市公共财政预算情况表

| 指标 | | 地税 | | | 全市 | | | 地税占比 | | |
|---|---|---|---|---|---|---|---|---|---|---|
| | | 公共财政预算收入 | 四年平均值 | 平均增收额 | 公共财政预算收入 | 四年平均值 | 平均增收额 | 公共财政预算 | 四年平均 | 地税对全市公共财政预算收入的增量贡献率 |
| 连云港 | 2011年 | 98.78 | 144.83 | 27.19 | 180.08 | 221.02 | 27.23 | 54.85% | 64.78% | 99.85% |
| | 2012年 | 134.33 | | | 208.94 | | | 64.29% | | |
| | 2013年 | 165.87 | | | 233.30 | | | 71.10% | | |
| | 2014年 | 180.34 | | | 261.77 | | | 68.89% | | |
| 淮安 | 2011年 | 119.55 | 172.75 | 33.97 | 204.63 | 254.54 | 34.62 | 58.42% | 67.12% | 98.12% |
| | 2012年 | 156.79 | | | 233.61 | | | 67.11% | | |
| | 2013年 | 193.20 | | | 271.42 | | | 71.18% | | |
| | 2014年 | 221.45 | | | 308.51 | | | 71.78% | | |
| 宿迁 | 2011年 | 79.21 | 120.06 | 25.02 | 120.98 | 168.58 | 29.71 | 65.48% | 70.60% | 84.21% |
| | 2012年 | 110.71 | | | 158.13 | | | 70.01% | | |
| | 2013年 | 136.06 | | | 185.12 | | | 73.50% | | |
| | 2014年 | 154.26 | | | 210.10 | | | 73.42% | | |

## 二、从地税角度对比分析三市经济税源状况

(一)三市地税税源支柱行业对比分析

2014 年,连云港市地税收入分别比淮安少 46.5 亿元,比宿迁多 14.8 亿元。其中,房地产业、建筑业、制造业、批发零售业以及金融业这 5 个行业的地税收入均占到三市地税收入的七成以上,对比分析这些行业的经济税收数据,基本可以反映连云港市与淮安、宿迁两市地方税源的特点,从而找出连云港市的优势所在以及存在的差距和不足。

1、连云港市建筑业税源与淮安差距较大,但入库地税税收居三市之首。建筑业税源主要是部分固定资产投资额和建筑业总产值,行业主体税种是营业税和企业所得税。建筑业是我市地税的第一大税源,是淮安和宿迁地税的第二大税源。2014 年,连云港市固定资产投资额为 1716.57 亿元,略低于淮安,比宿迁多 10%;而建筑业产值相差较大,2014 年,连云港市建筑业总产值 556.83 亿元,相当于淮安的 45.46%,宿迁的 75.3%。从税收上看,2014 年连淮宿三市建筑业地税税收分别为 83.3 亿元、39.3 亿元和 59.6 亿元,占地税税收的比重分别为 41.8%、16%和 30.1%。连云港市建筑业无论是税收收入还是税收占比均超淮安、宿迁,经济数据与税收数据出现背离。

从建筑业入库税种看,2014 年连云港市建筑业营业税 83.3 亿元,分别是淮安和宿迁的 2.17 倍和 1.7 倍;三市企业所得税分别为 3.55 亿元、2.72 亿元和 2.74 亿元,分别同比增幅 16.21%、−7.21%、−2.27%;营业税与企业所得税的比值三市分别为 18.1、10.9 和 13.8。连云港市建筑业营业税总量、营业税与企业

2014 年三市建筑业部分经济税收数据

单位:亿元

| 项目 | 经济数据 | | | | 地税税收数据 | | | | | | |
|---|---|---|---|---|---|---|---|---|---|---|---|
| | 固定资产投资总额 | 同比增减幅% | 建筑业总产值 | 同比增减幅% | 建筑业地税收入 | 占地税收入比重% | 其中:营业税 | 同比增减幅% | 其中:企业所得税 | 同比增减幅% | 营业税/企业所得税 |
| 连云港 | 1716.6 | 25.1 | 556.8 | 0.3 | 83.3 | 41.8 | 64.16 | 15.45 | 3.55 | 16.21 | 18.1 |
| 淮安 | 1795.8 | 25.64 | 1225.2 | 18.7 | 39.31 | 16.0 | 29.54 | 7.07 | 2.72 | -7.21 | 10.9 |
| 宿迁 | 1559.2 | 20.8 | 739.5 | 13.5 | 55.62 | 30.1 | 37.74 | 10.5 | 2.74 | -2.27 | 13.8 |

所得税的比值均比淮宿两市高出很多，与税源数据明显不符，提示连云港市建筑业营业税累积的质量风险已经很高。如何应对即将到来的建筑业营改增，将是我市面临的一大考验。

2、连云港市房地产业税源总规模偏小，入库地税税收及占地税税收总量的比重均居三市末位。房地产业是地税收入的主要来源，是连云港市地税的第二大税源，是淮安和宿迁地税的第一大税源。统计数据表明，截至2014年末，连云港市的城镇化率为59%，比淮安高近3个百分点，而宿迁预计今年年底城镇化率达55%。但是，2014年连云港市商品房销售额160.6亿元，淮安和宿迁分别是我市的1.9倍和1.3倍；连云港市房地产业实现地税税收44.1亿元，比淮安少30.6亿元，比宿迁少16亿元；从房地产业税收占全部地税税收比重看，连淮宿三市分别为22.1%、30.4%和38.1%。连云港市房地产经济税收各项指标全面落后于淮宿两市，且差距较大。

从区域看，连云港市与淮安的差距主要在市区，2014年，连云港市商品房销售面积337.65万平方米，比淮阴少276.88万平方米，其中连云港市市区（不含赣榆区）122.69万平方米，比淮阴市区少223.64万平米。连云港市与宿迁的差距主要在县域，2014年，宿迁市商品房销售面积比我市多246.35万平方米，其中连云港市东海、灌云、灌南和赣榆四县（区）共计214.96万平方米，比宿迁的沭阳、泗阳、泗洪和宿豫四县（区）少239.25万平方米。

**2014年三市房地产业部分经济税收数据**

单位：亿元

| 项目 | 经济数据 | | | | 地税税收数据 | | | | | | |
|---|---|---|---|---|---|---|---|---|---|---|---|
| | 商品房销售额 | 同比增减幅% | 房地产投资 | 同比增减幅% | 房地产业地税收入 | 占地税收入比重% | 营业税 | 同比增减幅% | 企业所得税 | 同比增减幅% | 营业税/企业所得税 |
| 连云港 | 160.6 | -29.4 | 189.3 | 8.7 | 44.08 | 22.1 | 18.67 | -2.78 | 2.17 | 44.76 | 8.60 |
| 淮安 | 302.4 | -21.8 | 357.7 | 14.6 | 74.67 | 30.4 | 46.7 | 16.9 | 1.52 | -51.5 | 30.72 |
| 宿迁 | 214.3 | -29.2 | 377.1 | 23.5 | 70.29 | 38.1 | 33.7 | 21.76 | 1.93 | 16.16 | 17.46 |

3、三市工业经济指标不相上下，连云港市制造业地税税收总量落后于淮安，增幅落后于宿迁。2014年，从规模以上工业增加值、工业利税、工业利润等经济指标看，三市你追我赶、不相上下，各指标增幅均排在全省前列。从地税税收看，连云港市制造业地税税收15.4亿元，比淮安少2.6亿元，比宿迁多2.8亿元，但宿迁的制造业税收增幅达30.9%，远超连云港市及淮安。从城建税、房土两税和个人所得税增幅来看，除个人所得税弱于我市外，其他三税的增幅均远超连云港市，增速之迅猛很有后来居上的趋势。

**2014年三市工业部分经济税收数据**

单位：亿元

| 项目 | 经济数据 | | | | | 地税税收数据 | | | | | | | |
|---|---|---|---|---|---|---|---|---|---|---|---|---|---|
| | 固定资产投资中工业投资 | 同比增减幅% | 占固定资产投资总额的比重 | 规模以上工业增加值 | 同比增减幅% | 制造业地税收入 | 同比增减幅% | 其中：城建税 | 同比增减幅% | 其中：房、土两税 | 同比增减幅% | 其中：个人所得税 | 同比增减幅% |
| 连云港 | 1040.2 | 22.5 | 60.6 | 989.8 | 12.4 | 15.4 | 15.7 | 3.6 | 10.4 | 3.7 | 6.2 | 2.4 | 30.3 |
| 淮安 | 1009.9 | 25.6 | 56.2 | 1266.4 | 12.9 | 18.0 | -16.6 | 7.7 | 2.3 | 4.9 | -17.6 | 1.8 | 12.6 |
| 宿迁 | 1023.1 | 23.1 | 65.6 | 892.4 | 14.5 | 12.6 | 30.9 | 2.7 | 32.2 | 4.2 | 22.8 | 1.1 | 16.7 |

从税源结构看，三市各有优势：连云港市的医药制造业、淮安的烟草制品业、宿迁的酒制造业地税税收分别占各市制造业税收的31.14%、28.49%和30.86%，均为各市的第一权重行业。从税收增收的子行业看，29个制造业子行业中我市有19个增收，增收面65.5%，其中增收千万元以上的5个，共计增收2.4亿元；宿迁增收的行业较为分散，有24个同比增收，增收面达82.8%，其中同比增收千万元以上的11个，共计增收2.14亿元；淮安有13个同比增收，增收面44.8%，其中同比增收千万元以上的2个，共计增收0.25亿元。比较可以看出，宿迁制造业税收增长更为均衡，而连云港市及淮安市则对个别行业的倚重更加明显。

4、连云港市金融业税收与淮安差距较大，其中银行业营业税增幅落后于淮宿两市。2014年，连云港市金融业地税税收8.49亿元，占地税税收的比重仅为4.26%。金融业税收所占比重虽然不高，但由于金融在促进中小企业发展、产业结构调整等方面的重要作用，有必要对三市金融业税收进行比较分析。从三市金融业地税税收规模看，2014年我市金融业地税税收8.5亿元，分别比淮安和宿迁少9亿元和1.7亿元，其中个人所得税1亿元，分别比淮安和宿迁少7.4亿元和1.8亿元，差距主要在限售股转让所得个税，2014年淮安和宿迁分别为7.49亿元和1.63亿元，而我市仅为3万元。连云港市上市公司的限售股转让所得个税大部分在前几年已缴纳完毕，此外，近几年省内部分地区为扩大财政收入规模，出台优惠政策吸引限售股转让税源，拉动限售股转让所得个税大幅增长。

从金融业中的银行业税收看，2014年连淮宿分别入库地税税收5.64亿元、5.65亿元和5.94亿元，同比增幅分别为8.84%、16.44%和30.94%。三市税收规模相当，但连云港市银行业税收增幅明显落后于淮宿两市。银行业税源主要是存贷款利差和中间业务，从存贷款余额的规模和增幅看，连云港市均处于三市中游，高于宿迁，低于淮安，且差距不是很大。连云港市与淮宿两市的差距在于当年新增贷款，2014年连云港市新增贷款180亿元，其中40亿元为年末增加，比淮宿两市分别少58亿元和20亿元，中小型企业偏少，新增贷款需求不足是主要原因。2014年连云港市规模以上工业企业户数1532户，而淮安和宿迁分别为2228户和2512户。

**2014年三市金融业部分经济税收数据**

单位：亿元

| 项目 | 经济数据 | | | | 地税税收数据 | | | | | |
|---|---|---|---|---|---|---|---|---|---|---|
| | 金融机构贷款余额 | 同比增减幅% | 金融机构存款余额 | 同比增减幅% | 金融业税收收入 | 同比增减幅% | 其中：营业税 | 同比增减幅% | 其中：个人所得税 | 同比增减幅% |
| 连云港 | 1549.3 | 13.3 | 1852.6 | 10.8 | 8.5 | 8.5 | 6.0 | 13.3 | 1.0 | 9.9 |
| 淮安 | 1617.6 | 17.6 | 2005.7 | 16.5 | 17.5 | 36.4 | 6.4 | 33.0 | 8.4 | 41.5 |
| 宿迁 | 1483.1 | 15.7 | 1599.0 | 8.4 | 10.2 | 5.5 | 5.7 | 27.5 | 2.8 | -22.0 |

5、由于缺乏龙头企业拉动，连云港市批发零售业税收规模与淮宿两市差距较大。从经济数据看，2014年连云港市社会消费品总额740.5亿元，比淮安少74.3亿元，比宿迁多242.5亿元；进出口总额80.3亿元，分别是淮安和宿迁的1.95倍和2.14倍。但是，地税税收数据与经济数据的吻合度并不高。2014年，三市批发零售业地税税收分别为3.7亿元、20.8亿元和18.7亿元，淮安和宿迁分别是连云港市的5.62倍和5.05倍。淮安的涟水今世缘酒业销售有限公司和宿迁的江苏洋河酒类运营管理有限公司、江苏双沟酒类运营有限公司入围2014年度全省地税纳税500强，三户企业年纳地税税收均超亿元，其中江苏洋河酒类运营管理有限公司2014年地税税收3.79亿元。连云港市的连云港达扬石业有限公司、连云港正

大天晴医药有限公司和江苏省烟草公司连云港市公司三户企业 2014 年地税税收位列批发零售业前三，但三户企业税收合计仅为 0.81 亿元。缺乏实力雄厚的龙头企业，是连云港市批发零售业地税税收难以扩量的主要原因。

2014 年三市批发零售业部分经济税收数据

单位：亿元

| 项目 | 经济数据 | | | | 地税税收数据 | | | | | |
|---|---|---|---|---|---|---|---|---|---|---|
| | 社会消费品总额 | 同比增减幅% | 进出口总额 | 同比增减幅% | 批发零售业税收收入 | 同比增减幅% | 其中：城建税 | 同比增减幅% | 其中：印花税 | 同比增减幅% |
| 连云港 | 740.5 | 13.3 | 80.3 | 20.9 | 3.7 | -1.9 | 0.8 | 11.6 | 0.3 | 1.1 |
| 淮安 | 814.8 | 13.1 | 41.1 | 12.2 | 20.8 | 8.4 | 1.6 | 22.1 | 0.3 | 47.3 |
| 宿迁 | 498.0 | 12.6 | 37.6 | 13.0 | 18.7 | 10.1 | 1.3 | -8.5 | 0.2 | 25.5 |

（二）重点税源企业税收入库情况对比

1、从全省纳税 500 强入围情况看，连云港市入围户数三市居首，但入库税款规模最小，存量税源有待进一步做大做强。2014 年，连云港市入围全省地税纳税 500 强 8 户，共计入库税款 7.72 亿元，户均入库税款 0.96 亿元，占地税税收比重 3.87%。三市比较，连云港市的优势是：入围户数最多，分别比淮安和宿迁多 5 户和 1 户；入围企业所属国标行业最具多样性，涉及电力生产、医药制造、港口建筑、房地产开发经

2014 年三市入围全省地税纳税 500 强企业统计表

单位：万元

| 地区 | 企业户数 | 企业名称 | 国标行业名称 | 地税税收 | 增幅% | 企业税收合计 | 占地税税收比重% |
|---|---|---|---|---|---|---|---|
| 连云港 | 8 | 江苏核电有限公司 | 核力发电 | 14225.5 | -0.2 | 77194 | 3.87 |
| | | 中国银行股份有限公司连云港分行 | 货币银行服务 | 7265.8 | 0.0 | | |
| | | 江苏恒瑞医药股份有限公司 | 化学药品原料药制造 | 11326.5 | 0.1 | | |
| | | 江苏康缘药业股份有限公司 | 中成药生产 | 10303.6 | 0.5 | | |
| | | 江苏豪森药业股份有限公司 | 化学药品原料药制造 | 7192.4 | 0.1 | | |
| | | 万润房地产开发有限公司 | 房地产开发经营 | 11092.4 | 2.8 | | |
| | | 日出东方太阳能股份有限公司 | 燃气、太阳能及类似能源家用器具制造 | 9133.1 | 0.7 | | |
| | | 连云港港务工程公司 | 港口及航运设施工程建筑 | 6654.8 | -0.3 | | |
| 淮安 | 3 | 江苏中烟工业有限责任公司淮阴卷烟厂 | 卷烟制造 | 50218.1 | 0.0 | 80352 | 3.27 |
| | | 淮安清江石油化工有限责任公司 | 原油加工及石油制品制造 | 6983.6 | 0.1 | | |
| | | 涟水今世缘酒业销售有限公司 | 酒、饮料及茶叶批发 | 23150.4 | -0.1 | | |
| 宿迁 | 7 | 江苏双沟酒业股份有限公司 | 白酒制造 | 22677.1 | 0.0 | 199879 | 10.83 |
| | | 宿迁市富园房地产开发有限公司 | 房地产开发经营 | 6952.4 | -0.5 | | |
| | | 江苏中豪控股集团有限公司 | 房地产开发经营 | 6564.6 | -0.2 | | |
| | | 江苏洋河酒厂股份有限公司 | 白酒制造 | 7790.1 | 0.2 | | |
| | | 苏酒集团贸易股份有限公司 | 酒、饮料及茶叶批发 | 107662.7 | -0.4 | | |
| | | 江苏洋河酒类运营管理有限公司 | 其他食品批发 | 37932.0 | 2.2 | | |
| | | 江苏双沟酒类运营有限公司 | 酒、饮料及茶叶批发 | 10300.5 | 0.0 | | |

营、货币银行服务和太阳能制造等六个行业。连云港市的劣势是:入围企业排名靠后,户均入库税款分别比淮安和宿迁少1.72亿元和1.9亿元;对地税税收的贡献率比宿迁低6.96个百分点,龙头企业不强,对地税收入的拉动作用明显弱于宿迁。

2、从全省地税新办企业(2012年以后办)纳税500强入围情况看,连云港市无论是户数还是税款均落后于淮宿两市,增量税源培育亟待加强。2012年以后连云港市在地税办理设立登记的企业有23207户,与淮宿两市相差不大。但2014年全省地税新办企业纳税500强我市仅入围3户,分别比淮安和宿迁少3户和22户,户均入库税款1744万元,分别比淮安和宿迁少393万元和1690万元。对比可以看出,连云港市新增税源的税收产出效益较淮安和宿迁有不小的差距。连云港市在培植新增税源,扶助企业加快投产进度,增强税收发展后劲等方面还有大文章可做。

2014年三市入围全省新办企业纳税500强统计表

单位:万元

| 地区 | 2012年以后地税新办企业户数 | 入围全省新办企业纳税500强户数 | 2014年度入库地税税收 | 增幅% | 占地税税收比重% |
|---|---|---|---|---|---|
| 连云港 | 23207 | 3 | 5233.0 | 728.6 | 0.3 |
| 淮安 | 23213 | 6 | 12825.2 | 8381.5 | 0.5 |
| 宿迁 | 23208 | 25 | 85870.6 | 155.6 | 4.7 |

## 三、促进连云港市地方经济税收发展的对策建议

根据上述对连淮宿三市地方税源支柱行业和重点税源企业对比分析,结合国家新一轮税制改革,紧抓连云港"一带一路"交汇点建设机遇,提出以下促进地方经济税收发展的对策建议:

(一)积极主动应对"营改增",防范财税收入滑坡风险

2015年营改增范围将逐步扩大到建筑业、房地产业、金融业、生活服务业等各个领域,至年底将基本实现营改增全覆盖,相应废止营业税。营业税占连云港市地方税收的比重接近一半,如果"营改增"全面到位,对地税收入的影响将是颠覆性的。从连云港市2014年全年的调查数据看,营业税入库97.2亿元,其中建安、房地产营业税81.59亿元,占营业税比重83.9%,接近五成是非正常税款。若建安、房地产在七月初"营改增",去年下半年建安、房地产营业税37.87亿元,其中实有税源18.2亿元,地税税收预计减收43亿元(37.87*(1+14%))。根据2014年度连云港市国税局营改增试点效应分析,已试点行业税负总体下降近两成,此外,乐观估计建安房地产业税收增幅20%,据此测算,建安、房地产"营改增"后入库税款规模在17亿元(18.2*(1-20%)*(1+20%))左右。综合测算,公共财政预算收入至少减少26亿元(43-17=26),相当于去年全市公共财政预算收入的10%。若建安、房地产在十月初"营改增",地税税收预计减收26亿元,国税预计税款规模在9亿元,财政收入至少减少17亿元,相当于去年全市公共财政预算收入的6.5%。这不得不说,是我市面临的巨大考验,也是亟待破解的难题。

因此建议一是由政府牵头,尽快清理投融资平台和政府工程税收,做大营业税基数;二是尽快由财政牵头,联合国地税深入调研、测算"营改增"后建安、房地产税收的变化情况及相关行业的企业税负,快速反应,积极出台相关应对措施,化解财税收入滑坡风险,帮助处于"寒冬期"的房地产企业顺利度过"营改增"关口。

(二)加快县域经济发展,培育壮大房地产业税源

连云港市的城镇化率为59%，比淮安、宿迁高出3—4个百分点。城镇化带来的城市人口增加、住宅市场需求增加、零售地产需求增加、办公楼市场需求增加以及成倍增长的城市综合体市场需求增加，为房地产业的发展带来广阔空间。前述分析表明，连云港市的房地产业实现的地税税收与淮宿两市相比并不理想，差距主要在县域。应当更多关注县域发展，加速重大项目推进，统筹优化产业布局，以产业发展吸引投资和带动城市人口增长，促进刚性房地产市场刚性需求增长。如：加快赣榆、灌河港区开发建设，加快赣榆港区铁路支线建设，加快赣榆港区、灌河港区后方物流园区建设，积极建立东海国家级农业经济开发区。

另外，建议政府在可承受的范围内采取适当的微刺激政策，释放一部分刚性需求来推动房地产市场的平稳发展。如：从存量房中挑选适合的作为经济适用房房源，缓解市场库存化压力；探索商业性与政策性相结合的住房融资模式和运作机制等，加快企业销售回款速度。

(三)加快产业结构优化，切实推动制造业税源发展

连云港市的制造业主要倚重医药制造业，不如宿迁制造业的税收增长均衡。建议优先发展石油化工、装备制造、新医药三大优势产业，做大做强新材料、新能源、新信息技术三大新兴产业，改造提升冶金、食品、精细化工三大传统产业。根据全市工业产业发展规划，明确各园区的产业布局、功能区块、生态环保及配套设施，培育一批产业特色突出、专业分工合理、协作配套完善、创新能力较强的特色产业集群。用市场化方式加大工业投入，支持企业技术改造，提高技术装备水平，加快传统产业转型、新兴产业做大、优势产业做强，提高核心竞争力。推动工业与科技融合发展，引导和支持创新资源向企业集聚。围绕重点产业和产业链关键环节，对接国内外优强企业，引进一批科技水平高、投资规模大、带动能力强的优质项目。在项目落地前，税务部门可以提前介入，就项目税收情况进行评估，提供决策参考。

(四)扩大新增贷款需求，逐步壮大金融业税源

连云港市金融业税收与淮安差距较大，其中银行业税收增幅明显落后于淮宿两市，新增贷款需求不足是主要原因。建议加大对园区建设、重点产业、重点项目等信贷支持，将贷款增量更多地投放到产业结构调整和转型升级，以此扩大新增贷款需求。另外，争取国家战略资金支持，积极争取亚洲基础设施投资银行、丝路基金对中哈物流基地、上合组织国际物流园区的资金支持。紧抓"一带一路"交汇点机遇，出台推进跨境结算方式等鼓励金融创新的政策措施，通过域外金融机构贷款、承兑汇票和委托贷款等多渠道进行融资，鼓励银行拓宽资金投放渠道，并为企业做大金融附加值。

(五)突出龙头企业和电子商务培育，加快壮大批发零售业税源

连云港市的批发零售业税收规模与淮宿两市差距较大，主要在于缺乏实力雄厚的龙头企业拉动。同为酒类销售企业，我市的汤沟酒业却远远落后于淮安的今世缘酒业和宿迁的洋河、双沟酒业。而位列我市批发零售业税收前三的企业税收贡献量却很低。必须支持骨干企业做大做强，尽快形成在行业内具备影响力的龙头企业。鼓励企业二次创业，从低端产业、低附加值产品转向高端产业和高附加值产品，向产业链上下游延伸。每年排出一批有成长潜力的小微企业，加大培育扶持，尽快成长进入规模企业。

另外，在"一带一路"的历史机遇下，利用连云港港口的地理优势和人力等成本较低的资源优势大力发展电子商务。用好中国人民银行对中哈基地开展跨国公司外汇资金集中运营和跨境人民币业务的支持政策，在"一带一路"沿线率先试点中哈货币结算业务，争取复制新疆霍尔果斯口岸跨境人民币业务先行先试政策。推进跨境人民币结算业务创新发展。推动中国银行与港口集团深化合作，将连云港港口作为其人民币跨境业务的首家港口。获批国家跨境电子商务试点城市。在大陆桥国际商务中心规划建设

服务“一带一路”的国际化电子商务平台，大力发展跨境电子商务，建设大陆桥跨境电子商务产业园。尤其是要按照“产业集群、企业集中、资源集约”原则，完善园区融资服务、科技创新、公共服务平台。利用平台上跨境贸易的通关便利、结算便利和融资便利，为把连云港打造成大宗商品集散港口创造优越条件。

（六）培植新的税源增长点，增强旅游业发展后劲

连云港山海相拥，岛港环抱，具有独特的城市风貌和旅游景观，是江苏省三大旅游资源富集区之一。以“西游记”闻名的花果山，作为国家级 4A 风景区，一直是连云港的标志性景点。建议借鉴常州恐龙园的建设经验，把连云港打造成以“西游记”为主题的旅游城市。一是在花果山建一个高品质的“大闹天宫”乐园，从外观布局到内在细节，整体设计游乐设施、主题分园和配套餐饮商店。二是以花果山为中，辐射到孔雀沟、苏马湾、连岛海滨浴场一线，利用港口优势和跨境贸易便利，建一个类似 outlets（奥特莱斯）的贩卖俄罗斯、韩国、欧美等国外品牌折扣商品的风情小镇。三是以积累的旅游资源优势积聚人气，发展游轮经济，打造豪华“西游轮”，在船内设施和服务上寻找经济附加值。

（作者单位：江苏省连云港地方税务局）

# 加强欠税清理的探索与实践

山东省日照市地方税务局东港分局课题组

长期以来,欠税问题一直是税收工作中普遍存在的难点工作,欠税的存在,不仅会造成国家税款的流失,还为税收执法带来了巨大的潜在风险。当前,随着经济下行压力的持续增大,以及“营改增”的全面推进,地方税收工作面临的挑战越来越严峻,加强欠税管理工作,既是依法治税的必然要求,也是堵漏增收的有效手段。近期,东港区地税局针对欠税管理方面存在的问题,通过强化监管、密切协作、分类施策、柔性执法、加强督导、完善机制等措施,进一步抓好了欠税管理工作,取得了新的成效。

## 一、欠税的分布现状及主要成因

近年来东港区地税局不断完善征管制度,规范征管规程,持续强化监控措施,积极压缩欠税,努力确保应收尽收,但受各种复杂因素的影响,欠税现象仍然不同程度存在。

(一)欠税的分布现状

总体来看,欠税主要集中在房地产业、制造业等重点行业及营业税、土地使用税等税种上,其中,营业税欠税主要集中在房地产业上,土地使用税欠税主要集中在制造业上;营业税、土地使用税欠税占总欠税额的82.5%;房地产业、制造业等重点行业欠税占全部欠税额的87.2%。欠税对经济生活已造成极大的影响,导致了事实上的税负不公,扰乱了公平竞争的市场经济秩序,阻碍了市场机制的发挥,直接影响到税收宏观调控目标的有效实现。

(二)欠税形成的主要原因

综合分析欠税产生的原因,主要有三个方面:一是受经济环境影响,部分企业资金运转出现困难。有的企业长期亏损,效益低下,生产经营不景气,经济相当困难,造成长期拖欠税款;有的企业在激烈的市场竞争下,为了自身生存发展,投入大量资金扩大经营规模,进行改造升级,使自有资金相对减少,不能及时缴纳税款。二是受主观因素影响,部分纳税人认识上存在偏差。有的纳税人税法观念淡薄,纳税意识较差,有意拖欠应缴税款;有的纳税人误认为欠税不同偷税、抗税、骗税,不属违法行为,在概念上将欠税等同一般债务。三是受税收计划体制等因素影响,税务机关的税收管理仍有待于进一步规范。有的基层征收单位,为了保证当年任务完成或确保以后年度的任务不要大起大落,把欠税作为调节器,致使税收指令性计划成为导致欠税的主要原因;有的单位征管力度不足,控管力度不够。对企业、个体户和零散户的生产经营情况不能做到跟踪监控,催缴、检查不及时,客观上形成欠税。此外,政府及相关部门的干扰和制约,税务人员的亲情和人情关系,以及其他人为因素也是造成欠税的原因之一。税务机关对欠税处罚不严,清欠措施不力,也在一定程度上影响了对企业欠税的治理。

## 二、欠税管理存在的问题及工作难点

(一)税收计划管理体制的影响仍然深远

受现行税收计划体制影响,不论经济形势如何变化,税收任务都逐年递增,各级税务机关均把完成上级下达的指令性计划为第一工作要务,在现实任务压力的驱使下,税务机关的管理理念极易发生偏离,形成错误的“政绩观”，最终导致一系列违背依法治税原则的事情发生，为欠税现象的产生提供了适宜的温床。这一现状，有其深层的社会因素，一时难以有效根除。

（二）地方政府干预的因素不能有效避免

各级地方政府出于本地区利益，发展地方经济等因素的考虑，会出台一些利于招商引资的政策、措施，给予一些重点行业、特殊产业、外引企业等一定的税收优惠政策，在完成一定基数的税款后，默许或者支持企业违规欠税。这些现象的存在，直接或间接妨碍了税务机关对部分欠税的有效清缴。

（三）严格执法所带来的反向效应亦不容忽视

比较典型例子是，在严格落实税法规定加收滞纳金罚款时，会遭遇较大阻力，一些欠税企业需缴纳的罚款甚至远远大于欠缴的税款，纳税人对此抱有破罐子破摔的思想，罚款连带欠税都不愿意再缴纳，这在一定程度上影响了欠税的及时清理，导致了欠税基数的加大。

（四）企业资金困难的情况加大了欠税清理的难度

受当前经济下行压力及银行抽贷影响，部分欠税企业遇到了资金困难，针对这种情况，即便税务机关采取冻结账户等强制措施进行清欠，有时也难以取得实际成效，企业账户里的资金远远不够缴纳所欠税款。

## 三、加强欠税管理工作的探索与尝试

针对以上欠税管理工作的现状，在做好分析的基础上，从解决实际问题的角度出发，进行了一系列的积极探索和有效尝试，为进一步强化税收管理，规范税收秩序，迈出了坚实的一步。

（一）强化监管，层层设防，确保欠税全程可控

建立严密的欠税监控制度，从事前、事中、事后三个层面，增强欠税管理力度。一是强化税务登记管理制度，加强对纳税人的动态管理，及时掌握企业生产经营、资金运用及纳税申报状况等，发现欠税苗头，及时采取相应措施，实施重点监控，消除产生欠税的隐患。二是规范税款申报、缴纳程序，保障税款及时解缴入库。对有可能形成欠税的企业，在申报期前提前介入，对企业流动资金收支情况进行监控，必要时采取以票控税等办法，有效遏制欠税的产生。对资金运转紧张或当期实现税款相对较多，有形成大额欠税预兆的企业，在企业申报后次日实施事中预警，告知纳税人如不及时清缴税款可能承担的法律责任，将可能形成的欠税消除在萌芽状态。三是健全欠税追缴责任制度，实行规范严密追缴程序。成立清欠工作领导小组，加强对清欠工作的指导和督促，加大对欠税的催缴力度，进一步健全多层次、多角度欠税监控体系，规范清欠操作流程，严把程序关，按计划进行欠税清理，确保清欠实效。同时加强已欠税纳税人的动态管理，准确掌握欠税纳税人市场形势、财务状况，分析欠税纳税人偿欠能力和资金运转情况。对于以资金短缺等为由拒不配合清缴的企业，通过省局查询其银行帐户等信息，依法及时采取冻结银行存款等税收保全措施，有效防止国家税收的流失。

（二）内外协作，密切配合，增强清缴工作合力

积极争取各级党委政府的支持，增进与公检法、国税、工商、国土、银行等部门的沟通协作，建立包括离境清税、司法拍卖清税、银行扣缴等内容在内的清欠协调制度，对欠税实施部门联动、信息共享、综合治理，形成了部门联合开展欠税清缴的常态机制，在政府统一领导下开展相关工作，确保了清缴工作的有效推进。对内定期召开欠税管理办公会，做到全面掌握全局数据，从清理角度出发，强化部门协调，明确各部门在欠税管理中的职责：各分局、中心所作为征管执法主体，充分发挥职能作用，具体实施清缴活动，区局各科室加强沟通衔接，为清缴活动做好业务上的指导，形成工作合力。稽查局加大对偷税、抗税案件的立案查处力度，对应移交司法部门的案件做到及时移交；监察室负责欠税清理全过程的督导和问责。各部门紧密配合，实现以征管为核心的全程清欠管理。

（三）分类施策，各个击破，稳扎稳打有序推进

将欠税企业按照筹建期、经营困难、停产、正常四类经营状况进行分类统计，编制包括纳税人名称、税种、金额、所属期及四类经营状况的欠税统计表；清理欠税前根据清欠名单，做好相关准备工作；清欠过程中，按照区别对待、分类清缴的原则，根据欠税成因和欠税人财务收支情况，加强欠税调查分析，针对不同情况，有针对性地采取清欠措施。对欠税的企业，逐户下达《责令限期改正通知书》，责令其在规定的限期内申报缴纳所欠税款，一次性足额缴纳欠税的，由各分局、中心所建立台账纳入正常管理；一次性足额缴纳欠税确有困难的纳税人，由各分局、中心所会同有关科室依法采取保全措施；对依法实施催缴后仍拒不缴纳（或未足额缴纳）欠税又不主动配合清欠的纳税人，根据实际情况，采取相应措施：或由各分局、中心所会同有关科室依法采取强制执行措施追缴欠税；或移交稽查局查处；或按照《中华人民共和国税收征收管理法》及其实施细则的规定，对纳税人欠缴的税款进行公告。

（四）人性执法，刚柔并济，全力提升纳税主动

在清理欠税过程中，将优化服务与严格执法相结合，一方面注重执法刚性，强化执法力度，维护税法尊严，另一方面，注重实现执法的合理化、人性化，在每户梳理的基础上，分析欠税成因，研究方法措施，寻求解决问题的有效途径，力求达到征纳双盈的最佳效果。一是加强辅导。抽调业务骨干深入企业走访调研，多渠道联系欠税企业法人、主管部门，帮助欠税企业有效合理的制定清欠计划，体现以纳税人为本的税收管理意识，也为涵养税源打下了基础。二是主动帮扶。组织辖区内重点企业召开税收恳谈会，帮扶企业解决困难，为企业献计献策，缓解欠税压力，同时，管理人员定期深入企业宣传讲解相关税收政策，加强纳税辅导，不断提高纳税服务的质效。三是做好约谈。坚持热情服务，密切沟通交流，从促进税企征纳关系和谐，提高纳税人税法遵从度的角度出发，做好纳税约谈，向欠税企业说明违法失信行为的严重后果，进一步明晰责任风险，力促其严格守法，主动纳税。四是充分宣传。加大征管法宣传力度，创新税法宣传方式，不断增强税法宣传的针对性。在日常税法宣传中，有针对性地开展清欠工作的宣传，使纳税人知道有关欠税方面的法律法规及逃避欠税带来的法律后果，从而起到春风化雨、防患未然的实际效果，真正降低欠税现象的发生率，以及强制执行等易于激发征纳矛盾的执法行为的采用率。

（五）加强督导，严格问责，力争欠税管理实效

将欠税清理工作列入执法督察范围，加强欠税清理督导工作，按月下发新增欠税大户纳税人名单，逐户督导欠税大户清欠情况。同时将欠税清理工作纳入绩效管理的重点内容，将各征收单位各期"欠税变动率"进行月通报，按考核要求将各时期"欠税变动率"进行模拟扣分，进行预警管理，及时发现问题、及时跟踪解决，实现发现问题、完善措施、监督落实的良性互动和梯次推进。认真落实税收执法责任制，严格执行过错责任追究。各部门、单位及其相关人员，按照职责分工，各司其职，各负其责，认真履行欠税管理的工作职责，因征管不力、执法不严造成欠税的，以及有欠税底数不清、清欠措施不力、没有认真执行欠税管理制度和落实清欠措施等情况的，要对其主要负责人员，按照相关法规制度实行过错责任追究。对欠税清缴工作进行考核和定期通报，按期对新欠发生率、陈欠清理率两项指标进行监控，及时发现问题，解决问题，做到清理一户，核对一户，征收一户，确保清理效果。

（六）注重总结，科学预防，探索建立长效机制

一是认真统计欠税清理情况，对发现的问题进行梳理，分析产生问题的原因，制定整改措施，提出加强欠税管理的意见和建议，建立完善纳税人欠税清册，统一立卷归档，为今后工作开展提供有效参考。二是及时将欠税信息录入金税三期系统，通过系统不断加强欠税的跟踪管理；三是开展纳税人信用等级评定，充分发挥诚信纳税企业榜样带头作用，使诚信纳税成为每一户企业的"日常动作"，努力提高纳税人依法诚信纳税的水平和纳税遵从度。四是建立有效的欠税预警机制，按年对重点企业进行纳税评估，防范欠税风险。对有不良记录的纳税人和重点税源企业的财务状况及时跟踪分析，掌握企业的转制、拍卖、兼

并、破产等信息，对有可能发生新欠的企业，提前做好预防措施。对资金周转困难但将来有能力清偿的拖欠企业，与其签订清欠计划，保证欠税的入库。

## 四、取得的成效

（一）堵塞了税收漏洞，促进了收入增长

自欠税清理专项活动开展以来，共清理企业陈欠税款 11180 余万元，依法查封土地 2 宗，价值 1600 余万元；房产 2 宗，共计 80 余套，价值 7000 余万元；账户 10 个。有效堵塞了税收漏洞，促进了地方税收的稳定增长。

（二）夯实了征管基础，规范了征管秩序

对源头监控、公告管理、内容审核、追缴入库等环节予以规范，促进了欠税管理的规范化，通过加强部门协作、信息交换、源头控管等方式，提高了综合治税能力，杜绝纳税人偷逃税款侥幸心理，提高自觉纳税意识。

（三）提升了队伍素质，提高了法治水平

在清理工作中注重学与用的结合，注重总结、分析与提高，强化“在干中学、在学中干”的意识，进一步提升参与人员的综合业务能力，巩固强化风险防范意识和规范执法意识，提高了税务干部依法治税的能力水平。

（四）完善了制度体系，推进了绩效管理

通过对欠税管理流程的规范细化，进一步明确了责任划分，为责任的落实与追究提供了清晰脉络，同时也为欠税管理工作纳入绩效管理体系找到了切入点，推动绩效管理的深化完善，向税收管理科学化迈出坚实一步。

课题组组长：刘加文

成员：庄会林　王昌平　陈修胜　王　晨　田鸿运

# 加强苏鲁边界地方税收管理的探索与实践

山东省日照市地方税务局岚山分局课题组

山东省日照市岚山区地处鲁东南，与江苏省连云港市赣榆区一河之隔，近年来，特别是“一带一路”国家战略的全面实施，鲁南、苏北地区经济带迅速隆起，加快了两地经济一体化的步伐，日益繁荣的省际经济交流给边界地区的税收征管带来了新的问题。对此，日照市地方税务局岚山分局与赣榆区地税局建立税收协作机制，加强苏鲁边界地方税收管理，取得了一定的成效。

## 一、背景动因

(一)两地税务部门沟通合作机制不够健全，信息交流渠道不够畅通

一河之隔，阻断了岚山、赣榆两地的信息交流，两地税务部门难以向对方搜集和利用信息。通过调查了解，发现边界纳税人经常利用区域差异投机取巧，造成税收管理中的“两不管”，部分流动经营纳税人没有税务登记证、完税凭证、《外出经营活动税收管理证明》，纳税人往往回答已在另一地办理，不易查对；还有的纳税人虽已办理税务登记，却经常用各种理由办理停歇业手续，到异地经营，尤其是部分养车户，为了偷逃税款，以种种名义挂靠外地公司，造成税收秩序混乱。

(二)两地宏观税负比对分析不够到位，税源管理针对性有待增强

宏观税负反映了一个地区的总体税负情况，岚山、赣榆两地的经济指标相差无几，但地方税收收入却有一定的差距，缺少常态化的宏观税负比对分析运行机制。同时，两地税率不完全一致，例如城镇土地使用税，岚山区一级土地、二级土地税率分别为12元、9元，赣榆区为3元、2.5元，差距较大；在代开发票管理方面，尤其是企业代开建筑业发票，岚山区个人所得税采用全员全额申报，若未达申报条件则按0.5%附征，而赣榆区个人所得税附征率已由0.8%减半至0.4%。部分纳税人受利益驱动，利用过去两边不搭话的空档，异地代开发票，造成了国家税款流失。

(三)两地税务部门在税收执法过程中没有形成合力，税收征管秩序有待进一步规范

受到经济下行、经营不善、银行惜贷等原因的影响，相当多的企业无力承担正常申报缴纳税款，逐步形成欠税。一方面，两地税务机关在以往欠税整治工作中往往是单打独斗，没有形成欠税清理整体合力，缺乏联手检查、联手打击，在整顿边界税收秩序过程中力度不够；另一方面，省际边界税收协作机制是近年来伴随着经济一体化进程而出现的一种新模式，在法律层面上还未赋予其应有的地位和内容，在欠税追缴的后续强制执行方面，缺乏法律约束力，给省际边界税收执法带来了更大的难度。

(四)两地发票真假识别方法不尽相同，以票控税的作用有待增强

两地纳税人日常经营活动中，在建筑劳务、业务招待等方面取得的地税发票数量非常大、名目种类繁多，由于地税发票是省级税务机关监制的，在如何识别真假发票的标识、方法上不相同，江苏省较山东省更早实行纳税人自行网上开票，并且两省网上开票的系统不同，开具方式不同，为纳税人查验发票真假增加了难度；纳税人在汇算清缴所得税时，因从对方取得发票的真假难以确定，部分纳税人利用这一空档，购买使用异地假发票入账，虚增成本，以达到偷逃税款的目的，给所得税征管造成了困难。

## 二、做法成效

近年来，日照市地方税务局岚山分局与赣榆区地税局签订了《边界税收管理协议》，全方位、宽领域、多层次地开展交流合作，联手加强苏鲁边界税收管理。

(一)搭建信息交流共享平台，畅通信息传递渠道

制定了边界税收信息传报制度，借助信息数据传递速度快、准确率高的特点，依托现代网络技术搭建信息共享平台，即时交流两省市制定的税收管理措施，便于双方及时了解、互相借鉴；每月交换1次跨省关联企业及两地存在业务往来企业的涉税信息，为税收管理奠定信息基础；每季度交流1次新增、迁移纳税人以及停歇业、注销业户明细信息，从源头上杜绝纳税人借变更注册地址偷逃税款，打“擦边球”“两边瞒”的现象；每半年召开1次联席会议，相互通报阶段性工作开展情况，并就税收管理中存在的难点、焦点问题交换意见，商讨税收征管新思路，研讨边界经济发展形势，交流征管工作经验。2015年，岚山分局通过管户信息交换，实地业户核查，查出异地登记业户20余户，交换涉税信息1000余条，查增税款80余万元。

(二)开展宏观税负联合分析，强化分析结果运用

岚山区与赣榆区毗邻，经济产业结构具有同质性，经济税收指标具有一定的可比性，对此，双方建立了宏观税负联合分析机制，将税负分析与税收管理、税务稽查工作相结合，列为税收链式管理的一个重要环节，发现问题、制定措施、加强管理、增加收入。今年来，在经济下行压力持续加大的宏观经济形势下，采集2014年、2015年前三季度经济指标信息与税收收入数据，进行比对分析，得出2014年岚山、赣榆地方税收总体税负为2.46％、7.61％，2015年前三季度为2.52％、7.74％，分别增长0.06％、0.13％，比较两地税负差异，在税款组织入库方面仍有待加强。不断强化组织收入监控，挖潜增收、源头控管，加强重点税源企业、重点税种管理，分析薄弱环节，有针对性地制定整改措施，进一步提升了税收管理质效，拓宽了地方税源基础，优化了地方税源结构，保持了地方税收稳定增长，岚山区地方税收区级收入同比增长4.97％。同时，积极向当地党委政府建言献策，形成行业性、区域性、专题性税收调研报告9篇，提出调整产业结构、促进转型升级等方面的建议37条，已纳入了当地领导决策范围。

(三)开展税收集中整治，联合降低欠税变动率

2015年，岚山、赣榆两地地税局结合税收管理现状，联合开展了集中专项整治活动，追缴陈欠、减少新欠，降低欠税变动率。由两地业务科室分别从系统中调取跨区域经营企业2015年的数据信息相互传递，包括项目登记、变更登记、日常申报、税款缴纳、自开发票、代开发票及欠税情况等，分别交叉比对，寻找差异并汇总成欠税明细表，确保结果准确率；抽调邻近分局(所)的业务骨干，组成联合专项整治小组，针对欠税情况，先引导纳税人自查，再进行实地核查；及时组织协调两地其他部门按照各自职责参与协税护税工作，形成税收整治合力，促进欠税及时、足额入库。2015年，岚山分局清缴入库欠税1546万元，规范了经济税收环境，提高了企业的纳税遵从度。特别是在城镇土地使用税、契税、耕地占用税、土地增值税清理方面，互相通报了现行的税率标准，给纳税人做好政策解读，打消了纳税人关于税率差异的疑惑。2015年，岚山分局组织入库上述“四税”税款20787.6万元。

(四)实施发票联合认定，防范异地假发票引发涉税风险

两地纳税人业务来往非常频繁，取得的异地发票，特别是房地产业、建筑业、服务业方面的发票居多，而两地的发票防伪标识不尽相同，异地发票的真假难以确认。对此，联同赣榆地税共享发票真假辨识方法，一方面，在开展税收专项检查时，对发现的异地疑点发票，向对方发出协查函，就疑点发票的代码、金额、日期、品目名称、付款单位等内容进行比对分析，2015年，岚山分局通过发票联查，确认假发票150份，补缴税款30余万元；另一方面，在宣传本地发票真假识别方法的同时，把对方发票真假识别方法告知

纳税人,提高纳税人识别发票真假的能力,防止出现假发票入账,导致受到行政处罚的现象,共有52户次纳税人自行发现异地假发票80余份,及时要求业务往来单位提供真实有效的发票,挽回经济损失100余万元。

## 三、进一步加强边界税收管理的建议

(一)确立边界税收协作机制的法律地位

下一步,区域经济尤其是省际边界地区经济实体的互补性、浸透性、流动性将会更加突出,在给区域经济带来繁荣的同时,也给省际边界税收带来更大的难度。因此,建议通过法律或者地方性法规的形式,赋予省际边界税收协作机制必要的法律地位,明确税务机关必须尽到的法律责任,确保协作机制正常运行,营造公平的经济环境,防范国家税收流失。

(二)逐步提升边界税收协作机制的层级

在县级税务机关建立省际边界税收协作机制试点的基础上,要逐步将机制建立的层级向市级、省级税务机关提升,以解决更大范围、更高层次的税收征管疑难问题,不断充实机制内容、完善机制功能,确保机制朝着行为规范、运转协调、服务高效、管理优化的方向不断完善,推动全国税收征管一体化的逐步实现,促进经济健康、快速发展和社会稳定。

课题组组长:陈常国

成员:朱忠军　李昆仑　于梦瑶

# 减税扶持双创 创新驱动发展

## ——大连地税促进企业科技创新的优惠政策效应分析

崔岩峰 杨黎黎

当今世界发达国家的经济发展已经从要素驱动、投资驱动向创新驱动转换。为贯彻鼓励科技创新的精神,国家税务总局充分发挥税收职能作用,积极整合政策资源,采取多种有效的税收优惠政策措施,增强企业创新能力,加快科技成果转化和产业化,为实施创新驱动发展战略提供了有力的政策支撑。本文以大连市地税减免税调查数据,在认真梳理科技创新税收优惠政策的基础上,结合大连市企业科技创新的总体情况及税收优惠政策对科技创新的激励效果,深入分析政策实施效应及其在执行中存在的问题,提出完善科技创新税收政策的建议。

### 一、促进企业科技创新税收优惠政策梳理

经国务院批准,财政部、国家税务总局陆续发布了关于促进企业科技创新的税收优惠政策的有关通知,目的就是为了加快创新要素集聚,促进创新型企业发展,持续提高企业自主创新能力,从而带动产业结构升级转型。现行相关政策主要以高新技术产业的税收优惠政策为主,且政策分散于企业所得税、个人所得税、增值税、营业税几大主体税种。从税种分布看,以企业所得税为主,其他税种为辅;从优惠项目看,大致分为五个方面,分别是"扶持高新技术企业等几大特殊行业"、"鼓励技术研发投入"、"促进对科技创新企业投资"、"加快科技成果转化"和"加大股权激励力度"。

**表一 科技创新税收优惠政策一览表**

| 优惠政策方向 | 税种 | 主要优惠内容 |
| --- | --- | --- |
| 扶持高新技术企业、技术先进型企业、动漫企业、集成电路生产企业、国家规划布局内的重点软件企业及科技企业孵化器、国家大学科技园 | 企业所得税 | 国家需要重点扶持的高新技术企业,减按15%的税率征收企业所得税;对经认定的技术先进型服务企业,减按15%的税率征收企业所得税;经认定的动漫企业自主开发、生产动漫产品,可申请享受国家现行鼓励软件产业发展的所得税优惠政策。即在2017年12月31日前自获利年度起,第一年至第二年免征企业所得税,第三年至第五年按照25%的法定税率减半征收企业所得税,并享受至期满为止;经认定的集成电路生产企业,减按15%的税率征收企业所得税或享受"五免五减半"的优惠期;经认定的国家规划布局内的重点软件企业,如当年未享受免税优惠的,可减按10%的税率征收企业所得税。 |
| | 房产税、土地使用税、营业税、企业所得税 | 在2015年12月31日前,对符合条件的孵化器自用以及无偿或通过出租等方式提供给孵化企业使用的房产、土地,免征房产税和城镇土地使用税;对其向孵化企业出租场地、房屋以及提供孵化服务的收入,免征营业税;符合非营利组织条件的孵化器的收入,按照企业所得税法及其实施条例和有关税收政策规定享受企业所得税优惠政策 |
| | 增值税 | 软件产品、集成电路、动漫产业享受增值税即征即退政策 |

| | | |
|---|---|---|
| 鼓励技术研发投入 | 企业所得税 | 企业为开发新技术、新产品、新工艺发生的研究开发费用，未形成无形资产计入当期损益的，在按照规定据实扣除的基础上，按照研究开发费用的50%加计扣除；形成无形资产的，按照无形资产成本的150%摊销（自2016年起，采用“负面清单”的方式确定了研发活动范围；可享受研发加计扣除税收政策的费用支出由原来的13项扩大至17项；允许企业追溯过去3年应扣未扣的研发费用） |
| | 企业所得税 | “六大行业”的小型微利企业2014年1月1日后新购进的研发和生产经营共用的仪器、设备，单位价值不超过100万元的，允许一次性计入当期成本费用在计算应纳税所得额时扣除，不再分年度计算折旧；单位价值超过100万元的，可缩短折旧年限或采取加速折旧的方法；对所有行业企业2014年1月1日后新购进的专门用于研发的仪器、设备，单位价值不超过100万元的，允许一次性计入当期成本费用在计算应纳税所得额时扣除，不再分年度计算折旧；单位价值超过100万元的，可缩短折旧年限或采取加速折旧的方法 |
| | 企业所得税 | 企业外购的软件，凡符合固定资产或无形资产确认条件的，可以按照固定资产或无形资产进行核算，其折旧或摊销年限可以适当缩短，最短可为2年（含） |
| 促进对科技创新企业投资 | 企业所得税 | 创业投资企业采取股权投资方式投资于未上市的中小高新技术企业2年以上的，可以按照其投资额的70%在股权持有满2年的当年抵扣该创业投资企业的应纳税所得额；当年不足抵扣的，可以在以后纳税年度结转抵扣<br>（2015年10月1日起，创投企业投资主体扩大至有限合伙制创投企业的法人合伙人） |
| 加快科技成果转化 | 企业所得税 | 居民企业在一个纳税年度内，技术转让所得不超过500万元的部分，免征企业所得税；超过500万元的部分，减半征收企业所得税<br>（2015年10月1日起，技术转让所得项目扩大至5年以上非独占许可使用权） |
| | 营业税 | 对单位和个人（包括外商投资企业、外商投资设立的研究开发中心、外国企业和外籍个人）从事技术转让、技术开发业务和与之相关的技术咨询、技术服务业务取得的收入，免征营业税（2013年8月1日前） |
| | 增值税 | “营改增”试点纳税人提供技术转让、技术开发和与之相关的技术咨询、技术服务的，免征增值税（2013年8月1日后） |
| | 企业所得税 | 为支持鼓励软件企业扩大再生产，财政部、国家税务总局规定，软件生产企业实行增值税即征即退政策所退还的税款，由企业用于研究开发软件产品和扩大再生产，不作为企业所得税应税收入，不予征收企业所得税 |
| 加大股权激励力度 | 个人所得税 | 科研机构、高等学校转化职务科技成果以股份或出资比例等股权形式给予科技人员个人奖励，经主管税务机关审核后，暂不征收个人所得税。个人转让股权时，按照财产转让所得征收个人所得税，财产原值为零 |
| | 个人所得税 | 个人从省级人民政府、国务院部委和中国人民解放军军以上单位，以及外国组织、国际组织颁发的科学、技术等方面的奖金，免征个人所得税 |
| | 个人所得税 | 中小高新技术企业以未分配利润、盈余和资本公积向个人股东转增股本，高新技术企业转化科技成果给予本企业相关技术人员的股权奖励，个人股东和技术人员可在5年内分期缴纳个人所得税（2016年1月1日后） |

## 二、科技创新税收优惠政策实施效应

(一)大连市企业科技创新发展现状

近年来,大连市大力推进以科技创新为核心的全面创新,为经济增长及提质增效提供了新动力。据统计,2014 年全市高新技术产业增加值 2783 亿元,比上年增长 12%。新认定高新技术企业 132 家、技术先进型服务企业 9 家,总数分别达到 477 家和 112 家。全年技术交易合同成交额 111 亿元,增长 23%,其中,本地登记技术合同交易额 67 亿元,增长 27%。研发经费内部支出 136 亿元,比上年增长 10.2%;外部支出为 6.8 亿元,其中支付给科研院所 2.5 亿元,高校 1.5 亿元,分别比上年增长 73.2%和 84.6%。研发经费投入强度(研发经费内部支出占 GDP 比重)为 1.78%,比上年提高 0.08 个百分点。全市有研发活动的单位 432 家,比上年增加 155 家,占单位数的 11.7%,比上年提高 4.7 个百分点。全市从事研发人员为 5.5 万人,比上年增加 8292 人,增长 17.8%,其中硕士及以上毕业人员 1.4 万人,比上年增加 738 人,增长 5.6%。

(二)税收优惠政策减免效应

在所有税种中,企业所得税优惠政策可运用的形式多样,包含了优惠税率、加计扣除、加速折旧、投资抵免、所得减免等。鉴于其他税种的优惠形式比较单一,本文主要以企业所得税优惠政策为主,分析税收优惠政策对企业科技创新的实施效应。

截至 2014 年底,大连市地税管辖的企业所得税查账征收企业达到 23886 户,有 665 户(次)企业因鼓励科技创新优惠政策减免税金额 51521 万元,其中企业所得税减免税金 43073 万元,占比 83.6%。分行业看,享受优惠的行业集中度高,主要集中在制造业、信息传输、软件和信息技术服务业、租赁和商务服务业三大行业,减免金额为 34496 万元,占比 67%。

分优惠项目看,企业所得税科技创新税收优惠主要呈现以下特点:

1、享受 15%优惠税率政策的企业户数逐年增加,但部分高新技术企业因多种原因无法享受,从而使政策受惠面降低。从 2008 年—2014 年高新技术企业 15%优惠税率的政策落实效果看,累计 366 户(次)高新技术企业减征企业所得税 79473 万元,虽然实际享受该优惠政策的企业户数逐年增加,但优惠面却呈下降趋势。截止 2014 年底,我市共有 477 家高新技术企业,但在有效期内高新技术企业仅为 142 家,而实际享受高新技术企业 15%优惠税率政策的企业户数仅为 63 户,实际受惠面仅为 44%。仍然有 56%的高新技术企业未享受到此项优惠政策。主要原因有企业未按规定到税务机关备案、企业当年度亏损等。其中因亏损而导致高新技术企业无法享受该项税收优惠的比重由 2008 年的 29%上升至 2014 年的 56%。

**高新技术企业 15%优惠税率减免税情况表**

单位:万元

| 项　目 | 2008 年 | 2009 年 | 2010 年 | 2011 年 | 2012 年 | 2013 年 | 2014 年 |
|---|---|---|---|---|---|---|---|
| 有效期内高新技术企业累计户数 | 35 | 61 | 83 | 103 | 117 | 136 | 142 |
| 当年实际享受高新技术企业 15%优惠税率企业户数 | 25 | 29 | 44 | 63 | 68 | 74 | 63 |
| 高新技术企业 15%优惠税率优惠面 | 71% | 48% | 53% | 61% | 58% | 54% | 44% |
| 减免企业所得税金额 | 5510 | 10865 | 11903 | 13978 | 10041 | 16173 | 11003 |
| 虽认定为高新技术企业但当年度亏损户数 | 10 | 32 | 39 | 40 | 49 | 62 | 79 |

| 亏损高新技术企业比重 | 29% | 52% | 47% | 39% | 42% | 46% | 56% |
|---|---|---|---|---|---|---|---|

2、"三新"研发费加计扣除减免户数、加计扣除额及减免税额逐年增加，但增速较低。2008－2014年累计共有380户企业享受"三新"研发费加计扣除优惠政策，累计加计扣除额近26亿元，累计抵减企业所得税64837万元。2008年享受户数为46户，2014年为65户，7年间仅增加了19户，加计扣除金额从2008年的7545万元增加到2014年的11266万元，年均增幅仅为7%。享受到该优惠政策的企业少，主要原因是研发费税务加计扣除范围与会计核算范围差别大，核算复杂，部分中小企业无法准确核算可加计扣除额，从而无法享受该优惠政策。

**"三新"研发费加计扣除减免情况表**

单位：万元

| 项　目 | 2008 | 2009 | 2010 | 2011 | 2012 | 2013 | 2014 |
|---|---|---|---|---|---|---|---|
| 享受研发费加计扣除的企业户数 | 46 | 51 | 53 | 54 | 52 | 59 | 65 |
| 企业研发费加计扣除金额 | 30181 | 31531 | 34248 | 36793 | 39063 | 42467 | 45063 |
| 抵减企业所得税金额 | 7545 | 7883 | 8562 | 9198 | 9766 | 10617 | 11266 |

3、技术转让所得减免企业所得税政策效应集中释放在制造业，对推动技术转化起到了一定的积极作用，但对技术转让减免限定条件较高，能享受该项优惠的企业有限。2015年10月以前，技术转让仅指居民企业转让其拥有符合规定技术的所有权或5年以上(含5年)全球独占许可使用权的行为。由于上述规定将大部分非独占许可使用权的技术转让排斥在减免政策之外。因此，2008－2014年仅有15户企业累计减免企业所得税额1209万元，且全部为不超过500万部分的技术转让所得。

4、"六大行业"固定资产加速折旧政策对减轻小微企业设备更新改造压力起到了一定作用，但对大中型企业减免效果尚未凸显。为引导企业投资经营国家鼓励的战略性新兴产业，提高企业加大设备投资、更新改造及科技创新的积极性，2014－2015年，财政部、国家税务总局陆续出台了《财政部国家税务总局关于完善固定资产加速折旧企业所得税政策的通知》(财税〔2014〕75号)、《财政部国家税务总局关于进一步完善固定资产加速折旧企业所得税政策的通知》(财税〔2015〕106号)两部文件。2014年我局仅有19户企业申报加速折旧额142.7万元，少缴企业所得税仅为36万元，以信息传输、软件和信息技术服务业为主，并且均为小微企业当年新购进的单位价值不超过100万元的研发和生产经营共用仪器、设备。

(三)税收优惠政策经济效应

近年来，在经济下行压力仍然较大的情况下，部分科技创新优惠政策虽然有亟需解决之处，但仍然为处于转型期的科技创新企业注入了一剂强心剂，使之成为产业结构优化升级和经济增长的重要推动力。

从宏观层面看，科技创新税收减免通过政策引导，鼓励企业加大创新投入，已成为助推地区经济增长新动力。据统计，2015年上半年仅规模以上工业企业实现高新技术产品增加值389.3亿元，按可比价计算，同比增长12.6%，占全市GDP的比重达到11.1%；生产高新技术产品的企业373个，占全市规模以上工业企业数的13.9%；生产的高新技术产品数为516种，实现高新技术产品产值1479.9亿元，同比增长9.3%。

从微观层面看，科技创新税收减免直接降低企业研发成本，科技成果转化较快，但盈利能力堪忧。通过对全市448家高新技术企业2015年前三季度经营水平和盈利情况调研，发现营业收入增长30%以上的高新技术企业有99家，占比22%；营业收入增长20%以上的高新技术企业119家，占比27%；营业收入增长10%以上的高新技术企业149家，占比33%。而反映企业盈利能力的销售净利率增长超过30%的高新技术企业104家，净利润为负的为169家，两级分化严重，38%的企业仍处于亏损经营状态，如果四季度经营状况持续恶化，这部分企业根本无法享受高新技术企业15%优惠税率政策。

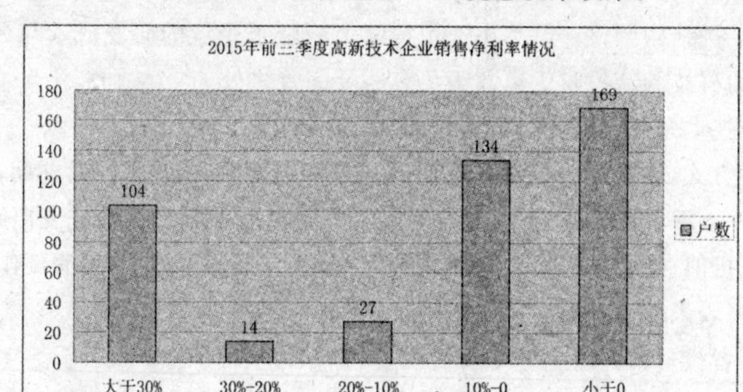


## 三、现行税收优惠政策存在的问题及原因分析

科技创新税收优惠政策在鼓励“双创”中发挥了重要作用，但与政策制定时的预期目标还有一定差距，企业对于政策扶持的实际感知也有明显的差异。以2014年为例，当年我市研发经费全部支出为142.8亿元，内部支出136亿元，外部支出为6.8亿元，内外支出比例仅为20:1，其中外部支付给科研院所2.5亿元，高校1.5亿元，支付给企业的仅为2.8亿元，仅占当年全市研发费用全部支出的2%，98%的研发支出由企业自己承担。以2014年科技创新企业所得税税收减免额5.2亿元为计算依据，假设企业将该部分减免税金全部用于后续研发费用支出，也仅占全市研发费用内部支出的3.8%，仍有128亿研发经费支付需要企业自行解决。究其原因，主要有如下几方面：

（一）高新技术企业认定指标设定不够合理

以研发投入比例认定高新技术企业，不符合产品研发的投入常规。通常，在开发试验初期，企业会投入大量的研发费用，一旦形成自主核心产权，在转化为生产力后，持续的研发费用只是维持技术产品的完善、升级换代，投入的研发费用会大量降低，同时由于转化为成果，产品销量会大幅上升，相应研发费用与销售收入比例会更小。因此，以销售收入作为高新技术企业认定基数有值得商榷之处。

（二）固定资产加速折旧政策优惠报表填报复杂，难以推广

部分重点行业企业因固定资产加速折旧报表填报复杂，加之此项政策仅是由于时间性差异造成短期内的减税，并不是实质性减税，因此多数企业放弃享受此项税收优惠。

（三）个人投资者从上市和未上市科技创新企业取得的股息红利税负不同，不利于鼓励投资

目前，对个人从上市公司取得的股息红利，按个人持股期限长短减计应纳税所得额，按“利息股息红利所得”项目实行差别化优惠政策征收个人所得税，个人投资者从未上市的科技创新企业取得股息红利全额征收个人所得税，不利于鼓励私人资本投资科技创新企业。

（四）技术转让等服务增值税优惠方式设置不够科学

现行“营改增”纳税人提供技术转让、技术开发和与之相关的技术咨询、技术服务的，免征增值税的政策，由于免税项目不能开具增值税专用发票，导致下游企业无法抵扣增值税，增加了下游企业的先进技术引进成本，造成双重不利影响：不但上游科技创新企业的科技成果转化滞后，而且下游企业也无法享受到“营改增”的政策红利。

## 四、完善科技创新税收优惠政策的建议

为进一步落实创新驱动发展战略，以定向结构性减税拉动有效投资、助力“双创”，2015年10月21日国

务院常务会议决定,完善研发费用加计扣除政策,推动企业加大研发力度;在全国推广国家自主创新示范区部分所得税试点政策,推进结构调整。虽然在一定程度上减轻了企业的研发成本与风险,增加了企业创新的投入与产出,但现有的科技创新税收优惠政策仍有需要完善之处。

(一)科学设定高新技术企业研究开发费用指标

建议采取以下几种方式,设定高新技术企业计研开发费用指标:一是在经营前期,研发费比例按现行政策执行,研发成功形成收入后,将比例降低至合理程度。二是将企业资产类研究支出纳入"研究开发费用",而不是现行只认可资产折旧,同时扩大研发费用考查的年度。三是以每年的利润额作为研发费用支出的计算基数,代替现行以销售收入作为基数。

(二)公平个人投资者投资未上市企业个所税税负

基于未上市的科技创新企业在种子期、初创期普遍利润低、分红少的特点,建议将目前对上市公司股息红利差别化个人所得税优惠政策复制推广到科技创新企业的个人投资者,将其实际税负从20%降为10%,有利于平衡个人投资者在上市公司和未上市科技创新企业的税负,通过税收政策导向,鼓励私人资本投资科技创新企业。

(三)扩大企业所得税减计收入项目

为了鼓励自主知识产权的新产品开发,提高产业化水平,加速新产品的推广应用,提升科技发展水平,增强企业扩大科研投入力度和可持续发展能力,对企业拥有自主知识产权的、获得省部级以上认证或发明专利的新产品取得的收入,在计算应纳税所得额时,减按一定比例计入收入总额。

(四)加大增值税政策扶持力度

我国现行的科技创新税收优惠政策以企业所得税为主,增值税优惠政策局限性大,未能充分发挥税收调节产业结构与收入分配的作用。建议调整现行技术转让等服务由免征增值税变成"即征即退"优惠方式,使得接受"四技"服务的下游企业也能够获得增值税专用发票,从而进一步打通、延长和拉伸增值税抵扣链条,实现下游企业进项税额的充分抵扣,使技术转让方和受让方均真正享受到"营改增"政策效应。

综上所述,针对我国现行税收政策中存在的问题,建议建立健全激励企业自主创新的税收优惠法律体系。对零散、繁杂的税收激励政策进行归纳、梳理,并结合宏观经济政策进行必要的调整和规范,以法律、行政法规等形式明确税收激励企业科技创新的目标、方式、对象、范围、申报、审批等内容,加强税收激励的规范化、透明度、系统性及易操作性,以更加有效地发挥税收的政策效应。同时,针对企业发展的不同阶段,制定出既相对稳定又可以适时调整的税收优惠政策。注重在创业初期对自主创新企业的扶持和鼓励,在成长期侧重于对收益的优惠等。这样,既保持政策的连续性,又能与必要的政策微调相结合。

(作者单位:辽宁省大连市地方税务局计会处
辽宁省大连市甘井子区地方税务局)

# 践行五大发展理念助推黔东南地税事业发展壮大

陈辉俊　黄昭文

党中央在党的十八大五中全会提出了创新、协调、绿色、开放、共享的五大发展新理念，为破解发展难题、增强发展动力、厚植发展优势和把握引领经济发展新常态提供了指导思想和原则遵循。与经济发展紧密相关的税收工作，要适应全国经济发展大局、顺应经济发展新常态，唯有牢记和秉承五大发展理念，坚定不移地贯彻落实并服务于五大发展理念，进一步深化财税体制改革、国地税征管体制改革和税制改革，才能实现税收事业的创新、协调、持续发展，进而不断将税收现代化建设推向深入，更加积极有效地服务于经济社会发展大局。

"十三五"期间，在全国经济结构调整升级、转型发展的总部署下，贵州省黔东南州委州政府大力实施"大扶贫、大数据、大健康"三大战略，全力实施扩大有效投资工程、生态经济培育工程、新型产业体系构建工程、城乡一体化协调发展工程、生态文明体系构建工程、现代公共基础服务工程等八大工程，带动经济社会创新、协调发展，必将形成一批新产业、新经济业态、新经营格局，给税收工作创造良好发展机遇，也对税收征管工作和纳税服务提出新要求和新目标。现就黔东南州地税局如何践行五大发展理念，推动黔东南地税事业转型发展、实现税收现代化，进行分析探讨。

## 一、深化创新驱动，培育地税事业发展动力

当前中国经济发展处于新常态，经济结构和产业结构进入调整转型、提质升级时期，以创新为驱动的国家层面的经济社会大改革加速推进，带来经济增长方式和税源结构支撑的大调整、大转型。在改革创新的社会大环境下，特别是供给侧结构性改革中，税收征管体制和税制改革给税务部门的征收管理、技术创新、法治水平、政策素质等提出了诸多新要求，地税干部职工必须增强创新意识，以新思维、新方法应对新挑战。一是在改革创新中创新管理技能。面对新经济业态带来的新生产经营、财务管理方式，特别是"营改增"后地税税源监管和税收潜力亟待挖掘等突出现实，地税干部职工必须增强主动性，尤其要利用"营改增"扩围试点后的地税征管业务量相对减少的征管阶段性"空档期"，开展"岗位大练兵、业务大比武"、选拔"征管能手、稽查能手"活动，加强经济产业知识、税收综合业务、财务管理等知识学习培训，形成一批创新能力突出、业务技能过硬的业务精英、专家骨干，提升地税干部职工发现问题、诊治问题、解决问题、防范问题的综合技能，以先进、有效的管理举措破除因循守旧的思维定势、破解妨碍改革发展的瓶颈、突破传统税收征管格局，卓有成效地推进国地税征管体制改革和税制改革，以举措创新培育地税事业发展新动力，助推地税事业跨越"营改增"、迈向新征程。二是在地方经济转型中创新税收支撑举措。"十三五"期间，黔东南州将立足地方发展需求和经济结构优化目标，广泛引入PPP模式、多元投资主体等多种投资方式，创新开辟投资补助、基金注资、担保补贴等诸多融资形式，有效推进"6个20工程"等一批效益投资、科学投资的工程建设，实现投资项目转型发展。为有效应对和做好新型的投资运营模式下税收服务及征管工作，地税干部职工必须坚持问题导向和目标导向，充实业务技能和管理水平，强化与企业的服务和对接，采取实地调研、现场实践等方式，学习和掌握企业生产管理特点、企业经营状况，帮助企业找准涉税需求，创新和完善助力企业经营发展、巩固税收征管的双赢举措，积极做好促进经济产业发展的政策效应分析和创新应对举措，为地方政府完善产业扶持政策、深化投资转型提供税收支持，助推经济更加健康、优质发展。三是在科技创新战略中积极

创新有为。借力贵州省加速推进的“大数据”战略，黔东南州将在“十三五”期间大力实施“大数据”工程，培育一批以“互联网＋”为核心的大数据核心龙头企业，运用大数据助推经济转型发展。结合全国税务系统大力开展的“互联网＋税务”建设，黔东南地税局将积极运用“互联网＋”、云计算、大数据、“云上贵州”等新技术提升税收征管效能，大力推进信息管税进程，为科技产业创新提供更加精准、贴切、到位的政策宣传、办税辅导服务，促进黔东南州“大数据”等科技产业健康、高效实施，助推税收征管科技管理质效提升。四是在传统产业调整升级中创新涉税减负增效举措。黔东南州紧跟全国经济产业转型升级步伐，“十三五”期间将引进新技术、新设备，实施“百企引进”“百企改造”“百企提升”“百企培育”计划，对传统产业和新兴产业进行扶持升级，大力发展战略性新兴产业、高端装备制造业、科技型新型产业。在企业转型创新中，地税部门要创新税收扶持发展、服务发展理念和举措，创新落实简政放权、优化服务要求，强化经济产业行业经营调研，创新推出分行业、分产业、分企业的政策扶持、提速审批、绿色办税的工作措施，从政策优惠、优化审批等方面为企业科技研发、技改升级减负增效，促进企业在追求高质量、高性能产品上改革创新、转型转轨，助推供给侧结构性改革深入推进。五是探索创新“营改增”后征管新抓手，建立健全自然人税收征管体系。“营改增”扩围收官后，地税部门税费收入失去支柱性税源，税费总量锐减，同时地税机关不再拥有曾经的营业税发票“以票控税”有效手段，加之地税征管重点已经由间接税转向直接税、征管对象由法人转向自然人，地税面临继续做大收入总量、应对量大复杂的自然人征管事务等突出困难。地税部门要秉持“问题就是突破口、问题就是新方向”理念，对焦问题创新举措、解决问题。探索自然人税收征管新机制体制，在地税系统内成立自然人税收征管专业机构，组建地税机关自然人税收征管专业队伍，同时构建地方政府支持、部门配合、社会机构协同的自然人税收综合治税机制，凝聚社会合力开创自然人税收共管共治新格局。创新自然人税收唯一身份控管新抓手，依托逐渐完善的公共信息“实名制”“个人社会信息终身制”机制，借助加速推进的“三证合一、一照一码”“五证合一、一照一码”等促进生产经营身份信息识别管控高度聚合、高度共享的商事制度改革经验，创新建立以自然人身份证号码为涉税事务归集、控管抓手，推进自然人税收征管步入法治化、规范化轨道。创新自然人税收服务新举措，借鉴法人税收服务方式方法，广泛借助互联网＋、新科技手段、新媒体等载体创新推出特色化、个性化的税收服务，为纳税人提供周到的税收政策宣传、纳税辅导、税收法律救助等服务，为自然人获取税收政策、高效办税、提升纳税意识、提高税收遵从营造优质环境，以服务促管理、以服务促遵从，打造自然人税收服务新格局。探索自然人税收信息管税新路径，与金融、工商、国土、建设、国税等职能部门携手构建自然人涉税信息共享和税收控管体系，以自然人资产、资金流动为着力点，以信息管税为依托，以大数据、云计算等科技手段为保障，探索推出“房地产＋税收”“资金＋税收”“发票＋税收”“无形资产＋税收”“信息＋税收”等税收征管新模式，通过部门协管共治和涉税信息挖掘利用，开创税收征管新局面、构建地方税费收入新体系、开辟地方财力新增长点，逐步建立现代化、科学化、专业化的自然人税收控管新道路和新机制，开创税收征管管实管到位、财税收入不断创收增收、税收服务全民化等互利多赢新格局。

## 二、坚持协调发展，积极构建和谐税企关系

协调发展是统筹长远与近期、注重局部与全局、兼顾个别与重点的综合平衡发展方式，是科学发展的实际体现。在我国经济结构全面调整优化、转型提质的攻坚期、决战期，协调处理好经济发展与企业减负、财政增收与涵养财源、规范管理与优质服务、中心引领与乡村跟进等关系，尤为迫切和重要。一是注重协调做好税收增收与税源培植工作。将组织收入工作全面置于经济结构调整转型、供给侧结构性改革深入推进的环境中进行精细谋划，协调做好经济发展与税收征收关系，一方面坚持经济决定税收原则，坚守组织收入纪律，找准税源、管住税源，严格依法治税、应收尽收，以经济的增长助推税收增长增收。另一方面，把握经济发展和税源成长规律，突出研判“三去一降”任务要求，积极将“双创”“小微”“技改升级”

“产业转型”等各类税收优惠政策送到企业、兑现给企业，帮助企业指明发展方向，减轻企业发展负担，让企业在税收优惠政策扶持引领下顺畅创业、规范转型、健康发展，统筹做好企业做大做强和税源培植涵养工作，实现税收收入与地方经济协调发展、协同增长。二是注重协调统筹城乡税收征管的衔接管理。针对城乡经济发展程度、社会经济资源要素禀赋、经济地理区位及条件的差异，紧扣贵州省促进不同地区经济发展的科学决策，按照黔东南州“一核两极、三轴三区”城镇空间格局、提升城市品味、推进特色建设的规划，协调制定城乡税收征管举措和调配征管力量，分区域协调规范税源征管机制，不折不扣地将城乡税收政策及时、高效兑现落实，协调构建税源规模发展的梯队格局，全力抓好城市税收征管、打造税收总量高地，用心抓细农村税收征管、实现洼地税收绽放异彩，优化发达区域税源激励举措、发挥龙头税源引领作用，扶持发展中地区税源成长、渐次培养后续税源，助力城乡税源、税收协调均衡发展。三是注重协调完善地区发展进程中的税收政策。深化税收政策决策调研，注重争取建设、发改、国土等政府职能部门支持，对黔东南州各县（市、区）经济集中的城市主城区、经济开发区的经济发展变迁和适用税收政策情况进行调研分析。从促进发展区域与非发达区域的经济、税负协调匹配的目的出发，对经济发展已经接近和达到主城区、集中区域的经济规模的开发区等区域的相应税收政策进行分析研究，对此区域的诸如土地使用税开征、房产税开征等税收政策提出合理化建议，积极争取上级部门出台相应税收政策，培育新的税源和税收增长点，促进区域经济税负科学、公平分担，助力区域经济协调发展。四是注重协调加强管理与优化服务的协同推进。进一步规范税收征管，严格贯彻落实税务总局和贵州省地税局关于推进税收征管改革、深化税收征管规范管理的系列部署，与职能部门合力落实税收“黑名单”“曝光公示”“失信联合惩戒”等维护税收公平秩序举措，打造严格、公平、规范环境下的税收征管环境，维护依法、规范经营的纳税人权益，对违法违规纳税人实施严格惩戒，构建法治、规范、公正的税收征管秩序。同时，加强优化服务与严格管理的协调推进，践行供给侧结构性改革要求，深化税收服务供给侧结构性改革，以纳税人和社会各界的涉税事务需求为落脚点，对税收服务的项目架构、内容范围、质量标准、保障支撑等服务供给事项进行改革创新，积极推出促进税收征管、提升征管质效、优化经济税收环境的税收服务，利用互联网、移动通讯、电子政务云、贵州省政府门户网站云平台等新兴媒体，深入实施“便民办税春风行动”、“12366 税收热线”服务等税务品牌服务项目，为纳税人更加规范地遵从税法、便利纳税、快捷咨询、寻求援助等提供优质高效、个性鲜明的纳税服务，助推各项征管法规、制度机制、服务规范推进落实，促进税收征管体制规范、高效运行，实现税企和谐协作、服务与管理协调推进、便利与规范互利双赢的良好局面。

## 三、践行绿色税收，助力生态经济产业发展升级

绿色经济是经济产业与社会组织、资源要素有机融合、协调发展的科学发展方式，是可持续发展的具体体现。作为来源于经济、服务经济的税收，在推进经济发展走绿色、可持续的道路中，在鼓励绿色产业、支持绿色经济方面，要紧跟国家绿色经济部署，积极调研提出服务绿色经济建议，认真贯彻落实助力生态环保型、环境友好型、资源节约型等绿色产业发展的税收政策和服务，在绿色经济发展中不断发挥绿色税收的积极作用。一是在落实促进生态环保税收政策上发挥引领。认真贯彻执行助推环境保护和资源节约的税收政策，突出宣传、落实鼓励环保、节能、低碳等产业发展的税收政策，积极将税收惠政宣讲到企业、加强解读辅导，让企业充分理解和用好绿色产业税收政策，引导和激励企业主动淘汰“三高产业”、发展低碳行业、转型走绿色产业兴企之路，用税收政策助推绿色经济发展，实现守生态底线、促进企业经营创收、助财税增长增收协作共赢。二是在完善支持绿色产业发展税收政策上出力献策。围绕国务院倡导环境资源节约、发展绿色环保产业战略决策，立足贵州省抓好重大生态建设、积极培育生态产业、做大做强现代山地特色高效农业等生态建设部署，对焦黔东南大健康、大旅游、大农业、生物产业、清洁能源产业规划，增强税收服务绿色产业发展意识，结合环保资源费改税即将改革，对促进民族医药开发等健康产

业、原生态人文民俗旅游业、现代山地特色农业等生态产业发展的税收政策进行可行性调研分析。首先把握国家鼓励生态环保产业机遇，积极在税收优惠政策上为支持民族自治地区生态产业发展建言献策，向上级报送专题报告，为民族生态产业创业发展、升级上档寻求智力支持、政策支撑。其次，主动对接做好即将开征的环境保护税的征管准备工作，及时、全面地将改革动态信息向地方党委政府汇报，为党委政府稳妥、高效实施绿色生态产业战略提供决策参考，统筹规范生态环保产业与资源税收征管，引导生态产业健康、规范发展，促进环境资源节约、高效利用。三是推进信用换贷款，合力倡导构建绿色融资模式。合法、诚信是纳税人规范经营的核心，是诚信经商的主题。引导纳税人依法经营、依法纳税，是优化税收法治环境、助力依法治国的有力举措。在经济结构调整转型进程中，地税部门要积极与金融部门加强协作，认真推进落实“银税互动”工作，宣传和引导纳税人注重发挥纳税信用资质这一绿色资源价值，利用纳税信用资质和诚信经营信誉在金融部门进行低成本、高效率的绿色融资，为企业技改升级、科技创新等打造绿色、便利的融资保障平台，特别为“双创”“小微”等企业创业发展提供低负担、用得上的绿色融资支撑，助力各类企业转型升级、做大做强。四是在服务经济发展上营造绿色办税环境。以经济产业和纳税人需求为导向，在服务绿色生态产业中，将绿色理念厚植税收工作各环节，从机制运转和服务内容上切实践行绿色要求，以深化资源节约、提高运转效率、降低运行成本为主旨，对机关事务和涉税事务运行的机制和资源进行优化，提升科技信息支撑，积极引入网络化、移动式、无纸化办公模式，大力优化岗责、精简制度，降低浪费、减少冗余、消除梗阻、提速增效，实行高效办公、低碳减排，以实实在在的效果落实绿色办公、节能降耗，用全天候网络宣传平台、一对一政策辅导、点对点热线解答、网络电子办税厅等多种便利举措为纳税人快捷办税、减负增效提供坚实保障，积极推进绿色办公、绿色办税落到实处，从税务机关方面为绿色经济、绿色工作、绿色生活营造良好环境。

## 四、融入开放格局，着力服务经济开放发展大局

在国家经济开放发展的战略大格局中，税收工作要主动响应开发发展的决策号召，主动融入贵州省、黔东南州经济开放发展大局中，紧密结合“一路一带”“长江经济带”“珠江－西江经济带”“走出去”等开放经济部署，善于兼容并包、博采众长，汲取更多外域先进经验，提升税收治理质效，在国际化税收环境中经受考验，助推开发经济与税收工作双促进、双发展。一是精心献策支招，护航企业“走出去”。践行新理念和新常态要求，贯彻落实税务总局加强国际税收征管、深化全球税收治理工作部署，按照黔东南州培育壮大外贸经营主体的发展决策，结合黔东南州“走出去”企业生产经营情况，大力强化国际税收工作，提高国际税收工作质效。优化“走出去”企业税收服务支撑，实施一企一策、一企业一服务、一企一班人，与企业构建接对帮扶关系，建立黔东南州“走出去”企业税收动态服务台账，以企业需求健全税收服务项目清单，及时梳理、解读“走出去”企业税收政策和税收风险防范常识，不定期开展税企座谈，让企业全面掌握“走出去”税收政策，引导企业用好政策、用足政策，助力企业依法规范涉税风险防控，助推黔东南州“走出去”企业在国际经济舞台不断发展壮大，促进黔东南州外贸经济规模发展。二是精细对接服务，助力“引进来”企业。把握“引进来”企业的生产经营业务和涉税事务特征和规律，注重加强干部职工涉外税收政策法规、管理方法、服务方式等专业业务技能学习培训，引导干部职工以开放、包容、博学的姿态深入学习、掌握涉外税收政策业务知识及工作经验，为“引进来”企业提供优质涉税服务和税收环境支持，促进“引进来”企业愿意来、驻得下、安心做、得实惠，发挥外资企业对黔东南州本土经济的带动、激励作用，助推黔东南州内外资经济产业协调发展，促进地方经济在开放、创新中不断做大做强。三是广泛公开政务，营造公正开放税收环境。深入实施“阳光税务”，以更加开放、公开的胆识，深度推进政务公开、政府信息公开，将公众应知应晓的涉税政策、信息进行多渠道、多层面公开，特别是将地税部门权力清单、责任清单、优惠清单进行充分公示告之，让公众应知尽知、应晓尽晓，主动面向社会发出地税好声音、树立地税正形象，让企

业、公众依法享有应有的税收知情权，提高社会各界税收遵从和纳税意识，强化地税部门社会监督，促进地税执法行政工作更加法治化、规范化。同时，依法规范落实涉税“黑名单”曝光制度，依法开展曝光，推动多部门对失信纳税人实施联合惩戒工作有效开展，更加开放地公开地税依法治税举措和成果，利用公众监督力量严厉惩戒失信、违法纳税人，公正维护依法经营、依法纳税纳税人的合法权益，让税收遵从度、行政透明度、执法刚性在开放中得到不断提升和巩固。

## 五、突出共享理念，提升税收服务发展质效

国家“十三五”规划的五大发展理念中，“共享”是作为发展的终极目标，既是“十三五”的重要出发点，也是最终落脚点。民众幸福感的提升、获得感的维系，必然要在“十三五”的共享中得以体现。税收是调节国家经济的杠杆，更是国民收入再分配的有效工具，让税收成果更加充分地促进发展、惠及民众、全民共享，是税务部门践行“共享”理念的目标和实践。一是做大收入蛋糕，着力保障税收助力公共建设成果共享。首先，积极做好组织收入工作，卓有成效地管实管细管好“十三五”规划部署、供给侧结构性改革、税收改革等发展机遇带来的新税源，以强有力的管理、更有效的税收征管，大力筹集财政资金，切切实实把经济税源转化成真实可用的税收收入和国库中的真金白银，为黔东南州公益建设、民生事业、公众服务提供财力支撑，让民众共享改革发展成果。其次，在推进税收改革创新、强化税收征管、大力组织收入的基础上，增强地税部门为地方财力创收增收的主动性和内生动力，正确面对“营改增”后及系列税制改革给地税税费收入体系带来的影响，发挥地税部门先进的征管设施、丰富的管理经验和精干的人力资源等优势，主动请缨、勇担重任，积极接手和深化社保费、工会经费等相关基金规费的代征工作，促进地方税费总量蛋糕不断做大，直接拉动地方政府财力增长增收，为地方公共服务、改善民生、公益事业等提供更加厚实的财力保证，让民众获得更多的公共建设成果享受感和获得感。二是建立信息数据库，促进税收行政资源共享。深入推进社会综合治税建设，建立健全党政领导、税务主责、部门合作、社会协同、公众参与的税收共治格局，大力引入互联网+、大数据、云计算等科技信息技术，凝聚部门合力，共同建设涉税信息、公共行政资源信息的传输、交换、共享大数据库，“打通”部门信息共享和网络联通的壁垒，建立健全信息高度聚合、网络传输无障碍的数据信息共享平台，实现数据信息更加精细化、精准化地互联互通、共享共用，依托综合行政资源信息的重复利用、深度挖掘、共享利用、增值运用，助力税收征管规范化、精细化，形成更加健全的税收共管共治体系，为税收征管、涉税服务、惠及民生提供坚实后盾支撑。三是深化税务部门合作，全力推动国地税联合办税成果共享。以改革创新思路深化国地税合作，围绕服务深度融合、执法适度整合、信息高度聚合要求，按照《国地税合作工作规范》规定，以纳税人需求为导向，深度实施“厅同建、业同办、法同执、户同进、税同宣、知同学、数同享、人同管、绩同考、形同树”十同合作格局及“一人一机一窗双系统”国地税合作模式，为纳税人和社会各界打造“营改增”后国地税办税业务无缝对接、平滑过渡、高效办理的优质税收环境，让纳税人充分共享国地税合作带来的优质服务成果，确保征纳双方办税成本只减不增、工作质量只增不减、办税效率只升不降，助力税收征管成果和效益日益壮大。四是发挥部门共建作用，深入推动税务助力脱贫成果共享。脱贫攻坚是民众共享发展成果的基础和保障。助力脱贫帮困、推动全面小康、实现共同富裕，是全社会共同职责。按照国家脱贫攻坚总体部署，结合黔东南州脱贫攻坚和精准扶贫工作规划，黔东南州地税部门要发挥部门共建作用和反哺社会义务，依托地税部门职能优势，一如既往地承担地税部门扶贫帮困、共建帮扶职责，继续按各级党委政府脱贫扶贫工作要求，进一步强化同步小康驻村帮扶、精准扶贫、结对帮扶、助学帮困等各类公益帮扶活动，尽心尽力为贫困乡村发展经济、贫困群众脱贫致富、困难学生升学成长做出地税部门应尽的贡献，让贫困地区和困难群众充分共享发展成果，实现脱贫致富、走上小康，促进广大群众拥有更多的获得感和幸福感。

（作者单位：贵州省黔东南州地方税务局）

# 进一步强化税收档案建设势在必行

仲崇文

国家税务总局王军局长在《以科技创新推进税收管理现代化》一文中明确指出："解决税收管理方式不适应形势发展要求的问题，根本出路是按照习近平同志的要求走创新驱动之路，全面实施信息管税"。税收档案建设是信息管税的重要基础性工作，对服务领导决策、强化税收征管、促进经济发展、探索税收规律、满足纳税人需求等等方面都具有非常深远的意义。从2015年开始，江苏省地方税务局进行了先行探索，把税收电子档案管理系统集成在3·0大集中税收征管信息系统中，并形成了"计算机集中处理＋电子档案存储＋数据有效管理"的高效管理模式，这给"互联网＋"背景下的税收档案建设提出了更高要求，要顺应新形势下税收现代化建设的客观需要，税务机关就必须以新的思想、新的理论、新的方法和新的手段，进一步强化税收档案建设。

## 一、税收档案的地位和作用

随着我国经济社会发展进入新常态和税收征管改革的不断深入，税收档案作为一项宝贵的信息财富，已不再是简单的资料收集和数据保管，而是在大数据被广泛应用的条件下，逐步成为税务部门处理日常税收业务、履行税收职能、推进经济发展、满足纳税人需求和研究处理税收政策法规及工作规律的重要手段，对加快税收现代化建设，实现税收事业发展的新跨越愈来愈显示出不可或缺的作用。

(一)税收档案的地位

税收档案是真实反映税务机关和税务工作人员依法全面履职的客观资料，是依法行政过程公正、公平和公开的直接反映，是税务机关依法治税的历史见证，是税务人员公正执法的真实记录，它对于税务机关和税务人员依法履职、忠实履职和安全履职意义重大，特别是确保税收执法的公开、公正和公平尤其重要。

1、税收档案真实记录了执法过程。它对各级税务机关及其执法人员在税收工作各个环节实施的全过程中，通过文字、图表、数据、影像等多种手段客观真实地记录了实情，特别是对税收执法的程序启动、调查取证、审查决定、送达执行等行政执法的整个过程进行了全流程的跟踪记录，形成了客观、真实、准确、有效的历史性税收信息资料。

2、税收档案客观地反映了纳税人遵从。广大纳税人从税务登记开启，无论是使用传统方式，还是使用网络信息化方式，在全面履行纳税义务和行使纳税权力过程中，真实记录的税收档案都能客观地反映出纳税人按照税法的要求，是否如实、准确、及时地履行了自己的纳税义务，是否依法依规行使了纳税权利，依法经营，诚信纳税，税收档案都会如实地客观反映。

3、税收档案如实体现了执法公平。各级税务机关的税收档案直接体现了执法过程中税收执法文书是否规范，在法律、法规和政策规定的原则及范围内自由裁量权的宽与严、大与小或多与少的把握是否恰当，是否真正做到了公平、公正、公开等等。

4、税收档案集中展现了法律效力。税收档案是对纳税人依法行使权利和义务的法律记录，能够真实地反映税务机关和税务人员是否以法律规定的方式来规范或约定纳税人的权利和义务，特别是税务机关在风险应对、税务稽查实施过程中，从立案到结案的全过程其程序是否合法、执法是否有效等等。

5、税收档案直观地凸现了法治环境。税收档案真实地反映了税务机关及税务人员在依法行使职权的过程中，广大纳税人的客观配合程度，以及，社会各方对税务机关和税务人员依法履职的真实态度，特别是政府部门对税收执法的支持配合程度，直接地反映出依法治税的现实环境。

（二）税收档案的作用

税收档案是税务机关和税务人员税收执法的历史记录，它对研究税收工作规律、制订税收政策法规、提升税收征管质量、维护纳税人权益、服务经济发展、解决涉税争议、提供社会服务等多方面都能起到重要的作用。

1、为服务地方经济发展提供决策依据。税收档案是掌握经济税源动态、制订税收计划的基本依据。税务部门通过分析历史性税收档案，宏观上可准确地掌握税源变化，把握纳税人产、供、销和经营业务变化，以及纳税人产品品种、结构和成本的变化，并根据国家的经济政策和市场供求状况，预测税收升降趋势，合理编制各个时期的税收计划，为地方党委政府及相关部门了解分析地方经济结构，制定符合当地经济发展实际的工作目标提供科学的参考和依据。

2、为提高征管质量提供信息支撑。税收档案作为税收征纳信息的第一手材料，是信息化建设的重要基础。税收档案的建立健全和管理工作的逐步升级，将形成全面、完整、准确的大数据信息库，大大拓展数据的可控性与即时性，方便聚焦经济税源信息，有针对性地强化纳税人的行为管理，促进征管工作更加高效快捷，有效全面地提高税收征管质量。

3、为化解涉税争议提供客观资料。税收档案的法律作用是税收档案凭证价值的重要体现。从档案的形成来看，它是当时、当地、当事人在业务活动中形成的原始记录，真实性、可靠性强，是令人信服的真凭实据。在征纳双方产生税务争议时，可为税务行政复议、行政诉讼等法律行为提供必要证据，为解决税务争议、处理税务案件等相关活动发挥重要的证据作用。

4、为税法宣传教育提供真实案例。税收档案是税务机关及其执法人员实施税收征管执法权力和纳税人履行纳税义务的原始记录的完整再现，全面、完整、齐全的税收档案完全可以确保税收执法的连续性，通过查阅税收档案中的现实执法案例，可以发现和分析在执法过程中存在的问题和不足，从而指导和规范各项税收工作程序，实现对税务人员规范执法和纳税人税法意识的再教育，不断提升税收执法水平和税法遵从度。

5、为纳税人守法经营提供真实记录。税务档案真实记录了纳税人各个历史时期的生产经营和纳税情况。通过信用等级管理，给予守法纳税人实质性的支持和便利，扩大纳税信用的社会效益，逐步树立起守信激励和失信惩戒的价值导向。

6、为社会各类服务需求提供涉税证明。通过建设开放、便利、优质的税收档案查阅服务平台，可以方便税收档案利用人查阅已提交的涉税资料，满足办理人才流动、企业迁移、项目办理、金融贷款、出入境等多项与人民群众生活、工作紧密联系的各种相关的税收档案服务需求。

## 二、税收档案的建设现状及原因分析

（一）税收档案建设的现状

近年来，各级税务机关坚持服务发展大局、服务纳税人、服务基层的导向，顺应税收信息化建设要求，立足档案管理与税收信息化建设同步发展，不断完善工作制度，创新工作机制，将税收管理制度规范化要求延伸到税收管理的各个环节，形成了较好的税收征管资料管理制度体系。把“需求”作为价值取向，注重档案的开发利用，突出利用效益，档案管理水平稳步提升，实现了税收档案为领导决策服务、为基层建设服务、为税收工作服务的目的。但从现实情况看，目前税收档案建设还不够科学和完善，主要存在以下问题：

1、上级重视与基层轻视的矛盾。省、市税务机关在税收档案建设方面十分重视，但县级税务机关在税收任务与规范执法的双重压力下，对税收档案建设工作的重要性认识不够，重税收业务、轻档案建设的惯性思维尤为突出，有的基层单位对税收档案和档案信息化建设工作认识不清，总认为档案管理工作就是粘粘贴贴、抄抄写写，属保管性的工作，是单位的边缘工作，面对庞大的日常工作量，有厌烦和抵触情绪，工作不细致、消极应付，不能保证档案资料的及时性、完整性和准确性。

2、税务部门重视与纳税人忽视的矛盾。税收档案建设的主体是税务机关，近年来，各级税务机关已越来越重视税收档案建设，江苏省地税系统2013年就在区(县)级地税机关成立了专门的档案管理机构，而且，把税收档案纳入了税收征管信息化管理系统，极大地提高了税收档案的管理水平，但由于档案查询调阅平台还未开放纳税人端口，档案的实际利用价值还不高，这也从客观上造成了纳税人对税收档案重视不够、参与度不高的问题。

3、主管部门重抓与配合部门轻抓的矛盾。近年来，随着税务机关税源专业化改革的不断深入，各级税务部门逐步建立健全了专门的税收档案管理机构，专司档案管理工作，实现了主管部门重点抓的特色。但由于管理责任不够明晰，档案意识依旧淡薄，各种业务部门在日常工作中形成的电子文档不能及时向档案管理中心移交或根本不移交，一旦负责人履新或工作人员换岗，就会将电子文件打包带走，无法形成资料的延续性等等，档案管理的配合程度还不够高。

4、档案完善与深度利用的矛盾。从总体上来说，目前现存的反映税收征管工作的税收档案还不够完整，在质量和规模上有所欠缺，一定程度上难以实现档案利用者的多种需求，在查询、分析、核对和执法检查等综合利用方面效果不佳，档案利用程度低。就以苏中某县级地税局为例，档案管理中心成立三年多来，接待最多的档案利用者是房屋交易契税资料查询，占全部利用的76%，其他24%为执法检查、风险应对等等，税收工作很多领域的档案利用不到位，有的甚至是空白。

(二)税收档案建设的问题分析

1、法制意识淡薄。国家《档案管理法》的宣传教育重视不够，包括党委政府、税务机关、纳税人普遍缺乏对档案及档案管理相关知识的了解，对档案管理意识不强。税务机关面对税源专业化管理改革的新形势，许多基层税务人员认为随着信息化建设的快速推进，利用综合征管软件和税收法规分析监控系统等平台，就完全可以利用现有条件对税源进行实时监控和精细化管理。税收档案管理被作为一项阶段性、临时性、突击性工作，每年安排一段时间集中整理，而平时档案工作很少顾及，缺乏经常性的档案管理和利用，不能把档案管理上升到法制建设的高度上去。

2、部门整合乏力。在税务部门内部，很多人认为档案工作是档案管理中心的事，与他们无关，缺少部门间协调运转机制，造成内部部门之间、岗位之间的业务衔接不到位、信息沟通及监控网络尚未完善，各自为战，难以达成默契。同时，税务机关与其他部门之间的信息共享系统还未真正建立，信息传递不畅通，致使在档案管理中出现了一些“真空”地带。

3、队伍素质不够。大多数的档案管理员都是兼任的，这些同志往往把档案管理作为自己的额外工作，存在厌烦情绪，有的甚至连档案管理的职责都不清楚。有的地方领导不重视，工作不考核，不能对档案管理人员开展定期的业务培训，不能创造机会让档案管理人员参与各种练兵活动等，久而久之档案管理人员的工作逐渐被边缘化，队伍素质每况逾下。

4、标准要求较低。目前，江苏省地税局已正式使用电子档案管理系统，规范了档案管理的电子化、信息化。但地税部门税收征管档案的分类、装订、归档，至今仍与国家标准档案管理的规范存在差异，基层地税部门在税收征管档案管理方面无法可依，各自为政，档案质量良莠不齐，全、深、高的问题没有解决。

5、管理手段滞后。主要是信息化和现代化程度低。由于缺乏对电子档案资料及相关数据的综合分析、指导和应用，档案工作自觉依靠高科技的机制尚未健全，不能积极主动地适应现代管理方式，不能做到大胆创新、拓展服务，遇到困难时，不是束手无策，就是做表面文章，结果把档案管理信息化搞成了表面化、庸俗化，投入很大的精力开发电子档案管理系统，在实际利用时，却仍依赖纸质档案，导致档案利用效率、效果均难以发挥。

## 三、加强税收档案建设的新思路

在“互联网＋”和大数据运用的大背景下，税收现代化建设进一步加快，对税收档案建设的要求越来越高，迫切需要用新的观念和新的思维来探索税收档案建设的新思路。

（一）统一思想、提高认识

一切工作的主体是人，人的认识决定人的行为，把人的思想认识提高到《档案法》上来，把工作重点列入到日常工作中去，让广大税务工作人员充分认识到税收档案的重要价值，税收档案不仅是日常工作中非常重要的部分，而且是强化税收管理、提高税收工作质量和效率、保证完成各项税收工作任务的重要保障。做到脑中有概念、心中有位置，行动有动作。通过多种渠道，广泛宣传档案管理工作的重要意义，树立档案工作“人人参与”、“人人有责”的意识，形成以“电子档案管理为主、纸质档案管理为辅”的管理思路，切实提高各级领导和广大税务人员对税收档案工作的重视。

（二）健全队伍，强化投入

始终坚持税收档案建设与税收事业同步发展的理念，把档案管理工作纳入正常的税收年度工作计划，在财力、人力和组织协调上给予充分重视。全面建立专门的档案工作领导机构，负责协调解决和处理档案工作中遇到的困难和问题，形成“主要领导全面抓，分管领导亲自抓，各个部门具体抓”的齐抓共管工作格局。每个岗位都能形成档案，每个人都是兼职档案员。吸引更多的责任心强、素质好的干部参与到档案干部队伍中来，并按一定比例安排好经费预算，逐年充实配备高素质人员，精心打造一支政治过硬、业务娴熟的税收档案专业化管理队伍。

（三）规范管理，重视标准

尤其是制度化建设和标准化建设的问题，要适应税收现代化建设的需要。把税收档案工作列为绩效考核的重要内容，与其他工作同部署、同组织、同考核，明确各岗位人员为资料收集的第一责任人，严格抓好税收档案的收集、整理、归档，注重维护档案的完整与安全，有效保证档案管理各项工作落到实处。结合税源专业化管理的相关要求，在完善业务流程的基础上，制定出规范的档案管理流程和标准，减少档案在业务部门的流转时间，避免资料的散失，提高档案的管理水平。

（四）完善平台，科学推进

目前，仅是地税系统单独设立了税收档案中心，开发了电子档案管理系统，而且，仅是江苏地税，其推广度还不够，应当由总局牵头，形成全国性的税收档案管理的专业化。要结合“金税工程三期”推广的契机，尽快制定出符合地税工作实际的、统一规范的电子档案管理系统和电子文件归档管理办法，使税收档案信息化建设的基础性工作真正落实到位。按照“平台统一、一次录入、数据一致、信息共享、综合利用”的原则，推行纸质税收征管档案和电子税收征管档案并行的管理模式，在纸质资料传递时应提供资料传递单（移交清单），列明附列资料，提高征管资料审核力度、明确采集审核责任、完善大集中征管系统数据、解决纸质征管资料与大集中征管系统数据不一致的情况。从税收征管信息化现实水平的实际出发，严格把好电子数据的录入质量关，制定出统一标准的录入格式及录入项目，高质量、高标准做好税收资料的收集、归档工作，确保电子档案与纸质档案内容的一致性，建立起有效、可靠、真实、可用的大数据库，让死档案变为活数据，为加快税收现代化建设提供坚实保障。

（五）合力管理、完善信息

来自社会第三方的信息可以弥补纳税人申报提供涉税信息的不足，可以印证纳税人提供涉税信息的客观性和准确性，为纳税评估，日常稽查排找纳税人税务违法行为提供线索和旁证，同时为税收宏观分析和微观分析提供详实、丰富和客观的数据资料。通过扩大政府部门的信息交换与共享范围，让税务机关根据其他第三方的信息，对来源庞杂的税收档案资料进行鉴别，“去伪存真”使散存的资料成为有用的档案，真正解决真假档案的甄别问题。充分发挥这些档案资料的作用，及时了解、掌握纳税人的经营状况，收入情况，从中判断纳税人是否存在税收违法行为，达到监控税源的目的，维护税源基础。

(六)突出考核，提升绩效

各级税务机关要全面建立税收档案考评小组，完善档案内部考评制度，定期对档案管理工作进行考核评比，对于在档案考评中表现突出、责任心强、有创新意识的档案管理单位和人员实施表彰奖励，对发生损毁、丢失、涂改、伪造或擅自出售、泄密等重大不规范问题的实行“一票否决”制，从而，促使职能部门及档案管理人员的高度重视，确保档案管理到位。同时，建立外部监督制约机制，协同司法、监察及档案行政管理部门等外部行政执法监督部门，对行政执法档案工作进行指导和检查，加大督导考核力度，努力将不规范行为消灭在萌芽状态，进一步促进税收执法的公开、公正和公平。

(作者单位：江苏省扬州市江都地方税务局)

# 经济升级与税收崛起：论新疆塔城地区为什么行

新疆塔城地区国家税务局课题组

## 一、需求与产业结构分析

(一)需求结构

经济总需求是由投资、消费和净出口决定，即所谓的“三驾马车”。塔城地区投资需求强劲，5年来固定资产投资额呈现高速增长，从136.84亿元增加到357.7亿元，年均增长率37.75%，投资占GDP比重由47.92%增加到80.31%，超过全国平均水平近5个百分点。投资需求在“三驾马车”中占绝对主导，对塔城地区经济发展起到了支撑性作用。与此同时，也存在着一些结构性问题：(1)全地区投资效益系数从0.36下降到0.1左右，资金边际效率下降；(2)受投资“挤出效应”影响，消费过于低迷，2014年全地区社会消费品零售总额为69.28亿元，占GDP比重只有14.12%，对经济可持续性增长构成一定威胁。

(二)产业结构

近年来塔城地区致力于产业结构的改善和调整，5年间三次产业比例由25:42:33调整到23:45:32，结构更趋合理。随着工业化推进，一产比重向二产转移了2个百分点，二产产值从120.05亿元增加到219.4亿元，增长82.76%。特别是以能源、采矿、冶金为主的重化工产业发展迅猛，对地区经济带动力强劲，重工业在工业总产值中的比重从61.6%提升到80.3%，工业“重型化”趋势越来越明显。然而，在肯定产业结构优化调整和趋势向好的同时，应该看到：(1)制造业结构梯次较为简单，经济和财税对石油、煤炭、建材、黄金等行业和产业的依赖度过高，抵抗需求和价格波动的能力弱；(2)三产产值逐年提升，但未能跟进二产步伐，比重仍然较低。从全国水平看，2013年第三产业比重首次赶超二产，已达46.1%，而塔城地区最高时期(2009年)只有35.2%，低于当年全国和全疆水平分别为9.2和1.9个百分点，促进三产发展还有很长的路要走。

## 二、税收与经济关联分析

(一)税负分析

随着塔城地区经济总量和税收征管水平不断提高，税收收入呈现快速增长，从2010年的18.6亿元增加到2014年的37.3亿元，年均增长率19%。但增速有下滑态势，正在由高速向中高速换挡，增速滑落的主要原因：一是近两年面临的宏观经济较为严峻；二是地区主动转变经济增长方式，调整经济结构的结果。从宏观税负看，五年税收负担率均在8%以下，比重偏低(2014年全国水平为16.3%，而塔城地区只有7.6%)。另外，税负波动趋势显著：2010到2012年逐年提高，至2012年达到峰值8.03%，2012年以后至2014年逐渐回落至7.6%，5年间最大波幅1.5%。

表一　2009－2014年经济与税收数据

| 年份 | 税收 | GDP | 税收增长率 | GDP增长率 | 税收弹性系数 | 宏观税负 |
|---|---|---|---|---|---|---|

| 2009 | 13.9 | 242.3 | — | — | — | — |
|---|---|---|---|---|---|---|
| 2010 | 18.6 | 285.5 | 34.00% | 17.83% | 1.91 | 6.53% |
| 2011 | 26.5 | 334.4 | 41.97% | 17.10% | 2.45 | 7.92% |
| 2012 | 31.2 | 388.4 | 17.87% | 16.16% | 1.11 | 8.03% |
| 2013 | 35.5 | 445.4 | 13.68% | 14.68% | 0.93 | 7.96% |
| 2014 | 37.3 | 490.4 | 5.10% | 10.10% | 0.51 | 7.60% |

(二)弹性分析

1、短期波动性。2010年到2012年税收弹性系数大于1,税收增速跑赢经济增速,2011年最高时期达到此轮周期的峰值,税收增速是经济增速的近2.5倍;2012年以后受固定资产投资比重上升、工业品价格指数下行、政策性减税等因素影响,税收增速逐渐滞后于经济增速,到2014年只有经济增速的一半(0.51)。造成弹性短期波动的具体原因主要包括:

(1)“顺周期性”。经济与税收普遍存在“顺周期性”经验规律:经济高速增长时期,税收收入以更高的速度增长;经济衰退时期,税收增速以更快的速度回落。以2013年为转折点,2010—2012年地区GDP均保持了16%以上的高速增长,这一时期税收的增速更高(最高时期达41.97%),税收增长率曲线在GDP增长率曲线之上,2013—2014年GDP增速明显放缓(2013年较上年环比下降近3个百分点),税收增速回落更快,税收增长率曲线下行并穿破GDP增长率曲线,到2014年税收增长率只有5.1%。塔城地区经济与税收也显现出广义的“顺周期性”和“放大效应”。

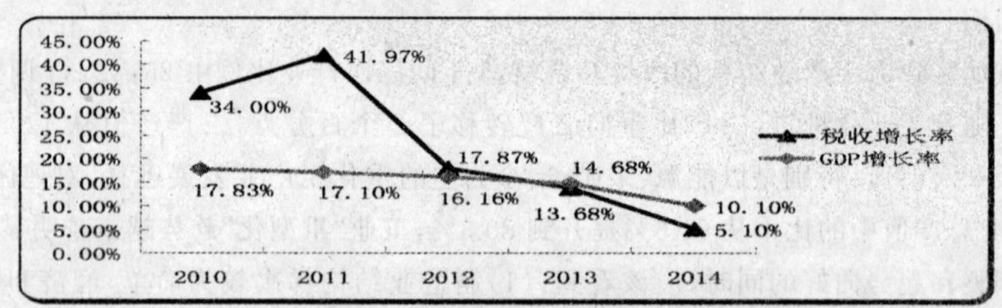


图一 2010—2014年塔城地区经济与税收增长率变动情况

(2)固定资产投资。2008年金融危机前后,为刺激内需进行了大规模的固定资产投资,到2010年,前期投资逐渐产生税收效益,税收快速增长并赶超经济增速,2011年税收弹性攀升至2.45。2012年以后,在新一轮大规模投资(2012年和2013年地区全社会固定资产投资增速分别40.7%和25%)强势推动下,经济增速仍维持高位(10%以上),但因投资收益的“滞后效应”,税收效益未同步显现,税收增速逐渐回落,到2013年由领先经济增速逆转为落后经济增速,税收弹性回调至1.0以下。

(3)价格指数波动。税额和税收增速一般是按照现价计算,而GDP增速是以扣除物价变动后的实际产出量(不变价)计算,因而物价波动会直接引起税收弹性变动。2010年、2011年处于前期刺激政策的消化期,全国上下进入严重通胀周期,工业品出厂价格指数PPI分别上涨5.5%和6.0%,在高通胀水平下税收弹性高位震荡;2012年以后随着产能过剩压力高企、政府治理通胀的措施得力,物价指数迅速跳水(2012年PPI为—1.7%,2013年和2014年均为—1.9%,2015一度出现严重通缩迹象),税收增速从41.97%的高点一路下泻至2014年的5.1%。一般而言,黄金、煤炭等资源产品易受外部经济景气状况影响,价格弹性要比其他非资源类产品大的多。塔城地区资源型行业占比大,2012年以后,特别是2013年和2014年,随着技改深入,产能急速扩张,但市场需求未能跟进,黄金、煤炭等价格急速下跌,税收大幅回落，拉低了税收弹性。2012 年以前 PPI>0，价格指数处于上行通胀区间，税收弹性>1，税收增速快于经济增速；2012 年以后，PPI<0，价格指数处于下行通缩区间，税收弹性<1，税收增速落后于经济增速，税收弹性与 PPI 波动规律基本吻合。

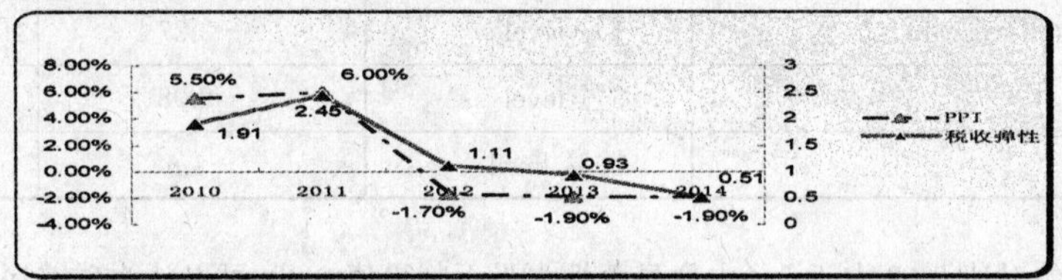


图二　2010—2014 年塔城地区税收弹性系数与 PPI 走势图

2、长期均衡性。短期税收弹性受宏观经济基本面、投资周期、价格等因素影响呈现出非线性变动特征，短期波动规律往往难于把握和预测。但在长期，理论上"经济决定税收，税收反作用于经济"，二者存在相互依存，相互促进的关系，增长曲线都是呈螺旋式上升走势。为验证这一规律对塔城地区的适用性，探寻经济税收增长的长期规律，本文对该地区 2009 年—2014 年经济总量 GDP 与税收收入 TAX 的历史数据进行考察，借助计量经济方法和 EVIEWS6.0 软件，建立了经济与税收增长的协整模型和误差修正模型。

(1)经济与税收协整分析。

①平稳性检验。通过对 GDP 和 TAX 对数作单位根检验，得知 GDP 和 TAX 序列是非平稳的。用同样的方法对其一阶差分项 DlgGDP 和 DlgTAX 作平稳性检验：

表二　DlgGDP 和 DlgTAX 的单位根检验表(含趋势和截距项)

| 变量 | DW 值 | ADFT 统计量 | Prob. * |
|---|---|---|---|
| DlgGDP | 0.99 | −1.86 | 0.0686 |
| DlgTAX | 2.3 | −6.06 | 0.0649 |

检验 P 值均小于 0.1，在 10% 的显著性水平下应拒绝原假设，因此：DlgGDP 和 DlgTAX 是平稳序列，lgGDP 和 lgTAX 都是一阶单整，即，lgGDP～I(1)，lgTAX～I(1)，满足协整检验条件。

②协整检验。检验 lgGDP 和 lgTAX 是否存在协整关系，本文采用 Engle 和 Granger 提出的 EG 两步法。

第一步：建立 lgGDP 和 lgTAX 的协整回归模型：$lgTAXt=\alpha+\beta lgGDPt+\mu t$，运用最小二乘法(OLS)参数估计的结果如下：

$lgTAXt=-5.1233+1.4256lgGDPt+\mu t$

S.E：　(0.85)　(0.15)

t−Statistic：(−5.99)　(9.80)

Prob. *：　(0.0039)　(0.0006)

$R^2=0.9599$

可以看到，参数 α 和 β 均通过了高度水平(1%)的显著性检验，可决定系数 $R^2$ 接近 0.96，拟合优度较好。

第二步：对 OLS 回归的残差序列 $\mu t$ 进行平稳性检验，若 $\mu t$ 平稳，则 lgGDP 和 lgTAX 协整，反之协整关系不成立。

表三 $\mu t$ 的 ADF 检验结果

| | | t－Statistic | Prob. * |
|---|---|---|---|
| Augmented Dickey－Fuller test statistic | | －2.12 | 0.0474 |
| test critical values | 1% level | －3.27 | |
| | 5% level | －2.08 | |
| | 10% level | －1.6 | |

T 统计量的绝对值 2.12 大于 5%中度显著性水平下临界值 2.08，可以认为残差序列 $\mu t$ 平稳，进而得出结论：lgGDP 和 lgTAX 是(1,1)阶协整，表明税收(TAX)和地区生产总值(GDP)之间存在着"长期均衡"关系，且二者同向变动。

(2)误差修正模型。协整关系只能反映变量之间理论上的长期关系，而实际中数据往往处于短期的非均衡状态，实际值与均衡值存在误差。为进一步研究二者短期波动及误差项对长期均衡的影响，我们用动态非均衡的误差修正模型(ECM)来逼近理论上的长期均衡模型。模型的一般结构为：DlgTAXt＝α＋β1 * DlgGDPt＋β2 * ECM(－1)＋$\mu$t。其中：ECM(－1)表示滞后一期的残差项，即 ECM(－1)＝$\mu$t－1；β2 为误差调整系数，表示上期的残差项对下期的调整力度。运行结果如下：

DlgTAXt＝－0.6177＋5.6485DlgGDPt－0.9030ECM(－1)

S.E： (0.17) (1.13) (0.38)

Prob. * ： (0.0650) (0.0376) (0.1426)

R^2＝0.9298

误差调整系数 β2＝－0.9030，为负数，符合反向修正机制，表明：如果地区生产总值与其长期均衡值的差距超过 90.3%，则在下一期中会得到一定程度的纠正或清除，将下期数据拉回到与长期均衡值接近的水平，再次验证了塔城地区经济与税收的长期均衡关系。

## 三、促进经济税收增长的路径选择

塔城地区经济与税收存在着相互依存，相互促进的长期均衡关系。但是，从更多长远的视角来看，税收和税收增长主要得益于经济总量提升和经济结构改善。据此，我们提出促进经济税收增长的参考路径：多策并举促进经济结构调整，以需求结构调整带动产业结构升级，以产业结构升级带动经济税收互动共赢。

(一)改善投资效率和结构，促进制造业升级

塔城地区虽以资源丰富著称，但其目前的经济发展水平、财政税收规模、区域综合地位等与所拥有的资源禀赋并不相称，加快资源优势转换和产业结构升级仍然任重道远。深入推行目前的高投资驱动模式，对于塔城地区由传统经济向现代新经济转轨，实现经济与税收后发赶超等仍然具有十分重要的意义。一是要改善投资效率和结构，资源开发利用过程中，既要充分利用自身资源价值，又要挖掘核心资源在不同产业间的连接和纽带价值，做到物尽其用，提升投资效率。在策略选择上，关键是实施一体化战略，延伸产业链，形成"以资源开发利用为核心，关联产业协同发展"的制造业大集群和精细化加工产业高地，提升资源产业附加值。二是优化投资结构，不断提高效率改善型投资比重，优化存量产能，降低资源综采和加工成本。通过增加有效投资，优化投资结构，提升投资效率等把更多的价值环节留归当地，加速塔城地区资源优势向经济优势和税收优势的转化。

(二)培育消费需求，提升三产比重

投资不能脱离最终消费而自我循环，经济的平稳、健康、持续运行必须建立在投资与消费协同发展之上。消费需求一般主要集中在批发零售、文化旅游、金融、房地产、生活服务、现代服务等第三产业，不仅对经济的带动力强，而且税源范围广，创税环节多，对地方税收的贡献率为第一、二产业所难比拟。塔城地区第三产业市场主体小而分散，2010－2014 年三产的平均经济比重不到 35%，还有很大的提升空间。因而，应加大城乡消费基础设施和市场流通体系建设，培育新的消费经济增长点：一是增强消费动能，在人口相对密集、商业相对繁荣的县(市)建立一批县域性百货专卖、大型商业综合体等项目以优化购物环境和消费体验；二是提升消费层级，积极布局现代物流和电子商务产业，提高市场流通效率和消费便利性，刺激汽车、家电、家居、信息产品等中高端消费品需求满足生存型消费需求的同时，逐步扩大享受型和发展型消费需求。

(三)产业融合、反向带动，促进农牧业发展

受劳动力数量，草场、植被、水资源保护等现实因素所限，农牧业发展目标定位不是大而是深。一是第一产业内部的深化发展，主要是突出农牧产品绿色、有机、优质等特色。二是农牧种养业向第二产业农牧产品加工业转型，以制造业“反哺”农(牧)业，打造并推出一批乳制品、番茄酱、风干肉等优势品牌。从税收角度讲，农牧品初加工企业实行“前免后抵”的增值税政策导致税负奇低(大部分企业零申报)，而农牧品经过深加工，创税能力将大幅提升。如鲜奶销售一般纳税人增值税适用 13% 的低税率，而鲜奶经过提取、添加等工序制成的酸奶、奶酪、奶油等产品适用 17% 一般税率，税负率增加 30.77%。相对矿产品加工、装备制造等资本和技术密集型行业，农牧产品深加工行业的技术、资金门槛相对要低的多，进入壁垒也不算太高，做深、做强的关键是产业化意识和品牌建设能力。三是农牧业与第三产业的深度融合，三产反向带动一产。现代产业经济的边界已经越来越模糊，农牧业不再局限于农牧品种养，其价值空间已拓展到旅游、餐饮、娱乐等第三产业。例如，以农牧场为基础开发的生态观光园、自助农家乐、牧场特色体验游等项目都是一产和三产的“跨界联袂”的典型，也是当前农牧业转型发展的新兴方向。

## 四、结语

统计数据表明，塔城地区正在成长为新疆区域经济的“明日之星”。当然，从目前的经济结构、产业层次、区位条件等各项指标来看，地区经济内生增长的动力系统尚不成熟、完备，还需要财政、税收、金融等外部力量牵引和供能，如给以更为特殊的税收优惠政策倾斜扶持，为地区的税源涵养、产业培育和改革转型等“通经活络”、注入动能，推动经济税收的内涵式发展和协同式增长。当务之急，抢抓战略机遇，优化产业布局和区域发展空间格局，以深化改革和扩大沿边开放为抓手，以加快资源优势、沿边优势和生态优势向经济优势转换为依托，不断调整需求结构，促进投资与消费协同增长，不断升级产业结构，促进三次产业联动发展，塔城地区经济转型和税收崛起的目标一定能够实现。

课题组组长：熊武军

执笔：熊武军　李星星

# 可持续发展中绿色税收制度的建立与完善

刘殿举

1987年由世界环境与发展委员会向联合国提交的一份题为《我们共同的未来》的报告中提出了可持续发展概念，它有两个基本点，一是必须满足当代人特别是穷人的需求，否则他们就无法生存；二是今天的发展不能损害后代人满足需求的能力。这一定义包含的思想原则为世界各国所接受和运用。可持续发展就是可持续经济、可持续生态和可持续社会三方面的协调统一，它要求人类在发展中讲究经济效率、关注生态和谐、追求社会公平，最终达到人类的全面发展。我国是一个发展中大国，国民经济经过三十多年的高速增长已经与生态环境保护产生了尖锐的矛盾。如何将二者有机地统一起来，从而实现可持续发展是现实中国的一个重大的经济课题。税收作为筹集财政收入的主要形式和国家调控经济的重要手段，应当在可持续发展战略的实施中发挥其应有的作用。

## 一、可持续发展的愿景推动绿色税收的理念的提出

经济决定税收，税收又反作用于经济，税收收入的可持续增长与国民经济的可持续增长是相辅相成的，可持续发展也将对税收产生长远而深刻的影响。

(一)税收是调节经济可持续发展的重要手段

首先，可持续发展是获得长期稳定税源的保证。税收的增长以经济的发展为前提。只有国民经济的可持续发展才能为税收的持续增长提供长期充足的税源。其次，可持续发展将会使税制结构逐渐趋于优化。在可持续发展下，产业结构趋于优化的同时改变了税源结构。这必然要求国家及时调整税收工作重点，开征新的税种，不断完善和优化税制结构，减少税收流失。再次，可持续发展使税收调控的目的不止局限于经济发展，也注重环境的保护和人类的长远利益。税收是保障可持续发展的不可替代的重要手段。这是由可持续发展的内在要求和税收本身的性质、职能决定的。影响可持续发展的核心——环境污染问题是一个负外部性问题，即企业的私人成本小于社会成本。税收作为市场经济下最主要的经济杠杆之一，对负的外部性问题有直接、有效的调节作用。个别企业为了实现利润的最大化向外界排放污染物，这就等于将本应该由企业负担的成本转嫁给社会承担，这显然是不公平的。解决这种负外部性问题最有效的办法还是通过政府实施公共政策。有两种途径，一是政府实施对污染企业的管制，二是通过征税来解决此问题。前者是通过规范或禁止某些行为来解决负外部性问题。但政府管制者为了设计良好的规则，需要了解这些行业可以采用的各种技术的细节。因为存在信息上的不对称，所以政府实施管制的成本较高。而税收作为一种以市场为基础的政策，主要是通过向私人提供符合社会效率的激励来解决负外部性问题，因此侧重与税收政策的调控是一种最优化的手段。一方面，税收将企业的外部成本内部化，增大了排污企业的成本压力，企业为了追求利润的最大化，将不得不采用先进技术减少单位产出的能源消耗或购买先进的污染处理设备，从而实现企业间的公平竞争。这都将对社会生产效率、资源利用率的提高和污染的防治起到积极的促进作用；同时该项税收收入又可作为专项资金用于环境保护事业的资金投入。

如：由中铁一局承建，在长春市北郊建设的目前全国在建的最大、也是东北地区最大的污水处理工

程,工程建成后可日处理生活污水78万吨,可以大大缓解长春市工业用水的压力以及对周边环境的污染。

另一方面,税收政策还可以通过对有利于可持续发展的各项生产经营行为的税收优惠,引导和激励纳税人积极参与到保护环境、促进可持续发展的事业中来。

(二)"绿色税收"概念的内涵

"绿色税收"一词的广泛使用大约在1988年以后,《国际税收辞汇》第二版中对"绿色税收"是这样定义的:绿色税收又称环境税收,指对投资于防治污染或环境保护的纳税人给予的税收减免,或对污染行业和污染物的使用所征收的税。

从绿色税收的内容看,不仅包括为环保而特定征收的各种税,还包括为环境保护而采取的各种税收措施。随着绿色税收理念在我国的重视和应用,如何建立绿色税收制度,以保护和改善我国的环境,促进国民经济的可持续发展,已成为我国税收理论界面临的一个重要课题。

## 二、西方国家构建"绿色税收"制度的实践

西方国家"绿色税收"即环境税收的发展大致经历了这样几个阶段:

一是20世纪70~80年代期间。这个时期环境税主要体现为提高污染者生产成本性的收费。要求排污者承担排污行为的成本,为其排污行为付出代价。其种类主要包括用户费、特定用途收费等;该时期尚不属于典型的环境税,只能是环境税的先期雏形。

二是20世纪80~90年代中期。这一时期环境税的种类日益增多,如:排污税、产品税、能源税、碳税和硫税等纷纷出现。在体现税收的财政功能以外,其抑制和引导人们的生产和消费行为方面的作用逐渐发挥出来;同时,对保护环境也带来了积极的影响。

三是20世纪90年代中期以来至今。这个时期是环境税迅速发展的时期,现在西方国家不仅普遍建立了环境税制,而且环境税在许多国家已成为环境政策中的主要手段。

从总体上来看,目前西方发达国家的"绿色税收"主要有一下三类:一是对企业排放污染物征收的税。包括对排放废水、废气、废渣等的课税。如:英国、荷兰、挪威等征收二氧化碳税,美国、德国、日本征收二氧化硫税,德国征收水污染税等。二是对高耗能、高耗材行为征收的税。如:德国、荷兰征收的润滑油税;美国、法国征收的旧轮胎税;挪威征收的饮料容器税等。三是对城市环境和居住环境造成污染的行为税。如:美国、日本征收的噪音税和工业拥挤税、车辆拥挤税等。

目前世界上绿色税收制度的建立处于前列的主要国家有美国、荷兰和瑞典。美国的"绿色税收"制度包括对产生臭氧的化学品征收的消费税、对汽油的征税,对与汽车相关的其它征税、开采税、对固体废物处理的征税等。从现有的环境税收的实施效果来看,它们的作用是显著的。荷兰的"绿色税收"制度包括燃料税、噪音税、垃圾税、水污染税、土壤保护税、地下水税、超额粪便税、汽车特别税、石油产品的消费税等。属于特别为生态环境保护而设计的特定税。瑞典的"绿色税收"制度的核心就是加重对能源的征税,包括对燃料征收的一般能源税;对能源征收的增值税、二氧化碳税、二氧化硫税、电力税;以及对化肥、电池等的征税等,其目的就是通过征税使能源的消费水平不断下降的同时,激发并促进节能技术的革新潜能。

## 三、我国绿色税收制度现状评价及存在的问题

目前我国与绿色税收相关的政策主要包括通过征收相关税种使企业外部成本内部化,通过税收优惠政策鼓励企业注重生态环境保护、减少资源消耗;通过征收排污费限制企业污染行为等措施。具体有资源税、消费税、土地使用税、耕地占用税、城市维护建设税、车船使用税、车辆购置税、企业排污费等。应当

肯定的是，上述税收措施为保护环境、遏制污染树立了鲜明的政策导向，在减轻或消除污染，加强环境保护方面发挥了一定的作用。那么以生态文明理念来审视我国的现行税制，从整体上看，还不是“绿色税收”制度，从理念到实践，“绿色化”的程度不是很高，还存在诸多问题。

(一)生态环保的理念还没有牢固确立起来

由于生态文明建设的提出和实践在我国才起步不久，尊重自然、顺应自然，保护自然的生态文明理念还没有在全社会树立起来，节约意识、环保意识、生态意识还没有成为全民的自觉意识。体现在税制的整体建构上，把经济增量和保证政府收入等经济目标视为税收的主要目标；追求资源的开发、投资规模或经济规模总量的扩大等标的，不利于资源的节约、环境的保护，以及和谐社会的建设。即使设计了一些与环境保护、资源节约有关的税种，但在理念指导上惩戒、惩罚的意味更为浓厚，而褒扬、奖励的导向则淡化；而征收排污费等措施甚至起到了变相鼓励排放、污染的作用，严重背离了构想的初衷，背离了可持续发展的根本要求。

如：有数据显示，我国二氧化硫排放量的90%，氮氧化物排放量的67%、烟尘排放量的70%和人为源大气汞排放量的40%都来自于燃煤。目前中国煤炭排放量占全球煤炭排放总量的50%左右，远超欧美发达国家。而有关这类污染物未纳入征税范围。

再如：2012年，长春市机动车排放一氧化碳(CO)37.01万吨，碳氢化合物(HC)4.65万吨，颗粒物(PM)0.57万吨。2012年，城区大气环境中一氧化碳年日均值1.508mg / m3，符合国家年平均二级标准，但一氧化碳的浓度呈现逐步上升的趋势，比十年前上升了1.27倍；二氧化碳的年日均值为0.044mg / $m^3$，符合国家年平均二级标准，但比十年前的0.027mg / $m^3$ 上升了近一倍，污染呈加重趋势。

此外，在高污染方面，我国《环境保护综合名录》所列举的722项“高污染、高环境风险”产品(简称“双高”产品)、92项重污染工艺，除了石油加工、炼焦、核燃料加工业中的成品油生产纳入了消费税课征范围外，其余高能耗行业均未纳入消费税课征范围。

(二)以节能和环保为核心的完善的绿色税收体系还没有建立起来

现行消费税将一些污染环境的消费品纳入了课税范围，但涵盖范围有限，很多具有负外部性产品、行为和稀缺性资源没有纳入征税范围，税率也普遍偏低，不能引导民众去消费绿色产品或无公害产品。

**2007～2014年全国税收统计表**

单位：亿元

| 项　目 | 2007 | 2008 | 2009 | 2010 | 2011 | 2012 | 2013 | 2014 |
|---|---|---|---|---|---|---|---|---|
| 税收收入合计 | 50842.9 | 59483.6 | 65471.7 | 80743.0 | 99564.7 | 110740.0 | 119943.0 | 129541.1 |
| 消费税合计： | 2206.8 | 2568.3 | 4761.2 | 6071.5 | 6988.7 | 7916.6 | 8294.0 | 8968.8 |
| 其中：一次性筷子 | 0.1 | 0.1 | 0.08 | 0.04 | 0.03 | 0.03 | 0.02 | 0.01 |
| 实木地板 | 2.21 | 1.99 | 1.39 | 1.80 | 1.76 | 1.57 | 1.60 | 1.76 |
| 资源税 | 261.3 | 301.9 | 338.3 | 417.5 | 598.8 | 904.3 | 1005.5 | 1083.7 |

从税收收入统计表中可以看出作为主体税种的两税收入，消费税收入占比一直不是很高，资源税增长的趋势很快，但占比也是不大。长春市实木地板的消费税2011年为124万元，2012年151万元，2013年为144万元，2014年为146万元，根本起不到抑制过度消费的行为。

如：木制一次性筷子的消费税适用税率仅为5%，折合到每双木制一次性筷子上的税收负担甚至不到1厘钱，生产者即便全部转嫁给消费者，也不会对消费需求产生较大的抑制作用。实木地板亦是如此，几百元一平方米的零售价格，对于高收入消费群体而言，5%的税率显然过低。

目前小汽车的消费税税率以气缸容量为标准，排量越大、税率越高，体现出了“抑大扬小”的意图。而从实际执行效果来看，2.0 升以上大排量乘用车的消费量的确受到了一定的抑制。

如：2013 年该类型乘用车销售数量占比已由 2009 年的 7.87%下降为 4.67%，“抑大”意图基本实现。然而，1.0 升以下的小排量乘用车的销售数量不升反降，除 2010 年较 2009 年有较大幅度增长外，以后年度均成下降趋势，到 2013 年已降为 41.56 万辆，比 2009 年还低 5.64%，销售数量占比也由 2009 年的 6.02%下降到 2013 年的 3.51%，可见，“扬小”功能未能有效发挥。

事实上，汽油含硫量的高低应该是考评环境污染程度多少的主要依据。单从排量的角度确立消费税率，可能会随着科技的发展，逐渐消除排量与污染之间的必然联系。

此外，随着经济的发展和居民生活水平的提高，我国休闲娱乐业也得到了极大的发展，这些行业对环境产生的消极影响亦随之而来，非环境友好型休闲娱乐活动在目前的消费税税制中，尚无相应的制度安排。

如：饮食业的油烟、污水的排放、地沟油的管理等问题，KTV、酒吧等娱乐场所对电能的大量消耗，以及外部装饰灯具产生的光污染问题，一些风景区内的高档会所、高尔夫球场等对稀有生态资源的独占甚至是破坏等问题，在税收政策的引导方面并没有采取针对性的措施。

事实上，消费税的绿化功能不应只考虑高污染、高能耗的有形消费品，一些服务或劳务对自然环境和生态资源造成的负外部性也应通过征税的形式加以弥补和限制。

现行资源税对具有生态价值的水、森林、动植物、地热等资源性产品价格缺乏有效调控，造成资源尤其是不可再生资源的过渡消耗，甚至造成资源的浪费。

资源应税范围还是仅限于矿产资源和盐，除了原油和天然气采取从价计征以外，其他税目仍以从量计征的方式，由于对于已开采但未使用或未销售的资源不计税，因此，开采者破坏和浪费掉的资源无需纳税，开采者没有动力降低浪费，提高资源利用效率，不利于资源的节约和保护；资源税的改革还没有与资源价格形成机制相适应。

如：2010 年 1～6 月，新疆油气资源税收入仅为 3.71 亿元，而在实施从价征收的 7～12 月，油气资源税收入达到 21.64 亿元，同比增收 17.72 亿元，增长 452%，大大提高了新疆的地方财政收入。但是，如果资源税的提高不能带来资源价格的相应提高，从而实现资源使用的减少。那么资源税的职能作用就会大打折扣，只是相当于将企业的部分超额利润让渡给地方政府。

专门的环境保护税更是缺乏，尤其是针对污染环境、破坏生态的产品或者行为，如：大气污染、水污染、固体废物、噪音等，缺乏专门性的税种。它的缺位既限制了税收对污染、破坏环境行为的调整力度，也难以形成专门用于环境保护的税收收入来源，弱化了税收对生态环境保护功能的作用。

在环境保护方面的税收优惠政策也比较单一，缺乏综合性、针对性和灵活性，而且有时还不能得到很好的执行，在某种程度上甚至对环境污染、生态失衡起到了推动作用。

(三)绿色税收体系及其实践的研究和借鉴还不够深入

有关绿色税收在国际上已有成熟的体制机制，并在保护生态环境实践中发挥了很好的作用。中国目前由于过多地考虑到基本国情，在经济发展中绿色“GDP”体系还没有建立起来。因此在税制构建中，往往注重表象上做文章，或者热衷于运动式的执法，不能大胆地吸收和借鉴西方国家绿色税收体系中有益的东西为我所用。同时，与国际社会的环境保护税制合作和交流还不够深入，导致国内污染国际化、国际污染国内化。如：中国仅电视机、洗衣机、电冰箱、空调器、电脑 5 种电器的年报废量就超过 1.5 亿台。同时，全世界电子电器废弃物有 80%被运到了亚洲，其中 90%在中国消化。中国正在成为世界最大的电子电器垃圾集散地，而广州珠三角地带则是洋垃圾进口的重要基地。这一现状直接导致了国内生态环境污染和国际环境污染在我国境内交织、叠加，使中国成为国内外浪费资源、污染环境、破坏生态的企业的避难所。电子垃圾如果回收利用或者处置不当，除了对水、空气、土壤和动植物造成污染外，还会形成一条危害人体健康以及生命安全的污染链，会对国民生存环境造成无法估量的破坏。

## 四、构建中国特色绿色税收制度的构想

作为一个发展中国家，随着工业化进程的加快，环境问题也日益突出，已经显现出对经济社会发展的制约。实际上自改革开放以来，我国的税收制度虽然经历多次改革、调整，虽然始终将保护环境作为税制建设的一项重要内容，但其所发挥的作用还远远不够。加快改革和完善现行税制，构建合理的绿色税收制度还有很大的提升空间。

(一)树立环保理念，并融入到税收征管的全过程

税收作为国家的一项重要政策工具和调节杠杆，要牢固树立生态文明理念，坚持保护资源和节约资源的基本国策。重视对矿产、耕地、水、森林、草原、滩涂、湿地、地热等具有重大生态环境价值的资源保护，把资源消耗、环境损害、生态效益纳入税收评价体系，建立体现生态文明要求的目标体系、征管方法、奖惩机制。如：高尔夫运动，有资料显示，北京市高尔夫球场行业一年的耗水量高达4000万立方米，相当于100万人口一年的生活用水量。这样一项仅由少部分人参与的体育运动，就应该通过税收的调节，使其付出高昂的代价。

(二)综合改革税制，建立完善的绿色税收体系

开征环境税：从建设生态文明的战略高度着手，在消除不利于环保的财政补贴和税收优惠政策的基础上，建立独立的环境税，针对重点污染物进行“费改税”。比如：当前空气污染和水污染比较严重，那么就应先针对二氧化硫、氮氧化物、氨氮、化学需氧量等污染物进行征税。从实现较好的环境保护效果的角度出发，使污染排放税的税率水平等于或略高于污染治理成本。其直接的作用就是在全社会产生一个强烈的信号，增强全社会的环境保护意识；其二是迫使企业在外在成本内部化的境况下，倒逼企业下决心改善技术、加强管理、降低能耗、减少污染；其三提高政府筹集环境治理资金的收入水平，加大环境治理的投入力度。

完善资源税：把所有不可再生资源和部分存量已到临界点、再生能力已受到严重损害的可再生资源都纳入课税范围，

提高征收税率。因为，过低的资源税和资源补偿费造成大量的矿产资源被掠夺性开采，给矿主带来大量收入，造就了一批暴富的“煤老板”、“油老板”，也使国有企业独享垄断性的所谓“业绩”。有资料显示，不仅私人小煤矿的平均回采率低于20%，就是国有煤矿的平均回采率也不到40%，大量资源被浪费掉了。扩大资源税的征收覆盖面、提高资源税率，不仅有利于调节级差收入，补偿资源开采地，提高资源的综合利用效能；而且还有利于对经济相对落后，但资源相对丰富地区经济和社会发展激励机制的有效形成。

调整消费税：扩大消费税征税范围，调整部分消费税目的税率和征收环节；把那些过渡消耗资源的消费品、造成环境污染的消费品、严重破坏生态的消费品等纳入课税范围。建立健全减税、免税等税收优惠政策，加大对生态产品或者有利于生态环境保护的产品、设备等采取低污染工艺生产的应税产品给予适当的税收优惠，如：利用《环境保护综合名录》列举的83项环境爱好工艺、35项环境保护重点设备生产的应税产品给予减税或者免税的待遇，以鼓励纳税人进行工艺改造。对运用资源利用程度较高的工艺开发的产品给予税收优惠，如：稀土开采，若采取原地浸矿工艺，则可在不破坏矿体地表植被、不剥离表土开挖矿石的情况下，使稀土资源利用率达到75%左右，远高于传统工艺26%的水平。

(三)扩大优惠范围，提升绿色产业的税收引导力度

绿色产业在西方国家被誉为朝阳产业，在我国发展绿色产业，推进绿色生产、倡导绿色消费，在税收方面要加大对绿色产业的优惠力度，扩大税收优惠的范围，跳出仅仅对“三废”综合利用和部分环保产业

投资优惠政策的局限，还要将优惠范围扩大到整个环保领域。鼓励保护资源，对改进技术、工艺、设备以减少资源消耗和环境污染的企业，给予一定的税收减免优惠，对在绿色生产中做出突出贡献的企业给予政策支持。通过不断采取有效措施，强化企业的环保意识，加强资源的有效利用，促进经济结构和优化和升级，实现经济发展和环境保护协调并进。据预测，到 2015 年，全国的节能环保产业总产值将达到 4.5 万亿元，而环保产业占 GDP 的比重越高，单位 GDP 的能耗和整体资源消耗就越少，经济结构就会更“绿”。

（四）加强合作交流，构建完整的“绿色税收”屏障

构建生态安全的“绿色税收”屏障是一项系统工程，它需要税务部门会同环保、海关、卫生、公安等部门加强交流与协作，对涉及生态安全产品的进口，对大量消耗资源尤其是不可再生资源产品的出口，对来自国外的污染源，要实行严格的查验制度。也可以遵循鲁迅先生“拿来主义”点拨，积极借鉴发达国家绿色、循环、低碳发展过程中的成熟的税收政策，支持节能环保、新能源和低碳技术等领域创新发展。

总之，以 2014 年为拐点中国经济已经进入一个增速趋缓、结构优化、质量提升的中高速发展历史新阶段，也就是中国经济发展的新常态。那么税收新常态，就是在“绿色税收”新理念和新规则的基础上构建的比较稳固和可持续发展的新秩序、新态势和新状态。

（作者单位：吉林省长春市国家税务局稽查二局）

# 绿色税收理念下吉林省经济税源建设研究

李宗元

税收作为国家治理的有效手段，当仁不让地被赋予了调控经济、引导消费、保护环境的重要职能。促进吉林省经济税源建设，必须充分发挥税收职能，把经济总量的扩张与经济结构的优化、经济效益的提升有机地结合起来，利用实施绿色税收的有利契机，转变经济发展方式，不断推动吉林经济总量在全国排名的争先进位，从根本上提升经济对税收的贡献率。同时，发展绿色经济也是一项系统工程，必须实行高位统筹、分进合击，核心要义和长期方略是以系统性思维实现绿色税收与绿色经济政策全面对接。

## 一、背景分析：发展绿色经济，实施绿色税收，为吉林省经济发展提供新机遇、提出新挑战

党的十八大报告明确提出，建设生态文明，是关系人民福祉、关乎民族未来的长远大计。虽然吉林省近些年在转变发展方式、改变生活方式、发展生态经济方面取得了可观的成就和积极的进展，但仍需要进一步加以推动，加快推进打造北方生态经济中心、建设美丽吉林的步伐。尤其应该高度重视发展绿色经济，实施绿色税收，为吉林省经济发展提供的新机遇和提出的新挑战。

### （一）发展绿色经济是实现吉林省经济发展方式转变、优化经济税源结构的重要途径

当前全球能源、环境和经济的关系正处在一个重大的抉择关口，人们对传统的高消耗、高污染生产生活方式，对投资与消费不协调、投资拉动型经济增长模式正进行着深刻的反思。在全球可持续发展的浪潮中，绿色经济已成为当今的热门话题和主旋律，发展绿色经济是加快经济发展方式转变的战略需求，是实现可持续发展的重要支撑。虽然近年来在国家实施振兴东北战略的带动下，吉林省保持了较快的发展速度，但长期存在的总量不大、结构不优、效益不高、活力不足的问题还没有从根本上改变，加快经济发展方式转变的任务尤为紧迫。从产业结构上看，一产比重过高，三产比重过低，传统产业比重大，产业层次偏低，高新技术产业仅占规模以上工业增加值的7%，现代服务业仅占全部服务业的30%。反映在税收上，全省汽车、石化、卷烟、冶金行业共入库国税收入占全省国税收入的约六成，而且都属于与环保政策相关性较强的行业。由于产业结构不够合理，受宏观政策负面影响的预期较高，吉林省整个经济的抗风险能力比较弱，因此需要前瞻性进行全局谋划，发展绿色经济，进一步优化经济税源结构。

### （二）吉林省亟需建设与绿色经济配套的绿色税收体系

绿色税收也称环境税收，是以保护环境、合理开发利用自然资源，推进绿色生产和消费为目的，建立开征以保护环境的生态税收的“绿色”税制，从而保持人类的可持续发展。税收调控政策是税收促进经济发展方式转变最直接、最有效的手段，需要针对吉林省经济发展中存在的问题，加快完善有增有减、有保有压的税收制度安排和政策调整，促进经济发展方式转变。加快绿色税制的改革进程，建立一整套有利于产业优化、经济发展、资源环境社会可持续的绿色税制体系，必须引进国际的先进经验，并结合我国、我省资源、环境与经济发展现状，从上到下制定出具有综合性调节功能的税收发展战略。主要是通过加大税收优惠，鼓励和推动自主创新型、科技进步型、节能环保型产业发展，大力支持战略性新兴产业、高新技术产业、现代服务业、低碳经济和循环经济发展壮大；通过提高税负，旗帜鲜明地限制高投入、高消耗、高污染、低效益的行业和企业的扩张，更好地体现税收政策对于促进经济发展方式转变的导向作用。

### （三）全国性的绿色税收新政将为吉林省汽车等支柱产业发展带来新机遇和新挑战

汽车产业作为吉林省第一支柱产业，近年来发展的结构性矛盾异常突出，是东北经济发展问题的典型代表，同时也是碳排放量最大的领域之一。近些年来，世界各国对汽车产业多管齐下以严格控制碳排

放和汽车污染物排放,绿色税收作为一项重要的控制手段而被广泛采用,并已形成了较为完善的汽车产业绿色税制。从我国发展趋势看,绿色税制的深入推行对汽车产业发展及汽车消费行为都将产生更为显著的影响。如何适应今后全国性的、与汽车产业相关的绿色税收新政,不失时机,抢抓机遇,按照国家战略构想,突破吉林省汽车产业发展瓶颈,优化区域空间布局,推进产业整体升级,并依照汽车生产、购置、使用、回收等环节,在全国率先制定汽车产业绿色税收新政和前瞻性产业规划,对提振吉林经济具有十分重要的战略意义。

## 二、路径选择:运用绿色税收理念,强化税收调控职能,促进吉林省经济税源建设

经济决定税收,税收反作用于经济。促进吉林省经济税源建设,必须充分发挥税收调控经济的职能,把经济总量的扩张与经济结构的优化、经济效益的提升有机地结合起来,利用实施绿色税收的有利契机,转变经济发展方式,不断推动吉林经济总量在全国排名的争先进位,从根本上提升经济对税收的贡献率。

(一)运用绿色税收理念,扩大吉林省经济税源总量

一是大力发展第一产业,扩宽基础税源。传统农业升级改造成为绿色农业的核心是对创新技术的利用和农产品质量、产量的提高。因此,利用绿色税收的鼓励效应,增加农业对创新技术的投入,是发展优质、生态、安全农业的重要途径。结合吉林省情,需要大力发展一批农产品精加工、深加工企业,延长产业链条,扩大农产品出口,提高农产品的科技附加值,增强农产品的市场竞争力。利用绿色税收大力培养核心竞争力,不断完善市场体系,走“农业产业化、农工贸一体化”的路子,发展规模农业。二是改造提升第二产业,优化支柱税源。坚持走新型工业化道路,利用绿色税收新政加大对传统优势产业的技术改造、产品创新、管理创新、资金投入和优惠政策扶持力度,促进产品由低端向高端发展、管理由粗放向精细转变,重振吉林省传统优势产业的辉煌。对耗能高、污染严重的项目,即使能增加地方财力,也要限制发展;对高耗能、高污染、不能增加地方财力的项目,必须控制发展。三是借助绿色之势发展第三产业,培育新兴税源。第三产业是国民经济中最具潜力的产业,也是提供地方税收潜力最大的产业(可以形成地方百分之百财力)。绿色税收理论和实践发展方向,不仅要科学、系统看待环境治理问题,而且要用税收杠杆抑制污染企业(产品)的同时,支持低耗能、无污染、高就业的第三产业发展。甚至有学者提出,把第三产业税收占比变动率等指标作为评价税收质量的重要指标,这将更加有利于绿色税收体系的建立。目前,尽管吉林省第三产业占 GDP 的比重并不低,但第三产业中的新兴产业和创利税产业比重较小。应顺应绿色经济发展趋势,利用绿色税收政策导向,加大对第三产业的扶持力度,从政策、资金等方面进行倾斜,使其尽快转化为现实税源。改造提升商贸、交通、餐饮等传统服务业,积极培育旅游、房地产、社区等新兴服务业,加快发展金融、信息、会展、中介等现代服务业,发展现代物流和专业化配送,推动网上购物等电子商务的发展,借助绿色之势,积极推进服务业的社会化、市场化和产业化。

(二)强化绿色税收导向功能,优化吉林省经济税源结构

一是强化绿色税收的产业导向功能,促进产业结构调整。认真落实各项绿色税收调控政策和改革措施,促进新能源汽车、风电、生物质能源等战略性新兴产业发展,扶持人参、矿泉水等特色资源产业发展。二是强化绿色税收的鼓励创新功能,提高自主创新能力。认真落实发展高新技术产业、鼓励自主创新等税收优惠政策,引导企业加快技术改造和设备更新,加快发展科技含量高、高利税率、增税能力强的支柱集团,发挥产业集群效应,积极延伸上下游产业链,扩大税源增值空间。三是强化绿色税收的调控制约功能,推进循环经济发展。认真落实鼓励资源综合利用、扶持环境保护等税收调控政策,促进循环经济发展,加快构建循环型工业、农业和服务业体系,开展吉林市“国家循环经济示范城市”试点建设,推进回收体系、资源再生利用产业化、再生资源交易服务平台建设。四是强化绿色税收的支持保障功能,协调区域经济发展。实施区域发展战略,绝不能走先污染后治理的老路,而是应当在科学发展、绿色发展上下工夫。充分运用税收政策引导发展要素科学配置与积聚,进一步优化产业布局,推动特色优势产业集群发

展、园区集聚，探索高效生态经济发展的新模式和新途径，增强区域综合竞争力。

## 三、长期方略：以系统性思维全面实现绿色税收与绿色经济政策全面对接

发展绿色经济是一项系统工程，必须实行高位统筹、分进合击，核心要义和长期方略是以系统性思维实现绿色税收与绿色经济全面对接。

(一)以绿色税收视角，完善绿色政策实施机制

一是完善相关绿色税收政策。探索在全国率先建立比较完善的、正向激励的绿色税收政策，具体包括推动国土空间开发格局优化税收政策；加快技术创新和结构调整税收政策；促进资源节约循环高效利用税收政策；加大自然生态系统和环境保护力度税收政策等。二是以绿色税收引导绿色财政投入。从绿色税收视角，建立财政资金对绿色经济投入稳定增长机制，加大对节能环保技术研发、重点节能减排工程、绿色建筑、先进高效节能环保产品推广的支持力度，灵活运用补贴、奖励、贷款贴息、贷款担保等多种手段，最大程度发挥财政资金的杠杆引导作用。三是以绿色税收视角，做好绿色经济发展参谋建议。财税部门和金融部门需要联手，分门别类提出区域经济发展建议，和相关部门联合打造一批实战应用型强、符合绿色经济潮流的分析“拳头”产品和战略建议精品，把信息及时传递给地方党委、政府，促使地方绿色产业规划趋利避害、科学布局，引导产业结构调整，从源头上推进经济发展方式转变。

(二)坚持绿色金融与纳税信用等级评定联动，促进更多资金流入到绿色经济相关产业

一是高度重视绿色金融与纳税信用等级评定工作结合问题研究的重要性。加强对绿色产业的投资关键在于对中小企业的投资，金融支持的难点关键在于小企业的信用如何确定，而纳税信用是企业最重要的信用，因此，加强绿色金融与纳税信用等级评定工作结合问题研究和实践极为重要。二是税务部门需要以发展绿色经济为导向，确立全新的纳税信用理念。要完善纳税信用管理制度，掌握纳税信用情况，让评定结果更客观公正，建立统一的动态数据库，使区域范围内与绿色经济相关的企业纳税信用情况成为公众可以查询的重要信息。对信用等级高且属于绿色经济范畴的企业，要协调发改委、财政、金融等强权部门，尽可能的给予贷款、审批等政策性的照顾。对信用低且污染严重的纳税人不仅要加大税务稽查的力度，还要将信息及时传递给相关部门，约束其贷款、行政许可、用工等，让其承受巨大代价。三是创新金融工具，大力扶持纳税信用等级高、科技含量高、附加值高、低能耗的绿色产业。在控制风险的前提下，按照纳税信用，优先加大对循环经济、低碳、环保、减排技术改造项目的信贷支持力度，鼓励绿色产业中部分有条件的企业走向资本市场，争取在中小企业板上市融资。特别是要大力发展中小企业信贷、股权投资基金、金融租赁、信托等多渠道、多元化的金融服务，加大对低碳金融、绿色产业金融产品与服务的创新，为绿色产业的发展提供融资支持，促进更多资金流入到绿色经济相关产业。

(三)以绿色税收引导“绿色消费和选择”

随着近年来吉林省经济的发展，居民消费支出不断增长，私家车、住宅建设大幅增加，交通拥堵、尾气排放、取暖增加导致二氧化碳急剧增加，迫切需要从绿色消费的角度，构建节约型社会和环境友好型社会。一是明确节约和环保标准。通过标准的设定，对达到标准的给予财政奖励和税收优惠，否则加以必要的经济惩罚。同时根据节约型和环境友好型社会的要求，构建低碳家庭、低碳示范社区和低碳示范城市，通过以点带面促进低碳社会的发展，为低碳经济发展创造良好的社会氛围。二是建立税价联动机制。实施税价联动，引导消费者选择更加环保的产品，抑制高污染、高耗能产品消费。三是构建绿色消费和选择平台。大力发展能源审计、清洁生产审核、节能环保产品认证、节能评估等，为绿色税收引导“绿色消费和选择”奠定坚实的平台。从生产、消费、交换以及分配各个方面构建低碳经济发展的外部性转化机制，从根本上促进低碳经济的发展。

(作者单位：吉林省四平市国家税务局)

# 论新型城镇化进程中的税收政策

王世凯

众所周知,城镇化不仅是我国社会主义现代化建设的重要任务,也是扩大内需的关键点。诺贝尔经济学奖获得者斯蒂格利茨认为,21世纪有两件大事对社会产生深刻影响,一是新技术革命,二是中国的城镇化进程。这两者可以成为带动世界经济增长的重要引擎。所谓城镇化,其实就是人口及其经济活动从农村逐渐转向城市的过程。新行城镇化要实现以人为本,在这过程中要优化税收政策,因为税收可以通过组织收入为城镇化筹集资金,也能实现资源优化配置,为城镇化进程提供支持作用。在新型城镇化背景下,完善税收政策是当务之急。

## 一、税收政策与新型城镇化的密切联系

实现新型城镇化是实现"中国梦"的必由之路,税收政策要在这个过程中发挥应有的作用。事实证明,税收政策与新型城镇化有着密不可分的关系,体现在以下几个方面:

(一)税收是推进新型城镇化建设的重要路径

实现城镇化是建设社会主义和谐社会的必经之路,是全面建设小康社会、提高全体人民生活质量的重要条件。如今,我国在建设新型城镇化时,构建了多元化的融资渠道,其中不乏大量资金来自税收,它为新型城镇化建设提供了有力的资金保障。可以说,税收是促进新型城镇化建设的有力杠杆。现阶段,我国通过各种形式的税收政策,对农业、交通、外贸、房地产、教育、卫生等各项建设事业的发展加大了扶持力度,还通过税收优惠措施推进西部开发、东北振兴等国家战略。有了税收政策的支撑,我国社会经济的发展有了强大活力,促进了城镇化、工业化和扩大内需之间的良性循环。在持续推进新型城镇化建设的进程中,我国要不断优化税收政策,使其在经济建设中发挥应有的作用。

(二)税收政策对城镇建设发挥导向标作用

新型城镇建设包括城镇基础设施建设和公共服务设施建设,它是新型城镇化的基础条件。毋庸置疑,城镇基础设施建设和公共服务设施建设要随着新型城镇化进程的不断推进而不断完善。加强城镇建设离不开大量资金,但由于教育资源短缺、自然资源匮乏、城市生态环境污染、医疗人员不足等问题,导致城镇化进程受到一些阻碍。这些建设具有公共品性质,需要政府加大扶持力度。在此过程中,政府需要完善税收政策,筹集资金,为城镇建设起到风向标作用。

(三)税收政策与社会主义生态文明建设密切相关

如今,工业化和城镇化进行不断推进,各种生态问题也相继涌现,交通堵塞、人口膨胀、环境污染、就业严峻等问题层出不穷,新型城镇化建设需要生态文明的支持,而这首要条件就是要破解资源和环境问题的瓶颈,采取措施治理生态环境问题,将提高生态环境质量放在首位。税收政策在推进社会主义生态文明建设进程中有着巨大的引导和支持作用。国家要加强生态资源配置的税收调控,促使我国朝着生态文明社会的目标前进。

## 二、新型城镇化背景下优化税收政策的建议

在新型城镇化背景下优化税收政策是一项系统工程,要从多个方面入手,才能获得事半功倍的效果。

(一)构建中央与地方财力、事权相吻合的机制

从目前来看,新型城镇化进程明显受到现有户籍制度的制约,这就导致不同户籍人口的消费与收入水平都会受到一定影响,在社会就业方面衍生出不公平现象。要想真正加快新型城镇化建设,我国必须取消户籍限制,对户籍制度进行有效改革,进而扩大社会内需,促进社会经济的良性循环。要实现这个目标,有必要构建中央与地方财力、事权相吻合的机制,采取措施调动地方改革户籍制度的积极性,加强财税改革。具体可以试点改革分税制,使地方政府与中央政府加强沟通,形成推进新型城镇化发展的合力。另外,中央要减轻地方政府承担的户籍改革成本,使农业转移人口不用受到"失地"困扰。具备相对稳定的财税来源后,地方政府要为农业转移人口提供完善的公共服务,促使其适应城镇化生活。

(二)建立完善的地方税体系

在当前情况下,对地方税收制度进行行之有效的改革是当务之急。要建立与新型城镇化相匹配的地方税体系,这样才能使税收制度促进社会结构优化,实现社会公平。建议省级政府以所得税和流转税为主体,市县级政府以财产税为主体,以目的税和行为税为辅助,建立结构完善、收入稳定的地方税收体系。在统一税政的基础上,可以对省级政府适当放权,使其具备适当的税政管理权限,对地方支柱税源要做到发展壮大,但不能采取区域歧视政策,防范地方保护主义作祟。另外,地方可以根据现实情况开征一些新的税种,比如房产保有税等,这样有利于促进资源优化配置,规避资金过多流向不动产。房产保有税还能形成地方的可持续收入来源,使地方提升经济实力,促进新型城镇化的进程。

(三)建立健全的直接税体系

如今,我国现行税制体系中存在税种结构不均衡的不良现状,直接税占比远远少于间接税占比,与成熟市场经济国家的税种体系形成了鲜明的对比。直接税过少,间接税过多,会无法降低商品与服务最终消费的税收负担,而且也无法体现所得税推进社会公平进程的作用。有鉴于此,有必要提高直接税比例,适当降低间接税占比。建议将所得税与房产税作为切入点,使直接税在税收总收入中提高比重。这样做的好处是可以将个体直接缴纳的税额与地方政府提供的公共服务实现有机对接,这是促进新型城镇化建设的重要举措。必须指出的是,农民工也是不可忽视的纳税人,必须充分保障他们作为纳税人的合法权益,享受新型城镇化带来的惠果。

(四)落实城市征税体制

城镇化的基本表现之一就是农民转变为城市居民,他们会对社会服务业和制造业提出新的要求,以此促进社会经济的新一轮增长。由此一来,在加强新型城镇化建设进程中,有必要先实现工业化,再逐渐推进城镇化。工业化社会中,税收以企业税为主,当城镇化率高于50%后,就要实现税收转型,建立以城市居民为基础的新征税体制。城市居民要根据其享受的社会公共福利来缴纳一定的税额。这样一来,不仅可以减轻企业的缴税负担,也能不断完善社会福利政策,逐渐消除城乡差别待遇。

(五)完善税收征管机制

21世纪是一个全新的时代,社会形势瞬息万变,令人应接不暇,社会经济生活也变得更加复杂多变,再加上新型城镇化进程是一项长期的系统工程,涉及面广、覆盖面多,这些都给税收征管带来了严峻的挑战,使我国税务部门面临全新的形势。在新背景下,税务部分要坚持依法办事。不断健全税务法规,有效解决征税方和纳税方信息不对称的问题,还要与海关部门、工商部门和银行部门加强交流与合作,经常交流,促进信息资源的共享与共建。只有大力建立社会综合治税法系,促进业务与技术的有机结合,完善纳税服务、严格税收征管,才能不断提高新型城镇化建设的税收征管质量,找到全新的、科学的税收增长点,为城镇化建设筹集足够的资金。我国要以遵守税法为目标,以风险控制为引领,以纳税评估为关键,以分类管理为前提,以信息管税为依托,以优化制度机制为保证,积极建立税源专业化管理的新体系,使税收征管沿着现代化的轨道不断发展。

## 三、结语

加强新型城镇化建设是推进社会主义现代化进程的必经之路，在建设过程中有必要发挥税收政策的作用，中央政府和地方政府要协调一致，形成合力。地方政府要切实发挥公共服务职能，实现税收政策的与时俱进，使农民工能真正转变为城市居民，享受改革开放带来的伟大成果。总之，在新形势背景下，改革税收政策已是大势所趋，不可阻挡，这是值得相关人士不断探索的重要方向，要为构建社会主义和谐社会做出应有的贡献。

（作者单位：山东省东营市地方税务局东营分局）

# 南宁楼宇经济现状分析及发展对策建议

## ——以南宁市青秀区为例

李林林

楼宇经济是以现代服务业和新型都市工业为发展内核的一种经济形态，是南宁主动适应引领新常态，加速优化产业结构和提升城市功能的重要战略，但受限于服务业层次和效率较低、楼宇业态结构不合理等的瓶颈，难以满足“中国—东盟重要的区域性现代服务业中心城市、广西区现代服务业核心城市”目标定位的功能需求。本文以南宁市青秀区为例，提出了若干对策建议。

### 一、南宁市青秀区楼宇经济发展现状

(一)特点

目前，青秀区楼宇发展正处于培育期，其特点：一是载体建设不断加快。二是产业集群初步形成，南宁华润大厦B座内有金融企业8户，占楼宇面积总数的42%，是青秀区首批发展现代服务业金融特色产业楼和青秀区楼宇经济的示范楼，2014年纳税额达4.99亿元，超过南宁市不少县域一年的财政收入。三是集聚效应初步显现，已初步形成以民族大道沿线商圈为核心，辐射凤岭南北片区的楼宇经济群，成为广西区内世界500强企业最多、集团企业最多、金融证券期货企业密度最高的城区。四是总部经济得到培育，累计入驻总部经济企业140户，其中，世界500强、国内500强企业近40户(世界500强企业17户，全国500强企业22户)。

(二)税收现状

1、基本概况。青秀区符合楼宇经济发展定位的楼宇有106栋，其中税收超500万元以上楼宇由2013年的37栋增至2015年的43栋(以下简称“重点楼宇”)，包括税收超千万元楼宇20栋，税收超亿元楼宇6栋。

2、发展趋势。青秀区重点楼宇2014年的纳税总额为19.07亿元，占城区财政总收入的17.39%，同比增长33.91%，远远高于城区GDP(6.94%)、一产(4.42%)、二产(1.53%)、工业增加值(3.4%)、建筑业增加值(1.16%)、三产增加值(7.97%)的增速，平均单位面积税收约为1190元/㎡。2015年，青秀区重点楼宇税收预计达24.6亿元，同比增长29%，占城区财政总收入的18.49%，成为城区经济发展的新引擎。

表一　青秀区重点楼宇经济情况

| 年份 | 青秀区GDP(亿元) | 增速(%) | 青秀区财政收入(亿元) | 增速(%) | 重点楼宇税收情况(亿元) | 增速(%) | 占财政收入比重(%) |
|---|---|---|---|---|---|---|---|
| 2013年 | 536.84 | 9.5 | 94 | 19.93 | 14.24 | — | 15.15 |
| 2014年 | 637.06 | 6.94 | 109.68 | 16.73 | 19.07 | 33.91 | 17.39 |
| 2015年上半年 | 369.79 | 8.7 | 69.02 | 15.03 | 12.2 | 45.57 | 17.68 |
| 2015年 | — | — | 133.05 | 21.3 | 24.6 | 29 | 18.49 |

## 二、南宁市青秀区楼宇经济发展面临的问题

(一)南宁市总体服务业层次和效率偏低

楼宇经济发展的前景直接与当地现代服务业的发达程度相关。然而,在发达地区中心城市服务业快速发展的同时,南宁市的服务业占比无论从全市范围还是市辖区范围看,均出现发展滞缓的现象。南宁市统计局的数据显示,南宁市服务业增加值在全市经济总量占比持续走低,虽然发展规模在不断扩大,服务业生产总值占全市 GDP 的比重仍高出全国的平均水平不少,但一直在 50%左右徘徊,近年来还出现了一定程度的下滑。主要表现在:2008 年至 2013 年,三产比重从 49.94%下降为 49.21%,凸显出南宁市服务业产业活力和吸引力不足;以交通运输、批发零售、住宿餐饮和居民服务业为代表的传统服务业就业仍占南宁市服务业就业的半壁江山。服务业增加值占 GDP 比重与服务业从业人员占总就业人员比重之间的差距连年拉大,这反映了南宁市服务业虽然占比相对较高但层次和效率偏低的现实,将会导致服务业的低水平发展和较慢增长。从南宁市服务业内部行业分布来看,传统服务业仍占主导地位,批发零售业和住宿餐饮业、交通运输和商务服务业是南宁市服务业的三大支柱。其中,批零住餐业一直保持比较平稳的发展态势,2008－2013 年其行业生产总值在三产中的比例一直保持在 25%左右,表明虽然南宁市大力推动现代服务业的发展,但传统服务业的地位仍难以被撼动。以上问题,必然限制楼宇经济的发展空间。面对新兴商务区楼宇载体的高速建设,产业支撑力和基础设施配套不足等问题显得尤为突出。产业培育、成熟是一个相对漫长的过程,短时间内很难有相适应的需求来匹配大量楼宇载体的供应。

表二　2001－2013 年中国服务业发展水平

| 年份 | GDP<br>(亿元) | GDP<br>增速(%) | 服务业增加值<br>(亿元) | 服务业<br>增速(%) | 服务业占 GDP<br>比重(%) | 服务业产值贡<br>献率(%) |
|---|---|---|---|---|---|---|
| 2001 | 109655.2 | 10.5 | 44361.6 | 14.6 | 40.5 | 48.2 |
| 2002 | 120332.7 | 9.7 | 49898.9 | 12.5 | 41.5 | 45.7 |
| 2003 | 135822.8 | 12.9 | 56004.7 | 12.2 | 41.2 | 38.1 |
| 2004 | 159878.3 | 17.7 | 64561.3 | 15.3 | 40.4 | 39.9 |
| 2005 | 184937.4 | 15.7 | 74919.3 | 16.0 | 40.5 | 43.3 |
| 2006 | 216314.4 | 17.0 | 88554.9 | 18.2 | 40.9 | 45.2 |
| 2007 | 265810.3 | 22.9 | 111351.9 | 25.7 | 41.9 | 46.3 |
| 2008 | 314045.4 | 18.1 | 131340.0 | 18.0 | 41.8 | 45.0 |
| 2009 | 340902.8 | 8.6 | 148038.0 | 12.7 | 43.4 | 43.6 |
| 2010 | 401202.0 | 17.7 | 173596.0 | 16.2 | 43.1 | 39.3 |
| 2011 | 472881.6 | 17.9 | 205205.0 | 18.4 | 43.3 | 43.8 |
| 2012 | 519470.1 | 9.8 | 231934.5 | 13.0 | 44.6 | 45.6 |
| 2013 | 568845.6 | 9.5 | 262203.8 | 13.1 | 46.1 | 46.8 |

表三　2014 年部分地区服务业发展水平

| | 南宁 | 昆明 | 贵阳 | 成都 | 重庆 | 长沙 |
|---|---|---|---|---|---|---|
| GDP(亿元) | 3148.30 | 3712.99 | 2497.27 | 10056.6 | 14265.4 | 7824.81 |
| 服务业增加值(亿元) | 1541.67 | 1883.40 | 1412.66 | 5124.7 | 6672.51 | 3261.09 |
| 三次产业的比重 | 11.28:39.75<br>:48.97 | 5.1:44.2<br>:50.7 | 4.33:39.1<br>:56.57 | 3.69:45.35<br>:50.96 | 7.4:45.8<br>:46.8 | 4.0:54.3<br>:41.7 |

| 金融业增加值(亿元) | 308.5 | — | 238.25 | 858.8 | 1225.27 | — |
|---|---|---|---|---|---|---|
| 金融业占 GDP 比重 | 9.8 | — | 9.54 | 8.5 | 8.6 | — |

(二)青秀区楼宇经济业态结构问题突出

青秀区楼宇经济的结构与《南宁市主体功能区规划》将青秀区作为"南宁政治、经济、文化、科技、教育、金融、信息中心,重点发展会展、文化服务、中介服务等现代服务业"的目标定位并不匹配。受当前广西工业对高附加值服务业的需求不足和南宁产业发展的水平所限,入驻青秀区主要商务楼宇的产业结构过于单一。与发达地区相比,当前进驻青秀区主要商圈的企业仍以传统服务业为主,现代服务业中的各类投资基金、科研开发、采购中心、结算中心、出版印刷、创意动漫等业态基本没有入驻。这表明,青秀区楼宇潜力特色业态产业规模小,项目带动能力弱;与楼宇经济关联性很强的商业、星级酒店、文化娱乐等产业发展比较滞后;新兴产业如文创、互联网业态发展更是远远落后,不利于楼宇经济的持续健康发展。此外,商业贸易、娱乐住宿、房地产开发三大传统服务业以及旧城区中"五圈八街"传统商圈和商业街区面临着亟需调整提升的难题,也是制约楼宇经济高端化发展的重要原因。

此外,对楼宇的业态规划研究也有待完善。在《南宁市青秀区发展楼宇经济三年(2014—2016)计划实施方案》、《南宁市楼宇经济发展计划(2016－2018)》(征求意见稿)、《青秀区创建南宁市楼宇经济示范区工作方案》等的发展目标中仅突出了中央商务区的创建(以金融产业为主),追求大项目的引进,追求单栋楼宇的产值。这样虽能以点带面进行探索,有利于总结经验,分步实施,但忽略了对楼宇经济产业形态的规划研究,易造成产业趋同,特色不明,辐射力弱,最终压缩产业发展空间,导致龙头企业的流失,这与《广西现代服务业集聚区发展规划(2015－2020 年)》对南宁市的功能定位(中国—东盟重要的区域性现代服务业中心城市、广西区现代服务业核心城市)是不相匹配的,也会削弱政府制定和实施发展楼宇经济相关政策时的前瞻性、针对性和配套系统性。

(三)高端需求乏力

青秀市楼宇经济的辐射力和带动力还不够强,主要表现在:一是总部企业数量较少。相比之下,昆明楼宇经济集聚区的五华区集聚了云南省 50%以上的金融机构总部,共聚集世界五百强企业(区域性总部)34 家,全国五百强和全国民营企业五百强企业(区域性总部)37 家,税收过亿元的楼宇达到 9 栋。二是办公需求量较少。真正的总部型企业较少,设立的主要是办事处,无论是业务量还是职能与其大区域总部相差甚远,导致办公面积与总部差距很大。三是需求层次较低,由于南宁市现代服务业产业层次不高,高端生产性服务业总体供给不足,整体发展环境较难吸引足够的高端客户,增加了楼宇的招商困难。

(四)青秀区比较竞争力不足

由近年来国内楼宇经济研究热潮和发展实践可见,楼宇经济发展须具备的基础条件应包括 4 个方面的内容,即区位、经济、社会、制度,主要体现为对以下要素的需求:区位要素(宏观区域背景、大城市区域腹地、城市中心性区段),经济要素(经济发展阶段、产业转型需求、经济增长理念)、社会历史要素(历史积累、社会文明、人才集聚)、制度要素(政府职能、政策体制、规划编制)。楼宇经济具有区位空间选择的特性。在新一轮城市竞争中,不管是发达地区还是欠发达地区的中心城区政府,都不约而同地把发展"楼宇经济"列为经济建设的重头戏,成为地区楼宇经济发展的重要推手。因此,青秀区在引进大公司、大集团总部、研发中心和新型业态到楼宇落户方面,受到周边省份的中心城区以及东盟地区的激烈竞争,在大部分要素上缺乏与之竞争的绝对优势。正在向欠发达省份延展的高铁交通,将大大缩短周边省份与华南发达地区和东盟地区的物理距离,也进一步削弱了青秀区楼宇的区位比较优势和吸引力。但是目前青秀区仍然缺乏应对外界激烈竞争的有效措施。首先,外部其他大都市先行发展势头迅猛,较早出台的楼宇经济相关扶持政策形成了"政策洼地",形成巨大压力。其次,扶持政策覆盖面和配套措施与其他地区仍有差距，主要表现在人才服务、政务配套、检测评价、信息共享等政策方面的缺失。第三，个别区县招商引资政策和手段雷同，产业规划接近，使得区域间相互掣肘，诱发激烈竞争态势，导致自我竞争的局面。第四，信息共享度差，公共服务未形成合力。目前青秀区楼宇管理信息系统还不完善，统计、招商、楼宇办、财税等部门掌握的信息不尽一致，未能运用"互联网+"、"大数据"等现代化思维搭建起全面的楼宇经济数据网络，导致在提供政务服务过程中难以形成合力，影响公共服务的精准度和效率。

## 三、南宁市青秀区楼宇经济发展的对策建议

### (一)加快促进服务业增长

壮大作为楼宇经济发展基础的服务业，在现阶段尤为迫切。服务业包括生活性服务业和生产性服务业，前者的提升依赖于人口集聚和收入水平的提高，后者依托于三次产业的升级和劳动者素质的提高。当前青秀区突出发展工业化，虽可在短期内将经济蛋糕做大、增加人口，却无法实现产业链延伸、劳动者素质提高，生产性服务业也无法依靠工业化获得提升。因此，加速提升服务业占经济规模的比重，成为当前青秀区发展楼宇经济的关键。要加速集聚人口、资金、高技能产业和人力资本等服务业必需要素，第一，要大力培育高附加值服务业，将东盟商务区建设为楼宇经济示范区重点区域和互联网金融行业的先导区，在金湖中央商务区、东盟商务区、凤岭新区三大区域(以下简称"三区")引导构建互联网金融、广告中介、信息咨询、法律会计、会展休闲、科研创意六大产业；第二，要扩大服务业规模，大力发展劳动密集型服务业，促进外部服务投资、扩张外部服务需求，促进服务业占比持续提高，从而拓展服务业发展空间体系；第三，要依托自身在医疗卫生、教育文化等方面的资源优势，延长公共服务产业链，着力发展健康服务、教育培训、养老服务、文化创意、休闲旅游等新兴服务业，进而提升宜居度和吸引力，拓展服务业外源式增长的市场空间。除了在土地、财政、税收、金融、市场准入等方面给予政策扶持之外，更需积极探索政府购买服务在上述领域的有效实现形式。

### (二)完善楼宇业态规划

楼宇经济所释放出的巨大能量很大程度上来自于业态之间的分工与协作。业态之间的"前向"、"旁侧"与"回顾"关联效应使楼多店多，店多成市。楼宇经济的业态形式，除了消费性服务业，主要表现为新型都市工业和生产性服务业。鉴于新型都市工业的制造业性质，生产性服务业在楼宇经济中的比重相对较大。生产性服务业的核心范畴可以概括为金融保险业和工商服务业。其中，金融保险业包括银行、保险、证券、期货、外汇、风险投资、债务市场、基金管理等；工商服务业包括中介服务业(设计、研发、广告、法律、咨询、会计、租赁、工程、经纪等)与贸易服务业(物流、会展、代理、检测、仲裁等)。但青秀区乃至南宁市对这方面的研究还处于初步阶段。《广西服务业发展规划》提出以南宁为核心，重点培育总部经济和楼宇经济，力争成为具有一定国际影响力和区域竞争力的金融中心、商贸物流中心、会展中心、信息中心和文化创意中心，在南宁市建设的集聚区有 27 个(一级 13 个，二级 12 个，三级 2 个)，这对于青秀区而言是重大机遇，应与之对接，加强楼宇经济的统筹规划，建构内部分工、协作和互补的合理产业分工格局。以战略性服务设施布局为抓手，进一步明确三区与其临近区域在服务业发展上的功能定位和协同分工，促进三区内外的产业梯度分工、楼宇经济板块的错位发展、联动发展，适当弱化三区之间和内外的服务业竞争度，防止三区之间和内外的服务投资趋于同构而转变为未来过剩的服务设施产能。利用区域差异性，形成梯度渐进的楼宇经济升级机制。此外，还应依托交通、通讯、金融等多种社会服务网络，推动三区的生产性服务业发展，并以此为中枢带动相邻区域制造业的发展，在空间上构建生产性服务业集聚与制造业集聚相互协调的布局，形成有竞争力的区域产业链分工和广域产业集聚，依靠产业的支撑来满足楼宇经济的客观发展诉求，否则三区外围周边区域楼宇经济将步履艰难。因此，三区的周边区域应主动承接核心区的服务业溢出，更适合选择以商务办公、研发设计、后方管理、创意咨询等现代服务业为主要内容，

服务于本地的中小企业，实现与三区的分工协作和互补，协同发展。

（三）提高公共服务质量和水平

1、提供优越的扶持政策体系，强化政策拉动效应。围绕资金、人才、土地、发展环境、政府服务等相关因素完善扶持政策，覆盖财税激励、人才服务、政务配套、环境营造、基础建设、政策创新、统计测评、信息共享等8个方面。经与其他地区扶持政策的比较，可考虑补充以下方面的扶持政策：

（1）对高端企业和机构的人才引进、办公用房、经营贡献等方面提供更为优越的奖励。例如，对需要自建楼宇的新设立总部，可减免部分土地出让金或允许其分期支付；对租用基地办公用房的新设立总部，可实行租金减免或补贴；对增资增产企业可在当年或次年给与一次性财政补贴。优惠内容可以扩大覆盖到房租减免、公用事业费用如电力等方面的减免。补助支持搭建楼宇管理智能化和商务服务便利化的通讯信息服务平台。

（2）鼓励利用存量用房改造转型为商务楼宇。针对空置率较高的指定楼宇应给予明确的租金补贴政策，鼓励企业在特定地区落户和拓展业务。业主所得到的财政扶持和税收减免，应扣减租户等同于此减免总额的租金，此举可通过政府对楼宇业主的直接减税传递政府对租户的间接财政扶持，既不损失楼宇业主的利益，又不失对租户的投资吸引力，尤其是在操作上避免了许多征税、财政补贴等繁琐环节，更加简单快捷。提倡只租不售的项目，在企业的进入与退出、企业成本等方面相对容易控制。

（3）树立市场化配置财力理念，创新资金分配和扶持方式，创新金融产品供给，积极探索政府购买服务、引入"基金制"市场化运作等措施支持楼宇经济健康发展。可通过政府购买服务成果或活动补贴方式支持楼宇经济行业协会建设。探索政府创业投资引导基金方式，采用阶段参股、跟进投资等方式，吸引国内外风险资本投向初创期科技型入驻楼宇企业。探索建立重点楼宇、特色楼宇及入驻企业专项贷款担保机制，设立"楼宇债权引导基金"，通过吸收担保公司和社会闲散资金，由担保公司承担风险，通过信贷的方式引导资金投向楼宇经济，实现财政扶持资金的保值增值，开创楼宇招商的新模式。加大楼宇经济发展及专业管理人才的招引力度，符合条件的人员可优先享受创业创新领军人才和重点创新团队有关政策待遇。例如天津渤海新区，在中新天津生态城开展贴心企业服务并实行服务政府购买；生态城成立的"绿色产业协会"和"文化创意产业协会"帮助企业对接各种政府资源、对外联络合作交流活动；借鉴中国和新加坡保障住房特点，向楼宇企业开放政策公屋和北部公寓，实现"拎包入住"。

2、实施差别化的优惠政策，提高楼宇经济的包容度。第一，要体现鼓励增加就业机会的导向。鼓励发展劳动密集型服务业以带动服务业外源式增长，可根据提供就业岗位的多寡提供有差异性的用工补贴。第二，要体现鼓励投资的导向。将提升楼宇品质与扶持机制进行有效关联，积极鼓励业主或租户投资、改善楼宇，保持和提升楼宇品质。除了采用补贴方式，还可以将享受土地、房地产等方面的优惠政策、租赁减免政策的门槛设置为楼宇评估价值的增值幅度，单位建筑面积投入改造装修费用，从而鼓励业主或租户投资新建、扩建、更新现代化装备、改建或整体更新楼宇项目，利于提升楼宇价值，吸引更多高端客户，促使楼宇经济始终高水准运行。对于投资要求较高、租期较长、在单位租用面积投入较高更新费用的商业企业，也要考虑给予综合多层次的优惠政策。第三，要体现结构调整的导向。强化财税服务效应，将奖励资金落实于支持现代物流、现代金融、网络信息、人才教育等有利于楼宇经济发展的配套产业和服务体系。第四，要体现公平导向。在"扶大扶强"的同时也要给予大部分的中小企业以更多关注。

3、加强楼宇经济研究与监测，建立楼宇经济评价体系。统筹建立楼宇经济统计指标体系，对楼宇经济实行动态监测。在现有管理信息系统的基础上，建设直观的楼宇经济分析和辅助决策支持系统，整合分析楼宇基础信息、经营管理状况、产业结构、税收归属等。制定楼宇经济指标，一方面包含楼宇基础指标，包括楼宇位置、数量、面积、空置率、租金等；另一方面包含楼宇产出效益的经济指标，包括单位面积税收、楼内企业特别是异地纳税企业、迁入、迁出企业、从业人员、税收贡献等。搭建集楼宇信息采集、运行管理和政务服务功能于一体，面向楼宇业主、入驻企业和公众服务的楼宇经济综合管理平台，实现与企业信用信息系统、物业企业管理平台、政务信息平台等的互联互通，完善商业征信体系。制定商务楼宇评估标准，从地理位置、公共交通、建筑规模、空调、电梯、卫生间、入住率等 20 个指标将商务写字楼分为顶级写字楼、甲级写字楼和乙级写字楼三类，并制定相应的评估标准，从规模、发展、效益、创新和环境五大方面建立楼宇经济指数，以便综合地评价和测定楼宇经济发展的变动程度。

4、坚持重点税源管理和纳税服务并重。由于楼宇经济的集聚特点，税源必然集中于少数城市综合体，这一点在青秀区的实际情况上得到充分显现。因此，税务部门应建立完善企业数据库，加强税源调查和预测，信息采集和分析，强化税源监控，积极签署纳税遵从协议，强化税企风险管理和信用评定，坚持依法征纳；同时，要提高工作效率，加强税收辅导和税法宣传，为纳税人提供方便快捷的纳税服务环境，执行好减免退税政策，促进产业升级。

（作者单位：广西南宁市国家税务局）

# 浅述如何更好地利用产业园模式推动科技创新、提升经济增长的质量

伍建兰　谭家健　丘洁玲　吴昌宇
罗桂新　梁裕恒　范秋霞　谢瑞玲

## 一、广州市综合经济竞争力情况

### (一)广州市产业结构优化调整情况

“十二五”以来，广州市积极应对国际严峻经济形势和国内经济下行压力加大的挑战，“十二五”以来，面对复杂严峻的国内外环境，广州市委、市政府统筹推进稳增长、促改革、调结构、惠民生、增后劲各项工作，经济运行稳中有进。全市生产总值(GDP)由 2011 年的 12303.12 亿元上升至 2014 年的 16706.87 亿元，年均增速达到 7.95％。

1、从三次产业结构情况来看，经济结构持续优化升级。广州市充分利用“产业园区”发展模式，努力培育创新动力，提升创新发展驱动力，提升经济增长质量，呈现出产业转型升级步伐加快、经济运行质量效益提升的良好势头，三次产业结构不断优化。据该全市统计年鉴数据显示，2011 年三次产业比为 1.65:36.84:61.51，2014 年达到 1.42:33.56:65.02，说明经济结构转型升级进程取得明显成效，且呈逐年稳步升级态势。

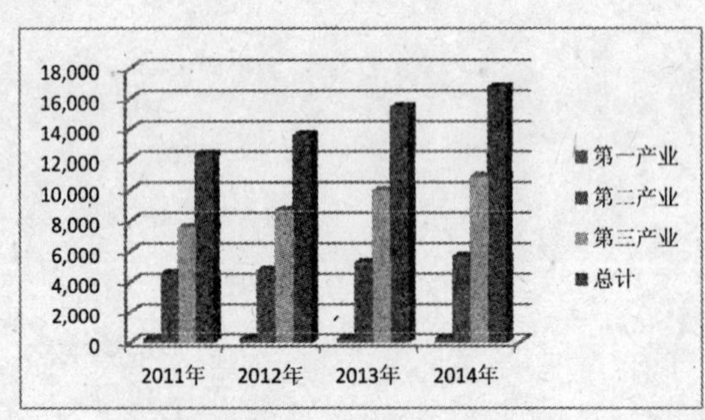


2、从三次产业对经济增长贡献率来看，可持续竞争力不断增强，但仍需继续向创新驱动方向努力。广州市生产总值增长的主要推动力正逐步转化到第三产业的发展。2011 年，三次产业对经济增长的贡献率分别为 0.5％、38.8％和 60.7％；2014 年，三次产业对经济增长的贡献率分别为 0.3％、30.9％和 68.8％。特别地，2013 年第三产业对经济增长的贡献率更超出 70％。

我市可持续竞争力正不断增强，但同时看到，创新驱动是短板。试从研究与开发支出占 GDP 的比重、万人发明专利拥有等数据进行分析。首先是研究与开发支出占 GDP 的比重，我市为 1.11％，而深圳为 5.01％，；其次是万人发明专利拥有量，我市为 9.40 件，而深圳高达 58.61 件，远远超过我市 6.24 倍。

### (二)广州市高科技产业园区发展情况

创新驱动发展是当下广州的主旋律，紧紧扭住高新技术企业这个“牛鼻子”是关键。目前，广州形成了从国家级高新技术产业开发区到各类科技园区、科技企业孵化器的创新载体，近年来被授予国家电子

信息产业基地、新材料产业国家高技术产业基地、国家汽车及零部件产业基地、国家生物产业基地、国家外包服务示范城市、国家软件产业基地等数十个国家级产业基地称号。

广州市孵化器初步形成了以国家级孵化器为龙头、省市级孵化器为主体、涵盖全市的科技企业孵化器网络。孵化器的专业化、特色化发展优势明显,目前已形成了覆盖软件、生物医药、环保、工业设计、光机电、动漫、创意等多个技术领域的专业孵化器。

(三)代表性典型园区经济税源发展情况

本文重点选取我市三大类型高科技产业园区的典型代表进行细致分析。类型一:跨境合作推动经济转型的样板项目,如位于广州经济开发区的中新知识城,该项目是新加坡与中国合作的第三项大型项目,规划面积 123 平方公里,按照"一核两区多园"布局产业。类型二:民营高新技术产业集聚区,如位于广州白云区的广州民营科技园,该园区是国家科技部批准成立的国家级高新技术产业开发区,属广州高新技术产业开发区"一区五园"之一。类型三:产学研相结合孵化器园区,如位于广州市番禺区的国际创新城,该城以高教研发、科技服务、创新产业为主导功能,利用其人才优势,配合较为完善的服务体系,强化孵化器的作用,让更多的创新有效转化为创业,发展为国家科技产业孵化基地,全球科技人才创新创业基地,国家一流的高等教育集聚区。

1、规模逐渐扩大。以上三种类型园区均利用各自优势,充分发挥其聚集效应,虽处于产业起步发展期,园区工业产值逐年提高,园区工业产值占全市生产总值的比重逐年提升,创新拉动作用逐渐显现,成为我区产业结构调整的示范,全面促进区域的产业升级和经济发展模式加速转型,增强竞争力和发展后劲,推动了我市"创新驱动"的步伐。

中新知识城 2011－2014 年 GDP 情况分别为:28 亿元,30 亿元,34 亿元,40 亿元。2011－2014 年税收情况为:0.68 亿元,1.26 亿元,2.82 亿元,5.50 亿元,累计 10.28 亿元,税收收入年增长率为 69%。

广州民营科技园 2011－2014 年 GDP 情况分别为:28 亿元、33 亿元、38 亿元、43 亿元;2011－2014 年税收情况为:1.06 亿元、1.54 亿元、1.79 亿元、2.13 亿元,累计 6.52 亿元,税收收入年增长率为 19%。

广州国际创新城 2011－2014 年 GDP 情况分别为:23 亿元、28 亿元、28 亿元、29 亿元;2011－2014 年税收情况为:0.13 亿元、0.13 亿元、0.19 亿元、0.49 亿元,累计 0.94 亿元,税收收入年增长率为 40%。

单位:亿元

| 年度 | 典型园区 GDP | | | 小计 | 全市生产总值 | 占全市比重 |
|---|---|---|---|---|---|---|
| | 中新知识城 | 广州民营科技园 | 广州国际创新城 | | | |
| 2011 | 28 | 28 | 23 | 79 | 12303 | 0.64% |
| 2012 | 30 | 33 | 28 | 91 | 13551 | 0.67% |
| 2013 | 34 | 38 | 28 | 100 | 15420 | 0.65% |
| 2014 | 40 | 43 | 29 | 112 | 16707 | 0.67% |

2、增长速度不一,增收带动力有待进一步增强。近年来,产业园区国税税收呈逐年增长趋势,至 2014 年已突破 8 亿元,2014 年税收增长率达 69%,2014 年税收收入超 500 万元的重点企业共 31 户,其中,超 1000 万元的共 16 户,税收收入排行第一位的企业入库 2.34 亿元。但存在以下情况:一是各园区增长率差异较大,广州国际创新城税收增长速度最快达 1.58 倍,广州民营科技园税收增长速度较慢,为 19%。二是产业园区对整体税收的增长拉动力较弱,在全市国税税收中占比仅占 0.4%,产业园区的增收贡献率为 1.58%。

## 二、该类型产业园区发展的成功经验

创新产业园区由于从事的是高、精、尖产业，起点较高，得到地方政府的充分重视和有力支持，经过多年发展后，通常具有完善的综合配套、成熟的管理模式和较强的创新实力，其发展的成功经验在创造GDP、税收收入以及形成聚集效应方面均有初步显现，对推动我市“创新驱动”的步伐起到积极作用。

(一)园区的综合配套完善有利于吸引企业和人才进驻

专业园区经过多年发展，综合配套设施普遍较为完善，形成较为成熟的人才培养、技术服务、产权专利、物流配送等产业辅助链条，有利于吸引企业进驻和招徕高端人才。以广州中新知识城为例，该园区重点建设的八大园区中，除高端制造产业园、物联网新城、文化创意产业园等支柱产业园区外，还有院士专家创新创业园、教育枢纽、检验检测高技术服务聚集区、知识产权服务业园区等配套的人才吸引培育和技术服务等辅助产业园区。同时，该园区还启动了152个市政基础设施及公共服务配套设施项目。完善的配套对该园区引进三大通信巨头、京东商城华南区总部等大型项目起到积极的作用，也吸引了一批两院院士、行业领军人才及专家进驻园区创新创业。

(二)园区实现统一管理有利于促进园区发展战略落地

目前，广州市产业园区主要采取行政主导型和公司治理型的管理模式，如广州民营科技园采取的是集中管理的行政主导型，由地方政府的派出机构——民科园管委会直接负责园区的管理和发展；广州国际创新城采取的则是公司治理型，由地方政府和高校共同发起成立投资管理公司进行园区运营管理。两种模式虽然有所不同，但都体现出两个共同的特点：一是对园区实施统一管理，二是少不了政府在背后的重视和支持。统一管理能够有效提高园区管理效率，政府的重视和支持有利于优化招商引资质量、有效解决园区发展问题，对于园区发展战略的顺利落地有重要的促进作用。

(三)园区高起点定位有利于创新驱动示范作用的实现

由于国家对创新产业的高度重视和大力支持，该类型园区通常具有较高的起点和定位，如民营科技园是国家科技部批准成立的国家级高新技术产业开发区，国际创新城是国家科技产业孵化基地，中新知识城是广东经济转型升级的四个重要平台之一，起点和定位都高于一般产业园区。高起点和定位使园区在创新产业方面的发展具有较大优势，成为地区创新驱动的示范代表，对于其它产业园区甚至整个地区经济的创新发展产生突出的带动示范作用。

(四)园区的软实力有利于企业更好利用创新技术发展壮大

该类型园区高度重视创新平台的搭建和创新环境的优化，拥有较强的创新软实力，主要体现在拥有优质孵化器、行业领军人才及专家云集、专利技术资源集中等方面，对企业更好地利用创新技术发展壮大有较好的促进作用。以民营科技园和国际创新城为例，两个园区均拥有国家级的科技企业孵化器，汇集院士、博士后、教授和科研人员等各类高端人才。在软实力的支持下，园区企业的自助创新能力显著增强，拥有多项专利权、软件著作权和各种核心技术，承担了多项国家级科研项目，园区也涌现出不少科技企业孵化成功的案例，如国际创新城的广州优蜜信息科技有限公司，研发并运营手机应用广告平台以及企业移动营销服务平台，从2010年刚开业时的零税收到2014年国税税收990万元，成长速度喜人，充分体现了科技创新对经济、税收发展的强大驱动力。

## 三、该类型产业园区发展中存在问题

(一)园区定位不精准

在我国，“园区”事实上是一个集合名词，既包含各类工业园区、科学园、免税区，也包括总部基地、产业转移园区等。事实上，目前我市的各类产业园区也普遍很难通过名称来明确园区的定位和特点。产业园区名称的混乱一方面是由于我市改革开放以来设立的产业园区数量多，另一方面也说明我市许多产业园区存在定位不够精准的问题。由于许多产业园区是由各级政府主导开展，目的往往是“筑巢引凤”，吸引产业企业入驻，但在规划的过程中，政府往往更加注重园区的规模效应和对地方 GDP 增长的推动作用，存在盲目跟风建设的情况，且普遍缺乏对于园区长远发展的规划，导致同一类型园区集中上马，政府投巨资建设的新园区却难以吸引到足够数量的产业企业，最终要么园区规模达不到预期，要么不得不调整园区定位来保证园区的开发和发展。

同时，在产业定位方面，我市目前也有许多园区在规划初期并未进行产业规划，未能根据区域经济的特点来确定产业类别，产业发展和企业引入具有盲目性，也未能形成良好的产业链。

（二）园区配套缺乏

产业园区可以通俗的理解为“一大片土地细分后进行开发，供一些企业同时使用，以利于企业的地理邻近和共享基础设施。”企业进入产业园区一方面可以和其他企业共享基础设施和各类服务，另一方面还会因为配套企业或合作企业的地理邻近而降低物流成本甚至交易成本。然而在产业园区的实际开发中，园区开发方往往重建设而轻配套，有些产业园区所在区域较为偏僻，但配套交通建设与园区建设不同步，导致园区建设初期交通不便，有些产业园区仅规划了工业用地，却没有配套的商业设施，导致难以吸引高端企业入驻，园区也逐步沦为低端制造型企业的聚集地，难以起到推动创新、提升经济增长质量的作用。

（三）园区发展中尚未构筑产业集群

从国内外产业园区的发展来看，许多园区的成功都在于产业集群的建立，即入驻园区的企业间存在产业联系，能够吸引相关行业的先进企业和创新型人才入驻，进而形成良性互动，美国的硅谷、印度的班加罗尔软件园区等都是成功的范例。但从我市产业园区发展的情况看，尚未有哪个产业园区能够达到类似的作用。从原因上看，一方面是由于产业园区在招商的过程中定位不够清晰，重量而不重质，没有在招商环节对入驻企业的关联度进行把关，从而导致产业园区的产业集群作用弱化，另一方面是我市的产业园区中缺乏行业龙头企业入驻，大部分入驻企业规模都较小，缺乏龙头企业的辐射作用和带动作用。

（四）园区扶持企业发展能力薄弱

产业园区作为推动科技创新的载体，其承载的功能除了为相关企业提供一个邻近的聚集区域以外，更重要的在于为企业提供政策辅导、资源整合、人才引进等一条龙服务，然而，产业园区的建设方与管理方往往并非同一主体，政府在完成产业园区建设后，往往将产业园区的管理委托给第三方机构，或通过政府与企业合作的方式进行管理，这种模式下的产业园区管理方本身调集资源的能力就存在先天不足，既缺乏对于产业发展的专业视野，也缺乏与政府各有关部门沟通协调的“底气”，最终，产业园区管理方往往成为了产业园区的物业管理部门，既无法为企业提供政策辅导或者解决企业棘手的人才引进、资源整合问题，也无法调动工商、税务等政府职能部门协助提供必要的政策辅导。

（五）园区发展缺乏必要的政策扶持

在当前物流和信息传递高度发展的现状下，园区原本具有的同类企业信息、资源交换便利的优势正在逐步减退，要吸引高质量的企业入驻园区，往往需要依靠产业园区对企业的各类优惠扶持政策，依靠政策洼地的效应来集聚企业。但是，在当前的政策环境下，一方面中央对于各类产业园区的优惠政策严格管控，地方政府经历了前期对园区经济的高投入以后也逐渐趋于理智，另一方面目前的各类优惠政策普遍享受门槛较高，往往倾向于扶持行业龙头企业或业绩优良的大型企业，难以真正实现对中小企业的发展扶持，产业园区的规模优势和引领优势自然无从体现。

（六）园区投融资环境不佳

当前，科技创新的力度和发展速度日益增强，许多高新技术企业在发展初期都通过引入天使投资或风险投资的方式来提高自身发展速度，传统的融资方式由于过于注重企业固定资产数量和企业规模，已经难以适应当前高科技企业发展的需要，然而，我市的产业园区普遍还停留在传统的园区发展模式下，对园区企业投融资需求的辅助也主要停留在专项资金扶持、银行等传统金融机构支持等方式上，而较少的去吸引天使投资人和风险投资公司入驻，一定程度上影响了园区企业科技成果转化的速度，也挫伤了企业的创新驱动力。

## 四、下一步优化建议

（一）准确定位，深化园区规划

一是坚持规划先行。以地区产业发展战略目标为指引，找准园区定位，科学制定产业园区发展规划，高起点、高标准地谋划产业布局，进一步深化和完善总体规划，增强园区产业可持续发展能力。二是优化发展格局。根据园区定位，以科学发展的长远目光，合理布局支柱产业、相应的服务业和配套生活设施，加强生产、服务和生活等不同功能区域的规划建设，完善园区内部及周边的厂房、水电、道路、通讯等基础设施建设，使园区发展更科学、平衡、协调。三是狠抓规划落实。对产业园区已有的发展规划，应加强后续跟踪和监督，严格执行落实到位，及时解决落实过程中存在的困难和问题，加强规划调整进度，避免出现空有概念、而无实际的空中楼阁。

（二）完善评估体系，提升招商引资质量

一是完善招商引资综合评估体系。招商引资工作涉及多部门、多环节，应由政府统筹建立国土、经贸、发改、财税、环保、产业园区等相关部门之间的联动机制，并明确各部门的工作职责，通过建立各种评估指标，对招商引资项目的选址、产能、用地规模、环境影响、效率等进行综合、全面的前期评价，提高所引项目的质量、效益和地方财政贡献率。二是围绕园区定位明确招商引资的重点。地方政府应加强对产业园区招商引资工作的引导，根据园区的定位明确招商引资的重点，确定园区主体产业、上下游辅助产业以及服务产业的比例，严格把好招商引资项目入口关，提高产业园区内企业关联程度，形成完整的产业链。着重引进高附加值、高税收产出的项目，进一步优化园区的产业结构。同时，建立引导企业科学入园的协调管理机制，防止招商引资恶性竞争和重复建设产能过剩。三是建立企业绩效评价和退出机制。坚持高效、动态的资源配置原则，对进驻企业制定相应的绩效评价指标体系，对效益产出不尽人意、发展长期处于劣势的企业建立淘汰退出机制，盘活有限的土地资源，为有发展资质的企业提供入园机会，实现园区的长远发展。

（三）健全投融资体系，充分发挥资本助力

一是深化产业园区投融资模式。加强资本运作方式改革，一步深化、完善园区投融资模式，采取政府产权管理、间接调控和企业经营相结合的方式，实现企业化运作，以经济效益为目标，积极争取银行贷款和广泛吸引社会资金，建立可持续融资机制。二是建立多层次的投融资服务平台。针对不同发展阶段企业的融资需求，分别建立制定有针对性的投融资促进方案，搭建多层次的服务平台。针对创业初期企业，建立创业投资促进体系，通过设立创投引导资金、实施创投企业风险补贴政策、研究促进天使投资发展等措施，搭建创投促进工作平台；针对快速成长期企业，搭建贷款担保平台，对重点企业群体设立担保贷款绿色通道；针对稳定发展期企业，建立多层次资本市场，实施改制上市资助政策，使企业借助资本市场进一步做大做强。三是加强与银信部门的沟通协作。充分发挥政府在银企协作中的桥梁作用，加强与银信部门沟通与衔接，进一步整合资源，争取更多支持，解决园区发展建设资金缺乏瓶颈问题，构建银企互信双赢协作机制。

（四）强化扶持和服务，助推园区和企业发展

一是强化政策扶持。各级政府应结合产业结构调整和经济转型升级的发展要求，在促进优质项目落户、支持重点产业加速发展、鼓励企业提质增效、扶持中小企业发展等方面出台相应的产业园区扶持政

策，并最大限度地降低门槛，扩大企业受惠面。同时，对产业园区的土地划拨、基础建设、投资管理、人才引进等也应给予充分的政策和资金支持，帮助园区顺利投入运转。各产业园区也应充分利用好自身产业优势和品牌资源，积极争取国家、省、市对主导产业及其项目的政策支持，并落实好鼓励产业发展的优惠政策。二是构建园区服务体系。完善科技、管理、金融、财税等服务体系，做好银企对接、企业合作、产权技术等服务，为园区发展搭建服务平台；充分行使有关行政和经济审批权限，建立快速审批通道，快捷高效办理涉及企业、项目的有关手续，集中力量加快园区建设和发展。

（五）增强创新能力，提升园区发展的软实力

1、强化创新服务平台支撑。加快创新服务平台建设，引导企业加强产品技术创新，强化市场信息的收集和调查分析，开发新技术，研制新产品，增强产品的技术含量，提高产品的技术附加值。加强产、学、研合作，密切与高等院校、科研院所的合作，借助其技术实力和技术成果，不断提升科技孵化能力，尽快将科研成果转化为产品。充分发挥市场在科技孵化中的作用，提高科技企业孵化器建设水平，完善企业孵化器功能，强化创新中介服务，促进科技成果快速转化。

2、集聚智力资源。制定人才培养和引进计划，着力培育和引进新型人才、复合型人才、国际化人才以及专家、学者等高端人才进入园区，努力实现由智力资源向科技成果转化。同时，拓宽人才引进渠道，创新人才开发机制，优化人力资源配置，鼓励创新人才以定期服务、技术开发、项目引进、科技资讯等方式自由流动，吸引和留住各类人才服务园区建设。

（作者单位：广东省广州市番禺区国家税务局）

# 浅谈电子商务对税收带来的挑战与思考

江苏省连云港市国际税收研究会课题组

电子商务是网络时代的网上贸易形式，正越来越快地改变人们的消费需求和生活方式，引发经济社会新的经济增长点，成为经济发展的新引擎和新动力。与此同时，电子商务的发展也面临着新的税收管理的不适应，挑战传统的税收管理模式，对此，本文在介绍电子商务的背景与特点的基础上，试分析当前电子商务税收存在的困难和问题，提出完善税收管理的几点思考及建议。

## 一、电子商务概述

(一)背景介绍

电子商务(Electronic Commerce)通常是指在互联网环境下，买卖双方以电子方式完成的各种形式的商业交易。它的出现和发展融合了计算机技术和商业运作形式的扩张。电子商务产生于20世纪60年代，尤其自90年代初互联网商业化以来，网上贸易得到了迅速的发展，并很快席卷全球。据有关数字统计，1998年，全球电子贸易额超过500亿美元，到2000年全球电子商务交易额已达到6000亿美元的规模，2012年全球电子商务销售额突破1万亿美元，全球贸易的一半以上将通过网上实现。我国电子商务起步较晚，但发展潜力巨大。据预测，我国的上网人数将以年均40%的速度增加。2009年我国电子商务市场交易额已达3.7万亿，至2014年底达到13.4万亿。

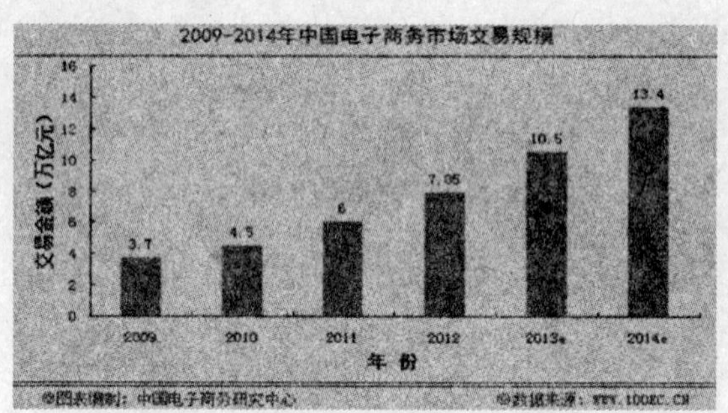


2009—2014年中国电子商务市场交易规模

截止2013年12月，电子商务服务企业直接从业人员超过235万人。由电子商务间接带动的就业人数，已超过1680万人。由于电子商务在经济贡献上的突出作用，加之如此庞大的销售额和市场份额，由此而引发的税收问题也日渐凸显。因此探讨电子商务税收管理问题十分必要，必须予以高度重视。

(二)主要特点

与传统商务相比，电子商务有以下主要特点：

1、交易便捷性。在电子商务运营模式下，买卖双方通过使用互联网等电子工具，如淘宝、阿里巴巴、网上银行等，即可实现网上购物、网上交易和在线电子支付，节省时间和空间，大大提高交易效率。

2、交易成本低。作为一种新兴的经济形式和商业运营模式，电子商务具有绿色、低碳、节能的特点，任何人只要拥有一台电脑、一个调制解调器和一部电话就可以通过互联网参与国内或国际贸易活动，不必在一地建立传统商务活动所需的固定基地，可以大量减少人力、物力，降低成本。

3、交易虚拟化。电子商务以电子流代替了实物流，传统的实物交易和服务被转换成数据，在互联网上传输和交易，同时，越来越多的交易都被无纸化操作所代替，不涉及现金，无需开具收支凭证，作为征税依据的账簿、发票等纸制凭证缺失，给审计和税收带来一定影响。

4、交易可控性。在电子商务中，交易各方为保证货物和资金安全，倾向于使用第三方搭建的电子支付系统，商品流、资金流都将留下数据。如果能与交易平台和支付平台达成密切的合作，对交易数据进行全面掌握，可实现税源统计和税款征收，税收遵从度也将大幅提高，征管成本将大幅下降。

(三)运营模式

按照电子商务的运行模式分类，主要划分为以下四种类型：

1、B2G(Business to Government)类型。即企业与政府机构之间的电子商务。如政府采购、仲裁、电子通关，电子报税等。B2G有时也被称为电子政府。

2、B2B(Business to Business)类型。即企业与企业之间的电子商务，如阿里巴巴、中国制造、中国供应商、世界工厂、马可波罗、环球资源企业等。目前，阿里巴巴是国内也是全球最大的B2B电子商务网站，一直被认为是国内最好的B2B平台，是中小企业首选的B2B平台。

3、B2C(Business to Customer)类型。即企业与消费者之间的电子商务，基本等同于电子零售商业，如京东商城、淘宝网中的天猫商城、卓越、当当、中化网等。B2C领域竞争尤为激烈，除京东，当当，卓越，好乐买，乐淘等网站外，还包括传统企业向电子商务靠拢，如国美网上商城，苏宁易购，银泰等。

4、C2C(Consumer to Consumer)类型。即消费者与消费者之间的电子商务，即个人之间形成一对一交易的情况，如淘宝、易趣、一拍网个人卖家。C2C领域份额目前基本被淘宝，拍拍控制着。

B2C、C2C这两者统称为网络购物，属于电子商务的典型运用。

## 二、电子商务给税收管理带来的影响与存在问题

目前，我国电子商务的快速发展，对税收管理带来了一定的冲击和挑战，主要体现在以下几个方面：

(一)电子商务对税收管理带来的影响

1、纳税人难以界定。在传统的纳税人的义务确定中，主要通过工商登记和税务登记、账册凭证以及纳税人的住所来确定，因此税收的征收可以按照税法的有关规定执行。但是在电子商务中，参与经营的企业或者个人除兼营实体店外，往往无需进行税务登记，直接在网上就可以从事相关的交易活动，税务机关不能通过税务登记以及账册凭证来确定电子商务经营者的纳税义务。由于交易双方隐匿了身份、地址和交易行为，在互联网上只有服务器、网站和网上账号，整个交易过程完全是在网上完成，买卖双方难以明确。特别是网络无国界这一特点，使交易创造的收入活动无法同某一具体的地点联系起来，网站和服务器是否能够作为纳税主体还存在很大争议，有关厂商是否因此而成为该国纳税人也难以确定。

2、征税对象难以界定。目前，由于电子商务其数字化、信息化的特征，一部分以有形形式提供的商品可转变为数字形式提供，如书籍、报纸、CD及计算机软件和无形资产等由于易被复制和下载的特性，模糊了有形商品、无形劳务及特许权之间的概念，使得商品、劳务和特许权难以区分，模糊的边界直接导致对征税对象的难以准确把握和判定。

3、纳税地点难以界定。由于电子商务的特点，交易活动往往没有固定的物理交易场所，纳税地点具有很强的流动性和随意性。另外，电子商务中涉及的其他方面，如服务器、卖方、支付方、物流所在地等可能都处在不同的位置。因此，税务机关往往无法像对传统交易活动那样准确地确认纳税人的经营地或纳税行为发生地，也就无法正确行使税收管辖权。

(二)税收管理存在的问题

1、税收管理难度增大。在电子商务环境下,除了规模从业者,存在着大量分散的、隐蔽的参与者,他们无需进行工商登记、无需固定经营场所、无需开具发票,只要缴纳很少的注册费,就可以有自己专用的域名。如C2C个体网店没有工商注册,无实体店经营,经营数据、收支电子化,分布区域广,给税务部门实体化、属地化的监管工作带来挑战。其次,在传统商务形式中,课税凭证含纸质账簿、凭证、发票或合同等实际存留的记录,而在电子商务下,由于网络交易、服务的各种依据都是以电子化、数据化的形式存在,合同订单和各种凭据等均采取无纸化的形式,如果纳税人对电子系统进行修改,依据目前的税收征管法,税务机关没有相应的措施可以解决这种对抗行为。因此,随着电子商务中的无纸化以及课税凭证的电子化程度越来越高,税收征管也逐渐失去了最直接的纸质基础。

2、税收管辖权面临难题。电子商务的发展突破了了地域的限制,弱化来源地税收管辖权和居民(公民)税收管辖权。税务机关将难以根据属地和属人原则对企业征收所得税和个人所得税。此外,电子商务还导致税收管辖权冲突。世界上大多数国家都并行来源地税收管辖权和居民(公民)税收管辖权,并坚持地域税收管辖权优先的原则。然而,电子商务的发展必将弱化来源地税收管辖权,比如通过互相合作的网址来提供远程服务,就会使得各国对所得来源地判定发生争议。

3、税款流失风险加大。电子商务有许多优势,正是这些优势促进了电子商务的极大发展,越来越多的个人和企业加入到电子商务之中,这就对传统的商务贸易造成的很大的挑战,有形商品贸易在减少,同时造成税收的减少。另外,相关的法律及政策的不完善往往造成电子商务领域的"征税盲区",使增值税、营业税、关税和所得税大量流失。同时电子商务的发展使得国际避税日益增多,也容易引起发展中国家的税收流失。

4、税务的稽查难度加大。由于在电子商务的过程中,难以界定纳税人、征税对象、纳税地点买卖双方都是虚拟空间进行交易的,这些对于稽查带来一定困难。同时,网络信息传送的快,信息量巨大,电子商务相对于传统商务来说是高速高效的,交易的双方为了避税对交易相关资料的填写存在很多的问题,这些问题使税务机关无法有效的进行核算。

5、税收减免和优惠政策不够明确。根据《连云港市政府关于加快电子商务发展的意见》要求,据悉,通过3年左右的努力,到2017年末,全市电子商务交易额将达到800亿元,网络零售额达到150亿元,占社会消费品零售总额的12%;全市规模以上企业应用电子商务比例达80%以上。可以说,电子商务的发展改变了传统的商务模式,带动了经济快速增长和经济格局的变化,与此同时,税收制度与政策如何对其进行有效的管理,特别是在服务区域经济、服务以就业为主的广大C2C电子商户上,为鼓励困难群体自主创业,应该针对电商的特点制定一套税收减免和优惠政策,如设立起征点、对达起征点但规模较小的网店实行定额征税等,这是一个将网店纳入税收征管后亟待明确的问题。

## 三、电子商务的国际借鉴

目前,电子商务的税收问题,正越来越被世界各国,特别是电子商务较为发达的国家,如美国、日本、欧盟以及一些国际性组织和地区广泛重视和研究,已有少数国家颁布了一些有关电子商务税收的法规,一些国际性组织(如经济合作与发展组织———OECD)已就电子商务税务政策形成了框架协议并确立一些原则。具体而言,电子商务涉及的税收问题有以下主要观点:

(一)以美国为代表的发达国家主张在电子商务上对其不征税或实行税收优惠

美国是电子商务应用较早的国家。到目前为止,美国已颁布了一系列有关电子商务的税收法规,主要有免征通过因特网交易的无形产品的关税,如电子出版物、软件等;暂不征收或称为延期征收国内"网络进入税"(Internet Access Taxes)等。美国在是否对国内电子商务征税的问题上,目前,存在两种争论,一种是一些联邦政府官员和国会议员提出永久禁止联邦、各州和地方政府对网络征税的法案。据分析，提出这样的观点主要是基于，在联邦政府的财政收入中以直接税为主，占全部财政收入的90%以上，免征电子商务交易的税收，对联邦政府财政收入影响甚少，而且可以促进电子商务的迅速发展进而带动相关产业的发展和产生新的税源。另外一种争论是：一些州、地方政府官员和国会议员则提出，对电子商务以及其它远距离销售商品，如邮购、电话和电视销售征税，其主要理由：免征电子商务的税收（主要是销售税）将危及州和地方政府的财政收入，在州和地方政府的财政收入中销售税等间接税占50%左右，其次有违税收“中性”、“公平”的原则。除上述两种对立的意见外，美国一些国会议员还提出了一种折中的方案，即：对电子商务3年内不征税的期限延至5年，以给美国政府足够的时间研究制定适合各种商务的税收政策并协调联邦政府与州、地方政府的关系。另外，美国制定对电子商务实行税收优惠的政策，主要有：避免不必要的税收和税收管制给电子商务造成不利影响，加速本国电子商务的发展，至于州、地方政府财政收入因免征电子商务税收而减少的部分，可通过联邦政府的转移支付予以弥补；为美国企业抢占国际市场铺平道路。目前，在世界上从事电子商务的网络公司中美国企业约占三分之二。在世界电子数字产品交易中美国占主要份额（仅1997年美国出口电子软件达500亿美元）。若免征电子数字产品关税，即可使美国企业越过“关税壁垒”，长驱直入他国而获利；美国国内的相关法律（美国联邦政府税法与州及地方政府税法，州与州之间税法不尽一致）、征管手段等尚不统一和完善，难以对电子商务实行公正、有效的监管，故而美国政府制定并坚持对电子商务实行税收优惠政策。

在电子商务发展规模上稍逊于美国的欧盟成员国，于1998年6月发表了《关于保护增值税收入和促进电子商务发展的报告》，并与美国就免征电子商务（在因特网上销售电子数字化产品）关税问题达成一致。但欧盟也迫使美国同意把通过因特网销售的数字化产品视为劳务销售征收间接税（增值税），并坚持在欧盟成员国内对电子商务交易征收增值税（现存的税种），以保护其成员国的利益。

（二）一些国家或专业学者主张在电子商务上对其开征新税

1998年，一些国家政府和一些专业人士在联合国会议上提出，除对电子商务交易本身征税外，新开征“比特（Bit电子信息流量的单位名称）税”。此提案一经提出，即遭致美国、欧盟的反对。美国政府多次提出报告，强调国际税收制度不应阻碍电子商务的发展，对电子商务不应开征新税（如“比特税”）。1998年，欧盟通过决议原则上同意不向电子商务开征新的税种，强调现行税法应公平适用于电子商务。OECD于1998年发布了“电子商务课税框架条件”的报告，虽未明确表示反对开征“比特税”，但着重指出，各国应实施公平的、可预见的税收制度，为电子商务的发展创造良好的税收环境。目前，世界各国在是否对电子商务开征新税这一问题上的意见已趋于一致，即不同意开征“比特税”。实际上，对电子商务征收“比特税”存在诸多问题：根据电子信息流量，能否区分有无经营行为（目前，因特网提供一些免费服务）？能否区分商品和劳务的价格？能否区分经营的收益？答案是：根据电子信息流量是无法区分上述问题的。何况，一个网络公司的电子信息流量大，即表明该公司使用通信线路时间长、支付使用通信线路的费用多，而费用之中已含有税款。

（三）国际社会普遍认同电子商务应和其它商务一样依法纳税。具体包括以下观点：

欧盟：规定自2015年1月1日起凡在欧盟境内网上购物，增值税将执行买家所在地税率，欧盟实施这规定旨在打击非法竞争。

美国：各州基本都要缴消费税，网购时商家会直接将税金计入消费者应缴税款总额。2013年美国国会参议院通过《2013市场公平法案》，规定美国各州政府可以对电商跨区进行征税。

英国：法律明确规定所有的在线销售商品都需要缴纳增值税，税率与实体经营一致，一般标准税率达17.5%，优惠税率5%。

澳大利亚：一直以来对电商和实体店铺一样征税。在澳大利亚网上购物之后，买家会收到电商发来的收据，收据中注明政府扣税的情况。

韩国：在电商征税方面，网店和商场在缴税上标准是一致的，除了各种基本税，还要缴纳10%的增值税。

日本：日本已确定2015年度税制改革大纲，从10月起通过互联网购自海外的电子书及音乐服务等将被征收消费税。新制度下，企业所在地无论在哪儿，只要购买商品者身处国内，将一律征税。一般的做法是消费税将被加到商品价格中去，由消费者承担。

新加坡：新加坡法律制度健全，而且是较早研究电子商务税收问题的国家之一。2000年8月31，新加坡发布了电子商务税收原则对有关的电子商务所得税和货物劳务税明确了征税的立场。在新加坡国内，通过网络销售货物和传统货物一样要征税。

在发展中国家，电子商务刚刚开始起步。发展中国家，对国际上电子商务税收政策的研究、制定的反应多为密切的关注。发展中国家大多希望、主张对电子商务（电子数字化产品）征收关税，从而设置保护民族产业和维护国家权益的屏障。

虽然，各国在电子商务征税的规定上有差异，但各国普遍赞同公平竞争是市场经济发展的前提，电子商务作为市场经济发展的中坚力量也必须履行缴纳税款的义务，而且电子商务征税应当坚持税收中性原则，各国普遍明确在不征收新税的前提下对本国的电子商务进行税收控制。

此外，国际上在讨论、研究电子商务税收问题时，还涉及到电子商务交易数据的法律效力问题，如：欧美等国已通过立法，确认了电子商务交易数据的法律效力并可将此作为纳税凭证，对电子商务征收间接税，如增值税。大多数国家倾向实行电子商务税收来源地原则，即由供应方——卖方所在的国家征税，其理由是在电子商务交易中很难确定消费者所在地。另外，还包括电子商务交易中的避税与反避税等一系列问题。

## 四、对电子商务税收管理的思考与建议

相比电子商务发展成熟的国家和较为完善的管理制度，我国电子商务起步晚，但快速发展的电子商务迫切需要专业化的税收征管制度。因此，应顺应形势发展的需要，尽快制定并施行电子商务税收管理办法。

### （一）电子商务税收管理应遵循的原则

1、建立积极支持电子商务健康发展的原则。2015年5月6日，国家税务总局发布了《关于坚持依法治税更好服务经济发展的意见》，在关于“积极支持新业态和新商业模式健康发展”一项中，文件指出：“着力优化政策环境。深入分析电子商务、互联网+等新兴业态、新型商业模式的特点，积极探索支持其发展的税收政策措施，特别是对处在起步阶段、规模不大但发展前途广阔、有利于大众创业、万众创新的新经济形态，要严格落实好减半征收企业所得税、暂免征收增值税和营业税等税收扶持政策，坚决杜绝违规收税现象。”可以说，建立和谐的电子商务税收环境，不仅能促进电商活动规范有序，而且能有效地平衡线上和线下的商业环境，避免恶性竞争、恶性循环，使实体店和虚拟店发挥各自的优势，营造良好的商贸关系。

2、对电子商务征税必须符合税收法定原则。税收法定原则要求被征税的对象应当符合税法的要求，具有符合税法的效力来源，即符合宪法、法律，行政法规以及其他部门规章和规范性法律文件。对电子商务纳税人征税，其相应的税收要件应当得到明确规定，否则对电商征税的行为将被归于违法。根据税法的规定，发生在我国境内的任何形式的交易都应该被征税。电子商务通过网络销售商品或者服务，虽然其交易方式与实体经营有差异，但只要其交易额达到或超过税法规定的起征点就应当被归于交易的范畴。由此可见，税法为电子商务征税提供了合法的依据，即使目前我国还没有对部分电子商务业务征税，但从长远来看，电子商务征税势在必行。

3、对电子商务征税体现公平、中性统一的原则。电子商务作为一种新兴的贸易方式，它并没有改变商品交易的本质，仍然具有商品交易的基本特征。按照税法公平原则以及税收中性原则的要求，它和传统贸易应该适用相同的税法，担负相同的税收负担。否则，与传统交易模式下的实体店相比，电子商务经营不仅可以节省店面租金，还可以节约税款。这种避税获利的优势必然会吸引实体店家向电商市场转移，势必会造成传统交易市场的萎缩，使传统交易市场内税收减少。因此，考虑到税法的公平原则，依法负有纳税义务的主之间应当根据承受能力，公平分配税收负担，促进电子商务市场健康有序的发展。

4、对电子商务实行逐步推进，全面可控的原则。在电子商务发展初期应尽量从促进其发展角度多作考虑，应循序渐进，涵养税源。特别是针对C2C个人网店，当前税收收入所占份额小，经济承受能力有限，切不可操之过急，杀鸡取卵，应引导他们逐步走向税法遵从。如制定较优惠的税收政策，让他们在税收的惠泽下发展壮大，达到条件的逐一征税，由此逐步规范电商的税收征收管理。同时，电子商务涉及信息技术、通讯技术、金融服务领域、生产者、消费者，以及政府部门，甚至还包括跨国交易，是一项复杂的系统工程。因此，电子商务税收既要解决法律、规则、技术、征收等问题，形成一个有机的统一整体，甚至还要考虑与国际有关法规的对接，以避免国际间重复征税及逃避税的产生。

（二）建立符合电子商务要求的税收征管体系

1、不断完善税收相关的法律和制度。电子商务虽说是一种新型的网络销售模式，但其买卖双方存在交易的本质，仍然符合相关税收的征税条件，因此在现有的税收法律基础上，建议对税法进行必要的修改和完善，明确电子商务主体能够进行税务登记从而确定其纳税义务；明确征税对象，将电子商务中的数字产品纳入增值税范围，网络中间服务纳入营业税（营改增）范围，完善个人所得税法，特别是使C2C模式的征收有法可依；明确纳税地地点，税务部门依法行使税收管辖权。

2、加强电子商务的科学管理。一是增加能够适应电子商务发展需求的税收登记制度；二是建立电子报税制度，纳税人定期将申报资料通过网络传送给税务机关，然后等待税务机关的回执；三是建立代扣代缴制度，通过从支付体系入手，建立由银行扣税的电子商务税收征管模式，完善第三方代扣代缴制度，提高征税效率，减少税务成本；四是推行电子商务特有的发票管理制度。比如建立电子发票库，纳税人可以凭税务登记号和识别码从电子发票库购买电子发票；五是通过开发相关的软件，设立计算机监控系统强化对电子商务的税收稽查。

3、加快培养专业人才。税务部门要加强自身队伍的建设，围绕电子商务的各种相关知识，加快培养专门的网络技术人才，将提高税收管理员网络应用水平和业务技能作为重中之重，培养出一批税收业务精、网络操作强的高水平复合型、知识型人才，使税收政策监控走在电子商务前列。

4、注重税务部门网络安全与保密。电子商务是互联网时代的网上贸易形式，税务部门在充分利用电子化手段拓展税收征管，实现网上代扣代缴、网上监控与稽查的同时，也同样面临网络安全和信息保密等问题，2015年2月，国家税务总局下发了“国家税务总局电子税务管理中心关于禁止税务业务专网及其终端违规外联的通知”，明确规定“税务业务专网计算机直接连通互联网或通过其他网络访问互联网、专网设备未经安全防护及策略设置直接连通其他网络，均为违规外联。”违规外联会给税务专网带来严重安全威胁，必须要强化网络安全和保密意识，加强安全防护系统运行保障，落实税务专网计算机使用要求。

（三）合理降税减负对电子商务实行优惠政策

电子商务贸易能够为企业和电子商户节约资金，降低成本，带来直接经济效益，同时，又能扩大就业，改善民生，因此应当鼓励和扶持，适当给予税收优惠。对经工商登记注册的网络商户从业人员，同等享受各项就业创业扶持政策。对未进行工商登记注册的网络商户从业人员，可认定为灵活就业人员，享受灵活就业人员扶持政策，其中在网络平台实名注册、稳定经营且信誉良好的网络商户创业者，可按规定享受小额担保贷款及贴息政策。对从事电子商务活动的企业，经认定为高新技术企业的，依法享受高新技术企业相关优惠政策，小微企业依法享受税收优惠政策。

（四）加强国际间电子商务税收问题研究

加强国际间电子商务税收问题研究，一是加强避税与反避税问题的研究。由于互联网的全球性、无国界性、高科技性不仅为企业经营获得最大限度的利润提供了手段，同时在某种程度上也成了企业避税的温床。要防止网上贸易所造成的税收流失，只有通过我国与世界各国税务机关的密切合作，运用国际互联网等先进技术，加强国际情报交流，才能深入了解纳税人的信息，使税收征管、稽查有更充分的依据。在国际情报交流中，尤其应注意有关企业在避税地开设网址及通过该网址进行交易的情报交流，防止企业利用国际互联网贸易进行避税。二是加强转让定价问题研究。随着电子商务的迅速发展，电子商务交易转让商品更为容易，更易于跨国公司将利润从一国转移到另一国。因而，各国对电子商务交易中的转让定价问题日益关注。欧、美等国和OECD对此进行研究指出，电子商务并未改变转让定价的性质或带来全新的问题，现行的国际、国内的转让定价准则基本适用于电子商务。但是，由于电子商务摆脱了物理界限的特性（不受空间地域的限制），使得税务机关对跨国界交易的追踪、识别、确认的难度明显增加。因此，各国在补充、修改、完善现行有关转让定价准则的同时，应加强电子商务税收征管设施（包括硬件、软件、标准等）的建设，提高对电子商务的电子数据核查的数量和质量。三是加强因税收管辖权冲突易导致重复征税问题的研究。目前，世界各国实行不同的税收管辖权，但总的来看，大都坚持来源地税收管辖权优先的原则。随着电子商务的出现，由于其注册地不确定，信息流、物流、资金流难以掌握，加之，各国对税收管辖权常设机构的概念尚有一定的争论，以至于在所得来源地的判定上存在争议，要进一步加强国际合作交流，完善税收抵扣政策，防止因管辖权、居住地等问题造成重复征税现象问题的发生。

总之，在电子商务日渐发达的今天，我们要顺应国内国际发展大趋势，致力于电子商务的税收服务，研究解决电子商务征税技术难题，制定并完善相关的法律法规和切实可行的税收政策，促进电子商务行业的健康发展。

课题组负责人：周良芹　汪保山

执　笔：万素林　徐光辉

# 浅议税改中的大企业税收管理

张 兰

大企业税源管理的地位至关重要，以山东省聊地市茌平县地税局为例，每年大企业集团入库税款占总入库比例的80%左右，由此可见大企业在税源管理中起着举足轻重的作用。

## 一、大企业税收管理现状及存在问题

目前我国大企业和中小企业及个体户相比，具有自身鲜明的特点，突出体现在：一是经营规范大，经营范围广。大企业生产经营规模大，巨大的资产规模和庞大的机构设置，税源结构具有复杂性；注册资金、资产、营业收入、利润、职工人数等指标远远超过中小企业若干倍。大企业生产经营范围大，以XX集团为例，经营范围涉及铝加工、化工、碳素、批零、运输、房地产等。二是组织机构健全、庞大。这些大企业的管理结构较为完备，资金、物流的管理十分规范，内控机制较为健全，一般都建立较为完备的公司治理结构。并且集团每年都聘请专门的会计师事务所进行定期审计，财务人员数量多而且比较精干；三是财务软件规范统一。大企业目前普遍使用财务软件，财务核算高度集中和规范统一，数据质量也很高。四是生产经营流程长，税源结构具有跨度性。五是具有较强的纳税意识，自身财务税收专业化水平较高，经济地位重要，税源举足轻重。

目前，税务机关已根据大企业的特点及时制定出适应大企业发展的管理办法，以我县为例，成立了大企业税收管理小组，抽调专门人员对三大集团进行专业化管理，取得了不错的成效，但我们仍有必要谈一谈当前大企业税收管理中存在的问题。

(一)基层税务人员素质不适应

大企业组织机构复杂，管理环节多，业务量大，涉及多个行业且跨地域经营，专业化分工细致，信息化程度很高。为了提高竞争力，适应经济全球化的需要，大企业还培养和引进了一批高学历、高职称、高素质的管理人员。大企业财务人员注册会计师、注册税务师、律师、高级会计师比比皆是。与之相比，税务机关的管理力量明显不足，尤其基层管理人员，精通法律、财会、计算机等专业知识和技能的人才匮乏，无论是人员数量还是人员素质都存在差距，对大企业的管理力不从心。目前税务机关由于基层工作辛苦、待遇较上级机关低，所以高级人才往往滞留于上级机关，多数基层税收管理部门只能做些日常申报、发售发票等简单工作，难以实施有效的管理监控。

(二)税企信息平台不对称

大企业目前普遍使用财务软件，财务核算高度集中和规范统一，数据质量也很高。其工作人员受到有组织、有计划、高级别财会培训学习。在接受新会计政策和税收法规方面领先于某些税务管理部门。而且企业采用的财务软件税务机关需学习才能更好地掌握企业核算情况。税务机关缺乏这方面的培训。金税三期虽然实现了全省联网，但征管软件在税源分析方面还是空白，如：综合征管软件只能记录日常的征管业务操作，无针对大企业专门的税源分析、纳税评估的功能；没有登记总、分、子公司、关联企业之间关系的比对模块，因此也无法对关联企业进行监控；企业的财务数据无法读取，企业的海量信息无法整理比对。

(三)信息渠道不畅通

对于大企业的管理成效在很大程度上取决于对企业信息资源的掌握,虽然《征管法》中对纳税人报送的资料有明确的规定,但在实际工作中却经常遇到一些困难。大企业出于保密等方面的考虑,在对外披露信息时十分谨慎,税务机关需要掌握的资产、核算等信息不予提供或需要经过一定的内部审批程序方可提供,信息的及时性难以保证。一些大企业能够出具的财务报表达几十种,但只给税务机关提供资产负债表、利润表、现金流量表。另外,企业集团的所有核算单位并非都在一个税务部门管理,因而无法掌握整个企业集团财务核算的全部情况。目前税务机关获取信息的唯一途径就是企业自行申报,这些经过加工的“二手”信息,还存在是否真实准确的问题,依据这些信息开展税收分析和纳税评估,难以保证工作质量。

(四)税收制度不完善

目前,一些针对大企业的税收政策还不完善,随意性比较大。由于企业经营行业的多样性和大企业业务庞大、分工细密,还存在一些政策模糊的地方,税务机关在沟通反馈方面效率较低。在税收管理方面,到目前为止全国还没有形成一套完整的针对大企业的高效的税收征管办法,仅根据自己的工作经验摸索前行,导致税收管理的盲目性,随意性、制约了对大企业税收监控和管理向深层次、多角度、专业化方向发展。

(五)税务管理机构与企业级别不匹配

由于我国大企业多数为国有企业,有的更是垂直企业,并有行政级别,一些副部、正厅、正市级单位屡见不鲜,其办理涉税业务的财务资产部门往往为正处级单位,而主管税务机关为科级单位,行政级别不对等,企业也因此对税务机关的管理有一定程度轻视,对税收政策的执行怠慢、打折扣,给日常工作联系和协调带来诸多不便。出现涉税问题,企业越级联系,甚至地方政府领导或上级税务机构都受其影响。以为企业规模大、贡献多、级别高,所以有的企业有特权思想,让基层税务机关颇为头痛,无法充分运用等。

## 二、加强对大企业税收管理的建议

(一)转变税源管理理念,对大企业采取分类深化管理

大企业或是上市公司,或是地方利税大户,是国家利益之重。企业内、外部都有很强的监控机制,既受到税务机关、审计署、证监会等外部执法部门的监督检查,也接受企业内部审计的日常监督,建立了一套依托信息化平台的科学管理机制,其主观上不具备主动偷税的意识,为了规避税收风险,维护上市公司的形象和股民的利益,其纳税遵从度是很高的。但站在企业的角度,出于维护自身利益的需要,对税收政策的理解可能与税务机关不一致,需要加强征纳双方的沟通和理解。税务机关应转变管理理念,对大企业采取与其他中小企业有别的管理办法。借鉴国内外的先进经验,结合大企业的特点,应以信息技术为依托,以纳税评估为主要手段,在全面掌握企业基本信息的情况下,综合评价企业经营能力和纳税能力,为企业提供高效、优质的税收管理服务,这就需要我们采取明确企业分类,专业分工详细的有针对性税收管理办法,防止粗放式混合管理,防范关联企业税收转移,科学预测税收收入,提高纳税申报质量,堵塞税收征管漏洞,达到规范大企业的目的。

(二)设立专业管理部门

由于大企业具有数量少、经营活动复杂、税收收入比重大、需要提供专业性较强的纳税服务等特征,建议成立大企业服务管理专门机构,专门负责研究制定对大企业实行专业化管理的政策法规以及管理的方式方法,按行业划分客户管理范围,对大企业进行垂直管理,负责对大企业的纳税服务、税款征收、纳税评估、税务检查等各项工作。

(三)加强一线税源管理力量

一些综合类企业的生产经营情况复杂，要求税收管理人员必须精通税收政策，掌握企业财务、金融、资本运作、生产经营等方面知识，具备不断学习、吸收和运用国家相关税收法规的能力。因此，提高税收一线人员待遇、加强对一线人员专业素质的培训显得尤为重要。每年定期组织人员开展业务培训，聘请高级财税人员授课。在人员配备上，应增加人员编制，通过调配、培养、引进等方式，配备全方位、高素质、复合型专业人才，提升队伍素质。同时，要立足现实，大力开展专业技能岗位培训，针对大企业的特点，重点培训财务分析、会计电算化等方面内容，特别是要熟悉大企业财务软件的操作，掌握财务软件中设置的会计科目和会计核算规则，找出重点监控的会计科目及相关凭证，从而提高电子查账的能力。

(四)保证税源信息渠道畅通

税源信息的收集和分析是大企业税源管理的重要突破口，全面采集涉及企业组织机构、生产经营、关联交易、物流、资金流等方面的信息，同时要拓宽采集渠道，建立与审计、工商、海关、银行、证监会等相关管理部门的联系和信息沟通制度，利用相关部门的管理信息资源，丰富税源管理信息库。要建立与大企业管理人员的沟通和协调机制，增进理解，加强联系，保证企业生产、经营、核算信息的畅通。为税务管理提供有力保证。

(五)开展模型化管理

大企业业务繁杂，涉及行业较多，缺少行业可比对象，也不适合行业分类管理。但大企业组织形式十分固定，内部管理规范，因此，可以根据其经营特点对某类业务的某一个企业进行深入剖析，理清工艺流程，发现可能存在问题的关键环节，然后进行重点调查，采集相关数据。进行审核分析，建立分析模型，有针对性地对其重点环节实施分类管理。

(六)开发税源管理平台

面对大企业高度的综合性，以及当前投资兼并热潮，税务机关应建立信息涵盖更广泛，比对性更强，包括母子公司之间，子公司之间、关联企业之间等全方位信息化的征管软件，或专门针对大企业的征管软件以对大企业进行更为有效的管理监控，没有响应管理信息平台的支持是难以实现有效管理的。目前，综合征管软件中缺乏对大型企业组织结构、关联业务的记录，更缺乏税收分析和纳税评估的支持。没有全面联系，只有企业孤立的信息。因此，建立大企业税源管理和分析平台是十分必要的。

(七)完善纳税服务

完善纳税服务其目的就是为了提高纳税遵从度，保障纳税人的合法权益，促进企业更好的发展。转变管理理念，提高思想认识。完善纳税服务制度体系，建立纳税服务的专门机构。充分运用信息化手段，促进纳税服务优化发展，提高税务人员服务意识，更好的全面积极有效的促进税收管理现代化发展，为企业迅速健康成长和国民经济发展在税收管理方面提供有力保障。

(作者单位：山东省茌平县地方税务局)

# 深化国地税合作工作的几点建议

刘珺营

2016年1月1日起,《国家税务局　地方税务局合作工作规范(2.0版)》(以下简称《合作规范(2.0版)》)在全国实施。这是继2015年7月1日试行《合作规范(1.0版)》半年后,国地税合作工作的升级版规范。国地税合作工作开展几个月来,各地税务机关纷纷结合当地实践,统一服务规范,整合服务资源,加强服务衔接,创新服务举措,拓展服务领域,深化服务内涵,全国持续刮起"合作便民办税的春风"。

国、地税之间越来越深入地加强合作,既最大限度地便利了纳税人,切实减轻了纳税人办税负担;又形成了征管合力,进一步提高了税收征管效能;同时,又增强了执法透明度,防范了税收执法风险。但是,随着国地税合作工作在领域上的拓展和合作内容的深入,也暴露出一些问题亟需解决。本文通过对国地税合作工作存在问题的分析,结合工作实践,提出进一步规范国地税合作的对策和建议,以期对国地税工作更有效地深度融合有所借鉴和贡献。

## 一、国地税合作工作的重要性

自1994年国、地税分设后,双方按照各自的工作职责、各自的征管范围组织税收收入,发挥职能作用,为我国经济社会发展做出了显著的贡献。但是,随着经济社会的快速发展以及各项改革的深入推进,尤其是"营改增"步伐的加快带来的国、地税征管职能的转变,国税、地税两个税务机关在税收征管、纳税服务、税务稽查等方面存在的一些管理低效、服务错位、执法不公等问题也应运而生,国地税合作乃至合并的呼声越来越高。2015年10月13日,中央全面深化改革领导小组十七次会议通过了《深化国税、地税征管体制改革方案》,方案强调:深化国税、地税征管体制改革,要坚持依法治税、便民办税、科学效能、协同共治、有序推进的原则,发挥国税、地税各自优势,推动服务深度融合、执法适度整合、信息高度聚合,着力解决现行征管体制中存在的一些突出问题。这表明,国税、地税机关仍将维持现状,发挥各自优势,但要加强双方的合作,着力解决职责交叉和职责不清的问题。因此,加强国地税合作工作并使其制度化、规范化、长久化已势在必行,并具有十分重要的现实意义。

### (一)推进国地税合作是税务机关转变职能的现实需要

国税、地税机关作为政府的重要职能部门,如何创新理念、转变职能、建立完备规范、成熟定型、优质便捷、科学严密、稳固强大、高效廉洁的税收行政管理体系,最终实现税收现代化的目标,是国税、地税机关面临的重要课题。推进国地税合作,加强服务联合,解决纳税人"多头跑"和重复报税等问题,是税务机关加快转变职能、建设服务型税务机关的现实需要,也是破解难题、完成课题的重要抓手。

### (二)推进国地税合作是税务机关强化征管的现实需要

推进国地税合作,实现管理协同、征管互助和信息共享,可以有效地提高双方在日常管理和税务稽查的针对性和准确性,减少因职能重叠造成的工作掣肘和推诿、管理缺位造成的工作盲点和漏洞,有效解决机构分设带来的"信息不畅""抓手缺失"等问题,是税务机关创新管理手段和升级管理模式的现实需要。

### (三)推进国地税合作是税务机关规范执法的现实需要

推进国地税合作,在国税、地税机关之间统一执法尺度,加强执法协作,规范执法行为,可以有效保护纳税人的合法权益，确保税收执法公平、公正，是贯彻依法治国基本方略、全面推进依法治税的需要。另一方面，通过国地税信息共享和情报交换、征管共治和互补等手段，大大降低了因岗责不清、标准不明、监督不严等造成的税收执法风险，是加强队伍廉政建设、提高队伍整体素质的有力保证。

## 二、国地税合作工作中存在的问题

(一)国地税合作工作缺少明确的法律依据

税务总局制定的《国地税合作工作规范》是根据税务机关在实践工作中积累的经验和探索的工作方法形成的，缺乏一定的理论支撑和法律支持。在合作工作推进过程中，国地税双方合作的边界在哪儿，标准是什么，税务总局没有明确的意见。由于缺乏合作边界的限定和合作标准的衡量，各地在探索合作创新项目上往往出现盲目性和浮夸性，甚至出现为了创新而强行合作的现象，比如党务管理合作、后勤保障合作等等。这种盲目创新不但混淆了国税、地税机关在行政管理上的职责权限，也干扰了国税、地税部门正常的工作秩序。

(二)国地税在合作交流中借助的手段有限

由于国地税征管范围不同、管理机构设置不统一，特别是信息化建设存在差异(国税机关普遍使用标准的“金税三期”征管系统，地税机关在“金税三期”系统上往往根据需要自行开发一些应用系统)，导致双方在网络联接能力、网络覆盖范围、数据处理能力等方面都有差距，造成双方信息不能及时互通。税务总局在《合作规范》中鼓励国地税双方共建信息交换平台，但对于“共建”由谁主导、如何落实没有进行明确，而这恰恰是问题关键之所在。因为，对于国税机关而言，开发建设信息交换平台困难相对较小，但对于地税机关而言，由于其还受地方政府的管理，在立项、政府采购等方面都有地方政府的规定，因此实施起来具有一定的难度。

(三)国地税部分合作事项缺乏统一标准和制度

目前，国地税机关根据各自管理税种的不同特点，相应设置了不同的业务流程，哪些业务流程可以是国地税联合办理的，哪些是需要单独设置保留的，税务总局缺少明确的规定。同时，目前大多数在用的表证单书国地税也都不一致，给纳税人填报和税务人员操作均造成了诸多不便，也对进一步统一国地税报税软件增加了障碍。另外，在国地税开展合作工作中，有部分业务需要国税和地税机关共同对纳税人进行管理和执法，比如联合进户检查、协同案件审理、协同税款执行、联合管理欠税等合作事项，由于缺少操作可行的合作制度，缺少规范统一的执法文书，各地税务机关在联合执法时往往使用的文书格式、内容差别很大，不符合规范执法的要求，存在大量的执法风险。

(四)部分执法难点问题没有明确答复

对于纳税人仅在一方欠税、在另一方不欠税的情况下，另一方税务管理机关能否实施停售发票的协同管理措施，在理论界一直是个争论不休的话题，税务总局对此也没有进行明确。“营改增”后，地税机关由于缺少发票管理的抓手，无法对欠税纳税人采取停售发票的手段，因此借助国税局停供发票是个易操作、见效快的好办法。但由于税务总局一直没有明确的规定，国税、地税机关在欠税清理工作上始终踌躇不前、举步维艰。类似这种在联合执法过程中执法主体资格的问题，不但缺少相关的政策支持，税务总局也没有给予明确答复，严重阻碍了基层税务机关有效开展相关工作。

## 三、加强国地税合作工作中的几点建议

(一)进一步加强顶层设计

在深入推进国税、地税合作工作中，应以问题为导向，厘清合作边界、明确合作标准，在简政放权、优化服务、提效减负上做文章。由于国税、地税机关存在着管理工作频繁、业务节点交错、风险多点并发等

情况，因此要全面梳理国地税业务流程，明确划分运行环节，科学分解权力事项，依此确定合作环节、合作流程和双方职责。要注重工作实效，针对具体工作提出具体需求，整合双方资源，合理利用，科学分配，保证国地税合作工作的质效。在设计合作项目时，不要随意扩大合作范围，应尊重国、地税机关作为独立管理机关的地位，多在方便纳税人、堵塞征管漏洞上下功夫，而将税务部门内部的行政管理职责下放到国、地税局本身，赋予双方充分的自主管理权。

（二）整合国地税信息管理平台

一是在“金三”系统推广的前提下，进一步整合国地税双方的数据平台、网上办税厅、模块流程等内容，由税务总局提出具体的指导意见，便于各地税务机关实际操作。二是推进国地税行政办公软件互联互通，减少技术层面对合作工作的制约。三是对一些现阶段需要通过信息化支撑才能更好落实到位的合作事项，可待金三系统全面上线后再行提出，确保合作事项真正取得实效。将国地税合作项目尽量全部融进系统中，一来保证了合作工作的全面开展，二来避免了各地重复建设造成的资源浪费。

（三）加强具体合作事项的制度建设

一是梳理现行国地税制度法规。找出其中的交叉点与不同点，认真分析，加强调研，可统一的予以修改统一，无法统一的制定衔接规范。二是整合税收业务规范。针对国地税业务，尽快将《合作工作规范》与《纳税服务规范》、《征管规范》进行整合，统一下发国、地税通用的税收业务规范，进一步统一执法标准。三是统一表证单书。不再区分国、地税，统一设计能够涵盖国地税业务的文书式样和内容。四是启用国地税联合办税业务专用章。在税务登记、税款征收、税务检查等征管过程中，由国地税共同向纳税人出具一份文书时加盖，一方面便于管理、减少基层工作量，同时也有利于向纳税人宣传联合办税。

（四）加大对难点问题的突破力度

一是在修订《征管法》过程中，明确国地税合作中的执法主体资格等棘手问题，为基层落实合作工作提供法律依据；二是在法律法规无法明确时，税务总局不要回避问题，应当给出明确的指导意见，便于各地执行。尤其在欠税管理问题上，建议采取的做法是，国税与地税机关通过双方信息共享渠道，及时传递双方欠税户信息，对一方认定为欠税户的纳税人，另一方可以协同采取限量供应发票、停止供应发票等惩戒措施，也可以协同对欠税户实施相应的强制执行措施。

（作者单位：辽宁省大连市地方税务局征管处）

# 深化国税地税协作　全力推进税制改革

赵连波

自总局《国家税务局地方税务局合作工作规范(2.0 版)》下发以来,霸州市国、地税双方认真研究文件内容,深刻领会文件精神,全面落实《深化国税、地税征管体制改革方案》的重要内容和举措,积极开展双向合作,努力将国、地税合作工作做好做实。

为推进合作事项有效开展,霸州市国、地税两局召开了合作工作联席会议,就进一步深化合作内容,拓展合作事项进行研究部署,并将具体工作层层分解,责任到人,为深化合作指明了方向。近日,双方根据廊坊市国税局、地税局进一步深化国地税合作的意见,共同下发了《霸州市国家税务局霸州市地方税务局进一步深化国地税合作实施办法》,结合霸州实际,承接了省市局制定的 44 项合作内容,实现了制度上的衔接。为深入落实 44 项合作内容,国地双方组织辖区内纳税人召开税企恳谈会,现场征求与会企业代表对国地税部门工作的意见和建议,填写“我为合作献良策”调查问卷,争取立足企业需求推进国地税精准合作。

## 一、优化办税流程,积极践行合作理念

为方便纳税人,整合税收资源,今年 3 月份我国税、地税两局在我市行政审批中心成立了国地税联合办税服务厅,整合国税窗口 14 个,地税二手房交易窗口 4 个,为纳税人提供了高效便捷的服务。据两税征管科负责人介绍,为实现征收资源的完全融合,地税部门还准备于近期将城区办税服务厅整体搬迁至联合办税服务厅,地税办税窗口将增至 12 个,国地窗口共达 26 个。届时所有征收人员会采用单机、单人、双系统模式,覆盖国地所有涉税业务,一人承接、一人办理,真正实现“进一家门,办两家事,享三方赢”。截至目前,霸州市国、地税双方已达成合作 14 项,双方通过协作配合,促进了信息共享与管理协同,有利于提高征管效能,防范税收风险。如今,两税还在继续探索多方面的合作,准备进一步降低征纳办税成本,提升纳税服务质量,以树立税务部门良好的社会形象,积极助力霸州全面创新改革发展。

## 二、积极探索合作点、共办合作事

据悉,自推行《国税局地税局合作工作规范》、《深化国税、地税征管体制改革方案》以来,霸州国、地税两局积极践行合作理念,努力打造“32＋N”模式,在纳税服务、征收管理、税务稽查等多方面探索合作点、共办合作事,切实提升服务水平,推进协同共治。

从去年开始,霸州地税、国税就已开展合作,双方互派窗口,办理税务登记;召开联合会议,商讨涉税问题。如今,为更好地服务纳税人,推动合作纵深发展,国地两部门在霸州便民服务大厅共建联合办税服务厅,开启面对面办公,使得纳税人只需跨越“一排座椅”,便能顺利拿到发票,大大降低了时间成本和交通成本,有效地解决了纳税人办税“多头跑,跑多次”的问题。

## 三、合作共赢、资源共享,提高纳税人满意度

据我市国、地两税部门的征收人员介绍,以前纳税人如果需要代开一张增值税普通发票,得先去国税

进行办理，征收完税款后，再到地税进行城建税、印花税、教育费附加、地方教育费附加的缴纳，最后，纳税人拿着地税机关开具的完税凭证，才能去国税领回发票。这样一来，纳税人要开具一张发票，需要在国地部门之间往返三次，无疑就浪费了很多体力和心力。如今，联合办税服务厅的成立，使得纳税人只需跨越“一排座椅”，便能顺利拿到发票，大大降低了时间成本和交通成本，受到了纳税人的一致好评。

## 四、建立联合办案制度，开展行业定向稽查

目前，霸州国、地税两局正以胜芳镇为试点，化段分片，推行网格化管理。以廊大路、芳蒲路两条主干道为轴，划分为六大网络，每一网络配备一个清查组，组内成员由地税、国税、政府各一人组成，负责网格内纳税人的税收管理与清查，通过分行业递进，实现全方位覆盖。此外，两局还根据正常经营户的税负水平、耗电、用工、占地等情况，联合调查、测算、确定了工业、商业等6大类17小类行业的国税增值税、地税个人所得税月定额参考税负标准，统一了18种执法文书、表格、台账的使用，这既方便了税收执法，也为纳税人提供了便利。

此外，两局借助综合治税办公室这一平台，积极探索在税务稽查方面的合作，准备通过建立联合办案制度，组建联合工作小组，对辖区内的钢铁延压、制管等行业开展定向稽查，充分发挥联合办案效益。在清理无证户、调整个体定额、评估小产权房税收等多项工作上均见成效。

## 五、科学谋划，信息共享、联合征管、共谋前景

整合国地税现有网上办税服务厅，升级为方便便捷、便于纳税人操作的网上联合办税平台。逐步通过网上登记、网上申报、网上涉税审批、网上下载证单书等功能，为纳税人提供更便捷的服务。打通国地税税收征管系统，应依托征管软件、金税三期等现代信息技术，在坚持成本、效益优先的前提下，整合现有的信息、人力、财力资源，建立信息共享，操作互通的一体化平台。

据两税征管纳税主管透露，两局还将对大厅硬件进行改造，以进一步优化办税事项、办税流程，整合功能区划、统一叫号系统、优化窗口配置，按照“一窗受理、涉税同办、限时办结”的服务模式，将所有纳税人办理的涉税事项全程涵盖、全程优化，实现“一次叫号、一窗受理、一次办结”，从而最大限度地为纳税人节约时间、降低纳税成本。

## 六、听取企业涉税诉求，密切税企沟通

近日，霸州市国税、地税两局联合举办了“聚焦营改增试点，助力供给侧改革税企恳谈会”，邀请辖区30余户企业代表参加了会议。会上，两局领导就我市营改增试点工作、国地税合作进展及下一步工作安排、重要事项、关键节点等做了详细介绍。并在座谈会上对企业代表表态：在今后的工作中，将进一步加强与企业的联系交流，融洽税企关系，不断转变服务理念，持续优化纳税服务；将针对企业提出的需求，尽快制定出相应服务措施，逐条落实，尽可能地满足纳税人的合理诉求。

现场还分发了调查问卷。把“营改增”推行的相关税收政策、营业税改征增值税范围、营改增不同行业适用的税率和征收率等多个涉税知识点制成二维码，扫扫全知道，更大便利于纳税人。与会企业代表结合各自经营特点，围绕“营改增”试点、国地税合作，就纳税服务、政策辅导等方面工作提出了意见和建议。两局将把纳税人提出的意见建议进行汇总整理，并尽快进行分解落实。

## 七、多措并举，深化“两税”的共治新格局

在税政服务方面，国地双方采取“线上”与“线下”相结合的形式，联合开办纳税人学堂和微信互动学堂，当面为企业财务负责人传达最新税收政策规定、当前税收业务的注意事项等。通过微信群随时发布

涉税信息、解答纳税人疑惑，让纳税人实实在在地享受到国地合作的红利。还联合为涉外企业提供税收服务，就如何缴纳所得税、避免重复纳税等问题进行专项辅导，帮助企业适应复杂的国际税收环境、规避投资风险。

国地携手，不仅为纳税人打造了便民服务平台，同时，在清理无证户、调整个体定额、评估小产权房税收等多项工作上均见成效。此外，两局还根据正常经营户的税负水平、耗电、用工、占地等情况，联合调查、测算、确定了工业、商业等 6 大类 17 小类行业的国税增值税、地税个人所得税月定额参考税负标准，统一了 18 种执法文书、表格、台账的使用，这既方便了税收执法，也为纳税人提供了便利。

在日常税收管理工作中，对零散税收从设立登记、变更登记、定额登记、停复业管理、申报征管、典型调查、税务检查、注销登记等税收工作实行联合管理，减少漏洞，提高零散资源的管理质效。不仅实现了信息共享和源头控管，而且还促进了国地税两家相互比较、借鉴和监督，有利于维护纳税人合法权益，营造公平公正的税收环境。在征收管理合作方面，还开展了委托代征税款合作、协同开展定期定额户定额核定工作、共享双方内部涉税信息、联合采集第三方涉税信息等合作事项。在组织运转、信息移交、业务过渡等各环节，互商互通、互融互助，做到了政策对接不走样、工作标准不降低，业务运转衔接有序、步调一致。

对涉及到房地产业、建筑安装业、金融保险业、生活服务业四大行业的营业税改征增值税纳税人户籍进行了妥善地交接。已移交的有效营业税纳税人共 2026 户，其中单位类纳税人 1003 户，个体类纳税人 1023 户。根据国务院财税部门测算的减收比例 25.78％计算，我市四大行业 2016 年预计减收 11581 万元。通过整合服务资源，有利于改进纳税服务，提高征管质效。使国税地税双方征管力量充分延伸，缓解了两家的工作压力。同时堵塞了征管漏洞，规范税收秩序，有利于促进执法公平。

霸州国、地两税积极开展合作的种种举措，不仅提高了纳税人满意度，就连税务人员也表示，国地合作为今年新形势工作的开展注入了新能源新动力，打破了之前孤军奋战的局面，弥补了单方面在信息获取、管控力度等方面的缺陷。不仅为纳税人打造了便民服务平台，同时，也有利于深化“两税”的共治新局面。目前，国地双方正在积极探索在税务稽查方面的合作，准备通过建立联合办案制度，组建联合工作小组，对辖区内的钢铁延压、制管等行业开展定向稽查，充分发挥联合办案效益，推动纳税服务更加精细化、便捷化，税收征管更加科学化、规范化。

随着国地合作的进一步发展，霸州“两税”在深刻领悟推进国税地税合作重要性的基础上，还将继续出实招、亮实效，不断拓宽合作新领域，强化信息交换和共享，全力以赴“营改增”，大胆创新，积极探索，把握重点，形成合力，加快合作步伐，提升合作层次，牢固树立税收工作一盘棋的大局意识和责任意识，在双方合作基础上求细求精，从而实现国税地税合作的深度融合。

（作者单位：河北省霸州市国家税务局）

# 深化国有企业改革促进混合所有制经济税收政策研究

## ——原新疆石油管理局分蘖式改革历程及现状剖析

魏超斌　刘全惠

## 一、混合所有制经济的发展思路、概念及必要性

党的十四大三中全会着眼当时全球的经济发展，结合国情科学地预示了“我国会形成新的财产所有结构”。为了提高国有经济的整体素质，十五大四中全会强调要在非重要行业非关键领域，通过股份制或中外合作等形式实施资产重组和结构调整，“发展混合所有制经济”。十六届三中全会进一步提出除有涉及国家安全的重大领域必由国有独资经营外，“应积极推行股份制，发展混合所有制经济”。

而党的十八大三中全会做出了要“积极发展混合所有制经济”的决策，并确定了“混合所有制经济”的概念，即“国有资本、集体资本、非公有资本等交叉持股、相互融合的混合所有制经济，是基本经济制度的重要实现形式……允许更多国有经济和其他所有制经济发展成为混合所有制”。

深化国有企业改革，积极推进和发展混合所有制经济的意义深远而且必要。一是适应国际经济发展的需要，当今我国的各种经济不但要主动地融入到全球经济之中，而且更要组织管理好区域性多边经济，尤其是事关国家经济发展前景的国有经济改革趋势的重大决策不是孤立的，已无法脱离世界经济之林，如我国倡议的“一带一路”“亚洲基础设施投资银行(AIIB，亚投行)”的战略就是为加快实现伟大“中国梦”的构思；二是符合市场竞争的必然要求，有竞争必须有实力、而实力又来源于改革制度在适应发展的需要中不断地创新和不折不扣地执行。三是能促成各项资源(自然资源和社会资源)的有效配置和优质转化达到最大，以更好地提高全社会劳动生产率，让改革的红利更多地惠及社会和民众。

## 二、原新疆石油管理局的分蘖式改革历程、特征、发展现状、财政贡献和税收政策效应分析

我国的第一个大油田于1955年在克拉玛依诞生，在上世纪90年代以前，克拉玛依市的各项市政基础性建设及公益性等投入均由原石油局承担——即企业履行社会管理职能。自90年代初到目前为止，原石油局进行了一系列分蘖式的攻坚改革，通过下表的分析可以看出，每次层级的改革在一定程度和规模上对推动地方经济发展和财政贡献都很给力。

**原新疆石油管理局分蘖式改革历程、特征、现状及新增财政收入总体情况分析表**

| 改革历程及特征 | 改革现状 | 年均新增财政贡献 | 税收政策支持总额 |
|---|---|---|---|
| 第一阶层(剥离式) | 原新疆石油管理局 | — | — |
| | 132家改制企业(1998年—2007年) | 2.19亿元 | 20.5亿元 |

| | | | | |
|---|---|---|---|---|
| 第二阶层<br>(分立式) | 新疆石油管理局(未上市板块) | 新疆油田分公司<br>(上市板块) | | |
| 第三阶层<br>(再分立式) | 独山子石化总厂<br>西部钻探公司<br>中石油工程设计有限公司(即CPE)<br>运输公司一分公司<br>运输公司准噶尔分公司<br>运输公司西北燃气分公司<br>新疆石油管理局 | 中油股份公司西北销售克拉玛依经营部<br>克拉玛依石化公司<br>独山子石化公司、<br>克拉玛依润滑油厂<br>独山子润滑油厂<br>新疆油田分公司 | 1.7亿元<br>(2008年到2014年) | 141.27亿元 |
| 第四阶层<br>(投资式) | 项目投资 | HAFNIUM(新港)石油开发公司<br>克拉玛依红山油田有限责任公司<br>新疆油田黑油山有限责任公司<br>新疆金戈壁油砂矿开发有限责任公司<br>克拉玛依中石油翼龙高级润滑油有限公司 | 见后"昆仑银行股份有限公司"一家的具体分析情况 | |
| | 货币投资 | 昆仑银行股份有限公司<br>昆仑银行股份有限公司克拉玛依分行<br>中石油专属财产保险股份有限公司 | | |
| 第五阶层<br>(吸收式) | 克拉玛依石化公司<br>独山子石化公司 | | — | |

第一个阶层——剥离式　人、财、物从原石油局剥离——形成132家多种经营改制企业

自1998年起,原石油局为推动股份制、股份合作制的全面运行,加大了企业改制力度。到2005年底有132家多种经营企业全部改制完成到位,形成了以国有资本、集体资本、个人资本为特征的混合所有制经济法人形式的地方企业,从此担当起地方财政收入新增长的主力。

1998年至2007年10年间,132家改制企业年均上交各种税费2.19亿元,占地税部门同期年均组织各项税收收入9.63亿元的22.74%,地方财政贡献累计达21.9亿元;年均享受各项税收减免2.05亿元,政策支持累计达20.5亿元。

正是基于原石油局及时实施国有企业改制剥离政策,这些改制企业不但自身获得了很好的发展机遇,取得了包含税收政策在内的各项政策扶持,同时也为新增地方财政收入做出了积极的贡献,否则这些因剥离而产生的税收收入的计税依据,只能依据现行政策按企业内部提供劳务等对待不负有任何的纳税义务。

第二阶层——分立式　按国家对中石油行业的整体改革方案,原石油局首先分立为新疆石油管理局(存续央企法人)和新疆油田分公司(分立新设央企非法人)两部分。

国企的改革其目的一方面为了盘活国有资产,挖潜增效,带动地方经济的快速发展,增加地方财政收入,另一方面国家的相关财税扶持政策的制定与实施也促进了国企改革的进程,实现了双盈。如2010年后新疆油田公司的产能建设投资年均达130多亿元,大部分由存续公司总承包,因签订总承包合同(不含分包合同)每年至少因改革而新增财政收入1000万元(印花税)、存续公司因提供管道运输劳务年均新增应缴纳营业税4100万元(营改增之前09年10年),同时也因分立新疆油田公司(如仅克拉玛依石化公司)享受到了因存续公司提供的管道运输劳务总额7%的进项扣除,年均达1759.57万元(05年至13年),财税政策对推动国企改革,其政策效应是非常显著的。否则按现行相关政策规定企业内部提供的劳务

既不属征税行为，也无法计算进项扣除。从长远看政策的调整对企业产业、结构等改革的引导作用会更加突出。

**新疆油田公司2006年到2015年产能建设投资情况表**

亿元

| 2006 | 2007年 | 2008 | 2009 | 2010 | 2011 | 2012 | 2013 | 2014 | 2015 |
|---|---|---|---|---|---|---|---|---|---|
| 90.7 | 122.2 | 102 | 74 | 139 | 118 | 141 | 129 | 128 | 137 |

第三阶层——再分立　是在第二阶层的基础上，中石油集团公司相继又从新疆石油管理局又分立新设出西部钻探公司、中石油工程设计有限公司(即CPE)等7家驻我市存续法人央企；从新疆油田分公司分立成中油股份公司西北销售克拉玛依经营部、克拉玛依石化公司、克拉玛依润滑油厂等6家驻市非法人中央企业。

本阶层我市国企改革的成效不仅得到了巩固和细化，而且对地方财政的贡献也更加突出，同时无论是存续还是新设立企业都依现行政策规定得到了相关财税政策的扶持，税收政策对企业的决策效应明显。如因分设的资本金印花税、不动划转产的营业税、契税、产能投资增值税进项税额等等均予以免征或抵扣。

在2008年至2014年7年间，存续公司与分立新设公司累计年均新增财政收入达1.69亿元，按当年产能投资额计算共计获得税收政策扶持—增值税进项税额抵扣达141.26亿元。税收政策对国有企业改革的调节作用效果明显，实现了企业发展与财政增收的良好效应。

**所有存续公司与分立新设公司新增地方财政收入及税收政策扶持情况表**

亿元

| 类别及年度 | 2008 | 2009 | 2010 | 2011 | 2012 | 2013 | 2014 |
|---|---|---|---|---|---|---|---|
| 新增财政贡献(营业税、企业所得税、印花税) | 2.08 | 1.76 | 1.42 | 1.58 | 1.75 | 1.89 | 1.41 |
| 新增税收扶持(按产能投资额计算增值税进项抵扣) | 17.34 | 12.58 | 23.63 | 20.06 | 23.97 | 21.93 | 21.76 |

第四阶层——投资式　即企业以其现有的部分正常整装生产项目或资金与地方政府、企业、个人共同参股组建新公司，形成一种国有资本、集体资本、民营资本相融合的一种方式。这种方式也是新疆石油管理局或新疆油田公司与非国有资本发展混合所有制经济实体的主要方式，目前共有8家驻市企业。

**投资参股部分企业情况特征表**

| 企业名称 | 股东结构 | 经营投资方式 | 比例 |
|---|---|---|---|
| HAFNIUM有限公司 | 原中国石油天然气总公司 | 新疆克拉玛依油田九1—九5区块——项目合作 | 46% |
| | 香港HAFNIUM LIMITED公司 | 资金 | 54% |
| 克拉玛依红山油田有限责任公司 | 中国石油股份公司 | 克拉玛依红山油田——项目投资(约6亿) | 60% |
| | 新疆能源集团公司 | 2.5亿元 | 25% |
| | 新疆兵团投资公司 | 1.5亿元 | 15% |

| 昆仑银行股份有限公司（由克拉玛依市商业银行股份有限公司变更） | 中国石油天然气集团公司 | 货币资金56.9亿元 | 77.09% |
|---|---|---|---|
| | 新疆三联投资集团有限公司、克拉玛依市财政局、新疆泰盛鑫融投资有限公司、克拉玛依市城市建设投资发展有限责任公司、新疆金融投资有限公司、中海投资公司等地方国有或民营、个人等 | 资金16.91亿元 | 22.91% |

以昆仑银行股份有限公司为例，在国家实施西部大开发战略、加快中西部地区发展的有利趋势下，该公司看准了国家重点支持电力、石油、天然气等大中能源项目建设良好前景，一方面依托于全国石油石化及天然气的勘探开发的有利形式所面临的信贷成本过高的问题，果敢组建公司并协商提供相关信贷服务产品，开辟了未来无障的发展道路，同时各项财税政策的经济效应作用明显。近五年来（表中2014年为一季度情况）该公司共计财政贡献最少达170，137.86万元，期中累计为我市财政贡献为77，233.13万元，年均财政贡献分别为46，773.76万元和21，158.67万元，同时累计取得税收支持102，181.95万元，年均财政贡献环比增加分别为17，347.96万元和7，905.96万元。与此同时累计获得国家税收政策优抚支持达102，181.95万元，平均每年为28，180.62万元，年均税收支持环比增加10，856.05万元。年均贡献支持环比率（全部与克市）分别为160%和72.83%。

**昆仑银行股份有限公司新增财税贡献及税收政策效应分析表**

万元

| 年度 | 收入总额 | 财政贡献 | | 税收支持 |
|---|---|---|---|---|
| | | 营业税及附加 | 企业所得税（其中：克市） | 企业所得税 |
| 2010 | 161402.82 | 3306.19 | 12276.53(3150.24) | 8203.98 |
| 2011 | 408110.18 | 7859.46 | 21722.9(5973.05) | 15662.42 |
| 2012 | 669050.02 | 14384.70 | 27451.45(7404.36) | 25535.66 |
| 2013 | 949957.18 | 22499.07 | 49393.9(13135.99) | 39872.85 |
| 2014 | 377926.78 | 5254.04 | 15989.6(4266.03) | 12907.04 |
| 合计 | | 43303.46 | 126834.4(33929.67) | 102181.95 |

第五阶层——吸收式　该种方式就是分立新设的非法人国有企业，通过注册落地成为法人公司后，企业根据自身的情况自主吸纳非国有民营资本发展混合所有制经济，以最大限度凭借资源、市场、技术、规模等优势，来激发民营资本的活力，同时也是增加地方财政收入的源泉。其不足之处是对现有的国有资产估值难度较大，不如投资式份额准确，可能会造成资产流失或高估而造成民营资本进人不畅，这种吸入式混合所有制经济主导作用短时间内不会明显，但从长远考虑，这种方式是目前财税政策刺激地方经济发展最好模式。目前中石油股份公司克拉玛依市石化公司已成功注册落地，独山子石化公司也已在筹备注册落地之中。

## 三、推进国企改革混合所有制经济的财税政策建议

（一）主要采取"吸收式"来发展本地混合所有制经济

国家财税部门应积极出台顺应十八大提出的"混合所有制"是一项"基本经济制度的重要实现形式"财税征管机制，鼓励各地中央企业的一级或二级非法人机构以吸纳地方、民营及个人的资本、技术、市场等落户当地，增强优势互补的共赢能力，共同担当起维护和促进地方经济、社会、生态良性循环友好发展

的重担。

（二）分类制定并运用行业产业技术及市场优劣势评估指标体系

政府应组织相关部门对本地的行业、资金、人才、技术、市场、资源等的优劣及发展前景分类调研、评估并建立相关指标体系，随时向全社会公开实行动态管理。以便指导有意向的资本、技术、人才等自主选择融合与合作，从而促使本地经济优势更加突出，劣势也能在外向型伯乐的参与下能有效地得到开发和利用，极大限度地激发本地经济的全方位的发展。

（三）要适时制定引导区域产业及结构调整的财税政策

政府及其各职能部门也要以推进国企业改革与混合所有制的形成为已任，在及时完善本区域内行业特征、产业优势、资源结构等指标体系的基础上，加强相关鼓励性财税政策的研制，以引导、激励企业的潜能最大发挥、产业结构和资本结构的有效配置，从而将财税政策调节作用渗入到改革的各个环节。

（四）建议统一自然人投资与法人投资所得的税负

目前企业的投资分红的所得是免征企业所得税的，而自然人的投资分红所得却要依20%计征个人所得税。同样投资于一个企业，风险是共担的，也都是以被投资企业的税后利润进行分配，就因为投资的主体不同投资所得税负相差悬殊。正值我国深化国企改革之时，各经济实体要有效吸收个人资本，促进混合所有制经济广泛形成，统一法人与自然人两个法律主体的投资所得项目税负意义重大。

（五）要主动采取能增加地方财政收入的税收管理职责

改革的目的就是实现国家、企业、个人的利益有效增长。财政的增加能更好的改善和提高公共服务质量，税务部门应积极地履行服务职责，一方面对现行的征减免税政策采取清单式管理、按政策的具体适用性常态化地开展一对一式进户辅导，做好风险防范和后续管理工作，另一方面也要做好有针对性地开展税收政策效应调研工作，为本地政府制定财政增收政策提供理论依据。

（作者单位：新疆克拉玛依市地方税务局
新疆克拉玛依市国家税务局稽查局）

# 深化税务行政审批制度改革的探索与思考

——以广州地税为例

潘　旭　白春娟　高自民　何卫红

行政审批制度改革是大力推进简政放权，切实转变政府职能的重要抓手，是深化行政体制改革的重要突破口。自2012年下半年国务院批准广东省“十二五”时期在行政审批改革先行先试至今，广州地税的税务行政审批制度改革经历了两个阶段：第一阶段是2012年下半年－2013年先行先试阶段，按照“审批项目要该归并的规并、该简化的简化、能取消的取消、能放权的放权，对外从简办理、对内从严管理”原则，减少审批项目，下放审批权限，优化审批流程，加强后续管理，明确征纳双方权责义务，逐步建立了简便高效，权责明晰，管理到位的税务行政审批制度。第二阶段是2014年至今深入推进阶段，广州地税按照税务总局、省地税局有关贯彻落实税务行政审批改革工作的要求，结合先行先试的经验做法，加大简政放权力度，限时办结审批事项，大力推进征管改革，公布权责清单，把税务行政审批制度改革向纵深推进。

## 一、广州地税推进税务行政审批制度改革的主要做法

（一）清理行政审批事项，简化审批流程、强化后续管理

1、清理行政审批事项，调整备案、审核事项。出台《全市地税系统行政审批改革工作具体实施意见》，2012年以来共减少审批项目32项，下放审批权限3项，优化审批流程21项。根据税收管理工作的实际取消备案事项50项，把36项契税审核事项明确为限时办结，提高了税务行政效率。

2、先行先试，简化审批程序。大力推进涉税事项“先批后审、先办后查”，简化审批流程，缩短审批时限，优化审批方式，2013年将办税业务流程优化整合为358项，其中321项（占90%）实行即办即批，涉税事项办理大大提速。

3、健全保障机制，加强后续管理。一是建立分级分类管理体系。制定《先办后审事项后续管理办法（试行）》，结合即办事项按税收流失的可能性和上级文件要求，划分为高中低风险等级进行管理，使税源管理更具针对性，提高纳税人的税法遵从度。二是开发备案备查减免税申报系统。开发具备备案登记、减免申报、资料受理、结果反馈和统计分析功能的申报系统，使纳税人足不出户在网上完成备案登记、资料提交、减免税申报工作，有效实现纳税人和税收管理员“双减负”。三是完善防范风险机制建设。针对重点岗位制定《风险防范备忘录》，建立起风险点、责任面相结合，部门、岗位融一体的指标体系；通过地税网站公开审批事项、办理流转情况和审批结果，自觉接受纳税人、公众的监督；配齐配强管理力量，增强一线执法人员运用税收专业知识和法律手段识别、跟踪、化解风险的能力。

（二）加大简政放权力度，限时办结审批事项、优化征管流程

1、调整“两税减免”审批，权限下放到位。按照税务总局、省地税局文件要求，2014年1月起对房产税、城镇土地使用税困难减免审批权限进行相应调整，进一步规范审批行为，确保下放的行政审批事项落实到位。

2、限时办结审批事项，提高工作效率。2014年以来结合“金税三期”系统，广州地税公布了《办税清单（面向纳税人版）》，把涉税事项划分为九大类、414项，明确了各事项的办理时限和收取资料名称、数量、方式，在涉及广州地税权限的35项审批事项、48个子项当中，27个子项列为即办事项，占审批事项的

56%；21个子项列为限时办结事项，占审批事项的44%。2015年5月以来，根据《国家税务总局关于贯彻落实＜国务院关于取消非行政许可审批事项的决定＞的通知》（税总发[2015]74号），及时修改涉及广州地税权限的非行政许可审批事项的表证单书，极大方便了纳税人，获得纳税人的好评。

3、大力推进“同城通办”，方便纳税人办税。截至2016年4月广州地税有8个类别660项税费业务实现全市范围内跨区域的“同城通办”，即借助影像资料、电子数据等信息，市内各区的办税事项可以同城受理、当场按规范统一流程办结，纳税人、缴费人可跨区域通过ETS缴纳当期税费款，有力推动实现征管业务同质化、纳税规范化、涉税资料电子化。

（三）公布权力责任清单，强化权利运行制约

2015年6月率先制发了广州地税第一批税务行政处罚权力清单，涉及纳税申报、税务检查和税务检查三大类8项税务行政处罚事项，明确了税务行政处罚简易程序、一般程序流程，自觉接受社会监督；2016年4月梳理出台了广州市地方税务局权责清单，涉及行政征收、行政检查、行政确认、行政奖励和其他权责共5大类75项内容，强化税收权力运行制约监督、推进权力公开规范运行。

## 二、深化行政审批制度改革中遇到的问题

虽然广州地税行政审批改革工作取得了一定成效，但由于改革是一个自上而下的动态过程，受制于管理体制、管理资源和信息化支持等方面的因素，深化行政审批改革遇到以下几个方面的问题。

（一）改革项目的后续管理和信息化支持有待加强

行政审批改革后，大量非许可审批项目改为备案项目。以减免税项目为例，在实际操作中，除了企业所得税备案项目总局以及省国、地税局有一套较为完备的后续管理制度外，其他减免税项目的后续管理要求一般没有要求或只散见于总局、省局发布的税收规范性文件当中，虽然国家税务总局2015年修订的《税收减免管理办法》对税务机关减免税的监督管理提出了原则性的要求，但对其他具体减免税事项目前还缺乏统一的后续管理要求，而且由于长期的“先审后办”模式，基层执法人员从思想上缺乏主动管理的意识，从专业能力上缺乏全面的专业知识，从风险应对上缺乏风险防范意识和化解风险的能力，从而产生新的执法风险。

另外，目前广州地税的行政审批项目的受理、审批、批复等工作主要在“金三”系统完成，但该系统在登记、征收、认定类、证明类和税收优惠管理上的功能尚待完善，譬如在减免税管理方面，该系统减免税的项目不够齐全，虽然广州地税自主开发了“无纸化办理”模块，作为“金三”系统的必要补充，但因系统权限设置等方面的原因只能在在“税源管理平台”运行，未能嵌入“金三”系统，“体外循环”的现象使该系统使用效率和数据共享应用等方面受到一定影响。

（二）个别取消事项的后续管理面临困难

譬如随着“税务登记”作为国务院取消的审批事项和商事登记制度改革，纳税人因股权变更而办理税务登记变更附带产生“个人股权转让所得的个人所得税管理”，目前是即办事项，但在后续管理过程中发现问题时，一些把股权全部转移的纳税人往往不配合，采取各种方式逃避税务机关的质疑约谈，导致后续管理难以为继，给税务机关的后续管理带来了困难。

（三）人才配备、干部专业素质有待提高

行政审批及其后续管理涉及税收、会计、法律、信息管理等多方面知识，但现实中存在人才配备相对不足、干部专业素质参差现象。以广州地税为例，从近年举行总局领军人才和专业人才库选拔、省市局岗位能手选拔、市局能级评定的情况来看，一是迫切需要的是知识型与专家型相结合的复合型人才。据统计，全系统兼具会计与管理、税收与计算机等专业背景的复合型人才不足5%；新形势下税收工作急需的统计、审计、社保等专业干部合计也不足2%，均需进一步补充和培养。二是高层次骨干人才配备相对缺乏。据统计，全系统取得注册税务师、注册会计师、律师“三师”专业技术资格为301人.次，占整个干部队

伍人数的8%,拥有的"三师"比重及复合型"三师"等高层次骨干人才数量,与广州地税税收规模、地位不相适应。三是干部的知识结构明显滞后。行政审批制度改革要求地税部门更着力于加强事中事后监管,这对干部的知识结构提出新的要求,不少干部往往只注重自己的本职岗位业务的学习,对其他领域的知识主动学习少、更新慢,知识储备明显滞后于新需要。

## 三、深化行政审批制度改革的思考

(一)加强后续管理和信息化支撑

在新修订《税收减免管理办法》明确减免税的核准和备案程序、时限、方法、责任追究的基础上,对具体减免税项目出台统一、规范的核准、备案操作程序,明确需要集体审议的项目、程序和形式,建议从以下几个方面加强减免税事项的后续管理:一是明确岗位职责。明确后续管理的流程、风险推送过程中相关岗位的职责,建立责任追究制度,确保税收管理的质效。二是加强分析审核。根据纳税人提供的资料,及时开展税收分析和纳税评估,重点核查纳税人的经营收入的真实性、适用政策的准确性、税收负担的合理性。三是加强调查核实。在日常税收管理中,税收管理员应加强对企业生产经营、财务核算、投资规模等基本情况的调查了解,使监管更具有针对性。四是加强监督检查。结合日常管理和纳税评估的情况,对纳税人存在的突出问题开展检查,及时纠正税收违法行为,降低税收风险。

另外,建议"金税三期"从以下两个方面进一步健全系统的功能设置:一是完善税收优惠管理模块,强化备案管理功能。设置备案登记、备案受理、备案申报、资料上传、数据统计和信息反馈功能,简化纳税人备案登记、申报的程序,通过信息化把备案减免税管理全面纳入税务机关的监管。二是设置涉税风险管理模块。通过建立各种渠道持续收集的电子数据、并能自动识别和剔除垃圾数据的机制,把包括备案管理在内的涉税风险管理涵盖在该模块当中,设置数据整备、指标管理、风险识别、风险排序、疑点推送、风险应对、管理评价、持续改进数据统计、数据纳税评估、风险推送等功能,提供完善的后续管理信息平台支持,并与征收系统同步启用。

(二)强化部门之间的协作

加大与商事登记等部门的协作,把未能配合税务机关开展质疑约谈的纳税人纳入信用黑名单,提请商事登记部门在该人员再次办理其他商事登记时,通知纳税人前往税务机关结清前期股权转让的涉税事宜,在提高部门间的协作水平的同时提高纳税人的税法遵从度。在目前纳税人的税法遵从度还有待提高的情况下,把"个人股权转让所得的个人所得税管理"作为限时办结涉税事项,减少后续管理的执法风险。

(三)加大培训力度

充分利用税务机关内部和社会外部两种资源,提高干部队伍的业务素质。一是通过多岗锻炼、重点培养、分层次开展教育培训等方式,鼓励干部成为"会计与计算机"、"税收与管理"、"税收与法律"等复合型人才。二是要加大对高层次人才使用、岗位锻炼力度,促使他们尽快成长,同时针对注册税务师、注册会计师、律师"三师"等高级专业技术资格人员比重不高的现状,进一步加大对干部参加"注册税务师"、"注册会计师"、"律师"等考试的鼓励、服务力度,把素质高、年富力强、业务过硬的人员配置到税收管理的第一线,提高税务管理水平。三是在日常培训中加大会计能力、查帐能力、与现代信息技术结合税务工作能力的培训和提升,保证税务行政审批改革的顺利推进。

(作者单位:广东省广州市地方税务局)

# 省级开发区地方税收与经济协调发展研究

## ——以辽宁东戴河新区为例

杨　晨

## 一、省级开发区地方税收和经济发展的现状

我国在实行改革开放之后，才出现开发区，当地政府借助开发区来对经济进行调节和控制。经过三十二年的发展，开发区成为我国区域经济的增长极，促进了我国经济的稳定增长。省级开发区在开发区中的比重最大，据统计，我国仅在2012年就拥有1346家省级开发区。开发区是各省发展自身经济的重要基础，也是各省经济竞争的必然结果。伴随着数量和质量的提升，省级开发区经济发展总体水平得到进一步提高，使得它在地方经济发展中扮演着越来越重要的角色，但同时在发展中也暴露出越来越多的问题，我国实质上已经进入“后开发区时代”。

众所周知，对于地方收入来讲，地方税收是其主要来源。地方税既可以调节当地经济发展，也可以对当地经济进行合理的监督和管理。如果地方政府想要获得更多的税收收入，就必须依靠当地经济的良好发展。反过来，只有当地税收不断增加，才能够促进当地经济得到更好的发展。然而，在“为增长而竞争”的背景下，开发区虽然取得了一定发展成果，但是“后开发区时代”的到来已经对其经营管理带来了较大冲击，特别是地方税收层面，问题日益突出。这些问题加剧了地方财政压力，对经济发展产生一定负面影响。所以，借由省级开发区进行转型升级，不仅将促进当地政府对地方税体系的完善，在发挥自主功能的同时也将促进当地经济的快速发展。

## 二、省级开发区地方税收和经济发展的相关性分析

### (一)税负水平与经济发展

地方税收负担除了反映纳税人的经济负担，还可以表示税收总额在当地国内生产总值的比值，从中可以看出地方税收是否超过当地承受范围。省级开发区往往聚集了地方的很多优秀企业和优质资源，对于地方的税收收入和经济发展贡献很大，因而它的税负水平在地方总体税负水平中占有重要位置，甚至直接体现了某地区的税负水平。从宏观上，首先，税收要和地方政府的经济相适应，在保证地方政府财政收入稳定增长的前提下进行征税，这样既可以保证地方政府得到一定的税负，还可以保证地方经济稳定增长。其次，税收要符合国民经济原则，一旦过度征税将会给国民经济带来严重的损失。从微观上，省级开发区内的众多企业的税负水平即这些主体在特定时间内的纳税数额与自身经济总量的关系，则从另一方面影响该区域经济的发展。企业的税负水平高低很大程度上制约了企业的发展，而企业作为地区税收的重要来源，也决定着地方经济的发展，所以合理的税负水平对于区域的经济发展至关重要。

### (二)税收结构与经济发展

地方税收结构其实就是地方的税收体系，由地方税种、税收收入规模、税权划分和征收管理机构四部分组成。科学合理的设置地方税收结构不仅可以建立完善的地方税收体系，还能够有效提升当地税收收入，使各级部门能够获得充足资金开展相应活动，从而维护社会和谐稳定。省级开发区的税收结构与地

方税体系一脉相承。我国在1994年实行了分税制,中央一地方税收体系已经建立完毕,但仍存在着需要完善的地方,譬如:一、法律制度不完善。我国财税制度的立法问题均集中在中央政府,中央政府对地方经济的了解程度不够,很难制定出有效的税收政策,导致地方政府不能充分发挥自己的作用,工作时也比较消极。另外现在我国主要的三部税收法律都是由中国人大制定的,其他的都是一些暂行规定,没有形成真正的法律,法律体系存在漏洞就会影响到其税收管理工作。二、地方税收入规模小。地方税是地方政府的主要经济来源,是保障地方政府充分发挥职能、提供区域公共产品、满足区域内社会居民对公共服务需求的重要基础,也是地方政府开展相应活动的经济基础。虽然分税制使地方拥有了一定程度的征税权利,但是由于我国缺乏完善的地方税收法律体系,导致地方政府并不能制定符合自身发展需求的地方税收制度,使其税收收入仍然处于较低水平,很难获得足够资金用于发展当中。三、税种设置不合理。营改增全面实施以后,虽然增值税暂按中央和地方五五分成,一定程度上缓解了地方财政压力,但是地方税税种设置不合理,主体税种征收不力导致地方政府很难获取足够资金,进而影响到当地经济发展。这一情况不仅对地方税源产生了影响,还可能造成较大的税收流失问题。四、地方税收体系还存在一定监督管理问题。首先,地方政府获得的税权十分有限,这种税权的划分成为了中央与地方博弈的过程。这就导致地方政府并不能根据自身发展需求开展相应经济活动,使地方政府只能够通过摊牌或收取其他费用来获取足够资金。其次,税务机构工作体系存在一定问题,我国分税制改革后主要有国地税两个征收机构,但是按税种征税的体制,国地税局交叉管理,使税源缺乏相应部门的监管,造成了两个征税部门的诸多矛盾。加上我国政府各部门还存在一定的交流问题,极大的降低了税务部门工作效率。正是基于以上不足,为我国实施"营改增"税制改革和全面深化国地税合作做了重大铺垫,尽管这将在某种程度上进一步加剧地方税体系之间的矛盾,使相应的问题更加突出,但同时也给重构地方税体系带来了难得的机遇。

(三)税收政策与经济发展

地方税收政策有别于国家的税收政策,但首先必须遵循国家税收的相关法律法规,再针对本地区经济发展中动力不足等问题采取因地制宜的积极性的或引导性的特殊政策,为区域发展营造一个贴实的税收软环境。省级开发区的税收政策一方面延续地方的一些税收政策,另一方面根据开发区自身的特点制定单独的税收政策,大体上包括一下几类:一、税收优惠。二、财政转移支付制度。三、财政补贴。四、区域投资政策。政府首先需要解决资金不足问题,此外还需要建立良好的投资环境,确保外来资金能够在本地获得良好发展。不同地区经济发展必然存在较大差异,所以其在不同阶段的发展形势也必然存在较大不同,因此,政府不同时期实行的优惠政策特别是税收政策,对地方的经济发展提供很大的帮助,并且可以在一定程度上缩小各个地区之间的经济差异,这对于我国经济的发展十分重要。

## 三、实证分析一辽宁东戴河新区

近几年,辽宁等东北老工业基地的发展受到国家的重视,并且将辽宁沿海经济开发规划纳入到国家战略中来。辽宁东戴河新区作为辽宁沿海经济带的起点,该开发区在建设的过程中重点从三条线开始实

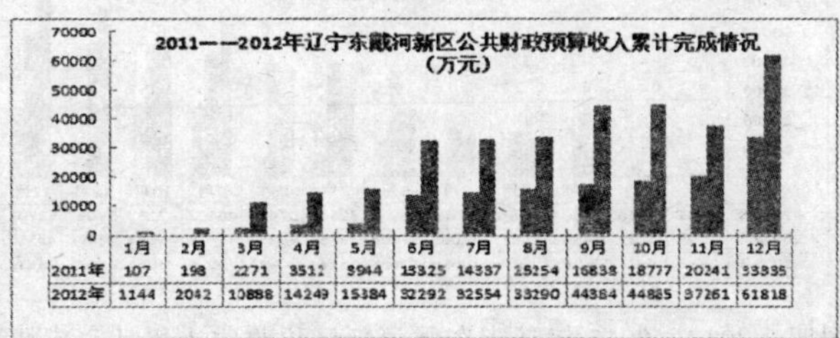


| | 1月 | 2月 | 3月 | 4月 | 5月 | 6月 | 7月 | 8月 | 9月 | 10月 | 11月 | 12月 |
|---|---|---|---|---|---|---|---|---|---|---|---|---|
| 2011年 | 107 | 198 | 2271 | 3512 | 3944 | 13325 | 14337 | 15254 | 16838 | 18777 | 20241 | 33335 |
| 2012年 | 1144 | 2042 | 10888 | 14249 | 15384 | 32292 | 32554 | 33290 | 44384 | 44885 | 37261 | 61818 |

图一 2011—2012年辽宁东戴河新区公共财政预算收入累计完成情况

施,分别是招商引资、基础设施建设和企业开工。但在大环境经济下行的压力下,同时面临着"后开发区时代"的危机局面,东戴河新区在经济发展中的诸多问题日益突出,主要表现有:

(一)政府财政收入不够支出

东戴河新区的收入主要有预算收入和基金收入两部分,预算收入包括税收收入和非税收收入;而财政支出包含的内容涉及方方面面,随着新区各职能部门逐步成立,基础设施建设投入逐渐加大,被征地农民补助数额巨大,财政收入的增长难以满足支出增长需求。

2012 年绥中滨海经济开发区正式更名为辽宁东戴河新区同时升级成为省级开发区之后,受政府在各方面加大投入等利好因素影响,经济收入也随之取得了翻倍增长的可喜成绩。

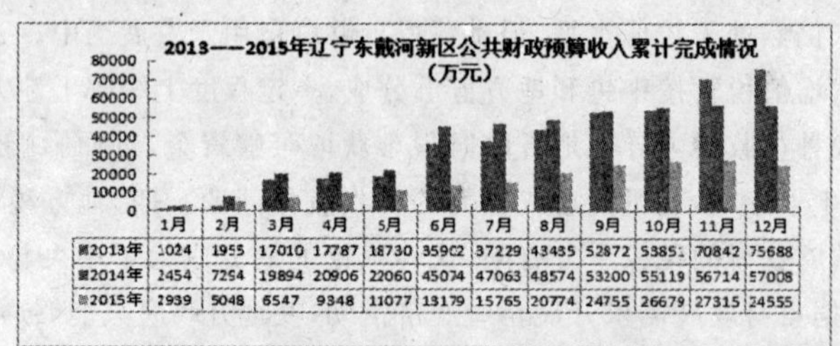


| | 1月 | 2月 | 3月 | 4月 | 5月 | 6月 | 7月 | 8月 | 9月 | 10月 | 11月 | 12月 |
|---|---|---|---|---|---|---|---|---|---|---|---|---|
| 2013年 | 1024 | 1955 | 17010 | 17787 | 18730 | 35902 | 37229 | 43435 | 52872 | 53851 | 70842 | 75688 |
| 2014年 | 2454 | 7254 | 19894 | 20906 | 22060 | 45074 | 47063 | 48574 | 53200 | 55119 | 56714 | 57008 |
| 2015年 | 2939 | 5048 | 6547 | 9348 | 11077 | 13179 | 15765 | 20774 | 24755 | 26679 | 27315 | 24555 |

图二　2013—2015 年辽宁东戴河新区公共财政预算收入累计完成情况

我们选取 2013 年作为一个节点,开发区经济收入在 2013 年达到顶峰,但是 2014 年以后经济开始呈现下行趋势,一方面受大环境投资下降、经济整体乏力的影响,另一方面受开发区前期经济主要依托房地产企业发展,而工业企业大多系民营经济,发展有限,产业结构不合理等因素影响。尤其在 2015 年,全年收入甚至低于 2011 年建设初期水平。接下来,我们对比着看下近 5 年东戴河新区税收收入累计完成情况:

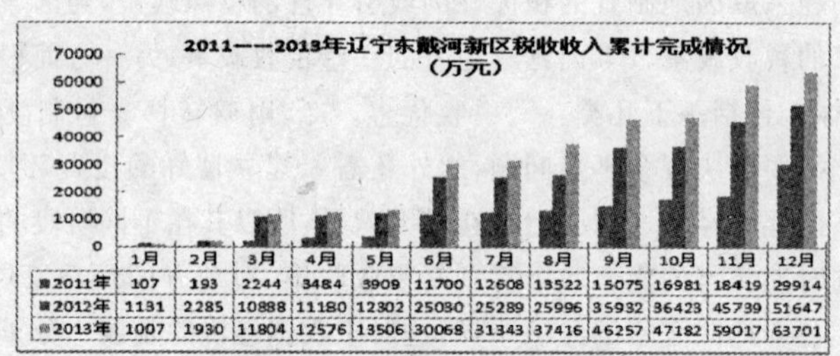


| | 1月 | 2月 | 3月 | 4月 | 5月 | 6月 | 7月 | 8月 | 9月 | 10月 | 11月 | 12月 |
|---|---|---|---|---|---|---|---|---|---|---|---|---|
| 2011年 | 107 | 193 | 2244 | 3484 | 3909 | 11700 | 12608 | 13522 | 15075 | 16981 | 18419 | 29914 |
| 2012年 | 1131 | 2285 | 10888 | 11180 | 12302 | 25030 | 25289 | 25996 | 35932 | 36423 | 45739 | 51647 |
| 2013年 | 1007 | 1930 | 11804 | 12576 | 13506 | 30068 | 31343 | 37416 | 46257 | 47182 | 59017 | 63701 |

图三　2011—2013 年辽宁东戴河新区税收收入累计完成情况

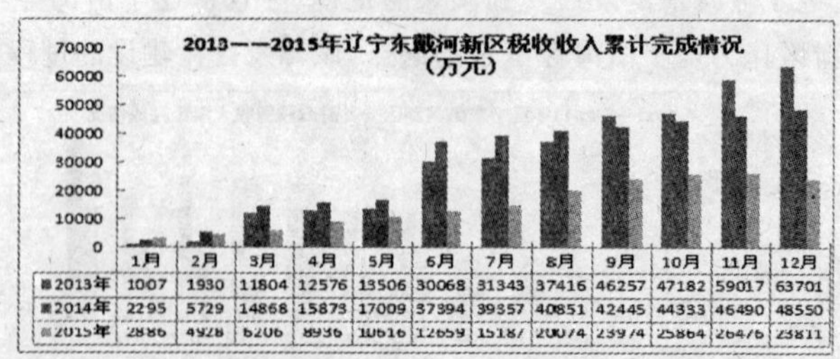


| | 1月 | 2月 | 3月 | 4月 | 5月 | 6月 | 7月 | 8月 | 9月 | 10月 | 11月 | 12月 |
|---|---|---|---|---|---|---|---|---|---|---|---|---|
| 2013年 | 1007 | 1930 | 11804 | 12576 | 13506 | 30068 | 31343 | 37416 | 46257 | 47182 | 59017 | 63701 |
| 2014年 | 2295 | 5729 | 14868 | 15873 | 17009 | 37394 | 39357 | 40851 | 42445 | 44333 | 46490 | 48550 |
| 2015年 | 2886 | 4928 | 6206 | 8936 | 10616 | 12659 | 15187 | 20074 | 23974 | 25864 | 26476 | 23811 |

图四　2013—2015 年辽宁东戴河新区税收收入累计完成情况

通过以上两个图表可知，同样的我们选取了2013年作为一个节点，东戴河地税分局自2013年成立以来，加强了地方税收征管力度和质量，2013年税收收入完成63701万元，同年绥中县本级税收收入完成59035万元，开发区在税收收入水平上甚至超过了绥中县级，可以说开发区的区域经济推动作用日益明显。但是，政府的财政收入已开始出现赤字现象，一方面影响投资建设，另一方面不利于招商引资和对税源的开发和培养。

（二）产业结构不合理

辽宁东戴河新区截止2015年底，共有注册企业427户。成立之初，开发区经济主要依托房地产企业的发展，而工业企业进展缓慢且大多为民营企业，随着大力发展旅游产业，餐饮住宿等相关服务业也蓬勃发展，但是开发区在“海岸中关村，生态新城区”的定位下，承接京津冀产业转移方面却见效甚微，已签订的赛帆工业园，青牛呼叫中心等项目也迟迟不能落地，这些也导致高新产业发展较慢。

（三）税源分布不均，税收结构不合理

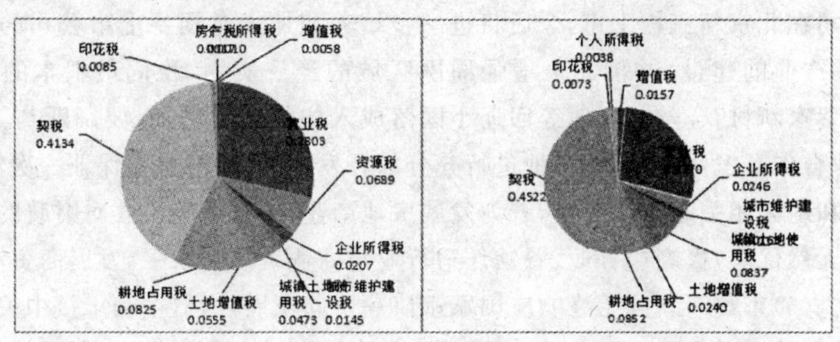


图五　2013年（左）和2014年（右）辽宁东戴河新区各税种占税收收入比例图

2013年和2014年契税在东戴河新区所有税种中占比最高，契税的来源除了政府土地所有权出让和购房纳税人缴纳外，很大部分来自房地产开发企业的预缴，另外增值税、营业税及其附加占比不高，还不足30%，而城镇土地使用税和房产税自2013年东戴河地税分局成立以来，才开始逐步核查征收，所占比例不足10%。由此判断，东戴河新区经济收入的“含金量“很低。

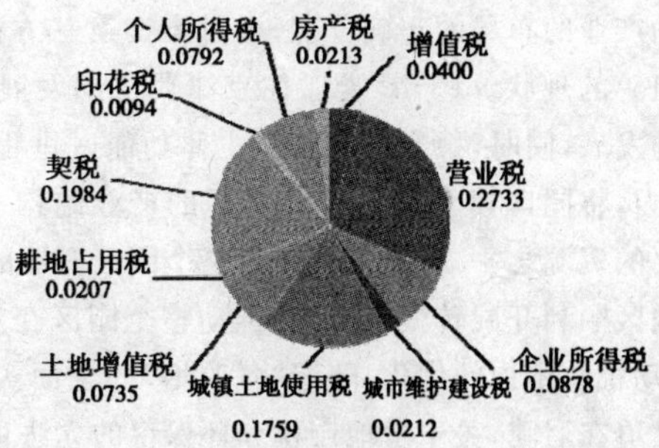


图六　2015年辽宁东戴河新区各税种占税收比例图

2015年，辽宁省地方税务局在全省范围内要求坚决夯实税收基数，东戴河地税分局积极落实省局整改政策，对预缴企业采取退税，同时国家关于小微企业的税收优惠政策惠及开发区大多数纳税人，使得开发区整体税收收入水平下降很大，但是各税种所占税收比例趋于合理，城镇土地使用税和房产税上升比较快。

（四）宏观税负偏高，阻碍投资和消费

对于企业来说，国家制定的税收政策税负越高，那么企业就要从剩余价值中抽取更多资金缴纳给政府，这对于企业的发展是不利的，因为企业在发展的过程中需要不断投资，如果公司的资金减少，也就意味着公司不能进行投资，那么就会影响公司的发展。比如说，东戴河新区的企业反映最多的就是土地使用税，该区土地等级为六级，实行12元/平方米的税率，而紧邻的山海关开发区则为6元/平方米的税率，虽然，东戴河新区管委会采取企业缴税之后给予补贴一半的政策，但是仍很难改变企业过高的税负感。

综上所述，辽宁东戴河新区在税收和经济发展上遇到了一定问题，为了促进二者协调发展，提出以下针对性建议：

1、加强财源建设，夯实税源基础。

(1)招商引资是扩大财源的主要因素，政府要高度重视招商引资活动，注意招商引资质量。同时招商引资工作的重点要放在广泛培植税源上，不仅要增加政府收入，还要提高税收的收入，一旦发现符合这两点的企业，政府需要加大扶持力度，积极促进属地经济和税源经济的发展。(2)东戴河新区现有伊菲科技和厚能科技两家公司在北京新三板上市，今后将进一步培养和加大对预备上市公司的扶持，并依靠这些带头企业，推动有关产业的建设，并借此来增强周围区域的经济实力，稳固最根本的创造财富的源泉。(3)随着孟家新村，贺家新村，金丝新天地等回迁小区落成入住的逐渐增加，要踊跃与工程指挥部协商调整，主动与房产企业合作开发，将空闲的土地进行充分的开发，与此同时也要保证一次性的税源要足量纳收。同时利用国家和地区相关政策的扶持，着力发展房地产业，持续提高税收对财政的贡献水平。(4)借助东戴河新区旅游天然优势，提高服务业、餐饮住宿行业与商业贸易的水平，发展商贸流通、娱乐休闲、建材超市等服务产业。(5)东戴河新区始终响应国家京津冀协同发展号召，主动承接中关村相关产业转移，但是收效甚微，目前入驻企业大多为民营企业，今后在继续面对中关村招商引资同时，还要因地制宜，发展本地民营经济。

2、提升产业结构发展水平，优化税制结构。

(1)现在东戴河新区的招商项目质量差，层次低，所以应该改变招商观念，以环境为主，让节能先行，注重效率和质量，严格限制环境污染、低能企业进驻园区，坚决保持科学节约集约地使用土地，对已挂牌企业严格监控，清除违规单位，指导园区内的落后企业通过租售空闲场地、转产等方法进行企业改造，大力提升整个园的生产水平。(2)增强开发区产业构造规划分析，仔细研究分析园区的整体与控规规划，促使园区内正常合理的发展，推动产业的布局的正确分配，通过咨询第三方机构来编写园区的产业改造及发展规划，消除园区规划混乱粗犷的现状。(3)紧紧抓住京津冀协同发展机遇，承接中关村相关产业转移，进一步推动高新技术产业的发展，同时，稳步推进五个主体功能区进程，企业应该注重高新技术的发展，增加研发经费，提高研发能力，将园区建立成一个高水平的产业结构。(4)大力发挥科技人材效用。在现代社会，科技人材是最重要的资源之一，科技人员作为整个园区发展的重中之重，能够使整个园区与时代的发展相适应，能够促进园区顺利开展转型升级，并推动整个园区在观念体制与方法方面的全面创新。最终依托产业结构调整带动税收结构的优化，随着"营改增"的全面实施，中央与地发的税收矛盾进一步加剧，地方税体系的重构已迫在眉睫，关于房地产税和环保税的立法正加紧进行。

3、进一步理顺园区管理体制，加快税收征管改革。

如果园区想要深入发展，最首要的问题是园区的管理体制。辽宁东戴河新区可以通过制定相关文件，规划好园区内各个组织与机构的设立，确定他们的管理职能范围，通过与外界相关组织研究探讨，从而保证园区的管理职能与机制的稳定性。在园区内部的组织结构上，要充分吸取发达省市的相关经验。对开发区及其周边区域实行逐步放权策略，增强统筹规划、功能整合、产业布局等方面的职责能力，同时要提高经济管理协调能力。将"一带五区"模式作为管理基础，科学合理的对开发区进行整体规划及各分区统筹发展。在开发区内设立行政服务中心作为对外沟通渠道，是对传统按部就班、流水式的审批方式进行改革，这样可以将所有的事项集中到服务中心办理，避免开发区的人员到各个部门分开办理，可以在一定程度上提供办理效率。作为提高政府职能水平的一部分，税收征管改革也迎来难得的机遇，特别是面对“互联网＋”的大数据时代来临，为了响应国家税务总局“互联网＋税务”的战略号召，“东戴河地税”官方微信公众号（微信号：Ddhdsj）于2015年4月创办，并于2015年4月8日通过微信主体认证，正式上线运行。公众号自运行至今，受到广泛关注，确实在纳税服务、税法宣传和税收咨询等功能方面发挥了重要作用，也得到了纳税人的一致好评。今后，还应继续在国地税深化改革合作，采取实体加网络的多种方式提供便民纳税服务，并真正为征收管理全面向纳税服务转变做出贡献。

4、努力塑造开发区竞争优势，完善税收优惠政策。

（1）打造开发区品牌优势，以布局优化、产业集聚、用地集约、特色突出等方面作为基础，对现有产业进行巩固优化，对园区发展进行全新发展规划和产业定位，实现产业与相关产业之间的资源共享，完善产业链的同时提高园区特色。（2）提高开发区行政服务质量和公共服务水平是现阶段急需解决的一大问题，需要从多方面入手，例如实现项目服务无障碍评审，在项目审批和建设经营过程中，采取“一对一”模式来对相关项目进行全程跟踪，使项目申报检验工作更加简单高效。（3）将人文关怀融入到开发区建设管理当中。开发区建设要加入医院、学校、超市等生活基础设施，满足人们日常生活的需要。在资金允许情况下，可对户外广告、绿地系统以及建筑色彩等方面进行规划，以此使开发区更加规范化和艺术化，使城市环境有一个统一视觉感，努力将开发区建设成为一个充满魅力，宜居的现代化新区。当然税收政策可以适当融入上述改善措施之中，加大税收政策宣传力度，营造良好的税收与经济协调发展氛围。要让各项税收政策真正认真实施，以此保证发挥各项税收政策的有益影响。通过税收政策的实施，建造一个公平公正的环境，促进资源配置，改良产业结构，并且能引进并培育更多的优良税源，从而促进开发区经济的更快发展。

（作者单位：辽宁省地方税务局东戴河新区分局）

# 试论从提高纳税服务质量方面着手助推供给侧结构性改革

韩德全

2016年是实施“十三五”规划的开局之年，也是全面深化改革的攻坚之年。从年初开始，全国上下都在围绕党中央提出的供给侧结构性改革，进行深入探讨和积极应对。2016年1月27日，习近平总书记在中央财经领导小组第十二次会议上强调，供给侧结构性改革的根本目的是提高社会生产力水平，落实好以人民为中心的发展思想；要在适度扩大总需求的同时，去产能、去库存、去杠杆、降成本、补短板，从生产领域加强优质供给，减少无效供给，扩大有效供给，提高供给结构的适应性和灵活性，提高全要素生产率，使供给体系更好适应需求结构变化。供给侧结构性改革是经济发展的重要理念，税务部门作为与经济发展休憩相关的执法部门，必须主动对接供给侧结构性改革。大的方面，国家税务总局和财政部要从政策入手，发挥税收对经济结构的调节作用，利用税收政策减轻企业税负，支持企业创业创新，促进经济发展。小的方面，作为基层税务机关，就是要在积极、严格执行国家各项税收政策的同时，落实以人民为中心的发展思想，从提高纳税服务质量方面着手，为纳税人提供更加优质的纳税服务，助推供给侧结构性改革。

## 一、提高纳税服务质量的重要性

(一)提高纳税服务质量是贯彻依法治税重要内容。《税收征管法》第七条规定：“税务机关应当广泛宣传税收法律、法规，普及纳税知识，无偿地为纳税人提供纳税咨询服务”。《中华人民共和国税收征收管理法实施细则》第六条规定：“国家税务总局应当制定税务人员行为准则和服务规范”。提高纳税服务质量，建立健全纳税服务体系，将进一步体现税务部门依法治税，促进税务机关依法做好纳税服务工作。

(二)提高纳税服务质量有利于加强税收征管，提高税收征管的质量和效率。建立健全包括宣传咨询、纳税申报、法律救济等内容的纳税服务体系，进一步完善包括限时服务、首问责任、全程服务以及文明礼貌准则在内的服务规范和服务质量考核评价体系，将进一步强化服务措施，规范服务行为，引导和促进纳税遵从，降低税收征纳成本，有利于加强税收征管，提高征管的质量和效率，保护纳税人合法权益，创造良好的税收秩序。

(三)提高纳税服务质量是基层税务机关落实以人民为中心的关键。税收是国家各项公共事业不可缺少的支撑，相对于纳税人的意愿来讲，全面的减税和免税是不可能的，国家只能是根据经济社会发展的需要，有针对性的减免，比如免征农业税、促进再就业、提高增值税和营业税的起征点等，以及正在实施的“营改增”，都是国家从大的政策层面，落实以人民为中心的发展思想，解决纳税人的困难，满足纳税人的需求。作为基层税务机关，在税收政策方面无权主导，主要任务就是严格执行国家的税收政策，为纳税人提供公平公正的税收环境。那么基层税务机关，如何落实以人民为中心的发展思想，就要从纳税人的另一需求出发，满足纳税人的心理需要，为纳税人提供优质的纳税服务，使纳税过程方便、快捷，让纳税人满意。

(四)提高纳税服务质量是构建和谐征纳关系的关键所在。贯彻落实科学发展观，就是要围绕“服务科学发展、共建和谐税收”的工作主题，努力做到法治公平、规范高效、文明和谐、勤政廉洁。纳税服务是贯彻这一主题的重要内容，只有不断提高纳税服务的质量，才能更好地发挥税收职能作用，保障经济社会健康发展，促进民生改善；才能有效地降低税收征纳成本，促进征纳关系的和谐。

(五)提高纳税服务质量是“保增长、保民生、保稳定”的紧迫要求。为应对国际金融危机和化解国内经济结构性矛盾的双重压力，中央作出了一系列保增长、保民生、保稳定的重要决策和部署，经济运行发生了积极的变化。但目前经济回升的基础还不够稳固，内外部环境还不够理想，组织收入的压力还很突出。越是收入形势严峻，越要着眼大局。提高纳税服务质量，强化税收征管，是促进纳税人提高税法遵从度，自觉履行纳税义务，保证税收收入的关键；是维护财政收支平衡，支持企业和地方经济健康发展，保持税收稳定增长的基础。

## 二、目前纳税服务中存在的问题

（一）纳税服务的意识薄弱。由于长期以来形成的官僚主义作风，税务机关总是以执法者的身份出现在税务工作中，片面地强调税法的执行和对纳税人的监督，以及保护税法的严肃性和权威性、打击税收违法行为等，从而忽略了纳税服务。尽管政府提出要建立“服务型政府”，推行纳税服务，一些税务人员的权利意识仍然很严重，并没有切实树立起为纳税人服务的理念。另外部分税务人员对于纳税服务的内涵的理解不全面。一提纳税服务，就认为是行风评议的事，认为微笑服务、行风建设就是纳税服务的内容。没有将纳税服务看成是税务执法的有机组成部分，在工作中没有从纳税人的实际需要出发。纳税人真正需要的是公平、高效、便捷的纳税服务，而不仅仅是表面上的笑脸相迎。

（二）纳税服务的信息化程度低。“互联网＋税务”就是要充分发挥信息技术、互联网技术、移动通信技术的优势，深度创新、全面重构税收业务，构建互联网技术与税收业务高度融合的现代化税收业务生态系统，在税收征管质量不断提高的同时，为纳税人提供更加方便、快捷的纳税服务。目前在税收信息化建设中存在着一些误区：一是重技术轻管理。许多部门热衷于购买高档的硬件设备，盲目开发软件，而对整个业务系统性研究不够，没有创新管理方式、优化业务流程和组织结构，结果只是利用现代化的技术手段去重复、模仿传统的业务处理流程，不能有效地利用信息资源。二是相关部门涉税信息共享不到位。互联网的最大优势就是打破空间壁垒，实现信息共享。但是现在大多数地方的工商、银行、海关、财政、公安等相关涉税部门，还未与税务部门实现真正的网络联通、信息共享，制约了税收征管信息系统广域网络作用的发挥。同时税务部门对纳税人涉税信息的掌握也缺乏主动权，因此社会信息化程度，也成了影响税收征管和纳税服务的一大问题。

（三）纳税服务的层次和标准较低。在以往，各级税务机关虽在纳税服务方面进行了一些有益的探索和尝试，比如办税服务厅、首问责任制、一站式服务和多元化申报方式、电子缴款、12366咨询中心、税务代理，以及文明用语、礼貌用语、限时服务、政务公开等等，但这些项目尚不系统。自2014年10月《全国税务机关纳税服务规范》执行以来，纳税服务工作有了比较系统规定，但是基层税务机关在执行中，有些问题还是停留在表面和形式上，只是一种口头上的、文件上的服务，而不够重视服务措施落实与否，服务效果好坏如何，纳税服务流于形式，纳税服务的层次和标准还不够。

（四）纳税服务工作缺乏规范的考核、监督机制。经过多年的努力，税务机关在纳税服务工作的各个方面，如服务内容、服务程序、服务措施等方面下了很大的功夫，进行了积极有益的探索，但是纳税服务的效果如何却不得而知，即：提供服务的成本效益对比如何，纳税人的需求满意度怎样，服务的效率怎样都是未知数。没有一套机制对服务过程进行全程监督和对服务效果进行科学的考核、评价。税务机关内部现有的考核指标体系多是侧重于对税收执法情况的考核，很少有反映纳税服务质量和效率的，纳税服务质量的好坏完全取决于征税主体的自觉行为。从外部来看，纳税服务缺乏有效的社会监督，使税务行政执法中存在的随意性，不能在征管信息系统中得到有效监督和控制。在税收征管工作中“疏于管理，淡化责任”的问题，仍未能在征管信息系统中得到有效的解决，行政执法和行政管理权力分散，对权力的监督和制约不到。

## 三、提高纳税服务质量的措施

（一）加强纳税服务意识。纳税人是市场经济的主体，是社会财富的直接创造者，也是国家税收收入的源泉。因此,税务机关必须牢固树立起为纳税人服务的意识,把工作的主导方向由以满足自身的征税管理需求为主,转变为以服务纳税人的纳税需求为主,在税收制度的制定、管理流程的设置和纳税方式的提供等方面,相信纳税人、尊重纳税人、服务纳税人,在管理过程中充分体现纳税人权利和尊严,切实维护纳税人的合法权益。税务机关应做到三个转变:一是由监督打击向管理服务转变;二是由被动服务向主动服务转变;三是由注重形式向内容、形式、效果相统一转变。

(二)加快税务信息化建设。加快税务信息化建设,是互联网经济高速发展的迫切需要,也是利用信息技术,为纳税人提供更加方便、快捷的纳税服务的需要。税务机关要不断优化纳税服务信息化平台,降低纳税成本,助推供给侧机构性改革。在信息化建设方面,一是完善纳税服务的公共服务平台,开发和应用各类智能终端,特别是移动智能终端,为纳税人网上申报和查询提供更加方便、快捷的网络平台,不断拓展互联网上税务网站的服务内容和服务层次,为纳税人提供全方位的涉税服务。同时还要不断完善外网安全认证系统和内网安全防护系统,保证纳税人信息的安全性和保密性。二是完善税收管理平台,以"金税三期"优化版为主线,推广运用纳税申报电子信息采集系统、发票管理系统、一般纳税人认定管理系统、增值税纳税评估管理、计算机稽核、协查等管理系统,实现税务管理信息系统的一体化,提高工作效率,节约纳税人纳税成本。三是在税务部门与工商、银行、海关、财政、公安等相关涉税部门之间,建立涉税信息交流、共享的网络平台,拓宽涉税信息采集范围,方便税务机关及时掌握纳税人的涉税信息,提高税收征管和纳税服务的效率。

(三)深化纳税服务的层次和标准。税务机关应针对纳税人对税收专业性知识与技能、办税程序、合法权益的需要,提供实实在在的纳税服务。除了接待好前来办税的纳税人,还应主动走出去,有针对性地解决好纳税人在纳税过程中存在的问题。比如说国地税互设窗口,这就让纳税人方便了很多。同时纳税人素质有高有低,涉税业务有繁有简,在具体的工作中也应区别对待,有针对性地做好服务工作。要不断深化纳税服务的层次和标准,提高纳税服务的深度和广度。纳税人最希望得到的是税收的公平和效率的实现。目前,我国的税收法制已基本完善,人情税、关系税大大减少,再加上现代化、信息化的征管手段的应用,偷逃税行为也越来越少。但是税收征管中有的环节仍然存在缺陷,部分纳税人的偷逃税行为仍无法杜绝,权钱交易仍然存在,这就人为导致了纳税人之间的税负不公。因此,在提高纳税服务质量的同时,更要加强税收征管,加大对偷逃税行为的打击力度,加大对权钱交易的反腐力度,为广大纳税人提供公平、公正的纳税环境。

(四)建立健全纳税服务考核、监督体系。税务机关在贯彻执行《全国税务机关纳税服务规范》的同时,要建立健全纳税服务考核、监督体系。一是要建立公开的办税制度,公开税收法律、制度、政策、办税管理流程、服务标准,接受广大纳税人和全社会的监督。二是要建立纳税服务责任制,在对纳税服务事项进行科学划分的基础上,明确各个岗位的相关职责。三是要建立纳税服务承诺制度,明确规定纳税人接受服务的时限和标准。四是要建立纳税服务质量的考核制度,对纳税服务质量采取公众投票、问卷调查等方式,征询纳税人的意见,对税收服务工作进行定期的考核。在评价纳税服务的绩效时,应综合考虑服务环境、信息沟通的及时性、各种纳税事宜的满意度、执法规范度等考核指标,以便对纳税服务从立场、手段、结果等方面进行科学、客观、全面的评价。五是要严格纳税服务的责任追究制度。对税务干部在纳税服务工作中出现的问题和失职行为,要实行严格的责任追究制度,最大限度地约束税务干部的个人行为,加强对权力的监督和制约,从而达到提高纳税服务质量,助推供给侧结构性改革的目的。

(作者单位:辽宁省大连市普兰店区地方税务局)

# 适应供给侧改革 创新税收工作

付增军

中央经济工作会议明确指出，要在适度扩大总需求的同时，着力加强供给侧结构性改革，这是中央在适应和引领经济发展新常态上的重大创新。税务部门作为重要的经济职能部门，要做好、做实供给侧改革文章，扎实开拓为国聚财的实践路径，涵育区域经济发展新增点。

（一）创新加力。今年是推进供给侧改革的关键之年，作为担负宏观调控重任的税务机关，要以时不待我、只争朝夕的精神，通过落实更有针对性、实效性更强的税收政策措施，进一步优化纳税服务，支持创业创新投资、化解过剩产能等方面，更好促进经济社会发展。供给侧结构性改革对税收工作提出新的更高的要求，税务部门要进一步深化认识，充分调动各方面积极性、主动性和创造性，科学谋划、真抓实干。确保推进征管体制、简政放权、创新税收管理经验等各项改革措施落到实处。供给侧结构性改革是指以创新发展理念，创造新产业，培育经济增长的“乘数因子”，以新产业的“几何式增长”推动经济发展。所以，对税务部门而言，充分释放新兴行业的供给端活力，不能因收入形势严峻而被动落实税收优惠，不能因推动难度较大而放松落实税收优惠。将围绕企业发展导向、传统产业和新兴产业布局等基本情况，深入落实扶持小微企业、促进科技创新、鼓励创业就业等各项优惠，持续释放改革发展红利。充分发挥税收职能作用，以及更大力度的税收优惠政策落到实处，着力扶持产业结构换挡升级和大众创业、万众创新。

（二）精准发力。推进供给侧结构性改革，是当前适应和引领我国经济发展新常态的必然要求。有效运用具有针对性、实效性的税收政策，助推供给侧改革，在纳税服务上做“加法”，要不断增加公共产品，做好公共服务。将从纳税人需求入手，建立纳税人和第三方评价机制，对纳税人反映的热点、难点快速响应，对发现的问题及时督促整改；对 12366”热线、纳税人线上线下学堂、网上税务局和办税服务厅进行“升级”改造，引入手机办税新模式，推广电子发票、网上领票，实现纳税人足不出户、随时随地地办税。办税程序上做减法，让纳税人少跑、少带、少等，简政放权，是政府层面的减法运算，是服务供给侧改革的重要方面。从“法治”、“规范”和“便利”三方面入手。在法治方面，对于税收政策进行“合规性”体检，厘清执法的权责边界；在规范方面，加强前后台衔接，多部门联动，实现全流程规范；在便利方面，通过提升网上办税的覆盖面和体验度，国地税合作的深度融合，让纳税人享受更快捷、个性化的税收服务。

（三）统筹聚力。税务部门在供给侧结构性改革中积极作为，要在供给侧结构性找准坐标，面对经济下行压力不减、主体税源持续低迷、组织收入形势异常严峻的形势，认真贯彻落实国家相关要求，以组织收入工作为中心，以开展征管改革为重点，始终坚持“抓收入、推改革、带队伍”的新常态下工作总思路，确保税收稳中有进、稳中提质。坚持以全局一盘棋扩总量、严查细管找增量、依法征收提质量为基本遵循，深化经济税源分析，全面掌握经济宏观态势，强化微观税源的流向监控，提升收入预见性和把控力。综合运用法治增收、管理增收、科技增收、服务增收等举措，着力在精确制导风险管理、多点突破“营改增”、深度挖潜所得税、规范创新重点企业管理、做精做专基础管理和主动出击稽查亮剑中盘存寻增，保障国家财政预算执行。紧紧围绕“优化结构”战略布局，加速集聚新型业态发展要素，激发税收政策新动能，创新管理、共享发展，主动服务供给侧改革。

（作者单位：河北省保定市竞秀区地方税务局）

# 税收促进供给侧改革的国际借鉴

谢德明　洪桂锋

"十三五"时期是我国全面建成小康社会的关键时期，这一时期，我国的经济发展转入中高速增长的"新常态"，经济发展动力转向新的增长点。2015 年 12 月中央经济工作会议提出了要在适度扩大总需求的同时，着力加强供给侧结构性改革，着力提高供给体系质量和效率，增强经济持续增长动力，推动我国社会生产力水平实现整体跃升。科学的税收安排是新常态下支持供给侧结构性改革的重要手段与方法，税收改革的成功与否成为本轮经济结构调整的关键点。本文从分析税收在供给侧改革的作用入手，借鉴美英等发达国家的税收实践经验，提出下一步税收改革的建议，助力供给侧结构性改革。

## 一、税制改革是供给侧改革的关键点

### (一)我国实施供给侧改革的必要性

供给管理理论诞生于 20 世纪 70 年代，适逢经济滞胀，凯恩斯经济理论失灵时。其核心就是减税和减少国家对经济的干预，增加并且优化劳动、资本和企业家精神这三种要素的投入，增加和优化总供给，进而使得全社会财富增加。改革开放三十多年来，我国依靠投资、消费、出口三驾马车拉动了经济的高速发展。但随着全球经济疲软、国内成本优势不在、要素配置效率不高等影响，我国经济发展转入中高速发展的新常态。单纯依靠需求已无法扭转经济的颓势，且形成了大量的无效供给。一是质量不高形成的无效供给，国内的产品偏向于低端，无法满足消费者日益增长的生活需求，大量国内廉价商品积压于仓库；二是信息不对称形成的无效供给，部分产品由于品牌信誉度不够及与消费者的信息不对称，导致许多消费者不远万里去国外购买马桶盖、电饭煲等产品；三是产能过剩形成的无效供给，由于过往的刺激政策，使得许多行业形成产能过剩，如钢铁、水泥、煤炭等行业，大量的生产投资形成了无法被需求消化的产能，成为了无效供给。在形成无效供给的同时，许多需求又无法被满足，形成了巨大的"供给缺口"。因此国家提出了实施供给侧结构性改革，就是力求从供给、生产端入手，通过解放生产力，提升竞争力来促进经济发展，以激发企业的活力和潜力，释放中国经济潜力。

### (二)减税减负是供给侧改革的重点

供给学派提出撬动供给侧要素的主要手段有：减少政府干预以更加市场化的方式调整错配的经济结构、减税减负鼓励企业创新转型、人力资本投资进行人才储备长效机制、控制货币供给，避免过度通胀等。供给侧改革的核心是降低实体经济运行成本，而降低税负是降低成本的重要一环，是推动企业投资创新的关键点。

1、税收导向有助于化解过剩产能。改革的一大重点就是促进产能过剩的有效化解。目前，部分基础性资源产业产能过剩问题比较突出，如煤炭钢铁行业。还有一些能源高消费、高污染、高能耗的产品产业也急需进行消化。通过税收的安排，形成有效促进化解过剩产能的财税制度。对限制性、高污染、高能耗产业通过增加消费税等办法提高税负，压缩生存空间，同时通过税收优惠鼓励其转型升级，引导和倒逼企业主动化解过剩产能，起到标本兼治的作用。

2、税收优惠支持科技创新。科技创新是提高社会生产力和综合国力的战略支撑，也是供给侧结构性改革的重要内容。税收政策在支持科技创新方面具有重要的作用。通过税收优惠安排，如研发费用加计扣除、科技成果转化、高新技术企业税率优惠等，着力构建支持创新的财税体系。加大对创业创新投资的支持力度，实施鼓励科技应用、支持节能环保、信息技术、生物技术、高端装备、新能源等新兴产业发展的税收优惠政策，推动科技创新潜力的释放。

3、减税政策促进企业兼并重组。促进产业优化重组是提高供给体系质量和效益的重要途径。减税政策能够促进纳税人资产重组过程中的产权转移，减轻企业兼并重组成本、减轻纳税人非货币性资产投资、债务重组等初期的缴税压力。通过进一步调整和完善税收优惠政策，推动企业以大并小、强强联合，加快企业兼并重组和资源整合步伐，处置“僵尸”企业，提高经济发展动力和释放发展活力。

4、税制设计支持现代服务业发展。推动现代服务业发展是供给侧结构性改革的重要任务。现在实行全面“营改增”试点就是为了贯通增值税抵扣链条，消除制度性重复征税因素，使各类投资和生产要素向现代服务业加速集聚，促进产业结构升级、促进现代服务业发展。进一步优化税制设计，降低第三产业税负，促进现代服务业发展，为经济发展创造更为良好的税收环境。

## 二、美国和英国的税收改革经验

通过减税来降低企业成本、刺激经济增长是20世纪80年代美国和英国在遭遇经济持续“滞胀”时采取的措施，以此来促进经济的复苏与增长

(一)采取的主要税收政策

1、美国里根政府的减税政策。美国从1981年10月开始的3年内，分3次降低个人所得税税率，边际税率从14％－70％将为11％－50％；资本收益税率从28％降为20％。同时降低公司所得税边际税率、缩短固定资产折旧年限并简化分类，加速固定资产折旧、对企业投资给予税收优惠等。

2、英国撒切尔时期的税收政策。一是降低个人所得税。1979年的第一个预算案将个人所得税的基本税率从原来的33％降到30％；最高税率从83％降到60％。同时，将征税起点从8000英镑提高到1万英镑，免税人数大约增加了130万人。1988年，个人所得税基本税率进一步下调到25％；最高税率进一步下调至40％。此外，十一级超额累进税率改为两级税率。二是降低公司税负。公司所得税税率由53％降到35％，起征点从原来的年利润20万英镑提高到22.5万英镑，同时减少中小企业税负，采取多种措施扶持其发展。三是提高投资收入附加税的免税额。将投资收入税的起征点从1700英镑提高到6250英镑。减征土地开发税；降低遗产税税率等。四是增加了消费税的比重。消费税的标准税率由8％提高到15％，并且扩大了课税对象。

(二)减税政策的效果

1、企业负担显著降低。通过减税法案，个人和企业以及各类资产的税负都有显著的降低。从边际实际税率来看，美国制造业税率由52.7％下降至43.5％；商业的税负则由38.2％下降到27.5％，并且企业投资于机器设备和建筑物等资产的税负也明显降低。对企业，税收优惠提高了盈利水平，也提高了投资意愿；对个人，减税提高了可支配收入，增加了劳动供给意愿及消费意愿。

2、税收收入不降反增。减税刺激了企业投资和经济增长，扩大了税基，税收不降反增，且占GDP比重明显降低。美国1981年到1986年，个人所得税由2859.17亿美元增长到3489.59亿美元；企业所得税由611.37亿美元增长到631.43亿美元；联邦政府的收入由5992.72亿美元增长到7691.55亿美元。英国1981年到1988年，税收总额由786.38亿英镑提高到了1379.97亿英镑，增长了75.48％。同期，由于减税使得GDP的增长更快，税收收入在GDP中所占的比重由1981年的29.22％降低到1988年的26.97％。

3、刺激了投资和经济增长。减税法案极大地提高了企业投资的积极性，刺激了投资和经济的增长。美国的GDP在1982年陷入下降1.9％的低点后迅速复苏，并稳步增长，于1984年达到增长7.3％的高点。在1982－1988年间，英国平均的GDP增长率为3.82％，在主要发达国家中仅次于日本。从纵向看，此前的1970年到1981年，英国的平均GDP增长率仅为1.94％；此后的1989年到1999年，英国的平均GDP增长率为2.37％。无论是横向还是纵向比较，都表明英国在这一时期减税措施的成效是非常明显

的。

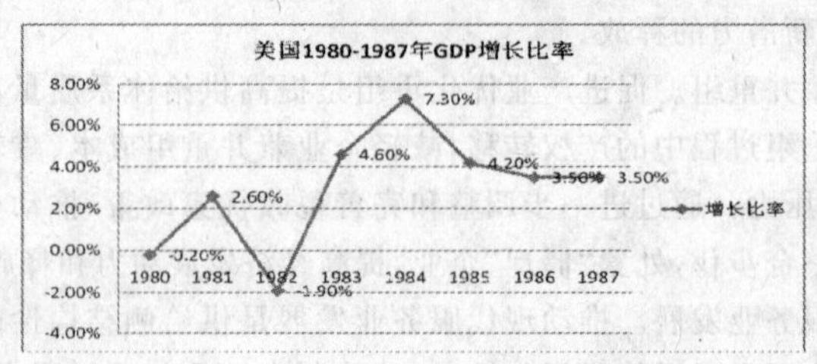


(三)经验与借鉴

尽管中国当前所处时期和面临的形势与当时美英有所不同,但其经验仍值得借鉴。尤其是他们均通过减税政策来刺激投资增长、鼓励企业创新、支持企业发展,进而推动经济的快速复苏。通过减税使得公司与个人的税负下降,就有多余的资金用于投资,从而刺激了投资的大幅增长,同时通过一系列有针对性的税收优惠,激发企业创新潜能,使得税基扩大,促进了财政收入与经济的连续增长,对我们现在实施税收改革很有借鉴意义。

## 三、积极实施税收改革,推动供给侧结构性改革

借鉴国际经验、结合自身实际,以减税为前提积极实施税收改革,助力供给侧结构性改革。减税应当具有明显的指向性和针对性,减税必须落实到结构上,减税要精准发力。

(一)精准减税

1、降低增值税税率,推动产业升级。"营改增"后所有的行业尤其是第三产业中的服务业已纳入增值税征收范围,实现增值税的全覆盖。在增值税税负可以完全转嫁的情况下,降低税率可以缓解企业现金流压力。而在不能全部转嫁的情况下,如商品需求存在较大的价格弹性或者抵扣链条不完整等因素的影响下,企业需要自己承担部分税负,此时税率降低会减轻企业负担。不论是哪种情况,税率降低均有利于改善这些企业的生产经营情况,从而实现产业升级。具体实施而言,建议对现有税率实现简并,将17%、13%、11%、6%四档税率合并为二档,最终只剩下一档,并轨后的单一税率大致在11%-13%左右。同时可对税负较重和抵扣项目较少的行业降低增值税税率,如金融业、旅游业等。

2、调整消费税范围,引导产业发展。新常态下的消费需求变化及资源环节的约束,应成为消费税范围调整的主要方向。通过消费税征收范围及税率的调整来引导居民消费及产业发展,限制一些产品生产,改善产品供给结构,避免产生新的过剩产能,从而化解过剩产能、推动新兴产业发展。一方面是做减法,把已成为居民基本生活消费品的产品调出征税范围或降低税率,如汽车轮胎、酒精等商品宜取消,化妆品等产品应调低税率。另一方面是做加法,把高能耗、高污染产品及部分高档、限制性消费品纳入征税范围或调高税率,如电池、涂料、高档时装、裘皮制品、私人飞机等可以纳入征税范围,成品油、木制类、卷烟类商品应调高税率,抑制供给与需求。在条件成熟下,可考虑环保税的立法,有利于全社会树立绿色发展理念,推进我国经济发展模式的转变和经济增长质量、效益的提升。

3、降低企业所得税税负,增强自主创新能力。就激励企业自主创新与技术进步而言,降低企业所得税税负不仅可以从整体上降低企业的创新成本,缓解当前生产要素成本上升的压力,还可以为企业自主创新提供资金。因为税负降低会增加企业的税后利润,而税后利润的增加可以增加企业的盈余公积用于技术研发。同时,税负降低会吸引投资,为企业带来更多资金,还可以缓解人力资本上升带来的不利影响。

(1)降低边际税率。重点应放在中小企业,尤其是科技创新型的中小企业。目前我国对应纳税所得额低于30万元的小型微利企业予以20%的低税率优惠,2012年以来又陆续出台了按50%计入应纳税所

得额的优惠政策，有效缓解了企业压力。但是惠及面仍然较为狭窄，还可适当放宽标准，同时降低优惠税率，建议低税率可在10％－15％之间，使更多中小企业可以享受优惠政策，推动企业发展壮大。

(2)拓宽税收优惠。对高新技术企业、研发投入、科技成果转化、科研人员创业、创业平台发展等领域及节能环保、信息技术、生物技术、高端装备、新能源等新兴产业实施更加优惠的低税率、加计扣除、加速折旧等政策，进一步减轻企业负担，推进企业自主创新、转型升级。

(二)完善税制

1、推进个人所得税改革，改变收入分配状况。(1)降低边际税率。个人所得税税率的降低可以减少人们对提薪的需求，从而在一定程度上降低劳动力价格上升的速度，缓解企业生产要素成本上升的压力。另一方面减轻居民的税收负担，可以增加可支配收入从而增加消费支出。以前我们的减税都是从提高费用扣除标准入手，但这并不利于改善收入分配状况，累进税率级次偏多，对中等收入阶层的级距过密，对高收入阶层几乎没有起到调节作用。目前我们的收入群体呈现"橄榄型"，中等收入占大头，可支配收入不高限制了需求，而高收入阶层需求增加有限。因此应通过降低个人所得税边际税率入手，减少税率级次，降低中低级次的税率数值，提升高级次税率数值，从而改变居民在国民收入中的分配状况，有效释放中等收入阶层的消费需求。(2)稳步推进综合税制改革。党的十八届三中全会提出逐步建立综合与分类相结合的个人所得税制。其改革的方向是在对部分所得项目实行综合计税的同时，将纳税人家庭负担，如赡养人口等情况计入扣除因素。但目前在家庭收入、费用支出等方面尚无法如实归并统计，"家庭"、"赡养人"等的界定存在一定难点，且金融在监控居民收入支出方面仍存较大缺陷，因此短期内实行综合税制尚有难度。建议实施分步走，一方面可以归并部分项目，如承包承租经营、劳务报酬、利息股息红利、财产租赁及转让所得等项目，简化税制；另一方面积极完善金融体系，通过金融部门监控居民的收入支出情况，为改革打好基础；三是可以先行试点由居民于年终以家庭为单位申报收入、支出情况，暂不作为计税依据。在实践中发现可能存在的问题，为今后的实施做好铺垫。

2、健全财产税，提高直接税比重。目前以企业所得税、个人所得税为主的直接税比重占全部税收收入不足30％，比重偏低，产生了一些不良影响。一是税制结构失衡。间接税过高容易导致企业盈利降低，减弱中国商品在国际市场的竞争力。地方政府为了提高间接税收入，过分追求GDP，忽视了经济效益和居民收入的提高，不利于经济转型。而且间接税与价格捆绑，容易导致物价虚高，产生通货膨胀，不利于经济的发展。二是弱化了税收调节收入分配的重要功能。间接税容易将税负转嫁到消费者身上，进而导致贫富差距进一步失衡。因此在提高所得税比重的同时要解决好财产税的缺位问题。应整合房产保有环节的税收，将居民非经营性房产纳入房产税课征范围；逐步开征遗产税，将遗留财产中的不动产、动产和无形资产列入征收范围，同时为了避免通过赠送方式躲避遗产税，应配合开征赠与税。

3、理顺中央与地方财政关系。中央和地方财政关系的调整是财税改革能否精准实施和顺利完成的前提。目前，央地财政关系的调整相对滞后，究竟哪些税种划分为中央税或中央税分成比例多一些？哪些税种划分为地方税或地方分成比例多一些？哪些公共服务项目属于区域性质、该明确为地方事权？哪些公共服务项目属于跨区域性质、该明确为中央和地方共同事权？这些问题似乎不是很清楚，已经对财税改革的整体推进产生了"瓶颈"效应。因此，要加快财政体制改革，合理界定中央与各级地方政府之间的事权和支出责任，优化各级政府的收入划分和财力配置。按税种属性和经济效率等基本原则，进一步理顺政府间收入划分，促进财力与事权相匹配，有效降低地方政府的财政压力，充分发挥中央和地方的两个积极性。

（作者单位：福建省泉州市地方税务局
泉州经济技术开发区税务分局）

# 税收服务浙江供给侧改革

郑　汀

2015年11月,习近平总书记在中央财经领导小组会议上首次提出"供给侧结构性改革"的概念,标志着我国经济理念从需求管理向供给管理的重大转向。今年,李强省长在全省推进供给侧结构性改革工作会议提出:要切实抓好去产能、去库存、去杠杆、降成本、补短板,着力解决最突出的供给侧结构性问题。供给侧改革是对市场本质的回归,是对长期以来行政权力膨胀倾向的纠偏,对宏观经济形势的分析方法和解决路径具有重要启示。国税部门作为重要的经济职能部门,是推进供给侧改革的重要力量,应该充分发挥税收在组织收入、配置资源、优化结构、调节需求方面的作用,发挥"营改增"效应,实施结构性减税,助推创新产品和服务供给,进一步释放改革和政策红利,促进稳增长、调结构、惠民生、防风险。

## 一、从税收角度看待浙江经济发展短板

浙江工业基础扎实,块状区域经济、私营经济发达,民间资本雄厚,金融、投资、外贸等领域各具特色,尤其是浙江还具有一群充满活力的浙商群体。但从税收角度来看,当前浙江经济存在一些问题,需要我们充分认清经济发展短板。

(一)实体经济复苏缓慢,工业企业增长乏力

2015年全省工业增值税和工业所得税分别增长6.13%和1.94%,增幅均低于全部增值税和所得税的增幅,同比下降2.19和9.86个百分点。与此相对应的,2015年,全省工业增加值增加4.3%,同比下降2.4个百分点;工业销售产值仅增长0.04%,同比下降5.96个百分点。全省规模以上工业企业利润增长4.8%,同比下降4.2个百分点。可以看出全省工业经济仍处于缓慢复苏阶段,未来工业经济运行中不稳定、不确定因素仍然存在。

(二)企业销售不畅,去库存化明显

从全省增值税一般纳税人申报数据来看,2015年,全省增值税纳税人申报销售收入仅增长0.43%,同比下降6.28个百分点,自去年3月份以来,销项税额和进项税额持续负增长,且进项税额降幅持续大于销项税额降幅,明显反映出我省企业销售不畅,对经济增长信心不足,去库存化状态明显。

(三)部分大企业出现迁移和关停等情况

2015,支付宝公司入库国税收入6.40亿元,同比减收0.56亿元,减收原因是该公司从2015年开始逐步迁往上海,2016年将全部完成迁移。此外,杭钢集团2015年入库税收仅2.3亿元,2016年将没有入库税收,因该企业3号高炉永久关闭,全年减少产值20亿元。

从税收角度可以看出,当前浙江工业经济仍然处于转型升级和结构调整期,工业经济增长动力有待加强;企业对市场信心不足;部分大企业存在留不住的问题;高耗能高污染产业关停之后新兴产业发展不足以替代出现的短期空白;新的经济增长点缺乏,等等。

## 二、积极推进供给侧改革,主动应对经济发展短板

供给侧改革对于浙江去掉冗重的过剩产业,补足短板,将其转化为经济增长的潜力点尤为重要。李

强省长就特别指出，加快培育新的增长点、不断增强持续增长动力，是推进供给侧结构性改革的重中之重。

（一）运用市场化机制，积极化解产能过剩矛盾，改善国内竞争环境

淘汰清理过剩特别是落后的产能，对浙江经济长期健康发展至关重要，既有助于降低企业部门的杠杆率，提升资本使用效率，改善企业盈利，也有助于促进产业优化重组和转型升级。要分析行业盈利情况，对连续盈利下降或者长期亏损的行业，运用市场化机制，积极化解产能过剩矛盾，改善国内竞争环境。充分发挥行业规划、政策、标准的引导和约束作用，积极引导资源投向有发展前景的行业。

（二）调整和完善产业政策，鼓励产业升级，实现由特定激励性产业政策向普惠性产业政策转变

改进产业政策设计，有必要将目前倾斜发展特定部门的产业政策，如对新兴产业实施的创新研究、环保节能的奖励措施，逐步完善成为长期的、综合性和普适性的创新与竞争激励机制。

（三）加快创新驱动战略的实施，促进技术进步，真正实现由要素驱动向创新驱动和提高全要素生产率转变

要加快规划建设杭州城西科创大走廊和钱塘江金融港湾，加快规划建设舟山自由贸易港区、宁波梅山新区和义甬舟开放大通道，高质量加快推进特色小镇建设，大力发展七大产业，加快杭州、宁波、温州、金华－义乌四大都市区建设，联动推进“互联网＋”、“机器人＋”、“标准化＋”，等等。

## 三、充分发挥税收职能作用，助力浙江供给侧改革

在供给侧改革中，税收将起到重要作用。通过税制改革、税收减税等手段，利用杠杆，充分发挥税收在组织收入、配置资源、优化结构、调节需求方面的作用，发挥营改增效应，实施结构性减税，助推创新产品和服务供给，进一步释放改革和政策红利，促进稳增长、调结构、惠民生、防风险。

（一）巩固优势，加大扶持特色产业

浙江产业集群较多，其中医药、化工、机械制造等在全国属于优势产业，要充分利用税收优惠政策，做强、做大产业集群，形成国际上有影响力的优势产业。一是要充分落实并购重组中的税收政策。2014 年和 2015 年，财政部和国家税务总局针对企业重组进行了一系列税收政策调整，从重组的实体性要件和程序性要件上均予以了放宽，如原规定“股权收购，收购企业购买的股权不低于被收购企业全部股权的 75％”，现调整为“收购企业购买的股权不低于被收购企业全部股权的 50％”，且无需再经税务机关审批。二是要充分利用互联网＋优势，形成实体产业＋互联网的经济态势。互联网是一个平台，更是一种经济形态，要转变传统企业运作模式，构建互联网模式的企业运作，有效拓展企业营运面，与市场、需求和客户的接触面，让实体经济插上互联网之翼，实现“腾龙换鸟”的目标。

（二）转变职能，进一步发挥市场的决定性作用

供给侧改革，核心在于实现经济发展方式从投资驱动到效率驱动的转型，关键在于打破政府在资源配置中的“体制性障碍”，让市场在资源配置中起决定性作用。一是大力推进简政放权。通过全面深化改革去杠杆、控风险、提效率，发挥对经济增长的重大牵引作用。最重要的就是推进行政审批制度改革，进一步简政放权，大幅度减少行政审批，加强事中和事后监管与服务。通过落实和完善简政放权的各类事项，营造良好的法治化的营商环境，抓好中央所确定的重大改革措施的落实。二是全面深化国地税合作机制。落实中办、国办关于《深化国税、地税征管体制改革方案》，实施税务总局关于《国税 地税合作工作规范》，推动服务深度融合、执法适度整合、信息高度聚合，解决现行税收征管体制中存在的深层次问题。三是探索更加高效的征管和服务模式。积极探索与新经济、新业态、新模式相适应的征管模式和服务手段，降低企业办税成本，为市场主体减负增效、激发活力。让市场说话，让质量说话，将“浙江制造”逐步推向“浙江质造”和“浙江智造”。

(三)精准发力,发挥税收连结需求侧和供给侧改革作用

当前经济的突出矛盾和问题主要表现为"四降一升",即经济增速下降、工业品价格下降、实体企业盈利下降、财政收入增幅下降、经济风险发生概率上升。与之相对应,供给侧改革需要完成好去产能、去库存、去杠杆、降成本、补短板的"五大重点任务"。一是用足用好税收优惠政策。牢固树立"不落实税收优惠政策也是收过头税"的理念,发挥税收政策的导向作用,用好税收政策工具,用足税收优惠政策,为小微企业、科技型企业和"走出去"企业松绑减负,涵养税源,释放改革和政策红利,出实招助力稳增长。二是全面推进减税降费。一方面加快推进"营改增"进程,统一流转税制,实现生产领域普遍性减税,进一步完善所得税并落实针对小微企业,高新技术企业以及鼓励"双创"的一系列税收优惠政策措施,以激活供给侧的各项生产要素。另一方面清理或简并现有收费项目。三是优化纳税服务。继续创新纳税服务手段,推出各项提高办税效率、减轻纳税人负担的便民措施。深化办税服务厅规范化工作,实施办税服务厅分类管理,在同城通办的基础上,推行纳税申报、发票管理、表证单书发放、纳税咨询等业务全省通办。深入推进"银税互动",强化纳税信用信息的共建共享,缓解个体工商户和小微企业融资难问题。

(作者单位:浙江省国家税务局)

# 税收现代化建设进程中完善税款追征制度的思考

黄祥林

税款追征是税务机关的主要职责，随着社会经济的发展，纳税人欠税情况越来越多地发生，欠税形成的原因也日益复杂，加之税收管理现代化进程的推进，依法治税要求的不断提高，税务机关面临更多的压力和挑战。笔者以相关理论和现行法律、法规为依据，深入分析探究当前税款追征的实践中存在问题和原因，在借鉴国际上发达国家做法基础上，对如何完善税收管理现代化进程中税款追征制度进行了思考。

## 一、税款追征工作中存在问题的原因

(一)社会经济发展水平决定了现阶段欠缴税款现象的较多的存在

我国目前仍处于社会主义市场经济的初级阶段，社会信用体系尚未充分形成，在经济交易过程中大量存在非法交易，逃避税收缴纳，以谋取自身利益的最大化。相互交易过程中缺乏有效的制约机制，对因违反税收规定的纳税人不能及时地被发现，对失信的纳税人的惩戒机制没有建立并发挥作用。市场中介机构也未真正发挥客观公正的作用，监督市场主体的行为。

其次作为社会成员的自然人和法人对市场经济理念、税收、纳税义务有了初步认识，纳税人意识在部分人中有所确立。纳税人观念意识中的权利和义务的完全形成非一朝一夕所能，现实社会中的诸多纳税信用不彰的现象，均与此有关。因此，科学地认识我国当前社会现状，理解社会成员成长的历史阶段，对科学地采取措施具有重要意义。

(二)当前的法治环境导致税款追征制度执行不到位

1、税收行政执法尚不到位。仍存在有法不依、执法不严、违法不究，许多法律执行不力的情况。地方保护主义、部门保护主义和行政执行难的问题时有发生。少数执法人员知法犯法、执法寻租、贪赃枉法，仍有不正确的执法倾向，如非文明执法、限制性执法、选择性执法、运动式执法、疲软式执法、滞后性执法等等。

2、司法公正仍有待提高。司法公正、司法权威、司法效率、司法公信力和干预法院检察院依法独立行使职权等深层次问题依然存在。司法机关出于地方形象、地区稳定等思量，对税务机关提出的税款追征案件，不予受理或违法裁判，司法不公、司法不作为等问题仍不同程度地存在。

(三)税务行政机关自身的行政管理水平不高

一般来说，税务机关管理水平的高低在一定程度上决定了纳税遵从度的高低，税收管理水平高，纳税遵从度就高，反之就低。

1、管理机构和机制处于不断改革变化中，适应性减弱。近年来，税务机关的税收管理不断地进行改革，新的机制尚未稳定，纳税人尚未适应，又进行调整，使得内部税务人员和纳税人均难以迅速适应改革后的要求，导致管理水平有所下降。

2、税收政策越来越复杂，难度加大。近年来，出于规范执法和便于操作的目的，税收政策的补充文件越来越多，税收政策的变化也越来越大。以企业所得税为例，自 2008 年实施企业所得税法以来，除《中华人民共和国企业所得税法》及实施条例外，仅国家税务总局下发的相关规范性文件就达到了近 300 件之多。政策变化大、计算过程复杂，给纳税人实务操作带来很大困难，因而不能准确、及时、足额地履行纳税义务，易使纳税人出现不遵从现象。

(四)税收管理人员的业务素质总体处于低水平

1、税收管理人员的能力和水平不高。近几年，基层一线税务管理人员力量薄弱，只有少数一线税务管理人员能够充分掌握复杂税收问题涉及的税收政策，无法满足税收征管优质服务的需求。

2、法律知识欠缺，依法行政意识和能力不强。对《公司法》、《破产法》、《行政诉讼法》、《民事诉讼法》等相关法律知识知之甚少，缺少对税务行政机关职责的深入理解，认为是纳税人的自身违法行为，与税务机关无关，不积极参与，从而在税款追征中丧失了有利机会。

## 二、税款追征制度的国际借鉴

(一)主要发达国家的税款追征制度

1、美国的税款追征制度的主要内容。《征收程序与管理法》第64章《征收》规定：纳税人确定税款后，纳税义务履行不能或纳税人怠于履行纳税义务，形成税收之债之后，税务机关的处理税收之债的方式。美国的征收部门主要征收个人应付未付的税款、小业主已扣而未缴的税款，向拖欠税款的企业和个人的住址寄发通知书。对于发出催缴通知书10日内仍不能使欠税人负税或达成一可行的负税方案，税收官有权采用各种手段征收所拖欠的税款：一是到雇佣的公司、企业要求将工资转作税款，二是没收纳税人的财产或在第三方的资金，并可以拍卖以抵顶欠税。如果纳税人破产，税务部门属优先债权人，对其所欠税款的偿还优先与对贷款利息等的偿还。美国欠税的追溯期为十年。

2、加拿大的税款追征制度的主要内容。加拿大的纳税申报主要以自核自缴为主。每年1—4月是纳税期，而纳税人通常在前一年的10—12月收到由国家税务部门寄来的纳税辅导材料，由纳税人自己核算、整理，按税表要求逐项填报，并于第二年4月底前寄到税务部门。为了加强税收的管理，使国家税收收入及时地、有保证地征收到国库，加拿大政府加强了税务审计工作，专门成立审计工作指导委员会，负责对税收违章案件的选案和审查。

3、德国的税款追征制度的主要内容。德国基层税务局相应地设置纳税申报受理部门(包括那税服务中心)、税收评定部门、税款追征部门、违法调查部门(稽查)和处理部门(法制部门)。税款追征部门主要职责是为了保障国家税收权益不受侵害，针对纳税人怠于履行税收债务清偿义务等行为，承担着对受理申报、税收评定、违法调查、税收争议裁决等法定情形下形成的欠缴税金，依照法定程序实施强制追征的职责。税款追征由专门的执行处集中处理，执行处的执行官有资格到企业和纳税人家里了解资金、财产情况，也可以扣押、没收财产，如纳税人拒绝配合可申请搜查令进入，还可以依法没收纳税人工资、存款、不动产，组织强制拍卖，通知边境限制出境，协调有关部门取消营业执照、吊销车牌照等。对确有困难的纳税人，可允许分期、缓期缴纳甚至豁免欠税。

(二)发达国家国家税款追征的共同特点

国际通行的税款追征概念的内涵要小于中国税收管理语境下的税收征收。仅指当纳税人怠于履行税收债务清偿义务时，税务机关行使法定的追征职责，近似于我国的欠税追征的概念。

为了保障国家税收权益不受侵害，针对纳税人怠于履行税收债务清偿义务等行为，一些发达国家税法普遍赋予税务机关征收职责。税款追征(Tax·Collection)是税务机关对应申报未申报、受理申报、税收评定、违法调查、税收争议裁决等法定情形下形成的欠缴税金，依照法定程序实施强制追征。

1、税款追征是对税收债务的追征。当纳税人怠于履行税收债务清偿义务时，税务机关行使法定的追征职责。

2、税款追征具有双重性。基于征纳双方形成的公法上的债权债务关系，税收征收除了适用行政程序规则，有时还适用相关民事程序规则。

3、债务追征的强制性更加突出。与其他债务追偿程序相比，法律为税收征收权的行使制定了严格的强制执行程序，授权税务机关采取一切必要的措施，追征税收债务。税收债权不仅优先于普通的债权，还优先于税收债务形成之后出现的各类抵押、质押权等。

4、主张税收债权也具有时效性。对于税收债务，税法普遍规定了追征期。超过法定期限，税务机关即丧失这一权能。

税务机关的核心业务是指从事与税款征纳直接相关的一系列活动。强制征收是其中的核心之一，是税务管理链条上的重要的不可或缺的环节。

## 三、税收现代化进程中完善税收追征制度的建议和对策

（一）建立健全税款追征基础制度

1、准确界定税款追征职责。改变以往过于宽泛的征收概念，按照纳税人自我评定制度下税收征管的新特点，把税款追征定位为“税务机关依法对税收债务等实施强制追征的法定职责”。从范围上讲，实际上是缩小了我们通常所理解的税款征收概念，也就是欠税追征的范畴。

2、建立欠税的预防制度。税款追征的对象是欠税纳税人，所以从根本上做好税款追征工作，就是要预防欠税的发生，从源头上控制欠税。欠税的预防制度主要包括税法宣传制度、严格延期缴纳税款的审批制度和制定合理的税款预缴制度。

3、完善税款追征相关制度，防止欠税流失的制度。主要包括：离境清税制度和纳税人报告制度等。离境清税制度指欠缴税款的纳税人或其法定代表人在离开国境前，要按照规定结清税款和滞纳金或者提供纳税担保；纳税人报告制度指欠缴税款的纳税人在处置其不动产或者大额资产前，要向税务机关报告。

（二）税款追征制度的法律完善及协调

1、修订完善《税收征收管理法》。在《税收征收管理法》中设立专门章节，规定有关税款追征的实体和程序问题，对欠税的催缴、税收保全措施、税收强制措施、税收优先权、撤销权、代位权等制度。《税收征收管理法》修改工作已进入征求意见阶段，修改稿对税款追征工作进行了清晰的规定，较之现行《税收征收管理法》有了很大的进步。

2、与相关法律的协调。

(1)与刑法修正案(七)相衔接。将“偷税”改为“逃避缴纳税款”，明确与刑法“逃避缴纳税款”构成要件的相同与不同点，同时规定因过失造成少缴或者未缴税款的，承担比逃避缴纳税款较轻的法律责任，减轻纳税人负担。

(2)与行政强制法相衔接。将“滞纳金”确定为“税收利息”或“税收滞纳金”，利率由国务院结合人民币贷款基准利率和市场借贷利率的合理水平综合确定，以与行政强制法中的滞纳金相区别。完善税收行政强制执行程序，税务机关临时采取扣押等税收保全措施时，应在24小时内报告并补办批准手续。

(3)与相关民商法的相衔接。与破产法相衔接，对申请破产的企业，税务机关应以不同于普通债权人的身份参与破产程序，以实现税款的优先权，确保国家利益不受损害。与担保法相衔接，提高税收担保的特殊地位。与公司法相衔接，增加对欠税纳税人的实际控制人的连带责任，预防公司实际控制人对法人利益的侵害，影响税收利益的实现。

3、修订总局有关税款追征的规章制度。

(1)对总局出台的税收规范性文件进行清理，凡是超越权限或与上位法不一致的，坚决予以作废。今后不得出台增加纳税人负担或减少利益的规范性文件，特别是对涉及税款追征等重大税收事项的，应在现行法律、法规的框架内，以总局规章的形式予以明确，确保其合法性。

(2)修改与税款追征相关的规章制度。如《欠税公告办法(试行)》、《纳税担保试行办法》、《抵税财物拍卖、变卖试行办法》作为总局规章,一直处于试行阶段,实际执行以来,都没有得到很好的运用,特别是后两者几乎没有体现效果。随着依法治税要求的提高,市场经济的发展,税收管理现代化要求,需要对其部分内容进行调整,构建完整的税款追征制度体系。

(三)税务机关的税款追征职能的合理配置

按照税收现代化管理的要求,税务部门的主要业务工作可划分为纳税服务和税收执法两大系列,很显然,对于税款追征职能应配置于税收执法系列。

根据现代税收管理改革的目标,税收管理层次将进行缩减,结合机构设置现实情况,可考虑在县级税务机关设置专门的税款追征职能的部门,近期可考虑在政策法规部门增加职能配置。具备条件的,应设立专门的税款追征职能的部门,专司税款追征工作。远期,考虑在省辖市级税务机关设立统一的税款追征职能的机构,集中力量负责辖区内所有的税款追征工作,便于整合资源、提高效率和提高专业化水平,也有利于依法治税水平的提高。

组建具有合格资质人才组成的税款追征队伍。由于工作量的集中和专业化程度的提高,负责税款追征专门人员应同时具有税收、法律专业知识,至少有一名具有法律职业资格的专业人员,具有较强的法律意识和法治观念。专门人员除了具有较强的业务素质外,还应具有较高政治思想素质,以公平、公正地做好税款追征工作,确保纳税人的利益不受侵犯。

(四)税收管理现代化下的税款追征实施程序的设计

1、税款追征的实施程序的启动。由纳税申报受理机构(纳税服务部门)根据纳税人欠税发生的情况,下达责令限期缴纳税款的法律文书,要求纳税人在规定的期限内缴纳所欠税款。对逾期仍不缴纳的,启动税款追征程序,并将相应的欠税纳税人信息传递至税款追征管理部门。

2、税款追征的实施程序的分析。税款追征管理部门在接收欠税纳税人的追征信息后,运用税务机关掌握的相关情报信息,开展对该纳税人的欠税情况及其相关信息分析,确定欠税的事实、原因和可能采取的追征的方式与手段。分析的主要方面是:(1)分析税收征管信息系统中有关欠税纳税人的信息,确定需要进行税款追征的纳税人名单。(2)分析纳税人的欠税报告,确定纳税人是否存在处置其不动产或者大额资产的情形;是否存在纳税人解散、撤销和破产情或合并、分立的情形;是否存在纳税人需要出境的情形;确定纳税人是否有清欠能力和意愿。(3)收集司法部门的情报信息,确定是否存在商事纠纷和破产公告。(4)分析纳税人财务报表的变动情况,关注纳税人是否存在资产变动的情况。

3、税款追征的实施程序的调查。税款追征管理部门在数据分析后,对仍存在不确定或案头分析难以确定的事项的,可决定交由专门的调查部门进行实地调查,如开展对纳税人经营状况的实地调查、资产负债、损益状况及实际控制人的状况,是否存在税收优先、可代位、可撤销事项等。开展调查时,必须由具备执法资格的人员进行,遵循法定的程序。必要时,也可要求其他部门和单位进行协助调查。

4、税款追征的实施程序的执行。调查部门在分析、调查的基础上,形成欠税纳税人综合调查报告,提出税收追征的具体执行方案,经批准后,交由欠税追征部门予以执行。欠税追征部门根据调查情况,具体实施对纳税人的欠税追征,主要可采取措施有欠税公告、强制税款划扣、查封扣押并拍卖财产、主张优先权、代位权和撤销权,阻止出境等。

(作者单位:江苏省高邮市国家税务局)

# 税收现代化条件下税务系统机构和职能配置研究

佘元原　李　涛　蒋　滨

围绕三中全会推进国家治理体系和治理能力现代化的要求，国税总局多次强调要构建完备规范的税法体系、成熟定型的税制体系、优质便捷的服务体系、科学严密的征管体系、稳固强大的信息体系、高效清廉的组织体系，到2020年基本实现税收现代化。其中，实现税收现代化的核心是要构建科学严密的征管体系，重点是要改革现有的税务机构和职能配置，建立起与税收管理现代化要求相匹配的岗责体系。

## 一、江苏地税征管改革成果及机构和职能配置的探索

自2011年开始，作为总局确定的改革试点单位，江苏地税开始新一轮征管改革。通过四年多稳步推进和管理创新，目前全省地税系统各级专业化管理的组织架构基本到位，专业化的岗责体系基本形成，风险导向的运行机制基本建立，构建了与江苏经济社会发展相适应的税源专业化管理新格局。改革过程中，机构和职能配置也发生了重大转变，主要体现在：

(一)不断调整职能配置，建立专业化组织体系

按照改革思路，对全省机构设置和职能配置进行了全面调整：一是统一纳税服务机构和职能，纳税服务机构统一负责受理纳税人发起的各类涉税事项。二是增设风险监控机构，风险监控部门承担风险分析识别、等级排序、任务推送、应对结果评价等职能。三是调整税源管理分局设置和职能，设立重点税源和一般税源管理分局，承担税源基础管理以及中高等风险应对职能。四是改革稽查工作制度。稽查工作的发起主要基于风险监控机构推送的涉嫌偷逃骗税风险，以及举报、移送或交办案件。经过职能调整，力求将有限的征管资源优先投入到有风险的领域。

(二)全面推行风险管理，建立专业化运行体系

按照风险管理的要求，对传统的业务流程进行了全面改造，建立了“信息采集—数据校验—风险识别—风险应对—绩效评估”的风险管理运行体系，逐步实现了从无差别普管制的传统管理到以风险管理为导向的现代化管理方式转变，以信息管税为依托的风险管理理念日益渗透到每一个税源管理环节之中。

(三)彻底改革税收管理员制度，建立专业化岗责体系

按照税源管理的新要求，对税收管理员制度进行了重大变革，彻底取消了属地“固定管户”的做法，按“分类管事”建立起全新的岗责体系，共设置5类23个税源专业化管理岗位，将各岗位按风险管理的要求置于税源管理“生产线”的各个节点上。

## 二、税收现代化条件下税务系统机构和职能配置的理论借鉴

结合发达国家税务管理的变革和实践，反思我国现阶段的税务机构和职能配置模式，风险管理、客户关系、模块化、新公共管理等理论中皆有值得借鉴的理念。

(一)风险管理理论

风险管理是指围绕组织目标通过在组织内部各部门以及运行的过程中，通过执行风险管理流程，运用风险管理技术方法，培育风险管理文化，建立风险管理体系，优化资源配置等措施，来识别、衡量、化解风险，为实现组织目标提供合理保证的过程和方法。按照税收风险管理要求，市县级机关要充分发挥数

据集中优势和人力资源优势，把专业化程度较高的业务从属地管理的税收管理职能中分离出来，机关从行政管理职能为主的职能体制，向以直接承担税源税基监控管理等实体职能为主转变，实现机关实体化。

（二）客户关系理论

客户关系理论，是通过对企业业务流程的重组来整合用户信息资源，以更有效的方法来管理客户关系，在企业内部实现信息和资源的共享，从而降低企业运营成本，为客户提供更经济、快捷、周到的产品和服务的新型管理机制。在税务管理中，就是要改变传统的税务行政以强制管理为中心，树立以纳税人为中心的行政理念和文化，推进市县局机关实体化，建立税源分级分类的税收管理模式，实行差别化管理、专业化管理和个性化服务。

（三）模块化理论

模块化是指通过每个可以独立设计的、并且能够发挥整体作用的更小的子系统（模块）来构筑复杂的产品或业务过程，各模块之间借助工作流管理系统进行跟踪管理和协调，使各个模块的能力和责任形成相互补充的有机整体。按照模块化理论，推进市县级税务机关职能转变，有利于组织结构扁平化，减少管理层级，提高了管理效率；有利于组织边界模糊化，以“外包”的方式转移自身不擅长和非核心的职能模块，优化征管资源；有利于核心业务归集化，聚集市县局机关的战略资源处理核心业务，提高组织创新能力。

（四）新公共管理理论

新公共管理主张在政府的等公共部门广泛采用私营部门成功的管理方法和竞争机制，重视公共服务的产出，强调文官对社会公众的响应力和政治敏感性，倡导在人员录用、任期、工资及其他人事行政环节上实行更加灵活、富有成效的管理。新公共管理理论认为政府施政的基本价值在于“三 E”（经济 economy、效率 efficiency 以及效能 effect），为税务机关吸收借鉴现代企业管理方法和经验提高服务效率提供了可资借鉴的制度选择。

## 三、现行机构和职能配置存在的弊端分析

随着征管改革的进一步深入，一些深层次的矛盾始终没有得到很好解决，当前存在的主要问题有：

（一）纳税服务层面

目前纳税服务局集纳服工作指导评价和具体面向纳税人从事纳税服务于一体，在日常考核中既当运动员又当裁判员，难以公正客观地评价自身工作，同时征收工作作为纳服的一部分又与管理存在工作扯皮。

（二）基础管理层面

改革前征与管之间存在衔接不畅、效率不高、推诿扯皮等问题，纳税人往返于征、管两个部门之间，意见较大。此外，税源管理分局内设的基础管理机构事项与承受能力不相符，承担着基层所有的兜底事项，存在事多人少、敷衍了事、人浮于事的情况。

（三）风险监控层面

目前风险监控事项未能集约管理。一是省级和市级风险监控部门存在部分风险监控任务重叠，耗费了一部分人力、物力。二是风险任务布置的计划性仍需进一步加强，没有综合考虑应对企业规模大小、涉税事项的复杂程度以及应对人员应对能力等因素，造成基层应对存在“吃不饱”、“吃不消”的现象。三是可供分析的数据（特别是第三方数据）缺失，直接影响了风险识别基础，也制约了县区风险监控机构的发挥优势和积极性。四是风险管理工作逐渐暴露出风险识别能力不足，信息不全、不准，风险指向性不强，风险应对质量普遍不高、风险贡献率不高等一系列问题。

（四）风险应对层面

税源管理分局内设基础管理和风险应对两个部门，虽然明确了各自的岗位职责，但在实际工作中，部

分地区不但管事、管户制分不清，而且应对与管理也分不清，难免有人情因素，导致风险应对走场、问题不能及时有效暴露等情况发生。

（五）机关处室层面

在征管改革工作中，机关处室的角色转换尤为重要，据初步调查，现在基层税源管理分局的基础管理部门承担了大量机关处室层面对下布置的工作。因此，要按税源专业化管理的理念规范基层行为，必须首先规范机关处室职能，将所有税源管理事项全部纳入核心征管信息系统之中。

## 四、地税机构设置的基本构想

就地税机构设置而言，在税务组织层次和幅度选择上，必须以多维视角进行综合考虑，遵循均衡适度和有利于明确责任、分权制约的原则，从专业化管理、协调成本、组织效率等各方面评价不同分工选择形成的结果，科学设计和选择成本较低和效率较高的组织机构间分工方式，即“层级机构扁平化、分支机构集约化、内设机构专业化”。

（一）以减少管理层级为目标探索层级机构的扁平化设置

现代管理科学倾向于组织结构的扁平化，即上下级之间的纵向层次要尽可能少，以加大横向管理宽度，提高管理效率、质量和主动性。在保证有效监督的前提下，尽可能减少管理层次与执法主体数量，将有限人力资源用于专业化管理和基层征管一线，提高业务指导和信息传递的准确性和即时性。从地税系统自身管理体制来看，一方面，作为省级垂直管理单位，本身具有压缩管理层级的体制优势，且当前不断深化的省直管县财政体制改革更为省以下地税管理体制改革提供了便利条件。另一方面，随着计算机网络技术支持下的数据集中运用的实现，为地税系统内部层级结构向扁平化转变提供了有力技术支撑，省级地税机关对基层的管理、监控和指导得到了极大强化，并直接承担起部分征收服务工作及可能出现的执法风险。

（二）以集约化为要求适当整合收缩分支机构

当前，城镇化进程的加快、信息数据的高度集中及起征点的大幅提高等因素，导致税源向城镇集中的趋势愈来愈明显，为税收集约化征管创造了很好条件。目前，地税系统大多按照预算管理模式，按行政区划设置税务机构，这种设置方式更多考虑了适应政治管理体制的因素，但忽略了税务管理现实需求因素，如不利于资源包括硬件设备、人力、信息资料等突破行政区划在最大程度内实现共享；税务机关执法独立性可能受到制约和损害；市局、区县局与税务分局部分职能相互叠加，不利于成本降低和效能提升等等。因此，在机构设置上要减少管理环节，提高集约化程度，讲求程序化作业。

（三）兼顾税收职能和纳税人需求，推进内设机构和内部岗位的专业化设置

设置税务管理机构和岗位时，由以税收职能为导向向以纳税人需求为导向过渡，是我国税务机构改革的总体趋势。按照“做实省局、做精市局、做专区（县）局”的工作思路，在机构及岗位设置上，从提高专业化、精细化管理要求出发，做好“加减”法。对一些内部行政管理服务部门，以减少成本，提高效率为目标，借鉴“大部制”对其机构岗位实施“减法”，整合为大处室，拓宽管辖范围。对一些需强化的职能部门特别是征管业务部门要做好“加法”，对税收风险监控、纳税评估、税务稽查、纳税服务、税源分类管理等环节进一步细化机构和岗位分工。

## 五、泰州地税的改革实践

2015 年，江苏省泰州地税局在总结改革经验的基础上，紧密结合本地实际，围绕“风险管理在税收资源配置中起主导作用”的改革要求，以构建“机关实体化＋五个集约化”岗责管理体系为核心，深化新一轮税源专业化管理改革，全面推进税收治理体系和治理能力现代化。

（一）机关实体化

改革后，该局紧紧围绕实现机关职能适应性转变工作目标，先行先试，加强业务和行政工作的统筹，在税源管理工作中，逐步形成了税收征管业务由征管科技部门牵头，税政、法规、规划财务、数据等业务主管部门参与，行政管理事务由办公室牵头，督察内审、纪检监察、人事、综合等行政部门参与的运行机制。税政、法规、征管、规划财务、数据等部门的所有税源管理任务都按期形成针对性强、效果明显的系统任务，通过大集中征管信息系统、手工任务平台或者风险任务平台下发和推送给税源管理分局，建立了集合日常征管、行业管理、税种管理等事项的大风险管理机制。

(二)纳税服务集约化

该局坚持需求导向与促进遵从有机统一、方便纳税人和减轻纳税人负担有机统一、打通“最先一公里”与畅通“最后一公里”有机统一的原则，推行纳税服务集约化。将原纳税服务局征收职能剥离，成立专业纳税服务局。纳税服务局定位于“组织、协调、指挥、评价”纳税服务工作，按照始于纳税人需求、终于纳税人满意的原则，运用大数据理念和技术，采集分析纳税人服务需求，为纳税人提供个性化服务。同时，构建大服务格局，将纳税服务贯穿税收工作始终，推行“四全”式纳税服务：即“全员参与”、“全方位服务”、“全程服务”、“全区域服务”，提高纳税服务专业化水平。

(三)基础管理集约化

办税服务与税收征管同为税务部门的核心业务。通过改革创新，该局树立优化服务与强化征管相结合、深化改革与夯实基础相结合、放开前台与管住后台相结合的理念，设立专业的基础管理局，大力推进税务机关职能转变，为纳税人提供方便快捷的服务，把管理寓于服务之中。将原纳税服务局征收职能归并到基础管理局，凡是纳税人主动发起的涉税事项扎口到基础管理局前台受理，按照“一窗受理、一窗出件”的要求，实行涉税业务后台流转，大大方便了纳税人“一站办理、一站办结”，有效实现了前后台业务有机衔接、相互咬合、互相促进。

(四)风险监控集约化

要推进税收征管现代化，必须在实施针对性、差异化、递进式的风险管理上下工夫。该局在分类分级管理的基础上，推行全市风险监控集约化，建立并完善“统一分析识别、分类分级应对、跟踪评价改进”的税收风险管理流程。同时实行风险监控局与数据管理部门合署办公，统一履行风险监控、数据管理的职能。

(五)税务稽查集约化

改革后，该局按照稽查改革以分级分类为核心的总要求，进一步按照“一个规划、两个统筹、三个结合”的步骤改革一级稽查工作模式。具体讲，一个规划是指按照改革和高风险应对的工作要求，放眼全局，对全市一级稽查工作制订年度的查税办案科学计划，报市局领导小组核准后推送实施；两个统筹是指要求一级稽查工作统筹全市稽查骨干力量，统筹全市案源管理，实现稽查资源配置高效、部门职责分工明晰、全市执法管理规范的目标；三个结合是指实现一级稽查与上级工作任务目标相结合，一级稽查与重点税源企业高风险应对要求相结合，一级稽查与稽查成果增值利用相结合。

(六)督察内审集约化

该局牢固树立“安全履职是生命线”的工作理念，积极构建以执法督察和内部审计为主要内容的“一体两翼”监督制约新机制。全面梳理“征评管查”关键环节和“人财物事”重要岗位的风险点，无缝对接征管改革和行政管理，努力做到税收执法权力运行到哪里，执法督察就跟进到哪里，着力提升依法治税水平。

(作者单位：江苏省泰州地方税务局)

# 税制改革20多年在基层的实践

金国庆

我国现行的税制体系是在1994年税制改革时基本确立的,至今已经实施满20多年了。税制改革虽然只是我国经济体制改革中的一个重要组成部分,但我国的税制改革在整个经济体制改革中处于重要环节,并往往成为整个经济体制改革的突破口。在我国全面深化改革和新一轮税制改革已经来临的背景下,我们有必要对税制改革20年来在基层的实践进行总结、回顾和思考。

## 一、税制改革20多年对温岭财政和国税收入的影响

20多年来,我国的税制几经改革与发展,但税收制度作为整个经济制度的重要组成部分,每次改革都是为了更好地适应经济体制和经济制度的发展。同时,税收作为国家进行宏观调控的一个重要杠杆,每次改革都是为了更好地发挥税收组织收入和调节经济的职能作用。

### (一)地方财政收入的"两个比重"总体增长

1994年的税制改革与分税制改革不仅是同步进行,也是相互交织在一起的。作为分税制改革的主要目标,20年来财政收入的"两个比重"在不断提高。其中,全国财政收入占GDP的比重从1993年的12.6%上升到2013年的22.7%,中央财政收入占全国财政收入的比重从1993年的22%上升到2013年的46.6%。浙江省从1992年起试行分税制改革,温岭市1991年上交基数为1943.6万元,占全市财政收入的比重为14.11%,至2013年该比重已提高至44.21%,财政收入占GDP比重1993年的5.03%上升到2013年的10.5%,"两个比重"总体增长同样非常明显。

**表一　20年来温岭市财政收入"两个比重"变化情况表**

单位:万元

| 年份 | 地方财政收入 | | 地区生产总值 | 财政收入占生产总值的比重(%) | 上交中央财政占地方财政收入的比重(%) |
|---|---|---|---|---|---|
| | 财政总收入 | 其中:上交中央财政 | | | |
| 1993年 | 21187 | — | 421251 | 5.03 | — |
| 1994年 | 29221 | 12663 | 657951 | 4.44 | 43.34 |
| 1995年 | 36441 | 16753 | 933228 | 3.90 | 45.97 |
| 1996年 | 49622 | 25934 | 1160182 | 4.28 | 52.26 |
| 1997年 | 50176 | 23916 | 1245195 | 4.03 | 47.66 |
| 1998年 | 61306 | 27288 | 1353736 | 4.53 | 44.51 |
| 1999年 | 85474 | 44016 | 1482229 | 5.77 | 51.50 |
| 2000年 | 134805 | 78217 | 1656554 | 8.14 | 58.02 |
| 2001年 | 139009 | 61471 | 1782466 | 7.80 | 44.22 |
| 2002年 | 177911 | 97893 | 1996711 | 8.91 | 55.02 |
| 2003年 | 222880 | 125523 | 2277769 | 9.79 | 56.32 |
| 2004年 | 260234 | 142280 | 2655088 | 9.80 | 54.67 |
| 2005年 | 294209 | 159411 | 3046852 | 9.66 | 54.18 |

| | | | | | |
|---|---|---|---|---|---|
| 2006 年 | 333938 | 175925 | 3505331 | 9.53 | 52.68 |
| 2007 年 | 418892 | 214823 | 4113559 | 10.18 | 51.28 |
| 2008 年 | 453898 | 220139 | 4732891 | 9.59 | 48.50 |
| 2009 年 | 475522 | 225284 | 5020099 | 9.47 | 47.38 |
| 2010 年 | 570123 | 264205 | 5814595 | 9.81 | 46.34 |
| 2011 年 | 665511 | 303823 | 6659919 | 9.99 | 45.65 |
| 2012 年 | 721978 | 333300 | 6838377 | 10.56 | 46.16 |
| 2013 年 | 785977 | 347498 | 7482779 | 10.50 | 44.21 |

(二)国税收入增幅低于财政收入增幅,高于 GDP 增幅

通过对相关经济和税收统计数据的分析来看,税制改革 20 年来,国税收入从 1994 年的 23745 万元上升到 2013 年的 412969 万元,增长了 16.39 倍,而同期的地方财政总收入增长了 25.90 倍,地方 GDP 增长了 10.37 倍。从平均增幅来看,温岭市国税收入以年均增长 18.42%的速度实现较快增长,高于当地 GDP 年均 16.03%的增幅,低于地方财政收入年均 20.57%的增幅。但从不同的经济发展阶段来看,1994 年一2001 年期间,国税收入增幅尽管与地方 GDP 增幅的总体走势基本保持一致,但偏离值较大,在一定程度上也反映出该段时期的税制改革政策对国税收入的影响,要大于经济对税收的影响程度。2002 年后,国税收入增幅基本与 GDP 增幅保持较一致的走势,波动幅度不大,在一定程度上也反映出该段时期税制改革对国税收入的影响要低于经济的影响,税收增长基本遵循经济增长原则。

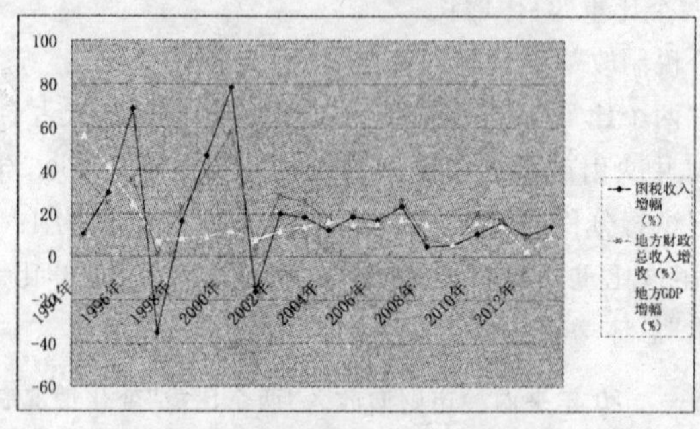


图一　20 年来温岭市国税收入及相关统计数据增幅图

## 二、税制改革 20 多年对温岭经济发展的影响

税制改革在直接影响财政和税收收入的同时,也对地方经济的发展产生了一定的影响。本文主要选取税制改革对温岭的产业结构和外贸经济两个方面进行分析。

(一)对产业结构的影响分析

税收政策作为我国重要的宏观经济调控手段,税制改革的一个重要目标是更好地调整经济,促进经济产业结构的优化。但从 20 年来的重大税制改革与温岭产业结构比重的分析来看,税制改革与产业结构间存在非对称的互动关系。

**表二　20 年来温岭市产业结构比重表**

单位:%

| 年份 | 第一产业 | 第二产业 | | 第三产业 |
|---|---|---|---|---|
| | | | 其中:工业 | |
| 1993 年 | 25.74 | 44.70 | 39.43 | 29.56 |

| 1994 年 | 27.39 | 42.61 | 38.63 | 30.00 |
|---|---|---|---|---|
| 1995 年 | 24.08 | 45.57 | 41.89 | 30.35 |
| 1996 年 | 20.36 | 49.49 | 45.79 | 30.15 |
| 1997 年 | 20.58 | 48.53 | 45.58 | 30.89 |
| 1998 年 | 19.20 | 49.03 | 46.20 | 31.77 |
| 1999 年 | 17.73 | 49.57 | 47.15 | 32.70 |
| 2000 年 | 15.40 | 51.07 | 48.62 | 33.53 |
| 2001 年 | 14.61 | 51.08 | 48.66 | 34.31 |
| 2002 年 | 13.10 | 50.93 | 48.32 | 35.97 |
| 2003 年 | 11.62 | 52.20 | 49.19 | 36.18 |
| 2004 年 | 9.98 | 53.02 | 49.67 | 37.00 |
| 2005 年 | 9.40 | 53.39 | 50.40 | 37.21 |
| 2006 年 | 8.28 | 54.19 | 50.76 | 37.53 |
| 2007 年 | 7.60 | 54.55 | 50.72 | 37.85 |
| 2008 年 | 7.06 | 54.42 | 50.49 | 38.52 |
| 2009 年 | 7.19 | 53.63 | 49.47 | 39.18 |
| 2010 年 | 7.23 | 53.38 | 49.54 | 39.39 |
| 2011 年 | 7.59 | 52.09 | 48.31 | 40.32 |
| 2012 年 | 7.83 | 47.45 | 43.42 | 44.72 |
| 2013 年 | 7.78 | 46.32 | 42.34 | 45.90 |

税制改革 20 年来，尤其是实行分税制改革以来，由于第三产业所产生的营业税全部组成地方预算收入，地方政府对第三产业的发展支持力度较大，第三产业的比重也基本呈现逐渐数年上升的趋势。从第一产业的比重变化分析，温岭的第一产业总体呈现明显的下降趋势，尽管 2008 年后比重开始逐步上升，但增幅平缓。2005 年温岭已全面取消农业税，第一产业也享受了免税政策，但税收政策对提升第一产业结构比重难以统计，至少从表中不能得出促进的结论。从第二产业尤其是工业的比重变化情况来看，20 年来总体上升，但以 2006 年为界点，呈现“前升后降”的趋势。从理论上将，2009 年的增值税转型改革应该对工业企业产生较大的促进作用，但从产业比重表中却难以得出结论。也可以说，税制改革对产业结构调整的冲击效应影响较弱且统计不显著。

但是，税制改革有时产生的政治效应要远明显于经济效应，以农业税为例，温岭市的农业税收入占财政收入的比重逐年下降，农业税涉及农户人数众多，1998 年农业人口占全市总人口比重高达 88.11%，尽管 2004 年该比重下降至 84.45%，但仍占绝对比重。

**表三　1998－2004 年温岭农业税占财政收入比重表**

| 年份 | 农业税和农业特产税(万元) | 占财政收入比重(%) |
|---|---|---|
| 1998 年 | 3753 | 6.12 |
| 1999 年 | 3085 | 3.61 |
| 2000 年 | 3346 | 2.48 |
| 2001 年 | 3135 | 2.26 |
| 2002 年 | 2424 | 1.36 |
| 2003 年 | 1990 | 0.89 |
| 2004 年 | 6 | 0.0023 |

(二)对外贸经济的影响分析

税收政策中的出口退税政策是比较典型的定向经济调控手段,主要目的就是为了促进外贸出口。1994年税制改革以来,中国出口退税政策历经多次大幅调整,对温岭的外贸经济发展带来了较大的影响。通过对相关年份的出口总量与出口退税关系分析,从总体来看,温岭市的外贸出口额与出口退税均实现高速增长。

表四 1997-2013年温岭出口总量与出口退税关系表

| 年份 | 出口总额(万美元) | 出口同比增长(%) | 出口退税(万元) | 出口退税同比增长(%) |
|---|---|---|---|---|
| 1997年 | — | — | 1700 | — |
| 1998年 | — | — | 1635 | -3.82 |
| 1999年 | — | — | 3831 | 134.31 |
| 2000年 | 14817 | — | 7300 | 90.55 |
| 2001年 | 21145 | 42.71 | 17400 | 138.36 |
| 2002年 | 35838 | 69.49 | 5426 | -68.82 |
| 2003年 | 57300 | 59.89 | 29867 | 450.44 |
| 2004年 | 74861 | 30.65 | 98882 | 231.07 |
| 2005年 | 100123 | 33.75 | 59005 | -40.33 |
| 2006年 | 134695 | 34.53 | 90410 | 53.22 |
| 2007年 | 181513 | 34.76 | 120320 | 33.08 |
| 2008年 | 212539 | 17.09 | 115100 | -4.34 |
| 2009年 | 181556 | -14.58 | 116700 | 1.39 |
| 2010年 | 266525 | 46.8 | 171500 | 46.96 |
| 2011年 | 327396 | 22.84 | 236500 | 37.90 |
| 2012年 | 341184 | 4.21 | 235000 | -0.63 |
| 2013年 | 383620 | 12.44 | 243500 | 3.62 |

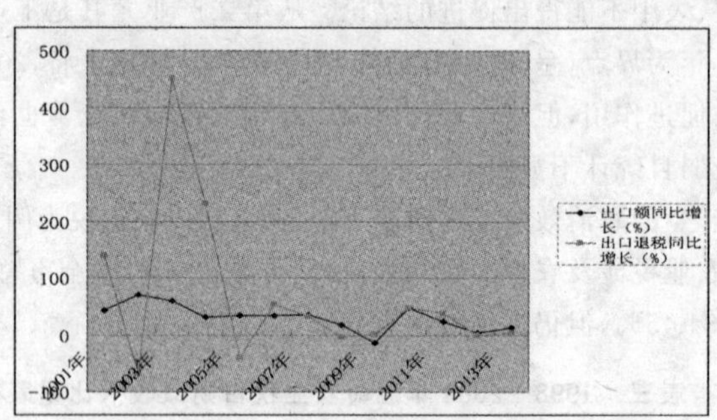


图二 2001-2013年温岭出口额及出口退税增幅图

从增幅来看,温岭的出口退税增幅受退税政策影响,相关政策调整年份的退税增幅波动较大。2004年我国推行出口退税机制改革,实行退税由中央和地方分担的制度,并将以前所欠退税一次性退付给企业,造成03年和04年退税增长异常迅速,严重偏离出口额的增幅。2009年,受全球金融危机影响,温岭的外贸出口同比首次出现下降,但是受08年下半年开始的出口退税政策的密集调整,尤其是温岭市的鞋类和机电产品等两大主导出口商品退税率的上调,该市当年的出口退税实现正增长。

## 三、税制改革20多年来需引起重视的几个现象

税制改革20年对温岭的经济、财政和税收收入都产生了积极的深远影响，但也出现了一些不良的现象，尽管这些不良现象与税制改革的关联性目前尚存在争议，但我们也有必要对这些现象引起重视。

(一)地方财政收支失衡情况加剧

财税理论界经常诟病税制改革20年来，地方政府财力与事责的失衡，以及财权与事权的不匹配问题越来越严重，并认为这种失衡是引发地方政府过度举债、土地财政等问题的主要原因。从2010年数据看，中央集中的收入占52%，中央的支出只占18%；地方的支出占到82%，地方本级收入占48%。通过对温岭20年来预算内财政收入与预算内财政支出的数据分析，可以清晰地发现除2001年财政支出小于收入外，其他年份全部为支出大于收入，并且这种缺口呈不断扩大趋势。

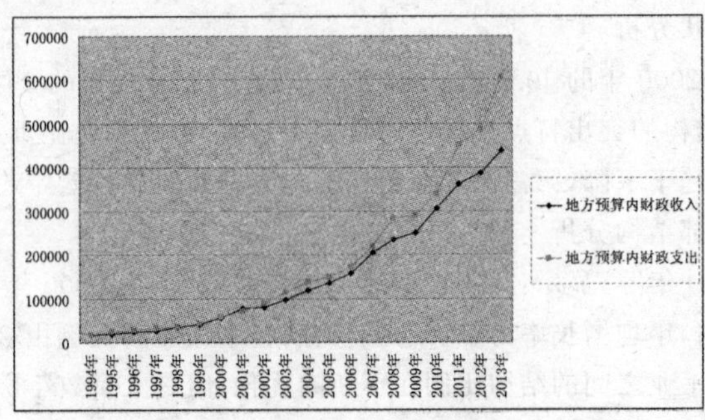


图三　20年来温岭市预算内财政收入与支出数据图(万元)

(二)国税收入结构仍需进一步完善

税制改革20年来，温岭国税的收入结构发生了较为明显的变化，主要表现为流转税(增值税和消费税)比重的下降，以及所得税(内外资企业所得税和利息个人所得税)比重的上升。

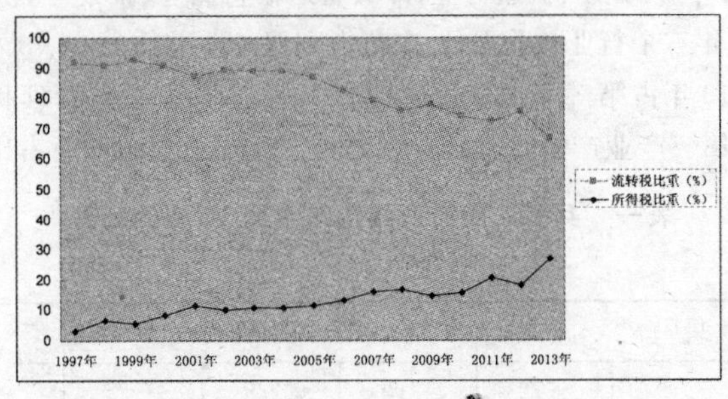


图四　1997－2013年温岭市国税收入中流转税和所得税比重图

温岭国税收入中流转税比例从1997年的91.94%下降到2012年的75.39%，所得税比例从1997年的2.99上升到2012年的18.03%，国税收入结构调整明显，但是流转税仍然占较大比重。

(作者单位：浙江省温岭市国家税务局)

# 丝绸之路经济带背景下兵团产业结构转型路径选择研究

王　磊　许小欢

## 一、丝绸之路经济带背景下兵团产业结构转型的现实基础

### (一)兵团产业结构现状分析

兵团三次产业结构由 2000 年的 40.6:27.5:31.9 逐步调整到 2013 年的 29:41.8:29.2。与全国及新疆产业结构相比,兵团产业结构的突出特点是第一产业比重过大,第三产业比重过小,其中第一产业产值比重超过全国及新疆的程度趋于下降,第三产业产值比重与全国及新疆的差距趋于扩大。

### (二)兵团第二产业内部结构分析

根据 2013 年《兵团统计年鉴》显示:兵团工业总产值增长较快,由 2000 年 97.69 亿增加至 2013 年的 1502 亿元,增加了 14.38 倍,年均增长率为 23.39%。兵团轻重工业的比例由 2000 年的 2.10:1 逐步缩小至 2013 年的 0.57:1,轻重工业之间的结构比例在不断的优化,但是大多数年份轻重工业产值比例一直都大于 1。

根据 2001、2006、2010、2014 年《兵团统计年鉴》显示:兵团工业产值主要来源于农产品的初加工和以矿产能源为依托的原料加工工业。化学原料及化学制品制造业发展较快,其增长速度远大于兵团工业的平均速度,其经济总量在工业中的比重也越来越大,在工业产业中得主导作用也越来越明显。

### (三)兵团第三产业内部结构分析

根据 2014 年《兵团统计年鉴》显示:流通行业,即交通运输仓储业、批发零售业及住宿餐饮业对兵团第三产业支撑作用突出,2013 年三个行业从业人员、产值占到服务业总体的 51.79%和 47.77%。交通运输仓储业产值占据较大份额,2013 年占第三产业的份额为 20.25%。教育、公共管理和社会组织、居民服务和其它服务业发展良好,分别占第三产业产值的 7.06%、9.71%、5.09%。金融业所占比重相对较高,为 8.88%。

**表一　兵团三次产业结构与全国、新疆的比较**

单位:%

| 年份 | 兵团 | | | 全国 | | | 新疆 | | |
|---|---|---|---|---|---|---|---|---|---|
| | 一产 | 二产 | 三产 | 一产 | 二产 | 三产 | 一产 | 二产 | 三产 |
| 2000 | 40.6 | 27.5 | 31.9 | 15.1 | 45.9 | 39.0 | 21.1 | 39.4 | 39.5 |
| 2001 | 33.1 | 29.4 | 37.5 | 14.4 | 45.2 | 40.5 | 19.3 | 38.5 | 42.2 |
| 2002 | 35.7 | 28.3 | 36.0 | 13.7 | 44.8 | 41.5 | 18.9 | 37.4 | 43.7 |
| 2003 | 42.3 | 24.8 | 32.9 | 12.8 | 46.0 | 41.2 | 21.9 | 38.1 | 40.0 |
| 2004 | 39.9 | 24.5 | 35.6 | 13.4 | 46.2 | 40.4 | 20.2 | 41.4 | 38.4 |
| 2005 | 39.4 | 25.2 | 35.4 | 12.1 | 47.4 | 40.5 | 19.6 | 44.7 | 35.7 |
| 2006 | 37.8 | 26.4 | 35.8 | 11.1 | 47.9 | 40.9 | 17.3 | 47.9 | 34.8 |
| 2007 | 36.8 | 28.9 | 34.3 | 10.8 | 47.3 | 41.9 | 17.8 | 46.8 | 35.4 |

| 2008 | 34.9 | 31.7 | 33.4 | 10.7 | 47.4 | 41.8 | 16.5 | 49.5 | 34.0 |
|---|---|---|---|---|---|---|---|---|---|
| 2009 | 33.5 | 33.8 | 32.7 | 10.3 | 46.3 | 43.4 | 17.8 | 45.1 | 37.1 |
| 2010 | 36.2 | 34.0 | 29.8 | 10.1 | 45.5 | 44.4 | 19.8 | 47.7 | 32.5 |
| 2011 | 33.8 | 37.9 | 28.3 | 10.0 | 46.6 | 43.4 | 17.2 | 48.8 | 34.0 |
| 2012 | 32 | 40 | 28 | 10.08 | 45.27 | 44.65 | 17.6 | 46.39 | 36.02 |
| 2013 | 29 | 41.8 | 29.2 | 9.41 | 43.67 | 46.92 | 17.6 | 45 | 37.4 |

(四)兵团产业结构存在问题

1、第一产业比重较大,内部结构不合理。兵团第一产业比重逐步下降,但与全国、新疆水平相比,兵团第一产业的比重偏大,内部结构不合理,种植业比重过高,以棉花种植为主,“粮－经”二元结构十分明显。林业、畜牧业、渔业发展相对滞后。农产品的加工转化率偏低,规模化、产业化、商品化发展不足,在一定程度上制约了农产品批发市场的发展;农业龙头企业带动力不强。

2、第二产业结构调整进程缓慢,工业内部结构不合理,产业素质低。从兵团企业类型看,国有比重偏大,经营机制灵活性差。经过多年的调整和资产重组,兵团大中型工业企业经济类型和资产结构发生了较大的变化,但总体而言,大中型企业的改革步伐明显慢于小型企业,同全国及沿海省份相比,兵团国有工业总体规模的比重明显偏高。兵团企业规模效益差,资源配置不合理。从工业产品结构上看,产品主要集中在以原材料为主的初级产品加工上,PVC、食品制造业、纺织业、农副产品加工业、电力热力的生产供应、非金属矿物制品业等。初加工、粗加工的产品比重大,精加工、深加工的产品比重小;高耗、低附加值产品比重大,低耗、高附加值产品比重低。

3、第三产业发展规模小,水平低,呈结构性缺陷。兵团第三产业规模小发展不够快。第三产业以层次较低的餐饮、商贸零售等服务业为主。第三产业企业的规模较小,技术含量不高,创造的附加值低。第三产业内部发展不平衡,传统第三产业中物流业占较大比例,新兴第三产业发展不足。除物流服务业外,为生产和居民生活服务的金融、保险、科技支撑、人才教育和信息服务等生产性服务业尚未形成规模,与东部地区仍有差距。

4、兵团产业结构发展过度依赖资源,资源利用效率低。兵团产业结构仍处在工业化初期至中期的结构,工业的发展主要依托兵团农产品资源、矿产资源和能源资源,集中在农副产品加工业、食品制造业、纺织业、采矿业化学原料及化学制品制造业等行业,对自然资源的依赖程度较高、资源消耗量大。兵团经济增长的方式仍呈现以高投入、高能耗、高增长、低效益三高一低的特征。兵团产业主要生产初级农产品等资源初级加工产品,过分依赖于农业和加工业,生产过程中能源、原材料的利用效率低,导致其产业产出水平低。

## 二、丝绸之路经济带背景下兵团产业结构转型的环境条件及制约因素分析

(一)兵团产业结构转型的环境条件分析

1、兵团产业结构转型的优势分析。一是丰富多样的自然资源。兵团丰富的光热资源使得农作物产出高、营养高,瓜果、啤酒花、棉花番茄等经济农作物拥有巨大的发展空间。二是宽松有利的政策支持。第二次中央新疆工作座谈会之后的一系列优惠政策显示扶持兵团的力度很大,中央、地方各级政府的政策支持为兵团产业结构转型和经济发展提供了重要保障。三是独具特色的体制。兵团“党政军企合一”体制,使兵团上下步调一直、政令统一,有利于人力、财力、物力在全兵团范围统一整合和调配。

2、兵团产业结构转型的劣势分析。一是非公有经济发展缓慢。一是兵团税收等行政管理权限缺失,发展多元经济的动力不足。国有企业为主要经济支撑,非国有经济比重全国排名倒数第一。二是市场化

组织程度低。兵团没有政府职能，没有税收、金融、资源管控和产业发展资金，过度强调集中统一的集权化，非市场化的资源配置方式决定了资源配置的低效率。经济调控手段少，成实质性的问题和矛盾没有触及和解决。

3、兵团产业结构转型面临的重大机遇。兵团是丝绸之路经济带的重要节点区域。拥有潜力巨大的经济带沿线国家市场。加强与中亚合作，对接俄罗斯、白俄罗斯等苏联国家组建的欧亚经济联盟，为兵团能源、现代装备制造、现代农业发展、基础设施建设、等工业领域提供有利条件。以中国－白俄罗斯工业园项目为兵团工业发展提供科技支撑。同时兵团在纺织、初级钢材、化工产品、农业机械等工业产品具有一定的外贸市场。中亚南亚国家能源储量大，兵团与周边国家工业互补性强，相互依存度高。连接哈萨克斯坦、土库曼斯坦和伊朗三国的国际铁路的开通，不仅巩固了兵团与沿线国家的工业贸易互补性关系，而且将提高兵团向东亚和东南亚国家的贸易出口量，扩大兵团外向型工业贸易。

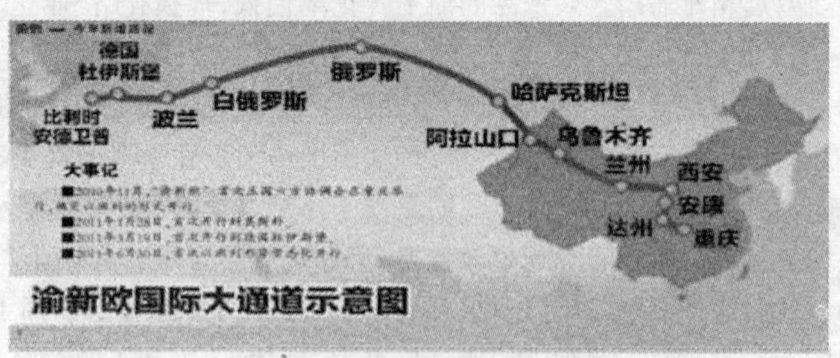


图一　新丝绸之路经济带国际大通道示意图

（二）兵团产业结构转型的制约因素

1、兵团体制机制的制约。新疆生产建设兵团的经济社会管理体制和运行机制可以概括为：一个特殊，四个没有。一个特殊，中央规定，兵团实行“党政军企”合一的特殊体制，承担着国家赋予的屯垦戍边职责，在自己所辖的垦区内，依照国家和新疆维吾尔自治区的法律、法规，自行管理内部的行政、司法实务，受中央人民政府和新疆维吾尔自治区党委双重领导。四个没有：一是没有完整的地区国民经济体系，产业结构转型升级的经济基础不足。二是没有完整的政府职能和经济调控手段，兵团“党政军企合一”特殊体制中的“政”，仅为“行政”，不是“政府”，缺少工商、财政税收、路政、水政、国土资源管理、物价、质检等必要的政府职能。三是没有资源掌控权。兵团目前只有对所属垦区地面“耕作层”的资源管理权，“耕作层”以下的各种资源，兵团辖区内的其它任何地上、地下资源，兵团均没有管理和掌控权，严重影响着兵团立足区域资源优势进行产业结构转型升级。四是没有明确的法律地位，缺少行政执法权，产业结构转型升级的行政法律制度体系不健全。

2、兵团资源和兵团技术创新能力的制约。兵团水土资源匮乏，自主创新能力比较弱与全国水平相比仍存在一定的差距。自主创新的体系不健全，企业研发机构很少；科技投入不足，科技经费短缺，四是兵团人才资源短缺。人才总量比较小，对人才资源的保障能力不足。人才流失严重，特别是高层次科技创新、企业经营管理、高技能和城市建设人才短缺问题突出。知识产权保护和利用意识不强。从总量和质量上说均较低；科研机构分布不均匀，各师技术发展水平不平衡。

## 三、丝绸之路经济带背景下兵团产业结构转型的路径选择

（一）进一步挖掘兵团在丝绸之路经济带建设中农业优势，加快农业产业化进程

1、加大农业科技投入，提高科技推广水平。首先，必须加大农业科研资金和先进技术的推广投入，加

大人才引进、实验场地等方面的支持力度,支持具有兵团优势农产品育种、有机肥等技术的研发。第二,创新农业科技的产学研结合模式,加强农业市场与高校、科研院所的合作,提高兵团农业科技成果的转化率。第三,瞄准疆外市场,调研开发出具有市场竞争力的休闲食品、功能饮品和营养食品,带动兵团红枣、石榴、胡萝卜、番茄、蟠桃等特色果蔬产品生产,提升兵团果蔬产品的市场化水平,改善兵团"以棉为主"的农业产业结构。第四,调整农业产业布局,根据自然地理优势,进行合理的农业产业规划和布局,建立天山南麓、麓棉、糖、粮作物带,西北部粮油作物畜牧区,积极推进西南部棉、粮、水果区开发。

2、加速优势资源转换,大力发展特色农产品。兵团具有农业资源的比较优势,但由于地理位置又具有远离消费市场的劣势。所以,兵团应加强物流体系的建设,在发挥棉花、番茄等优势产业的基础上,发展具有新疆特色的名优农产品并成为生产基地,使兵团农业资源优势转换。大力发展畜牧业,改变以种植业为主的农业产业结构。合理调整兵团棉花种植的布局结构和产品结构。加大对棉花种植的科技投入,改变单一棉种的种植。在稳定棉花种植业面积基础上,大力扩大蔬菜园艺作物、油料作物、饮料和香料作物及水果的种植面积,加大技术投入发展适合市场需求的优质小麦、稻米油料作物等产品的加工生产。发展具有新疆特色的瓜果(大枣、香梨、哈密瓜、葡萄),以质优为目标,实现"名优特"瓜果的全年供应。

3、加速商品基地建设,推进农业产业化进程。充分利用兵团农业特色资源,培育市场带动型龙头企业为重点,按照市场牵龙头、龙头带基地、基地连农户,农户进市场的农业产业模式对兵团内外各种农业生产要素进行有效整合。在农业资本领域,可以通过参股、控股、合资、合作、上市融资等多种形式,逐步建立兵团农业融资投资体系、合理的利益分配机制和产业链、利益链、服务链体系,形成面向市场、依托生产基地、适度集中加工、统一安排仓储、运输和销售的利用共同体。培育棉纺织,番茄酱、乳制品、肉制品、果品等多种经营型集团,推进农业产业化进程。逐步建立国家急需的棉花、粮食、糖料、瓜果、细羊毛及绿色食品等产品生产基地和外贸出口基地。

(二)依托丝绸之路经济带建设机遇,加快新型工业化进程

1、依托优势资源,发展特色优势产业。兵团应依托自身的资源优势和地缘优势,以市场为导向推动优势资源向优势产业,深化矿产资源和农产品加工的转换力度。在矿产资源方面,把握中央政策,壮大发展石油天然气产业,重点发展煤化工和氯碱化工等产业。通过战略合作引进石油、石化的重点项目落户兵团,发展壮大兵团石油天然气产业,改变过去单纯卖资源的境况,以合作和卖产品的开发方式,实现优势资源到优势产业的转换。依托本地区和周边市场具有的资源优势,推动电石、甲醇、焦炭等传统煤化工产业的同时,加强其下游产品、氯碱化工等新型产业链的开发研究。在农业资源方面,引进和学习国际农产品加工发面的先进的技术,延长农产品加工产业链,提高产品的附加值,使农业发展由数量型向质量型转变。培养一批农产品加工龙头企业,引进先进的技术设备,完善生产和经营模式,适应市场多层次的需求,由初加工到深加工,提升农业产业效益,使农业资源优势向产业优势转变。

2、优化投资环境,积极承接产业转移。东部沿海地区的产业向中西部转移,为兵团工业发展带来机遇。兵团应优化投资环境,积极承接产业转移。加强基础设施建设,由于兵团财政资金有限,应该建立新型的基础设施投资模式,使投资资金来源渠道多元化、投资主题多样化,来保证基础设施建设的规模和质量。完善文化、法律和服务环境,加强投资软环境建设,运用先进技术和网络工程建设现代化的信息平台,为企业及时提供准确信息;由于兵团企业自身科研机构少,应建设技术服务中介,为企业和高等院校牵线搭桥,促进专业研究机构的成立,加强科技环境建设;由于兵团远离内地市场,应发挥已有物流的作用,加强企业流通中物流服务作用。

3、发展工业大企业大集团,奠定发展的重要支柱。一方面,根据兵团发展目标和产业援疆的机遇,积极引进工业大企业大集团的进入,形成产业链,更好促进新型工业的进程。制订更具吸引力的政策,使具

有较强实力的大集团进入兵团市场，灵活运用政策全力释放要素流动的制约，发挥兵团特色在招商中的作用。另一方面加强已有工业大集团大企业的发展。为大企业大集团的发展创造良好的环境，使其拥有知名产品和核心竞争力，使对其它关联产业的带动作用不断增强。积极引导其管理规范化、资本运作合理化、信息公开化。利用已上市大企业大集团的融资优势，通过对兵团优势资源整合配置，使农业装备设施、纺织、能源、农产品加工等支柱产业做大做强。加强大企业扩张集聚和带动作用以及它企业的关联作用。加强与中小企业联系，促使优势互补的产业集群体形成。

（三）大力发展现代服务业，适应丝绸之路经济带建设的战略需求

1、深入把握服务业发展贡献，推动第三产业内部结构优化。以市场需求为导向，以政府投资引导为手段，调整优化其内部结构。引进先进技术积极不断发展批发零售、社会服务等产业，因上述产业需求空间大是居民生活的必备产业；教育、文化、娱乐产业为丰富了居民生活，应该不断完善发展；交通运输仓储等居民生活的必要基础设施，为居民的出行提供了方便，应大力发展；金融保险、信息等现代设施，是经济快速发展的基础产业，其能带来先进的技术水平，优化工作环境、提高工作效率，应该重点发展。

2、重点发展特色旅游业，促进兵团旅游经济发展。新疆具有悠久的历史文化、特色的人文地理条件以及兵团创业阶段所形成的军垦文化经济，具有很大的旅游开发价值。兵团观光旅游资源重人文轻自然，兵团商务旅游具有历史、军垦特色的比较优势。因此，兵团更要加大对军垦文化红色教育、生态农业观光、沙漠自然风光等项目的积极开发，开发精品旅游路线，打造多品味、多层次的系列旅游产品。加强与旅游相关的餐饮、住宿、交通等基础设施建设，提升兵团旅游服务水平，真正把旅游业建成为兵团经济的支柱产业。

3、大力培育兵团消费市场，促进第三产业长足发展。科学组织合理规划三次产业的发展，促进第三产业的多元化。持续稳定推动传统服务业发展，努力拓展新兴服务业的发展，加大对特色旅游、信息产业、科技服务等产业的投入。培育农场与公司相结合的销售链，建立高效运行的商品流通组织；加快市场信息网络建设，使产销、流通等商品的流通环节更具有效率。把服务业发展与城镇化进程相结合，培育现代化市场体系建立，加快特色交易市场、批发市场以及农产品储藏基地等服务体系的形成；加强市场体系及综合服务体系建设，规划特色产品交易市场、小商品批发市场、瓜果储藏保鲜库和粮食、棉花、农资储备库，形成大市场，实现大流通。转变国有企业发展方式，以市场发展为主导，以丰富的特色农产品为依托，培养和发展特色产品出口基地，优化出口商品结构，加快现代物流的国际化。

（作者单位：新疆石河子大学经济与管理学院
新疆石河子国家税务局）

# 丝绸之路经济带下兵团产业结构转型的税收政策研究

孙玉龙　刘　嫦　孙　敏

## 一、财税政策对产业结构转型影响的机理分析

财税政策对产业结构发展的影响主要是利用支出激励和收入变动（主要是税收激励）的手段来影响生产要素在各产业部门之间的积累和重新分配，改变产业生产的供给结构、消费需求结构，从而影响不同产业的发展以及产业结构之间的相对替代和变迁，以达到促进产业结构升级转型的目的，因而政府通过财税政策改革来获得产业结构发展的效果和程度主要取决于地方政府能够利用的财税政策权限空间大小及实施的具体财税政策内容和结构，具体阐述如下：

（一）财税政策改革空间与地区产业结构发展

1994 年分权改革后，我国先后通过实行分税制、政府收支分类改革、财政分级管理等一系列公共财政制度建设，在法律层次和行政管理层面上放松了对地方政府的管制，扩大地方财权和事权，逐步拓展地方政府的政策权利空间。这个改革进程不仅在政治激励机制下极大调动地方主动变革发展本地优势产业的积极性，同时还避免受制于中央“一刀切”的政策约束，积极根据本地区产业基础条件，自主制定符合本地区产业发展的财税政策内容，加快本地产业的结构转型和升级发展。另一方面，分权改革引发的地区间竞争也会促使不同地区在实施财税优惠政策时相互竞争攀比，通过竞相建立高新技术开发区、产业园区和产业基地等，加强本地区产业发展的要素集聚能力，提升本地区产业发展水平。

（二）财税政策内容调整与地区产业结构发展

财税政策的调整对地区产业结构的促进作用主要体现在：(1)地方财政支出规模和比重不断增加，大大增强地方政府影响地区产业结构发展的能力，使得政府有较为充裕的资金选择性得进行产业结构的升级和转型，进而主动的促进产业结构转型。(2)地方政府利用其自主权通过基本税收制度手段和税式支出对不同产业设置差别税负，改变不同产业之间的比较利益，进而引起各产业之间生产成本的变化，造成产业效率的转移，最终引导产业结构向高度化和合理化方向发展。(3)地方财力的提升，尤其是我国公共财政制度的推进使得地方财政支出结构由原来的以经济建设为核心转变为向社会公众提供公共服务产品，这为提升各地区劳动者素质提供了资金保障，进而为地区的产业结构升级和转型提供了大量的高素质人才。

## 二、兵团现行财税制度问题及其对兵团产业结构转型的制约分析

较之其他地区财政制度而言，兵团现行财政属于典型的单边财政制度，问题凸显为：

（一）财政调控权缺失及其对兵团产业结构调整的影响分析

在兵团现行的财务管理体制下兵团无税收管辖权，兵起自有财力收入主要是非税收入，这使得兵团财政收入主要依赖中央财政补助、兵团非税收入及 GDP 增长形成的自有财力增收等途径。

正是因为兵团目前不是一级政府，缺少必要的财政调控权缺失，使得兵团没有自有财力自主的进行

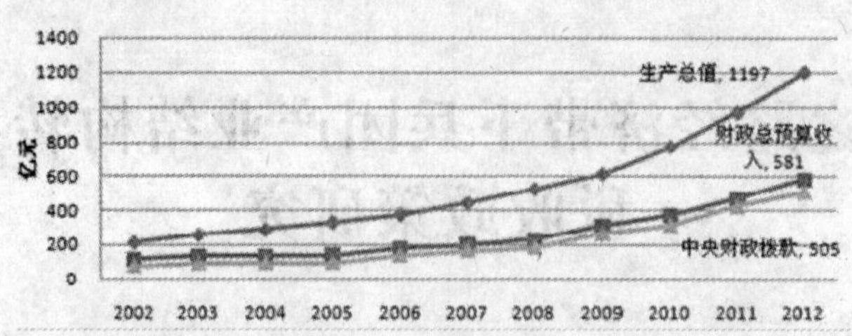


图一　2002－2012 年度兵团生产总值、财政收入及拨款对比图

产业结构的调整升级，也使得兵团难以将税收优惠政策作为一种激励和约束手段引导兵团进行产业结构调整和转型。

（二）兵团师市税收管理体制及其对兵团产业结构布局和调整的影响分析

目前兵团有八个市实施师市合一管理体制。但是，除图木舒克外，现行“师市合一”体制并非真正的“合一”。相应的，现行的税收体制亦呈现典型的师市不合的特征：市属辖区的税收征管由各市税务部门管理，非市属地区的税收征管则由其归属地的税务部门管理。这一体制势必导致如下问题：(1)兵团新建市的投资建设重点为其市辖区域，致使兵团的二、三产业集中在市辖区域。以八师石河子为例，在八师现行的非完备的师市合一体制下，为增强石河子的财政能力，目前八师石河子将其投资集中在石河子市辖区，这使得八师石河子的投资集中在石河子周边，尤其集中在石河子北泉镇。这一问题使得八师产业结构布局极不合理，并使得石河子市区投资用地接近枯竭，后续投资用地增量乏力，极大阻碍了八师石河子投资积极性和主动性，也在一定程度上导致了石河子市区环境污染等问题；(2)非市属地区的税收征管则由其归属地的税务部门管理使得兵团各农牧团场没有税收管辖区，因此，各农牧团场缺乏培植税源的积极性，继而使得兵团农牧团场缺少主动调整产业结构的积极性，二、三产业发展缓慢。简言之，现行的师市不合税收体制使得兵团产业结构布局出现不合理局面，并导致兵团基层的农牧团场缺少自发的调整产业结构的主动性和积极性。

（三）兵团税收政策及其税收上缴对兵团产业结构转型的制约分析

从法律地位上来讲，现行兵团体制下兵团就是一个拥有行政职权的大型国有企业。我国并没有专门针对兵团制定实体税收制度，其所执行的是国家统一制定的税收法律。因此，在执行税收政策过程中，兵团与一般企业无异，每年需要上缴包括增值税、消费税、营业税、企业所得税、资源税、关税、城市维护建设税等税费。

从兵团税收缴纳情况来看，2002 年以来兵团累计上缴各类税收 617 亿元，年均增长 21.4%。2011 年起兵团上缴税收开始突破 100 亿元，2012 年上缴税收 122 亿元，2013 年上缴税收将超过 130 亿元，每年上缴的税收均高于同期国家对兵团的“综合财力补助”。

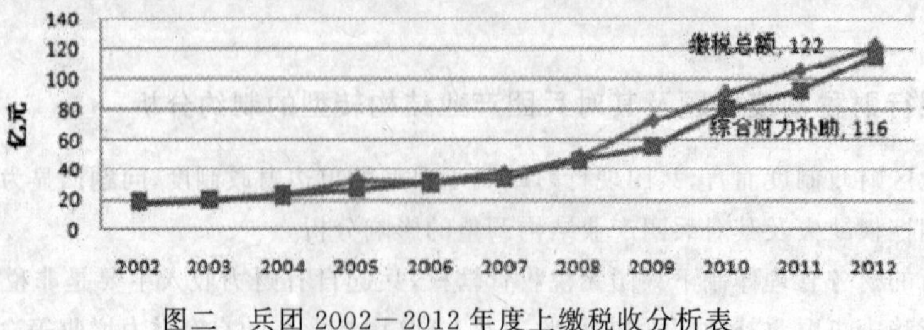


图二　兵团 2002－2012 年度上缴税收分析表

需要进一步说明的是，目前自治区对兵团实施了“工业税收返还”政策，即以2005年兵团工业企业缴纳的地方税收实际入库数为定比基数，从2006年起每年按年度全额返还兵团。对2005年以后成立的兵团工业企业缴纳的地方税收，则采取按比例确定应返还数额，按6:4分成，其中，兵团占60%，地方占40%。然而，在具体实施中，工业税收返还政策只涉及的工业税收部分。就兵团农牧团场而言，其主导产业是农业，不存在纳税问题。二产不发达，缴纳税额并不大。而缴纳税收相对较大的三产却游离在工业税收返还政策之列，因此“工业税收返还”政策效果有限。

基于上述分析可以看出，在兵团自身财政调控权缺失的背景下，兵团每年还得向国家和地方缴纳税收，这进一步使得兵团难以完成有效的资金积累，进而难以为兵团产业结构调整提供稳定的可持续性的资金支持，同时也使得兵团难以将税收优惠政策作为一种激励和约束手段引导兵团进行产业结构调整和转型。为此，兵团产业结构调整转型面临着其他地区尚未面临的问题，其转型难上加难，对促进转型的对策也较其他地区更具有独特性。

## 三、丝绸之路经济带背景下构建兵团税收政策的对策建议

在兵团现行财税体制下实现丝绸之路经济带背景下兵团产业结构的战略转型，兵团任重道远。正如前文所述，政府运用财税政策改革获得产业结构发展的效果和程度主要取决于政府“获得什么权限”和“利用什么政策”这两个层面，因此，为实现丝绸之路经济带背景下兵团产业结构的转型，需要赋予兵团相应的财税权限，在此前提下构建积极、有效的税收政策来促进兵团产业结构的升级和转型。为此，本文同时从兵团税收管理体制和具体的税收举措两个方面提出针对性建议：

### （一）加强对新时期兵团特殊性的研究，建立健全兵团税收管理机制

1、理顺兵团财政体制，构建新型兵团税收管理体制机制。立足中央对兵团事权的定位，以兵团体制的特殊性为切入点，深入研究与兵团职责使命相适应的、充分发挥兵团特殊优势的体制机制，不断理顺中央对兵团财政管理体制机制，建立完备的兵团师市合一体制；探索兵团师市完备合一体制下的税收管理机制，构建新型的兵团税收管理体制，实现兵团财权和事权的有机配比，促进兵团经济的可持续发展，实现兵团的历史使命。

2、构建兵团师市税收统筹机制。构建兵团税收统筹管理机制，将兵团新建市的税收管辖权区域衍生至兵团师辖区域，改变兵团税收管辖的“师市不合”的局面，为兵团新建市进行科学合理的产业布局提供制度激励；在“公平优先，兼顾效率”的基础上，进一步整合兵团财政资源，参照中央对地方的转移支付办法，建立和实施规范、透明、公正的兵团师市统筹制度，提高兵团宏观经济调控能力，为兵团进行主动性、诱导性的产业结构调整提供资金和制度激励。

### （二）构建促进兵团产业结构转型税收政策

1、构建立体化的促进兵团产业结构调整、经济转型、产业升级的税收优惠政策。依据《新疆丝绸之路经济带核心区建设的实施方案》制定的“三基地”、“三通道”、“五大中心”和“十大进出口产业集聚区”产业发展战略，结合兵团自身的资源优势，制定轻重有别的税收政策。从我们对兵团行业状况的分析可以看出，兵团产业结构之间以及各产业内部行业之间发展存在差异，总体来说，第一产业发展应保持现有水平的基础上采取轻税政策；深入挖掘第二产业经济能力，采取差异性税收政策调整第二产业各行业结构；加大对第三产业的税收优惠扶持力度。具体如下：

稳定第一产业，构建规模化、市场化及国际化的兵团农业产业体系。继续维持农业免税政策，立足农业特色、优势资源，拓展延伸第一产业产业链，增强农业自我发展能力，特别是在特色农业、农牧产品加工业，实行针对性强的轻税政策。对于农产品加工企业，则通过税收优惠、减免及返还等方式，大力推进农产品的保鲜、包装、贮运、销售体系发展的，不断延伸农产品链条，促进兵团农产品批发市场的发展，不断增强兵团农业生产抵御自然风险和市场风险的能力；加大为农业企业以及涉农企业提供资金、服务的各

种金融机构的税收优惠力度，为农产品的规模化、产业化、商品化发展提供资金支持；加大非农资本对农业科技、农田水利设施、农业社会化服务体系等方面的投资实行有效的减免税收，不断推进农业技术集成化、生产经营信息化、劳动过程机械化，不断提高第一产业的信息化、集成化，实现兵团农业发展的持续稳定发展。加大农业技术等外贸税收支持力度，助力兵团农业技术的输出，将兵团作为国家现代化农业示范基地、节水灌溉示范基地、农业机械化推广基地等在国外进行推广，进而将农业生产方面的经验转化为现实生产力。加大农业企业研发新技术、新工艺以及新产品的研发费用的抵扣比例，促进农业企业加大研发力度，不断提升兵团农业企业的技术实力；对农业科技企业从事研发及推广所获得的收益减征或免征所得税；鼓励农业企业和高等院校以及科研院所等进行合作创办农业科技园区，建立农业科技的研发及推广基地，在农业科技园区创办时给予各种税收优惠措施，同时在转让科研技术对其转让收益免予征收相应的所得税。对投资于农业信息基础建设、开展农业金融服务、符合条件的生态农业、绿色农业和循环农业等依托科技创新的企业给予所得税税收减免政策，进而构建兵团规模化、市场化及国际化的现代农业产业体系。

实施差别性的二产优惠政策，构建多点支撑的现代工业产业体系结构。完善现有国家支持新疆发展差别化的税收政策。对于二产中的传统产业，尤其是高能耗、高污染、高库存的产业赋予较高税负，提高税率并减少优惠政策，限制其扩大发展规模。针对新疆“十二五”提出的“四大基地”建设，建立和完善“产业调整为主、配套区域调整为辅”的“量体裁衣”的税收优惠政策。完善“四大基地建设”相关产业链的配套优惠政策。鼓励发展高新技术产业、支柱产业、优势产业以及代表未来产业发展方向、有巨大市场潜力、能发挥引领作用、提升整体经济技术装备水平的战略性新兴产业，除享受15%低税率外，适当实行长期的税收优惠政策；加快发展以新能源、新材料、先进制造、节能环保、生物医药、电子信息为主的战略性新兴产业，建立以技术领先优惠为主、以减负优惠为辅的税收优惠政策，辅之以财政政策体现、强化行为激励作用。对于勇于技术创新、积极推行节能环保的产业，加大税收优惠力度，实行组合式优惠政策，除享受税额抵免的优惠政策以外，进一步扩大享受加速折旧、税前扣除、延长抵免期限等长期优惠政策的企业范围。健全促进各类经济实体发展的税收优惠政策，加大对兵团中小企业政策扶持力度，改变兵团企业“一头独大，多头弱小”的局面，做大做强经济实体。

加大三产税收扶持力度，构建完备、便捷、高效的兵团现代服务体系。积极落实并全面推行“营改增”政策，促进三次产业的发展，降低企业税收成本，降低产品和服务价格，刺激居民消费和满足民生需求；加大网络通信、网络传媒、IT信息服务等现代服务业的减免税力度；加大兵团旅游业支撑力度，扶持发展兵团红色旅游和自然景观旅游；采取直接优惠与间接优惠相互协调的组合税收优惠促使引导外来投资重点投向现代物流、金融保险、商务服务业等面向生产领域的服务业以及文体、边贸服务业、房地产业、社区服务业等面向消费领域的服务业。

2、构建多税种、多方式调节的税收减免优惠政策。在保持现有税收优惠政策连续性和稳定性的基础上，扩展主体税收优惠政策。改变企业所得税税收优惠为主的局面，增加增值税优惠政策，提高西部大开发税收优惠政策的含金量。对煤炭、石油、天然气等不可再生资源类产品实现增值税收入中央与地方对半分享，实行优惠税收收入特定用途，限制地方增加的税收收入只能用于特定事项（如生态环境建设和保护），不得用于其他。

改变以直接优惠为主税收优惠方式，完善多元化的优惠方式。建立税基、税额、税率等多种减免税并存的优惠政策体系。逐步减少减免税、优惠税率等直接优惠方式，多采用加速折旧、税收扣除、税收抵免和准备金制度、再投资退税等灵活有效的间接优惠方式，减轻低利润及亏损企业负担，帮助企业提高盈利能力和自我发展能力，发挥税收优惠政策的投资引导作用。

加大税收优惠力度，根据产业特点和税种属性来确定优惠期限。对技术成长较快、生命周期较短的产业，制定较短税收优惠期限；对生产周期较长且在整个经济发展中举足轻重的基础设施建设、农牧业及其加工为主导的产业，应以较长期限为宜。清理现有税收优惠政策，对到期或过时的政策给予取消，适当延长对结构调整、经济转型、产业升级具有促进作用的税收政策优惠期限，避免因政策不稳定可能带来的负面效应。降低税收优惠政策“门槛”，降低准入要求，扩宽产业目录范围，拓宽优惠面。

（三）全方位开展国际税收宣传，提升出口企业国际税收筹划能力、助力出口企业走出去

加大税收知识宣传，普及国际税收知识。建立多渠道的国际税收宣传渠道，包括兵团丝绸之路经济带国家税收政策宣传网站、举办兵团“走出去”企业培训班、设立 12366 纳税服务热线专席、合理引导注册会计师事务所等中介机构提供重点投资国税收法律咨询等方面服务、开展面对面宣讲等方式为“走出去”企业提供稳定、及时、方便的专业国际税收服务，不断提升走出去企业的国际税收知识。

加大新疆兵团与周边中亚等国家的税收协定谈签和修订力度。兵团目前需要进一步在《关于推进新疆丝绸之路经济带核心区建设的实施意见》的指导下，与新疆自治区国税局合力促进国家税务总局稳妥推进兵团与周边中亚等国家的税收协定谈签和修订力度。对尚未签署的，加快与其谈签税收协定的进程，适时签署签税收协定，并增加兵团企业相应的条款。积极推动修订早年签署的税收协定，进一步降低企业在东道国的税收负担，并完善税收协定中的纳税人权益保护机制。对于已经签订协议的国家需要根据形势发展要求做好进一步修订完善工作，以其更好的维护兵团出口企业的切身利益。

加强新疆兵团与周边中亚等国家的涉税争议双边磋商。充分利用双边税收协定项下的双边磋商机制，开通税务纠纷受理专门通道，为跨境纳税人避免双重征税或税收损失服务。

（四）全力打造支持兵团产业结构转型的特殊税收政策

实施兵团特殊的个人所得税政策。加大高素质人才的免税力度，对兵团尤其是“边境团场、民族团场、贫困团场”等特殊团场予以个人所得税全额减免。进一步制定《兵团高科技人才所得税减免政策》，对兵团高科技人才的个人所得税实施返还或个税减半政策

加大企业高科技研发抵税政策，鼓励企业加大科技研究和开发。提高兵团企业研发费用税前加计扣除的比例，扩大研发费用加计扣除范围，进一步提高企业开展技术创新活动的积极性，加快兵团企业从资源依赖型向创新驱动型发展。

建立兵团资源节约型、环境友好型社会发展的税收优惠政策。建立和开征环境保护税，将现行排污收费改为环境保护税，发挥税收在节约资源和环境保护方面的调控作用，避免乱开发、乱开采的无序开发状态，保护不可再生资源开发和利用，促进生态文明建设。建立绿色环保产业发展政策，引导兵团资源开发的有序进行，实现兵团经济的可持续发展。严格准入制度，对“高淘汰、高能耗、高污染”产业给予重税，体现限制污染、鼓励保护环境的鲜明政策导向。

为构建丝绸之路经济带背景下的兵团现代性产业结构，即规模化、市场化及国际化的兵团农业产业体系、多点支撑的现代工业产业体系以及完备、便捷、高效的兵团现代服务体系，兵团不仅仅需要理顺中央对兵团的财政管理体制、建立健全兵团税收管理机制，在此基础上还需要设计科学、合理、有效的税收政策。除此之外，还需要财政、金融、产业组织、科技人才、新兴产业等其他社会公共配套政策的协调配合。可以说，实现兵团产业结构转型是一个系统性的工程，需要全体兵团人精诚一致、共创辉煌。

（作者单位：新疆维吾尔自治区石河子国家税务局、
石河子大学经济与管理学院、
自治区税务学会）

# 丝绸之路经济带核心区建设配套税收政策研究

李永玲

2013 年 9 月，国家主席习近平在出访中亚和东南亚国家期间，先后提出共建“丝绸之路经济带”和“21 世纪海上丝绸之路”的重大倡议。本文结合新疆经济社会发展和税收工作实际，研究丝绸之路经济带核心区建设配套税收政策。

## 一、新疆在丝绸之路经济带建设中的核心地位

面对世界多极化、经济全球化、文化多样化、社会信息化的潮流，建设丝绸之路经济带对促进全球经济繁荣、促进区域经济合作、维护国家战略安全，以及对新疆扩大对外开放、加快资源转换、优化经济结构、维护新疆社会稳定和实现长治久安都具有重大意义。在丝绸之路经济带总体空间布局上，新疆有着独特的地缘优势、资源优势和人文优势，奠定了新疆在建设丝绸之路经济带中的核心地位。

地缘优势。新疆地处亚欧大陆腹地，陆地边境线 5600 多公里，周边与 8 个国家接壤，在历史上是古丝绸之路的重要通道，现在是丝绸之路经济带国内段北、中、南三条大通道的交汇之地，又处于亚太和欧亚两大经济圈的重要节点和枢纽，直接连通国内国际两个十几亿人口的大市场。特别是新亚欧大陆桥的贯通以及未来中巴铁路、中吉乌铁路建设，新疆“连接东西、沟通南北”的地缘优势将更加突出。

资源优势。新疆矿产资源丰富、种类多、储量大，是国家重要的矿产资源基地，为区域资源合作奠定了良好基础。目前，新疆发现矿产 142 种，5 种储量占全国首位；煤炭、石油、天然气、风能、太阳能等资源均位居全国前列，还具有得天独厚的水土光热资源，旅游资源丰富而独特。

人文优势。新疆是东西方多元文化的融合点，境内众多民族跨国而居，尤其是与中亚地区有着相似或相同的文化传统与民俗特质，友谊源远流长。近几年来，新疆对外文化交流活动范围涉及五大洲 60 多个国家和地区，其中大多数是丝绸之路经济带沿线国家。

## 二、丝绸之路经济带核心区建设现状概述

丝绸之路经济带的重大倡议提出后，新疆政府先后出台推进新疆丝绸之路经济带核心区建设的实施意见、行动计划（2014－2020 年）、年度建设要点等文件，积极推动丝绸之路经济带核心区建设。目前，丝绸之路经济带核心区建设开局良好。

顶层设计。建设丝绸之路经济带核心区，以建设能源、交通、通信等三通道为主线，以建设大型油气生产加工和储备基地、大型煤炭煤电煤化工基地、大型风电和光伏发电基地等三基地为支撑，以建设交通枢纽、商贸物流、金融、文化科教、医疗服务五大中心为重点，以十大进出口产业集聚区为载体，充分利用两种资源、两个市场，以多边贸易和生产要素的优化为动力、以加快沿线中心城市建设为依托、以周边国家为着力点，积极创新合作模式，加快开放步伐，推进改革创新，为推进丝绸之路经济带建设提供有力支撑。

重点任务。目前，新疆正在编制能源、信息、五大中心和十大进出口产业集聚区建设规划，其中医疗服务中心建设规划已于 2015 年 6 月出炉；推进北、中、南三通道重点项目建设，加快形成新疆第二条出疆

通道;推进油气、煤炭、风电光伏等能源建设,加快建设“疆电外送”等重点工程;加大口岸等基础设施建设,扩大原油和液化气进口,鼓励发展跨境电商进出口;强力推进商贸物流中心建设,加快编制乌鲁木齐陆路港总体规划;密切人文交流合作。

对外经济。截至2013年末,与新疆有贸易关系的国家和地区达到190个,受地缘及经济结构等因素影响,新疆对外经济主要集中在周边国家,其中哈萨克斯坦是新疆最大的出口目标国和进口来源地,近年来中哈双边贸易年均增幅30%以上。中哈在产业结构上互补性强,合作潜力空间大。哈萨克斯坦石油、天然气、煤炭储量丰富,煤、铁、铜、铅、锌储量巨大,而中国石油天然气资源对外依存度高,铜矿等有色金属稀缺;哈萨克斯坦轻纺、建材、制药、机械加工业十分薄弱,技术、设备普遍落后,而这些正是中国最具国际竞争力的商品。

## 三、丝绸之路经济带核心区建设有关问题探析

丝绸之路经济带核心区建设目标与新疆经济发展实际还存在巨大差距。新疆建设丝绸之路经济带核心区有着天然的优势和无可取代的战略意义,但新疆基础设施薄弱、生产要素匮乏、技术落后、加之“三期叠加”的严峻稳定形势,造成新疆经济发展整体相对滞后。目前,丝绸之路经济带核心区建设各项任务都在紧锣密鼓地推进中、点多面广,但总体上还处于规划编制、软硬设施前期建设中,政策沟通、贸易畅通、资金融通、民心相通等合作重点还在研究探索中,迫切需要中央的大力支持。

新疆对外开放程度低、贸易投资规模小、特殊经济区域建设滞后,新疆区位优势和依托两大市场的优势远未有效发挥。2013年新疆外贸依存度为20.1%,远低于全国45.3%的平均水平;利用外资与GDP之比为0.3%,不到全国平均水平的四分之一;对外经济一半以上是边境小额贸易,净出口额占新疆GDP的比重不到5%。目前仅有的喀什和霍尔果斯两个特殊经济区所在城市人口规模小,远离新疆经济发展较好的地区,缺乏新疆腹地经济支持和综合产业配套条件,吸引国内外企业和辐射能力不足。阿拉山口和喀什综合保税区面临同样问题,截止2015年8月,两个综合保税区入驻企业共计不足50户,仅有1户企业申报退税2万元。

新疆走出去企业发展受国外政局、经济、文化、安全等多重影响,总体数量不多、规模不大、效益不高。目前,在新疆登记的境外投资企业有145家,实际投资额10.65亿美元,主要分布于哈萨克斯坦、塔吉克斯坦、俄罗斯、美国、中国香港等18个国家和地区,这些企业在投资、经营、税收等方面存在诸多问题。以哈萨克斯坦为例,由于缺乏信息获取渠道,走出去企业不了解哈萨克斯坦的市场环境、经济状况、产业结构,从而导致企业经营定位不准、效益不理想;走出去企业不了解哈萨克斯坦税收法规、税收协定条款、境外所得申报抵免等政策,境外合法权益面临损失风险;中哈中介服务机构发展严重滞后,缺乏沟通两国法律及涉税问题的中介服务。

新疆信息化基础建设刚刚起步,信息化发展的严重不足制约了新疆改革开放步伐。目前,新疆共有三个云计算产业园区(基地),分布在乌鲁木齐、克拉玛依和昌吉,其中克拉玛依云计算产业园区集聚效应初步显现。但新疆信息基础设施还不完善,配套管理制度还不健全,信息产品供给能力有待提高,信息消费需求有待培养,企业信息化亟待推进,尤其是政府信息化服务水平有限,在一定程度上制约着经济要素的自由流通、跨境电子商务等新兴业态的发展以及对外贸易便利化水平的提升。

新疆资源对当地的惠及力不足,资源优势的转化能力还需要持续提高。目前,石油、石化等央企属地注册、与当地企业合资合作等举措已渐显成效,但由于能源资源行业管理体制中保留着很多控制性或垄断性因素,石油、天然气等资源性产品在新疆加工、深加工能力水平不足。2014年新疆国税工业增值税前5位的是原油天然气、成品油、煤炭、电力、化工产品,分别占工业增值税总额的33.7%、16.2%、5.6%、5.4%、5.3%。资源性产品为新疆税收做出了重大贡献,由于资源性产品还主要集中在资源开采、初加工

等中低端产业链上，资源性产品对新疆税收贡献与其资源优势相比还存在差距。

丝绸之路经济带核心区建设对税收征管和服务都提出了新的要求。围绕“互联网+”不断加强税收信息化建设，但目前内容相对单一，网上办税还没有覆盖税务管理和服务全过程。积极开展形式多样的政策宣传服务走出去企业，翻译出版周边5国税法；但受专业人才缺乏、团队力量不足等因素制约，还不能满足走出去企业多元化需求，有些涉税争议还得不到及时解决。丝绸之路经济带沿线国家税务部门在税务文化、税制体系、管理服务、跨境业务等方面还缺乏交流合作。

中央新疆税收优惠政策效应不理想，对新疆经济社会发展促进作用不够。中央新疆工作座谈会后，国家先后出台了新疆困难地区企业所得税“两免三减半”以及喀什、霍尔果斯经济技术开发区企业所得税“五免”优惠。受多重因素影响，仅有1%的企业实际享受到上述优惠，中央新疆税收优惠政策不能有效发挥政策出台的初衷。

## 四、配套政策建议

### （一）关于支持海关特殊监管区域建设的建议

中哈霍尔果斯国际边境合作中心（以下简称“合作中心”）以中哈两国边境地区经济合作为主，旨在促进中哈两国经贸合作，繁荣边境地区经济。目前，“合作中心”已形成国内商品和本地特色商品的展示和销售市场，98%以上的商品销往境外；但商品交易额不大，种类不多，迫切需要国家的政策支持。建议给予“合作中心”（中方区）入区退税的税收政策，为促进中哈贸易合作提供强有力支撑。另外，为将新疆打造成国家向西开放战略的综合实验区和丝绸之路经济带国家合作的核心区，新疆正在研究申请设立新疆（乌鲁木齐）亚欧经济合作实验区，提出建设海关特殊监管区域、乌鲁木齐陆路港等。建议在新疆先行先试特殊的出口退税政策和创新服务举措，最大限度提高新疆对外贸易的便利性，推进新疆改革开放步伐。

### （二）关于争取特殊出口退税政策的建议

新疆作为国内产业转移的重要区域，在全国去产能、去库存的大背景下，部分行业区域性产能过剩、产品滞销、企业亏损等现象更为严重。据统计，2014年新疆钢铁产能近2500万吨，国内市场需求约1108.7万吨，滞销约1400万吨；水泥产能9855万吨，国内市场需求约4800万吨，滞销约5000万吨。新疆钢材、水泥、氯碱类产品等产业转移性地产产品，销往内地运输成本大，国内市场没有竞争力，但随着丝绸之路经济带核心区建设的推进，这些产品在中西亚国家的需求迅速增加。建议国家给予新疆钢铁、水泥和氯碱类产品等特殊出口退税政策，有效发挥新疆地缘经济效应，利用好国际市场和资源。

### （三）建议在新疆17个一类陆路口岸和乌鲁木齐、喀什航空口岸建设免税店，实施离疆免税政策

目前中国免税运营商有5家，海南离岛免税虽然起步晚，但离岛免税政策效应显著，有效带动了海南旅游业的发展。新疆境内外旅游景区（点）有1100余处，居全国首位；毗邻8个国家，29个对外开放口岸，口岸旅游人数占据半壁江山。近四年来，口岸入境游累计接待游客近297万人次，占国际旅游总人数的54.4%。离疆免税政策有利于进一步吸引国内外游客来疆旅游，从而带动商贸、物流、金融、保险、服务外包等相关产业的集聚发展，推动与周边国家多方面交流合作。

### （四）关于走出去企业的税收政策建议

在税收政策层面：完善境外税收抵免制度，实施分国（地区）限额抵免和综合限额抵免选择制，适时推出税收绕让抵免以及境外所得延期缴税等制度。在税收服务层面：收集整理分国别税制信息，梳理、评估跨境税务风险，制定发布跨境税务风险提示，积极宣传税收协定，加强国外税收政策咨询服务，大力扶持发展中介服务，主动服务对外开放战略。在管理协调层面：授予新疆税务部门在与周边国家涉税信息沟通、交换、人员互访交流等方面一定的权利，建立税务部门常态化交流沟通机制，加强国际税收合作，及时协调解决走出去企业涉税争端。

（五）丝绸之路经济带核心区建设综合政策建议

丝绸之路经济带核心区建设既要服从服务于丝绸之路经济带建设的总体战略部署，又要着眼于新疆经济社会发展实际，切实解决新疆经济社会发展的深层次矛盾，切实解决新疆改革、发展、稳定、民生等问题。建设丝绸之路经济带核心区，新疆不仅需要有改革的勇气、制度的突破、服务的创新等，更需要中央政策扶持。建议将基础建设、商贸物流、金融服务、文化科教、医疗服务所涉及的行业全部减按15%税率征收企业所得税；将新疆纳入中国外包服务城市，享受中国外包服务城市税收优惠，促进服务外包产业发展；在能源资源安全储备等重大项目建设时，充分考虑资源地利益，避免影响新疆税源存量；调整中央新疆税收优惠政策，扩大政策适用范围，充分发挥政策集聚企业效应。

（六）加强税收征管和服务工作

推动丝绸之路经济带沿线国家税务信息化建设、情报交换和税收征管互利合作，采取更加积极有效的措施加强跨境税源监控管理，严厉打击国际逃避税。结合"互联网＋"，加强税收信息化建设，着力解决网络安全、电子发票、电子签名、权益责任等问题，打造便民、高效、务实的电子税务局，推进网上办税全覆盖。加强人才队伍建设，建立多渠道激励机制，最大限度地调动人的积极性，推动各项政策措施落地。

（作者单位：新疆维吾尔自治区国家税务局）

# 统筹博州区域协调发展
# 建设丝绸之路经济带核心区重要支点

——关于战略机遇期税收服务于博州经济建设的思考

丛培忠　唐　军　舒学银

2015年3月28日，我国政府发布《推动共建丝绸之路经济带和21世纪海上丝绸之路愿景与行动》，新疆被定位于我国丝绸之路经济带建设的核心区。作为国家及自治区向西开放的前沿“桥头堡”，能源、资源进出口的战略通道、交通枢纽，博州必将迎来“大开放、大贸易、大发展”的新机遇。因此，博州税务要积极发挥职能作用，改善博州区域投资发展软环境，助力博州成长为丝绸之路经济带核心区建设的重要支点。

## 一、统筹博州区域经济协调发展与税收服务状况

经济决定税收，税收反作用于经济。税收作为地方财政收入最主要、最直接的来源之一，与地方经济发展有着密不可分的关系。

（一）博州区域经济竞争实力有待增强

博州地处我国陆路口岸的前沿，具有良好有地理区位优势。改革开放以来，博州经济发展的条件逐步改善，在市场中形成了一定的竞争优势。但从整体看，发展的条件和环境还不够有利，与其他地区相比，还处于劣势。

1、经济实力不强，税源基础脆弱。据统计，2012年全州生产总值185亿元，全疆14个地、州、市中排名第12位；公共财政预算收入10.39亿元，排名第13位；公共财政预算支出47.86亿元，排名第14位。地方财力小，财政收入仅为支出的21.7%，自给能力低。三次产业结构为30.76:23.08:46.16，工业对经济的拉动作用不明显，特别是缺乏大型企业集团的支撑牵引，地方税源基础脆弱，管理难度大、风险高。

2、生态环境脆弱，资源开发可塑性小。博州拥有丰富的自然资源，但资源的时空配置不合理，地区间差异较大，再加之脆弱的生态环境承载容量的限制，博州资源开发潜力虽然较大，但可塑性小。气象条件复杂多变，耕地资源退化严重，水资源时空分布不平衡，矿产资源种类较多，但品位都不高，且开发难度较大，成本较高。与相邻地区比较，既无煤，又无油、气资源，更缺品位高、储量大的金属矿，虽然有312国道和第二座亚欧大陆桥横贯全境的交通条件、沿边开放的区位优势及阿拉山口口岸丰富过货资源，但是远离市场，发展成本较高，制约了市场体系的完善及市场主体的发育成长。

3、人才资源匮乏，优势转化困难。阿拉山口口岸已形成了集公路、铁路、民航、管道“四位一体”的综合交通运输体系，随着综合保税区的封关运营，现已成为集贸易、物流、加工、边境旅游为一体的复合型口岸，综合开发潜力很大。但是，由于中高级专业技术人才和学科带头人少，导致经济社会发展质量提档升级难度大，区位及基础设施优势难以转化为经济优势、创业优势、竞争优势。

（二）博州县域经济和税收发展不平衡

博州下辖博乐市、阿拉山口市、精河县、温泉县，境内驻有新疆生产建设兵团第五师及其所属11个团场。以国税收入为例，2014年博州国税局围绕“强化服务年”主题活动，认真履行职责，坚持组织收入原

则，加强税收征管，优化纳税服务，堵塞征管漏洞，加大稽查力度，保持了国税收入与经济协调稳定增长，全年国税收入59053万元。其中博乐市国税局累计组织收入30650万元，比重为51.9%；精河县国税局累计组织收入8783万元，比重为14.87%；温泉县国税局累计组织收入1527万元，比重为2.59%；阿拉山口国税局累计组织收入18093万元，比重为30.64%。很明显，博州经济总量的增长主要依靠中心城市——博乐市的幅射带动及口岸城市——阿拉山口市的发展拉动，精河县和温泉县的发展较为落后。

（三）博州区域产业和税源结构零散趋同

目前，博州企业以从事初级产品加工的中小企业为主，生产规模普遍较小，利润空间微薄，产品附加值不高，抗风险能力不强，发展动力不足。同时，受能源资源、融资环境、产业配套能力及科技人才等因素的制约，纺织、建材、农副产品加工、有色金属采选冶炼等矿产加工业、石灰石加工及盐化工等主导行业工业结构呈初级化、趋同化。由于大企业少，中小企业多，99%个体工商户未达到纳税起征点，因此，博州大财源税收短缺，且税源结构单一零散，收入压力很大，增收困难。以2014年博州国税收入情况分析，国税收入总额59053万元，其中，国内增值税累计完成32741万元，占55.44%；累计入库企业所得税16774万元，占28.4%；国内消费税完成3038万元，占5.14%；车辆购置税完成6498万元，占11%。就增值税来看，主要分布于批发业、零售业、建材业、电力、纺织业、酒类、化工产品及其他制造业。产业零散趋同，不仅容易诱发不良竞争，而且造成资源的利用效率低下，影响规模经营，制约博州区域经济实力的提升。

## 二、用好用活税收优惠政策，统筹博州区域协调发展

我国改革开放以来的实践经验表明，大量特殊税收优惠政策对一个地区的快速发展具有重要的作用。丝绸之路经济带战略实施后，必将推动沿线国家及地区之间的投资和贸易不断增长，用好用活税收优惠政策，将对促进资金、商品及其它要素的顺畅流转，提高区域整体竞争力，推进区域经济共同发展起着越来越重要的作用。

（一）丝绸之路经济带开启区域经济合作新格局

当前，区域合作已成为世界经济发展的主要推动力，不但促进了世界经济的快速发展，而且促进了各国、各地区之间的紧密联系。丝绸之路经济带建设正是世界经济区域化发展的大势所趋，也是中国经济融入世界经济发展潮流的最佳选择。

丝绸之路经济带涵盖了中亚、南亚、西亚和欧洲的部分地区，连接亚洲和欧洲两大经济圈，是世界上最具发展潜力的经济带。我国提出的丝绸之路经济带发展倡议旨在禀承"和平合作、开放包容、互学互鉴、互利共赢"的丝绸之路精神，促进经济要素有序自由流动、资源高效配置和市场深度融合，推动沿线各国实现经济政策协调，开展更大范围、更高水平、更深层次的区域合作，共同打造开放、包容、均衡、普惠的区域经济合作架构。因此，丝绸之路经济带建设将按照以点带面、从线到片，逐步形成区域大合作的思路推进。国与国之间的合作、省与省、地区与地区、县（市）域之间的经济合作可以成为点、线、面连接的载体，它将区域内的国家、地区及通道建设连接起来，最终形成完整的经济带。博州要充分发挥好阿拉山口口岸、综合保税区、博乐市边境经济合作区、金三角工业园、五台工业园等平台窗口作用，加快走出去、引进来步伐，从整合州域内部各县市经济力量入手，先行先试，完善服务，引导市场资源的有效配置，优化产业结构，创新县域之间的税务合作，增强博州区域经济竞争实力。

（二）加强区域税务合作，营造优越的发展环境

随着社会主义市场经济体制的日益完善，特别是党的十八届三中全会以来，充分强调要发挥市场在我国经济社会发展中的决定性作用。

市场经济的特性必然要求资本以及生产要素能够在不同行政区域之间自由流动，从而跨越行政区划实现区域经济合作。随着企业跨区域投资及涉税行为越来越频繁，客观上决定了税务部门要提供与之相

应的税收管理制度,区域之间的税务合作成为必然选择。目前,我国税收体制还不尽完善,区域性税收优惠政策有碎片化和泛化趋势,现行税收政策还存在诸多需要协调的地方。党的十八届三中全会税制改革强调:以产业性税收优惠政策为主,地区性税收优惠政策为辅,停止和取消相互矛盾或者交叉的税收优惠政策。

税收优惠是发展环境的重要因素,在统筹区域经济协调发展进程中用好用活税收优惠政策,最为重要的就是推进税收管理的法治化进程。一是要始终坚持"依法征税、应收尽收,坚决不收过头税,坚决防止和制止越权减免税"这一组织税收收入工作原则。特别是对于跨区涉税行为,要加强区域税务合作,建立信息共享机制,联合开展税收征管协作和纳税服务协作,及时沟通协调,既要严格按照政策办事,同时注意执行政策的灵活性,确保国家制订的税收优惠政策在执行过程中不偏离、不走样、不打折扣、不随意扩大政策界限、不越权减免税。二是要规范执法行为,建立严密的征管机制,从法律角度提前发现工作中存在的问题。三是在税收工作实践中要从税收政策宣传、纳税辅导、政策执行、后续管理等各个环节上强化责任、狠抓落实、加大税收优惠政策落实执法监督,坚决做到重证据、讲事实、守程序,进一步规范税收执法行为,有效防范执法风险,共同打击逃避税活动。

(三)服务博州"一区三园"建设,壮大经济税源规模

产业集聚和产业集群是提高产业竞争力,促进经济税源规模壮大的最重要途径。园区是行之有效的产业集聚区,既能集约利用土地、能源和基础设施,又可以通过集聚效应,形成完整的产业链条。我们要力争将各种税收优惠聚集于园区,吸引更多的国内外企业到博州的产业园区安家落户。

博州党委、政府面对丝绸之路经济带建设的重大机遇,为将博州打造成为新疆丝绸之路经济带核心区建设的重要支点,提出要围绕"一区三园"发力,加快构建"阿—博—精"联动发展格局,实现博州区域经济整体破局发展。一是全力打造阿拉山口综合保税区,提升"口岸强州"战略核心作用。要充分利用好综合保税区的税收优惠政策,率先发力,引领带动"一区三园"整体突破。二是汇集博乐市、阿拉山口市的合力,加强税务合作,围绕嫁接整合综合保税区和博乐市边境经济合作区的各项税收优惠政策,加快提升金三角工业园承载力。三是全面优化五台工业园发展环境,全面落实工业园区与精河县、博乐市、州直部门责权划分和利益分享机制,授权到位、服务联动,加快建设区域性产业示范区。四是突出精河工业园的地缘区位优势,搭建税收合作平台,加快将其建设成为综保区的重要产业承接区。五是强力推进招商引资,树立全州"一盘棋"思想,打破行政区域界限,倾力合作,落实招商项目异地落户利益分享机制,抓大不放小,加快"一区三园"产业填充。随着各产业园区的集聚发展,产业关联度的提升,必将优化升级区域产业结构,为博州提供稳定而充足的税源基础。

## 三、立足区域协调发展,提升税收服务与管理水平

区域协调发展,旨在发挥各区域相对优势,优化经济结构和布局,形成各具特色、优势互补的一体化经济,增强共同发展的合力。要使区域协调发展落在实处,见到成效,既要强化市场对资源配置的决定性作用,又要充分发挥政府的调控功能。税收政策作为政府直接调节微观经济的手段,影响着要素流动、产品的定价和经济主体的决策行为,最终会引导资源、要素及产品市场的重新调整。因此,必须树立适应市场经济发展的现代税收服务观,创造性地开展服务管理活动,为纳税人营造优良的税收环境。

(一)加强税收征管合作,提高区域税收管理效率

主要是加强关联部门之间的协作,建立信息共享机制,联合开展税收征管协作和纳税服务协作。一要加强跨地区纳税人的税务登记管理,及时向企业外出经营目的地税务机关提供外出经营企业名单,交流彼此在税收征管、信息化建设等方面的经验和做法。二要定期交换与税收管理有关的政务信息及有关经济税收数据。三要加强沟通与磋商,通过建立严密的征管机制,统一各项税收征管办法的程序和内容,

使区域经济发展带来的税源能足额转化为收入,减少税收的跑冒滴漏,促进税收收入增长速度与经济增长速度相协调。四要加强信息化建设,实现征管业务的网络化操作,推行网上申报、非现金结算等,及时交换税收情报,开展税收征管和纳税服务协作,共同打击逃避税活动。

(二)强化税收服务合作,培育区域经济发展优势

区域税收协调对促进资金、商品及其它要素的顺畅流转,提高区域整体竞争力,推进区域经济共同发展将起着越来越重要的作用。区域经济的协调发展,需要各种因素形成一种合力,优质的税收服务是促进区域经济发展的软措施,一个诚信、高效、文明的政府,就是区域经济竞争优势的重要条件。一要坚持依法治税,税务机关应带头执法,以法治维护市场,以法治托起区域经济发展优势。二要建立纳税服务监督网络,不断拓展、畅通监督渠道,对税务干部进行有效监督,打造一支服务型的税收队伍。三要实行无歧视国民待遇原则,对区域内不同经济性质的市场主体实行无歧视的国民待遇原则,对各种所有制企业,对本土投资者和外来投资者,不分国籍、规模大小、经济性质,一视同仁,实行同等纳税服务。四要坚决制止不正当竞争,依法保护正当竞争、保护创业者的合法权益,促进经济主体在合法竞争中做大做强。

(三)协调税收优惠政策,促进区域经济结构调整

充分发挥税收政策导向和杠杆调节作用,协调各方出台的税收优惠政策,避免有害税收竞争,促进博州区域经济结构调整和产业升级。一要全面清理那些不合规定的、有害税收竞争的政策文件;二要调整税收优惠政策体系,将优惠的重点从对所得税的优惠转移到流转税优惠上来,引导资金向区域协作所急需发展的行业流动;三要将“以优惠政策促引资”的思路转为“以优化投资环境促引资”,这不仅符合国民待遇和公平竞争的原则,而且符合国际惯例中税收中性的原则。

(四)加强区域税收监督,提高区域经济运行质量

在区域协调发展中要充分用好税收监督手段,保护合法权益和合法经营,打击偷、逃、抗税行力,维护正常的市场经济运行秩序,提高经济运行的质量。一要发挥好税务稽查、纳税评估的作用,开展税收专项检查,及时发现征管中存在的问题和薄弱环节,特别是要加大对制售假发票违法犯罪活动的打击力度,加大对典型案件的曝光力度,发挥好典型案件的警示效应。二要全面推行税收执法责任制,完善评议考核办法,落实好责任追究办法。三要建立争端处理机制,对税款征收、税收政策落实等方面出现的矛盾和问题进行协调处理。及时纠正和杜绝有害的税收竞争,防止税收流失,避免矛盾激化。四要共同清理各地区间的行政性收费,共同研究制定区域协调发展的总体纲要和共同行动计划,为企业的正常和长远发展创造了良好的税收环境。

(作者单位:新疆博尔塔拉蒙古自治州国家税务局
新疆博尔塔拉蒙古自治州税务学会
新疆博尔塔拉蒙古自治州党校行政学院)

# 关于推动广州空港临空产业税源发展的思考

罗桂新　张永聪　叶锦帮　张　晖

## 一、临空产业视角下的广州空港概况

空港经济又称临空经济，是指依托机场设施资源，通过航空运输行为或航空制造活动，利用机场的产业聚集效应，促使相关资本、信息、技术、人口等生产要素向机场周边地区集中，以机场为中心的经济空间形成了航空关联度不同的临空产业集群的新型区域经济形态。主要分为三类：一是航空核心产业，指直接利用机场提供的设施和服务等资源开展生产、制造活动，包含航空运输业、航空制造业和通用航空产业等；二是航空关联产业，指对航空运输服务有较高敏感性、利用航空运输时间成本低特性的相关产业，如高科技制造业、现代农业和会展业等；三是航空引致产业，指依托机场及上述两类产业引发的服务客流、货流资源，满足旅客、员工等居住、教育各类需求以及产业发展必需的研发、金融等形成的配套产业，如教育科研、休闲旅游、住宿餐饮和金融等。

广州白云国际机场是国内规模最大、功能最完善、现代化程度最高的国家机场之一。2014 年白云国际机场旅客吞吐量近 5500 万人次，居全国第二；货邮吞吐量约 145 万吨，居全国第三位。预计到 2020 年，白云国际机场旅客吞吐量将达到 7000 万人次，货邮吞吐量达到 360 万吨，成为高度成熟的国际门户复合型航空枢纽。

**2014 年民航机场吞吐量排名**

2014－01－01　至　2014－12－31

| 机场 | 旅客吞吐量（人） | | | | 货邮吞吐量（吨） | | | |
|---|---|---|---|---|---|---|---|---|
| | 名次 | 本期完成 | 上年同期 | 比上年增减% | 名次 | 本期完成 | 上年同期 | 比上年增减% |
| 合计 | | 831,533,051 | 754,308,682 | 10.2 | | 13,560,841 | 12,585,175.1 | 7.8 |
| 北京/首都 | 1 | 86,128,313 | 83,712,355 | 2.9 | 2 | 1,848,251.5 | 1843681.1 | 0.2 |
| 广州/白云 | 2 | 54,780,346 | 52,450,262 | 4.4 | 3 | 1,454,043.8 | 1,309,746 | 11.0 |
| 上海/浦东 | 3 | 51,687,894 | 47,189,849 | 9.5 | 1 | 3,181,654.1 | 2,928,527 | 8.6 |
| 上海/虹桥 | 4 | 37,971,135 | 35,599,643 | 6.7 | 6 | 432,176.4 | 435,116 | －0.7 |
| 成都/双流 | 5 | 37,675,232 | 33,444,618 | 12.6 | 5 | 545,011.2 | 501,391 | 8.7 |

广州空港经济区的建设起步较晚，与北京、天津等地发展较为成熟的空港经济区存在一定差距。位于北京市顺义区的首都空港经济区依托首都国家机场，发展起步于上世纪九十年代，包含天竺综合保税区的临空经济核心区目前已有 2100 余家企业入驻，世界 500 强企业投资项目 50 余个，2015 年核心区实现税收近 100 亿元。天津空港经济区成立于 2002 年，是天津临空产业区（航空城）的核心组成部分，规划为包含现代化新城区和科技园、工业园、物流园的“一城三园”，目前有注册企业 7000 多家，世界 500 强企业投资项目 100 余个。2015 年天津空港经济区与天津港保税区（海港）共同实现国内生产总值约 1500 亿元，实现税收约 154 亿元。而从 2015 年广州空港经济区税收数据看，重点税源企业仅有与空港紧密关联

的部分产业如机场股份有限公司、南联航空食品有限公司、机场快线和飞机维修公司等有10余亿税收入库，其余税收不多，整体税收规模不大，区域税源有待进一步培育。

近年来，广州市高度重视空港经济发展，规划将白云国际机场建设为国际空港门户枢纽，把空港经济区建设成为国家空港体制创新试验区和高端产业集聚区。分别成立广州市空港经济发展委员会(以下简称空港委)和白云、花都两区空港经济发展委员会，出台了《广州空港经济发展规划纲要(2010—2020)》、《白云区临空产业发展规范》等一系列发展规划指引，全面统筹和指导空港经济发展。目前广州空港经济区建设已进入加速阶段，一批重点骨干项目取得新的进展。综合保税区规划面积7.385平方公里。联邦快递亚太转运中心、广州飞机维修公司和新近投产的新科宇航飞机维修基地等龙头项目已经引入，万达集团投资500亿元打造大型文化旅游城项目已经落地，为空港的发展带来了巨大的机遇。

## 二、国内外部分空港临空产业发展经验借鉴

从国外来看，依托航空运输的优势，各空港以制造、物流等发展内容为主导，形成了各具特色的空港发展模式。例如荷兰的史基浦空港区以总部基地、多元化经济发展而闻名，凭借优越的交通条件和低税率政策吸引了全世界540多家跨国公司的总部和近百家销售中心入驻，已发展成为欧洲物流中心和"欧洲商业神经中枢"。美国的孟菲斯空港经济区着力打造航空物流基地，依托联邦快递、UPS等大型物流企业成为全球最重要的航空货运中心和著名的"航空大都市"，近年来发展平稳，年货运量更是已超400万吨，稳居世界第一货运空港。

| 发展类型 | 发展内容 | 典型案例 |
| --- | --- | --- |
| 航空＋制造主导 | 发展航空高端制造业或总部经济 | 爱尔兰香农、荷兰史基浦等 |
| 航空＋物流主导 | 发展综合联运发挥交通枢纽作用 | 美国孟菲斯等 |
| 航空＋科技主导 | 发展科研开发和高科技产业 | 日本成田、印度班加罗尔等 |
| 航空＋服务主导 | 发展金融、会展和休闲旅游等产业 | 法国法兰克福、韩国仁川等 |

从国内看，部分城市空港建设成效斐然。北京将首都临空经济功能区列入首都六大高端功能区之一，形成了包含天竺出口加工区、空港经济开发区、空港物流基地、国门商务区等六大功能组团。天津临空产业区被列为滨海新区的七大功能区之一重点发展，以机场为核心，搭建现代化"航空城"，规划了教学科研、航空制造等六个功能区。上海虹桥机场周边的长宁区上世纪八十年代初提出了"依托虹桥，发展长宁"的思路，九十年代初又提出了"优化功能，争创优势"的思路，现在是国内临空经济发展较为成熟的地区。

归纳国内外不同空港经济区的建设，有以下经验可借鉴：一是合理引导产业引入类型和结构。优化市场准入机制，从区域整体视角开展布局建设，结合企业辐射能力、税收贡献率等因素，提高标准选择投资项目，引导更具活力的产业入驻，实现产业集聚的良性发展。二是加强政府政策和管理支持。通过资金扶助、税收政策优惠等吸引企业入驻，并通过设立包含税务、工商、国土等部门在内的政务审批中心，为区内企业提供"一条龙"服务。三是加强科研机构建设与人才引进。加快建设科技产业园，引导更多的科研机构与高校入驻，加强企业与科研机构的合作。四是打造航空物流中心。发挥空港枢纽作用，加强海陆空交通建设，打造立体交通网络，依托区位优势引进国内外大型物流产业，服务航空制造业、临空制造业、商贸等产业的发展。

## 三、广州空港临空产业税源发展存在问题

广州发展研究院在2015年经济预测蓝皮书中将国际空港水平不够高被列为广州作为国家中心城市

在建设上尚存在的四大不足之一。尽管广州空港经济区拥有无可比拟的区位优势并已规划多年，但产业发展却相对滞后。受限于建设进度，区内已入驻企业数量不多，缺乏大型总部经济和重点关联企业。直接导致该区域尚未形成较为成熟而集聚的税源体系，整体税收收入不高。制约临空产业税源发展的问题，有以下几点：

(一)政府规划和统筹有待进一步加强

尽管政府层面已经对空港经济区的建设进行了详细规划，但各部门协作和落实力度不够，实际建设困难重重，进度明显滞后。同时，机场地跨白云、花都两区，容易产生行政利益分歧，出现社会资源浪费和不良竞争。

(二)财税优惠政策扶持力度偏弱

相比国内外发展较为成熟的空港经济区，广州空港经济区缺乏更具竞争力的财政扶持和税收优惠政策。目前广州空港综合保税区尚在建设，税收优惠吸引力不足，同时地方政府在资金支持、土地优惠等方面的扶持力度有待进一步加强。

(三)产业发展尚未形成完备规范的体系

新机场于2004年开始通航，时间短，产业基础薄弱，辖区内部分企业同空港经济关联度不高，占用了大量土地资源却浪费了空港带来的优势条件；加之空港附近中小企业较多，缺乏有影响力的国内国际大企业总部，产业辐射带动严重不足。

(四)规划落地面临用地和生态瓶颈

空港经济区近水源、农田保护区，同时处在城乡结合地区，建设用地零散混杂，环境要求较高同时实际可用土地受限较大。政府规划中的部分项目由于实际土地利用情况无法征得土地，难以实现，如空港综合保税区的北中南三区界限经多次调整才最终确定。而大量劳动密集型企业占用了大量的用地资源，部分污染企业也对当地生态环境造成了破坏。

(五)未纳入“一带一路”与广东自贸区发展的大格局

在自贸区发展大背景下，广州将加快同世界其它国家和地区的融合，为加快自身贸易发展和产业升级注入新的活力。空港经济区如何发挥优势融入自贸区发展大格局，进一步吸引政府财力支持，亟待研究和重视。

## 四、推动临空产业税源发展的思考和建议

(一)强化政府引导，提升建设发展质量

广州空港的发展应以建设“航空大都市”为定位，围绕航空运输产业链，加快发展航空运输业，重点培育总部经济、会展等现代服务业，积极发展航空制造、高新技术产业等临空制造业。一是严格规范功能分区聚集产业。借鉴北京、天津等地空港经济区建设发展经验，结合广州空港优势和特色进一步明确空港功能分区，打造临空特色产业园，按行业分区开展税源专业化管理。依托园内已入驻的大型龙头企业，加强配套产业的引入；相关部门提高企业落户门槛，积极关注临空指向性较强的关联产业。加强产业引导，积极协调行政、土地等因素，确保企业在对口产业功能区内规范布局。二是合理调整管理模式。建议广州空港经济管理体制采取“市级统筹主导、政府引导机制与市场化运作机制相结合”的管理体制，由市空港委直接负责协调落实，加强市政府各部门的统筹分工，同时引导白云、花都两区的合理竞争与产业发展，确保社会资源有效调动与利用。

(二)增强政策扶持，加强招商引资力度

应充分借鉴其它空港经济区优惠政策，吸引大型总部经济与重点税源企业入驻。一是加大财税政策扶持力度。建议结合区域特点推出多项财政扶持政策，为招商引资提供优惠开放的政策环境。推行土地

优惠租卖，实现承包土地流转的规模经营、集约经营，通过土地定向租赁等方式吸引商家入驻，缓解土地开发难题。推行财政返还，以奖励的形式对业绩突出的企业进行财政返还，鼓励企业入驻并做大做强。借鉴上海自贸区及其它空港经济区税收政策和先进做法，尝试申请试点前沿性的财税、金融政策，吸引企业入驻。二是探索帮助“跨境电商”实现出口退税的新方法。落实“互联网＋”行动计划，通力协作支持试点企业开展业务，优化政务“一条龙”服务，吸引相关企业入驻。加快研发跨境贸易电子商务通关管理系统，搭建对电子商务交易、物流、通关环节的电子监管平台。税收上，加强税收新政策研讨，探索征管新模式，继续推进出口跨境电商增值税、消费税退税或免税政策，助力跨境电商新业态发展。同时，充分发挥综合保税区的职能，为落户企业提供境外货物入区保税、境内货物入区退税、区内流转自由免征增值税和消费税等优惠。

（三）提升产业竞争力，加快产业配套建设

政府应加强对企业转型升级的支持力度，加强配套设施建设和技术人才引入，提高区域整体形象和竞争力。一是加快产业转型升级。充分发挥空港优势，实现区内劳动密集型产业向资金、科技密集型产业的过渡，同时依托生态优势发展休闲旅游业，提高资源利用效率。建议对现有企业进行清分整合，通过“腾笼换鸟”，置换现存的低端中小型企业，为下一步发展腾出土地空间。改善营商环境，促进航空相关联产业的引入，充分利用空港优势，推动临空产业的规模发展。二是加强对高新技术产业培育。吸引高新技术企业入驻，推行财政优惠补贴，根据企业发展状况为其提供财政专项补助，扶持高新技术企业的发展壮大。加强高新技术企业资格认定的宣传，面向高新技术企业推广落实所得税减免、增值税即征即退等税收优惠。

（四）强化综合治税，加强各部门协同合作

通过设立街镇综合治税服务工作站，加强各街镇与政府各部门之间的多方联动和协作，着力解决税源监管过程中征纳双方信息不对称、部门涉税信息分割、税务征管力量单一等问题，进行资源整合和信息共享，形成综合治税的局面。一是加强部门合作。采取多种形式配合税务部门开展对税收优惠政策、招商引资政策的宣传力度；工商、城管等部门加强对不规范经营的打击力度，发动社会力量打击偷税行为。二是建立信息交换和共享机制。工作站建立信息平台，定期与税务、工商、质检等成员部门进行信息交换，各部门加强同各街镇联系，共同完善辖区内税源库、项目库和企业库建设。

（五）深入涵养税源，提升征管纳服水平

临空产业的发展前景乐观，必将形成企业众多、行业齐全的产业模式，税务部门应该加强专业化管理水平，强化税源分析力度，加强税源涵养，多手段提升征管服务。一是强化税收分析。全面开展税收形势分析、税收风险分析、政策效应分析和经济运行分析，充分发挥税收数据的优势，提高税收预测的准确性和税收分析的实效性，提高税收分析的频度和密度，为地方政府招商引资和涵养税源提供决策参考。二是推进税源专业化管理。按照行业规模和税收贡献等开展分类管理，根据特点实施个性化管理，根据部门差异实施针对性管理。以全国纳税服务规范为标准，统一业务流程，深化预审、导税服务，扩大免填单服务范围，为企业提供良好的办税体验。

（作者单位：广东省广州市白云区国家税务局）

# 瓦房店市“十二五”期间税收经济分析

于晓明　张　昊

“十二五”期间，瓦房店市税务部门，一手抓组织收入，一手抓服务经济发展，不断强化税收征管，优化纳税服务，在大连市上级税务机关和瓦房店市市委、市政府的正确领导下，实现了“十二五”税收工作的圆满收官。税收是经济运行的成果体现，为了全面向市委、市政府反映瓦房店地区税收经济发展情况，同时按照国家税务总局深化落实国地税合作工作要求，瓦房店市国税局、地税局联合撰写本篇分析报告，本文旨在通过国地税税收数据，全面反映瓦房店市“十二五”期间经济发展总体状况，有助于寻找瓦房店市经济运行和发展方式的转变方面和着力点，为我市经济发展献言献策。

## 一、“十二五”瓦房店市国民经济运行情况

(一)国民生产总值稳步增长，GDP增速前高后低

“十二五”期间我市GDP总量稳步增长，累计实现4291亿元，对比“十一五”现价增长95.2%(“十一五”数据包含长兴岛)，是“十一五”的1.95倍。在2013年、2014年我市GDP连续两年突破900亿元，2014年GDP总量达到历史最高值912亿元，距离千亿元大关不足百亿。从GDP增速来看，“十二五”期间我市GDP增速前高后低逐年回落，“十二五”开年我市GDP可比增速达到了18.2%，此后逐年下降，在2015年首度呈现出负增长，增速为-2.8%，经济增速放缓。

单位：亿元、%

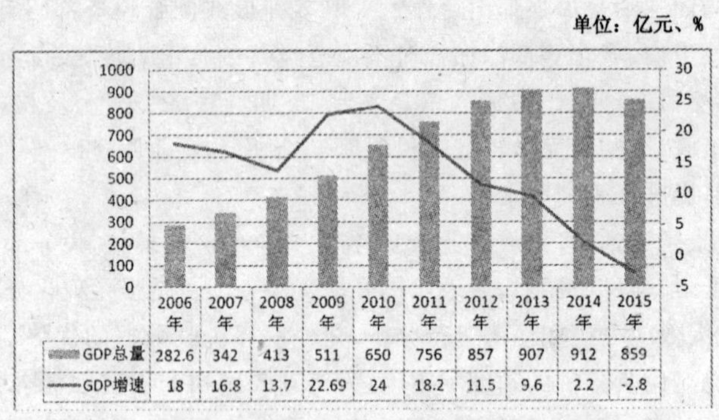

| | 2006年 | 2007年 | 2008年 | 2009年 | 2010年 | 2011年 | 2012年 | 2013年 | 2014年 | 2015年 |
|---|---|---|---|---|---|---|---|---|---|---|
| GDP总量 | 282.6 | 342 | 413 | 511 | 650 | 756 | 857 | 907 | 912 | 859 |
| GDP增速 | 18 | 16.8 | 13.7 | 22.69 | 24 | 18.2 | 11.5 | 9.6 | 2.2 | -2.8 |

图一　2006年－2015年瓦房店市GDP情况

(二)第二产业占主导地位，产业结构有待优化

从三大产业在GDP中的占比来看，“十二五”期间第一产业的占比稳中有降，保持在10%左右；第二产业占比维持在60%左右，在2015年下降但仍保持在59.1%，与我市以工业为主的产业结构相吻合；第三产业占比由“十二五”初年的24.9%逐步提升至“十二五”末年的30.3%，再次突破了百分之三十。“十二五”末年我市三大产业占比为10.6:59.1:30.3，产业结构虽然与全国和大连相背离，但仍可看出逐步走向合理的态势。从三大产业增速来看第一产业发展缓慢且平稳，维持在5%的水平。第二产业增速快速回落，“十一五”末年第二产业增速为33.9%，“十二五”期间增速逐年回落，与我市GDP增速走势基本一

致，至2015年已变为负增长，增速为－7.3％，下行的国内经济形势对我市第二产业尤其是制造业产生了巨大影响。第三产业在“十一五”期间始终维持着两位数以上的速度增长，进入“十二五”增速下降始终未超过百分之十，但增速降幅小于第二产业。

单位：亿元、%

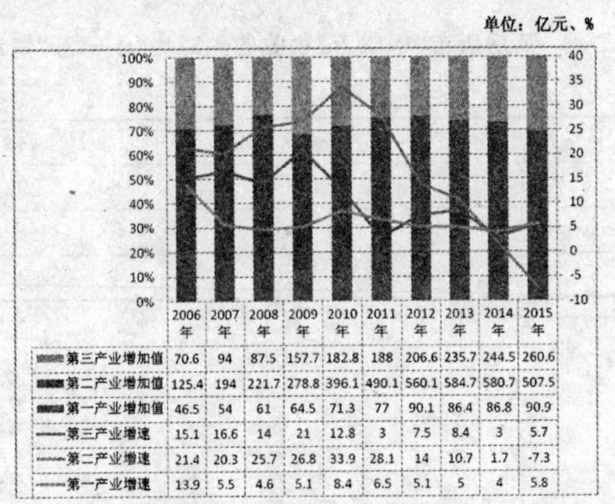


| | 2006年 | 2007年 | 2008年 | 2009年 | 2010年 | 2011年 | 2012年 | 2013年 | 2014年 | 2015年 |
|---|---|---|---|---|---|---|---|---|---|---|
| 第三产业增加值 | 70.6 | 94 | 87.5 | 157.7 | 182.8 | 188 | 206.6 | 235.7 | 244.5 | 260.6 |
| 第二产业增加值 | 125.4 | 194 | 221.7 | 278.8 | 396.1 | 490.1 | 560.1 | 584.7 | 580.7 | 507.5 |
| 第一产业增加值 | 46.5 | 54 | 61 | 64.5 | 71.3 | 77 | 90.1 | 86.4 | 86.8 | 90.9 |
| 第三产业增速 | 15.1 | 16.6 | 14 | 21 | 12.8 | 3 | 7.5 | 8.4 | 3 | 5.7 |
| 第二产业增速 | 21.4 | 20.3 | 25.7 | 26.8 | 33.9 | 28.1 | 14 | 10.7 | 1.7 | -7.3 |
| 第一产业增速 | 13.9 | 5.5 | 4.6 | 5.1 | 8.4 | 6.5 | 5.1 | 5 | 4 | 5.8 |

图二　2006年－2015年三大产业增加值及增速情况

(三)工业发展速度放缓，商业发展速度相对稳定

社会消费品零售总额增速有所回落，2011年增速最高，为17.3％，此后逐年下降，至2015年增速不足百分之十，回落至9.2％。规模以上工业增加值增速呈线性下降，2009年最高值为65％，到“十二五”末年增速降至负值，为－8.7％，进一步体现了我市第二产业在当前下行的经济环境下的困难形势。从社会消费品零售总额增速及规模以上工业增加值增速对比来看，我市商业发展相对保持平稳，受经济下行影响要小于工业，对比工业抗风险能力更高。

单位：%

图三　2006年－2015年社会消费品零售总额增速
及规模以上工业增加值增速情况

## 二、“十二五”期间税收收入总体情况

(一)税收总量大幅增长，税收增速逐步放缓

“十二五”期间瓦房店市税务部门完成各项税费收入179.5亿元，较“十一五”增长58％，增收65.9亿元。其中国税系统完成63.8亿元，增长22.5％，增收11.7亿元，地税系统完成115.7亿元，增长88.1％，增

收54.2亿元。从总体发展情况来看，税收总量呈倒“V”型变化，国地税收入均在2013年达到最高点，“十二五”末年回落，低于“十一五”末年，波动幅度达到了43.7%；税收增速前高后低，逐步放缓，从2014年开始连续两年负增长，从2011年的最高增速25.2%，降至2015年的−33.6%。

**表一　瓦房店市“十二五”税收收入对比“十一五”情况**

单位：亿元、%

| 项目 | 十二五情况 | 十一五情况 | 增减额 | 增减比 |
|---|---|---|---|---|
| 国地税收入合计 | 179.5 | 113.6 | 65.9 | 58.0% |
| 国税收入 | 63.8 | 52.1 | 11.7 | 22.5% |
| 地税收入 | 115.7 | 61.5 | 54.2 | 88.15 |

单位：亿元、%

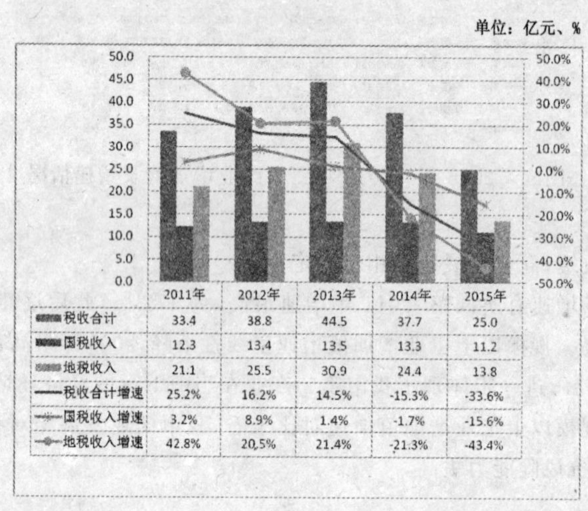

| | 2011年 | 2012年 | 2013年 | 2014年 | 2015年 |
|---|---|---|---|---|---|
| 税收合计 | 33.4 | 38.8 | 44.5 | 37.7 | 25.0 |
| 国税收入 | 12.3 | 13.4 | 13.5 | 13.3 | 11.2 |
| 地税收入 | 21.1 | 25.5 | 30.9 | 24.4 | 13.8 |
| 税收合计增速 | 25.2% | 16.2% | 14.5% | -15.3% | -33.6% |
| 国税收入增速 | 3.2% | 8.9% | 1.4% | -1.7% | -15.6% |
| 地税收入增速 | 42.8% | 20.5% | 21.4% | -21.3% | -43.4% |

图四　瓦房店市2011年—2015年税收收入情况

(二)在财政收入中占比提升，对地方财政收入贡献突出

“十二五”期间税务部门共完成瓦房店市地方公共财政预算收入108.7亿元，增长82.06%，高于税收增速，增收49亿元。占瓦房店市公共财政预算收入的68.9%，对比“十一五”占比57.3%，增加11.6个百分点，税务部门收入对地方公共财政预算收入贡献愈发突出。其中国税系统完成14.8亿元，增长26.5%，增收3.1亿元，占瓦房店市公共财政预算收入的9.4%；地税系统完成93.9亿元，增长96.2%，增收46.1亿元，占瓦房店市公共财政预算收入59.6%。

(三)各税种收入呈倒V型变化，主体税种占比稳定

“十二五”期间，增值税、企业所得税、营业税三大税种实现税收收入91.2亿元，占我市税收收入总量的65.5%，始终稳定维持在65%以上。分税种情况来看，“十二五”期间增值税收入实现43.2亿元，占全市收入31%，在所有税种中占比最高，是我市最主要也最为稳定的税种。企业所得税、营业税分别实现了27亿元和23.2亿元，占比分别达到了19.4%和16.7%，在2013年后均连续两年减收，在“十二五”末年减幅最大，分别达到了13.6%和22.2%。“十二五”末年在各税种中仅房产、土地税(房产税和土地使用税)和个人所得税两类税种实现正增长，分别增长4.5%和40%，其余全部为负增长，其中个人所得税因政策调整等原因实现增收。其余税种中减收幅度最大的为涉土税收(包括资源税、契税、土地增值税、耕

地占用税)和车辆购置税,降幅分别为47.8%和43.8%,涉土税收在税收占比中仅为4.8%,近几年占税收比重下降较快,对比收入最高的2013年减收1.7亿元,下降了近60%。车辆购置税因消费能力下降、市场饱和,长兴岛地区剥离等因素影响,近几年同样大幅回落,2015年不足亿元。

表二 “十二五”期间各税种收入及税收总量占比情况

单位:亿元、%

| 项目 | | 增值税 | 所得税 | 营业税 | 涉土税收 | 房产、土地 | 车购税 | 个人所得税 | 城建等附征 | 其他税种 | 合计 |
|---|---|---|---|---|---|---|---|---|---|---|---|
| 2011年 | 收入 | 8.1 | 4 | 5.8 | 2.2 | 1.7 | 1.9 | 1.6 | 1.5 | 0.6 | 27.4 |
| | 增减% | 6.4 | −14.9 | 1.9 | −15.0 | 16.4 | 18.8 | 23.1 | 32.7 | −21.5 | 1.5 |
| | 占比% | 29.6 | 14.6 | 21.2 | 8.0 | 6.2 | 6.9 | 5.8 | 5.5 | 2.2 | 100.0 |
| 2012年 | 收入 | 8.6 | 4.4 | 5.5 | 2.4 | 1.8 | 1.8 | 1.4 | 1.5 | 0.7 | 28.1 |
| | 增减% | 6.0 | 10.0 | −5.2 | 9.1 | 5.9 | −5.3 | −12.5 | 0.0 | 16.7 | 2.6 |
| | 占比% | 30.6 | 15.7 | 19.6 | 8.5 | 6.4 | 6.4 | 5.0 | 5.3 | 2.5 | 100.0 |
| 2013年 | 收入 | 8.3 | 5 | 6.1 | 2.9 | 1.9 | 1.9 | 1.3 | 1.6 | 0.7 | 29.7 |
| | 增减% | −3.4 | 13.6 | 10.9 | 20.8 | 5.6 | 5.6 | −7.1 | 6.7 | 0.0 | 5.7 |
| | 占比% | 27.9 | 16.8 | 20.5 | 9.8 | 6.4 | 6.4 | 4.4 | 5.4 | 2.4 | 100.0 |
| 2014年 | 收入 | 9.3 | 4.4 | 5.4 | 2.3 | 2.2 | 1.6 | 1.5 | 1.7 | 0.8 | 29.2 |
| | 增减% | 9.4 | −12.0 | −11.5 | −20.7 | 15.8 | −15.8 | 15.4 | 6.3 | 14.3 | −1.7 |
| | 占比% | 31.8 | 15.1 | 18.5 | 7.9 | 7.5 | 5.5 | 5.1 | 5.8 | 2.7 | 100.0 |
| 2015年 | 收入 | 8.3 | 3.8 | 4.2 | 1.2 | 2.3 | 0.9 | 2.1 | 1.4 | 0.7 | 24.9 |
| | 增减% | −10.8 | −13.6 | −22.2 | −47.8 | 4.5 | −43.8 | 40.0 | −17.6 | −12.5 | −14.7 |
| | 占比% | 33.3 | 15.3 | 16.9 | 4.8 | 9.2 | 3.6 | 8.4 | 5.6 | 2.8 | 100.0 |
| 十二五合计 | 收入 | 42.6 | 21.6 | 27 | 11 | 9.9 | 8.1 | 7.9 | 7.7 | 3.5 | 139.3 |
| | 占比% | 30.6 | 15.5 | 19.4 | 7.9 | 7.1 | 5.8 | 5.7 | 5.5 | 2.5 | 100.0 |

## 三、“十二五”瓦房店市三大产业及主要纳税行业纳税情况分析

(一)第二产业税收占主导地位,第三产业税收回落

从税收收入来看,“十二五”期间我市第一产业税收占比较低,但实现连续性增长,增速最高的2013年达到了141.2%的增速,五年增速普遍高于二、三产业,第一产业发展迅速。第二产业税收呈现大幅波动,增速最高的2014年达到了9.9%,增速最低的2015年下降14.2%。从税收来看第二产业“十二五”期间发展形势较为严峻,五年中仅2014年实现了同比正增长,其余年度均为负增长。第三产业在“十二五”期间税收呈前高后低态势,在连续三年的正增长后,2014年、2015年连续两年出现16%以上的负增长,与大连和全国的产业发展状况相背离。从税收占比上来看三大产业税收占比与GDP占比基本吻合,“十二五”期间第一产业累计实现税收1亿元,占“十二五”全市税收不足百分之一,占比虽然逐年上升,但占税收总体比重仍十分有限。第二产业税收实现81.2亿元,占全市税收达到58.3%。从第二产业税收历年占比情况来看始终保持在50%以上,占据主导地位,在连续三年的占比下降后,在2014年、2015年税收占比上升,超过了占比60%,在经济下滑中显现出了“中流砥柱”作用。第三产业“十二五”前期虽然发展较好,在三大产业税收占比中始终未超过50%,“十二五”末年更是降至37.87%。

**表三 "十二五"期间三大产业税收收入情况**

单位:亿元、%

| 项目 | | 2011年 | | 2012年 | | 2013年 | | 2014年 | | 2015年 | | 合计 | |
|---|---|---|---|---|---|---|---|---|---|---|---|---|---|
| | | 税额 | 增减% | 税额 | 增减% | 税额 | 增减% | 税额 | 增减% | 税额 | 增减% | 税额 | 占比% |
| 第一产业 | 合计 | 0.1 | 16.4 | 0.1 | 6.2 | 0.2 | 141.2 | 0.2 | 27.2 | 0.4 | 78.4 | 1.0 | 0.7 |
| | 国税 | 0.0 | −52.2 | 0.0 | 19.7 | 0.1 | 113.3 | 0.0 | −49.2 | 0.0 | −46.3 | 0.1 | 0.1 |
| | 地税 | 0.1 | 160.4 | 0.1 | 0.9 | 0.1 | 154.0 | 0.2 | 56.6 | 0.4 | 94.0 | 0.9 | 0.6 |
| 第二产业 | 合计 | 16.3 | −0.5 | 16.1 | −1.1 | 16.0 | −0.7 | 17.6 | 9.9 | 15.1 | −14.2 | 81.2 | 58.3 |
| | 国税 | 8.7 | −0.6 | 8.8 | 1.4 | 8.6 | −2.0 | 9.5 | 10.1 | 8.0 | −16.1 | 43.6 | 31.3 |
| | 地税 | 7.6 | −0.4 | 7.3 | −3.9 | 7.4 | 0.9 | 8.1 | 9.7 | 7.1 | −12.0 | 37.6 | 27.0 |
| 第三产业 | 合计 | 11.0 | 6.8 | 12.0 | 8.9 | 13.5 | 12.8 | 11.3 | −16.2 | 9.5 | −16.4 | 57.4 | 41.2 |
| | 国税 | 3.6 | 13.2 | 4.5 | 27.1 | 4.9 | 7.3 | 3.8 | −22.2 | 3.2 | −14.2 | 20.0 | 14.3 |
| | 地税 | 7.5 | 4.0 | 7.5 | 0.2 | 8.7 | 16.1 | 7.6 | −12.8 | 6.2 | −17.5 | 37.4 | 26.9 |

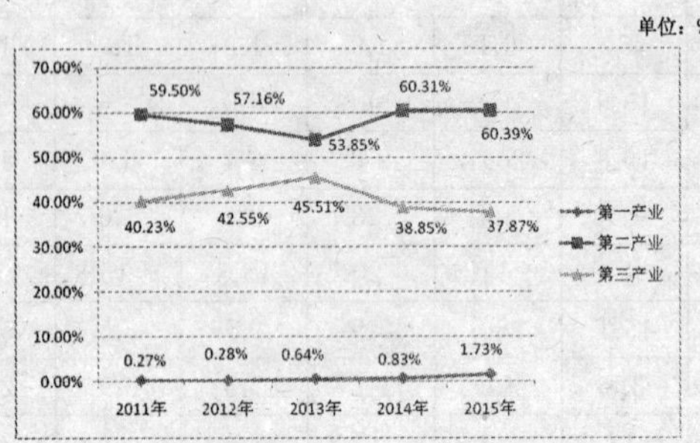


图五 "十二五"期间三大产业税收收入占比情况

(二)主要纳税行业税收下降,新兴纳税行业异军突起

制造业、建筑业、房地产业、电力热力燃气和水的生产和供应业、金融业构成我市几大主要纳税行业。其中,制造业、建筑业和房地产业实现的税收在全市税收总量中占比始终维持在60%以上,"十二五"期间税收累计实现94亿元,占全市税收总量比重达到了67.4%。"十二五"期间受国内经济下行影响,我市制造业连续五年税收同比负增长,从"十二五"开年的11.4亿元降至8.9亿元,制造业仍处下行区间。虽然制造业税收下降,但对比其他行业税收制造业仍占据绝对主导地位,"十二五"累计占比达到了37.2%,2011年占我市税收比重最高,达到了41.4%,占比最低的2013年也在33%以上。

建筑业税收收入急速下降,2011年至2013年我市建筑业税收维持在每年4.3亿元左右,保持平稳。而"十二五"末年建筑业税收仅实现3.6亿元,对比2014年减收1亿元,下降22.9%,下降幅度较大。受近几年国家政策对房地产的打压,以及房价过高,存量房过剩等因素影响,房地产业税收逐年萎缩。房地产业税收占比在逐年下降,在"十二五"初年占税收比重达到17.1%,而到2015年这一比重仅为12.6%,收入也在2013年的最高点5.4亿元降至2015年的3.2亿元,对比2013年波动达到了2.2亿元。

得益于红沿河核电站,以及土城、赵屯、驼山等地风力发电厂的建成投产正式商运,电力热力燃气及水的生产和供应业发展迅速,收入由"十二五"初年的仅0.6亿元到2014年增长至最高点3.3亿元,尽管2015年有所下降,但仍有2.5亿元的税收收入,是2011年的4.4倍。随着红沿河核电站留抵税额的逐渐抵扣完毕,风力发电企业的税收优惠期结束,该行业税收将进一步提升,成为我市经济又一个新兴支柱产业，极大地改变我市的行业税源结构，对我市税收增长的贡献率将会越来越大。

金融业税收崛起迅速，2011 年税收仅 1.1 亿元，2012 年达到了 2.5 亿元，此后一直维持在 2.3 亿元左右。在全市税收收入的占比由 2011 年的 4%，发展至 2015 年的 9%。金融业的迅速发展为我市经济发展侧方面提供了充足动力。

**表四　十二五期间主要行业税收情况**

单位：亿元、%

| 项目 | | 2011 年 | | 2012 年 | | 2013 年 | | 2014 年 | | 2015 年 | | 合计 |
|---|---|---|---|---|---|---|---|---|---|---|---|---|
| | | 税额 | 增减% | 税额 | 增减% | 税额 | 增减% | 税额 | 增减% | 税额 | 增减% | 税额 |
| 制造业 | 合计 | 11.4 | −0.2 | 11.2 | −1.0 | 10.7 | −4.8 | 9.7 | −9.8 | 8.9 | −7.5 | 51.9 |
| | 国税 | 8.3 | 1.6 | 8.5 | 1.8 | 8.0 | −5.4 | 6.8 | −14.6 | 6.2 | −9.2 | 37.8 |
| | 地税 | 3.0 | −4.7 | 2.8 | −8.6 | 2.7 | −2.8 | 2.8 | 4.3 | 2.7 | −3.3 | 14.1 |
| 建筑业 | 合计 | 4.3 | 3.3 | 4.3 | −1.5 | 4.3 | 1.6 | 4.6 | 6.8 | 3.6 | −22.9 | 21.1 |
| | 国税 | 0.2 | −11.5 | 0.2 | 9.2 | 0.2 | −4.2 | 0.3 | 68.1 | 0.2 | −21.9 | 1.1 |
| | 地税 | 4.2 | 4.0 | 4.1 | −2.0 | 4.2 | 1.9 | 4.3 | 4.1 | 3.3 | −23.0 | 20.0 |
| 房地产业 | 合计 | 4.7 | 1.0 | 3.9 | −16.0 | 5.4 | 36.3 | 3.9 | −26.5 | 3.2 | −19.8 | 21.0 |
| | 国税 | 0.4 | 13.5 | 0.4 | −15.5 | 0.9 | 141.1 | 0.2 | −80.0 | 0.1 | −16.8 | 2.0 |
| | 地税 | 4.2 | −0.1 | 3.6 | −16.1 | 4.5 | 25.6 | 3.8 | −16.0 | 3.0 | −19.9 | 19.0 |
| 电热气水生产供应业 | 合计 | 0.6 | −2.0 | 0.6 | 4.9 | 0.8 | 35.2 | 3.3 | 307.5 | 2.5 | −23.9 | 7.7 |
| | 国税 | 0.2 | 1.2 | 0.1 | −16.3 | 0.3 | 100.3 | 2.3 | 688.5 | 1.5 | −36.7 | 4.4 |
| | 地税 | 0.4 | −3.4 | 0.4 | 14.5 | 0.5 | 13.7 | 0.9 | 85.0 | 1.0 | 8.1 | 3.3 |
| 金融业 | 合计 | 1.1 | 25.6 | 2.5 | 127.1 | 2.3 | −8.1 | 2.3 | 1.7 | 2.3 | −3.3 | 10.5 |
| | 国税 | 0.1 | 28.2 | 1.2 | 1166.8 | 0.7 | −40.2 | 0.5 | −36.5 | 0.6 | 21.2 | 3.1 |
| | 地税 | 1.0 | 25.3 | 1.3 | 25.1 | 1.5 | 23.8 | 1.9 | 20.0 | 1.7 | −9.5 | 7.3 |
| 其他行业 | 合计 | 5.4 | 4.9 | 5.7 | 5.6 | 6.3 | 10.0 | 5.4 | −13.9 | 4.6 | −14.0 | 27.4 |
| | 国税 | 3.1 | 5.3 | 3.0 | −4.2 | 3.4 | 16.3 | 3.2 | −7.0 | 2.6 | −18.8 | 15.3 |
| | 地税 | 2.3 | 4.3 | 2.7 | 18.8 | 2.8 | 3.2 | 2.2 | −22.4 | 2.0 | −7.1 | 12.1 |

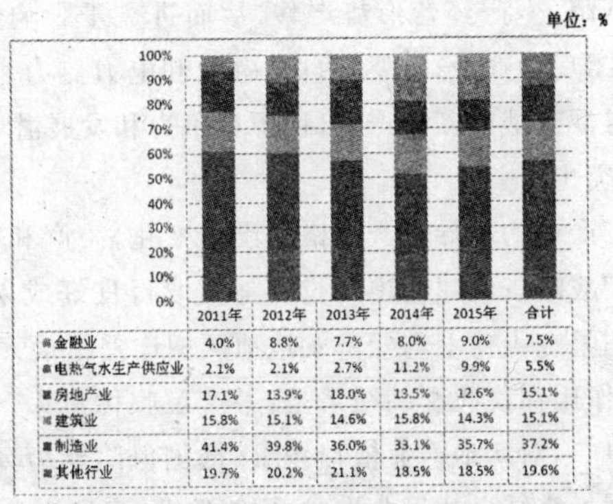


图六　“十二五”期间主要纳税行业占全市税收收入比重情况

(三)税收集中于重点税源企业，纳税大户贡献突出

“十二五”期间我市累计纳税前五十名企业共缴纳税款 52.9 亿元，占全市税收收入 37.9%，虽然户数较少，但对我市税收贡献显著。“十二五”期间，累计纳税前五十名企业中纳税超亿元企业 13 户，合计纳税 27.3 亿元；累计纳税 5000 万元—1 亿元企业共 32 户，合计纳税 23.2 亿元。缴纳税款最多的是辽宁红沿河核电有限公司，共入库税款 6.1 亿元，其次为瓦房店轴承股份有限公司和瓦房店市农村信用合作联社，分别入库税款 4.8 亿元、3.2 亿元。从行业来看这五十户企业分布在八个行业之中，最多的是制造业共 20 户，入库税款 22.1 亿元，共有 7 户企业纳税过亿；其次为建筑业共 10 户，入库税款 6.9 亿元；金融业虽然进入前五十名企业仅 8 户，少于建筑业，但入库税款 7.9 亿元，高于建筑业。

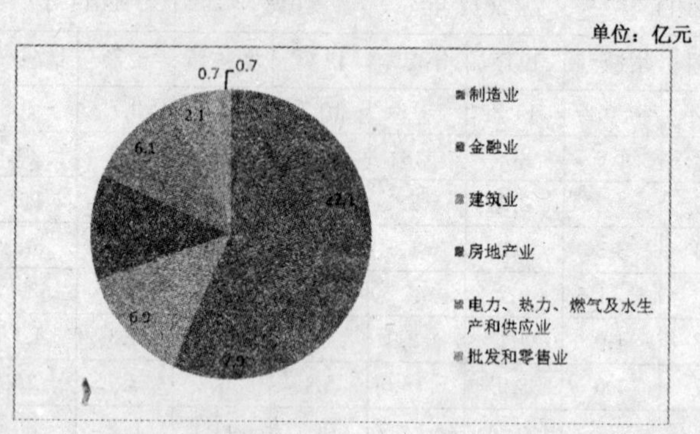


图七　“十二五”期间纳税前五十名企业行业税收情况

## 四、税收反映经济发展中值得担忧的问题

（一）税收增长乏力，税源质量下降

“十二五”初期，我市税收收入能保持较高速度的增长，一是靠投资的拉动，如核电、太平湾工程等重点项目以及房地产业投资对经济的拉动作用；二是靠我市税务部门强化税收征管，堵塞征管漏洞、挖掘税收潜力实现增收。我市由于前期投资过热，导致现在部分企业产能过剩的矛盾逐渐显露，又遇到经济下行的影响，双重因素叠加，造成经济税源质量的快速下滑。其次前期房地产开发项目投资发展，极大地促进了税收增长，随着国家对房地产业的打压、房价过高和开发过度，存量房激增，房地产业去库存的压力巨大，并对二产相关行业带来连锁的负面效应。占我市税收 37.2% 的传统制造业实体经济税源陷入低谷，企业销售收入和税收逐年下降，生产经营形势严峻，从而进一步影响到区域内的消费能力、购买力。“十二五”期间我市新兴税源除了房地产业，主要来自金融业和电力热力燃气和水的生产和供应业，除红沿河核电站外规模均不算大，且缺乏战略新兴产业，税源竞争力和发展潜力严重不足。

（二）经济税源结构性矛盾突出

从产业结构看，我市以第二产业为主导的产业格局没有变化，一产和三产所占比重和增长速度均低于二产，反映出我市“工业强市”战略以及建设项目投资加大取得良好成果。从整体上看，产业结构层次仍较低，第三产业无论在总量还是在占比上与经济发达地区相比差距很大，三大产业在 GDP 中的占比水平与全国乃至全大连相背离。作用在税收上的结果是：一产税收优惠大，收入较少；二产税收占比较高，收入连续下降；三产税收结构单一，对房地产业依赖较重，抵御风险能力薄弱。因此，全力调整三次产业结构，加速发展第三产业已是刻不容缓。从行业构成看，制造业、房地产业、建筑业三大行业占我市“十二五”税收的 67.4%，行业税收不均衡，过于集中少数行业，对税收收入的稳定增长非常不利。

（三）产业集群效应仍待优化

表现在一是龙头企业的引领作用没有有效发挥。瓦市实体经济之间面临激烈的竞争，而企业自身发展能力不足。工业企业总体经济效益不高,自主创新能力不强。加之经济的持续下行,使企业在成本、资金等各方面都面临着诸多压力,这将对瓦市实体经济发展造成一定影响。而龙头企业不但没有引领本地经济发展,反而受到本地其它小企业挤对,挖墙角,在内耗中损伤本地经济发展。二是瓦市企业上下游企业间没有形成有效的衔接,相互间配套不够。一些配套产业没有由本地来消化,而是由外地企业来承接,没有形成一种产业化、链条化。三是企业转型困难重重。部分企业发展模式就是由小到大,当达到一定规模时,仍想盲目扩张,没有考虑到市场的变化、融资的可持续性和承付能力,没有及时进行产品的更新换代、技术革新,当经济形势发生变化,转型升级就会困难重重,举步维艰,许多中小企业陷入关停倒闭的局面。

## 五、加强经济税源建设的意见

(一)固本培源,推进我市产业集群形成

要加快我市龙头企业的发展,龙头企业对产业发展具有引领作用,对税收能够形成有力的支撑,有利于我市产业集群和产业规模的形成。围绕轴承为主导的通用设备制造业、食品加工、建材、电力四大行业做好文章,把优势资源培育成主导产业,把单一产业发展成集群产业,把点状企业变成链条产业,发展为大型的核心企业和企业集团,以此来推进其它行业发展,增强龙头企业的带动作用和辐射作用。

(二)要加快推进新型工业化

我市工业基础虽然较好,但工业化程度依然不高,高精尖的产品不多,支柱产业和重点骨干企业仍然缺乏。因此要鼓励技术创新,大力扶持高新技术企业,尤其是优先支持投资规模大,技术含量高,产业集聚和项目集群效应突出,对税收贡献率高的重大项目。同时要鼓励工业企业加快技改步伐,用足用好技术研发等现行优惠政策,引导企业转型升级。

(三)大力发展现代农业,实现农业产业化

我市农业具有天然优势,产量和规模都达到一定水平,但产品深加工不足,社会经济效益虽然高,但对地方财力贡献不大,要扩大宣传,实行"互联网+农企或农产品"的营销方式,提高产品影响力和知名度,同时将零散的合作社经营方式,向企业化发展,通过深加工出精品,提高农业经济对地方财力的贡献率。

(四)建立长效机制化解产能过剩

当前我市制造业高附加值产品少,低端粗加工产品相对多,产品营销手段落后,存在产能过剩的问题。在调结构的大背景下,中小企业生存压力极大。政府应加强企业引导,多措并举,为企业扩宽营销渠道。用足用好国家宏观政策,为房地产业去库存减轻压力。全力实现"政府搭台,企业唱戏"。根据我市经济体的实际,组建相应联合体,对上下游企业定期召开联合会议,了解产品需求,将经营业务尽可能由本地企业来完成。对本地的政府工程项目,也要尽可能让符合条件的本地企业中标,通过外部搭桥,内部搞活,让本地企业动起来,活起来。

(五)调整产业结构,重点助推服务业的发展

通过实施创新驱动发展战略,开展"大众创业、万众创新"和"互联网+"行动等,创造了大量就业岗位,为传统产业减员增效升级创造了良好条件。产业结构调整优化不能只盯老产业,更要注重发展新产业、新业态等新动能,打造"双引擎",为传统产业减少富余人员、拓展新的就业创造条件。利用我市的旅游优势、资源优势和海洋经济带,全力发展旅游业、生活服务业,通过打造精品,拉动消费需求,不断推动服务业的发展,拓宽第三产业发展空间,推动第三产业结构的优质化。

(作者单位:辽宁省瓦房店市地方税务局)

# 完善文化产业税收政策的国际借鉴与研究

周淑芬　薛宇航　焦艳红

随着产业结构调整的不断深化，文化产业对我国的国民经济和社会发展发挥着越来越重要的促进作用，逐渐成为新的经济增长点。但由于起步较晚、基础薄弱，我国文化产业对国民经济的贡献和影响远低于发达国家。因此，借鉴世界文化强国发展文化产业的经验，采取包括税收政策在内的多种经济政策来促进文化产业的发展，对于促进我国新兴文化产业的发展具有及其重要的意义。

## 一、我国文化产业现状及相关税收政策

### (一)我国文化产业发展的现状

2002 年党的"十六大"报告提出了"完善文化产业政策，支持文化产业发展，增强我国文化产业的整体实力和竞争力"的发展战略，文化产业进入全面启动和快速发展阶段。之后，国家又相继发布了《文化产业振兴规划》等多个重要纲领性文件，有力的促进了我国文化产业的快速发展。截止到 2008 年底，我国文化产业共有法人单位 46.08 万个，非法人单位 2.43 万个，个体经营户 49.69 万户。实现增加值 7630 亿元，占同期 GDP 的 2.43%。分区域看，发展不均衡，东部地区文化产业增加值占本地区 GDP 的 2.73%，中西部地区分别仅占 1.63%和 1.34%，东北地区占 1.38%。

### (二)我国文化产业相关税收优惠政策

目前在支持新兴文化产业方面，国家对动漫产业、数字电视等已实施了税收优惠政策。文化企业开发新技术、新产品、新工艺发生的研究开发费用，允许按国家税法规定，在计算应纳税所得额时加计扣除；对技术转让、技术开发实施税收优惠政策等。在营业税改征增值税的试点中，把文化创意率先纳入了试点范围，鼓励从事文化创意的企业发展。

1、从低适用税率相关税收优惠政策。自 2009 年 1 月 1 日起，对图书、报纸、杂志的增值税税率下调为 13%；从 2009 年 1 月 1 日至 2013 年 12 月 31 日，在文化产业支撑技术等领域内，按规定认定的高新技术企业，减按 15%的税率征收企业所得税。

2、加计扣除相关税收优惠政策。文化企业开发新技术、新产品、新工艺发生的研究开发费用，允许按国家税法规定在计算应纳税所得额时加计扣除。出版、发行企业库存呆滞出版物，纸质图书超过五年、音像制品、电子出版物和投影片(含缩微制品)超过两年、纸质期刊和挂历年画等超过一年的，可以作为财产损失在税前据实扣除。

3、减免(退)税收相关政策。古旧图书，直接用于科学研究、科学试验和教学的进口仪器、设备免征增值税。自 2009 年 1 月 1 日至 2013 年 12 月 31 日，对广播电影电视行政主管部门按照各自职能权限批准从事电影制片、发行、放映的电影集团公司、电影制片厂及其他电影企业取得的销售电影拷贝收入、转让电影版权收入、电影发行收入以及在农村取得的电影放映收入免征增值税。对党报、党刊将其发行、印刷业务及相应的经营性资产剥离组建的文化企业，自注册之日起所取得的党报、党刊发行收入和印刷收入免征增值税。对出口图书、报纸、期刊、音像制品、电子出版物、电影和电视完成片按规定享受增值税出口

退税政策。

从 2009 年 1 月 1 日至 2013 年 12 月 31 日，广播电影电视行政主管部门按照各自职能权限批准从事电影制片、发行、放映的电影集团公司、电影制片厂及其他电影企业取得的销售电影拷贝收入、转让电影版权收入、电影发行收入以及在农村取得的电影放映收入免征营业税。文化企业在境外演出从境外取得的收入免征营业税。对部分省市有关单位根据省级物价部门有关文件规定标准收取的有线数字电视基本收视维护费，自 2009 年 1 月 1 日起，3 年内免征营业税。对经营性文化事业单位转制为企业，自转制注册之日起免征企业所得税。从 2009 年 1 月 1 日起，经认定的动漫企业自主开发、生产动漫产品，可申请享受国家现行鼓励软件产业发展的所得税优惠政策。从 2009 年 1 月 1 日至 2013 年 12 月 31 日，为生产重点文化产品而进口国内不能生产的自用设备及配套件、备件等，按现行税收政策有关规定，免征进口关税。由财政部门拨付事业经费的文化单位转制为企业，自转制注册之日起对其自用房产免征房产税。

## 二、发达国家文化产业现状及相关税收优惠政策

(一)发达国家文化产业发展的现状

国外发达国家的文化产业经过多年的探索和发展，已经形成了一套成熟的运作模式。美国号称世界文化产业帝国，早在 1998 年，美国文化产业产值就已超过航天航空业及农业，占本国 GDP 总量的 18%，在国民经济中位居第 4 位，目前占 GDP 的比重已经达到 1/3。日本文化产业的产值早在 1993 年就已经超过汽车工业的年产值，目前已成为仅次于制造业的第二大产业，占 GDP 的 18%。2003 年韩国的电子游戏市场规模已接近 34 亿美元，增长率(12%)是其国内 GDP 增长率(6.3%)的近 2 倍。英国的文化创意产业是排在金融业之后的第二大产业。

(二)发达国家文化产业的税收优惠政策

发达国家文化产业对国民经济贡献率大，主要得益于其制定了一系列保护知识产权、文化遗产、民族艺术和支持各种公益性文化艺术事业和非营利性文化事业等的法律法规。而在这些法律法规中，作用最直接、效用最大化的应该首推相关税收政策。主要包括以下四个方面内容：

1、鼓励创新的税收优惠。创新是文化产业升级的关键。发达国家现已出台的主要税收优惠措施有：投资抵免，允许企业从应纳税所得额中扣除用于文化研究的资本支出部分；加速折旧，使研发企业享受延期纳税，鼓励企业增加科技开发、加快机器设备更新换代；设立技术准备金，允许文化企业从应纳税所得额中提取未来投资准备金、风险基金和科研准备金。如美国对从事文化产业开发的非营利性机构免征各项税收，对一般文化企业的研发投入给予费用扣除和减免所得税的双重优惠。

2、涵养税源的税收优惠。发达国家的文化产品除了根植本国消费市场外，迅速向国外扩张并获得丰厚回报，税收优惠政策起了关健性的作用。以韩国为例，其对文化产品在进入市场初期给予一定时期的税收减免：在文化企业创立的前四年按应纳所得税额的 10%征收，第五年为 40%，第六年为 70%，从第七年起才全额征税。韩国对技术密集型文化产业中的中小企业在创立初期也给予一定的税收减免：首都圈以外的地区在创业后有收入年度起，6 年内减免所得税或法人税的 50%；首都圈以内的地区在创业后有收入年度起，4 年内减免所得税或法人税的 50%，之后 2 年内减免所得税或法人税的 30%。

3、增强文化产业竞争实力的税收优惠。发达国家为提高优势文化产业的国际竞争力，最大程度降低纳税人的税收负担。如英国政府不对图书、期刊、报纸征收增值税，从而使图书与其他出版物始终处于零税状态。这种税收激励政策使英国跻身于世界出版大国之列。英国政府对一些大学出版社如牛津大学出版社和剑桥大学出版社的经营全部免税，以资助学术出版。澳大利亚政府规定，投资电影业的纳税人在缴纳所得税时，可享受投资额 150%的超额税收扣除，而其投资所得只有 50%需要纳税。

4、储备优秀人才的税收优惠。文化产业是新兴产业，同时也是智力密集型产业，需要储备大量具有

特殊文化才干和创新精神的人才。美国文化部门利用雄厚的资金和具有针对性的税收政策，每年从世界各地吸收大量优秀文化艺术人才，给美国文化市场带来源源不断的创作激情。法国政府规定，对享受国土整治津贴的重点地区，用于文化产业研发的人员开支减税额为100%、大巴黎地区为65%、其他地区为75%。丹麦为了吸引具有国际影响力的文化产业专家到丹麦工作，在税法中明确规定减少在丹麦工作的外籍专家的个人所得税。韩国对在国内文化产业工作的外国人给予5年的所得税减免。

## 三、完善我国文化产业税收优惠政策的思考

（一）与发达国家相比存在的主要差距

我国文化产业已进入全面启动和快速发展阶段，文化服务业市场化程度较高，私营单位发展迅猛，经济效益大幅提高，国家为支持文化产业发展先后在增值税、营业税、所得税和关税及其他税种方面出台了一系列政策，但现行的税收优惠政策零星分散，散见于行政法规、国办、财政、总局的各文件之中，存在优惠方式单一，优惠期限较短，缺乏中长期规划，税负较重等问题。

1、税收政策优惠方式单一。现行文化产业税收政策大多分散于税收法律法规、规章制度里，缺乏系统、完整的政策规定。从所得税优惠方式分析，税率优惠和税额优惠属于直接优惠，是纳税人在税基已定的前提下得到的优惠，优惠方式单一，其激励效应缺乏扩张性。没有采取国际通行的加速折旧、投资抵免、加大费用支出、延期纳税、亏损结转和提取风险投资准备金等优惠方式。

2、优惠期限较短，缺乏中长期规划。没有建立长效机制。很多政策均只有几年的优惠期限，而且部分相关税收优惠政策主要适用于文化企业成立初期，不能形成企业发展的长期政策预期，缺乏稳定性。

3、税负较重。以出版业涉及的图书销售增值税税率为例，相对于文化产业发达国家而言，我国的图书销售13%的增值税税率明显过高。目前，我国对在境内销售的文化产品统一征收增值税，而文化产业中知识和智力投入往往占文化创意产品成本的绝大部分，但是企业在纳税时对这些投入并不能抵扣，如演艺业的剧目创作或购买成本，出版业支付的作者稿费及版权、广告业的广告创意成本等、演艺业中的剧目创作成本、动漫产业中的作品创作及购买支出成本、报刊业中的稿费支出成本等均不能进行进项税额抵扣，税负水平略显偏高。

（二）完善我国文化产业税收优惠政策的建议

梳理整合各项现行的税收优惠扶持政策，以法律形式确定国家发展文化产业的基本税收扶持政策，最终形成一整套行之有效的促进文化产业发展的税收法律法规体系，降低税率，减轻文化产业税收负担。文化领域营业税应税行为纳入增值税扩围的试点范围，引导企业加大研究和开发的投入，增强企业的自主创新能力。出台鼓励文化产品推广，刺激文化产品需求的税收政策。

1、降低税率，减轻文化产业税收负担。发达国家对文化产品一般实行差别税率。我国应效仿发达国家，下调文化企业13%的增值税适用税率；为体现国家对文化产业扶持的税收政策导向，可考虑对文化企业适用高新技术企业适用的15%的优惠税率。

2、加快“营改增”步伐，减少重复征税。扩大文化产业领域增值税征税范围，能够最大程度减轻文化企业税负。其一，文化企业相关增值额信息的获取成本较高，应充分考虑文化产业研究成本、创意成本巨大等因素；其二，对文化生产企业购买诸如专利技术等其他服务投入允许进行抵扣，鼓励把这些服务项目从生产企业中分离出去，有利于促进文化企业生产性服务的快速发展。

3、延长税收优惠期限。应正视文化产品生产的特殊性，制定适用于文化产业长期发展的税收优惠政策。如为增加文化企业对未来发展的确切性，以制定企业中长期的发展规划，可将目前的相关税收优惠条款适用年限由一般的2～3年延长至5～10年。

4、鼓励投资，引导资金向文化产业投入。鼓励资本要素向文化产业流动，解决文化企业融资难的问

题，对投入文化产业的资金产生的利润五年内免征企业所得税。鼓励文化企业拓宽融资渠道，对融资租赁企业支持文化企业发展签订的租赁合同，实行优惠税率，对投资企业以股权投资方式投资转制文化企业，或创业投资企业以股权投资方式投资民营文化企业、中小文化企业的，投资期满5年以上的，可以按其投资额的一定比例扣减该投资企业或创业投资企业的应纳税所得额。

5、出台税收优惠政策，刺激文化需求。鼓励有条件的企业为职工购买文化产品、文化服务的支出，研究出台相应的激励措施，如对于企业为员工购买文化产品、文化服务的支出，予以主营业务(销售)收入一定比例的税前扣除。出台刺激文化消费的个人所得税优惠政策，如对个人用于购买文化产品、文化服务的支出，根据实际支出额，按年给予个人所得税税前一定比例扣除等政策。

6、引进优秀人才，促进产业振兴。对技术入股、人才入股文化企业免征个人所得税，对外国文化产业专家在华工作，五年内免征个人所得税，鼓励技术、人才要素向文化产业流动。

(作者单位：吉林省四平市地方税务局)

# 西安市地方税务局“内涵式发展”白皮书

赵兴奋

推动事物发展的方式一般有“外延式发展”和“内涵式发展”。外延式发展强调的是数量增长、规模扩大、空间拓展，主要是适应外部的需求表现出的外形扩张；内涵式发展强调的是结构优化、质量提高、实力增强，是一种相对的自然历史发展过程，发展更多是出自内在需求。内涵式发展道路主要通过内部的深入改革，激发活力，增强实力，提高竞争力，在量变引发质变的过程中，实现实质性的跨越式发展。两种发展方式，在不同的发展环境下，发挥着不同的作用，共同促进事物的发展。西安市地税局坚持科学发展，大胆解放思想，积极改革创新，实施了“机构改革、人事调整、在分级、分类基础上的专业化管理，风险管理、网上办税、纳税服务、基层党建”等一系列重大举措，实现了跨越式发展。一是坚持以人为本，科学发展，依法行政更加深入人心；适应科学发展的机制体制基本建立。二是为国聚财，为民收税，服务经济社会发展大局，共建和谐税收的核心税收文化达到普遍的遵从。三是组织收入规模扩大，用一年时间，实现了从300亿到400亿的跨越。四是组织机构更加健全，整合了稽查局，新增了3个征管分局、2个专业局。五是以办公自动化、办公场所改善为主要内容硬件设施建设得到进一步加强，取得了显著成效。六是积极探索税收征管改革，取得了一批成果。经过近20年的发展，西安地税实现了量的扩张和质的提升。综合各方面的考量，西安地税现在和今后一段时间仍处在黄金发展期、战略机遇期、矛盾凸显期、风险高发期互相交织、互相叠加，这样一个“四期并存”的历史阶段；现在和今后一段时间，将进入以内涵式发展为主，外延式发展为辅时期。

## 一、内涵式发展定义

(一)内涵式发展环境基本假设

内涵式发展环境是指西安地税内涵式发展外部支持要素及依存条件。西安地税内涵式发展环境基本假设，是基于以下基本考量：

——西安地税定位、职能基本不变，并有扩张的趋势。以组织收入为中心，保障提供社会公共产品需求的政治职能；促进地方经济持续、稳定、协调发展的经济职能；秉承公平公正价值取向，构建和谐社会的文化职能；监督各经济主体履行职责，维护纳税人合法权益的监督职能。

——现行管理体制基本不变。以分税制为基础，税权高度集中于中央，税制管理体制不变；以垂直领导，人、财、物统一管理的行政管理体制基本不变。

——依法行政的基本行为方式不变。

——基本管理资源有限性与地税事业无限扩张性之间矛盾运动的趋势基本不变。

——现代管理理念和以信息化为主要代表的现代管理手段的普遍应用基本不变。

——税收征纳双方主体素质不断提高、利益诉求不断提高并有进一步发展的趋势。

(二)内涵式发展定义

基于上述发展环境的基本判断，西安地税内涵式发展的定义是：

依托现有发展资源，坚持以人为本，落实科学发展观，通过人员素质的提高，资源的整合、流程的再造，实现西安地税事业在量扩张的基础上实现质的提升，在地税事业发展的基础上实现人的发展。

## 二、内涵式发展模式

依据西安地税在全国、全省定位，依据西安历史、文化、经济、社会发展积淀，以及建设国际化大都市的进程，依据西安地税改革发展的现状，依据现代发展理论的深刻认识，发展规律的正确把握，西安地税内涵式发展模式是：

坚持以科学发展观为指导，坚持以人为本为动力，以征纳双方共同遵从法律为目标，以服务经济社会发展大局、构建和谐社会，实现人的价值为目的，以资源整合、流程再造为途径，以现代发展理论和现代发展手段为依托，以落实责任实行法人治理为保障，实现西安地税内涵式发展。

## 三、内涵式发展的意义

内涵式发展是发展诸要素按照其发展模式相互结合、相互作用，实现的发展。其意义是：

(一)坚持以科学发展观为指导，实现科学发展

科学发展观，是当代的马列主义，指导我们行动的指南，必须坚定不移的坚持，才能保证正确的发展方向，才能获得正确的发展途径，才能实现科学发展。科学发展就是尊重并遵循经济社会和自然发展规律，不断解放和发展社会生产力，实现全面、协调、可持续地发展；是依靠结构优化、质量提高、实力增强，出自内在需求的自主发展；是不断与环境进行交流的开放式发展；是与相对人互动的合作发展；是与相对人互利共赢的共同发展。

(二)坚持以人为本，是内涵式发展的不竭动力

人是社会生产力最活跃、最具创造力的要素；尊重人权和人的价值，不断满足人民日益增长的物质文化需要，促进人的全面发展，是发展的根本动因；只有坚持以人为本，才能调动各方面的积极性、创造性，因此，坚持以人为本，是发展的出发点也是发展的归宿点，是推动发展的不竭动力。发展是为了人民，发展要依靠人民，发展的成果由人民共享。

(三)坚持法律的遵从，是内涵式发展的直接目标

税收法定，是现代税收的基本特征，为世界各国所遵从。法律是以权利和义务为内容、以强制力保证实施的行为规范，没有无义务的权利，也没有无权利的义务。在法律面前权利和义务是对等的、统一的。违反法律的意义在于对相对人的不承认、不尊重，也意味着要求相对人对你的不承认不尊重。法律是道德的底线，是法律关系参与者必须共同遵守的行为准则，绝不能有凌驾于法律之上的特殊公民和组织，违法必须承担法律后果。遵从法律，是税法关系参与者直接追求的目标，也是内涵式发展的直接目标。

(四)服务经济社会发展大局、构建和谐社会，实现人的价值，是内涵式发展的目的

在现有的法治环境下，内涵式发展的直接目标与目的是统一的，但发展实践的多样性和复杂性决定了直接目标和目的存在偏差的可能。因此，在追求直接目标的时候，必须联系目的；在发展目的指引下追求目标。

(五)发展资源整合、流程再造，是内涵式发展的途径

内涵式发展依靠结构优化、质量提高、实力增强，出自内在需求的自主发展。只有在增强自身实力的基础上，才能对发展资源进行整合和优化配置，实行流程的再造，才能实现内涵式发展。因此，提升自身实力、整合和优化配置发展资源，实行流程再造，是内涵式发展的途径。整合和优化配置发展资源，意味着流程的再造；流程再造只有整合和优化配置发展资源跟进，才能对发展发挥作用。

(六)现代发展理论和现代发展手段，是内涵式发展的依托

内涵式发展显著特征是自身实力的增强，自身实力增强的显著标志是具有掌握和运用现代发展理论

和现代发展手段的能力。因此,内涵式发展必须以掌握和运用现代发展理论和现代发展手段为依托,借助现代发展理论和现代发展手段的力量,推动发展,尤其是要借助现代的信息网络、物流网络、服务网络,推动发展。

(七)落实发展责任,是内涵式发展的保障

随着国际经济一体化的发展,以电子信息化为代表的现代科学技术的发展,世界政治、经济、文化的发展呈现出前所未有的竞争、融合趋势,任何一个看似孤立的事件,都可能演化为国际风波。内涵式发展是合作发展、共同发展,各发展主体之间、主体内部各要素之间的相互作用,为彼此发展提供条件,任何一个环节、任何一个要素出现问题,都会影响发展。因此,落实发展责任,是内涵式发展的保障。

## 四、内涵式发展实践

(一)工作思路

现行税收征收管理法律框架是:税务登记、纳税申报、账簿凭证管理、税务检查、法律责任,其反映的管理机制是:税务登记是基础(确认纳税主体资格及相关纳税信息),纳税申报是主体(纳税人依法申报缴纳税款,是组织税收收入的主要方式,是由纳税人发起主动缴纳税款的法定行为),账簿凭证管理是依托(记录纳税信息,考量纳税行为),纳税检查是手段(征税主体通过考量纳税行为是否真实、可靠、全面,回馈给纳税主体检查结果,保证纳税行为全面合法,是组织税收收入的次要方式),法律责任是保障(落实征纳双方主体法律后果,保障税收行为合法运行);其反映的行为模式是:1.纳税行为:由纳税人发起,申报缴纳税款——征税人受理,纳税人对自己申报缴纳行为负责;征税人只负责受理,不负有审查核准的义务。2.征税行为:由征税人发起,实施事务检查——作出处理决定——强制纳税人缴纳税款、罚款;纳税人先行给付税款,然后实施法律救济,征税人对自己的行为负责任,纳税人依法维护自身合法权益。

在税收活动中,我们要解决三个基本问题:合法性、真实性、有效性。

1、合法性:无论是纳税行为,还是征税行为,都应该依据法律规范做出。只要我们对法律规定的行为进行明确,对每一个行为进行要件拆分,制定构成要件标准,并把这些要件标准固化在计算机里,依托计算机自动处理功能,帮助我们实现税收行为的合法化、主要功能的自动化,进而实现内涵式发展。

2、真实性:税款=计税依据*税率。税率是税法明确规定的,计税依据税法虽有明确规定,但对具体的纳税人则是不同的。因此,税款是计税依据的函数。计税依据,对纳税人来说,来自于其核算和申报数;对征税人来说,除来自纳税人申报外,还来自自己的税务检查。只要我们将纳税人申报的计税依据输入计算机与事先采集的关联数据进行挖掘分析,就能够发现与实际发生数偏离的概率,进而提示纳税人进行自查、自纠;提示征税人检查纠正。通过自查自纠,检查纠正,实现税款缴纳与征收的真实完整。

3、有效性:在税收征收管理活动中,管理对象无限扩大的趋势与征收管理资源有限的矛盾始终存在。只有我们对管理对象和管理资源进行分类、分级,对不同类型、不同量级的征管对象建立相应的纳税特征数据库、建立相应的纳税数据分析模型,依托办公自动化系统,实行标准化、专业化管理;适应不同类型、不同量级的征管对象标准化、专业化管理的需求,对管理资源也实行分类、分级、标准化、专业化管理,有效整合和优化配置管理资源,实现征收管理的有效性。

为此:

——坚持以人为本为导向,构建税收文化核心价值体系为中心,完善选人用人机制,加强教育培养,全面增强人的实力。

——坚持以风险管理为导向,实施分类分级管理,整合、优化资源配置,提高系统自我发展能力和抵御风险能力。

——坚持以体制机制创新为导向,实施流程再造,优化系统结构,提高系统发展效能。

——坚持全面覆盖，突出重点；内外兼顾，以内为主，以内促外；简便易行，高效实用的原则，统一规划，分步实施。

（二）工作目标

1、打造一支队伍：按照专业化、标准变化的要求，打造一支人格健全、结构合理、高素养、适应内涵式发展要求的干部队伍。

2、构建两个平台：一是征收管理的操作平台，二是在征收管理的操作平台健全的基础上，对其产生的数据进行加工利用、并引进第三方数据建立管理服务平台。征收管理平台：按照法律的规定，对执法行为进行明确，对每一个执法行为构成要件进行分解，对每一个要件制定标准，按照标准建立计算机模块，依托计算机处理实现执法行为的规范、高效。管理服务平台：对征收管理平台产生的数据、引入第三方数据，对这些数据进行挖掘处理，为纳税人提供自查指引，为征税人提供税务检查指引，为政府提供社会发展动态报告，为社会提供纳税诚信报告。

3、实现三个突破：一是征收管理从经验化、模糊化，到标准化、专业化的突破；二是税收服务从自身化，扩展到相对人、政府、社会各界，实现全方位服务突破；三是监督管理从事后监督到事前防范，实现税收活动全面风险管控的突破。

（三）主要措施

1、队伍建设。

（1）完善法人治理，开拓发展空间。法人是发展的主体，具有独立的管理机构及法律人格，能够独立行使权力，承担法律责任，具有开展法定活动的物质条件。西安地税机构改革后，建立了各级法人。各级法人应在法律框架内独立的谋求发展，并对自己的行为负责；非法定情形，上级机关不得干预下级机关活动。积极引进现代法人治理理念，大胆探索符合本单位实际的法人治理，不断完善法人治理机制，开拓发展空间。

（2）完善法人内部结构建设，提高办事效率。法人内部各机构对法人负责。法人内部各机构实行部门首长负责制，部门首长对本部门的全部行为负责，部门首长有20%部门用人自主权，有部门“预算法案”及时执行权。各部门之间应建立基于职责的无障碍及时服务机制。

（3）建立互动式职业规划合同，实行人力资源分类分级管理。法人根据事业发展需求制定人力资源发展指引（包括：职位需求、职业素质标准、晋升路线图、任职程序、岗位职责、福利待遇等内容）并予公告。由个人结合自身发展需求，提报自己职业发展规划，经与法人协商达成职业发展合同；合同一旦达成，双方必须遵守，非法定情形不得改变。结合公务员管理改革试点，将在职人员划分为：执法类、行政类、技术类，每个类别划分为高、中、低三个等级，制定不同类别、不同等级职业素质标准、岗位职责标准、岗位考核标准、任职资格、任职条件、任职程序、福利待遇，对不同岗位、不同等级的人员，实行相应的待遇。

（4）人才培养。依据人力资源发展指引，以人才自我成长为主，单位培养为辅，鼓励个人根据工作需要，取得各类通过国家统一考试的专业资格证书（如：经济员、助理经济师、经济师、高级经济师资格证书，会计员、助理会计师、会计师、高级会计师资格证书等），对取得相关资格证书的人，单位给与一定的物质奖励，根据职业规划合同，在同等条件下，优先晋升，建立健全人才自我成长、自我发展的机制体制。

（5）文化建设。文化建设是人格成长的重要内容，倡导：法治、公平、文明、效率、诚信、包容的文化价值取向。树立：组织的成功是个人成功的前提，个人成功是为组织创造价值的共同愿景。开展讲好三个人，做好三个人活动（一人是“个”，一个人头重脚轻，要慎独，做到自警、自立、自律；两个人，是“从”，有主次之分，要讲位置，做到定位准，有秩序；三个人，是“众”，有上下、左右之别，每个人都离不开其他人，要讲大局、讲团结、将帮助，做到合作共赢）。实现知行统一。开展工作讲评（自己对工作怎么想——怎么做——效果如何——体会到什么），自己讲，大家评，实现工作能力自我提升。通过各种形式的活动，努力营造风清气正的人际关系氛围。

2、平台建设。

(1)全面厘清执法行为,对每一个执法行为进行要件拆分,制定要件标准,构建各要件之间的关联关系,按照税收行为合法化的要求,对现有的征管系统进行完善提升,用两年左右的时间完成征收管理平台建设。

(2)在征收管理平台建设的基础上,结合对管理对象的分类、分级,依据不同类别、不同级次管理对象对系统绩效、系统风险影响评估结果,整合并优化配置管理资源,引进第三方数据,再用两年左右的时间,完成管理服务平台的建设。

3、流程再造。

(1)伴随着队伍建设、平台建设,以实现了对现有人力资源管理、业务管理的流程再造。

(2)部门预算执行,由批准制,改为核准制。各部门根据已批准的部门预算额度,及时支付有关事业经费,不再层层审批,实行事后核准。各部门预算执行结果接受各方监督,各部门对其行为负责。

(3)实行纳税诚信免责。伴随管理服务平台作用的发挥,纳税人依据管理服务台做出的纳税风险指引,做出自查自纠行为,税务机关应视为自主申报,免予行政处罚。纳税人申请税务机关确认的纳税事项,税务机关应依法确认;税务机关对其确认的事项负责,纳税人对税务机关对其确认该事项免责。

内涵式发展,是时代发展潮流的要求,是西安地税发展的重大举措。我们将不断提高认识,积极探索,大胆创新,奋力推进,争取实现西安地税大发展。

(作者单位:陕西省西安市地方税务局)

# 新常态下"疆电外送"发展趋势研究

吕京原　陈　晓　何永亮

电力作为国民经济的基础产业，也是国家发展稳定的重要战略资源，事关国计民生。我国能源分布与能源需求不均衡，客观上决定了我国电力能源必须走远距离、大规模输电和全国范围优化电力资源配置之路。新疆地大物博，资源非常丰富，近年来电力项目快速增长，而新疆当地的电力消纳市场空间有限，使得电能严重过剩，"疆电"大规模外送无疑就是解决问题的有效途径，可使资源优势转化为经济优势，实现共赢。

## 一、新疆电力资源概况

新疆维吾尔自治区位于中国的西北部，古称西域，面积166万平方公里。在一带一路的推动下，新疆的能源发展也成为行业关注的焦点。新疆资源种类多、储量大，开发前景广阔。无论是煤炭资源、风能还是太阳能，新疆的能源有着得天独厚的自然馈赠。

(一)煤炭资源

新疆煤炭资源总量预测约为2.1942万亿吨，约占全国预测煤炭资源总量的40.6%，居全国第一位，是我国十分重要的能源接续区和战略性能源储备区，其主要分布在准噶尔(6235亿吨)；吐鲁番—哈密(5350亿吨)；伊犁(4772亿吨)这三大盆地。

表一　新疆煤炭资源储量统计表

单位：亿吨

| 含煤区 | 独立煤田 | 预测储量 | 探明储量 |
|---|---|---|---|
| 准噶尔地区 | 准东煤田 | 3359 | 1646.07 |
| | 准南煤田 | 2110 | 279.06 |
| | 和什拖洛盖煤田 | 1082 | 63.05 |
| | 准西北煤田 | 777 | — |
| 哈吐—巴里坤地区 | 吐哈煤田 | 5748 | 442.67 |
| | 三塘湖煤田 | 1359 | 586 |
| 西天山地区(伊犁凹陷) | 伊犁盆地 | 4798 | 25.74 |
| | 尤鲁都斯煤田 | 967 | 0.13 |
| | 焉耆煤田 | 138 | 8.46 |
| | 库米什煤田 | 264 | 0.06 |
| 塔里木北缘地区 | 库拜煤田 | 335 | 20.09 |
| | 孔雀河煤田 | 1037 | — |

(二)太阳能资源

新疆太阳能资源十分丰富，全年日照大于6小时的天数为250—325天，日照时数为2550—3500小时，年辐射总量5430－6670MJ/m2，居全国第二位，仅次于西藏，主要分布于五大区域：东疆东部丰富带、天山南麓次丰富带、天山北麓较丰富带、北疆中部、北疆北部亚丰富带。

（三）风力资源

新疆陆上风能资源占全国总量的37％，仅次于内蒙古，总储量9.57亿KW，技术开发量为2.34亿KW。但由于地形复杂，风能资源储量和技术开发量分布不均匀。风能资源丰富区集中在达坂城风区、哈密东南部风区等9大风区。据预测，九大风区可开发风电总装机容量在8000万千瓦以上，相当于4.5个三峡水电站（1820万千瓦）的装机容量，年可利用风能1600亿千瓦时以上。

## 二、新疆电力项目建设现状

近年来，自治区大力实施优势资源转换战略，电力项目建设取得了快速发展。中央"一带一路"战略的提出，进一步推动了经济合作，最大限度将资源优势转化为经济优势。目前，新疆电网已建成±800千伏换流站1座，联络变2台；750千伏变电站8座；220千伏降压变电103座；220千伏升压变电站13座，开关站4座。

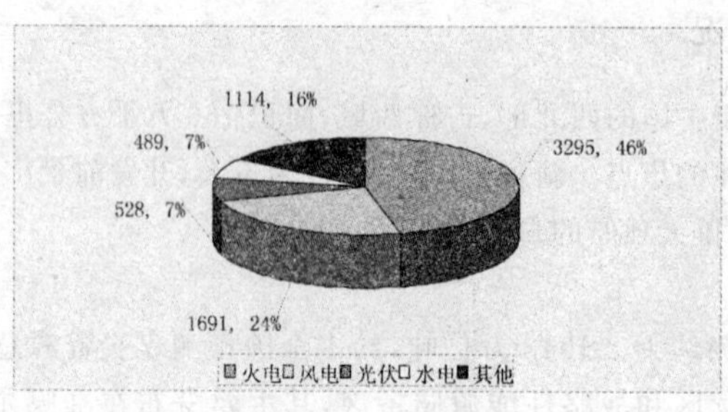


图一　截至2015年全疆电力装机规模占比图

（一）输电项目

1、750千伏输变电工程。2010年11月，新疆首个750千伏输变电工程与西北电网顺利联网，正式实现"疆电外送"。2013年6月，新疆与西北750千伏联网二通道工程投运。2014年新疆750千伏电网建成以乌鲁木齐为中心，西至伊犁、南达巴音郭楞、东联西北电网的"Y"形骨干网架，建成投运750千伏变电站9座。2015年底，新疆电网形成"三环网、双通道、两延伸"的750千伏骨干电网，分别延伸到喀什、准北，向外形成和甘肃、青海750千伏双通道连接。

2、±800千伏直流输电工程。2014年1月，新疆首条"疆电外送"特高压±800千伏哈密南—郑州直流输电工程正式投运，从新疆的东大门哈密出发，通过2192千米的输电线路，先后跨越新疆、甘肃、宁夏、陕西、山西几省至河南，点亮了中原大地。这意味着新疆能源又多了一条"走出去"的大通道。

此外，"十三五"期间，规划建设的哈密北—重庆、准东—四川、准东－华东、伊犁－巴基斯坦特高压工程将形成5000万千瓦以上的"疆电外送"能力，实现资源能源大范围优化配置，在提高新疆自我发展能力，解决煤电运矛盾的同时，形成"煤从空中走、电送全亚洲"的新格局。

（二）发电项目

截止2015年底，新疆电力装机总容量7117万千瓦，其中：火电3295万千瓦，风电1691万千瓦，光伏发电528万千瓦，水电489万千瓦，其他形式装机容量1114万千瓦。2015年发电量2117.8亿千瓦时，其中：火电（含自备电厂）发电量1703.99亿千瓦时，风电发电量147.78亿千瓦时，光伏发电量45.79亿千瓦时，水电发电量197.38亿千瓦时，其它（生物质发电）发电量22.85亿千瓦时。

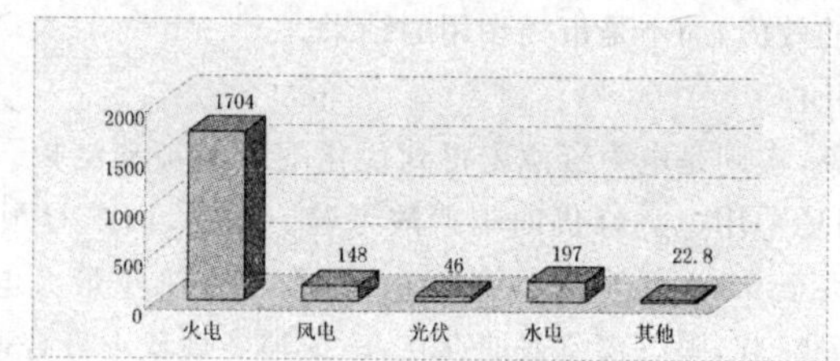


图二　2015 年全疆各类型电力项目发电量统计图

## 三、“疆电外送”对新疆经济的贡献

“疆电外送”是一个复杂庞大的发、变、输、用的系统，项目的建设及整体运营将对新疆经济的拉动效应十分显著，可将新疆的煤炭、风能、太阳能等优势资源就地转化为电力，实现大规模外送，对提高自治区GDP，增加财政收入，拓展就业空间，拉动相关产业的发展意义重大。

750 千伏电网的运行可覆盖南北疆所有重点区域，仅此，至少可以拉动上千亿元的投资。而±800 哈郑工程投运后，新疆外送电能将提升 400%，额定功率运行下每年可向华中地区输送电量 500 亿千瓦时，直接拉动新疆投资 1000 亿元。三条外送通道的运营可使外送能力达到 1300 万千瓦，年输电量将超过 650 亿千瓦时，相当于就地转换标准煤 3100 万吨，这可为新疆本地带来 3 万个就业岗位、创造近 60 亿元的新增经济总量，拉动经济发展近 1 个百分点，使新疆从能源产业低附加值的原料供给方，跃升为整个链条中高附加值的能源生产与配送方，同时带动冶金、建材、电气、机械制造等行业的发展。

此外，据了解，准东－华东、准东－四川±1100 千伏这两项工程也准备投建，预计可拉动固定资产投资 1000 多亿元，增加就业岗位约 1.5 万个，可间接解决 10 万人就业，转化利用煤炭 6000 万吨，实现工业增加值 200 多亿。且六大发电集团未来 10 年在新疆的总投资将超过 5500 亿元，这将极大地拉动电力行业的发展。同时，大规模的电力工业建设，带动相关装备制造业的发展，有力地促进了自治区新型工业化的建设。目前，新疆已经形成了以特变电工、金风科技等为代表的行业龙头企业。

“疆电外送”累计达到 514 亿千瓦时，相当于外送煤炭(折合标煤)1547 万吨，有效地缓解了疆内铁路的输送瓶颈，给电力行业带来经济效益并拉动 GDP 增加约 177 亿元。2015 年电力行业实现税收 398356 万元，实现公共财政预算收入 205956 万元。

“疆电外送”是提高供需双方整体经济效益、促进共同发展的双赢战略。对输入地而言，补足了当地电力缺口、节约了土地、淡水等资源，可以把更多资金转向高新技术产业，促进产业结构升级，加快后工业化进程。对输出地而言，以资源开发为先导，变资源优势为经济优势，既可以增加就业、积累资金、提高居民人均收入，又可以结合当地资源，发展相关产业，形成产业链，通过横向和纵向经济联系，带动区域经济走上自我发展的良性循环，加快新疆地区脱贫致富和工业化的步伐，促进教育、科技、文化等各项社会事业的进步。

## 四、“疆电外送”存在的问题

(一)外送电力在输入地遭排挤

用电量是“克强指数”的三大指标之一，工业用电量增速疲软也从侧面见证了中国经济增速的放缓，各省用电量亦下降明显。电力行业能给地方政府带来明显的经济效益，在国内经济下行的现状下，地方政府行政干预更为明显，排斥外地电力输入，优先使用本地电力，使得外送规模大大受阻。现今外送规模更多的是政府干预所带来的效应，而不是市场作用的结果。

(二)“电荒”与“窝电”并存

电荒时代的“窝电”现象，实则是电力资源未得到优化配置的被动结果。近年来，虽经济下行导致用电量减少，但局部地区每到夏季用电高峰仍面临严峻考验。据悉，山东省预计 2016 年电力缺口将 1000 万千瓦，到 2017 年将再扩大至 2500 万千瓦。海南省预计今年下半年最大电力缺口达 60 万千瓦。而在疆内仍对各发电项目进行配额制，限电现象普遍存在，电能浪费现象十分普遍。

(三)火电多处受阻，企业亏损加剧

火电生产过程中，各种排放物超标会造成环境质量恶化，而中国到 2020 年二氧化碳排放将比 2005 年下降 40%－45%的承诺及“十三五”创新、协调、绿色、开放、共享的发展理念使得未来电力发展的方向为风、光电力为主、火电为辅的新能源结构体系，对传统火电行业的冲击较大。同时环保力度的加强使得企业环保成本大大提升，加之现阶段内需不足，外送有限，全疆多数煤电、煤化工企业出现亏损，企业陷入困境。

(四)核心技术缺失，电力规划失调

风电机组的核心设计及制造技术以及多晶硅原料提纯的核心技术和设备生产仍亟待提高，一些核心零部件如轴承、叶片和齿轮箱等与国外同类产品相比其质量、寿命及可靠性尚有很大差距。同时，新能源发展规划与电网规划不相协调，风、光电行业的发展是建立在国家扶持政策基础之上的，不是完全市场化的经济行为，这使得投资规模与最佳效果不成正比，容易出现计划缺失，电场建设往往没有考虑当地电网的消纳能力，造成装机容量大，并网发电少，浪费严重。

## 五、“疆电外送”后期的发展方向

(一)建立合理的电力价格体系

设计合理的电力价格体系是规范电力行业的重要保证。真正决定电力走向的是价格，“限电、并网难”的背后实则是利益之争，折射出电力市场缺乏统筹兼顾的深层次问题，要想扭转这一现象，就要使各方有合理的价格利益预期，但又不能获得暴利，要使价格体现出责、权、利。当务之急，需要制定和完善输、配电成本监审、价格管理办法，建立健全对电网企业的激励和约束机制，分类推进交叉补贴改革，结合电价改革进程，配套改革不同种类电价之间的交叉补贴，逐步减少工商业内部交叉补贴，妥善处理居民、农业用户的交叉补贴。

(二)建立综合性的电力交易平台

电力外送基地的长效平稳运行，综合性的电力交易平台不可或缺。按照《关于电力市场建设的实施意见》，新疆应趁着电力改革的契机，建成包括中长期和现货交易的综合性电力交易市场。建立各电力企业的登记管理机制，实行公开、透明的交易机制，打破市场壁垒、开放电网，形成市场竞争机制，实现电力产、供、销有序推进，良性竞争的交易平台。

(三)转变传统售电模式，鼓励企业拓展消费市场，自行售电

《关于推进售电侧改革的实施意见》提出，向社会资本开放售电业务，多途径培育售电侧市场竞争主体。在坚持市场方向、安全高效、鼓励改革创新、完善监管机制的前提下，全疆有资质的企业可自由进行电力销售业务，自建供电网络，择优就近进行电力调配，特别是自备电厂，有条件的可把富裕电力供给就近企业或居民，以节约双方成本，最大限度实现资源优化配置，提高能源利用效率和清洁能源消纳水平。

(四)拓展电力消费市场，实现“西电西送”、“西电北送”“西电南送”电力通道

随着国内经济下行，电力缺口减少，电力产能过剩的现状日益凸显，寻求国际合作无疑是新的契机和突破口。而新疆有着 5600 多公里边境线，与周边 8 个国家相邻，拥有 17 个陆路开放口岸的先天优势，使

得电力出口更加便利。“一带一路”沿线 64 个国家中，相当多的国家是发展中国家，电力比较缺乏，有效结合“一带一路”战略相配套的政策措施，积极参与周边国家的电力互联互通建设，将成为新疆电力出口的新方向。

电力出口要实现三步走战略：

首先，全疆应作为整体电力产业基地，整体调配电力，为此，2015 年底，新疆电网已形成“三环网、双通道、两延伸”的 750 千伏骨干电网，分别延伸到喀什、准北，向外形成和甘肃、青海 750 千伏双通道连接。据此，以伊犁、昌吉、哈密为主战场，其他各地为辅，全疆电力可实现整体自由调配，优化电力资源配置。

其次，近年来国际电力项目合作愈加频繁。2015 年，中国企业境外电力项目签约额 393.24 亿美元，而在国外建电厂成为主要的合作形式。新疆—巴基斯坦±660 千伏直流工程、(埃基巴斯图兹)—河南南阳±1100 千伏直流工程预可研工作已正式启动。然而中亚等新疆毗邻国家以此合作形式会对新疆电力产能过剩有影响，新疆地域的电力优势资源不能更好的发挥。因此，可让外建的电厂与外送特高压相连，优先外送电力，外送不足时外建电厂进行补充，实现资源产能最大化。

最后，“西电东送”项目的实施使得河南、四川等省部分电力产能过剩，发电企业开工不足，产值及就业或将受到影响，对此，可让部分火电企业迁移至有煤炭资源的欠发达国家，既实现了国际合作和产业支持，又促进了产业结构调整及节能减排。同时国外没有煤炭等资源的可建风电、光伏发电厂，促进电力整体装备的出口，拉动国内电力装备产业的发展，实现产业结构优化。

(五)进一步调整发电装机的结构，提高机组技术水平和经济性

环保是否达标已成为企业评估的又一项重要指标，而火电自身效益与节能减排必然产生矛盾。根据能源发展规划，必须进一步贯彻上大压小方针，加速关停小火电机组，加快淘汰火电落后产能步伐；以建设大型煤电基地为重点，鼓励建设能耗低、大容量的高效环保发电机组，提高电力工业整体效率，推进节能减排，积极推动煤电一体化进程。

(六)加强自主研发，掌握核心技术

一个没有独立知识产权的行业不可能真正成为具有国际竞争力的行业。目前，核心技术和关键设备仍是我国成为新能源强国的关键制约因素。因此，展望我国未来的光伏风电产业发展，必须加强自主创新掌握核心技术，加速促进风电、光伏发电行业向技术密集型转移。

(七)争取政策支持

就目前情况而言，电力到达目的地的成本价约 0.4 元左右，实际售价为 0.45 元左右，而河南官方定价民用 0.55 元左右，商用 0.6 元—0.8 元之间，而商用实际电价均在 1 元以上。对于新疆来说，耗费了大量的资源、电力投资巨大、投资时间长、环境质量下降，但所得利润十分有限、实际利益绝大部分转移到了内地用电方。鉴于此，国家应对发展中的偏远新疆地区给予一定的政策照顾和价格补贴。可从用电地区按用电量对我区电力企业“返点”，或国家直接以财政专项资金予以补贴。

新疆当前正处于实现长治久安和科学发展的重要阶段，依托优势资源，建设低碳绿色新型能源基地，实现能源资源就地转化和经济转型发展，更好地发挥新疆在丝绸之路经济带建设中的主力军和排头兵作用，推进与周边国家能源合作，实现经济社会又好又快发展。

(作者单位：新疆哈密地区国家税务局)

# 新常态下丹东经济税收分析及建议

张志明

结构性减速带来经济增长“降档”,经济“降档”运行成为我国经济运行的新常态。与此相对应,经济结构性分化加剧,税收增长分化(国地税之间)也将是今后财税运行的新常态。

## 一、税制改革 20 年的“喜与忧”

### (一)税收贡献

1994 年的分税制财政体制改革,是新中国成立以来具有重要历史意义的财税改革。从总体上讲,这次改革初步建立适应市场经济发展的财税管理体制。具体表现为:按税种划分中央和地方政府收入,地税机关应运而生。20 年间,丹东地区生产总值由 1994 年的 108.3 亿元增长到 2014 年的 1,022.6 亿元,增长 10 倍,为地方税收奠定坚实基础。1994－2014 年,全市地税部门累计征收税款 632.4 亿元,年均增长 16.2%,由 1994 年不足 3 亿元增长到 2013 年突破百亿,税收 30 倍,其中“十一五”期间年均增长 30%。税收收入增长较快主要是得益于国民经济保持平稳较快的发展,企业效益有比较大幅度的提高。此外,物价上涨因素,税收是在现价的基础上征收的,税制改革有力保障政府财力提升。2013 年,全市地方税收增长率急剧下滑至 7.6%,2014 年进一步下降。税收增长情况的急剧变化,不但改变着税收二十年增长轨迹,也改变着人们对税收的预期。

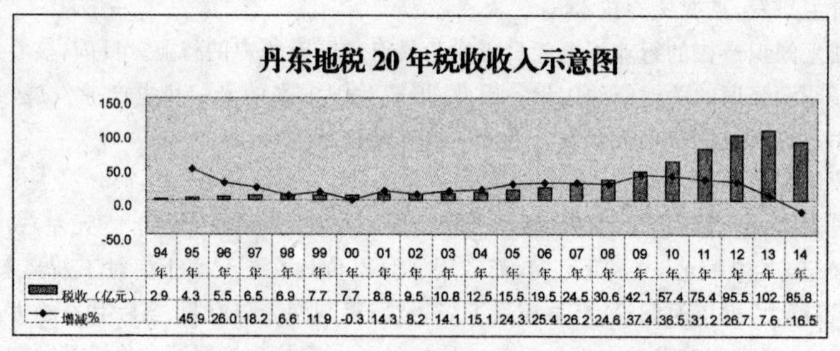


虽然“十二五”期间,地方税收增速不断回落,但丹东地方税收占比仍居高不下。2014 年丹东地方税收占比达到近七成,高于全国国地税收占比(6:4)和全省(5:5)水平。

**2014 年国地税收占比统计表**

| 地区 | 税收总量(亿元) | 国税机关 | | 地税机关 | |
|---|---|---|---|---|---|
| | | 税收(亿元) | 占比(%) | 税收(亿元) | 占比(%) |
| 全国 | 129,541 | 78,228 | 60.4 | 51,313 | 39.6 |
| 全省 | 3,202 | 1,694 | 53 | 1,508 | 47 |
| 丹东 | 125.3 | 39.5 | 31.5 | 85.8 | 68.5 |

(二)存在问题

1、地方缺乏主体税种。1994年的分税制财税体制改革，是我国经济体制特定阶段的改革，难免有一定局限性，改革解决中央财政收入集权问题，有些改革尚未涉及或改革时机不成熟。从理论上讲，一级政府、一级财政、一级财权。按照税收收入归属关系，税种分为中央税、地方税和中央地方共享税。属于地方税种有资源税、契税、耕地占用税和烟叶税、车船使用税、土地增值税和城建税等税种，均属于收入小税种，地方政府缺乏主体税种。中央财政收入占比重过高，地方财政收入占比重过低，以2014年为例，中央财政预算收入6.4万亿元中，有5.1万亿元用于地方税收返还和转移支付，占比80%。

**2014年全国财政收入统计表**

<table>
<tr><td colspan="6">全国一般公共财政预算收入(万亿元)</td></tr>
<tr><td rowspan="2">财政收入</td><td colspan="5">其中:</td></tr>
<tr><td>中央一般公共财政预算收入</td><td colspan="4">地方一般公共财政预算收入(支出)</td></tr>
<tr><td>合计</td><td>小计</td><td>小计</td><td>中央对地方税收返还和转移支付收入</td><td>地方实得一般公共财政预算收入总量</td><td>地方一般公共财政预算支出</td></tr>
<tr><td>14<br>(税收12.9)</td><td>6.4</td><td>7.6</td><td>5.1<br>(占比80%)</td><td>12.7</td><td>12.9</td></tr>
</table>

2、减税削弱地方财力。税收年年增长，国家财力倍增，减税有空间也有能力，但受伤害的主要是地方利益。从税收政策看，一是税制转换。按照国务院营业税改征增值税步骤安排，2013年8月1日开始实施。“营改增”不只是简单给企业减轻赋税，营业税退出历史舞台，意味着增值税将覆盖所有行业和企业。2014年底，“营改增”税制转换影响全市营业税收入2.31亿元。2015年“营改增”范围将扩大到建筑业、房地产业、金融保险业和生活服务业，全年将影响地方税收25亿元。二是结构性减税。经2014年统计调查，全市地税系统全年减免地方各税3.35亿元(不含“营改增”)。

3、涉地税收居高不下。2011年开始市对县区按新财政管理体制运行，在一定程度上遏制了“无税造税”、“空转税收”、“乱拉税源”、“混库串库”、“寅吃卯粮”等违法违规行为。但由于市对县区财税管理体制约束不同，税收分成范围也不同。三县(市)为剔除上划中央部分后的增值税、营业税、企业所得税、个人所得税、房产税5个省共享税种收入市财政分成，城市区为全部税收剔除上划中央部分以及城建税、教育费附加收入后市财政分成。可见，我市财政政策向三县倾斜。为完成财政收入预算目标，县政府不得不过多依赖土地财政，但是这种土地财政已经走到尽头，逐渐逼近耕地红线，地方财政仍收不抵支。全市涉地税收占比居高不下，2010年45.5%，2011年46.9%，2012年53.1%，2014年55.6%。

**丹东市县区财政体制调整以来涉地税收情况**

单位:亿元

| 税　　种 | 2010年 | 2011年 | 2012年 | 2013年 | 2014年 |
|---|---|---|---|---|---|
| 预算收入 | 52.1 | 67.8 | 87.4 | 94.2 | 79 |
| 其中:土地使用税 | 5.6 | 10 | 18.3 | 17.6 | 15.3 |
| 土地增值税 | 2.4 | 3.9 | 5.7 | 5.5 | 3.1 |
| 耕地占用税 | 11 | 9.5 | 13.2 | 19.5 | 17.6 |
| 契　　税 | 4.7 | 8.4 | 9.2 | 6.1 | 7.9 |

| 涉地税收合计 | 23.7 | 31.8 | 46.4 | 48.7 | 43.9 |
|---|---|---|---|---|---|
| 占预算收入比重 | 45.5% | 46.9% | 53.1% | 51.7% | 55.6% |

## 二、新常态下的基本判断

(一)税收运行特征

习近平总书记在APEC峰会上,对"新常态"给出界定,一是从高速增长转为中高速增长,二是经济结构不断优化升级,三是从要素驱动、投资驱动转向创新驱动。所谓"新常态",简单地说就是"速度下来、质量上去",即经济增长由高速变为中高速,发展方式从粗放增长向集约增长转变。在宏观经济频繁波动的背景下,我市地方税收保持20年平均两位数增长速度显然不可持续,尤其是实施结构性减税政策以来,税务部门依靠加强税收征管、挤压征税空间获取税收增长的做法,更不具有可持续性,新常态下的税收收入也将回归到正常轨道。

(二)税收法定原则

改革开放初期,考虑到税收制度的建立、完善面临错综复杂情况,同时缺少相关经验,1985年,全国人大遵循税收法定原则,通过《关于授权国务院在经济体制改革和对外开放方面可以制定暂行的规定或者条例的决定》。2015年,全国人大12届3次会议修改《立法法》,将税收基本制度独立出来。《立法法》修订对税收法定意义不仅是将税收立法条款单独列示,更重要是突出税收特殊重要地位和作用,落实税收法定原则,为税种从条列上升到法律打下制度基础,对全面依法治国产生强大推动作用。从当前税法环境情况看,只有《税收征管法》、《企业所得税法》、《个人所得税法》和《车船税法》是法律,其余15个税种都是行政法规,多个税种的暂行条例是20世纪80年代颁布,历时近30年。

(三)税收基本预判

2014年,东北三省GDP增速位列全国后五名。东北经济出现问题,是增长速度换档期、结构调整阵痛期、前期刺激政策消化期"三期叠加"影响的一个样本。只不过,由于经济结构和体制矛盾的特殊性,东北经济所受的影响更大一些。当前,我国经济仍处在工业化和城镇化加速推进的过程之中,两者高度融合会释放出极大投资和消费潜力。我国仍处在消费结构升级的关键阶段,居民消费正由吃穿生存型消费向以住、行、教育和旅游等发展和享受型消费过渡,信息消费也有巨大潜力。"冷中有热、降中有升、忧中有喜"是"新常态"下的"新现象"。把释放改革红利、促进高质量的增长放在首位,政策重点应转向投资环境、创新环境的优化上来,让市场来选择行业、企业的优胜劣汰。虽然下行压力依旧,但丹东经济尚处合理区间,2014年,丹东地区生产总值1,022.6亿元,增长5.6%。(数据来源:2014年丹东市国民经济和社会发展统计公告)。但复苏的基础依然脆弱,不确定、不稳定因素较多,今年我市的经济形势跟全国一样,都面临全所未有的压力,而且,这种下行压力还会持续相当一段时间,至少眼下还看不出走出困境的预期。应对这一局面,需要智慧和勇气。

——从投资看,有观点认为我国投资造成产能过剩问题,因而应该降低投资,变成以消费拉动经济的增长的模式。但是产能过剩部门主要集中在建材,无法靠消费消化掉。那么将投资转移到那些能进行产业升级的部门或是基础设施不足、有助于环境改善、加速城市建设的部门,就不会有投资造成产能过剩的问题,反而是补短板。项目建设是丹东经济发展的生命线。当前,投资的大环境不断改善,我市重大项目:如"两条公路"、"三条铁路"、"蒲石河电站"、"三湾水利"和新建鸭绿江大桥建设期间实现税收8亿元。

——从消费看,随着经济总规模的增加和服务业占比的进一步提升,居民可支配收入稳步增长,将有助于稳定居民的实际消费能力。同时财政支出不断向社保,公共卫生、教育、低保等民生领域倾斜,有助于逐步减轻居民的谨慎动机,推动消费稳步增长。消费是新常态下拉动经济的潜力股,且是调结构、惠民生的重要力量,2015 年社会消费品零售总额预期增长 11%的目标有望实现。

——从出口看,2014 年丹东市进出口总额负增长 0.2%,2015 年,我市外贸出口计划 31.7 亿美元,增长 11.8%。应重点在引进世界 500 强和行业龙头企业上下功夫,高质量开展招商引资工作。作为东北亚、环黄海和环渤海三大经济圈的核心交汇点,丹东在区域经济发展中战略地位突出。“以港兴市”,拓展沿江沿海开发空间,保持经济平稳健康发展,丹东具备“一带一路”海上丝绸之路经济带国家战略和韩国自贸区海上大通道的区位优势。丹东港货物吞吐量由 2010 年的 5,519 万吨升至 2014 年 1.37 亿吨,年均增长 25.7%。2014 年,丹东港集团缴纳国地税收 3 亿元,全省纳税百强企业名单出炉,沿海经济带上榜企业 44 户,日林建设集团位居 26 位,丹东港集团居 72 位。加强彼此间的有机对接和战略联动,将为新一轮振兴和对外开放赋予新的内容,丹东有望成为海上丝绸之路经济带上关键节点。

## 三、后“营改增”时代的思考

2012 年“营改增”试点以来,“营改增”步步为营、层层拓宽、年年递进。全国减税规模达上千亿元的“营改增”税制转换,不仅简化了税制,也因税种的缩减而减少了重复征税,降低了税收征管难度。营业税即将退出历史舞台,意味着增值税将覆盖所有的行业和企业,实际上牵动了整个财税体制。尽管短期内原营业税收入仍归地方,但这是大家都心知肚明的“缓兵之计”,重构地方税体系成为摆在政府部门面前的头等大事。财税改革绕不开中央和地方政府的财政责任与收入的划分问题。1994 年的分税制改革至今,财力向中央集中,事权或支出责任却集中在地方,造成今日地方债务、土地财政的困局。十八届三中全会公报关于财税体制改革的论述是释放制度红利的信号。财税改革进入深水区,处于要触动利益、攻坚克难新阶段,财税改革牵一发而动全身,改革方向:中央地方财权事权相匹配。尽快构建事权与财权相匹配的财力分配框架就自然成为财税体制改革最紧迫的任务。

(一)建立地方税体系

1、确立财力与事权匹配、事权与支出责任相适应的原则。长期以来,人们将财权与事权相匹配作为确立政府间预算分配关系的原则,但我国是单一制国家,中央相对集中财权事权是单一制国家形式的内在要求。从预算角度看我国实行中央统一领导、地方分级管理的政府体制,这种以统为主、统分结合的行政管理体制也决定了相对集权的预算体制。从完整的政治组织架构角度看,分权管理应该是将行政性权利、经济权力以及立法权力等一揽子权力配套协调进行分权。中央政府向地方政府分权的同时,没有对所分之权形成有效的监督和制约。现行分税制下,中央财权偏大,地方事权偏大,需要作适当调整。因此,目前采取财力与事权匹配更加符合实际。中央应更多地承担社会保障、边境安全、国防、粮食安全等方面的支出。同时对共同事项在中央和地方之间建立明确的分担机制,对中央委托地方办理的事项由中央出资,减少“上级点菜、下级买单”的情况,促使各级政府事权和支出责任相适应。

2、深化分税制改革,确立多元化地方财力格局。构建大共享税为主、渐进形成地方专税并重的地方财力体系。我国 1994 年确立分税制时就将增值税确定为共享税,将营业税、所得税作为地方政府的主体税种,进一步扩大共享税份额,有必要先确立大共享税的分税制模式,形成共享税分成为主、地方税补充的多元化地方财力格局。

(二)优化整合税制结构

鉴于现实生活中的收入分配矛盾和贫富差距已经一再挑战社会稳定发展大局,在稳定税负的前提下,通过逐步提高直接税比重,减少间接税比重对现行税制结构进行优化调整显得很有必要。

1、逐步建立综合与分类相结合的个人所得税制。从现行对 11 个征税所得项目实行不同的计征办法分别征收过渡到对大部分的征税所得项目实行统一征税办法综合计税,对于个人所得税收入规模绝对是一种增税效应。

2、加快房地产税立法并适时推进改革。房产以地产为基础两者在实物上融为一体，在价值及计税上可分可合。房地产税具有税源普遍、税负转嫁不易、区域性明显的特点，《不动产登记暂行条列》实施，对房地产税的征收是一个技术支撑，应着力减少房地产建设和交易环节税费，增加保有环节税收。

3、择机开征遗产和赠与税。作为财产税类的一种，遗产和赠与税系针对纳税人的财产转让行为征收的。从长远看，在现代税制体系中，它绝非可有可无，迟早要纳入议事议程。

4、中央下移车辆购置税和消费税。分税制的核心是划分税基的归属，关键是确立地方政府的主体税种。我国目前财产税体系不完备税种多税额小，远不足以保证地方支出需要。将其下移有利于及时缓解地方税匮乏的压力。车辆购置税属于针对财产购置行为的一次性税收，可将其整合，一并称消费税，形成以消费税为主体的地方税体系，将消费者在消费地发生消费行为所缴纳的税收留在当地。

5、环境与水资源"费改税"。改环境污染费为税，环境污染一般具有地域性，并与特定行为相联系，从征管便利性角度看适于作为地方税基，也有利于促使企业、个人及地方政府在国家惩治污染、推进环保的税收政策调控方向上达成一致，水资源属于行政规费类收费，刚性不强，将水资源费一并改税。

(三)夯实基础落实政策

发展不再"惟 GDP 马首是瞻"，曾经熟悉的两位数增速不会再有，曾经惯用的涉土税收也行不通。改革和创新才是激发增长内生动力的重要源泉。要进一步扎实推动征管改革，优化税收结构。经济增长会带来稳定的增量税收，清欠挖潜会减少税收流失，切实将沉淀税源转化成现实税收。在经济下行压力加大，政策减收的情况下，要实现挤水分、提质量、促增长的目标，夯实征管基础是开展税收工作的切入点。国家税务总局出台 10 条措施，为小微企业减负加油、助小微企业爬坡过坎。2014 年，我市大中小微企业缴纳地方税收比重为 4:22:10:64。小微企业成为纳税主力军，占比 74%。小微企业又是国家税收政策扶持对象，以涵养经济税源。

税制转换加之经济转型后财税收入低位运行将成为常态。推进财税体制改革任务艰巨，使命光荣。我们要坚持为国聚财、为民收税的宗旨，把深化征管改革、开源节流作为优先考虑的选项，从激活内在活力入手，提升经济税收可持续发展能力。坚持新常态下的工作总基调，不刻意追求快速度，但提质增效、保持经济税收合理增长仍然很重要。

(作者单位：辽宁省丹东市地方税务局)

# 新疆塔城对外贸易中的税收政策分析与研究

周庆霖　李建军

出口退税政策作为我国对外贸易体系的重要组成部分，是促进我国外贸发展，推动和增强出口产品参与国际竞争的重要经济杠杆，对促进国民经济发展起到了很好的作用。在“一带一路”战略的推动下，必须发挥好塔城作为向西开放、外贸出口通道的优势，为其走出国门搭建“绿色通道”，从而促进塔城外贸健康发展。

## 一、塔城地区出口退税管理现状

(一)2010年—2014年出口企业户数呈快速增长趋势，退税额呈现倒”U“曲线型

近五年来，塔城地区出口企业户数呈现逐年递增趋势，2014年全地区共认定出口退免税资格企业110户，较2010年85户增长29%；出口额及退税额根据国际经济的形势的具有波动性，退税额从2010年的10299万元，最高增长至2012年的15125万美，涨幅高达47%，然而2012年—2014年之间退税额呈逐年下降趋势。

出口企业数量、出口规模的增长以及出口额呈现波动性，一方面说明塔城地区外向型经济蓬勃发展、出口退税各项政策落实到位，对塔城地区经济发展起到了很好的推动作用；另一方面对外贸易发展受国际国内因素影响严重。经济仍未完全复苏，汇率波动、生产经营成本上涨，国内用工荒，加之国外品牌推广、注册费用较高，出口市场价格竞争激烈、贸易壁垒增多，外贸发展环境依然严峻，使出口退税的各种不确定因素逐渐增多，出口退税管理难度和风险也相应加大。

**2010年—2014年塔城地区退税情况统计表**

单位：万元

| 年度 | 户数 | 申报出口额 | 纳税情况 | 对地方财政贡献 | 退税额 |
|---|---|---|---|---|---|
| 2010 | 85 | 19758万美元 | 1133.56 | 283.39 | 10299.33 |
| 2011 | 99 | 23199万美元 | 2125.62 | 531.41 | 11807.38 |
| 2012 | 99 | 18579万美元 | 1485.97 | 371.49 | 15125.75 |
| 2013 | 110 | 18862万美元 | 1994.49 | 498.62 | 10062.15 |
| 2014 | 110 | 13085万美元 | 2545.16 | 636.29 | 7991.5 |

(二)塔城对外贸易发展呈现诸多特征

1、出口产品的单一性。塔城地区外贸企业以边境小额贸易为主，旅购贸易占一定的比例。受国家出口退税率政策影响，边境贸易出口商品逐渐向国家鼓励的机电类、高新技术产品出口转移。外贸企业出口退税前十位商品为工具及机械设备、车辆、农产品水果、塑料制品、布匹、服装以及钢材、陶瓷等建材商品。其中：农产品、布匹、服装均为高风险重点关注产品。

生产企业主要以番茄酱出口为主，占生产企业65%的番茄酱出口企业实现了95%的免抵退税额；另有出口羊绒、冷冻羊肉和焦糖、酪蛋白和毛发制假发等产品，但出口规模和免抵退税额均不大。

出口产品的单一性导致全地区出口抗风险能力相对降低。如:2013 年出口规模和退税额下降就是由于 2011 年底国际番茄酱价格暴涨导致 2012 年番茄和番茄酱产量激增,国际市场供大于求后价格下降,企业生产大量番茄酱库存滞销,内销量增加,导致 2013 年番茄酱出口额和退税额的减少。

2、出口市场的单一性。外贸企业出口主要面向新疆毗邻国家,特别是哈萨克斯坦等国家因基础建设需要,对大型机械设备以及建筑材料等需求增加;生产企业出口的番茄酱主要面向俄罗斯等欧洲国家,占领了全地区生产企业 80%以上的出口市场。

这种出口市场的单一性使得个别国家对出口产品的需求直接影响到出口企业的生产经营和出口规模,外贸增长缺乏有效支撑力量。

## 二、对外贸易中出口退税税收政策调整及其影响

出口退税政策作为对外贸易体系的重要组成部分,是促进外贸发展,推动和增强出口产品参与国际竞争的重要经济杠杆,对促进国民经济发展起到了很好的作用。然而,受多种因素的制约,理想的出口退税制度很难达到公平、效率与中性原则,因此,必须对出口退税政策做出相应的调整,才更有利于调整出口商品结构、促进产业结构化升级,有利于促进外贸和经济持续快速健康发展。总而言之,出口退税政策适时调整给塔城对外贸易带来了日新月异的变化,更为塔城边境贸易创造了良好的发展环境。

(一)历年对外贸易政策中出口退税政策变化情况

我国自 1985 年起开始实施出口退税政策,1988 年明确“征多少退多少,不征不退和彻底退税”原则。1994 年以来,出口退税政策大幅调整。

1、为了解决中央财政压力,1995 年和 1996 年进行了第一次大幅度退税政策调整,由原来的对出口产品实行零税率调整为 3%、6%和 9%三档。

2、1988 年为促进出口进行了第二次调整,提高来了部分出口产品退税率至 5%、13%、15%、17%四档。此后,外贸出口连续三年大幅度、超计划增长带来了财政拖欠退税款的问题。

3、2004 年对出口退税率进行结构性调整,适当降低出口退税率。本着“适度、稳妥、可行”的原则,区别不同产品调整退税率。同时,建立中央和地方财政共同负担出口退税机制。具体从 2004 年起。以 2003 年出口退税实退指标为基数,对超基数部分的应退税额,由中央与地方按 75%:25%比例分别负担。

4、2005 年在坚持中央与地方共同负担出口退税的前提下完善出口退税机制。调整中央与地方出口退税分担比例。国务院批准核定的各地出口退税基数不变,超基数部分中央与地方按照 92.5%:7.5%的比例共同负担。

5、2006 年为进一步优化产业结构,取消部分出口商品的出口退税政策,涉及商品包括进出口税则第 253 章除盐、水泥意外的所有非金属类矿产品。同时,调整部分上平的出口退税率,包括将重大技术装备、部分 IT 和生物医药产品以及部分国家产业政策鼓励出口的高科技产品等商品的出口退税率由 13%提高到 17%。

6、2008 年-2009 年通过调整出口退税率做了六次调整出口退税政策,从而带动商品结构的优化,产业结构的调整。

(二)近年对外贸易中主要出口退税税收政策

自 2012 年以来,国家出台了一系列的办法、规范和措施,一方面方便了纳税人办理出口货物劳务退(免)税,另一方面促进了税务机关规范管理、提高服务质量。

1、清理、完善相关政策。2012 年-2013 年,国家税务总局陆续出台了《出口货物劳务增值税和消费税管理办法》及相关通知,对出口退税政策及管理规定进行了梳理和完善,简化了出口退(免)税申报凭证,延长了申报出口退(免)税期限,优化了出口退(免)税流程,减轻了纳税人负担,提高了税务机关办理

退税的效率。

2、外汇管理制度改革。2012年8月1日起在全国实施货物贸易外汇管理制度改革，取消了用于申报退税的出口收汇核销单。国家税务总局结合企业在税务、银行、海关、外管局等部门的信誉等级情况，对企业的收汇情况提出了不同要求，进一步规范企业的出口行为。

3、规范退税流程。2015年2月1日起实施的《全国税务机关出口退(免)税管理工作规范(1.0版)》，旨在正确执行出口税收政策，规范出口退(免)税管理，防范和打击骗取出口退税违法行为。一是规范出口退税岗位设置，细化岗位责任，明确审核程序，并固化到信息系统中；二是将管理难度小、便于征退税衔接的对生产企业退税工作全部下放到县(区)国税局审批，停止执行市、县局两级审批，使生产企业办理退税的效率有了大幅度的提高；三是最大限度实施计算机自动比对信息，减少人工审核项目，将生产企业人工审核项目由14项减为3项，外贸企业由21项减为5项；四是规范审核时限，对纳税人申报的符合规定的出口退(免)税，必须在20个工作日内完成审核、审批。总体上加快了出口退税进度，有利于提升税务部门管理效率，提高了出口企业资金周转率。

4、实行分类管理。2015年3月1日起实施《出口退(免)税企业分类管理办法》，实施出口企业分类管理。按照出口退(免)税企业的资产状况、纳税信用等级、内部风险控制等将企业分四类实施差别化管理，对纳税遵从度高、信誉好的一类企业简化管理手续，实行先退后审，退税审批时间将缩短至2个工作日以内；对纳税遵从度低、信誉差的四类企业退税则要强化管理，从严审核，排除疑点后方可退税。这种对出口退(免)税企业的"区别对待"改变了过去无差别化管理"一人生病、众人吃药"的弊端，把企业信誉与纳税管理服务挂钩，使信用好的企业出口退税时间进一步缩短，进一步优化出口退税服务，持续提升纳税人的税法遵从度，促进外贸稳定增长。

5、取消出口报关单。2015年5月1日以后出口的货物，出口企业申报出口退(免)税及相关业务时，免予提供纸质报关单，出口企业依据电子信息申报办理出口退(免)税及相关业务，进一步支持外贸发展，服务出口企业。

6、完善税收负担机制。2015年1月1日起，国务院进一步完善出口退税中央和地方负担机制，出口退税全部由中央财政负担，通过深化财税体制改革，理顺中央与地方收入划分，减轻地方财政负担，支持地方外贸稳定发展。

## 三、塔城对外贸易发展中存在的风险及应对

塔城地区外向型经济蓬勃发展、出口退税各项政策落实到位，对塔城地区经济发展起到了很好的推动作用，但对外贸易发展过于迅猛和复杂多变，使出口退税的各种不确定因素逐渐增多，出口退税管理难度和风险也相应加大。

(一)出口退税风险激增

1、出口企业中涉及农副产品的出口规模较大，主要包括生产企业出口番茄酱、出口动物毛发制假发、外贸企业出口水果、服装等，其退税额占全地区70%左右。以上出口产品的最初环节都涉及农产品的收购，而收购农产品进项抵扣难以控制和管理的问题，使得出口退税产生了重大的风险和隐患。

2、出口企业数量快速增长，尤其是新办外贸型出口企业较多，企业规范程度良莠不齐，其中不乏购货地、报关地、法人户籍及常驻地均在地区以外的"三头在外"型的高风险外贸出口企业，存在管理难、调查难的风险点。

3、出口退税骗税案件呈上升趋势。2010年查处"3.11"重大骗取出口退税案件，涉及骗取国家出口退税款736.63万元；2013年将发现重大疑点的某毛发生产企业移交稽查局部门进行查处，涉案税款469万元；2014－2015年开展防虚打骗工作，将存在疑点的3户外贸企业移交稽查局部门进行查处，涉案税款

403万元。

可以看出，不法分子正是利用了政策和管理的漏洞，骗税的手段和方式越来越隐蔽，出口退税的管理风险也日益加大，出口退税管理进行风险防范十分必要。

（二）防范出口退税风险的对策

1、强化出口退税风险意识。做好出口退税政策宣传，开展出口退税风险教育，定期向企业通报相关退税风险信息，引导出口企业建立风险内控机制，确保政策允许、程序合规，提高出口企业自身防范风险能力。

2、规范骗税疑点核查程序。完善出口退税预警评估机制，突破过去退税审核"就单审单"的局限，进一步提高风险防范和打击的针对性、及时性、有效性，有利于形成"内控外防"的防范出口骗税体系。

3、完善增值税制度。通过完善增值税政策、规范增值税抵扣凭证、加强增值税管理等措施，确保增值税链条的完整性，实现征退税信息在全国范围内共享，遏止骗取进项扣税情况的发生，有效防范出口退税风险。

## 四、"一带一路"方略下对塔城对外贸易税收的思考

在"一带一路"的新形势下，作为税务部门必须了解并解决出口企业出口退(免)税中存在的问题，做好辖区内出口企业出口退税服务工作。

(一)畅通出口退税全流程。认真落实出口退税管理规范与出口企业分类管理办法，持续简政放权，做好分类管理服务，规范退税流程，不断加快退税进度。

(二)优化退税服务。通过远程预申报和电子数据审核等多种服务方式，利用电子数据受理申报、审核、审批、办理出口退(免)税，逐步实现出口退(免)税"无纸化"管理；对疑点信息全面推行网上函调，并规范往复各环节要求，缩短函调时间。

(三)大力开展税收宣传。通过QQ群、微信、手机报、12366热线等渠道宣讲出口货物退(免)税政策与流程。为纳税人提供对外承包工程、融资租赁等方面涉税政策的培训。积极联合海关、出入境检验检疫等部门共同举办出口企业"走出去"政策培训班。

(四)健全部门间协调机制。税务、海关、外汇管理、商务、公安等部门应积极沟通协调、拓宽合作途径、探索协作方法、确各部门职责，建立规范的协作机制，实现部门间信息共享，尽可能为企业创造更多便利的发展空间。

(五)帮扶企业解决涉税困难。针对相关工作规范实行和退税审核系统升级后对企业办理涉税业务的影响，设置咨询专岗，安排业务骨干为纳税人答疑解惑，详细解答涉税问题。开展座谈调研，深入收集纳税人的问题意见，提高出口退税工作的针对性。

（作者单位：新疆塔城地区国家税务局）

# 新经济形势下供给侧改革的税制协同取向

韩艳芳

供给侧改革的目标是发展，在发展的前提下，一个成功的供给侧改革应该是供给和需求同时发力。而不是通过简单的去产能、去库存实现低水平的供需平衡，而是通过创新驱动实现高效可持续的发展。供给侧改革，重点是解放和发展生产力，用改革的办法推进结构调整，减少无效和低端供给，扩大有效和中高端供给，增强供给结构对需求变化的适应性和灵活性，提高全要素生产率。各国实践让“减税”已经成为供给经济学的代名词，而在中国供给侧改革不仅仅是单纯意义上的减税，而是通过结构性减税实现税收体制改革，建立现代化的税收制度。因此，在我国经济发展速度放缓的新形势下，政府提出“供给侧改革”的药剂，那么继续深化税收体制改革，对支持政府治理现代化显得尤为重要。

## 一、新形势下的供给侧改革

习近平总书记在2016年1月30日提出：要在适度扩大总需求的同时，着力推进供给侧结构性改革，重点是去产能、去库存、去杠杆、降成本、补短板，增强供给结构对需求变化的适应性和灵活性，推动我国社会生产力水平实现整体跃升。“这标志着我国宏观经济政策从强调需求管理转向供给管理，从注重短期经济增长转向注重经济可持续发展。5月16日中央第十三次会议强调推进供给侧结构性改革，是综合研判世界经济形势和我国经济发展新常态作出的重大决策。扩大中等收入群体，关系全面建设小康社会目标的实现，是转方式调结构的必然要求，是维护社会和谐稳定、国家长治久安的必然要求。

现阶段形势下，虽然说中国经济目前的发展瓶颈是产能过剩，但并不代表需求不足，而实质问题是“供需错位”，低端的供给满足不了随着全球经济发展和国民认知提高而升级化的高端需求。因此需要对目前低端的供给结构进行调整，一方面通过现有的与低端供给相匹配的需求层次，消化现有过剩的产能及库存；二是通过产业升级、结构调整，技术改革创新生产力，制造出能够满足现有高端需求的供给。

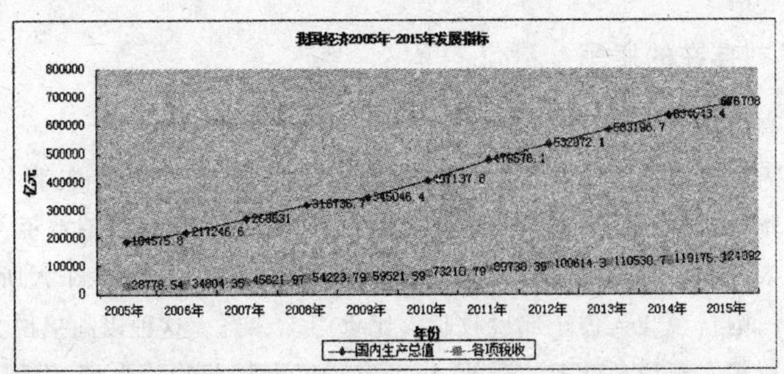


图一　我国经济2005－2015年发展指标　　单位：亿元

从宏观税负水平看，我国目前低于世界平均水平，存在名义税负偏低、但政府实际负担过重的现象。财政部公布的2015年全国税收收入124892亿元，国内生产总值676708亿元。按照IMF统计口径测算，宏观税负是指一国在一定时期政府收入占经济总量的比重，体现政府在国民收入分配中所占的份额，及政府与企业、居民个人之间占有和支配社会资源的关系，也反映政府职能的广度和深度，以及政府在经济社会生活中的地位和作用。经权威渠道了解，2014 年、2015 年中国宏观税负分别为 29.1%、29.1%。如果包括土地出让收入、也应剔除成本补偿性费用，只计入土地出让净收益。加上土地出让净收益后，2014 年、2015 年宏观税负分别为 30.5%、30.1%，总体上低于世界平均水平 38.8%，既明显低于发达国家平均 42.8%的水平，也低于发展中国家 34.4%的水平。

同时，我国由于存在大量的非税政府负担，纳税人的实际税负并不轻松。根据财政部发布数据，2015 年全国非税收入 27325 亿元，全国政府性基金预算收入 42330 亿元（其中国有土地使用权出让收入 32547 亿元），国有资本经营预算收入 2560 亿元，社会保险费收入 31663.39 亿元，合计 103878.39 亿元，分别相当于全国税收收入的 83.17%和国内生产总值的 15.35%。

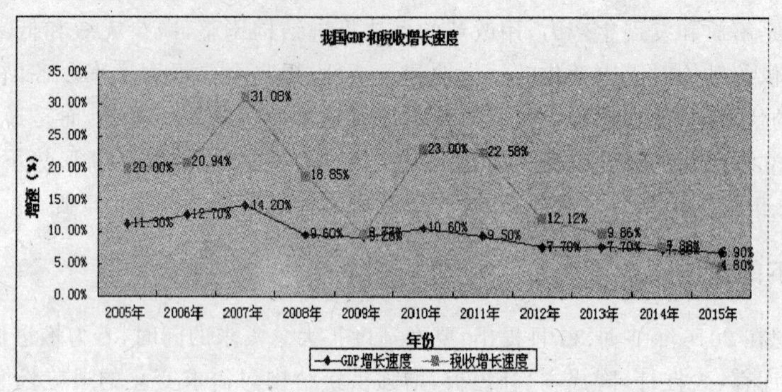


图二　我国 GDP 和税收增长速度

财政的实质是公共资源配置的体系和机制，那么税收是财政政策的一个重要手段，历来的经济改革将对税收改革作为一个突破口，发挥税收在消费、投资、需求上的作用。无论古典的凯恩斯经济理论、新供给经济学理论，还是马克思主义政治经济学，均从不同角度阐述税收对经济增长的影响。现阶段我国的供给侧改革在顶层设计上也需要从行业、城乡建设、产业环境、金融政策、财政体制、投资政策等多个方面配合来改善宏观环境，那么税收政策的变化将直接或间接影响到上述每一个方面。因此，在调整我国供给机构，扩大中等收入群体的经济改革背景下，科学合理的优化税收体制将发挥举足轻重的作用。

## 二、我国现行税制存在的瓶颈

（一）间接税比重高，税制结构失衡

2015 年我国实现税收总收入 124892 亿元，同比增长 4.8%。从总体来说，税收收入规模逐年扩大，但是以间接税为主的整体税制结构失衡的问题依然存在。2015 年增值税、消费税、营业税及进口环节增值税、消费税、关税收入之和占全部税收收入比重达到 60.88%，企业所得税、个人所得税之和占全部税收收入比重仅为 28.62%，财行税收入占全部税收收入比重为 10.5%。这种以间接税为主的税制设计，推动纳税人通过提高商品价格实现税负转嫁的目的，从一定程度上加速物价上涨，增加了消费者的税负。间接税存在累退缺陷，无法充分发挥调节收入分配、缩小收入差距的功能。同时，以间接税为主的税制结构不利于鼓励集约型的经济发展方式，地方政府为筹集财政收入，在短期内依赖开展产值大、税收多的重化工等污染项目，以便获取最大的税收套利。

（二）中央税比重高，地方缺乏财源

目前，我国地方税收体系建设滞后，税源集中稳定、征管便利、收入充足、增收潜力较大的税种，大多

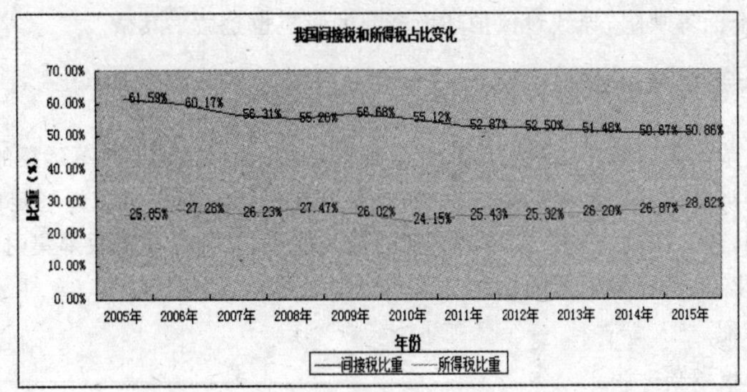


图三　我国间接税和所得税占比变化

列为中央税或中央与地方共享税；而地方政府征收的大多是税源分散、征管难度大、征收成本高和收入不稳定的小税种，使得地方政府通过税收筹集充足的财政收入比较困难，因此地方政府会依赖于一些零散的、不规范的费源，甚至“土地财政”，以补充财源。税权过分集中于中央，中央和地方税权和事权划分不协调，导致地方政府在调节经济、发展经济方面缺乏有力的杠杆。

(三)非税收入比重高，税制缺乏规范性

我国存在大量的包括政府性基金、国有土地出让金收入、国有资本经营预算收入、社会保险费收入以及其他行政事业性收费，2015 年全国非税政府收入 103878.39 亿元，占全国税收收入的 83.17%。在中央限购的政策下，土地财政难以继续，地方财力吃紧，为弥补财政资金短缺，地方政府有的加大行政收费和处罚力度，有的巧立名目收费。不规范的非税费用存在，降低了征收的透明度，同时严重影响了税制的科学性和规范性。我国实行的结构性减税也对非税收入无济于事，将结构性减税的政策安排大打折扣。

(四)个人所得税分类征收，调控能力弱化

开征个人所得税的主要目的是缩小贫富差距、均衡社会收入、主张社会公平、促进经济发展。但是从 80 年代以来，我国经济发展迅速，经济结构的复杂变化导致劳动者取得收入的手段及方式多样化，一方面在个人所得税征收管理上增加了难度，另一方面在实际中，个人所得税的公平功能逐渐退化，甚至“逆向”。个人所得税制度逐渐暴露出各种问题。2015 年个人所得税收入 8618 亿元，同比增长 16.8%，占全部税收收入 6.9%。尽管 2011 年 9 月 1 日将费用扣除标准调整至 3500 元，税率结构调整为 7 级，但个人所得税收入规模明显低于西方发达国家、甚至发展中国家，没有充分发挥调控收入的功能。另外，现行个人所得税实行分类征收和以个人为单位申报的征收方式，由于纳税人同等收入因收入来源不同导致费用扣除不同，同时不能将家庭结构、健康状况、住房、教育等多方面差异因素考虑在内，从横向和纵向上均难以实现税收公平。

(五)环境问题严重，税制亟需绿色

目前，我国环境污染事件频繁、能源消耗率过高，环境问题和能源问题日益严重。2013 年至 2015 年，我国单位国内生产总值(GDP)能耗分别比上年降低 3.7%、4.8%和 5.6%，降幅逐年扩大，节能降耗显著。尽管能源发展成绩显著，却不能掉以轻心，我国能源生产和消费面临严峻挑战，资源约束日益加剧，生态环境问提突出，调整结构、提高效能和保障能源安全压力巨大。2015 年全国能源消费总量为 43 亿吨标准煤，在能源消费结构中的比重为 64%，能源结构仍然以煤为主。高能耗行业比重仍然偏高，淘汰产能并抑制总产能继续发展的任务很艰巨。我国现行税制体系中涉及节能环保的税种包括资源税、消费税、土地税、耕地占用税和车船税等，而这些税收入占税收总收入的比重过低，这些税种收入规模小、征税范围窄、税率设计不全面等缺陷,导致对保护环境资源的影响也是微乎其微。

## 三、供给侧改革背景下的税制协同取向

在我国供给侧改革的大背景下,继续"结构性减税"毋容置疑已经成为改革延续的重点。根据我国经济发展的趋势以及经济社会和谐稳定的要求,税制改革应在保持宏观税负总体稳定的情况下,继续不断规范和优化现有税制,建立发展、公平、市场为原则的税收体系,充分发挥税收筹集财政收入、调节收入分配、促进经济结构优化、保护环境资源的功能。

(一)调节收入分配

1、推进个人所得税改革。

(1)推进现有全国各个部门研究的关于综合与分类相结合的费用扣除模式。在短期内,统一和规范工资薪金所得的计征方式,统一工资薪金、劳务报酬、稿酬等不同项目的税前扣除方式,费用扣除区别生计费用和经营费用,分别确定相应的扣除标准。从长期看,逐步推进综合与分类相结合,并以家庭为单位申报的征收方式。对于临时性的收入继续分类征收,对于经常性的收入结合每个家庭的成员、收支、突发情况等差别化因素实行综合征收。费用扣除基数选择以"中等收入"水平纳税人为标准,这样可以保证中等收入以上的纳税人作为个人所得税主要征税对象。

(2)在以家庭为单位的税制下,为缓解收入差距的拉大和提供纳税人的积极性,结合我国国情,可以采取优化税率结构的办法。在我国个人所得税的累进税率方面,可以采用"减少税率级次、扩大级距、降低最高边际税率"的具体做法。在实际设计时可将我国工资薪金的七级超额累进税率降到五级,最高边际税率由45%调整到35%;并扩大3%、10%税率的适用范围,对经营和劳动等相同税源性质的收入,采取统一的税率标准,减轻中低收入者的税收负担,增加中低收入者的可支配收入。对个人股东从法人企业取得的股息红利减按10%的税率征收个人所得税,增加居民财产性收入,同时与法人投资者税收政策相协调。

2、加快房地产税立法。

(1)为房地产税的开征要做好各项数据、信息支撑的准备,开展房地产产权登记统计、登记和核实,掌握现有居民房地产的数量、价值等情况,健全和完善房地产税信息系统;利用金税工程为纽带,在税务、住房、国土、城建、财政等部门之间利用社会保障法建立信息共享平台。

(2)对房地产税的税制设计要充分测算与论证,符合国情及当地经济状况。扩大房产税征税范围,对城市居民拥有的第三套及以上住房普遍征收保有环节的房产税。国家制定统一的浮动税率范围,各地方政府结合自己当地税基大小、财源状况、收入支出规模选择合适的税率。实行差别税率和累进税率相结合,对高档住宅和多套住宅实行累进税率,提高纳税人保有环节的税负水平,降低纳税人流转环节的税负,这样可以一定程度上赋予地方政府自主权,便于构建科学的地方税体系,实现地方事权和财权相匹配,解决财力分配不均衡造成的地方财源缺乏的问题。同时,打击房地产投机行为,合理配置土地及房产资源,降低房屋空置率。房地产税已经研究探讨多年,要积极创造开征条件并推进立法进程,保障其法律基础。

3、开征遗产税、社会保障税。高收入群体的不断增长为遗产税开征提供了充足的税源。适时开展遗产税、将从一定程度上完善我国的税收体系,税率设计上应当确定较低的边际税率,减少累进级次。税基不仅要限于高收入群体,适当考虑中产阶级,同时考虑社会捐赠部分可以在税前扣除,对未偿还具有确凿证据的各项债务、被继承人的抚养义务考虑扣除。

适时将社会保险费改为社会保障税,加快费改税的进程。纳税人确定为我国境内具有营利性质的法人及组织,采取比例税率形式,对养老保险、医疗保险、生育保险、工伤保险、失业保险等分类确定税目,对

于工伤保险这个税目，可以考虑分行业差别税率。具体税率水平按照我国社会保障水平、人口老龄化情况引起的资金收入、支出、政府公共预算资金的变化进行确定和调整。在税权划分上，中央享有养老保险的管理权，其他项目可由地方政府管理。

（二）促进经济结构及发展方式的转变

1、完善增值税制度。首先，增值税已经在2016年5月1日成功“扩围”，但是在服务业、房地产业、建筑业等难点行业开始缴纳增值税之后，由于行业的特殊性，税率、抵扣等问题现有政策是否合理，还有待实践验证，因此要根据营改增效应适时做出政策调整，完善增值税税制，保障增值税“扩围”的果实。其次，实行统一税率。全世界实行增值税的国家有148个，其中实行单一税率的国家占54%，国外的经验证明，即便利用免税和多档税率来消除累退性对低收入消费者的影响，实际效果也不明显。因此，在短期内，通过低税率、提高起征点等方式降低部分纳税人的税负，增加纳税人的经营性收入，提高居民的消费能力，从长远看，应该考虑测算一个统一的税率标准。第三，在营改增之后，地方财力势必受到影响，尽管现在营改增按照五五分成，那么在期限到了之后，还是需要综合科学测算增值税的分成比例，在不影响中央收入的情况，适当提高地方分成比例，促进中央和地方在事权和财权上的匹配与统一。最后，增值税一直是以暂行条例执行，那么在条件成熟的时候，要考虑增值税立法的问题，提高增值税的权威性和法律层次。

2、丰富企业所得税调节经济的政策。第一，加快区域性税收优惠政策的功能性，在目前煤炭等重要产业出现衰退的形势下，企业所得税政策应在促进资源枯竭型城市、采矿塌陷区、老工业基地的产业转型方面调控。第二，完善第三产业税收优惠政策，在促进就业、扶植新兴服务业、高端服务业方面，要及时将政策与产业状况同步。第三，完善高科技企业、自主创新企业等促进科技进步的产业优惠政策。建立科技开发金准备金制度，对有高新技术研发、自主创新项目的纳税人允许按照一定比例提取风险准备金，并允许税前扣除，弥补研究开发潜在的损失，保障科研资金，同时规定专款专用，在一定期限内未使用的准备金将纳入征税范围补税并加收利息。第四，加大对中小企业的扶持力度。通过调整优惠税率、研发费用抵免、固定资产加速折旧、技术转让的所得税优惠鼓励中小企业技术创新，提高中小企业抗风险的能力。第五，对高科技项目、自主创新项目、战略新兴产业项目的捐赠，可以比照公益性捐赠政策或按照实际捐赠额在所得税税前扣除，加大社会资金对产业结构调整的投资及扶持。第六，建议对投资环保节能投资额实行一定比例的税额抵免办法，扩大享受环保税收优惠的企业范围，完善资源综合利用优惠模式，扩大资源综合利用优惠的范围及纳税人。

（三）构建节能环保的生态税系

1、推进消费税改革。首先，进一步扩大消费税的征收范围。以绿色经济为契机，在现有税目的基础上，将高档实木家具、私人飞机纳入征收范围，条件成熟时，继续将大货车、大客车等能耗品、含磷洗涤剂、氟利昂产品等日用消费品、一次性餐具、包装物、塑料袋等不可降解的产品逐步纳入征税范围。其次，适当调整消费税税率。对汽油、柴油、石脑油、航空油等参照国际经验按照含硫量进行税率细分，适当提高税率，并建立消费税税额与成品油价格关联的浮动税率机制，完善成品油消费税。减少消费税中的税收优惠政策，对需要鼓励的节能减排等产品适当降低税率，对游艇、私人飞机等高消费奢侈品适当提高税率。第三，消费税征收环节后移，由生产环节改为销售环节，即通过采用消费地纳税原则来均匀分布税源。同时可以考虑销售单位在销售应税消费品时代扣代缴消费税的源泉扣缴办法，提高征管效率。

2、加快资源税改革步伐。政府已经明确在2016年7月1日逐步推进资源税的改革，一是逐步扩大征税范围，将水、森林、草场、滩涂等资源纳入到征税范围。先行在河北省开展水资源的试点，那么根据先易后难的原则，有序在全国范围内推进水资源等极度枯竭、并且与日常生活息息相关的资源税改革。同时对其他草场、滩涂等特殊性资源，赋予了地方一定的自主权。二是全面推开从价计征方式，对除经营分散、难以管控的粘土、砂石等资源继续实行从量计征外，其他均实行从价计征，并建立与市场价格挂钩的自动调节机制。三是合理确定税率水平，在中央统一制定税率幅度的前提下，赋予地方政府根据当地经济状况综合考虑的一定自主权。四是设置了相应的税收优惠，对开采难度大、成本高及综合利用的资源给予税收优惠，同时也赋予地方政府对一些特殊资源的自主减免权。

3、研究并推出环境保护税。首先，认真清理资源保护类性质的收费，重新界定资源税和矿产资源补偿费的关系，大力推进费改税，将治理污染的费用转为向污染环境的主体征税。其次，借鉴国外开征环境保护税的经验，结合我国环境现状，从理论和税制设计上进行研究和初步试点，适时对现有的噪音、水污染、大气污染、城市生活废弃物、工业废弃物等分类按照相应标准开征环境保护税，有利于构建长效的节能减排税制体系，并推进我国产业结构向绿色、环保、节能方向发展，促进供给产品尽快调整为能够适应目前我国全民已经提高的绿色需求。

（作者单位：辽宁省大连市沙河口区地方税务局）

# 新形势下对深化国地税合作工作的认识

杨全民

当前,我国经济发展进入新常态,税收工作呈现新的特征。随着经济和税收增速总体放缓,税源结构深刻变化,税源的复杂性、隐蔽性和流动性越来越强,特别是"营改增"完成后地税建立在以流转税为基础上的税收征管模式面临根本性变革。在这样的背景下,中央出台了《深化征管体制改革方案》和《国家税务局　地方税务局合作工作规范》,以国地税深度合作为切入点,促进税收职能作用充分发挥。笔者通过不断学习思考,结合具体工作实践,对深化国地税合作有了一定程度的认识,在此作一浅析。

## 一、国地税合作的重要意义

(一)快速发展的社会经济形势要求国地税必须深化合作

从现实角度看,我国现行国税、地税征管体制建立于1994年,当年,为保证中央政府有足够收入来解决地区间发展不均衡的问题,中央地方采取分税制,为确保政策有效执行,将税务局拆分为国税局、地税局,20多年来取得了显著成效,为建立和完善社会主义市场经济体制发挥了重要作用。这一举措适应了当时的管理技术水平和时代背景,但也客观造成了税收征管成本和社会管理成本较高的问题。现行征管体制的主要问题是职责重叠、缺乏协同整合造成税收征管成本过高、效率偏低,也制约着新兴技术应用于税收工作。同时,税收征管力量与税源配置不匹配,造成了征管成本更加难以控制。结合目前营改增、环境税和消费税等改革进程启动后,两大税务机构间原来的任务和职责已经发生了重大改变,房地产税的改革以及政府间财政关系的变化,也使得职责调整变得非常重要和紧迫。

(二)全面深化改革的时代要求促进国地税必须深化合作

政府职能部门的转型升级是全面深化改革的要求之一,税务机关是国家重要的行政执法部门,直接面对纳税人和各类微观经济主体,需要加快转变职能,建设服务型税务机关。推进国地税合作,就是要整合服务资源,加强服务联合,拓展服务领域,解决纳税人"多头跑"和重复报税等问题。

推进法治社会建设也是当前要务。依法治税水平高低关系到党和政府在人民群众心目中的形象。落实依法治税,必然要求税务机关公平执法、规范执法和高效执法。推进国地税合作,就是要在国税局、地税局之间统一执法尺度,加强执法协作,规范执法行为,以保护纳税人合法权益,确保税收执法公平公正。

纳税服务的好坏,直接关系到党和政府形象。国地税合作不畅导致的重复执法、多头执法、纳税人"多头跑"等现象,不仅干扰企业正常经营,还损害了地方营商环境和政府形象。在经济下行压力较大的时期,国税、地税更要通过加强和深化合作,为企业减负增效,助力企业共克时艰。

(三)我国财政体制的本质要求决定了国地税必须深化合作

分税制的财政体制的本质要求是两个机构分设,其背后的意义是要调动地方政府的积极性,在地方政府能够用自己的财源来解决自己的问题的基础上,中央实行转移支付。《深化征管体制改革方案》肯定了1994年中央和地方分税制改革体制的基本框架不变,在这一前提下,国税、地税深化合作,以解决现实中出现的税收征管问题。

目前虽然地税部门工作量变小,但这种情况只是暂时的,由于税制改革还在进行中,有些税种的改革、征管模式的转换尚未到位,地税业务减少的情况只是暂时,随着税制改革的推进,地方税体系的逐步建立和完善,以及分税制改革的深入推进,国、地税部门的业务会逐不走向平衡的。

## 二、当前深化国地税合作存在的困难

(一)顶层规划粗线条导致合作基础不牢

一是制度保障不足。虽然《国家税务局　地方税务局合作工作规范》规定了具体的事项,但是具体落实部门和岗责不明确,加之,除了总局的《合作规范》以外,没有其他操作性较强的相关制度文件来保障合作的有序开展,多数事项以临时会议或者有限次数的联席会议来解决。在实际操作中,合作事项是由不同内设部门来完成的,如征管具体事项在管理分局,稽查事项在稽查部门,纳税服务事项在纳税服务部门等,这些事项如果由任何一个现有的部门牵头,而没有固定的制度指导和规范的程序执行,只能导致执行方式松散化、执行内容碎片化,而得不到有效落实。二是机制保障不足。虽然多数单位制定了合作意见,明确了合作项目,进行了责任分工,但如果没有建立有效的责任监督和绩效考评机制,合作事项落实效果如何,难以衡量。两部门均有各自的工作重点和任务,诸多实际业务要实现真正意义上的合作,仍需要做大量的协调推进工作。三是资源保障不足。国地税机构分设已有20多年,两部门业务既有相同处,更有差异性,精通国地税业务的复合型人才极度缺乏。随着营改增的大力推行,国税部门工作量逐渐增加,基层工作人员数量本已捉襟见肘,再承担国地税合作所要求的具体任务更显得力不从心。此外,在设备投入、软件开发、经费拨付等方面也需要相应的保障。

(二)思想认识不到位导致基层落实不力

目前,国地税合作已作为一项常态性工作落实到各省、市、区(县)国地税局,但不同部门、不同层级以及税务人员对推行国地税合作的认识并不统一,牵头部门合作意识较强,其他相关部门合作力度不大。究其原因:一是对国地税合作的重要性认识不到位,认为合作没有太大的实质意义。二是工作量不平衡,导致心态不一。在国地税合作中,国税部门承担了更多的工作量(如受托代征地税税款等),压力和风险加大,主观上排斥;地税部门则认为营改增后,地税业务已经减少很多,再委托国税部门代征税款,地税业务量将进一步减少,思想上有所顾虑。三是缺乏大局意识。国地税合作涉及多个部门,绝不是某个牵头部门(如征管与纳税服务)能单独做好的,而其他相关部门则认为此事与本部门关系不大,多一事不如少一事,不愿意主动作为。

(三)技术手段欠支持导致合作方向单一

国地税合作中的大量事项需要借助信息技术手段的支撑,才能发挥出合作效能和优势,而目前信息技术支撑不到位,客观上制约了合作工作的推进。一是金税三期中有关国地税合作的功能尚需完善。经初步梳理,《合作规范》需要金税三期信息支撑的事项有10余个,目前仅有共享涉税信息、联合税务登记、联合办税服务3项在金税三期中能够实现,其他很多合作事项还没有得到金税三期系统的有效支持。二是缺乏统一的办税服务平台。由于之前国税、地税办税服务平台都是单独建设的,现在要整合成一个完整的、符合国地税共同办税标准的平台,实现统一入口、统一模块和统一办税有难度。三是信息融合度不高。长期以来,由于国税、地税征管软件的独立性和管理体制的差异性,双方征管数据(如发票信息、税源监控数据、稽查查补信息等)无法有效互通互联,纳税人信息不能及时共享,这不利于后续风险管理的数据分析和风险比对,难以较好地实现“以税控税”,削弱了征管合力,合作效能优势得不到充分发挥。四是联合共建 12366 有困难。部分省国、地税局早已分别委托不同的开发公司建立了各自的 12366 咨询热线,如果现在要联合共建、统一开发和维护,势必造成资源浪费。

## 三、基层国税部门推进国地税深度合作的几点建议

(一)紧紧依靠党委政府,建立健全合作机制

由于各地国地税合作的基础不同,国地税部门对合作的认同程度不同,推进国地税合作离不开地方党委政府的关心和支持。地方党委政府总揽经济社会发展大局,掌握事情民情,能够统筹协调、科学决策、周全部署,是国地税合作的组织保障。同时,国地税合作更有赖于地方政府统一调配资源,在人、财、物方面给予大力支持,是国地税合作的物质基础。因此,全面深化国地税合作工作应紧紧围绕地方党委政府的领导决策、服从政府部署安排,让国地税合作在服务地方发展大局上发挥出最大的作用。

建立合作交流对话平台和健全约束机制是实现深度合作的基本前提。根据去年以来合作的经验表明,国地税合作的"堵点"主要是双方领导重视程度不同、信息交流渠道不畅、首创精神发挥不足。必须要建立领导对话机制,充分运用联席会议等形式,实现合作双方的一把手定期会面,对单位中层无法决策的事项进行拍板。要完善共享信息机制,在金三系统中国、地税不能互通的客观现实下,要建立线下定期传递征管信息的渠道,对产生的税收征管信息进行科学归类梳理,并结合纳税评估、数据分析等有关要求及时向对方传递,避免税收征管信息资源的浪费。要强化双方的实践机制,要针对工作出现的具体征纳问题,开展深入扎实的国地税协调工作,探索合作工作的有效途径,从现行的统一开展税收政策宣传、联合办理税务登、联合开展纳税信用等级评定等工作入手,联合开发、应用国地税税收征管信息共享平台,并依托国地税税收征管信息共享平台,开展多方面的联合办税工作,把基层部门的首创充分激发出来,有效解决国地税之间政策执行不一、税收定额不一、征管方式各异等问题。

(二)确立明晰工作流程,深化拓展合作程度

国地税合作中应充分发扬"挂图作战"的优良传统,通过列出任务单、时间表、路线图,倒排工期来推进合作项目。在合作工作中梳理要点、理清主次、把准方向,国地税双方共同组织对合作事项进行梳理、分析、研究,从纳税人最期盼的事项做起,从矛盾最突出的地方抓起,按照可行性与操作性分层次定制国地税合作流程。同时,工作流程的定制要注重对国地税两部门的引导与约束,让其有章可循、不致手足无措,使其有据可查,不致盲目作为。注重对具体工作流程进行任务分解,确保了各项工作有专人负责、有专人推进、有专人督查,健全相关考核指标,确保流程事项扎实推进。

合作工作不能仅仅停留在人员互派、场所归并、信息传递等初级模式,要逐步推进到以机构充分兼容、数据充分应用、人教高度融合为特点的深度阶段。基层部门应在严格遵守改革方案与合作规范开展工作的基础上,充分发扬首创精神,结合实际,大胆探索。例如,在对涉税信息定期交换的基础上,加大分析、应用力度,及时发现征管盲区与薄弱环节;在税种管理方面,联合推进"营改增",抓好后续管理、重点税种核查;在税源管理方面,突出联合风险防控和大企业管理。同时,在党建、队伍建设、绩效管理等工作领域探索开展合作,敢做改革创新的排头兵,以卓有成效的工作实践为工作大局提供支持。

(三)优化完善工作内容,总结分享合作成果

国地税合作工作不是一劳永逸的,要不断在取得的合作成果的基础上,根据上级部门的工作要求和工作实际情况变动,及时对原有的工作机制、流程、做法等进行"回头看"、"再完善",紧跟形势、调整优化、查漏补缺,推动国地税合作迈上新的台阶。对查找出来的问题,要分析问题存在根源,查明是制度设置的问题还是工作落实的问题,是工作方法的问题还是工作态度的问题,找准薄弱环节和差距所在,对共性问

题联合研究确定整改措施，对个性问题区别处理、对症下药。国地税要培养起联合发现问题的敏感、联合分析问题的默契、联合解决问题的能力，使国地税合作工作日趋成熟完善。

国地税合作既是工作任务，更是工作契机，在广泛深度合作的过程中，必然存在着制度办法的创新、工作流程的优化、传统模式的再造……要加大对这些国地税合作工作成果的发掘与应用，让改革成果既惠及纳税人，也惠及税务干部，实现税务工作提质增效。这就要求基层国地税两部门在合作中更加注重对工作进行阶段性地总结、提炼，把好想法、好做法、“微改革”、“微创新”进行系统性地加工完善，形成制度、规程、模型等具体成果。做好合作成果国地税间共享，根据两部门不同的工作特点，抓好成果转化应用。做好合作成果的上报与宣传，将成果及时报送上级单位，争取在更大平台得到试点推广。积极通过各类媒体宣传合作成果，扩大周知度、影响力和惠及率。让合作成果真正起到指导服务税收工作的作用。

（作者单位：山西省晋城市国家税务局经济技术开发区税务分局）

# 新一轮城镇化建设的财税政策借鉴研究

——基于福建省视角

卢龙昌　方智勇

## 一、城镇化发展现状及存在问题

(一)当前城镇化发展中存在的问题

1、城镇区域发展不协调。从全国沿海各省市看,福建省城镇化水平与其作为海西前沿的地位不相符,城镇化水平总体上仍滞后于工业化和经济社会发展的需要,也落后于沿海其他省份的城镇化水平,至2015年底常住人口城镇化率在全国沿海各省市中排名仅第7位。2015年福建省非农业增加值已达全省GDP的91.62%,但城镇化率仅达到62.6%,城镇化建设水平滞后于工业化进程。城镇化率与工业化率之比1.55,仅处于1.4－2.5合理范围的下限。

图一　2015年全国沿海各省市常住人口城镇化率

| 排名 | 省级行政区 | 城镇化率(%) |
|---|---|---|
| 1 | 上海 | 88.02 |
| 2 | 天津 | 82.64 |
| 3 | 广东 | 68.71 |
| 4 | 辽宁 | 67.35 |
| 5 | 江苏 | 66.50 |
| 6 | 浙江 | 65.80 |
| 7 | 福建 | 62.60 |
| 8 | 山东 | 57.00 |
| 9 | 海南 | 55.12 |

图二　2015年福建省各地市常住人口城镇化率

| 排名 | 市级行政区 | 城镇化率(%) |
|---|---|---|
| 1 | 厦门 | 88.8 |
| 2 | 福州 | 67.6 |
| 3 | 泉州 | 63.6 |
| 4 | 莆田 | 56.6 |
| 5 | 三明 | 56.3 |
| 6 | 漳州 | 54.8 |
| 7 | 南平 | 54.0 |
| 8 | 宁德 | 53.6 |
| 9 | 龙岩 | 52.6 |

从全省各地市看,福建省城镇化发展的空间分布不平衡,呈现沿海地市城镇化程度较高、山区地市城镇化程度较低的特征。据统计数据显示,厦门市、福州市、泉州市的城镇化发展水平较高,常住人口城镇化率分别为88.8%、67.7%、63.6%,高于全省平均水平,而其他6个地市的城镇化率均低于全省平均水平,南平市、宁德市、龙岩市的常住人口城镇化率分别为54.0%、53.6%、52.6%,处于全省后列。整体来看,山区地市的城镇化率较低,经济发展水平相对落后,而沿海地市的发展速度较快,由于全省城镇化发展空间分布的不平衡,制约了全省经济的整体发展。

2、城镇产业结构不合理。2015年,福建省地区生产总值25979.82亿元,其中第一产业增加值2117.65亿元,第二产业增加值13218.67亿元,第三产业增加值10643.50亿元,第一产业增加值占地区生产总值的比重为8.1%,第二产业增加值比重为50.9%,第三产业增加值比重为41.0%,三次产业的比例为8.1:50.9:41.0。显然,当前福建省三次产业结构是不协调的,第二产业的比重超过一半,而第一产业所占比重不到 1/10。发展经济学理论提示，增加当期投资会扩大当期需求，拉高当期经济，但也会扩大下期供给，扩大的供给如无对应的最终需求，就会导致产能过剩，影响经济发展，影响人口就业，影响群众生活，就会导致数量型的城镇化倾向。

3、城乡之间发展不平衡。改革开放以来，为改变落后面貌，福建省实行了优先发展工业、农业支持工业的发展战略，逐步形成了重工轻农、重城轻村的格局，推动了工业与城镇的快速发展，导致了农村与城镇基础设施的落差不断拉大。2015 年，福建省全社会固定资产投资 21628.31 亿元，其中城镇固定资产投资 21300.91 亿元，农村固定资产投资仅 327.40 亿元，仅占总投资额的 1.51%。而另一方面，城乡分割的户籍管理、土地管理制度、社会保障制度和财税金融等制度，致使城乡利益失衡格局不断深化，制约着农业转移人口市民化，进一步拉大了城乡之间的收入差距。2015 年，福建省城镇居民人均可支配收入 33275 元，农村居民人均可支配收入 13793 元，仅为城镇居民人均可支配收入的 41%。

4、针对性税收激励政策缺乏。目前，我国还没有出台专门的税收政策来推进城镇化发展，只是零星出台了一些相关的税收政策文件，一定程度上推动了城镇化发展。但是，目前促进城镇化发展的税收政策只是些零散的文件，不够全面系统，执行效果当然大打折扣。同时，在城镇化迅速发展的过程中，存在着诸多矛盾亟待化解，而没有专门的以推动城镇化发展为目标的税收激励政策来化解矛盾，成为制约城镇化发展进程的一个障碍。

## 二、国内外城镇化建设的财税政策借鉴

(一)国外城镇化建设的政策措施及启示

1、注重政府引导作用。美国、德国都很重视政府在城镇化建设中发挥宏观管理和协调引导作用。为此，我国要通过行政、规划和财税等手段，引导城镇化建设的健康有序发展，实施有效的区域协调和管理，解决城镇化建设中面临的区域性矛盾和问题。

2、优化城镇产业布局。与德国重视发展特色产业支撑相比，我国一些地方在城镇化进程中重复建设现象严重，城镇之间产业结构趋同，城镇化建设中要根据各地区特点，立足本地特色优势，合理定位城镇功能，形成特色产业经济，大力培育特色主导产业，推进城镇可持续发展。

3、加强生态环境保护。与德国重视生态环境相比，虽然我国通过旧城改造、新区规划建设、城郊造林等多种形式，改善城镇生态，但与德国等欧美国家相比仍有较大差距。随着城镇化的推进和人民生活水平的提高，对城镇生态环境质量的要求越来越高。为此，我国城镇化建设中需要进一步加强生态环境保护，改善人居环境，建设美丽家园。

4、完善社会保障机制。德国、美国、英国在城镇化建设进程中都非常重视社会保障，注重人口与社会的融合。我国在推进城镇化建设中要进一步完善社会保障体系，逐步消除农工、城乡差别，促使农村和城镇居民在教育、就业、社会保障等方面享有平等的权利。

(二)国内城镇化建设的相关财税政策及启示

1、完善转移支付制度。温州模式、苏南模式、珠江模式等三个模式在城镇化过程中都建立规范的政府转移支付制度，使地方政府基本公共服务能力达到均衡。我国要进一步完善转移支付制度，加强上级政府对城镇的纵向转移支付力度和中小城镇的横向转移支付力度，实现地方公共服务水平的大体均衡。

2、走特色发展之路。特色产业是城镇发展的基础。我国各地区的自然、人文条件差异较大，要充分挖掘各地的资源优势，结合各地的区位条件、风俗习惯等，做好产业规划，积极培育形成具有特色的主导产业，促进经济可持续发展。

3、发挥财政引导作用。要适当安排专项资金，以投资、贴息等方式对城镇化各项基础设施建设进行倾斜，建立多元化投入机制，除了逐年增加各级财政对城镇基础设施建设的投入外，可将部分税费合理投

在基础设施建设上。

4、加大社会保障投入。在城镇化过程中要建立完善的社会保障制度,既解决了城镇失业人员的基本生活保障,又为农村劳动力的合理流动提供有效的制度保证。我国要加大对社会保障的财政投入力度,扩大社会保险的覆盖面,提高城乡居民的社会保障水平,提高城镇再就业率。

## 三、推进新一轮城镇化建设的财税政策建议

(一)完善公共财政制度,促进区域统筹协调发展

1、完善财政转移支付机制。按照事权与支出责任相适应的原则,合理划分各地政府在教育、医疗、社会保险等公共服务方面的事权,完善城乡基本公共服务支出分担机制。同时,建立横向转移支付机制,建立沿海发达城镇对口支援山区贫困乡镇机制,逐步缩小沿海与山区之间基本公共服务差距,促进各地区之间城镇化均衡发展。

2、完善县级基本财力保障机制。要进一步完善城镇基本公共服务补贴办法,增强各地政府提供基本公共服务能力,逐步实现各地区之间的基本公共服务均等化。

3、完善公共服务均衡配置机制。要进一步优化基本公共服务财政资金的区域投资结构,逐步实现各地区之间基本公共服务均衡配置。一方面,要将财政投入比例在产业之间作调整,适当偏向于新农村建设、城乡一体化建设、生态环境治理、城乡生活垃圾无害化处理、农业农村基础设施建设,扶持农业产业化,财政补贴要向专业大户、家庭农场和农民合作社等新型经营主体倾斜,让农民得到更大实惠,提高收入水平,缩小与城镇之间的差距。另一方面,要将财政投入比例在经济与社会之间作调整,适当偏向于公共服务,推进廉政租房、公共租赁住房、城市棚户区改造等城镇保障性安居工程建设,加大对农村医疗、农村养老保险、农村义务教育等的财政补贴,加大对进城农民工的上岗培训力度,缩小城乡收入差距,逐步化解上学难、看病难、养老难、买房难、就业难等社会问题,改善城乡弱势群体的生存与发展状况。

(二)落实涉农税收政策,引导特色产业优化升级

1、落实涉农税收优惠政策。税务部门要树立科学的税务管理观念,深入调研分析减免税收政策效应,主动作为,在职责权限内最大限度地充分发挥各项税收优惠政策的作用,将各项税收优惠政策在第一时间送到纳税人手中,引导纳税人用好用足税收优惠政策。(1)落实鼓励从事农业项目的税收优惠政策。对从事农、林、牧、渔业项目的所得免减征企业所得税,支持龙头企业与农户建立风险保障机制,龙头企业提取的风险金在实际发生支出时可在企业所得税前扣除。(2)落实鼓励粮食生产销售的税收优惠政策。对农民粮食专业合作社销售本社成员生产的粮食免征增值税,对从事主食产业化、粮油深加工和物流配送的粮食企业项目建设期间当地政府减免相关城市建设配套费用。(3)落实好生态公益林补偿金、低产林改造补贴育林基金和维持简单再生产费用减免等政策。

2、扶持特色优势农业发展。(1)扶持农业龙头企业发展。用好国家扶持农业产业化龙头企业的税收政策,促进其自身发展,延长产业链,形成集种植、养殖、初加工、深加工、销售等"一条龙"式产业链条,促进其产业化、集约化,形成产业园区。(2)制定纳税奖励政策。以每年新增税收的一定比例用于奖励企业再投资。对固定资产投资超过一定数额(如 100 万元)且投资方向符合有关规定的特色优势农业企业,从投产年度起,在一定年限(如 5 年)内,由地方政府按其所得的每年新增税金部分的一定比例奖励该企业。(3)扶持农民专业合作社发展。按农民专业合作社的服务经营范围对其实行税收优惠政策,地方政府要出台相应的激励措施,制定具体操作细则,确保相关税收优惠政策落实到位。

3、促进城镇培训就业。(1)对面向农民和非技能劳动力开放的教育、技术培训机构和就业服务机构,给予一定的税收优惠。(2)对职业培训机构创办的前 3 年免税,用于职工的教育培训支出可从应纳税所得额中进行加成扣除,对再就业技术培训给予税收优惠,对再就业服务的中介机构进行的技术转让、技术

咨询、技术培训而获得的收入要给予税收减免。(3)对新办企业吸纳进城农民工的,按照企业吸纳进城农民工就业的人数来确定税收优惠幅度。

4、引导金融服务"三农"。加大农村金融政策支持力度,增加农村信贷投入,完善涉农信贷税收激励政策。对保险公司为种植业、养殖业提供保险业务取得的保费收入,在计算应纳税所得额时,按90%比例减计收入。通过这些税收政策的实施,促使更多信贷资金投向"三农",进一步促进农村经济的发展。

(三)发挥税收引导调控作用,制约资源浪费环境污染

坚持"先治理、后利用"原则,充分发挥好税收政策的引导和调控作用,鼓励企业投入资金进行节能减排项目改造,对高耗能、高污染但有技术措施帮助达标的机器设备,可用优惠政策促其改进,对高耗能、高污染且无技术措施帮助达标的机器设备,可用当期补贴、后期优惠政策促其淘汰,从而促进企业加快淘汰落后产能,应用先进的达标产能,加强对资源的有效开发、利用和保护。同时,坚持"谁受益、谁补偿,谁污染、谁治理"的原则,建立重点流域生态补偿制度,建立水土、海洋、湿地保持等生态补偿机制,促进可更新资源的可持续利用,不可再生资源的循环利用,推进新型城镇化的良性发展。

(四)完善社会保障机制,推动保障就业改善民生

鼓励和引导城市社会事业、公共服务向农村延伸,在优先建立基本养老机制、提供医疗、失业等基本保障等方面,建立由地方政府、村集体和个人共同承担的筹资及管理机制,实现教育、医疗卫生、社会保障、文化生活等服务的城乡一体化,城乡居民共享城镇化发展成果。在此基础上,建立一些符合"农转非"人口群体特征的特殊性制度安排,如重视并保障失地农民的发展性需求,建立专项基金用于对失地农民就业指导、技能培训、社会救助等,把失地农民纳入社会保障体制的范畴,保障失地农民在养老、医疗、失业、最低生活保障等方面与城市居民享受同等待遇,让广大失地农民能够享受城镇化成果。

(作者单位:福建省漳州市地方税务局常山华侨经济开发区分局)

# 行政审批改革视角下对税务管理改革的思考

——越秀地税"批管分离"改革探索

谢 政 瞿 毅 黄毅成 李 丽 王 敏 石虹渝

## 一、背景:新形势下行政审批改革的必然趋势

(一)基本概念

1、行政审批概念。行政审批机关作为行政主体对相对人实施的具体行政行为。行政审批具有广义和狭义之分,广义的行政审批既包括政府机关内部事项审核;也包括政府机关对相对人申请的核准;狭义仅指后者。就其表现形式看,它是行政审批机关(主要是行政机关,也包括有行政审批权的其他组织)依据法律规定的条件,对公民、法人或者其他组织提出的申请,经过依法审查,作出准予或者不准予其从事特定活动、认可其资格资质、确认特定民事关系或者特定权利能力和行为能力的行为。

2、税务行政审批概念。从现行相关法律法规来看,税收征管法、行政许可法及行政强制法等暂未对税务行政审批进行定义。我们对税务行政审批的理解如下:是行政审批的组成部分,依据国务院、税务总局的相关法律法规、规章制度等,通过行政审批流程对税务行政相对人的涉税事项(包括税务登记、税款征缴、减免税、资格认定、退税以及发票等)进行审核、批准的行为。是税收管理的重要手段,也是税务机关行使税收职权的主要方式,税务行政许可的主要形式。

(二)税务行政审批改革随着行政审批改革不断深化

自 2013 年 3 月,国务院启动新一轮行政审批制度改革以来,截至 2014 年底国务院分 7 批取消和下放了 632 项行政审批等事项。今年 2 月 24 日国务院再次下发《国务院关于取消和调整一批行政审批项目等事项的决定》继续推进行政审批制度改革。

按照国务院要求,2014 年 2 月,税务总局公布了全部 87 项税务行政审批事项,实施税务行政审批目录化管理,锁定了审批项目的"底数",除 7 项税务行政许可审批事项保留外,去年清理了 45 项税务非行政许可审批事项,今年又将剩余税务非行政许可审批事项全部清理完毕。行政审批制度改革取得了明显成效,得到了国务院和国务院审改办的充分肯定。

今年税务部门继续推行税收执法权力清单制度,贯彻落实国务院《关于取消非行政许可审批事项的决定》。总体而言税务部门按照行政审批改革的要求落实取得了一定成效。

(三)税务行政审批改革对基层税务征管的影响

随着税务行政审批改革的不断推进,对基层税务征管也带来了新的变化。

1、法制意识的强化。依照相关文件要求及时下放涉税审批事项审批权限,变更已取消审批的事项的办理流程等,强调依法行政、依法治税。

2、管理理念的变化。改变过去通过审核纳税人的申请事项来实现管理的目的,通过公开透明的办税清单、权利清单、流程规范等进行标准化管理。不因个人业务水平差异而影响审批结果。

3、对征管手段提出新要求。对于取消和下放的税务行政项目,结合税源专业化改革、风险评估管理等不断探索后续管理措施,并在实践中结合基层实际不断改良。

## 二、基层税务部门行政审批的特点

在实际工作中,税务行政审批一直是基层税收管理员的重要日常工作。通过对纳税人发起的涉税费申请进行审批,以实现对纳税人的日常税收管理、政策辅导以及完成上级布置的各类专项工作等。通过对基层税务部门的行政审批分析,我们发现具有以下几个特点:

(一)法律依据方面

根据《行政许可法》第十七条规定,除法律、行政法规、国务院决定、地方性法规和省级政府规章外,其他规范性文件一律不得设定行政许可,现实中很多的税务行政许可项目没有合法的依据。

其次,审批依据分散在各个税收规范性文件之中。目前,实际工作中大量存在的税务行政审批主要是非许可性审批,依据主要是部门规章、财政部及税务部门文件,更多的是税务部门为履行自己的职能而制定的审批要求。

(二)行政效率方面

在基层税务部门,纳税人申请的一项审批事项,所需的工作日少则3～5个工作日,多则3个月。涉及减免税、退抵税等审批事项要经过税源管理部门、职能科室审核,局领导审批。因审批手续繁杂,审批环节繁多,由此带来的各种不定因素导致了审批效率低下。

因税收管理员的日常工作种类多,一人兼顾多项工作往往影响了工作效率,特别是影响了税务行政审批的效率。税收管理员通常会为了做好其他工作,而暂停手头的审批事项,然后在临近审批截止日期时再赶工处理。如此一来严重影响了审批效率及质量。

(三)服务效率方面

由于信息的不对称性,纳税人对审批的所需资料、审核条件、审批流程了解不够。在实际工作中,纳税人提出税务行政审批申请事项时,会因为所需资料准备不齐等导致受理不成功,在完成受理后也只能等待税务机关的审批结果,甚至还会出现因审批人员处理不当而要求纳税人重新申请的情况。对税务机关公布的办税承诺等,由于纳税人无法对审批过程进行查看,因此对行政审批的服务效率并不满意。

(四)内部监管方面

由于管理员独自包揽其所管纳税户的全部涉税费事项,以致权限过大、责任重大。在纳税人眼中,普遍认为税收管理员即代表着税务机关,执法风险被无限放大,并由此带来极大的廉政风险,而基层税收管理员普遍缺乏自我保护手段,由于缺乏有效的监管措施、制衡手段,将导致税收管理员在遇到问题时将被无限追责。

此外,受个人业务水平影响,税收管理员的素质参差不齐。在税务行政审批过程中也很可能出现非主观故意的执法不规范、审核不严谨等问题。

## 三、越秀地税税源专业化改革实例——对"批管分离"的探索

(一)实行"批管分离"改革的背景

人少、户多、事杂,是目前基层税务部门普遍面临的问题。随着税源的持续增长,基层税务部门人均管户成几何增长。以我局为例:越秀区局在管纳税人约11万。其中,重点税源科管户数2954户,税收管理员人均管户68户;一般税源管理科管户数112584户,剔除个体工商户后的管户数59211户,税收管理员人均管户897户。

审批项目虽减少,但仍有部分审批事项高频率发生。随着税务行政审批事项的取消和下放,税收管理员日常需处理的审批事项已减少很多。根据广州市地方税务局《办税清单1.0》的具体内容,目前由纳税人发起的依申请税务行政审批事项有5大类,105小项。日常发生频率较高的主要有注销登记(单位

及查账征收个体工商户、迁出)、个人股权转让变更。以我局为例,今年1月1日至7月31日共受理注销登记(单位及查账征收个体工商户、迁出)共2477宗,日均12宗;个人股权转让变更共3538宗,日均17宗。

虽然审批事项已大幅减少,但仍有上述列举的审批事项频繁发生,且对审核人员的业务水平也要求较高。大部分税收管理员需花费大量时间进行处理,但效果却不理想。为此,我们希望通过对税收管理员职责的重新划分,细化岗位职责,以专业力量应对税务行政审批。

(二)探索"批"、"管"分离,促进"审"、"理"专业

2005年6月1日广东省地方税务局开始实行《广东省地方税务系统税收管理员制度实施办法(试行)》,办法中的第三条要求:"税收管理员在主管税务机关的管理下,贯彻落实税收法律、法规和各项税收政策,按照管户责任,依法对分管的纳税人、扣缴义务人(以下简称纳税人)申报缴纳税款的行为及其相关事项实施直接监管和服务。"。第二章对税收管理员的工作职责明确包括有:加强户籍管理、加强税源监控、优化纳税服务、实施纳税评估、加强档案管理等。

该办法对管理员的专业化程度要求较高。管理员要与自己的管户保持密切联系,在日常工作中通过纳税人递交的申报资料、申请办理的业务资料、以及相关政策辅导等来全面掌控纳税人的信息。

针对目前税收管理员"一岗多责"在税源专业化改革中暴露出的问题,我们开始尝试对税收管理员职责重新划分。将管理与审批相分离,即"批管分离"模式。

1、审批方面:实现人员专业化、流程规范化。一方面认真落实上级要求,取消和下放部分税务行政审批事项。严格贯彻落实市局对外公布的《办税清单1.0》,按清单对业务种类、所需资料的要求,做到审批前的统一资料规范受理。另一方面,审批过程随机分配审批事项,进行"要式审批"(即符合递交资料条件要求,逻辑判断无误则审批通过),对于复杂业务审批组内进行集体审议。改变过去管理员一人操办的方式。事后结合后续管理、纳税评估等方式进行后续检查。

以业户注销申请为例,改革前均由分管的税收管理员进行初审,然后递交分管的科领导终审,审批效率低下,且容易忽略疑点,导致执法风险、廉政风险。改革后随机分配审批事项,疑难问题集体讨论,经过探索和积累,审批流程日益规范化,进而提升了文书审批效率。对有疑点的申请事项发起任务交相关人员跟进,集中精力深入调查。以管理八科为例,今年上半年在股权变更及注销税务登记等高风险文书审批方面,取得明显成效,共查补入库200多万元。

2、管理方面:管理团队化、任务发起与执行分离。改变过去一个管理员负责分管纳税人所有涉税费管理的模式。将纳税人的日常管理分散到纳税服务、税源监控、日常辅导等各个环节中。一方面充分发挥团队作用,另一方面加强内部监管,实现个人权力相互制约。

以下户调查为例,可分为:任务发起、调查安排、调查实施、结果反馈、资料归档等环节。改革前"下户调查"消耗大量时间且作用不大,同时频繁下户易给纳税人造成不必要的困扰。改革后在文书审批及日常管理中,如遇需下户核实的问题,报科领导统筹安排,将多个待核实问题归并下达下户任务,任务执行人带着相关问题下户调查,取得更满足工作需要、更贴近税收需求的涉税信息,调查结束后还需填写调查结果并进行归档,以便于日后查看。

3、纳税服务方面:提高涉税咨询解答的权威性和准确度。在上述分离基础上,我们进一步考虑则将纳税服务从管理中再剥离。纳税服务也通过专业团队应对,对于疑难问题不相互推托,通过科内响应机制后续跟踪解答,为纳税人提供更好的纳税服务。

(三)保质保量完成任务,效率效能明显提升

我局于2014年下半年开始试行"批管分离"模式,在试行基础上,2014年12月底下发《越秀地税全面推广"批管分离"制度工作方案》。从今年1月起,在全局全面推广。实施以来整体运行平稳,权责基本明

确,组织收入、纳税服务等均有序开展。

1、税收收入高速增长:以最早实施“批管分离”的税源管理七科和八科为例,截止7月31日,管理七科税收入库364,016,638.84元,去年同期入库317,091,386.83元,较去年同期相比增长14.80%;管理八科税收入库254,125,449.67元,去年同期入库175,352,337.49元,较去年同期相比增长44.92%。

2、纳税服务收效显著:改革后,因日常涉税事项可在相关组内通办,不需过度依赖某位管理员,事项办理进度加快,审批速度加快,有关业务咨询得到更好的解答。立体式服务收效明显,秩序井然,改革以来无纳税人滞留及不满意情况,纳税人满意度提升。重点税源管理科接待纳税人次数约为448次/月,一般税源管理科接待纳税人次数为556次/月。从我局管理科收到的表扬信数量来看,截止7月31日,管理科共收到表扬信104封,去年同期收到表扬信55封,与去年同期相比增加89.09%

3、行政审批高质高效:自今年全面实施以来,从各税源管理科文书审批数量来看,重点科批件数量为96宗/月,一般税源管理科批件数量为178宗/月。就办理时限来看,全部都在审批期限内完成,部分业务税源管理部门在保证审批质量的同时,比规定期限提前至少2~3个工作日完成。

4、日常管理细致规范:强化了科室领导的统筹、管理能力,改变了传统的以管理员为抓手的管理模式,需要通过指标来发现日常征管的薄弱环节、疑难问题。改革后能充分发挥专业团队优势,通过不同渠道了解纳税人实际情况,并通过组与组的信息共享、疑点互通,对纳税人进行细致规范的管理。

(四)“批管分离”下一步优化思路——“批管”外分离

在现有的税源管理部门内部“批管分离”的基础上,以信息管税为支撑,税收风险管理为导向,逐步优化为“批管”外分离。

今年5月14日《国务院关于取消非行政许可审批事项的决定》(国发〔2015〕27号)公布取消49项非行政许可审批事项,并将84项非行政许可审批事项调整为政府内部审批事项。其中,涉及取消11个大项以及其他3项中8个子项的税务非行政许可审批事项。

随着税务行政审批事项的持续压缩减少。我们要发挥“批管分离”精细化、集约化管理的优势,强调以风险为导向,减少前置审批事项,加强事项的后续管理。同时与稽查局紧密合作,将重大风险疑点移交对接,有效的打击偷逃骗税等违法行为。最终走向“批管”外分离。

1、审批标准化:对仍保留的税务审批事项实现公开化、标准化。不得因为审批人员不同,所处地域不同,因业务专业化水平差异导致审批结果不一致。对保留的前置审批事项加强对外的公开宣传,依托办税清单、权利清单等对外公布信息,逐步实现纳税人与税务部门的信息完全对称。继续做好纳税信用等级评定工作,为审核提供有效信息数据,有针对性的加强前置审核力度。

2、管理规范化:改变管理思路,“宽进严管”,强化后续管理。在行政审批改革的过程中,李克强总理多次强调:简政放权的同时,还要“放”“管”“服”结合,三者不可偏废,必须把握好其中的平衡。政府管理要由事前审批更多转为事中事后监管,实行“宽进严管”,优化服务。对基层税务征收局来说,对于取消和下放的税务行政审批项目,按税收风险评估管理的思路,结合基层工作实际,不断探索加强后续管理措施,处理好管理弹性的问题。

3、下户盲选化:规范进户执法工作,以纳税评估触发下户任务。2014年国家税务总局下发了关于进一步规范税务机关进户执法工作的通知,并陆续下发取消进户执法的项目清单。省局、市局根据总局的工作要求,在坚决落实取消进户执法项目的同时,加强对进户执法的规范化要求。在7月22日的国务院常务会上,李克强总理阐释:要建立随机抽取被检查对象、随机选派检查人员的“双随机”抽查机制,这也是加强事中事后监管的一项重大改革。

接下来的改革要改变现在通过简单的行政手段安排下户调查任务的做法,转为由风险管理为导向,落实“双随机”抽查机制。要求以案头审核、质疑约谈为基础,未完成前者,不触发下户任务。以纳税评估为基础,随机选派下户人员,随机选择下户对象。

## 四、取得成效:税源专业化管理再升级

(一)专业化团队,促使行政、服务效率双提升

组内业务通办,不过分依赖个人,行政效率与服务效率均得到提升。"批管分离"的实施有效地解决管户制情况下因管理员不在岗导致其名下管户涉税事项无法办理的情况。无论是文书审批还是日常涉税咨询、下户调查等工作,皆可组内通办,以专业团队履行相应的职责,行政效率明显提升。

不过度依赖某个人,事项办理进度加快,审批速度加快,纳税人的业务咨询得到更好的解答,审批事项能更快取得批复。立体式服务收效显著,秩序井然,纳税人满意度提升,服务效率表扬也得到提升。

(二)精细化分工,助推征管高效能

各组分工有序、紧密合作,解决了税源急速增长与人力资源不足的矛盾,助推征管高效能。负责税源管理的人员不再进行税务行政审批工作,可专注于日常税源管理,审批人员无需负责日常管理业务,可专心审批,使得审批更加严谨、细致、专业化。纳税服务人员提供及时准确的咨询解答,也为负责日常管理、税务审批的人员打造了更安静的办公环境。组间的分工合作,良性互动为征管效能的提高打下良好基础。

(三)内部监管受控,打造透明政府

改变税收管理员一人说了算的情况,统一规范、相互制约真正加强内部监管。纳税人办理的业务、咨询的问题等都由不同组别负责。依据相关法律法规、统一的流程规范进行管理,组员与组员之间、组别与组别之间相互制约。以风险管理为导向,合理合法履行税收征管职责,不多收也不少收每一分税款。

(四)强调权利制衡,建设廉洁政府

通过权利制衡,从源头减少廉政风险、税收执法风险的发生。"批管分离"将审批与管理分开,改变了原来管理员既审批又管理的模式,充分发挥了人员的特质,形成专业的工作团队,通过团队而非个人开展工作,一方面为基层税务人员减压减负,另一方面实现制衡管理,更有效的释放了执法风险和廉政风险。

(作者单位:广东省广州市越秀区地方税务局)

# 依托信息化深化国地税合作的实践与思考

辽宁省大连市地方税务局国地税信息化合作课题组

自1994年实行分税制财政管理体制改革以来，国地税两套机构并行的征管体制，为调动中央和地方积极性、建立和完善社会主义市场经济体制发挥了重要作用，但是也衍生出了职责不够清晰、执法不够统一、办税不够便利、管理不够科学、组织不够完善、环境不够优化等问题，为此，中办、国办印发实施《深化国税、地税征管体制改革方案》，通过加强国地税合作，整合税收资源、实现信息共享、提高办税效率。在以互联网为代表的信息化技术飞速发展的今天，信息化对税收工作的支撑作用和重要意义已不言而喻，随着“金税三期”的全国推广以及“互联网＋税务”行动计划的深入实施，深化国地税合作也应当坚持以信息化为抓手，整合各类资源，创新合作模式，确保税收职能作用得到有效发挥。

## 一、国地税合作现状及问题分析

自实行分税制改革以来，国税、地税机关依据职责分工，结合各自征管工作需要，在税务登记、税务稽查、税收宣传、纳税人信用等级评定以及“营改增”试点等多项工作中开展合作，不少国税、地税部门建立了相应的协作以及联席会议制度，并取得了一定的成效，但是总体来看，国地税之间合作仍比较松散，其合作的形式大于实质，可以说还处于较低的水平。

为了进一步推进国地税深入合作，国家税务总局下发了《国家税务局　地方税务局合作规范(2.0)版》，制定了44项合作内容，其中需要信息化提供技术支撑的就接近40项，从这个角度来看，虽然国地税合作在客观上存在着管理方式不统一、合作规范不标准等问题，主观上也有合作推进力度不强、合作意识不到位等原因，但是考虑到信息化在实际税收管理工作中所产生的重要的支撑作用，国地税合作在一定程度上就是税收信息化方面的合作，国地税之间信息化合作水平不高，信息共享程度低是阻碍国地税深入合作的一个重要因素。主要表现在以下两个方面：

(一)降低了联合征管质效

在国家“金税三期”推广之前，国税部门与地税部门使用的信息化系统，在操作方式、管理模式以及数据存储等各方面完全不同，即使在“金税三期”上线之后，虽然国地税使用的是同一套系统，但是由于网络没有互通、数据没有共享，国地税彼此之间还是相对独立，既不能开展信息比对，也不能及时查看对方的征管信息，造成了信息资源的巨大浪费，降低了联合征管质效。

(二)增大了联合办税成本

由于国地税之间信息化系统的彼此独立，纳税人需要登录双方的信息化系统办理涉税业务，同样的信息、相同的资料要在国税、地税网上办税系统中分别填报，税务人员也要分别录入，一定程度上增大了联合办税成本。

## 二、信息化对深化国地税合作的重要意义

《深化国税、地税征管体制改革方案》是我国征管体制改革的顶层设计，是开展国地税合作的纲要指南，从理顺征管职责划分、创新纳税服务机制、转变征收管理方式、深度参与国际合作、优化税务组织体系

以及构建税收共治格局六个方面，明确了30余项重点工作任务，重点突出三个“合”，即：服务深度融合、执法适度整合、信息高度聚合。

（一）信息化是开展国地税合作的基础条件

近年以来，按照国家税务总局“信息管税”的工作思路，税收信息化得到了长足发展，形成了覆盖业务、政务两大系列，涵盖征管、征收、稽查、计会、纳服、法规等各个方面，功能完备的税收征管信息化系统，现已成为开展税收管理工作的必要工具，要实现服务深度融合、执法适度整合、信息高度聚合的征管体制改革目标必须依托税务信息化系统。

（二）信息化是推进税收标准化的有力工具

深化征管体制改革，要厘清国税、地税与其他部门的职责分工，就要打破现有的税务管理模式，消除税种壁垒，统一纳税服务和征管规范，推动税收工作的统一化和标准化。信息化天然具有统一化、标准化优势，善于开展业务流程的重组，进一步降低资源和成本，提高税收征管效率，以达到“1＋1＞2”的效果。

（三）信息化是优化纳税服务的重要手段

推进国地税合作，就是要整合服务资源，加强服务联合，拓展服务领域，解决当前存在的纳税人“多头跑”和重复报税等问题，最终要达到“进一道门，办两家税，三家都省事”的效果。信息化提高了权力运行的透明度和公信力，将更方便纳税人公开监督，办税有痕迹、流程可公开，能够全天候规范税收执法，防止权力滥用，从而达到“最大限度便利纳税人，最大限度规范税务人”的效果。

（四）信息化是加强信息共享的有效途径

国地税合作最重要的理念之一就是信息共享，推进国地税合作，就是要整合征管资源，实现管理协同、征管互助和信息共享，有效解决机构分设给税收管理带来的信息不畅、抓手缺失等问题。随着以互联网技术的快速发展，各种传统行业的信息纷纷上网，为税务机关提供了获取第三方数据的重要渠道，第三方也可以充分利用税务机关提供的企业纳税信息，最终建立纳税信用评价结果共享机制。

## 三、大连国地税信息化合作的探索与实践

依照国家税务总局王军局长提出的“服务深度融合、执法适度整合、信息高度聚合”的工作要求，大连市国地两局立足实际、着眼发展，以国地税信息化合作为突破口，以“金税三期”工程推广为着力点，建设专网实现网络互联互通，数据共享共用，畅通合作共建渠道，开创国地税合作新局面。

（一）围绕“三个规范”联合建章立制，筑牢互联互通之基

实现网络互联互通，信息安全是前提。一是规范安全管理，依据税务总局《税务工作人员网络安全管理规定》，共同制定《联合办税信息安全管理规范》，联合签订《联合办税信息安全协议》，明确涉及联合办税的互派人员必须签订个人安全协议；二是规范终端管理，结合“互相派驻、共建办税服务厅、共同进驻政府服务中心”三种联合方式，创新属地化管理模式，统一互联网络布线方式，明确办税终端管理规定，责任到人、安全到点；三是规范权限管理，依据税务总局安全管理要求，联合部署网络准人系统，统一终端联网认证标准，规范系统用户命名方式，根据联合办税人员岗位和窗口业务范围限定访问权限。

大连国地税依托“金税三期”网络，通过网络准人系统，实现了业务专网的互联互通，为办税服务厅开展联合办税奠定了基础。目前，大连国地税16个对口基层局主办税服务厅全部实现了联合办税，23个驻外税务所实现联合办税，合作面达有条件合作驻外税务所总数的57.5％。

（二）围绕“三个突破”推进系统互访，精简办税体验之需

实现“进一家门，办两家事”，系统互访是瓶颈。一是突破窗口联合办税难题，在业务专网互联互通的基础上，调整网络访问策略，实现联合办税窗口人员依权限访问国地税双方系统，拓宽各区政府行政服务中心国地税窗口的业务受理范围，将单一办理联合税务登记业务，升级为办理全职能业务；二是突破证书

互认难关,国地两局采用“共用税务数字证书”的方式,联合开展数字证书互认,纳税人只需“一把钥匙”即可分别登录国税、地税系统办理业务;三是突破网上联合办税难点,国地税共建网上办税服务厅,在实现国地税现有6大网上办税系统统一登录的基础上,首创各办税系统的菜单级融合。后续,按照“统一风格、统一界面”的标准,持续优化现有系统并逐步拓展网上办税业务范围,提升纳税人互联网办税体验。

(三)围绕“三个共享”实现优势互补,汇聚数据资源之力

实现数据共享,资源互补是条件。一是设备网络共享,依据实际需求,开展服务器、存储设备互用,互相开放互联网出口,实现网络资源复用;二是软件资源共享,以满足双方业务需求为目标,通过签订委托协议、授权协议等方式,实现信息化软件在国地税双方互用、共享,缩短信息化建设周期,实现双方业务的快速复制和转移;三是涉税数据共享,在基于安全认证、安全互信的前提下,实现税务登记、税种认定、代开发票、财务报表等涉税数据共享,联合开展数据分析和比对,共同提升税收征管效能。

按照国家税务总局关于“二手房”交易及个人出租不动产业务“营改增”的总体部署,大连国地税实现了地税征管系统与国税增值税代开发票新系统的数据共享;大连国地税开展联合采集财务报表,纳税人向主管国税机关报送财务报表后,无需再向地税机关报送,财务报表数据同步到地税机关;依托“金税三期”的统一数据结构和标准,在“金税三期”系统上线后,将全面开通国、地税数据接口,实现国、地税核心征管数据的全面共享。

(四)围绕“三个互助”开展联合管理,畅通合作共建之道

实现“你中有我,我中有你”,联合协作是长策。一是人员互派技术互助,合作共建技术专家人才库,建立专家咨询、应急响应机制,充分发挥技术专家各自专长,解决高层次技术人才资源少、任务重等问题,联合培养一批精通信息化技术、了解国地税双方业务的信息化复合人才,为信息化建设的统筹规划储备力量;二是容灾互备应急互助,建立容灾互备机制,实现机房级互备,提升双方的风险应对水平,在数据中心间建设网络专线,实现国地税网络链路的互相备份,以保障重要数据的安全,并落实国地税信息化设备联合巡检制度,组织国地税联合应急演练,逐步提升国地税应急处置能力;三是设备互检工作互助,双方技术人员不仅只负责对己方设备的日常巡检和维护,还将以就近为原则,对对方设备开展包括系统检查、日常巡查、安全测评等在内的日常管理工作,优化人员效率。同时,在内控机制上,共用一套信息化管控系统进行项目管理、招投标管理、需求管理、资产管理,逐步构建“工作协同、制度有效、流程优化、状态可控、表单统一、节能高效”的科学管理模式。

为了进一步推动国地税信息化合作向纵深发展,大连国地两税共同签署《大连国地税信息化高度聚合合作备忘录》,以“两队班子一个理念、两套系统一个界面、两头数据一网汇连、两税业务一站办结”的合作共识,通过加强组织沟通,建立常态合作机制,为大连国地税在纳税服务及税收征管方面的深入合作,尤其是“营改增”的全面实施保驾护航。

## 四、进一步推进国地税信息化合作的几点建议

在以互联网为代表的信息化技术飞速发展的今天,信息化早已超越了工具的范畴,成为了一种新型、高效的生产力,带来了全新的生产、生活方式。随着“互联网+税务”的持续推进,国税、地税机关应当主动顺应信息化发展趋势,深度挖掘信息化合作新的切入点,积极加大合作力度,勇于创新合作方式,以信息化为抓手全力推进国地税深入合作。

(一)完善合作长效机制

信息化部门是税务管理的技术支撑部门,信息化技术本身并没有机构、部门之分,这就为其深入合作提供了条件、奠定了基础。一是统一工作标准规范,国地税部门在税收管理方面职责分工有不同,但是在信息化管理方面基本大同小异,国地税信息化部门可以就信息化项目建设、数据中心管理、信息安全保

障、系统运维支持等相关工作内容,联合开展专题研究,建立形成统一、标准的信息化管理模式,逐步消除合作壁垒,共同提升信息化管理水平;二是建立专题合作机制,在开展"营改增"等重大税制改革,以及涉及国地税双方信息化系统的重大调整时,国税、地税信息化部门可以联合组建专题工作小组,破除机关、部门隔阂,以"一个团队"的工作理念,开展"无障碍"的沟通协调,综合提升信息化工作效能。

(二)联合开展数据治理

在税收信息化发展的近十年间,税收数据呈指数级增长,由于尚未形成科学完善的税收数据标准化体系,在税收数据采集、加工、处理等各个环节的不规范操作,都会导致数据质量的大幅度降低。另一方面,税务信息化系统主要处理的是传统结构化数据,随着信息化技术特别是大数据的快速发展,引发了非结构化、半结构化数据的爆发式增长,要做好大数据的深入应用,数据治理就显得异常重要。国税、地税信息化部门应当共同建立科学合理的数据管理团队,联合开展数据质量管理,共同监控数据应用过程,研究制定税收数据标准化体系,为保障税收数据质量提供强有力的支撑。

(三)共同推进大数据深入应用

未来信息化的核心工作之一,就是数据的抓取和增值应用。国务院发布的《促进大数据发展行动纲要》提出,2017 年底基本形成跨部门数据资源共享共用格局,2018 年底前建成国家政府数据统一开放平台,国税、地税信息化部门应当把联合开展数据分析作为深化信息化合作的重点途径,共同拓宽第三方数据采集渠道,搭建大数据分析平台,深化大数据分析应用,推动决策科学化,助力税收现代化。目前,大连国地税正积极探索建设企业画像数据分析平台,充分利用国地税双方的税收征管数据和不同渠道获得的海量数据,勾勒出每个纳税人的 360 度立体画像,全面、深度呈现每个企业、行业乃至整个经济体的真实面貌,真正实现让数据发声,让数据增值。

# 营改增后完善地方税体系的实践与探索

——以河南省沈丘县为例

河南省沈丘县财税经济学会课题组

今年两会上,李克强总理在2016年政府工作报告中提出将于5月1日全面实施营改增,将试点范围扩大到建筑业、房地产业、金融业、生活服务业等行业。通过全面推开营改增等改革举措为企业减负松绑,放水养鱼。同时,为鼓励社会投资和促进大众创业、万众创新营造更为宽松的环境。营改增的全面实施,为推动产业转型、结构优化,培育和发展新税源释放了活力。5月1日后营业税将彻底退出地税征收的历史舞台。在全面深化改革的大潮中,如何加快改革财税体制,积极构建新的地方税体系迫在眉睫。我们通过对河南省沈丘县域经济与地方税收结构进行分析,积极探索新的地方税体系建构。

## 一、沈丘县域经济发展情况

沈丘县地处中原经济区对接华东经济区的开放前沿,具有公路、铁路、水路"三位一体"的综合区位交通优势。辖22个乡镇(办事处),面积1080平方公里,人口129.3万,耕地114万亩。近年来,沈丘县形成了以产业集聚区和商务中心区为载体和平台的经济发展集群。沈丘县产业集聚区规划面积17.29平方公里,商务中心区规划面积2.38平方公里,目前两区建设面积达12.4平方公里,入驻企业162家,主要有食品加工、机械制造、聚酯网、纺织服装、光电新材料、现代服务业等支柱产业,其中规模以上企业136家,产业集聚区连续4年受到省政府表彰,2014年晋升为河南省二星级产业集聚区。

2015年,全县实现生产总值(简称GDP)214.9亿元,同比增长9.6%,总量与增速均居全市第2位,增速分别高于全国、全省、全市2.7、1.3、0.6个百分点。其中,第一产业实现增加值43.2亿元,同比增长4.9%;第二产业实现增加值98亿元,同比增长10.6%;第三产业实现增加值73.7亿元,同比增长11.6%。三次产业结构由2014年的20.8:46.7:32.5调整为20.1:45.6:34.3。二三产增加值比重比2014年提高0.7个百分点,二三产增加值对全县经济增长的贡献率达到93.5%,拉动GDP增长8.98个百分点,成为支撑全县经济增长的主要力量。2016年一季度,全县实现地区生产总值49.2亿元,按可比价格计算,增长8.8%,增幅居全市第二位。其中:第一产业增加值5.4亿元,增长3.5%;第二产业增加值21.1亿元,增长8.8%;第三产业增加值22.9亿元,增长10.5%。一、二、三产业结构比重由上年同期的12.6:44:43.4优化到今年一季度的10.6:43:46.4。"十三五"开局之年,一季度全县经济发展实现开门红。

2015年全年规模以上工业企业实现主营业务收入492.7亿元,同比增长10.7%,实现利润48.14亿元,增长5.5%。其中,产业集聚区工业主营业务收入404.2亿元,增长12.1%,利润总额45.67亿元,增长6.6%。2016年一季度,全县工业比上年同期增长8.8%,其中,规模以上工业完成增加值23.7亿元,同比增长10.1%,总量和增速均居全市第2位,增速分别高于全国、全省、全市4.3、2.4、0.5个百分点。其中,产业集聚区126家企业,主营业务收入完成114.5亿元,同比增长16.5%,完成固定资产投资18.5亿元,同比增长20.9%,从业人员4.82万人,增长4.8%,实现税收10086.76万元,同比增长282.3%,实体工业的稳步发展,为财税收入的稳定增长奠定了基础。

## 二、沈丘县财税收入规模情况

（一）财政总收入情况

2015 年沈丘县财政总收入完成 145317 万元，同比增长 8.1%，增收 10966 万元。其中，入中央金库 28609 万元，同比下降 11.6%，短收 3764 万元。2016 年 1—4 月全县财政总收入完成 46956 万元，同比增长 44%，增收 14365 万元。其中，入中央金库 7820 万元，同比下降 20%，短收 1976 万元。

（二）地方公共财政预算收入情况

2015 年，全县公共财政一般预算收入完成 115830 万元，同比增长 13.6%，增收 13905 万元。其中，财政部门组织收入完成 30626 万元，同比增长 24.6%，国税部门组织收入完成 13523 元，同比下降 1.5%，短收 212 万元；地税部门组织收入完成 71681 万元，同比增长 12.7%，增收 8069 万元。全县地方级税收完成 83796 万元，占年初预算的 97.3%，同比增长 10%，增收 7590 万元，占地方公共财政预算收入的比重为 72.3%。总量全省第 29 位、全市第 1 位，增速在全省排第 33 位、全市排第 2 位。

2016 年 1—4 月份，全县地方公共财政预算收入累计完成 38897 万元，同比增长 72%，增收 16289 万元，收入总量在全市排第一位。税收收入完成 27679 万元，占年初预算的 28.7%，按序时应完成 32153 万元，比序时进度短收 4474 万元，同比增长 68.9%，增收 11291 万元，占地方公共财政预算收入的比重为 71%。其中，国税部门累计完成 3239 万元，占年初预算的 17.9%，按序时进度短收 2793 万元。同比下降 7.6%，短收 267 万元；地税部门累计完成 25044 万元，占年初预算的 31.4%，按序时进度短收 1555 万元。同比增长 89.2%，增收 11806 万元；财政部门累计完成 10614 万元，占年初预算的 38.2%，按序时进度超收 1356 万元，同比增长 81%，增收 4750 万元。

**表一　2015 年沈丘县财政收入完成情况表**

单位：万元，%

| 项　目 | 计划收入 | 累计完成 | 2014 年完成 | 同比增收 | 增收占比 |
| --- | --- | --- | --- | --- | --- |
| 财政总收入 | 115175 | 115830 | 101925 | 13905 | 13.6 |
| 税收收入 | 86113 | 83796 | 76206 | 7590 | 10.0 |
| 国税 | 16085 | 13523 | 13735 | －212 | －1.5 |
| 地税 | 71316 | 71681 | 63612 | 8069 | 12.7 |
| 其中：增值税 | 10314 | 8706 | 9127 | －2421 | －4.6 |
| 营业税 | 24033 | 17545 | 21268 | －3723 | －17.5 |
| 企业所得税 | 8321 | 7312 | 7364 | －52 | －0.7 |
| 个人所得税 | 2852 | 1486 | 2524 | 1038 | －41 |
| 资源税 | 10 | 2 | 9 | －7 | －77.8 |
| 城市维护建设税 | 2005 | 1509 | 1774 | －265 | －14.9 |
| 房产税 | 803 | 702 | 711 | －9 | －1.3 |
| 印花税 | 363 | 312 | 321 | －9 | －2.8 |
| 城镇土地使用税 | 2867 | 1838 | 2537 | －699 | －27.6 |
| 土地增值税 | 7022 | 5166 | 6214 | －1048 | －16.9 |
| 车船税 | 937 | 808 | 829 | －21 | －2.5 |
| 耕地占用税 | 21403 | 26649 | 18941 | 7708 | 40.7 |
| 契税 | 5183 | 11761 | 4587 | 7174 | 156.4 |
| 非税收入 | 29062 | 32034 | 25719 | 6315 | 24.6 |

表二　2016年1－4月沈丘县财政收入完成情况表

单位:万元,%

| 项　目 | 计划收入 | 累计完成 | 2015年同期完成 | 同比增收 | 增收占比 |
|---|---|---|---|---|---|
| 财政总收入 | 125676 | 38897 | 22608 | 16289 | 72.0 |
| 税收收入 | 96459 | 27679 | 16388 | 11291 | 68.9 |
| 其中:国税 | 18106 | 3239 | 3506 | －267 | －7.6 |
| 地税 | 79796 | 25044 | 13238 | 11806 | 89.2 |
| 其中:增值税 | 11191 | 2694 | 2208 | 486 | 22.0 |
| 营业税 | 26076 | 8572 | 4140 | 4432 | 107.1 |
| 企业所得税 | 928 | 1542 | 2052 | －510 | －24.9 |
| 个人所得税 | 2801 | 259 | 567 | －308 | －54.3 |
| 资源税 | 2 | | | | |
| 城市维护建设税 | 2175 | 717 | 428 | 289 | 67.5 |
| 房产税 | 871 | 258 | 167 | 91 | 54.5 |
| 印花税 | 394 | 92 | 79 | 13 | 16.5 |
| 城镇土地使用税 | 3008 | 652 | 273 | 379 | 138.8 |
| 土地增值税 | 7619 | 561 | 918 | －357 | －38.9 |
| 车船税 | 1017 | 879 | 241 | 638 | 264.7 |
| 耕地占用税 | 26647 | 10594 | 2994 | 7600 | 253.8 |
| 契税 | 5630 | 859 | 2321 | －1462 | －63.0 |
| 非税收入 | 29217 | 11218 | 6220 | 4998 | 80.4 |

1、分税种完成情况。目前从地税2015年征收的12个税种看,营业税完成17545万元,企业所得税完成7312万元,个人所得税完成1486万元,城市维护建设税完成1509万元,房产税完成702万元,印花税完成312万元,城镇土地使用税完成1838万元,土地增值税完成5166万元,车船税完成808万元,耕地占用税完成26649万元,契税完成11761万元。耕地占用税收入总量首次超过营业税,税种收入位居第1位。2016年1—4月份,营业税完成8572万元,企业所得税完成1542万元,个人所得税完成259万元,城市维护建设税完成717万元,房产税完成258万元,印花税完成92万元,城镇土地使用税完成652万元,土地增值税完成561万元,车船税完成879万元,耕地占用税完成10594万元,契税完成859万元。耕地占用税收入总量再次超过营业税,税种收入位居第1位。

从2015年国、地税征收的13个税种看,主体税种(增值税、营业税、企业所得税、个人所得税和城市维护建设税)完成36558万元,同比下降10%,短收5499万元,占地方税收收入比重为43.63%,低于同期11.5个百分点。小税种(房产税、印花税、城镇土地使用税、土地增值税、车船税、耕地占用税、资源税、契税)完成47238万元,同比增长38.3%,增收13089万元,占地方税收收入比重为56.37%,高于同期11.5个百分点。2016年1—4月份,主体税种完成13784万元,同比增长46.7%,增收4389万元,占地方税收收入比重为49.8%,低于同期7.5个百分点。小税种完成13895万元,同比增长98.6%,增收6902万元,占地方税收收入比重为50.2%,高于同期7.5个百分点。房产税、印花税、城镇土地使用税、车船税、耕地占用税均保持不同程度的增长,耕地占用税增速最快,达到253.8%。同时,土地增值税下降38.9%,契税下降63.0%。

2、非税收入情况。2015年非税收入完成32034万元,占年预算的110.2%,同比增长26.6%,增收6315万元,占地方公共财政预算收入比重为27.6%。2016年1—4月份,非税收入完成11218万元,占年预算的38.4%,同比增长80.4%,增收4998万元,占地方公共财政预算收入比重为28.8%。

## 三、基于各税种完成情况对沈丘县财税收入状况分析

从以上数据分析看，县域经济发展和地方税收的关联十分紧密，沈丘县经济发展同财税收入的关系呈现出以下几个方面的特点：

(一)经济同财税增长呈现波动

2015年沈丘全县实现生产总值214.9亿元，同比增长9.6%。公共财政预算收入完成115830万元，增长13.6%。其中，全县地方级税收完成83796万元，同比增长10%，增收7590万元，占地方公共财政预算收入的72.3%。总体状况表明了财税收入增长与经济增长大体上正向同步。2016年一季度全县实现地区生产总值49.2亿元，增长8.8%，增幅居全市第二位。2016年1—4月份，全县地方公共财政预算收入累计完成38897万元，同比增长72%，财税收入增长快于经济增长，县域经济发展不稳定。

(二)财政各部分收入呈现差异

2015年，财政部门组织收入完成30626万元，同比增长24.6%，占地方公共财政收入比重26.44%；国税部门组织收入完成13523元，同比下降1.5%，占地方公共财政收入比重11.67%；地税部门组织收入完成71681万元，同比增长12.7%，占地方公共财政收入比重61.88%。2016年1—4月份，全县国地税收入共完成27679，同比增长28.7%，税收比重占财政收入比重71%；非税收入完成11218，同比增长80.4%。

(三)税收增长滞后于城镇化发展

全县积极推进以人为核心的新型城镇化建设，加快户籍制度改革，鼓励农民进城就业，城镇化率达到35.34%。同时，带动了房地产、商贸、物流、电子商务、餐饮、住宿、文化娱乐等第三产业发展，2015年第三产业完成增加值73.7亿元，同比增长11.6%，成为全县经济发展新动力。然而反映城镇化发展成果的地方级营业税收入完成17545万元，同比下降17.5%，城镇土地使用税完成1838万元，同比下降27.6%，占税收收入比重2.2%；土地增值税完成5166万元，同比下降16.9%，占税收收入比重6.2%；房产税完成702万元，同比下降1.3%，占税收收入比重0.8%。2016年一季度第三产业增加值22.9亿元，增长10.5%。然而营业税前4个月累计完成8572万元，比去年同期增长107.1%，增收4432万元，占年预算收入的32.9%。城镇土地使用税完成652万元，同比增长138.8%，土地增值税完成561万元，同比下降38.9%，房产税完成258万元，同比增长54.5%。营业税、城镇土地使用税、房产税同比增长。主要是地税部门"营改增"清理欠税，拉大了增幅，而土地增值税下降严重，明显低于一季度第三产业增长幅度，说明城镇化发展受经济下行压力影响，第三产业房地产利益空间缩小。

(四)所得税和城建税收入比较稳定

在复杂多变的经济税收环境下，2014年企业所得税完成7364万元，占税收收入比重9.7%；2015年企业所得税完成7312万元，占税收收入比重8.7%；2014年个人所得税完成2524万元，占税收收入比重3.3%；2015年个人所得税完成1486万元，占税收收入比重1.8%；2014年城市维护建设税完成1774万元，占税收收入比重2.3%；2015年城市维护建设税完成1509万元，占税收收入比重1.8%。虽然受经济下行压力的影响，这三个税种收入同上一年比分别下降了0.7%、41%、14.9%。2016年前4个月，企业所得税完成1542万元，个人所得税完成259万元，同比分别下降24.9%、54.3%，而城市维护建设税完成717万元，同比增长67.5%，但总体平均收入情况比较稳定。

(五)地方小税种收入规模不稳定

2015年，沈丘县耕地占用税占税收收入比重31.8%；契税占税收收入比重14%，除耕地占用税和契税收入占一定比例外，如房产税、印花税、城镇土地使用税、土地增值税、车船税、资源税等6个小税种收入8828万元，占税收收入比重10.5%，收入规模较小。2016年前4个月小税种完成13895万元，同比增长98.6%，增收6902万元，占地方税收收入比重为50.2%，高于同期7.5个百分点。其中，耕地占用税增

速过猛,高达253.8%。同时,土地增值税下降38.9%,契税下降63.0%。主要原因是今年2月份财政部、国家税务总局、住房城乡建设部三部门下发的《关于调整交易环节契税营业税优惠政策的通知》(财税[2016]23号)没落实到位,对建筑房地产企业税收清算不到位,购房户拿不到销售不动产营业税发票,影响了土地增值税和契税的征收。

## 四、营改增后对地方税收和税源管理产生的影响

"营改增"后,地税部门将失去当前最大、占比最高的主体税种,地方政府财政公共预算收入也会受到较大影响,地方各税征管手段弱化。

(一)地方财力面临缩减趋势

多年来,营业税作为地方税源的主体和支柱,一直起着举足轻重的作用,其收入的稳定性、管理的可控性、对相关税种的带动性、对地方财政收入的重要性,都是其他地方税种无法相提并论的,因此营改增后,地税收入将出现雪崩式下滑,并由此对地方财政收入带来一系列影响。对于沈丘县而言,2016年,营业税预算收入计划完成26076万元,前4个月累计完成8572万元,比去年同期增长107.1%,增收4432万元,占年预算收入的32.9%。增值税预算收入计划完成11191万元,前4个月累计完成2694万元,比去年同期增长22.0%,增收486万元,占年预算收入的24.1%。营改增之后,按预计今年5—12份地税部门征收的营业税将减收17505万元,年底国税部门增值税收入应完成26002万元。如果按营改增后中央和地方按五五分成,即使税收收入总量不变,财政将减收1.3亿元左右。

(二)"营改增"后附征税费收入面临流失

"营改增"后,还将对所得税管辖权产生重大影响,按照总局规定,新办企业的所得税管辖权是随着主体税种走。缴纳增值税的企业,企业所得税由国税部门管理。缴纳营业税的企业,企业所得税由地税部门管理。全面实行营改增后,企业所得税面临流失,并失去成长空间。随营业税附征的企业所得税、个人所得税、城市维护建设税、教育费附加收入将相应降低。同时,"营改增"后地税失去"以票控税"这个重要抓手,纳税人尤其是零散户纳税人,在国税取得增值税发票后将有可能无视地税管理,有意无意地避开申报地方税费这一环节,从而使地方税的征收难度更大,税收成本将会大大提高。

(三)小税种难以支撑地方财政收入

"营改增"后,地税部门失去了可以支撑半壁江山的主要税源,地税收入在一段时期内会有明显的下滑,近些年沈丘县耕地占用税和契税两个税种虽然实现了高速增长,但是这两个税种属于一次性税源,随政府项目批地多少或以所有权发生转移变动的不动产为征税对象,税源不稳定。而房产税、印花税、城镇土地使用税、土地增值税、车船税、资源税规模小,2015年共收入8828万元,只占全县地方财政收入的7.62%,难以支撑地方财政收入。2016年前4个月小税种完成13895万元,同比增长98.6%,占地方税收收入比重为50.2%。主要是一次性税源耕地占用税高速增长达到253.8%,拉高了小税种正常收入,从而影响财政正常合理科学收入,难以持续稳定支撑地方财力。

(四)税制陈旧及税种设置不尽合理

现行的税制陈旧,政策存在缺陷,可操作性差。如房产税和土地使用税,在城乡一体化发展的大环境下,征收范围仍局限于城市、县城、建制镇和工矿区,土地使用税税额调整缓慢,在税收效益和社会效益之间难以把控平衡点;土地增值税税制复杂、扣除项目繁多、政策边界界定难度大,面对房地产开发衍生出的一些新事物,难以及时在政策上进行更新,造成基层政策执行难、对政策理解不一;契税和耕地占用税条文粗泛,2010年"两税"由财政划转到地税后,政策上更新缓慢、内容滞后,特别是涉及到自然人的一些民生问题方面的政策可操作性差,难以在公平和效率之间找到平衡,不能适应形势发展需要。

在税种设置上,"营改增"后地税征收的11个税种,在征收中既给纳税人计算缴纳带来较大困难,使纳

税人纳税遵从度难以提高，也使税务机关的征管难度加大，税收征收率不高，税收成本较大，造成征管效率低下，更不符合“简税制”的要求。从我县近几年地方税制运行的实际情况来看，占地方税收收入比重较大的是营业税，2014 年营业税完成 21268 万元，占地方税收收入比重 27.91%，2015 年营业税完成 17545 万元，占地方税收收入比重 20.94%。2016 年前 4 个月营业税完成 8572 万元，占年预算收入的 32.9%。这两年企业所得税和个人所得税收入已经落后于耕地占用和契税之后，但是以我县为例，2015 年耕地占用税完成 26649 万元，占地方税收收入的比重为 31.8%。契税完成 11761 万元，占地方税收收入的比重为 14%。地方税种设置不合理，如城市维护建设税的计税依据为增值税、消费税、营业税“三税“的税额，没有独立的课税对象，受制于“三税”的征收和征管水平，无法发挥其应有的作用。某些领域税种缺位，未能开征一些适应社会稳定和经济发展要求并具有特定调节功能的新税种。如社会保障税、遗产与赠与税、环境保护税等；税种不科学。目前仅房地产税类税种就包括契税、房产税、耕地占用税、土地增值税、城镇土地使用税五个税种，并涉及营业税、城建税和个人所得税，重复征税问题较为突出；地位不突出。在分税制的财政管理体制下，地方税理应成为地方财政收支的主要来源，但在实际中，地方税收地位不突出，各级政府的税收收入高度依赖共享税种，地方税种在收入规模上远未达到其应有地位。

（五）部分行业企业面临税负增加与地方财税收入减少

“营改增”的初衷是结构性减税，但由于经济发展本身的制约、税收征管的现实状况、增值税抵扣链条尚不健全以及部分企业的财务制度不健全等因素综合作用，短期内势必造成一些行业和企业税负增加、利润承压等问题。如建筑业和房地产业将会存在此类问题，迫切需要在制度设计过程中密切关注并采取有力措施加以防范。同时，也带来了企业纳税收入下降。“营改增”目前采取的是原营业税收入改为增值税后仍划归地方的过渡办法，看似不会对地方财政收入构成影响。但“营改增”鼓励更多企业专业化经营，细化产业分工，理性的纳税人会出于企业利益最大化的考虑而改变企业组织结构，从而形成更多抵扣项目，减少缴纳增值税，从而导致地方政府收入减少。

## 五、完善地方税体系建设的思路和方向

完善地方税体系不仅利于规范政府间财政关系、营造更加统一、规范、公平、透明的税收制度环境，而且有助于提高地方财政保障能力，调动地方政府积极性，促进县域经济发展。

（一）完善分税制，确保“营改增”后地方财政收入稳定

在保持现行中央、地方收入格局基本不变的前提下，科学测算因增值税征税范围扩大导致营业税收入减少的规模，重新调整中央与地方的增值税收入分成比例。调整后的地方增值税收入增量至少要足以填平营业税税收减少的缺口。分税制改革以来，中央财政收入的比重逐步提高，财力相对富裕，而地方财政税收的比重逐步减少，加上最近几年来地方政府的负担越来越重，中央一系列的惠民政策都需要地方配套资金的支持，导致地方政府财政困难越来越严重，因此建议营业税改征增值税后，考虑适当提高地方政府的税收分成比例，这样可以在缓解地方财政压力的同时，调动地方政府的积极性，以避免地方财政收支因税制改革而带来巨大波动，更能取得地方政府对“营改增”的支持。

（二）加快完善地方税体系，不断壮大地方政府财力

现行分税体制将税源稳定、增长潜力大的税种划为中央税或共享税，留给地方的大多是税源分散、收入不稳定的小税种，导致财权向上集中，地方政府无法组织到与其事权相匹配的财力。因此，要加快完善地方税收体系。一是改革房地产业税收。目前地方财政收入对房地产业的税收依存度比较高，房地产业地方税收（剔除上缴中央部分）占地方财政收入比重已超过 30%以上。笔者认为，应将对房地产业的主要税收从流转环节转移到保有环节。将现行的房产税、城镇土地使用税、土地增值税等合并为统一的房地产税，以房地产的评估值作为房地产税的计税依据。二是改变城市维护建设税现行依附“三税”计征方

法，确定为独立税种，以销售收入、营业收入、其他经营收入为计税依据。三是改革完善印花税。进一步界定印花税征税对象，将印花税定性为行为性质的税收，将原来对各类合同征税改对各类经济行为征税。调整计税依据，由原来依据合同所载金额征税改为按各类经济行为的交易额征税。四是改革完善资源税。扩大资源税课税范围，将水资源、森林资源、草场资源等纳入课征范围，支持生态环境改善；适当提高原油、天然气、金矿、有色金属矿等资源的税率，改变计征方式，增加资源税的税负水平，提高资源税收入，发挥资源税的调控功能，限制过度开采不可再生资源。五是完善个人所得税改革。随着居民收入的增长，个人所得税占全部税收的比重将会继续提高。个人所得税改革是实现“综合与分类相结合”的个人所得税制。对工薪所得、承包经营所得、劳务所得，可在综合考虑个人赡养人口状况、教育支出、医疗和社会保险支出、房屋购置支出等因素进行综合扣除，再按超额累进税率综合征税。对偶然所得、稿酬所得和特许权使用费所得实行分类征收。为实现这一改革目标，应进一步加强现金管理，推进居民信用卡或支票结算制度，以个人身份证号码为唯一标识，建立各金融机构统一的纳税人账户信息共享和信用查询平台，从机制、技术层面加强涉税信息控管，为个人所得税综合征收奠定基础。六是开征环境税、教育税、社会保障税、遗产赠与税等新税种。环境税在税率设计可从低税率起步，随企业与纳税人承受能力和环境治理成本等因素变化而适时调整、提高。教育税将目前征收的教育费附加、地方教育费附加、教育基金和文化事业建设费等合并为教育税，专项用于教育事业发展。纳税人包括企业、个体工商户和有经营收入的事业单位，计税依据为生产经营收入。社会保障税是将目前分散在人社、民政、卫生等部门的社会保障基金改为社会保障税。社会保障税分设养老、医疗和失业等税目，纳税人为存在雇佣关系的雇主和雇员及不存在雇佣关系的自营业主。同时优化城镇土地使用税，对城镇土地使用税调整征税范围，应将征税范围由城镇扩大到乡村，对乡村非农、林、牧、渔业的经营用地和有预算收入的事业单位用地一律征税。

(三)科学改革和重构地方主体税种，实现地方财政收入稳定增长

“营改增”后，地方税体系将丧失主体税种，中央和地方应注重重构地方主体税种，作为地方财政收入稳定增长的有力引擎。在地方税主体税种选择上，应该具备税基坚实、征税范围广泛、收入规模大，税制相对稳定且能够成为地方财政收入的主要支撑等特征。根据我国国情和地方税收入情况，在短期内，应选择消费税、企业所得税和个人所得税作为地方主体税种。从长远来看，随着我国经济的发展和城镇化的进程加快，居民收入的提高和房产总量的增加，房地产税将来可作为地方税的主体税种，这就要求房地产税、遗产与赠予税加速立法出台的进程。

1、将消费税改造成地方税主体税种。现行的地方税如房产税、城镇土地使用税、耕地占用税、契税和土地增值税等，在短期内难以成为地方主体税种。而消费税作为仅次与营业税规模的税种，在“营改增”后与营业税一对一置换，有利于保障地方财力，促进地方积极性。消费税目前属于中央税，仅次于增值税、营业税、企业所得税，是中国第四大税种。消费税税源丰富，大部分税源具有稳定性，增长潜力较大，从财政收入的角度看可以与营业税置换，应划归地方征收，是解决地方税源问题可供选择的方案之一。消费税的税目有烟、酒及酒精、化妆品、贵重首饰及珠宝玉石、鞭炮焰火、成品油、汽车轮胎、摩托车、小汽车、高尔夫球及球具、高档手表、游艇、木制一次性筷子、实木地板、铅蓄电池、涂料共计16个税目。消费税是价内税，实行的从价定率、从量定额和从价从量复合计征三种方法征税；实行从价定率办法计算的应纳税额＝销售额*适用税率，从量定额办法计算的应纳税额＝销售数量*单位税额。消费税扩围改革除了将高耗能、高污染产品和部分高档消费品、以及部分服务纳入征收范围外，改革还会将一些不适合继续征收消费税的产品从应税品目中剔除。消费税现在是特种消费税，应该变成一般消费税加特种消费税，两部分加一块，挪到零售环节去征收。

2、将企业所得税税收管辖权转为地税。现行企业所得税税收管辖权的划分为企业的利益选择留下操作空间。自2002年开始“一税两管”，经过10多年来的实践运行，税收征管成本不断增加、工作交叉、

矛盾不断、效率降低，给征纳双方带来了很大的不便。虽然国家有关企业所得税管理权限的文件在不断修订完善中，国税发【2008】第120号规定以2008年为基年，2008年底之前国家税务局、地方税务局各自管理的企业所得税纳税人不作调整。2009年起新增企业所得税纳税人中应缴纳增值税的企业，其企业所得税由国税局管理；应缴纳营业税的企业，其企业所得税由地税局管理。由于新办企业对主营业务界定可能不准确，并且变数较大，国、地税两家对企业所得税管理程度的不同，导致国地税对税源的争夺。从企业角度，“人往高处走、税往低处流”的现象时有发生，企业在管辖主体的选择上具有较大空间，增大了征管中的信息不对称。从理论上说企业所得税作为中央与地方共享税，“营改增”后为减轻由国税部门征收压力，我们建议应由地税部门统一征收、上缴国库，再按分享比例返还给地方，实现“一税一管”，保证执法主体明确、执法力度一致。这样既便于企业所得税的日常征收管理，提高企业所得税征收管理效率，又可以避免不必要的资源浪费，避免由于国、地税征管力度的差异造成企业税收负担的不同。

（四）加强税收管理，努力提高税源管控水平

积极转变观念，加强国地税合作，加快税收征管转型，主动适应“营改增”后对地税工作的要求。以中办、国办《深化国、地税征管体制改革方案》和国地税合作工作规范实施为契机，不断提高税源管控水平。一是要立足现实做好税源精细化、专业化管理。“营改增”纳税人涉及的随营业税征收的城建税、教育费附加、文化事业建设费等征缴入库和财税库银联网的设置等问题，与国税部门建立和完善税款委托代征机制，确保地方税收及时足额入库，实现税款不流失。二是整合资源，优化纳税服务体系建设。“营改增”后，对征管工作急需进行机构改革和资源整合，真正使税收管理进入第一线，直接面对纳税人。对纳税服务机构做到扁平化管理，把金字塔型的组织机构改为扁平型的组织机构，减少不必要的中间环节，全面梳理办税流程，大力推行首问责任制、服务承诺制、限（延）时服务制、公开办税制等优化纳税服务措施，不断挖掘优化纳税服务内涵、丰富优化纳税服务的载体和手段。并把“互联网＋”思维引入纳税服务领域，着力打造“互联网＋纳税服务”模式，积极树立地税新形象。三是坚定将小税种做大的决心，并付诸行动，使之形成规模，达到聚沙成塔、集腋成裘的效果，使小税种也可以成为地税增收的重要因素，弥补“营改增”后税源的减少给税收造成的影响。

（五）加快财税体制改革，把营改增转化为县域经济发展成果

“营改增”试点的全面推开将进一步减轻企业税负，推动社会经济发展。紧紧围绕“聚焦营改增试点，助力供给侧改革”主题，采取措施全面落实企业营改增税目进项税抵扣力度，引导地方产业升级和发展优势产业，增强地方财政“造血”功能，营造主动有为、竞相发展、实干兴业的氛围。一是加快引导县域经济转型升级步伐，做大经济总量。全面“营改增”对地方政府的最大影响是地方可用财力减少。而推动地方可用财力增长的最根本途径在于县域经济发展所带来的经济总量的扩大，尤其是要靠通过经济结构调整、加速转型升级步伐来加大经济发展对地方税收的贡献度。二是引导营改增扩围企业调整业务结构，规范经营管理，合理进行税收筹划。对税负可能上升的建筑施工企业而言，应积极做好管理方式的转变，加强对分包公司和挂靠项目的税收统筹，尽可能提高施工人员工资支出、商品混凝土购进和机械设备租赁等关键成本项目增值税实际抵扣比例，减少“营改增”带来的震荡。对金融企业应提早做好增值税开票量激增的预案，做好业务软件增值税开票功能模块的开发测试和人员培训。增值税抵扣和相关财务核算对小微企业是一个挑战，广大小微企业应根据自身负担能力合理选择财务核算方式。有实力的企业可以提前做好分析预测工作，以“营改增”为契机，倒逼企业管理转型；条件许可的，还可以积极展开税收筹划，合理安排企业的财务活动和生产经营活动，以达到降低税收成本提高企业利润的经营目的。

课题组组长：张文平

成员：崔晨涛　崔玉亮　程新峰　姚　栋　李　平　迟　驰

课题协助单位：郑州大学马克思主义学院

# 用好税收杠杆,助推渝东北经济腾飞

夏 宇

渝东北生态涵养发展区作为重庆五大功能区之一,既是三峡库区,又是秦巴山连片特困地区,环境保护任务最重,经济发展压力最大。渝东北的地方税收收入,离不开经济的协调发展,税收收入的增长必须以地方经济的协调发展和不断增长为前提。因此,促进渝东北经济发展,为经济建设服务是税收工作的一项重要原则。如何实现税收工作与地方经济发展的良性互动和协调发展,不断增强税收的可持续增长能力,已经成为目前和今后税收工作头等大事。

## 一、优化税收政策对渝东北生态涵养发展区的意义

五大功能区建立后,渝东北生态涵养发展区任务是:实现生态涵养,突出发展理念和发展方式的转变。从税收政策在区域经济发展中对区域资本流动、引导产业发展方向、对促进可持续发展等要素的影响来看,税收和区域经济发展有着相辅相成的关系,如何正确运用税收这一经济杠杆,是当前的首要问题。税收政策在区域经济发展中的作用主要体现在对税收制度、征管方法及对税种的征收范围、税目、税率、减免税等各个方面的优化设置,或者对区域内行业实行一定范围的税收减免,给予纳税人以有利或不利条件,引导其经济行为服从于宏观经济计划的要求。渝东北生态涵养发展区要实现大发展大跨越,正确运用税收政策可以起到积极作用。

## 二、渝东北经济发展与地方税收现状

相较于主城和“一圈”各功能区而言,渝东北经济发展整体水平较低,第二、三产业发展比较滞后,传统的“靠山吃山、靠水吃水”现象比较明显,自然资源无规划性的开发的情况较为严重,新兴产业发展缓慢,城乡居民收入差距较大,产业支撑明显不足,产业结构不合理、产业层次低,工业规模小、效益差,城镇化进程相对滞后,交通基础设施建设滞后。地方区域经济形势限制地方税收增长

主要表现在:整个片区有效经济税源不足,产业层次低,产业结构不合理,地方平均税负偏低。2015年,重庆市GDP总值为15719.72亿元,渝东北生态涵养区11个区县,GDP值为2599.9亿元,仅占全市总值的16.54%,11个区县GDP平均值为236.35亿元,仅为全市平均值的一半,实现地方税收为1218580

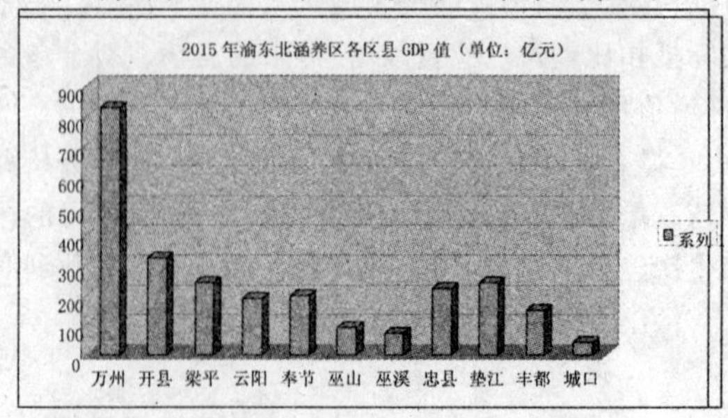


图一

万元，占全市比重的9.42%，在五大功能区中排在第四位。

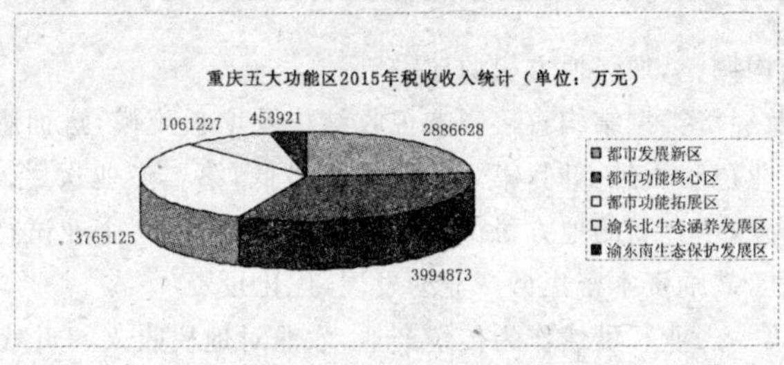


图二

本区域经济基础普遍不高，区域内外的竞争日益激烈，五大功能区目标提出后，又面临生态涵养压力。所以，渝东北生态涵养发展区需要扬长避短，强化自身建设。政府对渝东北生态涵养区各区县的发展定位是：一是对万州进行重点开发，带动万（州）开（县）云（阳）特色产业板块；二是增强梁平、丰都、垫江、忠县、开县等国家农产品主产县农业综合生产能力，构建垫江－梁平－丰都－忠县农产品特色经济板块；三是增强城口、云阳、奉节、巫山、巫溪等国家重点生态功能县生态产品供给能力，构建奉节－巫山－巫溪－城口特色旅游经济带。由此可见本区域发展一方面要抓住经济建设不松手，进行产业结构调整，大力发展生态产业、绿色产业；二是抓环境保护不松手，建立长江上游生态屏障，为子孙后代留下青山绿水。

## 三、渝东北经济发展与地方税收矛盾突出

（一）缺乏针对本区域因地制宜地设计税收政策

五大功能区发展总体规划很全面，但税收上对各大功能区相应产业扶持政策的确立却较为滞后。更需要税收优惠政策的偏远区县，没有税收优惠的优势。渝东北生态涵养发展区成立之后，涌现了大批农业企业或者涉农企业，然而目前针对相对偏远的渝东北生态涵养发展区涉农企业的税收政策比较滞后，同时，渝东北生态涵养发展区成立之后，农业加工、旅游开发也将成为很多区县的支柱，但目前对相应产业的优惠措施和政策倾斜力度都不足。

（二）税收对环境保护调节力度不大

我国目前没有针对污染、破坏城市生态环境的行为或产品征收的专门税种；二是资源税征收不全面，使资源不能得到合理利用。三是增值税、企业所得税等税种多是对企业行为或产品进行减税、免税，企业实际受益较小。

（三）对小微企业的税收优惠政策存在局限

从2010年开始，重庆推出了发展微型企业的措施，大量中小企业甚至微型企业成为拉动重庆经济新增长点，小微企业得到了蓬勃发展，已成为国民经济的重要组成部分，对经济发展和社会稳定产生不可替代的作用。但是小微企业由于规模、人员、资本等因素的局限，因此对政府部门政策扶持的要求显得日益迫切。税收政策应定位于支持和鼓励小微企业的发展，有针对性地为进入战略性新兴产业的小微企业提供更为优惠的税收政策，促进其转型升级。当前鼓励小微企业融资的税收优惠政策存在局限，例如小微企业面临融资难的困扰，目前鼓励中小企业融资的税收优惠政策仅限于向银行等金融机构申请贷款及提供信用担保的企业，但对于其他融资方式并未涉及。

## 四、加强税收政策效应助推渝东北生态涵养发展区建设建议

(一)加快地区产业结构调整,加强地方税源建设

产业结构、产品结构及经济类型结构直接影响税收结构及增长规模,进而影响地方税收发生相应的变化,在三大产业中,各产业税收贡献不同,第一产业贡献最低,第二产业次之,最高为第三产业。因此,要从产业结构调整升级出发,培育新的地方税源体系。选择部分行业、企业试行投资抵免的税收优惠办法,以利于刺激投资积极性,鼓励资本密集型产业的发展,优化投资。

1、要因地制宜,发展第一产业。虽然作为传统产业,农业对地税收入的贡献偏低,但农业与工业加工业、餐饮业、商业、运输业、居民日常生活消费之间属于互动性产业链,因此发展第一产业加快推进农业产业化进程,对经济意义重大。所以要坚持以市场为导向,以优化品种,提高质量和效益为中心加快发展特色农业,提高梁平、丰都、垫江、忠县、开县等国家农产品主产县农业综合生产能力,构建垫江－梁平－丰都－忠县农产品特色经济板块。

2、保持第二产业稳重有升,在积极扶持规模以上企业发展,以传统工业提质增效为目标,充分挖掘中小企业潜力的同时,鼓励和引导工业企业实行技术改造,培养一批制造业骨干企业,对万州进行重点开发,带动万(州)开(县)云(阳)特色产业板块。要抓好重大项目的开工建设和在建重点项目的竣工投产,加快大项目的引进与落地。积极谋划筹备有潜力的项目,搞好论证评价,加快前期工作,为今后投资创新发展提供后备项目资源。

3、大力发展第三产业,培植地方税收财源。不断拓宽第三产业发展空间,推动第三产业结构的优质化。第三产业是地方税收的"强音节",并已成为全市极具潜力的税源基础,不断地为地方税收创造新的增长点。

在渝东北地区,如何在现有经济基础上促进第三产业向规模型、效益型发展,使其成为提供地方税收的重要来源,是我们重点关注的课题。目前第三产业还是以传统产业为主的特征,部分新兴产业发展不成熟,行业发展不平衡,内部结构要进一步调整优化。要立足现有基础和优势,放宽条件,破除垄断,扩大总量,拓宽服务领域,提高服务水平,改组改造和提升传统服务业,重点发展就业容量大、投资少,收效快,效益好和对地方税收贡献率高的产业或行业。加快发展奉节－巫山－巫溪－城口特色旅游经济带,着力打造有地方特色的旅游产品,发挥旅游业的连带效应,大力发展旅店餐饮业,着力建设、改造一批高星级宾馆、饭店,引进先进的管理模式和技术,提升旅店业整体品位。目前,渝东北地区缺乏具有现代服务业特征的物流、电子商务、综合技术服务业的营利性企业。所以要充分利用国家对信息咨询、计算机应用、科技服务的税收优惠,大力发展金融业和资本市场、物流、电子商务、综合技术服务业等现代服务业,提高第三产业对地方税收的贡献,使其成为地区地方税收新增税源的增长点,开辟新税源,形成以传统行业为基础,以新行业为支撑的新格局。

(二)提供良好的税收政策环境是渝东北生态涵养发展区加快发展的基础

加强税收政策效应,促进产业结构调整是渝东北生态涵养发展区加快发展的根本方法。一是适当放权,调动地方主动性使地方可以针对各自产业布局和经济特点,开征一些地方税种,在经济条件不佳的地区依据当地的实际情况进行弹性调控。二是完善地方税制,增强地方灵活性,可以根据地区经济发展程度的不同,开征一些经过实践证明有征收潜力的新税种,逐步取消对财政收入意义不大的个别税种,把具有地方税收性质的收费更改为征收赋税或者附加税等。三是协调均衡发展,强调发展整体性。为促使渝东北生态涵养发展区内各区县协调发展,避免恶性竞争,可以成立统一的管理委员会,全盘规划,运用税收政策引导效应,使区内各区县实现优势互补。四是税收政策适当向欠发展地区倾斜。重庆市政府应该依据渝东北生态涵养发展区经济发展的现状,加大对欠发展地区的税收优惠力度,以此来平衡各功能区

的优势劣势，运用税收政策引导有利于实现渝东北生态涵养发展区目标的产业发展。

（三）加强税收政策效应促进生态环境保护是渝东北生态涵养发展区加快发展的重要任务

一是扩大资源税范围，强化资源保护管理。将不可再生资源、稀缺资源和不可替代资源纳入到征收范围中，限制掠夺性开发。此外，可以将土地使用税、耕地占用税等关乎环境、资源并入资源税，形成一个完整的资源税收体系。二是运用税收约束力，提高纳税人环保意识。可以将排污费等改为环境保护税，并可以利用减免等政策鼓励企业生态生产。三是加大渝东北地区对从事环境保护与改造的企业的税收优惠力度，以此更好地鼓励其发展。

（四）促进地方税收与经济协调发展

1、强化税源监控，做到应收尽收。税源监控是税收管理的一项基础性工作，目前仍需不断完善从市、区县局到各基层税务所的大数据平台，一是按税种分地区、产业、行业和经济类型建立健全税种税源数据库；二是分产业、行业、经济类型建立健全重点企业和纳税大户税源数据库，通过这种分级、分类税源数据库的建设，随时监控，掌握税源、税收情况，及时把握其变动趋势；三是强化税收征管，对应纳税目标和对象，既要做到对主体税种、纳税大户的重点监控征管，又不能放松对小税种和零散纳税户的细管严征，强化税源监控，做到应收尽收。

2、提高依法治税意识，提高税收征管质量。依法治税是税收工作的灵魂，是检验税收工作成败的基本尺度，一是要建立健全税收执法责任制和问责制，明晰岗位职责；二是要依法维护纳税人的合法权益，正确认识纳税人的法律地位，为诚信纳税创造良好的氛围；三是要严厉打击涉税违法犯罪活动，维护税法的严肃性，为遵纪守法的纳税人创造公平的环境，进一步整顿和规范税收秩序，严厉打击涉税违法犯罪活动，加强与公安、工商、国税、国土等有关部门的联系，不断提高税收法制水平；四是要进一步加强税收法制宣传，在全社会形成依法纳税光荣，涉税违法可耻的社会氛围。

3、在新常态下，推进依法治税进程，构建和谐的税收环境。随着我国社会主义市场经济的初步建立和完善，依法治税将发挥越来越重要的作用，贯彻税收经济观也要求坚持依法治税。一方面税务部门享有国家赋予的征税权力，要做到依法征收、管理，创造公平的税收环境，使所有的市场主体都能享受到公平公正的税收待遇。同时，从促进经济发展的大局出发，积极运用税收政策，有效实现宏观调控，缓解社会分配不公矛盾，促进经济结构调整；另一方面税务部门也有保护纳税人权利的义务，必须建立纳税人权利保障机制，为纳税人依法行使权利创造必要的制度、组织和物质条件，确保纳税人的正当权益不受损害，从而使税收奉行成本不断下降，纳税遵从度不断提高，征纳关系更加和谐。

一是要牢固树立依法征税的理念。税收关系到各级政府职能的履行和国家机器的运转以及整个经济社会的稳定发展。作为征税人的税务机关，必须树立依法征税的理念，既要切实履行加强征管、堵塞漏洞，把该征的税如数征上来的义务，又要依法运用好征税的权力，保证执法的公正性和严肃性。既要保证国家税权的实现，又要保护纳税人的合法权益不受侵害。

二是努力提高税收质量。一要牢固树立成本观念，思想认识上解决“无本治税”的问题，行动上自觉加强成本核算，征管中科学地进行税收成本的预测、分析、计划和考核，变税收粗放型管理为集约管理，充分利用“互联网＋”和大数据平台进行现代化税收管理。二要按照经济区域和精简效能的原则，科学地设置税务机构，减少基建、交通、通讯等费用。同时，将高度的计算机化作为工作的重点，构建全覆盖的网络，不断完善数据库，与电子申报相配合，节约征收成本。三要严格执行税款征解入库制度，保证税款及时足额征收入库，坚持应收尽收，严防税收流失。

三是加强税收队伍建设。税务队伍建设的目标是政治过硬、业务熟练、作风优良。为此，一要加强日常的政治理论学习，强化政治理论修养；二要大力推进人事制度改革，实施公开选拔、竞争上岗和干部交流轮岗等制度，建立干部“能者上、平者让、庸者下”充满生机和活力的选人用人制度，真正把那些忠诚人民税收事业“能干事,能干成事”的人用在刀刃上;三是建立长期的干部培训与岗位考核制度,按照缺什么补什么的原则,加强培训,使广大税务干部成为业务能手;四要建立内外执法监督检查制度,对各种税务违法违纪行为坚决查处,以正税纪。

关爱民生,服务地方,促进发展,是地税部门职责所在,也是社会对税收工作的希冀。让我们共同努力,齐心协力,开拓奋进,深刻认识税收与国家、税收与发展、税收与民生的关系,更好地发挥税收富民惠民、改善民生,服务地方经济发展的作用,为优化渝东北地区创业环境、提高人居环境质量、加强综合竞争力、促进地方经济的发展、谱写美好生活新篇章而努力奋斗!让每一个公民都能在税收优惠政策和公共财政的阳光普照下,体会和谐社会大家庭的关怀和温暖!

(作者单位:重庆市奉节县地方税务局)

# 浙江省特色小镇培育与经济税收良性互动研究

## ——以余杭梦想小镇、绍兴黄酒小镇、宁波智造小镇为例

浙江省地方税务局科研处课题组

加快规划建设一批特色小镇是省委、省政府从推动全省经济转型升级和城乡统筹发展大局出发作出的一项重大决策，特色小镇将以新理念、新机制、新载体推进产业集聚、产业创新和产业升级，形成新的经济增长点，壮大地方税源。在特色小镇的培育过程中，需要政策支持，税收政策也势必会在助推特色小镇发展发挥越来越重要的作用。为做好这项工作，省局成立调研组，赴杭州、宁波、温州、嘉兴、绍兴、金华等地开展调研，并以余杭梦想小镇、绍兴黄酒小镇、宁波智造小镇等3种典型模式进行分析，总结不同类型特色小镇经济税收情况和特点，发现特色小镇经济税收存在的主要问题，并就推进特色小镇经济税收良性互动提出建议。

### 一、三个特色小镇基本情况

(一)余杭梦想小镇基本情况

余杭梦想小镇于2014年10月启动建设，目前230亩先导区，建筑面积17万平方米，已全部建成投用。规划核心区3平方公里，其中一期600亩，计划2017年全部完成；二、三期建设将适时启动。

梦想小镇的发展定位，涵盖了互联网创业小镇和天使小镇两大内容。互联网创业小镇重点鼓励和支持“泛大学生”群体创办电子商务、软件设计、信息服务、集成电路、大数据、云计算、网络安全、动漫设计等互联网相关领域产品研发、生产、经营和技术(工程)服务的企业；天使小镇重点培育和发展科技金融、互联网金融，集聚天使投资基金、股权投资机构、财富管理机构，着力构建覆盖企业发展初创期、成长期、成熟期等各个不同发展阶段的金融服务体系。

截止4月底，梦想小镇已有215个项目2030名创业者落户；8家新型孵化机构搭建孵化平台；60余个金融项目落户。小镇启动以来，先后组织中国(杭州)财富管理论坛、万物互联创新大会、阿里百川梦想创业大赛、梦想启航浙江大学校友创业论坛等大型活动20余场，累计参加人数超过8000人，形成了良好的创业创新氛围。

(二)绍兴黄酒小镇基本情况

湖塘街道位于绍兴市柯桥城区西南部，经济结构具有鲜明的特点，黄酒产业是其最具特色的传统产业，经济税收特征明显：2014年湖塘黄酒业产值7.39亿元，缴纳税收6600万元，占湖塘街道财政总收入的22.6%。其中塔牌绍兴酒2014年纳税5451万元，占湖塘黄酒业税收的82.6%，远高于位于第2位的绍兴鉴湖酿酒有限公司。纳税额在100万元以上的酒企只有3家，66.7%的企业纳税额在100万元以下。

黄酒业作为湖塘的特色产业，经过多年发展已经具备了坚实的基础。目前湖塘已有黄酒生产企业9家，产能达12万吨。绍兴黄酒的三大品牌企业塔牌、古越龙山(鉴湖绍兴酒)、会稽山均已集聚或涉足湖塘，品牌资源相当丰富。目前塔牌绍兴酒有限公司扩建1.5万吨传统出口绍兴酒项目一期工程全面完成，二期工程进展顺利；会稽山已在湖塘投资4亿多，上马年产4万吨黄酒项目，从原料预处理，到最后灌装等整个黄酒酿造过程实现了自动化、信息化、智能化。据统计，2014年湖塘街道黄酒业销售额达5亿

元,占全区黄酒产业销售的22%。

(三)宁波智造小镇基本情况

宁波智造小镇位于象山县,分为研发智造、商务生活、综合保税区和商务旅游等4个功能区。其中,研发智造功能区规划面积1.4平方公里,约占38%,主要布局高端装备研发智造功能;商务生活功能区规划面积1.2平方公里,约占34%,主要为高端商务、居住、文化等功能;综合保税区规划1平方公里,约占28%,主要为保税物流、贸易和保税加工等功能;旅游功能区重点规划建设工业观光游、购物游和休闲体验游。

到目前为止,智造小镇已引进项目38个,注册资本20亿元,处于开业状态的企业共34户,以批发零售和商贸服务业企业为主。其中批发和零售业类共21户,占61.8%;租赁和商贸服务业企业6户,占17.6%。累计实现税收4000万元,其中地税税收收入1548.7万元。2014年全年地税入库税收190.5万元,入库时间全部为6月份之后;2015年1季度地税入库税收1051.9万元。

## 二、影响特色小镇经济税源发展主要困难和问题

(一)影响余杭梦想小镇经济税源发展的主要困难和问题

1、企业融资借贷困难。梦想小镇的公司主要为科技型的中小微初创企业,研发周期较长。在初创阶段,对资金需求量较大。但由于缺乏可供抵押的资产、内部管理制度薄弱、承受风险能力水平低、资信等级比较低等原因,融资借贷困难。

2、企业人才供给不足。梦想小镇的企业,主要是以高科技主创人员为核心,成立创业团队,依托掌握的研究项目,进行市场需求的成果转化,对技术人才的需求量大,受各种条件影响,有些企业反映市场上人才供应不足。

3、企业财务基础薄弱。梦想小镇科技型企业,一般较多关注在技术研发和产品运营上,较少关注企业财务等内部管理。财务基础薄弱,有些没有配置专业财务管理人员,对纳税服务需求大。

(二)影响绍兴黄酒小镇经济税源发展的主要困难和问题

1、认知度和消费习惯制约企业发展。黄酒销售主要集中在长三角地区,其他地区消费者对黄酒的认知度不高,有些地区甚至停留在"黄酒=料酒"的低级阶段,黄酒的消费群体主要为中老年男性,消费能力不强而,新兴年轻消费阶层对黄酒的认识还不深,黄酒消费群体游移性较大,制约了黄酒企业的发展壮大。

2、土地等要素制约特色小镇的培育。在产值和利税方面,大型黄酒企业贡献度最高,但厂区规模却相对较小,制约了企业的发展。如塔牌绍兴酒一直受仓储用房紧张的困扰,产能扩张受到制约,利税增长不快。另一方面,在湖塘街道的9家黄酒企业中,有5家年产值在1000万元以下,企业分散,缺乏规模效益,没有很好地实现资源共享和产业集群效应,生产要素利用效率低,影响了湖塘黄酒产业发展和品牌建设。

3、特色旅游业层次有待提高。旅游功能在黄酒特色小镇建设的过程中具有十分重要的意义。据统计,旅游业的乘数效应远高于其他行业,旅游业每消费1元,相关行业的收入就增加4.3元,旅游业对特小会镇经济增长的带动作用日益明显。目前街道旅游业的发展层次均有待提升。

(三)影响宁波智造小镇经济税源发展的主要困难和问题

1、发展总量规模还较小。启动区建设时间较短,尚处于起步阶段。产业发展基础逐步建立,但整体经济总量仍偏小,优势产业仍比较缺乏,尚未形成产业集聚度、关联度高的重大项目产业集群。作为启动区未来主导的高端制造业尚处于引进、培育过程中。

2、科技创新能力还较弱。科技创新工作滞后,科技人才尤其是领军型人才相对缺乏,企业自主创新

能力有待提高,科技支撑体系和科技政策体系有待完善。

3、配套设施有待完善。智造小镇位于象山新桥盐场附近,距离象山城区约22.2公里,距离卫星城石浦镇约10.3公里,目前来看属相对较为“偏僻”的地方。同时小镇周边生活配套设施还不齐全,产城融合程度还较低,基础设施薄弱,其中,道路、污水处理、水电、热力管网等建设还没有完全到位,城市形象设计、功能布局、景观节点等等需要进一步深化。

## 三、实现特色小镇经济税收良性互动的对策建议

对于不同类型的特色小镇,全省地税部门要积极主动,及时掌握特色小镇企业经营状况,了解企业发展动态,夯实税源信息基础;积极落实相关税收政策,掌握企业个性化需求,并有针对性地提供服务,努力实现经济税收良性发展。

(一)密切关注企业发展,发挥财税政策合力

企业创新前期投入多,见效慢,税收政策还不能发挥有效作用,更多地依赖财政资金支持和引导,通过设立以政府资本为主导的引导基金,通过市场化运作、专业化管理,吸引资源要素流向有新技术、高附加值、有发展潜力的企业和项目,着力撬动产业转型、培植税源、增加税收。切实发挥基金“四两拨千斤”的杠杆效应。

在企业开始盈利后,财政政策效用将逐步递减,税收政策效用将逐步增加,特别是研发支出占比较大的企业,税收政策效用明显。落实好结构性减税、高新技术企业所得税优惠、研发费用加计扣除等法定的税收优惠政策。充分运用亩产税收政策,倒逼企业转型升级,助推优质高效企业健康发展,特色产业集聚发展。

(二)用好税收激励政策,吸引各类高端人才

落实“人才强省”战略,吸引各类高科技人才,鼓励民间技术研发。对个人获省级以上科学技术奖取得的奖励,以及外国组织、国际组织颁发的科学、教育、技术等方面的奖金,免纳个人所得税;对科研机构、高等学校转化职务科技成果以股份或出资比例等给予个人的奖励,获奖人在取得股份、出资比例时,暂不缴纳个人所得税。

对企业发生的职工教育经费支出,不超过工资薪金总额2.5%的部分,准予扣除;超过部分,准予在以后纳税年度结转扣除。对个体工商户、个人独资企业和合伙企业发生的职工教育经费支出,在工资薪金总额2.5%的标准内据实扣除。

(三)积极建议完善政策,促进企业创新发展

由于税收政策的制定权集中在中央,需要积极向上反映,建议完善税收政策,大力扶持科技型、高技术服务型以及成长型企业的发展,增强企业创新驱动能力,不断提升企业竞争力。主要有以下几方面:

将税收优惠政策覆盖到投入、研发、生产等各环节。对技术创新项目税收优惠重心由直接生产销售环节向研究开发环节转变,从以企业为主体转向技术创新项目为主体。

允许科技型企业设立风险准备金、技术开发准备金、新产品试制准备金等,用于研究开发、技术更新等方面的允许税前扣除;对科技型企业全面实行加速折旧和快速摊销;对企业新购买的资本设备,可按一定比例直接抵扣当年应纳税额。加大投资新办科技型企业获得投资额部分比例的税收抵免。对企业转让技术和研究成果取得的收入,减征企业所得税。

对技术人才在技术成果和服务方面的收入实行应纳所得税额减征的办法;适当扩大科技研究开发人员技术成果奖励的个人所得税的免税范围;对企业以股份或出资比例等股权形式给予科技人员个人的有关奖励免征个人所得税。

(四)精准开展纳税服务,助推优质企业发展

开展便民办税春风行动，全面实施《纳税服务规范》，逐步建立纳税信用评价管理制度体系，加强税收宣传和舆情管理力度，积极营造为纳税人办实事的税收环境。对于新兴企业，要及尽早介入、提供“店小二”式的精准服务，点对点式开展纳税辅导，帮助企业按照税法规定和要求，建账立制，按时申报，快速、精准、高效地帮助企业享受税收政策，打通政策落实“最后一公里”，激发市场主体活力，促进企业的健康发展。

推进办税服务信息化建设。拓展网上办税功能，增强征纳互动，扩大自助办税和“同城通办”覆盖面，推行免填单服务，方便纳税人办税。推进电子税务局建设，充分利用信息技术特别是互联网技术发展的最新成果，整合离线和在线、虚拟和实体税务资源，为纳税人提供从“足不出户”到“如影随行”的服务体验。

(五)加强部门之间联动，发挥政策整体效力

近年来，中央及地方各级政府为支持企业发展出台了一系列扶持政策，各相关部门也根据职责出台相应的配套办法、措施，逐渐形成了一套复杂、庞大的政策体系。须加强政策之间协调，发挥政策整体效力。

落实《浙江省税收征管保障办法》，大力推进省市联动、部门协作的税收保障机制建设，加强企业用工、用电、用地、纳税、融资等方面信息共享，准确掌握企业运行情况，提供更有针对性和更加完善的服务。进一步完善公共服务体系，为转型升级企业提供包括信息、融资、担保、人才、市场开拓、管理咨询等专业服务，增强企业创新能力和市场竞争力。

课题组组长：周仕雅

成员：林　森　万　柯　梅建胜　王小冬　姜乐平
王海光　沈澄清　孙勇军　李泉江

执笔：林　森　李　金　储子君　韩佳仪　金裕欣

# 关于政府购买服务助推小微企业发展的思考

山东省莒县地方税务局课题组

近年来，国家为了支持鼓励小微企业发展，出台了一系列的税收优惠扶持政策，为其发展壮大创造了良好的经营环境。但在落实这些政策过程中，特别是在落实总局“税银互动”助力小微企业发展服务活动中，莒县地税局发现有不少小微企业由于自身管理不规范和财务制度不健全，导致有些税收优惠政策不能享受到位，同时还加剧了企业融资难、转型难。为了解决这个问题，莒县地税局积极建言献策，与县财政局、民营经济发展办公室（以下简称民营办）等部门通力合作、协调推进，采取政府购买服务，企业享受服务，中介提供服务的举措，帮助小微企业健全规范账务，实现了服务措施前移，服务节点融合，形成“政府主动、部门联动、中介服务”的长效机制，收到了小微企业提质、增效、减负的多重效果。

## 一、存在问题

以莒县为例，截止到2015年底，莒县共有小微企业416户，其中账务健全的不足三成，其他小微企业大部分没有专业专职财务人员，账务管理比较混乱，制约了这部分企业发展。面临问题具体体现在以下几个方面：

### （一）会计人员配备不齐

在调查中发现，大量中小企业会计机构设置不合格、人员配备太少，有些企业即便设置了会计机构，也存在层次不清、分工不明等问题，而且绝大多数会计人员身兼数职，职责不明，尤其是许多小微企业直接未配备，一般都是让自己的亲戚做出纳，需要时再聘请专业人员来理理账，会计人员严重缺乏。

### （二）账务设置不健全

许多小微企业根本不设账，虽然中型企业大部分设立了账簿，但从账目设置来看，也比较简单，纯属流水账性质，有的甚至是以表代账，以票代账，而且记载也不及时，按月、按季集中处理，账表、账账、账证不符的现象普遍存在。

### （三）财务核算不规范

从实际查阅情况看，大部分企业没按会计规定设置会计科目，也没有按相关规定核算，随意性较大，由于中小企业大多是家族式的经营方式，企业产权和个人财产不明，分辨不清公司的公有、私有财产，特别是作为核算基础的原始凭证也缺乏正确性、真实性和合法性，会计信息严重失真的现象比较突出。

### （四）优惠政策利用率偏低

从中小企业调查了解反映，大部分中小企业对优惠政策不了解，或知之甚少，而且普遍反映，对国家出台的系列优惠政策不知道向哪个部门申请、如何申请。而从民政、经信、财政等部门反馈看，主动申请优惠政策的中小企业的很少，有时组织培训、辅导，企业参与的积极性也不高，优惠政策与中小企业没有形成有效的对接。另外，在日常管理中，对账务不健全的流转税纳税人小微企业采用核定征收时，也会导致临界起征点小微企业税负的上升。

## 二、原因分析

在与中小企业以及民营、财政等部门调查、座谈中发现，上述问题现象的存在主要由以下原因产生：

(一)会计人员聘用成本大

以莒县为例,具有从业资格的会计人员一般月薪在3000元以上,聘用兼职的会计人员在1000元以上,最少一年也在1万元以上,在税务方面大量的小微企业一般实行的是核定征收,如果优惠政策比较小、利用成本高的情况下,许多中小企业主考虑到成本因素不愿聘用会计。

(二)会计从业人员素质偏低

会计人员业务素质的高低直接影响着财务核算的质量。目前中小企业会计人员中的高级人才严重缺乏,由于中小企业规模小、工作待遇、环境相对较差,对优秀会计人员的吸引力较小。大多数中小会计的会计人员是中专技校毕业,学到的知识面较窄,经验少,会计核算能力较低,特别是具有会计经验以及会计电算技术融于一身的会计人员更是少之又少。

(三)中介机构参与积极性不高

中介机构一般按照企业规模和账务设置程度收取代账费用,据调查,中介机构收取的费用每户企业每月大约在500－1000元之间,由于许多中小企业账簿、凭证比较混乱,发票也不太正规,风险高,工作量大,收费又低,中介机构普遍不愿代理中小企业账务。

(四)优惠政策难以对接

当前许多政策的落实要靠财务资料的支撑,以账务健全为前提条件的,这是中小企业的短板,也是政策难以落实的主要症结所在,从相关部门了解到,很多中小企业在申请优惠政策时材料不齐、不准确的现象大量存在,部门难以找到政策落实的有效载体。而企业方面,许多中小企业会计基础薄弱,不知道用、不会用,大部分既没有设置健全的账簿,也没有完整的经营资料,提供不出完整、准确、真实的支撑材料。

## 三、措施建议

账务的规范、健全程度与否不仅是衡量企业健康发展的重要指标,也是企业享受优惠政策的先决条件,针对当前大量小微企业存在账务不健全、不规范的现象以及聘用专职财务人员成本偏高的实际,通过政府购买服务,实现财务代理社会化已成为大势所趋。莒县地税局探索与财政、民营经济部门互动合作,组织三部门联合制定下发了《莒县小微企业服务补贴券管理暂行办法》文件,通过政府补助的方式向小微企业发放补贴券,小微企业用补贴券向经财政、民营、地税部门联合认可的会计师事务所等中介机构购买服务,中介机构用补贴券与政府结算,三部门通过调查与评估对中介机构进行跟踪管理,并定期组织对小微企业进行培训、辅导,合力助推小微企业规范、健康发展,形成政府主导、部门联动、中介服务的长效机制,具体做法如下:

(一)政府主导

地税部门积极争取县委、县政府对服务小微企业工作的支持,主动协调与财政、民营部门的关系。县委、县政府成立了服务小微企业领导小组,下设办公室,设在地税局。通过县委县府主导,加强部门协调,定期召开服务小微企业联席会议,总结各部门的信息报送情况,对出现的困难问题加以分析,责任明确到人,限时解决,建立部门间的信息传递和沟通机制,提高了扶持小微企业工作的支持力度。

(二)部门联动

1、财政局每年一次性拨付给民营办服务补贴券所需资金;并安排专人对补贴券财政资金进行专项监督管理,将监督管理情况与经地税局、民营办审核同意的小微企业、中介机构名单一起,在日照中小企业网等网站及有关新闻媒体予以公布;同时将小微企业补贴券项目纳入绩效管理,接受社会监督。

2、地税局主导,民营办具体落实。地税局负责小微企业名单筛选,根据征管信息资料并实地考查后,将近三年新注册登记,具有独立法人资格,运营规范,符合国家和莒县产业发展方向的实体型和服务型企业,纳入政府补贴范围。地税局每月定期将局长办公会研究同意的小微企业服务名单及相关情况,报财政局企业科备案。

同时，地税机关定期组织中介机构进行税收业务培训，帮助其及时掌握最新税收政策，正确进行账务处理，提高财务管理水平。同时，地税机关利用自身优势，履行监督职能，及时督促中介机构为小微企业提供建账代理、财务咨询、纳税申报、政策落实等服务事项，对履职不到位、政策执行不到位、工作落实不到位的中介服务机构，及时向民营办提交税务机关出具的签约服务机构代理建账合格意见书，确保只有符合条件并审核通过的中介机构才能凭补贴券领取补贴。

3、民营办承担小微企业服务补贴券的印制、发放、登记、备案、结算等具体工作及签约服务机构资质认定工作。同时，民营办负责监督中介机构合同履行情况，一旦发现小微企业与中介机构签订的服务合同有恶意串通、弄虚作假的行为，民营办有权即刻取消该企业服务补贴券的领用资格及签约中介机构服务资格，作为不良信用记入服务档案，并追回已发放的服务补贴券，同时取消该中介机构的服务资格。

（三）中介服务

中介机构为小微企业提供账务代理、财务咨询、会计顾问、税务咨询及代理服务。签约中介机构必须经验丰富、实力雄厚，拥有专职会计师、审计师或者税务师10名（含）以上，并曾服务过有财务代理需求的小微企业50家（含）以上。中介机构在为小微企业提供服务过程中，必须安排专职工作人员专门从事小微企业服务工作，并承担民营办统一安排的相关小微企业公益服务任务。

课题组组长：安丰阳

成员：薛希堂　唐殿良　张守柱

# 支持京津冀协同发展率先突破重点任务的配套税收政策之管见

王海潮

京津冀协同发展是国家区域发展战略的重要组成部分。习近平总书记多次对京津冀区域协同发展提出重大战略思想，对于更好地实施全国主体功能区规划，促进京津冀地区长远发展和国家发展大局，都具有里程碑意义。实现京津冀协同发展、创新驱动，推进区域发展体制机制创新，是面向未来打造新型首都经济圈、实现国家发展战略的需要。我们作为位居京津冀腹地的基层国家税务局，理应积极探索支持京津冀协同发展率先突破重点任务的配套税收政策，旨在加快实现协同发展的既定目标。

## 一、协同发展与固安的关联现状

京津冀协同发展，核心是京津冀三地作为一个整体协同发展，要以疏解非首都核心功能、解决北京"大城市病"为基本出发点，调整优化城市布局和空间结构，构建现代化交通网络系统，扩大环境容量生态空间，推进产业升级转移，推动公共服务共建共享，加快市场一体化进程，打造现代化新型首都圈，努力形成京津冀目标同向、措施一体、优势互补、互利共赢的协同发展新格局。

固安县隶属河北省廊坊市。廊坊素有"京津走廊、黄金地带"之称，处在京津冀三地中枢发展地带，条件得天独厚。2015年5月京津冀协同发展规划纲要的发布，翻开了京津冀城市群发展战略落地的新篇章。在国家政策支持和扶植下，在政府规划及土地运营主导下，北京的人口重心、产业中心正在南移，给廊坊带来前所未有的发展新机遇，呈现出发展最快的"新经济形态"。廊坊发展目标是着眼新机场建设、首都城市功能转移，打造保税加工仓储与现代物流，设施农业以及高值食品集散交易，智能生产、电商和知识经济，会展购物娱乐综合型服务业，高新技术制造产业五大支柱产业群，对廊坊未来发展的影响是显而易见的。随着北京新机场的建设，会增强廊坊城市的整体经济实力，吸引外部新型产业同时引起廊坊市内部产业结构性的重组。未来新机场的投入运营后，廊坊更将承载大批量新机场产业人群及客流，逐步发展成为未来的"新国门"，是未来亚洲重要的门户地区之一，势必助推着廊坊经济社会加快腾飞。

固安作为廊坊市区的一个县，北距北京天安门仅50公里，在协同发展中地理位置极为特殊，国家改革开放30余年，尤其是最近10余年，固安实现了由农业县向现代工业新兴城市的蝶变。截至2015年年底，工业园区和新兴产业示范园区共有注册企业358家，其中绝大部分是总部在北京市内，而产品生产车间落户固安县的"关联企业"。由此看来，固安与北京早已不是原来那种国家第一直辖市与河北一个不起眼小县的关系，而是你中有我我中有你的至亲关系。如，河北航天振邦精密机械有限公司总部设在北京负责全盘指挥与产品设计研发——在固安县征用土地700余亩从2010年开始筹建至今已完成二期工程然后还要再建三期工程，全部用于产品生产——天津则负责产品销售，形成"一足踏三地"的发展态势，早已成为"京津冀一体化"的成功范例。现如今随着京津冀协同发展大战略的实施，给固安带来千载难逢的发展机遇，加快腾飞发展指日可待。固安站在世界大都市圈和大都市连绵区的坐标系下，按照打造廊坊新市区、首都第二机场新门户、首都经济圈"明星卫星城"的发展定位，重新审视发展，科学规划了"三城六园"空间发展布局："三城"，即主城区和固安工业区、新兴产业示范区为一体的工业新城，未来依托首都第二机场建设的空港新城，在南部温泉带正在起步开发建设的温泉新城；“六园”，即固安工业区、温泉园区、新兴产业示范区、空港产业园区、大清河经济开发区和正在启动实施的现代农业园区。

## 二、协同发展所面临的突出任务

资料显示，当前，京津冀协同发展区域总人口已超过1亿人，面临着生态环境持续恶化、城镇体系发展失衡、区域与城乡发展差距不断扩大等突出问题。要实现区域经济合作和协调发展，一方面需要中央财政给予专项转移支付，设立首都财政发展专项基金，促进北京市产业、资源向周边地区有效、有序转移。作为首都，北京要当好“带头大哥”，津冀两地也要做好产业承接和产业升级工作，“不做北京的坏邻居”。资料显示，河北钢铁产能占全国约四分之一，淘汰落后产能的任务非常艰巨，既需要产业政策引导，也需要国家给予包括财政政策在内的阶段性支持，将产业发展、民生就业、环境改善等因素综合考虑。从长远来看，还是要通过三地公共服务均等化来逐渐消除这些“画地为牢”的政策措施。因此，京津冀协同发展，需要阶段性与战略性、短期与中长期综合考虑。既不能以京津冀一体化为由头，将人口户籍的限制一下子全面放开，给“城市病”进一步火上浇油；也不宜固步自封，以“城市病”的存在和治理为借口，在京津冀协同发展的问题上“开倒车”。另一方面，需要建立首都地区横向财政转移支付机制，为京津冀地区优化城市和产业布局奠定财政体制基础，更好地促进首都地区间协同发展。京津冀三地在产业结构等方面各有优势，互补性很强，区域一体化的发展潜力也很大，需要明确不同地区的功能定位。为此，需在京津冀地区内实行与产业转移地共享税收新机制，“亲兄弟明算账”，发挥好北京人才技术和产业优势，全面推进区域分享税收机制，避免各个地方之间为了税收收入“各自打着自己的小算盘”，要通过区域间财政体制创新使京津冀各方形成“兄弟齐心，其利断金”的良性协同发展局面。

固安县目前正积极抢抓京津冀协同发展重大机遇，努力构筑全方位对接北京科技资源，坚持以项目建设为核心抓手，招引优质项目，提升产业创新水平，积极推动产业协调发展，全面夯实基础，为固安经济发展提供强大后劲。我们作为地方国税部门，在做好服务发展大文章上，眼下遇到诸多问题主要是国税收入结构不近合理。第三产业税收占国税收入高达56%，而第一、二产业税收仅占国税收入的44%，特别是制造业，受今年经济下行压力的影响，税收同比仅增长3.6%，与总体90.2%的增速极不匹配；结构性减税政策影响依然较大。工业园区和新兴产业示范区新办企业较多，为减轻企业税负，增值税转型改革允许企业扣除新购进设备所含的增值税，这项政策造成企业短期内难以在增值税上做出较大贡献。如：河北物华天宝镀膜科技有限公司，2013年国税注册登记，2014年实现销售收入仅75万元，固定资产留抵税额高达1540万元，按企业今后年销售1亿元估算，还需要5年才能消化掉留抵税金实现增值税缴纳。

上述问题的存在直接影响到协同发展，务必要高度重视跟进解决。

## 三、协同发展应配套的税收政策

实践证明，这些年固安的发展，离不开国家大发展战略的实施，离不开诸如国家税收优惠政策的实施，固安是改革开放红利的获得者和改革开放的领跑者，以前如此，现在更是如此，我们作为基层国税部门，为他们做好服务是责无旁贷的历史赋予的责任。在原来的发展中，我们在税收政策的范围内给予了宽松扶持，在服务行为上给予了便捷引领。今后要一如既往的在不违背国家现行税收优惠政策的前提下，在积极争取市局和地方政府的支持下，实施符合当地企业创新驱动发展实际的更加优惠的规定和办法。

在实践中除了继续汲取以往的成功做法，还要积极向上级领导进言献策，实施搞好调整，积极适应新形势。目前，笔者认为起码有五个方面需要调整。

(一)在我国营业税改征增值税过程中，合理提高增值税地方分享比例。根据现行财政体制安排，增值税为中央与地方共享税,中央分享75%、地方分享25%,营业税则是地方税制的主体税种。尽管《营业税改征增值税试点方案》规定,试点期间中央和地方间的税收收入归属不变,然而作为地方税最大税种的营业税持续下降,势必会对当地财政和地区调控产生直接影响。为此,建议在“营改增”改革试点之后,尽快提高增值税地方分享比例,规范财税运行机制。

(二)2014年2月,我国京津冀等地区出现了覆盖范围超过100万平方公里、持续时间长达一周的重度雾霾天气,建议京津冀地区在已经启动的大气污染防治协作机制基础上,加快推进环境保护费改税,作为地方税种,充实地方财力,强化环境保护。

(三)调整消费税征收范围、环节、税率,把高耗能、高污染产品及部分高档消费品纳入征收范围。与“营改增”改革相配合,在对营业税进行增值税“中性化”改造、化解重复课税、促进第三产业发展的同时,借鉴美国“零售税”经验,将消费税由现行的中央税调整为地方税,将征税环节从生产、批发、进口、委托加工等起始环节调整至最终的零售环节,从财政体制上破除各地对于高耗能、高污染、资源性产品等“两高一资”的产业依赖和重复投资,促进产业和资源在京津冀地区的优化配置。

(四)个人所得税是西方欧美发达国家的主体税种,在其税收收入中比重通常超过60%,而我国个人所得税占全部税收收入的比重只有5%。个人所得税作为中央与地方6∶4分成的共享税种,在我国具有巨大的发展潜力。十八届三中全会指出,为了更好地发挥个人所得税调节收入分配和筹集财政收入的作用,要逐步建立综合与分类相结合的个人所得税制。京津冀地区地缘相近、人缘相近,有在全国率先实现混合所得税制的有利条件,这将更好地促进人力资源在京津冀地区的合理流动,构建更加公平的税制环境。

(五)经过多年快速发展之后,廊坊房地产市场累积了大量泡沫,建议加快房地产税立法并适时推进改革,促进地区财政体制可持续发展,积极防范和化解房地产风险。

综上所述,京津冀协同发展是国家的大事,更是京津冀各行各业的大事,作为身临其境的基层国税人,积极探索支持京津冀协同发展率先突破重点任务的配套税收政策是一项全新的工作,只有把它做好了才能使得京津冀协同发展的脚步迈的更扎实、更快捷、更富有成果,才能为实现伟大的中国梦,做出我们应有的贡献!

(作者单位:河北省固安县国家税务局)

# 自媒体时代背景下税收舆情管理的思考

山东省五莲县地方税务局课题组

自媒体时代,社会公众参与舆论监督的途径增多,积极性不断高涨,而税收与纳税人的利益密切相关,税收工作也成为社会公众关注的焦点,近年来涉税舆情呈上升趋势,地税部门一旦引导或处置不当,很容易造成群众误解,影响地税工作的顺利开展。如何有效地正确引导舆论,消除涉税舆情对税务机关的负面影响,成为了基层税务机关亟待解决的问题。

## 一、涉税舆情的发展特点及负面影响

随着社会转型带来的各种挑战和机遇,加上自媒体(如微信、博客、微博、播客等)的不断崛起与发展,人们的维权意识和公民意识日益增长,纳税人逐渐从旁观者走向参与者的角色,提疑问、出谋策、享权利,自媒体时代已悄然而至。然而由于民众所处的利益角度、立场不一,对于税收知识的专业程度认识有所差别,出现对税收政策的误读也就在所难免。而自媒体的作用是不可忽视的,一个小事件在传播中经过渲染、强化,很有可能发展成为蝴蝶效应,形成观点有失偏颇、以偏概全的负面信息,由于信息获取的不对称性,民众对税务机关的认知难免产生偏差,导致左右舆情的发展方向。

(一)影响税收工作开展

最近,媒体报道多家酒店、培训机构以"营改增"为由涨价,小区物业打着"营改增"的旗号提高物业费,误导群众认为"营改增"等于"应该增",引发社会关注。这说明社会上对营改增政策了解不够,有些利益相关单位存在误解、误读甚至借机牟利、刻意曲解,扰乱正常的市场经济秩序。

(二)降低地税的公信力

有网站刊登《关于修订征收个人所得税若干问题的规定的公告》即所谓"第 47 号公告"并做了解读,由于涉及到备受关注的个人所得税"年终奖"计算方式,经国内多家媒体转载、放大引起社会极大反响,但最终竟被证明是一则彻头彻尾的假消息,误导广大纳税人,严重损害了税务部门的权威性和严肃性。

(三)激化征纳双方矛盾

《上海青年报》为了形象地说明所有收入都要纳税,用中秋节的月饼举例,单位发月饼也在缴税的范围当中;但是部分人以偏概全、断章取义,取名"月饼税",甚至以讹传讹,使民众误解为发一盒月饼都要缴税,引发纳税人对税务机关甚至税收政策的抵触情绪,容易降低税收遵从度,激化征纳矛盾。

(四)损害地税部门形象

某市一地税分局上班时间,一名纳税人用手机偷拍后,在微博、论坛上发布配以"局长品茶、副局长骂人、员工玩手机"照片的帖子。多家媒体跟踪报道,各地网友纷纷谴责,涉税舆情不断放大,破坏力巨大,影响了正常工作,严重损害了地税形象。

## 二、当前税务部门涉税舆情管理存在的问题

(一)认识存在偏差

一些税务部门尤其是基层税务部门,面对涉税舆情缺乏正确的态度,主要表现在以下两个方面:一是

思想认识不高。部分税务部门在涉税舆情管理工作中存在着认识不足、重视不够等问题，不了解涉税舆情的重要影响，面对舆情往往抱着无所谓的态度，消极回避甚至是不予理睬；二是缺乏危机意识。在税务部门中，面对舆情缺乏危机意识的现象普遍存在，对可能引起舆情的苗头缺乏警惕性和敏锐性，往往是等到事件被媒体曝光放大后才仓促应对，导致了舆情危机化。

（二）处理方式有误

一是处理时间相对滞后。由于网络信息量巨大，基层税务部门又缺乏专业的监管人员，一般情况下，税务机关难以发现处于萌芽状态的舆情并在第一时间进行处理。有些税务领导在发现舆情苗头后，麻痹大意、疏于引导，或者是害怕问责、曝光，没有及时进行处理，错失处置良机。二是处置方法不当。部分税务机关在处理涉税舆情事件时，方法简单粗暴、手段单一，往往是采取“捂”“截”“堵”等强硬方式，或者没有调查清楚之前就急于发表言论，甚至指责媒体和纳税人、要求网站删帖，进而引发民众更多的不满和猜疑。

（三）应对机制缺失

一是缺乏具备专业素质的舆情监管队伍。舆情应对要求相关人员不仅要具备过硬的税收业务知识，而且还须具备危机公关、沟通技巧、网络运用等综合素质，而基层税务部门又十分缺乏此类专业人才，部分基层税务机关并没有配备专门的舆情监管员，往往是由其他岗位的人员兼任，普遍没有接受过系统的培训，缺乏相应的经验和技巧。二是工作机制不全。主要表现为没有形成舆情收集、调查分析、信息发布、内外联动的系统工作机制，对舆情收集、整理分析、判断工作严重滞后和缺失，从而陷入事前预警不足、事中处置滞后、事后善后缺失的不利局面，导致舆情升级、危机加剧。三是制度不完善。各级税务部门缺乏一整套完善的操作流程和管理制度，没有明确的舆情预案制度、监管制度、考核制度、问责制度等，造成处理涉税舆情时缺乏相关依据和监控力度，致使税务部门处于被动应对的局面。

## 三、提高涉税舆情应对能力的建议

作为基层税务部门应当要科学应对涉税舆情，把握税收舆论主动权，迅速化解与疏导舆情负面影响，营造健康良好的社会舆论环境。

（一）正确认识涉税舆情，理性面对舆情

涉税舆情不是“猛虎”，而是民意的表达，在一定程度上反映了税收工作中的漏洞和不足，基层税务部门应当要敢于面对涉税舆情，从自身查找不足。对待负面舆情时，税务干部要破除传统的“官本位”思想，要善于接纳舆情，不回避不掩盖，客观、真诚的应对舆情，把舆情当做是民众对税务工作的监督，是社会对税收的关注，从正面引导舆论，遏制负面炒作。

（二）完善舆情管理机制，提升舆情应对能力

建立科学高效的涉税舆情管理机制，防范和化解涉税舆情危机，形成涵盖危机预警、危机处理、舆情问责等组织完善、制度完整的管理机制和应对策略。一是组建舆情管理队伍。成立以“一把手”负总责的舆情工作领导小组，领导小组下设办公室。建立舆情监测队伍，提供有力的人财物力保障，定期邀请专家授课，进行危机公关培训。制定完善舆情管理相关制度，明确工作范围、工作流程、工作职责。二是建立科学的监控预警机制。设立舆情设立舆情监测员，使用舆情监控软件，对网站、微博、论坛、报刊媒体等加强监控，做好监测记录，密切关注本地区范围内与税收工作有关的各类舆情信息，并对收集的舆情信息进行分类整理和分析研判，预测潜在的危机。完善舆情监测报告制度，及时发布舆情动态，实行每天一监测、每周一简报，重大舆情随时报送的制度。根据舆情发生的概率和影响程度，分类分级进行预警，以便对涉税舆情做到早发现、早处理、早反馈。三是建立快速反应的处理机制。舆情突发后，税务部门要抢先发声，第一时间表明态度，安抚公众的情绪，并迅速调动人力、财力、物力核查舆情所反映的问题。及时发

布正面信息，对于误解引发的危机，要进行澄清。对于情况属实的，要对涉案人员进行调查，并及时公开处理进度及结果。统一信息发布口径，舆情回复必须建立在调查处理的基础上，重大回复集体研究，一般回复主管领导审批，避免未经调查妄自发言使得舆论恶化。四是建立政务信息签发机制。各单位报送政务信息应履行审核签发制度，对外发布信息要统一发布口径，一般回复主管领导审批，重大回复集体研究，主要负责人终审签发。同时要求干部职工未经单位主要负责人同意，不得私自回复和发表任何意见，从源头上减少税收舆情事件的发生。五是建立舆情问责机制。强化责任追究机制，结合绩效考核，对涉税舆情监测不到位、发现不及时和瞒报、误报、漏报舆情信息，以及应对不当、处置不力的，严肃追究有关单位和人员的责任。

（三）加强队伍管理，提升自律意识

舆情管理既要治标更要治本，从涉税舆情的源头加强治理，从规范税收工作和内部管理入手，强化队伍素质建设。一是加强技能培训。提高干部职工业务水平和应对新媒体的能力：一要“平民话”。放低姿态，不说官话套话，平等对话才能赢得民众理解。以居高临下的姿态与民众沟通，势必引起民众的反感和围观起哄。二要“真心话”。真话真情实意，说真话，讲实话，不虚夸，言必信，行必果，获取民众信任。三要“会讲话”。全民皆媒体的时代，信息源难以控制，不能推诿塞责、信口开河，要用专业知识解疑释惑，增强与自媒体的良性互动。二是规范税收执法。加强执法环节的监管，严格把关重点执法事项审核、审批程序，对存在执法风险的岗位，实行动态监控。规范职权运用，加大职权滥用等违法违纪行为的惩处力度，维护地税部门形象和公信力。深入开展税收执法风险排查，定期不定期的对税务稽查、纳税服务、税收征管、政策执行等工作环节进行明察暗访、自查自纠，消除内部涉税舆情隐患。三是优化纳税服务。作为基层税务部门，在工作中要与纳税人直接面对面接触，良好的服务是减少涉税舆情有力保障。强化税法宣传，做好信息公开，让纳税人明白缴税；落实服务承诺，提升服务质量，让纳税人舒心缴税；强化制度建设，转变工作作风，让纳税人公平缴税；切实提高纳税服务水平，不断提升纳税人的税法遵从度和纳税满意度。四是加强廉政建设。打铁还需自身硬，涉税舆情的发生，较多都是因为个人律己不严，违规在先。加强涉税舆情管理，根本在于基层税务人员自身的廉政素质和作风建设是否过硬。只要自身正，何惧风乱吹。深化廉政作风建设，加强监督约束，规范权力运行，才是应对网络涉税舆情最有效的源头控制方法。

课题组组长：张　辉

成员：高丽丽　于善发

# 增值税

# 关于营改增对地方财税影响的研究

胡 军

随着“营改增”的深入推进，“营改增”在取得显著成效的同时，一些深层次问题也亟待解决，比如个别行业税负增加如何解决，地方政府财政收入如何保障，地税系统在财税改革中的定位与发展，等等。科学判断“营改增”对地方财税的影响对于这些问题的解决其意义不言而喻，相应的测算和实证分析亦显得十分重要。连云港市作为14个沿海开放城市和江苏欠发达城市之一，在分析和评价“营改增”政策执行效果、对相关行业的远期影响、对地方财力和地税系统自身发展的影响等方面具有一定的代表性。本文即以江苏省连云港市为例，从实证角度对“营改增”的财税影响进行测算与分析。

## 一、连云港市“营改增”推进情况及执行效果

连云港市从2012年10月“营改增”以来，已完成交通运输业、邮政电信业、部分现代服务业等行业的“营改增”，到2015年4月全市已改行业的增值税收入13.91亿元，占同期全市公共财政预算收入的2.65%。由表1可见，连云港市“营改增”执行效果表现在以下三个方面：第一，涉及行业的纳税户数增长显著。纳税户从2012年10月1日“营改增”启动时的4907户迅速增长到2015年4月底的12738户。其中部分现代服务业户数增长尤为明显，从“营改增”前的3432户增长到10410户。第二，“营改增”税收效应行业差异巨大。“营改增”后增值税收入主要集中在交通运输业和现代服务业，2014年两者分别入库1.96亿元和3.58亿元，分别占到“营改增”行业增值税收入的32.43%和59.02%，而邮政业入库增值税仅为10.06万元，几乎可以忽略不计。第三，不同行业减税效应差异较大。总体上，各行业的税收负担在“营改增”后均有所下降。其中，部分现代服务业的减税效应最为明显，在户数翻了3倍的情况下，年纳税规模缩减近亿元。

**表一 连云港市“营改增”行业一览表**

单位：万元

| 行业 | “营改增”时点 | “营改增”地税移交户数 | “营改增”后截至2015年4月底国税户数 | “营改增”前营业税年纳税规模 | “营改增”后增值税年纳税规模 |
|---|---|---|---|---|---|
| 交通运输业 | 2012年10月1日 | 1351 | 2270 | 25000 | 20000 |
| 部分现代服务业 | 2012年10月1日 | 3432 | 10410 | 43000 | 35000 |
| 广播影视服务 | 2013年8月1日 | 43 | 20 | 950 | 160 |
| 铁路运输业、邮政业、翻译 | 2014年1月1日 | 59 | 9 | 500 | 12 |
| 电信业 | 2014年6月1日 | 22 | 29 | 9500 | 8500 |
| 合计 | | 4907 | 12738 | 78950 | 63672 |

评价“营改增”政策效应应考虑如下三方面因素：一是增值税税率高于原营业税率产生税率变动的增

税效应；二是增值税销项税计税依据来自于原营业收入换算出的不含税收入，会产生计税依据变小的减税效应；三是对于一般纳税人，购进固定资产或劳务产生进项税抵扣的减税效应，三方面因素共同决定企业"营改增"后流转税税负净效应。具体到不同行业，"营改增"所产生的税负影响有所不同。交通运输业中的物流行业与国民经济诸多行业关联度高，其税负变化有着较强的传导效应，对"营改增"政策效应的评价具有代表性。物流业主要提供运输劳务和物流辅助服务，原适用营业税率为3%和5%。从理论上讲，营改增启动以后，纳入试点的小规模纳税人(年营业额在500万元以下)从按营业额的3%或5%缴纳营业税改为按不含税营业额的3%缴纳增值税，折合成原营业税税率为2.91%，流转税负下降；一般纳税人营改增之后按照不含税额的11%(交通运输业)或6%(物流辅助服务)征收增值税，折合成原营业税税率为9.91%或5.66%，税收实际负担率有所上升。更具普遍意义的是一般纳税人税负的变化，尽管用于生产经营的外购劳务和设备其增值税进项税额可予抵扣，但人工成本、过路过桥费、保险费等费用不在抵扣范围内，而这类成本往往占有较大比重，造成物流业一般纳税人增值税税负因可抵扣成本构成不同呈现有增有减，行业整体流转税税负带有不确定性。

**表二　"营改增"后连云港市物流业转税税负变动表**

单位：万元

| 企业税负 | 2012年 | 2013年 | 2014年 |
|---|---|---|---|
| 营业收入 | 1924497 | 1987305 | 2016411 |
| 营业税 | 56387 | | |
| 增值税 | 5057 | 33089 | 38950 |
| 流转税负 | 3.19% | 1.67% | 1.93% |

从连云港市来看，自"营改增"试点启动以来，物流业流转税税负率由2012年的3.19%降到2013年的1.67%，2014年又略有上升，为1.93%。从整体上看，连云港市物流行业基本上实现了营改增结构性减税的税改初衷。从实地调研的中国外运陆桥运输有限公司情况看，减税效应比较明显。该公司主要从事国际运输代理业务，该企业流转税税负从2011年的4.70%降低到2014年的0.89%，整体持续下降。企业反映，其成本构成中原材料购进少而场地租赁费、保险费、人力成本支出比例较大，且进项税不能抵扣，造成企业实际税负下降有限。

## 二、连云港市全面推进"营改增"财税影响测算

(一)建筑业、房地产业、金融业"营改增"财税影响测算

国务院曾明确表态，力争至2015年底将"营改增"全面扩围至剩余其他行业。这些行业纳税人面广量大，在地方税收构成中占有举足轻重的位置，特别是建筑业和房地产业更是地方税收的支柱行业，也是"营改增"成败的关键。从连云港市情况看，地税部门全部管户为96027户，建筑业、房地产业、金融业和生活服务业共有31724户，占全部管户的33.04%；2014年营业税入库97.2亿元，占当年全部地方税收的48.74%，其中建筑、房地产业营业税入库81.59亿元，占当年全部地方税收的40.91%。因此，科学测算和慎重处理"营改增"扩围带来的影响显得非常重要。

1、建筑业。从理论上看，建筑业的增值税计税依据即其增加值，在增值税抵扣链条完整、各项征管措施完善前提下，建筑业"营改增"后因建筑材料重复征税的消除会使行业税负下降。以连云港市为例，2012年该市建筑业营业收入为360.75亿元，施工成本为304.69亿元，假定材料费及机械费全部都能取得增值税发票并均可抵扣，人工成本无增值税发票不能抵扣，这样，全行业全年应缴增值税＝360.75×11%－304.69×59.75%×17%＝8.73亿元，这显然比当年实征营业税36.99亿元要小得多。当然，如果

上游商品混凝土公司均选用简易征收率缴纳增值税，则建筑业应缴增值税＝360.75×11％－304.69×2.25％×17％＝38.51亿元，比当年实征营业税还高。从调查的连云港港口建筑安装工程公司看，2014年该公司营收13865万元，“营改增”后经测算增值税销项税额为1525.15万元，进项业务发生额10075万元，可抵扣进项税额1103.09万元，应交增值税422.06万元，比当年实缴营业税461.7万元只略有减少。对中小型特别是小型建筑企业而言，其上游砖、瓦、灰、沙、石等建材经营者多是个体户或者农民，难以取得增值税专用发票，税负将会显著增加。显然，由于征管实际的差异，特别是施工企业取得砖瓦沙石及混凝土等建材渠道的不同，建筑业“营改增”后实际税负不确定性很大，从大幅度减税到税负增加都有可能。

2、房地产业。鉴于相关政策尚未出台，本文以试点方案中建筑业增值税率11％做参照。仍以连云港市为例进行理论上的推导，2012年该市房地产开发行业增加值为356941万元，按11％税率计算可征增值税39264万元，比当年实征营业税142883万元少103619万元，减负达72.52％，减税效应极为明显。从调查的连云港市重点房开企业恒大名都置业有限公司来看，该公司2014年经营收入53738万元，“营改增”后经测算销项税额为5325.39万元，进项业务发生额47298万元，理论上可抵扣进项税额为4756.21万元，应纳增值税569.18万元，比当年实纳营业税2686.9万元少2117.72万元，减负达78.81％。当然，现实征管中房地产业“营改增”能否产生减税效应以及减税效应的大小主要取决于两大因素：一是房地产业外购产品与服务的可抵扣程度，特别是占开发成本近50％的土地出让金能否抵扣增值税是一个重要变量；二是房地产业的投入产出水平的高低。总的看来，房地产业“营改增”产生显著的减税效应是可以基本肯定的。

3、金融业。试点方案规定，“金融保险业和生活性服务业，原则上适用增值税简易计税方法。”另据权威人士透露，金融业实施“营改增”后的税率有望定为6％。本文据此进行探讨。仍以连云港市为例，该市金融业2014年应税营业收入1192564万元，按6％税率计算应缴增值税67504万元，较当年实缴营业税59733万元上升7771万元，增幅13.01％。由于税种属性的不同，在会计核算上营业税及其附征的城建税和教育费附加列入“营业税税金及附加”科目在企业所得税税前全额扣除，而改为增值税后，除随同增值税附征的城建税及教育附加可以继续扣除外，增值税本身不可扣除，故而企业利润总额会增加，应缴纳所得税额随之增加。仍以连云港市2014年数据为例，改征增值税后，该市金融业企业所得税将增加[59733×(1＋7％＋3％＋1％)－67504×(7％＋3％＋1％)]×25％＝14719.55万元，行业总体税负将增加22490.55万元。可以认为，“营改增”后金融业整体税负将呈上升趋势。以中国银行股份有限公司连云港分行为测算对象，该企业2014年营业收入122985.51万元、利润总额46953.62万元，实缴营业税6149.28万元；按简易征收办法征收增值税且现行优惠政策不变情况下，利润总额53013.56万元，应缴增值税6961.44万元，应缴企业所得税13253.39万元；比较而言，流转税增加901.49万元，企业所得税增加1514.98万元，总体税负增加2416.47万元，税负上升13.01％。总的看来，要想实现金融业结构性减税，增值税税率设计和采用何种征收方式很关键。

（二）全面实施“营改增”对地方的影响

1、地方财力面临缩减趋势。现行试点办法规定原征营业税的行业改征增值税后财力仍归地方，但下一步增值税收入如何分成仍悬而未决。从各行业“营改增”对地方财力影响看，如前文所述，建筑业税收是否减少存在不确定因素，房地产业税收明显减少而金融业流转税有所增加且房地产业税收体量远远超过金融业，因此，地方财力将因三大行业的“营改增”而有所下降。此外，由于增值税抵扣的链条效应，部分行业和企业会因“营改增”而获得税收抵扣从而减少流转税的缴纳。总体上看，在不考虑经济增长及其他替代税种开征情况下，地方财力会因“营改增”而减少。这种测算结论与连云港市国税局提供的实际数字可以相互印证。2014年，全市“营改增”实际减税规模约1.5亿元，城建税等附征税费减少近1100万元。

2、地税部门自身面临空前压力。从连云港市情况看,2014 年营业税入库 97.2 亿元,占当年地方税收的 48.74%,其中建筑业、房地产业营业税 81.59 亿元,占当年地方税收的 40.91%;2015 年上半年,营业税占到同期地方税收的 50.35%,其中建筑业、房地产业营业税占到同期地方税收的 44.01%。2014 年连云港市地税部门组织的营业税(不含省级金融业营业税)占到全市公共财政预算收入的 31.17%,2015 年上半年则占到 33.05%。根据掌握的资料,建筑业和房地产业营业税在地方公共财政收入中的重要性,全国各地情形大致相同。营改增"全面到位后,地税部门组织的税收特别是公共财政预算收入将大幅度下降,这对地税部门的影响将是颠覆性的。同时,全面"营改增"后,"以票控税"手段将显著弱化,地方税收管理特别是小税种管理难度将明显加大,现行征管体系和征管模式也将面临一个重新定位和重新设计的过程。

3、部分行业和企业面临税负增加。"营改增"的初衷是结构性减税,但由于经济发展本身的制约、税收征管的现实状况、增值税抵扣链条尚不健全以及部分企业的财务制度不健全等因素综合作用,短期内势必造成一些行业和企业税负增加、利润承压等问题。如前文提到的建筑业、金融业等行业就存在此类问题,迫切需要在制度设计过程密切关注并采取有力措施加以防范和弥补。

## 三、全面实施"营改增"的相关政策建议

(一)对中央政府的建议

科学选择地方主体税种,完善中央、地方财力分配机制,加快税收征管体系重构。以充分保证中央政府财力、调控能力和地方政府可用财力为前提,积极构建财权与事权相匹配的地方税体系,科学设置地方主体税种,完善税种及征管权限既定条件下的中央、地方财力划分机制,完善税收转移支付和中央对地方的财力补偿机制,加快房产税等地方性税种的立法步伐,以全面推进"营改增"、国地税合作工作规范(1.0版)以及"金税三期"全国推广为契机,积极重构税收征管体系,督促全国税务部门进一步完善增值税抵扣链条管理,努力从顶层设计上实现中央、地方、税务部门、企业 4 个层面的全面共赢。

(二)对地方政府的建议

从地方财力组织以及加快经济结构调整、做大经济总量两个层面出发,积极主动应对全面实施"营改增"。一是要加强对地方财力组织工作的领导。可考虑由省市县三级政府分别牵头,加大本区域的社会综合治税力度,加强涉税信息交换考核力度,提高地方税收征管链条涉及到的各社会综合治税部门的税收征管合力,确保地方税源监控的全覆盖;由财政牵头,国地税等部门参与,深入调研、测算"营改增"后各行业的税负变化情况,对投融资平台和政府工程税收进行全面清理,摸清地方财力家底,在此基础上提出建设性意见。二是要加快经济转型升级步伐,做大经济总量。全面"营改增"对地方政府的最大影响是地方可用财力减少。而推动地方可用财力的增长的最根本途径在于本区域经济发展所带来的经济总量的扩大,尤其是要靠通过经济结构调整、加速转型升级步伐来加大经济发展对地方税收的贡献度。当前,作为地方支柱产业的房地产业陆续进入高位盘整时期,各地在加大基础设施建设保持建筑业平稳较快发展的同时,必须认真梳理本地区经济结构和产业结构,找好找准未来一段时期的支柱产业,全方位支持,助其做大做强。特别要注意经济结构和产业结构的错位发展,更要避免承接东部沿海、沿江产业转移过程中的高污染、高能耗产业,算好环保账。

(三)对地税部门的建议

积极转变观念,加强国地税合作,加快税收征管转型,主动适应后"营改增"时代对地税工作的要求。加强形势教育,引导地税干部正确认识新一轮财税体制改革和国家结构性减税政策的重大意义。大力提升地税干部的综合素养,提高其适应税制改革步伐的能力。以国地税合作工作规范(1.0 版)全面推广为契机,全面落实总局提出的国、地税委托代征、联合评估稽查等 5 大类 32 项业务合作规范,不断提高税源

管控水平。以大数据下的税收现代化管理为龙头,强化信息管税能力,完善分级分类为主体的税源专业化管理,大力挖潜增收,积极实施税源精细化管理,努力破解征管信息不对称难题,加快“以票控税”向“信息管税”的转变步伐。

(四)对扩围企业的建议

调整业务结构,规范经营管理,合理进行税收筹划。对税负可能上升的建筑施工企业而言,应积极做好管理方式的转变,加强对分包公司和挂靠项目的税收统筹,尽可能提高施工人员工资支出、商砼购进和机械设备租赁等关键成本项目增值税实际抵扣比例,减少“营改增”带来的震荡。金融企业应提早做好增值税开票量激增的预案,做好业务软件增值税开票功能模块的开发测试和人员培训。增值税抵扣和相关账务核算对小微企业的人员素质和硬件设施是一个挑战,广大小微企业应根据自身负担能力合理选择代理或自行核算等财务核算方式。有实力的企业可以提前做好分析预测工作,以“营改增”为契机,倒逼企业管理转型;条件许可的,还可以积极展开税收筹划,合理安排企业的财务活动和生产经营活动,以达到降低税收成本提高企业利润的经营目的。

(作者单位:江苏省连云港地方税务局)

# 运用大数据思维　强化增值税管理

张光耀　赵志华　周章胜

增值税管理在我国现阶段税收征管工作中具有突出的地位。一是增值税为我国现行税种体系中的主体税种。根据国家统计局公开数据，2012、2013、2014 年国内增值税收入分别为 26415、28810、30849 亿元，分别占当年全国税收 26.25％、26.06％、25.89％，均列各税种第一；二是增值税为我国现阶段重要的基础税种。增值税以纳税人的货物销售收入、劳务收入等经济交易数据为计税依据，既是反映经济活动总量与成果的主要税收指标，也是诸如所得税等其它税种的重要基础征管信息；三是增值税征管能力的提升是我国税收现代化的缩影。一直以来围绕提高增值税征管能力的税收信息化建设取得了与时俱进的显著成效，构成了我国税收信息化发展工作极其重要部分。

## 一、当前增值税信息化管理状况

目前我国针对增值税的信息化管理工作主要集中在以下方面：纳税人一端，主要有增值税申报、发票领购、认证、缴款手段的电子化、信息化与网络化；利用增值税防伪税控系统开具增值税专用发票、普通发票；利用出口退税管理系统实现出口退税的信息化申报；涉税事项申请、审批与备案管理的信息化等。纳税人与增值税业务有关的开具发票、纳税申报、税款缴纳、备案与审批等事项均纳入了信息化管理轨道。税务机关一端，主要是依托中国税收征管信息系统管理来自纳税人的增值税申报、缴款信息、备案与审批等，依托增值税防伪税控系统对纳税人增值税专用发票的信息进行管理，实现发票发行、开具与抵扣信息收集、稽核、比对等功能，依托出口退税管理系统实现对增值税出口退税申报信息的处理。近年来，税务机关利用数据仓库、数据模型等工具，在加强增值税风险管理上进行了探索。

信息化管理极大地推进了增值税征收管理的现代化进程。纳税人端的信息化提高了涉税事项管理效率和财务管理整体信息化水平，增值税业务管理信息化成为企业管理信息化系统（如 ERP）的重要组成部分。我国在增值税管理上的信息化投入和建设使得增值税税收管理效率迅速提升，有力地满足了我国持续高速的经济增长对增值税管理的迫切需求。

毋庸讳言，增值税信息化管理现状与我国社会经济发展总体要求尚有差距，主要集中体现在以下方面：

一是增值税发票管理仍有疏漏。2015 年之前防伪税控发票管理系统中的抄报税数据未采集全部包含纳税人重要交易内容的发票数据信息，未能实现对发票开具信息的全面、实时控管，发票所包含经济交易信息的全面性、重要性未在技术层面得到足够重视和体现，税务机关对基于包括发票数据在内的大数据征管模式的建立尚处于探索阶段。由于增值税防伪税控系统仅仅采集了发票中包含的开票日期、发票号码、发票代码、购销双方税务登记号、金额、税额等 7 项数字信息，并不采集涉及发票票面记载的销售对象名称、销售货物或劳务品名规格及价格数量等重要的、关键的交易明细汉字信息，无法对货物或劳务的交易信息进行全面的、重点的统计查询，税务机关对涉税经济业务的全面、深度信息化管理缺乏数据支持，难以杜绝个别违法分子实施虚开发票偷逃税款行为；同时，纳税人的发票信息通常只能在开票的次月 15 日前的申报期内抄送至税务机关一端，税务机关无法做到实时控管违法违规纳税人的交易行为信息。

2015年开始，增值税发票系统升级版全面推行，虽然采集了发票票面记载的销售对象名称、销售货物或劳务品名规格及价格数量等重要的、关键的交易明细汉字信息，但是发票清单等关键信息无法查询，依然无法对企业交易信息做深度的合理性匹配分析。

二是增值税申报管理仍不够严密。增值税申报信息与纳税人生产经营重要指标信息间的逻辑关联性管理不够，在判断发票开具记载的货物或劳务是否与该纳税人实际采购、生产加工的货物或劳务的品名规格一致，或者在判断纳税人增值税申报信息是否与该纳税人实际采购、生产加工的货物或劳务的品名规格一致等方面，目前的增值税信息化管理体系无法给出清晰、明确和快速的解决方案。

三是增值税风险管理仍处于初级阶段。目前增值税风险管理主要依托于税务机关所掌握的增值税申报信息、防伪税控管理系统信息、纳税人财务报表信息和部分第三方管理信息，通过运用纵向比较、分析纳税人税负等重要指标的历史数据变化进行风险程度的判断和跟踪管理，或者将个别纳税人的上述指标与同行业、同类型的纳税人总体指标的统计平均值进行横向比较分析，达到筛选并指向高风险个体的要求。从具体实践经验看，上述风险管理所采取的基本上属于间接性排除手段，囿于缺少重要的、关键的经济交易数据支撑，风险管理的直接指向性基础还不强，管理效率和成效有待进一步提高。

由于增值税管理在我国税收管理上的突出地位，上述差距必须引起税收管理的足够重视。

## 二、提高增值税管理质量的信息化要求

总体上看，增值税管理是一个通过获取纳税人税源经济信息、采取对应管理措施、达到管理预期目标的过程。获取纳税人税源经济信息、分析税源状况，为采取的管理措施提供基础数据和依据是重中之重，也是税务机关增值税管理的头等要事。

增值税管理的对象是纳税人的经济交易行为，主要包括纳税人采购货物和劳务的经济交易、生产和加工业务、销售货物和劳务的经济交易等，确保增值税管理的质量至少应该做到以下方面：

（一）对纳税人生产、经营行为真实性、系统性的监控管理

主要包括管理监控纳税人的采购、生产、货物或劳务的销售（包括废次品、下脚料等）行为是否都按时、足额、全部地取得、开具了发票，发票所记载的与采购、销售相关联的全部信息与实际交易信息是否完全一致；

管理判断纳税人采购的货物或劳务是否都是生产或销售其产品和货物所必需，纳税人销售的货物、劳务是否来源于其自身并符合其生产设备属性的生产过程或采购行为。

（二）对纳税人采购、生产、销售等行为合理性的监控管理

主要包括管理监控纳税人采购、生产、销售等行为的交易对象是否合理，采购、生产、销售的货物和劳务的交易定价、数量是否为必要、必须、合理，关联企业、集团企业、境内外企业间交易定价是否按照独立企业之间的业务往来收取或者支付价款，是否遵循了市场化交易原则。

（三）对纳税人纳税申报信息的监控管理

管理监控涉及采购、生产、销售交易等方面的诸如进项税、销项税等增值税要素信息是否都全面、及时、准确无误地在纳税申报信息中得到了反映。

（四）对增值税风险管理的要求

税务机关现有风险管理方式在强调运用平均值为参照指标、以个体偏差值排序寻找高涉税风险行为和纳税人的同时，强化对纳税人涉税数据的全景式、直接分析，提高通过对个别纳税人涉税信息全景式分析可以得到的直接判断能力水平。

## 三、运用大数据思维提高增值税管理能力的构想

增值税对各生产经营环节产生的法定经济增加值征税，通过实行发票扣税、环环相抵的方式达到上下游互相制约、纳税人自律纳税。增值税管理上的发票扣税、环环相抵的方式，以及上下游交易链条的发票、物流、资金等互通往来的涉税信息，构成了增值税管理的大数据基础。其中，发票信息毫无疑问地成为增值税大数据管理中的主要、最重要基础部分。

增值税大数据具有自身明显特点：一是数据量十分庞大。经由计算机信息与网络技术的高速发展，使得掌握以发票数据为重点的增值税大数据成为可能。理论上，可以由发票大数据还原出个别纳税人、个别行业、区域，乃至更大范围的微观经济活动原貌，还原出微观企业的增值税数据图谱，大大降低目前征纳双方信息不对称程度，某种程度或环节上，税务机关可以取得一定的信息数据优势；二是数据类型全面。纳税人商事活动重要信息通过格式发票几乎得以全部保留，通过分析利用，对微观企业增值税税负的合理性、真实性等进行评价与判断，在宏观、中观和微观层面实施相应的政策管理、服务；三是数据信息准确。发票作为基础商事凭证的重要地位，具有极强的信息准确性，即发票所代表反映的信息与实际交易行为具有极强的印证性关系，涉税管理指标可从中提取、分析，一定程度上可以避免或减少原先需要经过推断、研判等手段对纳税人违法涉税行为进行的逻辑推演，可直接得出结论。

自 2014 年 11 月 1 日起试点实施的增值税发票系统升级版正是切合增值税管理客观需要、满足增值税现代化管理要求的重要步骤，对于传统增值税征管而言，这意味着一场革命性管理变革的到来。

(一)全面采集增值税涉税数据

1、全面采集增值税发票数据。包括：增值税进项发票数据、销项发票数据；增值税普通发票数据；出口销售发票数据、进口环节数据；终端零售市场销售数据。

特别需要说明的是，第一，终端市场销售数据特别是零售环节数据十分重要，是增值税大数据中极其重要的内容。由于涉及终端消费者特别是个人消费者，现有增值税发票管理系统尚未实现对零售环节个人消费品范围的覆盖，必须通过法定程序予以全面采集。第二，出口销售发票数据同样是增值税管理的最重要数据之一，是我国境内纳税人对境外销售的终端数据，也必须通过法定程序予以全面采集。

2、全面采集纳税人产能数据。包括：主要生产经营设备数量及其变动情况，主要生产经营设备生产加工货物的类别、品种、规格，主要生产经营设备的开工率水平等。

3、全面采集纳税人财务报表数据。包括：资产负债表，损益表，现金流量表等。增加纳税人用于说明增值税增减变动情况的格式化因素分析数据报表。

(二)完善增值税涉税数据采集途径

主要通过以下方法采集增值税数据：

1、纳税人直报。纳税人将增值税发票数据、产能数据、财务报表数据等通过网络方式直报税务机关。其中，增值税发票数据可以通过网络实现发票信息实时传送，便于对重点监控对象或异常开票行为的实时管理。

2、税务机关实地采集。税务机关实地采集主要集中在对风险管理事项涉及数据的核对、部分纳税人数据的采集等方面。

(三)科学利用增值税涉税数据

通过对增值税涉税数据的外部采集、税务系统内数据的比对推送，开展有深度的宏观、中观与微观数据分析，建立起符合我国增值税管理要求的、能够客观反映和分析纳税人增值税税负现状并能指导增值税管理实践的增值税大数据管理系统。

1、对纳税人增值税税收负担的分析。通过汇集个别纳税人的当期增值税发票数据，包括销售发票记

载的销售收入与销项税额、采购发票记载的进项税额,加载申报数据中的进项税额转出、不开票收入、视同销售等数据,可以统计分析纳税人增值税税负的总量指标与业务结构组成。

2、对纳税人发票信息与实际交易信息相关真实性的分析。重点关注三个方面:一是纳税人投入产出数据的一致性分析管理。发票载明的纳税人销售与采购的货物、劳务的名称、规格与数量是否与其主要生产设备、设备利用率相匹配(对工业生产企业);发票载明的纳税人销售的货物、劳务的名称、数量、价格是否与其采购的货物、劳务的名称、数量、价格等相匹配(对商业贸易企业)。二是纳税人相关产业链数据的一致性分析管理。发票载明的纳税人销售货物、劳务的名称、数量等信息与其销售对象即下游企业的行业、产品等匹配关系;纳税人采购的货物、劳务的名称、数量等信息与其采购对象即上游企业的行业、产品等匹配关系。三是纳税人生产经营历史数据的一致性分析管理。从时间轴观察,纳税人的采购、生产、销售等投入产出数据、纳税人相关产业链数据等是否具有长期一致性,主要数据的大幅变动是否与真实情况相符合,是否合理、可靠,是否与纳税人其它重要指标的变动相一致。

3、对纳税人国内关联交易合规性的分析。对集团型企业间关联交易的增值税管理分析一直是一项重点、难点工作,焦点问题是关联交易的价格水平与独立企业间正常市场交易行为价格的比较关系。大数据条件下,通过采集市场上全部关联交易货物与劳务的价格数据,比较独立交易企业间的市场交易价格信息,可以发现关联交易定价与充分竞争市场交易价格水平的差异,以此引导税务管理资源,采取适当的税务管理手段,调整以减少纳税为目的的定价水平。此时,零售市场的价格信息就有了特别重要的参照意义。

4、对纳税人进出口交易合规性的分析。对国内集团型企业间关联交易的税收管理分析思路和方法,可以移植到对纳税人进出口交易合规性分析上,特别当纳税人进出口贸易在跨国集团型企业间进行的情形。

5、预测企业税收经济运动趋势。纳税人经济活动中产品销售价格、销售数量、销售对象、产品类别、规格和原材料采购价格、采购数量、采购对象的运行变动轨迹构成了税收分析的主要历史数据,也是纳税人未来经济活动的起点数据。对个别纳税人进行以上分析时,受制于个别企业的封闭性数据,得出的分析结论必定具有较大的局限。将更大范围内的、生产具有竞争性和替代性产品的纳税人数据进行集中分析比较,通过对比更多的、开放性的差异性信息指标,税收预测的基础可以变得更加合理,更有说服力。

6、监测高风险企业税收经济情况。以骗税、减少纳税、逃避纳税义务为目的的违法违规经营行为,较正常经营相比,往往具有一些异常的特征,如采购、销售的货物数量、价格、类别、经营对象等与其生产情况和市场经营常规存在明显差异,特别是在经营链条上,通过虚开或接受的发票信息往往传递出重要的指标偏差信息,这些行为所造成的增值税指标信息的“偏差”或“歪曲”,在数据上必定反映出对正常值的某种“扰动”,完全可以通过对涉税大数据的分析予以发现,进行高效监测、管理。

(作者单位:安徽省马鞍山市国家税务局

安徽省马鞍山慈湖高新技术产业开发区国家税务局)

# 建筑业营改增对新疆地方财政影响的分析及建议

王文庆

## 一、新疆建筑业发展及营业税收入现状

(一)行业特点

1、资金密集和劳务力密集叠加。基础设施和固定资产建设项目以及市政建设、城市房地产等工程项目均需投入巨额资金。就具体工程项目而言,建筑企业垫资施工及建设单位拖欠工程款现象也较为普遍。就具体施工组织而言,从业人员数量庞大,流动性强,建筑工程人工费占工程总造价的20%~30%。

2、施工周期长。受季节性影响,新疆建设工程项目施工期只有半年多,冬季须停工,大部分工程项目施工周期须跨年度,有些基础设施建设项目须跨几个年度。

3、异地施工现象较为普遍。从疆内情况看,既有疆内建筑企业在疆内外施工,也有大量疆外企业在我区施工,机构所在地和项目施工地往往不一致;交通、水利、铁路、管道等重点工程项目应税劳务发生地大都跨几个或多个县、市(区),有些工程项目跨省(区)。此外,我区施工单位境外施工项目也逐渐增多。

4、市场管理反映的问题较多。市场准入门槛较低,竞争激烈,经营管理不规范的企业较多;违规分包经营、挂靠经营现象普遍。

5、承包模式多样,新的承包形式不断涌现。除了传统的施工总承包以外,EPC(设计+设备及材料采购+施工)总承包、"BT"(投资建设-移交)模式、BOT(投资建设-运营-移交)模式、PPP(公私合伙制)运作模式已广泛运用于大型工业公项目和城市公用建设项目。施工总承包方式又分为包工包料、包工半包料及包工不包料等。

6、企业集团或总公司整体参加招投标,实际业务由子公司或分公司分拆实施具体施工作业是该行业的主要经营模式之一。

7、施工企业经济结构较为庞杂,财务核算层级多,除大、中型建筑企业外,普遍不重视财务核算,特别是材料、人工的成本核算很不健全。

8、建筑行业内混业经营现象较为普遍。一是建筑业普遍存在混合销售行为;二是EPC(设计+设备及材料采购+施工)总承包模式既涉及现代服务业的设计业务,又涉及工程承包和货物购销;三是"BT"(投资建设-移交)模式、BOT(投资建设-运营-移交)模式既涉及工程承包,又涉及运营管理和融资业务;四是勘查作业既涉及现代服务业的勘查业务,又涉及爆破、钻井等施工作业。

(二)建筑业营业税纳税人状况

我区建筑业营业税纳税人主要以疆内企业为主,但疆外进疆施工的企业也占有一定比例。疆外企业进疆施工须向自治区建设管理部门办理备案手续。截止2016年5月1日营改增前,全区已办理税务登记的建筑业营改增纳税户总计1.7万户,其中一般纳税人约4500户;已在自治区建设部门办理备案手续的内地来疆建筑企业总计3000多户。就建筑营业税纳税人的税务管理而言,按照国家税务总局的要求,对符合相应条件的纳税人认定为自开票纳税人,其他纳税人均认定为代开票纳税人,且自开票纳税人异

地施工的也由应税劳务发生地主管税务机关代开发票。因此,能够按月正常进行营业税纳税申报的纳税人比例较低,地税部门主要通过"以票管税、税源监控"的方式进行税务管理。

(三)营业税收入情况

中央新疆工作座谈会以来,新疆基础设施建设和固定资产基本建设项目以及惠民工程项目数量较多,因而涉及的投资规模巨大,由此带来了营业税收入的大幅度增长。据统计,2010—2013 年间增长幅度高达 44.04%。由于建筑业营业税收入的增减变化直接受到建设项目投资水平的影响和制约,具有阶段性和不可持续的特点。自 2013 年我区基本建设投资规模达到顶峰以后,建筑业营业税收入增长已呈负下降态势,2014 年较上年负增长 4.59%。2015 年,我区经济总体经济形势总体平稳且稳中向好,虽然固定资产投资同比增长 10.01%,但固定资产投资所形成的建筑业营业税并未同步增长,全年建筑业营业税收入 109 亿元,较上年同期负增长 5.22%。

## 二、建筑业纳税人"营改增"税负变化测算情况

建筑业实质上就是通过施工组织生产建筑产品的行业,其生产过程类似于工业产品生产。建筑产品在生产过程中需要外购或直接委托加工建筑材料、租用或购置建筑机械设备、购置办公用品,将建筑工程的一部分分包给其他单位或个人(相当于委托加工)、将建筑施工中的主要劳务活动进行分包(相当于外购劳务)等。"营改增"后,建筑业纳税人外购的准予从销项税额抵扣进项税额的项目所适用的增值税税率分别为 17%(如外购建筑材料和设备租赁等)、11%(如运输支出、分包支出等)、6%(如各类费用等)和 3%的征收率(如外购石材、商品混凝土、自来水等)。

2015 年 9 月初,我们组织部分等地区主管国税局分别选择所辖的建筑业纳税人共计 157 户作为样本,就其"营改增"前后税负变化进行了测算。为确保数据的准确性和典型性,在对样本企业填报的测算数据进行全面复核和清理的基础上,剔除了年营业额不足 500 万元或填报数据不全、毛利率异常偏低的样本。最终筛选了 36 户样本企业,按照 11%的增值税适用税率,以 2014 年实际发生数对测算数据进行汇总并通过加权平均求得建筑业纳税人增值税税负数据 ,详见《建筑业样本企业营改增后增值税税负情况测算表》。从测算的总体情况看,"营改增"后,建筑业纳税人增值税税负平均约为 4.16%,较营业税不含税税负 3.09%增长 1.07 个百分点。若考虑进项发票取得不完整、财务核算不规范、期初存货未作处理等因素,建筑业纳税人增值税税负大约在 4.5%左右,较营业税税负增长约 1.4 个百分点。

**建筑业样本企业营改增后增值税税负情况测算表**

单位:万元

| 一、销项税额测算 | | | | | |
|---|---|---|---|---|---|
| 实际取得工程结算收入 | | 1912569.63 | | | |
| 不含税工程结算收入(税率为 3%) | | 1856863.71 | | | |
| 计算销项税额(税率为 11%) | | 204255.01 | | | |
| 二、进项税测算 | | | | | |
| 外购项目名称 | | 当期累计购进金额 | | 税率或征收率 | 计算当期进项税额 |
| | | 实际支付价款 | 不含税价款 | | |
| 1 | 外购(含融资租赁)设备支出 | 10480.11 | 8968.22 | 0.17 | 1434.73 |
| 2 | 外购钢材支出 | 232949.4 | 199131.9 | 0.17 | 33815.27 |
| 4 | 外购商品混凝土支出 | 204032.36 | 156732.72 | 0.03 | 5916.56 |
| | …… | …… | …… | …… | …… |

| 26 | 工程分包支出 | 558124.33 | 503334.73 | 0.11 | 38483.34 |
|---|---|---|---|---|---|
| 进项税额合计 | | | | | 126989.39 |
| 三、当期应交增值税及附加测算 | | | | | |
| 计算应缴增值税 | | | 77265.62 | | |
| 四、当期增值税税负测算 | | | | | |
| 以不含税工程结算收入计算增值税税负 | | | 4.16% | | |

## 三、建筑业"营改增"对地方财政影响分析

(一)增收效应

1、建筑业增值税税负增长带来地方财政收入自然增长。若"营改增"后我区固定资产投资规模仍然持续增长,年建筑业营业税维持在115亿元的收入水平,纳税人大多采取一般计税方法缴纳增值税,则每年将增加增值税地方财政收入约50亿元。

2、随着国家"一带一路"战略的实施和我区"十三五"发展计划的落实,我区固定资产投资规模有可能超越前两年的增长水平,进而带来增值税地方财政收入的大幅增长。

(二)减收效应

1、由于建筑业"营改增"存在过度性政策,若大部分纳税人都选择简易计税方法缴纳增值税,以年建筑业营业税115亿元的收入规模测算,预计每年将减收约5亿元。

2、我区固定资产投资规模在高峰期过后维持不了较高的增长幅度,将会使"营改增"后的建筑业增值税收入规模逐渐萎缩。

3、建筑业"营改增"后,既有增值税纳税人进项税额抵扣范围将扩大至在建工程支出进而减收增值税。考虑到公路、市政等较大规模的基础设施建设项目的最终消费者为各级政府或部门,因抵扣范围扩大而形成既有增值税纳税人增值税减收额预计将占到建筑业增值税收入额的35%左右,约50亿元,其中地方财政收入减收12.5亿元。

4、建筑业"营改增"后,建筑业增值税纳税地点将由营业税的劳务发生地改变为增值税的机构所在地,内地来疆施工企业原应在疆内实现的营业税将有一部分转移到内地。目前在内地建筑企业在新疆完成的建筑业产值约三分之一,虽然纳税人应在劳务发生地预缴增值税,但预征率为2%,预计年减收增值税约10亿元。同时,疆内原来留在经济落后地区的税收将向经济发达地区转移。

(三)投资效应

1、概预算定额的调整将提高固定资产的投资总额。现行工程项目概预算定额主要由直接费(人工、材料、机械费等)、间接费(管理费等)、利润和营业税税金及附加等几部分构成,建筑业"营改增"后将使得工程项目预算定额中税金比例大幅度增加近8个百分点,必将带来新增投资项目投资成本的增加。

2、基于进项税额抵扣范围的扩大,既有增值税纳税人新建固定资产和固定资产更新改造投资热情增加,在一定程度上会拉动社会资本所参与的固定资产投资规模增长。

## 四、对建筑业"营改增"的建议

(一)政策建议

1、关于征税范围。一是建议对混合销售行为区分自产货物销售和外购货物销售分别确定增值税政策或直接规定按兼营政策执行。若按照财政部、国家税务总局公布的营改增实施办法执行,大部分包工包料的建筑施工企业都将成为销售货物增值税纳税人,建筑业增值税的征税范围将大幅度萎缩。二是建

议明确特殊承包方式的政策。对于BOT、BT、PPP等包含投资融资、经营管理行为的承包形式以及受建设单位委托从事建筑项目招标和建设管理等承包形式,应明确规定按照"建筑业"税目征收增值税。三是建议明确建筑劳务与其他应劳务混业经营的政策。对于EPC总承包模式下的设计行为、勘探作业中的钻井和爆破作业行为、矿产品开采过程中的剥离土层或岩石作业行为等如何征收增值税(分别核算不易,从高适用税率不合理)应明确。

2、关于甲供材征税问题。对于建设单位(甲方)提供的用于工程施工的材料、物资、水、电等和用于工程安装的设备(简称甲供材),由于购买主体为甲方,施工单位在工程结算价款确认时一般不包括甲供材价款。"营改增"后,同样是在建工程支出,对于甲供材,建设单位可以按17%的税率抵扣进项税额,而建筑企业包工包料,建设单位只能按11%的税率抵扣进项税额,这样势必会鼓励和支持甲供材,进而对建筑市场秩序造成不良影响。此外,甲供材征税政策给纳税人如何纳税提供选择权,为建筑服务增值税的征收管理带来了较大的不确定性,正常的征收管理秩序也将受到较大的影响。因此,对甲供材征收增值税政策有必要作进一步研究和完善。

3、关于建筑业纳税人异地施工增值税管理问题。按照国家税务总局目前的政策规定,建筑服务发生地主管税务机关对纳税人是否就地预缴没有必要的监控手段,易造成税款转移。因此,对异地施工缴纳增值税问题,建议规定建设单位为扣缴义务人。

(二)对建筑市场管理的建议

1、引导建筑企业走专业化协作的道路,改变"大而全"的组织结构,将从事单项安装工程作业、劳务作业、临时用工和测试、检验、检测等非直接性生产作业等项目单位尽可能从建筑企业剥离出去,以扩大进项税额抵扣范围,减轻纳税负担。

2、培育建筑行业人力资源市场,支持合法、规范的建筑劳务分包企业、劳务队伍、安装队伍等专业化施工协作队伍健康发展。

3、督促建筑企业加强内部经营管理和财务管理,在"营改增"后能够规范设备、材料和物资等的采购行为,在对外采购环节尽量取得进项税额抵扣凭证。

4、规范建筑市场秩序,遏制招投标过程中的恶意压价和低价无序竞争行为,以利于增值税税负合理转嫁,完善增值税链条。

(三)对税收征管的建议

1、建立部门协作机制。国税机关应在自治区各级党政的领导和支持下,加强与各级发展改革、财政、人力资源管理、国土、国资、地税等部门的联系与协作,建立建设项目相关信息的共享机制,共同推进建筑业增值税征管的质量和效率。

2、建立项目登记管理制度。借鉴营业税管理经验,建立健全建设工程项目登记台账,对建筑业纳税人项目开工、变更或停、缓建情况、工程分包情况和项目注销情况等进行登记或采集相关信息,及时掌握建筑工程项目的进度和工程价款的结算情况,在增值税管理工作中实现对每一个建设项目进行事前、事中和事后的全面管控。

3、建立机构所在地与劳务发生地主管国税机关的配合机制。机构所在地与劳务发生地主管国税机关应加强沟通、联系和配合,对机构所在地主管国税机关所采集的纳税人基本登记信息、开具《外出经营管理税收证明》相关信息、增值税和所得税征缴信息,应通过金税三期综合征管软件与劳务发生地主管国税机关所采集的纳税人项目登记信息、增值税预征信息和其他征管信息进行共享共用,确保对每一个纳税人和每一项工程项目都能够管的住、管的好。

4、规范发票管理。"营改增"前,建筑业结算发票的管理绝大多数为税务机关代开,"营改增"后纳税人自行开票结算将成为发票管理的主要方式。但"以票管税、税源监控"这一行之有效的营业税管理模式并不能完全放弃。适应增值税发票管理的基本要求，通过规范建筑业增值税发票的使用，充分发挥发票管理在促进增值税征收管理中的作用，是国税机关在建筑业增值税管理中应当十分重视的问题。

5、规范纳税申报。“营改增”前，建筑业纳税人营业税纳税申报相对简便和随意，大都在代开发票的同时进行纳税申报，很不规范。“营改增”后，按照增值税纳税申报管理的相关规定，无论是申报的内容还是申报的具体要求都非常严格。因此，切实规范增值税纳税申报将成为建筑业增值税管理工作的重要内容。

6、做好纳税服务。一是利用各种形式进行广泛宣传；二是要对建筑业纳税人就政策内容、纳税申报、发票管理和税控装置使用等进行专题培训和辅导；三是要有针对性地建立和完善各项管理和服务措施。总之，要通过积极、有效、规范的纳税服务使建筑业纳税人尽快熟悉和掌握增值税政策管理和征收管理的相关内容，以切实遵从增值税法规，正确、足额报缴增值税。

（作者单位：新疆维吾尔自治区国家税务局）

# 金融业营业税改征增值税问题研究

高敬宏

## 一、我国金融业"营改增"的背景

(一)我国金融业征税旧模式

金融业是第三产业的代表行业,是我国社会主义市场经济的重要组成部分,是我国经济发展的排头兵。实际上,几乎所有个人和企业都是金融服务的最终消费者。因此,金融业的征税体制在我国的税收体系中显得尤为重要。

"营改增"之前,我国主要对金融业征收营业税,此税制是自 1994 年分税制改革后逐渐形成的。其中,对在我国境内销售货物和加工修理修配劳务征收增值税,对其他劳务、无形资产和不动产销售征收营业税。在金融业现行的营业税制下,我国对贷款、金融经纪等业务以营业收入全额计税,其税率经历了下表所示的变化:

**表一 1994 年至今金融业营业税税率表**

| 年份 | 税率 |
| --- | --- |
| 1994 — 1996 年 | 5% |
| 1997 — 2000 年 | 8% |
| 2001 年 | 7% |
| 2002 年 | 6% |
| 2003 年 | 5% |
| 2004 年至今 | 5% |

在税收收入方面,金融业的迅速发展使得金融业税收快速增长,金融业已逐渐成为我国的重点税源,无论是增长速度还是贡献力度都远超其他行业。

**表二 2005－2012 年金融业主要税种收入及增长率**

单位:亿元

| 年份 | 两税合计 | 营业税 | | | 所得税 | | |
| --- | --- | --- | --- | --- | --- | --- | --- |
| | | 绝对额 | 增长额 | 税内比重 | 绝对额 | 增长额 | 税内比重 |
| 2005 | 1108.0 | 555.8 | 17.4% | 13.1% | 552.2 | 181.2% | 10.0% |
| 2006 | 1777.9 | 704.6 | 26.8% | 13.7% | 1073.3 | 94.4% | 15.2% |
| 2007 | 2760.4 | 1062.1 | 50.8% | 16.1% | 1698.3 | 58.2% | 17.6% |
| 2008 | 4076.8 | 1394.1 | 31.3% | 18.3% | 2682.7 | 58.0% | 22.0% |
| 2009 | 4832.2 | 1478.3 | 6.0% | 16.4% | 3353.9 | 25.0% | 27.6% |
| 2010 | 4688.7 | 1687.2 | 14.1% | 15.1% | 3001.5 | －10.5% | 20.6% |
| 2011 | 6144.0 | 2166.6 | 28.4% | 15.8% | 3977.4 | 32.5% | 20.3% |

| 2012 | 8365.1 | 2874.3 | 32.7% | 18.2% | 5490.8 | 38.0% | 24.9% |
|---|---|---|---|---|---|---|---|

由于金融业本身性质特殊，且涵盖范围广、发展速度快，同时出于与国际接轨的考虑，金融业税收的相关问题显得越发重要金融业税制的任何改革都将产生广泛而 深刻的影响，不仅会带来金融业的变革，也会涉及中央和地方在财权、事权上的博弈，还会牵涉到中国在国际上的金融地位。因此，金融业“营改增”可谓牵一发而动全身。

(二)金融业“营改增”的必要性及意义

1、连接增值税抵扣链，解决重复征税问题。在营业税制下，金融企业无法就其购进投入品抵扣进项税，同时其他企业也无法从金融企业提供的服务中获得抵扣，增值税抵扣链的这种断裂直接导致重复征税，使得金融业与相关行业的成本过高，阻碍了金融业与上下游行业的进一步联系。

除此之外，营业税制规定，银行经纪、中间业务的计税营业额包括手续费和佣金，还包括代垫、代付、代收等价外费用，这在一些银行账面上虚增收入和坏账损失越来越多的情况下使得银行承担了额外的税负。

因此，通过“营改增”把金融业断裂的增值税抵扣链连接起来，最大程度消除金融业重复征税，促进金融业与上下游行业良性互动和循环发展显得尤为重要。

2、促进金融业发展，提高国际竞争力。在营业税下，对营业额全额征税的模式阻碍了金融业的专业化分工。这是因为分工细化会使得营业额增加，而增值额在短期内却可能不会有太大提高，税后利润可能会因分工细化而降低。因此，“营改增”后仅对增值额征税会促使金融业的专业化分工，加速金融业的创新。与此同时，“营改增”会改善金融业的资源流动，促进市场需求和供给的平衡，助推我国产业结构的转型和升级。

此外，“营改增”给金融业带来的发展也会加速其与国际的接轨，享受目前金融业国际业务并不享受的出口退税等优惠，提高我国金融业的国际竞争力，成为新时期新常态下我国经济的重要增长点。

3、引导地方政府转变职能。从长远考虑，金融业“营改增”不仅是税制层面的改革，同时也是对地方政府转变职能的一种引导和催化剂。目前，地方政府不仅扮演着管理者的角色，同时也在很大程度上发挥着吸引投资、组织生产建设的职能。大多数地方政府采取的都是最直接的办法：以高营业税带来的税收收入为基础，利用高杠杆化的手段融入大量资本。这种做法在国家建设初期资本短缺时十分有效，但并不适合目前社会资本过剩的现实状况。过度的高杠杆融资显然对应着高风险，同时也容易带来“马太效应”，加重地区间经济发展失衡，甚至埋下腐败的种子。

因此，金融业“营改增”将通过税收收入在中央和地方之间的重新分配倒逼地方政府转变职能，把更多的精力和资源转移到增进社会福利、提供公共服务上来，为地区可持续发展创造新的契机。

## 二、我国金融业“营改增”面临诸多难题

金融业“营改增”是一项复杂而影响深远的工程，尽管财政部、国家税务总局《营业税改征增值税试点方案》提出已久，但如今看来金融业“营改增”在制度和实践的层面上仍面临诸多难题。

为了系统全面地分析我国金融业“营改增”的难题，需要把金融业种类繁多的具体业务进行分类。本文采用毕马威在 2013 年向财政部递交的《中国金融服务业增值税改革政策建议》的分类，将金融服务分为金融中介服务、直接收费性金融服务、间接盈利性金融服务以及一般商品交易服务。

(一)金融业“营改增”面临的难题

1、不同业务征税方法及税率难以统一。自 2016 年 5 月 1 日起，“营改增”已推广到金融业，根据 36 号文，金融服务业一般纳税人适用税率统一为 6%，小规模纳税人提供金融服务、以及特定金融机构中的

一般纳税人提供的可选择简易计税方法的金融服务,征税率为3%。这种简化合并增值税税率档次的征收方式虽有效避免了征管困难,但不可否认的是金融业与其他征收增值税的行业不同,其包含众多类型的复杂业务。根据前述分类,如果对金融中介服务、直接收费性金融服务、间接盈利性金融服务和一般商品交易服务统一适用一般征税方法,显然有失公平。此外,在一般征税方法下统一对金融服务征收增值税在国际上也没有任何先例可以借鉴,当前"一刀切"的征收形式能否适用于业务复杂多样的金融业还有待在实际中寻找答案。

2、增值额难以确定。金融业"营改增"的一个重要难点在于增值额难以确定,这主要是针对金融中介服务中的银行业存贷款业务来说的。从理论上来说,银行业存贷款业务的增值额应当是利息收入减去利息费用的差额,但这在实践上有很大难题。一方面,存款和贷款无法在同一期限内相匹配,即银行并不一定会在同一期限内将收到的某笔存款贷给贷款人,这样便无法按既定的存贷款利率来逐笔确定增值额;另一方面,银行的利差收入中包含了通货膨胀补偿和贷款违约风险溢价补偿等不应征税的部分,如何确定并将其从利差收入中扣除也需要仔细考虑。

3、"营改增"可能带来金融业内部不公平问题。从行业性质上看,对以证券基金业为代表的部分金融业细分行业来说,征收增值税带来的不公平性尤为显著。一方面,证券基金业的人力成本、采购成本及管理费等相对较少,且客户中多为个人投资者,预期可以抵扣的进项税很少,相对于其他细分行业并不能获得较大的改革红利;另一方面,由于证券基金业竞争激烈、个人投资者众多,税负难以转嫁,同时又容易被动接受银行业等"龙头"行业的税负转嫁,因此可能会承受较大的不公平和负面影响。

4、地方财政收入将面临较大缺口。金融业"营改增"的直接影响之一是将产生减税效应,且其规模可能会比其它已经完成"营改增"的行业更大。这是因为"营改增"后进项税抵扣机制不仅会使金融业本身所缴纳的增值税减少,其它从金融企业获得贷款、咨询等金融服务的企业也会由此得到进项抵扣,进而整个上中下游行业应缴的增值税均有不同程度下降。

然而,这对地方财政来说将是不小的压力。在"营改增"实施前,营业税是地方财政收入的重要来源。尽管目前规定营改增后的收入仍归属地方财政,但这只是一种过渡措施,未来增值税还是会统一按一定比例在中央和地方间进 行分成。如果采取目前工商类企业增值税3:1的分成比例,势必会造成地方财政收入的巨大缺口,使本就处于困境的地方财政"雪上加霜"。

(二)金融业"营改增"面临难题的原因分析

1、金融业不同业务运行原理存在本质区别。金融业不同业务征税方法及税率难以统一的根本原因在于不同业务的性质或者说运行原理存在本质区别,进而导致不同业务的增值额的确定方法不同,因此就需要适用不同的征税方法和税率。尽管前述四大类业务都属于金融业,但其性质并不相同。比如存贷款业务和投资咨询服务,前者的实质是资金的跨期调配,其增值额需要进一步研究讨论,而后者更类似于之前已实现"营改增"改革的7类现代服务业,很可能同样采取简易征税办法,二者的征税办法和税率显然不能统一。

2、货币流动性及时间价值等因素增加计算难度。金融业与其它征收增值税的行业不同,金融业绝大多数的商品本身就是货币,或者说是由货币衍生出的各种形态。从某种意义上来说,前者的增值额衡量的是使用价值的增值,而后者的增值额衡量的是价值的增值。因此,金融业增值额的计算相对于其它应税行业来说需要考虑的因素更多,过程也更复杂,这是由货币的性质所决定的。金融的核心是跨时空的价值交换,因此就必然要考虑到货币的流动性及时间价值等因素,这给同一期间内增值额的计算增添了难度;而其它应税行业由于实现了货币和货物、劳务及服务的等价交换,货币相关的一切权利随之转移,因此在计算增值额时不需要考虑货币的时间价值等因素。

此外,对通货膨胀补偿和贷款违约风险溢价补偿的衡量并没有一个绝对的标准,存在一定的主观性,这也造成了对该部分非应税收入公平地进行扣除的困难。

3、区位及行业差异带来的影响在同一机制下被放大。首先，由于我国地区间发展不平衡，因此不同地区的同一行业间盈利水平和综合设施等方面存在一定差距，故而在相同的增值税制下，采取相同的具体措施将会导致行业内部的不公平。其次，不同细分行业成本构成不同。"营改增"后，由于进项税抵扣机制的存在，这一差异所产生的影响便被放大。那些成本构成中人力成本、采购成本及管理费相对较少的行业，如证券基金业，其可以抵扣的进项税相对于其他细分行业较少，因此"营改增"在给其他行业带来改革红利的同时却并没有使证券基金业的境况有所改善，这在一定程度上是不公平的。最后，不同细分行业的议价能力也是不同的。不同行业所处的市场形式不同，如银行业处于由寡头垄断市场向垄断竞争市场过渡的阶段，中、农、工、建、交等几大银行处于寡头地位，议价能力较强，"营改增"后可以很容易将税负转嫁给相对弱势的其他企业和个人；而如证券基金业则比较接近完全竞争市场，众多证券公司议价能项税进行划分。

4、中央、地方财权事权不对称。金融业"营改增"将给地方财政收入带来巨大缺口的根本原因在于中央和地方财权事权的不对称，而这也一直是我国财政体制的根本问题。地方政府更了解地方民众的需求和意愿，因此应当享有相对独立的财权与事权，但在目前中央与地方财权事权的划分体系下，地方政府承担的支出大大超过了其获得的财政收入，地方财政缺口便由此产生。

## 三、我国金融业"营改增"改革政策建议

(一)采用现金流量法计算增值额

现金流量法需要解决的是金融中介服务增值额难以确定的难题，该方法最早是由 Poddar 和 English 提出的。结合对我国金融业"营改增"分阶段进行的设想，现金流量法应当在金融中介服务过渡到一般征税方法时予以采用。现金流量法的核心思想是按照现金流进行征税，即对金融企业全部现金流入量征税，并对其全部现金流出量予以进项税抵免。

以银行业为例，假设存款利率为 a%，贷款利率为 b%，增值税税率为 t%，对于一笔 M 元的存款业务，银行就该业务最终应缴纳的增值税为：

$$M\times t\% - M\times(1+a\%)\times t\% = -M\times a\%\times t\%$$

若此时有一笔 N 元的贷款业务，则银行就该业务最终应缴纳的增值税为：

$$N\times(1+b\%)\times t\% - N\times t\% = N\times b\%\times t\%$$

因此，跨纳税期考虑，银行净缴纳的增值税为：

$$N\times b\%\times t\% - M\times a\%\times t\%$$

当 $M=N$ 时，应交增值税为 $M\times t\%\times(b\%-a\%)$，即实现了对同一笔或者是等量资金在存贷款业务中流动实现的利差征税。

(二)加大对部分行业的转移支付和财政补贴，坚持税收优惠

对于"营改增"后由于进项税抵扣较少而导致税负增加明显的部分行业如证券业，可以由政府合理给予一定程度的转移支付和财政补贴，减轻这些企业的税收负担。此外，参考融资租赁业的改革措施，原有营业税下的税收优惠政策应合理延续：现行营业税下适用免税政策的，在改征增值税后继续予以免税；适用营业税减税优惠的，调整为即征即退政策；税负增加较多的，可以给予适当税收优惠。

(三)加强中央和地方财政协调，扶持地方主要税种

1、税收收入先归地方，逐渐改变中央、地方分成。地方财政收入可能产生缺口的根本原因在于中央、地方财权事权的不对称，这是我国财政体制长期以来一直存在的根本问题，最有效的办法是加强中央和地方财政的协调，逐渐改变中央、地方财权事权的配比。

在统一税制的初级阶段，为保证地方财政收入，实现"营改增"的平稳过渡，应参考其他已经完成"营改增"的行业，将改革后的增值税收入暂时划归地方财政。但从长远来看，在深化改革阶段，"营改增"行业应逐渐与其他增值税应税行业相统一，将增值税收入按规定的分成比例回归中央，并由国家税务部门统一征收，该分成比例可以根据中央和地方财权事权的调整而相应调整。

2、扶持其他税种成为地方主要税收来源。地方财政需要稳定的税收来源，不能仅仅寄希望于调整增值税在中央和地方间的分成，还应扶持其他税基相对稳定、对本地资源配置影响较大的税种成为地方的主要税收来源。一个方案是消费税扩围，将部分奢侈消费品和具有较大负外部性的消费品纳入消费税征税范围，并划入地方税体系；另一个方案是扶持以房产税为代表的不动产税成为地方主要税种，财政部部长楼继伟曾多次表态称中国进行房产税改革将有利于给地方政府提供持续、稳定的收入来源。

## 四、结论与展望

作为"营改增"的重头戏和财税体制改革的"排头兵"，金融业"营改增"牵一发而动全身，必然要以最快、最平稳、最有效的方式顺利完成。尽管改革面临理论和实践层面的诸多难题，但这些实质上都是在统一税制和保证税收收入之间的权衡。本文有针对性地提出了一系列改革政策建议，以期能实现金融业"营改增"由统一税制向深化改革的过渡，但我们要认识到没有一个永远绝对完美的方案，要不断发现问题、解决问题，不断创新，方可达到预定的政策目标。

从长远考虑，"营改增"只是一个税制层面的问题，重新梳理中央和地方财权和事权、构建地方税体系才是财政体制改革的根本问题。"营改增"基本完成、税收法定基本落实后，我国应尽快开展财政体制的改革，加快推进我国财政由建设型财政向服务型财政的转变。

（作者单位：辽宁省大连市中山区地方税务局）

# “营改增”对地方税收的影响及建议

## ——以河南省上蔡县为例

张战军　杨　飞　侯春艳

根据国家总体部署，营业税税目下的房地产业、建筑业、金融业、生活服务业，已在今年5月1日前“营改增”改革到位。至此，营业税正式退出中国税制历史舞台。房地产业、建筑业营业税收作为地税部门以前的主体税种，“营改增”后对地税收入影响巨大。河南地处中原，为中部重要省份，税收收入在中部六省连年位居前列，河南又是农业大省、人口大省，县域经济税收具有一定的代表性。为调研营改增后对河南经济税收的影响，我们深入地处河南省中南部的驻马店上蔡县局调研，简要分析“营改增”对地税部门组织收入等工作的影响，并站在全省地税部门的角度提出若干对策建议，供总局参考。

## 一、近三年营业税收入及占比情况

以上蔡县局近三年营业税收入情况为例，2013年，累计入库营业税1.06亿元，同比增长21.1%，占年度总收入比重为42.67%；2014年，累计入库营业税1.4亿元，同比增长32.1%，占总收入的比重为47.63%；2015年，累计入库营业税1.69亿元，同比增长20.7%，占总收入的比重为48.2%。

| 年度 | 营业税收入 | 同比增长 | 占整体税收比重 |
|---|---|---|---|
| 2013 | 1.06 | 21.1% | 42.67% |
| 2014 | 1.4 | 32.1% | 47.63% |
| 2015 | 1.69 | 47.63% | 48.2% |

## 二、“营改增”对地方税收的影响

### (一)对收入的影响

从目前上蔡县地税收入比重来看，2015年，上蔡县建筑业实现税收1.3亿元，占整个收入比重的37%；房地产业实现税收1.43亿元，占整个收入比重的40.9%；金融保险业实现税收3726万元，占整个收入比重的10.6%。三项合计占整个地税收入的比重高达88.6%。营改增改革到位后，地税收入必将巨幅减少，完成地税收入任务面临严重困难和挑战。

### (二)对基层机构设置的影响

从调研的情况来看，上蔡县地税局下辖的八个中心税务所一次性税源均占比过高。2015年，杨集中心所一次性税源占收入比重为98.6%，洙湖中心所一次性税源占收入比重为98%，芦岗中心所一次性税源占收入比重为99.5，黄埠中心所一次性税源占收入比重为87.3%，塔桥中心所一次性税源占收入比重为98.5%，韩寨中心所一次性税源占收入比重为98.8%，朱里中心所一次性税源占收入比重为98.8%，华陂中心所一次性税源占收入比重为99.1%。一次性税源主要来自于房地产业、建筑业。全面完成“营改增”试点任务后，各基层征管单位将面临几乎无税可收的窘境，在无新税种可开征的情况下，征管体制改革将更加迫切。

### (三)对相关税种的影响

由于营业税改增值税后，原应按营业税计算的城市建设维护税、教育费附加等项目，将根据纳税人实际缴纳的增值税计算。而增值税的可抵扣性导致的纳税额相对于改革前的营业税税额其变化不可确定，那么根据营业税改增值税后的纳税额计算的城市建设维护税、教育费附加等项目也不可确定。“营改增”后，地税窗口代开建筑业、服务业发票也将成为历史，除了直接减少零散户开票征收的营业税外，随同窗口代开发票附征的建筑业、服务业等其它地方税收将一并消失，成为地税收入来源减少的另一个因素。

(四)对地税部门和干部队伍的影响

“营改增”带来的是地税收入的大幅下降，地税部门对地方财政的贡献也将大幅减少，地方财政对地税的重视程度必将随之发生变化。“营改增”后，地税部门主要税源暂时性缺失，地税主体税种不明朗，相对于国税部门，地税部门的税收保障职能作用逐步弱化，税收地位逐步边缘化，地税干部的归属感、荣誉感、自信心可能因此受到一定影响。

## 三、“营改增”后做好地税工作的对策建议

(一)依法清缴营业税

认真测算“营改增”对地方经济和组织收入的影响，及时向地方党委政府汇报，争取理解和支持。把征缴营业税税款作为近期工作的重点，清醒认识依法征缴营业税与防范税收执法风险的关系，充分利用5月份例征期前后的时间清缴营业税，依法将应征税款足额征收入库，避免执法风险。

建议在征缴营业税时做到“四个清”：首先，做到政策清。要对“营改增”政策了解透彻，执行政策的步骤方法明确，开展工作不违规、不逾矩。其次，做到户数清。地税部门要对辖区税源进行深入全面排查，当改革的明白人，确保营改增移交信息数据不遗漏、不重复。第三，做到税款清。各级稽查局要与各基层分局、中心税务所配合好，加大“营改增”涉及纳税人税款的清理，保证应征尽征。第四，做到次序清。开展税收清理工作时要在兼顾各税种的前提下，坚持营业税优先的原则。

(二)积极培植、逐步拓展地方税源

“营改增”完成后，房地产业、建筑业、金融业、生活服务业四个行业地方税收的巨幅减少，使地税收入形成一个较大缺口，怎样在大缺口下实现增收成为地税部门组织收入的难点问题。根据目前地方税源情况，挖潜增收的切入点暂时在契税和耕地占用税“两税”征收管理上。但“两税”很大程度上属于一次性税源，因此，地方持续性税源依然无法保障，地税主体税种仍处于缺失状态。当务之急，应努力做好以下几点：

培植拓展第三产业税源。第三产业是地方税收的高税产业，据测算，其每百元增加值产生的地方税收是第二产业的3.9倍。建议各级地税部门加强与其它政府部门的协作，创造良好营商环境，打造融资平台，鼓励投资和消费，扶持发展信息咨询、软件开发、城市公用、金融保险、旅游会展等现代服务业，推动传统产业升级，壮大新形态、新产业；扶持电子商务、物流企业和第三方电商平台实现加速发展，推动大型商业企业开办电商销售平台和网络，鼓励市民在电商企业和电商平台购买商品，形成有效持续的消费热点，壮大地方税源基础。

要用足用好支持第三产业发展的税收优惠政策。比如，用好旅游业房产税、城镇土地使用税和小微企业所得税优惠政策，发挥河南旅游业优势，助推文化旅游业发展，推进国际知名旅游城市建设；用好物流企业大宗商品仓储设施用地城镇土地使用税减半征收优惠政策，服务好中原地区物流业发展；根据河南人口大省、老年人口占比较大的实际情况，用好非营利性养老机构免征企业所得税等优惠政策，加快发展专业化、个性化养老服务业；用好电子商务小微企业减半征收企业所得税优惠政策，加快发展电子商务产业，培育新的税源增长点。

培植拓展资本交易税源。加强非上市企业股权转让税源管理，积极探索推行“先税后证”管理制度，

工商等职能部门要及时向地税部门推送信息，努力使股权转让税收及时足额入库。争取上市公司限售股转让税源，根据现行税收政策规定，此项税收在股东开户证券机构所在地缴纳，容易造成地方税收外流，建议采取综合措施让股东在交易发生所在地证券机构开户，争取增加税源。

培植拓展法人企业税源。一是发展总部（集团）企业经济税源。现行税法明确规定，企业所得税实行总机构汇总纳税，总机构汇总计算的企业所得税50%在总机构所在地缴纳，总部发放的工资如高管个人所得税实行总部代扣代缴。建议通过努力优化税收环境，提升涉税服务，鼓励公司或企业将总机构设在河南。二是发展法人机构税源。根据现行税法规定，法人企业分公司的所得税要汇总到总机构缴纳，建议地方政府积极引导企业在当地设立独立法人机构，避免造成所得税税源流失。

培植拓展重点项目特殊行业税源。国家重点项目投资额大，建设过程中的的企业所得税、个人所得税是地税主要税种，税额大。现行税法规定，跨地区承包建筑施工的要就地预缴0.2%的企业所得税，施工企业管理人员个人所得税在施工地申报缴纳。建议住建、规划等部门要及时向地税部门传递信息，争取税收足额及时缴纳。

（三）加强现有税源管理，保持地方税收稳定向好态势

构建税收共治格局。加强向当地党委、政府请示报告，争取对税收工作的支持，逐步建立以“政府领导、税务主管、部门协助、司法保障、社会参与、信息化支撑、纳税人配合”为主要内容的社会综合治税体系，促进依法治税齐抓共管，最大限度减少税源流失。完善综合治税信息平台，加强部门间沟通协作，严格执行涉税信息推送、反馈、定期通报制度，对重大建设项目、房地产、交通运输、建筑安装、二手房交易以及契税、耕地占用税、车船税等行业和税种实行源头监控，做好土地和房屋登记及交易、房地产业税收、国地税关联税种、股权转让所得税、高收入者所得税、财政奖励所得税、教育劳务税收、残疾人工资税前加计扣除和石料开采加工税收等九大类信息的采集、比对和分析应用，及时发现征管漏洞，堵漏增收。同时，加大稽查力度，在对地方重点税源开展自查辅导的基础上，有针对性地开展税收专项检查，发挥以查促管、以查促收作用，确保税收颗粒归仓。

落实税收优惠政策，巩固现有基础税源。用好固定资产加速折旧、综合利用资源减计收入、技术开发费加计扣除、税额抵免优惠等税收政策，助推地方化工、能源、冶炼等传统工业企业转型升级；用好高新技术企业优惠政策，助推地方高新技术企业发展；用好小微企业优惠政策，助推地方小微企业发展壮大。

继续做活房地产业地方税源。认真贯彻国家一系列房产新政和河南省政府16条政策措施，切实落实好契税补贴政策，努力去库存，激发市场活力。积极建议地方政府出台已购住房申报缴纳契税补贴等优惠政策，带动已购住房税收，全面激活地方房地产税收交易。

促进税源精细化、专业化管理。以科学的管理提升征管质量，化解管理风险。完善税源管理机制，深化信息管税，继续抓好企业所得税汇算和土地增值税的清算工作，积极解决企业征收方式认定工作，对符合查账征收条件的，按照查账征收方式管理和预交；对不符合查账征收条件的，实行核定征收，并按照规定实行预交管理，确保实现的税收及时足额入库。认真抓好城镇土地使用税新范围新标准的执行工作，全面开展对房产税、印花税等税种的税收清查，切实将小税种做大、做实，达到聚沙成塔、集腋成裘的效果。完善委托代征办法，营改增后地税部门“以票控税”管理优势不复存在，对原随营业税附征的城建税、所得税、教育费附加等建议委托国税部门代征，完善国、地税涉税信息互通制度，加强委托代征工作督查，确保城建税、所得税、教育费附加等税款足额入库。

（四）持续优化纳税环境，不断增强地方税收软实力

营造良好的纳税环境是招商引资、促进企业发展壮大的必然要求。地税部门要以满足纳税人合法合理需求为出发点，进一步健全各项涉税服务制度，深化便民办税春风行动，继续完善首问负责制、一窗式办理、“一厅式”办结、预约服务等制度，积极推行网上报税、网上银行缴税等多元化申报方式，为纳税人提

供更加优质高效、方便快捷的服务，提高纳税人的税法遵从度和执法满意度。

(五)提高税收计划质量，服务经济税收大局

建议上级在制定税收计划时，遵循经济发展的客观规律，坚持依法治税前提下的税收任务观，注重调查研究，及时了解市场经济条件下各种经济活动的发展变化情况，结合财政需要以及政策变化等诸因素，准确预测经济税源变化的发展趋势，科学指导税收计划的进行。

(六)加强教育引导，保持地税队伍稳定

组织广大地税干部加强有关文件的学习理解，充分认识“营改增”对深化税收体制改革、推动经济结构调整、促进企业发展转型的重要作用，引导分析“营改增”在给地税部门带来阵痛的同时，可能带来的种种机遇，教育广大地税干部职工牢记地税奋斗历程，弘扬地税优良传统，积极看待改革，热情投身改革，尽心尽力做好本职工作。

(作者单位：河南省地方税务局科研所
河南省驻马店市地方税务局
河南省地方税务局办公室)

# 关于营改增后加强地方税收征管的探讨

李　檀

"营改增"的实施，对我国经济社会产生了广泛而深刻的影响。对地税部门而言，改革不仅减少税源，而且给所得税、土地增值税等地税部门征收的税种带来了更大的征管难度，需要地税部门开拓思维，勇于创新，采取有效的征管措施积极面对"营改增"给地税工作带来的影响。本文从全面实施"营改增"后，随着地税部门征管手段的弱化，税收征管存在的问题及原因进行探讨，并提出一些建议以供参考。

## 一、营改增后地税部门税收征管存在的问题及原因

"营改增"只是将纳税人原应征营业税的应税行为改为征收增值税，原纳税人仍属地税机关管辖范围。然而，随着"营改增"工作的全面实施，地税机关对"营改增"纳税人后续管理中存在的困难也逐渐暴露出来，主要体现在以下几个方面。

(一)丧失以票控税的优势

作为经济行为价款收付和会计核算的合法、有效凭证，发票贯穿税收管理全过程并发挥重要的税收管控作用。营改增前，营业税政策要求纳税人提供应税劳务必须在地税部门申请领购或代开发票，在这个环节，地税部门可以直接对纳税人其他涉税事项进行控管，

从而实现以票控税的目的。但是，营改增后，纳税人提供应税劳务转变为在国税部门领购或申请开具增值税发票，且当前增值税征管政策不再硬性要求外来经营纳税人在劳务发生地开具发票(可回其机构所在地开具)，地税部门就不能实时监控纳税人是否缴纳除增值税以外的其他税种，也不能采取限制领购、停售发票的措施约束纳税人及时足额纳税，丧失了以票控税的优势，进而弱化了对地税部门相关税种的控管，导致地税部门征收的税款入库不及时或税款流失。

(二)税款征收滞后

营改增后，随同流转税征收的城市维护建设、教育费附加等附加税仍由地税部门征收。因国税、地税部门的征收信息不能实时共享，必须依靠后期国税提供相关流转税信息，以及第三方相关信息加以比对查缺补漏，追征漏缴税款。这不仅增加地税部门工作量，而且税款征收时间滞后，很有可能出现找不到纳税人，或是纳税人主观故意拒绝缴纳税款的情况，大大增加征管难度。

(三)税款流失程度加重

"营改增"前，地税部门可以通过发票的领购或代开发票环节征收附加税、所得税、土地增值税等税种，尤其是所得税，根据《国家税务总局关于跨地区经营建筑企业所得税征收管理问题的通知》(国税函[2010]156号)、《国家税务总局关于印发＜跨地区经营汇总纳税企业所得税征收管理办法＞的公告》(国家税务总局公告2012年第57号)和《海南省地方税务局关于加强建筑安装业所得税管理的公告》(海南省地方税务局公告2012年第12号)的规定，外来纳税人跨省或跨市县提供建筑按照劳务，未持《外出经营活动税收管理证明》的，开具发票时按照实际经营收入的2.5%就地核定征收企业所得税；虽持《外出经营活动税收管理证明》但未提供总机构直管项目部证明的，开具发票时按照实际经营收入的0.2%就地预缴企业所得税；账册不健全，无法提供工资发放明细，未能按要求进行个人所得税全员全额申报的，按项

目实际经营收入的0.6%征收个人所得税。营改增后，纳税人不需要经过地税部门即可开具增值税发票，国税部门对地税所辖的上述税种在代开发票时没有代征企业所得税或个人所得税，使得开具发票随征的所得税税款由于纳税人主观故意而不能全额追征，税款流失情况更为严重。

(四)干部队伍出现放松税源管理的苗头

营业税作为地税部门的主体税种，"营改增"后，地税部门失去了主要税源，地税收入有明显下滑的趋势，地税干部的工作自信心、工作积极性和行业自豪感将因此受到沉重打击。加之"营改增"后，地税部门征收的工作重心将转移到土地增值税、房产税和土地使用税、印花税、城市维护建设税等税种，这些税种征收难度大，税源分散，税额小，征税对象分散、对外部信息依赖程度大，因而主观上出现畏难情绪，有放松税源管理的苗头。

(五)机构设置、人员安排不适应"营改增"后征管要求

现行地税局在机构设置上的通行做法是将大量的人财物都偏向于局机关，造成税源管理分局人员业务力量相对薄弱、税源管理分局的纳税评估室形同虚设，不重视风险管理甚至风险管理缺位等问题。

## 二、"营改增"后增强税收征管的建议

"营改增"后，地税部门税收总量和征管模式均发生了极大的变化。如上所述，原行之有效的一整套"以票控税"的税收征管模式丧失了优势，征管效能极大弱化，需要探索、规范新的征管流程、办法以堵塞征管漏洞。现结合近年来征管经验以及实际情况，提出以下五点浅显的建议以供参考：

(一)委托代征税款

一是委托行政部门代征税款。在国家税务总局尚未明确由国税局代征流转税的附加税(城市维护建设税、教育费附加和地方教育附加)的情况下，省一级国税局、地税局可以经协商达成委托国税部门代征流转税的附加税的协议。或是在省一级国税局、地税局仍未就委托代征事项达成协商一致的情况下，经由各市县地税局提请当地政府并在当地政府的主导下，尽快同国税部门建立流转税的附加税的委托代征协议。此外，鉴于股权转让中个人股东转让股权涉及税款难以监控以及个人股东踪迹难以查找的原因，建议股权转让涉及的个人所得税和印花税由工商部门代征，在条件允许的情况下，在工商部门服务大厅安装地税开票模块。二是委托企业代征税款。我们可以利用行业链条的特性，委托处于行业链关键节点上的企业代征税款。如河沙、碎石资源税一直难以控管，我们可以根据生产销售混凝土的行业链条特性，委托生产混凝土的企业，在对外收购河沙、碎石时要求销售方必须出具资源税完税证明(乙种证明、甲种证明)，如果销售方没有提供证明则由生产企业(收购方)代征河沙、碎石资源税。

(二)国税、地税共建办税大厅实现控税

国税、地税共建办税服务厅是国家税务总局深入贯彻落实《深化国税、地税征管体制改革方案》的重要举措。通过共建办税服务厅，不仅可以为纳税人提供更为便捷、高效的办税服务，而且也可以通过共建办税服务厅一人双机双系统的服务模式，将一项经济行为涉及的由国税、地税部门征收的税款在一个服务窗口完成所有涉税税款的征收工作，有效杜绝税款流失。

(三)利用综合治税网络，加强税源监控

一是严格实行先税后证制度。依据《海南省税收保障条例》、《海南省涉税信息传递方法》以及现有的协税护税制度，加强与政府相关职能部门的配合，如要求房产管理部门在为房屋、土地产权登记申请人办理产权登记时，必须要求产权登记申请人提供的材料中有国税、地税部门出具的完税证明方可办理产权登记。通过这个办法，我们可以有效控制建筑安装业和房地产业涉及地税部门征收的各个税种。二是加强信息采集与比对。建议建立两个信息采集共享平台，一个平台是以政府为主导，集合政府区域内的所有行政部门，实现涉税信息的实时交换和获取，避免人工交换信息的繁琐，也实现了涉税信息的快速取

得。另一个是国税、地税部门联合共建纳税人涉税信息的共享平台，通过信息平台，国税、地税双方可以实时获取纳税人涉税信息，不仅减少现有方式下实行人工交换涉税信息的工作量，而且有效解决现有按季或按月获取涉税信息导致时间滞后带来征管难度增加的问题。

（四）加强与国税的紧密协作

国税、地税部门作为国家规定的征税机关，具有相同的目标——为国收税，具有相同的管辖对象——纳税人（营改增后，每一个法人或自然人发生经济行为产生纳税义务时，所涉及的税种既有国税也有地税），因而具有合作的基础和意义。我们要深刻认识到这一点，加强国税、地税部门之间的紧密协作，通过联合进户执法、协同管理等方式提升征管成效。如，对于正常经营的纳税人，其发生纳税义务，但经地税部门多次催缴仍不缴纳的，地税部门在采取强制执行措施之前，可以向国税部门发出协助管理的请求，对违法纳税人采取限量或停止供应发票，不仅可以约束、促使纳税人尽快缴纳税款，也可以有效避免应强制执行带来激化征纳双方矛盾的问题。

（五）加强队伍培训，优化机构设置

一是加强业务培训，按照“岗位要什么培训什么”的原则，开展分级分类分行业培训，建立行业管理的专家团队，不断提升地税干部的业务素养，跟上税制改革的步伐，使广大地税干部能够更好地投入工作。二是优化机构设置。成立新分局或原有分局改编为集第三方信息应用和风险管理为一体的职能部门。该职能部门集合各业务口专业人才，专项从事第三方信息的采集、整合、加工以及推送至税源管理分局，税源管理分局将推送的第三方信息作为加强日常征管以及专项管理的数据基础，为及时准确调整制定征管措施提供依据。该职能分局另外一项重要工作就是风险管理，除承接省局下发的风险应对外，还要根据省局下发的风险管理要求，排查各税源管理分局的征管风险，将风险管理的着力点从行业延伸到单个纳税户，按户下达风险点，各税源管理分局根据下达的风险点直接下户调查核实，及时征收税款。

（作者单位：海南省昌江县地方税务局）

# 营改增后国地税联合以票控税的实践和思考

山东省日照经济技术开发区国家税务局、地方税务局课题组

“营改增”后，地税部门将不再管理发票，对欠缴税款的纳税人，将无法采取收缴发票或者停止发售发票等征管措施，行之有效的以票控税手段将随之在地税部门税收征管工作中失去功效，这是“营改增”后地税部门面临的非常现实的新课题。对此，日照市地税局在经济技术开发区分局探索实践国地税联合以票控税，通过近两年来的运行情况来看，取得了明显的成效。

## 一、开发区分局国地税联合以票控税的实践情况

2013 年 8 月 1 日，根据国务院统一部署，交通运输业实施首批“营改增”试点，开发区共有 312 户交通运输企业由申报缴纳营业税改为申报缴纳增值税，当年减少地方税收 2095 万元，约占年度总任务的 6.50%，由于财政体制等原因，年度收入计划并没调减，加强城市维护建设税、房产税、城镇土地使用税等地方税种管理，成了地税部门弥补“营改增”带来的收入缺口的主攻方向，随着地税部门交通运输业发票的停止使用，不仅仅使地税部门以票控税这一行之有效的征管措施没了抓手，“营改增”还引发了另外一种现象，已经实施“营改增”的纳税人，接受地税部门管理的心理预期打了折扣，在国税部门取得增值税发票后，存在故意逃避申报地税部门负责征管的相关税收的现象，纳税遵从度较之以前有所降低，税收管理的难度明显加大。

在这种情况下，开发区地税局积极应对，深入调研，进一步加强与国税部门的沟通合作，探索实施国地税联合以票控税，特别是 2015 年 7 月 8 日国家税务总局印发《国家税务局地方税务局合作工作规范(1.0 版)》后，开发区国税局、地税局以此为契机，多次召开联席会议，把握规范细则，深化合作内容，特别是针对“营改增”后以票控税手段的落实进行了深入研究，最终达成一致意见，于 2015 年 9 月，联合印发了《日照经济技术开发区国家税务局、地方税务局关于联合实施以票控税的意见》，将国地税联合以票控税提升到了制度层面，实现了该项工作的常态化、制度化。在工作实践中，主要抓了以下几个方面的工作：

(一)准确把握以票控税的政策依据

《中华人民共和国税收征收管理法》第七十二条规定：从事生产、经营的纳税人、扣缴义务人有本法规定的税收违法行为，拒不接受税务机关处理的，税务机关可以收缴其发票或者停止向其发售发票。经过分析认为，该条所指的税务机关包括国税机关和地税机关，如果纳税人有税收违法行为，即便是纳税人关于地税部门负责征管的税收方面的违法行为，“营改增”后负责发票管理的国税部门也有权利，收缴其发票或者停止向其发售发票；再加上《国家税务局地方税务局合作工作规范(1.0 版)》的发布实施，也为国税部门与地税部门之间加强合作，联合实施以票控税提供了政策支持。

(二)国地税联合以票控税的主要内容

1、联合加强欠税管理。在 2013 年 8 月 1 日至 2016 年 5 月 1 日期间，使用地税发票的纳税人，如果在国税部门负责征管的企业所得税等方面存在欠税现象的，国税部门及时通报地税部门；使用国税发票的纳税人，如果在地税部门负责征管的城建税、土地使用税等方面存在欠税现象的，地税部门及时通报国税部门。负责发票管理的部门，相应地对纳税人采取收缴发票或者限制使用、停售发票等措施。

2、委托代征地方税收。在国税部门代开发票的，由地税部门征收人员进驻国税办税服务厅负责地方税费的征收工作。国税窗口人员受理纳税人代开增值税发票申请后，对符合应税条件的，由国地税征收人员按照规定分别征收相关税费，由国税窗口向纳税人统一出具代开发票和完税证明。在国地税委托代

征点代开发票的，由委托代征点工作人员，根据《委托代征协议》的规定一并征收。

3、开展发票专项整治。密切与工商、公安等有关部门的配合，结合发票举报以及税务部门日常掌握的线索，在全区范围内开展发票专项整治活动，有计划、有重点地打击利用发票进行的违法犯罪行为，从重、从严查处发票违法案件，特别是对金额特别巨大、影响特别恶劣的税收违法行为，通过电视、报纸等新闻媒体进行曝光，起到强烈的震撼作用，为进一步加强税收管理奠定良好基础。

4、实施社会综合治理。一方面，广泛宣传发票对社会经济与国家税收管理的重要意义，普及发票填开使用和防伪识假常识，对举报使用发票偷逃税收行为的进行重奖；另一方面，财税审计部门在对行政事业单位检查时，注重对发票真假以及开具情况的检查，发现线索及时通报税务部门，对发票开具方实施专项检查，努力在全社会形成遵章用票大气候，使违章违法用票者无立足之地。

(三)取得的初步成效

自2015年9月以来，国地税联合以票控税取得了1＋1＞2的叠加效应：一是提高了征管质量，联合开展欠税清理11户次，入库税款390.7万元，同时累计清理非正常户115户，目前国税部门、地税部门按期申报率、税款入库均达到了98％以上；二是防范了执法风险，结合发票管理信息，通过风险比对、税收预警等方式，及时化解风险点50余条，地税部门协助国税部门征收企业所得税67万元，国税部门协助地税部门征收地方各税578万元；三是促进了税收收入，通过国地税联合以票控税，从源头上堵塞了征管漏洞，防范了税收流失风险，促进了税源向税收的有效转化，全区税收收入由2013年的14.85亿元，增长为2015年的18.77亿元，增长3.92亿元。

## 二、几点建议

(一)加强顶层设计，提升国地税联合以票控税的层级

《深化国、地税征管体制改革方案》要求，通过充分发挥国税、地税各自优势，推动服务深度融合、执法适度整合、信息高度聚合，着力解决现行征管体制中一些突出和深层次问题，不断推进税收征管体制和征管能力现代化。“营改增”后，地税部门以票控税手段的缺失，就是基层特别是基层地税部门面临的突出问题，建议国家层面在《税收征管法》和《深化国、地税征管体制改革方案》总体框架内，就国地税联合以票控税的法律地位、政策依据、操作规程等方面，进行统一规范，让基层税务部门实施国地税联合以票控税有明确的法律依据和制度支撑。

(二)扩大国地税联合以票控税的范围

此前，国地税联合以票控税仅仅局限在前3批“营改增”试点范围内，主要包括交通运输、邮电通信、部分现代服务业等行业328户纳税人，随着今年5月1日“营改增”试点的全面扩围，建议将国地税联合以票控税扩展到全体纳税人，这也是“营改增”后税收管理的必然要求，到时，以票控税将真正实现从国税、地税部门分别实施到联合控税的大转变，实现从部分行业部分纳税人到各行各业全体纳税人的全覆盖，将有效提升以票控税的有效性，实现国税、地税以及纳税人三方共赢的局面。

(三)搭建国地税联合以票控税信息化平台

根据当前国税部门和地税部门之间的税收征管数据不能适时直接共享的实际情况，研发国地税联合以票控税平台，主要功能就是从国税部门、地税部门目前的征管数据中，自动提取纳税人的税收违法行为，自动反馈到国税部门的发票管理岗，进而采取相应的措施。如果国税部门、地税部门真正实现使用同一套税收管理系统，则在系统中增设“风险提醒”功能，只要纳税人有税收违法行为，税收管理系统自动对纳税人停止发售发票，纳税人一旦缴纳相关税款及滞纳金，接受税务行政处罚后，系统自动销号纳税人的税收违法行为，恢复正常的发票管理职能。

课题组组长：彭善金

成员：牟现宏　王　涛　张　波　张　雷

尚　恒　秦　涛　刘　敏

# “营改增”背景下提升税源管理水平的对策研究

## ——基于大连市地税系统税源管理情况的调查

俞　滨

近年来，大连地方税收收入快速增长，推动了地方财政收入规模迅速扩大，为大连市经济社会发展提供了有力的财力支撑。2011 年至 2015 年五年间，大连市地税共组织税收收入 2822.4 亿元。随着不断发展变化的市场经济形势，税源的分布领域越来越广，税源的流动性和隐蔽性越来越强，这就对税收征管工作提出了更高的要求。特别是在 2016 年 5 月 1 日营业税改征增值税试点在我市全面推开后，对以营业税为主税种的地税系统，势必引起税源规模的下降。在此背景下，有必要分析目前我市地税系统在税源管理中存在的问题，并探索出“营改增”后提升税源管理水平的路径，以期达到堵塞征管漏洞、防范税款流失、防控执法风险、提高征管质效的目的。

### 一、大连地税税源管理现状分析

大连地说负责征收 15 种税(费)：营业税、企业所得税、个人所得税、资源税、城镇土地使用税、城市维护建设税、印花税、房产税、车船税、教育费附加、地方教育附加、土地增值税、耕地占用税、契税、文化建设事业费。从 2008 年 7 月开始代征工会经费、残疾人就业保障金。从 2010 年 7 月起正式征收社会保险费。2016 年 5 月起所有行业的营业税全部改成征收增值税。截至 2016 年 4 月 30 日，大连地税管理的纳税人共 470786 户。

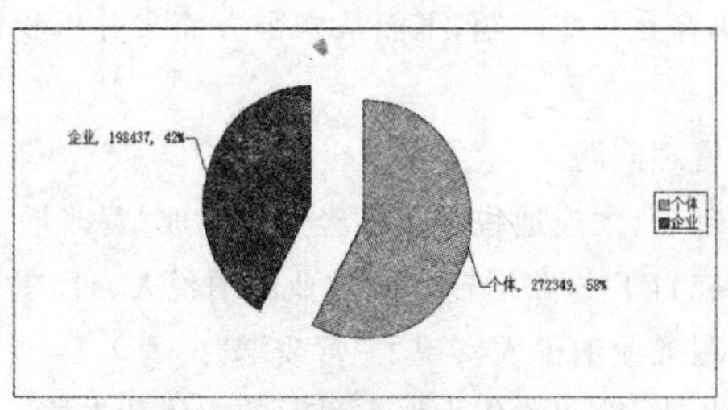


图一　税务登记总体情况(截至 2016 年 4 月 30 日)

近年来，大连地税组织收入工作不断取得新的突破，但 2014 年和 2015 年受经济形势影响，税收收入出现下滑趋势，地税税收收入有力地支持了地方经济发展。

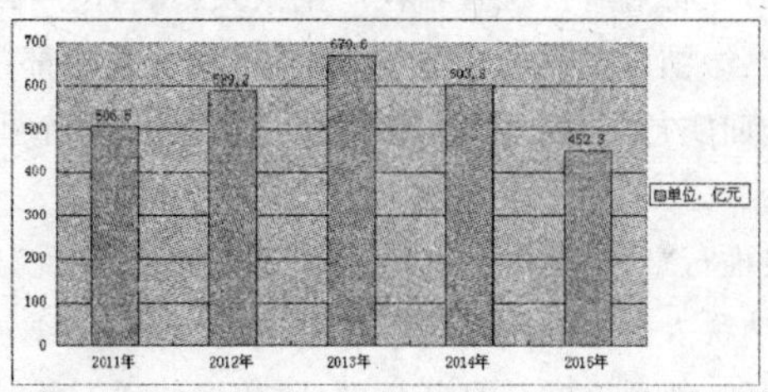


图二　2011－2015 年地税收入规模趋势图

近几年,大连地税税收收入主要来源于营业税、契税、个人所得税、土地增值税,企业所得税等。

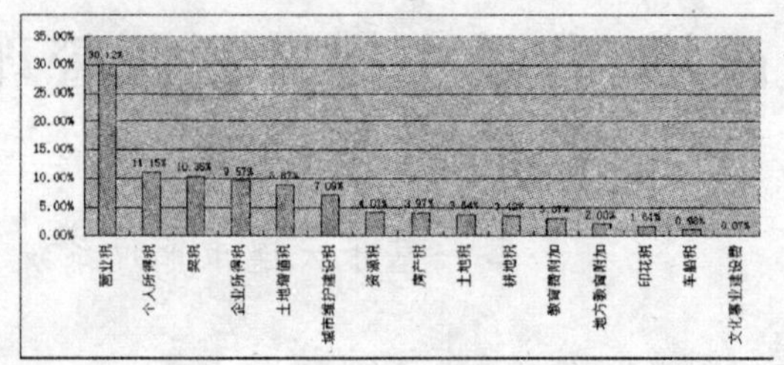


图三　2011—2015 年分税种税源比重

从行业构成来看,近几年大连地税的税源主要来自于房地产业、制造业和建筑业。

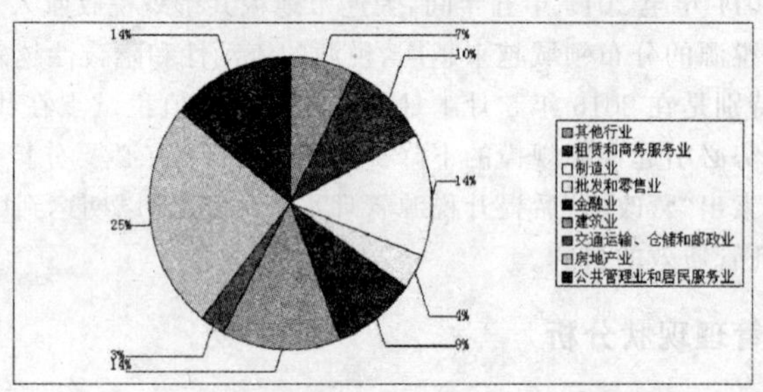


图四　2011—2015 年分行业税源比重

## 二、大连地税税源管理存在的问题

近年来,大连地税税收收入高速增长,税源管理在堵塞征管漏洞,防范税款流失方面起到了不可低估的作用,但是税源管理工作中仍存在一些问题,下面从四个方面来分析我市地税税源管理存在的主要问题。

(一)"营改增"带来的税源管理问题

按照国家"营改增"的工作部署,大连地税系统已经全面完成"营改增"工作。共有 11.67 万户交通运输和部分现代服务业的纳税人、541 户铁路运输和邮政业的纳税人、416 户电信业的纳税人、18.95 万户建筑业、房地产业、金融业和生活服务业纳税人实现了"营改增"。

1、地税税收收入减少。多年来,营业税作为地方税源的主体和支柱,一直起着举足轻重的作用,其收入的稳定性、管理的可控性、对相关税种的带动性、对地方财政收入的重要性,都是其他地方税种所无法比肩的。据统计,受"营改增"影响,2013 年我市营业税减收 6.8 亿元,2014 年营业税减收 22 亿元。

"营改增"除影响营业税外,还将对所得税管辖权产生重大影响,按照国家税务总局规定,新办企业的所得税管辖权随着主体税种走:缴纳营业税的企业,企业所得税由地税部门管理,缴纳增值税的企业,企业所得税由国税部门管理。全面实行"营改增"后,按照现行政策,新办企业的所得税将全部划归国税,地税的企业所得税收入也将减少。

2、税源管控难度加大。在推行"营改增"之前,地税部门凭"以票控税"这一重要的管理手段实现对税源的有效控管。"营改增"后,纳税人需先到国税代开发票,再到地税缴纳城建税、教育费附加、地方教育附加和个人所得税税款。由于国、地税之间信息共享度低、数据传递不及时等原因,致使地税机关很难实现应征税款的足额追缴,从而造成税款的流失。

(二)税源监控方法单一

作为税收征管基础的税源监控,其主要目的是通过合法有效的方式和渠道,及时、全面、准确地获取纳税人有关涉税信息,以促进税收征管目标的实现,但是,目前我市地税在税源的监控管理方面还存在一些薄弱环节。税收管理员仍停留在审核纳税人的财务报表、纳税申报表逻辑关系是否正确、比对发票开具额和税额是否相符、关注税款能否及时入库,而对于纳税人在实际经营中即将发生和正在发生的涉税事项,或已经发生的涉税事项产生的税源等不确定的动态信息监管不力,造成了税源管理和纳税人的经营行为脱节。

在企业所得税管理方面,因对所得税收入和税前扣除缺乏有效的监控手段,企业收入不入账、虚列成本、关联交易转移利润等现象屡见不鲜,造成税收严重流失。在个人所得税管理方面,主要采用源泉扣缴和自行申报两种方法,但更侧重源泉扣缴,造成个人所得税主要来源于工薪阶层,而缺乏对高收入阶层的监控。在零散税收管理方面,存在大量的漏征漏管个体工商户,造成税源难以监控,并且多数个体户没有设置账簿或账簿设置不全,交易以现金形式进行,造成资金流难以监控。

(三)税源管理信息化程度不高

信息化手段所固有的精确、快捷的特点和优势,为实施科学化、精细化税源管理提供了有力的支持和保障。目前我市地税应用的核心征管系统、发票管理系统等,对及时、准确掌握纳税人生产、经营信息,强化税源监控、堵塞征管漏洞起到了重要的作用。但是,目前地税机关并没有将全部的纳税对象纳入信息系统管理,仍存在大量的漏征漏管户。

另外,税务机关税源管理的任务不仅要采集纳税人提供的信息,还要特别重视从第三方获取涉税信息,以提高信息管理的质量。例如,在房产税管理方面,因房产税税源点多面广、隐蔽且分散,税源的管理涉及国土、房产等部门及相关镇街,如果可以与相关部门进行信息共享,就可以实时掌握房产税源的变动情况。但目前我市地说机关与各相关部门和单位仍未建立第三方信息传递平台,全社会协税、护税机制尚未形成。

(四)纳税遵从度有待提高

1、纳税遵从的表现形式。税源管理水平的高低与纳税主体的遵从程度是紧密相连的。个人所得税的纳税不遵从表现在隐蔽工资收入,两处以上所得只申报一处所得,年所得12万元以上不自行申报等。企业所得税的纳税不遵从主要形式有做假账,两套账,实盈账亏,进行虚假纳税申报等。营业税及附加税种纳税不遵从主要表现在纳税人不按规定开具发票,导致税款流失。以餐饮业为例,经营者通过谎称暂时无票或者不开发票可以打折等方式,拒不开具发票。

纳税遵从度可通过申报率、违章户次、非正常户率等指标来衡量。

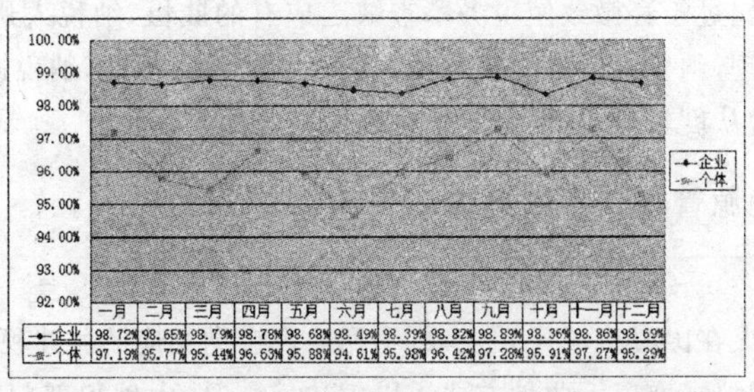


| | 一月 | 二月 | 三月 | 四月 | 五月 | 六月 | 七月 | 八月 | 九月 | 十月 | 十一月 | 十二月 |
|---|---|---|---|---|---|---|---|---|---|---|---|---|
| 企业 | 98.72% | 98.65% | 98.79% | 98.78% | 98.68% | 98.49% | 98.39% | 98.82% | 98.89% | 98.36% | 98.86% | 98.69% |
| 个体 | 97.19% | 95.77% | 95.44% | 96.63% | 95.88% | 94.61% | 95.98% | 96.42% | 97.28% | 95.91% | 97.27% | 95.29% |

图五　2015年(1月—12月)纳税申报率统计图

从申报率来看,2015年企业类纳税人申报率保持在98%以上,情况较好;但个体类纳税人申报率波动较大,最低时是94.61%,最高时是97.28%。

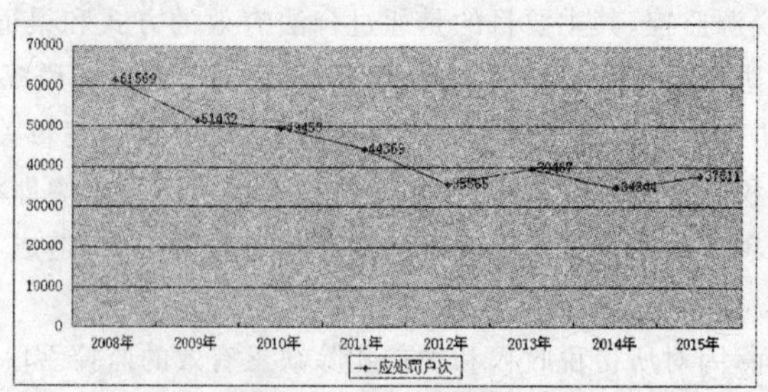


图六　2008年—2015年违章情况统计图

从违章情况来看,2008年违法违章户次最多是61569户次,2014年违法违章户次最低是34844户次,综合近几年情况来看,纳税遵从度有提升趋势。

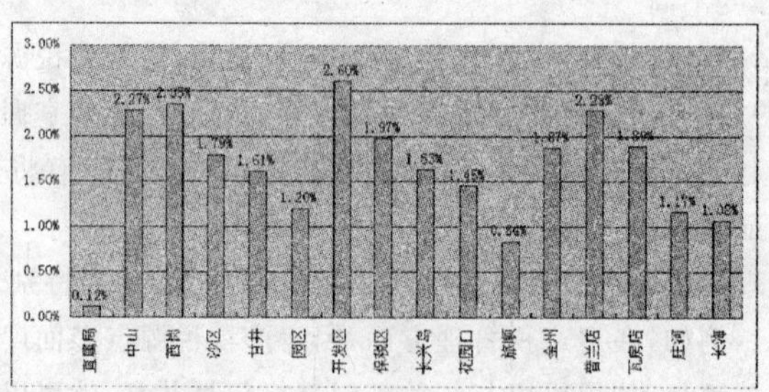


图七　2015年(1月—12月)非正常户率统计图

从非正常率来看,2015年各基层局非正常户率最低是0.12%,最高是2.60%,非正常户的存在表明纳税遵从度有待提高。

2、纳税遵从度不高的原因分析。纳税人的纳税遵从度不高,主要有以下几方面原因。一是税务机关内部办事程序繁琐。在2015年的大连市甘井子区政协会议上就有政协委员提出了《消除建筑业营业税属地化管理模式弊端》的提案,指出目前的管理模式需要纳税人不断地往返于注册地主管税务机关和项目地主管税务机关之间办理各类税收业务,增加了企业的纳税负担。二是对逃税等违法行为的处罚力度过轻。尽管税收征管法规定,查实偷税可处5倍以下的罚款,但多年来我市地说对查处偷逃税的处罚均处于低水平。对逃税的处罚过于轻微致使税务稽查缺乏应有的威慑,纳税人逃税的预期成本低微,最终会助长不讲诚信的社会心理,纳税人就可能在逃税方面竞相仿效。因此,纳税遵从成本过高,或者不遵从成本过低,都会导致纳税遵从度较低,从而影响了税款的应收尽收。

## 三、提升大连地税税源管理水平的建议

### (一)加强国地税合作

针对"营改增"后纳税人在国税机关代开发票,不到地税缴纳相应的城建税、教育费附加、地方教育附加和个人所得税的问题,建议采取以下两种方式予以解决。一是,由地税部门委托国税部门在代开发票环节直接附征相关地方税费;二是,由地税部门征收人员进驻国税部门办税服务厅负责地方税费的征收工作。国税窗口人员受理纳税人代开发票申请后,对符合条件的,由国、地税征收人员按照规定分别征收相关税费。

（二）完善税源监控机制

在税收日常管理过程中，应加强对企业经营情况、纳税情况的动态管理，通过纳税辅导和评估约谈，对税源的监控管理转向事前监控、事中发掘与事后总结有机结合，积极引导纳税人树立依法诚信纳税的意识，逐步提高税源监控质量。

一是加强对重点行业监控，加强对房地产业、制造业、建筑业等重点行业税收收入与相关经济指标的关联分析，可分行业建立税源档案，找出发展变化规律，提高收入质量和总量。二是加强对重点税种监控，加强对营业税、企业所得税等重点税种监控，及时掌握税源变化状况，实时更新税种变化趋势和增减因素，掌握重点税种税源动态，确保重点税种足额入库。三是加强对重点项目监控。着力监控重点建设项目的立项、征地、设计规划、开工建设、竣工验收等各环节所涉及的地方税收情况，提升监管质量。

（三）推进社会综合治税工作

零散税源具有点多面广、隐蔽性强、易漏难管的特点，单靠税务部门现有的征管力量和手段，很难实施有效控管。可以通过社会综合治税、委托代征等方式，让各方社会力量参与税收管理，充分发挥协税护税作用，形成零散税收管理和服务的合力，有效堵塞了税收征管漏洞，扩大社会综合治税的覆盖面。可借力街道办事处对辖区内零散业户涉税信息掌握及时的优势，委托街道办事处代征辖区内房屋出租等零散税收；借力银行对签订借款合同情况掌握及时的优势，委托金融机构代征签订借款合同环节所需缴纳的印花税；借力市场主办方对市场内业户生产经营情况熟悉的优势，委托市场主办方代征市场内个体工商户零散税收。

（四）加强税源管理信息化建设

一是做好“金税三期”工程试点前的数据清理工作。对现有征管数据中的登记、申报、入库、发票等税源信息进行认真核实和清理，确保数据迁移质量。二是推进网上办税服务平台的建设。提高办税效率，合理减少审批层级，满足纳税人多元化的办税需求。三是加强与其他部门的信息共享。加快与工商、国税、银行、国土、城建等部门的联网，拓宽税源信息来源渠道，实现外部涉税信息的及时共享。四是加强税源信息的分析应用。运用数据仓库、多维分析等技术手段，对搜集到的信息开展税收收入分析、税收政策效应分析等工作，充分利用信息数据，实现对税源的全方位监控。

（五）提升纳税服务水平

首先，树立纳税服务理念。以纳税人为中心，在服务中切实尊重和保护纳税人权力，提供便捷、文明的服务，促进纳税遵从。其次，优化办税流程。对办税流程进行梳理、整合和优化，在依法行政、不影响工作质量的前提下，适当减少审核审批环节，缩短办结时限，提高工作效率。最后，做好纳税宣传。通过报纸、广播、电视等媒体，利用地税网站、办税服务厅、12366 纳税服务热线等平台对新的税收政策、纳税人关注热点问题及时进行宣传，不断扩展宣传途径，提高公众认知度。

## 四、结语

税源管理作为税收征管的重要基础工作，其实际水平直接决定税收征管质量的高低，影响着税收收人的规模和增长速度，关系到税收调控能力能否得到充分发挥，进而影响到国家经济社会能否顺利实现持续、健康、快速、协调发展。只有不断研究和探索税源管理的规律，不断完善税源的管理机制，才能做到税源管理精细化、信息化、规范化，才能促进税收征管质量和效率的不断提高。

（作者单位：辽宁省大连市甘井子区地方税务局）

# “营改增”对财政收入与企业税负的影响

金丽艳　赵重女

## 一、“营改增”的概念和意义

(一)营业税和增值税

税收是我国财政收入的主要来源,也是我国政府通过财政政策实施宏观调控的重要手段。在我国现行税收体制中,营业税和增值税是我国两大流转税制主体税种,增值税是以商品(含应税劳务)在流转过程中产生的增值额作为计税依据而征收的一种流转税。从计税原理上说,增值税是对商品生产、流通、劳务服务中多个环节的新增价值或商品的附加值征收的一种流转税。营业税是对在中国境内提供应税劳务、转让无形资产或销售不动产的单位和个人,就其所取得的营业额征收的一种税,从征税范围来看,增值税与营业税相比,具有避免重复征税、贯彻公平税负的优势。

(二)“营改增”概念和发展进程

“营改增”是指以前缴纳营业税的应税项目改成缴纳增值税。2011 年,经国务院批准,财政部、国家税务总局联合下发了营业税改增值税试点方案;2012 年 1 月 1 日,上海作为首个试点地区启动了“营改增”改革;2012 年 8 月 1 日起,国务院将“营改增”试点扩大至 8 省市;截至 2013 年 8 月 1 日,“营改增”范围已推广到全国试行;2014 年 1 月 1 日起,全国范围内开展铁路运输和邮政业“营改增”试点;2014 年 6 月 1 日起电信业正式纳入“营改增”范围;2016 年 5 月 1 日起,中国全面实施“营改增”,营业税彻底退出历史舞台,这是自 1994 年分税制改革以来,财税体制的又一次深刻变革。

(三)“营改增”的意义

“营改增”是党中央、国务院,根据经济社会发展新形势,从深化改革的总体部署出发做出的重要决策,在我国经济进入新常态,供给侧结构性改革成为政策主线的背景下,全面推开“营改增”试点将实现增值税对货物和劳务的全覆盖,基本消除了重复征税,打通了增值税的抵扣链条,这有利于专业化分工和社会协作的深化,对促进服务业发展和制造业转型升级将发挥重大作用,意义重大。

1、“营改增”完善了税制,解决了营业税和增值税并存重复征税的问题,打通了增值税抵扣链条,促进企业放下包袱,向细分化和专业化迈进。促进了社会分工协作、生产专业化,促进产品技术、质量水平和国际竞争力的提高,有力的支持了服务业发展和制造业转型升级。例如:部分服务企业在经营过程中,外购劳务需要承担相应的转嫁而来的营业税,然而当其造成的成本增加额度高于专业分工产生的实际收益时,企业宁愿放弃专业分工,不考虑劳务外包,选择企业内部承担。而基于“营改增”的税制改革,企业在经营过程中,可进行专业分工,选择劳务外包,以获得的增值税专用发票抵减自身增值税应交款项,从而降低企业税负,降低运营成本,提高盈利能力。

2、“营改增”客观上降低了企业的税负,减轻了企业的负担,有利于企业的发展,增强了企业的发展能力,用短期财政收入的减少换取持续发展势能的增强,有利于现代服务业、交通服务业等行业的发展,有利于优化国民经济结构。

3、“营改增”有利于促进税收征管的规范和严格,创造了更加公平、中性的税收环境。增值税发票是一个连续的大链条，可以前后衔接，有利于税务部门更好的掌控总体税收情况，提高征管效率。“营改增”后，全部产业和企业适用统一的增值税制度，打通了服务业内部和二、三产业间的抵扣链条，再没有增值税和营业税并行时代产品货物可抵扣而服务不可以抵扣的“歧视”，这为形成和健全全国统一市场奠定了制度基础，为产业发展营造了更为公平统一的税收环境，有利于促进产业公平竞争，在推动产业转型、结构优化、消费升级、创新创业和深化供给侧结构性改革等方面将发挥重要的促进作用。

4、促进就业。“营改增”将有利于现代服务业的发展，以服务业为主的第三产业所容纳的就业人群超过以制造业为主的第二产业，营改增带来的产业结构调整将创造大量的就业岗位，直接拉动就业增长，促进就业。

## 二、“营改增”对财政的影响

“营改增”的全面推开之后，对财政的影响备受关注，特别是中央与地方增值税收入如何划分的问题，直接影响中央和地方的财政收入。“营改增”试点于 2016 年 5 月 1 日实施后，按照党的十八届三中全会关于“保持现有中央和地方财力格局总体稳定，结合税制改革，考虑税种属性，进一步理顺中央和地方收入划分”的要求，同时考虑到税制改革未完全到位，推进中央与地方事权和支出责任划分改革还有一个过程，国务院决定，制定全面推开“营改增”试点后调整中央与地方增值税收入划分的过渡方案。过渡方案主要围绕三点原则：一是保持现有财力格局不变。既要保障地方既有财力，不影响地方财政平稳运行，又要保持目前中央和地方财力大体“五五”格局。二是注重调动地方积极性。适当提高地方按税收缴纳地分享增值税的比例，有利于调动地方发展经济和培植财源的积极性，缓解当前经济下行压力。三是兼顾好东中西部利益关系。以 2014 年为基数，将中央从地方上划收入通过税收返还方式给地方，确保既有财力不变。调整后，收入增量分配向中西部地区倾斜，重点加大对欠发达地区的支持力度，推进基本公共服务均等化。由于目前“营改增”仍处于试点阶段，所以增值税收入共享方案选择也只能是与试点相匹配的过渡方案，中央与地方按照五五分成，最主要考虑的是支出责任与财力的匹配因素。当然这只是过渡方案，未来还有可能根据动态进行调整。随着未来中央和地方事权的重新划分，不排除收入也会进一步重新划分。

### (一)短期不利影响

国务院总理李克强在 2016 年政府工作报告中明确，2016 年全面实施“营改增”，从 2016 年 5 月 1 日起，将试点范围扩大到建筑业、房地产业、金融业、生活服务业，并将所有企业新增不动产所含增值税纳入抵扣范围，确保所有行业税负只减不增。“营改增”的目的是减税，实施的结果也是减税，那么也就是说中央和地方都是减税的，减税势必会照成短期内财政的减少。

### (二)长期有利影响

实施结构性减税，进行宏观税负的结构性转换，是我国未来税制改革的基本方向。“营改增”的减税效应可以为其他税种的发展提供空间，促进其他税种的发展；“营改增”在完善税制、减轻企业税负、促进社会专业化分工等方面发挥积极作用，可为未来的财政增长奠定基础；“营改增”还可以通过服务业的大力发展，调整产业结构，并通过抵扣链条打通推动二、三产业的发展，从而增加财政收入。

### (三)存在的问题及对策

“营改增”在全国推行后，地方税主体税种缺失问题凸显，其他税种难以弥补取消营业税后留下的地方税收缺口，如何完善地方税体系，成为“营改增”之后急需解决的问题。按照党的十八届三中全会“简化税制、稳定税负”的要求，应采取重构地方主体税种、税费联动改革等改革措施，构建以消费税、环境保护税、资源税、房地产税为主体的地方税体系，以充分发挥其筹集收入、调控经济、调节分配的职能作用。特别是应积极稳妥推进房地产税改革，使之成为地方税的主体税种。

## 三、"营改增"对企业税负的影响

自2012年启动到2015年底，我国"营改增"试点已累计实现减税6412亿元。随着2016年5月1日"营改增"试点全面实施，2016年减税将超过5000亿元。不仅如此，根据2016年《政府工作报告》的要求，所有新的试点行业税负还将实现"只减不增"。目前综合各试点地区"营改增"实施后的情况看，70%－80%的企业税负有不同程度的降低，特别是小规模纳税人的一些制造业、流通业企业的税收负担下降。但是也出现一部分企业税负反而增加的情况。

（一）总体影响

"营改增"后，原来缴纳营业税的纳税人变成缴纳增值税的纳税人，按照现行增值税的有关规定，增值税纳税人分为一般纳税人和小规模纳税人，一般纳税人实行进项税额抵扣，小规模纳税人则依照增值税征收率征收。因此，营改增对企业税负的影响要从小规模纳税人和一般纳税人两个方面来分析。

1、对小规模纳税人的税负影响。从"营改增"试点内容来看，小规模纳税人税负下降比较明显。根据"营改增"的试点方案，以年销售额500万元来界限，企业划分为一般纳税人和小规模纳税人。其中小规模纳税人采用简易征收的办法，不采取进项抵扣的增值税计税办法，直接设定3%的增值税征收率。国家税务总局的数据显示，截至2016年4月底，国税部门接收并确认的"营改增"试点纳税人共有1011万户，其中小规模纳税人901万户，占89.1%，"营改增"后，这部分企业将从过去普遍征收5%的营业税，降为3%的增值税征收率，税收负担总体下降近四成。举个例子，一家餐饮企业年销售额300万元，按照营业税规定，要交的营业税为：200万元＊5%＝10万元。营改增后，由于这家餐饮企业销售额不到500万元，可以按小规模纳税人计税，那这家餐饮企业要交的增值税为200万元/1＋3%＊3%＝5.83万元，由此可以看到，"营改增"后生活服务业小规模纳税人税负会明显下降。

2、对一般纳税人的税负影响。对于一般纳税人而言，大多数企业的税负是下降的，比如生活服务业的一般纳税人，在营改增税制改革之前，由于服务型企业不是增值税纳税人，不能抵扣上游企业已支付的增值税进项税，所以既支付营业税又支付上游企业的增值税，存在双重税负现象，。营业税改增值税后，服务型企业按销售增值额，即本期销项税抵扣本期进项税后的余额缴纳税款，大大降低企业税收负担和成本，增强企业活力，实现上下游产业链的贯通，税负一致，有利于降低企业的税收成本，减轻企业的税收负担，提高其整体经济效益。

（二）局部影响

1、部分企业税负增加。营改增后，大部分企业税负下降，但也有少部分企业税负不降反升。例如部分建筑企业反映"营改增"后税负反而增加，主要是由于不是所有涉及建筑成本费用的每项支出都可以取得增值税专用发票或者有较高的进项抵扣税额，比如部分劳务人员工资，就不可以进行进项税额的抵扣；此外，建筑材料中的砂、石等受管理局限性，大部分经营企业很难取得增值税专用发票，由此造成的该部分成本支出没有进项税可以抵消；建筑工程经常发生零星材料采购支出，大部分都是小规模纳税人或者手工作坊出售，该部分成本支出无进项税可以抵消，也造成建筑企业税负加重。"营改增"后造成部分企业税负增加主要有以下原因：第一，营业税和改革后适用的增值税税率差距越大，税负上升；第二，"营改增"后，如果可以抵扣的进项税越少，税负就会上升；一些试点服务型企业难以从上游获得增值税发票，导致抵扣不充分。增值税的发票问题本质上就是进项税额"抵扣难"的问题。对于一般纳税人而言，"营改增"后，企业税负是否加重，取决于进项税额；第三，改革后不能得到政府的补偿，税负会增加；第四，原来享受的差额征税等优惠措施如不能延续，税负会上升。

2、对于部分企业税负不降反增的对策。

（1）建立合适的财政补偿机制。鉴于部分企业在"营改增"后出现税负增加现象，政府尽快建立与完善财政补偿机制,对因税改原因而造成税负增加的企业给予临时扶持和补贴。

(2)完善企业取得增值税发票的政策。税改后出现部分企业不降反升的另一个原因就是不能完成取得进项税抵扣,比如人工成本占营业成本绝大比例,却没有发票可以抵扣,因此,相关部门应尽快完善增值税抵扣政策。

(3)企业应当改善其经营管理模式,以降低自身的税负。一方面,提升企业财务核算与税收管理,注意增值税专用发票的获得与管理,学习吃透政策,积极从产业链构建、财务管理等方面改进经营模式,加强对财务、采购、行政等部门的内部管理,提高税款扣除率。另一方面企业应认真参与增值税扶持政策的实施。"营改增"税制的改革对不同性质的企业,会产生不同的影响。各企业应综合考虑,合理规划,紧抓国家的有关扶持政策,减轻企业税负,合理调整产业经济结构,促进社会经济发展。

## 四、结论

"营改增"是我国结构性减税的重头戏,是中国当前最大的税收政策调整,迈开了税制改革的重要一步。虽然"营改增"已经在全国全面推开,也取得了一定的阶段性成果,但仍然处于试点阶段,现行增值税制度还存在税率档次多、抵扣项目不完整、大量临时过渡措施等问题,与规范的消费型增值税制度相比还存在一些差距,还需要从政策调整、国地税加强合作、加强增值税立法等方面不断完善,巩固"营改增"成果,确立比较规范的消费型增值税制度。

(作者单位:辽宁省大连高新园区地方税务局)

# “营改增”对建筑企业的影响及对策

冯　谊

“营改增”是我国实施结构性减税的重要措施，也是一项重大的税制改革。建筑业是我国重要产业之一，“营改增”改革前是营业税的主要来源，其改革涉及规模广、改革难度大、改革影响程度深。2016 年 3 月 24 日，中国财政部和国家税务总局联合发布了财税【2016】36 号文（“36 号文”），公布了尚未营改增的行业适用的增值税税率和政策，该文件自 2016 年 5 月 1 日起生效。36 号文确认了建筑业将由征收营业税改为征收增值税，税率由 3%变为 11%。这意味着建筑业营改增正式落地执行。本文结合我国建筑企业的特点及实际情况，就“营业税改增值税”对其产生的影响进行多角度分析，并提出应对策略。

## 一、“营改增”是建筑企业发展的重要机遇

(一)有利于扩大建筑业国内市场和拓展国际市场

营业税属于流转税制中的一个主要税种，是对在中国境内提供应税劳务、转让无形资产或销售不动产的单位和个人，就其所取得的营业额征收的一种税。增值税是以商品(含应税劳务)在流转过程中产生的增值额作为计税依据而征收的一种流转税。增值税是对商品生产、流通、劳务服务中多个环节的新增价值或商品的附加值征收的一种流转税。随着社会分工的不断细化和经济全球化程度日益深化，建筑业货物和劳务的实施、销售等环节也越来越细化。建筑业进行“营改增”，消除了建筑业货物和劳务分别征收增值税和营业税所产生的重复征税问题，适应了当今社会和国际新形势，为建筑业纳税人创造更加公平的税制环境。建筑业“营改增”有利于扩大国内投资和消费需求，必然会促进国内建筑市场规模的不断扩大。此外，建筑业“营改增”实现了出口退税由货物贸易向服务贸易领域延伸，形成出口退税深化效应，减少我国建筑企业出口成本，从而增强我国建筑企业的国际竞争力。建筑业“营改增”具有功在当前利在长远的作用，有利于促进建筑业健康、稳定和持续发展，在扩大内需的同时开拓国际市场。

(二) 有利于建筑业生产方式转型升级

我国建筑业总体属于劳动密集型行业，很多建筑企业依靠人工投入来增加总产出，总成本中有很大一部分为人工成本，且随着社会人工资本的提高而不断上升。然而对于以人工成本为主要成本的企业而言，获得进项税票并不容易。建筑业“营改增”后，建筑企业缴纳税额为销项税额与进项税额差额。因此，企业会尽量增加能开具进项税票的机会。且建筑企业购买施工设备缴纳的进项税额允许抵扣，而投入的人工成本无法进行进项税额抵扣，这会对企业加大对先进生产设备的投入产生推动力，促进建筑企业生产方式的转型升级，提高劳动生产率。

(三) 有利于建筑企业核算及管理水平的提升

经济环境利好、政策相对宽松的情况下，核算和管理上的矛盾和问题往往被良好可观的业绩所掩盖。当今全球经济增长放缓，市场竞争加剧，特别是在税收政策、经济政策趋紧的情况下，企业核算、管理上的矛盾和问题更易暴露。建筑业“营改增”这一措施对建筑企业核算、管理水平提出了新的要求。在营业税税制下，建筑企业仅需根据营业收入和规定税率缴纳营业税。进行营改增后，建筑企业要想降低企业税负，必须“以进抵销”，获得尽量多获得进项抵扣。比如对分公司的管理，如若仅对其进行打包式的承包管

理，满足于利润额的经营模式，不可能要求分公司提供增值税要求的可抵扣资料。经营行为的规范、合同及票据的合理保管也能促进企业核算管理水平的提高。此外，为了应对“营改增”税制改革，很多建筑企业必须做许多针对性的准备工作。如：调整内部经营结构和核算单位，细化核算项目和记账科目设置，变更设备购置计划，修订内部控制制度等，也会进一步提升建筑企业核算及管理水平。

## 二、“营改增”给建筑企业带来的挑战

(一)建筑企业进项可抵扣税较少

建筑企业成本构成中以人工成本为主，能取得增值税进项的机会不多，建筑业企业可抵扣的进项税较少。“建筑业”营改增解决了后端企业重复征税的问题，却未解决前端企业无进项税可抵的问题。人工成本不计算增值税进项，等于对前端企业收入全额征税。若企业没有足够的进项税，则销项税额无法转移，会加大企业的税收负担。建筑施工企业人工费约占总成本的30%—40%，这部分成本没有增值税专用发票，不能取得进项抵扣。材料采购占总成本的40%—50%，大多数建筑施工企业以就地取材、个体供应的方式采购材料，在目前也很难做到全额抵扣。有的建设项目商品混凝土费用占主要业务成本的20%以上，混凝土在很多地方是免税的。此外不同材料进项抵扣的差异较大。考虑到建筑施工租赁设施、部分采购可获得进项税票，综合附加税、企业所得税，预计建筑业综合税负将增加一个点。除此之外，由于总包商下有很多分包商为小规模纳税人，无法开具增值税专用发票，该部分的进项税只能拿到税局代开的增值税专用发票方能抵扣。企业运营结构也影响可取得进项税额，当以项目公司架构运营时，一个项目产生的进项税将不能用于抵扣另一个项目产生的销项税。

(二)一些企业税负可能会增加

“营改增”是我国宏观经济层面实现结构性减税的重要措施，但结构性减税并不一定能全面减税。理论上来说，建筑企业“营改增”，企业的税负应该有所下降。但销项税转移较难及可取得进项税抵扣水平不高两因素决定“营改增”后建筑企业增值税税负水平仍普遍面临大量的不利因素。2016年财政部部长在答记者问中，强调营改增全面推开后，确保所有行业税负只减不增，但全行业税负只减不增，并不能保证每个企业税负不增加。建筑业3%的营业税变为11%的增值税，是营改增所有行业里税率增幅最大的。由于存在新老项目的衔接问题，政策规定老项目可按照3%的税率实行简易征收，简易征收税率未变，3%的税率由价内税改价外税。过渡时期之后，一些企业可能会因为人工投入资本过多、经管理不善等原因在进项过程中无法取得或不能取得足够的增值税专用发票而无法转移税负，从而导致税负增加。

(三)对企业财务指标有不利影响

营业税是价内税，增值税为价外税。建筑业“营改增”后，建筑企业将从营业收入中分离出来，这必然会导致企业收入下降。税负增加等原因将导致建筑企业的利润率水平下降，这会使建筑行业的盈利空间更小，甚至有可能一些企业出现亏损。此外对建筑企业的资产、负债也有一定影响。购置材料等成本可按规定在会计处理上将11%的增值税进项税额从原价扣除，与实施营业税课税时相比，资产的账面价值肯定较小，同时也会使资产负债率上升，影响企业竞争力。增值税需按月及时申报缴纳，比营业税征管更加严格，应交增值税基本属于即期负债，由于建筑行业项目周期长，年内各月度收支不可能完全配比为按实际情况方便计价，目前建筑业普遍实行的是建设单位验工计价，从验工计价和付款中直接代扣缴营业税的方式，因此对建筑企业的现金流可能构成较大的负面影响。

## 三、建筑企业应对“营改增”的策略建议

(一)完善内部管理，规范业务流程

建筑业“营改增”不仅是税制的变化，而且对企业的财务管理、经营模式、市场行为等都提出了新要

求，建筑施工企业只有做好“营改增”的积极应对，才能实现企业有质量有效益可持续发展。建筑企业应规范经营行为，加强制度建设，实行精细化管理。此外，建筑企业在业务流程方面，应强化项目管理，实施过程监控。为应对建筑业“营改增”，建筑企业可进行施工生产组织模式变更、业务流程优化、组织架构调整等，根据企业实际经营管理状况，从地域分布、涉税情况、拥有资质类型等级和资产收入规模等方面梳理资质和经营情况，根据项目特点，制定“营改增”后的管理模式及合适的业务流程方案，对组织架构进行优化调整，以确保相应业务模式能够顺畅运行，有效应对“营改增”后面临的冲击和挑战。

(二)加强技能培训，做好政策宣贯

建筑业“营改增”后，会计和税务处理涉及到免税政策、先征后返、即征即退、免抵退等多个税收政策。“营改增”虽然表面仅属于财务管理的范畴，但本质上涉及企业经营管理的全过程，纳税管理如果不能从项目源头筹划，企业财务人员不若对增值税的基本特点不甚熟悉，即使再加倍努力也不会取得良好的筹划效果。营改增”后建筑企业财务人员会计与税务处理更加复杂。企业财务人员只有较好地把握了增值税相关处理方法和政策，才能准确计算应纳税额。因此，要加强财务人员的培训，使其熟悉“营改增”的实质和特点，对财务人员做好会计核算培训工作，掌握增值税的核算要求，提高对增值税纳税管理的把控能力。

(三) 优化税收筹划，合理减少税负

税收筹划，完善税收筹划的组织设计，也就是设立有利于税务管理和关联交易的关联公司，充分利用设计、制造和按照一体化优势，进而达到流转税款并使税款最小化的目的。建筑业“营改增”后，税收筹划有更大的空间。建筑企业应从整体出发，综合分析建筑企业应对企业经营管理的各种因素，整体筹划。在对分包商、纳税人身份上的选择等方面，都要进行税收筹划。建筑企业应完善增值税管理体系，增设专职税务管理岗位，明确各岗位分工与职责，专人保管专用发票和专用设备、开具增值税专用发票和办理进项税发票认证，达到应该抵扣税额都能抵扣的效果。建筑业“营改增”后，可组织税务培训完善纳税筹划过程。首先应多利用国家鼓励性政策等特定条款，如利用下岗再就业、安置转业军队干部、残疾人就业废旧利用生产环保产品等税收管辖问题；其次，考量税收要素中纳税主体、税率等对应缴税额的影响，考虑纳税环节和纳税期限对递延纳税的影响；再次，企业所在的地域、所处行业的政策有所差异，应选择最优化地区与政策；最后，应考虑税负转移机制，通过价格的自由浮动和供需弹性给予调节筹划，然后加强企业自身管理，同时应积极与行业与税务机关沟通交流，只有这样才能促进建筑业的健康有序的发展。

(四)研读财税政策，争取政策扶持

国家在制定建筑业“营改增”相关政策时，不仅考虑对建筑施工企业的影响，而且考虑了对建筑业相关专业配套企业、建筑业的上下游产业的影响；不仅了解建筑业本身的特性，而且要熟悉建筑行业的经营环境；不仅针对建筑业的现状，而且要把握建筑业未来的发展趋势。建筑业的“营改增”政策既适应建筑行业的经营环境，符合建筑施工行业的特点，同时又达到国家及有关部门提出的结构性减税，减轻企业税费负担的目的。建筑业实行“营改增”后，相关从业人员要认真学习建筑业营改增相关政策和实施细则，研读营改增系列文件规定。从思想上对建筑业可能面对的问题做预期，根据各企业具体实际情况寻找相应的解决措施 。建筑业管理人员应对财税改革的最新动态有及时的敏感和关注，对国家的最新税收政策积极学习与吸收，对试点行业的经验和教训总结和吸取，国家在之前推行“营改增”的过程中，在试点地区都推出了相应的财政扶持政策，企业可以根据自身经营状况和分析预测“营改增”给企业带来的影响，积极努力地争取国家相关财政扶持，以便其在建筑业“营改增”后获得有利的竞争地位。建筑企业应充分利用“营改增”的机会，最大程度地利用该时机为建筑企业带来的机会，尽可能将不利影响减到最小，从而使建筑企业实现稳步长期发展。

(作者单位：重庆市南岸区地方税务局)

# “营改增”实施对县域财政经济发展的影响与对策

贺　强

2016 年 5 月 1 日全面实施“营改增”之后，地税机关的工作职能发生了较大幅度的调整，如何适应新形势，应对营改增对地税的影响，加强地税税源管理，积极发挥职能作用，成为地税部门的当务之急。

## 一、“营改增”对地税工作的影响

（一）地税主体税种消失收入大幅缩减

长期以来，营业税是地税收入的主要来源，且营业税的稳定性、可控性，以及对相关税种的带动性，都是其他地方税种无法比拟的。我县 2014 年入库营业税 27680 万元，2015 年入库营业税 24343 万元，分别占地税总收入的 41.05％、38.52％，2016 年 1－4 月入库营业税 16968 万元，占地税总收入的 52.66％，1－4 月带动城建税收入 848 万元；“营改增”后预计仅营业税部分在 2016 年减收 7375 万元。因此，“营改增”全面推行之后，地税部门的税收收入不可避免地出现明显下滑的趋势，地方税收增长乏力。

（二）以票控税能力失效带来其他收入的减少

首先围绕营业税设计的发票已停止使用，地税部门“以票控税”征管手段失去功效，从而会影响到其它地方各税种的征收管理，比如 “营改增”前，代开发票时一并附征的城建税及附加、所得税、印花税等，“营改增”后，将不同程度的造成潜在的税收流失。其次按照规定，新办企业的所得税管辖权是随着主体税种走，全面实行营改增后，新办企业的所得税全部划归国税征管，地税部门管辖的企业所得税纳税人将面临萎缩。

（三）城建税及教育费附加等收入测算难度增大

现行的城建税、教育费附加、地方教育附加及水利建设基金，没有独立的征税对象或税基，而是以增值税、消费税、营业税“三税”实际缴纳的税额之和为计税依据。营改增后，原有的营业税纳税人在缴纳城建税及附加时实行单独申报，计税依据全部在国税部门，地税部门很难实现源头控管，无法从地税部门自身掌握的信息来预测收入，增加了地税部门对该部分的收入测算难度。

（四）地税管理体制面临重构征管方式需要调整

营改增改变了企业原有的纳税方式，营业税改为增值税后由国税征收，其余税种如城建税、企业所得税、个人所得税、土地使用税、房产税等税种依然由地税部门管理，地税部门肩负的征收和管理责任并未减轻。地税部门行之有效的“以票控税”手段随营改增后已失去功效，由于国地税管理自成体系，大量的基础信息还不能完全共享，造成零散户纳税人在国税取得增值税发票后，选择性避开申报地方税费环节，相关城建税、所得税等地方收入难以保证，征管难度加大。

## 二、“营改增”后工作措施

（一）抓牢重点税源，努力降低减收影响

关注重点项目建设和重点工程，防止重点税源流失。重点项目建设和重点工程投资金额巨大，要充分利用这些信息资源，从全县列举的重点项目中挖掘税源，使其所得税、土地使用税、土地增值税、印花税、城建税等税种成为地税收入营改增后的“重头戏”，力争形成新的地税主体税源。

（二）挖掘潜在税源，强化征收管理

充分利用征管信息全面、综合治税网络健全的优势加强对“营改增”行业监控管理，特别对中小业户强化对城建税及附加等的监督管理，减少部分纳税人钻制度空子出现的偷漏税现象，做到堵漏增收。及时调整征管工作思路，优化税源结构，不断将工作重心转移到房产税、土地使用税、个人所得税等税源上，加大陈欠清缴力度。

（三）抓征管改革，助推税收现代化

营改增后，我们将从“以票控税”转向“信息管税”，第三方信息的有效利用将成为我们地税部门营改增后税收征管的主要手段，要继续争取相关部门的支持，多方采集包括自然人在内的纳税人收入、房产、土地、车辆、投资等各个方面涉税信息，实现对涉税信息的归集、查询，通过合理调配征管资源，以信息技术为支撑，真正发挥涉税信息在管控税源、组织收入方面的重要作用，努力促进税收征管功能最优化、征收效益最大化。

（四）进一步加强国地税深度合作，实现共同进步

“营改增”是税制改革重要的一步，必须加强与国税部门的工作衔接与协调合作，在将营业税管理的丰富经验和管理办法与国税部门分享外，我们地税部门也将借鉴国税部门对其税种的管理模式，特别需借助国税部门的税收控管手段，用科学、规范的管理方式实现共同进步。

（作者单位：山东省利津县地方税务局）

# “营改增”后地税征管工作的探讨

陆恒信

全面推开营改增是党中央、国务院从全局的高度作出的重大战略决策，是多年来最大的改革。随着5月1日“营改增”试点工作的全面实施，作为地税“第一税种”的营业税成为历史，地税征管工作也面临着转型的历史机遇。一是主体税种的变化。“营改增”后作为地税第一税种的营业税不复存在，城镇土地使用税和个人所得税将成为地税收收入的主要来源。二是控管手段的弱化。“营改增”后地税不再管理发票，作为“以票控税”的主要管理手段消失，特别是对于地税零星分散、易漏难管的税种需要探索新的控管手段来强化管理。三是征管职能的调整。随着“营改增”试点工作的全面到位，地方税体系尚未完全建立，地税管理工作面临着管理职能转变的机遇。

(一)建立风险管理机制

把促进税收遵从确立为税收管理的根本使命。真正建立起纳税人自主申报制度，将纳税申报及证明责任还权还责于纳税人，对纳税申报行为负法律责任，真正成为权利义务的主体。税务机关主要承担风险应对管理工作。一是做好税收风险管理基础工作。市县局成立风险应对机构，利用征管数据集中优势，开发税源监控分析平台，建立税收风险监控指标模型库，负责落实上级局下发风险任务应对及日常风险识别、应对效果分析工作。同时负责夯实征管基础数据，拓宽第三方信息渠道。在规范“金税三期”企业信息采集的基础上，依托“综合治税平台”实现相关部门第三方信息交换的常态化，加快有效信息向风险点的转换。二是抓好税收风险任务的应对落实。按高、中、低三类风险，分别由县局风险应对机构向稽查局、税源管理所、办税服务厅派发落实。

(二)实施分类分级管理

对企业纳税人按照规模、行业和纳税信用等级等标准，将纳税人分为大企业、重点税源和中小税源。大企业主要针对跨区域或跨国经营的具有集团性质的企业纳税人，此类纳税人规模大、缴税多、业务复杂，对税收工作全局具有重要影响，对其税收风险分析事项管理应提升至总局、省级税务局集中进行，纳税申报等涉税基础事项和风险应对等实行属地管理。对重点税源实行精细化管理，对中小税源实行专业化、社会化管理。自然人按收入和资产进行分类，探索构建以高收入者为重点的自然人税收管理体系。由总局、省级税务局集中开展对高收入纳税人的税收风险分析，基层局重点做好应对落实工作。

取消税收管理员固定管户制度，税源管理方式向分类管事、团队协作转变。在税款入库级次不变的前提下，将税收管理分为基础管理和专业管理，基础管理负责户籍管理、“金三”系统推送任务核实等日常基础性管理工作，并负责政策宣传、纳税辅导、政策解读等日常基础性服务工作。专业管理负责中等风险评估、风险应对等专业化管理及个性化服务工作。

(三)强化纳税评估工作

纳税评估主要是税务机关对纳税人申报情况进行的审核和确定，是税务机关实施风险管理的基本形式。建立分组集中评估机制，市县设立纳税评估专业机构，打造纳税评估专业化团队，规范评估程序，明确评估职责；根据税源类型，按照专业化分工和业务难易程度，将纳税评估分为日常纳税评估和专业纳税评估，日常纳税评估主要由基层所评估岗位实施，专业纳税评估主要由省市县纳税评估专业机构实施，建立专门人员组织的评估团队，实行业务的专业分类和专业分工；搭建覆盖全行业的纳税评估模型，全面提高评估水平。

(四)确立扁平化的机构构架

《深化国税、地税征管体制改革方案》提出：税务总局重点加强税收制度和管理制度设计、工作标准制定、信息平台建设和数据集中处理应用、税收风险集中分析、大企业和国际税收管理、执法监督等方面职责。省级税务局重点加强数据管理应用、大企业税收管理、国际税收管理及税收风险分析推送等方面职责。市级税务局要精简机关行政管理职责，强化直接面对纳税人的一线征管和服务职责。市级、县级税务局重点加强税源管理和风险应对工作，更好地为纳税人服务。

根据改革方案的要求，县级局要按照税收分级管理体制要求，向实体化税收管理机构转型。县局机关科室直接承担全系统税收情报管理、税收风险分析识别及应对任务管理，取消目前按职能设置的管理科室，职能相近的进行整合，组建大税源管理科室，以税收遵从管理为基本职能，把机关做实。同时在县局层面设立大企业局和重点税源管理局；对基层所按专业化分工和风险应对进行设置。确立基层所户籍管理为其核心业务，重点实施风险应对和调查巡查管理职责。

(五)持续改进纳税服务

在进一步完善落实《纳税服务规范 2.3 版》确定的服务纳税人措施基础上，重点做好纳税服务创新工作。一是以国地税合作为契机，建立以促进纳税人自愿遵从为根本目的，以帮助纳税人正确遵从税法、正确理解税法的常态化服务机制。完善 12366 服务热线、纳税人学校、网上税校等有效措施，通过税收政策咨询、解读等形式，解决纳税人对税法的理解不确定性问题。二是建立国地税统一的网上全国通办电子服务厅。实现涉税事项网上办理，国地税涉税信息一次采集、按户存储、共享共用。三是健全常态化纳税人满意度调查反馈机制，建立覆盖全流程的监控评价体系，持续改进税收服务及基础管理流程运行的质量和效率。四是完善诚信纳税机制建设。加强纳税信用等级评定管理，建立与其他部门的信用信息共享机制，加大对失信纳税人的惩戒力度。

(六)全面实施信息管税

在严把数据“入口”质量关，规范信息采集的基础上，按照流程化、专业化、信息化、智能化的要求，推进税收管理方式现代化。一是建立征管数据智能分析平台。充分运用“金税三期”采集数据，结合总局《财产行为税第三方信息采集目录与应用指导》的要求，建立第三方信息共享平台，利用第三方信息开展收入分析与预测，查找税收管理漏洞。二是建立健全财产行为税风险预警体系。结合地税管理的实际，建立风险指标库和预警指标体系，建立财产行为税风险管理机制。

(七)全面加强国地税合作

《国地税合作规范 2.0 版》的出台为国地税服务深度整合、执法适度整合、信息调度聚合指明了方向。要紧紧抓住深化国地税征管体制改革带来的重要机遇，建立国地税合作常态化机制。重点在创新国地税合作规范落实机制、创新示范引领机制、创新督查反馈机制上下功夫，实现国地税合作向更高层次、更广领域迈进。

(作者单位：山东省嘉祥县地方税务局)

# “营改增”后续管理须强化“四个跟进”

王永固

“营改增”试点工作是今年国税工作的重中之重，是当前一项重要的政治任务。现在前期接收工作虽已初战告捷，但后续管理任重道远。税务总局党组书记、局长王军在5月3日全国税务系统营改增工作视频会议上会上讲话强调，各级税务机关及广大税务干部要进一步把思想和行动统一到中央的决策部署上来，更好地凝心聚力、奋勇争先，打好全面推开营改增试点工作后续的每一场战役。作为基层国税部门，如何尽快使“营改增”企业步入科学管理轨道，保定市竞秀区国税局的做法是：强化四个跟进。即：税收政策跟进、税收管理跟进、税收分析跟进、纳税需求跟进。从严从实从细，聚心聚力聚勇，认真做好营改增后续各项工作。

（一）税收政策跟进

税收政策是企业办税的指南，随着营改增试点工作全面推开，新政对建筑业、房地产业、金融业、生活服务业也带来了巨大挑战，营改增之后纳税人急需了解营改增的税收政策，及时解答政策衔接的涉税问题，帮助企业了解新税制、遵从新税制、获益新税制是当务之急。“营改增”是一个跨部门协作的系统工程，需要所有相关业务部门人员熟悉和掌握。通过发布公告、温馨提示、发放资料、座谈走访、媒体网站等载体和形式，加大政策宣传力度，帮助纳税人及时根据政策变化合理安排生产经营和改变会计核算方法。建筑业、房地产业、金融业、生活服务业四行业营改增后，政策公告密集出台，为了帮助纳税人及时全面了解学习这些政策，推出营改增政策二维码，纳税人轻松扫一扫，营改增政策全知道，“通过扫码，不同行业、不同规模的纳税人都能在最短的时间内准确掌握营改增政策规定和办税流程。本次营改增改革涉及面广、政策性强，制度设计较为完整，但在具体执行过程中，考虑到社会各界对营改增政策比较关注，有些企业可能由于征管软件操作不熟练、缺乏实际的操作经验、对政策了解不全面等情况，我们一方面将编制政策解读、实务操作、办税指南等辅导资料，通过网站、报纸、微信群等媒体向社会各界特别是广大企业宣传营改增的重要意义和主要内容，帮助纳税人吃准吃透政策。

（二）税收征管跟进

“营改增”对纳税人、税务机关带来了不同的影响，同时也对税收征管带来了全新的挑战。结合营改增后的税源实际，积极探索税源专业化管理的新途径、新方法。实现高效征管，运用先进的管理科学思想，创新税收管理理念，采取切实可行的有效措施，构筑高效征管的平台，达到税收遵从度高，征纳成本低，征管质效好，营改增纳税人满意的最终目的。认真梳理“营改增”试点纳税人管理中的难点、弱点和关键点，深入推进税源专业化管理和纳税评估，强化风险处置，根据“营改增”风险管理行业分布，采用点面结合的方法对所有营改增企业进行全面的风险排摸和有重点的风险应对，指导企业降低涉税风险。动态跟踪信息，查找风险点，加强制度防范，建立和完善行业风险监控指标体系。同时主动跟进，强化信息衔接。主动与财政、地税部门沟通衔接，了解后续信息，杜绝在增值税和营业税之间留下“两不管”的真空地带。强化“营改增”政策跟踪问效，建立减免税企业台账，及时梳理试点企业享受减免税、差额征税等税收优惠情况，确保各项优惠政策落实到位。强化征管，严厉打击涉税违法行为。针对“营改增”企业的特点，强化管理，引导纳税人守法经营，防范虚开套开发票行为的发生，确保不产生管理盲区，堵塞税收征管漏洞。

(三)税收分析跟进

不断提升对“营改增”企业税收的分析水平,是有力促进税收与经济的协调发展的关键。开展“营改增”政策效应分析,通过对申报报表等数据的分析,进一步摸清“营改增”后企业、行业税负变化以及税收比重变化等情况。针对移交行业的特点,加强数据分析,首先,明确对象,确定税收分析的主要抓手。进一步扩大“营改增”企业税源监控范围,加大对“营改增”行业、重点企业的监控力度,提高相对税源监控效果。其次,分解指标,确定税收分析的主要参数。与相关经济职能部门加强沟通、联系,多方采集、利用三方信息,掌握“营改增”行业的涉税数据和情况。再次,强化措施,提高组织收入质效。根据税收分析结论,对税收收入趋势作出科学判断,及时调整征管措施,有效应对收入风险,牢牢把握组织收入主动权。对“营改增”企业,准确掌握其特点、相关指标,及时开展行业对比分析、税负分析,采取有效措施堵漏增收;准确掌握行业外部信息,评估核查企业生产经营情况;进一步加强预警分析,规范涉税管理事项,增加有效单据、扣税凭证合法性的审查,严厉打击违法填开、使用发票的行为以及偷逃增值税的行为。进一步对逐渐新转型行业进行核实,评估其实际情况并督促尽快转型调整,对转型调整过程中遇到的问题依法及时解决。深入开展试点效应评估,分析试点纳税人税负变化情况,密切关注“营改增”试点对稳增长、调结构的作用效应和影响,并做好试点过程中的应急处理、监测分析和风险防范工作,确保“营改增”试点改革达到预期效果。

(四)纳税需求跟进

把为新增“营改增”纳税户做好后续服务,放在当前工作的重要位置,进一步转变工作作风,优化服务措施,创新服务方式,丰富服务手段,进一步推进纳税服务的深度和广度,让试点纳税人切实感受到国税部门真诚贴心的服务理念。一是全程跟进问需求,推行“跟踪式”服务。结合区域税源情况,对新增纳税人实行统一分类管理,将管理和服务责任落实到每一个税收管理员身上,提供有针对性的服务举措。要求税收管理员必须逐户走访,深入每一户企业进行实地调研,对“营改增”相关政策及意义进行宣传,对企业存在的疑问如专用发票的开具、进项抵扣发票的取得及进项抵扣的范围等问题做现场解答,引导企业规范行业管理,实行一对一辅导试点纳税人进行涉税审办,为纳税人提供全程全方位的纳税服务。二是集中统一提效能,推行“一窗式”服务。在办税服务厅专设“营改增”业务窗口,抽调办税服务厅的业务骨干,让试点纳税人在办理申报、领购发票等事项时实现一窗通办,对试点纳税人办理涉税业务开辟“绿色通道”,最大限度方便纳税人。三是创新形式零距离,推行“个性化”服务。充分利用电子屏、互联网等各类媒体,广泛宣传“营改增”相关政策和办理流程,并在各个办税服务厅设立“营改增”咨询服务岗,着力做好纳税咨询、办税辅导、服务投诉、意见受理、导税服务等工作,及时解答纳税人的咨询问题,确保纳税人咨询有问必答,规范统一。并根据试点纳税人的多元化办税需求,全面做好导税服务、延时服务、提醒服务、预约服务等各类个性化服务,解决纳税人遇到的困难和问题,实现征管和服务的“无缝衔接”,让试点纳税人感受到更加便捷的国税服务。四是深化培训强素质,推行“无差错”服务。进一步抓好对干部的培训工作,选择不同层次、不同岗位的人员参加省局举办的培训班,以点带面,培养一批“营改增”业务骨干,全面领会和掌握相关政策和操作实务。重点对咨询窗口人员进行培训,以满足纳税人在大厅窗口的咨询要求,开展场景式礼仪和业务培训,充分体验纳税人的角色感受,加强礼仪修养,提高业务服务水平,确保试点纳税人及时了解政策、明白办税流程、掌握操作技能,确保“营改增”试点工作顺利实施。

(作者单位:河北省唐县国家税务局)

# 地税部门如何应对营改增的“阵痛”

逄　斌

2012年1月1日，在上海交通运输业和部分现代服务业开展了营业税改征增值税试点，拉开了我国“营改增”税制改革的大幕。2016年5月1日，我国全面推开“营改增”试点，将建筑业、房地产业、金融业、生活服务业纳入试点范围，打响了“营改增”的收官之战。我国历经4年零4个月，完成了流转税制的转型，将营业税、增值税两税并行，转型至国际通行的增值税模式。这项税制改革，从长远来看，是进步的，利大于弊。但在转型的“阵痛期”，尤其对地税部门来说，面临着主体税种缺失、收入锐减、征管压力增大等诸多问题。如何应对，需要我们深入思考。

## 一、“营改增”面临的挑战

(一)“营改增”后地方税费流失

1、营业税主体税种消失。“营改增”前，营业税、所得税和财产行为税收入构成地方税收的三大来源，三者呈鼎足之势。随着“营改增”的深入推进，四年来，营业税收入不断萎缩，地税“蛋糕”越做越小。据不完全数据统计，从2012年试点到2015年底，全国“营改增”已经累计减税5000多亿元。2016年，已纳入“营改增”的行业减税规模估计有2000亿元，金融业、房地产和建筑业、生活服务业等行业减税规模或接近4000亿元，2016年“营改增”减税总规模接近6000亿元。2016年5月1日以后，营业税将正式退出历史舞台，封存于地税部门的档案资料中。

2、企业所得税主体税种萎缩。按照国税局和地税局工作职责的划分，新成立企业的企业所得税管辖权随着企业缴纳的增值税或营业税分别由国税局或地税局征收。全面实行“营改增”后，新设立企业的企业所得税将全部划归国税局征管，地税部门管辖的户数将面临只减不增、逐渐萎缩的局面。同时，我们也可以预测到，在全部“营改增”后，日常征管、发票领用等关乎企业经营的重要事项的管辖权均在国税部门，势必会造成仅企业所得税在地税部门管辖的“营改增”企业通过注销原来企业、成立新办企业的方式，顺理成章地将主体税种全部交由国税部门管辖，以减少企业的奉行纳税成本，这样，地税部门管辖户将会大幅减少。另外，根据国家征管体制改革的预期，如果将企业所得税全部交由国税部门管理，则地税部门的两大主体税种将会荡然无存。

3、其他税费流失。随营业税、增值税、消费税附征的城市维护建设税、教育费附加和地方教育附加等附征税费，在主体税种全面移交国税部门征收后，地税部门缺少抓手进行附征税费的征收。这种情况下，只能依靠纳税人的高税收遵从度进行主动申报缴纳，或者靠与国税部门的信息交换进行信息比对来补征，这两种方式不但工作被动，而且很难保证地方税费的应收尽收，流转税的附征税费流失可能性增大。

(二)“营改增”后地方税征管失去“抓手”

一是，“营改增”的推进使得一些以营业税为管理基础的地方税，尤其是部分财产行为税的征管缺少了有效支撑。比如个体零星税源以及交通运输业临时开票税源应纳城建税的影响就十分明显。该类城建税的纳税人一般为个体工商户和居民个人，涉及纳税户多，税源相对分散，地税部门此前通过在征收营业税时一并征收城建税或通过代开营业税发票实施“以票控税”等征管方式，效果较好。这部分零散户纳税人由国税部门征收增值税后，在国税局取得增值税发票后可能会无视地税部门管理，选择性地避开申报地方税费环节，相关企业所得税、城建税等地税收入难以保证，地税部门由于失去了“以票控税”的有效手段，税源控管出现较大漏洞。二是，“营改增”前，地税部门在征收营业税的同时因掌握了企业的营业收入，可据此计算企业应税所得额并征收企业所得税。“营改增”后，地税部门较难全面、及时、准确掌握企业营业收入，其计算企业应税所得额并征收企业所得税的难度有所增加。三是，“营改增”后，纳税人的计税依据全部在国税部门，地税部门无法从地税部门自身掌握的信息来预测收入，增加了地税部门的收入预测难度。

(三)“营改增”后地方税体系尚未建立

党的十八大报告和十八届三中全会《决定》，对全面深化改革、推进税制建设提出了明确的要求，明确提出要建立和完善地方税体系，第一次从推进国家治理体系和治理能力现代化的高度部署了税制改革。随着税制改革的推进，如何构建地方税体系，如何合理划分中央与地方的财力，如何匹配各级政府财权与事权等当前亟待解决的问题尚未明确，地方税体系也“仍待闺中”。同时，地税部门在主体税种缺失的情况下，组织收入的压力明显增大，在“有为才能有位”的今天，地税部门在当地政府的话语权面临极大的考验。

(四)“营改增”后地税干部思想波动

多年来，地税部门对营业税的征收管理付出了巨大而艰苦的努力，也取得了显著的成效。随着“营改增”的逐步推进，地方税体系建设并未及时跟上，地税局的职责范围与国税局相比出现了明显失衡，工作重心不得不做出相应调整。地税干部对地税部门的未来普遍存在忧虑情绪，工作的积极性和主动性受到很大影响，影响了地税部门工作的顺利开展。

## 二、应对的建议

地税部门承担着保障地方财力、服务地方经济发展的重要职能，面对“营改增”的全面扩围，国家税务总局和地税部门必须加强思考，主动作为，积极应对。

(一)科学界定中央与地方的事权范围

有关部门应尽快明确中央和地方的财税关系，将中央与地方事权范围以法律形式固定下来，确保其必要的法律刚性，进一步体现公平和效率，更好地平衡各方利益，为完善地方税体系提供坚强的法律保障。同时，建议适当下放地方相应的税权。在不与国家法律、行政法规和宏观经济政策导向相抵触的前提下，考虑在中央与地方之间进行适当的税权调整，适当回应地方财政对财权划分格局的合理诉求，进一步巩固良好的中央和地方财税制度体系。

(二)加快地方税体系建设

依靠顶层设计，尽快建立地方税收体系。要评估总体税负及工作量变化情况，合理确定实施步骤，均衡考虑国税局和地税局的工作职责，全面衡量国税、地税的人员配置和征管力量，统筹考虑国税征管的承受力和地税队伍的稳定性，加快完善地方税体系改革步伐。

1、尽快划分征管职责。深入研究地方税体系架构，针对“营改增”后地方税源萎缩、可用财力匮乏的局面，尽快确立地方税收的主体税种，加快推动环保税和房地产税出台。

2、加快地方税立法进程。“营改增”后，地税部门征收的税种主要剩下个人所得税、企业所得税和财产行为税。其中财产行为税存在法律层级低、相关税收政策配套不完善、出台日期老旧、执法尺度不统一等问题，建议及时对地方税政策及单行文件进行修订、调整、清理、规范，解决目前财产行为税政策陈旧、零散、缺失等问题，便于基层税务机关准确把握和正确执行。

3、调整完善财行税政策。一是继续推进资源税改革步伐。在原油、天然气和煤炭顺利实现从价计征改革后，应进一步加快推进资源税改革，争取把黄金等更多的矿产品纳入从价计征的范围，并适当提高新增部分矿产品的资源税定额税率，以发挥资源税调节级差收入、组织财政收入的作用。二是将城建税由附征税种改为独立税种。“营改增”后，城建税作为流转“三税”的附征子税种，由于“母子分离”，造成其征管难度进一步加大。建议将城建税作为独立税种进行征管，便于纳税人履行纳税义务，也方便税务机关征管。

（三）加快推进“费改税”步伐

推动将依法保留、适宜由税务部门征收的行政事业性收费、政府性基金等非税收入项目，改由地税部门统一征收。同时，推进非税收入法治化建设，健全地方税费收入体系。

（四）加强国地税合作

通过搭建涉税信息交换平台、联合大厅办税服务、委托代征等方式实现协同管理、征管互助和信息共享，解决“营改增”后地税部门“信息不畅”、“抓手缺失”的问题，有效堵塞税收流失。同时，充分利用信息数据比对，加强对收入的分析测算，以便更有针对性地加强相关税种的动态掌控和征收力度。

（五）加强征管协助力度

现行《税收征管法》规定：对纳税人拒不接受税务部门处理的，可以停止发售发票等方式进行处罚。“营改增”全部到位后，地税部门将无发票管理，缺少了“以票控税”手段。建议在《税收征管法》的修订中，明确“对拒不接受地税部门处理的纳税人，可以通过提请国税部门停止对其出售发票、暂停其出口退税权等方式予以征管协助”。同时，地税部门还要加强与政府其他部门以及社会协税组织的配合和合作，通过打造综合治税模式，形成征管合力，保证地方税收的应收尽收。

（六）加强个人纳税人管理力度

“营改增”后，面对税收征管方式与税源管理的变化，地税部门将加大对个人纳税人的管理力度。一方面，有关部门应加快制定自然人管理体系的相关制度，为地税部门履职提供依据，另一方面，地税部门应通过明确职责分工、优化业务流程、完善岗责体系、加强协调配合等系列措施，从税收征管的薄弱环节入手，抓好个体税源的精细化管理。

（七）加强地税干部队伍建设

一方面地税干部要加强自己在思想上的认识，应理解这是税制改革的进步，是大势所趋。另一方面，地税部门要加强对干部的教育与培训，做好思想疏导工作，创造条件提高干部业务水平，为地税部门迎接新任务、新挑战做好思想与技能储备。

（作者单位：辽宁省大连市中山区地方税务局）

# 后营改增时代如何提升地税工作质效

任国弼

## 一、理性客观地看待地税当前面临的形势

5月1日，全面推开营改增试点第一阶段攻坚战已经圆满成功，目前运行平稳、有序。但也给地税部门带来很大的冲击，在社会上乃至税务系统内部对后营改增时代地税部门何去何从有些模糊认识。综合起来看，主要有以下几个方面的表现：

（一）原有征管习惯被打破，干部对重构征管模式的信心产生动摇。营改增后，以营业税为基础的地税征管链条就此中断。地税部门多年为之辛苦建立、引以为豪的支柱税源失去了中心，以票控税、简便实用的征管手段也已失灵，过去干部熟练运用、得心应手的征管方法完全改变。这些征管习惯被打破，带来的干部思想观念也被打破。在新的主体地方税费征管体系建立之前，在建立有效控管税收流失机制之前，干部的思想受到极大困挠，工作信心发生动摇，情绪不自觉地产生盲从、盲目。这不利于并阻碍地税事业的健康发展。

（二）地税收入总量被减少，领导对地税征管经费的来源深表忧虑。由于营业税税种征收被取消，企业所得税也即将改征，随之产生的结果是地税收入占整个税收的比重明显降低。经测算，近三年来，“四大行业”年平均上缴营业税占整个地税收入的36%左右，下降达到近四成。当前，地税部门经费实行的是两条线管理。如果征管经费因此调减，本已捉襟见肘的基层县（区）局将更加难以负重，涉及个人的养老保险、职业年金及车补支出难以为继，从而使得地税部门难以正常运转。

（三）工作增减变化被误解，舆情对地税工作情势的难易看法不一。舆情表现为两种：一是社会上有些人认为营改增试点工作就是税种之间的简单划拨，等同于地税部门工作量的减少；甚至有些单位提出地税部门对营改增试点纳税人已经“移交”，代征的工会经费等基金（费）是不是也要移交，等等。二是系统内部有些人认为营改增后，地税工作轻松了，管理可以松一松放一放了；另一些人认为地税部门对纳税人的纳税行为实施约束、监督和控制的做法将无法实现，管理的都是小税种，工作难度更大了、税收执法的风险更大了。因此消极对待，无所作为。

（四）行业地位下降被放大，社会对地税关注理解的程度不及以往。不可否认，营改增后，地税部门失去了营业税“半壁江山”。有些人据此认为地税部门服务经济社会发展的职能削弱，地位不重要了。在建立主体地方税收体系的空档期，社会各界对地税部门的理解支持不同程度地发生偏移，个别单位对地税部门代征的基金（费）也有了想法。与此同时，由于缺少以票管税的有效手段，加之全国纳税服务满意度调查因素，有些纳税人也势利起来，对地税部门税收征管也动起了歪心思。

## 二、积极主动地采取行之有效的应对措施

这是摆在每个地税部门和地税人迫切需要破解的难题。应当看到，无论当前税制如何转换，地税机关依法行使的征收主体地位没有变，征管的客体对象性质没有变，服务经济社会发展的职能没有变，肩负为国聚财的重任没有变。地税部门仍有10余个税种和基金（费）需要管理，难度大了、标准高了、要求严

了、考验更多了。这其中，我们不是没有作为，而是大有作为、必须奋发有为。

(一)统一思想，咬定目标，重拾艰苦创业信心

1、坚定一个信念。20年前，国地税机构分设，地税部门在第一次创业中，百废待兴，克难奋进，取得了一个又一个辉煌的业绩，打下了坚实的基础；20年后，营改增税制改革，地税面临第二次创业，尽管暂时失去支柱税源，但根基还在，只要同心协力，戮力前行，假以时日，地税仍可长成参天大树，我们的明天依然美好。

2、反对两个极端。营改增后，一种观点认为，地税事少了，工作轻松了；一种观点认为，地税没有了以票管税抓手，工作难做了，难以作为了。第一种观点错误地认为营改增后没地税什么事了，没有意识到地税存量税源管理的艰巨性，工作上有松气松懈情绪，应该批评教育。第二种观点习惯旧有思维定势，过多地依赖原有"等税上门"的征管手段，缺乏转变工作方式的勇气，没有"上门催缴"的思想准备，工作悲观、消极、被动，应坚决抵制。

(二)加大宣传，引导舆论，重塑地税社会认同

在营改增税制转换基层调研和部门走访座谈中，一些基层干部以及社会上对地税部门有不良舆情反映，也客观地说明了当今有些人对地税职能作用还存在认识上的模糊。对此，我们要针对不同社会舆情，有的放矢做好宣传引导工作。

1、对地方党政及财政部门。地方党政领导及财政部门是支持和保障地税工作开展的核心，也是我们宣传的重点。各级地税部门更要加强营改增后日常工作的请示汇报，全面反映地税营改增后工作所面临的困难，清楚地表明地税部门服务地方经济社会发展职能作用。就目前来看，地税收入仍占当地财政总量的40%，占地方财政收入总量达60%，是承担地方财力征收的主要力量。在攸关地税部门征管经费上，要算好支出账，摆出明白账，使其深刻认识到充分保障地税经费就是保障地方财力收入来源；使其深刻认识到现有地税征管经费与收入总量挂钩的作法，今后将直接导致地税部门运转困难。可以建议他们采取取消挂钩方法、建立稳定长效的地税征管经费预算支出机制，或是提高经费挂钩比例。

2、对地税合作相关部门。地税的发展离不开相关部门的支持，在缺乏有效控制地方税(费)流失手段的当下，更需要有关部门一如既往、协力做好税收源泉控管。对于地税部门代征的基金(费)，是法律法规赋予地税部门的职责，不是个别部门当作讨价还价的筹码。地税部门有责任也有能力继续代征好各种基金(费)。

3、对纳税人及社会各界。要利用各种新闻媒体和新兴宣传方式，讲好营改增后地税故事。要让纳税人和社会公众知晓，营改增后地税仍有近20个地方税种和代征的基金(费)需要管理，涉及几乎所有纳税法人和自然人，地税征收工作难度更大、更具挑战性。一方面，我们将主动上门服务，进行催报催缴；另一方面，我们将加大税收检查力度，强化执法刚性，依法治税，严厉打击各种涉税不法行为。

(三)转变职能，多措并举，重组征管业务流程

1、优化管理配置。一是顶层设计，厘清职能，科学合理配置内设管理机构。从目前来看，营改增后设区市税政一科没有了营业税管理职能，发票所没有了发票管理职能，办税服务厅业务量有了明显减少。建议撤消的撤消，合并的合并。尽快明晰风控职责，避免与征管、税政等部门职能交叉，各自为政又各自不为现象。同时，因应形势发展的需要，重设基金(费)管理部门和增设自然人税收的专业化税源管理机构，如自然人不动产税收管理局等。二是优化人力资源。尤其是加大招录、引进和培养、培训信息化专业人员，以进一步增强大数据信息采集、录入、分析能力，提高风险管理疑点生成推送的质量。建立面向自然人的专业服务团队，重点解决今后可能产生的大量纳税维权问题。

2、重建主体税源。今后一段时期内，财产行为税将成为地税工作的重点。建议重建以财产行为税为主体税种的地方税体系，并以此为着力点，进一步建立以地方政府支持、相关部门密切配合的属地化自然

人税源管理体系，以纳税信用等级结果运用为抓手的“银税互动”税收合作体系，以呼应纳税人需求的税收专业化服务体系和风险防控体系，以地方基金（费）征收管理体系。

3、深化信息管税。一是加大涉税信息收集掌握、比对力度，建立纳税人金融与税收信息共享制度，对企业及自然人在经济活动中达到一定程度的对外支付，由金融机构定期传递给税务机关，及时纳入税收监管。二是建立资金流与国税发票信息的稽核制度，掌握纳税人的固定资产购进、土地购进和房屋建设等与地方税收税基密切相关的信息，有效实施源泉管理，重点掌握纳税人缴纳增值税情况。三是开展大数据治税工程建设，可以设立税收户籍管理员，着力解决税收管理缺位问题；设立涉税信息基础数据审核分析员，收集、比对、分析、评估地税内部、外部海量税收信息，着力突破征纳双方信息不对称的管理瓶颈，防范各类税收风险。四是发挥“银税互动”作用，开发互联网＋税收金融平台，将纳税人涉税信息作为国家基础信用制度的重要内容，实行纳税信用与借贷信用挂钩，让诚信纳税人处处得便利和实惠，让失信纳税人处处受限制。

（四）励精图治，密切合作，重构地税共治格局

1、深化国地税合作。营改增后，国地税职责交叉表现明显，双方依存度较过去增强。加之国地税征管体制改革需要，未来需要不断促进服务深度融合、执法适度整合、信息高度聚合，以解决营改增后地税部门面临的征纳信息不对称加剧的问题。探索国地税征管系统互通，对在地税系统存在未完税记录或保持为非正常户状况的，限制或停止国税增值税发票供应。扩大地税驻国税窗口附征门临税费范围，将企业所得税、个人所得税、印花税、资源税等一并纳入。联合开展对纳税人的风险分析及应对，防范税收风险，促进税法遵从。积极开展区域性税收联合专项整治、重点税源企业抽查轮查、案件协同查办和对共管户联合进户检查工作，形成执法合力。

2、推进税收社会共治。构建以互惠共赢的数据分享互认机制为前提，以政府主导、权责明确、奖惩结合为保障的税收共治体系。一是加强涉税信息共享，建立省、市、县三级或县、市两级统一规范的信息交换平台和信息共享机制，保障税务部门及时获取第三方涉税信息。二是扩大地方税收代征范围，发挥行业主管部门作用，完善“先税后X”源头控管模式。各涉税部门要严格履行协税、护税职责和义务，坚决落实先纳税后审批制度，加强税收源头管理，严防税收流失。三是强化协税代征工作，按照方便征管的原则，与住建、国土、市场监管等职能实施单位和保险、建筑项目指挥部等业务相关单位签订协征代征税款协议书。四是健全税收司法保障机制，司法部门要依法支持税务部门税收保全、强制执行等工作，确保税法得到严格实施。公安部门要加强涉税犯罪案件查处的力量，加强行政执法与刑事司法之间的衔接。五是大力发展税务代理行业，规范和发挥涉税专业服务社会组织在优化纳税服务、提高征管效能等方面的积极作用。

3、注重发挥自身优势。实事求是地讲，依靠信息管税和第三方涉税信息平台实行综合治税，不足以全面、有效掌控纳税人生产经营及纳税情况，一旦信息交换和协作脱节，容易造成相互扯皮、推诿现象，造成税收流失，也不利于提高社会纳税遵从度。必须依靠自身力量，发挥自身优势，依法加强税收检查力度，扩大地税检查面。同时，针对自然人税收管控实际问题，建立自然人终身统一的纳税人识别号制度，通过纳税识别号追踪收入来源，监控纳税人收支情况。

（作者单位：山东省莘县地方税务局稽查局）

# 加强管理体系建设　土地增值税清算显成效

刘吉文　张淑华

针对土地增值税清算过程中房地产开发周期长、开发成本难以准确控制、清算手续复杂、人员素质要求高这一难题，日照市地税局山海天旅游度假区地税分局积极探索建立土地增值税清算管理平台，规范中介机构鉴证，完善清算管理模型，加强土地增值税清算体系化管理，提高了土地增值税清算质量，减少了税务人员的执法风险，促进了地税收入大幅增长。2015 年分局累计完成土地增值税收入 2045 万元。

## 一、搭建一个平台

为了便于加强土地增值税的管理，分局开发了“土地增值税清算综合管理系统”，围绕土地增值税有关收入、成本费用等扣除项目明细信息，依托信息技术，细化数据模型，采集纳税人申报数据、税务中介机构鉴证底稿等相关数据，进行底层数据比对，分析预警，加强异常信息审核，实现了对土地增值税清算全过程监督管理，从而大大提高了土地增值税清算工作质量。

## 二、突出模型引导

(一)以套表模型引导纳税申报。分局在以前通用的土地增值税清算申报表的基础上，进一步细化申报口径，将纳税人的土地增值税清算申报表增加为 2 张主表 12 张附表，以及相关明细报表，将申报表内容延伸明细到凭证、发票号码，向税务机关详细提供土地增值税清算有关收入、扣除费用的详细内容资料，自行进行细致梳理，使税务机关进一步掌握了原始基础资料，为做好审核评估奠定了基础。

(二)以底稿模型规范中介鉴证。在土地增值税清算中，分局引入税务中介机构进行鉴证，通过完善中介机构的“土地增值税鉴证工作底稿”模型，规范中介鉴证行为，要求中介机构不仅要要按照国家税务总局的《土地增值税清算鉴证业务准则》的要求，向税务机关提报税务鉴证报告结果，还要详细披露收入、成本费用鉴证工作过程细节，出具对纳税人 12 张有关收入、成本费用附表的鉴证工作电子底稿记录，录入“土地增值税清算管理系统”，从而实现对税务中介机构土地增值税鉴证结果与过程细节的监督，便于税务机关从多角度掌握基础数据的来龙去脉，抽取样本全方位审核验证中介鉴证数据的客观性，确保中介清算鉴证结果的真实可靠。

(三)以指标模型强化税务审评。为了对纳税人的土地增值税清算申报数据以及中介鉴证数据进行分析审核，分局建立了清算指标模型，首先对报表总表与附表、与鉴证底稿之间的逻辑关系进行审核，其次能从系统提取相关横向、纵向指标，对纳税人申报情况进行比对预警分析，评估纳税人申报数据是否异常，及时发现异常信息由税管员进行评估约谈，不能说明原因的，移交税务稽查处理，从而提高了土地增值税清算效率。

## 三、明确清算主体

近几年土地增值税清算工作的实践表明，必须明确土地增值税清算的主体，才能进一步防范土地增值税清算中的法律风险。在清算中，还责于纳税人，分局明确纳税人是土地增值税清算的主体，对纳税申报数据的真实性负有法律上的义务和责任，委托鉴证关系的建立并不改变纳税人本身固有的税收法律责任;税务中介机构是鉴证体,按照鉴证准则,依法、独立、客观、公正地执行业务,维护国家利益,保护纳税人合法权益,对出具的委托鉴证文书的客观性、真实性负责;税务机关是国家税收法律法规执行管理机关,在土地增值税清算中,承担对纳税人的纳税行为进行审核、评估、检查的权利与责任。通过明确土地增值税清算的主体,还责于纳税人,改变了过去税务机关是清算主体的错误认识,增强了纳税人的自主依法纳税申报意识,维护了税法的严肃性,减少了税务人员的执法风险,增强了税务机关的主动性。

## 四、强化中介监管

(一)严格界定条件,规范准入机制。对我市具备从事土地增值税清算鉴证业务资格的中介机构,分局进行了详细调查,并制定严格的准入资质条件,规定符合土地增值税清算鉴证业务的税务中介机构,必须是国家税务总局或省级税务机关审批成立,领取营业执照,具有省级税务机关核发的执业证书并纳入监管,年检合格,职业税务师超过5人,年业务收入在50万元以上,近3年执业质量好、内部管理规范且能照章纳税的税务师事务所,清算单位必须依法委托具备清算鉴证业务资格的税务中介机构,确保了清算鉴证的合法性。

(二)政府购买服务,规范利益机制。分局取得了区管委会的大力支持,由区财政承担房地产开发项目在土地增值税清算中,发生的税务中介机构审核鉴证费用,并对超过预征一定比例部分,进行奖励,从而在利益上,确保了税务中介机构的独立、客观、公正地开展鉴证业务,增加了信任度,维护了税法的严肃性。

(三)依法追究责任,规范淘汰机制。凡是中介机构在土地增值税鉴证中出具虚假鉴证报告、欺骗税务机关的,一经发现,不但要依法追究法律责任,还要立刻向市局报告,在全市范围通报,对该机构以后提供的土地增值税清算鉴证报告结果,一律不予采信,彻底淘汰不诚信的中介机构,增强对中介机构监管的威慑性,防止弄虚作假。

## 五、严把四个环节

(一)严把登记备案关。作为土地增值税链条式管理的首个环节,要先做好房地产开发项目项目立项备案登记,录入电子管理系统。收集的资料主要包括计委或发改委的房地产项目立项文件、国土资源局的土地招、拍、挂确认书、建委的建设用地规划许可证及建筑工程施工许可证、中标通知书及建筑安装工程承包合同、工程预决算书、综合验收证书、中介机构房产测绘报告、商品房销售明细表等九种资料,为日后清算时做好信息比对奠定基础。

(二)严把收入预征关。作为第二个环节,要随着房地产项目销售的启动,按销售收入和规定预征率足额预征土地增值税,确保均衡入库,同时要求企业按季报送商品房销售表,录入管理系统,准确监控收入动态,与预征税收进行比对。不仅有利于土地增值税政策的贯彻落实,确保企业税款及时入库,也有利于企业合理调配资金,减轻后期清算的资金压力。

(三)严把中介机构鉴证关。严格审核收入、扣除项目的合法性、真实性、合理性是土地增值税管理的第三个重要环节。进入清算环节时,指导企业严格依法委托中介机构进行鉴证,通过把中介机构提供的鉴证报告与底稿录入系统,重点审核开发成本,审核原始凭证,查清配套公共设施产权归属和用途,查清成本费用分配情况,提高清算效率与质量。

(四)严把清算评估关。最后,对纳税人申报数据、中介鉴证结果,分局清算小组依托土地增值税清算管理系统,提取相关指标,进行评估检查,对有疑点的,进行实地核查,组织内部评估组、局领导等进行二级集体审核,确保了清算结果的准确性。

(作者单位:山东省日照市地方税务局山海天旅游度假区分局)

# 浅谈"营改增"对征纳双方的影响

徐亚辉

中国目前所处的全面改革,迫切需要实现以现代国家治理、现代市场体系、现代财政制度和全面依法治国四者为支撑的制度创新。在这样的大背景下,税制改革被赋予了重要意义。根据《深化财税体制改革总体方案》,完善税制改革的目标是建立"有利于科学发展、社会公平、市场统一的税收制度体系",改革重点锁定六大税种,包括增值税、消费税、资源税、环境保护税、房地产税、个人所得税,增值税的改革基本已经完成,消费税等税种的改革也已提上日程。

## 一、"营改增"对纳税人的影响

作为税制改革的首要任务,自 2016 年 5 月 1 日起,营改增范围已扩大到生活服务业、建筑业、房地产业、金融业等各个领域,中国将全面推开营改增试点,至此,营业税退出历史舞台,全面实施营改增就是要减去部分间接税,这就必然会对企业的税负造成一定的影响。

(一)对交通运输业的影响

在营改增实施前,交通运输业的税率为 3%,营改增后,交通运输业的税率为 11%和 6%,增加幅度比较大。交通运输业的税率大幅度上涨,然而抵扣范围非常有限,对运输业而言,成本主要来自油耗、过路过桥费、人工工资和场地租金。按国家规定,只有油料和修理费能拿到增值税发票,企业可以进行抵扣,而其他费用却不能抵扣,不能抵扣的项目占总成本八成以上,因此,就目前情况来看,营改增后大部分交通运输业的税负是上升的。

(二)对建筑业的影响

营改增在建筑行业实施后,一般纳税人增值税率为 11%,小规模纳税人增值税率为 3%,过去施工设施、施工材料等进项税额不可以抵扣的情况得到了有效解决,就总体来说,营改增对建筑行业的发展是有利的。但由于建筑业本身所处环境复杂,造成企业难以抵扣进项。比如建筑业劳务成本占总产值的比重近 30%,而"营改增"专业劳务分包企业与建筑业并不同步,因此在一段时期内企业无法取得相应的增值税专用发票。此外部分建筑材料亦无法取得增值税专用发票,如砖、瓦、灰、沙、石等材料主要由项目所在地的小规模纳税人或者个体户垄断经营,而这些供应商都不具有开具增值税专用发票的资格;商品混凝土供应商往往采用简易办法计算缴纳增值税,无法开具增值税专用发票。就本所管辖企业北京航天金羊电梯安装有限公司而言,该企业的主要经营收入主要来源于电梯安装工程,电梯为本公司自行制造销售,人工费用在总成本里占得比重很高,而因为向直接聘用的员工支付工资无法抵扣进项税额,所以,营改增给该企业带来了一定的税负压力。

(三)对服务业的影响

就小规模纳税人而言,在税制改革前,企业营业税率为 5%,税制改革后,服务行业里的小规模纳税人借助简易计税方式,使用税率为 3%,也就是应纳税额等于不含税销售额术 3%,且不用抵扣进项税额。由此得出,就小规模纳税人来说,实施营改增后,企业税负率有明显的下降。就增值税一般纳税人而言,在实施营改增之前,适用于服务行业的营业税税率为 5%,实施营改增后,增值税税率上升为 6%,但营业税是依照营业额全额进行计算的(营业税税额等于营业收人乘以 5%),增值税 6%的税率是为销项税额提供依据的,即应纳增值税额是销项税额与进项税额的差值。所以,整体而言,实施营改增后,服务行业一般纳税人只有获得相应进项税额，承担的实际税负率才会显著降低。

具体来说，于餐饮行业等以采购为主要成本的行业来说，如果企业能够把握好政策，注重发票管理，节税的效果会非常明显。不过，目前企业采购一般无法取得增值税抵扣凭证，因此接下来如何选择供应商，将是一般纳税人应充分考虑的内容。对于美容美发行业等一人工成本为主的行业来说，由于人工成本无法取得增值税专用发票，因此可能导致企业整体税负偏高。在这种情况下，企业更应注重其他能够取得增值税专用发票的项目，这些项目要尽可能取得增值税专用发票，才能够最大程度降低企业的税负。

(四)对租赁业的影响

营改增前，由于租赁行业缴纳营业税，无法开具增值税专用发票，企业通过融资租赁公司采用融资租赁方式租入固定资产，无法抵扣增值税进项税额，既严重阻碍了融资租赁行业的发展，也抑制了生产性企业通过融资租赁扩大投资规模。

营改增后，因为租赁业务被纳入增值税征收范围，租赁公司提供租赁业务可以开具增值税专用发票，租入机器设备的企业可以抵扣增值税进项税额。同时，虽然租赁有形动产适用17%的税率，但经营融资租赁业务的试点纳税人中的一般纳税人提供有形动产融资租赁服务，对其增值税实际税负超过3%的部分实行增值税即征即退政策。这样就大大减轻了融资租赁企业税负。

## 二、营改增对地方税务部门的影响

营改增后将会对地方既得财力产生巨大影响，同时，也会给税收征管带来难度，概括起来有以下几个方面：

(一)地方税收失去主体税种

长期以来，营业税都是地税收入的主要来源，且营业税具有稳定性、可控性等特点，营改增使地税部门失去了主体税种，因而导致其他税费的流失，一是随营业税附征的城建设税、教育费附加等附税，全面移交国税后随增值税附征，加之与国税部门的信息无法实时交换，只能依靠定期比对补征的方式弥补，时间滞后且增加额外工作量，漏征漏管的风险增大。二是按照规定，新办企业的所得税管辖权是随着主体税种走，全面实行营改增后，新办企业的所得税全部划归国税征管，地税部门管辖的户数将面临萎缩。三是由于缺乏营改增户的管理手段，实行核定征收的纳税户、“以票控税”的个体工商户、建筑安装企业附征的所得税流失，地税部门代征的政府性基金的收入随之下降。

(二)征管模式面临重构

营改增改变了企业原有的缴纳方式，营业税改为增值税后由国税征收，其余税种如企业所得税、个人所得税、房产税等税种依然由地税部门管理，地税部门肩负的征收和管理责任并未减轻。地税部门行之有效的“以票控税”手段随营改增后失去功效，由于国地税管理自成体系，大量的基础信息不能共享，造成零散户纳税人在国税取得增值税发票后可能会无视地税部门管理，选择性避开申报地方税费环节，相关企业所得税、城建税等地税收入难以保证，征管难度加大。

(三)城建税等附加税收入预测难度增大

现行的城建税、教育费附加、地方教育费附加与其他税种不同，没有独立的征税对象或税基，而是以增值税、消费税、营业税“三税”实际缴纳的税额之和为计税依据。营改增后，原有的营业税纳税人在缴纳附税时实行单独申报，计税依据全部在国税部门，地税部门很难实现源头控管，无法从地税部门自身掌握的信息来预测收入，增加了地税部门的收入预测难度。

## 三、下一步改革的目标

(一)落实税收法定原则

改革开放以来，在税收立法领域我国长期实行授权立法体制，现行的18个实体税法中，只有企业所得税、个人所得税和车船税是人大立法，其他15个税种都以《暂行条例》的形式存在。十八届三中全会审议通过的《中共中央关于全面深化改革若干重大问题的决定》(以下简称《决定》)对税收法定原则提出了明确的指示:《决定》除了在深化财税体制改革的总论部分明确提出了“完善立法”的要求外,在第18节完善税收制度中明确要求“加快房地产税立法并适时推进改革”。而且在第八部分“加强社会主义民主政治制度建设”中更是明确提出“落实税收法定原则”。

全面实施营改增是落实税收法定的关键。增值税立法路线图,俗称“五步曲”——营改增、优化税率、完善税制、调整体制、立法,全面实施“营改增”是首要任务。增值税的立法,是构建税收法律制度体系的重中之重,至2020年,增值税能否实现法律化,直接关乎落实税收法定原则的任务能否如期完成。随着营改增的全面推开,待平稳运行一段时期后,可首先考虑经必要的法定程序,修订增值税暂行条例,并同时宣布停止营业税暂行条例执行,完成在现有法治框架下税收行政法规的具体适用问题,充分体现改革进程中对法治的遵循和尊重。

而营改增试点工作不宜持续过长,自5月1日起推行的“全面营改增”,已打破了既定增值税暂行条例的体系框架,远远超越了原增值税暂行条例的内容,长期维系增值税暂行条例与营改增试点方案并存的格局,是不符合法治精神和要求的。因而及时将营改增试点改革成果法制化,是推进增值税立法进程,确保增值税法规体系完整性的迫切需要。

(二)进一步稳定税负

营改增全面推行至各个领域,某些行业税负增长,不利于企业的发展转型,因此,下一步税制改革的重点是在总体上不增加社会负担,全面减轻税负。

就国家层面而言,针对营改增后对企业税负造成的影响,应考虑适当降低增值税税率,或是制定相应补贴政策,力争通过营改增能让更多企业获得益处;同时,国家还应着重解决一些行业获得增值税专用发票难的问题,力争让更多企业采购成本产生的增值税能达到有效的抵扣效果。就企业层面而言,一方面,应尽量将采购成本进行进项抵扣,如企业应尽可能选择能够开具增值税专用发票的供应商,以此提升进项税额的抵扣。另一方面,企业要科学管理采购成本,提升中间投入比率,增加可抵扣进项税额,企业要根据自身实际情况,深入、全面研究各种可能的影响因素,采取有效的应对措施,提升管理水平,降低纳税负担;在选择供应商的时候要尽可能选择增值税一般纳税人,获得相应的增值税专用发票,增加抵扣金额;在纳税筹划的时候,企业可以进行分散经营,把独立核算部门分离出来,有效提升进项税额抵扣。

(三)完善地方税体系

1、建立地方税种体系。从现行税制来看,目前尚未有税种能替代营业税在地方税体系中的主体地位,十八届三中全会《决定》指出,完善地方税体系,逐步提高直接税比重,因此必须对 现有的地方税税种进行改革优化。继续推进房产税改革,使房产税承担扩大直接税比重的重要任务;加快资源税改革,合理增加资源税收入,将资源税的征收范围扩展到森林、草原等自然生态空间,使其成为地方财政收入的稳定来源;推进环保税改革,将现行的排污收费更改为环保税,并将环保税作为地方税体系的税种;进一步推进消费税改革,扩大消费税的征收范围,并将其划为地方税种,从而建立起以所得税、房产税、资源税、消费税、环保税为主的地方税种体系,完成《深化财税体制改革总体方案》既定的六大税种的改革目标。

2、改革现行地方税收征管体制。营改增后,纳税人所需票证皆由国税管理,地税部门无法通过“以票控税”的方式管理纳税人,归于地税的个人所得税、城建税、教育费附加等税种的征收权和管理权分离。地税部门的税源监控手段严重弱化,税收管理难度增大。因此,需加强国地税合作,实行同源共享、国税代征,例如现行的将企业所得税全部纳入国税局的征收范围,减少了企业所得税征收归属不明甚至存在冲突的局面。国地税应该加强日常业务的合作,按合作规范处理国地共管的纳税人的征管问题,通过信息交流,实现两部门资源及时、完整的共享,协调配合,提高税收征管水平。

(作者单位:北京市通州区地方税务局)

# 浅谈“营改增”给税务管理带来的问题及对策

——以保定市竞秀区国、地税为例

张世聪

2016年5月1日“营改增”已在全国范围内全面实施，这场仅次于1994年的税制改革，实现了增值税的全覆盖，彻底改掉了增值税、营业税并行的各种弊端。但是改革对税务机关管理上带来的问题也是显而易见的，现笔者结合保定市国地税税收征管实际，就“营改增”给税务管理带来的问题及对策谈谈粗浅的看法。

## 一、“营改增”后税务管理面临的问题

（一）国地税面对“营改增”均难以短期适应

保定市竞秀区此次涉及“营改增”业户，一次性大规模的业户移交，国税局明显感觉难以接受和适应，而地税局因失去“以票控税”征管模式，管户没有减少，却增加了税收征管难度，也难以在短期内适应。主要表现为：一是国税工作量猛增，而地税业户没有减少，反而增加了征管难度。以竞秀区市国税局现有税收管理员人计算，每位税收管理员平均增加管户户。而地税除营业税外其他税种还得征管，也没有减少管理户数，反而因失去了营业税发票的控管，增加了管理难度。“营改增”后真是双方都犯难。二是国税人员对政策不熟悉，地税人员懂政策却用不上。现行“营改增”业户增值税政策基本上是原营业税政策迁移过去，国税人员对政策还一时难以掌握，业务难以开展，而地税人员懂政策却无用武之地了。三是国税人员结构相对地税更加老化。保定市竞秀区国税局职工平均年龄近周岁，年龄结构老化，知识结构老化，在“营改增”之前国税局税收管理就很吃力，一下子增加这么多业户并要重新熟悉相关政策，干部职工更显得力不从心。保定市竞秀区地税局职工平均年龄近周岁，年龄结构也属老化，但相比国税局还是更年轻一些。四是国地税人员思想都有波动。在人员、收入未增加，工作量大幅增加的情况下，国税局部分干部职工难免会产生消极情绪。而对地税来讲，在税制改革未完全到位的情况下，需重新构建征管体系和管理构架，在主税种营业税取消下，一支善于营业税管理、业务素质高、与国税相比相对年轻一些的队伍一时间好像又无用武之地了，造成人才资源的浪费，情绪上也有很大落差。

（二）“营改增”行业征管基础及管理经验失衡

一方面地税对“营改增”行业建立的规范成熟的管理系统和丰富的管理经验将被遗弃。地税队伍对营业税管理了近23年，地税对营业税管理有扎实的管理基础和丰富的管理经验，建立了比较完善的管理制度，开发了许多特色的管理软件。如：有完善的“两业”信息管理系统，从税源登记、税务管理、税款征收、发票开具、项目结算等一系列程序实现了信息化；有比较完备的二手房交易和估价系统；还有对驾校、餐饮、住宿等行业的税收预警值管理，这些管理措施对防范税收流失、公平税负等能起到特别的效果。同时，地税经过多年对营业税的管理，在行业特点、风险管理和经验方面都有自己比较完备的管理体系，这些都是经过多年积累的成果，而如今“营改增”后都将被遗弃。另一方面国税面对“营改增”行业管理将从零起步。目前国税对原营业税管理无论是在信息管理方面还是经验方面基本上是一片空白，要重新构建管理制度，开发信息管理系统，这些都需要一个过程。只有在熟悉原营业税管理特性后，在参照原地税营

业税管理的基础上，同时还要结合增值税抵扣环节等多种因素，才能够开发出实用的信息管理系统并制定完备的管理制度。国税管理人员对熟悉行业特点、风险导向及丰富管理经验方面都需要时间进行摸索和积累，并不能一蹶而就，对“营改增”行业管理将来很长一段时间难免会出现管理上的漏洞而导致税收流失。

（三）地税从“以票管税”向“信息管税”过渡需要适应期

一是地税部门一时难以适应没有发票控管的征管模式。地税原来实行“以票管税”+“信息管税”的征管模式，在有营业税发票这一有力的控管抓手下，税收管理非常有底气，做得稳稳的。但在“营改增”后失去发票这一强有力的控管武器后，“信息管税”又没有完全规范起来，地税干部心里空落落的，如何做好税收征管，心里真的没有底，有种不知所措的感觉。二是“信息管税”相关制度和平台的建立还需要一个过程。如何利用“信息管税”有效地防止税收流失的课题摆在每位地税人面前，需要每位地税人去思考和探索，但这需要时间，需要社会上更多的部门协作，一时半会难以建立起规范的“信息管税”相关制度和平台。在规范的“信息管税”平台没有建立前，“信息管税”就是一句空话，因此在这一时期就会出现税收管理漏洞，造成部分税款流失。

（四）国地税均面临税收管理技术难度加大的问题

一是因税收制度设计问题，导致地税相关税种征管难度加大。按现行税费设置，城建税、教育费附加、地方教育费附加随缴纳的增值税和消费税征收，但关联这么密切的税费却由国税和地税分别征收。要弄清楚每一纳税人是否按缴纳增值税和消费税足额申报缴纳了相关的附征税费，就需要从国税采集信息与地税申报缴纳信息比对，对少缴的纳税人，地税机关还要下发通知进行催缴。这本来可以由国税在征收增值税和消费税时一并征收清清楚楚明明白白的税费，却给地税造成很大的征管难度，费时费力还有可能会出现税款流失。二是因税种间的关联问题，给国地税相关税种的管理都会增加一定的难度。按国务院批转税收征管体制改革方案，在“营改增”全部到位下，适时将地税管理的企业所得税划转国税管理。到时地税在营业税、企业所得税两大税种全无的情况下，对做好自然人股东红利个人所得税征管是个难题。对上市公司和管理规范公司来说问题可能不大，问题主要集中在中小型的民营企业中。由于利益的驱动，企业往往会采取隐瞒收入、虚增成本费用等方式来套取现金，以现金方式进行自然人股东分红，在帐面上就没有股东分红体现，以达到少缴个人所得税的目的。地税机关要查实某企业实际分红情况，要从收入、成本方面入手，而收入涉及增值税和企业所得税，成本涉及企业所得税，这些都是国税管理的税种。这里存在两个问题：一是地税机关为单纯查实个人所得税要确认隐瞒收入和虚增成本费用的证据，要花费好多精力，并且即使查出有关增值税和企业所得税问题，又无权处理，要将相关信息传递至国税机关，由国税机关进行认定；二是国税机关在对企业检查时发现企业有隐瞒收入和虚增成本费用套取现金分红的问题，又无权处理个人所得税，要传递至地税机关确认。这无形中增加了国地税征管协作环节和降低了工作效率，加之受人情社会和本位主义思想的影响，两家税务机关是否会将信息传递给对方还是个问号，从而不仅增加了税收征管工作难度，还容易导致税款流失。

（五）国地合作一时半会很难全面落实到位

为堵塞因“营改增”带来征管上的困难和税收流失，国家陆续出台了相关国地税合作的一些意见。这些意见都很好，国地税也会为了完成上级考核指标，制定一些具体的合作制度，但许多合作制度停留在书面上，要达到真正理想中的深度融合目前还很难。主要有以下几方面原因：一是执法主体不同。即使国地税在纳税服务、税款征收、税务管理、税款核定、纳税评估、税务稽查等方面进行了合作，由于国税、地税对税种管辖权的不同，还是要各自按自己的执法程序走，如：某纳税人由于地税方面的纳税事项未完成，“营改增”前，地税机关可以对其实施停供发票措施来促其履行，但“营改增”后，若其在国税方面无违法行为，因无法律支撑，这一措施就无法实施。二是受本位主义思想影响。国地税虽然都属于国家税务机关，但其实是两个不同的执法主体，可能会出现“上头热下面冷”的现象。像瑞金市国地税有二十几个部门二百多号人，假如有部分的部门和个人处于本身利益着想，或者有多一事不如少事、各人自扫门前雪的本位主义思想，对许多合作事项就没有激情，从而缺乏合作的主动性。三是缺乏法律责任约束。国地税合作只是指导意见，对不履行国地税合作事项造成税款流失的单位和行为人又不要负担法律责任，最多只是国地税系统内部一个考核项目而已。因此，缺乏法律的强制力和约束力，真正的合作也难以推行。

## 二、对策和建议

（一）合理配置人员，加强业务沟通

占地税收入三分之一的营业税改增值税划转国税管理，地税部门积累多年营业税管理经验的人才已无用武之地，国税部门却面对突如其来的新业务和管户的大幅增加而不知所措，力不从心。面对这一现状，建议对国地税人员要进行适当的合理配置，同时，国地税要加强业务沟通，及时进行相关管理经验交流与传承。

1、人才要合理流动。以前几次“费改税”和税种（契税、耕地占用税）管理调整都涉及人随业务走的先例。为解决“营改增”后国地税之间业务和管理力量上的不均衡，国家是否也可以考虑在地税部门中选拔一批营业税管理人才到国税局，帮助国税局更好更快地理顺“营改增”后相关行业管理，少走弯路，使“营改增”行业管理尽快走向规范，从而减少过渡期税款流失。通过人员调整，可以达到以下效果。一是有利于稳定国地税人员情绪。对国税人员来说业务量和人员同时增加，没增加个人的工作量是可以接受的；对地税人员来讲，钻研和积累了二十几年的营业税业务及经验能找到一个承接的平台，在情感上也不至于那么失落。二是有利于业务的衔接。“营改增”行业的税收政策都是在原营业税政策过渡来的，若地税营业税管理业务人才能部分调整到国税，带动国税人员开展“营改增”后相关税收管理，在管理中起到一种传帮带作用，就能够保证相关政策的落实和管理的到位，使国税在“营改增”后的业务管理尽快规范起来。三是有利于人才结构的优化。从总体来说，地税的人员结构相对于国税更年轻。就竞秀区市地税局来说，地税营业税管理人才大都在40岁左右，这些人员充实到国税队伍，既能使国税队伍人才结构得到优化，又能使地税的营业税管理人才得到充分利用，使得“营改增”行业增值税这一大头税源有妥当的管理人员去承接，从而减少国税在“营改增”行业的税收执法风险和税款的流失。

2、国地税要加强业务沟通。在国地税人员未流动的情况下，国地税要本着为国家守住每一粒税收的使命感，加强沟通协作，使国税人员尽快熟悉“营改增”行业税收征管业务。一是地税人员应站在讲政治的高度，主动帮助国税人员做好“营改增”业户过渡期的协助工作，包括企业基本情况、行业管理情况、政策情况、纳税情况、用票情况等，全方位、毫无保留地向国税人员传授相关业务知识和管理经验。二是国税部门要积极主动地与地税部门进行沟通，探讨相关行业管理。在地税部门做好了相关业务交接的基础上，国税部门在管理中遇到问题要积极主动地与地税部门进行沟通，地税部门也要积极主动帮助国税部门熟悉行业经营特点，提供行业管理经验，国税部门可以结合自己的管理模式将地税局对各行业的管理办法和措施吸收过去，尽可能地保持相关管理措施、模式的平稳过渡。三是做好业务培训工作，对涉及“营改增”行业管理的国税人员，要采取集中培训的方式，对原营业税政策、管理方式及调整后政策开展强化培训，尽快熟悉掌握相关税收业务。

（二）征管体制改革要进一步优化

1、调整税费管辖权。国务院批转的《深化国税、地税征管体制改革方案》将随增值税、营业税、消费税计征管城市建设维护税、教育费附加、地方教育费附加划归地税管理，届时消费税、车辆购置税由国税划转地税管理，企业所得税全部归国税管理。而“营改增”后，地税机关不了征收营业税了，为了便于管理，减轻地税部门的工作难度，像城市建设维护税、教育费附加、地方教育费附加这种与主税种密切相关的税费建议随主税种管理。这样就理顺了管理秩序,也有利于堵塞这三种附征税费的征管漏洞,同时减轻了国地税就这些税费的征管难度,也便于纳税人操作和理解,至于涉及这三种附征税费预算级次问题在金三系统上线后完全可以得到规范和解决。

2、强化委托代征工作。在现行税收征管体制下,为了加强税收控管,减少税款流失,必须强化委托代征工作。一是由国家出台相关政策强制委托代征。建议由国家税务总局出台文件,在全国范围内将随增值税和消费税征收的城市建设维护税、教育费附加、地方教育费附加委托国税征收;在消费税调整至地税管理时,随消费税征收的城市建设维护税、教育费附加、地方教育费附加继续由地税征收,随增值税征收的附征税费继续委托国税征收。二是国地税要加强委托代征意识。在国家还没有出台相关委托代征政策时,国地税都要有为国聚财之意识,减少税款流失,自行强化委托代征工作。由各地国税、地税自行协商委托国税征收城市建设维护税、教育费附加、地方教育费附加等事宜。

(三)建立信息管税平台

1、构建信息管税大平台。"以票管税"只能做到对税收的部分控管,要全面控管税收,减少税收漏洞还是要依赖来自社会上方方面面的涉税信息。因为并不是所有的税种都能"以票管税",因此,国地税都迫切需要有一个完善的信息平台系统去支撑税收管理。这种信息大平台要以"社会综合治税"为主平台,再由此链接出信息采集、分析、比对、加工、运用的子平台,为税务部门增加一个征管利器,完善税收征管,减少税收流失。但这种系统工程需要化费大量的人力、物力,同时又要得到当地政府和各部门的支持与配合才能够建成。因此,像这种系统工程只有建议由国家出政策,统一规划和设计,省级统筹,市、县政府具体抓落实,税务部门负责提供业务需求,其他综合治税单位按要求上传相关涉税信息。只有真正构建起了全社会涉税信息集中的大平台,税务部门的"信息管税"才不至于是"水中花,镜中月"。

2、做实信息管税基础。在信息大平台未建立之前,地税部门不能等、不能靠,应主动出击,探索在现有条件下如何应对"营改增"后运用相关信息控管税收,将影响降到最小。一是要树立信心。在原有征管体系打破下,地税人员面对新情况和新问题,不能悲观消极,要树立办法总比困难多的思想和信心,发挥地税人国地税分家时敢于挑战困难的精神和全体地税人的聪明才智,分析新情况新问题,找到解决问题的办法和措施。二是争取政府支持。地税部门向政府汇报好"营改增"后地税部门面临的工作难点和工作设想,在取得政府支持下,以原有"社会综合治税"框架,继续发挥好国税、房管、国土、不动产登记、国税、工商等成员单位提供涉税信息的积极性,争取得到更多的涉税信息以支撑税收管理。三是提高信息分析和运用能力。地税部门要组织相关技术人员对各成员单位提供的涉税信息进行梳理、分析,而后将有用的涉税信息推送给相关管理分局,管理分局在规定的时间内将应对情况反馈给推送部门,形成良性互动,提高涉税信息使用效率。

(四)国地税合作法制化,合作事项深度融合

1、国地税合作法制化。没有法律支撑和约束,全靠个人关系、职业道德、领导影响来落实国税、地税两部门协作事项是难以到位的,要想双方深度融合,达到理想的效果,必须走法制化道路。由于国税、地税都执行《税收征管法》,为落实好双方合作事项,可以《税收征管法》修订为契机将国地税合作事项中双方的权利、义务和责任加入进去,做到有法可依、执法必严、违法必究。只有在法律框架下国税、地税合作才有法律支撑,各级党政、国税、地税部门才会站在法律框架下将双方合作事项落实到位,才不会出现因领导更换、个人喜好、责任意识的不同使双方合作时好时坏、时紧时松。也使双方在纳税人信息交换、共享、协护税的合作上有法律依据,规避了双方因合作带来的法律风险。

2、合作事项深度融合。根据《深化国税、地税征管体制改革方案》和《国税、地税合作规范》的总体要求,国地税要站在方便纳税人、减轻纳税人和税务人员负担的高度,抓实抓牢国地税合作事宜。一是要提高认识。国税、地税无论是领导还是一般干部都应站在讲政治的高度来看待国地税合作事宜,这不是哪

一家的事,谁求谁的事,而是国家深化经济体制改革的一部分,是国家改革层面的布局,各地能否落实国地税合作事项,关系国家经济体制改革的成功与否。二是要在当地政府和双方上级局的指导下开展国地税合作。国地税合作涉及人员调配、场所选定、经费支出、业务衔接、人员管理、信息技术支撑等方方面面的问题,这一系统性工作确实要在政府和上级局的支持和指导下才能完成。三是要严格考核。为使国地税合作事项落地生根,达到深度融合,国地税要共同制定严格的考核方案,列出各项合作事项具体时间表,如:共建实体和网上办税厅什么时候完成,联合税务管理什么时候完成等,对未如期完成的要实行相应的处罚和追责。同时,国地税双方内部就具体合作事宜也要制订相应的考核方案,实行分类考核,对违反合作规定的当事人要进行责任追究。只有在严格的考核下,国地税合作事项才能落地生根,从而达到深度融合。

(作者单位:河北省保定市竞秀区国家税务局)

# 浅谈对营改增的认识与分析

桂新社

营改增全面试点，在我国实行了66年的营业税正式“谢幕”。这场确保税负只减不增的营改增，不但企业十分期待，也引发了社会关注。对营改增意义的分析，全面认识到营改增是当前我国宏观调控的主战场，是推动经济结构调整的“关键点”，也是深化财税体制改革的“重头戏”，将引发新一轮的财税改革。

## 一、营改增是当前我国宏观调控的“主战场”

2012年元月，营改增率先在上海启动改革试点，之后采取“雁阵”方式扩围提速，陆续有12个省市加入到营改增的试点范围。营改增这艘巨轮已经试水成功，正乘风破浪，披荆斩棘，一路远航。但是，根据笔者观察，对于营改增的意义，人们多倾向于从税负和税制调整的角度加以阐述，将其作为完善流转税制的一个重要举措。这当然是不错的。但是，倘若对其意义的认识只停留在这一高度，则会看不到营改增在某些方面十分重要的影响和战略意义。笔者认为，分析营改增的意义，应放在当前整个经济社会发展进程之中加以仔细地审视。营改增是当前我国宏观调控的主战场，关系着此轮宏观调控的成败，是以结构性减税促进经济结构调整的“关键点”，也是深化财税体制改革的“重头戏”，因此，有必要全面充分认识营改增的重大意义。从增值税立法看，得益于供给侧结构性改革，增值税抵扣体系顺利浮出地表。但良好的改革不能缺失法制声音，应充分发挥行政与法制在税制转型中“双轮驱动”的作用，使营改增既能在特定时点迅速出台落地，又能及时“补课”具备稳健的法制保障。建议尽快通过顶层设计，由全国人大启动增值税立法程序，以实现增值税法治、善治的好处：一是通过立法汇集政府、企业、学界等不同意见与建议，消解转型过渡时期税制、政策、管理和服务的不足；二是从立法高度，检视税制构成体系，解决增值税与企业所得税等性质相近的税种匹配问题；三是顺应民主法制要求，及时回应社会关切，使学界热议的“税收法定原则”在营改增中得以彰显，让增值税走上长久发展之路。税收立法任务繁重，增值税因其涉及面广、深度介入社会经济各个环节，已成为我国兼具直接税与间接税性质的流转税种，对国家、企业、个人分配调节影响至深，尤需乘势落实优先完善。这次税制改革抓住了全球经济价值链调整、国内供给侧改革的机遇，并巧以“免税”降负的形式及时推出，耦合了政府与市场两相呼应的合力，在短时间内成就大事，甚为可贵。但接下来许多工作仍待努力，要十分珍惜和把握好当前重要的“窗口期”。

## 二、营改增是当前推动经济结构调整的“关键点”

在我国存在着货物和服务两大流通环节，并行着增值税和营业税两大流转税。前者主要适用于制造业，由于实行税款抵扣制度，税负相对较轻。后者主要适用于服务业，由于不能进行税款抵扣，存在重复征税现象，因而税负相对较重。为了推进服务业的发展进而调整产业结构，让增值税吃掉营业税，从而在整个商品和服务流转环节统一征收增值税，便成为一种自然的选择。营改增，能有效促进服务业的提升、制造业的优化，促进产业分工专业化、鼓励资本流向高新技术行业，促进产业结构调整和技术升级。从税制设计看，全面推行的营改增依然属于“试点”，远未成型到位。一方面，针对营业税和增值税并存造成的扭曲关系，改革中不得不采取一些过渡性措施。如多率、多档、区别对待的税制设计，以利于部分企业、项目的平滑过渡,但因此又将弱化增值税中性特征。另一方面,囿于众多小型企业的财务、票务管理难以对接复杂的增值税要求,只能在改革的“尺度”上网开一面,容忍了众多小企业按小规模纳税人身份实行简易征管(与营业税几无差异)。而这些数倍于增值税一般纳税人的小规模纳税人,无时无刻地影响、侵蚀着“正统”的增值税。因此,应大幅放宽一般纳税人条件,只要能准确计算增值税销项税额、申报抵扣进项税额,按规定进行增值税会计核算的,都应视同一般纳税人,以便把大量同质化课税对象纳入增值税轨道。从企业适应性看,增值税实行价外税,有增值才征税、没增值不征税,其意义在于保护投资,公平税负。但企业要获得增值税好处,除了一定的经营规模外,还得符合两个基本要求:一是取得增值税专用发票;二是有足够的进项税额抵扣。而专用发票及进项税额,必须符合认证和抵扣环节的规定。一句话,增值税对发票、现金、实物的“三流合一”管理要求很高,形成相互对接又完整合规的闭环系统。由于时间仓促,部分政策边界未尽明确,少数企业对营改增长期存在误读与畏难情绪。事实上,专业难题经过培训可得到解决,问题是有些企业认识上出现偏差,不善于借助“政府的改革”倒逼自身变革,默认现实中采购、结算、票务的原始、粗放习惯。随着营改增全面试点的深入,大量不动产纳入抵扣范围,将明显减轻企业税收负担。任何有抱负的企业都将为之倾力,主动加强成本核算、系统改造乃至整个企业的诚信、健康管理。财政税务及政府有关部门也应协同企业投身其中,助推这场改革发挥预期作用。

## 三、营改增是深化财税改革的“重头戏”

营改增看似只涉及两个税种,即增值税扩大范围和营业税退出,实际上却牵动了整个财税体制。从体制的角度观察,营改增是一个事关财税体制全局的重大改革。营改增是财税改革的一大盘棋,牵扯到中央和地方税收分成、地方新增税种的开辟,以及征收机构和人员的变动。与之相对应,“财权与事权相匹配”或“财力与事权相匹配”的分税制原则,也有必要重新调整其布局,以国地税分设为特点的现行税收征管格局、中央和地方财政体制也将面临着调整和改革。从整体减负看,实施减税降负是营改增焦点之一。作为推进供给侧结构性改革的实举,营改增最大目标是通过减税,激发企业活力,扭缓经济下行的趋势。问题是怎样通过增值税抵扣机制,帮助企业提升减税获得感?从前段时间社会反应看,整体效果尚不明显。尽管政府下大决心,反复承诺税负“只降不增”,但社会上对营改增仍缺乏了解,导致信心和耐心不足。因此,在5月和6月的开票关、申报关这“两关”过后,有关部门要为企业再“回炉”辅导,破解“自己都没搞清楚,还要向纳税人解释”的尴尬。尤其是建筑业和房地产业情况复杂,如何对一些老合同、老项目等采取有效过渡措施是一个个的“坎”,要尽快从新旧税制异同入手,重点用好不动产抵扣等政策,用鲜明的数字、事实坚定纳税人对政府全面营改增的信心和恒心。营改增是一项已经落地、举国聚焦而影响深远的改革主措,必须珍之重之惜之。一句话,政策落地,减税到位是政府及其税务部门的最大任务。从税务资源整合看,营改增全面试点,触动税收管理方式等问题。一方面,长期习惯于事前审批管理的税务人员如何转变观念,在大数据背景下重新扮演好服务与事后监督的角色,需要税务部门自身更多改革。另一方面,由于营改增调整了税收征管范围,地税部门三分之一多的业务移交国税部门,怎样均衡国地税之间的业务已经摆在政府和税务机关面前。应该说,这次营改增为税务机构调整打开了方便之门,应积极借鉴“大部制”的思路,将解决国地税机构重复的问题摆上议事日程。综合看,目前机遇难得、条件成熟,应当顺势成就税务机构的改革。此外,全面营改增还涉及调整、完善财政管理体制问题。因为营改增的减税,实际是政府财政减收,自然会打破原有平衡和边界,牵动中央与地方财权、事权分配与调整。如何顺应改革,调动多方积极性,解围之道将激发巨大的增长动能。期待省和中央层面综合驾驭,争取营改增全面试点的最大公约数。

(作者单位:河北省保定市国家税务局)

# 浅谈营改增后如何规范发票管理

宋　军

四大行业纳税人营业税改征增值税工作已于5月1日正式实施，各类纳税人的用票高峰也将到来。也给税务机关发票管理工作带来一定的风险，营改增企业能否正确的使用发票是关键。对此提出以下建议。

营业税改征增值税，是我国税制改革中最为重要且影响力最大的一场税制改革，作为"以票控税"的国家，势必会对"营改增"发票管理做出新的规定、提出新的要求。面对税制改革，企业不但要转换思路，更要从被动接受变为主动适应。"营改增"发票管理的重要性，从国家层面来说，体现在对经济的影响，对税制改革的影响；从企业层面来讲，体现在成本费用的税前扣除和进项税的抵扣。

发票后续管理有待加强。新的纳税服务规范对纳税人申请领用开票限额十万元以下(含)的增值税专用发票，变事前核查为事后监管，取消了实地核查程序，仅需提供相关书面合同，即可审核办理。由于"营改增"纳税人应税服务具有"无形"的特点，加上一些纳税人规模不大，行业类型繁多，会计核算不规范，备查的合同单据不完整不齐全等，使税务机关事后监控的难度增加。部分"营改增"纳税人受利益驱动，极易诱发虚开虚抵专用发票的行为。

一是准确划分用票纳税人类型。按照税收征管法、发票管理办法等相关法律法规要求，将纳税人划分为自开票纳税人和代开票纳税人，划分的标准是纳税人是否办理了税务登记。办理了税务登记或按税收征管法有办证义务的纳税人，为自开票纳税人，有用票需求的，应自己开具发票，不得找税务机关或其他纳税人代开。没有办理税务登记义务的纳税人，为代开票纳税人，包括偶尔发生应税行为的非企业性单位和广大自然纳税人，他们有用票需求的，应找税务机关代开或税务机关委托的其他合法单位代开，不得找其他自开票纳税人开具。以此划分开票纳税人类型，坚持权利义务对等原则，划清了税务机关和纳税人的权利义务，有利于保证双方权利义务的实现，各做各的事，不相互越位，不越俎代庖。

二是因地制宜满足纳税人需求。营改增后，原增值税纳税人和试点增值税纳税人都用增值税发票，纳税人数量多，需求各异，必须结合各类纳税人的实际，采取不同的方法来满足他们的用票需求。首先，对起征点以上和起征点以下纳税人要区分对待，起征点以上纳税人开票原则上进入增值税防伪税控升级版，使用新系统开具发票，税控器具费用从应纳税款中抵扣；起征点以下纳税人，根据纳税人意愿，可选择使用增值税防伪税控升级版、UK数字证书、原有地税税控器具、定额发票等方式开票。其次，一般纳税人和小规模纳税人根据其业务需求，区别开票。一般纳税人使用防伪税控系统升级版开具增值税专用发票和普通发票，不得利用其他器具开票；小规模纳税人，由纳税人用税控器具开具普通发票，需要开具专用发票的，由税务机关代开。再次，对行业特点不同的纳税人允许使用不同的税控器具开具发票。针对饮食、二手房交易、停车管理服务、出租车、过桥过路通行服务等特殊行业，允许他们根据自身的特点，使用增值税防伪税控系统升级版、卷筒、计价器出票、手撕定额等形式开票；最后，对没有办理税务登记义务的纳税人由税务机关或税务机关委托的合法代开机构进行代开。他们有用票需求的，持合法证明，随到随开，当即缴纳税款或免税。

三是规范新老纳税人用票标准。推行营改增后，原增值税纳税人和试点增值税纳税人都是增值税纳税人，在发票使用方面应享受一样权利，履行一样义务，统一用票标准。按营改增试点纳税人销售不动产和个人出租不动产相关规定，自然人可以申请地税机关代开增值税专用发票。而原增值税自然人是不可申请代开增值税专用发票的。如此一来，这似乎对原增值税自然纳税人形成一种税收歧视。在给予营改增试点纳税人开票优惠的同时，也要对原增值税纳税人自然纳税人销售其他可以抵扣的货物，需要代开专用发票也明确应该允许，以便他们享受同样的优惠。另外，对原增值税不足起征点小规模纳税人偶尔需要代开增值税专用发票的问题，也应比照自然人允许代开。

四是服务到位，千方百计解决纳税人困难。税务机关和税务人员要树立依法使用发票是纳税人的一项权利更是一项权益的观念，不仅要给予，更必须加以保障。无论是自开票纳税人还是代开票纳税人，无论在任何时点，遇到用票困难，只要需求合法，在通过其他途径得不到解决的情况下，税务机关最后都应无条件解决，不能因为纳税人用不上发票而导致其他权益丧失。

（作者单位：河北省安新县国家税务局）

# 浅析"营改增"税制改革对企业的影响

付 丽

## 一、推行"营改增"税制改革的必要性

(一)"营改增"关系到国家宏观调控成败

随着时间的推移和形势的变化,"营改增"对于宏观调控体系的重要意义日趋凸显。

1、在由18个税种组成的现行中国税制体系中,减少税收当然可有多种选择,但是,将现行税制体系格局与"十三五"税制改革规划相对接,或者,即便仅仅出于均衡税收收入体系的考虑,减间接税而非直接税,减收入所占份额较大的主要间接税而非所占份额微不足道的零星间接税,无疑是推进结构性减税的重点。

2、在现行税制体系中,收入所占份额较大、可称为主要间接税的,分别是增值税、营业税和消费税。将这三种税放置于税制改革的棋盘上并同税制改革的既有进程相对接,便会发现,只有增值税,才是最适宜作为结构性减税的主要对象。正在上海等地试行的"营改增"方案,本身恰是一项涉及规模最大、影响范围最广的结构性减税举措。

(二)"营改增"系政府推动经济结构调整的重要手段

"营改增"本身即是基于调整经济结构的需要而提出并设计的。在我国的货物和服务两个流转领域,并行着两个一般流转税税种——增值税和营业税。前者主要适用于制造业,后者主要适用于服务业;前者不存在重复征税现象,因而税负相对较轻,后者则有重复征税现象,因而税负相对较重。故而,几乎从1994年现行税制诞生的那一天起,这两个税种,便一直处于彼此之间税负水平差异的矛盾之中。为了推进服务业的发展进而调整产业结构,让增值税"吃掉"营业税,从而在整个商品和服务流转环节统一征收增值税,便成为一种自然的选择。

## 二、"营改增"税制改革的内容及其产生的效应

"营改增"税制改革的内容为了进一步优化我国国税结构,促进各产业协调发展,往往需要根据市场经济的发展要求进行税制改革,营改增税制改革就是其中一种。

在营改增税制改革过程中,通常会现在部分地区、部分企业进行试点,比如某地在开展营改增试点时就涉及到了交通行业和服务业。营改增税制改革的具体内容有:一是可以适当减免营改增给部分企业带来的税收负担,避免其经济压力加重。二是营改增改革后,原来享受营业税免征的企业现在仍然免征。三是把原来营业税中的减免税优惠转变为即征即退的方式。

营改增税制改革产生的效应近年来,我国商品与服务之间的区别越来越模糊,给我国现行的税制带来了严峻的考验,增值税和营业税在税制征管方面的矛盾越来越突出,迫使我国进行营改增税制改革。营改增税制改革对我国市场经济和企业健康发展具有不可或缺的作用。从我国整体财税而言,营改增税制改革完善了增值税链条,提高了地区竞争力,能消除重复征税,从而降低了企业的生产成本,是降低物价的一个重要手段。对地方财政来说,营改增税制的实施缩减了营业税的范围,但是地方财政主要就是营业税,这样势必会使得地方政府的财政收入较少。下文主要对营改增税制改革产生的效应进行分析。

对税费的影响营改增税制改革后,企业只需要进行一次缴税,避免了营业税反复征收的难题。在营改增税制改革中,除了标准税率17%和低税率13%外,还增加了两个低税率11%和6%,这样企业就可

以根据自身实际的需求进行税费的缴纳，明显减轻了企业的税费压力。

同时，在营改增税制改革中，企业还可以将进项税收抵扣需要缴纳的增值税费用，减轻企业的税费压力。但是营改增税制改革并不是对所有的企业税费都有减轻的作用，对于事业单位来讲，营改增实施之前需要缴纳的营业税是5%，实施营改增后需要缴纳的增值税是6%。

对财务管理的影响在企业进行营业税核算过程中，事业单位营业性收入和事业性收入都需要进行缴税，但是在性质上却难以准确的区分税收收入和非税收收入。比如在医院实行营改增税制改革，那么医院就存在技术和服务收入是否开票的情况，如果技术开发与服务业务取得的收入需要免征增值税，这样的核算方法虽然与医院会计制度以及国家预算管理一致，但是却不符合税法中税收收入和非税收收入的核算要求。在营改增税制改革实施后，不能根据票据管理区分医院的税收和非税收收入，需要按照实际情况进行征税，那么就需要医院相关部门对自身的会计核算方式进行改变，彻底清理税收收入与非税收收入，以顺应营改增税制改革的实施。另外一方面，医院大部分资金来自于技术服务活动，其中又包括了工资支付、印刷费、检测材料费用等，那么医院财务管理就会对就技术性服务收入进行再次细分。

对宏观财税经济的影响营改增税制改革对我国宏观财税经济来讲，有利于完善增值税链条，使试点地区、试点企业获得较大的收益，提升其市场竞争力，同时营改增税制改革还能使房地产行业进一步发展，促进房价回归理性。对于金融保险行业而言，营业税改增值税有助于金融保险业的分工协作，确保金融行业的创新。

## 三、“营改增”税制改革对不同企业的影响

营业税改征增值税，一方面，可消除重复征税，降低企业成本，增加企业效益。另一方面，增值税以增值额为计税基础，增值额越大，产生的税款缴纳越多。而对于增值税抵扣较少的企业，“营改增”反而增加了企业税负。因此，企业规模不同、性质不同，“营改增”对企业造成的影响不同。笔者主要从纳税人性质以及行业类型两个方面分析“营改增”税制改革对企业的影响。

### （一）“营改增”对一般纳税人与小规模纳税人的影响

对原增值税一般纳税人而言，“营改增”税制改革以后，相关税负只降不升。以汽车零部件生产企业A公司为例，其是增值税一般纳税人，每年有300多万元的广告费支出，目前，长期为A公司提供广告服务的B公司缴纳营业税，不能提供增值税专用发票，不能抵扣税款。实施“营改增”后，若B广告公司改缴增值税并被认定为一般纳税人，A公司支付给B广告公司的广告支出，就可以按6%抵扣进项税，每年可以少缴税款18万元。

此外，A公司每年运费支出700多万元，以往按照《增值税暂行条例》规定，可以按照运输费用结算单据上注明的运输费用金额的7%抵扣进项税50多万元，“营改增”后，从取得一般纳税人资格的运输企业获取的货运增值税专用发票，可按运输费用金额的11%抵扣进项税，A公司能够多抵税款近30万元。

以往增值税一般纳税人从研发和技术、信息技术、文化创意、物流辅助、有形动产租赁和鉴证咨询等六个领域现代服务业取得的发票，都不能抵扣进项税额，实行“营改增”后，原增值税一般纳税人从这六个领域数十个行业都能取得增值税专用发票，都能够抵扣进项税，将因此少缴税款数亿元。

对小规模纳税人而言，参与试点行业的小规模纳税人税负均有不同程度下降。国家为了支持现代服务业中的小型微利企业发展，将纳入“营改增”范围的增值税一般纳税人应税服务年销售额标准提高到500万元，500万元以下的都属于小规模纳税人，“营改增”前，研发和技术、信息技术、文化创意、物流辅助、有形动产租赁和鉴证咨询等六个领域现代服务业都按5%的税率缴纳营业税，改革后都按3%的征收率缴纳增值税，整体税负都将下降40%以上。

C公司是一家广告企业，每年销售收入约300万元，以往每年按5%的税率缴纳营业税约15万元，实行“营改增”后，C公司达不到一般纳税人标准，享受小规模纳税人政策，改按3%的征收率缴纳增值税。由于增值税是价外税，而营业税是价内税，3%的征收率换算成价内税只有2.91%，比如取得100元的收

人,营业税的计算方法是100元*3%=3元,而增值税的计算方法是100/1.03*3%=2.91元,C公司每年只用缴税8.73万元,税收负担下降近41.73%。再考虑随营业税和增值税近10%征收的城市维护建设税和教育费附加,整体税负下降约45%。

(二)"营改增"对不同性质企业的影响

第一,对现代服务业来说,"营改增"税制改革有利于促进服务业专业分工,提高盈利能力。营业税的重要特点是全额征收、没有抵扣,因此,税负繁重是现代服务业资本市场不太活跃的重要原因。因此,营业税改征增值税,对于服务业来说,消除了重复征税,促进企业放下包袱,向细分化和专业化迈进,提高盈利能力。例如:服务企业在经营过程中,外购劳务需要承担相应的转嫁而来的营业税,然而当其造成的成本增加额度高于专业分工产生的实际收益时,企业宁愿放弃专业分工,不考虑劳务外包,选择企业内部承担。而基于"营改增"的税制改革,企业在经营过程中,可进行专业分工,选择劳务外包,以获得的增值税专用发票抵减自身增值税应交款项,从而降低企业税负,降低运营成本,提高盈利能力。

第二,"营改增"税制改革对交通运输业影响较大,但行业中的小规模纳税人"营改增"后税负是下降的,因为虽然改革前的税率和改革后的征收率都是3%,但由于增值税是不含增值税税款本身的价外税,营业税是含营业税税款本身的价内税,同样是100元的运费收入,"营改增"后交通运输业小规模纳税人会少交0.09元税款,税收负担下降3%,再考虑随营业税和增值税征收的城市维护建设税和教育费附加,税负下降更多。

第三,"营改增"税制改革可能加重建筑业的税务负担。以企业税负平衡为目标,建筑工程企业成本支出中可以扣除进项税的进项业务发生额所占比重(以下简称"进项占比")至少达到50%以上。如果低于此比例,"营改增"将可能加重企业的税收负担。

从行业的角度来看,建筑工程行业的特殊性导致企业成本支出中进项占比较低,大部分建筑工程企业的税负可能在"营改增"中有所加重;从上市企业的角度来看,上市建筑工程企业成本支出中,除劳务和其他费用之外几乎均可获得增值税发票,较高的进项占比可能使上市企业在"营改增"中获利。上市建筑工程企业的成本支出中,原材料的占比一般为60%,人工成本与其他成本(水电费、机械租赁费等)一般无法抵扣销项税。值得注意的是,对于采用劳务分包的建筑工程企业而言,由于支付劳务分包费用时往往也能获得增值税发票,因此人工成本也可以抵扣销项税。

第四,"营改增"税制改革减轻融资租赁业税负,提高利润。《营业税改征增值税试点方案》明确将租赁业务纳入增值税征收范围。并且在111号文件规定,对试点中一般纳税人在提供有形动产融资租赁服务中,对其增值税实际税负超过3%的部分实行增值税即征即退政策。因此,"营改增"税制的这项规定,使融资租赁企业的税收负担大大减轻,有利于提高企业利润。借助这个契机,融资租赁业应把握机遇,对企业业务进行重新规划和整合,创新经营战略,降低税负,提高企业经营效益。

第五,"营改增"税制改革对部分从事技术服务的软件企业经营带来一定挑战。"营改增"之前,技术服务企业适用5%的营业税,且符合条件的技术服务合同可以享受营业税的免税政策。"营改增"之后,企业的技术服务适用6%的增值税,而其主要成本为人员投入的研发支出,难以取得抵扣税项,尽管目前对符合条件的技术服务可以享受增值税免税政策,但由于开具的免费发票,购买方不能抵扣进项税,为满足购买方的需求必须要开具纳税发票,直接增加了税收支出。

## 四、小结

总体而言,"营改增"后,企业实际税负加重或减轻主要取决于企业自身的发展阶段、所处的市场地位、享受的税收优惠政策和成本结构。

(作者单位:辽宁省庄河市地方税务局)

# 浅析农产品增值税进项税额核定扣除存在的问题及完善建议

邢　君　张付东

自1994年起，我国在增值税管理中对企业收购农产品采用“购进扣税法”，即“前免后抵、自开自抵”的办法抵扣进项税额。2012年4月6日，财政部、国家税务总局下发了《农产品增值税进项税额核定扣除试点实施办法》(以下称《办法》)，对部分行业实施核定抵扣进项税额试点，揭开了农产品增值税进项税额抵扣政策变化的序幕。

## 一、我国农产品增值税进项税额抵扣政策的演变

为了扶持“三农”发展，按照增值税相关法规的规定，我国对农业生产者销售自产农产品采取免税政策；对购进农产品，除取得增值税专用发票或者海关进口增值税专用缴款书外，按照农产品收购发票或者销售发票上注明的农产品买价和13%的扣除率计算进项税额。由于增值税链条传导机制的影响，上游销售农产品免税，下游就缺乏抵扣进项税额的有效凭证，因此规定由农产品加工企业自行开具收购凭证来抵扣进项税额。由于缺乏有效的监督，一些不法农产品加工企业利用政策漏洞，大肆自行虚开收购发票骗取增值税，也使得当时的农产品抵扣政策处于进退两难的境地。

为了加强农产品增值税进项税额抵扣的管理，经国务院批准，财政部、国家税务总局下发《关于在部分行业试行农产品增值税进项税额核定扣除办法的通知》(财税[2012]38号)。自2012年7月1日起，以购进农产品为原料生产销售液体乳及乳制品、酒及酒精、植物油的增值税一般纳税人，按照《办法》纳入农产品增值税进项税额核定扣除试点范围。本次核定扣除的核心，是在继续对农业生产者销售自产农产品给予免征增值税的同时，将农产品进项税额与现有抵扣凭证脱钩，实行农产品进项税额的核定扣除。《办法》确定了核定扣除的三种具体办法，分别为投入产出法、成本法和参照法。投入产出法是参照国家标准、行业标准(包括行业公认标准和行业平均耗用值)确定销售单位数量货物耗用外购农产品的数量。成本法是依据试点纳税人年度会计核算资料，计算确定耗用农产品的外购金额占生产成本的比例。参照法是纳税人可参照所属行业或者生产结构相近的其他试点纳税人确定农产品单耗数量或者农产品耗用率。其中，投入产出法和成本法是最核心最常用的两种方法，这两种方法的设计思路本质上是相同的，均是计算出销售产品所包含的进项税额来进行扣除。此次政策改凭票抵扣为核定抵扣，迈出了农产品进项税额抵扣管理制度的新步伐。

随后，财政部、国家税务总局又下发《关于扩大农产品增值税进项税额核定扣除试点行业范围的通知》(财税[2013]57号)。自2013年9月1日起，各省级税务部门与同级财政部门协商，扩大试点核定扣除的行业范围。这样，农产品增值税进项税额抵扣政策即将覆盖全部农产品，必将对“三农”发展带来深远的影响。

## 二、农产品增值税进项税额核定扣除存在的问题

农产品增值税进项税额核定扣除试点实施后，减轻了农产品加工企业税收负担，改变了原来凭票定

率扣除的弊端，一定程度压缩了虚开发票虚抵税款的空间，在鼓励企业规范财务核算、促进相关行业健康发展等方面发挥了积极作用。但是，核定扣除也存在一些不容忽视的问题，应引起重视：

（一）测算比较复杂难于掌控

核定抵扣方法有投入产出法、成本法和参照法三种方法，无论哪一种方法都对企业财务核算水平要求高，计算工作量大，操作也不简便，需要用合理的归集和分配。如投入产出法计算公式是“以产定扣、以销定扣”。企业购进农产品在使用过程中，要根据产品要求进行组批配比，很可能一批农产品几个月使用完毕，当期购进的当期不会全部消费，不同批次的价格也不一，故在计算原料期初和当期购进库存的时候，数据量非常大，折算起来也非常繁琐。理想情况是企业能够将原有原料库存数据进行一次性清零，根据新采购原料计算，但在实际中却很难行得通。再如成本法中单耗的设定也缺乏灵活性。如果企业实际生产单耗率可能和规定的单耗不一致，如果超出了规定的单耗，会减少可抵扣金额；相反，如果低于规定的单耗，就增加了可抵扣金额。

（二）扣除标准“一刀切”有失公允

在三种核定扣除办法中，目前最常用的投入产出法，通过核定加工企业的单位耗用农产品数量来确定农产品增值税进项税额扣除标准。《办法》规定试点纳税人应按照下列顺序确定适用的扣除标准：全国统一的扣除标准、省级税务机关适用于本地区的扣除标准、仅适用于该试点纳税人的扣除标准。三种标准的先后排序存在问题。由于企业间生产工艺、原材料的品质不尽相同，受设备、管理、技术等因素制约，可能造成各个企业投入产出比也不尽相同。一律优先使用全国标准和省级标准，表面上公平实则不公平，尤其会造成中小型企业耗用多而抵扣税金少，不利于其发展。另外，如果试点纳税人能够取得上一环节开具的增值税专用发票，按照《办法》规定也要核定农产品进项税额，实际上失去了增值税专用发票的抵扣功能，与行政法规相悖。

（三）实体和程序的相关操作不清

一是对具体生产活动如何处理没有规定。如以单一农产品原料生产多种货物或者多种农产品原料生产多种货物的、既生产试点行业产品又以试点行业产品连续生产其他产品的、既有外购半成品又以购进农产品生产同种半成品的……，都没有规定如何核定；纳税人购进农产品直接销售的，其损耗率如何管理；企业生产的副产品中有免税产品、企业外购除农产品以外的半成品用于生产的，如何抵扣进项税额……《办法》都未明确。二是《办法》规定“以农产品为原料生产货物的试点纳税人应于当年 1 月 15 日前或者投产之日起 30 日内，向主管税务机关提出扣除标准核定申请并提供有关资料。申请资料的范围和要求由省级税务机关确定。”试点纳税人执行全国统一的扣除标准、省级税务机关适用于本地区的扣除标准的，是否每年都需要提出申请？在实践中有的省级税务机关一直未进行调整。三是成本法和参照法两种方法都规定税务机关对当年已抵扣的农产品增值税进项税额有权进行纳税调整；而投入产出法没有规定。四是《办法》规定“试点纳税人对税务机关核定的扣除标准有疑义或者生产经营情况发生变化的，可以税务机关发布公告或者收到主管税务机关《税务事项通知书》之日起 30 日内，向主管税务机关提出重新核定扣除标准申请。”那么，如果税务机关未发现，纳税人也未申请，其法律责任如何划分？因纳税人不申请原因造成不实是否溯及既往？税务机关可否主动依职权调整，《办法》也都没有明确。

（四）难以解决虚开虚价虚抵问题

农产品由于产地不同，成分含量有所区别，其投入产出比当然就不同。实践中，有的加工企业往往会以有效成分含量低、农产品中掺杂泥沙水分等杂物影响投入产出比为借口，人为扩大投入量，虚构原材料数量，多抵进项税额。企业产品收购单价是影响企业进项税计算的关键因素。当前农产品收购的对象为多是个人且现金交易，不易监控，实践中发现有的收购企业虚构单价，将一些无法取得发票的包装费、运输费、装卸费等费用及支出列入收购金额，从而变相加大进项税额。虽然《办法》规定“试点纳税人购进的农产品价格明显偏高或偏低,且不具有合理商业目的的,由主管税务机关核定。”,实际上界定价格明显偏高或偏低难以操作,税务机关无法有效监管。

## 三、对规范农产品增值税进项税额核定扣除的若干建议

针对农产品增值税进项核定扣除工作中存在的问题,建议从以下几方面对《办法》进行完善,切实提高农产品增值税管理水平:

(一)根据行业差异进行分别核定扣除标准

统一的扣除标准可能会对某一区域内的农产品加工行业造成很大的税收负担,在统一的大前提下,取消多个核定扣除方法和顺序选择。国家税务总局或者省级税务局应该设置一个有上下浮动范围的扣除标准,由纳税人参照此标准自行申报。对于纳税人申报的不同标准,税务机关采取不同的管理模式:即对于高于标准的,重点进行风险分析,加强日常管理;对于低于标准的,以优化纳税服务为主,加强日常辅导。

(二)对复杂生产活动的扣除内容进行明确

如以单一农产品原料生产多种货物或者多种农产品原料生产多种货物的,在核算当期农产品耗用数量和平均购买单价时,试点纳税人可根据生产经营特点,采用科学、合理的方法进行归集。具体的方法应当举例明示;不能合理分配,可以考虑按照不同产品产值比例计算分配。纳税人既生产试点行业产品,又以试点行业产品连续生产其他产品的,其他产品应折算为试点行业产品后,再计算其他产品的农产品耗用数量。试点纳税人既有外购半成品,又以购进农产品生产同种半成品的,应分别核算,外购除农产品以外的半成品用于生产,凭增值税专用发票据实计算抵扣进项税额。纳税人购进农产品直接销售的,其损耗率的核定采取备案制,向主管税务机关备案。企业生产的副产品中有免税产品,副产品不参与计算农产品扣除进项税,免税产品应转出的进项税应按免税产品销售收入占全部产品销售收入的比重在全部进项税额中计算分摊。

(三)修改完善核定程序以规范权利责任

扣除标准由申请制改为备案制,企业对照执行统一扣除标准和自己的生产情况自行确定扣除标准,于当年 1 月 15 日前或者投产之日起 30 日内向主管税务机关提备案,逐级上报省级税务机关。扣除标准计算存在错误的法律责任由纳税人承担,因纳税人不备案或者虚假备案原因造成不实应当溯及既往。如果税务机关检查发现,有权确定新的扣除标准并追缴税款;纳税人对税务机关核定的扣除标准有疑义承担相应的举证责任,30 日内提供说明其生产、经营真实情况的证据。生产经营情况发生变化的,也应当在 30 日内向主管税务机关提备案。这样既简化程序,既体现了还权还责于纳税人的理念,也规范了税务机关的职责。

(四)利用科技手段实施风险管控措施

一是通过完善增值税发票升级版功能实施监控。要利用互联网技术和二代身份证身份识别技术、增值税发票升级版实施监控。企业在开具农产品收购发票时,要求农业生产者提供身份证原件,发票系统可采集身份证身份和图像信息。这样税务机关可定期对纳税人收购农产品的品种、出售人和收购价格等信息进行分析,核实出售人销售农产品次数和数量金额情况,防范虚开行为。二是将农产品增值税进项核定扣除纳入风险管理。通过利用相关权威部门提供的信息,如通过国家农业科学数据共享中心的中国粮食生产(畜产品)等情况数据库取得产品产量、通过农业部的全国农产品批发价格信息网和商务部的全国农产品商务信息公共服务品台掌握价格行情、通过农产品(玉米、花生等)加工品质基础数据库确定行业基本扣除标准,并将上述信息与税务征管系统采集企业的基本信息、发票领用存信息、纳税申报信息、企业财务信息等信息进行分析共享对比,形成风险控制的数据依据,从而便于税务机关实施风险管理 。

（五）强化后续管理抵制虚开虚抵行为

主管国税机关税源管理部门的管理重心应转移到核查农产品加工企业的实际经营情况上，关注企业生产流通环节，重点对企业的电费、工人工资、包装物、运费货物流通环节进行跟踪核实，与本区域内同行业企业农产品收购单价进行对比，逐步控制虚开虚抵进项税额问题。主管国税机关应在年度终了对纳税人上一年度农产品增值税进项税额核定扣除政策执行情况进行清算，企业实际与核定标准的差异超过一定幅度的，应根据实际情况对企业当年已抵扣农产品进项税额进行调整。

实际上，笔者认为农产品增值税进项税额核定扣除是迫不得已之策。核定扣除的原因在于我国农业生产方式的落后，国家对农产品的规模数量无法掌控，使得建立在增值税征扣税链条制基础上的"以票控税"信息管税措施失效，和增值税原理严重相背。因此，长远之计是促进以家庭为单位的生产组织形式向现代农业生产组织转变转型。在经营上，要通过扶持农业产业化龙头企业，强化农民专业合作社规范化管理，发展多种形式的适度规模经营，实行农业产业化和规模化。在税收上，对全体农业生产者办理税务登记纳入税务管理，并与其他纳税人同等对待；对农业生产者销售自产农产品免税改为凭收购发票领取农业补贴。这样，将收购农产品纳入统一的征扣税机制，严格凭票扣税，回归增值税征抵完整的"链条"机制，才能保证增值税的稳定运行。

（作者单位：吉林省四平市国家税务局）

# 浅议“营改增”后加强地税税收征管工作的探索

苏春庆

为了优化税制结构，推动企业健康发展，2016 年 5 月 1 日起营业税将全面改征增值税。“营改增”后，地税系统将面临着严峻的困难，将迎来全新的挑战。作为地税人，采取积极的态度和完善征管措施，积极应对“营改增”后对地税部门的影响成了当务之急。

## 一、“营改增”对地税工作的主要影响

(一)地税收入明显减少

多年来，营业税作为地方税源的主体和支柱，一直起着举足轻重的作用，其收入的稳定性、管理的可控性、对相关税种的带动性、对地方财政收入的重要性，都是其他地方税种所无法比肩的，因此一旦改为增值税征收，地税收入将出现大幅下滑，并由此对地税部门带来一系列影响。据测算，我市全面“营改增”后，地税收入将减少 50%以上。

(二)地税征管手段弱化，征管难度加大

“营改增”前，地税局有发票管理权，可以通过发票控制企业的所有税收征管。比如房地产业，我们实行的是“以票控税”，要求企业到地税局开具发票前，必须先足额缴纳营业税、城建税及附加，足额缴纳土地增值税、所得税、土地使用税等所有税收，凡是房地产企业有欠税的，不予开具发票。又比如土地、二手房交易，没有开具地税发票的，土地局、房管局不予办理权属登记。所有营业税纳税人，凡是有欠税等税收违法行为的，我们可以通过停止供应发票的手段加强各税种的税收管理。“营改增”后，地税部门行之有效的以票控税的手段将随之失去功效，纳税人尤其是零散户纳税人在国税取得增值税发票后将有可能无视地税管理，有意无意地避开申报地方税费这一环节，相关的所得税、城建税等地税收入难以得到保证，主体税源的带动作用缺失，漏征漏管的风险增大。

(三)“营改增”后，纳税人增值税附属税种将出现流失现象

虽然营改增后，营业税转为增值税由国税部门征收，但城建税、教育费附加和地方教育附加等附属税种仍由地税部门征收。由于与国税部门信息无法实时交换，只能依靠定期比对补征的方式进行弥补，时间滞后且增加额外工作量，而对于流动性纳税人更是存在较大的税款流失风险。纳税人所得税征管难度加大，“营改增”之前地税部门为了防止税款流失，根据相关规定在代开发票时附征一定比例的企业所得税或个人所得税，但是“营改增”之后国税部门对地税部门管户的所得税在代开发票时不再予以附征，造成税款流失。

(四)地税机关社会影响力下降

一是“营改增”带来地税收入的大幅度下降，地税部门对地方财政的贡献将大幅度缩水，地方财政对地税的倚重程度、地方政府对地税的重视程度将随之减弱；二是由于“营改增”后企业缴纳的地方税比重减少，地税部门在纳税人中的地位和重视程度也将下降，职能明显弱化，面临着重新定位的境遇。

(五)地税干部思想情绪不稳定

一是营业税作为地税部门的主体税种，一直以来倍受地税干部钟爱，并为此付出了心血汗水，倾注了

真情实感，一旦转手易人难免会有失落感；二是地税征管难度加大，有的税务干部难免产生畏难情绪，工作的积极性减弱。

## 二、"营改增"后加强地税工作的建议

"营改增"是新时期税制改革的必然结果，既然无法改变，我们就要积极应对新形势下的地税工作。

(一)加强干部思想教育，振奋精神

一是要加强对税务干部的教育培训，使其深刻认识"营改增"的重要性与时代性，以及"营改增"对经济发展的重要作用，化解其负面情绪。不断提升地税干部的业务素养，跟上税制改革的步伐，使广大地税干部能够更好地投入工作。二是引导分析"营改增"在给地税部门带来困难的同时可能带来的种种机遇，让系统干部从迷茫、悲观的氛围中解脱出来，从而达到精神更振奋、信心更增强、士气更高昂、队伍更稳定的目的。

(二)加强内部管理，向管理要税收

一是通过加强绩效考核，纳税评估等手段，加强对"营改增"企业的后续管理。对"营改增"企业实行重点跟踪管理，通过加强征管部门、中心所、纳税评估三部门的联动机制，对营改增企业进行数据监控和实地核查，加强日常管理工作，保证营改增企业其他税种税收不流失。二是增强执法刚性，维护税收秩序。充分发挥税收强制执行的作用，对不依法履行纳税义务的纳税人，采取查封扣押拍卖财产，查封账户扣缴税款等税收强制措施。

(三)深化国地税合作

一是加强与国税部门的协调配合，及时掌握税源变化情况，充分利用国税部门提供的涉税信息，加强"营改增"纳税人的税收管理。二是为了堵塞临时经营户城建税及附加等的税收流失，由国税局全面代征所有纳税人的城建税、教育费附加、地方教育附加、水利建设基金等附征税费，减少税收流失。三是由国税局协助加强房地产行业土地增值税管理。"营改增"前，土地增值税在开具发票前足额征收，"营改增"后，地税局对此失去征收主动权，如果在纳税人到国税局开具增值税发票后，再征收税款，征管难度增加，甚至由于房地产行业不景气，将难以征收。建议发挥国税局"以票控税"的作用，由国税局在向纳税人发售发票环节进行控管，纳税人在领购增值税发票时，应提供主管地税机关的税收管理证明，没有证明的不予发售发票。

(四)整合资源，优化纳税服务体系建设

在"营改增"全面完成后，地税税收征管工作面临新的问题和挑战，需要对整个基础性征管工作进行资源整合，优化纳税服务体系。要调整地税征管格局，征管措施，重新定位地税职能，理清岗位职责，抓好专业化、信息化管税工作，建设和完善新的税源管理机制，以税收管理员的责任心与信息化管理的严密性进行互补，重新构建"营改增"后的地税形象。

(五)积极利用第三方信息，将小税种做大

在"营改增"后，现行分税制条件下，财产行为税将成为地方重要税收收入，而财产行为税是地方税体系中税种小、税目多、征收难度大的税。要结合实际，争取政府支持，加强相关部门的配合，充分发挥综合治税的作用，通过积极开展第三方信息采集应用工作，使之形成规模，达到聚沙成塔、集腋成裘的效果，使小税种也可以成为地税增收的重要因素，弥补"营改增"后税源的减少给税收造成的影响。

(作者单位：山东省栖霞市地方税务局)

# 全面“营改增”对地方财税的影响及对策

蔡长彬

2016年3月5日，李克强总理在《政府工作报告》提出全面实施“营改增”，承诺“确保所有行业税负只减不增”；3月18日，国务院常务会议作出决定，自5月1日起，全面推开“营改增”试点，将建筑业、房地产业、金融业、生活服务业纳入试点范围，并将所有企业新增不动产所含增值税纳入抵扣范围。3月24日，国税总局发布《营业税改征增值税试点实施办法》，新增4个试点行业税率分别为：建筑业适用11%税率，预征率为2%，老项目、清包工、甲供工程可以适用3%征收率简易征税；房地产业适用11%税率，老项目、存量房按5%征收率纳税，新建项目按3%预征，也可选择按5%征收率纳税；金融业和生活服务业适用6%税率。

从宏观层面看，“营改增”对减少重复征税、降低企业成本、推动经济转型、优化税制结构具有十分重要的意义。但是从微观层面看，“营改增”必然在短期内对地方财税收入带来深度影响。下文以綦江区为例，深入分析四大行业“营改增”后，对地方财税收入会产生哪些影响，并提出相关对策建议。

## 一、“营改增”对地方财税收入的影响

(一)短期不利影响

1、直接导致地税收入大幅下降。营业税是地税第一大税种，在区级税收分成中贡献也高居首位。营业税改征增值税后，当前的营业税将由地税收入变成国税收入，地税收入将大幅下降，其区级分成收入也大幅减少。如2015年全区地税组织各税收入17.56亿元，营业税收入6.03亿元，占全年地税总收入的34.37%；营业税区级分成收入为3.62亿元，占全区公共财政中税收收入的23.4%，占公共财政预算总收入的13.7%。2016年营业税预计为6.5亿元，5月1日全面推开“营改增”试点后，地税将直接减收营业税4.5亿元，地税区级收入将减少2.7亿元。

2、“营改增”后地方税收失去主体税种，随主体税种附征的税费控管难度加大。全面“营改增”扩围后，地税收入中营业税将全部丧失，企业所得税因新增企业随着“营改增”变为国税征管而失去新的增长空间。随着主体税种的征收权转移，地方税体系还在建立完善之中，地税失去“以票控税”等有效征管手段，随主体税种附征的个人所得税、城市维护建设税和教育费附加、工会经费、残保金都将面临流失的风险，组织收入难度将进一步加大。

3、削弱地方财政短期增长潜力，增加其收支压力。一是“营改增”扩大行业试点范围后，新纳入“营改增”试点的四大行业税负将“只减不增”，原增值税行业抵扣链条得到完善，企业将获得更多进项税额抵扣，实现税负持续下降，总体上必然会减少地方税收收入，削弱财政收入增长。二是将“所有企业新增不动产”所含增值税纳入抵扣范围，只要是通过外购、租入、自建等方式新增不动产的企业将减少增值税，降低税负，从而减税。三是前两因素带来的大规模结构性减税，基数减少，必然导致城建税、教育费附加以及两项所得税的减少，进而影响全区财政收入总量的减收。四是房地产行业“营改增”后税率提高到11%，必然会抑制购房者和开放商投资愿望，同时企业在“去库存”阶段利润收窄，进而影响该行业税收，并间接影响政府土地财政收入。

综合以上各方面因素叠加分析,参考全国和全市减税幅度测算(2015年全国营业税为19313亿元,其减税规模约5000亿元,减税幅度为25.9%;全市2015年营业税469亿元基数,“营改增”减税测算120.8亿元,减税幅度为25.8%),预计2016年5月四大行业“营改增”后,全区结构性减税1.5亿元。该1.5亿为增值税,若按25%比例留成预计区级收入将减少0.38亿元;再加上“营改增”基数4.5亿元,若按25%比例留成则减少35%,预计区级收入又将减少1.6亿元,两项因素合计2016年全区财政预算收入预计将减收2亿元。若过渡期保持原有60%比例分成,财政预算收入主要受结构性减税1.5亿元影响,预计将减少1亿元。

(二)长期而言有利企业减负,保持地方财力持续增长

全面推开“营改增”,政府意在为企业减负松绑、放水养鱼。虽然短期财政收入会减少,但从长远看是在积蓄经济发展的动能和涵养宝贵的税源,促进经济结构调整升级和三次产业融合,最终带来健康可持续的财政增长。同时,“营改增”全面推开后,势必带动整体税制改革的推进,顶层设计必然会考虑划分中央与地方事权与支出责任,并重新划分增值税的分享比例,同时推动房地产税、所得税、消费税、环境保护税、资源税等领域的改革,进一步完善地方税收体系。

## 二、“营改增”的应对及建议

为适应经济新常态发展需要,加快推进税制改革和征管改革步伐,促进地方财税健康可持续发展,提出如下建议:

(一)及早分析研判,统筹开展营业税专项清理

由于增值税目前的分配比例是地方25%、中央75%,而营业税则是60%留区级,全面实施“营改增”,顶层设计定会进行新的利益分配调整,故要及早研究“营改增”后对地方既得利益的长期影响。为此,我们建议全区要及早统筹开展营业税专项清理,尽可能做大营业税盘子,同时尽量减少今年财政预算收入缺口。即使上级调整集中分配比例,较大的营业税基数也能持续保证今后有相当资金量的财力留存地方。建议成立营业税专项清理工作领导小组,由政府办牵头,主管财税副区长担任组长,财政、地税、交委、发改委、建委、国土房管、规划、工商、公安、水务、审计等相关部门协同参与。在4月份集中力量对全区及各街镇的所有完工、在建的建筑房地产工程项目加强清理和追缴,尤其是加强国有融资企业等单位的营业税欠税追缴,壮大税收基数,缩减财政预算收入缺口。

(二)统筹国地合作,保障“营改增”后税收稳定增长

为保障“营改增”后税收稳定增长,财政部门要牵头协调,国税、地税部门要结合实际贯彻落实中央深改组通过的《深化国税、地税征管体制改革方案》,做到服务深度融合、执法适度整合、信息高度聚合。一要共同做好当前“营改增”的移交工作。本次“营改增”,时间急、户数多、税收规模大,要充分分析“营改增”的预期影响,做好地方政府的参谋助手,扎实开展移交工作。要统一开展“营改增”政策宣传咨询,特别是实际经营中觉得税负并未如预期下降的情况,及时耐心为企业解疑去惑。二要深化合作举措,促收堵漏。“营改增”后,当务之急是财政、国税和地税协商完善在国税部门代开发票环节附征相关地方税费工作办法,可采取委托国税代征或地税派驻人员征收,避免个人所得税、企业所得税、城建税及附加等税费的流失。双方要进一步建立联席会议机制,全面落实总局34项基础事项,积极拓展创新事项,如联合税宣服务、联合加强税源管理、联合开展欠税追缴、联合评估检查、建立信息交换工作机制等,提高国地税双方征管服务质效。

(三)匹配财权事权,建立完善地方税收体系

建立和完善地方税体系,使财权和事权相匹配,才是建立现代财政体制的必由之路。1994年分税制改革将税源稳定、增长潜力大的税种划为中央税或共享税,留给地方的大多是税源分散、收入不稳定的小

税种，导致财权向上集中，地方政府无法组织到与其事权相匹配的财力。建议顶层设计：一要调整增值税分成比例，以此次改革为契机，重新确定共享税的中央与地方的分成比例，提高地方政府所占份额，保证中央和地方事权和财权相统一。二要完善政府间转移支付制度，加大对经济欠发达地方政府转移支付力度，在短期内弥补地方政府的财政收支缺口，让地方政府要获得与事权相匹配的财政收入。三要加快“费改税”步伐，开征新的地方税种。如开征房地产税、环境保护税，推进资源税改革落地，建立完善新税种征管的具体办法，减少增值税改革的压力。四要尽快完善地方税制，建立和完善以财产税为主体的地方税收体系，做好接收消费税、车购税以及部分非税收入项目征收职责的准备。

(四)着力发展创新，促进地方经济持续协调发展

全面“营改增”的意义在于更大范围和更深程度上避免重复征税，使税制更趋合理，税负更趋公平，有利于促进二、三产业融合发展，促进经济发展。经济发展后，税收总量增加了，最后才是如何税收分配的问题。因此，建议：一要精准招商，着力经济税收贡献和产城融合，出台一些优惠政策吸引高端产业、企业向我区集聚。二要立足区情，推进供给侧改革，加快传统产业转型升级，依托綦江交通、能源、机械制造等优势，重点培育高端铝、装备制造、现代化建筑、煤电一体化等优势产业，打响“綦江造”品牌，提升我区工业企业在国内外市场的竞争力。三要重点打造完善凯旋名城、红星国际广场等商圈，以及古剑山景区、东溪古镇、高庙等旅游资源，大力扶持发展住宿餐饮、商贸旅游、健康养老服务等第三产业，促进我区转型跨越发展，做大做强地方经济，毕竟发展地方经济才是解决地方财政困难的根本出路。

(作者单位：重庆市綦江区地方税务局)

# 让"营改增"释放经济活力，助推区域经济发展

许东生

全面推开营改增是推动结构性改革尤其供给侧结构性改革的重要内容，是近年来最大的减税举措，能够大大减轻企业负担，具有一举多得、牵一发而动全身的显著作用。税务部门作为重要的经济职能部门，要做好、做实"营改增"文章，扎实开拓为国聚财的实践路径，让"营改增"释放经济活力，涵育区域经济发展新增点。

## 一、做好"营改增"文章

从今年5月1日起，将营改增试点范围扩大到建筑业、房地产业、金融业和生活服务业，实现货物和服务行业全覆盖，营业税或将从此退出历史舞台。所谓营改增，通俗讲，其实就是将"劳务、转让无形资产或者销售不动产"等以前缴纳营业税的应税项目，改成缴纳增值税，允许进项抵扣，仅对增值部分纳税。营改增因此有利于减少重复征税，降低企业成本和税收成本，进而可望对发展服务业，尤其是高端服务业，促进产业和消费升级、培育新动能、深化供给侧结构性改革发挥重要作用。做好税制转换工作运行质量的监控分析，做好营改增试点的收入、税负、经济效应分析，达到稳步实现促进企业发展和增加财政收入的双赢。做好"营改增"文章，释放税收改革的经济活力。把握政策先机，放大政策效应，鼓励和支持企业适应新税制特点，培育新的经济税源增长点。

## 二、把握政策先机

营改增是创新驱动的'信号源'，也是经济转型升级的强大'助推器'。目前劳动力成本不断攀升，企业融资成本居高不下，企业税收负担较重早已成为不争事实。全面推行"营改增"，就是减少重复征税，降低整体税负。以政府收入的"减法"换取企业效益的"加法"、市场活力的"乘法"，为企业创造更加公平的税收环境。营改增试点全面推开。确保实现所有行业税负只减不增的政策目标，将使改革惠及广大企业。同时，改革红利还不仅于此，营改增不是单纯的降税问题，而是引导和促进新动能在营改增杠杆下延长产业链，升级业态，促进制造业和服务业的深度融合，在推动产业转型、结构优化、消费升级、创新创业和深化供给侧结构性改革等方面将发挥重要的促进作用。当前，正处于产业转型升级攻坚期，大力发展第三产业，尤其是现代服务业，对推进经济结构调整和提高城市综合实力具有重要意义。

## 三、放大政策效应

全面推开营改增将给各个行业带来巨大的减税效应。然而，减税"红包"能否最终落到企业手上，还需要企业掌握好营改增政策，运用好政策来调整管理思路和模式。从这个意义上来说，这是企业发展的重要契机，将促进企业不断规范经营管理。营改增改革的出发点是要消除重复征税，目前从高开区来看第三产业发展迅速，通过改革，让已经纳税的上游服务环节可以在下游进行抵扣，使总体税负更公平，在当前全国经济下行压力加大之时，助力区域供给侧结构性改革。同时，营改增试点还全面惠及服务业以外行业，为原来缴纳增值税的制造业、现代服务业等增加可抵扣的进项税额，大大减轻税收负担。好的政

策，也需要完善配套措施，才能发挥最大效应。全面推行“营改增”所带来的实质利好看得见摸得着，但这并不意味着企业便可原地踏步，坐享政策红利。相反，全面推行“营改增”对企业提出了更高要求。广大企业要有大局观，抓住政策利好，加快产品结构调整，加大产业优化升级，真正实现产品多样化、服务优质化的根本性变革。同时，要规范企业经营管理，以适应税制变化，建立现代企业制度，才能最大程度地享受改革红利。同时，政府和社会也要提供帮助，确保“营改增”政策顺利落地，使这项“红利”充分释放，激发出更大的发展潜力、更强的经济活力。营改增试点全面推开。确保实现所有行业税负只减不增的政策目标，将使改革惠及广大企业。同时，改革红利还不仅于此，营改增的全面推开更将促进经济转型升级，增添市场和企业活力。全面推开“营改增”，将起到四两拨千斤作用。“营改增”更重大的意义在于，以减税的“放水养鱼”效应，在降低整体税负中激发企业创新驱动、转型升级的新动能。

（作者单位：河北省保定市高新技术产业开发区国家税务局）

# 土地增值税在营改增后计算演变与分析

刘拥军

今年5月1日起我国全面推开营改增后，正常销售商品房业务不再缴纳营业税，转而缴纳增值税。作为价外税的增值税，与作为价内税的营业税有较大不同，在计算土地增值税过程中，流转税由税前扣除转为不予扣除，销售额也以不含税价款计算，这种变化势必与此前采用营业税计算土地增值税的应税收入、增值额、适用税率及税收优惠等方面会有所不同。作者试结合营改增改革，对销售商品房土地增值税计算及普通商品房税收优惠等进行对比分析，揭示营改增后普通商品房销售的临界值税收变化，与大家共同学习交流。

## 一、普通商品房销售实例

案例：甲公司专门从事普通住宅商品房开发。开发的商品房已经于2016年4月底之前全部完工，正在陆续销售。4月20日，甲公司出售其中的普通住宅一幢，总面积91000 ㎡。该房屋支付土地出让金7000万元，房地产开发成本12050万元，管理费用500万元，销售费用600万元，利息支出1000万元（符合税法规定），其中40万元为银行罚息（不能按收入项目准确分摊）。甲公司适用的城市维护建设税税率为7%，教育费附加征收率为3%，印花税税率为0.5‰。当地政府规定，允许扣除的其他房地产开发费用扣除比例为10%。公司营销部在制订售房方案时，拟订了两个方案。

方案一：销售价格为平均售价3 500元/㎡；

方案二：销售价格为平均售价3 488元/㎡。

请问：

1、哪个方案对甲公司更有利？

2、2016年5月开始全面推开营改增改革试点后，如果甲公司其余房屋在5月份之后销售，同样的两个方案，甲公司又该选用哪个？

## 二、销售商品房土地增值税计算

为便于比较分析，下面结合营改增改革试点前后进行对比计算。

（一）全面推开营改增改革试点前，土地增值税计算

全面推开营改增改革试点前，销售商品房缴纳营业税。为弄清楚哪个方案对甲公司更为有利，应先计算各方案下甲公司应纳的流转税、土地增值税等各项税费，然后比较税前收益，即可选出优选方案。

方案一：

计算扣除项目：

(1)取得土地使用权所支付的金额：7000万元

(2)房地产开发成本：12050万元

(3)房地产开发费用：(7000＋12050)×10%＝1905(万元)

(4)税金：

销售收入:91000×3500÷10000=31850(万元)

营业税:31850×5%=1592.5(万元)

城建税及教育费附加:1592.5×(7%+3%)=159.25(万元)

印花税:31850×0.5‰=15.925(万元)

土地增值税中可以扣除的税金:1592.5+159.25=1751.75(万元)

(5)房地产开发企业加计扣除金额:(7000+12050)×20%=3810(万元)

扣除项目金额合计:7000+12050+1905+1751.75+3810=26516.75(万元)

增值额:31850-26516.75=5333.25(万元)

增值率:5333.25÷26516.75=20.11%<50%,适用税率30%,速算扣除系数0%。

土地增值税税额:5333.25×30%-26516.75*0%=1599.98(万元)

方案二:

计算扣除项目:

(1)~(3)同上述方案一中数据。

(4)与转让房地产有关的税金:

销售收入:91000×3488÷10000=31740.80(万元)

营业税:31740.80×5%=1587.04(万元)

城建税及教育费附加:1587.04×(7%+3%)=158.70(万元)

印花税:31740.80×0.5‰=15.87(万元)

土地增值税中可以扣除的税金:1587.04+158.70=1745.74(万元)

(5)房地产企业加计扣除额:(7000+12050)×20%=3810(万元)

扣除项目金额合计:7000+12050+1905+1745.74+3810=26510.74(万元)

增值额:31740.80-26510.74=5230.06(万元)

增值率:5230.06÷26510.74=19.73%

方案二土地增值税税额免征。根据《中华人民共和国土地增值税暂行条例实施细则》(财法字〔1995〕第6号)第十一条的规定,建造普通标准住宅出售,增值额未超过扣除项目金额20%的,免征土地增值税。所以,第二种方案不需缴纳土地增值税。

下面比较分析两个方案实现的企业所得税前利润差额:

方案一所得税前利润:31850-(7000+12050+500+600+1000+1592.5+159.25+1599.98)=7348.27(万元)

方案二所得税前利润:31740.8-(7000+12050+500+600+1000+1587.04+158.70)=8845.06(万元)

上述计算涉及案例中的40万元银行罚息,在计算房地产企业土地增值税开发费用时是不能扣除的,但在企业所得税前可以扣除,所以计算税前利润时不需调整;另外,印花税在计算土地增值税时,已经列入房地产开发费用中,不应再行税前扣除。同时,该税金包含在管理费用中,也不应在计算企业所得税时再单独税前扣除。

可见,虽然方案二售价较低,但是由于免征了土地增值税,使得税前利润较方案一为高,所以方案二对甲公司更为有利,甲公司可多获得税前利润差额:8845.06-7348.27=1496.79(万元)。

(二)全面推开营改增改革试点后,土地增值税计算

根据《财政部、国家税务总局关于全面推开营业税改征增值税试点的通知》(财税〔2016〕36号,以下简称"财税〔2016〕36号")附件1《营业税改征增值税试点实施办法》(以下简称《试点实施办法》)第一条的

规定,在中华人民共和国境内(以下称境内)销售服务、无形资产或者不动产(以下称应税行为)的单位和个人,为增值税纳税人,应当按照本办法缴纳增值税,不缴纳营业税。可见,全面推开营改增后,销售商品房应缴纳增值税。《财政部、国家税务总局关于营改增后契税、房产税、土地增值税、个人所得税计税依据问题的通知》(财税〔2016〕43 号)第三条规定,自 2016 年 5 月 1 日起,土地增值税纳税人转让房地产取得的收入为不含增值税收入。可见,作为价外税的增值税,在计算土地增值税时是不允许扣除的,企业取得的含税收入应换算为不含税收入。

根据财税〔2016〕36 号文件附件 2《营业税改征增值税试点有关事项的规定》第一条"(八)销售不动产"的规定,营改增试点期间,试点纳税人指按照《试点实施办法》缴纳增值税的纳税人发生销售自行开发的房地产老项目,可以采用简易计税方法。即:房地产开发企业中的一般纳税人,销售自行开发的房地产老项目,可以选择适用简易计税方法按照 5%的征收率计税。同时根据《国家税务总局关于发布〈房地产开发企业销售自行开发的房地产项目增值税征收管理暂行办法〉的公告》(国家税务总局公告 2016 年第 18 号)第八条、第九条的规定,一般纳税人销售自行开发的房地产老项目,可以选择适用简易计税方法按照 5%的征收率计税。一经选择简易计税方法计税的,36 个月内不得变更为一般计税方法计税。房地产老项目,是指:

1、《建筑工程施工许可证》注明的合同开工日期在 2016 年 4 月 30 日前的房地产项目;

2、《建筑工程施工许可证》未注明合同开工日期或者未取得《建筑工程施工许可证》但建筑工程承包合同注明的开工日期在 2016 年 4 月 30 日前的建筑工程项目。

一般纳税人销售自行开发的房地产老项目适用简易计税方法计税的,以取得的全部价款和价外费用为销售额,不得扣除对应的土地价款。

甲公司开发的商品房已经于 4 月份之前全部完工,正在陆续销售,应该属于可以选择适用简易计税方法的情形,按照 5%的征收率计税。下面结合营改增改革试点税收政策,采用简易计税方法对上述方案再予测算比较。

方案一:

计算扣除项目:

(1)～(3)同上述"全面推开营改增改革试点前,土地增值税的计算"中方案一数据。

(4)税金:

销售收入:91000×3500÷(1+5%)÷10000=30333.33(万元)

增值税:30333.33×5%=1516.67(万元)

城建税及教育费附加:1516.67×(7%+3%)=151.67(万元)

印花税:91000×3500÷10000×0.5‰=15.925(万元)

土地增值税中可以扣除的税金:151.67 万元。

(5)房地产开发企业加计扣除金额:(7000+12050)×20%=3810(万元)

扣除项目金额合计:7000+12050+1905+151.67+3810=24916.67(万元)

增值额:30333.33－24916.67=5416.66(万元)

增值率:5416.66÷24916.67=21.74%<50%,适用税率 30%,速算扣除系数 0%。

土地增值税税额:5416.66×30%－24916.67*0%=1625.00(万元)

方案二:

计算扣除项目:

(1)～(3)同上述"全面推开营改增改革试点后,土地增值税的计算"中方案二数据。

(4)与转让房地产有关的税金:

销售收入:91000×3488÷(1+5%)÷10000=30229.33(万元)

增值税:30229.33×5%=1511.47(万元)

城建税及教育费附加:1511.47×(7%+3%)=151.15(万元)

印花税:91000×3488÷10000×0.5‰=15.87(万元)

土地增值税中可以扣除的税金:151.15(万元)

(5)房地产企业加计扣除额:(7000+12050)×20%=3810(万元)

扣除项目金额合计:7000+12050+1905+151.15+3810=24916.15(万元)

增值额:30229.33-24916.15=5313.18(万元)

增值率:5313.18÷24916.15=21.32%<50%,适用税率30%,速算扣除系数0%。

土地增值税税额:5313.18×30%-24916.15*0%=1593.95(万元)

下面比较分析两个方案实现的企业所得税前利润差额:

方案一所得税前利润:30333.33-(7000+12050+500+600+1000+151.67+1625)=7406.66(万元)

方案二所得税前利润:30229.33-(7000+12050+500+600+1000+151.15+1593.95)=7334.23(万元)

通过上述比较,可以发现,原来在征收营业税期间,方案二是不需要缴纳土地增值税的,但在营改增后,方案二也应缴纳土地增值税。同时可以看到,营改增后在方案选择中,应该优先选择方案一,方案二不再继续是优选方案。即2016年5月开始全面推开营改增后,如果甲公司其余房屋在5月份之后销售,在条件不变的情况下,优选方案与营改增前是不同的。可见,税收政策变化直接影响了纳税方案的选择。

## 三、销售普通商品房减免优惠定价策略

在计算土地增值税时,增值额最为关键,只有确定了增值额进而确定增值率后,才可以采用四级超率累进税率进行计算,可见,增值额是土地增值税的核心。在费用支出一定的情况下,销售定价成了关键因素。定价在多大范围内可以不征土地增值税呢?可按下列方法进行求证:

(一)营改增前定价策略

假设销售收入总额为S,不含息建造成本为C。于是,按照建造成本10%计算的房地产开发费用为0.1C,财政部规定的加计20%扣除额为0.2C,允许扣除的营业税、城建税、教育费附加为5%×(1+7%+3%)×S=0.055S。当增值率为0时,计算销售总额S与建造成本C的关系,列方程式如下:

S-(C+0.1C+0.2C+0.055S)=0,求解得:

S=1.3757C

该结论的经济含义是,当销售收入总额≤1.3757倍的建造成本时,增值额等于或小于零,增值率≤0,不应当缴纳土地增值税。

(二)营改增后定价策略

上述假设条件基本不变,允许扣除的增值税、城建税、教育费附加为5%÷(1+5%)×(1+7%+3%)×S=0.052S。当增值率为0时,计算销售总额S与建造成本C的关系。列方程式如下:

S-(C+0.1C+0.2C+0.052S)=0,求解得:

S=1.3713C

当销售收入总额≤1.3713倍的建造成本时,增值额等于或小于零,增值率≤0,不应当缴纳土地增值税。

进一步分析,销售普通商品房增值率小于20%时,企业享受优惠的临界值定价测算。

〔S－(C＋0.1C＋0.2C＋0.052S)〕÷(C＋0.1C＋0.2C＋0.052S)＝20％，求解得：

S＝1.6638C

此处的结论是，当房地产企业销售普通商品房销售收入总额≤1.6638倍的建造成本时，计算土地增值税时的增值率≤20％，可以享受免征土地增值税税收优惠。

结合本事例，甲公司销售该普通商品房项目建造成本为19050万元(7000万元＋12050万元)。如果拟享受增值率不超过20％的免纳土地增值税税收优惠，总的销售额应不超过31695.39万元，折合单位销售单价为3483元/㎡(含税)，即当含税销售单价不超过3483元/㎡时，可以享受增值率不超过20％的免纳土地增值税的税收优惠。

仍以上述实例为例，在方案一及其他条件均未发生变化的情况下，若甲公司改变销售单价，仅将方案二中的平均销售单价下调40元，平均销售售价为3448元/㎡。在此情况下，对同样的两个方案，我们再结合营改增改革试点前后政策进行分析测算。

(一)全面推开营改增改革试点前，土地增值税的计算

正如上述计算，全面推开营改增前，销售商品房需缴纳营业税。

方案一：由于条件未发生变化，计算过程同前面资料所述，这里不再赘述。

方案二：

计算扣除项目：

(1)～(3)同上述“全面推开营改增改革试点前，土地增值税的计算”中方案二数据。

(4)与转让房地产有关的税金：

销售收入：91000×3448÷10000＝31376.80(万元)

营业税：31376.80×5％＝1568.84(万元)

城建税及教育费附加：1568.84×(7％＋3％)＝156.88(万元)

印花税：31376.80×0.5‰＝15.69(万元)

土地增值税中可以扣除的税金：1568.84＋156.88＝1725.72(万元)

(5)房地产企业加计扣除额：(7000＋12050)×20％＝3810(万元)

扣除项目金额合计：7000＋12050＋1905＋1725.72＋3810＝26490.72(万元)

增值额：31376.80－26490.72＝4886.08(万元)

增值率：4886.08÷26490.72＝18.44％

由于增值率＜20％，本方案免征土地增值税。

下面比较分析两个方案实现的所得税前利润差额：

方案一所得税前利润：31850－(7000＋12050＋500＋600＋1000＋1592.5＋159.25＋1599.98)＝7348.27(万元)

方案二所得税前利润：31376.80－(7000＋12050＋500＋600＋1000＋1568.84＋156.88)＝8501.08(万元)

通过比较，可以看出，方案二虽然降低了售价，但是由于免征了土地增值税，使得税前利润较方案一为高，所以方案二对甲公司更为有利。甲公司可多获得税前利润1152.81万元(8501.08－7348.27)。

(二)全面推开营改增改革试点后，土地增值税的计算

依照规定，一般纳税人销售自行开发的房地产老项目，仍然选择适用简易计税方法按照5％的征收率计税。

方案一：同上述“二、土地增值税计算与对比分析”中“(二)全面推开营改增改革试点后，土地增值税的计算”中方案一数据。

方案二：

计算扣除项目：

(1)～(3)同上述“全面推开营改增改革试点后，土地增值税的计算”中方案二数据。

(4)与转让房地产有关的税金：

销售额：91000×3448÷(1＋5％)÷10000＝29882.67(万元)

增值税：29882.67×5％＝1494.13(万元)

城建税及教育费附加：1494.13×(7％＋3％)＝149.41(万元)

印花税：91000×3448÷(1＋5％)÷10000×0.5‰＝14.94(万元)

土地增值税中可以扣除的税金：149.41万元

(5)房地产企业加计扣除额：(7000＋12050)×20％＝3810(万元)

扣除项目金额合计：7000＋12050＋1905＋149.41＋3810＝24914.41(万元)

增值额：29882.67－24914.41＝4968.26(万元)

增值率：4869.26÷24914.41＝19.94％

由于本方案增值率仍未超过20％，免征土地增值税。

下面比较分析两个方案实现的所得税前利润差额：

方案一所得税前利润：30333.33－(7000＋12050＋500＋600＋1000＋151.67＋1625)＝7406.66(万元)

方案二所得税前利润：29882.67－(7000＋12050＋500＋600＋1000＋149.41)＝8583.26(万元)

问题中提到的银行罚息与印花税扣除问题，在“全面推开营改增前，销售商品房缴纳营业税”中已有说明，这里不再赘述。

通过分析测算，可以看出，在全面推开营改增试点后，销售商品房开始缴纳增值税，尽管方案二普通商品房售价低于方案一，但是由于订价合理，享受了免征土地增值税优惠，使得税前利润多于方案一，方案二对甲公司仍然有利。甲公司可多获得税前利润1176.60万元(8583.26－7406.66)，且比营改增试点前，可多获利23.79万元(1176.60－1152.81)，这也充分体现了我国营改增行业减负、增加企业获得感的改革初衷。由此也可以得出，2016年5月全面推开营改增后，如果甲公司其余房屋在5月份之后销售，适时调整单位售价等，通过合理筹划，也是完全可以实现税收优化的。

通过上述分析对比，在方案一单价不变，方案二单价分别是3488元原与3448元进行营改增前后的对比分析后，可得出以下结论：

对于销售普通商品住宅，原来在缴纳营业税模式时制订的单价，增值率小于20％，但在缴纳增值税时可能不再适用。这是因为营业税是价内税，销售收入为含税收入，同样，扣除项目中也含缴纳的营业税税额等，导致扣除项目金额加大，增值额减小，增值率下降；但在缴纳增值税情况下，增值税作为价外税，需要从收入中剔除，销售收入为不含税收入，扣除项目金额中也不含缴纳的增值税税额，导致扣除项目金额变小，增值额相对加大，增值率上升，土地增值税相应增加。房地产开发企业应结合本次营改增改革，及时关注政策变化带来的影响，通过合理测算，确定最优方案，实现税收效益最大化。

(作者单位：国家税务总局税务干部进修学院)

# 营改增"后时代"面临的问题及改进建议

于 青

营改增是国家推进供给侧结构性改革、进一步减轻企业税负、提振经济的重大举措。伴随着营改增5月1日全面落地，纳税人在充分享受政策红利的同时，也暴露出一些深层次问题亟待研究和探讨。

## 一、营改增"后时代"面临的问题

（一）政策宣传"缺位"，改革效应尚未激发

营业税改增值税，其意义在于，打通增值税链条，融合二、三产业对接，促进企业经营方式转变，助推转型升级，推动经济结构调整，提振经济发展。作为营改增宣传和政策执行部门，税务机关在政策宣传的对象和内容上，重视财务人员辅导培训，忽略了对企业高层和宏观经济决策者的政策灌输和引导。尽管通过多途径、多轮次的培训辅导，使企业财务人员达到了"懂政策、能开票、会申报"的标准和要求，完成了营改增政策执行和操作层面的集成，但对经济格局带来的变化和影响阐述的不多、解释的不透。由于宣传"缺位"，使得企业高层和宏观经济决策者对营改增的理解和反应不尽相同。企业高层管理人员对营改增只停留在一般意义上的财务核算上，对政策没有精准理解和把握，营改增改革一旦触动企业的利益，企业就会意见满腹，不是在自身管理理念和经营模式上找原因，而是一味强调改革的"不适应症"，难以触动对自身经营方式的转换意识。宏观经济决策者关注的是对地方财力的影响和收支盘子的冲击，没有领会到营改增对经济的刺激作用，对宏观经济缺乏调控理念的及时更新和有力的政策引导，在经济格局的适应性调整上没有先行一步的创新和战略。

（二）国税机关面临管理和任务"两重"境地

营改增纳税人短期内难以适应国税机关的管理方式、申报手段、财务核算要求，为国税管理带来隐患和风险。其一，企业核算难度增加管理风险。营业税时，税收按照企业营业额计提，运行流程和方法便易操作。营改增体制改革后，除了销项税和进项税的计算之外，还有增值税专用发票的规范使用，不仅计算过程和办理流程复杂，还可能导致报表披露、报税系统以及税额缴纳、抵扣等操作方面的一系列新问题的出现，对规模较小企业会计核算带来挑战，稍有不慎极易发生错误问题。其二，增值税税率档次多造成征管漏洞。营改增后，增值税税率档次增加，削弱了增值税的"中性"特点。由于税率档次过多，"高征低扣"、"低征高扣"难以监控，尤其是混业经营的一般纳税人存在人为调节税负的风险，容易发生专用发票虚开虚抵等税收管理风险。其三，任务压力增大。营改增并非是简单意义上国地税税种的划转和收入任务的"挪移"。由于营改增后企业核算方式发生变化，抵扣范围扩大、抵扣项目增多，势必造成企业税收的减少。

（三）对地方财政影响重大，容易引发政府职能缺位

主要表现在：其一，地方收入总体规模面临缩减，地方财政收入现状窘迫。"营改增"改革在减轻各类企业的税收负担的同时，导致了中央和地方的税收收入减少，对地方财政收入的影响则更加明显。自1994年实行分税制以来，营业税基本属于地方税种的范畴，除铁道部门、各银行保险金融总公司集中缴纳的营业税划归中央外，其他均归属地方财政收入。随着"营改增"改革的全面铺开，营业税改征成中央

与地方共享的增值税后，造成直接的后果就是，地方税收收入面临缩减。其二，地方主体税种“悬空”营改增之前，地税部门征收的税种，除营业税外，大都是涉及面广、税额小、零星分散、难以管理和控制的小税种，这些税种法律级次低，征收难度大，地方政府又没有独立的税收立法权，财政运作空间狭小。“营改增”使得地方税收体系丧失了主体税种，无疑加剧了这一矛盾，加强了地方财政对中央政府的依赖，弱化了地方税收的财政功能，不利于地方财政收入的稳定，继而可能引发地方政府职能缺位，影响地方事权的发挥。从长远发展角度来看，若地方政府没有新的地方主体税种，地方税收收入总体规模将大幅缩减，将会使原本“捉襟见肘”的地方财政收入更加窘迫。

## 二、改进建议

(一)拓展营改增宣传的深度和广度

在抓好营改增纳税人政策宣传的同时，把宣传的触角向企业高层管理人员和宏观经济决策者延伸，举办高层论坛，研究探讨营改增对实体经济和经济格局带来的变化，宣传营改增的社会意义，使企业高层和宏观经济决策者对营改增改革精髓有一个重新认识和全新定位，消除简单化的营改增就是“降低企业负担、减少地方财政收入”两种倾向，让企业高层和宏观经济决策者抓住营改增机遇，顺应改革潮流，发挥自我调控和政府引导，转变经营思路，调整经济结构，促进产业升级，加快经济发展转型，推动区域经济健康有序发展。

(二)改进征管方式，夯实管理基础

一是实施“专业化＋科技”管理模式，加强纳税评估和风险防范。通过深入分析调研，逐步了解和掌握营改增纳税人的经营特点和运作模式，分行业、分类型梳理行业特点、政策要点、管理难点、风险点和评估指标，规范行业管理。同时，针对近年来日益猖獗的变造虚开增值税专用发票违法行为，建议完善增值税防伪税控系统，扩大防伪识别指标范围，全面推行将企业名称和品名等中文信息纳入防伪识别和稽核比对范围，从技术上堵塞漏洞，有效杜绝通过变造发票方式进行虚开的违法行为。以金税三期建设为契机，完善外部信息数据的采集和利用，打破部门间信息孤岛分割的现状，通过多维度多层次的数据比对，更好挖掘政策管理过程中可能存在的风险点，以及时研究和采取有针对的管理措施，更好治理和规范税收征管。二是统一简化增值税税率。过多档次的增值税税率，会导致出现高征低扣或低征高扣等损害增值税中性的问题，应尽快清理、简并增值税税率，在设计上可以结合起征点和一般纳税人标准的修订，取消小规模纳税人制度和征收率，以全面打通增值税抵扣链条。三是借助营改增契机，根据基层税源实际状况和收入任务承担能力，顺势调减税收任务总量，把任务做实，从源头上消除虚收，降低“过头税”风险。

(作者单位：河北省满城县国家税务局)

# 关于营改增后地税机关加强税收征管的思考

刘　强　张　微

自2016年5月1日起,"营改增"在全国范围内全面铺开,作为地税部门主体税种的营业税彻底退出历史舞台,这是自1994年分税制改革以来,财税体制的又一次深刻变革。"营改增"在中国经济稳增长、调结构的关键窗口期迅速全面推进,其通过减负为经济增长增加动力的作用更为重要。全面实施营改增是推动结构性改革,尤其是供给侧结构性改革的重要内容,是全力支持国家经济提速发展的一项重要措施,是税务机关责无旁贷的任务。到目前为止,"营改增"实施时间未及满月,但其深远影响已经逐步显现。"营改增"顺利全面推行离不开良好有序的税收征管工作,对地税机关而言,面临主税种消失的现状,如何加强税收征管工作已经成为迫切需要解决的问题。

## 一、营改增后地税机关面临的主要问题

(一)收入规模明显下降

1、地税收入总量大幅减少。作为地方税收的主体税种,营业税在地方税收收入中具有举足轻重的地位,"营改增"后,当前的营业税将由地税收入变成国税收入,直接导致地税收入总量下降。以辽宁省某地区为例,近几年来,营业税在该地区地税的收入总量中年平均占有26%的比重,"营改增"后,地税每年预计将减收6亿元,形成财力预计4.2亿元。因为全面"营改增"是2016年5月1日开始实行,1－4月份的营业税还在地税征收,因此当年预计减收3.4亿元,形成财力预计2.4亿元。

**2011年—2015年营业税税收统计表**

单位:万元

| 项目 | 2015年 | 2014年 | 2013年 | 2012年 | 2011年 |
|---|---|---|---|---|---|
| 营业税收入 | 42,466 | 75,122 | 73,689 | 69,709 | 68,654 |
| 地税总收入 | 195,344 | 295,296 | 295,296 | 243,881 | 208,047 |
| 占比% | 21.7 | 25.4 | 25.0 | 28.6 | 33.0 |

2、地税企业所得税无新增税源,原有税源逐步流失。"营改增"对地税机关来说,除影响营业税外,还将对所得税的管辖权产生重大影响。按照现行税收政策,主营业务缴纳增值税的企业,企业所得税由国税部门征管。这就意味着"营改增"后新办企业的所得税全部划归国税征管,地税从此没有新税源注入,同时,地税管辖企业所得税的老企业由于改制、新注册成立公司等原因,企业所得税转向国税部门,造成税源流失,并失去成长空间。从下图可以看出,近几年来营业税户缴纳的企业所得税在企业所得税中的比重均在65%左右,是企业所得税的主要来源,"营改增"后企业所得税将会出现逐年下降趋势。

**2011 年—2015 年营业税户企业所得税税收统计表**

单位：万元

| 项目 | 2015 年 | 2014 年 | 2013 年 | 2012 年 | 2011 年 |
|---|---|---|---|---|---|
| 营业税户所得税收入 | 11,628 | 9,113 | 12,645 | 7,457 | 5,794 |
| 企业所得税总收入 | 16,013 | 13,665 | 17,378 | 12,383 | 10,610 |
| 占比％ | 72.6 | 66.6 | 72.7 | 60.2 | 54.6 |

3、“营改增”后，地税收入在财政收入中比重将会有所下降。以辽宁省某地区为例，该地区地方财政收入主要由国税、地税和非税收入构成，而地税收入一直是地方财政收入的主力军，几年来贡献率一直在70％左右，2015 年甚至高达 79.7％。“营改增”后，将直接降低地税收入在财政收入中的比重，地税对财政收入的贡献率将会下降到 50％左右，对保障地方经济收入的作用和地方税收管理的话语权势必受到影响。

**2011 年—2015 年地税税收收入在财政收入中的比重**

单位：万元

| 项目 | 2015 年 | 2014 年 | 2013 年 | 2012 年 | 2011 年 |
|---|---|---|---|---|---|
| 地税税收收入 | 151,503 | 242,845 | 243,429 | 201,647 | 167,065 |
| 地方财政收入 | 190,077 | 355,196 | 351,678 | 300,078 | 239,678 |
| 占比％ | 79.7 | 68.4 | 69.2 | 67.2 | 69.7 |

（二）对传统地税管理模式带来极大冲击，亟需构建新的地税征管体系

1994 年分税制以来，地税机关经过 20 多年的探索与实践，形成了一套比较成熟完备的省、市、县、所四级行政管理和征管系统。坚持“以票管税”管理思路，坚持以营业税为主导开展税收分析和风险管理，坚持以财务报表为依托开展各项纳税评估，坚持房地产、建筑业属地化、项目管理的征管模式，坚持对欠税、涉税违法企业的业务全面受限管理等方式方法，为税收征管工作做出巨大贡献。随着“营改增”的逐渐深入，主要税种和管理业务手段的缺失给地税机关征管带来很大困难，影响地税机关职能的高效发挥。

1、发票管理权丧失，地税控管手段相当薄弱。地税机关近几年一直致力于提高纳税服务水平的建设，纳税环境得到了逐步改善，但是广大纳税人的纳税遵从意识提高还需要一个长期渐进过程。“营改增”后，地税部门缺少发票这一最有力的控管手段，特别是代开发票的小规模纳税人（含外地施工企业）或个人纳税人，在国税机关缴纳增值税开具发票后，极少主动到地税部门缴纳相应地方税费。“营改增”前，根据相关规定，地税机关在代开发票时，对附属税种、一定比例的企业所得税或个人所得税以及其他税费一并征收，但是“营改增”之后国税部门对地税部门管户的税费在代开发票时未协助监管，导致较大的税款流失风险。同时，地税机关通过原营业税发票数据进行“票税比对”等有效征管措施也随之缺失，对欠税、违法企业的发票控管措施都不复存在，缺失了发票管理，地税机关对税种控管的有效性大幅度下降。

2、欠税管理弱化。地税机关组织“营改增”纳税人，特别是房地产业、建筑业纳税人往年和当年应申报未申报税款入库出现困难，不可避免会出现新的欠税情况。以辽宁省某市为例，2015 年欠税行业共涉及制造业、房地产业、租赁和商务服务业、建筑业、住宿和餐饮业等 20 个行业，其中，房地产业、制造业、建筑业、租赁和商务服务业等行业欠税金额为 110 812 万元，占全系统欠税总额的 82.78％，分别为 44 038 万元、41 866 万元、17 356 万元和 7 552 万元，分别占全系统欠税总额的 32.90％、31.27％、12.96％和 5.64％。而房地产业、建筑业正是今年 5 月 1 日以后“营改增”全面试点的税种，改革之后，一是主营业务收入和发票使用情况由国税机关控管，地税机关对欠税企业的经营情况和还款能力的跟踪存在真空、脱节，

二是后续监控的征管效应与发票控制、申报监控的前置管理效果和效率都不可相提并论，三是欠税人主观思想上存在国税业务不受限，“重国轻地”的思维，对地税机关管理遵从度进一步下降，加剧地税欠税的增加，对地税机关而言欠税管理将是不可避免的棘手问题。

3、税源监控缺失，后续监管难度大、问题多。“营改增”之后，营业税转为增值税由国税部门征收，但城建税、教育费附加和地方教育附加等附属税种仍由地税部门征收。目前来看，信息无法实现实时交换，利用定期比对补征税款的方式在时间上不能保证，而且额外增加工作量，而对于流动性纳税人更是存在较大的税款流失风险。与国税机关的信息不对称造成地税机关面临诸多税源管理问题，例如，营改增后项目的报验统一由国税机关受理，不再到地税机关报验，后续房地产和建筑企业是否继续按照项目进行税源监控、管理问题；对于在国税机关代开发票的外地企业和小规模纳税人对地税税费如何强化监控管理的问题；对建筑安装企业，特别是属地化管理的建安项目缺失发票后如何加强个税、企业所得税的控管问题；对于一般纳税人异地使用发票如何确保当地预征税款足额、按时入库问题；对于注销企业、特别是异地施工企业外出经营活动的注销如何开展国地税联合管理，避免税款流失的问题等等，都存在很大盲点，将导致地税管理的税款进一步流失。

4、国地税管理模式不一致，造成税种间管理不统一。国税机关和地税机关虽然一直都是按照一部《征管法》开展税收征管，但在征管实施过程中营业税和增值税的管理细节还是有很多不同，增值税的管理相对单一简单，而营业税往往根据行业特点和经营模式采取差异化征管模式，特别是涉及到房地产业、建筑业两大原地税机关管理的重点行业，涉及属地化管理，国税机关基本不涉足，从管理思路到管理经验国税机关都在不断摸索的过程中，营改增后管理模式都是探索性的尝试，征管模式存在着不确定性，给后续地税机关的征管带来了不确定性。从管理上看，国地税机关的日常征管模式，包括项目登记模式、发票开具范围、纳税义务时间、裁量标准等管理模式存在差异，对后续某些税种管理造成影响。例如，国税机关对于建筑企业的管理延续原地税机关按照项目管理思路，而房地产企业不按照项目进行管理，造成一是房地产业纳税人对原记账方式、财务制度、申报方式都需要重新调整，需要一个应对过程，二是而地税机关针对房地产企业的土地增值税征收管理又必须按照项目管理、核算、申报，造成国地税管理模式不同，出现税种间管理不一致的情况。从政策上看，营业税是价内税，而增值税是价外税，由于计税依据、纳税义务时限等一系列政策需要重新调整明确，也会对以后某些税种管理造成影响。

（三）存在主管意识放松、工作热情下降的客观情况

“营改增”后，地税机关收入明显下降，为当地政府提供财力的权重也将下降，可能会间接地影响到地方党委政府对地税工作的重视和支持程度，经费保障、协税护税等力度或多或少会受到影响，从而影响到地税机关的行政能力，出现主管意识放松的情况，不利于地税工作的开展。对地税工作人员来说，“营改增”后，地税机关征收的税种为随增值税附征的税种或者是其他小税种，税源散、税额小，加之管理手段薄弱，可能会在税收工作中出现主观上的畏难情绪，影响税收征管工作积极性，进而放松对税源的管理。同时，“营改增”后，地税部门失去了主要税源，地税工作人员的工作自信心、工作积极性和行业自豪感将因此受到打击，工作热情难免下降。甚至部分人对今后何去何从感到迷茫，人员思想波动较大。

## 二、扩充税基，逐步构建现代化地税征管体系

（一）对现有税种重新划分征管权限以及确定新的税种，扩大地税机关税收基数

全面“营改增”后，国地税组织收入工作将出现不平衡，国税机关业务量剧增，而地税机关业务量大幅减少，这不利于国地税行政职能的充分发挥。为此，可以将原有税种重新划分，例如将车购税、消费税等划归地税征管。此举有益于分税种分行业实施精细化管理，也可以有效发挥国地税机关的积极性，同时也有助于保障地方政府的财力现实需要。然而对现行税种的重新划分不足以形成新的完善的地方税收

体系，因此，重新确立地税主税种将十分必要。此外还需要建立辅助税种体系，大力推动资源税、房地产税等方面的税制改革，加速推进资源税从价计征和水资源税的试点征收，稳步推进房地产税立法，形成地方稳固税基。同时加强对各种基金、收费项目进一步清理整合，也为企业可持续发展减轻负担。据了解，世界大多数国家税收收入一般可占财政收入90%，而我国除了税收之外，各类费用、基金占比很大，这说明我国税收成分不够合理，费改税工作亟待加强。而假设环保税以及社保费改税划归地方之后，一是将有效缓解收入缺口问题，稳固税基，二是对于促进环境保护、规范社保费、整体税制更加规范起到积极作用。

(二)构建现代化符合社会特点的全新地税征管模式

1、加速新的征管法修订，提高管理效能。目前最新的税收征管法为2015年1月5日国务院公布的财政部、国家税务总局起草的《税收征管法》(2015年修订征求意见稿)，对比原征管法，此次修订对纳税人及税务机关权利都有增加，既有加强税务机关获取信息和征收税款权利条款，也有加强纳税人权利条款，并完善了自然人纳税规定。但全面推开“营改增”之后，上次最新修订的征管法对改革之后的相关内容没有做出明确规定。“营改增”后，地税机关税收征收管理出现的新形势，为了有开展工作的法定依据，应尽快在征管法中做出修订。一是在法律范围内进一步赋予税务机关执法权力，对执法范围、执法手段进一步完善，扩大税收有效执法范围和执法深度；二是对违法行为的惩戒强度持续加大，增加违法成本和打击力度，提高纳税人有效遵从；三是对部门协作纳入法律范畴，特别是对银行等相关部门的配合协作出台实施细则，为税务机关执法提供基础信息支撑；四是对纳税人义务进一步细化，特别对现金收入管理备案和“营改增”后地税管理薄弱环节提供有效征管的法律保证；五是行政强制措施更加具备可操作性，在实际执法过程中易于执行并起到成效，对涉税违法纳税人形成极大的震慑。因此，新的征管模式下征管法还需要进一步修订。

2、深入开展国地税合作，形成税收管理新格局。

(1)在纳税服务上深度融合，提高纳税人满意度。在主办税服务厅互派窗口，利用“双机双屏”一窗式国地税业务统一受理的高度融合服务模式，实现“进一家门，办两家事，三家都方便”的服务模式。做好国地税联合辅导培训，协助纳税人做好税收筹划工作。国地税联合开展税法宣传工作，共同就纳税人关心的“营改增”常见问题进行宣传解答，增强税收宣传效果。不断推进国地税纳税服务深度融合，提高纳税人满意度。

(2)在涉税信息上高度聚合，夯实税收征管基础。现代信息技术与税收工作已经密不可分，而实现信息共享、完善数据交换、开展第三方涉税信息联合采集、建立政府部门间的协税护税机制，包括正在紧锣密鼓准备上线的金税三期各系统应用，无疑对于实现国地税业务互联互通提供了信息支撑。例如，国地税机关可以通过对税务稽查案件查补税款数据互相比对，查找偏差；对疑点纳税人的“一税两费”和所得税的风险疑点进一步核查，提高风险评估效率，提高纳税人对国税查补税款自觉申报的遵从度。加强日常征管信息管理上的合作，通过对登记信息的互相交换、比对，对纳税人管理状态不一致的情况，及时查明原因，修正偏差信息，夯实征管信息基础。以金税三期数据清理为契机，对纳税人存在偏差信息进行交换，提高数据清理效率。交换欠税信息，及时掌握欠税纳税人在国税办理退税等相关业务，及时追缴税款，避免税款流失。

(3)在管理上紧密联合，提高管理质效。税收征收管理是税务工作的主要内容，无论对国税机关还是地税机关都同样重要。在紧密联系和结合工作实际的前提下，国地税在管理上实现紧密联合，加强沟通衔接，确保每项工作有人抓、不落空、见实效，就能够持续放大国地税合作1+1>2的工作效应。贯彻总局国地税互相委托代征的工作要求，利用各自征管优势建立互相委托征收管理，对增值税的附征和国税代开环节的地税附加税种，国税机关做好委托代征工作，对二手房转让环节地税机关利用已经形成的管理优势，在征收地税其他税种的同时做好增值税的代征工作。加强欠税户的信息交换和联合惩戒，一是定期交换欠税信息，二是协同开展税收强制执行，采取联合停供发票、联合强制等措施提高清欠力度，三是开展联合信用等级评定工作，建立涉税违法“黑名单”制度，提高应用等级的应用，提高纳税遵从。同时建立联合稽查选户机制，重大案件交互执法意见，为共同下户打下良好基础。对零散税收共同核定，地税机关向国税部门取得纳税人增值税核定信息，完善地税税收核定信息，有效堵塞征管漏洞。

3、发挥社会综合治税的作用，齐抓共管、形成合力。加快完善社会综合治税体系建设，争取将各项社会管理与地税征收管理相结合，形成政府引导、部门协作、上下联动、齐抓共管的网格化社会税收征管新格局。一方面进一步完善第三方数据共享机制，保障地税部门准确、及时地获取相关涉税信息，推动地方税收征管不断加强。以地方税收保障办法实施为契机，加强地税与国税、地税与政府其他职能部门之间的联系，建立健全联席会议制度、信息交换制度等社会综合管理机制，确保纳税人在税务登记、税款核定、税款比对、涉税违章方面的信息共享。另一方面形成齐抓共管的良性税收执法氛围，不要将涉税矛盾风险全部集中在税务部门，地方政府应当积极引导多部门参与、协作、密切配合的工作格局。以税务机关为依托，在全社会营造诚信纳税、纳税光荣、偷税可耻的舆论氛围，将“政府采购、土地出让、银行贷款、资格审定、表彰获奖、政府补助”等一些列社会行为与诚信纳税挂钩，推进税务信用等级的应用，扩大运用范围，同时加快“三证合一、一照一码”，社会统一信用代码的应用，持续扩大应用范围，进一步将资质代码全方位整合，简政放权，简化证照办理流程，构建社会诚信体系建设，营造全社会齐抓税收工作、共同治税的执法氛围。

4、以“金税三期系统”上线为契机，发挥信息管税的优势。“金税三期系统”(以下简称金三系统)是建立一个业务覆盖全面、功能强大、监控有效、国地税通用、全国联网运行的税收管理系统，它进一步明晰了征纳双方的权利与义务，对于转变税收管理理念、完善税收管理方式具有重大意义。因此，充分发挥金三系统的优势必将对地税部门的税收征管工作起到巨大推动作用。一是金三系统极大提高了税收工作的信息化程度，通过前期模块录入，便可建立详细的纳税人数据库，方便后期使用时对纳税人进行全方位监管，减少税收违法行为发生。二是金三系统由于是严格按照税法和税收规范开发的，因此可以提高税收工作规范化程度，而且只要熟悉税收工作流程，就可快速掌握，容易操作。三是金三系统可以提高税收专业化程度，能够做到既减轻工作人员压力，又提升纳税人办税体验。四是国地税软件版本统一，信息数据可以实现高度共享、实时传递，有益于进一步堵塞征管漏洞，规避执法风险。五是有助于建立“平台依托、数据分析、预警监控、风险管理、统筹协作”的大数据信息管税模式，发挥信息管税高效、精准的管理优势。

(三)做好税收宣传，提高纳税人遵从度

税收宣传是提高纳税人税法遵从度的重要途径，对地税机关而言，“营改增”之后尤其如此。纳税人税法遵从度越高，税收流失就越少，税收缺口就会越小，征管效率就会相应提高。要提高纳税人税法遵从度主要途径为执法和服务，很明显服务成本低效果好，而税收宣传工作就是一种服务。“营改增”后地税机关要更加注重税收宣传工作，坚持在在管理中服务，服务中管理，在服务中掌握第一手资料，开展“营改增”政策宣传和解读，定期开展服务问卷调查及上门辅导等等，对纳税人提出的各类“营改增”问题主动帮助解决，切实提高纳税人的税收政策理解力和办税水平。同时也要将税收工作中的经验、做法报道出来，创造良好的税收舆论环境，促进在全社会范围内树立依法诚信纳税理念，维护公平正义的税收法制环境。

(四)提高主管责任意识，正确认识营改增积极作用，加强地税队伍建设

“营改增”之后，地税机关在职能发挥方面会受到影响，而且由于涉及“营改增”纳税人主管税务机关发生变化，也必然会影响地税机关在其心中位置。为此，地税机关必须积极调整，提高主管责任意识不放松，占位要高，用大局意识正确认识“营改增”的积极作用。一是积极调整心态，主动适应改革。地税部门要主动适应“营改增”的工作形势变化，立足实际，科学分析，从观念上、思路上，以及工作重点、手段等方

面积极调整，积极参与改革，最大限度发挥地税机关的职能作用。二是加强队伍建设，提高主管意识。加强地税干部教育培训工作、提高业务工作水平的同时，增强他们工作自信心和积极性，并结合绩效管理，充分调动干部工作积极性，挖掘管理潜能。

总之，“营改增”全面实施以后，地税部门将面临税收收入大幅减少的局面。对此，地税部门对内要积极面对，正确认识，熟悉政策，采取及时有效的具体措施，调研分析，清欠查收；对外则要加大政策宣传，加强沟通，协同各部门加大社会综合治税力度，做好“营改增”后的各项应对工作，保证地税收入的“软着陆”，最大限度发挥地税机关职能作用，将地税收入减收对地方财政收入的影响降到最低，继续为地方经济发展做出贡献。

（作者单位：辽宁省大连市旅顺口区地方税务局）

# 营改增后如何加强公路货物运输业征收管理

齐鑫鑫

## 一、公路货物运输业概述

现代运输体系，包括铁路、公路、水路、航空、管道等多种运输方式，只有公路运输能实现“门”到“门”的运输。因此公路运输是提高其他各种运输方式通达程度的关键，是现代运输体系的基础。

随着我国经济的不断发展，居民消费水平的进一步提高，货物运输量、社会商品零售额、对外贸易额等大幅度增长，商品的流通规模显著增加，2008 年－2014 年交通运输行业发展统计公报显示，公路货物货运量和货物周转量持续攀高，环比平均增速约 10％。2014 年，全国营业性货运车辆完成货运量 333.28 亿吨、货物周转量 61016.62 亿吨公里，比上年分别增长 8.3％和 9.5％。

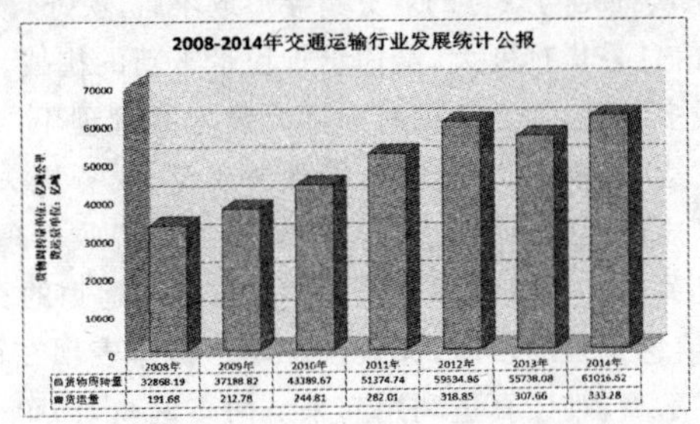


图一　2008－2014 年中国公路货运量变化分析

再选取具体城市进行样本数据分析，以笔者所在的四线城市为例，2010－2015 年内蒙古通辽市公路货物货运量和货物周转量变动趋势同全国规律相同，呈现持续上升现状，尤其是 2013 年交通运输业营改增后，两项指标的环比增速突增 10％以上，以改征增值税后的第一年（2013 年）最为显著。

图二　2010－2015 年内蒙古自治区通辽市公路货运量变化分析

公路交通的日益发展，公路网络的不断完善，公路货物运输生产方式和经营内容不断扩展，包括传统的整车运输、零担运输以及集装箱、大件笨重货物、危险品货物运输、医药运输等不断发展和完善，快件运输、社会性储运服务等已暂露头角；运输市场的多元化和运力的快速发展，同时为车货双方提供配载、货运代理和货运信息的货运服务业也随之蓬勃发展。与经济体制改革不断深化和社会需求多样化相适应的是，公路货物运输经营方式也呈现多元发展，如独立核算经营、承包经营、租赁经营、合伙经营、挂靠经营、混合经营、货物联运经营、个体运输经营等方式。但由于该行业流动性极强、无固定经营场所、营运方式多样、营运收入难以确定、车主变动频繁等特点，相对应的税收征管手段不能及时匹配跟进，给公路运输业税收征管带来诸多困难和挑战。

## 二、营改增后公路运输业税收征管现状分析

(一)对征管思路及征管方式的影响

1、征管工作滞后被动，税务管理难度加大。公路货物运输业对国税部门而言，是一个全新的行业，全新的领域。营改增以前，国税部门主要负责“销售货物或者提供加工修理修配”为经营范围的税务管理。这些业务都具有货物实体，而货运运输则完全不同，具有业务隐蔽性、过程不可追溯、生产过程与消费过程统一、业务活动的流动性，提供的运输产品是“空间位移”。这种业务特征的差别打破了国税部门原有税务管理模式，可控性差，难度增大。虽然营改增前期，国税部门进行了充分的准备工作，顺利解决了操作系统问题、国地税交接、纳税申报等问题，但是仍不能忽视营改增带来的征管工作滞后问题。行业缺乏精细化管理，对存在的问题各地税务机关处理方法和业务性质界定上不尽相同，还没有形成统一的行业管理办法，多样的业务类型、现实迫切需要的政策落实细则与缺位的业务指导形成矛盾，税务管理较为被动。

2、信息切入点难以把握，信息采集难度大，给信息管税带来新的挑战。众所周知，现在货物运输车辆五花八门，数量庞大，经营模式多元化，加之我国对车辆改装限载管理不严，无法获取企业运输车辆的实际运量。并且当前网络信息发达，车辆配货网点多，管理欠规范，税务机关难以取得第三方相关信息，同时纳税人大量通过现金交易以规避税收，而通过银行结算以加强税收管理缺乏法律依据，造成税务机关控管手段明显不足。为税务机关核查和掌握货运企业实际运能和运力的真实性带来困难。

另一方面，税务机关自身信息化程度较低，又缺乏统筹。具体表现在征管信息质量低，呈现“两多两少”的特征，造成分析运用水平不高，难以真正利用起来。两多两少，即单个分析信息多，全面分析少；散乱信息多，整体利用少，金三系统上线后，可用的数据指标不再能通过后台数据加工后直接得出，大量散点信息和外部采集信息主要依赖人工处理，总体效率低下。

3、对风险管理带来新的挑战。

(1)行业分类过于粗疏，营改增政策对对应行业界定不够规范和细化，货物运输和货运代理业务不易区分，“实质挂靠”和“形式挂靠”费用支出问题、混业经营高低税率划分收入比例问题，很难规范界定标准，形成了现实中“有法可依”但不能准确适用的矛盾状况，而各地税务机关在管理实践中没有统一口径，带来操作困难。同时，依法治国的大环境下，对于税务机关自行制定的税收业务规定，又必须经过各种程序和备案才能够推行，降低了税收风险分析识别的针对性。

(2)风险识别信息难以掌握，建立风险等级应对机制的难度加大。前面曾论述，公路货物运输行业纳税人涉税信息分析利用的切入点难以把握，税务机关不能像对原增值税纳税人那样，牢牢抓住如用电信息、单耗配比和设备产能等关键控制指标，对公路货物运输纳税人没有明显的参照，没有生产流和货物流信息，只有资金流和票据流等信息，行业建模存在一定难度，这就导致对纳税人进行风险分类时，不好确定风险级别，只能通过税负率、油品抵扣金额占收入的比例等单项指标进行日常监控，不能针对性实施差异化和递进式风险管理策略，增加了管理风险。

(3)公路货物运输业处于高危税务环境中，其自身属于高危行业，又与税务管理中的其他高危行业紧密相联，增大了风险管理系数。比如任何类型的出口骗税都涉及运输造假——需要取得虚假的运输业发票。

(二)对征管环节的影响

1、发票虚开风险加大。一是交通运输业的行业特性，服务的无形和大量不索票的空间存在(空额票)使虚开发票的隐蔽性增强，加大了增值税专用发票监管的难度；二是 营改增后，小规模货运企业为留住客源，为接受运输劳务的一方能够抵扣更多的进项税额，选择不去税务机关代开专用发票，而是到一般纳税人运输企业违规代开，形成非法代开货运专用发票的问题。另一方面，一些通过虚增进项将税负降低到行业预警线以下的企业，为了不引起税务机关关注与怀疑，要么通过申报无票收入增加应纳税额，要么可以开具发票申报开票收入来增加应纳税额，提高税负。

2、发票代开风险加大。税率设定的层次差距大，导致企业拆分经营可能性增大，公路货物运输一般纳税人适用的税率为11%，而小规模纳税人适用的征收率为3%，有的企业了为规避高税率，出现了拆分经营实体，又因业务真实性难以核查，且代开发票手续简单，出现了代开发票纳税人增多等情况，既增大了税务机关的工作量，又增加了税收执法风险。

3、成品油抵扣问题。成品油费用、轮胎耗费是货物运输企业成本构成的主要内容，因运输货物的不同而有差异，重货和抛货的耗用量明显不同。但从目前的征管实践来看，成品油抵扣是公路货物运输业最难以甄别的核心问题之一。尽管从管理方面已经要求公路运输企业必须使用加油卡加油，且石油(石化)公司已要求对需要开具专用发票的必须使用银行转账结算，但企业可以办理多张加油卡卖给个体营运车辆，收取现金后，再使用银行转账与石油公司结算，从而套取专用发票抵扣。

4、销项税额计算存在的问题。由于货物运输业具有分散性、流动性和隐蔽性特点，纳税人遵从度不高，经营业务难以全面掌控管理，而货运企业一般靠现金交易进行日常结算，日常核算靠手工记帐，虽设置帐簿，但帐目混乱，成本资料、收入费用凭证残缺不全，难以准确真实核算营业收入。另外，一些企业往往会出于追求盈利的本性，采取减计或少计收入的手段，来达到逃避缴纳税收的目的，形成隐瞒收入少缴税款的问题。例如很多企业对其回程空车配货多数没有固定客户，且不需要开具增值税专用发票的收入及销售废旧轮胎及钢圈等大多不开具发票的收入，都未按无票收入申报，存在隐瞒营业收入的问题。

(三)对公路货运企业的现状分析

从企业方面来讲，客观上，财务管理水平较低，业务流程不明确，适用货运细分业务不清楚；从主观上来讲，部分企业依法纳税意识淡薄，不适应营改增的变化，有抵触心理。少数企业利用税收政策和管理漏洞，不缴少缴偷逃税款。

## 三、营改增后加强公路货物运输业征收管理的建议

针对目前征管现状中所暴露出来的问题，从政策调整上、基础管理上、备案管理上、信息化手段应用上、加强对纳税人辅导上以及税收政策宣传方面提出以下建议，以加强货物运输行业的征收管理。

(一)调整和完善相关政策及政策解释，提高政策的可操作性

1、从政策上根本规范和明确货运行业的税收范围，明确税收的范围及对应的税率，可以有效地避免税务机关的征管盲区，降低纳税人的涉税风险，是解决税收管理问题的前提条件。应进一步规范应税服务的行业认定标准。建议改变列举法，采用反列举法确定营改增应税服务范围，并与工商营业执照相对应匹配，保持与国民经济行业划分标准一致。适当降低与简并增值税率，以减少纳税人税率选择的范围。

2、由总局出台公路货运行业税收管理办法，统一各地政策执行不一的问题，明确一些界定模糊的业务类型，为基层税务机关的征收管理工作提供抓手。

(二)多方位加强基础管理

不难发现，该行业的管理基础较为薄弱是导致税收问题产生的重要原因，因此，进一步加强基础管理是当务之急。

1、加强运营车辆备案管理。掌握企业运营车辆底数，运营车辆是货物运输企业从事运输服务的生产工具，其信息的真实性决定了企业实际运输能力，决定了是否有虚开专用发票的风险。

2、加强发票管理。坚决严格落实"财务核算不健全的企业、不得使用专用发票和抵扣税款、并依增值税率征税"的政策规定,促使纳税人健全会计制度,明晰成本核算,实施"一车一单一票"管理,要求在备注栏标注车牌号。在发票核定环节,要根据企业的实际经营情况,如车辆数量和单车吨位等指标进行科学合理的测算,既满足企业正常经营的需要,又不会产生虚开的空间。在发售环节,要根据核定数量和实际使用情况,动态调整发售数量,防止出现套购虚开的问题。对于企业名下没有营运车辆或手续不合规定的租赁挂靠,更要严格控制发票发售数量,防止企业虚开发票。

3、加强用油抵扣的管理。为保证用油的真实性,要求设置成品油出入库台账,逐笔顺序登记成品油购进、领用情况。购入时应有购进成品油的正式发票,附成品油销售单位开具的油品出库单客户联,且与发票相关内容一致。领用时如实记载车辆牌照号、油品型号、加油数量,驾驶人签名等信息。

4、规范企业会计核算管理。督促企业健全账册,能够按照国家统一会计制度规定设置总账、日记账、明细账、辅助账;在日常管理中,严格要求企业的原始票据与实际时间、线路相符;车辆在途产生的路桥、燃油、修理费必须有合法票据才能入账;健全各项运输、挂靠、租赁等合同的备案等。

(三)加强信息管税下的风险监控管理

所有管理不能单依靠资料报送、人工审核的方式进行处理,否则,会造成资料的堆积,信息质量和使用价值不高等问题。信息管税,可以简化税务管理的困难,增加管控的透明度。但税务部门的信息管理手段严重滞后于公路运输行业现代化运营程度,建议开发公路运输行业风险监控平台,不仅引入金税三期征管系统,电子底账系统、防伪税控系统和货物运输业专用发票税控等系统的内部征管数据,还要引入外部企业备案信息及第三方信息,实时监控纳税人货运业务的真实性和合理性。第三方数据信息建议由自治区级国税部门统一协调采集各个监管部门数据,如全区的"车购税征收数据",公安车管部门的机动车登记信息,交通运管部门的运输营运手续登记信息、卫星定位数据,以及高速公路车辆通行数据。

建立相关模型指标参数,对企业运输成本构成主要项目柴油、轮胎、配件及修理费等抵扣项目,以及人员工资、过路过桥费等费用设置相应指标参数,确保企业收入支出的匹配。准确测算不同类型单个车辆单位公里收入、油耗等主要指标,防范虚开和虚抵行为的发生。

(四)增强纳税服务措施,广泛进行纳税宣传与辅导

税务机关要广泛深入进行纳税宣传与辅导,一方面主动将税收政策、征管流程、违法后果及时地宣讲到位,做好纳税服务工作,使纳税人能够尽快适应国税部门管理方式,减少因不了解政策造成的遵从问题。另一方面要积极帮助企业全面了解增值税特点,引导纳税人用好用足增值税政策。

(五)加强与地税、交通等部门协调配合

加强信息共享与沟通,形成"政府牵头、部门联管、网络支撑、信息共享"的工作新格局和护税协税机制,及时完善税收征管配套政策,避免形成信息孤岛。

(六)强化管理责任

根据税源专业化、精细化管理的要求,建立专门的税源管理队伍。公路货物运输行业税收管理困难多,矛盾大,除在制度、机制方面考虑外,应考虑加强管理队伍建设的问题。建立专业的管理团队是做好该行业税收征管工作的保证,通过人员组建、岗责体系、绩效考核等方面工作,加强队伍建设,确保税收管理措施执行到位。

(七)严格行政执法

营造公平竞争的税收法治环境,税务部门要通过落实税收执法责任制、深化内控预防体系建设等措施,规范税收执法程序和执法自由裁量权,强化执法监督制约。同时,严格依法治税,严厉打击税收违法行为,整顿和规范公路运输行业税收秩序,促进税收公平。

(作者单位:内蒙古通辽市国家税务局)

# “营改增”后税收体系的探析与建议

姜海涛　赵春元

实施“营改增”，是国务院根据社会经济发展的新形势，从深化改革的总体目标出发做出的重要决策。十二届全国人大四次会议审议的《政府工作报告》提出，2016 年 5 月 1 日起，在全国范围全面推开营业税改征增值税的改革试点，就此，“营改增”正式全面进入改革试点的实施阶段。今年是国家“十三五”规划的开局之年，“营改增”的实施，对促进我国经济发展具有重大意义。在国地税合作不合并的情况下，现有的税收征管体系如何适应“营改增”后的征管体制，需要我们认真思考和探析。

## 一、营改增后“抵扣制”的思考与探析

增值税的核心特征是抵扣机制，增值税是以货物和服务的增加值为税基，在计算应纳税额时，可以抵扣生产经营过程中投入的外购货物和服务所负担的增值税款。而有些行业不能从真正意义上实行增值税的抵扣机制：如：住宿和餐饮业、租赁和商务服务业、居民服务业、文化、体育和娱乐业等行业。这些行业的纳税人大部分是个体经营者，他们大多没有建账立簿，即便有规模较大的经营者，其财务账目核算也是不健全，况且这部分纳税人在“营改增”前的税收管理上采取定额征收营业税。“营改增”后，税务机关对这些行业的纳税人无法计算抵扣额，只能采取定率征收增值税。我们说“增值税”最大的特点就是减少重复纳税，可以促进社会经济更好的良性循环与发展。如果对“营改增”上述行业的小规模纳税人采取定率征收增值税，就不符合增值税特有的税不重征的科学合理性的含义。我们知道，增值税从理论上讲，增值额的大小与缴税多少密不可分，但增值额是多少？消费者不知道，税务专业人员也要通过计算才知道。因此，增值税本身在客观上增加了神秘感，所以社会认知度上受众面小，不像营业税在客观上比较直观的显现“价内税”。笔者认为，税收立法应遵循从实际出发的原则。一是税收立法必须根据我国政治和经济发展的客观需要，从中国的国情出发，尊重社会经济发展规律和税收分配状况；二是要实事求是的客观地反映国家的政治经济等各方面的实际情况，既不能被某些条条框框所束缚，也不能盲目照搬别国的税收体制模式，应在实践的基础上，充分地运用好科学知识和技术手段，不断地完善国家税收体系，以适应我国经济发展的客观需要。

## 二、营改增后国地税“资源配置”的思考与探析

国地税分设已经走过二十多年了，“营改增”前，原缴纳营业税的纳税人只需在地税部门申报办理所有纳税事宜；“营改增”后，原营业税纳税户改征增值税，交由国税局征收，这些行业成为国地税的“共管户”，这部分行业纳税人需要在两个税务机关办理申报涉税事项，接受两个税务机关的涉税审核和税务稽查。每月的两次申报涉税事宜增加了纳税人的负担，耗费了纳税人大量的精力。目前，国地税的“资源配置”就摆在我们面前，两套税务机构、两套征税体系，纳税人两头跑，资源过于浪费。笔者认为，科学合理的利用好国地税“资源配置”是“营改增”形势之所需、国地税体系之所求。如果这个问题解决不好，一方面地税局闲置大量“资源”；另一方面国税局也需要重新认识、重新了解、重新掌握、重新熟悉这些“营改增”的行业和每一户纳税人情况，这一切都要耗费国税局大量人、才、物等成本性支出。科学合理地利用好资源和配置，是我们国家历来倡导和追寻效率最大化的目标。如何利用好现有的资源配置是我们的“当务之急”。何谓“资源”？笔者认为，硬件是资源、软件也是资源；人才是资源、经验也是资源。自 1994

年国地税分设以来，地税部门在营业税纳税人的征收管理方面，有了一整套完善的管理办法和成功的经验，是一支懂业务、熟征管，能打胜仗的过硬队伍。从国家的角度上说，无论国税征收的税款，还是地税征收的税款，都是全国人大通过或授权国务院制定的税收征管体系规定征收的税款。因此，合理有效利用好国地税现有“资源”，对稳步推行“营改增”有着十分重要的意义。一是有利于减轻纳税人负担；二是有利于分担国税现有硬件不足、征税人员不足、新增业务不熟等；三是有利于地税保持原有工作量不降，发挥地税局原有的征管优势，提高地税的资源利用效率。因此，整合资源、合理配置、优化服务、信息互通、避免浪费、树立形象，是“营改增”顺利实施的有效保障。

## 三、营改增后国地税合作的思考与探析

“营改增”后，加强国地税深度融合，合理划分税收征管，是国地税发展之本、合作之源。在“国地税合作不合并”的体制下，“营改增”后的国地税“合作”尤为重要。关键是“合作什么、怎样合作”？合作的实质在哪里？这需要我们认真探讨和解析。“营改增”前，国地税在税收征管和税款征收方面存在着诸多不同步的问题，这给两税执法机关在实际的征收管理方面带来了的难点和热点问题。如：申报不同步、核定不同步、征税不同步、减免不同步、注销不同步、稽查不同步。好在新办登记同步了，实行了“三证合一”，但还有那么多不同步怎么解决？当前，由于国地税设置和征管范围的不同，在某种程度上制约着国地税合作，如：机构设置职责不同，内设科室职能不同；隶属机构规格不同，属地征管范围不同。笔者认为，解决合作的实质根本是继续延用“分税制”，还是实行新的更加合理的“分户制”管理模式，这是国地税“合作”之本的关键所在，是税收形势之所趋，是税制改革之所求。国地税的合作应从“分税制”转换到“分户制”的管理模式，实现国家一盘棋的“融合”发展，只有这样才能解决诸多不同步的问题。因此，国地税的“合作”应该是深层次的，相互融合的“合作”。“合作”的硬道理是科学、合理，形成合力。让我们相信，只要两税机关深度合作、形成共识，实行双轨式“分户制”的合作征管模式，国地税就会在未来的税收征管上发挥其积极的作用，从而实现真正意义上“质”的飞跃，为我国经济社会发展做出更大的贡献。

## 四、营改增后国地税“分户制”征管的思考与探析

国地税分设是从 1994 年 10 月开始的，实行的是“分税制”的管理模式，国税部门主要承担着国家税收的征收管理；地税部门主要承担着地方税收的征收管理。两套征收机构，两套征收人员，征收界限分明，属地分属办公，经费来源不同，工资待遇不同。现如今国地税实行分税制的税收征收体制已经走过二十多年。如果“营改增”后还是延用原来的“分税制”管理，从纳税人的角度看：纳税人从注册登记开业到营销涉税申报；从政策规定咨询到优惠享受上报；从停业废业注销到清理检查核准等等，涉税事宜仍然面对的是两套税务执法机关，耗费了纳税人大量的时间和精力。在高科技发展的今天，既不利于资源的合理配置，也阻碍了社会进步，同时也增加了纳税人的涉税成本。两税机关也是同样的困惑，纳税人的每一项涉税事宜，都需要两个税务执法机关办理。试想，“营改增”后，国税部门开具发票完税后，地税部门在另行跟踪追征纳税人以票涉税涉费款项，这在税收征管上是何等的艰难。如果将涉税涉费款项，全部交由国税部门代收代缴，那你地税局干嘛去。笔者认为，纳税人的每一项涉税业务就应该是一票到底，各税（费）统征，在完税方面应树立整体性，便捷性。同是税务机关征收的税款，都应是国家税收，税收划分国家和地方应是财政的问题，不应体现在税务征收机关方面。税务机关就是按税法的规定，对纳税人（按户）应纳税（费）款，一并组织征收入库。因此，加强国地税的深度融合、合理划分税收征管范围，实行双轨式“分户制”税收管理模式，是完善税收体制改革之本、创新税收事业发展之源。

## 五、营改增后税收体系的建议

（一）建立统一的纳税申报服务体系

"营改增"后,建立统一的纳税申报体系,有利于纳税人方便快捷办理涉税事宜。笔者建议:一是整合国地税办税服务系统,成立国家税收纳税服务中心,统一办税服务标识;统一办税服务流程;统一办税服务标准;实现一站式办税服务。纳税人可就近在某一办税服务厅一次性办理所有涉税事宜;二是要大力发展科学严密的网络报税系统和银行代理受理纳税人的报税系统,形成多元化立体式高科技的报税系统,建立起完整的国家税款纳税申报服务体系,合理配置和整合国地税和银行等现有的硬件资源、软件资源、人力资源、信息资源,实现"资源共享、简化流程、"优化服务、快捷办税、互联互通、征纳双赢"的目标。

(二)建立统一的国库分级入库体系

"营改增"后,建立统一的国库分级入库体系,有利于加强国家和地方各级次收入的管理。笔者建议:一是根据行政属地的原则和税收管辖的范围,在属地区域内建立国家税款中心国库,将属地所有纳税人申报缴纳的税款,统一缴入国家税款中心国库。国家税款中心国库将税款按规定的分成比例分别划转各级次国库;二是国地税执法机关按各自管辖的行业的户籍征收税费,只核算税种和规费,不再核算中央级收入、省级收入、市级收入、县(区)级收入以及乡镇级收入,防止在入库级次上的"避重就轻"、"因级而异"等弊端;三是税收分级收入的分享比例,由国家财政部门确定,国库按财政规定的分享比例划转各级次国库。在税收入库分级管理方面,形成了税务、财政、国库"各司其责"、"相互制约、相互监督"的税收入库管理体系,这样有利于保证和兼顾中央和地方各级分享的财政收入。

(三)建立统一的税收征收管理体系

"营改增"后,在"国地税合作不合并"的体制下,建立统一的税收征收管理体系,有利于国地税"分户制"的征管模式。实行"分户制"的征管模式,就是不再划分国税和地税两套机构的"分税制"征管模式,建立国地税双轨式"分户制"的管理模式。即:在国家产业行业中的划分国地税分属征收管理范围,实行按户管理、各税统管的征管模式(一个纳税户对一个税务机关),实现资源合理配置、节约征纳成本,提高两税机关征管效率。

(四)建立统一的税务稽查机制

建立独立的税务执法稽查机关,实行统一的税务稽查机制,有利于"分户制"税收的监管和稽查。纳税人申报缴税后,税务的主要征管工作就是监管和稽查。"监管"就是日常的纳税评估和预警;"稽查"就是在实施税务稽查职能时,对纳税人涉税(费)全部税种及规费统算统查,共同打击偷、逃、骗税的违法行为,这样即有利于公平税负,又有利于维护税收体制稳步健康的发展。

(五)建立统一的发票源泉控税体系

"营改增"后,建立统一的发票源泉控税体系,有利于提高税收征管效率,有利于发挥发票源泉控税的作用,使纳税人涉税款项及时准确的应收尽收。增值税发票是抵扣税款的法律凭证,因此,"以票控税"是税务机关税收征管最有效的管理手段。国地税执法税机关在开具"增值税"专用发票时,可将涉税的税种和各项规费一并征收。

总之,税收体系改革是伴随着国家政治和经济的发展而发展,在发展中改革,在改革中完善,在完善中创新。目的是,使国家税收体系能够更加科学合理地适应我国政治和经济发展的新形势、新要求,从而促进经济更好更快地发展。不论什么样的改革或创新,我们都要以符合国情为标准,以效率为目的。"营改增"也要实事求是的稳步推进,否则,就会受到经济规律的制约。春光无限好,改革正当时。国地税的历史是担当和奉献,国地税的未来是进步和希望。

(作者单位:辽宁省丹东市元宝区地方税务局)

# 营改增后续管理须创新纳税服务

田卫东

如何实现保障国家税收增长能力和保护纳税人合法权益的辩证统一，是税收征管长期面临的课题。营改增全面覆盖到服务业等各行业之后，税收征管必须打破常规，回应纳税人的关切，消除纳税人的痛点，为纳税人尽量提供简便化、高效化、精准化的服务。

随着营改增改革全面实施，资源税改革接踵而至，其他税制包括个人所得税改革紧锣密鼓地进行。这些新的税制改革，都对现行税收征管法制提出了新的挑战和新的要求。我国《税收征收管理法》自2001年修订以来，对于规范税收征收和缴纳行为，保障国家税收收入，保护纳税人合法权益，促进经济和社会发展，发挥了积极作用。但是，税收征管体制仍然存在不统一、不协调、不便利的问题，对纳税人权益保护不够、涉税信息获取能力不足、税收治理能力有待进一步增强等问题依然存在。如何实现保障国家税收增长能力和保护纳税人合法权益的辩证统一，是税收征管长期面临的课题。

营改增全面覆盖到服务业等各行业之后，增值税专用发票的要求严格程度远高于营业税，税率复杂细致，工作量极大增加。税收征管必须打破常规，回应纳税人的关切，消除纳税人的痛点，为纳税人尽量提供简便化、高效化、精准化的服务。如进一步简政放权、精简税收登记、申报、税款缴纳、税收检查、税收纠纷和违法处理等方面的程序和环节；精简各种不必要的税收报表填报；提倡国地税机构合作，实施一窗式联合办税，一站式服务。

随着营改增的全覆盖，纳税户大量增多，税务人员紧缺，工作量增多。纳税人对税务机关尽快取消纸质办税的愿望强烈，希望加强信息化、网络化、电子化的税务管理，并覆盖到所有的税收登记、申报、税款缴纳甚至包括税收争议纠纷的处理。如现行机关事业单位的个人所得税网上办理的平台欠缺，办税不方便，因此，网络平台要不断改进和完善，以适应各个层次的纳税群体的申报和缴税的需求。

税收征管要补“短板”，既要加强对纳税人“收”税的服务，更要重视对纳税人“支”的税收优惠政策的服务。要改变少数地方出现的国家出一批税收优惠政策，就出一批中介服务的现象。如有的企业享受嵌入式软件产品收入退税，于是一些中介机构找上企业服务，退税后按照17%收取代理费。企业增加了负担，对此也不满意，还易产生腐败行为。因此，对于税收优惠政策的落实，应由税务部门直接办理，必须请代理机构办的，也不能违规收取企业的费用。

税收征管要健全法治化、程序化管理。特别要重视纳税人各种诉求的回应，加大税务机关与纳税人各种税收纠纷的调处。现在学术界对取消税收复议前置呼吁较多。事实上，由于税收征管的特殊性，复议前置模式在世界上是普遍的做法，也是人性化的管理。同时，对于行政复议、诉讼和要提供相应的担保的工作要不断改进优化，配备专门人员加强税收复议工作，保障纳税人的合理诉求。

税收取之于民，用之于民。税收征管法应当进一步完善纳税人权利保护制度，让纳税人有更多的获得感，如切实保障纳税人的税收法律政策的知情权、索取收据或清单完税凭证权、陈述申辩权、依法要求听证权、委托税务代理权以及控告检举权等。应逐步建立纳税人的税收法律救济制度，构建征纳双方的和谐关系。

（作者单位：河北省博野县国家税务局）

# 所得税

# 关于“互联网＋”背景下利用发票大数据提升企业所得税管理水平的思考

广西壮族自治区国家税务局课题组

发票作为企业所得税的主要税前扣除凭证，是提升企业所得税管理水平的重要抓手。随着金税三期工程、电子发票等一系列“互联网＋”税务管理手段的应用，发票管理的“信息化”水平将进一步提高，利用发票大数据提升企业所得税管理水平有了强大的“技术”支撑。“营改增”税制改革全面完成后，发票管理将向国税部门进一步统一和集中，使得利用发票大数据提升企业所得税管理水平有了坚实的“制度”基础。国税部门应当抓住技术发展和制度变革的重大机遇，通过建立信息化的发票数据收集机制、专业化的发票信息分析模型，不断提高企业所得税的管理水平。

## 一、发票大数据在企业所得税管理过程中的应用现状

（一）与企业所得税相关的发票管理规范不断完善

目前，除了企业所得税法及其实施细则和发票管理办法外，国家税务总局还出台了一系列有关发票开具和企业所得税税前列支的制度规定，有效的规范了企业在产品销售和成本费用核算过程中的发票使用行为，在不断堵塞税收征管漏洞的同时，也通过优化管理方式不断减轻纳税人的纳税申报负担。

（二）“以票控税”的企业所得税征管格局基本建立

在“以票控税”的税收征管格局下，无论是生产环节还是流通环节的税收征管，都对发票的开具和使用进行了规范的管理，促进了企业财务核算，堵塞了征管漏洞，保障了税款征收入库。根据2012～2014年企业开票销售收入和申报的总销售额的分析可以看到：在现行的征管模式下，一般纳税人的开票销售收入已经占到其全部销售收入的大部分比重，因此开票销售收入基本能够反映企业的总体销售情况；而小规模纳税人的开票销售收入占其总收入的比重也在逐年上升。因此，通过对发票数据的掌握就可以掌控企业基本的销售情况，管住发票就基本管住了企业的收入，从而有利于对企业所得税申报的有效管控。

**表一　2012～2014年度纳税人开具发票销售情况表**

| 纳税人种类 | 销售额（亿元） | 2012年 | 2013年 | 2014年 |
|---|---|---|---|---|
| 一般纳税人 | 总销售额 | 17593.31 | 19759.15 | 21710.15 |
| | 开具发票销售额 | 15051.25 | 17159.75 | 18758.51 |
| | 未开具发票销售额 | 2542.06 | 2599.40 | 2951.64 |
| | 开具发票销售额占比 | 85.55％ | 86.84％ | 86.41％ |
| 小规模纳税人 | 总销售额 | 596.49 | 686.85 | 869.31 |
| | 开具发票销售额 | 130.41 | 163.00 | 317.33 |
| | 未开具发票销售额 | 466.08 | 523.85 | 551.98 |
| | 开具发票销售额占比 | 21.86％ | 23.73％ | 36.50％ |

（三）发票管理的信息化水平不断提高

1、金税工程基本实现了对发票开具“以票控税”的目的。金税工程的实施大力推进了我国税收管理的信息化进程，通过现代化的信息建设，税收征管的质量和效率不断提高，特别是增值税防伪税控系统推

广应用后，以伪造、倒卖、盗窃、虚开增值税专用发票等手段进行偷逃国家税款的违法行为得到有效遏制。而在金税三期工程成功上线后，网络发票、电子发票对推广应用将拥有更完善的信息处理平台，“以票控税”的格局将由纸质发票向电子发票升级，税务机关对发票信息掌控的及时性、全面性将进一步提升。

2、发票监控网络初步形成。目前增值税专用发票在全国范围内实现了交叉稽核和协查比对，基本解决了增值税发票“大头小尾”，有力遏制了增值税假发票的泛滥现象。“一机多票”将普通发票与增值税专用发票一同纳入领购、开具、报税管理，有力地控制了普通发票违法违规行为。与此同时，税务部门在打击发票违法犯罪方面始终保持高压态势，近年来税务稽查部门不断加强发票违法行为的查处力度，查处的企业数量、发票数量和发票金额不断扩大，在为国家挽回大量税款的同时，也有效的震慑了违法分子利用发票偷逃税款的行为。

**表二　广西国税稽查部门查处发票违法情况表**

| 时间 | 查处企业(户) | 查处发票(万份) | 涉及发票金额(万元) | 查补税款(万元) |
|---|---|---|---|---|
| 2012年 | 863 | 2.62 | 44969.81 | 5507.65 |
| 2013年 | 992 | 1.67 | 76414.02 | 9355.35 |
| 2014 | 1357 | 7.82 | 181449.9 | 8996.67 |

3、发票信息管控更加全面、及时。增值税发票系统升级后，纳税人开具发票时，经过税务数字证书安全认证、加密开具的发票数据通过互联网实时上传税务机关，生成增值税发票电子底账，作为纳税申报、发票数据查验以及税源管理、数据分析利用的依据，实现增值税一体化管理，有效防范纳税人使用虚开的真实发票列支成本费用。根据《国家税务总局关于推行增值税发票系统升级版工作有关问题的通知》(税总发〔2014〕156号)和《国家税务总局关于全面推行增值税发票系统升级版工作有关问题的通知》(税总发)〔2015〕42号等相关文件的工作部署，广西国税系统迅速开展增值税发票系统升级版的推广应用工作。截止2015年6月30日，全区增值税发票升级版共推行92185户，占应推行户数的77.56%，其中增值税一般纳税人57243户，增值税小规模纳税人34942户。截止2015年8月31日，全区增值税发票升级版共推行109037户，占应推行户数的93.77%，其中增值税一般纳税人62006户，增值税小规模纳税人47031户。按计划2015年年底前完成尚未使用增值税发票系统升级版的增值税纳税人的推行工作。随着升级版增值税发票系统的推广和应用，税务机关将全面和实时掌握纳税人的发票开具信息，为利用发票大数据进行企业所得税管理奠定了基础。利用数据和信息化手段更好地加强增值税源头管理的同时，大数据比对条件生成和源头控管及时性的提升也给企业所得税管理带来了新的机遇。

(四)“营改增”为发票大数据管理创造制度条件

“营改增”前，国税部门仅仅掌握缴纳增值税的第一产业、第二产业(除建筑业)和第三产业中对批发零售业的发票信息，在进行企业所得税管理过程中，对于企业成本费用核算中的不动产建造和购置、广告费、运输费、咨询费、无形资产交易等缴纳营业税项目的发票信息，无法对其真实性进行完整掌控，从而引发了在上述领域假发票泛滥、虚开发票盛行的局面长期无法得到控制。营改增后，原来营业税企业都将改为开具增值税发票，尤其在全面推行增值税发票系统升级版后，国税部门可以及时采集企业的开具发票及接受发票的详细信息，从而形成对企业经营链条的全程信息管控，为货物和劳务税和企业所得税的“两税联评”创造制度条件。以广告业为例，“营改增”以后，广告公司主营业务缴纳的货物和劳务税从营业税转为增值税，从在地税缴纳转为在国税部门缴纳，则国税部门不仅可以核实发票的真实性，还能就发票所反映业务的真实性进行核实，进而对增值税申报记录和企业所得税申报记录开展“两税联评”，全面掌握企业生产经营情况。

## 二、发票大数据在企业所得税管理中存在的问题

(一)缺乏统一的税前列支票据管理制度

目前,国家税务总局尚未出台统一的《企业所得税税前扣除凭证管理办法》,对包括发票在内的各类企业所得税税前扣除凭证的管理比较分散,缺乏系统性,部分管理制度已经跟不上经济社会发展的需要。

(二)发票数据信息未能实现完全共享

1、国税内部发票信息未能实现完全共享。手工发票的信息目前仍然未能实现信息化的采集,外省发票信息也无法实现共享查询,这就造成在企业所得税管理工作中,对票面信息无法核业务真实性,对发现的发票疑点只能人工核对和稽查外调,费时费力且查处严重滞后。

2、国地税之间发票信息未能共享。营改增前服务业、金融业、建筑安装业等使用的普通发票由地税管理,国地税双方的发票管理系统未能实现信息共享,部分纳税人利用监管漏洞真票假开、头大尾小、未将营业收入计入当期损益,申报企业所得税时存在少计收入的情形时有发生,严重地侵蚀了企业所得税的税基。在"营改增"以前,由于广告业企业缴纳的流转税为营业税,在地税缴纳,因而国税部门只能核实发票真伪,无法核实发票业务是否真实发生。

3、第三方信息未能共享。发票数据作为纳税人交易支付的信息只有同资金流、或物流或者劳务发生情况等信息横向联系才能反映纳税人的真实经营情况,而上述信息分散在不同的监管主体和市场主体之中,如银行、海关、发改委、科技厅等,税务机关尚未能够及时和全面的掌握与企业纳税相关的第三方信息,从而导致对纳税人开具假发票或真票假开等行为无法进行有效的甄别。

(三)管理观念僵化,手段滞后

1、基层管理观念僵化,对大数据时代引发的管理变革认识严重不足。基层税收征管过度依赖"以票控税"的管理手段,忽视了企业经营情况的了解和财务核算的分析,造成对企业纳税后的评估、稽核工作不及时、不深入。

2、管理手段滞后,大数据分析应用仍在摸索阶段。

(1)人工查阅的传统管理模式不适应现代管理需求。人工查阅仍然是企业所得税管理过程中对纳税人入账发票检查的主要方式,而这种传统的管理手段根本无法应对纳税人庞大经营业务所积累起来的海量发票数据。

(2)发票数据一窗式比对机制未形成。当前增值税发票升级版推行后,发票系统、征管系统新旧衔接处于真空期,由于技术和人力资源方面的原因,一窗式比对机制未能正常发挥作用,导致可能出现纳税人利用漏洞误报、虚报、瞒报经营收入的风险。该问题在金三核心征管推广完成、发票系统升级版所有功能启用(预计 2016 年 7 月以后)后能够全面解决,但在过渡期内必须通过人工核对方式监控。

(3)发票"电子底帐系统"平台仍未发挥应有效果。目前,发票"电子底帐系统"的使用还属于初级阶段,虽然税务机关可及时掌握企业开具发票情况,但发票对比的分析还需依靠人工操作,无法实现信息化的批量比对和自动分析功能。

(四)发票的货物名称无法明确分类,增加了数据处理的难度

数据的规范性对发票信息处理分析很重要。以发票的货物名称为例,货物名称少写或多写一个字,计算机对数据进行批量处理时,就会将其与原货物名称归为不同类的货物,由此对其的购进量、销售量、销售单位的分析将产生误导或误判。因此,能采集到发票上的货物名称是利用发票加强企业所得税管理的关键,但同时也是数据处理最大的难点。

(五)发票大数据管理的社会环境条件还不成熟

由于当前信用体系建设不够完善、电子支付方式不普及,真正意义上的电子发票仍处在部分省市的

试点阶段,“样本＝总体”的大数据环境未能真正建立,发票虚开问题无法避免,在行业差异面前增值税发票电子底账的作用也很有限。相对于增值税的直接性,企业所得税更多体现为后续性与被动性,这为管理增加了难度。

(六)无法应对日益猖獗的发票违法犯罪

查处违法发票数量的激增显示了不法分子通过假发票、真票假开方式与税务部门在税收上的博弈仍然存在,特别是手工版假发票、增值税专用发票“真票假开”现象仍然屡禁不止,利用发票套现和偷逃税款的违法犯罪行为对企业所得税管理形成严重的挑战。就当前“营改增”情况来看,交通运输业、物流业等行业存在部分客户(如个体户、个人)不索取发票,此部分业务的发票可能会被利用来开具给第三方,第三方通过“买票”方式获得发票用于增值税抵扣,进而虚增成本税前扣除,又造成少缴企业所得税。营改增后虚开增值税发票的行为比起营改增之前更加难以查实。因为营改增之前的增值税应税行为是销售、进口有形动产(即货物)或者是对有形动产的加工、修理修配,正是有形动产的存在,税务部门在核实这些业务的真实性是可以通过核实货物流来进行确认;而营改增的业务主要是服务业,对无形服务是否真实发生的核实难度非常大,同时服务质量难以量化导致服务的定价也差距悬殊,也使得虚构服务发生虚开发票的行为更加难以查处。与货物不同,应税劳务具有无形性、不易计量及事后的难以核查性,监管难度大,容易出现“真票假开”。当关联企业利用免税期间、税率(税负)落差等,企业所得税的“真票假开”难以消除。

## 三、利用发票大数据提升企业所得税管理水平的对策

(一)完善发票大数据应用的制度基础

1、完善发票管理制度。提高《中华人民共和国发票管理办法》的法律层级,并建议加快出台《企业所得税税前扣除凭证管理办法》,从政策的层面提高“以票控税”的有效性和可操作性。

2、建立发票信息共享制度。建议在增值税发票升级版全面推行后,要给各级税务机关开放全国的发票信息数据,让各级税务部门可以方便地获取所辖企业的受票信息进行整理、加工及分析,准确地识别企业在所得税扣除方面的风险,及时采取有效的应对措施。

(二)转变单纯的发票管理观念

逐步加快实现从“以票控税”向“数据管税“、“资金流控税”的理念和实践转变。以互联网思维进行发票大数据管理,就是要利用金税三期等信息化管理平台,构建发票大数据对收集分析和风险提示机制,再辅之以企业的生产经营信息,让管理员能够及时将企业的用票信息与生产经营情况进行综合分析,有针对性地开展业务核实,核查“真票假开”,化解管理风险。

(三)建立和完善企业所得税发票数据的应用工作机制

税务部门应当充分利用税收信息化建设所打造的发票信息数据库,通过建立工作机制、完善分析模型,强化发票税收大数据的互联互通和高效应用,实现“精准服务、精准管理、精准评估、精准稽查”四大目标。

1、建立发票大数据的采集工作机制。对发票数据的采集、审核、清理及维护等数据处理工作进行质量管理和定期评估,确保发票基础数据的真实性、准确性、完整性,为数据应用提供有力保障。发票数据是一个海量数据,而且每年递增速度较快,在无法对商品进行分类的情况下,需要对数据进行清分以保证数据质量。

2、建立发票大数据的风险分析机制。可根据风险点的抓取角度,分析对象的属性以及业务需求区分不同的方式开展分析工作。对减免税后续管理,可以根据减免项目逐项分析管理;对企业的收入成本费用分析,可以逐个行业进行分析管理;对重点税源企业,我们可以各级税务机关确定的重点税源户逐户进行分析。

3、建立发票大数据“两税联评”机制。定期核实重点行业增值税收入和所得税收入的比对,并通过企

业货流、票流、资金流比对分析，发现企业是否存在无货虚开发票的问题。

4、建立发票大数据行业模型分析机制。对“营改增”行业实施所得税分类管理，建立“以票控税”行业模型。具体的应用方向如下：

(1)加强对房地产业和建筑安装业的环节和时点监控。如房地产开发环节，以建筑安装收入时点核查房地产开发成本核算的准确性或以房地产业开发成本核查建筑安装企业收入。

(2)加强广告费等费用的后续管理。对广告费用较大的企业采集相应的开票单位及费用信息，核查收入或成本数据的准确性。

(3)加强企业购销环节信息管理。通过核查企业的库存商品在仓储环节的入库和出库单是否与其购销合同货物数量一致，货物移送时，发生的运输费用是否取得运输发票，运输发票的金额是否与其移送的货物数量、运输距离等相匹配，资金的进出是否与货物的购销匹配等。

(4)加强发票电子底账的应用。例如运用发票电子底帐系统查询企业的开票记录，查验开票记录是否符合西部地区鼓励类产业目录，核实鼓励类收入是否达标。

5、引入先进的数据统计工具和方法。自2005年综合征管软件上线，国税系统积累了十年的纳税人数据资源。其它各大业务软件，如增值税发票系统、出口退税系统、车购税管理系统等也同时采集了大量的专项业务数据。电子表格为主要技术手段的人工处理分析方式已远远无法满足工作需要，也无法撬动我们系统的“海量”数据。因此，引入先进的统计分析工具，如SPSS，将复杂的统计计算过程交由系统来完成，以直观的统计结果引导业务人员深入挖掘数据背后的规律，将极大提高业务人员的工作效率。

(四)完善发票大数据管理的配套措施

1、加快推进税务信息化建设。充分利用已经初步搭建起来的“电子底帐系统”平台，增加海量比对、分析和筛选功能，丰富和强化电子底帐的监控效能。

2、完善发票大数据分析人才配置。根据分析目标合理调配人力资源，建立长效机制。应当集中一定的专业人才，专职开展数据处理分析，研究统一指标口径，建立发票管理模型，并不断丰富和完善。

3、完善企业资金流监管手段。建议加强对企业“千元业务转帐”的资金流管理手段。根据《中华人民共和国现金管理暂行条例》(1998年)第三条规定，“开户单位之间的经济往来，除按本条例规定的范围可以使用现金外，应当通过开户银行进行转账结算”。第五条“开户单位可以在下列范围内使用现金：……前款结算起点定为1000元”。资金流通过转帐的管理要求，是企业帐务内控管理的需要，也是对业务虚假追踪税收稽查重要手段，应积极倡仪，提到议事日程。

4、解决货物名称等数据化难题，有效监控企业的货物流。可参照海关商品编码方法或依据编码规则自成一体，将商品和服务项目按照大类确定总代码，不同型号为分代码。发票的商品或服务名称与代码共同打印，据此可以追踪货物和服务项目的流向，达到监控目的。比如，电视机是大类，其新研发的型号是分代码，可以通过税务总局的同一平台按顺序提供分代码，生成的新代码全国企业共享。从长远来看，如果该平台建成(纳入金税工程)，解决的不仅是商品或服务的税收监控，也为国家掌握经济运行提供大数据支持，影响巨大。

课题组组　长：李文涛

副组长：霍　军　徐富成

牵头单位：广西壮族自治区国税局所得税管理处和税科所

成员单位：广西国税局货物劳务税处，

南宁、柳州和防城港市国税局

执笔人：孔祥军　徐富成

# 信托所得课税问题研究

浙江省地方税务局税政二处课题组

自2001年《中华人民共和国信托法》(以下简称《信托法》)颁布实施以来,信托以其独特的财产管理方式,受到社会的广泛关注。特别是近年来,随着公众对于财富增值和资产管理的需求日益增强,我国信托业呈现出加快发展的势头,各类信托产品层出不穷,信托融资规模迅速扩大,信托业正在国民经济和社会发展中发挥着越来越重要的作用。

但在信托业蓬勃发展的同时,信托业的税收问题日益凸显,由于尚未建立与信托相配套的税收制度,我国现行信托课税依然套用一般经济业务的税收政策规定,由此产生了一系列诸如纳税主体不明、纳税环节不清等税收问题,不利于信托业的长远发展,亟待完善。基于此,本文立足信托所得课税的视角,在实地调研的基础上,对建立和完善我国信托所得税制度的有关问题进行探讨。

## 一、信托概述

(一)信托内涵

根据《信托法》,信托是指"委托人基于对受托人的信任,将其财产权委托给受托人,由受托人按委托人的意愿以自己的名义,为受益人的利益或者特定目的,进行管理或者处分的行为"。根据上述定义,可将信托的内涵概括为:以信任为基础。信托因委托人对受托人的信任而设立和存续;以产权转移为前提。委托人须先将信托财产的所有权转移给受托人,信托关系才能成立,这是信托与一般委托的显著区别。以财产所有权与收益权分离为特征。受托人形式上享有信托财产的所有权,但信托财产及其信托收益均归属于受益人,信托财产的所有权与收益权相分离是信托的最鲜明特征。

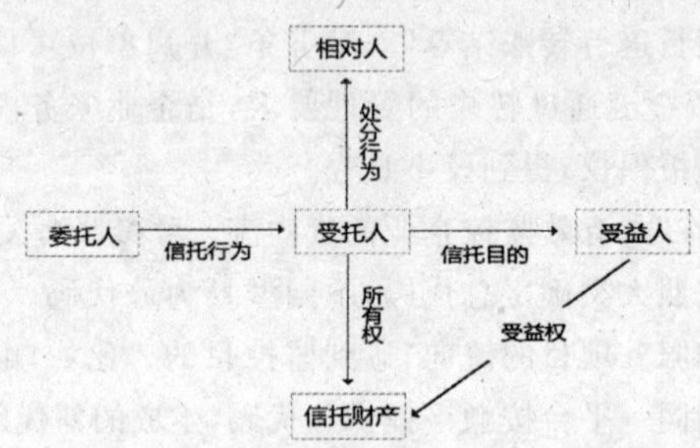


(二)信托类型

1、私益信托和公益信托。私益信托是委托人为了自己和其他特定人的利益而设定的信托;公益信托则是以实现社会公益为目的而设定的信托。

2、自益信托和他益信托。自益信托是由委托人作为受益人的信托。他益信托则是由委托人和受托人之外的第三者作为受益人的信托。

3、营业信托和民事信托。营业信托是以营业性信托机构作为受托人的信托;民事信托则是以非营业性信托机构作为受托人的信托。

(三)信托业务范围

根据2007年颁布实施的《信托公司管理办法》:"未经中国银行业监督管理委员会批准,任何单位和个人不得经营信托业务,任何经营单位不得在其名称中使用'信托公司'字样"。因此,本文所研究的信托仅限于在中华人民共和国境内以信托公司为受托人依法开展的信托活动。

(四)信托所得

所谓信托所得,是指受托人管理、运用或处分信托财产所产生的各种信托收益。需要明确的是,根据《信托法》第十六条:"信托财产与属于受托人所有的财产(以下简称固有财产)相区别,不得归入受托人的固有财产或者成为固有财产的一部分"。因此,受托人收取的手续费或者佣金报酬,以及基于其固有财产取得的收益,不属于信托所得范畴。

## 二、我省信托所得课税现状及存在的问题

作为民营经济大省,我省民间资本雄厚、金融创新活跃,为开展信托业务提供了良好发展环境。

(一)我省信托业务发展概况

目前,全省经金融监管部门批准设立的信托公司共有4家,分别是杭州工商信托股份有限公司、万向信托有限公司、浙商金汇信托股份有限公司和中建投信托有限责任公司。截至2014年底,上述4家信托公司共发起设立信托计划814项,其中自益信托807项,占绝对多数。信托来源方面:信托财产以货币资金为主,2014年上述4家信托公司共管理信托财产2091.1亿元,其中22.3%为个人委托、77.7%为企业委托。信托投向方面:一般来说,信托财产投向在信托计划设立时已在信托合同中明确。我省4家信托公司管理运用信托财产主要投向诸如房地产、市政项目、工商企业信贷、股权投资、证券二级市场等投融资项目。收益分配方面:信托计划大多以短期为主,合同期限一般不超过两年,每半年或1年分配一次收益;信托公司通过定期(如按季)发布信托资产管理报告的方式向受益人告知信托财产收益情况。2014年上述4家信托公司共取得各类信托财产收益151.54亿元,其中25.4%向个人分配、74.6%向企业分配。

(二)信托所得课税现状

经调研,从信托公司所得税缴纳情况来看,目前我省信托公司仅就其收取的手续费或者佣金报酬以及运用其固有财产取得的收益缴纳企业所得税,或者代扣代缴本公司职工个人所得税。而对于信托所得,信托公司无论是在获取信托收益的环节,还是在向受益人分配信托收益的环节,均未缴纳或者扣缴所得税。至于受益人是否就信托所得依法纳税,信托公司不得而知,税务部门也不掌握受益人的信托所得信息。

(三)存在的问题:信托所得课税政策缺失导致征管漏洞

通过对我省信托业务所得课税的现状调查可以发现,我国目前关于信托所得课税的专门政策规定尚处空白状态,而套用一般经济业务的课税规则又不符合信托"双重所有权"的特质,故反映在征管实践中,一方面信托当事人视信托为"管道",不作为纳税主体承担纳税义务,另一方面现行政策也未对纳税主体、课税环节、扣缴义务以及信息报告义务等做出明确规定,税收征管实际上处于空白状态,从而使信托所得事实上处于"免税"状态,造成较大的税收漏洞。

## 三、信托所得课税的国际借鉴

信托制度是英美法系下特有的财产管理制度,其滥觞于英国,后经美国、日本等发达国家的探索实践,日益形成一套相对完善的法律和政策体系,其中有关信托所得课税的理论和实践可为我国所借鉴。

(一)理论借鉴:信托"导管"原理和实质课税原则

由于信托具有所有权和收益权分离的结构特点,因此要实现对信托所得的有效课税,就必须首先明确信托所得的归属和纳税义务的分配。从多国的课税实践来看,信托"导管"原理和实质课税原则成为设计信托所得税制的主要依据。

信托"导管"原理认为,信托是委托人为谋求受益人的利益而搭建的一条利益输送"导管",受托人名

义上享有信托财产的所有权,但却不真正享有信托收益,因此不应被视为所得主体,不应承担信托所得纳税义务。

实质课税原则是指,应从经济活动的实质和利益的实际归属出发来判断纳税主体、确定纳税义务。信托具有鲜明的法律形式与经济实质不一致的特点,尽管法律上受托人拥有信托财产的所有权,但信托财产的实质归属者应为受益人,因而应由受益人承担信托所得的纳税义务。

(二)实践经验:日本和我国台湾地区的信托所得税制

信托是英美法系下特有的财产管理制度,作为大陆法系国家,建立信托税制时,必须考虑与本国法律传统的适应问题。日本和我国台湾地区作为较早引入信托制度的大陆法系国家和地区,其在信托税制构建方面的探索可为我国提供借鉴。

1、日本的信托所得税制度。根据日本所得税法,信托财产及其信托收益在税法上直接视为受益人所有,信托所得的纳税主体是受益人。

(1)信托设立环节。受托人无需纳税,受益人承担所得税纳税义务。当无特定受益人或受益人不存在时,由委托人承担纳税义务。

(2)信托存续期间。受托人取得的信托所得,视为受益人的所得,由受益人为缴纳所得税;没有受益人或者受益人不明确,则信托所得归属于委托人,由委托人承担纳税义务,受托人承担税款扣缴义务,扣缴税款可由委托人在应纳所得税款中抵扣。

(3)信托终止环节。在信托终止时,不征收所得税,各信托当事人均无需纳税。

2、我国台湾地区的信托所得税制度。我国台湾地区的信托所得税制度严格按照实质课税原则来设计。

(1)信托设立环节。若信托收益的全部或部分受益人不是委托人,则由实际受益人将享有的信托财产缴纳所得税;若受益人不确定,则受托人为纳税义务人;委托人与受托人之间的财产转移无需缴纳所得税。

(2)信托存续期间。若信托受益人变更为委托人之外的其他人,则由实际的受益人就信托收益缴纳所得税;若因追加信托财产,受益人享有的信托收益增加,则受益人应将其享有的信托收益增加部分缴纳所得税;若受益人不确定,应以受托人为纳税义务人,就信托变更或追加年度受益人应享有的信托收益按规定扣缴率申报纳税;若受托人发生变更,原受托人和新受托人之间的信托财产转让不课征所得税。

(3)信托终止环节。委托人与受托人之间或受托人与受益人之间的信托财产转让,不课征所得税。因信托行为不成立、无效、解除或撤销,受益人与委托人之间的信托财产转让,不课征所得税。

## 四、我国信托所得税制构建设想

信托所得税制并非一套单独的税收制度,而是基于信托业务特点,运用现行所得税法规则,针对信托所得而设计的一套细化规定。由于信托当事人(委托人或者受益人)既可以是自然人,也可以是法人企业,故信托所得课税既可能适用个人所得税法,也可能适用企业所得税法。因此,本文将立足现行所得税法,按照信托"导管"原理和实质课税原则提出构建我国信托所得税制(暂不考虑信托运营行为涉及的所得税优惠情形)的设想。

需要说明的是,由于本文研究的是信托所得的课税问题,因而对信托财产的名义所有人——受托人自身的所得税问题不在本文探讨范围之内。下面,我们将从政策和征管两个层面探讨我国信托所得课税的制度框架。

(一)政策框架:明确信托所得税纳税义务

根据信托业务分类,本文将从自益信托、他益信托和公益信托三个方面探讨信托所得纳税义务在各信托当事人间的分配,明确纳税主体、课税环节等税制要素。

1、自益信托。自益信托,即委托人与受益人一致的信托,大都以理财为目的,现行的大部分基金业

信托交易结构图

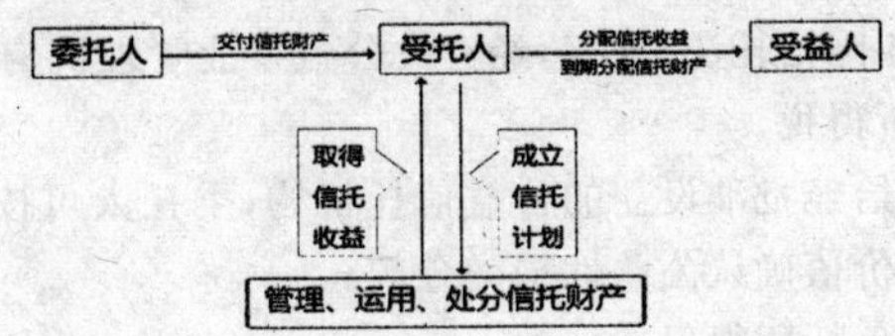


务都属于自益信托。

(1)信托设立环节。委托人向受托人转移信托财产,委托人不确认财产转让所得,不承担所得税纳税义务。信托财产的计税基础以委托人原计税基础确定。

说明:由于不存在除委托人之外的其他受益人,因此信托财产在委托人和受托人之间的转移,均为形式转移,委托人和受托人均未从中取得实质收益。

(2)信托存续期间。委托人取得的信托收益应承担所得税纳税义务,于信托合同约定的信托收益应付日期,确认所得实现。对于委托人支付给受托人的手续费和佣金支出,应允许委托人在计算缴纳所得税时予以扣除。

说明:按照信托"导管"原理和实质课税原则,信托收益应由受益人承担纳税义务,即对于自益信托而言,应由委托人承担纳税义务,在取得应付信托收益时计算缴纳所得税。

(3)信托终止环节。委托人应就经受托人清算后返还的信托财产收益计算缴纳所得税。

说明:信托终止时,委托人取得受托人返还的信托财产及其收益,对信托财产部分无需确认应税所得,而应对受托人清算后返还的信托财产收益计算缴纳所得税。

2、他益信托。他益信托,即受益人与委托人不一致的信托,大都以赠与为目的。

(1)信托设立环节。委托人向受托人转移信托财产,委托人暂不确认财产转让所得,受益人暂不确认受赠所得。信托财产的计税基础以委托人原有计税基础确定。

说明:按照信托"导管"原理和实质课税原则,委托人向受托人转移信托财产应视同对受益人的捐赠,而受益人作为信托财产的实质所有者,应确认受赠收入,计算缴纳所得税。但考虑到信托设立时委托人和受益人并未实际取得信托所得,特别是受益人在形式上也未取得财产所有权,未产生现金流,如果在此环节课税可能会对相关当事人设立信托的积极性造成影响,也会造成事实上的征管困难。因此,建议将信托设立环节的纳税义务推延至信托终止环节确认。

(2)信托存续环节。受益人应于信托合同约定的信托收益应付日期,确认受赠收入。对于仅享有信托财产本身受益权的收益人,因不享有孳息收益,此环节无需承担纳税义务。

说明:按照信托导管原理和实质课税原则,信托收益应由受益人承担纳税义务,即应由受益人承担纳税义务,在取得应付信托收益时计算缴纳所得税。

(3)信托终止环节。受托人向受益人转移信托财产,视同委托人向受益人的捐赠,委托人和受益人应分别按照信托财产的公允价值确认财产转让所得和受赠所得,计算缴纳所得税;受益人应就经受托人清算后返还的信托财产收益并入应税所得缴纳所得税。

说明:信托终止时,受托人一方面要将信托财产转移给受益人,同时要对信托财产收益进行清算,将清算后的信托财产收益返还给受益人。

需要注意的是,由于他益信托设计灵活,既可以将全部受益权(信托财产及其孳息)赠与受益人,也可分别将部分收益权(信托财产或其孳息)分别赠与不同的受益人,从而对受益人的所得税纳税义务产生影响:对于享有信托财产全部受益权或者仅享有信托财产本身受益权的,受益人应在信托终止时按信托财产的公允价值确认受赠收入;对于仅享有信托财产孳息受益权的,受益人应在取得孳息而非终止时确认受赠收入。

3、公益信托。公益信托是指以实现公共利益为目的的信托。为鼓励公益信托发展，应制定免除公益信托所得纳税义务的税收优惠条款：

(1)对于符合《中华人民共和国信托法》规定，经有关公益事业管理机构批准的公益信托机构，其经营管理信托获得的收益免于征收所得税。

(2)委托人将信托资产交付给经批准设立的公益信托机构，委托人可按照公益性捐赠税收规定进行税务处理，依据信托财产的公允价值确认公益性捐赠金额。

(3)受益人取得的信托收益免征所得税。

(二)征管配套：明确信托公司的税款扣缴和信息报告义务

1、设定信托公司扣缴税款义务。为防止利用信托手段逃避缴纳税款，在明确信托所得纳税主体的基础上，应赋予受托人(信托公司)特定情形下的税款扣缴义务：

(1) 受益人不确定。信托计划未指定受益人或者受益人不明确的，应由委托人承担所得税纳税义务。信托公司通过管理、运用或处分信托财产取得信托收益时，应由其就信托所得承担税款扣缴义务。对于信托公司未履行或者因位于境外等原因无法履行扣缴义务的，不免除委托人的自行纳税申报义务。

(2)累积信托收益。为避免通过信托累积收益方式避税，应对受益人明确但自取得第一笔信托收益起 12 个月内未进行分配的信托收益，应由委托人承担信托所得纳税义务，受托人承担税款扣缴义务。对于信托公司未履行或者因位于境外等原因无法履行扣缴义务的，不免除委托人的自行纳税申报义务。

(3)委托人或者受益人为自然人。对于委托人或者受益人为自然人的信托，出于征管便利的考虑，可设定信托公司的个人所得税代扣代缴义务，由信托公司根据信托财产转让及信托收益性质确定信托所得项目，适用相应税率代扣代缴。对于已扣缴税款，准予纳税人在综合计算缴纳个人所得税时扣除。

2、建立信托公司信息报告制度。为便于税务机关及时掌握信托所得税源信息，应依托信托公司建立信息报告制度。一方面，信托公司应在年度终了后一个月内向受益人提供《信托财产收益计算表》，由受益人将该表连同所得税年度申报表一同报送主管税务机关。同时，信托公司应在企业所得税年度纳税申报时向主管税务机关报送《信托财产收益分配明细表》，从而便于税务机关及时掌握信托所得分配走向，为加强信托所得税后续管理奠定基础。

此外，“金税三期”上线运行后，具备了建立跨地区的信息稽核比对系统的条件，通过深入挖掘《信托财产收益分配明细表》中的相关数据信息，可实现对信托所得的有效监控。

课题组组长：陈伟军

成员：邵丽丽　杨　俊　步杨怀

执笔：高　春

# 关于重组过程中企业所得税的政策研究

李晓彬

随着经济的快速发展，市场竞争日益激烈，企业为了提高市场竞争力和经济效益，往往会通过对企业进行重组来加快转变发展方式、调整优化经济结构。近年来，企业重组数量和规模都显著增加，既活跃了市场经济，又为各类企业赢得了新的发展机遇。自《企业所得税法》实施后，关于企业重组业务的具体税务处理，相继出台了相关政策文件来进行规范。确实为企业在重组业务开展前做好税收筹划提供了具体可参考的依据。但由于企业重组业务本身的复杂性，相关政策在执行中往往会遇到一些问题，本文对企业重组过程中的企业所得税的政策方面进行相应研究，期望达到充实、完善相应领域的作用。

## 一、我国企业重组企业所得税政策概述

自2009年我国出台了十大产业振兴规划，推动企业兼并重组之后，陆续推出了一系列的相关指示。2010年国务院下发了《关于促进企业兼并重组的意见》(国发[2010]27号)，要求进一步落实重点产业调整和振兴规划，切实推进企业兼并重组，加强对企业兼并重组的引导和政策扶持。2011年3月发布的国家"十二五"规划纲要也提出，要坚持市场化运作，完善配套政策，推动优势企业实施强强联合、跨地区兼并重组。

伴随着国家经济政策的调整，我国企业所得税制也经历了内外资企业所得税法统一、税收政策、征管服务、反避税措施不断完善的过程。2008年1月1日起，我国开始实施的《企业所得税法》和实施条例，对企业并购重组的所得税处理做出了原则性的规定。2009年，财政部、国家税务总局出台了《关于企业重组业务企业所得税处理若干问题的通知》(财税[2009]59号)，规定了具体政策。2010年，国家税务总局发布了第4号公告《企业重组业务企业所得税管理办法》，明确了具体操作程序。财税[2009]59号和《企业重组业务企业所得税管理办法》(国家税务总局公告2010年第4号)、《财政部国家税务总局关于促进企业重组有关企业所得税处理问题的通知》(财税〔2014〕109号)以及《国家税务总局关于企业重组业务企业所得税征收管理若干问题的公告》(国家税务总局公告2015年第48号)等相关文件，共同构成了我国现行企业重组企业所得税政策体系。

现行企业重组企业所得税政策将企业重组的税务处理，分为一般性和特殊性两类，分别规定不同的处理方法和管理模式。其政策特点如下：

1、规范了企业重组的税收概念，增加了企业重组的特殊类型。现行税收政策对许多重组概念进行了规范性解释，如将企业重组区分为6种类型，涵盖了资本运作的所有基本形式。为了与新《企业会计准则》和《企业所得税法》相协调，在引入计税基础概念的同时，还确立了公允价值核算原则；此外，还在特殊重组中增加了股权收购类型。由于股权收购与资产收购具有相同的经济本质，如果资产收购可适用特殊税务处理、而股权收购不能适用特殊税务处理，则有悖于税收中性原则。

2、扩大了企业重组的递延幅度，明确了税收优惠政策的承继。财税[2009]59号规定的特殊重组递延纳税，除保留债务重组收益较大的可递延5年纳税外，还规定对居民企业以资产或股权向其100%直接控股的非居民企业投资，其资产或股权转让收益，可分10年递延计算应税所得；此外，《企业重组业务

企业所得税管理办法》对于企业合并和分立重组的税收优惠政策承继问题给予了明确。对特殊重组给予税收优惠,有利于推动企业重组,实现产业调整和振兴。

3、借鉴了企业重组税收政策的国际经验,完善了跨境重组的税收管辖权。如通过借鉴美国免税重组政策中商业目的、持续经营以及股东利益的持续等要求,完善了我国企业重组特殊税务处理的条件;通过借鉴国外跨境重组税收政策和征管经验,对我国企业跨境重组税收政策进行了重新规范。这不仅有利于外资企业的国内整合和内资企业的海外并购重组,也有利于我国建立符合世界税制改革总体趋势的企业重组企业所得税制。

## 二、企业重组业务企业所得税政策执行中存在的主要问题

不难发现:进行重组的企业往往涉及的资产规模较大并且重组过程也大都涉及商业机密,为了不泄露企业的商业秘密,重组企业通常选择封闭式的处理方式,而不及时地向税务机关咨询相关政策,这样做的结果就会导致一旦发生对重组企业所得税政策理解不到位的情况,就会对整个重组交易造成重大影响。尤其在现行的企业所得税征管模式下,企业重组选择特殊性税务处理,事后向税务机关进行备案,如果税务机关认定企业重组不符合特殊性税务处理的条件,在交易已完成的情况下,企业往往难以负担由此带来的巨额损失。所以税务机关必须以审慎的态度严格执行政策,并对执行中出现的问题及时进行研究,使政策在操作层面能够更加准确地得到落实。

除此之外,与国外完善的重组税制相比,我国企业并购重组的历史很短,企业重组所得税框架体系的建立较晚。虽然已经在框架和原则上对企业重组业务的企业所得税处理进行了明确规范,但相关的说明、解读都十分有限。所以进一步规范、细化的操作文件急需出台。同时,由于企业并购重组的形式多样,一些重组现象和问题,尚未对纳税人现行重组税收框架体系中予以明确和规范。此外,在企业重组的税收征管和服务方面,以及国内税收政策与双边税收协的协调等方面,尚存在一些问题有待解决和完善。

(一)关于政策方面存在一些需要进一步明确细化的问题

1、关于"合理商业目的"的界定。企业重组适用特殊性税务处的一条重要要求是"具有合理的商业目的,且不以减少、免交或者推迟缴纳税款为主要目的"。但是,"合理商业目的"的界定,目前尚缺少可操作的指导性意见、判断标准和参照示例,其结果必然是留给税务机关过多的自由裁量权。

2、资产收购。关于资产收购的定义,如何理解"直接"用于生产经营活动资产资产收购中承接债务,是否属于非股权支付,应如何进行税务处理关于投资资产公允价值,若上市公司报经证监会批准并向社会公告的合同价格与实际交易时的公允价值有重大差异,如何确定相关资产的计税基础。

3、债务重组。债务重组符合规定条件的,交易各方仅对其交易中的股权支付部分对应的债务重组所得,才可以进行特殊性税务处理。但这一所得应如何计算确认相应的债权人应如何计算确认计税基础对于企业发生的债权转股权业务,对债务清偿和股权投资两项业务"暂不确认"有关债务清偿所得或损失,但对债务人何时确认所得尚没有明确规定。

4、股权收购。股权出资是视同销售还是企业重组收购企业购买的股权不低于被收购企业全部股权"75%"的理解,是同一家转让公司还是多家转让公司或者是按照多家转让公司直接持有被转让公司的股份加上收购企业已持有被转让公司的股份达到75%以上?掌握对于已经持有被收购企业25%以上股权,是否即使再收购剩余不足的75%股权达到100%股权,也不符合上述75%股权要求,对于特殊行业受反垄断法和国家投资准入的限制,达不到75%控股要求,是否有例外条款?现行税法明确,收购方取得股权的计税基础应以公允价值为基础确定,但股权公允价值难以确定时,税务机关应按照何种调整方法予以调整股权收购重组适用一般性税务处理时,要求准备"相关股权公允价值的合法证据",但未明确该合法证据的具体内容。

5、合并、分立。对于同一控制下企业在年度中间合并，且同时涉及亏损弥补和优惠承继，应如何计算合并当年的应纳税所得额。对合并涉及优惠承继且优惠待遇不一致的，按照规定，应按企业资产占合并后总资产的比例划分应纳税所得额，但这里的"资产"究竟指的是总资产还是净资产？是按公允价值还是账面价值计算。

6、跨境重组。现行规定只明确了股权和资产收购交易在符合条件的情况下，可以选择适用特殊性税务处理，但未明确涉及非居民企业的跨境合并和分立可否适用该规定。财税【2009】59号还规定，非居民企业向其100％控股的非居民企业转让其拥有的居民企业股权，没有因此造成以后该项股权转让所得预提税负担变化"是仅考虑公司层面股权转让所得预提税负担的变化，还是需同时考虑股东层面利息预提税负担的变化，在跨境重组可选择适用特殊性税务处理的列举中，未涉及海外中间控股公司将其所持子公司的股权作为清算资产分配回母公司可否适用特殊重组的情况等等。

(二)需要与其他税收政策衔接的问题

1、企业所得税重组政策亟待同税制体系整体协调，尤其是加强同个人所得税政策的协调。由于重组不仅涉及企业，而且涉及个人层面，我国企业重组的所得税政策也函需企业所得税和个人所得税的协调一致。比如，企业进行战略性重组时的实际控制人是自然人，如果出现同一控制下自然人向法人转让股权的情形，能否适用特殊性重组政策等，还没有明确规定。建议对同一项重组业务中，既涉及个人所得税，又涉及企业所得税的，应该予以统一规范。再比如，在股权转让公允价值的确定方面，个人所得税法有明确规定根据《国家税务总局关于加强股权转让所得征收个人所得税管理的通知》(国税函2009【285】号)，对申报的计税依据明显偏低(如平价和低价转让等)且无正当理由的，主管税务机关可参考每股净资产或个人股东享有的股权比例所对应的净资产份额核定。但在企业所得税法方面，虽然现行税法及《税收征管法》有规定：企业之间的交易，其转让价格不符合独立交易原则而减少应纳税所得额的，税务机关有权按照合理方法进行调整。但企业所得税重组政策未就具体调整方法予以明确。《企业所得税法》及其实施条例中明确可比非受控价格法、再销售价格法、成本加成法、交易净利润法、利润分割法及其他方法，主要用于对商品购销、劳务、无形资产等关联交易的调整，而股权转让收入的基础是企业的价值，按照上述方法难以用来评估企业整体价值。建议参照个人所得税法相关规定，对企业所得税的相关政策予以明确。

2、企业所得税政策之间的协调。如关于集团企业内部清算，按照《财政部国家税务总局关于企业清算业务企业所得税处理若干问题的通知》(财税【2009】60号的规定，属于应税行为，而按照财税【2009】59号文，企业通过一定的运作，如子公司清算后使其资产全部回到母公司，或者通过母子公司合并等，使其符合特殊重组的要求，可以递延纳税。这里存在着潜在的避税隐患。再者，关于财税【2009】59号文与《国家税务总局关于加强非居民企业股权转让所得企业所得税管理的通知》(国税函【2009】698号)的衔接问题。对于跨境重组，国税函【2009】698号规定"境外投资方(实际控制方)通过滥用组织形式等安排间接转让中国居民企业股权，且不具有合理的商业目的，规避企业所得税纳税义务的，主管税务机关报税务总局审核后可以按照经济实质对该股权转让交易定性，如果一家企业在适用国税函【2009】698号文件被看穿后，仍符合财税【2009】59号关于特殊处理的要求，是否可以适用财税【2009】59号文的相关规定等等。

(三)急需补充的税收问题

一个是集团内部重组的税务处理。目前，我国企业重组企业所得税政策方面并未对重组做出专门的规定，如果按照59号文件的要求，就会有一大批企业将难以承受因为重组所产生的高税负，进而放弃相关商业安排。二是资产划拨的税务处理。三是并购费用的税务处理。现行企业重组的政策方面并未规定并购费用的税务处理。

(四)企业重组征管和服务方面

现行企业重组征管和服务程序上,存在以下问题:一是关于重组税务部门征管协作及机制尚未建立,国、地税部门缺少企业重组税收征管协作机制。二是税务部门与工商等相关部门的沟通不畅,造成协作存在一定的困难。

## 三、对完善企业重组企业所得税的相关建议

(一)进一步细化重组所得税政策操作办法

随着资本市场的发展,企业并购重组活跃,各类重组案例涌现出来,使得重组事项的复杂性不断提高。现行企业重组所得税政策虽然在框架和原则上对所得税税务处理进行了明确规范,但在具体操作细节上仍有需完善之处,这就需要决策部门制定更为细化的条款,为基层税务机关和纳税人提供清晰明确的操作指引。

(二)在大企业管理中突出重组业务税务风险防控

国家税务总局已经出台了《大企业税务风险管理指引试行》,有效引领了大企业税务风险管理体系的建设。重组业务作为大企业目前最为关注、税务风险也相对较高的重大涉税事项之一,应引起税务机关的重点关注。建议税务部门对大企业执行重组政策中遇到的问题进行分析归纳,制定相应的风险防控指南,对企业重组业务全程进行税务风险管理,切实有效帮助企业在事前就做好税务风险防控。

(三)加大对重组业务的反避税力度

重组业务特殊税务处理的条件,有几点问题值得税务机关注意:一是在交易的性质判断方面,税务机关应加强对企业重组交易商业目的的判断,结合资料,利用第三方信息对企业的交易是否具有商业实质进行判断。二是在交易的定价体系方面,对于公允价值的取得,应在中介机构鉴证报告之外,研究通过企业财务数据分析设立合理的比较指标,对同类型企业相似重组业务的定价模式进行比较,确定企业定价是否公允合理。三是在跨国重组业务方面,应将重组业务税收政策与国际税收协定、预提所得税政策一并研究考虑,严防企业利用复杂的跨国并购重组交易谋取非法收益。

(作者单位:辽宁省沈阳市地方税务局)

# 个人所得税课税单位选择研究

河南省地方税务局科研所课题组

个人所得税的税收总量不大，但近年来引起的争论却不小。现行个税税制不适应当今经济发展的形式和内涵的弊病已逐一显现。除了关于税制模式的讨论外，学界对于改变个税纳税单位的讨论日渐增多，即关于从现行以个人为纳税单位转向以家庭为纳税单位的探讨。在个人与家庭之间，选择何者作为个人所得税的课税单位来设计税前扣除标准和设计税率结构的标准，这个问题看上去很简单，但是，课税单位的选择，在个人所得税税制设计中，至关重要，直接关系到一国个人所得税税制设计要素的具体内容，在实践中，国家在税制设计中做出的选择，会产生税收效应和社会效应，如惩罚婚姻效应、妇女不就业效应等。很明显，个人所得税纳税单位的设计，是一个关系到税收公平原则的问题。2010 年 3 月，在北京召开的“中国发展高层论坛”上，发改委主任张平先生明确向社会各界表示，将对 2010 年两会中提出的“以家庭为纳税单位征收个税”的议案进行深入调研和考察，为早日实现按家庭为纳税单位征税和实现税制模式的转变做好技术上和思想上的准备。2012 年 7 月 22 日，财政部再次公开作出表示：为实现按家庭征收个人所得税做好技术准备。

## 一、国外个人所得税课税单位选择借鉴

课税单位包括家庭、个人或纳税人可在家庭与个人之间进行选择三种方式。一直以来，学者普遍认为，以家庭为课税单位，根据纳税人的不同情况进行有差异的费用扣除是实现税收公平原则的最好选择，更符合人们的生活习惯和认知。最早的英国 1799 年税法，将未婚个人和已婚夫妇视为同样的课税单位。大约一个世纪后，澳大利亚、加拿大、新西兰、瑞士和美国的所得税法都将个人，无论已婚未婚，作为课税单位。美国后来允许已婚者自行选择单独申报还是合并申报。以家庭为课税单位在 20 世纪 30－60 年代较为盛行。从 20 世纪 70 年代后期，西方学者对以家庭为课税单位提出异议。一方面，由于社会和法律领域的变化，妻子与丈夫在社会地位和法律地位上拥有平等的权利。另一方面，研究发现，家庭中丈夫与妻子的劳动力供给弹性有很大区别，后者的劳动力供给弹性更大。以家庭为课税单位，使夫妻两人面临相同的边际税率，不仅会扭曲劳动供给，也会带来新的不公平。因为夫妻联合纳税的税额可能会高于两人分别纳税的税额，这种现象被称为“婚姻惩罚”(marriage tax penalty)。借助学者的研究成果，根据本国经济社会发展实际，OECD 国家个人所得税课税单元的选择也在逐渐变化，澳大利亚、丹麦、芬兰、意大利、荷兰、瑞典和英国等 7 个国家陆续由以家庭为课税单位转变成以个人为课税单位。截至 2009 年，完全以个人为课税单位的 OECD 国家已经达到 17 个，还有一些实行联合申报的国家规定，纳税人可以根据自己情况在家庭联合申报和个人单独申报之间进行选择。如美国按照不同的申报身份，分为“已婚者联合申报”、“已婚者分别申报”、“未婚者单独申报”以及“户主申报”等种类。对课税单位的选择反映了不同国家在不同时期的经济社会政策取向。

## 二、影响个人所得税课税单位选择的制约因素

(一)税制中性

如果个人所得税的课税单位选择为个人，即在征税时仅仅考虑独立个人的收入与相关扣除，而与其他人员无关，在其收入类型和数额一定的情况下，其结婚前后的应纳税额是不变的，也就是说，其税负并不因结婚这件事情的发生而有所增加或减少，这就是所谓的“婚姻中性”。婚姻中性是以个人为课税单位的优点之一。

(二)税收公平

以家庭为单位征税更加符合税收实质公平原则。税收公平的核心是纳税人的税负应该与其纳税能力相适应。税收公平原则追求的公平理念是根据纳税人的经济实力来确定其应纳税额的高低以及所负担税负是否公平，经济实力强的人应当多缴税，经济实力弱的人应当少缴税。美国经济学家马斯雷格夫则进一步将公平分配税负分为水平公平(横向公平)和垂直公平(纵向公平)。水平公平是指经济状况相同，税收负担相同的人，应该纳同样的税，垂直公平则是指经济状况不同，税收负担不同的人，其所纳税额也应该不同。这一观点，被广大学者所接受。横向公平原则与纵向公平原则也是税收实质公平原则在征税中的体现。以家庭为单位征税符合税收公平原则。

(三)征管成本

我国在以个人为课税单位和分类课税制的基础上，对纳税人的应纳税额分别采取源泉扣缴和个人申报两种征纳方法。据规定，对于可以在应纳税所得的支付环节扣缴个人所得税的，均由扣缴义务人代扣代缴税款，而对于没有扣缴义务人或者不便于代扣代缴的情形，由纳税人自行申报纳税。这样可以控制税源，节省征收成本；并且仅仅就个人收入申报纳税，不用考虑家庭供养人口数、家庭负担和特殊成本等因素，节约监管成本。但是，在家庭课税模式下，个人所得税征管成本也可能出现另外一种降低趋势。以工资薪金为例，在个人纳税的情况下，月工资薪金超过免征额的家庭成员可能都由其单位进行代扣代缴个人所得税税款，并且年收入超过 12 万元的家庭成员又要进行纳税申报，这样就导致了家庭的重复申报，但是家庭申报就能很好地解决这种重复申报问题，在一定程度上可以节约纳税人的纳税遵从成本，从这个方面看，也会相对降低税务机关的征收成本。

## 三、以个人为课税单位造成不公平税负

(一)贫困家庭纳税，富裕家庭不纳税的不公平现象

目前，我国的分类所得税制模式下，单纯以个人为纳税单位，忽视纳税人的婚姻、家庭负担、健康、养老等具体情况，这与税收量能负担的原则相悖。

例如：A 和 B 两个家庭，家庭月收入都是 5000 元，A 家庭人口 5 人，只有丈夫一个人月收入为 5000 元，每月需要缴纳 45 元税，一个未成年孩子，一对无收入的父母，一个月的生活必须开支和孩子的托费为 3000 元，每月需要还银行贷款 2000 元，每个月的实际结余为负 45 元；B 家庭只有两口人，夫妻双方各收入 2500 元，不需要纳税，一个月必须支出为 2000 元，无贷款，该家庭每个月的实际结余为正 3000 元。

上例中 A 家庭极其贫困，却需要纳税，而 B 家庭相对比较富裕，却不需要缴纳任何税，这显然不公平合理。我国以个人为纳税单位的制度无法考虑家庭赡养人口的数量和经济状况，不能对特殊的项目采用要素扣除，没有顾及到家庭的税收负担能力的不同。使得个人多得税偏离了其调节过高收入的本意，有悖于“平等生存权”这一社会公平原则。

(二)纳税能力相同的纳税人负担不同的税款的不公平现象

在家庭总收入相同，但收入来源不同的情况下，会造成家庭总纳税额不等的不公平现象。

例如：家庭 A 夫妻两人都在工作，各自月收入 3000 元，合计月收入 6000 元，而家庭 B 的妻子是全职太太，丈夫一人工作并取得月收入 6000 元，这样，两个家庭的月收入总额一样，同时两个家庭的每月生活支出也一样，但是按照现行规定家庭 A 不需要纳税，而家庭 B 每月需要纳税 145 元，这个结果的出现，对

A、B两个家庭来说，体现了明显的税负不公平。

按照税收公平性原则，纳税能力相同的纳税人应该负担同样的税款，纳税能力不同的纳税人应该负担不同的税款。从表面上看，我们以个人为纳税单位使得收入相同的纳税人负担了相同的税，是公平的，但是，我们的社会单元是以家庭为主，必须考虑到家庭整体的收入情况，所以，以个人为纳税单位是以形式上的“公平税负”掩盖了事实上的“不公平税负”。

## 四、构建我国以家庭为单位的个人所得税的征管体系

从我国国情来看，我国居民家庭结构复杂，个人家庭信息不完全，家庭的收入、支出与财产情况不易获得并确定。在税收征管工作实践中，确定有差异的以家庭为单位的费用扣除标准会增加税法执行的难度。基于国际经验和我国征管实际，改革宜采取渐进的形式，在综合与分类相结合的税制模式下，充分考虑家庭的各类生计支出与赡养抚养支出，对综合所得的费用扣除实行动态扣除，对分类所得的费用扣除采取比例扣除的形式。在征管条件基本具备的情况下，可以实行比较完全的综合所得税制，以家庭为课税单位，实行综合所得的纳税人差异扣除。

(一)合理确定申报主体

作为经济社会的主体，通常是以家庭为单位的，纳税申报主体的确定，要将我国纳税人的家庭结构状况考虑在内。家庭结构可以充分反映纳税人的基本生活。与以个人为单位课征个人所得税相比，以家庭为申报主体的最大优点在于，反映了纳税人的实际支出情况，充分考虑了纳税人的家庭状况和实际的税收负担，保证了税收的公平性。因此，个人所得税的改革要合理设定申报主体。我国可以学习和借鉴美国可进行自主选择的“单身纳税人、已婚单独申报的纳税人、已婚联合申报的纳税人、以户主身份申报的纳税人”四类申报主体。

(二)优化税率结构

在家庭课税制下，为了缓解收入差距的拉大和刺激纳税人的积极性，以达到调节个人收入分配的作用，我们可以参考美国和日本的经验做法，结合我国的具体国情，可以采取优化税率结构的办法。在我国个人所得税的累进税率方面，可以采用“减少税率级次、扩大级距、降低最高边际税率”的做法。具体来说，可将我国工资、薪金的七级超额累进税率降到五级，最高边际税率由45%调整到35%；对经营和劳动等相同税源性质的收入，采取统一的税率标准，照顾中低收入者，降低中低收入者的税收负担。

(三)完善税前费用扣除制度

借鉴美国和日本的成功经验，我国的税前费用扣除制度可以从两个方面进行改革，一是对费用扣除进行指数化调整，二是细化费用扣除项目。一方面，随着我国经济的飞速发展，不同时期的通货膨胀率和不同地区的物价水平存在着明显的差异。在以家庭为单位征收个人所得税的制度下，个税“一刀切”的扣除方法显然不适用于当前的税制，物价上涨也会增加居民的生活成本。1970年以后，很多发达国家纷纷进行了费用扣除指数化的改革，并取得了成效。费用扣除指数化调整是指按照每年消费品物价指数相应调整个人所得税费用扣除标准，以剔除通货膨胀的影响，使税收负担更合理。我国可以将物价指数与个人劳动收入形成联动机制，定期进行调整。如果能够进行费用扣除指数化改革，不仅充分考虑了当前的消费水平与纳税人的经济负担，而且还可以保证个人所得税发挥调节收入的作用。另一方面，在以家庭为单位征收个人所得税制度下，细化费用扣除项目可以更加充分的体现税收公平。家庭课税制下，费用扣除标准应将纳税人的家庭成员数、家属的健康状况、赡养以及扶养费用支出、基本生存费用支出、教育费用支出、医疗保险支出等考虑在内，以满足纳税人基本生存发展的需要。

(四)建立满足个人理性与激励相容相一致的税收管理制度

该税收管理制度是基于委托一代理理论(Principal—agent Theory)衍生出来的。委托一代理理论最

初是由美国经济学家伯利和米恩斯(Berle and Means，1932)研究企业所有者兼具经营者所存在的弊端时提出来的。随着经济快速和多样化的发展,居民收入不断提高并且获得收入来源的形式日趋多元化,为了在提高征税效率的同时降低征税成本,各发达国家均已采用了激励相容的税收管理制度。该制度对不同纳税人进行不同的管理,使得纳税人由“你来让我申报”转变为“我要积极来申报”。如比较流行的个人所得税申报的分色管理,对规范和主动申报的纳税人给予蓝色管理,享有部分扣除优惠;对普通公民采用白色管理,给予较高稽查频率与严格管理。

(五)加大税收违法成本

在现实的机制设计中要形成一种使纳税人在现行机制下,只有选择依法纳税这一策略,没有其他的动机选择偷逃税以减少自己的应纳税额。这可以通过实行较高频率的税务稽查和严厉的税收惩治措施来实现,使得纳税人在少纳税或不纳税时的收益小于其纳税时的总体收益。根据西方经济学中理性人的自身收益最大化原则可知,理性纳税人是不会选择偷税漏税的,反而会依法按时纳税。在政府与理性纳税人的税收博弈中,纳税人是否依法纳税在一定程度上取决于政府对不依法纳税是否给予处罚,以及该处罚对纳税人来说是否是可置信的威胁,同时借助现代化科技手段来提高稽查的质量。

(六)建立税务机关与银行的信息互通制度

西方经济学中认为,银行是居民与企业之间进行沟通的重要媒介,掌握着居民与企业客户的各种存款与交易信息。随着我国信息化建设的加深和新网络技术的不断引进,使得银行之间共享信息成为可能。因而企业与居民的收入、投资、消费和交易信息能够被银行详细的掌握。税务机关作为征税的专属机构,在确定税基和征税范围方面,对纳税人相关信息透明度有较高的要求,因为税务部门在提高征税效率的同时还要做到“公平税收”。因此,银行在需要时需主动向税务机关提供与纳税人相关的收入和交易信息,这成为我国税务机关实现征税公平、提高征管效率和降低纳税成本的关键。

(七)实行财产登记制度,加强部门之间协作

准确掌握纳税人的财产信息是对其确定适当税额的基础。为掌握纳税人财产信息,从而利于国家税务机关加强对个人收入监控,政府应该加快进行财产登记方面的制度建设,这会是一个突破口。很多情况下,单项制度的运行效果受到其它制度的直接或间接制约。纳税人的个人信息涉及到不同的部门,税务部门一家不可能全部掌握各方面的税源信息,因此有必要加强相关部门(包括税务、金融、工商、社保等)之间的协作。《国务院机构改革和职能转变方案》提出推动建立统一的信用信息平台,逐步纳入金融、工商登记、税收缴纳、社保缴费、交通违章等信用信息。该方案要求 2017 年基本建成集合金融、工商登记、税收缴纳、社保缴费、交通违章等信用信息的统一平台,实现资源共享。统一的信用信息平台,有利于税务部门加强税源监控。

总之,我国以家庭为单位的个人所得税的征管体系,只有经过长期和循序渐进式的改革才能建立起来,这不但需要居民的配合,更需要政府的努力,我们需要做好长期建设的准备,巧妙化解来自多方面的矛盾。

课题组成员:张战军　常丽萍

# 对个人所得税制改革及实施的建议

彭　丹

随着经济社会的发展,中国现行个人所得税所依赖的外部环境相应发生了变化。客观地讲,中国现行个人所得税制度在调节社会分配、增加财政收入等方面起着积极的作用,但就税制设计本身而言还存在一些不完善的地方,特别是在现行的经济环境下,税收公平原则、合理性原则的体现和税收征管方面还存在诸多弊端。因此,研究和探讨改进个人所得税税制迫在眉捷。

## 一、我国个人所得税制存在的主要问题

(一)个人所得税所占比重偏低,预期宏观调节功能发挥受限

在中国目前的税制结构中,商品劳务税所占比重超过70%,所得税比重较低,特别是个人所得税所占比重更低,2012年、2013年、2014年占比分别为4.59%、5.45%、5.70%,加上个人所得税制度本身的缺陷,与要其发挥较强的调节收入分配作用之间存在一定的矛盾,其调节经济运行的作用发挥受限。从再分配的功能发挥来看,由于对高收入者多样的收入来源无法有效监管,而对收入相对较低的工薪阶层收入个人所得税进行源扣缴,使得工薪阶层成为个人所得税的主要纳税群体,难以发挥调节再分配的功能。

(二)税制设计不够完善合理,预期公平目标难以实现

现行分类课税模式使同样数额的所得因其来源不同而承担不同的税负,特别是工薪等劳动所得的纳税额在一定情况下会高于租赁等非劳动所得,造成税负与传统理念上的扭曲。由于分类是人为划分,有可能造成收入相同但税负不同的现象,既让纳税人分解收入避税有机可乘,又增加了税务人员的执法风险。起征点、税率级次、扣除数等的设计也存在不合理的地方。个人所得税应使高收入者负担较大比重的税收负担,而中低收入者承担较小的税收负担,进行"削高"缩小贫富差距,现行中国个人所税税制还未实现这一目标。

(三)倍受公众关注,但又相对陌生

随着个人所得税制度的逐步完善和人们收入水平逐渐提高,越来越多的人步入了缴纳个人所得税的行列。但很多公众关注的不是"依法诚信纳多少税",而是"尽量少交税",以保留自身的最大利益。民众对个人所得税的作用认识不够、体会不深,对具体的制度设计特别是计算方法不清楚,有的甚至不理解、不会算、不知如何缴纳。这说明相关部门还需要加大宣传辅导力度,税制设计还需要更加简便易行、通俗易懂。

## 二、我国个人所得税制改革的总体思路和原则

在深化税收制度改革、稳定税负、逐步提高直接税比重的前提下,按照"宽税基、低税率、严征管"的思路,个人所得税制的改革要提高个人所得税收入规模及其占税收收入的比重,逐步建立综合与分类相结合的个人所得税制,促进税制结构调整,形成直接税与间接税的均衡布局,共同完善收入分配调节机制。

在改革中要把握好以下三个"有利于":要有利于和谐社会的构建,充分发挥"削高"与"润滑剂"的作用;要有利于个人所得税税种的做大做强,从提高其占比方面强化作用;要有利于公平性、透明度的体现,

提高税收遵从水平。重点做好以下三方面的工作：一是完成好综合与分类相结合的混合型模式的转变；二是适当调整税率结构，不断完善税基内容；三是提高征收管理水平，不断完善配套改革。改革应遵循以下原则：一是突出调节功能原则。二是经济易行原则。三是公平透明原则。四是逐步推进原则。

## 三、对个人所得税制改革及实施的建议

（一）扩大个人所得税的税基和规模，提高个人所得税的调节作用

1、采用反向列举，扩大课税范围和税基。随着我国收入分配改革深入，居民收入规模和比重将进一步提升，未来个人所得税的规模和纳税面将会扩大，所以本文建议改变现有税目正向列举方式，采用反向列举。个人所得税不严格区分所得的来源、性质和形式，除属于法定不征税或者减免税范围的，原则上将个人的全部所得纳入课税范围，包括实物所得、隐形收入、非法收入等。可以考虑将生育补贴、医保返还款、通过社会公益组织取得的救助款等列入不征税范围。

通过反向列举，对征税范围进行调整，将以前一些未纳税的项目进行征税。如对附加福利所得征税。中国的附加福利正从实物性向货币性转变，例如原有的福利分房变为货币补贴、公务用车也逐渐采取货币化和社会化的方式进行，将附加福利纳入个人所得税征收范围的条件将日趋成熟。又如对资本所得等征税。我国《个人所得税法》已经明确规定应对资本利得征税，但是至今仍尚未完全开征，相关文件明确了对股票期权、股票增值权、限制性股票征收个人所得税的问题，但都属于补漏性质的文件，在具体的执行和操作过程中出现了一定偏差，而取得这此所得的个人通常为有较高收入的个人，有必要通过立法的形式明确对其征税，加大税收的调节力度。

2、增加直接税特别是个人所得税，减少间接税。本文对直接税的理解是纳税义务人同时是税收的实际负担者但又不能转嫁给别人的税种，如企业所得税、个人所得税、房产税、契税等。建议对中国的税制进行结构性完善，在稳定经济的前提下继续推进“营改增”，同时降低增值税税率，提高个人所得税平均税率，减少间接税比重，提高直接税特别是个人所得税在总税收收入中的占比；建议统一用消费税来代替零售环节增值税（营业税），当个人购买时付了消费税可以抵扣个人所得税，所得是生产的结果，当人们消费的时候赋税较低而所得赋税较高，就会鼓励消费，增加经济的成长。

（二）采用综合与分类相结合的税制模式，进一步体现税收公平

1、纳入综合计征范围的所得项目。在综合所得的基础上，有小、中、大三种范围的划分。最小范围为将工资、薪金所得和劳务报酬所得综合。中等范围大致将所得分为四类：一是劳动所得，如工资薪金所得、稿酬所得、劳务报酬所得等；二是经营所得，如财产租赁所得、个体工商户生产经营所得等；三是资本所得，如财产转让所得、利息股息红利所得等；四是其他零星、分散、与经营无关的所得。本文认为，可以先将劳动所得、经营所得纳入综合计征范围，适用综合累进税率；从全球化下竞争税基的考虑，其余所得（如资本所得）则适用比例税率。我国在改革初期可采用最小范围综合方案，视情况推出中等范围综合。

2、分类税率结构。分类税率结构的设计着重从增加中低收入者可支配收入的角度出发，简单易行，适当考虑以前税率的延续性。例如工资薪金所得税率，可以适当减少税率级次，如把7档降为4或5档；适当减小前几级级距的税负差距，平缓地增加中低收入者的税收负担；适当下调最高边际税率，避免过高的边际税率对经济激励机制产生扭曲和负面效应，将最高边际税率由45%降至40%或35%。再如，可以提高个体工商户的生产经营所得的最高税率；对偶然所得、利息、股息、红利等分类所得项目，可继续适用20%税率，但对高收入者实行加成征收，达到“保低削高”。

3、综合税率结构。一是方便计算，建议保持与调整后的工资薪金所得税率相同的级次；二是设计综合费用扣除，包括基本免征额和其他费用扣除；三是综合税率累进税率表中最低级次的税率与未纳入综合计征范围的所得的比例税率不宜差距过大，避免纳税人以变换收入的形式避税、逃税；四是对年收入

12万元以上的综合税率的设计上，综合汇算清缴的应纳税额应比分类计算的应纳税额略高，以适当提高高收入者的个人所得税负担率。

4、完善综合税前扣除。

(1)免征额。一是免征额的金额不宜过高，以基本生计费用为主。如前所述，当免征额提高到一定程度，利益受损的反而是中低收入者，并且提高免征额会侵蚀个人所得税的税基，不利于培养公民的纳税意识。二是建议免征额实行动态管理，如是社会平均工资的倍数予以扣除，在一定程度上化解了通货膨胀对此税种的影响。三是为公平税负，减少税款流失，建议取消对外籍个人的税收优惠，内外一视同仁。

(2)特别费用扣除。允许纳税人扣除一定限额的家庭重大支出，如教育费用、医疗费用、首套住房房贷利息、购买汽车等用品的支出(含银行贷款利息支出)等，以解决家庭负担特别是中低收入者负担问题，并且费用的扣除与否还需要看其是否便于税务机关确认和管理，以体现社会福利与公平。

5、减少税收优惠政策的累退性。逐步清理、规范现行税收优惠政策，减少针对纳税人的特殊身份特征而享有的税收优惠政策，制定鼓励劳动所得的税收优惠政策，通过抵免或扣减的方式减轻中低税收者的税收负担。

6、加强生产经营所得项目征管，完善税收政策。目前生产经营所得征管漏洞较大，体现在企业主个人及家庭支出在企业列支情况普遍，生产经营所得普遍实行定期定额征收管理方式，税收流失较多，特别是个人独资合伙企业生产经营所得的相关税收政策严重滞后且不明确，建议可对个人独资合伙企业生产经营所得相关政策比照企业所得税政策管理，加强征管和监控。

(三)以年所得12万元以上自行申报制度为依托推动综合纳税申报，为综合分类税制推行积累现实经验

对年所得12万元以上的纳税人，可按照本文所述最小范围或中等范围综合方案的要求，在年度终了后实行综合计征，适用综合费用扣除和综合累计税率，计算年综合应纳税额，对已代扣代缴或分期预缴的税款视为预缴税额予以减除，对其他未纳入综合计征范围的所得，按照原规定自行申报。同时，强化年所得12万元以上自行申报制度的法律责任，对不按规定自行申报者，应在一定范围内公告并加大处罚力度，并在融资、贷款、离境入境、职务晋升等方面予以限制。

(四)尊重现实条件，稳步开展税制改革

中国个人所得税制度的改革应坚持逐步推进的原则，从税制来看先期可完善某些要素，从空间来看可先行试点、逐步推进，从时间来看可分期实现。

1、从时间上看。

第一步：优化税率结构、调整免征额、进行特别费用扣除。

第二步：制定针对性强的高收入者征税政策，如对企业主长期不分红、长期不发工资的，对其挂账利润按一定比例视同分红所得征收个人所得税，再如对核定征收企业的企业主，按企业收入的一定比例视同分红所得征收个人所得税。

第三步：拓宽税基，对应税所得实行反列举法，税法只规定不纳入征税范围的所得项目，其他一律纳入征税范围，同时大幅减少税收优惠政策，只适当保留针对中低收入阶层的税收优惠政策。

第四步：逐步向分类与综合相结合的混合税制转变，即对财产转让所得、特许权使用费所得、利息股息红利所得、偶然所得等偶然性或一次性所得继续采用分类税制模式征收；对工薪所得、生产经营所得、劳务报酬所得、财产租赁所得等连续性、经常性的收入采用综合税制模式征收。

2、从空间上看。实施第一步和第二步措施无需试点，可在适当的时机全面推开。第三步和第四步可以在经济发达、信息技术发达的地区先进试点，待积累一定的经验，不断完善，在2－4年内全面推开。

(五)积极拓展“互联网＋税务”的功能，渐进地推进征管配套措施建设

1、完善源泉扣缴与自行申报制度，扩大扣缴义务人范围。改变以支付所得的单位和个人为扣缴义务人的规定，将任何控制、收取、监控和支付所得的单位和纳税人作为扣缴义务人。建立以自然人为主要特征的个人所得税管理机制，完善代扣代缴与自行申报制度，培养公民的纳税意识和公共参与意识，逐步向直接征管机制转变，为综合与分类税制的建立奠定基础。

2、确立全员全额明细申报的法律地位，构建自然人涉税信息库。将明细申报制度纳入个人所得税法，明确其法律地位，进一步推广个人所得税全员全额申报。目前个人所得税代扣代缴明细申报系统未将生产经营所得、自行申报和核定征收税款列入征收管理，其功能还有待优化，建议升级全员全额代扣代缴明细申报系统，构建全功能的明细申报系统，以加强对所有项目的监控。

3、建立信息共享体系，完善第三方信息报告制度。以金税工程为依托，继续推进信息化建设，逐步与银行、海关、工商、国土房管等部门联网，实现涉税信息的共享；健全协查机制，赋予税务机关查询纳税人相关涉税信息的权限，规定相关部门应当予以协助；完善第三方信息报告制度，要求代扣代缴义务人在向纳税人支付相应的收入和代扣代缴税款时，必须同时将纳税人的涉税信息向税务部门报告。

4、实行非工薪所得控管。逐步建立税收前置制度，对非工薪所得实行税收控管，如不动产转让所得，国土房管部门在办理房屋、土地权属变更登记时，要求纳税人应当出具完税凭证；股权交易所得，工商部门在办理股权变更登记时，需纳税人提供完税凭证；法院强制执行被执行人财产时，应协助税务机关依法优先征收税款。

5、建立纳税人申报激励制度。对按时守法纳税的纳税人可以累计纳税人个税信用值，可以在退休后从政府多领取补助金。对持续缴税的纳税人，给予子女教育、享受公共设施方面的免费或优先权利，调动纳税人的纳税积极性。也可将纳税金额与社保挂钩，对纳税人超出规定比例的部分可以进入社保账户，让纳税人享受其纳税的社会福利。推动纳税信用等级建立，使纳税与其信用等级挂钩，以是否诚信纳税作为职称评定、晋升选拔、贷款等的评定条件之一。

6、完善非现金支付结算制度。要求达到一定金额以上必须通过银行转账，这样一来，税务机关便能够准确掌握纳税人的收入来源及金额，从而加强个人所得税特别是对高收入者个人所得税的征管。

（作者单位：重庆市地方税务局重点税源管理局）

# 对自然人个人所得税税源管理的探讨

薛 岩

随着我国经济的持续稳定发展，税收规模不断扩大，个人所得税因与收入息息相关而越来越受到关注。2014年度全国个人所得税收入达到7376.61亿元，占当年税收总额的6.19%。“营改增”后，个人所得税已成为地税部门的第一大税种，做好税源管理对组织税收收入、保障国家利益有着非常积极的作用。而且随着税制改革的推进，兼为直接税和地税主体税种的个人所得税未来必将承担更多的职责，对个人所得税中最主要纳税主体自然人的管理还面临严峻考验。本文从税收征管和纳税服务两个方向探讨对自然人个人所得税的税源管理问题。

## 一、征管和研究现状

我国个人所得税实行分类所得税制，个人所得税法以正列举的方式规定了11类所得，其优点在于征收简便、税源易控，不足在于无法按纳税能力原则课征，难以实现均平社会财富的目标。2006年、2008年、2012年我国曾三次提高个人所得税免征额。与企业相比，自然人纳税人的特点在于：一、数量庞大，自然人的数量远多于企业；二、流动性大，自然人可以非常容易的进行区域间的流动；三、收入容易隐匿，自然人不需进行会计核算，且存在大量现金交易。据测算，2010年个人所得税的税收流失额占到当年税收收入的5%以上。

在征管模式方面，对自然人纳税人实行源泉扣缴和自行申报相结合的方式，以源泉扣缴为主。实行源泉扣缴可以有效控制税源，使税款及时入库，减轻税务机关的征管压力。特别是对工资、薪金收入涉及的个人所得税，基本可以做到应收尽收，但在其他税目上，源泉扣缴执行的并不好，往往存在一定程度的税收流失。实行自行申报方式可以补充源泉扣缴的不足，但由于征纳双方信息的不对称，纳税人有足够的能力和强烈的动机逃避缴纳税款，落实难度较大。

目前国内对个人所得税税源管理的探讨主要集中在以下几个方面：一、个人所得税税制与税收征管。许永平、王男(2004)指出自然人登记、个人财产实名登记和扣缴义务人管理在税源监控中发挥的积极作用；孙铭泽(2012)从个人所得税的11个税目入手，分析个人所得税的税源分布情况及现行税制和征税办法对税源管理的影响；牛荣(2009)分析了我国个人所得税流失的信用原因，包括信用程度不高、意识淡薄、处罚措施无力等方面；刘丽(2015)强调信用管理对税源管理的重要作用，并就信用管理给出建议。二是重点税源识别与应对。顾海兵(2003)从收入、行业、人群、征管等方面分析了个人所得税重点税源；翁玮(2012)通过研究OECD成员国近年来的高净值个人税收遵从风险管理实践，按照风险识别、评估和排序、行为分析以及应对策略这一流程，强调风险评估与应对的作用。

从国际范围来看，个人所得税的课税模式有三种，分别是分类所得税制、分类综合所得税制和综合所得税制。对个人所得税的管理重点集中在高净值纳税人，OECD于2009年发布了《应对高净值个人的税收遵从》(Engaging with High Net Worth Individuals on Tax Compliance)，指出高净值个人收入种类更多，更愿意使用税收筹划，并提出更有针对性的策略。

## 二、税源管理中存在的问题

(一)自然人登记法律依据不足

税务登记是纳税人依法履行纳税人义务的首要程序，也是税务机关对纳税人实施管理的基础，但目前在自然人登记方面缺乏足够依据。《中华人民共和国税收征收管理法》(以下简称《征管法》)、《中华人民共和国税收征收管理法实施细则》(以下简称《实施细则》)、《税务登记管理办法》和《中华人民共和国个人所得税法》均未对个人办理税务登记进行明确，仅是《实施细则》中提到"个人所得税的纳税人办理税务登记的办法由国务院另行规定"。国家税务总局发布的《征管规范》(1.0版)和《纳税服务规范》(2.1版)明确了办理自然人登记的具体流程和业务要求，也仅在"业务描述"部分概括为"以自然人名义纳税的中国公民、外籍人员和港澳台地区人员申请办理个人基础信息登记"，未对受理范围进行明确细化。

(二)涉税信息难以全面掌握

1、外部信息存在获取困难。首先，缺乏信息交换平台。政府机关如工商、房土等部门的外部数据只能以人工方式进行传递，既不安全，效率又低。例如，目前对非上市企业的个人股东转让股权涉及的个人所得税问题，就非常依赖工商部门传递的变更信息。其次，第三方数据共享机制尚未建立，税务机关很难通过金融机构了解纳税人的收入情况，而对用人单位为减少社保费负担，隐瞒工资薪金规模间接导致税款流失的情况，税务机关同样难以掌握。

2、内部信息受制权限障碍。就北京市而言，很早就实现了个人所得税完税证明打印的全市通办。对自然人纳税人发起的事项，一般也都实现了区域通办。但出于信息安全的需要，系统大大限制了查询权限，各级税务机关仅能查询到本部门管辖范围内的信息，不支持跨辖区查询，基层税务机关没有可以跨区域查询的端口。这就导致基层税务机关仅能就准确界定管辖范围且便于掌握的纳税人进行管理，承接辖区内纳税人主动发起的事项，针对如个人股权转让等特定类别进行风险推送。一旦纳税人在不同管辖区域间变动工作单位或在多个辖区取得所得的，涉及到不同税务机关，其信息传递存在很大障碍，难以延续之前的管理，造成个人所得税的流失。

(三)纳税人税法遵从度不高

自然人纳税人的税法遵从度不高，是一个长期存在的问题。原因在于：1、税务机关的处罚力度不够。目前税务机关对自然人纳税人的管理更多是面向代扣代缴单位，即通过代扣代缴单位核实自然人的缴税信息，对未按规定代扣代缴税款的，对代扣代缴单位进行处罚，但处罚额度不高，无法起到有效的威慑作用。2、自然人信用体系建设尚不完善。对于自然人纳税人，缺乏有效地制约手段，诚信纳税的获益预期与偷逃税款的违法成本都低，纳税人自觉遵从的意愿缺乏外部推动力。

以高收入个人为例，其逃避纳税义务的主要方式有：①隐瞒收入；②转化收入形式；③拆分个人收入；④个人收入费用化；⑤经济交易"地下"化。以上五种方式中，②和③在一定程度上尚可属于纳税筹划范畴，①、④、⑤则明显违反我国法律规定。但受限于征管条件等因素，税务机关对其难以进行真正有效的管理。

(四)自然人纳税人办税便捷程度不高

近几年所推动的各项纳税服务创新举措，在培养纳税人的主体意识起到了非常积极的作用。但在自然人纳税人申报缴款方面，创新较少，纳税人办理相关业务不够简单便捷。如对自行申报，需纳税人自行算税和填报，要求纳税人对税法有足够的掌握和了解，如果税务机关的服务不到位，很容易导致大量的不正确填报，给纳税人和税务机关都带来较大的成本。

## 三、工作建议

(一)推动自然人登记，强化税籍管理

十八届三中全会指出，要逐步建立综合与分类相结合的个人所得税制。为适应当下的管理需求和未来的税制改革趋势，迫切需要制订针对自然人登记的管理办法。一是明确登记范围。目前，正在全国范围内逐步推进的金税三期系统已建立了个人税收管理系统，明确了自然人纳税人识别号的生成规则，并设计了办理相关业务即触发自然人登记的功能。可以此为契机，对必须办理的、选择办理的以及根据税务机关要求办理的自然人范围予以明确。如拥有不动产和享受税收优惠的个人必须办理自然人登记，不仅是由于这些人员具有较强的纳税能力，同时这类自然人的状态具有持续性，如取得不动产租赁收入个人往往会连续多年取得收入，办理登记也为未来房产税改革打下基础。二是设计注销机制。建议对中国公民，注销的条件是自然人死亡；对外籍人员和港澳台地区人员，注销的条件为5年内未入境。如已注销自然人又需缴纳个人所得税的，可由税务机关为其重新办理自然人登记。需要注意的是，注销仅意味着该纳税人从税务机关的日常管理范围中剔除，并不意味着申报记录的删除。注销业务由税务主管部门在条件允许的情况下与公安、海关进行信息比对，定期更新自然人登记状态数据，以此减少数据冗余，避免不必要的负担。

（二）促进信息共享，加强风险管理

在外部信息获取上，需明确其他国家机关、金融机构、其他社会组织等第三方机构向税务机关提供信息的法律义务，并借助系统实现数据的及时传送。《深化国税、地税征管体制改革方案》中明确，对自然人纳税人按收入和资产实行分类管理。地税机关要加强同国税部门的合作，根据纳税人所从事的行业、拥有的资产等基本登记信息，以及纳税记录等缴税信息，识别出重点税源，并根据不同情况分别识别可能存在的涉税风险，有针对性地开展工作。

在内部权限设置上，可允许各地税务机关录入、查询自然人纳税人的涉税信息，以应对纳税人存在跨地域、跨门类取得应税所得的情况。出于信息安全考虑，可将查询权限设定为仅可查询在过去一定时期内在本辖区申报缴纳过个人所得税的纳税人的全部涉税信息，同时对被授权范围加以严格限制。依托金税三期系统，逐步建立全国性的自然人涉税档案，并向各相关外部机构开放端口，规范数据标准，便于第三方数据信息导入系统，减少征纳双方信息的不对称性。

此外，建议组织专门的风险管理团队，将个人所得税风险与企业所得税和其他税种的风险进行统筹考虑，针对整个系统进行风险管理。例如对企业所得税申报涉及的工资费用支出与个人所得税代扣代缴的工资薪金所得进行比对，从而查找涉税风险。

（三）探索信用等级评定，构建税收共治格局

一是科学设计自然人信用等级评定。自然人与企业差异明显，针对企业的评价体系并不适用于自然人，因此，需要合理界定信用管理范围，科学设置管理指标，并充分利用所掌握的内外部数据信息，确保信用等级评定结果科学、可信。二是拓展信息利用的外延。依法建立健全税务部门税收信息对外提供机制，推动信息资源在各系统、各部门间的交流与共享。拓展信息的使用范围，将纳税信用记录与信用等级评定结果纳入统一的信用信息共享交换平台，通过充分调动税收风险的相关利益者对税收风险的重视，进而树立遵守有益、不遵从有害的税收环境，切实提升全社会的税收遵从。

（四）创新纳税服务，便利办税方式

以提高纳税人的税法遵从为目标，构建合作型的伙伴关系，让纳税人自觉遵从。特别是对重点税源，满足其个性化需求。譬如，有的高收入个人所得来源复杂，税务机关可以给予个性化的纳税辅导；有的事项具有共性化的涉税风险，税务机关可以以办税指南的形式予以明确。同时还可引入中介机构，在明确职能边界和规范业务标准的前提下，允许税务干部个人和第三方机构借助网络平台向纳税人提供个性化服务。对已办理自然人登记的纳税人，可以直接开放网上申报途径，允许其通过互联网办理申报、缴税、政策咨询等业务。

（作者单位：北京市海淀区地方税务局）

# 高额净资产个人税源监控研究

王　华　周保生

近年来，一些国家（如美国、爱尔兰和南非）的税务部门正逐渐将高额净资产个人（以下简称高净值个人）纳入到重点税源监控范围。一方面是基于该类个人巨额的收入和资产所缴纳的个人所得税不断增长，并且因其在股权交易、家庭信托等金融产品上采取的避税措施使征管难度日趋加大，需要税务机关采取更加专业化、高层次的管理。另一方面，因为他们认识到许多这样的个人纳税人与其控制的企业有着直接的联系，需要在传统企业管理中将与之关联的股东、高管等高净值个人进行联动、同步管理，以增加税源监控的全面性和有效性。

在我国新一轮税制改革的大背景下，对高净值个人这一纳税群体进行深入研究：符合地税机关将要以个人所得税为第一大税种的税源变化特点；符合个人所得税由分项向综合的税制变化特点；符合房产税等各项财产税的征收需求；有效弥补税收征管漏洞，发挥税收调节职能；适应国际发展趋势，保护国家税收主权。

## 一、高净值个人的分布及判断标准

对于高净值个人的特点、分布及判定标准的研究起源于金融行业，在税收上还鲜有研究，本部分通过借鉴金融行业的调查研究结果和近几年国外税收同行的实践经验，从财富、收入、行业等几个方面给出初步的判断标准。

（一）金融行业的研究情况

在我国，超高净值人群是指，个人总资产（包括实物资产和金融资产）超 5 亿人民币人群。我国超高净值人群约 17，000 人，总计资产规模约 31 万亿元人民币，平均资产规模 18.2 亿元人民币。这部分人群主要以企业主为主。其中，上市公司（含全部上市和部分上市）占比超过六成，非上市公司占四成不到。这些上市企业中，在国内深交所和上交所上市的比例超过七成。

从行业分布看，制造业是最主要的行业，占比近 1/4，其次是房地产和 TMT ，均超过一成，这三大行业合计占比将近一半。其他服务业、投资、重工业、制药和能源也是占比较高的行业。分析上榜门槛 10 亿美金的《2015 胡润全球富豪榜》中全球富豪的行业分布现状。TMT（数字新媒体产业）是冠军行业，占比 14.2％。创新科技支持下的颠覆性价值创造在最近成就了更多的富豪，这其中财富增速最快的包括：京东（346％）、信威通信（324％）、阿里巴巴（245％）、小米（198％）、用友（123％）和百度（80％）。房地产行业排名第二，占 10.5％，制造业排名第三，占 10.5％。

（二）国外税务机构的研究情况

国际上有一系列标准定义高净值个人，包括收入或财富的统计标准和复杂涉税事项的认定标准，如所得来源与国际税务争议。一些国家特别关注上市公司高管、董事或知名度较高的富人或“新时代”的富有纳税人。通常而言，税务部门将综合考虑上述因素。此外，由于财富具有相当稳定性，而收入每年都发生变化，且其作为计量标准也收到税收筹划的影响，与收入相比，各国政府更重视“财富”这一因素。

（三）我国高净值个人税收判断标准

综合以上分析，我们可以综合考虑以下因素：财富、国籍、行业、公司类型、税款缴纳情况等。

表一　高净值个人税收判断标准

| 指标 | 取　值 | 依　据 |
| --- | --- | --- |
| 资产 | 大于5亿人民币 | 胡润研究院，OECD报告 |
| 行业 | 制造业、房地产、TMT | 胡润研究院 |
| 公司类型 | 上市公司 | 胡润研究院，信息易于获取 |
| 关联关系 | 与30个以上公司存在关联关系 | OECD报告 |
| 国籍 | 在我国获得实质利益的非居民 | OECD报告 |
| 人数 | 8000—10000人 | 1、通过比较西班牙、澳大利亚、法国、中国、英国五国富裕人群数量（2014《世界财富报告》）和税务当局对高净值个人的监控数量，假设之间纯在简单的线性关系。<br>2、胡润研究院报告显示，我国有17000超高净值个人 |

## 二、高净值个人税源监控面临的主要问题

2010年总局下发了国家税务总局关于进一步加强高收入者个人所得税征收管理的通知（国税发〔2010〕54号），提出了加强对高收入个人征管要求，从而引发了业内人士的一些探讨。而对于高净值个人的税源专项监控在我国目前还属于空白区域。本部分意在宏观层面从税务机关对自然人监管和高收入个人所得税纳税情况两个角度，借鉴国际经验，分析我国对高净值个人进行税源监控将要或已经面临的问题。

（一）征税机关缺乏对自然人征管的有效法律保障和措施

1、缺乏全国统一的涵盖自然人的纳税人识别号制度。纳税人识别号是税务部门按照国家标准为企业、公民等纳税人编制的唯一且终身不变的确认其身份的数字代码标识，它是对纳税人税收征管的基础。现行税收征管法主要针对企业法人或社会组织，也就是说只有企业法人或社会组织有纳税识别号，对自然人纳税人没有硬性要求。在国外，社会保障和纳税人识别号是紧密相连的，有利于政府部门掌握纳税人的收入信息。这对实现税收征管公平，特别是解决收入高低分配不公平有很大帮助。

2、缺乏明确的第三方信息获取法律制度。《税收征管法》最大的问题就是没有建立、更没有健全对涉税信息，特别是第三方涉税信息的管理制度，没有赋予税务机关获取涉税信息的刚性约束权力。这导致长时间以来，税务部门无权查询公民个人相关的涉税信息。目前纳税信息都是依靠纳税人自行申报，申报真实性都有问题。

（二）纳税人的法律意识有待强化

1、跨境交易和投资呈增长趋势，中国居民未充分享受税收协定。截止目前为止，共对外正式签署89个税收协定，生效协定82个，与香港、澳门签署了避免双重征税安排。其中，大部分协定涵盖了个人所得税的内容。但北京市国税局2014年针对281户“走出去”企业的调查显示，仅有26户企业在境外享受税收协定待遇，与北京市国税局受理非居民企业享受税收协定待遇审批和备案900余户次的数据形成鲜明对比。

2、存在过度税收筹划。高净值个人收入来源广，并且可能拥有跨国资产，因此具有较多的税务筹划的机会。随着全球化运营以及金融市场的不断发展，企业面临的外部环境日益复杂，一些国家的税务中

介开始不断推出专门针对法律“灰色地带”的筹划方案，并逐步形成了税务中介积极推广高风险税收筹划方案的氛围。英国的独立财务顾问为约70%的高净值个人提供过服务。南非税务局初步抽样发现，南非的绝大多数富人平均与10多家公司有关，87%的公司和59%的信托取得了高额回报，67%的审计显示信托收益存在严重漏报。

## 三、高净值个人税源监控路径

开展税源监控和税收风险管理的目的是为了提高纳税遵从度。在以税收风险管理为导向，以强大的信息系统为依托，不断完善第三方数据的获取位特征的现代税源监控理念的指引下，本文基于高净值个人自然人身份及税源特点和监控问题，通过借鉴国际经验，试图从机构的设立、征管的手段、服务的理念三个角度给出一些建议。

(一) 设立专门的管理机构

建议在总局和省局两个层面建立专门的高净值个人税源管理机构，配备专业化的人才队伍。在机构建设初期，该机构可以隶属于现有的大企业管理部门，与大企业部门共享信息资源和管理经验。

通过设立专门的管理机构，我们可以实现以下目的：一是通过建立专业管理机构并集中利用资源，提高有效应对税务风险的能力；二是通过设立专门的管理部门，我们可以向纳税人发出这样的信号，即如果高净值个人有不遵从行为，他将面临税务部门处罚的风险，从而减少激进税收行为和提高自愿遵从；三是能够为税务部门配备专业的税务管理人员，这些人员将与纳税人的税收顾问具备相同水平的专业知识，在高级税务管理人员和高额净资个人及其顾问之间，建立沟通对话机制；四是能够将业务集中，从而进行有针对性的培训和知识提升，从而增进对高净值个人情况的了解。

(二)建立高净值个人账户管理制度

我们借鉴现有大企业客户经理制度，对高净值个人建立账户管理制度。税局为高净值个人建立专人专户、根据税源规模和业务特点配备专业的客户经理，提供持续的跟踪和服务，在税局和纳税人之间建立起有效地信息互通机制，为后续的风险管理提供一个有力的抓手。该项制度的落实，需要以下几方面工作的配合：

1、建立自然人纳税人识别号制度，明确高净值个人账户标识。建立全国统一的自然人纳税人识别号制度，作为高净值个人账户的唯一标识，通过纳税人识别号把纳税人所有涉税事项归集在一起，对纳税人不同时间、地点、不同税种的涉税记录对比分析，有利于实现与有关部门、金融机构、第三方及其他社会单位之间的信息传递与共享。

2、建立稳固的信息系统，实现个人账户管理的电子化。一是建立电子审计系统。结合第三方提供的相关信息，税务机关为高净值个人建立信息档案，以便分析其遵从行为。税务机关将有权合法掌控大量的第三方信息，与申报真实性进行集约式比对分析评估，会具有更大的准确性和真实性，并且对纳税人更具有威慑力；二是优化纳税电子服务。电子服务应涵盖纳税申报、咨询等各种交互工作，

3、大量占有涉税信息，丰富账户信息。纳税人的涉税信息是税务机关进行风险识别的基础，这些信息可以被归类为以下四类：(1)宏观经济数据，如经济增长率、人均收入增长率；(2)纳税人提供的信息，如其填写的纳税申报数据；(3)税务机关获取的数据，如纳税人的申报、缴纳等环节的历史遵从情况；(4)包括银行和其他政府机关在内的第三方提供的信息和公共媒体传播的有效信息。如，金融交易报告与分析中心数据；土地所有权、机动车、股份登记信息；股息、利息数据；国际情报交换取得的数据等。(5)公共信息。税务机关应关注包括报刊、网络等媒介，搜集与其生活方式、兴趣爱好、财富、住所及经营信息。澳大利亚税务局在收集数据和健全制度方面进行了大量的投资，目前监控了超过2600名高资产个人。

(三)将高净值个人管理与大企业管理有机结合

根据胡润研究院的数据来看在我国高净值个人大多是上市公司的高管、董事，还可能存在一人持有多家上市公司股份的情况。南非税务局初步抽样发现，南非的绝大多数富人平均与10多家公司有关，在具体的管理中，我们可以从以下几个方面开展具体工作：

1、从上市公司年报中获取高净值个人的私人组织架构信息。上市公司年报信息具有获取容易、信息透明、标准统一等特点，我们可以将所有上市公司多年披露的董事信息进行大数据分析，挖掘高净值个人及其私人组织机构。

2、将大企业管理的成熟方法和理论运用到高净值个人管理中。考虑到传统大企业与高净值个人具有相似的税源特点，可以尝试将国际上运用比较成熟的传统大企业管理理论和方法运用到高净值个人的管理中，比如服务前置、个性化服务、国际情报交换等。

3、将二者的涉税信息在数据库中实现有效融合。高净值个人业务与企业业务之间有着千丝万缕的联系，在建立高净值个人管理信息系统的时候，一定要注意与传统大企业数据库的融合和共享，提高数据的利用率。在巴西和加拿大，以上两个税源公用同一个数据库。

(四)借鉴“影响力”理论，创新服务产品和管理手段

税收管理的目标就是提高纳税人的税收遵从度。美国学者罗伯特.西奥迪尼著有《影响力》一书自1986年出版以来，已成为史上最强大、最震撼人心的心理学畅销书。该书提出了互惠、承诺和一致、社会认同、喜好、权威、稀缺六大影响力原则。我们可以在设计我们的服务产品和管理手段是可有有效的加以运用。

1、预填单制度。在纳税申报环节，税务机关依据自身掌握的涉税信息，将预先填制的申报表发生给纳税人确认。此种做法的好处：一是向纳税人明示税务机关依据充分掌握其涉税信息，避免由于纳税人侥幸心理而产生的税收不遵从行为。二是降低纳税人的纳税成本，使得纳税遵从变得容易。

2、信息披露制度。信息披露不仅包括纳税人向税务机关披露其涉税信息，还包括税务机关将高净值个人的相关信息披露给公众。高净值个人的税收案件容易引起公众的关注，将这些信息传递给公众，可以影响与其情况相同的纳税人的纳税行为以达到警示的效果。一些国家如新西兰将高净值个人的一些交易信息公布出来，以提醒其行为正受到监控。

加大对涉税案件的曝光力度，正反典型开展诚信纳税宣传，有选择地向社会公布一些涉税违法犯罪的典型案例以及诚信纳税的先进事迹和典型，形成社会压力，使每个公民都能够自觉以法律、道德规范引导和约束自己的涉税行为。

3、个人纳税信用等级评定制度。纳税人的纳税信用将成为企业和个人征信体系重要组成部分，并将影响纳税人其他经济权利。同时通过将纳税人的税收债务信用问题告知社会的方法，促进纳税人遵从。这项制度既能保障税款征收，又避免激化社会矛盾，有利于推进个人所得税、房地产税等直接税的改革。

(五)强化对第三方中介机构的管理

高净值个人积极寻求税务筹划的特点，使得分析激进税收筹划是税务机关针对高净值个人遵从风险管理的一个重要切入点。税务机关应该对设计和支持、传播激进型税收筹划方案、提供误导性信息并获取非法收益的第三方给予处罚。同时那些提供专业服务的机构还可能被处以谴责、暂停或剥夺资格。比如，为了规范税务中介的行为，法国明确要求税务中介，尤其是律师和会计师，负有提醒客户税收筹划所可能带来的风险的责任。

(作者单位：辽宁省大连市地方税务局纳税评估处)

# 个人所得税改革思路探究

刘传新　高　鹏

目前对个人收入征税主要有分类计征制、综合征收制两种方法。分类征收，就是对个人从不同来源的收入采用不同的方式计税并征缴税款，比如有工资薪金、劳务报酬、财产转让、偶然所得等类别。我国目前就采用此方式计征个人所得税。综合征收，把个人所有来源的收入总计后扣除某些项目后计征缴税款，这种方式对计税体制和个人信用有较高要求，并且扣除项目也因人而异较为复杂。

## 一、现行分类计征制存在的问题

(一)分类制难以调节收入公平分配

我国个人所得税法将纳税人所得按来源分为10类，如薪金类、承包经营、劳务报酬、租赁收入、股息、偶然所得等，不同来源的收入按不同的税率和费用扣除标准计算应纳税额。分类所得税制的征收方式，虽然区别了不同收入所得，但是容易导致收入来源多、收入高的纳税人监管不到位少纳税，而收入单一来源少的纳税人多纳税。例如某些高收入者收入不入账直接通过企业进行个人消费，违背了实质的公平。同时，某些收入人群通过项目的费用扣除或是转移所得收入等方式来逃税，造成税款流失，加剧收入分配差距，造成分配不公。

(二)费用扣除不合理

我国对个人所得税中工资薪金的费用扣除标准不断提高，从最早的800元，到2011年提高到3500元。今年“两会”期间，有代表提出再次提高个人所得税的免征额建议。但是一刀切的费用扣除，并不能真正调节收入分配差距。同时，以个人为纳税申报单位，未能考虑纳税人的实际家庭负担能力，如子女教育、房贷支出、老人赡养、家庭成员医疗等情况的差异，使得同等收入家庭，支出差异较大，税负却相同。

随着我国劳动力市场的多样化需求，个人收入呈现多元化，同时大量的实物收入的存在，使得个税征管面临严峻挑战。我国个人所得税的征管手段较为单一，单位代扣代缴，而纳税机关对纳税人并没有建立相应的个人信息档案，不能对纳税人的信息和收入变动等情况进行全面的掌握和了解，很难做到有效的纳税监管。

## 二、采用综合个人所得税制探究

综合个人所得税制，是对纳税人在一定时期内的各类所得，统一计入个人所得收入，减去统一扣除规定项目后的余额为应税所得额，按照同一的累进税率计算应纳税额的所得税制模式。并且，考虑到了个人支出项目的差异。综合个人所得税制，使得收入水平相等的纳税人实质税负基本相同，做到了横向公平。

(一)国外综合制征收的经验

“通过西方国家的多年经验证明，综合个人所得税制是较为公平的一种模式，能够充分保护低收入者，严格控制高收入者，有效的调节和缩小收入差距，实现公平分配”。但是具体到税收实务操作，要具备一定的条件下才能采用。首先，健全和完善的收入监管体系是前提。比如个人或家庭的所有收入要有账可循和能够监控，这样税务机关才能掌握和记录，以便申报和稽查核对。另外，还需要较高的个人纳税意识和信用体系。个人具有较高纳税意识和信用,才能主动和诚实的纳税申报。在综合个人所得税制下,因为采取自主申报的方式,对于税源的监控就需要完善的信息系统,才能有效的掌握纳税人的纳税信息,保证自行申报的顺利进行和防止偷漏税的现象。

另外综合个人所得税制税基比较宽,中低收入者基本上不纳税,对于发达国家来说比较适合。还有就是家庭作为纳税申报整体,在我国现有情况下,家庭支出难以衡量,操作性较差;综合制需要纳税人自己申报,征管严密,惩罚严格,目前我国难以做到。

(二)我国改为综合制可行性分析

综合个人所得税制对收入分配具有良好的调节功能,能够充分体现社会公平,是我国个人所得税制改革的方向。但目前我国不具备实施综合个人所得税制的环境。其一,我国个人收入来源复杂,特别是高收入者,导致收入无法全面核实。我国多种所有制形式的经济制度决定了多种形式的分配方式,使得当前个人收入来源具有多元化和隐蔽性,而且存在大量的灰色收入无法掌握和监管,实物经济难以用货币衡量等问题。其二,我国个人纳税意识较低,偷逃税现象时有发生,自行申报制度困难重重。最后,我国征管水平有限,征管手段落后,无法保证对综合收入的监控。

所以,现阶段综合计征制,在实践操作层面可行性较差。并且,不同来源的收入是不可能都在同一时间节点上同时发生的,那么对纳税年度内的所有所得综合计税就无法在收入发生时进行,而只能在纳税年度结束后再统一进行,因此在税收实践活动中,不可能单单为了综合计征制得以运用,在收入发生时不征税,而等到纳税年度结束后再将所有所得汇总到一起统一计税。如果执意这样做,纳税人会有充足时间避税、逃税,只会造成大量税收的流失。

## 三、分类综合税制探究

分类综合个人所得税制,就是混合型个人所得税制,是分类个人所得税制与综合个人所得税制的一种结合。

(一)对收入所得按性质划分并区别对待

分类综合个人所得税制是把纳税人各类收入所得项目,区分为劳动所得和非劳动所得,分别按照不同的税率进行源泉扣缴,实现源泉控制。劳动所得采用分类制,非劳动比如出租、投资等取得收益采用综合制。对于低收入者年终可以不用申报纳税,只要求高收入者年终进行申报纳税。这种个人所得税制模式有利于调节收入差距,公平社会分配,是趋向于综合个人所得税制模式。分类综合个人所得税制兼有分类个人所得税制和综合个人所得税制的特点,实际支付能力课税原则,对于不同来源的收入所得进行综合计征,又坚持对不同所得区别对待原则。既体现了按性质的收入。

(二)分类综合个人所得税制的难点探讨

1、收入来源监管难点。由于我国坚持按劳分配为主体,多种分配方式并存的分配制度,使得我国收入体系比较复杂。随着我国资本市场的崛起,个人收入更是呈现多元化、多渠道发展,同时伴有隐蔽性,使得个人收入来源更加难以确定。比如个人取得工资收入之外,还有附加福利、实物收入、职务消费以及资本利得等项目收入。还有职务消费,如专车接送、会议与考察合二为一的国内外旅游、高标准的住房和医疗费用等另类收入。所以,税务机关确定个人收入来源和拓宽税基工作非常困难,这些阻碍了分类综合个人所得税制的改革。

2、费用扣除难点。个人所得税不是对个人收入所得的总额进行课征,在除去税收优惠和宽免项目外,对个人收入所得的成本费用进行扣除,是对个人的净收入所得进行课征,其主要目的是为了保证纳税人维持其简单再生产的需要。

实践中费用扣除的内容包括三方面:成本扣除、生计扣除和特许扣除。成本扣除是指纳税人用于弥补工作相关的各类开销与需要的成本，又称为业务成本。如差旅费、保险费等。生计扣除是指对纳税人维持本人及家庭成员的生计、教育和健康所必要生活支出费用的扣除。特许扣除是指纳税人特殊的生活开支，以及为了体现特定社会目标而进行的支出。扣除的主要方式为：综合扣除、分类扣除、分类与综合扣除。因此，个人所得税费用扣除标准不能再应用简单的"一刀切"的全国统一费用扣除标准，而实行像西方国家个人所得税那样综合复杂的扣除几乎不大可能。因此，推行分类综合个人所得税制改革需要对费用扣除项目重新进行设计和完善，使得费用扣除项目既有较大的覆盖面，又简便易行。

及时传递纳税人的信息，税务机关才能及时作出调整，加强对纳税人的监管。但是，受当前征管条件的制约，国税与地税间的信息传递不顺畅，准确性和时效性不高。跨区间的信息传递容易出现问题，同级税务机关的不同部门间也容易出现传递不顺畅。而且，税务机关与相关政府、银行机构没有相应的配合机制，无法实现信息共享，不能准确、及时的判断和监控税源情况，进而对其进行征管。因此，税务机关对于同一纳税人不同地区、不同项目、不同时间内取得的各项所得，无法进行真实汇总，并对其征税。即使是在纳税人主动申报的情况下，税务机关也无法有效的核实其申报项目的真实性。在税收征管水平落后地区，此问题尤为严重。

（三）合理设计分类综合收入所得的征税方案

我国市场经济的稳定发展，使得我国个人收入分配格局发生巨大变化，个人收入呈现多元化和复杂化发展。同时，在个人收入分配过程中，存在大量的寻租收入、职务消费、附加福利、利润分配以及垄断行业不合理收入等现象，拉大了个人收入分配差距。规范我国的个人收入分配机制，第一，深化企事业单位的工资制度改革，健全职工工资的正常增长机制；第二，规范企业高管的薪资标准和职务消费；第三，附加福利实现货币化，避免实物福利；第四，完善我国个人收入分配机制，促进个人收入所得透明化和货币化，有利于个人收入所得的监控与综合计征，是实现我国推行分类综合个人所得税制改革的重要条件。

关于综合收入所得项目的确定，我国学者对个人收入所得根据不同性质进行分类，以及对个税征管的难易程度等多个方面进行了考虑和设计。国家税务总局税收科学研究所课题组的观点认为，分别以劳动和资本两大类获取收入的来源为依据逐步对现行的分项应税收入进行归类综合。对具有连续、稳定收入来源的工资薪金所得、个体工商户的生产经营所得、对企事业单位承包承租经营所得、劳务报酬所得、稿酬所得等劳动性质的收入所得进行综合征收，对于利息、股息、红利所得、特许权使用费所得、财产租赁所得、财产转让所得、偶然所得等资本性质的收入所得进行分类征收。有部分学者认为按照个人所得的性质分成劳动性质和资本性质两大类，对这两类收入设定不同的税率和征收方式分别进行综合征收。这样既能够充分发挥个人所得税的调节个人收入分配差距的功能，体现公平原则，又能便于对个人收入所得进行监管。还有学者认为，个体工商户的生产经营所得和对企事业单位承包经营所得等个人收入所得，虽然是个人通过诚实劳动取得的收入，但是更具有企业经营的性质，应当参照企业所得税的规定来计证。

## 四、结论

本文结合笔者工作经验，针对推行分类综合个人所得税制的实施条件等方面，分析个人所得税制改革的难点。文章给出解决难点的对策建议，设计分类综合的税制征管模式、费用扣除标准和税率。将收入所得按照性质分为劳动收入和资本收入，并将两类收入所得项目分别进行综合课征，这样可以有效的调节收入分配差距，实现社会公平。同时，还可以设计浮动性的扣除项目，各地区根据本地实际情况进行变动，以消除地区差异和通货膨胀影响。对征管制度和征管手段进行革新，完善双向申报制度，建设现代的征管手段，培养公民的纳税意识，共同营造税制改革的良好环境。

（作者单位：山东省东平县地方税务局）

# 关于非居民企业所得税源泉扣缴管理中存在的问题及完善建议

朱 沫

随着国家间经济来往日益密切,经济全球化的浪潮已席卷世界,资本、技术、人员等生产要素在全球范围内快速流动。从全国看,我国非居民企业税收收入逐年增加,其中源泉扣缴所得税的比重最高,使得各级税务机关越来越重视非居民企业所得税扣缴管理。但在非居民企业所得税源泉扣缴管理中,面临着政策制度不完善、信息不对称、管理人员素质参差不齐、管理手段缺乏、纳税人遵从度较低等问题,给基层税源管理部门日常监管带来较大困难。新形势下,如何维护国家税收主权,提高源泉扣缴所得税的管理水平和管理质量,已成为一个急需解决的问题。

## 一、非居民企业源泉扣缴政策规定

非居民企业所得税源泉扣缴是按照企业所得税属地管辖原则实施的一项管理措施,主要内容如下:

(一)非居民企业的含义

源泉扣缴非居民企业主要是指依照外国(地区)法律成立且实际管理机构不在中国境内,但在中国境内未设立机构、场所且有来源于中国境内所得的企业,以及虽设立机构、场所但取得的所得与其所设机构、场所没有实际联系的企业。

(二)源泉扣缴的范围

需要源泉扣缴的所得主要是指非居民企业取得来源于中国境内的股息、红利等权益性投资收益和利息、租金、特许权使用费所得、转让财产所得以及其他应当缴纳的企业所得税的所得。

(三)扣缴义务人的定义

源泉扣缴企业所得税的扣缴义务人主要是指依照有关法律规定或者合同约定对非居民企业直接负有支付相关款项义务的单位或者个人为扣缴义务人。

(四)预提税率

按照所得税法实施条例第九十一条的规定,减按10%的税率征收企业所得税。

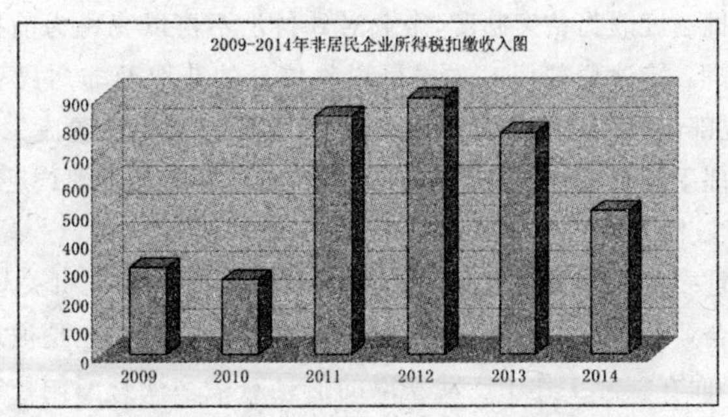

## 二、我局源泉扣缴税源情况

（一）总体情况

大连地税自2009年至2014年征收源泉扣缴非居民企业所得税累计3 559万元，年均约593万元；涉及企业累计102户次，年均17户次；累计涉及国家和地区28个。

（二）分项目情况

在2009年至2014年非居民源泉扣缴企业所得税入库税款中，转让财产项目所占比重最大为43%，股息红利项目和特许权使用费项目比重位列二、三位，比重分别为26%和24%，这三个项目合计入库税款占比达93%。

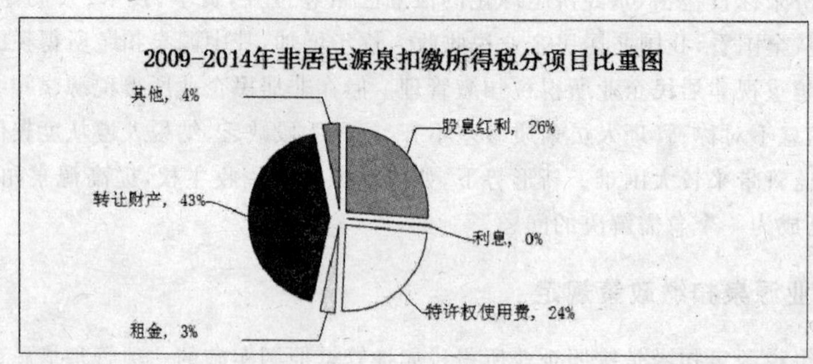


## 三、管理中存在的问题

（一）相关管理体制仍不完善

目前，新企业所得税法实施后，对非居民企业所得税源泉扣缴仅出台了一个管理办法，相关具体管理制度、操作步骤等配套文件没有出台，使得非居民企业所得税源泉扣缴管理基础比较薄弱，造成基层税务机关在对非居民企业所得税征管上缺乏可操作性强的规定和具体政策指导。

由于总局未强制规定地方税务局设置国际税收业务对口部门，对于没有专门设置国际税收管理处的税务局，国际税收业务由各税政处共同管理。由于各税政处分管不同税种，容易造成对非居民企业的税收管理"各自为政"，缺乏统一的指导和规划。例如，在对国税部门传递来的付汇税务证明审核工作中，由于分管各税种人员不同，存在衔接真空和审核漏洞。

（二）缺乏有效管理手段

《国家税务总局、国家外汇管理局关于服务贸易等项目对外支付税务备案有关问题的公告》（2013年第40号）出台前，售付汇税务凭证管理一直是非居民税源信息的获取和企业所得税管理的重要手段。该公告将售付汇税务部门审批制度改为备案制度，企业对外付汇不再以完税为前提条件，只需到国税部门进行事前备案，即可对外付汇，给地税部门对非居民税收信息的获取及非居民企业税收管理带来困难。在实际征管中，由于国地税部门间传递资料耗费时间过长，导致非居民税源流失情况时有发生。另外，除售付汇税务凭证之外的管理手段欠缺也一直使非居民企业所得税源泉管理缺乏有效抓手。

（三）难以及时获取有效信息

信息作为税收管理的重要资源其在征管中的作用日益重要，成为税务机关与税收管理相对人税收博弈的关键。目前在非居民企业所得税扣缴管理中，税务机关获取信息往往是被动的，即接受纳税人申报或备案才能获取相关信息，而在实际工作中主动获取的信息对堵塞征管漏洞往往价值更大。此外，受政府部门间沟通不畅、信息保密、部门利益等因素的制约，税务机关主动获取信息的途径和数量十分有限。

非居民税收具有偶发性、流动性、隐蔽性等特点，对税务机关掌握信息的时效性要求更高，由于上述原因也使得税务部门获得的信息往往滞后，极易造成非居民税收的流失。

(四)零散税源流失

目前，纳税人在对外支付5万美元以下款项时无须提交税务备案证明，这意味着对这部分税源的管理主要依靠扣缴义务人或非居民纳税人主动申报和备案。税务部门与外汇管理部门未实现真正意义的信息共享(税务部门只能针对具体某一户纳税人情况申请共享信息，而无法批量获取信息，导致无法开展以批量信息为基础的纳税评估)，因此税务机关对于对外支付5万美元以下零散税源情况并不掌握，这就为部分企业通过筹划将大额付汇化整为零从而偷逃税款提供了可操作空间。

(五)信息化管理程度不高

在互联网＋和大数据管理理念流行的当前，我局非居民企业所得税管理仍停留在手工台账、人工识别水平，成为制约我局管理质量提高的重要瓶颈。例如，由于信息化水平不高，需要纸质备案，扣缴义务人在签订对非居民支付合同需要备案时，往往为了节约申报成本，实行“以缴代备”，导致合同备案率很低，制约了管理质量的提高。而已经申报的材料，由于不能及时实现数据化，也成为了束之高阁的陈档，不能为数据分析提供有效素材。

(六)管理人员素质有待提高

非居民业务对税务人员由于地税部门从2009年开始分管非居民企业所得税源泉扣缴业务，时间较短导致地税干部对政策不能全面了解。另外非居民税收管理工作对税务人员综合业务素质的要求较高，对管理人员的财务、税收、法律等方面都有较高的专业性要求，也是造成政策不熟的又一客观原因。而部分基层局工作人员对非居民企业所得税管理工作未引起足够重视，是造成部分地税干部不能熟练掌握此项政策的主观原因。

## 四、相关建议

(一)建立系统的体制机制保障

由于非居民企业税源具有突发性、流动性和隐蔽性等特点，税款一但流失，就很难再追回，因此，应建立完整系统地制度保障和体制保障。细化非居民企业所得税工作规程，明确完善个人对外支付扣缴非居民企业所得税相关扣缴登记、申报的相关规定。建立非居民涉税信息获取机制，拓宽非居民信息来源。强化源泉扣缴机制，进一步明确非居民纳税人的法律责任，将扣缴记录纳入企业诚信纳税档案，增加非居民企业和扣缴义务人的违法成本。建立统一的非居民企业管理机制，成立专门管理机构理顺管理流程，发挥各税种的管理特点，合理划分、整合国际税收部门与税政部门的管理职责，避免“多头管理、政出多门”。

(二) 加强信息化建设

提升非居民管理信息化支撑，全面实现扣缴义务人对外支付合同的网上备案、扣缴税款的网上申报和缴纳；加快非电子数据向电子数据的转化，提高数据的使用效率，实现居民企业所得税扣缴台账数据的自动提取和生成。建立全国性非居民税收信息共享平台，实现跨区域、国地税间非居民信息共享及征管协作信息传递。

(三) 建立国际税收信息共享平台

通过建立信息共享平台，明确相关部门税收信息公开的权利和义务，将政府部门掌握的非居民国际税收信息进行整合，提高信息质量和使用效率，充分利用外汇管理部门、金融部门、外经贸部门等的数据优势提高非居民税收乃至国际税收的管理质量。

(四)实现对扣缴企业分类管理

根据企业付汇记录及行业性质，对扣缴企业进行分类，将付汇频率较高或付汇累计额度较大企业列为重点企业管理，结合所属行业特点或项目特点，制定跟踪管理服务方案，实现对重点扣缴企业个性化管理，防止不法纳税人拆分对外支付额度或违规税前列支行为发生。对非重点企业，应加强风险管控。

（五）强化风险管理手段

将非居民企业风险管理与居民企业风险管理相结合，加快建立非居民企业风险指标和模型，利用居民企业风险管理渠道，合理规划非居民企业风险识别、推送、应对、反馈；在居民企业风险指标和模型中融入非居民指标，通过对非居民税收风险处理提高居民企业风险管理质量。

（六）建立人才队伍保障

从事复杂的非居民税收管理需要强有力的人才队伍保障。非居民税收管理的复杂性决定了非居民人才队伍建设的长期性，一支高素质的非居民人才队伍既要求具有专业的管理技能，又要有解决问题的综合能力，为适应这一要求，应建立人才队伍的选拔、培训、使用机制，并建立梯队培养制度和岗位轮换制度，保证非居民税收管理队伍的稳定性。

（作者单位：辽宁省大连市地方税务局企业所得税处）

# 关于改革个体工商户个人所得税核定征收方式的研究

王振兴

当前我国社会主义市场经济体系中，以个体工商户（以下简称个体户）和民营企业为代表的非公有经济占了很大的比重。根据有关部门发布的数据，截至 2015 年 4 月我国已有个体户 5139 万户，从业人数超过 1 亿人。个体户为我国经济发展和社会就业做出了巨大贡献。

在税收方面，由于个体户普遍规模较小，具有开办方式灵活、家庭式经营等特点，正规建账比例很小。因此，目前绝大多数个体户都适用《个体工商户税收定期定额征收管理办法》（国家税务总局令第 16 号），纳税方式为定期定额核定征收。

在确定个体户定额的过程中，税务部门依靠以票管税或参照规模地段等信息的手段推算收入额，进而能够比较合理的核定流转税及其附加税费。但在核定个人所得税的方面，目前各地税务部门所采用的常见方法，存在种种弊端，无法公平、合理的核定应纳税额。

本文分析现行常见的个体户个人所得税的税额核定方法，举出缺点的所在，运用税制改革的宏观思路，提出合理、合法而又简便的新方法。

## 一、两种常见的定额核定方式及其弊端

我国《个人所得税法》规定对个体户个人所得税，在无法查实征收的情况下可以实行核定征收，但国家税务总局并没有对核定征收的具体方式作出详细规定。因此，各地的税务部门都自行出台了政策，分别采取了多种核定方式。目前我国常见的个体户个人所得税核定征收方式（以下简称核定方式），大体有两种，一种是依据收入额，按征收率进行核定，例如陕西、宁夏、山东、云南、海南、江苏等省份；另一种是依据收入额，按应纳税所得率进行核定，例如黑龙江、安徽等省份。

1、按征收率进行核定（简称“征收率法”）

征收率法的优点是操作简单，易于掌握，计算公式即：

应纳税额＝收入额 X 适用的征收率

例如，某市地税部门确定饮食业个体户的征收率，月收入额不超过 30000 元的为 0%，30000 到 50000 元的为 1%，超过 50000 元的为 2%，某餐厅的每月核定收入额为 40000 元，则依照公式，该户每月的个人所得税应纳税额为 40000X1%＝400 元。

征收率法的优点是计算过程简便，不必计算应纳税所得额，也不必查找适用税率和速算扣除数，更避免“按年计算，分月预缴”的复杂计算而是直接算出每月的应纳税额。但缺点也很明显。弊端之一是由于采取了分段的计算方式，因而税额在不同区间段的分界点会发生跳跃式增加。例如，甲餐厅每月收入额 50000 元，则税额是 50000X1%＝500 元；乙餐厅每月收入额是 50001 元，则税额是 50001X2%＝1000 元。收入额非常接近的两个餐厅，由于无意中分属两个区间段，计算出的税额竟会相差悬殊。按这种核定方式计算税额，往往出现“多收入一元钱，多交税几百元”的不合理现象。这容易造成纳税人之间的不公平，并影响征纳双方的和谐。

如想减轻这种弊端，就需要更细的划出区间段以及对应的征收率。这样一来，相邻区间段所适用的征收率就会更加接近，则区间段分界点的税额跳跃程度就会降低。但无论如何，分界点的税额跳跃现象

仍然会存在。而且，越是细分区间段，就越会增加测算难度和核定方式的复杂度，不利于基层税务部门方便掌握和运用。

弊端之二是征收率无法做到严谨测算。以前例来讲，确定各收入区间段的征收率，需要进行繁琐的典型调查和测算工作，税务部门要采集大量的数据（每户的收入、成本费用等），而由于个体户普遍不建账，所以采集来的数据难免与真实经营状况存在偏差。采集过程中，需要纳税人配合，不可避免的干扰了纳税人的生产生活，无形中增加了纳税人负担。

弊端之三是随着“个体户业主的费用扣除标准”的调整，征收率也要随着调整，使来之不易的测算成果无法长期适用。我国《个人所得税法》所规定的“费用扣除标准”经历了多次调整，从每月800元经过1600元、2000元逐步调整到了当前的3500元，估计还可能进一步调整。如果每次“费用扣除标准”调整后，基层税务部门都要对各收入区间段的征收率重新进行数据采集和测算，那么显然极大增加了基层的工作量，也进一步加大了纳税人配合测算的负担。同时，频繁调整征收率，也不利于一项税收政策的平稳执行。

2、按应纳税所得率进行核定（简称“所得率法”）

所得率法与征收率法相比，仅仅是在计算的形式上看起来更接近查实征收而已，在本质上它的弊端与征收率法大致相同，毫无优点可言。所得率法的计算公式为：

年应纳税所得额＝收入额X适用的应纳税所得率

年应纳税额＝年应纳税所得额X适用的个税税率－速算扣除数

月应纳税额＝年应纳税额/12

例如，某市地税部门确定饮食业的应纳税所得率，月收入额不超过30000元的为0%，30000到50000元的为9%，超过50000元的为14%，某餐厅的每月核定收入额为40000元，则依照公式，该户每月的个人所得税应纳税额为：

年应纳税所得额＝40000X12X9%＝43200元

年应纳税额＝43200X20%－3750＝4890元

月应纳税额＝4890/12＝407.5元

计算过程似乎与查实征收很像，乍一看能给人留下更加合理的印象。但与征收率法相比，弊端毫无减少。弊端之一仍然是在不同收入区间段的分界点处，税额会发生跳跃式增加。仍举前例，甲餐厅每月营业额50000元，则税额是587.5元；乙餐厅每月营业额是50001元，则税额是1287.5元。仍然出现“多收入一元钱，多交税几百元”的不合理现象。

弊端之二仍然是应纳税所得率无法做到严谨测算。

弊端之三仍然是随着“个体户业主的费用扣除标准”的调整，测算出的应纳税所得率无法长期适用。这两点弊端不再重复论证。

而类似的，所得率法想要减轻上述弊端，所能采取的措施与征收率法相似，但问题仍然存在。这一点可参照前文，在此不再赘述。

## 二、产生弊端的根本原因

前文列举的两种常见的核定方法，其弊端之所以产生，是因为设计者们全都忽略了一个数学现象，那就是“个体户业主的费用扣除标准”、收入与成本费用三者之间，并非呈“正相关”。

一个纳税人，无论是公司还是个体户，在生产经营过程中，随着业务的拓展、收入的增加，其成本费用（包括税费、损失等，下同）也会随着一同增加。收入、成本费用二者呈正相关，也就是收入、成本费用、利润三者呈正相关，也即利润率趋于稳定。

然而由于“个体户业主的费用扣除标准”是一个固定值（每年42000元），与收入和成本费用并非呈正相关，导致了应纳税所得额与收入和成本费用并不呈正相关。无论规模大小、收入多少，个体户都可以在利润之外，额外扣除一项数额固定的“个体户业主的费用扣除标准”，以其计算结果作为应纳税所得额。这造成了同一行业不同规模个体户的应纳税所得率不同。

所以，基层税务部门才不得不采用分收入区间段确定征收率或应纳税所得率的方式，核定个体户的个人所得税应纳税额。

## 三、解决弊端的新计算方法

假如我们向前还原一步，暂时不减去这项数值固定的“个体户业主的费用扣除标准”，那么，各行业趋于稳定的利润率，将会为我们提供崭新的思路，帮我们找到既简便又合理的计算应纳税额的手段。

利用各行业的利润率，笔者提出新的核定方法即“利润率法”，并引入个人所得税领域并不常见的利润、利润率等概念。不必划分不同收入额的区间段，计算公式为：

年利润＝收入额X本行业平均利润率

年应纳税所得额＝年利润－个体户业主的费用扣除标准(42000元/年)

年应纳税额＝年应纳税所得额X适用税率－速算扣除数

月应纳税额＝年应纳税额/12

例如，某市地税部门确定饮食业的利润率为18％，某餐厅的每月核定收入额为40000元，则每年的利润为40000X12X18％＝86400元，年应纳税所得额为86400－42000＝44400元，年应纳税额为44400X20％－3750＝5130元，月应纳税额为5130/12＝427.5元。

该核定方法与目前常用的征收率法和所得率法相比，有多项优点。

优点之一是由于每一行业不论收入额的多少，都适用统一的利润率，不必分段计算，所以随着个体户收入额的增加，计算出的应纳税额是稳步增加的，不会出现在某一分界点处的跳跃式增加。

如果将本核定方法与其他两种核定方法都画出函数图，则这种优势更加一目了然。

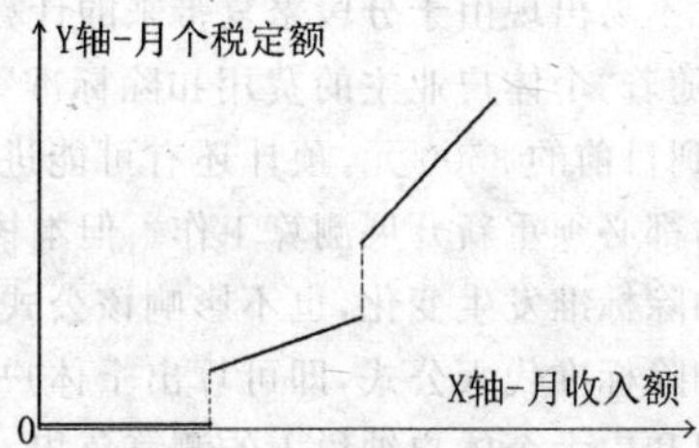


图一　征收率法与所得率法的收入额与税额变化的函数示意图

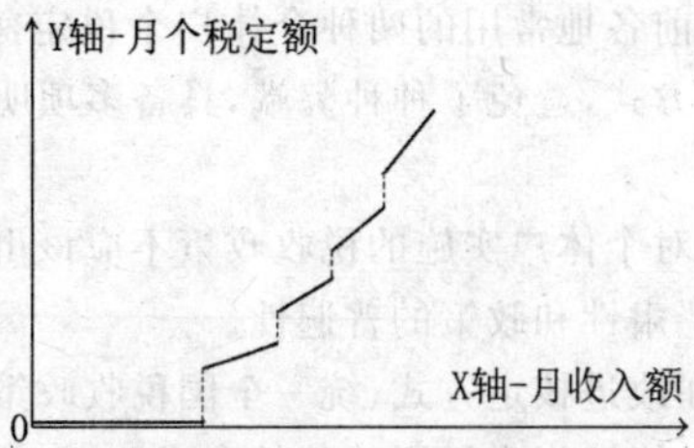


图二　细分收入区间段后的收入额与税额变化的函数示意图

在上述函数示意图中，我们可以更直观的看到，相邻区间段分界点处税额的跳跃式增加现象。细分收入区间段后，税额跳跃增加的程度虽然减轻了，但仍然存在。本文提出的利润率法，收入额与税额的函

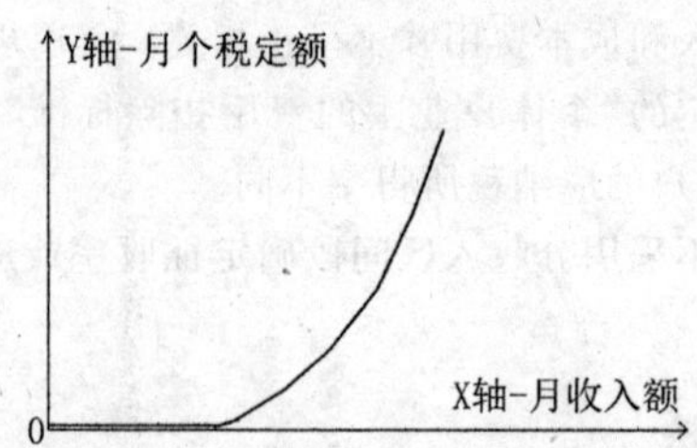


图三　利润率法的收入额与税额变化的函数示意图

数曲线是连续的，不存在跳跃现象。

这体现了纳税公平，贯彻了《个人所得税法》的“超额累进税率”立法精神，避免了“多收入一元钱，多交税几百元”之类情况的发生，维护了征纳双方的和谐。

优点之二是测算相对简单，基层便于掌握。

首先，用本核定方法，对每个行业来说，只需要测算本行业普遍的利润率，而不必按照不同的收入规模划分收入区间段、分别测算征收率或应纳税所得率。这降低了典型调查测算工作的难度，减少了基层税务部门的工作量，也减轻了纳税人配合测算的负担。

其次，用本核定方法，可以实现每一行业的个体户的核定利润率与企业的核定应纳税所得率趋于相同。同样从事某一行业的经营，并非注册成公司利润率就一定高、注册成个体户利润率就一定低，注册类型与利润率在实际经营中并无必然联系，不能造成显著差别。因此，税务部门在核定各个行业的个体户的利润率时，可以同时开展相同行业企业的企业所得税应纳税所得率的核定工作。这进一步提高了基层的测算工作的效率，同时也实现了个体户与公司之间的纳税公平。

再次，由于每一行业只有唯一的利润率，在计算应纳税额过程中，不必再依据收入规模分段计算，所以基层税务部门容易掌握，运用时不易出现由于分段繁复带来的计算错误。

优点之三是该核定方法不必随着“个体户业主的费用扣除标准”的调整而调整。我国近年已经将该扣除标准由每月 800 元逐步调整到目前的 3500 元，预计还有可能进一步调整。常用的征收率法和所得率法在每次国家调整扣除标准后，都必须重新开展测算工作。但本核定方式由于将费用扣除标准在计算公式中单独列出，所以即使费用扣除标准发生变化，也不影响该公式的准确性。届时不必重新测算确定各行业的利润率，只需要将新的扣除标准代入公式，即可算出个体户的新定额。这保证了税收政策的延续性，极大的减轻了基层税务部门和广大个体户纳税人的测算负担。

## 四、对个体户个税定额核定方式的建议

通过上述分析，我们看到，目前各地常用的两种个体户个税定额核定方式，存在多项严重弊端，而本文所提出的“利润率法”的新核定方式，避免了种种弊端，具备多项明显优势，一旦采用则会从根本上改进个体户个税定额核定工作。

同时，我国个体户数量众多，对个体户实施的税收政策不应该由各省乃至各市县分别制定，而是应尽量实现全国统一，以维护税法的严肃性和政策的普遍性。

因此，建议国家税务总局站在改进核定方式、统一全国税收政策的角度，制定全国适用的核定方式新政策。希望本文提出的核定方式，能够作为税制改革的参考。

（作者单位：黑龙江省佳木斯市向阳区地方税务局）

# 房地产税

# 关于房地产税功能定位和制度设计的思考

浙江省地方税务局课题组

党的十八届三中全会《关于全面深化改革若干问题的决定》要求"加快房地产税立法并适时推进改革",2015 年 6 月,中共中央政治局会议审议通过了《深化财税体制改革总体方案》,提出改革完善地方税体系,也要求加快房地产税立法并适时推进改革。本文结合浙江省房地产税收征管实际,分析了现行房地产税收存在的主要问题,阐明了房地产税的功能要求,提出了对房地产税制要素设计的思考,并对房地产税制改革的征管配套提出了改革建议。

## 一、现行房地产保有环节税制存在的主要问题

(一)现有房地产保有环节税收立法级次较低,与税收法定原则要求不适应

现行房地产保有环节征收的房产税和城镇土地使用税基本依据是,1986 年国务院制定的《房产税暂行条例》和 1988 年国务院制定的《城镇土地使用税暂行条例》。近 30 多年来,社会经济条件发生了很大改变,对房地产征税仍使用国务院条例,不利于约束行政权力和维护纳税人权利,与税收法定原则相悖。对房地产税立法,既是贯彻落实立法法的要求,也是贯彻十八届三中全会《关于全面深化改革若干重大问题的决定》中"落实税收法定原则"的必然要求。

(二)房产税、城镇土地使用税税制要素设计不合理

主要表现在:第一,税基设置不合理。房产税实行按房产原值计征,同样的房屋,通过买卖、拍卖等方式取得,价格将是原值的数倍甚至更高。比如街面同一座房子的两间店面,一家是原购置自有的,另一家是新近拍卖来的,如果按房产原值征税,则所要缴纳的房产税相差悬殊,有违公平原则。城镇土地使用税按实际占用的土地面积作为计税依据,根据城镇土地使用税暂行条例规定,土地使用税每平方米年税额为 0.9 至 30 元,虽然体现了累进性,但总体税额偏低,与囤地实现的大幅升值相比微不足道。第二,划定征收范围,不利于有效合理地发挥调节作用。现行房产税、城镇土地使用税在城市、县城、建制镇和工矿区征收。划定一定的征收范围势必带来同处一地域,征免之间,仅因地界一线之隔,在地界这边的房产、土地要征税,而在地界那边的房产、土地不征税,缺乏公平性。第三,房产税征收区别房屋的经营使用方式,容易造成同类房屋的税负不均。房产税计税依据分为按房产计税价值征税的从价计征和按房产租金收入征税的从租计征两种,实际征收中,处于城市繁华地段的老房产,由于其建造较早,账面原值较低,但因地段较好,会出现按照房产租金课税税负高于按照房产原值课税税负的情况。而处于偏远地段的新房产,由于其造价较高,则会出现按照房产租金课税税负低于按照房产原值课税税负的情况。因此,常常导致同一房产仅仅由于自用或出租经济行为的不同而承担不同的税收负担问题,不能体现公平税负。

(三)税种结构设置不合理,存在重复征税现象

按现行房产税城镇土地使用税政策规定,纳税人拥有的房产按房产原值征收房产税,土地价值也并入房产原值计征房产税。以占有土地面积为计税依据征收城镇土地使用税,对同一宗地,按照面积征收城镇土地使用税,又按照原值征收房产税,有重复征税之嫌。

(四)对个人住房免征房产税不利于发挥税收调节财富分配功能

改革开放以来,我国经济快速发展,社会财富不断积累,房产在个人财富总量中占较大比重,房产已经成为高收入人群投资的重要方式,甚至有人炒房投机。现行房产税和城镇土地使用税暂行条例规定,对个人自用的非经营性住房免征房产税,这样一方面不利于发挥财产税对收入分配的调节作用,加剧财富分配不公;另一方面助长了囤房等投机炒房行为,不利于引导住房的合理消费。

## 二、房地产税的功能定位建议

在税种设置上,建议将现行房产税、城镇土地使用税合并,把个人居住用房纳入征税范围,突出财产税定位功能。同时,要研究新老制度衔接,平衡改革前后的实际税负。房地产税的立法功能主要定位于以下几点:

(一)调节收入分配,促进社会公平

目前,世界上130多个国家和地区都对住房征收房产税,而他们的通行做法中最突出的就是把房产税作为调节收入和财富分配的重要工具。改革开放以来,我国人民生活水平有了大幅提高,但收入分配差距也在不断拉大。这种差距在住房方面也有一定程度的体现。近几年房产投资或投机成为一部分人积累财富的重要方式,对居民收入差距的扩大产生了越来越大的影响。通过对面积大、价值高、套数多的个人住房征收房产税进行适当调节,可以一定程度上促使收入和财产的合理分配,缩小贫富差距。

(二)引导社会合理房屋消费,促进节约集约用地

我国人多地少,需要对社会公众房屋消费进行正确引导。一是在保障居民基本住房需求的前提下,对个人住房征收房产税,通过增加住房持有成本,可以引导购房者理性地选择居住面积适当的住房,从而促进土地的节约集约利用。另一方面对企事业单位的房地产按评估价征税,能更好地调节土地级差,有利于节约土地资源利用,也有利于倒逼低端低效产能腾退与淘汰。

(三)完善地方税体系,有利于更好地筹集地方收入

我国现行的房地产税收制度设计是以计划经济体制为基础的,难以适应市场经济条件下房地产发展的需要。另外,我国的税制结构不尽合理,直接税占比较低。房地产税改革有利于提高直接税比重,优化税制结构,完善地方税体系。房地产税是对房屋及土地征税,具有不易被转移、易于地域划分的特性,而且税源丰富,税基稳定,具备为地方取得财政收入的良好属性。同时,我们必须清醒地认识到,房地产税成为地方的主体税种在短期内是不现实的。从目前的房产税和城镇土地使用税收入规模来看,房土两税的收入占地方税收入比重较低,暂时无法作为地方政府的主体税种。而房地产税改革需保持收入、税负的基本稳定,改革后的收入必然经历一个逐年增长、长期培养的过程。

## 三、房地产税有关税制要素设计的思考

总体来说,税制要素设计应遵循以下原则:一是税制设计尽量简化,以符合我国税制改革的基本要求;二是应将个人住房的房产税税负水平控制在一个相对较低的水平,建议以"全覆盖、宽减免"为原则,确定征税范围和减免条件,在新税法实施后相当长的一段时期内,绝大部分纳税人可以享受免税,以实现平稳过渡;三是应遵循属地征管的原则设计税制,做到"见房即征,普遍扣除",以确保改革后基本能做到税款的应收尽收;四是立足实际,充分考虑我国当前的住房拥有情况、住建部门的住房信息化水平、税务部门的征管水平等客观因素;五是在税收管理权限上,考虑各地经济、社会发展水平差异,建议授予地方一定的管理权,以体现地方税管理特点;六是对自然人征税难度较大,需齐备对自然人直接征税的相关法律保障。

(一)纳税人

"纳税人"可以表述为:"在中华人民共和国境内拥有房产所有权及土地使用权的单位和个人。产权

所有人为未成年人或无民事行为能力人的，由其法定监护人代为纳税人。产权未明的，实际使用人或控制人为房产税纳税人。个人纳税人包括我国公民和外籍个人。”主要从以下几方面考虑：一是目前房产权属证明上不以家庭进行登记，而且家庭不作为一个普通意义上的法律单元，因此纳税人确定为持有房地产的单位和个人；二是对于夫妻双方共同共有的房地产，夫妻双方均为纳税人，可以分别申报，也可以夫妻双方联合申报方式申报缴纳房地产税，共同负有对申报内容全面性、真实性和准确性的税收法律责任。夫妻双方分别申报主要是为解决夫妻有婚前财产等非共有财产申报问题；三是对于纳税人之间按份共有的房地产，拥有人均为纳税人，各自分别申报缴纳房地产税，各自分别对申报内容负法律责任。

(二)征税对象

“征税对象”可以表述为：“房地产税的征税对象是单位和个人在中华人民共和国境内拥有的房屋和土地使用权。”主要从以下几方面考虑：一是将房地合并统一作为征税对象，即按房、地总价值作为征税对象。房地产本身是房产与地产的统一体，纯粹房产价值变化不大，占总体比重也较低。对纯土地也视同房地产进行征收，有利于促进土地的合理利用，增加持有环节成本，抑制囤积土地和“捂地”等行为；二是对所有个人居住房地产征税，以“拥有”为前提，不分增量、存量，如只是对新取得的房地产征税，对既得利益者不征收，对新购房者不公平，对房地产持有人因购房时间差异造成征税与不征税的差别，将人为制造不公平现象，而且与立法目的、功能定位不符；三是对个人的征税范围暂定为有产权的房产和有土地使用权的土地。对农村居民在宅基地上建造的房屋等，通过设定优惠政策，暂不列入征税范围。

(三)个人住房扣除标准

“个人住房扣除标准”可以表述为：“第一套住房和免税面积扣除的综合扣除办法。即仅有一套住房免征房产税。对拥有两套以上住房的纳税人，免税面积扣除标准为人均居住面积加抚养面积，人均扣除标准为人均30－40平米，具体由国务院确定。在婚姻状态的纳税人抚养面积扣除额为人均标准的50%，单身纳税人不得扣除抚养面积。对同一纳税人拥有不同地域房产的，其基本住房扣除按购买房屋时间先后进行扣除。”主要从以下几方面考虑：一是设定第一套住房免税概念，是考虑到了多成员家庭的实际情况，以及保障了独身居住和婚前青年等特殊家庭的需要，便于民众理解和接受；二是可能会涉及到异地同时扣除的情况，因此建议扣除标准全国统一；三是按家庭成员人均居住面积计算扣除，在婚姻状态的纳税人扣除标准设定为家庭4人，夫妻双方各为扣除标准人均标准的2倍，单身纳税人扣除标准即为人均标准，这样可以简化认定家庭有多少人员的手续。夫妻双方联合申报的，扣除额为人均标准的4倍；四是设定面税为30－40平米主要是参考普通住宅的标准，国家规定普通住宅的标准是120－144平米以下，以一户家庭4人计算，人均面积30－36平米，为平衡各地人均居住面积差距，设定一定幅度40平米左右。五是按份共有的房产也算一套。

(四)税率

“税率”可以表述为：“经营用途的房地产，税率为0.8－1.2%；居住用途的房地产，税率为0.3－0.8%。具体由省或省以下地方政府在区间内选择确定。”主要从以下几方面考虑：一是区别经营用途和居住用途的房地产。对于生产经营用房地产和居住用房地产适用于不同税率，因房地产本身类别的不同，决定了房地产收益能力的大小，生产经营类更具备收益性，支付能力强，应明显高于居住类房地产。二是经营性房屋房产税按评估价计征，税率1.2%，因残值扣除比例不同，税负在0.84－1.2%之间。居住性房屋税率，结合考虑原试点城市的税负情况，因征收范围不同，下限应略低于原试点城市。三是为确保房地产改革顺利推进，对居住用途房地产税率，结合考虑原试点城市的税负情况来确定税率，暂使用低税率。试行一定时期成熟后，再适时调整税率。四是比例税率方便易行，建议采用一定幅度的比例税率，具体税率可由省或省以下地方政府在区间内选择确定。

(五)计税依据

“计税依据”可以表述为:“按房地产的评估价值计征。取得房地产权属后,先以取得时点的评估价格计税,之后定期评估。”主要从以下几方面考虑:一是避免按房产原值征税有失公平的现象。房屋的原值与获得的收益情况直接相关性受多因素的影响,往往出现老房的房产税税负轻、新房的房产税税负重的现象,有违公平原则;二是房地产税计税不论用途,统一按评估价征税。自用与租赁、经营与住宅都按同一计税标准,解决因经营方式不同税收负担不同的不公平现象;三是房地产的评估价值综合反映了房地产所在地的公共服务水平、房地产的稀缺程度;四是由于房产评估技术性较强,难度较大,现实中的争议和纠纷也会很大。故建议政府成立专门估价机构行使这一职能。评估价的调整应在一定期间保持相对稳定,如三至五年一次,不能频繁调整。

(六)纳税地点

“纳税地点”可以表述为:“房地产税的纳税地点为房地产所在地。”主要从以下几方面考虑:一是属地征管,做到“见房即征”,以确保税款的应收尽收;二是就地纳税有利于维护地方利益。

(七)纳税义务发生时间及纳税期限

“纳税义务发生时间、纳税期限”可以表述为:“从取得房地产所有权(土地使用权)的次月起计征房地产税。实行按年计征,单位用房分期缴纳,个人住房于次年 6 月底前申报纳税。”主要从以下几方面考虑:一是单位用房与原税制进行衔接;二是个人用房给予纳税人足够的申报时间。

(八)税收优惠

“税收优惠”可以表述为:“下列非经营性房产免纳房产税:(1)国家机关、人民团体、军队,以及由国家财政部门拨付事业经费的单位自用的房产及土地;(2)宗教寺庙、公园、名胜古迹自用的房产及土地;(3)非盈利性社会福利机构(养老院)的社会福利养老用途的房产及土地;(4)农村居民在宅基地上建造的房屋;(5)直接从事农林牧渔生产的房产及土地;(6)个人拥有的没有产权的房产;(7)经财政部或省级人民政府批准免税的其他房产和土地。主要从以下几方面考虑:一是沿续了原房产税土地使用税对减免税范围;二是考虑了支持公用事业、社会福利机构,兼顾农民农村利益的要求。三是对个人拥有的无产权的房屋暂不纳入征收范围。四是房产类型和形式较复杂,给予地方政府一定的减免权限。

## 四、房地产税立法需要解决的征管配套措施

对企业纳税人的征管已经形成较为成熟的模式,因此,要重点在完善个人房地产税征管方面做好相应的准备工作,主要包括:建立健全适应个人房地产税特点的征管体制,建立满足税收征管需要的信息共享机制,建立方便快捷的纳税服务体系。

(一)第三方信息库的配套

征收个人住房房产税面临的是大量千差万别的居民家庭,需要掌握大量纳税人的住房、户籍、婚姻、家庭等与个人住房房产税征免认定相关信息的信息。房地产税改革客观上要求建立起一套居民家庭住房信息体系,实现居民家庭住房信息实时、便捷的查询。这需要全国各地的房屋主管部门建立全面、实时和动态的居民个人房产购买和保有情况数据库。同时,各地民政部门、公安系统也需建立全面、实时和动态的居民婚姻和家庭人口以及户籍的数据库,各个信息库要联网共享。

(二)税收征管法等法律法规及征管手段的配套

目前我国税务机关的征管机制仍然建立在间接税的基础上,即便对于直接面向个人的直接税如个人所得税,也多采用代扣代缴的间接形式征税。房地产税作为直接税的一种,其税源非常分散,纳税人数量较多、分布较广,对个人征收房产税缺乏有效的抓手和扣缴措施。现行征管法,对个人进行税务登记没有法律依据,征管法中规定的税收保全措施和税收强制措施不适用于自然人,不能对自然人采取强制措施。因此需修订税收征管法等法律法规,修订征管法及其细则,增加和完善对自然人直接征税所必须的相关

法律规定，包括对登记办法、征收方法、权利义务、社会保障、部门协作、法律救济、违法追究、税收保全与强制等各个方面的具体规定。同时，还应协调其他政府部门在相关法律中体现配套的规定内容。

个人住房房产税的征管难度较大，征管成功的前提在于打破相关部门间的信息壁垒，构建一个长期可靠、全面完备的信息共享平台，为征管提供强有力的支持。另外，顶层设计中要充分考虑各税种改革中的联动与配合，不孤立地去进行房产税改革，而是将它作为整个税制改革中的一个环节去实现，该项改革可能更具有前瞻性，对未来其他税种的改革起到承前启后的作用。

基于房地产税涉及面广，区别于现有其他税种的征管，应在强调纳税人自主申报的基础上，突出后道环节的管理制约手段。具体建议：1、要实施纳税人自行申报、银行缴纳的征缴方式。对不按期申报缴纳的，要明确处罚和制裁措施。2、通过法律制订明确特殊的征税保障机制。(1)对未申报缴纳的，经税务部门责令改正仍不改正的，可通知电力部门暂停供应电力，同时，通知房管、土地部门限制变更过户；(2)对长期欠税不缴的，除通知房管、土地部门限制变更过户外，提交法院强制执行，包括拍卖房地产，并可采取限制出境、限制高档消费等措施。(3)纳入银行信用体系，对不缴、欠缴房地产税收的自然人要留下信用污点，等待时机成熟再并入更大范围的社会信用体系。

(三)房地产评估机构的配套

房地产税以房产评估值为计税依据，为确保征税的公平，就需考虑如何动态地批量评估房产价值，这直接关系到纳税人的切身利益。因此需设立具有公信力的专业机构进行评估，有利于提高纳税人对房产评估结果的认同度。

虽然地税机关已经进行了存量房批量评估的尝试，但由于税务部门掌握的房屋坐落、楼层、朝向、结构、建造年代等房地产属信息不够权威，对征收房产税来说，公信力不够。另外，如果由税务部门承担评估工作确定房地产评估值，会出现税务部门既是运动员又是裁判员的情况，因此，建议政府成立专门的评估机构，组织开展房地产估价工作。建议建立由政府部门、行业协会和有资质的社会中介机构等有关方面组成的评估管理监督机构，负责技术方案审定、评估争议处理等工作。房地产评估值的确定、调整由权威机构按规定发布，接受社会监督，税务机关承担税收征管职能并参与有关监督工作。

课题组负责人：徐敏俊
成　员：詹红成　陈伟军　宋根松　徐　辉
姜　辉　章仲云
执　笔：章仲云

# 我国开征房地产税有关问题的研究

刘新华　黄　双

## 一、房产税及城镇土地使用税征收现状

### (一)房产税征收现状

现行房产税在城市、县城、建制镇和工矿区征收。由于个人所有非营业用的房产免税,实际上房产税的征收对象为城镇经营性房屋。2015年,全国房产税累计收入2,051.21亿元,同比增长10.8%,占税收收入总数的1.51%。从日常征管来看,现行房产税从制度设计到日常管理,都存在不可回避的问题。

1、制度本身不合理。一方面,房产税依照房产原值一次减除10%至30%后的余值计算缴纳,只考虑其历史成本,未能反映其时间价值和市场需求。另一方面,对于房产出租的,以房产租金收入为房产税的计税依据,与按房产余值计算缴纳相比,有的差额非常大,给纳税人留下了人为操作的空间,导致税款流失。

2、政策规定不明确。房产税暂行条例规定,产权所有人、承典人不在房产所在地的,由房产代管人或者使用人缴纳。如何界定和判断产权所有人、承典人不在房产所在地,没有相关文件予以明确。对于房屋附属设备和配套设施计征房产税的问题,财政部、国家税务总局多次下发文件予以补充和完善,但是实际征管过程中,随着新情况的层出不穷,现行政策对智能化楼宇设备、电器设备等的界定仍显不够具体。

3、监督管理难到位。最突出的问题在于房产出租的租金申报不实或不进行申报。无论是地税机关之前代开房产出租的营业税发票,还是营改增之后代开个人房产出租的增值税发票,其计税依据都来自于纳税人提供的合同、协议等相关材料,无从进行核实,"阴阳合同"大量存在。特别是个人出租房产,不需要开具发票的,往往以现金交易,更无从掌握真实的租赁情况,导致税款大量流失。

4、税款计算较复杂。酒店式公寓月租或日租情况非常普遍,其出租时按租金计算房产税,其他时间按余值计算房产税,实际工作中划分非常困难、工作量大。特别是跨月出租,出租期间与停租期间划分复杂,房产税计算非常繁琐,报税人员或因不了解政策或因怕麻烦,存在不如实申报或计算错误等问题。

### (二)城镇土地使用税征收现状

现行城镇土地使用税的纳税人,为在城市、县城、建制镇、工矿区范围内使用土地的单位和个人。大部分省、自治区、直辖市对个人所有的居住房屋及院落用地免征土地使用税。2015年,全国城镇土地使用税累计收入2,142.49亿元,同比增长7.7%,占税收收入总数的1.58%。与房产税一样,现行土地使用税在日常征管中同样存在诸多问题。

1、与房产税构成重复征税。按照规定,从价计征房产税的,无论会计上如何核算,房价均应包含地价。对于同样一块土地,既并入房产原值缴纳房产税,又按照面积缴纳城镇土地使用税,造成事实上的重复征税。

2、相邻地区税额差较大。比如辽宁省朝阳市与内蒙古自治区赤峰市交界。朝阳市无论是从面积、人口数量还是地区生产总值来看,都比赤峰市少。但朝阳市城区一等地城镇土地使用税税额为24元/平方米,而赤峰市城区一等地城镇土地使用税税额为8元/平方米,相差较大,造成不公。

3、计税依据确定困难。城镇土地使用税的征收，需确认土地权属、面积、基准地价、使用时间等诸多要素，情况相对复杂。"有证无地"、"有地无证"、地证面积不符、土地发生变动的情况而不申报、随意申报等问题大量存在，税务机关核实困难，税款征收不实。

4、税额调整周期过长。自2007年调整城镇土地使用税税额之后，全国多地再次调整的时间间隔多在五年以上，甚至如昆明长达九年。大连上一次调整的时间为2010年，至今六年未再调整。调整周期过长，使得城镇土地使用税与经济社会发展、城镇化进程不相适应，难以充分发挥调节作用。

5、个别大型企业税负较重。对于用地面积很大的企业来说，城镇土地使用税的税负相对较重。以大连船舶重工集团有限公司为例，宗地面积170万平方米，单位税额18元/平方米，每年城镇土地使用税税额高达3000余万元。

## 二、目前开征房地产税面临的难点

要解决目前房产税、土地使用税征收中存在的问题，有效发挥税收在供给侧结构性改革中的作用，单从税收层面来看，房地产税改革仍面临诸多难点。

(一)牵涉面广公众担心税负增加

房地产税改革，立法的方向是减轻开发交易环节的税负，增加保有环节的税负，建立合理的房价形成机制。除已纳入房产税征税范围的城镇经营性房屋之外，个人非经营性住房是房地产税开征的焦点。从上海、重庆两地试点情况来看，主要征收对象为满足一定条件的新购居民家庭第二套及以上住房。居民普遍担心，房地产税改革落地之后，原予以免税的个人非经营性住房不再被豁免。

(二)房土基础税源数据尚显薄弱

首先，目前地税机关已掌握的房产税、土地使用税税源基础数据不够完整、准确，不能直接平移选用。其次，针对个人非经营性住房的信息数据采集将是庞大的工程，不能再依靠地税机关单独完成。一方面纳税人自行申报房产、土地税源情况往往不够真实、不够及时；另一方面，不动产登记工作已在国土资源部的主管下逐步推进，地税机关未来可以接入信息基础平台获取数据，但目前来看，不动产登记工作难度较大，没有按照最初的时间表完成进展。

(三)地域辽阔统一征税模型相对困难

我国地域幅员辽阔，地理区域各具特色，东西部发展不平衡，即便是相邻地区，区域发展不平衡的问题也很显著，很难统一房地产税的计税依据模型。以北京市和河北省为例，2014年调整之后，北京市一级土地区域的居住用地基准地价为28720元/平方米，即便是调整之前，这一基准地价也达到了7000元/平方米。而河北省省会石家庄市，2014年调整之后，一级土地区域的居住用地基准地价为4002元/平方米，调整之前仅为2802元/平方米，差距非常大。

## 三、开征房地产税的对策

取消现行房产税、城镇土地使用税，开征房地产税，应按项目属地化管理，以一定方法确定计税依据，以省、自治区、直辖市为单位统一征收。

(一)房地产税征收原则

1、公平性原则。税收公平，不是绝对负担的等值，而是基于纳税人的经济状况体现"纵向公平"。就房地产税而言，首先应做到区别对待地区差。第一步，在全国范围内，以省、自治区、直辖市为单位确定税负。第二步，在同一省、自治区、直辖市范围内，区分经济发达地区与相对欠发达地区，细化差别。其次，应做到区别对待持有量，包括存量及增量。对于家庭一套住房，与三套住房甚至更多，其税率应有所区别。再次应做到区别对待面积差。同样是一套房，同样地点，50平米与200平米所应承载的税负应当是不同的。最后应做到区别对待资源差。不仅考虑房屋、土地原值,还要综合考虑其新旧程度、建筑构造、地理位置、周边配套学校及医疗等设施情况、交通状况等。

2、普遍性原则。目前,我国税制改革的原则是"简税制、宽税基、低税率、严征管"。其中宽税基体现的就是税收普遍性原则,进而实现的是税收公平性原则。美国房地产税即以普遍征收为原则,除获得税收减免优惠外,所有房屋及土地的所有权者都要缴纳房地产税。从税收角度看,普遍性原则同样适用我国房地产税的征收管理,应覆盖所有房屋所有权人、土地使用权人。但对于农村直接用于农业生产的集体土地、农村宅基地和房屋,建议给予免税。

3、渐进性原则。为减少改革阻力,可以采取渐进式的方法,先易后难,先简后繁,分批次推广。一是从纳税人方面。可以首先选择从现有房产税、土地使用税的纳税人开始改征房地产税,待时机成熟之后,扩围至此前不缴纳房产税、土地使用税的个人。二是从征税对象方面。可以从增量房入手,对新购房屋征收房地产税。待时机成熟之后,扩围至存量房。三是从税率方面。如果首套房实行免税政策,二套房及以上实行累进税率,建议从二套房、三套房的低税率入手,逐渐将四套房、五套房及多套房纳入其中。

(二)房地产税税基确定方法

改变原来房产税以房产余值或租金确定税基、土地以面积确定税基的方法,改用模拟评税的方法确定房地产的计税价值,综合考量土地、地上建筑物及构筑物的位置、结构、面积、权益、供求状况、市场特点、社会因素、经济因素、政策因素、环境因素等,批量进行评估,辅以个案评估。

1、市场评估法。评估对象为居住用房地产。通过收集、分析可比房地产的市场交易价格情况,确立房地产的价格比较基准,合理调整或修正相关数据,从而确定房地产的评税值。可依据房产部门掌握的居住房产价格资料,按价格趋同原则将房地产按市场价值的不同情况进行合理分区,在每个区域确定标准房地产,分别求取标准房地产的单位面积价值。在此基础上,将评税房地产与标准房地产进行比较,确定价值增减因素和增减标准,如繁华程度、交通便捷程度、环境景观情况、公共服务设施完备程度、建筑结构、成新率等进行调整。对于同一小区,再考虑楼层、朝向及阴暗潮湿的影响等。

2、成本法。评估对象为工业等无直接收益单位用房地产。评估应税房地产的土地价值和房屋等建筑物扣除折旧后的价值,从而确定房地产评税值。收集房地产的有关成本、税费和利润的数据和资料,对土地和房屋等建筑物分开评估。将土地视为空地,通过土地管理部门取得土地成本构成项目等资料,采用基准地价系数修正法单独评估土地的价值。对房屋等建筑物的现行重置成本或重建成本、应计折旧额进行评估,从建设工程造价管理部门获得建安造价标准等资料,结合成新率计算折旧后的房屋等建筑物的评税值。然后对土地与房屋等建筑的评税值求和,计算房地产的最终评税值。

3、收益法。评估对象为出租、商业用房地产。将评税房地产的预计未来纯收益按一定方式还原成估价时点的价值,从而确定房地产评税值。收集并分析评税房地产有关收入和费用的数据和资料,估算潜在总收益,扣除房屋空置损失、收益损失、经营成本,确定适当的资本化率或报酬率,将纯收益进行价值还原,计算房地产的评税值。根据区域的繁华程度,参照基准地价将评估区域划分为几个地段级别。将每一地段级别内不同位置的商业用房地产再划分为若干个等级。在每一个等级中,根据市场调查情况,采用统计分析的方法,分别确定商业网点、商场和旅馆类商业用房地产平均净租金水平。对商业网点按临街朝向修正;对商场按建筑面积修正;对旅馆按星级标准修正。

在实际工作中,对于个案,还可以采用两种或三种方法相结合的方式确定房地产评税值。随着不动产登记工作的推进,模拟评税的方法将有更强大的数据支撑。

(作者单位:辽宁省大连经济技术开发区地方税务局)

# 培育房地产税作为地税主体税种的可行性研究

## ——以沈阳为例

白文斌

“营改增”的持续推进，引致两大亟待解决的问题：一是政府间财政关系的调整，二是地方税收体系的重构。以2012年我国地方税收为例，地税负责征收的营业税为主体税种，占比36.3%。增值税、企业所得税和个人所得税是共享税，分别占地方税收的17.3%、16.5%和6.5%。2013年全面推动“营改增”改革后，使1994年以来地方税体系已经存在的问题和新出现矛盾的尖锐性到了必须改革的地步，对地方税系进行根本性改革已是箭在弦上、不得不发。完善地方税系应满足三个原则：一是基本满足地方政府经常性支出的财力需要；二是有利于经济发展方式的转变；三是避免税收秩序混乱（郭庆旺，吕冰洋，2013）。主体税种的选择和培育是既是上述问题的集中反映、也是解决上述问题的必经之路。

最新调整过的十二届全国人大常委会立法规划2015年8月5日向社会公布，包括房地产税法在内的34项立法任务亮相其中，这意味着房地产税法正式进入本届全国人大五年立法规划，即房地产税法很可能会在2017年底前获得通过。同时，这项立法由全国人大常委会预算工作委员会牵头，财政部参与配合。由全国人大主导立法，能更好排除部门利益干扰。虽然立法后并不意味着房地产税会在全国马上开征，但在落实税收法定原则之下，房地产税迟早是要开征的。作为财产税的代表，房地产税是否符合地税主体税种的要求？与其他地税主体税种可行性方案相比，房地产税的优势在哪里？从何处着手培育房地产税成为地税主体税种？这些都是迫切需要研究的问题，以便相关政府部门提早准备，着手应对。

### 一、地税主体税种培育基准和现行地方税系概况

（一）地税主体税种培育基准

地税主体税种应同时满足“地方税”和“主体”特征，以保证地税主体税种设置的合理性。

1、地税主体税种培育基准之一：地方税。美国财政学家马斯格雷夫（1959）认为一些具有周期性特征且收入较为稳定的税种、主要依托于居住地的税种及依据非流动性生产要素课征的税种适宜成为地方税，即“地方税”的选择依据主要是受益原则、避免恶性税收竞争原则和征管便利原则。首先，地方税需满足“受益原则”，即纳税人依据所获地方公共服务受益的大小来分摊税负。其次，根据“避免恶性税收竞争”原则，地方税的征税对象应体现非流动性。在此条件下，纳税人不可能为了避税而特别选择生产、交易或居住的地点，即企业和居民选址主要基于辖区内本身的资源禀赋，而不是基于各地区政府实施的不同税收优惠。最后，地方税的选取应遵循“征管便利”原则。“征管便利”原则体现于税务行政管理效率较高，运用先进科学方法征税，以节省管理费用。一般来说，把宜于发挥地方优势、税源分散不宜统一征收管理的税种划为地方税，便于税务机关对纳税人是否履行纳税义务进行征管和监督。

2、地税主体税种培育基准之二：主体税。地方主体税种要与地方经济发展密切相关，具有一定的收入弹性和增长空间（储德银等，2014），即“主体税”的选择依据主要是税基宽厚原则和收入稳定原则。“主体税种”要求税基宽厚，即该税种的征税范围要宽泛。征税范围宽泛的税种，是产生较多税收收入的必要前提之一。该税种在地方税收入总额中占有较大比重，能够凸显出该税种在地方税体系中的重要地位，

成为地方政府税收收入的主要来源。遵循“收入稳定原则”，主体税种应具有较适宜的收入弹性。评价税收收入弹性的适宜性，主要考察税种产生的税收收入对经济的适应程度和其与国民收入的联系程度。主体税种应具有适宜的税收弹性，如果税收弹性过大，其税收规模的扩大随经济的增长而波动过大，如果税收弹性过小，则不能满足随经济增长而增长的地方财政支出需要。因此，选取主体税种需要考察其对经济的适应程度和所产生的收入规模与国民收入的联系程度，以保证该税种产生的收入具有一定的稳定性，在调控地方经济、调节收入分配等方面能够发挥应有的作用。

(二)现行地方税系概况

1、地方税系将无主体税种。以“地方税”和“主体税”两个标准来看，随着营改增的推进，地方税系将无主体税种。地方主体税种应该是地方拥有稳定而丰厚的税源，在地方税收收入中占到一定比例，至少应占到30%以上的税种。在地方税收入结构(地税系统征收的税收收入结构)中，营业税的占比最高，为30%以上，其他税种，特别是地方税种占比均在15%以下。很显然，随着营改增的进一步推进，地方(地税系统)主体税种将缺失。

**表一　2013年沈阳市公共财政预算收入税收收入各税种占比**

| 税种 | 税收收入(亿元) | 占比(%) |
|---|---|---|
| 增值税 | 65.37 | 10.04 |
| 营业税 | 195.66 | 30.06 |
| 企业所得税 | 81.61 | 12.54 |
| 个人所得税 | 19.77 | 3.04 |
| 资源税 | 3.22 | 0.50 |
| 城市维护建设税 | 36.17 | 5.56 |
| 耕地占用税 | 38.47 | 5.91 |
| 契税 | 62.70 | 9.63 |
| 其他税收收入 | 147.87 | 22.72 |
| 总计 | 650.85 | 100.00 |

**表二　2014年沈阳市地税系统税收收入各税种占比**

单位:亿元/%

| 税种 | 市级公共预算收入(税收口径) | 占比 | 排名 |
|---|---|---|---|
| 营业税 | 164.94 | 36.05 | 1 |
| 企业所得税 | 15.85 | 3.46 | 9 |
| 个人所得税 | 21.35 | 4.67 | 8 |
| 资源税 | 3.35 | 0.73 | 12 |
| 城市维护建设税 | 36.13 | 7.90 | 5 |
| 房产税 | 28.19 | 6.16 | 6 |
| 印花税 | 8.87 | 1.94 | 10 |
| 城镇土地使用税 | 40.08 | 8.76 | 3 |
| 土地增值税 | 65.88 | 14.40 | 2 |
| 车船税 | 7.53 | 1.65 | 11 |
| 耕地占用税 | 26.40 | 5.77 | 7 |

| 契税 | 38.63 | 8.44 | 4 |
|---|---|---|---|
| 其他税收 | 0.40 | 0.09 | 12 |
| 总计 | 457.58 | 100.00 | — |

2、主体税种缺失导致的问题。我国分税制改革将税源充足、稳定的税种划归到了中央，只把一些收入规模较少、征收零星的税种划归地方，这些税种大多税源分散、征收成本相对较高、征收范围较窄、征税数额较少。这使得现行地方税体系缺乏对地方财力具有决定性影响且长期稳定有效的主体税种，限制了地方税在经济发展中的职能发挥，造成地方税收收入不稳定，规模难增长，进而诱发地方政府增加各种规费，不断扩大预算外收入，土地财政和债务性融资问题日益凸显。

3、改革的可行方案。随着"营改增"收官临近，地方政府依据实践测算出了改革方案，建议重新划分共享税的分享方法和分享比例，例如将增值税、所得税分享比例调整为70:30和50:50，或者按国际惯例，将所得税的共享方式由现在的"收入分成"改为"分率共享"，可由中央设定全国统一征收的税率，地方政府可在这一税率之外加率征收，但最高限制的加征税率由中央控制。这一方法主要考虑了共享税是我国目前税收收入的主体(占比之和为50%以上)，可以补偿地方政府因"营改增"而损失的财政收入，是过渡时期的方案。

许多学者从不同角度也提出了重构地方税体系的方案。第一种方案提出，长远来看，房地产税可以作为地方税主体税种，近期可以选择将消费税移至零售环节征收，充作地税主体税种(高培勇，2014)。第二种方案又分为三种情形：一是依然实施增值税共享制度，在此大框架下，可以选择将消费税打造成中央与地方政府共享税(杨志勇，2013)；二是将个人所得税与房产税作为地方税，增值税分享方法彻底改变为按消费地分配(郭庆旺、吕冰洋，2013)；三是重点打造资源税与不动产税(贾康，2011)。第三种方案重视房地产税，并建立地方流转税及地方所得税(吴俊培，2012)。第四种方案提出，在零售环节征收零售税，并将其与个人所得税、房产税一起作为地方政府收入(郭庆旺、吕冰洋，2013)。比较学者们提出的各种方案，虽然各有不同，但均提出应该培育房地产税成为地税主体税种。

## 二、房地产税作为地税主体税种的可行性分析

从确保地方政府正常履行事权的角度看，地方财政特别是市、县财政收入也应有一个正常增长的税基安排与制度基础。现在突出的矛盾之一就是许多地方财政严重收不抵支，财权与事权高度不顺应，没有相对大宗稳定的税种收入。为缓解基层财政困难，我们很有必要为地方财政收入合理增长创造一个良好制度框架，可选择的重要方式就是培育新的地方主体税种。学术界的普遍观点认为房地产税是比较理想的选择。

(一)从税制特征看

首先，房地产税从它固有性质来看，是一种税基没有流动性、稳定性很强的税收，收入来源征税的对象就是不动产。传统税收理论认为，地方税必须面对的是"税收外流"问题，因为地方税率的差异将导致税基流向低税率区域(石子印，2015)。很显然，房地产税可以避免"税收外流"、恶性竞争税源问题。第二，从管理角度来说，它适合地方政府来掌握，因为如果把不动产交给中端或高端政府管理，信息不对称的问题会迅速放大，中端高端政府管理不动产税都存在一个鞭长莫及、管理成本非常高的问题。只有放在低端，房地产税的管理才是合适的安排。第三，由低端和地方层面配置房地产税，是使地方政府职能正好与市场经济要求相贯通的一个税基安排(贾康，李捷，2014)。中国改革着重要解决的一个重要题目是：从中央到地方的各级政府干什么，市场干什么，特别是地方政府，需要按照公共财政的要求，将职能收缩到提供公共产品和公共服务上面来，而在收入来源方面还没有形成这样的明确导向。目前由于地方政府

收入来源中来自不动产的部分仍很低甚至空白，地方政府就有动机更多介入到办企业的投资安排中去，通过增值税、营业税等扩大收入来源。如果培育起房地产税，按市场经济国家的经验，每隔若干年都要重新评估不动产税税基，地方政府就会意识到只要按市场经济客观要求专心致志优化投资环境，提高本地公共服务水平，进而就会使辖区内的不动产进入升值轨道，那么房地产税的税基会不断扩大，地方政府的税源也就随之扩大。“财源建设”问题、对政府职能的合理定位与充分履行自然而然就解决了，地方政府的职能导向自然而然就理顺了。因此，培育房地产税成为地方主体税种是使地方政府职能和地方税功能“内洽”与市场经济的改革选择。

(二)从收入地位看

目前，房地产相关的税种有10个，税种的征收总体来说处于两大环节：流转环节(即开发、交易环节)和保有环节。以沈阳市2014年地税系统房地产税收收入情况为例，包括房地产业的营业税在内，房地产行业税收收入共计291.993亿元，占2014年沈阳市市级公共预算收入中税收收入的63.8%，房地产行业五大税种(土地增值税、契税、耕地占用税、城镇土地使用税和房产税)占比为43.5%，也远远高于30%的比例，从规模上看，符合主体税种的要求。

**表三　房地产相关税收情况表**

| 征收环节 | 税种 | 税率 |
|---|---|---|
| 开发环节 | 耕地占用税 | 定额税率(12.5－45元/平方米) |
| | 营业税 | 比例税率(3%) |
| | 土地增值税 | 超额累进税率(30%－60%) |
| | 印花税 | 定额税率(5元/件)；比例税率(0.05%－0.1%) |
| | 契税 | 比例税率(3%－5%) |
| 交易环节 | 土地增值税 | 超额累进税率(30%－60%) |
| | 营业税 | 比例税率(5%) |
| | 城市维护建设税 | 营业税×(1%－7%) |
| | 教育费附加 | 营业税×(3%) |
| | 地方教育费附加 | 营业税×(2%) |
| | 企业所得税 | 比例税率(25%) |
| | 个人所得税 | 比例税率(20%，核定征收为1%) |
| | 印花税 | 定额税率(5元/件)；比例税率(0.05%－0.1%) |
| | 契税 | 比例税率(3%－5%) |
| 保有环节 | 房产税 | 房屋余值×1.2%，租金收入×12% |
| | 城镇土地使用税 | 定额税率(0.6－30元/平方米) |

**表四　2014年沈阳市地税系统房地产税收收入情况表**

| 税种 | 税收收入(万元) |
|---|---|
| 营业税(房地产业) | 928,230 |
| 土地增值税 | 658,769 |
| 契税 | 386,256 |
| 耕地占用税 | 263,974 |
| 城镇土地使用税 | 400,756 |

| 房产税 | 281,945 |
|---|---|
| 总计 | 2,919,930 |

(三)从现实基础看

1、经济基础与纳税人的房地产税承受能力。一个国家的税制设计必须与财源结构及经济社会发展相吻合,这是衡量税制合理与否的基本标准。改革开放转轨时期特别是20世纪90年代中期以后,我国的税源结构加快演变,其中突出的表现就是个人货币收入快速增长和居民持有的不动产规模不断扩大。收入流量和财产存量如影随行相互激励,大量个人可支配货币收入已转化为不同类型的不动产,表明在社会财富总量中以不动产形式存在的社会财富在增加,特别是提高了房地产在财富总量中的比重,而房地产的溢价在城镇化提速和高速推进期又特别明显和有利可图,大量的收入流量在房地产低价变高价的过程中涌现。

2、制度基础与税务机关的房地产税征收能力。培育房地产税成为主体税种的各项配套改革举措已经紧锣密鼓地展开,比如从2015年3月1日起,《不动产登记暂行条例》开始生效,农村土地确权认证制度已开始施行,二次农村土地制度改革也已经开始启动。同时,信息技术的发展解决了房地产税征收的技术难题。目前,地税系统的电子税务系统极大地方便了纳税人进行信息查询与税务人员进行征税管理,使得税基广泛的税种的征收更有效率。此外,由于征收房地产税需要构建、健全产权信息的数据库,信息技术的发展使其成为可能。在不动产登记开始后,可以借鉴相关的数据库构建积累技术经验,庞大冗杂的房产信息归集问题在日臻完善的信息技术面前将迎刃而解。

3、政治基础与落实税收法定原则。2010年国务院批准的发改委《关于2010年深化经济体制改革重点工作的意见》中,国务院首次明确推进房产税改革。政府对房产税改革的定位更倾向于是一项长期的税制改革,而非短期的房价调控工具,房地产税将更侧重通过二次分配收入促进社会公平,为地方政府带来稳定财源,提高土地、房屋的利用效率。同时,培育房地产税为地税主体税种与我国税改面临的需解决的问题相切合。

首先,中国直接税比重偏低的问题已经不容轻视,而房产税改革是渐进提升直接税比重和相关的配套改革的一部分,可以优化税制的发展建设。

第二,中国市场经济所需的分税分级财政体制在1994年框架建立后,至今还有十分艰巨的深化改革任务,主要是由于省以下的分税制改革一直没有到位。如果要把改革推进到省以下分税制的贯彻落实,就不可能绕过地方税体系建设问题,这也需要房产税制度建设作为重要组成部分。

第三,回应公众高度关注的房地产调控问题。为体现出"调控管理"的治本水准,制度建设是不可忽视和回避的,而使保有环节的税收成型并与土地开发、房产交易环节的税费合理协调,房地产税是制度建设的关键。

第四,对于收入差距扩大的调节,势必要求与财产配置的调节联动,中央决策层2013年以国务院批复的形式对三部委在收入分配方面如何优化和改革提出了指导意见。该意见在针对收入分配矛盾凸显方面的制度建设中,也包括房产税改革。

第五,房地产税制度建设与公众的不动产形成了十分直接的关联,客观上可以形成推进"税收法定"、税务法治化建设的重要切入点,具有在法治化框架下于基层社区、辖区层面由直接关系居民切身利益而生发纳税—用税的公众参与、民主决策的制度建设特点,是一项大有利于培养和提升公民意识与民主法治素养的"民王税"。

综上,培育房地产税成为地税主体税种具有政治基础,有利于落实税收法定原则。

## 三、培育房地产税为地税主体税种的简要建议

(一)加强预算的公开、透明和执行监督

房地产税作为最透明且无法逃避的直接税,如果针对公众进行大范围征收,就需要确保公平。从公平出发,对房地产税整个流程而言,从对房地产价值的评估、税基的确定、税率的计算,到税收的使用,都需要有公众的参与,这是房地产税广泛征收与使用的政治基础。

2014 年,全国人大修改了《预算法》,对政府的财政预算的全面、透明、权威提出了更具体的要求。地方政府应严格执行新《预算法》,依法执政,按类、款等条目明确登记各项财政收入和支出,在法定期限内公开各级人大所通过的预算草案,以降级、撤职、开除等更为严厉的方式惩处编制预算、使用资金过程中的违法者。同时,政府还应接受来自人大、上级政府、公众的监督。如此,不仅有助于提高财政资金的使用效率,在带来更令人满意的公共物品和公共服务后,还会提高人们对当地政府的信任和对房地产税的认可度,培育房地产开征的政治基础。

(二)积极争取房地产税的相关权力

未来通过立法程序和改革过程,将房地产税打造为中国地方税的主体税种之一,使之随着经济的发展成为市(县)政府税收收入的主要来源,还需要地方政府(地税部门)在全国统一税制的前提下,积极争取房地产税的相关权力,包括征税对象、纳税人、计税依据、税率、减免税等税制基本要素的适当调整,以使房地产税可以与本地经济发展水平相适应,因地制宜地通过此税增加财政收入和调节经济。

(三)积极实施相关配套改革

房地产税是典型的地方税,但是作为直接税的财产税类,房地产税需要两个前提:一是需要有完善的明晰产权基础上的不动产信息登记制度,这样才能够具备详尽的不动产清单及基础数据的更新;二是需要有不动产价值的评估体系。尽管对于房地产的计税依据有许多不同,但是,基于市场价值的评估依然是国际趋势。

1、建立健全财产法规,推进不动产登记。宪法已经明确写上了私有财产受保护的要求,如何落实,需要具体化到一系列的法规体系上。如果这方面的保障做到位了,那么政府再进一步征收房地产税,乃至以后考虑遗产税、赠与税就都有了稳固前提。

确立现代房产登记制度是完善房地产产权体系,科学合理征收房地产税的一个重要前提。根据《物权法》中有关不动产登记的相关制度安排,健全现代房产登记制度"现行的房屋登记办法就本行政区域内城乡房屋建立统一的房屋登记簿,推动建立了我国的统一不动产登记制度,但我国统一不动产登记的目标仍未完成。目前多数地区实施土地上有建筑物的由房管理局登记,无建筑物的由土地局进行登记。登记机构的分设,给当事人登记带来不便,且造成了资源浪费,房屋! 土地登记机构有待统一,需要通过进一步的立法加以解决。

2、完善房地产评估制度。

(1)建立房地产评税机构。由于税基评估既需要借助于税务部门对纳税户基本信息的掌握,也需要借助于房地产或土地管理部门掌握的相关数据资料,加之房地产税评估结果关系到政府的税收收入与个人应纳税额,因此,大部分国家或地区都设立了专门的不动产税基估价机构,这些评估机构的性质主要是政府部门,具有较强的专业性。鉴于我国还没有设立专门的房地产税基评估机构,建议在我国房地产税制改革中,设立隶属于政府部门的独立税基评估机构。为了保证评估环节和征税环节相互独立,该机构应该与地方税务机关和房地产管理机构并列,既能保持密切联系又可以相互监督制约,保证评估结果的公允性。

(2)培养专门的评估人员。房地产税基评估采用专业的实地查勘估价对象的程序,评估过程中依据

的评估标准和采用的具体方法与一般不动产评估不同。人员的培训也是一个非常重要的问题。我们现在尚缺乏一大批具有这方面基本知识和管理经验的工作人员。一般来说，房地产税基评估人员需要通过考试取得执业资格，并接受专业的后续教育课程培训，周期性地接受执业资格审核。在这方面，我们要借鉴发达国家的经验，建立评估师注册登记制度，完善评估人员培训与继续教育制度，建立起符合我国国情的税基评估从业人员管理制度。

(3)建立税基评估争议处理制度。由于房地产状况比较复杂，评税问题涉及面广，纳税人产生争议是较普遍的现象。各国和地区在对待纳税人争议时，都采取了设立相应争议调处机构的方法，使纳税人有获得申诉的机会。我国开展税基评估活动时，必须建立一套税基评估争议处理制度。首先，对评税结果进行公示，将应课税房地产位置、产权状况、实物状况、纳税人姓名等内容以公示形式在特定网站！报纸杂志等媒体上公布，以便增强信息透明度，鼓励纳税人对评税机构进行监督”其次，建立税基评估争议的复议制度，以解决税基评估争议问题，更好地保护纳税人权益。

3、完善与房地产税相配套的税收征管模式。加强房地产税的征收管理，堵塞漏洞，减少税收流失。为此，税务机关要基于统一登记制度信息平台加快完善有关管理制度和信息化建设的步伐，并加强与各有关部门的工作配合。通过加快立法、整体设计、渐进推动、多方配合，可以优化完善中国的房地产税制度，加强房地产税管理，从而适当扩大房地产税收入的规模，提高房地产税收入占地方税收收入和全国税收收入的比重，更好地发挥房地产税对于增加地方财政收入和调节经济与社会生活的作用。

（作者单位：辽宁省沈阳市地方税务局）

# 台湾地区房地产税制实践及其对大陆房地产税制改革的启示

陈金保

十八大把“加快房地产税立法并适时推进改革”列为中国深化税制改革的重要举措之一，随着2020年的临近，房地产税何时立法、何时开征、如何征，以及开征后对筹集地方财政收入和调控房价到底有什么效果，越来越成为当前中国税制改革所必须讨论的话题。

笔者近期有幸到台湾参加海峡两岸税收法制交流考察，通过深入调研，发现由于台湾与大陆在房地产市场中存在诸多相似性，台湾地区房地产税制的已有实践经验为大陆提供了一个很好的分析样本。一是台湾房地产税的开征时间长，实践经验丰富，比如土地税开征于1936年，房屋税开征于1941年；二是台湾与大陆一样，可利用的土地资源紧张，居民住宅样式与开发模式基本一致；三是大陆与台湾都经历过几十年的经济高速发展阶段，而且在此期间房价一路高涨，政府同样面临促增长与控房价的两难境地；四是大陆与台湾民众具有相同的文化背景和“有土斯为财”的置产观念，房屋的自有率较高，同时居民对房地产投资有较高偏好。

## 一、台湾的房地产税制

在2016年1月1日以前，台湾地区一直实行的是“房地分离、评价课税”的税制模式。与美国等西方国家不同，台湾并没有设立专门的房地产税或物业税，而是针对房屋和土地分别设有税种，这一点与大陆类似。在房地产持有环节，台湾对房屋和土地分别课征房屋税和地价税；在房地产交易环节，对房屋和土地交易分别课征所得税、土地增值税或特种货物及劳务税。

### (一)房屋税

台湾的房屋税是在房屋持有环节征收的一种财产税，开征于1941年，其法律依据是1968年通过并经1970年、2007年多次修订的《房屋税条例》。房屋税的课税对象为地上的各种房屋及其有关增加该房屋使用价值的附属物。纳税义务人为房屋所有人或者房屋的实际管理人。房屋设有典权人的，纳税义务人为典权人。房屋所有权人不明确的，纳税义务人为管理人、实际使用人或现住人。

在台湾，现值超过新台币十万元以上的住家房屋，以及所有商业房屋，每年都需要按照房屋现值的一定比例纳税，且不设起征点和免征额。住家用房屋税为房屋现值的1.2－2%，非住家用房屋(商业用房或者出租用房)税率为3－5%，实际税率由各市县在此范围内自行确定。每个家庭超过3套房屋的，超过部分不管是不是居住用，都要按照非住家用房屋标准征税。供私人医院、诊所、自由职业事务所和人民团体使用的，税率为1.5%－2.5%。房屋现值由各直辖市、县不动产评价委员会依据建造材料、房屋耐用年数及折旧标准、以及房屋所处街道村里之商业交通情形及房屋之供求概况进行评定，且每三年重新评定一次，并定期向社会公布。

台湾房屋税也有相应的减免规定。比如各级政府、军队、监狱、公园、学校、医院、学术机构、财团法人、慈善机构等单位自用的房屋可以免税。

### (二)地价税

与房屋税一样，地价税也是在持有环节征收的，是一种“土地占用”税，每年根据土地的申报价格向土地所有者征收。土地的申报价格不能低于政府公告价格的80%，但当其申报的地价超过公告地价的120%时，以公告地价的120%为其申报地价。土地的公告价格由市县地方政府的地价评议委员会评议确定。与房屋税不同的是，地价税按照地价的高低实行超倍累进税率，按照地价总额超过土地所在地县(市)累进起点地价的倍数，税率为1%－5.5%，但在都市区域未超过三公亩或在非都市区未超过七公亩的自用住宅用地，税率一律为0.2%。与房屋税类似，对公共使用的公有土地和符合一定条件的私用土地，也有相应的减免规定。

(三)土地增值税

土地增值税是按照土地价格增加额征收的一种“土地改良”税，是在土地转让时征收的。台湾的土地增值税与大陆的土地增值税是有很大区别的，大陆的土地增值税征税对象包括土地及其房屋的增值部分，而台湾的土地增值税征税对象仅限于土地增值部分。台湾土地增值税实行超额累进税率，税率有三档：土地涨价总额超过原地价部分未达到100%的，税率为20%；超过100%，但未达到200%的部分，税率为30%；超过200%的部分，税率为40%。但出售自用住宅用地，在都市区未超过三公亩或在非都市区未超过七公亩的，按土地涨价额的10%征收，不再实行超额累进。

(四)所得税

台湾土地转让时要征收土地增值税，而房屋转让时的所得(转让价格－取得价格－相关费用)，则需要按年度申报所得税。如果是个人，需要与工资薪金、投资所得等收入一起合并申报综合所得税，根据个人全年的总收入的多少，适用税率5%－40%；如果是企业，需要申报营利事业所得税，税率为17%。

由于台湾地区房屋和土地转让时的税负存在较大差异，所以在房地产交易环节，对房屋交易和土地交易分别课征所得税和土地增值税的“房地分离”模式使得税制变得既复杂，又造成了逃税的现象。为解决此问题，从2016年1月1日起，台湾地区开始实施“房地合一税”改革，即在房屋转让环节，将只对房屋交易所得课征所得税改为对房地产整体交易所得课征所得税(在房地产整体交易所得中扣除土地涨价总数额，以避免与土地增值税重复课税)，同时将房地产整体交易所得的课税收入由原先的房屋评定现值改为房地产实际成交价格。

## 二、台湾房地产税政策实施效果

按照收益论、资源配置论、外部性等税收理论分析，征收房地产税的政策目的主要有三个：一是筹集财政收入，优化公共服务；二是调控房价，促进资源合理分配；三是削减贫富差距，促进社会公平。

(一)筹集财政收入

筹集财政收入是设立房产税最初始、最主要的目的。比如中国唐朝的间架税、元代的“产钱”、明清时期的“屋税”、民国时期的“房捐”等，虽然名称不一，但目的都是筹集财政收入，台湾也不例外。

数据显示，台湾的房地产税是台湾地方政府的主要收入来源。以台北市为例，2012年台北市地方税实征621.9亿元(新台币)，其中地价税贡献206.7亿元，约占三分之一，为首要税源；土地增值税164亿元次之；房屋税118.6亿元；三税合计占地方税收收入的78.8%。可见，房地产税收是台湾名副其实的地方税主体税种，而且税基宽厚、税源稳定。

(二)调控房价

近年来，同大陆一样，台湾房价也不断上涨，屡创新高，高房价已经成为台湾民众心中的痛。从2008年到2014年，全台湾平均房价上涨48%，台北市涨幅逾50%，高雄市上涨一倍以上。为“打压”房价，台湾地区政府也一再祭起“房地产税”的大旗，主要采取的措施有三个，(1)开征“特种货物及劳务税”，俗称“奢侈税”。从2011年6月起，对于非自用的房屋及土地，1至2年间转让的按照实价课税10%，1年内转让的按实价课税15%。(2)对豪宅转让从严征收所得税,俗称"豪宅税"。从2013年开始,台北市率先实行。将高级住宅与一般房屋分级课税,双北市售价逾8000万新台币、其他县市逾5000万新台币的豪宅,若不能举证买进成本,均按房屋实际转让价的15%认定为房屋转让所得征收所得税。(3)调高非自住房屋(包括出租和空置)的税率,俗称"囤房税"。从2014年6月起,非自住房屋的最低税率由房屋现值的1.2%调高至1.5%,上限由2%调高至3.6%。

虽然台湾从持有到转让的全套"打房"新招被业界认为具有相当的针对性,但事实证明其调控房价的效果十分有限。2011年"奢侈税"实施之初,由于"奢侈税"改变了购房者的价格预期,导致房屋成交量下降明显,台湾、高雄等大城市的房屋价格短暂回落,但不到一年的时间,房价就出现了V字反弹。特别是两年的政策期过后,成交量和房价都双双回涨,房价走高趋势未改。这般效果与大陆2013年"新国五条"对个人转让住房征收20%个人所得税的政策执行效果十分相似。

业界普遍认为,单从房地产税制角度看,台湾"控房价"效果不佳的原因主要有三点:(1)税基被严重低估。虽然台湾制定的税率看似与国际相当(美国为1.14%),但房屋税和地价税的计税依据只是房屋评定现值和土地的公告价值,并不是真实的市值。在实际中,考虑到民众的承受能力和选票的政治需要,各地方政府核定的房屋现值往往只是市价的10%左右,而土地公告价值也只有市价的40%左右。如此一来,一套房屋每年需要缴纳的房屋税与地价税的合计实际只有房屋市值的0.1%－0.2%,即使是非自住房屋,其持有时的综合税率也没有超过房屋市值的1%,如此低的实际税率对投资购房者而言当然影响不大。(2)怕得罪选民 ,地方政府对"加税"政策执行不到位。虽然台湾规定房屋税的税率为1.2－2%,但是由于选票政治的需要,各市县政府基本上都执行的是最低限税率。2011年为"打房"而开征的"奢侈税",到现在为此也只有台北、高雄等几个大城市响应,"豪宅税"更是只有台北一个城市执行。(3)房屋税实行单一税率,而不是累进税率,投资者的实际税负并不高。台湾财政部门多次提议对拥有两户以上房屋的民众课征较高税率的"囤屋税",但吵了好些年,税率也只提高了0.3个百分点。甚至有些县市政府在征税时通常不区分自住或非自住房屋,一律以最低税率1.2%开征,因为与争取更多的选票相比,台湾各级政府都把加税视为畏途。

(三)削减贫富差距

因为台湾的房屋税、地价税不设起征点,也不设免征额,所以开征的初始目的是为筹集财政收入。只是后来房价攀升,民怨沸腾,在"居住正义、分配正义"的口号下,"奢侈税"、"囤房税"和"豪宅税"才陆续开征。但是,由于各方面的原因,台湾房地产税制"劫富济贫"的政策效果并不太好。主要体现在三个方面:(1)"奢侈税"、"豪宅税"的覆盖范围都很窄。"奢侈税"征收对象仅为2年内转让的非自用住宅,而且由于就学、工作等原因需求换房的还可以免征。"奢侈税"开征一年全台湾仅收税37.66亿新台币,还不及预期收入的一半。(2)对"多房族"的富人而言,每年增加不到1%的"囤房税"对其影响不大。(3)"上有政策、下有对策"。台湾媒体报道,当政府提高税收时,投资客多会调高房屋租金,将负担转嫁给租客,最后苦的还是小老百姓。

## 三、台湾房地产税制的启示

虽然台湾地区的房地产税制也不是尽善尽美,但由于其开征时间早、配套制度健全,而且在此期间为配合不同的经济与政策目的进行了无数次的修正与调整,所以这为大陆即将启动的房地产税制改革提供了很好的借鉴。

(一)首先要明确房地产税制改革的目的

台湾房地产税制的实践经验告诉我们,把房地产税作为地方一级政府的稳定财政收入来源确实是不错的选择。中国人均GDP已经超过8000美元,户均住房已经超过一套,沉淀于房地产市场中的巨额财富积累既为开征个人财产税提供了可能，也为中国未来的税制结构调整指明了方向。在当前，民众对于房地产税制改革的厚望主要是调控房价，但台湾的经验表明，房地产税设立的根本目的还是筹集财政收入。

(二)“房地合一”征税模式是趋势

由于土地私有制的关系，台湾几十年来一直实行的是房屋与土地相分离的课税模式，但这种模式存在税制复杂、重复征税和容易逃税的弊端，台湾 2016 年也开始了“房地合一税”的改革。综合来看，在大陆还是开征综合性的“房地产税”为宜。但是，从征税环节来看，房地产开发、持有和转让的三个征税环节，还是应当保留。

(三)以房地产税来调控房价得有前提条件

从台湾的经验看，要调控房价，除了房屋供给、货币发行、信贷约束、人口变化等因素外，税制本身还要满足三个条件：一是税率不能太低，过低的房屋持有税负对投资客的影响不大；二是对拥有多套住房的要实行累进税率，不能实行单一税率，要梯度性增加“多套房族”的边际持有成本；三是房屋的现价要得到准确的评估，税基不能太低，否则累进税率就会失去意义。

(四)要保障住房的民生属性

从民生属性来看，房地产是必需品，从市场属性来看，房地产是投资品。在房价居高不下的今天，必须首要保障其民生属性。在台湾，之所以房屋的评估现价和土地的公告价格远低于市场实际价格，主要也是顾及民意，特别是考虑到自住型住宅民众的承受能力。考虑到住房的民生属性和改革的渐进性，在大陆，可以对家庭自住型住宅给予适当的免征额或免征面积。比如，家庭两套以内、人均面积 60 平米以内的自住住宅可以免征。

(五)要赋予地方政府适当的房地产税征税权

台湾地区房地产税的立法权虽然实行统一，但是规定的税率有一个范围，各地方政府可以根据自己地区的实际在范围内选择一个征收税率。大陆幅员辽阔，东中西部房地产市场的差异很大，房地产调控更不应该“一刀切”，应该给予地方政府一定的房地产税征税权。比如，可以自定税率，可以自定免征额等等。

(六)要充分发挥房地产税对收入差距的调节作用

一是要制定差别化的税率政策。借鉴台湾经验，对自住房、出租房、空置房、商业房要适用区别化的税率。二是要征收房地产转让的所得税。为抑制炒房，对购买后两年内转让的，要课征特别消费税或者增值税。对在国内拥有多套房屋并转让的，要课征个人所得税。

(七)要有完善的征管配套措施

在大陆，开征房地产税将涉及千家万户，而且自然人的自觉遵从意识不高，未来房地产税的征管难度会非常大。借鉴台湾经验，可以采取以下税款确保措施：一是欠缴房地产税的房屋，在税款未缴清前，不得办理房产过户或融资抵押；二是将房地产税的欠缴信息纳入个人征信体系；三是对欠缴税款要追加滞纳金和罚款。

(作者单位：北京市海淀区地方税务局)

# 消费税环境保护税及其他

# 社会保险费征缴风险防控的探索和实践

浙江省地方税务局课题组

风险，是一种“未来结果的不确定性或损失”，具有客观性、损失性和不确定性的特征，其不可能完全避免或消除，但在一定条件下风险产生也具有规律性，只要举措适当，也可以预防和降低风险。社会保险费征缴是一项执法活动，同样存在着风险，简单的说，主要存在执法风险。那么，如何利用风险存在的规律性，确认并识别风险，加以衡量分析，实施风险管理，有效地预防和控制执法风险，便是社会保险费征缴工作中需要研究和探索的重要课题。近几年来，税务管理方面将现代风险管理理念引入税收征管工作，依托信息化工具，实施征管监控和管理决策，成效显著，也给社会保险费征缴工作提供了有益的参考和借鉴。从我省来讲，社会保险费征缴模式与税收征管高度重合，具备登记、申报、征收、监督等基本程序，与税收征管同步实施风险管理，有利于税费征管联动，相互促进，把有限的征管资源优先配置到高风险领域，有效降低征收成本，提高缴费人的法制遵从度，促进费源管理的专业化。

## 一、社保费征缴风险的类型和具体表现

研究社保费征缴风险的类型和具体表现，是分析风险发生规律、实施风险应对管理、堵塞征管漏洞的前提。社保费征缴过程中，主要存在政策执行风险、费源监管风险和廉政效能风险。

(一)政策执行风险

政策执行风险往往是由于社保法律制度的缺陷、不明确或者执行人对政策的理解不一，造成执行偏差而产生风险。我国的社保法制建设还不够完善，征收机构尚未统一，《社会保险法》的很多规定不够明确，具体实施细则也迟迟没有制定。另一方面，由于实际统筹级次的偏低，地方政府在社保费征缴方面也制定了很多政策，对全省统一的征缴秩序造成了颇多干扰。具体来讲，政策执行风险主要体现在以下几个方面。

1、缴费基数标准不清晰。《社会保险费》规定，用人单位应当按照国家规定的本单位职工工资总额的比例缴纳基本养老保险费(工伤保险费)，医疗保险、失业保险、生育保险未明确缴费基数标准。我省相关文件规定，企业缴纳各项社会保险费统一以企业全部职工工资总额(以国家统计局规定的口径为准)为缴费基数。由于法定工资总额具体组成部分不清晰，而国家统计局规定的口径采取列举法，列举项目的适用性和可操作性较差，各地在执行时出现形形色色的扣除项目(如退休返聘人员工资、未参保外国人工资等等)，偏离了法定方向，形成了政策执行风险。

2、征收机构检查权缺失。对缴费人缴费义务的履行情况进行检查，本应是自行申报制度下不可或缺的监管手段，我省2005年制定的《浙江省社会保险费征缴办法》明确授权地方税务机关对社保费征缴情况行使监督检查权，但是2011年《社会保险法》施行后，将监督检查权授予了社会保险行政部门，导致了征收机构检查权的缺失，对我省社保费的征缴秩序产生了重大影响。若继续执行省政府规章授予的检查权将有越权的风险，而放任缴费人自行申报不检查显然也不利于缴费遵从，因而，社保费征缴后续监管不同尺度的把握均可能造成执法风险。

3、行政处罚和行政强制权不明确。《社会保险法》规定，用人单位未按时足额缴纳社会保险费的，由征收机构责令限期缴纳，对逾期仍不缴纳的，(1)由有关行政部门处欠缴数额一倍以上三倍以下的罚款(行政处罚)；(2)可以申请县级以上有关行政部门作出划拨社会保险费的决定(行政强制)。其中，两处提

到“有关行政部门”,并区别于“征收机构”,而我省地税机关即是“征收机构”又是“行政部门”,虽然全国人大常委会法工委在释义《社会保险法》时说明“如果是税务机关征收,县级以上税务机关可以决定划拨用人单位存款”,但按照执法主体“法无明确不可为”的精神,若直接行使行政处罚和行政强制权显然存在执行风险,而不行使这两项职权,也存在着不作为的风险。另一方面,由于检查权的缺失,对缴费人违法证据的固定缺少必要的手段,执行行政处罚和行政强制都有证据不充分的风险。

4、地方性优惠政策的执行风险。由于各统筹区的支付能力参差不齐、社保基金缺乏保值增值手段等多种原因,地方政府从地方经济发展和企业负担角度,制定了很多优惠性质的社保费征缴政策,且地区间的差异很大,影响了我省社保费征缴秩序的规范和统一,也造成了地税部门的政策执行风险。一方面,《社会保险法》未规定社会保险费的优惠政策,也未授权有关单位制定优惠政策,地方政府制定的减少费基或费额的政策本身存在政策合法性风险,不可避免的给执行政策的地税部门带来风险。另一方面,地方性优惠政策往往以设定底线的形式,比如“最低申报比例不得低于50%”、“单位缴费基数必须大于等于职工个人缴费基数累计”等等,导致部分缴费人按照底线申报缴费,影响了申报的真实性,给地税部门的政策执行、后续监管和缴费人的如实申报义务、违法责任都带来了很大的风险。

(二)费源监管风险

费源监管风险包括地税部门对缴费人的管理程序不到位或缴费人不遵从社保法制、征缴政策造成的费款流失风险。风险点覆盖社保费征缴工作的全过程,较为集中的主要环节为缴费登记、申报管理、欠费管理、年度结算,具体表现为:漏征漏管户风险、未申报风险、零申报风险、未足额申报风险、欠费清缴风险等。

1、漏征漏管户风险。漏征漏管户势必带来费款流失的风险,其风险产生在缴费登记环节,主要原因是未严格执行“办理税务登记的同时办理社会保险缴费登记”的规定,以及对这条规定实施前的存量税务登记户清理、补办缴费登记工作不到位。需要特别关注的是,“五证合一、一照一码”注册登记制度改革后,税务登记通过信息交互产生,不再见面办理,缴费登记失去强有力的依托,社保费漏征漏管户风险产生的可能性加大。

2、未申报风险。缴费人未按照规定期限申报缴纳社会保险费,是不遵从征缴政策的具体表现之一,主要发生在新办企业、核算不规范企业以及处于非正常状态的企业等,可能造成费款滞纳或流失的风险,若不按规定及时采取管理措施,也可能引发非正常户管理程序不到位的风险。

3、零申报风险。零申报的缴费人尽管已经履行了申报的义务,但仍存在虚假申报的风险,可能造成费款流失。零申报行为主要发生在小微企业、分支机构、季节性经营企业、农民合作社等,呈现面广户数较多的特点。

4、未足额申报风险。未足额申报风险既是费款流失的主要风险点,也是管理的难点。该风险发生的节点呈现不确定性,是缴费人遵从度的具体表现,需要通过信息采集、数据比对分析、指标预警等措施来识别和确认风险。

5、欠费清缴风险。欠费的发生具有客观性,潜在费款流失的可能,欠费清缴风险防控的重点是欠费管理程序不到位造成的费款滞纳、流失和执法风险。风险产生的主要原因是限期缴纳、加收滞纳金、注销、参与破产清算、强制执行等环节的管理工作或程序不到位。需要特别关注的是,由社保部门产生应征数的部分,其对已注销户或已纳入非正户管理的缴费人核定产生的欠费(虚欠)风险,同样需要落实防控措施。

(三)廉政效能风险

社保费征缴工作,直接涉及国家、缴费单位和参保人利益,也是反映地税机关作风和行政效率的载体,因此,也就存在着廉政效能方面的风险,该风险是履行岗位权责风险的一种表现,主要分为廉政风险和效能风险。廉政风险易发于征缴费额的确定和后续监管等环节;效能风险主要集中在缴费服务环节,多为办理时限性或流程性风险。

## 二、社保费征缴风险应对和管理

各项风险时刻伴随在社保费征缴工作之中，需要各级地税机关和相关岗位工作人员提高风险意识，从夯实基础做起，从一点一滴做起，研究识别风险，分类应对管理，以达到规范征收、应收尽收和规避执法风险的目的，保障社保费征缴工作的顺利开展。

(一)政策执行风险应对

规避政策执行风险，是一个持续而不得松懈的工作，总的来讲，完善社保法制体系建设和提高自身政策执行能力是应对的有效方法。

1、加强调查研究和内控制度建设。对于法律制度缺陷或不明确引起的政策执行风险，地税机关一方面要加强调查研究，找准疑难要点，掌握详实数据，积极向法律法规制定机关提供立法建议，努力推进社保费征缴法制建设；另一方面要不踩法律红线、守牢执行底线，不参与存在合法合规性风险的政策制定，执行时注重程序到位，并规范和完善征缴工作流程和内控制度建设，防范于未然，切实规避政策执行风险。

2、加强政策业务学习培训。工作人员自身的素质高低，在一定程度上决定了风险因素的大小，随着社会保障改革步伐的加快，社保政策不断更新，对工作人员的政策业务素质提出了更高的要求。对于因政策精神理解不正确引起的执行风险，地税机关要加强工作人员学习培训，提高政策法规的执行能力、日常业务的处理能力和自我保护能力，防止因个人工作或能力问题出现政策理解、执行失误。

3、主动配合审计、社会监督。积极推进社保费"阳光征收"，及时发现政策执行中存在的问题，尽早整改，消除隐患，避免风险积累、扩大。

4、相关建议。一是呼吁国家尽快配套《社会保险法》实施细则，明确(或授权省级政府制定)地税机关在社保费征缴工作中的权限和职责。二是呼吁国家明确(或授权省级政府明确)将企业缴纳社会保险费的缴费基数(工资总额)与企业所得税税前列支工资薪金挂钩，以税费成本相互制约关系，杜绝企业虚报工资总额违法获利的动机和途径，提高企业对税法、社保法的遵从度。三是建议省政府建立社保费率浮动机制，清理地方政府对社保费征缴的优惠性政策，切实统一缴费基数，平衡地区间负担。

(二)费源监管风险管理

目前，我省探索实施的费源监管风险管理，主要分为宏观指标监控和任务式应对管理。

1、宏观指标监控。适用于漏征漏管户、未申报、零申报、欠费清缴等风险的宏观监控，对应设置缴费登记率、申报率、零申报率、入库率等指标，并纳入绩效考核内容。2015年度，各项指标控制值分别为：缴费登记率(达到92%)、申报率(达到92%)、零申报率(不超过20%)、入库率(达到95%)，截止2015年10月，各地的指标完成情况如下：

| 地区 | 缴费登记率(%) | 申报率(%) | 零申报率(%) | 入库率(%) |
|---|---|---|---|---|
| 全省平均 | 94.88 | 97.46 | 20.48 | 99.52 |
| 杭州市 | 93.13 | 97.84 | 22.1 | 99.66 |
| 嘉兴市 | 97.17 | 98.97 | 21.39 | 99.67 |
| 湖州市 | 96.35 | 97.98 | 15.29 | 99.52 |
| 绍兴市 | 95.85 | 97.44 | 15.5 | 99.53 |
| 舟山市 | 98.13 | 97.75 | 16.26 | 99.73 |
| 温州市 | 95.54 | 96.16 | 19.81 | 99.37 |
| 丽水市 | 95.05 | 97.82 | 13.28 | 98.7 |
| 金华市 | 97.61 | 96.63 | 27.8 | 99.33 |

| 衢州市 | 94.24 | 97.79 | 17.7 | 99 |
|---|---|---|---|---|
| 台州市 | 95.07 | 97 | 16.62 | 99.56 |

监控指标简要分析：

入库率已维持在很高的水平(全省平均99.52%)，欠费规模控制成效显著，费款流失风险较小。全省(不含宁波，下同)2015年1—10月入库费款1612亿元，其中清缴欠费33.7亿元，历年累计欠费余额18.8亿元，比上年末新增欠费仅1.5亿元。

申报率处于较高的水平(全省平均97.46%)，全省未申报企业户数约为1.8万户，风险处于可控区间。

缴费登记率仍有提升空间(全省平均94.88%)，已办理税务登记未办理缴费登记的用人单位户数约5.2万户，鉴于工商注册登记政策的放宽和"个转企"工作的推进，人事、财务管理不规范的新办小微企业有增多趋势，漏征漏管户风险在一定程度上将持续存在。

零申报率需努力压缩(全省平均20.48%)，其中，金华市、杭州市、嘉兴市高于全省平均值，全省零申报企业户数仍有14.4万户，需各级地税机关深入分析原因，落实分类管理措施，努力降低指标值，减少费款流失风险。

2、任务式应对管理。适用于各项费源监管风险的具体应对措施落实。管理基本流程包括信息采集和分析、风险识别和确定、任务推送和应对、结果评价和反馈。

(1)漏征漏管户风险管理。定期梳理比对本辖区企业税务登记和缴费登记情况，列出已办理税务登记但未办理缴费登记的企业清册，通过风险提示等措施告知缴费登记义务和法律责任，督促办理缴费登记，消除漏征漏管风险。

(2)未申报风险管理。每月征期结束后，列出本辖区应申报未申报缴费人清册，根据日常催申报程序，告知申报义务和法律责任，督促改正，消除风险；对连续3个月未申报的缴费人，启动非正常户管理程序。

(3)零申报风险管理。定期列出零申报缴费人清册，进行规模、行业、参保情况、零申报时段等情况分析，分类应对。对确无缴费义务的分支机构、农民合作社等单位进行不缴费种认定；对空壳企业(指一套人马多块牌子，不列支工资且无人员参保的企业)、季节性经营企业、短期零申报企业实施动态监控；对营业收入或职工人数达到一定规模的企业、外部信息中发生工资支出的企业、长期零申报企业等纳入未足额申报风险管理对象，逐户排查核实。

(4)欠费清缴风险管理。定期列出欠费缴费人清册，进行欠费成因和欠费期间分析，分类应对。对短期未及时缴费或扣款不成功形成的新欠、小额欠费，实施日常催缴措施，并按规定加收滞纳金；对额度较大的往年陈欠，要对其生产经营、投资、资产处置等状况实施监控，偿债能力好转时及时组织清欠；对灵活就业人员中断缴费，及时反馈社保部门，中断应征数发送。欠费清缴风险应对要注重程序到位、文书规范，把好注销、资产处置、破产清算等关键节点，对多次催缴仍不缴纳的，按规定程序提请人民法院强制执行，防止费款流失风险。

(5)未足额申报风险管理。是我省实践社保费征缴风险管理工作的重点和难点。由于未足额申报风险的发生呈现不确定性，需要利用外部信息数据，进行比对分析，并根据各地征缴政策，设置预警指标，提高风险识别准确率。任务推送时要兼顾风险等级、承办部门工作量等因素，分层级、有重点的推送，保障应对管理工作质量。

未足额申报风险管理的核心内容是对缴费基数的核实，现有可供比对的外部数据中，企业所得税税前列支工资薪金数据从真实性、可比性角度都是良好的比对参照，另外，向纳税人采集的实发工资财务数据也是很好的补充参照数据。据近年相关调查数据研究测算，如按照企业所得税税前列支工资薪金足额申报社保费缴费基数，在地方性优惠政策和个人缴费基数政策不变的前提下，全省年增加缴费基数约240亿元，增收社保费约55亿元，这也体现了未足额申报导致费款流失的大约风险值。

2015 年,我省探索实施了社会保险费缴费基数申报异常风险管理,管理对象筛选规则为:同一属期内企业申报基本养老保险费缴费基数与企业所得税税前列支工资薪金进行比较,得出差异值和差异率,将差异值大于一定数额(省局推送为 1000 万)的企业,按差异率分县市排序,分县市从高到低选取。通过实施风险项目管理,取得了一定效果,现选摘两个案例进行简析说明。

案例一:永康市某纺织公司,2013 年度企业所得税税前列支工资薪金 2297 万元,申报基本养老保险费缴费基数 382 万元,差异值 1915 万元,差异率 83%,省局将该风险点推送永康市局实施风险管理。风险管理结果反馈,该企业属劳动密集形企业,经济效益连年下滑,企业为减少支出,按照社保部门核定的参保人数缴费基数申报企业缴纳部分基数,导致未足额申报。永康市局根据相关社保法律法规和该市政府制定的征缴政策,追缴五项社保费合计 90.68 万元,加收滞纳金 18.81 万元。

案例二:江山市某机电公司,2013 年度企业所得税税前列支工资薪金 1249 万元,申报基本养老保险费缴费基数 119 万元,差异值 1130 万元,差异率 90.5%,省局将该风险点推送江山市局实施风险管理。风险管理结果反馈,该企业属季节性来料加工企业,合同制工人少,职工参保率低,因此企业未按全部职工工资总额申报,根据江山市征缴政策,该企业少申报缴费基数 216 万元,补缴社保费 48.1 万元。

3、持续改进建议。今年省局推送各地应对的风险管理,总体上取得了一定成效,但由于推送户数少(100 户),筛选规则单一,且按差异率排序,因此,筛选的风险点特殊情况较多,风险识别准确率不高。根据各地管理结果评价和反馈,以及上述案例简析中的风险成因,需在以后年度的风险管理工作中在以下几个方面加以改进。

(1)适度增加省局推送户数,加大市县局分层级风险管理任务推送力度。

(2)改进数据比对参照逻辑,对实发工资财务数据大于企业所得税前列支工资薪金数据的单位、企业所得税汇总缴纳单位和不缴企业所得税单位,采用财务实发工资为比对参照数据。

(3)改进风险点筛选规则,根据今年探索管理经验和调研分析,可在风险管理总项目下分设 3 个子项目,进一步提高风险识别的准确性和全面性。一是少申报风险,改进风险等级排序方式,在一定差异率区间内按差异值排序筛选。二是零申报风险,对外部信息中发生工资支出的零申报企业按工资数据排序筛选,对有营业收入和职工人数的零申报企业按对应指标值排序筛选,对长期零申报企业按零申报期间长短排序筛选。三是单位与职工累计缴费基数相等风险,由于我省单位和职工缴费基数政策有较大差异,且职工参保未实现全覆盖,因此两个基数相等存在较高概率的风险可能,可按照缴费基数金额排序筛选风险点。

(三)廉政效能风险防控

廉政效能风险防控要依托征管信息系统,对省局《廉政效能风险防控办法》中涉及社保费征缴工作的各项风险点和监控指标进行应对和落实,防控方式为事前预防、事中监控和事后处置。

现已纳入征管信息系统运行防控的社保费征缴工作廉政效能风险点共有 20 个、风险预警指标 8 个,主要覆盖缴费登记注销、延期缴纳社保费办理、社保费抵缴办理、延期申报社保费办理、社保费认定管理、缴费证明开具、缴费评估、非正常户管理、申请法院强制执行等工作流程。现有的风险点和预警指标设置基本能满足现阶段防控工作,但随着社保费征缴政策的不断更新和完善,以及管理模式和工作方式的变化,防控指标也需要持续地改进。

课题组组长:王　俭

成员:王成林　陈盛桂　沈伟忠

黄梓洋　章静瑶

执笔:曾平伟

# 我国消费税改革的若干建议

浙江省地方税务局税政一处课题组

## 一、改革消费税使之成为地方主体税种的必要性和可行性

(一)我国消费税的性质及功能定位

消费税(Consumption tax)是以消费品的流转额作为征税对象的各种税收的统称,是典型的间接税。我国现行消费税是1994年税制改革在流转税中新设置的一个税种,是在对货物普遍征收增值税的基础上,选择一部分消费品再征收的特种消费税。我国现行消费税的主要职能作用是组织财政收入、调解负外部性、调节收入分配和调控产业结构。

1、组织财政收入。组织财政收入是税收最基本的功能,消费税自然也不例外。消费税由于其税源稳定,易于征收的特点,使之成为政府财政收入的重要组成部分,对政府财政收入的贡献作用明显。我国消费税(国内消费税)税收收入自1994年的502亿元到2014年达到8969亿元,每年都以较高的速率发展,年均增长率15.51%,尤其是近年来,由于国内环境良好,国民创收的积极性很高,消费税更是以良好的态势发展。目前消费税在发达国家的税收收入中一般都占10%以上,消费税收入占GDP的比重一般也都在3%以上。我国消费税占全部税收收入及GDP比例仍较低,2014年我国消费税收入占全部税收收入的比重为6.92%,占GDP的比重为1.41%。

2、调解负外部性。负外部性是指某个经济行为个体的活动使他人或社会受损,而造成负外部性的人却没有为此承担成本。例如:由于某一厂商的环境污染,导致另一厂商为了维持原有产量,必须增加诸如安装治污设施等所需的成本支出,这就是外部成本。著名的"庇古税"理论告诉我们当存在负外部效应时,想要提高社会边际受益就必须增加前者的成本——税收调节。

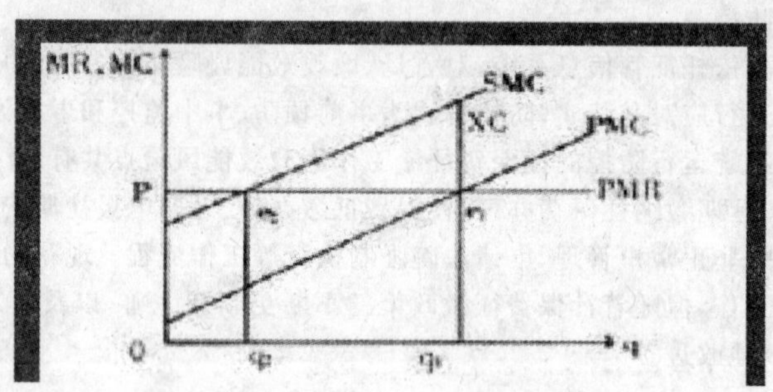


图一 "庇古税"外部性理论模型

消费税通过税负转嫁有效实现调解负外部性。对会产生负外部性的"无益品"征收消费税,将社会成本加入消费者的私人成本之中,实现外部成本内部化,有利于抑制消费者的消费需求,减少生产者的商品供应,优化资源配置,提高经济效率。以对烟酒征收消费税为例,对于消费者来说,首先对烟酒征收比较高的消费税,这就增加了烟酒消费者的税收负担,降低了烟酒消费者的购买能力,在收入既定的条件下,

消费者能够购买到的烟酒数量也会减少;其次,在烟酒的消费者当中,并不是每个人都是烟酒上瘾者,潜在的上瘾者和普通的消费者也会消费这些商品,他们对烟酒的需求是比较有弹性的,对烟酒征高税就会产生较大的替代效应,使他们转向消费其他不征税或税负轻的商品。对于生产者来说,由于激烈的市场竞争以及消费需求的非完全刚性,烟酒生产者要想把消费税全部转嫁给消费者是很困难的,最终的结果是生产者和消费者共同分担了消费税。生产者负担了部分消费税后其利润水平下降,在利润最大化目标的约束下,他们会相应减少产量,烟酒的消费数量也会减少,间接调节消费,有效调解负外部性。

改革后的消费税一个特点就是将显著提高对部分高消费、高能耗、高污染产品的消费税税率,这样将产生两点好处:一是消费税通过对纳税人行为方式的影响,能够适当抑制不良的行为嗜好,引导消费方向,从而促进资源的优化配置。二是对产生外部性的行为征税,使外部成本内在化,矫正市场对资源的无效配置,调解负外部性。

3、调节收入分配。我国现行消费税在一定程度上考虑了公平与持续发展的目标,配合增值税,使流转税制度在秉承新税制优化理论的基础上增进了公平。在调节收入分配上,我国消费税的作用主要通过以下方面体现:首先,对普通消费品特别是必需消费品不征消费税或实行低税率。普通消费品在中低收入阶层的消费中占有较大的比例,因此对它们减免税也就降低了中低收入者的税负,减少了征税对他们的生活质量产生的影响,在一定意义上,缓解了社会的两极分化。其次,对高档消费品尤其是奢侈品课以重税。高收入阶层对高档消费品的消费量相对更大,对高档产品征收消费税以抑制奢侈消费,同时提高了具有高负税能力的高收入阶层的税负水平,使他们的消费成本增加,也有助于缓解流转税制的累退程度。再次,对奢侈征税还能增加的财政收入,在制度健全的前提下,还可以为转移支付筹集更多的资金,进而促进社会公平。另外,对奢侈征税既可以减少奢侈行为、抑制超前消费,又可以增加社会储蓄,把消费基金向投资领域引导、促进经济增长。

4、调控产业结构。作为对秉持中性特征的增值税的必要补充,消费税发挥了较强的调整优化产业结构的功能。消费税负最终会反映在消费品的价格中,使市场价格在税收的影响下分为了生产者价格和消费者价格。生产者价格低于消费者价格。在消费者收入不变的情况下,政府征收消费税后,应税消费品的消费者价格提高,消费者会减少对应税商品的消费,转而选择免税或低税的商品。而对于追求利润的生产厂家来说,由于应税商品的有效需求下降势必会减少他们的利润总额,这迫使他们调整投资方向,生产那些需求量增加的税负较低的产品。从整体市场看消费税就能够通过价格机制影响供给和需求,促使资本和劳动力等要素的分配倾向于免税和税负较低的行业。从长期看来,消费税的征收就能够调整和优化产业结构。

以 2008 年调整汽车消费税政策为例,按照“大排量多负税、小排量少负税”原则鼓励汽车制造企业生产小排量乘用车,引导消费者选择节能环保型汽车。从这个效果上来看,一方面,良好的税收政策环境,对鼓励汽车制造企业调整产品战略格局,促进汽车工业健康发展,引导小排量乘用车企业整合转型,破解技术创新和完善性能难题,都将起到积极作用;另一方面,在与国外厂家争夺国内汽车市场的同时,也能发挥自身优势,自主开发生产经济实用型轿车,有利于提高我国汽车工业的自主创新能力,从而不断优化和升级汽车产业结构的布局。国家的政策调方面明确为抑大扬小,但是从长远来看作用有限,现行的税率设置仍然缺乏对生产的调解力度。

(二)改革消费税使之成为地方主体税种的必要性

1、构建地方主体税种的需要。我国消费税一直发挥着筹集中央财政收入的重要作用。然而,保证数量上的充足,并不是我国的财政收入的唯一目标,结构上的合理安排也是维持财政制度良好运转的重要条件。其中中央与地方财政关系的平衡是一个函待解决突出问题。多年来,我国地方财政支出比重大于收入比重,而中央财政收入比重大于支出比重,并且地方财政支出比重的增长大于收入比重的增长。地方政府承受着不断增长的财政压力。

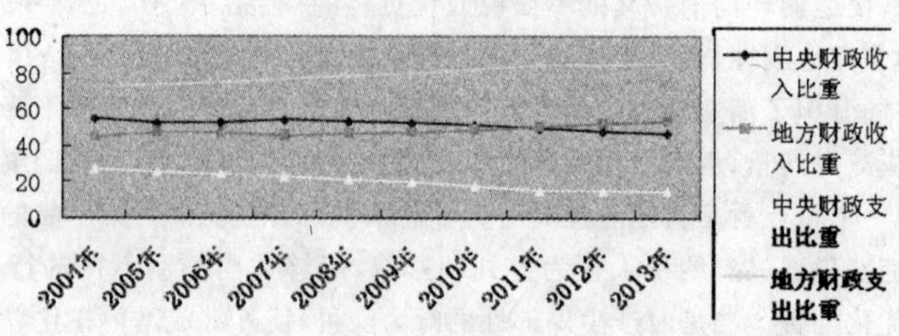


图二　中央地方占全国财政收支比重

特别是随着“营改增”的持续推进，地方财政面临着更加严峻的挑战。根据财政部公布的我国2014年财政收支情况，2014年税收收入129541亿元，其中营业税17779亿元、“营改增”增值税2853亿元，是地方税收体系中最大的税种，也是地方财政收入的主要来源，占地方税收收入58794亿元的35.09%，占全国地方财政收入75877亿元的27.19%。如果“营改增”后，按照增值税中央和地方75:25的分成比例，地方财政收入将减少15474亿元，地方税收收入占全国税收收入的比重将从45.43%下降到33.44%。从我省情况来看，2014年税收收入8577亿元，其中营业税1086亿元、“营改增”增值税153亿元，占地方税收收入3330亿元的37.21%，占地方财政收入4121亿元的30.07%。按照增值税中央和地方75:25的分成比例，我省地方财政收入将减少929亿元，地方税收收入占我省税收收入的比重将从38.82%下降到27.99%。虽然《营改增试点实施方案》中已经明确，在“营改增”期间，营业税改征增值税原归属地方的部分仍归属地方，但地方税主体税种缺失是不争的事实，在没有新税种支撑的前提下，地方财政面临收入与支出责任不对等加剧的局面。

以浙江为例，从全省近年来地方各税种收入情况看，营业税在各年度都占着较大的份额，约占总收入的32%—41%左右。“营改增”之后，按照原税负大致稳定测算，纳入营业税以后的增值税，将呈现“一税独大”的局面，地方税已无主体税种。通过改革消费税，将现行的消费税、车辆购置税统一合并征收消费税，同时进一步完善消费税征收范围，从而形成新的地方税主体税种，不仅能充分发挥国家税收调节作用，更能有效发挥聚财职能。

表一　2004年—2014年浙江省营业税收入表

单位：亿元

| 年份 | 2004 | 2005 | 2006 | 2007 | 2008 | 2009 | 2010 | 2011 | 2012 | 2013 | 2014 |
|---|---|---|---|---|---|---|---|---|---|---|---|
| 营业税 | 286 | 324 | 387 | 495 | 574 | 664 | 817 | 916 | 1063 | 1067 | 1086 |
| 占地方税收入比重 | 39.37 | 38.59 | 38.68 | 38.37 | 38.43 | 41.56 | 41.53 | 34.06 | 36.37 | 34.79 | 32.63 |

2、优化货物劳务税制的需要。增值税、营业税、消费税是我国货物劳务税体系的三大税种。随着“营改增”改革的加速推进，货物劳务税体系中重复征税的问题相应得到解决，消费税存在的问题也将进一步凸显。

从我国目前税种设置上来看，对小汽车和摩托车征收增值税、消费税外，还征收车辆购置税和车船税。表面上看，现有政策实现了产制环节、购置环节、占有环节的道道调控，但由于消费税价内税的性质，消费税负担最终会通过价格渠道转嫁给消费者，因此消费税的真正功能与车辆购置税别无二致，只不过是消费税是隐性征收，而车辆购置税是显性征收。两税重复设置，一方面会引起车辆税负过重，另一方面在生产环节征收消费税也占用了企业的流动资金。[赵丽萍《强化环境保护功能的消费税改革路径选择》，《税务研究》2013 年第 7 期。]如消费税实施“扩围”，应将车辆购置税和消费税合并，并对高污染车辆征收重税，对低污染的清洁车辆课以轻税，既有利于税制的优化，也有利于我国大力发展新能源汽车。

3、引导消费促进地方经济可持续发展的需要。目前我国消费税价内税的征收方式在很大程度上减轻了消费者的“税负感”，从而限制了税收导向功能的充分发挥，如将消费税由隐蔽的价内税改为透明的价外税，切实增强消费者的“税负感”，从而实现消费税引导居民消费行为的功能。同时，进一步扩大消费税课征对象的消费品范围，将高耗能、高污染等产品纳入消费税征税范围，充分体现消费税促进资源节约，保护环境的征收意图，促进地方经济的可持续发展。

4、发挥政府职能作用促进产业结构调整的需要。改革消费税在消费环节课征，会极大的减少生产企业逃避税收的行为，使消费品价税联动的传导过程中的“损失”降低，可以将消费税负真实地反映到消费品价格之中，并有利于生产企业减少管理成本。由于一些省份过度依赖单一消费品的生产，比如烟草制品，这些地区为确保其财政收入会采取各种形式的措施对应税消费品实施地方保护，一方面会破坏全国范围内的市场资源配置，损害相关产业的整体效率；另一方面，更加强化了地方经济对单一消费品的依赖，增加了产业转型的难度。以改革消费税为地方税，有利于割裂地方政府与应税消费品生产之间的利益关联，促进地区产业结构调整，发挥税收杠杆的调控作用，避免现行税制条件下，各地争相投资建厂、重复投资、地方封锁和分割，争夺增值税和消费税税源竞争不断扩大的情况，促使各地争相改变消费环境，刺激需求，实现我国经济增长模式从过度依赖出口和投资拉动向消费驱动型的战略型转变。

（三）改革消费税使之成为地方主体税种的可行性

目前普遍认为的比较适宜“成为地方主体财源的税种”应具备以下特性：一是税基较宽，税源丰富，且具有增长潜力，对增加地方税收规模影响较大；二是符合受益原则，对地方政府提供公共服务具有激励性；三是适度税收弹性，对地区产业结构具有较强的调节性；四是在税收制度方面严密规范，透明度高，便于征管。从消费税的特性来看它符合上述特性。

1、税基相对稳定。消费税的税基来自居民的消费能力，当经济处于扩张期时，消费税收入的增长会比其他税（如所得税）更为平稳；当经济衰退时，消费税的增速虽然比扩张期缓慢，但其减速相对其他税（如所得税）更为缓慢。因此，零售环节消费税，符合地方税收入稳定的特质。消费税可以成为地方政府税收结构中一项可靠稳定的税收来源..

消费税的税源十分丰富，改革开放以来，我国整体的居民收入水平显著提高，无论是工资还是居民的可支配收入都显著增加，因此人们的消费以及商品的流转和丰富程度都远远超过了过去任何一个时期。截至 2013 年，我国现有的消费税在全国税收收入中所占比重约为 7%，是仅次于增值税、营业税和企业所得税的第四大重要税种。与此同时，我国现有的进出口增长以及居民消费欲望的不断增加，进一步提升了消费税未来的征收规模和额度。截至 2013 年国内消费税实现收入 8231 亿元，且上述数据不包括进口环节缴纳的消费税，而且是以烟酒等 14 个应税消费品为征税对象征收的税收规模。如果对消费税进行改革，将车辆购置税和金融保险业、娱乐业等行业营业税统一合并为新消费税，同时将现行针对广告业、娱乐业征收的文化事业建设费费改税，纳入新消费税的征收范围，那么税收规模将会大幅度提升。

2、符合受益原则。消费税成为地方税种后，地方政府在税收征管上更积极主动，同时激励地方政府将投资转向与居民消费有关的行业和领域。地方政府为消费税的纳税人提供了特定的消费环境和消费场所，纳税人向地方政府纳税，负担地方政府提供公共产品的成本，有利于居民参与地方事务的积极性，符合受益原则。另外综观国外中央、地方税收划分的经典文献，不难发现，众多经济学家所主张的地方税都具有依附于居住地、税收透明度高、税收负担直接等特点。地方政府不应征收不直接为本地居民所察觉的税，地方政府不应征收可将大部分归宿转嫁给非本地居民的税种。从政府层面分析，自1994年实行分税制以来，我国地方政府财政收入比重下降至45%左右，而地方财政支出比重却高达70%以上，事权与财力不匹配，地方政府财力吃紧。当前因为消费税全部上缴国库，所以地方政府围绕居民消费行为的投资也就没有动力。如果消费税收益归地方所有，那么就会激励地方政府将投资转向与居民消费有关的行业和领域。地方政府会把更多精力投放到发展超市、零售产品销售上，而不是工厂、生产企业等方面，这将利于经济结构调整，发展服务业，比如物业服务、公共医疗和教育等服务领域和行业，有利于地方政府去推动消费。

3、适度税收弹性。税收弹性是税收增长率与国民收入增长率之比，反映一国税收体系或税收制度保证政府集中国家资源的能力的一个宏观税收负担指标。消费税的税收弹性过高，可能挫伤消费者的消费欲望抑制消费，使得社会消费倾向趋低，从根本上遏制GDP的发展；消费税的税收弹性过低则其调节作用无法发挥，可能导致“无益品”的大量消费和贫者越贫富者越富。消费税变地方税收后，一方面使当地居民更乐于消费，从根本上拉动社会的生产和投资，通过消费调节地区产业结构，优化资源配置拉动内需；另一方面地方政府为了扩大消费税税源，必将大力改善消费环境，避免盲目投资，为经济发展营造良好的政策环境。两方共同作用使得消费税保持适度弹性。

4、便于地方征管。目前我国消费税主要在生产环节征收存在着诸多弊端。从企业角度分析增加了企业成本压力，造成企业资金周转困难；从行业角度分析一方面同一行业内工商企业税收负担极不均衡，诱发企业通过转移定价避税，造成税收流失，另一方面容易滋生地方保护主义，不利于行业的健康发展；从政府角度分析，消费税税基易被侵蚀，偷逃税严重，国家财政收入大量流失同时降低了消费税的调节和导向作用。

改革后的新消费税在批发、零售环节征收可以扩大税基的同时也可避免企业用转移利润形式偷逃税的风险。将源泉容易控制的税目如汽车、摩托车，直接改在零售环节征收。在实行“一车一证”基础上，把住上牌环节，没有完税凭证的不给上牌，可以防止应征税款流失。对烟、酒等市场需求量大、物价上涨快，国家限制生产，又不提倡消费的消费品，因其体积小，零售点过于分散，若在单一零售环节课税，其税源较难控制，可以批发环节征收消费税，这里考虑到征收的成本和偷漏税的问题，所以选在将征收链条延至批发环节纳税。

## 二、我国消费税改革的国际借鉴

### (一)征税范围的比较

从我国目前消费税税收规模和国外开征销售税国家的税收体制比较来看，在我国将消费税改征销售税是具有一定的可行性。首先，发达国家消费税的课税范围更广泛。以美国为例，其国内收入法典26标题的D部分将消费税分为39个税目，涵盖了如环境税、外国保险、拖车卡车挂车多种车辆、烟草、赌博、酒类等多个税目。每个税目还包含众多子目，有几百种征税项目。韩国特别消费税的主要征税范围包括奢侈品、高档消费品、限制性消费品和奢侈性活动，共有33种产品和7种场所。其次，发达国家的课征范围更能体现出消费税的调节作用，也更为合理。美国的消费税按作用可分为三类：一是以受益为征收原则的消费税，例如政府特定服务的受益者必须交纳相关税金，负担政府部分费用；二是目的为限制特定消费行为的消费税，包括麻药、枪支及赌博等不利于社会安定的物品或行为；三是节约性消费税，例如提高香烟消费税，以抑制香烟消费保护公众健康。但目前我国消费税的课征范围过窄，不能更好地发挥其调节和组织收入的功能。

(二)计税方式的比较

发达国家和地区的消费税大多采用透明、公开的价外税形式。日本的税法规定,销售给普通消费者的商品必须标出商品的含税价格。美国也实行公开的价外税,消费者无论是购买或接受服务付款时,发票上都会分别标明售价和售价3%-9%的税款,负担的税额一目了然。价内税为我国消费税的计税方式,消费者购买货物或接受服务时,支付了"无形的税金"。我国公民的纳税意识本就不强,加上价内税的隐蔽性强,更不利于树立民众的税收法律意识。

(三)税率的比较

我国消费税税率相差幅度较小,对消费的引导调节作用不明显。相比之下,发达国家消费税税率引导作用明显,功能性强。英国为了节能减排,限制高排放车辆的使用,根据车辆碳排放指标分段征收车辆消费税,将车辆分为A—M,13个等级。A级为二氧化碳排放量在每公里100克以下的车辆,可免征消费税。我国台湾地区对价格和属性差异大的产品实行多档次有差别的税率(额),税率档次多且税率也高,这种多档次高税率的税制起到了较好的调节消费和筹集收入作用。

我国消费税税率的设定存在结构性问题。一些本该高税率征收的产品或行为,实际税率并不高。如奢侈品、污染品以及不可再生的稀缺性资源品,却对一些生活必需品设定了高税率。韩国对奢侈品、高档娱乐场所和活动、资源类产品等征收较高的税率项,如珠宝首饰为60%。赛马场为50%。赌博3000韩元/人次,毛皮及其产品60%,汽油100%。

(四)征收环节的比较

发达国家的消费税都在零售环节征收,一方面体现消费税重在调节消费的意图,另一方面可减少流通环节中占用的资金,有助于减轻生产经营者的负担,还可防范纳税人利用转让定价避税。而我国消费税采用单一环节征收,除金银首饰、钻石及钻石饰品在零售环节征收,卷烟在批发环节加征之外,其他应税消费品都在生产、委托加工或进口环节课征。

## 三、我国消费税改革的税制设计与征管措施

(一)税制设计

1、纳税义务人。在中华人民共和国境内销售规定的商品、提供规定劳务的单位和个人,为销售税的纳税义务人。

单位,是指企业、行政单位、事业单位、军事单位、社会团体及其他单位。个人,是指个体工商户及其他个人。在中华人民共和国境内,是指销售规定商品的单位和个人在境内,提供或者接受规定劳务的单位或者个人在境内。

2、征税对象。从功能定位出发,结合宏观经济发展的现实需要,我国消费税征税范围应该进行结构性调整:将更多的高档消费品列为征税对象,抑制奢侈品的过度需求,提高高收入阶层的税负,并取消对部分普通消费品课税;重点对高污染、高耗能产品征税,抑制这类产品的生产和消费,鼓励节能高效产业的发展;不局限于有形产品,将征税对象延伸到服务业领域,完善消费税税基;将车辆购置税整体合并到原消费税"小汽车"税目征税;将金融保险业、娱乐业等高消费行业营业税统一合并为销售税,同时,将现行针对广告业、娱乐业征收的文化事业建设费费改税,纳入消费税的征收范围。

第一,随着居民消费水平的提高,高收入阶层的崛起,我国的高端消费品市场伴迅速扩张,适当地进行调整对高端消费品的课税还是必要的。例如私人飞机,从1997年中国出现首架私人飞机至今,越来越多的高收入群体拥有私人飞机。而这些高端消费品,仅通过增值税无法实现特殊调节的目的,应在增值税普遍征收的基础上,用消费税进行调节。可考虑纳入消费税征收范围的高端消费品包括豪华住宅、高档家具、高档皮革制品、私人飞机、房车、娱乐性帆船等。

第二，随着税制改革不断推进，原营业税中部分价高利大的劳务由增值税进行普遍调节后，税负水平出现大幅度下滑，为维持其税负水平不变或至少不降低，应将其纳入消费税征收范围。如娱乐业中的歌舞厅项目，在现行营业税制度下，以营业收入全额依照20%税率计算缴纳营业税。若纳入“营改增”，上述纳税人或按照一般纳税人以6%税率计算缴纳增值税，或按照小规模纳税人以3%征收率计算缴纳增值税，而且无论以哪种方式计税，其税基均为剔除进项税额的不含税价格。也就是说，“营改增”后，歌舞厅行业将会出现整体性的适用税率水平降低、税基缩减的情形，该行业将出现整体税负水平下降的趋势。在成本不变的情况下，行业税负水平下降将带来两种结果：若维持原有利润水平，服务价格下降，将引导消费者消费；若服务价格不变，利润水平上升，将引导行业发展。显然，这两种结果都是应当限制的。为此，应在增值税普遍征收的基础上，对相关行业进行消费税调节。可考虑纳入消费税征收范围的高端消费劳务包括高尔夫、狩猎、跑马、赛马、网吧、茶座、棋牌室、歌舞厅、夜总会、游艺厅、高档桑拿、高档美容健身院、高档酒店、私人会所、高级会员俱乐部等。

第三，随着经济的发展，中国改革发展的任务已经由以付出环境和资源成本为代价大力发展第二产业转向在保护环境和节约利用资源中稳步发展第三产业，应在增值税普遍征收的基础上，对破坏环境、浪费资源、不利于环境保护的货物和劳务加征消费税进行调节。可考虑纳入消费税征收范围的环保产品包括汞镉电池、含磷洗衣粉、臭氧损耗物质、不可降解塑料制品、过度包装材料等有害商品或劣质商品，以及纸质贺卡、高档纸尿布、建筑装饰材料等非环保商品或非节能商品。

第四，随着社会进步和经济发展，部分现行应税消费品已经不具有奢侈品的特性，成为居民广为使用的普通消费品，应及时剔出消费税征收范围。可考虑剔出消费税征收范围的普通消费品包括黄酒、啤酒、普通化妆品、摩托车等。另外，台球、保龄球等居民广为消费的普通消费行为，亦不应纳入消费税征收范围。

3、税目税率。消费税课税对象的选择性，决定了消费税税率档次的多样性。为了达到特定的调节目标，在增值税普遍征收的基础上，消费税税目税率设计整体思路应符合节能减排、理性消费的导向，区分奢侈品、非环保品等不同的课税对象，设置有差别的多样性的税率。基于此，“营改增”后，消费税税率应进行有升有降的调整。

(1)根据应税商品对环境影响程度的不同设置不同税目税率。可考虑根据环境污染重要指标物的含量，如含硫量或燃油效能差异分别设置实施不同的销售税税率，特别是对部分重点污染产品、资源类产品应提高税率。

(2)对高档娱乐场所及高档消费行为、奢侈品设定较高税率。如对豪华住宅、高档棋牌场所、夜总会、高档洗浴中心、高档餐饮、高档俱乐部、娱乐性演出等设定较高税率，提高私人飞机、游艇、房车、高档家具、高尔夫球及球具、高档手表等税率。

(3)降低或取消部分已成为一般性消费品的商品如普通化妆品的消费税税率。消费税采用比例税率，根据不同的税目和子目确定相应的税率，实行从价定率的办法计算应纳税额。具体税目、税率在原消费税、车辆购置税、营业税、增值税税目、税率基础上进行调整。

4、计征方式。第一，奢侈品、娱乐行为实行从价计征。第二，烟、成品油、非环保产品等实行从价计征与从量计征相结合。

在消费税计征方式的选择上，应注意两个方面的问题：第一，鉴于以价值为基础的征税能够在通货膨胀的情况下保护税基，消费税宜以比例税率作为优选、以从价计征方式作为主导。第二，征收范围的选择决定了消费税优惠性扣除与减免政策的设置宜少不宜多。

5、征收环节。所谓纳税环节就是从生产到消费的流转过程中应当缴纳税款的环节。现行消费税的纳税环节大部分为生产、委托加工和进口环节。在生产制造环节征税会给纳税人提供一定的转嫁或逃避税负的机会，想要真正有效地解决这一问题，同时堵住大量进入我国内地国外高档商品消费税流失漏洞，就必须调整各应税消费品的纳税环节，将销售税的纳税环节延后至批发、零售等流通环节。

6、纳税期限。销售税的纳税期限分别为1日、3日、5日、10日、15日、1个月或者1个季度。纳税人的具体纳税期限，由主管税务机关根据纳税人应纳税额的大小分别核定；不能按照固定期限纳税的，可以按次纳税。

纳税人以1个月或者1个季度为1个纳税期的，自期满之日起15日内申报纳税；以1日、3日、5日、10日或者15日为1个纳税期的，自期满之日起5日内预缴税款，于次月1日起15日内申报纳税并结清上月应纳税款。

7、纳税地点。纳税人缴纳销费税，除国务院财政、税务主管部门另有规定外，应当向纳税人机构所在地或者居住地的主管税务机关申报纳税。

（二）征管措施

各征收机关应充分利用现有国、地税税收信息系统和企业交易系统，充分挖掘、整理其他部门涉税信息，实现商品和劳务的销售数据共享，采取查帐征收、查定征收、查验征收、委托代征等多种征收管理方式，堵塞税收漏洞。

本方案的难点在于：由于地税负责征管消费税（零售环节），需要依托商品销售终端强大的税收信息系统和交易系统，并实施有效的税收征管措施。

本着节约征管成本与纳税成本原则，结合当前税收征收管理水平与征收条件，现阶段应根据不同情况采取不同措施分别征收，具体可分为七大类：

①代扣代缴。对于由国家专项控制与批准经营的消费品，可采取代扣代缴的办法，如：烟及烟丝、成品油，均需要专卖许可资格，可在批发、零售环节进行征收。

②先税后证。对摩托车、汽车、游艇、帆船和私人飞机等需要在交通管理部门办理登记的消费品，可采取原车购税的办法，由纳税人先自行申报缴纳税款后，办理相关登记证件才能正常使用。

③信息比对。对于属于国家有倾向性控制物品如化妆品、酒、一次性筷子、实木地板、高档手表、鞭炮等日常消费品，由于其消费分散、流转环节多，需要依托销售终端强大的税收信息系统和交易系统，目前征管条件尚不具备，并且由于许多中小企业的发票和相关财务制度一般较不规范，检查管理成本较大，建议限制现金交易，由银行提供纳税人交易结算信息，税务机关定期开展信息比对，可有效预防税收流失。

④使用税控器具，加强“以票控税”。对饮食、住宿等可沿用原营业税征管行之有效措施，如税控器具、以票控税等。

⑤税收软件联网监控。对于金融保险行业，其自身财务制度较为规范，且信息化程度较高，可统一开发相应软件，定期联网监测，实现税收及时足额征缴。

⑥推行电子发票。贵重首饰及珠宝玉石，仍适用目前零售环节征税模式，并推行电子发票。

⑦委托代征。对通过电子商务平台交易社会消费品零售环节，可委托电子商务平台服务商代征。

## 四、我国消费税改革的效应分析

（一）对地方财政收入的影响

按从我省情况来看，消费税是仅次于增值税、营业税、企业所得税之后的第四大税种，若将现行的消费税、车辆购置税、社会消费品零售环节的增值税和金融保险业、娱乐业等行业营业税统一合并为销售税，同时，将现行针对广告业、娱乐业征收的文化事业建设费费改税，纳入销售税的征收范围，以此测算，营改增完成后，新的销售税将有效弥补营业税减少带来的地方财力的缺口，并将伴随消费的稳定增长带来销售税税源的稳定增长。2014年我省征收金融保险业、娱乐业营业税284亿元、文化事业建设费8亿元、商业增值税395亿元、消费税431亿元、车辆购置税223亿元，按上述销售税的征收范围以2014年数据计算，我省销售税的规模可达1341亿元。按照最新的消费税改革精神，消费税中烟、小汽车和成品油仍归国税部门征管，因此我省销售税的规模剔除烟、小汽车和成品油消费税417亿后为924亿元，与前述我省地方财政收入将减少929亿元基本相当。

（二）对外部性的影响

改革后的新消费税通过对税目税率的调整，使得其调解负外部性的功能更加完善及富有针对性。新消费税提高了对鞭炮、焰火和木质一次性筷子的税率，针对这些单个数量价格低廉日常需求量大，但负外部性严重的消费品，提高其消费税税率能直接推高其价格，促使消费者寻求价格更为低廉的替代品，消费者的减少使得生产者减少生产数量。而由于税率提高增加的税收收入则可专项用于因鞭炮、焰火燃放造成的空气污染治理，以及因木质一次性筷子制作而造成的植被破坏的修复工作。

（三）对消费结构的影响

改革后的消费税由“隐性”的价内税改为透明的价外税，实行明码标价，价税分离，一方面促使消费者切身感受到所消费商品里需要承担的税负，明确消费者的纳税责任，增强纳税意识；另一方面能够有效增加“税收痛感”，引导消费行为，使消费者抑制一些高耗能、高污染、高档消费，体现政府促进资源节约、保护环境的征收意图，更好地促进地方经济的可持续发展。

（四）对收入调节的影响

改革后的新消费税一方面扩大了征税范围，将一些高档消费品或消费行为列入征税范围比如娱乐性帆船、私人飞机等；娱乐业项目如高尔夫球、夜总会等，特殊服务项目如洗浴中心等。通过对这部分消费群体（相对来说他们是社会的富裕阶层）征税，再把所得收入转移给社会弱势群体；另一方面减少或降低了日益成为生活必须品的税目、税率。如降低了对普通化妆品的征税税率，减轻普通人的生活成本。以上的这些增减调整都是在践行“富人多缴税，穷人少缴税”的原则，着重发挥消费税的收入调节功能。

课题组组长：詹红成

成员：钱　钧　袁亚芳

执笔：李晓丽

# 浙江省围填海建设用地土地使用权取得过程中契耕两税征管问题研究

浙江省地方税务局税政四处课题组

## 一、调研背景及方式

(一)调研背景及目的

浙江省海域总面积达26万平方公里,海岸线总长6700余公里,是典型的海洋大省,在全国沿海发展战略中具有重要的地位。2011年初,国务院正式批复《浙江海洋经济发展示范区规划》,海洋经济成为未来浙江的主要产业发展方向。然而浙江人多地少矛盾突出,发展沿海产业带,需要大量的土地支撑,围填海造地已成为浙江经济发展的客观需要。据了解,我省每年批准的填海项目海域使用权面积约达6－7万亩,“海洋强国战略”的全面实施,使新一轮“向大海要地”的造地规模与速度也远超过往,2012年,我省获得了“史无前例”的围填海指标,国务院指标要求到2020年控制在5.06万公顷以内。省“十二五”期间规划围填海60万亩,约4万公顷,滩涂围垦工程投资规划预计将达到406.6亿元。填海造地的重心已从传统的造田、养殖以及一些传统的劳动密集型产业向沿海地方政府主导的港口经济和临海工业、以及一些房地产开发。

与此同时,政府对海域使用权的管理也在不断创新。2013年,省政府出台了《浙江省海域使用管理条例》,改变了原来以行政审批为主取得海域使用权的方式,招标、拍卖、挂牌方式将成为海域使用权取得的重要方式;其中经营性填海项目在海域使用权招标、拍卖、挂牌时同时出让国有土地使用权,填海形成土地后,海域使用权人可直接换发国有土地使用权证书。同时,省政府下达了《浙江省人民政府办公厅关于做好填海项目土地使用权登记发证工作的通知》(浙政办函〔2013〕64号),明确了新条例实施以前填海项目土地使用权登记发证的办法,大量由于历史原因无法办理国有土地使用权证的围填海形成土地将进入到确权期。

随着填海项目规模的不断扩大,政府对填海项目管理模式的改变,税务部门对围填海项目所涉及税收的关注度不断加大,税收征管中也随之出现了新的问题。调查了解围填海项目的契耕两税税源规模,研究确定围填海项目实施过程中的耕地占用税征收范围、契税纳税义务发生时间、征收环节及计税依据已成为当前亟需解决的课题。

(二)调研的过程及方法

此次调查采取了口头咨询、书面调查、现场座谈会相结合的方式。自2014年上半年宁波市地税局反映了新条例实施后围填海取得用地土地契税的纳税义务时间和计税依据等政策问题后,我们向省海洋局和省国土资源厅了解了我省海域使用权管理情况及填海项目土地使用权登记发证的相关规定,新条例实施后相关配套政策的进展情况以及我省填海项目的总体规模和地区分布情况。同时在温州、舟山召开两次片区调研会,详细了解了各地填海项目实施的模式和税收政策执行情况。由于当时除宁波市外,我省其他各市还未正式进入新条例后填海项目土地使用权登记办证阶段,我们在向省海洋局和省国土资源厅跟踪了解相关法规进程的基础上,于2015年正式成立了课题组,对浙江省围填海土地使用权取得过程中契耕两税征管问题进行全面的研究，并在平阳县召开了有国土资源部门和海洋局参加的现场调研会，具体研究契税的征管操作问题。在此基础上，课题组于9月份形成调研课题初稿。11月进行了课题审稿，12月形成终稿。

## 二、我省现行经营性填海项目取得建设用地的运作模式

我省填海项目主要集中在宁波市、温州市、台州市和舟山市，各地经营性填海项目用地运作主要模式如下：

一是政府通过申请批准方式统一取得海域使用权成片开发的，成立围垦工程建设指挥部或建设投资有限公司进行填海，项目竣工后向海洋主管部门申请项目验收。验收合格后，填海形成的土地由政府土地储备机构收储，最终用地人通过“招拍挂”、协议出让或划拨等方式取得国有土地使用权，签订国有土地使用权出让合同。土地出让的价格一般包括填海造地过程中支付的海域使用金、工程成本、各种补偿支出、缴纳的政府规费基金、土地收益等因素。

二是用海用地项目主体通过申请批准方式取得海域使用权，由项目主体自行填海，项目竣工验收后向国土部门申请办理划拨土地或协议出让土地相关手续取得国有土地使用权，换发国有土地使用权证书。其中，办理协议出让土地手续的，需缴纳土地出让金，协议出让土地出让金结合市场评估价格、海域使用金和填海成本等因素确定。一般按照土地市场评估价格扣除海域使用金和实际投入的填海成本后的价格收取土地使用权出让金。此种方式主要是在2013年《浙江省海域使用管理条例》出台前居多。

三是用海用地项目主体通过国土部门与海洋主管部门联合开展“招、拍、挂”方式（以下简称：联合“招、拍、挂”）同时取得海域使用权、国有土地使用权，项目主体自行填海形成土地竣工验收后向国土部门申请直接换发国有土地使用权证。此种填海造地运作模式在2013年3月1日《浙江省海域使用管理条例》实施后已成为填海造地的主流模式。根据《浙江省海域使用管理条例》规定，“工业、商业、旅游、娱乐和其他经营性项目用海以及同一海域有两个以上相同海域使用方式的意向用海者，应当通过招标、拍卖、挂牌方式取得海域使用权。招标、拍卖、挂牌方式出让的海域使用权需进行价值评估，并确定出让底价。出让底价不得低于省规定的海域使用权出让基准价格。填海项目的海域使用权招标、拍卖、挂牌完成后，由县（市、区）海洋主管部门和设区的市、县（市）国土资源主管部门与中标人或者买受人签订海域使用权（国有土地使用权）出让合同，收取海域使用出让金，取得海域使用权证。填海形成土地后，海域使用权人可以凭海域使用权证书、海域使用权（国有土地使用权）出让合同、海洋主管部门出具的填海面积和填海形成土地界址的确认文件等材料，向设区的市、县（市）国土资源主管部门提出土地登记申请，换发国有土地使用权证书，不再收取土地使用权出让金。”

## 三、围填海取得建设用地的契耕两税征管现状及存在问题分析

（一）各种围填海取得建设用地运作模式契税计税依据不统一

第一种模式下，政府统一填海形成土地并经收储后以协议或“招拍挂”形式出让填海用地的，与其他建设用地出让无异，各地均按照现行契税政策在政府供地环节向建设用地人征收出让土地契税，契税计税依据均按出让土地价格全额征收，包括了海域使用金、各种补偿支出、填海成本、土地收益及其他政府规费。

第二种模式下，企业自行填海完成后，需办理土地出让或划拨手续后才能换取国有土地使用权证。由于没有具体操作办法，据了解，目前用地人完成换发国有土地使用权证的很少，各地大多尚未征收契税。按省政府规定，填海用地人在办理协议出让土地手续时只缴纳土地出让金，因此各地对海域使用金以及填海成本是否纳入契税计税依据存在争议，主要的争议焦点：一是海域使用权金和填海成本都在尚

未形成土地时支付，但最终形成的土地市场评估价中已包含此两项费用。二是企业自行填海成本较高，同时填海成本的归集认定也较为困难，如企业自行填海成本纳入计税依据，来自纳税人的阻力较大，税收征管难度加大。目前政府工业用地招拍挂价格在 40 万元/亩左右，但企业自行填海成本高达 20 万元—50 万元/亩。

第三种模式下，企业在联合“招拍挂”时同时取得海域使用权和国有土地使用权，由于出让合同上的出让价款为海域使用权出让金，直接换发国有土地使用权证时不再支付土地出让金，如何确定取得土地的成本从而确定契税计税依据成为难点。目前，舟山市已联合“招拍挂”的填海项目尚未发生直接换证也未征收契税；温州市的个别县市已有少数“招拍挂”填海项目进入办证阶段正准备征收契税；台州市部分县市联合“招拍挂”方式起步较早，已有部分市县换发了国有土地使用权证，并在换证前征收了契税。

在实践中，由于《浙江省海域使用管理条例》还在贯彻落实中，尚无操作细则及配套办法，各地海域使用权联合“招拍挂”出让办法尚不统一，收取的海域使用权出让金的构成也不统一，经向国土部门咨询，如何分配海域使用权金和土地出让金由各市政府确定，造成各地契税计税依据的理解和认定也各不相同。如台州市所属临海市在联合招拍挂时，以海域使用权出让金评估价作为出让底价，出让底价由规定的海域使用金和挂牌前支出的相关费用组成(包括政策处理费、围垦工程设计及建设等前期费用)，不包括基础设施配套费。在拍卖时超过底价部分视作土地出让金。成交确认后分别签订海域使用权出让合同和土地使用权出让合同，分别确定海域使用权出让金金额和土地出让金金额，不包含企业自行负担的填海成本。目前该市暂按向国土部门缴纳的土地出让金和政府规费征收契税，但对于按海域使用权出让金出让底价成交无土地出让金的不征收契税。舟山市和温州市在联合“招拍挂”后，国土和海洋部门联合签定海域使用权(国有土地使用权)出让合同，合同约定的成交价仅以海域使用权出让金的名义支付，换发土地使用权证时不再支付土地出让金。其中舟山市海域使用权出让金包括海域使用金和其他前期费用，在实际招拍挂时，由于大部分为工业用地，基本属于政府定向出让，因此海域使用权出让金基本按海域使用金计算，很少溢价。温州市收取的海域使用权出让金价款往往包含海域使用金、土地出让金、环境补偿及其他费用等，有可能包括造地费用。

不同填海运作模式下契税计税依据的不统一，不仅给税务部门征收契税带来难度，也容易形成税负的不公。

(二)海域使用权、国有土地使用权联合“招拍挂”模式下契税纳税义务发生时间确定不明确

根据《契税暂行条例》规定，契税纳税义务发生时间为纳税人签订土地权属转移的当天，或者纳税人取得其他具有土地权属转移合同性质凭证的当天。在联合“招拍挂”模式下，虽然用地人在海域使用权出让同时签订了海域使用权(国有土地使用权)出让合同，但在签订合同时，合同标的物状态仅仅是海域、滩涂，而非国有建设用地。未形成土地时，先登记的是海域使用权，填海形成土地需竣工经验收并由国土部门发放建设用地批准书才能换发国有土地使用权证。同时签订合同时填海形成土地的最终面积不确定、取得土地的成本费用无法确定，税务部门按照合同要素无法准确征收契税。目前由于浙江省没有形成统一的合同文本，部分市县海域使用权出让合同文本中，合同名称上并未标明国有土地使用权字样，出让方未包括国土部门；并且根据《浙江省海域使用管理条例》规定，填海形成土地的使用权期限为海域使用权期限的剩余期限，更加剧了税务部门确定纳税义务发生时间的争议。

(三)耕地占用税征收范围认定存在困难

目前我省围填海造地项目涉及到占用的沿海滩涂、养殖海域和废弃盐田大部分尚未征收耕地占用税，主要税收争议问题有：

1、《中华人民共和国耕地占用税暂行条例》第十四条规定，占用林地、牧草地、农田水利用地、养殖水面以及渔业水域滩涂等其他农用地建房或者从事非农业建设的，比照本条例的规定征收耕地占用税。

《浙江省耕地占用税实施办法》中还将盐田纳入了我省耕地占用税征收范围。目前我省围填海造地项目涉及到占用沿海的滩涂、养殖海域和废弃盐田，在国土资源部门均认定为“其他未利用地”，税务部门对占用未利用地是否征收耕地占用税存在疑虑。

2、耕地占用税暂行条例实施细则规定，渔业水域滩涂包括专门用于种植或者养殖水生动植物的海水潮浸地带和滩地。由于没有专门的部门鉴定其是否用于或曾经用于种养殖，国土部门的用地批文中也没有专门列示“未利用地”中属于耕地占用税征税范围的用地面积，因此地税部门无法取得有效的依据对滩涂是否纳入耕地占用税征收范围进行认定，为耕地占用税的征收带来阻碍。

3、《浙江省耕地占用税实施办法》第二条中规定，占用盐田建房或从事非农建设的，属于耕地占用税征收范围。据调查，填海项目涉及占用盐田造地的，需要国土部门将盐田转为废转盐田，才能用于填海项目。废转盐田是否属于耕地占用税征收范围有待于明确。目前舟山市已转为建设用地的 13000－14000 亩盐田未缴纳耕地占用税。

(四)耕地占用税纳税人和纳税义务发生时间认定面临新问题

根据中华人民共和国耕地占用税暂行条例及细则规定，占用耕地建房或者从事非农业建设的单位或者个人，为耕地占用税的纳税人。经申请批准占用耕地的，纳税人为农用地转用审批文件中标明的建设用地人；农用地转用审批文件中未标明建设用地人的，纳税人为用地申请人。未经批准占用耕地的，纳税人为实际用地人。耕地占用税纳税义务发生时间为：经批准占用耕地的，纳税义务发生时间为纳税人收到土地管理部门办理农用地转用手续通知的当天；未经批准占用耕地的，纳税义务发生时间为纳税人实际占用耕地的当天。

目前我省占用沿海滩涂、养殖海域和废弃盐田进行围填海后取得国有建设用地的审批手续不同于农用地转建设用地，由于国土部门将沿海滩涂、养殖海域和废转盐田归类为“未利用地”，办理建设用地出让手续不需经过农转用审批，如何确定这些“未利用地”的纳税义务发生时间和纳税人面临新问题。在调查中了解，实际占用养殖海域进行填海的审批行为发生在海洋主管部门，占用滩涂、废转盐田的审批行为发生在国土部门。如舟山市由国土部门出具的围涂许可批文，批文中明确了占用滩涂的面积和起始时间。实际征管中，各地有的在土地供应环节由土地承受单位缴纳耕占税，有的在土地批地环节由地方政府缴纳耕占税，全省并无统一的操作模式。

## 四、对完善围填海形成土地契税、耕地占用税的征管建议

(一)明确取得填海形成土地使用权的契税计税依据

根据《契税暂行条例》，国有土地使用权出让的契税计税依据为成交价格，成交价格明显低于市场价格并且无正当理由的，由征收机关参照市场价格核定。根据财税[2004]134 号文件规定，出让国有土地使用权的，其契税计税价格为承受人为取得该土地使用权而支付的全部经济利益。以协议方式出让的，成交价格包括土地出让金、土地补偿费、安置补助费、地上附着物和青苗补偿费、拆迁补偿费、市政建设配套费等应支付的货币、实物、无形资产及其他经济利益。价格偏低的，税务部门可按评估价格或土地基准价格进行综合评定。以竞价方式出让的，其契税计税价格，一般应确定为竞价的成交价格，土地出让金、市政建设配套费以及各种补偿费用应包括在内。根据国税函[2009]603 号文件，对通过“招、拍、挂”程序承受国有土地使用权的，应按照土地成交总价款计征契税，其中的土地前期开发成本不得扣除。

根据省政府相关规定，目前以申请批准方式获得海域使用权的，无论是政府统一围填海项目还是项目主体自行围填海形成的土地，该类土地的市场评估价中均包含了海域使用金和实际投入的填海成本。因此，为符合国家有关土地出让契税计税依据的确定原则，也避免造成不同填海造地模式下契税税负差异，营造公平负税环境，建议取得围填海形成土地的契税计税依据为承受人取得该土地使用权而支付的

全部经济利益(即取得土地的成本)。原则上应包括取得填海项目支付的海域使用金、各类补偿费用、填海成本、土地收益及相关的各项政府规费等各种费用。土地成本难以准确核算的,可按填海形成土地的市场评估价格征收契税。

(二)明确联合"招、拍、挂"取得填海项目土地使用权的契税纳税义务发生时间

联合"招、拍、挂"方式取得填海项目土地使用权时,填海项目尚未形成建设用地,填海后形成的土地界址、面积尚未明确,填海费用尚未发生,取得土地的成本无法全部归集确定契税计税依据,建议以在填海项目形成的土地通过海洋部门竣工验收并由国土部门批复建设用地批准书之日为纳税义务发生时间,在换发国有土地使用权证书,办理土地登记前缴纳契税。这不仅符合契税条例的规定,也便于税收征管。

(三)明确围填海过程中耕地占用税的征收范围

根据《中华人民共和国耕地占用税暂行条例实施细则》第二十八条规定,渔业水域滩涂属于耕占税征收范围,其中包括专门用于种植或者养殖水生动植物的海水潮浸地带和滩地。同时根据《浙江省耕地占用税实施办法》第二条的规定,盐田属于耕占税征收范围。目前新增建设用地来自于未利用地的越来越多,填海造地规模越来越大,只有全面控制农用地和未利用地,才能在执行最严格耕地保护政策的同时有效保护土地资源、保护海岸线资源。目前围填海过程中,沿海滩涂一般都可用于养殖,而盐田用于围填海国土部门必须先转为废转盐田。因此建议围填海过程中占用渔业水域滩涂和盐田(包括废转盐田)从事非农业建设的行为属于耕地占用税征收范围。

(四)明确围填海过程中耕地占用税纳税人、纳税义务发生时间和纳税环节

借鉴耕地占用税条例及实施细则中农用地转用耕地占用税纳税人、纳税义务发生时间的认定原则,建议占用滩涂、盐田等"未利用地"建房或从事非农业建设行为的纳税人按照申请批准占用填海项目的申请人确定,由政府主导区域成片开发的,以政府为纳税人,由国土部门或国有围垦单位申报缴纳,由用海用地主体自行填海的,以用海用地主体为纳税人申报缴纳;纳税义务发生时间为批准占用滩涂、盐田的当天或联合"招拍挂"合同签订的当天。考虑到填海项目形成土地的特殊性,纳税环节应在相关未利用地转用建设用地环节确定,即政府主导的建议在土地收储前申报缴纳,项目主体自行填海的在建设用地批准书发放前申报缴纳。

## 五、对完善联合"招拍挂"填海项目用地出让管理的建议

(一)完善海域使用权出让收入管理

建议海洋部门与国土部门完善对填海造地项目联合"招拍挂"的操作办法,制定海域使用权(国有土地使用权)出让标准合同文本,规范海域使用权出让金合同价款的收入构成;对填海造地取得土地的市场评估价中所包含费用进行统一,将耕地占用税纳入供地成本,明确划分海域使用权出让金中属于土地收益的价款。目前海域使用金实行中央与地方分成,上交中央部分为30%;土地出让收入全额纳入地方基金预算管理,而且按照土地价款成交的契税全额属于地方所有。完善海域使用权出让收入管理,不仅有利于税务部门征管,也有利于地方财政收入的增加。

(二)完善填海项目取得土地使用权的契耕两税政策管理

据了解,以"招拍挂"形式取得海域使用权并进行填海造地并非浙江独有,现行契税条例及具体政策规定中对以此种方式取得国有土地使用权的政策及征税管理尚不完善;耕地占用税条例及具体政策规定中对占用除农用地以外的未利用地的税制要素的确定尚属空白。随着经济形势的变化,政府的各种管理方式和理念正在发生着日新月益的变化,旧的政策规定适用新生事物易带来纳税争议和征管矛盾。建议借契耕两税立法之机,完善填海项目取得土地使用权的契耕两税政策管理,进一步明确该项征税对象的税制要素,为税收征管提供执法依据。

(三)完善部门协作税收控管机制

目前耕地占用税和土地契税主要是和国土部门建立"先税后证"协税机制和涉税信息共享机制,但填海形成土地涉及部门多,追溯时间长,有关涉税信息需要财政、国土、海洋、发改等主管部门紧密配合,通力协作,共同做好相关用地的契税、耕地占用税征管工作。一是与发改、海洋主管部门建立协税共管机制。由发改、海洋主管部门提供填海项目批准文件或有关招拍挂合同信息;二是与国土部门继续深化涉税信息共享和"先税后证"控管机制。国土部门负责提供填海项目占用滩涂的用地单位、用地面积及成交价格,并按照"先税后证"制度要求,审核填海项目换发土地使用权证的契税完税情况。未经税务部门核实缴税的,国土部门不予发放土地权属证书。三是定期做好与海洋渔业部门、国土部门、填海开发单位、发改委等部门沟通联系,获取相关填海造地的市场评估信息、填海成本及费用信息,合理确定计税依据,以确保税款及时足额入库。

## 六、我省填海造地契税、耕地占用税潜在税源分析

根据我省温州、台州、舟山三地不完全调查统计,仅 2010 年到 2015 年 10 月份,共有填海造地 11884.23 公顷,其中政府组织区域成片开发建设填海、项目竣工后由土地储备机构统一收储的有 10175.95 公顷,占建设填海造地的 85.63%;项目主体申请建设填海,项目竣工后向国土部门申请办理划拨土地或协议出让的有 1384.67 公顷,占建设填海造地 11.65%;招拍挂取得海域使用权(土地使用权)的建设填海有 323.61 公顷,占建设填海造地 2.72%。据了解,近年来,我省淤填方式填海造地的成本费用大致为 20 万元/亩左右,吹填方式填海造地成本费用最高接近 50 万元/亩。填海土地工业用地实际招拍挂价格总体在 30-40 万元/亩左右。如果按照调研建议对第二、第三种方式填海造地形成的土地进行契耕两税政策统一,仅 2010 年-2015 年 10 月发生的填海造地契税,按每亩 30 万元计算,将增加 2.3 亿元契税税源。耕地占用税仅根据舟山提供的养殖滩涂、废转盐田数据,按 35 元/平方米计算,将增加后续耕地占用税税源 2.13 亿元。我省填海造地 2010 年之前就已经开始,如果企业自行填海项目土地办证顺利进行,同时根据《浙江省海域使用管理条例》规定,今后涉及经营性填海造地项目,将都应当采用"拍、拍、挂"模式,后续税税源规模将更大,如舟山市本级填海项目自 2000 年起获批的约有 4-5 万亩,按工业用地价格测算土地出让金金额约 150 亿元,有 30%为项目单位填海自用。因此,我们预计政策调整统一后,全省(不含宁波)填海造地项目契税、耕地占用税税源的增加将在 5 亿元以上。

课题组组长:徐　辉
成员:戴　静　毕　波　李建新　邱奇友　魏晶琦
曹燕飞　齐喆明　杨建平　雷向阳　林新程
章圣放　何巨军　林丽凤

# 关于石墨资源税改革的研究报告

胡晓晖

## 一、石墨矿资源现状

石墨作为一种重要的不可再生资源，一直是军工与现代工业及高新技术发展中不可或缺的重要战略资源。

从储量上看，全球石墨矿产已查明资源量超过三亿吨，保有储量超过4600万吨，亚洲占76%。我国目前保有储量约2400万吨，占世界总储量的52%。

从产能上看，全球石墨年产能约180万吨，亚洲石墨年产能150万吨，其中中国约120万吨。亚洲石墨产量从1990年占世界的60%上升到目前的86%，全球生产石墨的国家也从20多个下降到10个。中国石墨产量从占世界的50%多上升到70%多。

从消费上看，近十年来，全球天然石墨消费量在120到150万吨之间。亚洲的石墨消费量占75%以上，欧美各占10%左右。随着中国经济发展，石墨消有效消费量已占世界总消费量的1/3多。总量上，世界石墨供需基本平衡；产品结构上，大鳞片石墨和高纯度石墨短缺，其他石墨轻度供大于需。

从石墨贸易上看，近十年来，全球石墨贸易量在40到75万吨之间，有七十多个国家和地区进口石墨，其中日美韩及欧洲大部分国家天然石墨完全依靠进口。世界上只有中国、朝鲜、斯里兰卡等几个国家出口石墨原料。近三十年来，中国石墨出口累计量达到820万吨，占全球石墨贸易量70%以上。

从价格上看，国际石墨价格跌宕起伏。1993年到2004年期间，因供应过剩，一直在低价徘徊。2008年开始上涨，至2011年达到历史最高水平，2012年中期，石墨价格除特大鳞片石墨以外，基本均下跌。2012年年末价格基本企稳。

从远期需求看，石墨烯应用领域因科技进步不断扩展，石墨应用前景不可估量。受技术和应用限制，目前仍以传统产业为主，预期短期内天然石墨需求量小于110万吨。考虑未来新兴产业影响，预计全球大鳞片石墨、及其他高纯度石墨的需求量在45万吨之间，世界石墨年生产能力将超过二百万吨。

## 二、国内石墨产业的现状

受国内外宏观经济增速影响，石墨行业发展放缓，深加工技术无突破发展，缺乏高附加值产品，还存在新材料应用瓶颈、产能过剩、无序开发、产业结构不合理和资源枯竭等问题。

行业利润微薄。我国石墨出口基本为低端产品，高端产品大多进口，整个行业陷入“低出高进”的恶性循环，一些地方的出口价格每吨只有2000元，管理稍有不慎，就可能“蚀本”。

资源开发整合集中度低。绝大多数企业是民营企业，存在着产业布局不合理、生产集中度低、企业规模小、技术装备落后、生产效率低下、低水平重复建设，甚至出现乱采滥挖、采富弃贫、非法开采等现象，由于牵涉到各方利益，整合工作难以推进。受石墨价格下滑影响，整合主体积极性受到一定打击，使未来石墨资源整合充满不确定性。

缺乏深加工核心技术。石墨高端制品核心技术被欧美日本等发达国家垄断，我国石墨资源及初级产品低价出口，又高价进口国外深加工产品，价格相差十几甚至百倍。

## 三、青岛平度石墨产业实证分析

青岛平度市作为我国优质石墨三大产地，近年来，在政府部门的集中整治下，20万吨以下开采企业已全部关停，并在开采爆破等环节进行总量控制，目前采选一体正常经营企业仅8家，总固定资产投资额约3亿元，从业人数5000余人，设计年采矿石产能力220余万吨，设计年消耗石墨矿物约7万吨。

主要问题是，一是产品结构不合理。大部分企业仍以生产初级原料型产品为主，高碳为主打产品企业占50%以上，深加工产品企业不足30%，精加工产品和高科技企业不足20%。二是产品销售无序竞争，以资源流失和环境的破坏以及劳动力的廉价使用为代价，对区域经济利益和长远发展的破坏带了不可估量的隐患。三是采矿成本逐年提高。平度矿田历经30余年的开发，垂直深度30米以上的风化矿石已基本开采完毕，有的矿坑开采深度已达60米，受道路、村庄、耕田等自然因素制约，采矿工作面难以扩大，加大了采矿成本。

### (一)石墨资源储量分析

青岛平度石墨年产量折合纯碳约10万吨左右，与黑龙江、内蒙呈三分之势。现已发现石墨矿产地22处，大中型矿产地5处，累计探明储量矿石量3.9亿吨，矿物量1300余万吨；保有石墨矿石量3.7亿吨，矿物量1200余万吨。在石墨品质方面，矿石品位在2.5%—8%之间，以晶质鳞片石墨矿物为主，在精、深加工生产高品质、高附加值产品方面优势明显。

### (二)石墨产业对当地经济贡献度较低

平度在全国百强县位列第27名，2013年全市GDP为790.11亿元，分别占青岛市和山东省的9.87%和1.44%，当年工业生产总值为1664亿元，但石墨工业生产总值仅为97亿元，占工业生产总值的5.83%，与其石墨资源在全国的占有地位不相符。

### (三)石墨产业相关企业登记情况分析

目前青岛市共登记石墨产业企业389户(不包括个体工商户和自然人，下同)，其中平度市登记户数148户，占38.05%。其中，石墨及碳素制品制造加工的企业135户，数量多年保持稳定。

### (四)平度市石墨产业税收状况分析

**表一　2011—2014年青岛平度市石墨企业主要税收收入情况表(包含国、地税，分税种)**

| 税种 | 税额(万元) |
|---|---|
| 增值税 | 17731.77 |
| 营业税 | 232.65 |
| 企业所得税 | 7643.95 |
| 个人所得税 | 1048.19 |
| 房产税 | 404.81 |
| 印花税 | 241.06 |
| 资源税 | 2196.86 |
| 城镇土地使用税 | 1118.15 |
| 城市维护建设税 | 1615.36 |
| 教育费附加 | 687.80 |
| 地方教育附加 | 455.29 |
| 耕地占用税 | 336.36 |

| 地方水利建设基金 | 221.59 |
|---|---|

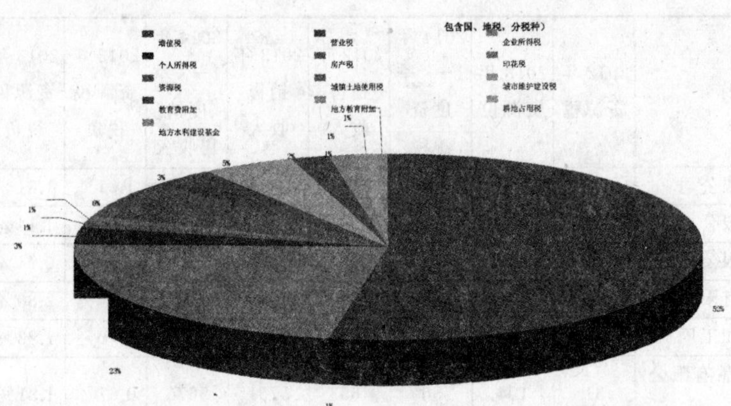


图一　2011－2014 年青岛平度市石墨企业主要税种税收收入分布图

石墨企业以货物劳务税和所得税为主体税种，在 2011——2014 年实现的主要税种税收总额中占 78%，资源税比重过低。

(五)现行石墨行业行政收费情况

目前石墨行业的行政事业性收费主要有六项，大约占销售收入的 3%。另据调研，政府向企业征收的收费项目，还有环境污染治理费、土地复垦保证金、道路维护费、安全风险保证金等，具体征收范围和标准根据企业实际情况而定，其中保证金名义上为根据企业情况一次性缴纳，但实际需每年缴纳，且不再退还。因此，企业实际行政收费项目负担率要高于 3%，应达到 5%左右。

**表二　石墨收费项目及费率表**

| 费率费目 | 计费依据 | 费率 | 征收机关 | 批准文号 |
|---|---|---|---|---|
| 矿产资源补偿费 | 销售收入 | 2% | 国土资源局 | 国务院令【1994】150 号 |
| 水土流失防治费 | 尾矿废渣体积 | 每立方米 2 至 6 元。 | 水务局 | 鲁价涉发【1995】112 号 |
| 企业排污费 | 尾矿数量 | 15 元/吨 | 环保局 | 国家发展计划委【2003】31 号令 |
| 水利建设基金 | 增值税 | 1% | 财政局 | 鲁政发【2011】20 号 |
| 森林植被恢复费 | 占用损坏面积 | 300－4000 元/亩 | 林业局 | 省森林植被恢复费征收管理办法 |
| 水土保持设施补偿费 | 损坏植被面积 | 1－2 元/㎡ | 水务局 | 鲁价涉发【1995】112 号 |
| 合　计 | 销售收入 | 折合约 3% | | |

(六)石墨资源税税负率测算

表三　2012—2014年三季度重点资源税纳税人税负测算表

单位：万元

| 纳税人名称 | 2012年资源税 | 2013年资源税 | 2014年1—3季度资源税 | 2012年销售收入 | 2013年销售收入 | 2014年1—3季度销售收入 | 2012年资源税税负 | 2013年资源税税负 | 2014年1—3季度资源税税负 | 平均税负 |
|---|---|---|---|---|---|---|---|---|---|---|
| 青岛金汇石墨有限公司 | 131 | 160 | 139 | 13055 | 12197 | 2883 | 1.01% | 1.31% | 4.82% | 2.38% |
| 青岛海达石墨有限公司 | 112 | 182 | 160 | 12944 | 16019 | 21019 | 0.87% | 1.14% | 0.76% | 0.92% |
| 青岛黑龙石墨有限公司 | 45 | 62 | 72 | 8434 | 8376 | 7904 | 0.53% | 0.74% | 0.91% | 0.73% |
| 青岛凯利达石墨有限公司 | 41 | 38 | 24 | 2843 | 1359 | 2447 | 1.44% | 2.80% | 0.98% | 1.74% |
| 平度市新德石墨加工厂 | 31 | 6 | 5 | 1828 | 83 | 147 | 1.70% | 7.23% | 3.40% | 4.11% |
| 青岛兴华石墨制品有限公司 | 31 | 104 | 56 | 4653 | 5751 | 5676 | 0.67% | 1.81% | 0.99% | 1.16% |
| 张舍镇习礼埠盛达石墨加工厂 | 27 | 23 | 19 | 1205 | 1335 | 1239 | 2.24% | 1.72% | 1.53% | 1.83% |
| 青岛云盛矿业有限公司 | 27 | 71 | 22 | 1588 | 1623 | 1365 | 1.70% | 4.38% | 1.61% | 2.56% |
| 青岛三发石墨有限公司 | 23 | 22 | 37 | 2118 | 2232 | 2190 | 1.09% | 0.99% | 1.69% | 1.26% |
| 青岛栋梁石墨有限公司 | 18 | 21 |  | 4886 | 3347 |  | 0.37% | 0.63% |  | 0.33% |
| 合计 | 486 | 689 | 534 | 53554 | 52322 | 44870 | 1.16% | 2.28% | 1.86% | 1.76% |

按照目前石墨资源税征收标准，根据调研的重点纳税人年销售收入及资源税入库数，对平度市重点纳税人缴纳资源税税负情况进行测算，资源税平均税负为1.76%。

## 四、现行石墨资源税政策分析

目前石墨资源税面临的主要挑战，首先要保护资源不因过度开发而枯竭，其次能够促进资源充分利用，创造更大的社会经济效益。但现行石墨资源税政策效用不佳，没有发挥其调节资源级差收入，提高资源配置效率，以及将地方资源优势转化为经济优势的作用。

一是资源税收入比重低，调控能力弱。以平度为例，根据《资源税暂行条例》规定，石墨资源税按照原矿每吨3元征收。由于条件和技术限制，无法具体测算企业开采原矿量，因此实际征管工作中，是通过折算单位税额，将原每吨中、高碳分别按30元和50元定额征收，目前已提高为每吨分别按50元和70元征收。

表四　平度市资源税及石墨资源税比重表

单位：万元

| 年度 | 税收收入 | 资源税 |  | 石墨资源税 |  |
|---|---|---|---|---|---|
|  |  | 数额 | 占税收收入比重 | 数额 | 占资源税收入比重 |
| 2011 | 119694 | 1720 | 1.44% | 445 | 25.87% |
| 2012 | 152303 | 1967 | 1.29% | 611 | 31.06% |
| 2013 | 188072 | 2281 | 1.21% | 794 | 34.81% |
| 2014 | 215192 | 1743 | 0.81% | 653 | 37.46% |

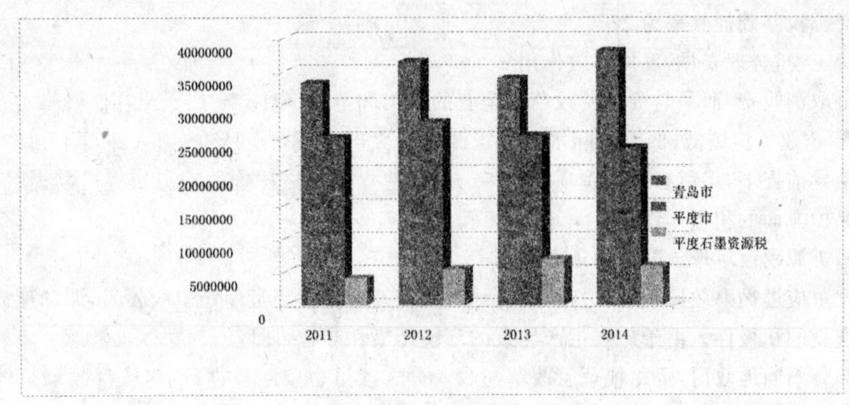


图二　石墨产业税收收入状况表

2013年和2014年，全国资源税税收收入比重分别为0.91%和0.94%，平度市平均水平基本与全国水平相当。由于石墨市场价格下跌，而整体税收收入大幅提高，因此资源税占全部税收收入比重逐年下降。但因加强征管，石墨资源税占资源税比重在逐年上升。

二是税费比重倒挂，重复征收。资源开采涉及国土资源、林业、水利水务、环保、人社、财政、物价等收费部门，既有省级又有地县级文件，既有从量计征又有从价计征，且重复收费严重，如水土流失防治费、土地复垦费、水土保持设施补偿费和植被恢复费等类似目的性项目，严重削弱了资源税应有作用。

三是政策导向不明。资源税的从量计征与资源的市场价格完全脱节，其结果不是鼓励企业充分利用资源和加强综合回收利用，而是促使企业放弃低品位矿和难以回收的多金属矿，抢采滥采高品位矿和容易回收的单品种矿。

四是市场反应不灵敏。地方政府若想增加资源税收入，只有依靠加大资源开采量一条路径。资源税与矿产资源价格起落不相关联，与市场好坏不相关联。

五是税收征管难度大。由于石墨开采、选矿、加工为一体化进行，在实际管理过程中，很难依据原矿征收资源税，只能按照产品纯度，测算使用原矿土量，据以征收资源税。如果企业存在隐匿收入、外购原料等情形，就易造成资源税漏缴。

## 五、石墨资源税改革建议

石墨资源尤其是纳米石墨、石墨烯潜在战略地位的提升，已经成为第二个“稀土”资源，我们应未雨绸缪，提升其国家战略地位。

(一)改从量计征为从价计征方式

石墨资源税按销售额和规定的税率计算应纳税额。从量计征虽在一定程度上保证了税收的稳定性，但不随产品价格变动，存在税额偏低、政府税收收入流失等问题。随着石墨产品需求量上升，产品价格会不断提高，通过从价计征，促使企业合理开发利用石墨资源，不断改变产品结构，提高高附加值产品的比重。

(二)提高石墨资源税税率

通过增加资源税的方式来替代出口关税符合WTO规定。可以参照稀土资源税改革做法，测定石墨资源税税率。在测算行政事业收费及资源税占销售收入比例合计约为7%的基础上，考虑石墨资源的稀缺和代偿性、矿企成本转嫁能力、出口关税被动诉讼等因素，将资源税作为关税替代方式（关税税率为20％），确定资源税基础征收率为27％。

（三）清费正税，合理安排，发挥有效作用

清费不是取消收费，而是与资源税改革相配套的归集和整合。目前矿产资源补偿费只占企业销售收入的2％，实际企业负担更低，低于国际水平。资源收益大部分归企业所有，国家却得不到矿产的收益。应在资源税主导前提下，保留必要收费项目，专款专用，建立与价格挂钩的动态费率机制，发挥其在促进资源勘探和保护方面的积极作用。

（四）石墨资源税改革形成财力向地方倾斜

资源税改革应遵循财政原则，通过改革，为地方政府及时筹集到足额稳定的收入，调动地方政府进行生态治理和恢复的积极性。由于矿产生产导致的环境污染在当地，环境治理主体也是地方政府。原有收费项目绝大部分归当地政府，资源税征管改革与收入分成改革也应同步进行，建议税改增量收入划归地方财政。

（五）分化资源税职能，设立环境保护税

从理论上讲，资源税应实现补偿环境的外部成本功能。在税制设计上，除考虑矿石产区和品级的实际情况外，还应考虑产品开采生产过程中所造成的环境破坏成本，但这既增加了税制设计的复杂性，也限制了可行性与功能的实现效果。因此，将环境的外部补偿功能从资源税中分离出来，设立环境保护税不失为一种可行的办法。税率设计上应考虑三方面：一是现行排污费的征收标准，二是治理污染的实际成本，三是污染物排放的指标。税率水平应多级化、多档次，应达到或超过企业为治理污染采取的技术措施的预期边际成本的水平，建议实行基本税率和浮动税率两种等级，同时随通胀变化或行业结构变化，而定期调整税率。征收管理方式根据纳税人的条件可分为自行申报和核定征收。

（六）加强税源监控，涉税信息共享，提高征管能力

石墨矿山多处在偏远地区，分布散乱，销售方式多样，税源监控征管难度大，且石墨资源的管理部门诸多。因此，石墨资源税改革要强化税源监控，为方便实际征管，要加强与地质、环保、矿山管理、工商、公安等部门协调，及时向税务机关提供第三方信息，降低征管成本，强化税源监控，防止税款流失。

（作者单位：青岛市地方税务局）

# 税收政策对我国葡萄酒行业影响

王　敏

## 一、我国葡萄酒行业发展现状

2013年，受我国政府遏制“三公消费”等因素的影响，中国葡萄酒消耗量10年来首次略降，较2012年微跌2.5%，但个人消费量依然保持了上扬的态势。业内专家预计，到2017年，中国的葡萄酒消耗量会再度上扬，将增长33.8%，估计至2017年达到207万千升。从长远的市场前景看，葡萄酒产业虽然处于暂时的调整期，市场在政府政策影响下有一定的下挫，但整个葡萄酒产业仍处于可以大有作为的战略机遇期，既面临着前所未有的难得机遇，也面对着诸多不可预计的风险挑战。

(一)产业发展迅速，产量快速增长

2001年中国加入WTO以后葡萄酒产业发展进入一个飞速成长的时代。2005年到2013年中国葡萄酒的产量从43.43万千升增长至117.8万千升，年均增长率达25.7%，拥有规模以上的葡萄酒生产企业数量从122家增长到240多家。自2005年开始，进口葡萄酒的关税开始大幅下调，葡萄酒进口量迅速攀升。1996年到2000年期间，我国葡萄酒进口量在4万千升徘徊。而到了2006年葡萄酒进口量达到了12.64万千升。2013年中国葡萄酒进口量已经增长到了约为37.68万千升。

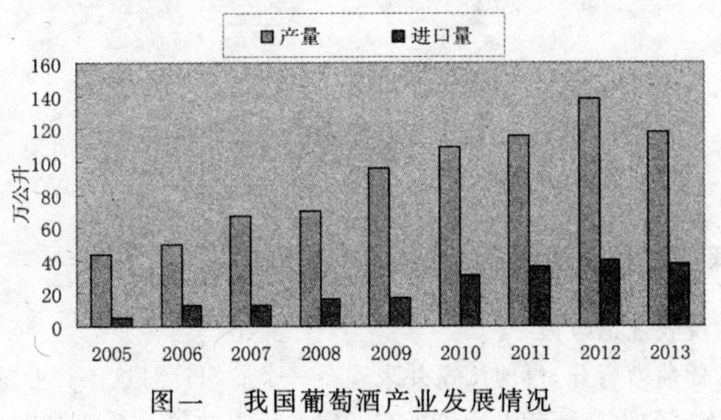


图一　我国葡萄酒产业发展情况

(二) 市场成长暂时遇到困难，但前景良好

我国葡萄酒的市场自2005年开始飞速发展。2005年行业销售收入已达到102亿元左右，总利润约为12.55亿元。而到了2010年行业销售收入与总利润分别为285亿元、33.27亿元。短短五年时间市场规模几乎翻了3倍，利润水平几乎翻了6倍。2013年，在三公限酒和进口酒的冲击下，1－7月份葡萄酒行业实现销售收入和利润总额分别为218亿元和22.6亿元，分别下降4.3%和19.1%，收入和利润同比增速继续恶化。

(三) 市场竞争日趋激烈

目前我国葡萄酒市场国内品牌依然占据主导地位。从销售收入看，中国葡萄酒行业前三甲占据34%的市场份额，张裕以约为17%的份额位居第一、长城约为12%居第二位、王朝约为5%居第三位，威

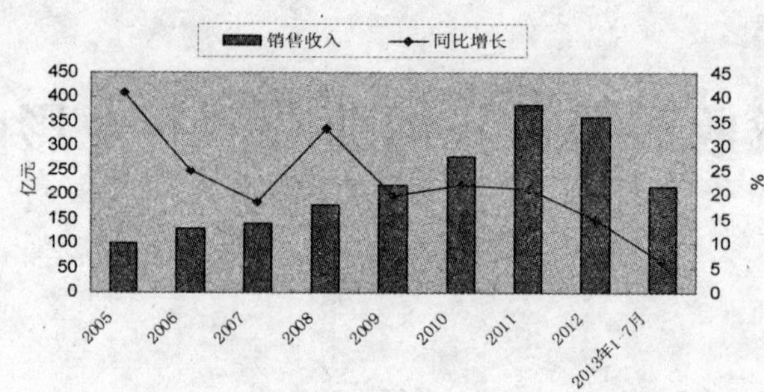


图二　我国葡萄酒市场成长情况

龙、通化则紧随其后。同时由于中国葡萄酒正在逐渐成为中国大量剩余资金垂青的重要投资项目之一且随着各地保税区葡萄酒交易中心的建立，国际葡萄酒巨头开始加速拓展中国葡萄酒市场，进口葡萄酒数量剧增。据海关数据统计，2013 年中国葡萄酒进口金额 15.56 亿美元中，从法国进口葡萄酒 6.59 亿美元，占总进口额的 44.73%；其次是澳大利亚、智利和西班牙。

2013年10大瓶装葡萄酒输入国

| 排名 | 国家 | 进口量（升） | 金额（美元） |
|---|---|---|---|
| 1 | 法国 | 128,735,587 | 658,504,721 |
| 2 | 澳大利亚 | 36,408,802 | 225,983,524 |
| 3 | 智利 | 25,528,775 | 100,024,112 |
| 4 | 西班牙 | 29,758,556 | 91,657,801 |
| 5 | 意大利 | 19,659,249 | 90,111,606 |
| 6 | 美国 | 12,697,990 | 73,563,958 |
| 7 | 阿根廷 | 4,477,105 | 22,454,792 |
| 8 | 南非 | 4,592,477 | 22,294,873 |
| 9 | 新西兰 | 1,910,200 | 19,834,972 |
| 10 | 德国 | 3,441,175 | 18,892,546 |

图三　2013 年中国葡萄酒十大输入国

## 二、税收优惠政策对我国葡萄酒行业的影响分析

（一）葡萄酒行业的税收优惠政策

对于快速发展中的葡萄酒行业，目前国家并未颁布一个专门针对这一行业的税收优惠政策。但这个行业中的不同企业，在不同的生产环节上均可享有一定的优惠政策。总的看来，葡萄酒目前属于国家鼓励投资发展的产业，享有政府的税收扶持政策。

1、从葡萄的种植环节来看：免征增值税、印花税、个人所得税及部分企业所得税和土地使用税。

第一，农业生产者、农民专业合作社销售自产葡萄免征增值税。第二，依规定设立和登记的农民专业合作社与本社成员签订的农业产品和农业生产资料购销合同，免征印花税。第三，根据“农业生产者销售自产农业产品，免征增值税。”这一条款，农民从事种植业取得的所得可以享受免征个人所得税的优惠。第四，农业生产者、农民专业合作社销售自产葡萄的所得免征企业所得税；符合条件的小型微利企业，减按 20% 的税率征收企业所得税；企业取得的符合条件的财政补贴收入免征企业所得税。第五，直接用于农、林、牧、渔业的生产用地免缴土地使用税；在城镇土地使用税征收范围内经营采摘、观光农业的单位和个人，其直接用于采摘、观光的种植、养殖、饲养的土地，免征城镇土地使用税。

2、从葡萄酒酿造环节来看：农产品进项税额扣除率降低。2012 年，财政部、国家税务总局下发了《农

产品增值税进项税额核定扣除试点实施办法》(财税[2012]38号)文件,明确规定:"试点纳税人购进农产品不再凭增值税扣税凭证抵扣增值税进项税额"、"按纳税人每月耗用的农产品数量来确定当期可抵扣的进项税额"。《办法》执行后,农产品进项税额扣除率由以前的13%修改为纳税人再销售时货物的适用税率,减轻了葡萄酒加工企业的税收负担,提高了产品附加值。

3、从葡萄酒销售环节来看:免征部分环节缴纳的消费税。2006年,根据国家税务总局《葡萄酒消费税管理办法》之规定,境内葡萄酒生产企业之间销售葡萄酒,实行《葡萄酒购货证明单》管理,销货方凭证单的退税联向主管税务机关申请已纳消费税的退税,避免了重复征税。新《葡萄酒消费税管理办法》实施以来,外购或进口原酒环节缴纳的消费税得以减免,葡萄酒加工企业切实享受到了政策利好。

(二)葡萄酒行业税收优惠政策的实证分析

1、指标选取及数据说明。目前全国共有12家葡萄酒上市公司(红酒上市公司)构成了红酒概念股,其中有六家为控股公司兼营葡萄酒。由于葡萄酒产业链涵盖种殖、生产、加工、销售、服务等多个环节,涉及诸多企业,难以对其全部进行计量分析,出于此考虑,本文以主营葡萄酒的六家上市公司的财务报表数据为样本进行统计分析。同时由于新税法从2008年1月1日开始实施新的企业所得税率,因此选取主营业务为葡萄酒的六家上市公司2008—2013年六年的财务报表数据进行统计分析。

**表一　主营业务为葡萄酒的上市公司**

| 公司名称 | 简称 | 代码 |
|---|---|---|
| 甘肃皇台酒业股份有限公司 | ST皇台 | 000995 |
| 甘肃莫高实业发展股份有限公司 | 莫高股份 | 600543 |
| 通化葡萄酒股份有限公司 | 通葡股份 | 600365 |
| 烟台张裕葡萄酿酒股份有限公司 | 张裕A | 000869 |
| 中信国安葡萄酒行业股份有限公司 | 中葡股份 | 600084 |

(1)评价税收优惠政策的指标。

由于税收优惠的具体数额在财务报表上未能得到直接反映,且税收优惠政策主要集中在所得税,因此本文选取所得税优惠贡献率这一指标来衡量税收优惠政策。

根据2008年1月1日起所实施的新企业所得税法,企业所得税率统一为25%。由于从上市公司的年报中无法得出公司受惠的税收优惠的确切数字,因此本文通过计算出2008—2013年六年所得税优惠对五家上市公司的净利润贡献率,来衡量所得税优惠政策对公司业绩带来的影响。

(2)评价上市公司绩效的指标。

根据杜邦财务法的基本原理,可以通过对企业的偿债能力、运营能力、盈利能力发展能力进行系统评价,而达到全面评价公司财务状况的目的。

**表二　指标选择及说明**

| 指标 | 计算方法 | 单位 | 指标解释 |
|---|---|---|---|
| 所得税优惠贡献率(X) | 利润总额*(25%-所得税占利润总额的比重)/净利润 | 元 | 反映企业受税收优惠政策的影响 |
| 资产负债率(Y1) | 负债总额/资产总额 | % | 反映企业偿债能力 |
| 存货周转率(Y2) | 主营业务成本/存货平均余额 | % | 反映企业运营能力 |
| 净资产收益率(Y3) | 净利润/平均净资产 | % | 反映企业盈利能力 |

| 营业增长率(Y4) | 本年主营业务收入增长额/上年主营业务收入增长额 | % | 反映企业发展能力 |
|---|---|---|---|

本文选取上市公司的资产负债率(Y1)、存货周转率(Y2)、净资产收益率(Y3)、营业增长率(Y4)为因变量,(X)为自变量,分别构建不同类型的 Panel Data 模型。

**表三　主营业务为葡萄酒上市公司的所得税优惠贡献率(X)　　(%)**

| 年份＼公司简称 | ST 皇台 | 莫高股份 | 通葡股份 | 中葡股份 | 张裕 A |
|---|---|---|---|---|---|
| 2008 | −6.58 | −9.80 | −31.43 | 0.36 | −31.95 |
| 2009 | 0.25 | −10.68 | 0.90 | 0.27 | −31.65 |
| 2010 | 2.20 | −25.75 | 0.35 | 0.25 | −32.36 |
| 2011 | −98.38 | −29.99 | −3.88 | 0.85 | −32.83 |
| 2012 | −77.53 | −41.90 | −14.57 | −26.43 | −33.13 |
| 2013 | 14.78 | −2.61 | 6.27 | −51.74 | −32.95 |

虽然在 2008—2013 年间,国家制定了新的企业所得税法,对葡萄酒行业及相关企业的税收优惠扶持力度逐年增加,但 5 家上市公司所获得的所得税优惠贡献率仅有 3 家处于上升趋势,张裕 A 基本保持不变,中葡股份却有下降的趋势,因此对于所得税优惠政策的效果值得进一步探究。

2、实证分析。

本文通过 Eviews6.0 统计软件的分析,对所得税优惠贡献率(X)与资产负债率(Y1)、存货周转率(Y2)、净资产收益率(Y3)分别建立联合回归模型,与营业增长率(Y4)建立随机影响变截距模型。

(1) 税收优惠政策对企业资产负债率产生显著影响。

通过回归分析得出所得税优惠贡献率(X)与资产负债率(Y1)的联合回归模型:

$$Y1_t = 46.07327 - 0.114054X_t \quad (1)$$

由回归结果得出,企业资产负债率(Y1)与所得税优惠贡献率(X)呈负相关关系。方程的 P 值等于 0,且所得税优惠贡献率(X)通过 t 检验,说明该模型的拟合度是可以接受的,两者之间具有比较显著的相关性。所以,接受原假设,所得税优惠政策对企业资产负债率产生显著影响。反映的经济含义为:当所得税优惠贡献率每增加一个百分点,企业的资产负债率将降低 0.114 个百分点,这说明企业的举债能力、经营风险受到所得税优惠政策的一定影响。

(2)税收优惠政策对企业存货周转率的影响不显著。

**表四　所得税优惠贡献率(X)与存货周转率(Y2)估计结果**

| Variable | Coefficient | Std. Error | t−Statistic | Prob. |
|---|---|---|---|---|
| C | 9.436861 | 0.654176 | 17.294775 | 0.0000 |
| X? | 0.007245 | 0.035724 | 0.632562 | 0.5696 |
| R−squared | 0.435439 | F−statistic | | 0.576325 |
| Sum squared resid | 0.885323 | Prob(F−statistic) | | 0.361149? |

所得税优惠贡献率(X)与存货周转率(Y2)估计结果看到,存货周转率与所得税优惠贡献率具有正相关关系,但其相关关系并不显著,方程 P 值等于 0.361 也大于 0.05,说明模型拟合度低。应拒绝原假设,

接受备择假设,即,税收优惠政策对存货周转率的影响并不显著。

(3)税收优惠政策对企业净资产收益率的影响显著。

**表五　所得税优惠贡献率(X)与净资产收益率(Y3)估计结果**

| Variable | Coefficient | Std. Error | t－Statistic | Prob. |
|---|---|---|---|---|
| C | －10.6154 | 6.104180 | －2.641431 | 0.0000 |
| X? | 1.121035 | 0.348815 | 4.427856 | 0.0000 |
| R－squared | 0.927592 | F－statistic | | 20.57822 |
| Sum squared resid | 5.57354 | Prob(F－statistic) | | 0.0000? |

对所得税优惠贡献率(X)与净资产收益率(Y3)建立联合回归方程为:

$$Y3_t = 10.6154 + 1.121035X_t \tag{2}$$

方程P值等于0,$R^2=0.927$,且解释变量X的系数的t值大于临界值,通过t检验,说明模型拟合程度较高。企业净资产收益率(Y3)与所得税优惠贡献率(X)呈高度正相关关系,因此,接受原假设,拒绝备择假设,即,所得税优惠政策对企业净资产收益率产生了显著影响。其经济含义解释为:企业所得税优惠贡献率每增长一个百分点,其企业净资产收益率就增长1.121个百分点。

(4)税收优惠政策对企业营业增长率具有显著影响。

本文目的是要通过5家上市公司的企业样本研究总体葡萄酒产业,利用Eviews6.0进行Hausman检验,Hausman统计量的值是11.63,伴随概率为0.0637,接受随机效应模型的原假设,建立个体随机效应模型:

$$Y4_t = 6.054274 + 2.346122D_{2008} + L - 0.732974D_{2013} + 1.035721X_t \tag{3}$$

其中虚拟变量的$D_{2008}$、L、$D_{2013}$的定义是:$D_t=\begin{cases}1,\text{如果属于第 t 个时点},t=2008,L,2013\\0\ \text{其它}\end{cases}$,即,当所有虚拟变量取0时,表示即使企业所得税优惠贡献率为0,企业的营业增长率依然存在。

所得税优惠贡献率(X)与营业增长率(Y4)的估计结果显示,随机效应方程P值和解释变量X系数P(t)均为0,方程显著,说明模型拟合程度较高。$R^2=0.936$,企业营业增长率(Y4)与所得税优惠贡献率(X)呈高度正相关关系,因此,所得税优惠政策对企业营业增长率具有显著影响。即,企业所得税优惠贡献率每增长一个百分点,企业营业增长率就增长1.036个百分点。

3、实证结果。根据上文的实证分析,得出企业所得税优惠政策对葡萄酒相关企业的整体绩效影响显著,此结论也同样适用于整个葡萄酒行业。但是上市公司享受的企业所得税优惠政策也仅限于西部大开发或当地政府出台中的政策。

(三)存在的问题

目前国家依然把葡萄酒定义为高税收的工业产品,并没有当做农业产品,农业的优惠税收政策不能覆盖葡萄酒生产销售的全过程。同时,10%的消费税在日渐开放的竞争环境中阻碍也了企业的发展。而且,我国是世界上唯一对酒精饮品进口无任何附加条件的国家。在这种环境下大大限制了葡萄酒产业的发展。

1、对葡萄酒行业的税收优惠政策缺乏系统性。我国对葡萄酒行业的税收优惠政策主要体现在支持农业发展、鼓励新兴产业发展和刺激出口等方面,却没有专门针对葡萄酒行业的种植、生产基地制定相应的税收优惠政策,缺乏总体上的规划,缺乏系统性和规范性。另一方面,国家从2008年11月开始,取消了包括葡萄酒设备在内的进口机械设备免增值税和进口关税的优惠政策,以鼓励国产机械设备企业的发展。这项政策在一定程度上影响了一些葡萄酒企业的生产计划,给葡萄酒生产企业和葡萄种植户带来直接或间接的影响。

2、葡萄酒行业的相关税收优惠政策力度偏小。葡萄酒行业享受的相关税收优惠政策主要以葡萄种植涉及农业方面的和符合当地政府出台的扶持政策及西部大开发税收优惠政策为主,缺乏监测葡萄酒质量标准的体系、深加工品环节及投资环节的鼓励支持。鼓励企业增加出口的企业所得税优惠,只有存在盈利的企业才能享受,各种限制条件的高门滥,大大降低了税收优惠政策对我国葡萄酒行业的扶持力度。

3、难以规避税收优惠政策的滞后性。税收优惠政策中先征后返、先征后退、出口退税等手续繁琐,环节颇多,成本高昂,从而使得税收优惠政策运行效率低下。

## 三、政策建议

(一)进一步加大对原料种植的税收优惠力度

种植业是整个葡萄酒行业的上游环节,也是其葡萄酒行业进行酿造加工的原料来源,种植业发展得好,葡萄酒在质量上才能得到保证。但在我国,葡萄酒种植业的发展仍然滞后,矛盾十分突出,种植业成为葡萄酒行业产业链中的薄弱环节。在这个环节,我国政府仅有对农业生产者销售自产葡萄免征增值税和企业所得税,优惠范围不够广,扶持力度不够。相比较种植业发展比较先进的国家,我国政府对种植业的税收倾斜力度差距甚远。为贯彻对种植业发展的支持和鼓励,不仅要继续秉承轻税政策,同时可以借鉴种植业发达国家的税收优惠模式,加强对原料种植的税收减免。

(二)不断完善葡萄酒行业酿造税收政策,减轻企业在酿造加工环节上的实际税负

政府制定的这个环节的税收政策只有试点纳税人购进农产品不再凭增值税扣税凭证抵扣增值税进项税额,这在受惠范围、降低税率及优惠方式上还有待进一步完善,具体可借鉴欧盟国家对葡萄酒酿造业发展进行税收扶持的经验。增值税方面对发展具有高附加值的深加工的企业适当降低增值税税率,解决在葡萄收购过程中增值税的“高征低扣”问题,减轻企业在酿造加工环节的实际税负。

(三)将葡萄酒定义为农业产品,享受农产品所享受的优惠政策

在整个葡萄酒行业所涉及的税收缴纳中,销售环节所占的纳税比重最大。在葡萄酒的消费环节上,国家优惠政策把葡萄酒作为高税收的工业产品销售,同时,10%的消费税在日渐开放的竞争环境中阻碍了发展。我国可以借鉴欧盟国家对葡萄酒行业税收扶持的经验,将葡萄酒定义为农业产品,享受农产品所享受的优惠政策,政府对企业进行相应的补贴,促进企业的长期发展。

(作者单位:新疆石河子国家税务局)

# 开征环境保护税的效应分析及我省的应对措施

傅廷民　汤永强　陈　伟　孙　健　王前明

## 一、环境保护费改税改革的效应分析

(一)环境保护费改税对我省财政收入的影响

1、能够促进政府收入的稳定增长。环保税开征后,加强税法执法严格落实政策,增强执法刚性,会弥补原排污费征收过程中征收面过窄、征收力度弱化等不足,特别是在国省控环境检测设备安装逐步扩大后,大量游离于监管之外的一些小规模排污企业将统一纳入征收管理,扩大了征收覆盖面,有效促进收入的稳定增长。

2、能够促进税收收入质量的有效提升。实现费改税,不断提升税收占比,是当前中央深化财税体制改革的主要方向和工作重点。随着环保费改税的实行,能够实现降费增税,提高税收占比,充分体现出税收的普遍征收特点,也能够有效避免因漏征造成的执法风险,切实提高收入质量。

(二)对政府管理的影响

1、有利于强化环保监管职能。环境保护费改税后,环保部门能够腾出更多人力、精力和设备加强对排污企业的监管,提供更多及时、准确、有效的环境监测数据,同时环保部门可以加强对环境监测技术的应用研究,不断提升对更多污染物的检测能力。

2、有利于政府加强环境治理。环保费改税后带来收入稳步增长,将有助于政府加大对环境治理的投入,把更多财力投入到污染治理中去,推动环境质量的逐步提升。

3、可以实现部门职能优势互补。会促进整个社会更加关注环境质量,促进政府各部门发挥各自职能优势,形成工作合力,推动国家绿色发展的理念落到实处。

(三)对社会经济发展的影响

1、有利于提高全社会的环保意识。环境税的开征,可以通过深入开展税法宣传,建立资源环境国情和生态价值观,在带动纳税意识提升的同时提高环保意识,推动全社会形成绿色消费自觉。

2、有利于促进经济结构调整。环保费改税以及足额征收将会增加排污企业的治污投入,加大生产成本,倒逼企业向资源节约、环境友好方向转型,推动低碳循环经济发展,进而促进经济结构向绿色、环保调整,形成能源革命,促进节能减排。也将有利于带动和促进环保设备制造产业和相关应用技术的大发展,推动我国环保产业实现质的飞跃。

3、有利于促进企业的公平竞争。环保税的普遍征收特点以及征收面逐步扩大后,污染企业都将根据排污量缴纳环保税,有利于营造公平公正的竞争环境,促进企业不断优化结构,加快转型步伐,在实现企业优胜劣汰中推动环境质量的不断提升。

## 二、费改税后税收管理中存在的问题

(一)在线安装检测比例不高,征管缺乏税源底数

我国对企业污染物排放的在线监测设施安装比例仍然过低,目前仅有部分具备安装条件的国家、省

级重点监控企业通过自动监控设施实现了在线监测。对绝大多数企业而言，鉴于排放污染物种类多、无组织排放且难以在线监控，目前只能按照环保部规定的物料衡算方法和监督性监测数据进行核定。由于核定存在技术力量缺陷以及人为随意性等因素，使得大多数企业最终核定的数据不够准确，甚至有的相去甚远。费改税后，势必导致相应的环境保护税整体税源状况无法准确掌握，地税机关没有税源底数，缺乏征管依据，税源状况不清，进而难以实施行之有效的针对性管理。

（二）按照实际排污量征收，税务机关技术力量不足

环境保护税沿用排污费的有关征收依据，以企业实际排污量为标准计征，这与地税部门征收的其他税种截然不同，专业性要求高，单靠税务机关的技术力量难以达到。目前环保部门对污染物排放量进行现场环境执法检查和监督性监测，并对二氧化硫、化学需氧量等废气和废水污染物排放采用了自动在线监测的方法。在保证监测数据可靠的前提下，可以直接采用这些监测数据作为实际排放量。但在不能获得相关数据的情况下，环保部门在实践中则采用了物料衡算法和排污系数法等估算方法来测算污染物的排放量。核定污染排放物、排放量是一个对技术要求较高的工作内容，而地税部门目前缺乏自行核定的技术能力，若没有专业基础做保障，仅仅依靠企业自行申报，税务机关的征收将完全陷于被动。

（三）相关的配套法律、法规仍不完善

目前排污费相关制度已有较为完备的法律法规框架，而环境保护税法仍未定稿，与之相配套的有关法律法规的制定也仍没有提上议事日程。一旦进行费改税，在过渡过程中很多后续问题将会显露，例如如何与排污费衔接、如何与现有相关税收配合、如何进行信息传递、环保税的资金分配及使用权等问题，这些都需要进一步出台相关的配套法律法规予以明确。

（四）征收面扩大后，地税机关面临征收难、审核难

替代排污费的环保税将征收范围进一步扩大到所有直接向环境排放或者产生应税污染物的企事业单位和其他生产经营者。征收面扩大后，大批以前未收取排污费的生产经营者将纳入征收管理范围，其中绝大多数属于中小企业，地税机关征收压力加大。具体来说，一方面地税部门管户数量增加，而且这些生产、排放应税污染物的单位一般属于国税部门增值税管理范围；另一方面新增缴税单位对环保税的认同度和遵从度有待提高，这些情况都将增加地税部门管理难度。另外，地税部门作为实际征收部门直接面对广大纳税人，在对企业排放量数据进行审核时，是否采信企业申报数据，采用何种征收标准和征收方式，如何在保证公平公正的前提下取得纳税人的信服和认可，对地税部门而言都是个不小的考验。对通过环保部门核定得来的数据，一旦与企业发生争执，由于排放量是即时数据，无法再行复核，地税机关执法风险势必加大。

（五）可能存在来自于局部地区地方政府的阻力

为了组织收入，需要加强环保税的征收力度，不可避免会触及排污量较大又在当地有一定影响力的企业的实际经济利益，引来这些企业对地方政府施压。鉴于目前环保税尚未确定是否全部属于地方税，即使全部归入地方财政，可能在财政资金使用方面必须要应用于治理改善环境。这种情况下，局部地区的地方政府很可能优先考虑到要维护当地企业利益以便促进当地经济发展，而对地税部门执法进行直接或间接干预。

## 三、应对措施及建议

结合《环境保护税法》（修改稿）政策规定和我省实际，建议环境保护税的开征应当遵循“合理测算税率、完善配套机制、加强部门配合、提高税收能力、分步推进实施”的指导思想。

（一）合理测算税率

《环境保护税法》（修改稿）规定：由地方性法规在《环境保护税税目税额表》规定的税额标准基础上适

当上浮应税污染物的适用税额。按照上述规定，如何科学合理的确定本省辖区内环境保护税的上浮度是开征前的一项重要工作。建议在税率设计上，应结合前期排污费征收状况，做好税源分析测算，并考虑区域差异和企业边际成本，实行差别化税率。即要发挥税率的导向作用，促进节能减排，技术升级；又要防止因税率过高而加重企业负担，抑制经济发展。应根据环境整治的边际成本变化，对不同地区、不同行业、不同污染程度建立税率的动态调整机制，逐步达到最佳平衡水平。

(二)完善配套机制

开征环境保护税的主旨是保护和改善环境，促进减少污染物排放，推进生态文明建设。环保税的征收只是改善生态环境工作中的一个环节，还需要配套法规的建立和保证机制的设定才能得以运行：一是要建立透明开放的环境保护税征收机制。要加强媒体宣传，通过适当的方式保证公众能够及时了解环保税的征收目的、征收手段及征收成果，取得公众的认可；二是要建立环境保护税收入专款专用的机制。要保证环境保护税收入真正用于环境污染的治理上，以保障其征收目的和支出用途的一致性；三是要明确环境保护税收入的归属机制。目前，排污费收入属于地方公共财政收入。由于环境污染的流动性，排污费改为环境保护税以后，收入势必向中央财政集中，而省、市级财政也需要环境保护税收入为治理地方环境污染提供资金。这就需要确定环境保护税收入的分享原则和相关的分配制度。另外还应根据大气污染、水体污染、固体废弃物和噪音污染不同的收入规模，将整体收入按比例进行合理的分配；四是建立环境诚信和纳税信用双评价机制。将现有的环保诚信制度与纳税信用等级评定结合起来，制定更加严格的环境保护税纳税双信用评价标准和方法，将对提高环境保护税税法遵从度，弥补环境保护税税源控管难，增强环境保护税征管力度起到重要作用；五是建立环境保护税争议处理机制。鉴于环境保护税的特殊性和复杂性，纳税人排放污染物的违法行为既可能同时违反税法和环保法。建议按照“一事不二罚”的原则，针对不同的违法类型适用不同的行政处罚，并保障纳税人行政复议和行政诉讼的权利；六是完善环保信息监管机制。目前，省市级环保部门信息化条件能够基本满足环保监测和监管业务的要求，但县级环保局的广域网络建设仍然比较落后，对于信息应在同一层级交换的基本要求还无法满足，进而影响当地环保税的征管效率。应通过完善环保信息监管机制，提升系统的数据集中水平，实现至少省级层面的环保监管数据集中，以利于与税务机关的信息交换共享。

(三)加强部门配合

环境保护税既是环境保护政策体系中的重要经济手段又是财政收入的一部分，必须建立协调规范的污染控管措施、高效准确的信息共享机制，才能形成部门合力提高征收管理水平：一是建立环保部门与税务部门的涉税信息共享机制。根据实际征收的工作需要和业务需求，细化明确信息传递的规范、内容、时间，保证征收工作的顺利进行，此部分建议在《环境保护税法实施条例》中进行明确；二是建立财政、税收、环保部门的分工协作机制。进一步明确责任权利，做好工作任务分解，以保证问题的及时处理，增强紧急事件的应变能力，保障税款的及时足额入库；三是地税与环保部门合作，加强对畜禽养殖业、小型企业和第三产业的控管能力。目前对此类污染物排放隐蔽，流动性强、规模小的企业，缺乏有力的监管手段，地税部门应与环保部门通力合作，集中优势，科学合理的确定此类企业的税源数据。

(四)提高税收能力

环境保护税社会关注度高、社会影响面大，具有税源变化大、税基种类多、专业性强、税额计算复杂的特点。只有将环保部门的专业技能、监管法定权与税务部门的成熟系统、征税法定权有机结合起来，才能节约成本、精准实施、应收尽收。税务机关应提前做好以下几项工作：一是预先沟通，开展调研。与环保部门沟通，全面了解当地排污费的征管现状和费源情况，有针对性地选择重点行业、重点企业深入调研，了解排污费核定征收的流程方法，听取基层税务机关的意见，根据地区实际完善环境保护税征管流程；二是建立环境保护税税源数据库。按照“部门协作、信息共享、及时更新、充实完善”的原则，以环保部门提供的排污单位信息为基础，加强与税务登记信息比对匹配，通过税源信息的双向流动，摸清环境保护税的税源底数，建立完善更新环境保护税税源数据库；三是完善软件功能，加强信息化支撑。首先要在现有“金税三期”税务征管系统中增加环保税征管模块，其次要建立信息交换与数据共享平台，实现环保部门和税务机关之间传递纳税人排放应税污染物审核确认、环境保护税源认定等信息的畅通传递。四是完善税务登记制度。要求纳税人在税务登记时提供排污许可证及相关资料，主管税务机关据此进行应税污染物信息登记和税种鉴定，充实完善纳税人登记信息库，从源头上加强环境保护税税种管理。五是加强专业人才培养。环境保护税在税源掌握、日常监控、后期监管等方面都与其他税种截然不同，现有税收人员需要加强专业知识的学习，所以在开征之前要与环保部门配合，有计划地在各基层征收单位培养3至5名熟悉环保业务知识的税收人员，并以点带面，保证环保税的顺利开征。

（五）分步推进实施

环保税的征收是一个不断探索、改进完善的过程，涉及面广、社会影响大，会受到部门利益、地区差异、人员素质等因素的影响，如在同一时间在全省铺开，势必会使矛盾集中显现。政策的贯彻落实即要有短期方案，又要有长期规划，所以建议环保税的开征采用严谨慎重、分类试点、分步推进的方式实施：一是税目分类，横向模拟。先行根据大气污染、水体污染、固体废弃物和噪音污染这四类税目，根据地区特点选取不同地市进行试点，模拟征收环境，探索部门配合，解决焦点问题，以保证全面开征的顺利进行；二是从大到小，纵向推进。在正式开征后，首先根据环保部门提供的缴纳排污费企业名单，按税源规模、制度健全、帐目规范、人员素质等因素的进行分类征管，以积累经验、锻炼队伍、完善税制。第二步将禽畜养殖业、中小企业和第三产业纳税人这类征管难度大的企业纳入征收范围。在优质服务的基础上严格执法，确保环保税的顺利开征，收入的规模的不断扩大。

（作者单位：山东省地方税务局）

# 民国时期开征遗产税　非成功之举

孙亚华

## 一、引言

应该认为,在中国税收发展史上,民国时期遗产税的开征,是一个值得关注和研究的重要事件。

民国时期的北洋政府,在执政之初就为开征遗产税做了大量的理论和舆论准备,并进行了立法尝试。可以这么说,北洋政府因战争需要财力而曾大力筹办遗产税,又因战争环境所限而未办成遗产税。

民国时期的国民政府,在由广州移驻武汉的短暂时间内,就急切地参照北洋政府遗产税法案,草拟了《遗产税暂行条例》。1927年定都南京之后继续开展遗产税之开征准备,有时做到轰轰烈烈程度,但因经济、社会、文化、法制等诸多条件不利,历时10年未能施行。直至抗战全面爆发,国民政府迁都重庆不久的1938、1939年才陆续完成开征遗产税的立法程序,并于1940年7月1日正式开征。因此基于某种角度,可以说是抗战催生了民国时期的遗产税。

民国时期的遗产税以遗产为征税对象,以遗产权属关系转移为征税节点,以遗产承继人或受益人为纳税义务人。其时设计和推行的遗产税制,虽然不无特定时代背景和政治历史局限,但在专业层面上不乏可圈可点之处。

现代国家针对遗产征税,主要以限制私人财富累积、助推公益事业壮大、鼓励生者勤劳创业为目的,亦即首重遗产税的社会功能,因而也可将其归类为特定目的税。不过在民国时期,国民政府将遗产税归类为直接税,宣传为兼具财政、社会和经济功能的良税、善税。

关于遗产税在民国时期存续9年的功过是非,我国学界现在仍是仁者见仁、智者见智。笔者依据既有史料研究发现,民国时期的遗产税远未能够彰显国民政府宣传的财政、社会和经济功能,远未能够实现国民政府期待的筹措财政收入、促进社会建设和振兴国家经济目标。也正是在这个意义上,本文认为:民国时期开征遗产税,并非成功之举。

## 二、民国时期遗产税未能实现筹措财政收入目标

国民政府开征遗产税,首重其财政功能,但自始至终远未能够实现财政收入筹措目标。

(一)筹措财政收入为其首重

在遗产税开征前后,国民政府虽对遗产税促进社会建设和经济发展等功能多有论述和宣传,但战争环境决定其必然首重遗产税的财政功能,以此为抗战及之后的内战筹措财政收入。

执政党将征收遗产税列为战时财政举措。1938年7月2日,中国国民党发布《抗战建国纲领》,特别提出“推行战时税制”;1939年1月28日,中国国民党五届五中全会通过《第二期战时财政金融计划案》,将“实行遗产税”列为“推行战时税制”的重要举措之一,并且列明了年度预期收入数额。

行政当局将遗产税视为支战重要财源。1938年7月,国民参政会在武汉举行一届一次会议,鉴于抗日战争爆发后税收锐减、支出激增、财政收支不敷甚巨,议决从速完成遗产税的立法程序、开征遗产税。随后,财政部重拟《遗产税暂行条例(草案)》,9月30日获立法院通过,10月6日由国民政府发布。同年

10月24日，国民政府主席林森发表《推行遗产税，以增加抗战的财源》报告，号召“国人在继承遗产时不要隐藏不报或假造账目或移转户名”，认为这样“税收就自然可观，不特可以增加抗战财源，并且可以加强抗战力量”。

主管机关更以实现战时预算为首要目的。无论是1940年7月14日印发的《开征遗产税宣传纲要》，还是1947年3月27日印发的《遗产税宣传大纲》，其中虽都提及国家“对于遗产继承人或受益人课以定额之税款”具有社会及经济政策之意义，但所宣示的征收遗产税之首要目的都是“为财政上之需求”。而在财政部颁发《遗产税宣传大纲》的内部训令中，我们所能读到的宣传目的，除为完成1947年的遗产税收入预算外，别无其他。

（二）名义收入呈逐年增长态势

自开征年度起，遗产税之预算收入数和实征收入数，始终保持增长态势。

**表一　民国时期遗产税收入统计**

金额：法币千元

| 年度 | 预算收入 | | 实征收入 | | 实征数额与预算数额比 | 备注 |
|---|---|---|---|---|---|---|
| | 数额 | 同比增率 | 数额 | 同比增率 | | |
| 1940 | 2,000 | | 2 | | 0.10% | 7—12月，实为1900元 |
| 1941 | 5,000 | 150% | 287 | 14250% | 0.57% | |
| 1942 | 20,000 | 300% | 2,560 | 792% | 12.80% | |
| 1943 | 50,000 | 150% | 55,664 | 2074% | 111.33% | |
| 1944 | 50,390 | 0.78% | 125,444 | 125% | 248.95% | |
| 1945 | 200,000 | 297% | 276,670 | 121% | 138.34% | |
| 1946 | 2,614,601 | 1207% | 3,071,196 | 1010% | 117.46% | |
| 1947 | 30,000,000 | 1047% | 36,547,643 | 1090% | 121.83% | |
| 1948 | 30,000,000 | | 74,568,427 | | 248.56% | 1—6月 |
| | 2,461 | | 870 | | 35.35% | 7—12月金圆券 |
| 1949 | 11,600 | | | | | 金圆券 |

预算收入，除1944年仅为微幅增加外，其他年度皆比上年增加100%以上，其中1946、1947年高达1000%以上；实征收入，1945年同比增幅最低，为121%；1943年同比增幅最高，达2074%。预算收入增幅，1944年及之前年度，皆低于实征收入增幅；1945年及之后年度，皆高于实征收入增幅。总的来看，预算收入与实征收入保持了同向、但不同幅度的增长。

预算收入与实征收入始终保持同向增长有多方面原因。其中既与纳税人税法遵从度逐渐提升、税务稽征能力逐渐增强有关，也与税源随着国民政府有效管治区域扩大而扩大有关，更与通货膨胀不断加剧有关。而增幅如此之大，则主要是通货膨胀所致。正因如此，笔者将这里的预算收入和实征收入称为名义收入；亦即其收入增长情形，在通货膨胀不断加剧的背景下，并不能够确切反映财力增长实际。至于通货膨胀的实际影响究竟有多大，后文将会谈及，在此就不详述。

（三）各期财政目标均未实现

税收收入预算编制固然以税源调查预测和税法遵从评估为基础，但税收收入预算规模也一定程度地反映了执政当局为满足财政支出需要而产生的税收收入期待，即财政目标。民国时期的遗产税实征收入虽然逐年增长，但与国民政府的财政目标相比，始终远不可及。

1940 年 7－12 月、1941、1942 年及 1948 年 7－12 月的实征数与预算数皆呈负背离状态，分别为 0.10％、0.57％、12.80％和 35.35％。因此，即便不考虑年度预算执行期间的通货膨胀因素，上列各个期间的遗产税实征数，也远未实现当期国民政府财政收入筹措目标。

1943－1947 年及 1948 年上半年的实征数与预算数皆呈正背离状态，占比最低为 111.33％，最高达 248.95％，亦即不同幅度地反超预算。那么是否应该认为上列各个期间的遗产税，均超额实现了当期国民政府筹措财政收入目标？笔者坚持否定答案。之所以否定，也就是因为上列各个期间的实征数中，皆有大量源于通货膨胀的水分。

众所周知，抗日战争进入中后期时，国民政府为支撑日益庞大的财政支出而连年大量增发纸钞，再加上日伪的金融破坏活动，以致国统区的通货膨胀愈演愈烈。1943 年 5 月，四川省政府致函财政部时即称，“现在百物腾涨，平均值在百倍以上”。笔者虽未考证此函所谓物价上涨“百倍以上”的具体期间，但深信此函所言应有所据。因为确有可靠资料显示，1942－1945 年间的整个中国后方物价增长之况已经达到惊人程度。

**表二　1940－1945 年中国后方钞票发行和批发物价指数**

| 时间 | | 钞票发行指数 | 批发物价指数 | 备注 |
|---|---|---|---|---|
| 1940 年 | 6 月 | 141 | 159 | 基期为 1939 年 12 月等于 100 |
| | 12 月 | 183 | 262 | |
| 1941 年 | 6 月 | 249 | 403 | |
| | 12 月 | 352 | 690 | |
| 1942 年 | 6 月 | 165 | 173 | 基期为 1941 年 12 月等于 100 |
| | 12 月 | 227 | 290 | |
| 1943 年 | 6 月 | 330 | 613 | |
| | 12 月 | 499 | 1057 | |
| 1944 年 | 6 月 | 813 | 2078 | |
| | 12 月 | 1255 | 3220 | |
| 1945 年 | 6 月 | 2635 | 9550 | |
| | 12 月 | 6834 | 10075 | |

再次挑起国共内战以后，国民政府增发钞票业已完全失控，其统治区内一年之中物价涨幅需以数倍、数十倍来计算。例如以 1947 年 1－6 月国内物价指数等于 100 为基期，其时上海的物价指数：1947 年 3 月为 1386593，6 月为 2905700，12 月为 4635700；1948 年 3 月为 32576900，6 月为 197690000，8 月 19 日为 558990000。也就是在 1948 年 8 月 19 日，为挽救濒临崩溃的金融秩序，国民政府宣布实行“货币改革”。然而所谓货币改革根本未能遏制恶性通货膨胀：以 1948 年 8 月 31 日物价指数等于 100 为基期，同年 11 月 30 日的上海物价指数为 1365；次年 2 月 28 日猛增到 48195，4 月 25 日更是高达 112490。

1947 年 6 月 4 日，江西省参议会致南京行政院代电也称：“目下之一千万元仅值战前之一千元”。

综上所述，笔者认为，民国时期的遗产税自开征年度起，每年的实征数都只是名义上的货币收入，无论是低于预算、高于预算，在剔除当年初至当年末这个区间发生的数倍、数十倍、甚至更高的物价环比增长因素后，皆与国民政府预期存在不同幅度的差距；虽然难以逐年计算出这种差距的具体数据，但可通过物价指数环比增幅反求而得大概，即用“巨大”来描述并不过分。因而完全可以得出以下结论：就筹措财政收入而言，实际上，民国时期的遗产税始终未能实现国民政府预定目标。

## 三、民国时期遗产税难以彰显促进社会建设功能

国民政府对遗产税的社会功能既有一定认知，又有较多宣传。但其时的遗产税，不仅彰显社会功能极其有限，而且引发了严重的负面社会效应。

(一)着力宣传遗产税的社会功能

民国时期宣传的遗产税社会功能，主要是限制财富集中，减少不劳利得和促进社会公益。

例如国民政府主席林森，于1938年10月24日发表《推行遗产税，以增加抗战的财源》报告时强调：遗产税“最善良、最公平”，“如果实行起来，可以调剂贫富、改善社会阶级”。

又如在《开征遗产税宣传纲要》中说，依累进税率课税，可免财富集中少数人之手；继承他人遗产终属不劳利得，课之以税，可减轻继承人依赖心理；借课税行为，以减杀人民依赖祖先财产为生之不良心理，而促进并增长其自力奋发之意志；税款多作慈善、教育事业之用，可促进社会文化、公共利益。

再如在《遗产税宣传大纲》中，又将以下内容规定为开展社会宣传标语：征收遗产税可以消弭社会财富集中之畸形现象；征收遗产税可以鼓励勤劳，消灭惰性；遗产税以百分之三十拨地方，举办公共事业；纳税即系实现先人乐善之遗志。

抑或为了显示宣传内容之不虚，国民政府在遗产税开征之际，就对地方分得的遗产税款作了定向用于教育、保育和慈善事业的强制性安排。

(二)推进不足无法广显社会功能

开征之初的遗产税施行区域，仅及四川、西康、云南、贵州、陕西、甘肃、青海、新疆、宁夏等战时后方省份，以及河南、湖北、湖南、广东、广西、江西、浙江、福建等省尚未沦陷的少数边远县、镇(乡)；同时，各地“大都要用半年到一年时间从事宣传”，实际征例极少，其中有据可考的1941年大约实征350例。因此可以认为，遗产税在这段时间尚难彰显多大的社会功能。

施行较长时间后，遗产税的实际征例应该有所增多，但其社会功能彰显程度仍然有限。究其原因，主要是富民之中“大户”不能依法缴税问题相当严重。1947年3月4日，财政部直接税署曾发训令申斥：“少数分局，平时怠于注意大户遗产，复又畏缩不前，以致查征数不及预算，而纳库数与查征数相差甚远，贻误税收，莫此为甚”。虽然此令本意在于申斥所属稽征机构“贻误税收”，但是不难从中看到如此事实，即许多“大户”是不查不报税，查明了也不缴税；也不难就此得出如下结论，即“课富民之余资”并非轻而易举，“限制财富集中”、“减少不劳利得”很难成为事实。

其实，国民政府对遗产税实施困难、推进不足，并非没有体认与评估。例如财政部于1947年3月27日在一则训令中指出：“查遗产税自二十九年开征以来，迄将七载，规模虽然初具，而绩效终未大彰。良以一般人民对于此税尚无深刻认识，致推行困难，事倍功半”。或许此令所谓“绩效终未大彰”和“事倍功半”针对的是遗产税财政功能，但社会功能必然也是如此，甚至有过之而无不及：因为遗产税即使彰显了财政功能，未必就会彰显社会功能；但是只有彰显了财政功能，才有可能彰显社会功能；既然其财政功能终未大彰、事倍功半，那么其社会功能彰显状况定然不会更好，可能还会更差。

(三)蛋糕太小难助地方公益事业

持“社会共益说”的学者认为，征收遗产税可以鼓励个人更多地捐赠于社会慈善、福利和其他公益事业。国民政府虽也认为遗产税具有促进社会公益功能，但关注重点不是其“鼓励捐赠”，而是其收入分配与使用，主要体现于以下安排：在遗产税开征之初规定，将遗产税纯收入的15%分给省，25%分给县市；1946年又规定将其30%分给县市，15%分给院辖市；并一直规定地方须将所分税款的40%用于发展教育，其余用于保育和慈善事业。

不必否认，这是集策略与政策为一体的智慧性安排：既可一定程度地调动地方政府助力遗产税稽征

的积极性，又可在一定程度上显现遗产税促进社会公益事业发展的实际作用。

然而有关资料表明，这种安排对发展地方教育、保育和慈善事业来说，并无多大实际意义。一是遗产税收入"蛋糕"本就很小；占各项税收总额的比例，较之当时发达国家的近期水平更显无足轻重。二是遗产税为高成本税种，减去高成本后，可供中央、地方切分的遗产税纯收入蛋糕更小。三是已经变得更小的蛋糕，经过一切再切之后，单个地方政府所得份额当以千分数来计算，已经微不足道。

表三　国民政府 1940 年《开征遗产税宣传纲要》附表

| 国别 | 近年遗产税总额 | 占全部税收比重 |
|---|---|---|
| 英国 | 85,300 万镑 | 12% |
| 美国 | 191,400 万美元 | 6.0% |
| 法国 | | 5.4% |
| 德国 | 62,000 万金马克 | 1.2% |
| 日本 | | 2.6% |

表四　国民政府 1940－1947 年遗产税占全部税收比重

金额：千元

| 年度 | 全部税收预算总额 | 遗产税预算 | | 全部税收实收总额 | 遗产税实收 | |
|---|---|---|---|---|---|---|
| | | 总额 | 占比 | | 总额 | 占比 |
| 1940 | 484,893 | 2,000 | 0.41% | 512,50 | 2 | 0.004‰ |
| 1941 | 1,146,223 | 5,000 | 0.44% | 1,144,75 | 287 | 0.250‰ |
| 1942 | 7,182,825 | 20,000 | 0.29% | 6,595,34 | 2,560 | 0.388‰ |
| 1943 | 20,215,117 | 50,000 | 0.25% | 11,575,46 | 55,664 | 4.809‰ |
| 1944 | 50,504,851 | 50,390 | 0.10% | 39,200,17 | 125,444 | 3.200‰ |
| 1945 | 106,374,106 | 200,000 | 0.19% | 104,754,05 | 276,670 | 2.641‰ |
| 1946 | 1,012,680,912 | 2,614,401 | 0.26% | 1,226,749,01 | 3,071,196 | 2.504‰ |
| 1947 | 7,925,637,540 | 30,000,000 | 0.38% | 10,497,476,869 | 36,574,643 | 3.484‰ |

（四）执法不公难免社会影响恶劣

民国时期曾经发生一起影响极其不良的遗产税执法不公事件，即原任国民政府主席的林森于 1943 年 8 月 1 日遇车祸去世后，其遗产继承人应缴纳的遗产税却变成了"遗憾税"：这年 10 月 6 日，川康直接税局重庆分局向财政部直接税处报告："查林故主席逝世，按照《遗产税法》应即课征遗产税。惟事关国家元首，未敢轻举妄动，理合备文呈请钧处转函治丧委员会商洽办理。"同月 26 日，财政部直接税处转达财政部批示："依法固不应免，惟此问题似可暂缓提出。"此后，川康直接税局重庆分局再未提及此事，林森遗产继承人也未依法申报遗产税。

或许这是一起与亡者生前意愿相悖的事件，但恰是一个破坏民国时期遗产税法律秩序的恶例，难免带来上行下效、官样民仿的恶质社会效应。其所损及的绝非仅为财政收入，还有施政的公平和正义，更有林森本人生前代表国民政府所称的、运用遗产税"调剂贫富、改善社会阶级"的诚信和成效。

（五）政府失政致使人民广受其害

虽然国民政府宣称遗产税"只课富民之余资，不增加平民之负担"，实则平民乃至贫民广受其害。

1938 年公布的《遗产税暂行条例》规定，"遗产总额在五千元以上者，一律征税百分之一"，亦即遗产总额 5000 元以下者无需缴税。但是遗产税开征后，物价连年累月大幅上涨，而遗产税起征点迟至 1945

年2月17日才在国民政府修正《遗产税暂行条例》时调高到10万元。这期间，早有平民、乃至贫民因物价上涨而不得不缴遗产税，所谓“不增加平民之负担”沦为谎言。

1946年4月16日改行《遗产税法》后，国民政府再次调高起征点，规定“遗产总额未满一百万元者”免纳遗产税，即在14个月后将起征点调高了9倍。然而，此时物价涨幅已以数十倍以上来计算，且在此后上涨更甚。而依上述起征点规定，平民、乃至贫民一旦亡故，其承继人仍将成为遗产税的纳税人。

正如1947年3月31日，江苏省政府呈文行政院时附送的江苏省临时参议会《修正遗产税议案》中所说：“查国民政府于民国三十五年四月十六日颁布之《遗产税法》规定遗产税起算额一百万元，税率系采累进制度，超过一万万元以上者就其超过额征收百分之六十。当时物价尚低，人民纳税尚不感觉过分负担，其后通货急剧膨胀，又百万元之颤，除行乞赤贫者外，几乎通国皆是。生前恃产收入既不足维持温饱，一旦死亡，丧葬不具，孤弱无依，税局复从而课征遗产税，丧失民心，莫此为甚。”

又如同年6月4日，江西省参议会致南京行政院代电所称：“最近报载中央已将起征点提高为一千万元，超过一万万元者就其超过额征收百分之四十。惟与现时物价相差仍巨，依此标准，则吾国中产之家多数须负担此项税款，不但涉于苛细，抑且推其所极，必致发生：(一)奖励浪费；(二)民皆赤贫；(三)资金逃避等流弊，似非为政之道。”

以上情形发生在通货膨胀不断加剧时期，或许会增加财政收入，但给人民带来的是严重困惑、困扰和困苦，所引发的社会效应必然十分恶劣。这种情形，表面上是由起征点被锁定于绝对数额，而无随物价涨落自动调整之机能所致；实际上是国民政府麻木失政所致：诱发而不能制止恶性通货膨胀是失政；明知人民因通货膨胀受害于过低而僵化的起征点而不采行有效措施解决，也是失政。

综上所述，遗产税虽有与生俱来的良性社会功能，但在民国时期因受政治、经济、法治及稽征管理等方面的不利因素制约，不仅良性的社会功能难以彰显，而且负面的社会效应相当严重。

## 四、民国时期遗产税并未发挥振兴国家经济作用

国民政府在《开征遗产税宣传纲要》中说，“现代世界各国财政学者及地方当局，莫不认为遗产税之征课，确有节制资本集中之机能及发达社会生产之作用”。其后又在《遗产税宣传大纲》中说，“征课遗产税为实现国父节制私人资本遗教方法之一，足以平均社会财富，乃当前振兴国家经济切要之图”。显而易见，这里的逻辑是：征收遗产税能够“节制资本集中”，进而能够“平均社会财富”，继而能够“发达社会生产”、“振兴国家经济”。这也许反映了国民政府的真实期待，也许只是借宣传“以取得舆论真诚拥护”。至于这个逻辑是否成立，在此已无必要讨论：因为民国时期的征收实践业已表明，遗产税并未发挥这方面的作用。

### (一)遗产税难以节制资本畸形集中

国民政府统治期间，以“四大家族”为代表的官僚、买办资本肆无忌惮、扩张无度，猛烈推动着中国社会资本的畸形集中。其实，所谓“节制”根本就不是遏制、治理资本畸形集中之策。但是，如果出于无奈非用“节制”一试不可，那么遗产税在“节制”上也很难派上多大用场。其一，遗产税为“死亡税”。而此时的大资本所有者多为年富力强之新贵，其所拥有的巨额财产在短期内变成遗产几率极小，期望通过征收遗产税来加以“节制”，无异于画饼充饥。其二，应缴税者未必缴税。即使此时有些大资本所有者亡故，如果亡故者属于权贵，其拥有的巨额财产虽已变成遗产，但其继承人或受益人也未必会真的成为纳税人、真的纳税——其时对国民政府主席林森遗产应征税而未征税就是例证。

### (二)遗产税有碍小资产者扩大经营

国民政府对遗产税法“采行总遗产税制”津津乐道，认为“总遗产税制，系就遗产总额征收，不分亲等，计算容易，手续便利，课税成本减少”，采行之，“较有实益”。但小资产者，诸如小作坊、小商店、小房东等

所拥有的多为不动资产，紧缺的正是可用于扩大生产经营的流动资产。如此资产结构，在小资产者去世后、承继人继承时，难免遭遇应纳遗产税而无足够现金支付之困局。而解困之道无非举债或变卖不动产。若能成功举债，或许尚可维持简单再生产，但战时举债甚难；若举债不成，就只能选择变卖不动产，进而势必或多或少减缩亡者生前的生产经营规模。

或许有人认为民国时期遗产税有起征点之规定，小资产者因"小"而无需缴税。实际情况当然不是如此，因为在通货恶性膨胀的背景下，起征点"保护"小资产者之作用早就名存实亡。

（三）遗产税有损自耕农经济发展

国民政府一再宣称"扶植自耕农"为重要国策之一。《遗产税暂行条例》和《遗产税法》都规定"遗产中之土地为承继人继续自耕者，其土地部分应负担之遗产税额，减半征收"，并将其宣传为"扶植自耕农"之举措。其实，只要将自耕农的耕地列为遗产税征收对象，尽管减半征收，也会减少自耕农生产资金总量；如果承继人货币资金甚少或无货币资金，就只能举债或变卖耕地或其他生产资料缴税。因此对自耕农而言，遗产税不仅不可能助其扩大再生产，而且难免一定程度地削弱其简单再生产能力。所以笔者认为，遗产税不但不支持所谓"扶植自耕农"之"国策"，而且还会一定程度地损害自耕农经济的正常发展。

综上所述，不论国民政府其时真实意图为何，也不论其言是否符合逻辑，但其关于征收遗产税可以"节制资本集中"、"发达社会生产"、"振兴国家经济"等宣传，终是难免失之空谈。

## 五、结语

国民政府认为遗产税兼具财政、社会、经济功能，并期待其在筹措财政收入、促进社会建设、振兴国家经济等方面发挥一定作用，既有其政治逻辑，又有其社会背景，还有其实际需要，且在理论上也非全无根据，然而终是难为事实。因此，我们也不得不得出民国时期开征遗产税并非成功之举的结论。

不过，民国时期开征遗产税之所以难以成功，其原因并非都与时空条件相联系，应该认为，与遗产税之特性也不无关系。

首先，遗产税毕竟为"死亡税"。因其税源和纳税人极具不确定性，即使不考虑税法遵从程度难以评估等因素，本也不应对其筹措财政收入功能寄予确定的、过高的期待。事实上，各国征收遗产税的实践早已说明，遗产税的财政功能本就极其有限。

其次，遗产税毕竟为"财产税"。一般而言，税收是对纳税人的收益做"减法"，影响所及只是纳税人的扩大再生产能力。而对承继人承继的遗产征税，实际是对既有财产存量征税。如果既有财产表现为生产资本，那么征税就是对既有生产资本做"减法"，影响所及就不再是扩大再生产能力，而是简单再生产能力。故以这一角度视之，遗产税并非就是所谓"良税"。

再次，遗产税的确为"特定目的税"。各国征之，目的首先在于彰显其社会功能。但这种功能的彰显，既有条件，更有限度。如果没有政治、经济、文化、法治环境乃至税务稽征能力支持，如果税法僵化而无自行调控税负限度的机能，那么征收遗产税，不仅难以实现特定目的，而且难免产生负面效应。

诚然，民国时期的遗产税已随国民政府的全面溃败而在中国大陆成为历史。但是，这段历史留下的记忆很复杂、不算好，值得认真研究和审慎鉴戒。

（作者单位：江苏省国家税务局税收科学研究所）

# 从《2015 中国私人财富报告》看遗产税开征

刘元军

## 一、关于“是否征”问题的几点争议

关于我国是否应该征收遗产税，主要的争议问题有以下几方面：

(一)经济基础是否充分

有学者认为虽然改革开放以来经济发展迅速，但中国目前仍然处于社会主义初级阶段，尚未达到共同富裕，现阶段不具备开征遗产税的经济基础。经济发展不充分造成征收困难：若免征额拟定过高，只向富人征收，不仅税源不乐观，考虑稽征成本也并不合算；若免征额拟定过低，容易激发广大民众负面情绪。而根据《报告》的数据，2014 年中国的高净值人群数量已超过 100 万人；与 2012 年相比，增加了约 30 万人，年均复合增长率达到 21%，预计 2015 年高净值人群将达到 126 万人左右，较 2014 年增长 22%。就私人财富规模而言，2014 年中国高净值人群共持有 32 万亿元的可投资资产，人均持有可投资资产约 3000 万元；预计高净值人群持有财富达 37 万亿元，同比增长 17%。《2015 胡润中国首富排行榜》排名榜尾的第 705 名富豪的财富也在 53 亿元，这在一定程度上佐证了《报告》数据的可信性。且不论上述数据是否全面准确，在只把《报告》统计的高净值人群纳入征税范围的情况下，无论从总额还是从增速看，征收遗产税的经济基础都已经具备。

(二)对经济发展的影响

鉴于遗产税主要对“富人”征收，而现阶段“富人”的主体是民营企业家群体，有人担心遗产税的开征对民营经济的发展壮大、持续经营会带来影响严重，削弱民营经济的竞争优势，动摇民营企业家的发展信心，进而阻碍整体经济的发展。持这种看法的学者，实际上并不真正了解民营企业家们的关注焦点。《报告》表明，“财富传承”虽然是高净值人群普遍考虑的重要命题，但其内涵也在不断丰富发展。在考虑家族财富传承时，高净值人群不仅关注物质财富的传承，也越来越重视精神价值的延续。高净值人士，尤其是一代企业家，担心不劳而获的财富会滋养出子女好逸恶劳、游手好闲等不良心态，希望他们能继承“拼搏进取、脚踏实地、诚信善良”等宝贵的精神财富，培养独立自主的品格和能力，能正确认识和运用财富，让财富成为生活和事业的助力而非阻力。而面对经济“新常态”，高净值人群普遍考虑保持或增加金融投资的同时，约 19%考虑在未来两年增加实业投资，约 57%选择维持现有投资。多数高净值人士中长期内仍更看好实业投资，而投资的领域相对集中在创新行业和消费服务业，这客观上符合政府引导创新型行业发展的导向。事实上，近年来政府鼓励创新的政策激发了大众创新的活力，催生了许多基于互联网技术或平台的新型创富模式。一方面，互联网相关行业的创业公司百花齐放，为经营者们带来更多收入；另一方面，随着国内知名互联网企业的发展或上市，不少持有股票者也因此实现了个人财富的快速增长。除互联网行业之外，科技的进步也带来了生物制药、节能环保等创新型行业的快速发展，从中成长起来一批新兴的企业，也催生了新富人群涌现。

(三)对资本外流的影响

有学者认为，遗产税开征会加剧富人移民和资本外流现象，并以近年来一些国家地区取消遗产税来加以佐证。《报告》的数据表明，高净值人群投资移民确实方兴未艾。调查数据显示，约37%的受访者进行境外投资是出于投资移民的考虑，已经完成移民或已经决定移民的高净值人士占所有受访者的44%，较以前年度有显著增长。即使自己不考虑移民的高净值人群，不少也开始为子女出国念书及未来在海外的生活做打算。但是，吸引高净值人群移民的原因是国外优质教育、洁净空气、安全食品、完善法律等因素，而不是因为遗产税。恰恰相反，富豪移民的首选地美国有着很完善的遗产税制度。在我国的外流资本中，除了部分大型企业因自身发展要“走出去”对外投资、一些贪官转移财富外，个人外流资本一是因投资移民、海外家庭成员生活需求而发生的学习、生活等费用；二是以固定收益类产品、股票和投资性房地产为主的境外投资，其目的主要是实现稳健收益和全球配置、风险分散。从这些分析可以判断引发大规模资本外流的基础并不存在。并且另有消息表明，早期移民美国、加拿大等国的华人因国外事业发展预期不如国内，还出现了“移民回流”的现象。

(四)开征时点问题

由于遗产税是对“遗产”征税，那么就很有必要探讨纳税人的年龄结构问题。《报告》显示，近80%新富人群年龄在30岁到50岁之间。这和福布斯中文版和友邦集团联合发布《2015中国高净值人群寿险市场白皮书》中统计高净值人群平均年龄为43岁，且超过半数集中在30－49岁这个年龄段比较吻合。对《胡润2015中国首富排行榜》上的超高净值人士进行分析，他们的平均年龄为53岁。这一方面表明中青年已成为财富阶层的中坚力量，在改变着中国财富的流动方向，另一方面表明大约在23年后(按我国人口平均寿命计算)，遗产税纳税将达到一个高峰期。回顾我国个人所得税发展历程，在1981年开始征收个人所得税时，费用扣除标准为800元，当年收入只有160万元，而到了2005年开始对个人所得税进行改革，将费用扣除标准上调为1600元时，当年收入已经达到了2093亿元。同样是对个人征收的直接税，同样是在刚开始的时候面临种种困难，遗产税应该现在就纳入立法规划，尽快出台，不断积累征管经验，才能在将来纳税高峰到来时从容应对。

(五)社会公平效果的影响

调节社会贫富差距，缓和社会矛盾，实现社会公平本来是遗产税的功能，但有学者认为我国目前社会分配不公的根源在于初次分配不公，遗产税开征并不能从根本上解决社会分配不公的问题，也未必能缓和社会矛盾。实际上，当代遗产税不仅只是调节社会贫富差距，也可以调节因社会贫富差距导致的社会心理失衡。遗产税的收入虽然不多，但它削弱财富代际转移，疏通社会底层上升渠道的作用无可代替。相对于收入效应，遗产税的导向作用更引人注目，那就是促进富人乃至全社会对慈善捐赠的关注。在尚未开征遗产税的情况下，高净值人群对慈善捐赠关注度不高，《报告》显示慈善事业在财富目标中排在后面，仅有约6%的高净值人群在财富传承中建立家族慈善基金。在各国(地区)遗产税实践中，慈善等公益事业捐赠都是可以税前扣除的，这对纳税人来说是名利双收的好事。相信随着遗产税的开征，将大大促进我国慈善事业的发展，在更广范围和更大程度上提高社会公平性。

## 二、关于“如何征”问题的争议

(一)遗产税的征收面

曾有传言说我国开征遗产税的起征点为80万元，故而民众普遍反对开征遗产税。实际上，从国际通行的做法来看，遗产税绝对是“富人税”，征收面一般在1%左右。而就我国的财富差距形势、征管水平以及社会心理而言，征收面可能远低于1‰。以《报告》预计的2015年中国高净值人群将达到126万人左右，按国家统计局公布的2014年7.16‰的人口死亡率计算，每年被征收遗产税的人不到1万人。如果再按照高净值人群的地区分布来计算，富豪人数最多的省份——广东，每年符合遗产税征收条件者也不足千人，普通百姓对此大可不必担心。

（二）遗产税的信息监控

遗产税是对财产所有人死亡，其财产转移于他人的时候课征的一种财产税收。从这个定义中可以发现税务机关至少要掌握三方面的信息，一是财产所有人死亡信息，二是遗留财产信息，三是遗留财产转移信息，否则遗产税的征收就无从谈起。不少学者认为这三方面的信息目前税务机关都无法监控，因而得出不宜开征遗产税的结论。事实上，从操作层面讲，实现三方面信息监控的难度并不大。《报告》中已说明，高净值人群的可投资资产是指个人投资性财富（具备较好二级市场，有一定流动性的资产）总量的衡量指标，它包括个人的金融资产和投资性房产。其中金融资产包括现金、存款、股票（指上市公司流通股和非流通股）、债券、基金、保险、银行理财产品、境外投资和其他境内投资（包括信托、基金专户、券商资管、私募股权、黄金和互联网金融产品等）等；不包括自住房产、非通过私募投资持有的非上市公司股权及耐用消费品等资产。这些财产中的大部分都在银行、证券、保险以及房产等部门实名登记。就目前而言，税务机关至少已经对股票、房产的转让进行了有效监控。只要政府决心推进，公民死亡信息、财产信息和财产转移信息申报登记根本不存在任何技术问题。

（三）遗产税的免征额

遗产税问题之所以全民关注，免征额的多少是问题核心所在。老百姓最怕的就是遗产税这个“富人税”会逐渐变成“民众税”。报刊网络不时传出的80万、300万乃至500万的免征额，都时常触动普通百姓脆弱的神经。按现在的物价水平，笔者斗胆认为，遗产税的免征额应定在2000万元。其依据是，在我国房产占居民总资产的比例高，而房价又多年居高不下。西南财经大学经济与管理研究院甘犁教授在解读《2014中国财富管理：展望与策略》报告的房地产部分时提到，北京市民总资产的83.8%是房子，全中国平均是66%。2015年诺贝尔奖获得者屠呦呦曾笑言300万元的奖金在北京只能买半个客厅，那么1000万元在北京大概只能买一套普通的住宅，拥有1200万财产的人在北京不过是普通水平罢了，2000万元也高不到哪里去。而《报告》里所说的高净值人群，其可投资资产是不含自住房产及耐用消费品的，但几乎可以肯定的是，他们的房产价值要高于普通百姓，除去2000万的免征额仍然有税可征。遗产税只有对高净值与超高净值人群征收，而把普通百姓排除在外，才符合税种立法的初衷与本义。

（四）赠与税问题

根据遗产税的实践经验，遗产税与赠与税密不可分，必须同时立法或者赠与税立法在前，否则纳税人就会以赠与名义规避遗产税。虽然前文表明我国高净值人群的平均年龄并不高，但其中的年长者已开始考虑财富传承问题。《报告》显示，财富传承已上升为目前第二重要的财富目标，约40%的高净值人士，45%的超高净值人士已开始做出家族财富传承的具体安排。在赠与税缺位的情况下，高净值人士当下对财产的处置无疑是对将来遗产税纳税的侵蚀。目前，我国只对房产的赠与有征收个人所得税的规定，而对其他财产的赠与尚无税收规定，赠与税的尽快开征已势在必行。

（五）遗产税的征收机关与用途

虽然我国区域经济发展不均衡，高净值人群也集中在广东、上海、北京、江苏、浙江、山东等东部发达地区，但遗产税作为一个全国性税种，仍要由国家立法，并且在全国实行统一标准。有学者建议把遗产税列为中央税，由国税部门征收，笔者并不赞同。我个人更倾向把遗产税和个人所得税一样，作为中央地方共享税，从而调动地方的征收积极性。征收交给地税部门更合适，因为地税部门在20多年的个人所得税征管中积累了丰富的经验，掌握了大量的高收入者的信息，对于房产、股权等财产转移的控制更为有利。至于遗产税用途，我赞同一些学者的建议，把遗产税作为贫困救助专用款项，地方分成部分由地方政府救助本地贫困人员，中央分成由财政部以转移支付形式支付给中、西部经济欠发达省区，救助当地贫困人员，使遗产税真正起到缩小贫富差距、缓和社会矛盾的作用。

（作者单位：辽宁省大连经济技术开发区地方税务局）

# 对当前税务机关社保欠费征缴难问题的思考

刘玉兵　马玉霞　张志强

社会保障是国家促进经济发展和社会稳定的重要手段,目前我们已经建立了世界上覆盖人群最多的社会保障网,但社保费的征缴随着我国加速进入人口老龄化社会、高社保缴费率与超低替代率并存、征管体制不完善等因素的叠加开始出现一些问题。在基层征缴工作中主要体现在征管效率不高、社保欠费增加、群众满意度不高等方面。本文旨在通过对现行社保费征管存在问题,特别是欠费问题进行探讨,剖析其成因,提出相应的对策、建议,为进一步提高社保费征缴工作水平提供参考。

## 一、当前社保欠费征缴中存在的问题及成因分析

### (一)多头管理影响效率

根据省政府有关规定,自2000年7月1日起,社会保险费征收职能调整至地税部门,虽然地税与社保部门协作不断加强,但仍存在以下问题:地税掌握的企业经营、纳税情况无法反馈给社保部门作为社保征缴的参考;社保数据传送、接收不规范,数据核实管理不及时,特别是非正常户的认定不及时,已不经营企业还发送社会保险数据;欠费情况的提供不及时,无法制作及时《划拨社会保险费的决定》、《社会保险费征收决定书》;社保部门不愿意进行暂不催缴和清缴的认定,无法清缴户占欠费户的比例较大;由于社会保险费征收信息重复、企业在社会保险经办机构缴纳后相关数据未及时在地税机关的大集中系统中删除等情形而造成的多征社会保险费退还难。

存在上述问题是由目前征管模式造成的,管理与征收分离形成收支两条线有利于社保费的收支安全性和专款专用,但同样造成征管主体法律定位不清,征、管、查相互脱节,形成多头管理,税务部门无法发挥大集中系统的互补优势,使工作合力降低。

### (二)历史欠费清欠乏力

目前社保清欠流程是欠费确认－责令限期缴纳－划拨扣缴－缴费担保－申请强制执行,虽然相关文件、流程比较完善,但在执行过程中却困难重重,往往进行到责令限期缴纳这一步时很难向下进行。同时由于每月的催缴户较多,往往通过邮寄形式送达《限期缴纳通知书》,不能及时掌握欠费单位的经营状况。

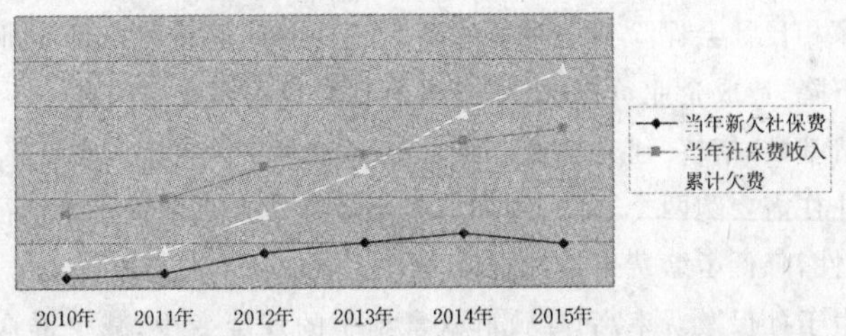


图一　仪征市社保费收入、新欠社保费、累计欠费趋势对比

仪征市近六年社保费收入、当年新欠社保费、累计欠费趋势对比,社保费收入每年稳步增加,社保费

当年新欠在2015年之前逐年增加，2015年下降主要是通过完善清欠联动机制开展专项清欠行动取得的效果，但社保累计欠费数仍在逐年上升，且增加速度超过社保收入增加速度。

究其原因，地税部门目前可以采取的手段有限，除银行划款以外，向法院申请强制执行成功案例并不多且操作性不强，导致清欠措施力度不够；同时由于缴费费率较高，缴费基数逐年上升，一些企业长期亏损无力缴纳，特别是老国有企业、私营企业，有的企业破产、关闭未优先安排偿还，也未明确补缴责任，导致欠费无法收回，随着企业改制力度加大，清欠压力越来越大。

（三）欠费户新增持续高增长

与社保历史欠费基数不断增加相比，欠费户加速增加的问题则更加迫切。以仪征市数据为例：2013年欠费78户同比增长27.5%，2014年欠费105户同比增长34.6%，2015年欠费139户同比增长32.4%，且呈现各行业分散增加的趋势。2015年欠费的139户中，欠费5万元以下的98户占70.5%。欠费金额小、户数多给本来就“捉襟见肘”的征管力量带来新的难题，更加无法加强对社保缴费的管理，增加欠费的可能性，形成恶性循环。欠费户数增加比欠费基数增加问题更严峻，千里之堤毁于蚁穴，一户欠费带来可能是十户的效仿，给征管带来的困难则是成倍增加，最终破坏的是整个征管体系。

欠费户新增呈现出新趋势的原因有以下几点：一是未能遏制欠费萌芽，形成不良示范效应；二是征缴强制力不够，对一些有缴费能力的单位逃避缴费义务也未能采取有力措施加以追缴，对个别恶意拖欠社保费的企业或法人，没有强有力的法律制约手段；三是对社保缴费户的管理不到位，不能及时发现欠费苗头，形成欠费的主体责任不明确，造成监管盲区。

（四）社保欠费带来社会问题

税务部门有包括行政复议、行政诉讼等完整的纳税人权益保护体系，有效地减少了信访、上访的发生。但近年来，原本很少成为信访、上访对象的税务部门接访量开始增加，仔细研究访情来源，首当其冲的就是社保欠费。医保欠缴期间的医疗费用不能报销，养老保险欠缴影响个人账户的储存额直接降低退休养老待遇，社会保险费是劳动者的“安全网”、收入分配的“调节器”，社保费关系到最广大群众的利益，社保费出了问题将带来严重的社会问题。

地税部门是社保费的征收部门，但对于社保欠缴带来的社会问题只能被动的应对，无法从根源上解决。针对拖欠社保费的企业强制执行程序过程复杂不能及时回应群众的利益诉求，对于老国有企业连年亏损、濒临倒闭，私营企业经营不善老板跑路等造成的社保相关问题更加无能为力，从而造成矛盾激化，集体上访的频率不断增加，舆情压力不断增加，成为社会问题的根源。

（五）企业和群众的满意度、参与度不高

目前扬州地区企业负担的社会保险费“五险”的总费率达到企业工资总额的29.5%，处于全国平均水平，但与世界大多数国家相比社会保险费率明显过高。过高的社保费将降低企业资金得流动性，提高企业经营成本，盈利能力下降，造成企业负担重，是造成企业欠费的客观原因之一。社会保险经办机构具有受理社保登记、审核缴费基数、稽核、建立缴费记录、记录个人账户等职责，地税部门只有受理申报征收职责，企业办理相关事项往往需要跑两个部门，例如申报环节缴费人必须进行缴纳社会保险费的双向申报，影响了参与缴费的积极性，降低了缴费单位满意度。

当前社保制度下，由于社保缴费率高，导致群众拿到手的现金变少，减少群众手中的财富，导致消费能力下降，降低群众的幸福感。同时伴随人民币贬值、物价上涨、社保保值增值能力不足等因素，大大降低群众对社会保障的安全感，群体间、地区间、行业间的社保待遇差异也降低社会公平感，降低缴费遵从度。同时也存在单纯追求眼前利益，到名义工资稍高的未参保企业就业的现象，降低社保覆盖面。

## 二、进一步提高社保费征缴工作水平的建议

(一)统一征管部门,提高征管效能

一是按照税费一体化管理思路,积极借鉴税收征管中行之有效的经验,大力推行社保费税式管理,将税收户管制度运用到社保费征缴实践中,缴纳社保费的单位全部进行社保登记,并与税务登记信息进行匹配,由税收管理员一并进行管理,确保"户户有人管理、户户有人负责"。二是在企业进行个税申报时增加社保申报模块,将社保费设为个税申报的附加,个税与社保数据经比对符合相关规定才能审核通过,从而实现发放工资与社保缴费同步,避免企业只发工资不交社保或者虚减工资降低基数的问题。三是统一征管部门,可以充分发挥地税部门的组织机构优势,充分利用税务检查、风险管理、纳税申报、企业所得税汇算清缴等与企业交流沟通的机会,准确及时地进行社保基数核定、社保催缴、清欠等工作。将企业社保费征缴纳入地税征管系统发挥及时推送风险提示、对欠费单位实施控制开票等功能优势,规范征收行为、提高征管质量、降低征管成本、提高征管效率。

(二)创新清欠手段,压缩陈欠旧账

一是开展社会保险欠费专项清理工作,加强数据清理,核销由于职工个人单独在社保部门缴纳养老、失业保险等造成地税部门的虚假欠费数;对欠费企业逐一实地稽核,对欠费单位的经营情况、缴费能力进行综合评价,形成横向正常企业、失踪企业、破产(关闭)企业、空壳企业,纵向无缴费能力、部分缴费能力、有缴费能力的交叉划分模式,细化分类陈欠户类型;根据不同欠费户的定位采取不同清欠措施,优化清欠流程,创新清欠手段,对有条件的企业通过引进社会资本、债转股等模式完成清欠。二是引入考核机制,落实主体责任。改变干部职工重税轻费的思想,抓好社保费业务知识的培训,增强主动出击的服务意识;将社保费欠费清缴率纳入绩效考核"一票否决"项目,建立目标责任制,落实领导责任的同时,建立"谁管理谁负责"的倒查机制,完成欠费清缴管理链条;同时严格依法行政,在确保清欠过程合法合规的前提下,积极主动作为,完成尽职清欠。

(三)堵、疏结合,严控新增欠费

1、创新手段"堵"漏洞。严格控制新欠户增加,针对新欠户引进保全制度,明确地税局在取得欠费主体逾期应缴未缴或少缴的证据即欠费确认后,在有充分理由认为相关单位主观故意拖欠社保费时,有权对其直接采取冻结存款、查封、扣押等保全措施,同时通过行使优先权、代位权、撤销权等权利措施对欠缴做出快速反应,并及时向社会公告,把欠费苗头消灭在萌芽状态。

2、缓缴机制"疏"矛盾。缓缴机制是预防欠费发生的重要手段,也是欠费管理的重要组成部分,不但能保证社保费能足额征收,更能增加企业的社保缴费认同感和遵从度。一方面进一步明确申请条件,量化指标,适时引进第三方评级机构对企业盈利能力和前景进行评估,作为企业申请缓缴的重要参考依据。另一方面多部门协作加强对缓缴企业的管理,监控企业银行账户、税款缴纳等情况,保证企业员工正常的医保、养老待遇,对符合缴纳条件的企业及时征缴,确保缓缴不转变为欠费。

(四)主动谋划对策,响应舆情诉求

面对来访、上访必须建立部门应急联动机制,加强解释维稳工作力度,尤其发生群体性上访时,政府牵头的应急队伍要及时到位,最大限度地将矛盾消化在萌芽阶段,而不是一味地要求地税部门自己解决。在做好应急处理之后,应通过社保纠纷协调会制度,组织欠费企业、员工代表、人社局、地税局等多方会议,彻底解决问题,避免"摁下葫芦起来瓢",防止各方相互扯皮。

地税等部门更应该提前预判、主动出击。针对企业职工离职再就业,而原单位存在欠费的,主动配合

相关部门做好职工社保关系的接续，避免诱发新的社会矛盾，维护社会和谐稳定；对于已经受理或处理的来访，应及时向社会公布处理进程和结果，避免重复来访，树立良好的舆论形象，从而引导群众采用正确的渠道反映合理诉求。同时来信、来访也是地税部门掌握企业社保缴费、生产经营情况的重要信息来源，要避免"怕访"，化被动为主动。

(五)转变思维方式，营造双赢局面

对于企业来讲，征管部门要转变"管理"的思维，通过换位思考增加服务的意识。俗话说"羊毛出在羊身上"，社保费是企业的利润，企业发展好才有钱交社保费。如果企业为降低工资成本，逃避缴费，将给我们征管带来极大困难，所以我们必须转变观念，就像李克强总理提出的要通过"放水养鱼"增强企业发展的动力和后劲一样，为企业提供更优质的服务、更优惠的社保费政策，才能实现企业发展和社保费足额征缴的双赢局面。

对于群众来讲，他们追求的是自身的利益和更方便快捷的服务，这就要求我们一方面做好舆论引导，政策宣传到位，让个人充分认识社保缴费重要性，提高个人的自觉缴费意识，并督促单位缴费保护自身权益；另一方面通过设置专门服务窗口、服务热线等畅通服务渠道，提供优质服务，紧抓这两点开展工作就能提高群众满意度和参与度。

(作者单位：江苏省扬州市仪征地方税务局)

# 对稳步推进环境税改革的理性思考

段朝发　严国荣

## 一、稳步推进环境税改革的理由分析

(一)环境税收影响的因素

1、技术因素:技术是促进经济社会发展的重要手段,也是资源节约与循环利用、环境改善的重要支撑。技术因素是影响环境税收的主要因素,技术水平越高,则资源环境利用率就越高,单位GDP产出消耗的资源越少、排污量越低,并且相对应的环境税收越低;反之,如果国家技术水平不高,经济发展为粗放型发展,则单位GDP产出消耗的资源量大、排污量多,环境税收较高。近年来,我国环境税收占比不断增加,这表明我国环境技术进步明显滞后,经济社会发展过程中的资源利用效率不高,导致资源需求量不断增加,环境税收额度和比例不断增加。由此,我国环境税收改革应以促进资源环境技术进步为重要领域。

2、经济因素:经济因素是除技术因素以外对环境税收影响最大的因素。资源环境是重要的生产资料,经济的快速发展过程中消耗了大量的能源资源和矿产资源,并不断向环境中排放大量的废弃物,致使自然资源日益稀缺,环境质量呈不断恶化的趋势。由此,我国现阶段的资源消耗和环境污染与经济快速发展紧密相关,在技术水平一定的情况下,经济的快速发展将导致资源利用及污染物排放总量的不断增加,进而对环境税种、税费改革需求不断增加;而环境税收及税制的变化将在某种程度上影响到经济发展速度,所以,我国环境税收制度改革应充分考虑经济发展与环境税收的关系平衡。

3、人口因素:人口发展对环境税收的影响较大,主要表现为人口增加导致消费需求的增加。随着经济社会的不断发展,居民消费需求逐渐从“衣、食”向“住、行、乐”发展,居住条件的不断改善,汽车数量的不断增加以及其他消费物品需求量的增加,均间接导致了资源的大量消耗与污染物的大量排放,政府不得不采取包括环境税收在内的各种措施进行环境质量改善。所以,人口也是影响环境税收的因素之一。

4、工业化、城市化方面:工业化的快速推进消耗了大量的资源并排放出大量的污染物,城市化进程的加速,不仅导致基础设施建设规模不断扩大,还带来人们生活方式的不断转变,对资源环境的影响不断增加,进而影响到环境税收及税制发展。

(二)排污费改税具有必要性,但不是唯一性

1、排污收费仍有可取之处虽然我国学术界几乎全部都赞同排污费改税,但其中仍存在一些争议,有部分学者认为要将排污费全部改为排污税,摒弃掉排污收费制度;也有部分学者认为并不需要摒弃排污收费制度,应该将两者有效结合互补缺陷以更好的达到我们的目的。笔者赞同第二种观点,而且就现在世界各国而言也几乎没有哪个国家完全只有排污税而无排污费。虽然某些排污费改环境税是发展的必然趋势,但这并不代表“费改税”就能走出现在面临的环境困境。

客观地讲,必须承认“费改税”对解决目前所遇到的困境有很大的帮助,如费改为税,法律地位将得到提高,强制性加强,收取和使用将更加规范,在收费制度没有涉及的“真空地带”也可以设立税种来填补等。但这并不代表收费制度没有存在的必要。正如马克思在预言社会主义胜利和资本主义灭亡时所说:“无论哪一个社会形态在它所能容纳的全部生产力发挥出来以前,是决不会灭亡的;而新的更高的生产关

系在它的物质存在条件在旧的社会的胞胎成熟以前，是决不会出现的。”就我国的现状而言，排污收费制度仍然发挥巨大作用，且其本身也有完善的空间。

表一　排污费与环境税比较表

| 比较项目 | 环境税 | 排污收费 |
|---|---|---|
| 设立程序 | 严格的立法程序，不易改变 | 行政程序颁布，比较容易调整 |
| 审批部门 | 人代会，财政部 | 国家计划、财政部或省级政府 |
| 征收主体 | 税务部门或代理部门 | 经济部门或事业单位 |
| 征收对象 | 普遍性 | 环境污染者 |
| 收入使用 | 纳入公共财政预算统一管理使用 | 大部分用于减少污染与治理环境 |
| 与经济发展关系 | 随经济发展和收入上升而提高 | 与经济发展的关系比较弱 |
| 执行力度 | 具有强制性，力度较大 | 没有税法作为依据，力度较弱 |
| 有无偿还 | 具有无偿性 | 有偿还，返还80%给企业 |

可看出排污费和环境税各有优点，显然排污收费有其可取之处。不能盲目认为将费改为税就可以解决问题。费改税是保护环境、维护生态平衡的必要途径但不是唯一途径。所以对于环境税改革只能稳步推进。

2、需要当地政府重视并得到相关部门配合。无论是税还是费，都需要在当地政府重视下并能得到相关部门较好的配合，征管上才能事半功倍。比如云南的旅游，离不开对环境的不断整治，离不开相关部门的参与。就丽江而言，泸沽湖违章建筑多，有些酒店、餐馆直接向湖中排放污水；露天烧烤污染空气等等问题，环保部门除收费及罚款外，使得丽江市纪检监察机关等也积极参与对107户违规户进行综合整治。体现出了习总书记“以最严格的保护措施，以最严格的执法监管，以最严格的责任追究”的嘱托。丽江古城也在向每位游客收取80元“古城维护费”基础上，树立“大环保”理念，压实工作责任，强化工作措施，实施好环保项目建设，打好环境保护攻坚战，促进丽江古城生态质量的提高。为强化环保意识，从2016年1月开始，按每户每月随自来水费收取环境卫生费(污染费)5—8元。此外丽江市古城区政府还定期听取环保、水务、环卫收费等情况汇报，从大环保理念、源头管控、环保能力建设等重点方面进行攻关。有些县，除收费外，则以家园、田园、水源“三清洁”创建活动为契机，通过城乡基本公共服务均等化和创建保洁长效机制，使农村环卫生态建设中的诸多“老、大、难”问题，得到了明显改善，为破解丽江乃至云南环卫难题，建设美丽乡村，发展当前全国推行的“全域旅游”找到了一条有效途径。

所以，在大环保意识还未真正提高之前，费改税需要稳步推进，尚若费改税一步到位的话，仅靠税务部门征管是难以到位的。随着人们环保意识的提高，相信有些收费会自然减少甚至消失。

(三)当前不可回避的问题分析

我国正处于社会主义初级阶段，经济社会发展和生产力发展水平都较低，特别是由于体制性因素造成经济发展方式粗放，环境税改革“一步到位”不得不考虑这些因素的存在。

1、国情不可回避。其一，目前我国还是发展中国家。如若从开征环境税的时间看，与发达国家有很大不同。西方发达国家开征环境税时居民收入和生活水平已经较高。我国目前经济总量虽然已经升至世界第四，但人均国内生产总值只有2000多美元，仍居世界后列，属于下中等收入国家。农村除列入低保的2000多万贫困人口外，还有几千万人处于低水平温饱状态，列入城市低保范围的贫困人口也有2000多万人。由于环境税具有累退性质，而且环境税也存在税负转嫁的问题，我国环境税政策设计一定要充分考虑现时发展阶段。其国情不可忽视。其二，地区发展不平衡。我国东部沿海地区发展较快，中部次之，西部落后。就资源能源的分布而言，煤炭资源主要集中在西北地区，水力资源集中在西南地区，而主要能源用户为东部沿海地区。这就提醒我们在开征环境税时，务必要认真考虑征税对象和征税环节，使税负相对公平愿望能在地区间很好体现。其三，经济发展方式长期粗放问题还未得以解决。若与西方发达国家相比，我国开征环境税的环境是：经济增长方式长期粗放，企业总体技术含量低，治理污染能力有限。西方发达国家已进入后工业化和信息化时代，而我国工业化的历史任务尚未完成，还处于工业化的中期阶段。这给中国环境税的开征带来两方面的影响：一方面，开征环境税是推动经济结构升级和转变增长发展方式的必然选择；另一方面，中国环境税税负不能过重，否则将对企业造成沉重负担，影响我国企业竞争力。

2、难以逾越的障碍不可回避。首先是在体制上，环保部门思想准备不足。排污收费政策作为环保部门加强对排污单位监管的有效手段之一，改税后将很大程度上减少环保部门与排污企业的联系，削弱环保部门的威慑力。放弃现有排污收费体系，对环保部门现有相关资源将造成一定程度的浪费。同时，在目前尚未有效解决许多地方环保部门资金匮乏问题的前提下，部分基层环保部门的能力建设和机构运作出现困难。尚若现有环保部门解体，其人员的重新安置也是一个问题。因而，费改税对环保部门来说存在一定的挑战，需要进一步的思想转变过程。

由于发展不平衡，在水环境管理和水污染排放收费问题上，中国存在着地域和环境上的差异，大、中、小城市以及东、中、西地区在排污费的征收率、征收额、征收标准等方面都有着各自的特点。费改税如何兼顾各地区的发展状况合理操作稳步进行，也是一个难点。

随着经济的发展，城市建设发达地区已经建立了发达的城市排污管网，污水在进入污水管网后就不再对其征收排污费。而根据相关法规，污水处理厂在达标排放后也无须缴纳排污费，这就出现了无人为最终的排污行为买单的情况，有违“排污和收费”的原则。在城市污水管网快速建设的进程中，怎样及时调整法规、部门、体制之间的矛盾和冲撞，需要进一步考虑。

其次是技术障碍难以避免。尚若全面实行费改税，一步到位的话。由于缺乏经验，操作中出现的技术瓶颈问题就难以避免。费改税中的某些细节不得不认真研究。关键是排污量的核算。据我们对丽江市环保部门的调查，目前排污量的核算方法主要有检测法、物料衡算法、系数法。环保部门经过多年的发展，培养了大批专业技术人员亲临现场，对企业排放的各种污染物进行分析和计量。但时至今日，对排放量的核算仍有争议，亦即对以上三种核算方法仍有争议。针对存在的问题，环保部门在排污量减排核算时，往往是几种方法共同运用相互佐证。仅凭这一点看，税务部门是难以做到的。

再次是环境税收体系的完整建立并非易事。环境税不是建立一两个税种而已，而是由多个税种组成的一个特殊的税收体系。国外环境税收的征收历程表明，成功的环境税需要有一套完整的税收体系，除征收方式的优化、增强全民纳税意识等一系列配套工作外，对于合理确定税目和税率、纳税环节以及过渡期做好环境核算等需要认真考虑。

比如征纳主体怎样界定？税务部门是征税主体已无可非议。但目前甚至短期内，税务机关不具备开征环境税的技术力量和必要的设备配置。同时由于环境税的征收范围比较广泛，征税客体比较复杂，从便于控制税源和便以细化管理的角度考虑，不同时段、不同地域、对污染税的纳税环节和纳税主体需要做出不同的选择。

再比如税目、税率和税基怎样确定？税目是课税的对象，反映具体的征税范围，代表征税的广度，根据污染者付费的原则和税收的公平性，凡直接向环境排放污染物的行为都应纳入征税范围；但我国目前缺乏这一税种的具体制度设计和征税经验，在开征环境税的初期，征税范围又不能太广，必须循序渐进。税基是指税法中规定的据以计算各种应征税款的依据或标准，排污税的税基在选择上存在一定的难度，若以企业产量为税基，必须建立在企业污染物排放量与产量成正相关的基础上，但事实往往是产量高的企业不一定污染物排放量大，还与企业的能耗结构、工艺水平、管理水平、治污水平有关；若以污染物的排放量为税基，但污染物的排放量之测定核算并不容易；税率，是应纳税额与计税依据之间的数量关系或者比率，应根据造成环境污染的边际社会损害和削减污染的边际成本确定，从量计征或从价计征；由于我国复杂的经济、人文地理环境，各地的气候条件、经济发展水平的不同导致了同等的环境污染负荷造成的边际社会损害程度差异很大，因此不宜在全国实行单一的税率。那么根据一种污染物对不同地区环境污染的边际影响程度设计差别税率就显得必要。

还有纳税环节又怎样选定？在生产投入过程中，如果排放污染物的污染源具有合理性，但存在征税机关与排污者之间信息不对称问题，要解决此难题，就需增加相应的实施成本；如果排放污染物的污染源分散且众多，且能够确定污染物和产品消费之间存在直接联系的，则在消费环节纳税会更有效，但存在着课税对象广泛、合理制定价格机制的问题；在产品流通分配过程，为防止产生终端的污染规避缴税，在生产及流通分配链的较晚阶段进行课税比较科学，但存在着从价计征或从量计征的选择问题。总之我们认为，纳税环节的选择要体现出全面、合理、公平、明确、集中的原则，有一定难度。

第四是环境核算的建立也是个问题。环境税要体现“污染者负担”、“受益者付费”以及“使用者付费”的原则是毫无疑问的。但通过我们对丽江市环保部门的调研发现：虽然界定谁是受益者和污染者、收益额度较为容易，但量化环境容量、环境污染程度等并非易事，需要科学的基础数据对环境进行核算。核定标准的环境价格，是有效解决环境征税对象和税收负担的前提条件，但我国的环境核算、排污权有偿交易试点才开始起步，所需要的微观层面的数据难以取得，很多只能依靠宏观上的环境核算数据，这就无疑给环境税的征管提出了挑战。

## 二、国外环境税改革的启示

环境税具有提高经济效率和实现环境目标的双重潜力，因而受到有关政府部门和专家学者的广泛注意，环境税改革也被视为中国环境政策创新的重要突破口。然而，进行税收体制改革，建立环境税收体系是一项艰巨的工作，我国环境税制的建立尚处于探索初期，若同经济合作与发展组织（OECD）成员国建立起来的税基宽、征管完善、划分细致、可操作性强环保型税收体系相比存在较大差距。一是财政政策没有体现环境保护的要求；二是我国环境税征收范围较窄，没有单独为保护环境设置相应的税目；三是我国现有与环境相关税种的税负较轻；四是缺乏有效税收减免、返还和差别税率机制。因此，我国环境税改革中必须明确并重视以下问题：

### （一）强调税收政策的资源环境保护功能是国情之所需

从环境经济一体化，环境系统与经济系统互相平衡的出发点设计环境税制，探索环境税的运行机制，环境就不再是被经济增长所牺牲、所排斥的因素，而是促进经济持续健康增长的因素。就是说利用环境税加强对环境的保护力度，实现社会效益、经济效益和生态效益的“三赢”已经成为国际社会的共识。近年来，很多发展中国家也将税制绿化，建立环境税制作为其财政改革的重要内容。

就我国而言，较低的费率不能达到有效的刺激作用，不利于推进技术革新对生产流程进行调整；较高的费率和较多的费税种类则增加了税收的管理成本，同时也超过了企业的承受能力。科学设计环境税就会对经济系统产生良好的反馈，提高经济运行质量，使环境经济系统的整体状况有所改进。

### （二）注意税收设计体现区域特征是国情之所在

尽管不同国家的税制设计不尽相同，甚至差别较大，但 OECD 成员国普遍应用环境税引导环境友好行为已成共识。

我国幅员辽阔，不同行政区域内的环境容量和最优环境质量水平存在显著差异，需要政策量体裁衣以适应特定管辖范围内的情况，充分考虑环境问题的区域性对我国环境税的设计尤其有借鉴意义。我们认为，为了实现有效的环境管理，符合简化税制的政策要求，还应具备一定的集中化手段。因此，在税制设计的过程中，选择税基时应考虑税种的征管权限，正确处理中央与地方在事权和财务权力方面的关系，保证环境税征管分工明确，责权清晰。并且在设计税率时，要协调污染量和对当地社会经济造成的影响，协调好区域间税率，限制我国地区间污染产业和产品的转移以及所带来的复杂的纠纷问题发生。

(三)重视减少环境税改革的阻力是推进税改之所望

我们无法否定由于税收实施过程中涉及现存利益格局的调整，会遇到较大阻力。从改革成功的国家来看，特别注意采取特定的措施减少来自产业部门的阻力，同时增强支持环境税改的利益集团的力量。要想减少改革的阻力，变阻力为推动力，最起码的两点不能忽视，一是要采取预告和渐进式改革；二是要采取收入中性和分配中性的方式。

我国正处于转型时期，市场经济机制还未健全，污染物排放和能源消费方面存在着行业性高度集中的现象，引入环境税时采取渐进式的过渡方式，可以尽量减少对企业竞争力的损失，同时引导企业环境友好的长期行为。尽管如此，也要提前预告，逐年增大，直至达到较理想的水平。在这方面，国外也有许多经验：为减缓环境税对企业的冲击，给企业以调整时间，使其投资于污染减排技术，进行清洁生产和为环境而设计。如丹麦 1988 年就预告了 5 年后对于环境相关的产品征收环境税，取得了较理想的效果。

为了减少阻力，扩展其改革的推动力，收入中性和分配中性也是可借鉴的经验。一些国家强调收入中性，即将税收收入用于减少现存的扭曲税收，或者专款专项用于生态环境的投资和补助，凝聚并加强受益方的支持力量。由于环境税体现了能源产品和其他一些生活用品较高的环境成本，易形成分配的累退性，对贫困人口的生活造成较大影响。欧盟为了克服碳税分配的累退性，多采用分配中性的方式。例如，将碳税收入抵付雇主为低收入来源的雇员交付的社会保障金，既增加就业又减少了碳的排放。考虑到我国长期存在严峻的就业压力，若引入能源税等对生活基本需要产生影响的税种时，以上缓解方式是可以借鉴的。

## 三、现实环境税方案设计及实施步骤建议

(一)将部分排污费改为环境污染税，使其成为环境税的主体税种

1、将部分排污费改为环境污染税，有利于提升其立法层次，使得收费更为制度化、标准化，更具透明性、规范性，更有利于环境保护。

目前适合开征水污染税、二氧化硫税和垃圾税。据人民日报 2016 年 4 月 23 日“生态周刊”栏目刊载，大自然保护协会发布的《中国城市水蓝图》报告称：我国现在 2/3 的人口居住在城市及周边的水源集水区内，水资源的安全保障直接影响到 8.6 亿人的生活和社会经济发展。绝大多数城市的饮用水依赖地表水资源，但目前，地表水水质不容乐观。报告对全国规模最大、发展最快的北京、上海、广州、武汉等 30 个大中型城市做了较为详尽的分析，这些城市每年地表水的需求量高达 296 亿立方米，相当于中国最大的淡水湖——潘阳湖的容积。但这些城市的水源集水区面临着不同程度的沉积物或营养物污染，其中，有 73%的区域污染相对严重。调查结果显示，面源污染已经取代点源污染，成为我国水污染的主要问题。

如此看来，对污染征税显得很有必要。首先，中国目前面临的最严重的环境问题是空气和水污染。中国每年因大气污染对人体健康的影响损失巨大；其次，固体废物污染和城市生活垃圾污染也日益突出；再次，排污收费已积累了以污水、废气(二氧化硫)、固体废物和噪声为收费对象的实际经验。

针对以上情况，中国目前适合开征的环境污染税为水污染税、二氧化硫税和垃圾税三种。

水污染税课征对象不仅包括工业废水还应包括生活废水和农业废水，水污染应以边际治理成本为确定征收税率的标准，用利益机制激励污水的治理及整个社会节约用水；

对二氧化硫征税，我们认为相对容易，因为征收额较大，为重点控制的污染指标。所以二氧化硫税应按二氧化硫的边际控制成本制定其税率标准，既要使二氧化硫的税率等于或略高于边际控制成本，用利益机制去激励二氧化硫排放主体，促使其采取积极措施进行治理。如对重污染行业，电厂、造纸、冶金、化工和轻工里面的酿造业等征税，尽管会影响其利润，但有利于提升社会公众的环境意识。

二氧化硫税目要素设计：⑴征收对象是污染源排放的SO2；⑵纳税人为向大气中排放SO2的所有排放者，包括工业企业、事业单位、商业和服务业企业以及其他单位（可考虑对个人不征收）；⑶征收依据是SO2的实际排放量。对于有检测数据的，按照实际检测值征收。对于那些量大面广、规模小、检测困难的污染源，可以按照燃料中的含硫量以及相应的消减措施折算征收。对实际排放量难以确定的，可根据纳税人的设备生产能力及实际产量等相关指标测算排放量，作为计税依据；⑷采用定额税率，总的原则是税率不能太低，必须能够起到对纳税人的刺激作用，按照SO2消减的边际处理成本确定，近期税率初步可确定为1.3元/kg。

开征垃圾税让垃圾的产生主体，承担经济责任并对倾倒的垃圾数量按边际处理费用为税率标准来征收，使垃圾生产主体产生的污染外部性内部化。

在一段时间的征缴后，再进一步扩大征税范围。这样，一方面可直接刺激企业改进或引进先进治污技术和设备，减少污染物的排放；另一方面，使企业选择适合自己生产特点的治污方式，以实现资源的优化配置。

2、部分排污费改为环境污染税的可行性分析。首先，实行排污收费制度已有30多年，“污染者付费”这一环境税收经济观念的精髓已深入人心，从客观上为环境税收制度的实施奠定了公众基础，有利于节约环境税的开征成本；第二，排污收费制度实施以来，我国已经形成相关的法律法规体系，这又为环境税收制度的实施奠定了法律基础；第三，排污费本身就具有“准税”性质，这使环境税制度的实施具备了制度基础；第四，国外环境税实践的成功经验为我国费改税提供了有益借鉴，环境税作为一种有效的环境经济手段，在发达国家得到大量应用并取得良好效果。如美国早在1970年初就开始征收二氧化硫税；1990年开始，丹麦、芬兰、荷兰、挪威、美国和瑞典等国为了控制二氧化硫的排放相继开征了碳素税；德国、美国、日本、瑞典等国开征了水污染税；美国、德国、日本、荷兰等国开征了噪音税；美国、比利时等国开征了固体废物税；荷兰、芬兰和英国开征了垃圾税等，国外环境税实施的丰富经验值得中国借鉴。

（二）完善与环境有关的税种

1994年中国实行分税制以后形成的税种结构，没有独立的环境税种。经过认真梳理，与环境保护作用有关的税种有：资源税、消费税、城镇土地使用税、耕地占用税、城市建设维护税、车船使用税、增值税。此外，营业税、所得税、房产税等税种，也不同程度地为环境保护和资源综合利用提供了税收政策上的激励。但以上税种大都比较分散，并未形成一个真正的体系。环境税的建立是一个系统工程，需要稳步推进，而完善具有环境保护作用的税种应该是建立环境税体系的首要任务。

1、以租税分离为原则完善资源税。资源税是以自然资源为课税对象，对在中国境内开采应税矿产品及生产盐的单位和个人征收的一种税，其目的主要是调节资源级差收入。我国现行这种调节级差收入并依据能源资源所有权取得的资源税从本质上讲是租而非税。改革资源税，最重要的是厘清政府的财产权利和政治权利，实现租税分离，将现在的能源资源税归位于能源资源租，而能源资源税则应该将开征重点放在调节开采过程中出现的环境污染问题上，要通过开征能源资源税，真正提高能源资源的开采成本，将能源资源开采企业的外部成本内部化。

完善资源税应从以下几个方面入手：(1)纳税人应包括那些在中国境内开采应税能源资源的单位和个人；(2)征税范围应包括煤炭、原油、天然气以及其他的所有能源资源；(3)计税依据和计征方式应采用从价计征，将能源资源税与能源资源价格紧密联系起来，从2011年11月1日起，原油和天然气已经开始从价计征，中国能源消费结构中的主体能源煤炭，国家也将从2016年7月1日起按销售价格计征，但沙、石仍然按开采数量计征，应尽快做到统一；(4)提高能源资源开采企业税负水平，采用累进税率或幅度比例税率差别对待，原油和天然气可以按照不同的开采企业实行不同的比例税率，煤炭则按照含煤量采用累进税率来防止煤炭开采企业弃贫矿采富矿；(5)对能源资源开采过程中采用清洁技术、高新技术以减少环境污染，对能源节约的能源开采企业给予税收优惠，从而促进企业在节约资源与保护环境积极性的基础上，提高边际开采效率。

2、完善现有的消费税。消费税税目中虽然包括汽油、柴油、轮胎、小汽车和摩托车，但是生产与使用过程中造成污染最严重的煤炭却没有被纳入消费税的征税范围，改革中应该考虑。绿化中国的税制结构扩大绿色税收的调节范围还要求将白色污染性产品及其他污染性产品纳入消费税的征税范围，以抑制或取消白色污染性产品的生产和消费；将一次性电池及氟里昂、含磷洗衣粉及洗涤剂、剧毒农药等污染性产品也纳入消费税征税范围；通过税收调节使消费者尽量使用替代品。

3、完善其他税种：车船使用税和车辆购置税，这两种税本身设计并不是为了节约能源和保护环境，但随着中国人均收入水平的提高，中国逐渐进入了汽车社会，机动车船的使用数量越来越大，对生态环境的危害也越来越大。改革完善这两种税，提高汽车的使用成本，减少汽车使用数量，也能达到能源资源节约和生态环境保护的作用。这就需要细化其税目，根据车辆和船舶使用能源造成的污染程度来确定不同的税率，按污染程度分档征收，等条件成熟时可以累进征收；此外是鼓励生产和使用低能耗的环保型车辆和船舶，税收上要给予优惠。

4、进一步完善增值税。2010年，可再生能源发电的设备购进，已作了进项税抵扣，使清洁能源成本大大降低。增值税的能源节约和环保保育作用主要体现在税收优惠中，在现行的增值税制中规定对使用废弃物做原料的可以免征增值税或即征即退、先征后退。改革增值税，除了进一步加大对使用废弃物作原料的税收优惠外，对煤炭、煤气、居民用煤炭制品、石油液化气等要提高适用税率，变13％为17％。

5、应恢复征收固定资产投资方向调节税。我们知道固定资产投资方向调节税按照国家产业和规模经济方面的要求，对不同投资项目实行差别税率，税率分为0、5、10、15、和30五档，对那些国家鼓励发展而又受到能源、交通等基础设施条件制约的投资项目实用5％的轻税，而对于能源利用效率低和污染产业、产品的投资实行30％的限制性税率。这样来看，固定资产投资方向调节税既能鼓励能源生产和提高能源使用的效率，又能限制污染和低效使用能源，发挥其能源节约和环境保育作用。从这个角度考虑，有必要恢复征收该税种。

6、完善税收优惠政策。在投资环节，鼓励企业进行治理污染和环境保护的固定资产投资，允许此类固定资产加速折旧。鼓励企业投资环保产业；再生产环节，鼓励企业进行清洁能源生产，对采用清洁生产工艺、清洁能源进行生产的企业以及综合回收利用废弃物进行生产的企业，在增值税、所得税方面给予优惠。

(三)开征生态保护税

1、适合国家大保护的要求。今年年初，习近平总书记在重庆召开推动长江经济带发展座谈会时告诫："当前和今后相当长一个时期，要把修复长江生态环境摆在压倒性位置，共抓大保护，不搞大开发"，也为我们试图开征生态保护税提供了可能。

2、开征生态保护税，使其成为环境税的又一主体税种。该税种目前只考虑针对一些矿产资源的开采行为和自然保护区开发及使用行为征税。对开采矿产资源的单位和个人，是对环境的直接危害者。除正常的资源税外，对矿产开发行为开征生态保护税，符合国际通行的"污染者付费"和"破坏者赔偿"的原则；对自然保护区开发和使用者而言，是自然环境的受益者，也是对自然环境的潜在或直接危害者。虽然这部分消费者为个人，但可以通过门票销售者代扣环境税实施有效的管理，因此具有较强的操作性。同时，以消费者个人为纳税人,更有利于提高消费者的环保意识,最终达到保护环境的目的。

生态保护税目要素设计:⑴征收对象:煤炭、原油、天然气、山石、黄金矿等矿石资源;生态自然保护区开发和利用行为;⑵纳税人开采矿产资源的单位和个人,自然保护区开发与使用者;⑶计税依据:矿产资源开采以资源品目和实际开采量为计税依据,实行全国统一税;生态自然保护区开发和使用根据国家有关生态自然保护区(如景区)等级划分标准确定幅度税额,由省、自治区、直辖市人民政府在规定的幅度范围内确定,以景区实际游览流量为计税依据实行代扣代缴;⑷税率:采用定额税率,实行从量定额征收。矿产资源开发的环境税税率初定为:原煤 20 元/t,原油 30 元/t,铁矿石 20 元/t,冶炼铜 100 元/t,非金属矿开采 5 元/t;自然保护区保护税初定为 2 元/人次。

3、开征生态保护税是有借鉴的。如西班牙巴利阿里群岛是著名的旅游胜地。它地处西地中海,位于伊比利亚半岛、法国南部和北非之间,以三大岛屿和众多的小海湾、海滩而闻名于世。上世纪 50 年代以来,巴利阿里群岛迎来了旅游业的繁荣时期,旅游收入成为群岛的主要经济来源。旅游业给群岛带来可观的经济利益,它让岛内居民在富裕地区名单上名列前茅的同时,也给环境和自然资源带来了负面影响,旅游者的纷至沓来还加剧了岛内的拥挤程度。海滨容量、交通工具流量、固体废物产生量、二氧化碳排放量及人均水消费量等指标表明,旅游业已呈现明显的负外部性。这种负外部性的产生,正如庇古理论所分析的,是由于旅游业私人利益的最大化引发私人成本和社会成本的差异不断加大,使旅游业成为无效率产品。在这种情况下,巴利阿里群岛积极运用税收手段内化旅游活动产生的外部成本,采取固定税率乘以旅游者滞留的天数来计征税款。缓解了由于旅游者滞留时间越长,产生的生活垃圾就越多,造成的交通拥挤就越严重,对岛内居民生活的干扰就越大的问题。从严格意义上看,此生态税符合环境税成立的基本标准,实质上是一种环境税。

云南丽江也是著名的国际旅游胜地,也存在同样的问题,有些问题比巴利阿里群岛还严重。为了世界遗产地的生态和环境保护。早在 13 年前,丽江市就开创性地出台了行政性法规,按每个进丽江古城和玉龙雪山景区的旅游者收取了"古城维护费"80 元。现在又规定,"古城维护费收据"仅限三天,如超过三天时间者再次进入该景点,需重新缴纳古维费 80 元。丽江每年收取的"古维费"达 5 亿元之多,并已纳入地方公共财政收入(已占丽江市地方公共财政收入的 12 %),主要用于古城环境的治理等。尽管如此,玉龙雪山冰川仍在逐步消失;水源已基本枯竭(如黑龙潭已干枯四、五年),古城人满为患,有时交通严重堵塞等。而游客来丽江仅瞄准几个景点涌入,现在是行政性的疏导手段已不起作用。使得生态遭破坏,环境逐步恶化,丽江居民生活水平或质量不断下降。这与无节制的开发和旅游人数无限制的涌入不无联系。事实上,云南丽江的"古城维护税"早已具有环境税的性质。就中国四大古城而言,除丽江古城外,如四川的阆中古城、山西的平遥古城、安徽的歙县古城,据说当地政府都无法征收古城维护费。云南其他地区如大理古城等,也曾几次试行都不了了之。

为了我国旅游业的可持续发展。可借鉴巴利阿里群岛征收生态税的办法,以旅游者滞留旅游地的时间长短作为计税依据。由于近几年来,我国境内旅游多以散户旅游为主,不同的旅游方式对环境影响的差别很大,且从 2015 年起,全国提倡全域旅游。在计税基数的设计上也应该考虑这一因素,以鼓励旅游者尽可能采取绿色环保的旅游方式。在扣缴义务人方面,可考虑将旅游者住宿地如宾馆、旅馆作为扣缴义务主体,减少税款征收漏洞。对于部分选择农家乐、居民住宅留宿的旅游者,还可以考虑将环境税纳入门票价格中,采取类似增值税通过流转环节抵扣的方式,层层计收环境税,尽可能让旅游者承担缴纳旅游环境税的义务;在税率设计上,可采取幅度定额税率,让税率随着环境保护边际成本的变化而调整,使环保成本在每一时期都可以趋于最小化。

(四)环境税分阶段推进措施

如前所述,环境税的改革推进,应顾及各种主客观因素,采取先易后难、稳步推进的实施战略。环境税首先实施部分“费改税”,分两个阶段推进,逐步调整,最后税费归位。2021年末实现比较完善的环境税制目标。

**表二 环境税改革分阶段推进图**

| 阶段 | 任务目标 | 年限 | 征税对象 |
| --- | --- | --- | --- |
| 第一阶段（缓冲阶段） | 构建环境税制度框架;实施部分费改税;新征生态保护税 | 2017至2018 | 完善与环境有关的税种;搭建环境税制框架,开征水污染税、二氧化硫税和垃圾税;引入旅游环境税(或称生态保护税);出台“环境税征管条例”。 |
| 第二阶段（完善阶段） | 实施彻底的费改税,提升税制水平<br>基本建成科学发展的环境税税制 | 2019至2021 | 不断改进环境税税目,扩展污染产品税、污染排放税等税目的征收范围;参考国际和国内CDM机制碳税价格,考虑相关社会经济因素,动态调整碳税和生态保护税政策范围及税率;2021年底完成彻底的费改税。<br>完善巩固环境税制各税目,加大碳税实施力度,扩展政策领域,为在京都议定书第三时期履约做好技术和能力准备;不断改进并逐步建立统一的环境税制。 |

## 四、结论

对环境的保护有待于环境友好型、资源节约型社会的形成。理论分析表明,环境税改革稳步推进很有必要。在国家不断硬化收费制度的同时,环境税改革有必要分阶段推进。目前,在改革中应尽快完善与环境有关的税种,并将部分排污收费改为环境污染税,征收水污染税、二氧化硫税和垃圾税,新开征旅游环境税,构建并逐步完善中国环境税收体系,促进经济可持续发展,是中国环境税制建设面临的迫切问题。在稳步推进中,要有利于最大限度地调动各级地方政府的积极性,使环境税改革能达到预期的目的。

(作者单位:云南省丽江市地方税务局
云南省丽江市税务学会)

# 对印花税税收政策完善的几点探讨

黄人权

我国当前实行的《中华人民共和国印花税暂行条例》，是于1988年8月由国务院制订并颁布，并于10月1日起开始对印花税恢复征收的，至今它已有了近28年的历史。在早期印花税税收征管过程中，人们常遇到的一个突出性问题，就是纳税单位缺少一定的纳税自觉性，对事实上已经订立的合同，却借口说自己信誉好、与业户“信得过”，而拒绝提供已经签订和拥有的合同。加上检查人员外调合同资料进行落实的成本相对较高，从而造成合同印花税的大量流失，致使一些印花税方面的政策规定形同虚设。所以，有关专家和基层征收人员普遍认为：“印花税应税凭证面广量大、隐蔽性强，税源零星分散、易漏难管，一直是地方税收征管的薄弱环节，也是困扰地税部门的难题。”

自2008年以来，各省市地税部门陆续出台了《印花税核定征收方式管理办法》之后，印花税征收的监管水平和征管质效有了大幅度的提高，同时增强了人们对印花税政策参照的主动性和计征的便捷性。另外，我国经济形势的发展，而该政策体系未能做到与时俱进，对其中很多政策缺陷未能及时进行“补修”，这也给基层的执法工作带了诸多不便。

一些新情况新问题的出现，如不同经济性质的企业所占比重的变化，注册资金方面政策规定的变化，营改增后行业的重新归类，新兴产业和行业的出现，电子账簿的出现和逐渐普及，融资主体和客体的多样性发展，合同签订地点的差异(在境内与境外)，等等。此类新现象的出现难免会对印花税政策的原有政策规定带来一定的挑战。比如，放宽对一些新办企业注册资金规模的限制，这对资金账簿印花税的实现数量也会带来一定的影响。鉴于此，本文拟就印花税相关政策规定及操作上存在的问题做一简要分析，并提出解决的对策及建议。

## 一、印花税相关政策规定及操作上存在的问题

笔者认为，印花税在相关政策规定及操作上，主要存在三个突出问题：

(一)税目设定得不够全面和公平

对销售合同缴纳印花税的范围，仅限于工商企业对产品的销售环节，而对服务业如饮食、住宿、旅游等行业的“经营收入”并未进行相关税目的设定，这势必造成印花税税基设定的不公平，由此而造成了相关税负的不公。

如一家宾馆饭店，其酒厂的供货商一年向它供应200万元的酒类饮品，如果按当前的核定征收范围，饮食收入属于应税销售收入以外的范围，这部分商品采购支出则不包含在通常核定征收控管的范围，因此则不需要缴纳相关的印花税。而一般的工商企业性质的纳税人采购此类商品，则必须按规定标准比例如实缴纳。这样，势必会造成的税负不公是显而易见的。

又比如，所有汽车销售企业，现实中其采购和销售环节都是必须订立合同的，而我们通常却按零售业进行核定征收，核定征收仅为比例是50%，而在结果上能够造成少缴纳150%的印花税。

(二)有关政策规定的内容过于含糊

如“具有合同性质的凭证应视同合同征税”，“所谓具有合同性质的凭证应视同合同，是指具有合同效

力的协议、契约、合约、单据、确认书及其他各种名称的凭证。它们是从属于 10 个合同税目的分类，而非独立列举的征税项目”。

在这种笼统的规定中，如销售环节或采购环节取得的发票，借款行为取得的收款收据或“欠条”（当然，向金融机构借款是应该订立合同的），是否可认定它属于具有合同效力的单据呢？如果坚持一律按规定进行征收，则会引起纳税单位的异议。

例如，在很多地区，在核定征收对原材料和固定资产的采购同时计算缴纳印花税。当然，固定资产的采购价格中有的地区是按照含税价格计算的，而有的地区则是按不含税价格进行计算的。

关于账簿应贴的印花税，有的小企业将单位全部账页合订为一本，这样只需粘贴 5 元的印花税票。按会计常识，一般情况下，一个小规模企业起码应该建立银行日记账、现金日记账、总账、明细账四本账簿，按规定最少不得低于 4 件的标准来进行贴花也是符合情理的。而在这方面，却迟迟缺少明确的规定条文进行规范。

比如对个人独资企业的投入资金，因为不算是“注册资金”，而不可计入“实收资本”，只能计入“自有流动资金”，因此它们也不需要缴纳资金账簿部分的印花税，因为国家在 1988 年 10 月出台印花税政策时，全国没有涌现多少户私营企业。

（三）征收操作方面存在的不公平

如对销售收入部分，一般只对纳税企业进行核定征收，而对个体经营户却很少有地区按规定进行核定征收，也许认为对商业零售企业如果按照 20000 元的销售额，每年也不过只需缴纳的印花税仅 36 元。因为数量有限，就认为不值得去进行大范围征收，从而造成这类印花税大范围的漏征。

因此，对印花税的征收也应该根据实际情况，对一些特殊行业和项目如果觉得查账征收有利，还是应该选择按查账征收。或者根据具体情况，让两种征收方式并存。对此，在印花税政策上需要进行进一步地完善和配套。

## 二、解决的对策及建议

针对上述情况，可探索解决措施如下：

（一）税目设定要科学全面

笔者认为，可考虑在原来购销合同、加工承揽合同、财产租赁合同、营业账薄等 13 项已开征的项目外，新增一批印花税开征项目，如邮政、电信、文化体育业、娱乐业、服务业（以前未涵盖的项目）、广告业、其他服务业（设计以外的项目）。其他服务业，如沐浴、理发、洗染、照相、美术、裱画、誊写、打字、镌刻、计算、测试、试验、化验、录音、录像、打包、咨询、保安等。这样，将有利于印花税税负的公平性建设。“营改增”之后，已经出现了一个新的行业排序，应该进行税目的重新划分，从而使凭证列举的涵盖范围更为全面。

另外，当前需贴花的借款合同仅指“包括银行及其他金融组织和借款人（不包括银行同业拆借）所签订的借款合同。”，文件内容不包括非金融机构企业与借款人的借款，也不包括企业与个人之间的借款，对此，最好应增加上这两种情形的内容，以确保税负的客观公平。

（二）明确一些政策规定的具体内容

如企业建立的账簿不得低于 4 本（有总账、明细账、银行日记账、现金日记账），一本账簿的页数不得超过 200 页。对固定资产部分，则应按不含税部分收入来进行征税计算。由于税负不高但手续复杂，况且优惠政策大量出台的情况下，或者就全面取消账簿印花税（不包括资金账簿部分印花税）的计征政策，这样会产生积极的意义。

另外，分清一般增值税专用发票和增值税普通发票两种收入的作为计税依据方面的区别，明确到底是以含税收入还是不含税收入为合同计税依据。当然,在实际操作中,我国大部分地区是按不含税收入为计税依据的。

(三)核定征收方式与查账征收方式并存

如对汽车销售、大型机器设备之类企业,买卖双方都签订有合同,应规定按100%的比例进行"一刀切"式统一征收,未必需要纳税人一定要全面提供相关的合同。

因此,我们应该坚持"国家利益的最大化"与"从高计征"的征税原则,对有的企业可实行核定征收,对有的企业则可实行查账征收;对同一个纳税企业,对有的项目可实行核定征收,对有的项目则可实行查账征收。最关键的一点是,要求对两种计算结果进行比较,最终还是看哪一种结果有利于征管效益的最大化,就确认以何种征收方式来计算征收。

(作者单位:山东省烟台市地方税务局开发区分局)

# 发挥税收政策调控效能　促进土地节约集约使用

## ——关于江苏省城镇土地使用税有关政策的分析研究及调整建议

韦庆全

随着经济的快速发展和行政区划的调整,土地级差已经发生很大变化,但目前江苏省仍旧沿用 2006 年制定的城镇土地使用税单位税额和土地等级划分标准,税负不平衡的问题日益突出。针对江苏省现行城镇土地使用税政策存在的问题和不足,借鉴其他省、市的征收办法,进一步细分土地等级,大幅提高单位税额,更好地发挥税收调控职能作用,不仅可以增强地方财力,也可以通过调节土地级差收入,进一步提高土地资源节约集约利用效率,推动经济发展方式转变和经济结构调整。

### 一、江苏省城镇土地使用税的适用法律依据及征收情况

江苏省现行的有关城镇土地使用税的文件主要有三个:2006 年 12 月 31 日修订颁布的《中华人民共和国城镇土地使用税暂行条例》,(国务院第 483 号令),于 2007 年 1 月 1 日起执行;2008 年 3 月 19 日,江苏省人民政府发布的《江苏省〈中华人民共和国城镇土地使用税暂行条例〉实施办法》(苏政发〔2008〕26 号),自发布之日起执行;以及 2006 年 10 月 27 日发布的《江苏省人民政府办公厅关于调整城镇土地使用税税额标准的通知》(苏政办发[2006]125 号),2007 年 1 月 1 日起执行至今。暂行条例规定江苏国城镇土地使用税实行分级幅度税额,每平方米土地年税额幅度为:大城市 1.5 元至 30 元;中等城市 1.2 元至 24 元;小城市 0.9 元至 18 元;县城、建制镇、工矿区 0.6 元至 12 元。具体的条例实施办法由省、自治区、直辖市人民政府自行制定,按照各自权限范围进行土地等级和单位税额标准设定。

2011——2015 年,江苏省入库城镇土地使用税 125.73 亿元、149.25 亿元、163.44 亿元、176.06 亿元、180.06 亿元,分别占当年全省地方税收收入总额的 3.93%、3.61%、3.5%、2.24%、2.07%,是一个非常重要的地方税种,但在地税总收入中的比重呈逐年下降趋势。

### 二、江苏省城镇土地使用税现行政策存在的不足和问题

1、从法律依据上看,现在仍然执行的苏政办发[2006]125 号文件中关于单位税额的规定应已失效。从发文时间上看,苏政办发[2006]125 号文件是基于 1988 年 9 月 27 日颁布实施的《中华人民共和国城镇土地使用税暂行条例》、1989 年 3 月 9 日江苏省政府公布的《江苏省〈中华人民共和国城镇土地使用税暂行条例〉施行细则》两个旧法律文件制定的,早于 2006 年 12 月 31 日新修订颁布的《中华人民共和国城镇土地使用税暂行条例》(国务院第 483 号令),及《江苏省〈中华人民共和国城镇土地使用税暂行条例〉实施办法》(苏政发〔2008〕26 号)两个法律文件。从文件内容上看,江苏省人民政府 2008 年 3 月 19 日发布的《江苏省〈中华人民共和国城镇土地使用税暂行条例〉实施办法》(苏政发〔2008〕26 号),废止了 1989 年 3 月 9 日公布的《江苏省〈中华人民共和国城镇土地使用税暂行条例〉施行细则》,未明确提到苏政办发[2006]125 号文件的效用问题。但是,新的实施办法对核心的单位税额幅度和等级划分标准原则性的规定,虽然没有明确对苏政办发[2006]125 号文件规定的单位税额标准进行改变,但是上限设到了最高 30 元/平方米,大大突破了之前最高 10 元/平方米的规定,从文件本身的税额幅度设置来看,事实上已经否

定了苏政办发[2006]125号文件的有关规定。但是2008年新文件发布以来，由于老文件规定的税额幅度包含在新文件之内，事实上江苏省仍然一直在执行这原本应该失效的苏政办发[2006]125号文的规定。从文件层级上看，上位法的效力高于下位法，法律规定条文中有不一致的地方，应以上位法为准，显然苏政发[2008]26号文的法律效力高于苏政办发[2006]125号文。

2、从单位税额设置上看，江苏省单位税额设置过低。目前，江苏省的城镇土地使用税单位税额设置较低，最高与最低单位税额悬殊不是太大，总体税收负担较低。同全国其他省份比较，特别是与沿海省份相比，江苏省的城镇土地使用税单位税额在全国处于中等偏下水平，同经济不发达的中西部省份相差无几。从全国范围看，适当调高单位税额成为各省、直辖市、自治区最近几年的一个趋势。2007年初开始，各省、市、自治区相继修定了《中华人民共和国城镇土地使用税暂行条例》实施细则或办法，对当地的土地等级划分和单位税额进行了重新调整，部分地方作了两次、三次调整。如山东省、辽宁省、安徽省、海南省等部分地区依据省政府下达的暂行条例实施办法(或细则)，从2010年以后陆续对当地单位税额进行了大幅度上调，很多省、市都采用了接近上限的方式，单位税额普遍比江苏省高出很多，甚至高出两倍。北京、上海、深圳、沈阳、鞍山等市市区一类土地普遍都采用了上限30元/平方米/年。江苏省对于大、中、小城市及县城、镇等各类地区现规定税额上限与下限幅度虽然都在国家规定允许浮动范围内，但是实际执行的标准明显低很多，上限离国家最高标准尚有很大差距。

3、从征管实绩来看，税收收入总额相对较低。2009年以后，江苏省入库城镇使用税收入总额相继被山东省、辽宁省超过，连续七年居于全国各省第3位，入库总额同前两个省份差距继续拉大的趋势更加明显。2014年，山东省、辽宁省分别入库235.31亿元、225.52亿元，分别超出江苏省59.25亿元、49.46亿元。2015年，山东省、江苏省分别入库358.8亿元、180.06亿元，超出江苏省178.74亿元，几乎超出1倍。而江苏省在2006－2008年曾连续三年居全国各省市首位。从地方税收总收入上看，2009年以来，江苏省地方税收总收入超过之前的第一名－－上海市后，连续7年位居全国各省市首位，与城镇土地使用税收入位次相比形成巨大反差，和地方税收总收入全国第一的位置显然很不匹配。同样从收入占比上来看，以2014年为例，全国入库城镇土地使用税1991.98亿元，占到同期地税总收入51310.5亿元的3.88%。江苏省入库城镇土地使用税占地方税收收入的2.24%，从横向上比较大大低于全国平均水平。城镇土地使用税收入最高的为山东省、辽宁省、占比分别是14.96%、8.54%，大大高出江苏省2.24%的比例。从纵向比较，最近7年来，江苏省的土地使用税在地税总收入中占比也呈逐年快速下降趋势，从2008年的5.31%已经下降到2015年的2.07%。

4、从土地等级上看，江苏省土地等级划分过于简单。省内各市市区土地等级划分大多为3－4级，只有淮安市划分为5级，按照级别等级的不同，单位税额设为2－6元不等。南京市在2007－2010年6月期间曾划分为7级，2010年7月1日起也简化为4级。而县域大部分划分为2级，少部分为3级。江苏省土地分级设置过于简单粗糙，单位税额幅度梯次太少，未能随着经济的发展适时进行调整。江苏省现行的城镇土地使用税单位税额及等级划分标准，自2007年1月1日执行到现在已经有8年多时间了。随着经济的快速发展和行政区划的调整，城市建设规模的不断由中心城区向周边拓展，很多原先经济欠发达区域现已变成经济较发达区域，土地级差已经发生很大变化，仍旧沿用原来的标准，税负不平衡的问题日益突出，不利于土地平等竞争。

5、从财政体制上看，上缴财政分成比例过高。江苏省对城镇土地使用税和房产税、土地增值税、契税等4个与房地产有关的税种，实行省对省辖市、省对县两种财政体制方法，即对市，省财政统筹20%、省辖市财政统筹40%、市辖区财政留成40%；对县，省财政统筹30%、县财政留成70%。特别是省辖市内的各区上缴的税收比例过大，当地财政留成过少，对扶持相关产业缺少财政返还激励的政策与资金支撑。同时各地为招商引资积极打造税负洼地也成为影响地方主动上调城镇土地使用税单位税额意愿的重要因素。

## 三、江苏省调整城镇土地使用税税额及级次标准政策的意义

不管是自身发展政策调整的需要，还是同其他省、市、区的显著差异比较，江苏省加快研究实施上调单位税额、细分土地等级级次方案不仅必要，而且日益迫切。

1、适当提高单位税额，大幅增加财政收入。提高单位税额最直接的好处是可以大幅增加财政收入。在国家及省政府现有法律规定框架内，江苏省的单位税额可以在现有基础上上浮2—3倍以上，也就是城市一类土地单位年纳税额可以从10元/平方米最高提高到30元/平方米。按照2015年江苏省入库城镇土地使用税180.06亿元简单测算，提高一倍即为360亿元，提高两倍为540亿元。也就是说，如果比照山东和辽宁两个省现行的标准，全省大致可以增收200—500亿元。

2、强化税收调控职能，有效缓解土地供需矛盾。当前，随着城市化进程的加快，作为沿海经济发达省份，江苏省工业、服务业等第二、三产业繁荣，新增建设用地规模过度扩张。同时也存在土地利用较为粗放、用地结构不够合理、盲目攀比大搞花园式工厂，土地闲置、浪费现象十分严重，土地供需矛盾变得更加尖锐。因此，由政府统筹部署，各相关部门通力发挥各自职能作用，采取切实举措科学保护耕地、节约集约用地、提高土地利用效率，就显得非常紧迫。而通过提高税负强化税收调控功能，可以促使土地使用人谨慎对待土地购置、保有、转让等各个阶段，有利于盘活闲置土地，增加土地供应，缓解土地供需矛盾。

3、细分土地等级，有效平衡土地级差收益。从土地价格上看，2004年以来，随着房地产市场的持续升温，各地土地成交价格不断攀升，同时也带动了工业等其他行业用地的价格上涨，土地财政成为很多地方经济发展的重要支撑。现行的低税率、小幅度，不能真实反映土地级差收益的再分配。而通过大幅提高单位税额，细分土地等级，可以有效平衡土地级差收益。

4、提高持有成本，促进土地加快流转。通过适当提高单位税额，增加土地持有成本，促使持有人加快投入建设步伐，缩短建设投产时间，及早达产投入使用。加快低端低效产能的腾退与淘汰步伐，更好的将空置、闲置的土地推向二级交易市场，加快土地流转速度，实现土地资源市场的优化配置。减少和压缩不当获利空间，有力打击囤地、炒地投机行为。

## 四、江苏省调整城镇土地使用税税额标准和土地等级的思路建议

为适应经济形势的发展变化，应尽快对江苏省的单位税额进行调整。从政策依据上看，首先由于江苏省事实上至今仍然一直在执行单位税额及级次划分标准是本应已失效的苏政办发[2006]125号文规定内容，从法规政策的严肃性、严谨性角度出发，最好由省政府发文对该文件做出明确废止失效认定，以免产生事实上一直在遵照执行的误解判断。其次，由于2008年江苏省政府发布的条例实施办法规定的等级单位税额幅度预留政策空间比较大，对单位税额作出普遍上调是在法规政策允许范围内的，无须省政府对实施办法作出修改，而只需各省辖市直接报送、或调整汇总由省财政厅和省地税局报省政府批准就可以了。当然从保证全省的一致性角度考虑，最好由省财政厅和省地税局统筹发起调整，在征求各省辖市政府意见的基础上，对全省各地税额作一个普遍的提高，并形成制度，要求在以后3—5年内予以适当调整。由于江苏省经济发达程度在全国处于第一方镇，各省辖市属大城市标准，单位税额可以大幅上浮，同时参考其他省市好的经验做法，建议以现在实际执行的标准大致上浮2—3倍重新计算为宜。上调税额时，应在充分考虑全省苏南、苏中、苏北地域经济发展程度不同的基础上，对部分行业实行差别性对待，以起到政策导向的效果。因此，在进行单位税额政策设计时，江苏省可以参考以下几种方法：

1、借鉴重庆市、汕头市、珠海市等地对工业等部分行业适当降低单位税额的办法。为进一步推进土地节约集约利用，一些省、市根据实际情况对土地等级作了更多层次的划分，使之更为合理。例如：重庆

市对工业性、体育设施用地实行减半征收，汕头市对工业用地实行较低税额，珠海市区分的更为详细，按照用地性质不同实行差别化征收政策，分一般用地、工业用地、用于经营和出租的住宅用地、国家、省、市政府扶持、鼓励的行业（项目）用地四种情况分别设置单位税额。

2、借鉴安徽省推行的土地使用税差别化征收政策，根据企业亩均土地税收贡献，按不同比例实行分档返还奖励。按照企业上年度亩均创造税收（不含土地使用税）确定土地使用税征收标准，凡亩均创造税收达到标准的，按标准征收，亩均创造税收高于标准的少征，亩均创造税收低于标准的多征，实行单位税额折扣方法（按照亩均纳税额打折50％－80％）。

3、允许地方对于具有成长前景、对解决就业贡献大的企业，允许通过当地财政奖励返还的方法，扶持企业扩大再生产。

4、规定对新办的鼓励扶持类产业实行减半或减少一定比例征收的方法，实行类似珠海市的政策。

5、直接对新建的工业园区、创业园区或其他需大力发展的园区范围内的企业通过降低土地级次的方式，间接降低单位税额；

6、对超过一定年限占地不用、或重污染等非鼓励扶持类产业适当提高单位税额。

当然，不管借鉴采取哪种方法，都需要综合考虑，全面平衡，从省级层面做好周密的顶层设计，做到简明恰当而不过分复杂，避免出现乱开口子、不规范的混乱局面。

（作者单位：江苏省连云港地方税务局）

# 供给侧结构性改革背景下的环保税开征问题研究

付慧萍

## 一、环保问题是供给侧结构性改革的重中之重

中国经济在改革开放后经历了举世瞩目的高速发展，这种连续近三十年显著领先全球的经济增长速度，创造了经济增长的“中国奇迹”。然后高速增长的背后，中国经济也面临着前所未有的巨大考验：一是自2008年全球金融危机以来，主要发达国家经济疲软，复苏无力，直接导致了中国的外需疲弱，而传统的依靠出口、消费和投资“三驾马车”的总需求管理模式越来越难以为继。在刚刚过去的2015年，中国经济下行压力增大，尽管中国人民银行五次降息降准、发改委新批基建项目超过2万亿元，依然未能扭转经济增速放缓的总体趋势。二是多年来中国经济一直以粗放式、低附加值的外向型经济为主。这种粗放式的增长以中国越来越大的资源、环境压力为代价。近年来我国环境压力持续加大，全国大部分地区出现雾霾天气，水污染问题也相当严重，许多地区主要污染物的排放量都超过了环境容量，部分地区甚至出现生态系统功能退化，农村的环境污染也呈加剧趋势。环境污染严重影响了人们的正常生活和工作，人民群众对环境的诉求不断增加。

在这种背景下，2015年11月10日习近平主持召开中央财经领导小组第十一次会议时强调“要牢固树立和贯彻落实创新、协调、绿色、开放、共享的发展理念”，“着力加强供给侧结构性改革”，显示出中央最高决策层已经开始调整经济发展思路。2016年1月27日，习近平主持召开中央财经领导小组第十二次会议，研究供给侧结构性改革方案。中央提出供给侧结构性改革的原因在于，随着我国经济增长进入“新常态”，供需矛盾发生了巨大变化，需求侧结构日益丰富多元，并开始飞速向服务化、高端化和个性化升级转型，而供给侧发展则欠缺活力，严重滞后，传统模式难以有效满足新需求。这就是为什么一方面我们国产的粗钢价格低廉，而另一方面精钢却需要大量进口；一方面我们内需不足，而另一方面国人在海外消费异常膨胀。因此，在整个供给侧结构性改革的规划与发展过程中，最重要的就是让整个社会产业得到优化升级，而要达到这一目的的关键步骤就是将现有的高耗能、粗放型产业转变为高效能、绿色环保产业。今年3月5日，《国民经济和社会发展第十三个五年规划纲要(草案)》正式出炉，草案提出，今后五年经济社会发展的主要目标之一是：“生态环境质量总体改善。生产方式和生活方式绿色、低碳水平上升”。由此可见，环境保护问题既是供给侧结构性改革的重中之重，也是影响未来五年我国经济社会发展的关键点。提升整个社会产业的“环保”化程度成为供给侧改革能否成功的重要着力点和落脚点。

## 二、环保税在我国供给侧结构性改革中的角色分析

随着人民群众的环保意识不断提高，尤其是近年来环境保护问题已经成为阻碍我国经济、社会可持续发展的重大问题。人民群众对开征环境保护税的呼声越来越高，学术界对环保税的开征问题展开热烈了讨论。支持开征环保税一方的主要观点如下：

(一)支持开征环保税一方的主要观点

1、环保税可以使破坏环境的负外部性内部化。负外部性是指经济当事人(生产者与消费者)的生产

或消费行为在市场外会对他人产生的不良影响。因为企业或个人在追求利润或利益最大化时，容易造成资源浪费和环境污染，使得其它微观经济主体(企业或个人)的福利减少，形成外部不经济；同时，在代际之间也存在外部效应，上代人对资源的过度浪费和污染，也会造成下代人福利的减少。所以政府可以通过征税的方式 来消除负外部性，即使环境污染者承担与其排放的污染量等量的税收，将其转嫁给社会的外部成本追回来，加进企业产品的总成本中，使负外部性"内在化"。

2、环保税有助于维护资源和环境的可持续发展。可持续发展理论的前提条件就是在整个社会经济发展过程中，不能以牺牲人类的生存环境为代价获取经济利益，资源和环境的可持续发展是经济社会可持续发展的基础和前提。目前世界各国大多采用税收的方式来维持和保护这种资源和环境的可持续发展。我国也应该在适当的发展阶段借鉴国外的先进经验来解决目前的环境保护问题，以此来实现我国的资源友好型、环境友好型社会的目标。

3、环保税的征管基础已经日趋成熟。随着我国科学技术水平的不断提高和国家环保部门的环境监测体系不断完善，污染物的排放量已经可以比较准确地计量。近年来，国家税收征收管理信息系统不断完善，金税工程项目也从一期、二期到如今马上上线的三期，功能更加强大、系统更加兼容、运行更加稳定。我国税收征管体系的日趋完善为形式与内容都较为复杂的环保税开征奠定了可行性基础。

(二)反对开征环保税一方的主要观点

1、环保税的开征与供给侧结构性改革中的减税政策相矛盾。供给学派的减税理论认为，市场部门产出会随着税率上升先上升后下降。这是因为初始阶段税率的提升会增加财政收入，有利于公共品的提供。而公共产品的增加会提升劳动与资本效率，使市场部门产出增加。但随着税率进一步提高，会导致生产要素供给减少并降低生产效率，从而造成产出下降。所以供给学派主张减税刺激生产，在不受干预的市场经济中，供给能自己创造需求。而开征环保税必然会带来企业税收负担增加，一些企业会将所增加的成本转移到产品中去，导致产品价格升高失去市场竞争力，进而可能导致企业破产引发员工失业等恶性循环。这样一来，环保税似乎就是成了供给侧改革中的反面角色。

2、环保税开征牵涉部门利益的整合。由于目前的环保性收费是多部门征收，收入的入库级次也不一样，而环保税开征后，税款的征缴要移交给税务部门。所以，环保部门是否有动力配合税务部门开展环境监测工作和提供环境监测数据，以及如何解决各级财政收入的纷争问题、相关部门的权限和利益取舍问题、部门设置和人员整合等问题，也为给环保"费改税"带来了不小的阻力。

本文认为，综合考虑环保税开征的利弊，环保税应在整体税负不变的前提下推开。比如在开征环保税的同时，可以对生态达标企业相应减轻纳税人的其他税收负担，比如所得税负担等。这一措施已经被不少欧盟国家采用，也值得我国学习借鉴。此外，还可以在开征环保税的初期对某些产业或企业给予一定的税收免征额，然后逐年减少免征比例，最终过渡到全部征收。

环保税的开征对我国供给侧结构性改革意义重大：其一，我国供给侧结构性改革的基本理念是"创新、协调、绿色、开放、共享"，而开征环保税将大大提高全民环保意识。通过税收的杠杆作用校正环保税纳税人的行为，可以使得企业改进生产经营行为，促使他们寻找更加环保的技术、替代能源和可再生资源，使得纳税人在保护环境和治理污染等方面表现出积极性、主动性，从而使得整个社会成员能够积极参与到环保事业中来，为建设环保型社会努力。其二，环保税可以大力促进产业优化升级。我国供给侧结构性改革的核心是"着力提高供给体系质量和效率"，将高耗能、粗放型产业转变为高效能、绿色环保产业。以前对企业的污染行为大多是征收污染费，或是随意出台一项政令，督促相关行政部门去监管，甚至动用政府权力拆迁高污染高耗费企业。这些做法虽然会使污染企业在一定时间内有所好转，但是由于各个企业的排污费收费标准不透明，政府也无法做到对每一个污染企业进行强制性行政监管，所以从整个宏观经济运行的角度上看是不可持续的。而环保税的开征将会针对企业自身的弊病而对症下药，在公平的市场竞争中，高成本的污染企业将会被淘汰，能够生存的是环保型、生态型企业，有利于促使经济又好又快发展。因此，可以认为环保税的开征在供给侧结构性改革中发挥着重要的主角作用。

## 三、环保税开征应该注意的几点建议

2015 年 6 月 10 日，国务院法制办公室将财政部、税务总局、环境保护部起草的《中华人民共和国环境保护税法（征求意见稿）》及说明全文向社会公布，征求社会各界意见，这是环保税立法进程中极其重要的一步。本文将结合"征求意见稿"的具体内容，就开征环保税提出以下几点建议：

（一）环保税应将"环境保护"的意义更完整展现

《中华人民共和国环境保护税法（征求意见稿）》的第一条内容为"为保护和改善环境，促进社会节能减排，推进生态文明建设，制定本法。"第二条内容为"在中华人民共和国领域以及管辖的其他海域，直接向环境排放应税污染物的企业事业单位和其他生产经营者为环境保护税的纳税人，应当依照本法规定缴纳环境保护税。"从中不难看出，"征求意见稿"中的纳税义务人是"排污者"，所以"征求意见稿"中的环保税更像是"排污税"。而环保税的宗旨是"保护和改善环境，促进社会节能减排，推进生态文明建设"，所以如此定义环保税纳税人是将"环保"的定义狭隘化了。通过比对"征求意见稿"与以前的排污费制度，不难看出两者存在高度的相似性，这显然是政策制定者从政策的平稳过渡角度出发。但从现有的立法宗旨出发，环保税应扩大法律调整范围，将鼓励节约能源、提倡循环经济等环保元素加入环保税中。环保税应该是排污费的"升级版本"而不是"复制版本"。

（二）环保税税收体系设置应更加科学、完善，保证税法公平性

1、关于计税依据。"征求意见稿"第七条规定，"每一排放口的应税大气污染物，按照污染当量数从大到小排序，对前 3 项污染物征收环境保护税。每一排放口的应税水污染物，区分重金属和其他污染物，按照污染当量数从大到小排序。其中，重金属污染物按照前 5 项征收环境保护税；其他污染物按照前 3 项征收环境保护税。"这种按照污染当量数从大到小排序，取前几项征收环保税的做法显然是为了方便税额计算，但其违背了税法公平性。比如两家企业前 3 项大气污染物当量数相同的情况下，一家企业 4 项之后几乎为零，而另一家企业 4 项之后污染物当量数仍然很大，但两家企业需缴纳的环保税款相同。这种计税依据会使企业会对 4 项之后的污染物排放量不重视，没有对企业加大环保建设投入产生激励作用。本文认为，环保税应对征税对象中列明的所有污染物征税，或者对低于国家或地方规定的污染物排放标准若干百分比之下的污染物给予免征，使企业对减少污染物排放存在制度激励，达到"以税促减"的目的。

2、关于税率。"征求意见稿"中规定，环保税采用从量征收的定额税率。定额税率可以使税额计算简单方便，但难以使环保税发挥原有的作用，还会带来不公平性。例如，"征求意见稿"第十条规定，"污染物排放浓度值高于国家或者地方规定的污染物排放标准的，或者污染物排放量高于规定的排放总量指标的，按照当地适用税额标准的 2 倍计征；污染物排放浓度值高于国家或者地方规定的污染物排放标准，同时污染物排放量高于规定的排放总量指标的，按照当地适用税额标准的 3 倍计征。"这对于污染物排放标准或排放总量在国家或者地方规定的标准临界值附近的企业，税负会出现较大差异。因此，本文建议环保税采用超额累进税率，即随着企业污染排放浓度和排放总量的增加，税率也随之提高。超额累进税率既可以避免"征求意见稿"中存在的税负在临界点附近陡然增加的情况，也可以鼓励企业为追求高税率而增加对环保设备和技术的投入。

3、关于税收优惠。"征求意见稿"中规定，"农业生产（不包括规模化养殖）排放的应税污染物免征环境保护税"。免税的目的可能是为了鼓励农业发展，减轻农民经济负担，但在实际生产生活中，由于缺乏污染处理技术和环保设备，农业的污染也相当严重，是否应该将农业生产排放的应税污染物全部纳入免税范值得商榷。此外，"征求意见稿"还规定，"机动车、铁路机车、非道路移动机械、船舶和航空器等流动

污染源排放的应税污染物免征环境保护税”，这也许是出于流动污染源不好确定污染物排放地，进而无法确定税款征收机关。然而实际生活中，这些流动污染源所排放的各种污染物和噪音已经严重影响了我们的生活，对其实行免税将使环保税的效用大打折扣，本文建议对流动污染源的污染排放正常征税。

(三)环保税应鼓励与惩戒两种手段并存

环保税对于企业排放污染物，尤其是超标准排放污染物应如何惩戒做了详细规定，但如何鼓励企业加大环保投入，只在“征求意见稿”第十四条中规定，“各级政府应当鼓励企业事业单位和其他生产经营者加大环境保护建设投入，对企业事业单位用于污染源自动监控专用设备的投资予以资金和政策支持。”却没有具体规定对于主动加大环境保护建设投入，并且排放污染物低于国家或地方要求标准的企业应给予何种环保税税收优惠。这就使得环保税法过多侧重于惩戒而较少激励企业加大环保投入的内容。因此，本文建议对满足“征求意见稿”第十四条中规定的纳税人给予减征的税收优惠政策。

(作者单位：辽宁省大连市沙河口区地方税务局)

# 关于票据印刷转型的思考

浙江省地方税务局票证管理中心课题组

## 一、印刷业危机的到来

有着“全国印刷看广东，广东看深圳”作为印刷强市的深圳印刷，2013年印刷企业总数达到2430家，工业总产值达320亿元，从业人员18万人。而深圳的总人口是1062万人，也就是说每100个深圳人中有1.6个在做印刷。然而2014年深圳印刷从巅峰迅速滑落，呈“跳水式”的急速下行。从2014年春节后的一年时间里，在深圳消失的印刷包装企业不低于100家，其中85%的企业属于倒闭或搬迁。进入2015年，一些深耕多年、实力雄厚的老牌企业纷纷倒下。除了印刷厂纷纷倒闭以外，许多尝试电商模式的印刷企业也前路坎坷。

困境之下，印刷人都在感叹印刷业大不如前，然而任何事情都要从两方面考虑，有困难则预示着机遇的存在，突破的可能。

有一个故事说：“有人拥有一个池塘，里面养着水莲。水莲每天长大一倍。如果水莲连续生长的话，三十天就会完全覆盖池塘，水中的其它生物就会被窒息了。在较长的一段时间内，那人觉得水莲实在太小，即使覆盖了半个池塘也不用整理修割。那么，几时修割呢？那就第二十九天吧。不过届时那人即使要拯救自己的池塘也只剩一天了”。这个故事是说，人们通常会在“还不要紧，还不要紧”的麻痹中，事态急速地发展；终于在不知不觉中迫到眉睫了，才如梦初醒。

当今时代，新技术的不断出现，让我们不得不面临新的转变。互联网使得数据的流动和共享成为了可能，云计算技术的开发更是能够全面进行数据分析。我们对数据的处理不再仅仅是从海量的目标群中选择样本，进行因果分析。相对的，通过技术手段，我们可以对所有相关数据进行整理，深入挖掘数据之间的各种潜在关系，并获得我们想要的精准的关联结论。这就是大数据时代，数据成为了最有价值的存在，同时推动或倒逼各行各业的数字化转型。

## 二、票据印刷行业现状

传统票据印刷市场在经历一个较高速的发展后逐渐下降，票证印刷企业成长趋缓，客户需求却不断向数字化、个性化深化发展，同业竞争加剧，新技术的快速发展，印刷业从单一制造到综合服务转变，这些变化都要求我们比任何时候都要清醒地认识到形势的变化和发展，而不是非要等到“只剩最后一天”才被倒逼着开始转型。

(一)票证产品单一、结构简单

目前，票证行业的印制业务及产品结构比较单一，只能印制简单的商业票据印刷业务，主要涉及税务、银行、财政、保险、证券、铁路、邮政、电信、海关、流通等相关行业。由于业务结构比较单一，企业的自身竞争能力不强，适应市场变化的灵活性不够。

(二)税制变革伴生业务滑坡

2011年，经国务院批准，财政部、国家税务总局联合下发营业税改征增值税试点方案。从2012年1月1日起，在上海交通运输业和部分现代服务业开展营业税改征增值税试点。自2012年8月1日起至年底，国务院将扩大营改增试点至10省市。从2013年8月1日起，“营改增”范围已推广到全国试行。从2014年1月1日起，将铁路运输和邮政服务业纳入营业税改征增值税试点，至此交通运输业已全部纳入营改增范围。自2014年6月1日起，将电信业纳入营业税改征增值税试点范围。

随着“营业税改征增值税”工作的不断推进，相关票据印制业务转换或流失，由于所涉及的票据印刷量非常大，而这些业务原先由地税印制企业来印刷的，在“营改增”政策实施后，这些业务或多或少的转移到国税印制企业中。其次随着网络发票的推行，电子发票的出现将成为现实，从而使发票的使用量也会逐步减少，这必然牵涉到部分票据印刷业务的重新组合分配，市场蛋糕切分必将有所变化。

（三）数码印刷带来技术革命

中国的票据印刷业正处在不断调整产业结构的进程中，商业票据印刷是印刷业中新技术应用最集中、信息化程度最高、发展最为迅猛的产业，代表印刷技术发展方向的数字印刷、无线射频、数据处理等，都首先在商业票据印刷业中应用。从某种意义上说，商业票据印刷是印刷业中的硅谷，并担负着印刷业如何与信息产业和现代服务业融合的责任和使命。很多企业通过技术创新实现了转型升级，以崭新的面貌出现在印刷行业中。一些规模较大的票据印刷企业，在信息技术和数字印刷技术的支撑下，不断将业务拓展向新的领域，加快实现从传统产业向高新技术产业转变，从被动加工型产业向主动服务型产业转变，业务领域不断拓展。一些比较有规模的企业，以数字印刷技术为支撑，推动了整个票据印刷业的延伸发展。除了传统的票据印刷，它们将业务拓展到了数据处理、信函制作、打印封装的直邮领域，以及不干胶标签印刷、RFID（无线射频）电子标签制作等领域。

## 三、票据行业数字化转型的方向

大多数票据印刷企业，随着危机意识渐强，正在向多元经营、电子票据等方向不断探索，寻找长远发展之路。我们也当直面困境，认真思考，不能怕转死而裹足不前，也不能盲目地为转型而转型。

（一）抓紧调整产品结构

票据印刷企业坐拥高利润的舒坦日子已经一去不返。随着公开招标工作日常化，市场竞争越发激烈，票据印企尝到了价格下降的“苦果”。此外，近年票据产品的电子化给企业带来的心理冲击更甚于实际情况。票据印企要尽早摆脱单一经营、安逸度日的状态，“不要把鸡蛋放在一个篮子里。”在传统印刷领域进行技术改造、调整产品结构，从而实现转型，是企业较多采取的转型手段。那么，新的机会在哪里呢？金融、保险、证券、教育、旅游及电子商务相关票据产品年均增长率在15%以上；快递单市场过去4年年均增长率超过60%；彩票市场2013年年均增长率为23%。除此之外，门票、安全印务、直邮服务等领域也值得关注。

（二）加快融合信息技术

从前，印刷处于产业链最下游，是劳动密集型的加工工厂，印刷人只懂得低头干活儿；现在，印刷产业链不断延伸拓展，向技术密集型、数字化、网络化转型，印刷人不仅抬头看路，更应深谋远虑。印刷与信息技术融合的时代来临了。

首先，我们可以从销售开始，要从人的思维意识上下手，积极探索互联网销售，平台、垂直电商、微信营销，尝试每一种销售方式，把销售售工作从线下发展到线上和线下共存的模式中去，另外也可以在提升员工互联网意识方面做一些工作，通过微信开会等方式逐渐去掉传统人身上很硬的“壳”，慢慢把企业管理导入到移动互联网上。逐渐把印前设计、编辑技术发展并带向多元出版、网上印刷服务、电子商务、云端服务等跨媒体组合经营服务模式。另外我们也可以进一步了解并尝试IC卡、射频识别技术，应用并尝试搭建信息化物流仓储模式，提高其管理水平和效能。加快引进CTP直接制版系统及技术，提高印刷质量和工艺水平。引进喷码设备和技术，开展二维码业务印刷，引进新技术，开展新应用，开拓新的印刷领域，增强综合内力。

（三）尽早顺应无纸化浪潮

截止到2014年年底，绿色印刷获证企业数量已超过700家，低碳、节能、绿色、环保的发展理念已经成为行业共识。

2013年，彩票印刷市场增长23%的同时，互联网彩票增长了83%。如果说无纸化彩票发展是给彩票市场锦上添花,那么,网络发票、电子发票让印刷企业“如临大敌”,因为发票的无纸化意味着对于传统发票的替代。相对于传统发票,电子发票有利于进一步简化发票的流转、贮存、查验、比对,提升节能减排效益,降低纳税人成本,强化税务发票管理。电子发票最先在电子商务试点应用,契合了电子商务交易异地、即时、快速、便捷等特点,也是电子商务市场发展的迫切要求。

## 四、转型需要理性的思考

在纸质媒体面临电子媒体的全面冲击,“三公消费”受到全面抑制,无纸化办公深入推进,环保等政策风格突变等众因素的围剿和逼宫下,众多企业纷纷倒下去了,剩下的企业也开始坐不住了。纷纷开始尝试仿效时下流行的互联网电商模式,开始着手搭建自己的印刷电商。说到电商,会想到一个关键词——便宜,因为这是很多成功电商的特征之一。所以印刷电商也纷纷向这个方向靠拢,各种便宜,降价。然而这些印刷电商忘了分析,个人消费品电商是怎么做到便宜的,无非是缩短了中间环节,跨过了代理商、分销商、甚至终端的超市,从生产厂家直接到消费者手里,中间环节的加价都没有了,商品自然就便宜了。那么印刷电商呢,印刷原本就没有什么中间环节,再弄出个电商平台来,反而要增加一个环节,这时候印刷还要低价吸引客户,这如何才能做到呢?无非是压榨上游利润,或主动减少自己的利润,匆匆上马的以降价为盈利模式的印刷电商在设计之初就存在缺陷,如同天生畸性的胎儿,也不免要流产了。

当然这也并不是说印刷电商都一定不会成功,只是印刷企业靠自己的力量很难去做印刷电商这个事情,特别是以股东出资来运作,靠不断发展新股东加入资金来运营的企业隐患很大,股东难以协调,在项目处境艰难时,不良情绪容易感染,导致分崩离析。许多刚刚尝试印刷电商模式的企业,也都面临着平台开发、团队运营、平台推广、市场教育等众多难以厘清又毫无经验可鉴的状态,印刷电商,可以说是一个摸石头过河项目。

除了印刷电商以外,印刷人也在不同方面进行尝试,比如将胶印、凸印、柔性版印刷、凹印、丝网印刷、数字印刷等印刷方式组合在一起进行整合印刷;比如研究人们票据使用习惯的变化后尝试的超长式账单印刷;比如可变数据印刷。有的尝试已初显成效,并逐步扩大生产,但能否形成规模增长还未可知。

无论从印刷电商摸索的坎坷之路,还是其他形式的摸石头过河,都充分说明转型不能盲目上马。操之过急、不加思考的转型不可行也不可取,为了追求立竿见影的短期效应,忽略是否具有可持续增长性的转型都是不能取得解决企业发展困境的。

转型虽然已然紧迫,但仍需仔细思考:在无纸化浪潮下,票据印刷企业应当如何把握未来发展方向?印刷业是制造业、服务业,还是解决方案提供者?印刷业发展一定要结合其他行业发展。印刷企业的决策、定位也要顺势而为。当前,对于印刷企业来讲,如何一次性满足客户购买需求非常重要。在向网络发票、电子发票过渡的时间里,票据印刷企业应该主动把握这一趋势,多做尝试,为目前服务的政府机关及企业单位提供一条龙服务。从这一点来看,印刷企业最终要努力成为市场解决方案提供者,只有这样,企业在未来才可以不断开拓市场、了解客户需求,提供客户需要的解决方案与更完善的服务。印刷企业不要固守印刷技术,要逐渐完成商业模式的改变。

票据印刷是数码印刷发展的重要应用领域,尚有无限的市场空间待拓展,要做好票据印刷,关键在于数据的独特性、防伪性,以及不断提升的信息化管理功能。在未来,我们将会看到,整个票据行业发展将往更高技术、高质量、高标准的方向发展,票据相关产品与服务也会更加的重视安全,强调复杂且多样的应用。面对更多社会化服务取向,如何达到客户满意,如何持续维持竞争优势,如何不断的创新开发,是票据业者的经营能否长远持续地发展的关键所在。在未来,专业能力(IT技术、安全、质量)及服务的形象(时效、完整解决方案、客户满意)会成为竞争优势的所在,创新的产品应用及掌握将会决定未来客户的取向和数量,形成经营发展再扩大的基础。

课题组组长:金　波

成员:吴小花　毛君波　温玲玲

# 关于社会保险费改社会保障税的思考

廖胜超

在我国，随着社会保障事业的不断推进，如何更好地筹集社会保障基金成为近年来热议的话题。大家对是否应当将社会保险费改为社会保障税的讨论也从未休止，社会保险费的征缴也面临着来自各方面的严峻挑战。社会保险费制度该不该改，改成什么，该怎么改，成为值得我们思考的问题。

## 一、我国社会保险费的征收管理面临的问题

2010 年 10 月，《中华人民共和国社会保险法》颁布，这标志着以社会保险为核心的社会保障法律体系初步建立。但随着人口老龄化的发展，人们保障要求日益提高，我国社会保险费的征收管理也显现出一些问题。

（一）筹资难度不断加大

部分参保人缺乏分散风险的互助共济意识，将社会保险的发展和经济的发展对立起来，只顾追求利润最大化，着眼社会保险费用流出的现实，认为社会保险费的缴纳会提高生产成本，加重经济负担。一方面，部分经济状况良好的参保人考虑到自己的利益，不缴或拖延缴纳社会保险费用；另一方面经济状况差的参保人，又无力缴纳社会保险费。这些最终导致社会保险资金的统筹压力和征缴难度不断加大。

1、社会保险覆盖面窄。无雇工的个体工商户、未在用人单位参加社会保险的非全日制从业人员以及其他灵活就业人员等自愿参保群体的参保率极低，而且占全国人口的 45、23%的农村人口还没有全面纳入社会保险基金征收范围。据《中国统计年鉴 2015》2015 年年末参加基本养老保险的人数为 84231、9 万人。其中，城镇职工基本养老保险参保人数 34124、4 万人，城乡居民基本养老保险参保人数为 50107、5 万人。

2、参保人员的缴费率低。中国社科院发布的《中国养老金发展报告》指出，2014 年城镇职工养老保险中，企业部门缴费人员占参保职工人数的比重为 81、19%。这就意味着 2014 年的参保职工中有五分之一的人没有缴费。缴费人数的比例也不断下降，从 2006 年的 89、98%下降至 2014 年的 81、19%。

（二）征缴管理不够规范

1、征缴主体不明确，造成社会成本增加。一方面，依据《社会保险费征收暂行条例》社会保险费的征缴主体可以是税务机关。在社会保险费的征缴工作中，由于社保经办机构和税务机关要相互传递涉及征缴工作的多项信息，工作环节和工作量增多。且在一些地区这两个部门对社会保险征缴计划很难达成共识，计划下达难，两个部门之间容易产生矛盾。另一方面，社保经办机构和税务部门同时征缴导致参保人员管理信息与缴费信息分别在两个信息系统运行，如果两个部门沟通不及时，会造成参保人不断往返于两个部门之间，增加了参保人的负担，不利于体现以人为本的服务理念。

2、强制手段不足，导致征缴执行力较弱。我国社会保险基金的征收形式是“费”而不是“税”，不具有税收特有的强制性和固定性。因此，社会保险费的缴纳对企业而言，就不具有强制性和约束力。企业都以追求高额的利润为根本宗旨，这就导致企业为了缩减成本提高经济利益，采取违规手段少缴、不缴或者拖延缴纳社会保险费。而社会保险费作为一项费用收取，在企业少缴、不缴或者拖延缴纳时，虽然能够依

据《社会保险法》采取罚款和收取滞纳金的方式加以处罚，但由于计划职能和征收职能分属于社会保障机构和地税机关，就容易造成部门之间执法衔接不到位和信息传递不同步。尤其是对企业实际经营状况，资产情况核算不一致时，导致实际上因不缴和欠缴社会保险费而受到处罚并实际执行处罚的情况并不多见。这就给企业钻空子的机会，造成企业的故意漏、缓、欠缴社会保险费。

## 二、社会保障税与社会保险费的比较优势

社会保障税是当今世界上许多国家征收的用于筹集社会保障体系所需资金的一种税或税收形式的缴款。社会保障税与社会保险费的征收比较具有明显的优越性。

(一)在资金筹集上具有优越性

1、通过让纳税人享受更多的社会保障调动参保积极性。作为社会保障基金筹集的不同方式，社会保险费和社会保障税的根本区别在于有偿与无偿。因为费的形式具有明显的补偿性，缴费者与国家之间是一种“有偿交换”的关系，缴费者的当前供款与未来待遇之间是一种同比增长的关系，这意味着无力承担社会保险费用的公民将被排斥在社会保障的范围之外。如果采取税的形式筹集，尽管纳税人与政府之间实质上也是一种交换关系，但这种交换却是无偿的。虽然纳税人需要为自己所获得的公共产品或社会服务缴税，但是他们负担的费用与其从国家所提供的公共产品与社会服务的收益并不对等，这意味着对于那些收入比较少，无法负担高额社会保障税的群体而言，他们只需缴纳与其收入水平相匹配的税就能得到社会保障。

2、通过限制权利的享受加大征缴约束力。一旦采取社会保障税的方式筹集社会保障基金，不仅意味着它具有了税收的固定性与强制性，更意味着社会保障税的征缴背后有税收机关完善的信息系统和强大的执行力作为保障。一方面，能够通过信息系统了解纳税人的基本情况和经济状况，对纳税人的征缴基数和征缴水平做出更准确的核算。另一方面，如果企业通过违法方式不缴、少缴和欠缴社会保障税，可以对企业的经济活动和经营活动进行制约，必要时还可对企业法人、管理人员和其他直接责任人享受社会公共产品和公共服务的权利进行限制；如果个人不按照规定缴纳社会保障税，可以通过个人信息系统和信用评价等级制约纳税人享受社会公共产品和公共服务的权利。

(二)在征缴管理上具有优越性

1、征缴主体明确，更便于管理。一方面，税务机关成为真正的征收主体，不再需要按照社保经办机构提供的信息收费，而是充分利用自身的专业优势、征收网络以及信息优势进行征管，能够在对企业财务状况、经营状况充分了解的情况下，独立地对社会保障税进行核算，避免了多个部门之间的意见冲突和矛盾的产生，这相比社会保险费的征收提高了工作效率。另一方面，统一的部门进行征缴管理，避免了信息不同步带来的不便，也避免了参保人员两处跑、多次跑，方便了纳税人办理社会保障事项，体现了以人为本和效率原则。

2、处罚力度加大，更具有强制力。社会保障税的征收，使得社会保障基金的征缴受到税收程序法定的制约，税务机关可以更加有力地打击偷逃社会保障税的行为，资金来源更有保障，安全性更高。一方面《税收征收管理法》对征税中违法行为处罚力度较大，不仅能加收滞纳金、罚款，还有可能会依法追究刑事责任，这能够对不缴纳社会保障税的纳税人起到更大的威慑作用，也更具有强制执行力。另一方面，税务机关可以通过稽查程序对纳税人进行调查核查，查处少报、漏报、不缴、欠缴社会保障税的违法行为，规范纳税人对社会保障税的申报缴纳，提高社会保障税的征收成效。

## 三、关于社会保障税的几点思路

对社会保障税的开征国外和国内都有许多值得借鉴的经验和好的建议，但作为一项重大制度的改

革，涉及到一个庞大的体系，不仅需要理论研究，更需要在实践中不断探索。目前的一切思路，都仅作参考。

(一)纳税义务的确定

1、社会保障税就其税收性质而言，其征税范围应该是在全社会普遍征收。我国境内各类行政机关、事业单位、企事业单位、干部职工、外资企业的中方人员、个体工商户以及自由职业者均为社会保障税的纳税义务人。

2、为体现税收的调节作用和和社会保障税的保障功能，应对社会保障税的征收设置相应的起征点、减免额。对个人负担的社会保障税，可根据各地城镇居民的最低生活费标准合理确定起征点；单位负担的部分不设起征点。减免税项目必须严格控制，体现普遍征收的原则。对社会保障税的财务处理要作统一规定：企业缴纳的社会保障税应视同工资成本进入管理费用，计入企业产品成本。

3、考虑对我国城乡二元结构，对个体工商户、私营业主、自由职业者、在城镇就业的长期农民工等自营者和自由择业者，可实行税收优惠政策，采用减半征收和免予征收的方式。并根据经济发展适度调整税收政策，最终建立由用人单位和劳动者个人普遍缴纳、公民普遍受益、国家承担最终保障责任的多层次社会保障税制度，使社会保障能够最大限度地覆盖包括农民在内的所有劳动者。

(二)征收管理方式

社会保障税宜确定为地方税，实行属地征收的方法，由地方税务局征收管理，税收收入经地方财政按时足额转到社会保障机构，专款专用。同时，采用"申报纳税"和"源泉扣缴"相结合的征缴办法。对于各类企事业单位纳税人可实行自行申报的办法；对于在职职工可由企业在支付工资、薪金时实行代扣代缴；而对于自由职业者则由业户通过一些中介组织(会计师、律师事务所等)的帮助进行申报纳税。社会保障税征收后列入同级财政预算管理，由财政部门按时足额划拨到社会保障机构，专款专用。

(三)配套措施建立

1、建立法律制度保障。规范社会保障税的征收管理，需要建立完备的社会保障法律体系。只有通过立法形式，从征收品目、征缴方式到保障基金的管理、运作、监督等各个环节制定统一的适用条款，明确执法主体、执法权限、法律责任等核心内容，才能使社会保障制度规范化，并覆盖到全社会。但根据我国的现实情况，可以考虑在建立、健全单项法规的基础上，制定社会保障法，形成完整的社会保障法体系。同时，社会保障立法既要通盘考虑，保证全国统一，又要留有适当弹性空间，允许各地从本地区实际出发，逐步推进。

2、建立资金运营机制。将社会保障基金纳入国家预算管理，由财政部门承担。把现行由经常性预算和建设性预算组成的复式预算改为由政府公共预算、社会保障预算、国有资产经营预算和其他预算组成的四式预算，将社会保障收支全部纳入社会保障预算统一核算、统一管理。社会保障预算一般不得出现赤字，若有盈余只能用于认购国债，以实现保值增值的目的。

3、以商业保险为补充。社会保障的最初含义是"救贫"和"防贫"，记保证所有社会成员至少都能享有基本的生活水平。其主要功能是保障基本生活、保持社会公平和维护社会稳定。如果公民有意愿享有更多社会福利，则可以辅之以商业保险。把企业年金、补充医疗保险商业养老健康保险等在内的商业保险计划，作为社会保障体制的补充，满足公民的不同需求。

(作者单位：重庆市綦江区地方税务局)

# 关于我国社会保障费改税问题的思考

光　伟

近几年我国在对社会保障费改税问题上一直存在着激烈的争论,然而社会保障税费之争不能仅局限于制度优劣的比较,任何制度的改善都不是一蹴而就的。总之对国家而言建立一套对改革、发展和稳定具有重要意义的社会保障制度才是关键。

## 一、社保税的现状

社会保障税是指以企业的工资支付额为课征对象,由雇员和雇主分别缴纳,税款主要用于各种社会福利开支的一种目的税。我国对开征社保税持有三种态度,一是持支持态度,把"费"的方式的明显缺陷与"税"的形式的优越性两相对比,得出费改税的必要性;二是持保守态度,虽然承认社会保障税本身的合理性、必要性,但却对开征效果并不乐观或者认为现阶段我国并不适合开征;三是持反对态度,认为费改税后国家财政将由后台走向前台,国家从社会保险尤其是养老社会保险的间接责任主体变为直接责任主体,将会加大财政负担。

## 二、我国社保费改税存在的问题

(一)社会保险费改税缺乏制度之间的衔接与配合

相对于社会保险费而言,社保税是一种效益更高的制度,社会保险基金采取此种制度安排能够在一定程度上降低交易费用,进而导致社会保险费制度的演进和替代。然而,社保费改税的变迁并不是一个孤立的过程,必将涉及与社会保障制度相关的财政预算制度、税收制度、工资制度等一系列制度的综合变迁。就当前而言,这些制度尚不成熟还存在这样那样的缺陷,因此在这种背景下社保费改税是无法实现制度的全面转轨。

(二)社保费改税没能提高制度收缴率,增加征缴收入

社保费改税不可否认会增强征缴的强制性,短期内提高收缴率,增加征缴收入,对于拖欠者可以征收滞纳金、罚款,或是冻结纳税人银行存款等强制性的保全措施,但社会保障筹资方式改革的目的是要从根本上解决筹资困难的问题,并非通过强制性手段就可以实现。

(三)我国社会保障制度与"费改税"相背离

费改税即不适合我国社会保障制度特征、社会保障发展阶段和客观社会经济环境,也违背我国社保制度发展战略的目标和要求,因此可能导致诸多弊端的发生,加剧征缴复杂性,降低社保制度的灵活性,阻碍社保制度的改革与完善。

(四)社保费改税致使事业单位养老金制度改革更加止步不前

面对我国更为复杂的事业单位养老金制度改革前景,实行费改税将会使事业单位改革遇到支付转型成本的理论困境。在费改税的条件下,统筹基金的供款改为税,其管理主体势必为财政部门,这样不管社保税是设立联合账户还是分立账户,单位配比供款的实质等于是间接地利用社保税收入支付了事业单位养老金的单位配比供款,这就在理论上出现一些问题,相当于或接近于"用社保税来支付社保税"的一个

自我循环，统账结合的部分积累制性质(做实账户的资金性质及其来源)将流于形式，与目前做实个人账户试点的既定方针大相径庭。

(五)我国的二元经济结构制约着费改税

实行费改税，按照目前我国城乡发展水平的巨大差距，农民能否成为法定义务纳税人是一个很大问题，如果将农民和农村排除在外，不单会加剧原有社会矛盾，还将会与我国建设和谐社会的目标背道而驰。而且在中央政府已免除农业税的背景下，为全国农民新增一个税种是不现实的。

## 三、部分国家经验借鉴

从世界范围内看，70%的国家已开征了社会保障税，这些国家对社会保障制度经过长期的探索和发展，已经建立了一套比较完善的社会保障法供我国借鉴。一是税基应规范统一，不宜设置最高限额。美国设置了最高工资限额，而导致社会保障税的累退性比较明显，与之相反的俄罗斯国家在社会保障体系中没有设置最高限额，社会保障税除了筹集社保资金外，还具有较强的收入再分配特征。并且意大利、英国等国家还设置了起征点，更体现了对低收入者的照顾。由此来看，基于我国贫富差距较为严重的现实，我国也应设置起征点，不设置最高限额，照顾低收入者，减轻税制累退性。二是社会保障税税目设置应渐进发展。从美国税目发展历程看来，1937 年美国工薪税仅负担工业和商业企业雇员中 65 岁以上退休老人的养老金支付，之后才分别增加了遗嘱项目、残疾项目和医疗项目的保障金支付，更体现出社会保障税由少到多、逐步完善。我国也可借鉴美国做法，先设置医疗和养老保险项目，以后逐年适时增加新项目。三是税率水平应适度。根据目前我国社保政策的相关规定，养老、医疗、失业、工伤、生育五项社会保险的缴费比例累计，企业承担 30%左右，个人缴费 11%左右，整体社保费率超过 40%。这种情况下企业用工成本太高，容易导致企业逃避缴纳社保费行为，并且不利于就业。而美国自 1990 年以来社保税税率一直为 15.3%，在二战后“婴儿潮”退休的背景下，现行税率偏低，社保收入面临极大的挑战，从而又导致入不敷出的现象，借鉴美国的经验教训，因此税率不宜过高也不宜过低，应确定适宜的水平。

## 四、社保费改税建议

(一)修改完善相关立法，推进法制建设

一是，针对目前所遇到的社会保障费征缴难问题，应该进一步完善社会保障法律体系建设，强化社会保障资金征缴的法律强制性，通过立法提高我国社会保障基金管理机构的执法地位，从而提升社会保障基金的筹集和管理效率。二是，要推进《社会保险法》等相关法律的完善，将社会保险提高到立法层次上，运用法律的强制性手段确保社会保险资金来源充足，改变目前依据行政“决定”“条例”征收社会保障的状况，彻底取缔各种乱收费现象，切实保障各项工作都依法执行。三是，在鉴定实施《社会保险法》的同时，可参照《税收征收管理法》，尽快完善《社会保险费征缴暂行条例》，补充缺陷，提高层级，尽快上升《社会保险费征缴法》，除明确社保基金征缴的条件、标准、比例外，还要细化征缴方法，定出与之相当的违法责任以及监管稽核等细则。

(二)多渠道开辟社会保障资金来源

一是，在社会保障资金来源渠道上，可以不局限于利用社会保障税筹集资金，例如可以将对存款利息征收的个人所得税用于补贴社会保险计划，拓宽社会保障资金财源；也可利用除税收以外的途径为社保筹资，如减持国有资本，政府通过减持、转让、变现等方式补偿社保资金缺口。二是，在基金的管理上，逐步市场化，满足社保基金保值增值、安全性、流动性和收益性的要求。我们可以借鉴国际经验，组建一些专业化的社会基金管理公司，由法律规定基金管理公司的行业准入及其目标责任，建立现代企业管理制度，政府不用直接经营社保基金，只需在基金的安全性方面通过法律进行干预。同时强化会计、审计等部门及社会舆论的监督，完善有关基金营运、监管管理，规范基金市场参与者的行为，提高基金营运的透明度。

(三)授权税务机关统一征收，实行“四位一体”的管理机制

税务机关统一征收社会保障税，有利于真正落实“收支两条线”管理机制，确保社保资金的安全；有利于扩大参保覆盖面，加强社会保障税征收力度；有利于充分利用税务机关现有资源，节约行政成本；有利于方便纳税人，减轻纳税成本；也有利于加快政府职能转变，社保机构可以从繁杂的征收工作中解脱出来，集中精力抓好享受社保待遇的资格认定、社保资金的发放和个人账户的管理工作，提高社会保障服务水平。

(四)推进信息网络化建设

健全的社会保障税征收管理体制必须要以一个覆盖面广、功能齐全、规范透明的社会保障税信息网络作为载体。社保税的征收管理需要接受和处理大量的信息资料，在征缴过程中，地税、财政、社保各个部门还要共同使用有关资料。所以改革需要加强统筹规划，按照软件开发统一、硬件配套统一、网络信息统一、数据传递统一的要求，加快社会保障信息系统建设，把社保税登记、缴纳、申报、核算、支付及查询服务等都纳入计算机管理，并逐步实现全省联网、全国联网，大力提高社会保障税的科学管理水平。

(作者单位：山东省淄博市地方税务局博山分局)

# 后营业税时代的税收应对

张作超

2016年5月1日,中国第一大税种增值税全面吸纳地方第一大税种营业税,营业税成为历史。这是继1994年税制改革之后,又一次影响深远的改革。在此历史背景下,如何科学研判形势,有效解决工作中的困惑与问题,已成为各级税务部门的当务之急。下面,我结合基层实际情况,谈一点个人的意见和建议。

## 一、申报期限应法定化

申报期限,是指税收法律、法规规定或者税务机关依照税收法律、法规的规定确定的纳税人、扣缴义务人向税务机关办理纳税申报的期限。例如《中华人民共和国增值税暂行条例》第23条规定,纳税人以一个月为一期纳税的,自期满之日起15日内申报纳税;《中华人民共和国资源税暂行条例》第13条规定,纳税人的纳税期限为1日、3日、5日、10日、15日或者一个月,由主管税务机关根据实际情况具体核定。不能按固定期限计算纳税的,可以按次计算纳税。纳税人以一个月为一期纳税的,自期满之日起10日内申报纳税……

实际工作中,由于很多月份都有法定假期,而申报纳税在工作日进行。政策又规定,遇到假期安排,则申报期限顺延。因此,申报期限在不同月份、不同年度的同一月份,都不尽相同。与之呼应的,申报期限为15号,纳税人有15号办理的;顺延至25号,纳税人也有25号办理的,这有失税法的严肃性。

因此建议,在税收法定原则的框架下,用法定形式,直接规定一个固定的申报期限。例如美国每年的4月15日,是美国个人报税截止日,在这一天,美国的许多邮局都会将营业时间延长到午夜12点,为那些拖到最后一刻寄出报税表的民众提供方便,4月15日也由此成为历年美国邮政系统业务最繁忙的一天。由此可见,将申报纳税期限法定化,便于纳税人遵从,也便于税务部门掌握,更能体现税法的固定性和刚性。

## 二、企业所得税应明确归属一家管理

目前,企业所得税有老企业与新办企业之分,分属于地税部门和国税部门管理,具体政策规定如下:

国税发[2002]8号文件规定,除合并、分立、改制和变更登记外,自2002年1月1日起,在工商局办理设立(开业)登记的企业,其企业所得税一律由国税局负责征收管理。

财税[2006]001号文将新设立企业分为两类:符合新办企业认定标准的企业和不符合新办企业认定标准的企业。同时规定,国税局、地税局关于新办企业的具体征管范围按该文件规定的新办企业标准认定。对文发之前,国家税务局或地方税务局实际征管的企业,其征管范围不作调整。

国税发〔2008〕120号对2009年以后新增企业的企业所得税征管范围又做出调整:以2008年为基年,2008年底之前国家税务局、地方税务局各自管理的企业所得税纳税人不作调整。2009年起新增企业所得税纳税人中,应缴纳增值税的企业,其企业所得税由国家税务局管理;应缴纳营业税的企业,其企业所得税由地方税务局管理。

以上列举的关于企业所得税归属管理的政策,我们自己都会感到繁琐。一个企业归谁管,不仅要查证是不是新办企业?还要界定其是符合新办企业认定标准的企业还是不符合新办企业认定标准的企业,2009 年起,还要甄别新增企业所得税纳税人是应缴纳增值税的企业,还是应缴纳营业税的企业?财税[2006]001 号还规定,对文发之前,国家税务局或地方税务局实际征管的企业,其征管范围不作调整。国税发〔2008〕120 号再次重申,2008 年底之前各自管理的企业所得税纳税人不作调整。一个先入为主,谁先管了就管了,所有的政策规定统一归零!凡此种种,不便于统一政策、统一标准、统一口径,也很容易造成国地税两家税务机关"争"税源,更有可能造成纳税人税收负担不公平,这与税收的立法精神是相悖的。

因此建议,统一企业所得税归属,由一家税务机关实施管理。

再就是关于企业所得税的优惠。列入企业所得税优惠管理的包括免税收入、定期减免税、优惠税率、加计扣除、抵扣应纳税所得额、加速折旧、减计收入、税额抵免和其他专项优惠政策等。其中定期减免税、优惠税率等,是一种事后的利益让渡,属于直接减免,主要针对企业的经营结果减免税,具有确定性;免税收入、加计扣除、加速折旧、减计收入等,侧重于税前优惠,属于间接优惠方式,管理操作比较复杂。客观地讲,在实际工作中,上述税收优惠林林总总,数量庞大,并且修改完善随时可能发生,再加上每个个体对政策理解把握的不同,很容易造成同一个企业,企业所得税计算结果大相径庭。我们税务机关内部也是如此,比如系统内举办的各类考试、竞赛,一样的题目,大不一样的结果。如果拿到实际工作中,后果可想而知。因此建议,精简优惠政策,做到简便易行。

## 三、稽查体制应下大力气进行优化

笔者曾在 2002.08.27《中国税务报》上发表过《现行稽查体制存在的问题》,现在感觉问题还在。

首先,现行体制不符合部门划分的原则。目前存在国地税两家稽查机构,一方面加大了征收成本,另一方面也加重了纳税人的税外负担,即"遵从成本"。这是由于两家稽查机构对同一纳税人分别进行稽查造成的。同时,现行征管机构事实上也在一定程度上履行着检查权,这种部门内部检查权的交叉与重叠,又加大了税收成本支出。另一方面,稽查部门虽具有"内防不廉"的监督职能,但是在现行体制下,由于稽查与征管并列,并对共同的主管局负责,因此难以发挥其应有的作用。

其次,在现行稽查体制下,稽查职能容易出现扭曲。设立稽查机构,本来是为了"外反逃骗税,内防不廉洁"。但是,由于税收工作的中心任务是组织收入,各级税务机关无不围绕这一中心来开展工作。在这一工作思路下,作为各级税务机关内设机构的稽查部门,容易出现"重收入、轻职能"的短视现象,这就背离了设立稽查机构的初衷。

第三,现行稽查体制不利于加强中央的宏观调控。实行分税制,可以调动中央和地方的积极性,将应由地方政府负责的事宜,交给地方政府实施调控,保证中央从全盘角度进行宏观调控。但是,现行稽查机构仅对各自所管辖的税种负责,各人自扫门前雪,不管他人瓦上霜,从而容易造成国家对地方政府的调控作用缺少必要的监督,一些地方发生"混淆入库级次"、"虚收"、"空转"等问题就是一个例证。

要解决上述问题,从长远看,可以考虑建立独立的稽查机构,这是一种较为理想的模式。通过设立独立的稽查局,并只对上级稽查局负责,可以起到依法稽查、降低税收成本、加强监督的作用。就现阶段而言,可以从两个方面加以改进。一是进一步深化国地税合作,尽可能地实现信息共享,提高稽查效率,节约税收成本,减少税收流失。二是稽查机构在系统内实行垂直管理,稽查机构只对上级稽查局负责,变"收入型"稽查为"职能型"稽查,真正发挥其应有的作用。

## 四、随主税种附征的税费应当改为主税或予以简并

现行体制下,随增值税、营业税(2016 年 5 月 1 日起,全面改征增值税)、消费税附征的税费有城市维

护建设税、教育费附加、地方教育附加、水利建设基金等，附征比例各不相同。以山东省为例，城市维护建设税又细分为乡级1%、县城及建制镇5%、市及市辖区7%，教育费附加3%、地方教育附加2%、水利建设基金1%，四项合计综合附征率分别为：乡级7%、县城及建制镇11%、市及市辖区13%。实际征收过程中，各项附征需要逐项计算，很是繁琐。同时，现行征管模式下，增值税、消费税与附征税费分属于国税部门和地税部门征收管理，很容易造成附征税费流失，临时业户缴纳的增值税、消费税尤为突出。

修改建议有两种取向：

一种取向是上述税费各自独立成为主税，按照营业收入的一定比例征收。理由是，这些税费立法时都有明确的指定用途，例如：城市维护建设税，是我国为了加强城市的维护建设，扩大和稳定城市维护建设资金的来源，对有经营收入的单位和个人征收的一个税种；教育费附加，是发展地方性教育事业，扩大地方教育经费的资金来源。因此，为保证这些目的的实现，应确保收入来源的确定性。按照谁受益谁负担的原则，应对所有受益方征收，而不能仅对缴纳增值税和消费税的纳税人收取。也就是说，不能以纳税人实际缴纳增值税和消费税的数额来确定这些税费的应缴额度，而应该按照所有受益方的营业收入的一定比例来征收。

第二种取向是简并上述四项税费，在纳税人实际缴纳增值税、消费税基础上，统一加征一成或一定比例，预算级次直接归地方，不参与中央与地方分成，从而简化办税程序，也减轻纳税人的负担。

## 五、推进国、地税更深层次的合作是趋势

2016年5月1日，增值税全面吸纳地方第一大税种营业税，营业税成为历史。我们可以设想一下，如果按照人随事走的大概率，地税部门应该有一部分熟悉营业税管理的人员并入国税；同时，如果按照本文的建议，将随增值税、消费税附征的城市维护建设税、教育费附加、地方教育附加、水利建设基金等，简并为实际缴纳增值税、消费税基础上加征的一成或一定比例，地税部门的业务量随之又会大量减少；企业所得税国地税又有交叉；其他税种征收虽繁琐，但计算相对简单。同时，两个部门、两套机构运行成本肯定比一个部门高；与此对应的，纳税人的遵从成本也是双倍叠加。因此，推进国、地税更深层次的合作是趋势。

再就是，现行体制下，国、地税基层征收管理机构是按照行政区划设置的，“麻雀虽小，五脏俱全”，职能涵盖征收、管理、服务等，是全能型的。随着国、地税合作的全面深化，两家税务机关共用一个办税服务大厅已经是大势所趋，征收职能以及其他如发票领购、缴销、涉税事项发起等等，全部集中到了办税服务大厅，基层征收管理机构剩下的是职能是管理、服务等，是否按照行政区划设置不再是关键。因此建议，收缩五指攥成拳，精简基层征管机构，集中力量办大事。

## 六、与时俱进，推进从量计征向从价计征转变

从价计征，即以课税对象的自然数量与单位价格的乘积为计税依据，按这种方法计征的税种称从价税。目前，绝大多数税种都是从价税。从量税是指以征税对象的重量、件数、容量、面积等为计税依据，按照固定税额标准计征的税收，又称从量计征。例如车船税等。

客观地讲，从量计征在特定时期，有其积极的意义。但随着经济发展，有些已经变得不合时宜。以车船税为例，目前以征税对象所涉及的排气量、整备质量、核定载客人数、净吨位、千瓦、艇身长度为征收标准。比如车辆的车船税征收，不管你开的是QQ，还是奔驰、宝马，只要排气量一样，每年缴的车船税也一样。客观地讲，这违背了税收的公平主义原则。试想，4300万的布嘉迪威航·爱马仕特别版与价值几万、几十万的车辆一年缴一样的车船税，让人情何以堪。如果以排气量对环境的影响为参数，一样的排气量缴纳一样的税收，完全正确。但这样的税收应该归类为环境保护税类别，而不应该是财产行为税类别

的车船税。

同样以车辆为征税对象的车辆购置税，设计就比较合理，它是对在境内购置规定车辆的单位和个人征收的一种税，由车辆购置附加费演变而来，应缴税额是征收汽车售价（不含税价）乘以税率10%。

因此建议，车船税应参照车辆购置税的立法原则，从价定率征收。

## 七、应改变税收反作用于经济的手段和方式

在实际工作过程中，有一些税收优惠政策，不太实用。例如现行的月营业额3万元以下免税，在基层很难操作。首先是营业额是否达到了3万元，很难界定，把握不好很容易造成负面影响。其次，这种政策还可能使部分纳税人化整为零，逃避缴纳税款。再次，这种模模糊糊的政策，也为个别一线执法人员权力寻租留下了空间。

建议类似的政策应该坚持两条腿走路，分收支两条线进行，改征前减免为征后激励。一是纳税人足额缴纳税款，体现税收的固定性；二是通过财政奖励形式兑现优惠政策，体现政府在特定时期对某类特定纳税人的支持、扶持，起到典型引领作用，这实际也是政府的一种导向。同时，也从根本上杜绝了我们到期重新恢复征税的压力和阻力。客观地讲，有一些事情，放下容易，拾起来难。

## 八、充分利用“互联网＋税务”，鼎力打造涉税信息数据平台

一是要充分利用现代信息技术，结合“互联网＋税务”建设，鼎力打造涉税信息数据平台，切实从源头管控住税收流失。二是要强化制度约束，用法律形式明确相关部门、单位和个人报送、传递涉税信息的行政责任和法律责任。同时，强化执法执纪，以强有力的手段、强有力的处罚、强有力的问责，倒逼制度落实。

以上是个人关于后营业税时代基层面临困惑与问题的一点思考和建议，希望能引起大家的关注。从而，共同努力，以问题为导向，按照王军局长在全国税务系统营改增工作视频会议上的要求，从严从实从细，聚心聚力聚勇，认真做好营改增后续各项工作，让税务铁军的旗帜在中国经济改革和发展的前沿阵地上高高飘扬。

（作者单位：山东省莒南县地方税务局十字路中心所）

# 基于国税视角看通辽市铝产业发展

王永强

近年来，通辽市紧紧围绕国家振兴东北老工业基地战略发展机遇期，贯彻内蒙古自治区党委“8337”发展思路，依托煤电资源，坚持高起点、高科技、高品质产业发展定位，大力推进新型铝产业基地建设，逐步形成一条以煤电铝产业为主线拓展到铝型材、高精铝、铝板带箔后续生产加工的产业链，产业规模、品种质量、技术水平、市场占有和产业带动取得长足发展，十二五期间铝产业累计实现税收 23.3 亿元，占国税收入的 12.8%，年均拉动煤电相关行业实现税收 2.5 亿元。作为通辽市煤电铝产业链条中的关键一环，铝产业在促进煤电资源就地转化、增加财税收入、拉动社会就业方面发挥着重要作用。

## 一、通辽市铝产业发展现状

截至 2015 年，通辽市拥有铝产业企业 22 家，铝冶炼企业 4 家，铝后加工企业 18 家，资产总额 1633.8 亿元，从业人员 1.3 万人；全行业产能 195 万吨，占自治区总产能 57.4%，其中铝冶炼产能 115 万吨，铝后加工产能 80 万吨；年产量 93.8 万吨，铝后产品种类达到 62 个，销往全国 18 个省市区，辽宁、上海、河北、江苏较多，分别占 27.5%、18.3%、10.7%和 7.6%，铝产业实现销售收入 97.3 亿元，消耗电力 83.9 亿千瓦时，占全市上网电量 171.9 亿千瓦时的 48.8%，转化原煤 2271.3 万吨，占全市原煤总产量 5649.9 万吨的 40.2%。

## 二、通辽市铝产业税收情况

受经济下行压力影响，近年来通辽市铝产业税收贡献和税负率逐年下降。2008－2015 年，增值税呈倒 N 型走势，由 2008 年的 2.9 亿元，上升到 2012 年的 4.7 亿元，随后逐年走低，2014 年增值税仅为 0.5 亿元，2015 年有所反弹，但也只有 1.5 亿元；增值税负担率也呈现倒 N 型走势，由 2008 年 4.3%下降到 2015 年的 0.3%。增值税及税负下降的主要原因，一是铝产品市场供过于求，价格持续走低。2012 年铝价达到历史峰值，随后一路振荡下行，到 2015 年 11 月份铝价 9620 元/吨，下降了 34.6%，远低于 12000 元/吨的成本线；另一方面铝产业固定资产投资持续增加。2009－2015 年通辽铝产业累计增加固定资产投资 41.9 亿元，增值税进项税额增加 6.1 亿元。

从企业所得税实现情况看，呈现两头低中间高走势，2008 年 1.3 亿元，最高点 2011 年 2.6 亿元，最低点 2014 年 0.4 亿元；企业所得税负担率呈现倒 N 型走势。企业所得税下降的主要原因是营业成本增长率快于营业收入增长率。2012－2015 年营业成本增长率分别高于营业收入增长率 3.98、2.24、2.91 和 0.35 个百分点，导致营业利润逐年下降，近三年连续出现亏损，2012－2015 年企业利润分别为 2.03 亿元、负的 0.18 亿元、负的 5.76 亿元和负的 765 万元。

## 三、通辽市铝产业发展中存在的问题

(一)产能过剩，效益下滑

根据中国有色金属工业协会的统计，电解铝产能严重过剩，已经威胁到整个行业的生存发展，2015

年国内电解铝年产能4000万吨左右，利用率不足75%，这既有片面追求GDP的原因，也涉及生产要素不能自由流动深层次原因。近年国内经济增速放缓，建筑业、汽车行业用铝大户需求不旺；国际上欧美发达国家对中国出口铝产品实施特保和双反，国内企业间竞相压价，出现增产不增收。调查资料显示，2015年通辽市铝冶炼行业利润下降25.6%，有些企业甚至高额亏损。

(二)产业链不完备，结构不合理

通辽市铝产业的铝冶炼产能大、铝后加工产能小，特别是附加值高的铝后深加工产能更小。目前，全市铝产业的产能利用率分别是51.5%和18.3%；原铝产品占铝产品75.1%，原铝就地转化率仅为24.9%，其中，精深加工产品产值占铝后加工产品产值42.2%，初级加工产品产值占铝后加工产品产值57.8%。通辽市大多数铝后加工企业属于初级加工类型，以铝液为原料，加工铝合金圆铸棒、铝杆、铝合金锭等产品，相当于铝冶炼企业里的铝锭铸造车间，严格意义上讲，不属于铝后加工企业，是生存于铝前和铝后之间的加工企业。由于产品雷同、附加值低，企业竞争激烈，通常以价格战吸引顾客，导致全行业税收贡献不足。

(三)技术创新和转化能力较弱

一方面，深加工企业规模较小，大部分企业缺乏核心技术和科技含量高的拳头产品。2008－2015年铝后加工企业累计实现税收只有0.3亿元，仅占全市铝产业税收的0.9%。税收调查数据显示，通辽市铝产业研发经费捉襟见肘，科研力量不足，2015年铝企业每万元营业收入用于研发的费用不足100元。另一方面，高技术人才和熟练工人缺乏且难以招聘，企业难以提升技术水平、产品层次和质量，抑制了产能释放。

(四)缺少资金形成新常态

目前通辽市涉铝企业普遍反映运行资金困难，在市场疲软、企业经营困难的情况下，融资难、融资贵问题显得更加突出，制约了企业发展。一是企业组织再生产，需要资金；二是企业转型升级，研发和创新，需要资金；三是新环保法实施要求企业环保技术改造，企业淘汰落后产能，需要资金。

## 四、加快通辽市铝产业发展的建议

(一)严格控制电解铝产能总量，完善过剩产能退出机制

优化产业布局，杜绝同质企业重复建设，避免竞争内耗；合理筹划扩能和新建项目，优先支持高技术含量、高附加值的项目；用足用好财税政策和产业政策，建立相关配套支持政策，加快淘汰环保、能耗不达标的落后产能，实现经济效益和财税效益双赢。

(二)大力推进铝产业转型升级，提高原铝就地转化能力

紧紧抓住能源价格回调的有利时机，加快产学研合作，引导和鼓励企业转型升级，创造低成本、高质量的市场竞争优势；大力引进以原铝为原材料的高端装备制造业，鼓励铝冶炼、铝后加工企业联合组建新的企业主体，提高原铝就地转化能力。

(三)多措并举综合施策促改革，营造良好铝产业发展环境

改革发展思路，设立推进铝应用重大项目专用资金，以投资补助、贷款贴息等多种杠杆形式，促进企业技术改造，提升装备水平；协调金融部门给予铝产业企业融资支持，尤其是要利用好内蒙古银税互动服务平台，让企业的纳税信用由无形资产变成有形资产，切实帮助企业缓解资金压力；创造便利条件，帮助企业引进优秀专业技术人才。

(作者单位：内蒙古通辽市税务学会)

# 加强费源管理　全面推进依法治费问题研究

广州市国际税收研究会课题组

党的十八届四中全会提出了全面推进依法治国的新规划，严格落实依法治税和依法治费的基本要求，费金征收是地税部门的一项重要工作职能，社保费是收入规模最大的费种，本文以广州社保费管理现状为出发点，研究分析社保费征管形势和特点，剖析征管问题及成因，提出加强费源管理的措施建议。

## 一、我市费源管理的现状

规费和基金征收已成为地税部门征管工作的重要一环。目前，广州市地方税务局征收和代征的费金有社会保险费、教育费附加、地方教育附加、文化事业建设费、堤围防护费（2015 年起停征）、残疾人就业保障金、价格调节基金、工会经费等，种类达 8 种，2015 年费金收入规模 883.23 亿元，占税费总收入 2，160.99 亿元的 40.87%。从 2009 年起，广州市地税局开始全责征收包含养老保险、医疗保险、工伤保险、失业保险、生育保险 5 个险种的社会保险费。全责征收之后，社保费组织收入年均增幅达到两位数，收入规模在费金总量的比重不断上升，2015 年收入为 752.35 亿元，占费金收入的 85.18%。本文将重点关注广州市局全责征收的社会保险费。

（一）广州社保费欠费问题较为突出

2011 年 4 月广州地税曾对社保费历史欠费进行了专项清理，共清理涉及欠费企业 7.4 万户，清理欠费金额总计 30.82 亿元，但截至 2015 年底，广州市局征收的社保费欠费仍有 26.24 亿元。大额欠费难以根除的原因有：

1、社保费负担较重。全省和本市在岗职工工资逐年增长，企业为本市户籍在职职工缴纳社会保险费的费率总和已超过了 24%，个人支付比例超过了工资总额的 10%，以最低缴费基数为例，一个人五险同参最低缴费为 968 元（企业负担 692 元，个人负担 276 元），企业和个人不堪重负。

2、缴费人参保意愿不强。较高的参保费率增加了企业成本，也降低了员工主动参保的积极性；同时跨地区社保待遇不一致、社保迁移手续繁琐，社保费地方政策的特殊性等，导致部分企业和员工对参保较为抵触。

3、社保费“五同管理”不足。社保费信息系统功能不完善，查询统计追欠等效率较低，征管流程设计的不科学也导致全员足额参保难以实现，涉费评估和专项自查效果甚微沦为走过场，涉费稽查停留表面，无法实现真正意义上的税费同查，社保费“五同管理”推进受阻。

4、历史遗留问题较难解决。我市征收社保费的历史已有十五年，在这过程中征管模式的改变，权责职能划分的调整，信息系统的更新改造等，都产生了大量的历史欠费，这些欠费由于各种原因短时间内难以有效解决，当缴费人待遇难以享受时容易引发投诉信访等风险。

（二）社保费扩面压力难以缓解

1、地税部门作为扩面主导阻力大。社保法、省人社厅省地税局会议纪要明确，对应参未参的处理和处罚部门为社会保险行政管理部门。地税部门虽然能对相关企业下发《社会保险费事项通知书》要求企业如实申报，但效果并不理想，对拒不如实申报的企业，缺乏执法权进一步处理。同时，符合扩面条件人员多数分布在制造业、批发零售等"国税户",地税税收管辖权的震慑力大打折扣。

2、扩面难度越来越大。经统计估算,目前符合扩面条件人员所在企业性质为个体、私营的人数占应扩面人数超过了五成。这些企业多属于劳动密集型企业,员工素质较低、人员流动性强,劳资双方参保意识低,造成扩面工作难度加大,稍不注意易形成社会矛盾。

3、地域差异影响扩面工作。由于社保基数的地域差别,在广州社保基数趋高、扩面力度加大的情况下,部分公司纷纷转移城市,个税属地申报,社保费异地申报,造成费源流失,扩面任务难度增加。四是社保费待遇政策宣传不足。社保法实施以来,在地税全责征收的带动下,社保费的宣传更广泛,更深入人心,但征缴方面的内容宣传较多,至于劳动关系、社保待遇、迁移、退休等参保人所关注的内容仍然较为欠缺,导致众多务工人员的参保意识模糊,待遇政策不明就里,不愿甚至抵触参保。

## 二、加强费源管理面临的主要难题与矛盾

广州地税作为社保费的全责征收机构,为社会保险基金的增长、稳定做出了极大的努力,为社会保障事业的健康发展做出了积极的贡献。在社会保险费的征管的过程中,也面临着一定的困难。

(一)社保费征管工作量大与征管人员数量不足的矛盾

2015 年我局社保费收入规模突破 750 亿元,社保缴费户数达 76 万,申报缴费人次超过 2200 万,业务工作量水涨船高,但涉费征管力量并未同步壮大。

1、专职从事规费人员较少。目前,我局已单独设立了社保费相关处室,基层区局也设置了相应规费科室,但人数都相对较少,个人所承担的规费任务相对较重,仍然难以满足现实工作的需要。以某区地税局为例,专职从事规费工作的包括规费科 8 人、管理科及纳服分局各 1 名规费员,共 21 人,占全局干部职工 400 多人比例仅为 5%,社保费在该局组织收入中的比例却超过 50%,人力资源投入与收入规模不成比例。

2、税管员社保压力大。税管员的精力有限,在管户数量较多的情况下,税收的征管工作已占用大部分时间。社保费涉费业务种类多,缴费人员阶层跨度大,工作业务量较税收更大更杂,耗时耗力。譬如,某局每月就过渡医疗金的审批(申请、到社保取数核数、审核资料、计算征收一系列环节)数量就达到 1000 多份。再加上涉费投诉上访的出现,部分同事面对社保业务心存畏惧,内心怕麻烦,思想上也不够重视,在社保扩面、欠费清缴等难度大的工作面前就出现了有心无力推诿扯皮能拖就拖的情况。

3、专业人才储备不足。社保费征管需要掌握和熟悉社会保险政策、征管流程、法律常识、信息技术等相关专业知识,与传统税收工作的知识体系相比较为独立,无论是新录用公务员还是老资历的干部都缺乏基础功底,需要对相关知识进行系统学习和经验积累。又由于社保政策的变化频繁,持续学习培训的要求较高,长时间积累成长起来的规费骨干又因为轮岗升职等原因,难以将知识经验在科室沉淀传承下来,扎实掌握社保费政策知识的骨干力量较少,难以承担起社保费目前的高强度工作要求,成为了制约社保费征管的一大难题。

(二)执法权限受限制与风险防范压力大的矛盾

1、地税部门在社保费征缴权限方面的限制。社保法的出台对社保费的征收管理进行了规范和统一,但缺乏像税收《征管法》那样详细明确的执法指引,源于统筹层级等历史原因,社保费的征收、处罚及待遇发放业务涉及财政、地税、人社等多个部门,全省各地业务也有不同之处,我局与广州市人社局之间对社保费征管的问题还有不同的理解,部分权责划分的不统一影响了我局的征管执法。例如对于缴费人未按规定进行社会保险登记应参未参的情况,社保法第八十四条规定:"用人单位不办理社会保险登记的,由社会保险行政部门责令限期改正;逾期不改正的,对用人单位处应缴社会保险费数额一倍以上三倍以下的罚款,对其直接负责的主管人员和其他直接责任人员处五百元以上三千元以下的罚款。"因此,税务机

关作为社保费征收机构对应参未参的单位缺乏足够的执法权和处罚权,这对于开展社保费扩面工作造成了一定的困难。又例如社保费征缴业务的办理需要核实企业的劳动用工情况,由于职责分工的差异,地税部门难以对相关资料的真实性进行检查确认。同时,地税部门作为征收机构在社保征管过程中缺乏强制力,面对用人单位逾期申报、未足额缴纳社保费等违法行为,除了查询划扣银行账户和申请人民法院强制执行外,没有更多强制手段可以确保企业足额按时缴费。

2、社保费征管业务相关的风险越来越多,防范压力大。一是应参未参未足额申报风险大。用人单位为了节省成本或者因存在矛盾等原因,不为员工缴纳或足额缴纳应缴社保费的情况较为突出,员工无法享受社保待遇,各种方式投诉上访等成为了我局社保费征管的一大风险。二是社保费补缴业务存在风险。鉴于购房、入学和待遇等利益驱动,社会不法分子常常通过虚假材料的手段达到正常补缴的目的。特别是政策性补缴业务,历史遗留问题较多,补缴资料的真实性审核难度大,缺少有效的鉴定鉴别手段,加上中介机构的参与,使得违规补缴的风险一直伴随着社保费征管业务。三是政策变化信息系统等风险。社保费政策多变,缴费人难以适应,容易诱发对社保费征缴的不满,从而将矛头指向地税部门,形成投诉信访。系统校验和纠错功能仍待改进,数据传递不畅问题导致待遇享受中断,基层信访压力增加。

(三)投诉维权意识强与维稳处理手段少的矛盾

1、社保费投诉及群体性事件逐渐增多。仅 2015 年上半年,广州地区发生的社保费群众信访案件就达 26 件,内容涉及数据衔接无法享受医疗、养老、工伤等待遇,应参未参、不按实际工资参保和欠费追缴等。这部分个人缴费群体对社保费相关政策不熟悉,反映方式较为激进,事件发生带来的后续影响大,使更多的未参保人群加入了投诉上访的行列,这些案件案情复杂、处理难度大、执法风险高等,给基层税务机关的征管执法带来了较大的压力。

2、缴费人维权意识增强对服务要求逐渐提高。社会保险关系到百姓的切身利益,随着经济发展人们对服务质量要求逐渐提高,当企业无视个人利益,员工个人权益无法保障的时候,往往会采取各种方式反映诉求,信息科技的发展和媒体的聚焦使民生大事迅速传播,历史遗留下的补缴年限、基数、金额等问题已成为了他们维权的重点,对社保服务的及时性、全面性都有着较高的要求。

3、涉费投诉维稳处理手段难以适应现实需要。目前税务机关处理投诉的现状,一是需协调人社局基金中心、医保办和省局信息中心等纵横向部门处理数据,无法处理数据的只能协商式处理;二是对于应参未参,人社部门出具稽核整改意见书,缴费个人前来地税要求处理,假若缴费单位不愿意缴,地税部门无权处理,极易形成其他信访;对不按实际工资缴费和欠费追缴,虽然社保法明确由征收部门处理,但受法律制度的限制只能向用人单位追责而无法向个人追缴,基层难于处理,对涉费投诉的解决带来了一定的困难。

(四)费金征收与社保费衔接不顺畅的矛盾

在社保费全责征收模式下,广州地税部门承担起了社保缴费登记、申报、核定、征收、追欠、查处等征管工作职责。社保基金的记账、对账,待遇的发放等依然与人社局、财政局、医保局等相互联系,数据的传递接收将各部门连接成一个完整的业务链,但部门衔接仍然有不畅的问题。

1、系统衔接不顺畅。两部门系统各自开发,特别是两部门系统的不断升级和变化,缺乏及时有效的沟通协调,系统接口不匹配,造成征收数据不能顺利传输;处理数据时,没有建立灵活的数据处理机制,数据传递的失败使成功缴费的参保人来回奔波增加了缴费人负担。

2、政策衔接不顺畅。社会保险的政策依据多为人社部门制定或者牵头制定,与税收法律体系相比,立法层次低,缺乏较高的法律效力和执法刚性,未形成系统、完善的法律体系。地税部门在政策的制定过程中参与不足,政策的变化和更新更注重从社保基金的稳定运行和基金安全出发,对基金的征缴和参保人缴费的便利性等考虑较少,加上政策实施时间过紧,文件传递不及时等使得地税部门在执行新政的时候往往较为被动，“会议纪要”等成为日常工作的重要依据，缺乏政策解释权，没有系统性规范性的征收法律作为指导，在征收过程中遇到政策解释时，容易造成缴费人的误解，引发不必要的投诉纠纷。如2015年初以来，广州市职工基本养老保险费率调整，《广州市社会医疗保险办法》实施等，新政的出台改变了部分险种原有缴费方式，触及了缴费人的权益，影响了社保费政策的连续性，又由于各部门间职能分工的条块化、信息系统的独立性等，不利于部门间协作配合的开展，社保费政策的变化与地税征管规程调整的滞后对社保费征收造成了一定的影响。

（五）社保大量欠费与追缴机制不完善的矛盾

1、欠费原因复杂。社保欠费由于历史沿革政策变迁等存在陈欠、新欠等多种情况，有些是因为全责征收前产生的历史包袱，有些是由于社保费系统批扣不成功产生的欠费，有些是用工企业为了节省成本漏报瞒报不如实申报产生的欠费，还有些是缴费人主动不愿参保或者选择按下限参保造成的隐性欠费。

2、权责划分不清。虽然社保费征收和管理职能相分离，但地税、人社两部门在社保欠费追缴中的职责相互交叉，特别是应参未参人员的欠费，追缴清欠理应是两部门共同的工作重点。但部分同事一直存在不同的认识，无法协调一致使得相互协作机制不够顺畅，部分同志畏难情绪之下，清缴工作难以深入开展。

3、追欠手段不足。总局、省局、市局曾多次下发文件对欠费管理工作进行明确，实际工作中却缺乏有效的追缴手段。例如催缴过程中，催缴短信、邮件可能因为号码地址的变化收效甚微；收到催缴通知书或质疑约谈时，由于缺少税收征管法那样有力的征收依据，拒缴少缴时有发生；划扣银行存款账户及申请人民法院强制执行等手段手续繁杂效率较低，缺乏更为有效的强制措施和制约手段，遇到员工离职无人承担个人缴费部分等情况时更是无计可施，只能眼看欠费无法清缴，在一定程度上影响了欠费执行的力度。

（六）社保缴费成本高与待遇感受差之间的矛盾

一方面，去年以来，国家、省、市相继出台政策要求降低社保费费率，我市职工养老保险于2015年初统一将单位部分费率调整为14%，工伤保险、失业保险等也都施行了浮动费率，一定程度上缓解了企业的缴费负担。但社保费缴费基数下限与省市在岗职工平均工资及全市最低工资挂钩，随着平均工资的连年上升，社保缴费的下限也水涨船高逐年调增，企业与员工感觉压力增大。另一方面，员工缴费之后短期内享受的待遇有限，除医疗保险在门诊住院时可以报销享受外，其它险种的待遇受制于条件限制，无法及时享受更感觉不到逐年增长，抗缴拒缴的心理情绪助长。在经济增长放缓的情况下，由于社保账户的全国统筹未实现，社保账户的跨省转移手续复杂困难重重，出于对未来待遇享受的担心，用工单位与员工都愿意手持现金而逃避缴纳社保费，这进一步加剧了社保费的征收扩面和欠费清理的难度。

## 三、加强费源管理提高依法治费能力的措施和建议

社保费依法征管面临着比税收征管更为复杂的客观环境，全面加强费源管理提高依法治费能力要在依法治税经验的基础上，着力解放思想，实事求是，认真分析社保费征管的特点，提出更符合实际的措施和建议。

（一）强化税费并重意识，健全社保费征管组织机构

全面提高我局人员社保费全责征收意识，强化社保费法治教育力度。一是科学划分我局内部社保费征管的职能。对涉及社保费征管的缴费服务、流程指引、统计报表、政策解释等职责进行进一步明确，优化人力资源的配置，强化规费科室的专职作用，充实社保费征管一线的人员配备，完善社保费征管组织架构。二是加强费金征管的绩效考核。发挥绩效管理的正面激励作用，设置科学合理的涉费考核指标，明确年度扩面等工作任务的常态化、规范化，加大涉费工作的奖励力度，建立及时准确的考核反馈机制，引导干部职工更加重视社保费征管工作。三是加强费金知识的培训和学习。坚持开展社保费政策知识的

专题培训，狠抓涉费知识的日常学习，组织涉费能手人才选拔考试，鼓励骨干人员发挥示范引领作用，不断促进整体人员的社保费知识水平。同时加大对社保费专业背景的人才招募，加强涉费人才队伍的建设。

(二)强化依法治费意识，加强社保费征管法规政策保障

全面提高我局人员依法治费意识，需要更加注重运用法治思维和法律手段，加强社保费征管法律法规政策的制度保障。一是加强费金征管办法指引的制定。要调节好费金征缴双方的关系，就要从地税部门作为社保费征收机关的主体出发，尊重缴费人主体地位，平等维护征缴双方的合法权益，要切合实际积极主动制定各类征缴制度办法，如催报催缴及欠费管理办法等，善于运用法律规范、行政文书，建立起良好的费金征管秩序，树立依法治费的旗帜。二是加强与人社部门进行政策整合。对涉及到费金征收的制度办法，要在政策制定的初期及早介入，认真研究出台更加符合实际的征缴办法和方式，切实解决征管系统调整滞后，数据类型不匹配传递有误差等问题。积极与人社部门协商，完善补缴追溯年限、欠费追缴等工作的协作机制，丰富税务机关对社保费强制执行等手段，保障地税部门的执法权限，提高依法治费的执行力。

(三)强化规范行政意识，优化社保费征缴流程和方式

全面提高我局人员的规范行政意识，加强社保费征管的规范化和高效率。一是优化社保费征管流程。借鉴税收征管规范的经验，深化行政审批制度改革，进一步梳理涉费征管流程，厘清征缴双方的权利义务，从方便缴费人出发简化涉费审批的手续，优化缴费办理的程序，降低征缴双方的成本。持续修订完善我局社保费征管手册，做好规范执法的指引。二是以社保费“同城通办”为契机构建规范执法机制。全面统一各项业务的资料收取、操作办理、审核标准、受理答复等，提高执法的规范性和一致性。对无法统一的业务要全部系统流转并跟踪全过程，减少审批还责于缴费人，能即办的决不限时办理，能办理的决不推脱拒办。强化柔性执法与公开执法，选择合法有效的征缴方式，不断提升社保费执法效率和行政效能。三是探索创新征管机制。积极主动尝试“双基数”征管模式，提升税务机关作为社保费征收机构的行政强制力，实现企业与个人缴费的相分离，在有效追缴员工个人应缴部分的情况下，切实保证其依法享受社会保险待遇，推动企业应缴部分的按时入库。

(四)强化权责一致意识，健全我市社保费综合治费机制

依法治费需要对社保费征管的职责与权利有清晰的界定，需要不断加强部门联动和综合治费的建设。一是明确地税部门社保费征管的责、权、利。效仿税收执法，全面梳理现行社保费执法的各项权力，制定社保费执法权力清单，以法律法规依据保障缴费人合法权益；制定地税、社保责任清单，向社会公开各部门的主要职责、专项业务、办事指引，便于群众监督和办理涉费业务，严格落实执法责任制的考核与评价。二是强化与人社等部门的执法联动。完善社保费三方协同办公系统的建设，适时扩大系统的功能模块，将涉费管理各部门的业务职责统一归集到系统中，强化社保费信息数据的交换传递，充分利用信息系统和疑点数据提高信息化管费的水平。构建政府牵头，人社主导，地税、公安、维稳部门配合的综合治费机制，建立跨单位的常设联系机构，召开社保费双方、多方联席会议，形成定期意见交换或反馈的制度，加强多部门的密切沟通和协助合作，组建多部门参与的社保费执法队伍，共同应对、各司其职，提高社保维稳案件的处理速度和成效，强化社保费扩面工作机制，彰显联合执法的震慑力。

(五)强化公共服务意识，突出宣传社保费保障民生实效

全面强化社保费作为公共服务社会保障的思想观念。一是突出宣传社保费服务民生的实效。积极联合人社部门针对不同缴费群体开展宣传，丰富宣传形式和手段，塑造形象化和通俗化的宣传内容，充分运用电视、报纸、广播及网站、微博、微信等新旧各种媒体，特别是对待遇享受、问题处理、涉费优惠等社保费惠民为民的实效，要主动上门下企业下街道进行重点宣传。二是强化个性服务提升宣传实效。针对社

保费与个人权益息息相关的特点,加大提供个性化的社保费服务,可以开发个人手机 APP,开通微信公众号,丰富手机短信提醒功能,及时公开批露社保费新政及缴费基数费率等变化,定期推送涉费优惠等政策,提早通知缴费人扣费缴款,方便百姓随时随地查询了解自己的社保缴费及欠费信息,营造温暖舒心的社保费征纳氛围,争取广大缴费人的理解和支持。

(六)强化风险防范意识,提高社保费预警监控能力

构建依法治费的征管体系离不开对涉费违法的严厉查处,牢固树立风险防范意识是实现依法治费的重要保证。一是加大涉费违法的监控和打击力度。推动信息化管费建设,积极搭建社保费风险监控平台等信息系统,综合利用个税、公积金、劳动用工备案信息等有效数据,逐项核查、分析差异、预防风险,对未足额参保的主动约谈敦促整改,对未参保故意逃避缴费的企业和个人要联合劳监等部门严格追缴,依法进行处罚。精心组织大规模的集中检查和自查行动,以风险控制推动社保扩面工作的开展。二是健全涉费信用激励机制。定期实施费源普查,扎实掌握第一手信息资料。积极建议政府进行社保费信用等级管理,鼓励和宣传依法为员工足额参保的缴费企业,提供“绿色通道”等优质缴费服务举措。建立涉费“黑名单”制度,及时通过报纸、网站等渠道公布恶意欠费企业,发挥舆论媒体的监督作用。主动将社保费失信企业名单传递给银行、房管局、出入境等部门,限制其贷款、买房、出境等行为,强化涉费惩戒机制的建立。三是强化内控监督机制。大力开展社保费执法督察,及时纠正执法偏差;健全社保费业务流程的依法制约机制,着重依照补缴、退费环节等岗位风险点,完善内控体系;自觉接受社会各界的依法监督,保障缴费人依法监督的权益,确保社保费征管执法依法规范运行。

课题组成员:杨　凡　龚志坚　卢民勇　周伟雄
李志强　龙耀锴　肖学渊　容伟堂

# 钾肥的税收政策分析调查报告

## ——以对国投新疆罗布泊钾盐有限责任公司为例

刘春林

钾肥是重要的农业生产资料，我国是一个钾资源严重缺乏的国家。但在若羌县罗布泊地区却蕴藏着丰富的钾盐资源，资源储量达3亿吨，是我国最大的硫酸钾生产基地。目前，罗布泊钾盐开发由国投新疆罗布泊钾盐有限责任公司独家进行开发生产，企业经营效益良好，发展前景非常广阔，一定程度上扭转了我国钾肥严重依赖进口的局面，为农业生产发展和国家粮食安全提供了重要保障。长期以来，国家对我区钾肥先后给予了增值税免征和先征后返、所得税西部大开发等税收优惠政策，有力促进了钾肥企业的发展。随着国内外钾肥市场的产销量和用肥需求的变化，形成国内钾肥进口龙头企业控制进口价格，国内钾肥生产龙头企业和进口龙头企业共同决定国内钾肥价格的新机制后，现行钾肥增值税先征后返税收优惠和所得税西部大开发优惠政策的实施效应发生了质变，需要对现行增值税先征后返税收优惠和所得税西部大开发优惠政策进行调整，以适应形势的发展。

### 一、国投新疆罗布泊钾盐有限责任公司企业基本情况

(一)企业介绍

目前罗布泊钾盐开发由国投新疆罗布泊钾盐有限责任公司(以下简称罗钾公司)独家进行开发生产，于2004年11月登记注册新疆库尔勒市，生产经营地在新疆若羌县罗布泊镇，公司办公地址在新疆哈密市，注册资金5.4亿元，其中国家开发投资公司持股63.01%，新疆冠农果茸股份有限公司持股23.45%，其它5位股东持股13.54%。公司经营范围硫酸钾、氯化钾肥、工业硝酸钠、其他化工产品的开采、生产、批发零售。总投资48亿元的硫酸钾一期工程形成120万吨产能，投资25.5亿元的二期工程，形成年产180万吨钾肥产能，加上前期的10万吨工业性试验装置，现在罗钾公司达到年产310万吨钾肥生产规模，成为世界上最大的硫酸钾生产商。

此外，国家先后投资29.93亿元修建哈罗铁路400公里；投资30多亿元改建罗布泊镇至若羌公路320公里；投资7.02亿元修建米兰河水利枢纽工程引水工程，工业设计年供水量3100万立方米，以确保罗布泊300万吨钾肥项目的生产生活用水供应。成立若羌县罗布泊镇人民政府，管理罗布泊社会事务。

近10年来，罗钾公司销售收入从2005年的11,046.47万元到2014年的406,947.81万元，总计2,012,488.09万元；销售成本从2005年5,076.79万元到2014年的144,316.40万元，总计共708,218.33万元；净利润从2005年的0.36亿元到2014年11.13亿元，总计72.43亿元。

### 二、国际国内钾盐资源、钾肥产量、钾肥价格情况

(一)国际、国内钾盐资源、产能垄断

钾盐是国家重要的战略储备资源，广泛运用于农业及化工领域。从国内钾盐资源分布来看，主要分布在青海柴达木盆地和新疆罗布泊地区。青海柴达木盆地察尔汗盐湖氯化钾储量1.45亿吨，占全国氯化钾储量的97%，已建成全国最大的氯化钾生产基地。盐湖钾肥是我国钾肥行业当仁不让的龙头企业。

盐湖钾肥及其关联企业(察尔汗)是中国最大的氯化钾生产商(约200万吨产能),青海柴达木盆地还有65万吨零散产能。新疆罗布泊钾盐矿预计总量超2.5亿吨,占中国已探明钾盐储量的50%,已经建成中国最大的硫酸钾基地。2014年国内钾肥总产量为877万吨,2014年度进口钾盐为811.54万吨,国产自给率为50%,对外依存度约为约50%。硫酸钾生产商除罗钾公司外,大都在东部地区,总数超过30家,产能较为分散,总计不超过150万吨。国内还有部分销酸钾和磷酸二氢钾生产商,规模不大,没有单厂产能超过10万吨的企业。国内的钾盐资源和产能主要掌握在国内钾肥龙头企业手中。

从世界钾盐分布来看,钾盐资源分布高度集中,目前全球已探明钾盐矿储量约170亿吨,其中加拿大、俄罗斯、白俄罗斯、德国四个国家合计储量占全球92.3%,而中国探明储量只有5亿多吨,中国钾盐的储量只占世界总储量的2.36%。世界上钾肥产能主要在少数几个国家手中,西方国家控制的全球钾盐前10大企业控制了全球95%以上的产能,国际钾肥产能高度集中,钾盐资源造成国际垄断。

(二)中国钾肥价格形成机制

世界钾盐资源和产能分布高度集中使得长久以来国际钾肥贸易的定价权一直牢牢掌握在国际钾肥卡特尔组织手中,注定国际钾肥市场无法从垄断走向竞争。根据中国行业杂志《中国钾盐工业》的最新统计显示,中国2014年度进口钾盐为811.54万吨,出口38.734万吨。其中,氯化钾进口803.16万吨,出口31.08万吨;硫酸钾进口5.49万吨,出口6.274万吨;农用硝酸钾进口2.89万吨,出口1.38万吨。中国市场钾肥价格形成机制是由每年的进口钾肥形成基准价,每年中方联合谈判小组成员主要由中化集团、中农集团、中海化学等央企组成,与加拿大Canpotex(加拿大化肥公司)、俄罗斯BPC钾肥公司、白俄罗斯BPC公司达成价格协议后,谈判确定当年的长单合同离岸价(所谓长单合同就是指期限比较长的合同,一般都在一年或一年以上甚至几年),几年前,中国国内钾肥产能占世界总产能的30%,国际钾肥价格由国际钾肥巨头主导,中国只能接受高昂的价格,国内钾肥价格也是按进口价确定。近几年,中国已经掌握国际钾肥价格谈判主动权,中国与国际供应商谈判价格定下来后,国际钾肥巨头们接下来才能定印度、东南亚、日本、韩国等国家和地区的钾肥进口价格,而日本、韩国进口价格比中国高很多,每吨高出50—60美元。中国的进口价格成为国际钾肥进口基准价。中国确定的进口价为当前世界最低价格,由于国内钾肥消费进口与国内生产各占50%左右,所以国内钾肥龙头生产企业罗钾公司、盐湖钾肥及其关联企业再参照氯化钾、硫酸钾进口价分别确定国内氯化钾、硫酸钾和其它钾肥品种价格。其它小企业根据龙头企业价格确定自已的价格。例如:21世纪经济报记者获悉,2015年中国钾肥联合谈判小组于3月19日最终与国际钾肥供应巨头达成2015年钾肥进口价格。价格为到岸价315美元/吨,较2014年合同价格上涨10美元/吨,其他条款不变。每吨315美元的到岸价,折合人民币1952元/吨,加上在港口的装包、仓储、保险费等,钾肥进口成本每吨保持在2100元。加上经销商利润后与盐湖的氯化钾出厂价格2160元/吨基本持平。钾肥国内市场价格不同于一般商品的价格,是国际钾肥巨头与国内钾肥龙头生产企业的垄断价格。所以新疆罗布泊钾盐有限责任公司的销售价格不是市场价格,而是相当程度上的垄断价格。

## 三、新疆罗布泊钾盐有限责任公司税收政策分析

(一)增值税先征后返优惠政策分析

根据《财政部、国家税务总局关于钾肥增值税有关问题的通知》(财税[2004]197号):自2004年12月1日起,对化肥生产企业生产销售的钾肥,由免征增值税改为实行先征后返。财政部、国家税务总局此政策的目的就是通过对钾肥生产企业的财政补贴,降低钾肥生产企业的生产成本,降低钾肥的市场销售价格,降低农民生产成本,减轻农民负担,促进农业更好的发展。根据新疆罗布泊钾盐有限责任公司资源垄断、产销量垄断、价格垄断的分析,对钾肥增值税的先征后返优惠政策没有起到当初出台政策的目的,从这个角度说是无效政策。罗钾公司从2005年到2014年共申报缴纳增值税188,689.04万元,先征后返

政策后中央与地方共向企业返还 188,689.04 万元，地方减少财政收入 47172.26 万元。中央减少财政收入 141516.78 万元，从先征后返优惠政策在罗钾公司的实施效果分析，先征后返优惠政策损害了资源开发地的财政利益和中央财政利益。为保证罗钾公司的正常生产经营，从铁路、公路、水源建设，到社会管理建设，中央政府与地方政府做出了很大的牺牲，耗资巨大，若羌县政府与群众给予了大力支持。若羌县是个边疆地区县，经济不发达，可以说给予罗钾公司的税收优惠某种程度上是用贫困地区的财政收入补贴全国农民，但现实情况却是农民并没有受益，而是补贴给了罗钾公司及其股东，政策实施的效果并没有达到。由于先征后返政策实施，罗钾公司担心若羌县政府不能及时返还所缴纳的增值税，选择了在财政收入较好的库尔勒市申报纳税，违反了增值税属地管理的原则，给税务机关的税收征管带来影响。基于此，2015 年 9 月国家取消了钾肥增值税先征后返税收优惠政策。笔者建议对农民直接补贴，这样可以保证农民弱视群体的利益，也可以实现税收的中性原则，防止税收优惠对经济的影响，有利于市场经济的正常发展。同时，从钾肥资源拥有、产能等方面看，先征后返政策主要影响新疆、青海两个边疆少数民族省份，用两个穷省的钱补贴全国农民，亦违反了税收公平原则。

(二)企业所得税优惠政策分析

根据《新疆维吾尔自治区关于西部大开发税收优惠政策有关问题的实施意见》规定："区外投资企业(区外独资企业以及区外投资者出资额达到 25%以上，经营期十年以上的合资、购并、参股企业，或承包、租赁在五年以上的企业，下同)在我区新办的生产性企业，自生产经营之日起，五年内免征企业所得税、车船使用税和房产税，建设期内免征土地使用税"，2004 年—2008 年国投罗钾公司享受了免征企业所得税、房产税、城镇土地使用税。根据《国务院办公厅转发国务院西部开发办〈关于西部大开发若干政策措施实施意见的通知〉》(国办发〔2001〕73 号)第二十一条："对设在西部地区国家鼓励类的内资企业和外商投资企业，在 2001 年至 2010 年期间，减按 15%的税率征收企业所得税。国家鼓励类的内资企业是指以《当前国家重点鼓励发展的产业、产品和技术目录(2000 年修订)》中规定的产业项目为主营业务，其主营业务收入占企业总收入 70%以上的企业"规定，罗布泊钾盐属于《当前国家重点鼓励发展的产业、产品和技术目录(2000 年修订)》中的"高浓度磷复肥、钾肥及各种专用复混肥料生产"，国投罗钾公司在 2009－2014 年，还享受了企业所得税 15%的优惠税率。罗钾公司从 2009 年到 2014 年共缴纳企业所得税 110317.05 万元，享受税收优惠 73544.7 万元，其中地方减少财政收入 29417.88 万元，中央减少财政收入 44126.82 万元。

从对钾盐资源、钾肥行业和罗钾公司的分析，该公司通过资源垄断、产销量垄断、价格垄断，掘取了超额利润，但罗钾公司依然能享受西部大开发优惠政策实施。可见西部大开发优惠政策存在一定的不足。优惠政策不分对象，只看条件，罗钾公司等中央控股企业和其它国有大中型企业，尤其是石油、天然气、石油化工等垄断企业，各方面条件优越，都能享受西部大开发优惠政策，而民营企业由于条件的原因没有享受上，因此要很好的评估、分析国有大中型企业的税收优惠政策，防止税收优惠政策乱用，所以对垄断企业石油化工、电力、移动通信、银行等禁止优惠政策，下达优惠政策，都应将垄断企业排除在外。应及时修订西部大开发优惠政策，防止政策滥用。

新疆是个少数民族地区，经济发展落后，稳定问题突出，为了维护稳定，保卫边防安全支出巨大，所以在新疆实行税收优惠政策，不能将一些资源垄断、产销量垄断、价格垄断型新疆企业纳入税收优惠范畴，否则不但资源开发没有惠及新疆的老百姓，反而带来环境污染、占用水资源等问题，也没有达到税收所具有的调节职能的作用。

(三)资源税政策分析

根据自治区地方税务局《关于罗布泊钾盐天然卤水征收资源税问题的批复》(新地税函[2004]176 号)，罗钾公司 2004 年执行的资源税税额为 0.5 元/吨(卤水)，卤水与钾肥的产出折算比为 100：1，即每吨钾肥产品资源税额为50元，根据巴州人民政府建议和自治区人民政府批准，2014年1月1日起，罗钾公司的资源税从150元/吨提高到400元/吨，该公司缴纳的资源税从2013年24,021.64万元到2014年的56,141.52万元，增长了一倍多，而同期企业所得税却从34,658.44万元减少到6,678.06万元，可以说资源税额的提高，侵占了企业所得税的税基，造成企业所得税的减少，表面上是税种间的竞争，实质是中央与地方税收利益的竞争，地方政府在自身税收利益被侵害，由于受权限所制，地方政府没有能力对自己没有立法权的税收政策进行调整或改变。但中央的税收优惠政策影响了地方资源开发地的利益，资源开发地的地方政府决不会坐以待毙，会利用地方政府有限的税收立法权进行反击，以维护自己的切身利益。也使中央所制定的优惠政策大打折扣，因此罗钾公司的资源税从150元/吨提高到400元/吨，就是中央与地方税收利益竞争、博弈的结果。从以上分析可以得出结论，地方政府利用资源税有限的立法权，提高资源税标准。以对抗对罗钾公司享受其它税收优惠政策损害地方财政利益的行为。

从对罗钾公司先征后返优惠政策、所得税西部大开发优惠政策和资源税政策的实施效果分析得出结论，对实施的税收优惠政策，应经常进行政策执行反馈效应分析。对没有达到税收政策执行效果或优惠政策失去作用的情况下，要及时对现有税收政策或优惠政策进行调整，需要取消的要及时取消，以免浪费中央与地方的财政补贴，损害中央与地方的财政利益。中央政府在实行全国的税收优惠政策时，在少数民族和边疆地区的实行，不仅要考虑全国的统一性，更要考虑民族地区的特殊性，即要考虑中央政府的政策实施效果和作用，更要考虑政策不能损害地方政府的利益，否则政策得不到好的贯彻执行。

（作者单位：新疆巴音郭楞蒙古自治州国家税务局）

# 经济新常态下消费税“绿色化”改革的探索与研究

罗得力　关暖华　黎军华　彭　炜

近十多年来，随着我国经济飞速发展，所引发的环境和资源矛盾也日益突出。为了实现可持续发展，把经济发展方式从规模速度型粗放增长转变为质量效率型集约增长、把“两高”经济转变为绿色经济必然成为我国经济发展的新常态。近年来，越来越多的国家通过税收手段引导、发展绿色经济的可行性和有效性得到印证。在我国目前的税制体系中，消费税作为一种具有调节产品结构、引导消费方向职能的税种，在节能环保和资源调节方面的作用日益凸显。本文从广州市2006年至2015年消费税征收情况着眼，分析消费税的“绿色化”改革变迁过程和存在问题，探讨消费税进一步“绿色化”改革的方向，为构建更为适应当前经济形势和社会发展的消费税制度提出建议。

## 一、消费税“绿色化”改革的概貌

### (一)我国消费税“绿色化”改革进程

消费税是国家在对货物和劳务征收增值税后，根据宏观产业政策和消费政策的需要，再对特定的消费品和消费行为在生产、委托加工、零售或进口等特定环节征收的一种间接税，主要包括非生活必需品和奢侈品、高能耗消费品、不可再生消费品、过度消费会造成社会危害的消费品和特殊财政意义消费品等。因此，消费税能起到引导消费行为、调节产品结构、保障财政收入和调节收入分配的作用。

自1994年颁布实施《中华人民共和国消费税暂行条例》至今，我国的消费税政策经历了四次较大的调整，从偏重于向护肤品、化妆品、烟酒等非生活必需品征税，逐步调整为加大对木制一次性筷子、成品油、涂料等不可再生消费品、高污染消费品的征税力度，消费税“绿色化”改革初见端倪。总体来看，我国消费税“绿色化”改革大致可以分为四个阶段。

表一　我国消费税“绿色化”改革进程一览表

| “绿色化”改革阶段 | 非再生资源性产品 | 节约型资源性产品 | 高污染产品 | 高能耗产品 |
|---|---|---|---|---|
| 1994年1月—2006年3月 | 汽油(0.2元/升)<br>柴油(0.1元/升) | 无 | 鞭炮、焰火(10%) | 小汽车(小轿车、小客车和越野车)(3%/5%/8%)，摩托车(10%) |
| 2006年4月—2008年8月 | 成品油：石脑油、溶剂油、润滑油、汽油(0.2元/升)，航空煤油、燃料油、柴油(0.1元/升) | 木制一次性筷子、实木地板(5%) | 鞭炮、焰火(10%) | 游艇(10%)，小汽车(乘用车和中轻型商用客车)(3%/5%/9%/12%/15%/20%)，摩托车(3%/10%) |
| 2008年9月—2014年10月 | 成品油：石脑油、溶剂油、润滑油、汽油(1元/升)，航空煤油、燃料油、柴油(0.8元/升) | 木制一次性筷子、实木地板(5%) | 鞭炮、焰火(10%) | 游艇(10%)，小汽车(乘用车和中轻型商用客车)(1%/3%/5%/9%/12%/25%/40%)，摩托车(3%/10%) |

| 2014 年 11 月至今 | 成品油：石脑油、溶剂油、润滑油、汽油（1.52 元/升），航空煤油、燃料油、柴油（1.2 元/升） | 木制一次性筷子、实木地板（5%） | 鞭炮、焰火（10%），电池、涂料（4%） | 游艇（10%），小汽车（乘用车和中轻型商用客车）（1%/3%/5%/9%/12%/25%/40%），摩托车（3%/10%） |
|---|---|---|---|---|

经过上述渐进式改革，在现行消费税制度下，与资源消耗、污染环境有关的“绿色化”税目主要有四大类：一是不可替代和再生的石油产品，包括汽油、柴油、航空煤油、石脑油、溶剂油、润滑油和燃料油；二是高能耗的交通设备，包括摩托车、小汽车、游艇；三是消耗森林资源的木材制品，包括木制一次性筷子和实木地板；四是高污染的产品，包括鞭炮、焰火、电池、涂料。

（二）广州市消费税“绿色化”改革实施情况

1、2006 年至 2014 年消费税“绿色化”程度分析。为了分析消费税“绿色化”改革的力度和实施效果，我们引入了“绿色化”程度这一衡量指标，即把与资源消耗、污染环境有关的“绿色化”税目的消费税收入占全部消费税收入的比例作为衡量消费税“绿色化”程度的指标。2006 年到 2014 年，广州市消费税中相关高耗能、高污染产品税目的消费税收入占消费税总收入的比例总体上变化较为平缓。2008 年 9 月成品油税费改革方案实施之后则出现了明显波动，“绿色化”指标从 2008 年的 65.15%提高到 2009 年的 72.28%，升幅达到 10.95%，但随之出现明显回落。据统计，2011 年至 2014 年“绿色化”指标的平均水平为 65%。由此可见，“绿色化”税目的消费税占全部消费税收入的比例不算太高，未来消费税“绿色化”改革仍有较大空间。

为了进一步探讨消费税“绿色化”改革的成效和影响，我们以 2014 年 11 月以来“成品油”和“电池、涂料”两类产品消费税改革的实施情况为例进行具体分析。

**表二　2006 年至 2014 年广州市消费税“绿色化”程度数据表**

单位：消费税、亿元

|  | 2006 年 | 2007 年 | 2008 年 | 2009 年 | 2010 年 | 2011 年 | 2012 年 | 2013 年 | 2014 年 |
|---|---|---|---|---|---|---|---|---|---|
| 非再生资源性产品 | 7.22 | 10.26 | 11.48 | 55.82 | 73.57 | 5.08 | 78.20 | 67.85 | 70.30 |
| 节约型资源性产品 | 0.14 | 0.09 | 0.09 | 0.13 | 0.14 | 0.14 | 0.12 | 0.09 | 0.10 |
| 高污染产品 | 0.00 | 0.00 | 0.00 | 0.00 | 0.00 | 0.00 | 0.00 | 0.00 | 0.00 |
| 高能耗产品 | 42.49 | 63.15 | 66.56 | 71.69 | 116.35 | 97.11 | 88.64 | 103.95 | 107.29 |
| “绿色化”税目产品合计 | 49.85 | 73.49 | 78.13 | 127.65 | 190.07 | 162.34 | 166.95 | 171.89 | 177.68 |
| 消费税总额 | 84.57 | 110.63 | 119.93 | 176.60 | 264.19 | 241.60 | 250.94 | 265.81 | 280.01 |
| “绿色化”程度 | 58.95% | 66.43% | 65.15% | 72.28% | 71.94% | 67.19% | 6.53% | 64.67% | 63.46% |

**表三　2014 年 10 月至 2015 年 2 月成品油消费税入库税额变化情况**

| 项目 | 2014 年 10 月 | 2014 年 11 月 | 2014 年 12 月 | 2015 年 1 月 | 2015 年 2 月 |
|---|---|---|---|---|---|
| 成品油消费税税率变化 |  | 2014 年 11 月 29 日起，汽、柴油税率上调 0.12 元/升或 0.14 元/升 | 2014 年 12 月 13 日，汽、柴油税率上调 0.28 元/升或 0.16 元/升 | 2015 年 1 月 13 日起，汽、柴油税率上调 0.12 元/升或 0.1 元/升 |  |

| 成品油价变动情况 | | 2014年11月24日,汽、柴油价格每吨分别降低190元和180元 | 2014年12月12日,汽、柴油价格每吨分别降低170元和400元 | 2015年1月13日,汽、柴油价格每吨分别降低180元和230元 | 2015年2月9日,汽、柴油价格每吨分别提高290元和280元 |
|---|---|---|---|---|---|
| 入库消费税 | 5.98亿元 | 6.21亿元 | 8.12亿元 | 8.28亿元 | 7.58亿元 |
| 增幅 | — | 3.85% | 30.76% | 1.97% | −8.45% |

2、"成品油"消费税改革情况。2014年11月28日,成品油税率第一次上调,由于执行时间为月底,对消费税收入影响不明显。2014年11月(税款所属期,下同)成品油消费税入库税额比上月增加0.24亿元,增长3.9%;2014年12月12日,成品油税率第二次上调,但由于油价的连续下跌导致销量激增,2014年12月成品油消费税入库税额比11月增长了30.67%,也就是说成品油消费税税率调整对成品油消费起到的抑制作用并不明显,价格才是影响成品油销量的主要因素。2015年1月12日,成品油税率第三次上调,三次调整的累积效应在本月得到体现,2015年1月成品油销售量下降,消费税入库税额比上月增加0.16亿元,增长率1.97%。2015年2月,成品油价格结束连续下跌,出现反弹性上涨,成品油销售量迅速下降,导致消费税入库税额比上月下降0.7亿元,降幅8.4%。上述数据反映了由于成品油消费税为从量计征,缺乏价格弹性,仅仅提高税率对消费的抑制作用十分有限。

3、"电池、涂料"消费税开征情况。为促进节能环保,推动产业升级,我国自2015年2月1日起对电池、涂料征收消费税。2015年2月至4月(税款所属期),广州市征收电池、涂料消费税共征收电池消费税55.33万元,涂料消费税1747.33万元。广州市电池涂料生产企业的环保产品免税销售额占比约69.18%,其中电池免税收入占纳税人申报电池销售额的95.78%,涂料免税收入占纳税人申报涂料销售额的61.50%。据了解,由于电池、涂料消费税政策从草拟、确定至正式实施经过了长期调研,部分企业已经完成了产品的绿色化改造升级,大部分产品属于环保涂料和环保电池的免征消费税范围。

**表四　广州市2015年2-4月所属期电池、涂料消费税征收情况**

单位:万元

| 项目 | 税目 | 2015年2月 | 2015年3月 | 2015年4月 | 合计 |
|---|---|---|---|---|---|
| 应税销售额 | 电池 | 301.49 | 262.18 | 819.69 | 1383.37 |
| | 涂料 | 6669.19 | 20186.78 | 16827.43 | 43683.40 |
| 入库消费税 | 电池 | 12.06 | 10.49 | 32.79 | 5.33 |
| | 涂料 | 266.77 | 807.47 | 673.10 | 1747.34 |
| 减免销售额 | 电池 | 11365.09 | 6265.28 | 13776.08 | 31406.44 |
| | 涂料 | 12186.16 | 25413.58 | 2169.15 | 69768.89 |

为进一步了解本轮消费税"绿色化"改革政策实施对纳税人的影响和存在问题,我们向49户纳税人派发了《涂料、电池消费税政策执行情况调查表》,其中包括了阿克苏诺贝尔太古漆油(广州)有限公司和

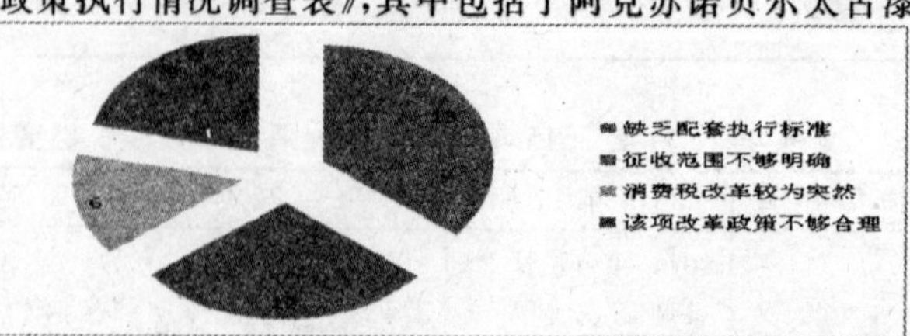


图一　电池、涂料消费税改革问题建议分类情况图

广州立邦涂料有限公司等曾参与过财政部、环保部和国家税务总局的税收政策前期调研的企业。问卷调查累计收回42份,回收率85,71%。根据调查结果,42户电池、涂料纳税人2015年度预计不含税销售额(应税产品类型)20.62亿元,预计不含税销售额(免税产品类型)54.51亿元,预计应纳消费税税额(应税产品类型)8207万元,预计免征消费税税额(免税产品类型)2.18亿元。预计全年免税产品销售额占全部销售的72.55%。同时,通过调查问卷搜集到电池、涂料消费税改革中存在的问题和建议42条。

## 二、消费税"绿色化"改革过程中存在的问题

从目前消费税"绿色化"政策的制定和实施情况看,消费税的"绿色化"改革虽然取得了一定成效,但是综合政策执行过程中税务机关发现的问题和企业反馈的意见,目前消费税税制在"绿色化"程度、税制要素及具体征管上尚有不合理、不完善之处。

(一)立法层次不高遭遇"税收法定"质疑

目前,我国以国家法律形式确定下来的税收制度仅涉及企业所得税、个人所得税、车船税等几个税种,而增值税、消费税、营业税三大流转税税种都是以国务院行政法规的形式出现并执行。由于消费税改革直接关系到百姓的切身利益,新增税目或提高税率是对消费税重大税收政策的调整,仅依据暂行条例和行政部门的决定难以获得广泛认同。立法层面的缺失使消费税"绿色化"改革遭遇质疑。一方面,政策立法层次不高导致纳税人接受程度低,影响纳税遵从。在2014年底至2015年初连续调整成品油消费税税率过程中,部分纳税人认为政府选择国际油价下行时连续调整成品油消费税,调整目的是为了通过调整税率来稳定油价,缺乏依法治税的严肃性,间接影响纳税遵从度。另一方面,税务机关准备不足影响执行效果。消费税改革推行过快或变动过于频繁给税务机关的征收管理工作带来困难。由于政策出台比较突然,税务机关对政策的前期宣传准备不足,对政策变化的背景和目的难以解释到位,未能充分发挥鼓励环保、节能减排的消费税政策宣传效应。

(二)征收范围偏窄不能适应经济"新常态"

目前我国消费税在"绿色生产"、"绿色消费"方面的引导作用尚需加强,一些资源、能源利用效率低,环境污染问题较为突出的产品或项目尚未纳入消费税征收范围,具体表现在以下两个方面:一是纳入《中华人民共和国循环经济促进法》重点监督管理的钢铁、有色金属、煤炭、电力、石油加工、化工、建材、建筑、造纸、印染等高能耗、高污染、资源型行业中,仅有非常有限的产品类别(非再生资源性产品1类、节约型资源性产品2类、高污染产品4类、高能耗产品3类)纳入消费税征收范围,产品类别覆盖不足且缺乏科学性。二是对于非再生或再生时间长的资源品,目前仅有成品油纳入消费税征收范围,而水资源、矿产资源等均未纳入消费税征收范围,与当前严峻的资源形势和环境形势不相适应。

(三)征收环节单一和价内税特征难以发挥消费导向作用

根据当前消费税制度,消费税"绿色化"税目均在生产环节或进口环节征税。虽然单一环节征税更利于税源集中和税收征管,但是也存在难以解决的弊端。一方面,单一环节征税容易使纳税人通过关联交易控制价格规避消费税。对于没有设置最低计税价格的项目,企业有机会通过人为控制销售价格的方式降低税负,弱化了消费税的调节功能。例如,企业可以成立专门的销售公司或销售部门作为中间环节,降低生产环节的计税依据。另一方面,纳税人与税负人分离不易发挥调节作用。消费税的调节作用主要体现在通过价格来引导消费者行为,在生产环节征税和价内税的隐性特征使消费税层层转嫁,消费者不能直观地了解所承担的税收,难以起到调节消费行为的作用,环保效果也难以最大化。

(四)税率设置不合理且缺乏弹性

1994年至今,我国消费税"绿色化"改革过程中虽然相关税目的税率进行过多次调整,但是仍然存在"绿色化"税目的整体税率偏低,与经济发展水平和节能环保导向不完全适应。

1、同一衡量标准的税目税率设置存在矛盾。如果我们将排气量作为衡量对环境影响程度的指标，通过比较摩托车、小汽车和游艇的消费税税率，可以发现：气缸容量在1升以下的小汽车消费税率为1%，而气缸容量在250毫升的摩托车消费税税率则为3%，气缸容量1升以上2.5升以下的小汽车消费税税率为3%—9%，而气缸容量在250毫升以上2.5升以下的摩托车消费税税率则一律为10%，也就是说排气量小于小汽车的摩托车消费税税率反而高于小汽车。同样，作为排气量更大的游艇则消费税统一税率为10%，私人飞机甚至尚未纳入征收范围。从环保的角度分析，这样的税率安排明显不合理，也难以发挥保护环境的公平导向作用。

**表五　机动车、船消费税税率对比表**

| 摩托车 | 小汽车(乘用车) | 游艇 |
| --- | --- | --- |
| (1)气缸容量250毫升的，3%<br>(2)气缸容量在250毫升以上的，10% | (1)气缸容量(排气量，下同)在1.0升(含10升)以下的，1%<br>(2)气缸容量在1.0升以上至1.5升(含1.5升)的，3%<br>(3)气缸容量在1.5升以上至2.0升(含2.0升)的，5%<br>(4)气缸容量在2.0升以上至2.5升(含2.5升)的，9%<br>(5)气缸容量在2.5升以上至3.0升(含3.0升)的，12%<br>(6)气缸容量在3.0升以上至4.0升(含4.0升)的，25%<br>(7)气缸容量在4.0升以上的，40% | 10% |

2、部分税目税率偏低且长期未优化。鞭炮、焰火消费税税率从1994年至今未进行过调整，木制一次性筷子、实木地板税率偏低且从2006年至今从未调整，也未设置与环保有关的优惠政策，与经济发展水平和行业升级改造的现状脱节。

3、税率设置标准不尽合理。小汽车、摩托车均采用气缸容量作为划分税率的依据，而节能环保的影响因素不仅是气缸容量大小。目前成品油采用从量、定额方式计征虽然易于计算，但是缺乏价格弹性，难以发挥其跟随市场价格变动调节消费的作用。

(五)消费税"绿色化"改革的可操作性有待提升

今年2月开征的电池、涂料消费税是消费税"绿色化"改革的重要尝试，首次从环保角度设定了应税和免税范围。但是在实际执行过程中，税务机关和纳税人均遭遇了操作难的问题。一是税目注释不够明晰。由于涂料主要由成膜物质、次要成膜物质等构成，除了文件列举的17类涂料以外，单独生产树脂、固化剂、色浆、稀释剂等涂料辅料产品或中间产品是否应当纳税，文件并未明确。二是享受免税优惠的条件不够明确。文件规定电池、涂料消费税纳税人享受优惠政策应持有相关产品检测报告，但是实际操作中如何出具检测报告、报告有效期、具体出具报告的部门、具体检测方法等问题均未明确，纳税人和税务机关难以就相关操作达成共识。三是月中调整不利于政策衔接。近期几次消费税调整均从月中开始执行，导致同一个申报期同类销售行为适用不同税率，纳税人和税务机关对销售时间的理解存在差异，不利于政策执行。

## 三、促进消费税"绿色化"改革的政策建议

(一)加快立法进程以保障消费税"绿色化"改革的合法性

根据现有法律法规，通过授权国务院调整消费税是合法的，但并不符合"税收法定"原则，也不符合"完善立法"和"依法治国"精神。随着消费税改革的不断推进，加快消费税立法进程成为一种社会共识，也是完善税制、增强税收法律效力的必然趋势。《中华人民共和国消费税暂行条例》已执行较长时间，已经基本完成其在税收法制进程中探索相关税种是否合理的职能。消费税"绿色化"改革势在必行，通过消

费税立法，使消费税"绿色化"改革有法可依，也是改革成效的保障。

（二）扩大征收范围以提高消费税"绿色化"改革的适应性

国务院2015年5月19日印发了《中国制造2025》，这是我国实施制造强国战略第一个十年的行动纲领，全面推行绿色制造成为未来十年中国制造业的战略任务和重点之一。为适应未来经济发展，同时兼顾社会承受能力和征管实际，我们建议从三个方面适度扩大消费税"绿色化"的范围，合理设置税目。

一是适应制造业绿色改造升级，扩大征收范围。在钢铁、有色、化工、建材、轻工、印染等传统制造业绿色改造过程中，结合环境保护部发布的《环境保护综合名录》对"高污染、高环境风险"产品有选择性地逐步征收消费税。如：二氧化硫、氮氧化物、化学需氧量、氨氮产污量大的产品、含磷洗涤品、不可降解的一次性用品或塑料制品、氟利昂产品、农药等。二是根据资源高效利用和资源节约导向，扩大征收范围。一方面将随着社会发展进步新出现的私人飞机、货车等纳入消费税征收范围，另一方面逐步将火电、水资源、森林资源、动物资源等纳入消费税征收范围。三是结合产业链各环节内在联系，扩大征收范围。以涂料消费税税目为例，要实现通过征收消费税引导改善环境、减少VOC排放的目标，可以考虑从整个产业链出发，对原材料供应商，涂料制造商和涂料应用方均按照实际采购的有机溶剂征收消费税，这样整个产业链都会积极主动改善各自环节的产品，制造者会尽量减少使用有机溶剂，主动更新涂装设备，比如水性涂料的施工设备，减少有机溶剂的排放，而使用者也会主动使用水性产品或低VOC的产品。

（三）改变征收环节以加强消费税"绿色化"改革的导向性

从环境保护效应角度来看，将"绿色化"税目消费税的征收环节从生产环节调整到批发、零售环节征收，同时将消费税从价内税改为价外税，使消费者能够直观清晰地了解消费税税负，消除隐蔽性，更能体现节能环保的消费导向。但是这一调整对消费税当前征收格局影响很大，涉及税收收入分配、征管范围分散等难题，需要充分考虑征收成本和纳税人遵从成本，有序推进改革。同时，应结合预算级次的改革，将消费税由中央税改为地方税，纳入地方公共预算统筹安排，作为用于治理环境污染、支持节能减排、支持新能源开发使用等项目的财政资金，让消费者能够了解到所缴纳的消费税用之有道，用之有效，才更能发挥消费税"绿色化"改革的作用。

（四）合理调整税率以提升消费税"绿色化"改革的科学性

考虑到不同经济发展阶段消费税对环境保护的调节程度不同，在我国目前的发展阶段消费税"绿色化"改革的方向应更加注重提升环境保护的效率和效果。一是统一同类消费税税目的税率基准。2014年底财政部、国家税务总局发文调整了摩托车税率，但调整后同等排气量摩托车和小汽车消费税税率仍存在差异，未来仍然存在合理化空间。二是根据对环境的影响程度来调整税率。对于高污染、高资源消耗品的消费税税率应适当逐步提高，同时对环保型的产品给予税收优惠。如鞭炮、焰火类产品可以考虑逐步提高税率至10%，同时符合环保标准的鞭炮、焰火可享受免税优惠。对于一次性筷子这类高资源消耗产品，由于单价过低导致消费税的消费导向作用有限，可以考虑采取最低计税限价和提高税率的双重方式提高消费税税负，以逐步减少这类资源品的消耗。三是进一步优化税率设置的标准，可以考虑引入更多更合理的环保指标作为税率设置的综合参考标准。如成品油，可以参考国际经验采用含硫量或辛烷值进行税率的细分；如小汽车，可以考虑将排量和燃油消耗率（利用率）结合起来进行税率的细分。四是对具有双重调节目的的税目设置高税率。将私人飞机、游艇等高能耗高档消费品的税率提高至20%甚至更高，以起到消费导向和收入分配的双重调节作用。

（五）加强执行统筹以提升消费税"绿色化"改革的有效性

今后，我国消费税"绿色化"改革的进一步推进应参考开征电池、涂料消费税的有益经验，将新纳入征收范围的项目按照环保标准划分征免范围。为确保消费税"绿色化"改革政策的执行效果，应从三个方面加强贯彻落实的力度：一是有序开展消费税"绿色化"改革的宣传引导。消费税"绿色化"改革是税制改革的重头戏之一,为平稳衔接和合理推进改革进程,必须提前做好政策的宣传和引导。一方面建议相关部门在公布政策时通过公共媒体大力宣传政策出台的背景和目的,从整体层面消除公众疑虑。另一方面税务机关作为税款征收部门,应加大政策宣传力度和广度,除了宣传政策本身以外,还应该向纳税人解释消费税"绿色化"改革在促进资源节约利用、促进新能源产业发展和推动经济转型等方面的积极作用,从执行层面做好政策辅导。二是明确判断争议征税对象的基本原则,纳税人应该以销售业务的经济实质判断是否属于征收范围。例如,对于销售涂料辅料是否征收消费税的问题,纳税人不能将双组分、多组分、套装等特殊形式的产品人为拆解为主料和辅料销售,由此造成的税务风险应由纳税人承担。三是明确环保免税产品检测报告的出具要求,具体包括制定出具报告的合法机构名录、明确按产品类别出具检测报告和报告有效期,并尽量采用目前已有国家强制标准的检测方法或者通过标准性文件予以统一检测方法,以便企业和检测机构能共同参照。

(作者单位:广东省广州市开发区国家税务局)

# 落实法定扣缴义务加强建筑砂石资源税管理的做法及成效

山东省日照市地方税务局岚山分局课题组

山东省日照市作为“一带一路”重要节点城市，有着独特的港口优势和良好的发展环境，港口码头、公路交通、钢铁等重大项目建设以及房地产市场日趋活跃，建筑砂石需求量大幅度增长，如何加强建筑砂石资源税管理成为地税部门重点思考的课题。对此，日照市地税局在岚山区地税局试点推行以“开采环节源泉管理、收购环节代扣代缴、通过资源税管理证明双向比对防止重复征税”为主要内容的建筑砂石资源税管理机制，取得了明显的成效。

## 一、资源税管理存在的问题

(一)建筑砂石开采收购情况

通过了解全区范围内建筑砂石的开采、销售情况，一方面，从开采环节来看，由于受地理位置因素的影响，开挖场地比较分散，建筑砂石分布点多面广、隐蔽性强，有些建筑砂石来源于区内矿山和河道，有些来源于周边市地及区县，渠道错综复杂，导致资源税易漏难管，存在一定的税收执法风险。另一方面，从收购环节来看，当前由于国家对建筑行业的管理，多地纷纷出台《商品混凝土管理办法》，规定建设工程应当全部使用商品混凝土，而所有商品混凝土必须通过有资质的商砼公司按照国家标准完成，所以商砼公司也成为主要的砂石收购单位，同时，重大项目建设单位也是收购建筑砂石的主要单位，据统计，岚桥港务、山钢等5家建设单位以及中联、万方等6家商砼公司收购的建筑砂石约占90%以上。

(二)建筑砂石资源税管理情况

1、计税依据难以核准，从调查情况来看，销售建筑砂石的资源税纳税人，大多账务不健全，大部分是个体工商户，即便是企业也很少建账，税务机关很难查到其真实的账本，难以准确比对、核实资源税的计税依据。2、收购环节资源税扣缴义务落实不够到位。在以往管理过程中，鉴于开采环节征管难度大、税款易流失的现状，也采取由收购未税建筑砂石的单位进行代扣代缴资源税的办法，但在具体实施过程中，由于收购未税建筑砂石的单位没有充分认识到其法定义务，未能及时足额代扣代缴相应的资源税。

## 二、主要做法

(一)开采环节源泉管理

1、建筑砂石资源分属于不同的行政管理部门，开采必须取得行政许可，需要经过国土、水利等部门的招拍挂环节。纳税人一旦通过招标取得砂石采挖权后，在缴纳矿产资源补偿费、采矿权价款等费用的同时，以资源税保证金的形式，按照招拍挂的方量进行预先缴纳。

2、纳税人按照开采进度，根据销售应税建筑砂石的方量，按照税务机关的核定征期，及时进行资源税申报。主管税务机关按纳税人的实际申报数额，从财政已收缴的资源税保证金中解缴税款入库。

3、纳税人根据支取款项需要，凭与收购方签订的合同或者相关证明，在已申报缴纳税款的应税建筑砂石方量以内，到主管税务机关申请开具“资源税管理乙种证明”。

(二)收购环节代扣代缴

根据《中华人民共和国资源税代扣代缴管理办法》规定，收购资源税未税矿产品的独立矿山、联合企业以及其他单位为资源税代扣代缴义务人(以下简称扣缴义务人),即岚山区范围内的5家建设单位和6家商砼公司都是资源税扣缴义务人。

1、对所有资源税扣缴义务人通过"纳税人学堂"、税企微信群、面对面座谈、发放纳税服务指南等多种方式进行资源税相关政策的宣传培训,重点宣传《中华人民共和国资源税代扣代缴管理办法》《中华人民共和国资源税暂行条例》,同时下达《税务事项通知书》,明确其法定扣缴义务,就其代扣代缴资源税的税目、申报纳税期限进行说明。

2、扣缴义务人履行法定代扣代缴义务。在支付建筑砂石款项时,扣缴义务人应主动向销售方(纳税人)索要"资源税管理乙种证明",扣缴义务人据此不代扣资源税,凡销售方(纳税人)不能提供"资源税管理乙种证明"的或超出"资源税管理乙种证明"注明的销售数量部分,一律视同未税矿产品,由扣缴义务人依法代扣代缴资源税,并向销售方(纳税人)开具代扣代缴税款凭证。对未按规定履行代扣代缴义务的扣缴义务人,严格按《税收征管法》及其实施细则处理。

(三)"资源税管理乙种证明"双向比对

把"资源税管理乙种证明"作为销售建筑砂石已申报纳税免予扣缴税款的依据,建筑砂石销售方(纳税人)在向收购方(扣缴义务人)支取款项时,可以到税务机关申请开具"资源税管理乙种证明",税务机关通过资源税管理台账,在已完税建筑砂石方量之内为其开具。如果申请开具超出已申报缴纳税额部分的应税建筑砂石,在纳税人及时补缴资源税的前提下,税务机关为其开具相应建筑砂石方量的"资源税管理乙种证明"。同时,销售方(纳税人)也可选择由收购方(扣缴义务人)进行代扣代缴资源税,无需再申请开具"资源税管理乙种证明"。

## 三、取得的成效

(一)避免了重复征税

扣缴义务人履行法定代扣代缴义务,通过"资源税管理乙种证明"双向比对,对资源税管理起着重要的兜底作用,实现了资源税过程管理与节点管理有效结合,信息资料相互印证,有效防止了重复征税现象。

(二)公平了税收负担

通过严格管理,特别是对收购未税建筑砂石单位的法定扣缴义务的严格全面落实,解决了税负不均等现象,得到了开采、收购双方的一致称赞,纳税人的纳税满意度、税收遵从度明显提高,均达到98%以上。

(三)提高了管理质效

税务人员从"满山跑、沿河找、拉电闸、扣设备"的粗放式管理中解脱出来,实现了源泉管理与代扣代缴的有机结合,堵塞了管理漏洞,资源税的管理质效大幅度提高。2015年,岚山区资源税入库984万元。

## 四、下一步工作打算

5月10日,财政部发布关于全面推进资源税改革的通知。通知要求,通过全面实施清费立税、从价计征改革,理顺资源税费关系,建立规范公平、调控合理、征管高效的资源税制度,有效发挥其组织收入、调控经济、促进资源节约集约利用和生态环境保护的作用。通知指出,此次资源税从价计征改革及水资源税改革试点,自2016年7月1日起实施。

下一步,将在及时落实《全面推进资源税改革的通知》精神的基础上,进一步总结提练岚山区地税局探索实施的以"开采环节源泉管理、收购环节代扣代缴、通过资源税管理证明双向比对防止重复征税"为主要内容的建筑砂石资源税管理模式,适当时机在全市地税系统推广,以期在有效提升建筑砂石资源管理质效的同时,进一步提高资源综合利用效率。

课题组组长:陈常国

成员:滕怀松　费以成　李昆仑　于梦瑶

# 煤炭资源税改革成效及存在的问题

张玉成

煤炭是右玉县的支柱产业,税收占到60%以上。煤炭资源税从价计征改革实施一年来,对完善地方税体系建设、促进地方经济发展起到了积极作用。同时改革对地税征管工作提出了更高的要求,需要认真研究并加以改进。

## 一、煤炭资源税从价计征改革取得的成效

(一)企业总体负担率下降,减负红利逐步释放

过去,煤炭企业需要缴纳一些收费基金,存在费重税轻、税费结构不合理等现象。此次改革,全面清理规范涉煤收费项目,从总体上减轻了企业负担,增强了企业的发展后劲。右玉县煤炭资源税改革前,企业税费负担率为18.19%,改革取消了矿产资源补偿费、煤炭价格调控基金、煤炭可持续发展基金。税费负担率降为8%。2015年通过资源税改革为煤炭企业减负11405万元,对促进煤炭企业可持续发展起到了不可估量的作用。

(二)资源优势向经济优势转化,地方可用财力增加

2015年,右玉县地税局征收煤炭资源税8946万元,比上年同期增长22.57%,增收1501万元。过去从量计征煤炭资源税,吨煤平均税负不足2%,资源优势没有得到充分体现。实行从价计征改革后,在清费立税,不增加企业负担的基础上,提高煤炭资源税税率,对于以煤炭产业为主导的右玉来说,煤炭资源税成为地税重要的收入来源,有利于完善地方税体系,为地方提供较为稳定的税收收入。此次改革是在煤炭价格低迷的形势下实施的,一旦市场价格回暖,煤炭资源税对地方税收的贡献更加凸显。

(三)税收对资源价格的调节作用增强,有利于公平税负

右玉各煤矿煤质不同,在煤炭形势较好的时期,吨煤价格差别在80元以上。而按照从量计征资源税,吨煤都是3.2元,造成税负不公。煤炭资源税改为从价计征,不分煤种,根据煤炭销售价格,统一按照8%的税率征收,有利于平衡不同煤质企业之间的税负,为企业创造公平的竞争环境。

## 二、煤炭资源税从价计征管理存在的问题

(一)对煤炭销售价格缺乏有效监管

受市场供求影响,煤炭价格变动频繁,有的煤炭企业在结算中采用低开煤价高开运费,甚至不开具发票,少缴或不缴资源税。税收监控没有完全深入具体环节,难以掌握真实营销情况。

(二)对洗选煤没有统一的认定标准

为便利征纳双方,对纳税人以自采原煤加工为洗选煤销售的,按其“销售额×税率×折算率”征税。有些企业洗选煤设备简陋,甚至将初步分选的原煤按精煤折算计税,导致资源税流失。

(三)发票开具滞后影响税款均衡入库

煤炭售出后不能及时进行货款结算和发票开具,销售数量和收入难以确定,导致税款申报和缴纳延迟。另外,承运单位由于种种原因无法及时向托运单位开具运输业发票,导致煤炭生产企业运输费扣除

不及时，不利于税款均衡入库。

## 三、加强煤炭资源税征管的建议

（一）以信息比对为支撑，准确核实销售收入

加强与国税部门协作，探索信息共享，开展信息比对。通过煤炭产量、销量以及增值税与资源税计税依据比对，对企业申报的资源税数据进行评估。同时有重点地进行外出调查，掌握煤炭市场经营、外销途径和销售价格、数量。

（二）运用资源税管理证明，实现多环节监控

在煤炭销售、转化过程中，由当地主管税务机关开具资源税管理证明，作为资源税征收的辅助凭证，随同煤炭流转，便于在各个环节对资源税进行严密监控，堵塞税收漏洞。

（三）对洗选煤建立统一认定标准

出台洗选煤认定标准，以确定企业是否适用资源税折算率。

（作者单位：山西省右玉县地方税务局）

# 农村集体建设用地流转中若干税收问题的探讨

王兆鹏

## 一、农村集体建设用地流转的税收定位

在讨论农村集体建设土地流转的税收之前，我们必须明确一点的是：何为农村土地流转？农村土地流转、尤其是农村集体建设用地的流转在我国土地管理法律体系以及税收体系中的定位如何？如果我们要针对这一行为征税，依据在哪里？这是我们首先要解决的问题。

### (一)农村集体建设用地的内涵

通常来说，农村集体土地流转特指农用地承包经营权的流转，就是农民将自己承包的村集体土地部分或全部以转包、出租、互换、转让、入股等方式转移给第三方经营，原承包方或第三方向村集体履行原承包合同的行为。《农村土地承包法》第一条提出："为稳定和完善以家庭承包经营为基础、统分结合的双层经营体制，赋予农民长期而有保障的土地使用权。"确认了农用地承包经营权的流转是一种土地使用权的流转，同时《农村土地承包法》第三十二条规定："集体所有农用土地流转形式主要有四类，分别是是转包、出租、互换以及转让"，在法律上确认了农用地承包的形式。

随着工业化城市化进程的加速，城市土地需求的增加以及城乡建设用地结构的不平衡，土地流转对象的范围不断扩大，渐渐的农村集体建设用地也纳入到土地流转体系当中来，因此，如今的农村土地流转除了包含原有的农用地的流转之外，还应该包括农村集体建设用地的流转。目前，在农村范围内，尤其是靠近经济发达城市或沿海的农村地带，农村建设用地的自发性流转已经十分普遍，在某些地区，农村建设用地的流转面积甚至达到全部集体建设用地的50%。因此，在这里，原本的狭义的、特指农用地承包经营权的流转的农村土地流转，扩展为广义的农村土地流转，即除了包含狭义的内涵外，还包括了农村集体建设用地的流转。

### (二)税法上对于农村集体建设土地的定位

上文中我们提到，农用地承包经营权的流转是一种土地使用权的流转，那么相应的，在税法方面，对于农村集体农用地流转的税收定位也比照土地使用权的流转进行管理，譬如：在营业税方面，《财政部、国家税务总局关于对若干项目免征营业税的通知》(财税字〔1994〕2号)中规定，将土地使用权转让给农业生产者用于农业生产，免征营业税；在《国家税务总局关于农业土地出租征税问题的批复》(国税函〔1998〕82号)中规定，农村、农场将土地承包(出租)给个人或公司用于农业生产，收取的固定承包金(租金)，免征营业税；在《国家税务总局关于林地使用权转让行为征收营业税问题的批复》(国税函〔2002〕700号)中规定：单位和个人将其拥有的人工用材林使用权转让给农业生产者用于农业生产的，免征营业税。个人所得税方面，在《国家税务总局关于转租浅海滩涂使用权收入征收个人所得税问题的批复》中规定，农民将从村委会承包的农业土地使用权转包给别人，也需按照转包的金额，按财产转让、租赁所得缴纳个人所得税等等。

那么我国土地相关法律以及税法上对于集体建设用地的处理情况又是如何呢？虽然集体所有农用土地和集体所有建设用地在所有权形式上是一致的，即都为农民集体所有，仅仅有用途上的区别，但在阐

述农用土地流转的《农村土地承包法》却将集体建设用地完全排除在外，在其第二条中提到："本法所称农村土地，是指依法用于农业的土地"。此外，根据《土地管理法》第63条规定，农民集体所有的土地的使用权不得出让、转让或者出租用于非农业建设；第43条规定，任何单位和个人进行建设，必须依法申请使用国有土地。这就几乎堵死了农村集体建设用地直接以流转方式走向建筑用地市场的法律道路，我们似乎可以这样认为，为了防止土地兼并以及保障粮食生产，国家对于农村建设用地的出现是持有严格控制的态度的。

但是，与此同时，为了鼓励农村经济发展，尤其是鼓励农民参办企业，发展乡镇经济，国家为农民使用集体土地进行非农生产又作出了特殊的规定：土地管理法四十三条在规定任何单位和个人进行建设必须依法申请使用国有土地的同时，也规定兴办乡镇企业和村民建设住宅，经依法批准，可以使用本集体经济组织农民集体所有的土地。这使得经营性的农村集体建设用地以合法的形式出现在了广袤的农村范围之内，随着经济的发展，土地流转行为便开始如雨后春笋般的出现——这其中包括合法的建设用地流转：按照《土地管理法》第六十三条规定，农村集体建设用地在符合土地利用总体规划并依法取得建设用地的企业，因破产、兼并等情形致使土地使用权发生转移时，可以进行土地使用权的流转。然而大多数时候，农村集体建设用地的流转行为是自发的、未经认可的。

因此，对于这一处在"灰色地带"的土地流转行为，税务方面如何应对便成了个难题。从税法角度来讲。土地使用权的转让毫无疑问是一种应税行为，似乎应该当在营业税、土地增值税、契税等税种的征收上予以关注，但由于被《土地承包法》排除在外，我们不能够比照农用土地承包权的转让来处理，那么能够比照国有土地使用权转让的方式来处理吗？恐怕答案依旧难以确定。譬如《土地增值税宣传提纲》中明确提出了对转让集体土地不征税，并解释了对转让集体土地行为不征税的原因："土地增值税仅对转让国有土地使用权的征收，对转让集体土地使用权的不征税。在这里，税法上将集体土地转让排除在土地增值税的征收范围之外；而在《中华人民共和国契税暂行条例》第二条中又明确规定："土地使用权转让，不包括农村集体土地承包经营权的转移。"上文中提到，集体建设用地的转让并不属于承包经营权转让，那么是否对其转让征收契税，又成了难以确定的问题。

在税收定位不明的这一现实情况之下，税收征管工作的开展便难以顺利进行，这个问题不解决，依法对于集体建设土地转让征税便成为空谈。近年来，对于农村集体建设土地的流转，党和中央的逐步重视起来，而且看法逐步趋向于向国有土地使用权转让靠拢。在2013年11月中国共产党第十八届中央委员会第三次全体会议通过的《中共中央关于全面深化改革若干重大问题的决定》中，明确提出要"建立城乡统一的建设用地市场"，"在符合规划和用途管制前提下，允许农村集体经营性建设用地出让、租赁、入股，实行与国有土地同等入市、同权同价"。这是否意味着，农村集体建设用地，也将告别被区别对待的时代，而是同国有土地一样，纳入到税收体系中来？目前，在南方的某些省份，这一做法已经开始试点，相应的税收政策是否跟上，值得关注。

## 二、农村集体建设用地的征税对象

如果我们要对集体建设用地流转这一行为进行征税，我们务必要确定一个问题：向谁征税？这也是我们必须要解决的问题。

(一)当前农村建设用地的权属情况

经笔者统计，如果我们对存在于广袤农村现的建设用地进行梳理，可以主要将其分为以下几类：

1、国有土地(包括依法征收的，原农民集体所有的建设用地)

2、集体所有的用于公共设施的建设用地。

3、农民宅基地。

4、乡镇企业使用的集体建设用地。

5、由其他单位或个人自发流转使用的建设用地。

在这些用地中，除第一类土地已纳入国有土地范畴，不在我们这次讨论的范围之内以外，其他第二、三、四种集体建设用地的使用者，均可依法取得对于集体土地使用权的证明，而第五种土地的使用者，由于取得土地的方式是违规的，无法取得集体土地使用权的证明。

（二）当前税法对于建设用地征税对象的确认

我们知道，在我国税法体系中，围绕着土地使用权的各项税收中，确定土地的所有者和土地使用权的所有者是十分重要的，而在这里，在这种自发的集体土地流转中，我们很难确定税收客体是谁，主要原因有二，首先，当前集体建设土地的自发性流转并不规范，按照我国土地管理法，因破产、兼并等情形致使土地使用权发生转移时，取得了集体土地建设用地使用权的企业方可进行土地使用权的流转，而实际情况中，常常是企业随意将建设用地使用权转让、出租给其他人使用，甚至出现村委会、农民个人直接将建设用土地转让、出租给其他人。在这种情况下，由于办理手续不规范或是未办理相关手续，我们无从确认土地使用权是否还留存于原土地使用权所有者；其次，在某些情况下，由于土地规划、土地审批等政策性原因，在实际生产经营过程中集体土地使用权的确权工作并不十分顺利，很多应合法取得集体土地使用权证明的企业，常常长期无法取得证明，这也给我们确定征税对象带来了很大困难。

事实上，税务机关上对于农村集体建设用地的“自发性”流转行为，目前也出台了一些管控办法。在财税【2006】56 号文《财政部、国家税务总局关于集体土地使用税有关政策的通知》中，明确“在城镇土地使用税征税范围内实际使用应税集体所有建设用地、但未办理土地使用权流转手续的，由实际使用集体土地的单位和个人按规定缴纳城镇土地使用税。在这里，税务机关以“实际使用”这一概念，确定了集体用地使用税的征税客体，我们知道，未办理土地使用权流转手续的集体土地使用者，既包括那些合法的“未来得及”办理的，也包括那些违规的“干脆办不了”的，如果税务机关将这两者全部囊括在内进行征税，是不是就意味着对这种违规使用土地的行为采取了默认态度？按照我国土地管理办法，对于违规使用土地的做法，应由相关部门责令限改，并对其进行处罚，在这种情况下对其征税是否矛盾？

在实际工作中常常还会出现这种情况，即违规获得了土地使用权但并未办理手续的企业或个人，并未实际使用土地，而是将其荒置——在这种情况下，我们似乎就没有了对其征税的政策依据，但不征税的话，又与城镇土地使用税的“取得土地使用权即征税”的征收原则相违背。此外，对于营业税等其他税种，税法上尚未对农村集体建设土地的流转行为的征税对象有明确规定，是否能够比照城镇土地使用税的做法进行征收？这都是尚未解决的问题。

在上文中我们提到，目前国家逐步提高了对于集体建设用地的关注，其中首要的就是尽快落实农民集体土地的确权工作。这固然会减小我们接下来的工作阻碍，但并不能完全消除我们在确定征税对象上的困难，如何在当前确权并不明晰的情况下保证税收的合法性，是我们应当关注的重要问题。

## 三、集体建设土地流转相关税收的征管难点

农村地区地域较宽，周边大量存在的使用集体建设用地从事生产经营的情形，涉及到的行业、纳税人类型也非常复杂，征管难度相当大。笔者工作于农村基层税务所，对这些难处深有体会，经笔者整理总结，农村集体建设土地流转税收的征管难度主要体现以下三个方面：

（一）信息量大、信息动态变化难以掌握

要将集体建设用地流转所涉及的税收掌握清楚，必须要了解和掌握整个土地流转中涉及的大量信息。首先要掌握与村签订流转协议的单位信息，如果土地存在二次流转或多次流转的情况，还必须了解多次流转中签订协议的单位信息，最后必须掌握实际使用土地的单位相关信息。不但要求了解的环节

多，同一环节采集的信息量还大，例如：流转双方单位或个人名称、联系电话、签订协议时间、土地地址、土地用途、土地面积、以及修建房屋情况都需掌握。

大量的信息只有在日常征管、下户调查中逐步完善，在调查流转土地信息时会遇到许多困难，首先，目前我们地税机关缺乏与土地监管部门的信息沟通与协调。对于农村地界广阔而又复杂的土地使用情况缺乏了解，也缺乏收集信息的相关手段和工具，导致征管系统中的信息收集相当不完善。

（二）税款组织征收难度大

在实际工作中常常会遇到这样的情况：土地使用权所有方为村，出租集体建设用地取得收入应交营业税。然而，很多村社由于缺乏法律知识，并不清楚自身的法律责任，在遭遇税收管理员催缴税款时抵触情绪很大。此外，由于农民的普遍文化程度不好，农村税法知识的宣传渠道也并不宽广，很多农民也不清楚自身在土地流转过程中的纳税责任，导致了税款的征收阻力重重。

（三）税收的时间和范围难以确定，相关政策不明确

在农村的基层税收工作中，有时土地流转税收的征收时间和征收范围难以确定。比方说，改变土地性质的用地人在改变耕地用途的当天就产生了纳税义务。这就要求税收管理员要密切关注辖区内的建设情况，但是在实际征管过程中由于管理辖区较宽，难以达到掌握及时准确。采取的办法往往是一段时间后进行清理，发现土地已改变了用途，但初次占用时间难以准确界定，给土地占用税征收带来困难。

再比如说，在征收中如何确定土地使用税应税面积难于把握。在当前金州新区范围内，许多占用土地从事生产经营的纳税人，特别是从事农家乐经营的纳税人，在租用土地上搭建简易房屋或亭台是否认定为非农建设？税务部门是否有权进行非农建设认定？这些问题在土地流转税收的征收中一直未能解决，相关政策规定也并不明确，由此带来的税收问题层出不穷。

## 四、加强集体建设用地流转相关税收征管的几点建议

在之前的论述中，我们可以看到，在税收定位不明，征税对象不明的情况下，对于集体建设土地流转的税收征管难度是相当大的。虽然当前有将集体建设土地的流转向国有土地土地流转过度的趋势，但是这一动作的完成仍需时日。在健全的土地使用权登记制度、信息交流机制、价格评估机制建立之前，集体建设用地流转中所发生的相关税收应如何管控，值得我们研究思考。下面笔者将对加强集体建设用地流转的相关税收征管，提出几点建议。

（一）完善包括税收在内的集体土地流转相关立法

在之前的论述中我们提到，我国集体土地流转相关立法、包括税收立法并不完善，由此产生的税收定位不明，征税对象不明是集体建设用地流转产生如此多的问题的主要原因，因此，尽快完善税收在内的相关集体土地流转立法势在必行。我们可以看到，对于农村集体建设土地的流转，党和中央的逐步重视起来，而且看法逐步趋向于向国有土地使用权转让靠拢。在《中共中央关于全面深化改革若干重大问题的决定》中，明确提出要“建立城乡统一的建设用地市场”，“在符合规划和用途管制前提下，允许农村集体经营性建设用地出让、租赁、入股，实行与国有土地同等入市、同权同价”。随着农村集体建设土地逐步纳入到城乡经济生活的重要轨道之上，相关的法律准备能否跟上，决定了税收落实的最终效果。

（二）严格按照税法，合理调整税收政策

考虑到当前农民的纳税意识、农村的征税监管以及涉农税收的征税成本，在税收征管上遵循简单易行的原则就显得尤为必要。在遵照税法基本规定的大前提下，如何简化税制要求，精简纳税人、课税对象、税率、纳税环节、纳税期限、税收减免及违章处理等诸多税制要素，就成了当前我们解决农村集体土地税收征管问题的重点。在税法上尚无明确规定的相关税收问题上，积极发挥主观能动性和工作创新性，力求政策更新。譬如，在城镇土地税的征收中，着力把握“谁有土地使用权就像谁征税”的原则，集中力量

管理土地使用权所有者，加大对相关村委会集体的管理力度；在个人所得税的征收中，完善和强化各村委会的税收代扣代缴职责，合理简化税收程序，等等。

（三）进一步完善征管信息系统数据，确保信息系统的稳定性

在实际工作中，税收征管信息系统中对集体土地流转要求采集的相关信息已不能满足工作的需要，因此要进一步完善必须采集的信息，掌握集体土地流转的真实情况。在很多重大案例中，由于信息滞后，税务机关的行动与土地、工商等相关部门严重脱节，往往是等到其他部门发现了问题，税务机关才被动跟上。在这里，笔者建议税务机关加强与其他相关政府部门的协调配合，将集体土地流转税收工作的重要性向政府汇报，积极争取政府支持，要求各村社提供土地流转的详细信息，并制定综合治税激励措施。在治理集体建设用地流转税收问题的工作中，加强与国土管理部门的沟通尤为重要。目前，通过航拍和实地测量等先进手段，国土部门对于农村土地使用情况的掌握是比较全面和和及时的，通过与国土部门的信息传递，可以帮助税务机关准确的获取集体土地流转的时间、地点、面积、用地人或实际使用人等信息，为加强征管提供依据。

（作者单位：辽宁省大连市金州区地方税务局）

# 农民专业合作社税收风险分析

周保林　李　玉

农民专业合作社是伴随民生发展的需要应运而生，事关农民群众切身利益，农民群众生产条件的改善和生活质量的提高。但由于其经营方式、经营内容的特殊性以及涉及多项税收优惠政策享受等原因，农民专业合作社在快速发展的过程中，许多涉税风险也不断显露出来，如何规范农民专业合作社税收管理，防范农民专业合作社税收风险成为税收征管的重要部分。现以新疆博州精河县(以下简称精河县)情况为例，对农民专业合作社税收管理问题进行探讨。

## 一、精河县农民专业合作社发展概况

精河县位于新疆西北部，天山支脉婆罗科努山北麓、准噶尔盆地西南边缘，属于典型的北温带干旱荒漠型大陆性气候，主要特点是光照充足、冬夏冷热悬殊、昼夜温差大、干旱少雨、蒸发量大，非常适宜枸杞、棉花、葡萄等农作物种植及牛、羊的养殖。该县在发展现代特色农业和推进城乡统筹中高度重视农民专业合作社发展，尤其是2007年《中华人民共和国农民专业合作社法》实施以来，全县农民专业合作社发展迅速。在相关部门的政策引导和扶持下，农民专业合作社数量快速增长，截至2015年8月，精河县办理税务登记农民专业合作社已达330户，社员人数2300余人。主要从事畜牧养殖，枸杞、棉花、葡萄等农作物种植。

## 二、农民专业合作社税收管理存在问题

从总体发展看，农民专业合作社受生产规模小、社会带动作用不强、整体管理水平较低的制约，其作用发挥较小；从税收征管看，农民专业合作社企业所占比例较大，存在企业财务制度不建全，账册设置不规范、不全面，管理不完善等现象；从企业本身看，大多数合作社属于散户养殖、种植，散户经营，属于松散型管理，成员多为农民，对税务、财务的规定不了解。

(一)设立混乱、虚假办社

1、《中华人民共和国农民专业合作社法》规定合作社的成员中农民必须占80%以上。但由于精河县地处偏远，大部分农民的文化程度不高，组织能力不强，所以农民专业合作社的实际经营者大多是疆(县)外的企业或农产品经纪人等，当地农民只是被动参与，收益者是实际经营者。这与法律、政策的本意存在着很大程度的背离。

2、部分政府部门为了彰显政绩，以政令方式，设定乡镇成立农民专业合作社年成立数量指标，有些企业或个人为了完成上级任务、享受税收优惠政策或者获取地方财政资金补贴的目的，迅速兴办了许多合作社。这些合作社在成立初期的确有一些满足条件的必要资料，在财务人员不稳定的状态下仍然坚持向税务部门办理纳税申报手续，一直反映为零申报，又不愿放弃获得财政资金的希望而做注销处理，基本无实际经营业务，常年零申报。

(二)会计核算不健全、不规范

从精河县精河县置农民专业合作社的实际情况来看：大部分农民专业合作社没有会计、没有设置账

簿；设置会计账簿的，会计核算也非常不规范、不准确，难以准确反映应税项目和免税项目、应税收入和免税收入。由于相关凭证不合法，也无法确认收入和费用的真实性和合法性。

造成上述现象的原因主要有三个方面：

1、大部分农民专业合作社长期无实际经营项目，无收入，无力聘请会计；

2、专业合作社的农民成员对财务核算缺乏认识，大部分还是注重眼前收益，存在有没有账本一个样，聘不聘会计一个样的思想。受这方面因素影响，农民专业合作社内部核算想做到规范准确就比较困难。

3、部分合作社的成立之初的初衷带有某种利益的倾向性，主要以完成行政命令、追求政策支持和信贷支持、享受税收优惠政策为目的，他们不愿意进行更进一步的会计核算，甚至人为的造假账来应付管理。这些问题的存在使得税收优惠政策的落实很困难，税收征管存在较大风险，同时农民的切身利益也得不到真正的保障。

（三）税收优惠政策落实存在风险

精河县农民专业合作社以种植、养殖为主，基本均具备享受增值税及企业所得税税收优惠政策的资格。但很多农民专业合作社对享受税收优惠的程序不了解，认为减免税不需报备、报批，或者虽然报备、报批，但是由于核算不健全，申报不正常而不得享受税收优惠政策。

增值税方面，目前国家对农民专业合作社的专项优惠政策仅有财税【2008】81号文。文中对增值税的税收优惠主要是按照销售对象进行了明确："对农民专业合作社销售本社成员生产的农业产品，视同农业生产者销售自产农业产品免征增值税；增值税一般纳税人从农民专业合作社购进的免税农业产品，可按13%的扣除率计算抵扣增值税进项税额；对农民专业合作社向本社成员销售的农膜、种子、种苗、化肥、农药、农机，免征增值税"（其中化肥已恢复征税）。也就是说只有销售本社成员生产的农产品和向本社成员销售的指定农资是免增值税的，而不是所有收入的都免征增值税，由此可以看出，一是在农民专业合作社的税收优惠中"成员"是一个很重要的概念，所以主管税务机关应随时掌握其成员的变化，以免影响了税收优惠政策的准确执行；二是增值税一般纳税人购进农产品从农民专业合作社购进的免税农业产品可按13%的扣除率计算抵扣增值税进项税额，合作社开具的发票将会象农产品收购发票一样存在巨大的虚开风险。

所得税方面，企业所得税法规定，从事农林牧渔业项目的所得可以免征、减征企业所得税，企业所得税法实施条例进一步明确了减免企业所得税的项目，《国家税务总局关于实施农、林、牧、渔业项目企业所得税优惠问题的公告》（国家税务总局2011年第48号）再一次明确关于实施农林牧渔业所得税政策时，也对包括企业性质的农民专业合作社从事农林牧渔业生产经营方面的所得给予税收优惠的问题作了进一步明确，该公告规定："企业购买农产品后直接进行销售的贸易活动产生的所得，不能享受农、林、牧、渔业项目的税收优惠政策"，也就是说，农民专业合作社不是所有的所得都减征或免征所得税。

（四）发票管理漏洞多、风险大

1、发票开具的风险。部分企业生产经营收入核算不规范、不申报，需要开票的业务按农户的名义到税务机关窗口代开发票，产能是否配比、所售产品是否为外购产品以及有无代开虚开发票的嫌疑都无法确定。

2、发票领购的风险。税务机关难以全面、准确的把握农民专业合作社的经营规模，合作社基础信息主要靠财务人员提供，对合作社的发票需求，税务机关往往被动地满足供应，发票管理的漏洞难以核实。

3、发票取得上的风险。部分农民专业合作社购进的苗种及其他生产资料很少用发票记账，不按规定核算，或者以不规范发票入帐列支成本。

4、虚开代开的风险。农民专业合作社免征增值税，开具的发票可以进行增值税进项税额抵扣和企业所得税税前扣除，所以存在虚构经营业务，虚开代开，导致下游企业虚抵进项税额和虚列成本的风险。

(五)征管力量薄弱,管理不规范

1、现阶段“组织收入为中心”仍是基层税务机关首要任务,纳税大户就成为了各方面关注的焦点。由于国家对农民专业合作社出台了较为广泛的税收优惠政策,减免了增值税、企业所得税,税务机关对其主要侧重于税务登记和正常的纳税申报管理,对其他的税收管理重视程度不够,政策宣传不普及,税源监控不到位,税收管理的质量和效率都处于比较低的层次。

2、面对农民专业合作社数量的不断增加,原有的征管力量凸显薄弱,人手少、管户多、任务重,容易造成税收管理盲区。

3、税收管理员对农民专业合作社的日常监管不到位,实地核查困难,缺乏有效的税源管理和纳税评估办法,对农民专业合作社的管理一般还限于催报催缴,还没有建立起有效的征管长效机制。

4、税务管理的认识存在薄弱环节,认为对免税企业的管理花费太多的精力,管理成本高、效率低、意义不大,并且现有的管理力量明显不足,对纳税人的辅导和日常巡查工作较为薄弱。

从监管角度看,这些问题给农民专业合作社健康发展埋下了很多安全隐患,也给税务部门的涉税业务管理,包括税务登记、税收优惠、发票使用、纳税申报及财务报表报送等,带来了极大风险和困难。

## 三、完善农民专业合作社税收管理的建议

(一)规范农民专业合作社财务核算

税务机关对农民专业合作社应加强税收政策宣传力度,做好纳税辅导,做好税种认定工作,在财务核算方面,自行组织或聘请相关机构,进行专门的业务辅导,规范会计核算,以真实、合法、有效的凭证如实进行帐务核算,对应税收入和免税收入分别核算,使其会计核算规范、准确。做到实在的税收优惠纳入到有效的税收监管范围内。

(二)加强税收政策宣传及业务辅导

鉴于农民专业合作社成员身份的特殊性,税收宣传应采用通俗易懂的方式进行。通过举办税收政策专题讲座;依托税务网站、12366纳税服务热线、办税服务厅、税企互动平台、纳税QQ群等载体,将税收政策、办税流程等向农民公开,加强咨询解答工作,提高农民政策理解能力和遵从能力;要深入辖区开展摸底调查,及时掌握农村生产情况,提供跟踪培训、政策法规咨询等服务,主动把优惠政策的红利送到农民手中。还可以通过引进外部人才,如将大学生村官引入农民专业合作社,用新思想、新方法引导合作社成员提升素质,提高涉税业务办理水平。

(三)加强户籍管理,强化部门沟通协调

1、加强与工商、民政、农业等部门的联系协调,排查摸底农民专业合作社成立情况,将众多游离于管理之外的合作社纳入到正常管理范围中,同时加强与财政、土管、物价等部门的信息交换,及时掌握农民专业合作社的养殖面积、种类和数量、农产品购销、价格、仓储等动态信息。

2、在登记注册窗口设立农民专业合作社登记咨询服务处,实施全方位全程指导,实行申请、受理、审批、登记“一站式”服务;对农民专业合作社设立或变更登记进行实地核查,在审查注册资料、经营场所的基础上,重点审查组织机构和成员构成的真实性,防止农产品经营企业假借农民专业合作社的身份骗取税收优惠待遇,对“空壳社”、“五无社”等不规范的农民专业合作社,进行严格查处。保证农民专业合作社发展的外部环境。

(四)加强发票管理

增值税一般纳税人从农民专业合作社购进的免税农业产品,可按13%的扣除率计算抵扣增值税进项税额,农民专业合作社的发票使用管理和交易的真实性显得尤其重要税务机关应根据纳税人的生产经营规模、产品品种、常年产量、管理水平等实际情况,结合签订的交易合同和当地的市场价格,预测企业的

销售收入,合理核定纳税人的发票领购票种、版面、数量,纳税人每次领购发票一般不得超过两个月的使用量。税务机关要对其发票保管实施进行实地核查,不具备安全保管条件的可以按照代开管理,要加强对纳税人发票开具情况的检查管理,严格执行验旧购新制度,监督纳税人按照规定开具发票、缴销发票,防止出现虚开发票的行为。杜绝虚开虚抵现象的发生,同时加大违规发票的处罚力度,使纳税人能准确开具发票和核算收入,提高纳税遵从度。

(五)加强农民专业合作社税收优惠政策后续管理

加强农民专业合作社税收减免后续审查,通过公开举报电话、问卷调查、座谈会等形式,做好税收优惠政策执行的回访,建立动态监管机制,及时掌握企业减免税条件、期限变化情况。对农民专业合作社以提供虚假登记材料或者采取其他欺诈手段取得登记资格的,对社内交易和社外交易、应税收入和免税收入不分别进行核算或者核算不清的,取消减免税资格,照章征税;对收入或成本费用核算不准确的,不能享受税收优惠,按照规定核定征收企业所得税。对符合条件未备案享受优惠政策的,及时宣传通知其备案,做到应享尽享,使优惠政策真正惠及更多纳税人。

(六)建立控管台帐,加强日常巡查

主动与农民专业合作社建立联系制度,要加强法定代表人、财务负责人的身份证件及生产经营场所、合同章程的真实性核实,全面掌握合作社成员组成、种植养殖品种、种植面积、预计产量等原始资料,建立台账进行跟踪管理,为开展纳税评估和日常巡查提供第一手资料,为了解合作社经营情况、准确核实应税收入和免税收入、核实交易真实性奠定良好基础,防止虚假注册的企业假借农民专业合作社的名义进行违法经营活动。

综上所述,农民专业合作社税收的规范管理不是一朝一日之事,我们仅在此起一抛砖引玉作用,希望社会各界人士予以关注。

(作者单位:新疆博尔塔拉蒙古自治州国家税务局
新疆精河县国家税务局)

# 浅析我国资源税征管存在问题及完善建议

于　璐

资源税是对在我国境内开采应税矿产品和生产盐的单位和个人，就其应税数量征收的一种税。中国是世界公认的资源“大国”，但也是人均水平的资源“小国”。尤其是改革开放三十多年来，伴随着经济生活水平的大幅提升，高消耗、低效率的粗放型经济增长方式却日益被人们所诟病。如何最大效率的利用有限的自然资源，且最大程度地减少对自然环境的破坏，实现资源的可持续利用，已成为各国研究经济发展的重要命题。因此，促进资源税改革、加强资源税征管，以达到调节级差、增加财政收入以及节能减排的最终目标，已成为现下我国税收研究的重点方向。

## 一、我国资源税发展及改革历程

我国资源税是伴随着经济发展及税制体系的完善逐步建立和发展起来，自1984年10月1日起开征资源税以来，至今已30年。资源税的发展改革大致可以分为三个阶段：

(一) 第一阶段是1984年——1993年

1984年国务院颁布了《中华人民共和国资源税条例(草案)》，但只对开采天然气、原油、煤炭的企业征收资源税，后来扩大到铁矿石。最初采用的是从价定率征收，对销售利润率超过12%的部分征收资源税。

1986年1月1日起，国家先后出台了《关于对煤炭实行从量定额征收资源税的通知》及《关于对原油、天然气实行从量定额征收资源税和调整原油产品税税率的通知》，将原油、天然气及煤炭有开始的从价定率改为从量定额征收。

(二) 第二阶段是1994年——2009年

伴随着1993年国务院发布了《资源税暂行条例》与《资源税暂行条例实施细则》，资源税的第一次税制改革拉开帷幕。首先资源税征税范围扩大到了七种；其次开始实行“普遍征收、级差调节”的新资源税税制。

其中，2004年对原油、天然气、煤炭等资源性产品的税率进行了调整。

(三) 第三阶段是2010年至今

在全国资源税改革呼声越来越高的背景下，2010年6月1日新疆地区成为第一个资源税制改革的试点地区，将石油、天然气征收资源税的计税方式由之前的从量定额改为从价定律，并确定征收率为5%。2010年12月开始，改革试点扩大到甘肃、四川等12个省区。

2011年国务院常务会议对《资源税暂行条例》做出修改，将从价计征的范围扩大到原油及天然气；2014年12月，国家税务总局下发《关于实施煤炭资源税改革的通知》，明确在全国范围内实施煤炭资源税从价定率计征改革，同时清理相关收费基金。

两次资源税改革，尤其是2011年的大范围征收方式改革实行以来，资源税在地方财政收入中的作用日益凸显。表中数据为2010年至2014年资源税与地方增值税、营业税的税收收入柱状图。明显能够看出从2011年开始，资源税的收入明显增加。

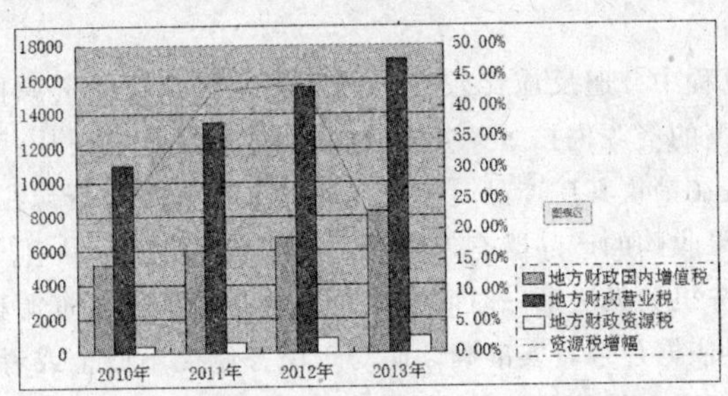


资源税作为一种促进经济发展与资源环境、人口数量相协调、调节资源合理开发和利用的税种，其未来发展空间不可小觑。因此，通过分析总结资源税日常征管中存在突出问题，加强资源税的日常征管，在做到应收尽收的前提下，充分发挥其级差调节、节约能源的作用，显得尤为重要。

## 二、资源税实际征管中存在的问题

(一)源泉征管不到位，扣缴义务人成纳税主力军

根据《资源税暂行条例》规定，在中华人民共和国领域及管辖海域开采或者生产应税产品的单位和个人，为资源税的纳税人。收购未税矿产品的单位为资源税的扣缴义务人。

扣缴义务人主要是对那些税源小、零散、不定期开采，税务机关难以控制，没有缴纳的矿产品，在收购其矿产品时负有代扣代缴资源税的法定义务。立法本意是在资源税纳税人纳税遵从度较高的情况下，针对零散税源提出了扣缴义务人的概念。但是资源税是间接税，税负容易转嫁，造成纳税人与实际负税人不一致。因此在实际征管中，往往是扣缴义务人成为了资源税的主力军，没有体现出资源税源泉管控的成效。

这一现象在建筑业及混凝土制造业显得尤为突出。建筑业施工需要大量的砂石，很多建筑企业采用收购的方式购进砂石。但是在对这些建筑企业检查的过程中发现，很多企业不知道收购的砂石是否已完税，甚至有的企业明知收购的是未税砂石，却没有履行代扣代缴义务，造成了税款的大量流失。这种现象在全国范围内都存在，很多地方出台了相关政策加强征管。如湖南省地方税务局在2005年出台了《湖南省砂石资源税征收管理办法》，规定地方税务机关应加强对建筑安装企业砂石资源税代扣代缴情况的自查，并在建筑安装企业向地方税务机关申请开具建筑安装发票时，对其代扣代缴的资源税依照相关标准进行结算。

(二)计税依据偏低且难以掌握

目前资源税的七大税目中，原油、天然气、煤炭为从价定率征收；其他非金属矿原矿、黑色金属矿原矿、有色金属矿原矿及盐为从量定额征收。在自然资源市场价格相对稳定的情况下，如果设置恰当的税率或税额，从价与从量计征这两种征收方式实质上没有大的区别。但是在市场经济的有效竞争及供需变化的影响下，市场价格波动非常频繁。特别是原油、天然气还等资源税课税对象稀缺，并非取之不尽、用之不竭。举例来说，1993年颁布《中国人民共和国资源税暂行条例》时，普通非金属矿原矿每顿或者每立方米0.5到20元，2011年国务院在修改《资源税暂行条例》时，仍延续了这一税率。而实际上，建筑用砂石的市场价格在十几年间却已经翻了十多倍。

在资源税的计税依据计算上，也存在弊端。《资源税暂行条例》规定资源税的应纳税额以销售额或者销售数量为计税依据，而不是开采量。也就是说，企业已经开采而未销售的产品不需要缴纳资源税，变相助长了无序开采、乱挖乱采的恶风气。而财务制度不健全，开采回采率低，销售量统计不准确，也导致纳税人纳税遵从度不高，资源税源头控管显得尤为艰难。这也解释了为何一座山头很短时间内就被夷平，

但是已缴纳的资源税却很少。

目前全国各地在征管过程中普遍反应比较突出的问题是代扣代缴资源税的计税依据确认不准确。以混凝土制造业来说，是典型的资源税扣缴义务人，在收购未税矿产品时应代扣代缴资源税。未税矿产品的定义是指资源税纳税人在销售其矿产品时不能向扣缴义务人提供资源税管理证明的矿产品。对于财务制度健全的收购方，如果收购的产品既有未税矿产品又有完税矿产品，仅就未税矿产品扣缴资源税。但是在实际交易过程中，税务机关无法第一时间掌握销售方是否提供了资源税管理证明，也无法判断收购方申报缴纳的资源税计税依据是否真实准确。而对于财务制度不健全或者不能准确提供资源税未税矿产品收购数量的企业，很多地方税务部门都采取核定征收的办法。如长春市、大连市、漳州市等均按照销售量比例征收资源税；江西萍乡市、潮州市等按照销售收入比例征收资源税。虽然核定征收方法简单易行，但是在实际征管中仍有部分纳税人政策掌握不到位，计税依据不准确。2013 年在对大连地区一家核定征收资源税的混凝土制造企业检查时，发现该企业是按照销售每立方米混凝土含 1 吨砂和 0.7 吨石灰石的标准缴纳资源税。而根据《大连市地方税务局关于进一步明确资源税扣缴管理有关问题的公告》规定，对于普通混凝土生产企业，可按照销售每立方米混凝土含 0.7 吨砂和 1 吨石灰石的标准，分别计算应扣缴的建筑用砂石和石灰石资源税。该企业颠倒了单位核算标准，分别造成少缴资源税 22,158.32 元和 20,041 元。

（三）有效征管滞后，缺乏部门联动，资源税生态补偿职能被弱化

资源税的开征体现了资源自身的稀缺性、有限性，可以使资源的市场价格与其实际的社会成本接轨，进而增强人们节约利用资源的意识。资源税的预算收入级次为中央与地方共享收入，其中海洋石油资源税归中央，其他品种资源税全部归地方。这种预算级次的划分，也体现了资源开采对地方环境的负面影响，起到了生态补偿的作用。但在实际征收资源税过程中，资源税的环境保护、生态补偿职能被无形弱化。造成弱化的原因主要有两点：

1、代扣代缴纳税义务发生时间模糊，有效征管滞后

正如前文所述，在目前资源税征收过程中，扣缴义务人成为了缴纳资源税的主力军。根据税法规定，扣缴义务人代扣代缴税款的，其纳税义务发生时间为支付首笔货款或首次开具支付货款凭据的当天。由于当前纳税遵从度普遍不高、资源税扣缴义务人拖欠货款等诸多原因，资源税征收滞后和流失的情况并不鲜见。由于资源税是纳税人自行申报，税务机关对当期税款的准确性和及时性无法掌握。

2、各职能部门沟通不畅，缺乏部门联动

资源储藏的稀缺性、资源开发的专业性、资源企业的特殊性等等复杂因素交织在一起，决定了仅靠税务部门单打独斗是不行的。但是目前征管现状是税务机关与国土资源、水利、矿山、统计等部门信息共享不畅，缺少合力。税务部门要准确掌握资源税源泉征管企业的分布及开采情况非常困难，间接造成资源税税款流失。

## 三、加强资源税征收管理的建议

（一）双向管理，从源头遏制资源税流失

双向管理，是指建立税务机关定期检查和企业定期汇报的征管模式。其中，税务机关定期检查的内容是建立在企业定期汇报的基础上；而企业定期汇报也需要税务机关得监督管理，两条线路相辅相成、双管齐下，弥补日常征管的漏洞和盲区。

首先税务机关应把好资源税纳税人"登记关"，无论是设立、变更还是停业注销，都要记录在册，形成档案式管理模式。针对开采应税矿产品的资源税纳税人，除了日常的征管工作外，还可以结合纳税评估、税务稽查等手段加强征管。（加强证明的管理）

其次纳税人应当定期向税务机关汇报企业经营情况以及资源开采情况。因为受市场供需及原矿可开采量影响,同一矿山的矿产品销售量在不同时期波动较大。所以税务机关应及时掌握企业不同阶段的销售情况,以调整核定征收的标准。资源税代扣代缴义务人还应定期向税务机关报送其收到的《资源税乙种管理证明》,便于税务机关从资源的开采环节到销售环节全程监管。

最后,税务机关根据资源税纳税人和扣缴义务人报送的资料,审核特定期间资源税的完税情况,通过计算税负等方法确定是否有应征未征税款。另外,根据目前资源开采的情况,还可以评估下一阶段资源税潜在税源情况,为税务机关制定计划提供可靠依据。

(二) 调整税率,促进资源可持续发展

虽然地方资源税财政收入有逐年上升的趋势,但是不可否认,资源乱采乱伐的现象仍旧存在。提升开采企业的重视,提高开采回采率,也是资源税开征的目的之一。目前仍有部分资源税税目实行按照地区差别、资源特性和幅度税额相结合,并根据产品的不同数量来确定的定额税率。虽然各地可以根据本地区不同矿产品的储备量来确定本区域内的资源税税率,但是仍然被限定在资源税暂行条例的税目税率表范围内。而且各地的资源税税率一经确定,长时间不会变化。资源有限,加快资源税税率改革势在必行。只有将资源税税率同市场经济紧密联系在一起,通过市场的杠杆调节作用联动资源税的税收收入,让地方财力也可以享受资源税带来的红利,政府也有更多的余力来保护资源,促进资源的可持续发展。

(三)联合管理,建立信息共享合作机制

资源管理具有法治性、专业性、长期性等特点。《中国人民共和国物权法》规定,中华人民共和国境内的矿藏、水流、海域属于国家所有,即全民所有。所以人民政府是资源开采活动中的把关人,加强与政府地质矿产主管部门的沟通协作,实时掌握辖区内资源分布及资源开采信息,至关重要。

资源税的计征与资源的储备量密切相关,掌握了资源储备相关信息,就掌握了资源税的脉搏。目前,工商、国土、国地税、统计等部门分管一摊,各取所需。但是资源管理都是相辅相成的。建立工商、国土、国地税、统计等部门的信息共享合作机制,搭建信息共享平台,定期交换资源开采、销售情况。通过各职能部门提供的数据和资料,可以有效遏制资源税漏征漏管、计税依据不准确、纳税义务发生时间滞后等征管问题。

(作者单位:辽宁省大连市金州区地方税务局)

# 浅议我国资源税改革的路径选择

徐红根

## 一、我国资源税制度中存在的问题

(一)资源税"名不符实"

资源税是一种对开发自然资源的企业因资源丰度区位结构和开发条件的差异而形成的级差收益所开征的调节税。矿产资源补偿费是为了维护国家所有的矿产资源财产权益而开征的。目前的资源税实际上是矿产资源的有偿使用,并不是国家无偿征收的,而更像是因从国家获得一定的资源进而缴纳一定的费用。资源税既有具有调节级差收入的性质,还兼具了资源补偿费的性质,资源税和矿产资源补偿费之间的界限不明确,性质趋同,存在重复征收的嫌疑。

(二)课税要素不合理

首先是资源税的税率较低,矿产资源开采成本相应不高,使得开矿变成一个利润相对较高的行业,容易助长乱采乱挖之风,从而加剧资源的稀缺。其次是征收依据不合理。现行资源税是按照企业已经销售的或者使用的矿产的数量来征税的,与开采量并无关系。假如企业已经对某资源进行了开采却并不销售或使用,就不需要纳税,这就会留下一个资源浪费的漏洞。

(三)征收范围偏窄

在资源节约型经济环境下,需要节约的资源还应包括水资源、矿产资源、森林资源、土地资源、草场资源等各种资源。目前的资源税仅有7个矿产类的税目,并未包括正在加紧开发利用的水资源、森林资源、土地资源等稀缺资源,容易导致资源破坏现象,难以真正起到保护资源、减少环境污染的作用。

(四)收益分配不合理

资源税属于共享税,除了海洋石油资源税外,其他资源税税收收益属于地方,但税收收益并不等同于税收收益权,税收收益权还是掌握在中央政府手中的。对资源省区的地方政府而言,不仅不能从丰富的资源中取得税收收益,而且要面对资源开采带来的环境污染、生态平衡、移民安置等问题,由此引发一系列社会问题,"富饶的贫困"现象将难以消失。

(五)税收杠杆难撬动

资源税在从量定额计征的基础上,实行不同的税额标准,但是税款的缴纳与资源产品市场价格变化和企业盈利没有关系。同时税率幅度差距太小,使得资源税对应税产品价格变动丧失"弹性",难以发挥自动调节资源收入的功能。这些都不利于对矿产资源产量的宏观调控,改善矿业投资环境,也不利于资源的节约和合理利用。

## 二、资源税改革的措施建议

(一)准确界定税费的性质

资源税和矿产资源补偿费性质、立法目的、征收方式、征收机关、分配形式等方面存在许多不同之处,作为地方收益税的资源税与以维护国家资源财产权益为目的的矿产资源补偿费在本质上就不一样,从法理角度来看，资源税与矿产资源补偿费也无法相互取代。因此，资源税费制度改革应是继续保持税费并存的税费结构，也就是说资源税和资源补偿费二者不可偏颇，且要赋予地方一定的税收收益权。

（二）重新定位资源税的开征目的

在 2011 年的资源税微调中并未对调节级差收益的目的进行调整，资源税仍旧与因资源开采而造成的环境影响无关，限制了资源税应有的环境保护作用。因此，资源税需要在“建设资源节约型、环境友好型社会”的大视野下重新定位，以补偿由于资源开采而带来的社会成本为主要设计思想，体现可持续发展的理念，将级差收益剥离，从而达到合理开发利用资源、减少外部性，促进生态平衡与社会公平、实现绿色发展为改革目标。

（三）扩大资源税征收范围

国外，资源税征税对象主要包括矿产资源、森林资源、水资源及其它资源，而我国现行的资源税征收范围仅限于矿产品和盐，征税范围的局限性势必会导致资源的浪费与生态的破坏。我们可以先将严重短缺和受破坏、浪费严重的水资源、森林资源列入资源税征税范围，待条件成熟后，再逐步将征税范围扩大到土地、草场、滩涂、海洋、动植物、地热等所有应予保护的自然资源，尤其是要对不可再生资源或者再生周期较长、难度较大的资源进行征税。

（四）完善税收征收方式

借鉴发达国家动态税制中分层级计税征收的做法，可以将计税方式灵活化。对于一些价格波动不大、需求量较稳定的资源品，如盐，按照开采量实行从量定额征收的方法；对于一些价格波动比较大、需求也不断扩大的资源品，如石油，则按照销售收入实行从价定率方法进行征收。计税依据从量计征的“量”也由“销售量或自用量”改成“开采量”，促使企业“以销定产”，有效防止囤积资源、待价而售及乱采乱挖、采易弃难等浪费资源现象的发生。

（五）实施高动态税率

税务部门应保持与地质矿产部门的持续联系，并做好对重要资源品变化情况的监测与调研分析工作，为资源税税率的调整提供及时、准确地依据；资源税税率应与矿山企业生命周期挂钩，提高企业对资金和资源的使用效率，保证残矿回收工作的顺利展开，在实际操作中，建议对处于成长期与成熟期的矿山企业采用偏高的税率，对处于衰老报废期的矿山企业采用偏低税率。

（作者单位：江苏省扬州市江都地方税务局）

# 在经济社会发展新常态下涉税中介监管工作探究

浙江省地方税务局注税中心课题组

涉税中介机构是税务机关和纳税人之间的一座桥梁，它一方面为税务机关服务，另一方面又为纳税人服务，是构建和谐税收关系的一支重要力量，在税收征收管理中具有重要的作用。近年来，世界上一些主要发达国家的税务当局均在思考如何创新税务管理机制，为纳税人提供更优质的服务。在这个过程中，不少国家越来越重视发挥涉税中介机构的作用，提高纳税服务水平。十八大以来，中央致力于简政放权、充分激发社会活力，社会呈现出政治要求严格、经济发展困难、社会管理复杂等新特征。在经济社会发展新常态下，以辩证的思维，加强涉税中介监管，发挥涉税中介作用，是各级税务机关应思考的重要课题。

## 一、行业现状

浙江省(不含宁波 下同)税务师行业自2000年脱钩改制，经历15年曲折发展，截止2015年11月，全省已有税务师事务所254户(含省内分所23户)，行业从业人员8千余人，从业税务师2105人。2014年度，全省税务师行业实现营业收入13.51亿元，居全国第四位，行业逐步由传统的涉税服务业务逐步向涉税鉴证、税收筹划、管理咨询等突出专业技能的中高端业务转型，并已初具规模。

## 二、存在问题

我省行业经过15年的发展，虽然已经走在了全国的前列，然而纵观国内相关中介行业，税务师行业相比注册会计师和律师行业而言，仍然属于起步阶段，在其本身缺乏法律支撑、社会认知度不高的窘境中，面临一些问题：

(一)市场问题

经济新常态下行业收入稳步增长，行业队伍不断壮大，但地区发展不平衡，涉税业务市场供给和需求不平衡。既有总量原因，又有结构矛盾，市场竞争格局和机制也有待进一步规范，涉税鉴证、税收筹划和咨询管理等业务市场供需受到抑制，尤其是税收筹划和咨询管理等业务，受到各种财务咨询、管理类型的公司充斥竞争。

(二)自身问题

税务师事务所的自身问题不少，如内部治理缺乏核心领导团队和有效管理制度，以及一整套行之有效的民主决策体制。人员层次、结构不够科学，服务项目层次低，业务水平和效率不高，收费标准不统一。少量事务所业务结构较为守旧，受政策影响较大，却又不注重苦练内功，提高执业水平、开拓业务领域，影响了行业整体发展的根基。

(三)外部环境

行业自律机制尚未有效建立，事务所在市场竞争、人才竞争的过程中，有着各种各样的方式和手段，因而也不可避免地出现损害行业整体利益和形象的个别现象。此外还有政策法规、基本准则、业务规程不够完善、基础不牢以及社会的纳税遵从度等因素制约了行业的规范健康发展。

## 三、加强涉税中介监管的几点思考

我省税务师行业曲折发展至今，已经成为促进纳税人依法诚信纳税、推动税收事业发展、服务社会管理与创新的一支重要力量。在社会新常态下，应考虑做好如下几点工作：

(一)转变监管理念克服放任思想

《国务院关于取消和调整一批行政审批项目等事项的决定》(国发〔2014〕27号)取消了注册税务师资格的许可，将其从职业准入类调整为水平评价类职业资格，这是落实国务院第50次常务会议决定的内容之一，该文件不是取消注册税务师行业，而是取消了这一职业的行政审批事项。这一决定主要目的是降低就业创业门槛、营造人才发展环境，激发市场创业主体的积极性，直接原因是设定注册税务师执业准入的依据为部委规章，而不是法律、法规或国务院决定。然而，资格的取消，也不是说我们各级税务机关不再对其监管，任凭税务师事务所自由发展，而是对我们的监管工作提出了更高的要求，要求我们更新理念，创新手段，积极探索，建立健全各项管理制度，提升行业管理能力。而且现在还要考虑对符合国家税务总局拟出台的《税务师事务所行政登记和监管办法》(已于2015年11月2日，在中国政府法制信息网和税务总局网站向社会公开征求意见)要求的其他涉税专业服务机构从事鉴证服务、申报准备、税收筹划等特定行为，进行分类、统一的管理。

(二)更加注重创新手段监管指导

税务机关作为税务师行业的主管部门，加强管理与监督指导，促进行业健康发展是各级税务机关的基本职责之一。深入贯彻《国务院关于取消非行政许可审批事项的决定》(国发〔2015〕27号)精神，紧密结合我省行业实际，在总局出台《税务师事务所行政登记办法》后，依法做好税务师事务所的行政登记工作，改进和加强事中事后管理工作。今后将重点做好执业质量监管、执业信用评价，制定事后追究问责和"黑名单"制度，加大违法违规行为的惩戒力度，促进守信激励和失信惩戒机制的落实。在新趋势下，行业监管的重心应向基层转移，监管必须突出执业质量这个重点。取消税务师资格的非行政许可后，事务所设立的事前审批把关将不再存在，进入行业的门槛资质要求将大大降低，这样一来，就势必要求各级税务机关要大大加强事中、事后监管。俗话说"抓蛇抓七寸"，行业监管要聚焦执业质量这个核心，才能真正抓住关键。税务师事务所和税务师执业在基层，分散在市区县，事中、事后的监管势必要体现在行业日常监管中，抓好执业质量的监管是根本抓手，借助税政、稽查的优势力量，通过对企业罚、补缴税款情况与相关事务所出具的鉴证报告作比对，对事务所出具的鉴证报告及工作底稿进行实地检查，是切实有效的方法。各市税务机关要在纳服处设置专人负责税务师管理工作的基础上，把涉税中介管理工作作为纳服部门的日常管理工作，各县(市、区)税务机关也要在纳税服务科设置专人负责涉税中介管理工作。对税务师行业提供政策宣传、业务指导与培训，监督引导事务所以执业质量为生命线，依法诚信开展执业，并做好涉税业务的备案登记。各级税务机关要依照总局和省局有关规定实施监管，同时要积极主动、开拓进取，善于结合实际情况，建立相应的管理和监督办法，使监管工作有章可循，按章办事。在监管中既要防止监管不到位，又要防止越位，必须做到对事务所的人、财、物依法监管不越位。

(三)更加注重自身规范

深入贯彻《国务院办公厅关于清理规范国务院部门行政审批中介服务的通知》(国办发〔2015〕31号)精神，要按照总局两次清理涉税中介的要求，严格清理税务人员违规插手涉税专业服务机构经营活动或参与中介代理牟取利益，规范涉税中介服务，严禁强制、指定代理。全省税务机关要公平公正地发挥市场主导作用，对所有"涉税中介"一视同仁：一是打破系统界限，凡具备资质没有违规记录的中介机构及从业人员，都可以从事国、地税涉税业务；二是打破地域界限，凡有资质没有违规记录的中介机构及从业人员，都可以跨省市在我省从事涉税中介服务。同时，坚持独立、客观、公正的监管原则，要求各级税务机关将所有涉税中介名单集中明示，由纳税人自主根据需要自主决定、自行选择，不断提高涉税中介公信力和竞争力。

(四)继续注重营造良好环境

各级税务机关要继续贯彻落实总局和省局出台的一系列支持税务师行业发展的政策措施，进一步拓展市场空间和业务范围，及时向税务师事务所提供税收政策和业务辅导等支持及帮助。一是推进和鼓励税务机关购买涉税中介服务工作。党的十八届三中全会通过的《中共中央关于全面深化改革若干重大问题的决定》中提出，推广政府购买服务，凡属事务性管理服务，原则上都要引入竞争机制，通过合同、委托等方式向社会购买。税务机关购买服务是政府购买服务的组成部分，而购买税务中介服务则是税务机构购买服务的重要内容，通过近几年来的尝试和实践情况来看，购买中介服务来创新税收公共服务方式是有益和需要的。二是要结合当地税收环境和实际情况，优化税务师行业发展的政策环境，从转变政府职能的角度，研究和尝试逐步将更多事务性业务向税务师事务所开放，在强化税收征管、优化纳税服务工作中，注意利用税务师这支队伍的力量，充分发挥他们的作用。鼓励事务所做大做强，培养领军人才和知名品牌；鼓励事务所做精做优，满足市场各类需求；加强诚信体系建设，引导树立自我发展意识；发挥税务师行业专业优势，鼓励开展纳税服务援助。三是要根据各地实际，创新模式，整合资源，提供优质服务。税务中介提供的有偿服务是税务行政机关提供必要无偿服务的重要和有效的补充，做好纳税服务工作需要税务师行业的专业知识和力量支持。面对市场经济对纳税服务和涉税鉴证需求的不断增加，各级税务机关要更新纳税服务理念，推进税务机关提供无偿纳税服务和引导企业寻求税务中介提供有偿纳税服务两条途径相结合，注重纳税服务的便捷性和实效性并重，构建完善和科学的纳税服务体系。

课题组组长：邵　正

成员：俞唯明

执笔：朱建华

# 市场溢价与选址节约在汽车制造业超额利润划分中的运用

程峻立　林秀娟　邓振武　罗　军　周志健

## 一、地域性优势与超额利润的概念分析

超额利润是一个相对概念，是指整体利润除去行业常规利润以外的利润区间。超额利润产生的原因有很多，如某企业掌握了某一核心技术，或者其产品品质具备行业领先的竞争力等等，但上述所列因素都是源自于企业自身。而由于某一特定的地域所带来的，包括低于其他地区的原材料价格、人工成本以及超出其他市场的需求，并伴随着更加高的售价、该地区政府政策的支持等等因素，我们在此将其统称为地域性优势。而地域性优势表现为两大方面，分别为选址节约与市场溢价，在外资汽车制造企业中，其表现形式如下

(一)选址节约

选址节约(Location Saving)是指跨国企业在全球布局中，经其特殊的运营环节从高成本地区向低成本地区转移，从而获得某些成本上的节约。如劳动力、原材料、资金使用成本、基础设施以及商业环境等。同时，跨国企业在进行地域迁移过程中，同样会产生一定的成本增加，如运输、停产、成本控制等等。因此国际上通常是采取选址净节约(Net Location Saving)即选址节约额扣减选址节约带来成本增加后的净额，作为超额利润的计算因素之一。中国汽车制造企业的选址节约主要表现在以下几个方面：

1、劳动力成本低于发达国家。中国具备庞大的人口基数，劳动力成本低于发达国家，近年来虽然随着人口生育水平的下降，人口红利的优势逐渐减弱，但相比于汽车厂商将生产厂布局在本国时所面临的更为高昂的人工成本，中国仍然具备十分明显的优势。

**表一　中国与美国的年度美元计价平均工资比较**

单位：美元

| 年份 | 美国 | 中国 | 美国/中国 | 年份 | 美国工资 | 中国工资 | 美国/中国 |
|---|---|---|---|---|---|---|---|
| 1990年 | 36926 | 410 | 90 | 2001年 | 44799 | 1308 | 34 |
| 1991年 | 37043 | 431 | 86 | 2002年 | 44941 | 1494 | 30 |
| 1992年 | 37886 | 471 | 80 | 2003年 | 45356 | 1687 | 27 |
| 1993年 | 37714 | 581 | 65 | 2004年 | 46149 | 1923 | 24 |
| 1994年 | 37913 | 537 | 71 | 2005年 | 46434 | 2255 | 21 |
| 1995年 | 38348 | 643 | 60 | 2006年 | 47304 | 2670 | 18 |
| 1996年 | 38987 | 720 | 54 | 2007年 | 48204 | 3382 | 14 |
| 1997年 | 40081 | 778 | 52 | 2008年 | 47815 | 4225 | 11 |
| 1998年 | 41780 | 899 | 46 | 2009年 | 47776 | 4721 | 10 |
| 1999年 | 42941 | 1005 | 43 | 2010年 | 48125 | 5519 | 9 |
| 2000年 | 44410 | 1127 | 39 | 2011年 | 48301 | 6635 | 7 |

2、质优价廉的本土原材料供应。中国本土零部件供应商能够提供大量高质量、低成本的零部件供应，随着各大汽车生产厂商汽车零部件本土化率的不断提升，原材料所带来的成本减少将更加明显。如某款热销 SUV 车型，在国外市场所用轮胎配件为普利司通，但在国内市场，在轮胎尺寸不变的情况下，使用本土供应商产品，也大大降低其生产成本。

**表二　普利司通轮胎与普通轮胎价格对比**

| 轮胎规格 | 朝阳轮胎 | 普利司通轮胎(国外价格) |
| --- | --- | --- |
| 215/50 R17 | 530 元 | 779 元 |
| 225/50 R17 | 600 元 | 869 元 |
|  | 630 元 | 1099 元 |
|  |  | 1149 元 |

3、政策性优惠支持。由于中国市场对汽车制造企业设置了政策性壁垒，外资汽车制造商仅需以技术入股合资，就可以换取极为有限的市场准入机会，建立合资汽车生产厂商，且成为当地最为重要的税收保障，享受了诸如优先的土地供应、交通规划优势、较低的环保要求等超国民待遇，运营成本远远低于发达国家。

(二)市场溢价

市场溢价(Market Premium)是一个相对概念，是指由于各地区不同的市场下销售同样的产品，存在的定价以及销量上的优势，从而给企业带来的超额利润。超额利润最常见的构成因素包括两方面：一是产品价格相比其他市场较高，二是由于旺盛的需求导致的销售量远远高于其他市场。中国市场外资汽车制造企业市场溢价的驱动因素则主要包括以下方面：

1、成功的营销手段＋良好的品牌形象＝较高的定价。合资汽车制造公司经过多年的努力开拓了国内市场，将品牌文化深耕到国人心中，从而达到较高的市场占有率，这类企业往往形成了营销性无形资产，制定了高于其他市场的销售价格，从而产生市场溢价。

2、高端消费者的示范效应。与欧美等发达国家把汽车作为一种交通工具满足工作和生活相比，中国汽车消费心理和行为依然处于汽车消费过渡阶段，尤其是豪华车市场消费还不成熟。汽车在中国被更多赋予身份、财富、社会地位等象征符号。这都造成了中国消费者对高档品牌汽车的强烈需求。

3、旺盛的市场需求。由于中国具备世界第一大的人口基数，且随着个人财富的积累，中国市场对汽车消费的需求得以释放，未来很长一段时间，汽车消费将是中国消费者的刚性需求之一。

4、产能受政策限制，热销车型供不应求。由于国内政策对汽车组装的产能有着严格的限制，行政性限制提高了行业进入门槛(如要求投资规模不得小于 20 亿人民币，银行信用等级 AAA 等)，导致国内汽车制造商的产能利用率普遍高于国际市场平均水平，许多热销车型出现“一车难求”、“加价提车”的怪像，市场长期处于供不应求的状态。

## 二、外资汽车制造企业转让定价的现状分析

由于汽车制造业具备专业化协作程度高、核心技术封闭的特点，外资汽车制造企业在国内设立的生产公司，其关键零部件是由其关联的配套企业提供，而且核心技术以及商标等又需要国外母公司提供。复杂的关联交易为企业进行避税筹划提供了巨大的空间。

(一)关联购进比例较大，产品销售多为非关联

根据对广州地区汽车制造企业关联申报数据的抽查，关联销售仅占其销售总额的 2%—4%，而关联

购进占总购进额的50%左右。由于我国法律规定汽车制造厂商需将汽车交由专业的4S店进行销售，因此除了少量样品销售给关联企业外，汽车制造企业的关联销售所占比例较小。

由外资企业设立的合资汽车公司，在近年来都在推行零部件本土化采购策略，除了部分由国外母公司掌握核心技术的零部件而无法进行本地化的Knock Down(以下简称“KD”)，其余的核心零部件均由国内关联方采购。在关联采购总额占比均为50%左右的前提下，各家的本土化采购在31%－47%不等，从母公司采购核心部件比例在1%－18%不等。2014年8月，发改委对外资汽车实施的反垄断调查中，发现汽车整车制造在供应商公开招标存在价格垄断，私下串通抬高价格，但上述提高的成本又往往由消费者买单。同时，由于合资公司往往在使用母公司技术时，会支付一大笔技术使用费等特许权费用，但在购买母公司核心部件时，其价格中已隐藏技术费的增值部分，存在重复支付费用的问题。

(二)特许权费、服务费名目繁多，内容重叠

通过对汽车行业的调查研究发现，合资汽车制造企业都无一例外的存在大量的关联费用支付。通过对其所列费用的归纳分析，大致可以分为以下几种：

表三　汽车行业关联费用明细

| 支付项目 | 受付企业 | 支付标准 |
| --- | --- | --- |
| 技术入门费 | 外资母公司 | 每种车型引进时一次性支付 |
| 技术提成费 | 外资母公司 | 技术提成费有两种计算支付形式：一是以固定金额支付；二是以基数(销售单价进口原料价格－关税)＊比率(一般为2%—3%) |
| 技术支援费 | 外资母公司 | 1.母公司提供生产技术的指导所收取的费用；2.外方公司技术人员到中国公司提供技术支援，或者对中方员工的培训所发生的费用 |

其中技术入门费的支付，主要集中在企业新车引进当年，为一次性支付，且标准不一，支付额相差较大。而技术提成费则主要以“当地附加值”为征收基数，即销售价格扣除KD件的价格，以及税费等，乘以固定的百分比。技术支援费则是因为汽车生产过程需要生产人员熟练掌握技术，而合资企业需要达到要求，则必须求助于外方提供技术上的指导和培训。我们姑且可以将上述费用支付逻辑关系表示如下：

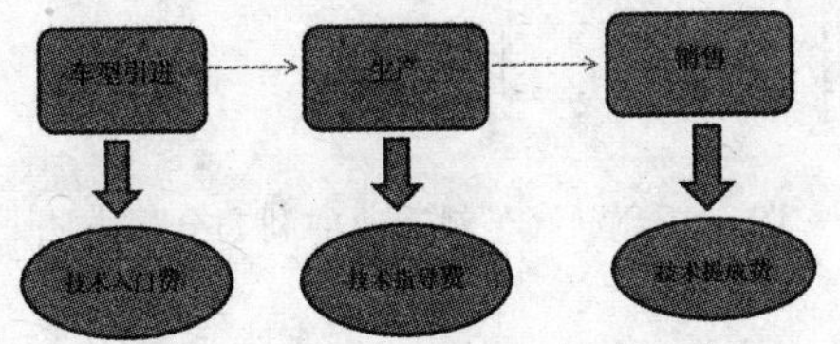


图一　关联费用支付逻辑关系

可以看出，在一辆汽车从引进到最终销售给4S店过程中，作为技术拥有方的外国母公司，对技术使用这一个事项在三个阶段分别收取了名目各异的费用，可谓是“层层盘剥”。但仔细分析三项费用列支，却发现其中的合理性存在如下疑问：

1、因技术本身需要由掌握技术的人来使用，才能产生价值。因此，仔细分析技术入门费的内容后，笔者发现技术入门费毫无任何价值可言：企业支付了一大笔技术入门费后，几乎完全不具备技术使用能力，仍然需要依靠外国母公司提供技术指导，而且在实际走访企业过程中发现，母公司的核心技术仍然会对合资公司进行保密，所谓的入门也只是拿取了一个“排号卡”而已。

2、技术提成费与技术支援费的相互否定。当一辆汽车生产出来销售给4S店，实现其价值后，合资方

需要将创造出的价值按照一定比例支付给外方，其依据是技术在价值创造中发挥了作用，理应获得回报。但外方技术运用在生产过程中，却已收取了技术支援费，其实质是将自己排斥在价值创造者之外，仅仅作为一个技术提供者，那么在收取了提供技术指导费之后，再次收取只有价值创造者才能获得的技术提成费，是否存在逻辑上的冲突呢？

对于这种不符合市场规律的"价值压榨"，作为合资企业的另外一方中资方为何一直忍气吞声？笔者通过对多家合资企业走访也发现，在汽车合资企业中，由于外方把控着核心技术，在合资企业利润分配的博弈中，处于强势一方；而中方也因此并无太大议价权。近年来因我国的反避税工作已经关注到类似问题，也为中方与外方在争取合资企业合理利润分配时提供了一个重要的砝码。恰恰也正因如此，如何提出一个合理的利润分配方法，对捍卫我国税收权益来说，是一个迫在眉睫的难题。

## 三、市场溢价与选址节约在超额利润分配中的运用

目前合资汽车制造业的转让定价模式实质，是对超额利润的税前分配，目前反避税针对上述转让定价的调整思路，更多的是从单项费用支付的合理性进行思考。这样的调整思路，虽然能够对不合理的费用支付项目采取最直接的调整。但却因调整项目多，取证困难，谈判难度大，而存在种种局限性。笔者认为超额利润的来源首先应当考虑中国地域性优势，即市场溢价和选址节约的贡献，其次应当考虑外方相比国内企业品牌的技术性优势所创造的价值部分。

因此对合资汽车制造业的利润分配方法，应遵循以下思路：第一步，还原合资企业未支付相关技术费的真实利润；第二步，计算合资企业的常规利润和超额利润；第三步，计算市场溢价和选址节约额；第四步，在超额利润中扣除市场溢价和选址节约两项，即为外方技术性优势所创造的超额利润，也就是外方可以收取的技术费补偿。

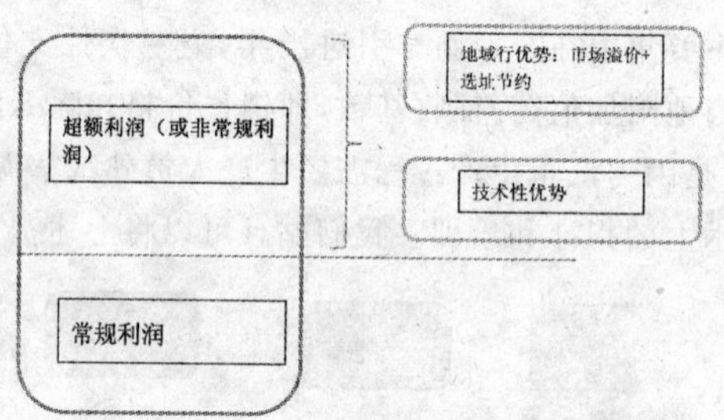


图二　合资汽车制造业的利润分配方法

具体计算公式为：

①总体利润＝企业利润＋相关技术费还原额

②超额利润＝总体利润－常规利润（即可比企业中位值）

③市场溢价＝∑（某产品单价差额＊本土销售量＋某产品国内销售的单品利润＊中外市场销量差）注：某产品国内销售的单品利润即为该产品国内销售收入扣除产品对应的固定成本以及变动成本后的利润

④选址节约额＝∑（某车型中外生产成本差＊本土销售量），其中生产成本差是指包含对应的销管费的完全成本。

⑤外方技术性贡献额即可收取的技术费总额＝超额利润－（市场溢价＋选址节约额）

（一）确定并且量化超额利润

笔者通过BVD数据库（2015年3月15日版本），搜索主要汽车品牌在北美地区、日本、西欧地区的利

润水平，搜索出可比企业共计23家，笔者通过与国内主要的两家合资汽车制造企业利润情况进行对比：

**表四　BVD数据库筛选步骤**

| 步骤 | 筛选条件 | 分步结果 | 检索结果 |
|---|---|---|---|
| 1 | 上市/非上市公司：Publicly listed companies | 52,245 | 52,245 |
| 2 | 世界地区/国家：北美地区，日本，西欧地区 | 41,052 | 23,043 |
| 3 | 美国行业分类代码(US SIC)(Primary codes only)：3711－汽车和乘用车机构的 | 202 | 64 |
| 4 | 剔除生产经营活动明显不符 | | 23 |
| | 布尔逻辑检索：1与2与3与4 | | |
| | | 共 | 23 |

筛选结果主要有VOLKSWAGEN AG(大众)、TOYOTA MOTOR CORPORATION(丰田)、DAIMLER AG(戴姆勒)、GENERAL MOTORS COMPANY(通用)、FORD MOTOR CO(福特)、FIAT CHRYSLER AUTOMOBILES N.V.(菲亚特－克劳斯勒)、BAYERISCHE MOTOREN WERKE AG(宝马)、NISSAN MOTOR CO LTD(日产)、PEUGEOT S.A.(标致)、AUDI AG(奥迪)等23家国际著名汽车制造商。

**表五　BVD数据库筛选结果**

| | 2013年 | 2012年 | 2011年 | 2010年 | 2009年 | 2008年 | 2007年 | 2006年 | 2005年 | 2004年 | 加权平均 |
|---|---|---|---|---|---|---|---|---|---|---|---|
| 上四分位值 | 9.87% | 7.27% | 7.64% | 7.33% | 1.35% | 5.17% | 8.06% | 8.92% | 9.34% | 9.79% | 6.33% |
| 中位值 | 6.07% | 6.16% | 5.78% | 5.45% | 0.43% | －0.31% | 5.31% | 4.63% | 5.15% | 4.67% | 5.02% |
| 下四分位置 | 3.79% | 2.60% | 3.01% | 3.31% | －2.66% | －2.64% | 2.17% | 3.12% | 2.66% | 1.92% | 2.70% |
| A企业 | 8.16% | 6.94% | 10.60% | 12.21% | 9.86% | 10.71% | 12.07% | 15.20% | 15.99% | — | — |
| B企业 | 9.80% | 8.69% | 10.96% | 11.37% | 12.17% | 9.32% | 16.55% | 10.80% | — | — | — |

由结果可以看出：一是合资汽车制造商在支付大额技术费以及在关联交易高价购进零部件之后，其利润水平仍然远远高于国外可比企业中位值，甚至高于上四分位值。二是合资汽车制造企业在中国的常规利润，即为上表中的中位值，其含义为当外资品牌在本土生产销售汽车时，所能获得行业常规利润水平，同样合资汽车企业还原所有技术费后的利润减去常规利润后的剩余部分即为我们所称的超额利润。

(二)量化市场溢价以及选址节约额

1、市场溢价。根据联合国转让定价手册，市场溢价额等于特定市场所带来的销售单价的增加额与市场销量增加额所共同带来的利润总额的增加。即MP＝(p1－p2)＊q1＋L1＊(q1－q2)；其中p1、p2分别代表中外汽车销售价格，q1、q2分别代表外资品牌在中国以及本土的汽车销售量，L1代表某车型在国内销售的单车利润。

(1)价格对比差异，豪车品牌与家用轿车的两极分化。笔者对比同款车型国内外价格的差异发现，随着中国市场汽车的普及率不断提升，各大汽车制造厂商之间竞争加剧，不同级别汽车产品的价格差，呈现出豪华品牌溢价率高、经济家用车溢价率低的特点，现抽取同样车型中外价格对比如下：

**表六　同一车型中外价格对比**

单位：万/美元

| | 国外售价P2 | 中国售价P1 | 溢价率 |
|---|---|---|---|

| 某紧凑家用车 1.6L | 1.27 | 1.42 | 12% |
|---|---|---|---|
| 某中型车 2.4L | 2.7 | 2.9 | 7% |
| 某豪华 suv5.0L | 13.04 | 43.7 | 235% |

由此可见，在计算合资车型价格溢价时，需要对合资汽车制造商的不同产品进行分别取证分析，确定 P1 是否大于 P2，同时由于汽车售价中，中外地区的价内税不尽相同，需要对 P1、P2 中的价格还原为不含税价格进行对比。不同车型的价格方面的市场溢价额即为(P1－P2) * q1。

(2)中国市场销量贡献率十分明显。由于中国市场巨大发展潜力，笔者通过搜集各大公司 2012 年公开的市场销售数据，得出如下表格：

**表七　2012 年各大汽车厂商公开的市场销售数据**

| 品牌 | 国家 | 全球销量(万辆) | 中国销量(万辆) | 中国市场贡献率 |
|---|---|---|---|---|
| 大众 | 德国 | 907 | 281 | 30.98% |
| 通用 | 美国 | 928.6 | 283.6 | 30.54% |
| 现代起亚 | 韩国 | 712 | 133.7 | 18.79% |
| 本田 | 日本 | 381.7 | 60.3 | 15.80% |
| 雷诺－日产 | 法国/日本 | 810 | 121.1 | 14.94% |
| 福特 | 美国 | 566.8 | 62.7 | 11.06% |
| 丰田 | 日本 | 974.8 | 84 | 8.60% |

由此可见，中国市场对国际各大汽车品牌销量的支撑作用是十分明显的，品牌在中国的销售量 q1 与该品牌在其本土的销售量 q2 之间的差额，即为中国市场环境相比于品牌本土销售的地域性优势，是中国市场溢价在销量上的表现。因不同市场消费习惯的不同，导致不同车型在不同市场之间销量必然存在较大的差异，因此 q1 与 q2 的差额，同样需要根据单车品种不同，分别进行计算。不同车型的销量方面的市场溢价额即为 L1 * (q1－q2)。

2、选址节约额计算。目前针对选址节约的计算，税务机关大都会引用单位节约额的概念，即总节约额＝生产某产品的单位节约额 * 所需时间。而单位节约额需要考虑制造一件产品，人工、原材等成本差与工作效率两个因素。但针对汽车制造，鉴于各个企业对成本控制措施十分严格，因此，将总成本拆分，并分别对比每项选址节约额，最终汇总节约额，是更加行之有效的方法。为了便于理解和说明，笔者在此抽取某合资汽车某款车型，并就其中主要构成要素进行分析：

**表八　某合资中型车成本构成要素**

单位：元/人民币

| 年份 | 零部件 | 水 | 电 | 人工 | 天然气 | 折旧及摊销 | 液化石油气 | 总成本 | 批发价 |
|---|---|---|---|---|---|---|---|---|---|
| 2010 | 71255 | 8 | 338 | 2377 | 106 | 1546 | 0 | 75630 | 159508 |
| 2011 | 70378 | 8 | 347 | 3223 | 130 | 1768 | 0 | 75854 | 155074 |
| 2012 | 70836 | 9 | 406 | 4149 | 38 | 2217 | 90 | 77745 | 151577 |

(1)零部件价格的分类计算。由于汽车零部件的供应链较为封闭，在前期发改委的反垄断调查中，已经发现许多零部件企业高价销售产品给汽车整车制造企业，汽车整车制造企业通过提高售价的方式将此

部分转移给消费者。而此类零配件供应商大都为整车制造厂的关联企业。因此零配件的选址节约额计算需分为两步:

一是对分类关联供应商与非关联供应商零配件。对其中关联零配件供应商的价格,选取转让定价的方法进行合理调整,得出合理的市场价格。

二是将调整后关联购进零配件价格与非关联零配件价格,与外资制造商的海外制造单价进行对比计算,得出零部件价格的选址节约额。

由于不同车型对应的配件种类十分确定,因此建立在整车厂原有的配件成本计算表基础上,对其中部分配件成本予以调整,是较为直接常用的调整思路。

(2)人工成本节额应综合考虑生产效率。根据公式,整车的人工成本=单位时间人员工资 * 整车制造单位时间,计算人工选址节约额的核心要素不仅需要考虑中外工人工资的差额,同时应当考虑外国工人由于教育程度、熟练程度高于国内等因素所带来的影响。同样为了便于计算,笔者选取了中日主要城市工人工资作为对比:

表九　中日人工工资对比

单位:美元/小时

| City | 2004 | 2005 | 2006 | 2007 | 2008 | 2009 | 2010 | 2011 | 2012 |
|---|---|---|---|---|---|---|---|---|---|
| TOKYO | 25.27 | 25.25 | 24.03 | 23.72 | 27.48 | 30.03 | 31.75 | 35.71 | 35.2 |
| OSAKA | 25.27 | 25.25 | 24.03 | 23.72 | 27.48 | 30.03 | 31.75 | 35.71 | 35.2 |
| GUANGZHOU | 0.9 | 1 | 1.1 | 1.4 | 1.8 | 2.1 | 2.4 | 2.8 | 3.2 |

由上表可以推断出,日本工人的工资大约为中国工人工资的十倍。

同样笔者选取一定数量的2011年国内汽车公司的工人人数与总产量与外资品牌进行对比:

表十　2011年国内某汽车公司工人数量和总产量与外资品牌对比情况

| | 2011年产量 | 年末从业人数 | 人均年产量 |
|---|---|---|---|
| 上汽 | 3973801 | 150696 | 26.37 |
| 一汽 | 2566718 | 154134 | 16.65 |
| 东风 | 3059129 | 162779 | 18.79 |
| 长城 | 486562 | 43583 | 11.16 |
| 日产 | 4631673 | 161513 | 28.68 |

由上表对比发现,外资品牌由于具备先进的管理模式和培养优势,其工人的生产效率约为国内品牌的2倍。

由此,我们假设生产一辆汽车,需要国内1个工人工作10小时,其每小时工资为1美元,则国内生产部分的人工成本为:1 * 10小时 * 1美元=10,而国外生产相同一辆车则需要1个工人工作5小时,其每小时工资为10美元,其人工成本约为1 * 5小时 * 10美元=50美元。因此人工选址节约额为50-10=40美元。

针对上述因素分别计算出节约额后,即可计算总的成本节约额LS=(零配件节约额+人工节约额+….)* 销售量

(3)选址节约计算的局限性考虑。税务机关在反避税选址节约的调整中,无法绕开的一个重要前提,

即为企业是否存在将生产厂从高成本地区迁移至低成本地区的问题。由于大部分外资汽车制造商在合资生产某种车型前,并未存在向国内出口其生产车型的行为,因此在谈判中,选址节约的理论遭受到了企业从根本上的反驳。

但选址节约的计算,仍然拥有必要性。正如上文所述,在进行可比性分析,税务机关会选择该外资品牌所在的北美、西欧等地区作为可比对象。但上述可比企业的完全成本是基于发达国家高工资、高原材料价格的基础计算而来,因而其可比性也大打折扣。这个时候,就需要对国内合资企业的成本进行差异性调整,即国内合资企业的完全成本也应当考虑选址节约带来的节约,并对其进行还原,从而使得结果更加具备可比性,这也是选址节约计算的重要意义之一。

(三)量化计算技术对超额利润的贡献需考虑的例外情况

根据上述计算思路,外方可收取的技术费=(还原后的企业利润－常规利润)－(市场溢价＋选址节约额),但此时可能会出现计算结果小于零的情况,对于出现上述情况后,笔者认为应针对不同情况进行具体分析,主要分为以下几类:

1、合资企业本身由于经营原因,利润水平本身已处于较低水平。在此情况下,外方仍然收取技术费等相关费用。针对出现上述情况,笔者认为应当对企业自身利润水平偏低的原因进行具体分析,如果是由于外方所提供的技术所导致的,如近期的大众DSG故障、路虎品牌在315晚会被曝光变速箱问题等导致企业当年产品销售受阻,利润大幅下滑。那么外方应当承担其所提供技术不过关所带来的品牌利润的下滑,其技术费则不仅不应当收取,更应当为其技术对合资企业所带来的损失,给予补偿。

2、如果是非外方技术原因所导致,而出现计算结果中技术费对超额利润贡献度小于零。则需要综合考虑是否是由于中国市场环境变化,使得合资企业地域性优势受到削弱,而税务机关并未考虑上述情况所导致。

对合资汽车制造业转让定价的分析,一直是反避税工作的重难点之一,然而引入市场溢价和选址节约理论,将更加有助于我国与他国在进行双边磋商中,争取合法的税收权益,捍卫我国的税收主权。

(作者单位:广东省广州市南沙开发区国家税务局)

# 2016
# 中国税官论税制改革

中国税制改革与发展编辑部　编

（下　卷）

中国工商出版社

# 加强和完善社会保险费地税征管工作探讨

孙　菲

社会保险制度是社会保障体系的重要组成部分，随着人口老龄化和社会文明的进步，社会保险费征缴日益成为社会保障制度顺利实施的前提和基础。1999年1月，国务院发布了《社会保险征缴暂行条例》，指出社会保险费的征收机构由省、自治区、直辖市人民政府规定，可以由税务机关征收。开启了一个社会保险费征收的新起点。正是顺应这种形势，我市政府决定由地税自1999年开征企业基本养老保险费，至今历经近16年，近16年间社会保险费征收范围不断扩大，年征收额也由启征时的5.32亿元增长到2014年的256.8亿元，实现了社会保险费征收的跨越式发展。但随着征收范围的不断扩大，征收规模的逐年提高，对社会保险费征管的要求也越来越高，社会保险费征管工作中一些薄弱环节也亟待完善。本文拟从社会保险费征收的现状入手，剖析现存问题，提出完善征管的意见措施。

## 一、社会保险费征收总体情况

(一)全国社会保险费收入情况

随着我国社会社会保障体系建设的不断深化和完善，社会保险费收入也逐年大幅增加。据“人力资源和社会保障事业发展统计公报”显示，近三年全国累计征收社会保险费105,828亿元，年增幅都在两位数以上，其中：2012年增幅22.2%，2013年增幅14.7%，2014年增幅13%。

**近三年全国社会保险费收入情况表**

单位：亿元

| 项目 | 合计 | 2012年 | 2013年 | 2014年 |
|---|---|---|---|---|
| 收入额 | 105820 | 30739 | 35253 | 39828 |
| 增减额 | — | 5586 | 4514 | 4575 |
| 增幅% | — | 22.2 | 14.7 | 13 |

(二)全国税务机关征收社会保险费情况

1、地税征收的区域及模式。如前所述，至1999年1月，国务院颁布《社会保险费征缴暂行条例》后，税务机关征收社会保险费的职能才予以明确。截止目前，全国已有河北、内蒙古、辽宁、黑龙江、江苏、浙江安徽、福建、湖北、湖南、广东、海南、重庆、云南、陕西、甘肃、青海、大连、宁波、厦门市等21个省(自治区、直辖市、计划单列市)的税务机关征收社会保险费，占全国省(自治区、直辖市、计划单列市)总数的58%。

从各省市社会保险费征收的模式看，由于全国没有统一规定，大多结合本地实际，征收模式有所不同。

**全国21省市地税征收社会保险费模式**

| 模式 | 省份 | 模式 | 负责险种 | 备注 |
|---|---|---|---|---|

| | | | | |
|---|---|---|---|---|
| 模式 1 | 广东 | 五险全责(2) | 五险全责 | 1、职工参保缴费登记:地税部门负责缴费登记,社保部门根据地税部门提供的信息办理参保登记。<br>2、申报征收:企业缴纳的统筹部分及个人缴纳部分均以职工工资为基数直接向地税单位申报,地税部门将单位缴费及个人缴费全部征收入库后,传送社保部门,落实待遇。 |
| | 厦门 | | 五险全责城乡居民养老医疗 | |
| 模式 2 | 浙江、宁波 | 统筹全责(3) | 五险统筹全责 | 1、职工参保缴费登记:社保部门负责;<br>2、申报征收:企业统筹部分以工资总额为基数直接向地税部门申报,个人缴费部分由社保部门核定后传送地税部门。地税部门将社保核定+单位自行申报统筹部门合并一起征收入库,两者之间进行数据校验。但沈阳市统筹和个帐均为申报制。 |
| | 辽宁 | | | |
| 模式 3 | 福建 | 养老保险全责(2) | 养老全责其他四险代征 | 养老全责方式:<br>1、职工参保缴费登记:社保部门负责参保登记,并将人员参保信息传送地税部门进行缴费登记;<br>2、申报征收:企业直接向税务部分办理缴费明细申报(单位统筹汇总申报+个人部门明细申报) |
| | 黑龙江 | | 养老全责其他四险代征 | 养老全责方式:<br>1、职工参保缴费登记:社保、地税部门分别办理参保、缴费登记;<br>2、申报征收:企业直接向税务部分办理缴费明细申报(单位统筹汇总申报+个人部门明细申报)<br>目前,由于社保部门未传送人员参保信息,地税部门直接以企业的明细申报信息扣费,日后模式接近福建省。 |
| 模式 4 | 湖北、安徽、陕西、甘肃、内蒙古、大连、海南、重庆、云南、宁夏、江苏 | 代征(14) | 五险代征 | 部分地区五险代征,部分没有。 |
| | 青海、河北 | | 养老、失业代征 | |
| | 湖南 | | 外资和私营企业养老保险代征 | |

2、地税征收的额度及占比。仍以近三年为例,根据中国税收季度报告中的统计数据,近三年全国地方税务机关征收五项社会保险费收入累计37,138.2亿元,占全国社会保险费总收入的35.1%,而且每年占比全国总收入的比重都在30%以上。

**近三年全国地税征收社会保险费收入情况表**

单位:亿元

| 项目 | 合计 | 2012 年 | 2013 年 | 2014 年 |
|---|---|---|---|---|

| 收入额 | 37138.2 | 10898 | 12460.8 | 13779.4 |
|---|---|---|---|---|
| 增幅% | — | — | 14.7 | 13 |
| 占比全国总收入% | 35.1 | 35.5 | 35.3 | 34.6 |

(三)沈阳市社会保险费地税征管情况及特点

1、从征收范围看:我市地税征收范围从1999年开征的企业养老保险单一险种已发展到“五险”100%全覆盖。我市地税系统从讲政治、顾大局的角度出发,自1999年7月承担了我市企业基本养老保险费的征收后,征收项目和范围不断扩大,先后于2000年7月,开征企业失业保险费,2001年7月按照省市政府的相关要求,实现养老保险费、失业保险费、医疗保险费和工伤保险费地税统一征收。2006年2月,随着生育保险制度的实施,生育保险费也纳入地税征收范围。至此实现了职工“五险”地税征收的全覆盖。

2、从参保面看:我市地税协助扩面成效显著,全市参保职工连续增加,截止2014年已超200万。地税部门征缴社保费后,利用税务部门长期从事税收工作,较全面地掌握企业分布、财务活动及生产经营等情况,积极利用税务登记信息协助有关部门进行参保扩面,近九成企业参加了社会保险。从参保职工看,据沈阳市统计局统计数据显示,截止2014年底全市参保职工总数达234万人,比2002年地税部门全面接管社会保险费征缴工作时的127.4万人增长了83.7%。

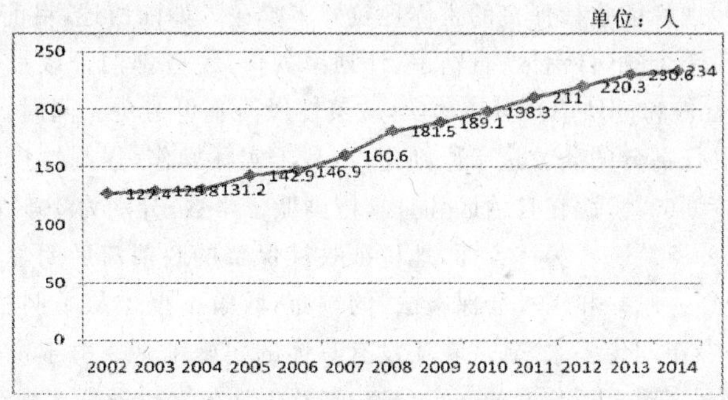


沈阳市2002年—2014年参保职工统计图

3、从征收规模看:我市地税千方百计组织征收社会保险费,社会保险费收入总量和增幅屡创新高。1999年来,我市地税累计征收社会保险费1570.5亿元,其中:2009年地税征收社会保险费总量突破100亿元,2012年突破200亿大关,收入总量连年提高。

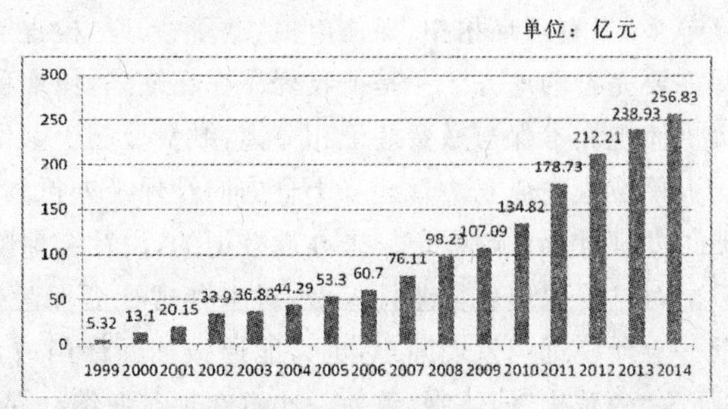


沈阳市地税1999—2014年征收社会保险费收入情况图

4、从管理模式看:我市地税征收社会保险费的管理模式不断优化,近年创新引入风险管理初见成效。为全面做好社会保险费的征收工作,在地税征收社会保险费初期,我市按照"上层分离、基层整合"的原则,因地制宜的设置内部机构和划分工作职能。随着征收工作的不断深入,又结合沈阳实际制定和实施了"三定、四同、两制、一保"的工作方针,并将社会保险费征收纳入"金税三期",实现了社会保险费与地方税收同步征收、同步检查、同步管理、同步考核、同步服务的税费征管"五个同步",使税费工作有机结合和互为促进。近年,我市在征管方式上大胆创新,寻求新突破、新发展。适时引入风险管理的理念,2012按照"两上两下"的基本方针和"网状风险排查法",通过"风险点辨识、因素分析、风险评价"三个步骤,排查社保费征管风险点16个。2013年又按照与日常征管工作实际相结合,与绩效考评指标相结合,与其他省市先进管理经验相结合的"三个结合",创建包括30个社保费风险指标的社保费征管风险指标体系。并于2014年部分测试性应用,当年实现查补入库费款948.7万元。填补了省内乃至全国地税社保费征收风险管理的空白。

## 二、存在问题

(一)基于刚性管理的理念,社会保险费征收政策体系滞后

应该说,社会保险作为社会保障体系的重要组成部分,是以国家权力为依托的,具有很强的强制性、权威性。而目前,一方面,地税征收社保费的主体地位并不唯一。如前所述,目前全国社保费征收还存在着多头征收的局面,虽有21个省(自治区、直辖市、计划单列市)税务部门征收社会保险费,但从占比看,仅占全国的58%,其中:省份和计划单法具体落实,政策性风险不可避免。同时,社保费强制执行措施相比税收弱化。对于法律责任部分的条款过于原则化,不利于实际操作,强制性措施和实施程序的规列市的占比稍高,分别为68%和60%,而在自治区和直辖市则低于半数,分别为40%和20%。主体地位的不明晰,势必导致征收政策的不统一。另一方面,地税征收社保费的政策滞后明显。对于社会保险费的征收直至2010年10月《中华人民共和国社会保险法》的颁布,政策依据才从条例法规上升到法律层面,可谓千呼万唤,而且社保法颁布四年多来,到现在还没有具体的实施细则。由于税务部门是社保政策的执行者而不是制订者,造成在客观上征与管的一定分离,在社保法出台后没有实施细则的情况下,直接导致一些法条无定又涉及甚少,遇到拒缴、少缴或者拖欠社会保险费的情况,很难依法执行查封、扣押等保全和强制措施的,不能实施有效的处罚和打击违章缴费行为。此外,社会保险费的征收政策最主要的就是缴费基数的确定,但目前一些具体的缴费基数政策并不明晰,尤其是随着企业隐形收入和低工资高福利现象的不断出现,由于政策的不跟进极易造成社会保险费的政策性流失。

(二)基于过程管理的理念,社会保险费征收过程存在风险隐患

社会保险费征收涉及环节多,只有环环相扣,抓住申报、缴费、入库、检查等整个过程才能有效促进应收尽收。但目前还存在一些需要完善的地方。一是征收程序存在缺陷,使地税征收社保费在一定程度上受限于劳动等相关部门。突出体现在参保与缴费登记相分离,缴费受制于参保的状况。《社会保险法》五十七、五十八条明文规定:用人单位应在成立之日起三十日内向社保经办机构办理社保登记;用人单位自用工之日起三十日内为其职工办理社会保险登记。未办理登记的,由社会保险经办机构核定其应当缴纳的社会保险费。地税机关只能对已参保单位征缴社保费,对未办理社会保险登记的企业,法律未赋予地税机关核定征收权利。目前一旦地税部门发现漏户,也只能通报社保部门或督促该户办理登记手续,这种征收与管理脱节,审核与征收"两张皮"的体制,致使一些意在规避缴纳社保费的企业钻了政策的空子,地税部门征收也弱化了征收的刚性。二是征收的流程有待进一步规范。一方面,从地税内部看,在原有管理方式下,由于机构设置呈"金字塔"结构,税收管理层级较多、职能重叠。一项工作从布置到执行,要经过市局、分局、税源管理科和税收管理员四个环节,并且工作运行基本借助征管发文、开会布置等传统

手段，中间只要有一个环节理解不到位极易造成理解政策的差异，导致政策执行、费源监控和管理带来风险。从征管的具象看，虽然我市目前已在基层局单设了社保科，但在“金三系统”中，一些社保费征管的职能并未单设，操作入口还混杂 在税政和征管口，岗责不清必然制约着管理的优化。同时，对于地税征收滞纳金和一些强制措施所用的文书，上级还没有及时更新制定，对于不纳入社保费缴费基数的政策规定如何判断、审批、落实并没有细则，流程也各自为政。另一方面从地税外部看，社会保险费征收管理职责交叉，责任模糊，流程不畅。仅就检查这一职能而言，我市现在人社部门、社保经办机构及地税都有检查权，入账也不统一，由于部门利益作祟，直接导致企业缴费在哪补缴都行的模糊认识，寻租行为难以避免，而且也造成“金税三期”中的社保费虚欠。这种现象的存在，既不利于缴费人依法缴费，更不利于规范执法行为。客观造成征管多环节，部门难协调，核算难统一，降低了效率，提高了成本，增加了风险。

（三）基于现代化管理的理念，社会保险信息资源整合度不高

面对大数据的时代，进一步提升社保费征收的信息化也是地税部门的必答题目。但从目前看，社会保险信息资源整合度不高制约着社保费征收的现代化。一是现有征管软件智能化不尽如人意。如在申报环节：“金税三期”征管系统上线后，对社保费征收的特殊性考虑略少，在申报时没有针对社保费的必要的强制校验，特别是在网上申报后暴露出一些问题，具体有以下几点：没有上下限校验，没有网上综合申报表中职工缴费数与导入的职工缴费明细总数校验，没有统筹缴费基数的校验等。再如社保费数据传输环节：社保费数据传输是实现经办机构个帐记实和社保对象待遇落实的前提和基础，目前主要存在导出时限及安全问题，体现在上传时间存在滞后性，及时性、准确性差，传输数据使用外网和 FTP 传递，甚至有时使用个人 QQ 号传递数据，传递安全难以保证，延迟传输、传输丢户等问题个别也有发生。二是尚未建立统一完整的社会保险信息系统，导致信息获取机制不健。地税、工商、银行、人社及社险经办机构等相关部门之间缺乏有效的信息交流、沟通和共享。相反基本上是基于部门需求各自为政，造成政策衔接不畅，信息传递不顺，费源信息（第三方信息）难以共享，综合治费、协费护费的体制一定程度上流于形式。直接导致信息获取的不及时、不完整、不准确，为征管工作带来难度，形成阻碍。美国联邦税务局的统计资料说明：受第三方信息报告制约和被代扣代缴税款的纳税人，税法遵从度几乎高达 99%。而在我国立法上对第三方信息数据的交换未设置法定义务，导致第三方信息数据来源不畅，取得困难，指标不一，比对繁杂。税务机关人力资源有限，要想了解、研究各类纳税人的信息，难度很大，大量的不对称信息的存在，给税务机关的社保费征缴活动带来较大影响。不但增加了税务机关征税成本，而且征纳信息传递误导增多。信息不对称而带来的信息传递失真问题，有可能误导地税征收的逆向决策。

（四）基于分类管理的理念，社会保险费征收对纳费人的差异性应对不足

随着参保面的不断扩大和征管工作的不断深化，纳费人的差异性也日益凸显，对地税实现应收尽收提出了新的挑战。这种差异性主要体现在两个方面：一是新老企业的差异。对于大多数新办企业，抛开恶意避费的一少部分，主要是政策的不熟悉，流程的不把握，因此容易出现少缴、漏缴或不缴的问题，将管理寓于服务，加强初始服务应是根本。而对于老企业，尤其是我市是国家“一五、二五”时期的老工业基地，企业负担重，在转制优化中成本高，存在历史陈欠多，补缴能力差，挖潜空间狭窄的普遍现象。只有跟踪管理、动态管理，充分了解和把握企业经营状况，才能跟进费源实际，积极督促补缴和减少新欠。二是重点费源和零散费源的差异。目前，我市按照省级重点费源标准，全市地税 100 万元以上的重点费源户 2770 户，收入额占全市社保费约 61.6%。他们的特点是多分布于重点行业，人均收入高，缴费基数大，用工数量多，缴费能力强，如东软。但正是因为以上因素特点，这部分企业或多或少的认为交了统筹就只是在给其他企业和政府做贡献，存在规范缴费是鞭打快牛的错误认识。而另一方面，零散费源突出体现在劳动密集型企业缴费难上，比如服装加工业、劳动服务公司等，多为企业用工流动性大，季节性强、求职较难，工资薪金较低。有的是雇佣的退休返聘人员，已有养老保障无需缴纳保险的个账部分；有的是雇佣的

农民工,保险待遇享受当前政策存在一定差异性;大多数雇佣的是年轻人,由于年轻只顾眼前利益,对保险的未来保障认识不足等等,这些都造成企业对缴纳保险费的抵触。此外,从目前看,我市企业“五险”单位缴费部分比例占企业职工工资30%多,缴费比例高,企业负担重,所以让上述企业对参保缴费避之不及。一刀切似的管理很难在客观上缓解征纳双方的矛盾,也不宜于提升各类企业的参保缴费的积极性。

(五)基于风险管理的理念,地税征收社保费的人才机制尚不完善

如前所述,我市在建立地税征收社保费风险管理方面迈出了可喜的一步,也取得了的一定成果。风险管理的进一步深化也是大势所趋,势在必行,而这其中管理人才的需求正是风险管理的关键。目前看,我市社保费征缴风险管理的手段单一,很多应有的手段没有用起来,缺乏相关的人才智力支持成为主因之一。税务干部的年龄结构、知识结构、知识层次存在明显的不适应,难以满足社会保险费征缴风险管理高要求。如:我市地税处于征缴一线的税务所人员平均年龄44岁以上,同时知识结构比较单一,“复合型”人才相对较少。在税务系统内,具有一般性财税知识的人员比较多,因为相当大比例的干部是财税学校毕业后直接进入税务系统工作,系统地学习过会计、管理、法律、经济、计算机专业知识的人员不多。尽管这些人经过各种学习,已经有近90%以上的税务干部具备大专以上学历,但绝大部分是参加各种函授学习取得的。而风险管理是一种高知识含量的管理方式,需要信息技术、数理统计、社保费征缴业务等各方面技术的支撑,风险管理专家应当是既有丰富的一线监管经验,同时又具备较高的计算机应用水平的复合型人才。同时,对于干部考核机制还停留在一般性的年终评优选先上,干部职工的积极性创造性难以被激发。因此如何尽快提升税务干部的整体素质水平,拓展税务干部的技术含量,建立人才梯形建设,实施科学化的考评机制,最大限度的满足深化风险管理的需要日益凸显,亟待解决。

## 三、对策及建议

地税征收社会保险费是一个系统工程,要进一步完善需要多部门,多层次,多角度的设计与实施,概括来说,在理念上首先要实现“四个转变”:一是在征管策略上,要向综合配套运用递进措施转变;二是在征管对象上,要向有针对性差别管理转变;三是在征管应对模式上,要向个性化分类管理转变;四是在征管技术上,要向综合应用信息技术、指标模型等技术手段转变;五是在征管人才储备上,要向科学化的人才激励机制转变。具体的说,进一步提高地税社会保险费征收,需要从政策、制度、管理、队伍建设、信息化五个方面整体把握和切入。

(一)以完善相关政策法规为先导,强化税务机关征收主体地位

1、增强征收主体意识。虽然《社会保险法》没有赋予税务机关为征收社保费的唯一主体地位,但税务机关要克服“代征”社保费的认识,树立税务机关就是社保费征缴主体的正确观念,不断发挥自身优势,加强社保费征收管理。要努力争取地方党政领导的理解和支持,通过强有力的征收工作使政府明白,社保费征收工作为地方各级政府提供了重要的经济保障。要积极赢得各级政府的重视,以涉费职能部门为依托,构建社会协费体系。进一步加强与财政、劳动、社保经办机构、残联、统计、银行、新闻媒介、法院等涉费职能部门的互动协作,建立长效工作机制,明确各部门职责,建立健全社会保障工作网络。同时积极建议上级,在明确税地征收职责的同时,更应明确地税更多管理的职能,提高征收主体的地位。

2、打开政策壁垒推进应收尽收。一是积极建议上级拆除参保登记“门槛”,按照《关于进一步加快推进巩固和完善城镇社会养老保险体系专项行动有关问题的通知》(辽劳社发[2008]80号)的相关精神,从法律的层面明确,对社保征收范围内的所有企业和单位,地税可不受参保登记限制,先行征收社会保险费的统筹部分。二是建议上级尽快研究出台《社会保险法》实施细则,制定社保费地税征收的操作流程,以其规范执法,加大征缴的强制性。三是建议出台实施社保费行业差别费率。在保证社保资金长期稳定增

长的前提下,应充分考虑各方面的利益关系,基于各行业的缴费能力和负担的横向公平,对于劳动密集型的行业,适当降低费率,实行与行业利润相关联的社保费差别费率,提高社保负担的科学、公平的趋同性。

3、积极推进"五险合一"。应该说实行"费改税"有宜于规范公共收入,更有效的筹集社会保障资金,并与国际接轨,但目前看还需要一定的过程。因此,从目前更有利于提高社会保险费收缴率来说,要积极建议市政府逐步统一"五险"的缴费基数。在征收方式上,逐步推行"五险合一征收",实现一次登记、一次申报、一次打票、一次入库、一次分劈、一次核算和一次对帐。在各方面条件成熟时,逐步实行"费改税"。

(二)以狠抓制度规范为核心,实施科学化精细化管理

1、狠抓管理制度规范。结合实际情况,积极探索和掌握社保费征管规律,以税收管理的标准来加强社保费的征收和管理。重点做好以下几个方面工作:一是加强税务机关征收社保费的法制化建设,首要的是以实施权力清单为契机,梳理地税征收的执法权力、职责,同时积极争取和推动地方性法规的立法工作,将行之有效的办法通过地方法规形式确定下来。二是强化组织保障措施,积极配合做好社保费征管工作,把社保费规范管理纳入税收规范化工程建设体系中,切实把税费一体化落到实处。三是完善岗责制度。将社保费征管环节中的岗位及其责任逐一落实,明确岗责目标,避免出现管理的"真空"。四是完善考核制度。要与全系统的绩效考评相结合,从组织收入、征收管理、各项基础性工作、稽查等各方面实行税费并举,统一考核,将社保费征管工作成效纳入目标责任制考核范围,完善社保费征管工作考核制度。

2、狠抓征管程序规范。要按照精确、细致、深入的要求,明确职责分工,优化业务流程,规范征管程序,加强协调配合,实现粗放式管理向精细化管理转变。一是规范申报程序。要明确缴费人的缴费申报义务和报送的资料,注重补缴等特殊情况的审核制度。二是规范征收程序。要明确社保费及滞纳金征收入库的程序规定,逐步规范社保费及滞纳金的入库方式、征收方式及缴费基数。三是规范检查程序,充分发挥税收征管综合优势,实行税费统查,切实明确查什么怎么查什么方式查。四是规范催缴、处罚程序。要制定统一催缴的期限和文书,明确规定处罚的部门、处罚的条件、标准和决定程序。

3、狠抓缴费服务规范。要牢固树立服务观念,切实维护缴费人的合法权益,以提高缴费遵从度和优化缴费环境为目标,不断拓宽服务渠道,明确服务方式和服务内容,改进缴费服务,做到服务与征管有机结合,在强化征管中提高服务水平,在优化服务中加强社保费征管。要结合社保费征管工作的实际,认真落实"一站式"服务、首问负责制、文明办税"八公开"等经验和做法,也可采取税务、劳动、银行等联合办公的做法,不断拓宽服务内容和项目,提高缴费服务质量。

(三)以加强管理为重点,夯实社会保险费征管基础

1、加强费源管理,提高监控水平。费源管理是社保费征收管理的基础,税务机关要高度重视和做好费源管理工作。一要有计划地定期开展费源调查工作,全面掌握社保费费源分布情况,特别是有效费源和重点费源,做到摸清底数。二要强化缴费人户籍管理,要结合税务登记的开户、变更、停复业、注销等情况,对缴费人实行动态管理。三要建立费源监控制度。要建立分类管理机制,划分有缴费能力、无缴费能力户;正常户和非正常户;重点费源和零散费源;新建户和老企业,有针对性的设立费源管理重点,实行动态管理,随时掌握其费源变化情况。四要利用税务机关的征管优势,结合税收征管、稽查以及所得税汇算清缴工作,不定期对缴费人数、缴费基数等申报资料进行检查核实。

2、大力做好欠费管理和清理欠费工作。一是要开展欠费清查工作,对历年欠费逐户核实,建立欠费人档案和清理欠费台账,加大监控力度。二是要对欠费和欠费人合理进行分类,实施动态管理。对其中欠费数额较大的重点欠费人,要作为各级重点监控对象,实施跟踪管理,定期追欠。对欠费大户定期在媒体上公开曝光,增强企业自觉缴费意识。三是要将清欠工作列入目标管理考核,建立清欠目标责任制,在摸清欠费情况的基础上,制定清欠计划并抓好落实。

3、大力开展宣传工作。社会保险费征收关系到广大人民群众的切身利益和社会稳定的大局，大力加强宣传是做好这一工作的重要前提和基础。要逐步建立社保费宣传的长效机制，以宣传促征管，以征管带宣传。要面向社会、党政领导和有关部门，充分利用内部、外部各种宣传手段，广泛宣传税务机关社保费征管工作的情况、成效以及有关政策和制度规定，持之以恒地开展社保费宣传工作，营造良好征管氛围，提高社会的监督的广度和力度。

(四)以队伍建设为保障，不断提高社保费征收队伍的整体素质

1、优化机构，充实人员。不提高干部队伍素质，是提高税务机关社保费征管工作质量和效率的根本保障。税务机关要适应社保费征管工作面临的新形势、新情况，建立健全社保费征收管理机构，切实加强干部队伍建设，选调具有较好税收业务基础、熟悉财务会计知识的人员充实到社保费征收管理机构中。要加强社保费业务和专业管理人才的梯队建设，逐步形成一支素质优良、业务能力强、知识结构合理的社保费专业管理人才队伍。

2、要进一步加强业务培训和学习。建立良好的培训机制，积极应对风险管理，信息化管理等新的征管模式，全面加强社保费征管政策和综合能力的培养，定期举行各种形式的学习班，丰富培训的形势和内容，有针对的开展案例分析，外延性的开展周边学科培训，不断提高干部队伍的业务素质，确实提高征缴人员政策执行能力和水平，提高征缴人员日常业务的处理能力和自我保护能力，防止因个人工作或能力问题出现政策理解、执行失误。

3、完善社会保险费征收绩效考核制度。一方面要将社保费征管质量考核纳入系统绩效考核体系，完善征管质量考核内容，结合社保缴费登记、纳费申报、入库率、欠费管理、稽查透视出的征管问题，科学设定评价指标。另一方面要将社保人员的政绩考核与征管质量紧密结合，合理岗位职责，设立评分标准，与评先晋级挂钩，切实以岗尽责，以责促效，不断提升人员素质和征管质量。

(五)以信息化建设为依托，积极推进社保费征管信息化建设

1、提升硬件建设，提高安全防范意识。随着群众参保意识不断增强，社会保险的参保人群形成一个非常庞大的缴费群体，对于征缴信息系统而言是一个较大的考验。不管是对系统的硬件建设、系统软件的正常运行还是系统的升级优化以及病毒防护都提出了较高的要求。税务部门必须着眼未来发展需要，把征缴系统硬件的建设放在首位，硬件的建设要符合未来数年扩容的需要，提高系统安全运行效率。

2、进一步提高功能开发。充分利用现有的税收征管信息化的功能和成果，加大利用现有数据预警的力度。要适时与税收征管信息化建设进行资源整合，实行同步监控。要积极探索充分利用税收管理，特别是企业所得税和个人所得税管理的信息与社保费征管相结合的方法，使税费管理相互促进、相得益彰。并积极研究和协调相关部门有效数据、信息资料的传递，为外部预警提供资源保障。

3、立足当前，放眼长远，积极推动相关部门社保费信息资源共享。推进地税与财政、银行、劳动、社保等部门和单位的数据联网工作，并建立起部门之间长效的联系和沟通机制，为“五险合一”奠定基础。在征收手段上，由部门内部信息化向部门间联网过渡，不断提高征收效率和监控水平；积极建议政府搭建功能强大、立体交叉的全市社会保障平台，依托信息网络，建立登记、征收、管理、纳费检查信息交换制度，最大限度地实现管理信息共享。

社会保险费征收是政府的职责所在，也是党的民心工程，关系到地方经济的振兴与发展，社会的稳定与和谐。应对新形势下的民生保障问题，地税部门有责任进一步提高认识，立足长远，从体制上、机制上、管理细节上大有作为，勇挑重担，促进地税社会保险费征管工作再上新台阶。

(作者单位：辽宁省沈阳市地方税务局社会保险费处)

# 成品油消费税单位税额提高对于地方财政收入的影响

刘　志　陈新星

## 一、成品油税费改革后，中央与地方税权重新配置执行情况

为建立完善成品油价格机制和交通税费制度，国务院决定实施成品油价格和税费改革，自 2009 年 1 月 1 日起，取消公路养路费等六项收费，并逐步有序取消政府还贷二级公路收费，提高成品油消费税单位税额。自 2009 年 1 月 1 日起无铅汽油、石脑油、溶剂油、润滑油消费税单位税额由 0.2 元/升提高至 1.0 元/升，柴油、燃料油、航空煤油由 0.1 元/升提高至 0.8 元/升（目前航空煤油暂免消费税）。同时消费税作为价内税，增长的消费税额也构成了成品油销售价格的一部分，从理论上会引起成品油增值税销项税额的增长；消费税和增值税的增长，也带动城市维护建设税和教育费附加相应增长。同时国务院下发相关税改文件规定：提高成品油消费税税额后，由此相应增加的地方增值税、城市维护建设税、教育费附加收入由人行根据财政部核定的比例自动划转中央财政。这一规定，改变了 1994 年税制改革以来"增值税中央 75%、地市 25%、城建税和教育费附加地方 100%"的规定，形成了税收收益上移，从而对地方收入产生了较大影响。

1、2009－2014 年度乌石化分公司税收占米东区全口径税收比重情况

单位：万元

| 年度 | 乌石化税收（含国、地税） | 米东区全口径税收（含国、地税） | 乌石化税收占全区税收比重 |
|---|---|---|---|
| 2009 | 486494 | 591825 | 82.20% |
| 2010 | 460944 | 635877 | 72.49% |
| 2011 | 423561 | 635424 | 66.66% |
| 2012 | 465360 | 773121 | 60.19% |
| 2013 | 344014 | 844800 | 40.72% |
| 2014 | 635639 | 1108761 | 57.33% |
| 合计 | 2816012 | 4589808 | 61.35% |

2、2010－2014 对增值税以及城建税、教育费附加部分人行划转调库情况

单位：万元

| 年度 | 成品油消费税额 | 调减地方收入（增值税） | 调回地方收入（增值税） | 调回地方收入（城建税） | 调回地方收入（教育费附加） |
|---|---|---|---|---|---|
| 2010 | 417537.27 | 1712.43 | 1164.16 | 307.34 | 177.51 |

| 2011 | 335695.32 | 5688.5 | 8083.64 | 2128.67 | 1015.34 |
|---|---|---|---|---|---|
| 2012 | 391638.89 | 6220.4 | 5895.8 | 3647.67 | 752.07 |
| 2013 | 303293.34 | 7376.23 | 3261.58 | 647.03 | 395.28 |
| 2014 | 444557.44 | 16004.07 | −121.23 | −404.69 | 22.54 |

## 二、乌石化分公司近年相关数据

2012年—2015年7月生产经营及税金情况如下：

单位：亿元、万吨

| 项目名称 | 2012年 | 2013年 | 2014年 | 2015年1—7月 |
|---|---|---|---|---|
| 主营业务收入 | 371 | 337 | 395 | 192.85 |
| 主营业务成本 | 337 | 295 | 343 | 129.94 |
| 主营业务税金及附加 | 40.48 | 37.53 | 55.15 | 54.16 |
| 营业利润 | −17.94 | −15.83 | −13.97 | 3.19 |
| 原油加工量 | 577 | 559 | 732 | 441.95 |
| 入库各税 | 50.48 | 39.38 | 63.74 | 62.3 |
| 其中：增值税 | 5.86 | 4.78 | 12.08 | 12.1 |
| 消费税 | 39.14 | 30.21 | 44.45 | 43.29 |

乌石化2009—2015年5月，消费税应税产品收入占增值税应税产品收入的比例情况如下：

| 年度 | 消费税应税产品销售收入占增值税应税产品销售收入比例％ |
|---|---|
| 2009 | 86.60％ |
| 2010 | 83.72％ |
| 2011 | 74.11％ |
| 2012 | 63.12％ |
| 2013 | 65.80％ |
| 2014 | 66.79％ |
| 合计 | 80.78％ |

从以上数据看，除2013年因大炼油建设项目影响，当年数据有所下降外，2012年—2015年7月期间，企业的增值税、消费税均处于增长阶段，且增值税增长幅度大于消费税增长幅度。其主要原因是：原油价格波动，直接影响企业对其产品结构的调整。在原油价格处于高位期间，化工产品具有较好的产品优势，随加大化工产品生产比例，例如：大芳烃产品（即：PX），该产品在2011年3月的销售价格为10572.34元/吨，当时的原油均价为4667.39元/吨；而目前PX产品2015年7月的销售价格为3945.24元/吨，原油均价为2455.88元/吨，由于产成品的价格、原油的价格的不断变化，企业为了效益不断调整产品结构，因此，造成乌石化分公司在2012年至2015年7月期间，增值税的增长幅度高于消费税的增长幅度。

## 三、成品油单位税额提高对地方财政的影响

### （一）成品油消费税政策调整及财税分配体制情况

消费税政策在2014年11月29至2015年1月13日期间，依照有关文件，成品油轻质油品(汽油、石脑油、溶剂油、润滑油)的消费税单位税额从原来1元/升提高到1.52元/升，重质油品(柴油、航煤、燃料油)的消费税单位税额从原来0.8元/升提高到1.20元/升。乌石化分公司2012年、2013年、2014年分别销售各类成品油341.08万吨、324.49万吨、453.60万吨，应交消费税35.43亿、33.21亿、48.20亿，其中：新增消费税:25.86亿、24.10亿、35.13亿。据此，从理论上计算出2012年－2014年度期间乌石化分公司相应增加的增值税为4.40亿、4.10亿、5.97亿。

乌石化分公司成品油税费改革后2012－2014年度期间应增加的增值税、城建税及教育附加费详细测算情况如下表：

**2012－2014年实际入库情况**

单位：吨、元/吨、万元

| 年度 / 项目 | 成品油品目 | 产量 | 销量 | 销售单价 | 销售额 | 应交消费税 | 消费税新增税额/升 | 新增消费税 | 相应增加的增值税 |
|---|---|---|---|---|---|---|---|---|---|
| | 行号 | 1 | 2 | 3 | 4 | 5=2＊消费税税率 | 6 | 7=5＊6 | 8=7＊0.17 |
| 2012 | 汽油 | 690467 | 698038 | 7393.48 | 516093 | 96888 | 0.8 | 77510.4 | 13176.77 |
| | 柴油 | 2604799 | 2599908 | 6646.30 | 1727978 | 244600 | 0.7 | 171220 | 29107.4 |
| | 石脑油 | 80166 | 63038 | 5468.29 | 34471 | 8799 | 0.8 | 7039.2 | 1196.664 |
| | 燃料油 | 48796 | 49838 | 3166.26 | 15780 | 4049 | 0.7 | 2834.3 | 481.831 |
| | 合计 | 3424228 | 3410822 | 22674.332 | 2294322 | 354336 | | 258603.9 | 43962.66 |
| 2013 | 汽油 | 623080 | 603618 | 7160.82 | 432240 | 83780 | 0.8 | 67024 | 11394.08 |
| | 柴油 | 2597002 | 2581135 | 6449.13 | 1664607 | 242847 | 0.7 | 169992.9 | 28898.79 |
| | 石脑油 | 9044 | 9044 | 5607.03 | 5071 | 1253 | 0.8 | 1002.4 | 170.408 |
| | 溶剂油 | 1981 | 1981 | 4886.42 | 968 | 223 | 0.8 | 178.4 | 30.328 |
| | 燃料油 | 49219 | 49130 | 3021.17 | 14843 | 4002 | 0.7 | 2801.4 | 476.238 |
| | 合计 | 3280326 | 3244908 | 27124.57 | 2117729 | 332105 | | 240999.1 | 40969.85 |
| 2014 | 汽油 | 981246 | 981228 | 6648.82 | 652401 | 139066 | 0.8 | 111252.8 | 18912.98 |
| | 柴油 | 3520830 | 3506903 | 5351.85 | 1876842 | 338890 | 0.7 | 237223 | 40327.91 |
| | 石脑油 | 2701 | 2701 | 6116.25 | 1652 | 381 | 0.8 | 304.8 | 51.816 |
| | 燃料油 | 47066 | 45128 | 2778.32 | 12538 | 3664 | 0.7 | 2564.8 | 436.016 |
| | 合计 | 4551843 | 4535960 | 20895.245 | 2543433 | 482001 | | 351345.4 | 59728.72 |

由于国家发改委对成品油实行零售定价机制费改税政策，以及近几年国际原油价格波动下滑，使乌石化分公司自2009年10月才逐渐产生增值税税金实现(其中：增值税留抵税额于2008年10月达到最大值为17.4亿元)。这期间包括成品油税费改革后的一年零八个月的时期，该企业没有实现增值税，说明这一时期企业购进的原油与销售成品油价格出现了“倒挂”，即进大于销，另一方面也说明成品油税费改革后新增的消费税因素没有切实增加到成品油的销售价格中，造成成品油销售价格不到位，成品油新增的消费税无法随价格转嫁到下一个环节(即：零售环节)，随着近几年国际油价不断下滑波动，乌石化逐渐改变“倒挂”问题，尤其在2015年上半年首次改变亏损状况实现利润22882万元。

经过消费税单位税额的吨升换算，税改后(2009.1.1－205.1.13)成品油单位税额情况如下：

**成品油消费税单位税额情况**

单位:元/升

| | 2009年1月1日前 | 2009年1月1日—2014年11月28日 | 2015年1月13日以后 | 2015.1.13较2009.1.1相比增长幅度% |
|---|---|---|---|---|
| 汽油 | 0.2 | 1.0 | 1.52 | 660% |
| 柴油 | 0.1 | 0.8 | 1.2 | 1100% |
| 石脑油 | 0.2 | 1.0 | 1.52 | 660% |
| 溶剂油 | 0.2 | 1.0 | 1.52 | 660% |
| 燃料油 | 0.1 | 0.8 | 1.2 | 1100% |

**成品油消费税每吨折算为升单位税额情况**

单位:元/吨

| | 2009年1月1日前 | 2009年1月1日—2014年11月28日 | 2015年1月13日以后 | 2015.1.13较2009.1.1相比增加 |
|---|---|---|---|---|
| 汽油 | 277.6 | 1388 | 2109.76 | 1832.16 |
| 柴油 | 117.6 | 940.8 | 1411.2 | 1293.60 |
| 石脑油 | 277 | 1385 | 2105.2 | 1828.20 |
| 溶剂油 | 256.4 | 1282 | 1948.64 | 1692.24 |
| 燃料油 | 101.5 | 812 | 1218 | 1116.50 |

随着国际油价的下滑波动，以及国家对原油以及成品油定价机制的影响因素，乌石化分公司在2012—2014年度期间，增值税与消费税两大税种均实现较快增长，主要原因在于原油价格下滑，造成与原油有关的产品均处于下滑态势，但成品油产品受国家相关机制约束，相对下降较为稳定，冲击较小。

乌石化分公司2008—2014年度期间原油价格与成品油价格变动情况如下：

单位:元/吨

| 年度 | 原油价格 | 汽油价格 | 柴油价格 |
|---|---|---|---|
| 2008 | 3829 | 4217 | 4591 |
| 2009 | 2721 | 5854 | 5362 |
| 2010 | 3745 | 5001 | 5047 |
| 2011 | 5193 | 7041 | 6400 |
| 2012 | 5065 | 7393 | 6646 |
| 2013 | 4684 | 7161 | 6449 |
| 2014 | 4356 | 6649 | 5352 |

综合以上数据情况看，乌石化分公司的消费税应税产品销售价格，并没有因为财预【2008】479号文件，而改变企业应税消费税产品销售价格变动。

(二)新的财税分配政策对成品油生产企业所在地财政收入的影响

对新增税收收入《财政部、中国人民银行、国家税务总局、交通运输部关于实施成品油价格和税费改革有关预算管理问题的通知》(财预[2008]479 号)对此进行了明确规定:

1、成品油消费税和进口成品油消费税为中央收入,全部缴入中央财政;

2、提高成品油消费税税额后,由此相应增加的地方增值税、城市维护建设税、教育费附加收入由人行国库部门根据财政部核定的比例自动划转中央财政,划转比例为 3.6%,具体的划转比例明确规定如下:按照企业当期实现入库的消费税 * 3.6%,以此数据与企业成品油部分实现增值税中地方部分(即:=成品油实现增值税 * 25%)数据对比,以数据小者做为划转数据,从增值税地方分享 25%部分划转到中央级收入。

2、按财政口径测算(税款数据均为当期入库数)2012－2014 年度实际情况如下:

| | 消费税入库 | 增值税入库 | 成品油收入占全部收入比例 | 其中:成品油部分增值税入库 | 依据文件实现消费税应划转增值税 | 成品油部分增值税入库地方级收入 | 消费税改革中央划转收入 | 实际地方财政收入 | 实际增值税地方级收入比例 |
|---|---|---|---|---|---|---|---|---|---|
| | 1 | 2 | 3 | 4=2 * 3 | 5=1 * 3.6% | 6=4 * 0.25 | 7=5 与 6 比较,以两者中最小数为中央收入划转额 | 8=2 * 0.25－7 | 9=8/2 |
| 2012 年 | 39.15 | 6.51 | 63.13% | 4.11 | 1.41 | 1.03 | 1.03 | 0.60 | 0.09 |
| 2013 年 | 30.21 | 4.78 | 65.80% | 3.15 | 1.09 | 0.79 | 0.79 | 0.41 | 0.08 |
| 2014 年 | 44.45 | 12.08 | 66.79% | 8.07 | 1.60 | 2.02 | 1.6 | 1.42 | 0.12 |

3、依据(财预[2008]479 号)文件规定,当实现消费税入库 10000 元时,应划转增值税地方分享的中央收入为 360 元(=10000 * 0.036),以此数据倒算成品油入库增值税为 1440 元(=360/0.25),那么,消费税入库与成品油实现增值税地方财政取得收入临界比例为 100:14.4,意味着只有在产生每百元消费税入库同时成品油部分应实现增值税入库数据高于 14.4 时,才会对地方财政收入做出贡献,且只是超出 14.4 部分的 25%属于地方财政收入,如果数据低于 14.4 时,企业对于地方财政贡献为"0"元。

4、随着国家财政在 2014 年 11 月 29 日至 2015 年 1 月 13 日期间连续 3 次对消费税单位税额的提高,结合(财预[2008]479 号)文件,与实际石油炼化企业的成品油销售价格以及原油价格的对比情况如下:

单位:元/吨

| | 汽油销售均价 | 柴油销售均价 | 原油购进价格 |
|---|---|---|---|
| 2012 年 | 7393.48 | 6646.3 | 5064.67 |
| 2013 年 | 7160.82 | 6449.13 | 4684.01 |
| 2014 年 | 6648.82 | 5351.85 | 4355.91 |

以此数据计算，2014年较2012年汽油销售价格、柴油销售价格、原油购进价格的下降比例分别为：11.20%、24.19%、16.27%，三者之间下降比例不均衡，加之消费税单位税额的不断提高，实际上消费税税率提高并不一定会影响以及造成成品油销售价格的同时提高，那么，势必中央财政将依据财预【2008】479号文件，将再次多划转增值税地方分享部分更大，企业对于地方财政的贡献也逐渐下降。

5、以该企业2012—2014年度实际数据，按照现在消费税税率计算，其它因素不变，只考虑消费税税率变化因素，即：财税【2014】94号、财税【2014】106号、财税【2015】11号文件，轻质油税率由1元/升增长到1.52元/升，重质油由1.8元/升增长到1.20元/升，消费税税率综合增长率按照50%结果，测算如下：

| | 消费税入库 | 增值税入库 | 成品油收入占全部收入比例 | 其中：成品油部分增值税入库 | 依据文件实现消费税应划转增值税 | 成品油部分增值税入库地方级收入 | 消费税改革中央划转收入 | 实际地方财政收入 | 实际增值税地方级收入比例 |
|---|---|---|---|---|---|---|---|---|---|
| | 1 | 2 | 3 | 4=2*3 | 5=1*3.6% | 6=4*0.25 | 7=5与6比较，以两者中最小数为中央收入划转额 | 8=2*0.25-7 | 9=8/2 |
| 2012年 | 58.73 | 6.51 | 63.13% | 4.11 | 2.11 | 1.03 | 1.03 | 0.60 | 0.09 |
| 2013年 | 45.32 | 4.78 | 65.80% | 3.15 | 1.63 | 0.79 | 0.79 | 0.41 | 0.08 |
| 2014年 | 66.68 | 12.08 | 66.79% | 8.07 | 2.40 | 2.02 | 2.02 | 1.00 | 0.08 |

通过以上税率变动的数据测算，2014年度增值税地方分享部分比例影响较为严重，税率变化前后的实际增值税地方级收入比例由原先12%下降为8%。

## 四、消费税单位税额提高后2015年上半年实际情况

**乌石化分公司2015年1—5月收入比例表(按税收所属期口径统计)**

单位：元

| 项目 | | 2015年1—5月 |
|---|---|---|
| | "营改增"收入 | 2326905.72 |
| 实现的增值税应税销售收入13207089040.79元 | 增值税应税总收入 | 13204762135.07 |
| | 其中：成品油 | 10660370994.18 |
| | 化工产品 | 0 |
| | 化纤产品 | 105567264.96 |
| | 芳烃产品 | 808416768.22 |
| | 其他产品 | 1630407107.71 |
| 成品油销售收入占增值税应税销售收入比例 | | 80.73% |

| | | |
|---|---|---|
| 实现的增值税入库954923551.96元。 | “营改增”入库增值税 | 255959.63 |
| | 实现增值税 | 954667592.33 |
| | 其中:成品油 | 770715186.40 |
| | 化工产品 | 0.00 |
| | 化纤产品 | 7632219.77 |
| | 芳烃产品 | 58446284.89 |
| | 其他产品 | 117873901.26 |
| | | 实际入库数 |
| 2015.1－5月入库消费税 | 其中:轻质油 | 971900990.98 |
| | 重质油 | 2205131287.09 |
| | 合计 | 3177032278.07 |
| 成品油部分实现增值税 | 770715186.40 | |
| 成品油部分实现增值税地方分享部分(＝成品油实现增值税＊25％) | 192678796.60 | |
| 成品油入库消费税归属于增值税中央应划转部分(＝消费税入库＊2.3％) | 73071742.40 | |
| 成品油实现增值税中央应划转部分(＝消费税入库＊3.6％) | 114373162.01 | |
| 按照新政策(2.3％)比例计算应划转数据 | 73071742.40 | |
| 按照新政策(3.6％)比例计算应划转数据 | 114373162.01 | |
| 政策(新老政策)差额 | －41301419.61 | |

依据以上数据计算结果,如按照传闻说“划转比例将下调为2.3％”比例划转,地方财政将多取得财政收入41301419.61元,增值税中地方级收入分享比例将达到15.52％;如继续按照3.6％比例执行,增值税中地方级收入分享比例将为10.16％;两者相差5.36％。

## 五、政策方面建议

(一)对同时生产成品油产品和其他产品的企业,建议今后将成品油和非成品油产品的收入分开申报,将以上数据作为纳税申报的附送资料报财政专员办审核,作为划转税款的依据,减少来回划转问题。以期达到合理计算提高成品油消费税税额后,归属中央级收入增加的地方增值税及相应的城建税、教育费附加的数额确定,减少现有的模式,先按照总体已划转的税款进行清算,对多划转的税款在予以退还。

(二)中央新疆工作会议召开后,已形成全国支援新疆、促进新疆经济发展的良好局面。且该类企业在地方经济发展建设中起到重要地位作用,为了更好地服务新疆经济发展,支持企业驻地的经济发展,将更多的经济利益留在新疆当地留在企业驻地,建议将成品油消费税中央财政划转的增值税及相应的城建税、教育附加费通过财政转移支付方式全额返还给地方财政。

(三)适当降低中央划转地方级收入比例,近期,有传闻说“划转比例将下调为2.3％”,如此项政策落实到位,依据企业2015年1－5月实际数据计算,地方政政府财政收入增加41301419.61元,增值税中地方级收入分享比例将达到15.52％;或者完全确定一个成品油实现增值税中,地方级收入分享比例合理数据,减少中间的计算过程,简化程序。

(作者单位:新疆乌鲁木齐市国家税务局
新疆乌鲁木齐市米东区国家税务局)

# 小蘑菇如何撑起富民大产业

## ——以唐县富民食用菌有限公司为例

崔会民

唐县位于太行山麓，素有“七山二水一分田”之称，资源匮乏，经济以农林业为主，工业基础薄弱，是国家级贫困县。2014年以来受国家环保政策、宏观经济持续低迷及重点行业因市场因素缩减等因素影响，我县仅有的几个资源型行业受到重创，农民收入主要以种养殖和外出打工为主，农民增收缓慢。如何利用现有资源，实现“精准脱贫”成为我县一大重要课题。

### 一、唐县杏鲍菇产业发展现状

通过我们多方调研，发现我县虽农产品种类繁多，产量相对较低，大多只是粗加工导致产品附加值低，直接影响农民增收，同时农村还有不少剩余劳动力有待消化，因此我们建议：我县扶持农业龙头企业，开展特色农产品深加工，带动相应种殖业发展，开展订单养殖，实现企业和农户双赢。在我们走访中，发现坐落在我县水头村的河北省唐县富民食用菌有限公司走到了特色农产品加工前列，现在我们就以该企业为样本，剖析农产品深加工带动农民增收的路径。

河北省唐县富民食用菌有限公司成立于2006年，是一家专门从事食用菌生产、繁育及产品深加工的多功能、外向型的农业产业化企业，旗下有“鑫唐”牌杏鲍菇，“冀唐”牌杏鲍菇功能饮料，其中“鑫唐”为河北省著名商标。目前正在建设投资1.52亿元的食用菌深加工项目，建成后，将年产杏鲍菇花生复合饮料8000吨，杏鲍菇茶饮料20000吨，年销售额将实现8个亿，实现税收近4000万元。

### 二、在农产品深加工带动农民增收方面存在的问题

(一)企业发展外部环境还需进一步增强

作为政府部门应该通过各种方式关注企业成长，支持企业壮大，从而实现农民增收的目的。但现实中却存在一系列问题制约企业的发展：配套设施不完善，企业成立10年来一直靠一条土路进出，而规划的水泥路一直没有修通制约了企业的发展；国家拨付的项目资金一直没有到位，同时金融单位对涉农企业关注较少，导致企业发展资金一直不充裕，致使企业主要依靠自身资金发展，限制了企业发展规模；虽然该企业产品远销海南、北京、天津等地，销售一直供不应求，但我县对于优秀品牌的宣传不够，导致出现“墙里开花墙外香”的局面，不利于企业长久发展。

(二)原材料供应困难

由于企业产品主要以杏鲍菇为原料，年消耗杏鲍菇约8000吨左右，但由于我县农户种植面积较小，目前我县产量仅300吨左右，导致企业不得不从福建购买原材料，年增加运费达1500万元，制约了企业生产规模的扩大。

(三)企业＋农户模式中政府的缺位

由于原材料运输成本较高，该企业曾尝试企业＋农户订单模式，却遭冷遇。由于是企业推广订单模式，因此遭遇农户不信任，甚至冷眼，同时由于政府协调不到位，在农户组织、产品收购方面存在一系列问

题，影响双方合作的深入，特别是大规模推广成本较高，单靠企业无法承担。

## 三、在农产品深加工带动农民增收产生问题的原因

农产品深加工既可以带动农民增收，又可促进企业发展，可实现“双赢”，但是由于存在以下原因导致合作不能深入。

（一）相关部门服务意识有待增强

有些部门对自身职责认识不清，往往以管理者自居，为企业的发展设置了一些障碍，导致企业发展外部环境缺失，制约企业发展。

（二）对涉农企业关注不够

一些部门认为招商引资来的企业才是大项目，只关注外来企业，而忽视了当地资源的发掘，只关注企业经济效益，忽视了社会效益，对本县企业关注扶持不够，特别是对涉农企业关注不够，导致涉农企业发展资金、资源不足，企业因土地指标受限，导致企业无法扩大再生产，阻碍了企业的发展。

（三）一些部门创新担当意识不强

由于部分政府部门害怕承担责任，习惯于事务性工作，对企业＋农户订单模式认识不到位，在模式开展中跟进不够，阻碍了模式的推广。

## 四、在农产品深加工带动农民增收方面的建议

通过促进农产品深加工企业发展，推广企业＋农户订单模式，可以有效利用农村剩余劳动力，促进农户增收、企业发展，最终带动一个产业发展，促进当地富裕。建议从以下几方面提升发展层次。

（一）政府部门强化服务意识

相关政府部门要充分认识发展涉农企业的带动农民增收的重要意义，切实履行自身职能，为涉农企业发展开辟快捷通道，为企业发展做好参谋，帮助企业用足、用好政策资源，从审批、检验检疫、资金等多方面扶持企业发展。

（二）社会各界为涉农企业发展创造良好外界环境

新闻单位要多发掘涉农企业发展典型，帮助企业树立品牌；金融部门在合理防范风险的基础上，为企业贷款提供便利；宣传部门要多关注涉农企业对带动农民增收的事例，为涉农企业发展营造良好的舆论环境。

（三）政府牵头，推动订单农业发展

大力推广“企业＋农户”订单模式政府责无旁贷，应由政府牵头考察企业现状，为企业作担保，推广这一模式，并监督与指导合作中企业和农户行为。

据了解，我县农民有种植蘑菇、杏鲍菇的传统，技术力量容易解决并可由企业提供技术人员指导，农户建设一个杏鲍菇大棚占地少，仅需地 2 分，既可在承包土地建设，又可发展庭院经济；建设工期短，最快仅需一天；投入少，大棚仅需资金 5000 元左右；见效快，正常情况下，杏鲍菇生长周期 3 个月左右，每期产量可达 1 万斤，一个大棚每年可产 4 期，产品全部由企业收购，年收入在 2－3 万元。以上企业＋农户，既解决了企业原料难题，支持了企业发展，又增加了农民收入，实现了脱贫，可一举多得。建议由政府出面，各驻村扶贫小组具体组织或解决资金，组织农民大力开展杏鲍菇种植，力争在我县打造“万亩杏鲍菇产业基地”。

（作者单位：河北省唐县国家税务局）

# 小议融资性售后回租的税收处理

张宏博　周良才　孙　燕

融资租赁随着改革开放进入我国，因其直接服务于实体经济，在促进装备制造业发展、中小企业融资、企业技术升级改造、设备进出口、商品流通等方面具有重要的作用，缓解了企业引进新设备和技术方面的资金不足，为中小企业提供了有力的金融支持，弥补了普通商业银行在这方面的不足，推动了产融结合和实体经济的发展。

售后回租是相对特殊的融资租赁形式，其与其他融资租赁最大的区别是承租方与供货方同为一人。但因售后回租企业因监管部门分属银监会、商务部在行业划分上不同，一些非融资租赁公司开展售后回租、售后回购的形式开展营销，司法实践中有不动产售后回租涉嫌变相集资的判定，财务管理上又将售后回租分为融资租赁和经营租赁，等等。这些使得基层税务机关和税务人员对售后回租哪些主体可以做、如何判定、政策差异等掌握模糊。

## 一、融资租赁的合法主体及区别

在经济生活中，融资租赁业务的合法主体是经批准成立的金融租赁公司和融资租赁企业两类，但这两类主体在行业划分等也有诸多不同。金融租赁公司由中国银行业监督管理委员会（以下简称“银监会”）发放牌照并监管，属于金融机构；融资租赁企业由商务部或经授权的省级政府商务部门实施监管，属于现代服务业，而不属于金融机构。两者主要区别有：

（一）企业性质不一

金融租赁公司是经中国银行业监督管理委员会批准，以经营融资租赁业务为主的非银行金融机构。而融资租赁企业是指根据商务部有关规定从事融资租赁业务的企业。

（二）命名规则不一

金融租赁公司名称中必须标明“金融租赁”字样。未经银监会批准，任何单位和个人不得经营融资租赁业务或在其名称中使用“金融租赁”字样，但法律法规另有规定的除外。而融资租赁企业无具体名称的限制性规范。

（三）业务范围不一

金融租赁公司经批准可开展发行金融债券、吸收除银行股东外的股东一年期以上定期存款等金融业务。而融资租赁企业则不得从事吸收存款、发放贷款、受托发放贷款等金融业务，只能依靠股东的借款，不能吸收股东存款。

（四）设立要求不一

金融租赁公司的设立在主体、注册资金、企业管理、经营业绩等方面要求严格，设立较少，截至2015年末全国不足30家。而融资租赁企业的设立要求相对宽泛，设立较多，截至2015年末全国已超1400余家。

（五）租赁资产不一

金融租赁公司用于融资租赁业务的标的物为固定资产，包括了有形动产与不动产。而融资租赁企业则是“以权属清晰、真实存在且能够产生收益权的租赁物为载体”，范围大于金融租赁公司限定的固定资产范围。

(六) 行业划分不一

根据国家统计局的行业分类标准，金融租赁公司归为“金融业—货币金融服务—非货币银行服务—金融租赁服务”，而融资租赁企业归为“租赁和商务服务业—租赁业—其他机械和设备租赁”。

虽然也有房地产开发公司或其他主体利用售后回租或回购的形式，购置或出售房地产等资产的行为，但这仅是一种营销方式，均按正常购销业务处理。

## 二、售后回租及融资性与经营性的判定

融资租赁的种类有直接租赁、转租赁、售后回租、杠杆租赁、委托租赁、联合租赁等。它们都具有融资性质和所有权转移特点。

(一) 售后回租融资租赁的判定

根据《金融租赁公司管理办法》第四条的规定“售后回租业务，是指承租人将自有物件出卖给出租人，同时与出租人签定融资租赁合同，再将该物件从出租人处租回的融资租赁形式。售后回租业务是承租人和供货人为同一人的融资租赁方式。”《融资租赁企业监督管理办法》并未对售后回租业务进行单独定义。

(二) 售后回租中融资性和经营性的判定

融资性售后回租与经营性售后回租的表述，主要存在会计准则和税收规范性文件中。

《企业会计准则第 21 号—租赁》(财会[2006]3 号)第七章“售后租回交易”第三十条的规定“承租人和出租人应当根据本准则第二章的规定，将售后租回交易认定为融资租赁或经营租赁。”第二章第六条有“在租赁期届满时，租赁资产的所有权转移给承租人”等六点规定。

根据《国家税务总局关于融资性售后回租业务中承租方出售资产行为有关税收问题的公告》(国家税务总局公告 2010 年第 13 号，以下简称“13 号文”)规定，“融资性售后回租业务是指承租方以融资为目的将资产出售给经批准从事融资租赁业务的企业后，又将该项资产从该融资租赁企业回租的行为。”

(三) 融资性售后回租的标的物为有形动产和不动产

融资性售后回租包括有形动产和不动产。因为行业规定，如《金融租赁公司管理办法》第四条指出“适用于融资租赁交易的租赁物为固定资产，银监会另有规定的除外。”而固定资产则不仅包括有形动产，也包括不动产。其次，《融资租赁企业监督管理办法》第十九条规定“售后回租的标的物应为能发挥经济功能，并能产生持续经济效益的财产。”融资租赁企业的租赁标的不仅为固定资产，无形资产、流动资产等资产都可以。

税收规定上，13 号文对于融资性售后回租的标的物的表述是“资产”。此后的国家税务总局的文件都延续这样的规定，如《财政部 国家税务总局关于将铁路运输和邮政业纳入营业税改征增值税试点的通知》(财税[2013]106 号)附件 2《营业税改征增值税试点有关事项的规定》等。

## 三、现行融资性售后回租的税收处理

(一) 不同主体的税务处理

2016 年 5 月 1 日前，金融租赁公司开展的融资性售后回租，无论根据国家行业分类标准，还是总局文件的规定，属于金融业，应按金融业的相关规定处理。税收优惠上多于融资租赁企业和其他企业，如契税优惠仅限于金融租赁公司。

2016 年 5 月 1 日后，金融租赁公司和融资租赁企业虽然按国家行业分类标准分属不同行业，但根据《财政部 国家税务总局关于全面推开营业税改征增值税试点的通知》(财税【2016】36 号)的规定，对于金

融租赁公司和融资租赁企业开展的融资性售后回租均按金融业处理。

据13号文规定,能享受特殊税收优惠的主体是"经批准从事融资租赁业务的企业",故,其他单位和个人开展的售后回租或售后回购等业务,分别按照购销、出租等业务分开处理。

(二)不同税种的税务处理

1、营业税。(1)出租方。金融租赁公司2016年5月1日前开展的不动产融资性售后回租在租赁期内按"金融业"征收营业税,以其向承租者收取的全部价款和价外费用(包括残值)减去出租方承担的出租货物的实际成本后的余额为营业额。(2)承租方。出售资产的行为,不属于营业税征收范围,不征收营业税。

2、增值税。(1)出租方。2016年5月1日前,金融租赁公司和融资租赁企业开展的有形动产融资租赁征收增值税,以收取的全部价款和价外费用,扣除向承租方收取的有形动产价款本金,以及对外支付的借款利息(包括外汇借款和人民币借款利息)、发行债券利息后的余额为销售额。但对其增值税实际税负超过3%的部分实行增值税即征即退政策。2016年5月1日后,金融租赁公司和融资租赁企业开展的有形动产、不动产融资租赁均征收增值税,其中有形动产租赁税率17%,不动产租赁为11%,融资性售后回租按金融服务6%。原增值税实际税负超过3%的部分实行即征即退政策增加了限制条件。(2)承租方。出售资产的行为,不属于增值税征收范围,不征收增值税。

3、企业所得税。(1)出租方。金融租赁公司和融资租赁企业在收入、成本确认上一致,在企业所得税申报时也按调表不调账的原则处理,差异主要是金融租赁公司按规定计提的贷款损失准备金可在一定额度内税前扣除。(2)承租方。出售资产的行为,不确认为销售收入,对融资性租赁的资产,仍按出售前原账面价值作为计税基础计提折旧;租赁期间,支付的属于融资利息的部分,作为企业财务费用在税前扣除。

4、印花税。对承租人、出租人因出售租赁资产及购回租赁资产所签订的合同,不征收印花税。

5、房产税。(1)出租方。融资租赁的房产金融租赁公司和融资租赁企业不属于房产税纳税人。(2)承租方。自融资租赁合同约定开始日的次月起依照房产余值缴纳房产税。合同未约定开始日的,由承租人自合同签订的次月起依照房产余值缴纳房产税。

6、契税。(1)出租方。金融租赁公司开承受承租人房屋、土地权属的,照章征税。(2)承租方。租赁期满,回购原房屋、土地权属的,免征。

## 四、融资性售后回租的税收处理建议

(一)明确融资性售后回租的税收判定标准

按照13号文对融资性售后回租的规定原则性太强,加大了基层税收执法人员的职业判断要求,也不利于基层执行。而应结合会计准则的要求,比照企业所得税税前扣除等件规定,详细描述具体判定标准。可将第21号会计准则中的一些内容从税收的角度修改,如租赁期限达到固定资产的最低折旧年限的90%、租金合计超过固定资产的85%以上等可以量化的,便于基层操作与衡量的标准。

(二)明确售后回租中城镇土地使用税的纳税人

城镇土地使用税的纳税人是在城市、县城、建制镇、工矿区范围内使用土地的单位和个人。售后回租的房地产标的物需办理产权登记至融资租赁经营单位,而依照城镇土地使用税相关规定,融租租赁经营单位为城镇土地使用税的纳税人。但房产税的纳税人依据《财政部 国家税务总局关于房产税城镇土地使用税有关问题的通知》(财税[2009]128号)为承租人。这造成同属财产税,纳税人的规定不一致。虽然基层在实践操作中,比照财税[2009]128号的规定要求城镇土地使用税也由承租人缴纳,但这存在一定的税收执法风险。

(三) 统一税种间对融资性售后回租的尺度

根据财税〔2012〕82号的规定，售后回租期满，承租人从金融租赁公司回购原房屋、土地的，免征契税。承租人期满从融资租赁企业回购原房屋、土地的，没有减免税规定。这与国家税务总局〔2010〕13号公告的表述不一。13号公告是“批准从事融资租赁业务的企业”交契税优惠对象要宽，也更符合实际。还有，优惠对象不一致。契税没有提到售后回租的融资性与经营性的判定，只要是售后回租这种形式即可。这种不一致可能是征税对象不同造成的，但这也会带来不同税种的差异，而这也是应逐步避免的。

(四) 避免土地增值税与不同税种间的政策差异

按土地增值税的规定在承租人出售时、出租人出售时均应办理土地增值税的申报。具体依据是《金融租赁公司管理办法》和《融资租赁企业监督管理办法》均规定，出租方应真实取得相应标的物的所有权，标的物属于国家法律法规规定其产权转移须到登记部门进行登记的财产类别的，应进行相关登记。但与增值税、企业所得税在这一业务的判定上有较大差异，因为按照13号文，承租人出售租赁资产时，资产所有权以及与资产所有权有关的全部报酬和风险并未完全转移，不确认销售收入。

(作者单位：江苏省徐州地方税务局第一分局)

# 新形势下促进农产品加工业转型升级的税收政策探讨

冯李林　刘新明

## 一、加快农产品加工业转型升级的意义和方向分析

(一)农产品加工业的内涵

农产品是指来源于农业的初级产品,即在农业活动中获得的植物、动物、微生物及其产品。农产品加工业有广义和狭义之分。广义的农产品加工业,是指以人工生产的农业物料和野生动植物资源及其加工品为原料所进行的工业生产活动;狭义的农产品加工业,是指以农、林、牧、渔产品及其加工品为原料所进行的工业生产活动。为更好地结合实际,本文选取后者。

(二)加快农产品加工业转型升级的现实需要

十八大报告中提出:“坚持走中国特色新型工业化、信息化、城镇化、农业现代化道路,推动信息化和工业化深度融合、工业化和城镇化良性互动、城镇化和农业现代化相互协调,促进工业化、信息化、城镇化、农业现代化同步发展。”这与“资源节约型、环境友好型”社会(即两型社会)建设的要求是相互融合、协调一致的。它们严格区别于旧的发展模式,有着共同的标签:节约、环保、低碳、现代、科学,体现人与自然和谐共生,追求创新驱动发展,实现全面转型升级。农产品加工业连贯田间地头和城镇都市,连接人与自然、传统与现代、农业生产和市场消费,既是新型城镇化、农业现代化的重要内容,又紧紧依托工业化和信息化,它的转型升级在实现“四化两型”过程中占据不可替代的重要位置,尤其是直接关系到新常态下的农村稳定、农民增收、农业发展。

(三)加快农产品加工业转型升级的优先选择

进入新世纪以来,我国农产品加工业快速发展,2003－2013 年,农产品加工业规模以上企业主营业务收入从 2.63 万亿元增加到 17 万亿元,年均增长 20%以上,成为国民经济中最具成长活力的产业之一。尽管如此,但无论是与发达国家相比,还是与市场需求和发展需要相比,仍有不小差距。主要体现在五个方面:

1、产业体系不完善。行业标准和质量控制体系缺失(国际上农产品加工标准以具有通用性的基础标准和检测方法标准为主,而我国基础标准仅占标准总数的 3.6%;发达国家基本实现全程质量控制,我国才刚起步);从原料基地到产品进入市场及售后的产业链不完整;职业(农民、技工)培训、品牌创意推广等相关服务业滞后。

2、结构性矛盾突出。加工总量不足、区域发展不平衡;原材料供应与加工需求、加工产品供应与市场需求错位现象较普遍;此外农产品加工业中的农副产品加工、食品制造、纺织、饮料一直是四大支柱,长期占总产值的 85%以上,其它类别产品增长乏力。

3、整体实力不强。行业门槛低,核心技术和精深加工设备对外依存度高,整体技术装备落后,企业数量多、规模小,遍地开花;由于基础研究和科技创新不足,我国农产品加工综合利用率目前才接近 40%,而发达国家多半在 90%以上;知名品牌较少,低层次竞争激烈、高等次竞争力不强。

4、金融支持保障环境不优。农业发展银行、国家开发银行、中国进出口银行等三大政策性银行，在支持农产品加工业发展上一直定位不明，职能作用发挥不够，直到2015国务院批复的改革方案中才进一步明确；商业银行的逐利本质驱使它们往往忽视农产品加工业等弱势企业或行业。

5、地方政府、市场主体关注热情不高。相对重工业、旅游业、房地产业等而言，农产品加工业基础工作量大、挑战多、收益慢、民众期望值高，地方政府和市场主体长久规划、持续投入的动力不足。

由此可以明确农产品加工业转型升级的努力方向应是：综合系统标准、优质环保高效。具体来说：一是应以全球眼光深化标准和质量体系建设；二是应以"资源节约、环境友好"要求推进精深加工和综合利用；三是应以"创新驱动发展"战略强化科技投入和中介服务；四是应以市场化、产业化目标促进资本注入和品牌竞争。

## 二、税收政策对促进农产品加工业转型升级的作用机理浅析

市场对资源配置起决定性作用毫无疑问，而税收调控对资源配置的辅助作用随经济全球化的深入而愈发重要。重视、研究和应用税收政策工具来解决经济社会发展中的问题越来越成为大多数国家尤其是发达国家的共识。税收政策调控作用的发挥通常通过税收效应来体现，通过对市场经济主体的行为调节来实现。

服务于产业结构调整、经济结构优化和发展方式转变目的的税收政策多以倾斜性的产业政策为主，以针对性的减轻或增加税收负担的方式来鼓励或者限制某些产业的发展。其调控作用发挥如何与相关条件密切相关：一是调控对象与调控目标的相关性、敏感性；二是调控力度需要达到合适水平；三是税收效应的传导相对通畅；四是有效的税收征管和健康的外部环境。

从前文分析来看，税收政策促进农产品加工业转型升级主要着力点应该是鼓励投资精深加工、鼓励科研创新、鼓励出口，并在基础研究、金融业、中介服务等外部环境的优化上施以积极影响。属于通过税收优惠减轻相关方税收负担予以鼓励的范畴，调控目标很明确，调控对象包含农产品加工企业、科研院所(甚至科技创新个人)、相关的金融业及中介服务机构。在制定和调整税收优惠政策时需要瞄准着力点、拿捏优惠度，选择易于执行和监管、受外部环境影响小、不易转嫁和分化等的税收措施，同时注重综合系统的应用，不断加强征管、优化外部环境，释放出明确的激励信号，全方位引导产业方向，实现精准着力与良性环境营造的统一，服务于农产品加工业加快转型升级。

## 三、税收政策促进农产品加工业转型升级的经验借鉴和我国现状

发达国家一直非常重视税收政策在促进农产品加工业发展中的作用。主要表现在：

一是税率优惠，直接减轻纳税人负担。如欧盟国家对在农产品的生产、流通、加工和出口环节都予以税收优惠，其中意大利对农场主、林渔企业实行特别降低税率2%和正常减低税率9%；德国对林业产品适用5%的销项税率，抵扣税率也为5%；法国的公司所得税税率为33%，但对农林业的收益所得减按24%的税率计征。

二是加速折旧，促进新设备的使用。如美国的《国内收入法》中明确规定，对用于制造食品、饮料、橡胶制品的特殊工具和手工装置等实行加速折旧3年，种牛和奶牛、伐木和锯木设备15年。

三是亏损结转，增强农产品加工企业应对风险的生存和发展能力。美国在企业的亏损结转方面表现得尤为大方，具体表现在允许亏损结转的期限上。规定企业某一纳税年度的净亏损允许前转3年，对冲转部分税务当局允许退税。如果冲抵不完，则可以向后冲抵15年。

四是鼓励金融机构和中介服务机构支持农产品加工业发展。美国、日本等国对"三农"经济组织一般免征或减征企业所得税，法国对农业合作信贷银行、农业合作社及其联合组织的收益免征公司所得税。

五是充分利用关税配额，保护本国农产品加工业。美国对农产品实行关税配额制，允许一定数量的商品在配额内按较低的关税进口，对超出配额的进口课以较高的税率。日本也主要通过进口配额和提高农产品进口关税率两种手段来达到目的。

总的来说，发达国家支持农产品加工业发展的税收优惠政策体现出如下特点：一是覆盖生产、流通、加工、出口等各个环节；二是方向性明确，界限清晰，注重长远；三是以间接减免为主，直接减免为辅。

我国是农业大国，一直非常重视农产品加工业发展，注重多种涉农政策的综合应用，其中税收优惠政策主要有：

一是增值税优惠。1995年通过《农业产品征税范围注释》把部分初加工产品列入农产品范围，外购农产品进行加工、销售的增值税税率由17%下调到13%。2012年发布《关于在部分行业试行农产品增值税进项税额核定扣除办法的通知》，将部分行业农产品进项税额扣除率由现行的13%修改为纳税人再销售货物时的适用税率，进一步减轻负担，便于征管。

二是企业所得税优惠。2008年实施的《企业所得税法》和《企业所得税法实施条例》把农产品初加工列为所得税免征范围。2011年的《关于享受企业所得税优惠的农产品初加工有关范围的补充通知》进一步予以规范和细化。

三是进口环节税收优惠。对符合国家高新技术目录和国家有关部门批准引进项目的农产品加工设备，在《国内投资项目不予免税的进口商品目录》所列商品以外的，继续免征进口关税和进口环节增值税。对龙头企业从事国家鼓励类的产业项目，引进国内不能生产的先进加工生产设备，按有关规定免征进口关税和进口环节增值税。

四是出口退税政策优惠。自2009年6月1日起，罐头、果汁、桑丝等农业深加工产品的出口退税率提高到15%，部分水产品的出口退税率提高到13%，玉米淀粉、酒精的出口退税率提高到5%。

可见，我国促进农产品加工业发展的税收政策有以下几个方面不足：一是偏重于减免税等直接方式减轻纳税人负担，对加速折旧、亏损结转等间接方式注意不够；二是偏重于照顾初加工行业，对精深加工支持反而不够；三是没有明确凸显产业支持的方向，划定龙头企业等资格门槛，带有一定歧视性；四是比较零散，系统性和长效性不足，尤其是缺少对服务农产品加工业发展业态的支持和鼓励。

## 四、促进农产品加工业转型升级的税收政策建议

我国经济发展已经进入新常态，全球竞争愈加深入和激烈，资源节约、环境保护的形势愈加严峻，大众创业、万众创新正在催生新业态的繁荣，结合前文，我国农产品加工业转型升级务必阔步前行，税收政策应当主动作为。建议如下：

(一)总体原则和基本思路

立足全面系统、“三主三辅”。即“实行综合且配套的税收优惠政策，以针对农产品加工业为主，以针对为农产品加工转型升级提供直接服务的行业为辅；以间接减免形式为主，以直接减免形式为辅；以发挥激励作用为主，以发挥照顾作用为辅。”

(二)具体税收政策

1、直接针对农产品加工业的税收优惠政策。

(1)将符合国家农产品加工业标准体系和质量控制体系的要求作为享受税收优惠政策的前置条件。

(2)立足公平性，完善农产品加工业增值税优惠政策。参照WTO《农产品协议》使用农产品范围的注释方法修订《农业产品征税范围注释》，最大限度地将以农产品为原料的加工产品列入，享受同等待遇；统一购进原材料抵扣税率和产成品再销售销项税率，彻底解决农产品加工业“高征低扣”问题。

(3)立足激励性，完善农产品加工业企业所得税优惠政策。其一注重政策导向。统一国有农口企业、

重点农产品加工企业、农业产业化龙头企业和其它农产品加工企业的税收优惠政策,"不以出身论英雄",同等产业方向同等对待;其二减轻新办农产品加工企业负担。可统一采取企业所得税"两免三减半"的优惠办法,对符合国家鼓励产业方向的还可增加优惠幅度,帮助企业积蓄发展力量;其三扩大税前扣除项目、支持加速折旧。允许企业提取不超过销售收入一定比例的技术改进费进行税前扣除,允许企业开发新产品、新技术、新工艺所发生的各项费用全额税前扣除,允许固定资产采用加速折旧方法计提折旧并税前扣除,适当缩短折旧年限;其四加大亏损弥补力度。允许企业某个年度的净亏损前转 1 至 3 年后转 5 至 10 年,对于加速折旧产生的经营性亏损可以不定期向后结转;其五支持投资抵免。对于企业符合国家鼓励政策的扩大再生产、采用高新科技生产线、技术改造项目等采购的国产设备或者允许的进口设备的投资,允许按一定比例和条件抵免应纳税所得额。

(4)立足保护性,完善农产品加工业进出口环节税收优惠政策。用好进口配额和提高农产品进口关税率两种手段减轻国内农产品加工业秩序和发展受到的干扰;对农产品加工业的出口产品配套用好即征即退和出口退税措施,实现出口零税率;不分主体资格,对符合国家产业政策而进口的先进设备免征关税和进口环节增值税。

2、为农产品加工转型升级提供直接服务的行业的税收优惠政策。银行等金融机构、新型职业农民培训等培训机构、科技研发创新与广告创意策划机构、风险防控与市场服务机构、行业协会等为农产品加工业转型升级提供直接服务的业务所得,在征收企业所得税时予以部分或全部减免。

(三)配套措施

为最大限度保障税收优惠政策在农产品加工业转型升级中持续发挥积极作用,有必要采取如下配套措施:一是建立农产品加工业转型升级税收优惠政策落实督查和评估机制。二是建立农产品加工相关产业信息共享和管理部门沟通协作机制。以便形成合力,最大可能发挥效能。

(作者单位:湖北省嘉鱼县国家税务局)

# 税收征管

# 大企业税收风险管理的实践与思考

浙江省地方税务局课题组

## 一、大企业税收风险管理的主要实践

(一)组建团队,落实绩效考核

2014年浙江地税按照“三定方案”在省局层面成立大企业税收管理处,专司大企业税收管理,各个地市由征收管理处承担该项职能,结合浙江地税实际,初步建立工作机制,组建了40人的省级大企业税收管理专业化团队,积极发挥团队协同管理能力。积极落实大企业绩效管理考评,按照总局、省局绩效办工作要求,及时分解落实总局大企业管理5项绩效指标,结合我省实际,将指标内容落实到处室考核和系统工作考核中,进一步细化工作措施,明晰工作节点,做到目标明确、指标落地、任务到岗、责任到人。

(二)厘清职责,展开前瞻性调研

结合浙江地税实际,完善大企业风险管理流程,主动与征管、稽查、计财、税政等横向部门进行沟通协调,在现行体制机制下尽量明晰横向部门职责权限,厘清工作职责。

积极开展省级列名管理大企业课题调研,通过总局大企业司获取兄弟省市在确定列名企业过程中的实践经验,与省国税大企业管理部门进行座谈,学习借鉴国税部门列名企业管理和信息化建设方面的经验;前往阿里巴巴集团开展实地调研,对行业领军企业集团架构进行全面了解;从省经信委等第三方获取我省23户大型企业集团及其主要成员企业信息,优质完成调研文章,为开展省级列名企业管理打下基础。

(三)信息保障,开展税收风险管理

根据工作需要,依托《税友龙版》征管信息系统,尝试搭建大企业税收管理信息模块,为今后我省大企业税收服务和管理工作提供技术保障,尝试组织编写大企业税收管理业务需求,一方面将现有分散在相关模块内的大企业税源分析监测功能进行整合,另一方面新增以集团为单位的成员企业树形结构管理与展示功能,为局领导决策和各级大企业管理部门开展税源监控和税收分析提供信息支撑。

落实全流程风险管理工作要求,实施有浙江地税特色的税收风险管理。根据总局统一部署,圆满完成中国烟草等11户集团在浙成员企业的全流程风险管理工作任务,完成对通用电气、中化集团、中粮集团等3户集团在浙企业的股权转让、跨境投资、关联交易三类事项涉税风险的统一分析识别任务。积极实施自主风险管理,根据省局征管办统一部署,2014年选择资产负债率和综合税负变动率两项综合指标,对3300户入库税款1000万以上的企业和330户总局定点联系企业在浙成员企业开展风险识别,确定85户指标异常企业,其中20户企业被列入省局征管办重点评估名单。通过以上各项税收风险管理,补缴税费共计8.09亿元。

## 二、大企业税收风险管理中存在的问题

(一)分散管理,征管信息碎片化

目前我省大企业管理以属地税务机关为主,总局定点联系企业在浙共有成员企业3086户,由86个税务分局(直属局)属地管理,而且在分局内部,成员企业管理还散落于不同的管理科(所、股),形成局部、分散管理的特点,这与大企业集团化经营管理所形成的整体性、集中性的特点构成较大矛盾。征管信息

除录入地税税友龙版系统之外，部分征管数据和第三方信息数据游离于征管系统之外，形成信息孤岛，呈碎片化管理状态，未能形成较好的征管数据仓库，实现数据整合增值。

(二)非对称管理，基层部门压力大

大企业税收上经常会出现股权转让、跨境投资、关联交易等复杂事项，对大企业要求实施专业化税收管理，人员配备上要求以专家型、团队化为主，以跨专业、跨行业的复合型人才为主。而现有的征管格局下，对大企业的管理是以属地机关为主，以基层税收管理员为主，部分税务干部业务不强，处理复杂事项能力较弱，出现“看得见的管不着，管得着的看不见、管不好”现象，两者之间存在较大的矛盾。与此同时，大企业不断强化财务集团化、团队化管理，财务人员的专业技能和职业素养也不断提高，在税收业务等方面与税务干部的差距优势在扩大，两者非对称现象进一步扩大。

(三)人工识别，风险推送半自动化

在现行的大企业税务审计系统中，行业税收风险模型还未建立，风险人工识别，税收风险点还是依靠团队成员依据个人业务素养“手工作业”挖掘，因个人专业能力不同，审计效果也有较大差异，呈现出不均衡、不确定的特点。在自主风险推送过程中，实行省局统一识别，基层税务机关分别应对的模式，省局识别风险后，风险任务推送需要层层下达、分解，还是以人工工作流推送为主，既延长了工作时间，也不利于绩效考核，影响风险管理效能。由于省局大企业管理信息平台还处于设计阶段，未能与总局平台有效衔接，海量的地税征管信息未能有效链接整合，大数据信息未能产生税收增值效益。

## 三、国内外大企业税收风险管理的经验借鉴

(一)国外大企业税收风险管理经验

大企业税收管理的最初实践可以追溯到20世纪40年代末。1947年，日本引进纳税申报制度后，由于经济尚不稳定，为确保高收入个人和公司法人依法缴税，提出对大企业实行专业化管理，经过半个多世纪的探索实践，西方发达国家已形成大企业税收管理方面的诸多较好做法。

1、建立专业化的管理团队。大企业通常集合众多成员单位进行集团化运作，善用政策和税会差异来谋取税收负担最小化、经常利用职业会计师进行税收筹划，无论企业是主观故意还是客观原因，都容易形成税务风险。针对大企业的这些特点，发达国家普遍设立专业化的大企业税收管理团队，对其进行专业化的纳税服务和管理。如，英国皇家税务和海关署的大企业管理局设置了17个行业小组：农业与食品业、酒与烟草业、汽车制造业、银行业、商业服务业等。

2、设计和应用大企业税收风险管理体系。大多数国家将风险管理的流程设计为风险识别、风险分析、风险排序、风险处理、风险评估等环节，根据不同环节的特点来开展风险管理工作。他们通常会制定一定时期的整体风险管理战略规划，对所有的大企业进行全税种、全集团、全方面的战略风险管理。例如澳大利亚税务局(ATO)利用风险过滤器对所有大企业进行一年两次的自动筛选(这个过程称为“画像”)。风险过滤器由风险和情报实践小组、风险所有人以及行业专家定期进行审核更新。过滤器通常会筛选出不符的情形，如税收和会计差异因为会造成会计利润和应纳税所得额的差异而被标注出来。一旦风险过滤器筛选出风险目标，潜在高风险纳税人就会进入选案程序，由高级技术领导来分析，运用他们的专业知识来决定潜在风险发生的可能性以及产生的后果。

3、开展大企业税务审计工作。对大企业定期或不定期开展税务审计工作，是目前各国税务当局对大企业开展税收管理的通行做法。例如美国将大企业审计的审计范围和工作计划列入美国国内收入局的合规战略和实施规划中，在审计理念上，其实施的审计是风险导向型审计，即先对纳税人进行系统性的风险评估，然后针对高风险问题开展有限范围的审计；在审计方式上，通常由多个工作组协同实施，各地对“关键”案件和子公司及相关案件的审计进行协调。

(二)国内大企业税收风险管理经验借鉴

1、税务总局层面的主要做法和成效。

(1)在大企业税收风险管理上达成几点共识。

一是平衡治理。大企业税收管理部门执法的目的是实现税法遵从，纳税人开展税务风险控制的目的也是实现税法遵从，两者的目的是对称的、统一的，税务机关的管理工作要在两者之间实现平衡，即实现“纳税服务＋税收执法＝税收遵从”的平衡治理。

二是合作遵从。基于税收法律关系平等性的基本理念，税务机关通过服务和管理相结合、寓管理于服务的工作方式，在不断加强税收风险管理的同时，引导企业完善税收风险内控体系，提高自我防控税收风险能力，实现对税法的自觉遵从，构建和谐的税收征纳关系。

三是风险导向。按照风险管理的要求科学配置管理机构和资源，构建事先风险防范、事中风险控制、事后风险处理的风险防控体系，形成风险管理导向下的、覆盖风险分析识别、等级排序、应对处理、绩效评价全流程的闭环管理。

四是分类应对。注重区分不同的税收风险类别和等级的纳税人，实施有针对性和递进式的风险管理措施，找出影响纳税遵从行为的重要因素，努力使税收不遵从风险控制在最小限度内，为税收遵从最大化这一组织目标的实现提供保障。

(2)完善大企业税收管理机构，加强制度建设。总局2008年9月成立大企业税收管理司，按照“行业管理＋制度建设”的职能配置分设四个行业处室。为优化管理和加强人力资源配置，总局2014年增设了一个管理处室，重新明确各处的行业管理和纳税服务、风险管理、反避税、系统工作指导等职责。同时，进行实体化运作的积极探索，北京市国税局成立第五直属税务分局(大企业税收管理局)，其主要职责是协助总局大企业管理司对36家落户北京的总局定点联系企业的总部开展税收服务和风险管理。

在完善机构设置的同时，税务总局相继出台了《国家税务总局大企业税收服务和管理规程(试行)》、《大企业税收服务和管理工作手册(2013年版)》、《大企业税务风险管理指引(试行)》、《国家税务总局关于税务总局定点联系企业税收风险管理工作有关事项的通知》、《国家税务总局关于加强税收风险管理工作的意见》等文件，不断加快税收风险管理制度的建设步伐，为大企业税收风险管理的稳健、快速推进奠定制度基础。

(3)强化平衡治理，提高纳税人遵从度。2011年总局选择了8户企业集中开展了税务风险内控调查审计，选择内控制度相对比较健全的中海油、中国人寿、西门子等3户企业集团签订了税收遵从合作协议。随后又相继同“中国烟草”、“中国冶金科工”等大型集团签订税收遵从合作备忘录，逐步强化大企业主动遵从意识。

(4)“全流程”和“分事项”双管齐下，提高管理效能。税务总局不断创新税收风险管理手段，针对大企业集团的特点，双管齐下，分别开展全流程和分事项的税收风险管理。全流程风险管理是目前我国大企业风险管理的主要方式，根据对企业集团整体风险的总体判断和征管资源状况，周期性组织对我国大企业实施全流程风险管理。此种方式以企业集团整体为对象，进行全方位的、系统的风险排查和应对。2014年起，探索开展了以企业重大交易事项风险为管理重点的分事项税收风险管理工作。主要对通用电气、中化集团、中粮集团等3户集团的股权转让、关联交易、跨境投资三类重大交易事项开展风险管理工作。

(5)开展业务培训，培养风险审计团队。结合总局领军人才队伍建设，组织司内、大企业税收管理线上、总局定点联系企业人员报考领军人才选拔，为大企业税收管理人才队伍建设储备领军力量。协调人事司建立行业人才库，选拔近300名各行业团队骨干力量作为税务总局人才库成员。同时，根据工作需要，分别组建烟草、银行、电力等行业工作团队，有力加强了大企业税收管理部门税收人才建设。

利用税务系统内部资源，不断举办大企业税收服务和管理培训班；针对各行业特点，举办烟草、银行、电力培训班；针对风险管理手段，举办税务审计、反避税等培训班。利用外部资源，拓宽眼界，与国际货币基金组织(IMF)项目合作,进行大企业税务审计专题交流培训;邀请外部委、企业、中介专家从不同视角讲授大企业税收管理相关知识。通过培训,培养了约500名大企业税收管理专业骨干,为大企业税收管理工作提供了坚实的人才保障。

2、其他兄弟省、市地税部门大企业管理经验。

(1)持续优化机构设置。经过几年的探索和实践,很多兄弟省、市地税部门都结合各自实际,不断优化和整合大企业税收管理机构,积累了很多经验。例如广东省地方税务局直属税务分局和广东省地方税务局大企业税收管理局合署办公,该局为省地方税务局直属行政单位,正处级,主要负责省级预算收入的各项税收、指定收入项目的管理和部分征收业务工作;督促检查省级税收入库工作;承担对大企业提供纳税服务工作,实施税源监控和管理,开展纳税评估,组织实施反避税调查与审计;承担省直社会保险费征收管。下设办公室、税政征管科、收入规划核算科、综合业务科、规费科、信息科、数据分析科、税源管理一科15个科室。

(2)逐步建立专业化管理机制。针对大企业高度信息化、集中化的特点,大企业税收管理部门必须审时度势,逐步建立专业化的管理机制,才能有效开展工作,更好的对大企业实施个性化服务。比如辽宁地税,针对大企业内在特点,结合该省地税实际,提出辽宁地税系统大企业管理的理念"无形的局,有形的管理",即在现有体制不做大的调整情况下,省局大企业处主要负责组织、协调、综合全省大企业的管理和服务工作,承担列名大企业的涉税诉求处理、遵从合作协议谈签、事先裁定等个性化服务工作。对口总局大企业司,组织落实总局推送的大企业税收管理工作任务。根据工作要求和管理层级,全省大企业系统人员在业务上统归省局大企业处管理,形成树形管理体系。同时把管理融入到纳税服务中,服务前置,以服务促管理、以服务促执法,形成"无形的局,有行的管理",全省上下"一盘棋",密切配合,构建起协调有力、运转畅顺、上下联动的大企业管理新格局。

(3)不断强化全流程税收风险管理。对列名大企业开展全流程税收风险管理,一直是大企业税收管理部门的重要工作。总局大企业司曾于2013年在云南省地方税务局试点,要求其对某商业银行开展全流程税收风险管理,通过督导企业自查,组建团队实施案头审计、现场审计、总结梳理等环节,发现6类29项税收风险事项,补税1876.18万元,并向企业提供了防控税收风险的建议。此后,总局大企业司在总结云南地税试点经验的基础上,针对总局定点联系企业开展全流程税收风险管理工作,取得了显著成效,随后,该项工作向税务系统全面推开。

(4)强化国地税协作。大企业往往作为地方重要税源,具有一定的社会影响力,为避免国地税分设导致的多头执法和地方保护,国地税协作配合、联合执法就显得尤为重要。辽宁省国税局、地税局积极探索国地税合作管理模式就为我们提供了很好地参考。该省税务机关把国地税协作作为大企业税收专业化管理试点工作的首要任务。一是两局联合制定下发《辽宁省国家税务局、辽宁省地方税务局关于联合建立大企业专业化管理组织领导合作机制的通知》,建立大企业税收专业化管理国地税合作机制。二是以国地税局联席会议形式确定具体合作事项及工作安排。三是联合制定大企业管理基础规章制度,明确大企业涉税事项协调领导小组的建立、税收联络员的设立、税收遵从合作协议签约企业的涉税诉求管理等工作内容。四是联合确定省、市定点联系企业,合作开展大企业个性化纳税服务。本溪市地税局作为试点单位,对大企业采取税收征管事项分级管理、专业化管理与属地日常管理相结合的模式。

(5)加强风险管理团队建设。实现大企业专业化管理,队伍建设是基本保障。要配备和建设一支适应大企业管理的数量足够、专业结构合理、素质高的干部队伍,团队式开展工作。如河北省地税局建立税企交流和专业团队管理制度,该局于2015年8月制定下发了《河北省地方税务局定点联系企业税企交流和信息联系管理办法(试行)》和《税收专家服务团队管理暂行办法》,成立由省地税局、11个设区市和2个省直管县局组成的14个税收专家小组。省局税收专家小组负责全省范围内的纳税人重大涉税疑难问题的解答;各市(包括省直管县)税收专家小组负责本辖区范围内纳税人重大涉税疑难问题的解答。

## 四、加强大企业税收风险管理的建议

适应新常态，采取新举措，新形势下加强大企业税收风险管理的必然要求，下一阶段，大企业税收管理要适应国家“一带一路”和“走出去”战略部署，按照税收“十三五”规划要求做好各项举措。

（一）整合部门管理资源，优化大企业管理模式

在税收风险管理模式下，进一步整合征管、税政、稽查资源，形成大企业管理合力。从近年来各地税务机关探索和实践的情况看，对大企业的税收主要有三种模式：第一种是建立专业职能的大企业税收管理机构，即除了日常征管职能仍在属地税务机关，涉嫌偷税移交稽查部门外，其余的管理职能均由其履行。第二种是不改变现行的管理体制，仅仅将大企业的部分复杂管理事项上收，由上一级税务机关大企业管理部门来管理，日常税收征管实行属地适当集中。第三种是建立全职能的管理机构，在不改变属地入库的前提下，除了涉嫌偷税移交稽查部门外，由全职能管理机构行使其他管理职能。

从浙江地税的实际情况来看，建议以第二种管理模式为优先选择项，即不改变现行的管理机制，做实做强省级大企业管理机构，将大企业的部分复杂管理事项上收，由省、市局大企业管理部门来集中管理，日常税收征管在基层税务机关内部进行适当集中，做到职能集中人员优先配备，实行专业化管理，提高管理效能。

（二）优化大企业分类管理，明确内部管理职责

以总局千户集团、省级列名大企业管理为契机，实施分级分类管理，进一步明确上下级税务机关管理职责。

建议大企业税收风险管理实行“集中统筹、分类应对”的分类分级管理机制，除总局统一安排事项外，由省局实行集中统筹，省局、市局和县局按照各自的职责分类开展风险专项应对。“集中统筹”由省局税务机关操作实施，着重解决全省性的重大协调事项，具体内容包括大企业税收管理的五年规划、制度设计和技术创新、信息平台搭建与运维，组织实施总局定点集团在浙企业和省级列名企业的一户式风险识别、等级排序、组织风险应对、过程监控和考核评价，协调处理跨省、跨市的复杂问题。“分类应对”由省局、市局、县局三级税务机关指根据风险识别等级排序的结果，根据各自的职责范围进行有效的风险应对。省局负责组织协调和指导下级机关开展风险应对。市局、县局作为主管税务机关，负责辖区内企业的日常风险监控，风险自查和税务审计结果的执行与反馈。

（三）完善风险运行管理机制，逐步搭建大企业风险识别工具

基于大企业税收风险管理的客观需要，在关键环节应当构建核心机制。一是搭建风险过滤器，搭建大企业风险识别系统，完善集团企业整体风险的识别机制。二是在识别风险的基础上，完善集团企业风险的等级排序机制。三是完善风险应对过程中的税务审计机制。四是完善使用于集团企业的防控税收风险的个性化服务流程。围绕核心机制制定相应的工作制度，建立健全相应的岗责体系。

以“金税三期”推广应用为契机，对接税友龙版，搭建集团企业涉税信息集中分析应用平台，采集税收征管信息、企业自报税务信息、第三方税务信息和互联网税务信息，整合国地税数据，搭建一户式多维度分析工具，整合征管大数据，提升管理效能。

（四）增进国地税协调配合

由于国税局和地税局的征管范围不一样，对大企业的管理重点和划分标准存在一定的差异。国税局的重点税源企业集中在制造业和商业企业，地税局更多地集中在服务业和房地产业。在大企业管理中，纳税人比较迫切的希望就是国地税步调一致，减少多头检查、多头管理。事实上，宏观层面总局出台《国家税务局、地方税务局合作工作规范（1.0）版》为国地税合作奠定坚实的制度基础，另一方面从微观角度上，各地税务机关通过多年的努力，已经建立起良好的国地税配合的工作机制。因此在大企业税收管理中国地税互相配合，首先应做到省级列名企业尽可能一致，由省国税局、省地税局共同确定省级列名企

业，如一时无法做到一致，也应实现双方税务机关对管理对象的协调配合。其次是做到信息共享，建立省级列名企业信息共享机制，国地税之间及时交换企业生产经营、对外投资、股权变更等信息，提升管理的广度和高度。

（五）加快培育风险应对专业人才，激发团队成员工作热情形成工作合力

税务机关在对企业的管理过程中，往往需要具备扎实的专业知识、丰富的管理经验的复合型人才参与其中，以便满足管理过程中不同的业务需求。此外，现行的大企业税收管理人员还要注意不断学习税收风险管理理论和方法；掌握税收风险信息如何调查、采集；对不同的企业的税收风险采用何种分析方法和技术；如何运用预警监控技术和方法；还要开展税务审计、稽查等方面的培训。税务机关内部要不断学习各地先进的管理经验，充实税务管理人员的专业知识，不断提高管理人员的素质和管理水平。

OECD 国家在对大企业风险管理过程中，都具有一支专业化的管理团队负责各流程中不同的业务。在建立专业化管理团队的过程中，要考虑大企业不断增长的服务需求和愈来愈强的维权意识，明确税务机关选拔人才的条件，挑选优秀人才进入大企业税收风险管理部门，在做大做强省级大企业税收管理机构时，明确选拔标准，集中一批领军人才和专业人才，形成人才的集聚效应；以行业管理团队为主要的人力资源配置方式，每个团队配备法律、财会、行业管理、经济学和计算机应用等专门人才，追求团队整体能力最优化。管理团队成立之后，需要进一步强化内部管理，建立奖惩机制，提高团队成员的荣誉感，稳定队伍，提高凝聚力。

课题组组长：丁　丹

成员：章　征　楼飞青　赵　晗　梁　新　叶万权

# 关于建立自然人税收征管体系的调研报告

## ——基于白云区地方税收征管实践

唐铁建

“营改增”全面实施后，即使调整各税种的地方分成比例，地方财政仍将失去有力支撑，也给地税机关带来了新的挑战——征管重点由流转环节转向终端环节，要求工作重点向直接税转型；控管手段由“以票控税”转向信息管税，要求工作手段向大数据管理转型；征收对象由法人转向自然人，要求工作方式向柔性治理转型。《深化国税、地税征管体制改革方案》也提出要建立自然人税收管理体系，构建高收入者为重点的自然人税收管理体系，然而我国对自然人的征管体系建设仍处在起步阶段。因而如何加强自然人税收综合管理成为摆在税务机关面前的一道重要课题。

### 一、白云区自然人税收征管现状

（一）自然人税源分散，工资薪金个人所得税比重最大

白云区自然人税源分散，税收贡献较大的自然人税收有工资薪金所得、财产转让收入、财产租赁收入、利息股息所得等项目。其中工资薪金个人所得税的比重最大，2015 年入库税额 11.44 亿元，占个人所得税总额的 73.72%，构成自然人的主要税源。

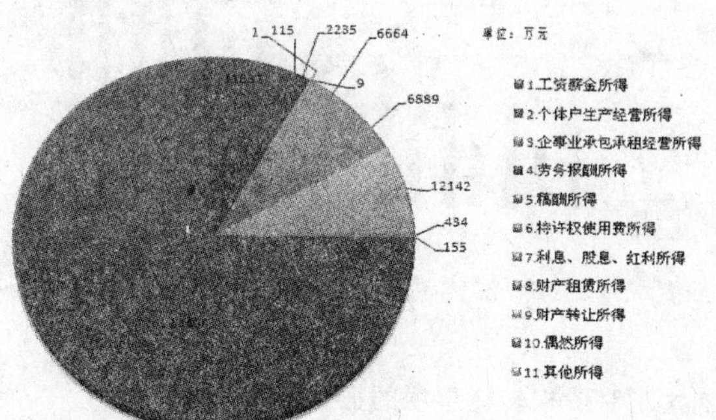


图一　白云区 2015 年个人所得税分品目入库数

（二）高收入行业少，高收入人群个人所得税占比偏低

白云区位于广州市城乡结合部，电力、电信、金融、保险、证券、石油、石化、烟草等高收入行业明显偏少，总部经济比例远远低于中心其他区域，经济结构以制造业、批发零售、仓储物流业为主，纳税人类型以私营企业、个人独资企业、个体户居多。2015 年在白云区缴纳个人所得税的自然人达到 117 万多，但从表 1 可以看出，年应纳税所得额 50 万元以上的高收入人群总人数近 800 人，所占比例较小，仅占 6.93%；50 万以下的纳税总额占个人所得税总额的 83.59%；12 万元以下的人数占总人数的 97.55%。

表一　白云区自然人申报税款分段统计

| 年应纳税所得额分段(元) | 申报人数(人) | 累计占比(%) | 纳税总额(元) | 累计占比(%) | 人均纳税额(元) |
|---|---|---|---|---|---|
| 小于3万 | 763,406 | 65.38% | 29,772,834 | 3.28% | 39 |
| 3万到12万 | 375,693 | 97.55% | 255,095,547 | 31.42% | 679 |
| 12万到50万 | 27,809 | 99.93% | 473,031,090 | 83.59% | 17,010 |
| 50万到100万 | 706 | 99.99% | 85,944,204 | 93.07% | 121,734 |
| 100万以上 | 93 | 100% | 62,853,120 | 100% | 675,840 |

(三)农村产权登记制度受限,城区不动产转让税收更为规范

受历史因素影响,白云区农村地区的土地、房产等不动产的确权较为困难,而城区范围的不动产确权清晰,自然人转让不动产基本纳入征管范围。2014年1月,我局在白云区二手房交易中心建立征收点落实了不动产税收一体化管理。2015年,白云区地税局共为2.08万户纳税人(含企业118户)办理了房屋土地交易税费申报,其中自然人共缴纳契税6.12亿元、土地增值税0.13亿元、营业税及其附征税费1.11亿元、个人所得税0.87亿元。

(四)个人出租屋数量众多,自然人财产租赁税收逐年上升

2015年,白云区22个镇街个人出租屋中心共代征税费合计2.92亿元,比2014年增长了3.18%。由2007—2015年个人出租屋税费收入走势图可见,近9年来自然人房屋出租税收呈现蓬勃的上升趋势。

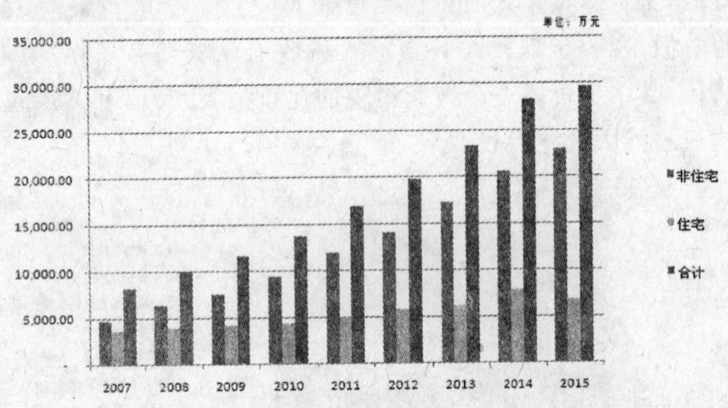


图二　2006—2015白云区个人出租屋税费收入走势图

(五)商事登记改革加大了对股权转让事项的征管难度

2015年,白云区地税局共办理个人股权转让业务8734宗,其中有405人缴纳股权转让个人所得税0.9亿元。但是,从2015年9月起商事登记制度改革特别是"三证合一"制度出台后,纳税人到工商部门办理股东变更手续后,无需再到税务机关办理变更,"金三"系统会自动更新股东信息,税务机关"失去"对股权转让事项的事前审核"关卡",追缴股权转让税款的难度加大。

## 二、白云区自然人税收征管面临的制约因素

从目前税收征管现状来看,对自然人的管理难度大、成本高,征管质量和效率还需要进一步提高,主要有以下几方面制约因素:

(一)源头管控难度大,征管水平有待提高

1、自然人纳税主体多而散、税源小而乱,收入跨区域。截至2016年3月,白云区自然人纳税人累计

达到117万多,涉及税种多,户数多,税源小,存在跨镇街、跨区甚至是跨市的应税收入或财产,导致征收管理成本高、难度大。

2、自然人自行申报制度不完善,征管停留在间接管理阶段。当前自然人自行申报制度不完善,主要依托代扣代缴或委托代征,如:(1)对工资薪金所得个人所得税的管理主要依赖于用人单位代扣代缴。(2)对财产租赁(房屋租赁为主)收入过于依赖委托代征工作站的管理。而以上监管方式缺乏独立性和刚性,且税源监控面极窄,工资薪金、出租所得等显性收入易被监控,而隐性的资本性所得则很难监控,既造成自然人税收流失,又造成税负不公。

(二)数据技术不完善,涉税信息未能充分共享

1、内部系统自然人信息零散,全面掌握存在难度。目前涉及自然人申报的系统模块主要有"金三"系统、"车船税系统"和"辅助征收系统",但是这几个系统的信息彼此独立,缺乏有效的关联整合,数据管理混乱。

2、国地税自然人涉税信息未能互通共享。目前地税部门尚不能通过"金三"系统直接获取自然人在国税缴税的信息,严重制约了对自然人涉税信息的把控掌握。

3、缺乏全国范围内的涉税信息共享机制。广州市综合治税平台提供信息的数量、质量和实时性都难以满足管理要求,无法准确掌握自然人财产情况和跨地区收入情况,极易造成自然人财产税收的流失。

4、数据分析应用尚不能适应税收征管新要求。自然人税收征管不仅面临数据信息凌乱、缺乏系统整合的问题,而且数据的分析应用远远不能满足税收征管的要求。

(三)风险评估缺失,降低管理质效

长期以来,税收风险管理主要集中于对企业的管理,对自然人的风险评估基本仅限于外籍个人所得税质疑约谈、股权转让等几项工作,对二手房转让、房屋出租、股息红利的事后监管少。尚未建立统一的自然人税收评估指标,税务人员审核评估时往往缺乏科学真实的参照数据,容易陷于被动。

(四)社会诚信体系不健全,配套措施缺乏

1、自然人税收诚信体系不健全,自然人纳税遵从度低。税负由自然人最终承担,因此自然人的纳税遵从度较低。而目前的诚信体系的管理对象、指标体系、评价方式、惩戒方法等主要针对法人,对自然人的威慑力并不大。

2、缺乏收入监控配套措施,自然人收入难以监控。一是人民银行对现金管理的规定不适用于个人,自然人大量使用现金收支不利于税务机关掌握收入的真实情况。二是目前尚未建立银行与税务机关的信息共享体制,税务机关要查询自然人的银行账户信息需经过复杂的程序,严重滞后了对自然人收入的监控。

(五)自然人纳税申报流程较为繁琐,有关权利保障纳税服务体系尚未健全

当前电子办税服务厅主要针对企业纳税人,且限于传统固定网络。自然人办理涉税事项仍然主要依赖线下方式,需在办公时间前往办税服务厅或代征点,不仅衍生出办税点拥堵的问题,还容易导致纳税人多头跑和来回跑,影响自然人主动纳税、遵从税法的积极性。但现行的纳税服务和纳税人权利保护机制是以企业法人为主要对象设置的,亟待构建系统完善的自然人纳税服务体系。

## 三、运用网格化管理提升自然人税收征管质效的建议

针对自然人税收征管存在的问题,建议以网格为依托,整合多层级资源,采用"网格化划分、责任化分工、多元化参与、信息化支撑、风险化管理、亲情化服务"为基本框架的网格化模式破解自然人税收征管难题,实现对自然人财产和收入信息的全面掌握,实施对自然人科学、主动、定量、闭合和系统的有效管理。

(一)网格化划分——因地制宜合理划分基础网格

按照“地理位置、人口状况、交通运输、经营性质、配套设施”等情况将白云区划分为七类基础网格，作为自然人税收征管的单元：一类为以生产经营为主的工业园区；二类为以商品贸易为主的专业批发市场；三类为以集餐饮娱乐消费为一体的商业广场；四类为以提供办公室、写字楼为主的商业大厦；五类为以零星分散小厂房为主的小村落；六类为以小档口小商铺出租为主的社区；七类为以居民住宅为主的商品住宅小区。

(二)责任化分工——权责到岗打造网格管理队伍

1、架构网格管理组织体系。按照“网中有格，格中有人”的管理思路，将白云区划分为“大、中、小”三级网格，以辖区22个街镇作为大网格，188个居委会作为中网格，不同类型的基础网格作为小网格。各小网格成立服务管理工作站。街镇分管经济的副主任担任站长，社区居委工作人员、综合治税工作站工作人员、出租屋管理中心协税护税人员组成网格管理员，承担采集、核实、更新基础网格的税源情况、协助开展税收宣传和普法教育、协助派发执法文书、催报催缴、实地考查等管理职责。

2、完善网格人员考核激励机制。以政府牵头，由财政局建立网格服务管理工作站的绩效考核制度，由国税局和地税局协助提供和核实考核数据。考核指标包括：将未纳入管理的自然人纳入管理且有实际税收收入贡献的；新增底册外房产税、土地使用税的；新增专业市场、物流市场、工业园区等基础网格的。对不配合开展工作，信息内容反馈不真实或不及时，工作成效不明显的，取消奖励资金和绩效评优并通报。

(三)多元化参与——“协作大网”实现多部门协同效应

在三级网格的基础上，加强与有关部门的沟通协调，健全合作机制，铺设覆盖银行、房产、住房公积金、交通、经贸、统计、人事在内的跨部门的“协作大网”。由合作部门协助提供自然人的财产情况。如：(1)通过金融法规明确规定，自然人特定收支项目或者超过特定数额的单笔金额要强制银行转账，不得现金结算；自然人在经济活动中达到一定金额的对外支付的，金融机构定期将信息传递给税务机关。(2)加强与经贸、统计等部门对有关纳税人经营物流数据共享，通过对纳税人经营物流情况与收支情况是否匹配进行有效监管。(3)加强与人才交流中心的合作，有效地掌握自然人任职单位或职务变动情况，加强有关收入应税数据的利用和共享。

(四)信息化支撑——精细分析利用网格基础信息

1、搭建网格税务信息平台，建立自然人基本信息库。以网格管理员采集的辖区范围内的人、地、事、物、组织五大要素信息为基础，搭建网格税务基本信息平台。整合网格税务信息平台和税务机关征管系统的数据，居民以身份证、非居民以护照、回乡证号码为唯一识别号，形成一人一档自然人征管信息库，完整展现自然人的收入纳税、投资任职、财产、风险疑点、优惠认定、违法违章等信息，实现一系统查询功能，缓解信息不对称的问题。

2、实现多部门信息互通，打通涉税信息盲点。通过网格税务信息平台，将各部门的信息系统联通起来，向地税部门开通信息查询权限，例如：白云区查处取缔无证无照经营工作系统、广州市房地产租赁管理信息系统(查询出租屋备案情况)、广州市流动人员信息系统(查询来穗人员信息和出租屋登记)，促进以数评税、堵塞税收漏洞。

3、优化涉税数据的整合技术，深化数据的分析应用。充分利用先进的数据库技术、多功能的数据展现软件、数据挖掘工具创新分析方法。对网格税务信息平台和各应用系统后台的相关数据进行抽取、过滤、关联、整理和比对，为数据增值应用奠定扎实的基础。

(五)风险化管理——精密实施网格化后续管理

结合网格化管理采集的自然人财产和收入信息，建立50万元以上人员数据子库，对高收入、高净值人员采取针对性的日常管理和纳税评估手段，对涉税信息进行精密分析应用，对不同类别自然人的设定不同的风险指标及函数，对相关数据进行处理、分析和比对，定期识别出不同类型自然人涉税风险，并进行风险排序。如对自然人的财产租赁收入，参考相关部门发布的物业租金标准，综合考虑房屋所处网格的地理位置、交通环境、人口因素、房屋结构、楼层朝向、周边环境等因素，细化不同网格地段的最低租金标准，评估租赁收入合理性。同时，对应对结果进行再分析，回看所用数据的准确性、数据分析方法的正确性以及风险指标的有效性等，从而不断改进和提高涉税信息的运用。

（六）亲情化服务——便民办税打通最后一公里

1、分布线上线下办税终端，便利自然人申报缴税。线上开发简单易操作的APP或微信公众号，线下在各基础网格分布自助办税终端机，满足自然人纳税人差别化涉税需求，使得纳税人通过APP或网格自助办税终端机实现简易纳税申报、政策速递、涉税提醒、疑难咨询等，并通过微信、支付宝缴纳税款，全面实现涉税事项办理的便民化和电子化。

2、借力"协作大网"，量身定制涉税提醒。以网格化税务信息平台为载体，将涉税提醒贯穿到各"协作大网"部门的服务中，自然人一旦发生涉税行为，各部门协助税务机关通过短信、微信、电子邮件等方式提醒其纳税义务，指引其申报缴纳。

3、三级网格实现三全服务，完善自然人权利保障机制。在各网格单元建立纳税人维权中心、服务热线、问题解答等快速反应机制和涉税投诉、税收争议协调等税收救济机制，通过网格管理员与自然人商议、约谈等相对柔和的方式协助解决征纳矛盾。如果小网格处理不了可随时上报到中网格、大网格，各级再进行分流处理，实现全天候接待、全方位受理、全过程服务。

（作者单位：广州市白云区地方税务局）

# “一带一路”战略背景下“走出去”企业税收管理服务研究

——基于南京市国家税务局征管实践

南京市国家税务局重点课题组

2013年习近平主席在访问中亚和东南亚国家时提出“一带一路”的战略构想,“一带”指丝绸之路经济带,“一路”指21世纪海上丝绸之路。共建“一带一路”,是中国政府根据国际和地区发展面临的新形势和新问题,促进中国与沿线各国加强经济、文化之间的合作,共谋发展提出的战略构想,具有深刻的时代背景。伴随“一带一路”战略的实施,中国“走出去”企业越来越多,对外投资的规模也越来越大,在境外遇到的税务问题和风险也越来越多。由于面对不同国家和地区各具特点的税收制度和税收征管环境,“走出去”企业往往感到难以独立处理好复杂的跨国税收问题,需要从税务机关得到有效的政策辅导和风险管理指引。另一方面,作为微观主体的企业如果不能够有效执行跨国税收协定中避免双重课税的条款,往往会导致归属我国的税款流失到他国。因此,从维护国家税收主权的高度,税务机关必须密切关注“走出去”企业的海外经营发展情况,主动开展税收服务,帮助企业执行好税收协定条款,切实维护国家的税收权益。

## 一、南京市“走出去”企业发展状况

截止2015年上半年,南京市国税局“走出去”企业基础数据库中采集到的存在境外投资的企业共86户,涉及境外的企业或项目共107户,涉及31个国家(或地区)。其中,亚洲56户、美洲25户、非洲8户、欧洲15户、大洋洲3户。中国香港、美国、新加坡等10个国家(或地区)的投资项目居前。通过分析,我市“走出去”企业在“一带一路”建设过程中呈现以下几个特点:

### (一)“一带一路”建设的参与度较低

“一带一路”战略涉及到的国家共64个,主要分布在亚洲(43国)、中东欧(16国)、独联体(4国)、非洲(1国)。南京仅有17家“走出去”企业涉及“一带一路”沿线国家,主要是印度尼西亚2家、马来西亚3家、新加坡6家、泰国1家、越南2家、伊拉克1家、沙特1家、罗马尼亚1家,占“走出去”企业总数的15.9%。可以看出,在现阶段南京企业参与“一带一路”建设还处在起步阶段。

### (二)对外投资规模有限

截至2015年,南京市“走出去”企业境外总投资额为12.39亿美元,其中中方投资额为11.72亿美元,中方投资金额占总投资额的94.6%。中方投资金额中,向中国香港地区投资达5.7亿美元,占中方投资总额的48.6%。17家涉及一带一路沿线国家的企业投资总额1.71亿美元,其中中方投资1.66亿美元。

从投资方式来看,独资84家,占比为78.5%。从境外企业经营状态看,处于正常经营状态的86家,占比为80.4%,筹建期14家、停业与注销状态的7家。

从境外企业所属行业来看,批发零售业36家,占比为33.64%;服务业31家,占比28.98%;制造业18家,占比为16.8%;软件和信息技术业12户,占比为11.2%。其中17家涉及“一带一路”沿线国家的企业所属行业主要分布在建筑安装业4家、批发业3家、专业技术服务业3家、设备制造业3家、零售业1家、水上运输业1家、塑料制品1家、有色金属矿采选业1家。

（三）对外投资整体效益不高

从境外企业收入状况来看，2014 年无收入企业 44 家，占比 41%；63 户企业取得境外收入，2014 年度境外收入折合人民币金额 118 亿元。其中年度收入最多的是南钢产业发展有限公司在香港设立的香港金腾国际公司，2014 年度收入 4.52 亿元。

从经营情况方面来看，2014 年度，全市"走出去"企业盈利 30 户，亏损 42 户（含部分未取得收入的亏损户），35 户无收入，合计盈利 4.4 亿元。其中，仅 10 户企业在国内汇总申报缴纳企业所得税。17 家涉及一带一路沿线国家的企业 2014 年收入 397，284 万元人民币，其中 6 家盈利，11 家处于亏损状态，在投资所在国缴纳所得税 171 万元人民币。从总体上看，"走出去"企业境外经营业绩不佳，对外投资整体效益不高。

（四）涉税服务需求与全球税务合规管理不相适应

为充分调研"一带一路"建设中南京市"走出去"企业在纳税服务方面的需求，南京市国家税务局在全市范围内抽样选取了 30 户"走出去"企业进行了问卷调查，涉及企业境外从事业务、是否享受协定待遇及境外所得抵免、是否遭遇境外税务纠纷及解决方法等 13 个方面的内容。通过调查，直观了解了我市"走出去"企业的基本情况和对外投资相关税收问题，也突出反映了当前我市"走出去"企业的涉税需求还远远不能满足全球税务合规管理的现实需求，主要表现在以下三个方面：

1、"走出去"企业对国际税收规则了解缺位。当前我市"走出去"企业最关心的税收问题主要是基本的税收制度和优惠政策，对于跨境交易涉及的合规要求，如经济合作与发展组织（OECD）的《转让定价指南》、税基侵蚀和利润转移行动计划（BEPS）等国际规则缺乏足够的了解；

2、税收协定（安排）优惠待遇享受不充分。仅 43% 的企业享受了相应的税收协定（安排）优惠待遇，57% 的企业未享受相关税收协定（安排）优惠，这与外国企业（居民）在中国享受税收协定优惠的庞大数量形成鲜明对比；

3、境外涉税纠纷协调途径选择不当。面临税收歧视或涉税纠纷时，仅有 11% 的企业选择向我国税务机关寻求帮助，6.7% 的企业选择顺从当地税务机关，其他企业主要依赖当地税务中介协调解决。

## 二、南京市"走出去"企业税收管理服务现状

"一带一路"战略提出以来，南京市国家税务局在省局的统一部署下，全面提升"走出去"企业税收管理服务水平，通过加强与政府相关部门的合作，获取"走出去"企业信息，摸清家底，掌握情况，强化分析，认真梳理"走出去"企业的涉税风险、服务需求和管理重点，形成了以境外投资企业信息、风险分析、成果展示、知识库为主要内容的信息采集框架，初步建立了包括境外投资企业的组织架构图、财务报表、《外资投资情况表》、《境外被投资企业关联交易申报表》和《"走出去"企业信息台帐》五项资料在内的企业境外投资专户底册。然而，我市"走出去"企业税收管理服务还处于初级阶段，尚不能满足国家"一带一路"战略需要。

（一）税收征管现状尚不满足企业走出去税源控管的需要

尽管我市"走出去"企业的投资规模有限，整体效益不高，短期内还难以形成有效税源，但伴随"一带一路"国家战略的实施，可以预见我市企业走出去的步伐将愈发加快，现行税收征管格局尚不能满足企业走出去税源控管的需要，突出表现在以下三个方面：

1、信息披露及交换机制不健全。我国目前运行的税收征管信息系统（CTAIS）缺少境外投资税务登记模块，也没有建立完善的境外投资税收信息获取机制，税务机关难以真正全面地掌握对外投资企业的基本信息。虽然税务机关可以从商务部门、外汇管理部门等第三方机构收集、获取对外投资企业的信息，但目前不同政府部门之间并没有建立固定有效的信息交换机制，税务机关难以及时更新"走出去"企业的相关信息。如，江苏省商务厅公开信息显示，截至 2015 年 7 月底，全省对外劳务合作企业共计 146 家，其

中南京市13家;全省对外承包工程企业374家,其中南京市106家,诸如此类的相关详细信息,税务机关并不掌握,难以实施境外税源监控。

2、基础事项管理不完善。关联申报与同期资料管理方面,目前各主管税务机关的管理重点在仍在外资企业,许多内资企业对关联申报和同期资料准备重视不够,导致"走出去"企业的关联交易申报率并不高,给税务机关收集相关申报数据开展数据分析和转让定价管理带来困难。转让定价调查与管理方面,没有将服务与管理有效结合起来,尤其是对于一些可能面临国外税务机关转让定价调查的"走出去"企业,缺少风险分析和风险提醒,既不利于"走出去"企业合理规划海外税负,维护我国税收权益,也不利于"走出去"企业自身的发展。

3、专业事项管理缺位。近年来,从总局到省市局均提高了对"走出去"企业税收管理的关注度,但是限于机构设置、人才缺乏、信息获取等多方面的原因,对"走出去"企业税收管理领域的专业事项管理尚不到位,尤其是基于经济实质的实际管理机构认定、针对境外囤积利润的受控外国企业管理等专业事项,尚处于起步阶段,国家税收主权受到挑战。

(二)纳税服务举措尚不满足企业走出去风险管理的需要

"一带一路"涉及的国家和地区范围很广,许多是发展中国家,各国税收政策差异较大且变化较快,加之一些国家的政府行政透明度差,导致我国企业难以判断如何准确遵守这些国家的政府规定,不能充分享受税收协定优惠以及税收抵免待遇,甚至带来转让定价调查等重大涉税风险。这要求各级税务机关需加大税收协定宣传力度,分国别发布"一带一路"沿线国家税收指南,分析"走出去"企业重点国家税收制度和典型案例,帮助企业熟悉境外税收环境和防范税收风险。现行纳税服务举措尚不能满足上述要求,突出表现在以下三个方面:

1、境外投资税收信息服务不够。"走出去"企业对税收协定、境外投资抵免政策和走出去国家税收政策的了解程度,直接影响"走出去"企业的发展经营,但是目前我国对"走出去"企业提供的境外投资税收信息服务仍不够,主要表现在:(1)从总局到省市局尚未全面建立完善的海外税收信息搜集和指引机制,难以为"走出去"企业提供针对性、时效性、综合性较强的信息服务。(2)近些年随着对外经济的发展,已积累了一些境外投资税收案例,但是缺乏对境外投资相关税收案例的深度分析和总结,未及时将相关经验传递至各基层税务机关。(3)各层级税务机关对税收协定的宣传不够,税收协定晦涩难懂,缺少必要的易懂式解读,企业往往难以准确理解和掌握协定的具体内容。

2、高效办税服务尚未成为征管重点。目前,各基层税务机关对"走出去"企业的关注度普遍不高,为"走出去"企业提供办税服务尚未成为税务机关日常征管工作中的重点。同时,由于缺乏必要的信息沟通传递渠道,基层税务机关无法及时掌握"走出去"企业的信息,也没有针对性地开展纳税服务和税收征管工作。这在一定程度上导致"走出去"企业境外涉税凭证法律效力认定难、效力不足,增加了"走出去"企业纳税申报信息披露不充分、遭遇国际反避税调查的风险。

3、正当税收权益保障不到位。随着走出去企业数量和规模的不断扩大,如何更好地维护"走出去"企业的正当税收权益是税务机关亟需完善的课题。由于目前我国税务机关缺乏专门的机构和专职的团队为"走出去"企业提供税收维权服务,国际税收合作的层次和水平仍有待提高。同时,税务机关对争端协商程序的宣传、辅导不足,导致"走出去"企业缺乏主动寻求税务机关支持和帮助的意识。

## 三、规范"走出去"企业税收管理服务的国际借鉴

发达国家在鼓励企业进行境外投资的同时,注重加强境外投资的税收征管,其各项政策制度和管理模式日趋成熟,许多经典做法值得我们借鉴。

(一)完善立法,提供有效法律保障

从立法层面制定针对涉税信息披露的相应制度,将为税务机关获取跨境企业信息提供法律保障。美

国的税收管理一直走在国际前沿，特别是其税收立法层面细致完善。例如在涉税信息获取方面，美国《国内收入法典》规定了关于纳税人履行纳税申报义务的主体地位和主要征管程序，实行所得双向申报和预扣预缴制度等，通过对纳税人自行申报缴纳的税源控管措施，有效的增强了对企业跨境税源的管理。

(二)规范管理，建立专门管理体系

各国税务当局对跨国纳税人日益关注，逐渐设立了专门的机构对跨国税源进行管理。例如，美国国内收入局内设"大企业和国际税收局"，下设 321 个属地管理的大企业办公室和专业性国际税收管理部门，包括国际资源合并、国际个人遵从、国际企业遵从、有关机构与国际合作等部门；在全国设国际税收稽查员、国际税收调研机构。加拿大在联邦及各省设立了国际税务审计部。英国收入局的国际税收部有规范的体系，既负责跨国纳税人的税务管理，又负责与他国税收协定的谈判签订及税务协调。

(三)注重服务，提升税收遵从理念

西方国家注重提高企业的税法遵从理念，通过各种税收教育、甚至境外政策宣传，达到促进纳税人税收遵从的目的。例如美国税法遵从机制健全，将"服务＋执法＝纳税遵从"作为美国国内收入局增强企业税法遵从理念的使命，重视企业纳税意识的培育；多方位提供对跨境企业政策辅导，推行税收教育、税法宣传等；提高跨境企业对税制和税务机关的信任度；注重为跨境企业减少依法纳税的资金成本和时间成本。又如加拿大、德国、日本以及非洲一些国家定期组织境外投资企业税收政策说明会，主要目的是向有外国直接投资项目或投资意向企业专题介绍外国税收政策、纳税服务相关渠道与办法；同时也通过亚欧会议组织以及联合国工业发展组织等非盈利性机构，到境外企业所在地进行政策宣讲，介绍其所在国税收政策、税收协调、援助方法。

(四)强化合作，建立有效合作机制

做好境外投资企业服务和税源监控工作，从来不是单个部门事务，许多发达国家意识到多部门合作、乃至跨国合作是未来发展的趋势。跨部门合作方面德国堪称典范，政府颁布的法律中有明确清晰的界定，在统计数据共享、现场检查合作、共同制定政策、处理重大事件的意见交换等方面都明确了的合作要求，大大提高了工作效率。在跨国合作方面，法国为提升获取对外投资信息的及时性，主动与其他欧盟成员国签订跨境税收协定，突破原双边协定规定的基层税务机关需层级上报的繁琐程序，缔约国基层税务机关之间实现直接的信息交换，确保了及时获取有效信息。同时，为有效监控税源，发达国家采取"风险导向管理"措施，在税务情报交换、国际税务调查、跨国税源征收、税务单据跨国传送等方面展开了深入的国际合作；有的国家设立了为境外提供信息咨询和操作服务的专业情报收集机构，利用计算机对第三方信息与纳税人申报表信息进行比对，开展风险识别，制定分类应对措施，开展专业化的评税。

## 四、提升"一带一路"战略下"走出去"企业管理服务的建议

"一带一路"战略的深化，将是"走出去"企业税收管理服务的改革契机。借鉴世界各国对外投资税收管理经验，结合我市实际征管现状，提出如下管理建议：

(一)强化开放型经济税收分析，为经济发展提供合理化对策和建议

立足税收视角，着眼经济发展，按年度编写和发布经济开放型经济发展分析报告，全面了解投资分布特点、经营和纳税情况，总结开放型经济发展规律，揭示开放型经济发展存在的结构性问题，提出合理化对策和建议，为上级税务机关和市委市政府提供决策参考，为企业投资提供指导性意见。

经济税收分析不仅仅局限于现有的"走出去"企业布局，应当从宏观和微观角度分析我市"引进来"和"走出去"经济发展变动趋势，根据"引进来"企业在南京的发展历程，结合本地产业发展实际，在展示我市"走出去"企业境外已有投资布局及经济效应的基础上，锁定具备对外投资潜能的主要行业及重点企业，提升经济税收分析的前瞻性。

(二)强化个性化纳税服务，为重点企业提供常态化的境外投资政策服务

组建市局层面的“走出去”企业纳税服务办公室，构建针对境外投资企业的个性化纳税服务体系，建立税企双方日常联系制度，围绕政策宣传、信息传递、难题破解、税企协作等方面实施常态化和针对性服务。“走出去”企业纳税服务办公室不仅要牵头组织全市各基层单位提供基础纳税服务，还应实现全市重大、复杂境外投资项目纳税服务需求的实体化运作。

“走出去”企业纳税服务办公室人员构成方面，在遴选全市国际税收管理骨干人才的基础上，通过聘请外部法律顾问的形式，对接企业境外投资复杂、多变的税收政策服务需求。与此同时，还应与涉税中介结构形成良好互动，在规范涉税代理服务的基础上，指导涉税中介在境外投资领域开拓更多增值服务项目，形成企业、税局和中介的“三赢”局面。

(三)强化涉税信息采集，解决“走出去”企业涉税信息不对称问题

当前，基于国家税务总局公告 2014 年第 38 号文件相关要求，由企业在所得税预缴申报报送的《居民企业参股外国企业信息报告表》和所得税年度汇缴申报报送的《受控外国企业信息报告表》，尚不能满足基层税务机关针对企业境外投资信息采集的要求。作为基层税务机关，一方面应当总结日常管理中的信息采集需求，及时反馈上级税务机关，推进国家层面法律法规的完善；另一方面，要创新信息采集举措，变税务机关被动采集为企业主动报送，形成境外投资数据仓库。

具体举措方面，可依托“互联网＋纳税服务”，构建针对境外投资企业的 O2O 纳税服务平台，利用纳税服务的升级带动信息采集效率的提升。O2O 纳税服务平台下，根据境外投资企业在“线上”提交的纳税服务需求，后台准备纳税服务预案，“线下”提供纳税服务产品的同时，采集“走出去”企业有效信息；相反，税务机关也可以基于税收经济分析，向实际已存在境外投资的企业和存在潜在境外投资意向的企业，“线上”定期发布“走出去”企业管理合规要求，企业“线下”主动遵从并报送相关信息。

(四)优化税收管理层级，维护好企业海外税收权益和国家税收主权

基础事项管理方面，要进一步完善“走出去”企业管理的岗责体系，建立多部门协作的境外投资信息共享机制，做好企业境外投资信息采集，加强基础信息管理，为优化税收服务创造条件。严格落实税收协定，完善涉及税收协定业务的征管业务流程，明确中国税收居民身份的认定条件，让“走出去”企业能够充分享受税收协定优惠。

专业事项管理方面，要维护中国税收居民在“一带一路”国家的税收权益，积极引导和鼓励纳税人增强维权意识，辅导境外投资企业合理运用双边磋商程序维护海外合法权益。强化《中国居民(国民)申请启动税务相互协商程序暂行办法》的执行力度，明确企业申请启动税务相互协商程序的流程，切实维护“走出去”企业利益和我国的税收主权。对“走出去”企业在境外投资经营过程中遇到税收争议或遭遇的税收歧视待遇，依企业申请及时启动双边或多边税务协商程序，帮助企业提高抵御海外税收风险的能力。在此基础上，加强境外维权典型案例的收集和归纳，为“走出去”企业提供指导范本。

课题组组　长：沈　宁
副组长：查学清　宋　健
成　员：史　正　彭远娣　金　泳　胡　亮　何晓峰
郭　莲　孙丽萍　王文龙　仲新辉

# 云计算、大数据技术在“互联网＋税务”工作中的应用与思考

孙德仁

进入21世纪以来，以互联网、云计算和大数据为代表的信息技术迅猛发展为税务管理现代化注入新的内涵，而金税三期工程实现的全国数据大集中也为税务部门运用最新科技成果、创新税务管理方式方法提供了基础和保障。面对以电子商务为代表的“互联网＋”业态高速发展的态势，将云计算和大数据技术应用到税收管理中，才能更好地实现“互联网＋”时代税收工作的提升与完善。

## 一、云计算、大数据技术在“互联网＋税务”工作中的初步探索

立足税收工作实际，山东省国税局积极把云计算、大数据技术运用到电子商务税源监控中，进行了大胆探索和尝试，为下一步推进信息技术与税收工作的深度融合打下基础。

(一)云计算、大数据技术在我省电子商务税源监控中的初步应用

顺应互联网发展趋势，抓住电子商务经营特点，山东省国税局运用云计算、大数据技术开发了“山东省国税局电子商务税源监控分析管理平台”，该平台主要具备交易平台监控、网上商店经营数据采集、采集数据分析和税源风险管理功能，实现了电商网站在线搜索、经营数据统一采集、海量数据集中存储和风险预警统筹发布。

山东省国税局电子商务税源监控分析管理平台自2012年8月试运行以来，监控网站已经扩大到1688、天猫商城、天猫国际、京东、淘宝5个，占全国网购市场份额的60%以上；监控地域由全省扩展到了全国；监控类型由B2C扩展到了B2B、B2C、C2C。2014年全年共采集电商信息约3亿条，存储约100TB，分别比2013年增长230%和125%。以济南为例，电商监控平台对经营地点在济南的1.83万户电子商务企业进行了监控，产品交易记录超过1.45亿笔。其中，年销售额亿元以上的3户，千万以上的305户，百万以上的1350户。济南市国税局利用该平台对在济南办理税务登记的406户有网络经营的纳税人进行了重点监控和评估，发现228户纳税人存在网店经营收入与实际申报收入不符，进行了监控管理。

**表一　山东省国税局电子商务税源监控分析管理平台应用情况表**

| 监控网站 | 监控地域范围 | 监控交易类型 | 2014年采集电商信息 |
|---|---|---|---|
| 1688<br>天猫商城<br>天猫国际<br>京东<br>淘宝 | 全国 | B2C<br>B2B<br>B2C<br>C2C | 约3亿条 |

(二)云计算、大数据技术可以实现税收工作的“四个智能化”

云计算是硬件资源的虚拟化，可以实现计算资源的多方共享，大数据技术是海量数据的高效处理，可以实现数据资源的深度挖掘，两者结合可以推进涉税数据共享，提高数据处理效率，有效降低征税成本，

提高决策的科学性和精准度，提高预测预警能力以及应急响应能力，增强各级税务部门内部的协同性。一是实现政策评估智能化。通过税收经济数据的实时搜集分析，随时跟踪政策落实情况，及时剖析政策制定及执行中的问题。二是实现绩效管理智能化。通过对被管理的部门、个人相关情况全方位的动态控管，进行事前的提示提醒、事中的过程控制、事后的工作数量统计和工作质量评价，实现内部管理全过程自动化。三是实现风险管理智能化。通过评定纳税人一段时期内各方面的"行为痕迹"，不仅包括涉税行为，还可以包括纳税人银行信贷记录、重大采购投标中标情况、经济纠纷信息和交通违规记录等社会各领域的行为，对纳税人遵从倾向和税收风险进行专业的识别、分析和预测，找到相应的应对策略。四是实现纳税服务智能化。通过对纳税人在税务及其他网站的浏览痕迹、网上交易信息、广告投放信息和企业新闻等，分析纳税人的关注重点和经营变化等带来的动态涉税需求，主动为纳税人推送个性化的涉税服务。

## 二、云计算、大数据技术在"互联网＋税务"工作中的发展方向

云计算、大数据技术与税收工作的深度结合，必将带来税收工作的全新变革与发展。结合税务系统工作的现状和发展方向，税务机关可以在以下几个方面进行前瞻性探索。

### （一）构建更加优质便捷的纳税服务体系

一是建立基于统一信息平台的纳税人信用体系。在对自然人和法人各种行为产生的信息实现共享和比对分析的基础上，加快全国统一的信用信息平台建设，推动地方和行业信用信息系统建设及互联互通，建立依托信息大数据的多元化纳税人信用体系。既满足税务机关、金融、食药卫生、社会保障、公检法等各部门社会管理的需求，又满足市场主体的商业目的需求以及适度满足公众的查询需求。二是建立基于数据分析的纳税服务评价体系。利用大量的涉税数据，引入层次分析法、多层模糊综合评价模型等评价技术，有效运用数学方法和模型，建立模糊关系矩阵，可以降低主观因素影响，客观评价纳税服务效能，使考核者能更加全面客观地了解被考核者的多重属性。三是利用云计算、大数据技术提供个性化纳税服务。通过对纳税人鼠标的点击和移动行为、键盘输入行为以及触摸屏的点击行为进行分析，并结合纳税人的基础信息，产生"纳税人画像"。税务机关可以据此对纳税人进行更细的划分，从而针对各个不同的细分群体，提供更为个性化的服务。

### （二）构建更加成熟的税收决策和预测体系

一是加强税收数据的深度分析与利用。针对在实施金税三期和数据大集中过程中所形成的海量数据，以及政府部门、银行、企业等外部数据，运用经济学、管理学、统计学的理论、方法和模型，进行深入研究，发现事务的内在规律性，可以帮助税务部门做出决策、改进工作、提高效率，更好地为方向性、全局性、战略性、前沿性重大税收问题提供辅助决策。二是强化税收预测分析。利用云计算、大数据技术可以捕捉到传统手段无法捕捉的非结构化数据，采用集群、分割、孤立点分析等其他算法，可以使我们深入数据内部去挖掘价值，缩短数据分析时间，深挖数据价值，解决非结构化数据问题，快速高效地处理海量数据，提高税收分析预测的准确性和前瞻性。

### （三）构建更加完善的税收征管体系

一是构建数据化税收征管模式。以税收大数据为基础，以云计算、大数据技术为依托，以解决征纳信息不对称为目标，充分利用税务信息系统数据、纳税人提供的数据、第三方数据以及其他数据，以信息流程为主线，实现计算机处理与人工处理相结合，从而构建数据化税收征管模式。二是构建税收大数据比对机制和运行模式。由计算机自动将税收大数据与纳税申报数据进行比对验证，以检验纳税人当期申报的真实性、准确性，从而解决征纳之间信息不对称的根本问题，形成层层深入的数据处理架构。第一步，由计算机对税收大数据进行处理、比对，查找信息不对称的疑点纳税人；第二步，由基层税务机关纳税评估部门对疑点纳税人进行审核分析、约谈、调查核实，查找和落实问题；第三步，由税务稽查部门对评估部

门移送的案件和直接由第一步产生的高风险纳税人进行进一步的查证惩处。

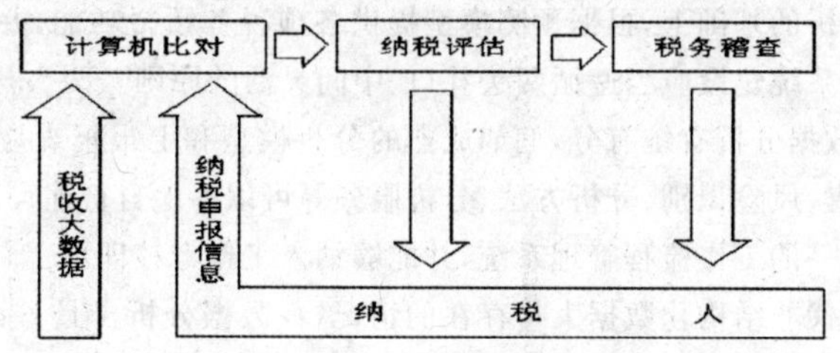


图一 新税收征管模式架构图

（四）构建更加稳固的信息支撑体系

税务行业大数据存储系统应立足云平台建设，切实贴合税务行业用户需求，提供优质、软硬一体的大数据存储解决方案，为用户解决部署、业务移植开发等技术难题，帮助用户跨过应用门槛，应具备以下特点：一是添加安全访问控制机制，限制数据访问；二是通过 SQL 连接器和常用 BI 报表工具进行集成；三是结构化数据急速导入，完全融入数据生命周期管理；四是完整的高可用解决方案，保证业务 7x24 小时正常运行。

## 三、税务系统应用云计算、大数据技术的几点建议

充分发挥云计算、大数据技术的效能，需要从观念、制度、工具、顶层设计、人才等方面去大胆创新、积极探索。

（一）转变观念，切实把云计算、大数据技术应用放在重要位置

一是创新税收管理观念。充分意识到“互联网＋”背景下我国税收征管正在面临着重大转折，准确把握税收征管改革的未来走向和节奏。二是积极推动税收信息化进程。适应纳税人核算方式电子化、团队化、专业化趋势，充分利用信息技术成果，提高税务信息化水平，实现税收征管体系跨越式发展。三是不断完善顶层设计。在征管体系完善中加入基于云计算、大数据技术的顶层设计，高效推进税收征管模式改革。四是强化信息化技术的引领作用，引领征管流程配套革新。

（二）明确分工和业务流程，构建完整的云计算、大数据技术制度保障

按照信息采集、存储、传输、加工、运用等各项功能来设置机构和进行岗位分工。一是合理设置纵向职能分工。初步设想，县区级局的基本职能是信息采集、纳税评估；省市级局的基本职能是第三方数据拓展、大数据计算机比对和纳税评估宏观指导，包括行业指标、分行业评估模板参数及预警值的测评和发布等；国家税务总局可考虑设置直属的大数据管理局，其基本职能是全国范围内的大数据拓展和数据比对、数据深度挖掘等。二是合理设置横向角色定位。依据职能不同可以将税务工作人员分为四个角色，分别为数据采集者、处理者、管理者和使用者。数据的采集者是各级各类系统操作员，要求数据采集准确；数据的处理者是各级信息技术部门，要求数据处理高效准时；数据的管理者是各级信息技术部门或数据管理部门，要求数据管理安全和有序；数据的使用者是各个业务部门，要求数据使用需求明晰和有针对性。国税总局、省局信息技术部门主要着重于制定标准和推广系统，而地市及以下的信息技术部门主要着重于应用系统并及时反馈应用的结果。三是建立标准化数据管理的工作流程。通过建立标准化数据管理的工作流程，将数据管理流程作为整个大征管流程的一部分，固化形成税收分析、查找风险、任务推送、风控落实、结果反馈和加强管理的闭环工作流，形成稳定的、便于管理和考核的工作流程。

（三）坚持统分结合，构建云计算、大数据分析平台

由国家税务总局统一涉税数据管理、统一大数据应用基本功能、统一确定共性主题，同时，指导各地

开展个性化的大数据应用工作。一是合理设计数据分析平台架构。一个理想状态的数据分析平台应当在提供常规报表和查询分析的基础上，根据预测模型提供各项税务预报功能，并对风险管理和绩效管理工作形成全面支撑。整个系统建设应当遵循两头扎口、中间灵活的原则。两头扎口就是数据采集和流程管理统一；中间灵活就是数据分析有统有分，例如成熟的分析模型和上报报表应当在系统里做到全国统一，而本地特色的数据采集、风险识别、分析方法、分析服务等可以各地自行建设，只要确保其分析结果能按统一接口和流程导入统一的工作流程管理系统，并能够纳入工作考核即可。二是强化数据分析和挖掘工具。为了适应大数据时代非结构化数据大量存在的情况，在数据分析工具方面，应当在传统数据工具的基础上引进先进的数据分析和挖掘工具，并利用可视化的大数据应用工具，为税收分析提供全面完整的技术支撑。分析工具更可因地制宜，引入适用的数据分析和挖掘工具。三是围绕数据链加强平台建设。在数据标准上，规范制定数据标准；在数据采集上，遵循入口统一、传输统一、处理统一的采集原则；在数据质量上，通过对数据采集、数据传输、数据应用等各环节进行审核，建立信息系统异常数据检查、清理工作机制；在数据应用上，在总局统一下发共性主题的基础上，积极鼓励省及省以下税务部门开展本辖区的大数据分析工作，并加强交流和沟通，互相激发工作思路，推动税收工作的开展。

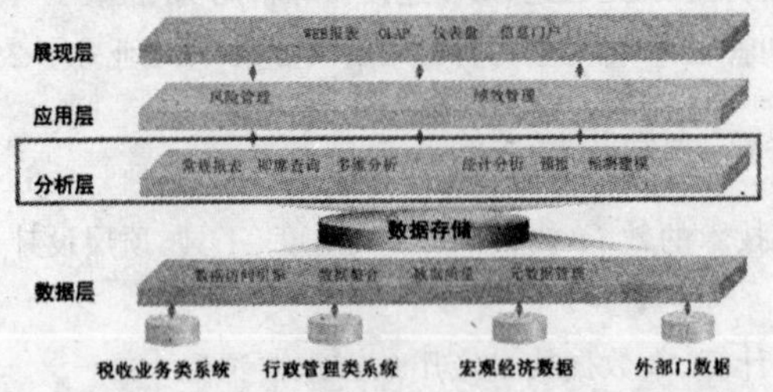


图二　云计算、大数据分析平台架构图

（四）推进涉税数据互联互通，提升税收综合治理能力

国家应从战略层面长远规划、系统设计，大力推进涉税数据互联互通，建立信息化统筹机制，推动信息资源的开发利用和共享。一是搭建公共信息平台。由国务院编制信息共享目录，整合政府信息资源，搭建全国统一的公共信息平台，并对各部门数据的编码、处理、共享、交换和保密等做出统一规范。二是搭建配套数据库。建立全国统一的居民身份户籍信息库、地籍房产不动产信息库、车辆存款等财产信息库和医疗卫生教育就业等民生数据库，为加强征管打下数据基础。三是推进社会征信体系建设。建立企业和个人纳税信用档案，将纳税信用与工商、银行和质检等信用平台对接，健全失信惩戒机制，提高税法遵从度。

（五）强力推进人才建设，打造一支精干的专业队伍

大力实施"人才兴税"战略是做好云计算、大数据时代下税收工作的有力保证。各级税务部门要加强人才队伍培养，造就一支懂技术、懂管理、懂业务的数据建设专业队伍。一是注重提高能力。从标准制定和税收业务入手，在系统设计、分析模型、系统优化、数据管理等诸多方面提升自身能力，以满足全新形势下的税收工作需要。二是优化知识和年龄结构，培养熟悉信息化技术又精通税收业务复合型人才，促进税收业务与技术相结合，调动发挥各个年龄层级的税务干部的积极作用。三是发挥专业优势。通过打造一支专业的数据服务专家队伍，使其既具有计算机、数学、经济学和统计学的教育背景，还具备数据管理、整理和分析的专业技能，能够提供高效优质的数据服务。

（作者单位：山东省国家税务局）

# 关于进一步做好纳税服务工作的研究

文　川

## 一、当前纳税服务存在的主要问题

(一) 部分基层税务机关对纳税服务的重要性认识不足

对纳税服务说起来重要、做起来次要、忙起来不要的现象依然存在，有的单位不能正确处理管理与服务的关系，简单地认为只要规范执法了，纳税服务可有可无。有的单位纳税服务工作不够深入，“门好进，脸好看，事难办”等重形式、轻实质的问题较为突出。

(二)纳税人办税负担较重

在办税流程方面，个别依申请的行政审批业务如增值税专用发票和普通发票领用及增量审批环节较多，手续繁琐，工作效率较低。在纳税人资料报送方面，纳税人办理涉税审批业务如一般纳税人认定、减免税审批等，提供资料较多且存在重复报送问题，纳税人办税成本较高。在办税服务厅方面，有的办税窗口设置不尽合理，不能实现兼岗通办，窗口之间忙闲不均，有的征管信息化程度较低，纳税人办税时常出现拥挤排队的现象。

(三)办税公开需要进一步落实

税法宣传走过场、不深入的问题较为突出，难以满足纳税人对税收政策的知情权。有的未将上级规定的项目全部公开，公开最新政策不够及时。有的公开载体单一，对应在社会媒体公开的事项，往往改换成其他形式公开。

(四)部门间的协调配合不够理顺

在税务机关内部，业务部门之间的沟通协调不够，对下安排工作存在交叉和重叠现象，各种评估、调查、检查、报表、分析等工作任务繁重，基层往往疲于应付，挤占了主动开展管理服务的精力和时间。在外部，国地税之间、国税与海关之间的协作配合不够顺畅，经常出现信息传递不及时的现象，既增加了基层工作量，又给纳税人带来不便。

## 二、优化纳税服务的对策

(一)转变思想、提高纳税服务的意识

1、树立以纳税人为中心的服务意识。党的十八大报告中强调推进政治体制的改革，要深化行政体制改革，建设服务型政府。这就要求政府要把服务放在首位，在工作中做到全心全意为人民服务。政府在工作中的作用应从监督管理转变为服务人民。税务机关要把税款组收工作做好，确保完成任务的同时，作为政府部门的一个重要组成部分，建设以服务纳税人为主的税务局也是历史发展的趋势。税负机关要在按时完成税收任务的基础上，更多的为纳税人提供服务。政府的服务对象是人民群众，税务局的服务对象是广大的纳税人。纳税人把钱交给国家，要让纳税人放心，国家进行合理的安排，把这些钱还是花到老百姓的身上，贡献的越多，得到的帮助也大。税务干部就是纳税人的一份子，税务干部应该形成这样的认识，服务纳税人就是在为自己服务，税务机关应该在税收征管的各个环节为纳税人提供纳税服务。税务局存在的意义更多的是帮助纳税人如何更方便的纳税，是一个服务性质的机构，这样在开展工作时就会更有主动性。把纳税人当做税务局的“顾客”，税收征管中一切行为都要以纳税人为出发点，给纳税人一种家的感觉，把纳税人当做自己的亲朋好友来对待，微笑着去为纳税人服务，让纳税人感到满意，让冷漠的态度在税务局永远消失。从热情的服务态度开始每一天的工作，让纳税人开开心心来纳税，高高兴兴回家去。在办理涉税事项时不要只是从税务机关的角度出发，想的只是税务局需要纳税人提供的材料，应该换个角度思考问题，纳税人最需要解决的问题在哪里，他们心里想的是什么。

政府每年都为老百姓办实事，税务局在制定每年的工作计划时，不要只把完成税收任务作为唯一的出发点，要提倡这一年中要为纳税人多做实事。税务干部在工作中，不要对于一些纳税人给予特别的照顾，收的税应该是公平合理的，执法的严格也是提供纳税服务的好办法。纳税人需要帮助，把他当做自己的事情那样认真对待，纳税人的困难就是税务局的问题。纳税人遇到困难，在办理涉税事项时出错，不要再过多责怪纳税人，这是因为税务机关的纳税服务不到位造成的。只有税务机关有了这样的思想认识，纳税服务水平才能不断的改进和提高，纳税人的问题受到重视，得到解决，税务机关在纳税人心目中的形象自然而然就会提升。

2、运用亲情服务，拉近纳税人的距离。基层的税务干部整天与纳税人打交道，应该利用好每一次与纳税人接触的机会，可以像“唠家常”似的了解当地更多的税源信息。税务干部获取的信息多了，就可以针对不同情况，采取多种有效的办法，为纳税人解难题、办实事。为了不断拉近与纳税人的情感距离，税务干部应成为当地百姓税收业务上的“知心人”，努力做到让纳税人体验到进门有亲切感、咨询有耐心感、办事有高效感、出门有满意感、纳税有自豪感。例如，许多企业会计对使用计算机比较生疏，在网上申报、电脑开票、填报相关报表的过程中经常遇到这样或者那样的问题，税务干部有时在电话里很难讲解清楚，需要及时深入到企业，手把手地进行操作讲解，解决企业实际困难。在这样热情周到的服务过程中，更容易发现纳税人的需要，通过坚持不懈的努力，更为以后的工作奠定下坚实的基础。

(二)不断提高税务干部的综合素质

只有以纳税人为中心的服务意识还不够，税务干部的自身能力也是能否为纳税人提供好的纳税服务的关键因素。税务机关的纳税服务是要通过纳税干部作用于纳税人的，税务干部要做到的是能帮助纳税人解决工作中遇到的问题，让纳税人纳税变得更得心应手，不要再有更多的后顾之忧。

1、提高税务干部的业务能力。税务干部受理税务咨询，处理税务登记、发票管理、纳税申报，税款征收等涉税事项时，需要具备两方面的能力，第一类是税收知识的业务能力，第二类是基本技能的业务能力。

对于税收知识的业务能力，实际处理问题的能力，是需要长期的工作经验不断更新与积累的，是一个漫长的过程。近些年来，税务局积极响应国家号召，以高知识水平人才充实税收一线。做好青年税务干部职业生涯规划的管理与培训，加强初任培训、任职培训、专门业务培训和更新知识的岗位培训，针对刚刚参加工作的大学生，应注重其税收原理、税收政策知识的培训，培训中结合工作中的具体案例，使其打牢坚实的理论基础的同时，增强理论联系实际的能力。发挥青年税务干部学历水平高、进取心强的特点，在工作中做好经验培训，虚心向老同志学习基层实际工作中积累的各方面经验。只有踏实肯干的态度还不够，在工作中的方法也很重要，税务局要求的是综合的办事能力，应该多与其他税务局进行切磋，把工作中的问题及时汇总整理，编制成各类手册，发到每个干部手中，平时在为纳税人服务中间的休息时间可以多看看书，充分利用时间。

对于计算机、外语等方面基本技能的业务能力，青年税务干部由于在校期间接受过专业知识的学习，所以这方面能力要明显优于老同志。在电子化办公的今天，对于电脑的掌握操作能力是提高纳税服务的重要手段，老同志对于新上线的税务操作系统和办公软件的接受和使用能力要弱于青年人。随着改革开放的不断深入，外资企业在中国不断增多，接触的外国纳税人和受理的国际间的涉税事项也逐渐增长，国际化要求税务干部要掌握多种语言进行纳税服务。税务机关可以聘请专业机构培训计算机、外语等相关技能。老同志也应勇于向青年人多学习，做到互相帮助，共同进步。

2、提高税务干部的组织工作、沟通交流能力。税务机关的纳税服务工作是通过税务干部来实施完成的，这些工作是由税务机关的科所长等领导布置安排的。对于工作的如何安排非常需要领导的能力，如果工作分配没有与实际想结合的话，就会造成办税服务厅不必要的麻烦出现，影响的后果是很不好的。长此以往，有些税务干部完成工作可以正常下班，有些税务干部需要经常加班，这样既耽误纳税人的时间，又会对经常加班的税务干部情绪造成影响，导致工作情绪不高，对纳税人态度不好，税务干部得不到合理休息，纳税服务时就会容易产生错误。如此下去，纳税服务质量下降的同时，也影响了税务干部队伍的建设。

作为领导层的科所长要提高自身管理者的水平，学习相关管理方面的知识。在工作中把理论与纳税服务实际相结合，从实际情况出发，合理布置工作，多与基层税务干部沟通，了解工作中的困难问题，及时解决，将问题发现并消灭于萌芽之中。由于现代的纳税服务是全方位多角度的，需要依托于计算机、网络等现代化办公设备，突发因素多，会出现计算机故障、网络中断等问题，这就需要做好突发事件应急预案，做到可以同时多种方式为纳税人提供服务。

作为税收基层一线的税务干部，在纳税服务中，通过与纳税人的语言、情感、表情等方面的交流，掌握纳税人的需求，将问题归纳总结后及时准确向领导汇报，以便领导调整工作安排，更好的为纳税人服务。注重服务礼仪，培养税务干部的礼仪修养和沟通表达能力。在办税的过程中，既要做到和善体贴、细致入微，又要做到有理有节、不卑不亢。

（三）改善办税方式、办税程序提高办税效率

1、建立高效稳定的信息服务系统。网络实时在线、没有距离、信息互通和资源共享的特点为税务机关提升纳税服务水平提供了充分条件，利用税收信息化建设取得的成果，积极推进“互联网＋税务”。纳税人在网上申报时需要用申报软件，对于软件成本网络资源收取的费用可以由政府或者税务局承担一部分，或者开发提供一些不收取费用的软件。为了更好的发挥网上办税分流办税服务厅窗口的工作压力、分解消化窗口矛盾的触发点、提高税务行政效率的优势，要求税务机关在纳税服务工作中做好如下几点：

（1）不断优化升级计算机网络系统，提高网络运行速度与稳定性。加强基础运维，确保机房设备及应用系统良性运转。加强计算机类设备管理，确保各项纳税服务高效运转。加强需求调研，结合实际工作确保软件开发的时效性。

（2）做好宣传推广，使纳税人从观念上接受税务信息化。让网络的优势的思想深入到纳税人的心中，强调纳税人对网络建设重要性的认识，使纳税人了解未来税收发展的趋势。积极向纳税人宣传网上申报、认证、税库银联网等现代技术的优势，鼓励纳税人从传统观念中走出来，去接受新的科学观念，掌握新的信息技术。

（3）加强引导培训，使纳税人充分享受网上申报的便利。由于一些客观因素和历史造成的问题，纳税人计算机操作能力不强，上网办税不仅仅只能是宣传，对于辅导帮助培训的作用也要发挥出来。使不同年龄、不同学历的纳税人都能学会网上申报的基本操作，切实享受到税收信息化的便捷高效。

（4）加强与其他部门的互动，交流经验、推动发展。在重视与纳税人和内部部门沟通协调的同时，也要做好与外部的交流与沟通。

2、创办多功能的办税服务厅。

（1）个性化的办税服务厅。做好“智能化”办税服务厅工作。针对新办企业税收业务不熟悉的实际情况，由纳税服务中心协调各业务部门，编写新办企业的纳税讲义，定期对新办企业进行辅导。一方面向新

办企业普及税法知识，减少纳税人因不知情而造成的处罚；另一方面也可以适当减轻办税服务厅干部的工作压力。依照区域经济发展特点，配合国家、地方扶持重点企业的总体战略，结合税务机关税收管理现状，帮助重点企业及时了解税收政策和办税流程，避免纳税人由于不了解政策所造成不必要的错误和损失。

(2)优化办税服务流程。推广“一站式”服务，发展“一窗式”的服务窗口，纳税人在一个窗口可以办理多项涉税业务，减少纳税人在各个窗口间的排队现象，同时避免窗口重复收取纸质资料。有些纳税资料纳税人已经交过了，税务机关有了记录，就没有必要再让纳税人交第二次了，降低纳税人的税收成本。建立标准化的办税服务厅，规范办理涉税事项的程序，把业务衔接较近的窗口连续摆放，制定工作手册，逐渐推广“同城通办”业务，让纳税人不受税务机关管辖的限制，在任何办税服务厅都可以办理涉税事项。

(3)改善办税服务厅的办公条件。在办税服务厅建设休息区，为纳税人提供座机、饮用水。为纳税人准备打印机、复印机、传真机、印台、笔墨等口常办公用品。全天不中断设立自助一体办税机，让纳税人在任何时候都可以自行办理涉税事项，减轻窗口排队的压力。在办税服务厅的空余位置，一些较为明显的位置，还有一些通道的入口出口处，多给纳税人标注提示性的信息，让纳税人了解最近都发生了什么新的税收变化。

3、简化合并申报资料、优化缴税方式与途径。由于纳税人需要申报缴纳增值税、所得税、消费税、营业税等多种税款，可以将类似的报表归纳合并成少数几类申报表，减轻征纳双方的工作压力。由于纳税人经济业务的不稳定性，有时应征税款不足10元，应充分相信信任纳税人的纳税意识，待下期有大额税款时一起缴纳，方便纳税人，不用因为10元的税款再来税务局、银行，造成资源的不必要浪费，降低征纳成本。出现企业经营状况不好，资金链紧张，无法按时缴纳当期税款时，在考核企业前期纳税信用的情况下，适当放宽延长缴纳期限，不计入企业欠税记录，不影响企业纳税信用的评定。在缴纳税款的场所上，可以在超市、百货商场、连锁便利店等具备现代化结算方式的场所设立代征网点，随纳税人消费的其他金额一起缴纳，节省纳税人的时间，并对代征网点进行适当的奖励，鼓励充分利用社会资源优化纳税方式。

(四)建立系统的纳税服务考核机制

健全权力运行制约和监督体系，这就要求税务机关在进行税收征管纳税服务工作中，建立健全评价监督体制，加强内部监督的同时，更要让人民监督，让权力在阳光下运行。

1、建立多样化的纳税服务考核机制。要发现纳税服务中的问题，仅仅从一个角度一个方面看问题还不够，要站在不同的立场看问题，这样才能更有说服力，更有现实意义。税务机关应该抓住考核的机遇，通过各方面途径收集问题，进行归纳总结，及时分析问题产生的原因，制定解决办法，这样才能为纳税人更好的服务。

(1)自我考核。税务机关作为纳税服务的主题，相比较于纳税人，从事纳税服务的数量和种类是最多最全面的，掌握的资料也最充分。通过对数据的采集，可以知道纳税服务中具体环节存在的差错，进行探讨并找出对策更好的改进。

(2)纳税人考核。纳税人作为纳税服务的对象，相比较于税务机关，接受纳税服务的数量和种类比较专一，对纳税服务的评价更有针对性。在办税服务厅设立一些收集纳税人意见的配套设施，比如办理完成的反馈信件。税务机关可以通过纳税服务满意度调查问卷、与纳税人面对面的沟通问题、接受纳税人的纳税服务投诉等方式，了解掌握纳税人在办理涉税事项时的情况，做到具体问题具体分析，有针对性的对纳税服务的各个环节进行改善，提高纳税人的满意度和税收遵从度。对纳税人提出的意见虚心接受，切忌打击报复，公平公正的对待每一个纳税人，法律面前人人平等。

(3)第三方考核。由于税务机关和纳税人是纳税服务的直接关系人，在处理涉税事项时，难免都会主观的从自身利益出发思考处理问题，清官难断家务事，公说公有理婆说婆有理。在这种情况下，第三方由于没有利益关系，对纳税服务的评价更有客观性、说服力。通过聘请第三方专业机构及民心网考评机制结合税务机关与纳税人的综合需求，建立模型，对调查数据进行系统的专业性分析，得出的结论真实性更强。通过聘请社会志愿者作为廉政监督员，模仿纳税人办理涉税事项，进行抽查，将录音录像结果第一时间通报，让大家做出评价，让事实说话。使税务机关化压力为动力，更好的为纳税人服务。

2、建立奖惩并重的纳税服务考核机制。改进重惩罚轻奖励、以口头考核为主的考核机制。设立纳税服务标兵评选，对于纳税服务满意度高的税务干部给予口头表扬的同时，应该同时给予一定的物质奖励，提高税务干部纳税服务的积极性，在年终优秀评比、职务职称的晋升、工资级别的调整等方面给予一定的加分奖励。对于受到纳税服务投诉、纳税服务满意度差的税务干部，主管领导要亲自进行问题的调查与处理，责成其进行深刻的书面检讨，充分认识反省自我批评，扣除当月奖金，情节严重、屡教不改者，取消其当年评优资格，脱岗培训学习，测试考核通过后重新上岗，逐步引入末位淘汰制，取消税务干部"铁饭碗"的旧思想。

综上所述，进一步做好纳税服务工作是建设服务型政府的现实需要，是提高纳税遵从度的重要途径，也是构建和谐税收征纳关系的努力方向。降低纳税服务成本是税务机关优化纳税服务的现实选择，也是纳税人的迫切需求。在此过程中，通过了解纳税人需求，分析纳税人需求，充分运用现代信息技术手段，开发适应纳税人真实需求的纳税服务项目，大有可为，也大有作为。我们也深信，在理论界和纳税服务实务工作部门的共同努力下，构建适合我国国情的纳税服务理论体系和工作体系，在不久的将来将成为一种现实。

（作者单位：辽宁省沈阳市地方税务局）

# 构建贵州地税现代化税收征管格局问题研究

贵州省地方税务局课题组

## 一、引言

作为税收管理体制的核心和主导环节，税收征管现代化构成国家经济体制模式的重要组成部分，是我国顺应世界税制发展和税收管理趋势的战略选择。1994 年分税制改革之后，我国的税收征管工作发生了巨大变革。随着十八届三中、四中全会将财税改革提升至国家治理层面，十八届五中全会提出加快推进财税体制改革进程，税收征管工作也面临着新要求，工作重心由过去的单纯追求税收收入总量转变为探寻如何在确保收入的前提下，提高征管的质量与效率。

围绕着"国家治理体系和能力现代化"这一总目标，国家税务总局提出至 2020 年要基本实现税收现代化，并将税收现代化总体目标细化为六大目标体系，具体包括完备规范的税法体系、成熟定型的税制体系、优质便捷的服务体系、科学严密的征管体系、稳固强大的信息体系以及高效清廉的组织体系，六大目标体系相互依托，相互融合，构成不可分割的有机整体。完备规范的税法体系是现代化征管体系的法律保障，成熟定型的税制体系是现代化征管体系的重要基础，优质便捷的服务体系是现代化征管体系构建的必要前提，稳固强大的信息体系是现代化征管体系的支撑和依托，高效廉洁的组织体系是征管体系的后盾和保障。因此，把握税收征管工作的内在规律，运用现代税收管理理念以及专业管理方法和现代技术手段，构建现代化税收征管格局，是实现税收现代化、国家治理现代化的必然要求。

目前，贵州地税正处于进一步深化税收征管改革的后金税三期时代，构建现代化税收征管格局，进一步提升税收治理能力，是当前迫切需要解决的问题。本文首先介绍贵州地税现行税收征管状况，通过构建税收征管效率单项评价指标，从多个角度对贵州省现行税收征管效率进行分析，并在全国范围内进行横向与纵向对比，在此基础上，利用随机前沿分析(SFA)技术对贵州地税综合征管效率进行全面分析，并指出目前征管体系中存在的不足之处，有针对性地提出符合贵州省实际情况的现代化税收征管格局政策建议。

## 二、贵州地税税收征管现状

### (一)税收收入征收规模

自 1994 年分税制改革以来，贵州地税收入总量随地方财政一般预算收入上升而上升，总体上呈现指数型上升趋势，且在财政收入中占比不断攀升，由最初的 37.11%，上升至 2014 年的 73.65%。

截至 2014 年，全省地税税收收入总量是 1995 年税收总量的近 70 倍。在征收规模方面，地税税收收入由 1995 年的 14.4 亿元增加至 2014 年的 1006.36 亿元，年均增长率达到 25.53%；其中 2013 年贵州地税收入增速位居全国第二。收入总量在全国三十一个省(自治区、直辖市)中的排名从 1994 年的第三十名，上升至 2014 年的第二十五名。从地税税收增速角度来看，除 2000 年以及 2006 年两年之外，其他年份增速均保持在 10%以上，且峰值出现在 2007 年，当年地税税收增速达到 48.5%。自 2012 年以来，贵州地税税收增速呈现出平稳发展态势，始终保持在 22%－23%之间，发展势态良好。

表一　1995年－2014年贵州地税税收及增速情况

| 年份 | 地税税收总额 | 地方财政一般预算收入 | 地税收入/地方财政一般预算收入 | 地税税收增速 |
|---|---|---|---|---|
| 1995 | 14.40 | 38.80 | 37.11% | — |
| 1996 | 19.68 | 49.46 | 39.79% | 36.67% |
| 1997 | 27.70 | 57.90 | 47.84% | 40.73% |
| 1998 | 35.71 | 65.34 | 54.65% | 28.94% |
| 1999 | 41.80 | 74.26 | 56.29% | 17.05% |
| 2000 | 44.30 | 85.23 | 51.98% | 5.98% |
| 2001 | 51.70 | 99.75 | 51.83% | 16.70% |
| 2002 | 59.60 | 108.28 | 55.04% | 15.28% |
| 2003 | 70.80 | 124.56 | 56.84% | 18.79% |
| 2004 | 89.73 | 149.29 | 60.10% | 26.74% |
| 2005 | 120.40 | 182.50 | 65.97% | 34.18% |
| 2006 | 127.20 | 226.82 | 56.08% | 5.65% |
| 2007 | 188.89 | 285.14 | 66.24% | 48.50% |
| 2008 | 234.68 | 347.84 | 67.47% | 24.24% |
| 2009 | 300.34 | 416.48 | 72.11% | 27.98% |
| 2010 | 395.57 | 533.73 | 74.11% | 31.71% |
| 2011 | 547.16 | 773.08 | 70.78% | 38.32% |
| 2012 | 668.08 | 1014.05 | 65.88% | 22.10% |
| 2013 | 816.85 | 1206.41 | 67.71% | 22.27% |
| 2014 | 1006.36 | 1366.42 | 73.65% | 23.20% |

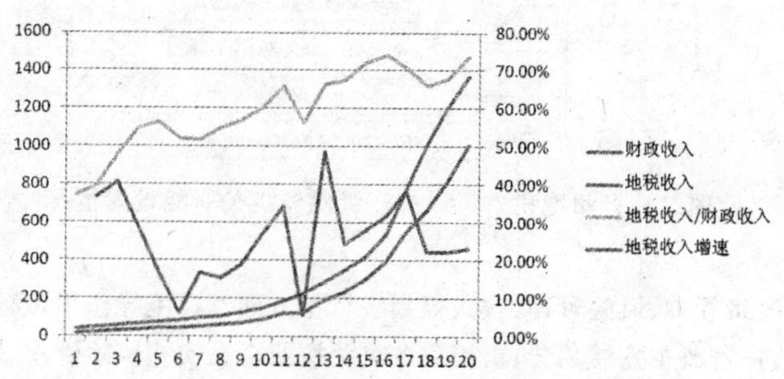


图一　贵州地税税收收入及增速变化趋势

(二)地税系统征管现行做法

“金税三期”上线前，贵州地税征管工作重点突出涉税事项流程再造，对税源进行分类分级管理，并建立与之相配套的岗责体系，实施专业人才打造工程，努力营造“抓征管质量、促税源健康增长”的税收征管环境。“金税三期”上线后，征管措施优化为构建一个平台(构建一个集数据管控、分析、应用、交换的“税收风险监控”平台)、突出两大任务(全面优化纳税服务、全面实施税收风险管理)、规范七个管理(规范纳税服务、遵从风险、执法风险、数据处理、税收政策、计划规划财务、绩效考核七个管理)，全面构建符合贵州省域特点的现代化税收征管体系。

1、机构职能与岗责体系。贵州省地税按照税收征管改革的总体要求，充分发挥贵州省地税系统管理资源、人力资源以及信息资源的优势，将省、市、县三级税务机关职能进行划分，制定出配套岗责体系，进一步推进机关职能实体化，做实省局、做精市局、做专县局，着力构建符合贵州省地税发展的现代化税收征管体系。

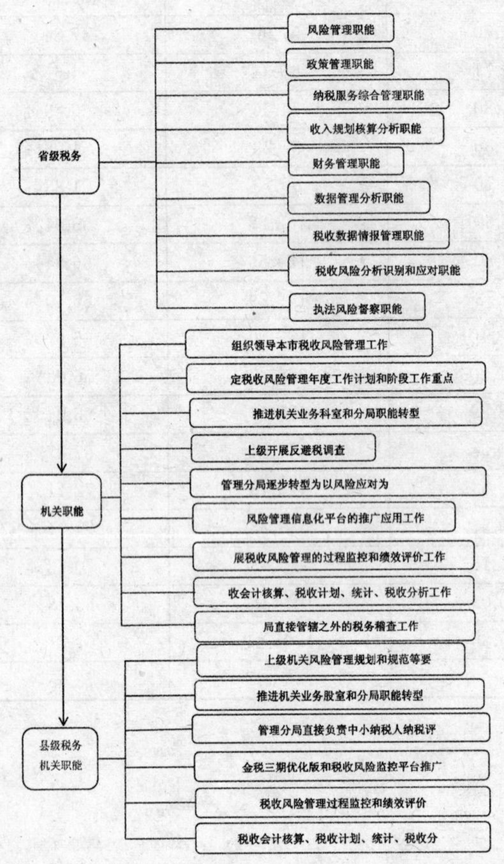


图二　贵州地税省、市、县三级税务机关职能设置情况

省级税务机关在政策管理、风险管理、收入规划核算等方面发挥主导作用，通过推行纳税服务和风险管理新举措，适应税收征管改革发展趋势；市级税务机关按照全面实施风险管理、转变税收征管方式的总体要求，以税收数据情报管理、风险分析识别细化、风险应对任务统筹等工作为重点，为风险应对实施提供支持保障；县级税务机关以差别化风险管理为重点，遵从"无风险不应对、低风险提示警示、高风险评估稽查"等原则，对纳税人实施统一、规范的分类管理。

2、税收征管现行改革措施。"金税三期"系统上线后，贵州地税税收征管工作进一步以明晰征纳双方权利和义务为前提，以风险管理为导向，以专业化管理为基础，以重点税源管理为着力点，以信息化为支撑，以"互联网＋税务"为载体，努力探索"服务＋执法＝遵从"新型征管模式。本着"依法行政、诚信服务、科学效能、风险导向、监督制约"的基本原则，依托金税三期优化版，结合云计算、"互联网＋"技术，着力构建税收风险监控平台，以此来满足贵州地税全面实施风险管理的需要，适应风险管理的发展趋势和地税工作的新常态。

具体地，在征管工作过程中主要突出两大任务。

一是全面优化纳税服务。首先，以“互联网＋”为引领，将部分管理工作由后台推向前台，构建集网上审批、网上咨询、网上开具完税凭证、网上公告等涉税业务办理为一体的“网上办税服务厅”，打造基层单位个性化、一体化服务平台，最大限度地缩短办理时限，优化办税流程。其次，依托金税三期优化版和纳税服务平台，拓展纳税服务自主功能，打造纳税服务产产品。再次，将审批权限下放，简化审批环节，最大限度上提高办税效率。最后，通过建立纳税人投诉分析预警机制，一方面对纳税人的投诉事项进行事前预警，另一方面对纳税人投诉的类型、时间、方式进行分类别分析，针对多发性问题，集中力量制定应对解决措施。

二是将税收风险管理理念和方法贯穿在税收征管工作的全过程之中。首先，全贵州省各级地方税务机关均成立由主要负责人担任组长的税收风险管理工作领导小组，并下设由相关部门参加的领导小组办公室，领导小组与领导小组办公室明确分工，各司其职。其次，按照科学化、专业化、精细化、扁平化管理的要求，构建两套风险应对体系，即由省、市级重点税源管理局负责的大企业风险对体系和由县级风险管理分局负责的中小企业风险应对体系。再次，根据金税三期优化版在业务方面的工作流程要求以及税收风险管理需要，重新拟定了《贵州省地方税务局征管工作规范》，将全部涉税工作统一划分为依申请和依职权两大类，并前移至纳税服务分局。最后，按照纳税遵从和执法遵从两个序列，构建风险特征库和风险监控指标体系。具体地，省级地税税务机关主要负责全省范围内的风险分析监控指标体系、税收风险监控分析平台以及纳税评估模型的构建与维护，市、县级地税税务机关主要负责构建符合本地实际情况的风险特征库和风险监控指标体系。同时，贵州地税还将涉税风险划分为高、中、低三个等级，风险管理局根据不同风险等级对不同企业采取差别化应对方法。

## 三、税收征管效率实证分析

### (一)税收征管效率单项指标设计与分析

税收征管效率有广义与狭义之分，广义的税收征管效率通常包括税收行政效率、税收经济效率以及税收社会效率三个指标，狭义的税收征管效率通常包括税收行政效率指标和税收遵从指标两大类。其中，行政效率指标反映取得一定税收收入所耗费的征收管理成本高低，以税收收入与税收成本之间的比率来衡量，税收遵从指标反映税收征管制度效率，以实际产出与理想产出的相差程度来衡量。总体而言，征管成本越低，纳税遵从程度越高，税收征管效率则越高，反之，税收征管效率则越低。

鉴于数据的有限性，本文采用税收成本收入率、人均征收额等两项指标综合反映贵州地税税收行政效率。

1、税收成本收入率。税收成本收入率(税收成本率、征税成本率、征税成本收入率)，主要是从投入最小化的角度考虑税收管理效率。

税收成本收入率＝一定时期税收征管成本/一定时期税收收入总量＊100％

理论上，税收收入通常会随着费用支出的增加而增加，但在经济总量与税收负担水平保持不变的情况下，当费用支出达到一定水平之后，税收收入总量并不会随着费用支出的增加而继续提高。

横轴表示成本费用支出，纵轴表示税收收入总量，在E点之前，税收收入总量与成本费用成正比变化，成本费用增加，税收收入总量增加。在E点之后，成本费用的提高并不会带来税收收入的增长。

贵州省2012年至2015年上半年税收成本收入率指标数值。由表可知，自2012年以来，贵州省税收成本收入率在不断下降，由2012年的2.92％下降至2015年上半年的1.15％，三年下降1.77各百分点，这表明仅从成本收入角度来看，贵州地税征管效率逐年提高。

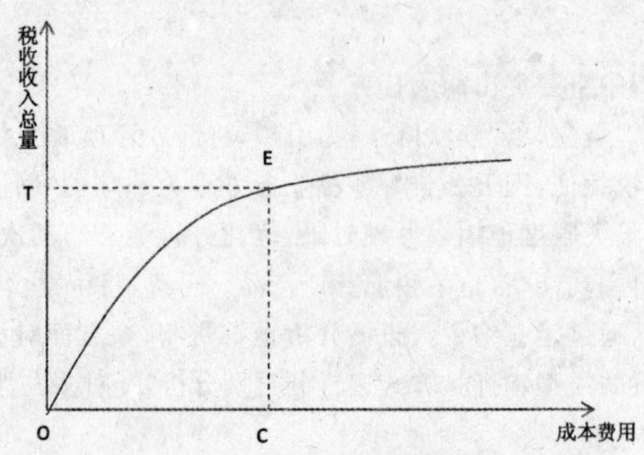


图三 税收收入与成本费用关系

表二 2012年－2015年上半年贵州地税税收成本收入率

| | 地税收入 | 地税系统支出 | 税收成本收入率 | 降低率 |
|---|---|---|---|---|
| 2012年 | 6816600 | 198743 | 2.92％ | — |
| 2013年 | 8396700 | 141704 | 1.69％ | －42.12％ |
| 2014年 | 9814308 | 149476 | 1.52％ | －9.75％ |
| 2015年上半年 | 5749718 | 65846 | 1.15％ | －24.81％ |

根据资料显示，目前多数发达国家的税收征收成本率均保持在1％以下，表3给出了部分发达国家税收成本收入率情况。

表三 2001年－2007年部分发达国家税收成本收入率情况

| 国家 | 2001 | 2002 | 2003 | 2004 | 2005 | 2006 | 2007 |
|---|---|---|---|---|---|---|---|
| 澳大利亚 | 1.06 | 1.07 | 1.05 | 1.05 | 1.03 | 0.99 | 0.93 |
| 奥地利 | 0.71 | 0.72 | 0.91 | 0.78 | 0.66 | 0.65 | 0.64 |
| 加拿大 | 1.08 | 1.2 | 1.33 | 1.17 | 1.31 | 1.35 | 1.4 |
| 芬兰 | 0.77 | 0.82 | 0.82 | 0.8 | 0.79 | 0.78 | 0.77 |
| 法国 | 1.41 | 1.44 | 1.41 | 1.35 | 1.07 | 0.99 | 0.97 |
| 荷兰 | 1.74 | 1.76 | 1.39 | 1.3 | 1.35 | 1.15 | 1.11 |
| 新西兰 | 0.9 | 0.87 | 0.83 | 0.81 | 0.76 | 0.71 | 0.67 |
| 挪威 | 0.56 | 0.59 | 0.59 | 0.56 | 0.72 | 0.71 | 0.67 |
| 英国 | 1.06 | 1.11 | 1.04 | 0.97 | 1.1 | 1.12 | 1.1 |
| 美国 | 0.46 | 0.52 | 0.57 | 0.56 | 0.52 | 0.47 | 0.45 |
| 丹麦 | | 0.73 | 0.87 | 0.83 | 0.74 | 0.63 | 0.62 |
| 爱尔兰 | 0.90 | 0.95 | 0.91 | 0.86 | 0.81 | 0.78 | 0.79 |
| 韩国 | 0.85 | 0.85 | 0.82 | 0.86 | 0.81 | 0.79 | 0.71 |
| 新加坡 | 0.87 | 0.90 | 0.99 | 1.01 | 1.02 | 0.93 | 0.83 |

在列举的发达国家中，奥地利、芬兰、新西兰、挪威、美国、丹麦、爱尔兰、韩国等国的税收成本收入率都保持在1％以下，其中，美国最低，仅为0.4％－0.6％之间。其他国家的税收成本收入率则保持在1％至2％之间，例如，澳大利亚和英国在1％至1.1％之间波动。而在同一时间段内，我国的税收成本收入率

要高出发达国家两到三个百分点。以贵州地税2015年上半年税收成本收入率与2007年发达国家税收成本收入率相比，仍远高于其平均水平。因此，当前贵州地税仍存在税收成本收入率过高的问题亟待解决。

2、人均征收额。人均征收额反映一定时期内税收收入总量与税务系统人数之间的比例关系，人均征收额与征收效率成正比，即人均征收额越高，税收征管效率越高。

人均征收额＝一定时期税务系统人数/一定时期税收收入总量＊100％

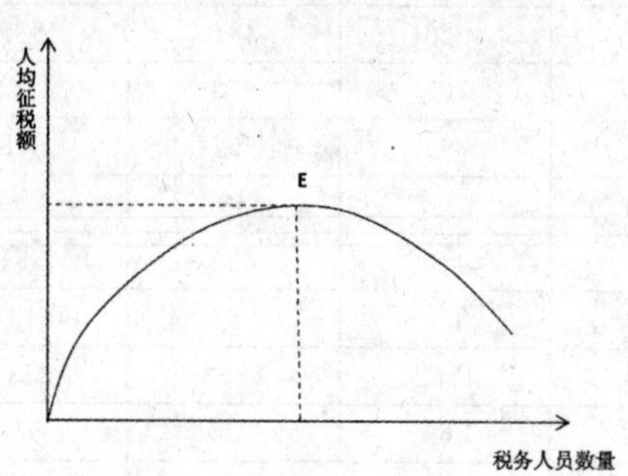


图四　税务人员数量与人均征税额关系

理论上，税务系统人数与税收收入总量之间呈现出倒U型关系。如图4所示，在E点之前，人均征税额随着税务人员数量的增加而提高，但是，在E点之后，当税务人员继续增加时，人均征税额反而会下降。

2009年至2013年全国三十省(自治区、直辖市)地税系统人均征税额。由表可知，在选定年份内，三十省(自治区、直辖市)中海南省人均征税额年均增长率最高，达到46.65％，甘肃省人均征税额年均增长率最低，仅为9.21％，贵州省人均征税额年均增长率为18.68％，在三十省(自治区、直辖市)中位列第25位，尚有较大发展空间。从绝对额角度看，2013年江苏地税人均征税额最高，达到4205万元/人，而同期贵州地税人均征税额为872万元/人，仅为江苏地税的五分之一左右，与发达地区之间存在较为悬殊的差距。

**表四　2009年－2013年全国30省(自治区、直辖市)地税系统人均征税额**

单位:万元/人

| 年份<br>省(自治区、直辖市) | 2009 | 2010 | 2011 | 2012 | 2013 | 年平均增长率 |
|---|---|---|---|---|---|---|
| 北京 | 2370 | 2536 | 3601 | 3864 | 4142 | 15.87％ |
| 天津 | 1210 | 1552 | 2012 | 2201 | 2323 | 18.20％ |
| 河北 | 512 | 669 | 866 | 616 | 755 | 13.48％ |
| 山西 | 416 | 485 | 628 | 563 | 812 | 20.00％ |
| 内蒙古 | 569 | 763 | 1039 | 1169 | 1332 | 24.17％ |
| 辽宁 | 980 | 1284 | 1181 | 2005 | 2228 | 25.96％ |
| 吉林 | 289 | 354 | 523 | 584 | 689 | 24.92％ |
| 黑龙江 | 596 | 719 | 850 | 1053 | 1285 | 21.19％ |
| 上海 | 4411 | 5143 | 8387 | 6710 | 7279 | 17.04％ |

| | | | | | | |
|---|---|---|---|---|---|---|
| 江苏 | 1947 | 2473 | 3170 | 3716 | 4205 | 21.39% |
| 浙江 | 1789 | 2242 | 2942 | 3059 | 3315 | 17.21% |
| 安徽 | 678 | 853 | 1170 | 924 | 1636 | 29.75% |
| 福建 | 957 | 1206 | 1667 | 1961 | 2369 | 25.65% |
| 江西 | 333 | 384 | 644 | 809 | 965 | 31.93% |
| 山东 | 591 | 724 | 1151 | 1205 | 1367 | 24.92% |
| 河南 | 328 | 328 | 481 | 589 | 700 | 21.95% |
| 湖北 | 556 | 701 | 973 | 1154 | 1347 | 25.06% |
| 湖南 | 297 | 392 | 561 | 698 | 694 | 24.75% |
| 广东 | 1550 | 1357 | 2437 | 2783 | 2966 | 21.98% |
| 广西 | 300 | 440 | 535 | 591 | 691 | 23.92% |
| 海南 | 313 | 551 | 981 | 1142 | 1329 | 46.65% |
| 重庆 | 1239 | 1562 | 2238 | 2584 | 2933 | 24.58% |
| 四川 | 425 | 569 | 756 | 874 | 1004 | 24.29% |
| 贵州 | 456 | 617 | 832 | 858 | 872 | 18.68% |
| 云南 | 600 | 747 | 963 | 1139 | 1300 | 21.45% |
| 陕西 | 602 | 753 | 1113 | 1179 | 1288 | 22.04% |
| 甘肃 | 453 | 539 | 719 | 818 | 579 | 9.21% |
| 青海 | 517 | 668 | 915 | 997 | 1197 | 23.78% |
| 宁夏 | 618 | 444 | 1197 | 1246 | 1446 | 40.39% |
| 新疆 | 406 | 586 | 835 | 982 | 1150 | 30.38% |

2009 年至 2013 年期间，虽然贵州省人均征税额总量保持上升趋势，由最初的 456 万元/人上升至 872 万元/人，但人均征税额增长率却持续下降，由 2010 年的 35.18%下降至 2013 年的 1.61%。贵州省同一时期内地税税收增长率远高于人均征税额增长率，这说明仅就人均征收额这一指标而言，贵州地税征税效率呈现出下降的趋势。

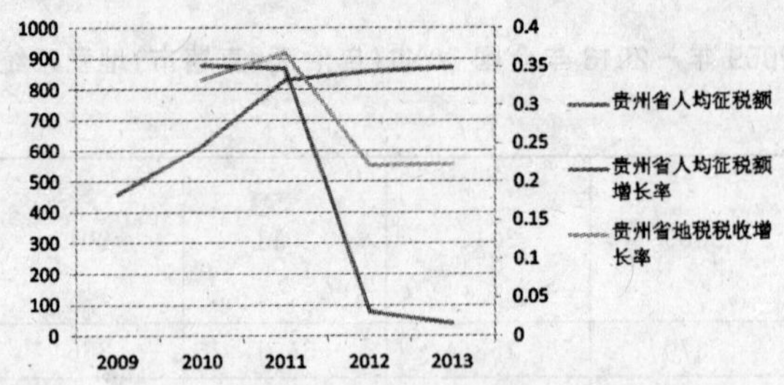


图五　2009—2013 年贵州地税人均征税额及增长率

(二)基于 SFA 技术的税收征管综合效率分析

1、技术方法。本文使用 Battese 和 Coelli(1995)提出的适用于面板数据并同时能对前沿函数和技术无效率函数的参数进行估计的随机前沿生产函数模型。其理论模型为：

$$y_{it}=f(x_{it},\beta)\exp(v_{it}-u_{it})$$

即，$y_{it}=x_{it}\beta+(v_{it}-u_{it})\quad i=1,\cdots,N;t=1,\cdots,T$

其中 $y_{it}$，表示生产者 i 在 t 时期的产出，$x_{it}$ 为投入向量，表示所投入的各种要素，β 为待估向量参数，$\exp(-u_{it})$ 为技术效率，$v_{it}$ 为误差和其他因素。因此，生产者的技术效率可以用下式表示：

$$TE = \frac{E[f(x)\exp(v-u)]}{E[f(x)\exp(v-u)|u=0]} = \exp(-u_{it})$$

生产技术效率 $TE_t$ 取值在 0 与 1 之间，$TE_t=0$ 表示完全无效率，=1 表示完全有效率。

2、变量的选取与说明。本文选取 2009 年至 2013 年全国三十省（自治区、直辖市）（不含西藏）数据为样本区间，地税系统税收收入为被解释变量，从经济发展、产业结构、对外开放程度、税务人员情况、社会环境因素等方面综合分析地税系统税收征管效率。经济发展因素方面，本文使用人均地区生产总值来表示，以此来消除人口数量方面的因素差异；产业结构因素方面，本文选用第二、三产业增加值在地区生产总值占比来表示；对外开放程度方面，本文选用外商投资总额以及进出口总额两个指标来表示；税务人员因素方面，本文选用地税系统平均工资来表示；在社会环境因素方面，本文选用人口密度指标来表示。

3、模型构建。对于全国层面的检验而言，本文构建如下模型：

$$TE = \frac{E[f(x)\exp(v-u)]}{E[f(x)\exp(v-u)|u=0]} = \exp(-u_{it})$$

其中，i 表示地区，t 表示时间，从 2009 年到 2013 年，tax 为全国三十省（自治区、直辖市）地税系统税收收入总量，pgdp 为人均地区生产总值，ind2 为第二产业增加值在地区生产总值中占比，ind3 为第三产业增加值在地区生产总值中占比，pop 为人口密度，FDI 为外商直接投资，port 为进出口总额，v 为随机误差项，u 为税收征管非效率项，分别服从标准正态分布和截尾正态分布，β 为待估系数。

4、实证结果与分析。各地区地税系统 2009 年至 2013 年税收征管效率在 63％至 77％之间徘徊，从总体来看，我国地税系统整体税收征管效率不高，尚有较大提升空间。在选定的时段内，贵州地税税收征管效率同时低于全国平均水平和西部地区平均水平，税收综合征管效率有待提高。具体来看，在 2009 年，不同省（自治区、直辖市）之间地税征管效率相差较大，至 2011 年，效率差距逐渐缩小，但在 2011 年之后，效率差距再次呈现出逐步拉大的趋势，这与 2011 年出台的自 2012 年 1 月 1 日起将试点推行营业税改征增值税政策有关。因此，可以看出，在"营改增"的政策背景下，2011 年全国各省（自治区、直辖市）地税系统均出现了突击征税的现象。

**表五　2009 年－2013 年全国 30 省（自治区、直辖市）税收征管效率估计值**

| | 2009 年 | 2010 年 | 2011 年 | 2012 年 | 2013 年 |
|---|---|---|---|---|---|
| 北京 | 65.83％ | 69.31％ | 77.38％ | 79.18％ | 66.76％ |
| 天津 | 23.06％ | 20.91％ | 43.49％ | 29.26％ | 20.54％ |
| 河北 | 85.25％ | 89.72％ | 85.47％ | 73.55％ | 60.09％ |
| 山西 | 77.41％ | 64.32％ | 80.63％ | 67.51％ | 69.42％ |
| 内蒙古 | 97.57％ | 99.99％ | 91.19％ | 91.32％ | 99.95％ |
| 辽宁 | 74.54％ | 84.90％ | 77.75％ | 82.06％ | 77.11％ |
| 吉林 | 38.66％ | 36.00％ | 68.76％ | 53.77％ | 42.03％ |
| 黑龙江 | 80.47％ | 71.20％ | 82.77％ | 80.93％ | 99.12％ |
| 上海 | 99.93％ | 99.97％ | 88.56％ | 87.20％ | 96.65％ |
| 江苏 | 64.77％ | 79.11％ | 80.48％ | 77.13％ | 70.57％ |
| 浙江 | 64.11％ | 82.98％ | 81.26％ | 79.46％ | 68.53％ |
| 安徽 | 72.85％ | 78.42％ | 82.60％ | 79.06％ | 85.99％ |

| 福建 | 42.35% | 46.92% | 66.82% | 53.06% | 46.25% |
|---|---|---|---|---|---|
| 江西 | 46.73% | 37.53% | 67.09% | 56.85% | 51.13% |
| 山东 | 53.02% | 56.57% | 72.95% | 69.42% | 54.63% |
| 河南 | 99.86% | 73.35% | 82.24% | 76.93% | 75.59% |
| 湖北 | 89.37% | 91.16% | 88.26% | 89.31% | 99.43% |
| 湖南 | 57.74% | 59.97% | 81.57% | 75.84% | 66.98% |
| 广东 | 57.96% | 55.04% | 77.04% | 77.03% | 72.07% |
| 广西 | 36.04% | 48.44% | 70.46% | 63.33% | 42.66% |
| 海南 | 35.85% | 46.54% | 82.10% | 66.26% | 64.00% |
| 重庆 | 70.11% | 66.43% | 79.31% | 70.97% | 51.51% |
| 四川 | 71.77% | 79.34% | 78.64% | 85.63% | 74.16% |
| 贵州 | 55.60% | 31.89% | 68.57% | 54.47% | 33.86% |
| 云南 | 99.97% | 99.82% | 89.18% | 91.24% | 99.96% |
| 陕西 | 94.30% | 84.64% | 87.87% | 86.72% | 87.42% |
| 甘肃 | 57.42% | 52.94% | 78.14% | 77.95% | 42.81% |
| 青海 | 30.99% | 28.02% | 67.43% | 57.62% | 40.34% |
| 宁夏 | 27.05% | 16.06% | 67.55% | 64.25% | 38.81% |
| 新疆 | 53.34% | 60.07% | 75.13% | 80.16% | 77.13% |
| 西部地区平均值 | 62.28% | 57.69% | 76.87% | 74.33% | 60.67% |
| 全国平均值 | 63.65% | 63.72% | 77.36% | 72.58% | 65.85% |

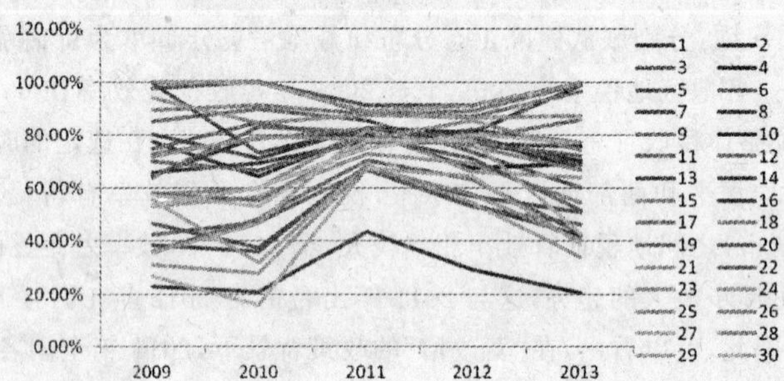


图六　2009年至2013年全国30省(自治区、直辖市)地税系统征管效率

## 四、存在的问题分析

### (一)现代化税收征管理念有待转变

1、风险管理理念亟待树立。虽然目前贵州地税初步建立了风险管理和应对体系,对机关职能进行实体化管理,按照风险等级建立了应对机制。但是,具有舶来品身份的税收风险管理理念由于引入时间尚短,税务人员对税收风险管理理念的学习和认识还有一个过程,税收管理工作仍然停留在原有的思维模式中,风险管理还没有普遍运用到税收征管中去,征纳双方法律地位平等的理念还没有从根本上树立起来,纳税人忽视税法遵从和风险管理的现象依然存在。

2、信息化应用理念存在误区。随着税收征管改革的推进,对税收信息化的要求越来越高,电子信息技术的应用与覆盖面日益提高。但是,在税收信息化的进程中,往往存在一个观念上的误区,即仅仅将信息化视为对手工劳动的简单替代,进而导致重视设备配置,轻视创新税收管理体制的现象出现。在实践中，由于税务人员信息化意识与理念淡薄，将新一轮税收征管改革仅仅理解为外在的机构和人员的重新组合，忽视了对税收征管信息化、方式、理念和内容以及运作程序等方面深层次的变革要求，将技术开发和业务需求割裂对待。

（二）管理体制机制有待改进

1、户籍管理工作需要加强。虽然目前贵州地税将省级、市级企业全部下放属地管理，彻底避免了多头管理情况，但是税收管辖权属不清的问题仍然不同程度地存在于实际工作中。例如，金税三期上线后，建筑安装工程等项目，仍存在外埠纳税人未按规定进行报验登记的现象，漏征漏报情况时有发生。

2、征管资源配置不合理。贵州省目前已经构建了管户与管事相结合、属地管理与分类管理相结合的工作机制，但在实际征管工作中，由于缺乏信用等级和黑名单制度，对所有的纳税户平均安排征管力量，使得税源管理职责分工欠缺科学性，导致重点税源和重点行业等高风险领域管理力量不足，征管力量占比相对较低，一些复杂涉税事项的管理层级较低。

3、管理规范性不足。虽然贵州省现行改革措施将一般税源与重点税源管理相分离，但在省级层面并没有明确进一步细化的统一考核标准和管理目标，致使重点税源管理程序不够细化，中小税源管理程序过于复杂，税源管理缺位、越位的问题较为突出。此外，由于纳税评估的质量不高，对纳税申报真实性、合法性审核不到位，税收征管各环节配合不协调的情况仍然存在。

（三）科技引领作用有待突显

1、信息共享程度不高。当前贵州省所实施的省级集中机制并不能从真正意义上满足税收分析利用的需要。总体而言，目前税务部门应用的信息软件后台数据相互独立，互不共享，缺乏统一的数据标准和业务解释，数据的分析与应用协调性不足，难以形成信息共享态势，难以为后续工作提供理想的信息分析基础。

2、基础数据采集缺乏准确性与规范性。在征管和报税软件中，目前普遍重视对纳税人的税务登记、纳税申报表、专用发票、税款入库等涉税数据的收集，而对于纳税人的经营状况、银行存款、财务报表等大量相关数据基本没有或无法采集。特别是没有根据行业特点针对性搜集情报，如制造业，对于纳税人的设备投入、生产工艺、经营面积、产能库存、资金往来、能耗物耗等情况，未找出纳税人实际生产规模与销售规模、能耗费用与产量产值之间的非合理差异，且数据采集随意性较高，导致大量可用信息游离于信息化监控之外，导致对企业整体纳税情况的评估和对税源变化的因素分析缺乏有效数据，使得信息管理与应用受到限制。

3、税源监控不到位。征纳双方信息不对称直接制约税源监控能力。税收信息化建设中，对系统的开发由于是税务系统主导的，缺乏国家层面的统筹规划，各自为政，信息互不相通，缺乏统一规划、统一标准，缺乏一体化管理，信息孤岛现象严重。由于目前税务、企业、银行三方联网尚未实现，因此涉税信息采集主要依靠纳税人提供的纳税申报表和财务报表，对纳税人的自觉性依赖程度较高，导致税务机关不能全面、准确、及时掌握纳税人的相关涉税信息。而对于与纳税人应税行为有关的第三方信息，尽管在现行征管法中规定了第三方信息报告制度，但是缺乏实际操作性，而且相应的责任追究条款缺失，导致税务机关缺少第三方实质配合，实践中获取第三方信息的难度较大。因此，漏报漏缴、隐瞒税基等形式的纳税不遵从问题十分突出。

（四）人员配置不能满足现代化要求

1、人员素质亟待提高。目前，部分基层税务部门工作人员仍处于计算机的初级应用阶段，对于计算机深层的管理功能、数据处理、监控功能等在税收征管变革中发挥至关重要的认识力度还不够，难以真正发挥计算机在税收征管改革中的重要作用，不能真正实现税收征管模式的真正意义上的电子化、信息化。

2、专业技能不足。随着经济社会的不断发展，税收征管工作的复杂程度日益加深，对税务机关工作人员的专业性要求也随之提高。但是,目前贵州省税务机关工作人员的专业技能仅限于解决一般性工作,缺乏处理诸如大企业管理、纳税评估、企业重组等具有复杂结构的税收问题能力,难以满足税收现代化改革的要求。

(五)征纳双方权利义务不清晰

目前,税务机关承揽了大量本应由纳税人履行的义务,形成了税务机关义务越位,纳税人义务缺位的局面。通常而言,按照税法规定,及时申报缴纳税款是每一名纳税人应尽的法定义务,而税务机关的义务仅为纳税人的纳税申报和缴纳税款提供服务,以及对未按期足额缴纳税款的纳税人依法进行处罚。然而,在实际征缴税款的过程中,往往需要税务机关工作人员花费大量人力、物力催报催缴,增加了征管成本,有碍于征管效率的提高。这一现象的原因主要有两方面,一是目前税务系统实行量化指标考核机制,按期申报率、税款按期入库率等项目构成考核机制的主要指标,在竞争压力之下,为获得理想考核成绩,税务机关往往越位将本应由纳税人履行的申报纳税义务转变为催报催缴;二是目前纳税人纳税意识较差,主观上仍有较强的逃税、避税倾向,在申报缴纳税款过程中积极性不高,主动性不强,为保证税款足额入库,税务机关不得不催报催缴,无形中加重了税务机关的工作负担,浪费了行政资源。

## 五、构建税收征管现代化体系的路径选择

世界经济合作与发展组织(OECD)研究认为,现代税收征管的基本特征主要体现在税收法律制度的公开透明与准确实施,税收管理流程的持续改进,组织机构设置的科学合理,信息技术的有效应用以及培养高素质人才队伍建设等方面。因此,在“六大体系”框架下,结合贵州省域地税征管现状,拟提出以下四方面政策建议:

(一)优化税收征管治理体系

1、以风险管理为核心,构建税源专业化管理体系。以风险管理为导向,按照“统一分析,分类应对”的思路构建动态风险预警体系,完善风险指标。一是构建对重点行业、重点税源的税收风险特征库,对存在管理空白的新兴行业,由省级地税机关负责组织力量进行专项调查,深度挖掘行业风险特征。二是以风险特征库为起点,构建风险管理指标体系,对重点企业数据、行业数据加以检验,确保指标体系的科学性、准确性、合理性。三是对模型使用情况及时搜集反馈信息,并对反馈信息进行分类处理,对模型反复进行检验和校准,使其更符合实际工作需要。四是将经过修正的模型使用条件进行明确,确保在基层税务机关中顺利推广。此外,各环节之间应当分工协作,整体联动,以此来确保税收风险管理工作的顺利运行。

2、完善征管业务流程。围绕税源专业化管理,建立标准化的征管流程和服务规范,使办税流程向简约化转型。一方面,在对税务机关各层级原有征管流程梳理、整合的基础上,对税务登记、纳税申报、税款征收、纳税评估等业务进行流程再造,合理分解权力,精简办税环节,节约纳税人的人力、物力成本。另一方面,最大限度地将工作程序标准化,形成一套包含受理资料、操作事项、操作时限、传递关系、执法文书等方面内容的标准化业务流程,大力推进移动办税、自助办税业务操作平台建设,形成纳税服务示范效应,提升纳税服务质效。

3、健全征管执法体系。按照“规范执法、强化震慑”的原则,在原有基础上进一步完善事项公开制度和税务稽查制度。一方面,明晰与规范税收执法行为与程序,构建职责清晰、程序正当、有效提高税收遵从度的现代税收执法体系。另一方面,逐步完善进户执法工作制度,集中实施实地检查,提高税收检查权的行使能力和水平,定期发布纳税人经营异常名录并建立黑名单制度,提高征管执法的威慑力。

4、构建征管质量评价体系。通过量化的指标直观地分析评价税务机关的征管效果,探索构建纳税遵从度、纳税人满意度、税收流失率、税收征收成本两提高两降低评价体系,对涉税信息采集与加工、风险分析监控、纳税评估等工作实施留痕管理方法,以便日后的质量评价工作顺利开展。从组织收入、税收征

管、纳税服务、依法行政、队伍建设五方面构建了税收征管质量评价体系，每一方面又进一步由多个子指标组成，多元而立体地综合形成税收征管评价指标体系。具体地，组织收入指标体系由税款征收率和税收成本收入率两项子指标构成，税收征管指标体系由准确申报率、税款准期入库率、准期纳税申报率、纳税遵从率四项子指标构成，纳税服务指标体系由文明指数、纳税人满意度、电子化办税程度三项子指标构成，依法行政由税收执法正确率、重大执法事项集体审议面两项子指标构成，队伍建设指标体系由年均培训天数和"三师"人员比例两项子指标构成。此外，鉴于实践过程中不断出现的新情况、新动向，应当持续进行风险管理指标体系的更新工作，不断完善风险监控管理平台的建设。

**表六　税收征管评价指标体系**

| 类别 | 指标名称 | 类型 |
|---|---|---|
| 组织收入 | 税款征收率 | 上升变量 |
| | 税收成本收入率 | 下降变量 |
| 税收征管 | 准确申报率 | 上升变量 |
| | 税款准期入库率 | 上升变量 |
| | 准期纳税申报率 | 上升变量 |
| | 纳税遵从率 | 上升变量 |
| 纳税服务 | 文明指数 | 上升变量 |
| | 纳税人满意度 | 上升变量 |
| | 电子化办税程度 | 上升变量 |
| 依法行政 | 税收执法正确率 | 上升变量 |
| | 重大执法事项集体审议面 | 稳定变量 |
| 队伍建设 | 年均培训天数 | 稳定变量 |
| | "三师"人员比例 | 上升变量 |

（二）构建符合大数据时代的信息支撑体系

1、搭建数据集成平台。大数据时代的到来增强了社会公共数据的透明性与公开性，为税务机关积累核心征管数据提供了技术支持与便利条件，因此，有必要构建统一的数据集成平台，整合多个业务系统数据，全面掌握税收工作各项数据和整体情况，形成包含离线和在线、虚拟和实体、独立和依赖等混合的税收管理模式。搭建覆盖所有税收业务的数据仓库，对纳税人报送资料、第三方数据等项目进行有机整合，并针对不同行业、地区特点以及纳税人类型，对税收数据进行主题化分类建模，着力推进技术与业务的有机融合。

2、强化数据分析、应用能力。注重加强信息数据的深度挖掘、分析与利用能力，强化宏观、微观分析相结合的数据综合运用能力，将税收与经济指标的分析细化到具体的税种和行业层面，使搜集到的信息在最大限度上发挥作用，成为分析经济发展态势、调整产业结构、堵塞税收征管漏洞、防范税收风险、进行税务稽查的有力依据，从真正意义上实现信息管税的目的。

（三）建立健全税收协同体系

1、建立健全涉税信息交换机制。明确税务机关获取涉税信息的法定权利，完善获取和利用外部涉税信息制度，细化部门责任。通过搭建涉税信息交流共享平台，推进部门信息共享，大力拓展外部信息的采集渠道，将金融机构等部门的涉税数据囊括其中，及时采集工商、统计、行业管理部门等第三方信息，实现对企业的财务信息、交易信息、进出口信息的有机整合与集中，及时获取纳税人重大经济信息。此外，还应当进一步探索构建跨地区信息情报采集、交换管理机制，通过打造跨地区税源信息交换与查询平台，形成跨地区合力治税的局面。

2、健全协税护税机制。治理主体多元化是国家治理现代化的重要特征。随着经济的不断发展，社会问题日趋多样化，税收征管越来越需要得到其他部门的通力配合，共同解决征纳双方信息不对称的问题。因此，有必要构建以地方政府为领导，有关部门高度参与的税收治理小组，通过网络互联，实现合署办公，构建部门之间的信息共享机制，对纳税人实施动态跟踪监控，完善政府领导、税务主管、部门配合、司法保障、社会参与的综合治税体系，从整体上增强综合治税能力。

(四)制定优化人才保障机制

一方面，建立健全符合税收现代化要求的人力资源管理体系。加强人才队伍建设，选聘专业化人才，按照“分层培养、按需施教、整体提升”的思路完善人力资源配备。加快各级人才库构建工作进度，加强领军人才培养和专业团队建设，健全专业人才激励机制，选拔培养精通风险分析、纳税评估、信息技术、制度流程等税收征管专业人才。另一方面，加强教育培训与实践锻炼。构建多层次、多渠道的教育培育体系，每年有计划地安排侧重于专业化管理与风险应对内容的教育培训，强化办税人员的专业岗位技能，全面提升税务机关人员的综合素质，注重在实践中培养专业人才。此外，在总量维持基本稳定的前提下，还应当大幅度压缩税务机关行政人员数量，提高风险管理部门专业人员占比，以人力资源的现代化推动技术与制度的现代化，进而实现税收征管的现代化。

课题组组长：季　可

指导：姜大方　李汉文　潘　韬

参加单位：各市、州地方税务局

# 税收新常态下加强税收风险管理的思考

广西壮族自治区地方税务局课题组

## 一、税收新常态概述

(一)经济新常态催生税收新常态

经济新常态是目前和未来几年会持续存在的状态,是全球经济形势发展、我国经济运行规律和全面深化改革相互作用的结果。经济新常态包含几个显著特点:“在新常态下,一是经济增长从高速增长转为中高速增长。二是经济结构不断优化升级,第三产业、消费需求逐步成为主体,城乡区域差距逐步缩小,居民收入占比上升,发展成果惠及更广大民众。三是经济驱动从要素驱动、投资驱动转向创新驱动。”经济决定税收,经济新常态客观上决定了税收新常态,而税收环境的复杂变化也催生了税收新常态。

(二)税收新常态的五个方面表现

所谓税收新常态,是指在现代税收治理新理念和新规则的基础上构建的较稳固和可持续的新秩序、新态势和新状态。其主要表现为五个方面的常态表现:

1、税收法制建设步伐将加快。我国目前现行的有效税种为18个,但只有3部实体税收法律,即企业所得税法、个人所得税法、车船税法。其他15个税种“游离”在全国人大的立法之外,包括增值税、消费税等主要税种,都是由国务院制定暂行条例开征。税收立法层级不高,导致纳税人认同度偏低,税收执法刚性不强,依法治税困难较大。

2、双主体税制结构模式将长期存在。长期以来,我国税制结构以间接税为主,直接税为辅。十八届三中全会《决定》提出,要推进增值税改革,逐步提高直接税比重。直接税以归属于私人(为私人占有或所有)的所得和财产为课征对象,较之对流通中的商品或劳务的课税而言,较符合现代税法税负公平和量能纳税的原则,对于社会财富的再分配和社会保障的满足具有特殊的调节职能作用。由此,在以后的税收征收与管理中,双主体税制结构模式将长期存在。

3、税收征管转型升级是必然趋势。随着市场经济的蓬勃发展,新产品、新产业、新商业模式、新投资渠道不断涌现,跨行业、跨区域的企业集团日益增多,虚拟市场、关联交易、电子商务等新兴经营模式蓬勃发展,传统的税收征管模式面临着巨大挑战和考验。为适应新的税收征纳环境,加快税收征管制度的转型升级是发展的必然趋势。

4、纳税服务水平要求与时俱进。近年来,各级税务机关高度重视纳税服务工作,将其放在税收征管的重要位置加以推行;国家也高度重视大企业税务风险制度建设,出台了相关指导性文件,帮助大企业提高预防和控制税务风险的能力。在经济新常态下,纳税服务水平也应与时俱进,将征税与服务并重,牢固树立服务理念,努力改善征纳关系,构建和谐纳税环境。

5、落实税收优惠政策进入新常态。根据财政部　国家税务总局关于小型微利企业所得税优惠政策的通知(财税〔2015〕34号),国家再次提高了小微企业减半征税的年应纳税所得额,将2014年的上限10万元提高到20万元,大幅度拓宽了小微企业受惠面。同时,国家税务总局公告2015年第17号关于贯彻落实扩大小型微利企业减半征收企业所得税等一系列措施实施后,企业享受税收优惠户数与享受优惠额出现“井喷式”增长。“我国经济从要素驱动、投资驱动转向创新驱动”,税收优惠也将随之进入新常态。

(三)税收新常态与税收风险管理的辩证关系

税收新常态下的税收工作将发生深刻变化。税收风险管理作为一项前瞻性、预防性的税收工作，往往围绕新常态，经历一定的矛盾冲突和磨合，呈现出全新的表现方式和运作体现，这在很大程度表现了一个新事物、新观念、新思想以至新方法的产生过程，而这一质的新变化也在一定程度促进了税收常态的多面性、特色性以及影响其最终的形成。

## 二、税收新常态与税收风险管理的矛盾冲突

(一)税收风险管理概述

所谓税收风险是指国家在组织税收收入的过程中，限于征税手段及税收制度本身的不足，再加上各种不确定因素的影响造成的税收损失。税收风险管理是指以最小的税收成本代价降低税收流失的一系列程序，是一种积极、主动的管理，能创造出稳定有序的征管环境，有利于建立和谐的征纳关系，有效提升税源管理的质量和效率。

(二)税收新常态与税收风险管理的矛盾冲突

构成税收风险的主要方面包括税收立法风险、执法征管风险、纳税遵从风险、信息安全风险、管理效能风险等，目前税收风险管理的不能适应税收新常态的新要求，两者之间的矛盾冲突具体表现为：

1、税收风险管理理念有待进一步强化深入。现阶段我国税收管理工作遵循的是较传统的治税理念，偏重于对税收风险的无条件无差异防范，做法一概而论，这不仅不能有效规避税收风险，相反还会造成征税成本居高不下，导致征管资源浪费严重、纳税人满意度偏低、征管效率低下等问题。

2、税收征管风险管理体系需进一步完善健全。目前，就全国范围而言，税收风险管理还处于试点阶段，各试点单位的税收风险管理模式也各不相同。根据国家税务总局关于加强税收风险管理工作的意见》(税总发〔2014〕105 号)，国家税务总局对加强税收风险管理提出了工作总体要求，明确了税收风险管理的基本业务流程，但是税收风险管理如机构设置、业务流程、税源分级、风险识别、措施及应对等还未形成一个整体的规划。

3、税收法律制度存在滞后性。税收制度并不是一成不变，其必然导致新旧税制交替现象的产生，在这种情况下，税收制度即存在滞后性。一方面 制定新的税收制度需要一定的时间，另一方面税收制度的执行及纳税人真正理解制度的内涵也需要一定的时间，导致新税收制度真正落实需要较长的时间。这些时间滞后会增加税收风险出现的可能性。

4、资源配置不合理，税收执法效能低下。由于受征管模式、征管机构及人力资源结构的限制，税收征管人员未能科学合理地设置征管结构，多将资源配置的重点放在业务审批部门和行政部门，而一些复合型的高层次人才不能担任一些实质性的有利于推进税收风险管理工作的关键职责，风险监控和风险评估等技术性要求比较强的岗位人力资源配置不合理，造成了资源浪费，大大降低税收风险管理的工作效率和质量。

5、监控和约束机制缺失。当前税收风险管理中，风险应对管理的监控和规范缺失，主要原因在于：首先，目前税收风险监控的组织实施一般为征管部门承担，属松散型、临时性的团队运作形式，跨部门和跨税种的风险监控等很难有效整合，且高层次、复合型人才短缺且力量分散，无法满足实际需要。其次，目前尚未形成界定科学、指标明晰的责任标准体系和绩效评价体系，成为税收风险监控机制建设的一个明显的“短板”。

6、涉税信息情报及数据的应用管理能力不足。一是当前税务机关税务信息采集渠道受限，大多依靠纳税人的自行申报来实施管理，信息来源窄，难以收集到广泛全面的涉税信息，比如资金流、物流方面的数据。二是未将交易第三方报送真实数据明确为法定义务，信息集中度较分散，难以实现信息在各部门之间的流动和共享，这使得税收风险信息管理工作质量偏低，整体运行水平不高。三是纳税人在报送涉税信息时存在虚假的可能性，税务人员也存在审核不严格导致录入数据与实际情况不符等问题，信息

数据的准确性难以保证。而税务机关对有限的信息资源未能充分利用，管理应对手段单一，受多方面因素影响，应对措施的针对性和有效性有待于进一步改善。

7、涉外税收风险加大。中国经济全球化发展的良好环境和形势，吸引了大量外资进驻，但是外资企业对我国税收收入的贡献与其在我国经济增长中所占份额极不相称。一些地区为了吸引外资企业，给予外资企业享受税收的“超国民待遇”，而外资企业采用不同方式避税，导致内资企业不公平竞争和未来发展、国家税收流失，使我国在国际税收竞争中处于劣势地位。

（三）对“金税三期”税收风险管理的简要分析

“金税三期”作为税收新常态下的一个新阶段性的重大任务和目标，是完善税收体制改革的重要探索和改革步骤。这一工程的运作和管理，可作为税收风险管理的极好实践和例证。其核心便是从信息管税的大环境和唯一视角下控制税收风险的产生、发展和解决。

1、在税收立法风险方面，金税三期”重点要利用大集中税收数据找出纳税人发生问题概率畸高的风险点，对依靠强化征管难以有效降低的风险，选择通过税收立法和有效的信息数据分析管理来解决。

2、在执法征管风险方面，金税三期”要解决的是税务机关设置风险和税收征管措施风险。对于一种新的高度集中的信息管税方式，在税收征管的具体执法活动中，税务机关、税收管理人员的征管模式或措施不当将导致国家税收收入损失、人员承担行政或刑事责任的风险。

3、在纳税遵从风险方面，这类风险是“金税三期”风险管理中重点关注的一类税收风险，其特征是某一风险中处于高风险状态的纳税人比例不高、对这些纳税人采取有针对性的风险应对措施可以有效降低风险。

## 三、发达国家税收风险管理的经验借鉴

（一）OECD 国家税收风险管理的经验借鉴

1、涉税信息大集中，把税收风险管理作为一个整体框架。OECD 国家都遵循风险管理的基本框架，该框架自下而上层层递进。其中，准确、充分、及时的涉税信息是税务风险管理的基础。

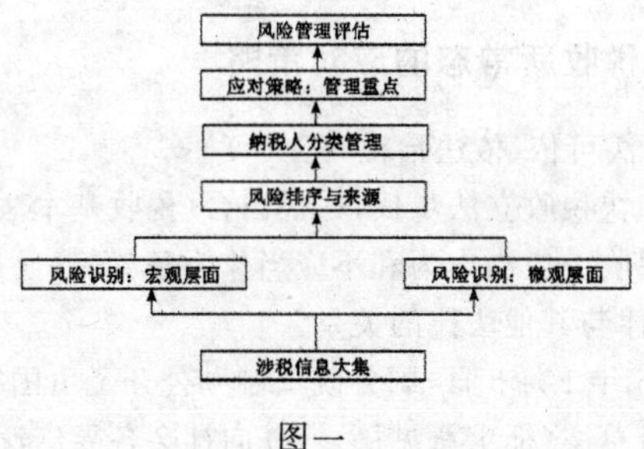


图一

2、依据不同类型的纳税人，着眼于实施专业化管理。OECD 国家一般根据纳税人的不同类型，如非盈利组织、中小企业和大型企业等，在税务管理部门内部分别设置专门的组织，实施专业化管理。由于纳税人各具不同的组织特性和行为特征，税务机关设立有专门机构从事研究工作，实施有针对性的一对一的管理与服务，目标明确而成效良好。

3、多环节预防风险，加强涉税风险甄别和分类处置机制建设。OECD 国家甄别不同涉税环节的风险，对税务登记行为性风险、纳税申报表填报行为性风险、纳税申报真实性风险和税款缴纳及时性风险分别作出专门化处理，主动采取预防性措施，通过优化纳税服务来消除非主观故意的税收风险，通过实行纳税人可感知的风险遏制措施，减少主观故意的税收风险发生的可能。

（二）澳大利亚税收风险管理的经验借鉴

1、建立共同合作的遵从关系。澳大利亚联邦税务局（以下简称 ATO）税收风险管理总体规划的最大

特点就是建立与纳税人共同合作的税法遵从关系。一方面，根据“合作型遵从金字塔”模型区别采取遵从应对措施，税收风险管理针对性较强，创造了一个有利于自愿遵从税法的环境，税企双方合作互信，共同促进税法遵从。

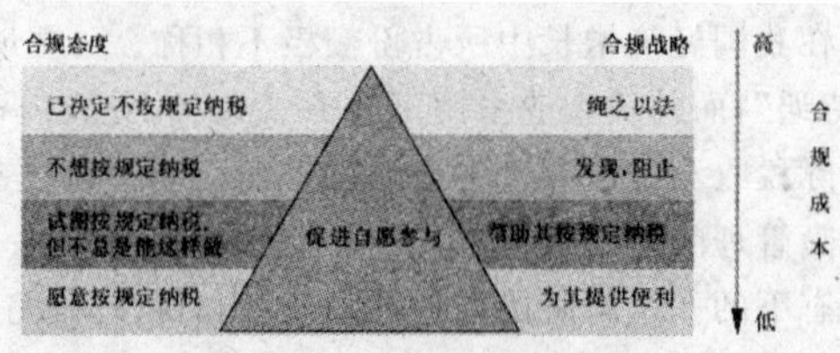


图二　合作型遵从金字塔图

2、完善风险管理规程，提升税务审计效率。ATO在税务风险管理方面有非常清晰的规程，并通过丰富的申报前和申报后遵从产品予以实施。申报前遵从产品有申报前遵从分析（PCR）、年度遵从安排（ACA）、申报前走访、税收裁定等，申报后遵从产品有客户风险审查（CRR）、专项审查、税务审计等。

ATO的审计流程是置于ATO整体遵从管理体系之中而加以设计的，征纳双方的风险分析和风险审查贯穿ATO税务审计的全过程，通过加强政策发布与传送、税收裁定制度、定期发布行业税务检查指引、要求纳税人建立税务风险内控程序等预防性措施，能够深度挖掘处理企业税收风险，降低纳税人不遵从风险，有效提升税务审计的效率。我们在设计税收风险管理业务规程时，也应将税收风险管理置于整体税收业务体系中加以考虑。

3、注重硬件技术与软件环境建设，保障风险管理有效实施。ATO税务风险管理作用的充分发挥，得益于其拥有配套的硬件技术和软件环境。从硬件技术上讲，ATO建设有基于法律保障的强大信息数据采集平台、广覆盖面的管理信息平台和分析工具值得我们学习。从软件环境看，ATO税务审计中科学的团队协作和技术支撑机制、合理的税企信息沟通机制、严密的审计过程监督机制等也值得我们借鉴。

## 四、税收风险管理服务于税收新常态的应对策略

(一) 完善税收法律法规，有法可依、依法治税

1、出台《税收基本法》。应加快税收立法步伐，尽快出台《税收基本法》，明确一些税收基本法律问题，如规定各级政府和有关部门在税收上应当作为和不应当作为条款等，通过《税收基本法》来统筹税收单行实体法、税收程序法以及税收法律与其他法律的关系。

2、出台《税收征管法》。2015年1月5日，国务院法制办公开了由国家税务总局、财政部起草的《中华人民共和国税收征收管理法修订草案(征求意见稿)》，并向社会各界广泛征求意见。该法的修改，将给纳税人的权益提供更有利的保护、对税务机关权力的授予与限制更为规范、对税务服务市场的扩大提供更广阔的空间，对于规范税收征收和缴纳行为，保障国家税收收入，保护纳税人的合法权益具有重要意义。

(二)建立健全税收风险管理机制，完善配套制度建设

1、建立税收风险管理预警机制。

首先，找寻税收风险点。从微观上，可以根据行业、企业组织架构及企业经营核算方式的不同等入手查找，从宏观上，可从我国的税收制度、政策运行、外部环境不确定性因素等入手查找。

其次，采集信息，建立风险特征库。根据纳税人申报纳税时提供的各种信息，税务机关实地调查、采样掌握的一手数据，第三方部门所提供的税收相关的信息等，归纳统计同类数据，运用相应的工具进行分析，建立风险指标，构建风险特征库，提高风险评估和认定的准确性，提高税收风险预警与控制能力。

2、建立税收风险管理评估机制。所谓税收风险评估就是量化风险指标，按照税收风险发生的可能性及其带来后果的大小对风险进行赋值、然后排序。风险评估承接由风险预警部门推送的风险信息，合理

预见可能存在的风险，及时对管理服务进行合理优化，以采取适当的措施规避风险或降低风险损失。

3、建立税收风险管理应对机制。一要实行差别化管理，把纳税人划分为无风险纳税人、低风险纳税人、中等风险纳税人和高风险纳税人。针对不同级别的纳税人，配合纳税服务过程，实行不同的应对措施。二要完善多部门联动配套建设。使税收风险管理的建立与分类分级专业化管理、纳税服务管理、税收税源管理、税务稽查管理、纳税评估管理等相适应，既能清晰界定各部门的业务边界，又要实现风险管理与税收征管的有机融合，为风险管理创造良好的配套环境。

(三)优化纳税服务，构建和谐税企关系

1、转变纳税服务理念。改变传统理念中对不同等级风险的纳税人实行的相类似纳税服务方式，而采取差异化的有针对性的服务：对无风险纳税人实行优化税务服务；对低风险纳税人实行纳税辅导和宣传教育的服务；对中等风险纳税人实行纳税检查、集中评估的服务；对高风险纳税人实施重点监督、税务稽查，并对这类群体实行差别化管理和服务，努力提高纳税遵从度。

2、进一步完善纳税服务体系建设，不断创新服务方式。制定征纳双方信息交流办法，畅通交流渠道，增进征纳双方互信，构建和谐税企关系。提高税务干部的道德素质和业务素质，不断完善网上报税、电子划款、纳税人自助办税平台建设等现代化服务手段，为纳税人提供高质量的纳税服务。

(四)加快第三方信息共享，实现涉税信息共享常态化

在信息管税模式下，第三方涉税信息作为一个相独立的参照系，较纳税人提供的涉税信息更具客观性、真实性和完整性。政府部门要牵头将第三方信息共享平台纳入部门目标责任制考核内容，确保责任单位间达成共识。同时，税务部门需要不断完善第三方信息共享机制，积极加强与质检、工商、银行、社保等相关涉税数据责任单位的沟通，协商研究共享信息内容、标准、传递时限、方式等方面问题，实现涉税信息共享的制度化、常态化。

(五)完善“金税三期”系统管理，充分发挥信息管税功能

“金税三期”是以税收数据“大集中”为核心的涉税业务高度现代化、信息化的工作平台，这要求“金税三期”的税收风险管理体系对税收工作各个环节及全过程有全面的把握和掌控，从事前预警、事中控制和事后监督三方面实施有效的风险防控。

一是实现“金税三期”系统的数据收集及应用整合。通过归集各类涉税数据，整合数据处理应用，不断地构建可持续发展的一体化数据应用整体。二是完善“金税三期”系统操作功能。规范“金税三期”数据的准确性和唯一性，强化税收监控功能，对管理对象进行科学分类，对管理职责进行合理分工，对管理资源进行优化配置，进一步推进税收管理信息化建设，实现把风险管理贯穿税收征管的全过程。

综上所述，税收风险管理是现代税收管理制度的一大创新，是风险管理新理念和新模式在税收管理的具体应用。新常态下加强税收风险管理，将进一步提高税务机关依法治税水平和依法行政能力，为构建和谐繁荣的税收环境发挥重要的作用。

课题组负责人：吴殿禄

成　　员：汪星明　张星强　高丽峰　马龙珠

马炳寿　杨　静　苏　畅

# 直面社会监督<br>敢于亮“星”办税服务的探索与实践

张志明

近年来，纳税人维权意识逐渐增强、个性化服务需求日益增多，行风政风职能部门、新闻媒体对地税部门的监督问责力度也在不断加大，地税系统纳税服务工作面临巨大压力和严峻挑战。去年以来，济南市地税局直面纳税需求和社会监督，大胆引入星级酒店管理理念，首创办税服务厅和服务人员“星级管理”模式，实施真正惠及纳税人的“硬手段”、“实举措”，倾力打造了优质高效、尊享化的办税“星级服务”，得到了广大纳税人的普遍认可。目前，全市地税系统 11 家办税服务厅全部面向社会实行挂牌服务，其中：“三星级”办税服务厅 6 家，“四星级”办税服务厅 5 家；同时，评定表彰“五星级”纳税服务人员 15 名。

## 一、适时而“革”，主动出击，“星级管理”势在必行

(一)变“守”为“攻”，敢于公开亮相接受监督

伴随民主法制进程的加快、政府公共服务职能的转变，税收管理由传统的监督打击型向管理服务型转变，纳税服务成为各级税务部门关注和研究的热点，常规思维下“以纳税人依申请服务为主要内容，被动回应纳税人、媒体等各方监督”的“僵直化”纳税服务模式，已经不能适应社会发展节奏，并往往使地税部门陷于易被投诉、常被问责的不利局面。我局转变以往羞于亮相的保守意识，敢于第一个“吃螃蟹”，在扎紧内部规范、上紧思想发条的基础上，积极构建主动出击、抢前防守的综合性量化服务体系，直面纳税人需求、直面社会监督，晒服务、晒管理，以一种“改革”的果敢姿态和精神面貌，致力于给纳税人带来全新服务。

(二)以“行”践“学”，大胆引入星级酒店理念

现代管理学认为企业运作的核心是协调好与客户之间的关系，管理通过“服务”而不是“管控”来实现，注重调整与客户的共生共赢关系，在这种理论背景下，酒店“星级管理”应运而生，建立了包括评定标准、评定规程、复核处理等一整套完整严格的配套体系，严格划分一星级到五星级 5 个标准，并经过多年的运行完善，赢得了消费者的信任和青睐，成为一个城市的名片和对外窗口，并在一定程度上反映出当地服务业发展的水平。酒店星级管理的思维模式，对我们优化纳税服务带来了很大启发。在市场经济条件下，税务部门与纳税人的关系，就是基础设施、公共服务的“生产”和“消费”关系，作为“买方”的纳税人通过“付费”即采取一定的纳税方式，向税务部门“订购”公共产品。我们按照现代公共服务理念，把纳税人视为“顾客”，对办税服务厅、纳税服务人员实行星级管理，有效调整与纳税人“客户”的博弈关系，将纳税人需求内化为具体服务项目，让纳税人参与“星级”创建与评定，以更加规范化、更加便捷化、更加经济化的纳税服务，赢得“客户”满意和良好口碑，展现部门形象，实现星级模式的有机嫁接。

(三)以“融”促“优”，全力推动纳税服务升级

近年来，我局大力实施“服务兴税”战略，组织开展便民办税春风行动、持续推进办税服务厅标准化建设、认真贯彻《全国税务机关纳税服务规范》、探索开展以“省心、省时、省事、省力”为主题的“四省”服务，纳税服务质效得到了全面提升。站在推进税收现代化的新起点，为促进纳税服务向更高品质、更高水平、

更高层次迈进，我局坚持“服务至上”的理念，以“星级管理”统领纳税服务各项核心工作，将办税服务的诸多优化升级，生动直观地反映到“星级”管理上，给纳税人以视觉和感官上的强烈冲击，潜心打磨，持续改进，使“星级管理”立得住、叫得响，努力打造成济南地税纳税服务的标志性品牌。

## 二、突破创“新”，稳扎稳打，“星级管理”逐步推进

（一）差异化、高标准塑“星”

按照共性与个性相结合、可量化和操作性相统一的原则，在转化和植入总局、省局各类纳税服务规范及要求的基础上，我局主动抬高标杆，拓展嵌入近70项高标准、高层次、个性化指标，建立起一整套“层层拔高”式的星级服务标准体系，对应逐步递增的“星级”，形成了济南市地税局《办税服务厅星级管理暂行办法》和《办税服务厅服务人员星级管理暂行办法》。其中，在办税服务厅方面，设置三星至五星3个级别，三星级办税服务厅作为全市各办税服务厅必须达到的初级标准，从办税设施、优化服务、内部管理和外部评价四个方面入手，共设有23项衡量指标；四星级办税服务厅更加侧重于服务质量和效率的提升，在三星级标准的基础上增设了3类19项“抬高式”衡量指标；五星级办税服务厅突出了服务创新和服务品牌建设，坚持高起点、高标准、严要求，在四星级标准的基础上增设了3类18项“顶级”衡量指标。在纳税服务人员方面，设置一星至五星5个级别，主要从着装仪表、服务礼仪、工作纪律、业务技能、工作效率及工作满意度等六个方面进行考量评定，并按照统放结合原则，四星级以下（含）服务人员的评定由各办税服务厅自行开展，五星级服务人员的评定由市局通过业务考试、技能测试等统一组织评定。

（二）严监督、多方位评“星”

坚持激励与约束并举，着力构建“组织严密、评定科学、监督有力、保障到位”的运行机制。加强日常实地督导，市局专门成立督导检查组，对各办税服务厅进行实地督导检查，逐一审核标准的落实情况，对发现的问题现场或限期整改，确保星级标准真正“落地”；开展满意度调查，通过办税服务厅实时测评、电话回访、网络问卷调查等多种形式，把“话筒”和“尺子”交给纳税人，服务好不好、能否达到星级水平让纳税人说了算；启用远程监控系统视频检查，对各办税服务厅实施全天候、“无死角”实时监控，让问题“无处遁形”，并将发现的问题汇制成光盘进行公开展评和督促整改，给办税服务厅管理上了一道“紧箍咒”；落实“三问三优化”（问需、问计、问效，优化行风、政风、作风）纳税服务工作机制，委托第三方中介单位对各办税服务厅从26个方面跟踪暗访，让星级评定更加客观公允。

（三）明奖惩、动态化管“星”

把星级评定工作纳入税务系统绩效管理，对评定出的星级办税服务厅，统一制作颁发标志牌匾、安置在办税服务厅醒目位置、主动接受纳税人及社会各界监督；对评定出的星级服务人员，在正常的工资调增基础上，对照星级评定结果、工作岗位特点分档发放绩效工资；对于五星级服务人员，由市局统一颁发证书，在全市进行通报表彰，给予一次性考核奖励，在干部使用及评优树先时予以优先考虑和重点倾斜；对第一次达不到星级标准或连续两次评定为一星级的服务人员给予戒勉谈话，累计两次不达标则予以辞退。为防止星级创建和评定走过场、一阵风，我局对星级办税服务厅和星级服务人员实行动态管理，每年组织一次审核评定，并设立了晋级、降级和“一票否决”等激励奖惩规定，服务不好就摘星，使“星级服务”始终处于“进行时”，永远在路上。今年以来，对不达标的纳税服务人员诫勉谈话5人次、降星2人次、辞退1人次。

## 三、蝶“变”新生，资源重释，“星级管理”初显成效

（一）评“星”挂牌，激发“内生力”

我局推行“星级服务”模式以来，有效破解了纳税服务管理缺少抓手、考评不具体、争劲不足、动力不

够等问题；同时，通过实施亮牌“星级管理”，纳税服务人员的服务、素质、能力体现在不同的星级等次上，让人一目了然，办税服务人员思想认识得到切实转变，主动加强自我约束、践行各项服务承诺，真正做到了“有无监督都一样”，自觉提升服务意识和办税能力，有效激发了办税大厅和办税服务人员的工作积极性、主动性，形成了“争星上级，争先创优”的良好氛围。特别是在“星级管理”制度的激励下，各办税服务厅自我加压，纳税服务得到不断创新发展。比如：高新区办税服务厅“多维税客厅”带给了纳税人生活味、亲情味、时代味的体验；历下办税服务厅开展新办企业定制服务、章丘办税服务厅建立了纳税服务“快速响应”机制，以多种形式契合了纳税人的实际需求；等等，特色化的服务，促进了工作互动，实现了服务升级。

(二)以“星”促管，倒逼“提质效”

挂牌服务带来的社会监督压力，倒逼各办税服务厅以征管为支点撬动服务转型，破解办税“阻梗”，加快流程再造、手段升级和服务创新，竭力满足纳税人快办、易办的服务需求。我局按照“还权还责于纳税人”的理念，共对 8 大类 57 项涉税业务办理程序进行规范，对税务登记、二手房交易等 20 多项与纳税人密切相关的办税流程进行大幅缩减，累计压缩 30 多个环节，平均缩短办税时限 7 个工作日；对发票领用、小微企业认定等 49 项审批项目实行“先办后审”，改变了以往层层审批、繁琐耗时的局面。在服务手段升级方面，我局积极推动办税向网上转移，通过搭建“个人住房交易网上便民直通车”、开发个人所得税自行纳税申报自助办理系统、开发应用税收征管电子影像系统、开通 12366 微信服务平台、推出“税收微杂志”等举措，为地方经济发展营造了良好环境，真正达到了让办税人“省时、省心、省事、省力”的目的。

(三)亮“星”发声，营造“好口碑”

5 家“四星级办税服务厅”、6 家“三星级办税服务厅”积极践行承诺，促进了队伍素质的提升和窗口服务的精细化管理，也使得纳税人在周到热情的办税过程中体验到对其人格与权利的充分尊重，在愉快宽松的办税环境中体验到宾至如归，纳税人抱怨少了，笑脸多了，对地税部门的工作更加认可。正如山东中孚信息产业股份有限公司财务负责人杨伟所说：“点滴细节让人感受到‘星级服务’的温暖。”2014 年全市办税服务厅满意度调查显示，系统 11 个办税服务厅平均满意度达到 98.18%，服务投诉案件同比减少了 75%，纳税人满意度得到了极大提升。山东省地税局在全省地税系统专门介绍推广了我局“星级管理”工作；中国税务报、大众日报、齐鲁晚报、济南日报、网易新闻中心等 10 余家新闻媒体予以了重点报道。中国国际税收研究会理事、山东财经大学经济研究中心主任潘明星认为：“济南市地税局实施‘星级管理’、推行办税‘星级服务’不仅仅是一句口号，而是可量化、可操作，真正惠及纳税人的‘硬手段’、‘实举措’，这一做法走在了全国税务系统的前列，具有较强的示范性、引领性和推广价值。”

纳税服务无止境。下一步，济南市地税局将围绕“星级管理”的拓延升级，深化落实“前移＋便捷”举措，调整办税服务厅功能区，让办税服务从“窗口”前移至“门口”，形成自进门到办结的“全程化”服务；打造“素质＋能力”模式，加大对窗口服务人员的专业培训力度，严格日常考核和集中管理，进一步强化其危机意识和争先创优意识，增强“星级管理”创建活力；实施“科技＋拓展”战略，积极运用“互联网＋”思维，依托信息技术推动涉税业务“网上转移”，打造高品质、高效率的服务，保持“星级管理”持久生命力，实现“星级管理”落地生根、成熟定型和常态化发展。

(作者单位：山东省济南市地方税务局)

# 基于江苏实际的环境保护税法及征管问题探究

江苏省地方税务局课题组

## 一、现阶段我省环境保护收费现状及存在的主要问题

(一)我省主要污染物排放情况

江苏经济实力一直处于全国前列,2013年江苏实现地区生产总值59162亿元,人均达1.2万美元,达到中等发达国家水平。但江苏国土面积10.26万平方公里,仅占全国的1.07%,人多地少,生态环境脆弱,资源能源贫乏。随着工业化、城市化以及经济国际化的发展,资源环境约束日益增强,生态环境污染问题日益突出,转型升级发展任务日益紧迫。

表一　江苏省主要污染物排放情况表

单位:万吨

| 年度 | 地区 | 废水 | 废气 | | | 固体废物 | | 污染物排放合计 | 占比 |
|---|---|---|---|---|---|---|---|---|---|
| | | 废水排放总量(万吨) | 二氧化硫 | 氮氧化物 | 烟(粉)尘 | 一般工业固体废物产生量 | 危险废物产生量 | | |
| 2013 | 全国 | 6954433 | 2043.92 | 2227.36 | 1278.14 | 327701.94 | 3156.89 | 7290840.96 | / |
| 2013 | 江苏 | 594359 | 94.17 | 133.80 | 50.00 | 10855.87 | 218.09 | 605711.02 | 8.31% |
| 2012 | 全国 | 6847612 | 2117.63 | 2337.76 | 1235.77 | 329044.26 | 3465.24 | 7185812.81 | / |
| 2012 | 江苏 | 598211 | 99.20 | 147.96 | 44.32 | 10224.44 | 208.59 | 608935.46 | 8.47% |
| 2011 | 全国 | 6591922 | 2217.91 | 2404.27 | 1278.83 | 322772.34 | 3431.22 | 6924027.01 | / |
| 2011 | 江苏 | 592774 | 105.38 | 153.57 | 52.74 | 10475.50 | 188.94 | 603749.90 | 8.72% |

2011—2013年江苏全省废水排放总量及固体废物排放量呈逐年上升趋势,废气排放总规模较大。其中,近三年来,江苏污染排放量平均占全国排放量的8%左右,尽管在经济持续增长的同时,全省环境质量没有严重恶化,其中,水、气等环境质量在全国处于中上等水平。

(二)环境保护收费的现状

排污费是我国现行环保收费制度中规模最大征管最为规范的一种收费制度。2003年,国务院发布了《排污费征收使用管理条例》,正式确立了排污收费制度;在《条例》的基础上,有关部委陆续出台了《排污费征收标准管理办法》、《排污费资金收缴使用管理办法》、《关于排污费征收核定有关工作的通知》和《污染源自动监控设施运行管理办法》等一系列配套法规与规章,与《条例》一起构成了较为完整的排污费征管制度。

1、收费规模。江苏排污费总量近年较稳定,在全国占比略有下降,主要原因是江苏省作为第一个在全国范围内实行排污收费试点的省份,几年前征管水平已经达到较高标准,从2001年以来共征收排污费217.31亿元,连续14年收费总额在全国居首。

**表二　江苏省排污费收费规模情况表**

单位:亿元

| 年度 / 地区 | 全国 | 江苏 | 占比 |
|---|---|---|---|
| 2011 | 189.8 | 21.62 | 11.39% |
| 2012 | 205.32 | 21.36 | 10.40% |
| 2013 | 216.05 | 21.01 | 9.72% |

2、排污费收费品目、对象、标准、计算方法等基本情况。江苏省排污收费制度经过不断的改革和发展,目前具体的征收范围及征收标准如下:

(1)收费对象。排污费的收费对象是指在我国境内向环境中直接排放污染物的单位和个体工商户,简称为排污者。

(2)收费主体。排污费的收费主体是县级以上人民政府环境保护行政主管部门,同时财政部门和价格主管部门应当各司其职,对排污费的征收、使用工作加强指导、管理和监督。

(3)征收标准。

**表三　江苏省排污收费具体内容**

| 征收品目 | 征收标准 |
|---|---|
| 污水排污 | 0.9元/污染当量,太湖流域1.4元/污染当量 |
| 废气排污 | 1.2元/污染当量 |
| 固体废物及危险废物排污 | 5—30元/吨,填埋的1000元/吨 |
| 噪声排污 | 350—11200元/月 |
| 太湖流域污染物排放指标有偿使用收费 | 按化学需氧量、氨氮、总慲排放量实行2600—42000元/吨 |
| 二氧化硫排放指标有偿使用收费 | 2240元/吨 |
| 城市施工工地扬尘排污费 | 每月0.24元/平方米 |

排污费的征收计算方式中,污水和废气的计算方式主要都是通过先算出污染当量值再计算相应的排污费。以污水排污费为例,依据排放污染物的浓度和数量折算成污染当量数,再按照实际排放的污染当量实行定额征收排污费,计算方式具体分为以下两步:

①某污染物的污染当量数=该污染物的排放量(千克)/该污染物的污染当量值(千克)

②污水排污费收费额=0.7元*3项污染物的污染当量数之和

(4)收费模式等管理。目前江苏省内排污费征收的主要流程是:排污者进行排污申报登记——环境监察部门审核认定;排污者按月(按季)申报——环境监察部门核定——下达核定通知书;排污者可对核定结果申请复核;环境监察部门送达缴费通知书——排污者按规定期限缴费。

(三)存在的主要问题

实践表明,排污费征收为促进环境保护、减少污染排放,建立污染者付费的观念起到了积极的作用,但由于法律制度和贯彻执行等原因,规范性、权威性不足,对解决环境问题的效果不显著。在排污费征管中主要问题有:

1、法律体系层级较低。排污费征收涉及对象广泛、环境保护意义重大,但排污费管理条例等相关征收制度法律级次较低,强制力和权威性不高,排污者对排污收费认同度较低。

2、征收技术需要完善。一是目前许多地区环境监测技术、装备水平较低,在线监测设备覆盖面小,运行不稳定，监测数据不能完全作为收费依据，环境监管滞后。二是排污收费计算方法专业性较强，物料衡算法和系数法等计算方法尚未制度化，给排放量核定带来较大的困难和随意性，给“协商收费”带来市场，影响到排污费法律严肃性。三是排污费管理信息化程度低，地区差异较大。不少排污者相互比较，易出现纠纷。

3、环保效果有待提高。由于我国排污费征收标准过低，征收范围窄，征收缴纳对象主要为易于管控的城市较大工业企业，因此难以监管对大量中小化工污染企业及餐饮服务企业，尤其是生活污水、工业固体废弃物等在实际工作中均未能有效征收，这些使排污费征收目标和实际效果相去甚远。

## 二、国外环保税制对我国的启示

(一)采取逐步推进的方式

每一税目实施的条件各具特色，推进的程度也各不相同，推行一般从对经济影响较小的税目开始。多数情况下，要取得显著的环境保护效果，税率应当确定在较高的水平上。但简单的一步到位，纳税人可能会接受不了，短时期内也会降低本国企业的竞争力，甚至影响整个经济的发展。因此开征初期应先选择低税率，随着治污技术的进步逐步提高税负，直至最佳。

(二)保持税收中性原则

开征环境保护税会影响各经济主体的可支配收入，社会各界出于自身利益的考虑会对环境保护税采取抵触情绪。为了顺利推进环境保护税的改革，国外采取的做法是适当降低其他税种的税率，比如所得说和社会保障税，以使纳税人的总体税负保持不变。发达国家在设计环境保护税时还会通过税收豁免、财政转移支付等手段来激励低收入者购买环保产品，以维持微观层面的收入中性。

(三)环保税管理的级次

环境问题既包括地区性问题，也包括跨区域、全国性的问题，甚至还有国际性的问题，有必要在中央与地方两个层次上进行设计。从中央角度看，应制定各地环境条件的评价规则，以及对应于不同环境状况分别设置的差别税率，应将国内跨区域环境问题的治理纳入中央的管理范围，对于涉及国际合作的问题，采取多种多样的共同措施。同时，应赋予地方政府一定的征税自主权，但必须严格管理，明确限定范围。

(四)环境保护政策配合

不同的调控手段具有各自不同的特点，而宏观调控作为一个整体，需要不同调控手段的有机配合。如税收手段与管制手段的配合：管制手段为环保税收手段的刺激作用提供了基本的“支撑”，如规定了排放标准、技术标准等，税收手段又成为命令控制制度的有益的必要补充。发达国家在实行环境保护税时，特别注重与价格政策、行政手段等协调配合，全面考虑、统筹操作。

## 三、完善环境保护税法律体系与征管体制的建议与设想

(一)进一步完善环保税制度体系的思考与建议

1、在税制要素设计方面。一是建议逐步扩大征税范围。将二氧化碳排放、流动污染源排放、污染产品等分步纳入征税范围。考虑到国际上碳税开征的实际状况，与国际间的竞争现实等因素，可以将二氧化碳排放作为暂免征税的范围，待时机成熟，再逐步实施，一方面充分体现中国作为负责任大国的态度，另一方面为今后立法提供了便利性。对流动污染源，不予免征，但应考虑与消费税的重复征收问题，建议将征收消费税的相关污染产品改为环保税的征收范围，充分引导大众树立环保意识，增加排污成本。二是建议适当提高税额标准。对污染排放和治理成本进行详细测算研究，将环保税的税额基本标准逐步分期(如分 5 年)提高到治理成本的水平，同时地方可以根据本地实际情况上浮税额标准。三是建议明确授权尺度。对于环保税意见稿的授权，建议统一采用省级人大立法(地方性法规)的方式进行，与环保税法

作为法律进行授权更为衔接一致；对于上浮税额标准，规定一定比例的限制（如30%）；建议取消地方政府可以减半征收的规定，防止区域间有害竞争和污染源的流动。四是建议立法鼓励环保投入。环境保护、节能节水项目和专用设备投入很高，据课题组调研了解到，仅环境监测仪器的购置成本为100万左右，现有的税收优惠不足以调动纳税人的积极性。因此应加大对于购置环境保护专用设备的投资额的税收抵免力度，以及从事符合条件的环境保护项目的优惠力度。

2、税收征管职责范围与流程方面。

(1)明确职责。明确税务机关负责环保税的征收管理工作，环境保护主管部门负责应税污染物的监测、监督和审核确认。涉及排污量审核认定的纳税争议，由环保部门负责办理；其他涉税争议由税务部门负责；联合核定的由双方共同负责。对于环保税的税收稽查，建议由环保部门实施稽查。

(2)优化税收征管流程。合理设置征管流程是确保税收政策得到贯彻和落实的关键。按照税收征管总体流程，建议建立环保税分类管理体系。可以将纳税人分为一般排污纳税人和小规模排污纳税人（包括不具备监测条件的畜禽养殖业、小型企业和第三产业纳税人）两类。

对于一般排污纳税人，建议采取“纳税鉴定——排污申报——环保部门信息传递——税务部门比对——环保复核和审核——税务征收”的模式实施。

①纳税鉴定：纳税人鉴定环节是税收征管中最基础的环节。对于原申报排污费的纳税人，在环保税开征后统一增加纳税鉴定，并增加排污基础信息的登记。对于新增纳税人，由环保部门发放排污许可后，通过环保和税务部门间信息共享交换，将纳税人排污资格及具体排污许可的类别、数量等信息自动传递至税务部门，由税务部门增加其环保税鉴定。通过这一环节，确定环保税具体征管对象，并确保部门管理对象统一。

纳税鉴定流程图：

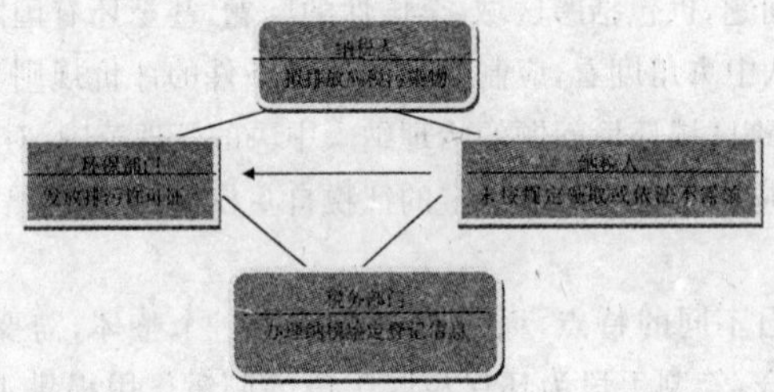


②排污申报：纳税人在纳税期限届满后，按季申报排污量。

③环保部门信息传递：环保部门根据自动监控、监测情况或者排污系数等规定方法，对纳税人申报的排污种类、数量予以核定。对无异议的，环保部门向税务部门和纳税人同步发送《核定通知书》。

环保部门将排污单位许可、污染物排放的数据、环境违法和受行政处罚情况等环境保护相关信息，按季交送税务部门。基础存量信息传递完成后，每季仅传递新增和变动信息。条件具备的地区，可架设专线进行信息的实时传输。

④税务部门比对：税务部门将纳税人的申报数据资料与环保部门交送的数据资料进行比对。

⑤环保部门复核和审核：税务机关通过比对、风险管理以及其他渠道发现纳税人的申报数据资料异常，应传递给环保部门复核；税务机关发现纳税人未按期申报，有逃避纳税义务行为的，按照税收征管法相关规定处理。

⑥税务征收：税务部门根据环保部门发送的《核定通知书》，在规定期限内向纳税人税款专户扣缴环境保护税。

一般排污纳税人征管流程图：

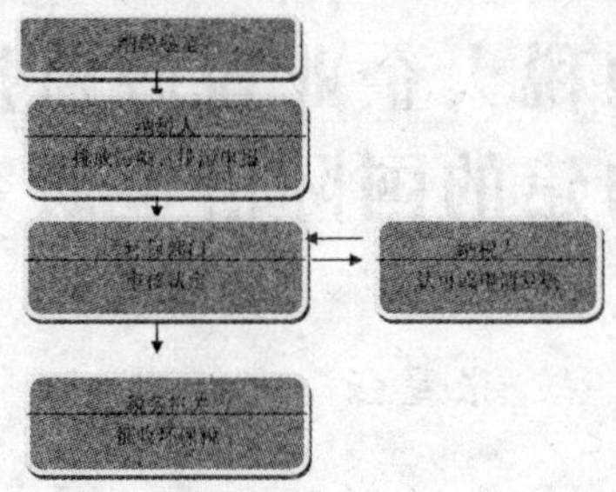

对于小规模排污纳税人，采取“纳税鉴定——联合核定——税务征收”的模式实施。

小规模排污纳税人征管流程图：

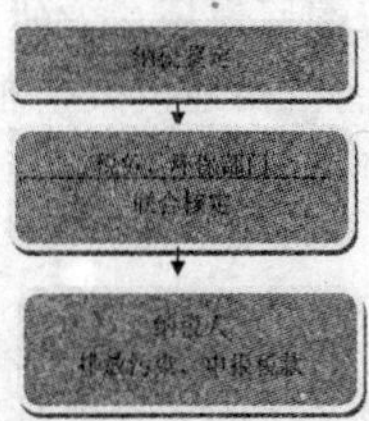

⑦联合核定：对于小规模排污纳税人，主要是畜禽养殖业、小型企业、第三产业纳税人，确定其每个季度或者年度的应纳税额，从而简化征管。联合核定中，税务部门与环保部门主要确定各类不同企业在不同规模下的污染总量，环保部门主要负责确定排污企业类别和排污种类、规模分档；税务部门主要负责确定企业的具体规模，即实际经营状况。同时，联合核定结果公开发布，充分利用社会力量，使纳税人的排污行为接受社会监督。

（二）完善环境保护税法出台的政策配套体系

1、建立健全制度规范。一方面要修订现行税收法律法规，按照结构性调整的思路，为环保税的出台让出税负和实施的更大空间。另一方面，在环境保护税法出台基础上，尽快出台具体的征管制度安排、部门协作规范、争议处理机制。

2、明确环保税的预算级次。合理划分中央、省级及市县级税款的预算级次，适当提高中央级税款比例。

3、建立部门协作机制和社会监督机制。地税部门和环保部门应构建部门间合作的长效机制，定期会商、协调解决工作中遇到的困难和问题；充分运用社会力量，公开发布联合核定结果，使纳税人的排污行为接受社会监督。

4、加大信息化建设投入。出台规范环境监测设备安装使用的专门办法，通过政府、企业、市场三方共担方式，加大排放检测覆盖面。加强部门间征管信息系统共享平台的建设，通过政府保障办法、政府考核、政府平台等方式，实现信息管税、信息控污。

5、开展舆论引导，强化队伍建设。在环保税开征前即积极开展宣传，既宣传环境保护知识，也宣传环保税法要素。提前开展环保税专业知识培训，打造环保税征管专业化团队。

课题组组　长：张　滢

副组长：彭光煜　袁　震

课题成员单位：省局财行处，南京、无锡、
徐州、苏州、泰州地税局

执笔人：汪小婷　刘富民

# 广西地税大企业税源监控体系构建的国际借鉴研究

张星强　文　琳

在建立科学严密的税收征管体系中，构建大企业税源监控体系是必不可少的重要内容。对此展开深入研究，对于改革完善大企业税收管理体制，充分发挥和挖掘大企业对税源的支配性贡献作用具有重要的现实意义。本文主要以广西地税大企业税源监控体系为研究对象，从税务管理的角度出发，研究借鉴国内外大企业税源监控体系的经验，提出完善广西地税大企业税源监控体系的政策建议。

## 一、基本概念

(一)大企业的界定

许多国家都制订了其国内统一的税务意义上的大企业标准，但由于各国的经济体制、经济发展水平以及财政收支实际情况不同，对大企业的判定标准也不相同。根据 OECD《2013 税收管理报告》，大企业纳税人的认定指标有：(1)营业额或销售收入总额；(2)资产规模；(3)年度缴纳税款总额；(4)特定行业(如银行、保险公司等)；(5)有重要的国际经营活动或被外国公司控制；(6)员工数量。如澳大利亚大企业的认定标准为年营业额超过澳元 2.5 亿的经济集团和单个实体，美国的标准为资产超过 10 亿美元。如果使用单一指标无法完全反映大企业的规模状况和经营情况，可以将多个指标加以综合考虑，如荷兰根据特定行业、企业复杂性、是否具有外国子公司等多重标准认定大企业纳税人。

目前，由于我国大企业税源监控的技术、模式还没有成型，国家税务总局尚未给大企业确定一个明确的外延。税收意义上的大企业是指因其运营背景的国际性、经营范围的多元性、从事业务的特殊性、内部治理结构的复杂性、财务核算的相对规范性等特点而在税收服务管理上显现出特殊要求的特定纳税人。具体来讲，可从以下三个方面来判断：第一，是跨地域经营、跨国经营，单纯靠属地管理管不好、管不到的企业；第二，是采用集团型和总分型机构，管理科学规范，总部控制力较强的企业；第三，是体量大，税收贡献占税收总量比例大的企业。

根据广西实际条件，目前广西地税系统大企业(也称重点税源)的认定标准包括：(1)全区年缴纳地方税收在 10 万元以上的生产经营企业；(2)国家税务总局定点联系大企业在桂成员企业；(3)建筑业、房地产业项目；(4)年度缴纳税款较大但往年未作为监控户管理的国土储备中心、外来报验户、代扣代缴单位等非正常生产经营户。

(二) 大企业税源监控

大企业税源监控，主要是指各级税务机关运用已掌握的征管数据和企业涉税信息，通过选取企业涉税事项进行比对、分析，及时全面了解企业集团及其成员企业的税源变动情况，为风险识别、评估和应对提供基础性信息。

广西地税系统大企业税源监控管理工作主要由自治区、设区市的重点税源管理机构负责，自 2010 年 6 月成立该机构以来，严格按照国家税务总局大企业司的统一领导、部署和要求，对广西地税系统大企业纳税人开展遵从引导、遵从管控、遵从应对、遵从保障等工作，旨在防范和控制税务风险，提高税法遵从

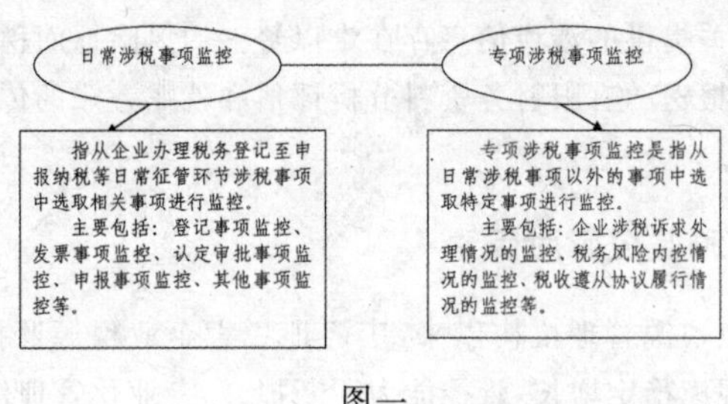


图一

度，降低税收遵从成本。

## 二、大企业税源变化的现代特征及对税收管理的挑战

经济新常态导致税收新常态，大企业税源呈现的现代特征对传统的税源监控模式提出了新的挑战。主要表现在以下几个方面：

（一）集约化特性致使传统的税收管理模式难以适应

以大型公司（集团）和总部经济为发展模式的大型企业，其经营管理模式和众多中小型企业具有明显不同。大企业不仅呈现资产和收入规模化、跨区域经营的国际化、跨行业经营的多元化、管理流程再造的扁平化、专业分工加深的功能化（如研发中心、制造中心、物流中心等等按功能配置资源）等特点，而且内控机制较为健全、财税人员数量较多且专业化水平较高、信息化管理水平高、税收风险较为系统和隐蔽，体现了较强的集约化特性。而传统的税收管理模式仍以利润核算为基础、经地域管理为依托，侧重于税收流程的规范和“拉网式”管理，缺乏管理的专业化和层次化，加之税务机关在人员素质、管理方式上明显滞后于大企业发展水平，无法及时取得企业财务统计数据的原始信息，对企业经营变化的反应能力弱、管理效率低等，加大了税务机关对税源的监管难度。

（二）信息化程度高要求税务机关加快构建稳固强大的信息体系

随着大企业跨国际经营的不断发展，企业的现代化管理理念、信息化技术水平不断增强。但税务机关受到资金、管理理念、体制等条件的制约，未能构建稳固强大的信息体系与之抗衡，使得税务机关无法及时全面了解、掌握企业集团及其成员的税源变动情况。加之税务机关与其他政府部门信息共享程度低，缺乏信息交换和协调协作机制，导致企业涉税信息来源渠道狭窄，信息管税效率低下，税务机关对于可能出现的风险不能进行及时有效的预警和管控，从而降低了税源监控的效率。因此，税务机关要加快构建稳固强大的信息体系，依托先进的信息技术手段支撑大企业税源监控。

（三）经营运作特殊性要求税源监控由静态向动态转变

大企业的经营运作方式是通过大投入和大产出实现资产增值和利润最大化，经营模式和经营范围具有多样性，如股权投资、并购重组、产业整合、扩展经营领域这些方式对税收规模均产生一定影响。以广西梧州市为例，2015 年 1－2 月，梧州市地税局共组织地税收入 7.76 亿元。其中，16 家主要企业集团 1－2 月共实现地税收入 1.56 亿元，占地税收入总量的 20.05％，是地税收入的“主力军”。仅广西梧州中恒集团公司一家企业就入库地方税收 12673 万元，其中因成功转让原持有的国海证券股份，1－2 月累计入库股权转让企业所得税就高达 8000 万元。经营模式和经营范围的多样性，一方面，使企业经营环节和涉税事项相对复杂，通常涉及与关联方的跨境交易，大企业总公司与分公司、子公司之间通过内部关联交易避税的问题、总部企业为寻求更多的税收优惠政策而不断迁徙的现象越来越多，财务会计核算难度增大。另一方面，大企业税务管理团队专业化素质较高，在企业每次调整经营战略时，往往涉及复杂的财务和精密的税务筹划安排,给税务机关提供的涉税信息存在难以督查的风险。而税务机关目前仍采用事后稽查防弊的手段控管税源,靠企业报送的有限财务资料分析评估和就账查账的传统做法已然不能完全适应新的税源变化。

## 三、广西地税大企业税源监控掣肘因素

自广西地税系统成立重点税源管理机构以来,广西地税大企业税源监控管理各项工作得到有序开展,管理体系基本形成,税源规模稳定增长,管控能力不断提高,专业化管理优势逐渐显现,但与先进地区相比,还存在较大差距。

(一)机构设置不合理,不适应大企业管理模式

从理论上说,要适应大企业垂直管理的模式,税务机关在对大企业的税收业务管理上也应实现垂直管理。但目前广西地税系统自治区、设区市重点税源管理机构的设置,是一种纯属地管理的组织形式,主要问题是:事权分散、看得见管不着与管得着看不见、人员配置未形成专业团队、层级工作重复劳动等等。使得大企业税源管理在业务组织、信息传递和技术运用上存在层层减力的能量耗损,无法整合优势资源获得税源监控管理的最大效应。此外,重点税源管理机构工作人员较少,运行机制不规范、岗位职责不清晰,没有完全建立起涉税数据信息的采集、存储、加工、应用流程,导致税务部门掌握的大企业税源信息比较有限,税企之间存在明显的信息不对称。

(二)人力资源薄弱,不能满足专业化管理需求

如前所述,大企业跨行业、跨地域甚至跨国经营情况比较突出,为在全球经济一体化的激烈竞争中脱颖而出,大企业培养和引进了一批具有高学历、高素质、高技能的各类专门管理人才和技术人才来促进创新发展。而目前广西各级重点税源管理部门人力资源配置还较薄弱,人员知识结构不合理,缺乏熟练掌握法律、财务、会计、计算机、审计等专业知识的高水平人才和复合型人才,人员数量和质量均不能满足大企业税源专业化管理的需求,已然成为制约大企业税源专业化管理的瓶颈。

(三)信息技术手段落后,信息共享机制不健全

一般来说,大企业资金雄厚,管理理念先进,不仅财务制度健全,其信息化建设程度也相对较高,很多已经达到国际先进水平。但税务机关受到资金、观念、体制、机制等条件的制约,没有一套能与大企业抗衡的先进的信息技术系统,使得税务机关对大企业涉税信息的获取、征管数据的分析、税源的动态监控等方面处于劣势。加之税务部门与政府及其他部门信息共享程度低,监控信息来源渠道狭窄,无法及时获取纳税人的各项应税收入情况,导致信息管税效率低下,对于可能出现的风险不能进行及时有效的预警和干涉,无法对大企业税收收入的来源和渠道进行全方位的信息跟踪和纳税控制。以广西地税系统为例,据数据分析显示,相当一部分广西省外施工单位未严格按规定申报应纳税款造成税款外流。其中主要原因系这些施工单位主管地税务机关与外出经营者所在地和外来经营者注册地税务部门缺少沟通合作。

(四)风险识别方法传统、单一,风险管理未得到全面贯彻

大企业税收风险的系统性和隐蔽性要求税务机关具备发现风险的敏锐感知力和识别风险的专业判断力,但目前税务机关仅仅依靠《广西地税重点税源管理系统》、《建筑业房地产业项目管理系统》采集的数据,对一般企业的风险指标进行粗糙筛选和风险分析,没有形成对大企业特殊风险的跟踪提示及应对处理系统,以风险为导向的税务审计的作用和地位还没有被确立,风险管理还没有得到全面贯彻,风险识别、风险分析的方法、手段还比较传统、单一。

## 四、构建广西地方税收大企业税源监控体系的建议

构建大企业税源监控体系是一项复杂的系统工程，也是一个渐进式的探索过程。要在现有征管模式下构建广西地方税收大企业税源监控体系，要立足广西地税实际，借鉴国际经验，努力在机构设置、人力资源、信息技术、风险管理和纳税服务等方面找到突破的途径。

（一）推进管理理念创新，树立现代化税源监控管理理念

一是树立合作遵从理念，转变管理主导型思维模式，变成相互信任、相互尊重、合作透明的税企关系，提升优质服务，提高纳税人满意度和税法遵从度，以最低的监控成本来实现最优的监控效果。二是树立信息管税理念，通过业务体系和技术模式的创新发展和交互融合，发挥信息技术的支撑和引领作用，推动大企业税收监控模式的升级。三是树立风险管理理念，引导企业建立完善的税收风险内控机制，实施风险导向的税源监控管理。

（二）科学调整重点税源管理机构，增强人员配备

应该看到，扁平化管理是当前发展的一个趋势，有利于提高税务部门的工作针对性和专业化水平。机构设置上，建议参考荷兰以“属地＋专业”的扁平化管理模式，对现行重点税源管理机构进行调整，大企业较多、有条件的地方可以成立大企业管理局，将涉及大企业的相关事权全部归并进来，实行机构、人员、职责的整合，按照统一的大企业管理工作流程进行专门的管理，从指导思想、风险防范、税源管理、税收监控等方式进行明确，确保管理和执法的公正统一。人员配备上，建议将数量充足、素质优良且专业经验丰富、尤其是具有法律、会计、审计、计算机等知识背景的人才调配到大企业税收管理部门，逐步建立起大企业税源管理团队和分行业管理人才库。同时组织大企业税收管理业务骨干专业培训，加大培养力度，形成行业骨干力量，逐步组建重点行业工作团队，积极提供领军人才实践平台。此外，还可以尝试采取社会招聘的方式，短期雇佣审计师、会计师、税务师等专业人员定向参与的做法，灵活补充大企业税源监控力量。

（三）增强信息支撑，推进大企业税源监控体系建设

在金税三期总体框架之下，逐步推进大企业税源监控体系建设。一是深化大企业税源数据管理，提升基础数据质量。探索建立规范、统一的大企业税收管理基础信息库，将扩散在多个税收征管环节和管理层级的涉税数据，按照集团一户式进行归集，努力构建大企业税源监控信息化支撑平台。二是将大企业税收服务和管理事项在各层级和各职能部门之间进行准确推送和跟踪管控，推动形成纵向联动、横向互动、协调一致的大企业税源监控管理现代化格局。三是配合业务处室研发《大企业税源财务报表分析应用软件》，将财务报表从《广西地税重点税源管理系统》数据库中迁移出来，使之与重点税源报表相对独立，加快开发相应的财务报表管理子系统，实现对大企业税源、大企业财务报表的数据管理、统计、分析和应用。四是扎实开展大企业税源监控软件建设应用。在企业风险自查、电子数据抽取、风险识别分析排序和工作底稿填列等关键环节实现技术突破和工作创新，为有效实现大企业税源监控提供全面、及时、可靠的技术保障。

（四）强化信息共享，推动大企业税源综合管控

实现对大企业税源的高效、全面监控，需要建立健全信息共享机制。一是制定异地征管数据协作管理办法，建立协作机制，明确工作职责与流程。二是加强与国税、政府相关部门合作，建立健全第三方信息共享机制。充分利用社会综合治税网络，重点加强与国税、审计、金融、工商、财政、发改委等相关部门的联系沟通，通过信息共享，及时掌握大企业往来交易和资金流动情况，全面掌握大企业税源信息，确保纳税人申报数据的真实度。三是建立健全税企高层对话机制，加大企业走访力度，制定大企业名册管理办法，明确企业与税务机关的权利和义务，规范工作机制和方法。

(五)强化税源分析,充分发挥大企业数据的作用

大企业税源分析对实现税源的全面监控意义重大。一是继续与业务处室合作,逐步升级、完善现有重点税源管理系统的数据分析等功能,建立大企业税源分析、预警指标体系。二是开展大企业税源收入定期分析和专题分析工作。建议深化影响税收收入各种因素的分析,推动税收分析由进度分析和一般性增减因素分析向结构性、关联性、功能性分析转变,按季形成分析报告,为实施税源监控提供意见参考。三是着重改进重点税源监控数据定期审核工作。及时组织人员对国家税务总局收入规划核算司每月下发的风险数据异常企业进行调查核实,重点是国家税务总局、广西地税局开展税收形势分析和税收风险分析时发现的可能存在数据异常的企业和在数据汇总审核过程中发现有数据质量问题的企业,使之成为规范化、常态化工作。四是及时监控、反映地方重点建设项目进展情况,全面掌握新增税源、潜在税源发展态势,积极提出加强广西地方税收大企业税源建设的意见和建议。

(六)探索完善全流程风险管理,加强大企业内控机制建设

一是探索税源监控指标体系建设。研究重点行业税收风险分析指标,探索构建广西地税系统大企业税源监控指标体系,逐步完善重点行业税收风险日常监控工作机制。二是继续开展分集团全流程税收风险管理工作。按照信息收集、风险识别、风险自查、税务审计、反馈提高等五个阶段组织开展大企业全流程税收风险管理,完善以税务审计为核心的业务体系。三是开展分事项税收风险管理工作。在全面掌握企业集团及其所处行业生产经营特点、行业适用税收政策和税收风险点的基础上,重点关注和应对股权转让、跨境投资、关联交易及其它重大交易事项,按照分事项税收风险管理与分集团全流程税收风险管理相结合的方式开展风险应对。四是积极做好前期税收风险管理工作的后续管理。按照分集团全流程税收风险管理和分事项税收风险管理揭示的税收风险点,开展已确认税收风险点跟踪管理,加强风险管理建议落实情况的督导检查。五是积极探索跨层级、团队化的大企业税源风险应对模式。六是加强大企业税务风险内控机制建设。结合大企业税收风险管理工作,开展部分企业集团税务风险内控机制调查,引导企业税务风险内控机制建设。结合内控指标体系建设,选择部分企业开展内控测试试点。

(作者单位:广西壮族自治区地方税务局)

# 纳税服务标准体系建设研究

河南省国家税务局课题组

纳税服务作为保障税收收入顺利实现、构建和谐征纳关系的重要手段，其质量的高低受到税务部门的高度关注。随着中国社会法制文明建设的不断深化，公民的权利意识的觉醒，纳税人对于权利的要求也与日俱增，从保护纳税人权利的角度来推进纳税服务标准体系建设，既符合税务部门向服务型政府转变的理念，又能满足纳税人的需求。

党的十八大报告提出，要建设职能科学、结构优化、廉洁高效、人民满意的服务型政府。优化纳税服务是“服务型”、“效率型”税务机关建设的内在要求，深化纳税服务标准体系建设对于提升纳税服务质效，规范纳税服务行为，统一纳税服务标准，促进征纳关系和谐具有重要的作用。国家税务总局针对纳税人反映的办税标准不统一、服务工作不规范等问题，按照国务院转变职能、简政放权的要求，参考我国服务行业标准体系，积极借鉴国际纳税服务有益经验，以现行税收法律法规为依据，系统总结多年来我国纳税服务的实践创新，制定了《全国税务机关纳税服务规范》，自 2014 年 9 月起在全国各级税务机关开始实行。

《纳税服务规范》的推行为纳税服务标准体系的建设奠定了良好的开端，本文结合《纳税服务规范》的落实和当前税收工作实际就纳税服务标准体系的建设简单谈一些认识和体会。

## 一、对纳税服务标准体系的认识

（一）纳税服务体系的概念

纳税服务是税务机关根据税收法律、行政法规的规定，在纳税人依法履行纳税义务和行使权利的过程中，为纳税人提供的规范、全面、便捷、经济的各项服务措施的总称。而纳税服务体系则是指政府为实现纳税服务这一目标，在税收的组织、管理过程中所采取的方式、方法、步骤和措施等。建立优质高效的纳税服务体系是实现政府职能的客观要求，税务机关作为重要的政府职能部门，提供的纳税服务应贯穿于税收工作的全过程。税前为纳税人提供公告咨询、政策解读、纳税辅导，以提高纳税人依法履行纳税义务的能力；税中为纳税人创造条件，使纳税人能够更方便、快捷、准确地履行纳税义务；税后为纳税人监督投诉、争议仲裁、损害赔偿提供便捷的渠道。根据国家税务总局《“十二五”时期纳税服务工作发展规划》，到 2015 年末，在全国各级税务机关基本形成以理论科学化、制度系统化、平台品牌化、业务标准化、保障健全化、考评规范化为主要特征的始于纳税人需求、基于纳税人满意、终于纳税人遵从的现代纳税服务体系。

（二）建设纳税服务标准体系的意义

随着经济新常态的出现，对税收发挥职能作用促进经济发展方式转型提出了新任务，对运用税收政策促进改善民生提出了新要求，纳税服务工作也面临着新的机遇与挑战。信息技术在纳税服务工作中得到了更加广泛深入的应用，纳税人法律意识和维权意识不断增强，纳税服务需求日益拓展，税务干部思想活动的独立性和差异性明显增强，纳税服务工作的对象、手段、主体将呈现新的特点，对税务部门以改革创新精神开创纳税服务事业发展新局面提出了新课题，纳税服务理念的全面树立并贯彻到税收工作方方面面需要在体制机制上有所突破。为适应新形势的发展变化，必须与时俱进，开拓进取，借鉴国际经验，探索内在规律，拓展服务范围，创新服务方法，全面提高纳税服务水平，建立一套科学严密的纳税服务标准体系。

## 二、纳税服务体系建设中存在的不足

（一）服务理念有待增强

1、思想转变不够。受中国传统行政思维中“官本位”思想的影响，重管理、轻服务的思维定式一时难以彻底转变，尚未完全进入税收服务员的角色。这一现象在基层一线税务人员身上较为突出。

2、定位不够准确。把完成税务任务作为税收征管目标，而不是把提高居民纳税遵从度和促进税务管理有效性作为税收征管的核心，弱化了纳税服务也是税务部门核心业务的工作定位。

3、服务不够主动。围绕着方便纳税人采取了不少做法，但往往是“守株待兔”“看风向”、“跟着领导走”，缺乏主动性和区域特殊性。

（二）法律制度不够完善

1、纳税人权利与纳税人义务立法层级不对等，需要通过立法建立起行之有效的纳税人权利保障机制。在《宪法》中明确了公民纳税的义务，但未提及纳税人对应的权利。《税收征收管理法》虽对纳税人权利作出了一些规定，但无论在立法内容或是可操作性等方面都无法起到十分有效的保障作用。

2、现行的《纳税服务工作规范》明确了纳税服务的具体内容和标准，但这只是系统内部的工作规范，并不具有法律约束力。在微观的层面上，纳税服务工作缺乏具体政策的支撑，特别是在服务项目、服务承诺、人才队伍建设、管理体制等方面。

（三）队伍素质有待提高

1、人员年龄结构失衡。对于新进人员——由于每年新进人员不多，远远跟不上岗位需求的变化；新进人员有理想有抱负，但愿意扎根基层建设的少。对于在岗人员——平均年龄逐年递增，每日忙于应付事务性工作，税收知识得不到系统的更新；有些甚至工作推给新进人员，提前进入退休状态。

2、缺乏工作激情。近年来，基层税务人员更新速度缓慢，年龄结构偏大的问题日益明显，加上受职数编制限制，缺乏相应的激励机制，仅靠单纯的思想政治工作难以调动现有人员的积极性、创造性，干部队伍缺少激情活力与创新精神，在一定程度上制约了纳税服务工作的开展。

3、业务素质的制约。部分税务人员对税收政策不学习、不钻研，满足于浅层知识的理解，对于纳税人的咨询，要么凭主观想象，要么无法应对。新进人员投入工作前虽进行岗前培训，但理论知识与税收实践的结合度不紧密。岗位培训往往针对业务精英，往往导致“专的更专，精的更精”，而业务水平不足的人员状态依旧。税务人员的业务素质和职业素养存在差距。有一些工作人员业务技能单一、业务素质水平较低，不能满足纳税服务的需求。

4、职业素养亟待提高。少数税务人员思想觉悟较低，不思进取，对税收政策不学习、不钻研，满足于一知半解；不能将征纳双方的权利义务对等起来，为纳税人服务的态度不端正，对纳税人不够信任、不够尊重，对纳税咨询要么不耐烦，要么一问三不知，既不利于和谐征纳关系的建立，也影响了纳税人依法诚信纳税意识的形成。

（四）服务能力有待增强

1、效率偏低。现行的服务手段对信息化技术的利用率不高，不能为纳税人提供足够的便利和提高服务效率。例如目前各地税务机关都建立了自己的局域网，但是在税务部门同银行、海关等部门都未普遍实现联网，导致了税务信息渠道单一，信息系统开放性差，没有完全满足信息资源共享的需要，借助信息技术进行税收管理和服务的比例偏低，在制约了征管效率提高的同时，也与目前纳税人普遍较高的网络利用水平不相配套。

在“互联网＋”的时代，河南国税通过“互联网＋纳税”拓宽了服务，充分运用信息化手段，把办税从实体大厅转移到互联网。全新的网上办税服务厅对原有网上涉税办理、网上申报缴税、征管档案电子影像、免填单等14个系统进行大整合;对213项涉税业务分批逐项进行功能开发,实现功能全覆盖,实现办税无纸化。开发了“豫税通”app和“河南国税”微信公众号,向纳税人推出“手机办税”服务。纳税人使用手机即可实现办税导航、预约服务、实时互动、申报缴税等业务功能。同时,还可利用手机的拍照功能随时上传电子资料、查验发票真伪,利用手机定位可以查看附近办税地图并预约办税等。这些举措让很多市区纳税人得到了很大的便利。但在县、乡、镇的纳税人往往因不了解或不会操作的原因依然使用传统方式办税。有些单位,业务流程和审批手续仍然较为繁琐,要求纳税人报送的报表资料繁多,“一窗式”并未真正实现,往往是纳税人自己跑各个科室找相关税务人员审核签字,办事效率低下。

2、缺乏针对性。现阶段所提供的服务事项基本上都是针对所有纳税人提供的共性服务,并没有根据不同纳税人进行区别,没有实现对纳税人提供面对面的指导和根据纳税人的特定需求提供服务。而纳税人的类型和规模的差异决定了所需要的服务不同,因此很难真正满足纳税人的各项服务需求。税务机关对纳税人关心的执法公正问题、服务效率问题、税收政策变化问题缺乏必要的关注,使得纳税服务“供需不对路”。

(五)纳税服务社会协作不够深入

与财税银商部门沟通联系较多,与其他部门和行业协会、社会中介组织鲜有协作。在与其他部门协作时,重视税收征管方面的合作,忽视在纳税服务方面的合作。

(六)纳税服务考评作用得不到有效发挥

目前,纳税服务考核主要是按照考核指标进行评分,其无法形成对纳税服务水平提高的良性促进。且针对纳税服务的效果如何、服务的成本效益如何、纳税人的需求满意度怎样,无法准确测量,其所谓的“工作业绩”也难以在短时间显现,导致激励不足。

## 三、深入开展纳税服务体系建设的思考

作为公共财政的重要执行者,税务机关应当从维护社会公平和保障社会和谐的角度,统一思想、摆正位置、合理配置资源,科学推进纳税服务体系建设,使之具有丰富的内涵和广阔的外延,涵盖征收、管理、法律、服务等诸多领域,具体到一切征纳关系的梳理,从而减少纳税人的遵从成本,增强公共财政的合法性和有效性。

(一)纳税服务理念现代化

1、从法律地位的不平等向平等化转变。“法律面前人人平等”,这是人类自有法律以来的共同追求,中国古传的“王子犯法与庶民同罪”,正是这种追求的形象化比喻。税收法律作为法律的一部分,征纳双方在法律地位上是平等的,这是税收法律应有的本义,也是税收法律产生的本源意义,即“税法是对抗征税之法”。但由于中国缺少依法办事的传统,中国人也就缺少对法律的尊重。税务机关也相应地缺少对纳税人法律权利的尊重,形成了事实上的法律地位的不平等。随着纳税人法律意识的觉醒,对自身权利保护意识的增强,用复议、诉讼等法律手段来维护自身利益的也日益频繁。从而迫使税务机关也需要从高高在上的意识走下来,走向与纳税人平等的地位。纳税人依法纳税,税务机关依法为纳税人提供纳税便利的服务。

2、从管理型机关向服务型机关转变。税务机关作为具有征管职能的执法机关,必须把服务理念融入到日常工作的一点一滴中,而非某些特定岗位或特定工作。服务同管理并不矛盾,必要的服务提高了纳税人对管理的遵从度,促进了管理的有效性。反之,服务不到位必然加深纳税人的抵触情绪,不利于管理的和谐开展。

3、从官本位思想向公仆意识转变。公务员法第十二条规定:“公务员要全心全意为人民服务,接受人民的监督。”党章也明确规定:“党的干部是党的事业的骨干,是人民的公仆。”衡量一个国家干部是否合格,有两个标准:有无公仆意识;是否德才兼备。国家的一切权力属于人民,执政的权力来自人民,是受人

民的委托，要按人民的意愿执好政、掌好权，当好“三个代表”。在社会主义国家，党的干部与人民群众的关系，只能是公仆与主人、代表与被代表的关系，而不是其他任何关系。

4、从被动服务、等待服务向主动服务、延伸服务转变。纳税服务并非“守株待兔”，固定岗位如办税大厅服务人员只能提供有限的服务，无法满足纳税人越来越多样化的服务需求。税务机关其他岗位人员也必须从自身管辖范围出发，主动为纳税人提供延伸服务，如税政科可以用网络调查、当面座谈、新政策讲座、电话访问等形式对纳税人关心的政策性问题予以了解和指导；收入规划科可以充分利用重点税源分析监控等信息化软件，整理归档的税收资料，经过汇总整理后，从企业的税务规划、经营决策、会计处理、纳税申报、税款缴纳、税务登记、账簿凭证管理、税务档案管理等8个方面对涉税风险进行全面梳理，进行税收风险提示和预告，并提出相关防范建议。

5、从注重形式向注重内容、形式、效果相统一转变。要从片面追求纳税服务形式的认识误区中解脱出来，不能只注重口头上、材料中、墙壁上的服务，而不论实际工作中服务措施的落实与否，服务效果的好坏。必须通过持久和务实的工作，形成纳税服务长效机制。

(二)纳税服务标准法制化

1、提高立法层次。我国《宪法》第五十六条规定“中华人民共和国公民有依照法律纳税的义务。”它强调了纳税主体——公民的纳税义务，但没有明确纳税人对应的权利。与之对应，长期以来，我国税收法律、法规的“通病”就是单方面强化纳税人的纳税义务，忽视对纳税人权利的保护。建议修改宪法和相关法律，明确纳税人的权利和国家所应承担的纳税服务义务，实行依宪治税。

2、制定税收基本法。目前我国税收法制的现状是：实体法范畴法律少、条例多，税收范畴法律层次偏低，宪法与一些单行税法之间形成空档，难以衔接，有关税收立法权限、立法程序等最基本和最重要的问题散见于各单行法律规定中。

另一方面，主要以税收征纳程序、法律标准为内容的《税收征收管理法》固然曾经完成了对本身的“修补手术”，但是，税收程序法律标准不少方面短少更高层次的法律支持，且与其他法律如民商法、行政法之间的关系不谐和，不少规则可操作性较差。如协税义务制度、税收优先权制度、税收代位权和撤销权制度、税务行政复议救济制度等。有关税收处分、税收复议、税收诉讼、税务行政赔偿等制度还只是普通性适用普通行政程序法的规则，没有表现税收程序的特性；有关税收稽查、税务代理等程序规则法律效能不高。

《税收基本法》起草项目曾经列人我国第十届全国人大常委会五年立法规划，但目前尚未成型，建议加快《税收基本法》的出台，确立国家税收立法、执法、司法活动的基础性法律规范，以期标准征税权利、保证征税人合法权益、健全税收法律体系、完成税收法治之“良法之治”。

3、统一立法权限。目前我国税法级次构造不科学、不合理：一是立法权利机关即全国人大及其常委会制定税法占的比重太少(仅占9.1%)；二是受权立法机关即国务院(占72.7%)、国务院各部委(占18.2%)等制定的广义税法的比重太多。特别是税务机关的标准性文件大量地存在，直接影响了税法的效力，严重降低了税法的严肃性和权威性。因而，改动现有我国税法级次构造，进步立法机关立法所占比重，将大量行政法规、部门规章升格为税收法律、减少标准性文件是推行税收法治现代化的燃眉之急。

目前，我国的税收法律制度体系以税收行政法规为主、税收法律为辅，大量税收立法由国务院根据授权制定。这些被授权的税收立法，其主要依据是1984年全国人大常委会通过《关于授权国务院改革工商税制发布有关税收条例草案试行的决定》和1985年全国人大做出的另一项更广泛的授权。1984年的授权决定已经废止，1985年的授权也应该尽快废止。按照中共十八届三中全会关于落实税收法定原则的要求，现行税收法规在2020年之前应该全部实现立法，落实税收法定原则。

现行立法法第八条规定了只能制定法律的事项，“税收”是在该条第八项“基本经济制度以及财政、税收、海关、金融和外贸的基本制度”中规定。修改后的立法法将“税收”专设一项作为第六项，明确“税种的设立、税率的确定和税收征收管理等税收基本制度”只能由法律规定。这意味着，今后政府收什么税，向谁收，收多少，怎么收等问题，都要通过人大立法决定。

随着我国税收立法体制的进一步改革和完善，我国应当按照《立法法》的规定，积极构建以税收法律为主、税收行政法规为辅的税收法律体系，并进一步完善税收授权立法制度，对税收授权立法从实体到程序加以明确规定。

（三）纳税服务平台信息化

信息化纳税服务平台信息化，即通过网络、通讯、数据库等现代技术手段，由征税主体向纳税主体提供涵盖税收立法、税收司法和税收行政等在内的信息化服务，提高纳税服务效率，实现纳税服务工作的现代化。

1、大力推行“互联网＋税务”。“互联网＋税务”工作模式与传统方式相比，利用互联网超越时间、地域、场所限制，依托信息化手段，由办税服务厅实地办税转为足不出户的网上办税、自助办税和移动办税，把实体办税服务的主要业务大量移植到线上。全流程无纸化办税，节省办税成本，提高办税效率，给纳税人带来前所未有的便利，让纳税人享受全天候纳税服务。

“互联网＋税务”工作模式与传统方式相比，实现税收管理由粗放式向精准化转型。一是以互联网、大数据和云计算为手段，开发数据情报平台、“数字稽查”等软件，充分挖掘应用第三方信息，依照分析模型比对涉税数据，彻底改变“人盯户、票管税”的传统做法，为纳税人提供全维度的纳税服务；二是网络时代税务机关可以随时通过网络、涉税平台抓取数据开展分析、评估，针对纳税人的需求，实现精准的纳税服务，提高纳税服务的科学性；三是信息技术使数据在纳税人和税务机关之间不再需要层级的过滤，可直达对方，实现纳税服务的及时性。这要求税务机关实现扁平化、集约化管理，提高行政效率。

2、推广零接触式纳税咨询平台。纳税咨询是重要的纳税服务项目，也是使用频率最高的纳税服务项目之一。目前，我国纳税咨询的主要途径是12366热线。咨询服务的质量取决于话务员的业务水平，但话务员人数较少且流动性较大，工作繁重，缺少业务进修培训。纳税人群体庞大，而电话是一对一的服务，服务效率不够高。

目前，河南国税除12366热线外，还有门户网站纳税人咨询专栏、“豫税通”app、“河南国税”官方微信等方式可供纳税人咨询、查询使用，建议加强对这些平台的宣传力度，扩大使用面，减轻12366热线压力。

总局建立有税收法律法规的知识库，通过类似百度、谷歌的搜索引擎可以直接搜索到与关键字匹配的所有税法条文，非常实用。该知识库若能面向税务人员及公众开放，将对税务人员工作及纳税人办税提供便捷的服务。

（四）纳税服务中介规范化

由于我国税制复杂，税种繁多，不少纳税人并不具备自我核算、自行申报的能力，也不能根据自身情况制定合理的税务规划，既容易造成的少缴税，又无法将应该享受的优惠政策充分应用起来。在西方许多国家税务代理制十分普遍。如美国有庞大的税务顾问队伍，日本有比税务人员人数还要多的税理士。这些税务顾问主要有会计师和律师组成，取得相关资格后，为纳税人提供纳税申报、税务分析、审计支持、税收筹划和提供投资建议等服务，将纳税人由于不熟悉税法或计算失误而少缴或多缴税款的风险减到最低。由于种种原因，我国的税务中介机构先天不足，素质参差不齐，无法发挥应用的纳税服务功能。税收法规和税务机关也缺少对税务中介的法律支持，因此，必须从法制、机制、体制上进一步强化税务中介服务，并使之规范化。

1、严格监管税务中介从业人员。我国税务中介组织大规模成立之初，多是从税务机关脱离出去，裙带关系始终存在，大多从业人员是税务部门的退休人员或家属，通过回扣、分红等形式捆绑税务干部，导致税务代理变成强制代理、霸王代理、黑色代理。为改变这一现状，必须从严监管税务中介从业人员，使税务代理必须与税务机关在人、财、物等方面真正脱钩，严格禁止税务机关以组织和个人名义从代理机构取得经费来源，杜绝税务代理与税务机关的经济往来和代理机构行业垄断，对违反规定的从业人员，终止其代理资格，倡导规范服务良性竞争。

2、正确引导纳税人协会。世界纳税人协会成立于1988年，其成员来自6大洲40个国家的46个纳税人协会，其使命是全世界降低税收、减少浪费、责任政府和纳税人权力的联合。我国纳税人协会的主要成员为税务官员或退休的税务官员和国有大企业老总，不能真正代表纳税人利益。需要加强其独立性并正确引导，使之能有效刺激公共部门的效率和经济，限制税负，防止税收征管人给予纳税人不公正的待遇，提供政府征税和支出明细信息，保障纳税人的权益。

3、合理利用税收志愿者组织。现有的纳税服务志愿者组织往往由税务部门自行组织，参加者有税务干部，也有一般公民，他们多是临时性的，利用业余时间对纳税人提供的义务帮助或税收宣传活动。应该组织一些具有自愿性、专业性、无偿性和组织性的税务师、会计师等精通涉税事务的专业人士，向特定的社区、需要涉税援助的特殊纳税群体提供纳税事务方面的无偿服务。应当用新闻报道、言论评论、公益广告等形式，普及税收志愿服务知识，宣传税收志愿服务活动的经验和税收志愿者的感人事迹，引导人们尊重志愿者和志愿者的劳动，营造有利于志愿服务的浓厚舆论氛围。通过税收志愿者组织，一方面将税法宣传、涉税咨询等服务延伸到社区，开辟税法宣传的新领域。纳税服务志愿者可以实现面对面的为特殊纳税群体提供纳税服务，使其更好地解释税收、税法本质和税收法律法规，提高其纳税遵从度；另一方面，志愿者为特殊纳税群体提供个性化的无偿服务，减少了他们聘请有偿服务专业中介机构代理办税的支出，从而降低纳税成本。

（五）纳税服务考核具体化

1、创建科学的考核评价体系。长期以来，评价税务机关纳税服务工作好与坏的方法，主要是地方政府组织的行风评议和上级局组织的创建规范化办税服务厅、评选服务标兵等活动，评价的主体、评价的内容、评价的对象、评价的方法不够统一，评价工作开展不够规范，对各渠道反馈的信息只是进行简单地收集和堆砌，评价结果无法进行统一的比较。必须创建科学的考核评价体系，突出被服务对象和社会各界的评价主体地位，主要从纳税人评价、内部评价、第三方评价等三个方面对纳税服务质量进行综合评价。纳税人评价是指纳税人对纳税服务绩效的评价，通过定期测评与即时测评、接收投诉相结合的方式，其信息主要是通过对纳税人进行问卷调查、访谈、座谈、接收投诉等方式获得，占纳税服务评价分值的30%；内部评价是指税务机关自身开展的评价，其评价信息的获得来自税收征管信息系统、执法管理信息系统的监控记录，涵盖了税收征管工作流程中的大部分涉税事项办理的时限、质量等情况，占纳税服务评价分值的30%；第三方评价是指通过委托独立于征纳之外的第三方专业评价机构对税务机关的纳税服务工作进行评价，受托方的调查测评工具、方法、流程以及抽取样本的数量、范围等，由其按需求独立确定，税务部门按需要提供必要的协助。调查测评报告由受托方出具，供税务部门借鉴利用，占纳税服务评价总分值的40%。三个方面评价的综合结果作为对一个单位（部门）和职工纳税服务质量评价的最终结果，纳入对单位（部门）的年度目标考核和对职工的年终考核。

2、创建量化的考核评价指标。现有对税务机关和税务人员纳税服务工作的考核评价标准主要停留在办税环境、语言、态度、效率等表面层次，基本未涉及对规范化、个性化服务的评价。对服务质量和执法行为更缺乏具体的考核评价指标，且不能对服务质量进行科学的统计和量化分析，纳税服务评价具有表面性。应当结合新时期对纳税服务工作的新要求，覆盖机关、征收、管理、稽查各环节，对纳税服务工作总体目标进行分解，对每一项考核评价进行配分量化，使考核结果能以分值形式直观体现。形成三类评价指标：即纳税人评价指标、内部评价指标和第三方评价指标。指标设计既直观简洁，方便评价人较快作出评价结果；又系统全面，涵盖纳税服务工作各环节。每项指标量化其分值，并合理确定评价指标的权重。对不能直接量化的定性指标，进行科学地转化。内部评价指标，主要提取CS软件和BS软件的数据，一般按指标量值评分；对于不能量化的外部评价指标，先将指标的量值恰当地划分为区间，每个区间对应量值进行赋值配分，实现指标的转化。外部评价指标，采用5级量表的方法量化，即：采用满意、较满意、一般、较不满意和不满意5级，相应赋值配分。指标信息实行动态管理，建立开放式的指标体系，使评价指标具有时代性，满足不同时期对纳税服务工作的不同要求。评价指标的设置和权重随着形势、环境、政策等因素的变化以及纳税人需求的日益提高，及时进行不断调整、修正、补充和完善。

3、完善纳税服务评价管理。注重对评价结果的应用。成立评价工作委员会，统一进行制度制订、考核评价、指标修正、资料收集、意见反馈等工作，并督促评价结果的应用。内部评价每月进行一次统计计分，纳税人评价每季度进行一次统计计分，第三方评价每半年或一年进行一次，半年或一年时，将以上三类评价结果进行综合计分。评价委员会将纳税人评价、内部评价、第三方评价的计分结果分类归集得出分值，然后对应所在岗位和个人，按照30%、30%和40%的比例计入个人的纳税服务总分值中。部门得分根据各部门的个人平均得分情况确定。评分统计完成后，将部门和个人的纳税服务得分结果进行公示。县（市、区）局将评价结果纳入部门的年终目标考核和公务员的年度考核，作为晋职晋级的重要依据，并根据得分值由高到低评选一定数量的税收服务标兵能手，并进行一定的物质奖励。

（六）纳税服务监督独立化

欧美等发达国家专门设有纳税服务监督机构。如美国联邦税务局专门设置了纳税服务监督机构——纳税人权利维护办公室。美国纳税人权利维护办公室地位超然：其负责人由财政部部长与联邦税务局局长和财政事务监事会协商后任命：其日常工作独立于税务机关，为保证与纳税人沟通交流的独立性，设有单独的电话、传真线路，单独的邮政编码；其办事机构遍布每个州，并实行垂直管理，各州办公室直接向国家纳税人援助办公室汇报工作；其工作成果由国会监督，每年要向参议院和众议院提交两份工作报告，其中涉及征纳双方争议的问题不能少于20项；其特权是在纳税人与税务机关的问题不能得到合理有效解决时，可以签署援助令，要求税务机关必须无条件执行。相比之下，我国缺乏独立的纳税服务监督机构，光靠舆论监督只能“头痛医头，脚痛医脚”，无疑是治标不治本。而上级部门监管也被证明并非万能，护短现象屡禁不止，对纳税服务问题无法形成有效威慑。只有参照西方成功模式，建立独立的纳税监督部门，才能保证纳税人反映意见渠道的畅通，促进纳税人诉求向服务改进措施的转化，保障纳税人权利真正落到实处。监督机构应该有三项权力。

1、拥有独立的人事任免权。在国家税务总局设立专门的纳税服务监督办公室，负责人由人大相关部门同国家税务总局协商决定，在省、市、县均设垂直管理的办公室，负责人拥有独立的人事任免权。

2、直接向各级人大负责。纳税服务监督办公室直接向各级人大常委会汇报工作，每年要向人大提交工作报告，由人大对其工作进行考核。

3、赋予其最终裁定权。当税务机关不能纳税人的服务诉求而引发征纳矛盾时，纳税服务监督办公室有义务进行调解，调解无效有裁定权，如果裁定税务机关应提供或改进相应服务，有权令税务机关限期整改并报人大常委会备案。

课题组组长：黄会营

成员：三门峡市国家税务局

洛阳市国家税务局　河南省税务学校

执笔：王莹莹　杨晓东　胡继宏

# 税收风险管理研究

河南省国家税务局课题组

2012年7月,国家税务总局召开了全国深化征管工作会议,部署新一轮征管改革任务,提出积极构建“以明晰征纳双方权利和义务为前提,以风险管理为导向,以专业化管理为基础,以重点税源管理为着力点,以信息化为支撑”的现代化税收征管体系,明确了风险管理在征管改革中的导向作用。本文从风险管理理论出发,对税收风险管理的内涵进行探讨,并结合河南省国税局税收风险管理实践,对下一步如何开展税收风险管理进行粗浅的思考。

## 一、基于风险管理理论的税收风险管理的概述

税收风险管理属于风险管理的范畴,以风险管理理论审视税收风险管理,有助于校正认识偏差、准确把握实质,进而推动税收风险管理实践沿着正确的轨道前进。

(一)风险管理概述

1、风险。关于风险的定义,比较常见的定义涉及到不确定性、概率、损失、波动性、危险等含义,主要有以下几种解释:风险是结果的不确定性;风险是指各种结果发生的可能性(或概率);风险是实际结果对期望值的偏离;风险是损失发生的可能性;风险是容易发生的危险。但无论哪种定义,都强调以下三点,一是风险是客观存在的,不以人的意志为转移,人们可以规避、控制、转移风险,但是不能够从根本上消灭风险;二是风险事件的发生具有不确定性,影响的结果同样具有不确定性;三是风险事件的发生带来对组织目标的偏离。因此,可对风险定义为是指未来的不确定性对实现既定目标的影响,量化描述角度可定义可能值偏离期望值的可能性与幅度。

2、风险管理。为了避免事件发生的不良后果,人们引用管理科学的原理和方法来规避风险,以期达到预防损失、减轻损失和弥补损失的目的,在此实践过程中形成风险管理理论。风险管理理论认为,通过执行风险管理流程,即经济单位有计划的通过风险识别、衡量、评价,并在此基础上优化组合各种风险管理技术手段,选择不同的应对策略对风险实施有效的控制和应对,争取以最小的成本获得最大的安全保证,为组织目标的实现提供保障。由此,我们可以这样认识风险管理,其实践是如何对待并规划项目防范风险的管理活动,其目的旨在肯定有风险的环境里把风险减至最低。

(二)税收风险管理概述

1、税收风险内涵。税收风险是实现税收征管目标的障碍,是在一系列不确定性因素导致纳税人未全面遵从税法的情况下,形成的税收流失的可能性。在实践中,有“税务风险”一词,二者基于角度不同,税收风险是相对于政府和税务部门来说的,是指由于税收收入可能的不足而给政府、给税务部门带来的风险,税务风险是指税收政策变动、纳税人行为不当等因素可能导致纳税义务不正确履行的风险。税务风险按来源,可分为税务部门税务风险和企业税务风险;按照风险可测程度,可分为指标性税务风险和非指标性税务风险;按照风险等级评定,可分为一般税务风险和重大税务风险;按风险承担主体不同,分为纳税人风险,扣缴义务人风险,税务代理人风险,纳税担保人风险,其他税务行政相对人风险;按税收征管过

程的具体环节，分为税务登记风险，财务核算风险，税源监控风险，纳税申报风险，信息报送风险，税务检查风险；按表现形式分类，分别表现为纳税人少缴税、征税人征管不严；按风险形成原因，可分为税法不遵从成本过低造成风险、税收法制不完善造成风险、税务机关管理不严造成风险。现阶段国税部门推行的税收风险管理工作，主要是指税收流失风险管理。

2、税收风险管理。税收风险管理是以风险管理理论为基础，以数理技术和计算机技术为支持，运用风险管理的技术与方法，预测、识别和评估税收风险，合理配置管理资源，根据不同的税收风险制定不同的应对措施，通过合理措施规避或防范税收风险，最大限度的减少税收流失，不断提高纳税人的税收遵从度，有效提升税收征管的质量和效率。它提供了税源管理的新路径和新方向，是一种积极、主动的管理，能创造出稳定有序的征管环境，有利于建立和谐的征纳关系。税收风险管理要求税务机关必须将有限的管理资源以最具效率的方式加以利用。税务机关在资源配置决策时，必须考虑什么是最需要应对的遵从风险，哪些纳税人与这些风险相关，如何把有限的资源优先配置到风险较大的领域和群体，才能取得最好的成果。税务机关面对纳税群体有多种管理方式，第一种是全面管，即管理所有纳税人；第二种是管理有风险的纳税人；第三种是管理有风险的纳税人中高风险的纳税人。从第一种方法到第三种方法，资源在逐渐的积聚，形成一种新的资源配置形式和管理方式。因此，税收风险管理的一个重要功能，就是帮助税务机关找到确定资源配置策略和遵从目标最大化之间的最佳结合点。其内容如下：

(1)科学合理配置资源是税收风险管理的理论前提。为什么要实施税收风险管理？提高纳税遵从度是税务机关的基本管理目标，但是有限的征管资源无法保证所有纳税人在发生纳税义务时都能全面履行义务。这要求税务部门必须将有限的资源进行合理的配置和充分的使用。按照风险管理的理论，原则上要对税收遵从风险容易发生，且风险级别较高的领域优先配置资源，从而有效地应对风险，获得较高水平的纳税遵从度。

(2)全面掌握涉税信息是税收风险管理的根本途径。税务机关对纳税人的信息掌握不及时、不完全、不准确是导致税收风险的最主要原因。有效解决纳税遵从问题、减少税款流失的风险，必须要抓住信息对称性这条主线。加之纳税人生产经营和申报纳税的情况通过一定的涉税信息呈现，税收风险的识别、评定和应对在涉税信息的基础上实施，因此，税务部门从涉税信息入手，提高信息采集、分析和应用的针对性和有效性，讲究成本和资源配置、采取适当的策略和方法，减少信息不对称是防控税收风险的根本途径。

(3)健全税收工作机制是税收风险管理的重要基础。只有通过合理分权、规范工作流程，形成一个管理严密、相互制约、相互补充的税收管理体系，才能确保对税源的有效监控，实施内外环节的“双重监控”。这就要求税务机关持续推进体制机制创新，进一步完善征、管、查等各环节联动机制。同时，按照风险管理目标体系要求对管理员的岗责进行合理分解，变“淡化责任、疏于管理”为“责任明确，监控到位”，最大限度地堵塞税收流失漏洞。

(4)构建流程工作体系是税收风险管理的基本方法。实施税收风险管理要将风险管理的关键环节与税收征管业务流程相融合，构成一个完整的链条体系，即风险规划——确定目标；风险识别——税收分析；风险排序——风险评估；风险处理——检查审计；风险评估——绩效管理。其中，可将风险识别、风险评定、风险应对这三个环节联接的流程作为税收风险管理的基本流程和方法。在此基础上，通过目标的引导、效果的评价形成循环，来推动税收风险管理水平的不断提高。

综上，科学合理配置资源、打造信息管税平台、健全岗位职责体系、构建完整的链条式流程这四者相辅相成，共同促进风险管理理念在税收征管领域的运用。

3、实施税收风险管理的必要性。税务风险管理可通过预先的分析发现问题并采取措施积极解决问题,能有效地使用资源,使得管理措施最终对于缩小税收遵从缺口规模起到最有效的作用,对税务机关、纳税人都具有积极意义。

(1)经济社会发展提出新要求。我国经济社会发展呈现出新的阶段性特征,对进一步提高税收征管水平提出新的要求。未来几年,随着经济增速放缓和经济结构调整的不断深入,税收收入增速放缓的趋势预期将更加明显。要继续保持税收收入平稳增长,为国家经济社会发展提供强大的财力保障,现有的税收征管能力面临新挑战。面对税收收入增速放缓的巨大压力,征管资源粗放式管理方式将难以为继,必须通过完善征管机制、转变征管方式、整合征管资源,大力推进税收征管科学化、集约化,把有限的征管资源优先用于更有利于减少税收流失、缩小遵从缺口的关键环节和关键领域,全面提升税务机关组织收入的能力。

(2)税源状况不断变化带来新影响。我国经济社会快速发展对税源状况产生重大影响,纳税人的数量急剧增长,大型企业集团相继涌现,纳税人的经营方式、经营业务日益复杂,法律意识和维权意识不断增强。纳税人规模高位增长和税源、税户结构深刻变化,与税务干部人数稳中有降形成鲜明的反差,继续以"人均管户"的思维方式治理税收面临新挑战。2014年我省国税系统税源专业化改革后,这种高度依赖税管员挨门逐户调查、核查、巡查的管理模式已有所改进,但户多人少的矛盾依然存在,税收征管迫切需要进一步由全面管控纳税人向差别化管控税收流失风险转变。

(3)税收管理国际化提出新挑战。随着经济全球化的发展,我国与世界经济已经成为密不可分的有机整体,必须进一步加强国际税收与国内税收在政策和管理上的统一协调,切实维护我国税收权益。同时,世界发达市场经济国家在长期实践中形成了一些有效的征管制度安排,为改革税收征管提供了有益借鉴。作为管理学的一个分支,税收风险管理理念,率先在OECD成员国等市场经济比较发达的国家达成共识,并得到广泛应用,此后很快成为各国致力于税收管理现代化的共同选择。我们必须树立世界眼光,加强战略思维,确保税收征管与国际发展趋势接轨。

(4)从重审批到重监管成为新常态。近年来,国务院简政放权,简化审批流程和手续的力度越来越大。从税务系统来说,近年来对税收征管业务规程进行了大幅度的修改,事前审批除法律明文规定的七项行政许可事项外全部取消或改为事后备案,纳税人办税效率得到大幅提升。与此同时,我们应该充分认识到,放权不是放任,不应该一提服务就放松了管理,而是要从低层次的、肤浅的、粗放的管理向更高级别的更深层次的更精确制导的管理迈进,构建现代化税务管理机关,而风险管理理念符合了这一新的形势和要求,其核心在于根据纳税人不同的风险等级采取差别化的管理措施,高风险纳税人开展税务稽查;中风险纳税人实施纳税评估;低风险纳税人实施有事纳税提醒,无事不打扰。我们的任务就是逐步构筑起以风险管理理念为指导的税收征管新模式,做到放而不乱、管而有度。

## 二、河南省税收风险管理的实践及其存在的问题

2007年以来,河南国税在税收管理工作中引入风险管理理念,深入开始税收风险管理实践,取得了相应的成绩,但也存在一定的问题。

(一)河南省税收风险管理实践

1、健全了规章制度。2013年下半年以来,河南国税在总结税收风险管理工作实践经验的基础上,结合税源专业化管理,相继制定了《关于深化税源专业化管理的实施意见》、《河南省国家税务局税收风险管理办法》、《河南省国家税务局关于进一步加强和规范纳税评估工作的意见》、《河南省国家税务局关于规

范税务人员进户工作的意见》、《河南省国家税务局即办涉税事项后续监控管理办法》等办法，从建立健全组织机构、优化人力资源配置、统筹派发工作任务、统一规范业务流程、加强工作指导监督、整合规范进户事项、强化后续监管等方面多层次、多维度对税收征管工作进行了重新定义和完善。这五个办法相互关联形成体系，《关于深化税源专业化管理的实施意见》是总的纲领，是以风险管理理念为导向的税源专业化改革，主要内容包括：强化风险分析应对，优化税收管理员职责，拓展办税服务厅功能，完善专业化运行机制等。《风险管理办法》是具体落实，从建立健全风险管理组织机构、统一开展风险分析和任务发布、统筹实施风险应对和评价、风险管理信息平台建设和运维等方面进行了明确规定。《评估意见》是对税收风险应对的具体手段——纳税评估的进一步加强和规范，重在解决当前评估工作中出现的流程不规范、方法不科学、文书不统一、归档不完善的问题。《进户意见》是为了约束专业化改革后税务机关日常检查、纳税评估和税务稽查等依职权行为以及解决它们之间的职责交叉和重复进户问题。《后续管理办法》是为了加强即办涉税事项的后续监控管理，防止管理真空，堵塞管理漏洞，减少税收风险。五个办法的出台实现了河南国税风险管理从组织机构设置、人力资源保障、工作职责明确、风险分析监控、任务统筹发布、分级分类应对、成果统一反馈、绩效考核评价、信息平台建设的全环节管理闭环。

2、优化了人力配置。2014 年，河南国税省、市、县级税务机关成立了税收风险管理领导小组，税收风险管理领导小组由各级税务机关主要领导和有关处(科)、室负责人组成；领导小组下设办公室，具体负责风险分析识别，风险等级排序，风险应对处理，风险结果反馈，绩效考核评价。各级风险管理办公室由征管部门、大企业部门、各税政管理部门、稽查局、信息中心抽调人员组成，其职责如下：省级风险管理办公室主要职责包括：负责制定省级风险管理战略规划、年度计划并监督执行；负责行业管理模型、风险指标的搜集整理、系统开发和推行；负责与外省和本省外部门的数据交换和涉税数据采集；负责筛选、下发省级重点风险管理纳税人、地区和行业名单；负责直接组织部分重点和跨市风险管理纳税人的风险应对处理；负责风险管理的流程监控及考核评价及其他风险管理工作。市局风险管理办公室主要职责包括：负责制定市级风险管理年度计划；负责与外地市和本市外部门的数据交换和涉税数据采集；负责省级风险管理对象的组织应对实施，筛选和下发市级重点风险管理纳税人、地区和行业名单；负责直接组织部分重点和跨县(区)风险管理纳税人的风险应对处理；负责风险管理的监督考核及其他风险管理工作。县(区)局风险管理办公室主要负责省、市级及本县区重点风险管理对象的风险应对处理。市、县级国税机关均组建了纳税评估科，配备了风险管理业务骨干，专职进行纳税评估，成为税收风险任务应对的主要力量。目前全省已成立省、市、县三级风险管理领导组织 211 个，专职风险管理工作人员 430 人；市、县区级纳税评估机构 218 个，全省专职纳税评估人员 1719 人；以上人员合计占河南国税系统全部人员的比重达到近 10%。

3、形成了运行机制。河南国税在省、市、县三级税务机关形成了风险管理工作“五统一”运行机制，即统一监控分析税源变化、统一识别排序税收风险、统一发布风险处置任务、统一督导反馈任务执行情况、统一评价考核税源与征管状况。对纳税遵从风险中的低风险纳税人进行风险提醒，由其自行改正，实行无事不打扰的管理措施；对单一疑点数据实施日常核查；对中风险纳税人实施纳税评估；对高风险纳税人实施税务稽查；对日常核查、纳税评估中发现的偷税、骗税、避税以及其他严重税收违法问题实施税务稽查和反避税调查。

4、深化了信息运用。河南国税开展风险管理工作以来，按照“整体架构、整合开发、三级联动、各税联评、分步实施、持续完善”的思路，并针对全面运行综合征管软件 V2.0 后，如何利用省级集中的数据指导基层工作，开发了《税收分析监控管理系统》，其中的核心就是风险管理功能的运用，并通过不断的升级改造,形成了以风险管理理念为指导,以税源管理为主线,以分析评估为重点,覆盖省、市、县、分局和税收管理员及国税所有税种,包括查询分析、风险管理、纳税评估、监控管理、报表管理、任务管理和数据采集等七大功能主题的综合应用平台。该系统对促进税收分析、纳税评估和税务稽查的良性互动,进一步推动税源科学化、精细化管理,不断提高税收征收管理的质量和效率发挥了重要作用。2015 年总局金税三期工程系统上线之后,河南国税在积极应用总局金税三期决策支持及风险管理系统的基础上,正在结合河南税源管理实际开发新的风险管理及数据分析决策应用平台。

(二)目前税收风险管理存在的问题

1、风险管理理念和方法没有理解到位。经过近几年风险管理工作不断探索和实践,取得了一定成效,积累了一些经验,风险管理概念已为广大国税干部所知晓。但部分税务干部对税收风险管理理念、方法的认识不统一、理解有偏差、掌握不到位。部分税务人员接到风险应对任务后,不进行分析、不加思考,仅就风险点论风险点,对纳税人的解释不加全面思考就轻易相信。还有部分税务人员认为是风险点就应该有查补税款,无查补税款说明风险管理无效,仅单纯以有无查补税款作为评价风险管理是否有效的依据,上述理解误区导致了风险应对工作疲于应付,不能将真正的风险管理理念和正确的方法转化为税源管理能力,影响征管质效的提高。

2、税收风险管理的法律基础不牢固。目前,《征管法》中没有涉及税收风险管理的相关内容。例如,纳税评估作为税收风险应对的一个重要手段,《征管法》及其实施细则没有纳税评估的相关规定,没有直接赋予纳税评估相应的法律地位,使得纳税评估整个工作过程始终处于执法的法律边缘,其相应职责、手段、方法等也徘徊于管理与稽查之间,具体操作尺度很难把握,直接影响了纳税评估及税收风险管理成效。

3、税收风险管理的信息支撑有待加强。经过近些年河南国税信息化建设,原有的河南国税税收分析监控系统专门开发了风险管理模块,设定了 22 个纳税遵从风险预警指标,系统自动提示疑点纳税人,自动识别排序风险高低,促进了风险管理工作开展。2015 年金税三期上线后,原有的税收分析监控系统已不能使用,新的税收风险管理信息平台暂时没有开发完成,获取全面涉税数据较为困难。还有税收风险管理建立在全面的涉税信息基础之上,而涉税信息的获取往往涉及其它单位,《征管法》虽然规定了工商、银行等部门对税务机关负有相应的信息共享、管理配合职能,但未规定任何明确的程序、内容,在实际工作中由于受部门利益因素影响,信息共享很难实现。

4、税收风险管理组织架构仍有待完善。目前,市局虽然成立了风险管理组织机构,建立健全了风险管理相关工作制度,制定了风险管理工作实施意见,但风险管理机构及成员单位的职责仅是省局批复的专业化方案进行了明确,人事部门没有正式下文明确机构职能,制度组织层面缺乏上级支撑,一定程度上造成风险管理部门、业务科室、稽查部门的职责仍不太明晰,税源监控、纳税评估、税务稽查、税源管理各环节之间业务衔接仍有不顺畅的地方,各部门之间相互推诿的情况仍然存在,如风险管理工作机制要求市局应统筹归并下发风险管理事项,减轻基层工作负担,相关业务科室在实际工作中仍存在不通过风险管理部门下发风险管理事项的情况,一定程度上加大了基层工作压力。

5、税收风险管理人力资源配置不足。税收风险管理是一项综合性较强且比较专业的工作,尤其是税收风险分析和风险应对环节需要高素质人才,不仅要精通税收业务知识、会计业务知识、经济理论知识、计算机知识水平,而且还要有扎实的文字功底和实战能力。目前,多数基层国税部门人员结构老化,知识层次较低,新进大学生数量较少,且大多安排到办税服务厅锻炼,从事风险管理工作的人力资源不足,素质参差不齐,风险管理人力资源配置严重不足,制约了风险管理工作成效。

## 三、构建税收风险管理体系的思考

(一)优化税收征管流程

将风险管理的流程与税收征管基本程序相融合,形成以风险管理为导向的税收征管流程,建立以纳税人自主申报为前提、信息化为依托、数据应用为基础、风险管理为导向,以纳税服务、纳税评估(包括税务审计、反避税调查,下同)、税务稽查、欠税追征、争议处理等为主要环节的税收征管流程。

根据风险管理为导向的税收征管流程,理顺征纳双方的权利义务关系,确立"前台纳税服务、后台风险管理"的税收征管格局。按照"服务+执法=遵从"的管理理念,把纳税服务作为税收征管的前台,即税务机关受理申报之前,纳税人自主确定其应承担的税收义务,自主履行申报纳税、涉税资料报送及保存等法定义务,依法对其履行税收义务的行为负责,税务机关通过纳税服务促进纳税人自愿遵从。把风险管理作为税收征管的后台,即受理申报后,税务机关运用风险管理的理念和方法,对纳税人履行税收义务的情况实施风险监控,按照风险等级排序状况,合理配置征管资源,差别化实施风险提示、单一疑点数据核查、纳税评估、税务稽查、欠税追征等风险应对措施。大幅减少面向所有纳税人的、无差别的事前管理制度安排,强化基于风险分析监控的事中、事后差别化管理。

(二)转变税收管理方式

转变税收管理方式是全面实施税收风险管理的重要标志。以税收风险管理为导向推进税收管理方式转变的重点是,实现由混合管理向基于数据分析的分类管理转变,由管理员单人管理向团队化管理转变,由经验管理向科学加经验管理转变,建立税收风险综合防控体系,推进传统税收管理方式向现代税收管理方式转型。

1、推进大企业风险管理。把税收风险管理的一般要求和大企业税收征管紧密结合起来,把握大企业税收风险管理的规律性,在省局、市局层面,进一步完善大企业风险应对管理机构设置,优化大企业风险应对人力资源配置,不断提高省局、市局直接实施大企业风险应对的能力。以复杂性问题解决为核心,建立与风险管理要求相适应的大企业税收风险管理机制;健全和强化以客户服务、单户风险分析、税务审计为重点的风险应对管理。突出对大企业实施以风险控制为重点的专业化管理,做好大企业信息的收集和分析,依托信息平台,构建全景信息图。建立大企业遵从评价体系,根据大企业遵从风险等级合理安排风险应对策略与工作周期。

2、实施中小纳税人行业风险管理。把税收风险管理的一般要求和中小企业税收征管紧密结合起来,根据不同行业的经营和核算特点,细化行业管理要求,总结行业风险管理方法和规律。重点关注行业生产经营、基准税负、产业链上下游关联关系、发票记载交易活动等信息情报,将中小企业分成不同的行业集群,结合使用纳税遵从程度和风险指标进行比对分析,找出潜在的风险监控目标。按照人力资源配置状况,确定中小企业风险应对的合理选案比例和实地检查的覆盖率。

3、建立税收遵从风险综合防控体系。整合各类社会资源,延展税收风险防控的触角和半径。一是建立与地税、工商、质监、海关、银行、司法等部门之间的协作工作机制,积极参与各级政府建立的信息共享平台和社会信用体系建设,通过信息情报交换,扩大信息共享范围,不断提高社会综合治税效能。二是拓展社会综合协税护税网络覆盖范围,形成政府主导、税务负责、部门配合、社会参与、司法保障、信息化支撑的综合涉税风险防控新格局。三是创设第三方参与遵从风险防控的工作机制,借助第三方信息披露、财务审计等成果,扩大识别风险、应对风险的视野。四是通过制定和完善激励公众索取发票等制度,从外部防控纳税人遵从风险,把税务机关和纳税人之间双边的风险博弈关系转变成多边关系。五是加强与税务中介、咨询机构的合作，就税收法律在特定条件或特定领域的诠释或执行进行磋商，征求对税务机关管理活动的反馈，统一税务机关与税务从业人员在税收事件上的作业标准，提高税务从业人员的职业素养。六是建立与行业协会、社区等其他社会组织之间的合作机制，保持与行业协会等社会组织的对话沟通，就重大税收事件的相关标准进行磋商，形成税务机关与行业组织的共识，披露典型的税收案件，协助行业组织抵制与税收相关的不正当竞争行为，促进行业自律和税收遵从。

4、推进风险管理的团队化运作。根据专业化工作的不同特点，灵活选用紧密型、松散型、虚拟化等风险管理团队组织形式。围绕专业分析、分类应对等各类主题，按照固化人员、统一考核、集中办公、明确职责、制订计划、完善机制的要求，建立紧密型风险管理团队。围绕规划编制、制度性风险专题分析、指标筛选、案例评审等内容，形成松散型风险管理团队。层级间、部门间、地区间的业务、技术骨干，依托信息网络，围绕特定项目或主题，发挥各自优势，进行交互式业务技术分工协作和信息情报分享合作，形成基于网络的虚拟化风险管理团队。

5、积极探索教学引导实践模式。在税收风险管理的各主要环节，逐步做到先对情报采集方法、数据分析工具等进行培训，后开展情报管理工作；先开展分析模型应用、指标筛选、情报转化路径等方面的教学培训，后启动风险分析识别工作；先开展典型案例的解剖分析、应对预案编制的培训，后启动风险应对工作。在风险分析、应对实践中，研究提炼典型案例，丰富教学科研的内容。在此基础上，定期开展案例交流研讨、观摩推广活动，不断提升各类专业团队对税收风险管理各环节运行规律的认知程度和实践应用能力。

(三)建立机构细化职能

按照税收风险管理职能配置要求，逐步完善和重组税收征管机构，建立风险管理为导向的税收征管组织机构体系，在现有职责的基础上，进一步细化、优化省、市、县三级风险管理部门职能配置。在机构设置方面，逐步探索在省、市、县局建立专门的风险管理控制中心，具体承担各项风险管理统筹职责；在省、市局设置有执法主体资格的大企业局，直接承担列名大企业的纳税评估工作；进一步简化市、县两级税务机关的行政管理职能，以直接实施风险应对为重点，进一步提高实体化、扁平化和专业化程度。

省级风险管理部门的职能定位于：负责组织领导全省税收风险管理工作；根据总局的总体规划，组织制定全省税收风险管理战略规划、年度计划；组织开展全省范围内的税收数据情报管理工作，在组织推动征管数据省级集中的同时，建设省级税收管理数据库；开展税收风险分析识别工作；做好省局层面风险应对任务管理工作，整合总局层面发起的和省局层面发起的各项风险应对任务，及时向省局专业应对部门、应对机构和市级税务机关推送；做好风险管理信息化平台建设和推广应用工作；组织对全省税收风险管理的过程监控和绩效评价等。

市级风险管理部门的职能定位于：组织领导全市税收风险管理工作；根据上级规划，制定全市税收风险管理年度计划和阶段性重点工作；重点做好税收数据情报管理、风险分析识别细化、风险应对任务统筹、风险应对分析和风险应对实施支持保障工作；组织对全市税收风险管理的过程监控和绩效评价等。

县、区级风险管理部门的职能定位于：以直接实施风险管理应对工作为重点，做好税收数据情报管理、风险应对任务统筹、风险应对分析和风险应对实施等工作。

风险管理部门的具体职责划分为以下六类：

风险规划职责。组织起草风险管理规划，明确全省国税系统一段时期的风险管理工作主要目标、战略步骤和主要任务，经风险管理领导小组审议后发布；负责收集各部门提交的年度风险管理计划，拟定税收风险管理综合计划建议，提请风险管理领导小组审议后进行发布，统筹各部门组织实施税收风险管理工作。

情报管理职责。根据年度风险管理工作规划，开展外部数据采集，通过数据抽取、清洗、转换、匹配、聚合等加工功能，实现内外部各种形式数据源的标准化、格式化，成为数据分析的可选资源。

风险分析职责。从全省或一个较大区域范围，按照税种、产业、行业等某一个或若干个纬度对纳税人税法遵从状况进行整体性分析识别开展经济税收分析；优选风险特征指标、风险分析模型、风险分析案例和特定风险事项建立综合风险分析识别库；运用综合风险分析识别库中的风险特征指标、风险分析模型、风险分析案例和特定风险事项等开展风险识别扫描产生风险信息，进行专业税收风险分析。

任务管理职责。负责整合风险识别扫描产生的风险信息，实现按照地区、集团成员企业、纳税人等不同口径的风险信息归集，按照一定的方法进行等级排序，归集其他特定风险事项，形成风险应对清册；结合风险等级高低和应对资源配置情况，拟定各层级不同应对策略的风险应对任务建议，经集体审议后确定应对任务清册，推送应对实施部门或机构。

过程监控职责。负责对规划制定和实施、数据情报管理、分析识别、等级排序及应对任务管理、应对实施等税收风险管理各环节及全过程的监控，形成监控报告，并对监控发现的情况进行问责处理。

绩效评价职责。负责对规划制定和实施、数据情报管理、分析识别、等级排序及应对任务管理、应对实施等税收风险管理各环节进行专项绩效评价，开展以遵从状况变化趋势为主要内容的风险管理综合绩效进行评价，形成绩效评价报告，促进持续改进。

各级风险管理部门可以根据本级实施税收风险管理的需要，设置风险规划、情报管理、风险分析、任务管理、过程监控及绩效评价等岗位。

(四)健全部门协作机制

对外，要进一步加强与地税、工商、质监、海关、银行、司法等部门之间的协作。特别是与地税部门要进一步协同制定税收风险管理年度合作计划，及时交换高风险纳税人名单及风险点信息，对于共同认定为高风险的纳税人，双方在共同确定应对方式、应对层级和应对部门的基础上，可以联合组建风险应对团队，共同开展风险应对工作。在高风险纳税人风险应对过程中，发现属于对方管辖的税收违法行为时，应书面向对方移交案件线索和相关证据资料，受理线索一方，应将应对情况向移交方书面传递。

对内，在“五统一”的基础上，全省国税系统各级税务机关部门、机构之间建立局长统一指挥，综合部门统筹管理，各专业部门、管理机构之间分工协作的风险管理工作机制。

综合部门承担规划制定、统筹协调、整合分析识别成果、管理应对任务、提供数据和信息化支撑、开展绩效评价等综合风险管理工作；专业部门、管理机构分别承担专业分析、分类组织应对或直接实施应对等专业化风险管理工作。各部门具体职责分工如下：

征管科技部门(风险管理部门)：负责风险管理的综合管理工作；组织制定税收风险管理战略规划、年度税收风险管理工作规划；负责数据综合管理；负责各部门专业分析的整合及等级排序工作；负责各部门发起的各项应对任务整合、推送等管理工作；负责风险管理绩效评价；负责风险管理信息化平台建设和推广应用的组织工作；负责风险管理其他各项工作的统筹协调等风险管理领导小组办公室职责。除以上职责外，作为专业部门，负责普通发票、税务登记、征管状况、个体管理等税收征管专业风险分析识别等工作。

货物劳务税、所得税、国际税、进出口税收管理部门：主要承担专业风险分析、采集外部数据或情报、提供部门占有信息、专业风险应对项目发起、发布风险应对指引、对分析结果的应对情况进行跟踪、为重大和复杂风险应对任务提供专业咨询支持等职责。

收入核算部门:负责统筹经济税收分析预测,承担全省税收会计统计核算、组织收入风险分析等工作,为税收风险管理工作提供专业咨询支持。

大企业管理部门:负责定点联系企业的风险识别、成员企业等级排序、组织风险应对和个性化服务;负责上级定点联系企业成员单位的风险自查、税务审计和个性化服务;负责制定大企业税收管理的相关制度,研发风险管理技术方法,集中收集分析集团企业的涉税数据,支持、协调和指导跨层级、跨地域的大企业税收风险应对管理工作。

稽查局:直接承担和组织实施税务稽查等风险应对工作。

信息中心:承担数据综合管理;负责风险管理信息化建设和数据应用的技术支持工作。

(五)规范风险管理流程

在建立统一、规范的风险管理工作基本流程的基础上,进一步探索建立风险管理各主要环节的分流程,具体规划如下:风险管理基本流程。风险管理规划→风险分析识别→风险等级排序及任务管理→风险应对处理→风险过程监控→风险绩效评价。数据情报管理流程。数据采集→数据存储→数据加工→数据分析→情报交换→知识管理。风险规划管理流程。部门风险管理计划→风险管理综合计划建议→集体审议→风险管理规划发布。风险分析识别流程。数据分析→数据建模→分析识别→风险分析验证→风险信息发布。风险任务管理流程。风险信息归集→等级排序→风险应对任务整合→风险应对任务确定→风险应对任务推送。风险应对实施流程。应对任务接收→应对任务分析→应对策略选择→应对任务推送→应对任务实施。风险过程监控流程。专项监控→过程监控报告→过程监控处理。风险绩效评价流程。专项绩效评价→绩效评价报告→持续改进意见。

(六)围绕重点强化管理

加强风险管理工作必须做到重点突出,在未来的几年中,要围绕以下三个重点进一步强化风险管理工作力度:

重点企业。包括各级定点联系企业、重点税源企业、风险预警系统提示的高风险企业等。

重点行业。主要为占全省国税收入比重80%以上的28个重点行业,包括煤炭开采和洗选业、石油和天然气开采业、有色金属矿采选业、农副食品加工业、食品制造业、酒、饮料和精制茶制造业、烟草制品业、纺织业、石油加工、炼焦和核燃料加工业、化学原料和化学制品制造业、医药制造业、橡胶和塑料制品业、非金属矿物制品业、黑色金属冶炼和压延加工业、有色金属冶炼和压延加工业、通用设备制造业、专用设备制造业、汽车制造业、电气机械和器材制造业、计算机、通信和其他电子设备制造业、电力、热力生产和供应业、批发和零售业、交通运输业、电信、广播电视和卫星传输服务业、金融业、房地产业、居民服务、修理和其他服务业、租赁和商务服务业。

重点项目。包括加强涉农、涉矿、涉油等虚开、虚抵高风险企业管理、加强享受优惠政策企业管理、加强股权转让风险管理、加强汇算清缴后续风险管理、深化转让定价调查强化国际税收情报交换管理、加强对"走出去"企业的税源监控与管理、加强企业购销比对风险管理、加强代开发票风险管理、加强少缴、未缴车辆购置税管理、加强"富余票"风险企业管理、加强固定资产进项税额抵扣异常企业管理等风险管理项目。

(七)健全信息管理体系

按照税收数据情报管理运行流程,进一步健全省局、市局两级主导的,覆盖数据采集、加工、分析、情报交换、知识管理等主要环节的专业化管理体系。设置专门的数据情报管理专业岗位,明确数据情报管理岗位职责,制订数据情报管理工作规程,形成高度专业化的税收数据管理岗责体系,实现数据情报管理的制度化、常态化、专门化。

不断提升情报管理各主要环节的专业化水平，逐步建立现代化、专业化的税收数据情报管理运行体系。在风险管理领导小组的框架内，定期专题对数据情报工作进行评估、提出应用评审意见，提供数据情报管理战略指导和帮助。组建专门从事数据情报管理的专业队伍，将数据采集、情报获取的职责分解落实到风险管理的各主要领域和主要运行环节中。建立系统数据情报质量监控评价体系，全面实施税收数据质量管理。完善全省税务系统税收数据情报管理的制度保障体系，把数据情报管理能力列为评价各级风险管理能力的重要指标。主要做好以下工作：建立信息采集和共享机制。提高内部信息共享度、拓展外部信息来源渠道、提升跨地区信息交换及查询功能，形成上下互动，横向共享互通的情报管理工作机制，为风险管理工作提供充分的信息。进一步构建信息采集平台。规范信息采集方法和程序、制定信息采集制度，使信息采集工作做到多样化、科学化、规范化。建立风险信息情报管理库。制定风险信息的筛选、量化、归集工作制度，对各种渠道采集的税收风险信息进行筛选、量化并在风险管理情报库中进行归集，形成标准化的风险识别可使用信息，保证风险识别工作的顺利进行。加强不可量化信息的管理。筛选出其中有价值的信息进行描述并分类归集，为监控决策、专项检查等工作提供依据。

（八）构建技术支持平台

信息技术是全面实施风险管理的重要支撑。在总局金税三期决策支持平台和风险管理系统的基础上，筹建我省税收风险管理信息化决策支持平台，以通行的税收管理理念和先进的电子信息技术深入融合为主攻方向，配置可靠性高、性能强、可扩展性好、安全稳定的硬件资源，开发和部署建立以数据管理、风险管理程序管理为主要功能模块，覆盖各级各部门应用的一体化的税收风险管理信息化决策支持平台，实现数据存储的集约化、征管业务运行的流程化和征管数据分析的智能化。

1、建立覆盖省局、市局、县局、分局四级应用的税收数据情报管理信息化功能模块。具体应包括以下五项功能：一是数据集中存储功能。集中存储全省各级税务机关采集的各项业务数据，实现对内外部数据的抽取、存储和展示，成为数据分析应用的常态化集成数据资源库。内部数据指归集内部各类信息系统数据形成的数据源，外部数据包括政府部门交换数据、互联网搜索数据、征管采集数据等各种形式的外部数据。二是数据加工处理功能。应用数据仓库技术，实现数据的清洗、转换、加载等加工过程。三是数据分析应用功能。基于集中统一的数据项资源库，配套使用职能分析工具。从大量税收数据中揭示出隐含的、先前未知的、各种有潜在价值的信息，实现各级分析人员自主确定分析项目，自主选择数据项，自主构建分析模型，自主验证分析结果。四是情报交换功能。通过“三大渠道”进行规范的情报交换业务流程，为原始数据、处理数据、分析结果的情报转化开辟通道。建立跨区、跨级、跨部门，全方位的情报交换通道，发掘系统数据资源的情报价值；通过与政府等公共部门信息平台网络，普遍建立部门间协作的稳定、安全、快捷的情报交换渠道；通过互联网等渠道不断拓展外部数据情况源，扩大情况交换范围。五是知识管理功能。建立省级税收征管知识库，记录税收征管实践中的、具有规律性的、可在未来复制推广的案例和成果，实现税收征管知识的共享功能，形成持续积累团体智慧的知识循环。

2、覆盖省局、市局、县局、分局四级应用的风险管理流程管理功能。具体应具备以下五项功能：一是分析识别功能。打造以省级中心库为主干的风险分析识别库，逐步建立涵盖宏观、中观、微观三个纬度，集行业模型、风险事项、特征指标、案例指向为一体，实现对风险及时跟踪扫描和风险指向灵敏精准的功能，建立科学完备的电子化、智能化、网络化的风险分析识别监控体系。二是任务管理功能。通过按地区、行业类别、纳税人等归集各类风险信息，设置风险度的评估计分系统，对综合税收风险实行智能化评分和等级排序，提供等级量化类风险和项目类定性风险的整合归集功能，按照风险等级由高到低，结合征管资源的配置情况，合理确定不同应对策略的应对任务，基于统一的工作流引擎在各层级间自动推送。三是流程管理功能。通过在税收征管流程系统中嵌入集任务推送、策略选择、程序规则、应对数据情报支持、岗责诉求、表证单书等要素为一体的风险应对工作模板，强化各类风险应对流程的运转功能，形成对风险提醒、纳税评估、税务审计、反避税调查、税务稽查、等各种应对手段的差别化流程管理，有效支撑风险应对实施的全面规范。四是过程监控功能。对税收征管流程的各环节进行全过程记录和痕迹化管理，实施有效监控：设置考核评价指标，对各环节的运行情况实现自动通报，加强对过程监控的管理和应用。五是绩效评价功能。通过对税收征管各类流程的跟踪管理和统计分析，建立各环节绩效状况的自动评分系统，实现对风险信息采集准确性、风险分析针对性、征管成本效益性、风险应对措施有效性、纳税人税收遵从程度变化等关键环节的智能化跟踪管理好绩效评价。

3、创新技术应用，发挥对风险管理的引领作用。信息化应用能力是税收风险管理的核心竞争力。为适应数字化、网络化、移动化、智能化为主要特征的信息技术发展趋势，顺应大数据时代的管理变革要求，必须不断创新信息技术在税收风险管理领域的深度应用，为持续提升风险管理能力提供不竭的动力。一是应用内存数据库(IMDB)技术，提升风险管理的数据管理能力，实现数据分析效率的飞跃。通过应用基于内存数据库技术的混合数据管理引擎，将热数据和实时性强的业务逻辑数据优先放在内存数据库里，大幅提高复杂逻辑数据处理效率，实现重点事项分析的实时性、精确性和高效性。二是应用“网络爬虫”(Web Spider)技术，提升风险管理的情报获取能力，实现情报获取方式的多元化。互联网已成为大量信息的载体，通过“网络爬虫”这一页面提取程序，探索对在互联网情报价值集中度高的，如招投标信息、电商实体店经营信息、限售股解禁信息等领域，按关注的主题进行智能过滤和筛选集成，为风险分析识别提供更加丰富的数据资源。三是应用ODI(Oracle Data Integrator)数据抽取工具，提升风险管理的数据加工能力，实现数据处理的标准化。改变数据处理中传统的手工编程方式，尝试采用标准化、自动化的数据抽取工具ODI进行数据处理，通过对知识模块的自由选择，适应不同的、多种类的数据源，编制各种加工要求的接口，灵活有效的完成数据抽取、转换、载入的过程，规范流程，统一调度，实现数据加工处理的标准化、程式化运行。四是应用“深层神经网络”(DNN，Deep Neural Networks)技术，提升风险管理的数据分析能力，实现风险建模的智能化。传统的人工建模来源于经验判断，数据规律性研究和把握能力不足，数据应用的广度和深度不够。DNN技术可以充分发掘海量数据中蕴藏的丰富信息，使机器能从大量历史数据中学习规律，从而对新的风险点做智能识别或对未来做预测。通过输入足够数量的案例，自动过滤和分类违法对象，归纳违法类型，然后在依法纳税与违法纳税人之间或者二者兼具的纳税人进行反复审查分析，作出判别，自动指认一般到特殊的违法类型。数据分析实现从业务经验驱动的人工经验建模，向数据驱动的机器智能建模转变。

(九)完善绩效评价体系

加强风险管理，必须进一步规范风险管理工作过程管理，通过对风险管理进行全程监控，及时纠正风险管理实际运行状况与风险管理预设目标之间的偏差；通过对风险管理过程进行绩效评价，从税法遵从度和征管成本效益等多个方面对风险管理的运行质量和效率做出评判，促进风险管理持续改进。上级风险管理部门应对下级开展风险管理工作的情况加强监督，实施绩效评价，并逐步完善监控和评价体系。

1、过程监控。上级风险管理部门应对下级风险管理部门实施风险管理的全过程开展监督、检查、控制，并及时纠正风险管理具体运行与风险管理目标规划出现的偏差。上级风险管理部门应根据年度风险管理工作规划，制定监控实施计划，经批准后，组织开展对下级风险管理部门实施风险管理规划、数据管理、分析识别、任务派发、风险应对等情况的监督考核，汇总风险管理各环节存在的问题，编写风险管理督察监控报告，提出改进意见，经审批后发布。

2、绩效评价。建立科学的税收风险管理绩效评价指标体系，应在技术层面上覆盖税收风险管理各主要环节，包括对分析识别的精准性、风险应对任务管理中资源配置效率、风险应对实施整体实效性和个案实效性等做出定性和定量的评估；在风险管理的战略层面上，绩效评价包括风险管理战略规划的科学性、战略管理与预期目标偏离度、减少税收遵从缺口的综合效率、征管资源在整个风险管理中的综合配置效率等等；在风险管理的支持保障层面，绩效评价包括税收数据情报管理对风险管理的贡献率、人才培养及专业技能培训对风险管理的贡献率、信息技术支持对风险管理的贡献率等。上级风险管理部门应对下级风险管理部门实施风险管理定期开展专项绩效评价，编写绩效评价报告，提出持续改进意见，经批准后发布，并做好持续改进意见的跟踪落实。

（十）加强人才队伍建设

人力资源是税收风险管理的第一资源，建设现代化、专业化的人才队伍，是全面实施风险管理的首要条件。按照全面实施税收风险管理的新要求，优化人力资源配置，切实加强税务人才队伍建设，努力造就一支适应现代税收管理需要的高素质专业化风险管理人才队伍，抓好各级风险管理人才库的建设。建立涵盖省局、市局、县局三级的立体形风险管理人才库，实现人才库的动态管理、统一调度、集中使用，充分盘活优化人才资源。加大风险管理人才的开发培养力度。风险管理的人才开发培养以促进人的全面发展为核心，以调整优化人才结构为主线，坚持开发与调整并举、培训与培养同步，加强人才资源的整体开发，充分利用系统内外培训资源，努力培养大批适应税务稽查、反避税、纳税评估、国际税源监控、税收经济分析等重点领域需要的高层次风险管理专业人才。加强风险管理人才的实践锻炼。在系统培训的基础上，及时组织风险管理人才库入库人员开展税收风险管理实践锻炼，科学设置实践内容和项目，有计划的促进培训知识的实际运用，确保培训效果。逐步构建风险管理人才评价机制。坚持德才兼备原则，逐步构建以能力和业绩为导向的科学完善的风险管理人才评价体系，不断改进评价内容和评价方法，提高人才评价的科学性和准确性。建立多元化风险管理人才激励体系。按照物质奖励和精神激励相结合的方式，综合运用竞争激励、职级激励、福利激励、荣誉激励等多种激励手段和方法，建立多元激励机制，对在税收风险管理工作中有突出贡献的人才进行有效激励。

课题组组长：李　英

成员：河南省国家税务局征管和科技发展处

驻马店市国家税务局

信阳市国家税务局

周口市国家税务局

漯河市国家税务局

执笔：田　森

# "互联网＋"背景下税收管理创新研究

江苏省淮安市金湖地方税务局课题组

"互联网＋"是互联网思维的进一步实践成果，它代表一种先进的生产力，推动经济形态不断的发生演变，从而推动社会经济实体的持续生命力，为改革、创新、发展提供广阔的网络平台，从其技术特征来看主要是大数据、物联网、云计算和移动互联网。通俗来说，"互联网＋"就是"互联网＋各个传统行业"，它代表一种新的经济形态，即充分发挥互联网在社会资源配置中的优化和集成作用，将互联网的创新成果深度融合于经济、社会各领域之中，提升全社会的创新力和生产力，形成更广泛的以互联网为基础设施和实现工具的经济发展新形态。

## 一、"互联网＋"对税收管理带来的机遇和挑战

"互联网＋"深刻影响着经济运行方式、社会组织形式和人们的行为模式，也对税收工作带来了全方位的挑战。

(一)"互联网＋"对传统税源管理模式形成了较大冲击

"互联网＋"的推进，促进了我国市场主体的日益多元化、经营网络化、产品虚拟化、交易隐蔽化，对传统的税源管理模式形成了较大冲击。一是新兴业态对税源管理的挑战。电子商务、互联网金融等新兴经济业态迅速崛起，其隐蔽性、流动性、碎片化特征，对现有的分区域、分行业税源管理模式形成了冲击。二是电子交易对实体化税源管理的挑战。实体经济与互联网深度融合，越来越多地依托电子化交易和营销，传统商务纸质的发票、库存、账簿等逐步转化成数字流和信息流，而这些具有可随时被修改而不留痕迹的特性，导致传统的税源控管方式难以实施有效监管。三是跨域经营和交易虚拟化对属地管理的挑战。"互联网＋"推动了企业跨界融合和跨域经营，再加上网上交易地址的虚拟化，导致税源极易转移，对属地管理形成冲击。

(二)"互联网＋"对基层税务部门创新税收管理理念和方式提出了新的挑战

"互联网＋"是打造大众创业、万众创新和增加公共产品、公共服务双引擎的重要推动力。税收是公共管理服务的重要内容，"互联网＋"将推动税收工作理念和方式发生革命性变革。一是贯彻开放理念，提高税收管理的开放度和透明度。善于运用"互联网＋"来充分听取民意、凝聚民心、集中民智，增强税收工作的透明度和公信力。二是贯彻互联理念，加大简政放权的力度。加强部门内互联以及与其他政府部门和社会组织的互联，增进部门合作，简并行政审批，提高行政效能，充分释放和激发市场主体活力。三是贯彻共享理念，加强对涉税信息资源的共享整合。着力打破内部和外部的信息孤岛，强化信息资源的挖掘、利用和增值，为提高税收管理和服务效能提供有力的支撑。

(三)对优化纳税服务提出了更高要求

首先，表现为纳税人与税务部门进行互动交流的需求偏好发生变化。在互联网络飞速发展的形势下，广大纳税人不仅仅满足于传统的实体办税方式，对办税服务渠道的需求偏好也发生了新的变化，特别是新生代办税群体更加希望通过移动互联网络与税务部门进行互动，办理日常涉税业务，这对税务部门多样化服务提出了更高的要求。其次，针对纳税人的个性化服务需求不能满足。"互联网＋"带来的纳税

人类型多元化、业务多样化，必然导致服务需求的多元化；随着纳税人维权意识的增强，服务需求层次的提高，其涉税需求也越来越个性化。

(四)对税务部门风险管理信息化建设提出更高的标准

随着税务部门征管数据量大幅增加，信息化建设模式未作优化调整，利用云计算技术科学整合、共建共享系统基础设施资源还不够。在“互联网＋”的时代主要表现在纳税人反映的问题还不能快速响应、有效解决，网上办税的开放项目还不够彻底，大部分项目还停留在受理阶段而不能完全办结。而在风险管理中风险监控这一重要环节中，税收业务与信息技术融合、协同不够，运用大数据，分析政策效应，揭示风险管控方向，协同改进信息平台的作用未能充分发挥。在第三方数据获取应用方面，还存在“有需求，无数据”、“有数据，无整合”的现象，对互联网公开披露信息和政府部门间的涉税数据在获取、解析、应用上不够，效果不佳。对已采集的数据有目的地归集整合、分析研究不够，为数据应用提供公共服务的平台建设还处于初级阶段，税收风险识别的精准度还有待提高，分类分级风险监控、任务推送的模式和风险应对的方式需要不断改进。

(五)“互联网＋”的发展趋势为推进税收管理提供了无限的创新空间

当前，“互联网＋税务”总体发展趋势主要表现为：一是共性化＋个性化。共性化是从全局视角对“互联网＋税务”进行统筹规划、统一设计，以信息化促进流程化、标准化、规范化、科学化。个性化就是要针对不同层级、不同岗位、不同类型、不同行业的用户需求，提供个生化的“互联网＋税务”产品。二是大数据＋大平台。通过对涉税信息的沟通与共享，尽可能将外部数据纳入涉税信息共享平台，真正形成大数据；在此基础上，对数据进行清洗、转换、匹配、整合、分析，提炼有效信息，服务税收工作。加强一体化架构设计，提升数据平台的层次和规模，既要搭载各个部门和行业的各类数据，又要将税务机关的涉税信息尽可能向上归口收拢，真正搭建起科学系统的数据分析应用平台。三是“微观云”＋“宏观云”。利用“云技术，在不同层面对各种软硬件资源进行共享整合，最大限度提升资源利用效率，实现增值应用。因此，可以说“互联网＋”是对税收管理为中心的整个税收工作的全面审视和科学重构。就是把税收工作的各领域、各环节与互联网技术有机结合，凭借大数据、云计算平台等处理手段，充分发挥互联网的迭加、激变、倍增作用，大幅提高税务部门的科学决策能力和管理服务能力。

## 二、现阶段“互联网＋”在税收管理工作中的应用及有益尝试

“互联网＋税务”管理模式以纳税申报和优化服务为基础，依托计算机网络技术，集中征收，重点稽查，强化管理，对基础税源、执法管理、纳税服务、组织运行提出了更高的要求。

(一)“互联网＋”助力纳税服务优质化

发挥“互联网＋”技术优势，规范实体办税厅，完善网上办税厅，开发掌上办税厅，构建“实体办税厅、网上办税厅、掌上办税厅”三位一体的办税平台。重点发展“网上办税厅”、“掌上办税厅”，实施电子税务登记、电子发票使用、自助申报缴款、自助审批备案，打造全天候全方位 7×24 小时互联网纳税服务新模式，真正实现“足不出户”。完善 12366 纳税服务热线系统，开通纳税服务微信平台，通过移动互联网客户端呈现政策公告、法规宣传、涉税提醒、催报催缴等事项，以最快捷、最有效的方式实现税务机关与纳税人之间的信息传递和征纳互动。加快纳税诚信体系建设，借助“互联网＋”手段实现信息共享、部门协作、健全监管、完善奖惩，积极推进纳税信用和其他商业信用联动管理，将纳税信用纳入社会诚信体系建设中，让“守信者一路畅通，失信者寸步难行”。

(二)线上线下办税有效互动

互联网技术逐步实现了线上办税“一网通”，并且随着移动智能终端的发展，远程服务也在不断地完善。网络办税界面不断优化，将纳税人需要填写和递交的各种表单和原始资料，转变成无纸化、电子化、

在线化的提交模式，统一归集到一个纳税人识别号下，对注册登记、发票管理、审批备案、业务咨询、投诉维权等各个领域实现全透明、全覆盖、全天候的服务。并利用微信、微博等新媒体，与纳税人进行从“面对面”到“键对键”的“零距离”互动交流，将网上办税系统、电子发票、12366 咨询热线有机结合在一起，针对纳税人的不同需求，推送量体定制的纳税事项提醒、税收风险提示、最新税收咨询等个性化服务。同时，线下实现跨部门调度，落实事前沟通和事后回访制度，积极回应纳税人的诉求，提高服务效率和质量，促进征纳和谐。

(三)提供征管支撑保障

完善征管内控体系。进一步升级优化“税收执法内控平台”，支撑执法疑点数据筛选排序、督察任务执行处理、执法责任追究的全过程，并直观地对执法质量、督察质量进行评价展示。以防范和治理内部风险为目标，针对税收执法、征管改革等环节的风险特征和风险分布，系统梳理和分析问题，找准症结所在，不断总结提升，制度层面改进管理，强化内控预防职能，提高风险预警和控制能力。完善协同管理体系。深化第三方协同管理，全面拓展征管保障领域。一是税源监控外部协同。拓展税收征管外部协同重点，将外部协同贯彻于税收征管中税务登记、纳税申报管理、税款征收管理、减免税及退税管理、风险应对等各个环节，明确有关部门应履行涉税行政协同义务。二是税收执法外部协同。按照“坚持依法治税，强化司法保障”的执法理念，充分发挥公、检、法、司在地方税收执法中的司法保障作用，大力推进税收和社保费强制执行工作，打击税收违法行为，提高强制执行的社会影响力。三是信用管理外部协同。进一步规范纳税信用管理，提高纳税人依法诚信纳税意识和税法遵从度，将纳税信用评定和纳税信用记录一并纳入南通市征信管理系统，让失信者寸步难行，让守信者一路畅通，促进税收遵从。

(四)强化风险监控管理

推进监控方式转型，着力构建“以数据管理为基本保障，以风险识别为基本手段，以涉税情报为重要补充，以任务统筹为基本模式”的专业化风险监控新格局，提升税源风险监控水平。在风险监控范围上，从以税收流失类为主，逐步向“税收流失＋基础管理＋执法风险防范”的全面风险管理转型，覆盖所有风险监控点；在风险监控模式上，加大人机结合工作力度，从通用、批量的风险识别模式，向针对不同类型纳税人和特定事项实施针对性风险监控转型；在风险识别方式上，加大涉税情报的管理力度，从单纯的数字化风险识别，向数据信息、涉税情报的全面收集和综合应用转型；在监控质效提升上，加大风险监控与基础管理、风险应对部门的信息沟通力度，促进风险监控和任务处理部门从阶段性汇总沟通向常态化交流转型。

(五)提高税收风险应对能力

随着税收信息化水平不断提升，金税三期工程和增值税发票系统升级版的广泛推行，实现了应用和数据的两级集中部署，有效整合了税务部门内部各软件涉税信息、第三方信息和网络涉税信息。数据仓库建设面向地域、行业、税种、涉税事项等多个维度，充分发挥其在数据分析、风险排查、任务派送、质量监督中的核心作用，并结合公共平台发布的宏观经济、行业发展、宏观政策等数据指标，测算税收政策执行效应，为风险防控提供了强大助力。省局开发的“大集中”系统建立了“一户式”纳税人信息档案，分权限向一线执法管理和服务岗开放，为实施执法、行政审批、业务咨询、纳税评估提供信息支撑，便于一线岗位有效实施管理和风险防控。

(六)构建数字化内控体系

充分运用互联网信息技术，将绩效管理与教育培训、督察督办、纪检监察等工作相融合，构建税务部门内部数字化的行政管理体系。通过电子政务系统，构建“决策部署、贯彻执行、监督检查、绩效反馈”的信息化流程，实施日常行政工作的规范化、痕迹化管理，确保公开透明、痕迹可查、效果可评，加强对“两权”运行的监管，提高日常检查、督导落实和突发事件的应急处理能力，为深化惩治和预防腐败体系、落实

“两个责任”提供有力支持。依托电子考核信息平台，自动采集生成每一个干部的个性化成长档案，涵盖职业能力、岗位经历、工作业绩和廉政记录等信息，全面展示干部的职业素质，便于客观评价干部业绩，并与其教育培训、交流轮岗和竞聘晋升相挂钩，确保选拔机制的公平公正，促进干部全面发展。

## 三、运用“互联网＋”实现税收管理创新的总体目标和基本要求

税务总局提出的税收现代化总目标，是指导各级税务部门各项工作的总体目标，也是指导“互联网＋税务”工作的目标。具体来讲，就是全面贯彻税务总局“展信息化之翼、圆现代化之梦”的要求，围绕加快实现税收现代化的目标，充分运用互联网思维和技术，聚焦税收管理服务核心业务，以满足纳税人和一线税务人员的需求为导向，以解决制约管理服务效能的突出问题为切入点，以科学化、智能化、规范化的决策执行体系为支撑，着力打造安全、高效、全覆盖的电子税务局，形成网上办税、后台支撑、需求导向、风险管理、订制推送服务为主要特征的现代税收管理服务体系，充分发挥信息技术的乘法效应和聚变效应，大力提升纳税遵从度和纳税人满意度。在具体实施中，要注意把握以下基本要求：

服务于依法治税。坚持权责法定和程序合法，在硬件配置、软件设计、系统开发以及创新内容中，都要依规依法，确保沿着法治化轨道顺利进行，以更好地促进依法治税。

服务于税制改革。税制是税收工作的根本，要充分运用互联网思维和信息技术，扎实做好税制改革中的户籍移交、软件升级、数据录入、后续风险管理等工作，确保税制改革的顺利实施和改革红利的全面释放。

服务于核心业务。征管服务既是税务部门的核心业务，也是“互联网＋税务”的着力点。要充分运用互联网思维及方式，聚焦纳税人和基层实际需求，聚焦制约管理服务效能的主要问题，切实提高税收管理服务的整体效能。

服务于经济社会发展大局。税务部门掌握着大量的涉税信息数据，这是税务部门履职尽责、服务经济社会发展大局的宝贵资源。为此，要充分依托税收大数据、云计算，强化经济税收数据的对比分析、部门共享和增值利用，既通过信息管税挖潜增收来强化财力保障，又要在促进经济转型发展和财源建设中，积极发挥自身的职能作用。

## 四、“互联网＋”背景下推进税收管理创新的途径

紧跟移动互联网发展步伐，加快建设综合办税服务平台，充分利用数据统计分析技术，创新税收风险管理模式；加强与电子支付服务商合作，打造全方位便捷办税品牌；打造智能化办公系统，加速业务与技术的融合。

（一）聚焦核心业务构建“互联网＋税务”的一体化平台和机制

1、构建一体化的信息支撑大平台。运用大数据、云计算和搜索引擎技术，多渠道采集整合涉税信息，实现税务系统内部各部门之间、税务部门与外部门之间的信息互联互通。搭建第三方信息共享平台。加大与发改委、经信委等政府部门和社会组织的信息共享力度，拓展获取第三方涉税信息的渠道。实现税务系统内部信息的有机整合。对收集到的各类信息，进行有机整合和一户式归集，建立起统一规范的纳税人数据仓库，在各级税务机关、各税种管理部门、前台服务人员之间，按照职能权限实行信息开放和增值应用。

2、构建全天候全覆盖的网上服务平台。以纳税人为中心，搭建起业务全覆盖、流程简约化的纳税服务体系。在巩固完善已有网上办税功能的基础上，对注册登记、发票管理、审批备案、业务咨询、投诉维权等所有纳税人端的办税事项，实行在线办理和限时办理。推进涉税需求在线征集，以及对纳税人办税和咨询信息的智能化分析，掌握纳税人的个性化需求，将量体订制的纳税事项提醒、税收风险提示、税收政

策资讯等个性化服务，及时推送给纳税人。对涉及多个部门的政策争议、投诉维权等复杂事项，以及需要当面沟通处理的特殊事项，可在线预约服务，并依托线下调度中心实现跨部门协同联办，及时高效处理好纳税人的涉税需求。

3、打造智能化的税收决策执行体系。充分运用“互联网＋”思维和技术，为科学决策和高效管理提供智能化支撑。基于大数据以及结构化数据仓库，对经济税收形势和发展趋势进行更加科学的分析研判和预测，为推动税收收入预测、质量管理和收入规划核算的科学化，提供有力的数据和技术支撑。充分运用分行业分类型的经济税收数据仓库，纳税人个性化档案，税收风险管理系统中的政策执行风险点提示，为准确测算税收政策效应和政策落实中的风险分析，提供全面客观的数据支撑。加大对数据仓库的结构化分类和加工处理，按纳税人归属、涉税类别、风险事项、涉税违法记录等多维度标注查询，为基层一线实施执法管理、行政审批、业务咨询、纳税评估，提供信息化智能支撑。

(二)利用“互联网＋”技术，提升涉税信息采集分析水平

借力于云计算、物联网和大数据等新一代信息技术发展，税务机关具备了采集、分析、利用纳税人各类涉税信息的可能。因此，除了税务机关日常征收管理数据、纳税人申报数据、第三方交换数据以外，互联网信息已经成为税务机关采集、利用涉税数据的重要突破口。

多渠道挖掘数据。互联网涉税信息的采集，有效延伸了税收管理的触角，特别是为风险管理提供了线索和依据，提升了税务机关对纳税人经营、交易行为的监控能力。可以利用“网络爬虫”技术，实时采集纳税人网上经营信息，如对美团、大众点评等团购网站、对天猫网店交易信息的采集等；可以采用“关键字段”敏感搜索纳税人特定涉税事项，如设定减持、竣工、股权等关键字，利用现有搜索引擎，面向整个互联网实施信息检索，抓取重点企业重大事项、境外股权交易、上市公司股权激励等信息；可以采集政府部门、行业协会的信息，根据管理需要，设计信息采集固定表式，形成一户一表，对相关信息进行规范化采集，如政府公开招标、物业公司收费、演艺院线票房信息等。

高效分析筛选有效信息。针对每月收集的海量互联网信息，运用信息系统自动分析和过滤技术，采用文字密度判断、相似择优等多种特殊算法，筛选有价值的涉税信息。

开展一户式归集应用。互联网时代下，纳税人的各种行为不可避免地会在移动互联网、云计算、物联网等处留下痕迹，通过对痕迹分析比对去伪归集，在此基础上建立纳税人一户式数据库，为风险应对人员全面了解纳税人真实情况提供了便利途径。如纳税人财务报表反映的营业收入持续下降，但通过互联网数据发现纳税人发展迅速，税务人员可基本确认纳税人存在少申报应税收入的情况。通过大数据的分析比对与汇总，税务人员可以掌握更多的纳税人行为，使原本需要实地核查才能发现的问题现在足不出户就能掌握，使原来要和纳税人“斗志斗勇”才能发现的问题变得轻松容易，甚至一些通过传统查账手段难以发现的线索也浮出水面，税收风险管理的效率得到大幅提高。

(三)运用“互联网＋”思维，提高风险识别精准度

互联网时代，大量纳税人的涉税信息分散在互联网的各个角落，为税务机关开展有效的风险监控提供了新的视角和途径。通过采集、利用互联网涉税信息，既可以动态掌握纳税人涉税信息，提高风险识别的及时性；又可以通过与税务机关掌握的外部门信息、征管信息的比对分析，发现税收流失的风险，提高风险管理的针对性和有效性。

运用“互联网＋”开展行业风险识别。对于一些个人消费、现金消费行业，如物业管理、餐饮等，不仅难以实现以票控税，而且与其经营活动直接相关的证据也较难获得，一直处于难于监管、缺乏管理手段的状况。互联网经济的蓬勃发展，这些行业也不断触网，逐步走向线上，税务机关也因此获得了了解其经营情况的新途径，如可以从互联网上获得物业公司所管理的小区名称及其物业费、停车费标准，甚至小区面积、车位数等信息；再如餐饮企业组织团购的情况，这些信息的获得使针对性的行业分析，发现涉税疑点

成为可能。

运用“互联网＋”开展重点税源风险识别。随着简政放权、优化服务、为企业减负理念的不断深化，税务机关进户开展税源实地调查的活动越来越少，尤其是对重点税源，监控方式亟待拓展，控管成效亟待提升。大企业，特别是集团企业有着业务范围广、经营地域广的特点，且其成员企业间有着复杂的关联交易，与税务机关之间信息不对称问题显得尤为突出。与此同时，大企业在互联网上往往也有着较高的曝光率，运用大互联网技术，可以拓宽信息获取渠道，更全面地了解企业生产经营全貌，及时掌握企业的股权变动情况、重要合同订立、招投标情况等。

运用“互联网＋”开展重大事项风险识别。数据分析应用是风险管理的重要抓手，但是信息的有效性和及时性一直备受质疑。尤其是涉及自然人和外地纳税人的资本交易事项，事后管理的难度较大。通过定期收集和分析互联网信息，能够快捷、准确地聚焦资本交易、重大项目投资、重点工程建设等重大涉税事项，及时发起工作任务，实现有效控管。对单户企业的重大涉税事项，可以通过一线税务干部联系纳税人，及时了解重大涉税事项的具体细节，为纳税人提供涉税辅导，引导纳税遵从；对一般的税源信息，主要用于风险应对，包括风险应对任务发起和应对实施等。此外，对国、地税机关分别管辖的事项，还可以通过信息情报共享，提高风险管理协作水平。

（四）运用“互联网＋”创新征收管理水平

“电子化”发票开具。发票作为重要的消费凭证，是税收管理的重要依据，更是税收管理的难点所在。传统发票存在易伪造、难保存等一系列问题，直面“互联网＋”，一个完善的网络电子发票平台亟需建立：其一，需明确电子发票平台的技术路径，利用“互联网＋”将该平台做成一个系统化、开放式、多方登录的强实用性电子平台，实现税务部门“一键化”以票控税，实现发票电子化下的“零造假”；其二，需推行嵌入式电子发票软件，每一笔网络发票的开具将实时通过电子平台推送给税务部门待查，并存档于数据云端，实现税务部门掌握交易开票信息的高同步性；其三，需认可发票电子化入账，从国家规范、标准、制度的层面认可来源于税务机关电子发票平台的电子发票直接入账，并采取数字签名、加密防伪等安全技术手段，入账同时回传发票平台以供监管并实现了绿色、环保、高效的“互联网＋”新理念。

“网络化”综合治税。目前，社会综合治税尚处于条块型、分散式的发展阶段，结合“互联网＋”，可以考虑用信息化手段填补现存空缺，构建综合治税体系网格支撑、多点关联型的有力框架：研发税务搜索引擎嵌入软件，利用网络爬虫、关键字段搜索技术，嵌入百度、谷歌、美团等站点定时刷新捕捉如企业重大事项、境外股权交易、上市公司股权激励类网络涉税信息，以多个“点”支撑综合治税；完善互联网涉税信息收集体系，明确网络交易平台、电子银行证券机构、支付宝类第三方支付平台都有将涉税信息实时传递给电子税务平台的义务，使税务部门第一时间掌握企业个人网络交易和资金流信息，以多条“线”支撑综合治税；消除部门间的信息孤岛，以云端存储共享的方式畅通政府部门、行业协会、民间群体间的涉税信息传递渠道，对非保密性涉税信息进行规范化采集，以多个“面”支撑综合治税；此外，进一步明确税务部门的涉税信息保密责任，最大限度消除纳税人及第三方的顾虑。

“共享化”信用体系。结合“互联网＋”消除条框、融合共享的思维理念，主动牵头打破银行、工商、税务、海关等部门的“信用资源所有制”，推动多部门之间的信用信息互补、共享，建立合作化的“征信互认”机制。以银行为例表现为，央行主导的企业和个人信贷登记系统消除只对银行开放的惯例，将其信用资源存储于加密云端，对加入“征信互认”的其他部门同样开放，以此建立“共享化”的信用体系。同时，将纳税信用作为重要内容纳入社会诚信体系，通过信用共享、身份证电子标记等方式，实现社会协作、多方激励、联合惩戒，让守信者一路畅通，失信者寸步难行。

（五）运用“互联网＋”提高风险应对绩效

互联网时代背景下，各类技术手段的运用给税收风险管理由税务机关单一主体转变为多部门互相协作、甚至为纳税人参与税收风险管理，从而提高税收风险应对绩效提供了新的可能。

运用“互联网＋”强化风险推送。大数据使税务机关与其他政府部门之间的数据交换共享变得方便及时，这就为多部门共同分析纳税人相关行为提供了合作的基础条件。搭建多部门互联合作平台，联合对异常行为人进行检查，发挥各自专长共享成果，或直接利用其他部门成果，将在不增加人力成本的情况下，大大提高税务风险应对的整体绩效，避免了资源浪费，也提高了应对效果。如与公安共同检查出售假发票或虚开发票信息的行为人，或直接利用审计局发现的纳税人少计收入行为等信息来进行补税处理处罚等等，部门之间的合作进行使得风险应对的深度和广度必然在大数据时代有质的飞跃。

运用“互联网＋”提高风险识别水平。当下税务风险识别仍以数据识别为主要方式，税务机关一般通过分析比对数据库中纳税人信息，发现纳税人可能存在的涉税风险。然而对恶意逃税的行为而言，由于数据造假相对简单，很容易规避税务机关的风险识别。解决方式将是借力“大物移云”的信息技术，让风险识别通过云端筛选归纳为某行业纳税人的普遍共性，或者详细分解为纳税人的行业经营特点，找出行为规律，并设计出各个行业行为规律的程序算法，以此发现不符合算法的异常纳税人，将绝大多数涉税风险消灭在萌芽状态。另外，还可将提醒推送作为“互联网＋”背景下风险应对的前置手段。以“金税三期”等先进电子政务工程为平台，在汇总纳税人所有涉税信息的基础上，定期与纳税人自主申报信息进行交叉比对、相互验证，可具备在纳税人发生异常经营行为或提交异常数据的同时，推算涉税风险的可能性，并通过推送风险提醒，作出前置化风险应对，真正实现防患于未然。

运用“互联网＋”，提高风险应对效果。大数据使税务机关与其他政府部门之间的数据交换共享变得方便及时，这就为多部门共同分析纳税人相关行为提供了合作的基础条件。搭建多部门互联合作平台，联合对异常行为人进行检查，发挥各自专长共享成果，或直接利用其他部门成果，将在不增加人力成本的情况下，大大提高税务风险应对的整体绩效，避免了资源浪费，也提高了应对效果。如与公安共同检查出售假发票或虚开发票信息的行为人，或直接利用审计局发现的纳税人少计收入行为等信息来进行补税处理处罚等等，部门之间的合作进行使得风险应对的深度和广度必然在大数据时代有质的飞跃。

运用“互联网＋”建立绩效评价和反馈机制。通过互联网网站、微信、微博等渠道和政府购买第三方服务(PPP)等方式，为纳税人、税务中介机构和社会公众积极参与税收风险管理创造条件，确保其在税收风险管理中的参与权、表达权和监督权。比如，建立纳税人风险应对绩效评价和反馈互联机制，一方面由纳税人对税务人员在风险应对过程中相关行为进行评价，另一方面对税务机关风险应对结论、差异原因、税务及账务处理等方面做出评价。纳税人由传统的被动应对转变为主动参与风险管理，从税务机关外部推动税收风险绩效提升。此外，还需进一步优化内部管理流程，比如，要加强风险应对任务的跟踪，建立风险应对知识库，实现各层级、部门之间案例共享；对风险应对反馈结果进行分析评价，加大风险应对任务的复审和复查，将发现的问题，作为下次风险任务的起点，实现风险管理各环节首尾相连，推动税收风险管理水平螺旋式上升。

课题组负责人：孙长举　陈兆田　徐　丽
成　　员：周立刚　姜伯明　倪仁高　傅启萍
吉　班　高　健　翟立志　何　琴
撰稿人：倪仁高

# "互联网＋"新常态下税收服务探索

马炳寿

国家税务总局局长王军在2014年全国税务工作会议上提出:切实优化纳税服务,提高纳税服务信息化水平,大力推行网上办税,打造便捷高效的网上办税厅。在快速发展的互联网时代大背景下,纳税人数量快速增长,更便捷、高效的办税服务需求增加,税收服务就应该要尽快适应大数据、智能化、移动互联网和云计算的互联网时代的新要求,引入新常态措施,适应新常态发展,服务新常态经济,开创"互联网＋"时代新局面。

## 一、"新常态"与"互联网＋"概念发展背景分析

### (一)"新常态"概念的时代创新

"新常态"这一概念最先是由德国安联首席经济咨询顾问、前美国太平洋投资管理公司(Pimco)执行长埃里安(Mohamed El－Erian)在2009年5月出版物中提出的,主要是指在宏观经济领域危机之后经济恢复的缓慢而痛苦的过程(据中金网:埃里安:"新常态"观念已经根深蒂固 并提供预警)。当初,面对这一概念,许多专家学者只在经济、市场和政治领域给予了有限的认同和支持。随着后来发展的几年,世界经济连续低迷,增长放缓,失业率持续高涨,于是"新常态"概念逐渐被人们广泛接受。2010年第40届达沃斯论坛上,国际经济学家提出,从当今的世界经济发展来看,也许再也无法回到金融和经济危机前那种稳定的"正常"状态了,它将面临的是一个全新的"正常"状态。由此,"新常态"概念得到发展,提示西方经济体很可能无法从2008年的经济危机中重新回归到从前的经济循环,也不能循着旧日辉煌轨迹获得持续发展。往后数年的经济活动将会持续处于萧条不振、增长缓慢、失业率居高的状态,并且不会很快返回高增长状态,即V型弹性恢复状态。

2014年5月国家主席习近平在考察河南的行程中第一次提及"新常态",2014年12月9日至11日,中央经济工作会议在北京举行,会议从消费、投资、出口和国际收支、生产能力和产业组织方式、生产要素相对优势、市场竞争特点、资源环境约束、经济风险积累和化解、资源配置模式和宏观调控方式九方面全面阐释中国经济"新常态"。他阐述的"新常态"包含有以下几个特征:一是速度——"从高速增长转为中高速增长";二是结构——"经济结构不断优化升级";三是动力——"从要素驱动、投资驱动转向创新驱动。"从此,"新常态"走入中国经济发展和社会发展之中。

### (二)新常态下"互联网＋"的时代特征

互联网,即广域网、局域网及单机按照一定的通讯协议组成的国际计算机网络。互联网是指将两台计算机或者是两台以上的计算机终端、客户端、服务端通过计算机信息技术的手段互相联系起来的结果,人们可以与远在千里之外的朋友相互发送邮件、共同完成一项工作、共同娱乐。"互联网＋"就是互联网与传统行业相互融合发展的成果,就是"互联网＋各个传统行业"相互依托发展的结果。"互联网＋"的本质就是利用信息通信技术以及互联网平台,使互联网与传统行业深度融合而形成的新业态。具有以下几个特点:

一是其构成是"互联网＋行业",是互联网与行业深度融合的结果;二是在资本问题上,"互联网＋"

打破了传统的工业企业资本专用性的边界,“互联网+”可以通过复制分享资本,资本的归属权与利用权分离;三是在竞争手段上,其区别于传统工业化企业的特点是,工业化企业采用的基本竞争战略可分为成本领先(降价竞争)与差异化(提价竞争),但二者不能同时采用;而“互联网+”新业态企业则可同时使用上述两种策略,即可同时采取“降价+提价”的竞争战略;四是“互联网+”新业态企业属“信息化的企业”,强调的是发挥网络在配置资源中的主导作用,而传统工业化企业强调的是发挥市场在配置资源中的决定性作用。

(三)“互联网+”税收服务工作亮彩未来

随着“互联网+”在各个领域、业界的广泛运用,互联网在社会各领域的创新不断。税务机关与时俱进,主动适应“互联网+”时代的新特点、新要求和新挑战,积极谋求与互联网、云计算、大数据的广泛对接和深度融合,拓展征管与服务的深度、广度。可以设想并能成为现实的是这样几方面。

1、“扫一扫”办理涉税事项。过去,许多地方纳税人都在反映到税务部门办理涉税事项流程不明、排队时间长、来回反复跑等等问题,如今,各级税务部门只要将各类涉税业务的办理指南与二维码配对,纳税人到办税服务厅只需用手机扫描相应二维码,便可获取相关项业务的办理流程、所需资料、表样填写等相关事宜,并且系统还能够提供自动链接电子税务局和客户端查看各办税服务厅办税业务峰值情况,一举解决了过去排队长、办事难、费时多的老大难问题。

2、“拍一拍”监督纳税服务。过去,纳税人对税务干部的工作作风、纪律等方面存在问题的监督、反馈和投诉处理渠道有限,诟病脸难看、门难进甚至投诉无门,现在在电子税务局手机客户端开通“随手拍”投诉渠道,针对问题,纳税人可以用手机随时拍下在办税过程中发现的税务干部存在的工作作风、纪律等现象进行投诉,并可以依据反馈的受理单号对处理情况进行查询和跟踪。无形中保障了纳税人的监督权和合法权益,提升了税收服务质量,激发了社会参与税收的热情。

3、“显一显”免填涉税资料。过去,纳税人办理涉税事务同样资料需要反复填报,重复劳动多,办税成本高、效率低,现在依据系统大数据可以实现免填报资料功能。纳税人到办税服务厅办理有关业务时,系统终端依据纳税人的身份二维码可以在网上办税服务厅自动识别并显示纳税人历史数据信息而自动填写相关资料。大大提高了办税效率,减轻了纳税人的负担。

4、“链一链”在线回答涉税咨询。当前,税收服务咨询热线 12366 平台虽然是一个快捷的为纳税人解决涉税咨询的渠道,但存在接通率低、及时答复难等等问题,现在在电子税务局客户端建立起“办税服务”涉税咨询平台,内有强大的知识数据库,纳税人只要用客户端链接平台,就可以以问答方式,实现涉税咨询,简单、快捷、有效。

## 二、充分认识“互联网+”税收服务的重要意义

随着大数据、云计算、物联网等技术的广泛运用,中国税务正以“智慧税务”建设为重点,适应新常态,创新税收管理,依托“互联网+”让税收管理服务走进更加便捷智能的“云时代”。“互联网+”正以无可比拟的时效性、直观性、辐射力、渗透力和独特的互动性,改变着人们的思想观念和行为方式,也对党和政府的执政环境构成了巨大影响。作为税务部门,我们更应该清醒地认识到“互联网+”迅猛发展与税收服务工作的重要意义。

(一)显著提高税收征管效率,降低税收征纳成本

实施“互联网+”税收服务最重要的意义在于能显著地提高税收征管的效率,降低税收征纳的成本。一是互联网电子税务突破了时间与空间的限制,可以让纳税人随时随地通过电脑直接向税务机关申报、纳税,既节省了报税纳税的成本,又可方便、快捷地办理涉税事务;二是互联网电子税务使得税款征收和税款划解从传统的手工化、纸面化操作向电子化、无纸化转变,由新颖的电子化票据代替传统的纸面实物

票据，这必然会降低税务机关的征税成本；三是互联网电子税务必然带来税务档案的电子化。电子化税务档案既能保证纳税档案的完整、系统，又能让税务人员按其不同的需要极其方便地调阅。如可以按纳税人的经济性质、不同税种、纳税人的业务特点等分别生成不同的税务档案，供调查、研究使用；四是互联网电子税务的实施和各种税收征管软件的运行，必然会提高税收征管数据的质量，提高税收征管的科学性和规范性，从而对提高税收征管效率、降低征纳成本起到积极的推动作用。

（二）可以为纳税人提供更优质高效快捷的服务

互联网时代下，多元化、个性化特点非常突出，当纳税人需要相应服务（如咨询、申报、纳税等）时，通过“互联网＋”税收服务随时可以得到解决，办税不再受到时间、时差的限制。同时，信息高速公路为实现纳税服务全球化、现代化提供了广阔的空间，办税服务厅得以广义化、虚拟化。原有的实体办税厅向网上虚拟办税厅转变，通过有线或无线网络即可实现移动办税，纳税人在家里、办公室、旅行途中，甚至全球任一角落都能够办理涉税业务，得到所需的纳税服务。

（三）有利于税务公开，更好地服务经济社会发展

“互联网＋”税收服务的实施，有利于进一步推进税务政务公开和接受社会和纳税人监督。通过互联网公开税务部门的职责、机构设置、办税流程、税收政策、执法情况等信息，公众既可通过网络了解各种涉税事宜，也可通过网络公布的监督电话、监督信息受理单等形式监督、举报税务干部的作风和行为，使得传统的税收征管由原来的神秘、封闭走向透明、公开，成为阳光下的公正行为。具体来说，一方面，纳税人通过互联网对自身的纳税义务可以更加全面、深入地了解，同时纳税人的生产经营活动也可以通过网络接受税务机关的监管。另一方面，税务执法人员在电子税务条件下既要受到同一层面的执法人员从不同的执法环节进行的制约，又要受到来自上级机关的监管，同时还要接受纳税人的监督，这就在很大程度上有利于规范税务执法人员的行为，使得“依法治税”落到实处，从而更好地服务于社会经济的发展。

（四）有利于服务税务部门决策的科学化、民主化

税务机关是国民经济运行的重要职能部门，承担着大量的经济分析与决策任务。“互联网＋”对提高税务部门决策的科学化、民主化水平具有十分重要的作用。一是互联网的应用使税务部门获取信息资源的能力得到空前提高，使得决策信息更加全面、丰富；二是在决策方法方面，既可以通过计算机网络与数据库技术获得大量定量、系统的分析，又可以通过计算机网络与外部专家展开广泛的联系，使得各种先进的决策方法方案可通过互联网远程实现；三是为税务部门加强与公众的交流提供了极为顺畅、便捷的通道，既有利于税务部门在决策时集思广益，听取公众的呼声，采纳来自社会各阶层的意见和建议，又有利于公众通过互联网监督税务部门的决策，减少决策的盲目性和随意性，使各项决策更加符合实际工作的需要，支持经济和社会发展。

（五）有利于纳税知识的普及和税收环境的改善

充分利用“互联网＋”迅速简捷、受众的广泛性特点，能够让民众全面、及时、准确地了解掌握税收法律法规和政策要求，特别是认识到国家在保护纳税人合法权益、促进企业生存发展上制定各项优惠政策的为民举措，引导形成全社会理解税收、关注税收、支持税收的良好氛围。在传统的税收征管条件下，税务机关往往采用散发税务资料、办培训斑、面对面宣传咨询等方式，但由于传播面小、成本较高等原因，很难达到理想的效果。实施“互联网＋”税收服务后，利用互联网进行纳税知识的宣传普及具有信息量大、成本低、传播面广、时效性强等特点，更容易为纳税人所接受。纳税知识的普及、纳税意识的提高，必然使税收环境得到改善。

（六）有利于全面提升税务机关形象

通过“互联网＋”税收服务系统、全面、持续的宣传，能够全方位地展示税务机关尊重纳税人主体地位、满足纳税人合理需求的形象，优化办税服务、提升服务效能、全心全意为纳税人服务的形象，公正文明

规范执法、维护纳税人合法权益的形象,强化权力运行监督,严于律己的地税服务经济社会的形象。

## 三、当前税收服务适应“互联网+”发展存在问题分析

当前,由于功能强大的金税三期工程(金税工程是国家电子政务“十二金”工程之一,从1994年上半年到2001年上半年,先后经历了一期和二期建设阶段,第三期属国家级信息系统工程,是国家电子政务建设的重要组成部分。该系统融合了税收征管变革和技术创新,统一了全国国地税征管应用系统版本,搭建了统一的纳税服务平台,实现了全国税收数据大集中,对于进一步规范全国税收执法、优化纳税服务、实现“降低税务机关征纳成本和执法风险,提高纳税人遵从度和满意度”的“两提高、两降低”的税收征管改革目标具有极其重要的意义。广西于2015年9月开始运行,简称“金税三期”)尚在推广和建设完善之中,全国统一规范的纳税服务系统,即“统一规范总局、省局的纳税服务渠道、功能,建设全国的纳税服务系统,为纳税人和社会公众提供统一、规范的信息服务、办税服务、征纳互动服务。”的目标尚未实现。全国发展水平参差不齐,就广西而言,当前“互联网+”电子税收基础服务还存在许多不足。

(一)专门信息技术支持服务尚未建立

“互联网+”税收服务是一项全方位高效率的网络时代的专业服务工作,内容的大数据、服务的多样性决定了服务技术的高效智能化,而当前全部依靠税务部门的技术支持却相当缺乏。以“金税三期”工程在广西的运行情况来分析可以看出,由于当前“金税三期”软件产品本身的复杂性,以及涉税资料又有较强逻辑性的要求,加之纳税人文化程度、计算机应用水平客观上存在差异,纳税人大多还存在软件操作不熟练甚至不会用的情况。根据广西12366纳税服务热线话务的最新统计,目前75%的纳税人咨询集中在软件操作上。存在问题的主要原因是软件交由外包软件公司开发维护,他们对税收工作流程的生疏加之税收专业知识的缺乏,难免就会存在服务不及时、难到位的问题。

(二)与网络税收服务匹配的专业人才缺乏

目前,税务机关缺乏“互联网+”形势下专门的互联网信息支持服务,普遍缺乏的是互联网信息专业技术维护人员。根据广西地税系统当前的状况,自治区计算机信息中心现有干部职工仅17人,负责建立、管理和维护广西地税系统计算机网络与综合数据库、指导全区地税系统的信息工作开展,而当前“金税三期”工程的实施已经让他们显得疲惫不堪、力不从心,“互联网+”税收服务的发展,更是一个全新的、全面的、严重的挑战。因此,在“互联网+”时代,税务机关本身的信息专业技术人员力量不足,必定会影响网络税收服务的发展,而对外包软件公司提供咨询、维护服务监管力度不够,对纳税人的服务不到位,这势必还会影响纳税人的网上办税体验,甚至会增加纳税人的办税成本。

(三)网络服务风险防控意识有待建立

可以这样说,风险管理和风险防控意识一直是我们各级政府管理中一个相对薄弱的环节,风险意识不强、风险管理工作薄弱。在“互联网+”时代,广大税务干部和纳税人在享受网络为税收服务工作带来便利的同时往往可能会忽略了它的缺点。凡事都有其利也会有其弊,网络税收服务最大的优势就是征纳双方都可以足不出户在网络上就可以服务纳税人和解决办税事宜等,简洁、快速而高效,但这万能的网络也同样存在着巨大的信息风险,其中,最大的风险就是大数据时代,网络时代,纳税人数据资料,税务部门征管资料随时都有可能面临着黑客的攻击、窃取,一旦黑客入侵数据库系统就有可能造成大量的税收征管资料、纳税人数据情报资料的泄露,损失难以想象。而当前网络信息的风险防控大多只停留在计算机病毒防控上,对黑客入侵窃取纳税人及税务部门数据信息防控意识和手段不够,

(四)网络时代纳税人基础不匀,培训手段没跟上

“互联网+”时代发展迅猛,而广大纳税人知识水平、应用能力参差不齐,适应网络税收服务普遍仍需要一个过程。当前,纳税人“互联网+”税收服务以“金税三期”为核心已经将为纳税人提供纳税信息服

务、办税服务、征纳互动服务等等均将包含其中，在具体操作上，其实与其他的税收软件存在许多差异，广大纳税人普遍一时间不适应网络税收服务的快速发展，无法尽快最大化地从“互联网＋”税收服务中获取优质高效的服务效果，通过有效的方法措施手段引领纳税人学习新常态、适应新常态、应用新常态非常重要且紧迫。但是，现在广西地税系统适应广大纳税人“互联网＋”时代有针对性的网络税收服务业务培训尚较少，没有跟上网络时代纳税人的需求，急其所急，学其所用。

## 四、做好“互联网＋”新常态下税收服务工作建议

纳税人在“互联网＋”形势下对纳税服务工作提出了新需求，互联网思维需要我们对传统纳税服务工作进行重新审视，我们必须充分利用互联网资源，积极响应纳税人新需求，提供顺应“互联网＋”发展的税收现代化纳税服务。

(一)适应新常态，加快创新，强化技术支持服务

“互联网＋”税收服务要充分应用“金税三期”现有成果，利用决策支持系统，强化对涉税数据信息的整合及分析，统一标准、统一考核，积极促进数据大集中；按照金税三期工程优化版要求，整合系统软件，加快创新，改造本地特色软件，提升技术服务；推广应用电子档案影像管理系统应用，实现“数字化采集、一户式存储、反复利用、多方共享、随机查询”的管理目标，健全电子档案；规范业务流程、数据信息、表证单书等基础管理；充分发挥户籍信息与其他涉税信息共享的优势，开展户籍信息分析比对，并通过外部交换系统加强与工商、国土等部门的信息共享，为税收管理和决策服务提供更全面有效的数据支撑，发挥金税三期工程在税收征管和纳税服务方面的支撑作用。

(二)依托“互联网＋”建立宣传联动机制提升税收服务质效

在目前的大数据、全网络、信息化时代，建议地税部门要积极与财政、国税、工商、银行、国土、公安、海关和互联网专业管理部门等等加强沟通协调，密切联系。针对互联网高度开放性和虚拟性、网络舆论无序混乱、观点分歧悬殊的特点，因势利导，加强税收宣传舆论引导。同时，通过与各部门间建立稳定的业务支持关系及联动机制，争取他们在网络舆论宣传、管理方法的协助支持，进一步促进网络税收服务宣传管理的科学化、制度化、专业化，通过互通情况、交流信息、共同发布重要信息、共同组织网上评论等形式，实现税收服务信息资源共享，强化税收宣传效果，提高互联网宣传联动效能，不断提升税收服务的质量和效率。

(三)建全和完善涉税信息安全风险防范体系

“互联网＋”税收服务的发展是把双刃剑，它一方面极大了促进了纳税服务现代化进程，另一方面，它又给信息安全带来不可预估的风险。特别是网络纳税服务通常会涉及销售规模、盈利水平、资信状况等纳税人重要的商业秘密，实行网络纳税服务后，税务机关不仅要提供便利的纳税服务，更要对涉及众多纳税人的信息安全负责，对安全性具有内在的严格要求。因此，为防止有关信息泄露被窃，地税部门有必要向纳税人，税务局工作人员和其他的风险承担者提供必要的知识和技术手段，防范身份信息、发票信息、经营管理信息被盗取，消除信息安全存在的隐患，加强纳税人的安全隐私保护，提高广大公众对涉税信息的安全感。同时，税务机关也要安排专业的技术人员及时做好系统的安全维护工作，消除安全隐患，提升系统安全性。

(四)大力加强纳税人网络办税规程培训

当前，虽然已经适当开展了纳税人网络办税服务培训，尤其是“金税三期”推广培训，但是，这对于飞速发展的“互联网＋”时代税收服务的要求还相差甚远。为提升纳税人办税能力，减轻税务干部的工作负担，提高办事效率，适应新常态税收服务需要，地税部门可以“金税三期”工程发展为契机，进一步加强对广大纳税人的网络办税服务培训工作，可以采取集中培训、“1＋1”培训模式等方式，将单位纳税人按申报

税种进行分类分批培训，或对每个单位纳税人采取一对一负责制，配备指定师资，确保单位纳税人相关人员学习的需要；也可以通过设立纳税人网络办税专门辅导室的方式，在办税服务中心设立常态性的培训室，每天安排师资值班以方便指导纳税人网厅申报。总之，通过各种方式途径及时快速地培训纳税人，提升其网络办税能力，以快速适应“互联网＋”时代税收服务的需要。

（五）大力加强互联网税收人才队伍建设

为适应“互联网＋”新业态的发展，税务机关要实施“人才兴税”战略，积极引进互联网人才，加强人才储备，不断适应新形势下税收征管监督需要。为实现纳税服务信息化提供人力资源保障，地税部门必须通过内部选拔和外部聘用甚至采用技术引进的形式，培养一支业务素质高、信息技术精通的既懂税收业务知识又懂互联网业务知识的复合型人才队伍。同时，加强地税系统全员互联网技能培训，特别是创新网络税收征管、网络纳税服务、网络税收监控、网络税收稽查等相关的税收业务培训，增强税务机关适应当前“互联网＋”快速发展的工作需要。提升网络系统管理干部的能力，做到对纳税人反馈的软件系统问题及时优化，完善界面友好性和可操作性，对纳税人反映的软件操作的故障问题，能够及时有专业人员上门服务，逐步让纳税人切身感受到“互联网＋”税收服务应用的便捷、高效，服务广大纳税人。

（作者单位：广西壮族自治区地方税务局）

# “互联网＋”时代下基层税务机关信息化建设面临的瓶颈问题与对策

谢金龙　朱生清

2015年两会期间，李克强总理在政府工作报告中首次提出了制定“互联网＋”行动计划，把“互联网＋”上升为国家发展战略。站在“互联网＋”的浪尖上，国家税务总局局长王军强调，各级税务部门也到了必须拥抱互联网的时代，应紧跟时代步伐，积极实施“互联网＋税务”模式，极大地方便纳税人。同时利用大数据开展风险管理，既减轻纳税人负担，又提高纳税人税法遵从度。

以扬州市宝应地方税务局为例，从1994年成立至今经过20多年来发展，伴随着信息技术的升级完善，统一了地税征管系统版本、统一了数据采集的标准、口径，统一了纳税服务规范、统一了发票管理系统，统一了存诸、计算、安全等硬件、软件设施建设，逐步实现了数据集中处置向大数据大集中处置的转变。同时经过20多年的发展，培养了一批懂技术、会业务的复合型信息化建设人才，为促进“互联网＋税务”建设提供了人力资源保障。

在肯定成绩的同时，面对互联网高速发展的时代，“互联网＋税务”并不是将互联网与税务机关传统业务的简单重叠或添加，需要重新布局“互联网＋税务”建设的角度与方向。针对当前的工作现状与实际，基层税务机关要深入推进“互联网＋税务”行动计划进入新常态，当务之急是要解决信息管税的瓶颈问题。只有这样，我们才能在“互联网＋”经济形态下促进现代信息技术、公共数据和税收信息化建设的整合升级，真正使税收信息化建设成为推动税收服务经济、服务大局、服务纳税人的有力抓手。

回眸审视宝应地税系统的信息化建设，依照税务总局“互联网＋”行动计划的要求，要最大限度地发挥信息管税的支撑作用，还需重点解决好以下几个方面的不足和问题：

一是如何解决跨部门软件不兼容、信息不共享的问题。2008年，江苏省虽然先后出台了江苏省国家税收和江苏省地方税收征管保障办法，对相关部门的协税护税责任作出了明确规定。但由于国家未能从法律层级方面对财政、工商、金融、土地、供电、房管等部门在信息系统兼容、信息互换方式等方面作出规划图、路线图等顶层设计，导致实际工作中当涉及到部门切身利益的时候，这此部门往往会以信息保密、信息安全为借口，消极应付税务机关作出的第三方信息采集、信息处置等方案，带来信息失真、信息实际利用价值不高等现象。2015年1－11月份，宝应地税局从12个部门获取涉税信息达13万条，但经过筛选比对和分析，获得价值信息仅为600条，信息采用有效率0.46％。

二是如何解决信息数据深度利用不够、广度控税不力的问题。从税务机关当前工作质态看，由于未能有效建立一个涵盖监控、分析、决策、处置、利用、发布等为一体的全方位的支持辅助系统和流程规范等保障机制，带来大集中系统之间的模块不融合协同，系统内各部门之间的数据不融通，难以对数据作出不同类别、不同层面、不同功能的全面分析挖掘。导致信息化建设在支撑组织收入、开展税收分析、提供优质服务、打击税法不遵从、服务领导决策等方面作用发挥得还够深入。如网上办税厅缺乏稳定，当网络拥堵或系统升级，偶尔会发生无法访问或登陆较慢的现象，影响纳税人的办税效率。而税务登记等涉税申请业务只能通过网上预申请，纳税人仍须到实体办税厅进行办理，并未实现足不出户就可办理涉税事项的功能。

三是如何解决纳税人涉税数据真实性低、信息化工具运用差、信用度不高的问题。一方面，纳税人始于经营需要和个人的实得利益，往往是向税务、银行、金融、审计等部门申报不同的财务报表，其相关数据大相径庭。如前所述，基于部门间信息共享机制不畅，无法适时对企业、个人申报的经济数据进行前置性规范、审查和约束，带来部门间对同一个客户的数据不尽相同，结果只能是利用处置价值差，甚至利用价值为零。另一方面，纳税人素质水平跟不上时代的要求，特别是处在村镇的小型微利企业，对于企业法人年龄偏大，文化程度低这类群体，基本上对税收、会计等信息系统不懂运用不会操作，只好聘请人员代为记帐。而所聘人员往往顺意企业老板要求做假帐，出于企业或个人征信系统没有统一建立，无法从信用方面对企业、个人进行采取事后性差评、使其“无信寸步难行”，导致企业制造出大量的涉税虚假信息。在此情况下，为了完成收入任务以及相关征、评、管、查、审等考核指标，税务机关主动深入企业，帮助纳税人消除或纠正税收潜在风险。这一做法既有违税源专业化改革初衷，又背离了还权还责于纳税人的宗旨，更影响到“互联网＋税务信息化”建设进程。

四是如何解决纳税人数据的安全与隐私问题。互联网时代，数据安全与隐私问题是全球公认的最阻碍互联网发展的因素之一。2008年发生的“微软黑屏事件”表明，掌握计算机芯片、操作系统、数据军管理系统等核心信息技术是确保网络安全的关键。显然，在这方面对于一个县级的基层税务机关，由于受人才、技术、环境等客观条件的制约，靠自身力量是无法保证信息系统数据安全的。迫切要求上级税务机关在加强防范网络攻击、病毒入侵等方面加大人、财、物的投入，在统一加强信息系统的风险评估、风险保护、风险支撑等核心信息技术的开发应用方面作出长期规划和技术适时优化。

针对以上问题，我们对其中存因进行了归类和分析。集中体现在以下几个方面：

1、法律因素。税务大数据管理需要税收信息技术的跨界融合。只有税务与公安、人社、海关等部门的信息实现融合协同，才能打破各部门间因职能结构、文化结构、经济机构等差异带来的权力谈判、议事规则、话语权竞争，真正实现协税护税群体智能自然化、常长化。但由于现行税收法律制度对税收大数据管理权益弱化，对部门协税护税的权利义务无明确界定，难以从法律的高度推动各部门主动配合税务机关进行税源信息的互动共享，进而导致信息利用效果打了折扣。

2、技术因素。出于税务与财政、工商等部门各自使用的软件系统相互封闭、功能交叉、运行平台缺乏兼容，造成部门间信息沟通互换的智能化程度不高，信息数据的税收预警、分析功能不强、，批量处理、自动处理等功能相对缺乏，制约了税源精细化管理水平的提高。另外，各地税务机关都在同时使用多个管理系统，如征收管理系统、发票管理系统、重点税源分析系统、税务稽查系统等。由于各系统多头设计，重复开发、信息兼容性较差，带来信息分散，征、评、管、查、审等各个环节之间工作配合不够、数据融合缺乏，信息资源无法充分利用，影响了信息数据对税收的服务度和贡献率。

3、机制因素。税收信息化建设工程是一项严谨、周密、科学的系统工程。在“互联网＋”背景下，机制建设特别重要。举例说明，现行省级大集中系统运行版块下，税务系统内部各个部门之间之所以成为信息孤岛，未能有效实现网络横向互联和数据信息共享，其根本问题就是缺乏一个具有承上启下、提供数据、发布命令的“统一指挥系统”。由于组织机制、流程机制的缺失，使得部门间各自为政，各做各的，工作整体协同度差。还有针对政府、部门、社会的信息互换机制、信息考评机制、信息安全机制等等，这些都需要上级部门在“互联网＋”模式下对现行税收信息化管理机制作出新的，更加完备的信息业务规范和技术标准。

4、人的因素。税收信息化建设不仅仅是应用于某个系统、某个模块，要适应“互联网＋”需求，还必须增加无所不在的计算、知识和数据。这就需要各行各业、各个岗位的人员不断提升自己的知识和技能。这对于年龄偏大、知识缺乏的人群而言，要适应“互联网＋”，税务机关在推进税收信息化建设的同时，还需利用信息化工具多渠道、多方式搭建各类教育平台，帮助纳税人提升技能、达到或符合“互联网＋税务信息化"的最基本要求,这需要税务机关分别制定出短期、中期、乃至长期业务培训规划。从宝应县看,对于县级以下乡镇55岁以上纳税人群体而言,由于接受的文化再教育少,不可避免地跟不上税收信息化建设的要求,纳税人"被信息化"成为事实。对于税务机关而言,中高级信息技术人员缺乏。如宝应地税系统现有员工134人,但专业或专职的信息技术人员偏少,仅占总人数4%左右。因此,若不加强教育培训和人才培养,势必影响"互联网+税收信息化"行动计划的深化推广和深度落实。

5、信用因素。当前,我国中小企业征信系统还没有在全国范围内统一建立,即使金融系统对客户建立的征信系统也有其局限性,部门间信息壁垒使得金融部门对客户信息的完整性、准确性、全面性无法完全得到保证。2015年,税务机关虽对公民实施统一纳税人识别号,但国民信用系统未建立带来的壁垒,未能有效将纳税人认别号与社保帐号、银行帐号、质监号码、医疗帐号等关联,使得纳税人在数据申报上自由裁量较大,主观随意性程度高,提供涉税信息不完整不准确不规范,最终是涉税信息处置利用效率低,税收风险评估针对性不强。

纵上所述,随着"互联网+"行动计划的深入推动,税收信息化建设也将紧随其后,不断升级改造完善,为税收大数据管理模式提供科学有效规范准确的支撑。针对基层税务机关信息化建设的瓶颈问题,提出以下设想和探索。

——深化"互联网+法律"建设,为跨部门信息管税提供依据。在"互联网+"模式下,加强税务信息化建设,推动部门联动信息管税,需要在法律的层面,不断对政府、部门、社会涉及的利益分配格局和管理模式进行优化调整,切实消除部门利益壁垒对协税护税工作的不作为和主观推诿,使其配合税务机关征收管理成为其一项法律性根本性义务,彻底消除部门在协税护税上的慢作为、不作为。因此,要最大限度地发挥信息管税作用,当前国家应在宪法的框架下,进一步加快推进税收法律、法规和制度的修订、完善,进一步明确各部门协税护税的法律责任和配套实施制度。唯有这样,才能实现税务与政府、税务与部门、税务与社会在法定职责、法定权限下的自然协作,营造纵向互通、横向互融的良性氛围,形成跨部门信息管税的良好局面。

——深化"互联网+技术"建设,为大数据信息管税提供支撑。利用大数据开展信息管税,就是利用技术手段加快研发技术平台打通各个差异性业务系统,形成税务信息系统与公共数据的互联开放共享,进而做到精准筛选、分析、处置、利用数据,从中为税务管理提供针对性强、质效性优的方案与措施。如针对系统外部数据,由政府搭建公共信息平台,采用"云计算"架构建设主题数据库,共享各类公共数据。在此基础上,税务机关研发网络信息采集应用平台,通过网络搜索引擎接口访问该数据库,设置参数抓取数据范围,破解综合治税第三方涉税数据获取的局限性。针对系统内部数据,进一步完善大集中系统各模块的功能,最大程度地实现各模块的相互衔接,保证部门间互联互动互补互充,最终实现纳税人足不出户能够办理所有涉税事项。

——深化"互联网+机制"建设,为精细化信息管税提供保障。税收是国家经济发展的命脉,离不开政府的关心、部门的配合和全社会的支持。基于这点,在"互联网+"国家发展战略条件下,税务与政府、部门、社会以及系统内各单位之间的扁平化、团队制、联合式信息管税方法将成为"互联网+税务信息化"建设的特征,这就需要用机制推进各信息资源的积累和应用,激活数据沉淀,用机制打通内部相互之间的职能分割和推诿扯皮,提升工作质效。如基础数据动态监控机制,针对纳税人联系电话变更、办税人员更换等状况,可考虑设立专门的纳税人基础数据动态管理办公室,负责数据的全面检测、全面分析、全面推送,成为连接风险监控局和风险应对局的"通道",既确保纳税人基础数据最新、最为准确,也有助于发现纳税人税收管理风险,适时采取风险应对措施。再如依托信息技术完善网络预警、业务流程、表证单书等工作制度和工作规范,用信息化的手段加强信息管税的安全防范、过程控制和痕迹管理,等等。

——深化"互联网+培训"建设,为全社会信息管税提供平台。再好的技术、再优的系统,需要人来操纵、整合、升级，否则就是一堆“废铜烂铁”。因此，一方面在税务机关内部，要通过实施干部能力素质工程，大力培养一支税收信息化建设专业人才队伍，在重视技术人员配备、依托领军人物培养、中高级职称教育和人才库建设，着力加强高层次人才培养使用，发挥期 引领税务信息化建设的技术辅导、技术推广、技术创新作用。别一方面针对广大纳税人，通过一张网、一个微信群、一个移动终端建立一个固化的网上税务学校，通过网上教网上学的同伴共训和网络现场的交流互动，将知识在网络定格，将技能在网络提高，进而渐近式稳步式掌握税收信息化各硬件、软件在办税方面的操作标准和路径，为税务干部、纳税人和社会各界全面适应“互联网＋税务信息化”模式下的税务管理提供一个能力提升、超越自我的学习有效途径。

——深化“互联网＋信用”建设，为实名制信息管税提供通道。面对互联网时代的虚假身份等诚信风险越来越影响到经济发展的效率。网上有数据反映，我国每年因各种失信行为造成的经济损失超过了5000亿元。究其原由，用真实身份建立的国民信用体系还不完备完整，这成为“互联网＋信用”建设的最大障碍。因此，在“互联网＋”战略内，要从根本上解决好、构建好企业和个人信用体系，实名制是一切互联网应用和各部门各行业信息化应用的根基。为此，国家应尽快依托公安部门的公民身份信息数据库，推进公民电子身份证建设，一方面使其成为登录商务平台、消费平台、贷款平台等各类网络环境的唯一验证通行的网络身份，另一方面明确政府各部门运用纳税人电子身份证信息技术的法定权利和义务，保障个人数据信息的合法权益。这样，税务机关就可以依托社保、银行、质监、工商等部门建立的征信系统或信用评定系统，运用纳税人电子身份证信息技术对纳税人的资金流、商品流、数据流实现持续闭环监控，提高税收征管质量。如借助金融机构信用平台，支付宝电子商务交易平台的数据信息，获取外部门对具体单位或个人的信用等级评价，及时把风险等级较高的纳税人纳为重点税源监控对象，引导纳税人依法履行纳税义务，提升税法遵从度，有效减少非正常户或欠税行为的产生。

（作者单位：江苏省扬州市宝应地方税务局）

# “互联网＋”时代下税收征管工作的机遇与挑战

## ——以电子商务征收管理为例

冯　斐

2015 年 3 月，国务院总理李克强所作的政府工作报告，首次提出要制定“互联网 ＋”行动计划。“互联网＋”意味着要把互联网的创新成果与经济社会各领域深度结合，意味着互联网将不再仅仅是一种技术、工具和渠道，同时也是一种思维方式、工作方式的变革，它将对我国经济社会发展的方方面面产生深远影响，引领创新驱动发展的“新常态”。在信息化道路上已经探索多时的中国税务系统，如何抓住互联网带给税务系统的机遇和如何应对随即而来的挑战，是本文将要讨论的重点。

## 一、目前现状

目前我国的互联网使用量逐年上升，就税收工作而言，当前和今后几年全面深化税制改革，亟待税收信息化的全面跟进。“互联网＋ 传统行业”使得信息流、物流、资金流等纷纷“上网”，将税务机关带入了“信息大爆炸”的时代。据中国网络信息中心(CNNIC)发布的《第 35 次中国互联网发展状况统计报告》中《中国网民规模和互联网普及率》显示，截至 2014 年 12 月，我国网民规模已达 6.49 亿，互联网普及率为 47.9%。

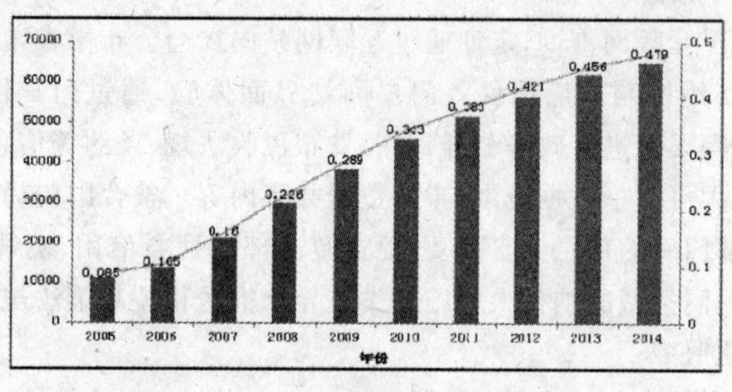


图一

税务机关将面对越来越多的数据，原有的信息瓶颈逐渐被打破，信息不对称、数据匮乏、数据难以交叉比对等长期困扰税务机关的难题也将逐步解决。但是，移动互联网的创新大潮来势迅猛，税务机关乃至传统税制，也面临着挑战和压力。以我国日益兴盛的电子商务为例，每年的交易数额都在大幅上升，海量数据如何整合，也带了很相当多的问题。

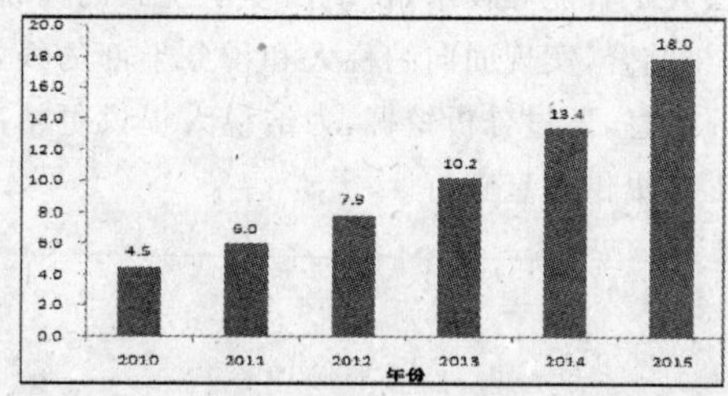


图二　2010－2015 年中国电子商务市场交易规模(单位：万亿元)

## 二、未来发展方向

国务院及国家税务总局对“互联网＋”模式对税务系统今后的工作有着方向性指导意见，税务系统的工作将会有巨大的变化，将在纳税服务、发票管理、信息提供和智能应用等方面带来全方面的改革。

（一）建立一体化的税务流程

适应推进“三证合一”、“一照一码”登记制度改革的需要，实现纳税人通过互联网对自身基础信息的查询、更新和管理，网上办理临时税务登记和扣缴义务人登记，开放税务登记信息网上查验。拓展互联网税款缴纳渠道，支持银行转账、POS机、网上银行、手机银行、第三方支付等多种税款缴纳方式，保障纳税人支付环境安全。以互联网理念改造退税流程，提供网上申请、单证审核和业务办理进度的跟踪。创新发票领购形式，提供发票网上申领服务，实现发票自动验旧，引入现代物流服务配送纸质发票。优化纳税人税收证明办理，提供完税证明、中国税收居民身份证明等各类税收证明的网上办理。

（二）开发无纸化的电子发票

以增值税发票系统升级版为基础，深化数字证书与移动技术的融合，实现纳税人利用手机等掌上设备开具增值税发票。探索推进发票无纸化试点，降低发票使用和管理成本，逐步实现纸质发票到电子发票的变革。吸收社会力量提供电子发票打印、查询等服务，推动电子发票在电子商务及各领域的广泛使用，提高社会信息化应用水平。建立全国统一的发票查验云平台，提供网页、移动应用、微信、短信等查验服务，全面实现全国发票一站式云查验服务。

（三）提供全覆盖的共享信息

提供纳税信用等级情况互联网查询，定期通过互联网站向社会公布稽查案件公告、黑名单信息、执法程序等，形成有效的监督制约机制。优化税务门户网站界面体验，通过门户网站以及微博、微信、手机APP、短信、QQ、税企邮箱等渠道进行政务公开，及时发布税收法规、条约等信息。加强与有关部门、社会组织、国际组织的合作，扩大可共享数据范围，丰富数据共享内容。整合国税局、地税局纳税人基本信息、申报和发票等数据，满足部门间的信息共享需要，促进政府部门社会信用、宏观经济、税源管理等涉税信息共享。针对不同行业、不同类型的纳税人实施分类差异化推送相关政策法规、办税指南、涉税提醒等信息，提供及时有效的个性化服务。

（四）构建一体化的信息平台

充分利用社会云计算资源，采用购买社会服务的方式，与云服务商合作，在面向社会公众的云计算平台上部署用户多、访问量大的互联网应用系统。通过整合、优化和新建的方式，将传统基础设施体系的改造与云计算平台的建设结合，搭建标准统一、新老兼顾、稳定可靠的税务系统内部基础设施架构。通过互联网站、手机APP、第三方沟通平台等渠道，实现12366热线与各咨询渠道的互联互通和信息共享。探索开发智能咨询系统，应用大数据、人工智能等技术，自动回复纳税人的涉税咨询。建设功能完备、渠道多样的网上税务学堂，与实体培训相结合，实现面向纳税人和税务干部的线上线下培训辅导。在互联网上收集、筛选、捕捉涉税数据和公开信息，通过分析挖掘，为纳税人提供更精准的涉税服务，为税源管理、风险管理、涉税稽查、调查取证等工作提供信息支持。

## 三、面临的挑战

（一）网络安全需要加强

税务部门要维护好网络信息安全。“互联网＋税务”面临一个重要问题就是网络信息安全，税务部门和纳税人的相关涉税信息关系重大，一旦被窃取或者篡改，会造成严重后果。规模庞大、影响广泛的税务网络办税系统，容易成为黑客攻击的目标，外部威胁日益增加。同时，目前的“互联网＋税务”工作仅仅是一个开始，如何在今后的软件应用中使成千上万的纳税人的信息和隐私不被恶意泄露或者篡改，需要税务机关更高的应急处置能力和税务网络统合防护能力。

(二)数据整合支持欠缺

对税收系统内部存在的各种信息进行整合的力度不足。我国针对税收管理，建立了多个系统，有综合征管系统、出口退税系统以及行政办公系统等。这些系统中存储的信息较为分散，我国对这些系统中存储的信息进行整合的力度不足，严重影响了税收管理工作的工作效率。以往国地税的信息化建设有成绩也有问题，最突出的问题就是各类信息系统林立，互不兼容，形成了众多的信息孤岛。互联网时代，社会、经济等大量信息在同一平台上运行，如何使国税、地税、工商、金融机构、安全机构等各类机构的信息整合沟通，存在着巨大的挑战。

(三)复合人才梯队不够

目前税务部门所需的计算机税务复合型人才缺口巨大，同时企业财务人员对于熟练应用相关税务新软件也存在一定的困难，对智能化的管理信息系统了解不足。许多税务干部在实际操作中，存在不会用或者不熟练等问题，软件使用率偏低。同时很多企业使用高度智能化的信息系统存储企业的信息，税务部门的管理人员对这些系统不了解，不能在这些系统中取得相关的数据，只能要求企业提供数据。税务管理人员不能掌握第一手的企业信息，也不能通过查看企业存储的数据发现问题，对税收管理工作的发展有着不利的影响。

(四)法制问题存在空白

“互联网＋税务”是一项新的工作创新，同时也涉及到方方面面的新领域，税收征管在多个领域的全新尝试也意味着其法制问题的空缺，很多税务征管方面以前都是没有先例的。互联网时代的税务部门征管与稽查目前无“法”可依，同时法律监管和纳税人维权等方面也存在着法律漏洞。电脑、手机、QQ、微信、电子商务等工作并没有实际的征管依据，互联网征管法律规则处于空白阶段，监管缺位现象严重，如何在今后的“互联网＋税务”工作中推进随之而来的法律空缺问题成为了一个不可避免的工作重点。

(五)系统开发复杂困难

“互联网 ＋ 税务”不仅是信息化建设，也不仅是搜集数据、处理数据、运用数据，更重要的是以数据驱动职能的转变，以职能的转变驱动工作流程等的转变，这是一项“牵一发而动全身”的系统工程。同时，目前的税制改革还没有完全到位，下一步改革中有很多涉及直接税，比如个人所得税、房地产税等，其复杂程度及对自然人的征管要求都越来越高，必须有强大的数据基础、信息技术和征管手段作支撑，“互联网 ＋ 税务”的推进要与未来的税制改革相衔接，设计要有前瞻性。

## 四、案例——以我国电子商务征收管理为例

(一)我国电子商务发展情况

今年的“双十一”刚刚落下帷幕，全民疯狂抢购淘宝及用支付宝进行购物的场景还历历在目，网络购物或者电子支付的电子商务模式正在成为我国越来越普遍的交易形式，我国电子商务的整体交易模式规模极大，据中国电子商务研究中心 2014 年年度发布的研究报告指出，当前我国网络零售市场交易规模已经达到了 18800 亿元，2015 年“双十一”期间的交易达到了 912 亿，实际运营的个人网站数量已经达到了 1122 万家，以当前我国税收系统的人力资源和信息管理能力来看，可能很难达到有效的监督和逐一征税。

(二)目前税务征管存在的困境

我国现行的税收征管模式主要针对传统的经济交易方式作出，而并未针对电子商务活动引发的税收管辖权范围界定、跨国交易监管等新问题进行税收征管体系的统一调整。传统的商业活动地点相对固

定,因而纳税地点也根据属地原则进行确定,税收监督和征管都相对容易。但个人网店没有在工商和税务监管机关登记的固定经营场所,其从事的具体的交易活动与物流行业紧密结合,小额交易频繁,流动性高,若个人网店以所在地或以登记注册地为纳税地点,在具体操作中很难对征税主体的管辖权进行确认。与传统的支付方式相比,电子凭证易修改且不留痕迹,随之而来的匿名支付及跨国界支付亦普遍流行,从而极大增加了个人网店经营者利用当前税收监管漏洞逃税的可能性。

(三)国外可以借鉴的方法与模式

尽管各国电子商务规模和技术发展水平、各国政府财政收入来源和税制结构存在差异,但各国对电子商务征税的总体态度与对电子商务模式的征税态度大体一致。

**表一　各国电子商务征税政策归纳**

| 国家或地区 | 征税背景 | 主要税收政策 | 出台税收征管的法律及条文 |
|---|---|---|---|
| 美国 | 美国对于电子商务总体来说是鼓励及呵护的,在呵护新兴产业的基础上,推了了相关的法律。从1996年起便成为电子商商务应用面最广、普及率最高、发展最成熟的国家。 | 力推电子商务的国内交易零税收和国际交易零关税方案。如Internet应宣告为免税Internet应宣告为免税。总体来讲逐步扩大电子商务征税范围的策略,以免阻碍新技术的发展。具体原则为税收中心原则、对数字产品采用实质课税原则、避免国际双重征税。 | 1、美国财政部1996年发布的《全球电子商务选择性税收政策》;<br>2、美国国会1998年通过的《互联网免税法案》;<br>3、美国国会2004年次通过了《互联网税收不歧视法案》;<br>4、2013年参议院通过《市场公平法案》; |
| 澳大利亚 | 超过半数的澳大利亚企业在网上进行交易。2015年澳大利亚互联网的直接贡献有望达到约700亿美元。澳大利亚政府相对保守,法律较多小修小补。 | 目前澳大毅力对电子商务税收政策是在GST税收框架内进行完善和解释的。为适用电子商务的发展,ATO利用信息科技的进步提供了一个全新系列的纳税服务,使纳税人在电子商务环境中遵从税法更加容易。 | 1、1999年,澳税收监管部门出台了旨在验证和促进电子交易的监管框架;<br>2、2001年,在刑法中增加了计算机犯罪条目,随后又将反洗钱交易报告制度延伸到电子商务支付系统领域。 |
| 欧盟 | 欧盟各成员国之间的电子商务水平发展相对均衡,和美国、澳大利亚水平保持一致。欧盟给予电子商务的福利不多,相对中立、客观。 | 欧盟逐步退出了过渡性的税收政策、电子商务增值税方案,并在2002起,欧盟各国开始积极推动网络业缴纳营业税。2003年7月其,欧盟又实施了被称为加值税的新规定。 | 1、《欧洲电子商务倡议书》;<br>2、《有关电子签名的法律框架指南》; |
| 新加坡 | 电子商务发展较早,对其的纳税关注也较早。 | 对电子商务征税采取了客观中心的态度,制定了详细的征收依据和细则。但是对电子商务并未给予太多的福利政策,保持客观。 | |

## 五、建议

(一)推进科学立法,筑牢法治基础

依法治税是税收工作的基本准则和生命线,特别是在互联网时代,经济社会快速变革,更需要完备的法律体系为税收工作提供支撑和依据,可以参考国外已有经验的国家的做法。一是推进税收立法的公开透明。在税收立法和修订过程中,要充分运用互联网的优势,加强调研论证,积极回应公众关注,充分听取社会各界的意见建议,向社会做好宣传沟通,增强互信,推进民主立法和科学立法。二是推进涉税法律体系的有机统一。要将互联网时代对税收征管服务的内在要求体现在相关法律之中,并保持各项法律法规的衔接一致。如把运用互联网获取第三方信息，实现部门间信息共享。

(二)推进人才培养，打造过硬队伍

税务部门要做好“互联网＋税务”的人才储备，建设一支适应现代税收管理需要的税务人才队伍，培养一批既懂税收业务也了解互联网的复合人才。在积极引入社会力量、寻求外部合作的同时，必须要更加重视自身信息技术人才的培养和使用。需要特殊注意的是，互联网毕竟不能代替人脑，因此在未来的税务部门的人员配置可能会发生变化。同时也要注重信息人才的梯队化成长，特别是对一些核心领域，税务机关要有自己的专家团队，防止过度依赖外援、受制于人。要在领导班子和决策层增设“专家型”领导，发挥“首席信息官”的职能作用，确保在信息化建设中领导决策的科学性和重大决策责任的落地。

(三)确保网络安全，出台保障制度

网络与信息安全的建设，技术是基础，组织是关键，制度是保障。要清楚认识到网络与信息安全是一个系统的、全局性的工作，必须形成领导参与、上下联动，切实把网络安全作为头等大事，在全系统建立起“统一领导、分级负责、专业管理、全员参与、考核到位、严格问责”的网络安全管理机制，强化安全审核机制，在规划立项、设计开发、部署上线和日常运行环节把好安全关口，加强日常监控和安全运维，确保系统的安全平稳运作。建立网络与信息安全风险评估机制，各级税务机关要不断加强信息安全风险宣传教育，普及信息安全风险评估知识，加快培养信息安全风险的专门人才，完善风险评估机制和健全的技术手段。

(四)设计视野开阔，优化网络设计

在未来几年，我国的财税制度还会进一步改革，这需要在设计时兼具前瞻性和包容性。“互联网＋税务”的网络开发设计推进要和未来税制相衔接，设计要具有前瞻性。要在电子税务局建设中，实现信息共享和高效传递，实现跨部门、跨层级的协同作业，提高税务系统上下的信息传递效能和联合管理服务效能。要积极探索实体税务组织的结构扁平和部门整合，减少中间层级，合理界定各层级税务部门的职能界定，探索构建扁平化、专业化、团队化的组织运行架构，并依托互联网技术，大规模探索推广远程作业、上下联动，实现跨层级、跨地域、跨部门团队作业的远程化、高效化。

(作者单位：浙江省绍兴市柯桥地方税务局福全分局)

# “互联网＋以数控税”探究

## ——基于信息不对称征纳双方重复博弈

陈美君

## 一、以数控税的必要性

（一）当前形势下，税收征管面临的问题

1、基于纳税人遵从的征管需要多方获取信息，提高信息利用水平。税收管理的时，我们依据纳税人报送的各类登记、鉴定、申报以及财务报表等资料进行管理，即我们认定纳税人是遵从的，税务机关的信息依靠纳税人提供的相关资料。实际上，纳税人是存在税收不遵从的情况，我们掌握的信息只是一部分。工作中需要更过的渠道掌握纳税人各方面信息，以全面把握纳税人基本情况，做出税收管理。税务机关对既有的大量涉税信息的分析，大部分集中对某一企业的具体分析，采取的数据分析方法主要是同比分析和环比分析，对单一信息的判断只局限于数量关系。就整体数据而言，缺乏对数据的把握和分析利用。由于没有真正让既有数据“说话”，更进一步的加剧了信息的不对称性。

2、地税部门传统管理模式逐渐失效。在传统模式下，基层税务部门“人少户多”。每一个管理员需要管理大量纳税人，很难对纳税户管深知深。大多数情况下对纳税户信息掌握是有心无力的。实际工作中，企业不开发票，纳税人不需要开发票，虚开发票，违法代开发票行为等难以监控。以票控税情势下出现的信息不对称，导致了更多的道德风险问题。随着营改增的推进，地税部门通过传统的以发票监控税源的方式逐渐失效。我们难以通过企业的开票额准确掌握企业信息。同时由于委托代理行业的发展，越来越多的事务所的出现，更加大了我们进行有效的税源管理的难度。需要采取一种有效的方式既能全面把握企业的内容信息对企业行为形成一种震慑，又可以为征管提供足够的依据。

3、传统管理模式与企业生产经营不匹配，税企信息不对称。一方面实体经济向数字经济过渡，企业采取多种销售模式，大量交易通过网络平台完成。同时产品从传统的看得见的摸得着的更多的转变为无形的，如专利权、互联网增值服务、知识产权特许权等。另一方面，企业尤其是纳税贡献大的大企业的跨地域发展、设置复杂股权结构、实行集团化运作，统一核算集中审计，与税收征管的属地体制下的分散管理造成矛盾。易形成企业的主管税务机关和分部所在地税务机关之间存在管理盲区。加强各级各地税务机关的联系，以及其他社会职能部门之间的联系，是减少管理盲区的重要途径。随着国际化的深入，我国越来越多企业走向世界，税务机关需要与其他国家税务机关进行更多交流和合作。

（二）数字时代，国际上注重税收数据信息化建设

1、重视税收信息化建设。美国国内收入局早在20世纪60年代就开始搭建信息化管理体系，下设东海岸国家中心和十个征税服务中心，此后多次进行数据更新和改进，有力的促进了税收的信息化发展。

2、跨部门跨区域进行信息共享。美国国内收入局搭建的信息化管理体系，实现了海关、银行、证券、法院、边防、企业等部门信息分享体系，有效的进行了信息的分享。意大利的税收信息管理系统，不仅实现了国内的信息覆盖还是实现了与欧盟成员国的信息共享。对跨国涉税案件进行了有效的控制。

## 二、基于信息不对称的征纳双方博弈矩阵

通常情况下，征纳双方间信息是不对称的，由于税务机关在数据采集环节和数据分析手段等方面的限制，无法掌握和企业一致的信息，因此税务机关在不断的努力获取纳税人信息，以减少纳税人的寻租空间；而纳税人在努力从各方面掌握税务机关的信息以达到减小税收相关支出的目的，在没有相应惩处或被发现概率小的情况下，利用信息不对称，偷逃税款是每个纳税人必然选择。由于信息不对称性造成了征纳双方的博弈，随着现实情况的变动，双方的信息是不断变化的，所以这是一个重复博弈，双方不断改变策略来获得比较优势。基于新古典经济学理性经济人的假设和经典博弈论，我们用一个简单的掌握信息的综合收益矩阵来表述双方在掌握对方信息程度不同时，选择的行为所获的的综合收益。虽然在公共经济学领域，政府机关的理性人假设是不成立的，但是理性人的假定可以给我们一个看待问题的视角。我们假定，征纳双方都是理性人，用税务机关和纳税人表示征纳双方，以获得最大收益为行为选择出发点，假定两种信息掌握情况，即不掌握信息和掌握信息。

| | 纳税人<br>不掌握信息　掌握信息 | |
|---|---|---|
| 税务机关　不掌握信息 | n，n | n,n+X |
| 掌握信息 | n +Y，n | n +Z,n +H |

假设双方都不知晓互相的信息，基于理想人假设，征纳双方都不会告知对方自己信息，那么纳税人无法知道税务相关政策无法得到相关税收优惠政策而享受减免税；税务机关不掌握纳税人信息，完全依赖纳税人上报内容，偏离纳税人真正经营情况，在这种情况下二者都没有获得收益上的比较优势。

如果税务机关不掌握纳税人信息，而企业掌握了机关的相关政策信息，那么可以在最大程度上减小税收支出，享受一应合理权益，同时由于税务机关对纳税人信息的不掌握，企业可以最大限度的寻租。

如果税务机关掌握了纳税人信息，但是纳税人没有掌握税务机关信息，那么税务机关会最大程度征缴税收。税务机关获得了比较优势。

当纳税人和税务机关都对彼此的信息掌握时，一方面纳税人可以享受应该享受的所有优惠政策，以及其他附加服务；税务机关基于对纳税人信息的掌握，可以做好税源分析，进行管控，获得最大合理税收收入。如果从社会收益的角度看，纳税人对税务机关信息的掌握，可以对税务机关形成一定的监督，这样就减小了权力寻租的空间。

税务机关和纳税人都处于一个不断的变化中，所以整个矩阵是一个动态的，在不断的寻求平衡，当一方相对占优时，另一方会想方法寻求信息以达到比较优势，因为第四种情况是很难达到的。

然而在现实生活中，政府机关的属性决定税务机关基于理性人的假设是不成立的，不存在谋求自身最大利益的假定。因此，我们对第三种情况做一下修订，即在纳税人不掌握税务机关的信息条件下税务机关会主动告知纳税人相关信息，实际上纳税人还会获得相应的收益。但存在一定的寻租空间。

## 三、"互联网＋以数控税"的几点建议

在当前税源发生变化，企业发展日趋信息化、集团化，征管模式与之不匹配的情况下，需要充分利用大数据与税收征管体系的联系，借鉴国际经验，结合数据采集，数据加工，数据应用这一链条，我认为应该从以下两方面做好"互联网＋"以数控税工作。

（一）构建好税务数据库，为以数控税提供源泉

1、扩大涉税信息获取渠道，多方合作。涉税信息的获取需要一个完备集成的数据库。税务数据库的构建要实现全国税务系统的信息共享。目前我们已经全面推广全国统一的纳税人代码制度，金税三期的上线将进一步深化国地税合作，涉税信息逐步在全国各级税务系统共享。通过税银合作，大连地税能够利用银行获取企业基础信息和企业交易信息，掌握企业的相关涉税信息。在日常工作中有大量涉税信息可以通过其他部门信息获取到。例如企业生产经营活动中还存在诸多辅助环节，运输，原料采购，雇佣雇员，这些辅助环节的数据可以从侧面提供涉税信息。各部门信息的统一实用和分享，是一个数据清洗和甄别的过程。在“互联网＋”形势下，逐步实现从体统内部到外部信息的标准化设定，统一口径，明确各职能部门管理边界，有交叉有互补，集成各部门信息，构建一个立体多层次的数据库。在这个统一的大数据库中，进行信息的比对和挖掘。

2、树立大数据理念，从海量数据中获取涉税数据。大数据是对总体数据进行收集、发掘、处理和整合，而不是对个别数据抽样分析。大数据是和小数据相对应的一个概念。通过对整体数据的分析，可以迅速把握数据的整体情况和整体规律，也可以掌握整体数据中各个分类数据的关系，具体分析各分类数据对整体数据的影响。同时，我们可以通过对数据整体的把握，迅速找到数据中的异常值。在各项制度完备的情况下，税务机关可以获取需要的各类涉税信息，大数据理念在征管活动中的应用，有利于税务机关提高效能，节约成本，可以最大程度的保证数据的真实性和完整性。对涉税信息的大数据式掌握，让我们有望解决信息不对称问题。

（二）充分利用涉税数据，发挥数据作用

1、培养高素质人才。数据作为客观存在，需要进行清洗，加工，处理。以“互联网＋”数控税时代人才，既要具有扎实的税收功底，会计基础理论又要具有从海量数据中整合出有效数据，清理异常值，在大量信息中把握经济规律和发掘涉税疑点的能力，既复合型人才。一是创新人才使用机制，发挥各类人才在税收征管中的作用，做好数据分析类人才的队伍建设，鼓励干部进行数据研究。二是开展专业人才的培养，特别是领军人才，聘请相关方面国内外专家，以及各行业专家，培养出一批既掌握现代财务制度，企业管理制度，税收相关知识又掌握数理统计，数据分析处理的高素质人才。三是做好与具体工作的衔接工作。“互联网＋”以数控税的实行是进行资源的合理整合。对外，可以充分发挥税收中介的作用做好涉税信息的收集和整理；对内，在上下部门做好纵向分工，平级部门做好横向分工，在形成网状管理的基础上，发挥“互联网＋”以数控税人才的以点带面作用，同时吸纳其他部门和相关领域专家作为相应内容顾问，形成一个立体多层次的人员网络。

2、深入发掘涉税信息。传统的同比分析、环比分析以及横向纵向分析难以满足从大量数据中获得有效社会信息的要求。常用统计分析包括，参数检验、非参数检验、回归分析、聚类分析、判别分析、因子分析、关联分析、贝叶斯分析、时间序列分析等。其中回归分析和聚类分析，是分析数据之间关系最常用的方法。统计分析方法的熟练，交叉使用，有利于在大量数据内，快速筛查出异常值，抽象出数据的基本规律，并且可以对不同部门的数据进行拟合。例如，可以通过聚类分析，对不同行业类型的纳税人进行行业分析；通过时间序列分析，预判纳税人在下期应缴纳税款。通过回归分析将看似没有关联的数据进行拟合从而发现其内部关系。通过对数据的分析整理，改进征管手段，使征管手段更适宜信息化发展，剔除信息不对称因素。

（作者单位：辽宁省大连市金州区地方税务局）

# "全员管税"的调查与思考

王社国

组织好税收收入,基础是税源,关键在管理。面对严峻的税收经济形势,基层税源管理队伍年龄老化、结构失衡、人才断层等矛盾难以回避。这与管辖户数激增、管理难度提高、服务要求规范形成突出矛盾,制约了组织收入工作开展。为此,部分基层单位按照"全员管税"的思路,充分盘活现有人力资源,开展了一系列探索。

## 一、干部队伍存在的主要问题

(一)征管力量弱化,收入质量提升难

一是年龄结构失衡。由于新进人员补充受限等原因,国税队伍尤其是税务分局老龄化趋势明显。以大名县局为例:该局现有正式人员 114 人,平均年龄 50.1 岁。其中,50 岁以上的有 78 人,占 68.5%;35—49 岁的 31 人,占 27.1%;35 岁以下的 5 人,仅占 4.4%。同时,年龄偏大人员长期在税源管理一线,5 年内将退休 33 人,占现有人员的 28.45%。二是专业人才缺乏。基层人才结构失衡,人才向上流动又较为普遍,使得基层单位税收专业人才不足。以大名县局为例:具有全日制大专及以上学历的 6 人,具有财税专业中专学历的 17 人,取得注税资格的 2 人。这导致基层税源管理专业化程度不高,难以靠分析税源、纳税评估等"技术手段"提升收入质量。

(二)队伍活力不足,工作热情提高难

年龄老化使得队伍活力明显不足,干部工作热情难以激发。具体表现为两方面:一是能力不足。受精神状态、身体状况等因素影响,不少同志业务能力和服务意识停滞不前,对新的应用系统操作、财税政策、会计准则掌握较少,上机实务主要依靠年轻干部来完成,与信息化、精细化的征管服务新形势不相适应。以大名县局为例:各分局干部中,能够掌握征管系统操作的仅 15 人,大多数平台任务需要办税厅代办。二是热情不高。在收入压力普遍较大的情况下,对基层单位而言,个体税收、小规模公司税收占相当比例,零散税收仍有挖潜空间,但挖潜工作既繁琐又庞杂,属于"功夫税"、"辛苦税",因此很多同志不愿收、不想收。

(三)机关骨干集中,管税方式创新难

青年业务骨干"扎堆"机关,而管理一线"贫血",已经形成鲜明对比,制约着管税方式创新。从长远看,制约主要体现在两方面:一是制约青年干部成长。青年干部学习积极性高、接受新事物快,但受以往思想观念和管理体制制约,他们的时间和精力一般止于完成本股室工作,在税收实务能力上多有"短板"。二是制约管税方式创新。一线同志年龄偏大,往往存在"重收入轻管理"的惯性思维,单纯满足于完成税收任务,对纳税人申报准确率、生产经营情况等相关情况关注不够,关联分析、对比分析未能有效进行。特别是"营改增"、所得税、反避税等方面的知识欠缺,无法把握好新的税收增长点,造成这部分税收存在流失隐患。税收现代化建设对税源管理和综合分析提出了更高要求,基层部门人员老化进程却在不断加快，创新突破难上加难。

## 二、实施“全员管税”的具体措施和成效

2012年10月，邯郸市部分县区局开始试行“全员管税”，使以组织收入为中心的各项工作取得积极进展。现以大名县局为例，对“全员管税”的具体措施和成效进行剖析：

(一)班子成员管理重点税源，提高收入质效

将年纳税额200万元以上、占到全局税收30%的5户企业，由局领导直接管理。班子成员经常性深入企业调研，了解企业生产经营、纳税申报、优惠政策落实等情况，定期组织责任区税收管理员开展税源分析，查找征管薄弱环节，使得重点税源入库税收提高明显。比如：2014年，大名县农村信用社入库税款2042万元，较2011年的434万元增长3.7倍。

(二)干部轮岗充实基层分局，激发管税活力

配足配强税收征管力量，减少行政内勤人员，先后安排机关能查账、会评估的业务能手参与税源管理，兼任分局税收管理员，分行业管户管事。2014年，基层分局干部提职任用和轮岗交流42人次，分局负责人全部轮岗，并实行机关干部到分局任职。经调整，该局直接从事税收管理的人员占到在职人员的91.5%。“小幅度、高频率”的轮岗交流，消除了人员长期从事一项工作形成的惰性心理，增强了工作积极性、创造性，最大限度激发了征管力量。

(三)分类设岗优化人员配置，增强管税合力

选拔培训机关中专业素质过硬、工作能力较强的人员组成税源分析、纳税直评等团队。根据税源特点实行分类管理，按照“规模+行业+特定类型”的模式进行科学分工，按事设岗、分岗管事。对年龄偏大的干部，侧重于安排税法宣传、上门催缴、入户核查等实地工作，主要管理个体税源和农林企业；对相对年轻的干部，侧重于安排在数据分析多、上机操作多的岗位，从而充分调动各年龄段干部的积极性。2014年，在全局干部合力推动下，该局组织个体税收1048万元，比2011年增长了1.8倍。

## 三、实施“全员管税”保障组织收入的建议

(一)加强支持，多措并举，破解一线征管力量“弱”的难题

优化队伍结构。针对基层单位在人员结构上的短板，市局应对干部招录工作加强协调，结合基层单位实际用人需要，更加科学合理地招录公务员。可以在所属地市范围内招录，营造更好的机关工作氛围，力争进一个留一个，用新鲜血液激发征管服务的活力。开展精细培训。按照“缺什么补什么”的原则，开展“自主订课”和“送课到基层”等活动，对既有人员和双岗人员开展有针对性的培训，对操作实务、税源管理、税负分析、纳税评估等内容进行重点培训。特别是对新政策、新行业应深入了解，做到逢新必学、逢学必考，促进税源管理员业务素养和业务能力双提高。培养复合型人才。按照“优化结构、有序适度”的原则，让中青年干部在税收分析、纳税评估、稽查等岗位间轮换，全方位培养锻炼中青年干部，鼓励其学业务、练技能，提升综合管税能力。

(二)建立机制，激发活力，破解人员工作热情“低”的难题

引入竞争激励机制。建议推行税收管理员分级管理，进一步细化量化岗位职责，根据个人能力、工作繁简和绩效成绩，确定不同的级别和待遇，充分调动干部“比学赶帮”的积极性，提高税源管理人员的工作热情，形成积极工作与强化激励的良性循环。优待“双岗双工”人员。福利待遇向既从事机关工作，又直接管理税源的“双岗”人员倾斜，使真正干活出力做贡献的干部受表彰、得实惠。建议对“双岗”人员采取

重点培养、优先提拔等措施,比如:可使一般干部直接参加正股级职务竞争上岗,股级干部可优先推荐担任副科级职务。营造严肃活泼环境。以施行“全员管税”为契机,加强干部交流沟通,使其不仅能扎下身子干事,更能激发创新灵感,提高工作质效,担负工作压力。

(三)大胆创新,提升效率,破解基层工作方法“旧”的难题

创新税源管理方式。结合征管实际,综合考虑区域、行业、规模等因素,划分不同税源类型:对重点税源、规模以上企业、特殊行业和各类市场推行分类管理方式,强化机制保障,制定明确的管理办法,对重点税源管理采取驻厂管理措施,对行业税收探索专业化管理道路,对个体户和集贸市场实施规范化管理,从而减少一线干部工作压力。创新人员管理模式。应发挥市局带头作用,形成组织收入“大协作+小协作”的格局。“大协作”是指由班子副职牵头,分管部门组成税源分析组、纳税评估组、调查核实组等3个业务版块,由局长统筹各版块运行;“小协作”是指由班子成员统一调配所辖税收管理资源,推进人员协同、岗位协作、任务协办,实现“结构扁平化、人力集约化、绩效最大化”。

(作者单位:河北省大名县国家税务局)

# "距离产生美"对纳税服务的启示

孙树松

如何提高纳税服务质量，各级税务机关都在努力创新，主流思想就是密切联系纳税人，"面对面，手把手"，为纳税人提供贴近式服务。然而，提高纳税服务不仅需要正常思维，也需要另类思维、另辟蹊径。本文借用美学中著名的观点"距离产生美"，就进一步提升纳税服务工作，做一粗浅的探讨。

"距离产生美"，说的是人们在欣赏自然美、社会美和艺术美等等的审美过程中，必须保持特定的、适当的距离，如时间距离、空间距离和心理距离，否则就会影响和削弱审美主体的审美效果。这对我们纳税服务工作的启示是：如果税务机关与纳税人之间保持适量的距离，反而会有效地提高纳税人对税务机关的美感，进而提升纳税人的满意度和税法的遵从度。

## 一、征纳双方拉开距离已成为现实和趋势

从征纳双方接触的发展历史看，征纳双方拉开距离已经成为现实和趋势。

(一)税收征管改革，源头上产生了距离

自分税制开始，一轮又一轮的税制改革和征管体制改革中，征纳双方已经不可逆转地拉开了距离。屠宰税等过时的税种废除、大幅提高起征点(或费用扣除标准)、大批涉税审批事项取消或改为备案、大量办税事项简并、大力发展网上办税、运用征管数据开展风险评估等等，在方便纳税人的同时，也大大地减少了征纳双方的接触。

(二)税收法制健全，强制产生了距离

《征管法》及相应的税收法律法规，对税务机关和人员的执法行为，有了很好的规范。过去税务机关及人员进行漏征漏管检查、到纳税人经营场所检查，是家常便饭，有时还带着盲目性和随意性。随着税收法制的健全，纳税服务意识的增强，"还权还责于纳税人"理念深入人心等，征与纳之间从法律层面上强制拉开了距离。

(三)税收征管的体量剧增，不得不有了距离

税收征管的体量剧增，客观上使得征纳比方不得不有了距离。以连云港市地税为例，2015 年组织收入是 1994 年的 90 余倍，而人员增长仅仅 2 倍。企业及个体工商户自 2010 年以来，每年净增 1 万余户，至 2015 年净增近 2 万户！现代国家管理模式，是小政府与大社会的关系，税务机构不能无限扩大；不仅如此，随着行政高效率的要求，还必须精简机构，削减人员。纳税人的剧增，使得税务人员不可能有时间和精力象过去一样与纳税人保持"亲密"接触。

(四)纳税人的综合素质提高，也是产生距离的因素

经过二十多年的税收宣传，纳税人的纳税综合素质提高，主动纳税意识日益增强、税法知识大为丰富，办税能力逐步提高。尤其是现在的纳税人群体也发生了变化，许多大学生加入到"万众创新，大众创业"行列中，他们接受新事物快，实际操作能力强，对税务机关和人员的依赖显著下降。

(五)纳税服务手段科技化，让距离不是问题

虽然征纳双方较之过去有了不少的距离，但由于纳税服务的手段科技化，让距离不成问题，办税效率

更高,服务质量更好。无论是网上办税,还是征管"大数据",特别是现在进入"互联网+"时代,都使得办理涉税事项"远不见人","运筹帷幄之中,完税千里之外"。

(六)税务代理机构日益发展,让距离有了适当补偿

税务代理机构(如税务事务所、会计事务所等)近年来如雨后春笋般快速发展,为广大的纳税人提供了高质量的涉税服务,在征纳双方拉开适当距离的的情况下,以代理的方式进行接触,起到了良好的补偿作用。

近年来的工作实践中,虽然征纳双方有了一定的距离,但纳税人的满意度及社会评价却有了极大的提升。以连云港地税为例,近十多年的软环境考评中,都名列全市前十,尤其是2013年、2014年连续两年名列全市第一名。

## 二、目前与纳税人保持"亲密"接触的现况及存在问题

虽然在税务机关近年来与纳税人通过"距离"而产生了一些"美感",但这种"距离"尚嫌不够,影响了纳税人的"审美"。

(一)实体办税厅办理涉税业务

目前实体办税厅依然承担着大量的涉税办理业务,尤其是在中秋至春节前这一段高峰期,常常是人满为患。工作实践中,这类场合是征纳双方极易产生矛盾、造成冲突的地方,对提高纳税人的满意度、提升税务机关的美誉度都是不利的。

(二)宣传辅导下企业

多年来,税务机关深入企业等地方,开展税收宣传、税法咨询、涉税辅导等活动,一方面固然在普及税收知识、树立税务机关形象等方面起到了一定的作用;另一方面,由于种种原因,税务机关做不到完全满足纳税人的需求,作为纳税人,有时有着被宣传、被辅导的感觉;个别的行为还有作秀的嫌疑。

(三)风险评估、税收稽查

虽然风险评估有案头评估,但也有约谈纳税人和实地查验;稽查工作更是需要到纳税人的生产经营场所进行。近年来到纳税人处进行检查、稽查,无论是次数还是人数,已经极大地得到了控制,但消除中度以上的风险点,由于手段的落后,实地的检查、稽查还是不可避免。

因此,本着求真务实的态度,选择与纳税人保持适当距离,通过更为有效的举措满足纳税人真实的需求、节约行政成本,提高纳税人满意度,成为必然。

## 三、"美"的距离还需进一步努力

(一)提高税务机关的科技水平,大力发展信息化网络化

提高税务机关的科技水平,为纳税人提供更加方便、快捷、优质和安全的电子化、智能化服务。

1、压缩实体办税厅,完善网上办税服务厅功能。近年来,各地税务机关都在大力推广网上办税服务厅,一些涉税事项可以足不出户地办理。但就目前而言,网上办税服务厅的功能仍然较为简单,如只有网上申报、网开发票等事项,而减免抵退税等大量行政审批事项,以及临时开票、领购发票等常见涉税事项,网上办税服务厅依然不能办理。因此,应进一步完善网上办税服务厅功能,做到实体办税服务厅能做的工作,网上办税也基本能做到。

研发和使用自助服务系统。顺应"互联网+税务"时代的发展,开发方便快捷的办税APP软件,让办税尽在"掌握之中"。改革发票、税票模式,全面推广电子发票、电子税票,减少实体办税厅的工作量。

2、开拓思维方式,灵活多样地开展税收宣传咨询辅导。要摸清纳税人的真实需求,充分运用大众易于接受的、成熟的传播媒体,灵活多样地开展税收宣传咨询辅导,让纳税人自主地进行选择。无论是传统

的报刊电台电视台，还是现代的网站论坛、QQ微信等，都应根据不同的人群有针对性地进行覆盖。要采取丰富多样的表现形式，以漫画、动漫、小视频、微电影等喜闻乐见的方式为主，提高纳税人的接受度。按照总局的要求，加强12366热线电话及“在线咨询”的建设，丰富税收知识库，开发“咨询机器人”，把12366打造成为全方位、全天候的全能咨询通道。

3、升级征管系统，建立纳税人财务信息数据库。建立纳税人财务报表、各类凭证数据库，让有条件的纳税人把电子账簿上传税务机关指定数据库，方便税务人员调阅。或与有条件的企业实现单向联网，对其资金流向、合同签定、商品交易、税款缴纳等进行在线监控。通过信息的手段，减少评估、稽查实地检查的数量、频率。

(二)提高社会化办税能力，大力发挥中介和社会力量的作用

1、充分发挥税务代理机构的功能。充分发挥税务代理机构的功能，是完善市场经济和深化税制改革的必然要求，也是国际上通行做法。由于其从业人员相对熟悉税收知识及办税流程，由他们为纳税人办理涉税服务，减少纳税人税收违法行为和其他错误，降低其经营风险，因而大量减少与税务机关的矛盾和纠纷。虽然目前税务代理机构发挥了不少作用，但总体而言，现阶段的税务代理还未成为主流，还有很大的空间。要给予他们各方面的支持和指导，促进其发展壮大，使其越来越大地发挥其重要作用。

2、大力发挥社会力量作用。许多地方政府设有便民服务点，其功能之一，就是协税护税；许多大型企事业单位，也有代扣代缴的法定义务。要充分发挥他们的作用，把一些不涉及行政执法、能让第三方做的涉税服务事项下放，完善代扣代缴代办机制，最大限度地方便纳税人。

充分发挥行业协会、地方商会等社会团体沟通征纳双方的纽带作用。一方面，税务机关通过他们直接为纳税人提供更好更快捷辅导、维权服务；另一方面，纳税人通过这个“中间人”积极参与监督税务机关税收执法与服务的全过程和重点环节，保障纳税人的知情权、参与权、表述权和监督权，提高纳税人的满意度。

保持适当的距离，对征管措施和服务质量提出了更高的要求。与纳税人保持适量的距离，并不是要与纳税人在工作上、感情上拉开距离，而仅仅是“物理”层面上、在时间、空间上保持适量的距离。对于满足纳税人的合理合法合情的需求，全心全意为纳税人提供优质服务，与纳税人进行有效沟通，依然是要“零距离”、“无缝隙”。

(作者单位：江苏省连云港地方税务局第一税务分局)

# “互联网＋”背景下大企业税收风险管理的国际借鉴与思考

江苏省淮安市地方税务局课题组

“互联网＋”背景下，加强大企业税收风险管理是国际税收管理的发展趋势。因此学习与借鉴国际上对大企业税收风险管理的先进理念和经验，对我国探索“互联网＋”的背景下实施风险驱动的大企业税收管理具有法律和现实层面的双重意义。

## 一、“互联网＋”背景下大企业税收风险管理国际借鉴的内涵及其意义

### （一）大企业税收风险管理国际借鉴的内涵

随着企业规模不断扩大以及经济全球化和经济一体化的发展，风险管理理论在西方国家率先被引入税收管理领域，其中美国、英国、澳大利亚等国家的风险管理模式比较成熟，它们按照纳税人规模进行分类管理、重组税务机构和业务流程，确定了新型的税收征管模式，以最大限度地规避大企业的税收流失风险。

税收风险管理是一种过程控制，以合法为首要前提，根据企业具体经营情况、税务风险特征和已有的内部风险控制体系，建立相应的税务风险管理体系，达到合理控制税务风险，防范税务违法行为的目的，保证企业持续、健康、稳定发展。大企业的税收风险管理主要通过加强税收管理和优化纳税两大工作，通过专业化、差异化的应对策略对大企业进行风险管理。引导和帮助大企业结合行业和自身特点，建立一套行之有效的内部税务风险管理体系，提高大企业的税法遵从度。

### （二）大企业税收风险管理国际借鉴的意义

大企业是地区经济的重要基石，对地区经济的发展起支撑作用，是地区税收收入的主要来源。大企业的税收收入占税收总收入的份额高达70－80％，是地区财政经济指标的晴雨表。加强对大企业的税收风险管理，事关财政收入的稳定增长和社会事业的健康发展。我国税务机关自2009年以来积极探索制定大企业税收风险管理战略，按风险识别分析、等级排序、风险应对、绩效评价、反馈提高的流程开展工作，对不同税收风险类别和等级的纳税人实施差异化和递进式的风险管理。积极研究和不断丰富大企业风险管理方法、技术工具和指标体系，逐步建立分行业、分企业税收风险特征库和风险评估模型。把税务审计和反避税调查作为大企业风险应对的核心手段，全面、系统掌握企业税收遵从状况，有效应对企业涉税风险。

当前随着互联网＋思维的不断延伸以及大数据技术的升级，借鉴国际上的先进经验和做法，建立符合我国实际大企业税收风险管理有效的防范和控制机制，对搞好大企业的税收管理具有重要的现实意义。因此针对“互联网＋”新思维，通过大企业风险管理的国际借鉴，对当前风险现状进行评析，树立新常态化风险管理理念，进一步探索符合我国特色大企业风险管理的有效方法和途径，提出了大企业税收风险管理的创新设想和优化建议，有效防范企业税收风险，实现税企合作共赢。对目前风险管理中存在的问题进行了深入分析，就优化纳税服务、改善税源管理质量、提高风险管理绩效提出了若干设想，期待在“互联网＋”的模式下，依托大数据技术进一步提高纳税服务的个性化和税收风险管理的科学化。

## 二、"互联网+"背景下大企业税收风险管理的国际比较

随着企业规模不断扩大，大企业税收风险管理越来越被重视。许多国家按照纳税人规模进行分类管理、重组税务机构和业务流程，确立了以税收风险管理为导向的新型税收征管模式，通过信息化手段，采取多种形式进行税收风险管理，以规避税收流失风险。为更好地对大企业提供服务和加强管理，目前世界上已有50多个国家和地区设立了大企业税收管理机构，专司大企业税收管理，这也为我国在"互联网+"背景下如何加强大企业税收风险管理提供了许多国际借鉴。

(一)国外管理模式对我国大企业税收管理的借鉴

从管理机构上看，国外大企业税收管理机构有三种模式：(1)单一的中央机构型：即只设一个中央机构，负责全国范围内所有大企业税收的集中管理。这种类型较多地被国土面积比较小、大企业数量不多的国家所采用，如泰国、菲律宾和蒙古等。(2)带分支机构的中央机构，即在总部设立中央机构，在不同地域设立多个分支机构，各分支机构皆归中央机构统一管理。这种模式则被多数发达国家和国土面积较大的发展中国家所采用，如美国、英国、澳大利亚等。(3)多级独立机构型，即在不同地域分别设立分支机构，各分支机构相对独立，不设统一管理的中央机构。如荷兰。我国属于国土面积较大的发展中国家，且实行民主集中制度，较适合带分支机构的中央机构模式。

从机构职能上看，国外大企业税收管理机构的职能定位有三种：(1)全功能型机构，是将纳税咨询和辅导、纳税申报和税款征收、税务审计和强制执行等所有纳税服务和执法功能都集中一起，由大企业管理机构统一管理，如美国、新西兰和西班牙等。(2)部分功能型(亦称"有限功能型")机构，主要是审计、管理功能，不涉及征收或强制执行等其他事项，如澳大利亚等。(3)单一功能型(亦称之为"审计型")机构，仅具审计功能，如日本等。值得注意的是美国国内收入局(IRS)大企业税收管理机构从单功能型向全功能型的转变和演进。IRS在1975年实施了"大案审计项目"(Large Case Audit Program，LCAP)，组织专业审计队伍对大企业进行集中审计，其实质是单一功能型的大企业管理机构。2000年IRS成立了"大中型企业管理部"(Large and Mid－Size Business Division，简称LMSB)，这是一个功能全面、高度集中化的大企业管理机构，总部负责工作指导、预算管理和与其他国税部门工作协调，下设国际税收、信息中心、法律咨询等9个处和5个派出分局。分支机构遍及全国主要大城市，负责所在区域大中型纳税人的日常征收管理。LMSB按金融服务及卫生业、食品药品及零售业、自然资源业、通讯技术和媒体业、重工业建筑业和交通业5个行业大类管理大中型纳税人。随后又设立了实地专家分局，专门为5个行业分局的检查工作提供帮助。2010年10月1日IRS将大中型企业管理局更名为大企业和国际税务局(LB&I)。下设6个行业部门(通讯技术和媒体业、金融服务业、全球高收入行业、重工业和交通业、自然资源及采掘业、零售食品药品医疗业)，1个专家团队(包括计算机审计、就业税、工程师和金融产品及交易等4个领域的专家)，4个国际组织，预申报和技术指导，还包括各种业务支持部门(如国际商务遵从、国际个人遵从、转让定价操作、国际数据管理)。从我国大企业税收风险管理现有条件看，单一功能型，即审计型，更适合我国分税制情况下国地税联合风险识别、风险应对的管理现状。

从组织架构上看，主要发达国家大企业税收管理机构的组织架构 大多数国家(尤其是主要发达国家)在国家税务局下设大企业管理局，专门负责管理大企业的税收事宜。大企业管理局再按税种、行业、区域下设管理机构，负责各税种、行业、区域范围内的税收征管，并与大企业管理局形成垂直领导的关系。如1998年美国联邦税务局按纳税人类型(大中型企业、小企业和自雇企业、工资和投资收入、政府实体等)设置4个业务局，2000年10月成立了"大中型企业管理部"这样一个全功能型的带分支机构的中央机构，下设国际税收、信息中心、法律咨询等9个处和5个派出分局。分局按照主要行业设置，分别派驻在各行业在全国最具有代表性的地区。行业工作量过大的，除分局所在地外，还可以在本行业比较集中的

其他城市设立办事处。其随后又新设立了实地专家分局，专门为5个行业分局的检查工作提供帮助。上述组织架构，也比较适合我国国情。

(二)国外注重信息化对我国大企业税收管理的借鉴

国外，尤其是美国，注重税收信息化建设，对我国在“互联网+”背景下加强大企业税收风险管理有着很好的借鉴：

1、高度重视大企业税收信息化建设。世界上许多国家都很重视税收信息化建设，一些发达国家税收信息化建设走在世界的前列。如美国，国家、财政、国内收入局都高度重视税收信息化建设，设立专属机构，对大企业税收进行管理；十分重视税收管理的软、硬件建设；对其他部门机构进行管理改革以配合税收信息化；整合核心税收业务及系统，加强信息技术部门与其他各部门的协调配合。

2、注重加强高素质人才选拔和培养。要想加强对大企业的税收风险管理，就必须建立相应的高素质人才体系。高素质人才是整个税务系统需要同时掌握税收管理、财会、法律、经济分析、税务审计、行业管理等知识的复合型人才，这样的管理人才在各级税务机关普遍缺失。许多国家都很重视税收专业化人才的培养，选人、用人注重工作人员拥有税收专业知识和信息化知识综合素质。美国还进一步加强大企业税收专业技术人员的招聘、培养、使用和福利待遇。税收管理机构的人员配备与大中企业税收管理机构所管理的户数及其业务和功能是直接相关的。美国的大企业税收管理人员专业素质水平较高，职员中涵盖了具有专业知识和技能的职业人员，包括财务、经济、计算机、法律等等方面。

3、加强与外部公司、部门的合作。美国国内收入局加强与外部各大科技公司的合作，充分发挥公司在业务和技术系统集成方面的经验和优势，借助“外力”，推动税收信息化建设进程，大大提高大企业税收信息化管理水平。许多国家的政府根据“整体政府”的理念都在积极推行“服务共享”。如：荷兰等国在打造“整体政府”，以提升大企业税收管理中的部门合作水准。

4、整合并开发应用信息管理系统。美国做得比较突出，为解决前期同十几家软件公司签订协议开发软件而导致软件层次不齐、缺少统一的平台、不利数据共享和管理的局面，美国后期在国家计算机中心和分布在全国的10个数据处理中心建设了统一的税务管理信息应用系统，负责纳税申报、年终所得税的汇算清缴、纳税资料的处理、税收风险识别处理等。荷兰于2004年出台了一个重要计划“信息数据分类标准项目”，通过信息系统，建立标准企业报告模板，合理减少企业为满足不同政府部门提交财务资料的成本。

(三)国外联网共享对我国大企业税收管理的借鉴

信息资料的联网共享，对我国在“互联网+”背景下加强大企业税收风险管理有着重要的借鉴。美国国内收入局和有关政府部门通过全面联网，实施高效的信息共享，不同部门涉及的企业各类资料取之即来，不需要通过类似“第三方数据平台”进行间接协商取得。而我国税源数据信息少，共享程度低，所能直接获取的数据，基本上只是来自纳税人向税务机关提供的数据，既不完整，也较难印证，不利于发现纳税人偷逃税问题，难以发挥互联网条件下大企业风险管理应有的税收信息化管理水平。如果我们借鉴国外联网共享的做法，开发大企业管理信息平台，通过联网技术，建立关联企业基础资料库、外部信息资料库、大企业分析预警指标库、大企业税收分析模型，则可以更好地提高“互联网+”条件下大企业税收风险管理工作质效。

(四)帮助企业加强税务风险管理的国际借鉴

澳大利亚国税局局长两次向澳大利亚一些大规模的上市公司写信，分别就良好的公司治理以及董事会在税收相关事务中所担任的角色和职责提出建议。为帮助董事会成员担负起这项责任，澳大利亚国税局公布了《董事会成员与公司治理指南》。2006年，国税局制定了一项关系管理计划，税务局领导人定期与该国100家最大企业的高管进行会谈，共同探讨加强税务风险管理和公司治理的方法。

(五)强化大企业纳税服务的国际借鉴

随着互联网的快速发展,纳税服务手段也正从手工向信息电子进一步发展。2005 年 9 月,爱尔兰税务局的大型纳税人管理局引进了管理税收遵从的新方法“合作—遵从项目”,运用互联网的服务与提醒,促进双方互动与合作,并尽可能使税收遵从度达到最高水平。美国国内收入局网络不仅可以为纳税人提供网络申报、税款缴纳,还可以异地实施网上纳税宣传互动、网上纳税辅导、网上预约办理、网上纳税预警等管理服务。当前,这些技术和条件,我国均可实现,关键是如何将之落实到“互联网+”条件下大企业专业管理服务中去。

(六)重视互联网信息安全的国际借鉴

保证涉税信息安全,是互联网条件下加强税收风险管理的重要内容之一。涉税信息安全,既包括技术人员用技术手段严密防范非法入侵,还包括税务机关工作人员采取严格措施防范信息泄密。这方面,美国值得借鉴。美国除了用技术手段严密防范非法入侵外,还有非常严格的管理措施。如税务局可以接收纳税人的电子邮件,但承诺不会给纳税人发送电子邮件进行信息交流,以免被不法分子利用。另外,美国国内收入局的官员不能查询及使用与工作无关的信息,更不能泄露纳税人的保密信息,否则会被起诉。

## 三、“互联网+”背景下大企业税收风险管理的现状及存在问题

“互联网+”已经深刻改变了目前的经济运行方式、社会组织形式和人们的行为、生活模式,这一状态的改变也对大企业税收风险管理工作带来了全方位的挑战。

(一)“互联网+”对以往大企业税源险管理的模式形成冲击

“互联网+”的推进,实现了市场主体的多元化、经营行为的网络化、营销产品的虚拟化、线上线下交易的隐蔽化,这对传统的税源管理和风险监控模式形成了一定冲击。一是新兴产业形态对以往税源分行业管理的发起挑战。随着电子商务、互联网金融等新兴产业迅速崛起,其隐蔽性、流动性、碎片化特征,对原有税务部门的分区域、分行业风险管理模式制造了困难,现在还缺乏针对这一系列新兴产业的风险指标和模型。二是虚拟的电子交易对目前主要针对实体化税源开展风险管理的模式形成挑战。当传统实体经济与互联网深度融合,越来越多依托电子化交易和营销,这就导致以往大企业税收风险管理中依靠发票、财务报表、申报数据等传统风险监控方式,难以实施有效监管。三是跨域经营和交易虚拟化对属地管理的挑战。“互联网+”推动了企业跨界融合和跨域经营,再加上网上交易地址的虚拟化,导致税源极易转移,对属地管理形成冲击,对税收风险监控的范围提出了难题。

(二)江苏地税在大企业税收风险管理的实践

随着互联网经济的发展江苏地税紧跟形势借鉴国外的先进方法和经验,在“互联网+”的背景下积极探索、开展大企业税收风管理,主要在以下几方面着力。一是加强税收风险自主应对,实现“还权还责”于纳税人。江苏地税转变观念,集中征管力量,积极参与大企业税收风险管理。在风险应对方面,江苏地税推出税收风险自主应对模式,从以往事后应对、以查代管方式的大企业税收管理,逐渐转变为引导企业实现自我管理,变被动管理为主动管理,真正体现“还权还责”于纳税人。二是调整税源管理机构设置。江苏地税全省统一模式设立风险监控局,负责大企业税收风险的识别、分析和任务推送、行业风险模型建设等;组建专业大企业应对分局,有机融合大企业管理和风险管理两个领域,依托信息技术,发挥市、县两级比较优势,统筹构建大企业税收风险管理机制。纵向上,以风险管理流程为载体,打破管理层级局限,发挥层级比较优势,形成管理合力。市局数据管理部门专设“大企业管理科”配合大企业管理分局,共同发挥大企业风险管理中的实体化和核心作用,建立完善“通用型+类别型+特殊型”风险特征指标体系,依托计算机扫描和人工分析,上下结合开展风险分析评定工作,分层、分级实施大企业风险管理工作。县区局和市区基础税源管理局充分发挥在大企业税收风险管理中的基础性作用,配合省、市局做好基础性管

理工作，为风险分析评定提供“活信息”，重点抓好大企业重要生产经营数据采集维护等日常管理。通过省、市、县三级上下互动，建立优势互补、信息畅通、运作良好的工作机制和管理模式，形成更加有效的管理合力。横向上，以“专业化分工＋合作”的模式，构建部门、业务、环节间协作机制，不断提升管理效能。制订标准化的风险应对指引，增强风险应对人员对大企业税收风险的敏感度，在日常监控中，重点关注大企业较易发生的关联购销、业务重组、重大并购等特殊交易行为，从源头上发现避税疑点。三是强化三个提升，突出风险管理核心作用，提高风险管理绩效。以淮安地税为例首先着力提升风险识别的精准度，即识别方法上采取人机结合的形式，在当前更加突出人的主导作用；识别范围上按照“20/80”法则突出重点，同时紧密结合工作需要和省局要求，将重点税源企业作为风险管理的中心；识别人员上强化识别主体的多元化，组建包括风险识别专职人员、风险应对单位代表、职能处室人员、业务精英等在内的风险识别团队。实现了风险识别由少数人识别向团队识别的转变，解决了风险识别中信息不对称、针对性不强的问题，有效提升了风险识别的精准度。其次提升风险推送的科学性。要按照“分类测算、定人定量”的方式方法来提升风险推送的科学性，市县两级风险管理领导小组要在充分调研论证的基础上，科学确定每组每月推送重点税源和一般税源的户数，切实解决风险应对部门“吃不饱”和“吃不了”的问题。最后提升风险应对的有效性。通过采取风险应对人员“三调”(调足、调优、调结构)来提升风险应对的有效性。把业务素质高、能查账、能应对的人员选配到风险应对岗位。实施 A、B 岗工作组制度，A 岗由业务精、素质强的人员担任，实现以高带低，以老带新，解决人力资源不足问题。四是强化数据支撑，实现“信息管税”。淮安地税积极推动淮安市政府建立了税收征管保障工作机制，通过搭建数据采集平台对 25 家外部门数据进行采集利用；并着眼大企业依托外部数据着力开展本地风险指标和模型建设，全面提升税收风险识别水平。通过与银行、保险等金融单位的联网，掌握大企业的资金往来情况，通过后台计算机技术，对纳税人收入、支出等进行比对。同时建立数据信息的采集、分析、应用等环节的管理规程、考核评价体系，提高数据信息应用效果。

(三)“互联网＋”背景下大企业风险管理模式存在的问题

江苏地税在探索大企业税收风险管理的道路上，取得了较为丰硕的成果。但是随着经济发展互联网经济的不断发展，大数据技术的不断提升，目前大企业税收风险管理的模式仍然存在了一定的局限性，在实践工作中仍存在诸多不足，值得我们去思考和改进。主要表现在：一是针对大企业税收管理税务机关纳税服务水平距“互联网＋”新形势下的目标尚有差距。当前各级税务部门依托桌面互联网均已实现的网上办税，让纳税人实现了足不出户办税。但是在网上办税多元化方面，网上办税大多局限于电脑，还缺少自主开发出基于移动互联网的手机办税 APP，自然人申报缴税仍不够便捷，不能满足网银、支付宝、微信支付等多元化缴费方式需求。二是税务部门当前的风险管理模式和运行架构仍有优化空间。“互联网＋”的技术进步，不仅对具体的税收管理服务手段和形式形成冲击，也将对税务部门的风险管理模式和运行架构产生影响。从纳税人外部来看原有的税收风险管理主要通过“风险事项－风险计划－风险识别－风险排序、定等－风险推送－风险应对－事后监督”这一模式，在整个风险监控的过程中作为管理对象的纳税人全程是被动的，税务部门缺少监控信息的公开而纳税人的知情权也受到制约，公正性和公开性不强，这对通过风险管理来提升纳税遵从度的目标实现产生了一定不利因素。从税务部门内部来看，信息集约化与部门设置交叉重叠、各自为战的矛盾更加突出。目前，税收数据已经实现了省级集中，但按职能、按税种、按纳税人类型交叉重叠设置部门，数据分析利用和工作部署上的政出多门，不同的业务处室均从自身出发，开发各自不同的风险监控指标和系统。这也造成了各软件系统和信息数据在源码、标准、口径上的不统一，制约了信息数据的有效整合和增值利用，而指标、模型的相似性也造成风险应对人员的额外负担。同时“互联网＋”时代下，税源基础管理数据缺失对后续的风险管理支撑不够逐步显现。在管理方式和管理手段方面，目前的税源基础管理仍处于半手工状态，凭经验耗人工的现象较为突出，一些重要的基础管理事项，如催报催缴仍依赖于打电话等传统方式，大数据和“互联网＋”等新的信息技术手段较为缺乏，大量简单重复劳动较多。三是税务部门大企业风险管理信息化建设需要更高的标准。目前税务部门随着征管数据量大幅增加，但信息化建设模式未作大的优化调整，利用云计算技术科学整合、共建共享系统基础设施资源还不够。在“互联网＋”的时代主要表在纳税人反映的问题还不能快速响应、有效解决，网上办税的开放项目还不够彻底，大部分项目还停留在受理阶段而不能完全办结。而在风险管理中风险监控这一重要环节中，税收业务与信息技术融合、协同不够，运用大数据，分析政策效应，揭示风险管控方向，协同改进信息平台的作用未能充分发挥。在第三方数据获取应用方面，还存在“有需求，无数据”、“有数据，无整合”的现象，对互联网公开披露信息和政府部门间的涉税数据在获取、解析、应用上不够，效果不佳。对已采集的数据有目的地归集整合、分析研究不够，为数据应用提供公共服务的平台建设还处于初级阶段，税收风险识别的精准度还有待提高，分类分级风险监控、任务推送的模式和风险应对的方式需要不断改进。四是人力资源不足，内控机制尚需完善，整体绩效有待提高。目前大企业的风险管理受到高层次专业化人才缺乏的制约。大企业风险管理往往面对复杂的涉税问题，集中体现在大企业跨国交易、税收筹划、跨地区的集团式经营和商务模式的不断创新等方面；同时大企业财务处理团队化、电算化、智能化水平日益提高，基层税务干部现有专业素质、信息技术水平不能适应专业化管理的要求。

## 四、“互联网＋”背景下强化我国大企业税收风险管理的对策和建议

(一)根据国际比较研究，“互联网＋”背景下大企业税收风险管理应遵循的原则

用大企业税收风险管理理论与实践作指导，本着从实际出发，立足于管防结合，破除因循守旧观念，坚持从我国大企业管理的现实和特点，有针对性地组织大企业风险管理，借鉴发达国家大企业管理的经验，逐步建立符合中国特色的大企业税收风险管理模式。要坚持合法性原则。税收法定是税法的一项基本原则，既要求实体内容合法，更强调税收执法程序合法。因此大企业税收风险管理中所采用的方法、技术手段和模型建设，也需严格受到现行法律法规的制约。合法性原则是大企业税收风险管理的灵魂。坚持效率性原则。以风险为导向的税源专业化管理，强调对不同税收风险类别和等级的纳税人实施差异化和递进式的风险管理，要求税务机关优化配置有限的征管资源，核心要突出效率性管理。坚持可操作性原则。我国大企业风险管理面广量大、成份复杂、管理难度大，在科学合理地管理中，要注重把握可操作性的管理方式方法，软件系统的开发运用，必须注意在各个环节和各个节点，设立科学的、可操作性的管控程序，达到管理的最佳配置。

(二)根据国际比较研究，互联网＋背景下大企业税收风险产生的原因及表现形式

与一般企业相比，大企业的税收风险通常不是来自于做假账或者简单的账面差错，而更多地来源于管理层的纳税态度、经营目标、经营环境以及内部控制等因素，其诱因是多方面、复杂而深层次的。大企业税收风险主要有来自外部和内部两种风险。这主要体现在：一是大企业外部税收风险。即大企业本身经营之外的环境因素所造成的税收风险，主要包括税收法律风险、税收政策风险、税收行政与执法风险以及人员素质的风险。税收法律风险是由于税收法律本身不健全和不完善造成对企业经营的不确定性。受经济发展水平和立法体制影响，我国现行很多税收法律条款都存在不完善、较为模糊的问题，执法人员拥有较大的自由裁量权，增加了企业税收成本。税收政策风险表现在我国税收政策数量多、变化快、针对性不强，一旦企业不能做到准确把握和运用，肯定会出现企业被处罚的可能性，引发税收风险。税收行政与执法风险是指对于如何在执法时掌握行政处罚的幅度和标准，现有法律的规定不够明确。同样的涉税违法行为，在不同地区也许会面临着差异非常大的处罚标准。人员素质风险表现在基层税务干部素质还不能完全适应税收风险管理的需要，专业化服务水平还不能满足新征管模式的需要。大企业经营业务多样，涉税事项复杂，经常遇到新情况、新问题，并且急于得到答复和解决，税务机关处理问题的能力和效率

面临严峻考验。二是大企业内部税收风险即大企业内部经营管理的各要素引起的税收风险。首先是规划层面的税收风险。企业在制定规划的时候,只是从技术可行性、盈利状况因素考虑这个问题,容易忽略税收因素。由于管理层没有对税收形成一个全方位、综合的概念,往往由财务部门协调管理税收风险,显然财务部门的管理力度远不如管理层,而财务部门只是将纳税作为一个例行事务来做。其次是企业重大并购、重组和国际交易中时常产生税收风险。大企业管理层对税收风险认识不足,在重大交易中对税收政策研究不够,涉税环节考虑不足,结果造成涉税问题。再次是内部控制制度的税收风险。税收风险的防范依赖于企业内部制度的完善程度,企业内部制度是否健全、是否科学规范,从根本上制约着税收风险是否可以及时发现并加以解决。要根据企业所有环节的内部控制来设计一套税收风险内部控制制度,否则,会出现税收活动管不到的问题。最后是涉税信息不对称的风险。目前,绝大多数企业的会计核算系统没有在税务机关备案,税务机关很难掌握其真实经营情况。部分大企业的会计活动和税收筹划受行业潜规则影响,打政策"擦边球",主动制造税收风险。

(三)互联网+背景下,加强大企业税收风险管理的创新设想与实际举措

一是遵循20/80法则,建立健全大企业划分标准。根据国际比较我们发现发达国家划分大企业的标准大多采取定量和定性相结合的方法,以定量指标为基础、定性条件为补充的原则确定大企业范围。在对江苏省税收收入构成分析的基础上,结合淮安地税实际工作经验,我们认为大企业的判定标准,应结合区域经济发展实际,在定量指标的基础上,可以遵循20/80的原则,即20%左右的纳税人贡献了80%的税源这一规律,将这20%的纳税人定性为本地区的大企业。二是成立行业分析监控组,完善风险测评指标,税企双方共同识别税收风险。税收风险分析监控对于提供风险管理指引、提高税源管理的针对性具有十分重要的意义。要以数据信息的采集和应用为重点,改进风险分析手段,充分利用集中的信息资源,完善风险分析指标体系,依托行业税收风险模型等分析工具,对税源状况进行全方位、多角度分析,不断提高税收风险分析能力。加强风险分析应用,对纳税人涉税信息进行综合比对分析,及时发现风险点,并进行风险等级排序,将风险应对任务推送至相关部门。风险应对部门要按规定及时反馈任务完成情况和改进建议。分析监控部门要对风险应对结果进行监督控制和绩效评价。发挥数据集中优势,提升税收风险分析监控工作的管理层级。同时,要深入开展税收收入分析与预测,把握税收收入发展趋势,促进税收收入随着经济发展保持平稳较快增长。深入开展税收政策效应分析,做好政策出台前的方案论证和实施后的效应评估工作,及时提出完善税收政策的意见和建议。三是合理评估风险,提供个性化、差别化服务,帮助大企业建立、完善税收风险管理机制。在初步确定税收风险等级之后,税务机关出具风险评估报告,并根据不同企业提供个性化、差别化的服务,把深化税收风险管理、强化涉税风险服务与大企业内部的税收风险管理有机结合起来,将纳税服务和税收管理的环节适当前移,帮助企业建立和完善风险管理机制。在实行个性化、差别化服务的过程中,税务机关要注重结合企业需求和特点综合应用风险指标、评估模型等工具,建立和完善企业的税收风险管理体制。对不同风险等级的大企业分别采取风险提示、纳税评估、税务稽查等应对手段。对处于低风险的大企业,采取以宣传税收政策、纳评辅导等优化服务为主的风险提示督促其消除风险;对处于中等风险的大企业,采取以自查、纳税评估等高层次的持续监控管理方法;对于高风险的大企业,采用以稽查为主的强制手段。四是完善沟通机制,签订税收遵从协议,关注大企业税收风险管理机制的推广和监督。完善税务机关与大企业的沟通互动机制,建立相互信任、理解和透明的沟通理念。在实际工作中,要以大企业自我遵从为出发点和落脚点,逐步建立税企高层对话制度和大企业联络员制度,促进征纳双方的良性互动和合作遵从,实现税企沟通的顺畅和常态化。同时,建立和完善企业涉税诉求快速响应机制,主动加强对大企业的税收政策辅导和培训,让企业特别是大企业的管理层了解税务机关希望企业如何遵从税法,帮助企业正确理解和执行税收政策;对于上市或者拟上市的大企业,进行"税企高层对话",对特殊事项提供"绿色沟通通道",经常性地开展一些税收风险(如投

资风险、关联交易等)专题的互动交流,力争帮大企业解决实际问题。而企业则负有建立和完善税收风险内部控制体系、重大事项、不确定事项披露制度、及时提供税收相关资料制度等义务。通过重大事项的披露,税务机关帮助企业分析重大事项带来的涉税风险,实现及时的纳税服务,尽可能减少大企业因为涉税事项变化带来的涉税问题被事后处理的不利影响,化解企业的税收风险。五是遵照信息管税和风险管理的理念,优化业务流程,利用大数据技术,为“互联网+”模式下的大企业税收风险管理提供强力支撑。按照“大数据归并、分类、分析+风险加工+风险推送+分类、专项应对+风险反馈”的风险管理链条,构建风险管理的业务流程、分工协作和责任机制。依托大数据技术和结构化数据仓库,做大做强税收风险监控中心,充分发挥其数据挖掘分析中心、风险加工中心、任务推送中心、应对质量控制中心的核心枢纽作用,把其真正打造成为税收风险管理的发动机。运用大数据分析提升税收风险识别能力。利用互联网搜索引擎技术和业务模型,加强对特定纳税人、政府部门及社会组织互联网公开披露涉税信息的采集、解析和应用。充分发挥税收海量涉税信息和一户式纳税人信息档案的作用,让大数据真正地服务于一线税收风险管理的需求,从分行业、分区域、一户式涉税信息的分析比对中,及时发现纳税人的涉税风险点和税收管理服务中的风险点。强化建筑业、房地产业成本费用风险管理,利外部门数据交换着力破解土地增值税清算成本核算难题;引入国土房管部门数据,加强房、土两税税源排查,消灭税收漏点;与风险应对部门共同协作,发挥社会综合治税力量,加强协税、护税数据采集和利用,堵住个体税收、出租房屋、专业市场、小产权房、社会力量办学、工业企业自建厂房等零散税源征管漏洞。加强对重点税源及高收入个人、有重大涉税事项类型纳的数据收集整合、分析。六是加强人力资源建设,打造过硬的人才队伍,为“互联网+税务”提供人力保障。税务部门在积极引入社会力量、寻求外部合作的同时,要更加重视自身信息技术人才的培养和使用,特别是在一些核心领域,税务部门要有自己的专家人才,防止过度依赖外部力量、受制外部环境。

综上所述:在互联网+的背景下,加强大企业税收风险管理是一项长期的、系统的工程。需要通过大企业税收风险管理经验的借鉴和比较,创新大企业税收专业化管理,努力实现从税务机关的单向监管转变为服务与管理并重,税企互信合作,共同防控税收风险转变;实现由事后管理和检查为主转变为防控和管理相结合的全过程税收风险管理,提升管理效能;实现从基层的分散管理转变为跨层级的统筹管理,实现服务与管理的高效运转。

课题组组长:赵继光

成员:李朝玉　周立刚　杨向军　李小平　戴子明

总撰稿人:戴子明

# 建立与供给侧结构性改革相适应的地税征管模式探索与思考

江苏省淮安市淮安地方税务局课题组

在供给侧结构性改革背景下，作为其“助推器”新一轮税制改革到位，无论“全面到位的营改增”，还是逐步建立综合与分类相结合的个人所得税制，以及加快房地产税立法等改革措施，在深度和广度都将对地税发展产生深远影响。地税部门建立与供给侧结构性改革相适应的地税征管模式成为当务之急，必须将供给侧结构性改革理念贯穿地税征管评查的全过程和各个节点，根据纳税人生产经营状况，运用直接减税等政策措施精准发力，减轻纳税人税收负担，支持创新发展，有利于供给侧结构性改革战略目标的实现；必须以税收征管的问题为导向，提高税收征管针对性；必须以提高税法遵从度为中心，优化纳税服务，及时提醒和帮助纳税人减少和避免涉税风险，节约征纳成本，提高税收治理能力。因此，建立与供给侧结构性改革相适应的地税征管模式重心是建立配套的征管模式，基础是信息；落实供给侧结构性改革下信息管税，实现税制改革后分类税种的风险管理；以引导遵从方式，提高纳税人遵从度和满意度，助推国家供给侧结构性改革目标的实现。

近年来，江苏省淮安市地税系统建立与供给侧结构性改革相适应的地税征管模式方面，进行了不懈的尝试和探索。按照适应供给侧结构性改革地税征管范围、职能的变化要求，深化地税征管改革，转职能、转方式，建立和完善自然人信息库，强化纳税人风险自查、全面落实税收优惠、涉税信息推送确认、实施办税员制度，积极推进与供给侧结构性改革相对接；但是与供给侧结构性改革终极目标相比，还直接受税制改革、地方税体系构建中地税部门主体税种缺失，难以动态掌控纳税人基础信息，征管难度将增大；原先规模+行业征管方式在税制改革后手段弱化，缺乏执法力度；以及目前征纳间、部门间信息不对称，直接制约税源监控能力等因素影响；亟需全盘考量供给侧结构性改革对税制改革影响层度，统筹谋划互联网+全面获取纳税人基础信息，利用大数据分析增值利用信息，以及税源分类风险管控、优化和提升纳税服务质效等方面，全面架构与供给侧结构性改革相适应的地税征管模式，为供给侧结构性改革全面推进提供可靠的税收保障。

## 一、建立与供给侧结构性改革相适应的地税征管模式的内涵及意义

### (一)建立与供给侧结构性改革相适应的地税征管模式的内涵

供给侧结构性改革是针对我国经济发展出现下行压力、需求管理不能彻底解决经济运行中的结构性问题所提出的宏观调控措施，是根据世界经济长周期和我国发展阶段性特征提出的发展新战略。我国的供给侧结构性改革，就是“供给侧＋ 结构性＋改革”，即从提高供给质量出发，用改革的办法推进结构性调整，矫正要素配置扭曲，扩大有效供给，提高供给结构对需求变化的适应性和灵活性，提高全要素生产率，更好满足广大人民群众的需要，促进经济社会健康发展。

在“供给侧改革”背景下，建立与供给侧结构性改革相适应的地税征管模式，就是在税收政策杠杆撬动和推进供给侧结构性改革任务中，在实施结构性减税，破除体制机制障碍，实施创新驱动发展战略中，不断分析供给侧结构性改革制约因素，优化调整和完善地税征管模式，规范税基和调整税收优惠政策；合

理配置税权与壮大地方财力，赋予省级政府适当的税政管理权限，培育地方支柱税源；合理调整中央税和地方税收入结构，健全地方税体系；有利于产业结构升级和现代服务业发展的税收政策，激发市场活力和社会创造力，为改革提供税收政策环境支持和制度保障。

（二）建立与供给侧结构性改革相适应的地税征管模式的意义

在供给侧结构性改革中，税收政策将承担起支撑供给侧改革的重任，地税征管模式变化又将直接制约供给侧结构性改革实施结构性减税，破除体制机制障碍，实施创新驱动发展战略等目标的实现。同时，地税部门以问题为导向，正确判断供给侧结构性改革中发展形势，主动适应和对接供给侧结构性改革，加快地税征管模式转换，主动服务纳税人，提升税收治理能力。

1、建立与供给侧结构性相适应的地税征管模式，有利于供给侧结构性改革战略目标的实现。供给侧结构性改革是一项复杂的系统，作为其重要保障的税收征管模式，通过实行积极的"营改增"、房地产税，运用减税等政策措施精准发力，减轻企业和个人的税收负担，支持企业创新发展，发挥"双创"和"互联网＋"的乘数效应，促进新旧动能转换，扩大有效和中高端供给，为新一轮经济增长积蓄动力和参与国际竞争创造条件，增强企业活力和新经济的发展，促进供给侧结构性战略目标的实现。

2、建立与供给侧结构性相适应的地税征管模式，有利于提升税收治理能力。在推进供给侧结构性改革的实践中，结构性减税"牵一发而动全身"，精准定位，到位而不缺位、不越位，促进了公平治税；精准问题导向，制定有效税收征管，全面深化涉税信息应用，强化税费征收保障，精准征管到位，落实优惠政策，让纳税人有获得感；精准减税操作，从总量进入到结构，让政策调控有准、有力、有效，提升税收现代化治理能力。

3、建立与供给侧结构性相适应的地税征管模式，有利于实现税收治理现代化目标。在推进供给侧结构性改革中，根据其战略规划、具体目标，为地税征管模式提供了理论根据，从而在建立与供给侧结构性相适应地税征管模式中既考虑其发展战略规划、又考虑其具体目标，既谋划全局，又能突出重点；既能优先解决税收征管急需解决的问题，又能着眼长远发展；起到对地税征管合理布局和优化资源配置，有利于促进税收发展和提高税收质量，全面实现税收治理现代化目标。

## 二、供给侧结构性改革背景下地税征管模式的制约因素分析

供给侧结构性改革背景下，随着5月1日全面推进"营改增"，逐步建立综合与分类相结合的个人所得税制，以及加快房地产税立法并适时推进等改革措施，将完善地方税体系，地税部门征管重心将以法人为主的征管转变为自然人为主，工作量将逐步增大，将对现行地税征管模式产生深刻影响，亟需分析供给侧结构性改革对地税征管模式的制约因素。

（一）主体税种缺失，征管难度增大

1、缺乏以票控税抓手。供给侧结构性改革推进中，"营改增"前，建筑、房地产业等行业随营业税附征个人所得税、城建税、教育费附加，由地税部门通过"以票控税"手段实时控管。"营改增"后，这些行业改缴增值税改用增值税发票，随主体税种附征的基础信息难以掌控，地税部门无法实行源头管控，借助发票控税的优势丧失，特别是对未达起征点的个体工商户和临时纳税人，其服务对象索要发票的比例较低，容易逃离税收监管，加大了地税部门随流转税附征城建税、教育附加等征收难度。

2、税制改革推进，征管工作量不断加重。地税征管范围小散、零杂。在近20年税制改革中，中央税和共享税不断完善充实，而地方税范围逐渐减少，没有建立与地方事权相匹配的主体税种，更没有确立相对稳定的地方税收体系；虽然"营改增"后，地税部门负责征收房地产税、个人所得税等税种，由于面对的是收入差距大小各异，纳税意识多寡强弱的个人、家庭，地税部门在税制改革推进过程中征管工作量不减反而大增。

3、直接涉及自然人利益,征管矛盾突出。地税部门涉及房地产税、个人所得税等税种征管,牵涉个人、家庭切身利益,大大增加征管难度。同时,税收政策公平合理性难以完全同一,对于以家庭为单位个人所得税征收,将面临家庭概念界定,面临扣除内容、扣除标准等确定。对于房地产税征收,无论按面积、套数都无法反映住房市场价值,纳税人容易产生不平衡,这将是面临的难题。

(二)税收征管手段弱化,缺乏执法力度

税制改革后,改变传统地税征管模式,新的征管体系尚待建立。"营改增"前,地税征管模式按照营业税特点,实行行业、规模的重点、一般税源的专业化管理,形成完整的管理链条,保证了执法统一性和管理精细化;"营改增"后,以营业税为主的征管体系将不复存在,必须构建新的征管模式。

地税部门征收主要涉及到千差万别的个人、家庭,与企业、事业单位等法人相比,组成结构复杂,人员文化层次不一,加之涉及到经济利益,其纳税意识普遍不高,主动申报率低,纳税遵从度不高。涉及到个人、家庭等内部财务收支结算,缺乏与建帐和发票有关的业务知识,有的为了自身利益,不愿依法对其监督,普遍未建立财务制度,对纳税人所报送的各种申报纳税资料等单据的真实性、合法性、完整性无从核实,难以形成健全的有效财务监控。

由于地方税税种多、税额少、税源零星分散、征管难度大,加上地方税务机关的执法保障体系不全。长期以来,地税工作始终坚持以组织收入为中心的指导思想,注重抓大放小,抓重点税源、重点项目、重点工程,对于涉及到个人等税收在征管实践中处于弱势地位,除涉及举报、移交、转交等进行检查外,很少针对个人及个体户等纳税人进行大规模的专项检查。在以营业税为核心的地方税征管格局被打破后,使地税执法手段更加有限,进一步弱化。尤其营改增后,随着地税信息化建设的大发展及信息技术应用倒逼机制的形成,迫切需要全面建立"政府主导、地税主管、部门配合、社会参与、司法保障"的地方税费社会协作保障机制,以强化地方税源管理,确保地方财源不受影响。

(三)征纳信息不对称,直接制约税源监控能力

税务登记是税收征管的源头环节,加强税务登记管理是做好税收征管的前提和基础。"营改增"、"三证合一、一证一码"改革实施的叠加影响,使地税部门对纳税人房产土地、经营范围、生产成本,以及对纳税人数量结构、分布及行业生产经营状况、税源规模等基本信息无法实时全面掌握。

1、不动产登记联网信息亟需完善。按市场价值计征房地产税是国际惯例,因为住房的物理特征和经济价值最终都要反映到房价上,同价同税,人人平等,这可以保障房地产税的横向公平,却无法解决纵向公平问题,在全国不动产登记联网机制情况下,对于征收房地产税来说,亟需采集原始房价、住房区位特征(在城市的空间位置)、建筑特征(房子的朝向、楼层、户型、品质等)和邻里特征(周边环境和教育、医疗、交通配套设施)等导致价格差异因素,确保正确划定征税范围、税基等征税主要因素,确保公平合理地发挥税收的公平性与调节性,发挥税收的应有职能。

2、个人收入多样化,增强管控难度。以家庭为课税单位,需要监控家庭中老人、配偶、子女等状况,以根据家庭实际状况确定税前扣除或税收抵免,一方面要纳税人申报,另一方面要地税部门综合根据纳税人情况认定。但是当前个人收入来源多样化,在目前地税机关无法掌握现金支付的情况下,还存在投资房产收入、股票收益等非货币支付,以及尚未建立全国联网的个人征信系统与税务部门共享,地税部门要完全准确掌握家庭收入难度很大,很难通过个人所得税实现对收入分配的合理调节;亟需建立家庭个人收入征信体系,使地税部门全面掌握个人各类收入信息,加快个人所得税由分类向综合税制转化的步伐,使个人所得税真正做到量能负担目的,避免个人所得税应收尽收流于形式,无法付诸实现。

3、尚未建立全方位合作机制,第三方信息增值利用度不高。对于纳税人涉税信息采集风险分析,主要来源纳税人纳税申报和财务报表资料,过分依赖纳税人主动申报,对于与纳税人应税行为有关的第三方涉税信息,尽管征管法中规定了第三方信息报告制度,但是缺乏实际操作性,而且相应的责任追究条款

缺失，导致地税缺少水电、物资消耗等反映纳税人生产经营情况的核心信息。对于房地产税征收，住建、地税等部门合作仅限于零星、低层次合作，全面、规范合作交流机制尚未形成。对于个人所得税征收，银行与地税部门既是被管理对象，又是合作对象，从银行部门取得数据较少，一方面没有明确的法律授权，另一方面，对个人隐私的保密管理体制目前仍不完善；直接导致地税不能全面、准确、及时掌握纳税人的相关涉税信息，造成征纳双方信息不对称，直接影响地税对税源监控能力的提高和税收收入的应收尽收。

## 三、建立与供给侧结构性改革相适应地税征管模式应坚持的基本原则

在推进供给侧结构性改革任务中，贯彻落实好有关税收政策，建立与之相适应的地税征管模式，必须坚持坚持征管合法合规、税收公平、税收减税、降低征纳成本等原则，精准发力，履职尽责；用税收杠杆撬动和推进供给侧结构性改革，通过税收征管，将税源转化为源源不断的税收增量，使税收得到持续稳定的增长。

(一)征管合法合规原则

在供给侧结构性改革中，地税征管模式执法权力的设立、行使、运用必须依据法律，符合法律要求，不能与法律相抵触。地税部门必须严格遵守行政法律规范，不得享有行政法规范以外的特权。违法行政行为依法应予以追究，违法行政主体应承担相应的法律责任。

(二)坚持税收公平原则

在供给侧结构性改革中，要加强税源监控和税收征管，加大对高收入调节力度，减轻中等收入者负担，提高最高收入者的税率水平，逐步提高直接税的比重，达到有效缩小收入差距的效果；缩减乃至消除不公平的收入差距，发挥公平的收入差距的激励作用，调节过高的、超出社会可承受范围的不公平的收入差距。

(三)落实税收减税原则

建立与供给侧结构性改革相适应地税征管模式应以落实税制改革为突破口，探索根据地方产业结构和经济状况实施相应的减税调整，刺激企业的创新发展，以减税优惠政策奖励企业的高新科技研究和应用，以降低企业的运营成本，从而提升企业的生产效率；调整产业结构，以减税力度支持文化创意产业的发展，调动人民群众的文化需求；提高财政收入基数，降低资源成本，带动地方产业链的健康发展，保证地方税收的持续性良好增长。

(四)降低征纳成本原则

建立与供给侧结构性改革相适应地税征管模式应充分利用现代信息技术，发挥“互联网＋大数据”的功效，以纳税人个性化需求为中心的理念，在服务方式，手段上不断创新，向高层次，多元化的方向延伸和发展。探索建立适合地税部门实情的纳税服务流程，最大限度地降低征纳成本，提高纳税人纳税遵从度，逐步培养纳税人较高的自觉纳税、遵从税法的意识。

## 四、构建适应供给侧结构性改革地税征管模式的探索与思考

在全面推进供给侧结构性改革进程中，对地税系统税收征管带来了全新的挑战，构建适应适应供给侧结构性改革的地税征管模式是一项战略性、系统性工程，要强化责任意识，积极顺应新形势、新情况，全方位构建地方税收征管体系，提高税法遵从度和纳税人满意度，切实实现供给侧结构性改革战略目标。

(一)运用互联网＋数据技术，构建信息整合增值利用平台

供给侧结构性改革直接涉及到地税部门税收征管范围和原有征管模式，对于房地产税、个人所得税以及环境保护税等税种征管，点多面广，环节复杂，亟需借助互联网技术，创新运用大数据思维，在政府主导下，加强部门协作和配合，拓展综合治税、联合控管的领域与方式，构建共治共管的格局，最大限度地降

低征纳成本。

1、建立统一规范标准，强化涉税信息共享利用。统一数据标准，畅通信息获取渠道。加快税收征管法修订和实施进程，依法规范涉税信息的提供，落实相关各方法定义务，建立统一规范的信息交换平台和信息共享机制，增强数据的流动性和可获取性，一方面，税务机关需要打通内部壁垒，实现内部不同部门、不同信息系统、不同层级、不同地区数据的流动共享；另一方面，以“三证合一、一照一码”改革为契机，扩大与有关部门合作的范围和领域，在不动产登记信息联网共享基础上，加强对原始房价、住房区位特征（在城市的空间位置）、建筑特征（房子的朝向、楼层、户型、品质等）和邻里特征（周边环境和教育、医疗、交通配套设施）等导致价格差异因素采集，强化与工商、国土、住建部门沟通协作，及时获取“个转企”、股权变更、房产土地出让、登记、变动等信息，特别是来自水电、物资消耗等纳税人动态涉税核心信息，以及来自于网络交易的涉税信息，真正实现信息共享、管理互助、信用互认，保障地税部门及时获取第三方涉税信息，解决征纳双方信息不对称问题，最大限度地降低税收成本。

2、拓展涉税信息合作范围，强化部门深度合作。在以立法形式普及推广非现金结算方式，完善国家现金管理制度基础上，实现资金流动的透明化。构建并完善全国个人财产信息征信体系，加强与银行合作，全面掌控个人隐性、现金支付、报销等方式取得的收入，为税源监控、数据比对提供信息支撑。建立全国联网的纳税人信用体系，纳入统一的信用信息共享交换平台，依法向社会公开，充分发挥纳税信用在税收征管中的基础性作用。

3、搭建涉税信息操作平台，增强数据增值利用。地税部门应创新运用大数据理念，充分利用现代信息技术手段，借鉴美国纳税人账户数据引擎（即 CADE2）的做法，建立全社会基础数据统一平台，优化整合不同类别、不同层次、不同功能的各种系统，覆盖纳税人、国地税内部、工商、海关、公安、外汇管理、银行、社保、行业等部门，以及互联网等不同渠道取得的数据，实现对海量涉税数据快速、灵敏采集、存储、处理、分析和应用；并进行深度分析和挖掘，揭示蕴含在数据中的税收经济规律和涉税风险疑点，针对个人大额银行资金收支、水电物资消耗等信息，及时发现纳税人申报纳税疑点；根据全国联网信息及时对政府部门大额采购和招投标信息、财政会计核算中心大额报账票据信息、政府部门工程支付信息等分析，查找纳税人在全国任何一地未申报、未取得发票规范核算等风险疑点，挖掘新的税源，促进数据的增值利用，逐步建立智慧地税。

（二）税源分类风险管理控管，实现征管与供给侧改革深度融合

供给侧结构性调整下，地税征管模式亟需顺应直接税比重逐步提高、自然人纳税人数量多、管理难的趋势，从法律框架、制度设计、征管方式、技术支撑、资源配置等方面构建以收入、行业为重点的自然人税收征管体系；强化个人所得税、房地产税、资源税等税种精细化分类管理，合理配置资源，集中开展对收入、行业等纳税人的税收风险分析，将分析结果推送相关部门做好应对，实现与供给侧结构性改革深度融合。

1、对接供给侧改革，构建“一体化”征管流程。在供给侧结构性改革背景下，地税部门将征收房地产税全新税种，个人所得税税种征收亟需精细、科学管理，必须全面对接供给侧改革改革，以大数据技术运用到税收征管为核心，按照“制度＋科技”的思路完善征管机制，建设征管“一体化工程”、“痕迹工程”，以“互联网＋”涉税信息准确化→征管精准化的理念，按个人所得税、房地产税、环境税等税种的特点、规律，重构一个节点具体、环节紧扣、边界清楚、职责明晰、运转顺畅的业务流程及岗责体系，以外部涉税信息实时传递为业务流程源头，打破地税内部及层次间在税收征管中流程壁垒，对跨部门、跨层次、跨岗位的业务进行具体归类分配推送，实现流程一体化、操作数字化、征管精准化，用大征管主导征管信息的大规范，征管业务大统一、征管质效大提升，切实提高征管质量。

2、税源重分类风险管理，实现与供给侧改革任务相匹配。根据供给侧结构性改革中地税管理的税源

特点，按照信息管税、分类精细征管要求，建立专业、专人重分类管理税源机制，对税源规模较小的地区，可按照便利纳税人、集约化征管的要求，适度整合征管力量。构建和完善个人所得税、房地产税等税种、金融、保险等高收入行业风险管理指南，推行所有税种、全过程的风险管理，按照专业化职能、岗位设置，采取涉税信息外分、对于重大涉税事项内分方式，利用团队力量对不同规模、不同复杂程度税源、行业实行分类管理，达到动态管控税源，建立专业分工明确，部门联动、层级互动的税收征管机制，构建“统一分析、分类应对”的风险管理体系，实现信息集约分析→个案风险评估(风险自查提醒)→约谈举证→实地核查→专项检查的完整税收征管链条，形成征管节点、环节相互联系、相互制约的团队管户型、资源集约型精管税源机制，提高税收治理能力相适应的人力资源配置。

3、转变税源征管方式，合力共治精准管理税源。随着供给侧结构性改革逐步推进，基于目前各区域经济发展水平和地方税制结构现状，可逐步将房地产税和消费税作为地方税主体税种，同时制定相关征管措施与考核机制，实行专门跟踪管理，动态搜集涉税信息。挖掘潜在税源，强化征收管理。充分利用征管信息全面、协税护税网络健全的优势加强对“营改增”行业监控管理，强化对附加税、基金费的监督管理，减少纳税人偷漏税现象发生；同时，对新增税源进行规范化管理，加大陈欠清缴力度。

4、完善代征机制，深化合作促征管。在供给侧结构性改革推进进程中，随着以票管税职能转移到国税部门，要充分发挥国、地税现有征收资源的潜能，必须尽快出台相关法律法规或规范性文件对委托代征进行明确规定，并在全国范围内进行统一部署，而不是在同一省、市、县范围内国地税部门之间实行地方税费征管的委托代征，建立有效的、长久的委托代征机制。对于营改增试点后纳税人应缴纳的地方税费征管采取地税部门自征为主，国税部门办税窗口代征为辅，同时，对于电子商务作为新兴商业模式，在税收征管法修订过程考虑电商征税程序，也由国税部门进行代征相关地方税费。建立国地税部门征管数据实时交换机制，对于纳税人到国税部门申请代开票的，其应缴纳的城建税、教育附加费等地方税数据，及时传递给地税部门，促进地税部门优化地税征管方式，降低征纳成本，提升征管效率和服务水平。

(三)构建引导遵从模式，创新“互联网＋纳税”优化服务

在供给侧结构性改革中，要着力优化纳税服务，创新“互联网＋”与纳税深度服务，建立健全地税政策口径专业、响应及时、全方位、多层次的纳税服务引导机制。注重对纳税人涉税需求调研，健全基于纳税人需求分类知识库，强化最新出台的税收法规政策宣传，培养和引导纳税人主动纳税意识，提高税法遵从度。优化自然人为主的办税业务流程，按照最合理配置资源、最优方式管理、最高效简约服务要求，采取集约化办税、先办后审等服务新模式，建立一站式、流水线式纳税服务体系，完善税收政策督促检查、跟踪问效机制，提高税法遵从度。

1、突出“互联网＋”创新服务，构建遵从引导服务。“互联网＋”为基础，顶层设计办税服务平台。以地税网站为主体，搭建功能强大、优质服务的网上办税服务厅，开通“网上税务局”，实现网上登记、网上申报、网上缴税、网上购票、网上咨询、网上审批等功能；按照标准统一、功能整合、运转协调的要求，建立起集中统一管理、各级办税服务终端标准化运作的网络纳税服务管理体制；提供高效便捷的办税服务，实施二维码一次性告知，创新完善发票网上申领、掌上开具、推行电子发票、等措施便利发票领用；开展专业化、个性化纳税咨询辅导，以纳税人为中心，以需求为导向，全面落实纳税服务规范，全面推行《纳税服务规范》和《税收征管规范》，实现纳税服务和征管服务100％规范；真正实现纳税人随时随地网上纳税；打开手机APP，精准接收到个性化涉税信息提醒和最新政策；纳税人的资料可以实现网上数据自动流转，各环节共享，快速响应纳税人差异性需求。

2、突出主动作为，依法服务落实结构性减税。深化税务行政审批制度改革，全面简政放权；积极推行一窗式受理、网上办理、限时办结等制度，规范行政许可行为。按照“废、立、改”要求，税收规范性文件作出修改或作废处理，全面对接供给侧结构性改革，压缩办税环节，推行税收执法权责清单。全面梳理税收

执法权责清单，厘清征纳权力责任义务边界；按照国家商事登记制度改革要求，持续推进“三证合一、一照一码”登记制度改革，探索实施个体工商户“两证合一”，切实简便纳税人登记程序。以规范行政处罚裁量权为突破口，逐步规范税务行政审批、行政征收、行政强制等各类税务行政执法裁量权，减少执法随意性。按照《行政复议法》和《行政诉讼法》规定，畅通复议渠道，依法公开公正办理复议案件。

针对创新驱动、提质增效、助力转型三方面进行分类梳理，梳理税收优惠政策。在创新驱动方面，落实鼓励企业自主创新、鼓励技术成果转化、支持高新技术企业发展、支持服务贸易创新发展的的税收优惠政策。在提质增效方面，落实引导过剩产能转移、引导环保消费、“营改增”全覆盖推进服务业发展、支持基础设施和要素市场建设、支持生态循环产业发、鼓励实施节能环保项目的税收优惠政策。在助力转型方面，落实支持企业改制上市、支持企业资产重组的税收优惠政策；在扶持就业方面，落实支持小微企业发展、支持信用担保机构发展、促进重点群体就业创业的税收优惠政策。推动“银税互动”发展，完善纳税人信用级别，与地税、银行联合推进“银税互动”，让银行、金融机构加入“纳税信用贷”，帮助诚信纳税人降低融资成本。

3、深化国地税合作，提升常态化合作水平。《深化国税、地税征管体制改革方案》，推行税收执法权力清单和责任清单并向社会进行公告，加快推行国地税办税事项同城、同省、全国通办，对纳税服务、税收征管等内容实施国、地税合作规范化管理，在全国范围内实现进一个办税大厅办理国地税申报纳税，服务一个标准、征管一个流程、执法一把尺子，实现“前台一家受理、后台分别处理、限时办结反馈”的服务模式，推进跨区域国税、地税信息共享、资质互认、征管互助，不断扩大区域税收合作范围，加强税制改革后国地税部门“税种间分析比对”，发现征管漏洞和管理线索，重点查漏补缺，要在非正常户、注销户、定额信息等方面细化分工，推动国税局与地税局共享实体办税服务厅、共建网上办税服务厅、互相委托代征等多种形式的联合办税，逐步实现国地税联网运行、信息共享，稳步国地税合作的广度与深度，最大限度便利纳税人、最大限度规范税务人，提高纳税服务水平，降低征纳成本。

（四）构建素质能力引领模式，构建与供给侧改革相适应的征管队伍

供给侧结构改革背景下，“营改增”全面推进、强化个人所得税征收，地税部门要积极适应税制改革税收征管范围变换的格局，主动加强干部队伍建设，运用现代信息技术，加大税收征管力度，确保地税部门在新形势、新背景下各项工作任务全面完成。

1、强化统计分析，提升素质能力。在供给侧结构性改革推进中，对于个人所得税、房地产税等税种征收，地税部门主要直接面对以个人、家庭为单位的纳税人，客观上存在纳税人收入支出复杂、难以核查等因素，要培养“互联网＋”高素质人才，扎实做好统计分析，及时、全面掌握个人各种来源收入、享受优惠情况，进行相关政策效应分析，及时发现问题，全面实施政策落实情况的跟踪问效。针对地税征管重点，找准互联网和地税征管变化工作的结合点，培养“互联网＋”技术税收征管人才，不仅精通财税收方面专业知识，还应具备计算机、网络技术、电子商务和数据应用等方面知识。探索推行集中培训、个人自学等培养模式；加大教育培训力度，坚持分级分类开展培训，创新培训内容，积极推行业务研讨、互动教学等方式，优先选派培养征管骨干，加大基层师资和领军后备人才培养力度。在普遍性培训教育基础上，按照分税种、分行业标准，分别研究不同纳税人运营模式、涉税问题、财税政策等特点，梳理归纳税收征管方式方法，发现和培养分类、分层专业化征管能手和稽查能手，着力打造征管专家团队和稽查骨干，培养一支适应社会发展新形势、税源结构新变化的新型税收人才队伍，积极顺应互联网时代下的管理和服务需求目前，积极改变地税部门目前干部年龄偏大、队伍素质不高的现状。

2、注重征管实效，提高实战能力。优化举措，创新工作方法，确保供给侧结构性改革各项税收优惠政策全面落实；统筹安排，认真落实好国地税合作规范、征管规范、纳税服务规范。树立业务能手榜样，倡导在岗学习，大力开展岗位练兵、业务竞赛等活动，鼓励参加学历教育、三师等资格考试，造浓学习氛围；健

全和落实交流轮岗、岗位锻炼等制度，有计划地安排干部进行多岗位、多部门锻炼，抽调人员参加专项检查、督察内审、风险应对等工作，提高了解决实际征管问题的能力。稳步推行AB岗、BA岗等制度，积极培养一专多能复合型人才。充分调动地税系统人才库骨干人才积极性，确定征管调研课题，安排部署结合实际，对地税税收征管的热点、难点以及如何改进和提高征管实效等问题进行深入调研，形成调研成果，指导地税征管工作的有效开展。

3、注重人才激励，激发干部活力。坚持精神激励与物质激励相结合，积极营造栓心留才的良好环境，激发人才的干事创业热情。注重实施精神激励。建立职级激励机制。把人才工作与干部选拔任用工作有机结合起来，对于入库人才表现优秀、成绩突出的，参加竞争上岗或晋职晋级时，同等条件下优先提拔使用。大力推行公开遴选制度，优先从入才库选调充实到机关科室，树立了人才优先导向。拓宽人才激励载体。认真落实奖励规定，对表现突出、在学习和工作中取得显著成绩或者有突出贡献的人才，给予表彰奖励，并在评先奖优中优先考虑、择优推荐。尽快建立和完善全程培养、使用税收征管人才体制机制，使地税干部干事有平台、创新有激情、发展有空间，努力锻造一支"想干事、能干事、肯干事、干成事"具有担当、责任意识的领军队伍，使干部队伍尽快适应税制改革。优先选派入库人才参加培训进修、外出学习等，有效地激发人才队伍活力。

课题组负责人：丁　宏

成　员：李晓海　华洪海

执笔人：徐亚军

# 科学运用大数据完善纳税信用精准管理的研究

江苏省洪泽县国际税收研究会课题组

随着移动互联网、物联网和云计算等新一轮信息技术的迅猛发展，我们正步入全新的大数据时代，国家层面正在实施“互联网＋”行动计划，运用大数据等现代信息化理念、方法和技术，实行更加科学、有效的纳税信用管理，是当前新形势下的新动能和新要求。大数据(Big Data)又称为巨量资料，指需要新处理模式才能具有更强的决策力、洞察力和流程优化能力的海量、高增长率和多样化的信息资产。它不仅是一种海量的数据状态、一系列先进的信息技术，更是一套科学认识世界、改造世界的观念与方法。对此，把大数据运用到纳税信用管理之中，是及时规范提升企业和个人良好形象，增强竞争力和公信力的现实需要，是积极打造透明公开的市场秩序环境、促进经济健康发展的客观需要，是更加智能、更有效率服务纳税人、促进税法遵从和征纳和谐的必然要求，更是推进和实现税收现代化的必要举措。为此，如何面对当前发展现状，科学借鉴国外的成功经验和做法，进一步完善我国的纳税信用管理制度，提升全社会税收信用水平，显得尤为重要。

## 一、纳税信用管理与大数据融合的现状分析

近年来，我国对大数据与税务工作的关系及其应用研究予以高度重视，一些学者提出：税务机关应采取树立大数据思维、做好大数据分析、重构理论体系和业务模式等应对措施，以促进经济发展需要。2014年国家税务总局先后发布《纳税信用管理办法(试行)》(以下简称《办法》)、《重大税收违法案件信息公布办法(试行)》和《纳税信用评价指标和评价方式(试行)》三个公告，《纳税信用管理办法(试行)》明确指出：纳税信用管理就是对纳税人的信用信息采集、评价、确定、发布和应用的活动管理，其中包括纳税人历史信息、税务内部信息和外部信息。大数据在纳税信用管理中已初步得以应用，并对提高信息采集效率、构建科学评定体系发挥了积极作用。但在具体实践过程中，还存在许多不足需要加以解决。

(一)大数据应用的顶层设计有待进一步加强

纳税信用管理的核心是信用信息，目前，法律上还没有明确相关部门应提供信息的义务及其不履行的责任，而只是靠政府、税务机关零散的文件或会议要求提供涉税信息，从而造成纳税人的信用采集单一不全面，未能较好体现客观准确原则。

(二)大数据的有效采集有待进一步加强

不同涉税部门之间建立纳税人的信息相对独立，部门间各自为政或是保密而拒绝提供，没有一个有效的信息数据共享平台与机制，核心的数据信息无法共享交流，另外部门已开放的数据资源，存在标准化、准确性、完整性低、时效性差的情况，“信息孤岛”现象严重。没有完全实现可查可转，给纳税信用管理的外部数据利用造成极大障碍，未能较好体现标准统一原则。

(三)大数据的动态化应用有待进一步加强

信用管理是动态化管理过程，信用评定的目的是强化纳税遵从，更好地堵塞征管漏洞、营造公平的税收环境。目前纳税信用管理仍然停留在静态化管理，虽然《办法》中规定按月采集纳税人信息，但实际上是形同虚设，并且每年信用等级评定一次，主要通过对纳税人某时间段的纳税遵从状况评价完毕后固化，

不能适时反映纳税人的信用全貌,未能较好体现动态调整原则。

(四)数据化的管理模型尚未真正建立

《办法》将纳税信用管理工作分为纳税信用采集、纳税信用评价、纳税信用结果的确定和发布等环节,但对各环节具体内容和评价指标只是进行了原则性规定,对如何利用和加工数据指标没有成熟统一的管理模型,导致各地税务机关在实际执行过程中差异较大,未能较好体现公平公正原则。

## 二、国外纳税信用管理大数据应用的经验

欧美等西方国家纳税信用管理历史悠久,已经具备了较为齐全的信用数据征集体系。特别是英美日等发达国,在立法保障、科技支撑、社会化利用和运作模式四个方面,都体现出了较高的大数据应用水平,对我国在纳税信用管理中的大数据应用具有借鉴意义。

(一) 立法保障第三方数据获取

如何获取第三方数据,包括美国在内的许多国家都是通过立法的形式,实现税务机关对纳税人的涉税信息地及时、全面采集。2002 年,美国推出了“国家调研方案”(NRP),主要衡量申报,缴纳、实际应纳税额报告三方面的税收遵从,以提升第三方信息获取能力。2013 年 5 月,参议院通过了《市场公平法》(Marketplace Fairness Act),要求所有在线零售商代收消费税,并要求第三方支付公司向税务机关提供线上交易支付信息。美国的税法还规定,银行对纳税人银行账户超过 1 万美元的款项收入,要向税务机关申报,银行出具的利息清单在通知纳税人的同时,必须通报税务机关。英国 2009 年也通过法律形式,要求银行、非银行发卡机构、非银行收单机构和电子货币发行机构等在线服务企业提供其客户信息。澳大利亚也法律要求,只要税务机关认为需要,就可以向其他政府部门、银行及其它企业索要,数据拥有方必须给予配合。而在比利时、德国和法国等欧洲国家,信用信息管理部门可强制商业银行提供所要求的信息。如德国银行和金融服务机构必须要向德国联邦银行报告负债达到一定金额的借款者的详细资料。正是通过法律保障,税务机关才能及时、有效获取第三方涉税信息,为更好地利用大数据开展纳税信用管理奠定了基础。

(二)科技支撑大数据有效应用

美国通过专门设置多个征税服务中心和总部税务信息处理中心,集中存放涉税信息,利用高度信息化的税收系统,评估纳税人的纳税情况。在日常监管中,通过组建万余名数据库专业顾问和由高权威的税务专家为核心的管理团队,依托银行、环保局、人口普查局等内外来源资料,根据其相关度和准确性予以采用和排序,按照知法且自愿守法者、想守法但不知法者,知法但不完全守法者、故意违法者四个标准对纳税人的有关信息进行搜索、追踪、锁定,从而发现税收违法行为。美国还严格控制现金交易,鼓励使用信用卡,通过建立强大的计算机系统,方便信息采集,使税务机关在信息共享和交换基础上及时掌握和发现问题。在英国,其纳税系统记录了纳税人的所有收入和支出,基本上杜绝了所有的偷税、漏税行为。加拿大则依托完备的数据共享系统建立起发达的纳税监控系统,督纳税人诚信纳税。而新加坡通过建立一套高效的电脑监控系统,在短时间里处理和输出大量资料,使税务登记、催缴和稽查等工作变得简单、精准、高效,做到纳税“零过错”。

(三)社会化管理确保数据的实时利用

在美国,个人信用是通过个人社会保险号码进行管理的,其中纳税记录是其一项十分重要的信息,直接反映当事人依法纳税的诚实度。社会保险号所记录的个人综合信誉资料面向全社会公开,个人可通过网络查阅自己的社会保险号信用记录,把个人税收信用资料完全融入到了社会经济信用资料数据中去。而对于纳税信用记录较差的企业,将很难在行业内立足和发展。个人则在信贷、教育、日常消费、失业救济等方面都会受到很大制约。而日本会员制的纳税信用管理机制,会员之间可以全面了解对方的纳税信

用信息，通过信息互享，直接降低企业的交易成本和经营风险，促进企业的健康发展。

(四)科学的运作模式保障数据的统一性

在纳税信用管理模式中，美国是靠信用中介机构的自我管理形成具体的运作方式，通过许多专门从事征信、信用评级、商业评级、商业帐款追收、信用管理等业务的信用中介服务机构，提供纳税信用服务。在这种市场竞争和利益导向的驱使下，市场主体普遍具有强烈的纳税信用意识，而政府部门和法院起到监督和执法作用。德、法等国的信用管理则是由中央银行设立一个信息机构，每月为间隔向银行采集和共享包括借贷和政府有关机构的公开记录等信息。由于信息部门被视为中央银行的一部分，因而信用信息透明度高。日本采用的是会员制信用管理模式，由会员单位共同出资组建信用信息机构，会员必须向信用信息机构提供自己的真实、全面个人信用信息，同时还可以全面了解其他会员的个人信用信息，政府在这一过程中给予会员必要的法律和经济支持。可见，正是西方国家科学有效的信用管理模式，确保了涉税信息数据的客观、统一，为整个纳税信用管理奠定了基础。

## 三、利用大数据完善我国纳税信用管理模型及应用

近期，全国税务系统在《办法》的指引下，开展了纳税信用评价机制，采取上下联动、更新指标、公布黑名单和多部门联合惩戒等方式，推进纳税信用建设，成效显著。但对照国际经验，我国纳税信用体系建设依然任重道远，我们认为，还须用系统性思维，从纳税信用管理的总体规划设计、具体评价管理及信用结果的应用等方面进行整体性、系统性思考，从以下方面进行改进和完善：

(一)深化顶层设计，加快纳税信用立法进程

深化纳税信用体系建设顶层设计，制定全国纳税信用建设专项规划，明确发展定位、指导思想、目标原则、建设步骤、运行机制和保障措施等，为我国纳税信用体系建设提供行动指南。

按照国务院法制办发布的《税收征收管理法修订草案(征求意见稿)》第九条："国家建立健全税收诚信体系，褒扬诚信，惩戒失信，促进纳税遵从"的要求，在征管法修改中增加"纳税信用"内容，明确制度框架，待条件成熟时，将《纳税信用管理办法》上升为法律规划，以提升纳税信用立法层次。西方发达国家的经验表明，用法律明确规定征信数据的采集和应用，使其合法化和透明化，对信用建设特别是纳税信用管理尤其重要。

(二)推进网络互联互通，促进数据共享

大数据要求把全国作为一个整体考虑，在国家层面进行统一的信息化管理，才能充分利用大数据技术的优势，充分挖掘数据的真正价值。在全面的社会信用体系尚未建立之际，国家税务总局可以建立专门的纳税信用管理机构，推行纳税信用管理工作的信息化，规范统一纳税信用管理。

完善税务数据共享机制，减少或避免"信息孤岛"现象。目前对税务机关日益重要的非结构化数据，多散见于非税务部门的信息系统中，因而需要各个系统间加强数据的合作与共享。如通过国税、地税、银行、证券、工商、海关、外汇、房地产管理和中介机构等部门间的联网，集中采集税务相关数据，建议全国统一的税务数据应用分析平台，实现快速灵活的联机查询和分析功能。完善外部协作机制，以税务机关为主导，内外并举，强化联动，积极利用行政协助手段，加强行政部门间的协作与配合，积极推动建立部门间信用信息共建共享机制，借助信息系统建设特别是金税三期工程建设，实现部门间网络和数据互连互通。譬如，在税务部门与工商部门之间，可建立股权转让个人所得税审核的前置流程，即如果转让方未提供税务部门出具的税单或免税报告，工商部门就不予办理工商变更登记。

深化国地税合作机制，实现国地税数据及时共享，进一步细化纳税信用联合评定工作流程和细则，确保国地税对同一纳税人的纳税信用等级评定结果一致，评定结果由双方审核后联合发布。

(三)依托大数据适时调整纳税信用级别，实行动态化管理

由于经济交易和经济行为的复杂多变，企业的经营环境和经营业务也处于不断变化之中，因此，纳税人信用等级评定之后会随着时间出现转移偏差，使得实际情况与当初评定的等级往往出现偏差。

大数据背景下，可依据互联网实现税务机关内部、税务机关与其他国家机关之间、国家机关与社会机构之间甚至是国家之间等多维度信息共享，从而形成对纳税人的常态化管理。主管税务机关要充分利用大数据带来的便利，对纳税人按月开展纳税信用级别动态调整，实时调整纳税人的纳税信用等级，体现对纳税人信誉负责的态度。2016 年 3 月份，国家税务总局发布了《关于完善纳税信用管理有关事项的公告》，公布了税务机关对纳税人的纳税信用级别实行动态调整的方法和程序，这在一定程度上解决了动态管理的法理依据问题。

（四）建立以大数据为基础的纳税信用管理模型，强化社会应用

如何收集、管理和分析数据正在日渐成为我们网络信息技术研究的重中之重，税务机关需要制定一个应对大数据的战略，这方面我们可以借鉴发达国家的成熟经验，建立系统维护、信用评定、动态管理、查询系统为整体框架的纳税信用管理数据模型。

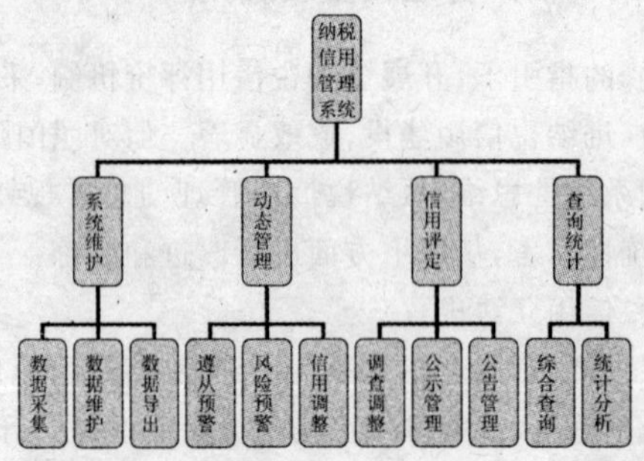


图一　纳税信用管理数据模型

每个模块设置相应的工作流，以动态管理模块为例，动态管理模块要实现纳税信用等级动态管理功能，主要包括遵从预警、风险预警及纳税信用等级调整。遵从预警实现税务机关用于对纳税人分值临界点进行预警提醒，风险预警实现在动态管理期内，对纳税人信用等级发生下降时按规定实施管理。级别调整实现在动态管理期内，对系统自动等级调整结果进行查看，根据对纳税人信用发生下降按规定实施管理。

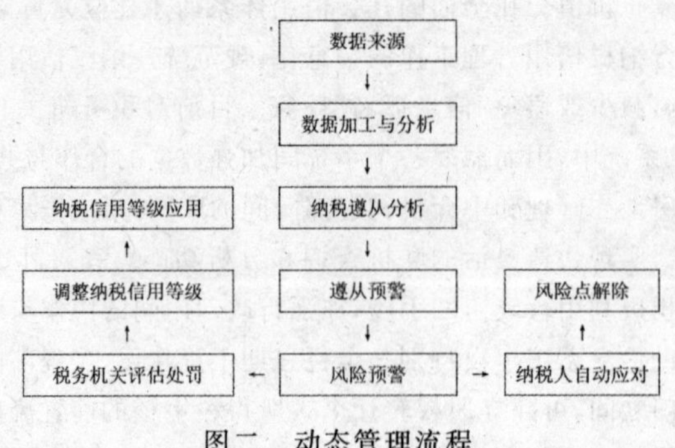


图二　动态管理流程

利用大数据完善对纳税信用等级的社会应用，推进税收信用的社会治理，完善纳税信用管理激励机制和信用失信惩罚机制：

1、税收管理激励。对纳税信用等级较好的纳税人，要尽量提供最大的税收管理上的优惠与便利。一方面，税务部门尽量简化各种办税手续，优化纳税服务，降低检查频次。如，对A级纳税信用纳税人，税务机关可设置“绿色通道”，优先提供“即时服务”；除专项、专案检查以及金税协查等检查外，一定期限内可以免除税务检查；另一方面，制定与当前税收征管信息系统相匹配的税收优惠实施方案，增强优惠政策的可操作性，让纳税人享受实实在在的激励措施。

2、社会激励。努力在社会上营造对纳税信用好与差的纳税人分别给予不同待遇的氛围。可由政府出面，协调各职能部门和社会组织，给予纳税信用较好纳税人一个良好的发展环境。如可为纳税信用A级纳税人制作免费的形象广告、提供优先信贷、免费停车等政策，帮助纳税人形成良好的商誉。既体现出全社会对优秀纳税人的尊重，又体现出企业在社会中的地位。

3、失信惩罚。建立税收信用与银行信用、进出口信用等其他社会信用相协调的联动机制，企业一旦有不良纪录，税收征管系统自动降低企业等级，同时对其加大稽查力度，在资格认定、出口退税等环节采取一定的限制措施，如果系统通过分析识别发现企业出资人在其他地方又设立新的企业，税务及相关部门应及时予以处理，在发票领用、出入境、注册新公司方面予以限制或禁止；建立税收信用不良企业公示制度，在地市级税务部门的网页上公布，供公众随时查询，接受社会的监督；有关部门要依法在一定的时间内严格限制银行贷款、出国离境等服务，使税收信用管理与相关的社会管理结合起来，对其进行全方位的信用惩罚，使不讲信用或信用不良的企业在市场竞争中难以立足。

课题组组长：孙　群

成员：费立新　严卫鸿　刘　波　徐　凡

执笔：严卫鸿

# C2C 电子商务税收征管问题研究

广西壮族自治区国际税收研究会课题组

## 一、C2C 电子商务的内涵及交易流程

(一)C2C 电子商务的内涵

C2C 电子商务是指消费者个人之间借助互联网等现代通信技术,通过电子交易服务平台直接进行商品和服务贸易的商务模式,具有交易主体个人化、内容多样化、过程便利化、成交小额化等特点。C2C 电子商务成为年轻消费者在网购时的首选,如淘宝、拍拍、易趣等均属此类。

(二)C2C 电子商务的一般交易流程

以淘宝为例,C2C 电子商务的交易流程分三步:一是购买流程。买家进入淘宝网页面或 APP,经过对比后选择到心仪商品,将资金打入支付宝(第三方支付平台);二是发货流程。卖家得到买家的付款通知后,联系快递公司将商品寄出并填写快递信息;三是收货流程。买家确认收货后,支付宝将资金自动打给卖家。从以上三步可以看出,C2C 电子商务的交易流程可从资金流、物流和信息流三部分进行考量。

## 二、C2C 电子商务的应税分析

(一)C2C 电子商务的应税必要性

1、"征税派"与"免税派"。C2C 电商征税问题在理论研究与立法实践中一直受到关注,在相关立法基本缺失的前提下,"征税派"与"免税派"的争论自然就产生了。"征税派"认为:C2C 电子商务属于商业的一种,既然是商业活动就必须征税,否则有违中立与公平的税收原则,此外,税收是国家财政收入最重要的来源,而随着互联网的发展,C2C 电子商务势必成为一个巨大的潜在税源,如果不对之征税,国家税收将会逐渐减少。而"免税派"则从促进 C2C 电子商务健康发展的角度出发,认为税收虽然是国家财政收入的主要来源,但同时也具备宏观调控的能力,C2C 电子商务是一个新兴的领域,国家最好予以免税以扶持和鼓励其发展,而且,C2C 电子商务因其交易额很小,而征收成本较高,对其征税可谓得不偿失。

2、C2C 电子商务征税的必要性。

(1)维护税收公平法律原则。税收公平原则是税收最高原则之一,体现了纳税人之间的法律地位平等,强调依据纳税人的税负能力和经济水平分配其应承担的税负,并使各个纳税人之间的水平保持均衡。一般来说包括横向公平和纵向公平,前者强调情况相同,则税收相同;后者要求纳税能力不同,则交税不同。这一原则的理论基础是在现代各国的税收法律关系中,所有纳税人的法律地位平等,税收负担在国民之间的分配也必须公平合理。因此,笔者认为,为维护实体店与网店间的公平竞争就必须对电子商务征税。

(2)防范国家财政收入流失。因对 C2C 电子商务征税缺乏有效的法律依据,因此 C2C 电子商务成为了商家避税的阵地。通常情况下,C2C 电子商务卖家是不会主动开具发票的,而大多数买家也不会自觉

索要发票，这“不主动”与“不自觉”导致税收流失严重。据商务部数据，2015年我国全年网络零售交易额达到3.88万亿元，占社会消费品零售总额的10.8%。如不尽快对其征税，将会直接导致财政收入缩减，进而损害国家和广大人民群众的根本利益。

(3)推动电商市场健康发展。由于进入C2C电子商务门槛低，也缺乏必要的行业监管，某些不良商家会利用法律规范缺位或有意规避法律，从事销售假冒伪劣商品、价格欺诈、偷税漏税等违法活动。我国电子商务协会的调查数据显示，企业和个人受访者对电子商务的不信任比例分别高达36.6%和3.3%。如再放任自流，必将不利于我国C2C电子商务的健康持续发展。因此，完善C2C电子商务征税法律法规，将其纳入国家的有效监管体系中成为当前亟需。

(二)C2C电子商务的应税的可行性

1、交易市场已初具规模。从交易额看，据《2015年(上)中国电子商务市场数据监测报告》显示，2015年上半年，中国网络零售市场交易规模达16140亿元，相比2014年上半年的10856亿元，同比增长48.7%，占到社会消费品零售总额的11.4%，同比增长31%。从网购人数看，根据波士顿咨询公司(BCG)的一项研究表明，到2016年，中国网民数量将超过7.3亿，网络购物者数量将高达3.8亿。以上数据表明我国C2C电子商务交易市场已达到一定规模。

2、第三方支付有助代扣代缴。在C2C电子商务交易中，使用第三方支付不仅保障了买方的合法权益、提高了买家对电商的信任度，而且还规范了卖家的商业行为。在税收征管中，税务局可以从第三方交易支付平台入手，监控交易的资金流，这样就使代扣代缴成为可能，而且也利于降低征管成本。

3、探索性征管实践提供现实依据。如2011年武汉市国税局开出的国内首张C2C电子商务征税单，开创了C2C电子商务征税的先河，为国家征收C2C电子商务税埋下伏笔。再如随着纳税意识及征管手段的不断深入，已陆续有C2C电商经营者向深圳市地税局自行申报纳税。这些对C2C电商征税的实践表明，在我国开展C2C电子商务税收征管具有可行性。

## 三、C2C电子商务税收征管的挑战

(一)数据化及无纸化增加税务稽查难度

由于电子商务是基于互联网平台进行交易的，纳税人交易信息的数据化和交易凭证的无纸化使税务机关失去了征税最直接的凭据，提高了税收征管和稽查的难度。传统的税收征管和稽查都是以纸质凭证、会计账簿和各种报表为依据，针对其有效性、真实性、逻辑性和合法性等的审核，达到监管的目的。但电子商务的数据凭证因其具有容易被无痕修和可加密的特点，导致税务机关失去部分凭证资料，如采用计算机技术对经营者故意隐瞒的凭证进行修复，又会增加征管成本。

(二)市场全球化影响代扣代缴制度

互联网的全球化为电子商务的全球化提供了技术保障，但同时也削弱了代扣代缴的作用。电子商务卖家可通过互联网浏览、购买世界各国商品，并使用电子货币进行支付。如果没有相应的制度保障，税务机关很难对这种跨国界交易执行代扣代缴制度，从而失去了监控作用。

(三)对纳税人隐私权的保护加大搜集资料的难度

随着我国加大对公民隐私权的保护力度，在税务机关对纳税人进行稽查等方面规定了对多条款，但是由于在电子商务中，纳税人可以利用加密技术，对交易信息进行掩藏，这就造成了税务机关的“两难”：一方面是要严格遵守法律制度，保护纳税人的隐私，另一方面是基于税务稽查的需要，广泛搜集纳税人的交易资料。这样就导致税务工作的难度越来越大。

(四)电商迅猛发展侵蚀税基

由于电子商务有传统贸易无法比拟的优越性,如交易便捷、价格低廉、选择多样、全球同购、成本较低等特性,越来越多的企业尤其是跨国公司纷纷开辟网上通道拓宽销售渠道,而消费者也更愿意采取网上购买的方式进行消费,这直接导致线下交易的数量下跌,使现行税基受到侵蚀。而且目前对C2C电子商务这方面的征税还未实现制度化,致使网上贸易成为"征税盲区",导致税款流失。

## 四、加强C2C电子商务税收征管的具体思路

(一)完善C2C电子商务税收征管法律体系

1、完善征管法,增加对电商征税的实施细则。虽然我国已陆续出台了一系列促进电子商务发展的法律法规,如《国家发展和改革委员会办公厅 财政部办公厅 农业部办公厅等关于进一步促进电子商务健康快速发展有关工作的通知》(发改办高技〔2013〕894号)、《国务院办公厅转发商务部等部门关于实施支持跨境电子商务零售出口有关政策意见》(国办发〔2013〕89号)等,但作为税收征收管理基本法的《税收征收管理法》及实施细则,仍旧缺少对电子商务征税方面的具体规定,因此要完善征管法,增加对电商征税的实施细则,确保对电子商务征税的合法性、公平性和有效性。

2、制定《C2C模式电子商务税收征收管理办法》。我国政府应秉持税负公平、扶持发展等理念,尽快出台《C2C模式电子商务税收征收管理办法》,规范、制约我国C2C电子商务税收征管行为,明确计税依据、征收范围、纳税义务人、起征点、税率、优惠政策等,使C2C电子商务征税更加规范、合法。事项规范化、程序化。

(二)设置电子商务综合税率

在设置电子商务税率方面,不应简单采取传统的方式进行,理应根据C2C电子商务的特性及遵循简便征收的原则进行设置,因此笔者建议设置电子商务综合税率,即设定各个物品的综合税率,卖家所售物品的售价与综合税率相乘得出的是就是卖家应缴纳的税额之和。这既方便了税款的计算,也体现了税收公平原则。

(三)利用电商平台加强征税管理

获得交易凭证是解决C2C电子商务税收征收难题的关键。因为在网上交易过程中,电商平台上的网页销售记录的信息和第三方支付平台的资金信息都可以作为交易凭证,起到记录会计行为和资金运动的作用。比如在网页销售记录中,会清楚记录卖方和买方的信息、交易内容和时间等;在第三方支付的资金流中可以知晓交易金额,这些信息都可以作为税务机关征税的依据。因此税务机关可以充分利用电商平台加强征税管理。

(四)利用信息流征收税款

从C2C电子商务的一般交易流程可以看出,要想完成交易,就必须保证信息流传递的完整性,从买方下订单付款,到卖方联系快递进行发货,再到买家收货确认付款,其中都会产生物流、信息流、资金流三方信息。在这其中信息流是较为关键的,因此可以把缴税的环节安排在信息流中,即在交易的信息流流入快递公司之前加入一个缴纳税款的过程,如果此时卖家不缴税,就无法使交易继续,因此利用信息流征收税款是一个可行的方案。

(五)加强对C2C电子商务税收的保障

1、在税务局内部组建电子商务管理部门。一方面,随着电子商务的快速发展,网络贸易日益庞大,与传统线下贸易势均力敌,成为税务部门不可不重视的一股力量。另一方面,C2C电子商务交易有其显著的特点,无论从交易模式,还是稽查方式都与传统交易有着明显的区别,需要税务部门进行专门研究。因此,在税务局内部组建专门的电子商务税务管理部门和团队,从事针对C2C电子商务税收的一系列工作成为现实所需。

2、借助"金税三期"构建C2C电子商务交易监管平台。当前,我国税务部门正在如火如荼地开展"金税三期"工程建设,为"互联网+税务"的发展提供技术环境。因此可借助"金税三期"上线机遇,搭建一个C2C电子商务交易监管平台,与电商交易平台、第三方支付平台、金融部门、物流公司等进行对接,实现对C2C电子商务税收征收的实时监管。

3、重视C2C电子商务税务监督。税务检查是税务监督的重要组成部分,既有利于维护税法尊严,防止国家税款流失,也有利于督促纳税人按时缴税。在对C2C电子商务税务进行税务检查中,应根据其特点,采取有效的检查方式,如定期或不定期从电子交易平台、第三方交易支付平台、金融部门、物流公司等获取交易信息,通过大数据与C2C电子商务卖家提供的数据进行抽查比对,监督检查是否存在违反税法的行为,达到督促其按时足额缴纳税款的目的。

课题组组长:刘铭达

成员:张星强　马炳寿　李庆琳

执笔:李庆琳

# P2P 网络金融业务涉税相关问题研究

王　琳

## 一、P2P 网络金融业务发展现状

P2P 金融又称 P2P 信贷，是互联网金融(ITFIN)的一种。意思是指个人与个人间的小额借贷交易，一般需要借助电子商务专业网络平台帮助借贷双方确立借贷关系并完成相关交易手续。

2007 年 8 月，我国首家 P2P 网络金融业务平台在上海成立，此后 P2P 网络金融业务在中国的发展可谓风生水起。目前，我国的 P2P 平台已经超过 2000 家，仅 2015 年就新增平台 1140 家。2015 年全国 P2P 网贷成交额突破万亿元，达到 11805.65 亿元，同比增长 258.62%；历史累计成交额 16 312.15 亿元。

P2P 金融业务的发展带来了很多积极意义：一方面，大量的拥有闲散资金的投资人通过 P2P 网络平台找到投资渠道，获得比银行存款更高的收益。P2P 平台资金进入门槛很低，个人投资者只需几百元就可以参与投资，相对于银行理财、信托等投资产品，P2P 金融对普通民众具有极强的吸引力，因而近几年备受青睐、蓬勃发展；另一方面，P2P 平台为广大中小企业提供了“速效”的融资渠道，有资金需求的企业主可以通过网络平台高效、便捷获得资金，省去了办理银行贷款繁琐复杂的手续和程序，极大提高了融资效率。

## 二、P2P 网络金融业务的基本运作模式

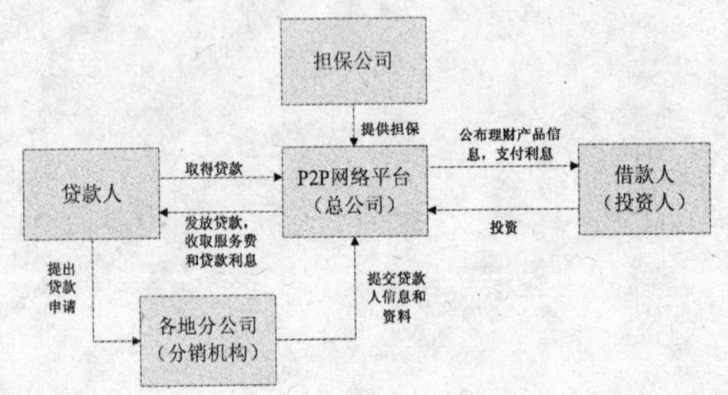


P2P 平台公司通常采取总分机构运营模式，具有跨区域、综合性发展的特点。总公司负责统一运营网络金融平台，各地分公司(以下简称分销机构)主要负责寻找有借款需求的客户，对客户信用情况进行调查审核，并将借款客户资料报总公司审批，申请是否可以发放贷款。总公司审批通过后，分销机构会要求借款人签订一份信息咨询服务合同，合同甲方为借款人，乙方为总公司(而非分销机构)，合同约定总公司向借款人按借款金额一定比例收取服务费(又称管理咨询费或佣金)，款项会直接从借款总额中扣除。同时，分销机构会要求借款人签订一份借款合同，合同甲方为借款人，乙方为贷款人(即在网络平台上注册投资的用户，通常为一个或多个自然人)。合同中约定利息支付方式、支付金额、还款期限等。值得关注的是，合同签订过程中，借款人与贷款人并不知晓对方身份，双方互不了解，完全通过互联网平台实现撮合交易。

合同签订后，总公司会将扣除服务费余额后的资金存入借款人预先提供的银行卡上。借款期间，借

款人按期将利息和本金存入同一张银行卡，总公司会通过银行转账收取相应款项，并通过网络平台向贷款人支付利息。资金借贷全过程主要依赖互联网金融支付方式和网络平台交易，方便高效，但也具有很强的隐蔽性和灵活性。

P2P 网络金融业务涉及各方的收入来源主要如下：P2P 平台，向借款人收取服务费（又称管理咨询费或佣金）和借款利息。贷款人，通过 P2P 网络平台获取利息。担保人，收取担保服务费。在此过程中，涉及的税种主要有流转税（营业税、增值税）、个人所得税、企业所得税、印花税等。

## 三、P2P 网络金融业务存在的主要涉税风险

目前，税务机关没有针对 P2P 网络金融业务专门的纳税申报管理办法，P2P 平台的纳税申报情况较为混乱。实践中，大量 P2P 平台的资金进出量巨大，但申报缴纳的税款却很少，很多 P2P 平台甚至连续几年都是纳税零申报。P2P 网络金融业务存在很多的涉税风险，税款流失现象严重。

（一）税收政策层面的风险

1、行业定位模糊，服务费（佣金）收入如何缴纳流转税政策规定不明确。P2P 平台的迅猛发展使监管滞后问题日益凸显。有关部门对 P2P 网络金融业务的认知和管理一直存在较大差异，对 P2P 金融的行业归属始终没有统一规定，P2P 平台究竟属于服务行业还是金融业尚未有明确精准的定位。P2P 平台收取的服务费（又称管理咨询费或佣金），是按照“互联网信息服务业”进行“营改增”后缴纳增值税，还是作为“准金融机构”按照目前的税收政策缴纳营业税，税法上并没有明确。实际征管过程中，各地税务机关执行标准不尽统一，有些地方征收营业税，有些地方征收增值税。即使是在全面推行“营改增”之后，模糊的行业定位也将给实际征管工作带来许多问题。

2、利息收入个人所得税、营业税的扣缴义务人政策规定不明确。按照《个人所得税法》规定，“个人取得贷款利息收入应全额按“利息、股息、红利所得”项目按 20％的税率缴纳个人所得税。个人所得税，以所得人为纳税义务人，以支付所得的单位或者个人为扣缴义务人。”毫无疑问，贷款人（P2P 平台投资者）取得利息收入应该缴纳个人所得税，但究竟是 P2P 公司还是借款人作为扣缴义务人？目前还没有明确的政策依据。

根据《营业税暂行条例》和国家税务总局《关于印发＜营业税问题解答[之一]＞的通知》（国税函发〔1995〕156 号）规定，个人将资金借与他人使用应视为发生贷款行为，对个人取得的利息收入按“金融保险业”税目征收 5％的营业税。与个人所得税问题类似，关于借款利息收入的扣缴义务人，营业税同样缺少明确的政策规定。

（二）财务核算层面的风险

1、会计核算不规范。作为一个新生事物，P2P 平台游离在金融机构的边缘，会计核算既不同于传统的金融机构，也不同于一般的咨询服务公司。目前没有专门针对 P2P 平台的会计核算规范，实践中各家 P2P 网络平台的会计核算千差万别，没有统一的核算标准，有的甚至帐目混乱，会计核算信息往往不能真实、准确反映企业的经营情况，既不利于 P2P 平台的自身管理，也不利于税收、审计等管理部门实施监管。

2、平台运营信息不公开、不透明。P2P 平台信息不透明一直是长期阻碍监管落地的最大问题，主要表现在平台资料不透明和借款人信息资料的不透明。P2P 平台网络交易具有很强的隐蔽性和不确定性：一方面，P2P 互联网金融平台一般都对其注册用户的基本信息及额度信息进行保密处理；另一方面，借款贷款业务通常都是在线上进行的，操作隐蔽。目前对于 P2P 平台信息披露的真实性、可靠性、完整性，尚未建立起有效的约束机制和科学的评价体系。面对信息的严重不对称、涉税数据的匮乏，税务部门面对 P2P 金融平台时难免显得捉襟见肘。

(三)税源管理层面的风险

1、税收管辖权遭遇限制。网络交易突破了空间限制,使交易的发生地轻松跨越传统的地理区域,而基于传统环境的现行税收征管手段很难适应网络交易虚拟化和交易灵活化的特点。税务机关很难依据现有税法的规定确认 P2P 借贷行为的应税行为发生地,也无法行使税收管辖权。另外,前文已述,P2P 平台往往是总分机构运营模式,许多知名平台在全国各地都设有大量的分支机构,甚至覆盖到二三线城市,在现有属地化管理征管模式下,无论是总公司还是分公司的主管税务机关都很难准确掌握平台的运营全貌,往往只窥见冰山一角。笔者在实际工作过程中,多次遭遇这种尴尬局面。例如,某地稽查局对 P2P 平台某分公司开展税务检查时发现,该分公司的服务咨询合同均以总公司名义与本地贷款人签订,借款合同均为异地投资者与本地贷款人签订,纳税人均在异地,该地稽查局及征管局对相关纳税人均没有直接的税收管辖权,此时通常只能函请异地税务机关处理,但对后续处理结果无法掌握。

2、纳税主体难以确定。目前对 P2P 平台没有强制的实名注册制度,大量个人投资者都是以网名的形式匿名注册,税务机关很难获取个人投资者的真实信息,难以确定取得借款利息收入的纳税人,给税款征收工作带来许多困难。

3、税收征管职责不明晰。P2P 平台取得的佣金收入应缴纳增值税还是营业税各地税务机关执行标准不一。P2P 平台的主管税务机关多数为地税部门,但增值税业务又属于国税部门管辖。在"营改增"起步阶段,国地税之间尚未建立起有效的合作机制,对许多交叉业务更是缺乏成熟、系统、完备的管理体系,对 P2P 平台的日常税收管理难免会出现许多模糊甚至空白地带。

## 四、对加强 P2P 网络金融业务税收征管的意见建议

(一)明确行业法律定位,完善信息披露制度

P2P 金融行业的法律地位的确立是构建税收制度的必要前提,建议金融等监管部门尽快完善对 P2P 网络金融业务的顶层制度设计,加速立法程序,明确 P2P 平台的法律地位,对其是否归属于金融行业给予明确界定,便于税务等相关部门更好地实施监管。

建立健全 P2P 金融行业的信息披露制度规范,规定对交易总额、交易总笔数、借款人数量、投资人数量、平台项目逾期率、借贷坏账率、项目风险提示、逾期保障措施等信息定期进行详细披露。同时,税务机关应与相关部门应该建立起信息传递和共享机制,将 P2P 平台披露的信息数据及时传递至税务部门,使税务机关及时获取有效的涉税数据。完备有效的信息披露,将在提高行业透明度,降低投资风险,提升行业监管水平等方面发挥重要作用。

(二)开展针对 P2P 金融行业的税收专项检查

在全国范围内开展针对 P2P 网络金融业务的税收专项检查,摸清行业真实的发展状况,总结行业特点,深入了解 P2P 行业的运作模式和盈利模式,系统研究该行业普遍存在的主要涉税问题,全面梳理和掌握 P2P 网络金融业务的涉税风险点。为完善与 P2P 金融相关的税收政策,采取行之有效的税收征管措施提供丰富有力的参考依据。

(三)完善 P2P 网络金融业务相关的税收制度

1、在总结 P2P 网络金融业务特点的基础上,制定出台专门针对该行业的税收政策。建议对 P2P 网络金融业务的纳税义务人、课税对象、纳税环节、纳税地点、纳税期限、如何进行税款的代扣代缴等税制基本要素给予明确界定,使借款人、P2P 平台、担保公司、贷款人等各方明确各自的纳税义务。条件成熟时,可以对现行的《企业所得税法》、《个人所得税法》、《增值税暂行条例》、《税收征管法》等进行必要的修订,修改不适应或不利于 P2P 网络金融业务的条款,增加对 P2P 网络金融业务的相关条款。

2、出台扶持 P2P 金融行业发展的税收优惠政策。顺应国家扶持互联网金融业务发展的政策导向,

制定并落实有利于P2P金融行业健康发展的税收优惠。例如对P2P平台企业给予一定额度的增值税(营业税)减免,给予符合国家产业导向的还处于初创期、成长期的中小型P2P平台一定的企业所得税免税期。对P2P平台企业在安全技术研发、技术合作等投入,准予研发费用加计扣除等。

(四)探索建立P2P平台代扣代缴税款制度

以P2P平台为代扣代缴主体,依托P2P网络交易平台,使其服务器连接到税务机关的税收征管信息系统内,将计税软件嵌入交易平台,通过平台对系统内所有已注册的参与者进行身份的确认与统计,交易时自动计税并生成电子发票,并定期地把相应的成交额、应纳税额数据传送到税收征管信息系统内,实现税收自动化,提高税款征收的便捷性。

(五)建立P2P网络金融业务的网络税务登记和实名制

研究开发互联网税务登记软件系统,将网络金融交易行为纳入税源管理。一方面,要求P2P网络金融平台实行网络税务登记制,在从事P2P业务时应办理专门的税务登记,并提供网址、域名、服务器地址、电子银行账号等网络交易的相关资料。另一方面,要求借款人、贷款人等P2P业务参与者实行实名登记制度。使税务机关可以采集、查询平台注册用户的身份信息、资金流向信息等。

(六)制定和完善电子发票管理相关规范

修订《税收征管法》,明确电子发票、电子凭证的法律地位。税务机关研发统一的电子发票样式,制定统一的使用规范。在P2P网络平台上搭建电子发票开具系统,并将发票开具系统与税务机关征管信息系统有效衔接,实时记录交易信息并确保数据不可篡改,同时在交易完成后,将开票数据及时传递给税务机关,确保税源的稳定性和可控性。

(七)适应大数据环境,全方位提升税务信息化水平

在互联网飞速发展的时代,税务机关应全面推进税务信息化建设,提高税务信息系统硬件的先进程度和软件的智能程度。一是研制在智能服务器或互联网金融交易平台上设置具有跟踪统计功能的征税软件,建立电子资金流监控系统,建立起适应互联网金融活动的征管技术手段和体系。二是提高数据的分析和应用能力,对获取的涉税数据及时进行纳税评估分析,发现涉税疑点,及时采取有效的管理措施。三是加快人才队伍建设,培养既懂税收业务知识又懂互联网金融知识的"网络税收时代"复合型人才,满足互联网金融飞速发展对高素质税收管理人才的需求。

P2P平台只是互联网金融业务飞速发展的一个缩影,未来的互联网金融会使税务机关面临更多、更大的挑战。税务机关应从完善税收政策、创新征管手段、加快信息化建设、加强部门合作等方面积极采取有效措施,顺应时代发展趋势,全面提高对互联网金融行业的税收征管效能。

(作者单位:辽宁省大连市地方税务局第一稽查局)

# 比较视角下提高 12366 纳税服务热线效能的思考

——以东莞国税为例

广东省东莞市国家税务局课题组

## 一、12366 热线呼叫中心基本情况

(一)12366 纳税服务热线建设沿革

“12366 纳税服务热线”是国家税务总局为适应加强和改进纳税服务工作的需要，于 2001 年向国家信息产业部申请核批的全国税务机关特服电话。2002 年 1 月 23 日，广州市率先在全国开通了 12366 纳税服务热线，珠海市和佛山市也分别于 2002 年 8 月以及 2005 年 11 月组建了自己的热线服务中心。2009 年 11 月，国家税务总局启动了 12366 项目在全国范围内的推广建设。2011 年，广东省国家税务局采取“省局集中接入控制，地市分布式呼出”的组网模式，在全省各市组建 12366 纳税服务热线呼叫中心。按照省国税局的工作部署，东莞市国税局 2011 年 5 月正式组建 12366 纳税服务热线呼叫中心，10 月 22 日正式开通热线服务，在市国税局机关设 4 名座席，负责全系统业务咨询和转接业务，下设 10 名远程座席分别按照管辖权限负责 10 个基层分局纳税人的咨询业务(2012 年 6 月省国税局解决线路互联互通问题后，10 个远程座席全线开通)。2013 年 6 月，出于日常管理及接通率、话务质量控制需要，东莞市局重新整合 12366 热线，撤销远程座席，并新增 6 名座席。2014 年 8 月，为应对快速增长的咨询量和日益严格的考核要求，再次新增 8 名座席。

(二)东莞市国税局 12366 热线呼叫中心现状

东莞市国税局 12366 纳税服务热线呼叫中心组建以来，来电总量和人工接听量保持全省前四，具体数据：

**表一　东莞市局 12366 热线呼叫中心历年数据表**

| 时间段 | 来电总量 | 转接人工量 | 人工接听量 | 坐席数量 | 有效坐席数量 * | 接通率 |
|---|---|---|---|---|---|---|
| 2011 年 10－12 月 | 2821 | 1582 | 1467 | 4 | 4 | 92.73% |
| 2012 年 | 54260 | 35217 | 16460 | 4 | 4 | 46.74% |
| 2013 年 | 169798 | 118567 | 64476 | 10 | 8 | 54.38% |
| 2014 年 | 177280 | 129127 | 100497 | 15 | 10 | 77.83% |
| 2015 年 1－9 月 | 180910 | 138085 | 126475 | 18 | 14 | 91.59% |

话务量方面，2014 年来电总量 177280 个，其中转接人工量为 129127 个，人工接听量为 100497 个，人工接通率为 77.83%；2015 年由于金三上线、推广增值税发票系统升级版等工作的深入开展，1－9 月的来电总量 180910 个，同比增长 40.39%，其中转接人工量为 138085 个，人工接听量为 126475 个，人工接通率为 91.59%。除了来电咨询外，东莞市局 12366 热线中心还负责解答国家税务总局、省国税局、市国税局有问有答和 12345 政府热线转发的咨询问题，2014 年至 2015 年 9 月共回复有问有答问题 2958 条，回

复 12345 政府热线转发问题 323 条。人员配置方面,从 2011－2012 年的 4 名、2013 年的 10 名,到 2014 年下半年配备 18 名热线座席,东莞市国税局 12366 热线呼叫中心的座席人员数量因应来电数量的增长也在不断地增加。目前 18 名座席全部属于派遣员工,其中设 2 名组长,负责热线的日常考核和管理。

(三)与广州等市国税局的数据对比

对比 2014 年全省业务数据排行前 5 名的广州、佛山、珠海、中山等市国税局 12366 热线情况,东莞市国税局管辖纳税人数量全省排名第 2,来电总量全省排名第 3,座席数量排名第 2,第四季度热线绩效排名只有第 14。究其原因,主要是东莞座席人员流失率高,2014 年达到 50%,培训组长处于长期培训新人的状态,导致有效在线座席人数只能维持在 14 名左右,影响了接听效率和话务质量。其次,按照上级"1 万户纳税人配 1 名座席"的要求,东莞 40 万纳税人应配备 40 名话务座席,但目前的纳税人户数与座席数量配置比只有 45%,在上述 5 个市国税局中排名倒数第 2。"营改增"进一步扩围后,东莞市国税局将增加 10 万户以上纳税人,届时这一矛盾将更加突出。

**表二　2014 年 12366 热线呼叫中心 5 市情况对比表**

| 统计单位 | 纳税人户数(万) | 来电总量(万) | 人工接听量(万) | 接通率(%) | 座席数量 | | 纳税人户数与座席数量配比 | 人员流失率(%) |
|---|---|---|---|---|---|---|---|---|
| | | | | | 公务员数量 | 派遣人员数量 | | |
| 东莞 | 40 | 17.73 | 10.05 | 77.83 | 0 | 18 | 45 | 50 |
| 广州 | 70 | 80.43 | 54.38 | 78 | 0 | 47 | 48.39 | 12 |
| 佛山 | 32 | 29.08 | 20 | 80.35 | 0 | 15 | 46.88 | 31.25 |
| 珠海 | 9 | 15.5 | 13.4 | 86.35 | 0 | 17 | 188.89 | 30.4 |
| 中山 | 17 | 8.49 | 6.39 | 91.28 | 0 | 7 | 38.89 | 0 |

## 二、东莞市局 12366 热线运行中存在的困难和问题

(一)人员流动性较大,队伍稳定性受到较大影响

目前东莞市国税局 12366 热线座席人员都是由派遣人员担任,因派遣人员的工资待遇较低与热线服务工作的高要求、高工作量矛盾较为突出,座席岗位对优秀人才的吸引力不足,座席人员流失情况较为严重。东莞市国税局共招入过 31 名座席,2011 年最初招聘的 4 名座席人员已全部离职;2012 年招入的 3 名座席有 1 名离职;2013 年招入的 8 名座席有 4 名离职;2014 年招入的 10 名座席有 3 名离职;2015 年新聘的 6 名座席有 1 名离职,总体离职率高达 42%。从任职时间来看,3 个月内就离职 3 人,6 个月内离职的 2 人,1 年内离职的 3 人,任职超过 2 年且尚在职的只有 5 人。由于新招录的坐席人员一般要培训 3 个月以上才能上岗,高离职率使日常管理工作频繁陷于招聘－培训－刚刚上手－离职－再招聘的循环中,严重影响热线的总体服务质效。同时,由于当前 12366 热线系统知识库未完善更新、答案查找不够便利,每个座席都建有自己的小知识库,大量优秀的服务经验与隐性知识随着人员的流失而流失,致使每一批新座席都要用同样甚至更多的时间重复摸索积累,造成人工成本浪费。

(二)服务规范性、话务质量有待提升

省国税局 2014 年 8 月开始向全省各市下发 12366 热线运行通报,从 2014 年 8 月－2015 年 9 月的 12366 热线运行通报情况来看,东莞市国税局的接通率基本达到省国税局要求,与上述其他 4 个市国税局差距不大;但答复准确率、服务规范性方面在全省综合排名中等(省国税局抽查评分以国家税务总局公布的《12366 纳税服务热线绩效测评方案(试行)》为标准)。经抽查东莞市国税局部分电话录音,存在新座席业务不熟悉导致答复质量不高,部分座席存在反复与纳税人确认咨询内容,未能迅速准确理解纳税

人需求以及语气不够温和等问题。

表三　2014 年 8 月－2015 年 9 月 5 市热线呼叫中心绩效评分情况表

| 单位 | 时间 | 接通率（得分） | 答复准确率（得分） | 服务规范性（得分） | 合计（得分） | 排名 |
|---|---|---|---|---|---|---|
| 东莞 | 2014 年 8－9 月 | 30 | 36.5 | 26.6 | 93.1 | 14 |
| | 2014 年第四季度 | 30 | 37.2 | 27.3 | 94.5 | 14 |
| | 2015 年第一季度 | 29.1 | 38 | 28.05 | 95.15 | 13 |
| | 2015 年第二季度 | 30 | 39.2 | 29.22 | 98.42 | 9 |
| | 2015 年第三季度 | 30 | 40 | 29.4 | 99.4 | 2 |
| 广州 | 2014 年 8－9 月 | 30 | 39.5 | 28.9 | 98.4 | 1 |
| | 2014 年第四季度 | 29.1 | 39.6 | 28.8 | 97.5 | 5 |
| | 2015 年第一季度 | 28.8 | 39.6 | 28.8 | 97.2 | 5 |
| | 2015 年第二季度 | 28.8 | 40 | 30 | 98.8 | 5 |
| | 2015 年第三季度 | 30 | 40 | 30 | 100 | 1 |
| 佛山 | 2014 年 8－9 月 | 30 | 39 | 28.9 | 97.9 | 3 |
| | 2014 年第四季度 | 30 | 39.6 | 29.1 | 98.7 | 3 |
| | 2015 年第一季度 | 29.1 | 38.6 | 28.2 | 95.9 | 9 |
| | 2015 年第二季度 | 28.8 | 40 | 30 | 98.8 | 5 |
| | 2015 年第三季度 | 30 | 39.2 | 29.4 | 98.6 | 3 |
| 珠海 | 2014 年 8－9 月 | 30 | 34 | 27.4 | 91.4 | 19 |
| | 2014 年第四季度 | 30 | 39.6 | 29.25 | 98.85 | 2 |
| | 2015 年第一季度 | 28.5 | 40 | 29.25 | 97.75 | 2 |
| | 2015 年第二季度 | 30 | 39.6 | 29.4 | 99 | 4 |
| | 2015 年第三季度 | 30 | 40 | 28.5 | 98.5 | 4 |
| 中山 | 2014 年 8－9 月 | 30 | 39 | 28.9 | 97.9 | 4 |
| | 2014 年第四季度 | 30 | 37.6 | 28.5 | 96.1 | 9 |
| | 2015 年第一季度 | 29.1 | 38.6 | 28.5 | 96.2 | 8 |
| | 2015 年第二季度 | 28.5 | 37.6 | 28.2 | 94.3 | 19 |
| | 2015 年第三季度 | 30 | 36 | 29.4 | 95.4 | 20 |

（三）流程规范性不足，知识库内容笼统

目前 12366 热线系统的业务流程大部分明晰，但总体规范性不足，没有及时与《全国税务机关纳税服务规范（2.0 版）》等税收管理规范接轨，纳税人最想知道的、最新的政策问题、业务流程问题、业务系统问题没有及时更新。知识库由国家税务总局负责整体政策法规、文件规定等知识维护，省国税局、市国税局各级完善，但实际上很多知识点过于笼统。针对不同纳税人的不同情况，座席人员不容易找到答案，很多时候最先找到的是类似内容的法规条文或者各种类型的问题解答，缺乏话务规范话述，也就是业务知识之外的应答套路，即对于纳税人咨询的某类问题，应该如何解答才能够达到纳税人满意度高、通话时长较短等目的方法。

（四）系统功能不强，服务效果有待提升

目前东莞市国税局 12366 纳税服务热线的咨询渠道主要有来电咨询，国家税务总局、省国税局和市国税局网站有问有答栏目转接的咨询，12345 政府热线转接的咨询等 3 种，没有与现行各种微服务渠道相对接，功能过于单一。同时，考虑到全国热线系统的硬件承受能力，为避免影响在线咨询功能，目前12366 热线知识库只限于呼叫中心座席人员以及部分业务科室和分局人员使用，对大部分税务人员都没有开放权限，使用范围过于狭窄。根据东莞国税 12366 热线提供话务后所做的满意度调查来看，2013 年非常满意比例 37%，满意比例 6%，一般比例 1%，不满意为 0，拒绝接受评价比例 57%；2014 年非常满意比例 28%，满意比例 4%，一般比例 1%，不满意为 0，拒绝接受评价比例 68%；2015 年上半年各项指标比例与 2014 年保持一致。热线总体满意度不高，满意及以上评价仅为 32%。

(五)管理经验和力度相对不足

目前东莞市国税局 12366 热线呼叫中心由纳税服务科管理，由于日常业务繁重，管理经验不足，管理质效有待提高。与佛山市国税局 12366 热线进行比较，东莞市国税局管辖 40 万户纳税人，2014 年来电总量 17.73 万，2014 年第四季度绩效排名第 14；佛山市国税局管辖 32 万纳税人，来电总量 29.08 万个，比东莞还要多 11.35 万个，但其绩效排名却可以保持在全省第 3，两者有着较大差距。经了解佛山市国税局12366 热线的相关情况和做法，除了东莞市局高达 42%的人员流失因素影响外，归纳起来还有以下原因：一是佛山市国税局有 10 多年的热线管理经验，佛山市顺德区国税局 2001 年就组建了热线呼叫中心，佛山市国税局 2005 年 11 月正式组建呼叫中心，经过多年的实践和探索，已经积累了大量的管理经验；二是自 2014 年 6 月开始，佛山市局聘请电信系统专业人员管理呼叫中心，实行了专业化管理；三是 2014 年下半年佛山市国税局开始探索服务外包管理模式，以每人每年 6 万元左右的价格聘请专业座席到呼叫中心服务，目前已有 5 名电信专业人员到岗，其话务规范性得到更专业的保证；四是佛山市国税局呼叫中心有5 名以上的业务骨干，工作 10 年以上的业务骨干 3 名，其工作经验、专业技能得到有效传承。

## 三、改进 12366 热线运行的工作建议

(一)规范人员编制，加大政策支持力度

一是建议总局全面开展 12366 热线人员配置摸底调查，及时通报调查数据，方便总局、各省市国税局纵横对比、统筹分析热线人员配置情况。同时，加大 12366 热线队伍建设的政策支持，进一步加强热线呼叫中心人员编制保障，例如明确新聘公务员除了在基层分局办税务厅之外，也可以选择在呼叫中心进行一定年限的锻炼，再分配到其他工作岗位，并在同等条件下优先考虑评先评优、考核奖励资格等。二是按照国家税务总局“每 1 万户纳税人配 1 名座席”的配置要求，目前各市国税局仍需增加座席编制和硬件配置，但在上级部门对人员编制限制的情况下，各市国税局操作难度较大，对此，建议省国税局针对各市国税局热线人员编制问题，统一向国家税务总局提出人员编制需求，减轻基层负担。三是在市国税局层面，继续完善奖惩措施，加大对热线服务中心人员和经费支持；加强团队凝聚力建设，增强座席人员的荣誉感和归属感。

(二)加强考核监督，提高人员管理水平

一是建议总局结合 12366 热线系统本身具有的满意度调查、工作时长、休息时长、接听数量等数据统计功能，研发座席人员绩效管理模块，自动形成基础绩效评分，再由各省、市国税局增加个性化的考核数据，加强座席人员的绩效管理。二是考虑到热线工作需要长时间不间断接听并回复来电咨询，对座席人员的双耳及咽喉都有不良影响，建议由省国税局统一设立优秀座席奖励基金，给予各市国税局一定比例的优秀名额，每个季度或每半年一次对表现优秀的座席进行奖励。同时，建议省国税局抽查和通报热线运行结果时，详细说明各市具体存在问题、所抽查的录音编号等内容，便于各市国税局有针对性地开展整改。三是在市国税局层面，加强日常工作考核，强化考核结果运用，开展纳税人回访等外部监督手段，提高座席人员的服务意识和工作积极性。完善座席人员日常培训机制，制定培训计划，重点提升座席人员

的心理素质和业务能力。

(三)优化业务流程,加强知识库建设

一是建议在落实《12366 纳税服务热线升级完善工作方案》时优先完善知识库建设,根据最新的税收管理规范,优化各类业务流程。同时,针对目前热线系统知识库只有常见问题汇编、缺乏话述规范的问题,大力完善话述规范设计,把热线中心常见的五种问题加以汇总,其中包括:纳税人不满、应急处理、一次未解决、通话过长、现场支持等,整理常见问题的应对套路,利用平均通话时长等指标来检验是否合理。据了解,北京呼叫中心在这方面已经做出了有益的尝试,可以以北京呼叫中心为试点,以建设能够公开给全国使用的知识库为目标,将疑难问题的解答口径整合成统一的话述,形成统一、清晰、准确的回复标准。二是在省国税局层面,建议以部分先进的呼叫中心为试点,如广州、珠海、佛山市国税局呼叫中心等,总结知识库建设方面的先进经验,在全省范围内分享和推行,提高全省话务效率和质量。三是在市国税局层面,一方面结合落实国家税务总局税收管理规范的具体情况,进一步梳理本市的各项业务流程,形成统一、清晰的业务清单,提高答复准确率;另一方面结合各项软件和系统的推行情况,及时总结热点、难点问题,把最新的系统运行情况、疑难问题形成话务规范话述,并通过呼叫中心进行测试,补充、完善知识库内容。

(四)完善服务渠道,拓展热线功能

一是建议进一步增强全国热线系统的硬件配置保障,增强系统承受能力,确保系统在各省市对内部人员开放知识库使用权限后能够保持稳定。同时,统筹与腾讯、新浪等网络通讯公司协调事宜,为各地微信、微博等微服务平台的开发建设创造条件。二是在省国税局层面,目前各市国税局拓展了众多的服务平台,如微信、微博、网页、各地的 12345 政府热线等,导致管理工作越来越繁杂,建议省局参照开发多渠道预约办税项目的做法,统一规划各种服务渠道,由省国税局确定合作单位,确定基础架构,保障经费支持,再由各市国税局在此基础上提出个性化需求,同时与省政府、相关软件技术企业统筹协调,在 12366 热线系统的基础上,拓展热线功能。三是在市国税局层面,目前东莞市国税局的微信平台、市府 12345 热线、税企通纳税服务平台都是与 12366 热线系统分离的,需要安排专人管理,因此在省国税局进行统一整合前,市国税局将研发 APP 版税企通纳税服务平台,并将其预约反馈信息、通知等功能融入到当前的微信平台中,为未来并入 12366 热线系统做好准备。

(五)增加资源投入,提高管理水平

按照转变政府职能、建立服务型政府的总体要求,国家税务总局将 12366 纳税服务热线打造成"四中心、一基地、一窗口"作为总体目标,即:纳税人的涉税咨询中心、信息查询中心,税务机关的宣传辅导中心、税情调查中心,以及税务干部培训基地和展示国税形象的重要窗口。因此,各省市国税局都非常重视热线呼叫中心的建设工作,如 12366 北京呼叫中心现有 166 人,且全部为公务员,并且同等条件下在评先评优、考核奖励时予以优先考虑,基本健全了激励机制,能够有效控制人员流动率;厦门国税呼叫中心现有公务员座席 4 人、派遣座席 19 人等。在国家税务总局、省国税局高度重视的情况下,市国税局进一步加大对 12366 热线呼叫中心的资源投入力度,增强对热线呼叫中心人员配置和经费保障。可参考中山市国税局的做法,实行工资差异化管理,呼叫中心座席工资比一般派遣工作人员工资高 1000 元左右,在国税系统内部选拔资深税务人员到热线呼叫中心服务,提高座席总体实力;也可参考佛山市国税局的做法,探索热线呼叫中心服务外包,聘请专业管理人员到热线呼叫中心实行专业化管理,提高管理人员水平。

课题组组长:邝照东

成员:蓝仕华　黎少琴

# 部分企业利用人为“分立”形式套取小微企业税收优惠政策的现象需引起关注

山东省日照经济技术开发区国家税务局、地方税务局课题组

在2014年9月的夏季达沃斯论坛上，李克强总理首次发出“大众创业、万众创新”的号召，继而在全国掀起了“大众创业”的新浪潮，随后下发的《国务院关于大力推进大众创业万众创新若干政策措施的意见》明确指出要完善、落实扶持小微企业发展的各项税收优惠政策，强化创业支持。为此，国务院短期内几次调整小微企业税收优惠政策，这些措施将直接降低小微企业的税费负担，对扶持小微企业发展具有重要意义。但是，从日照市税务部门反映情况来看，在政府部门简化审批程序、降低注册门槛、促进大众创业的前提下，部分纳税人“投机取巧”，通过人为“分立”企业等形式享受小微企业税收优惠政策，一定程度上影响了税负公平，造成了国家税收流失，同时也违背了国家扶持小微企业发展的初衷。

## 一、案例分析

现行的小微企业税收优惠政策规定：1、对营业税纳税人和增值税小规模纳税人，月营业额（销售额）不超过3万元（含）的，免征营业税（增值税）（财税〔2014〕71号）；2、自2015年10月1日至2017年12月31日，对年应纳税所得额低于30万元（含30万元）的小型微利企业，其所得减按50%计入应纳税所得额，按20%的税率缴纳企业所得税（财税〔2015〕99号）。通过日常税收管理发现，存在纳税人通过人为“分立”企业形式套取小微企业税收优惠政策的现象。

例如：某家政服务公司A公司原月营业额平均在9万元、年应纳税所得额在36万元左右，但自今年10月份开始，月营业额突然下降，每月不足3万元。在对家政服务业开展发票专项检查时发现，A公司和B公司、C公司申请开具的服务业发票，家政服务费支取人都是A公司的经营人张某，引起检查人员关注。后经调查，并和张某本人沟通了解，A公司和B公司、C公司的实际经营人都是张某本人，为了享受小微企业税收优惠政策，少缴税款，他用亲属身份重新申请注册了B公司、C公司，将原来一家公司的业务，人为拆分为三家公司的业务，但实际经营者、经营业务、工作人员都没有变动，从表面上看是两家公司，实际上是一家公司两个门头。

按照A公司原月营业额9万元计算，其应缴纳营业税：90000×5%＝4500（元）；拆分为三家公司后，因月销售额不足3万元，可以享受小微企业税收优惠政策，均不需缴纳营业税，张某单月可以少缴纳营业税4500元。按照A公司原年应纳税所得额36万元计算，其应缴纳企业所得税：360,000×25%＝90,000（元）；拆分为三家公司后可以分摊应纳税所得额，分别为12万元，因年应纳税所得额低于30万元，可以享受小微企业税收优惠政策，只需缴纳企业所得税：（120,000÷2×20%）×3＝36,000（元），通过“分立企业”形式，张某可以少缴纳企业所得税36,000元。如果把A公司和B公司C公司看作是三个独立的纳税主体，他们分别享受小微企业税收优惠政策，是符合政策规定的；但从“实质重于形式”的税收原则来看，A公司和B公司C公司经营着同样的业务范围，并且企业实际控制人是同一个人，从法理上来讲，这

三家公司的营业额应该合并计缴营业税、企业所得税，人为“分立”企业少缴或不缴税，则为偷税行为。

## 二、原因分析

（一）企业注册门槛低，为部分企业人为“分立”，享受小微企业税收优惠政策带来了便利。近年来，国家进一步加大简政放权力度，要求加快清理不必要的证照和资质、资格审批，为小微企业降门槛、除障碍。山东省规定对注册资金50万元以下的小微企业免收登记注册费用，允许个体工商户、个人独资企业等投资成立公司等。登记注册个体工商户和个人独资企业对注册资金实行申报制，没有最低限额基本要求，只要申请人具备与经营项目相应的资金、经营场地、经营能力及业务技术即可。

（二）“三证合一”登记模式，取消了原有的在企业办理税务登记时对涉税信息进行审核把关的环节，企业的人为“分立”现象很难发现。根据《国务院办公厅关于加快推进“三证合一”登记制度改革的意见》（国办发〔2015〕50号）文件精神，2015年10月1日要在全国全面推行“三证合一、一照一码”登记改革。新设立企业无需再次进行税务登记，对于工商登记已采集信息，税务机关不再重复采集；其他必要涉税基础信息，可在企业办理有关涉税事宜时，及时采集，陆续补齐。在这种登记模式下，取消了原有的对企业相关信息进行审核把关的环节，对企业涉税信息的审核存在滞后现象，很难发现企业的人为“分立”行为，为以后的税收管理造成漏洞。

（三）现行小微企业优惠政策范围较窄，力度不大，没有适应不同阶段、不同规模中小企业的发展要求，部分企业存有避税的心理。一是目前国家对小微企业的税收优惠，局限于企业所得税、增值税、营业税，其他税种没有涉及，如小微企业缴纳土地使用税、房产税没有相应的税收优惠政策，而小微企业恰恰感到对缴纳这两种税收的负担率较高。二是目前对小微企业的企业所得税优惠政策，仅限于小型微利企业低税率优惠这一项，而对小微企业生存发展最艰难和最关键的方面，如创业初期、技术改造、再投资等没有针对性的优惠政策，没能从根本上解决小微企业税收负担，使小微企业在税收优惠方面并没有明显优势。

## 三、对策建议

（一）适应“三证合一”登记制度要求，加强对涉税信息的案头分析和实地核查，及时发现企业人为“分立”现象，要求企业合并申报营业税（增值税）。各级税务机关要加强与登记机关的沟通协调，充分利用办公平台和数字传输，在保证数据信息安全的前提下，在目前的工商登记管理系统、金税三期税收管理系统之间开放数据接口，自动实时抽取推送登记数据，实现登记信息的即时共享，加强案头分析比对，同时，税务部门要及时组织征管力量进行巡查，关注纳税人经营动态，掌握经营情况，及时发现企业人为“分立”的现象，一方面，要求企业合并计算营业额（销售额）申报营业税（增值税），如果营业额（销售额）不超过3万元，可以享受小微企业优惠政策；如果营业额（销售额）超过3万元，则按照规定申报纳税；另一方面，要求企业合并申报缴纳企业所得税，如果应纳税所得额不超过30万元，可以享受所得税优惠政策；如果应纳税所得额超过30万元，则按照规定申报纳税。

（二）实施“黑名单”管理制度，加大对通过人为“分立”形式骗取小微企业税收优惠政策资格的的企业的监管力度。联合工商、质监等市场监管部门，建立“黑名单”制度，对企业通过人为“分立”形式偷（骗）税的，由税务机关将相关信息传至工商登记机关以及质监等部门，纳入“黑名单”管理，联合加强对该企业的管理。同时，税务机关除按相关规定补缴税款、加收滞纳金外，还要严格按照规定给予行政处罚，并取消该企业享受小微企业优惠政策的资格，即便以后符合小微企业减免条件，也不得享受税收优惠政策，从根源上杜绝纳税人偷税避税的心理。

(三)完善小微企业税收优惠政策,放宽优惠范围,加大优惠力度,促进小微企业实现可持续发展。一方面,一是提高增值税、营业税的起征点,建议将小微企业免税范围从当前的“月营业额 3 万元”提高到“月营业额 5 万元”,二是提高减免小微企业所得税的标准,将年度应纳税所得额从 30 万元,提高到 50 万元,让更多的小微企业享受到国家税收优惠政策,使税收优惠政策优惠面更广,降低纳税人的税负。另一方面,进一步扩大小微企业税收优惠的税种,如可以按照小微企业生产规模全部或部分减免土地使用税和房产税。同时,对于初创期的小微企业或是投资小微企业的企业在创立时期和投资阶段应给与一定的政策支持,如对创立时期的开办费、小微企业的贷款利息等能够实行税前加计扣除等。

课题组组长:彭善金

成员:牟现宏　王　涛　张　波　张　雷　刘　敏

# 创新税收管理　服务区域经济

李金洲

在党的十八届五中全会提出的五大发展理念中，创新发展居于首位，意义重大。在今年两会期间，习近平总书记又强调"保持锐意创新的勇气、敢于人先的锐气、蓬勃向上的朝气"。税务部门作为重要的经济职能部门，创新是税收事业兴旺发达的不竭动力，惟有创新，税收工作才能超越发展，精准发挥税收职能作用，促进区域经济更好更快发展。如何使创新落地生效，应从以下四个方面入手：

## 一、创新管理理念

管理是国税工作的永恒的主题。适应新常态，展现新税风。深刻认识国税工作发展面临的新机遇、新挑战，积极适应、主动引领新常态，做到转变观念抓落实。管理理念的革新决定着国税部门的未来发展。国税工作和国税人要有应万变的管理理念和思维能力。引导税务干部牢固树立"纳税人的需求就是我们的工作"的税收工作理念，从思想根源上彻底根除执法强势地位的思想，充分认识到服务既是职责，也是义务。在税收工作实践中，彻底摒弃本位主义观念，在接受垂直领导的同时，必须服从地方党委和政府领导，全面贯彻落实地方党委政府部署和要求，将税收工作置于地方社会经济发展的大局，坚持落实"规定动作"不走样，"自选动作"有特色。

## 二、创新管理规程

规程是基层税务机关运转的组织保障。随着互联网＋时代的到来，过去税收管理一些规程不能适应现代的管理模式。信息管税水平有待于提高。信息管税为税源管理提供支撑作用，"全面、及时、准确"六字数据采集要求不能落到实处，现有数据质量水平不高；政府部门等第三方配合不够，第三方信息共享平台没有建立起来，内、外部涉税信息比对困难较多；数据分析设立的指标较多，没有建立统一的数据分析模型，缺少一个统一的数据分析应用平台，传统的分析手段无法适应信息管税的新形势。税收征管程序有待规范。税源管理缺位的问题比较明显，重点税源管理程序不细化，中小税源管理程序过于复杂；纳税评估的法律地位不明确，纳税评估的质量不高，对纳税申报真实性、合法性审核不到位，税收征、管、查等环节的配合不协调，制约征管质量和效率的提高。通过充分发挥国税、地税各自优势，推动服务深度融合、执法适度整合、信息高度聚合，着力解决现行征管中一些突出和深层次问题，不断推进税收征管和征管能力现代化，降低征纳成本，提高征管效率，增强税法遵从度和纳税人满意度，确保税收职能作用有效发挥，促进区域经济健康发展。

## 三、创新管理模式

基层税务机关作为税收法律政策的终端执行者、直接面对广大纳税人的管理服务者，必须坚持解放思想、改革创新，勇于打破老的思想禁锢，冲破传统的路径依赖，勇于打破传统的管理思维、管理模式和管理方法，将长远发展与现实基础相结合、将上级要求与单位实际相结合、将重点突破与整体配套相结合，改进控税模式，强化信息管税工作。以解决征纳双方信息不对称问题为重点，以涉税信息采集、分析、应用为主线，以现代信息技术为依托，加强业务与技术的融合，推动业务、制度、技术创新，优化资源配置，不断深化信息管税。完善信息管理规范和标准体系，统一涉税信息的数据标准、口径，规范和加强数据采集工作，不断提高数据质量。推进与其他政府部门之间的信息共享，拓展数据采集渠道，及时、完整、准确地采集纳税人申报信息和第三方信息。建设数据分析应用系统，完善税源监控体系和收入核算管理平台，强化信息应用，加强分析比对，促进税收管理。综合运用税收弹性分析、税负分析、税收关联分析等方法，深入开展经济税源分析、政策效应分析、管理风险分析和预测预警分析，增强税收分析和应对能力，提升信息管税水平。

## 四、创新管理服务

将简政放权与创新管理相结合，将优化服务与加强管理相结合，寓管理于服务之中，在为市场主体添活力、增动力的同时，把该管的事项管住、管好。面对经济社会发展和纳税人需求日益多元化，坚持从思想观念、服务企业、办事效率、督查问责等方面求突破，努力实现能力作风持续提升；进一步增强改革攻坚、创新发展的意识，勇于探索、主动实践，帮助企业在创新驱动中破解难题，服务经济社会在科学发展中攻坚克难；把纳税人满意度作为检验纳税服务工作的标尺，把纳税人需求和建议作为纳税服务工作的方向，不断提高服务质量；坚持把精细化管理理念引入纳税服务工作之中，按照准确、细致、深入的要求，把纳税服务工作做精、做细、做实。转变服务观念，以程序性服务为基础，以权益性服务为重点，以职能性服务为根本，让纳税人获得更高效的服务。国税、地税合作将按照服务深度融合、执法适度整合、信息高度聚合的要求，进一步提速提质提效。实现"前台一家受理、后台分别处理、限时办结反馈"的服务模式，让纳税人"进一家门、办两家事"；努力打造"高效、便捷、满意"型服务窗口。

（作者单位：河北省保定市竞秀区国家税务局）

# 打造"互联网＋纳税学堂"升级版的实践与思考

黎　涛

根据国家税务总局"强化'互联网＋'思维，跟上时代步伐，提升工作站位，不断提高税收服务管理水平"的总体要求，山东省郓城县国税局围绕纳税人办税中的"热点"和"兴趣点"，积极探索"互联网＋纳税学堂"的有效模式，推进了"便民办税春风行动"的深入开展。该局以即时通讯软件为平台初步建立了"互联网＋纳税学堂"，打破时间、空间的限制，突出传播速度快、辐射范围广、形式新颖、内容丰富的特点，为纳税人提供了在线学习、课件下载、互动辅导、预约报名、意愿调查能等服务，赢得了纳税人的"海量点赞"。

## 一、构建"互联网＋纳税学堂"新模式的实践

目前，该局"纳税服务微信公众号"关注人数已有7000余人，加入"纳税服务QQ群"有9300余人，全县所有财务人员、企业负责人及部分党政机关干部和群众都主动地加入了进来。

### (一)注重体验，刷出来的趣味课件

该局不是将税收政策、办税指南简单地全文罗列到公众号上去，而以注重纳税人阅读体验为导向，将抽象的税收政策、办税指南转变成趣味、新颖、生动、多样性的课件，再运用流行语言设计夸张、煽动性的标题，使纳税人看到的第一眼就有阅读的欲望。通俗易懂、趣味的课件不仅使纳税人更加方便获知税收知识，还能保持纳税人下次关注公众号更新的兴趣。

在趣味课件的选择上，通过三种途径来实现：一是网上搜集资源。对于通用的税收知识内容，通过搜集网上已经成型的税务课件拿来使用，如借鉴"国家税务总局"公众号的内容。二是自行制作。发动青年干部开动脑筋、大胆设计制作课件。三是外包定制。对于数量多，内容。形式要求质量较高的课件，则外包给设计公司制作。

### (二)简短实用，在线视频随身看

对于不能及时到"纳税人学堂"现场参加培训的纳税人，该局将培训内容进行精简，由兼职教师通过专业设备录制视频教学短片，每个短片播放时间不超过15分钟。将课件通过网络上传至优酷网、土豆网等视频网站，再将在线视频通过公众号及时发布。根据税收政策动态，定期将纳税人较关系热点问题也做成教学视频进行发布。纳税人通过手机、移动设备，链接网络可以随时、随地接受培训，实现了将学堂装进了手机里。

### (三)方便快捷，网上报名也能行

对于实体纳税人学堂的举办，从发布通知到组织报名全程通过网络的形式，不仅方便了纳税人，也提供了纳税人的参与意识。每期实体纳税人学堂举办前两星期，通过公众号、QQ群、县局外部网站发布学堂举办通知，通知包括授课教师简历、培训内容、培训地点、培训时间、报名方式等内容。纳税人可以通过QQ群、电子信箱、电话的方式进行报名。

### (四)互动交流，专家门诊也全能

该局将国、地税纳税人学堂16名兼职教师请到QQ群聊，开设"专家门诊"，轮流坐诊为纳税人提供

互动辅导。一是公开教师信息。制作电子版兼职教师简历，包括个人照片、年龄、职务、所在岗位、获得荣誉、专业特长等，将简历放在QQ群共享资源里供纳税人参考，以便纳税人选择感兴趣的教师。二是公开坐诊值班表。每季度制作一次兼职教师值班表，在QQ群共享资源里公开。纳税可以与选择在中意教师的值班日与其在线交流。三是轮流坐诊。16名兼职教师按照值班表的计划轮流在QQ群上进行纳税辅导，每人值班时间为一个工作日。值班教师可以通过QQ单独交流、多人交流，也可以在群里一起谈论纳税人关心的难点、热点问题。四是全面辅导。兼职教师不仅要在自己专业领域里有所钻研，还要在其他税收领域广泛学习知识，包括中央级、地方级所有税种，以便在线辅导时对纳税人的普通问题都在做出解答。

(五)认真反馈，"小帮手"有空闲

该局指定了多名近年来新招录新年干部作为税务"小帮手"，负责工作以外时间的QQ群管理。"小帮手"每天下午下班后整理纳税人当天没有被答复的留言，第二天联系各科室编写答复内容，每天下午下班前将昨天留言的答复内容公布到QQ群里。

(六)资源共享，各种资料能下载

借助QQ群强大的资源共享功能，该局将每期纳税人学堂的培训PPT课件、教学视频课件上传至QQ群，纳税人下载后可反复学习。及时将最新税收政策全文及解读传至共享资源，供纳税人查看。

(七)免费阅读，电子图书种类全

在QQ共享里资源开设了"税务电子图书馆"模块，用来满足有理论钻研的企业财会人员和税务干部的需求。"电子图书馆"目前已收藏各种财税类电子图书100余册，种类包括各税种解析、税收筹划、税务稽查、会计基础、会计实务、现代化税收管理理论等。在搜集电子图书资源的途径方面，一是通过当当网、卓越网或其他图书网站购买财税类电子图书；二是付费委托专业人员，指定图书，由其通过技术手段制作图书。

## 二、进一步打造"互联网＋纳税学堂"靓丽品牌的思考

通过大胆探索与不断创新，"纳税学堂"建设快速发展，逐步成为沟通征纳双方的桥梁、税法宣传的窗口、纳税服务的平台、释疑解惑的良师和社会监督的渠道，取得了良好成效。但也存在一些问题，一是国地税配合不够及时紧密。二是小微企业、固定资产加速折旧、研发费用加计扣除等税收优惠政策更新频繁、繁琐，个别纳税人产生厌烦情绪。三是师资力量仅限于税务内部人员，还需要与税务师事务所、会计师事务所、财会专业院校等单位开展长期的社会协作。在今后工作中力争做到以下几点：

(一)开创国地税合作的"新样本"

作为税收宣传的载体，国地税部门建立工作长效机制，坚持政策性、互动性、灵活性、趣味性并举，不断完善"纳税学堂"税收法规、政策解读、纳税申报、会计处理、纳税调整、案例分析、业务论坛、献计献策等栏目的内容，使各个栏目各有看点，全面宣传了国地税税收政策、展示了国地税风采，营造了良好的税收宣传氛围，传播了国地合作、征纳和谐的正能量。

(二)开掘丰富多样的"新热点"

在丰富"纳税学堂"内容上，紧紧围绕税收重点、社会关切，主动策划、推出系列专题活动，第一，深入开展"便民办税春风行动"，着力解决纳税人办税中的"痛点"、"堵点"和"难点"问题。第二，围绕《国税、地税合作工作规范2.0版》，做好创新合作的文章。第三，在深化大企业税收服务与管理改革中做好宣传，重点在提升大企业税收风险分析层级、打造风险闭环管理流程、创新大企业服务产品和方式、合理配置征管资源等方面取得重要突破。第四，在稳步推进税制改革上有所作为。要积极稳妥宣传税制改革，尤其是营改增、消费税、资源税、环境保护税等方面的新政策。同时，要宣传好各类税收优惠政策。第五，加大

社会协作，邀请税务领军人才、财税专家、院校教授，完善培训师资管理机制。

（三）进一步开拓“互联网＋纳税学堂”的“新平台”

一是运用“互联网＋”思维，建设多屏全网场景式服务平台，建成立足地方经济发展、服务于创新企业的纳税服务品牌。二是探索开发智能咨询系统，逐步实现自动咨询服务与人工咨询服务的有机结合。三是开通税收宣传“微矩阵”、“点触媒”和订阅号，为不同类型、不同行业、不同需求的纳税人提供智能化、集约化、个性化的政策推送服务，最大化削弱税收政策“迷雾”的负面效应，减少纳税人因“政策盲区”导致的往返跑次数和办税滞留时间。四是开创“众包式”咨询互助服务，以第三方公共社交平台和即时通讯工具为依托，开创纳税人众包协作、志愿互助的社会化咨询服务模式，有效减轻税务机关压力。五是完善纳税人学堂建设，构建网络学堂、移动学堂和实体学堂“三位一体”的“互联网＋”学堂，为征纳双方提供更加方便、快捷、权威的纳税辅导和培训。

（作者单位：山东省郓城县国家税务局）

# 大数据时代背景下的税收信息化建设

陈明辉

在我们的日常生活中,已经离不开微信、百度等众多的网络应用,很多人随时都会拿起手机发微博,要购物上淘宝、京东,外出就餐先看大众点评,想团购去美团……这些网络应用都有共同的特征,就是利用云计算,通过海量数据的统计分析后让用户获得到更好的应用体验。这些随时随地抓取数据的网络应用,让我们感受到,大数据的时代已经到来。

## 一、什么是大数据

大数据(bigdata)或称巨量资料,指的是所涉及的资料数量规模巨大到无法通过常规软件工具,在合理时间内达到撷取、管理、处理、并整理成为帮助企业经营或政府决策目的的资讯。"大数据"的概念远不止大量的数据和处理大量数据的技术,而是涵盖了人们在大规模数据的基础上可以做的事情,而这些事情在小规模数据的基础上是无法实现的。

## 二、如何实现"大数据"的价值

如何实现"大数据"的价值呢?我们或许可以从一个经典案例——"啤酒与尿布"的故事,发现实现价值的过程。20世纪90年代的美国沃尔玛超市中,沃尔玛的超市管理人员分析销售数据时发现了一个令人难于理解的现象:在某些特定的情况下,"啤酒"与"尿布"两件看上去毫无关系的商品会经常出现在同一个购物篮中,这种独特的销售现象引起了管理人员的注意,经过后续调查发现,这种现象出现在年轻的父亲身上。

在美国有婴儿的家庭中,年轻的父亲在购买尿布的同时,往往会顺便为自己购买啤酒,如果这个年轻的父亲在卖场只能买到两件商品之一,则他很有可能会放弃购物而到另一家商店,直到可以一次同时买到啤酒与尿布为止。沃尔玛发现了这一独特的现象,开始在卖场尝试将啤酒与尿布摆放在相同的区域,让年轻的父亲可以同时找到这两件商品,并很快地完成购物,从而获得了很好的商品销售收入。

"啤酒与尿布"销售的成功离不开三个步骤,首先要有大量的数据,沃尔玛超市购买者众多,可以提供大量被利用的数据;其次要对数据统计分析,才能发现"啤酒"与"尿布"两件看上去毫无关系的商品会经常出现在同一个购物篮中;最后要进行数据挖掘,发现隐藏的价值,将啤酒喝尿布摆放在一起,增加销售收入。上述案例体现出实现大数据的价值主要分为三个处理流程:数据采集,统计分析,数据挖掘。

## 三、大数据时代对税务工作的影响

当前大数据、云技术等现代信息技术应用非常广泛,涉及到各行各业,特别是当前的税务部门,正处在管理转型的关键阶段,大数据将对税收征管工作产生巨大的影响。

(一)有利于实现数据共享

目前,税务机关与外部第三方涉税数据的交互性和可获取性较弱,信息获取渠道不通畅,外部政府职能部门与税务机关的涉税信息交换尚未制度化、常态化,协调难度较大,对税务机关获取第三方信息的权利，以及第三方向税务机关提供涉税信息的义务尚缺乏明确的法律支持。大数据将促使政府考虑建立统一的数据共享平台，解决各部门之间的数据共享问题。

（二）有利于实现数据分析利用

当前，税务机关并未能有效利用和深入挖掘自身已有的数据，更未能有效获取和利用第三方数据，缺少深入的分析挖掘。大数据应用有利于对数据价值再利用、数据整合再利用和潜在挖掘数据的运用，使信息管税的效能充分体现，从海量数据中发现有用的信息，深入挖掘分析、与征管系统数据综合利用，让数据产生生产力，数据产生税源。

（三）有利于推进税源专业化、精细化管理

征管改革已经从“管户”变成“管事”，这在一定程度上防止了“人情税”和“关系税”，有利于税务系统的廉政建设。通过大数据分析，对纳税人的经营情况、缴税情况及税收结构进行认真分析。帮助税收管理员清楚了解纳税户现有和潜在的不规范的纳税行为，增强税源管理的针对性和实效性，实现税源的专业化和精细化管理。

（四）有利于加强风险管理

风险管理的核心是基于大数据的风险分析识别和多元策略的风险应对。建立风险控制平台，引入先进的数据分析工具，打造一体化、智能化的数据分析应用功能区，为数据分析常态化运作提供功能强大的网上风险分析识别工作，为各级税务机关开展分层分类管理，实施多层次、差别化风险应对，从而及时预测事前风险和控制事后风险。

## 四、目前税务工作存在的问题

（一）思想僵化，认识不深

随着经济全球化和社会主义市场经济的深入发展，税源状况发生重大变化，纳税人数量迅猛增长、企业规模日益庞大、经济业务类型日趋复杂、税务职能不断转变、减政放权之路日趋深入，这些庞大的因素都使得税收管理面临着前所未有的严峻挑战。与税收的深刻变化不相适应的是，许多税务人员仍然认为“征税就是税务机关的事”，依旧依靠自已的经验积累，这种封闭的理念极大地束缚了税务机关寻求外部协作的努力，而且与大数据的开放理念格格不入。

（二）数据共享制度不健全

大数据时代要求的数据是全面的、海量的，只依靠税务系统自己的数据，并不能发挥大数据的优势，因此需要其他政府部门提供的有关纳税人的信息。综观我国税收现状，缺少数据共享的法律制度，涉税信息获取渠道并不畅通，政府机构的相关数据不公开，政府部门是碎片化管理，与公安、工商、质检、社保、金融等多个部门的涉税数据不能共享，不能及时获取纳税人的最新涉税信息，导致部分纳税人随意地隐蔽信息，造成税款流失。

（三）数据分析利用不完善

当前数据的查询、监控和分析功能还仅限于分类统计、静态查询的层面上，一些软件应用只满足单一业务需要，信息共享性差，不能从区域、行业等角度进行横向对比、分析，数据价值潜在效能远远没有发挥出来。数据处理分析缺乏规范，开展分析、设置数据分析处理工作岗位、具体的工作职责和流程未得到明确。

（四）税务干部水平有欠缺

目前，我们税务系统干部老龄化严重，且新技术接触较少，计算机操作技术不强，对于大数据相关的技术知之甚少，虽然每年都有新入职公务员，但是相对于整个系统而言，仅仅是杯水车薪，这会在一定程度上影响大数据应用的建设和税收信息化的发展。

## 五、如何加强大数据时代下的税收信息化建设

税收数据是经济运行的晴雨表之一，它直接反映了经济运行状况，在税务工作中引入大数据，加强税收信息化建设，不仅对政府决策和预算有价值，而且对社会、公众生活、生产、投资决策都有着不可估量的作用。

（一）树立大数据时代下"信息管税"的理念

税收征管已经离不开信息化手段，未来必然是紧密依托数据信息手段开展税收征管工作。因此，要树立大数据时代下"信息管税"的理念，结合风险管理和大数据理念，作为新征管改革的突破口，将大数据税收征管模式与先进的管理理念相结合，技术创新与管理创新相结合，通过税源监控、税收分析、纳税评估、税务稽查等质量控制手段，达到堵塞漏洞、纠正偏差、提高税收质量的目的。

（二）制定涉税信息采集规范

为保证涉税信息的采集质量，需要健全数据指标体系，统一规范数据标准，要逐步建立和完善税务机关获取涉税信息的相关法律法规，遵循合法性、合理性、保密性、时效性、可操作性获取涉税信息。

（三）拓宽涉税信息采集渠道

大数据要求税收数据尽量是"全体数据"、"大数据"，所以需要从内部和外部同时入手，拓宽涉税信息采集渠道，多途径获取外部信息，将"小数据"变成所需要的"大数据"。

内部信息包括各个税务系统的数据、纳税人报送的资料、实地核查发现的涉税信息、国际税收情报交换的信息；外部信息包括政府部门提供的纳税人信息、纳税人公开的相关信息、大众传媒报道的信息、行业协会发布的信息、购买的智库报告等。

（四）建立健全数据共享平台和机制

建立由政府牵头、各部门通力配合得数据共享平台和机制，充分发挥政府职能作用，对涉税信息相关部门的职责义务、所提供的信息内容、提供时限信息数据传递方式等进行明确，打破部门壁垒，扫清人为设置的各种障碍，提高信息采集的可靠性和及时性。税务机关要主动加强与政府其它部门的沟通，积极争取社会各界的理解和支持，促进制度的贯彻落实。

（五）建立数据分析应用平台

建立的税收数据仓库，构建税收数据分析应用平台。把采集的各种涉税信息导入到一个集中的大型分布式数据库，或者分布式存储集群，数据仓库需要对数据做一些简单的清洗和预处理工作，并对多个异构的数据源有效集成，集成后按照主题进行重组。实现数据省级集中，开发统一的数据接口，把简单的数据变为可分析应用的信息，并及时提交给相应的管理部门，供管理部门做出提高征管效能的决策。

数据分析应用平台必须开放查询，给予税务人员充分的查询权限，帮助税务人员在完整的税收资料基础上对纳税人涉税行为做出合理的判断；出具分析报告，例如税负分析报告、税种分析报告、户籍分析报告；进行综合评估，包括纳税人风险评估、区域征管质量评估、行业征管质量评估；预测可能会出现的税收管理风险和税收管理趋势。

（六）创新数据挖掘分析方法

大数据是通过数据共享、交叉复用后获取最大的数据价值。获取数据价值的关键是数据分析和数据挖掘。要在调查研究的基础上，不断探索，创建科学有效的数据分析和挖掘体系。对涉税数据进行可视化分析，形成类似图表形式，直观呈现数据中隐藏的税收特点和税收风险。引进先进的数据挖掘引擎，不断开发数据挖掘算法，利用不同的数据类型和格式，呈现出数据本身具备的特点，通过科学的建立模型，最终实现预测性分析。

科学的税收数据挖掘需要分析了解本地区范围内不同行业、不同税种、不同类型企业的税收情况，找

到税收管理的薄弱环节，对有疑点的企业、存在问题多的行业进行纳税评估、税务稽查，采取切实措施强化管理，堵塞漏洞。在全面分析的基础上，要结合本地实际突出重点，有的放矢地开展重点数据挖掘分析，注意动态数据与静态数据的结合使用，坚持从经济看税源，从纳税人的发展看税源，形成完整的科学的税收分析方法体系。

（七）培养和引进人才

人的因素是搞好一切工作的前提，实行税收现代化管理，必须培养复合型税务人员和引进专业技术人才。一方面，“一专多能”、“多专多能”，以博见长，知识面广，既精通税收业务，又熟练掌握法律、财会、统计分析、计算机等方面知识和技能的复合型人才，是大数据时代税收工作对税务人员的需求。另一方面，信息技术高速发展，尤其大数据应用最关键的数据挖掘算法最为复杂，只有不断从社会引进所需要的高精尖技术人才，才能用最新的技术为大数据时代下的税收信息建设提供有力辅助。

（八）强化税收数据保护

税收数据涉及纳税人的商业机密甚至个人隐私，其重要性不言而喻，要制定严格的税收数据保护措施和管理规程规范，依法保护纳税人数据信息存储、处理、交换应用安全，除了法定情形之外，不得将纳税人数据信息移作它用，对违反规定的造成纳税人数据信息失密的，要依法追究直接责任人和主管机关的责任。

（九）明确考核标准

要建立大数据考核标准，优化考核指标和考核要求，纳入绩效考核体系，提高考核客观性、公正性。一是考核数据质量，提高数据的准确性和完整性，减少垃圾数据量。二是考核数据应用。对于好的大数据应用进行验证后推广，申报专利；对于大数据应用较好的单位或个人进行表彰奖励，提高积极性，发挥税务干部的主观能动作用。三是考核数据运行。定期对数据质量情况通报和考核，对虚假数据、不规范数据从源头上进行追究，对在信息采集和传输中弄虚作假，或因责任意识不强导致信息出现重大失真、失误的行为，按照有关规定予以严肃处理。

随着互联网、云计算等信息技术的蓬勃发展，税务机关必须要紧跟大数据的脚步，运用大数据方法和手段，发掘数据隐藏的税收价值，不断创新税收管理手段和方式，加强税收信息化建设，最终实现税收现代化，促进税收与经济的协调发展。

（作者单位：吉林省双辽市国家税务局）

# 关于大数据时代打造“智慧税务”的思考

高 峰 黄 琛

当前，“互联网＋”成为经济社会发展的一种新态势，互联网在社会各领域的创新不断。“互联网＋”技术将广泛应用于税收领域，税务系统应紧紧拥抱“互联网＋”的春天，将互联网技术广泛应用于税收管理和纳税服务，推动“互联网＋税务”的快速发展，创新工作视角，积极谋求与互联网、云计算、大数据的广泛对接和深度融合，为实现税收现代化提供重要的技术支撑，打造一批理念前沿、技术先进的现代电子税务局。对此，鄂尔多斯市国税局做了积极的探索与实践。

## 一、“互联网＋政府涉税信息资源”创建第三方涉税信息共享平台

目前，我国正处于“实施创新驱动发展战略、大力推进税收管理现代化”的进程中，“互联网＋政府涉税信息资源”最本质的内涵是整合，最关键的载体是互联网，这对于建设智慧电子税务局、引领“互联网＋税务”时代潮流、加快推进税收现代化有着重要意义。税务部门要对不同来源、不同层次、不同结构、不同内容的涉税信息资源进行搜集、筛选、加工、融合，使其转化为有效的税源信息，形成本部门的核心数据资源，实现政府信息资源的跨部门共享，促进整个纳税服务过程电子化、系统化、规范化。在目前“碎片化”的税收管理模式下，政府部门间由于专业化分工相互隔离，信息资源呈现“孤岛化”的现象。为凝聚全社会治税合力，鄂尔多斯市国税局整合政府各部门涉税依据，建立了第三方涉税信息交换平台，平台将工商、国土、地税、质检等政府各部门涉税信息共享，大到企业登记、项目审批、股权转让、项目投资，细到资产转让、具体数据等内容均可精准掌握，通过该平台传输，抽取、分析、利用数据从源头上实现了信息管税，构建社会综合治税的长效机制，促进税收管理质效提升。

在此基础上，该局利用云技术建立税收大数据库，解决涉税数据的“信息孤岛”问题，积极推进信息管税，强化涉税数据比对分析结果的运用，完善薄弱环节的税收管理，提高税源管理质量，防止税源流失风险。

## 二、“互联网＋纳税服务”构建多元化办税平台体系

依托“互联网＋税务”，使纳税服务工作实现“单一”主体到“多元”主体的转变，实现了“单向”服务到“双向”互动的转变。为使纳税人办税拥有更加丰富、经济、便利的办税渠道选择，税务局应着力打造“实体办税、网上办税、掌上办税和自助办税相互补充、线上线下相互融合”的办税服务网络。为实体办税、网上办税、掌上办税、自助办税等渠道建立统一的智能化管理平台，以提高纳税人办税满意度；通过运用信息技术，对纳税人填报的各类表单进行智能化改造，减少需要纳税人手工填入的数据项，简化纳税人办税流程，提升纳税人办税效率；运用微信平台等移动互联技术，实现税企互动。在这个大背景下，鄂尔多斯市国税局及时开通微信公共账号，通过喜闻乐见的形式定期推送税务知识、图片、常识，用简单、生动、易懂的形式为纳税人释疑解惑，每一次互动都让纳税人得到及时、细致、专业的纳税服务，实现了税务部门与纳税人“面对面”的互动交流。鄂尔多斯市国税局在微信公众号中实现了“行政公开”、“纳税服务”、“税法宣传”，“小微企业专题”，“税收行政审批”，“纳税人资格状态”等模块，为纳税人提供政策解读、税收资

讯、发票查询等服务功能。

整合纳税服务电子税务局要取得成功，还必须进一步整合现有的纳税服务，为纳税人提供一体化的便捷服务。在涉税信息共享的模式下，电子税务局提供一体化的纳税服务，纳税人就可以通过同一个入口办理所有的税收业务，避免出现"多头跑"的问题。纳税人无需关心哪些税收业务由税务机关的哪些部门管理，只需关心自己需要什么服 务、所需服务需要提供哪些资料，并且可以及时跟进税收业务的办理进度。这样，不仅降低了纳税人的税收遵从成本，还会形成"一卡式"、"一站式"、"一网式"和"行政超市式"等具有鲜明整合特点的政府服务模式，形成了高效运行的一体化的纳税服务体系。

## 三、"互联网＋政务服务"打造智能化决策执行系统

为加强决策和执行的智能化与标准化，鄂尔多斯市国税局定期推出类似"互联网＋党课"的视频，开通了涵盖宣传、服务、教育等功能的网络视频栏目，结合国家大政方针、税收热点等问题，向广大税务干部和纳税人按时发布政策信息、全面解读政策内涵、及时回应社会关切，开启网络学习宣传新模式；此外，该局通过使用自主开发邮件系统，使得"进出口退税审批"实现全流程网上审批。为出口退税审批的每个环节安装邮箱客户端，各节点审批按照既定流程，前置客户端会自动提醒有新邮件需要审批，用户只需阅读相关审批内容并回复审阅意见即可。可以有效缩短了审批时间，提高工作效率，方便税务机关和纳税人；同时，鄂尔多斯市国税局建立了云通讯录，将职工姓名、联系电话、工作岗位、职工照片等信息存入云端，实现了税务干部通讯录信息在线共享，税务机关内部通讯录在云端和移动终端上得以延伸。

## 四、"互联网＋组织架构流程"完善专业化组织结构再造

"互联网＋税务"最终落地需要专业化的组织架构和人才支撑，需要流程再造、业务重组，最终要以组织结构的优化为保障。各类涉税收业务流程再造，要打破税务部门的界限，以流程为中心，从跨部门流程最优的角度来重构税收业务。经过业务流程再造，实现税收管理过程各个环节事务的计算机自动化处理和跨部门的网络化协同办公。在全面应用"互联网＋税务"思维的同时，鄂尔多斯市国税局积极探索实体税务组织的结构扁平和部门整合，减少中间层级，探索构建扁平化、专业化、团队化的组织运行架构，实现跨层级、跨地域、跨部门团队作业的常态化、高效化。着力打造过硬的"互联网＋税务"人才队伍，注重自身信息技术人才的培养和使用。

## 五、"互联网＋信息共享" 构筑安全保障体系

数据信息共享可以分为两类：一类是常规涉税信息共享，涉及津补贴、企业注册、统计数据、不动产评估、关税等信息；另一类是需要特别授权的涉税信息共享，一般都牵涉个人隐私、商业秘密等特殊涉税信息。数据安全主要涉及几个方面的内容：(1)数据的保密性。"互联网＋税务"服务系统必须保证纳税人和税务机关相互传递的数据是保密的，不会对外泄露。(2)数据的整体性。"互联网＋税务"服 务系统必须确保纳税人和税务机关之间相互传递的数据在传递过程中不会发生任何改变。(3)数据的不可抵赖性。"互联网＋税务"服务系统必须绝对禁止数据发送者以任何形式的借口对其 传递的数据抵赖、不认账。数据的保密性一般采 用安全套层加密技术(SSL)、数字认证或散列算法等类似加密协议予以保证；数据的整体性一般通过数据散列技术予以保证，也可采用基于公共秘钥基础设施(PKI)的数字签名技术；而数据的不可抵赖性则可以通过更多的技术手 段实现，如数字认证、数据备份、合同条款、共享秘钥等。

在大数据时代，用户数据信息的安全性和隐私性是阻碍"互联网＋"发展的最大因素。深度应用以互联网 为中心的现代信息技术，要确保涉税数据的安全。鄂尔多斯市国税局以"信息化建设与网络安全"

为主题，在单位看展多种形式的宣传教育活动，以现场培训、党课三分钟、张贴宣传图片、发放宣传手册等多种形式，从违规外联、网络攻击、病毒入侵等多角度，向税干讲解了网络安全的重要性和必要性，这些活动对于进一步增强税干网络安全意识，加强信息化与网络安全人才队伍建设，以及打造高效、安全的政务服务环境具有重要意义。

“互联网＋税务”时代的到来，为推进税收现代化，提高税收征管效率、优化纳税服务水平、加强精细化管理提供了无限创新空间。由传统的单一服务地点、固定时间和有限手段向全方位、全天候和全时段模式转变；由单一的税收“小数据”采集、分析、应用向充分捕捉、管理、处理多部门“大数据”转变；由业务驱动为主的传统决策向以数据为基础的智能决策转变；由组织层级和部门限制向信息共享和高效传递转变；由孤立的信息中心管理网络安全向各级国税、各部门间网络与信息安全协同管控转变。

面对云计算、移动互联等信息技术蓬勃发展和大数据时代所带来的挑战和机遇，唯有立足本地，博采众长，借鉴国内外先进理念和成功实践，推进制度创新，依靠科技创新，方能切实提升我国税务治理现代化水平。

（作者单位：内蒙古自治区鄂尔多斯市国家税务局）

# 大数据时代下的税收管理的思考与建议

王传玮

大数据,顾名思义,就是体量庞大、类型多样、运行各样的数据集合。著名未来学家阿尔文·托夫勒在很早之前很就在其经典著作《第三次浪潮》中,将大数据热情地赞誉为“第三次浪潮的华彩乐章”。维基百科将大数据定义为“无法在一定时间内用常规软件工具对其内容进行抓取、管理和处理的数据集合”。大数据以其数据的海量性、分散性、多样性、价值密度低、处理速度快为特征,为我们带来可供深度挖掘和细致分析的具有巨大潜在价值的信息。

基于大数据的税收管理应该是以数据为依据,运用科学的计算工具,将经济学原理与数学模型结合起来,对税收管理现状及远期管理目标进行统计、分析、预测,并将其转化为决策信息。税务总局王军局长曾指出:“大数据时代,谁能掌握好数据、谁能利用好数据,谁就能提高洞察力、占领制高点。”

## 一、大数据对税收征管工作的影响

大数据、云技术等现代信息技术应用非常广泛,涉及到各行各业,特别是当前的税务部门,正处在管理转型的关键阶段,大数据将对税收征管工作产生巨大的影响。

(一)促进数据共享

大数据促进了数据内容的交叉检验,随着数据量和不同来源的数据种类的增多,数据判断预测的指向性会更强,准确率更高。目前,无论是税务机关内部还是外部第三方涉税数据的流动性和可获取性都较弱,税务机关的信息获取渠道并不通畅。主要是因为内部流程和环节没有理顺,信息的共享利用受到了制约;外部协调难度较大、政府职能部门与税务机关的涉税信息交换尚未制度化、常态化。对税务机关获取第三方信息的权利,以及第三方向税务机关提供涉税信息的义务尚缺乏明确的法律支持。大数据将促使政府考虑建立统一的数据共享平台,解决各部门之间的数据共享问题。

(二)促进数据挖掘

数据挖掘一般是指从大量的数据中自动搜索隐藏于其中的有着特殊关系性的信息的过程。数据的价值在于更深层次的挖掘和再运用,最大限度的发挥数据的价值。但是,目前税务机关并未能有效利用和深入挖掘自身已有的数据,更未能有效获取和利用第三方数据。即使是利用,也更关注数据的基本利用。我们需要对数据价值再利用、数据整合再利用和潜在挖掘数据的运用,使信息管税的效能充分体现,让数据产生生产力,数据产生税源。

(三)促进机关实体化改革进程

在税源专业化改革的总要求下,数据、信息的共享显得尤为重要。“数据采集—纳税申报—风险识别—风险应对—督查内审”这一条龙的流程,都需要信息数据的支撑,对于征收管理的核心就体现在了信息的处理和运用上。大数据给机关实体化改革提供了有力的数据和技术支撑。

(四)促进风险管理提档升级

风险管理的核心是基于大数据的风险分析识别和多元策略的风险应对。在风险控制平台建设中,引入先进的数据分析工具,打造一体化、智能化的数据分析应用功能,为数据分析常态化运作提供功能强大的网上风险分析识别工作,为各级税务机关开展分级分类管理,实施多层次、差别化风险应对提供了精确“制导”的操作平台。

## 二、大数据时代下税收管理与服务面临的机遇与挑战

“大数据”时代，社会公共数据更加透明与开放，核心税收征管数据不断积累，大量有价值的信息蕴藏其中，这为税务机关利用数据加强税收管理和更好的为纳税人服务提供了良好机遇。

(一)大数据为现行税收管理带来的机遇

1、大数据有助于税务机关全面掌握各类涉税信息，进行税源监控，实现税收征管的目标。全面而完善的涉税信息是税收征管的基础和保障，反之，税收征管中信息的不完整和信息不对称会导致道德风险和逆向选择的发生，进而导致税款流失。在大数据条件下，如果存在完备的涉税信息获取法律保障体系，税务机关就可以对交易双方、涉税第三方乃至第四方的信息进行全面掌握分析，彻底解决信息不对称问题，保障数据真实性和全面性，保障税源。

2、大数据为税收风险管理提供详尽的数据和技术支持。税收征管受制度、征管手段及其他不确定因素的影响，风险管理也是税收征管中不容忽视的一个重要部分。税收风险管理的前提是充分地掌握纳税人的信息，系统地分析纳税各方面的信息。大数据恰恰能够为税收风险管理提供详尽的数据和技术支持。税务机关运用大数据技术对涉税信息进行过滤、分析、对比、甄别，在纳税申报环节判断其精确性，通过税源监控，避免税款流失。

3、大数据促进信息共享，为征纳双方提供合作互信关系。税收遵从度的高低，既与纳税人自身的税收认知度有关，也与涉税信息透明程度、税收法治水平、社会氛围等一系列问题密切相关。运用大数据构建的现代税收征管体系应当是一个涉税信息、数据没有“死角”的征管体系，税务机关掌握所有的涉税信息，并可以对信息进行深度分析、对比、挖掘，从而有效提示风险、纠正偏差，使征纳双方间合作互信关系的建立成为可能。

4、大数据为税收征管模式转型提供了技术推动力。“大数据与‘海量数据’和‘大规模数据’的概念一脉相承，但其在数据体量、数据复杂性和产生速度三个方面均大大超出了传统的数据形态，也超出了现有技术手段的处理能力，并带来了巨大的产业创新的机遇。”在大数据时代，数据不再是简单的处理对象，而是一种资产或资源，计算机硬件的重要性次于软件，传统的数据库技术已经显得过时，“新产生的生产工具则是批量分布式并行计算、实时分布式高吞吐高并发数据存取处理、超高速数据装载、海量数据存储系统、数据分析系统、数据安全管理、应用系统整合平台以及云计算平台等。”现行税收征管所依据的数据库技术与大数据技术相比，至少落后了一个时代。根据生产力决定生产关系的原理，技术的升级换代，必将推动税收管理模式的升级转型。

(二)大数据时代下税收管理面临的挑战

1、纳税人的隐私安全受到威胁。科学技术是一把双刃剑.大数据在为纳税人带来便捷的同时，也给纳税人带来了信息安全隐患。目前纳税人在数据的收集、存储、管理与使用等均缺乏规范，更缺乏监管，主要依靠企业的自律，用户无法确定自己隐私信息的用途。

2、海量的数据信息无法全面利用。当前的税收管理，大数据的主要来源，是“省级大集中税收管理信息系统”，经省、市、县三层的多方努力协调与建设，搭建的第三方信息平台，实际功能却并未得到发挥，目前起主要作用的是地方政府部门牵头搭建的公共治税平台，因为各地政府的所下力气的大小，力度的不均，导致平台发挥的功能作用也大小不一。平台中所纳人的各单位因认识的高低不同，所处职能位置不同，导致在数据报送的时候参差不齐，无法形成全面统一的数据源。另外，部门与部门之间数据和信息相互分割、形成信息孤岛，财政、发改委、工商、房产管理、银监会、证监会、保监会等相关部门和单位的各类涉税数据不能有效互相转换。

3、数据使用效率不高，统计工作存在价值被存疑。目前，我国各级政府对税收调查统计分析及信息公开的重要性认识不足，重视程度不够，财税部门工作重收入，轻管理、轻基础性现象尚未有根本改观，一些税务人员习惯于按经验办事、决策和管理，对有效运用数据分析说明问题的重要性认识不足，对已经多年积累的数据信息关注度不够，敏感性不高。数据分析的广度和深度不足，分析报告内容过于简单，分析

深度不够，针对性不强，分析中使用的数据与税收调查数据相关性不高。大多停留在对原始数据的简单复制、拷贝、搬家、表格化，缺乏对大量税收数据不同角度的深层次挖掘和多角度、多维度、多层次的分析、比对。

4、税收法规滞后，税收征管理念与大数据时代不相适应。“信息管税”理念非常好，明确了改革方向，但缺少理论支撑和配套措施。税务部门总体上思想与大数据时代的先进理念还有一定距离。其一，税收部门对大数据的认知并不熟悉，对大数据的内涵、大数据技术的功能了解不足，不清楚大数据技术应用会对税收征管产生哪些影响。其二，税务部门对税收征管的地位存在错误认识。经济决定税收，表现为经济决定税源、税源决定税收。在经济规模一定的前提下，能形成多大的税源，这取决于税收政策制度设计；在一定税源下，能实现多少税收收入，则取决于税收征管能力、纳税人纳税意识和社会协助。现实中后两个因素往往被忽视。税务部门通常的认识是：税源转换为现实税收收入取决于税收征管能力。基于这一认识就形成了“征税就是税务局的事”的理念。这种封闭的理念束缚了税务机关寻求外部协作的努力，这与大数据的开放理念是格格不入的。

## 三、目前税收征管模式和服务模式在大数据时代下的现状以及瓶颈

(一)征纳信息不对称，税收数据无法满足税收需求

税收数据问题一直是制约当前税收收入分析、政策效应分析、税收风险管理等工作深入开展的瓶颈。在一定意义上，税收管理的一切活动都是围绕着信息而展开，无论是对外的征收管理，还是内部的行政管理，都需要取得和利用信息。税务机关根据信息向纳税人征税，根据信息实施内部管理。税收征管的关键就是要解决征纳双方的信息不对称问题。目前，瓶颈仍存，税务机关信息管税的现状与税收现代化的要求尚有很大差距。

(二)税务工作人员的服务难以满足征管效率要求

近年来，国务院逐步取消了1/3的审批事项，李克强也在“两会”上向记者承诺将取消和下放200项以上行政审批事项，这一切都是以方便纳税人、服务纳税人为主旨。可是在取消审批的同时，为了防范税收风险，又通过备案、非许可管理等方式来强化税收。从而加大了税务工作人员对数据质量把控的难度，提高了税务工作人员服务标准，以至难以满足纳税人个性化、特性化的服务需求。

(三)技术力量目前无法满足庞大的征管数据需求，使数据利用率下降

当前的税收管理，大数据的主要来源，是“省级大集中税收管理信息系统”。系统运维权限的设置过于集中，县级局一旦出现问题，需要向市局、省局层层递交，过程冗长、数量庞大，造成省局运维负担积压，影响工作效率。即便下发权限，也还会出现，权限不明和职责分工不清的情况。

(四)税务征管模式难以跟上日新月异的新型交易模式

随着计算机和网络技术的突飞猛进，产生了新型的商业模式——电子商务，完全突破了传统贸易格局，也极大地推动了企业经营的规模化、网络化和国际化。比如，网络、微信、支付宝等电商信息还游离于税务部门征管信息之外，其具有主体隐匿性、标的模糊性、地点的流动性以及完成的快捷性等特点，纳税主体很容易借此隐藏信息。税务部门虽然建立了网上税务登记制度，但因为没有实体店可查，很多网店也不开发票，如果纳税人不主动登记，税务机关往往束手无策，不仅无法有效地控制税款流失，也不能有效解决跨地区税源征管。

## 四、顺应大数据时代加强税收管理的建议

(一)建立与大数据相适应的征管目标体系

当前，应在大数据的基础上，把提高税法遵从度和纳税人满意度、降低税收流失率和征纳成本，作为现代税收征管体系的目标，把税收风险管理作为改革的主线，充分尊重纳税人独立自主的权利义务主体资格，将税法遵从风险管理理论和方法贯穿税收征管的全过程以及各个层面和方面。

(二)升级改造基础实施环境，提高信息系统安全性

按照省局“先进宽裕、国内领先”的定位，积极发挥数据基地优势，积极研究大数据税收现代化应用中的硬件、软件、网络、标准、安全、运维等各类业务需求，升级改造现有信息化基础设施，打造高可靠性、高性能和可扩展性的信息化基础设施环境。

（三）做好数据采集，严把数据入口关

在数据采集内容方面，要注重处理好为纳税人减负与加强风险管理这两种不同需求在数据采集项目设计方面的平衡关系，按照申报纳税与税源管理的不同需要，实行纳税申报表和其他涉税信息资料分类管理。在数据标准规范方面，要从数据定义的角度，建立行业统一的数据元标准，规范税收业务定义和技术实现，彻底解决同名不同义和同义不同名的问题，促进系统资源的整合集成和业务数据的信息共享；在数据口径方面，要依托基础数据标准，制定“数据采集规范”和“数据加工规范”，切实把好“信息管税”的入口关和落地关；在数据质量方面，应建立数据质量“事前校验、事中监控、事后分析”的全过程数据质量管理体系。同时，实施纳税人基础信息推送确认制，切实将基础数据质量还权还责于纳税人；在数据应用方面，要建立上下级税务机关协同配合、梯次有序的涉税信息分析机制，充分挖掘“大数据”中蕴含的信息价值，为各级领导决策提供依据。

（四）建立健全大数据管理制度

高品质的数据来源是确保大数据分析真实、可靠的首要条件。美、英等国早在上世纪九十年代就推出了《数据质量法》，以保障数据采集的真实、可信、规范。随着大数据时代到来，从国家层面统一数据标准和技术规范已是势在必行。要发挥大数据优势还需要完善征管法与相关针对涉税信息的法律制度，为税务机关获取第三方信息提供法律支撑。《中华人民共和国税收征收管理法》第六条对税务机关获取相关信息做了原则性规定：纳税人、扣缴义务人和其他有关单位应当按照国家有关规定如实向税务机关提供与纳税和代扣代缴、代收代缴税款有关的信息。但实际工作中，一些职能部门往往以保密为由，不给税务部门及时提供第三方信息。当前必须以《税收征管法》修订为契机，在《税收征管法》中对政府及社会职能部门向税务机关提供的信息名录进行细化，明确其范围、内容、程序、方式、标准和时限，明确他们向税务机关及时准确提供涉税信息的法律义务和责任，为税务部门获取第三方信息提供法律保障，以便税务机关充分地掌握纳税人生产经营情况，消除信息的不对称，加强数据分析，强化税收管理。

（五）构建大数据平台，建立与大数据相适应的技术支撑体系

大数据时代需要对不同来源渠道的数据信息进行有效的采集、存储、分析和应用，如果仅依靠手工导入和人工比对，势必费时费力，而且对数据的采集、存储、处理、分析和应用能力也存在不足，不能最大限度地发挥数据的作用。因此，要按照共享性、开放性、应用性的原则，及早制定和完善信息管理标准规范，建立跨区域的数据应用中心和分中心，形成全国统一集中的数据存储、处理机制。要搭建全面、统一、稳定的信息应用平台，加强涉税信息分析应用，深度开发利用信息资源，实现广域的信息共享和信息比对，实现第三方涉税信息与税收风险管理系统的有机融合，大大提高第三方信息的应用效率。

（六）培养大数据人才，建立与大数据相适应的人才体系

大数据的意义不仅是要采集全面准确的数据，还要对采集到的数据进行有效管理和应用，才有可能在数据分析和挖掘中提取到有价值的信息。加强数据分析、强化风险管理、提高税收征管质量与效率这项工作最终落实到人的身上，靠人来解决问题，为此，面对指数级增长的海量数据，税务机关应加快相关技术人才的培养，同时从省级乃至国家级层面加强对大数据分析工作的统筹力度，并积极引入高等院校、科研院所等专业机构的第三方力量，创新开展大数据的分析、建模、应用工作，推进涉税数据的高端应用研究，使大数据更好地服务于税收管理和科学决策。要根据大数据技术的需要，拓宽育人、用人视野。既要建立计算机、通信技术人才队伍，为大数据提供技术支持，如构建网络、开发软件、维护系统，又要建立信息管理、综合规划人才队伍，负责统筹规划、系统分析、管理制度设计等全局性工作。

（作者单位：江苏省连云港地方税务局）

# 大数据视角下简化税收征管程序初探

王明世

2014年3月5日，李克强总理在十二届全国人大二次会议上作政府工作报告时提出，要设立新兴产业创业创新平台，在新一代移动通信、集成电路、大数据、先进制造、新能源、新材料等方面赶超先进，引领未来产业发展。这是“大数据”首次进入政府工作报告，也表明其作为一种新兴产业，将得到国家层面的大力支持。对税务部门而言，大数据时代到来，将极大改变全球税务部门工作的理念和方式，对我国传统税收征管模式更是一次革命性调整，也是一次颠覆传统税收征管思维的改革，其核心是利用高科技手段，以最小的税收成本，提高税收征管效率。

## 一、大数据时代下传统税收征管的实践及其运行困境

推进政府简政放权，放管结合，实现自我革命，需要依靠大数据，这是社会上下的共识。对税务部门而言，推行简政放权，需要通过简化，推进业务流程再造，建立适应大数据要求的现代税收征管程序。回顾我国税收征管的历程，税收征管程序的正式启动应以1986年国务院颁布实施《税收征管实施条例》为标志，由于改革开放初期招商引资等因素，内外资企业税收征管办法并不一致，统一的征管程序还没有形成。1993年税收征管法正式实施，意味着税收征管程序进入法制的轨道。后经2001年大修和2013年、2015年两次“小改”，传统的税收征管程序框架基本确立。但是移动互联网、互联网＋、电子商务等新兴业态的兴起，标志着大数据时代的到来，这给传统税收征管程序带来极大的挑战，也让当前税收征管法修订预设的现代税收征管程序面临新的调整。

### （一）现行的户籍管理方式难以为继

现行税收征管框架下，纳税人办理变更、注销税务登记等事项，都要到办税服务厅来办理。办理注销税务登记后，税务机关难以再对业主、股东或投资者进行税款追缴。尽管国家税务总局在纳税人户籍管理中已引入纳税人识别号制度，并行之有年，但从运行情况来看，由于缺少整体性配套措施，没有达到预期效果。如，对企业而言，当跨区迁徙时，由于行政区划调整导致纳税人识别号变动，以前的税务管理信息中断，税务机关难以全程对企业实施跟踪管理。对自然人而言，目前纳税人识别号仅覆盖申报个人所得税的自然人，不包括车船税等财产行为税自然人纳税人。另外，境外人员护照号码变动后，税务机关难以对外籍人员进行跟踪管理。随着大数据时代来临，市场主体和经营方式日益多元化，自然人开网店现象已比比皆是，不办营业执照情况日益增多，税务登记更是难以跟进。尽管2015年国家税务总局对税务登记办法已作微调，仍不足以解决新生问题，探索适应大数据时代的户籍管理方式已成为必然要求。

### （二）凭证管理滞后于现代交易方式

随着税制改革逐步到位，发票将因“营改增”而“一家独大”。在目前现金交易普遍盛行的情况下，对于非增值税税种而言，依托以票控税征管将难以实施。审视当前的税收征管大格局，信息管税的概念相对笼统，税收征管信息系统在数据集成过程中，许多征管业务还依附于发票，离真正的信息管税还有一段漫长的路要走。加之税务机关对以票控税的传统重视，发票被人为赋予更多附加值，悖离发票的应有本义，发票也成为违法犯罪分子热盯的目标。2015年1月国务院法制办公布的税收征管法修订草案新增

了自然人纳税人索取和保存收支凭证的规定,对于直接税改革特别重要。但是离开大数据应用,仅凭此规定远不足以支撑税收征管,若硬性规定纳税人纸质凭证的保管义务,纳税人成本耗费陡增,可操作性差,有悖税收治理所追求的目标。因此,跳出发票管理的传统框架,全力实施以资金流为核心的信息流监控,通过大数据推进信息管税将是今后税收征管改革的必由之路。

(三)传统征管质量指标的考核体系亟须转型

近年来,随着电子商务等新兴业态的兴起,商事登记制度和行政审批制度改革,进一步激发了社会大众创业和万众创新的激情,市场主体如雨后春笋兴起,"管涌"态势带来的是日益增多的纳税申报业务,纳税人不申报、零申报、少申报现象大量出现,给税务机关日常征管质量监控带来了极大的压力,税务机关难以应对。加之,电子商务给税收征管带来极大的挑战,代扣代缴或委托代征的法律依据不足,导致税收流失率居高不下。这些都说明靠现行税收征管已远不足以满足税务机关和纳税人自身需求,传统的税收征管质量指标考核体系已显得相对滞后。

(四)税务机关风险应对的精准性问题难以解决

目前,税务机关深化纳税评估的最大障碍在于纳税评估的法律地位问题以及评估信息资料的匮乏和评估的方法问题。这一轮税收征管法修订认为,税收确认权是税务机关的固有权力,通过确认给纳税人申报以确定性,可以避免让纳税人申报结果始终处于不确定的状态,以让纳税人更好地从事经济活动,对于维护和稳定市场秩序有着重要的意义,这也是国际税收征管的通行做法。大数据时代带来的是对传统生产经营方式既有格局的打破,如果一家现代物流企业自身并不拥有运输车辆,而是通过物流电子商务平台,调动个体司机进行运输,导致发票流,资金流、货物流各自在不同的运行轨线上,税务机关运用传统的纳税评估手段,无论是案头稽核,还是实地核查进行税额确认,已不足以认定纳税人申报的准确性。即使有了明确的法律地位,但若不顺应大数据时代的变革,对于纳税评估所需要的第一手数据,税务机关将陷入找不到、找不全和找不准的困境,纳税评估极可能流于形式。

(五)内部涉税信息流转不畅影响征管效率发挥

现行税收征管大框架下,税务机关日常征管活动被分为税务登记、纳税申报、税款征收和税务检查等若干环节,相应地,征管机构也分为征管、服务、稽查等自成体系的部门,这些部门在履行职责过程中掌握大量的涉税信息,但由于信息化支撑程度不同等因素,涉税数据被人为割裂,产生流转不畅的"信息壁垒"就会发生发生多次向纳税人重复送达文书、索要资料等现象,既影响了税收征管效率,又影响了和谐征纳关系的构建。当前,金税三期专注于税务系统内部和外部涉税数据的集成,但对社会公开信息的关注度还不够。因此,税务机关内部数据必须加强与外部数据互联共享,形成一个既有线上又有线下、既有税务系统内又有税务系统外的大数据网络。

## 二、基于大数据环境简化税收征管程序的设想

《尚书》曰,苟日新,又日新,日日新。当前,大数据时代展现的特点,只有在税收征管探索中才能深刻把握。税务机关只有从前瞻性出发,建构基于大数据环境下的税收征管程序,才能进一步提升税收征管能力,推进税收征管现代化。鉴于此,基于大数据环境,建立一个依托大数据的线上线下联动、简化的税收征管新模式已成为必然要求。

(一)创新登记方式,以纳税登记归集大数据

税收治理追求的最高境界是征纳关系和谐,这需要两个支撑,一个是良法善治,一个是大数据,犹如鸟之双翼,车之两轮,缺一不可。当前,国家已发布"三证合一"改革方案。方案到位后,税务登记证可能成为历史概念,那么税务机关赖以实施纳税人户籍管理的设立登记、变更登记和注销登记等衍生的登记程序将面临大变革。笔者认为,可以实施方案为契机,以运用大数据为支撑,取消纸质税务登记证,实行

税务登记无纸化作业，全面施行纳税登记。即，以纳税人识别号统领和归集涉税信息，作为大数据融入税收征管程序的最佳切入点，税务机关省却与工商、质监部门进行登记信息比对的环节，直接转入跨部门网上集中预受理和预审查，实现登记程序更简、覆盖更全、流程更优。在此基础上，税务机关也仅需在办税窗口对不需商事登记的自然人纳税人提供办税服务。为此，税务机关可以将由大数据征管释放出来的税务资源可以集中到税收风险应对层面。

(二)摆脱发票依赖，实施资金流和信息流监控

十八届三中全会从推进国家治理体系和治理能力现代化的高度提出了税制改革方向。当前，环境保护税和房地产税立法、资源税扩围、个人所得税改革正在路上，"营改增"2015 年底前将收官，税制改革正紧锣密鼓地推进。但是税制改革没有征管改革相配套就不能落地，而征管改革呼唤大数据能够提供足够的信息流和信息化手段，这又对凭证管理提出了新要求。因此，抓住税收征管法修订的契机，完善关于凭证管理的规定。明确自然人纳税人应当向支付方索取收入凭证，当然收入凭证可以是数字凭证；当自然人纳税人不能及时提供收入凭证向税务机关举证的，税务机关可以核定；同时规定银行等金融机构依储户的书面申请，应当向储户提供一定期间的资金往来支付证明；自然人纳税人与支付方交易单次达 5000 元以上的金额支付，必须通过金融机构进行划转。通过这些规定，充分运用大数据推行数字凭证，以信息流推送以保证直接税改革实施。

大数据的实质是海量信息的交互，如果通过云计算、互联网，结合税收征管信息系统提供足够的数据，纸质发票就可以取消，虚开发票行为也将消失，税收征管法无须再对虚开发票进行定义。我国铁路推行网络售票的经验可以借鉴，取消纸质发票后，我国可以考虑建设一个国家大型数据平台，所有电子发票都在该平台上开具，纳税人可以凭纳税人识别号从平台上下载并打印网络发票。税务机关在后台通过纳税人识别号实现查询，当然还需要通过实施发票价税分离、减少现金交易等一系列改革以适应大数据运行需求。

(三)变传统申报为信息确认，还责于纳税人

截止 2013 年底，我国 15－64 岁人口超 10 亿人口，税制改革到位后，绝大部分自然人将是个人所得税、房地产税等直接税的纳税人，数据惊人。若按现行税收征管程序，要求符合条件的自然人纳税人进行纳税申报，即使税务机关投入巨额成本，纳税人如期准确申报的可能性较低。2015 年以来，无论是企业所得税还是增值税等税的纳税申报表都作了大幅调整，没有一定的专业办税能力，纳税人几乎不可能做到准确填报。

在国外，由税务机关运用大数据广泛采集纳税人在全国甚至全球范围内一定期间的收支、财产变动情况，然后根据税法测算出应纳税额，由税收征管信息系统到申报期首日自动推送给纳税人，由纳税人结合税务机关推送来的信息进行校正，这是美国、瑞典等征管现代化国家通行做法。瑞典税务部门给大部分自然人纳税人发送预先填制好的《个人所得税纳税申报表》，纳税人可通过手机回拨或回复短信对申报表内容进行确认。税务机关不仅可以提高申报的精准度，从而节约有限的税务资源，也可以减少纳税人劳动，较好体现纳税服务，又真正体现还责于纳税人。

(四)减少实地核查，深化 ERP 系统数据挖掘

企业是大数据应用的先锋，既是大数据的开辟者，也是大数据红利的获益者。在大数据时代下，企业等市场主体的数据日趋多元化，而 ERP 管理就是大数据时代企业管理的一个重要标志。当前 ERP 数据就是针对物资资源管理(物流)、人力资源管理(人流)、财务资源管理(财流)、信息资源管理(信息流)集成一体化的企业管理系统。它将重新定义各项业务及其相互关系，在管理和组织上采取更加灵活的方式，对供应链上供需关系的变动同步作出响应；在掌握准确、及时、完整信息的基础上，作出正确决策，能动地采取措施。关注 ERP 管理对税务机关加强税源监控具有直接意义。

这次税收征管法修订草案赋予税额确认和税务检查都有实地核查的权利，但鉴于以往税收征管实践，实地核查程序相对烦琐，也易产生执法扰民的倾向，也存在一定的程序风险。近年来，全国发生的涉税行政复议或税务行政诉讼案件，税务机关败诉的案件不在少数，影响了税务机关的公信力。因此，大数据条件下探索与大企业 ERP 系统或财务系统的对接，建立健全外部数据交换系统，高效采集各方涉税信息，尽可能减少实地核查，做实案头核查，让税务机关和税务人员“足不出户”，通过掌握“票、货、款”、供应商、客户、经手人、合同等反映的业务走向，对涉税疑点的真实性和关联性进行求证，实施税额确认或税务检查，较为详尽地检查纳税人生产经营和涉税财务核算情况，无疑可以最大化避免下户，尽可不启动纳税评估或税务检查所有流程，从而大大简化实地核查程序。

（五）简化税款缴纳机制，推行网上扣缴

简化征税程序是世界性趋势。如，法国政府就打算在所得税税制中逐步设立代扣代缴制，企业或金库直接从其中扣除纳税人所需缴纳的税金并上缴国库。目前几乎所有工业化大国都已实行代扣制，在我国可以从三个方面切入以简化税款缴纳机制。

1、借助金融工具简化税款征收。根据《金融机构编码规范》，金融机构不再局限于传统的银行，还包括支付宝、余额宝、微信等第三方支付公司，金融机构扩围为税务机关实施税款预扣提供了平台，也为顺利实施保全和强制措施提供了有力依据。同时，扣税将更为便捷，可以实现复杂税制下的税款征收要求。直接通过电子结算系统和价税分离措施将税款直接划入国库，在业务实现上不再依赖发票，做到伴随交易行为发生税款实时入库，较好地促进纳税人税法遵从。若此，税务机关的核心能力或许不再是征收税款。因为，在“互联网＋”环境下，遵从税法的纳税人应缴纳的税款能够通过互联网自动有序地流入国库。

2、实施涉税业务全国通办。适应大数据发展态势，推行非接触服务，税务机关打通线上和线下服务渠道，为纳税人提供全天候的线上服务，纳税人可以通过网上办税、移动办税、自助办税等线上完成“同城通办”直至“全国通办”业务，诸如外出税收经营管理证明单和临时发票的开具管理，纳税人在全国任何地方都可以办理，无需再跑腿到实体办税服务厅办理，这是对纳税人史无前例的解放，当然这需要全国统一的税收影印系统支撑；试想，中国的银行业能够从十几年前“自行其是”分行组成的总行，变成当前一个强有力的总行统一管辖下高效运作的现行化商业银行，就是大数据起到了决定性作用。申报期结束后的次日，通过短信平台自动触发催报催缴涉税提醒，使纳税人不再将时间消耗在交通上。

3、畅通税款追征流程。现行税收征管法赋予税务机关的税款追征权，包括税收优先权、税收代位权和撤销权等法定权利，但极少被使用。税务机关由于信息掌握不全，想用又不敢用，用了又停，结果造成执法上的许多后遗症，其实这些问题可以通过大数据来解决。一方面，纳税人签订任何纸质或电子合同，必须登录纳税人识别号，就为税务机关及时掌握纳税人生产经营动态、大额资产处置等情况提供了平台。这次税收征管法草案又拟设定先税后证、优先受偿权、连带纳税人、第二次纳税人等条款，极大地丰富了追征权的内容。另一方面，可以通过网络爬虫软件有针对性地抓取网上主流媒体的财经信息，也为行使税款追征提供前提条件。

4、开展纳税信用评价提供支撑。海量数据可以为纳税信用评价提供丰富的信息源。税务机关的税收征管信息系统要配合国家信用平台、公共资源交易共享平台的建设，做好外部数据交换工作，为开展纳税信用评价奠定坚实的基础。

## 三、健全大数据征管配套机制的建议

税源转化现实税收为取决于税收征管能力。对税务部门而言，大数据淡化了税收征管程序的边界，必将导致税收征管和纳税服务一体化。一方面促进税收征管程序简化，另一方面也要看到，税收征管的风险大幅增加。因此，预先从顶层设计上与大数据对接，着力完善其配套措施是必要的。

（一）加强数据采集分析，为实施风险管理奠定基础

加强大数据管理，关键在于运用大数据技术，从互联网、包括新兴媒体所获取的相关信息，关注政务公开信息和企业公示信息，以打破信息孤岛，实现内部业务系统和外部门数据的集中存储，并能够对各类数据进行充分整合、信息共享、全景展示和智能分析，破解征纳双方信息不对称问题。依托数据情报平台，建设纳税人遵从风险库，包含行业模型、风险指标、风险项目和风险管理案例，实现行业全覆盖、指标多维度，对税收风险进行准确识别和精确制导，使平台成为监控税收流失风险的重器，让心存侥幸、逃避税收的纳税人感到税收监控无处不在。实行基于风险导向的动态管理，对无风险的纳税人不打扰，对低风险的纳税人予以提醒，对风险高的纳税人重点监管，实施有针对性的差别化管理。另外，加强大数据管理，税务机关必须强化电子证据意识。新行政诉讼法正式实施后，对税务机关依法履行税收征管程序提出了更高要求。如，在行政诉讼中法院可以审查税务机关规范性文件，可以对确认的款项进行变更。所有这些，如果没有相应的税务证据支撑，税收征管将陷于被动。为此，税务机关必须强化电子证据意识，有步骤有计划建设电子证据档案。

（二）优化税收征管体制，推行机构实体化管理

大数据不仅要求新的信息技术，还将根本改变目前的税收征管决策过程。基于应用大数据管理技术，采用先进的搜索引擎，采集互联网、税务网站、各类应用系统等用户行为信息，利用关联模型挖掘用户需求，建立用户行为分析模型，构建电子税务局的用户体验评估指标，优化系统用户体验，深化风险监控，逐步确立真正意义上的属于大数据时代的税收征管体制。一是打破传统税收征管的行政区域束缚，纳税人无须到注册地或经营地就可享受从“足不出户”到“如影随行”的便捷高效服务，探索建立同城通办直至全国通办的服务模式是必然趋势。二是要打破管户制和管事制之间反复调整的怪圈，必须尽快跳出传统框架，建立基于大数据环境下的“管数制”税收征管新模式。三是要打破行政层级管理，大数据实质上穿透行政壁垒，“上传下达”的政策传导机制已经失灵，加速推行征管机构扁平化、实体化、集约化是今后税收征管改革的必由之路。四是打破征管人才平面化培养格局。大数据背景下税收征管人才不仅需要懂征管程序，更需要懂得大数据应用技术，这都为今后税收征管人才提供了方向。

（三）推进业务大融合，促进征管和服务一体化

大数据打通税收征管各程序的通道，加速了税收征管和纳税服务的业务互通，这为转变政府职能、简政放权、放管结合、优化服务提供了平台。当前，国家税务总局正全面推行税收征管规范和纳税服务规范，前者侧重于税务人员，后者侧重于纳税人。通过实施两个规范，总局将逐步建立起“税收征管规范明确税务人员业务流程、纳税服务规范明确纳税人服务事宜”的业务规范运作体系，无疑出发点较好。但应当看到，在大数据条件下，征管系统与两个规范难以同步运行，后续管理难以跟进。目前规范的版本时间不同步，与征管系统也不一致，而大数据环境下要求税收业务规程与表证单书并重，实现业务流和信息流的同步运行，能够实时根据纳税人和基层税务机关的反馈进行持续改进。因此，适应大数据要求，整合规范，统一业务流程和工作标准，推进征管服务一体化和征管信息有机融合已成为必然选择。

（作者单位：江苏省扬州地方税务局）

# 大数据与地税现代化的思考

张法德

税务管理现代化是新形势下充分发挥税收职能作用、促进经济和社会发展的重要保证。伴随着经济的高速发展和地税管理现代化的要求，需要把原本很难收集和使用的数据，变得容易利用并创造更多的价值。针对海量数据的即时获取和精确分析成为摆在管理者面前的一道绕不开的难题。把大数据的手段和方法引入管理领域，能有效解决海量数据的获取和分析难题，是实现管理现代化的有效路径，也是大数据时代的必然要求。

## 一、大数据概念和特点

大数据(big data)，是指无法在可承受的时间范围内用常规软件工具进行捕捉、管理和处理的数据集合。研究机构 Gartner 对于“大数据”给出了这样的定义，“大数据”是需要新处理模式才能具有更强的决策力、洞察发现力和流程优化能力的海量、高增长率和多样化的信息资产。大数据具有以下的几个特点：第一，数据体量巨大。从 TB 级别，跃升到 PB 级别；第二，数据类型繁多。包括视频、图片、地理位置信息等等。第三，处理速度快，1 秒定律，可从各种类型的数据中快速获得高价值的信息；第四，只要合理利用数据并对其进行正确、准确的分析，将会带来很高的价值回报。可归纳为 4 个“V”：Volume(大量)、Variety(多样)、Velocity(高速)、Value(价值)。

## 二、大数据技术的战略意义

曾几何时，庞大而增长迅速的数据信息，成为大企业和公司的一种负担，需要耗费相当的资源来存储管理。随着大数据技术的发展，海量的数据信息已由过去食之无味、弃之可惜的一种负担，逐渐变成能挖掘出真金白银的香饽饽，大数据技术的掌握和运用，甚至变成克敌制胜的战略“武器”。如同“稀土”资源一样，“稀土”的战略价值不在于资源本身，而在于对稀土资源的开发利用水平。大数据技术的战略意义也不在于掌握庞大的数据信息本身，而在于如何对庞大的、有意义的数据进行专业化的分析和处理，关键在于如何提高对数据的“加工能力”，通过对数据的分析和“加工”，提取有用成分，掌握变化规律，得出可靠结论。能够以此为依据作出一定的判断，或对决策提供相应的参考和凭证，从而实现数据的“增值”。

## 三、大数据的实际应用

在云计算为代表的技术创新大幕的衬托下，如何把原本很难收集和使用的数据，变得容易归纳利用并创造更多的价值。如何针对特定数据建立相应的风险模型来分析利用数据，并归纳出有价值的、可供参考的疑点和结论，这些是发挥大数据强大功能的关键。

西安交通大学管理人员在学生的管理工作中发现，思想工作往往具有一定的滞后性，要不就是一人生病，大家打针，完全没有针对性。如何能提前发现思想波动苗头，提高这方面工作的效率，以前一直是困扰管理人员的老大难问题。学生校园一卡通消费记录与学生思想状态波动，原本是风马牛不相及，西安交通大学每年采集巨量的校园一卡通消费记录，以前只作为消费记录的一种凭证来保存和管理。最近，基于大数据技术，管理人员发现，如果一个学生一卡通的消费记录出现超过一定幅度的不正常波动，那么往往这个学生的思想状态往往也会产生较大的波动，轻者影响学习，重的往往出现许多不可预料的结果。如果及时发现及时引导，可以有效的消除学生思想波动对管理工作造成的不可预期的影响。原因是无论是消费能力或消费意愿的突然大幅度增加，或者因家庭经济条件突然改变等原因造成消费困难，往往会造成学生思想状态产生较大波动。通过此类针对大数据的具体应用和分析利用，对学生管理工作提供了很好的预警并产生了相当大程度的促进。

海量繁杂的涉税信息，带来了丰富的情报资源。灌云地税局正在筹建"互联网＋"时代下的税收大数据情报站，利用对国内外各大网站、各行业协会网页、公告、当地政府网站等监测点，构建多点面情报收集网点格局，使大数据情报站成为"互联网＋"时代下的新型税务情报中心。及时捕捉发现企业在股权转让等行为中存在的涉税风险，在确定风险信息后，及时形成风险任务分配，并组织专家团队及时跟进处理。通过大数据情报站监控获得的情报，既能作为大集中数据的一个比对和参考，同时也具有体量大、价值高等特点，能有效控制税收风险，提升税收管理水平。

我省地税系统前期上线的第三方数据平台也是大数据技术在地税系统管理现代化工程中的一个很好的实际应用。该系统可按设定的采集周期自动采集或按需手工采集政府各部门及企事业单位相关涉税数据，按照自身的数据格式要求，对采集到的数据进行清洗，去除诸如信息不完整等无法分析利用的数据。对不符合规则的数据，按照一定的规则及算法进行转换后再存入自身数据库，保证数据格式的统一可利用。对符合要求的有价值数据，与系统内数据按照税务管理码或纳税人名称等关键字进行匹配工作。对于已匹配的数据，系统支持通过内建的通用模型来分析处理数据，也可以根据不同情况，手工建立符合自身应用实际的模型来进行数据分析处理。税务人员可以根据分析结果，挖掘出许多以前隐藏很深、很难发现的税收风险疑点，为安全、高效的税收工作提供强大的技术及数据支撑。

## 四、发挥大数据在地税现代化过程中的作用

大数据下的税收现代化建设，加强数据的质量建设是一切应用的基础，建议应做好三个方面的保障：

### （一）数据源的保障

首先是保证有稳定的数据来源。需要准确确定税收大数据的组成单位，建立稳定的数据来源体系，保证数据的稳定持续供给，避免因为人为因素或部门间合作原因导致数据来源中断，导致无法完整加工和准确利用。因此，需要一套有约束性的，能协调不同单位和部门严格遵照执行的制度来保障，从而保证有稳定的数据来源。这样才有利于搭建稳定的数据加工体系和建立成熟的分析体系。其次是高屋建瓴，建立一个统一通用的数据元标准下发执行，避免因各地标准不统一增加匹配的难度，降低匹配准确率。再次，因为涉税信息种类多、数据量大，那么在获取数据时，应确定数据源的有效性，不是什么样的数据均可以作为税收数据，应做好数据的预筛选工作，尽量完整的采集对税收分析利用有益的数据，减少垃圾数据，确保提高数据加工利用的效用。

### （二）分析利用保障

在数据源有保障的前提下，大数据下的税收现代化，离不开人员、设备与数据加工手段的现代化。需要建设现代化的数据加工分析团队，应集中专业人才，充分利用现代化的信息设备，采用科学的数据加工分析方法，能针对不同的现实问题，建立出与之对应的模型，从而对数据进行自动化的全面分析。只有这样，才能在有效的时限内出具精准的数据分析成果，为税收征管现代化服务。如果仍停留在人工分析比对，既缺乏效率，又缺乏可持续性。

建设面向税务机关及纳税人的简便易用的数据推送平台，充分利用现在互联网及掌上平台的优势，将挖掘出的数据及分析结果，定向推送至税务机关工作人员及广大纳税人，提高数据利用的针对性。

(三)过程绩效考核

对不同层级单位和涉及大数据的各个环节，从数据源保证、数据加工分析和数据成果使用等方面，制定绩效评价办法，个人考核与团队考核相结合，充分调动相关人员的工作主观能动性与积极性，自觉推动大数据的税收现代化建设。

## 五、现阶段应解决的问题

从实际利用上来讲，大数据下的税收现代化建设，应着重解决好当前存在的几个问题：

(一)信息不对称的问题

登记信息与工商、国税的不对称，纳税人基础信息与实际基础信息不对称，纳税人申报信息与实际经营情况不一致等的问题。解决这些问题是大数据下税收现代化建设的关键。导致这些问题的关键原因是第三方信息来源的渠道不畅。如现有的综合治税平台，未完全实现系统根据数据源定期自动抓取相关数据，有的部门依靠人工上传数据，无法保证信息上传连续性、准确性。平台对数据的管理和处理能力较弱，数据上传后加工利用效率不高，造成一定的数据闲置。

(二)解决专业人才的问题

只有专业人才才能对大数据的含义理解的更透彻，分析的更精准，应用的更深广，专业人才的专业方法，可以为税收现代化建设设计更优更快更准的途径。需要培养出一批既精通税务知识又精通计算机知识的复合人才，能根据需要建立数据分析模型，能从数据中挖掘出真正的风险点。

(三)解决平台建设的问题

针对大数据的大量、高速、多样与价值这四大特点，税收现代化建设就需要搭建一个加工速度快、分析能力高的大数据加工应用平台，利用平台，可以准确快速的获取所需数据，并对数据进行筛选、加工分析，然后进行应用。而目前使用的综合治税平台，尚不能完全满足税收现代化建设的需求。

(四)解决数据利用的问题

涉税数据，目前主要用于内部工作参考和凭证，但从涉税违法数据上来看，如欠税、纳税人失信等各项税收违法行为，主要是税务机关在自身网站或者采取其他办法对外公布，在共享层面上，存在着覆盖面、认知度不足的问题，那在税收现代化下，应将各行政单位、各层面的违法行为，只要不是涉及保密的，全部予以公开共享，违法行为达到一定程度以上的，列入失信黑名单，对纳税人及法定代表人进行行为限制。

(五)强化信息安全保障

大数据用得好，能给人们带来许多便利，大数据的滥用，也会给大家带来无穷的烦恼。在发展之初就完善产业标准体系，依法打击数据滥用行为，为大数据的广泛推广和应用创造一个良性发展的环境，才能让人们安心的享受大数据的便利服务。

在大数据时代，信息化在税收管理过程中的应用程度和成熟度是检验税收管理现代化的一个重要标志。在信息化条件下，需要充分运用大数据的理念、方法和技术，实行科学、有效的税收管理，从而为实现税收管理现代化保驾护航。

(作者单位：江苏省连云港地方税务局)

# 当前税源控管工作中存在的问题和建议

山东省日照市地方税务局东港分局课题组

税源管理是税收征管的基础环节，对开展税收管理和组织税收收入具有重要的保障作用。当前的税源控管工作正在逐步规范和完善，为把握基本经济税源状况，以及管理决策和加强征管提供了有效的信息，但仍存在税源监控不够到位、对税源状况了解不够全面、税源分析预测不够准确等问题，需要进一步改进和完善税源控管的机制和具体措施，利用科学的管理方法和智慧手段，加强对税源状况的监控、分析和管理，促进税收征管质量的提高。

## 一、当前税源控管存在的问题

随着科学化、精细化管理理念的深化，税源监控工作日趋得到重视，税务部门按照税源专业化管理的要求，积极探索实践税源监管的多种方式、方法，提高税源管理水平，推进税源分析的常态化和税源预测的制度化，税源控管工作不断得到加强，但也存在一定的不足：

(一)税源管理手段相对滞后

随着传统税源管理手段的改变，税收管理从"管户"过渡到"管事"，在强化了协作和监督的同时，税务人员入户调查的少了，对纳税人的经营、缴税情况进行分析的少了，依靠纳税人自行申报来掌握税源的多了，税务部门主动收集纳税人的生产经营和税源变动情况的手段较少，税源监控网络不够完善，纳税人生产经营和财务信息等传递渠道单一、滞后，税源控管乏力。在目前税源控管力量供需矛盾突出的情况下，管理方法的改进就尤为迫切。

(二)税源控管针对性不强

税源管理同质化，未能抓住不同税源的差异性特征开展分类控管。对税源管理的方法运用不够灵活，各种监管措施的配合不够协调，部分单位对影响税源的重要事项和一般事项不加区分，监管平均用力；一些业务能力较强的税务人员忙于应对日常税收事务，精力分散，很少开展深入细致的税源调查和控管，对部分大税源的基本信息和发展变化情况了解不够准确和及时，个性税源分析开展不够深入，造成配套征管措施跟不上，易造成组织收入工作的被动。

(三)税企双方信息不对称

一方面，在取消税收管理员制度后，又严格控制入户税收执法行为，调查巡查工作开展的不够普遍，加之网络申报、网络开票、同城通办、网上税务公告等管理服务方式的推广，税务人员直接接触纳税人的次数明显减少，征纳之间的信息交流较少，税务部门较难及时了解纳税人的有关新增税源、变动税源等信息。另一方面，部分纳税人向税务部门填报的应税财产信息、财务报表数据不够准确，税务部门很难利用失实的信息开展税源分析和管理。

(四)税源分析预测工作不够规范

税源分析预测的主要内容、基本结构等缺少制度化的规定，质量控制、评价标准不够明确和统一，税源分析各行其是。税源预测往往缺乏科学性，当前基本是"征管人员→中心所→区(县)局"由下而上层层汇总的税源预计模式，各个征管单位税源预计的依据、指标、口径、标准、数据来源等存在明显差异，结果的具体形成方法也不同，经常出现"拍脑袋"式预测，难以进行重复计算和核对，预测准确度低。

（五）税源控管呈级次性弱化

税源监管基本在中心所（分局）开展，主管税务机关和上级机关间的税源信息传递不够规范，各层级对税源控管的全面性和准确度存在差异，往往是一线征管人员掌握纳税人基本情况，基层中心所了解重点税源和部分中小税源的零散情况，区县局大体了解纳税大户的税源状况，市局通过分析报告等渠道，对区域内有重大影响的纳税人有一定的了解。部分单位对辖区的税源户籍不明，底数不清，易造成管理的缺失和税款的流失。

## 二、加强税源控管的建议

针对当前税源管理工作中存在的问题，按照税源分类控管、广泛采集涉税信息、专业团队化管理、深化大数据应用的思路，通过分事项分级监管、搭建征纳沟通新渠道、推进大数据与信息技术的结合、改进税源预测方法等措施，强化税源控管能力，准确把握税源状况。

（一）实行分事项分级税源控管

按照对税收的可能影响和性质不同，区分重大税源事项、复杂税源事项、重点税源、一般税源，同时，将人员划分为专业化管理和基础管理两大类，实行分级控管：①对大事项、大税源推行扁平化管理，市、县级税务机关抽选分析能力强、管理经验丰富、业务水平高的人员，组建专业化税源分析监管团队，集中优势力量，对影响税源的重大经济事项、重要投资建设项目、重点税源企业的较大变动事项，集中进行信息收集和数据分析，掌控区域税源的主体部分和基本趋势；②基层中心所（分局）将各种年龄、知识和能力结构的人员进行合理配置，扬长避短，对一般税源和重点税源的正常发展变化进行监管，实行分行业的针对性管理和基础管理，把握税源的基本情况。

（二）建立税企信息沟通新机制

针对征纳双方信息不对称的情况，拓宽沟通渠道，建立沟通制度，实现信息交流常态化。研究制定《涉税重大事项沟通办法》和《税企联络员管理制度》等，遵循自愿、互利的原则，通过设立税企联络员等方式，实现纳税人与税务机关对有关涉税事项的沟通。一方面，纳税人就重大投资事项、重要经济合同签订、重大经营变动等涉及税收的事项在可行性分析、立项、决策前，和事中与地税机关进行有关情况的及时沟通，咨询了解涉税方面的情况；另一方面税务部门就新税收法规的实施、新税收管理措施等可能对纳税人的生产经营和税收缴纳产生较大影响的税收事项与纳税人进行沟通，帮助纳税人进行有关税收方面的分析，提出指导性建议，同时，也及时了解相关税源信息。

（三）推进信息交换和部门协作

目前对新增税源和重大税源变动的监管相对薄弱，除从纳税人处着手外，还应注重外部信息的交换，开展部门协作加强税源控管。一是广泛采集第三方信息，包括经信局、住建局、电力公司等其他单位的信息和公众媒体上涉及经济的新闻、广告信息等；二是深化国地税部门间的合作，包括登记信息、大额发票开具信息、税收评查信息共享等，扩展税源控管的数据来源；三是上下级部门间要建立顺畅的双向税源信息传递和反馈机制，协调开展税源监管和税款征收，增强上级单位的税源控管能力；四是职能科室间加强配合，相关职能科室在大企业服务和管理过程中协调配合，对掌握的税源信息及时进行传递和内部联合处理。

（四）提高税源信息的质量

信息质量是税源分析和预测的基本保障，要从三个方面提高税源信息的准确性和完整性：一是把好纳税人报送数据的入口，对纳税人报告的应税土地面积、房产价值、投资方信息、从业人数、工薪支出等信息，利用信息系统进行相关的逻辑性分析，人工进行合理性分析，对关键项目实施必要的核对；二是通过调查巡查、专项税源调查和利用第三方信息提高税源信息的完整性，利用关联行业间的信息交叉比对，如建筑业和房地产业、进出口贸易和港口运输，提高信息准确性。三是做好数据整备管理，统一数据口径，对错误信息及时进行更正，对已变化信息及时进行更新，并严格数据质量的责任。

（五）用活大数据加强税源控管

要运用大数据思维，建立税源信息库和税源管理平台，加强数据综合分析应用。一是通过征管系统内部提取、企业财务数据采集、税企沟通收集、网络抓取、部门交换等方式，广泛收集税务端、企业端、互联网和第三方涉税信息，对各税源信息进行整理、分类；二是通过“一户式”或分事（项）模式，按照不同纳税人或事（项）来识别、汇总、比对多种渠道的涉税信息，特别是要完善对企业集团、跨地区经营纳税人的分户信息汇总，用逻辑关联、集成整合等智慧的方法，开展数据的综合统计、分析和应用，准确掌握税源情况；三是利用采集的数据，进行存量税源统计、纳税能力分析，也可进行纳税人盈利能力、发展趋势、财务状况等深一步的税源分析，深化数据增值应用。

（六）改进税源分析预测的方法

为了解决税源监控人力不足，各征管单位税源预测随意性大，预计的依据、指标、口径、标准、来源等不统一的问题，以税源监控和大数据为基础，总结经济税收规律，探索建立数学预测模型，并运用现代信息技术，开发税源测算软件，建立起以数学预测模型为核心、以网络化平台为载体的税源预测管理模式，进行税源预测的分级采集、录入，集中预测、汇总，数学方法与信息技术相结合，实现对税源科学、快捷的预计，提升税源分析研判水平，提高预测的准确率和效率。

（七）利用纳税评估深化税源控管

开展纳税评估是强化税源控管的重要内容和有效手段，是开展深度税源管理的有效措施。要建立税源监控、税收分析和纳税评估之间的互动机制，利用涉税数据分析结果，准确判断纳税人风险，开展针对性的纳税评估，对纳税人申报纳税的真实性和准确性作出定性和定量的判断，一方面，对评估发现的问题进行必要的提醒和引导，提高纳税人税法遵从度，减少漏征漏管，另一方面，通过核查评估，了解纳税人经营和发展状况，发现管理中存在的问题和薄弱环节，及时采取措施完善税源控管，达到以评促管、以评促收的目的。

课题组组长：刘加文

成员：葛安晓　王昌平　安　宝　田鸿运

# 地税系统数据化征管的几点思考

金铁峰　张西超　沈　咏

数据化征管，就是充分借助于现代化网络硬件平台和专业软件系统，通过地税业务重组、流程再造、职能优化和技能提升，将信息技术广泛应用于地税管理领域的每一个环节，以涉税数据的采集、分析、处理、应用为主线，深度开发和有效利用信息数据资源，提高地税决策、管理、监控、服务效能，进而促进地税管理科学化精细化，推进依法治税的全过程。

## 一、数据化地税征管的运行流程及特征

根据数据化地税征管的内在要求，其整个运行流程可概括为“搭建一个平台、实施三级管理、规范六个环节”。搭建一个平台：省级层面建立一个涵盖地税业务、行政管理、信息技术等层面的预警分析平台；实施三级管理：建立完善省、市、县局三级科学严密的层级管理控制流程，以保证数据化地税征管的顺利运行；规范六个环节：规范数据采集、数据分析、纳税评估、税源监控、稽查处理、成果运用六个环节的工作。其主要特征：信息数据集约化；业务流程规范化；管理结构扁平化；地税管理效能化；部门协作一体化；纳税服务深度化。数据化地税征管的可行性分析的依据是，信息管税的科学理论为数据化地税征管模式构建提供了正确导向；覆盖全面的网络设施为数据化地税征管模式构建提供了运行平台；功能完备的系统软件为数据化地税征管模式构建提供了技术支撑；存量丰富的内部资源为数据化地税征管模式构建提供了资源保障；技能较高的专业人员为数据化地税征管模式构建提供了人力条件。

## 二、影响数据化地税征管模式运行的几点原因

### （一）数据采集不规范

一是部分基础数据失真。由于部分基层税务干部自身素质不高、责任心不强、审核把关不严，大集中系统 4.0 上线运行后，录入的一些基础数据逻辑关系错误，甚至形成垃圾数据。如税务登记项目不完整、行业品目鉴定不准确等。同时，少数纳税人受利益的驱动，采取做假帐、搞“两本账”等手段偷逃国家税款，造成税务机关采集虚假的、不完整的涉税数据。二是一些基础数据的采集不全。诸如企业产值、产量、销量、库存、用工情况等数据未纳入系统进行管理，也影响了信息数据采集的准确性和完整性。三是未按制度规范要求采集数据。经调查落实，有相当一部分问题是由于地税管理员、大厅工作人员数据录入错误造成的，还有部分问题是我们在工作中由于没有完全按照操作规程进行操作形成的无效数据。四是有的数据采集不及时。纳税人的涉税信息是对其经营情况的动态反映。部分工作人员责任意识不强，对上级要求限期报送、修改的数据指标，不能迅速采集，及时反馈，致使部分数据信息明显滞后于纳税人的实际生产经营状况，影响了信息资源的完整性和预警指令的准确性。

### （二）数据利用不充分

一是数据分析处于起步阶段，尚未形成规模。一些数据的查询、监控和分析功能还不够全面和灵活，仅限于分类统计、静态查询的层面上，数据价值潜在效能远远没有发挥出来。二是数据利用率不高，支持地税管理与决策的作用发挥不够。目前，信息系统有些应用软件只满足单一业务需要，信息共享性差，不能从区域、行业等角度进行横向、横向对比、分析，难以综合利用。三是数据分析体系尚未形成，缺少相应

的数据处理分析规范。开展分析、设置数据分析处理工作岗位、具体的工作职责和流程，这些属于数据分析体系中的内容还未得到明确和界定。四是数据预警分析平台尚未构建，对数据的分析处理缺乏统一的数学模型、预警指令，还存在指令下达不规范、标准不统一等问题。

（三）数据资源不对称

一是涉税数据来源渠道狭窄。地税部门所掌握到纳税人的涉税信息，主要是靠纳税人提供和到其他部门收集，而收集来的数据也是有限的，这就造成了数据掌握上的不全面、不充分。二是内部各系统信息数据共享度不高。虽然目前地税征管系统已进行了整合，但主要业务数据还不能完全共享，执法考核和数据报告中的质量问题还交叉存在，数据闲置，系统信息资源集成能力、整合能力和深加工能力差等问题比较突出，影响了数据分析的纵深发展。三是外部信息数据交换不充分。由于税务机关与社会其他各部门间信息化发展不同步、不平衡，导致部门间信息不能平滑对接和共享，信息孤岛问题仍然突出。数据交换的广度和深度还远远不够。并且外部数据的取得还存在着的缺失、断裂、甚至虚假等情况，数据质量达不到全面性、及时性、准确性、针对性的要求，不能形成运行顺畅、高效便捷、满足工作需要的有机数据链条。

（四）数据应用不适应

一是部分地税管理员的综合技能有待提高。市局、市区集中的人才多，基层、县局人才相对贫乏，有能力单独开展地税分析、纳税评估和税务稽查的人员少；部分一线人员数据管理意识不强，征管软件操作不熟练，管理手段单一，缺乏分析问题、发现问题、解决问题的能力和技巧。二是少数人员缺乏工作积极性和责任意识。在日常的管理工作中，巡查巡管记录虚假，典型调查流于形式，税款核定搞平均主义，上级发布的各种分析的疑点数据核实、落实不到位；不去主动的搜集纳税数据，存在着等、靠、要的现象，习惯于被动接受上级发布和纳税人提供的信息数据，对纳税人最新的经营情况、资金运动等动态数据缺乏及时、全面、准确了解，致使数据采集把关不严，虚假信息、垃圾数据大量存在，机内错误信息不能及时得到修正，不能满足利用征管软件进行数据分析的需要，人机管理脱节，不能及时发现和查处各类涉税违法犯罪行为，新增税源、帐外税源、体外循环税源没有管住管好。三是数据化管理机构不完善。我们缺乏专业的地税分析队伍，地税分析在日常工作中常常是单兵作战，影响了地税分析人员素质的进一步提高。

（五）数据考核不完善

数据质量考核评价指标存在多头管理、各自为政，互不兼容，有的考核指标甚至互相矛盾，指标设置不科学，个别指标脱离实际，考核办法制定的太细、太繁琐，既不便科学考核，也不利科学管理。比如数据的采集、应用，要求地税管理员日常税源管理工作中应做什么，如何做，应该达到什么效果等缺乏全面认识和合理界定，对数据质量的好坏难以准确衡量，造成干多不如干少，干少不如不干的局面，致使以责任落实与追究为出发点的考核措施往往流于形式，也加重了基层的负担，造成基层疲于应付，甚至诱导基层为部分数据指标弄虚作假。

（六）数据管理不协同

一是内部协调互动机制配合协调不够。地税分析、税源监控、纳税评估和税务稽查还缺乏常态化、规范化的内在有机衔接，围绕涉税数据，计征、税政、征管、稽查等部门没有真正形成相互传递、相互配合的互动机制，各职能部门间业务缺乏统筹，责权划分不清晰，各自为政现象还比较突出，有些权力过程分工过细导致推诿扯皮，有些权力过程分工过粗导致缺乏监督，工作仍然存在脱节现象，导致涉税数据利用不充分、业务整合不到位，影响了税源管理质量和效率。二是外部部门配合不到位。税务部门与税源管理关系密切的工商、银行、地税、技术监督等部门之间的协作配合十分有限，只停留在基础报表数据的交换上，部门间协调配合作用发挥不够充分。

## 三、深化完善数据化地税征管的几点建议

针对当前影响数据化地税征管存在的问题，按照地税信息化发展规划要求，应着力进行以下方面的改进：

(一)树立数据化地税征管全新理念

数据化地税征管是地税管理现代化、科学化的突破口，只有解决观念上的问题，才能实现数据化地税征管模式与先进的管理理念相结合，技术创新与管理创新相结合，推动地税整体工作全面协调发展。因此，应树立地税征管与信息化建设"一体化"推进的观念和以数据化地税征管带动地税整体工作质量和水平的观念，以适应社会信息化大发展的根本要求。

(二)规范数据化地税征管业务流程

围绕数据化地税征管，在优化征管业务流程时，应重点解决以下环节的问题：规范信息数据采集渠道；严格加强数据质量的管理；实行信息数据集中处理；完善地税数据分析体系；强化信息数据处理应用能力。当前，尤其要注意建立从地税分析、纳税评估、征收管理到税务稽查的互动机制，从分析发现问题，从评估查找原因，通过征收管理解决问题，通过税务稽查实现以查促管；构建统一地税预警分析平台。根据数据化地税征管的需求，开发适用的软件，自动完成数据质量分析、各类目标及专题分析，对系统间数据进行关联分析、预警分析、统计分析、群体比对等，提高数据处理分析的技术含量。同时，在设置指标体系和进行数据分析之后，比较符合实际地确定适合重点企业经营数据峰值和警戒值，及同一指标区间的上下限数值。通过设立预警指标，发现指标差异，既可以及时提醒纠错，又可以确立工作标准，能够收到综合运用效果。

(三)创新数据化地税征管分析方法

科学选择地税数据分析方法，应注重宏观与微观相结合；全面与重点相结合；分析与评估、稽查相结合；定量与定性相结合；动态与静态相结合；上级与下级相结合。根据各自工作职责和范围，有的放矢地做好地税数据分析工作，充分利用现代化手段对上述信息进行有效整合，从微观、宏观、横向、纵向等多个方面对地税情况进行全方位、多角度的描述、对比和分析。

(四)健全数据化地税征管保障机制

一是建立数据化地税征管部门联动机制；二是健全外部信息数据交流机制；三是完善地税数据分析利用长效机制；四是深化地税电算化网络机制。多渠道获取第三方面信息，为数据化管理奠定基础。

(五)明确数据化地税征管考核标准

应建立健全一套责任明确、奖惩挂钩、推动有力的科学合理的数据质量工作考评指标体系。一是推行数据质量责任制。对机外数据、虚假数据、不规范数据从源头上严加追究，改变目前存在的重纸质资料，轻电子数据，重数据录入，轻数据质量等现象。二是推行数据质量领导负责制。征管数据的真实性、全面性、规范性不是哪一个部门的事，必须明确各自的职责，推行数据质量主要领导负责制，才可以有效地解决软件数据无人过问，职责不清等现象。三是推行征管数据调整审批制。规范专业技术人员的操作行为，严禁从数据库底层随意的修改数据，严格限制越权操作、越权审批等不良行为，要有明晰的操作权限划分，使得各种"责任追究制"有据可查。四是实行数据运行过程控制制度。建立数据审计系统。充分利用数据集中优势，通过数据审计程序检测，将数据运行过程中的异常情况及时告知相关机构进行分析、整改，并随时监测整改情况，规范操作行为。五是推行数据运行监督制。定期对数据质量情况通报和考核，对在信息采集和传输中弄虚作假，或因责任意识不强导致信息出现重大失真的行为，按照有关规定予以严肃处理。六是完善工作奖惩制度。将地税征管数据工作成效作为评价、考核税务干部、奖惩干部的重要依据，对于在数据化管理中有所创造、有所突破的人员要大张旗鼓地进行鼓励、表彰。鼓励在各自岗

位上建功立业，提高地税人员学业务、比能力的积极性和自觉性，打造一支懂市场、懂经济、懂政策、会分析、会筹划、会管理的数据化地税征管的高素质人才队伍。

(六)提高数据化地税征管操作技能

一是强化综合技能培训。加强对税务人员的专业能力、宏观经济掌握能力、综合分析能力的培训，研究制定专业培训方案，根据领导层、管理层、技术层、操作层的不同的需要，分级分类进行全员信息化培训，着力提高基层一线工作人员的工作技能和综合素质，为加强数据化地税征管模式提供组织保障。二是加强专业技术培养。通过请进来、走出去等不同的方式，加强专业技术人员对数据化地税征管模式的深层次理解，把地税实践同信息技术紧密衔接，研制开发更加新颖、更加实用、更加便捷的应用程序，促进地税工作和地税信息化发展。

(作者单位：江苏省徐州市铜山地方税务局)

# 电商企业税收管理的实践与思考

杨劲松

伴随着我国经济的持续快速增长与互联网技术的日臻成熟，电子商务凭借其低成本、高效率、开放性、全球性和互动性的优势，不但受到普通消费者的青睐，而且有效地促进了中小企业寻找商机、赢得市场。电子商务作为转变发展方式、优化产业结构的重要动力正不断冲击着传统销售模式，逐渐成为销售业的重要力量。探索完善电商税收是经济发展新形势下给税务人员提出的新的挑战。只有紧跟经济发展的最新动态，不断探索完善税收征管服务，才能发挥税收的调控作用，助力电商经济发展，

近年来，保定白沟新城国税局针对本区域电商企业特点，就税收管理进行了有益实践，对存在的问题进行了认真调研与思考。

## 一、白沟电商经济发展现状及特点

(一)电商数量增长迅猛

白沟新城是我国北方重要的小商品集散地，素有“中国箱包之都”的美誉，“京津冀一体化”，又使其面临更大的经济发展机遇。在销售模式由传统向电子商务转型的关键时期，相关的培训机构、网站设计公司、网络推广业务部、产品宝贝摄影室、网店专供、快递公司、库存仓库等行业在白沟蓬勃发展，催生了一条以“箱包产品”为载体的电子商务产业链。

白沟新城管委会统计显示，自2008年起白沟电子商务萌芽，到2011年末，已有四分之一的商户开设了自己的网店，到2012年底，网店数量迅增到4000家。目前电商达15000余家，从业人数约4万人，拥有业务网点45个，日发货18万单。据工信部2014年出具的白沟电子商务发展报告统计，白沟电子商务年增速达30%，淘宝网点数量在全国20个淘宝村中位居第一。现有许庄、小营、王庄、白五、来远5个村入选全国淘宝村，白沟镇入选全国首批淘宝镇，位列第五位。

(二)网络交易额逐年攀升

白沟新城电子商务产业不断发展壮大，形成了中华箱包网、中国箱包之都网、万户通箱包批发网、进包网等电子交易平台。白沟新城管委会统计数据显示，在白沟各大箱包企业中，通过电子商务平台产生的交易额占总销售额的比例已接近30%，并且还在以30%的年增长速度提升。2015年成交额超过70亿元。

(三)电商平台门槛过低

电商经营主要依靠淘宝、天猫、京东、一号店、苏宁易购、唯品会、美丽说、美团、窝窝团、大众点评、阿里巴巴等平台。其中，天猫、京东等平台要求电商企业以公司形式注册，并需要提供工商营业执照和税务登记证，相对来说比较正规。而使用淘宝等平台注册的店铺只需提供居民身份证、交纳1000元的保证金即可开店销售。平台门槛低，管理不规范。据统计，白沟新城电商中有超过12000户在淘宝网注册经营，约占全区电商企业总数的80%。

(四)分散分布电商占主导

白沟新城区的电子商务按企业分布特点可以分为集中电商与分散电商两种。集中电商主要分布在

两大电商园区——和道国际电商创业园、凤凰020箱包广场。其中,和道国际电商创业园总规划面积26万平米,入驻电商及配套服务商500多家,从业人员在2000人左右,被河北省电子商务协会评为省级电子商务示范基地。分散的电商企业在白沟新城占据主要地位,占白沟电商总数的95%。它们大多分布在小区内、村落中,数量众多,可谓遍地开花,但规模较小。有的是"夫妻店",有的只有一个人负责经营,极少部分的电商企业拥有员工二三十人。

## 二、白沟新城电商企业税收管理现状

由于电商企业经营门槛低、网络平台管理不严格,增加了税务机关对电商企业进行有效监管的难度。

目前,白沟新城国税局主要根据电商企业的分布特点有针对性地开展税务征管工作。针对在和道国际电子商务创业园和凤凰020箱包广场集中经营的电商企业,对其中漏征漏管企业进行了逐户清理,督促它们办理税务登记,依法缴纳税款。对于在天猫等正规平台上注册经营的电商企业,国税局依靠电商平台"一单一票"制度,已经将其纳入管理之中。对于分散经营的淘宝C店,现阶段该局只能借助村街办事处、电商协会、政府相关职能部门逐步清理,发现一户规范一户,清理工作的开展有很大难度。

据统计,在白沟新城国税局监管之下的各类企业共计5986户,尚不及电商一类企业的40%,可见税务部门目前对绝大多数电商企业都未能实行切实有效的监管,电子商务税收存在巨大潜力。

## 三、白沟电商税收管理中的问题

(一)法律法规滞后

我国现有的税收法律法规主要是针对传统的销售业制订的,相对于日新月异的经济发展变化具有滞后性,对于规范管理新兴的电商企业明显力不从心。虽然电商征税的立法问题已经在两会期间引起热议,相关政府部门也相继出台了有关规范电商行业的政策措施,例如国家税务总局于2013年4月1日实行的《网络发票管理办法》为电商征税提供了法律上、技术上的支持;财政部等13个部门联合发布《关于进一步促进电子商务健康发展有关工作的通知》,明确将继续加强电子商务企业的税收管理。通过一系列政策措施的出台,电商征税正逐步走向规范。但是法律法规的制订需要经历长期的探索与审议,现阶段,我国尚未建立起与电商发展现状相适应的专门的电子商务税收法律制度,有关电商税收的税率、征收方式等问题也未明确,这就使得现阶段的电商税收工作无法可依,难以施展。

(二)销售难以管控

白沟电商企业数量多、规模小、分布散、流动大。多租住在居民区、单元楼内,办公条件简陋、不易查找。这些电商企业多是一人店、夫妻店或家庭店,每人一台电脑,一人或多人一起维护商品在不同网站上的销售。还有一些电商企业在经营当中既有实体店销售也进行网上平台销售,税务工作人员很难通过这些实体店的商铺了解到网上平台销售的情况。总而言之,电商企业大多没有在工商管理部门进行登记,也未在我局进行税务申报,加上其经营活动隐蔽性极强,税务工作人员很难知道其是否从事网络销售,这就给税源管理造成了很大困扰。

(三)平台管理不规范

随着电子商务的迅猛发展,电商平台不断涌现,但是平台的规范程度不一,对电商企业的管理存在很大差异。天猫、京东在现阶段已经实现了对注册电商企业的系统规范,包括要求其具备工商营业执照、税务登记证并实行"一单一票"制度,强迫电商企业依法纳税。但是,绝大多数平台运行管理不规范问题突出。这些平台在电商注册环节几乎不设置门槛,对其销售经营也不加管理规范。这方面比较典型的如淘宝网占有电商市场大部分份额,平台管理松散,不能起到规范管理电商的作用。

## 四、关于完善电商税收监管的建议

不管是立足于电商行业的长足发展,还是考虑税收监管、调控作用的发挥,都必须尽快解决电商税收中的突出问题,引导电商企业向着良性、健康方向发展。

(一)创新征缴方法,实现源头控管

税务部门可以利用网络资源,依托第三方信息平台,全面掌握电商企业动态。对于网络间接支付,可以采取利用第三方交易平台代扣代缴税款的方式征缴税款,从网络支付入手,从源头上解决电子商务主体身份、交易数量与金额隐蔽化的问题,真正实现网络监督管理,较好地解决税收流失问题。对于网上直接交易的主体,则可以通过交易平台、银行转账支付平台代扣代缴税款,以此来有效的帮助税收征管部门控制税款流失。使电商在线上、线下的销售都能够公平竞争,实现税负公平。

(二)实行税收优惠,助力行业发展

电子商务处于发展初期,为了最大程度地保护电商企业,推动电子商务产业发展,可以根据具体情况采取税收优惠政策。对电子商务市场主体征税适度,有利于鼓励创业、保护中小企业的发展。

通过走访调查发现,电子商务企业普遍反映网络平台费用较高,给企业造成了巨大压力。例如保定图卡诺商贸有限公司在天猫网上注册的箱包专营店,注册时需交纳保证金十万元;每年需支付平台服务费六万元;每单交易由网络平台抽取五个百分点;企业如果需要在平台进行广告、推广,费用更是动辄上万。同时,受到我国经济整体下行、经济发展增速放缓的影响,该企业今年交易额不容乐观,而且随着价格战愈演愈烈,企业的利润空间也大幅缩水。可以说,当前的经济形式和激烈的商业竞争使尚处于初步发展阶段的电商企业面临着前所未有的危机。在电商企业四面楚歌之际,国家应统筹大局、立足长远,通过税收优惠给电商企业提供更多的成长发展空间。

税收优惠政策的实行也能够减少电商对依法纳税的抵触心理,减少税收部门的工作阻力,尽快将电商纳入税务征管系统中。

(三)加强税收宣传,跟进涉税指导

一是纠正错误认识。针对“互联网是免税区”这一认知误区,可以进一步加大税收宣传力度,使包括企业在内的社会各界认识到电商交易模式实际上是传统零售业在互联网上的延伸。二是提供税收辅导。税务机关可以借助电商平台,对电商企业进行有针对性的税收辅导。例如可以通过设置问答服务窗口的方式,及时对电商提出的涉税问题进行答复,从而帮助其熟知税收法律法规、掌握报税流程,对其纳税过程中遇到的难题进行实时指导。三是实地走访调查。税务机关还可以对电商企业进行定期走访,通过实地查验、负责人约谈、费用调查等不同形式,及时了解掌控电商纳税情况和遇到的问题,做好税收征管服务工作。

(作者单位:河北省保定白沟新城国家税务局)

# 关于营改增后加强地税征管工作的思考

吴书兵

## 一、"营改增"对地税工作的影响

"营改增"是国家深化财税体制改革的重头戏。2012年以来,交通运输业、现代服务业、铁路运输和邮政服务业先后"营改增",今年建筑业、房地产业、金融业和生活服务业纳入"营改增"试点范围后,营业税作为地税部门负责征管的第一税种将结束辉煌使命退出历史舞台,地税征管工作将面临新的挑战和问题。

(一)主体税种缺失,地税收入下降明显

营业税一直是地税部门征管的主体税种,营业税具有稳定性、可控性的特点,以及对相关税种的带动性,为地税组织收入工作做出了突出贡献,都是其他税种无法比拟的。以博兴县地税局为例,2015年全局共入库营业税6.5亿元,占全年入库县级收入17.79亿元的36.54%,第一大税种可以说实至名归。"营改增"后,地税税源进一步萎缩,地税收入将随之明显下降。

(二)缺失"以票控税"手段,税收控管难度提升

长期以来,地税部门通过加强营业税发票的手段,控制其他附征的城建税、教育附加、地方教育附加和水利建设基金等税费。"营改增"后,地税部门缺失了"以票控税"的有效抓手,相关税种的税收征管难度必然增大,漏征漏管、偷逃税款等问题隐患必然增多,地税征管质效也会打折扣。

(三)地方财力贡献比重下降,影响地税地位和形象

地税收入一直是地方财政收入的重要支柱,2015年,博兴县共组织县级财政收入26.7亿元,博兴县地税局组织县级收入占全县县级财政收入的67%。"营改增"后,地税部门征管的税种主要是些零小分散、增收潜力小的税种,地税收入中地方可用财力大幅下降,党委政府财政收入对地税工作的依赖性一定程度上减弱,也会影响在纳税人心目中的地位和形象,为今后地税征管工作开展增添了许多未知阻力。

(四)队伍士气有低落的倾向,影响地税队伍稳定

"营改增"后,在车购税等其他税种尚未转交地税征管,房地产税、环保税等其他可能由地税征管的税种还在酝酿阶段,开征日期未知的情况下,地税干部职工面临着征管职能减少、征管方式走向不清的现状,在职业成就感、个人政治进步、收入待遇等方面在所难免有一定的消沉焦虑思想。

## 二、对"营改增"后加强地税征管工作模式的探讨

基于对地税工作现实状况的分析,我们认为地税征管工作的重点应该是:以纳税人自主申报为基础,以规范和加强征管数据质量管理为前提,进一步优化机构设置,明确职责分工,强化纳税评估和税源分析,实现管户和管事的有机结合,构建以依法治税、应收尽收为目标,以信息化和规范化为主要特征的科学、严密、高效的现代税收征管体系。为此,现有征管模式应进行如下转变。

(一)实现“以票控税”向“信息管税”转变

“营改增”全面推行后,地税部门将失去发票管理的权限,传统的“以票控税”征收方式将无法实施。今后工作中,应集合地税税种零星分散的特点,大力推行“信息管税”。一是注重征管信息的准确性、全面性。深化基础信息重要性的认识,对“金三”系统数据逐户进行清理,主要对税务登记信息和纳税核定、企业经济性质、隶属关系、银行账号、税种、税目、税率以及征收方式的核定等基础信息进行全面审核,剔除和改正错误的基础数据,为税收征管工作开展奠定基础。二是强化税源的微观监控分析。“营改增”后,应分别建立土地使用税、房产税数据库,定期更新数据信息,加强土地、房产的“金三”系统内数据信息与实际信息数据的比对,加强应缴税信息与已缴税信息的比对等。对总局、省地税局重点监控的土地使用税、房产税、印花税、个人所得税等税收风险指标,以及户籍风险、欠税风险,房地产企业土地增值税申报等税收风险重点事项进行监控管理。同时,通过完善综合治税机制多渠道采集信息,为税收管理提供支撑。

(二)实现以查账征收为主,委托代征、核定征收为辅向三者并重转变

在继续做好查账征收的基础上,着力推进委托代征、核定征收工作的规范化、常态化。如委托国税部门加强城建税、教育费附加、地方教育附加的代征工作;委托保险公司加强车船税的代收工作;委托工商部门加强股权转让个人所得税的代征工作;委托发放权利许可证照的单位代征权利许可证照印花税,委托政府采购办代征行政事业单位购销合同印花税,委托财产保险机构代征财产保险合同印花税。核定征收方面,在继续搞好印花税核定征收的基础上,积极探索个人所得税的核定征收和房屋出租收入的核定征收工作。

(三)实现税管员管事为主向管事与管户相结合转变

前几年,为降低税收执法人员的执法风险,税收管理员管户职能相对弱化,使税管员由管户变为管事。实践证明,取消管户后,税收任务无法分解落实,管事机制并没有建立健全,造成了职权不清、责任不明等问题。为适应形势的发展,应进一步明确税管员工作职责,完善和强化税收管理员制度,实行管户和管事的有机结合。首先,必须明确税管员管理的纳税业户或者管辖区域(很多执法单位都实行网格化管理),明确税管员管户的责任。其次,明确税管员管户的具体事项和管事的工作职责。税管员管户的具体事项有:开展日常办税辅导,提高纳税人自助办税的能力;做好横向联网和税收认定、定额核定等工作,为纳税人自主申报纳税提供便捷的方式和准确的依据;规范和加强征管基础数据采集、提高征管数据质量;依照法定程序进行催报催缴、确保税款及时足额入库;做好有关部门派送的实地核查、税款催缴等任务。第三,明确纳税评估、税收征管、纳税服务、税务稽查等部门对纳税业户管理的具体事项,明确其管事的职责。同时,强化监督管理机制,不折不扣地落实各项监督制度,有效规避执法风险。集中业务能力强的人员,充分利用各类数据信息,强化纳税评估和税源分析。对评估发现的欠缴税款,督促基层征管人员催缴入库;对评估发现的重大疑点,移交稽查部门依法查处;对评估发现的管理和执法不规范问题,督促相关部门规范管理、依法治税,从而充分发挥信息管税的作用。

(四)实现机构设置向更加便利实用的方向转变

基层征管机构设置也要与新的形势相适应。营业税、企业所得税的逐步消失或转移,地税部门行业管理的必要性下降,强化责任、属地管理的必要性提高,征收机构的设置要与之相适应。县区局的内部机构设置也要进一步探索:(1)设立法规征管科,将法规税政科与征管和科技发展科合并,负责法规政策、税收政策、征管基础建设等工作。(2)设立纳税服务和收入核算科,将纳税服务中心与收入规划和财务科进

行合并,负责税收计划、纳税服务、税收核算等工作。(3)设立税源管理监控科,将税源管理科的部分职能、督查内审办公室的职能划入其中,负责税源分析、收入质量监控、纳税评估、税收预警、督查内审等工作。(4)设立财务和信息科。将收入规划和财务科的财务职能、税源管理科的信息工作职能纳入其中。(5)办公室、人事科、监察室、稽查局等机构职能保持不变。

(五)实现执法难点处理"单兵作战"向"团队管理"转变

在经济新常态、地税执法工作新常态形势下,存在执法难度大、有税源但纳税人无力缴纳、社会舆情和执法氛围严峻等现实因素,执法人员思想顾虑多、执法力度小、执法风险大。有必要抽调专业人员成立执法难点处理团队,对一些执法重点难点、有欠税但确实无力缴纳等事项进行处理,排除一线执法人员的后顾之忧,降低执法风险。

(六)实现企业信息由"零散分散"向"联合共享"转变

积极参与社会信用体系建设,强化与国税、金融等部门联系,建立跨部门信用共享机制,不断完善信息交流反馈机制,及时沟通企业的生产经营、纳税和信贷等相关信息,积极推进纳税信用与其他社会信用的联动管理。如通过国地税结合开展企业纳税信用等级评定工作,联合金融部门开展"银税企互动",用信用体系建设评定帮助企业减轻融资难的问题,建立起税银互动服务企业发展壮大的良好机制,从制度上提高企业诚信纳税的自觉性、积极性、主动性。

## 三、应对"营改增"不利影响的建议

(一)进一步深化与党委政府沟通,持续赢得对地税工作的充分理解和大力支持

要继续弘扬敢于担当、勇挑重担、敬业奉献的地税优良传统,充分发挥地税职能作用,以更高标准、更严要求落实税收政策,严格税收执法,加大稽查力度,严征细管促增收。积极向党委政府提供涵养税源、扩大税基的建议,始终做党委政府靠得住、信得过的参谋助手。以"干在实处"的工作业绩,争做职能部门"走在前列"的排头兵。

(二)进一步深化与纳税人沟通,营造更加融洽和谐的征管关系

在新的税收征管模式下,要继续牢固树立优化纳税服务是地税机关基本职责的认识,结合"便民办税春风行动"、税收宣传月、纳税人学堂等载体,通过电话交流、主动上门等方式,全面开展纳税服务大走访,积极征求纳税人对地税部门的意见建议,把每一项税收征管工作都融入到纳税服务之中,以实实在在的服务成效全面提升税收服务水平。

(三)进一步深化国地税合作,不断推动征管能力全面提升

结合《国家税务局、地方税务局合作工作规范(2.0版)》的推行,通过建立国地税联合办税大厅,实现双方业务的"一窗一厅通办",统一服务规范、统一管理制度、统一考核标准、统一设置导税服务,让纳税人"进一家门、办两家事";建立案件稽查信息交换机制,实现了国地税双方资源有效整合,实现涉税信息共享,对重点企业共同调账、联合检查,联合执法既加大税收执法硬度,又减轻企业负担;联合建立纳税人培训学堂为纳税人开展国地税税收政策辅导,为全县企业发展营造更加便捷高效的经济税收法管理服务环境。

(四)进一步深化与税收协助部门联系,形成齐抓共管地税收入的大格局

在党委政府的统一领导和协调下,全面落实《山东省地方税收保障条例》,调动社会各方面的力量,最大限度地挖掘政府部门和社会信息资源,实施社会综合治税。深化与各涉税职能部门的联系,进一步完

善涉税信息交换机制，定期与各涉税单位交换涉税信息，强化对全县新上重大建设项目和临时性税源的管理，对采集的信息进行分类处理和关联挖掘，向信息要税收，力争把更多的经济活动纳入到税收管理中，体现到税收收入上。

（五）进一步深化地税队伍建设，以严管善待提升能力、提振士气

组织干部职工认真学习"营改增"相关政策文件，站在国家财税体制改革的高度理性看待改革，充分认识和支持"营改增"在推动经济结构调整、促进企业发展转型的重要作用，化解消除消极因素，振奋精神做好本职工作。结合"两学一做"活动开展，积极开展政治理论、税收业务学习，提升干部队伍素质能力。鼓励同志们进一步解放思想、创新创优，为想干事、能干事、敢担当、善作为的干部搭建发展舞台，提升地税队伍干事创业"精气神"，为新常态地税工作提供有力人力保障。

（六）进一步深化税收宣传，获得社会各界对地税工作充分认知和认可

要通过报纸、电视、网络等各种媒体，定期解读地方税收政策，大力宣传地税工作成果，打造全方位的宣传格局。让地税工作家喻户晓、深入人心，督促纳税人自觉依法纳税，努力营造社会共同支持、积极配合地税征管工作的良好氛围。

（作者单位：山东省博兴县地方税务局）

# 对加强税务机关征管能力建设的几点思考

盖建斐

党的十八届四中全会提出全面推进依法治国，促进国家治理体系和治理能力现代化。因此，如何完善征管制度体系，加强征管能力建设，是摆在各级地税机关面前的一项新课题。

## 一、当前地税机关征管能力建设方面存在的问题

(一)征管制度体系建设方面仍有欠缺，征管基础工作还存在薄弱点，征管科技能力还有待于进一步提升

1、征管制度体系不够完善，制度制定方面仍存在滞后现象。主要表现在《全国税收征管规范》实施后，对地方出台的一些制度规定未及时清理，仍存在规定打架的现象。

另外，税务机关内部需要重新划分权责，对需要明确的事项进行分解，做到权责分明。尤其是实行征管事项前移后，对税务机关内部权责如何划分提出了新的挑战。

如果征管制度制定不好，一方面影响征管工作效率，另一方面也会给纳税人造成诸多不便。

2、征管基础工作方面还存在薄弱点。征管基础工作是征管工作的起点，必须常抓不懈。但一些问题仍未得到很好解决，例如对非正常户的管理、注销登记管理、欠税管理等方面，还存在不少漏洞。

3、基层地税机关掌握的信息面相对狭窄，会导致出现一定的管理风险。纳税人提供的纳税信息不全面、不及时，尤其是纳税人的资产变动情况。有些纳税人信息往往在税务机关向第三方采集后才知道。

从信息环境看，地税机关与其他职能部门以及地税机关内部的协调工作有待进一步加强，信息共享程度不够，给纳税人规避税收提供了机会。

(1)从外部看，与国土、建设、房产、金融、工商等密切相关的涉税信息缺乏实施共享、联动机制，导致税收征管相对迟滞，相应增加了管理风险。

(2)从内部看，征管信息的不畅也影响稽查选案的准确性。在税收稽查过程中，也会浪费大量精力和时间。

4、社会环境的急剧变化给税收征管带来较大冲击，科技加管理创新能力相对滞后，征管工作难度日渐加大。由于电子商务等的迅猛发展，加上企业注册资本认缴制度、“三证合一”等登记制度改革的有力助推，纳税主体近几年来呈现井喷之势，给如何加强税收征管、税收执法和税务稽查带来了新的挑战。如纳税人通过天猫、淘宝、微店等形式开展的销售日渐活跃，而地税机关受制于制度约束、技术受限、人手缺乏、信息不对称，对于企业各种新的营销模式、多元化经营等经济现象，以及经营主体跨区域经营等都相对陌生，未及时跟进加强征管科技创新，一定程度上增加了税收征管工作的难度。

(二)税收执法风险不同程度存在，依法行政方面亟待进一步加强

1、地税机关在税收征管各环节仍存在权责不明晰、管理风险较大现象，机构设置方面尚不能完全适应当前的经济发展形势，人员业务培训投入方面仍存在欠缺。

(1)金税三期试点上线后，也倒逼各级地税机关实施更进一步的征管改革，但从实际运行来看，由于流程规范亟待完善，仍存在业务处理各环节衔接不够紧密的现象。

(2)随着征管事项前移及简化办税流程,主管科所与办税服务厅之间如何进行业务协调,还存在一些需要解决的问题。如以前的一些涉税事项由事前审核转为事后核查后,受税务人员下户次数所限,一些实地核查往往流于形式。

另外,适应经济发展形势,地税机关的征管方式进行了改革,如提出了税源专业化管理等,但仍相对落后于经济发展,导致仍存在征管各环节权责不清的现象,人为地制造了很多执法风险,还需要在今后的税收征管工作中去进一步探讨、实践。

(3)仍存在着税收清欠难、执行难的不良现象。一直以来,由于地税机关内部管理原因和外部干扰因素,税收执法力度相对偏弱,积压了许多未执行、难执行的案件,严重损坏了税收管理秩序。

2、部分税务人员的依法治税意识相对薄弱。有相当一部分税务人员,对依法治税缺乏全面深入的理解,思维方式落后于时代要求,法律意识跟不上形势的发展,认为依法治税就是针对纳税人而言,而忽略了自身的法律意识的提高,直接引发税收执法风险。

3、税收任务计划的存在一定程度上影响税收质量,容易出现税收执法风险。经济决定税收,税收增长应与经济发展相适应,但由于各级政府硬性的任务指标压力,当地政府会适时调度收入进度,税务部门一定程度上仍会受到影响,人为制造很多风险因素。

4、与纳税人的权责义务关系尚未完全明晰,存在一定的执法风险。从我国的历次征管改革看,我们的税务机关对纳税人的涉税事项有包办、代办的现象,纳税人的主体地位相对弱化,一定程度上模糊了征纳双方的责任。

(三)营改增试点 5 月 1 日全面推行后,对地税机关加强征管能力提出了更高的要求

1、营改增全面实施后,对地税机关的业务工作冲击相对较大。由于地税机关不再发售发票,无法实时掌握纳税人的开票金额,对其实现的增值税亦无法及时掌握,给税收日常管理工作带来了一定的难度。

2、地税开展税收稽查工作难度有所增加。主要是营改增全面推行后,原来的单管户成了国地共管户,对纳税人的开票情况等无法单独实施稽查。

## 二、针对存在的问题,地税机关在征管能力建设工作中应该采取的对策

(一)提高征管能力,不仅要继续抓好征管基础工作,更要进一步加强涵盖税收征管全过程的系统工程建设,以全新的理念引领各项税收征管工作的有序开展

1、以《全国税收征管规范》实施为契机,进一步规范岗责体系和操作规程,设立合理的考评机制。

(1)《全国税收征管规范》实施后,地税机关要对现有的一些地方性规定进行清理或修订,以保证与规范有效对接。同时,结合《县级地方税务机关税收业务事项清单》的推行,将所有业务事项在部门间进行分类和归集,重点解决好"干什么"和"谁来干"的问题。

(2)地税机关要对各层级、各部门管理职能和各岗位、各环节管理职责进行调整和规范,建立适应改革要求的岗责体系。做好流程控制和工作衔接,从受理资料、操作事项、操作时限、传递关系和执法文书等方面予以明确,将工作程序标准化,不断健全征管制度体系。

(3)要设立科学的考核评价体机制,以切实提升工作效率,提高大家的工作积极性。

2、在征管基础工作方面,要抓好细节管理。

(1)要注意理顺注销、税种登记等业务的办理程序和资料传递工作。通过规范信息资料的传递、工作流转节点和办理时限要求等,明确各部门的工作职责,建立起"工作项目化、项目指标化、指标责任化"的工作索链。

(2)在岗责流程优化方面,应按照征管规范制度要求,结合金税三期业务操作指南,严格按照规定的权限、方法和程序,从税务登记管理、征收方式鉴定、纳税申报审核等方面入手,切实抓好征管基础工作,

有效规范执法风险,减少税收流失。

(3)加强基础数据管理,发挥好信息系统对规范的支撑作用。如何将征管规范的管理要求固化在信息化系统中,使征管规范与业务需求及系统实现保持一致,是税务机关必须面对的事实。而作为信息载体的基础数据牵扯到地税系统的各个方面,是征管工作的基础。在加强数据管理过程中,重点加强申报征收、重点税源企业报表采集等工作,确保数据质量,有效解决征纳双方信息不对称问题,构建以信息管税为主导的信息化支撑体系,使各类数据质量明显提高,也为各类基础管理打下坚实基础。

(4)加强国地税在非正常户及注销户注销登记的管理。在非正常户认定方面,建议在金税三期系统内实现信息即时共享,国、地税税务机关一方按规定认定纳税人为非正常户的,另一方同时自动认定为非正常户,以加强协同管理。对注销登记,要注重加强双方信息交流,实现信息实时共享,堵塞税收管理漏洞。

(5)要严格按照规定程序,进一步加强对纳税人的欠税公告工作,使税收失信行为得到应有的信用惩戒,以更好规范税收征纳秩序。

3、抓好内外部涉税信息共享。

(1)从外部看,如果相关职能部门能有效配合,将会极大促进税收管理工作。因此应建立起地税机关与协税各部门信息传递的长效机制,以便及时、全面掌握相关涉税信息,用信息化手段解决信息不对称问题,提高税收征管效率。

(2)从内部看,应逐步加强涉税信息的内部共享机制。尤其是征管、纳税评估、稽查部门之间要注意协调好,防止造成资源浪费。

4、各级地税机关要顺应新形势,研究新业务,积极探索如何改进工作被动局面,拓展新的业务工作思路。遵循科技加管理的新理念,

税收工作不能停留在以前的时点上,而是需要根据出现的新情况和新问题,富有创新和开拓意识,知难而进,找出解决办法,才能使各项征管工作得到顺利开展。如可以加强征管科技力量,研究开发相关软件,对纳税人涉及的电子商务业务进行监管,防止纳税人搞"体外循环"。同时还可以探索如在加强集团公司管理方面应该采取的新举措。

(二)真正做到依法行政,实现权责法定,从而降低税收执法风险

1、建议进一步明确对各级地税机关及个人的岗责要求,完善管理制度,避免推诿扯皮现象发生,使税收征管与税务稽查等部门服务于税收整体工作,促进其不断向前发展。

(1)各级地税机关应以贯彻实施《全国税收征管规范》为契机,进一步完善征管工作各项配套制度,不断提升征管工作质效。

(2)应创新管理制度,形成基于业务流程的分权制约机制,尽快建立起日常征收与税源管理、稽查既相对分离又协调统一的运行机制,统一执行标准,进一步防范执法风险。对一些重大事项,采取集体审议表决制度,以减轻具体执行人员的执法风险。

(3)建议组建统一的专门强制执行机构,配备法律专业或有法律专长的人员,并与相关司法部门联合,负责对日常管理及稽查定案的逃、抗、骗、欠税进行强制执行,维护税法尊严和税务机关的社会公信力。

2、各级地税机关要注重培养税务人的依法治税意识,注重坚持"法定职责必须为,法无授权不可为"的原则。坚决纠正不作为、乱作为,推行政府权力清单制度。列出清单,解决乱作为、不作为问题。

3、只有通过建章立制,从根本上消除片面重视税收任务而轻视依法治税的不良影响,减少急功近利的做法,才有可能真正实现应收尽收,从而降低税收执法风险。依托《全国税收征管规范》的出台,对一些业务流程标准进行进一步规范。减少人为调节税收入库。

4、明晰征纳权责，突出纳税人的自主申报纳税主体地位，还权还责于纳税人，进一步减少执法风险。在准确划清征纳双方权利和义务的基础上，税务机关就可以积极探索施行低成本、高效益的新型征管模式，按照涉税事项性质的不同，采取分类管理、管放结合，管理与服务并行，还权、还责于纳税人，使纳税人真正成为自主遵从税法的主体。

把前台涉税事务还权给纳税人，地税机关则集中精力强化后台管理，提高税收征管的能力和水平，同时注意优化衔接好服务和管理工作，以真正提高征管质效。

只有权责关系明确了，税务机关才能准确定位，不断完善征管治理体系，还权还责于纳税人，真正实现依法治税。

（三）地税机关应按照《国地税合作规范》相关规定，加强与国税机关合作力度，以开创营改增后的税收征管新局面

1、与国税机关实现纳税人开票信息共享。对房地产、建筑业行业纳税人的开票信息进行实时交换制度，让地税机关及时掌握纳税人动态。

2、通过与国税机关实施联合纳税评估、联合稽查等举措，加强对营改增后纳税人的税收征管。

（1）积极与国税稽查机关进行沟通协调，将营改增户全部列入国地税联合检查范围，建立联合检查案源库，建少税收管理盲点。

（2）对于建筑业、房地产业的纳税人，建议国税机关在查处增值税的同时，将检查结果和处理结果及时转给地税机关，以便于地税机关征收企业所得税、土地增值税时，在计税依据、执法尺度等方面实现国、地税的统一。

通过上述几条措施，一方面可以发挥地税机关对企业基本情况较熟悉和管理经验较多的优势，另一方面又可以实现对营业税前期管理及增值税后续管理的无缝衔接。

总之，通过完善征管制度体系，加强征管能力建设，才会促使各级地税机关的征管基础工作不断增强，依法行政能力有效提升，不断降低税收执法风险，纳税服务质量持续优化，征纳关系更加和谐融洽，从而实现税收治理体系和治理能力的现代化。

（作者单位：山东省莱阳市地方税务局）

# 对税收征管现状的一点思考

内蒙古鄂尔多斯市国家税务局课题组

税收征管是税务机关依法对负有纳税义务的单位和个人进行税款征收和税务管理，以取得国家财政收入的一种履职行为。从当前一线税务机关的具体情况来看，税收征管工作还有待进一步完善。下面根据当前基层税收征管工作实际情况，谈谈我的一点思考。

## 一、当前税收征管工作存在的问题

第一，税源管理职能存在缺位现象。基层税务机关普遍存在税源管理人员不足，税源管理机构职能缺位现象。县级及以下基层征收机关人手不足，制约了工作的开展。5月1日全面推开营改增试点工作以后，国税部门的管户几乎增长了一倍，而一线的征管力量没有增加。从过去的实际情况来看，基层税务机关更多地注重了集中征收，优化服务，却在一定程度上轻视了对税源的管理、调研与分析，表面上来看是人人有责，但在实际操作中，很容易出现管不精细、查不全面、征不到位的现象。税源管理人员多数时间远离企业，坐看报表，不能主动下户了解企业的生产经营情况，主要依靠纳税户自行申报来了解税源，而不是深入实地去掌握第一手资料，纳税人的税收遵从度更多地依赖纳税人的自觉自律，税收征管质量很难保证，大户管不了，小户管不好，横向不到边，纵向不到底，极易造成税收流失。在全面推开营改增试点之后，新的税源激增，更多的管理难题将呈现在国税部门面前，如果这种征管现状不能及时改变，对新老税源的后续征管措施不能到位，征管工作着实令人堪忧。

第二，干部业务技能亟待提升。随着经济社会的发展，现代税收征管的客观需要与现实税务人员能力水平之间的差距日益突出。部分干部业务技能不精、执法水平不高，责任意识不强，客观存在与现实征管工作的实际要求相去甚远，这些问题已经影响和阻碍了税收事业的健康发展。特别是部分税务干部知识储备不足，业务能力欠缺的问题十分突出，伴随着我们国家逐渐进入老龄化社会，税务干部的年龄结构也在呈现走高趋势，并且在一定程度上形成断层。一是干部知识老化、业务弱化、能力退化，对税收知识、财务会计知识、计算机知识掌握和运用不够全面具体，停留在应付的层面。实际操作能力与工作的现实需要之间存在差距。因为能力不足，一定程度上出现对工作的畏惧心理，不能及时完整准确地履行工作职责，不敢去管理，无力去管理，有畏难情绪，特别是全面营改增之后，大量新的税源纳入国税管理范畴，这对国税工作提出了更多更新更高的要求，如何提高自己业务素质以适应当前工作需要，是一个不容回避的现实。二是责任意识不强，缺乏职业自尊与职业敏感，不够敬业，不够精业。工作态度消极，不作为、慢作为。对纳税人疏于管理，工作上被动应付，学习上得过且过，没有紧迫感、危机感、责任感、使命感，这种现象应当引起足够的重视。

第三，纳税服务与税务管理的关系处理不当。近年来，税务部门在顶层设计上加强了对建设“服务型”税务机关的要求，强调了对纳税人的服务，各级税务部门围绕纳税服务做了大量工作。这些举措极大地方便了纳税人，也取得了很好的社会效益。但基层税务机关在追求服务质量的同时，也出现了一些新问题，当期整个税务系统对纳税服务工作的重视程度提到了前所未有的高度，把纳税人满意度作为考核基层工作的一项重要指标，一些地区要求实现纳税人零投诉。为纳税人服务成为了基层税务部门的核心工作，提升纳税人满意度更是基层税务工作的必答题，在这一精神指引下，基层税务机关把有限的人力资源更多地用于开展纳税服务工作上，千方百计提升纳税人满意度。只要是纳税人提出的要求就尽力去满足，实施全方位保姆式的纳税服务，唯恐纳税人投诉，甚至不惜以牺牲税收利益为代价，这种做法，不仅有违纳税服务工作的初衷，更背离了纳税服务工作的目标要求和根本宗旨。

片面强调纳税服务，必然淡化税务管理。疏于管理、淡化责任的问题逐渐凸显。基层税务机关在一定程度上忽视了评估检查与税收调研，轻视了对税收政策的执行情况及征管措施落实情况跟踪问效。对纳税人监控不力，税收执法刚性降低。有的地区起征点以上业户占个体工商户总户数不到千分之一，几年不曾调整个体工商业户税收定额，或者只向下调，个体户核定的定额与实际经营收入相去甚远。这种严重失真的现象造成了大量的税款流失；在营业税改征增值税的过程中，许多企业把大量不应抵扣的增值税进项税额纳入抵扣范围，严重影响了纳税申报的真实性，消弭了税法的严肃性。

上述几方面的原因，客观上已经影响到了税收征管质量。虽然从总体经济指标来看税收收入在逐年增长，可是在看到数字增长的同时，我们更要思考在征管工作中还存在哪些差距，这是我们必须履行的义务，也是不容回避的责任。

## 二、强化税收征管的几点建议

税源管理是税收征管工作的核心，是推进税务管理科学化的关键，强化税源管理是营造公平税收环境的必然要求，税源管理作为税收管理工作的核心，是依法治税、依法征管的基础，是提高税收征管质量的重要途径。

首先，要充实一线的征管力量。切实解决一线税源管理人员少，征管力量不足的问题。税务机关要明确职能定位，科学配置资源，要在人才上向基层倾斜，向征管倾斜，把更多的优秀干部充实到基层，提高税收管理人员素质，确保基层征收一线有人力、有精力、有能力去从事税源管理工作，使其能集中精力开展税源控管与风险应对。有效地对税源变化情况进行监控是税收征管的基础，只有打牢这个基础，才能真正提高征管质量和效率。税源管理部门要从管好源头开始加强管理，在全面退开营改增试点的契机下，利用三证合一的有利条件，摸清税源底数，作好分析比对，有针对性的开展各种日常检查和纳税评估工作，使每一项工作实之又实，细之又细。

对于税务部门而言，工作重心莫过于税收征管，税收征管质量乃是评价一个单位工作成效的最具分量的考核指标。为了有效地防止“疏于管理、淡化责任”的问题，上级税务机关应该把征管质量作为对下级税务机关绩效考核的重中之重。在顶层设计上，绩效考核要更加注重内容，更加求真务实，通过绩效考核引导基层税务机关将工作重心向征管倾斜。

其次，要着力开展行之有效的业务培训。2015 年 12 月 24 日，中共中央办公厅、国务院办公厅联合下发了《深化国税、地税征管体制改革方案》，明确提出到 2020 年建成与国家治理体系和智力能力现代化相匹配的现代税收征管体制的改革目标。实现这一目标关键因素在人，我们的事业要靠一支业务精通，素质过硬，作风优良的税干队伍来支撑。尤其是在全面推开营改增试点之后，如何使我们的干部队伍迅速更新知识，更好地适应现实工作的客观要求，干部教育培训工作显得尤为重要。

客观地讲，当前教育培训工作基础还很薄弱，教育培训的资源也很有限，教育培训的覆盖面还很窄。在没有更多培训途径的情况下，基层税务机关积极探索尝试组织职工讲堂，不失为开展教育培训的有效途径。我们要利用好现有的资源，把有知识，有经验，有能力的业务骨干的积极性调动起来，让他们走上讲台，充分发挥他们的长处，有经验的传授经验，有知识的传播知识，将学习和工作有机地融合到一起，实现“工作学习化，学习工作化”，通过这种零距离的培训方式，互相交流，互通有无，达到取长补短、提高干部业务技能。在当前经费紧张的现状下，就地取材，以点带面，挖掘自身资源，拓宽培训方式，是提高职工的整体业务素质一种极为有效的尝试。通过制度化的设计，长期的坚持，其成效必不可小觑。

要强化危机意识，主动施压，调动干部的学习积极性。要建立竞争激励机制，解决学与不学一个样，干好干坏一个样的问题，从干部选拔任用的机制上着眼、发力，让专心工作潜心钻研的人得到关注与赏识，受到重用与提拔。让肯干工作的人有为，让能干工作的人有位，树立良好学风，培养优秀干部。

第三，正确处理纳税服务与税收征管的关系。任何时候，纳税服务都不能离开征管体制这个大格局，纳税服务应当服从和服务于税收征管的核心工作，纳税服务是手段，纳税遵从是目的。如果纳税服务搞上去了，纳税遵从度却降低了，那就说明我们的工作方向有了问题。我们应该把管理与服务放在同样的高度，片面地强调任何一方面，都是错误的。应当清醒地认识到纳税人对服务需求的无限性和税务部门提供服务的有限性。税务部门不是一个纯粹的服务性机构，它与其他行政职能部门具有显著区别。税务机关是国家行使征税权力的工具，代表国家无偿地、强制地参与社会剩余产品的再分配，其实质是公权力对个人私有财产的侵犯与剥夺，如果没有强制力作为保障，仅凭服务来获取国家财政收入，几乎是无法企及的幻想。

纳税服务的目的是为了有效降低纳税人的税收遵从成本，维护征纳和谐；严格的税收执法行为是为了提高违法成本，促进纳税遵从。两者的目标是共同的，都是为了提高纳税人的税收遵从度，降低征税成本，提高征管效率，推动和谐税收体系建设。优质的纳税服务，有利于降低纳税人的纳税痛苦指数，提高纳税人的纳税满意度。税收执法则可以直接解决税收不遵从问题，对税收违法行为有更强的威慑力与强制力。

税法属于侵权规范，征纳双方在利益上的矛盾与对立是显而易见的，离开法律约束的纳税习惯并不存在。依法处置违法行为是最好的普法教育，一百次用心良苦的善意提醒，一千次苦口婆心的真诚劝戒，都不如一次严格的执法惩戒更能唤醒人们对法律的敬畏与尊重。让违反税收法律法规的人付出代价，是培育公民纳税意识的有效手段，是维护正常税收秩序之必然途径。提升纳税服务固然是促进税收遵从的重要手段，但没有严格的执法，税收遵从将成为无源之水，无本之木。

随着我国经济社会进入中低速发展新常态，税收征管工作将面临更加严峻的局面，如何持续发挥税收职能作用，不但涉及千千万万纳税人的切身利益，更涉及国家的发展与社会的稳定，如何在依法治国的大背景下做好依法治税工作，在经济低迷的环境中提振国民的国家意识与纳税意识，使广大纳税人承担起应尽的社会责任和应履行的纳税义务，是一个不容回避的严峻课题。

课题组组　长：苗福成
副组长：黄景明
成　　员：王永生　赵子旗　贾　俊
执　　笔：赵子旗

# 对新时期纳税服务进行优化的探讨

## ——以贵州省黔东南州地税系统为例

黄昭文

纳税服务是政府和社会以税收法律、行政法规的规定，在纳税人依法履行纳税义务和行使权利的过程中，为纳税人提供的规范、全面 、便捷、经济的各项服务事务和工作措施的总称。当前随着经济全球化步伐加快，国际经济协作、融合愈发紧密，投资环境、服务质量、办事质效等因素是经济竞争力、吸纳经营投资、聚集经济资源的核心要素。党的十八大提出，深入推进政企分开、政资分开、政事分开、政社分开，建设职能科学、结构优化、廉洁高效、人民满意的服务型政府。随着服务型政府战略目标提出，税务部门行政执法工作也由执法监督型向“服务＋管理”型转变，优化纳税服务是转变政府职能、建设服务型政府、提升税收遵从、服务经济社会发展的重要内容，也是现代国际税收征管的潮流，是时代发展、国际认同的普遍共识。

国际货币基金组织（IMF）专家曾把税收征管体系比成一座“金字塔”，而把为纳税人服务置于塔的最底层使之成为整个金字塔的根基，自然为纳税人服务决定着“金字塔”的基础稳固。因此，作为代替国家行使税收征收管理权力的税务部门，为纳税人提供规范、全面 、便捷、经济的各项服务措施，是税务工作的应有之义和应尽之责。本文以黔东南州地税系统为例，并借鉴先进的纳税服务经验，就地税部门推进和优化纳税服务工作进行分析探讨，以供参考。

### 一、纳税服务主要发展历程

（一）国外部分国家纳税服务发展概况

纳税服务最早起源于1884年美国推行的注册代理人制度，纳税服务概念是美国于20世纪50年代提出，1998年美国联邦税务局机构改革后将纳税服务的使命定义为“通过帮助纳税人理解和履行纳税义务，通过公正执行税法，为纳税人提供高质量的纳税服务”，在《美国联邦税务局战略规划（2009－2013）》中美国联邦税务局新提出的首要战略目标依然是“改进纳税服务，使纳税人自愿遵从税法更容易”，并将“纳税人对各类纳税服务方式的满意度”列为税务人员的绩效考核指标。

随着新公共管理运动和经济全球化的迅速发展，美国的纳税服务理念和做法获得世界诸多国家认同，发达国家普遍推行纳税服务制度，一些发展中国家也纷纷效仿。时至今日，发达国家和地区普遍建立起比较完善的纳税服务体系，以西方国家为主的众多国家以纳税人需求为导向，积极探索纳税服务举措，为纳税人提供各具特色的优质服务。如美国倡导以“纳税人为中心”，推出按纳税人类型和需求设置内部职能部门、颁布《纳税人权利法案》保护纳税人权益、加强纳税服务经费保障、推行个性化服务、以纳税人满意为目标等纳税服务理念、方式和举措；加拿大、澳大利亚等国分别以“视纳税人为顾客”、树立“顾客服务”理念，分别颁布《纳税人权利法案》《纳税人宪章》从法律上加强纳税人权利保护，为纳税人的权利保护、政策咨询、志愿服务、评价纳税满意度等提供系列优质服务；英国突出“重视纳税人权利保护”，颁布《纳税人权利宪章》保护纳税人权利，统一全国纳税服务标准，并且广泛采用电子纳税申报、税务代理、税收志愿者行动等举措为纳税人提供专业化的纳税服务。关于纳税服务工作，美国原联邦税务局局长道格拉斯·舒尔曼曾表示：“纳税服务是税务部门的首要使命！也是税务部门各项事业成功的关键！”“提供纳税服务的目的是为了帮助纳税人又好又快办税!"美国现任联邦税务局局长约翰.科斯宁基也指出:"纳税服务"和"税收执法"是维系纳税人自愿遵从体系的两大支柱。作为纳税服务的发起国——美国一直致力于不断完善纳税服务举措,该国的原联邦税务局局长道格拉斯·舒尔曼、现任联邦税务局局长约翰.科斯宁基在任内都把纳税服务定义为税务部门的重点工作,将纳税服务作为美国联邦税务发展战略重要内容进行周密部署,持续对纳税申报电子信息技术应用、税收资讯宣传、税收电话咨询质效等纳税服务项目进行改进。纵观国外纳税服务工作,主要内容包括以纳税人为中心、以法律保护纳税权利、提升税收征管资源整合利用质效、加强与纳税人宣传沟通、优化办税服务场所、推行税务代理等内容,核心都是以提升纳税人办税满意度、促进纳税人税收遵从,这充分彰显优质服务是国际税务行政工作、纳税服务的主旨和目标。

另外,据 2016 年 3 月 1 日中国税务报新闻,美国税务局 2015 年纳税服务工作被政府问责局批评,问责局指出其纳税服务水平低下、对回复函件缺乏监督、税收热线服务质量下降、纳税服务评价标准机制不健全,接到问责通知后,美国联邦税务局局长约翰·科斯宁基承诺将采取提高涉税事务办理效率、提升纳税服务热线接通率和回复质效、挖掘税务官方网站支撑办税功能、打造所得税申报的最佳平台等措施进行整改。此外,美国众议院筹款委员会将在 2016 年度纳税申报季开始后加强监督,确保美国税务局认真履行工作职责。作为首推纳税服务先河的美国,时至 2016 年其纳税服务仍然还存在让纳税人不满意的地方、还需要不断完善之处,这充分表明纳税服务是一项持续推进的工程,优化纳税服务没有完成时、永远在路上。

(二)我国纳税服务推进情况

我国最早提出纳税服务概念是在 1990 年召开的全国税收征管工作会议上。1993 年 12 月,在全国税制改革工作会议上,正式将纳税服务理念引入税收工作实践,税务人员服务纳税人意识逐步形成,纳税服务开始在税务登记、申报征收、发票领购等业务领域具体践行,但仅局限于职业道德规范和作风纪律建设范畴。1996 年,全国税收征管改革会议首次确定了"优化服务"在税收征管中的基础地位,国务院办公厅批转的税务工作意见又进一步提出和明确了优化服务的问题。1997 年,我国正式提出建立以申报纳税和优化服务为基础的税收征管模式,对纳税服务进行制度化明确,并列作税收征管基础工作之一。2001 年,借助《中华人民共和国税收征收管理法》的修订,我国历史性地将纳税服务确定为税务部门的法定职责,用法律的形式确定了纳税服务作为行政行为的根本性质和法律地位,将纳税服务纳入国家法律范畴权威界定和落实,纳税服务真正成为各级税务机关的一项重要日常工作,标志着我国纳税服务正式步入法制化、规范化轨道。2002 年,国家税务总局成立纳税服务处,并于 2005 年制定下发《纳税服务工作规范(试行)》,为推进纳税服务工作提供基本遵循,同时全国各地税务部门相继成立纳税服务专门机构逐渐实践和推行规范化、高效化纳税服务,推动纳税服务由分散式服务向集中式服务转变、税收工作从监督打击型向管理服务型转变,以积极、严谨地姿态在中国大地上推开纳税服务崭新一页。2009 年,为深入贯彻落实建设服务型政府战略,国家税务总局将纳税服务与税收征管并列为税收核心业务,统筹推进管理与服务,并制定发布《全国 2010 年~2012 年纳税服务工作规划》,提出建设"始于纳税人需求,基于纳税人满意,终于纳税人遵从"的纳税服务新格局,围绕提高纳税遵从度、全员全过程服务、满足纳税合理需求、保障纳税人权益、推进社会协作、完善绩效评价等重点方面推动我国纳税服务纵深发展并与国际纳税服务有效接轨,至此我国纳税服务迎来全新的发展阶段。2011 年,国家税务总局制定下发《"十二五"时期纳税服务工作发展规划》,明确"到 2015 年末,基本形成以理论科学化、制度系统化、平台品牌化、业务标准化、保障健全化、考评规范化为主要特征的始于纳税人需求、基于纳税人满意、终于纳税人遵从的现代纳税服务体系"的"十二五"时期纳税服务工作主要目标,围绕服务科学发展、共建和谐税收的工作主题,积极构建和谐的税收征纳关系和服务型税务机关,全面推进现代纳税服务体系建设,此时期是我国纳税服务不断完善升级的发展阶段,全国各地税务机关纳税服务取得丰硕成果、呈现百花齐放的生动局面。从 2014 年 10 月起,为贯彻党的十八大和十八届三中、四中全会精神,特别是贯彻落实"建成职能科学、结构优化、廉洁高效、人民满意的服务型政府"战略目标，推进转变职能、简政放权，促进依法治税、规范执法、改进作风、提升纳税服务水平，2014 年 10 月国家税务总局制定下发《全国县级税务机关纳税服务规范》(1.0 版)，并于 2015 年 3 月起将《全国县级税务机关纳税服务规范》(1.0 版)完善升级为《全国税务机关纳税服务规范》(2.0 版)，之后坚持动态修订升级，为税务机关和纳税人提供全国统一的办税指南，实现纳税服务一把尺子、办税一个标准，与国际发达国家的统一纳税服务标准和规范的先进做法顺利接轨，快速推动了中国纳税服务的现代化，得到国际同行一致好评，我国纳税服务步入现代化、国际化发展新阶段。国家税务总局于 2015 年 7 月起全面推行《国家税务局、地方税务局合作工作规范》整合国地税行政资源深入实施国地税合作，凝聚国地税合力，为纳税人提供"进一家门，办好两家事"的优质办税服务，国地税纳税服务质效显著提升，纳税服务步入携手推进、合力共建的全新阶段。2015 年 12 月，中办、国办印发《深化国税、地税征管体制改革方案》，合理划分国税、地税征管职责，以国税、地税深度合作为基础不断创新纳税服务机制、全面优化纳税服务，让纳税人获得更规范、得更便利、更高效、更放心的服务。

## 二、黔东南州地税系统纳税服务概况及成效

黔东南州地税局自 1994 年 9 月成立以来，紧密结合税务总局、贵州省地税局的纳税服务工作要求，注重突出纳税服务工作的重要性，坚持不懈完善服务措施，积极实践纳税服务，不断为纳税人营造优质的办税环境，促进纳税服务工作在服务中发展、在前进中优化服务。

黔东南州地税局纳税服务工作发展历程，可以概括为四个阶段，一是起步摸索阶段(1994 年—2007 年)，由于我国纳税服务起步较晚，全国税务机关在此阶段的纳税服务工作处于简单、单一时期。黔东南州地税局的纳税服务与全国纳税服务工作一样，这时期黔东南州地税系统纳税服务主要体现在加强税收政策宣传、规范办税服务厅基本服务，重点开展了黔东南首届"地税杯""依法诚信纳税，共建小康社会"演讲比赛、"地税局长访千家，亲民和谐话税收"的领导干部走访调研、"税法宣传文艺演出队"巡回宣传等活动，同时试行"一站式"服务和"首问责任制"，依托贵州省地税局自主开发的征管系统实现税收征管迈入信息化轨道，探索试点银行网点划缴税款，试行开展纳税人满意度调查，纳税服务逐步走上发展正轨。二是成长推进阶段(2008 年—2010 年)，此期间黔东南州地税局认真贯彻"以申报纳税和优化服务为基础，以计算机网络为依托，集中征收，重点稽查，强化管理"的新型征管模式，以推进税收征管信息数据大集中为基础不断提升税收信息化办税质效，实施个体税收征管"税银一体化"，扩大银行网点便捷申报纳税试点范围，开展办税服务厅标准化建设，继续组织形式多样的税收宣传活动，实施"满意在地税"等主题活动，全面推行"一站式""首问责任制""限时服务""提醒服务"，全州地税系统纳税服务体系基本成型、服务质效不断提升。在全州基层站所民主评议 5 个参评部门中，全州地税系统 17 个县市区局 62 个基层地税分局(办税服务厅)全部获得优秀等次、黔东南州地税系统荣获全州基层分局(所)行风评分总分第一名，同时黔东南州地税系统在州直 35 个部门改善投资软环境测评中名列第一，全州各级地税机关办税质效、纳税服务质量稳步提升。三是阔步发展阶段(2011 年—2013 年)，2011 年黔东南州地税系统正式全面成立纳税服务机构，制定纳税服务工作系列制度，推进纳税服务步入规范化、制度化轨道。黔东南州地税局打出组合拳多形式优化纳税服务，进一步规范办税服务厅服务，升级优化自助办税、同城通办、"免填单"等服务，推行 POS 机刷卡缴税，试行进驻政务大厅与工商、国税联合办税，推广财税库银横向联网系统实现纳税人网络申报纳税，试行启用 12366 税收热线服务，推行网络开具发票系统实现网络开票，纳税人便利化、快捷化办税获得感、满意度显著提升，纳税服务迎来井喷式发展新局面。深入开展"满意在地税"、建"十佳办税服务厅"、当"办税服务标兵"活动，促进纳税服务质量提升。2013 年，黔东南州地税局敏锐捕捉信息发展触觉，自主开发"黔东南地税手机 APP 综合查询系统"，对"地税简介、地税动态、税收法规、办税流程、办税指南、办税助手"等服务内容进行细致宣传，给纳税人提供随身"税"秘书、全天候"税"宣员的方便快捷的纳税服务平台，推动纳税服务从"有线时代"走向"无线时代"，得到广大纳税人高度评价，该

项目被贵州省地税局表彰为特等奖、被国家税务总局表彰为优秀项目奖。这一阶段是黔东南州地税局纳税服务快速发展时期，税收服务满意度不断提升，纳税人及社会各界评价地税部门服务满意度均在优秀等次以上。四是优化升级阶段(2014 年至今)，从 2014 年起，国家税务总局紧扣“六大体系”加速推进税收现代化建设，带动税收工作全面提速推进。黔东南州地税局认真推进落实“便民办税春风行动”，持续优化办税流程、前置涉税服务事项、取消或简化税收行政审批、增加即办事项，推行电子征管档案提高资料利用率、减少纳税办税成本，全面推行“免单”“免填单”服务提速办税事务。贯彻落实《纳税服务规范》《税收征管规范》，最大限度便利纳税人、最大限度规范税务人员，纳税服务步入规范化轨道。深入运用 12366 纳税服务热线、税务网站、微信、短信、黔东南地税手机 APP 等媒介加强税收宣传，纳税人的纳税服务获得感和满意度大幅提升。纵深推进首问责任、限时服务、提醒服务、延时服务、预约办税、导税服务等特色服务，对网络申报、网络发票、POS 机刷卡缴税、自助办税、同城通办等多种缴税方式进行优化升级，大力提升办税效率。积极落实“三证合一、一照一码”商事登记制度改革，纳税人税务登记证办理成本显著降低、办证效率大幅提升，税务登记工作迈入全新的发展阶段。及时推进国地税合作进程，创新推行“厅同建、业同办、法同执、户同进、税同宣、知同学、数同享、人同管、绩同考、形同树”十同合作格局及“一窗一人一机双系统”国地税合作模式，给纳税人营造“进一家门、到一个窗、见一个人、办好两家事”的温馨办税服务，全州纳税服务更加规范高效、服务质量稳步提升。落实《纳税服务投诉管理办法》，多形式抓好纳税人满意度评价和建议整改，积极利用 12366 短信服务等平台提醒纳税人防范涉税低风险，强化纳税人权益保护。2015 年，黔东南州地税系统服务满意度为优秀等次，满意度同比提高 1.75 分。

## 三、当前纳税服务工作面临的主要困难和不足

(一)纳税服务理念需要转变

一是纳税服务意识不强，对纳税服务提高税法遵从、构建和谐征纳关系、促进税收征管的重要性认识不足，纳税服务属于法定义务的意识需要进一步巩固，纳税服务主动性不强，存在重管理轻服务、抓管理放服务现象。二是全员服务理念需要加强，全员纳税服务理念没有得到良好培育，存在纳税服务就是纳税服务部门和办税服务厅的职责，淡化全员纳税服务责任。对纳税服务属于全局事务和各部门共同职责的认识存在偏颇，片面认为纳税服务就是纳税服务专职部门及办税厅的职责，与其它部门关系不大，对协同应对纳税服务的责任意识和主动性不强。

(二)纳税服务质量考评机制不健全

目前各级税务机关的纳税服务质量考核评价机制仍处于探索阶段，因无规范化的纳税服务质量评价考核体系保障，导致纳税服务没有硬性的考核约束，不能对税务工作人员的纳税服务行为和质量标准进行有效监管、考核，加之工作人员对服务质量、工作效果、问责追究等存在认识不足，给纳税服务工作推进落实带来一定影响。

(三)税收宣传内容缺乏针对性

在税收政策宣传服务方面，分类分行业宣传需要进一步加强，存在就政策宣传政策、生搬硬套宣传政策现象，千人一面的宣传服务不能有效满足纳税人的个性化需求，没有对纳税人进行针对性的分类编辑资料、开展宣传、实施辅导，纳税人的涉税咨询诉求得不到有效满足，税收宣传的普法、指导、促进作用亟待提升。

(四)部门信息共享平台不通畅

一是随着“三证合一、一照一码”商事登记制度改革推进，工商、税务三家已经基本实现三证合一。目前，由于部门间没有建立有效的信息化数据信息传输共享机制，导致工商部门的登记信息不能适时传输到税务部门，只能依靠人工传递、收集信息，甚至需要纳税人再次到税务部门补充报送资料，增加纳税人办税负担，影响完善登记资料、分析比对登记信息等工作质效。二是在构建社会综合治税网络中，由于受

到部门管理体制、信息管理系统等诸多原因影响,部门间的信息没能实现互联互通、共享利用,增加办事成本,给信息报送、数据分析带来不便,阻碍工作质效提升。

(五)纳税服务队伍素质需要提升

由于经济社会正处于改革转型期,加之税收现代化建设加速推进,同时纳税人涉税需求日益多元,给税收工作和纳税服务带来新的业务需求,税务工作人员特别是纳税服务部门及办税服务厅的工作人员的业务技能迫切需要进行更新培训,素质能力与经济税收发展形势不相适应直接拖累快捷办税、高效咨询、文明服务等纳税服务工作质量提升、甚至影响单位整体服务形象。

(六)纳税服务信息化水平亟待加强

通过满意度测评,税务部门的网络办税、移动办税、便利办税与纳税人期望值仍有差距。纳税人迫切期盼税务部门在提供多功能、便利化的自助式办税方面取得进展,及时提供功能更全面、性能更稳定的电子税务局、网络办税厅、微信缴税、网上银行缴税、手机银行缴税、24 小时自助办税终端等现代化工具,便捷办理申报纳税、发票开具等业务。

(七)纳税服务社会参与度较低

面对日益增多的市场经济主体,特别是"营改增"后亟需加强自然人税收征管,给税务部门带来巨大的工作量,特别导致办税服务厅业务量成倍增长。此种情况迫切需要引入税务代理等社会化纳税服务机构,推行第三方代办涉税事务,引导纳税人依法、合理选择纳税服务中介机构代办涉税事务。

(八)纳税服务法律体系需要健全

一是目前纳税服务的规范性规章为 2005 年制定的《纳税服务工作规范》,由于该规定属于内部文件范畴,不具备规章或法规效力,对内于税务工作人员而言缺乏纳税服务必须依法依规履行的刚性约束,对外社会公众因无法律界定也不能有效监督纳税服务,致使纳税服务的法治化程度较低,一定程度上掣肘纳税服务工作规范落实。此外,由于《纳税服务工作规范(试行)》制定时间跨度长达 11 年之久,随着经济社会快速发展,税收工作形势、征管格局、管理事务等呈现新变化,纳税人涉税需求日益多元,加之《纳税服务规范》与《全国税务机关纳税服务规范》存在总则与细则、规章与指南的紧密联系,为促进《纳税服务规范》与新制定的《全国税务机关纳税服务规范》相协调,2005 年版的《纳税服务规范》迫切需要修订完善,以规范二者的总分、纲目关系,更为《全国税务机关纳税服务规范》提供总纲遵循。二是参考国外税制发达的国家经验,我国缺少一部保护纳税人权利的法规。当前纳税人的权利及权利保护内容只散见在《征管法》《纳税服务规范》等法规及规范中,因无专门的纳税人权利保护法律界定和保护,纳税人维权意识和地位相对不足,不利于纳税人权利保护,也让税务机关的纳税服务职责处于法律监督之外,影响纳税服务法制化、规范化、国际化进程。三是《征管法》中涉及纳税纠纷采用的复议前置的制度设计存在较大缺陷,对于纳税人的行政复议救济存在不公允和权利限制的问题。一方面纳税人必须先有财力缴纳税款或担保,才能进入行政复议救济,否则不能实施复议救济,会带来"有钱才能复议,无钱不能复议"的不合理局面,这与"法律面前人人平等"的基本法治原则相背离,也不符合国家尊重和保护人权的宪法原则。另一方面,行政复议与行政诉讼都属于纳税人实施法律救济方式,依据"有权利必有救济,有权力必有监督"的法治观念,规定了复议前置条件则限制了纳税人自由选择行政复议或行政诉讼的救济权利,剥夺纳税人自主选择法律救济权,甚至是对纳税人诉讼权利的一种限制乃至剥夺,阻滞纳税人行使税收救济权,没有充分体现法律救济的公正、公平,一定程度上也削弱税收法律的公信力。因此,针对复议前置对当事人行使法律救济权利所带来的不利影响,建议对此规定进行完善。

## 四、进一步优化纳税服务的建议

(一)树立全新纳税服务理念

一是提高纳税服务重要性认识。加强各级税务机关的纳税服务宣传和引导,深入加强建设服务型政府、构建管理服务型税收体制的宣传教育，突出做好《深化国税、地税征管体制改革方案》特别其中的创新纳税服务机制内容的学习教育，提高纳税服务重视程度和改革创新意识，将纳税服务与税收征管是税收工作的两大核心工作的理念厚植全体税务工作人员心中，根除服务影响工作、要管理不要服务等偏颇认识，将纳税服务与税收征管同研究、同落实，实现纳税服务与税收征管共融互助、协同推进。二是倡导全员全岗纳税服务理念。纳税人办理涉税事务不仅涉及前台的税款征收、办税咨询，也与后台的政策支持、综合协调、业务指导、征管规范、法律救济等密切相关。纳税服务是涉及整体税收工作、贯穿各环节的系统工作。税务工作人员必须树立“纳税服务岗岗有责、服务纳税人人人尽责”意识，立足岗位认真做好工作本职和服务事宜，确保各环节涉税服务和事务受理及时、办理快捷，助推纳税服务不中断、不打折地高效推进。

(二)健全纳税服务制度机制

一是健全纳税人权益保护法律制度。按国际纳税服务发展需求和经验惯例，制定纳税人权益保护法案是依法保护纳税人的合法权益的必然。借鉴国际经验，我国要及时制定出台并健全纳税人权益保护规章或法律，增强纳税人的维权意识，提高纳税人纳税主体的法律地位和尊严，促进纳税人遵从度提升。同时借助法律的支撑，通过纳税人依法维权，能够对税收行政执法实施有力的监督，倒逼税务工作人员依法履职、依法行政、依法治税、依法服务，对提升税务工作人员的服务意识和质量具有积极的促进作用。二是公开推行诚实信用原则机制。诚实信用原则是市场经济一个重要的法律标准，有力促进整个社会的交易成本的降低。法律面前人人平等，同样纳税人在遵守税法时一样享有平等待遇。建议吸收美国在保护纳税人权利中的“诚实推定权”做法，在保护纳税人权益、优化纳税服务和实施税收征管事务中引入“诚实推定权”条款，让纳税人获得诚实推定权利，并平等、公正地对纳税人权利保护法律或规章进行完善，依法公正、公平地对纳税人合法权益进行保护，减少或消除纳税人受到公权力的非法干预，保障其财产权利和正常的生活、经营秩序。三是进一步完善统一的纳税服务法规。笔者认为纳税服务与税收征管既然是税收工作两大核心，税收征管有《征管法》等法规进行规范，而纳税服务却只有一个 2005 年的《纳税服务规范(试行)》，且随着《全国税务机关纳税服务规范》推行，2005 年的纳税服务规范重视程度趋于下降。而实际上，2005 年的《纳税服务规范》应是纳税服务的基础，新出台的《全国税务机关纳税服务规范》是纳税服务的具体细则和操作指南，前者是解决为什么、做什么、怎么管、如何评等框架问题，而后者是直接指导怎么做，前者为依托、保障 ，后者为执行、实施。基于此，笔者建议结合税收工作发展需求和新时期纳税服务内容，对 2005 年的《纳税服务规范》进行全面修订，并增加对不履行纳税服务职责进行问责追究内容，进一步形成与《全国税务机关纳税服务规范》协调一致、在全国统一遵守执行的规范化的《纳税服务规范》，同时建议将其命名为《全国税务机关纳税服务基本条例》，并在适当时候上升到部门规章或法律，增强税务机关和税务工作人员依法依规主动践行纳税服务的积极性和约束力，促进全国税务机关纳税服务法制化、制度化、规范化。同时，建议分阶段制定纳税服务规划，如《“十三五”时期纳税服务规范》等，明确阶段性的工作要求、主要目标、基本原则、具体内容等目标，增强纳税服务的适应性、操作性和实效性，便于纳税服务精细化、规范化分步骤稳步推进，确保纳税服务质效与时俱进地提升。四是加快国地税合作工作制度化进程。鉴于国地税合作可能持续的时间较长，且覆盖面广，合作事务多，影响深远，加之合作内容和项目日益多元化，建议对《国地税合作规范》进行进一步升级完善，对常态化、普遍性的合作事务进行制度化规定和明确，消除地区间的合作工作及纳税服务内容不同、标准不一等给纳税人带来的不便和不适，形成全国统一的国地税合作规章和准则，营造统一合作工作标准、统一合作事务内容、统一合作服务项目、统一合作载体平台、统一合作管理考核的标准化国地税合作工作环境，确保合作工作制度化、规范化。五是建立纳税服务评价机制。探索建立纳税服务质量综合评价制度，制定科学、规范的评价指标，成立专门评价队伍，定期对纳税服务各环节工作执行、目标实现、质量优劣等进行全方位评价，充分运用评价成果对纳税服务工作及时进行完善和优化，为纳税服务质量提升提供决策依据，促进纳税服务水平不断提升。六是倡导纳税服务链式运转机制。纳税服务是与整体税收工作密切相关的工作,一项纳税服务响应必然涉及前后台多个部门。因此,按照纳税服务事务运转规律,建立"受理-响应-分解-办理-反馈-改进"链式运转机制,注重协调调动和规范管理分散在各部门的纳税服务资源,构建纳税服务自动触发应对体系,确保纳税服务事务一经受理就自动启动响应机制,各涉及部门按照链式作业方式,依照流水线程及时主动受理对应纳税服务职责,保障纳税服务事务协同、高效办理。七是健全纳税信用评价管理机制,搭建全国统一的纳税信息管理共享信息系统,构建纳税信用大数据平台,推行税务为主、部门协同、社会监管的纳税信用联合评价管理模式,科学化、规范化提升纳税信用评价管理质效。规范建立税务部门与相关职能部门的联合应用信用评价成果机制和监督机制,将纳税信用评价成果纳入部门共同监督范围,及时把纳税信用依法向社会公开并广泛接受社会监督评价,凝聚多方合力深化纳税信用评价结果在信用融资、资信评价、快捷受理、失信惩戒等方面的增值应用,创新挖掘纳税信用的拓展应用和服务效应,树立依法诚信纳税服务品牌。通过正向激励保护、负面惩戒限制,大力营造"诚信守法一路绿灯、失信违法处处受限"信用环境,让依法经营、诚信经商的纳税人获得公正、规范、高效的纳税服务,促进纳税人自觉自愿遵从税收,助推纳税服务更加优质、精确。

(三)精细规范纳税服务内容

一是坚持以税务机关规范办税、纳税人便利办税为导向,敞开大门广泛吸纳社会良好的纳税服务建议和意见,以简洁、便利、高效为落脚点,与时俱进地对《全国税务机关纳税服务规范》进行修订完善,及时对新推出的服务内容、优化项目进行添加更新,对不适用的、可有可无的内容进行删减,对办税流程进一步优化和简明具体标识,并充分借助多种媒介和平台进行广泛公开,给税务工作者和纳税人提供一套简单明了、上手快捷、一看就懂、操作便利的办税指南,特别让纳税人获得"办税前一查就清、办税直接到位,不用再到税务机关绕来绕去找方向、找咨询、找部门、找窗口、找人员"的自助式便利办税指南,真正让纳税人一册在手办税无忧。二是认真贯彻"五大发展理念",突出践行创新、共享理念,结合《全国税务机关纳税服务规范》内容,以纳税人和企业所需所盼为目标,对首问责任、预约服务、延时服务、限时服务、导税服务、微笑服务等服务进行升级,深化送政策、送服务、作辅导、作走访等服务的内涵和实效,注重发挥"银税互动"助力"双创""小微"等企业融资升级,纵深推进"三证合一、一照一码""五证合一、一照一码"等商事登记制度改革提升市场主体经营效率,将这些紧贴纳税人需求、获得纳税人认可的纳税服务打造成有深度、有内容、有质量的服务品牌,构建起紧系纳税人诉求、紧贴纳税人经营的纳税服务阵地,让纳税人充分共享税收优质服务、增强优质办税获得感。树立工匠精神,立足纳税人涉税需求和税收发展形势,着力推进"便民办税春风行动",对已推行的、且取得成效的服务进一步升级打造成精益求精的示范品牌,积极创新切合时代、回应纳税人诉求的纳税服务新项目,把"便民办税春风行动"打造成纳税服务的亮丽风景线。三是创新优化自然人纳税服务新举措,针对新常态下不断涌现的新业态、新行业、新产业及"营改增"后相关行业的纳税服务需求进行研究,积极探索实施便利自然人的纳税服务机制和措施,适时推出《全国税务机关纳税服务规范》升级版,更好地满足纳税人涉税服务期盼,打造与时俱进、科学规范的纳税服务体系。四是深化国地税合作,按照服务充分融合、执法适度整合、信息高度聚合的要求,不断拓展国地税合作领域,进一步创新和健全国地税合作工作新机制、新举措,持续提升国地税联合办税服务厅、电子税务局、移动办税厅等办税载体的功能和质效,更加科学、规范地推行"一厅一窗一人一机双系统"快捷办税、"进一家门、办好两家事"一站式服务、国地税"同城通办"等优质服务,着力打造线上与线下、行政与执法、管理与服务深度合作、无缝衔接、平滑稳固的国地税合作模式,实现国地税合作在行政管理、税收征收、纳税服务、征管执法、稽查办案等税收各环节、多层次的全方位推进落实,不断深化国地税合作的科学化、专业化、规范化、效率化进程,为纳税人提供更加优质、高效、满意的办税服务。五是深入推进政务公开,坚持"公开是常态、不公开是例外"原则,贯彻落实政府信息公开制度,借助多种媒介和平台,对决策制定、法规政策、权力清单、监督方式、意见办理、执法过程、及纳税服务项目内容、办税流程、办税结果等依法进行广泛公开，让纳税人广泛知晓涉税信息，积极保障纳税人的知情权，促进纳税服务和税收行政执法更加公正、规范。

(四)打造先进信息化服务平台

一是深化创新理念，借鉴国际不断开拓网络信息化办税平台促进办税质效提升的经验，依托"互联网+"、大数据、云计算、物联网等科技技术，深入挖掘和发挥网络信息化纳税服务的潜力作用，拓展和深化电子办税厅、手机银行、网上银行、微信等多元化申报纳税方式，打造优质、高效的申报纳税环境。二是在积极推广使用网站、手机APP、微信、微博、二维码、QQ群、12366纳税服务热线、政府云平台等载体优化纳税服务的基础上，对税收宣传、网络办税、电子办税厅、涉税咨询、在线访谈等纳税服务事项进行集约化、专业化改革，建立服务内容统一、政策口径一致、受理标准相同、宣传载体多样的服务模式，突出提升政策回复解答的准确率、规范性、可用度，化解纳税人多宣传平台查询、获取资讯信息零星分散、增加成本降低效率等问题，切实应用先进的科技信息技术搭建更加现代化、人性化、便利化的涉税事务办理和咨询宣传平台，让纳税人在优质的纳税服务中充分获得一查就得、一问就明、一办就好的快捷、高效、满意的服务获得感。三是深化纳税人业务培训，利用国家税务总局网络学院、税企政策咨询交流平台、地方实体纳税人学堂等载体，分行业、分类别对纳税人开展免费的税收业务知识和办税技能培训，及时给纳税人解读涉税政策，主动帮助纳税人提升办税技能，促进纳税人自觉诚信纳税意识和办税质效的不断提升。四是依托日渐健全的税收共治格局，以社会综合治税网络为基础，采用大数据、云计算、政务云等科技手段，建立健全现代化、无缝式的部门信息数据共享体系，利用信息技术打通部门间信息资源壁垒，消除信息孤岛，建设互信、互联、共享、高效的信息数据大数据池，实现信息资源重复利用、增值利用、再生利用，减少纳税人反复、多头报送信息资料，降低纳税人办税成本，提高税务部门涉税信息数据收集、分析、挖掘质效，不断开创综合治税、信息管税、数据强税新局面。

(五)深化税收行政救济运用

围绕建设服务型政府战略目标，紧扣税收现代化建设中的依法治税工作部署，广泛吸收国外先进的税收行政救济经验，在依法维护纳税人合法权益的前提下，对税收行政复议和税收行政诉讼的法规、制度及运用进行完善，增强税务复议机关受理行政复议的专业性和公信力，确保税务机关独立、中立、公正、快捷地办案，为纳税人依法、自愿开展法律救济提供法律保障，让税收相对人的合法权益获得充分补救和保护。妥善化解《征管法》中纳税纠纷的行政复议前置问题，对纳税人能够依法自主、自愿选择行政复议或行政诉讼救济进行研究完善，建议吸收国内法学专家学者研究成果和国际税收行政救济优秀做法，首先应当取消缴纳税款或者提供担保前置的规定，并且在条件成熟时，进一步取消将行政复议作为行政诉讼的前提条件的要求，配套健全行政复议、行政诉讼制度，为纳税人的税收救济权提供完整、公正和有效的制度保障，逐步建立与国际税收行政救济举措接轨的规范化税收救济机制，给税纳税人提供充分的税收行政救济，确保纳税人权利得到规范保护及救济，为纳税人依法、公平行使税收行政救济提供支撑。认真贯彻《行政复议法》《行政诉讼法》《国家赔偿法》和《税务行政复议规则》《税务行政诉讼》等有关法规制度，制止和纠正违法及不当税务行政行为，保护纳税人合法权益，促进纳税人更加合法、有效地运用法律工具开展维权，彰显税收法律的公正、公平。同时，依托12366"六能"综合办税服务平台、"互联网+"等多种载体，开辟高效、便捷的纳税服务投诉渠道，为纳税人反馈诉求、申请法律援助等提供多形式的投诉方式，并对投诉事务实行集中受理、公正办理、动态督办、全程监控，公正、安全地化解纳税人诉求，为依法维护纳税人合法权益提供保障。建立纳税人纳税服务诉求"直通车"机制，推行局领导"值班日"、局领导"定点联系企业"、局领导"大走访"等举措，构建纳税人反馈诉求、传达呼声的固定式、便捷化通道，打造征纳和谐互动机制，及时化解纳税人涉税诉求，为纳税人权利维护提供坚实支撑。

(六)强化纳税服务绩效管理

在推行纳税服务全员化、全岗位化的基础上，将纳税服务全面纳入绩效管理范围，明确各部门、环节、岗位、人员的纳税服务职责,做到定岗定责、定人定责,与整体绩效考核一起同检查、同管理、同考核,以督查考核促进各流程、各环节纳税服务事项有序、有效落实,确保纳税服务实现“受理－响应－分解－办理－反馈－改进”的连续推进,助推纳税服务闭环运转、整体实施。同时,借助规范的绩效管理机制,打造纳税服务绩效晾晒、考评平台,实现纳税服务考核标准化、常态化,切实将纳税服务激励惩戒落到实处、兑现到个人,促进纳税服务不断好起来、优起来。

(七)推行纳税服务质量评估

以《纳税服务工作规范》《全国税务机关纳税服务规范》《国地地税合作规范》《税收征管规范》等规章制度为基础,对规章制度规定的纳税服务事务和全国各级税务机关实际推行的纳税服务项目进对比性调研、分析,注重征集广大税务工作人员、纳税人及社会各界的意见建议,紧密结合服务项目运转周期、目标内容规划、协同运转效率、服务质量成效、社会满意度等各项服务重点指标,精心设计评估模型、评价指标、评估参数、论证方法,自上而下配套建立税务机关纳税服务评估机制,对纳税服务实施规范化、专业化的科学评估,为纳税服务的不断优化和升级提供科学支撑及理论支持。

(八)深入扩大社会监督渠道

遵循国际上对纳税服务普遍实施和强化社会监督的趋势,借鉴国外设立专职问责局、依托众议院筹款委员监督纳税服务等好做法,积极探索适应我国国情的纳税服务监督模式,注重借助税务机关内部监察、政府职能部门、人大代表、政协委员、社会组织机构、纳税人、社会群众等力量,打造税务机关纳税服务内部监督、纳税人监督、第三方力量监督三大监督并重格局。广泛利用先进的信息网络平台,为纳税人实施监督提供便利化、全天侯、无记名的保障服务。在推进第三方监督工作中,通过采用特邀监察员、行风评议代表、政府专职调查统计机构等力量开展纳税服务调查监督的基础上,积极推行不定期、不定单位地外包第三方调查机构进行纳税服务调查监督,客观公正地监督评测纳税服务质量,助推纳税服务质效不断提高。

(九)全面提升纳税服务队伍素质

建立纳税服务人才队伍保障机制,采取“送出去、请进来、自办班、跟班学”等形式,实施全岗培训与重点培训相结合、全员培训与专职人才培训并重的分类培训方式,大力开展纳税服务全员全岗培训。围绕纳税服务业务需求,对全体税务工作人员定期举办纳税服务业务技能、服务礼仪、综合素养等知识培训,其中突出抓好办税服务厅、纳税服务专职部门工作人员的常态化、集中式专题培训,全面提升税务工作人员纳税服务综合素质和技能,为全员全岗受理纳税服务提供坚实的纳税服务专业骨干人才与全员常规应对人才保障,助推纳税服务优质、高效地实施显效。

(十)推进社会化纳税服务进程

充分借鉴国际先进经验,结合中国国情和税收发展形势,及时对我国社会化参与纳税服务机制进行研究探索,逐步建立法治、规范、公平、高效的社会化纳税服务代理体系,激励税务代理等社会中介机构依法、规范地参与到纳税服务中,积极宣传和引导纳税人广泛采取税务代理等社会中介机构代办涉税事务,为纳税人开辟新的办税渠道,促进纳税人优质办税和办税服务厅优化服务双减负、双增效,加速我国社会化纳税服务发展进程。

(作者单位:贵州省黔东南州地方税务局)

# 更新服务观念　规范执法行为　提升服务质效

贯　波

纳税服务是现代市场经济条件下税务行政的重要组成部分，在税收工作中具有举足轻重的作用。如何转变服务观念，创新服务手段，优化服务方式，完善服务机制，是目前搞好税收工作的关键。

## 一、纳税服务的涵义和主要内容

### (一)纳税服务的涵义

纳税服务实际上就是征税人为方便纳税人纳税所提供的活劳动。要认识纳税服务，应先理解纳税服务的涵义。纳税服务是税收本质属性的具体体现。税收是国家凭借其政治权力取得财政收入、进行国民收入分配和再分配的一种主要形式。税收的产生来自于满足社会公共需求的需要，即为社会提供公共物品和公共服务。税收来自于纳税人的收入和所得，并用于国家为纳税人提供公共产品。从某种意义上来说，国家成为公共产品的供应商，而纳税人成为国家的顾客。因此，为纳税人提供优良的纳税环境也就成了国家的法定职责和应尽义务。

### (二)纳税服务的主要内容

纳税服务的内容取决于纳税人在办税中的需要，主要包括：1、税法宣传和纳税咨询辅导。这是纳税人的基本需要，也是纳税服务中的基本内容和税务机关的义务，贯穿于税收征管工作的全过程。税法宣传的对象是社会公众，宣传的内容应当是广泛普遍的，包括税法、税收政策和各种办税程序、税收知识等，其作用在于潜移默化地增强全社会的纳税意识，提高纳税人依法履行纳税义务的自觉性。纳税咨询辅导的对象是特定的纳税人，其内容应该具体且明确，税务机关的答复和辅导应当及时、准确和权威，其作用在于直接指导纳税人办理涉税事项，减少纳税人因不了解有关规定而带来的负担。2、申报纳税和涉税事项办理。这是纳税服务的核心内容。税务机关应当创造和提供必要的条件，简化环节和程序，使纳税人在履行义务时方便快捷，感到轻松愉快。如税务机关设立的办税服务厅，集中进行税务登记办证，发票供应，涉税事项审核审批等。3、个性化服务。这是纳税服务中更深层次的内容。如果纳税服务仅限于按照统一服务规范提供的普遍服务，不考虑不同纳税人的特殊情况，既不利于税务机关合理配置征管资源和进行税源监控分析，也不能满足不同纳税人的特殊需要。所以应当整合纳税人的个性化信息，针对其不同的纳税服务需求，在管理中动态地予以体现。如对纳税人实行户籍管理、分类管理、评定纳税信誉等级等办法，为纳税人提供个性化服务。4、投诉和反馈结果。这是纳税服务必不可少的内容。征管纲要提出：税务机关要把纳税服务作为行政执法的有机组成部分，使纳税人满意。纳税服务并不是仅仅强调服务形式的多样性，更为重要的是体现服务的质量和效果能够使纳税人满意。税务机关要想知道纳税服务纳税人满不满意，哪些地方需要改进，就应当虚心接受纳税人监督，听取各方面的意见。因此，应该提供一个征纳双方联系的渠道，纳税人在与税务机关打交道的过程中，对不满意的地方能及时向税务机关投诉、反映，税务机关则及时给予处理和反馈，给纳税人以满意的答复。

## 二、目前纳税服务存在的问题

由于长期以来受传统的税收管理理念的束缚，纳税服务只停留在形式的、表象的服务，尚未形成一套较为完整的系统的纳税服务理论和实践体系。

（一）“纳税服务”的意识薄弱，对纳税服务内涵理解有误区

税务机关总是以执法者的身份出现在税务工作中，强调的是税法的执行和对纳税人的监督，保护税法的严肃性和权威性，打击税收违法行为，从而忽略了政府税务服务的方面。因而尽管政府提出要建立“服务型政府”，推行纳税服务，一些税务人员的权利意识仍很严重，并没有树立为纳税人服务的观念，没有把纳税人作为服务的“顾客”，因此也难以提供纳税人所真正需要的服务。

（二）纳税服务信息化程度低

税收信息化是将现代信息技术广泛应用于税务管理与服务中，深度开发利用信息资源，提高管理与服务水平，并由此推动税务部门业务重组、流程再造，进而推进税务管理现代化建设的综合过程。目前在税收信息化建设中存在着一些误区：一是重技术轻管理。许多部门热衷于购买高档的硬件设备，盲目开发软件，结果只是利用现代化的技术手段去重复、模仿传统的业务处理流程不能有效地利用信息资源。二是轻视信息资源整合及一体化建设。现阶段的税收信息化建设已经涵盖了从征管到行政管理、辅助决策等各个方面，但这些部分的信息化建设仍然是各自为政，信息资源没有实现充分共享，没有形成合力。

（三）纳税服务的层次和标准较低

近年来，各级税务机关在纳税服务方面进行了一些有益的探索和尝试，比如办税服务厅、首问责任制、一站式服务和多元化申报方式、电子缴款、12366 咨询中心、税务代理，以及文明用语、礼貌用语，限时服务，政务公开等等，但这些项目尚不系统，服务的层次和标准还比较低，并未将纳税服务融入到税务管理和税务检查中去，与国际意义上的纳税服务还有很大的差距。纳税服务的层次比较低，全国税务系统没有统一、规范的纳税服务形式，从而各地纳税服务形式千差万别。

## 三、优化纳税服务的思考

（一）转变纳税服务观念，重新定位纳税服务的价值观

目前，纳税服务已由传统的道德范畴上升到法定义务，这就要求征纳双方都要全面领会其内涵，重新定位纳税服务的价值。作为征税主体的税务机关要切实履行新征管法规定的税务机关对纳税人的义务，树立现代税收服务观，应“视纳税人为顾客”，认真分析纳税人的需求，在依法治税的前提下，以让纳税人满意为目标，确保纳税人合理的需求和期望得到满足，积极拓展对纳税人服务的范围和空间，不断完善纳税服务工作，同时也要积极引导纳税人不断增强维权意识，形成共同创造优质服务的良好氛围。

（二）改变纳税服务的形式，深化纳税服务内涵

一是由形象服务向实效服务转变。税务机关应针对纳税人对税收专业性知识与技能、程序、权益的需要，提供实实在在的纳税服务。二是由被动服务向主动服务转变。税务机关除了接待好上门来的纳税人外，应主动出去，有针对性地解决好纳税人存在的问题。三是由一刀切服务向分类服务转变。纳税人素质有高有低，涉税业务也有繁有简，在具体的工作中应区别对待，有针对性地做好服务工作。继续深化服务内涵，提高纳税服务的档次。

（三）加强税务干部的队伍建设，提高税务人员素质

要满足日益现代化的税收管理和纳税服务工作的需要，实现由传统服务到现代纳税服务的“质”的飞

跃，关键在于有一支政治坚定、业务过硬、作风优良，纪律严明的高素质的税务干部队伍。因此，要不遗余力地提高税务人员的素质，加强税收职业道德教育，强化业务培训。另外还应引入竞争机制，增强忧患意识，推行执法责任制和过错追究制，切实加强对税收执法权的监督，公布出台几条纳税人特别期待、特别管用的“廉政禁令”，对税务人员的不作为、滥作为行为，加大惩戒力度。

（四）服务手段信息化

通过加快税务信息化建设，构建纳税服务信息化平台，降低税收成本，为纳税人提供优质服务。在信息化建设方面，一是完善纳税服务的公共服务平台，以 12366 服务热线、电子税务网络为载体，运用网上电子申报系统、网上税务局信息管理等系统，为纳税人提供全方位、功能强大的多元化、个性化、开放式的纳税服务。二是完善税收管理平台，推广运用纳税申报电子信息采集系统、发票管理系统、一般纳税人认定管理系统、增值税纳税评估管理、计算机稽核、协查等管理系统，实现税务管理信息系 统的一体化，提高工作效率，节约纳税人纳税成本。三是完善信息交换平台，推进税库银企的一体化建设，拓宽申报缴税渠道，实现部门间信息共享，提高管理和服务效率。

（作者单位：山东省淄博市地方税务局高新区分局）

# 关于构建互联网+纳税服务绩效评价机制的思考

张志刚

近年来,税务机关为优化纳税服务,提高纳税服务信息化水平,大力推行网上办税,互联网的运用逐步深入到税收工作的各个环节。许多税务机关相继构建了以税务网站、办上办税服务和12366热线为主,以纳税人QQ群、微信、短信等为辅的网上纳税服务体系,纳税服务绩效评价也得益于互联网的应用进行了有益的探索。但是,在互联网时代的大背景下,纳税服务要达到大数据、智能化、移动互联网和云计算的互联网时代要求,还存在很大差距。尤其是如何借助互联网优势,构建创新纳税服务绩效评价机制方面思考和运用还不够深入。本文试图就互联网框架下如何构建纳税服务绩效评价机制作一些思考与探索。

## 一、互联网为构建网上绩效评价机制提供了空间与可行性

目前,互联网已经进入大数据、智能化、移动互联网和云计算为特征的时代。互联网信息汇聚、信息梳理、信息反馈功能发生了根本性变化,从而形成价值无限的信息流。在这个巨大信息流的平台中,为优化纳税服务、提高办税效率提供了极大的空间,纳税人在享受互联网方便高效纳税服务的同时,也可以打破物理空间的约束,通过互联网反馈纳税服务过程中遇到的困惑和建议。税务机关通过互联网搜集、分析、处理、反馈纳税人的反映和意见已经成为税务机关日常工作。梳理税务机关信息化建设现状,对构建互联网纳税服务绩效评价机制有四个方面的便利条件。

一是税务网站的广泛应用。为进一步拓宽为纳税人服务的渠道,全国税务机关相继都创建了税务门户网站,设置了"局长信箱"、"纳税人诉求"、"税收宣传"等栏目,这些栏目基本实现了"征纳互动"功能,为网上绩效评价提供了平台,且大多数税务网站服务功能不断增增强,税务网站正在逐步成为税收政务信息公开和提供纳税服务的便利平台,为网上绩效评价功能的实现创造了条件。

二是12366服务热线开通。12366服务热线的开通,拓宽了信息化条件下税务机关为纳税人服务的渠道,使纳税人可以摆脱时空地域限制了解国家税收法规、政策、管理办法等规定,有效提升了税务机关的纳税服务水平,在一定程度上解决了征纳双方信息不对称的问题。12366纳税服务热线纳税咨询、办税指南、涉税举报、投诉监督四大服务功能,已经具备网上绩效评价的基础。

三是网上办税平台的深入推广。随着商业竞争的不断加剧,时间成本越来越成为纳税人首要的考虑因素。网上办税的便捷、高效的优势日益凸显。目前,税务机关基本实现了网上申报、网上政策咨询、网上辅导服务、网上购买发票等功能,其他服务功能呈不断增加完善趋势。网上办税已经成为纳税人办税的便捷渠道。网上办税服务平台,既可以帮助纳税人减轻办理涉税业务的时间成本和机会成本,也可以成为"征纳互动"的平台。税务机关在满足纳税人不断提升纳税服务需求的同时,纳税人也可以进行纳税申诉维权和投诉、监督评议税务机关服务绩效等。这样既能实现税务人员和纳税人之间的互动式交流,可以更好的了解纳税人的个性化需求,增强纳税服务的主动性和互动性,又可以克服纳税人面对面测评、面对面评价税务人的弊端,增强绩效评价的真实性,减少一线纳税服务人员执法风险。

四是纳税辅助平台的不断拓展。互联网时代,网上购物、网上银行、网上证券、微信、微博、QQ、e—

mail等互联网应用的发展，极大提高、改善、改变了人们的生产、生活、工作、休闲、交流的方式，引起社会方方面面的变革。其中，QQ群、微信、微博等“微服务”已经在税务机关得到较好的应用和推广，一些税务机关还开发了“掌上办税”、“掌上缴税”等辅助平台。这些APP的应用推广，不能仅作为提升纳税服务绩效的平台，也从多方位、多角度为构建网上绩效评价机制提供了便捷和可能。

## 二、当前利用互联网开展纳税服务绩效评价的现状

从当前税务机关开展的纳税服务绩效考评情况看，主要还是利用自评、互评和上级评的传统考评模式针对组织目标和个人绩效的考评，而利用互联网开展纳税服务绩效考评关注不多；有些税务机关借助第三方机构，对纳税服务进行综合考评，因其没有参与税收组织活动全过程，有些认知考评有一定的局限性；也有些税务机关利用税务网站、12366服务热线等网上平台对纳税服务绩效考评进行了初步偿试和探索，但也还处于“征纳互动”层面，缺乏系统性、针对性和有效性。综合衡量，主要存在五个方面的问题。

网络应用不到位。通过分析已建成使用的税务网站、12366服务热线、网上办税等纳税服务主平台和微信、微博和QQ群等辅助平台使用运转情况，不难发现无论是主平台，还是辅助平台，税法宣传、办税指南、解决诉求等应用广泛，而将这些平台作为纳税服务绩效评价平台的应用还比较少。

平台建设不完备。重视税务网站、网上办税等平台办理涉税业务的推广应用，而忽视纳税人评价。比如：税务网站设置了“局长信箱”、“纳税人诉求”专栏，但缺少纳税服务绩效评价模块。容易导致纳税人对纳税服务的评价缺位，税务机关数据采集缺失。

数据采集不科学。部分在网上已开展的纳税服务绩效评价中，由于指标设置的不合理，偏重“满意”、“不满意”等定性数据采集，而忽视定量指标的数据采集；由于税务网站、网上办税平台运营部门的差异性，“零打碎敲”式的采集比较多，而注重数据的系统性、完整性不够；在数据采集的时效性上，临时性、被动性采集多，而定期、主动性采集少。

队伍素质不整齐。随着税收工作现代化的深入推进，移动互联网在税收工作领域得到了广泛的应用，税务人利用互联网开展工作的能力普遍增强。但也因职责划分、分工不同，综合型、全能型税务人员比较缺乏。有的税务人对分管工作能够得心应手，但对于涉及门类广、综合素质要求高的岗位却难以应付；有的税务人业务素质比较高，但互联网知识相对掌握不深，互联网的应用能力还有待进一步提升。这些都将影响利用互联网开展纳税服务绩效评价质量和效率的提高。

措施机制不健全。《全国税务系统组织绩效管理办法》下发实施后，各级税务机关都将纳税服务工作纳入绩效管理的范畴，依照办法要求制定了相应的落实指标、落实措施。但对于利用互联网开展纳税服务绩效评价并没有明确措施规定，影响和制约网上绩效评价工作的开展和深化。

## 三、构建互联网框架下的纳税服务绩效评价机制

纳税服务绩效评价是纳税服务工作的重要组成部分。在互联网框架下，组织开展纳税服务绩效评价工作，既是依据纳税服务职能开展质量、效率、效益、公平性等综合评价的过程，也是保障纳税服务保持正确方向并持续改进创新的重要途径。网上绩效评价工作目前尚处在摸索的初级阶段。需要围绕纳税服务发展导向与目标、履行职能的效率与效果、公众的认同度与满意度等要素，建立一套包含评价原则、评价主体、评价指标、评价平台、评价制度及其队伍建设等为主要内容的纳税服务绩效评价机制。

### （一）评价原则

借鉴税务机关绩效管理办法的相关规定，构建网上纳税服务绩效评价机制应当满足以下原则：

网上为主原则。利用互联网开展纳税服务绩效评价工作，既可以实现税务机关与纳税人的“双减负”，又可以保障评价工作质量、效益和公平性；不仅可以激发纳税人广泛参与度，也可以最大可能调动社

会公众的监督与积极参与。

归口管理原则。网上绩效评价工作应在税务机关的统一领导下开展。各级税务机关应指定管理部门,并设置网上绩效管理人员专门负责网上绩效评价工作的数据采集、数据分析和结果公开反馈,保证评价工作开展的一致性,从而确保评价结果公正合理,符合实际。

客观公正原则。网上绩效评价工作的关键。建立科学完备的网上绩效评价管理制度,明确具体工作方法、工作范围和工作事项以及评价指标、评价过程、评价结果等,并适时对外公布,确保评价方法、范围、指标、过程、结果公开透明。

动态监控原则。要根据互联网信息瞬息万变的特点,适时采集数据、分析处理、跟踪问效。动态加强指标数据分析,确保评价结果的可检验性和可重复性,以减少网上绩效评价结论的偏差。

(二)评价主体

在纳税服务工作绩效考核当中,单纯靠问卷调查、随机访问或利用公共服务系统采集到的纳税人满意度,欠缺真实性,同时也没有反馈出所有的影响因素,因为纳税人满意度受多种因素的影响,甚至纳税人自己的心情状况也会影响到对纳税服务工作的评价。因此,需要以互联网为依托,构建一个以税务部门为主导,最大限度地引导社会公众尤其是纳税人广泛参与,以及专家学者、特邀监察员和中介评估机构等组成的多元主体。多角度、多层次、多主体适时开展纳税服务绩效评价工作,从而形成上级自上而下的监督、本级左右相顾的监督和公众感同身受的监督相结合的绩效评价机制,以保障网上绩效评价结果真实可靠。

(三)评价指标

评价指标是纳税服务绩效网上评价机制构建的难点。因为评价指标的设置直接关系到评价体系的质量和有效性,直接影响到考评结果的准确性、公正性、可信度和评价主体的广泛参与度。总的设置原则:应按照“科学、便捷、适用”要求以及定性与定量指标相结合的原则设置。一般应包括:(1)服务投入指标。由税务机关根据纳税服务投入规模进行自我评价。包括:服务规模、时间成本、人力资源成本和费用支出等。(2)纳税人成本指标。主要是真实反映纳税人往返税务机关的办税成本。包括时间成本、交通费用、通信费用和其他费用等。(3)服务数量指标。税务机关的每一次纳税服务都应按照“可量化”和“痕迹化”管理要求,登记在册,为网上绩效评价提供可靠依据。(4)服务过程指标。主要反映服务流程的合理性、主动性和准确率。不但考察服务的主动性、服务态度和服务水平,更重要的是考察纳税人的认同感。(5)纳税人满意度指标。主要分为纳税人满意度、纳税遵从度、纳税人办税效率指数等。

(四)评价平台

网上评价平台是开展纳税服务绩效评价工作的桥梁和纽带,建设和应用效果如何决定着绩效评价机制运转情况。近年来,税务机关建成的税务网站、网上办税等主平台和QQ群、微信、微博等辅助平台均能够作为网上绩效评价机制运转平台。但有些方面还需要进一步拓展和改进。(1)增加绩效评价模块。也就是按照“定性与定量”的原则,在相应的平台增加纳税服务绩效评价模块。这样方便纳税人在办理涉税事项时就能够随机对纳税服务绩效进行评价。(2)建立平台功能关联性。按照信息采集、分析、处理和反馈等使用的内在要求,在网上构建内部信息交换平台,盘活、整合多平台之间的信息流与业务流,使平台之间的运用互通共享,信息交换简单清晰和快捷通畅,为网上开展绩效评价提供技术支撑。(3)平台利用常态化。根据需要每季应组织开展一次纳税服务绩效评价活动,或者在税政颁布、新政出台等时机适时加挂服务绩效评价内容,让网上绩效评价成为一项经常性工作。

(五)评价制度

网上纳税服务绩效评价体系建设是个一项复杂的工作,需要有一整套规范制度。(1)协调沟通制度。协调沟通贯穿纳税服务绩效管理全过程,既能使税务机关、税务人员、纳税人、社会机构等对纳税服务绩效评估指标和标准达成共识,发挥引导作用;又可避免与实际相脱离,增强指标的可操作性。在绩效分析、结果反馈和优化改进中的绩效沟通,既可让所有主体分享经验,吸取教训,又可充分提升各界对纳税服务的关注,挖掘税务人员潜力,调动其为纳税服务作贡献的积极性。(2)分析诊断制度。通过分析诊断,开展深层次的剖析,找出影响纳税服务绩效成效关键因素和根本原因,并提出切实可行的解决方案,不断提升纳税服务效能。(3)处理反馈制度。网上开展绩效评价工作,由于主观认识的局限性与信息的不对称性,绩效结果必然会失真,这就需要不断动态处理和维护。要按照“采集-分析-处理-反馈”闭环管理要求和“公开、公正、公平”的原则,适时采集分析处理绩效评价工作进展情况,及时公布反馈评价结果,保证网上绩效评价工作运转通畅。

(六)队伍建设

队伍建设是开展网上绩效评价工作的重要组成部分。一方面,通过内部选拔和培养的形式,培养一支业务素质高、信息技术精通的复合型人才队伍,为网上绩效评价工作提供人才支撑。另一方面,要重视做好网上评价主体的培训。只有让评价主体熟练掌握便捷、高效的网上绩效评价平台,增强他们的认同感和责任感,才能使网上绩效评价工作成为现实。

(作者单位:上海市静安区国家税务局)

# 以风险管理为导向　以评查联动为依托 构建现代化大企业税收风险管理新模式

张忠伟

多年以来，按照国家税务总局关于深化税收征管改革、大力推进税源专业化管理的总体要求，宁阳县地税局坚持以评查联动工作机制为依托，以纳税评估为重心，以大企业税收服务和风险管理为突破，全面建立风险管理模式下的大企业税收风险管理体制和运行机制。以税源分析为载体，以第三方信息采集分析利用为辅助，完善规章制度，强化质量监控，对大企业实施专业化管理、提供个性化服务，努力实现大企业税收管理科学化、规范化、现代化。

## 一、明确细化工作流程，完善组织体系，构建大企业税收风险管理专业化三级管理机制

该局大企业专业化风险管理新模式，是在充分整合税收管理的人力、信息等各类内部资源的基础上，坚持重点分析应对、评查联动、税种联评、部门协作、注重实效的原则，构建上下联动、横向互动、高效有序的大企业税收管理体制和运行机制。以税收风险管理为导向，以诚挚服务、鼓励为先为原则，积极探索风险管理模式下大企业专业化管理和个性化服务的理论基础和实现路径，推动大企业管理工作科学化、规范化、现代化，最终实现税企合作共防风险、共促遵从、构建和谐共赢税企关系的目标。

把加强领导、健全组织作为工作的主要抓手，实施“一把手”工程，将大企业税收风险管理置于征管工作整体协作的大格局之中，建立以评查联动为重心、全方位协作为目的的立体式三级组织体系：第一级是大企业税收风险管理工作领导小组，由县局一把手任组长，各分管局领导任副组长，政策法规科、征管和科技发展科、计统财务科、稽查局、税源管理科、中心税务所等部门为成员单位，主要职责是大企业税收风险管理总体工作规划、指导和协调。第二级是在领导小组下设大企业税收风险管理办公室，办公室设在税源管理科。成员由政策法规科、征管和科技发展科、计统财务科、稽查局和税源管理科部门负责人组成，统筹相关业务职能，以上级局下发的税收风险管理任务、审计部门屡审屡犯的重大税收风险问题、专项检查、土地增值税清算和大企业税收管理工作中发现的难点热点等重大问题为突破口，集中开展分析调度，对分析和应对、评估和稽查之间的协作配合事项进行沟通、协调，提供组织保障，适时召开税源管理联席会议进行工作部署，第三级是大企业税收风险管理团队。把最大限度地整合人才资源作为关键点，采用内联外引的方式，以稽查局的稽查能手和税源管理科的纳税评估骨干人员为核心力量，抽调政策法规、征收管理等部门和基层中心所的业务骨干，辅之以中介机构行家里手组建评大企业税收风险管理团队。目前，共配备人员10名，占全局业务人员的10.81%，其中，税源管理能手2名，稽查能手2名，征管能手和税收管理能手各1名，有8名有相关专业职称，有2名注册税务师，业务人才数量占全局业务骨干的38.1%。各类人才根据行业、任务的不同进行有机联结，搭配形成管理团队，分为四个工作组，实现专业互补，满足工作需要。针对人才缺口，又聘请了4名中介机构业务专家充实到各工作组，优化工作组的组成结构、知识结构。在日常工作中，通过召开税收政策研讨会、经验交流会、典型案例分析会，互相交流，共同学习，不断提高检查方法、约谈技巧、报表分析等方面的专业技能。

通过建立工作例会、联席会议、分析报告会等各项制度，为大企业税收风险管理提供制度保障，保证三级组织架构的正常平稳运行。

## 二、相互制约、密切协作，按照风险管理要求设置团队

按照风险管理的要求，在大企业税收管理部门设立承担不同税收管理职能的工作团队，以团队模式协同开展工作，通过团队成员的优势互补，实现人力资源的优化组合，提升团队的整体合力和工作效能。

内设风险分析、纳税服务、应对处理、税务审计四个团队，其中：风险分析团队负责制定大企业税收遵从规划，税收风险分析，收入预测，制定大企业税收服务和风险应对策略等；纳税服务团队以大企业需求为导向，负责为大企业提供标准化、个性化的纳税服务；应对处理团队负责大企业涉税风险应对处理；税务审计团队负责对大企业实施专项审计、例行审计和反避税调查等工作。

四个团队以风险分析识别为导向，各团队间通过风险管理流程联结起来，风险分析团队主要负责风险识别，评价企业内控体系建设和整体风险情况，制定差异化管理和服务策略，使纳税服务团队和应对处理团队能够优化资源配置，开展个性化服务和有针对性的风险应对；纳税服务团队和税务审计团队依据风险分析团队确定的企业风险等级，采取便捷遵从、帮助遵从、提醒遵从和强制遵从等多元化、系统性、递进式的基本策略，通过灵活有效的应对措施和应对方式，有针对性地开展纳税服务和税收执法，并将执行结果及时反馈给风险分析团队；应对处理团队履行风险管控职能，针对性应对大企业税收风险并将应对处理结果及时推送到风险分析团队，为风险分析团队开展风险分析和评价提供重要的信息来源。四个团队按照风险管理的流程履行职责，既有分工合作，又有相互制约，形成了完整的风险管理闭环系统，增强了管理合力，提升了服务和管理效能。

## 三、遵从引导，服务为先，按照风险管理要求实施差异化、个性化的服务

优质的纳税服务是提高纳税人满意度、税法遵从度和税务机关公信力的内在要求，是实施风险应对的重要方法。我们秉承在管理中体现服务、在服务中实施管理的理念，坚持以大企业的服务需求为导向，以帮助其正确履行纳税义务为出发点和落脚点，以最大限度地防范风险和促进遵从为目标，统筹做好纳税服务工作，突出服务的针对性、时效性和个性化，以优质服务促进遵从、化解风险。

一是根据大企业纳税人的税法遵从度采取差异化的服务策略：对税法遵从度高、风险等级低的大企业，以“便捷”服务促进遵从；对税法遵从意愿强、但遵从能力有限的大企业，以“帮助”服务促进遵从；对税法遵从意愿不强、需要税务机关给予关注和警示的大企业，以“提醒”服务促进遵从。

二是以大企业的个性化需求为导向，在税企之间搭建具备各种综合功能的即时沟通和服务平台，提供办税预约、税法推送、纳税咨询、涉税查询等多种个性化服务；探索建立科学的调研制度，通过问卷调查、实地走访、高端座谈等多种方式充分听取企业意见和建议，研究重点问题，并积极跟进解决；初步建立了大企业涉税诉求解决机制，畅通了大企业涉税诉求快速响应通道。

三是积极引导、帮助大企业建立税务风险内部控制机制，不断促进和引导纳税遵从，构建合作共赢的税企关系。按照总局下发的《大企业税务风险管理指引》，制定了《大企业税务风险内部控制基本规范》和《一般性指引》、《特殊性指引》以及《建立大企业税务风险内部控制机制认证管理办法》等一系列规范性文件，为引导和帮助大企业建立和完善税务风险内部控制制度夯实了管理基础，提供了制度保障。在对大企业税务风险内部控制机制建设情况进行实地核查和组织认证的基础上，与遵从意愿强、纳税信用好、内控机制健全的大企业签订税收遵从协议，并为签约企业提供一系列鼓励性服务措施，在全社会大力营造依法诚信纳税光荣的良好风尚。加强对大企业税务风险内部控制机制运行有效性的监管，促进大企业不断改进和完善内控，实现自我管理、自愿遵从。2015 年，组织了一次面向全县大企业纳税人的问卷调查活动。结果显示，97％的纳税人对纳税服务工作表示“满意”，96％的纳税人对目前的税企关系表示“满意”，在全县开展的行风评议中，我局连续 15 年获行政执法类前两名。

## 四、突出重点，有效应对，按照风险管理要求提升管理绩效

要提升风险管理的绩效，一要突出管理重点，二要充分依托信息技术手段，从而实现管理资源配置的最优化和管理效能的最大化，最大程度上化解税收风险，提高风险管理的效率。

（一）现代化的风险分析

风险分析是风险管理的基础和前提，提升风险分析的科学化水平则必须要有强大的决策支持系统作支撑。近年来，该局积极应用省局风险管理平台和市局税收风险分析应对平台，不仅实现了涉税信息的共享，为实现大企业专业化管理机制高效运行提供了保障，也为强化对大企业的税源监控、税收风险分析和大企业内控机制的评价提供了全面、客观的依据。

通过对户籍、纳税申报、缴纳税款、欠税、审批、发票、电子档案、违法违章等八大类信息数据由面到线到点的多维分析监控，大企业的监控对象和内容从申报、缴税等常规信息，延伸到了经营商品、来源渠道、原材料价格等具体税源要素信息，为风险分析和风险管控提供了最及时、准确的信息。实现了对大企业风险识别认定、量化排序的工具化，提升了大企业风险分析水平，提升了大企业税收风险防控的准确性和有效性。

（二）递进式的税务执法

该局根据大企业的不遵从税法的风险程度和税法遵从的态度，按照风险管理的要求，对大企业实行自查、税务审计、税务稽查递进式的执法策略：对风险程度低的采取“自我纠错”的自查执法方式，鼓励大企业自我遵从、自行修正、自化风险；对风险程度较高的实施柔性的税务审计执法方式；对高风险的采取刚性的税务稽查执法方式；对严重违法的则移送司法部门查处。原则上，在尚未掌握企业涉税违法犯罪行为证据之前，不启动税务稽查程序。通过实施差异化的执法策略，把税收执法的重点放在应对高风险行为上，以有限的、最小的税收执法资源化解最大的税收风险，提高税收执法的效率。

2015 年，通过风险分析识别和应对，确认需补缴税款 704 万元，已补缴入库 692 万元。在此基础上，根据所收集的企业涉税信息资料，对企业基本情况、纳税情况、会计制度及内控制度等进行税务风险评估，进一步查找涉税风险点，确定 15 户重点审计对象并开展税务审计，截至目前预计应调增税额 853 万元，大企业税收风险管理新模式的运行取得了阶段性成果。

目前该局管理的年纳税 100 万元以上大企业共计 172 户，仅占全县纳税人总户数的 0.31%，税收占比却高达 78%以上。大企业税收管理的质量和效率直接关系到整个税收工作和经济社会发展大局，大企业税收管理的理念、模式也代表着整个税收管理发展的趋势和方向。从一定意义上说，化解大企业的税收风险也就化解了整体税收的主要风险，抓住大企业也就控住了税源，也就抓住了税收收入工作的“牛鼻子”。更重要的是，以大企业专业化管理为突破口和着力点，必将催生税收管理理念、管理模式、管理方式的重大变革和创新，为全面实现税收管理现代化提供有益借鉴、奠定坚实基础。

（作者单位：山东省宁阳县地方税务局）

# 关于长春市小微企业税收征管现状及发展趋势的调查报告

吉林省长春市国家税务局课题组

小微企业在增加就业、促进经济增长、科技创新与社会和谐稳定等方面具有不可替代的作用，对国民经济和社会发展具有重要的战略意义。为了支持小微企业健康发展，经国务院批准，财政部、国家税务总局先后出台了一系列税收优惠政策，优惠力度逐年加大，扶持作用渐趋明显。本文通过专题调研的方式，旨在从微观层面分析税收优惠政策的实际效果，查找政策落实中遇到的问题，为进一步完善相关税收优惠政策提供尽可能科学、可行的对策建议，以其促进长春市小微企业的持续、健康、有序的发展。

## 一、现行税收优惠政策的实际效果

(一)货物劳务税方面

自2011年11月1日起，国家将个体工商户增值税和营业税起征点由原来的月销售额(营业额)2000～5000元统一提高到5000～2万元，长春市以2万元为起征点。为平衡小微企业和个体工商户的税负，2013年8月1日，对增值税小规模纳税人中月销售额或营业额不超过2万元的企业或非企业性单位，暂免征收增值税。自2014年10月1日至2015年12月31日，对销售额2万元至3万元的增值税小规模纳税人，免征增值税。这样，凡是销售额低于3万元的小微企业和个体工商户，均可以享受免征增值税的优惠政策，税负大为减轻。

为了进一步落实税收优惠政策，长春市国税局通过采取多项措施促进小微企业和个体工商业户的发展。一是强化培训，让纳税人及时知晓政策。做好政策宣传和业务辅导工作，确保纳税人及时掌握政策，充分了解税收优惠适用范围、条件、对象和操作程序等诸项内容。二是简化流程，全面优化纳税服务。进一步简并涉税业务流程环节，对小微企业享受税收优惠政策不进行审批和备案，缩短办税时限，为纳税人提供便捷高效服务；调整增加申报系统的自动筛选功能，确保网上申报系统充分满足小微企业享受免征增值税政策需要。三是完善系统，开展提醒服务。加强与省局网上申报系统服务单位的沟通，实现在网上申报系统企业端增加提示功能，确保小微企业优惠政策落到实处。四是持续推进后续管理。在申报期内，重点监控小型微利企业申报进度与享受税收优惠准确性，适时开展提醒服务；申报期结束后，对未能按时享受优惠政策的企业，筛选企业名单，并及时为企业办理退税。为此，2015年前三季度，享受小微企业增值税税收优惠政策的户数为70602户，免征增值税税额为2157万元。

(二)企业所得税方面

在国家政策的层面上，从2008年1月1日起，对符合条件的小型微利企业，减按20%的税率征收企业所得税；2010年1月1日起，对年应纳税所得额低于3万元(含3万元)的小型微利企业，其所得减按50%计入应纳税所得额，按20%的税率征收企业所得税；2012年1月1日起，将年应纳税所得额的上限由3万元提高至6万元，同时免征地方分享部分；2014年1月1日起，进一步将年应纳税所得额的上限由6万元提高至10万元，并免征地方分享部分，且所有符合规定条件的小型微利企业(无论采取查账征收方式，还是采取核定征收方式)，均可以按照规定享受小型微利企业所得税优惠政策；同时取消小型微利企业享受优惠备案的要求。从 2015 年 1 月 1 日起,进一步将年应纳税所得额的上限由 10 万元提高至 20 万元,但免征地方分享部分仍限于 10 万元。

(三)政策落实情况

以长春市国税局为例,全市国税机关加大政策宣传力度,优化税收服务手段,强化日常督促检查,多措并举、积极作为,有效推动了小微企业税收优惠政策的全面贯彻、深入落实。从全市国税系统的统计数据来看:

2013 年全市享受小微企业税收优惠政策纳税人 6817 户,占小微企业应享受政策的 80.47%,享受优惠的单户企业税额多至 14,911.16 元,少至 0.49 元,减免税金额合计 1,831 万元。2014 年符合小型微利企业条件的纳税人共 59896 户,其中享受小微企业所得税减免优惠企业为 13124 户,减免税额合计 5,016 万元。2015 年前三季度,全市享受小型微利企业税收优惠政策的纳税人共有 70,602 户,减免所得税税额合计 2,440 万元;优惠政策享受面为 100%;享受固定资产加速折旧政策的企业 817 户,减免税额 1,384 万元。

(四)政策效应分析

税收优惠政策的有效落实,对长春市小微企业的健康发展起到了积极的助推作用。一是税收优惠惠及的纳税人越来越多。以小型微利企业减免企业所得税为例,2015 年 7 月份纳税申报期符合条件的小型微利 70602 户,小型微利企业政策受惠面 100%。通过落实国家提高个体工商户增值税起征点、水利设施减免税、企业所得税提高起征点、研发费用加计扣除、农林牧副渔业项目所得减免税等结构性减税政策。1～10 月份,全市累计减免各类税额达到 118.5 亿元(含个体工商业户),同比增加 93.5 亿元,增长 374.0%;一定程度上缓解了企业资金紧张,涵养了经济税源,推进了经济结构优化调整。特别是年应纳税所得额上限提高至 20 万元,范围扩大至实行核定征收方式的纳税人后,将有更多的小微企业享受到更大的税收优惠。二是小微企业持续发展的能力逐步增强。小微企业在经济下行压力不减的背景下,税费高、融资难等问题非常突出,在最需要解决的资金、技术、人才、政策等诸多因素中,资金问题的占比近 56%。税收优惠政策的全面实施,一方面,起到了较好的导向作用,使大多数小微企业感到了温暖,看到了希望,增强了自身应对经济下行压力的信心;另一方面,通过多重政策效应的相互叠加,在一定程度上缓解了小微企业的资金压力,有利于增强其自身造血功能,促进其不断发展壮大。三是税收政策的正向激励作用不断发挥。小微企业税收优惠政策的全面、有效落实,进一步激发了全社会的创业热情,从而增加了就业岗位,促进了民生改善,有利于社会和谐稳定。

另外,长春国税还按照省局的工作部署,认真贯彻落实《国家税务总局关于进行税收优惠政策制定及执行情况自查的通知》(税总函〔2013〕585 号)的相关要求,准确掌握近年制定出台的结构性减税政策落实情况,自查整改了“经济结构调整”、“环境保护”、“民生保障”和“推进改革”4 类共 7 项较为重大的税收优惠措施落实情况。对省局文件中列举的 4 类文件进行了梳理与学习,对涉及增值税业务的 7 份文件设计了表格,进行分类统计,以保证上报数据的准确。并根据相关文件精神,要求各县(市)、区局对辖区内纳税人逐户分析、排查。仅在结构性减税方面,从 2007 年到 2012 年底,全市税收优惠政策的减免税数额 112,191 万元,享受政策的企业户数 255 户。

## 二、影响政策落实效果的主要因素

(一)小型微利企业认定与小微企业划型标准存在差异

小型微利企业是企业所得税法明确的一个法定概念,具体是指从事国家非限制和禁止行业的下列企业:(1)工业企业,年度应纳税所得额不超过 30 万元,从业人数不超过 100 人,资产总额不超过 3000 万元;(2)其他企业,年度应纳税所得额不超过 30 万元,从业人数不超过 80 人,资产总额不超过 1000 万元;

增值税小微企业是指月销售额不超过 3 万元的小规模纳税人。

小微企业则是一个约定概念，是小型企业和微型企业的统称。根据《中小企业划型标准规定》表述，中小企业划分为中型、小型、微型三种类型，具体标准根据企业从业人员、营业收入、资产总额等指标，结合行业特点制定。同时进一步明确，规定适用的行业包括：农、林、牧、渔业，工业（包括采矿业，制造业，电力、热力、燃气及水生产和供应业），建筑业，批发业，零售业，交通运输业（不含铁路运输业），仓储业，邮政业，住宿业，餐饮业，信息传输业（包括电信、互联网和相关服务），软件和信息技术服务业，房地产开发经营，物业管理，租赁和商务服务业，其他未列明行业（包括科学研究和技术服务业，水利、环境和公共设施管理业，居民服务、修理和其他服务业，社会工作，文化、体育和娱乐业等）；据此分别设定了上述 16 个行业中的小型企业、微型企业标准。

由此可见，小型微利企业和小微企业在划型标准上存在明显的差异。这一差异，使得相当一部分企业符合年度应纳税所得额不超过 30 万元的标准，且属于《中小企业划型标准规定》划定的小型企业或微型企业，但无法享受企业所得税税率优惠。而根据《中华人民共和国中小企业促进法》第二十三条规定，国家在有关税收政策上支持和鼓励中小企业的创立和发展。显然，小型微利企业认定标准与这一规定存在不相协调之处，相当一部分企业认为这是一种政策歧视。从而增加了税务机关在政策落实过程中的解释难度，降低了社会各界对税收政策支持小微企业发展的认同度。

（二）企业所得税减计所得政策的优惠力度仍显不够

从 2008 年 1 月 1 日起，对符合条件的小型微利企业，减按 20%的税率征收企业所得税；其后，该项企业所得税优惠政策分别于 2010 年、2012 年、2014 年、2015 年历经四次减计所得调整，减计所得上限先后由 3 万元提高至 6 万元，再进一步提高至 20 万元。从理论上测算，减征的企业所得税额由 2010 年的 4500 元增加到 2012 年的 9000 元，再增加到 2014 年的 1.9 万元，目前增加到 2015 年的 3 万元；以绝对数分析，2012 年比 2010 年提高了 100%，2014 年又比 2012 年提高了 111.11%，2015 年又比 2014 年提高了 157.89%，可以说上升幅度非常大。但倘若具体到某一小型微利企业分析，即使通过企业所得税减计所得额优惠使其可用资金增加了 3 万元，但对于缓解其资金压力也仅仅是"杯水车薪"，成效不大。

就实际效果而言，以长春市国税系统为例，2015 年前三季度，全市实际享受小型微利企业所得税优惠政策的共有 70,602 户，减免所得税税额合计 2,440 万元；享受固定资产加速折旧企业 817 户，减免税额 1,384 万元。只占同期小型微利企业实际应纳所得税额的 0.65%，占同期全市实际应纳所得税额的 0.16%，占同期应纳税额的 0.05%。由此可见，现行小型微利企业所得税优惠政策对财政收入的实际影响十分有限。这也从一个侧面反映出，当前的小型微利企业所得税优惠政策减计所得的力度与支持小微企业发展的政策期望值相比，差距还是十分明显的。

**税收收入分企业规模分税种统计表**

填报机关：长春市国家税务局　（2015 年 1～11 月）　单位：万元

| 税种 | 合计 | 大型企业 | 中型企业 | 小型企业 | 微型企业 | 小微收入占比 | 优惠减免（2015，1—3 季）度 | 减免占总比 |
|---|---|---|---|---|---|---|---|---|
| 增值税收入 | 3282789 | 2023241 | 465413 | 287186 | 506949 | 24.19% | | |
| 其中：一般纳税人 | 2496185 | 1485058 | 262281 | 284889 | 463957 | 30% | | |
| 小规模纳税人 | 45289 | | | 2297 | 42992 | | | |
| 消费税收入 | 1270120 | 1094737 | 63528 | 1434 | 110421 | 8.8% | | |
| 企业所得税 | 2277308 | 1427935 | 268403 | 293383 | 287587 | 25.5% | 3824 | 0.65%/0.16% |

| 个人所得税 | 15 | | | | 15 | | | |
|---|---|---|---|---|---|---|---|---|
| 车辆购置税 | 211150 | | | | 211150 | | | |
| 税收收入合计 | 7041382 | 4545913 | 797344 | 582003 | 1116122 | 24.1% | | 0.05% |

## 三、完善税收扶持政策的几点建议

基于小型微利企业税收政策在实际工作执行中存在的主要问题，笔者从两个角度，一个是税收政策设计角度，二是实际税收征管角度，提出完善小型微利企业税收政策的对策建议：

税收政策层面：

(一)统一小微企业税收优惠的执行标准

鉴于《中华人民共和国企业所得税法实施条例》关于小型微利企业的划型标准与基于《中华人民共和国中小企业促进法》形成的《中小企业划型标准规定》关于小微企业划型标准不一致的问题，立足《中华人民共和国中小企业促进法》立法宗旨，最大限度地保持法律之间的立法协调性和法律调整的方向一致性，建议尽快统一小型微利企业划型标准，体现税收公平原则，避免税收制度歧视，便于税收政策实施。

建议由国务院财政、税务主管部门提请国务院按照《行政法规制定程序条例》，对《中华人民共和国企业所得税法实施条例》第九十二条作如下修改："企业所得税法第二十八条第一款所称符合条件的小型微利企业，是指从事国家非限制和禁止行业，年度应纳税所得额不超过30万元的小型、微型企业"。小型微利企业划型标准统一后，将会有更多的小微企业享受到税收优惠政策红利。因此，这一修改变化，也更符合国务院进一步支持小微企业健康发展的方向。

(二)同步减免地方分享部分

为了支持小型微利企业发展，经国务院批准，财政部、国家税务总局对小型微利企业在执行20%企业所得税优惠税率的基础上，采取了进一步减计所得的优惠，同时，考虑到财政的可承受能力，减计所得的上限逐步提高到20万元。

2015年8月19日国务院常务会议决定进一步加大对小微企业的税收优惠，充分发挥小微企业支持就业的重要作用，进一步将减半征收企业所得税的范围提高到30万元；期限延长到2017年。这一政策表明国家将继续实施定向调控，进一步加大对小微企业的税收支持，让积极财政政策更大发力，为企业创新减负。但从目前的实施效果来看，仍不够明显，与政策期望值还存在不小差距。我们在开展企业调研中发现，相当一部分小微企业纳税人代表希望省政府能够基于当前的经济形势和国家政策导向，同步减免地方分享部分。如果地方分享部分同步到30万元，以长春市国税系统2015年小型微利企业为样本，预计享受减计所得税收优惠的纳税人将增长一倍。由此可见，减免所得税范围的进一步扩大，将使更多的小微企业获益；而且对税收收入也不会产生重大实质性影响。为了让今天的"小微企业"赢得明天，同时减少由于政策不同步造成纳税人的困惑，建议将地方分享部分减免也提高到30万元。

税收征管角度：

(一)拓宽优惠政策的覆盖面

首先是要明确限制和禁止行业的范围，将损害人体健康、影响环保、破坏资源的行业明确列入，体现倡导社会和谐发展的精神。其次取消职工人数的指标限制，缓解就业压力。第三是取消按不同行业设定不同指标限额的判定方法，建议不论从事什么行业，都适用一个判定标准，扩大小型微利企业所得税优惠政策的覆盖面。第四是试行应税所得额动态指标，使其随国家经济发展形势、物价指数、财政收入等宏观条件的变化进行相应调整。例如，在财政收入充足的年度可适当提升所得额的限额，使小型微利企业得到更多的减税优惠，利于扩大内需的需求。

（二）创新纳税服务方式

首先是政策宣传要从“广”。针对小型微利企业普遍希望了解税收政策、熟悉办税流程的需求，定期围绕小型微利企业申办程序、政府扶持政策以及办税流程等内容开展集中辅导，并制作发放“明白卡”告知纳税人小型微利企业认定标准以及税收优惠政策、审批程序及所需报送涉税资料。同时，建立起小型微利企业QQ群，及时便捷地向小型微型企业提供涉税法律、法规、政策等信息咨询服务和在线辅导，形成双向交流的绿色通道。

其次是服务方式要从“优”。对小型微利企业推出免填单服务、延时服务、预约服务、短信提醒服务等特色服务，并在办税服务大厅开辟办税绿色通道，方便有紧急事宜的小型微利企业办理涉税事项。

第三是权益维护要从“细”。利用公开栏、电子显示屏、明白卡等方式全面告知涉及小型微利企业的办税内容、程序、标准、时限以及相关的权利和义务，切实保障好纳税人知情权。对小型微利企业税源定期开展税源调查，准确掌握企业实际经营规模、用工和资产情况，分类建立起小型微利企业征管台帐，对符合条件能够享受税收优惠的企业，税收管理员及时将有关税收优惠政策和符合小型微利企业条件的备案程序告知或送达企业，并辅导其按法定程序办理减免税报批手续，确保小型微利企业税收优惠政策落实到位。

课题组组长：王铁勇

成员：张志东　李国闻

执笔：李国闻

# 关于大数据应用情况的研究

谭天宇

随着信息技术的飞速发展,税收征管已经进入"大数据"时代,对涉税信息的广泛获取与深度利用已经成为实现信息管税战略和深化税收征管改革的关键因素,也越来越受到各级税务机关的重视。数据信息共享成为大数据时代的必然趋势和选择,这必将使信息管税成为现实,使税收数据成为大数据时代的重要组成部分。

## 一、税收大数据的重要意义

大数据(Big Data),也称为海量数据(Massive Data),是随着计算机技术及互联网技术的高速发展而产生的独特数据现象。现代社会正以不可想象的速度产生大数据,手机通信、网站访问、视频、物流……无处不在的社会活动源源不断地产生各种数据,随着数据指数级增长,已经彻底改变了政府,社会,商业群体的决策方法,需要形成一种数据驱动的决策方法,信息管税正是基于这样的实证事实。要让数据能够上升到决策层面,需要对海量信息进行高效的收集、处理、分析和呈现,发现潜藏在数据背后的历史规律,对未来趋势进行科学预测。目前,金税三期＝和其他应用数据库中存储了大量的数据都是传统的结构化的数据,从现在这些数据量来看,还远算不上真正意义的大数据,但应该意识到是,税收信息大数据时代已悄然临近,海量数据的分析对地税征管将产生深刻的影响和冲击,怎么收集数据、用什么方式有效管理,从海量数据中发现有用的信息,深入挖掘分析、与征管系统数据综合利用,如何"要让睡着的数据醒过来",转化为税源,才真正体现数据分析的价值。因此,必须未雨绸缪,着力关注大数据的研究和应用,深度挖掘,获取税源,对于深化信息管税具有非常重要的意义。

## 二、地税大数据应用存在的问题

(一)征纳双方信息不对称日益突显

纳税人经营信息存在多样化和复杂化,地税机关获取纳税人信息的复杂性和工作难度明显增加,获得纳税人信息的渠道相对单一,主要是采用纳税人自报与税务机关根据自身工作需要进行采集所得到的信息。税务机关对纳税人生产经营状况、销售情况、生产成本等信息的掌握不全面,加上税务部门自身也没有一套完善的决策支持体系,严重阻碍着税收分析的进一步深入。

(二)数据分散,资源不共享

目前威海地税系统的数据除金税三期税收征管核心数据外,还包括海量税收历史数据以及从工商、国税等 30 多个部门的第三方涉税信息。另外,目前在用的电子稽查、网开发票、项目管理、电子影像、公文处理等 10 余套软件均是单独数据库,相互独立不能共享信息,无法充分发挥数据的更大价值。

(三)数据库不统一,数据和应用平台难整合

当前我局应用的数据库有 SQL2008、Oracle10G、Oracle 11G 等,这些不同时期的数据具有结构多

样，类型多变的特点，既有结构化的数据，也非结构化、半结构化的数据，既有文本格式日志数据，也有富媒体格式的网页数据，整合难度大。由于底层数据库不同，使得各系统都有自己的一套用户名、密码，用户查询不同的应用，需要进入不同的系统，操作起来非常不便。

（四）传统技术存瓶颈，数据应用难度大

受传统数据库技术限制，开发的各类应用平台主要以报表形式查询，对于大数据量的实时性或灵活性强的查询响应速度慢，对于多维度关联分析、数据挖掘方面的手段和方法少，对于非结构化或半结构化的数据也缺乏有效的方法。因此，近年来我局对省局大集中返还数据的应用仅限于浅层次，没有真正发挥出数据分析预测和增值的作用。

（五）信息数据分析利用的广度深度不够

目前的税收分析主要对税收任务的分析或是局限于对某些数据的纵向对比分析，没有形成长效的、可持续发展的数据分析模型，与宏观经济、市场变动、企业财务数据等联动分析不足，没有完全发挥数据信息利用应有的作用。另外，税收业务与技术缺乏有效的融合。业务与技术基本上还是“两张皮”，同时既懂业务又会技术的复合型人才严重匮乏，导致对各方信息的横向比对和各时间段信息的纵向分析不足，从分析比对中发现问题的能力较弱，无法形成对信息分析利用的合力，制约了对信息的深度分析利用。

## 三、构建大数据处理架构

要实现对税源管理的全方位科学管理和监控，必须彻底改变当前的数据应用现状，当务之急就是要依托当前先进的现代信息技术和硬件资源，尽快构建基于云计算技术的大数据处理架构，以“金税三期”返还数据为基础，抽取、整合、集中现有数据资源共享使用，建设综合性税源数据仓库，实现对数据的准确、快速、深层次、多角度挖掘，最终搭建与总局金税三期业务系统融合而不重叠的数据信息应用和展示平台，实现对海量数据的“秒”级分析和展示。通过建立健全数据管理等配套工作机制，规范数据资源的采集、录入、存储和应用各环节，切实为税源管理提供强有力的决策分析支持。

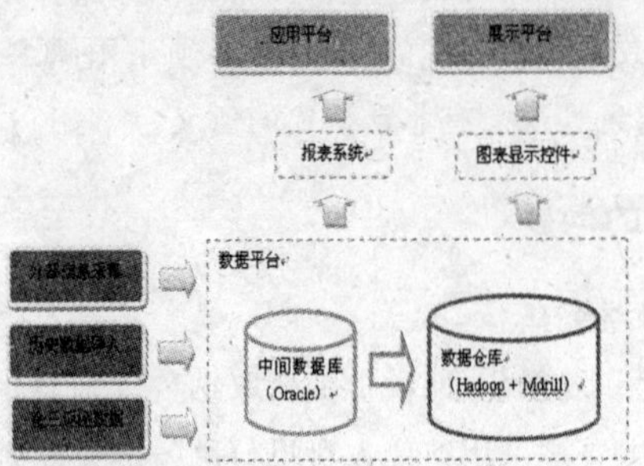


（一）科学确定技术架构

充分考虑税源数据几何式增长和数据挖掘分析需要，结合实际应用，实施基于云计算的大数据处理技术，采用开源的 Hadoop ＋ Mdrill 技术架构，Mdrill 是一个分布式的在线分析查询系统，基于 hadoop，lucene，solr，jstorm 等开源系统作为实现，旨在帮助用户在几秒到几十秒的时间内，分析百亿级别的任意维度组合的数据。以 08 年至今 1666 万条记录纳税排行为例：计算处理时间为 1.5 秒，100 用户并发测试在 3—5 秒内，可以提供高性能、高可用、高性价比的数据处理能力。另外，再辅助以报表、图形、多媒体等相互补充的技术手段，达到对税收业务等结构化、行政管理非结构化以及其它半结构化数据的快速、准确、全面的分析、挖掘和展示。

(二)合理规划硬件资源

依托现有网络和硬件资源,采用 4 台高端服务器、1 台网络存储和网络资源,搭建硬件基础平台。

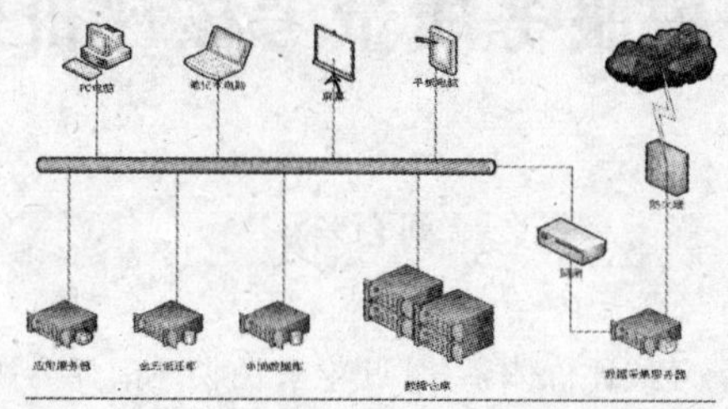

(三)统筹完善数据仓库建设

采用 Oracle 11g 作为中间数据库,对数据进行同步和清洗加工后,存储到 Hadoop + Mdrill 数据仓库中为数据平台提供元数据。数据仓库一期以税收业务类建设主要内容。一是对历史和现有在用数据库数据进行清洗、加工、整理、抽取和存储;二是对政府部门第三方信息、企业采集信息进行采集、整理和存储;三是其他类数据分析。今后逐步拓展到行政办公、法规库等其他类数据。

## 四、税收大数据的深度分析与利用前景展望

所谓税收大数据的深度利用是指针对这些海量数据,也包括其他政府部门、银行、企业等外部数据,运用经济学、管理学、统计学的理论、方法和模型,进行深入研究,发现事务的内在规律性,用于帮助税务部门做出明智决策,改进工作,提高效率的分析活动。围绕税收数据的深度分析与利用更多地是为税收工作的方向性、全局性、战略性和前沿性等重大问题提供辅助决策。

(一)辅助税收政策分析

新一轮税制改革中有许多迫切需要解决的重大问题,除了必要的理论分析之外,这些重大问题的解决更关键的是要进行结合实际的数据分析。而在数据分析中,很多经济变量的关系是人们很难用直觉和经验来把握的,必须通过数据分析模型来寻找答案。因此,数据大集中之后,税收政策分析将成为税收数据深度利用的重点场合。

(二)建立税收决策支持系统监控税收体系

税收监控包括两方面的内容:一是税务机关对现实税源的日常征管工作;二是税务机关对税源变化情况及发展趋势的分析预测。基于大量税收数据和方法库、模型库的税收监控管理系统能侦测出未申报纳税的纳税人;能对纳税人的情况特征进行描述,并按照不同的标准进行层次划分;能对应收税款做出预测模型,从而做出优先级顺序和最优化处理;能够辅助决策,科学制定税收计划,促进资源最佳利用。

(三)基于数据分析的纳税服务评价体系

客观公正的纳税服务评价是提高税务机关管理服务水平的重要手段。利用大量的涉税数据,引入层次分析法、多层模糊综合评价模型等评价技术有机结合,有效运用数学方法和模型,在税务机关纳税服务评价中进行应用。通过建立模糊关系矩阵,利用数学方法确定权数集,降低主观因素的影响,使考核者能更加全面客观地了解被考核者的多重属性。

(作者单位:山东省威海市地方税务局)

# 关于构建纳税服务质量考核评价体系的思考

刘红菊

构建现代税收纳税服务质量考核评价体系，是近年来税收理论界与税务部门研究的热点问题，是世界各国现代税收管理发展的新趋势。发达国家和地区税务部门纷纷进行改革，引入企业经营管理思想，注重结果、激励和绩效评估，把纳税人视为顾客，从顾客的角度开展机构重组和职能调整，以顾客满意度作为衡量绩效标准。随着我国建设服务型政府的加快和税务系统“便民办税春风行动”的深入，纳税服务工作的地位不断提升，在理论、方式、体系上都取得长足进步，逐步走上了统一、规范、有序的良性发展轨道。但纳税服务工作实践中，如何量化评价服务质量和效果，是长期以来困扰相关职能部门的一个难题。因此，运用现代公共管理理论和绩效管理理论研究、指导、优化、整合纳税服务工作，建立与《全国税务机关纳税服务规范》相配套的、能够有效融入全局整体绩效考核框架的、基于多元评价主体的纳税服务质量考核评价体系，对纳税服务绩效状况作出总体判断，准确掌握纳税服务绩效和纳税人对纳税服务的满意度，保证纳税服务的需求导向，对纳税服务的实施保持持续性的改进，是解决这一难题的关键所在。

## 一、构建纳税服务质量考核评价体系的意义

纳税服务质量考核评价是指税务机关评价主体依据一定目标制定的评价指标和标准，对纳税服务全过程的质量和效果进行考核、评估，以保障纳税服务保持正确方向，促进纳税服务工作持续改进的工作机制和制度安排。纳税服务质量考核评价的要素，包括评价主体、对象、内容、目标、流程和方法等。构建纳税服务质量考核评价机制，通过科学设计体现纳税服务质量的指标，并运用获取的指标信息，对纳税服务质量作出客观分析和评价，具有重大的现实意义。

### (一)构建纳税服务质量考核评价体系是深入贯彻落实《全国税务机关纳税服务规范》的客观需要

纳税服务规范是实现纳税服务现代化的重要载体和标志，它对纳税服务的工作内容、工作标准等进行了明确，使纳税服务工作日趋系统化和规范化，为建立健全纳税服务质量评价体系提供了依据，奠定了评价的基础。但必须看到，当前纳税服务的评价规范化程度不高，没有成熟的考评机制和信息化手段作保障，导致尚未形成有效手段确保全国税务机关深入贯彻落实纳税服务规范。上述问题集中主要表现在：考评内容范围狭小，没有完整覆盖《纳税服务规范》，与征管质量考核、执法质量考核没有形成有效衔接；评价方案的制定缺乏充分的调查研究，未全面听取纳税人、相关利益部门和基层人员的意见；与纳税服务相关的考核指标设计自身有缺陷，缺乏共同的主题和导向性；评价方法定性有余，定量不足，评价信息的收集不够全面、客观，没有充分吸收综合征管软件和执法考核系统的信息，存在片面性、随机性，主观随意性较大，人为因素占主导地位。

### (二)构建纳税服务质量考核评价体系是正向调动积极性的主要依据

评价的最终目的是为促进纳税服务质量的改进和提升。对服务质量低和服务质量下降的，及时采取预警、处罚，并查找原因责成整改；对服务质量高、纳税人满意的给予奖励，并加以巩固、总结经验，有助于进一步提升服务水平。在当前建设服务型政府机关的背景下，亟需运用奖惩机制，实现劳动收入绩效管理，充分调动纳税服务人员的自主性和积极性，逐步强化服务意识和纳税人需求响应导向。特别是通过

建立评价机制和运用考核评价结果，将考评结果与年终评先评优挂钩，实行奖优罚劣、褒先惩后，充分运用评价结果开展“服务标兵”评选活动，树立一批纳税服务典型和标兵，并给予适当的物质奖励，促进纳税服务工作呈现学、比、赶、帮、超的良性互动氛围，有利于激发税务人员纳税服务的工作热情。

（三）构建纳税服务质量考核评价体系是实现与纳税人“顾客”互信互尊的必然选择

按照新公共管理理论，纳税服务措施是税务部门提供的公共产品，公共产品效果需要得到纳税人“顾客”的认可，没有考评监督的公共服务，最终可能流于形式。国际货币基金组织把为纳税人服务定位于税收征管体系金字塔的基础，把纳税人满意度作为评价各项工作实绩和效率最基本和最重要的指标。纳税服务质量评价体系的建立，一方面促使税务干部和税务部门主动听取纳税人的诉求，主动接受纳税人和社会各界的监督，主动从内部查找问题和薄弱环节，主动采取有效措施解决问题，切实加以改进和提高；另一方面绩效评价引进纳税人和第三方参与、监督，充分体现征纳双方平等地位，体现税务机关纳税服务以纳税人中心的“顾客”意识，有助于建立互信互尊的和谐征纳关系。这是以纳税人为中心、以纳税人为关注焦点、税务机关围绕纳税人转变服务理念的具体体现。纳税服务绩效评估体系建设是个浩繁复杂的过程，只有遵循顾客导向，多从纳税人视角看待分析服务工作，通过服务绩效评估不断提升服务效能，才能真正建立“始于纳税人需求，基于纳税人满意，终于纳税人遵从”的纳税服务新格局。

## 二、构建纳税服务质量考核评价体系的路径研究

从发达国家开展纳税服务绩效评价实践来看，具有一些共同特点，笔者将其概括为“五个持续”：一是在评价目标上持续凸显纳税人为中心的理念；二是在评价路径上持续坚持制度先行；三是在评价方法上持续减少人为操作，加强与税收信息管理对接；四是在评价主体上持续推进多元化；五是在评价标准上持续加强量化标准考核。但中国的国情、税情显然不同，政府部门绩效评价工作尚处在摸索开展的初级阶段，构建并不断完善纳税服务评价体系，必须结合税务系统形势需要和最新推出的《纳税服务规范》，按照坚持内部评价与外部评价相结合、定量与定性指标相结合的原则，积极稳妥、循序渐进地建立一套以“经济、效率、效果、公平”为核心原则，以行为和业绩为导向，包含评估主体、指标、标准、方法及其制度的服务绩效评估体系，从制度构建上发挥绩效评估对推动提升纳税服务的计划辅助、监控支持、激励促进、指引导向等作用。

（一）以《全国税务机关纳税服务规范》为主线，明确纳税服务质量考核评价体系构建的总体思路

确定评价指标是整个绩效评价体系构建的最大难点和关键所在，在设计纳税服务考核评价指标时，应以总局最新制定的《全国税务机关纳税服务规范》为主线，结合新时期对纳税服务工作的新要求，覆盖机关、征收、管理、稽查各环节，对纳税服务工作总体目标进行分解，对每一项考核评价进行量化，使考核结果能以分值形式直观体现，并合理确定评价指标的权重。指标设计既要直观简洁，方便评价人较快作出评价结果；又要系统全面，涵盖纳税服务工作各环节。对不能直接量化的定性指标，进行科学地转化。税务机关内部评价指标，主要应该提取综合征管软件和税收执法管理系统的数据，一般按指标量值评分；对于不能量化的外部评价指标，先将指标的量值恰当地划分为区间，每个区间对应量值进行赋值配分，实现指标的转化。评价指标的设置和权重随着《纳税服务规范》改版升级及时进行调整、修正、补充和完善，建立开放式的指标体系，使评价指标具有时代性，满足不同时期对纳税服务工作的不同要求。

（二）以三类评价路径为方向，创新纳税服务评价方法

在纳税服务评价方法上，突出被服务对象和社会各界的评价主体地位，主要从三个方面对纳税服务质量进行综合评价，即纳税人评价、内部评价、第三方评价，并将三个方面评价的内容与对纳税服务规范考核的内容完整契合。纳税人评价是指纳税人对纳税服务绩效的评价，通过定期测评与即时测评、接收投诉相结合的方式，其信息主要是通过对纳税人进行问卷调查、访谈、座谈、接收投诉等方式获得，建议占

纳税服务评价分值的40%;内部评价是指税务机关自身开展的评价,其评价信息的获得来自综合征管软件、执法管理信息系统的监控记录,涵盖了税收征管工作流程中的大部分涉税事项办理的时限、质量等情况,建议占纳税服务评价分值的40%;第三方评价是指通过委托独立于征纳之外的第三方专业评价机构对税务机关的纳税服务工作进行评价,受托方的调查测评工具、方法、流程以及抽取样本的数量、范围等,由其按需求独立确定,税务部门按需要提供必要的协助。调查测评报告由受托方出具,供税务部门借鉴利用,建议占纳税服务评价总分值的20%。三个方面评价的综合结果作为对一个单位(部门)和职工纳税服务质量评价的最终结果,纳入对单位和个人的年度绩效考核。

(三)以全面提升纳税服务水平为目标,设定覆盖纳税服务各环节、流转全过程的考核指标

以全面提升纳税服务水平为目标,结合信用管理和社会协作等纳税服务最新要求,笔者认为,应该设立以下六类覆盖纳税服务各环节、流转全过程的考核指标。一是前台业务指标。它反映纳税人在大厅前台办税过程中是否便捷和顺畅,体现纳税人在办税过程中的整体感觉状况和前台业务的质量及效率情况。主要指标有税务登记、税务认定、发票办理、申报纳税、优惠办理、证明办理等。二是宣传咨询指标。它反映税务机关依据法律法规及相关规定提供的信息类服务范围,用以评价信息服务的方式、范围、社会影响等方面。主要指标有日常宣传、专题宣传、培训辅导、纳税咨询、风险提醒、工作总结等。三是权益维护指标。它是反映纳税人权益保护的评价指标。主要指标有纳税人需求征集与满意度调查、涉税信息查询、纳税服务投诉、税收法律救济、涉税中介服务与监管。四是文明服务指标。它反映税务机关按照规范、便捷、高效、文明的服务要求,优化纳税服务、规范服务行为、提升服务质效等方面。主要指标有办税服务厅环境建设、文明礼仪、优质服务、应急管理等。五是信用管理指标。它反映税务部门科学合理确定纳税人信用情况,促使相关信息在区域范围内成为政府、金融机构和公众可以分权限级别查询的重要信息。主要指标有信用等级评价过程管理、评价结果应用、黑名单及综合治税信息公示及应用。六是社会协作指标。它反映税务部门与党政及其他部门的在纳税服务方面的社会关系。主要指标有纳税服务社会化管理、撰写服务企业及经济发展的咨询报告。

(作者单位:吉林省四平市国家税务局)

# 关于构建现代化税收征管体系的研究

孔　鹏

随着改革开放的深入和社会主义市场经济的发展，我国的税收征收管理体制和运行机制先后经历了三次大的变革，初步建立了适应社会主义市场经济发展要求的税收征管新格局。在税收征管实践中，由于多方面因素的制约，一些深层次矛盾和问题随着征管改革的持续推进而逐渐显现，影响现行征管模式优势的发挥，制约税收改革的深化发展。现从我国税收征管模式的演变历程开始，以实际工作为出发点，深度分析现行征管模式与形势变化发展不相适应的矛盾问题，沿着总局、省局推进税收征管模式改革的方向目标，进一步研究探索建立适应市域一体化建设的征管体系的改革思路。

## 一、税收征管模式的演变及分析

第一阶段：集权加统管阶段。从新中国成立到上世纪80年代中期，税收征管实行税务专管员专责模式，即"一员进厂，各税统管，集征、管、查于一身"。每名税务专管员都有固定的管户，实行各税统管，所辖纳税人的涉税事宜均由税务专管员一人负责办理，征、管、查三权高度集中。

第二阶段：分权加制约阶段。上世纪80年代中期以后，为适应经济体制由计划经济向有计划的商品经济转变，税收征管方式也开始变革。1988年，税务部门提出改变传统的税收管理员集征、管、查三权高度集中的征管模式，向征、管、查三分离转变，即按照征收、管理、稽查三个系列设置相应机构，分别承担相关职能。这种模式基本划清了各环节的职责分工，有利于加强监督制约，但由于改革局限于税务机关内部分工的调整，加之信息化建设水平不高，配套措施不完善，未能发挥其应有的作用，仍未根本解决征纳双方权利义务不清等问题。

第三阶段：分工加协作阶段。1994年，适应建立社会主义市场经济体制的需要，实施了新中国成立以来规模最大、范围最广泛、内容最深刻的一次税制改革。在税收征管制度方面，要求合理划分税收征纳双方职责，普遍建立纳税申报制度，加速税收征管信息化进程，探索建立严格的税务稽查制度，积极推行税务代理，是税收征管发展史上一次具有重要意义的实践。

1997年，确立了"以申报纳税和优化服务为基础，以计算机网络为依托，集中征收，重点稽查"的30字税收征管模式，要求建立健全纳税人自行申报制度、税务机关和社会中介相结合的服务体系、以计算机网络为依托的管理监控体系、人工与计算机结合的稽查体系、以征管功能为主的机构设置体系。这次改革实现了从专管员上门收税到纳税人到税务机关自行申报纳税的转变，基本形成征收、管理、稽查既相互分离又相互制约的征管格局，强调纳税服务和税务稽查的重要作用，积极推广应用计算机技术。随着征管改革的不断深入，新旧征管模式转换过程中的一些深层次问题逐渐暴露，突出表现为：税源监控管理意识弱化，"淡化责任、疏于管理"的现象凸现。

2004年，针对税收征管工作中存在的"淡化责任、疏于管理"的问题，在原征管模式基础上增加了"强化管理"的内容，形成了"以申报纳税和优化服务为基础，以计算机网络为依托，集中征收，重点稽查，强化管理"的34字税收征管模式，强调在征、管、查分离模式下要加强税源管理。税收征管工作开始进入到以完善征管体制，深化信息数据应用，强化税源管理、优化纳税服务为重点，实施科学化、专业化、精细化管理的新阶段。

第四阶段:信息化加专业化阶段。党的十七大以来,面对经济社会发展的新形势和税收征管工作的新要求,税务部门提出大力推行专业化、信息化管理,最大限度地提高征管资源的利用效率。进一步明确纳税服务和税收征管是税务部门的核心业务、纳税服务对税收征管具有先导性和基础性作用,通过持续改进纳税服务和税收征管,不断提高纳税人满意度和税法遵从度。按照科学分类、探索规律、整合资源、集约管理等要求,依托现代信息技术,努力实现税收征管工作专业化。按照实施分类管理、集中力量抓好重点税源管理的要求,积极探索对大企业实施专业化税收管理与服务。按照统筹国内国际两个大局的要求,在加强国内税收管理的同时,大力推进国际税收管理和反避税工作,切实维护税收主权和跨境纳税人合法权益。按照规范权力运行、防范执法风险的要求,整合监督资源,加强对税收执法行为的有效监督。这些管理思路的落实,推进了税收征管工作的与时俱进。

## 二、建立适应市域一体化的税收征管体系

随着威海中心市区、临港经济技术开发区到文登城区、南海新区的市域一体化建设的不断推进,建立与之相适应的税收征管体系,成为地税部门面临的一项重要任务。为充分发挥税收职能作用,建立与促进市域一体化健康快速发展相适应的税收征管体系,威海市地税局确定了征管改革的目标、原则和重点措施。本次征管改革,将以提高税收征管质量和效率为核心,以风险管理为导向,以专业化管理为基础,以重点税源管理为着力点,以信息化为支持,通过实施征管机构调整,合理划分征管职能,优化资源配置,加强制度保障,建立与经济社会发展相适应、能够充分发挥税收职能、符合税收现代化要求的税收征管体系,以征管现代化推动市域一体化建设的整体实现。

(一)税收征管改革的工作目标

建立同城集中征收、一体化纳税服务体系,促进"税法遵从度、纳税人满意度"的进一步提高;建立全市一体化税收风险监控体系、重点税源专业化管理体系、一级税务稽查体系,整合税收资源,挖掘征管潜力,提高征管水平,实现"税收流失率、征纳成本"的进一步降低。具体完善"四个模式":一是完善一体化征收服务模式。以实行县域内集中征收为基础,进一步完善纳税服务中心与办税服务厅的一体化运行体制。根据"金税三期"明确的征管机构和岗责设置,按照办税业务前移的要求,理顺窗口办税服务内容,规范征收管理和纳税服务工作。二是完善税收风险分析监控模式。成立"税收风险监控管理中心",按照纳税人所属地区、规模、行业、税种等对其申报纳税情况定期进行风险分析识别,对存在税收流失风险的纳税人进行风险等级排序,统一推送风险应对任务,抓好预警防范。三是完善大企业管理服务模式。在市县两级设立大企业管理局,对重点税源实施专业化管理。通过挖掘大企业专业化管理效能,研究创新管理手段,切实提高对重点税源企业、重点行业企业的税收控管力度,不断提高重点税源的税收贡献率。四是完善一体化稽查模式。改革稽查体制,在市区范围内一级稽查的基础上,探索建立全市范围内一级稽查模式。健全"阳光稽查"工作机制,将稽查过程、稽查结果、执行情况在一定范围公开,资源共享,接受监督;加大电子查账软件的应用范围,提高税务稽查的信息化建设水平,推动稽查现代化建设。

(二)税收征管改革的基本原则

一是征管体制与财政体制相结合。既要完善征管体制,推动税收征管方式更加科学、合理,又要充分考虑财政体制要求,有利于促进地方经济发展。当前,在机构设置不变、人事关系不变、收入级次不变的前提下,重点调整机构职能,合理调配资源,优化完善管理流程,实现征管效能最大化。二是属地管理与专业管理相结合。按照重点税源专业化管理、一般税源规范化管理、零散税源社会化管理的工作思路,以及加强基础征管、规范执法服务的工作要求,一方面坚持属地管理,将基础性、常规化的税收管理工作按属地划分,明晰责任,保证质量;一方面坚持税源分类分级管理,突出对大企业等重点税源的专业化管理,

提高征管效率。三是依法行政与纳税服务相结合。把依法行政和诚信服务作为税收工作的生命线。进一步明晰税收执法和纳税服务的岗位职责、业务流程、工作要求,保证税务人员能够各司其职各负其责,使税法得到有效执行和普遍遵从。建立征纳平等互信机制,把文明执法和优化服务贯穿于税收征管全过程,提升税务机关公信力,满足纳税人的合法需求,构建和谐、信赖、合作、互动的征纳关系。四是行政监督与绩效管理相结合。将执法风险和廉政风险防控的要求贯穿于现代化税收征管体系的构建和征管制度设计之中,建立行政监督与绩效管理相结合的保障机制,实现对权力运行的有效监督制约,促进税务干部廉洁从税和行业作风进一步好转,保障税收管理活动健康运行。

## 三、深化征管改革的主要措施

税收征管改革是一项复杂的系统工程,实践中出现一些矛盾和问题是符合事物发展规律的。只有在深化税收征管改革中不断认识问题,解决问题,尊重税收征管的客观规律,才能探索出一条由繁到简,提高征管效率的新路,才能尽早实现改革的目标,从而全面提升税收征管质量。

(一)以纳税人自主申报为前提,明确纳税人自主申报纳税的主体地位

一是纳税人自主申报纳税制度蕴含了深厚的民主意味,把纳税人置于税收法律关系的中心地位,具有抗衡和监督税务机关征税行为的作用;同时倡导了纳税人的自主意识,这项制度给纳税人带来的不仅仅是个人自主性,更为重要的是赋予了纳税人与征税机关同等适用税法的能力,即真实的申报就可以立即产生法律效力,这对于纳税人而言是极其重要的。二是税务局认真梳理、清理、调整、兼并各类基础管理事项,确立以全部取消调查、审批事项为原则,以保留部分特殊审批事项为例外,除个别税种仍保留部分审批事项外,其他认定、优惠事项全部纳入纳税人申报环节,由纳税人在登记、纳税申报等环节自主进行报备。

(二)以促进税法遵从为目标,纳税人依法及时准确地申报缴纳税款

一是落实服务+执法=遵从的理念,在采取措施解决税收管理难题时,要防止增加纳税人的额外负担,在推进税收征管改革和推进税收信息化建设的过程中也要注意不要增加纳税人的奉行成本。二是采取有效措施对税务机关的自由裁量权行使的限制,尤其是对税收行政处罚权的行使的限制。同时,加强税务人员的职业道德教育与法制教育,加大对税务人员的税收业务与税收法律知识的培训,对税务人员实行执法资格考试制度等。三是加强税务机关的纳税服务与促进税务代理业发展相结合。税务机关在税收管理中要建立畅通的信息渠道,及时为纳税人提供基本税收法律法规与税收法律法规的变化情况,帮助纳税人熟悉税法和根据税法的具体规定准确无误地申报缴纳税款。同时,税务机关要支持和引导税务代理机构的健康发展。四是强化税收的监控机制与加大对纳税人违反税法的惩处力度相结合。依托信息化建设,完善税收征管措施,全面加强对纳税人收入、成本、应税行为的监控,最大限度缩小纳税人偷逃税款的空间。对违反税法、偷逃税款的纳税人要依法加收滞纳金,并根据过罚相当的原则,依据《税收征管法》的规定给予相应的行政处罚。不能让纳税人从税收违章违法中获取任何好处。五是在进一步修改完善涉税案件司法移送标准的前提下,对达到移送标准的案件要及时移送公安机关,从根本上改变当前存在的税收违章违法案件处理、处罚偏松、以罚代刑等突出问题。

(三)以风险管理为导向,引入风险管理理念

建立税收风险管理流程,并逐步由事后风险管理向事前风险管理发展。把纳税遵从理念和风险管理有机结合,对税务机关有限的征管资源进行重新整合,并将其优先用于风险大的纳税人和领域,对不同类型纳税人的不同风险采取不同的风险应对策略。一是调整明确风险信息采集部门职责。市局征管科技部门牵头制定纳税人申报纳税信息和第三方信息管理的规划、制度以及采集的口径、标准和规程;市以下应由办税服务部门负责采集纳税人基础信息,风险应对部门(主要指评估、稽查)在实施应对工作中采集

纳税人的生产经营等动态信息。二是调整明确风险分析监控部门职责。市局税源管理部门将风险信息统一归集到相关税务机关和纳税人(按税务机关代码和纳税人识别号),进行风险等级排序,统一下达风险应对任务,并进行监控考核。县区局税源管理部门负责风险信息分析的汇总、等级排序、应对任务的整合下达和风险应对任务的考核评价。三是调整明确风险应对部门职责。市以下由办税服务、税源管理、稽查等部门分别承担纳税辅导、纳税评估、税务稽查等风险应对任务,探索按纳税人类型进行专业化纳税评估。

(四)依托专业化、信息化管理方式,实施分类分级管理

按照纳税人规模、行业和特定业务等进行科学分类的基础上,将风险管理的相关职责在不同层级、部门、岗位之间进行专业化分工,并逐步实现对大企业的扁平化管理;充分运用信息化手段支撑税收征管,抓好征管数据的获取、加工和应用。一是在不改变税款入库级次前提下实施税源分类管理,按照“规模+行业”的原则,重大项目、重点税源、行业特征较明显的企业实施以风险控制为重点的专业化管理;中小企业按照行业、特定风险类型实行批量管理;对个体工商户强化基础信息采集和税收定额管理,在基层借助政府力量整合公安、城管、水电、工商、国地税资源,进一步推行部门联动执法式管理。二是将重要管理对象、重要管理事项(大企业管理,非居民管理等)上收到上级机关管理。三是调整整合组织机构和职责,减少管理层级,强调集中化,推进管理组织扁平化、实体化,逐步优化组织体系和人力资源配置,转变职能、理顺关系、优化结构、提高效能。

(五)优化服务,规范办税服务厅职能

一是明晰征纳双方责任,坚决摒弃“保姆式”管理,理顺征纳双方的责任和义务。二是拓展纳税服务的方式和手段。立足于为纳税人提供更加优质的服务,依托信息化手段的支撑,推行多元化申报,探索实行更大范围内的同城通办;依托办税服务厅、12366 热线、税务网站三大税收服务平台,加强税收政策的宣传和解读,保证政策宣传、解读的权威性和一致性。三是正确定位纳税遵从,依据数据和信息,对纳税人申报情况进行深入分析、评估,评价其申报数据的合法性和真实度。四是,将基层中心税务所现在主要承担的调查审批、征期内催报催缴提醒服务和税收预测、报表填报、政策调研等日常事务管理职能前移到办税服务厅。

(六)优化征管流程,协调管、征、查关系,完善征管机制

一是理顺税收征管各部门的职能关系,建立征管查三位一体的协调运行机制。各级地税机关内设业务机构的职能是管理,主要内容是税源管理、征收管理与稽查管理,作用是指导、协调和监督。机构改革后,县级地税机关的内设业务机构合三为一,更能发挥合力作用,一起发挥合力作用,为深化征管改革服务,基层为深化征管改革服务。基层接受的指令是一个“声音”,基层反映的情况对着一个“窗口”。综合业务部门要发挥好这种“合力”作用,指导要准确、及时、有效,切实为征管改革服务到位。二是建立有效的监督管理机制。我国现行的稽查、管理、征收三分离模式实际上就是一种内部监督制度。要求税收制度必须明确、广为人知并且标准客观、具有可操作性。做好举报函、异地协查函和上级交办、下级报办工作。重视税务案件的举报,以补充税务稽查线索来源的不足;加大宣传力度,让群众认识税法,了解举报渠道;建立税务违法案件举报中心,设立举报热线电话。三是完善征管流程明确工作职责。管理是基础,征收是目的,稽查是保障,为了发挥好各自的作用,需要一个强有力的机构进行工作协调和沟通,这个机构非综合业务部门莫属。综合业务部门要发挥好协调作用,分析情况,解决矛盾,传递信息,沟通观点,使管、征、查三者有机地结合,和谐地运转。随着时间的推移和信息化建设的发展,原先的征管流程需要进一步修改和完善必须进一步明确征管查三个系列的工作职责,工作环节有必要做出科学合理的界定,各个岗位的工作规程必须衔接环环相扣不能脱节。

(七)重点突出纳税评估

一是由市局负责初步审核，初步审核面达到 100%，即采取计算机和人工相结合的方法，分析识别纳税人申报纳税中存在的风险点，按户归集纳税人的风险，确定风险等级，明确应对措施。二是由税源管理部门负责案头审核，案头审核面 30%，即对案头审核对象进行人机结合深入审核分析，查找具体疑点，实施通讯调查、约谈，确定实地核查对象。三是由基层税务所负责调查核实，实地核实面达到 10%左右，即就案头分析提出的疑点开展实地核查，作出评定处理。四是稽查局后续处理，移交稽查率在 2%左右，即经纳税评估，发现纳税人有偷、逃、骗、抗税或其他需要立案查处的税收违法行为，需要进一步核实的，移交税务稽查处理；对涉税违法行为进行处罚以及强制执行等。

(八)实施集约稽查

一是优化稽查资源有效配置，全面实施市级一级稽查体制，加强、充实市县(区)两级稽查局力量。二是按照税源分布结构和分级分类稽查管理方式，赋予不同层次税务稽查局不同的执法任务，使稽查资源与稽查执法对象相匹配，提高稽查执法的质量和效率。

(九)始终坚持依法征收

把握税收征、管、查等各个环节，规范税收执法行为，有效防范税收执法风险，特别是对征收、评估和稽查后的调帐、查补、滞纳金、罚款后续处理及依法实施的强制行为等执法环节，要进一步加强监督和管理，强化执法考核和责任追究，推进税务部门依法行政，树立地税良好形象。

(作者单位：山东省威海市地方税务局)

# 关于构建智慧型税收风险管理机制的研究

广东省广州市地方税务局调研组

税收风险是国家在组织税收收入过程中由于经济环境和纳税环境的不确定性，以及税收制度等因素的影响而引起税收减少的可能性。税收风险管理贯穿于税收工作的全过程，广州市地方税务局在税收风险管理机制上进行了积极探索，逐步向智慧型税收风险管理机制转变。

## 一、税收风险管理综述

(一)国际税收风险管理的理论和经验

经济合作与发展组织（简称"OECD"）1997 年 7 月通过《以风险管理为主题的实践指南》，将风险管理理论引入税收征管实践，2004 年 10 月发布《遵从风险管理：管理和改进税收遵从》应用指引，提出遵从风险管理流程。

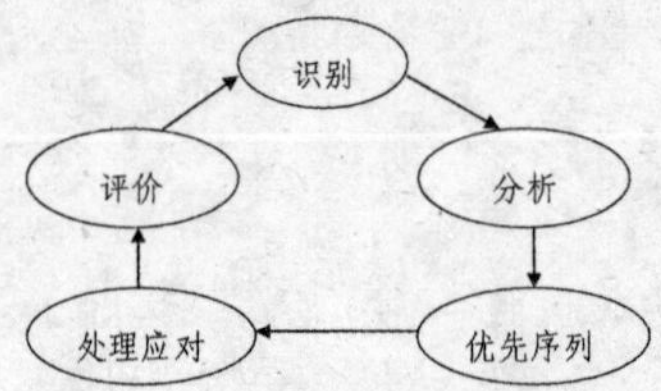


图一　OECD 遵从风险管理模型

西方发达国家税收风险管理的实践，有以下三方面启示：一是税收风险管理的目标是减少税收流失，促进纳税遵从；二是税收风险管理的手段是运用信息技术规范管理；三是税收风险管理的作用是促进管理效能最大化。

(二)国内税收风险管理的实践与探索

2002 年，国家税务总局在《2002－2006 年中国税收征收管理战略规划纲要》中，首次提出在税收管理中引入风险管理。2011 年，发布《"十二五"时期税收发展规划纲要》，税收风险管理作为重要的管理理念受到广泛关注。2012 年，提出深化税收征管改革的总体要求是构建现代化税收征管体系。2014 年，出台关于加强税收风险管理工作的意见，要求各级税务机关准确把握和有效运用风险管理理论与方法。

我国税收风险管理呈现两大特征：一是税收风险管理凸显内部两个风险的防范。除防范企业纳税遵从风险外，还涵括了税收执法风险和廉政风险。二是税收风险管理仍处于起步探索阶段。各地税务部门积极探索税收风险管理模式，但税收风险管理的理论指导不足，对风险管理的目标和模式尚未形成共识。

## 二、广州市地税系统税收风险管理实践

广州市地税系统从 2004 年开始逐步将纳税评估作为基层税务部门开展税源管理的常规武器，取得

良好实践效果,为税收风险管理的开展奠定坚实基础,2014 年全市地税系统纳税评估收入超过 63 亿占税收收入的 5.45%。但目前税收风险管理机制仍存在以下问题:

(一)风险控制中心作用尚待发挥

风险控制中心成立时间短,统筹水平有待提高:一是各区局风险管理模式百花齐放,风险管理水平不一影响管理效果。二是指标建模工作尚未形成合力。受管辖区域限制,各区局关于税收风险模型和风险指标的探索,样本相对较少,风险分析结果尚不能对行业特性做出有效概括。

(二)智能化信息手段尚待发掘

一是税务机关涉税信息来源较少,内部征收系统采集的申报数据完整性、准确性有待提高;外部涉税信息利用困难,税收风险管理陷入“巧妇难为无米之炊”困境。二是全市尚未开发完整的贯穿风险管理全过程的统一管理系统,有些风险管理的环节仍处于人工低效率运行阶段。

(三)人力资源使用效率尚待提高

一是人力资源使用存在限制。受制于行政区划,从事风险管理的人员不能完全根据风险的地域分布进行统筹。二是岗位针对性培训尚未完全到位。三是监督考核方式有待进一步探索。在没有进一步的信息化系统支撑之前,风险应对的过程监控和结果的分析评价工作难以细化到人。

(四)税收风险管理成果尚待应用

一是有效模型尚待进一步交流推广。各区局模型大多处于“养在深闺人未识”的状态。二是税收风险应对结果的分析应用还有待拓展。如目前税收风险应对的结果还未能应用于纳税服务方式提升;税收风险应对中发现的系统设计缺陷还没有有效途径反馈改进。

## 三、智慧型税收风险管理机制构想

在广州市地税系统税收风险管理实践探索的基础上,笔者提出构建智慧型税收风险管理机制,以大数据应用为基石,智能高效的信息化系统为依托,科学灵活整合各种税收管理资源,通过分析总结税收风险发生规律、条件和应对方法,持续调整和完善税收风险管理各个环节,实现及时精准的风险识别、排序、推送、应对、反馈、改进的闭环管理,全方位防控税收风险。

(一)智慧型税收风险管理的目标

实现“两个降低、两个提高”:即降低税收征管成本,提高税收征管效率;降低“两个风险”,提高纳税遵从度。

(二)智慧型税收风险管理的对象

“两个风险”:即税收流失风险和税收执法风险。通过对外和对内两方面的风险管理,有效控制系统的整体风险,营造公平税收环境,保证干部队伍平安。

(三)智慧型税收风险管理的基本特征

智慧型税收风险管理体系具有四个显著特征(4 个“I”):

1、信息管税(Informationized):多渠道的定期全面数据采集、应用大数据管理,配合具有自适应能力的智能高效信息化系统作为支撑,将税收风险管理的各个环节纳入信息系统管理,自动化程度较高;

2、资源整合(Integrated):税收风险管理体系具有整体性,充分整合现有内外部各种资源,使得管理组织的各部分能够协调高效运作,从而发挥现有条件下的最大效能;

3、持续创新(Innovative):整个税收风险管理体系设计以人工智慧统领机器智能,将风险管理实践过程当中的创新成果及时有效地转化为系统功能,使得管理体系具备创新能力,不断开发更为有效的管理手段；

4、自我完善(Improving)：税收风险管理体系具有学习能力，能够不断自我检视体系各个环节，相应进行自我完善，自适应内外部环境的变化。

(四)智慧型税收风险管理的运作模式

通过对办税流程的梳理，将纳税服务和纳税人申请的涉税事项全部前移至办税服务厅处理。由风险管理中心统筹，依托风险管理信息系统，集中进行数据采集、分析，识别涉税疑点，科学排序进行风险任务推送。管理和部门评估部门根据依职权事项难度和依申请事项分工进行风险应对，并将结果反馈风险管理中心分析，改进风险管理体系。风险应对部门发现的涉税风险点和疑点，通过向风险管理中心提起建议，由风险管理中心统筹下达任务；经风险应对不能处理的疑难事项移交稽查部门处理。

## 四、构建智慧型税收风险管理机制的路径

(一)夯实基础，构建智慧型的税收风险管理体系

1、明确风险管理部门，统一负责资源整合。税务机关组织结构的设置应适应一定时期税收环境与税收征管目标的需要，以产生积极的协同效应。如广州市地税系统以纳税评估局作为税收风险管理中心，负责指导协调、组织实施全市地税系统税收风险管理工作。

2、开发风险管理系统，着力防范两个风险。搭建税收风险管理系统，实施全过程跟踪监控管理，从而形成税务机关内部不同部门、环节、岗位之间互相监督制约的税收风险内控机制，在防范税收流失风险的同时防范税收执法风险。

3、依托综合治税协作平台，大力开展信息管税。充分发挥政府主导作用，搭建综合治税协作平台，定期获取国税、工商、国土、政府招投标、银行信贷、中介鉴证、司法等方面信息，建立互联网等信息分析采集系统，为税收风险管理提供丰富信息来源。

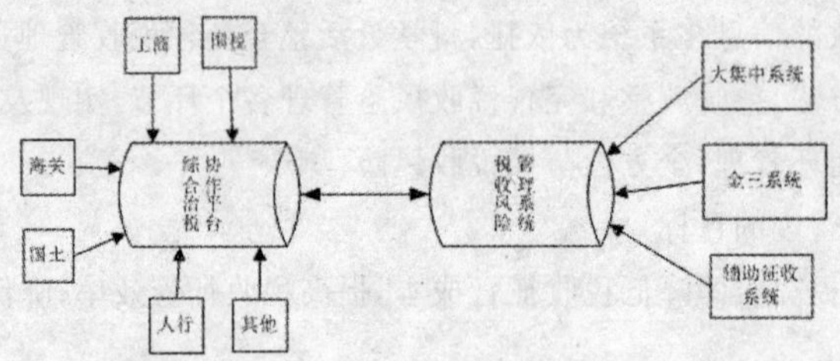


图二　综合治税协作平台与税收风险管理平台数据共享示意图

4、配备专业人才队伍，高效分配人力资源。对人力资源进行定性与定量分析，一方面提升人力资源质量，培养复合型人才更好地适应工作需要；另一方面用好人力资源存量，整合“征、管、评、查”等人力资源配置，配套完善绩效考核机制，发挥专业人才的突破创新能力。

5、制定配套管理制度，自我完善持续创新。一方面制定风险管理配套制度，明确各岗位的具体要求，构建统一高效的管理流程和规范。另一方面根据税收执法风险的新变化，重新调整内控风险点。同时，制定风险管理反馈制度，及时有效修正发现的系统风险和低效环节，将风险管理实践中的创新智慧融入系统。

(二)流程再造，打造智慧型的税收风险管理闭环

1、引入企业生命周期理论，智能识别税收风险。企业生命周期是企业的发展与成长的动态轨迹，一

般分为初创期、成长期、成熟期、衰退期四个阶段。税务机关根据各行业的生命周期来归类企业在各成长周期可能面临的涉税风险，通过监控企业运营内外部各项数据，设定风险指标，构建纳税评估模型，到期自动触发进行识别，从而生成风险疑点，实现对税收风险的精细化、智慧型管理。

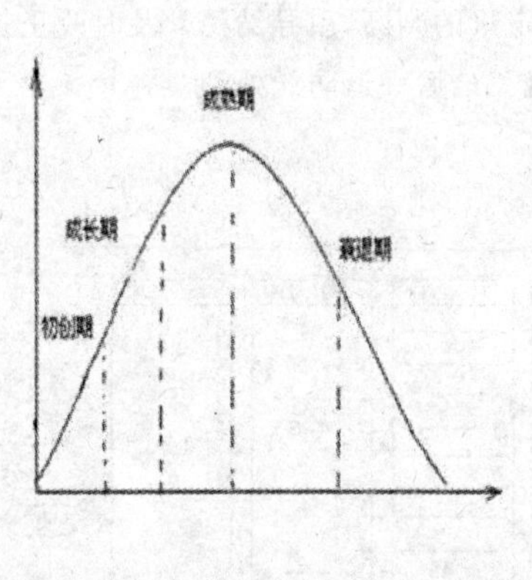


图三　企业生命周期示意图

| 企业生命周期 | 各生命周期可能涉及税收风险点 |
| --- | --- |
| 初创期 | 1、税务登记与工商登记差异<br>2、租赁合同印花税是否缴纳<br>3、注册资金的资金账簿印花税是否缴纳<br>4、是否按月正常申报<br>5、…… |
| 成长、成熟期 | 1、发票票税比对情况是否异常<br>2、生产销售是否足额缴纳购销合同印花税<br>3、土地受让是否缴纳相应契税、印花税、土地使用税<br>4、是否有未登记房屋土地情况<br>5、企业所得税的税负率是否合理<br>6、附加税费申报是否足额<br>7、个人股权变更有无申报<br>8、…… |
| 衰退期 | 1、是否按月正常申报<br>2、发票核定用量是否超出需要量<br>3、出售不动产是否申报纳税<br>4、……<br>5、注销时核实是否已经清缴欠税<br>6、注销后定期巡查 |

表一　各时期税收风险点列表

2、建立企业风险评分制度，实行"一户式"综合评估。智慧型税收风险管理将结合企业生命周期，建立企业风险评分制度，通过涉税金额、涉税事项是否重大等对风险预设风险权重，在风险评分达到预警值后，统一推送应对，实现"一户式"综合纳税评估，避免重复下户，实现纳税人和税务人员双减负。

**表二　纳税人风险权重评分表**

| 风险类型 | 基础分值 | 权重 | | | |
| --- | --- | --- | --- | --- | --- |
| | | 30% | 50% | 80% | 100% |
| 企业所得税 | 20 | 1.存在不征税收入<br>2.符合条件的居民企业之间的股息、红利等权益性投资收益<br>3.…… | 1.享受税收减免税额>50万<br>2.有分支机构参与企业所得税分配的<br>3.…… | 1.享受税收减免税额>100万<br>2.发生资产损失>50万<br>3.发生资产重组<br>4.…… | 1.享受税收减免税额>500万<br>2.连续三年亏损<br>3.税负率低于预警值<br>4.…… |
| 个人所得税 | 15 | 1.享受国际税收协定优惠待遇<br>2.未核定个人所得税<br>3.…… | 1.个人所得税同项目同比减少30%<br>2.…… | 1.个人非货币资产投资<br>2.个人所得税同比减少50%<br>3.…… | 1.个人股权转让<br>2.发生股权激励事项<br>3.…… |
| 印花税 | 5 | 涉及税款金额>1万 | 涉及税款金额>2万 | 涉及税款金额>5万 | 涉及税款金额>10万 |
| …… | …… | …… | …… | …… | …… |

| 欠税管理 | 5 | 有欠税 | 欠税金额＞1万 | 欠税金额＞5万 | 欠税金额＞10万 |
|---|---|---|---|---|---|
| …… | …… | …… | …… | …… | …… |

3、实施优化版“三级”风险分类应对，发挥纳税评估最大效用。在智慧型税收风险管理机制下，对于低风险，税务机关要求纳税人自查自纠，还责于纳税人。中高风险，税务机关通过纳税评估手段，对纳税人和扣缴义务人纳税申报情况的真实性和准确性做出定性和定量的判断，引导纳税人及时改正。对于涉及偷漏税的行为或者一些疑难涉税问题，在评估后移送稽查机关最后一道防线处理。

(三)智能体现，开发智慧型的税收风险管理系统

智慧型税收风险管理系统应具备以下具体智能：

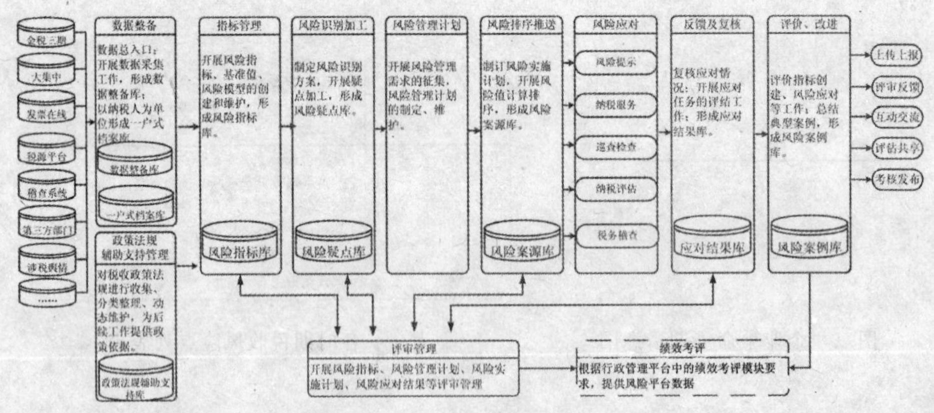


图四　风险评估管理系统总框架图

1、持续动态将政策法规转换为结构化属性的政策法规支持库。通过对税收政策法规中容易产生少申报纳税风险的风险点进行归集，关联风险指标库，一方面可精确引导并追踪识别风险指标的建立，另一方面税务人员在风险识别及风险应对工作中可快速、精确查询相关的政策法规依据，提高工作质效。

2、持续动态建设标准化的数据库、指标库和模型库。将采集原始数据与纳税人进行关联匹配，一方面设置一户式查询界面以便查阅、监控；另一方面将所采集的原始数据拆分，形成标准化数据库。通过对风险指标库的动态更新管理，人机结合进行指标测试和修正，将有效的指标模型固化于系统。

3、持续自动筛选疑点案源并动态跟踪管理。将风险疑点存储于风险疑点库，设置风险值折算的排序规则，根据现有征管力量实际，将风险排序靠前的业户优先纳入风险案源库并进行任务推送。允许风险应对人员回溯疑点加工过程，以便采取合适的风险应对方式。

4、自动评价考核、持续改进和形成闭环管理。计算机系统可对反馈的应对结果、应对过程、风险分布情况进行动态跟踪查询统计，便于考核工作质量效率，也可对纳税人的税收遵从度、中介机构的涉税鉴证诚信度等进行评价，并用考核评价结果指导相关环节及人员改进方法，形成总体持续改进的风险闭环管理。

(四)成果辐射，拓展智慧型的税收风险管理运用

1、建立税收遵从名单，提升纳税服务宣传针对性。在智慧型税收风险管理机制下，税务机关快捷统计并排列纳税遵从度等级及税收管理黑名单企业，进行更有针对性的纳税辅导，提升管理质效。

2、充分整合涉税信息，提升税收预测分析准确性。依托金三系统大数据采集、业务关联功能及风险

**政策法规整备界面**

| 标题 | 落实扶持服务业发展若干税收优惠政策的通知 | |
|---|---|---|
| 发文号 | | |
| 段落定位 | 发文正文 | 选定☐ |
| 1 | 一、现代物流业 | ☐ |
| 1.1 | （一）试点企业将承揽的运输业务分给其他单位并由其统一收取价款的，应以该企业取得的全部收入减去付给其他运输企业的运费后的余额为营业额计算征收营业税。 | ☐ |
| 1.2 | （二）试点企业将承揽的仓储业务分给其他单位并由其统一收取价款的，应以该企业取得的全部收入减去付给其他仓储合作方的仓储费后的余额为营业额计算征收营业税。 | ☐ |
| …… | …… | ☐ |
| 2 | 二、会展业<br>展览馆、会展中心自用的房产，按规定缴纳房产税确有困难的，可向房产所在地税务机关申请，经县（市）税务局批准，可酌情给予定期减税或免税的照顾。 | ☐ |
| 3 | 三、代理业 | ☐ |
| 3.1 | （一）从事广告代理业务的，以其全部收入减去支付给其他广告公司或广告发布者（包括媒体、载体）的广告发布费后的余额为营业额。 | ☐ |
| 3.2 | （二）纳税人从事代理报关业务，以其向委托人收取的全部价款和价外费用扣除以下项目金额后的余额为计税营业额申报缴纳营业税：支付给海关的税金、签证费、滞报费、滞纳金、查验费、打单费、电子报关平台费、仓储费；支付给检验检疫单位的三检费、熏蒸费、消毒费、电子保险平台费；支付给预录入单位的预录费；国家税务总局规定的其他费用。 | ☐ |
| …… | …… | ☐ |

| 操作区 |
|---|
| **选定段落：1.2** |
| 合并段落 拆分段落 |
| **段落属性（风险识别依据属性）：** |
| 税种： |
| 行业： |
| 类别： |
| 项目1： |
| 项目2： |
| 条件： |
| 审批类型： |
| ☑是否风险识别依据 |
| **扩展段落标签：** |
| **风险描述：** |
| **虚拟段落：**<br>虚拟段落1<br>虚拟段落2<br>…… |
| 创建虚拟段落 删除虚拟段落 |

图五　政策法规整备示意图

管理系统的涉税信息加工识别功能，实时反映经济税源动态变化，了解每个税种的征管情况，从而更准确的统计出我国经济增长最大化条件下的理想税制结构，为税制体系优化提供进一步参考。

3、完善诚信代理制度，提升税务中介服务专业性。一方面，税务机关通过税收风险应对结果和中介鉴证结果比对，加大对中介机构执业水平监督，对存在违法违规行为的税务中介机构严肃处理，保证中介服务质量。另一方面，税务机关选择信誉好、执业质量高的大型事务所，开拓交流渠道，加强交流合作，改进税收风险管理方法。

4、促进相关法律修订，提升税收法治建设时效性。随着时间的推移，现行税收征管法出现了一些与征管实际不适应、与其他法律不协调的情况。以风险管理为导向的税源专业化改革以及税收风险管理制度的建立和完善，将促进税收立法层次的提高，从法律层面上，修订配套的流程制度，让智慧型税收风险管理机制在法律的灌溉下扎根开花。

调研组组　长：马世超

副组长：骆艺文　叶启新

成　员：毛　丰　邵剑鸣　陈白昊　张　青　杨　娜

余广玉　李　婷　张芳亮　湛劲晖

# 关于规范第三方信息采集应用促进税收征管的思考

王增友

随着社会经济快速发展,税源构成和征税环境都发生了深刻的变化。在经济税收形势和税收征管方式变化后,税收征管过程实际上已体现为税务机关依法对纳税人及第三方相关信息进行采集、分析和应用,并据此采取相应征管措施的全过程。而当前,征纳双方信息严重不对称,第三方涉税信息游离于税收管辖权之外的现象普遍存在,致使税务机关难以掌握部分真实可靠的第一手信息,给税收征管带来许多困难和挑战。如何充分利用第三方涉税信息资源,破解税收征管难题,进一步提高税源监控管理水平,切实起到堵漏增收,营造公平、公正、透明的发展环境有着积极而重要的意义。

## 一、第三方信息采集、应用的难点和问题

第三方涉税信息是指来源于征纳双方之外的其他机关、事业单位或企业法人提供的、与纳税人的生产经营活动和税务机关的征收管理有直接或间接联系的数据。规范第三方涉税信息采集、应用,在一定程度上推进了政府、相关职能部门与地税部门的密切配合,有效畅通了第三方涉税信息采集渠道,强化了协税护税工作,依法治税环境不断优化,但仍然存在一些难点和问题,制约了信息管税进程的顺利开展。

(一)部门工作配合需要进一步密切

地方税收作为地方财政收入的主要来源,是地方政府行使职能的重要财力保障,在经济和社会发展中有着极其重要的作用。各级地税部门在日常税收征管工作中,虽然规范了各单位、部门第三方涉税信息的采集、传递行为,密切了地税部门与各单位、部门的联系,但是单靠地税部门很难做到应收尽收,需要充分发挥政府的主导作用,进一步加强地税部门与其他部门的配合,调动社会各方面的力量,最大限度地挖掘政府部门和社会信息资源,规范委托代征行为,强化地方税源的源头控管。

(二)信息平台应用需要进一步扩展

近年来,通过地方税收保障信息平台,税收征管向多部门、多税种、多行业、多领域延伸,使地税部门与有关单位之间实现了涉税信息资源共享。但是,在实际工作中,信息采集平台的应用还是不平衡,有个别部门、少数乡镇对第三方信息采集工作的认识还不统一,特别是有的乡镇站所责任意识不强,未能按照要求通过信息平台及时的传递有关信息,从而造成了零散税收的管理漏洞。

(三)涉税信息传递需要进一步规范

涉税信息的采集、传递和落实是税收征管的基础、核心工作。在第三方信息采集、传递中,大多数单位都能按照要求的时限、格式和内容进行采集、传递,但在通过涉税信息进行落实过程中,发现有的项目已经开工、建设,但有关单位的建设审批、立项信息却尚未报送,存在着项目漏传、信息漏报等现象,在重大项目建设中由于信息传递不及时,信息闭塞,造成了部分地方税款流失。

(四)信息联控机制需要进一步建立

在地税部门税收分析、税源监控、纳税评估、税务稽查四个环节之间和外部税收保障部门之间未能建立起有效的信息共享和双向反馈机制。虽然对每项第三方涉税信息的主管部门职责都进行了明确,但对每条第三方涉税信息的分类、采集、传递、落实、反馈、归档等未作出详细规定,尚未形成内部管理联动,外

部信息共享,资源综合利用的"信息化"税源联控机制。

(五)信息处理规程需要进一步明确

由于第三方信息产生于政府各部门、单位,信息的内容、格式也不尽相同,信息采集的模板还没有统一。各级地税部门在第三方信息采集、整理和征收反馈等重点环节,缺乏统一的处理规程和操作流程,第三方信息应用与税务稽查、纳税评估工作没有有效结合,还没有形成完整的社会综合治税信息工作链条,难以实现第三方信息利用、效用的最大化。

(六)信息处理软件需要进一步开发

原省局116系统中,设置了社会综合治税模块对第三方信息进行传递、处理,但自去年金税三期上线运行以来,未能搭建第三方信息处理系统,未能建立以其为支撑的涉税信息数据管理库,对涉税信息进行统一、科学的管理。目前内部涉税信息还是利用省局116系统对第三方信息进行传递,但是已经不能进行信息处理。近年来,各级税务机关在涉税数据分析利用上,都进行了许多有益的探索,制订了一些分析制度和分析指标,但由于未能有一套"第三方信息管理软件"对涉税信息进行分析和应用,致使信息化处理程度不高,全凭人工分析,加上分析人员综合业务素质限制,致使分析利用深度不够。从目前看,涉税信息分析还停留在数据比对阶段,仅是就数据分析数据,拿第三方数据和内部申报数据进行印证,而不能通过深入细致的分析,科学的筛选,准确地判断。

(七)督察考核机制需要进一步完善

考核奖惩制度是确保第三方信息采集、应用到位的有力保障。在具体工作中,虽然各级地税部门强化了政府督导,定期对各有关、单位部门第三方信息采集、应用情况进行监督检查,并通过政府政务督查的形式对未及时传递信息的部门、单位进行通报,但是考核机制还不够健全,考核指标设置有待完善,只是作为单项工作进行考核,而且没有纳入到地方政府对各单位、部门的目标绩效管理考核工作中,没有充分调动起其他部门单位第三方信息采集、传递的积极性。

## 二、第三方信息采集、应用的意见和建议

(一)统一思想提高认识

工作的深化,首先需要认识的深化。认识上的提高,必将推动工作更好地开展。因此,要积极向各级政府各相关部门汇报深化第三方信息采集、应用工作重要性和必要性,形成非抓不可的观念,要从提高思想认识入手,变表层为深入,创造性地开展工作。建议将第三方信息采集、应用工作列入到目标绩效管理考核工作中,进一步提高政府部门、单位对第三方信息采集、传递的主动性和能动性。

(二)建立信息处理平台

要加快主要包括政府部门在内的信息化建设,搭建第三方信息采集传递与分析综合平台,加快税企、税银、税务与政府各部门联网步伐,建立和完善政府信息共享机制,为各部门实现信息传递和共享,依法履行税收行政协助职责提供高效率低成本的通畅渠道。同时,地税系统内部要依托计算机、网络等工具开发相适应的大型数据管理库,对上级提供各种统计数据和监控数据,对下级单位提供综合性税收数据,及政府各职能部门采集的涉税基础信息、动态实时信息、户籍信息统一纳入数据库,由管理中心进行集中整理、存储,提高税收信息的集中度,不仅能节约资源、提高效率,而且能提高共享程度,为信息的高效使用创造条件。

(三)完善信息采集机制

一是将第三方信息采集以法律形式进行明确,要求各部门定期进行涉税数据通报。二是搭建外部涉税信息采集平台。建立由政府直接领导的涉税信息交换中心,纳入信息交换管理的政府部门涵盖国税、地税、工商、电力、统计、发改委、审计、财政、商务、质监、道路交通等等部门,并统一制定纳入信息交换范

围的涉税信息标准和内容，明确交换方式、交换时间、责任人等。三是规范内部信息采集准则。由上级税务机关制定统一的第三方信息采集制度，规范数据采集范围和标准，明确采集人、采集时限、采集方式等。四是制定数据采集考核制度，确保信息数据真实性。五是完善数据分析体制，依托税收分析监控领导小组，完善分析机制、分析方法、分析指标体系，提高数据分析利用的质效。

(四)健全工作协调机制

第三方信息采集、应用是一项复杂的系统工程，保障协调是整个工程的基础。要夯实这一基础，一是进一步健全工作协调机制，建立健全联席会议制度，定期召开部门联席会议，及时通报第三方信息采集、应用情况，并通过联席会议协调处理各类重大问题。二是打破瓶颈，健全联动机制，实现信息共享，强化对工程审批立项、建筑施工、二手房交易等方面信息的监控，做到信息全面、项目齐全，各方面事项不隐瞒，并及时向地税机关传递，供地税部门参考。

(五)建立信息分析机制

实施信息管税，必须明确涉税信息流在现代税收征管中的核心作用。要健全数据指标体系，统一规范数据标准。积极推进税务机关内部各部门之间信息共享。逐步建立和完善税务机关获取涉税信息的相关法律法规，努力获取第三方信息。逐步推广网络发票，及时、准确地获取发票开具信息。严格数据录入审核，提高数据管理质量。强化信息应用，加强分析对比，促进税收征管。建设数据分析应用系统，综合运用税收弹性分析、税负分析、税收关联分析等方法，深入开展经济税源分析、政策效应分析、管理风险分析和预测预警分析。

(六)建立工作长效机制

缺乏长效机制必然导致第三方信息采集、应用流于形式。因此必须从内外两个方面加强长效机制建设。一是建立内部机制。制定从涉税信息采集、加工、整理、使用、监督考核等程序文件，规范第三方信息采集应用工作业务流程，要重视搞好与现有征管业务管理信息系统的衔接与融合，确保第三方信息采集应用体系高效健康运转；二是建立外部机制。编发政务督察通报、定期召开通报会，交流情况，及时研究和解决工作中出现的问题，将第三方信息采集、应用贯穿到日常税收征管工作中长期坚持，确保地方税收保障持久运行。

(七)健全考核奖惩机制

一是奖励激励。协调政府财政部门设立社会综合治税专项奖励基金，年终根据各乡(镇)、部门提供有效涉税信息情况和新增税款情况确定奖励比例、金额，并直接拨付。同时，设立涉税举报奖励基金，鼓励社会各界共同加强对地方税源的监督。二是考核考评。将第三方信息采集、信息反馈的数量和质量、进行量化、细化，列入各镇、部门年度目标责任考核考评的重要内容。三是责任追究。对在第三方信息采集、应用过程中控管不力、造成税收流失的，取消其评先选优资格。对造成税款流失的，按照相同数额或相应比例，扣除下一年度财政经费。

(作者单位：山东省五莲县地方税务局)

# 关于加强"创客"企业纳税管理与服务的思考

杨安源　阎卫东　刘　宇　沈　飞

"创客"一词来源于英文单词"Maker",在中文里,"创"字包含了三层意思:创新、创造、创业,简单来说,"创客"就是坚守创新、持续实践,制造提供各种新产品和新服务的人。它体现了一种积极向上、创新创业的生活态度,被誉为互联网时代产业创新的关键力量。

从"创客"概念提出后,全球掀起了"创客"文化浪潮。2014年,美国总统奥巴马宣布每年6月18日为"美国国家创客日",把"创客"提升到打造新一轮国家创新竞争力的高度。2015年3月,李克强总理在政府工作报告中提出发展"创客",深圳每年6月份专门设立深圳国际"创客"周,倾力打造国际"创客"之城,我国"大众创业、万众创新"的相关理念逐渐清晰明朗。

2015年3月全国两会上,发展"创客"被写入了政府工作报告。因此,"创客"发展必将迎来更多的政策扶持。在当前我国经济转型升级的背景下,如何加强对"创客"企业纳税管理与服务,发挥税收杠杆作用,帮助"创客"企业发展,助推经济转型升级是我们值得研究的新课题。

## 一、我国"创客"企业发展与纳税管理服务现状

随着互联网等技术高速发展,我国"创客"正慢慢地向产业化的方向前进,"创客"产业链条构成和脉络逐渐清晰,主要呈现出以下特点:一是规模小,资金少。我国第一个"创客"空间于2010年在上海创立。起步时间短,人员以在校大学生为主,多数依靠有限的会费存续,很难给"创客"产品的量产提供帮助,缺乏前期资金。二是地区发展不均衡。目前,"创客"比较活跃的地区是上海、深圳、北京、苏南等地区。而作为不发达的地区,尤其是西北地区,由于缺乏高校云集的文化氛围和"创客"文化的必要硬件产业链,尚未萌发"创客"文化的嫩芽。三是产业链条尚未完全成熟。因互联网技术高速发展,我国"创客"正缓慢地向产业化的方向前进。总的来说,"创客"产业链链条从"创客"和"创客"空间开始,到硬件供应商,然后通过企业孵化器或者众筹平台走向市场,最后到达消费者。链条构成和脉络已经逐渐清晰起来,但发展的速度并不一致,产业链条尚未完全成熟。

近年来,国家陆续推出了旨在扶持高校毕业生等重点群体的创业就业新举措。众多的优惠政策让高校"创客"们享受到了很多实惠,如财税【2014】39号、财税【2015】18号等等。各地税务机关也出台了政策,加强对"创客"企业的纳税管理与服务,如北京市地税局主动走进校园,开展"税收·创客·圆梦"宣传活动,无锡市国税局推出的"服务创客十举措"等等,但尚未形成一套针对"创客"的完整纳税管理与服务体系。目前,对"创客"企业的纳税管理与服务主要还存在三个方面的问题。

### (一)"创客"企业尚未明确界定,缺少针对性的税收优惠政策

"创客"企业通常由高校大学生主导,资金少、规模小,多属于小微企业。但"创客"企业以"创新创业"为核心理念,有别于普通的小微企业和大学生创立的普通企业,应当得到更多的政策扶持。目前,税法尚未对"创客"企业进行明确界定。现有的税收优惠政策多是针对小型微利企业或者是大学生创业,缺少仅针对"创客"企业的税收优惠政策。在"创客"企业生存发展最艰难和最关键的环节,如创业初期、技术转让等环节,相比一般的企业,"创客"企业在税收优惠方面并没有明显优势。

(二)对“创客”企业重视程度不够,税收管理与服务不到位

考虑到征税成本,管理分局通常会把征管的重点放在重点税源上,往往会忽略了对包括“创客”企业在内的小微企业的税收管理,缺少对“创客”企业的经营、申报等情况进行深入研究,缺乏纳税评估、税收检查等有效的税收监管措施。同时,由于税务机关思想上没有从“管理型”向“服务型”彻底转变,不能完全从维护纳税人合法权益的角度开展有针对性的纳税服务工作,纳税服务措施还不到位,纳税服务的主动意识还有待提高。

(三)“创客”企业依法纳税意识不强,财务会计核算不健全

“创客”企业多处于起步阶段,属于小型创新企业,经营者以刚毕业大学生为主,在经营理念、财务管理水平以及对税法的遵从度等方面与大中型企业相比都有较大差距。在实际工作中发现,有相当一部分企业财务机构不健全,会计、办税人员的业务素质也相对较低,满足不了税务管理的要求。企业财务管理制度不够规范,没有一套完整的管理体系,财务核算不真实,掩盖了企业的正常经济活动,从而加大了税收管理的难度。

## 二、加强“创客”企业纳税管理与服务的必要性

(一)加强“创客”企业纳税管理与服务是发挥税收杠杆作用、促进经济转型升级的需要

“创客”企业发展符合国家经济发展战略。十八大以后,我国经济发展进入转型升级的关键期。党中央提出,到 2020 年,基本建成适应社会主义市场经济体制、符合科技发展规律的中国特色国家创新体系。“创客”的未来与我国科技创新发展的趋势相一致,与当前“大众创业、万众创新”的理念相一致。国家经济战略转型升级需要“创客”企业的发展与助力,中国特色国家创新体系需要“创客”企业来共同构建。通过税收杠杆职能,可以充分发挥市场机制的积极作用,发挥税收对经济生活各方面的调节功能,帮助“创客”企业度过艰难的创业初期,助力企业发展,助推经济转型升级。

(二)加强“创客”企业纳税管理与服务是“创客”企业蓬勃发展的需要

在互联网时代,以往企业单纯依赖传统的封闭资源进行创新的模式将会逐渐被淘汰。随着“创客”崛起,创新主体逐渐泛化,创新资源呈现分布式。搭建开放的“创客”整合平台和创业平台成为企业在互联网时代进行创新活动的新方式。“创客”企业将在促进经济增长、社会就业、科技创新、稳定社会等国民经济的各方面发挥越来越重要的作用。时代在发展,企业在发展,我们的纳税管理与服务也需要与时俱进、协同发展。

(三)加强“创客”企业纳税管理与服务是扩大税源、增加财政收入的需要

当前经济下行压力增大,必然导致税收收入的压力增大。因此,必须转变思想,建立健全中小型企业分行业税收管理措施,加强中小企业税收管理与服务。充分发挥税收职能作用,落实“创客”企业税收优惠政策,不仅能够体现国家税收优惠政策对创新企业实施的调节,而且能够帮助企业做大做强。企业往健康的方向发展,国家税收收入必然会增加。

## 三、对“创客”企业纳税管理与服务的意见与建议

“创客”企业在经济社会中将会发挥越来越重要的作用,如何充分利用税收杠杆作用,利用税收优惠政策和优质的纳税管理与服务引导促进“创客”企业的成长发展,笔者认为应当采取以下四个方面措施。

(一)划定“创客”企业认定标准,完善税收优惠政策

建立统一、完善的税收政策是扶持“创客”企业发展的根本。只有规范“创客”企业认定标准,才能便于有针对性地建立统一、完善的税收政策,便于对“创客”企业的统一管理与服务。划定“创客”企业在企业规模、研发能力、应税所得、技术转让等方面的标准,针对符合条件的企业,制定更加优惠的税收政策,

如对开办费、贷款利息、研发费用等实行税前加计扣除，对符合条件的职工培训经费参照软件行业培训费提高税前扣除比例、对符合条件的技术转让所得作一定程度减免等等，切实减轻企业创业初期的负担，促进“创客”企业蓬勃发展。

（二）建立“创客”企业服务体系，提高纳税服务水平

一是加强“创客”企业税收政策宣传力度。通过12366热线解答、宣传活动、网络辅导等方式宣传“创客”企业税收政策，同时应主动上门解读政策，向企业财会人员讲解政策适用范围、适用时间、减免申报流程、申报注意事项等，为其享受税收优惠政策创造条件。二是开展对“创客”企业的全方位服务。配备专人“一对一”上门辅导，帮助“创客”企业健全帐证、规范核算，为“创客”企业提供纳税咨询、办税辅导、人才培训等多方位服务。三是开辟“创客”企业绿色通道。进一步精简报送资料，简化办税流程，加大网上办税推广力度，积极辅导企业采用网上申报方式进行纳税申报，降低“创客”企业纳税成本。建立起符合“创客”企业的税收服务体系。

（三）细化“创客”企业纳税管理，全面提高征管质量

一是全面开展“创客”企业税源调查。摸清“创客”企业税源底数，根据企业实际经营规模、人员、资产等涉税信息资料，建立电子户籍档案管理，制定符合“创客”企业实际管理情况的措施和制度规定，夯实征管基础。二是实行分类管理。针对“创客”企业的行业特点和适用政策，建立以日常征管、基础数据、分析预警、评估模型为主要内容的行业税收管理办法。结合税源分类管理和专业化管理的监控内容，分解细化不同规模、不同行业“创客”企业纳税人的管理需求，深入了解企业经营特点，加大对其涉税信息的掌控，全面掌握纳税人履行纳税义务的情况，达到强化税源管理、提高征管质量的目的。三是抓好日常监管。加强“创客”企业财务报表、企业所得税申报表以及其他征管资料核实，审核分析涉税信息，准确掌握企业的真实经营情况。对于长期出现零申报的“创客”企业，应加强税务检查和纳税评估工作确保申报工作的准确性。四是实现动态跟踪。定期核实“创客”企业的资格认定情况，对应享受未享受优惠的企业及时沟通辅导，对放弃享受优惠的情况进行原因分析，总结经验，对工作中出现的新情况新问题及时反应，妥善应对，确保企业优惠政策落到实处。加强税收调研，建立“创客”企业管理的长效管理机制，提高对“创客”企业的管理水平。

（四）规范“创客”企业财务管理，提升税收征管效率

规范纳税人的财务管理水平是提升税收征管效率的重要前提。创业初期的“创客”企业，缺少甚至没有专业的会计核算人员，会计核算水平低，财务制度不规范。规范“创客”企业财务核算，首先要引导企业建立健康发展的价值导向。“创客”企业要突破生存发展的瓶颈，在企业管理中必须要加强财务核算、完善内控管理。其次，要提高企业会计核算能力。针对“创客”企业建账能力、会计与核算水平较低的现实，对有能力采用税务代理服务的，可提供一定的财政资金支持，没有经济能力采用税务代理的，经营初期，由税务部门提供税收会计服务。主动为“创客”企业纳税人提供财务知识和涉税知识的辅导，提高会计人员的业务素质和核算水平，帮助纳税人健全财务核算制度。

（作者单位：江苏省扬州市江都地方税务局）

# 关于深化纳税服务的思考

李　威

“始于纳税人需求，基于纳税人满意，终于纳税人遵从”是纳税服务工作的宗旨。近些年来，沈阳市地税系统从改善服务设施和服务态度着手，为纳税人提供更好的办税环境；从拓宽税收政策宣传渠道着手，为纳税人提供更好的政策支持；从推行多元化申报方式着手，为纳税人提供更为便捷的办税通道；从强化税务人员业务素质着手，为纳税人提供更好的税收秩序。随着经济社会迅猛发展和网络科技日益进步，纳税人的需求层次也不断提高，这就要求税务机关在提供纳税服务时，应更多的从纳税人角度出发，更加关注纳税人的真正需求，通过不断地创新改革，使纳税服务更贴近纳税人，促进征纳双方形成良好的互动关系，进而提高税收管理水平和纳税遵从度。

## 一、纳税人的实际需求分析

随着市场经济的多元化发展，经济活动日趋频繁，纳税人主体个性化、差异化特征明显，同时也带来的不同层次的服务需求。究其关键突出体现在以下三个方面：

（一）政策服务需求

从纳税人的个体属性出发考虑，税收成本最小化是其从自身利益出发最直接的需求，包括直接所缴纳税额最小化，也包括纳税遵从成本的最小化。税收成本的趋小趋少最正当的理由就是税收政策的给予和支持，而且对不同的纳税人而言其面临的困境和难题是不同的。就地处东北老工业基地的沈阳企业生存现状来讲，一是工业企业多为耗能高、运输量大、污染重、资源综合利用差的采掘工业和原材料工业，而支撑这些工业的各种资源已日渐短缺，这使得资源型工业失去了原有的丰富资源和原材料基础。加工工业也因生产工艺落后，设备老化，严重制约了新兴工业部门的发展及新产品的开发。二是由于高新企业规模普遍较小，缺乏规模效益，且创新主体缺位，使高科技成果转化困难，加之对高新技术项目投资严重短缺等原因，造成高新技术产业化进程缓慢。三是第三产业由于管理体制陈旧、营销方式落后、资金短缺等桎梏使得发展缓慢，且难以形成规模效益。这些企业都面临着升级和转型，最需要的就是税务机关根据企业的实际情况有针对性的给予税收优惠政策，帮助企业发展。

（二）执法服务需求

执法是税务机关的重要职能，纳税人希望税务机关创造公平的竞争环境、公正的执法环境。这就要求税务机关要规范执法行为。其一，要严格按照法定的职权执法。税务人员都必须按照规定的职责和权限各司其职，分工协作，最大限度地减少自由裁量空间。其二，要严格按照法定的程序执法。税务人员要严格按照相关法律规定的程序和要求执法，从机制上避免和减少不作为、乱作为、简单执法、随意执法的问题，确保执法公正

（三）权益服务需求

就纳税人对税务机关的权益需求来讲首要的就是对税收政策的知情权。税务机关多渠道多角度的税收政策宣传，特别是个性化的政策辅导是纳税人降低税收成本，提高税法遵从度的重要保证。其二是便捷高效的办税服务。税务机关除优化办税服务环境和提升服务态度外，更重要的是通过优化流程，简化程序，信息化办税等手段提高办税效率，不让纳税人多头跑，到处找。其三是畅通的投诉监督渠道。税务机关要建立投诉监督响应机制，对纳税人的诉求和监督意见及时给予回应，也是促进税务机关提高纳

税服务水平，加强廉政建设的重要途径。

## 二、目前纳税服务依托的大势环境

纳税服务工作的不断发展，服务内容和手段的不断丰富都要与区域经济发展的主导方向，国家的实施战略相契合，把握沈阳当下政治、经济、税收发展的主脉络才能找准纳税服务创新改革的方向。

（一）振兴东北老工业基地的实施战略

在国家提出沿海发展战略和西部大开发战略后，又提出了振兴东北老工业基地战略。通过优化经济结构，建立现代产业体系；加快企业技术进步，全面提升自主创新能力；加强基础设施建设，为全面振兴创造条件；继续深化改革开放，增强经济社会发展活力；积极推进资源型城市转型，促进可持续发展等举措激发企业活力，促进企业转型，推进区域经济全面发展。这也对我们税务机关提出了新的课题，即怎样创新纳税服务手段，为纳税人的经济发展提供助力。

（二）全面创新改革试验区的先行先试

2015 年 5 月沈阳被国家确定为八个全面创新改革试验区之一，这为沈阳的发展又提供了新的历史性机遇，对推进全面改革，破解创新驱动发展瓶颈制约，促进经济转型升级发展具有重要意义。沈阳市委市政府提出以科技创新为核心，通过体制机制创新，全面提升技术研发和成果转化水平，建设东北科技创新中心；按照“精准扶持、分类施策”的推进策略，积极发展新兴产业，打造“中国制造 2025”先行试验区；提升金融服务科技创新和支撑产业升级能力，拓宽金融资本进入实体经济管道，建设国家产业金融试验区；通过完善国有资产管理体制，推进混合所有制改革，建立市场化运行机制，构建国企改革新模式；充分利用全球科技成果和各类创新资源，扩大国际科技交流合作范围，打造东北开放创新高地；实施盛京人才战略，建立创新人才高度集聚、创新活力竞相迸发的体制机制，打造东北地区创新创业人才高地；再造政府流程，加快形成创新治理体系，建设符合创新规律的政府管理制度。面对国家的扶持和政府的高标准工作目标，我们地税系统要度势而行，创新改革，有所作为，探索制定先行先试的税收政策，助推区域经济发展。

（三）税收征管体制改革的不断深化

2015 年 10 月国家出台了《深化国税、地税征管体制改革方案》，提出要坚持依法治税、便民办税、科学效能、协同共治、有序推进的原则，发挥国税、地税各自优势，推动服务深度融合、执法适度整合、信息高度聚合，着力解决现行征管体制中存在的一些突出问题。要推出更多便民办税改革措施，为群众提供更加优质高效的服务，减轻群众办税负担，维护群众合法权益。《深化国税、地税征管体制改革方案》是指导当前税收改革工作的纲领性文件，其工作重心之一就是加强国税、地税合作，为纳税人提供更多便利。为此，我们应大胆设想，敢于尝试，制定并落实简政放权、放管结合、优化服务，切实方便纳税人，加强事中事后管理等一系列举措，从体制机制上解决妨碍税收事业发展的突出和深层次问题，推进税收事业科学发展。

## 三、提高服务水平的应对措施

通过上述对纳税人实际需求的分析和新时期纳税服务依托大势环境的变化，笔者认为时不我待，我们应该借势而上，立足全市和地税部门实际，充分发挥地税部门职能作用，积极改革创新，不断完善和丰富纳税服务手段，逐步建立纳税服务工作新常态。

（一）提供个性化的政策支持

了解了纳税人的实际需求，就确定了我们工作的努力方向，不仅能锦上添花，更能雪中送炭。这就要求我们以问题为导向，多层面着手，为纳税人提供最需要的政策支持。一是要借鉴外省市先行先试工作经验和做法；二是要收集制约本地企业发展的瓶颈问题，征询不同企业的意见建议；三是要依托沈阳市创新改革发展的大局制定一系列可复制、可推广的税收政策。比如借鉴深圳、珠海横琴、上海张江、武汉东湖等地区先行先试的税收政策；制定加计扣除、低税率及抵扣应纳税所得额等企业所得税优惠政策以降低企业税负；制定小微企业税收优惠政策以促进大众创业，万众创新；豁免历史欠税让老企业轻装前进；制定新产品新技术研发及高新技术成果转化的税收优惠政策以实现建设东北科技创新中心的目标；制定有利于人才引进、涵养的个人所得税优惠政策以促进盛京人才战略的实施等等。

（二）营造公平高效执法环境

1、切实简政放权，提高执法工作效率。简政放权要以深化税务行政审批制度改革为抓手，一是要把简政放权和创新管理结合起来，进一步规范行政审批行为，简化审批流程，精简办税要件，压缩办理时限，以减轻办税负担。二是要把优化服务和加强管理结合起来，进一步明确岗位职责、工作标准、办税流程、环节衔接及责任追究等工作事项，切实提高工作效率。三是要把事前服务和事中事后管理结合起来，通过加强涉税事项的后续监管工作，最大限度的降低税收风险，以提高税收征管的质量和效率。

2、加强干部队伍建设，提高税收执法水平。税收执法人员自身素质和执法水平决定其依法行政的能力，所以各级税务机关都应把提高执法人员综合素质和业务能力当做首要任务来抓，并通过人文关怀、心灵沟通、感情认可、魅力影响，充分调动和发挥税务人员的主观能动作用，促其自我管理、自我完善、自我提高。同时通过依法界定执法职责，科学设置执法岗位，明确工作流程，加强执法过程监控等规范执法程序，进而提高执法水平，让税务行政执法在阳光下运行。

3、完善考核评价机制，强化执法监督。对执法人员的依法行政能力的评价，既要有内部执法指标考核又要有外部纳税人的监督评价，这样才能从综合素质、业务水平、执法能力、纳税服务水平等有一个全面的综合考量。同时，还应全面落实税收执法责任制，对税收执法人员在执法过程中违法或不当行使职权、不作为、乱作为等行为进行有效监督，通过追究与惩处，达到警示作用。

（三）拓展纳税服务层次

1、以办税服务厅为载体，整合服务资源。将纳税人发起的各类涉税事项都整合到办税服务厅，强化办税服务厅作为纳税人服务中心的功能作用。通过优化征管业务流程，简化流程节点设置，形成以办税服务厅为终端，内部各部门、各环节紧密协作的程序性服务运行机制。同时，通过首问责任制、“一窗式”办税等便民服务举措，实现零距离服务，及时响应纳税人需求，消除纳税人办税过程中的各种障碍，实现征管机制和纳税服务机制的全面创新。

2、以信息化为依托，打造“互联网＋税务”。时下“互联网＋”已经成为引领创新驱动发展的“新常态”，我们税务机关也要顺应发展趋势，打造“互联网＋税务”，以满足纳税人和税收管理不断增长的互联网应用需求。一方面要建设网上办税平台。以无纸化办公为基础，将申请、受理、审核、申报缴税、发票申领等涉税事项全部放到互联网上，形成网上税务局，通过线上线下的整合，既方便纳税人，又提高工作效率。另一方面要搭建网上信息服务平台。通过门户网站以及微博、微信、手机 APP、短信、QQ、税企邮箱等渠道，宣传税收政策，为纳税人提供政策支持；举办纳税人学堂，建立税企业务沟通机制；收集纳税人意见，建立评价监督机制；提供涉税分析数据，提高企业税收风险防控能力。

3、以信息共享为基础，建立国地税合作机制。以《深化国税、地税征管体制改革方案》为指导，深入开展国地税合作。一要建立联席会议机制。重点研究部署合作任务，协调解决合作中的重大问题。二要建立联合执法机制。通过联合稽查，联合评定纳税人的信用等级，联合管理“黑名单”等措施，加强打击税收违法行为的力度。三要建立联合服务机制。以办税服务厅为载体，用信息化手段为纳税人提供一致性，多角度，全方位的便捷服务。四要建立涉税信息共享机制。以国家税务总局推行的金税三期征管信息平台为依托，积极运用共享数据，开展风险识别分析、经济税收分析、协同监督管理，充分挖掘涉税信息利用价值。

（作者单位：辽宁省沈阳市地方税务局政策法规处）

# 关于提高基层税源专业化管理质效的几点思考

邵家麒

近年来，随着税收征管改革的不断深入，税务机关在征管体制、征管机制、征管方式等方面均取得了一定突破，但作为从事专业税源管理的基层税务局，税收管理的专业化水平还比较低，与建设服务型政府所倡导的高效、便捷的要求还存在一定差距。在这一背景下，提高税源专业化管理质效，对于强化税源管理，提高税收征管质量，推进科学化、信息化管理具有积极的现实意义。

## 一、基层税源专业化管理工作扎实开展

(一)合理分解职责

通过深化税收征管改革，将261个依申请基础管理事项整合前移至办税服务厅，全面落实基层办税服务一体化、基础管理职责整合等工作要求，改变了“责任区＋户管员”的传统税收征管模式，不仅实现管事与管户、基础管理与专业化管理的有序分离，而且从体制上解除了税收管理员与纳税人之间固定的管理与被管理关系。同时，市、县局成立重点税源管理机构，明确了重点税源企业管理职责及边界，对各自确定重点税源企业有序实施税源专业化管理，税源分类分级管理水平不断提升。

(二)成立专业团队

各县区局普遍成立了税收情报管理、风险分析识别、风险应对管理、风险应对实施等4类专业化管理团队。各级情报管理专业团队力量进一步充实，情报管理工作机制进一步健全；市、县风险分析团队细分风险分析识别领域，改进风险分析识别方法，风险分析识别能力不断提升；各级应对任务管理团队认真开展风险应对任务整合推送、应对质量监控等风险应对任务管理工作，应对管理能力不断提升。

(三)规范管理程序

普遍建立了申报审核、案头审核、实地审核等税收评定工作规程、制度，总体明确了税收评定的过程逻辑和业务衔接，提升税源专业化管理规范化程度。在受理申报环节设置了申报审核岗位，明确岗位职责，确定流转程序，申报审核工作实现常态化。完善申报审核、案头审核程序规则，把专业化风险应对的重点转移到申报审核和案头审核上来，不断扩大案头审核比重。通过规范和上收实地审核审批权，明确实地审核上收由专业应对团队实施，逐步降低实地审核在整个风险应对中的比重。

## 二、税源专业化管理主要问题及分析

(一)对税源专业化管理的理念尚未完全理解

对专业化管理目标不够明确。以完成收入任务作为衡量征管工作好坏的现象依然存在，影响专业化管理的深入推进；对专业化管理认识存在偏差。各级没有系统考虑风险管理、分类分级管理、信息控税之间内在流程逻辑关系，与总局“十二五”规划构建的税收征管新模式尚有差距；对专业化管理规律缺乏认识。自上而下没有考虑政府改革外部环境、税务机关内部承受能力、各级管理层和执行层专业化管理能力情况，没有突出税收评定、信息控税的重要作用，简单地把推进专业化管理等同于再次调整征管机构。

(二)税源专业化管理的运行机制尚未完整建立

规范的岗职体系尚未建立。专业化管理推进近两年，但各层级、部门、岗位专业化管理职责没有明确，税源管理职责存在重复交叉，税收管理员仍承担大量事务性工作；有效的管理制度尚未健全。各级没有健全专业团队、专业机构、人才培养等管理机制，没有系统建立税法遵从导向指标、税源监控指标、绩效评价指标，专业化管理成效难以得到科学客观考核；属地化管理方式仍未改变。基层分局，特别是一些税务干部仅有十几人的农村分局，"小而全"的分工模式制约专业化管理优势的发挥。

(三)税源专业化管理的推进受到难点问题的制约

信息化建设的制约。现有税收征管信息系统依据税收管理员制度设计，难以满足专业化管理需求，专业化管理仍然停留在人工、经验为主的管理方式上；第三方信息获取的制约。由于第三方涉税信息交换相关法律依据笼统，税务机关与政府其他部门数据信息交换存在部门壁垒和人为障碍；各类专业人才缺乏的制约。针对经济主体跨国界、跨区域、跨行业相互渗透及企业核算团队化、电子化、专业化水平日益提高等新挑战，现有管理层、执行层专业素质不能完全适应。

## 三、提高税源专业化管理质效的思考

(一)厘清两个关系

1、厘清专业化管理与征管基本程序的关系。深化税收征管改革，明确了申报受理、税收评定、税收征收、税务稽查、争议处理为主要环节和逻辑程序的征管基本程序。征管基本程序是深化税源专业化管理的内在根据，没有规范的征管基本程序就没有科学的专业化管理。专业化管理是通过依托现代信息技术、深化风险管理、加强分类分级管理、落实信息控税、完善运行机制，进一步规范征管基本程序。

2、厘清逻辑扁平化与机构扁平化的关系。机构扁平化和逻辑扁平化的共同目标都是提高管理效能，但机构扁平化是通过重构机构层级、部门职能来实现管理体制机制、管理模式、机构设置、资源配置的变革，其优点是缩短管理距离、变革周期，但容易出现变革曲折。逻辑扁平化是在不打破现有机构的条件下，以层级管理为基础，依托现代信息化技术，从上到下将业务部门横向、纵向打通，优化人力资源配置；打破层级局限性，发挥各级机关的比较优势，建立层级、部门优势互补、信息畅通、运作良好的工作机制和管理模式。其优点是积极稳妥、避免弯路，但需要更多时间成本。

(二)明确方式方法

1、依托信息支撑，实行逻辑扁平化。依托信息技术集成业务流程，优化整合各级各类众多繁杂的操作系统平台，构建统一规范、数据整合、信息畅通、操作简捷的新税收管理信息系统，为深化专业化管理提供技术支撑；促进信息控税的有效落实，一方面要制定、完善涉税信息法律法规；另一方面要编写涉税数据字典；此外，必须加快与银行、保险等金融单位的全国联网。

发挥层级和部门比较优势，在全省、全市、全县范围内，组建互补性专业团队，发挥各类专业人才知识、业务技能的互补性，构建数据应用、风险识别、重点剖析、归纳提炼、实践验证、全面推广的完整业务链条，对大企业、跨区域经营和总分机构等企业集团、重点风险行业等实行分级组合管理；提升专业机构专业化素养，专业机构应从过去主要依职权、粗放型管理，向坚守专业精神、体现专业水准的管理转变，运用数学模型、分析工具等技术方法，提升数据分析应用、风险分析识别及应对技能，研发有效的行业遵从风险评估、税收流失测算模型，实施更具专业水平的税源管理。

2、转变思维方式，深化信息管税。突破管理思维定势，转变管理思路，明确纳税人自主申报纳税的主体地位，树立促进遵从管理理念，树立遵从风险管理理念。调整服务管理职能，修改《征管法》等法律法规，调整、减并、清理各类基础管理事项，取消大部分调查、审批事项；将管理员担负的催报催缴、税收预测等职能前移到办税服务厅办理；将大量本应由纳税人承担法律后果的事项还责于纳税人；逐步将事前防控、叠加式管理转变到间接、动态和事后控管。

完善风险特征库，省、市、县三级税务机关应成立数据加工分析团队，运用数据分析工具，提高数据分析应用水平。坚持理论研究推导、实践归纳验证互为推进的原则，深入开展综合指标研究，设计风险特征指标索引库，建立风险指标群。加强对现有众多数据模型、行业指南、选案指标等的简并、提炼工作，将已有各项有益成果转化为综合聚类指标。做好风险指标分析筛选、优选优化、数据验证工作，全面提升风险指标的科学性、合理性，满足大企业、分行业和特定事项风险管理的需要；提高税收评定水平，将税收评定作为税务征管业务的核心，建立、完善有效行业管理模型，开展案例培训，提高风险管理的针对性、实效性，改变当前纳税评估比较薄弱的状况；提升风险控制能力，突出依法服务的引导作用，突出依法管理的促进作用，突出依法行政的监督制约。根据近年来执法检查、执法监察及审计中暴露出的重大税收执法问题，合法合理行使自由裁量权，提高防范税收执法风险能力。

3、建立遵从管理体系，做好监督考核。建立税法遵从管理考评指标，探索建立由纳税服务、征收成本、税源监控指标等组成的税法遵从度指数，通过多地区横向比较或同一地区纵向比较，从总体上衡量一个地区税收征管存在漏洞或制度缺失，促进税法遵从度不断提升；完善专业人才管理制度，调整培训结构，重点抓好具有一定专业知识、组织协调能力、异质思维的领军人才培养，重点抓好具有专业知识和税收管理实战能力的各类专业人员培训。加强干部能力考核，建立以业务技术理论考试为基础、实际操作能力评审为重点、特色工作争先创优为导向的考核制度，切实提高干部专业化管理实际能力。完善干部激励机制，建立各类专业人才库，在提拔任用、奖惩评价、公务员分类管理等方面为人才成长创造条件、提供空间。

加强各级专业团队管理，从提高团队向心力和凝聚力、增强成员大局和协作意识、提升团队执行能力的目标出发，引入优胜劣汰管理机制，确保团队持续稳定、专业互补；引入团队机构关联考核机制，除在省、市范围内评选优秀团队及成员外，还应将团队成员绩效与其年度考核、岗位激励、竞争上岗等相挂钩，并列人其所在机构年度目标管理考核范围，适时将专业团队列入机构序列；建立科学绩效评价机制，完善以计算机核算为主、以人工考核为辅的动态监控考核机制。省、市两级税务机关应抽调业务部门、监察、稽查等人员，成立专职督查内审部门，检查各级落实征管基本程序、专业化管理制度情况；采取随机抽样、实地核查等方法，对风险管理中长期规划所确定数据加工分析、风险分析识别、风险应对实施项目的执行过程和管理效果，克服因属地关系、管理责任、应对能力和工作态度等因素对专业化管理的负面影响。

（作者单位：吉林省四平市国家税务局）

# 关于新一轮税收征管改革的总体设想和几点建议

张　勇

近年来，适应形势发展变化，国家税务总局采取了一系列改革措施，金税三期系统全面上线、《全国纳税服务规范》和《全国税收征管规范》的推行、“营改增”试点等等，为进一步丰富税收征管工作实践、深化税收征管改革积累了有益经验，奠定了良好基础。山东省地税局也根据总局征管改革的总体思路，提出了具体的征管改革意见。如何推动征管改革顺利进行，确保征管改革取得实效，已经成为摆在县级局面前的一项重要任务。笔者通过对县级局税收征管改革的一些思考，结合总局、省局提出的税收征管改革思路，提出几点建议，供大家讨论。

## 一、进一步深化征管改革的必要性

面对近年来经济社会和纳税人的发展变化，执法环境压力不断加大，加之干部队伍的老化，特别是“金三”系统上线后业务流程的“倒逼”，使我们的税收征管工作呈现出一些不适应，征管职能履行面临新的挑战与机遇。通过深化征管改革，切实提高收入质量、提高执法风险，已势在必行。

(一)深化税收征管改革是适应税源状况深刻变化的迫切需要

随着经济社会的发展，县域税源状况也发生了重大变化，纳税人的数量急剧增长，纳税人的经营方式、经营业务不断调整、日益复杂，纳税人的法律意识和维权意识不断增强，涉税诉求多样化、服务需求个性化的趋势日渐明显，税收违法案件仍呈多发态势，这些因素都给税收征管包括工作理念、管理方式、资源配置、人员素质等方面带来深刻影响和巨大冲击。面对税源状况的深刻变化，必须通过调整优化税收征管制度，更好地适应征管工作要求。

(二)深化税收征管改革是完善现行税收管理方式的迫切需要

当前，税收管理方式还存在诸多不适应，具体表现在：税务人员执法风险越来越大，管理理念有待更新；征纳双方法律地位平等的理念还没有从根本上树立起来，忽视税法遵从的现象依然存在；征管程序尚不完善，管理缺位问题依然明显，对纳税申报真实性、合法性审核不到位，纳税评估质量不高；人力资源配置不尽合理，重点税源管理力量不足，征管力量占比相对较低；职责分工不够科学，一些复杂涉税事项管理层级低，导致税源管理弱化。这些问题都急需通过进一步深化税收征管改革，从体制机制上根治破解。

(三)深化征管改革是实施金三系统业务流程再造的迫切需要

金税三期上线后，系统内部业务流程较之以往发生了巨大变化。办税服务厅受理的申请事项，大多改为即办类事项，不再流转，所有纳税人发起的备案类事项，由办税服务厅窗口受理后即视同备案，金三系统不再设置流转审核流程。税源管理局也从繁杂的事务性处理转向了以“流程控制，风险应对”为主的税源管理模式。县局机关不再是简单的上传下达，而是要承担更多的具体工作。为了适应这种变化，征管模式及资源配备有必要作出调整完善。

(四)深化征管改革是提高收入质量防范执法风险的迫切需要

地方党委政府对税收收入的强烈渴望与现实税源不足的矛盾越来越突出；财政、监察、审计等相关部门对地税部门的监督力度越来越大；执法不规范，纪律不严肃，程序不严谨，带来的执法风险越来越多；干部综合素质有待提高，高层次专业化人才匮乏现象越来越明显。这些因素的存在，严重制约了收入质量的提高和执法风险的有效防范，需要通过进一步深化征管改革加以解决。

## 二、进一步深化征管改革的总体设想及措施

根据总局、省局新一轮征管改革的总体要求，结合工作实际，县级局进一步深化征管改革的总体设想为：以明晰征纳双方权利和义务为前提，以风险管理为导向，以专业化管理为基础，以转变工作职能为出发点，以重点税源管理为着力点，以金三系统业务流程为依托，形成风险管理导向下的“服务、评估、管理、稽查”四位一体的税收征管新格局。

为保证征管改革的顺利推进，确保取得实效，必须以“观念转变”为先导，实现税收管理方式实质性转变；以“业务重组”为核心，科学配置资源，通过以“流程管事”为方法，运用“信息管税”手段，实现管理过程的现代化和管理成果的标准化。工作的重点应放在工作职能的调整上，着力点应放在征管方式的转变上，真正实现“从管户向管事”的转变。

(一)纳税服务一体化

牢固树立征纳平等服务理念，以提高税法遵从为目的，实施业务整合，明确职责定位，整合服务资源，丰富服务内容，创新服务手段，完善服务机制，提升服务质效，构建和谐征纳关系。

1、业务整合，合理布局。将纳税服务厅与纳税服务中心的业务进行整合，目前可将部分基层分局的管理职能调整为纳税服务，以提升纳税服务层级。针对县域特点，可按照“集中管理、合理布点、方便纳税”的原则，整合办税服务资源，形成同城通办”格局。同时为更好的方便纳税人办税，可在相关乡镇设立“办税服务点”。

2、明确职责，准确定位。纳税服务局主要负责地方税费的申报征收，发票发售与代开工作；管理税收票证、税务发票；承担纳税人所有涉税事项的受理、流转和当场办结类事项的审批；管理12366纳税服务热线和地税外部网站等纳税服务平台和面向纳税人的税法宣传、辅导咨询、办税服务、权益保护和税收法律救济等工作；承担税务登记、纳税申报、发票领购等环节中一般性违规违章行为的处理；负责分户资料的收集、整理和归档。在风险防控方面主要承担风险防控部门推送的涉税事项的调查、确认及低等风险的应对。将纳税服务局定位于纳税人与税务局打交道的“唯一场所”，将目前纳税服务中心、机关科室和税源管理局部分服务管理职能前移到办税服务厅，对纳税人发起的事项，全部由办税服务厅统一受理，实现“前台受理、内部流转、限时办结、统一出件”。

3、多措并举，提升质效。建立健全纳税服务工作制度，推行“一桌全能”服务模式；优化纳税服务平台建设，建设标准统一的办税服务厅、税务网站群和纳税服务热线；合理设置岗位，理顺工作流程，顺畅与机关科室、税源管理的沟通衔接；加强纳税服务队伍建设，合理配置人力、提高服务能力、建立激励机制，打造高素质的纳税服务队伍；加大纳税服务经费投入，规范纳税服务经费管理；建立科学有效的纳税服务考评机制，全面开展纳税服务绩效考评，通过分析评估结果查找存在问题并加以完善。

(二)税源管理专业化

应对税源急剧变化给现有管理模式带来的挑战，改变现行多层级管理模式造成税源控管质效低下的现象，继续深化税源“分类分级”管理，合理确定税源管理局的管理职能，着力提高税源管理的专业化、精细化水平。

1、深化税源分类分级管理。按照税源行业、规模和两者结合的方式，加强税源管理。对金融保险、邮电通信、煤矿资源、建安、房地产等行业纳税人，以及全县年纳税额在一定规模以上的重点税源，由专业化管理局实施管理。对重点税源实行扁平化、专业化管理，提升个性化服务水平，增强风险应对能力。其他分局为一般税源管理局，按照属地原则负责各自辖区内的税源管理。对个体业户及零散税收，深化社会协助，在规范税收定额管理的项目，拓宽工作思路，丰富管理形式，以委托代征等方式实施社会化管理。

2、明晰职责，提高税源管理质效。税源管理局负责信息采集、数据管理、户籍管理、调查核实、后续管理、任务执行等日常管理工作，定期对税源结构和征管状况进行分析，承担风险防控部门推送的涉税事项

的调查、确认及中等风险的应对等。职能定位突出“双向支撑”,一为纳税服务局支撑,做好纳税人户籍信息维护、涉税信息采集和审核及后续跟踪管理,二为纳税评估局支撑,税源管理局采集的基础数据是评估的重要依据,对纳税评估局推送的任务进行疑点排查、实地核查及风险应对。

3、规范统一,实行分环节过程控制。全面取消税收管理员管户制度,规范分局岗位设置,职责明确到岗、细化到人;依托金三系统业务流程,按照“流程管事、环节控制”的要求,通过业务流程运转来“推送”工作任务,规范“事源”管理,用“以事找人”的理念去指导和安排工作,运用明确的工作来源和指令式的布置方式,使税源管理的工作任务更具体,工作职责更明确。

(三)风险管理层级化

牢固树立税收风险管理理念,将风险管理的理念和方法贯穿于税收征管的全过程。根据税源分布和结构特点,制定税收风险管理规划,形成风险管理导向下的税收征管流程,自上而下实行“统一分析,分类应对”。

1、成立风险防控专门机构。风险防控机构负责统筹指导税收风险管理工作,主要承担风险分析识别、等级排序、任务推送、接受应对反馈结果、监督评价等职能。按职能合理设置岗位,以岗定责,采用实体化运作方式实施风险管理。在人员到位的情况下,适时开展风控分析评价、发布推送,指导税源管理风险应对任务的实施等工作。

2、建立风险防控工作机制。采取“先分后统”工作模式,建立风险防控工作分析评价机制、统筹发布(推送)机制、应对反馈机制、绩效考评机制。以数据信息的分析利用为重点,改进风险分析手段,完善风险分析指标体系,及时对预警信息按业务种类进行整理,分析评价后清分至对应的部门。各科室发挥各自优势,从数据信息中按一定比例筛选出需进行推送的任务,连同根据各自工作计划自定义的专项或专案任务,一同交由风险防控中心按风险等级进行排序,进行统一的发布和推送。服务、评估、管理、稽查根据发布的风险信息,作出相应的应对措施,并将应对结果按时限要求进行反馈。加强问题通报,必要时实地督导;建立相应的复审复核制度、定期讲评制度,最大限度地减少风险、消除风险。

3、实行分级应对过程控制。税收风险实行分级应对。低风险由纳税服务局、税源管理局应对,主要采取纳税提醒、纳税辅导等方式;中等风险由纳税评估局应对,主要采取纳税约谈、实地核查等方式;高风险由稽查部门应对,主要采取税务检查等方式。加大税收风险的过程控制。通过严格数据质量标准、严肃征管纪律、严谨流程操作,实施事前控制;通过纳税评估等方式,实施事中控制;通过执法考核、检查、督察等方式,加大问责力度,实施事后控制。

(四)纳税评估团队化

纳税评估是税收征管的重要程序,也是风险应对的重要方法。通过上收纳税评估管理层级,开展专业化团队式评估,运用柔性手段,帮助纳税人消除税收风险,提高税法遵从度,降低执法风险。

1、设立纳税评估局。将部分基层分局的管理职能进行调整,全面行使纳税评估局工作职责,负责分类建立风险指标特征库和评估项目库,细化评估指标和预警值;建立和完善评估模型;定期拟定评估计划,发起评估任务,利用人机结合方式开展初步审核和案头审核;组织评估约谈和实地核查;监测评估过程,评价评估结果;管理纳税评估工作档案,开展纳税评估工作调研等。职能定位突出“两服务、两防止”,主要服务税源管理局,防范执法风险,间接服务纳税人,对外督促纳税人遵从税法;工作中一是防止成为第二个管理局,二是防止成为第二个稽查局。

2、建立专职评估队伍。选调一批政治素质过硬、业务热能精良,计算机操作熟练的骨干人才充实到纳税评估岗位。建立“纳税评估人才库”,需要时抽调人员集中参与评估,做到招之能来,来之能战,战之能胜。定期开展有针对性的“职业化”培训,积极组织专项评估、评估复评、案卷质量抽查等工作,开展岗位练兵,提高评估人员综合能力。针对重点、难点、热点评估事项,探索实施“借智”,聘请外来专业人才实施联合评估,提高纳税评估质效。

3、搭建风险评估平台。加强税收数据质量控制，建立可比对数据信息库和纳税人税收风险特征库，形成税收数据链条式管理。整合内部系统数据、管理员日常巡查、综合治税和外部情报交换，形成完整的评估信息来源体系，甄别筛选，深度挖掘，综合加工，实现系统内部数据共享。引入先进技术，研究税种之间的关联关系，改进评估方法，开展同行业税负比对，构建成熟评估模型，有效排查风险点。

4、健全评估机制保障。完善纳税评估管理制度，合理确定纳税评估计划，高风险企业每年评估分析一次，一般风险企业至少两年评估一次，建立健全评估工作档案。建立评估考核机制，明确纳税评估岗位职责，强化纳税评估日常检查和考核，探索实施纳税评估定期复核制度。深化评估结果运用，构建信息共享，发挥其风险应对、加强税源管理、提供稽查案源的重要作用。

（五）税务稽查集约化

税务稽查作为已经实施流程化管理、专业化分工的部门，要与纳税服务、日常管理、纳税评估相互依存、相互制约、相互促进，充分发挥税务稽查的专业化优势，外查内促，提高纳税遵从，防范执法风险。打破区域限制，整合稽查资源，探索实施市级“一级稽查”。丰富案源信息，扩大选案范围，提高计算机选案程度，将风险防控部门发起的高风险应对纳入案件来源。改进稽查方式，对重点、难点、热点案件实施团队化稽查，提高税务稽查的集约化程度。加大执法刚性，推广电子查账，提高税务稽查的精确打击能力。加强与服务、管理、评估部门的沟通联系，加大稽查建议、稽查分析报告的共享力度，充分发挥税务稽查的以查促管作用，为税收专业化管理提供借鉴和支持。

（六）机关运作实体化

以“高效减负、合力控管、业务扁平”为原则，深化机关职能重组，组建专业团队，优化工作流程，推行项目管理，将县局机关融入到风险管理流程中，实现工作协同化、任务项目化、管理信息化，业务扁平化，推进管理转型升级。

1、转变机关职能设置。强化县局机关税收风险分析监控职能，将部分风险等级高、业务程度复杂、发生频率较低的税收事项，以及其他重大税收管理事项等上收，纳入机关实体化工作内容，组建专业化工作团队，实行项目化管理。将税收票证、发票、部分会统核算，行政许可、行政审批（审核、确认）等业务下放到纳税服务局，对确需后续调查核实的，由机关与基层分局工作人员共同实施。压缩管理层次，推动机关职能由行政管理、业务指导为主，向直接参与和协调组织并重转变。

2、强化机关工作协同。成立“税收业务、行政事务、监测评价”三个中心，作为机关实体化运作载体，由局领导班子成员兼任中心主任。对机关同类业务进行简并，按中心进行归集，强化与基层的业务对接，实现中心之间以及机关与基层的统一协调运行。税收业务中心由征管、税政、税源、风控、收入核算等科室组成，主要负责风险分析监控，税源和收入计划管理，税费政策、征管措施、税收执法的规范性管理和执行质量管理等。行政事务中心由办公室、人事科、财务科等科室组成，主要负责行政内务管理、政务管理、人事管理、财务管理工作。监测评价中心由监察室、机关党办、考核办等科室组成，主要负责教育培训、文明创建、党风廉政建设、效能监测、执法监察、绩效考核评价及群团工作。

3、实行工作项目管理。以项目管理为抓手，实现资源综合统筹，确保机关实体化运作效果。按工作事项进行立项，明确工作目标，确定项目负责人、牵头单位、参与单位及人员，明确职责分工、工作要求和完成时限。项目管理实行中心主任首问负责制，对中心职责范围的实体化常规工作，由中心各岗位直接实施；对重大或复杂事项，由中心主任牵头，横向上中心内部、纵向上基层分局共同实施。对跨中心的工作项目，由中心主任进行沟通协调，共同解决。加大对工作项目的跟踪管理和工作结果的监测评价力度，按项目完成数量和质量进行考核，确保各项目落实到位。

（七）资源配置科学化

税收征管改革，必然会涉及征管资源的重新配置。按照积极稳妥的原则，在现有机构框架下，合理调配资源，把有限的资源优先用于重要环节，同时实现资源互补，提高资源配置科学化水平。

1、调整优化机构职能。在稳定现有机构设置的前提下，根据科学化、精细化管理的要求，按照金三系统业务流程，科学界定风险管理、纳税服务、税源管理、纳税评估、税务稽查等部门的职责。同时按照机关运作实体化的要求，对机关科室的职能进行调整优化。

2、提供人力资源保障。加强专业化人才队伍建设，以岗位培养为基础，改进培训方式，强化完善岗位技能培训；准确把握人才缺口，明确培养导向，重点培养分析、评估、稽查等方面的专业人才。完善人才激励机制，探索建立税务人员等级制度，为人才成长创造条件，提供空间。加强思想道德建设，增强干部职工责任意识、大局意识，倡导无私奉献精神、团队协作精神，激发内在的潜力，让大家能够满怀激情、身心愉悦地干好各项工作，在做事中不断提升做人的人生境界。

3、加大绩效考核力度。充分发挥以考核促进工作落实、提高工作质效的重要作用，进一步完善绩效考核体系，建设绩效考核系统，合理设置考核指标，严谨考核程序，加大考核工作力度。坚持排名为原则、不排名为例外，公开考核结果。加大考核结果的运用，将考核结果作为单位和个人评先树优、奖优罚劣、提拔重用、轮岗交流的重要依据。

## 三、进一步深化征管改革的几点建议

(一)解放思想是深化征管改革的前提

新一轮征管改革涉及每一个岗位，每一个环节，全体干部职工都要从思想上重视改革，从认识上服从改革，从行动上支持改革，明确征管改革是实现税收征管现代化的必经之路，是大势所趋；将纳税遵从、风险管理、集约管税、信息管税等理念将贯穿改革始终；进一步解放思想，按照专业化管理需求和导向，人人服从并服务于改革大局势在必行。

(二)积极稳妥是深化征管改革的根本

新一轮征管改革涉及面广，牵一发动全身，不可能一蹴而就，要通盘考虑，纲举目张，因地制宜，科学务实，有序推进。要坚持积极稳妥的原则，分清轻重缓急，科学制定配档表，力争通过系统上下共同努力，在2—3年内实现改革总体设想。改革的道路不可能一帆风顺，总会出现这样那样的矛盾和问题，必须时刻保持清醒头脑，把握正确方向，大胆闯、大胆试，切不可患得患失，缩手缩脚，畏难发愁，贻误战机。

(三)顶层设计是深化征管改革的保障

新一轮征管改革政策性强，是一项复杂的系统工程。由于受制于体制、机制行诸多因素，单靠哪一个基层单位进行改革，很难取得实质性效果。这就需要省局和市局从全局视觉出发，统筹考虑，在充分调研论证的基础上，制定总括性、框架性、指导性的思路、制度和方法，加强顶层设计和摸着石头过河相结合，整体推进和重点突破相促进，提高改革决策科学性，广泛凝聚共识，形成改革合力。

(四)风险降低是深化征管改革的目标

新一轮征管改革有利于化解执法风险，有利于提高征管质效，有利于促进税法遵从，其成果最终在体现在收入增长和质量提高上。要广泛宣传，营造氛围。向纳税人宣传赢得理解，向地方常委政府汇报赢得支持，对广大干部职工强化培训形成全力。要建章立制，规范运行。建立科学的征管运行机制，创新风险管理机制，深化信息管税机制，健全岗位责任机制，探索绩效评价机制，建立各部门之间横向的综合协调机制、各层级之间纵向的任务分配推送机制。要建立新型收入管理体制，调整组织收入分析机制，改变收入预测方式，加强汇报沟通，构建信息互通协作机制，提高组织收入应对能力，努力挖掘增收潜力，提高税收收入质量。

(作者单位：山东省嘉祥县地方税务局)

# 关于新征管模式下加强纳税评估的思考

刘志宏

纳税评估已经成为加强税源管理的重要手段,在提高税收征管质效中发挥着越来越重要的作用。但随着新的征管模式的运行和纳税评估实践的不断深入,新的矛盾和问题也不断出现,影响纳税评估工作的健康持续发展,需加以及时处理解决。

## 一、纳税评估工作中存在的主要问题

(一)法律地位依据不足

尽管目前国家税务总局、省、市局都制定了《纳税评估管理办法》,但税收征管法及其实施细则均无有关纳税评估的具体规定,没有直接赋予纳税评估的法律地位,使得纳税评估的整个工作过程始终处于执法的法律边缘,使其相应职责、手段、方法等也都徘徊于管理与稽查之间,具体操作很难有个准确尺度。对纳税人自行查补申报税款,纳税评估对此可以不予处罚,但税收征管法规定申报不实属偷税行为,纳税评估中关于补税的法律法规依据不足,评估结果处理缺少法律依据,刚性不足,给纳税评估工作定位的准确性带来难度。

(二)工作定位不够准确

纳税评估是税源管理的重要工作,但是目前纳税评估的工作方式类似税务稽查,但手段和实际效果又不如稽查;定位是税务管理,又没有真正放到管理工作中去,还是处于仅个人操作和层次较浅的状况,因此成效不明显。比如有的地方在基层设立一个专门机构,专司纳税评估工作,凸显了纳税评估工作在税源管理中的重要地位。但是,有的地方错误地认为,应将纳税评估从税源管理中分离出来,成为独立于税源管理之外的一种管理手段,因而在工作中出现了纳税评估与税源管理“分家”的现象,过于强化评估的检查职能,弱化了评估的服务职能,把纳税评估视同于检查,等同于“准稽查”或“第二稽查局”。这种纳税评估“越位”的现象导致税源管理部门工作“缺位”、税务稽查“让位”,不同程度地造成税务机关内部各种征管手段的交叉、重叠。

(三)信息资料来源不够广泛

纳税评估工作离不开数据资料的搜索、采集、积累和掌 握,纳税评估过程中要进行大量的指标测算、资料比对等定量、定性分析。如果没有数据资料,纳税评估就成为无源之水、无本之木。目前,纳税人报送的纳税申报数据和财务数据,没有包括全部的生产经营类信息、经营核算类信息以及其他诸如登记注册类、价格类等相关信息,因此,是不完整的涉税信息。而只有掌握了完整的涉税信息并进行处理、测算、比对以及综合分析后,才能做出较为正确的判断。税务部门目前还没有足够的渠道获取这些信息,对报表和税负等面上问题有的虽有怀疑,但由于信息不完整或有可能错误,无法把问题完整地分析出来,不仅审核效率低,而且审核误差大。另外,很多评估指标是建立在纳税人的会计核算规范的基础上的,但是在日常工作中,纳税人提供的信息数据质量不高,资料不充分,财务核算不健全,数据不准确,使得指标的可信度下降,致使评估工作的质量难以提高。

(四)评估成效不够明显

纳税评估程序性制度不够健全、评估人员素质参差不齐，还远不能适应工作要求。目前，各地纳税评估工作没有显现出应有的成效，如纳税评估的影响力不强，纳税人对纳税评估的认同度不高，税务机关内部对评估工作的协调不一致，通过评估产生的税收收入规模仍然偏小，以评估管、以评促查机制尚未形成，评估为稽查提供的案源占稽查案源总数的比例较低等。

(五)纳税评估人员综合业务素质亟待提高

纳税评估是一项业务性和政治性很强的综合性工作。一方面，纳税评估工作需要评估人员既精通税收业务知识、财会知识，又能熟练操作计算机，要求评估人员能够依据国家的税收政策及自身综合知识和素质，采用定性与定量分析相结合的方法，从多层面对纳税人的涉税信息进行全方位、大容量、多角度的案头分析，逐步审定申报数据的真实性、合法性，并具备较强的逻辑分析能力；另一方面，需要评估人员根据案头分析发现的疑点问题进行约谈或举证确认，要求评估人员不但要有过硬的业务水平，了解企业经营特点，更要具有很强的职业敏感性、敏锐的洞察力和一定的约谈技巧。而从目前的情况看，从事评估工作的人员基本上是税收管理员，在负责征管的同时进行纳税评估，且素质参差不齐。相当一部分评估人员知识面窄，掌握评估的方法不够，有的只停留在看看表、对对数、查查抵扣发票信息的浅层次，不善于从各种涉税信息中寻找蛛丝马迹或 挖掘深层次问题，使评估工作流于形式，评估效率不高。

## 二、强化纳税评估工作的对策与建议

(一)明确纳税评估的法律依据和地位

一是确立纳税评估的法律依据。建议将纳税评估写入新的《税收征管法》，将纳税评估以法的形式加以规范，在法的层次上完善评估内容，规范评估程序，明确评估时限，统一评估文书，让评估工作有法可依、有章可循，增强纳税评估的法律效力和可操作性。二是摆正纳税评估的位置。建立健全一套完整的纳税评估机构，配置业务精湛的人员，确保纳税评估长期有效地正常开展。三是统一各地纳税评估工作业务规程，制定纳税评估工作实施条例，将纳税评估的重点放在评估纳税人是否按规定履行纳税义务上，消除纯粹的向评估要税收超进度的理念，使纳税评估真正成为基层税务机关的征管利器。

(二)坚持管理与服务并重，把握纳税评估工作的定位

管理与服务是税收工作永恒的主题，是税务机关必须始终做好的两方面工作，也是纳税评估工作的本质要求。纳税评估工作是管理与服务的有机结合。综观纳税评估多年的实践，从 20 世纪 90 年代初开始的审核评税，到目前成立专门机构负责实施，都始终没有偏离管理与服务两项基本职能。近几年来，纳税评估深入的实践与探索，为纳税评估工作的定位奠定了理论和实践基础。因此，纳税评估工作作为税源管理重要组成部分的地位不能动摇，同时，应体现“管理与服务并重，更侧重于服务”的定位。这种定位包含了管理与服务的有机结合与统一，是科学正确的：一方面，纳税评估是税源管理的重要手段。税源管理很重要的一项工作，就是对纳税人申报纳税的真实性、准确性做出评审和估价。设立专门的纳税评估机构，是落实科学化、专业化、精细化管理要求的创新之举。新的征管模式的建立，对纳税人申报的真实性和准确性提出了新的更高要求；税收工作科学化、专业化、精细化的发展方向，也给税源管理提出了新的更高要求。实施专门的纳税评估，能够较好地解决税源管理中存在的 不管不评或低水平评估等问题，有利于实现税收征管的科学化、专业化、精细化，有利于税 源管理质量的提高。另一方面，纳税评估是纳税服务的拓展和延伸。把纳税评估作为特定的服务，是对纳税服务理念的新诠释。这不仅拓宽了纳税服务的领域，也延伸了纳税服务的触角。在评估中做好服务，在服务中强化税源管理。只有这样，才能真正服务纳税人，增强纳税人的依法诚信纳税意识和税法遵从度，从而达到强化税源管理的目的。

(三)提高纳税评估信息采集质量

纳税评估受信息质量、系统软件、评估人员素质等诸多因素制约，以能获取和储存必要的涉税信息数

据为基础，并依托符合工作实际的评估信 息分析系统。因此，一是要建立和完善评估信息提供机制，税务机关通过法规、规章等法律形式，制定纳税人必须提供的信息项目和具体要求，以确保评估信息的准确全面；二是依托计算机网络，提高信息收集能力和质量，以多元化电子申报为切入点，提高信息的加工能力和利用效率，减少人工输入信息量，提高工作效率和质量；三是运用计算机网络技术，将分散于税收征管系统、金税工程系统和工商、银行、国税、国土、城建、房管等内部、外部系统的纳税人的各种经济信息进行整合，实现涉税信息共享；四是准确采集纳税资料，提高资料的利用效率。根据各税种纳税评估工作要求，有针对性地选择收集、积累所需的纳税人的各种与纳税相关的，诸如销售情况、货物购入情况、发票使用情况以及财务变动情况等各种当年和历史资料，并对获得的纳税资料进行归类、汇总、相互对照，并运用适当的方法加以运算、分析、处理，充分发挥各税种之间相互稽核作用。

（四）坚持效率与质量并举，注重纳税评估工作的成效

纳税评估的成效是通过评估的质量和效率反映的。提高纳税评估成效应坚持评估效率与质量并举。首先，应不断完善纳税评估指标体系。科学的纳税评估指标体系是提高纳税评估质量与效率的基础和关键。应紧紧依托山东地税税收风险管理系统，因地制宜地制定纳税评估指标体系，合理确定各种指标的峰值和预警区间，并在评估实践中不断加以丰富完善。同时，应注意加快构建第三方信息收集机制，运用外围数据与纳税人的申报信息进行比对，从而增强纳税评估的针对性和有效性。其次，应建立科学的纳税评估数据模型。评估数据模型的建立，应本着简便、科学、精确的原则，强化实用性和可操作性，避免数据模型繁琐化。如税种评估数据模型，应建立营业税行业平均税负率分析模型、企业所得税成本费用配比分析模型等。再次，应不断规范纳税评估程序和方法。严格落实纳税评估工作规程，按照“选定对象、案头审核、调查核实、评定处理”四个环节要求，循序渐进地开展纳税评估工作。在评估过程中应突出数据分析和数据应用，防止片面强调实地核查而忽视疑点分析、约谈举证等环节的作用，坚决制止未经分析、约谈就直接上户进行实地核查等做法。要坚持人机结合开展评估，在充分发挥税收风险管理系统的功能和优势的同时，注重发挥人的主观能动性，注重通过人工案头审核日常管理发现疑点、进行评估，灵活运用对比分析等方法，使人、机的特点与长处得到最佳组合。此外，还要创新评估方式，积极实施“重点税源按业户评估，特色税源按行业评估，零散税源按区域评估”的分类评估方法，探索“服务型评估”，健全以完善税源管理机制为主要内容的评估措施。

（五）提高评估人员的综合素质

要选择综合素质较高的人员从事纳税评估工作，并保证评估人员学习的经常化和制度化，要求评估人员掌握各项税收政策，熟悉企业财务制度和 财务核算方法。一要加强对纳税评估人员的培训，对评估工作涉及的税收业务、财务管理、计算机操作技能、各项评估应用指标的分析、与纳税人的约谈技巧等进行系统轮训。二是适时组织开展评估工作经验交流会、典型案例分析会，通过评估人员对评估方法、约谈技巧、报表分析方法等进行交流总结，使干部的评估水平在相互探讨中得以共同提高。三要加强工作考核，鼓励先进，带动后进。通过系统的组织学习、培训、交流、考核，进一步提高全体评估人员的综合素质，把纳税评估工作提高到一个新的水平。

（作者单位：山东省泗水县地方税务局）

# 国地税联合推行“二维码”一次性告知工作的探索与实践

薛希堂

为贯彻总局深入开展“便民办税春风行动”和落实总局《关于做好“二维码”一次性告知工作的通知》部署，莒县地税局联合国税局紧密贴近纳税人需求，进一步整合服务资源，统一业务规范，多维度、全方位、新方式推行办税事项“二维码”一次性告知，为一次性告知工作注入了新血液，增添了新内涵。极大地方便了纳税人涉税事项的办理，使便民办税的春风吹入纳税人心窝。

## 一、国地税联合推行“二维码”一次性告知的背景和动因

（一）推行“二维码”一次性告知是落实总局部署的必然行动

2015 年 12 月 23 日，国家税务总局下发了《关于做好“二维码”一次性告知工作的通知》（税总函〔2015〕678 号），决定自 2016 年 1 月起，在全国推行办税事项“二维码”一次性告知措施。推行“二维码”一次性告知制度可以帮助纳税人随时随地、快速准确地获取办税事项所需资料、流程、法律法规依据，是进一步转变工作职能，推进税收现代化建设的重要举措。如何创造性地落实总局部署，切实为纳税人提供便利是各级税务部门必须面对的一项重要课题。

（二）推行“二维码”一次性告知是深化“互联网＋税务”新内涵的业务需求

随着信息时代的到来，互联网已经渗透到各行各业的脉络之中，“互联网＋税务”已成为税收服务工作的新形式、新趋势、新要求，而随着微信等具有“二维码”扫描功能的软件成为互联网领域的一份子，并几乎以“忽如一夜春风来，千树万树梨花开”的速度走进了寻常百姓家，普及度极为广泛，简单易学，方便快捷，使用人群庞大，使得“税务＋二维码”这一新服务模式应运而生，并将长期在税收服务领域发挥作用，推行“二维码”一次性告知制度是对“互联网＋税务”新潮流的业务探索，有利于税务工作跟上时代潮流，有利于方便纳税人涉税事项的办理。

（三）推行“二维码”一次性告知是拓宽国地税联合办税渠道的有益实践

国税、地税既有自己独立的业务领域，又有国地税联合办税的业务空间。随着经济的发展，大数据时代的到来，需要国地税合作的领域、空间不断扩大，并将成为长久之势。国地税联合推行“二维码一次性告知”制度，可以拓宽双方办税业务合作渠道，积累联合办税的工作经验，有利于推进办税服务质量再提高、再优化；有利于纳税人尤其是“共管户”纳税人更加便捷、全面的了解税收政策和涉税业务办理，进一步拓宽了国地税联合办税渠道，为国地税加强合作提供良好的空间和氛围。

## 二、推行“二维码”一次性告知制度的主要做法

（一）多维度梳理，打造“二维码”新立体层次感

根据国地税业务差异，分全面事项、常用单项、分类事项三个层面进行梳理，立体打造“二维码”构架。一是对以前的“二维码”一次性告知事项进行全面梳理，凡与总局发布的“二维码”不一致的全部统一到总局口径；二是对 110 项“全国统一事项”进行维护，生成一个总“二维码”，通过扫描总“二维码”进入每项业务事项的具体二维码，每项业务事项下放置了相应的二维码图标；三是根据纳税人办理业务数量，梳理出 38 个常用单项“二维码”，生成一个常用“二维码”图标，供纳税人扫描；四是整合新办纳税人、出口退税、契税纳税人等不同业务类型，形成分类“二维码”一次性告知内容。通过多维度梳理、新立体打造，既保证了“二维码”全面、规范、权威，又保证了纳税人简单易用。

（二）多方式应用，构筑“二维码”全方向定位感

通过多种方式为纳税人提供全方向的服务，同时根据纳税人的业务需求为提供纳税人需求定位服务。一是在所有办税服务厅全面开通免费 wifi，方便纳税人联网，现场扫描，现场答疑，现场办理；二是在办税服务厅制作、张贴了全面事项、常用单项、分类事项三个“二维码”一次性告知专栏，由导税人员引导和帮助纳税人按需扫描、即时了解；三是对新办税务登记的企业和个体工商户制作两类“二维码”一次性告知贴纸和卡片，贴纸制作引入“童真趣味一通人物二维码”概念，受到纳税人的广泛喜爱，极大地方便了纳税人随身携带、便捷扫描、长期留存；四是在门户网站设置“二维码”一次性告知链接，纳税人点开链接后，可以扫描二维码查看业务办理流程和所需资料。通过 QQ 群、微信、微博等渠道宣传推送“二维码”，提供在线咨询服务，实时更新信息。

（三）多渠道宣传，拓展“二维码”多方位接触感

利用新媒体、传统媒体相结合，电子媒体与地面媒体相协作，多方位拓宽宣传渠道，使“税务＋二维码”营造出与纳税人多方位接触感。一是将“二维码”办税通过有线电视、报纸宣传，将二维码”一次性告知搬上荧屏，走进千家万户；二是国地税联合在办税服务厅设立“二维码”体验区，配备自助办税电脑、平板电脑等，引导纳税人体验通过电脑终端、平板电脑、手机等进行网上办税和应用“二维码”一次性告知；三是在办税窗口放置“二维码”桌牌和明白纸，在纳税人学堂摆放“二维码”图册、折页和宣传展板；同时，利用外部网站、微信服务平台、办税服务厅大屏幕向纳税人宣传“二维码”办税。

## 三、“二维码”一次性告知制度初步推行效果

（一）低成本全方位对接，成本虽低，效果翻倍

一是国地税联手，实现信息、资源多方面共享，节省了信息搜集、资源整合的时间，使得时间成本、人力成本得以降低，提高了工作效率；二是双方计算机硬件、软件人才、文案设计人才互相合作，大部分技术工作和设计工作亲力亲为，减少了技术外包费用，大大降低了经济成本；三是一码双宣传，节省了宣传成本。“二维码一次性告知”的宣传工作由国地税联合双向宣传，宣传效果上去了，宣传成本下来了，实现了效率与成本的共赢；四是“二维码贴画”发放深得纳税人的喜爱，减少了以往纳税人税收宣传材料“前手接，后手扔”的情况，更促成了纳税人之间互相分享、互相宣传的新现象，这在一定程度上降低了印刷成本，提高了宣传力度和环保力度。

（二）高时效便捷式连接，知识更新，秒钟全晓

二维码办税事项一次性告知，只需纳税人扫一扫，便可了解办税所需的流程、资料、政策法律法规依据等相关涉税知识，纳税人使用后不禁为税务工作跟上勇于时代潮流、更新服务结构的精神点赞。多样化的宣传方式中，发放“卡通系列二维码”贴画深得纳税人喜爱。各种各样的“冰箱贴”、“微波炉贴”、“电饭煲贴”、“汽车贴”成为二维码载体，进入到纳税人的生活环境中，纳税人深感“贴一贴，扫一扫”或者“随身携带随身扫”，税务知识秒钟全知晓。二维码贴被争相领取后，在纳税人之间又被互相分享，使得每个人都成为税收宣传员，税务知识、办税事项得以被轻松学习、广泛知晓。

（三）多领域深层次联合，互惠互利，共享双赢

本次国地税联合“二维码”一次性告知工作，在多个领域实现了合作，在多个方面实现了数据、信息共享。国地税“一次性告知二维码”互相入驻彼此的办税大厅、网站和微信平台，通过地税平台可以扫一扫国税相关办税事项的二维码，通过国税平台可以扫一扫地税相关办税事项的二维码，一个平台双向宣传，互帮互助解决纳税人的业务需要、咨询解答；同时本次合作既在技术、人才方面扩大了交流，总结了经验，又在税收政策、服务模式等方面互相学习，互相借鉴，极大地丰富了国地税合作的新内涵，更新了国地税联合办税的结构构筑，是对拓宽国地税联合渠道的一次成功实践，也为进一步做好联合办税工作打下了坚实的基础。

（作者单位：山东省莒县地方税务局）

# 国地税纳税信用管理的政策建议

沈 丹

近日,国家税务总局王军局长指出要“统筹加强国税地税合作,提升国、地税局合作深度和广度”。2004年以来,总局分别下发加强国家税务局地方税务局协作、合作的意见和《全国县级税务机关纳税服务规范》等指导性文件,为国地税合作提出了明确要求。随着税收征管改革不断向纵深推进,纳税人对国地税合作提出了更高的需求,加强国地税合作已成为新形势下税务部门面临的一个现实课题。

今年三月,笔者所在基层税务所开展了纳税信用等级评定工作,将其与税收宣传、纳税服务、征收管理等各项工作有机地结合起来,进一步优化了纳税服务,推进了税收信用体系建设,提高了纳税人税法遵从度。在具体实施的过程当中仍然存在很多问题,原本国地税应该在纳税人纳税信用等级评定标准的制订、评估、审定、公告等方面进行协商,达成共识,制定下发管理实施办法,根据评定标准共同评定出纳税人纳税信用等级,但是在初评阶段未能很好的沟通,这为将来等级评定工作的后续开展埋下了伏笔。在这里,笔者对于今后如何更好地开展等级评定工作,提出了一些建议。

一是系统过滤,规范参评范围。系统过滤掉一定期限内办理税务登记的新户,跨区县迁移的除外,由非正常户直接责任人员在认定为非正常户之后注册登记或负责经营的企业,以及由D级纳税人的直接责任人员在被评价为D级之后注册登记或者负责经营的企业除外;系统过滤掉年前未进行过纳税申报的纳税人;系统过滤掉临时税务登记、报验登记和跨区缴纳房产税的纳税人,因为这些纳税人的企业所得税在注册地缴纳,即使在经营地缴纳,也是按固定比例预征或核定征收;系统过滤掉扣缴义务登记、特定征收部门登记、组织临时登记等,因为这些纳税人不是正常管理的纳税人;对于次年迁移注销的,仍应列入待参评确认清册。

二是完善评价标准。系统初评直接判D亟需完善,建议在每年1月1日零时自动生成纳税人登记清册,或者系统根据次年转非和解非记录追溯至当年12月31日的登记状态,以对非正常纳税人判D;关联D中的直接责任人员只应是法定代表或单位负责人;未按规定期限缴纳税费款的判定,应以上解时间与限缴期限比对;未按规定核销《外出经营税收管理证明》的判定,应以纳税人在经营地地税机关进行外出经营活动情况申报后10日(工作日)内是否在注册地地税机关核销《外出经营活动税收管理证明》,系统判断扣分;为杜绝小户成为A级,建议纳税人存在以下情况之一的,不评为A级,其年税收贡献不足辖区内单位纳税人年平均税收贡献的,重点税源户财务报表未按季采集的,一般企业财务报表未按年采集的,财务报表中《资产负债表》、《利润表》、《现金流量表》有缺省的,财务报表系统审核异常的,未使用个人所得税明细申报软件扣缴个人所得税的,未缴纳社保的,其他主管税务机关认定不宜评A的,起评分国地税不一致时,应从低计算,修正系统评价规则,原评价结果应随之相应更改,对应人工添加参评的,系统能自动初评分值及结果。

三是国地税评分合并时间应从系统中适时反映合并国地税评价结果。加强国税、地税部门的沟通和协调,在初评后与对应国税所相互交换纳税人评定信息,逐户查询、共同评定,做到一视同仁,严把质量关,保证了评定结果的客观公正、真实可信。信息交流和共享尚存在多方面的制约。尽管税收征管法以及实施细则对税收征管信息的共享内容作了较为全面的规定,但是由于责任主体欠明晰,以致难以具体实施。这不仅导致了税收征管效率进一步提升的困难,也使得国地税联动合作、沟通的状况难以进一步改善。一是税收征管信息软件不匹配。由于国税、地税征收管理软件的差异,国地税双方数据库信息不能自动地形成比对结果,对于共管户主管税务机关不能及时、准确掌握,势必影响征管质量和效率,造成信息资源的极大浪费。

四是在完善系统评价的基础上,制约人工修正权限及范围,以统一评价尺度,公平评价结果。严格按照工作要求和责任划分,依计划开展纳税信用等级评定工作,实行量化考核和责任追究。坚持依法、公平、公正、公开、实事求是的原则,严格按照相关规定的内容、标准、方法和程序,重点对企业法人在外区D级企业担任法人、财务负责人的情况进行户户落实,如有特殊原因,要求企业提供相关证明材料,对不同情况不同对待,保证不该被评为D级的企业不被评为D级,有不良情况的企业也被严肃对待。对评选出的A级纳税人,联合下发表彰通报并颁发了奖牌。"同标准"、"同步式"的联合信用评定方式使纳税信用评定工作透明化、公正化,极大提高了A级纳税信誉企业的权威性和公开性。

国地税纳税服务协调与合作缺少高层次的长效机制。由于国、地税纳税服务协调与合作时,不仅涉及国税和地税的纳税服务、征管、信息、稽查等各个部门,还涉及上一级税务机关的各个相关部门的业务指导,涉及不同的征管软件,从而导致在某些环节不易达成共识。目前,国税地税的行业网络仍然是独立的。而从2006年开始国税部门对全国垂直管理体系运用了统一的税收综合征管软件,地税方面却只是在各省建立了自身征管软件,无论从平台设置格式还是运行模块上讲都不相同,这些不一致无法通过单纯升级改造联办软件实现,需要建立更高层次的国、地税协调与合作的长效机制。

(作者单位:重庆市渝中区地方税务局较场口税务所)

# 合理运用纳税服务和税收执法的关系提升税法遵从度

曾 勇

纳税服务与税收执法是税务部门最基础的两大核心业务。围绕这两大核心业务，国家税务总局相继出台了《全国税务机关纳税服务规范》和《全国税收征管规范》。其目的是为了全面统一征管标准和服务标准，实现两个规范的无缝对接，从而更加有效的规范、方便纳税人；同时进一步优化税收业务流程和资源配置，促进税收征管乃至整体税收工作水平的快速提升。但现实情况却是相关工作在落实上依然存在不少瑕疵，纳税满意度停滞不前，税法遵从度呈下滑趋势。因此，如何合理有效的运用纳税服务和税收执法的关系来提升征管服务质量值得广大税务机关职工去探讨、研究、解决。

## 一、纳税服务和税收执法的关系

(一)纳税服务

纳税服务是指基于现有的税收法律、税收法规在税务事项办理流程中为纳税人提供服务、为征管部门提供纳税人基础信息，贯穿于税收征管全过程，是税收业务工作流程中最基础性的环节，也是新型税企关系建设的桥梁与基石。

“纳税服务工作始于纳税人合法合理的需求，基于纳税人满意，终于纳税人遵从”。纳税服务是以服务为着重点，强调对纳税人的服务质效，其目的是辅助纳税人更好的履行纳税义务，维护纳税人的合法权益。

(二)税收执法

税收执法是指税务机关依照《征管法》等法律法规所赋予的法定职权，将税收法律、法规适用于纳税人的税收执法行政行为，是保证我国税收收入稳定和税收法律、法规贯彻落实的重要手段。

税收执法的意义在于运用强制性手段——税收保全、税收强制等方式，打击、纠正纳税人的“偷、逃、骗、抗”税款的行为，目的是为了维护税法的权威性以及纳税的公平、公正。

(三)二者关系

纳税服务和税收执法是区别明显，但又联系紧密。

纳税服务和税收执法的区别：第一，针对纳税人的出发点不同。纳税服务强调的是服务，以服务纳税人为根本出发点；而税收执法是以监管、打击为出发点。第二，目的不同。纳税服务是为纳税人提供咨询、辅导、帮助，目的是为纳税人降低纳税成本、节省涉税事项办理时间、简化涉税事项办理流程等。而税收执法是对纳税人违法行为的检查、打击、惩罚，其目的是为了维护纳税公平，确保税收全额入库。

纳税服务与税收执法的联系：二者的共同目的都是为了提高纳税人的税法遵从度。但是仅仅依靠纳税服务或者税收执法是不可能完全的保障纳税人完全遵从的，所以需要二者的合理运用，才能以最少的人、财、物达到最优的税法遵从点。纳税服务是税收执法的基础性工作，是纳税人权利要求的结果体现，更是税务机关的义务性工作,通过提升服务质量,体现税收执法成果。

## 二、纳税服务与税法遵从度现状

(一)纳税服务现状

1、片面理解纳税服务内涵。对纳税服务的认识停留"服务"二字,基于服务的潜在。从"便民办税春风行动"到《全国县级税务机关纳税服务规范》都只是把文明办税礼仪、行风建设当作纳税服务的全部内容,却并没有深挖内涵。将"税"字体现其中,只强调基础服务,没有将"纳税"和"服务"作为一个有机的整体予以整合。单纯从管理者的本位思想出发,并没有真正的树立起征纳双方法律地位平等的理念。简单的将纳税人满意度当成了纳税服务的唯一指标,缺乏一定的科学性,造成了一定的片面性和局限性。纳税服务除了基础的业务文明办理之外,还应该有服务到位的政策方针以及为纳税人做好"参谋"的服务。

2、将纳税服务和税收执法矛盾对立。在强调纳税服务的时候往往将税收执法带入其中,将税收执法与纳税服务相互对立。狭隘的认为严格税收执法就难以体现纳税服务,造成提到税收执法,纳税服务就靠边;强调纳税服务,税收执法就不敢进行的情况。造成的结果就是简单粗暴的以纳税人满意度作为唯一考核目标,弱化了税收执法力度,造成了少数纳税人觉得"我纳税,你就该凭我的意愿服务,不服务就投诉你"的情况。

3、纳税服务与税收执法还无法做到全面无缝对接。

(1)纳税服务部门和征收管理部门结合不顺。纳税服务部门在提高服务效率、优化办税流程、缩短办理时限、维护税收公平等方面不断实践创新,努力实现税法遵从度和纳税人满意度双提高;而征管部门除了催报催缴、整理档案、收发刊物等以外,其他服务事项较少过问。

(2)纳税服务部门与评估和稽查部门基本不对接。基层税务机关在执法检查、评估等工作中存在工作方式、方法粗放,不完全按规定程序操作的情况时有发生。纳税检查后,只注重现有成果,却不告知纳税人整改处理方法和下一步如何防范等后续问题的处理,造成纳税人满意度降低,从内心抗拒税务机关执法检查,而不是将税务机关执法检查当做完善自身管理体系的契机。同时,稽查与其他部门缺少沟通,后继管理服务跟进不到位,导致纳税服务和税法遵从度的双降。

4、法律法规不严谨造成纳税服务与税收执法双难。税务机关在出台一些管理规范时,未对其可行性进行充分论证,例如:税务机关要求农产品收购企业在开具发票时填写农业生产者的身份证号码,而《中华人民共和国居民身份证法》第十四条没有明确规定企业有权要求公民出示身份证,第十五条规定人民警察可以查验居民身份证,其他人员没有这个权力;因此,对于企业来说对身份证号码和农业生产者真实性的审核既没有权力,也没有义务和能力。但在实际工作中因身份信息导致的问题,是由企业来承担责任和损失,这明显有些强人所难。这既造成征管服务无法处理,又导致税收执法无法成铁案。

5、过时法规不及时修订造成征纳双方有怨言。简政放权、便民办税是我们当前工作的主基调,但在执行中存在诸多问题无法解决,例如:代开增值税专用发票,2004年总局要求按照《申报单》、完税凭证和专用发票一一对应即"一单一证一票"原则,为增值税纳税人代开专用发票,因此造成纳税人同一事项多次申报纳税,重复做事,纳税人对此非常不满意。2007年总局要求以两个"减负"为突破口,简并各种报表资料,避免从复报送;最新纳税服务规范和便民办税也都有明确要求,同一事项无须纳税重复申报、填表。所以近几年来有不少税务机关以便民办税为出发点,在不违反税收征收原则的前提下进行了双"减负"以减化申报单程序。但有的省市税务机关的法规和监察部门认为此举违反了总局关于《税务机关代开增值税专用发票管理办法(试行)》(国税发(2004)153号)的要求,责令基层税务机关改正,造成基层人员工作量增加,已有便民办税措施必须取消,导致征纳双方各有怨言,基层干部职工有苦难言。

(二)税法遵从度现状

税法遵从度是指纳税人通过主观能动性(即主观思想)的支配作用,对税收法律、纳税义务等的遵守程度。但在实际工作中纳税人自觉主动纳税申报意识相对较弱,甚至有不少纳税人无视法律法规,纳税评估税款、稽查查补税款、非正常户等众多数据反映出税法遵从度存下降趋势,依法治税还存在困难。

## 三、合理运用纳税服务与税收执法联动关系提升税法遵从度

(一)明确职责分工,理清界限的同时,加强集约效应

加强税收执法专业化队伍的建设,明确职责分工。理清纳税服务和税收执法的范围是现代化税收征管服务体系建设的必经之路。但在明确分工的同时应该加强各部门之间的合作交流,避免各自为政的局面,进而减少互相推诿、扯皮的发生。加强集约效应是提高纳税人涉税效率的有效手段,可以有效降低纳税人涉税成本,提高纳税人的税法遵从度。

(二)加强宣传的有效性建设

现如今,虽然涉税宣传着重强调,税法宣传月年年有,各平台各种手段轮番上阵,纳税人学堂定期开办,但收效甚微。税务机关竭尽全力的为纳税人推行、推广相关政策,却怎奈面临纳税人不学、不愿学的尴尬局面。例如:为纳税人讲解了很多次在税控盘自助抄报时应该点击远程抄报,可是仍有纳税人点击办税大厅抄报,因为自身原因导致申报来回跑等情况。因此,应建立一定的简易惩罚机制,才能让税收宣传效果实际到位。纳税人实际掌握相关税收政策,相关操作流程的同时,提高纳税人涉税办理效率,降低税务机关执法风险和提高纳税人税法遵从度。

(三)建立科学的评定指标体系

改变原有的单一指标评价体系,建立科学合理的纳税服务指标。加强纳税人的权利透明度,提高纳税人的税收维权意识,从根本上促进税务工作人员改变执法理念。科学的评价指标体系是保障税务人员大胆工作、践行相关政策法规的强心剂,是促进税收执法、纳税服务规范化、制度化的有效手段。信息化的管控、交流能最大限度的节约纳税人的办税成本,是提高税法遵从度的有力保障。

(四)修正法律法规适应新时期、新要求的需要

进一步对现有的文件进行清理完善,不符合便民办税的、简政放权的一律进行修定完善;不具有操作性和合法性的要尽快取消,深入调查重新出台具有可操作性、合法性的法规政策。

(五)整合规范加强部门间的协调统一

1、将纳税服务规范和征管规范基础事项进行整合,把基础管理和涉税事项办理统一起来,统称征管服务规范,做到工作一步到位,基础管理统筹实施,从登记到管理实现一条龙服务;

2、将征管规范中的纳税评估和税务稽查进行整合,称作风险管控规范。细化操作流程,突出事中事后管理重要性,实现宽进严管;

3、改变现有税收执法、纳税服务之间的壁垒,改变现有纳税服务和税收执法矛盾对立的局面。在合理分工、完善权责划分的基础上统筹协调各事项交叉点,制定相应处理方案以应对潜在出现的内部权责纠纷。每一项税收执法工作都应该包含有纳税服务,在征管的过程中含有执法和服务这两个事项。每个部门和各个税务工作人员应该富有推进服务与加强征管的双向思维模式,以形成合力,提高税法遵从度。

4、探索国税、地税合并，实现一个税务机关集中办税，为纳税人提供更多便利；为国家和纳税人降低办税成本；从体制机制上解决妨碍税收事业发展的突出和深层次问题，推进税收事业科学发展，真正意义上做到简政放权、放管结合、优化服务，切实方便纳税人。

（六）加快税收法律、信用体系建设

完善的税收法律体系建设，将减少税收法律法规漏洞，降低权利寻租空间，提高纳税人税收违法成本。税务机关应坚持“依法治税”的执法服务理念，在征管的过程中切实保护纳税人的切身利益，可适当借鉴国外模式，加强、加快全社会信用体系建设，将纳税义务与社会信用体系融合，使纳税人一旦涉及税收违法等情况将面临寸步难行的局面，从根本上降低纳税人税收违法意愿，结合企业实际的建立起行之有效的企业纳税信誉等级，营造良好税收环境，在执法中将纳税服务体现其中，提高纳税遵从度。

（作者单位：四川省武胜县国家税务局）

# 互联网时代下纳税服务工作新思维

郝　玲

2015年3月5日十二届全国人大三次会议上，李克强总理在政府工作报告中首次提出“互联网＋”行动计划。通俗来说，“互联网＋”就是“互联网＋各个传统行业”，但这并不是简单的两者相加，而是利用信息通信技术以及互联网平台，让互联网与传统行业进行深度融合，创造新的发展生态。它代表一种新的社会形态，即充分发挥互联网在社会资源配置中的优化和集成作用，将互联网的创新成果深度融合于经济、社会各域之中，提升全社会的创新力和生产力，形成更广泛的以互联网为基础设施和实现工具的经济发展新形态。对税务系统来讲，应当充分借助互联网时代的信息技术，打造现代化税收服务新模式，努力提升纳税服务水平，为纳税人提供更加快捷高效的服务。

## 一、目前纳税服务工作存在的主要问题

（一）纳税服务工作不统一，发展不平衡

2014年前，对于纳税服务工作，国家税务总局、省局只出台了一些指导性的方针，大部分的纳税服务工作主要由地方自主性开展，纳税服务的工作缺乏统一的规划发展，或总局、省局虽有规划但还未得到充分的落实。在税务工作人员轮岗较快的今天，给纳税人造成了相当程度的不便。另外，不同地区之间纳税服务的深度和广度存在较大差距，发展较不均衡，一般经济发达地区地纳税服务的内容、方式则相对丰富、多样，能取得较高的纳税人满意度，经济欠发达地区纳税服务形式和手段则相对较少，纳税人满意度较低。

（二）过多注重形式性服务，深层次的服务未能实现

目前的纳税服务大都止于表面，如规范统一的办税大厅，公开服务承诺，讲求微笑、文明服务等等，服务的深度和广度还有待进一步拓展。一是由于税务机关与纳税人之间缺乏有效的沟通，使得纳税人的服务需求不能及时传递到税务机关，税务机关也不能做出及时有效的响应和反馈。二是由于纳税服务理念还没有完全树立，税收服务还没有具体融入到税收征管工作的全过程，服务层次不深，广度不够，服务质量和效率有待提高。三是税务机关的服务不注重实际工作中服务措施的落实，服务效果的好坏，而更偏向于口头上、材料中、墙壁上的宣传内容，以至于纳税服务流于形式，止于表面。

（三）纳税人个性化服务需求得不到满足

目前的纳税服务工作普遍存在的问题是千篇一律，特色、亮点少，不能满足不同纳税人对税收服务的不同需求。大部分地区的税收服务仅限于在网上发布税收政策法规，接受纳税人咨询等，纳税服务项目少，工作中存在盲区和死角，对于不同情况缺乏服务的针对性。既不能将相关税收信息整合成针对性强的、对不同纳税人有价值的经营信息和税收筹划管理信息，也未建立纳税人通过计算机自行取得自己所需信息的有效渠道。大部分税务机关个性化服务不突出，未能有效寻找到纳税服务的切入点，无法有效解决纳税人的个性化需求问题，服务效果差，税务机关往往是“出力不讨好”，影响了信息时代环境下税收服务工作质量和效率的提高。

## 二、互联网时代为纳税服务提供了新的手段

随着我国信息化水平的提高和3G/4G移动互联网的发展，移动终端设备逐渐走向智能化，移动支付、移动办理等新兴应用层出不穷，移动互联网和移动应用在各领域得到了广泛的应用，不断改变原有的工作和生活模式。近年来，国家税务总局不断强调：构建现代化税收征管体系要以信息化为支撑，并将做好纳税服务工作作为当前和今后一个时期落实税收征管改革的首要任务。因此，在互联网和移动应用不断发展的今天，税务系统应当依托3G、4G移动网络，将传统的办税服务、业务办理和涉税事项查询等功能延伸到手机终端，为纳税人提供更加优质、高效的个性化应用服务，同时通过当下新一代信息科技在税务部门的应用进一步降低纳税人和税务机关的税收成本。

(一)移动客户终端大幅增长

据工信部发布的《2014年通信运营业统计公报》显示，2014年中国手机用户已达12.86亿户，为全球手机用户最多的国家。在智能手机用户方面，根据美国KPCB风险投资公司最新研究报告显示，由于3G/4G网络在中国的进一步普及和无线网络持续发展，拥有视频、音乐等高级功能的智能手机成为中国移动终端用户的新宠，2014年中国智能手机用户数量首破5亿，始终保持全球第一。但目前智能手机的市场仍未饱和，智能移动设备的市场潜力仍非常惊人，它将成为未来移动电子终端市场的主力。另外，据中国互联网络信息中心(CNNIC)2014年发布第35次《中国互联网络发展状况统计报告》显示，截至2014年12月，我国网民规模达6.49亿人，互联网普及率为47.9%，较2013年底提升2.1%，手机网民规模达5.57亿人，较2013年底增加5672万人。这份盘点中的种种数据，既体现出我国互联网产业的生机与活力，更体现出产业未来的发展方向。网民在手机电子商务类、休闲娱乐类、信息获取类、交通沟流类等应用的使用率都在快速增长，移动互联网的发展带动着整体互联网各类应用发展。

(二)3G、4G移动技术支持

2009年1月7日，工信部为中国移动、中国联通和中国电信发放了第三代移动通信(3G)牌照；2013年12月4日下午，工信部又为中国移动、中国联通、中国电信同步发放4G牌照。3G、4G牌照的发放，意味着中国的移动通信企业已经进入繁盛发展的时节。3G、4G移动通信技术的运用让手机上网速度得到很大提升，尤其是4G技术的发展，它甚至可以使手机终端的网络速度超过一般家用电脑，达到10Mbps至20Mbps，理论峰值最高可以达到每秒高达100Mbps，这种速度会相当于2009年最新手机的传输速度的1万倍左右。这使许多用户体验不佳的应用得到了发展机会，许多互联网内容纷纷移植到手机平台。国内排名靠前的几大网络服务商如新浪、腾讯、搜狐等都推出了专门适用于手机的门户网站，它们都得到移动网民的极大关注。3G、4G移动通信技术的发展和应用，对现代社会来讲，是一次从PC到掌上的革命，它把手机从单纯的通讯机器进化为综合信息处理设备，它将在将来完全改变我们的生活。

(三)移动即时通讯广泛应用

移动即时通讯(IM)是指参与即时沟通的双方或多方通过手机移动互联网登陆到同一即时通讯系统，实现沟通信息实时收发以及相关信息的即时更新。随着智能机的普及和价格的逐渐降低，手机即时通信使用率已经于2014年底超越PC端。中国互联网络信息中心分析师郭悦介绍，截至2014年12月，我国即时通信网民规模达5.88亿，比2013年底增长了5560万。即时通信的总体使用率为90.6%，较2013年底增长4.4个百分点。按照艾瑞咨询集团发布的《2014中国移动即时通讯应用用户调研报告》，2013年中国用户使用最多的移动即时通讯应用为手机QQ，占比为82.6%，其次是微信，占比为80.2%，位居第三位的是旺信，占比为41.7%。2013年中国用户最常用的移动即时通讯应用中手机QQ以45.0%占居首位，微信以40.0%位居次位。可见用户对于手机QQ和微信的粘性很大，占据了主导市场。移动即时通讯作为未来跨越互联网与移动互联网的业务，其发展潜力十分巨大。移动即时通讯技术借由大

规模用户基数及较高活跃度等优势，将会成为移动互联网的一种强势应用。

(四)手机支付技术越加完善

手机支付也称为移动支付，是指用手机对所购买商品或服务进行账务支付的一种服务方式，它通过用手机等移动终端发送支付指令，在手机银行、第三方支付平台等支付平台或客户端等完成支付流程的支付方式。手机支付的最终目的是日常消费支出均可通过手机支付解决，不带钱包、银行卡等物品即可出行。这种以前对中国消费者来说十分陌生的方式，现在已经越来越普遍了，甚至成为一种新的消费支付潮流。其实，这种消费支付模式在国际上的发展早已颇具规模，在欧美日韩等发达国家国，人们经常使用手机支付来乘坐地铁、购买商品和服务，他们还能通过手机来实现银行间的转账、水电等公共事业的缴费、电子公交卡、房门钥匙等多种功能，手机支付已经日渐成为发达国家人群日常的消费支付习惯。中国互联网信息中心(CNNIC)发布《第35次中国互联网络发展状况统计报告》显示，2014年我国使用网上支付的用户规模达3.04亿。其中，手机支付用户规模达到2.17亿，增长率为73.2%，网民手机支付的使用比例由25.1%提升至39.0%。而手机支付用户占总支付人数的七成。照此趋势，可以预见手机支付必将成为往后公众消费支付的主要方式。因为，手机支付在消费中具有绝对优势：对消费者来说移动支付方式使得资金支付更加便捷，在外消费不必携带多余现金、借贷卡等，消费更加简便；在商户方面，手机支付摆脱了商品交易中空间和时间的限制，加速了支付效率，降低了运营成本，同时还拉低了公众的消费门槛，构建出多元化的服务模式，从而满足了更多客户，带来更多效益；在第三方服务平台看，在完成规模化的推广并与互联网服务、技术紧密结合后，手机支付不仅能为第三方服务平台带来巨大经济效益，而且其市场份额占比也将成为其实力与形象的象征。

## 三、构建互联网时代纳税服务新模式的对策

税务系统应充分利用移动互联网契机，借助手机设备方便、快捷、高效的特点，建立起新的移动纳税服务体系，随时、随地为纳税人提供不受时间和空间限制的纳税服务。新纳税服务体系应以省级集中为主，建立统一的移动纳税服务平台，并同税收征管信息系统、税务门户网站系统、财税库银联网系统等实现数据共享和同步更新。同时，笔者认为移动纳税服务体系的建立应由四个纳税服务模块共同搭建构成：税务手机APP、税务手机网站、税务手机短信和税务手机QQ群。

(一)开发税务手机APP

税务手机APP就是供社会公众下载到手机并进行安装使用的为纳税人提供涉税服务的软件应用。税收手机APP在设计上应当充分考虑纳税人的使用习惯，方便纳税人使用。纳税人在税务手机APP可以实现纳税申报、税款缴纳、申报情况查询、公众评议、意见反馈等多种纳税服务功能，使纳税在更低的纳税成本下，更加便捷、高效地完成所需要办理的涉税事项。

(二)开通税务手机网站群

税务手机网站就是供纳税人通过手机浏览的税务专题网站。网站的设计应注重手机用户的主观感受，体现页面友好、布局完善、内容丰富等元素，达到改善纳税人体验，扩大纳税服务范围，提高纳税人遵从度的目的。可建设成省一级总网站、地市级分网站、县一级子网站的模式，按照省、市、县三级划分分别开通各级域名与页面。省局网站的内容以税收政策、信息公开、纳税咨询、税事新闻、分站导航等栏目组成。地市级分网站网站主要以本地新闻、政务公开、通知公告、办税引导、纳税服务、子网导航等栏目组成。县一级网站主要由本地新闻、信息公开、通知公告、办税引导、纳税服务、税收咨询等栏目组成。为了便于网站内容的更新和维护，各级税务手机网站的内容应可以从税务机关自身的门户网站进行关联或获取。

(三)开发税务手机短信系统

税务短信服务以手机作为终端信息通讯工具，将短讯服务与税务机关的税收征管数据平台结合起来，及时形成手机税务讯息，并以短讯的形式进行单向传递和双向信息互动，实现涉税信息在税务机关和纳税人之间的快速传递和反馈。移动短讯服务的普遍应用，一方面可以使纳税人在第一时间获得有关涉税信息或纳税需知，有效提高纳税人的纳税遵从度；同时也大大减轻了税管员为纳税人发送通知公告的工作量，有利于税源管理。税务短信手机税务短信服务模式的主要内容包括纳税提醒、纳税信息反馈、涉税审批事项反馈、涉税事项通知等。

（四）创建税务手机 QQ 群和微信公众号

开通税务手机 QQ 群，纳税人可利用手机 QQ 及时咨询各类涉税事宜，这既能有效缓解 12366 业务繁忙时无法提供服务的情况，而且提问者的咨询可使在线的其他纳税人同时看到，使他们也学习到该方面的税收知识。构建税务 QQ 群服务，应以县级地方税务局下属管理分局为单位。一个单位申请一个 QQ 号码，再用此 QQ 号码按照税源管理职能建立一个或者多个税务 QQ 群。QQ 群的使用可以完成实时解答纳税人的疑问、发布最新税收政策、纳税提醒、税收宣传等多种任务。纳税人也可以随时与税务局之间进行在线交流。同时，税务机关可以使 QQ 群成为纳税人之间互相交流的平台，鼓励纳税人有涉税疑难可自行在 QQ 群里进行交流问答。

在微信功能应用方面，主要采取县级税务机关建立微信公众号的形式提供纳税服务。纳税人通过手机扫描“二维码”、朋友推荐、搜索添加等渠道关注各级地税部门的微信公众平台。基层单位则通过微信公众号平台设置“涉税辅导”、“办税服务”、“税收宣传”三大板块，在线实时承担办税指南、政策宣传、涉税辅导等多种任务，多角度满足办税人员各类需求，免费帮助纳税人实现指尖上的远程导向服务，减轻其办税负担。在微信公众平台中，“涉税辅导”提供最新的税收政策推送、表报下载、申报期查询、办税指南等功能；“办税服务”则提供发票真伪查询、预约排队叫号、审批事项查询、税费查询、零申报等功能；“税收宣传”提供地税风采展示、廉政基地建设、本地风物特色等宣传内容，让纳税人在轻松愉悦的氛围下处理各种涉税事宜。

（作者单位：山东省泰安市地方税务局）

# 关于基层税务机关推进“互联网＋税务”的思考

李云鹏

在2015年3月5日召开的十二届全国人大三次会议上，李克强总理在政府工作报告中首次提出“互联网＋”行动计划。“互联网＋”是把互联网的创新成果与经济社会各领域深度融合，推动技术进步、效率提升和组织变革，形成更广泛的以互联网为基础设施和创新要素的经济社会发展新形态。如何搭上“互联网＋”这班新一轮技术革命的快车，充分发挥科技对税收工作的引领作用，总局作出了“互联网＋税务”的战略部署，王军局长在2015年6月组织召开的厅局级干部专题研讨班上对全国税务机关提出了具体要求。就基层税务机关而言，怎样正确看待“互联网＋税务”战略，要迫切解决哪些具体问题，需要在思维观念和工作方式方法上做出哪些调整，这是作为基层领导干部需要认真思考的重大课题。

## 一、基层单位推进“互联网＋税务”战略的现状及存在的问题

朝阳市位于辽宁西部，北与内蒙古赤峰及通辽接壤；南与本省葫芦岛及河北秦皇岛毗连；东与本省阜新、锦州为邻；西与河北承德、秦皇岛交界。面积2万平方公里，人口350万，有纳税人5.7万户，其中一般纳税人5200户，“十二五”期间年国税收入规模保持在40亿元上下，是辽宁三线城市和周边地区较为典型的代表之一。推进“互联网＋税务”战略，为相对欠发达地区从管理、服务到内部管控向发达地区靠拢都提供了难得的追赶机遇，需要正视客观现状和存在的问题，认真研究加以解决。

(一)税收征管方面

朝阳市国税局下辖8个县市区局和4个直属机构，从征管方式看，各单位普遍采用“抓大、管中、控小”的管理方式，通过推进税收风险管理、税源分类管理和征管质量考评，对未达平均征管参数的小规模以上纳税人实施风险控制和比对分析，对存在风险的纳税人由一线人员实施纳税评估和稽查。这种管理方式在以往税收工作中发挥了巨大的作用，但与推进“互联网＋税务”战略的要求相比，还存在数据“不善用”、“不够用”、“不能用”的现实问题。一是管理方式方法不够完善。各单位普遍存在对数据分析应用不到位的问题，同时，大量的时间仍被繁琐的日常性事务工作占据。比如面对上级下发的较为庞大的风险户数不能进行精准分析，而是大部分转发，导致一线人员在实际调查中敷衍了事。另外，部分一线同志管理能力有限，方式方法简单粗暴，受考评制约，在税收征管过程中简单地用税负等平均指标和数据要求纳税人缴税，不仅不客观，也造成了纳税人的极大反感。二是现有征管数据体系仍不够健全。各单位普遍存在与政府其他部门索取数据难的问题，如近几年来，为加强医药行业管理，与药监部门索取医保信息，但始终困难重重。三是数据质量不高。虽然制定了严格的数据管理制度，但系统内仍存在大量垃圾数据，这也是各级税务机关的共性问题，客观上降低了数据的使用效益。如何对利用信息技术对现有管理模式进行调整，已经成为提升管理质效的现实需要。

(二)纳税服务方面

近些年来，各级税务机关在服务纳税人方面有了质的提升，已经按照构建现代服务体系的要求进行了大量的改革创新。尤其是“便民办税春风行动”开展以来，全员全方位的服务体系正在构建，互联网技术正在加速应用到办税服务中来。但是，从基层实际工作中看，仍有一些不容忽视的问题制约了服务质

效的提升。一是网上办税服务厅业务范围还相对狭窄。目前，各级国税机关已经实现网上申报缴税，但仍有大量的业务需要到税务机关办理，部分时点仍存在人满为患的问题。二是网上办税功能不完善。网上办税故障较多，出现问题难以解决，纳税人意见很大。三是电子发票应用没有得到实质性进展。受电子印章公安部门收费标准较高、纳税人需要配备计算机等终端机器摊高办税成本、发票验旧供新制度等因素的影响，电子发票推进迟迟没有实质性进展，客观上造成纳税人仍需多次到税务机关办理业务。四是个性化服务手段缺失，导致征纳双方信息不对称。税务机关与纳税人之间缺乏畅通、高效的信息化沟通联系渠道，税务机关对纳税人的服务需求信息了解的不及时、不全面、不完整，税务机关所提供的纳税服务还是以共性服务居多，针对纳税人的需求推出的个性化服务明显不足，无法满足各类纳税人的不同需要。我们常说，最好的服务就是构建更加方便、快捷的管理服务体系，让纳税人感受不到刻意的服务。随着"互联网＋税务"战略的推进，必将为服务水平的大幅提升提供一个难得的历史机遇。

(三)人力资源方面

朝阳市国税系统现有在职干部1141人，平均年龄达到44.68岁。其中一线干部1043人，平均年龄44.66岁。30岁以下的166人，31—40岁的148人，41—50岁的324人，51岁以上的405人。这些老同志普遍表现为管理经验丰富，但计算机应用能力不高的集体性特征。针对老同志居多的现状，各单位在管理模式上普遍强化一线征收管理，弱化数据分析应用。以朝阳市为例，全市负责税政指导的35人，数据分析的20人，税收管理员393人，稽查干部182人。多数一线征收单位采取"多老配一青"的管理模式，即：将年龄偏大的同志调整到税务所(分局)，同时配备一名年轻同志负责内勤工作。受82、84年集中招公影响，"十三五"期间，包括朝阳地区在内的众多地区都将进入老同志集中退休、新毕业大学生大量入职阶段，干部的总体结构将发生巨大变化，这也将为推进"互联网＋税务"战略奠定人力基础。

(四)税收成本方面

税务所(分局)税收成本偏高已经是税务系统的共识，伴随着起征点的调高，通过近些年来的几轮撤并，这一问题得到缓解，但仍未根本解决。目前，朝阳市国税系统中独立办公的税务所(分局)共28个。在基本建设方面，各个税务所(分局)办公面积一般在200－400平方米之间。"十二五"期间，各税务所(分局)进入集中改造(建设)时期，有8个税务所(分局)经总局批准完成改造，资金支出超过1000万元，还有8个税务所(分局)进入总局基建项目库，尚未开工建设。随着各税务所(分局)办公用房建筑时间的推移，其更新改造需要大量资金的实际情况始终是税收工作需要面对的问题。在后勤保障方面，每个税务所(分局)一般配备1－2台公务用车，每辆车年均运行成大约在5万元左右(含司机工资、福利)，照此计算，全系统所属各税务所(分局)每年公车经费支出达200余万元。另外，各税务所(分局)基本都设有食堂、锅炉房等，需要雇佣若干名工勤人员，以每个税务所(分局)雇佣2人、月工资按照辽宁省最低工资标准人均约1000元计算，则全系统每年仅此项经费支出就超过60万元。根据朝阳市2014年年终财务决算数据显示，税务所(分局)征税成本仍相对较高，以前年度曾出现过个别税务所运行成本大于征缴税款的"倒挂"现象。从税收成本角度考虑，需要推进"互联网＋税务"战略，对现有税务所(分局)进行撤并，用新技术代替旧有的管理模式。

(五)内部管理方面

从近些年来税务系统包括我市出现的几起内部涉税违法违纪问题看，在审批环节不够透明，监管不到位是问题发生的重要因素。加快互联网与政府公共服务体系的深度融合，推动公共数据资源开放，促进公共服务创新供给和服务资源整合，构建面向公众的一体化在线公共服务体系，必然能够提升内部监管和外部监督水平，有效防范税收执法风险。

## 二、推进"互联网＋税务"战略需要上级集中解决的技术性问题

"互联网＋税务"是今后一个时期税务系统的基本发展战略之一，需要各级税务机关上下联动、协同推进。从基层实践来看，必须解决思维观念、人员素质、工作模式、应用技术等一系列问题。其中，一些技术性问题需要省级以上税务机关统筹解决。

(一)建立移动网上办税厅

目前，随着智能手机的普及应用，人们对计算机的依赖越来越少，这也在客观上为推进"互联网＋税务"战略奠定了物质基础。税务部门应该在现有网上办税厅的基础上，拓展手机 APP 等移动互联办税业务。纳税人通过新的办税模式，可以随时随地进行网上申报、电子缴税等相关操作，可以轻松实现国税政策法规的在线学习，最新通知公告的及时知晓，办税流程的最优筹划，涉税信息的快捷查询和征纳双方需求的即时沟通，还可以随时了解各类涉税审批事项办理进度和办税厅的忙闲等情况，合理安排出行及办税时间，为纳税人提供一个"移动税务局"。

(二)构建涉税数据仓库

打通政府部门、企事业单位之间的数据壁垒，通过对各方面信息的整合，构建一个综合的涉税数据仓库，实现多业务数据间的相互比对、校验、融合的大数据分析功能，提升税务机关的治税能力。一方面，开展区域经济税源特征、税收效应、税收政策等的分析，使税收分析更好地服务组织收入工作，服务宏观决策和经济社会发展，为领导决策提供依据。另一方面，以大数据分析为支撑，通过对涉税数据的分析挖掘，增加税收工作的准确性与针对性，不断强化税收征管。

(三)完善现有平台

当前，我们的征管系统为 CTAIS2.0，其扩展性较差，在开展"互联网＋税务"工作中成为一个瓶颈。所以，应该以总局"金税三期"推广应用为契机，进一步优化完善业务流程，充分考虑地域差异、经济差异、国地税差异等因素，为"互联网＋税务"整体应用系统做好顶层设计；同时，要建立科学规范的整体框架标准和平台，增强不同应用系统、业务域之间兼容性、可扩展性，进一步将税务信息平台向电子商务平台、支付业务平台和其他中介服务等更多的第三方扩展和互联，形成更广泛的税务大信息平台。

(四)实现普通发票的信息化管理

全面推行电子发票，实现普通发票自动验旧和缴销，减轻发票验旧购新的工作量，避免出现"大头小尾"发票和假发票等违法行为。实现发票流向的实时监控，随时掌握纳税人发票使用情况，为税务部门稽查、评估以及日常征收管理工作提供借鉴。为纳税人提供发票真伪鉴别服务，取得发票纳税人只需要提供发票代码等基本信息，即可查询发票状态、等相关信息，有效防范纳税人接受虚假发票的风险。

(五)高度重视安全问题

目前征管系统存储着大量的纳税人及征管信息，如果安全没有保证，"互联网＋税务"就不能健康发展。税务部门在实施"互联网＋税务"的进程中务必对安全问题给予高度的重视，既要通过防止黑客攻击、限制用户的访问权限等方式保证网络系统的安全，又要保证数据免受病毒破坏，确保数据在传输过程中的安全。

## 三、转变观念，积极推进"互联网＋税务"战略的探索与实践

"互联网＋税务"并不是互联网与传统税务机关的简单相加，做好"互联网＋税务"，首先需要税务机关要以互联网为依托，培养税务人员的"互联网＋"思维，科学系统地推进税收信息化建设，从而建立适合"互联网＋"的切入点和建设方向。

(一)要解决观念问题

无形的互联网部分代替传统的税务机构完成相关的涉税事务，对人们的观念无疑是一个极大的冲击。这当中既有不少税务工作人员对“互联网＋税务”的发展意义缺乏认识，也有人担心“互联网＋税务”的发展对自身利益构成威胁，所以，要成功实施“互联网＋税务”，就应首先扫清观念障碍。

（二）要解决人才问题

“互联网＋税务”属于高科技的范畴，不仅需要组织大量的高精尖的信息技术人才攻关，而且需要全体税务人员具有良好的信息技术素质。而目前的税务人员队伍现状与这个要求尚有不少距离。只有在适当引进部分高尖端人才的基础上，通过不断学习来提高全体税务干部的素质才是真正出路。另外，企业人员素质也需要通过培训相应提高。

（三）要探索征管模式改革

要按照大数据分析模式，对现有征管模式进行改革探索。对条件成熟的地区和单位，可效仿发达国家的成功经验，建立数据分析应用、纳税服务、大企业管理、税务稽查为支撑的现代管理模式，强化四个部门的管理职责和人员配备，对现行的税务所分局进行撤并，突出管理团队在税收链条中的作用，推进税收现代化。

（作者单位：辽宁省朝阳市国家税务局）

# 基于"互联网＋"的税收征管改革初探

于洪广

深化国税、地税征管体制改革，建立现代税收征管体制，是深入贯彻落实党的十八大和十八届三中、四中、五中全会的重要内容，既是服务国家治理现代化的基本建设，又是顺应纳税人期盼的民心工程，更是推进税收事业科学发展的重大举措。本文结合鞍山国税、地税征管体制改革的实际情况，从"互联网＋"基本理论及特征入手，分析"互联网＋"对税收征管的影响，提出"互联网＋"时代背景下加强深化税收征管改革的建议。

## 一、"互联网＋"理论及特征

眼下最热的词语是什么？当然是"互联网＋"。不仅近来所有涉足"互联网＋"的上市公司得到资本市场上投资者的热烈追捧，而且作为国家实施的一项重大战略行动计划，它也写入了《政府工作报告》中。

李克强总理在政府工作报告时指出：要制定"互联网＋"行动计划，推动移动互联网、云计算、大数据、物联网等与现代制造业结合，促进电子商务、工业互联网和互联网金融健康发展。这是第一次在政府工作报告当中大量提到互联网，并突出了互联网在经济结构转型中的重要地位，至此，"互联网＋"战略上升到国家层面。

(一)什么是"互联网＋"

"互联网＋"战略是全国人大代表、腾讯董事会主席兼 CEO 马化腾 2015 年向人大提出的四个建议之一，马化腾解释说，"互联网＋"战略就是利用互联网的平台，利用信息通信技术，把互联网和包括传统行业在内的各行各业结合起来，在新的领域创造一种新的生态。简单地说就是"互联网＋XX 传统行业＝互联网 XX 行业"，虽然实际的效果绝不是简单的相加。

(二)"互联网＋"的特征

全面透彻理解"互联网＋"的精髓，除了要把握它本身是什么，还有必要站在这个时代的角度去考察、去解析，研摩"互联网＋"和当今这个时代之间怎样关联、匹配和相契。

1、跨界融合。＋就是跨界，就是变革，就是开放，就是重塑融合融合本身也指代身份的融合，客户消费转化为投资，伙伴参与创新，等等，不一而足。

2、创新驱动。中国粗放的资源驱动型增长方式早就难以为继，必须转变到创新驱动发展这条正确的道路上来。这正是互联网的特质，用所谓的互联网思维来求变、自我革命，也更能发挥创新的力量。

3、重塑结构。信息革命、全球化、互联网业已打破了原有的社会结构、经济结构、地缘结构、文化结构。权力、议事规则、话语权不断在发生变化。互联网＋社会治理、虚拟社会治理会是很大的不同。

4、尊重人性。人性的光辉是推动科技进步、经济增长、社会进步、文化繁荣的最根本的力量，互联网的力量之强大最根本地也来源于对人性的最大限度的尊重、对人体验的敬畏、对人的创造性发挥的重视。

5、开放生态。关于互联网＋，生态是非常重要的特征，而生态的本身就是开放的。我们推进互联网＋，其中一个重要的方向就是要把过去制约创新的环节化解掉，把孤岛式创新连接起来，让研发由人性决定的市场驱动，让创业并努力者有机会实现价值。

6、连接一切。连接是有层次的，可连接性是有差异的，连接的价值是相差很大的，但是连接一切是互联网＋的目标。

## 二、"互联网＋"对税收征管的影响

随着世界变得越来越数字化，"互联网＋"正在潜移默化地影响着每个人的生活。现在，"互联网＋"被广泛应用于零售、金融、娱乐、交通等方方面面，深刻影响着经济运行方式、社会组织形式和人们的行为模式，也对税收工作带来了全方位的影响和挑战。

(一)对传统税源管理模式形成了冲击

"互联网＋"的推进，促进了我国市场主体的日益多元化、经营网络化、产品虚拟化、交易隐蔽化，对传统的税源管理模式形成了极大冲击。一是新兴业态对行业管理的挑战。电子商务、互联网金融等新兴业态迅速崛起，其隐蔽性、流动性、碎片化特征，对原有的分区域、分行业管理模式形成了冲击。二是电子交易对实体化税源管理的挑战。传统实体经济与互联网深度融合，越来越多依托电子化交易和营销，导致依靠发票、库存、账簿等传统方式，难以实施有效监管。三是跨域经营和交易虚拟化对属地管理的挑战。"互联网＋"推动了企业跨界融合和跨域经营，再加上网上交易地址的虚拟化，导致地方财力和税源极易转移，对属地管理形成冲击。

(二)对创新税收管理理念和方式提出了新的要求

"互联网＋"是打造大众创业、万众创新和增加公共产品、公共服务双引擎的重要推动力。税收是公共管理服务的重要内容，"互联网＋"将推动税收工作理念和方式发生革命性变革。一是贯彻开放理念，提高税收管理的开放度和透明度。要善于运用"互联网＋"来充分听取民意、凝聚民心、集中民智，增强税收工作的透明度和公信力。二是贯彻互联理念，加大简政放权的力度。加强部门内互联以及与其他政府部门和社会组织的互联，增进部门合作，简并行政审批，提高行政效能，充分释放和激发市场主体活力。三是贯彻共享理念，加强对涉税信息资源的共享整合。着力打破内部和外部的信息孤岛，强化信息资源的挖掘、利用和增值，为提高税收管理和服务效能提供有力的支撑。

(三)对优化纳税服务提出了新的更高要求

"互联网＋"既对纳税服务提出了新的更高要求，也给创新和优化服务带来了巨大的潜力和空间。一是服务平台的移动化。各级税务部门依托桌面互联网所实现的网上办税，已经让纳税人实现了足不出户办税。当前，要着力构建移动互联的第二代电子税务局，为纳税人提供如影随行的全方位服务体验。二是服务需求的个性化。"互联网＋"带来的纳税人类型多元化、业务多样化，必然导致服务需求的多元化；随着纳税人维权意识的增强，服务需求层次的提高，其涉税需求也越来越个性化。三是服务资源的一体化。随着移动互联、云计算、大数据等新技术的应用，原来相互隔离的服务渠道，都可以通过整合信息平台来实现一体化，从而推动纳税服务的集约化和高效化。

(四)对税务部门的组织运行模式和架构产生相应的冲击

"互联网＋"的技术进步，不仅对具体的税收管理服务手段和形式形成冲击，也将对税务部门的组织运行模式和组织架构变革产生影响。从纵向看，税务组织内部多层级信息传递与互联网信息的开放共享存在着突出的矛盾。税务部门内部决策执行由上至下层层传导，信息反馈由下而上层层报送。在互联网时代，税务内部信息传递的层层过滤延滞，使得"最后一公里梗阻"的矛盾愈发突出。从横向看，信息集约化与部门设置交叉重叠、各自为战的矛盾更加突出。目前，税收信息已经实现了总局、省局两级集中，但按职能、按税种、按纳税人类型交叉重叠设置部门，数据分析利用和工作部署上的政出多门，各软件系统和信息数据在源码、标准、口径上的不统一，制约了信息数据的有效整合和增值利用。

## 三、"互联网+"时代加强税收征管的建议

当前,国家正在实施"大众创业、万众创新"发展战略、时值"营改增"试点全面实施,国税系统纳税人数量迅猛增长、经济业务类型日趋复杂,税务机关职能转变、减政放权的矛盾日益突出。笔者结合鞍山征管改革实际,运用"互联网+"思维、探析加强税收征管体制改革的方法和思路。

(一)建立科学完备的征管体系,着力畅通数据获取渠道

1、优化税收征管机制。按照现有征管体制,重新调整征管机构设置,优化征管业务流程。在各级税务机关设立征管数据管理和风险分析监控机构,在各业务部门设置征管数据管理岗、明确职责、配置专人专司数据分析等风险管理工作,探索现成数据采集—数据分析—决策支持—提出更多数据需求的良性循环,构建起数据对征管体系的支撑机制。要发挥征管资源配置作用,让不同能力层次的干部找到合适的位置,把精业务懂技术的骨干人才整合成"专家团",负责数据管理、税收分析、纳税评估等复杂涉税事项,让各类审批事项通过数据链从后台流转、前台出件,实现由"单兵作战"向"团队化管理"的根本转变。

2、建立健全税收征管制度。要充分发挥大数据在税收管理中的作用,不仅需要信息技术上的有力支撑,更需要在税收法律制度层面充分保障,通过立法来保障税务机关从外部获取数据。首先,应以法律形式明确海关、工商、银行等涉税信息占有者向税务机关及时准确提供涉税信息的法律义务和责任,以便税务机关更充分地掌握纳税人的实际生产经营情况,来促进税收管理工作。其次,建议制定《国家涉税信息保障条例》,对政府部门、社会组织以及市场主体向税务机关提供的涉税信息进行细化,明确提供涉税信息的范围、内容、程序、方式、标准和时限。尤其是银行、非银行发卡机构、非银行收单机构和电子货币发行机构等在线服务企业都要向税务机关提供其客户的基本和交易信息。

3、全面畅通大数据获取途径。要进一步增强数据的流动性和可获取性,有效解决信息管税的数据"源"与"流"问题。税务机关应从内外两方面着手,消除数据流动的障碍,畅通数据获取的渠道。一方面,税务机关必须打通内部壁垒,整合各种应用系统,实现内部不同部门、不同信息系统、不同层级、不同地区之间数据的流动共享。国家需要打通外部堡垒,建立政府大数据的云平台,让各部门占有的数据共享到云平台,让税务机关及时无障碍地从政府云平台上获取数据,实现税务机关与部门间信息的互联互通,达到数据高效应用的目的。

(二)增强数据处理能力,着力构建税收风险防控体系

要推动深化改革,必须走科技创新驱动的道路,利用现代信息技术手段,构建科学合理的数据分析模型,应由政府依托国家人口基础信息库、法人单位信息资源库和企业信用信息系统的全社会市场主体基础数据统一平台,整合金融、工商、税务、社保、交通、安监、统计等领域信息,实现各地区、各部门信息共建共享,对数据进行批量采集、集中存储、自动关联和分类应用,实现第三方涉税信息与纳税人信息的对比分析。建议运用"互联网+"思维和相关技术手段,在互联网上收集、筛选、扑捉涉税信息,通过分析挖掘,为税源管理、风险防范以及税务稽查提供可印证的信息支撑,实现对税收风险的精准管控,精确查找风险点。

依托大数据分析技术,在税收风险管理系统中将纳税人划分为不同的风险等级,对低风险的纳税人,采取风险提醒方式,给纳税人主动改正的机会;对中风险纳税人,由税务机关进行纳税评估应对处理;对高风险的纳税人,由稽查部门立案进行应对处理,彻底解决以前由于征纳双方信息不对称,实现了风险企业指向性强,风险点明确,大幅度提升了税收风险管理效率。

(三)加强数据分析利用,着力提升信息管税的能力

1、加强数据分析。必须建立数据仓库,运用"互联网+"通过信息关联,推进数据共享、共用,改变目前有分析需求的不占有数据,占有数据的没有足够力量分析数据的现状。要充分发挥合力作用,做好数

据分析工作，通过数据分析，让“睡着”的数据醒过来，让“死”数据变成“活”信息，充分利用各种渠道采集上来的数据，提高利用效率和分析水平，使涉税信息真正成为税收管理资源。

2、挖掘数据潜能。大数据的价值需要税务机关通过创新性的分析利用来释放。应当充分运用大数据的理念和思维，强化对大数据分析人才的选拔、培养和使用。借助科研机构、社会中介等多种力量，努力构建功能强大的智能化数据分析网络，深入挖掘数据潜在价值。通过对获取的海量数据开展分析，探寻、发现、理解信息内容及信息与信息之间的关系，从而实现大数据的核心价值—“预测判断”，打造智能税务，精确实施税源监控，大幅度提高税收征管水平。

“互联网＋”的思维、方法和手段的运用和发展，必将促使税务机关不断创新管理手段和方式，推进税收征管改革深化，为税收事业科学发展、跨越发展、长远发展，实现税收现代化发挥巨大的作用。

（作者单位：辽宁省鞍山市国家税务局）

# 基于提高税收遵从度的纳税服务优化思考

陆晓民　张学银　李辰磊

构建现代化税收征管体系，其最终目标是为了减少征税成本，促进纳税人税收遵从度。本文从纳税人、税务机关等维度分析当今社会纳税人税收遵从度和纳税服务的现状，探讨存在的问题。从提高纳税人税收遵从度的视角出发，思考纳税服务的优化方法。

## 一、税收遵从度与纳税服务概述

（一）相关概念

税收遵从度是指纳税人受主观心理态度支配，从而表现出来的对于税法的遵从程度。它是一个主观概念，是纳税人的切身体会和心理感觉。美国从20世纪六十年代开始实施纳税人遵从度评估项目的研究。目前，大多数发达国家为实现让纳税人自觉遵从税法、自觉履行纳税义务的目标，将税收遵从的概念引入税务管理体系乃至体系的使命宣言中，将提高纳税遵从确定为税务管理的根本目标。如加拿大税务管理中的使命宣言是：提升加拿大的税收遵从，通过教育、高质量的服务、负责的强制执法，执行税收法律法规，从而为加拿大的经济及社会做贡献。现有框架下，我们将纳税人区分为税收遵从度较高、税收遵从度较低、税收不遵从等类别，并根据实际情况，针对不同纳税人采取相应的管理策略。

纳税服务是一个总称，从字面上可以理解为纳税人提供服务。它是税务部门在税收征管过程中向所有纳税人提供的，旨在方便其了解和履行纳税义务，享受纳税权利服务的总称。现代意义上的纳税服务最早起源于20世纪50年代的美国。随着经济的快速发展和社会的不断进步，以及信息技术的革新和全球化浪潮的推动，各国纳税人对纳税服务的需求日益高涨。与此同时，各国税务机关积极顺应国内纳税人的强烈需求，对其税收管理理念和管理模式都进行了重大改革，纳税服务正成为现代税收征管的核心内容。我国从1993年12月全国税制改革工作会上明确提出为纳税人服务的观念到现在，纳税服务水平有了显著提高。

（二）税收遵从度与纳税服务的关系

首先我们需要探讨到底是哪些因素在影响着税收遵从度。一般来说，税制设计是否公平合理、简明便利，税收使用是否透明，执法是否公正，纳税意识是否提高，公共服务是否得到满足，纳税人是否被尊重以及税收法律救济途径是否畅通等因素都会对税收遵从度产生影响。不难看出，后几项因素都事关纳税服务的范畴。而根据美国IRS“服务＋执法＝遵从”的税收管理理念，纳税服务是纳税遵从度的直接影响因素。综上，纳税服务对于税收遵从度有着广泛而深刻的影响。

其次，我们应该认识到，税收遵从度和纳税服务二者是正相关的关系。通过对纳税人权利的保护及完善的纳税服务，可以促进和引导自愿遵从。税务机关树立正确的服务理念，提供到位的服务，可以降低税收遵从成本，有效地提升纳税人满意度，这既是对纳税人权益的维护，也是社会认可税务工作的重要因素。

## 二、税收遵从度与纳税服务现状与存在问题

（一）当前的税收遵从度情况

当然随着经济的发展,税收相关法律法规的普及面增广,税务机关不断强化纳税服务,纳税人纳税意识的提高,税收遵从度也在一定程度上得到了提高。虽然总的数量上有所减少,但是当前社会的纳税不遵从现象向种类多样、形式隐蔽等方面有所发展。

首先,纳税不遵从的形式多种多样。部分纳税人片面追求企业利益最大化,通过各种手段少缴甚至不缴税款,于是出现了偷、逃、抗等一系列纳税不遵从行为。一些纳税人对于税务登记证不及时甚至不办理,不及时变更、注销;对于税款不申报或申报不及时、不准确,或申报但不入库;在企业财务运行过程中,不规范使用发票,记账混乱,虚增成本,隐瞒应税项目,转移利润,多套账本等等。甚至出现了企业放意在账务上做一些处理,"主动预留"一部分涉税问题,用来应对不同性质、不同级别的税务检查。

其次,纳税不遵从的手段越来越隐蔽。随着财务电子化的发展,纳税不遵从的隐蔽手段令税务机关防不胜防。加上电子商务中的无纸化交易,更让税务机关的审计稽查失去了最直接的原始纸质凭据。电子账簿、电子发票很容易被不留痕迹地修改,这使得税务机关发现刻意隐瞒的真实业务难上加难。另外,先进的计算机加密技术也会被不法分子利用,通过超级密码等各种方式来隐藏交易行为,使税务机关征收管理工作的难度更大。

我们还注意到,由于受到税收征管成本的制擎,难以确切掌握所有纳税人关于纳税的真实情况,这增加了纳税人产生不依法纳税动机的可能。

(二)当前的纳税服务情况

2009 年末,国家税务总局局长肖捷在全国税务工作会议上指出,将全面改进纳税服务,努力提高税收遵从度。近年来,从国家税务总局到各省、市、县区局都围绕纳税服务做了大量的研究和思考,开展了多种多样的工作。特别是《全国税务机关纳税服务规范》1.0 版、2.0 版的先后全面施行,做到了全国纳税服务一把尺子、办税一个标准。如今,一个以办税服务厅、12366 纳税服务热线和税务网站为载体的平台建设体系、以满足纳税人合理需求为导向的业务体系、以减轻纳税人办税负担、提高纳税人满意度和税收遵从度为目标的绩效评价体系正在不断完善,纳税服务也在不断走向统一、规范和文明。

以南京地税为例,其开展了一系列创造性的服务举措,有效提升了纳税人的认同感和社会满意度。首先,有效整合了纳税服务资源,不断优化纳税服务手段。办税服务台规范化建设,推广"一站式"服务,改革涉税审批制度,推行"同城通办",让纳税人少走路,提高了办税效率。其次,致力服务品牌打造,凸显纳税服务优势。12366 纳税服务热线、"维权 360 度"、纳税人之家等健全了维权服务体制,使得纳税人维权渠道更加畅通。如今,这些品牌已经成为了推进纳税服务工作的重要载体。第三,纳税服务制度体系日趋完备。在国税总局颁布的纳税服务规范的基础上,南京地税系统因地制宜,细化落实,已经形成了自己一套比较规范的工作制度,使得各项纳税服务工作有章可循。

但是,当前的纳税服务还存在着不少问题。第一,在思想认识上有一定欠缺。一些税务工作人员偏重执法,忽视服务,没有把纳税服务真正地放在心上。不少人受传统思想影响,没有将纳税服务提升到法制化的责任高度,甚至认为纳税服务与执法是对立矛盾的。第二,法律规范不够健全。从立法层面看,纳税人权利保护的法律还有待完善,缺少支撑纳税服务的法律体系。从实际运行上看,纳税服务工作与国际上相比,还处在探索阶段,无法充分实现纳税人需求调查、办税、咨询、权益保护等各项职能。第三,缺少有效的纳税服务监督考核评价体系。现有机制侧重考评税收计划完成情况、干部队伍建设等,对于需由多部门、多环节协调配合解决的涉税事项难以监督,推诿现象时有发生,纳税服务时效和质量都难以保证,纳税人的投诉报怨使纳税服务大打折扣。

## 三、提高税收遵从度的纳税服务改进思考

优化纳税服务是为了能够实现征管效率最大化和征纳双方成本最小化,根本目的是提高纳税人的税

收遵从度，最大程度地服务与促进经济发展。因此，在进行纳税服务优化时候，要紧紧围绕提高纳税人税收遵从度这个要点。具体说来，有如下几点思考：

(一)更新纳税服务观念

新征管法及其实施细则已明确规定了保护纳税人合法权益，这使得纳税服务由传统的道德范畴上升到法定义务，成为一项法定行政行为。一方面，作为征税主体的税务机关要在依法治税的前提下，满足纳税人的合理需求和期望，同时认真分析纳税人的需求，积极探索对纳税人服务的范围和空间。另一方面，在不断完善纳税服务工作的同时，要积极引导纳税人增强维权意识，增加主人翁意识，增强纳税人被尊重感，创建一个良好的平等的征纳氛围，提升纳税人税收遵从度的正面效应。

(二)引入风险管理机制

为了适应新时期的税收征管要求，有必要将纳税服务纳入到风险管理框架中进行审视，思考把风险管理理念内化于纳税服务之中的方法与路径。通过对税收宣传、征收、管理、检查和实施税收法律救济过程中涉及到的各项纳税服务工作内容和流程进行风险识别，评估风险大小和后果，设置有效的风险控制活动，进而化解风险，以期能够实现征管效率最大化和征纳双方成本最小化，进而提高纳税人的税收遵从度，最大程度地服务与促进经济发展。

(三)发掘纳税服务潜能

挖掘纳税服务实质，不能仅仅停留在“微笑服务”等表面的、形式化的服务上，根据纳税人对税收专业知识、程序、权益的需要，提供实质性的纳税服务。税务机关应主动开展上门服务、分类服务，针对纳税人素质高低、涉税业务繁简，在具体的工作中区别对待，有针对性地做好服务工作。在不增加现有征纳成本的基础上，更多更实际地了解纳税人情况，以减少纳税人税收不遵从的风险，使得纳税人按章纳税。

(四)强化税收征管工作

纳税服务和税收征管并不矛盾，税收的公平和效率会对税收遵从度产生影响。随着我国税收法治的不断完善以及信息化征管手段的应用，一个公平的税收环境已基本建立。但是，部分征管环节仍然存在弱项，一些纳税人的违法违规行为仍无法杜绝，因此造成的税负差异对那些合规纳税人带来了不公平。从这一点说，加强征管维护了纳税人的利益，提高了纳税服务的水平和质量，可以有效地提高税收遵从度。

(五)完善纳税服务考核

从投诉、受理、调查、检查、处理等环节入手，建立健全规范公平、可操作的纳税服务监督和评价机制。量化考核指标，将纳税人的评价列入考核指标，把是否对纳税人合法权益造成侵犯作为衡量标准，形成事前预防、事中控制、事后追究、三者相衔接的监督机制。这样可以让纳税人全程参与到征纳业务和纳税服务中，增加纳税人的话语权和参与感，提高纳税人的税收遵从度。

(作者单位：江苏省南京市江宁地方税务局)

# 加强“舌尖税收”管控的变与革

李丹妮

住宿餐饮业作为大连经济发展的一个重要组成部分，它不仅肩负着供应广大城镇居民、国内外宾客的饮食需求，而且也带动着各个相关产业的发展和进步，每年向社会提供大量的就业机会，是社会再分配的一个重要环节，更是社会稳定、经济繁荣的直接体现。住宿餐饮业作为我市第三产业的传统服务行业，始终保持着旺盛的增长势头，取得了突飞猛进的发展，展现出繁荣旺盛的新局面，然而随着产业结构的不断优化转型、政策引导刺激明显，住宿餐饮市场逐渐出现了高端消费低迷，大众消费强劲的势头。

本文以大连市近年来该行业地方税收情况入手，针对新形势下“舌尖税收”发生的转变，提出几点思考与建议。

## 一、住宿餐饮业发展之基

据统计，截至 2015 年全市注册的住宿餐饮企业(包含单位登记和个体登记)共计 18,561 家，其中市内四区(含高新园区)9,467 家，其他县市区达到 9,094 家。

从十年全口径统计数据来看，住宿餐饮业零售额比 2005 年增加了 161.3 亿元，增长 134.5%；而全市总人口(包括户籍人口和外来人口)2005 年增长 5.13 %，增速远小于住宿餐饮业社会消费零售额，表明我市住宿餐饮市场消费力充足。

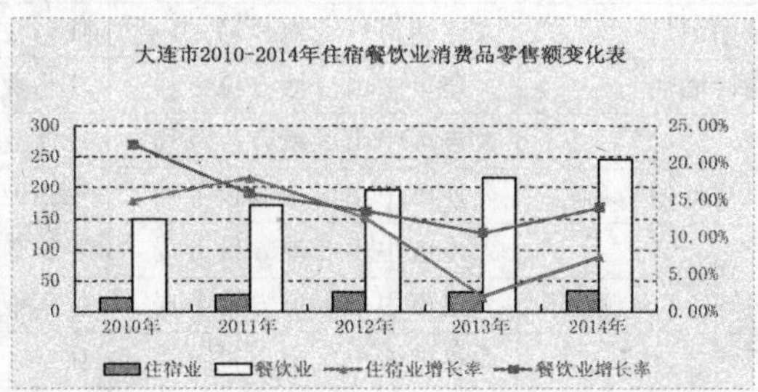


## 二、住宿餐饮业发展之困

（一）经营税收指标走低

| | 2010年 | 2011年 | 2012年 | 2013年 | 2014年 | 2015年 |
|---|---|---|---|---|---|---|
| 住宿业 | 38,028 | 43,030 | 57,403 | 41,501 | 39,229 | 37,345 |
| 餐饮业 | 34,650 | 44,895 | 52,064 | 51,254 | 44,957 | 39,216 |
| 行业增长率 | 18.43% | 20.98% | 24.50% | -15.25% | -9.26% | -9.06% |

2015年,大连限上住宿和餐饮业实现实现营业额71.0亿元、零售额51.3亿元,同比分别下降2.5%和0.6%。住宿餐饮业实现地方税收7.7个亿,同比减收0.8亿元,下降9.06%,其中住宿业实现地方税收3.7个亿,同比下降4.8%,餐饮业实现3.9个亿,同比下降12.8%。

(二)重点企业震荡显著

全市部分重点税源企业经营状况的震荡直接对整体税收产生了显著的影响。2015年税收总额400万以上且排名前三十位的重点住宿餐饮企业20余户企业税收呈减收,市内四区(含高新园区)表现得更为突出。尽管2015年全市限上住宿和餐饮营业额同比下降2.5%,降幅有所收窄,但仍处于地位发展阶段。全市385家限上报表单位,4成企业营业额不急上年水平。从具体企业变动情况来看,其中大连富丽华大酒店2015年实现地税收入1,600万,同比减收200万元;大连香洲花园酒店实现2015年实现地税收入1,300万,同比减收270万元。类似这些行业大户业绩下滑,成为拖累市场的主要力量,直接导致所属区域乃至全市住宿餐饮业经营情况及税收情况的走低。

**大连市部分重点住宿餐饮业税收情况表**

单位:万元

| 纳税人名称 | 主管税务机关 | 行业大类 | 税收情况 | | |
|---|---|---|---|---|---|
| | | | 2015年 | 2014年 | 增减额 |
| 大连香格里拉酒店有限公司 | 大连市中山区地方税务局 | 住宿业 | 2,662 | 2,870 | −208 |
| 大连富丽华大酒店 | 大连市中山区地方税务局 | 住宿业 | 1,604 | 1,805 | −201 |
| 大连远洋大厦酒店有限公司 | 大连市中山区地方税务局 | 住宿业 | 1,540 | 3,869 | −2,329 |
| 大连香洲房地产开发集团有限公司香洲花园酒店 | 大连西岗区地税局 | 住宿业 | 1,301 | 1,570 | −269 |
| 华润(大连)有限公司君悦酒店 | 大连沙河口区地税局 | 住宿业 | 963 | 253 | 710 |
| 大连城堡酒店开发有限公司城堡酒店 | 大连沙河口区地税局 | 住宿业 | 959 | 424 | 535 |
| 大连国际商贸大厦有限公司瑞诗酒店 | 大连市中山区地方税务局 | 住宿业 | 898 | 955 | −56 |
| 亚惠美食有限公司 | 大连市中山区地方税务局 | 餐饮业 | 894 | 945 | −51 |
| 大连振屹房屋开发有限公司凯宾斯基饭店 | 大连市中山区地方税务局 | 住宿业 | 764 | 896 | −132 |
| 大连万宝海鲜舫 | 大连市中山区地方税务局 | 餐饮业 | 761 | 820 | −59 |
| 大连万达商业地产股份有限公司万达希尔顿酒店 | 大连市中山区地方税务局 | 住宿业 | 758 | 823 | −65 |
| 大连长江广场有限公司日航饭店 | 大连市中山区地方税务局 | 住宿业 | 710 | 677 | 33 |
| 大连新世界大厦有限公司新世界酒店 | 大连市中山区地方税务局 | 住宿业 | 678 | 701 | −23 |
| 大连肯德基有限公司山东路店 | 大连甘井子区地税局 | 餐饮业 | 656 | 579 | 77 |
| 大连远洋大厦酒店有限公司远洋洲际酒店 | 大连市中山区地方税务局 | 住宿业 | 591 | 600 | −10 |
| 大连银帆宾馆 | 大连开发区地税局 | 住宿业 | 562 | 532 | 30 |
| 大连良运大酒店有限公司 | 大连市中山区地方税务局 | 住宿业 | 554 | 574 | −21 |
| 大连金石唐风国际温泉会馆有限公司 | 大连开发区地税局 | 住宿业 | 535 | 630 | −95 |
| 大连肯德基有限公司罗斯福店 | 大连沙河口区地税局 | 餐饮业 | 510 | 586 | −76 |
| 大连金港大酒店有限公司 | 大连开发区地税局 | 住宿业 | 491 | 150 | 342 |
| 大连棒棰岛宾馆 | 大连市中山区地方税务局 | 住宿业 | 491 | 345 | 146 |
| 大连星海假日酒店有限公司 | 大连沙河口区地税局 | 住宿业 | 487 | 504 | −18 |
| 大连金石国际会议中心有限公司 | 大连开发区地税局 | 住宿业 | 435 | 466 | −31 |
| 大连豪景酒店有限公司 | 大连开发区地税局 | 住宿业 | 424 | 486 | −62 |

| 大连经济技术开发区东方大厦有限公司 | 大连开发区地税局 | 住宿业 | 419 | 420 | －1 |
|---|---|---|---|---|---|
| 大连南山花园酒店有限公司 | 大连市中山区地方税务局 | 住宿业 | 418 | 426 | －9 |
| 中国航空集团旅业有限公司大连国航大厦 | 大连沙河口区地税局 | 住宿业 | 416 | 421 | －4 |
| 大连金元大酒店有限公司 | 大连开发区地税局 | 住宿业 | 414 | 439 | －24 |
| 大连市阿尔滨金山宾馆有限公司 | 大连金州区地税局 | 餐饮业 | 410 | 544 | －134 |

(三)住宿和餐饮业不均衡发展

大连市2015年限上餐饮业实现营业额37.1亿元,同比增长2.1%,比上年提高5.8个百分点;从数量看,全市237家餐饮业限上报表单位有139家实现正增长,占比58.6%。限上住宿业累计实现营业额33.9亿元,下降7.1%,降幅比上年收窄3.5个百分点,但增速依然处于负值区间。从数量看,全市148家住宿业限上报表单位,有51家呈正增长,占比34.5%。

## 三、住宿餐饮业发展之变

面对住宿餐饮业遇到的困难,一般观点认为,需求不旺是住宿餐饮行业走低的主要原因。确实,宏观经济持续低迷,实体经济恢复缓慢,加之厉行节约的政策规定对住宿餐饮行业形成了双重叠加的下行效应,直接导致两大行业市场的不景气。我市中小企业经营状况的困难逐渐显现,各类商务会议、节庆活动、商务往来多呈减少态势亦或是从简操办;商务消费、集团消费额度也同时收紧。2012年中央厉行节约的八项规定出台后,公务消费明显减少,在较大程度上影响了住宿餐饮业的经营业绩。消费市场的不活跃,必然会对住宿餐饮业形成一定的同步下行影响。

但这些因素不足以构成减收的主力因素。通过对我市近五年的住宿餐饮行业地税收入情况进行研究分析后,发现两行业在经过一定年份的高速增长后,已经出现增速迅速下降的趋势。餐饮业2010年－2012年的地税收入增幅均超过20%,此后转入2013年急剧下降到－15.25%。那么仅仅因为遏制公务消费因素的因素会使该行业发生显著逆转吗?如若不受政策监管影响,住宿餐饮业亦不会持续以往年份的激增,究其根本是该行业已经进入了调整变化期,公务消费的减少,只是一个转变期的催化剂,我们真正需要关注的是,住宿餐饮发展之变所带来的变化与机遇。

(一)高端住宿餐饮向大众消费的转变

多重数据表明,在高压刺激下的高端餐饮难以持续扛鼎大旗,以大连市2013年税收超过400万的企业为例,2014年营业收入实现26.1亿元,比上年的28.2亿元减少2.1亿元,降幅为7.5%;2014年实现税收1.9亿元,比上年的2.2亿元减少3,000万元,降幅为15.8%。据统计,2015年全市10家五星级宾馆中有9家营业额呈不同程度下降,10家企业营业额合计10.2亿元。同比下降8.7%。

以往,公务宴请、团拜会、会议餐都是高端消费紧盯的“肥肉”,而今却在转型阵痛中发生了转变,有的选择面向市场需求转型经营,有的选择加入团购、自助餐等消费形式。多措并举的形式,得到了消费者的肯定,也缓解了传统意义上的高端餐饮收入下降所带来的负面影响。住宿餐饮业的“新常态”正逐渐揭开面纱,产业组织显现出“三小三大”的新特征——小店面大后台、小产品大市场、小群体大众化,真正的实现从“高大上”向“接地气”转变,大众餐饮以中流砥柱的姿态,展现出符合市场需求强劲的生命力。住宿餐饮业在近几年行业结构变革、企业不断洗牌的基础上,创新发展,成为传统生活性服务业向现代服务业转型的先头兵。根据国家商务部的和统计局发布的数据也显示,2014年全国餐饮企业243.1万家,从业人员1445.2万人,餐饮业收入27,860亿元,增长9.7%;2015年全国餐饮营业收入突破3万亿元,达到32,310亿元,同比增收11.7%,其中限下单位餐饮收入23,643亿元,同比增长20.3%,表明大众消费已然成为餐饮业发展的大体趋势。加之商务部陆续出台了《加快大众化餐饮发展的指导意见》等一系列文件,均在一定程度上加速了餐饮业的转型。可以说,大众消费形式已经逐渐转变为住宿餐饮业稳定的发展动力和利润来源。

(二)零散分布向商业聚集转变

当下的消费重心逐渐从单纯消费转向强调消费体验,消费者对于消费的舒适性、便捷性呼声更高,因此集购物、休闲娱乐、生态、文化体验为一体的商业巨无霸应运而生,如高新万达购物广场、华南亿合城、柏威年等。这些新兴的商业综合体,主要分布在我市人流密集区域,极大地满足了消费者的消费需求,使得传统餐饮行业中实现了另一种转型。

餐饮业的发展经历商业街－综合楼－商业综合体阶段,当下的餐饮业越来越多的参与到商业综合体发展模式中来。对于商业来说,餐饮业的发展壮大满足了其聚客需求,消化了商场的高层空间,同时也通过餐饮业的体验式消费缓解了电商发展对于实体店的冲击,俨然从"商业综合体"发展为"舌尖综合体"。对于餐饮业来说,商业的集聚满足了消费者"一站式"的消费需求,也扩充了消费选择空间。因此,餐饮业与购物、休闲等业态的发展是一种相辅相成、共同成长的关系。不可否认,在当下餐饮业发展疲软的大环境下,商业综合体的出现为调节餐饮业发展结构注入了新的活力。

(三) 从"线下"向"线上"转变

为了顺应发展潮流,住宿餐饮业应从营销模式、产品与服务流程等方面与互联网紧密结合,打造"互联网＋住宿餐饮"新格局。一方面在营销上扩大互联网平台的应用,网上订餐因其方便快捷等优势已逐渐成为一种新的生活方式,据总部在上海的中国最大网上订餐平台"饿了么"发布数据显示:2015 年大连网上订餐交易额全国排第九位。由此可见,大连网上订餐需求量高,发展潜力大。大连应建立相关行业的本地服务平台,并在政策、措施上予以支持,为住宿和餐饮企业提供在线咨询、推介、预订等便捷服务,进一步扩大网上销售量;另一方面在经营管理上建设信息化系统,提高产品和服务的品质以及运营管理的效率,推广使用 APP 实现预订、点餐、服务、支付、评价等功能。

(四)"引进来"向"走出去"转变

住宿餐饮业发展的另一把利剑则是由旅游业所操控,其发展很大程度上依赖于旅游业的优势。大连市以其得天独厚的旅游资源吸引了大批量国内外游客,以及夏季达沃斯会议等多个展会的成功举办,为大连打造了多张具有代表意义的城市名片,也为住宿餐饮业带来的广袤的消费空间,同时;另一方面,住宿餐饮业的发展也将成为大连旅游发展的宣传点,有力地促进旅游业的完善和增长。在旅游人数不断增长的环境下,传统酒店已难以满足消费者的不同需求,客栈民宿、短租公寓、长租公寓等"非标准化住宿"正在兴起。2015 年 11 月,国务院颁布了《关于加快发展生活性服务业促进消费结构升级的指导意见》,明确表示要积极发展客栈民宿等形式来突破传统酒店为主的单一住宿格局,以期来促进住宿的长足发展。当前我市旅游消费需求正处于快速增长时期,随着高铁经济、海洋经济的发展,2015 年大连市接待国内外游客 6,200 万余人次,比上年增长 8.7%,旅游总收入实现 1115 亿元,同比增长 12.2%。对大连市而言,为带动地区经济发展,从等待游客"引进来"转变为"走出去"宣传,俨然已经成为发展住宿餐饮业的又一个转型契机。以大连市旅游的区位优势引导,提高对旅游住宿餐饮为首的相关配套建设,为"走出去"的旅游业搭建起新的平台再振雄风,也为"引进来"的餐饮业提供转型新方向。

## 四、住宿餐饮业聚税之策

近年来,住宿餐饮业经历了一定的波折异动,但畸形的泡沫性消费需求被压缩后,住宿餐饮业的转型成为了寻求发展的唯一突破,税务机关又该如何把握这次转型机遇呢?

(一)向强化征管要税收

住宿餐饮业零星分散、经营形式多样化、财务管理不规范等问题一直是税收征管中的"老大难"问题,税务机关征管力量薄弱在不同地区均有体现，征管问题的浮现，不利于餐饮企业发展，也不利于餐饮市场的健康有序发展。搭乘“营改增”改革的便车，以国地税深化合作为契机，各部门通过强化征管手段，实行“拉网式”排查，摸清纳税人经营状况，实现源头掌控，并对餐饮业的定税制定统一标准、合理界定，确保税负核实的公平、公正、合理，为住宿餐饮企业的发展壮大提供生长空间。

（二）向优化服务要税收

政府部门适时制定出台市场准入、税费、融资等方面的扶持政策，加强监督、管理和协调服务，优化住宿餐饮业发展的政策环境。税务部门要优化纳税服务，严格执行优惠政策，让符合减免税条件的纳税人依法享受国家税收优惠政策；深入市场一线进行深度调研，及时掌握业主经营状况，发现政策执行过程中出现的问题，进行动态分析、总结，根据企业经营情况，及时调整税收定额，减轻纳税人负担，着力营造公开公平公正的税收法制环境，切实为经营户的持续稳定发展保驾护航。

（三）向加快转型要税收

住宿餐饮业经营特色化和市场细化趋势明显，特别是公款消费急剧下降后，节日家宴、婚庆消费、日常快餐、旅游住宿等大众消费成为了消费主流。餐饮行业已经进入买方市场，消费者开始求新、求异、求个性，吃特色、吃氛围、吃环境、吃文化，企业之间的竞争从单一的价格竞争发展到质量竞争、品牌竞争，甚至是文化竞争。住宿餐饮业应根据市场变化，准确把握消费动态，研究消费群体，调整发展思路，努力开拓大众消费市场，培养新的消费群体，在危机中坚持走新型发展路线，加快服务产品转型，在经济新常态的市场中再度抢占制高点。税务部门更要把握变革新机遇，在给予企业充分扶持的基础上，加大征管力度，借力转型深挖税源，涵养税基，协同行业发展一起在发展中谋取新机遇。

（四）向全民监督要税收

在改革进入深水区时，深化监管是必不可少的强化税收手段，以票控税是税务机关深化落实监管手段的利器。税务机关一方面要加大发票违规的处罚力度，加大纳税人的违法成本，建立与稽查部门工作反馈及联络制度，及时将发票违法信息作为案源提供稽查部门和征管部门立案查处，有效地打击和震慑了发票违法犯罪行为，进一步营造了依法诚信纳税的良好氛围。另一方面要广泛宣传，采取多种形式鼓励消费者索要发票，采取在消费场所收银台张贴发票宣传海报，在广播媒体平台宣传索取发票的重要性等通俗易懂的形式，增强全社会对发票重要性的认识，使每一个消费者转变为依法纳税的监督者，从源头控制发票违法事件，使得以票控税在餐饮业转型发展中切实发挥功效。

（作者单位：辽宁省大连市甘井子区地方税务局）

# 加强电商企业税收征管
# 促进电子商务产业健康发展

胡玮义

2013年以来，江西省新余市委、市政府高度重视电子商务产业的发展，强化了政策扶持、产业招商、工作调度，有效推动了全市电子商务产业的快速发展，全市电子商务交易额同比增长111%。该市地税部门充分发挥地税职能作用，对电商企业税收征管情况进行了调研和思考，探讨加强电商企业税收征管的相关措施，以促进电子商务产业健康发展。

## 一、电子商务产业的地税征管情况

### (一)电商发展情况

新余市电商企业152家，其中2015年新增电商企业177家。电商企业主要有八种经营模式：一是B2B2C模式(电子商务类型的网络购物商业模式)，代表企业新余兴邦；二是B2B(企业对企业)、B2C(企业对个人)模式，代表企业金利达；三是B2C(企业对个人)、C2C(个人对个人)模式，代表企业腾达电器、广城家俱、万商红、新钢；四是O2O(线上订购和线下服务)模式，代表企业菜小二、全城电商；五是TMC+OTA(旅游管理和在线分销)模式，代表企业智行天下；六是"网上商城"模式，代表企业大宗商品交易、百邦商城、比比网；七是"网站应用"模式，代表企业(项目)南方硅灰石、珊娜果业、城市"一卡通"、移动电子商务；八是"开设网店"模式，代表企业杭新林，全市已在淘宝、天猫、京东开设网店6700多家。

### (二)税务登记情况

由于电商企业经营模式多样，工商登记和税务登记只能区分登记经营项目为电商交易的企业，对于既有电商交易又有其他销售模式的企业，则无法区分，同时由于商务局提供的电商企业名单中未提供企业的组织机构代码及工商营业执照等唯一标识，从商务局提供的电商企业名单与我局征管信息系统中的数据比对发现，两个部门同时监管的电商企业有134家，商务局统计的名单中有18户电商企业在地税局的征管系统中未找到相关登记信息，既有可能是企业未办理登记，也可能是商务局统计的名称与企业在地税局登记的名称不一致造成。而已纳入地税局税收征管系统的7户电商企业未统计在商务局的数据信息中。

### (三)税款征收情况

目前，电商企业以经营货物为主，主要缴纳增值税和消费税，地方税收主要是随增值税和消费税附征。大部分电商企业都采用传统销售与网络销售相结合的销售方式，企业线上与线下的交易额难以区分，相关监管部门又不能提供明确的电商企业网络销售明细交易额，由于网络销售大都不使用发票，地税部门缺乏有效的监控措施，传统的"以票控税"手段不能发挥作用，导致很难全面掌握电商企业的实际交易额，为税收监管带来了巨大的困难，目前电商企业的地方税款征收存在很大漏洞。

## 二、电商企业税收征管中存在的问题

### (一)税源监管难度大

电子商务将传统的商务流程电子化数字化的特点，给税务机关的征管工作带来难度。随着电子商务的飞速发展，其税源分布的虚拟性、无形化和隐匿化也越来越强，由于税源失控而导致的税收收入流失的现象也越来越频繁，性质也越来越严重。

1、纳税主体不清晰。电子商务活动中，交易双方没有亲自出场，而只以网址、服务器、网上账号在互联网上出现，消费者可以匿名，制造商、提供商可以隐匿其住址，他们的真实身份无法查证，这就使得纳税主体变得模糊化、复杂化。

2、征税对象不明确。电子商务活动中，交易商将许多交易对象转换为数字化信息通过国际互联网提供，商品无形化，模糊了有形商品、无形劳务和特许权之间的界限，使传统的以产品实物形式确定征税对象的有关税法规定在这里失去了基础，税务机关难以通过现行税制确认其所得究竟是销售所得、劳务所得还是特许权所得，进而难以确定应适用的税种和税率。

3、纳税地点难以确定。传统贸易中，由于纳税人的户籍所在地、营业执照颁发地、税务登记地、生产经营所在地等这些地点接近或一致，因而容易确定纳税地点。但电子商务的虚拟性、无形化和隐匿化，交易场所而变得十分灵活和隐蔽，纳税地点的流动性、随意性大大增强，导致税务机关难以准确确定纳税人的经营地或纳税行为发生地，从而无法正确实施税收管辖权。

4、纳税期限难以操作。电子商务活动中，一般无须开具纸质发票，而且交易行为可以在瞬间完成，“隐匿性”特征也使得现行税法中按照交付方式确定纳税时间的规定失去了用武之地，不论是按照取得收入的时间征税还是发出货物的时间征税，都会因为取得收入或发出货物时间的模糊而难以操作。

5、纳税环节难以判定。纳税环节要解决的是在哪个环节纳税和征几道税的问题，它关系到税收由谁负担、税款是否能够及时足额入库等问题。而中介环节的消失，使电子商务的交易环节大大减少，商品往往由生产者直接到达消费者手中，导致相应的纳税环节缺失，也弱化了传统的商业中介的税收扣缴制度。再加上虚拟性、隐蔽性等特征，使得销售、流通等各个阶段无法确切区分。

(二)税务管理环节困难

1、电子商务可以完全脱离税务登记管理。传统税务管理包括：税务登记、账薄、凭证管理、发票管理、银行帐号、纳税评估、纳税申报等环节，但电子商务可以完全脱离这些税务管理范畴。税务登记是税务机关对纳税人实施管理、掌握税源情况的前提和基础。依据《税收征管法》的规定，从事生产、经营的纳税人必须在法定期限内依法办理税务登记。由于电子商务企业只要缴纳一定的注册费，就可获得自己专用的域名，在网上从事一定的商贸活动和信息交流，根本不需经过税务登记。电子商务主体交易活动可以随时开始、随时中止、随时变动，这使得作为传统税收征管基础制度的税务登记变得毫无意义。

2、电子商务的交易难以监控。网上交易给账薄、凭证、银行帐号管理也带来难度，这使得税务管理工作困难重重。在传统交易方式下，纳税人经济信息的载体是纳税人的真实合同、账簿、发票、往来票据和单证等。而电子商务是一种无纸化交易，交易记录以电子形式出现，电子账簿、凭证却可以轻易地被修改，且不留下任何痕迹、线索，使传统的凭证追踪审计失去了基础。加之数据信息加密技术在维护电子商务交易安全的同时，也将增加税务机关掌握纳税人交易内容及财务信息的难度，从而成为纳税人掩藏交易信息的手段和企业偷漏税行为的天然屏障。譬如，为网络安全所采取的安全防火墙措施，以及超级密码和用户密码的双重保护，相应限制了税务机关即时获取有关账簿、凭证，监控企业纳税行为的能力，为企业篡改、删减电子账簿、凭证上的记录，偷逃税款赢得了时间。在电子商务环境下，税务机关既要严格执行法律对纳税人的知识产权和隐私权的保护规定，又要广泛搜集纳税人的交易资料，而短期内又没有能够适应电子商务特点的技术跟踪手段，因而做好税务管理工作的难度越来越大。

(三)税务稽查难度加大

1、电子商务活动的主体繁多，加大了税务稽查的难度。任何单位和个人只需具备网络连接条件就可以进行网上贸易。税务机关由于法律和技术的原因,既要严格执行法律对纳税知识产权和隐私权的保护规定,又要广泛搜集纳税人的交易资料,无论是从税务自身的人力、技术资源,还是从与各部门的工作协调来看,工作的投入和难度都很大。

2、电子支付系统的完善,加大了税务稽查的难度。在传统税务稽查上,国内银行一直是税务机关获取纳税信息的重要来源。随着电子支付系统的完善,如电子货币、网上银行开始取代传统的货币银行和信用卡,资金的流向难以追踪,税务稽查难以进行。

3、加密技术的广泛应用,加大了税收稽查的难度。数据信息加密技术在维护电子商务交易安全的同时,也成为企业偷漏税行为的天然屏障,使得税务征管部门很难获得企业交易状况的真实资料,纳税人可以使用加密、授权等多种保护方式掩藏交易信息,而税务部门在信息技术的应用方面还有待于进一步提高。

4、以人工查账为主要方式的现行税务稽查,不能适应电子商务的形势。电子商务的虚拟化、无形化、随意化、隐匿化给税收征管带来前所未有的困难。电子信息技术的运用使得交易记录以电子形式出现,电子凭证可以轻易地被修改,而且不留下任何痕迹、线索,税收审计稽查失去了最直接的纸质凭证,使传统的凭证追踪审计失去了基础,这样税务部门就得不到真实、可靠的信息。

## 三、促进电子商务产业发展的意见建议

### (一)建议政府及相关部门采取的主要措施

1、加大扶持力度,引导电商企业良性发展。近两年来电子商务产业迅速发展,为经济发展带来了新的生机。但由于大部分电商企业都刚刚起步,规模较小,与发达地区相比还存在较大的差距,建议政府加大对电商产业的扶持力度,在行政管理上开设"绿色通道",提升服务水平和办事效率;在行政收费上对电商企业实行减免,最大限度为电商企业争取政策奖励和项目补贴;对电商企业缴纳的税款实行相应奖励,进一步扶持电商企业持续发展,增强电商企业的纳税意识,促进市场良性发展。

2、加强部门协作,建立完善信息交换机制。建立政府主导、部门协作的第三方信息交换机制,各职能部门充分发挥作用,形成齐抓共管机制。工商、质监、商务等部门将电商企业登记信息提供给税务部门,税务部门根据相关信息,定期开展漏征漏管户清理,从源头上掌握从事网络销售的企业信息,将电商企业及时纳入税务管理;银行、商务、网络技术部门与税务部门加强合作,定期将电商企业的交易情况提供给税务部门,以利于税务部门加强税源控管,准确核实纳税人的收入;国地税加强重点信息比对,确保地税部门附征的地方税收征收到位;电商企业网络销售(实物销售)99%是要通过快递进行货物的运输,交通部门要从物流公司入手,利用物流的电子信息,如发货单、运单号等,查找到具有一定数量的发货人详细信息,从而找到相关的企业或者个人,并将信息提供给税务部门。税务部门充分利用相关信息,强化管理,加强纳税评估工作,确保电商税收征收到位。

3、加快队伍建设,加大专业人才培养力度。加强创业人才队伍建设,加大电子商务人才培育和引进力度,加快实施"万名电商培训工程";充分利用我市职业教育优势,通过职业院校"量身定做"电子商务人才;开展电商创业大赛,宣传引导更多企业和个人投身电子商务创业。加强管理队伍建设,成立电子商务协会,制定协会章程,广泛吸纳电商会员,充分发挥行业协会在制定规划、行业自律、产业招商、承接政策等方面功能作用。

4、加强制度建设,完善电商税收监管体系。落实《新余市促进电子商务产业发展暂行办法》,出制定实施细则,建立与电子商务产业相配套的服务业、物流业、信息产业和结算平台,完善服务体系,加大资金扶持,解决企业融资困难。加强监管,搭建网络监管平台,探索使用电子商务交易的专用发票。即电子商务达成交易后,须开具专用发票,并将开具的专用发票以电子邮件的形式发往银行,才能进行电子账号的

款项结算；纳税人在银行设立的电子账户必须在税务机关登记，并应使用真实的居民身份证，按统一规则编制税号，以便税收征管；把电子商务税收监管支付体系作为稽查、追踪和监控交易行为的重要手段，有针对性地制定相应的税收征管措施；税收征管征管系统同金融系统联网，通过纳税识别号和其关联的银行结算帐号建立关联，即时监控纳税人的资金动态，掌握交易资金流向。

（二）地税部门支持电商企业发展将采取的主要措施

1、围绕行业特点，完善登记和申报制度。对从事电子商务的单位和个人做好全面的税务登记工作，掌握他们的详细资料，积极与工商、质检、商务协作，加强信息交换，定期开展信息比对，确保基础信息真实、准确；对未办理税务登记的，责令限期改正，对逾期仍不改正的，按照《税收征管法》有关规定予以处罚；按照“征、评、管、查”四分离的征管模式，建立“以明晰征纳权责为前提，以风险管理为导向，以信息化为支撑，征收服务、风险监控、税源管理、税务稽查四环节分工协作、分权制约的税收征管新模式”；健全申报制度，要求纳税人自主申报，自担风险，同时纳税人申报时应提供相应的电子商务资料，并由税务机关指定的网络服务商出具有效证明以保证资料的真实性。

2、摸清监管难点，强化征管手段。加强电商企业的税源管理，一是从源头上控管，从事电商活动的企业在办理税务登记时须提供有关电子商务交易的业务范围等资料，地税部门定期与工商、商务部门进行信息比对，掌握管辖地所有从事电商活动的纳税人户籍信息；二是从过程上控管，电商企业的经营模式多种多样，但任何一笔电商交易，都必须借助网络平台来完成，地税部门充分利用信息化手段掌握电商企业的经营情况。从技术手段上，税务部门可借助计算机网络技术，开发一种电子税收系统，设计有追踪统计功能的征税软件，在每笔网络交易进行时自动按交易类别和金额计税，逐步适应网络交易发展的征税要求；三是积极总结经验，通过开展电子商务企业纳税评估，探索掌握电子商务企业运行规律，总结电子商务管理经验，加强部门间的相互交流，有针对性地制定和完善电子商务税源管理方式，积极推进电子商务税源专业化管理；四是推动国地税联合办税，实现信息共享，共同把控税源，有效防止税源流失，控制和打击各种违法违规的偷逃税款行为；五是强化财务监管，要求电商企业将通过网络提供的劳务、服务及产品销售业务单独建账核算，以便税务机关核实其申报收入是否属实。

3、找准服务热点，优化纳税服务。针对“互联网是免税区”这一认知误区，进一步加大税收宣传力度，使包括企业在内的社会各界认识到电商交易模式实际上是传统零售业在互联网上的延伸。提升电商企业纳税意识的同时，进一步加强纳税服务，对新创立的电子商务企业，以开展纳税辅导为主，原则上不得进行检查；对经营 2 年以上的电子商务企业，每年最多检查一次，避免重复开展检查，并且实行查前告知服务，实行限时检查。对电子商务企业实行涉企执法检查“宁静日”制度，每月 1 日至 15 日禁止涉税检查。此外，以专业化、精细化、集约化为取向，依托税源专业化管理思路，培养一批既精通税收专业知识又精通电子商务的高素质人才，提升地税部门对电子商务产业的服务水平。

（作者单位：江西省分宜县地方税务局）

# 关于加强和改善税收征管工作的探讨

赵连波　张爱朋　李桂玲

税收征管是整个税务工作的前沿阵地和关键环节，是税收工作的主要内容，是发挥税收作用的根本保证，也是确保国家税收收入的必要环节。税收征管工作在新税制和分税制财政体制改革实施以来，取得较大成绩，为国家的经济发展做出了巨大贡献，随着改革开放的不断深入和经济建设的快速发展，税收征管工作的地位越来越重要，税收征管也越来越繁杂。目前我们的税收征管工作仍存在一些问题，影响了税收工作的效率。新时期下，我们要通过优化纳税服务、强化税务稽查、夯实征收管理来加强税收征管工作。

## 一、收征管工作中存在的问题

(一)征收管理方面

1、征管理念存在偏差。长期以来，税务机关始终觉得自我作为管理者只需要制定政策，纳税人作为监管对象会绝对的服从。这种传统思维定式根深蒂固。时间累积，纳税人各种税收违法行为不断呈现，税务机关对纳税人能够依法自觉纳税的信任程度下降，在这种理念下的税收征管以监督打击型为主，以约束纳税人的行为为目标，一切税收征管从税务机关自身管理的方便和需要出发，往往制定复杂而繁琐的管理措施和流程，忽视纳税人权利和需求。

2、税源管理信息不对称。掌握充分真实税源信息是实施税源有效管理的重要前提，而当前税源管理的信息不对称现象非常严重。纳税人终身多头开户现象较为普遍，税务部门难以全面掌握和核准纳税人的经营活动、经营收入、成本费用和财产收益等情况，随着经济发展，近些年，多种形式的网络交易、虚拟交易日益增多，企业经营跨地区、省市、甚至跨越国家的现象日渐增多，税务征管部门难以全面、及时、准确的掌握企业经营的信息资料。

(二)纳税服务方面

近年来，我们税务部门在纳税服务方面采取了不少有效的方法和措施，取得了明显的效果，在纳税人中及社会上树立了良好的税务新形象，这是有目共睹的。但由于长期以来受传统的税收管理理念的束缚，纳税服务只停留在形式的、表象的服务，尚未形成一套较为完整的系统的纳税服务理论和实践体系。

1、纳税服务供给与需求不对称，缺乏监督与评价。在纳税服务实践中，税务机关往往出于自身的考虑或需要进行纳税服务，推出的一些服务与纳税人真正需要的服务不甚相符，服务缺乏个性化，真正的“管理服务型”税收征管工作理念还未树立。同时我国的纳税服务既缺乏内部的考核监督，更缺乏外部的监督评价，对各项工作的开展以及开展的质量和效果，虽然能够制定部分监督制约机制，但是这些机制、措施没有形成完整成型的监督考评体系，服务的整体质量难以保证。

2、“纳税服务”的意识薄弱，对纳税服务内涵理解有误区。尽管各级政府都在提出建立“服务型政府”，推行纳税服务，一些税务人员的权利意识仍很严重，缺乏为纳税人服务的观念，难以提供纳税人所真正需要的服务。另外税务机关内对于纳税服务的内涵存在着误解。一提纳税服务，就认为是行风评议的事，没有将服务穿插到税收执法的过程中。没有考虑到纳税人的经营实际，纳税人更需要的是便捷有效的税务服务，而不是表面上的笑脸相迎。

3、纳税服务的层次和标准较低。近年来，各级税务机关在纳税服务方面进行了一些有益的探索和尝试，比如整合办税服务厅、国地税联合办公、首问责任制、一站式服务、云办税厅、12366服务热线，以及文明用语，限时服务，政务公开等等，但这些项目尚不系统，服务的层次和标准还比较低，并未将纳税服务融入到税务管理和税务检查中去。纳税服务的层次比较低，全国税务系统没有统一、规范的纳税服务形式，纳税服务也不够重视服务措施落实与否，服务效果好坏，纳税服务流于形式，缺乏长效发发展机制。

(三)税收执法方面

我国现行的税收征管模式下，税收执法也存在一些问题：

1、税务机关管理部门对税收管理感到无从下手，对纳税人如何实施税收管理没有统一的标准和方法，致使税收管理工作停留在催报、催缴等日常事务性工作上。

2、纳税评估工作无论是机构设置还是人员配备都很不规范。一是纳税评估工作在个别地方是由税务稽查员兼办，基本都没有设置独立的纳税评估机构。二是纳税评估的职责不明，特别是与税务稽查的界线更是含糊不清。三是缺乏适应纳税评估工作要求的高素质的评估队伍，难以满足纳税评估工作的需要。四是纳税评估队伍建设的激励机制尚未完善，在一定程度上制约了纳税评估工作的深入。

3、片面地把税收工作重点放在稽查和征收两个环节，对税收管理工作重视不够，从而导致管理弱化，漏征漏管现象较为严重。

4、机构设置不合理，征管岗责划分不够清晰，征管各环节不能紧密协调，形成合力不够。

5、稽查的震慑作用还没有充分得到体现，部分纳税人偷税还存在侥幸心理，偷税现象时有发生。

## 二、强化税收征管的思路

税收征管体现的是一种征纳关系，这种征纳关系涉及征纳双方的经济利益。政府作为征税主体，代表社会公众的集体利益，纳税人作为纳税客体，追求利益最大化，税收征管的过程，其实也就是征纳双方博弈的过程。税务机关作为税收博弈的参与人，应该在法治前提下最大限度地满足双方实现自身利益的需求。在博弈过程中，征纳双方需求相对满足，关系和谐融洽时，产生了一种均衡装填。然而，当双方需求得不到满足或者受到损害，就会出现管理的非均衡状态。从而出现非均衡———调整———均衡———非均衡———调整的不断循环往复的过程，它们之间的矛盾和冲突就成为税收征管体制改革的永恒动力。税收征管工作的推进过程，需要不断的优化、调整。

(一)注重数据采集和信息库的建设

税收征管工作中，最关键的是纳税人信息的收集，充分了解纳税人的相关信息是税务机关评判纳税人是否真实申报的先决条件。因此，要注重纳税人信息的收集和处理，一是从政府各部门及金融机构等社会各界的电子信息系统调取的纳税人的相关资料。如从银行获取纳税人存款和账号、从证券公司了解纳税人股票、从国土局获取纳税人房产信息等。二是掌握好纳税人的申报信息库。做好纳税人的日常各类税种申报表及财务报表的采集工作。

(二)优化纳税服务，方便纳税人

办税服务的推进过程中，将税收执法与办税服务有机结合也是至关重要的。在税务机关精简办税成本、办税流程，提供便捷、优质、高效的办税服务的基础上，对于纳税投诉的问题，要选派较高层次的税务人员受理，以确保公平、公正地解决涉税问题；对于税收执法过程中发现的，纳税人日常经营过程中产生的涉税方面的困难，也应予以法律法规、税收政策的支持。

(三)个体税收管理

优化税收环境，不断完善个体税收征收管理。一是利用多种形式，开展税法宣传，采取简单实在和有针对性宣传等有效措施宣传税法，使纳税人便于接受，从而痛痛快快交税，心情愉快的交纳，放放心心的交税。二是加大税收工作的透明度和公开性。个体定额的核定权、调整权，停歇业审批权由县局个体税收管理组统一领导管理。并定期公示个体户的核定、征收情况，做到公开、公正、公平，尽量减少个体税收的随意性，促进个体税收的征收管理。三是采取灵活多样的方法，为纳税人提供优质服务，对大户正常户实行按月申报，小户零散户可以以季或以年一次性征收，不达起征点管户必须建立健全管户底册以及相关基础资料，用票户领购以票超过定额20%以上重新核定定额。

（四）纳税评估也是一种纳税服务

纳税评估为纳税人提供自我纠错的机会，从而增强税源管理，提高税收遵从度。一方面，税务机关通过审查账簿报表，可以及时发现并纠正纳税申报中的错误与偏差，帮助纳税人提高纳税申报质量；纳税评估通过约谈、举证等方式，可以有效解决纳税人因主观疏忽或对税法理解错误而产生的涉税问题，充分体现税务行政执法教育与惩戒相结合的原则。另一方面，相对于税务稽查而言，纳税评估免责范围相对较广，处罚力度也相对较小，处理方式相对温和。往往能够帮助对因税收无知而造成申报错误的纳税人，这对于构建和谐的征纳关系具有重要的意义。

（五）税务稽查是税收征管的最后一道关口

有关专家曾把税收征管的内容结构比喻为一座"金字塔"，从底部向上依次为"为纳税人服务—纳税申报处理—税款缴纳—税务稽查—对违法行为的处罚和税务行政诉讼"。整座"金字塔"中，税务稽查处于最顶端，属税收征管的最后一道环节，如果这个环节出现严重的疏漏，就会使整个税收征管体系发生动摇。

1、稽查执法与税收违法之间的对立，是税务稽查以查处税收违法行为服务于广大守法经营的纳税人，维护公平公正的市场经济秩序的表现，是税务稽查构建和谐社会的具体实践。

2、税收征管信息是稽查选案的基础，充分运用各种信息资源，对某一行业进行科学合理的选案，通过行业稽查的开展，可以有效的规范同行业企业经营行为。同时，通过跨基层征管部门辖区进行稽查，可以对行业整体存在的共性问题进行整理、归纳，作为向征管部门提出行业征管建议的有力依据，达到了稽查与税收管理的互补，从而体现了促进税收征管工作的作用。

## 三、可行性的建议措施

（一）加强税收征管信息化建设

加强税收征管信息化建设，就是要尽可能全面的采集相关企业数据，这些数据包括纳税人的银行流水、商业往来、涉税申报、财务报表及金融信用等企业日常经营的方方面面。同时，税务机关需要掌握的大量涉税信息资源，需要财政、工商、国土、公安、海关、银行、证券管理、房地产交易、车辆管理等部门的信息传递，实现涉税管理信息共享。

（二）完善税务服务体系

作为征税主体的税务机关要转变纳税服务观念，树立现代税收服务观，应"视纳税人为顾客"，认真分析纳税人的需求，在依法治税的前提下，以让纳税人满意为目标，确保纳税人合理的需求和期望得到满足，积极拓展对纳税人服务的范围和空间，不断完善纳税服务工作，同时也要积极引导纳税人不断增强维权意识，形成共同创造优质服务的良好氛围。

1、加强税务干部的队伍建设。要不遗余力地提高税务人员的素质，加强道德教育、思想政治培训、税收业务培训，另外还应加强税务人员之间的竞争，加强税收执法权的监督，藉此增强税务人员的忧患意识，从而打造出政治坚定、业务过硬、作风优良、纪律严明的高素质的税务干部队伍。

2、服务手段信息化。加快税务信息化建设，构建纳税服务信息化平台。逐步建立完善纳税服务网上办税系统、电子信息采集系统、信息交换平台等网络载体，采取一定程度的奖励措施，鼓励纳税人利用云办税厅等网络终端办理涉税业务，从而更加及时、全面、准确的为纳税人提供便利服务、采集掌握纳税人涉税信息、节约节约税款征纳成本。为纳税人提供全方位、功能强大的多元化、个性化、开放式的纳税服务。

3、完善纳税服务的考核评价机制。建立健全科学、规范、公平的纳税服务监督、评价机制，从纳税服务和纳税投诉的各个环节加强考核，量化指标，把是否对纳税人合法权益造成侵犯作为衡量标准，对纳税服务工作评定奖励和惩戒，确保纳税服务工作不走过场，不流于形式。同时，落实好“过错责任追究”制度，形成事前、事中、事后相衔接的监督机制，建立为纳税人提供优质的纳税服务的长效机制，将纳税服务工作质量作为考核税收工作的主干线。

(三)以纳税评估促进税收征管

将纳税评估作为税收管理的一个阶段，与税务管理、税款征收、税务检查并列，作为税款征收与税务检查之间的一个联结过程。这样将改变目前纳税评估作为税务机关内部管理手段的状况，使纳税评估工作具有充分的法律效力。一方面，设置专门的纳税评估机构、建立纳税评估管理配套办法，配备业务素质高的有一定规模的税务干部，明确纳税评估工作流程、工作规范，在税务系统形成“要干什么、由谁来干、该怎么干”的明确的纳税评估工作。另一方面，拓宽纳税评估的信息渠道，提取全面、准确的信息数据，加以加工分析。根据分析结果，对大型企业和中小企业实行分类评估管理，同时，在目前税种评估的基础上，开展多税种评估，拓宽评估的范围。

(四)税务稽查方面

克服新征管模式下，稽查部门的选案重点不够明确，标准不够准确，征管与稽查脱节的现象。将稽查选案与征收和管理环节紧密结合。在稽查选案上，从纳税人申报资料和发票使用情况进行初选，依据掌握的资料和采集的纳税人经济财务指标，分析异常情况，结合阶段性稽查目标进行选案，从而提高稽查的针对性、准确性和有效性，真正体现以查促收，以查促管的目的。另外，建立征管、稽查联系制度。在“日常检查”与“专业稽查”并存的情况下，管理部门注重管理，尽量避免重查轻管，以查代管的倾向。定期召开征管、稽查联席会议，根据稽查过程中发现企业存在的问题及违法行为，剖析原因，有针对性地提出管理建议和改进措施。同时稽查部门根据稽查工作的开展情况提出征管建议，以便征管部门强化管理；征管部门为稽查决定的执行做好跟踪管理工作，当稽查处理决定书送达纳税人时，同时抄送征管部门。由办税大厅及时开票入库，管理服务系列督促纳税人进行财务调整，并在次月申报中体现，从而保证稽查工作的落实到位。

(作者单位：河北省霸州市国家税务局)

# 坚持科学发展观完善税收征管理念

许世德

随着现代管理理论和理念的不断更新，传统税收管理理念已不再适应现代化的税收管理形势和变化的需要。加强税收管理，实现高效征管，必须运用先进的管理科学思想，创新税收管理理念，并采取切实可行的有效措施，构筑高效征管的平台，迭到税收遵从度高，征纳成本低，征管质量好，纳税人满意的最终目的。

## 一、现代税收管理理念

税收管理是管理的一部分，关于管理理念的理论同样适用于税收管理。一定的税收管理理念同样是基于对被管理者的人性和行为模式的假设基础上的。

在计划经济条件下，传统的税收管理理念认为并且强调：纳税人都不可能如实申报纳税，人人都想少缴税，最好不缴税。因此，税务机关和税务人员必须像警察对付小偷一样，对厂商企业和纳税人实行“上对下”式的强制型管理关系。

然而，随着现代管理理念的不断创新，伴随着经济上新自由主义思潮的兴起和信息技术革命的浪潮，西方近年来兴起的“新公共管理”理论，根据现代管理理念的相关理论，对现代税收管理理念提出了新的要求。

新公共管理理论以理性经济人的假设前提取代了传统韦伯官僚制人性恶的假设前提，认为以人性恶为基点并试图通过规制导向约束人的行为来维护公众利益的思路是不完备的。应该承认人的经济性特征，通过市场这只“看不见的手”引导并实现个人利益与公众利益的统一。这一点给西方国家税收管理理念带来深刻影响，促使税务机构从过去视纳税人为偷税者处处设防严查重罚，转变为重视对纳税行为的成本收益分析，通过提供高服务质量，降低税收征收成本，以提高纳税遵从率。

## 二、坚持科学发展观，树立现代化的税收管理理的思路

坚持以“以人为本”为基本思想导向，按照社会主义市场经济对税收本质的基本要求，在协调兼顾税收内在的经济属性、社会属性与政治属性的基础上，充分发挥好内在的聚财与调节职能作用，从而最终为“促进经济社会和人的全面发展”提供必要的财力与政策支持。具体而言，这一税收理念对我国今后的税收改革至少提出了以下几方面的基本要求：

首先，在税制设计方面，科学税收观下的税制安排要全面落实“公平效率观”，在突出效率优先的同时，注重社会公平。既要适应市场经济基本规律与经济一体化浪潮的内在要求，不损害微观市场主体促进经济发展方面的能动作用，又要充分考虑国家履行“促进经济社会和人的全面发展”职能所必需的收入规模，从宏观和微观两个方面支持经济的进一步健康发展。在两者协调的基础上，充分发挥税收在调节收入分配、满足社会福利，保护生态环境、维护国家权益等方面的积极作用。这就要求我国今后的税制改革应在进一步完善“双主体税制模式”，协调流转税在组织收入与所得税在宏观调控方面的各自积极作用的大背景下，进一步简化税制以降低社会税收遵从负担、提高税务机关执法水平；拓宽税基以确保税收规

模持续稳定增长的财源基础;降低税率以增强微观市场主体运用市场机制力度;加强税收征管以实现既定税制横向公平与纵向公正。通过推进税收体制改革,统一各类企业税收制度,实行综合和分类相结合的个人所得税制度,调整扩大消费税税基,开征社会保障税、环保税,调整和完善资源税,实施燃油税,稳步推行物业税,赋予地方政府必要的税政管理权限等各项改革措施,为"统筹城乡发展、统筹区域发展、统筹经济社会发展、统筹人与自然和谐发展、统筹国内发展和对外开放"提供必要制度支持。

在改革的步骤选择方面,考虑到税制对社会整体经济运行的巨大影响与我国当前社会主义初级阶段基本国情,税制建设的理想模式与现实可支持的改革举措之间仍存在相当大的距离。因此,我国在今后的税制改革过程中,必须在充分理解社会、政治、经济需要的轻重缓急程度与正确处理各方面利益关系的基础上,本着精心设计、循序渐进、量力而行、稳步实施的思想,把改革的力度、发展的速度和社会可承受的程度有机结合起来,成熟一项实施一项,实施一项确保一项。

其次,在税收实践方面,科学税收观下的税收工作应在"以人为本"思想的指导下,正确处理好两个层面上的服务关系:一是国家对税务部门的服务保障关系;二是税务部门对社会和纳税人的服务管理关系。在第一个层面,虽然税务部门以直接服务于国家职能的顺利实现为其存在根本,但由于税务人员同样具有"社会性"的基本特征,既定社会经济环境对其行政行为必然要产生程度不同的影响。因此,国家有必要充分考虑税务人员的实际需要,不但要在工资福利待遇、职位升迁、业务培训等方面建立健全必要的经济与政治激励机制,为激发税务人员工作热情,提高行政效率,释放人力资本效应疏通渠道、奠定基础,还要通过提高税收宣传效果、健全协调制度、确保司法保障等各种举措,获取和提高政府机关、相关职能部门与社会公众对税收工作的理解、支持,为税务机关履行职能营造良好的外部执法环境。在第二个层面,税务机关则必须从服务国家职能顺利实现的角度出发,彻底转变工作思路,提高创新能力,构建服务型税务。必须确立税收执法与服务并重的思想,由传统的监督打击型向管理服务型转变。"以人为本"是提高税收征管效率的思想基础,即使是对待不遵从税法的违法行为人也要以尊重纳税人为前提,从具体分析其不遵从行为的原因中寻求解决问题的途径和加强征管的办法。同时在服务过程中,要切实把服务重点放在税收政策宣传落实、申报征收、减免税管理、行政复议等涉税事宜上来,而不能简单停留在设立便民服务台、为纳税人提供茶水等面子工程上,更不能以服务之名行收费之实,从而真正做到税务管理与服务有机结合,减少纳税遵从成本,建立起适应市场经济要求的良性征纳关系。

第三,在工作绩效评估方面,科学税收观下的税收工作必须脱离长期以来主要以政治职能为实质目标取向的收入计划考核机制,要根据各地社会经济发展的实际情况,综合考虑税务机关的税收努力程度,建立一套涵盖经济职能、社会职能与政治职能履行情况的多元化综合绩效评估体系,以为实施适应科学发展观要求的政治、经济奖惩机制提供现实依据。其中,经济职能实现程度的衡量指标大体可沿用目前普遍使用的以GDP存量与增量为基础的考核办法,对各级税务机关贯彻落实国家既定调整经济结构、促进经济总量增长政策情况及取得的实际效用等进行总体评价;社会职能实现程度则除了要考察上述各项涉税服务举措的实施情况之外,还要对各地税务机关一定时期的自主纳税申报率、申报准确率、案件复议率、纳税人反映情况落实查处率、税务人员违法行政率等的边际增减变动情况进行分析对比,以全面真实地掌握税务机关服务社会职能所取得实际效果;而对于政治职能的实施情况,则应在转变政府职能以根本适应市场经济基本要求的改革举措取得实质性进展的基础上,对税务机关必须承担的各项基本任务,如提高税收努力程度为政府履行职能提供财力支持、配合依法治国战略加大依法治税力度,严查涉税违法案件以适应反腐败工作的基本要求等,综合考察其工作情况与完成质量,从而使科学发展观下的税收工作能够在充分发挥税收职能的基础上为最终实现"经济社会和人的全面发展"提供必要的外部压力与内在动力。

## 三、现代化税收管理理念的具体内容

创新税收管理理念，就是要在扬弃传统税收管理理念的基础上。坚持科学发展观，树立适应现代税收管理实践的现代化的税收管理理念：

1、树立“人本”管理理念。

2、树立服务管理理念，实现办税服务与日常税收管理的有机结合。

3、树立信息应用和科技管理理念，实现由传统的手工征管向现代化信息征管的转变。

4、树立系统综合管理理念。

5、树立法治管理理念，实现由依靠行政手段管税向依靠法律治税的转变。

6、树立效率管理理念，实现由注重完成任务向注重提高征管效率和质量的转变。

7、树立社会管理理念，发展中介机构。

8、树立文化管理理念。

9、树立诚信管理理念，打造良好的诚信氛围。

（作者单位：辽宁省丹东市地方税务局）

# 建立税收风险一体化防控机制的探索与实践

李　强　陈　浩　孙运涛　靖树春

为积极应对“营改增”后地税管理形势的巨大变化，有效解决传统税收征管模式下各类税收风险叠出、基层应对乏力以及深层次风险不能及时发现和消除等问题，诸城市地税局根据潍坊市地税局关于开展税收风险一体化防控机制建设试点的工作部署，遵循《全国税收征管规范(2.0版)》有关要求，依托“互联网+”技术，探索建立以税收风险防控为导向，以信息化手段为支撑，以加强征管基础管理和强化重点税源分类分级分责监管为核心，以“常态风险差别化管理+专项风险团队化治理”为主线的税收风险一体化防控新机制，有效解决了基层税收风险管理防控“最后一公里”难以落实的问题。省局张洪军局长给予批示肯定。诸城市委、市政府给予充分肯定和高度重视，拨付专项财政资金予以保障支持。

## 一、建立税收风险一体化防控机制的背景分析

“营改增”之后地税管理的形势和条件发生了重大变化，原有的主体税源迅速缩减，新兴税源增长乏力，组织收入形势非常严峻，工作压力明显增大。税收征管的本质在于全面准确地掌握税源信息，发现和消除涉税风险，并据以实现税收收入足额入库。在传统的无差别“管户模式”下，各类税收风险层出不穷，基层多处于被动应付，管理效果并不理想。要从根本上扭转这一现状和不利局面，提高税收征管水平，促进地税收入持续稳定增长，就必须转变地税管理模式，建立一套符合当前税收征管现状和管理要求的长效机制，这是基层地税部门必须积极探索的一个重要课题。

(一)“营改增”全面实施后，地税征管急需确立风险管理导向，实现由管户到管事的转变

营改增后地税征管的环境和条件发生了重要的变化，原有的分片管户模式已经难以适应新形势的要求，需要尽快实现由管户到管事的转变，确立以风险为导向的管理模式。一是以票控税手段的消失倒逼风险导向转型。营改增后以票控税手段消失，传统依靠发票掌握纳税人涉税信息和控管纳税的机制不复存在，企业所得税、土地增值税、车船税、个人所得税管理难度显著增大，而土地房产类税收，由于税源零散不集中，风险因素则更多。因而，必须确立风险导向的管理模式，依靠及时全面地发现和处置风险来强化征管。二是人力资源短缺现状决定了必须集中力量进行风险管理。目前，基层分局(所)征管人员在减少，年龄在老化，人均户管数在增加，若继续延续传统的“固定管户”模式，日常管理将更加力不从心，也不利于及时发现和消除深层风险事项，存在较大的风险隐患。必须集中优势人力资源管实事、管风险，把好钢用在刀刃上，瞄准风险，精准用力，提高人力资源利用效率，更好地适应新形势下的征管工作需要。

(二)税收风险管理在县局缺乏有效的机制支撑，“最后一公里”难以全面落地

以前的税收风险管理具有量大、点多、消除不彻底、易反复出现等特点，究其原因主要是不完善的风险管理体系导致。一是风险管理职责分散，未形成风险防控合力。县级局风险管理职责分散，评估、稽查和基层人员各自为战，缺乏一个总协调机构，不能进行“一体化”风险应对，难以形成风险防控的合力。二是风险应对措施弱化，风险不能有效防控。无论是上级局推送的风险，还是县局自行发现的风险，都被层层推送到基层分局(所)进行落实。而分局(所)既要负责日常税收管理工作，又要承担各类风险应对处理工作，工作量已经超出了实际承载能力。同时，在原有的组织机构设置和税收管理模式下，骨干人力资源

无法统筹调配，县级局和分局(所)都缺乏对中高风险实施团队化防控的能力，致使风险无法有效防控和消除。

(三)税收风险防控的推进落实缺乏紧密有效的支撑和保障

税收风险防控是一项复杂的系统工程，当前仍缺乏一套精密、稳定、高效的机制支撑，影响着风险防控的运行质效。一是缺乏信息化支撑。风险指标设置不够全面，缺少完全覆盖所有工作事项和风险事项的信息系统支撑，影响了“管户”模式向“管事”模式的转变。同时，任务推送流程环节多、操作繁琐，影响了处理效率，不能完全支撑风险管理模式落地。二是缺乏工作纪律的保障。风险管理工作的推进，需要严明的工作纪律作保障。传统模式下，日常征管行为未能与工作纪律约束有机结合，特别是对外出执法人员的执法和守纪情况，缺乏有效的监督手段，存在“两张皮”的现象。三是缺乏有效的绩效考评及激励机制。以往风险推送到分局(所)后，分局(所)按责任区分派到责任股进行处理，没有指标化、职责化、绩效化到个人，不利于工作人员履职尽责和工作积极性的发挥。

## 二、建立风险管理一体化防控机制的路径和措施

适应“营改增”新形势需要，根据省局征管组织体系改造和建立税源控管新机制的工作要求，在原有体制、机制和组织机构框架基础上，通过创新管理模式、规范岗责体系、健全配套制度、优化人力资源、完善技术支撑、构建绩效体系等举措，实现组织和流程再造，全面建立税收风险一体化防控机制，做到明确界定风险领域和层次类别，及时、准确、全面地发现、识别、掌控税收风险，及时到位地应对、消除各类风险，支撑税收风险防控和应对处理水平实现质的提升，保障税收及时足额入库。

(一)精细梳理并科学界定税收风险领域和层次

参照《全国税收征管规范(2.0版)》分类，将税收管理工作划分为税收基础事务管理、税收风险管理和税收保障管理三大类，对应税收管理三大类工作，建立大风险管理模式，将风险管理衍生细分为基础预防管理、征管风险管理、纪律风险管理三级递进式管理：基础预防管理负责对事前事中风险的前置预防，如防控不力逾期未处理，则递延形成征管风险；征管风险管理负责事中事后对风险事项的风险防控，如再防控不力逾期未处理，则递延形成纪律风险；纪律风险管理负责征管风险防控不利情况的纪律监督保障。通过以上三级递进式的风险划分和防控，形成覆盖全部风险领域并层次清晰、逐层递进的风险管理体系。

(二)以风险一体化管理为导向改革组织机构体系

在县级局实行风险管理纵向统管机制，成立税收风险管理工作领导小组，下设税收风险防控中心，将有关业务科室的风险管理职能集约调整到风控中心。县局纳税服务中心、风控中心、基层分局(所)和稽查局成为规范的征管风险防控机构，督查和监察部门作为纪律风险防控机构也一并纳入风控体系。风控中心负责全局税收风险的组织防控和统筹管理，包括风险的识别、筛选、推送以及组织实施专项风险团队化治理；纳税服务部门负责受理和应对纳税人涉税事项、基础事务风险和程序类常态风险事项；基层分局(所)负责应对基础事务风险、程序类常态风险和初级实体类常态风险；稽查部门负责对涉嫌偷、逃、抗、骗税等高级实体类常态风险实施精准稽查；收入核算和财务部门负责应对欠税公告事项；征管部门负责非正常户公告、宣告失效事项；督查部门负责督查督办类纪律风险事项；监察部门负责监察廉政类纪律风险事项；绩效管理部门负责考核风险事项应对处理质量。各部门在风控中心的统一协调下，各司其职、互动协作，形成一体化风险防控机构体系，为有效解决职责不清等问题、形成风险防控合力提供了组织保障。

(三)科学设计风险识别和风险处置的一体化运行机制

建立新的风险识别和风险处置的一体化运行机制，关键在于推进征管方式由“固定管户”向“动态管事”转变，推进风险管理模式由“无差别管理”向“常态风险差别化管理＋专项风险团队化治理”综合管理模式转变。

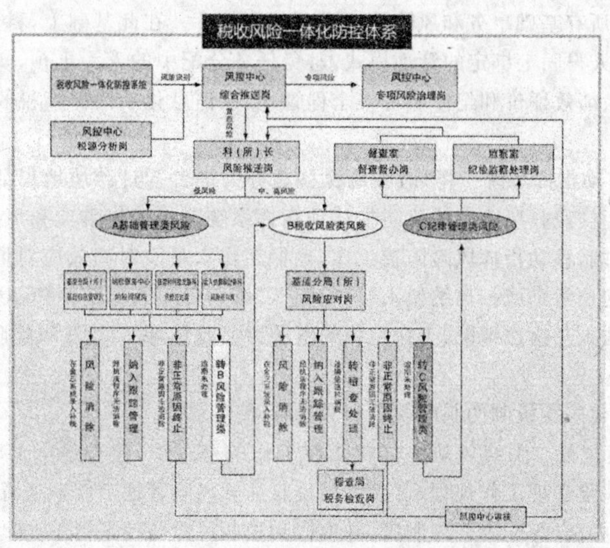


1、取消“固定管户制”，推行“动态管事制”。在保持纳税人属地管理和保留原有基层分局(所)与街镇(园区)对应关系不变的前提下，彻底取消征管责任区，从机制上取消税收管理员的人户绑定关系，废除对所有纳税人实施的无差别管理模式，将职责调整到动态应对处理税收风险上来，从体制上规避个人管户风险，从而保证基层人员把工作精力放在风险应对和消除上。在基层分局(所)设置基础信息管理岗、风险应对岗、税收风险督导岗，并按 2 人一组设置税收风险应对小组，每个小组根据风控中心随机派发的风险任务，开展风险应对工作，有效解决固定管户模式下风险应对质量低、不及时等问题。

2、取消“无差别管理”，创新“常态风险差别化管理＋专项风险团队化治理”模式。

(1)建立常态风险差别化管理机制。常态风险，即通过信息化手段可以扫描的已实现指标化的风险。对照《全国税收征管规范(2.0 版)》和《全国纳税服务规范(2.0 版)》，对内梳理岗位业务风险点，对外梳理纳税人风险点。共设置了 99 个预防指标、191 个风险指标和 173 个纪律指标，建立了覆盖县级局所有基础事务和风险管理事项的指标库。对常态风险差别式管理，就是依托省、市局风险管理系统和县局组织研发的税收风险防控系统，识别和提取全面涵盖税收全过程的问题和风险，并利用系统“智能双随机”推送功能，及时将风险推送到风控中心、到分局(所)、到岗、到人，由任务承担者采取清理核查、风险提醒、约谈评估、税务稽查等方式进行针对性处理、差别化管理，确保风险及时发现和消除。

(2)建立专项风险团队化治理机制。专项风险，即上级局部署的阶段性重点以及征管中的难点、薄弱点等不易发现和难以消除的重要风险。在实际工作中，主要将重点税源、上市公司和高收入人群、国际税收等纳入专项风险治理范畴。在风控中心设置重点税源监控分析团队，在软件平台中设置重点税源企业分析功能，围绕重点税源、上市公司、高收入高净值纳税人、集团企业和国际税收等进行重点深入分析，及时识别发现重要风险点。对专项风险实施团队化治理，是通过业务考试选拔成立税收风险防控人才库，并在风控中心组建 30 人的专业化纳税评估团队，对各类专项风险，以纳税评估、专项检查的形式，集中组织实施团队化专项治理，努力提高重要风险治理的精准度、震摄力和工作质效，达到治理一类风险，理顺一类风险、消除深层次风险的目的。

(四)规范强化风险一体化防控机制的信息化支撑

1、升级优化税收风险防控系统。在潍坊地税征纳税收风险防控平台基础上，按照《全国税收征管规范(2.0 版)》要求，结合县局征管实际，对平台进行优化升级，开发税收风险防控系统，打造风险防控平台

2.0版，建立覆盖县级局所有基础事务和风险管理事项的指标库。在此基础上，科学研发风险任务“智能双随机”分配功能，打破人户固定绑定的管理模式，避免任务分配中的人为干预，实现税收风险的逐级推送、落实反馈、过程监控、绩效评价和纪律监督等全程管理，以信息化手段保障税收风险防控工作的顺利推进和可靠落实。

2、建立风险防控移动指挥系统。将“诸城地税移动办公平台”与“潍坊地税征纳税收风险防控服务平台”进行系统对接，建立“税收风险一体化防控移动指挥系统”，将工作事项和风险预警信息，每日定向推送到工作人员手机终端，移动指挥风险防控工作，确保工作人员及时高效应对风险。执法人员到企业巡查巡管时，通过手机定位考勤或扫描纳税人“微服务”二维码等形式，及时将现场执法资料上传税收风险防控系统，实现对执法人员执法情况、工作纪律的电子留痕监督，做到执法风险防控与纪律风险防控有机融合、同频共振。

(五)健全完善一体化防控机制的制度规范和激励保障

1、建立全过程制度规范。围绕风险一体化防控工作的全过程，建立健全了《风险防控部门职责分工》、《县级局税收征管风险管理工作规程》、《县级局税收征管风险管理工作事项清单》、《县级局税收征管风险管理工作绩效评价办法》等配套管理制度，并内嵌到税收风险防控平台中，实现了风险防控全过程的制度化、规范化，约束和促进干部职工讲规矩、守纪律，将制度“内化于心、外化于形”，严格按制度规程办事，保障工作到位。

2、实施全过程绩效评价。建立集过程控制、绩效评价于一体的风控质量绩效评价体系，实现风险指标化、指标岗责化、岗责任务化、任务绩效化，通过税收风险防控系统月底自动计算生成考核数据，自动生成纳税服务中心、风控中心、基层分局(所)和稽查局的工作记录和绩效结果评价，实现对税收风险防控工作的“一事一绩效”、“一人一绩效”和“一部门一绩效”，充分调动工作积极性，提高风险防控质效。

## 三、实施税收风险管理一体化防控的初步成效

诸城市地税局试点探索建立税收风险一体化防控机制以来，在征管模式改革、风险精准防控、组织收入等方面，取得了初步的成效：

(一)实现了税收征管模式向风险管理导向的全面转型

以风险管理为导向是税收征管现代化的重要趋势之一，诸城市地税局基于征管形势的变化，因地制宜实现了税收征管从“固定管户”到以风险管理为核心的“动态管事”的全面转型，是税收征管现代化改革领域的有益尝试。在具体机制上，已实现了从无差别管理到常态风险差别化管理、专项风险团队化治理的转变，形成了能够系统、全面、精细、及时地进行风险应对处理的有效模式。在机构和人力资源方面，形成了以风险管理为主线、以1个纳税服务中心和N个风控机构为主体的基本机构布局，在人力资源配置上，实现了向纳税服务和风险管理的集中倾斜，纳税服务人员占比达到20%，风险管理人员占比则达到了60%。这一模式的成功切换并稳定运行，为税收征管改革提供了一个可复制的现实样本。

(二)实现了对各类风险的精准监控和应对

通过对税收风险的归口管理、税收风险防控平台的深化应用，以及常态风险差别化管理、专项风险团队化治理等措施，实现了对各个层面(包括纳税人、税务机关和税务人员)、各类风险的全覆盖、无缝隙监控和导航式、递进式精准应对，有效提升了税收风险的提前预防、及时发现、有效消除的能力。以4月份为例，征收期内提前处理预防提醒类风险6341个，递延到逾期申报、数据错误类的税收风险则相应地明显减少为1206个，数量下降48%。引入“网络爬虫”技术智能监控互联网涉税信息，实现对股权变更等专项风险的精准防控，已评估138户企业，入库税款3796万元。

(三)实现了执法风险与纪律风险的同抓共防

依托税收风险防控平台，在强化征管风险监控应对的同时，将征管风险防控不利的情况纳入违反工作纪律的范畴，自动启动督查督办流程，强化了廉政监督；系统中的执法留痕功能、“外勤打卡”、拍照或扫描上传现场资料等形式，强化了纪律监督；通过纳税人客户端设置的“执法监督评价器”，强化了外部监督，成为基层落实“纪律行动”的有效载体。平台已推送 86 人次纪律风险督办单，实现了纪律风险与征管风险防控的无缝衔接，征管质效不断提升，工作纪律明显强化。

（四）激发了干部职工干事创业的内生动力

通过人员适岗优化调整，通过系统实施“一事一绩效”、“一人一绩效”和“一部门一绩效”的综合绩效评价管理，一方面，使每个单位负责人的主体责任和每个人的岗位主体责任更加明晰，工作导向更加明确，大大激发了干部职工的工作责任心、使命感，另一方面，初步解决了以往“干多干少一个样、干好干坏一个样”的管理难题，工作绩效得到了更加充分的体现，也使个人在工作中得到了组织的认可、找到了存在感和价值感，干部职工工作热情空前高涨。

（五）保障和促进了税收收入持续较快增长

税收风险一体化防控机制的建立，使征管工作的常态风险、专项风险得到了及时发现和精准应对，提升了征管质效，促进了堵漏增收、挖潜增收。1－4 月份诸城市地税局共组织各项税收收入 21.26 亿元，同比增长 29.5％，增收 4.8 亿元，其中通过风险防控、团队化评估入库税款 3.2 亿元，占增收数额的 66.7％。

（作者单位：山东省潍坊市地方税务局）

# 建筑工程挂靠经营行为的税收征管问题研究

刘石敏

近些年来,我国建筑业迅猛发展,带动了建筑业税收的快速增长,建筑业也迅速成为了地方税收的重要税源之一。但由于建筑行业自身的特殊性以及税收管理的不到位,目前我国建筑业税收流失问题较为严重,而建筑工程挂靠经营行为的税收流失问题尤显突出。研究建筑工程挂靠经营行为的基本运作模式,探讨税收征管存在的漏洞,是解决好建筑工程挂靠经营行为税收流失问题的关键所在。

## 一、建筑工程挂靠经营行为的运作模式

所谓建筑工程挂靠经营,是指没有资质或是资质较低的单位或个人借用具有资质或资质较高的企业名义从事建筑施工的行为。经调研发现,建筑工程通常存在以下几种比较常见的挂靠经营运作模式:

(一)以被挂靠方的名义参与投标并办理相关手续

目前,市场上存在大量无资质的施工队,对于一些需要投标的工程,如政府工程,这些施工队没有资质参与投标,为了取得这些工程的施工权,施工队往往在投标前就挂靠具有资质的建筑公司,并以建筑公司的名义进行工程投标,工程中标后,再由建筑公司与业主方(或是开发商)签订项目合同并办理相关手续。

(二)房地产开发商个人挂靠建筑公司博取巨额利润

一些房地产开发商为获取建筑工程中的巨额利润,指派内部人寻找具有资质的建筑公司作为挂靠单位,自行组建施工队、聘请工程技术人员和管理人员进行建设,自己既是开发商同时又是施工方,既是发包方同时也是承包方。在这种经营模式下,相当于右手与左手签合同,资金从开发商的左口袋流进了右口袋,房地产开发商对项目工程的收入与成本具有很大的操作空间,为偷逃税款埋下了伏笔。

(三)以分包形式掩盖建筑工程挂靠实质

具有资质的建筑公司与施工队,即被挂靠方与挂靠方签订工程分包合同,表面上是肢解了工程,实际上整个工程仍然由挂靠方实质管理与施工。此类形式在建筑行业中比较常见。

以上几种建筑工程挂靠经营运作模式虽然各有不同,但共同点都在于:挂靠方以被挂靠方的名义进行施工,被挂靠方基本不参与挂靠方的实际经营活动,也不实施具体管理,只是挂靠方按照协议约定向被挂靠方支付一定比例的管理费。建筑工程挂靠经营行为的财务运作模式大致是:通常在挂靠协议中约定挂靠方独立核算、自负盈亏;挂靠方以建筑公司的名义在银行开具银行账户;挂靠方承担工程项目施工中的所有费用,建筑公司收到业主方(或开发商)拨付的工程款之后,按照协议扣除一定比例的管理费用后(含税与不含税的比例不同,不含税大致为0.5%—2%,含税的大致为5%—8%),余下的工程款在实行查账征收的情况下则由挂靠方以水泥、钢筋等各类材料费用的票据以及工人工资的名义报销,在建筑公司的财务账上,表现为以开具建安发票的金额作为工程结算收入,扣除管理费用后的工程款则转化成为工程结算成本。而在财务不规范实行核定征收的建筑公司中,有的甚至直接将余下的工程款交给施工队,根本不在财务账上反映工程结算收入与工程结算成本,仅仅反映的是工程管理费用收入,以上两种运作均使得主要的工程利润向挂靠方聚集。

## 二、建筑工程挂靠经营行为对税收征管带来的挑战

(一)挂靠经营行为的隐蔽性给税收管理增加难度

在现实中,挂靠和转包、分包在相当多的情况下很难界定,多数挂靠都是以转包或分包的形式出现。一般情况是,挂靠双方都会在投标前事先签订一份内部协议,约定挂靠方和被挂靠方在投标过程中的各自分工,项目工程中标后,挂靠方和被挂靠方再签订一个正式的转包合同(或名为分包合同)。挂靠方和被挂靠方不会对外承认其挂靠关系,在账面上也不直接反映挂靠方向被挂靠方支付的管理费用。税务机关只能从双方签订的协议内容来确定挂靠方的收入,并确认其合作关系,但一旦挂靠双方未签订合作协议,或是拒绝提供协议内容,税务机关则难以凭有效证据证明挂靠双方的实质合作关系,也难以确认挂靠方的成本与收入,无法对这部分收入实现有效控管与征收。

(二)建筑公司财务管理不规范导致税收流失严重

1、在建筑公司财务账上,将开具建安发票的金额作为工程结算收入,施工队以水泥、钢筋等各类材料费用的票据以及工人工资的名义报销取走的扣除了管理费用后的工程款计入建筑公司的工程结算成本。由于工程款项数额巨大,挂靠方取得的外来原始凭证(如购进建筑材料的发票等)不足以在被挂靠方的账上作为成本费用处理,只能通过提供假材料发票、虚列工人工资,甚至用白纸单据来填补费用,这种行为造成的后果是虚增了工程结算成本,冲抵了工程结算收入,使建筑公司账面上反映的都是亏损或是微利,建筑公司因此逃避了企业所得税。此外,人工费用在建筑成本中占的比重较大,且建筑工人流动性大,一般是换一个施工项目换一批工人,同一个施工项目的工人也可能经常更换,签订用工合同的极少,工人的“五险一金”基本不交,工资发放通常以现金支付,这为虚列工人工资提供了很大的操作空间,而且现实中挂靠方自行编制工资表现象非常严重,工资签收通常由包工头代签,随意性也较大,致使对挂靠方的个人所得无法进行有效控管,无法对包工头及工人的个人所得计征个人所得税,从而也造成个人所得税的流失。

2、在房地产开发商既是开发商又是施工方的挂靠模式下,存在暗箱操作、转移收入、逃避税收的空间,致使税款大量流失。例如当房地产销售收入过旺时,为了逃避税收,转移利润,房地产开发商可能以物价变化或是工程施工扩大等原因与建筑公司约定签订补充协议,通过增加项目工程款达到增加工程成本的目的,增加的工程款到达以建筑公司名义开具的银行账户后,房地产开发商又以施工方的身份利用各类发票在建筑公司的财务上进行报账,相应套取工程款,实质款项又转回到房地产开发商自己的口袋。虽然在收入的转移过程中,在建筑公司收到款项的同时缴纳了营业税,但是在房地产开发商转移收入之初就逃避了土地增值税和企业所得税,而在房地产开发商以施工方身份套取工程款的环节,建筑公司逃避了企业所得税、开发商自行组建的施工队逃避了个人所得税,利润转移从施工队再回到自然人股东手中又逃避了20%的股息红利个人所得税,造成税收流失严重。

3、建筑工程挂靠经营通常不按照合同约定的施工进度进行工程款结算,也不按照施工进度申报纳税,一般情况下是取得收入,并且需要代开发票时才由建筑公司申报纳税,税务部门若不进行实地巡查,很难掌握项目工程的施工进度、工程拨款、发票开具以及纳税申报等情况,这就造成有些工程已经完工,却迟迟未进行申报纳税,导致营业税的延迟入库。而对于有些项目工程收入不需要代开发票的,有的建筑公司根本不进行纳税申报,如果税务机关未能及时发现,税款也就白白地流失掉了。

(三)异地挂靠钻税收管理的空子导致税收流失

根据《国家税务总局关于跨地区经营建筑企业所得税征收管理问题的通知》(国税函〔2010〕156号)第三条规定:“建筑企业总机构直接管理的跨地区设立的项目部,应按项目实际经营收入的0.2%按月或按季由总机构向项目所在地预分企业所得税,并由项目部向所在地主管税务机关预缴。”挂靠方挂靠到持

有外出经营管理证明的外来建筑公司，那么根据上述规定，项目工程只在经营地按实际经营收入的0.2%按月或按季预缴企业所得税。由于当前税务机关对于外出经营管理证明的管理存在缺位，加上建筑公司财务核算的不规范，异地挂靠的项目工程如果没有在建筑公司所在地进行企业所得税汇算清缴，则会造成企业所得税的流失。

## 三、加强建筑工程挂靠经营行为税收征管的政策建议

建筑工程挂靠经营运作模式较为复杂、隐蔽，加上税务机关当前的税收征管水平不高，造成税收大量流失。为了堵塞税收管理漏洞，税务机关必须从各个方面加强建筑工程挂靠经营的税收征管。

(一)认真研究政策文件，加强全国统一规范管理

由于挂靠经营的挂靠方通常是独立经营、自负盈亏，挂靠利润大部分向挂靠方聚集，建议国家统一政策：

1、参照《建筑安装业个人所得税征收管理暂行办法》关于承包建筑安装业征收个人所得税的规定，对存在挂靠经营行为的项目工程，并确认挂靠方为个人挂靠的情况下，按企事业单位的承包经营、承租经营所得项目对包工头征收个人所得税，从事建筑工程的其他人员取得的所得，分别按照工资、薪金所得项目和劳务报酬所得项目计征个人所得税。为避免税收流失，提高政策的可操作性，具体做法可按照如下方法进行：以项目工程最终结算收入×个人所得税附征率(约为1%)计算包工头的个人所得税。包工头的个人所得税由被挂靠方，即建筑公司代扣代缴。由于建筑公司和挂靠方(包工头)自行雇佣的工人不存在直接的雇佣关系，并且没有签订书面劳动合同并办理社会保险，这些工人的工资支出不应作为计税工资在税前扣除，而应该到税务机关开具劳务发票，并申报纳税。

2、取消外出经营证明管理。原因是当前全国对于外出经营证明管理情况不统一，造成重复征税、漏税的情况较严重。因此，建议取消外出经营证明管理后，对于挂靠异地建筑公司的项目工程一律视同独立纳税人计算并就地缴纳企业所得税。对于作为被挂靠方的建筑公司一律不得实行查账征收，而应该实行核定征收，建筑公司可以扣除已由挂靠方就地缴纳的企业所得税后计算企业所得税。

(二)实行建筑行业专业化管理，有效控制税源

鉴于建筑行业的特殊性、复杂性及专业性，以及其在税收收入贡献中的突出作用，建议对建筑行业进行税收专业化管理，抽调业务水平高、能力强、经验丰富的税务干部组建建筑行业税收管理机构，实行专人专岗，各司其职。对所有建筑工程实行台账管理，将所有中标或签订合同后的建筑工程进行项目登记，并做好基础信息的采集，完善项目登记档案管理。目前，一些省份对一定规模以上的项目在系统中进行了登记，但由于缺乏后续的跟踪管理，项目登记失去了意义。因此，建议对大项目、大工程实行跟踪管理，及时掌握项目工程的施工进度，并督促企业按照完工进度及时申报纳税。此外，还应加强对建筑业税收纳税评估，综合考虑企业日常经营状况、纳税情况以及影响税源变动的主要因素，选取具有典型性的企业作为样本进行调查、分析，确定建筑业的税收负担率，实行行业税收预警。并将长期零申报和处在预警值以下的企业纳入重点评估对象，建立健全建筑业专业化纳税评估体系，从而增强建筑企业税法遵从度，促进建筑业税收征管质量和水平的提高。

(三)加强日常税收巡查，严格管控挂靠经营行为

日常巡查是税务机关日常工作中一项基础工作，是确保税收管理员能及时发现问题、实时动态掌握纳税变化，做到“心中有底”，有效监控税源的强有力措施。因此，应督促税收管理员加强对建筑工程的日常巡查。首先，通过实地查看了解项目工程的完工进度，并与实际缴纳税收情况比较，检查建筑公司是否按照完工进度缴纳税收；其次，调取建筑公司的财务账，关注建筑公司资金流向、材料和人工费用的支付情况，以及报账发票内容是否与合同内容相匹配等方面，判定是否存在挂靠经营关系，对于确实存在挂靠

行为的项目工程，必须在后续的管理中重点加强监控，避免企业通过不合法的途径逃避税收，造成税收严重流失。

(四)加强发票管理，严厉打击发票违法行为

首先，要完善税务系统内部的内部管理制度，包括发票管理员制度、领购制度、填开制度、保管制度和缴销制度，明确各个环节的岗位责任，并落实好责任追究制度。其次，辅导好纳税人正确地领购、开具、使用和保管发票，与此同时加强对建筑业发票的检查力度，将建筑业发票的检查列入日常工作，定期地开展大规模的发票检查工作，并将重点放在打击假发票和不按规定开具发票上，对于检查过程中发现的发票违法行为，要进行严厉处罚，从而达到宣传和教育的目的，维护税法的威严。再次，税务机关对内要加强征管与稽查的协调配合，对外要加强与财政、审计、监察及公安机关的沟通与联系，联合出击，共同查处发票大案、要案，严厉打击各类发票违法行为，维护税收秩序。最后，建立奖励机制，对于发票违法案件的举报人进行奖励 ，同时扩大有奖发票使用范围，加大奖励资金投入，提高中奖率和中奖面，增强消费者索要发票的积极性。

(五)利用互联网＋，建立协税护税大平台

国家在 2015 年召开的十二届全国人大三次会议上首次提出了“互联网＋”行动计划，国家税务总局积极响应中央号召，于 2015 年 9 月 30 日下发了《“互联网＋税务”行动计划》。因此，我们应当借实施“互联网＋税务”行动计划这个契机，运用好互联网技术，搭建起统一的信息平台，该平台不仅包含政府部门联合形成的信息平台，还包括其他相关的非政府部门的涉税信息平台。首先，利用该信息平台可以解决征纳双方信息不对称、不透明等问题，形成与涉税各方充分交流与信息共享。比如通过该平台，项目工程实施地的税务机关可以及时查询建筑公司的内部管理、财务核算、税款缴纳等信息，以方便票款比对、交叉稽核、纳税评估，最大限度地实现涉税信息资料共享，从而完善和强化建筑业企业所得税征管。其次，利用该平台可以实现各部门的信用信息共享。税务部门将诚信纳税纳入社会信用体系，实行黑名单制度，将有税收违法行为的建筑公司、项目经理列入黑名单，通过该信息平台将黑名单在网上进行公布，以便相关部门在选标时将这些具有违法行为记录的企业和个人排除在竞标的门槛之外。

(六)加强税法知识宣传，增强企业纳税意识

针对建筑行业开展专门的税收宣传活动，结合税收宣传重点工作开设“便民办税春风行动”、“纳税服务规范”等宣传专栏，及时公开现行建筑业税收政策以及相关变动调整情况，包括各类税收优惠政策及解读稿；借助网站“税务公告”、“网送税法”栏目，按月逐期将税收法规政策制作成电子期刊发送到纳税人指定邮箱。通过提供在线访谈、局长热线、在线咨询、局长信箱、涉税举报、公众留言、网上调查等多重栏目，构建了以 12366 纳税服务热线为核心、以税务网站为平台、以 IM 税企短信互动平台为辅助手段的多元化电子纳税服务体系，为纳税人提供个性化服务，全面接受社会监督；建立健全网上纳税人学堂，针对建筑行业纳税人制定培训计划，邀请企业负责人、财务人员、办税人员、个体经营户以及其他希望了解税收知识的人参加培训，同时邀请政策制定参与者、专业机构、专家学者进行授课，从而达到宣传与学习的目的。

(作者单位：广西壮族自治区地方税务局)

# 今后地方税收征管的路该如何走

## ——关于税制改革对地方税收征管的影响分析及对策建议

王海军

今年《政府工作报告》指出，从5月1日起，将建筑业、房地产业、金融业和生活服务业纳入"营改增"试点范围；3月8日，国家税务总局下发了《关于扎实做好全面推开营业税改征增值税改革试点工作的通知》(税总发[2016]32号)。这意味着，作为地税主体税种的营业税将在"十三五"开局之年彻底退出历史舞台。根据《深化国税、地税征管体制改革方案》文件精神，待"营改增"全面完成之后，企业所得税也将全部移交国税部门管理。受此影响，地税收入将面临前所未有的冲击，地方税收工作将迎来巨大的挑战。面对新形势，如何顺应改革趋势、创新征管方式、化解不利影响，推动地税事业在逆势中爬坡过坎、砥砺前行，是我们必须思考的现实问题。

### 一、税制改革新形势对地方税收征管的影响分析

(一) 税收体制改革将导致地税收入大幅下降。营业税、企业所得税历来是地税两大主体税种，在地方财政收入中占有举足轻重的地位，2015年全市营业税实现41.6亿元，企业所得税实现16.8亿元，两税合计占全市地税收入的42.9%。5月1日"营改增"以及"营改增"全面完成后企业所得税的划转，将给地税部门带来巨大的减收影响，仅凭其他小税种难以弥补收入缺口。

(二)税收体制改革将造成地税部门征管手段弱化。"以票控税"是地税部门在长期实践中形成的对房地产业、建筑安装业、金融业、生活服务业管理的有效手段，"营改增"后将失去这一有效抓手，在一定程度上也影响了土地使用税、房产税等其他税种的管理。同时，城建税等附加税费征管难度加大、面临流失的风险。企业所得税汇算清缴是地税部门掌握企业房产、土地等涉税信息的重要载体，移交后，地税部门将很难掌控企业涉税信息，对其他税种的征收将带来一定困难。

(三)税收体制改革将在短期内限制地税部门职能作用的发挥。营业税、企业所得税与经济发展关联度较高，是地税部门加强经济税收分析、服务地方党委政府决策的主要抓手，"营改增"及企业所得税移交国税部门管理之后，地税部门将失去这一分析的重点，在短期内很难找到服务党委政府新的着力点。同时，营业税、企业所得税税收优惠政策涉及面广，改革后，地税部门服务小微企业、促进经济结构"转调创"、服务"大众创业、万众创新"的手段缺失，落实税收优惠政策的范围缩小，地税部门服务纳税人的职能作用因此受到限制。

(四)税收体制改革将对地税部门人员的工作积极性带来一定影响。"营改增"实施以及企业所得税的划转，将导致地税收入在地方财政收入中的比重下降，地税部门征管范围和业务量减少，在一定程度上影响了地税部门在党委政府心目中的地位，可能会挫伤干部职工的工作积极性。下一步新税种的开征难度大、挑战性强，对业务能力提出了更高的要求，如何调动广大干部职工积极性，克服以上困难，是当前面临的难题。

### 二、税制改革后对征管模式调整的思考

面对税制改革新形势，地税部门征管工作应以税源风险防控管理为主线，围绕信息化、专业化、社会

化的工作思路，坚持具体问题具体分析原则，鼓励创新和实践，积极探索符合自身实际的征管模式。

（一）全面开展税源普查，摸清税源底数。“营改增”后，地税部门管理的税种零星分散，征管难度大，容易漏征漏管。地税部门应充分认识到税源普查的重要性和紧迫性，成立税源普查工作领导小组，研究制定具体的工作方案，集中骨干力量，迅速开展深入细致的税源普查工作，分区域、分税种摸清税源底数，把握税收征管的主动权。

（二）制定各税种管理规程，提高征管精细化管理水平。针对地方税种零星分散、管理难度大的实际，研究制定房产税、土地使用税、土地增值税、个人所得税、印花税、车船税等单税种管理的规程，在全市范围内统一征管措施、核查要求、保障措施等，促使小税种管理逐步规范化、制度化。

（三）贯彻“抓大控中定小”理念，探索分类分级管理新方式。“抓大”就是抓住大企业和大税种，集中开展行业风险分析和大企业、高收入群体风险分析，运用第三方涉税信息对纳税申报情况进行分析比对，区分不同风险等级，分别采取风险提示、约谈评估、税务稽查等方式进行差别化应对，有效防范和查处逃避税行为。要加强大企业管理，组建大企业管理团队，集中优势征管力量，实行精细化、专业化管理，向大企业要税收；突出抓好房产税、土地使用税、土地增值税管理；突出抓好股权转让、股东分红、高收入群体个人所得税征管。“控中”就是控住中等税源，实施税收预警为主的过程控制，发现疑点及时处理，确保中等税源有序入库。“定小”就是要加强对个体工商户、零散税源的税收管理，完善对小税种的管理。

（四）切实加强征管基础建设，夯实地税征管根基。税制改革后，随着主体税种的消失，地方小税种的地位更加突出，能否对其有效管控将很大程度上依赖于征管基础建设是否到位。因此，地税部门要认真落实省局和市局加强税收征管工作的意见，全面抓好税务登记、纳税申报、税种认定、数据管理等各项工作，为征管上水平奠定基础。当前，应以中心所剖析作为加强征管基础建设的着力点，在开发区分局、县局直属局、城区中心所、乡镇中心所四种类型中，各选取一个典型作为剖析对象，从税种管理、纳税申报、欠税管理等方面进行剖析，梳理存在的共性和个性问题，制定整改措施，限期进行整改，建立样板，并在此基础上，探索经验，在全市范围内推开，对所有的征收单位进行全面剖析，从而夯实征管基础。

（五）落实《地方税收保障条例》，形成综合治税新格局。落实《山东省地方税收保障条例》、《山东省税收保障工作实施方案》，坚持“政府领导、地税主管、部门配合、社会参与、法制保障”的原则，突出财政部门在综合治税中的关键作用，继续与国土、房管、保险、公安交警等部门开展合作，强化信息比对，加强相关税种管理。建立由地方政府主导的联席会议制度，研发并应用地方税收保障工作信息平台，强化职能部门间的涉税信息共享，实现涉税信息自动化、标准化获取，夯实税收管理基础，整合税收服务资源，提高税收风险防控能力，积极构建税收共治格局，形成社会协税护税、综合治税的强大合力。如，在土地使用税管理方面，继续依托政府主导、部门配合，开展“控税节地”专项活动，提高管理水平；在房产税管理方面，充分依托工商、房管、国土等部门的信息支撑以及街道办、社区、居委会的协助，强化税基管理，提高房产税管理水平。个人所得税将实行分类与综合相结合的征收方式，更加需要依托社会综合治税网络，加强从财政、工商、公安、检察、法院、外汇、劳动、教育、不动产登记、银行、证券等第三方部门的信息获取力度，健全管理制度，完善征管手段，提高征管水平。

（六）进一步深化国地税合作，开创办税服务新局面。认真落实《深化国税、地税征管体制改革方案》、《国地税合作规范 2.0》和市政府《关于深化全市国地税合作的意见》，在税源管理、大企业风险防控、纳税评估等方面深度合作，探索建立国地税合作常态化机制，借助国税部门的力量和手段，增强地方税收控管能力。在全面实现国地税办税服务厅合署办税的基础上，探索实行涉税业务“全域通办”，打破部门、地域限制，满足纳税人方便、快捷、经济、高效的办税需求，并以此为新的起点，探索服务纳税人的新举措、新方式。在加强前台合作的同时，积极推行县级局业务科室合署办公、基层中心所合署办公的新模式，从而实现国地税政策法规、税收征管业务领域的全面深度合作。实施国地税联合稽查，在涉税信息分享、协同下达检查任务、联合进户实施检查、互助案件审理执行、稽查结果综合利用等方面开展合作，有效整合稽查执法资源，提高税务稽查效能。联合国税部门为大企业提供针对性税收服务，严格落实小微企业税收优惠政策，加强政策执行情况效应分析，支持大众创业、万众创新。

（七）开展“互联网＋税务”行动，提高信息管税水平。根据工作需要，结合实际，积极开发软件，提高信息管税水平。借助云计算、大数据，建立风险监控系统，及时了解税源变化，将纳税人关联方、股权变化等分散信息进行集中展示，进行风险排序和预警，达到发现税收风险、堵塞税收漏洞的目的。充分利用互联网，积极探索纳税人手机银行、第三方支付等多元化税款缴纳方式，借助银行等金融机构的第三方信息，并积极通过互联网实现面向自然人的个人所得税、车船税等纳税申报业务。

（八）优化机构人员配置，增强评估、稽查力量。针对“营改增”和企业所得税移交之后，基层中心所、市县直属局等部门业务量减少的实际，进一步调整征管范围和工作职责，适度推行集中办公，合理调配征管力量，将业务骨干充实到稽查岗位和纳税评估岗位。继续推行“市级一级稽查”模式，整合全市稽查力量，实现“统一选案、统一检查、统一审理、统一执行”，提高稽查效能。对不同行业、不同类别的纳税人开展有针对性的纳税评估，查找识别涉税风险点，防止税款流失。在“营改增”和企业所得税移交前，进行业务培训，全面开展四大行业的营业税清理，防止税收流失。改革之后，针对剩余地方税种点多面广、易漏难管的实际，持续加大稽查和评估的力度，实现小税种的应收尽收。

## 三、税制改革后地税工作展望

综合分析以上税制改革新形势，短期内地税工作面临的困难较多，然而从长远来看，地税工作机遇与挑战并存，但机遇大于挑战，只要我们迎难而上，开拓进取，地税事业将焕发出新的生机。

一是新税种将带来地税工作新挑战。按照《深化国地税征管体制改革方案》，车购税、国内消费税将由国税部门划转地税部门管理；环境保护税法已进入征求意见阶段，预计近期内将开征；房地产税法已列入今年全国人大常委会立法工作计划的预备项目；个人所得税改革方案已经提交国务院研究，综合与分类相结合的个人所得税制也将实行。以上这些改革举措，将有效扩大地税部门征管范围，提高地税部门社会影响力，将成为新的收入增长点。同时，也带来了新的挑战，地税部门应在干好现阶段工作的基础上，提前介入，超前谋划，把新政策研究透、落实好，防止工作被动。

二是新形势将搭建服务发展新平台。切实增强大局意识，积极开展“营改增”、企业所得税划转等政策减收影响分析，开展新政策增收效应分析，及时向党委政府搞好汇报，让党委政府主要领导了解政策变化对地方财力的影响，提前研究应对举措；同时，提升站位，善于站在政府的角度看问题，“跳出地税看地税”，积极研究加强地方财源建设的新思路，积极研究服务“转调创”的新举措，展现服务发展新作为，提高经济社会发展参与度，当好党委政府的参谋助手，提升地税部门在党委政府心目中地位和形象。

三是新变化将激发干部队伍新活力。在营业税退出历史舞台、所得税移交国税部门之后到新税种开征之前这段“空档期”，地税部门工作任务相对减轻、工作量相对减少，我们应该充分这段时间，切实加强干部教育培训，提升素质和能力，积蓄力量，厚积薄发，展现干事创业新活力，确保干部队伍建设“干在实处、走在前列”。一方面，要注重培养综合人才。开展业务技能、政治理论、法律知识、党性教育等多方面的学习培训，提升干部职工的综合素质和能力，适应新形势下地税工作的需要。另一方面，要注重培养骨干力量。把车购税、国内消费税条例作为学习培训重点，把环保税法征求意见稿作为研究讨论重点，在吃透税收政策的基础上，提前研究好和把握好管理流程。开展稽查、纳税评估骨干人才专项培训班，提升业务素质和实践技能，着力培养业务骨干，使之成为系统内的领军人才，带动各岗位人员素质的提升。

（作者单位：山东省滨州市地方税务局）

# 金融业地税征收管理与区域创新服务

刘英君

随着税收征管的日趋规范,金融业沿着良性的轨道健康发展,税收收入总量呈现良好的增长势头,成为地方政府财政收入的主要来源。从某银行省行营业部专项检查结果分析,发现金融行业在地税征管上存在的问题,应引起高度的重视。

## 一、金融业存在的主要涉税问题

税种常见问题:根据金融业税收数据显示,5年平均绝对值大于1000万元的地税税种有:营业税、个人所得税、城市维护建设税、房产税和教育费附加(因城市维护建设税和教育费附加以营业税为计算依据,这两个税种在此不详述)。

一是营业税方面:1.贴现利息收入未按规定缴纳营业税及附加。2.部分房屋租赁收入未进行申报缴纳营业税及附加;3.抵债资产收入申报不完整;4.应收未收利息问题,按照营业税规定,合同期内的应收未收利息应全部计税。二是个人所得税方面:1.住房公积金超标准未进行税前调整;2.赠送礼品未代扣代缴个人所得税。一些金融业在对外接待和业务往来中有赠送礼品,礼品未按“其他所得”项目代扣个税。3.企业改制中职工股金处置不扣税,金融机构在改制过程中,原有职工持股股金转换为股份制企业股份时,为按“财产转让”所得扣缴个人所得税。三是其他税种方面:1.房产税,由于税收政策理解的偏差,没有将房屋不可分割的附属设施、房屋装修费并入房产原值计算缴纳房产税;2.土地使用税,主要的问题是计税依据把握不佳,混淆土地使用面积和建筑面积,或弄错纳税义务发生时间;3.印花税,金融企业资产运营处置及日常经营过程中的合同较多,存在印花税漏缴或多缴的现象,还有的将不属于印花税的项目列入了征税范围。

抵债资产问题:通过某银行案头审计(仅就目前的财务数据),对抵债资产的取得、保有至处置几环节涉及的税收问题反映较少,但是取得环节通过1950“抵债资产”核算,无对应科目,对其如何核销表外的“欠息”无从体现。处置环节通过“其他应付款－待处理汇划款项”转入“抵债资产清理”贷方,税金又如何体现?

抵债资产长期挂帐或处理不够及时,造成地方税收的流失。抵债资产是指债务人不能按约归还银行所贷款项和其他债务,以债务人、担保人的资产抵偿所欠银行贷款本息或其债务而形成的待处理资产。收取抵债资产不入账或入账不及时,主要表现为收取抵债资产后不进行账务处理或者账务处理不及时,使抵债资产长期滞留账外,造成抵债资产保管和处置环节的违规,进而形成偷逃相关税收。一般存在以下两种情况:一是抵债资产变现净收入扣除贷款本金后的余额未转作应收利息处理,造成应缴未缴营业税,这部分抵债资产长期滞留账外且较为隐藏,稽查过程中不易发现;二是核销贷款后又通过追索收取借款单位或担保单位的资产偿债,贷款银行对这部分抵债资产未入账核算。建议税务人员一方面对抵债资产各环节的税收进行跟踪检查,另一方面对其审批环节进行审核。

金融系统普遍使用电算化财务软件，收入核实工作难度大。由于金融业务比较复杂，财务会计制度是独立的，且有其特殊性，收入项目既有征税的也有免税的，如金融机构往来收入就是不征税的；计税依据也有不同，如转贷业务就只按利息差额征税；其应收未收利息计算期又时常调整。在调整账务或计算机系统升级时，系统会自动调减收入，如“非应计收入”或“冲减收入”，使得人为被动，管理被动。银行系统由专人负责某一模块，因此在对金融企业纳税检查时，需经审批后进入专人管理的某个模块进行检查，加上金融机构往来收入和转贷业务收入账务处理频繁，因此，往往只能就帐看帐，取得的各种业务收入和其他收入是否及时足额申报纳税，稽查难度大、耗费时间长，而且难以有效对其实施税收监控管理。

会计科目经常出现的问题：金融机构兑换积分礼品时，在业务宣传费、业务招待费中列支，记作：营业费用－客户积分兑换费用，营业费用－业务宣传费、营业费用－业务招待费；应代扣代缴个人所得税，可能少计个人所得税；购置房地产少缴纳契税，未按规定时间缴纳印花税，固定资产－房地产，在建工程－在建工程。处置资产（自有、抵债）可能存在少缴纳土地增值税、营业税，固定资产清理－其他固定资产清理，抵债资产清理－抵债资产清理；未将入返售票据利息收入、买入返售债券利息收入、买入返售信贷资产利息收入、买入返售间接银团利息收入等买入返售金融资产利息收入作为金融机构往来业务核算，未并入应税营业额计征营业税。

## 二、金融业税收放缓因素及制约条件

（一）政策因素

1、利率变动对货币金融服务业的影响。息差，存贷余额和利率对营业收入有直接影响。仅以北站分局具有代表性的五年以上中长期贷款利率观察，2009－2011 年呈上升趋势，2011 年中期达到高点和拐点，到 2012 年中期呈下降趋势，2012 年中期至 2013 年末无变化。降息是 2013 年以来金融业营业税增速放缓的重要影响因素。

2、减免税因素。一是个人所得税起征点的提高导致其增幅 2012 年出现较大波动。二是自有房产税前扣除率由 10％－30％调整为 30％导致房产税从 2011 年出现较大波动。三是保险企业寿险业务中的一年期返还型寿险享受先征后退的减免政策，大额税款的征退对金融业税收走势造成影响。

3、税源转移因素。2013 年中国农业发展银行辽宁省分行经辽宁省地方税务局核准，改变营业税缴纳方式，由原来的省行汇总缴纳变更为各分行、支行属地缴纳，导致当年金融商贸开发区税源转出近亿元。营改增造成的税源转移暂未对金融业造成影响。

## 三、加强金融业地方税收征管的几点建议

由于我区对金融保险行业征管尤为重视，加之不断强化行业科学精细管理，使得地税收入逐年上升，但还应从以下几个方面日趋完善。

一是加强行业培训，加强税收政策宣传和辅导。对银行、证券、保险、小额贷款等不同类型的税收政策进行整理，全面理清金融业各项税收政策及最新的税收优惠政策，在提升纳税人的税法遵从度的同时，加强税务人员专业知识培训，对税务人员重点配准金融保险业所有的业务类型、财务制度以及各类型所适合的会计处理方法，培训金融保险业税收政策规定，培养一支金融保险业税收管理和纳税检查专业队伍。

二是加强税源监控。强化税收分析和预测。设专人每月对金融税收数据进行分析比较，仔细分析比对金融企业上报的报表之间的逻辑关系，以及与平时掌握了解的情况进行结合对比，保证税源分析 与预

测的准确度，掌握税源信息变化情况。加强大集中系统现有信息的挖掘利用。结合金融保险企业日常申报信息进行案头审计，发现涉税可能存在的问题，将涉税违法行为消灭在萌芽状态。

三是优化纳税服务。坚持处理好管理与服务的管辖，在强化管理中优化服务，在优化服务者加强管理。以办税服务厅为主要载体，不断改进服务方式、提高服务质量、营造良好的服务环境，将“一窗式”服务延伸到所有的纳税人。认真落实各项税收优惠政策，在减免税的审批呈报过程中，不仅要做到运用政策到位、数据准确、审批程序合法，还要对要求减免税的企业做好跟踪管理，搞好后续服务。

四是加强高收入个人所得税征管力度。规范所有应税项目全面申报合法纳税。加强对金融保险企业高管人员个人所得税重点管理。继续对高收入行业和高收入个人建立档案进行重点监控，促进依法代扣代缴个人所得税。据纳税人反映，使用过程中经常发生申报不成功等故障，因此，有必要对现有个人所得税网站进行升级完善有关功能，使明细申报系统与企业工资发放系统兼容，从而减轻企业财务人员的工作量，便于税务机关对个人收入的监控。

五是要加大检查处罚力度，确保金融业税收征管到位。重点检查金融业所有业务是否准确入帐，是否有扩大金融机构往来收入和转贷业务收入现象，特别是冲减应收未收利息是否准确，是否有指标混冲现象，如检查发现金融业不按国家规定随意（或扩大）冲减数的除不予认可，进行补税外，还要按征管法的规定严格给予处罚，从根本上杜绝金融业税收流失现象，确保国家金融企业税收政策全面贯彻执行。

## 四、企业成长需要政府大力支持

企业成长阶段因素一是筹备期，纳税人正式开业前购入办公用房，缴纳相关契税和印花税，是一次性偶然税收。二是营业初期，开业第一年税收从无到有，单户同比全额增收；开业第二年趋于成熟，单户同比仍大幅增长。三是稳定期，从第三年开始，在没有特殊因素影响下，经营趋于稳定，税收收入增幅趋于正常水平。

区域发展导向。以沈阳金融商贸开发区为例，该区域致力提升融资、交易、风险管理、金融研发创新、金融信息集散“五大核心功能”，建立符合新型工业化和市场化发展要求的全新金融生态体制和机制，为中国金融生态持续优化提供经验示范。重点选择有带动和影响力的资本市场建设、金融机构拓展，金融产品创新和金融产业的规模化，加强金融生态环境的建设，建立健全信用法规体系和行业标准，引导企业建立信用自律机制，形成银行、证券、保险、期货、信托、金融租赁各业并举，中外资金融机构并存，功能完备、运行稳健的金融机构体系。

金融业发展建议。一是通过招商引资扩大税源。招商引资仍是扩大税源的直接有效途径。通过招商引资落户新企业，既可以将企业税收留在开发区，又可以盘活房产租售产生的税收，还可以带动物业管理、餐饮等服务行业营业税的增长。要吸引和聚集更多知名海内外金融机构，来健全金融机构体系，开展金融创新。要不断引进、培育优秀的服务类企业，打造一个功能完备、服务完善的投资、发展环境。二是通过拓展业务增强动力。拓展业务是区内现有企业税收增长的源动力。区内现有企业是拉动税收增长的主要力量，需要鼓励、扶持企业进一步拓展自身业务，搭建沟通交流互动的平台，打造有序宽松的发展环境。并鼓励金融企业在金融市场、金融机构、金融产品和金融体制等方面进行改革创新、先行先试，不断探索优化金融生态的新路径和金融促进经济发展的新模式。三是通过完善体系持续发展。完善金融体系是可持续发展的必要条件。现有的金融业资源仅停留在融资借贷层面，需要不断引进、设立具有更高层面的金融服务，提升区域融资、交易、风险管理、金融研发创新和金融信息集散功能，形成具有东北老工业基地特色的金融中心。发展五大金融市场,即发展企业贷款、个人贷款及票据业务为重点的货币及信贷市场;以企业债及公司债、政府债券、企业上市、产权交易为重点的资本市场;以寿险和财险为重点的保险市场;以发展产业基金为重点的基金市场;融资租赁与资产证券化市场。通过这个完整的金融体系,资金将被充分盘活、利用,税收也将在资金流转过程中大幅增长。四是通过做大做强实现共赢。做大做强企业是税收征纳双方共同的目标。充分利用本区域现有的税收优惠及返还政策,帮助辖区企业做大做强,扶持有能力的企业上市融资,进一步带动地方经济、税收发展。尝试组建区域性开发银行,如东北开发银行或东北亚合作银行,使之成为东北区域经济发展和东北亚国际经济合作的重要载体。探索组建区域性保险公司,为东北区域经济发展提供风险损失补偿机制。并探索筹建金融租赁公司、组建区域性信托公司、期货经纪公司、汽车金融公司、消费贷款公司等金融机构,进一步完善体系建设。

(作者单位:沈阳市地方税务局金融商贸开发区地税局)

# 理顺税收管理职能
# 搭建"三加一"征管新格局

尹茂春

为了快速跟进税收"互联网+"的时代步伐，坚定不移地引领税收征管朝着规范化、现代化的既定目标迈进，建议全系统在"十三五"开局之年，顺应新形势，适应新常态，突出问题导向，重点扭住税收征管这个核心主题，大胆进行改革创新，在征收、管理、稽查"三分离"的基础上，重新理顺管理职能，合理调配征管力量，搭建起信息化管税、重点税源管理、稽查"三驾马车"并驾齐驱和征收大厅"大本营"兜底服务的"三加一"税收征管新格局。

目前，全国大多数基层税务局都是按照征收、管理、稽查"三分离"的模式来搭建征税框架。征收环节，纳税服务大厅经过多年来的打造，现已成为各基层税务机关最叫得响，最为靓丽的服务名片，是岗责效用发挥比较理想的成功改革之举。稽查环节，毋庸多言，自成体系，有章可循，在体制层面上的问题现已基本得到了解决，是岗责高度契合的一枝独秀。相对征收和稽查的定型改革，当前问题指向最为突出的就是管理环节的改革，至今还没有脱离旧框框，改革步子不大，不深不透，不专不精，条块混杂，岗责脱节，管理层面的管住和管好的问题还没有得到根本性的解决。反映在具体管理事务上，事多、人杂，点多、面广，千条线，一根针，沉重的"大箩筐"背在税管员身上，艰巨的税收计划落给管理科所，"跟单"、"包片"式的管理与税管员、管理科所职责绑定在一块，工作之繁，事无巨细，一会儿捉蜻蜓，一会儿捉蝴蝶，周而复始，什么都干，什么也都没干好。说到具体业务，小到开会通知、解疑答惑、信息采集、认定管理、发票核批、定额管理、文书销号、信息维护、催报催缴、普查调研、优惠政策落实等常规性、一般性工作，大到重点税源管理、税收分析、欠税清理、纳税评估、土地增值税清算、所得税汇缴、重组业务处理、股权变更核税、反避税监管、废业检查、备案后续管理等诸多专业性、重要性工作。税管员身兼数职，服务与执法多能，脸毛胡子一把抓，"专管员"称谓中的"专"在哪里？"管"到什么份上？要想客观地去评价和考核不能不说是一件很难的事情。到头来，造成的结果只能是收税的核心工作，说不清、道不明，中心工作方向难把，风险管控无的放矢。由此看来，我们改革的内生动力最大的一环就在管理环节，必须下大气力来解决"管而不专"这个顽疾问题。

那么，如何来解决管理环节的改革难题呢？我认为，此次改革必须借助于"互联网+"这个时代腾飞的翅膀，用"大众创业，万众创新"的气概，对现有的管理体制进行改革，化繁为简，去粗取精，探索"专管"与"管事"适度分治，做好信息化的加法和税管员的减法，重新理顺征管职能，科学调配管理力量，在原有征收、管理、稽查"三分离"的基础上，对管理环节进行大手术，对征收和稽查环节进行适当修复，催生壮大信息化管理队伍，探索在局内设立信息管税科和税源管理科并重的管理科室新架构，在基层税务所建立重点税源团队管理的新模式。提升信息管税能力，突出重点税源管理，是解决管理环节改革问题的关键所在。

"信管"能够促进提质增效，"专管"可做到固本强基。在管理环节改革上，要逐步形成以"信息化管税"为统领的旨在解决公平公正、纳税遵从、技术支撑、效率效能、税收信息标准化建设等一系列税收基础性管理工作和常规性管户工作。建立信息管税科，把信息和管户嫁接在一起，提供"互联网+"税收创新实践平台，大力提升信息化管税的占比，让新身份的“信管员”在“大众创业，万众创新”的管事与管户相互融合中，把“面”和“线”上的事给撑起来，把管户的常规性、临时性等工作给担起来，有望达到事有人管，兼顾效率，服务更专业，体制更顺畅的改革目标。

重点税源、重点项目、重点税种，挑起了地税收入的大梁，在以组织收入为中心的税收管理工作中，占据了绝对突显的地位，单从收入的角度讲，税收管理其实就是看重点税源的管理力度和水平。以往探索走过的个体、集体“两条线”管理，以及“特业特管”或个体、集体包片混管，乃至当前也有不少地方还在探索取消专管员制度等管理模式，征管改革的历程从来就没有间断过。但是，在权衡重点税源管理上，至少还没有像对待稽查架构一样来定位重点税源的专司管理，目前，绝大多数基层税务机关还没有在机构设置和职能配置上做出这方面的安排。设立税源管理科，能够有效解决目前重点管理与一般管理，VIP管理与纳税服务的权重关系，在点对点的精细化管理上，要把建安房地产的融合管理、总分机构的深化管理、关联企业的交叉管理、国地税的深度合作、产权交易一体化管理、延伸评估、欠税攻坚、所得税的事后监管等重点税源管户或重大管理事项纳入到税源管理科实施重点管理，集中发力，有望实现业有专攻，计划管理，税源明晰，均衡入库，持续发展。

改革的主力在基层，“众创”除了要有顶层设计外，探索创新的重点应放到基层局。基层局的“互联网＋”应把主要精力投放到管理环节上，赋予信息管税科更大的创管职能，工作重点不在税收任务上，而是要用“互联网＋”的发散思维，做好税收一般性管理和服务工作，变繁为简，夯实基础。可以探索用“群聊”方式联络纳税人，用建立“模型”的方法监管税收，以地管税、参数核税、居民税收、市场税收、特业税收、代征代缴等诸多领域，大胆的闯，大胆的试，形成管而不死，活而不乱，“众创”助力管理变革的税收新常态。有关现有体制下的信息科、纳税评估科如何重新调整职能，新设立的信息管税科和税源管理科如何界定管理职能，不妨先把机构给搭建起来，随后逐步对涉及的交叉业务、边缘业务进行细化，尽量做到岗位清晰，责任明确。设想一下，可以将信息科的运行保障职能调整到征收大厅，将纳税评估的指导业务调整到征管综合部门，而将信息科的创新管理职能、纳税评估科的创建评估职能，统统调整到新设立的信息管税科，为税收管理“互联网＋”搭建基层“众创”平台。有关信息管税科和税源管理科的业务划分，在管户上，应按重点税源与非重点税源进行划线管理，在管事上按一般管理与特别管理进行界定，运行中对因职能设置可能出现的问题，可以根据各基层局的实际情况，予以随时调整和完善。至于人员配置的问题，信息管税科要配备一定比例的信息管理人才，税源管理科要把相关业务的人才库人员纳入其中，尽可能做到人尽其才，才尽其用，形成一个利于个性人才成长的激励机制。

税收征管体制由征收、管理、稽查“三分离”，转制为信息化管税、重点税源管理、稽查加征收的“三加一”的征管模式后，还应该及时对现行的人事、考核等一系列制度加以跟进改革，以确保新的征管模式能够顺畅、有序、高效的运转，进而快步推动挺进“互联网＋”的税收新时代。

（作者单位：辽宁省大连花园口经济区地方税务局）

# 立足“金税三期” 运用互联网思维 创新税收征管模式

胡　强　朱忠寰　郑毅晖　徐　贵　王　隽　赵东海　袁　舒

1969年美国ARPANET建成，标志着互联网的诞生。1987年9月，CANET正式建成中国第一个国际互联网电子邮件节点，揭开了中国人使用互联网的序幕。随后的20多年，互联网在我国飞速发展，截止2014年12月，我国网民规模达6.49亿，网站400多万家，互联网普及率为47.9%。2014年，全国电子商务交易额超过13万亿元人民币。当前，我国处于一个全新的互联网时代。

## 一、“互联网＋经济”决定“互联网＋税收”

互联网与经济的融合是互联网时代的重要标志。这个融合对社会经济运行体、税务及税收征管带来深远影响。

（一）“互联网＋经济”呈新兴业态

在“互联网＋经济”的大趋势下，互联网如同自来水、电力和道路，逐步成为现代社会的基础设施，在移动智能终端、大数据、云计算等技术不断发展的背景下，各行各业都在积极迎接互联网的挑战和机遇。互联网思维作为一种全新的思考方式，已经渗透到社会经济的各层面，新的经济形态不断显现，如电子商务、互联网金融、在线旅游等。它利用自身的优势，从一个圈子跳到另一个圈子，打破了很多传统行业的既有规则和运营模式，而且比这些行业现有模式更加高效、全面，呈现出旺盛的生命力。2015年3月，国务院总理李克强提出：“制定“互联网＋”行动计划，推动移动互联网、云计算、大数据、“物联网”等与现代制造业结合、促进电子商务、工业互联网和互联网金融健康发展，引导互联网企业拓展国际市场。”随着互联网思维向各行各业的不断渗透，整个社会经济逐渐步入“互联网＋”时代。

（二）“互联网＋税务”顺时代发展

“互联网＋”作为中国经济转型的重要方向和着力点，其税务管理的重要性日益凸显。“互联网＋”时代的税务核心能力，主要是指利用“互联网＋”形成的大信息平台，解决征纳双方的信息不对称、不透明问题，形成与涉税各方充分交流和互相理解的沟通力，通过对涉税大数据的分析挖掘，形成监控税收与适应经济社会的分析能力、展望税收经济发展趋势的预测能力和打击税法不遵从的执法能力，并最终促成基于合作性遵从的税务管理现代化新局面。在这一进程中，互联网不仅改造税务机关的信息技术架构，还将进一步改造其管理理念、管理流程和组织架构。国家税务总局适应新形势，及时提出：要加紧制定“互联网＋税务”行动计划，拥抱“互联网＋”的春天。国家税务总局王军局长要求，全国税务系统通过“制度＋技术”优化纳税服务、推动简政放权和职能转变，认真思考“互联网＋税务”的新课题，把握发展新机遇，紧跟时代新步伐，倾情打造“互联网＋税务”靓丽品牌。

（三）“互联网＋税收征管”成必然要求

经济决定税收。传统税收征管注重经济运行实体，遵循相对严格的属地征管模式。但在“互联网＋经济”时代，“互联网＋”促进企业经营活动和资金运营出现多样性、多元化、跨地域、跨行业等多极变化。为适应这些变化，纳税人对“前端办税”提出更高要求，税务机关对如何“加强后续”管理也要寻找新思路。

在外部压力和内部动力双重作用下，税收征管必须融入到开放式、扁平化的互联网经济中，建立一种灵活开放、跨界思维，并运用这种思维设计税收征管制度及搭建信息技术工作平台，以促进税收征管不断贴近“互联网＋经济”的运行规律及运行价值，让“互联网＋”经济体最大化获得税收满意度，同时实现税法遵从。上述因素使“互联网＋税收征管”成为当今时代的必然要求。

## 二、“金税三期”是实现“互联网＋税收”的良好载体

互联网思维可以概括为：“用户思维”、“简约思维”、“大数据思维”、“开放思维”、“极致思维”、“迭代思维”、“流量思维”、“社会化思维”、“跨界思维”……而作为互联网时代的信息工程，“金税三期”工程正是集中体现了上述互联网思维的主要特征，从而成为实现“互联网＋税收”的良好载体。

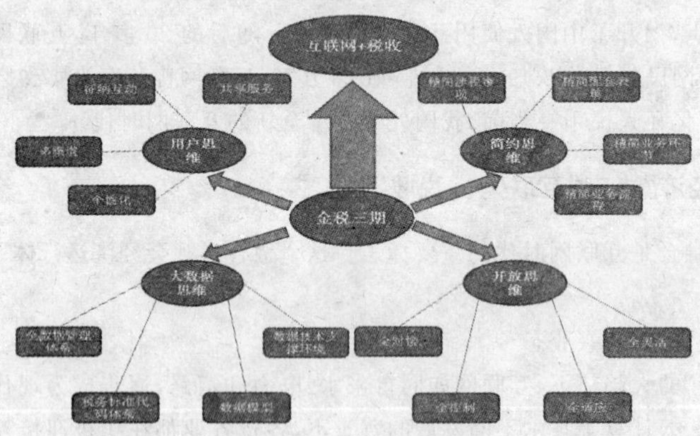


图一　“金税三期”体现互联网思维示意图

(一)“金税三期”体现“用户思维”

“金税三期”引入以纳税人为中心的业务理念，统一各业务规范，突出个性化服务，建设能提供多种渠道组合的、协同服务的信息化平台。一是便捷服务，通过网上、电话等多种办税渠道，面向纳税人和社会公众，提供涉税事项处理、信息查询、推送与发布、双向交流互动等全方位服务，保障便捷性和覆盖面，满足纳税人多方面的需求。二是规范服务，建设全国的纳税服务信息系统（电子税务局），提供统一、规范的信息服务、办税服务、征纳互动服务，服务标准、服务流程统一规范。三是主动服务，统筹总局、省局的纳税服务渠道、功能，为所有渠道提供统一的共享服务和管理机制，强化主动服务能力。

(二)“金税三期”体现“简约思维”

简化涉税事项是“金税三期”的一个显著特点。“金税三期”以简捷高效为目标，优化重组业务，明确即办事项，精简处理环节，实现税务事项的多业务处理模式。以“减轻纳税人不必要的办税负担、减轻基层税务机关额外的工作负担”为目标，一方面本着“诚信纳税推定”的原则，以尊重纳税人、相信纳税人、还责于纳税人为前提，公平划分征纳双方责任，还权利于纳税人的同时，还责任和风险于纳税人，纳税人对照税法的规定，自主处理大部份涉税问题，自觉履行税法义务，承担法定责任和风险；另一方面以流程为导向，对整个税收业务流程进行系统梳理整合、通过简化优化，设计最简程序、采用最少环节、寻求最短路径、建立最优方案，形成环环相扣的流水线式作业，既方便纳税人，又强化管理，实现全局最优化。

(三)“金税三期”体现“大数据思维”

2015年，国务院发布《关于运用大数据加强对市场主体服务和监管的若干意见》、《关于促进大数据发展的行动纲要》，要求各级政府部门充分运用大数据、云计算等现代信息技术，提高政府服务水平。“金

税三期”正是上述“大数据思维”的集中体现：在实现了覆盖全业务框架、覆盖各层级国、地税机关征管的全部税(费)种、覆盖对纳税人税务管理的各个工作环节的基础上，通过统一税务标准代码体系，实现税务事项及类型的规范统一；通过统一表单文书标准，实现全国范围内的数据采集和利用；通过建立统一的数据模型、数据技术支撑环境、主数据管理体系、全局性的元数据管理体系以及全局性的数据治理体系，实现与业务操作型系统实现无缝融合；通过对税收元数据和代码集的属性定义和标准规范，保证数据项标准、口径的唯一性；通过规范数据采集方式和标准，实现涉税信息的“一次采集，系统共享”，并为涉税信息的拓展应用奠定基础。

(四)“金税三期”体现“开放思维”

“金税三期”建成基于互联网架构、层级结点全灵活、全适应、全对接、全控制、全统一的纳税服务平台，充分体现互联网的“开放思维”。一是确立开放标准，建立一个包含网络硬件和基础软件的统一的技术基础平台，实现覆盖税务总局、国地税各级机关以及其他政府部门的网络互联。二是实现国地税协作共享，建设国税、地税统一标准的核心征管应用系统，实现国地税业务交互、信息实时共享。加强共管户管理，实现联合登记，联合双定户核定、联合信用等级评定、申报信息共享，提高双方信息采集准确率，达到共同强化税源管理的目的。三是开展外部信息交换，以外部涉税信息交互为基础，充分利用现代信息技术手段，构建全国统一的外部信息管理系统和信息交换通道，形成以涉税信息的采集、整理、应用为主线的管理体系，为强化税源管理提供外部信息保障，提高纳税服务水平。

## 三、广州地税立足“金税三期”实施“互联网＋税收征管”的实践探索

广州地税结合互联网的大时代背景，在全面上线“金税三期”的基础上，从改革“前端办税”和加强“后续管理”两个方面，积极开展“互联网＋税收征管”的实践探索。

(一)实践互联网思维，改革“前端办税”

广州地税以“金税三期”系统为依托，从“简约思维”、“用户思维”、“平台思维”入手，职责再明确、权力再分配、流程再优化、资源再配置，着力改革“前端办税”。

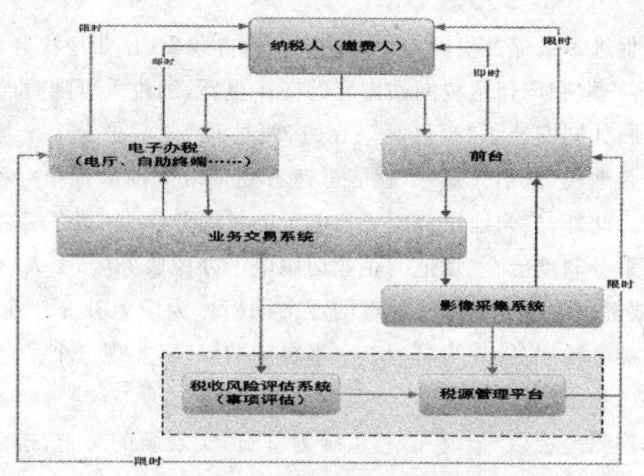


图二　“前端办税”改革示意图

1、践行“简约思维”，实现“办事”标准化，奠定“管事”基础。为了适应互联网新时期、新常态下税务机关面临的新问题，广州地税全面推进税源专业化的“管事制”改革，推行“简约思维”。根据税收业务和信息化内在规律，以流程为导向，对“金税三期”业务流进行系统梳理，在此基础上统一规范税(费金)事项，

制发适合广州地税的《金税三期办税清单 1.0 版》并实现动态维护。办税清单的每个事项与金税三期信息系统以及广州地税自行开发的影像采集系统实现对接,简化办税(费金)事项办理流程,推进办税(费金)事项即时办结。目前广州地税 660 项税(费金)事项中,555 项为即时办结,105 项为限时办结。通过对业务流程进行优化再造,实现提高征管质效、降低征纳成本、提升服务水平、提高纳税遵从度的突破性进展。

2、践行“用户思维”,实现办税(费金)“同城通办”,迈出“管事”步伐。互联网时代,利用信息技术手段打破时间、地域的束缚而开展税收征管工作成为必然选择。广州地税践行“纳税人至上”的互联网“用户思维”,全面推进办税(费金)的“同城通办”,现已实现第一批共 468 项办税(费金)事项在全市地税系统实行“同城通办”。纳税人(扣缴义务人、缴费人)可以不受经营地点和主管地税机关限制,自主选择到全市地税系统任意的办税服务厅办理涉税事项,这在一定程度上突破了传统严格意义上的地域“管户”征管模式,是“管户”向“管事”转变的重要举措。目前,全市地税系统设置在全市 12 个区(市)地税局的 60 个办税服务厅都可提供“同城通办”业务事项,各办税服务厅分布见下表:

**表一　广州地税“同城通办”各办税服务厅分布统计表**

| 各区办税服务厅数量(个) | | 越秀 | 海珠 | 荔湾 | 天河 | 白云 | 黄埔 | 花都 | 番禺 | 从化 | 增城 | 开发 | 南沙 |
|---|---|---|---|---|---|---|---|---|---|---|---|---|---|
| 合计 | 60 | 2 | 1 | 2 | 3 | 10 | 3 | 7 | 8 | 6 | 8 | 5 | 5 |
| 其中 | 属地管辖户数超过 2 万 | 2 | 1 | 1 | 3 | 2 | 0 | 0 | 1 | 0 | 0 | 0 | 0 |
| | 属地管辖户数介于 5000 至 2 万 | 0 | 0 | 1 | 0 | 2 | 1 | 2 | 6 | 1 | 2 | 2 | 2 |
| | 属地管辖户数低于 5000 | 0 | 0 | 0 | 0 | 6 | 2 | 5 | 1 | 5 | 6 | 3 | 3 |

3、践行“平台思维”,促进多渠道办税同质化,统一“前端办税”。广州地税开发移动终端应用软件“广州地税客户端”,并保持客户端和广州地税网站内容的同步更新,纳税人可随时通过移动终端方便快捷地知晓最新“同城通办”事项,如同安装了“顺风耳”;在“广州地税”微信平台上增加“办税大厅排队情况查询”功能,纳税人轻点“广州地税”微信公众号,就能迅速看到全市范围内各个办税服务厅的办理、等待情况,如同安装了“千里眼”。此外,广州地税合理规划电子办税服务厅、自助终端(含手机办税)以及前台窗口的业务分工,主要引导财务制度健全、规范的企业运用电子办税服务厅,个人、个体运用自助终端(含手机办税),前台窗口则主要解决电子办税无法处理的业务同时作为应急补充。在此基础上推动电子办税为主,实体办税为辅的前端办税服务,逐步打通三个平台间的隔阂,实现三个平台的同质化发展。

(二)依托各平台建立,加强“后续管理”

在“后续管理”方面,广州地税以“金税三期”系统为基石,实现新的跨越,搭建风险评估管理平台、大数据管理平台、国地税合作平台三位一体的多维立体管理体系。

1、创建风险评估管理平台,提高“后续管理”的信息化支撑水平。以信息化承托起税收风险管理的全过程,实现数据整备、指标管理、风险识别、风险排序、风险推送、风险应对、绩效考评和持续改进等税收风险管理各环节系统运行功能,将税收风险管理理念转变成规范化、标准化、信息化的业务流、工作流、任务流。通过风险管理系统,真正做到“该放的必须放、而且是无条件、彻底地放”,“该管的必须管,而且是运用新理念、新方式、新手段去管”。

扫一扫，通办事项，一指查询

“广州地税网站手机版”二维码

扫一扫，通办大厅，任你选择

“广州地税”微信公众号二维码

图三 广州地税二维码示意图

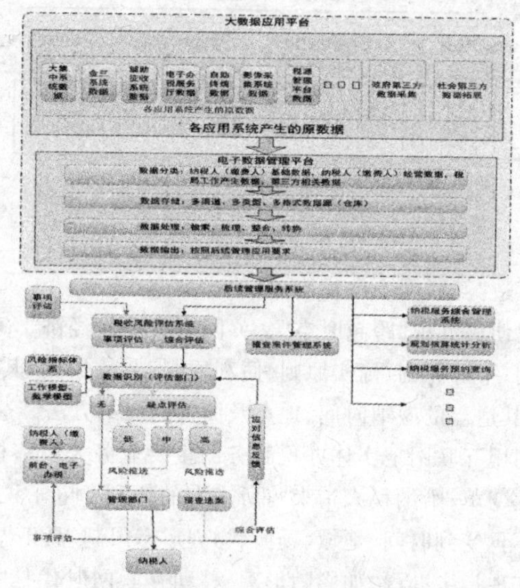


图四 “后续管理”改革示意图

2、搭建大数据管理平台，提高“后续管理”的工具箱手段水平。大数据管理平台注重突破各大系统的边界，将数据归整糅合，海纳百川，根据税收业务的需要，提供大数据关联关系图形化展示、大数据智能搜索引擎、大数据智能化通用统计，以更加直观简单的方式展现给税务人员或者提供给各大信息系统，推动税收征管、税源管理、纳税评估、管理决策等业务的发展。

3、构建国地税合作平台，提高“后续管理”的一体化综治水平。以《国家税务局、地方税务局合作工作规范(1.0 版)》为指南，构建国地税合作平台，通过共享国地税内部基础数据，打通内部壁垒，增强国地税数据的流动性、共享性、实时性，统一建立政府主导约束，银行、工商、税务、国土房管、公安、供水、供电等多部门参与的常态化信息共享交换机制，拓宽数据采集渠道、优化信息反馈流程，提高“后续管理”的一体化综治水平。

## 四、运用互联网思维，构建“三心四化”新征管模式

面对“互联网＋”的发展机遇，广州地税将继往开来，立足“金税三期”，深度融合互联网思维与税收征管，通过“互联网＋纳税服务”和“互联网＋风险管理”，构建“以纳税人为中心、以大数据为重心、以互联网

思维为核心，前端办税开放化、后端管理智能化、涉税流程简约化、组织机构专业化”的“三心四化”新征管模式。

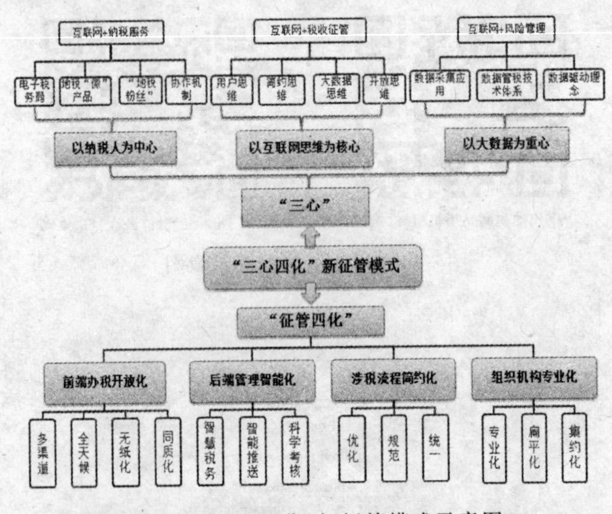


图五 “三心四化”新征管模式示意图

(一)以纳税人为中心，打造“互联网＋纳税服务”

1、建设电子税务局，实现便民办税“跨越时空”。英国古典政治经济学家亚当·斯密在代表作《国富论》中提出著名的税收四原则；平等原则、确实原则、便利原则、节约原则，其中便利原则就是指税收的课征应站在纳税人的角度考虑其适当的缴纳时间、地点及简便的缴纳方法。这一原则即使在互联网时代的今天仍然具有现实意义，即利用互联网把实体办税服务的主要业务大量移植到线上，推动线上线下融合发展，使办税方式发生根本性变革，给纳税人带来前所未有的便利。电子税务局可以让纳税人通过有线或无线网络实现移动办税，不再受到时间、地域、场所、物理形态限制，真正做到“跨越时空”。

2、打造地税“微产品”，实现指尖办税“如影随形”。移动互联网时代是“微”时代，应用和服务的场景都是充斥在用户的碎片化时间之间，税务行业更应顺应潮流，从纳税人体验出发，打造“微”产品，依托移动APP、微信公众号、网上支付等手段，将更多的前端业务搬到移动智能终端上。纳税人只需打开移动终端登陆“掌上税务”平台，既可通过预约服务功能，随时随地对税务大厅窗口业务进行工作时间的优先预约，又可以通过查询功能模块，可依据权限实时查询到相关企业的“登记信息”、“申报信息”、“社保费信息”等数据；既可以通过关联“最新政策”、“税收优惠”、“热点问题”、“办税指南”、“12366知识库”、“总局法规库”等各相关政策信息库，实时查询到最新税收政策法规，又可以通过整合“税务官方微博”、“税务官方微信”、官方网站的“纳税咨询”模块，及时解答纳税人的疑难问题，开创纳税人和税务部门沟通的新渠道。

3、传播“地税粉丝”效应，实现纳税参与“身在其中”。粉丝效应就是让用户积极参与传播，而对于税务行业，让纳税人参与纳税服务、参与税收征管改革，便是“地税粉丝”效应。运用智慧语义感知技术，对2013年10月1日到2014年10月24日期间新浪微博中所有关于广州地税的言论进行概念的关联分析，自动形成的“广州地税互联网正面口碑云图”，图上字体大小代表评论数量的多少。今后将利用大数据技术收集各系统各渠道中的数据，分析纳税人行为偏好，通过智能机器人及时获知纳税人疑问并主动答复呼应，在与纳税人的不断交流和碰撞中，准确把握纳税人需求，实现征纳双方的良性互动，让征管改革在纳税人的参与中得到完善。

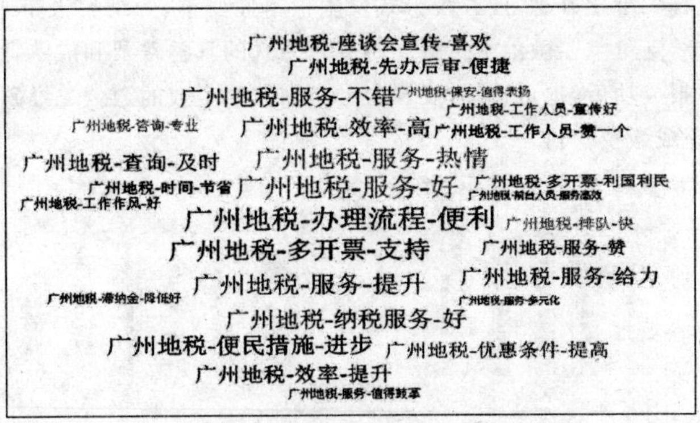

图六　广州地税互联网正面口碑云图

4、构建协作机制，实现社会办税“海纳百川”。积极利用当今互联网技术，主动适应未来互联网发展，提高对互联网＋政务服务的认识，摒弃部门间“各自为政”的旧观念，推动地方政府搭建覆盖全社会的综合服务网络，实现各职能部门的深度协作，促进社会化办事(税)服务“区域统一”。同时以金税三期为依托，推动国地税全方位战略合作，创新合作形式，实现资源共享和优势互补，提升服务、管理和办税水平，努力实现国地税办税服务“合二为一”。

(二)以大数据为重心，打造“互联网＋风险管理”

1、加强数据广泛采集应用，实现数据管税常态化。在数据采集范围上：一方面做好基础数据的采集，重点加强对税务登记、税收核定、申报入库、财务报表等基础数据的采集；另一方面推进以第三方数据为主的综合治税数据信息采集；同时不断提高纳税人的电子办税率，推进涉税数据的电子化采集。在数据采集管理上：建立数据采集管理工作制度，从采集、录入、审核、监控、运用等环节入手，理清数据逻辑关系，健全甄别纠错机制和数据质量考核制度，加快完善数据质量管理长效机制，推动数据管理的常态化。

2、建设数据管税技术体系，实现风险管理架构支撑。按信息采集标准规范和数据录入统一口径，设计数据质量检测指标，强化数据勾稽关系审核，实现比对、分析和检测的自动化，及时发现异常数据，并按既定的工作流程及程序及时进行清理、校正，打破旧有的技术壁垒，扩大数据资产的积累，逐步建立起服务于风险管理的数据管税技术体系。一是开展互联网数据采集，借助网上抓取的信息充实数据资源，同时建立数据交换机制，将有关数据实时交换、集中存储和再加工应用；二是统一数据访问，以元数据建立广州地税数据资源目录，满足所有业务系统用数需要，同时进一步完善云平台，统一服务器硬件配给，逐步取消基层单位服务器机房，释放有效资源，提升管理效能；三是建立数据管理配套应用组件，包括智能信息搜索引擎、纳税人电子档案、数据可视化展示、统一用户及权限管理、中文语义分析等，促进信息系统的规范、统一、高效、创新。

3、树立数据驱动理念，实现风险管理有效防控。以信息流驱动管理流，优化资源配置，变革管理流程。以数据管税技术体系为支撑，为税收政策辅导、税源管理、风险防控以及税务稽查提供信息化支撑。将互联网思维应用于后续管理领域，坚持以风险管理为导向、分级分类为重点的后续管理理念，构建税源管理精细、风险识别精准、分级分类精确的后续管理工作模式。

(三)以互联网思维为核心，打造“互联网＋征管四化”

1、前端办税开放化。利用互联网能超越时间、空间和形态限制，发挥“金税三期”这个开放的平台，将实体办税服务转为全天候的网上、自助和移动的办税服务，让纳税人所有涉税事项逐步实现多渠道申办、全网络流转、回复、全流程无纸化办理,使办税方式发生根本性变革,为纳税人带来前所未有的便利和体验。此外,随着互联网上"支付宝"、微信支付等多种支付方式的日益普及和成熟,逐步实现多渠道缴税方式的创新。如在前台申报成功后,也可选择"支付宝"缴税,按照生成的缴款二维码,纳税人只需拿起手机轻松一扫,即可便捷地完成缴税支付。

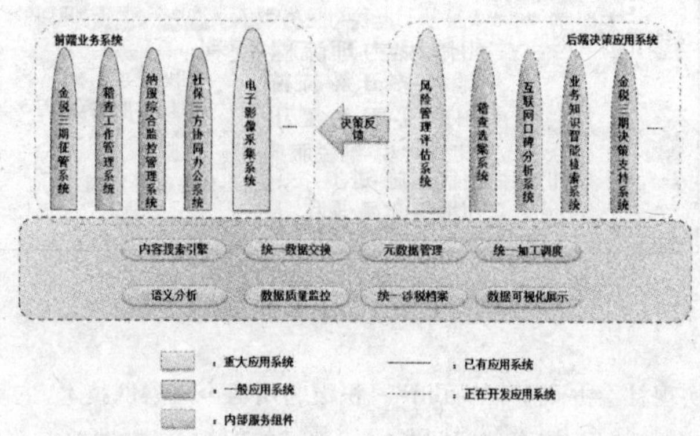


图七　广州地税打造"智慧税务",实现"数据管税"示意图

2、后端管理智能化。"互联网+税务"的最大优势和特点是既便利纳税人、提高税款征收效率,又促使税收管理由粗放向精准转型。将互联网、大数据和云计算引入税收风险应对工作,依靠各数据信息平台和系统的交互对接,自动收集、整理和应用各方信息,科学统计、分析、比对涉税数据,实现税收大数据的"采集——加工——应用——检验"闭环管理。以电子文档管理系统和风险控制管理平台为基础,智能搜挖、排序和推送税收风险,彻底改变"人盯户、票管税"的传统做法,提高税收管理的质效,打造"智慧税务",实现"数据管税"。

3、涉税流程简约化。大道至简,简单不是敷衍了事,也不是单纯幼稚,而是最高级别的智慧,是成熟睿智的表现。如果不以减轻纳税人负担为出发点,不注重简化流程和提升效率,各类改革都无法接地气,都难以贴近纳税人。因此我们在做互联网的"+"同时,要做到办税流程的"-"。税务机关应依托信息技术手段,动态实时清理涉税流程中存在的重复环节,使办理事项的路径和人力资源得到最佳优化,使各环节、各业务节点更加精确,从而达到办理环节最少、办理时间最短、办理速度最快。"互联网+"时代的办税流程应更加简化、规范、统一,进一步实现征纳双方的"双减负"。

4、组织机构专业化。税收征管的前端、后端的"互联网化"、智能化,使得数据在每个纳税人和税务部门之间不再需要层级的过滤,组织机构需要从零散型、多层级、区域性,向更加专业化、扁平化、集约化的方向发展,其核心是:以风险管理为导向,依托现代信息技术,围绕征管核心业务流程,实现跨层级、跨部门的分类分级管理,形成流程最短、环节最简、衔接最顺的管理协作机制。通过组织机构专业化,使各种征管要素得到最佳的组合与配置,使系统发挥出最优功能,才能适应当今社会的变化,跟上"互联网+"时代的脚步,提高税收征管质效。

(作者单位:广东省广州市地方税务局)

# 论税收数据的整合和集成对提升税收征管水平的影响

孙　群

## 一、引言

我国的税收信息化自1983年开始，至今已经历了30多年的发展。根据诺兰模型，我国的税收信息化先后经历了初始阶段（初始的局部计算应用，如报表，开票）—扩展阶段（单机版应用增加，计算机代替手工操作）—控制阶段（开始规划信息系统的发展，规划增加单项应用）的发展过程。目前税收信息化将由控制阶段向集成阶段转变。在集成阶段，将从管理计算机转向管理信息资源，并且开始使用数据库和远程通信技术，将第一至第三阶段产生的现有的信息系统进行整合。但在第一至第三阶段发展过程中，特别是在1994年分税制改革以来，先后开发推广了多个信息系统，比如国税CTAIS税收征管信息系统、金税工程、地税的互联网地税局等以及多个单独的单项应用系统，极大地推动了税收信息化的发展。但同时也产生了很多问题，比如功能交叉、重复开发，信息不能共享等，这些客观问题成为了税收信息化向新阶段迈进的阻碍，也限制了税收征管水平的提升。因此，如何改进税收信息系统功能，实现税收数据的整合和集成，对于提升税收征管水平具有关键作用。

## 二、税收数据在整合和集成方面存在的障碍

（一）系统标准化方面—税收系统缺乏统一标准

在税收信息化建设之初，缺乏统一的规划安排和整体部署，各地没有统一的税务信息化管理体制。因此，出现各地自行开发软件、系统软件应用不一致，没有统一的标准的税收系统的现象；各部门开发的软件相互之间易出现不兼容现象，导致出现“信息孤岛”；各地硬件配套不统一，各系统之间数据库平台、操作系统等也不同，使得硬件和软件平台难以统一。这些都给税收数据的集成共享造成客观障碍。

（二）数据挖掘和分析方面—税收信息开发利用率低

在实际工作中，我们更多的是重视信息系统替代手工操作的功能，而忽略了对税收数据的管理和信息资源的挖掘利用，即缺乏对税收数据重要性的认识；没有有效的分析决策的支持软件对数据进行查询分析；数据采集面不广、准确度不高，无法共享其他部门有关信息，一些关键信息缺乏等，导致难以建立全方位的监控分析系统和决策支持辅助系统。

（三）电子政务建设程度—各部门间信息共享程度低

目前税务部门与政府其他部门信息共享程度低，信息交流不畅。地税部门和国税部门之间至今仍无法利用网络实现纳税人信息数据的交换和共享，地税与其他部门的信息共享就更少，这样使得我们无法掌握纳税人的更多准确信息，给税收征管工作带来了盲区。比如，在征收房产税和城镇土地税时，很多企业是注册地在本区，实际经营地在外区县或乡镇的，当这些企业不在本区登记其房产、土地信息时，由于各区县信息的不可共享，我们就无从了解其房产、土地的真实情况，若纳税人不如实申报房产税和城镇土地使用税，就会出现征管漏洞和税款流失。

（四）系统安全性方面—系统安全系数低

目前的系统安全性措施集中在杀毒软件的安装、防火墙的使用，安全拷入拷出设备的使用、及不私自接外部设备等，措施的实施更多的依赖税务干部的主观意识，人为导致信息安全出现问题的可能性很大；没有规划系统的信息安全体系，缺乏信息安全的管理制度，对信息系统安全没有形成有效监控，且计算机防护病毒的能力普遍较差，这对于实现与各部门之间的信息共享带来极大的信息安全挑战，若信息安全不能得到有效保护，信息共享也将不能得到彻底实施。

## 三、税收数据的整合和集成与提升税收征管水平的关系

纳税人在征期内进行申报的应纳税收入与实际取得的全部应纳税收入是可能存在差异的，通过建立纳税人预期效用函数，运用 A－S 模型研究影响纳税人申报应纳税收入的因素。

$F(X)=(1-P)\varphi(\omega-\alpha X)+P\varphi(\omega-\alpha X-\theta(\omega-X))$其中，$P$ 是偷逃税款被税务机关查获的概率，$\omega$ 是纳税人实际应纳税收入，$X$ 是纳税人进行申报的应纳税收入，$\alpha$ 是税率，$\theta$ 是惩罚率，$\varphi O$ 是纳税人剩余收入的效用函数。对上式进行处理，令 $dF(X)/dX=0$，可得 $X=F^{-1}(\omega,\alpha,\varphi,P)$，由于税率固定，惩罚率税法中也有详细规定，一段时间内实际取得的收入也是一定的，因此对于 $X=F^{-1}(\bar{\omega},\bar{\alpha},\bar{\varphi},P)$，只有 $P$ 能够影响纳税人申报的应纳税收入。经对 A－S 模型的研究发现，提高偷逃税款的查获概率能够减少偷逃税行为，促进纳税人如实申报。提升查获偷逃税款的概率毫无疑问是要实现对企业信息的准确把握和全面了解，只有建立统一标准化的系统，将系统内税收信息充分整合，实现不同部门之间信息传递和信息共享，才能准确把握企业动态信息，实现对企业税务活动的全程监控，提升税收征管水平。

## 四、实例分析

（一）以三证合一为例

以北京市通州区地税局为例，在工商部门“一照一码”，“三证合一”政策推行以来，减少了繁琐的审查手续，多证照合一，极大方便了纳税人。但三证合一在给纳税人带来便利的同时，也出现了一些问题：税源管理所在进行日常检查时将一些未按期申报，不及时提供纳税申报材料的企业转为非正常户，但就是这些非正常户的企业却可以带着原有的税务登记证去工商部门申请三证合一新照，工商部门由于对企业的税务信息情况不了解，依纳税人申请并发予新照；还有一些非正常户企业向一些并不了解实情的个人转让企业，在去税务部门登记时才发现是非正常户；税务部门由于数据采集面不广，精确度不高，加之现在很多企业会计制度不健全，经常聘用会计公司人员，会计人员流动性大，使税务部门与企业沟通不畅，企业经常处于失联状态，给税源管理带来了障碍。

随着三证合一的推广，税务部门对企业信息掌握的主要来源就是工商部门的信息录入，目前工商部门和税务部门已实现了一定程度的信息互通，但信息整合和共享的程度仍十分有限，工商和税务部门应该在保障系统传输安全性的基础上，加强信息交换，设置专门的信息交换查询平台，链接各自系统的关联模块，这样税务部门可以充分了解企业信息，更好实现税源监控，同时工商部门也可以据此加强执法检查，对企业的经营行为进行有效准确的管理。

（二）以房土税征收为例

随着企业跨区县注册经营现象的增多，在房土税征收过程中出现了很多企业注册地经营地不一致的问题，企业注册在本区，但实际经营在外地，大部分企业并未对房屋、土地信息进行登记，税务部门无法了解企业税源信息，使税收征管出现盲区。要实现对企业的房屋、土地的税源信息的掌握和了解，就要加强房管部门、土地部门与税务部门的信息共享和交换。可以参照目前办理二手房交易过程中与建委网站链接查询房屋信息的做法，通过增加可视化模块界面，连接到房屋、土地部门，对相关的房屋土地信息进行

查询，与企业申报信息进行对比，实现对企业信息的准确把握，有效提升税收征管水平。

## 五、建议

金税三期系统即将上线运行，在优化办税流程、实施流程监控、整合信息资源等方面将发挥重要作用。希望我们以金三上线为契机，统一系统平台，实现信息整合和集成，加强信息交换和共享，将税收征管工作推向新的发展阶段。

（一）金三上线后，全国税务系统基本实现金税工程系统全覆盖，系统标准化基本实现，建议研究标准化的严密的信息安全体系，建立严格的信息安全制度，为开展各部门联网信息交换提供安全保障。

（二）建议研究税务部门与其他相关部门如房管、土地、工商等部门联网接口，设置可视化界面，规范信息交换流程、权限，可共享信息的范围，系统的操作程度，做好信息交换的接口准备。

（三）金三上线后，国地税系统实现同步，国地税将开展深度合作，建议研究国地税联网接口，建立网络信息安全体系，强化信息安全制度，加强国地税系统信息交换，实现纳税人信息共享。

（四）引入分析决策系统和数据管理系统。实现对税收数据的分析和应用，从海量的税收数据中整合分析出企业的发展状况、经济运行情况、税收变化情况等，实现对税收数据的充分利用，并对税收征管工作提供数据支持。

## 六、总结

实现税收数据的集成和共享是互联网＋思想下大数据理念的集中体现，通过将税收相关信息进行互联，使信息能够在各个主体间传递，从而使我们对税源信息和企业经营状况能更准确的了解；将已有的或得到的海量税收相关信息进行提“纯”处理、综合分析，能够得到经济运行情况、企业发展状况、税收变化情况的客观规律。因此，我们要打好软硬件平台基础，做好税收数据的集成和共享，为税收征管工作提供新引擎。

（作者单位：北京市通州区地方税务局）

# 纳税服务规范与业务外包

彭骥鸣　樊正军

2014年11月李克强总理在国务院常务会议上提出，要坚持改革创新，加快发展服务外包。税务部门应主动适应税收新常态，将纳税服务视为公共服务的有机组成部分，助推纳税服务社会化。当前，《全国税务机关纳税服务规范》2.2版（以下简称《规范》2.2版）全面运行，标志着纳税服务迈向"车同轨、书同文"的新时代，这无疑为推行纳税服务外包提供了契机。

## 一、我国纳税服务外包的现状及存在的问题

当前全国纳税服务发展呈现出你追我赶、不断创新的新态势，尤其是近年来，各级税务机关致力打造"互联网+"的纳税服务新格局，纳税人的满意度不断提高，税收征纳呈现和谐互动的良好局面。我国部分地区税务机关引人公共私营合作（简称PPP）模式，率先尝试推行服务外包，依法进行政府采购，极大地节约了税务资源，激活了涉税中介力量，催生了服务市场，进而促进了纳税服务质量的提升。

我国东部沿海部分城市将12366纳税服务热线向社会外包，推行专业化流水式管理，做到"来有问声，答有谢声"，对咨询答复的满意率大幅度跃升；释放出来的窗口力量集中到风险监控等岗位，提升了风险管理的质最，反过来又助推纳税服务。山东省某市国税局将普通发票领用等非执法性业务委托给第三方，签订代收代售协议，明确委托方和受托方义务，使发票及时到达纳税人手中，让纳税人免受奔波之苦。江苏省某市地税局将纳税人学堂外包，将新办企业辅导工作11个环节中的5个环节外包给有较高资质的税务师事务所独立承担，并对其实行严格的考核，使纳税辅导的精准性大为提升，纳税人自主办税能力得到提高。从全国面上来看，将办税服务、咨询服务、辅导服务和维权服务等非核心业务实行外包，实现纳税服务社会化运作，将是今后一段时期纳税服务发展的重点内容，也是"十三五"期间需要深化的重要方向。

但当前纳税服务外包也出现了两种倾向：一方面，有些地区税务部门将纳税服务打包全面推向市场，实行社会化运作，尤其是将纳税评估等涉及执法性的业务向社会外包。更有甚者，有些地区将税务稽查业务外包，引来极大争议，事实上也增加了执法部门、纳税人以及中介组织三方的风险，为和谐征纳关系的构建埋下了隐患；另一方面，又有一些地区固步自封，将全部纳税服务业务抓在手中，甚至将社会化服务全都纳入日常管理。以上这两种现象皆因税务机关没有把握好服务边界，导致"不该管的管不了，该管的管不好"，不能将有限的税务资源有效集中到税源管理上。

综观国外，纳税服务外包在OECD国家已有一套成熟的运行机制，包括实行自报自核自缴，实现税收自我评定，主要依靠税务代理。在美国，纳税人认为自己的税务问题难以在线上或电话解决，而需要面对面的税务协助时，可以向美国纳税人协助中心（TAC）要求个人税务协助。在德国，也只有极少数纳税人选择自行上门申报或邮寄申报纳税的方式，更多的是委托税务代理人即执业会计（税务）师进行纳税申报，委托会计（税务）师做账、编制资产负债表及利润表，并请其作为税务顾问为企业提供咨询服务等。从国外运行情况来看，构建优质便捷的服务体系，推进税收管理现代化，离不开社会力量的支持。因此，我国纳税服务可以借鉴国外成熟做法，更多引入社会力量，为加强和创新社会治理、转变政府职能提供新的

公共服务方式。

## 二、《规范》升级与实施纳税服务外包的可行性分析

从2014年10月《规范》1.0版落地，到现在2.2版全面运行，《规范》始终本着“最大限度便利纳税人、最大限度规范纳税人”的理念，以县级税务机关为突破口，定位于前台服务，坚持流程更优、环节更简、耗时更短、效果更佳，不断充实规范内容，通过明确服务事项和服务规范，着力打通服务纳税人的“最后一公里”，体现了纳税服务规范的可量化、可操作性，这有力推动了纳税服务外包的实施。

(一)《规范》权利职责清晰，为制订服务外包的标准提供了参考

自纳税服务概念提出以来，各地税务机关积极推进纳税服务工作，不断创新，取得了不错的效果，但同时暴露出一些问题：各地出台的服务制度相对零散、水平参差不齐；服务过程中过度迁就纳税人，可能造成服务越位，不仅模糊了征纳双方的职责，也增加了行政成本；一地一标准的状况使得外出经营的纳税人难以适从，颇有“车不同辙、书不同文”的困惑，跨区域的大企业集团更有此感触。《规范》的出台，利于在全国范围内做到一把尺子对待纳税人、一个标准服务纳税人，结束纳税服务的“战国”时代。《规范》既从税务登记、税务认定、发票办理、申报纳税、优惠办理、证明办理方面规定了征纳双方涉税事项中的权利义务，还从宣传咨询、权益维护、文明规范方面规定税务机关为保障纳税人权利和纳税人维护自身权益的事项。权利义务的清晰界定，有利于制订服务外包的标准，完成纳税服务外包的基础工作。税务师事务所等涉税中介机构应以此为契机，积极参与纳税服务外包的标准的研究和制定工作。

(二)《规范》事项分类升级，为做实服务外包的内容提供了指南

《规范》立足税务部门的前台服务，涵盖纳税人依申请和税务部门依职权的服务事项。每一类包括概述和每个服务事项的业务描述。客观而言，规范的分类有利于实现业务剥离，制订纳税服务外包的指导目录，完成纳税服务外包的基础工作。例如，税务登记规范包括设立登记、变更登记、停复业登记、注销登记、遗失补办、报告备案登记、报验登记、非正常户处理。税务登记规范按税务登记流程来设计，其中的设立登记和变更登记取消了行政审批，于是可以考虑将此业务剥离出来纳入外包范畴。

(三)《规范》业务流程通畅，为推进服务外包的运行创造了条件

《规范》在对每个服务事项的业务描述和报送资料规定之外，还以简单清晰的基本流程图描绘了纳税人办理该项业务所需要经过的流程环节，以及不同情况下征纳双方的应对措施。比如在办理设立登记时，税务机关需要核对资料是否齐全、是否符合法定形式或者填写内容是否完整，如果符合要求，继续走程序；如果不符合，一次性提示纳税人应补正资料或不予受理原因。透过基本流程图，征纳双方可以更加明白业务办理的步骤以及办理时限，利于操作量化和促进公众监督。

《规范》载明省市税务机关规范事项和地税业务规范事项，明确事项按国地税、省市县、审批类等区分标注，便于基层操作。同时规定了每个服务事项的责任主体，基本规范和升级规范都写明税务机关内部各部门的义务和办理时限，有利于业务的顺利衔接，也利于纳税服务的承包方依法依据履行外包义务，与其他部门实现无缝链接和透明化操作，便于纳税服务外包流畅运行。

## 三、大力落实《规范》，促进纳税服务外包的对策建议

(一)确立全新的服务外包理念

推进纳税服务外包的首要之举是转变纳税服务只能由税务部门提供的传统观念。纳税服务作为政府服务的重要组成部分，也要善观大势，顺应服务型政府的改革潮流。经济社会的发展使得纳税人对纳税服务的需求越来越多元化，对纳税服务的要求越来越高，仅仅依靠税务机关单一渠道主动提供服务难以缓解纳税服务供求矛盾。因此，税务部门可以将部分简单、重复、工作量大且不涉及执法的非核心业务

实行剥离，交给具有合法资质的提供商处理，从而将有限的税务资源集中于税源管理，为实现税收现代化保驾护航。

(二)坚持科学的服务外包原则

纳税服务外包可以破解税务机关传统的“单一路径依赖”问题，更好地实现“始于纳税人需求、基于纳税人满意、终于纳税人遵从”的纳税服务总目标。因此，确立科学的纳税服务外包原则是必要的。一要坚持适度原则。严格区分执法和服务的权限，纯粹服务的业务可以外包，但执法业务绝对禁止外包，将外包范围限于非执法性活动。二要坚持平稳原则。改革不可能是一蹴而就的，需要在实践中摸索，把握推进的节奏，及时总结阶段性成果，总结经验教训，成熟之后再推广、推出下一步改革计划，增强纳税服务外包工作的可持续性。

(三)注重缜密的的服务外包需求分析

当前，纳税服务工作或多或少还存在着浅层次、形式化、被服务等问题，其中一个重要的原因就是对纳税人需求缺乏全面的调查了解和深入的研究分析。因此，税务机关和中介机构应当定期或不定期对纳税人服务偏好进行详细调查和深入分析，根据调查和分析结果提出加强和优化纳税服务的相关意见，并将调查和分析结果提供各地税务机关参考，使推出的纳税服务平台和方式更符合纳税人的偏好和使用习惯。在基层建立纳税人需求快速响应制度，以需求调查和分析结果为导向，不断改进纳税服务工作存在的问题。

(四)制订严密的服务外包规则

服务外包要有实施、有运行、有考核，就必须有赖以实施的运行程序。需要构建一套适合自身运行特点，符合纳税人期望和税务部门要求的程序规则。一要严格加强保密管理，增强发包、接包、分包、转包等服务环节的信息管理，促进服务外包的规范运作。二要严格按照《政府采购法》运作，依法进行招投标。三要密切关注《规范》升级状况，及时作出适应性调整，有效控制外包的风险控制。

(五)实施有效的服务外包考评

对纳税服务业务外包监控可以从两方面人手。从税务部门的角度而言，明确各环节职责权限，利用可控手段对外包行为实施监控，对每项业务建立考核评价机制。在此基础上，通过绩效考评控制、内部报告控制、外包风险评估控制等方法分别考评外包服务的质量，并通过盘化考核指标，设定绩效考评指标体系来考评外包服务 的效率，从涉税中介机构的角度而言，要在税务师事务所、会计师事务所等涉税中介内部从建立完善的培训体系、完善激励机制、人性化管理等方面人手，持续完善纳税服务的外包纠错机制，形成符合服务外包特点的行业文化。

(作者单位：国家税务总局干部进修学院
江苏省扬州市宝应地方税务局)

# 浅谈如何提升纳税服务质量

孙　梦

提起纳税服务，首先想到的就是办税厅，现在我们已经入驻了规范的行政服务中心，从某种层面上解决了纳税人“往返跑”的问题，但其实这仅仅是纳税服务的一个浅层次方面。如何提升纳税服务的质量，实现税收服务工作的人性化、易懂化、专业化，把严格执法与优质服务做得更完美，是本文探讨的意义所在。

## 一、当前纳税服务中存在的问题

（一）首先我们谈谈“为纳税人服务的观念”这个问题，不能的简单理解为态度热情、笑脸相迎，而是应该从根本上树立起服务意识，加强业务知识的学习，工作技能的提升，做到熟悉政策、熟悉业务、熟悉相关规定、章程，才能从根本上做到为纳税人服务，而不是相互推诿。只有我们做到了环环相扣，知道流程走向，才能不让纳税人多跑路、跑冤枉路。再者，没有认清与纳税人之间的关系，我们不是管理者，而应该作为一个政策的宣传者、纳税的服务者、程序的引导者，才能从心态上摆正位置，心理上有了优越感，就容易忘了本职，说话办事让纳税人难以接受，纳税人按规定缴纳相关税费、同时也应该享受相关优惠政策，但有少部分的税务人员把享受优惠政策当作个人“恩惠施舍”。究其原因，都是由于服务观念未能入脑入心，没有坚持一以贯之。二是把优化服务简单地等同于微笑服务。各个行业、各个部门都在强调微笑服务，作为税务执法机关，办税服务厅在办税中，笑脸相迎是作为一种优质服务的方式，但有些税务部门只强调微笑式的服务态度，简单理解为态度热情、笑脸相迎，服务的层次较浅，而忽略了税务人员业务水平的提高，掌握和解释税收政策不够熟练，想为纳税人服务却心有余而力不足。

（二）要求标准不统一。一是上面和下面的要求不一致，前台和后台的代办不统一，导致纳税人的申报不顺畅。尽管这些年来从上到下一直不断的在强调服务，除开形式上的东西，对纳税人的辅导程度也是不同的，要求也不同，有的手把手教，有的传 ppt 要求自学，有的步骤代为处理，有的单位需要纳税人自行处理。二是工作参差不齐。由于各单位对税收服务工作的重视程度不同，熟悉程度不同，采取的措施不同，导致服务工作的进展和水平存在不同程度的差异。对于限时服务、承诺服务、大厅值班制度等行之有效的税收服务措施，也坚持和落实的不够好，流于形式。出现上述问题的原因在于我们对于服务还没能像管理工作那样，形成一套比较完整、统一的体系和运作机制，因此造成服务工作在总体上不够规范。

（三）服务手段上：随着金三操作系统的上线运行，极大地提高了税收征管效率，也有力地促进了税收服务工作。但客观地讲，当前我们的现代化水平还停留在比较低的层次上。首先，征管软件依旧不够完善，模块过得，多次采集征管数据，征管系统运行速度慢，时常出现锁表死机现象，这也给广大纳税人造成了诸多不便。同时，申报方式有待进一步改革。我们实施远程电子申报的初衷，主要是为了提高申报效率，纳税人足不出户即能完成申报事项，但目前即便是采取远程申报的纳税人，企业所得税的年度报表仍需要往税务聚送。不少纳税人建议上了远程电子申报后就应该彻底实行“无纸化”申报，取消往税务局送报表。再者，纳税人的申报能融入一个操作软件中，制作得更加简单，便于纳税人操作就更完美了。

（四）服务机制上：一是强调优化服务而淡化了对纳税人的管理。纳税人是税收的基本承担者，税收征管改革新机制要求纳税人主动申报纳税，税务部门设立办税服务厅实行集中征收，为纳税人提供服务。由于一些纳税人素质差，对税收政策的学习了解和运用不够，申报纳税不规范、不全面，办税能力弱。而有的税务部门在优化服务中，特别是开展创建文明行业活动以来，一味追求让纳税人满意，认为只要纳税人主动按时来申报纳税就行了，不必对纳税人要求太高、太严格，以免发生矛盾，影响优化服务。这不但忽略了优化服务的质量，而且忽略了税收征收管理的质量，以及对纳税人的管理和监督，使优化服务停留在形式上。二是注重优化服务而弱化了执法的刚性。行业作风优良、规范服务达标、纳税人评价满意等，是税务机关开展创建活动的基本要求。提高纳税服务水平，防止纳税服务投诉是创建文明行业的内容之一。然而有的税务人员为了争取纳税人的满意度而做出不应该的让步，就是生怕纳税人投诉，特别是当纳税人有不符合办税手续、申报不实或延期申报等违章行为，在受理时不敢坚持原则，不是审核不严格、就是处罚不到位，从而背离了我们执法的初衷，削弱了依法治税的刚性。

(五)业务素质上：一是有些税务人员的潜意识仍带有很深的"专管员"痕迹，自身的综合素质和业务水平亟待提高。工作满足于应付，缺乏主动性、创造性，业务素质滞后，知识更新慢，不考试不学习，文化和业务素质长期停留在原地不前。二是法制意识不强，对有关法律的掌握不够全面和准确，误解、曲解法律法规的现象还时有发生，部分税务干部难以应付复杂多变的税收政策，对税收各项政策掌握不全，导致宣传缺失和政策落实不到位，以至造成税收执法在一定程度上还存在随意性大、规范性差、效率低下的问题，更谈不上维护纳税人的合法权益和深层次的税收服务。

## 二、提升纳税服务，应该着重强调"质量"

(一)从服务理念入手，更新服务意识，关注服务细节内容。近年来地税部门的纳税服务水平每年都上一个大的台阶，在许多方面都有了大的突破，但是在管理中仍然不时出现衔接不畅的现象，有运行机制需完善的原因，但更主要的原因在于我们的税务干部职工在服务理念上还存在不足之处。因此，虽然你服务了，但如果你举手投足中显露着不情愿；虽然你笑了，但如果一颦一笑中透露着不平等，那么我们的服务还不是完美的，征纳双方的关系仍然是不对等的。这就要求我们必须实现一个服务观念大转变。每个地税干部必须顺应时代潮流，为纳税人提供优质高效的服务。要在服务中强化管理，在管理中深化服务，把握爱心树立、细心服务、责任心贯穿始终等几个工作细节，真正做到"情为民所系、权为民所用、利为民所谋"，在服务中发挥自已的主动性和创造性。应该说，只要我们的服务尽心尽力了，即使我们的服务不是很到位，我们的纳税人也能理解；反之，即使我们的服务很到位了，如果我们没有尽心尽力，纳税人也不会高兴。我们的纳税服务工作应当以纳税人"高兴不高兴、满意不满意、答应不答应"作为工作的出发点和落脚点，一切从纳税人的需求出发，设身处地地把纳税人的事情办好。在这方面，一是要摒弃特权意识，甘当纳税人的公仆；二要恪尽职守，开拓创新；三要提高素质，夯实基础。只有这样，才能最大限度地减轻纳税人的时间和金钱。对某一个具体的纳税人来说，他的服务内容是千差万别的，从细节之处服务就是我们的首要选择。

(二)从服务流程入手，完善岗责体系，关注服务细节衔接。市局一直着力推行的"首问责任制"办税模式是解决纳税人办税"人难找、多头跑、多次跑"现象的有效途径。目前一些纳税服务工作还停留在征收层面上，不利于服务效率的提高。从流程中找缝隙，查漏洞，关注每一个使纳税服务工作运行不流畅的细节，优化业务流程，对征管力量进行重新组合，增强前台受理容量，将细节管理灌输于整个涉税过程刻不容缓。首先，应全面规范纳税服务工作流程，构建专业化纳税服务体系。尽快把《纳税服务标准征求意见稿》形成正式文件，对于税务登记、发票管理、纳税申报等由征收厅独立操作的工作，严格工作制度和标准，对能够即时办结或不需要审批的事项，按照"窗口受理—内部流转—限时办结——窗口出件"的要求，全面实行"一站式"服务；对于涉及多个部门共同的服务工作以及必须由上级机关审批的业务，制定《内部审批传递单》、《资料交接表》等手续，明确规范各岗位间以及纳税服务中心与管理所之间的工作职责和程序，全程服务，保证审批事项的高效、优化运转。其次，完善岗责体系，实现权责配比。可以将每一项工作都按法定程序分为若干细节，或者将几个细节包容于一个岗位，如从事业务衔接、资料归档或内部监管等，每个岗位都赋予明确的职责，将每个人的岗位职责与对纳税人的服务承诺相统一，追求细节，定岗定责。同时，为体现首问责任制的切实可行性，要对岗位职责进行重新定位，实施权责配比，规定后台办结时间，明确前后台的权责配比：属即时受理，即时办结的，其权责应在前台；属即时受理，限时办结的，其权责应在后台；如属传送责任的，其责在传送主体。

（三）从服务机制入手，规范执法追究，关注服务细节责任。在建立健全税收服务新机制的基础上，实现纳税人和税务部门的“互动管理”。税务部门通过为纳税人提供全方位、多向零距离的管理服务，在管理中调整服务，在服务中强化管理，形成税务部门和纳税人的管理互动，最终实现一种管理的稳定性均衡，达到纳税人依法纳税意识、税务干部依法行政水平共同提高的“双赢”目的。同时，按照细化的工作流程，对所有执法环节中可能出现的过错行为进行梳理，根据过错的性质、严重程度、社会影响、发生频率等情况严格考核，量化责任追究，完善服务机制，实现岗位治税专业化。例如，为严格处罚，体现税法刚性，对逾期申报、逾期登记、变更的业户，纳税人须出具管理所开具的《税务处罚决定书》，针对规定，如果是属于程序不合法，资料不齐全，征收人员自行受理，或录入不正确，就扣相应受理岗位的分值，并对其进行责任处罚，如果是管理所的审核不实，就扣税源管理岗位人员的分值，并进行相应处罚，铲除“人情税、关系税”滋生的土壤，净化税收环境。

（四）从服务手段入手，创新服务渠道，关注服务细节诉求渠道。当前，纳税服务方式呈现出多样化、人性化、现代化的趋势，服务的深度和广度都有了深层次的推进。但是，所有这些服务措施大多数都集中在纳税服务厅，只有在纳税服务厅才能得到体现，服务平台有待增加。我们必须从创新服务手段入手，着眼细节，方便纳税人对纳税服务的诉求渠道。一要把纳税服务工作从服务大厅扩展到整个地税工作。管理就是最好的服务，营造公平、公正的税收环境，就是税务机关对纳税人最好的服务。实施“服务监督卡”等便民小措施，使纳税人能直接与专管员进行心与心的沟通交流，为纳税人提供更加直接、高效的服务。纳税评估、税前约谈、稽查恳谈等都是从管理的层面体现纳税服务，是纳税服务工作的内涵外延。工作细节管理的关键是细节的把握与设计，对于纳税服务工作而言，细节是纳税服务与税收征管在微观层面上的配置结合，把握细节就是使这种配置能够提高实效。税务干部要善于捕捉这种细节，使纳税人在履行义务的同时享受高质量的公共产品服务。二要充分利用现代信息技术搞好纳税服务工作。现代信息技术的飞速发展以及现代金融支付结算工具的进步，为申报纳税和税款缴库提供了多种方式和渠道。我们要与时俱进，一切以纳税人为中心，适应现代社会发展，为纳税人提供多元化、便捷、高效的申报纳税方式，如：邮寄、电话语音、电子数据交换和网络传输等；还可以研究微信扫一扫等方式缴纳税款，最大限度地利用现代信息通讯技术所提供的社会资源为纳税人提供优质、便捷、高效的服务，节省征纳成本。通过各种途径，尽力创新服务方式，力求服务的人性化、多样化，达到文明、高效、廉洁、务实的工作目标。三要把纳税服务工作从税务机关扩展到整个党政机关。税收是国家机器赖以运转的物质基础，税收在国民经济中的重要性决定了纳税人在国家政治经济事务中的重要性。为纳税人服务是整个国家党政机关及其公务人员的宗旨。国家应充分发扬民主，扩大广大纳税人参政议政的权利，扩大其知情权，使其全面介入所有法律的制定过程和执行过程，以及对制订执行过程的监督。每一个国家党政机关及其公务人员都要知法懂法，以身作则，维护税法的尊严与刚性。

只有转变服务思路，创新服务观念，注重服务质量，拓宽服务途径，才能变被动服务为主动服务，变单一服务为全方位服务，变应急服务为效能服务，实现纳税服务由表及里、从浅层次到深层次的转变，才能最终实现市局的要求。

（作者单位：重庆市綦江区地方税务局稽查局）

# 浅谈如何维护税制改革下的征纳关系

李　超

## 一、引言

新中国成立至今，税收制度经过无数次探索改革，税收征管体系已日趋完善，《中华人民共和国税收征收管理法》也经过了多次修订，每次修订都是为了满足新时期、新常态下征纳双方的需求，符合最新国情。2016年应该是税收征管改革的又一次重大转折点，这是自1994年分税制改革以来，财税体制的又一次深刻变革，同时，全国全面推进"营改增"后，对国地税深度合作也提出了新的研究课题。由于社会发展进步太快，每次改革都是为了适应社会的发展进程，税收制度在我国高速发展的经济环境下难以一次性健全，如何协调好新环境、新制度下的征纳关系是税务工作者永远聊不完的话题。国地税机关作为税收征收主体，为纳税人解读、宣传新的税收政策和制度，辅导纳税人使用各类涉税软件等工作都是国地税机关的义务；当然，和谐的征纳关系也需要合理利用税收执法手段，规范纳税人的纳税行为，提升纳税人对税法的遵从度。

## 二、维护征纳关系需要细化纳税辅导内容

纳税辅导，是税务机关与纳税人互动的一种重要形式，也是税务机关与纳税人沟通交流的桥梁，通过纳税辅导可以有效地规范纳税人按照税收法规、法规以及相关制度要求办理涉税事项，减少征纳双方的意见分歧，降低征纳双方的办公成本，起到维护和协调征纳关系的作用。要做好纳税辅导工作，不仅需要传统的实地巡查辅导方式，更需要利用现代化、科学化的辅导方式，细化辅导内容才能达到最佳效果。

1、要分时期辅导。每年国家税务总局都会出台大量有关纳税辅导的指导性文件和政策性文件，国务院和地方政府也会发布很多税收优惠政策文件。对于纳税人来说，他们接收各类文件的渠道相对较窄，多数通过互联网获取，所以税务机关对一些阶段性的优惠政策或相关规定，应通过多渠道广泛宣传，同时对符合条件的纳税人一对一进行政策宣传解读。若纳税人在规定时限内因不了解相关政策，应享受而未享受到，就会出现征纳双方都不想看到的矛盾。在"营改增"的关键之年，国地税更应该联合，并细致做好纳税人改革前后的纳税辅导，告知纳税人在特定时间内该做什么、如何做的问题，消除纳税人在特殊时期的迷茫感。

2、要分行业辅导。纳税人网络学院作为互联网时代的新产物，给纳税人提供了较好的学习平台。网络学院有不同行业的税收知识讲座视频，这样纳税人就有了广泛的选择性，就能够选择学习适合自己行业的相关税收业务知识，对纳税人而言，规范了行业纳税行为；对税务机关而言，降低了后续管理成本。"营改增"前后，应分批、分行业对纳税人进行集中的辅导培训，让纳税人明白改革前后有哪些变化，应该如何适应新制度下的新要求，提前做好相关准备工作。

3、要分税种辅导。我国现行税收种类较多，且每一个税种都有自己相对完善的法律、法规及实施条例、实施细则，各地方政府也会出台相应的地方法规和管理办法或优惠政策。对部分较大的、特殊的税种应进行深层次的税法宣传辅导，如个人所得税、企业所得税，若不细化辅导，在两个所得税年度汇算清缴

的过程中都会出现五花八门的问题，从而大大增加征纳双方后续执行和管理的时间、成本。

## 三、维护征纳关系需要丰富纳税服务形式

和谐的征纳关系离不开细致周到的服务，党的十六届六中全会强调要建设服务型政府，强化社会管理和公共服务职能。随着经济的发展，社会的进步，纳税人的服务需求也越来越迫切，我们要利用好信息化工具，扩宽服务渠道，丰富服务形式。

1、做好政策宣传服务。由税收工作经验丰富、政策理解能力较强的工作人员组成政策解读宣传室，第一时间解读上级文件，拟定执行标准，纳税人可以向政策解读宣传室电话咨询相关税收政策。12366的确为纳税人提供政策了一定的纳税咨询渠道，但其解答的政策范围较广，可参考性不强，所以成立政策解读宣传室可以满足纳税人的实际需求。

2、做好软件辅导服务。组织计算机操作业务熟悉，学习能力较强的工作人员组建涉税软件技术维护组，收集纳税人使用涉税软件过程中存在的问题，集中汇总后向软件开发公司反映提出解决方案，及时为纳税人排解难题。软件技术维护组同时负责制作相关涉税软件的操作流程，为新办纳税人提供指导服务。软件技术维护组还应负责远程协助解决部分纳税人难以解决的技术难题。

3、搭建纳税服务平台。建立QQ群、微信群、开发手机APP软件客户端，这些都是为了更好的服务纳税人而搭建的纳税服务平台。纳税人通过各种渠道获取相关涉税信息，满足日常工作需求，降低了办税成本。

## 四、维护征纳关系需要强化税收执法手段

纳税辅导是税务机关指导纳税人该怎么做，纳税服务是规范税务机关为纳税人解决办税问题，即为纳税人做什么，无论纳税辅导还是纳税服务都是税务机关为方便纳税人办税而应尽的义务。当然，《中华人民共和国税收征收管理法》不仅规定了税务机关的义务，同时也规定了纳税人应尽的法定纳税义务和赋予了税务机关的税收执法权，要规范纳税人的纳税行为，仅通过纳税辅导和纳税服务难以实现的，所以要维护好税收征纳双方的关系，还必须得强化税收执法手段。

1、税收执法必须得公。税收法律需要人人遵从，税收执法不能讲人情，税收执法需要统一尺度，一视同仁。若执法不公，必然激化征纳双方的矛盾，导致税法遵从度下降，损毁国家公权力的影响力。特别是“营改增”之后，国地税更应该联合制定税收联合执法相关规则，统一税收执法尺度，量化税收执法指标。处罚裁量权的弹性过大，容易导致税务执法人员执行标准差距过大，甚至可因同一税务执法人员对同一违法行为的处罚标准不一，从而引发执法矛盾。

2、税收执法必须得严。若税务机关在为纳税人提供细致纳税辅导和纳税服务的环境下，纳税人仍然视法律而不遵，那么税务机关就必须对其采取严厉的执法措施，利用法律赋予的权力纠正强制纠正纳税人的违法行为。税收执法不是目的，执法目的是为让人们遵从税法，若执法不严必然导致违法行为的屡犯，甚至出现纳税人故意违法，严重扰乱税收秩序。

3、税收执法必须得硬。税收执法必须豆硬，若对某一企业严格按照法律规定做出处罚决定，纳税人拒不执行，税务机关必须强硬，该采取的税收强制措施必须采取，努力维护税法底线。

国家提倡放责权于纳税人，但不等于放纵与放任纳税人，所以维护好征纳双方的关系除了必须做好辅导和服务外，还必须强化税收执法手段，要让纳税人知道，自己有国家法律给的权力，同时也有国家法律规定自己应尽的义务。

## 五、税收制度改革下的几点建议

改革过程中难免出现各种情况，应循序渐进、边做边改，不应一刀切，改革应符合新时期新需求。对此，特提出以下几点浅薄的建议。

1、税收征收申报软件需要升级改革。一是国地税申报征收系统可否合二为一或者整合网页申报端口，让纳税人在网上也能实现一窗通办国地税相关涉税业务；二是企业财务报表等数据可否后台共享，纳税人仅从一个窗口录入，国地税后台共享利用数据，降低纳税人的时间成本；三是在纳税申报页面强行弹出最新税收优惠政策，提示纳税人及时阅读知晓相关政策文件。

2、各局成立政策研究解读办公室。组织本单位从事税收工作时间长、税收政策把握准、税收政策理解透的同志组成政策研究解读办公室，对发布的新文件、新政策及时研究解读，并形成内部执行标准；还可以在纳税人中开展调研活动，收集纳税人的好建议，并对纳税人提出的建议进行可行性分析，若适合地方发展需要的可以改革性推广实行。

3、按纳税信用等级，分级服务管理。对每年纳税等级评定为A的纳税人设立类似银行的VIP窗口，让纳税信用好的企业直接通过“绿色通道”快速办理涉税事宜；纳税信用等级较低的企业要加大执法力度，规范其纳税行为。

4、深化国地税联合执法和纳税服务机制。随着“营改增”进程的加快，国地税深度合作显得尤为重要，若国地税独立执法，势必会不断增加纳税人的纳税成本，无形中恶化征纳双方关系。

由于税收成本是由征纳税双方负担的，所以税收成本的高低反过来也会影响到税收征纳关系。无论是征税方面的原因，还是纳税方面的原因，税收成本的增加，都可能会使征纳双方的矛盾加深，因此就有可能增加征纳税双方的对立，进而影响到税收分配关系和国家可支配的税收收入。在经费不能保证的情况下，如果征税成本的需要量大，税务机关执法权力的行使就会受到影响。不论是何种原因，只要是使纳税人的纳税成本过高，纳税人都有可能逃避纳税义务。因此，从总体上讲，降低税收成本，既是税务机关要求，也是纳税人的希望之所在，只要降低征纳成本（无论时间成本还是经济成本），征纳双方的关系也会更加和谐稳定。

（作者单位：重庆市秀山县地方税务局中和税务所）

# 浅谈新形势下基层地税机关如何优化纳税服务

郭艳琼

纳税服务是税务部门在纳税人依法履行纳税义务和行使权利的过程中，为纳税人提供的规范、全面、便捷、经济的各项服务措施的总称。随着税收征管改革的不断深入，纳税人对纳税服务的要求越来越高，在税收新形势、新常态下，基层地税机关如何优化纳税服务是摆在我们面前的一个亟待解决的问题。

## 一、基层地税机关优化纳税服务具有十分重要的作用和意义

为纳税人提供优质、高效、便捷的纳税服务是地税部门的重要职责，是顺应时代发展的需要，是税务部门税从管理型向服务型机关转变的必然要求。基层地税机关处于税务系统的基础地位，优化纳税服务具有十分重要的作用和意义。

### (一)优化纳税服务是建设服务型政府、转变政府职能的应有之义

基层地税机关作为一个行政机关，是地方政府的重要组成部分，其代表地方政府行驶收税权力，其执法水平的高低和纳税服务质量的优劣代表政府形象，优化纳税服务是建设服务型政府、转变政府职能的重要体现，准确诠释了“人民税收为人民”的真正含义，是践行全心全意为人民服务的宗旨的具体体现。

### (二)优化纳税服务是加强税收征管的必然要求

纳税服务与税收征管相辅相成、密不可分。强化纳税服务不仅不会弱化税收征管，相反，还会对税收征管产生非常积极的促进作用。基层地税机关在纳税服务中实施管理，在管理中体现服务，是提高税收征管质量和水平的必然要求。只有提供优质、高效的纳税服务，才能提高纳税人满意度，才能更好地引导和促进纳税人自愿遵从税法，使纳税人自觉缴税和诚信纳税，促进税收征管质效的不断提高。

### (三)优化纳税服务是为满足纳税人的迫切需求

随着经济文化水平的不断提升和政府简政放权的实施，人民物质文化需求日益提高，纳税人对纳税服务的需求不再停留在简单的缴税收税的层面上，对纳税服务水平和质量的要求越来越高，只有不断改进服务方式，优化服务条件，满足纳税人的合理需求，才能提高纳税人税法遵从度。

## 二、当前基层地税机关纳税服务存在的问题

近年来，地税部门在改进和优化纳税服务方面做了大量工作，如在办税服务大厅实施“一窗式”、“一站式”等特色服务，扎实开展了便民办税春风行动、“蹲企服务”等活动，取得了明显成效，在社会上树立了良好的税务新形象。但在基层地税机关，现阶段我们的纳税服务工作提升空间还很大，纳税服务还存在不同程度的问题，亟待解决。

### (一)涉税信息不对称

基层地税机关管辖范围主要是县乡一级，管辖范围广，距离远，数量多，基层税务部门人员有限，办税成本过高，导致不能准确掌握全面的、真实的、完整的涉税信息。由于没有使用共同的信息交换系统，与

国税、工商、银行等相关部门的涉税信息不能及时交换、共享，不能从源头上杜绝偷税漏税现象，纳税服务工作信息化程度有待提高。

(二)税收宣传重形式轻实效

由于受环境、交通等各种因素的制约，基层地税机关与纳税人的沟通交流主要集中在一年一度的税收宣传月，以设点现场放税收资料、通过媒体宣传为主，是粗放型的交流，在形式上具有可行性，但真正需要帮助的纳税人不一定能知晓，或者需要解决的涉税问题又没有涉及到，不具有很强的针对性，不会起到很好的宣传效果。

(三)税务干部业务素质亟待提升

基层税务干部队伍年龄普遍偏大，整体业务素质不高，全面掌握税收政策的较少，大部分人员在税收管理过程中，对征管程序掌握不全面，没有扎实的业务基础，凭经验管税的情况时有发生。在服务纳税人的过程中，由于自身素质的原因，部分人员讲解涉税问题不耐心、不专业，缺乏“想纳税人之所想，急纳税人之所急”的观念，践行与纳税人“零距离”交流的过程中，注重的是实际距离的“零距离”，而不是心灵的“零距离”，没有在心灵上产生共鸣。

## 三、基层地税机关优化纳税服务的对策及建议

(一)建立信息交换机制，加强纳税人管理

基层地税机关只有全面掌握纳税人信息，才能有针对性地为纳税人提供优质、高效的纳税服务。一是建立乡镇纳税人涉税信息管理台账。将各乡镇农村加油站、水电站、非煤矿山等行业纳入重点管理对象，建立管理台账，在管理过程中，加强追踪指导，深入实地了解企业生产的每一环节，摸清底细，加大税务稽查力度，分门别类进行政策指导和智力支持，达到以查促管。同时，加强对个体纳税户的管理。根据个体户经营面积、生产规模、就业人数等因素，将达到纳税条件的个体户纳入管理，分类建立管理台账。二是建立协税护税管理机制。积极争取地方政府的支持，加强请示与汇报，强化与国税、工商、住建、银行等相关部门的联系，定期交换涉税信息，建立强有力的协税护税网络，从源头上对税源进行管控。三是建立纳税人信用等级评估机制。进行纳税评估的目的在于提高纳税人的税法遵从度，对辖区内所有纳税人进行纳税信用等级评估，为等级高的提供最优质的纳税服务，同时对信用等级低的纳税人加强培训和辅导，积极营造依法纳税、诚信缴税的税收环境。

(二)构建多层次的宣传沟通平台，促进纳税人明白缴税

根据纳税人的不同需求层次，多层次、多方位构建纳税宣传、咨询和辅导体系，有针对性地进行税收宣传，提高纳税的透明度。一是坚持“请进来”，着力抓好纳税人培训和辅导。对纳税人在纳税过程中遇到的困难和问题进行梳理，形成问题清单，组织纳税人进行讲解和培训，确保纳税人及时掌握情况，解决问题。二是坚持“走出去”，着力抓好税收宣传。以一年一度的税收宣传月为契机，充分利用一切可以运用的平台，进行税收宣传活动。借助地税门户网站、电视广播台、办税大厅显示屏、触摸屏和交通要道电子公告栏等传统媒体与微信、微博、“纳税人学校”等新兴媒介相结合的方式，大力宣传费政策特别是新出台的政策，使社会对税明白。三是坚持“12366”纳税服务热线热线宣传，着力畅通咨询渠道。“12366”纳税服务热线是税务部门对外实现税收政策咨询、受理举报投诉案件等涉税事宜的专业性服务网络，是解决以往不同人员、不同时间、不同地点答复纳税人税收政策不一致问题的有效途径，安排专机专人管理，及时有效地答复纳税人涉税问题，提高服务效率。四是坚持政务公开，着力加大执法公开力度。充分利

用政务公开栏,税收政策宣传栏等加强对有关执法内容的公开。如,个体定税信息公开,对纳税户注销、停业、失踪等情况的公开以及稽查处理情况的公开等等,着力打造一个公开、公平、公正的治税环境,使纳税人缴公平税,缴明白税。

(三)加强干部队伍建设,提升纳税服务水平

干部队伍素质的高低,决定着纳税服务水平的好坏,加强干部队伍建设是提高纳税服务水平的根本途径。一是加强学习教育。主要在提高能力上下工夫,引导干部树立“活到老,学到老”的终身学习的理念,努力学习掌握税收业务和政策法规知识,同时还要加强财会、法律、计算机、思想道德素质和职业道德等方面知识的学习,通过学习,开阔服务视野,拓宽服务思路,增强服务意识,提高服务能力。二是广泛开展培训和业务技能竞赛活动。根据实际情况,组织职工广泛开展业务技能、思想教育等培训活动,并对每次培训成果进行检验,达到以训促学、以考促训的目的。为很好地将掌握的理论知识转化为实际工作运用能力,大力开展岗位练兵和各类竞赛活动,提高干部队伍活力,全面提升干部队伍素质和综合能力,为做好纳税服务工作奠定坚实的基础。三是完善纳税服务的考核评价机制。将纳税服务工作质量和效果作为干部绩效考核的一个重要指标 ,严格执行“过错责任追究”制度,形成事前、事中、事后相衔接的监督机制,设立纳税服务意见箱和评议热线,建立健全纳税服务评议评价机制,建立为纳税人提供优质的纳税服务的长效机制。

(作者单位:云南省镇雄县地方税务局)

# 浅谈大数据时代背景下的纳税服务体系构建

江苏省淮安市盱眙地方税务局课题组

党的十八届三中全会提出"完善和发展中国特色社会主义制度,推进国家治理体系和治理能力现代化"的总体要求以及2013年全国税务工作会议也明确提出到2020年实现税收现代化的奋斗目标。作为基层纳税服务工作的参与者如何实现纳税服务工作的现代化,如何构建高效便捷的纳税服务体系?笔者认为要积极运用信息科技创新成果,充分发挥信息数据引领支撑作用,在大数据已被视为全世界"下一个创新、竞争和生产力提高的前沿领域"的背景下,通过对数据的处理分析,为服务对象提供更加完善优质的服务。

## 一、纳税服务体系建设在现代税收中具有重要地位

(一)纳税服务体系建设是新时期依法治税的更高层次

新公共管理运动的兴起对西方乃至世界各国的公共管理理论与实践带来了深刻影响,促使政府管理模式从传统的官僚制向以市场与服务为导向的服务型管理模式转变,纳税服务已经成为世界各国现代税收征管的主流发展趋势。特别是近10年来,我国在纳税服务方面也开始进行了有益的尝试,新的税收征管模式中把优化服务和纳税人主动申报共同列为税收征管的基础,新的征管法也明确提出了税收咨询服务方面的要求,极大地提高了纳税服务在现代税收征管中的地位。纳税服务新地位的确立,将对现有税收征管模式产生质的影响,同时也赋予了依法治税以全新的视角,税务机关应因求变,转变传统工作思路,以征管流程再造为基础,探索建立以纳税服务体系建设为基础的税收征管新模式。

(二)纳税服务体系建设是新时期对政府诚信的更高要求

纳税人向国家缴税,享有国家提供公共服务的权利,税务机关代表国家向纳税人征税,负有向纳税人和社会提供公共服务的义务。随着纳税人权利意识的不断觉醒,公共事务参与意识的不断增强,对国家诚信征税提出了更高的要求。纳税人对公平纳税、便利纳税的要求不断提高,使得纳税服务体系建设更为紧迫。

(三)纳税服务体系建设是新时期提高征管效率的有效途径

传统的治税思想过于强调监控管理和执法打击,而对纳税服务重视不够,税务部门严格按照税收强制性和无偿性要求加强对纳税人的监督和处罚,在一定程度上促进了纳税人依法履行纳税义务,但也在一定程度上以牺牲征纳双方的良性互动以及以纳税人抱有强烈的抵触情绪为代价的,迫使纳税人处于被动纳税地位甚至与税务机关进行博弈对抗的地位,税务机关需要牺牲大量的人力物力进行监控,税收成本和税收执法的阻力都比较高。而建立起良好的纳税服务体系则可以有效地增强征纳双方的理解和沟通,变传统的单向管理为双向互动,有利于提高纳税人守法遵从度,提高税收征管效率。

## 二、大数据时代下的纳税服务应用现状简析

继云计算后,大数据(Big Data)成为信息技术领域最为热门概念。大数据有三个特征:一是数据的数量大,是指聚合在一起供分析的数据量非常庞大;二是数据产生或被吸收的速度和频率快;三是数据的多

样性，包含结构化的和非结构化的数据。大数据被誉为“21世纪的新石油”。根据中国互联网数据中心的报告，2012年全球的数据总量为2.7ZB(1ZB=1024EB)。“大数据”的意义并不仅仅在于“大容量”，更重要的是，通过对海量数据的整合、挖掘和分析，可以创造出新的价值。它是需要新处理模式才能具有更强的决策力、洞察发现力和流程优化能力的海量、高增长率和多样化的信息资产。从某种程度上说，大数据是数据分析的前沿技术。简言之，从各种各样类型的数据中，快速获得有价值信息的能力，就是大数据技术。

近年来，各地税务部门在信息数据方面进行了积极探索，相应建立涉税信息交换与共享机制，政府各部门和相关单位将履行税收协助职责和义务，涉及发改、教育、科技等多家政府单位提供有价值的涉税信息，市场经济主体的各类经济活动都被纳入税收监控平台。例如，公安部门提供车辆登记变更、机动车驾驶证等信息，外籍人员登记、房屋租赁、宾馆住宿人次等情况；卫生部门提供营利性和非营利性医疗机构的认定情况。涉税信息交换平台还和公共信用信息共享服务平台互联互通，深入挖掘涉税信息的应用效益。这些都意味着税收征管工作将跨入“大数据时代”。据了解，各地大部分市、县相继建立涉税信息共享机制，但还缺少从省级层面进行整合和推进。笔者认为从省级建立统一、规范、实时的涉税信息共享平台，将实现省、市、县(市、区)三级部门间涉税信息及时交换、深入应用。

根据IDC和麦肯锡公司对大数据研究结果的总结，大数据主要能在以下4个方面挖掘出巨大的商业价值：对顾客群体细分，然后对每个群体量体裁衣般地采取独特的行动；运用大数据模拟实境，发掘新的需求和提高投入回报率；提高大数据成果在各相关部门的分享程度，提高整个管理链条和产业链条的投入回报率；进行商业模式、产品和服务的创新。那么，把这些价值概念转换运用到税收纳税服务工作上，主要需要通过对大数据的整合，促进服务渠道的协同，提高纳税人分类管理，分析纳税人行为偏好，实现以下3个目标：形成贯穿全局的服务，使纳税服务流程化、各类服务资源共享化；让纳税人拥有一致的服务体验，进行纳税人的行为分析；跟踪纳税服务的全流程，形成服务质量考核机制。

## 三、西方国家利用信息数据技术建设纳税服务体系的成功经验

(一)建立电子化纳税服务系统

随着信息技术的突飞猛进，近年来各国税务机构提供给纳税人的电子化服务方式(如电子邮件服务、电话语音服务和网络服务等)有了飞速的发展，电子化纳税服务方式正在日益成为为纳税人提供服务的重要方式。目前几乎所有西方国家的税务部门都专设了税收信息咨询中心或计算机咨询中心，在全国范围内与各地税务信息中心一起构成计算机信息咨询系统。计算机信息咨询系统主要供纳税人查询纳税情况、税收法律法规和税收业务问题。如美国联邦税务局依据计算机技术设计了“纳税服务分析系统”，把纳税人咨询的问题收集、归类，进行定量定性分析，以支持服务部门的服务决策和纳税人的即时查询。新加坡税务局信息科技系统包括国内税收综合系统、电子申报系统、机构服务系统和办公自动化系统等四个系统。我国香港税务局的电话咨询和柜台查询共用一个计算机信息系统，电话自动查询系统可让查询者24小时都能通过预先录音设备获取最新的税收资料。此外，该系统也可应查询者的要求通过图片传真方式发出有关资料。

(二)建立体现大服务格局的纳税服务组织体系

设置纳税人权益保障部门，成立体系完整的办税服务部门。美国国内收入局1998年按照《联邦税务局重组与改革法案》进行机构改革，主要是按纳税人类型和需求设置部门，设置了工资与投资收益局、小企业和自雇业主局、大中型企业局、免税单位与政府单位局，上诉办公室和纳税人服务局，使之成为一个以纳税人为中心的机构。同时，这些机构拥有一个相互贯通的大数据交换平台，实现信息共享，数据互通。在为不同类型纳税人提供个性化服务的同时，也可以做到对整个社会的税收情况进行宏观分析。

(三)采取多种措施,为纳税人提供高质量的服务

美国、西班牙、韩国、马来西亚等设立全国统一的纳税服务呼叫中心,公开政策法规,规范和完善税务网站的咨询服务功能,加强政策宣传。美国建有全国统一的联邦税务局网站,一般的信息、表格、出版物都可以从这个网站上下载,为纳税人提供便易的纳税申报方式和缴纳税款方法。美国不断加强信息化建设,开发了“联邦税收电子支付系统”(EFTPS)、“税收和工薪简明报告系统”(STAWRS)等工程项目,使税款的申报和支付更加及时便捷。

(四)重视纳税人需求

美国、加拿大、澳大利亚等国运用纳税服务分析系统,把纳税人咨询的问题进行收集、分类、归纳,进行定量定性分析,以支持税务部门进行不断适应纳税人需求变化的服务决策。

(五)建立科学的考核评价体系

许多国家在纳税服务的具体工作中,很重视纳税服务绩效的评价。美国国内收入局建立了一整套行之有效的信息化绩效评价体系来对内部各级组织及员工买进行评估。这套绩效评价体系包括了组织绩效评价、员工绩效评价、纳税人满意度评价、员工满意度评价、部门成果衡量等方面,通过电子信息系统的监控获取数据,后台对收集到的各项指标数据进行综合分析并自动打分,其目的在于实现三大战略目标:即向每一个纳税人提供最高质量的服务、向全体纳税人提供最好的服务条件、向税务员工提供高质量的工作环境。加拿大税务局以纳税人是否满意作为衡量自身工作质量的重要标准,建立了包括客户服务时限、网络服务工作标准、网络信息安全标准和纳税人评议制度等一系列工作评价机制。另外,还有些国家税务机关把税务工作标准对外公布,接受社会监督。

## 四、目前我国纳税服务体系建设存在的主要问题

经过近几年来的努力,各级地税部门在纳税服务工作作为新征管模式的基础性工作上虽然取得了一定的成效,但与新时期税收征管工作的新型纳税服务要求相比,在如何节省纳税人的时间、精力、费用,建立平等对称的税收征纳关系,为纳税人提供方便、快捷、准确的纳税服务措施,构建公平、公正、公开的纳税服务体系等方面,还不同程度的存在着一些差距。

(一)只重管理,不重服务的现象仍很普遍,新形势下新的纳税服务理念的更新与发展尚需要加强

目前,税务部门的干部职工在思想上更加认同征纳双方的博弈关系和经济上实现个体经济利益最大化的理论,认为纳税人在实现其经济利益的过程中都有偷逃税款的倾向。因而,税务部门为了堵塞征管漏洞,加大打击偷、逃、骗税的力度,达到强化监管的目的,片面强调加大管理力度,而忽视了纳税服务,以强化管理为主,优化服务退而处其次。有的税务干部“管”的欲望较强,对纳税服务的理解却不深,有的认为为纳税人服务就是见面微笑、提供茶水;有的认为宽松收税,政策放松就是服务,把“依法治税”和“纳税服务”对立起来。强调要求纳税人做什么,忽视能为纳税人做什么,强调纳税人服从的必要性,却忽视了为纳税人遵从提供可行性。新《征管法》第九条明确“秉公执法、忠于职守、清正廉洁、礼貌待人、文明服务、尊重和保护纳税人、扣缴义务人的权利,依法接受监督”是税务机关、税务人员依法行政的基本要求,然而我们的思想政治教育和要求更多的是强调反腐倡廉,真正以纳税人的权利为出发点的依法行政的教育要求却往往被忽视了。结果,征纳双方的关系没能融洽地协调发展,纳税人的抵触情绪没能有效化解,给征管工作造成了许多不必要的阻力,妨碍了征管工作的发展进步,征管成本也居高不下,影响了征管工作的效果和质量。

(二)纳税服务的信息化程度低,没有切实解决纳税服务手段的问题

近年来,随着计算机在税收征管工作中的普及运用,高科技管理手段对提高纳税服务质量和效率起到了较大的作用。但是,现代信息技术应用于纳税服务的程度还比较低,税务干部的信息化观念和数据

管理理念还没有真正树立起来，影响了纳税服务工作的现代化进程。(1)计算机专业技术人员缺乏，普通税务干部仅限于正常的操作使用，没有积极利用信息化技术优化工作的意识；(2)使用水平低，大多数仅限于以电脑代替手工劳动，发挥其数据输入及表证单据的生成功能，而其信息共享、管理监控、决策分析功能却远远没有发挥出来。(3)基层税务机关信息采集重复，准确性不高，建设质量、信息资源利用水平仍然较低，税收管理行为仍然较多地依赖于手工信息和人工干预。(4)硬件设施尚不健全，计算机网络不畅，信息传递缓慢，税务信息化程度落后，导致税务机关征管水平难以跟上时代的步伐，难以为优化服务提供现代化的技术支持。

(三)大部分纳税服务工作的内容还处于较低层次，纳税服务的内容、标准和方式尚不规范统一

经过税收征管改革，在不断探求创新纳税服务上，各级税务部门经过多年的发展、积累，已经形成了许多属于优化纳税服务范畴的新项目、新内容，如：办税服务厅、首问负责制、税法咨询、一站式服务，以及正逐步推广的多元化申报、电子缴款和纳税服务热线12366等，但税务机关在为纳税人服务时，往往在深度上难到位，而较多地出现重形式、轻实质，应付了事的现象，一般地只是简单地停留在笑脸式、热茶式的表面服务，而没有为纳税人提供深层次的优质服务。并且，虽然适时地推出了一些优化服务的项目，但这些项目从目前的要求来说尚还不系统，没有成为税务部门、税务人员法定的职责和行政执法的必备部分，难以深入、有效地开展下去。另外，从整个系统工作来说，“纳税服务”目前尚没有全面统一的、规范的服务内容、标准和方式。究其原因：一是纳税服务职责不明。二是征管规范化水平较低，岗责没有基本统一的模式。三是纳税服务工作尚无明确的规范化、具体化的内容，优化服务往往还仅是停滞于口号化、抽象化。

(四)纳税服务岗责体系尚未建立，服务质量的考核评价标准缺乏科学规范

近年来，随着税收征管改革工作的不断推进，区地税系统不断建立和完善了规范科学的各职能部门岗责体系，职能明确，岗责到位，但是，从优化纳税服务的新理念、新要求重新审视，则会感觉到，其岗责体系之中注重了管理和执法，纳税服务的内容则相对缺位。各级税务机关没有设立纳税服务岗，相关岗位也没有明确的纳税服务职责，与纳税服务相应的工作流程、工作标准、责任追究、质量管理、监督控制等纳税服务的重要内容尚没有形成有机的整体，无法建立起统一的、规范的、系统的纳税服务岗责体系。而由此而来产生的评价纳税服务工作的质量考核标准也过于简单化、单一化。当前对纳税服务质量好与坏的评价考量方法，主要是地方政府组织的行风评议和系统组织的创建最佳办税服务厅等。其评价的特点具有主观性和事后性，评价的方法、标准和指标随意性较大，缺乏科学性、规范性、严谨性，没有建立起纳税服务质量评价指标体系，没有健全的纳税服务质量评价制度等等。纳税服务质量的评价工作还处在事后总结性的主观性评价阶段。纳税服务的任务不明，带来了职责不清，职责不清无法规范纳税服务的内容、标准和方式，而不规范的内容、标准和方式势必又将无从建立起纳税服务质量评价体系。究其原因是纳税服务作为行政行为的重要组成部分没有得到落实，谈起纳税服务是行政责任，做起纳税服务是职业道德建设，另外，现代的科学管理思想、理念和理论没有应用到税收征管工作中。

## 五、构建适合我国实现的符合现代税收要求的纳税服务体系的设想

(一)明确纳税服务体系建设的指导思想

构建我国纳税服务体系，应全面落实科学发展观，坚持聚财为国、执法为民的工作宗旨，在已取得的工作进展基础之上，立足于具体工作环境要求，消化吸收先进纳税服务思想，借鉴国外先进经验，变革服务理念可，整合税收资源，以满足纳税人合法合理需求为导向，以信息化为依托，以职能转换和优化征管体制为重点，以提高纳税人满意度、增强税法遵从度为目标。改进和完善纳税服务工作，积极建设体现全程服务和大服务格局的，优质、高效、规范、透明的现代纳税服务体系。

(二)明确构建纳税服务体系的工作目标

1、树立科学的、系统的纳税服务意识,形成全面服务、科学管理、规范执法的新型管理服务观念。

2、设置扁平化的纳税服务组织机构,明确纳税服务组织的职能和职责,建立纳税服务相关岗责体系。

3、再造和优化纳税服务流程,形成以流程管理为主的,各流程间衔接和协调的内部流程工作机制。

4、建立健全纳税服务相关制度,明确纳税服务工作内容,规范纳税服务的标准,形成涵盖面向纳税人的税前、税中、税后服务和面向社会的纳税服务制度体系。

5、拓展纳税服务手段,形成大厅服务、网站服务、上门服务、话务服务以及社会化服务等手段有机结合的多元化纳税服务渠道。

6、强化纳税服务保障、形成资源配置、人员素质、专项经费方面的长效保障机制。

(三)明确构建纳税服务体系的基本原则

1、简化优化原则。构建现代纳税服务体系,必须在坚持依法履责、依法行政的前提下,站在方便纳税人的角度,不断优化业务流程,简并纳税环节,缩短办税时限,为其依法诚信纳税创造有力条件。

2、规范透明原则。规范是透明的前提,透明是规范的保障,将税收管理和执法工作的规范和透明寓于纳税服务的全过程,以利于自我监督、岗间监督和社会监督。

3、协调运转原则。这是纳税服务流程优化的内在要求。征管模式从传统的职能化管理模式转变为以现代纳税服务为基础的模式,要求各部门成为纳税服务流程中的有机结合点,在流程流转的闭环中协调运转,共同完成工作目标。

4、统筹推进原则。纳税服务体系的构建,必须从实际出发,注重税收成本、人员素质和资源配置的配比性,遵循合理规划、分步实施、持续改进的发展规律,坚持走税务机关内部推进和社会化外部推进相结合的道路,做好纳税服务体系于税收事业整体发展的统筹、税务服务与社会化服务的统筹以及纳税成本与征税成本的统筹。

## 六、运用大数据技术构建纳税服务体系的具体政策建议

(一)依托信息化建设,树立大服务理念,以“零接触”为办税服务终极目标

随着信息化技术的日新月异,税务信息化水平不断提高,纳税服务工作的现代化建设将是一个持续发展和不断丰富完善的过程,也是应用信息技术手段不断向纳税人提供快捷便利服务的过程。树立大服务理念,在技术上从传统方式向信息管税转变,在内容上从游离于业务部门向全面融入税收征管转变,将纳税服务贯穿于税收工作全过程。依托大数据平台,集成省、市、县(区)三级信息数据管理,整合电子办税服务资源,形成以纳税服务热线、门户网站、自助办税终端、短信等多元化服务手段为支撑的电子办税服务格局,致力于打造纳税人身边的电子税务局。将来,纳税人可以随时随地通过电子税务局,享受优质的办税服务最终实现办税过程的无纸化。为实现这一目标,必须首先进行数据整合,制定全系统的数据架构及数据标准,建立纳税人主数据管理、数据交换平台等应用,以保证纳税人主要信息的唯一性。在此基础上,实现数据利用的智能化,建立决策支持智能分析、纳税评估智能选案、内部绩效智能管理、知识获取智能检索和流程管理智能控制。通过大数据的整合,促进服务渠道的协同,提高纳税人分类管理,分析纳税人行为偏好。

(二)整合服务资源,建立健全纳税服务的统一信息平台

1、进一步推进信息技术应用,税收征管管理的手段越来越先进,特别是税收信息化建设的推进,不仅是实现税收征管现代化的支撑,也是降低征税成本,优化税收服务,提升管理水平的重要手段。税务机关应根据税收管理执法的要求与服务的要求的变化,适时推进变革,将高效的管理,严格的执法与高质量的税收服务结合起来,正确处理好税收征管信息化建设与提高税收服务的现代化程度的关系。首先要推广

运行并不断完善一个功能齐全、协调高效的的管理与服务相统一的征管信息系统，对凡需要完善优化、移植升级和开发建设的应用系统以及设备配置、推广维护都要纳入一体化轨道，进行登陆界面整合和数据整合，以实现所有操作人员只需一次登陆就可实施操作，所有数据录入后就能实现信息共享，所有工作情况都将通过统一风格的界面进行展示，所有工作实绩的考核和管理监控都能通过系统自上而下地进行，各级管理者可以最大程度地利用计算机所提供的各方面信息进行科学决策。同时，应当充分发挥互联网容量大、速度快、成本低的优势，整合税务网站，进一步增加、丰富、完善网站的涉税服务功能。建立起融政策咨询、法规公告、办税指南、投诉举报、网上登记、网上申报、网上审批、网上购票等为一体的重在征纳双方交互沟通的综合网络信息平台，尽量为纳税人提供界面清晰、功能全面、内容广泛的网络服务，从而降低纳税人的时间成本和经济成本。

2、强化信息获取手段，加强相关业务部门间信息合作。加强政府部门协作，逐步实现与工商、财政、建设、规划、房管、海关等相关部门之间的联网，及时传递、交换税源信息，对税源的全方位管控，对纳税人服务无缝对接。建立“政府领导、税务主管、部门配合、社会参与、司法保障、信息化支撑”为主要特征和基本内涵的社会纳税服务新机制，逐步形成政府依法管税、税务部门依法征税、纳税人依法纳税、社会各界协税护税的纳税服务新格局。

(三)创新服务手段，拓展服务渠道，不断提升纳税服务的效能

1、建立社会各方普遍参与的税收宣传网络。税收宣传是纳税人获取纳税知识的主要渠道之一，要改变目前单一的、运动式的税法宣传方式，建立一个各方普遍参与的，系统的，持续的税法宣传网络。税法宣传要善于吸收社会各方参与。一是可与学校合作，从娃娃抓起，培养全社会的依法纳税意识和税法遵从度；二是可与新闻单位合作，刊发公益广告，刊登税收知识，曝光违法案例，潜移默化地发挥公众媒体的舆论导向和监督作用；三是可借鉴交通部门的驾照管理经验，将纳税人税务登记前的入门培训和辅导作为税法宣传的关键环节。加强纳税辅导和纳税宣传的工作机制。一是健全纳税咨询的受理、答复、公开机制，统一解释税收法规和解答纳税咨询口径。二是编写统一规范的办税业务指南，加强税收指引服务。三是规范窗口咨询，加强对窗口咨询人员业务知识的培训和更新，并建立相关监督和考核机制。四是建立强大的税收咨询网络，在省辖市级税务机关统一设立 12366 咨询热线。

2、不断创新快捷高效的办税服务方式。大力推进新型远程办税方式的运用。要按照信息化建设的总体要求，进一步整合拓展远程认证、网上审批系统，推行网上登记、远程报税、网上购票等税收服务，将来要将能够融入远程办税支持系统的税收业务服务全部纳入，真正实现纳税人足不出户就能完成办税业务，节约征纳成本。尽量为纳税人提供个性化服务。这是纳税服务中更深层次的内容。如果纳税服务仅限于按照统一的服务规范提供普遍服务，不考虑不同纳税人的特殊情况，既不利于税务机关合理配置征管资源和进行税源监控分析，也不能满足不同纳税人的特殊需求，在管理中动态地予以体现。如对纳税人实行户籍管理、分类管理、评定纳税信誉等级等办法，为纳税人提供个性化服务。

(四)建立真实准确的纳税人信息库，积极评估纳税数据

纳税人承担着大量的资料报送、涉税事项约谈、接待税务机关调查等繁杂事务，纳税人忙，税务机关也累。纳税人负担重，各级税务机关已有共识。借助现代信息手段，充分利用技术创新推动管理和服务创新，是为纳税人和税务机关减负的最佳捷径。要统一数据库标准，依据《电子签名法》，确保各类数据安全、真实、合法，建立纳税人电子信息档案库，从法律的角度满足征管档案管理的需要，最大限度减轻纳税人负担，降低办税成本。同时通过该数据库系统，对纳税人的纳税情况进行科学评估，从而针对不同类型的纳税人实施不同方式的管理和服务。纳税服务信息化实现网络实时在线、信息互通和资源共享的特点，为税务机关提升纳税服务水平提供了充分条件，从而使纳税人在现代税收管理中享受到方便快捷、经济、高效的税收服务。

(五)针对不同纳税人的需求,积极探索纳税人个性化服务

如果纳税服务仅限于按照统一服务规范提供的普遍服务,不考虑不同纳税人的特殊情况,既不利于税务机关合理配置征管资源和进行税源监控分析,也不能满足不同纳税人的特殊需要。整合纳税人的个性化信息,针对其不同的纳税服务需求,在管理中动态地予以体现。如对纳税人实行户籍管理、分类管理、评定纳税信誉等级、预约服务、办税绿色通道等,及时解决纳税人的合理要求。不同的纳税人在纳税遵从程度和服务需求上是不同的,税务机关不应该同样地看待所有的纳税人,而应该建立纳税人洞察体系,对纳税人进行细分,使纳税服务在普遍化的基础上兼顾个性化,为纳税人提供个性化服务。但是细分的目的不是给一个群体提供100%的服务,而给另外一个群体提供50%的服务。纳税人分类的目的,是通过全面评估纳税人的状况,尽可能使每个纳税人都能够得到他们需要的服务,同时缩小需要重点管理的纳税人规模,以利用有限的资源实现更加有效的管理。只有强化信息技术和网络技术在纳税服务中的广泛应用,才能适应纳税人大量增加、经济活动日趋复杂和纳税人应税收入多样化的新形势,才能实现税收征管和纳税服务的规范化和科学化,才能广泛深入地应用现代技术手段优化纳税服务,有效提高纳税服务工作的质量和水平。通过建立信息服务系统,十分便捷地为广大纳税人进行税法宣传和税务咨询,提供电话自动查询系统,利用因特网进行有针对性的税法辅导,帮助纳税人及时、完整、准确地掌握税法信息,了解如何履行纳税义务。建立程序服务系统。为纳税人提供多种简便、快捷的纳税申报方式和便利的纳税场所,如电子申报、银行网点申报、自助办税机等等。建立纳税人权益保护系统。利用现代信息技术,将税务机关的执法依据、执法程序、执法文件、执法责任、处罚结果向纳税人和社会公开,接受社会监督,保护纳税人的权益,使纳税人切实感受到自己的权利和地位,从而增强纳税意识,自觉依法纳税。

课题组负责人:吴　昊　张祥彬

成　　员:尤小文　傅育民

# 浅析如何加强新形势下的国地税征管合作

李英武　胡　琳

《国地税合作规范》和《深化国税、地税征管体制改革方案》出台以来，为推动国、地税更深层次、更广范围的合作，铁岭市国、地税部门整合征管资源，丰富合作方式，规范合作流程，强化制度保障，明确技术支撑，细化责任落实，推动全市税务机关在征管合作方面取得了一定的成效。但随着各项工作的深入推进，对国地税合作提出了新的更高的要求，同时也逐渐暴露出目前存在的一些亟待解决的问题。

## 一、铁岭市开展国地税征管合作的探索和实践

2012 年以来，特别是《国地税合作规范》和《深化国税、地税征管体制改革方案》实施之后，铁岭市国税局联手地税部门，认真贯彻落实上级部署要求，积极推进征管合作，在联合设立登记、合作征收税款、协同管理非正常户等方面都取得了显著成效。

(一)联合设立登记、联合办理变更登记方面

2012 年铁岭市就已经全面推行国地税联合办理税务登记，深受纳税人欢迎。铁岭市国税局和铁岭市地税局共同制定了相关的制度和办法，并及时印发基层执行。截至目前，共联合办理税务登记 38065 户，变更税务登记 25216 户次；实行“三证合一、一照一码”后，本着“一个窗口受理、一次提交资料、一个识别号、一套证件通用”的原则组织实施合作工作，及时制定了相关方案和制度，及时进行督导检查总结，目前已联合办理税务登记 5044 户。

(二)合作征收税款方面

“营改增”以来，铁岭市国税局、地税局在道路货物运输业上开展了委托代征工作。截至 2016 年 5 月底，全市国地税互相委托代征税款 5095.89 万元，其中：增值税 3208.46 万元，企业所得税 265.18 万元，个人所得税 1270 万元，印花税 47.67 万元，城市维护建设税 161.82 万元，教育费附加 85.76 万元，地方教育费附加 57 万元。同时，在 8 个基层单位的办税服务厅互设了窗口，在代开发票业务中除征收国税税种外，同时征收个人所得税。

(三)协同管理非正常户方面

铁岭市国税局协同铁岭市地税局建立了定期交换非正常户认定信息制度，交换信息内容以税务登记信息为主，通过对信息进行筛选以实现下一步非正常户共同管理。截至目前，已交换非正常户信息 12000 条。

(四)联合开展欠税清理方面

截至目前，铁岭市国税局与地税局已联合发布欠税公告 1 次，共涉及 9 户企业的欠税信息。

(五)共享双方内部涉税信息、共享涉税信息应用方面

通过定期用移动存储介质将非正常户信息进行互通共享，现已交换共享信息 12000 条。

(六)联合采集第三方涉税信息方面

铁岭市国税局于 2014 年会同地税、工商部门联合建立了“合作实现股权转让信息共享机制”。目前已交换股权变更信息 181 条，实现查补入库税款 152 万元。

(七)协同制定税收风险管理年度合作计划、协同开展风险应对方面

铁岭市国税局于 2016 年 4 月同地税部门签订了《税收风险管理工作合作意向书》,就协同制定税收风险管理年度合作计划、协同开展风险应对具体工作内容、方式进行明确,为下一步提高风险管理质效做好了起步工作。

## 二、目前国地税征管合作中存在的问题

国税与地税虽为两个独立的行政执法主体,有着各自的工作职责和工作范围,但共同执行统一的税收法律和法规,面对共同的纳税人,税收征管的流程也基本一致。国税局、地税局之间的协作与配合较之与其他单位的协调配合应当更直接、更密切、更方便、更有效。但是,在具体工作中也不可避免地存在一些问题。

(一)信息交流和共享尚存在多方面的制约

尽管税收征管法以及实施细则对税收征管信息的共享内容作了较为全面的规定,但是由于责任主体欠明晰,难以具体实施。这不仅导致了税收征管效率进一步提升的困难,也使得国地税联动合作、沟通的状况难以进一步改善。此外,国地税所需征管信息的内容各有侧重,加之机构及职能设置并不完全对应,导致了共享信息对应性、实用性和可比性较差。

(二)尚未形成统一后续管理协作机制

国地税合作后,由于国地税之间政策执行不一,税收定额不一,征管方式差异等原因,导致一些后续管理工作不能统一。如在实际工作中,在联合办理税务登记后,对纳税人的税务登记变更、停(复)业、注销等事项,仍由纳税人向国、地税主管税务机关分别办理,对非正常户、登记失效户认定与管理,没有形成统一的后续管理协作机制。对于核定征收的纳税人,有时存在国税部门核定的销售额与地税部门确认的销售额差异较大。对共管户起征点的认定不一致,国税部门认定达不到起征点,但在地税部门仍缴纳城建税、教育费附加。

(三)开展合作的广度和深度不够

对于目前的合作,服务层面多执法层面少,在纳税评估、欠税清缴、巡查巡管、税源调查、联合获取信息等方面进行全面深入联合难度较大。对于税务机关而言,市局层面合作事项多,基层合作事项少,基层税务机关由于受双方管辖区域划分和权限不够等影响,在具体税收征管工作上合作开展得较少。

(四)税收信息化建设程度不足

目前信息交换与共享只是利用存储介质等简单技术手段,没有建立统一的信息交换平台。对于即将在国地税推广的金税三期系统,还没有完成整合国、地税业务,如申报缴纳税款需要在不同的系统分别进行;国、地税联合办税服务厅还需要各自设置技术节点,分别使用各自的征管系统。

## 三、进一步加强国地税征管合作的策略

推进国地税合作特别是征管合作,无疑已经成为当前深化国地税征管体制改革的重中之重。尽管工作中尚存在这样或那样的问题,但改革的蓝图已经绘就,相关工作也已蓄势待发。只要我们认清形势,坚定信心,着力从思想、机制、职责等方面入手,开拓创新,务求实效,就一定能在国地税征管合作方面取得新进步、开创新局面。

(一)完善信息共享机制,提升信息化支撑能力

建立信息共享机制,扩大国地税与有关部门合作的范围和领域,实现信息共享、管理互助、信用互认。提高税务机关获取、应用第三方涉税信息能力,解决征纳双方信息不对称问题,加强税收征收管理,保障税收收入。国税部门负责制定《税收征管保障实施办法》,提请政府发文保障税务机关获取第三方涉税信

息；尽快建立税收征管保障平台，逐步实现国地税机关与综合治税有关协作部门的网络互连，发挥现代信息技术在海量信息处理和存储方面的管理优势，实现对涉税信息的科学、快速、高效地比对、分析、处理和利用，提高涉税信息向现实税收的转化能力。以“金税三期”为契机，促进信息高度聚合，建立国税、地税统一数据库，使国税、地税各级各部门能互相查询双方的涉税信息，并实现涉税事项的审核审批及数据的分析、比对等功能。

（二）拓展合作范围，促进征管工作深入融合

在现有的国地税合作模式基础上，向联合税额核定、协同非正常户管理、联合注销检查、协同开展税收风险管理等涉税事项深入发展，不断拓展合作内容、完善合作机制。利用决策支持2包税收风险管理系统，加强国、地税在风险识别、应对方面的合作，通过对疑点数据的分析筛选排查，加强疑点数据交换，建立和形成国、地税税收风险识别、应对协作机制，进一步提高双方的风险管理应对能力，有效规避执法风险。

（三）强化事中事后管理，明确工作职责

随着税务行政审批项目大幅取消和下放，加强事中事后管理愈显必要，亟需出台相关管理制度和措施，进一步加强优化服务和强化管理的有效衔接，提升税源管理能力，降低执法风险。对于一些国地税联合办理的涉税事项，根据后续管理工作需要，完善和细化相关管理措施，合理划分各层级各部门的征管职责，增强管理措施的针对性和有效性，确保把该管的事项管住、管好，防范税收流失。

（四）加强互相委托代征，减轻纳税人负担

健全完善国税、地税互相委托代征有关税收、联合委托代征有关税款的工作机制，积极探索互相委托代征税收工作的新思路，创新互相委托代征的新途径，更加方便纳税人。各县级国税、地税机关是委托代征税收工作的实施主体，按照有利于方便纳税、降低征收成本的原则，根据本地区委托代征工作的基础和实际情况，负责按规定签订委托代征协议，确定委托代征范围、划分职责分工、规范票据使用、明确责任界定，依法履行相关责任，承担相关义务。市级国税、地税机关按照相关要求，进行管理监督，为工作开展提供必要的信息化支持。

（作者单位：辽宁省铁岭市国家税务局）

# 浅析税收差异管理

罗小波　范　凯

## 一、对税收差异的认识

差异是宇宙世界与生俱来的存在，我们生存的地球概不例外。不管是人类社会还是自然界，皆因其丰富性和多样性而构成了真实存在的差异性，所以，差异无处不在。笔者认为，就其大类而言，凡属自然形成的差异即为客观差异，凡属人为形成的差异即为主观差异（或为自然差异与人为差异之别）。对客观差异的管理，可以称之为管理差异；对主观差异的管理，可以称之为差异管理。不同的税收事项是主观差异的体现。

通常而言，差异管理可理解为人们为实现某一目的，对不同指标值和性质不相通（内在差异性）、形式不相同（外在差异性）的事项分门别类并设定不同的机制、通过实施不同的方法和措施的一种行为过程。

而税收差异管理，在一般意义上讲，是税务管理者对不同的税收工作对象（事项），通过差异区分，按照管理理念的要求，采取不同的方法、手段、措施实现目标的过程。对税收实施差异管理，首先要认识税收工作的差异性。税收工作存在的差异为我们实施分类下的专业化管理提供了依据，而分类也为差异管理奠定了基础。国家税务总局局长王军说没有差异就没有管理。实施税收差异管理，有利于明确职责，加强考核，它的重要作用在于体现针对性、突出重点性、增强有效性，更是管事制的具体表现形式。在这个过程中，差异性是区分税收事项的基础，专业人才是税收差异管理的必要条件，不同部门和各岗位的职能职责的差异配置是实施税收差异管理的重要保障。

## 二、如何进行税收差异管理

分析差异，处理（利用）差异，最终通过差异管理实现税收管理目的。更进一步讲，就是税务机关应根据税收工作事项中存在的差异，按照不同的工作标准和技术指标要求，对具体工作事项开展差异管理。如：国家税务总局已出台的《纳税服务规范》、《税收征管规范》、《出口退（免）税管理工作规范》、《国地税合作工作规范》等就是在大分类的基础上实施的重大差异管理举措。同时，对每类差异事项还可根据其内在的差异性，进行一次、二次细分，以体现差异管理的精细化。

（一）税种是税收差异管理之始

我们认为，经济决定税收的规模大小，而税种却决定税收的有无。每一个税种它调整的对象是有区别的，相对应地讲，各税种涉及的法律与政策规定也存在很大的差异。所以，对不同的税种，我们实施的具体管理应是不一样的。如对增值税的管理，就不能按照房产税的管理办法去做，否则，就是“乱作为”，是要出大问题的。由此，我们认为，税种应是税收差异管理的开始。从宏观上看，全国人大、国务院是税种法律法规政策的制定者；从中观上看，省级税务机关可根据实际制定相关的征管办法、措施并从事必要的一些征管事项，如大企业管理等；从微观上看，市以下税务机关则应按照各个税种的差异规定，以专业化要求的角度，落实各项征管工作。

（二）纳税人类别是税收差异管理的基础

根据不同的标准和管理目的，对纳税人类别可以有多重划分。如将增值税纳税人的应税销售额超过财政部、国家税务总局规定标准的，即可申请登记为一般纳税人（政策另有规定除外），由于小规模纳税人和一般纳税人在税收政策上存在许多差异,税务机关对这两类纳税人在征管上也有很多区分和不同。如专用发票、进项抵扣、所得税计征等;二是按税源规模可分有大企业、小规模企业和个体税户(或中小税户)。在全国税务机关中,按照确定的规模标准,成立了相应的大企业管理部门,并按照专业化管理的要求,明确了相应的管理范围、对象和职责。对中小税户也实行了分级分类的专业化管理。这种差异化的管理方法在实际工作中取得了明显的质效。三是以行业作为分类依据,目前,国家对国民经济行业门类明确有20个,如制造业、批发和零售业、建筑业、金融业等,按照经济行业分大类有220个,如农业、林业、石油和天然气开采、航空运输、电信、医药制造等,此外,还划分了近800个细类。从税务部门内部的税收统计看,分产业3个、行业大类18个、小类行业也有63个。如果要对行业实行差异化管理,我们建议以国家明确的门类作为标准,或以税务部门的18个大类结合3个产业为标准较好,或可划为一般行业的征管、重点行业的征管两个部分,标准确定后分别由相应的机构承担其职能职责。此外,亦可按是否应税、减免退税进行类别划分。如此等等。通过纳税人类别的区分,可以使征管工作更趋针对性,更便于数据的分类整理和使用,可以更深入事物的本质,更有效实现征管目的。

(三)重要特殊事项是税收差异管理的重点

把一些难点、重点、热点工作事项提分出来,由具有专业知识技能的人员组成的专业化团队进行管理,是实施差异管理的重要一环。如税收稽查检查工作、纳税评估工作、进出口税收管理、税收风险管理、税收优惠管理等等。对这些事项还可进一步细分差异,如税收风险管理可按照风险的危害程度将风险区别为高、中、低三级,并采取差异化的不同措施进行防控,对高风险以稽查检查应对为主;中等风险以纳税评估应对为主;低风险以纳税服务应对为主。又如税收优惠管理,就要区分不同税种的优惠规定,从而把优惠政策落实到具体的行业、具体的纳税人,甚至是个人等等。诸如此类不一一赘述。

(四)其他事项的税收差异管理

一是纳税服务,一方面要做好普遍的、面上的服务工作,如税法宣传、纳税人学校等;另一方面还要针对纳税人开展分类纳税服务工作,如纳税信用A级纳税人绿色服务通道、个体工商建账服务等。同时,还要做好纳税人个性需求专属服务(精准服务)工作,建立健全需求收集处理应对机制。二是日常管理,包括如税务登记、纳税申报、税款征收、税务检查、账簿凭证管理、税收优惠等等。一些日常管理工作要打包在办税大厅办理,而一些却要通过管理部门的日常岗办理,目前,全国大多数的基层税务机关都是按这样的方式处理,而分流的标准一般是根据上级的要求进行。当然,也有根据当地实际情况,通过补充自定标准,确定一些分流事项。三是纳税人权益保障,在我国,公而告知的纳税人权益有14项,这是国家税务总局2009年11月6日发布的第一号公告明确的。包括知情权、保密权、税收监督权、纳税申报方式选择权、申请延期申报权、申请延期缴纳税款权、申请退还多缴税款权、依法享受税收优惠权、委托税务代理权、陈述与申辩权、对未出示税务检查证和税务检查通知书的拒绝检查权、税收法律救济权、依法要求听证的权利、索取有关税收凭证的权利。如何落实到位纳税人的这些权利,税务机关要根据纳税人的维权要求,将权益保障事项划归相关的职能部门,按照职责分工,逐一依法落实好纳税人权益保障工作。

## 三、关于职责与人员的差异配置

将税收工作进行差异分类后,并不是差异管理就此完结,而恰恰是差异管理的真正开始。所有的工作需要人或机器去处理,而人或机器是分布在机构当中的,我们要围绕管理目标,赋予机构不同的职能职责,将各类人员安排在不同的岗位上,并提出不同的工作要求和绩效管理考核指标。

(一)职责配置

机构职能的配置至少要考虑到两个方面:一是专属职能,这部分职能要紧扣该机构承担的主业工作事项,明确其职责范围和职能边界,力求清晰明了,要力避用语模凌两可,表述不清。二是共同(通用)职能,即政治职能、政务职能、廉政职能、安全职能、事务职能等也不可或缺,也应明确清晰。这两方面构成一个机构的完整职能配置。此外，根据工作需要，设置有各团队作业时，应对团队的职能予以分别明确。国家税务总局在内设机构的职能配置上体现了充分的差异性，如设置有所得税司、货物和劳务税司、财产和行为税司等，并在货物和劳务税司下设置了增值税处、消费税处、营业税处、车辆购置税处等专业职能机构；在财产和行为税司下设置了财产和行为税一处、二处、三处、四处等专业职能机构。这些都充分体现了职能配置的差异性。

（二）岗位配置

要根据职能配置情况、实际的工作流程和风险控制的要求，设置各个具体的岗位，并确定其匹配的名称。必要时，可提出应岗的条件规定。同时，按照差异管理的要求，区分清一般岗位、重点岗位、特殊岗位、监督岗位等类别，为人员的差异配置提供条件。

（三）人员配置

总体上要体现个人意愿和组织意图的大原则，并着眼于共性处体现一视同仁，个性中突出差异区别。即根据人员自身存在的差异性，以及岗位设置的差异，在人力资源的配置中，体现差异管理尤为重要。首先，应摸清人员的差异状况，通过使用不同指标（一般不宜超过6个。如专业、经历、身体条件、性格、人文背景等，并已假定人的道德和廉政品质是良好的），将人员分类排队，看哪些人适合哪些岗位。如意志型的人宜在执行类岗位就岗，而理智型的人则宜在决策类岗位就岗。等等。第二，考虑个人意愿，一般而言，每个个体都有自己的兴趣和所好，能将他们的兴趣结合到工作中，是上乘的人力资源配置。第三，要体现组织意图。一是对新录用的人员，要根据事业的发展需要，进行有的放矢地培养教育，有意识地引导他们就岗；二是要根据专业人才和复合型人才的需求，加大多岗淬炼，以满足税收现代化建设的人才需求；三是对一些岗位要突出组织服从的原则。

（四）差异培训

现代社会的标志之一就是分工越趋细化。税收要实现其现代化，对各类专业人才的需求会日趋紧迫。所以，人才的培养应当按照差异的要求进行分类细化。如总局提出的领军人才培养思路，还有四川省国税局近年来开展的培训工作，就体现了差异培训的路径。据统计，四川省国税局仅2015年就先后举办了18期骨干人才培训。其中政务类5期，包括党建和思想政治工作、人力资源管理、税收科研、文秘宣传、纪检监察；事务类3期，包括后勤保障、信息技术、英语团队；业务类8期，包括进出口税收管理、纳税服务、所得税管理、大企业税收专业化管理、税收法制、稽查业务、货物与劳务税管理、国际税收管理；财务类2期，包括财务管理与内部审计、收入规划核算。四川省国税局这种差异培训工作，改变了过去“全才”培训做法，对全面提升税收工作质效起到了重要保障作用。

（五）绩效管理

工作事项的差异，一定会带来考核标准的不同。目前，总局已对绩效管理工作提出了“三步走”、“四部曲”总体部署，形成了一套制度体系，“一个意见”、“两个办法”。整个绩效管理体系充分体现了差异性，如在服务评价指标中，既有上级的评价（上级税务机关、地方党委政府），也有外部的评价（纳税人），还有下级的评价（基层）；又如对过程控制和动态管理的考核，就包括节点管理、日常监控、季度分析、半年自查、年度报告等；从考核对象上看，既有对单位的绩效管理，也有对个人的绩效管理等等。虽然林林总总，但门类清晰，条块清楚，指标科学，分值考评、数据来源、工作监控等内容明白无误。各级税务部门要认识到位，学习好、运行好、统筹好绩效管理工作，保障税收现代化的有效推进。目前，总局的绩效管理4.0版增设了很多分档考评指标，进一步体现了绩效管理指标的差异性。当然在指标体系设置和考评手段的差异程度方面还有完善和改进空间，还应在个体性指标的设置和考评上进一步加大差异性，突出绩效管理的重点指向和全面覆盖，使绩效管理的功效更加明显。

（作者单位：四川省射洪县国家税务局）

# 浅议Uber(优步)广州分公司运营中的税务问题及对策探讨

蔡源杰　赵文聪　周民波

## 一、Uber广州分公司运营情况分析

(一)Uber公司基本情况介绍

Uber(中文名为优步)是全球率先利用移动互联网技术实现即时叫车的创新平台型企业。于2009年成立于美国旧金山,现已进入逾50个国家、260个城市。2014年12月,美国租车服务Uber通过官方博客宣布,该公司每天接送乘客100万人次,2014年累计达到1.4亿人次。出于税务的考虑,Uber公司在荷兰成立了两家重要的子公司,优步有限公司和优步国际公司。

Uber 2013年8月进入中国,目前Uber的业务范围已经扩展到上海、北京、广州、深圳、成都、杭州、武汉、天津、佛山等一二线省会重点城市。Uber于2014年2月正式进驻广州。

(二)Uber广州分公司产品介绍

目前,Uber在广州提供五种类别的服务产品,按乘车价格由低到高依次为:人民优步,优选X、高级Black、商务7人XL和尊享EXEC。目前,只有"人民优步"这款产品的司机可以直接跟Uber平台对接(不需要挂靠汽车租赁公司),免收合作司机的平台费。对于其他四项产品,合作的司机必须先挂靠其他汽车租赁公司才可以加入Uber平台接单,根据Uber公司的规定,对合作司机按每单收入收取20%的平台费,剩下的80%收入中,需分成5%－10%不等(各公司可能有所不同)至挂靠的租赁公司作为佣金,剩下的收入归合作司机所有。

"人民优步"是Uber公司在广州发展速度最快的一个产品。这款产品被Uber官方定义为拼车服务。根据Uber官方的解释,使用"人民优步",搭乘者可以方便地找到拥有车辆的车主,仅需分担车主相应的出行成本,便能得到有保障的拼车服务。人民优步每次乘车费用最低9元,每公里仅1.6元,同时,Uber公司给合作司机和乘客提供巨额补贴和奖励。"人民优步"这一产品一经推出,大受广州市民的欢迎,但是对广州市的出租车行业带来巨大的冲击,也对其他竞争对手如易到用车、一号专车、嘀嘀打车等带来经营压力。

(三)Uber广州分公司经营范围分析

Uber公司到底提供何种服务?对于这种新兴商业模式,这是网上众说纷纭的一个话题。作为税务工作者,这更是需要我们深入研究探讨的一个问题。只有将Uber公司的经营范围定位准确,才能为以后的税务征管和计税提供准确的依据。

据羊城晚报报道,uber在上海注册的公司名称是"御驾(上海)网络技术服务有限公司",显示的经营范围是:"提供与网络和软件相关的技术和咨询服务;商务信息咨询;市场营销策划"。因Uber广州分公司涉嫌无照经营,登记的经营范围暂不清楚。根据Uber官网的介绍,Uber声称其提供信息平台服务,所有的Uber司机是合作的伙伴,是独立的承运人,Uber提供的是信息服务而不是承运服务。实际的运营情况是:乘客通过Uber平台提交用车需求,Uber平台利用后台的大数据分析系统向距离最近的合作司

机发出接单指令，乘客上车到达目的地后，Uber通过支付宝或信用卡（需开通海外支付功能）扣费，乘客所支付的车费是先转入Uber在荷兰公司的账户，然后由荷兰另一家子公司向司机的银行账户打款（每周结算一次）。

笔者认为：Uber公司提供的是信息技术服务。根据《交通运输业和部分现代服务业营业税改征增值税试点实施办法》（财税[2013]37号）中"应税服务范围注释"中的规定：信息技术服务是指利用计算机、通信网络等技术对信息进行生产、收集、处理、加工、存储、运输、检索和利用，并提供信息服务的业务活动。根据实际业务分析，Uber利用移动互联网，精准的GPS定位，强大的数据分析功能，为乘客和合作的司机提供一种信息技术服务。

## 二、Uber在国外的缴税情况介绍

在国外，Uber公司和Uber司机均需要缴税。在美国，Uber司机需要交自我雇佣税。在加拿大，加拿大税务专业人士提醒Uber司机，他们的收入需要及时纳税。在澳大利亚，Uber司机用户必须申报缴纳GST税。在上述三个国家，个人自行申报方式已经是主要的报税方式。而我国，个人自行申报方式还处于探索的阶段，如果要求Uber司机自行申报纳税有很大的难度。

根据网上的资料，Uber公司主要缴纳企业所得税，在美国和荷兰缴的税比较多，在其他国家缴纳的税非常少，因为除了它的荷兰子公司，优步在其拓展业务的每个国家里都有独立的子公司。但是这些公司并不从当地提供的打车服务里直接获取营业收入，这些公司的作用仅仅是提供"支持服务"。以澳大利亚为例，根据澳大利亚"新快网"报道，Uber公司在澳2013年至2015年3年仅缴纳40.3万澳元（约合人民币189万元）税费。

## 三、Uber广州分公司运营中存在的税务问题探讨

### （一）Uber广州分公司涉嫌未办理税务登记

从近期媒体报道的情况和Uber广州分公司的反应来看，Uber广州分公司涉嫌无照经营，初步判断其没有办理税务登记证。Uber公司的服务器在国外，乘客所支付的车费是直接转入Uber公司在荷兰阿姆斯特丹的账户，这些对税务监管带来不小的难题。

### （二）Uber司机涉嫌不缴个人所得税和增值税

根据司机与Uber公司的合作模式，Uber司机（包括全职和兼职司机）利用自己的车辆提供运输劳务，应按"劳务报酬所得"项目计征个人所得税（另一种观点认为，Uber司机从事客运服务应比照出租车驾驶员按"个体工商户的生产经营所得"项目征税；笔者认为，比照"个体工商户的生产经营所得"项目征税的前提是经营者必须取得执照，而Uber司机没有执照，因此按"劳务报酬所得"项目计税更为准确，欢迎各位同行进行探讨研究）。

据Uber网站的宣传，全职Uber司机月收入可达2－3万元。笔者咨询部分Uber司机，司机反映一个月收入可达一万元以上，同时表示公司没有代扣代缴个人所得税。假设一个司机月收入为12,000.00元，则每月应缴个人所得税为：12,000.00＊(1－20％)＊20％＝1,920.00元；假设一个司机月收入为30,000.00元，则每月应缴个人所得税30,000.00＊(1－20％)＊30％－2,000.00＝5,200.00元。若按新快报2015年5月2日报道的数据估算（广州市全职Uber司机约为4,000.00人，经过抽样采访，广州Uber司机的月收入基本上为12,000.00元。兼职Uber司机也至少在4,000.00人以上，每月收入4,000.00元左右。当然，准确的经营数据需要查询Uber的网络平台），Uber司机的月收入为12,000.00元，全职Uber司机约为4,000.00人，则广州市全职Uber司机每月应缴个人所得税可能达数百万元之多。另外，广州市兼职Uber司机每月应缴的个人所得税金额也不会是一个小数目。

另外,“人民优步”司机提供运输劳务,属于增值税“交通运输业”的范畴,如果司机的收入额达到起征点,还需要缴纳增值税。

(三)Uber 广州分公司涉嫌不缴增值税及各种附加税费

根据上面 Uber 广州分公司经营范围分析的结果,Uber 公司的业务属于提供信息技术服务,应按6%的税率缴纳增值税;同时还要缴纳城市维护建设税、教育费附加、地方教育费附加。

(四)Uber 广州分公司涉嫌不缴企业所得税

Uber 广州分公司需要申报和缴纳企业所得税,(因 Uber 广州分公司正处于开拓市场的阶段,处于“烧钱”的阶段,具体是否需要缴企业所得税取决于实际经营数据的获得)。

(五)Uber 广州分公司涉嫌不缴社会保险费

Uber 广州分公司需要为公司的员工缴纳社会保险费。

## 四、几点对策探讨及建议

(一)加强与工商、交委、国税等部门的合作,对企业加强监管

以 4 月的联合检查为契机(企业一直表态会积极配合政府部门的工作),督促企业尽快办理税务登记(前提是已办理工商营业执照,需和工商部门加强联系,了解 Uber 广州分公司的办证情况),尽快履行申报和纳税义务。对 Uber 广州分公司的经营数据进行专项收集和管理,同时积极为企业提供纳税辅导。

(二)要求企业履行个人所得税代扣代缴义务

根据《中华人民共和国个人所得税法》第八条的规定:“个人所得税,以所得人为纳税义务人,以支付所得的单位或者个人为扣缴义务人。”Uber 公司有代扣代缴 Uber 司机个人所得税的义务。根据《中华人民共和国征收管理法》第 69 条的规定,若企业不履行个人所得税代扣代缴义务,可以对企业进行相应的处罚。

(三)加强信息的收集,并对其他打车软件公司加强监督检查

及时关注 Uber 平台在广州的运营情况(至 2015 年 8 月,Uber 平台在广州可以正常使用)。在广州,专车领域有大量私家车服役这是一个不争的事实(有的打车软件带有同城接单排名,比如滴滴,2015 年 5 月份已排到 14000 名,广州专车司机已过万早已被业内认同),易到用车和滴滴打车等互联网专车平台也管理着庞大的私家车和司机队伍,建议对广州市整个互联网专车运营平台企业的纳税情况进行专项监督检查。

(四)加强对与打车软件公司合作的汽车租赁公司、劳务派遣公司的监督检查

除了“人民优步”这款产品,Uber 其他四款产品的合作司机都必须挂靠汽车租赁公司才能接入 Uber 平台。易到用车、一号专车、嘀嘀打车一般采用的模式是:私家车把车挂靠在租赁公司,然后租赁公司与车主签订协议;司机则挂靠在劳务派遣公司,专车平台再跟租赁公司和劳务派遣公司签订合约;实际运营时,则是将该车主和本人的车辆一同派出。建议对广州市的汽车租赁公司(重点是与打车软件公司合作的公司)和合作的劳务派遣公司纳税情况加强监督检查。

(五)在税务部门设置专门的互联网税收情报收集、分析职能

随着“互联网+”与大数据时代的来临,国家提倡万众创新,鼓励全民创业,各种新型行业和商业经营模式层出不穷,新的商业模式往往对传统的税务征管模式带来挑战。因此,迫切需要在税务部门设置专门岗位和职能去关注、收集、分析和研究不断出现的“互联网+”新型商业经营模式,从而及时应对,解决工作中不断出现的新挑战、新问题。

(六)建议政府的主管部门对 uber 公司加强监管,让其在合法、合规的框架内提供服务

Uber 公司从成立之日起,就被看成是一个“坏孩子”,受到世界各国的调查、罚款甚至封杀。作为一

个新兴事物，其发展之路肯定不是一帆风顺的。旺盛的搭车需求与有限的具备运营资格的车辆之间的矛盾是 Uber 公司在世界上迅速发展的根源。

国家鼓励创新，鼓励互联网＋企业的发展。但是，Uber 公司在部分城市，可能面临被取缔的风险。《人民日报》日前刊文称，打车软件服务不能一概禁止，应该及时出台相关政策来规范。Uber 的创始人兼 CEO 特拉维斯·卡兰尼克也多次表示，Uber 也非常愿意与政府合作，探索什么是更规范的方式，解决本质上存在的安全问题。因此，只有政府的有关主管部门用发展的眼光，包容的心态，制定出相应的政策法规和监管机制，对 Uber 公司这类创新型的互联网公司加强监管和身份的认证，让 Uber 公司在阳光下合法经营。只有这样，税务部门才能有效的进行监管。

（作者单位：广东省广州市荔湾区地方税务局）

# 浅议新疆外贸型出口企业税收管理风险

任文霞

## 一、新疆外贸型出口企业现状

新疆被中央赋予“丝绸之路经济带核心区”的定位，作为国家向西开放的桥头堡和大通道，成为东部出口企业新的发展机遇。邻疆的中亚各国是世界上发展最快的能源资源市场和潜力巨大的消费市场，与我国经济互补性较强，新疆作为区域性国际商贸中心初露端倪，并且对中亚五国以外的地区产生了较强的辐射作用，外贸贸易额逐年攀升。

表一　2010－2015 新疆外贸出口总值表(分地区)

单位：千，美元

| | 2014 | 2013 | 2012 | 2011 | 2010 |
|---|---|---|---|---|---|
| #合计 | 24046738 | 22269804 | 19346865 | 16828856 | 12969814 |
| 乌鲁木齐市 | 7387353 | 6399362 | 8063983 | 6695891 | 4436947 |
| 克拉玛依市 | 82328 | 213455 | 141464 | 428097 | 255037 |
| 博乐市 | 1514145 | 1563152 | 1346049 | 1025552 | 361026 |
| 巴音郭楞蒙古自治州 | 183763 | 161008 | 133483 | 147754 | 108143 |
| 阿克苏地区 | 567908 | 571843 | 535731 | 309659 | 257072 |
| 克州 | 532672 | 403634 | 227199 | 114351 | 54432 |
| 喀什地区 | 1937637 | 1991713 | 1073575 | 1002690 | 892484 |
| 和田地区 | 7963 | 10483 | 6904 | 4253 | 7027 |
| 伊宁市 | 6603687 | 5688547 | 3758911 | 3064352 | 3005385 |
| 塔城市 | 832210 | 1160399 | 393279 | 312237 | 531253 |
| 阿勒泰地区 | 1527313 | 1078536 | 906288 | 855945 | 680220 |
| 石河子市 | 1140597 | 1460055 | 727911 | 878547 | 439719 |
| 吐鲁番地区 | 25993 | 83395 | 22724 | 24097 | 6519 |
| 哈密地区 | 362382 | 26850 | 16825 | 19735 | 17704 |
| 昌吉州 | 1340785 | 1457372 | 1992538 | 1945696 | 1916847 |

近年来，新疆与中亚国家的贸易形式变化较大，贸易商品结构不断优化，贸易合作层次不断提高。贸易商品从最初的几种初级原产品，发展到现在的化工、轻纺、机电，农机、建筑机械设备、金属制品、农产品、家电产品、食品和日用品等国民经济各个领域的产品，贸易合作逐步形成了多成分、多层次、多形式和多渠道的全面合作模式。

表二　新疆外贸出口商品贸易方式总值表

单位:千,美元

| | 2014 | 2013 | 2012 | 2011 | 2010 |
|---|---|---|---|---|---|
| #合计 | 24046738 | 22269804 | 19346865 | 16828856 | 12969814 |
| 一般贸易 | 8700833 | 8509944 | 7009153 | 4767883 | 2089090 |
| 国家间、国际组织无偿援助和赠送的物资 | 6690 | 2030 | 2462 | 1261 | 1622 |
| 加工贸易 | 306245 | 211946 | 191200 | 234927 | 304041 |
| 来料加工装配贸易 | 188123 | 109184 | 18445 | 6736 | 912 |
| 进料加工贸易 | 118122 | 102762 | 172756 | 228191 | 303129 |
| 边境小额贸易 | 13155437 | 10633082 | 8919870 | 8818823 | 7674776 |
| 对外承包工程出口货物 | 300528 | 394881 | 183343 | 71367 | 158291 |
| 租赁贸易 | 6847 | 4599 | 7842 | 13335 | 35439 |
| 外商投资企业作为投资进口的设备、物品 | 0 | 0 | 0 | 0 | 0 |
| 易货贸易 | 0 | 0 | 1 | 0 | 22 |
| 两区一库仓储 | 0 | 0 | 0 | 19450 | 8740 |
| 0保税仓库进出境货物 | 0 | 0 | 0 | 0 | 6811 |
| 0保税区仓储转口货物 | 0 | 0 | 0 | 0 | 1929 |
| 海关特殊监管区域 | 52827 | 112721 | 140199 | 0 | 0 |
| 保税监管场所进出境货物 | 20160 | 57313 | 116620 | 12035 | 0 |
| 海关特殊监管区域物流货物 | 32667 | 55407 | 23579 | 7414 | 0 |
| 海关特殊监管区域进口设备 | 0 | 0 | 0 | 0 | 2697794 |
| 其他贸易 | 1517333 | 2400601 | 2892794 | 2901812 | 0 |
| 旅游购物商品 | 1517022 | 2400216 | 0 | 0 | 0 |

而新疆地区以其独特的地理位置,边境线长达5600多公里,与蒙古、俄罗斯、哈萨克斯坦、吉尔吉斯斯坦、塔吉克斯坦、阿富汗、巴基斯坦、印度8个国家接壤,是我国领国最多、边界线最长的省区。

独特的地理位置造就了特殊的贸易方式,边境小额贸易。边境小额贸易方式已经占新疆全部贸易方式的半数以上。2008年左右,新疆地区外经贸相关文件规定,在边境口岸辐射100公里范围内,准许成立有边境小额贸易经营权的外贸企业。边境小额贸易企业经营权是根据外经贸部统一规定的经营资格、条件以及在核定的企业总数内,由各边境省、自治区自行审批。边境小额贸易企业名录须报外经贸部核准,并抄报国务院有关部门备案。未按规定批准并报备案的企业,一律不得经营边境小额贸易。开展边境小额贸易原则上不受贸易方式和经营分工限制。随着经济发展,外贸形势发展及国家对外贸发展的支持,结合国务院"简政放权"的相关规定,近两年来,新疆地区外经贸部门已经将边境小额贸易经营权由审批制改成备案制,全面放开边境小额贸易。

## 二、新疆外贸型出口企业税收管理风险及成因分析

(一)外贸奖励机制存造成的管理风险

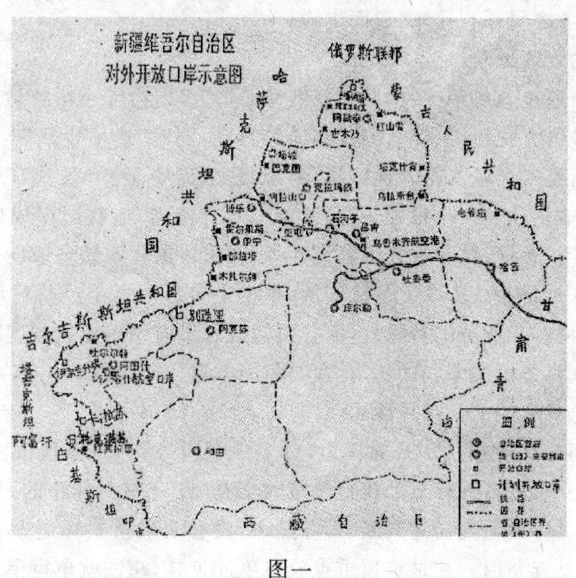

图一

据笔者了解新疆地区的外经贸相关政策，为进一步促进外贸出口，各地商务部门均会根据出口企业的出口量及同比出口增长额给予相应的奖励。通过税收征收管理系统一户式分析比对，目前，同一投资人控股多个企业或由夫妻、父子分别控股成立多个公司的情况很多，其主要目的就是为了获取贸易增长额补贴。但这些公司中从事同一行业或相关联行业的非常多，他们之间的销售价款确定的随意性较大，尤其是从事农产品收购企业，因进项税不易控制，导致销售价格可调节的空间较大，税收管理风险更高。

（二）外汇管理机制存造成的管理风险

出口收入是生产企业申报出口退（免）税的重要依据，直接影响出口退税计算结果。为简化退税程序，支持出口企业发展，2012 年国家出台政策，税务机关在审核办理退税时，不再审出口企业结汇信息，同时外汇管理部门也不在给予逐笔核销的审查，而是采取分类管理，一类企业并不需要特别监管，且外汇管理部门对企业评级分类为新办企业即按一类企业管理，对结汇管理相对轻松。给基层税收管理人员监控出口企业收入的真实性增加了困难，同时也给不法企业虚报出口收入提供了可乘之机。

（三）海关验货机制存造成的管理风险

海关对出口价值 10 万美元以下货物的抽验率最高只有 5%，查验能力非常有限，而新疆“边境小额”贸易的特殊性，大多是外商个人来疆直接采购，按照现行政策，个人旅购发货总价值超过 5 万美元必须委托有出口经营权（旅游购物）的外贸企业代办货物出口手续，这样与报关行签订代理报关合同的出口企业并不全是真正的货主。同时，做边境小额贸易的外贸企业大多是私营有限责任公司，注册资金 50－100 万元，经营方式灵活，经营状况由经营者 1 人决定，经营利润归个人所有，做代理业务其收益率为 2%－3%。

（四）退税机制造成的管理风险

目前增值税税制链条管理尚未完善，客观上助长了不法分子在没有真实业务的情况下，通过“买票”虚抵进项，以达到少缴税多退税的目的。如有的纺织服装企业主要原材料布、纱线，其取得专用发票认证比对时无问题，但其上游企业是农产品收购企业，进项税不易控制，故其高开或虚开专用发票的情况容易发生，形成隐性管理风险。有的企业则通过成品油等发票管理薄弱企业，取得虚开专用发票，多抵扣税款。有的企业通过零售端不需要专用发票的漏洞，利用手段直接从厂家开具的凭增值税专用发票退税将收益最大化，在政策与业务之间移花接木，铤而走险。

（五）贸易方式造成的管理风险

边境小额贸易的出口退税总局明确“按照一般贸易对待”。但边境小额贸易较一般贸易而言，其存在规模小、经营主体复杂、经营方式灵活、经营模式多样等特点，同时“边境小额”与“旅游购物”贸易不易区分混淆报关。企业的经营模式又基本是异地购货、异地报关，因资金、市场、客户、经营能力等局限，外贸企业往往与生产厂家、运输企业、货代、报关行、国外市场等合作经营，共同完成出口业务链，那么各环节的不规范，如公路运输费用、票据、结算方式的随意性等，在出口退税审核环节就呈现出来。“买单买票”、“借货出口”成为业内常态。企业认为业务是真实的，单据上有瑕疵也是经营环境、业务处理惯例等客观因素造成的，边境小额贸易有其业务的特殊性，而且对瑕疵也没有明确条款规定不予退税，这样出口退税审核人员面对企业不断到税务机关来找的压力，最终只能办退。

（六）税务机关主观意识造成的管理风险

一是出口退税部门面对支持企业发展的压力，更多强调服务企业，体现依法快审快退，重支持轻防范，往往忽略了退税风险。二是管理环节的执行政策规定是“没有明文禁止的，就可行”。审核人员按照审核步骤、审核要求审核，靠人工、经验等判断、排除疑点，没有明确条款移送稽查或不予办理退税的，也就是说没有不退的理由，只有办退。三是审核重点放在单证审核，往往就单审单，对于企业实际经营情况知之甚少，风险点判断且不准确。四是对于出口商品的分类税则、海关相关专业知识等了解甚少，基本无法判断专业性货物的业务真实性。

（七）出口业务链条过长造成的管理风险

出口业务涉及采购、运输、货代、报关、结汇等多个环节及流程，由多个部门共同监管，看似部门众多，监管严密，实际上部门间各自为政、信息沟通不畅、无法形成监管合力。换言之，各环节只管门前雪，其中任一环节变相、做假，下游环节无能为力。如：一般纳税人有开具增值税专用发票的额度，“炒单”成为货代报关行业潜规则，形成了管理间隙和漏洞。而目前出口退税管理部门是事后案头审核，就单审单，管理手段有限，票据流与实物流分离的风险、票据与真实业务分离的风险很难排除。

## 三、管理风险的危害性及风险控制的相关建议

（一）危害性

目前的出口退税风险既有骗取出口退税造成的危害，也有外贸出口方式对经济发展带来不利的隐患。

1、虚增贸易顺差，加剧国际贸易摩擦。骗税业务往往会采用虚报出口货物或价格的手段，虚增的出口额必然会进一步加大我国的贸易顺差，进而加大人民币升值的压力，甚至导致与其他国家的贸易摩擦。

2、造成国家财政巨额损失，影响退税政策效应发挥。出口骗取将直接造成国家税款的大量流失，影响出口退税政策效应的正常发挥。

3、扰乱市场经济秩序，影响外贸出口健康发展。骗取出口退税涉及出口报关、收汇核销、供货和申报退税等多个环节的造假，往往与非法洗钱、虚开增值税发票及各种偷税等违法现象交织在一起，破坏了公平竞争的市场环境。

（二）风险控制的相关建议

1、加强信息管税手段，降低管理风险。一是加大指标分析力度。仔细分析对供货或供料企业税负率、毛利率、销售（营业）额环比、同比等指标进行分析，利用分析数据结果发现企业税收管理风险点。二是整合税务系统的综合数据，加大查询权限。将企业的一户式资料、申报入库、涉税事项审批（备案）等资料，出口退税管理系统等信息，建立综合性大型数据库，对相关数据进行专业化处理。

2、最大限度发挥函调管理系统作用。由于函调管理系统复函的制式选项，一般复函地税务机关选择完即完成，只有极个别复函地税务机关会对整个业务在备注里进行描述，同时告知发函地企业风险点。例如：并不对海关商品代码所代表的商品与企业实际销售的商品是否为同一种商品进行核实。包括出库时间、货物发往地点，多数也仅以增值税专用发票的开具时间及购货方营业执照所在地作为复函内容应付。无法真正发挥出函调管理系统的作用。建议对如何核实上游供货企业的能力，商品种类等形成一头完整的操作说明，加大函调管理系统利用力度。

3、完善边疆对外贸易政策。边境小额贸易尤其是旅游购物，是新疆对外出口贸易的主要方式。因利益驱动，外贸企业借助"旅游购物"，从事"假自营真代理"，这与国家的出口退税政策及提倡外贸"代理制"的初衷是违背的。应尽快完善相关的法律规范和各项管理措施和监管手段，使外贸代理制和旅游购物贸易朝着规范化和效益化的方向健康发展，边境地区税务机关要帮助边境地区用足用好边境贸易税收政策。建议在对外政策奖励方面向地产产品出口进行奖励，而并非仅按出口贸易额及贸易增长额进行奖励，加大海关抽检后货不对板的处罚力度和措施。

4、规范中介行业操作。新疆公路运输费用、票据、结算方式的随意性较大，对于真实的货物流核实性增加了难度，建议学习海运运输管理方式，完善国际货运代理部门资料的真实性和完整性，包括外商实际签收单据，装箱单等均明文要求其保存要求及实现，规范行业操作，从源头上防止"借货出口"的行为发生，降低管理风险。

5、进一步开展退税机制改革。对于外贸型出口企业进行进一步出口退税机制改革，将退税链条缩短，从源头的生产企业进行退税，对代理出口的外贸企业实行出口免税政策。同时进一步规范增值税专用发票的管理，形成完整的发票链条，从而杜绝虚开发票。同时农产品收购发票管理制度进一步完善，完善立法制度，提升税法的法律地位。

6、提升纳税人对税法的遵从度。做好政策宣传，引导出口企业建立风险内控机制，确保政策允许、程序合规、行为规范，提高出口企业自身防范风险能力，促进纳税人提高税法遵从度。

7、各部门协作，共同建立保障机制。建立健全由税务、海关商检、公安、外汇管理部门信息交流平台，实现信息共享。海关将对出口企业虚假出口处罚信息，外汇管理部门将虚假结汇信息实时提供给税务机关，税务机关将出口退税信息分析和退税审核中的疑点及时提供给海关，提请对出口货物实时监控，使税务稽查由"过去式"变为"正在进行式"，提升打击效果。

（作者单位：新疆昌吉回族自治州国家税务局）

# 如何打好"互联网＋税务"这手牌

姜　涛

伴随着社会经济的飞速发展，各种电子商务模式扑面而来，"互联网＋"俨然成为传统行业发展的新生动力。互联网零售、互联网金融、互联网通信、互联网广告等行业正从多个层面打破原有传统行业生态而崭露头角。如今，在这个商业模式倒逼政府变革的时代，以"互联网＋"为驱动，鼓励产业创新、促进跨界融合，政府和企业都必将在"互联网＋"战略中获益。

## 一、"互联网＋"是趋势

2015年4月14日，李克强总理主持召开经济形势座谈会上，参会的10名企业家和专业学者中有5人提出的发展建议都与"互联网＋"有关。在今年全国政府工作报告中提出"要制定'互联网＋'行动计划，推动移动互联网、云计算、大数据、物联网等与现代制造业结合，促进电子商务、工业互联网和互联网金融健康发展，引导互联网企业拓展国际市场。"如今，"互联网＋"已经逐步被提升到国家级战略的高度。4月25日在上海举行的一场民营企业座谈会上，国家税务总局王军局长在面对全国企业家代表时提出："要站在'互联网＋'的风口上，税务部门也到了必须拥抱互联网的时代。各级税务部门要紧跟时代步伐，积极实施'互联网＋税务'创新模式，借助科技手段实现税收管理变革和业务模式转变，充分利用'互联网＋'的价值，最大限度地方便纳税人，利用大数据开展风险管理，既减轻纳税人负担，又提高纳税人税法遵从度。"

## 二、"互联网＋"是机遇

对于互联网这三个字，大家都很熟悉，但我们必须看到，在不经意间，互联网已经消消地改变了这个世界，传统的产业和服务都在互联网的冲击下寻找自己的机遇。互联网＋零售＝京东、天猫，互联网＋金融＝余额宝、理财宝，互联网＋广告＝百度、搜狗……，传统百货零售业渐渐步入低谷，摩托罗拉、诺基亚等昔日商业巨头没能抓住机遇实行变革，大厦倾然崩塌。小米科技CEO雷军对于互联网时代的来临，总结出"顺势"的体会，他在自己微博上说道："只要站在风口，猪也能飞起来。"雷军提到的风口就是指互联网，可以说互联网为所有的行业都孕育了新的机遇。在"互联网＋"的格局下，传统机制将随之发生变革，现有的税收管理模式和方法也将会招遭受颠覆。因此，我们税务干部无论是从意识上、方向上、模式和方式方法上都必须跟进，在税收领域充分发挥创新意识，打好"互联网＋税务"这手难得的牌。

## 三、"互联网＋"是解决问题的思维和方法

实现与互联网的融合并不代表传统业态与互联网工具做简单地叠加，"＋"是一种化学反应，是从意识、从目标、从过程、从管理等方方面面都借助互联网思维，真正实现整个行业领域的互联网化。面对飞速发展的信息技术，将信息化转变为税收现代化的核心推动力，才能让税务机关在面对越来越互联网化的纳税人时掌握核心竞争力。"互联网＋税务"是实现税收管理、提升纳税遵从的有效办法，但并非只是建设一些网上办税服务厅或在税务门户网站上列几条政策文件便可称之为"互联网＋税务"。我们要考虑在互联网时代应该如何组织收入、如何处理业务、如何提供服务；在面对纳税人不遵从的时候，我们在现有做法、经验的基础上，尝试借助互联网这一巨大助力，寻求最佳的解决方案。只有不断创新和应用"互联网＋"，才能让我们的税收工作更顺应时代的变革，变得加有活力。

## 四、“互联网＋”格局下的税收风险管理

互联网与税收领域的整合发展具有极其广阔前景和无限潜力。现阶段，“互联网＋税务”思维已经深入人心，“互联网＋纳税服务”在全国上下遍地开花，“网上办税服务厅”、“掌上办税通”、“发票在线开具”、“税收政策 APP”、“微信公众号”等……税收服务模式和方法伴随互联网的来临层出不穷、日新月异，纳税人办税、政策咨询如同网上购物一样便捷已经成为了现实。但在“互联网＋”战略格局下，如何有效开展税收征管风险管理？结合工作实践，提出以下几点想法：

（一）以大数据管理平台为支撑，搭建涉税风险监控体系

风险管理的核心在于对大数据的分析和应用，数据的范围、角度、数量和准确程度对风险管理工作的效果影响巨大。在互联网条件下，搭建大数据管理平台的重要性在于突破各部门的边界，将数据归整糅合，海纳百川。优化和整合不同类别、不同层次、不同功能的各种系统，数据内容覆盖税务、工商、发改委、国土资源、财政、银行、统计等部门。借助大数据管理平台的运算，生成即时的税源分布、增减等情况；按行业、地域、时间等多维度展示税源变化；将大企业关联方、股权架构、进销往来等原来分散的信息集中展示，生成纳税人生产经营状况等指标的分析；对纳税人纳税申报质量和财务核算做出评判；对特殊项目（如股东发生变更）予以提示；将第三方信息与纳税申报信息进行对比，进行风险排序和预警。大数据平台可为税务人员提供大数据关联关系图形化的展示，将原本看不见的隐性关系显性化，为征管、评估、稽查等业务提供参考依据，达到堵塞涉税漏洞和提升税收征管质量的目的。

（二）对大企业实行团队的全流程风险管理，构建合作型的税企关系

在互联网的条件下，我们可以建立高效的专业化工作团队负责大企业的税收管理。团队人员组成方面，吸纳系统内财务、税政、综合、数据统计分析、稽查审计、计算机技术等成员，团队成员分工协作，各司其责。在实际工作中，一是管理团队要向大企业董事会成员和公司高层提供治理指导，建立响应机制，积极回应纳税人诉求，对重大事项积极探讨事先裁定等举措，给予大企业以持续发展的税收政策确定性；二是大企业要主动就发生的重大涉税事项向管理团队报告，及时披露税收筹划的有关细节和详尽数据，与税务机关共同判定是否有合理的商业目的和经营实质，预先化解潜在的税收风险；三是工作团队要加大对外围数据信息的采集利用，深入开展现实和潜在风险点的查找、分析、识别；建立和完善分事项、分行业工作指引，为大企业管理提供借鉴和参考；四是以企业集团为目标，不定期开展税务风险分析评估，重点突出合并、重组、重大投资项目、经营模式变更等控制结点，结合实际情况，实行差异化风险应对措施，税收提醒、税务约谈、税务审计、反避税调查和税务稽查工作等。

（三）建立“互联网＋”人才的培养机制，适应新时期税收工作的需要

加强数据分析、强化风险管理、提高税收征管质量与效率工作的成败与否，最终由税务人员来实现，靠人员来解决实际问题。为此，在“互联网＋”时代要培养一批数据信息管理的税务专家，掌握大数据规律，精通税收业务与计算机技术，熟悉会计、数理统计等知识，能够通过涉税数据之间的相关性分析，深挖数据背后的价值，找出涉税风险点，精确实施税收风险监控。多年以来，全省地税系统通过“金税三期”省级数据大集中培养和造就了一大批信息化专业人才，总局优化版的“金税三期”在辽宁国、地税也要即将上线，不少业务能手尖兵纷纷涌现，但在具体的业务实践中，真正熟悉企业各种 ERP 财务软件、能深入开展数据分析、熟练掌握财税知识的人才少之又少，远远不能适应“互联网＋税务”格局的要求。因此，迫切需要开展审计、经济管理、反避税、信息应用等知识培训，促进税收专业化人才素质的提升。

总之，“互联网＋”已经在加速变革传统的管理模式。对于税收而言，其深远意义与重要性不言而喻。只有不断创新，不断应用，才能有效避免税收的流失，使税收管理更加有效，更具活力。

（作者单位：辽宁省沈阳市地方税务局税源管理处）

# 关于推进电子税务局建设的探索

钟文新　苏新民　陈伟文　龚武明　周稚波

当前,"互联网+"已成为国家发展战略。中央深改组通过的《深化国税、地税征管体制改革方案》强调要依托现代信息技术,转变税收征管方式,优化资源配置,加快税收征管信息化进程。国家税务总局日前出台"互联网+税务"行动计划,要求加快推进互联网技术与税收工作的深度融合,充分运用互联网思维和互联网技术,更广范围、更深程度、更高层次地运用依托"互联网+"的思维和力量,打造便捷办税新品牌,建设电子税务新生态,为税收发展现代化注入新的强大动能。因此,深入推进电子税务局建设是全面落实"互联网+税务"行动计划和征管体制改革方案亟需探索的重要课题。

## 一、电子税务局发展的现状和存在的主要问题

### (一)电子税务局的涵义

电子税务局是泛指依托和利用现代信息技术对纳税人实施管理和服务的系统。与实体税务局一样,这一系统也是由一系列子系统或要素所组成,不仅包括技术平台、软件系统、后台技术支撑系统等,还包括相适应的相关的组织体系、业务系统、政策法规体系、纳税人技术应用教育支持体系等。电子税务局能替代实体税务局或与实体税务局相结合,相对独立地完成某些管理和服务职能。现代电子技术发展到今天,主要以互联网技术为代表。因而,建设电子税务局主要是指税务部门顺应互联网技术的发展,运用"互联网+"的思维,通过管理创新、技术支撑、业务配套和制度保障,推动互联网技术与税收工作的深度融合,把实体税务局履行的管理与服务职能、最大限度地迁移到互联网上,或者利用互联网上强大的数据信息和服务功能,打造的功能完备、渠道多样的互联网税务局。电子税务局是实施电子化税收管理和纳税服务的一种新的税收业务形态。如"互联网+税法宣传辅导"、"互联网+办税服务"、"互联网+税源日常管理"、"互联网+税收分析和风险防控"、"互联网+税收执法"等。

### (二)电子税务局建设发展概述

近些年来,随着我国互联网信息技术的飞跃发展,税务部门以更好地服务纳税人为目标,大力投入和加强软硬件建设,全面组建门户网站体系、打造纳税服务平台,集多种服务功能于互联网,不断满足纳税人各类涉税需求。尤其是设置网上办税服务厅,开发各类办税软件,开展涉税事项受理(资料报送)、税务文书下载、公告信息、涉税提醒、税务咨询、预约办税以及相关信息查询等服务。同时,引入和利用QQ、微博、微信、邮箱等现代信息技术平台与纳税人交互,依托智能终端提供微信申报、查询咨询、提醒提示等涉税服务,促进互联网技术更加广泛地融入纳税服务之中。以广东省国税系统为例,目前,广东省国税系统使用互联网办税的纳税人已达到136万户,占纳税人总户数的35.7%。其中广州国税网上办税的普及程度更高,不仅构建和运行全市统一的网上办税服务厅,而且服务功能更加多元,纳税人涉税事项基本上可在网上实现受理和办理。包括:各税种的网上申报、网上缴税、各类涉税事项的网上受理、财务报表报送、一般纳税人增值税专用发票网上认证,发票管理,以及相关信息查询等。据2015年上半年统计,广州国税使用互联网办税的纳税人已达到49万户,占纳税人总户数的56.5%。其中,增值税一般纳税人网上申报率平均达到93.1 %,查帐征收小规模纳税人增值税电子申报率平均达到91.2 %,企业所得税季报、

年报的网上申报率分别为 85.5 %、71.9 %。应该说，经过多年的建设和发展，以网上办税为主体的电子税务局建设取得丰硕成果。网上办税不仅实现了方便快捷办税，有效降低了纳税成本，得到广大纳税人高度认可和接受，而且网上办税推动了税收管理和服务资源的优化整合，促进了税收管理和服务理念、方式方法的变革，在提升纳税人税法遵从度、服务满意度、税收征收率方面发挥了重要作用。

(三)电子税务局建设中存在的主要问题

虽然电子税务局的建设发展取得一定成效，但与总局出台的“互联网＋税务”行动计划的要求还有较大差距，互联网技术与税收征管的融合广度和深度不够，税收征管各领域各方面借助互联网优势的空间还很大，利用互联网提高征管能力和纳税服务水平潜力无限。从业务和技术上分析主要存在以下具体问题。

1、各子系统建设发展不均衡。如前所述，电子税务局是一个复杂的系统，各子系统、各要素建设需要相互配套、相互适应，才能有效地实现实体税务局的职能。但在实际建设上缺乏系统性规划、整体性布局，导致各地重复建设，做法各异，既增加了建设成本，也使纳税人得不到统一规范的服务。平台软件开发建设与相应的制度建设、业务建设和组织建设、纳税人技术支持体系建设不协调，缺乏统一的互联网涉税业务标准和规范，制约了网上税务局作用的发挥。如很多业务规范和流程是按手工操作的特点而设计，其中许多环节无法适用于电子办税，相反还增加了纳税人的工作量；缺乏与互联网税务相适应的数据分析、计算机等专业人才；网上办税涉及到多种通用软件和专用软件以及专用设备，纳税人的数量增长很快，但税务机关以及服务单位提供的服务无法满足和适应不断增长的网上办税应用的需要；网上应用系统稳定性不高，一到申报或认证高峰期，应用系统经常出现拥堵，响应缓慢甚至死机，严重影响纳税人的信心和体验。

2、办税系统集成性不足。存在着技术平台多、办税软件多、入口多、标准规范多等问题。据广东国税系统不完全统计，目前纳税人端软件超过 13 个，税务机关内部使用软件超过 22 个。虽然这些软件在推进税务电子化、方便纳税人办税过程中发挥了重要作用，但每个平台、每个软件都有自己的用户管理体系，其入口、业务标准和应用集成差异较大，纳税人在办理涉税业务时仍然需要在不同软件中来回切换，操作繁琐，使用不方便，体验友好性不够、办税效率不高，信息共享和业务协同的问题日益突出。国税地税办税系统互不相通、信息共享程度低和服务规范不统一，“同城通办”推广难度大，影响了纳税人自主选择和方便办税，增加了纳税人办税负担和成本。

3、网络办税功能简单和不够完善。就广州而言，目前，纳税申报及大部分依申请涉税事项均已实现电子办税，但一些业务量较大的事项只是简单的受理，不能完全实现网上一站式、全流程及在线办结，网络化、智能化程度不高，纳税人仍然需要到税务部门办理。如：申请代开发票、发票领购等发票类事项，占办税服务厅业务量比重较大，纳税人尽管可在网上预申请，但必须到实体大厅完成缴税和领取发票。此外，应用系统之间不能实现无缝衔接。相当一部分依申请涉税事项虽然实现无纸化，但同时也需要通过辅助手段或人工将这部分数据录入核心征管系统，不能实现全流程一站式网上办理。

4、系统架构不适应“大数据”应用的新形势。网络平台以税收管理职能为导向规划设置各功能板块，各业务大类界定、业务功能不清晰，各类功能布局相对分散，影响纳税人简单化使用，消解了纳税人上网办税的积极性。各个办税途径分属不同的数据源，造成数据资源存储分散，相互分割，孤岛现象严重；另一方面，内部网络平台与互联网没有实现互联互通，各方数据无法高度共享，难以形成真正意义的大数据资源，阻碍大数据应用平台建设和数据深度增值应用。

5、应用门槛过高。当前，纳税人应用电子办税需要申领多个数字证书。如本地国税部门应用的是广州市电子签名中心签发的证书，地税部门应用的是电信部门签发的证书，质监部门应用自行签发的证书等，不同机构签发的数字证书互不兼容，给纳税人网上办税增加难度。同时，纳税人使用数字证书还需要付费,增加办税成本,也一定程度影响了纳税人上网办税的积极性。此外,专用发票网上认证需要纳税人购买扫描仪和专用软件,增加了纳税人的成本,阻碍了这类业务的网上全面推广。如专用发票网上认证率过去几年基本停留在50%上下,到实体大厅或ARM认证的比例仍然高达50%。

## 二、新形势下建设电子税务局的意义和作用

加快推进电子税务局建设,把互联网覆盖到税收执法管理、纳税服务、内部管理等税收工作的各领域,形成以互联网为税收管理和服务职能实现的新常态,是优化配置税收管理和服务资源、推进税收信息化、现代化的客观需要,也是更好地服务纳税人、提升税法遵从度、纳税服务满意度、降低征纳成本的迫切需要,其战略意义和现实作用十分重大。

### (一)加快税收征管方式向现代化转型

传统的税源管理向现代化转型最重要的标志就是实现由人管税到信息管税、直接管理到间接管理的转变。互联网能有效地把征纳双方更加紧密地联接在一起,创造征纳双方新的互动模式,大量减少一线征管人员直接管理工作量,促进业务管理流程及征管方式的变革;互联网也能有效地把征纳双方纳入共同的信息网络,实现顺畅的信息数据交换。互联网的海量信息高度聚合,有利于税务部门变革传统单一的信息数据搜集利用方式,解决信息不对称问题。利用云计算技术、大数据优势,税务部门能够更全面深入利用互联网上的广泛性、关联性、精确性的涉税数据信息,及时精准发现和防控税源管理风险,提升信息管税水平,实现税源风险管理从重事后处理到重事前预警防范的根本性转变,从而有效降低税收征管成本。互联网的关联性、开放性特点,也把政府相关部门、国税与地税、各层级税务部门、税务部门与公众紧密连接起来,实现跨界跨部门融合,实现多个主体共享信息,促进税收管理科学决策。借助互联网的直达性,也可促进简政放权,化解制约征管创新的税收管理体制等因素,创造税收管理新的发展生态。

### (二)催生办税方式实现便民的根本性变革

近几年,我国移动互联网发展高速发展,3G、4G网络覆盖范围越来越广,网络平均可用下载速率已达5.12Mb/s,资费不断降低。根据中国互联网信息中心(CNNIC)发布的数据,截止到2015年1月,手机网民规模已达6亿,有近90%的网民使用手机上网。同时,也迅速崛起了一大批新生代纳税人,他们绝大多数使用大屏幕、运行速度快捷的智能手机。另一方面对纳税服务的需求也更加趋向快捷、方便、高效、更加注重服务过程和体验。因此,通过打造固定网络、移动网络相互结合的互联网税务局,使互联网成为实现便民办税最主要的工具和途径,全面提升纳税服务能力。如通过大数据分析纳税人的各类服务需求,归纳纳税人的意见建议,从而真正实现以纳税人需求为导向开展纳税服务,有效提升纳税服务的个性化和针对性。如通过打造手机税务局,可以使纳税人随时随地、更加快速、简便方便地掌握涉税信息、办理涉税事项,极大降低办税成本,同时缓解办税服务厅人力资源不足、工作压力大、纳税人排队等候等问题,也能提高税务部门与纳税人相互沟通的亲和力及粘性,构建和谐的新的征纳关系。

### (三)促进全面依法治税的进程

建设互联网税务局对于更好地实现税务公开,促进全面依法治税也具有重要的意义和作用。利用互联网税务局可以创造税务公开的新模式,也能更加全面提升税法宣传教育的普及性和有效性。如利用“两微一端”开展税收法律法规、税收政策、税收知识的宣传普及具有信息量大、成本低、传播面广、时效性强,更容易为纳税人所接受,提升税法宣传实效。网上税务局也可使税收执法更加透明化,在互联网信息高度共享的前提下,税务人员的执法行为受到社会公众、纳税人、各级税务机关、政府相关部门、社会团体等各方面的监督,促进税收管理和服务更为透明,有效提升规范执法水平。可以有效提升税收决策的合法性、民主性和科学性。借助互联网的应用,可使税务机关决策信息资源的获取能力得到空前提高,使得决策信息更加全面、有利于集思广益,减少决策的盲目性和随意性。

## 三、电子税务局的建设目标和功能描述

(一)建设目标

按照党中央、国务院、国家税务总局推进“互联网＋”行动的战略部署，坚持以网络强税、大数据管税为主线，以互联网、云计算、大数据和税收工作的深度融合为着力点，着力打造全天候、全方位、全流程、全覆盖、全联通的智慧税务生态系统，全面拓展税收管理和服务新领域，形成线上线下融合、前台后台贯通、国税地税互联、统一规范高效、功能完备、渠道多样的电子税务局，为税收现代化奠定坚实基础，为服务国家治理提供重要保障。

1、办税服务网络化。梳理与整合改造现有网上办税服务厅、微信办税、纳税人端软件、国税 APP 和国税网站等各类办税平台、办税软件和服务平台，整合互联国地税办税平台。推进实现各类办税软件与平台接入统一化、数据集成化、界面集成化、功能体验人性化，拓展网上办税服务功能和方式，打造互联网＋在线受理、互联网＋申报缴税、互联网＋便捷退税、互联网＋发票管理服务等，形成全流程办理所有涉税事项，网站、税务 APP 和微信办税等多元化网上办税方式。

2、税收征管大数据化。拓展数据资源，扩大共享数据范围，丰富数据共享内容，打造大数据应用平台，构建互联网税源信息管理体系，提升信息管税水平。国地税部门涉税信息相互共享，并联合采集金融机构、政府及相关部门数据信息、互联网、物联网等数据信息，形成税收大数据，加强分析挖掘，实现数据的深度增值应用，为税收经济分析、政策效应分析、税源日常管理、风险监控管理、税收稽查、等工作提供信息支持，为提高税收征管水平和治理能力提供重要保障。

3、税收管理无纸化。电子税务局在税收管理无纸化方面，要求涵盖所有事项、贯穿所有环节、衔接内外系统、技术和业务协同推进，实现涉税事项全流程、一站式办理。并建立支撑无纸化的一系列信息系统和一系列规章制度，变革基于有纸化的传统习惯思维、管理要求和工作模式，创新性地从手段和制度上构建比较完整的无纸化支撑体系。

4、系统运行稳健化。针对当前网上办税大厅存在的高并发申报和查询过程中，频繁的数据库写入和大量查询导致硬件平台高负载，子系统不稳定，无法正常访问的问题，可借鉴“12306 火车票网上订票系统”的成功改造案例，对原有系统的性能瓶颈进行分析，将存在瓶颈的子系统(例如增值税一般人申报)进行改造，采取数据库“读/写分离”的方式，将数据“写入”关系型数据库；将“读”的操作由 Gemfire 集群来提供，历史数据的查询可放在 Hadoop 集群，实现将原有网上办税平台传统架构云化并迁移到内存数据平台。

5、信息安全标准化。电子税务局应以满足安全技术规范和纳税人涉税信息保密为前提，通过构建安全可靠的税务系统信息安全保障体系，形成税务系统网络安全风险管理框架，通过管理措施确保风险控制措施落实到位，从而有效保障税务信息系统安全稳定运行。

(二)电子税务局总体技术框架

在技术框架和技术线路的选择上，要确保其安全性、实用性、可扩展性和兼容性。

1、通过构件化技术将网上税务服务的功能构件化，包括面向纳税人、面向地税、面向政府及其他部门、面向税务部门内部的服务构件。

2、在业务集成上基于 Web Services，籍此实现构件化的网上税务服务发布，实现与税务部门现有系统(如金税三期)的对接与集成，同时，通过税务部门内部的工作流引擎，完成税务部门内部各个模块的业务配合。

3、在数据传送中，采取 SSL 和 XML 加密等技术，用于保证税务部门之间、税务部门与其他部门之间，税务部门内部之间数据传送的安全性。

4、在数据访问层，在不改变子系统业务逻辑情况下，对数据访问层修改数据访问接口，引入“Gemfire分布式缓存数据层”和 Hadoop 大数据架构。申报等业务数据直接写入关系型数据库，再将数据同步到 Gemfire 集群提供快速查询；Gemfire 集群有异常，客户端可直接访问数据库，实现缓存数据层和数据库之间的无缝切换；热点数据放在 Gemfire 集群，历史业务数据放在 Hadoop 大数据集群，实现云计算和大数据的完美结合。

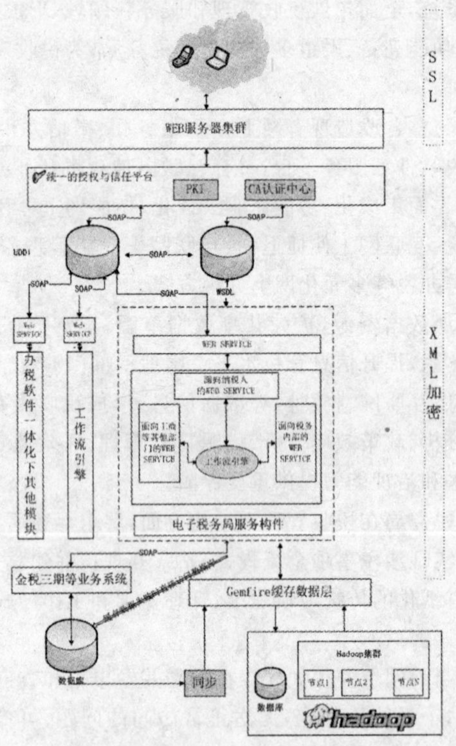


图一　电子税务局总体技术框架图

（三）电子税务局功能描述

1、建立统一的授权与信任平台，实现接入统一化。以 PKI（公钥基础设施）和 CA 认证中心为核心技术，实现纳税人与税务人员的身份认证与安全访问。接入方式包括移动 APP 和网站登录等等。

2、提供面向纳税人的网上服务。

（1）办税服务。以现有的网上办税服务厅功能为基础，实现各税费种申报、缴税、退税、发票申领和财务报表报送等。

（2）管理服务。实时在线提供在线受理、在线审批等依纳税人或依职权发起的涉税事项管理服务。

国地税联合办理变更登记、注销登记等事项，及时、动态获取纳税人信息，保证双方征管基础信息一致，同时减轻纳税人负担。

（3）查询服务。为纳税人提供基本信息、申报、缴税、发票、退税、信用等级和税务事项审批等查询。

（4）咨询与学习服务。整合现有服务资源，特别是整合目前为纳税人提供软硬件服务的服务单位的服务资源，通过即时沟通软件或在线解答机器人为纳税人提供实时在线咨询服务。

为纳税人提供网络在线学习服务，对不同类型的纳税人提供个性化、专业化的网络培训服务。

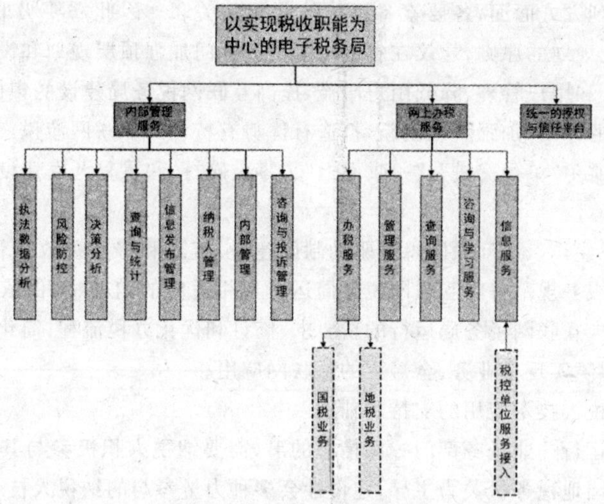


图二 电子税务局功能结构图

(5)信息服务。为纳税人提供通知公告、政策法规、办税指南、涉税提醒和风险提醒等服务,提供涉税信息网上订阅服务,按需向纳税人推送信息和资讯。

3、提供面向税务机关的内部管理服务。建立统一的电子税务局后台管理支撑平台,包括信息发布与管理、纳税人管理、查询与统计、咨询与投诉管理、内部管理和智能分析等功能大类。

(1)信息发布与管理。通知、公告信息、涉税提醒发布与管理等。

(2)纳税人管理。纳税人用户管理、功能权限管理等。

(3)咨询与投诉管理。税务咨询的解答与跟踪、纳税人投诉管理。

(4)内部管理。对涉税事项申请、税务咨询、纳税人投诉和预约办税等需税务人员处理的事项,配置相应工作流和岗位,并对每个环节设置工作时限,以代办任务形式进行流转。

(5)查询与统计。纳税人申报、缴税和涉税申请等事项查询与统计。

(6)智能分析。基于大数据的思维,将税务内部各系统涉税数据、涉税事项和互联网涉税情报进行整合,运用大数据、云计算等技术,搭建数据仓库和开发大数据智能分析平台,支撑纳税服务、执法数据分析、风险防控和决策分析等,有利于提高税收征管水平、优化纳税服务。

①决策分析。基于大数据智能分析平台,借助数据处理模型和智能分析工具等手段以及统计学、计量经济学等数据分析方法,管理者可根据自己的业务需求对各类数据的多维度、多层次的挖掘和加工,并通过图表、报表等形式展现,为各级领导科学决策和科学管理提供依据。

②风险防控。从互联网抓取与纳税人相关的财务数据和经营数据等涉税情报,与税务内部各系统涉税数据整合,深化数据深度增值应用,提高对纳税人税收风险识别和风险应对能力。

③执法数据分析。基于大数据智能分析平台,对税收执法过程中各类数据进行分析校验,实现税收执法的预警监控、执法考核和过错责任追究全面自动化管理。为税收执法人员或单位提供税收执法问题的预警提示,便于自觉规范或纠正税收执法行为;同时还为执法监督部门提供一种手段,监督税收执法对象的税收执法过错行为,满足各级管理层自上而下监控的需要。

## 四、建设电子税务局需要重视的几个关键问题

(一)高度重视电子税务局各要素各系统建设的协调性

互联网税务局涉及到方方面面，各要素各系统彼此相互关联。因此需要吸取以往信息化建设的教训，坚持整体设计和系统规划的原则，建议在省级以上税务部门加强顶层规划和设计，突破基础性项目和重点项目，统一技术标准和用户管理，降低用户门槛，提高互联网税务局建设的集成性和可用性。省以下税务部门依照扬长避短的原则，加强大众创新，打造有优势有特色的互联网涉税产品，促进互联网税务局功能更加丰富。这样可避免“单兵突进”、“一哄而上”、“零敲碎打”和重复开发建设，确保电子税务局的整体功能。

同时，加强制度保障建设。以互联网思维驱动制度建设，疏理和修正税收征管法、发票管理、财务会计制度、征管规范、纳税服务规范等与互联网税务局运行不相适应的内容，确保依法治税、依法行政和互联网税务的协调性。适应互联网税务局运行的新要求，修订和优化办税流程，简化资料报送，全面实施表单证书电子化、促进和保障实现全业务、全流程的互联网应用。

（二）高度重视对纳税人技术应用的支持和辅助

电子税务局建设和运行并非税务部门一厢情愿的事，需要纳税人积极参与其中，形成互联网税务的大众合作合力。建议以国地税务机关为主导，建设社会多种力量参与的纳税人技术应用支撑体系。主要是依托网上税务学堂、网上即时通讯工具、云服务和手机等平台，建立以税务部门为群主、吸引开发商、广大纳税人、互联网技术爱好者参与的纳税人技术应用支持用户群，加强应用技术培训，帮助纳税人掌握各类应用程序使用方法，各类资料制作、上传方法和技巧，及时解决各类使用问题。支持用户相互咨询、共同探讨和相互帮助解决技术应用方面的难点疑点问题。利用大众创新契机，大力引导扶持用户开展互联网税务应用项目创新，参与改进电子税务局存在的各方面技术问题，全面激发和提高纳税人使用互联网办税的积极性和能力。

（三）高度重视电子税务局的系统安全问题

1、物理安全措施。作为电子税务局的硬件基础，物理安全是信息安全的第一道防线。物理安全包括环境、设备及线路的安全主要是指防盗、防火、防静电、防雷击以及防电磁泄漏。要根据接入网络设备的数量、功耗和负载等及时地对设备进行扩容扩充并做好备份工作。

2、网络安全措施。在税务系统中全面引入比较成熟的数据加密、数字签名、VPN、防火墙和病毒防范等安全技术。

3、运行安全措施。以吞吐量、并发用户数、系统响应时间、平均负载、资源占用率、内存占用、磁盘I/O和平均无故障运行时间等指标为参考，跟踪系统运行情况，不断优化与调整，确保系统稳定运行。

4、建立安全管理制度。建立一套集中管理的管理制度，建立健全信息安全管理和防范制度，不断完善系统的操作规程和严格规范工作人员的操作行为和水平。

（作者单位：广东省广州市黄埔区国家税务局）

# 税收管理要创新 信息管税是关键

李建明

深入推进信息管税是今年全国税收工作会议提出的重点工作任之一。基层国税局是具体工作任务的承担着,结合基层实际,深入推进信息管税应以下四方面入手:把握信息管税的聚力点、找准信息管税的支撑点、抓住信息管税的关键点、明确信息管税的落脚点。

(一)把握信息管税的聚力点

信息管税是对传统征管方式的革命,是税收征管工作实现自我超越的一次战略调整。纳税人经营方式日趋复杂。新情况、新事物层出不穷,纳税人的组织形式、经营方式、经营业务不断创新,产业分工日益专业化、精细化,技术型、知识型、信息型产业对经济的支撑作用日益明显,在为税收提供巨大的税源的同时,也给税收征管工作带来了一系列的难题和挑战,传统管理方式已不能完全适应征管工作发展的新要求,而且现有的征管力量和水平也远远不能适应这种复杂税收征管的需要,征纳双方信息不对称的问题日益突出。怎样突破这个困境,需要一个有力的抓手,这个抓手就是信息管税。推进信息管税工作有利于强化税源监控,堵塞征管漏洞,推进执法规范,提高工作效率;利用科技手段为纳税人遵从履行纳税义务提供便利,引导纳税人自我修正履行纳税义务过程中出现的偏差,防范和化解不遵从风险;把信息资源优势充分释放出来,达到信息增值利用目的,实现税收管理的科学化、精细化目标。深入推进信息管税,是今年一项税收重点工作任务,通过深入推进信息管税以全面推进金税三期工程建设和实施“互联网+税务”行动计划为重点,进一步加强信息管税,让信息化的技术支撑、信息保障、创新引领作用得到充分发挥。

(二)找准信息管税的支撑点

信息分析应用是推进信息管税的核心支撑点,也是信息管税工作的难点所在。一是要重点分析税务登记信息。就是要用信息化手段来解决纳税户的户籍管理问题。要充分应用工商、经济普查以及国地税的户籍信息,通过相互比对,及时发现漏征漏管户,加强纳税户的管理。二是提升纳税评估质量。要充分运用信息化手段提高其效率和质量。重点是在基层实践的基础上逐步建立分行业的纳税评估模型。三是拓展信息分析应用的深度和广度。要在提高对信息分析应用重视程度的同时,着力提升信息应用深度,拓展应用广度,提高应用效率,注重应用实效。建立健全涉税信息分析应用和定期通报制度,定期展开综合分析,定期发布分析指标,全面掌握税源真实情况,及时发现征管薄弱环节,堵塞征管漏洞。四是创新信息分析应用方法。在分析内容方面,要通过开展税收宏观分析、区域分析和税收征管状况分析,及时了解县域税源分布情况、税源质量状况和税收征管现状,掌握税收和经济的运行规律。通过开展重点税源分析、行业分析和具体纳税人的分析,建立重点税源行业征管信息数据库,抓住重点税源和行业管理关键指标,建立预警评估体系,提升重点税源和行业管理水平。

(三)抓住信息管税的关键点

信息管税是一项系统工程,从长远看,信息管税不仅是个管理手段的改变,而且会对税收业务流程、制度机制、组织机构、资源配置等产生重大影响,工作的推进必须依靠各部门之间纵向、横向的联动,因此必须在配合的基础上明确各自的职责。现阶段基层管理部门应做好信息的采集、日常巡查、风险落实及消除等工作;信息管理部门应做好应用软件的优化完善,县局数据仓库的建立,对重点税源户进行数据分析、纳税评估、风险识别、等级排序、推送处理等工作,也就是查找当前征管工作中存在的问题,指明“该干啥”;征管部门应做好流程的规范、优化,管理方式的探索,下放涉税审批事项和受理审核项目前移后,办税事项的业务描述、流程、时限、附列资料等工作,明确“怎么干”;税政、法规、发票等其他业务部门则按照各自分管职责提供业务支持。信息管税的目的是管好管住税源,因此,健全信息管税的工作机制还要做到立体化,就是有纵向、横向。纵向是指:县局、分局(所)到税收管理员,都要发挥其相应的税源管理职责,形成一个纵向税源管理格局。县局主要负责税源管理、纳税评估的组织协调、征管状况分析、纳税评估模型的建立以及对一些重点税源的直接评估等;税务分局和税收管理员主要负责上级部署的评估任务的落实以及对管辖区内中小纳税户的直接评估等。横向是指联动机制,就是县税务机关内部的各有关部门在税收分析、纳税评估、税源监控、税务稽查工作中,既各司其职,又密切协作。

(四)明确信息管税的落脚点

“信息管税”是全面提高税收征管水平的必由之路。信息管税,就是充分利用现代信息技术手段,以解决征纳双方信息不对称问题为重点,以对涉税信息的采集、分析、利用为主线,树立税收风险管理理念,完善税收信息管理机制,健全税源管理体系,加强业务与技术融合,进而提高税收征管水平。树立税收风险管理理念是“信息管税”的先导,信息的采集和利用是“信息管税”的核心,健全税源管理体系是“信息管税”的落脚点,税源专业化管理的重点是强化纳税评估,做好纳税评估的前提是健全风险识别体系,实现风险分析的全覆盖。税收风险管理的有效运行,必须以信息管税为支撑。没有可靠的数据基础,就不会有高效的风险识别和精确应对;在实际工作中,我们必须不断创新和完善征收方式、方法,制订和不断完善税源管理办法,想尽千方百计,最大限度地管好税源,堵塞收入漏洞,将税收及时足额收缴入库。

(作者单位:河北省蠡县国家税务局)

# 税源因素分析法在税收风险管理中的应用

厦门市思明区国家税务局课题组

风险管理这一名词是由美国所罗门·许布纳博士于1930年首次提出的。20世纪70年代以后,风险管理成为一门科学,《全面风险管理理论》成为现代西方风险管理理论的代表。中国对风险管理的研究始于20世纪80年代,作为一门管理科学,一些学者将风险管理理论引入政府管理、央企管理、财务管理、税收管理、金融、审计、保险等领域。1997年,国家税务总局在一些省市税务机关开始"审核评税"、"纳税评估"的实践探索。2005年3月,国家税务总局出台《纳税评估管理办法》,将风险管理正式引入税收管理领域。

## 一、税收风险管理概念

风险管理是社会组织或者个人用以降低风险的消极结果的决策过程,通过风险识别、风险估测、风险评价,选择与优化组合各种风险管理技术,对风险实施有效控制,妥善处理风险所致损失的后果,从而以最小的成本收获最大的安全保障。

从税收层面来讲,由于税务机关的组织目标是将税源足额组织入库,税源流失最大因素是纳税人的税收遵从度,因此,税收风险就是在税收管理中对提高纳税遵从目标实现产生负面影响的可能性。

"税源=税收"是税务机关组织国家税收收入最理想的目标任务,纳税人是全面遵从。一方面,由于税制具有复杂性,纳税人不容易理解遵从,或者不方便遵从;另一方面,税收是公民把一部分权利让渡给政府,从利益上考虑很多纳税人不愿意遵从,这一特性决定了纳税遵从不容易实现。因此,现实往往是"税源≠税收",存在税源流失风险,税收风险由此产生。

如何实现"税源=税收"?我们借用美国国内收入局(IRS)的概念。税务机关的组织目标(使命),用一个等式表示:税收管理=纳税服务+税收执法=纳税遵从。这个等式表明,通过服务和执法提高纳税遵从,即税务机关的组织目标。也就是说,促进遵从的策略组合,就是服务+执法。纳税服务和税收执法的共同使命只有一个,就是提高遵从度。遵从度越高,我们用数学公式表示:税源流失风险程度(税源入库率)=税收÷税源,值越高,风险越小。

税收风险管理是指税务机关运用风险管理的理念和方法,合理配置管理资源,通过风险分析识别,风险等级排序,风险应对处理,以及过程监控、绩效评估等措施,不断提高纳税遵从度的过程和方法。

## 二、构建风险识别模型及指标

风险的识别是风险管理的首要环节,即根据目标来找到影响目标实现的风险,找到有涉税风险的纳税人。只有在全面了解各种涉税风险的基础上,才能够预测危险可能造成税源流失的危害,从而合理配置人力资源,选择处理风险的有效手段。

首先,风险评估人员需要将能够影响税源入库或流失的因素列举出来;第二,通过横向比较或者纵向比较,对纳税信息的疑点进行清晰地梳理,加以准确的分析、推理和判断;第三,罗列出事实、理论和法律政策依据等评估依据;最后,将以上步骤形成的资料进行综合分析判断,形成全面的税源风险评估报告。

目前,可以实际操作的风险识别模型大多从财务分析指标入手,根据每个行业特点进行分析,识别风险。然而,在现代市场经济条件下,同一企业横跨几个行业经营的情况十分普遍,行业属性难于界定,导致识别风险的指标异常复杂和众多,确定预警区间的参数就更多。因此,确定预警参数要结合行业特点、专家意见、业内人士意见、统计大样本规律等多方面因素,致使风险识别难于操作。

税源因素分析法从税源风险分析入手,首先对涉税风险金额进行量化计算,其次对涉税风险概率进行定性度量。以增值税因素分析模型为例,增值税涉税风险类型主要是隐瞒销售收入及虚开发票抵扣税金两种类型。

(一)增值税税源因素分析法

1、对风险税源进行量化计算。某一纳税人存在多少可能流失的风险税源进行量化计算。

风险税源是指纳税人自生产经营至纳税评估期(第 N 年)为止,累积未入库的增值税税源,从数值上来说,风险税源=纳税人自生产经营开始到纳税评估期已实现增值额 * 税率-纳税人自生产经营开始到纳税评估期已缴纳增值税,但现实中,该公式计算需要 N 年财务和申报数据,在实践中难以操作。经理论推导证明了可简化为:风险税源=期末库存金额 * 增值税税率-期末留抵税金。指标名称定义为累积未入库税源。

2、度量风险税源的风险程度。企业根据各自行业经营特点,为维持持续经营,备存一定数量库存商品进行周转,是合理的。因此,应当根据行业经营特点,生产经营周期,确定合理的库存范围,为此,我们定义库存率概念,库存率=(期末库存÷年度销售成本) * 100%,反映税源流失风险程度,库存率超出预警值,累积未入库税源又很高,则隐瞒销售收入、虚开增值税发票的可能性极大,税源流失风险程度极高。

累积未入库税源是"隐形欠税",反映累积已实现的增值额,但未缴纳的增值税税金。增值税是价外税,纳税人购货视为代付税金,销售视为代收税金,代收税金-代付税金- N(入库税金) =0(税收全部入库),N 未入库,纳税人就产生了欠税。如果纳税人失踪,成为税源征管的"失踪户"、"非正常户",就造成税收流失。因此,"累积未入库税源"又定义为风险税源,是"隐形欠税"。

增值税税源因素分析法模型由三个指标体系构成:

(1)累积未入库税源大于 N(N 值根据企业经营规模大小确定及税源风险管控容忍度设定);

(2)库存率大于预警值 2 倍(商业大于 20%,工业大于 50%)。同时满足以上两个条件,识别为涉税风险企业;

(3)税源因素分析法模型应缴税金计算公式:

应缴增值税税金=(销售收入-销售成本) * 税率-(库存期末余额-库存期初余额) * 税率-期初留抵税金+期末留抵税金-本期销售、管理和财务费用项目抵扣税额-固定资产抵扣税额。(特别说明:1.本公式适用商业企业;工业企业销售成本、库存期末余额、库存期初余额中含有人工费等没有进项税金因素,计算时要测算一个折扣率,扣除进行计算;2.库存期末余额、库存期初余额必须是已经认证,未认证部分扣除计算。)

该公式功能用于纳税评估、纳税检查分析使用。主要是通过采集财务报表数据计算当期纳税人应缴增值税与纳税人当期增值税申报应缴增值税进行对比分析,检验纳税人财务核算真实性。

(二)从资金流向识别涉税风险指标

资金流与经济利益是直接关联,相互比配。当资金流与经济利益不配比,可能存在隐瞒经营收入涉税风险,因此,资金流是涉税风险评估重要因素。企业经营模式:现金→存货→现金的循环过程,纳税人涉税行为再隐蔽，资金的流向都是有迹可循。通过收集大量涉税案例，分析归集各类典型涉税行为，分析其资金流向财务指标的特征，归纳编制如下风险识别指标体系：

1、应付账款占销售成本比例涉税风险分析。应付账款周转率低于行业平均水平，说明公司较同行可以更多占用供应商的货款，显示其重要的市场地位，但同时也要承担较多的还款压力。应付账款占销售成本比例(＞25％)或应付账款的余额大于存货期末的余额，涉及虚开发票抵扣进项税金和隐瞒销售收入等涉税风险。

2、其他应付款期末余额占流动负债的比率涉税风险分析。其他应付款期末余额占流动负债的比率过大，达到10％，(预警值)存在涉税风险。

3、预收账款期末余额占销售收入的比例的涉税风险分析。

(1)预收账款期末余额占销售收入的比例较高(预警值25％)，存在涉税风险。

(2)以预收账款期末余额与存货期末余额比较两者均较大，存在涉税风险。

4、应收账款期末余额占销售收入的比例的涉税风险分析。应收账款期末余额占销售收入的比例与预警值(＞25％)比较，如应收账款期末余额占销售收入的比例偏高，存在涉税风险。

5、预付账款期末余额占销售成本比例涉税风险分析。预付账款期末余额占销售成本比例涉税风险分析与预警值(＞25％)比较，如预付账款期末余额占销售成本比例较高，存在涉税风险。

6、其他应收款的涉税风险分析。一般情况下，其他应收款占流动资产的比例较高(预警值10％以上)，如果比例过高，存在涉税风险。

7、从资金流财务指标，归纳如下风险识别模型。

(1)资金拆借风险识别模型：识别关联企业资金拆借未按独立交易原则计价的涉税风险。

(2)财务费用风险识别模型：识别涉及企业虚列与生产经营无关的利息支出。

(3)出口骗税风险识别模型。

风险模型－1：

应收账款期末余额÷销售收入＞30％，应收账款增长率＞30％；应付账款÷销售成本＞30％；应付账款增长率＞30％；免税货物销售额＞N万元；或免抵退办法出口销售额＞N万元；条件：同时符合以上条件。

风险模型－2：

应收账款期末余额÷销售收入＞30％，应收账款增长率＞30％；其它应付款÷销售成本＞30％，其它应付款增长率＞30％；免税货物销售额＞N万元；或免抵退办法出口销售额＞N万元；条件：同时符合以上条件。

符合上述条件，说明企业出口业务只走出口单证，资金流与出口单证流不同步，存在虚开专用发票、虚构资金来源、虚构出口销售收入等出口骗税涉税风险。

## 三、涉税风险识别

(一)数据采集

采集风险税源的信息来源，分为宏观层面信息来源、微观运行操作层面信息来源，或者两者兼而有之。

通过CTAIS2.0系统及税源管理一体化平台等采集2013－2014年厦门市思明区增值税一般纳税人的增值税申报数据、财务数据及相关第三方信息，共采集增值税一般纳税人(所得税国税征管)13,186

户，其中：商业企业10,905户，工业788户。

(二)运用分析模型及财务指标进行数学计算，识别涉税风险，运用风险识别模型及指标体系这种固定的数学计算方式，把有风险的纳税人和风险信息找出来

1、风险识别类型(增值税)。

A－1风险识别模型：识别风险税源较大，涉及发出商品后不确认收入，不结转销售成本，隐匿收入的涉税风险。

识别涉税风险模型及指标：

(1)累积未入库税源大于20万元

(2)库存率大于预警值(大于50%)

(3)预收账款期末余额÷销售收入的比例较高＞(预警值25%)

运用该模型从采集数据信息识别涉税风险纳税人169户，风险税源28,634万元。

A－2风险识别模型：识别风险税源较大，涉及虚开专用发票，农副产品收购凭证等手段，虚增进项税额和存货成本抵扣进项税金和隐瞒销售收入等涉税风险。

识别涉税风险模型及指标：

(1)累积未入库税源大于20万元

(2)库存率大于预警值(大于50%)

(3)应付账款期末余额÷销售成本＞(预警值25%)，或其他应付账款的期末余额销售成本＞(预警值25%)

运用该模型从采集数据信息识别涉税风险纳税人529户，风险税源84,832万元。

B风险识别模型：识别涉及销售收入长期挂账、隐匿收入的涉税风险。

识别涉税风险模型及指标：

(1)预收账款期末余额＞1,000万元

(2)预收账款期末余额÷销售收入的比例较高＞30%

运用该模型从采集数据信息识别涉税风险纳税人115户，涉税金额644,426万元。

C风险识别模型：识别涉及企业销售商品提供劳务不确认收入，以应收账款直接冲减存货成本的涉税风险。

识别涉税风险模型及指标：

(1)应收账款期末余额＞1,000万元

(2)应收账款期末余额÷销售收入＞(预警值30%)

运用该模型从采集数据信息识别涉税风险纳税人344户，涉税金额2,040,287万元。

2、风险识别类型(所得税)。

D风险识别模型：识别涉及企业利用其他应收帐科目核算，帐外经营或将款项借于关联企业，未按独立交易原则计价，虚列利息成本，涉及所得税流失风险。

识别涉税风险模型及指标：

(1)其他应收款期末余额＞1,000万元

(2)其他应收款÷流动资产＞(预警值10%)、其他应收款÷销售收入＞30%

运用该模型从采集数据信息识别涉税风险纳税人364户，涉税金额3,742,063万元。

E风险识别模型：识别涉及企业隐瞒销售收入、股权转让收入、利息收入等经济利益流入，或虚增存

货成本、计提预提费用虚列经营费用等的涉税风险。

识别涉税风险模型及指标：

(1)其他应付款末余额>1,000 万元

(2)其他应付款÷流动负责>(预警值 10%)

运用该模型从采集数据信息识别涉税风险纳税人 607 户，涉税金额 5,519,092 万元。

F 风险识别模型：识别涉及“暂估“虚增销售成本、虚开发票抵扣进项税金涉税风险。

识别涉税风险模型及指标：

(1)应付账款期末金额>1,000 万元

(2)应付账款/销售成本>30%

运用该模型从采集数据信息识别涉税风险纳税人 330 户，涉税金额 2,496,217 万元。

销售费用风险识别模型：识别涉及企业虚列销售费用，虚开运费、仓储、广告费发票抵扣进项，虚列销售成本等涉税风险。

识别涉税风险模型及指标：

(1)销售费用率占毛利率比>30%

(2)销售费用>500 万元

运用该模型从采集数据信息识别涉税风险纳税人 297 户，涉税金额 707,348 万元。

财务费用风险识别模型：识别涉及企业虚列与生产经营无关的利息支出。

识别涉税风险模型及指标：

(1)财务费用>100 万元；

(2)财务费用率占毛利率>20%

(3)其他应收款÷流动资产>(预警值 10%)

运用该模型从采集数据信息识别涉税风险纳税人 173 户，涉税金额 122,386 万元。

资金拆借风险识别模型：识别关联企业资金拆借未按独立交易原则计价的涉税风险。

识别涉税风险模型及指标：

(1)其他应收款期末余额>1,000 万元

(2)其他应收款÷流动资产>(预警值 10%)

(3)其他应收款÷销售成本>30%

运用该模型从采集数据信息识别涉税风险纳税人 433 户，涉税金额 4,218,024 万元。

## 四、风险等级排序

从两个以上变量来确定风险值，风险值与以下因素有关：一是风险事项发生的概率(可能性)，我们运用模型及指标体系把可能发生不遵从的涉税事项梳理出来，二是纳税人的行为特征和身份特征；风险事项发生对税收遵从的负面后果，即风险税源流失后果，风险值=事件概率×后果，数据值高=高风险，数据值低=低风险。依照上述条件进行风险等级排序，最终确定各类型涉税风险的纳税人。

A－1 类型：以风险税源和风险程度进行等级排序，风险税源>200 万元，库存率>50%选取 10 户；风险税源>100<200 万元，库存率>70%选取 17 户，风险税源>50<100 万元，库存率>100%选取 31 户，风险税源>30<50 万元，库存率>200%选取 24 户，为特高涉税风险纳税人，计 82 户，占该类型纳税人 48.52%，风险税源 23,666 万元，占该类型风险税源 82.65%。

A－2类型：以风险税源和风险程度进行等级排序。(1)风险税源＞400万元，库存率＞50％选取30户，(2)风险税源＞200＜400万元，库存率＞70％选取20户；风险税源＞200＜50万元，库存率＞100％，选为特高涉税风险纳税人，计144户，占该类型纳税人27.22％，风险税源66,220.65万元，占该类型风险税源78.06％。

B类型：以预收账款期末金额＞1000万元以上，而且账龄达183天以上，进行等级排序。选取76户，占该类型纳税人66.96％，涉税金额407,224万元，占该类型风险税源63.19％。账龄达183天以上，进一步确认涉税风险概率，基本可以确认纳税人涉及销售收入长期挂账，隐匿收入的涉税行为，涉嫌逃税，此类型风险为必查事项。

C类型：以应收账款期末余额＞5000万元，应收账款期末余额÷销售收入＞(预警值50％)，进行等级排序。选取该类涉税风险纳税人73户，占该类型纳税人21.22人％，占该类型涉税金额57.89％。

D类型：以其他应收款期末余额＞5000万元，其他应收款÷流动资产＞(预警值10％)、其他应收款÷销售收入＞50％进行等级排序。选取该类涉税风险纳税人92户，占该类型纳税人25.27％，占该类型涉税金额74.42％。

E类型：以其他应付款末余额＞5,000万元，其他应付款÷流动负责＞(预警值10％)，其他应付款÷销售成本＞50％，进行等级排序。选取该类涉税风险纳税人147户，占该类型纳税人24.30％，占该类型涉税金额71.73％。

F类型：以应付账款期末金额＞5,000万元，应付账款/销售成本＞50％，应付账款周转天数100天，进行等级排序。选取涉税风险纳税人61户，占该类型纳税人18.48％，占该类型涉税金额64.92％。

通过税源因素分析模型进行风险识别，共识别涉税风险信息3,379条，应处置涉税风险金额1,583.76亿元，归集到涉税纳税人1,911户。风险应对需耗用大量人力资源，为此，我们按照风险管理理论要义，按涉税金额及发生风险的概率进行风险等级排序，找到更高风险涉税金额及更高风险涉税信息。

**风险等级排序效益分析**

| 序号 | 风险类型 | 风险等级排序前 | | 风险等级排序后 | | 风险类型信息数量比较 | 应对涉税金额比较 |
|---|---|---|---|---|---|---|---|
| | | 应对涉税金额(万元) | 风险类型信息数量 | 应对涉税金额(万元) | 风险类型信息数量 | | |
| 1 | A－1 | 28,634 | 169 | 23,666 | 82 | 48.52％ | 82.65％ |
| 2 | A－2 | 84,832 | 529 | 66,220 | 144 | 27.22％ | 78.06％ |
| 3 | B | 644,426 | 115 | 407,224 | 77 | 66.96％ | 63.19％ |
| 4 | c | 2,040,287 | 344 | 1,181,185 | 73 | 21.22％ | 57.89％ |
| 5 | D | 3,742,063 | 364 | 2,784,661 | 92 | 25.27％ | 74.42％ |
| 6 | E | 5,519,092 | 607 | 3,958,700 | 147 | 24.22％ | 71.73％ |
| 7 | F | 2,496,217 | 330 | 1,620,518 | 61 | 18.48％ | 64.92％ |
| 8 | 销售费用异常风险 | 707,348 | 252 | 560,528 | 108 | 42.86％ | 79.24％ |
| 9 | 财务费用异常风险 | 122,386 | 173 | 94,750 | 45 | 26.01％ | 77.42％ |
| 10 | 出口骗税风险 | 452,364 | 63 | 353,509 | 24 | 38.10％ | 78.15％ |
| 11 | 资金拆借风险 | 4,218,024 | 433 | 3,046,894 | 104 | 24.02％ | 72.24％ |

| 合计 | 15,837,649 | 3379 | 11,050,961 | 957 | 28.32% | 69.78% |
|---|---|---|---|---|---|---|

将涉税风险信息归集纳税人分析如下：

**纳税人遵从程度及"风险等级排序"应对风险工作效率分析**

| | | |
|---|---|---|
| 纳税人遵从分析 | 增值税纳税人数量(采集样本数) | 13,186 |
| | 遵从纳税人数量 | 11,275 |
| | 遵从纳税人占总纳税人比例 | 85.51% |
| | 涉税风险纳税人数量 | 1,911 |
| | 涉税风险纳税人占总纳税人比例 | 14.49% |
| | 涉税高风险纳税人占总纳税人比例 | 4.74% |
| 风险等级排序应对风险效益分析 | 风险等级排序前应对纳税人数量 | 1,911 |
| | 风险等级排序前应对涉税金额(亿元) | 1,584 |
| | 风险等级排序后涉税风险纳税人数量 | 625 |
| | 风险等级排序后应对涉税金额(亿元) | 1,105 |
| | 风险等级排序后应对纳税人比较 | 32.71% |
| | 风险等级排序前后应对涉税金额比较 | 69.78% |

上述列表说明，通过风险等级排序后，涉税风险信息数量由3,379条降至957条，降幅71.68%，将高风险涉税信息归集到纳税人625户，降幅67.29%，需应对的涉税金额由1,584亿元降至1,105亿元，降幅30.22%。也就是说用原来30%的工作量，就能完成70%涉税风险金额的应对处置工作。

## 五、风险评估评价

(一)风险识别准确率

思明区局本次采集样本数量占当期增值税一般纳税人比例为94%，按照统计学原理估测，涉税风险识别的准确率达到95%左右。风险类型的确定，是通过大量涉税案例归纳总结而来，均为常见的、发生率极高的涉税风险类型。

该风险识别模型已经纳税评估实践得以验证，准确率极高。如：运用增值税税源因素分析模型进行电梯行业纳税评估，仅选取该行业4户重点涉税风险企业实施评估，共查补增值税及滞纳金1,308万元。运用资金拆借和财务费用分析模型，从15,894户中筛选出40户确定为重点涉税风险企业进行评估，共调减以前年度亏损弥补额1.6亿元，评估补缴企业所得税3,928万元，加收滞纳金517万元，加收利息92万元。2013年至2015年，剔除房地产所得税清算、股权转让评估入库的税款，思明区国税局运用"税源因素分析法"评估查补的税款占同期评估查补税款的比例达到90%，成效显著。

(二)纳税人遵从整体评价

此次一般纳税人样本采集13,186户，确认涉税风险纳税人1,911户，占比14.49%(其中：高风险涉税纳税人为625户，占比4.74%)。从理论上论证，遵从度较高的纳税人为11,275户，占比85.51%。目前，美国国会对IRS提出的税收遵从度为83%。

## 六、选择风险重点

税务机关以提高纳税遵从度为基本管理目标，保证每一个纳税人全面遵从税法，但税收征管资源有限。按照税收风险管理理念,对税收遵从风险容易发生且风险级别较高的领域,要优先配置资源,有的放矢地应对风险,以较少的人力成本,获得较高的纳税遵从度。

根据以往各类型涉税风险发生的频率,A、B、财务费用－利息、资金拆借等类型的涉税风险概率极高,税源流失严重,且这四种类型涉税风险的识别模型指标、识别风险的准确率较高,在评估实践工作中得到验证。特别是B类型的涉税风险,预收账款金额达40.72亿元,账龄均在183天以上,税源流失风险极高。建议对上述类型涉税风险列为重点应对处置的对象。

## 七、风险应对建议

对于的类型,OECD把纳税人的状况做了一个理性的分类,分为两种人,即不会遵从和不愿遵从;

对不会遵从和不愿遵从的纳税人,应该采取不同风险对应处置措施。对于主观上愿意遵从的纳税人,税务机关应给予耐心细致的服务,采取纳税评估的方式,帮助其遵从税法对于主观上不愿意遵从的纳税人,税务机关必须坚决采取稽查手段,依法立案调查处置,体现税法的刚性。

通过风险管理理论学习研究,运用税源因素分析模型及指标体系进行风险识别、风险等级排序、对纳税人整体遵从度风险进行估测等实践活动,深刻体会风险管理理论的精妙之处。美国著名金融学家彼得·伯恩斯坦在其金融学巨著《与天对弈:关于风险的精彩故事》中认为,风险管理的极端重要性无论怎么强调都不过分,它甚至"超越了人类在科学、技术和社会制度方面取得的进步"。将风险管理理论与技术应用于税收管理领域,以降低和化解税收风险,是税收管理现代化的趋势和方向。

课题组成员:张鹭杰　黄志斌　杨丹若　陈藻生　张俊平

# 四川国税纳税服务召唤结构美学关系构建的现状、缺陷和对策研究

何 睿

从源流上说，税收的历史悠久；从价值上看，税收的意义重大。对处于社会主义初级阶段和发展新常态的中国而言，税收在维护社会稳定、支撑经济发展、涵养国计民生、保障国家安全等诸多方面发挥着不可替代的作用。无论是我国税收“取之于民、用之于民”的性质，还是其“为国聚财、为民收税”的使命，无不显示社会主义现代税收的先进性。有学者认为，“税收关系是现代国家中人民与政府的基本关系，和谐的税收关系是一个国家社会和谐与稳定的重要支撑力量”，体现在税收实际中就是税务机关及税务工作者和纳税人之间的往来关系。这一组关系，既涉及执法的刚性，又兼顾服务的柔性，可谓二元共生结构。在对税收关系进行分析时，笔者曾提出，当前四个全面、中国梦和科学发展观等立足长远、着眼现实而又恢宏壮阔的顶层设计“体现在税收关系中，就是要朝着科学、和谐与可持续的方向发展，让税收机关与纳税人之间产生一种共荣共生的双向互动关系，即“美”的关系，或称真、善、美相统一的关系”。事实上，随着管理型政府向服务型政府不断转型，随着简政放权、便民利民诸措施相继落地，税收关系之“美”的顺利实现，很大程度上依赖于纳税服务的美学关系构建。近年来，从国家税务总局到全国各地税务机关推行的“便民办税春风行动”，以及小微企业税收优惠、“银税互动”助力小微企业、“互联网＋税务”等种种举措，无一不是围绕着“于法周延、于事简便”而突出“服务”的内核。

在国家税务总局出台的《纳税服务工作规范(试行)》中明确规定，“纳税服务是指税务机关依据税收法律、行政法规的有关规定，在税收征收、管理、检查和实施税收法律救济过程中，向纳税人提供的有关服务事项和措施”。由此可见，纳税服务存在于税务机关与纳税人之间，是由税务机关施予、给与纳税人的具体服务集合。因此，纳税服务不仅是行政行为，也是行政关系、社会关系，这种关系由税务机关提供、等待纳税人加入，双方共同参与才能让其实现圆满。这种圆满一方面是纳税服务关系的圆满，另一方面也是税收关系和谐之美的实现。因此，将纳税服务上升到哲学、美学的层面，自然同接受美学中的召唤结构产生了天然的联系。近年来，紧扣四川国税相关纳税服务政策和实践，挪用接受美学的召唤结构相关理论，对其中纳税服务关系进行扫描，能够清晰地寻出纳税服务召唤结构美学关系的构建情况和困惑，进而找到一条更为合宜的发展路径。唯其如此，才能够全面发挥税收工作的正能量，张扬税收之“美”。

## 一、纳税服务召唤结构构建现状

近日，结合纳税服务的发展状况，“纳税服务”在政策与操作层面的内涵与外延都得到了更为细致、准确的界定，笔者认为，纳税服务归根结底还是一种关系。纳税服务工作始于纳税人需求，基于纳税人满意，终于纳税人遵从。通过纳税服务工作而形成的纳税服务关系，虽然主要仰赖税务机关的服务行为方才得以构建，但最终却需要纳税人的加入才能够达到完满，尤其关键的是，纳税人的参与是极具个性与挑战的。也就是说，纳税服务与纳税人的满意度、遵从度互为因果、彼此依存。纳税服务的质量与效率，一定程度上决定了纳税人的满意度和遵从度；纳税人的满意度和遵从度，既侧面产生于纳税服务的质量与效率，又能够倒逼、督促纳税服务质量与效率的提高。

税务机关与纳税人之间的这种纳税服务关系,可以理解为服务与被服务、被评价与评价的关系。“召唤结构”是德国接受主义文论家和美学家伊瑟尔的重要理论。召唤结构“原是英伽登阐释学中的一个概念,英伽登认为作品是一个布满了未定点和空白的图式化纲要结构,作品的现实化需要读者在阅读中完成对未定点的确定和对空白的填充”。伊瑟尔认为,任何文学文本在作者创作之后、读者阅读之前,都包含了许多意义不确定点和空白、模糊处,是一个多层次的未完成结构,即第一文本(艺术极)。在《阅读行为》中,他提出“一个虚构的文本必然会出于其本质的原因而对人们所熟悉的常规的可靠性提出疑问”,只有当与文本的“召唤结构”产生共鸣,并且具备一定条件的“隐含读者”对文本进行阅读、欣赏和再创造,文本才能变为作品,也就是第二文本(审美极)。伊瑟尔接受美学的立足点侧重于作品自有的“召唤结构”,重视与之对应的“隐含读者”加入文本再创造,学者普遍称为“文本与读者相会”。无论是美学还是文学研究中,“文本”都是一个较为宽泛的概念,绝非仅指文学、艺术作品本身。抛开作为文学理论的“召唤结构”定见的束缚,将“文本”的概念加以泛化,现实社会中的万事万物都可以被理解为“文本”,召唤结构的“文本”无疑裹覆着美学关系的外衣。诚然,纳税服务由税务机关创造、提供,却绝不是封闭和僵化的,而是在得到纳税人的参与后才得以升华、充实和优化而螺旋上升的“未完成”的“文本”,一定意义上,其完成过程无异于“文本与读者相会”,最后变作完整的“作品”,即有作为“文本”的纳税服务和作为“作品”的纳税服务。因此,纳税服务是一种更具现实意味的“文本”,税务机关是纳税服务这个“文本”的“作者”,纳税人则是这组关系中的“读者”,纳税人的投入与反馈是填充纳税服务“空白”的关键。伊瑟尔追求的“文本结构之中的读者”变为“文本结构现实化过程之中的读者”,在纳税服务的具体实际中,可以理解为纳税人参与纳税服务关系的自我实现。把目光投射到税收工作,如果纳税服务不从自身美学关系的召唤结构中汲取养分、吸收经验,那么一定不可能获得纳税人的认可,更不可能从根本上助推税收关系科学化、税收工作现代化。用伊瑟尔的话来说,就是“作品的文本中暗含着读者的作用”。值得肯定的是,从国家税务总局到各地税务机关都能够认识到纳税服务的重要性,并且在匡正纳税服务关系的前提下催生和谐、科学的美学因素。以四川国税系统及其工作实绩为例,主要从三个方面着力构建纳税服务召唤结构的美学关系,并已产生了积极效果和正面效应。

其一,纳税服务规范的召唤结构。“2014 年 10 月 1 日起,《全国县级税务机关纳税服务规范 1.0 版》在全国试行”,不只为后来逐步升级、完善的《全国税务机关纳税服务规范》描绘了雏形,也为作为行政行为的纳税服务工作制订了统一标准。在纳税服务规范中,从税务登记、发票办理到申报纳税等办理涉税业务的方方面面为纳税人提供了政策依据和流程指引,四川国税系统借此为纳税人提供了高标准、高质量和高效率的涉税服务。同时,纳税人主动参与纳税服务规范的学习和运用,为规范建言献策,以实际需求导航业务操作,反向促进了纳税服务规范从虚拟的制度转化为了切实践履,填补了规范的不确定点与空白。换句话说,《全国税务机关纳税服务规范》在四川国税的落实、落地过程,就是纳税服务召唤结构美学关系的构建过程。

其二,纳税服务工作的召唤结构。四川国税致力于最大限度方便纳税人、最大限度规范纳税人,无论是如火如荼地进行中的“便民办税春风行动”,还是“互联网+纳税服务”的种种策略,都吸引纳税人共同进入纳税服务“文本”体验、创造,进而完成服务纳税人的召唤结构美学关系“作品”构建。在国家税务总局的风向标下,在新一轮的“便民办税春风行动”中,四川国税也力求做到“坚持问题导向,便利化改革出清单”,否则绝难让纳税人在参与纳税服务再创造之时产生审美情趣。未经纳税人测试、使用和评价时的各种便民办税措施,都只能被称为半成品或未完成品。例如,四川国税的蜀税通、成都国税的蓉税通、遂宁国税的遂税通、广元国税的微平台等举措,在税务机关与纳税人的双向活动中走向成熟与完备,尤其是成都国税的蓉税通 app 和微信公众平台发端较早,在税务机关与纳税人的互动中经历了多次升级、调试,日益为纳税人带来了愈来愈多的便利。

其三，纳税服务反馈的召唤结构。就四川国税而言，每年都会定期对税务机关的服务质量进行综合评定，其中就包括纳税人参与评价的满意度调查。无论是在规范的要求中，还是在服务的内涵里，满意度调查和反馈都是纳税服务的题中应有之义。从召唤结构的视角来看，调查与评定也是由税务机关主动提供的一项服务，但这项措施中包含着众多意义的不确定点，经过不同纳税人的主观感受和客观评价后，反映出不同的调查和评定结论。笔者认为，纳税服务满意度调查的完成过程让其“关系”的本质得以显现，是召唤结构下纳税服务这一“文本”到“作品”的成型过程，也是“一千个读者就有一千个哈姆雷特”的审美体验过程。

## 二、纳税服务召唤结构存在缺陷

在四川国税系统上下一心、群策群力的协同努力下，纳税服务召唤结构的美学关系得到了较为系统的构建。近几年的纳税人满意度调查显示，纳税人与税务机关之间的关系日益改善，纳税人对税法的遵从度也得以提升。同时，四川国税拓宽思维、打开眼界，以党中央、国务院及国家税务总局相关政策为导向，与地税合作为纳税人提供饱含多种可能性和更大参与度的服务，一方面“四川省国税局、地税局始终致力于推行联合办税、联合征管，实现征纳双方的和谐共赢”，另一方面“四川省国税局按照《深化国税、地税征管体制改革方案》的要求，联合省地税局制定了《大企业税收服务与管理联合工作规程》，建立大企业税收服务与管理联席会议制度，协调解决存在的问题”，在“提升大企业管理层级”和“深化税务稽查改革”试点的基础上，四川国税还将“下深水抓试点，探新路促改革”。在此合作机制和体制改革背景下，纳税人在四川国税的纳税服务中感受到了前所未有的“获得感”，在获得的同时创造性地实践了合作机制和体制改革并给与了及时的反馈，刻画出了新常态下的纳税服务美学关系。

反观四川国税纳税服务的固有模式和创新进展，梳理四川国税税务工作实践中的种种反面教训和负面回应，仍然存在不利于召唤结构美学关系牢固确立的缺陷。

(一)规范变化的频率过高

自2014年以来，国税系统的《全国税务机关纳税服务规范》经历了多次变化，从最初的1.0版本升级到了目前的2.3版本。从四川国税贯彻落实纳税服务规范的诸多办法来看，从省局到各地市州局再到各区县局做到了层层推进，印刷、配发规范，制作手册、宣传单，并善加利用税法宣传等契机，使得纳税服务规范得到了很好的推广，也使得纳税人广泛投身纳税服务规范这一“文本”的发展成熟进程中。如2015年，全省各级国税积极开展国家宪法日暨全国法制宣传日宣传活动，在成都市成华区国税局充分利用区局办税服务大厅对宪法、党的十八届五中全会精神、税收法律法规知识等进行宣传，解答纳税人疑问。

但是，在此情况下，随着国家政策法规的变化，随着国税涉税征管的更新，《全国税务机关纳税服务规范》在短短一年多时间之中升级了多个版本，速度快、频率高。一方面，纳税服务规范的升级有利于其能够适应税收工作的新变化；另一方面，纳税服务规范的升级阻碍了纳税人的深入学习、了解和运用，规范的增减变化即“文本”的留白和模糊处，在传播时效、传播效果难以控制的情况下凝固为意义的空洞，导致了纳税服务召唤结构美学关系构建的滞缓，最终难以吸引作为“读者”的纳税人的“阅读欣赏”。四川国税虽然做到了规范升级的快速响应、高效换代和讲解培训，但仍不免对与纳税人之间的美学关系造成了间离。

(二)服务项目的整合较弱

在四川省范围内，各级国税机关以“便民办税春风行动”和“互联网+纳税服务”为抓手，全面铺开纳税服务工作的新部署，为纳税人提供了较为多元的周到服务。如成都市国税局积极适应数字化、网络化、智能化为主要特征的信息技术发展趋势，探索与高校开展多方合作，在保证税收信息安全的基础上，巧借高校“外脑”，发挥各方优势，协作推动成都“智能国税”建设。建立了“‘智能国税’建设及‘互联网+税务'办公室"三方合作机构及联席会议制度,开拓了蓉税通、双向预约、二维码一次性告知等多种工作途径。

纵然如此,四川国税系统如蜀税通、蓉税通、遂税通、广元国税微平台、各地市州微信公众平台、微博认证账号、微信城市服务、12366、各地税企 QQ 群等服务平台与方式数量庞大、各自为阵,整合较弱,不能从宏观层面为纳税人提供更为权威、精确和直接的服务。在召唤纳税人加入时,作为"文本"的纳税服务的空白点密集且彼此无联系,不能唤起纳税人足够的"欣赏"共鸣和"创作"激情,难以形成合力,对税务机关与纳税人之间美学关系的搭建埋下了隐患。

(三)意图收集的覆盖稍低

四川国税系统每年都定期对纳税人满意度进行测评,测评的范围涵盖纳税服务工作的方方面面。就成都国税而言,每年都会通过三方测评的方式完成纳税人满意度调查,针对满意度调查的结果进行汇总、分析和公示,对各区县国税局在年内呈现于纳税人前的作为"作品"的纳税服务进行评价,转而促进纳税服务工作的提升与改善。除了满意度测评外,四川国税系统日常运用 12366 纳税服务热线、12366 纳税服务平台、税企 QQ 群等"互联网+纳税服务"成果跟踪纳税人的满意度,定点收集纳税人的投诉意见并立即整改。

然而,纳税人满意度测评和各渠道收集的纳税人意见的覆盖面受到时间、空间和硬件条件等因素的制约,远不能达到预期和理想状态。从性质上看,税务机关针对纳税服务而进行的满意度测评、意见收集是召唤结构最直观、直接的构造路径;就眼下来说,税务机关意图收集的覆盖面不足以支撑作为"作品"的纳税服务召唤结构美学关系的成立。税务机关的"言路"如何真正打开,纳税人如何有效参与"作品"创造,这是以四川国税为代表的各地税务机关亟须解决的问题。

## 三、纳税服务召唤结构发展方向

在伊瑟尔"召唤结构"理论中,"作品"并不等于印好的书或成型的事物,一部文学作品在未经读者阅读之前、一件事物在未经他人接受之前,只能作为"文本","一个虚构的文本必然会出于其本质的原因而对人们所熟悉的常规的可靠性提出疑问",纳税服务作为现实的"文本",则更多的是对常规可靠性的再现、确证和辅弼。综观四川国税在纳税服务工作方面的努力,既有成果建树,也有缺陷困惑。纳税服务这一具有召唤结构特性美学关系构建的缺陷,才为四川国税预留了改进的空间和可能,此种改进和可能,无疑也是召唤结构的另一种"空白点"。

(一)多渠道普及规范,调整规范变更频率

《全国税务机关纳税服务规范》作为国家范围内纳税服务的规范性文件,对纳税人所接触的涉税业务的各个方面都作出了细致的规定,用"一条杠杠"划定了各级税务机关的工作规程。无论是办税服务厅,还是在其他相关涉税平台,税务机关及其工作人员无差别地按照规范提供服务,是《全国税务机关纳税服务规范》的主要目标。面对涉税事项的变更,纳税服务规范必须适时给与合适的应对,选择"办税服务厅实体规范、操作手册和宣传资料+互联网平台虚拟规范、操作手册+宣传资料"的方式,实体材料定期更新,网络材料即时更新,既为纳税人营造良好的接受环境,又给纳税人创设相对稳定的认知对象。只有这样,才能降低规范更新频率和及时更新规范两不误。

笔者认为,在办税服务厅、办税延伸点等实体办税场所,定点配备、定期更新《全国税务机关纳税服务规范》,可以供纳税人查阅、学习;在各类办税 app 如网络办税平台、网上申报平台、蜀税通、蓉税通、微信公众平台等"互联网+纳税服务"新成果上运用微电影、MV、漫画和表格式说明等新形式普及规范、做活规范,让纳税人能够主动、积极接受、解读、运用规范,反向创作纳税服务规范的"作品",形成完整的召唤结构。

(二)全方位整合资源,统筹兼顾提供服务

面对四川国税系统纳税服务资源数量众多、质量参差、效果不一和难以形成合力的现状,省局应尽早出台相应政策,甚至可以根据现实条件出台《全国税务机关纳税服务规范》的细化规范用于统筹协调现有资源。以蜀税通整合蓉税通、遂税通形成四川国税系统纳税服务 app 群落,用四川国税微信公众平台覆盖各地市州、区县微信公众平台,加强 12366 纳税服务热线和纳税服务平台对其他热线平台的统御作用……都可以加以论证后逐步实施。

当下,国地税征管体制改革提上日程,国税、地税征管体制改革是为了满足服务国家治理体系和治理能力的现代化,为了满足落实简政放权、放管结合、优化服务的需要,也为了推进税收事业科学发展的需要,实现"持续释放税收改革红利,切实增强改革获得感"的目标。在国地税合作的背景下,四川国税可以联合地税系统,进行纳税服务的双相结合,协力为纳税人提供全方位的涉税服务。

对纳税人来说,吸引其加入纳税服务召唤结构进行再创造、再加工的,绝不是简单、粗暴或芜杂的服务渠道本身,而是服务资源本身的聚合性、多元性和实用性,只有高屋建瓴地做到了统筹兼顾,才能够完成"作品"、唤起税务机关和纳税人之间的关系之美。

(三)广视角接受监督,及时转化服务成果

税务机关作为执法部门,其为纳税人提供的部分服务带有执法的性质,需要接受监督;另外,纳税服务作为税务机关的行政行为,效能和效果也都需要接受监督。据了解,自 2014 年实施"网格化"大走访以来,遂宁国税按照"巩固+提升"的思路,逐年推动"网格化"上档升级,2015 年推出了"网格化"直通车服务,2016 年将着力做优做实"网格化"平台,打造"网格化"新型征管服务模式,实现"人在格中走,事在网中办"。为了改变"满意度测评+多渠道投诉"的低覆盖面意见反馈机制,四川国税可以推广遂宁国税的"网格化"思路,架设"网格化"新型纳税服务监督与反馈立交桥。

笔者认为,四川国税的"网格化"监督与反馈机制,可以实时调用各项纳税服务系统的数据,如金税三期优化版的业务办理时长、增值税防伪税控系统的业务办理时长等,对数据进行联网分析、换算,智能完成办税服务的分级、测评。加上各大纳税服务智能平台的实时意见反馈,以及原有的第三方测评、12366 投诉等方式,必然大大拓宽视角、扩展覆盖面,及时将纳税人的建议通过召唤结构的互动关系转化为纳税服务的增值增殖,实现纳税服务"作品"的开花结果。

在伊瑟尔召唤结构的美学视野下,作为"文本"的纳税服务源于税务机关的客观付出,作为"作品"的纳税服务赖于纳税人的主观参与,只有二者连结形成紧密的逻辑链条,才能使得因纳税服务而产生的税务机关与纳税人之间的关系真正朝向和谐、科学的方向迈进。为了推进税收现代化、实现税收可持续,四川国税在固有资源有限的情况下展开了多方探索,倘若能够再接再厉、克服缺陷,就能够将税务机关与纳税人在纳税服务的召唤结构中凝聚成为一个整体,为最终构建成为真、善、美的现代税收关系添砖加瓦。

(作者单位:四川省成都市成华区国家税务局)

# 提高纳税服务质量　提升税收征管效能

刘俊华

随着构建和谐社会进程的不断推进,政府公共服务职能的转变日益完善,在为民服务方面也越来越深受群众的赞扬。比如,纳税服务,统一、清晰的办税标识,优雅、整洁的办税服务大厅,便捷、高效的自助办税服务设备,微笑、礼貌的税收工作人员,无不彰显着优质的服务质量。但是,纳税服务绝不仅仅是“门好进、脸好看”就足够的。

## 一、深入理解纳税服务的含义

从词组的含义来看,纳税服务是政府和社会组织根据税收法律、行政法规的规定,在纳税人依法履行纳税义务和行使权利的过程中,为纳税人提供的规范、全面、便捷、经济的各项服务措施的总称。

笔者认为,简单的含义,描述了纳税服务的几个方面:首先,纳税服务是一项公共服务。税务机关作为政府的职能部门,就要按照十六届三中全会提出的建设公共服务型政府的要求,承担为社会公众提供基本的公共服务的职责。纳税人作为享受公共服务的对象,就会不断的关注、监督职能部门的服务标准、服务水平。

其次,纳税服务建立在依法的基础上。税务机关履行行政行为,不能超越税收法律、行政法规的规定,纳税人享受服务,不允许违背纳税义务、超越权利范围。第三,纳税服务是综合型服务。正如前文提到的,“门好进、脸好看”只是纳税服务外部环境的一个浅层次方面,要做到“规范、全面、便捷、经济”,还有许多的方面需要我们去思考,去实践,去完善。

## 二、当前纳税服务存在的差距

近年来,随着纳税服务工作在全国的深入开展,税务机关以窗口建设为基础努力改进工作作风,想着纳税人、帮助纳税人、尊重纳税人;不断创新服务方式深化征管前移工作,优化征管系统设置,规范简化办税流程;积极构建服务平台推行网上申报、网上缴税、自助办税等现代化办税功能;深入开展便民办税春风行动,推行预约服务、延时服务、延伸服务,使纳税服务质量和税务机关形象都得到很大的提升。

然而,通过受理12366纳税服务热线投诉和实地观察办税服务大厅的办税情况,还是会发现纳税人对基层税务机关和办税服务大厅的纳税服务质量存在这样或者那样不满意的地方。究其原因,一方面是纳税人对纳税服务质量有更高的要求,另一方面是当前纳税服务还存在诸多不足。

(一)思想认识不到位

在政府的职能部门中,部分单位会存在这样的认识:纳税服务是税务机关的事情,其余的职能部门只需各司其职,做好分内之事。在税务机关内部,大部分人会存在这样的认识:纳税服务是办税服务厅的职责,是窗口工作人员应该努力做好的事情。在窗口工作人员的观念中,可能会存在这样的认识:做到了微笑、礼貌,也就做好了纳税服务工作。

(二)税收宣传不全面

在回复纳税人投诉和现场安抚情绪激动的纳税人的过程中,看到了引发矛盾的一个共同点:税收管理人员和窗口工作人员对税收政策解释不清晰,纳税人不能正确理解。随着经济的发展变化,税收政策也会不停的调整,而纳税人对政策的把握可能不及时、不准确,如果我们的税收宣传只停留在表面,没有多角度、多渠道的去分析、讲解税收政策,甚至没有在宣传场所及时更新,就会造成政策的执行力不强,不能更好的促进和推动纳税服务质量的提升。

(三)服务机构不专一

目前,省(市)级税务机关有专门的纳税服务局,负责纳税服务的监督、管理,拥有统一的服务标准、统一的税收政策、统一的管理机制。而在基层税务机关,只要是跟纳税人有征纳关系的机构,都是纳税服务单位,比如征收环节、管理环节、稽查环节,都会零散的承担着纳税服务的职能。像这种不能有效集中的服务,就容易造成税收政策解释不一致、纳税服务标准不一致,纳税服务质量不一致,相同的税收政策执行不一致,不但影响了税法的严肃性,而且降低了税务机关的公信力,同时还会增加纳税人来回跑路、多次报送甚至重复报送的负担。

(四)服务软件有待完善

随着互联网的快速发展,纳税人享受到了网上申报软件、渝税通软件和正在推行的电子税务局带来的便利性,到办税服务厅或者税务所办理涉税事宜的情况会相对减少,这一现象税收体制机制改革和促进税务机关的组织机构更加扁平化、集约化而言,有着重要的意义,但是,也体现着纳税人对涉税软件有更高的要求。目前,虽然电子税务局的开通通过 CA 认证的方式让纳税人减少了纸质报送的数量,但纳税人所使用的涉税软件存在更换较快、运行速度慢、多处申报数据等不足之处,影响了纳税人使用的快捷性和便利性。

(五)评价体系有待加强

通过三方评价体系来监管纳税服务的方式一定程度上促进了纳税服务质量的提升,但在实际的操作过程中,这样的评价体系操作流程是否完善,评价标准是否严格等方面都有需要加强的空间。

(六)业务素质有待提高

作为税务机关的工作人员,部分人还存在满足于应付,靠经验办事的作风,缺乏主动性、创造性,知识结构更新较慢,文化素质和业务素质相对滞后,影响了工作的效率。同时,还存在法律意识不强的现象,不仅对税收法律、税收政策把握不准确,还有可能对税收处罚的程序不了解,在执法过程中随意性大、规范性差、程序性弱,削弱了依法治税的力度,更无从谈起纳税服务质量。

## 三、如何持续提升纳税服务质量

(一)把握纳税服务重点,提高思想认识

笔者认为,纳税服务的重点在于:公正、效率,而不是简单的理解为“优化服务=微笑服务”。具体而言,就需要税收工作者纠正思想上的认识,从两个个方面去努力:一是摒弃特权思想。抛弃税务机关更应该注重管理的理念,顺应时代潮流,打造管理服务型职能部门,营造平等的税收征纳关系;二是注意关注细节。做到“情为民所系、权为民所用、利为民所谋”,在纳税服务的过程中发挥主动性和创造性,针对具体的纳税人找出具体的便民办税措施,最大限度的节约纳税人的时间成本,减少纳税人的金钱成本,设身处地地思考纳税人的需求。

(二)全面掌握税收政策,提高业务素质

税务干部队伍素质的高低决定着税收征管水平的优劣。作为税务干部,需要不断的更新自身的知识结构,把握税收政策的动态,比如,营改增正式施行之前,就要提前阅读、理解和掌握国家税务总局关于营改增政策的公告和对相关税收事项的解释,仔细分析省(市)级税收政策的重点和难点,才能更准确的回答纳税人的咨询,更好的为纳税人提供业务辅导,才能确保税收政策顺利的执行而不走样。同时,需要准确把握税收征管程序，规范税收执法，减少在纳税服务过程中可能出现的执法风险，避免随意性大、规范性差的现象出现，消除执法不严的弊端，净化税收环境。

（三）设立纳税服务机构，提高服务水准

在基层税务机关或者办税服务厅探索像省（市）级纳税服务局的设置方式，设立专门的纳税服务机构，配置专门的人员，统一税收政策的宣传、统一纳税服务内容、统一纳税服务标准和时限，打造优质、高效和便捷的纳税服务。

（四）建立健全岗责体系，提高服务效能

按照征收和管理的要求，制定严格的管理制度，明确每一个涉税事项的办理流程和办结事项，明确相关科室、基层税务所、办税服务厅的职责，明确每一个岗位和每一个个人的职责。通过定岗定责来约束拖延审批，杜绝相互推诿导致纳税人多跑路、重复报的现象发生，打造高效的纳税服务工作流程，构建优质的纳税服务体系。

（五）不断优化服务机制，强化征收管理

一是走出只重服务的误区。不能一看到多次提出优化纳税服务就忘记了税收征管的原则，认为只要纳税人满意了，满意投诉了，纳税服务工作就完成了。相反，要树立纳税服务与税收征管相互促进、相互衔接的思想，按照征收管理规范和纳税服务规范的要求，严格督促纳税人按期申报和缴纳，认真审核纳税人的申报资料，营造公正的办税环境，强化税收质量；二是规范服务达标。继续推行纳税服务规范要求的服务标准，努力将税收解释、税收宣传到位，规范纳税人依申请事项的资料要件，落实一次性告知服务、免填单服务，从税务稽查、纳税评估、纳税人约谈等方面全面延伸纳税服务，不把服务停留在表面；三是探索创新服务方式。适应新的税制改革，实现纳税服务形式的新突破。针对不同的纳税人，提供更加周到合理的个性化服务，积极开展征纳双方的沟通互助，比如，曾经的涉税申报软件有了更改，纳税人暂时不适应，税务工作人员应该多征求纳税人的意见和建议，寻找合适的方式去宣传和讲解，让纳税人可以很快适应并顺利使用。对于在全面推行营改增后发生变化的行业纳税人，探寻新的规则和制度，从细节入手，加强国税部门和地税部门的合作，更好的促进纳税服务和税收管理。

提高纳税服务质量不能一蹴而就，需要更好的转变服务理念，注重服务质量，延伸服务途径，变被动服务为主动服务，变单一服务为综合型服务，做到规范化、人性化，才能实促进纳税服务实现质飞跃，真正实现纳税服务的提质增效。

（作者单位：重庆市綦江区地方税务局）

# 提高纳税服务质量研究

周淑芬　薛宇航　张　刚

税收是国家财政收入的主要来源，纳税服务质量的提高有利于促进纳税人的税收遵从度，对于促进我国经济社会健康、和谐的发展具有重要的意义。提高纳税人的纳税遵从度，降低税务机关的管理成本，让更多财富回归公共服务，努力提高人民生活水平，体现了“为国聚财、为民收税”的税收理念，也是建设服务型政府的必然要求。

提高纳税服务质量当前国际税收发展的潮流，在欧美等发达国家都已形成了一流的纳税服务体系，而我国的纳税服务体系还处于不断地完善阶段。近些年，从我国纳税服务发展的历程看，税务机关在纳税服务实践中的问题和矛盾日益增多。本文主要阐述两个方面的内容：我国现阶段纳税服务实践中存在的问题、对解决我国纳税服务实践中存在的问题的几点建议。

## 一、我国现阶段纳税服务实践中存在的问题

当前，我国纳税服务环节暴漏出的不足之处主要有以下几个方面：

（一）税务干部纳税服务的意识不强

1、我国在古代社会就有“官重民轻”的旧思想，官本位的错误思想长期以来在一定程度上还束缚着人们的思想。部分税务干部在思想上，仍然把纳税人当成管理的对象看待，服务意识淡薄。税务机关作为政府行政管理部门，仍禁锢在传统税收管理理念之下，重管理，轻服务，并没有将自身摆在服务者的位置上，将纳税人当成自己的“顾客”，也没有将纳税服务看作纳税人依法应享有的正当权利。而将纳税人当成自己日常管理和监控的对象，这种以不信任为基础的观念长期存在，无形中淡化了纳税服务意识，影响了纳税服务工作的开展。

2、对纳税服务理念的理解存在偏差，将纳税服务理念片面化，只是仅仅停留在服务环境、服务态度、服务举止等表面层次上，忽视了对纳税人权利的尊重、对纳税人权利的保护、对纳税人服务效率提升等深层次的问题，导致纳税服务工作成为过多空虚的、表面化的服务，流于形式而已，缺少针对纳税人在办税过程中真正需要的实质服务。

3、重组织收入、轻纳税服务在一些税务干部的思想意识中还存在。认为税务机关就是为国收税的，税务干部就是负责日常管理和督促企业、个人缴纳税款的，只要完成了上级税务机关和地方政府下达的全年收入任务，就算基本上完成任务，纳税服务则成了一个科室的工作，无法在整个税务机关和全体税务干部中上升到和组织收入同等的地位，导致在纳税服务上大打折扣。客观上，上级部门和地方政府每年不断增加的收入任务和各项税收指标给税务机关和税务干部带来了巨大的压力，让税务机关无形中将自己视为征纳关系中强势的一方，忽略了实际双方的平等性。

（二）税务机关与纳税服务相关的硬件、软件设施不够完善

1、当前，我国大部分地区税务部门的纳税服务平台体系主要由办税服务厅、税务官方网站、纳税服务热线三大部分构成，由于我国实行分税制，前述纳税服务平台体系又划分为国税平台和地税平台两个子部门平台，即三大部分、两个平台的模型。另一方面纳税服务平台体系的构建以省级国、地税为主，并不由国家税务总局统一规划、统一标准、统一实施，而全国各个地区的税收信息化发展还不平衡，国地税两个系统税收信息化发展也不同步，必然导致服务平台体系不统一、信息不共享，从而导致各个地区各自为

战，浪费税收资源，也造成地区间信息化纳税服务水平的高低不一，使纳税人在不同地区享受不一样的纳税服务，有失公平。

2、税收征管系统不完善、不统一，各地发展水平差距较大。2016年5月1日全面实行营改增以后，虽然金税三期征管系统较以往的系统有了很大的改进，比如增加了国地税合作版块，稽查、评估、管理都有了明确的分工，纳税服务版块也有了突破。但是，客观的讲，还存在很多需要完善的地方：

(1)网上申报没有全部实现无纸化。实行新网报的目的，主要是为了方便纳税人，避免每月往办税服务厅跑，但在有的地区，采取网上申报的纳税人，每个申报期仍然要跑税务机关报送各类报表，原因是税务机关基于纳税评估、日常检查的需要仍然让纳税人报送纸质的财务报表。网上申报，就应该彻底实行"无纸化"申报，取消每月到税务局送报表。

(2)税务部门与其他部门业务衔接不到位，信息不通畅。税务机关与国税、工商、房产、金融、国库等部门的信息共享仍处于初级阶段，除了国地税之间的税务登记信息、金融机构的税款申报扣缴信息取得了具有实用价值的进展外，在其他方面的信息共享寥寥无几。如房产部门的产权登记信息，并未在房产与税务部门之间进行有效地沟通和衔接，导致纳税人到办税服务厅申报纳税，税务部门还需要纳税人到房产部门提供相关。地方政府为招商引资，制定了一些优惠政策，税务部门与政府各有关部门的也未能实现信息共享，由于信息无法共享，使纳税人人不能快速、便捷地完成涉税事宜的办理，纳税服务质量不高。

(三)纳税人的办税流程过于繁琐

1、国税部门与地税部门各自拥有一套机构，纳税人办税流程繁琐。当前，国务院在减少各类行政审批方面下了大力气，清理了一批繁琐复杂的审批事项，给老百姓带来了很大的便利，大大减轻了群众的负担，有效提高了办事效率。但是由于我国实行分税制，国税和地税各自独立办公，国地税办税业务流程依然复杂，文书审批业务依然烦琐。在现实工作中，因为要求依法办税，各部门在办理业务时十分注重程序规范，这就导致纳税人办理业务时经常会出现往返于国地税两部门、多环节的现象。如果个别部门之间意见不一致时，纳税人更是来回折腾好几趟，甚至出现一拖再拖的现象。

2、税收规范性文件需要进一步完善。目前，从国家税务总局到省市级的税务部门制定的税收规范性文件，可以说数量庞大，涉及税收业务的各个方面，比如纳税评估、税务稽查、税收优惠、纳税申报、税务风险管理等等。但是，随着经济社会的不断发展，有些税务规范性文件已经失去了存在的意义，有的继续执行可能会给纳税人增加不必要的负担。因此，需要及时清理那些给纳税人造成额外负担的税收规范性文件，以提高税务机关的办税效率，提升纳税服务质量。

## 二、对解决我国纳税服务实践中存在的问题的几点建议

(一)税务干部切实转变观念，从思想上提高纳税服务意识

纳税服务工作，归根结底要靠一线税务干部的具体执行，而执行者的首要转变就是纳税服务理念的更新。

1、要树立纳税人是"顾客"的理念。我们都知道，一个企业的发展离不开客户的支持，离不开客户的消费，因此每个企业都把顾客当成是上帝来对待。失去客户意味着失去生存的空间。税务干部要意识到纳税人依法将税款上缴国库，依法应受到国家的公共服务，理应受到税务机关的热情、优质的服务。

2、税务干部应牢固树立以纳税人为主体的理念，切实尊重纳税人的合法权益，让纳税人在办税过程中的避免不必要的负担是税务机关应尽的义务。要尊重、理解、关心纳税人，努力满足纳税人个性化服务需求。

3、税务干部应当树立主动服务的意识。作为纳税人希望通过税务机关的优质服务能够节省办理业务的时间，简化办税流程，提高办事效率，享受其应有的权利。因此，税务机关应从细节入手，做到"纳税人至上"，优化办税场所的硬件设施，对从事纳税服务岗位的税务人员进行专业的礼仪、税收业务知识、计

算机操作、办税流程等与纳税服务相关的培训，做到有问必答，有答必对，把纳税人当成自己的顾客，把关爱纳税人落到实处，把征纳双方的关系放在对等的位置，体现对纳税人应有的尊重。在具体办税过程中，统筹安排、集中办理，一站式服务，一次性办结，避免了纳税人在几个部门间来回奔波。

（二）不断提升纳税服务相关的硬件、软件设施

纳税人既有义务也有权利，义务是向政府缴纳税金，政府将税金集中为财政资金，纳税人有权利享受财政资金为其提供的服务。整个纳税过程体现出的是平等的关系，纳税人与政府没有上下级之分。政府在纳税服务上的效率直接决定了纳税服务的质量。

1、在办税服务厅的硬件设施上做到与时俱进，可以参照银行等金融系统先进的硬件设施，为纳税人提供一流的服务，让纳税服务看得到、摸得着。同时，在税务网站的维护上，要细化各个版块的功能，做到有针对性、可行性，注重实效，避免花架子等表面工作。在纳税服务热线上，对接听热线的税务人员要严格选拔标准，把既懂得税收业务，又熟悉计算机软件的复合型人才选拔出来，充实到12366税收服务热线。

2、不断完善税收征管系统，对金税三期初期运行阶段出现的漏洞和不足之处，及时向上级税务部门反馈。目前，我国已经从2016年5月1日起，在全国范围内全面实施营改增，国地税之间的合作需求越来越大，国地税之间的信息共享就变得越来越重要。同时，税务部门与其他部门的信息共享需求也日益突出。因此，加强国地税之间以及税务部门与其他部门之间的协作，做到信息共享，对于纳税服务来说至关重要。对此，建议在国地税之间以及税务部门与其他工商、金融、房产等部门之间建立大数据库，可以作为金税三期系统的子系统。

（三）简化办税流程

1、加强国地税之间深度合作，简化办税流程。在日常工作中，经常听到纳税人的抱怨声：国税各个部门跑完了需要一个月，到地税部门还得等一个月。我国自从1994年实行分税制以来，税务部门从国家税务总局以下分为国税和地税两个部门，两套办事机构和税务人员，在涉税事项的办理上，也分为国税流程和地税流程。对于税务部门来说，每个税务部门对应的只是一个企业，但是对于企业来说，可能要对应的部门会很多，国税、地税、工商、质检等等。因此，企业在日常的生产经营过程中已经不堪重负，面临的压力很大。以一户企业的注销税务登记为例，纳税人在国税部门办理了注销税务登记，需要到国税的办税服务厅申请注销税务登记，办税服务厅会转交税源管理部门办理，税源管理部门接收派发任务后，会经过到企业查账、实地调查、清税等流程，最后转回办税服务厅。纳税人在拿到国税部门出具的注销税务登记的税务事项通知书，才能到地税部门办理注销登记。在地税部门，纳税人会经历同样的流程，然后才能到工商部门办理营业执照的注销。整个流程下来，非常复杂、繁琐，纳税人不知要跑多少趟才能办结，苦不堪言。因此，加强国地税深度合作，进一步推进联合稽查、联合下户、联合办公，具有紧迫的现实意义。

2、及时清理与经济社会发展不相协调的税收规范性文件。我国的税收征管法和税收征管法实施细则只是在宏观上规定了税务机关的税务登记、日常检查、税务行政处罚等涉税事项，具体细化的规定都是由国家税务总局以及省级以下税务部门的规范性文件进行详细的规定。因此，近些年来，各级税务部门不断出台税收规范性文件，各地产生了大量的标准不一的税收规范性文件，产生了地区之间的不平衡，导致同样的情况却缴纳不同的税款，给纳税人带来了纳税服务的不公平。比如，同样是制造业的企业，不同的省份在税收优惠上就制定了不同的税收规范性文件，导致企业纷纷搬迁，不具备搬迁能力的企业只能享受不平等的政策。

因此，及时清理与经济社会发展不相适应的税收规范性文件，给纳税人创造一个公平的税收环境，也是不断提高纳税服务质量的具体体现。

（作者单位：吉林省四平市地方税务局）

# 完善广西地税系统信息化建设的国际借鉴研究

文　琳

2014年度全国税务工作会议上，国家税务总局局长王军提出“到2020年实现税收现代化”的奋斗目标，描绘了今后一个时期税收改革发展的宏伟蓝图。在建立稳固强大的信息体系中，完善广西地税系统信息化建设是必不可少的重要内容。对此展开深入研究，对进一步发挥信息化支撑作用、稳步推进税收征管改革、切实推动“互联网＋税务”行动计划具有重要的现实意义，本文主要以广西地税系统信息化建设的基本情况为研究对象，研究借鉴国外税务信息化建设的先进经验，提出完善广西地税系统信息化建设的对策建议。

## 一、广西地税系统信息化建设的基本情况

近年来，广西地税系统结合实际，努力克服基础设施差、信息化应用水平不高、信息安全管理不完善、人才储备不足等困难，大力加强完善信息化基础设施建设和互联网纳税服务平台建设等，有效促进了广西地税系统信息化建设的发展。

(一)信息化基础设施建设明显提升

广西地税系统按照“网络不断、服务不停、数据不丢”的要求构建了较完备的信息化基础设施支撑环境。一是确保了广西地税系统金税三期优化版应用系统正式上线，实现大量现有业务和数据与金税三期系统的对接，以高质量完成数据迁移和系统初始化工作。二是建成金税三期广域网项目后，形成两套互为备份、覆盖广西各级地税机关联通节点620余个、工作站13000多个的骨干内网。三是建成广西地税数据处理中心，确保了广西地税系统核心征管数据集中处理的需要。四是建成覆盖广西地税标准化办税服务厅的视频管理系统，加强了办税服务厅资源调配能力和安全管理。五是建成13个市地税局的标准化电教室，明显改善了信息化应用培训条件。六是对原连通广西区、市、县三级地税机关的视频会议系统进行高清化改造，明显提升了视频会议质效。

(二)互联网纳税服务平台建设稳步推进

一是强力推进金税三期网上办税平台建设，全面推广应用场景式服务、在线申报等多种软件系统，信息技术支撑服务能力明显提升，应用系统建设和完善力度不断加强。据统计，广西地税网上报税的纳税人已达28万户，占纳税人总户数的32%。2015年1—6月通过网上报税方式入库税款230亿元，占当期总入库数的46%。二是建立财税库银联网平台，广西地税90%以上的税收都通过该平台实现电子实时缴库，提高了缴库效率。截至2015年6月，通过财税库银系统入库税款466亿元，占当期总入库数的93%。三是构建“广西地税”微信公众号，为纳税人提供税法宣传、信息公开、办税服务、真伪查询等互联网纳税服务平台。据统计，微信开通至今关注人数达12232人，发布涉税信息300条。四是开发纳税人资料采集和报送平台、IM税企互动平台，为纳税人提供快捷、高效的服务。互联网纳税服务平台建设的稳步推进，使纳税需求得以从“足不出户”到“如影随行”，纳税人的满意度和税法遵从度不断提高。

(三)信息安全体系建设显著完善

一是建立重要数据的定期异机备份机制，建成虚拟带库备份和物理带库归档相结合的数据备份体

系，数据安全得到可靠保障。二是严格按照《网上办税系统信息安全基本技术规范》部署网闸、入侵检测、网页防篡改等安全防护设备，保障金税三期网上办税系统安全平稳运行，网络服务不中断。三是按照金税三期第一阶段安全项目建设要求，在广西区、市、县三级网络边界安装部署防火墙、UTM 等安全防护设备，在 14 个市局部署入侵检测设备，有效提高了网络安全防护、入侵检测能力。四是升级完善桌面安全管理系统和防病毒软件，建设移动存储介质管理系统，有效增强内网系统的安全防范能力。五是开展信息安全检查，提升信息安全意识，落实信息安全责任。

(四)信息化人才队伍建设得到加强

一是 2014 年，利用事业单位空余编制新招录 6 名素质较高的信息技术人员，加强人才储备。二是在广西地税局、各市地税局成立信息化工作站，通过开展有针对性的技术培训和在实际项目中加压锻炼的方式，促使一批年轻技术人才迅速成长，使之成为广西地税系统信息化建设后续骨干力量。

## 二、广西地税系统信息化建设的掣肘因素

尽管近年来广西地税系统信息化建设水平不断提高，但与与全国地税系统先进地区相比，还存在较大差距。广西地税系统信息化建设的掣肘因素主要体现在以下几个方面：

(一)信息化基础设施建设仍存在较大隐患

一是当广西地税数据处理中心及其核心设备同时出现重大故障事件时，应用系统将面临停止运行的灾难性局面。二是金税三期优化版应用系统实时增配的服务器、网络设备到位后，存在现有数据处理中心面临无空间和条件安装的问题。三是金税三期税收管理系统正式上线后运行不稳定，纳税人办税过程中网络服务中断的现象时有发生。

(二)信息化应用水平亟待提高

一是应用系统建设统筹规划编制和实施运行机制仍滞后于形势发展需要和全国先进地区。二是数据分析和利用的深度、广度不够，上级地税部门通过数据分析指导基层工作以及基层地税部门利用数据指标模型开展税收征管与服务的能力仍有较大的提升空间。三是信息共享机制不健全，地税系统内部信息传递不畅、政府部门间涉税数据共享度低，导致不能充分高效利用外部数据信息为税收征管服务。四是数据重复录入、报送和使用效率不高的问题仍不同程度地存在。

(三)信息安全管理水平有待加强

信息化建设水平越高，信息安全问题越突出。从广西地税系统信息化建设过程中出现的问题看，信息安全管理水平仍有待加强。一是部分干部职工对互联网环境下信息安全和保密的重要性认识不足，存在“重应用、轻安全”的倾向。二是广西地税系统尚未建立全面规范的信息化安全管理体系，应对计算机病毒、网络攻击、信息系统漏洞等问题的技术手段和安全管理制度仍不够完善。

(四)信息化人才的素质和规模仍不能满足发展需要

一是受制于编制因素，广西地税局、各市地税局的信息技术人才配备严重不足。二是系统分析、数据库管理等高精专人才和既懂业务又懂技术的复合型人才极为缺乏。三是许多基层信息技术人员长期安排在非技术岗位工作，因信息技术发展日新月异，致使其专业技能很快荒废，造成技术人才的巨大浪费。

## 三、典型国家税务系统信息化建设的经验借鉴

西方发达国家信息化建设起步较早，经过多年的探索和实践，积累了多方面的经验值得我们学习借鉴。

(一)美国

美国从 20 世纪 60 年代中期开始逐步在全国范围内建立了税收征管网络，经过 40 多年的建设，形成

了由东海岸计算机中心和按地理区域设立的10个服务中心组成的税务电子计算机系统，计算机被广泛运用到税收管理各个领域，实现了全国集中式电子报税系统、统一缴税系统、网上服务系统、退税系统、税务审计的自动选案系统、与联邦联合的自动对账系统等一系列环节的信息化。目前，美国超过80%的联邦税收收入是通过计算机系统征收的，每年收到的各种税务资料逾8亿件，处理个人和公司所得税申报表2亿多份。计算机除了能够将这些资料与纳税人申报表进行核对外，还能提供5亿多件纳税背景资料，其中加州的网上报税率高达90%以上。

在风险评估方面，美国以促进纳税人遵从为目标，建立全国统一的提示提醒系统和纳税人风险特征库，为纳税评估和稽查选案提供信息技术支持。

在信息共享方面，美国确立了第三方信息提供义务。根据美国《国内收入法典》，所有的政府机构、军队、学校、企业等各种机构和所有人员均负有向财政部部长申报信息的义务，在获取涉税信息上构建一个立体的信息来源。同时，美国收入局通过与银行、海关、边防、保险等部门联网，及时获取纳税人的各项应税收入情况。

在纳税服务方面，美国积极拓展多元办税，建立网上办税为主体，上门、电话、短信等方式为补充的多元化办税体系，并推行以财税库银横向联网为依托的电子缴税方式。其运用现代信息网络技术，打造全国统一、功能齐全、税企互动的纳税服务平台。

（二）澳大利亚

澳大利亚联邦税务局构建了先进的计算机信息网络系统，覆盖纳税申报、纳税评估、税务稽查、纳税服务等税收征管各环节。在信息化技术手段支撑下，澳大利亚联邦税务局实行纳税申报的电子化管理和税收信息的集中统一处理。目前澳大利亚已有70%以上的纳税人实行了网上纳税申报。该局还建立了集中、高效的专业化数据处理中心，负责全澳洲税收信息的收集、处理、分析和反馈。

在税务征管信息软件的开发与运用方面，澳大利亚联邦税务局可将整合纳税人及其相关第三方信息形成的“申报草稿”代替纳税人自行填报申报表，交由纳税人确认后视为正式申报。这是澳大利亚税务部门高效利用信息化数据进行税务管理的集中体现，在世界各国税务管理的实践中走在了前列。

在信息共享方面，澳大利亚联邦税务局积极畅通信息来源渠道，加强与政府经济主管部门沟通联系。一是给每个纳税人分配一个唯一的、标准化的、终身不变的纳税人识别码，并将此码作为纳税人进行经营活动、税务管理、金融资金往来等活动的唯一识别码，以便税务机关建立“一户式”的电子信息库。同时，澳大利亚联邦税务局还加强与海关、银行、外汇管理、工商等经济主管部门的信息沟通与共享，便于全面掌握纳税人的综合信息，形成与企业运作同步的信息流监控网，实现税收征管信息的共享。

（三）新加坡

新加坡国内税务局从1980年起建立税收征管计算机系统。该系统由一台大型计算机和800台终端组成，税务局依托该系统实现了与政府其他部门的相互联网及信息交换。

在纳税服务方面，新加坡税务局于1997年设立WWW网站，为纳税人提供网上报税服务，推动了税收信息化和电子商务的发展。

在信息共享方面，税务局的计算机系统通过网络与财政部、贸工部、法院、发展部等部门联网，与银行、公司注册局、车辆注册局、公积金局、建屋局等主要信息来源单位实现了电子(磁介质)信息交换。

在纳税评估方面，新加坡国内税务局依托计算机系统，通过将联网采集的信息情报资源与纳税人申报表的信息进行核对或者利用计算机系统找出偏离标准值的纳税人，对纳税人申报内容的真实性进行评估和纠正，判定纳税人是否存在涉税问题。

（四）经验借鉴

尽管上述国家在社会历史背景、经济发展水平、税制结构和管理体制等方面不尽相同且各具特色，但是依托计算机网络系统加强税收征管、强化信息共享、创新纳税服务方式等信息化建设方面的实践经验值得学习和借鉴。概括来讲，这些经验包括：

1、计算机信息网络系统覆盖面广，基本实现税收征管信息化。综上，各个国家均重视信息化建设，构建了先进的计算机信息网络系统，覆盖纳税申报、纳税评估、税务稽查、纳税服务等税收征管各环节，基本实现税收征管信息化，最大限度的减轻纳税人负担和提高信息管税效率。

2、共享机制健全，信息传递效率高。为避免由于税务部门获取信息不完全而导致税收征管效率低，各国税务部门均加强与其他行政机关、金融部门及相关单位之间的沟通联系，美国甚至通过立法确立了第三方信息提供义务，实现了计算机联网和较高程度的信息共享，提高了信息传递的效率。

3、注重数据集中与信息开发利用。在信息化技术支撑下，各国较为容易的实现数据的集中存放和处理。在数据集中基础上，各国通过开发软件进行申报审核、纳税评估、税务审计或稽查选案等更深层次的信息利用。如新加坡依托计算机系统，通过信息比对进行纳税评估，美国建立全国统一的提示提醒系统和纳税人风险特征库，为纳税评估和稽查选案提供信息技术支持。

4、利用信息技术不断创新纳税服务方式。综上，各国充分利用信息技术不断创新纳税服务方式，打造多元化纳税服务平台，切实提高了纳税人的办税效率。如美国积极拓展多元办税，建立网上办税为主体，上门、电话、短信等方式为补充的多元化办税体系，新加坡税务局设立 WWW 网站为纳税人提供网上报税服务。

## 四、完善广西地税系统信息化建设的对策建议

建立稳固强大的信息体系，加快实现广西地税系统税收现代化建设是一项复杂的系统工程，也是一个渐进式的探索过程。笔者立足广西地税工作实际，借鉴国外信息化建设先进经验，对如何完善广西地税系统信息化建设提出如下建议：

(一)主要目标

一是以满足纳税人多元化申报缴税为目标，统一规划建立覆盖所有税种、各级税务机关的税收征管系统；二是以促进纳税人遵从为目标，建立以风险为导向的纳税评估系统，为纳税评估和稽查选案提供技术支持；三是以提高征管质效为目标，建立健全对单位和个人的工作绩效考核系统；四是以优化纳税服务为目标，运用现代信息网络技术，打造功能齐全的纳税服务平台。

(二)对策建议

1、科学统筹规划广西地税系统信息化建设。一是坚持“统筹兼顾、统一标准，突出重点、分步实施，整合资源、讲求实效，加强管理、保证安全”的原则，科学统筹规划广西地税系统信息化建设，努力解决多个系统的兼容和共享问题，切实减少基层系统操作和使用的难度。二是根据国家税务总局金税三期工程的部署和广西地税信息化规划，科学设置、调整地税征管机构、工作流程及管理方式，合理配置征管力量，提高管理效能。三是根据国家税务总局“信息管税”的要求，不断深化基础数据应用，拓展信息化应用领域，为实施科学化、精细化、专业化管理提供有力支持。四是根据国家税务总局 2015 年 9 月制定印发的《“互联网＋税务”行动计划》，科学编制《广西地税“互联网＋税务”行动计划》，为广西地税系统信息化建设提供科学引导和制度保障。

2、切实加强信息化基础设施建设。建议一是按照国家税务总局金税工程（三期）建设要求，结合广西地税实际需求，在异地（可选择南宁同城异地或广西省除南宁市以外的其它城市）建设数据第二处理中心作为灾备中心，与广西地税局数据处理中心互为备份，防止广西地税局数据处理中心设备出现重大故障事件时，出现应用系统将面临停止运行的灾难性局面。二是进一步加强广西地税局和各市地税局数据处理中心的管理和维护，制订机房管理、服务器管理制度，切实加强规范化管理。三是继续加强金税三期税

收管理系统上线后的运维管理，明确金税三期系统责任清单，并按照业务管辖范围分写落实，确保系统后续管理工作分工明确、责任清晰，金税三期税收管理系统“网络不断，服务不停，数据不丢”。四是制订广西地税系统信息化设备更新配备及处置管理办法，实现各级各类信息化设备更新的规范化管理。

3、加强信息共享机制建设。中共中央政治局 2014 年 6 月 30 日审议通过的《深化财税体制改革总体方案》明确提出推进第三方涉税信息资源共享、提升税收信息化支持税制改革的能力。广西地税系统应据此加强与政府相关部门的沟通与合作，通过政府出面协调，加强部门间信息共享机制建设。建议构建广西地税统一的外部数据信息交换平台，有效加强与海关、银行、房产、国土、审计等其它政府部门的信息交换与合作，深入推进社会综合治税，全面掌握各方面信息，促进强化税源控管。

4、强化信息化应用系统建设。一是根据国家税务总局金税工程(三期)推广的统一部署，认真组织落实推广国家税务总局部署在地税应用的综合征管软件，并做好广西特色业务和其它应当维持应用的征管软件与总局推广应用综合征管软件的衔接工作，努力使计算机信息网络系统覆盖税收征管各环节。二是继续推进应用系统整合工作，建立应用系统功能衔接和跨系统数据访问，促进数据信息共享。三是加强数据管理，提升数据利用和分析效果，为领导决策支持提供数据参考依据。四是建立完善纳税评估系统。运用先进的分析方法和科学、有效的纳税评估系统，充分利用数据信息为税收工作服务。

5、努力打造功能齐全的纳税服务平台。一是进一步完善金税三期网上办税平台系统建设，围绕优化纳税服务新理念，全面分析梳理纳税人端应用系统并逐步归并整合到网上办税平台，积极拓展纳税服务渠道，切实为纳税人提供便捷、高效和安全的网上办税服务。二是加强构建广西地税系统统一的信息化应用技术支持服务体系，充分依托先进的信息化管理平台，综合运用微信微博、网站、电话、QQ 群和邮件等服务方式，加强对内部运维及外包运维的综合管理，制定统一的运维工作流程，强化运维管理制度建设，实现运维工作的标准化、规范化。

6、完善信息安全体系建设。要强化“网络信息安全无小事”的理念，健全信息安全工作机制，建立起“统一领导、严格管理、按章运行、全员参与、考核到位”的安全风险防控格局。一是制定《广西地税系统网络信息安全管理制度》，全面落实日常安全防护，严格执行责任制，确保各项制度和管理措施落实到位。二是建立健全信息安全的技术体系。在设备、系统软件、数据库等运行中综合应用不同的防护技术，如防火墙、入侵检测、身份认证等技术，逐步构建统一的信息安全平台和技术防护体系。同时，严格控制访问权限，做到内部关键数据与公共网络的物理隔离。三是持续加强信息安全教育，开展信息安全管理应急演练，增强税务干部职工的信息安全防范意识，提高信息安全事件有效应对和防范能力。

7、加强信息技术人才建设。努力打造广西地税系统税收信息化专业人才队伍，充分发挥其引用技术创新等方面的作用。一是争取增加技术管理部门编制，增强人员配备。二是加强对现有信息化技术人才的培训、加强挂职实践锻炼，提高综合素质。三是落实专业化分工，健全岗责体系，依托领导人才培养和人才库建设，培养高精专人才，初步形成能力素质全面、协调配合紧密的信息技术人才队伍。四是加强对外技术的合作，通过服务外包、合作共建等形式，引进外部技术力量，弥补内部技术力量不足，并紧紧依靠高素质的内部技术队伍切实加强管理。

（作者单位：广西壮族自治区地方税务局）

# 完善我国电子商务税收管理的国际借鉴与思考

周良芹

近年来,随着经济全球化的进程和互联网的迅猛发展,电子商务逐渐成为一种大众的、新兴的、引导性的交易方式,这也成为我国乃至全世界贸易的发展趋势。但由于电子商务交易隐蔽性、无形性和电子化的特点,导致大量交易有利于税法监管之外,令现行的税法难以得到贯彻实施。因此,我们有必要分析电子商务给现行税法实施和税收征管带来的各种问题,积极寻求对策,实现有效的税收征管,规范电子商务的健康有序发展。

## 一、电子商务的起源发展及我国电子商务的现状

(一)电子商务的起源

电子商务起源于计算机的电子数据处理(EDP)技术,从科学计算向文字处理和商务统计报表处理应用的转变。字处理(WP)软件和电子表格(SPREAD SHEET)软件的出现,为标准格式(或格式化)商务单证的电子数据交换(EDI)开发应用提供了强有力的工具。政府或企业的采购,企业商业文件的处理,从手工书面文件的准备和传递转变为电子文件的准备和传递;随着网络技术的发展,电子数据资料的交换,又从磁带、软盘等电子数据资料物理载体的寄送转变为通过专用的增值通信网络的传送,近年来更转移到通过公用的因特网(Internet)进行传送。银行间的电子资金转帐(EFT)技术与企事业间电子数据交换(EDI)技术相结合,产生了早期的电子商务或称电子商贸(EC,Electronic Commerce)。信用卡(Credit Card)、自动柜员机(ATM)、零售业销售终端(POS)和联机电子资金转帐(POS/EFT)技术的发展,以及相应的网络通信技术和安全技术的发展,导致今天网上持卡购物(B to C,Business to Consumer)与企业之间网上交易(B to B,Business to Business)这两种模式的电子商务得到飞速地发展。

(二)电子商务内涵

电子商务由于是新兴的产业,所以目前,对于电子商务这一概念的界定一般认为可以从以下两个方面去理解。从广义上看,电子商务可以理解为是利用网络平台进行交易活动的所有商品交易行为。从狭义上看,电子商务可以理解为是以互联网为基础进行的交易活动行为。这些活动主要包括:采购、销售、技术及增值服务、售前及售后服务、市场营销展示、客户关系管理、物流及供应链管理等。

(三)电子商务分类

1、按照交易主体与交易对象的关系划分,有五种类型:(1)即 B to B,企业对企业的商务行为,供求的主体都是企业组织;(2)即 B to C,即企业对消费者,其中一方是企业组织,另一方是个人;(3)是 G to B,即政府组织对企业组织进行交易的行为;(4)是 G to C,即政府对消费者个人,指的是利用互联网来构建一个政府网,(5)是 C to C,即消费者个人对个人的商务行为,供求的主体都是个人组织。

2、从电子商务的交易范畴角度来看,可分为以下几种类型:(1)网上贸易。即商品以实物形态来进行市场贸易交易的行为;(2)网上信息商品服务。是以无形的商品为内容进行交易的行为;(3)网上金融服务。即以上述两类商务活动为基础,为其提供支付方面的服务的活动。这就要求相关的金融服务出现,例如网上银行,这也是实现电子商务的必要条件之一。

3、从支撑电子商务的网络平台不同划分，可分为以下三种：第一种是网上贸易平台。它省略了实体店设施和劳动力成本，还给消费者提供了方便。第二种是内联网贸易平台。即利用企业内部网络来完成电子交易。第三种是数字化交换平台。这类平台交易的主体是企业组织，主要应用于之前有合作基础的交易对象。

(四)电子商务在我国的发展状况

1、我国电子商务概况。我国电子商务发展开始于上个世纪末期，那时候的电子商务还在摇篮中发展；到二十一世纪初期，我国电子商务遭遇瓶颈，发展速度接近于零；经过相应的调整后，我国电子商务终于在2005年得以恢复和发展；经过多年的发展，我国电子商务得到迅猛发展。每一种商业模式出现，他都具有挑战性，而这一挑战性是一把双刃剑，企业能否很好地应对这一挑战，关乎到企业今后的发展。事实证明，凡是有能力应对这一挑战和抓住这一契机的企业，他们的发展前景也是光明的。反之，企业的发展现状和发展前景都是迷茫的。

2、我国电子商务交易规模。据2015年4月8日中国电子商务研究中心发布的《2014年度中国电子商务市场数据监测报告》显示，2014年我国电子商务市场交易规模达13.4万亿元，同比增长31.4%。其中，B2B电子商务市场交易规模达10万亿元，市场份额占比74.6%，同比增长21.9%；网络零售市场交易规模达2.82万亿元，市场份额占比21%，同比增长49.7%。据2014年4月中国互联网络信息中心发布的《2013年中国网络购物市场研究报告》显示，2013年我国网络零售市场交易总额占社会消费品零售总额的7.9%，淘宝网、天猫商城、京东商城的用户份额在网购市场排名前三，占据90.7%的用户市场。据淘宝网发布的数据示，2012年“双11”当天淘宝和天猫商城交易额达191亿元，2013年“双11”当天淘宝和天猫商城交易额达350亿元，2014年“双11”当天淘宝和天猫商城交易额更是创下了571亿元的神话，可见其中蕴含着非常可观的税源。

## 二、国际上电子商务税收征管的现状及借鉴

随着电子商务的迅猛发展，各国为了维护本国的经济利益，在税收方面纷纷采取对策，由于发展的不均衡，各国的税收政策存在严重分歧，但也形成了一些共识。以下是几个发达国家和地区对电子商务在税收征管方面的不同看法。

美国：

主张免税和放宽征管：全球网络发展最快、电子商务最发达的国家是美国，美国人为了保持其在网络科技方面的优势地位，以便提高其全球市场占有率。他们明知别国的网站不挣钱，还踊跃投资，目的是得到企业的所有商业活动资料，或通过网站收购其它有利可图的企业招牌，再在适当的时候追加投资，成为网站最大的投资者，将来控制更有利可图的市场，给世界打开一扇通往美国文化和历史、“加入”美国经济与社会生活的“窗口”和“大门”，让美国产品更多、更容易地进入世界的每一个角落。美国的做法严重地影响了其它国家的利益，影响了全球经济的协调发展，遭到世界上大多数国家包括其它发达国家的强烈反对。美国政府一直主张把电子商网络领域建成免税区。在全球大多数国家的反对下，美国被迫同意对电子商务征收间接税，但坚持：应在消费发生地征收间接税；通过电子网络供应消费者的数字化产品视为劳务销售征收间接税；对征收间接税主要是增值税，必须定出征收范围。最后美国在电子商务咨询委员会会议上通过了《互联网络免税法案》：将电子商务免税期延长至2006年。其目的是给网络一个时间和空间的发展机会，其主要内容：即使征税，也要坚持中性原则，不阻碍电子商务发展；坚持简易透明原则，不增加网络交易的成本；征税应符合美国与国际社会现行税收制度，不开征新税；跨国交易的货物和劳务免征关税；放宽税收征管。

欧盟：

以欧盟等发达国家为首的全球大多数国家——反对免税：

由于欧盟15个成员国普遍征收增值税，其收入约占欧盟总税收收入的20%，占欧洲预算的44%，，欧盟各国坚决反对免征增值税，于1998年6月8日发表《关于保护增值税收入和促进电子商务发展的报告》，认为不应将征收增值税与发展电子商务对立起来。欧盟近日提出议案，拟对欧盟外的企业通过互联网向欧盟国家的消费者提供电子化商品和服务。包括以数字化形式下载软件、磁盘、录象、电脑游戏等征收增值税。非欧盟国家的供应商可以在某一个欧盟国家登记，并根据该国的要求税率缴纳增值税。但此议案存在的问题是：各国增值税税率不同可能产生转让定价避税问题，如卢森堡的 增值税率15%丹麦的增值税率为25%人们可能更愿意在前者这样的低税率国家登记。

加拿大：

加拿大有关电子商务的征税规定，要看不同的征税条目和不同税收地区的特别规定。加拿大对于不易确认的来源所得和网站是否属于常设机构，主要以电子商务的货物劳务销售者居住地为征税依据，或视非独立服务器为常设机构。当进行电子商务时，由于不易确定货物提供地、合约签订付款地等，因此必须分辨非居住者公司是否在加拿大从事营业活动。加拿大对电子商务征税政策所持的原则为：(1)政府应避免制定不适当的法令或限制措施 妨碍电子商务的发展；(2)加强与国际间的的合作，制定有利于电子商务发展的政策以促进网络交易；(3)注重公平，电子商务与非 电子商务交易功能相同的纳税人，征税要一致，不能因交易形态而有所差别。

OECD组织：

该组织虽然赞同遵循中性原则，但强调电子商务不能侵蚀税基和破坏税收行政；赞同目前暂时以现行税制应对电子商务；赞同征税透明，不加重成本，避免双重征税，加强国际协调。同时反对免税区和放宽征管的主张。反对免征销售税或增值税，推测由于OECD多数国家反对免征增值税，美国各州的销售税预计到2006年以后不会继续免征；反对一律免征关税，认为当前关税征税对象是有形货物，而电子商务货物无形化逐渐增多，货物定义也不确定，因此，对电子商务（如软件、电影等可自网络下载的文化用品交易物）的跨国交易，原则上不能免税；反对对网络和服务器一律界定为常设机构(PE)。美国财政部认为网站或服务器类似于仓库不算PE，而1999年OECD税收协定的结论是：在某些情况下，服务器可能构成PE。坚持在电子商务消费发生地征税。有的国家认为电子商务记录及帐簿应保持原始凭证（如销货、购货发票、现金登记收入、正式书面电子签字合同、交货单据等），如有违者，税务部门有权核定其应税所得。

联合国：

由于经济全球化进程加快，发达国家与发展中国家贫富差距日益扩大，联合国在2000年1月发表的《1999年人权发展报告》中提出建议：适时开征“比特税”，并以此资助发展中国家。如果每100个电子邮件征1美分的税，全球每年约有700万亿个电子邮件，就可获得700亿美元的税收。

## 三、我国电子商务环境下税收征管存在的问题

目前，我国的电子商务市场在迅猛发展，在给国家带来可观税源的同时，也给现行税收征管体系带来了一些问题和挑战。由于电子商务本身具有流动性和隐蔽性的特点，这无疑给税收管理带来了极大的困难，针对电子商务的税收管理手段显得较为滞后，因此电子商务交易的税收漏洞比较大，税款流失较为严重，影响已不可忽视，与电子商务有关的税务问题日渐突出。主要有以下几方面：

（一）纳税主体不易区分

根据我国现行税收相关法律法规规定，纳税义务人的确定是通过居民税收管辖权和收入来源地税收管辖权来判定的。在传统贸易模式下，税务机关通过税务登记来明确税收征纳关系、确定纳税义务人，但是在电子商务模式下，首先，看不到传统概念中的商场、店面、销售人员，就连涉及商品交易的手续都是虚

拟的，经营者只需要缴纳一定的注册费，获得自己专用的域名，就可以参与电子商务交易活动，无需到税务机关办理税务登记即可正常营业，这就给税务机关确定纳税人带来了困难；其次，电子商务具有隐蔽性和流动性的特点，从事电子商务的企业和个体经营者可以轻而易举地改变经营地点，这也对纳税义务人的判定造成困难；再次，对于由境外向境内提供服务、境内向境外提供出口的这类电子商务企业，由于交易双方隐匿了身份、地址和交易行为，整个交易过程完全是在网上完成，买卖双方难以明确，甚至无法确认这项贸易究竟发生在国内还是国外，就更谈不上谁是纳税义务人的问题了。

由于征税对象模糊，不同的国家对有形的产品交易和无形的服务交易作出了不同的课税规定。但是，电子商务交易是以数字化的信息形式存在的，而数字化传递方式有容易被修改和变更的不足之处，这就造成难以确定其征税地和由谁向哪个税务机关纳税的问题。

(二)税收管辖权不清晰

在传统贸易模式下，经营者一般都有固定的经营场所或住所以及税务登记，征税和管理相对容易。但是在电子商务模式下，经营者通过网络从事商务活动，产品或劳务可以在世界范围内直接交易，不需要固定的经营场所，服务器也很容易移动，交易地点灵活多变，其机构所在地或劳务发生地等都是难以监控的，因此很难界定究竟是以其机构所在地还是劳务发生地来确定其纳税地点，税务机关难以从地域上进行控管，经营者为逃避税收管理，不办理税务登记和纳税申报，以致于出现大量漏征漏管现象，造成税收流失。

按照民法与我国税法的精神，征税环节必须明确纳税主体和税收管辖权两个方面。这在实体店是很容易确定的，但是电子商务作为不存在实体店的一种特殊交易方式，确定它的税收管辖权就成了问题。

(三)税务登记制度难以适用

《税收征收管理法实施细则》第十二条规定，从事生产、经营的纳税人应当自领取营业执照之日起30日内，向生产、经营地或者纳税义务发生地的主管税务机关申报办理税务登记，但是电子商务却使税务登记变成空谈。目前，相当大一部分C2C个体经营者都没有工商营业执照，只要向网站交纳一定的费用即可获得一个网店进行经营，无需事先经过工商部门的批准，他们一般也不会主动去申请办理工商营业执照和税务登记，这样税务机关就无法了解纳税人的生产经营情况，无法对纳税人实施税收管理，造成了大量税收流失。部分已经办理过税务登记的企业既从事传统商务又从事电子商务，但税务登记中无网络销售的相关记载，因此他们从事电子商务的收入也不在账面体现，这也造成了部分税收流失。

(四)电子交易凭证难以获取

《税收征收管理法实施细则》规定，纳税人、扣缴义务人应当按照要求设置、使用和保管账簿、凭证，税务机关主要通过对账簿和凭证的管理来对纳税人实施税款征收和税务检查。在电子商务模式下，传统的纸质凭证(如合同、账簿、发票、单据等)被无纸化的数字信息所取代，均可在计算机中以电子形式填制和保存，而电子凭证易修改，且不留痕迹，税收审计无法追踪；另外，电子凭证因为可以轻易修改而缺少可信度，并且随着计算机加密技术的发展，纳税人可以利用密码和用户名双重保护来隐藏有关信息，致使税务机关难以获得有关纳税人全面准确的交易信息和交易凭证，这给税务机关的税收管理工作带来了非常不利的影响。

(五)纳税申报准确性难以核实

在电子商务模式下，由于交易信息的数字化及交易的隐蔽性，交易一般也不开具发票，因此以票控税税源管理模式不能适应现代电子商务的特点，为纳税人进行虚假纳税申报提供了有利条件。在C2C模式下，众多个体经营者的财务核算不健全，无法提供真实的账簿、凭证，再加上他们的纳税意识和纳税遵从度较差，也就很难保证纳税申报信息的准确性和真实性。税务机关如果要搜集众多纳税人特别是数量巨大的个体经营者的交易信息，其工作量和征税成本又是巨大的，这样就导致税务机关缺乏足够有力的证据来审核纳税人纳税申报资料的真实性和准确性。

（六）税收监查困难

在电子商务中，所有的交易信息都是以电子化的形式存在，加上数字化信息具有易于修改和变更的特征，助长了一些企业向税务机关瞒报谎报信息，偷税漏税，使得税务机关难以审核信息的真实性、合法性，从而难以实现征管和稽查的目的，打击偷税漏税行为力不从心。

在电子商务模式下，产品直接提供给消费者，省去了很多中间商环节，并且订购、支付，甚至数字化产品的交付都通过网络进行，无纸化的程度非常高，订单和其他作为销售凭证的各种票据都以电子文档形式存在，电子凭证极易被不留痕迹地修改。另外，支付环节普遍采用的安全策略使税务机关监管支付信息变得更加困难，再加上纳税人可以利用密码和用户名双重保护来隐藏有关信息，以上这些都在一定程度上加大了税务机关对纳税人实施税务检查的难度。

## 四、完善电子商务税收征管的对策建议

电子商务蕴含着无限的商机和非常可观的税源，但对电子商务的税收管理却存在诸多困难和问题，为做好电子商务税收管理工作，减少税收漏洞和税款流失，作为国家立法层面应及早着手研究制定相关法律、法规，税务机关也要采取有效措施来积极应对，建立起符合现代电子商务要求的税收征管体系。

（一）修订完善税法，增加有关电子商务的税收条款

现行税收法律法规对电子商务行为的约束已显得力不从心，国家应及时对因电子商务的出现与发展而产生的税收问题有针对性地进行税法条款的修订、补充和完善，对电子商务税收管理中暴露出来的纳税人、征税对象、纳税期限、纳税地点等问题进行调整。针对电子商务行为无纸化的特点，对流转税各税种的纳税时间、纳税地点等重新进行界定，目前营业税一般以劳务发生地为课税地点，但在电子商务模式下具体的劳务发生地难以确定，建议以其主营业地或经常居住地为纳税地点。

（二）加强宣传引导，提高纳税人的纳税遵从度

由于电子商务具有隐蔽性和流动性的特点，在目前纳税人纳税遵从度普遍不高的情况下，税务机关更应加强税法宣传，尤其要大力宣传有关电子商务方面的税收法律法规及规定，引导电子商务纳税人自觉主动地申报纳税。可以考虑与各大电子商务网站结合，在其网站上醒目位置放置宣传的图标或标语，可以做成类似网络警察图标的“网络税务”图标，让电子商务卖家可以很方便地了解电子商务相关的纳税事项。同时可以通过设立举报箱、举报电话、税务机关网站举报栏等多种税收违法案件举报渠道来接受举报，调动广大网民协税护税的积极性，全方位多渠道监控电子商务行为，减少国家税收流失。

（三）实行登记制度，要求电子商务纳税人亮证经营

建立电子商务税务登记制度，在现行税务登记制度中增加有关电子商务的税务登记管理条款，要求从事电子商务交易业务的纳税人必须到其经营地或居住地主管税务机关进行专门的电子商务税务登记，按照税务机关要求如实填写电子商务税务登记表，内容应包含电子商务网站的网址、电子邮箱地址、网上支付账号等。税务机关应对纳税人填报的有关事项进行严格审核，确认无误后给予办理税务登记。结合国家正在推行的商事登记制度改革，要求所有商事主体“一证一码”，实行亮证经营，不得删除。对为电子商务提供交易平台的网站也要按规定办理税务登记并实行亮证经营，另外，对入驻电子商务交易平台的电商，在办理了入驻申请、登记手续之后，必须办理“一证一码”登记，如实申报店铺网址、电子邮箱地址、网上支付账号等资料，取得登记证并在网上店铺内亮证经营后方可正式营业。作为提供网上交易平台的电子商务运营商，在入驻电商亮证经营后，还应要求其提供“一证一码”原件的扫描件，并有义务向发证税务机关核实真伪。采取此项措施可以明显提高电子商务经营者的登记办理率，从而从源头上堵塞税收漏洞，减少税收流失。

(四)实行网开发票和代收代缴制度,既方便快捷又能减少税收流失

电子商务的无纸化程度越来越高,交易量越来越大,在提高了税务登记率的前提下,可以考虑使用电子商务交易专用发票,并实行网上开具。通过修改电子商务交易流程,实现当电子商务达成交易后,必须开具电子商务专用发票并将开具的发票信息以电子形式发给第三方网上支付平台,支付平台审核无误后才能进行交易款项的支付结算。对众多的C2C电子商务交易中规模较小的创业者,从方便纳税人、节约纳税成本角度出发,可以考虑实行由电子商务平台代开发票,并由电子商务平台代收代缴应纳税款的办法,这样既方便了纳税人又可以在一定程度上减少税收流失。

(五)加快税收电子化建设,以适应电子商务税收管理的需要

税收电子化是税收征管的基础,是强化税收征管的手段。在电子商务迅猛发展的今天,对电子商务征税也就离不开税收征管的电子化建设。税务机关应建立全面统一的网上税务平台,将有形的征管空间拓展至无形的网络世界,实现网上办公、网上征管、网上稽查、网上服务、网上专用发票认证以及网上税收宣传等网上税收征管功能,建立全方位的税收征管网络体系,提高税收征管效率,降低税收征收成本。另外,针对电子商务具有隐蔽性、易漏难管的特点,国家相关部门应组织专家研究开发一种能够控制电子商务交易的新软件,可以实现对每笔电子商务交易行为的税收监控。如同任何一个合法网站都必须要到工信部进行备案一样,法律应规定任何电子商务网站都必须要安装这种电子商务交易监控软件,从而为税务机关进行税收征管和税务检查提供依据。

(六)加强部门间协调配合,获取有效高质的第三方数据

税务机关在对电子商务行为进行税务管理的过程中,必然要与财政、金融、外贸、统计、工商行政管理、公安等部门产生或多或少的联系,税务机关要顺利完成对电子商务交易行为征税工作,离不开这些部门特别是金融部门的协调配合。电子商务与传统的商品交易一样,虽然不一定有物流,但至少应该有信息流和资金流。通常企业资金的流动会通过银行,因此税务机关应加大与银行等部门的信息交流,获取真实可靠的第三方征管信息,并对企业资金流动进行有效监控。同时,税务机关应树立信息共享的意识,在建设内部广域网的同时,通过互联网积极与上述相关部门建立信息共享网络,充分实现与这些部门的信息共享,建立多层次的税收监控体系,为税收管理和税务检查提供必要的信息。

(七)加快人才培养步伐,提高税务人员的综合素质

税务总局党组书记王军提出:"要加强税收信息化专业人才队伍建设。"电子商务的出现和迅猛发展,对税务人员的素质提出了更高的要求。对电子商务实施税收管理,需要大量既精通电子商务业务运作流程又具有扎实税收专业知识的复合型人才,因此税务部门必须要高度重视对此类人才的培养。如果税务人员自身不能掌握现代信息技术,不清楚电子商务的运作流程,那么对电子商务的税收管理就会无从下手。只有拥有大量高素质的复合型人才,才能充分利用现代化的税收征管手段,才能真正提高电子商务税收的管理水平。税务机关应将提高税务人员的网络应用水平和业务技能作为重中之重,培养出一批既精通税收业务又具有较强网络操作能力的高水平、复合型、知识型人才,只有拥有一支这样的税务干部队伍才能从容应对网络经济时代和电子商务给税务管理带来的挑战。

总之,随着我国电子商务突飞猛进地发展,现行税制和税收管理手段已不能适应电子商务中出现的新情况和新问题,国家及税务部门应该从法律层面和税收管理手段上不断完善和创新,以适应现代电子商务对税收管理的挑战,最大限度地堵塞税收漏洞,减少税收流失。

(作者单位:江苏省连云港地方税务局)

# 微商税收之我见

耿先峰

## 一、微商在我国的兴起与发展

自从腾讯在2011年初发布微信这款移动社交软件以来，深受大众欢迎，在2013年前后，随着在朋友圈中不断被各种化妆品、名牌包、及服装日用品刷屏，一种新的营销模式——微商俨然而生，微店的兴起，标志着中国微商市场正式启动，“微商”开始在朋友圈崭露头角。不同于传统的实体店营销和火爆的淘宝、天猫等传统电商营销，微商被普遍认为是企业和个人基于web3.0的环境下，以移动平台为媒介，集移动与社交为一体的新型的电商营销模式。微商以其较低的门槛，较快的传播速度以及不受地域限制等诸多特点，快速的融入到现代生活当中。2014年开始，由于近乎零成本，高利润的病毒式营销，逐渐有更多的人加入了发展迅速的微商队伍。目前，很难统计到底有多少人加入了这只经营范围涉及食品、鞋包、服装、体育用品以及化妆品等类别的浩浩荡荡的大军。不同的人对微商怀着不同的态度，对于那些渴望成功并且受到资源以及资金限制的个体创业者，微商就是他们的救命稻草；对于那些购买微商商品的人来说，微商好比代购，就是她们购买知名且相对低价的奢侈品的渠道。不管人们对待微商的态度如何，微商成为当下新兴的营销方式已经成为了不争的事实。

## 二、微商税收征管存在的困境

由于微商交易活动发生在人际交往之中，具有一定的隐蔽性，使得政府相关部门的监管难度加大，工商、质监、食药监等部门对于微商也都没有成熟的监管方法。微商的发展不仅给政府部门监管带来新的挑战，也给税收征管带来很大的冲击。

(一)纳税要素难以确定

根据2010年5月31日发行的《网络商品交易及有关服务行为管理暂行办法》，规定自2010年7月1日开始实施，通过网络从事商品交易及其有关服务行为的自然人，应当向网络交易平台服务的经营者，提出申请，提交其姓名和地址等真实身份信息，具备登记注册条件的，依法办理工商登记注册。但是相对于传统电商和实体店来说，微商随意性和可变性都较强，税务部门获得纳税主体的真实信息比较困难，难以实现微商“实名化”。微商交易在相对隐蔽的空间内完成，整个过程没有任何单据、纸面凭证，专门从事分销的微商则连进货、发货的环节都省去了，交易完成后，税务机关连卖方是谁都无法确定，更别提去核定其收入和成本了。我国现行税收法律制度主要是以实体交易为对象设定的，微商的出现，进一步模糊了税收法律要素界限，无法明确界定纳税人。在传统的贸易模式下，纳税义务人身份很容易被界定，但对于未成规模的绝大多数微商，其没有实体店，并且隐匿了身份，就无法确定谁是纳税义务人。

此外，微商由于其数字化、信息化的特征，模糊了有形商品、无形劳务及特许权之间的概念，使得商品、劳务和特许权难以区分，模糊的边界导致对征税对象难以准确判定。纳税地点也无法确定。纳税地点涉及税收管辖权和常设机构等问题，微商的交易活动往往没有固定的物理交易场所，交易涉及的其他方面，如服务器、卖方、支付方和物流所在地等可能都处在不同的位置，因此难以确定纳税服务地点，税收管辖权也就无从谈起。

(二)交易行为难以掌控

微商交易具有隐蔽性,无地域限制性,虚拟性等传统交易方式不具备的特点。在传统的交易行为中,税务部门可以通过查阅经营者的记账凭证,银行账单或者财务报表来确定交易行为的发生,但是在微商交易中,一切交易行为都是依靠网络通过微信交流和支付跨地域进行的,税务部门难以确定纳税地点,纳税时间。由于微信的主要功能是私人通信,微商这种附属业务的产生,使微信支付的性质很难界定,因此纳税金额很难确定。

(三)国外对微商是否应该征税还存争议

对于电子商务是否要征税,在国内外理论和实践上还存在不小的争议,微商交易作为电子商务的一种,也必然伴随着这些争论。美国等发达国家坚持对电子商务交易不征税,因为这些国家实行以所得税为主体的税收制度,微商的税收流失较少。而发展中国家坚持对微商征税,因为这些国家实行以货物和劳务税为主体的税收制度,不对微商征税会造成货物和劳务税流失。他们认为微商与其他销售渠道一样,没有理由不缴销售税,否则对传统商家而言,存在明显的不平等竞争。

商家卖货征税,看起来是天经地义的事情,本身并不存在什么问题。可是微商的纳税征管却成为了越来越多人茶余饭后热议的话题,因为人们从未意识到他们的纳税义务。本质上来说,人们关心的微商征税,是面向移动电子商务零售行业征税的一个缩影。通过观察我们日常的微商交易行为,可以发现微商几乎全部是通过网络电子无形的渠道实现的:宣传通过朋友圈刷屏,推销通过微信聊天,支付货款通过微信支付。网络似乎把一切交易都简单化了,略去一切形式与包装,但是微商已经达到卖家与买家的交易目的和效果。从实质上看,与传统的实体交易并无区别。从这个角度来说,微商交易行为属于应税行为,微商经营者依法纳税是理所当然的事情。那么,对于那些零散的、中小型的微商经营者是否需要纳税,人们仍然有一些疑问。零散、中小型的微商经营者主要是由C2C或者小型B2C经营者构成。以朋友圈中的代购为例,他们交易的一般是化妆品、品牌鞋包,通过在朋友圈刷屏宣传产品,利用代理人在朋友圈的影响力,进行所谓的“杀熟”交易。事实上,这种模式下的月交易量并不是很大,毕竟代购所代理的产品不是生活必需易耗品,在购买后的一段时间内,不会再有大的需求。根据2013年7月30日发布的《财政部、国家税务总局关于暂免征收部分小微企业增值税和营业税的通知》(财税[2013]52号),规定自2013年8月1日起,对增值税小规模纳税人中月销售额不超过2万元的企业或者非企业性单位,暂免征收增值税;对营业税纳税人中月营业额不超过2万元的企业或者非企业性单位,暂免征收营业税。目前,微信平台上,90%的微商经营者每月销售额不足2万元,所以财税[2013]52号的减免政策,将小微企业从税负中解放出来,因为月销售额未达到起征点,是否缴纳增值税与他们并没有多大关系。然而,值得注意的是,这些中小型的微商,相当于个体经营户,需要对他们的收入所得缴纳个人所得税,因此,即使是中小型的微商经营者也应该纳税,这也体现了我国税收平等的原则。

## 三、对微商税收征管的必要性

(一)维护税收公平

税收公平原则是指国家征税应使各个纳税人的税负与其负担能力相适应,并使纳税人之间的负担水平保持平衡。税收公平包括横向公平和纵向公平两个方面。从横向公平来说,微商交易虽然产生于虚拟环境之下,但是依然体现了交易的本质,进行利益交换,产生了应税行为,因此应该像传统实体交易一样纳税。从纵向公平角度想,我国的微商正处于一种初步发展的探索阶段,需要国家在各个方面的鼓励和扶持。如果微商经营者与传统实体店经营者按照相同的课税税率进行征税,会打击微商经营者的积极性,限制微商行业的发展。所以在税收征管方面,可以发布优惠的税收政策,引导微商行业正确且又健康的发展。

(二)税收从实体经济延伸到网络经济是必然趋势

早些年随着淘宝、京东的出现,电商逐渐步入正轨,并且以低廉的运营成本迅速发展起来,威胁到线下的店铺。2014 年阿里巴巴平台零售业务全年成交总额 2.3 万亿元,且保持快速增长的势头。而阿里巴巴平台下的很多小商家是不交税的,他们甚至工商登记都没有注册的,对他们开征各项税收的潜力巨大。2015 年初,国务院法制办公布《中华人民共和国税收征收管理法修订草案(征求意见稿)》,明确规定网上交易负有纳税义务,并提出实施纳税识别号制度。这就是从国家层面上明确了要对电商征税,后续的约谈只是执行层面的手续问题,电商纳税的大势已经不可避免。

那么对于日益崛起的微商团体,它们不断壮大、成长和优胜劣汰的发展也必将创造像电商那样巨大的税收潜力。尤其是那些没有进行工商登记、且销售额不菲的隐形微商富豪们,这部分个人用户的交易数据都在交易平台,只要交易平台配合,要征税并没有太大难度。如今微商的发展同样也加剧了网络经济冲击实体经济的时代特性,那么税收从实体经济延伸到网络经济是必然趋势。

(三)对微商进行税收征管有利于完善行业准入制度,有效地保障市场经济的有序进行

随着我国社会主义市场经济的快速发展,税收地位越来越重要,作用越来越明显。税收对社会资源配置、收入分配、国民经济发展、企业经济活动、居民切身利益及政府决策行为都具有重大影响。

众所周知,微商行业开设门槛非常低,不需要店铺的租赁,固定成本的购置以及管理费用的支出,轻易就成为许多人的赚钱创业渠道。但是,这种低门槛的行业给人们带来便利的同时也会带来问题,微商交易双方都是掩藏在有交易风险的未知里,尤其是对消费者来说权益容易受到侵害,不利于市场经济的良好有序地进行。

而我们通过对微商的税收征管,采取网上税务登记、申报和缴税的方式,则能在一定程度和范围内有效地规范微商的行业准入制度。当交易的商家透明化了,这不仅为广大消费者创造一个安全、公平、有序可以维权的交易平台,同样也会促进市场经济良好有序地健康发展,从而更加促进税收环境的建设和税收收入的增加。

## 四、微商税收征管之我见

笔者认为,我国应当对微商征税,否则将造成市场上经营者不同的税收负担,不利于市场公平竞争。当务之急是要尽快完善税收法律规定和税收征管手段,规范微商税收征管。

(一)完善法律,明确微商纳税要素

对纳税主体、征税对象、纳税期间和纳税地点等税法要素进行重新界定,将微商等伴随着电子商务发展出现的新情况囊括其中。例如,对于常设机构的认定,线下存在实体店的微商,可以将其在网络上发生的所有交易计算在与其关联的实体店头上;没有实体店的,可以微商经营者经常居住地为纳税地点。尽快完善专门针对微商的法律规定,明确网络交易的性质、计税依据等。法律必须授权税务机关可以合法获取一切涉税信息,并且明确政府机关、银行和交易平台等社会各界的涉税信息提供义务。也要明确微商等电子商务经营者享受税收优惠的资格,尤其是小微企业税收优惠,打消中小微商顾虑。除此之外,应明确微商的税收管辖权,规范微商进出口贸易税收管理。

(二)多部门联动加强对微商监管

规范微商税收征管单靠税务机关的力量难以完善,需要借助工商、公安、银行和移动社交平台等多个部门的联动。工商部门需要根据微商的特点,简化微商工商注册登记。移动社交平台要对微商实行严格的实名制注册管理,支付平台和银行要做好微商的开户管理,规定微商在平台上收支活动只能通过唯一一个实名认证的账户进行,工商、公安、质监,包括微商移动社交平台应当联合做好交易商品的管理。

（三）鼓励微商经营者自行申报纳税

微商征税管理的根本还是在于微商经营者，微商的隐蔽性，无地域限制性以及虚拟性的特点，就决定了微商经营者应当自行申报纳税的性质。传统的那种被动缴纳税款的制度在这里已经不是那么的适合。税务部门应当加强税收宣传，强化微商经营者的纳税意识，积极鼓励他们及时，足额缴税，节省征税成本。为了鼓励微商经营者的自行纳税的行为，以及增强他们税收的归属感，税务部门可以制定新的税收制度。我们可以借鉴其他国家的征税制度，对现有制度进行完善。例如英国的遗产税，在生前将财产的所有权转让给信托人，如果转让当时主动纳税的税率是20%，如果死后对同样的这笔财产转让纳税，税率为40%。通过这种不同时间对同一征税对象纳税税率的差异化，可以鼓励纳税者及时尽早的纳税，避免更大的税负负担。

（四）加强微商交易的逐笔控制

微商的逐笔控制，正如上文所说，并非易事，因为我们很难界定微信支付的性质，是私人转帐还是交易货款。正因为这个漏洞，微商中的买卖双方达成了以不纳税来降低成本的共识。我们可以建议税务部门开发一个手机插件，结合银行，第三方支付软件，在微信平台多方一起监控微商经营者的交易行为。根据分析聊天记录中的关键字，自动判断应税商品的税种以及应缴纳税率，按照程序自动计算出应纳税额，同时税务部门的账户从经营商的银行账户中直接扣款。这个插件在经营商进行税务登记时，就要求经营商强制使用，这样可以基本杜绝偷税漏税情况的发生。

微商作为时代的新型产物，队伍在不断壮大，规范税收征管已经成为必然趋势。但是，人们对微商税收征管的认识和税务部门在微商征收管理上存在的问题还很多，这就更需要税务部门对微商行业进行深入探究，科学规范，制定措施，正确引导微商行业健康有序的发展。

（作者单位：辽宁省大连市沙河口区地方税务局）

# 县级税务机关推进税收风险管理的实践与思考

陆超豪

## 一、安溪县地方税收风险管理的产生

(一)经济性因素

近年来安溪县受房地产和建筑业行业不景气、银行业利润增长普遍下降、钢铁水泥制造业产能过剩等因素影响,加上“营改增”的不断扩围,地方税收税基收窄、税源增长后劲不足,税收收入形势严峻。

(二)政策性因素

我国税制从 1994 年重大改革后,现又处于新一轮升级版的改革。众所周知,经济决定税收,税收反作用于经济,税收政策会深度影响纳税人的行为。在这背景下,既要保证财力增长,又要稳定税收负担,面临的征管环境较为复杂。

(三)管理性因素

总结前几年对“服务、管理、评估、稽查”外分离征管模式的探索,虽然取得一定成效,但也表现出组织结构僵化、管理流程不畅、管理资源分配不合理等突出问题,如:在直线—职能型组织结构下,县局机关未实现税源管理实体化运作,仍停留于以行政管理为主的层面;基层日常税源管理单位则忙于应付日常事务性工作,人少事多,管征和服务不到位;纳税评估单位出现多头重复评估检查,缺乏针对性和有效性。

综上分析,安溪县地税局认为实施以税收风险管理为核心的征管改革是构建科学严密的现代化税收征管体系的题中应有之义。因此自 2014 年 2 月开始,在总结前期实践经验的基础上,统筹成立 1 个中心(税收风险管理中心),组建 2 个团队(风险分析监控团队和风险应对管理团队),优化 3 个应对层级(稽查局、评估分局、日常税源管理分局),形成“四库两表”(分行业税收风险特征库、分税种税收风险特征库、第三方数据税收风险识别数据库、风险纳税人库;分税种风险点核查表、税收风险分析识别评分标准表),强化 5 个举措(加强税收分析、建立税收风险管理机制 、规范税收风险管理流程 、搭建风险管理辅助平台、开展多层次培训),构建起涵盖组织架构、税源管理模式、风险管理机制、信息支撑平台、绩效评价考核等内容的税收风险管理体系。

## 二、安溪县地税局加强税收风险管理的实践和成效

(一)构建矩阵式组织架构,夯实风险防范的基础点

基于机构编制和人力资源现状,在原直线职能制垂直形态的基础上,借助矩阵图法构建起“横向机构组织”和“纵向风险管理流程”的组织架构,匹配出平衡矩阵式的税收风险管控模式。通过矩阵式组织架构,实现了信息跨层级互联互通和税收风险协同防控。

(二)分级分类风险管理,抓住风险防范的核心点

将风险事项分为高、中、低三个等级,实行“一般风险一般应对、较高风险重点应对”的差别化、递进式风险管理:稽查局负责实施涉嫌偷逃骗抗税案件风险应对;5 个纳税评估分局(所)负责实施重点税源的

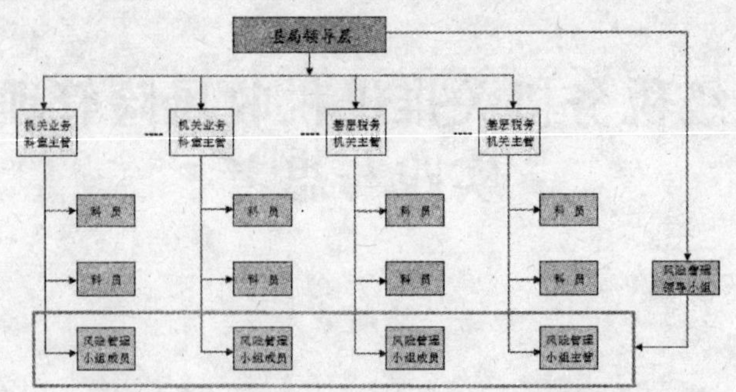


图一　安溪地税平衡矩阵式税收风险管控模式

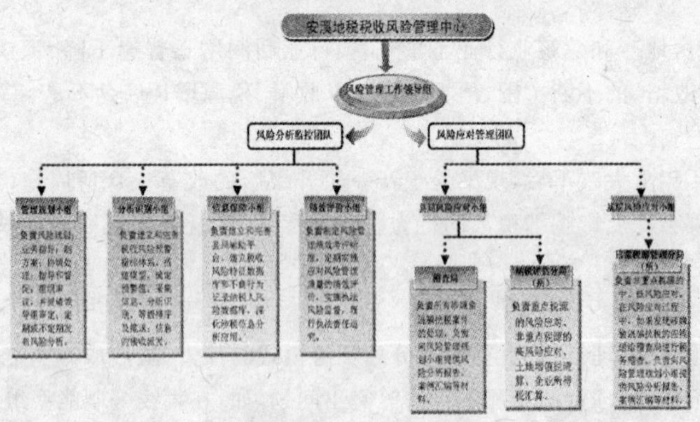


图二　安溪地税税收风险管理组织架构和工作职责示意图

风险应对、非重点税源的高风险应对、土地增值税清算审核、企业所得税汇算重点检查；7个日常税源管理分局负责实施辖区范围内的非重点税源的中低风险应对，注销税务登记清算。

(三)建立税收风险管理机制，突出风险防范的着力点

将风险管理流程确定为"税收风险特征库建设——信息采集——分析识别——排序推送——应对处理——绩效评价"六个环节，并建立相应的管理机制。

1、建立税收风险特征库建设机制。通过研究不同行业、不同类型、不同规模企业的税收风险分布规律，形成"四库两表"。其中风险特征库的基本架构包括了风险特征、风险特征指标(名称、类别)、数据模型、数据来源、取数计算口径、风险级别、预警阀值、积分标准、应对措施等内容，涉及申报征收、企业财务、能耗工资等方面63项风险特征指标。

2、建立风险信息管理机制。积极推动安溪县地方政府出台税收保障办法，依托县政府的电子政务基础网络，搭建包括国税、工商、住建、国土等33个职能部门的第三方信息共享交换平台，并明确信息采集项目、数据用途、采集期限等要素。2015年共分析第三方部门原始数据38655条，甄别风险条数1794条，先后对工商比对股权转让信息、国地税比对流转税收入差异、财政付款应税项目、国土招拍挂信息、住建部门房产楼盘销售和建筑工程竣工验收备案等信息，进行多批次的风险分析识别。

3、建立风险分析识别管理工作机制。由县局风险分析识别小组运用风险特征扫描技术和相关工具方法，寻找和发现税收风险可能发生的领域、行业、纳税人及具体的税收风险发生环节。并按照"一户所有事"的原则，统筹归集风险管户的所有涉税风险点。2015年在开展国地税关联税种重点风险事项排查

| 序号 | 风险评估指标 | 原理描述 | 数据模型 | 评估频度 | 数据来源 | 预警阈值 | 积分标准 |
|---|---|---|---|---|---|---|---|
| 1 | 总税负同比增减变动率 | 单户评估期税负总额与基期税负总额比较，同比振幅达到预警阈值时，说明可能存在少缴税款风险。 | 总税负同比增减变动率=（单户评估期税负总额-基期税负总额）/基期税负总额*100% | 按年 | 综合业务系统纳税申报资料 | <-5% | 每减少5%加3分 |
| 2 | 税费总额同比增减变动率 | 单户评估期申报缴纳税费款总额与基期总额比较，同比振幅达到预警阈值时，说明可能存在少缴税款风险。 | 税费总额同比增减变动率=（单户评估期申报缴纳税费款总额-基期总额）/基期总额*100% | 按年 | 综合业务系统纳税申报资料 | <-20% | 每减少5%加3分 |
| 4 | 企业所得税税收负担率（简称税负率） | 单户评估期本税种申报缴纳税款与本企业同期利润总额比较，税负率如果低于预警阈值时，说明可能存在少缴企业所得税风险。 | 企业所得税税负率=单户评估期应纳所得税额/利润总额*100% | 按年 | 综合业务系统纳税申报资料；财务报表 | <1.5% | 每减少6%加2分 |
| 5 | 个人所得税税款同比增减变动率 | 单户评估期本税种申报缴纳税款与基期申报缴纳税款比较，同比振幅达到预警阈值时，说明可能存在少缴个人所得税风险。 | 个人所得税税款同比增减变动率=（单户评估期本税种申报缴纳税款-基期申报缴纳税款）/基期申报缴纳税款*100% | 按年 | 综合业务系统纳税申报资料 | <-20% | 每减少5%加2分 |
| 6 | 房产税税款同比增减变动率 | 单户评估期本税种申报缴纳税款与基期申报缴纳税款比较，同比振幅达到预警阈值时，说明可能存在少缴房产税风险。 | 房产税税款同比增减变动率=（单户评估期本税种申报缴纳税款-基期申报缴纳税款）/基期申报缴纳税款*100% | 按年 | 综合业务系统纳税申报资料 | <0 | 每减少5%加2分 |

图三　安溪地税税收风险特征库示意图

任务时，利用“城建税计税依据与增值税税额关联比对”、“印花税对增值税的弹性比对”、“企业所得税利息股息红利所得异常分析”、“企业所得税、营业税、印花税收入异常分析”等风险特征指标模型，分析风险纳税人6619户，一户式分析推送346户，发现实际有问题户数294户，共评估入库税款金额2298.5万元，靶向精准率达85.26%。

4、建立风险任务统筹排序推送机制。风险应对任务统一由县级风险分析识别小组用平台扎口推送。在推送方式上，实现机关到基层“自上而下”派发和基层向机关“自下而上”任务增加申请；在推送要素上，综合考量“风险积分＋经营行业＋税源规模＋评估人数＋收入任务＋推送状态”，合理设置任务工作量和完成期限。有效解决了“多头重复评估检查”的困扰，做到“无风险不应对，无任务不下户，无特殊情况同一年度内对同一纳税人的实地检查不超过一次”。

5、建立差异化、递进式风险应对机制。改变过去偏重税收检查提高纳税遵从的做法，而是随着税收风险等级的提高，灵活运用纳税提醒、纳税评估、反避税调查、税务稽查等递进措施。通过差异化、递进式风险应对机制，让专业的人做专业的事，按需配置人力资源，有效缓解了基层人力资源紧张的压力。2015年共纠正和排除风险点878项，入库税费及滞纳金1.25亿元。

6、建立风险管理绩效评价管理机制。制定《税收风险管理绩效评价管理办法》，从信息采集、分析识别、排序推送、应对处理4个环节，确定了风险应对完成率、人均应对风险户数、风险排查率等7个评价指标，对不同的风险应对主体采用不同的评价侧重点。

（四）搭建风险管理辅助平台，构筑风险防范的支撑点

平台依照“构建风险特征库→数据自动采集→风险自动识别分析→等级排序推送→风险应对→质效管理”的流程节点，首先按行业、税种、事项、规模等不同属性进行风险特征模型构建；然后对“风险管理信息数据库”采集的信息进行扫描识别分析，形成风险纳税人库，同时生成《纳税人风险报告书》；接着进行风险等级排序和任务推送；最后根据相应的风险应对措施进行风险消除和质效评价。整个过程实现了“识别自动化，操作规范化、过程痕迹化、文书标准化”。

（五）开展多层次培训，把握风险防范的关键点

对外，举办面向纳税人的税务风险业务培训；对内，先后开展多期税收风险管理培训，内容涵盖风险管理知识、土地增值税清算、企业所得税汇算、纳税评估实务、税源监控分析、房地产企业税收检查实务与案例分析、股权转让、电子查账等方面。

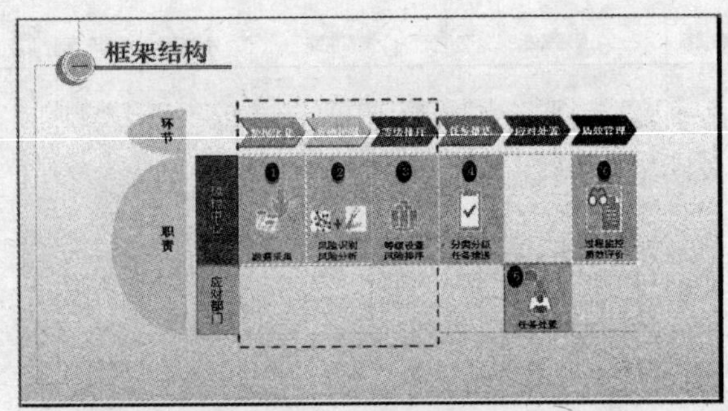


图四　辅助平台框架结构示意图

## 三、安溪县地税税收风险管理存在的主要问题及原因

(一)主要问题

1、分析监控指标精准度有待提高。风险模型尚未能更具深度的揭示重点、难点行业的风险领域;预警阀值准确性和风险指标模型实用性还需在实践中进一步检验。

2、信息技术支撑力量薄弱。在大数据时代面对海量的数据信息,对数据挖掘、建模的智能处理水平仍然较低,特别是对互联网涉税数据的收集、挖掘、整合,还达不到预期要求;跨部门间的税收信息保障平台渠道还不是非常顺畅。

3、管理人员岗能不相匹配。风险任务的处置应对主要依靠个人能力和责任心,缺乏规范化的应对标准,风险应对的质量参差不齐。

(二)主要原因

1、风险管理理念尚未统一认识。在实施税收风险管理过程中,有的认为风险特征库建设只是风险分析识别小组的工作,没有认识到需要集聚全体干部的智慧;有的认为风险分析识别在各层级都能开展,未深刻认识到集中风险识别分析是风险管理的内控逻辑需要。

2、风险特征库建设较为滞后。指标运算相对简单,算法单一,主要停留在单一维度、低层次的风险评判上;由于管理对象的千差万别、地域差异,部分风险指标、模型和预警阀值不具有普遍适用性。

3、风险管理专业人才不足。税收风险管理是一项专业性很强的工作,专业素养要求较高,需要用到会计、税收、审计等方面的专业知识。在信息技术支撑方面,能进行互联网数据挖掘、智能分析的专业人才极为匮乏。

## 四、完善县级地方税收风险管理的建议对策

(一)优化完善税收风险特征库建设

建设税收风险特征库是税务机关进行税收风险识别的基础和关键,决定了税收风险管理工作的科学性、有效性和针对性。

1、税收风险特征库建设原则。以“精准、实用、修正、完善”为原则,按照三个“有利于”为标准构建风险特征库,即“有利于提高税收征收率、有利于提高税法遵从度、有利于基层减负增效”。

2、税收风险特征库建设方法。灵活运用波动分析、配比分析、类比分析、逻辑分析等方法,如,通过波动分析各种财务税收指标与历史数据比较的纵向变化情况、发展趋势判断当期数据是否合理;通过配比分析纳税人销售(营业)、库存、成本等要素与相关税种指标及变化情况是否配比;通过类比分析同行业、

同类型纳税人是否存在类似问题；通过逻辑分析关联税种之间的变化是否准确。

3、税收风险特征库建设内容。将“税收风险特征库”细分成“税收风险特征指标子库”和“税收风险评估模型子库”。一是从政策分析、税收分析、案例分析、经验分析四个层面，运用数理分析统计等方法，归纳提取反映规律性的税收风险特征指标，构建“税收风险特征指标子库”；二是按照税种、或行业、或涉税事项、或税源规模等不同维度，从“税收风险特征指标子库”选取和归集相关指标，进行个性化风险模型定制，构建多层次的“税收风险评估模型子库”。

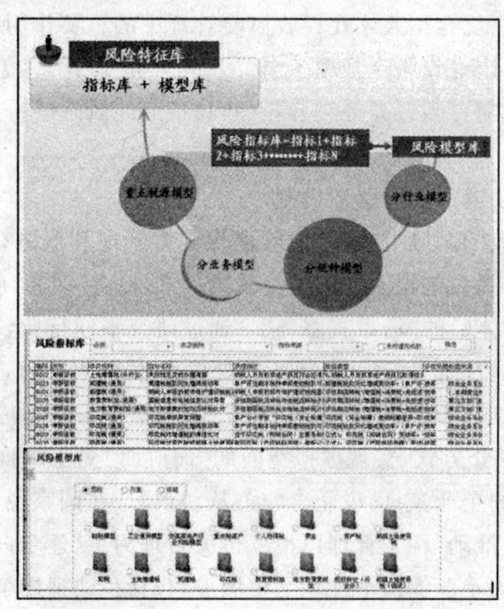


图五　风险特征库结构示意图

4、税收风险特征库建设维护。注重在实践过程中加强对税收风险特征库的动态维护，特别是对重要的风险指标、模型、预警阀值，要不断进行修正、优化、积累和动态扩展，淘汰风险点识别较少、准确性差的风险特征指标和模型，切实提高风险识别分析的精准度。

(二)积极打造“互联网＋税收风险管理”平台

进一步强化信息支撑，将“互联网＋”引入税收风险管理领域，突破传统的时间、空间和形态制约，实现“经验管税”向“大数据管税”拓展。

1、开发基于“互联网＋”的税收风险管理平台。将税收风险管理流程和业务移植到互联网线上，应用数字化使能技术，打造以大数据为驱动、云计算智能分析识别的“互联网＋税收风险管理平台”，实现信息支撑功能由“业务操作型”向“智能分析应用型”转变。

2、依托互联网建立税收大数据库。一是利用“网络爬虫”等技术从互联网上搜集和挖掘相关涉税信息，比如有关房地产建安项目、股权交易、土地使用权交易、资产重组或收购、电子商务交易等税收情报；二是在规范数据采集口径和格式，强化表内、表间数据勾稽关系审核的前提下，实现纳税人和第三方部门涉税信息资料的网上采集和报送，并运用大数据技术，将分割的、独立的、碎片化的数据信息加以抽取、整合，搭建税收大数据库，为税收风险分析识别提供高质量的数据来源。

(三)不断提升税收风险管理人员业务能力水平

树立“以人为本”理念，加强人才培养，使税收风险管理人员充分发挥主观能动性，做到躬行实践，知行合一。

1、加强对税收风险管理的宣传激励，让全员树立税收风险管理理念，形成共同愿景，为实现税法遵从最大化、税收流失最小化的风险管理目标不懈努力。

2、加强税收风险管理知识的教育培训，按照“干什么、学什么，用什么、考什么”的要求，大力开展税收风险管理理论、税收风险分析预警监控、纳税评估、税务稽查和电子查账等专业技能培训，提高针对性和实效性。

3、逐步建立由税收征管能手、信息技术专家、统计专家、国际税收管理专家以及会计师、律师等组成的专家团队，充分发挥高层次、复合型人才在税收风险管理中的重要作用。

4、细化目标责任制考核，让税收风险管理各岗位人员知道“做什么、怎么做、达到什么目标”。并通过考核评价，将最优的征管资源配置到最高等级、高发和高难度的风险分析和应对岗位上，提升整体税收风险管理质效。

(四)健全提高纳税人税法遵从度的引导机制

在税收风险管理取得成效的基础上，变单向管理为多维管理和服务，实现以风险管理为导向的专业化管理和纳税服务创新，不断提高纳税人的税法遵从度。

1、创建纳税人可感知、可体验的“场景式服务”。通过研究不同行业、不同类型、不同规模企业的税收风险分布规律，针对发生频率较高的问题，区分非主观故意不遵从行为，及时对纳税人进行税收风险提醒。在交流方式上，改变传统的实地“面对面”交流方式，综合运用移动互联网平台、APP工具、微信平台、微视频传输、QQ空间等媒介方式，实现虚拟空间的“面对面”交互体验场景。

2、与税法遵从条件具备的企业签订《税企合作遵从协议》。在国家税法框架下，以协议形式规范双方有关税务方面的权利与义务，推动“税务管理以税务机关管理为主”逐步向“以纳税人自我管理、自愿遵从为主”转变。税务方面，主要为企业提供个性化纳税服务，包括税法适用解读、风险事先提醒、重大涉税事项事先裁定、涉税诉求响应、以及跨国、跨地区的税收争议协调，引导和帮助企业建立健全涉税风险内部控制体系；企业方面，发生重大涉税事项要事先向税务部门如实报告，并就未来可预期的重大交易事项如何适用税法，申请事先裁定及有关免责条款。

3、建立纳税人诉求服务机制。及时响应、快速处理纳税人的合法合理诉求，切实保障纳税人的合法权益，增进征纳双方的理解和沟通。通过不断调整和改进纳税服务重点和形式，营造公平、公正、和谐的税收环境，促进合作性税收遵从，最终达到纳税人满意度和税法遵从度持续提高的目的。

(作者单位：福建省安溪县地方税务局)

# 现代纳税服务绩效评价研究

## ——以南京市国税局纳税服务实践为例

南京市国家税务局纳税服务处课题组

建立政府绩效管理制度是深化我国行政管理体制改革、加强政府能力建设的重要举措，税务机关是政府重要的经济职能部门之一，建立纳税服务绩效评价标准对提高税务机关纳税服务能力、监督税务机关行政行为、提高纳税服务效能和改善征纳关系等方面具有不可替代的作用。更为重要的是，通过建立有效的纳税服务绩效评价机制，实现基层税务机关纳税服务业务的自我诊断、及时纠错和持续改进，将有助于现代纳税服务体系建设，推动纳税服务创新，转变纳税服务供给模式，丰富纳税人办税选择，从而有效降低办税成本，实现征纳双方双减负，提升纳税人满意度，提高纳税遵从度。以下通过对纳税服务绩效评价工具选择及基层纳税服务实践分析，提出建立现代纳税服务绩效评价标准基本框架，以完善纳税服务绩效评价机制，引导基层不断优化纳税服务，推动纳税服务绩效持续增长。

### 一、现代纳税服务绩效评价概念及背景

(一)现代纳税服务绩效评价的基本概念

政府绩效，在西方国家被称为“公共生产力”、“国家生产力”、“公共组织绩效”“政府作为”等，它包含政府在社会经济管理活动中的业绩、效果和效率，实政府管理和服务能力的基本体现。

纳税服务作为税务机关的法定职责，体现税务机关作为政府部门的公共服务能力和效果，纳税服务绩效评价也称纳税服务评价，“就是对税务组织的纳税服务工作进行考核、监督、激励和提升纳税服务水平的综合活动的总称。”纳税服务绩效评价，是基于税务机关从管理型向服务型转变，从主体为中心向以客体为导向转变的必然要求，通过建立科学的纳税服务绩效评价机制，实现对纳税服务全过程的质量监控，从而持续改善纳税服务效能。“评价最重要的意图不是为了证明(prove)，而是为了改进(improve))”——斯塔佛比姆(D.L.Suiffe.beam)，因此，纳税服务绩效评价的目标不是考核本身，而是改进的开始。

本文讨论的现代纳税服务绩效评价是指税务机关在构建现代纳税服务体系过程中，通过对基层纳税服务工作理念、业务、效果等全程分析，制定与现代税收征管体系相融合、符合现代公关服务理念的纳税服务评价标准和方法，以实现纳税服务过程控制与绩效改进的战略目标，满足纳税人合理需求，促进纳税遵从的组织目标。

(二)纳税服务绩效评价产生的背景

1、政府管理发展及创新的需要。绩效评价工具作为一项现代工商管理技术，最初起源于私人部门的管理，随着新公共管理运动的兴起，在政府管理中得到推广和盛行，1938年，美国人克莱伦斯·雷德和郝伯特·西蒙所著《市政工作衡量：行政管理评估标准的调查》一书的出版，标志着政府绩效评估研究的开始。20世纪80年代以来，西方发达国家爆发了新公共管理运动，新公共管理运动的核心是以效益为导向，建立企业式政府，以服务对象为顾客，把市场机制引入公共服务。

近年来，政府绩效评估引入我国并迅速推广，责任政府、效能政府的理念逐渐增强，开展政府绩效评

估是谋求政府管理的高绩效和对公众负责市经济全球化、市场化与政治民主化发展趋势的必然结果，目前在国家税务总局自上而下开展的绩效管理工作正是这些理念的体现。

2、税务机关规范和改进纳税服务工作的现实需要。国家税务总局在国税发[2005]165号文件（关于印发《纳税服务工作规范（试行）》的通知）第三十八条和三十九条规定：税务机关应当建立健全纳税服务质量考核机制，建立和完善纳税服务考核指标体系。近年来，随着税收工作理念的不断更新，税收征管改革不断发展，纳税服务工作的核心地位不断凸现，各地对纳税服务的投入增长迅速，通过制定纳税服务绩效评价标准，有利于明确纳税服务绩效目标，统一纳税服务质量标准，规范纳税服务行为，减少资源浪费，推进纳税服务的整体优化。

3、现代纳税服务体系建设的重要组成。构建现代纳税服务体系是税务机关顺应经济发展需要、适应税收管理改革的战略要求，建立纳税服务绩效评价系统不仅能够促进纳税服务工作的规范化、科学化，更将通过评价机制的自我纠错系统，及时纠正不当服务行为，防止纳税人"被服务"和税务机关提供超法规服务的现象发生，确保纳税服务工作不会偏离现代纳税服务体系建设战略目标，为管理层推动税收管理现代化奠定基础。

## 二、纳税服务绩效评价的国际借鉴

随着社会、经济的发展，税务管理日趋复杂，纳税服务产品在多大程度上满足纳税人需要，既是对纳税服务绩效的反馈，也是税务部门是否履行公共责任的监督。

（一）西方国家纳税服务绩效评价的思路

1、引入顾客满意度指数衡量纳税服务绩效。美国联邦税务局在其《2009—2013年战略规划》中提出：我们首要的战略目标依然是"改进纳税服务"，使纳税人遵从税法简便易行，他们以客户满意度指数（ACSI）调查作为衡量纳税服务绩效的主要依据，在ACSI模型中，顾客期望、质量感知和价值感知是前导变量，顾客满意度、顾客忠诚度和顾客投诉是结果变量，该调查结果涵盖美国国内生产总值的40%。同样不少国家也都建立了全国性的顾客满意度指数，如瑞典（SCSB）、德国（GB）、挪威（NCSB）、瑞士（SWICS）、韩国（KCSI）等，各国的指数结构根据国情及所提供公共服务条件差异而各有特点，但大多数国家认为顾客满意度指数是评价公共服务质量的良好工具之一。

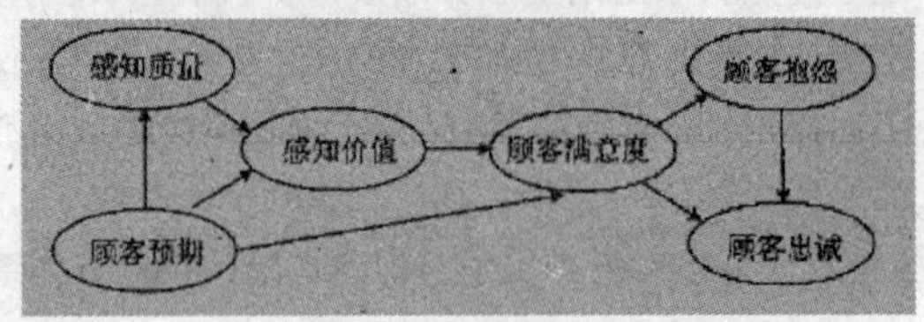


图一　美国顾客满意度指数模型

2、建立客户导向的纳税服务绩效评价。澳大利亚联邦税务局内部设有独立运行的评估办公室，专门负责对各项服务活动进行质量跟踪和问题研究。每两年开展一次民意测验，指标主要涉及税务机关提供纳税服务的满意程度，服务绩效的考核完全依据澳大利亚《纳税人宪章》。澳大利亚审计局每年都会制定课题对各种税收服务活动进行调查，这些调查主要从纳税人的需求出发，审计税收服务的工作效率，对改进税收服务提出很多很好的意见和建议。为了提高绩效评价数据的可靠性及可分析性，调查采用分类实施和评价的方法，具体分类包括社会感知调查、企业感知调查、呼叫中心满意度调查、专业水平调查、税务代理调查等。每类调查针对明确的目标设计方案，如半年开展一次的企业感知调查，衡量企业对税收制度的感知，了解企业存在的相关问题和企业的新需求。

3、设定纳税服务标准进行评估。加拿大税务局建立了服务标准的制定机制，通过 14 个步骤对服务标准进行设计和制定，以确保服务标准的全面性和时效性。如 2008 年该局从与纳税人互动、纳税申报和缴税处理等方面分 28 个项目设定服务标准并向社会公开承诺，通过监测服务状况、客户满意度评估服务绩效，并进行历史数据和比较数据分析改进纳税服务质量，满足纳税人需求，以促进遵从。

(二)国内外政府开展绩效评价主要使用的两种绩效评价原则及工具

1、SMART 原则。即目标管理，被称为绩效管理理论中的“黄金准则”，由管理学大师 Peter Drucker 在其著作《管理实践》(The Practice of Management)一书中首先提出，其五个字母含义分别要求目标的制定具有：S＝Specific(明确性)、M＝Measurable(可衡量性)、A＝Attainable(可实现)、R＝Relevant(相关性)、T＝Time－bound)(时限性)，无论制定团队目标还是员工绩效目标都必须符合上述原则，五个原则缺一不可。制定目标的过程也是自身能力不断增长的过程，管理者必须和员工一起在不断制定高绩效目标的过程中共同提高绩效能力。目标管理是使管理者工作变被动为主动的一个很好的手段，实施目标管理不但是有利于员工更加明确高效地工作，更是为未来的绩效考核制定了目标和考核标准，使考核更加科学化、规范化，更能保证考核的公开、公平与公正，没有目标是无法考核员工的。

2、卓越绩效评价准则。美国国家质量奖——卓越绩效评价准则(Performance Excellence Criteria)，是 20 世纪 80 年代美国商业部长马尔科·鲍德里奇为提高美国产品的质量和促进企业绩效管理而提出的一套企业绩效评价准则，该准则于 2004 年被我国引用，在美国版本基础上结合我国实际制定发布了国家标准 GB/T 19580—2004，并以此为依据开展全国质量奖的评定，其核心是一套价值观和一套评奖要求。其设计原理为，将价值观分为 11 项：卓越的领导、顾客驱动的卓越、组织和个人的学习、注重雇员和合作伙伴、敏捷、着眼于未来、创新管理、依据事实的管理、社会责任、注重成果和创造价值、系统的事业。这些价值观具体体现在总分为 1000 分的 7 类评价标准上，这 7 类评价标准分别是：领导、战略计划、以顾客和市场为中心、测量分析和知识管理、对人力资源的注重、过程管理和经营成果。

卓越绩效准则主要是帮助企业改善质量管理和评价企业绩效。随着新公共服务理论的发展，政府服务部门的绩效也受到更广泛的重视。新公共服务理论提倡政府向服务型政府转变，适应新公共服务理论的要求，我国税收征管也逐步从传统的“管制型”向“服务型”转变。

## 三、当前我国开展纳税服务绩效评价的现状及分析

借鉴国际做法，在税务机关的纳税服务绩效评价中，税务机关的服务对象，即纳税人是极为关键的评价主体，其对所接受服务的感知度、需求满足度、纳税服务管理及监督的参与度等是纳税服务绩效的直接反馈。我国纳税服务绩效评价最先可追溯到各级开展的纳税人满意度调查，2005 年国家税务总局印发了《纳税服务工作规范(试行)》的通知(国税发〔2005〕165 号)成为全国纳税服务工作纲领性文件。2008 年起，国家税务总局每两年组织一次全国性纳税人满意度调查，虽然当前绩效管理覆盖面日趋扩大，但正是由于绩效管理工作推进较快，管理层、被管理者对绩效管理工作尚存在认识不统一，理解不一致，操作有偏差的情况，如果不能厘清纳税服务绩效评价的基本理念和运行机制，则很容易导致绩效管理工作流于形式。目前基层在纳税服务绩效评价工作存在的主要问题有：

(一)纳税服务绩效评价与岗位考核工作混淆

有些地区的税务机关将纳税服务绩效管理与日常工作考核混为一谈，甚至以原有的岗位考核体系改头换面装入绩效管理的框，导致纳税服务绩效评价工作科学性不足。建立纳税服务绩效评价机制的主要目标是及时发现纳税服务问题并予以迅速改进，以减少服务瑕疵，改善纳税人的办税体验，正如荷兰税务机关所倡导的“我们不能使纳税更美好，但可以让它变得更容易。”因此，纳税服务绩效评价活动是与服务

效果密切相关的，其重心在“外”，即纳税人对所接受纳税服务的感知度；而传统的岗位目标责任考核侧重于对岗位工作完成质与量的考量，或者说偏重岗位操作的标准化程度，其重心在“内”，即内部管理规则的执行情况。

（二）评价要素存在明显的管理思维痕迹

在纳税服务绩效评价指标体系设计上，有些基层单位所设置指标体系里大量堆叠纳税服务规章制度要素，以税法宣传为例，相关绩效评价指标易表现为：“及时公告最新税法政策”、“每月开展政策解读”“按上级要求完成专题政策培训”等要求，而纳税人接受程度则被管理者忽略，结果是数据很漂亮但纳税人不认可。一方面，税务工作人员认真执行相关规章制度，耗费人力、物力、财力为纳税人举办各种政策解读培训会，另一方面，纳税人投诉“被”主管税务机关安排参加各种税法培训，占用大量时间，而想了解的具体政策则无从了解，这种“被需求、被服务”的感受正是本位模式下绩效评价偏离实际的结果，绩效评价指标体系中存留的管理者中心思维，使纳税人无从感知有效的服务。

（三）纳税服务绩效评价未能区分非绩效行为

在政府绩效管理理论中，存在“绩效行为域”和“非绩效行为域”。“绩效行为域”是政府管理工作努力的方向，税务机关纳税服务行为得当，既保证纳税人得到所需服务，有助于在社会上形成纳税遵从的良好氛围，又得以维护正常的税收秩序、净化市场竞争环境，取得纳税服务社会正效应；“非绩效行为域”是除了“绩效行为域”以外的政府行为，表现为不顾本地区纳税人实际，盲目追求纳税服务数据亮化，不惜代价大搞形象工程，无视征纳双方成本效益等等。令人担忧的是，当前不少地区税务机关领导和工作人员没有“绩效行为”与非“绩效行为”的起码意识，以为只要多做工作，就是积极服务，就是有作为，但纳税服务行为并非越多越好，而是绩效行为越多越好，否则会发生纳税服务行为供给过度，纳税服务行为变成扰民、甚至害民的行为。

（四）纳税服务绩效评价机制尚未健全

纳税服务绩效评价缺乏机制约束效应，未能及时监控、提示服务差错，导致非绩效行为滋长，一是评价时机不当，半年或年终一次的定期考评，导致服务瑕疵未能及时识别和警示，导致侵犯纳税人行为时有发生；二是评价标准指向不当，单纯的量化指标易导致服务攀比，地区纳税服务资源无序分割，纳税服务场所重复建设，过度投入，或各部门、各单位各自为政，为规避风险选择少作为，纳税服务任务未经整合多头、重复入户影响纳税人正常生产经营等等，非绩效行为不仅浪费公共资源，也不利于评价工具对纳税服务行为有效性和缺失的判断，无法发挥评价机制对服务绩效提升的积极作用，更无从分析分析税务机关纳税服务与纳税人遵从之间的互动关系。

（五）纳税服务绩效评价体系缺乏专业性

首先，评价指标以操作型为主，目前基层绩效指标中存在大量操作型指标，缺少服务对象对服务感知程度的评价，指标结构不科学，对纳税服务资源的合理配置无法起到积极引导的作用，易导致纳税服务资源的过度配置与配置不足并存的情况；其次，评价技术不成熟，对服务感知度的评价指标具有相当主观性，不易量化，单纯依靠实地走访、台账检查或数据平台检测等常规检测手段难以衡量，在绩效对比、分析上存在技术障碍；第三，评价工作配套措施不足，各地各部门开展评价的工具和技术不同，开展评价所需的相关配套措施不完备，如缺乏税务系统全国性的评价信息数据网络，致使评价依据、定位、结果等反馈及扩散能力弱，加上缺乏评价的管理保障体系等，都加大了客观评价及应用指导纳税服务实践的难度。

## 四、南京市国税局建立现代纳税服务绩效评价机制的实践与探索

借鉴国内外纳税服务绩效评价的思路、技术和经验，以及当前我国税务机关纳税服务绩效评价情况的现实性分析，南京市国税局结合现代纳税服务体系建设，引入“SMART”原则和卓越绩效准则，通过建

立现代纳税服务绩效评价标准,推动绩效改进机制的形成。

(一)建立现代纳税服务绩效评价标准的基本原则

在构建现代纳税服务体系过程中,南京市国税局将服务、发展、创新等服务理念和要求融于服务品牌战略,在品牌战略引领下,引入现代绩效管理思想及评价技术,探索建立现代纳税服务绩效评价标准,用于引导改进基层纳税服务绩效,其建标四原则为:

1、以客户需求为导向。绩效标准的要素选择坚持以人为本的价值取向,引导基层税务机关将纳税人权益放在首位,以纳税人需求为导向,及时调整纳税服务策略,改进服务供给方式、丰富服务内容等,增加纳税人选择机会,快速回应纳税人需求,改进服务绩效,更好地满足纳税人需求。如要求"根据列名大企业需求,为其提供税收风险内控测试、税收遵从合作协议谈签、涉税事项事先裁定等遵从产品服务。"

2、强调评价结果导向。绩效标准的建立坚持过程控制与结果导向相结合,突出结果导向的原则。绩效评价是结果为本的管理,这种以结果为基础的"倒推式"评价可以很好地发挥导向作用,对结果的测量以客户感知型指标,如对柜面办税即实体办税的效果评价指标之一是测量"纳税人年均到税务机关办税次数",要求各基层单位的改项指标不大于全系统平均值,促使基层单位在纳税服务供给方式上做出调整,减少纳税人往返税务机关的次数,节约纳税人时间。

3、结构化评价标准。贯彻全面、协调、可持续发展基本要求,评价内容涵盖纳税人在税前、税中、税后的服务规范及质量标准,将现代纳税服务绩效评价标准的基本维度设计为投入、过程与结果三大模块,明确服务质量与标准,提高指标体系的科学性和可操作性。所有要素以品牌战略目标为核心,进行分层分类,要素层次化为由表及里、深入清晰地表述纳税服务核心价值和内涵,按类归集,以提高绩效评价数据的可靠性及可分析性。

4、多元化评价主体。基于税务机关纳税服务法定职责,对纳税服务产出及效果的评价由税务机关单一主体转变为内外结合、容纳社会公众参与的多元主体评价,重视纳税人意见、尤其是纳税人满意度,同时参考地方政府民主评议,形成多层次纳税服务评价体系。通过全方位评价信息的输入与分析,引导税务机关在降低征纳成本与改善服务绩效等方面做出更多努力。

(二)南京市国税局现代纳税服务绩效评价标准的主要内容

南京市国税局现代纳税服务绩效评价标准遵循"SMART"原则及卓越绩效准则的思想内核,以服务品牌战略目标为内核,选取与品牌战略相关的纳税服务绩效关键要素,采用"基本维度—基本指标—偏差修正"的体系框架,初步建立纳税服务绩效评价标准。

1、确定纳税服务绩效评价基本维度。绩效评价基本维度,即按照现代纳税服务战略目标要求,将纳税服务全过程绩效标准划分为三个基本维度:"纳税服务的投入与规划、纳税服务的过程与策略、纳税服务的产出与结果":

(1)服务投入与规划,强调税务机关为提升纳税服务绩效所投入的人力资源、环境设施和机制建设等资源。在纳税服务品牌战略目标引领下,通过对税务机关服务意识、服务能力、服务环境、品牌应用等建设标准的设定,引导全体纳税服务工作人员了解、认可、践行服务品牌的内涵和价值,提高服务主体的岗位认同感、岗位技能,确保每个基层单位具有应对复杂疑难问题的能力,将服务品牌的理念与价值融合在纳税服务产品的供给过程中,让纳税人、社会充分感受到并予以认可和支持,融洽征纳关系。

(2)服务过程与策略,强调纳税服务供给的过程监控与管理。按照计划、实施、检查、改进的过程管理模式,建立品质稳定的纳税服务过程管理系统,包括需求导向、质量管理、服务效率、权益维护四部分,即对纳税服务的触发、质量、效率、后果做出了"需求(超前 Early)、质量(准确 exactitude)、效率(高效 efficiency)、保障(保障 ensure)" 4E 标准,完善纳税服务供应链,统一服务标准。

(3)服务产出与结果,对体现纳税服务效率的关键要素进行监控与改进。评价要素包括咨询的准确率、征纳双方办税成本状况、服务供给渠道建设以及纳税服务社会协作等方面，引导基层单位整合纳税服务资源，提高行政效率，提高纳税服务供给质量和效率。对于纳税服务效果的评价，采用多维度测量的方法，包括上级、纳税人、社会三个层面的评价，以确认税务机关的纳税服务产品是否达到预期效果，税务机关服务职能的履行状况是否得到纳税人、社会的普遍认可，并完成部门战略目标。

2、确定现代纳税服务绩效评价关键要素。关键要素，也即开展评价的关键指标，是在三个基本纬度下评价要素的层次化和类别化。关键要素具有描述、监测和预测性质，体现了评价标准的价值取向。南京市国税局根据卓越绩效准则的7类项目，将全部要素整合为11类一级指标及39项二级指标，涵盖纳税服务品牌、纳税服务成本、人力资源、质量、效率、满意度、遵从度等纳税服务全过程，初步建立纳税服务绩效评价指标：

**表一　卓越绩效准则下纳税服务绩效评价指标的设定**

| 评价项目 | 指标大类 | 明细指标 |
|---|---|---|
| 战略规划 | 品牌策略及规划 | 品牌规划、品牌应用 |
| 领导 | 服务机制建立 | 一体化机制、标准化机制、征纳沟通机制、权益保障机制、综合协调机制等 |
| 顾客与市场 | 纳税人需求的响应 | 征纳沟通、政策确定性服务、个性化服务、风险提示提醒等 |
| | 纳税人权益维护 | 知情权、正常生产经营权、申辩权、信息保密权等 |
| 测量、分析与知识管理 | 纳税服务质量、效率监督 | 服务质量监控、服务投诉监控、服务效率监控等 |
| | 纳税服务创新 | 服务创新、信息化等 |
| 人力资源 | 服务意识 | 品牌意识、心理状况等 |
| | 服务技能 | 岗位技能、专家培养等 |
| 过程管理 | 纳税服务质量管理 | 服务质量抽查、服务差错纠正等 |
| | 纳税服务效率管理 | 首问负责、限时办结、电子化办税、服务效率优化等 |
| 经营结果 | 满意度 | 上级评价、纳税人评价、社会评价 |

3、评价方法与要素属性相配合以修正评价偏差。根据评价要素的不同属性配合相应的评价技术，以确保评价数据的可靠性和有效性。可量化要素可通过数据平台、历史资料查询、调查数据统计等渠道直接获取，如办税服务厅评价器反馈的纳税人对即时办税的满意度，可以从监控平台数据中取数；难以量化、主观性强的定性要素，测量方法不限于实地检查、数据查询、听取回报等常规方法，而采用对已接受服务的纳税人电话回访记录、神秘顾客式的模拟办税、抽取制度要素现场模拟解决方案等方法，确认服务效果的感知程度，如对税务机关工作人员入户辅导的规范性评测，将在已接受该服务的纳税人群体中随机抽取部分纳税人进行电话回访，了解其接受税务机关服务时相关权益是否得到维护等。

4、设定绩效警戒值催动绩效改进。首先，将全体要素分值化，为促进区域内各基层纳税服务业务的标准化、规范化，判断其纳税服务绩效目标完成状况、诊断和分析绩效差距，绩效标准根据要素对绩效目标的影响度及相关性，分别赋予相应分值，满分设定为100分；其次，两种计分方式引导绩效行为，一种为封闭式，如“涉税提醒短信发送差错率不低于10%”，达到该标准即得分，未达到标准不得分，体现要素对标准偏差的零容忍，另一类为递延式，如要求“服务承诺准期办结率为100%”每少一个百分点扣0.5分，按标准的完成程度得分，体现了要素的包容性及改进导向；第三，设置绩效评价警戒值，考虑到区域内市场发育程度差异导致的服务环境、服务客体及服务配置的不同，参与测评的各基层单位绩效评价最低分不少于要素总分的85%，即85分，绩效评价分低于该警戒值者列为绩效重点监控对象，进入绩效分析和整改阶段，以此达到发现绩效问题，分析和改进服务绩效。

5、现代纳税服务绩效评价标准的建立。在SMART原则和卓越绩效准则理论的指导下，结合南京市国税局日常纳税服务工作实际，确定纳税服务绩效评价的基本纬度和关键要素，形成指标系列；确定与之相对应的评价方法，评价数据来源，形成方法系列；在此基础上构建现代纳税服务绩效评价标准框架。

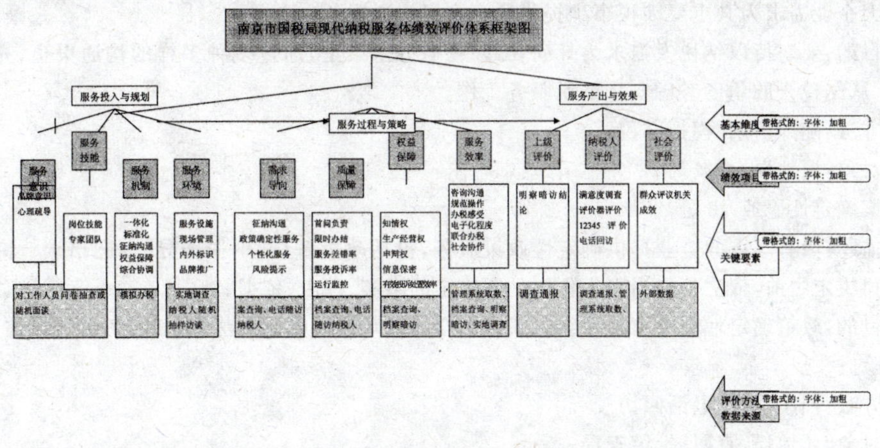


图二　南京市国税局现代纳税服务绩效评价标准基本框架

为增强评价的可操作性，细化指标运用细则，通过评价指标的描述，明确指标设置目的，评价对象等，制订现代纳税服务绩效评价标准，采用定量和定性分析相结合，明察与暗访相结合，抽样调查与随机调查相结合等方法，创建符合现代纳税服务体系建设战略目标的现代纳税服务绩效评价标准，并通过2013年－2015年的数据验算，诊断分析绩效问题，有针对性地及时引导、持续改进基层纳税服务工作，初步形成一套切实可行的现代纳税服务绩效评价机制。

案例1：　南京市国税局现代纳税服务绩效评价标准（节选）

一、服务投入与规划

（一）服务意识

1、品牌意识（3分）

指标描述：全体工作人员“树立征纳双方法律地位平等”的服务理念，明确自身服务职责和协作要求，对南京国税服务品牌内涵及价值的认可和接受程度≥90%。

设置目的：建设现代纳税服务体系应以品牌战略为引领，而干部只有对服务品牌的内涵和价值有了充分的理解和认可，才能将品牌要求转化为自觉的行为习惯。

评价方法：在全体工作人员中抽样问卷调查，抽取人数不低于全体工作人员的50%

评价对象：属地局、直属局、稽查局

2、心理疏导（2分）

指标描述：关心干部成长，建立心理疏导机制，防范心理危机，窗口人员保持良好精神面貌。

设置目的：纳税服务部门直接面对广大纳税人和社会监督，工作具体，压力大，需要对其建立心理疏导机制，引导合理表达诉求，提高岗位认同感。

评价方法：随机抽取纳税服务人员面谈（含前台劳务人员）；实地检查窗口人员精神面貌。

评价对象：属地局、直属局、稽查局

……………

二、服务过程与策略

(一)需求导向

1、征纳沟通(3分)

指标描述:为纳税人提供辅导中心/咨询室、特服号、接待日、纳税人代表座谈会等沟通渠道并可选;根据列名大企业需求为其重要涉税事项提供税企高层沟通服务。

设置目的:要坚持以纳税人需求为导向,必须畅通诉求渠道,通过多种多样的沟通渠道,充分了解纳税人需求,从纳税人的角度考虑安排纳税服务工作。

评价方法:随即访问、模拟办税

评价对象:属地局、直属局

2、政策确定性服务(3分)

指标描述:为有需求的企业提供确定性政策服务,包括政策解读、纳税辅导、专题培训。稽查人员作出税务处罚决定之前,依法告知当事人作出处罚决定的事实、理由、依据。

设置目的:政策确定性服务能够使纳税人准确全面地掌握涉税政策法规,切实解决疑点难点,有效降低涉税风险。

评价方法:档案抽查,电话回访

评价对象:属地局、直属局、稽查局

……………

三、服务产出与效果

1、上级评价(5分)

指标描述:市局及以上开展的明察暗访中无重大过错被通报,评价结论为优良级。

设置目的:上级机关需要对基层单位的纳税服务全过程进行有效地监督和控制,确保纳税服务工作制度和工作规范得以落实。

评价方法:查阅资料

评价对象:属地局、直属局、稽查局

2、纳税人评价(6分)

指标描述:纳税人现场办税评价≥95%;感受度评价≥90%;12345转办市民投诉处理回访满意率≥85%;12366对进户辅导、调研、调查、执法等行为进行规范性调查回访满意率≥90%

设置目的:作为纳税服务的对象和服务品牌最直接的目标受众,纳税人是税务机关服务质量的权威评判者,是各考评主体中最为重要的方面

评价方法:外部数据、系统取数

评价对象:属地局、直属局、稽查局

……………

## 五、关于完善纳税服务绩效评价的相关建议

(一)南京市国税局现代纳税服务绩效评价初步成效

“现代纳税服务绩效评价体系”2014年—2015年在南京市国税系统试行以来,呈现出两方面的显著成效:

1、基层纳税服务思维模式迅速转变。“无需求不打扰”的理念逐渐被税务干部接受,各基层单位迅速调整服务模式,更加关注纳税人感受,对服务标识、服务设施的安排更为人性化,6S现场管理的规范化效果日益凸现,发票用量合理放宽减少了纳税人往返次数等;各基层单位主动配备专业骨干到纳税辅导中心,强化面对面辅导功能,通过办税服务特服号电话咨询和邮政送达涉税文书,构建税企沟通的新方式,

2014 年特服号全年受理纳税人咨询 9.8 万户次，成为纳税人的国税“客户经理人”，协调解决了众多纳税人个性化需求，国税专递服务 28124 份占涉税文书传递的 39.72%，提高了非接触式服务的程度，有效降低了征纳双方办税成本。

2、现代纳税服务绩效评价机制效应初显。通过对照绩效标准、在 2014 年中开展的第一轮达标验收工作中，14 个基层单位中的 7 家单位在纳税服务工作人员的“心理疏导”机制建设上表现不佳，9 个单位在纳税服务效率要素的评价上失分，如办税感受（纳税人等候时间过长、往返税务机关次数较多）、8 个单位的咨询沟通（特服号等）接通率和正确率不够理想，电子化办税程度振幅较大，显示了区域差异明显等，印证了国家税务总局 2012 年全国纳税人满意度调查结果所提示纳税人意见较为集中的办税效率不高及咨询质量问题，证明该绩效标准对基层绩效的区分、诊断、分析、改进方向均起到预计效果，有助于参评单位找准绩效盲点，明确绩效目标，改善服务绩效。

2014 年全系统落实国家税务总局“便民办税春风行动”，开展针对性地服务整改优化和服务机制建设，取消审批节点 46 个，积极开展风险识别和远程服务提醒，大力推广电子办税、非接触式服务，在税务登记、资格认定、证明开具、发票领购、多元化办税等涉税事项上大幅提升办理效率，减少纳税人领购发票三分之二的往返次数，业务流程平均用时同比缩短 13.44%，在国家税务总局组织开展的 2014 年度纳税人满意度调查中，南京市国税局位列副省级城市第四名。

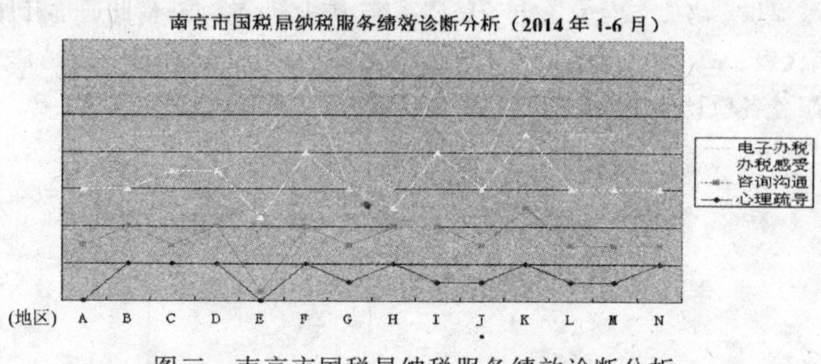


图三　南京市国税局纳税服务绩效诊断分析

（二）现代纳税服务绩效评价标准试行中的主要困境

现代纳税服务绩效评价标准是伴随着现代纳税服务体系建设而制定并发展的，在基层试行过程中也发现，当前尚处绩效管理起步阶段，要充分发挥纳税服务绩效评价的机制效应，还存在一些难以跨越的障碍和困难，主要有：

1、基层存在改善绩效与执行规定相冲突的两难困境。目前国家税务总局通过便民办税春风行动自上而下开展涉税审批事项的清理和减少工作，然而清理和减少工作需要一个过程，有些涉税审批事项仍会耗用较多纳税人时间，基层作为执行部门，必须无条件执行上级规定的工作流程，某种程度上形成绩效改善的客观障碍。

2、绩效改进受纳税服务供给模式的限制。根据《国家税务总局 2012 年纳税人满意度调查结果的通报》，在关于问题与不足中提出，“纳税人对简化办税流程，提高办税效率具有较高期望。在纳税人总体评价中，国税、地税部门分别有 42.5%、38.5%以上的纳税人认为税务机关应该简化办税程序、精简报表资料”，除了涉税审批环节较多的因素，柜面办税工作量大、纳税服务人员配备不足、新上岗人员培训不及时也有直接关系，在每月报缴高峰阶段，这种矛盾更为突出，因此，这种集约式柜面服务模式（税务机关）或习惯（纳税人），制约了服务绩效的改进。

3、绩效评价机制对绩效改进的促动存在时滞。绩效评价数据来源的多样性虽然可以修正评价的偏差，但也带来数据归集与分析的困难，难以及时出具“绩效报表”、“绩效趋势”“绩效诊断”等实用成果，因此，对基层绩效改进的指导存在一定的时滞。

（三）完善现代纳税服务绩效评价机制的建议

1、重组纳税服务职能，抑制非绩效行为增长。纳税服务绩效评价标准的设定前提，是纳税服务职能明确，岗责体系完善，因此，必须进一步清理和减少办税环节、涉税审批事项，根据税收遵从管理清单，调整纳税服务基础事项，修订办税前台和后台的联系衔接制度，完善业务流程，建立新的岗责体系，实施一体化管理，通过不断改进的绩效要素评价，监控和抑制非绩效行为的滋长。

2、拓展非接触式服务，提高绩效评价客观性。借鉴西方国家纳税服务发展思路，适当缩减实体办税规模，拓展和倡导电子办税、网络宣传、电话服务、自助办税等非接触式服务。非接触式服务不受空间、时间的阻碍，可为纳税人提供更为快捷、便利的自助服务；不仅降低柜面压力，使实体办税服务厅可集中服务资源扩大预约服务、个性服务等综合服务；而且，对绩效评价更有意义的是，非接触式服务下绩效数据的自动采集和分析将提高绩效评价的客观性和问题细分能力，令绩效评价机制的反馈更为迅速。

3、推动绩效评价与管理的技术平台建设。借鉴大数据理念，通过整合、共享税务系统现有信息平台数据，推动绩效评价技术平台建设，提高绩效评价的应用能力。一是研发纳税服务“自动诊断系统”，在绩效数据输出结果基础上，加强绩效侦测和分析力度，及时发现绩效问题，为改善绩效提供支持，也为纳税服务绩效标准的调整提供参考。二是完善电子民调系统，扩大社会参与，借此通过开展年度满意度调查，邀请各纳税人、人大代表、外部监察员等相关主体对纳税服务工作进行评价。三是建立“绩效标杆”数据库，收集、展示纳税服务各项具体工作的最佳实践者经验，推广卓越绩效。

课题组成员：袁　莹　徐　岚　张瑞雪　王业斌

# 新常态下林业税收问题的思考

——以百色市为例

农正权

林业是国民经济的重要组成部分，利用税收的职能作用促进林业发展，对保护森林资源、扩大森林覆盖面、涵养水源、保持水土、净化空气、维护生态环境等具有重大意义。但现行的税收体系存在诸多问题，影响林业的健康发展，应及时加以完善。

由于我国有关法律规定，我国的林地所有权只能归国家或集体所有，而林地的使用权和林木的所有权、使用权可以由国家、集体、个人持有，因此，本文讨论的林权仅指林地的使用权和林木的所有权、使用权，除特指以外一般不包括林地所有权。

我们把切实利用土地培育林木成熟后砍伐成木材直接销售的生产活动称为实体林业生产活动，简称实体林业；把不接触林地、不进行木材交接的林权转让（含转包、出租、转租、投资入股等，下同）活动称为虚拟林业生产活动，简称虚拟林业。

## 一、百色市林业发展基本情况

百色市是广西林业资源大市，也是全国南方用材林重要基地，林业资源丰富，森林面积 3645 万亩，森林活立木蓄积量达 11010 万立方米，位居广西第一，森林覆盖率达 67.02%。按照党中央、国务院的统一部署，2009 年百色市全面启动集体林权制度改革工作，在此后 5 年多的时间里，林权确权登记及流转工作快速发展。截至 2014 年底，全市建成林权交易机构 5 个，共完成流转林地 0.85 万宗，累计流转面积达 239.85 万亩，流转率达 5.6%，林权流转覆盖全市 12 个县区，涉及 108 万农户，农民受益金额达 5.39 亿元。2015 年，百色市林权流转交易更加活跃，全市林权流转面积 20.58 万亩，流转收入 1.57 亿元，林权抵押贷款余额 14 亿元。2016 年全市计划推动林权流转面积仍为 20 万亩以上。百色市林业市场化发展进程取得阶段性成果。

## 二、新常态下，林业税收体系存在的问题

2008 年《中共中央、国务院关于全面推进集体林权制度改革的意见》（以下简称《意见》）印发后，林业生产方式方法发生了巨大的变化，在林业市场化发展的过程中，现行林业税收体系的局限性逐渐显现，矛盾日益尖锐。

（一）现行林业税收优惠政策不适应林业发展新形势的要求

现行林业税收优惠政策的总体框架是在 1994 年的税制改革时确立的，当时的林业生产销售方式方法基本上还是采用计划经济时代的模式，以实体林业为主，虚拟林业尚未萌牙，据此制定的林业税收优惠政策主要是针对实体林业而言。面对新兴的虚拟林业，现行的林业税收优惠政策存在明显的不足。

1、顶层林业税收优惠政策面临新挑战。为了增强农业抵卸自然灾害的能力和缩小剪刀差，鼓励和促进农业生产发展，国家在顶层税收制度设置中对直接生产物质资料的农业给予很多的税收优惠扶持。林业属于大农业的范畴，顶层的林业税收优惠政策大多数是笼统地包含在涉农税收法规之中。对实体林业而言，执行这些涉农税收优惠政策还算是对号入座，可以找到明确的法律法规依据。但是，面对日趋繁荣

的虚拟林业,税务部门却很难找到明确的税收征管法律依据。集体林权制度改革后发展起来的虚拟林业,虽然与实体林业有紧密的联系,但与实体林业有本质的区别,严格地说,虚拟林业已经不属于生产林木的林业生产活动,虽然虚拟林业依托已有的林地、林木,但它本身已经不再直接利用林地生产林木,而是资本独立化运作的商业经营活动,也就是说,虚拟林业已经摆脱对土地气候等自然环境的依赖,转让的标的物已不是农产品,而是无形的资产,从经营环境到转让对象等各个要素都已经不符合享受农业税收优惠政策的规定条件。因此,本文认为,虚拟林业享受农业税收优惠政策的理由和依据并不充分。

2、省级虚拟林业税收管理办法不一致。由于国家税收政策未能及时根据林业发展形势做出相应的调整和完善,顶层的虚拟林业税收征管办法缺失,造成了各省税务机关根据各地实际情况制定的虚拟林业税收征管办法不一。例如,有些省的林业税收征管办法规定,对个人从事林木和林地的使用权(即经营权)承包转包经营、或林木所有权的转让取得的所得,暂免征收个人所得税。有些的林业税收征管办法则规定,林地使用权租赁和幼林经营权转让收入,按规定征收企业所得税或个人所得税。在现今网络信息十分发达便捷的年代,对林权转让活动是征收还是免征相关税收,纳税人经常在网上搜索比较、热议,社会反响很大。

3、基层林业税收征管实践风险隐患大。由于顶层林业税收征管制度不具体完备,致使基层林业税收征管实践失去了强有力的制度支撑,执法风险隐患多。

(1)不同税种对林权转让行为定性矛盾。对直接种植、养护林木的劳动报酬和销售木材的收入,现行各个税种都明确认定为从事林业生产所得给予税收减免,但对林权转让行为是否属于从事林业生产的行为,不同的税种则有不同的定性。营业税的具体征管办法规定,单位和个人将其拥有的人工用材林使用权转让给其他单位和个人并取得货币、货物或其他经济利益的行为,应按"转让无形资产"税目中"转让土地使用权"项目征收营业税。如果转让的人工用材林是转让给农业生产者用于农业生产的,免征营业税。可见,营业税原则上把转让林权的行为定性为转让财产行为而非从事林业生产行为,取得的收入应征收营业税,只是当林木使用权转让给农业生产者用于农业生产时才例外免征营业税。个人所得税的具体征管办法规定,财产包括土地使用权,因此,转让林权(即林地使用权)所得应该按转让财产所得征收个人所得税。而企业所得税的具体征管办法则规定,企业从事林木的培育和种植的免税所得,是指企业对树木、竹子的育种和育苗、抚育和管理以及规模造林活动取得的所得,包括企业通过拍卖或收购方式取得林木所有权并经过一定的生长周期,对林木进行再培育取得的所得。显然,企业所得税又把转让林权(即通过拍卖或收购方式取得林木所有权)行为当作从事林业生产行为,取得的所得免征企业所得税。很多纳税人对此提出质疑,基层税收管理人员无法给予令人信服的解答。

(2)林业生产经营对象的属性难确定。随着社会主义市场经济体制的逐步建立和完善,特别是集体林权制度改革后,林权商业经营活动日益活跃,且经营方式方法多种多样,给林权经营税收管理工作带来很多新问题。受林业发展历史局限性的制约,顶层的税务机关也无法预见后来会产生林权经营活动,因此,原先在制定林业税收政策时,基本上没有考虑到林权税收征管方面的内容,待到林权经营活动蓬勃发展起来以后,在对林权经营活动进行税收管理过程中很少能够找到具体适用的征管法规依据。比如,买卖双方签订木材销售合同后,卖方转交给买方的不是木材,而是林地上成熟的林木,即卖方把林木的所有权和使用权交给买方,由买方自行决定砍伐的具体时间和方式。此类商业活动到底是买卖有形的木材货物,还是转让无形的林权资产,目前,无论是林业法规还是税收法规都没有具体的规定,给判定适用税收政策造成很大的困难。此类问题时有发生,2015 年,某基层主管税务机关接到群众举报,举报材料反映外地个人 A 与本地某木材公司 B 签订木材销售合同,B 将林地上的林木作价 200 万元卖给 A,并规定 A 不得自行转让该批林木的相关权益,由 A 自行组织砍伐出售,但两个多月后 A 并没有组织采伐林木而是擅自将该批林木作价 280 万元再转让给他人了事,不到三个月时间就轻松获得 80 万元丰厚的利润。对

A 和 B 的这些经营活动是否适用林业税收优惠政策，基层主管税务机关陷入无明确法规依据的窘境，执法风险极大。

(3)自由裁量权过大。享受林业税收优惠政策必须具备一定的条件，但是，审核认定林业生产经营活动是否符合条件的自由裁量权过大，存在执法随意性的风险。例如，有些省的林业税收征管办法规定，幼林经营权转让收入，按规定征收企业所得税或个人所得税。按照林业技术规范，林木的林龄一般可以分为幼龄林、中龄林、成熟林三种，而且不同树种的林龄级别的划分标准不同，因此，界定转让经营权的林木是否属于幼林的难度很大，自由裁量权不小。又如，企业所得税的具体管理办法规定，企业通过拍卖或收购方式取得林木所有权并经过一定的生长周期，对林木进行再培育取得的所得免征企业所得税。前述举报案件中，A 取得林权不到三个月即转让，对于至少需要十年以上才能生长成材的树木来说，接手管理不到三个月，恐怕连林地都还没到过，能再培育什么东西，起什么作用。这么短期的再培育后即转让是否符合免税条件，征、免税都没有足够的说服力。可见，多少时间才符合一定的生长周期的这个规定，全由基层税收管理人员掌握，自由裁量权太大。这样的自由裁量权隐藏的执法风险太高。

(4)容易引发社会不稳定。有些省的林业税收征管办法规定，对于个体工商户或个人与单位签订承包合同，从事种植业、养殖业、饲养业、捕捞业取得的所得，属于“个体工商户生产经营所得”，免征个人所得税。因雇佣关系从事林木种植、养护的个人，其取得的收入应按工资、薪金所得或劳务报酬所得征收个人所得税。随着林业市场的发展，农民个人从事林业生产的人数和次数都大幅度增加。同样的从事林业生产劳动，只因为办理的是承包合同还是雇佣合同，征与免个人所得税的待遇截然相反。且不说承包关系与雇佣关系难以分清，很多零散的林业生产活动根本就不签订任何合同，这样一来，农民个人从事林业生产的所得征免个人所得税全由基层税收征收管理人员定夺，人生阅历各不相同的税收管员会做出不同的判定，造成有些地方征，有些地方免，有的时候征，有的时候免，造成同工不同惠，群众很难理解，征纳双方常常为此发生激烈的争吵。这是把本应由税收制度承担的责任全部压到一线征管人员头上，不但执法风险大，还容易引发群体事件。

(二)现实的林权税务管理难度大

1、林权交易隐蔽，难以征管。集体林权制度改革后，林业生产经营活动放开，用无形的林权代表有形的林木、林地参与实际经营活动，经营过程摆脱了携带、交接有形货物的种种约束，可以不受时间和空间的限制，凭借林权证书等书面资料在千里之外的城镇乡村甚至是荒山野岭都可以实现林权转让。目前各地的林权流转交易平台仍然比较缺乏，机构不健全，流转程序不规范，民间无序流转现象普遍，无论是林木所在地主管税务机关还是转让活动发生地主管税务机关都难以发觉，特别是当转让一方或双方是个人时更是如此。

2、林权信息资料缺乏。林权管理是林权流转税收管理的前提，没有林权管理信息资料，林权转让税收管理就没有落脚点。目前，社会上的林权管理基础很薄弱。据了解，目前林权确权颁证工作并不是强制性的，林农可以根据需要申领，林权不流转的可以暂不领取林权证书。因此，各地林业主管部门掌握的已确认的林权资料并不全面，无法向税务部门提供完整的林权信息资料。

## 三、新常态下，现行税收制度对林业和社会经济发展的负面影响

我国现行税收制度的最大特点之一就是对直接生产物质资料的农业免征各种税收，如对农业用地免征土地使用税，对直接为农业生产服务的劳务收入免征营业税，对直接从事农业生产取得的所得免征所得税。如前所述，林业属于大农业的范畴，实体林业当然也在免税之列。但是，现行税收政策对于虚拟林业是征税还是免税，由于具体的法规依据不够明确，按照税收法定和法无授权不可为的行政执法原则，在实际的税收征管工作中，多数都是按免税来执行，造成虚拟林业免税的事实，这不但存在执法风险，还对

林业和社会经济发展产生不利的影响，主要表现在以下几个方面：

(一)打击地方政府的积极性，削弱地方政府发展能力，不利于林业的健康发展

由于对虚拟林业免税，地方政府为发展林业而投入的大量资源，在林业生产经营过程中却没有任何税收回报，这既打击了地方政府发展林业的积极性，又削弱地方政府筹集资金发展林业的能力，对林业发展十分不利。

(二)助推林木品种单一化，违反生物多样性发展规律

《意见》实施后，农民成为林地承包经营权的主体，对承包的林地、林木可依法开发利用，可自主决定经营方向和经营模式，包括转租、出租、转让、入股、抵押或作为出资、合作条件等等。在市场经济利益最大化的驱动下，林农或者承包经营商甚至是地方政府，往往会忽视生态效益，选择大量种植经济效益好的林木品种。种植桉树就是一个很典型的事例。由于免税降低了租地成本，一些种植大户更是引进外来资金大量承包土地大规模种植桉树。但是，权威的研究机构调查发现，桉树是“抽水机”、“抽肥机”、“霸王树”，大面积种植桉树的危害非常之大：生物多样性减少，水土流失，土地贫瘠化和荒漠化等。近年来，这种危害正在日益加剧，许多地区的混交林、天然林、次生林、甚至原始林正在被破坏，许多珍贵的本土天然树种和其它植物已灭绝或正在走向灭绝，林木品种单一化趋势明显。

(三)推动林业空心化，不利于林业可持续发展

农民依法成为林权人的主体后，由于林地资源稀缺有限，随着林业生产的发展，对林地的需求不断增加，林地租金轮番上涨，一些农民看到林地租金高涨的行情后，并不急于在林地上种植林木，而是闲置林地等待；一些企业或个人低价从林农手中取得林权后，也看好林地租金的行情，同样闲置林地等待，达到预期目标后才转租林地获利。由于免税减少了租地的费用支出，等额的资金便可以租用更多的林地，增强收储林地闲置等待的能力，逐渐形成重虚拟林业轻实体林业的局势。但是，林业的经济效益和社会生态效益只有通过大量生产林木才能实现。长此以往地舍本求末，将会加快林地闲置不生产林木的林业空心化现象的蔓延，对林业的可持续发展很不利。

(四)不利于主体功能区建设

为了深入贯彻落实科学发展观，建设人口、经济、资源环境相协调的国土空间开发格局。2010 年 12 月，国务院印发《全国主体功能区规划》(以下简称《规划》)，推进形成主体功能区。《规划》将我国国土空间分为城市化地区、农产品主产区和重点生态功能区，并根据不同区域的资源环境承载能力、现有开发强度和发展潜力，确定四种开发政策即优化开发、重点开发、限制开发、禁止开发。推进实现主体功能区主要目标的时间是 2020 年。之后各省、自治区、直辖市及新疆生产建设兵团再根据国务院要求编制省级主体功能区规划并组织实施。在国家和各省的主体功能区规划当中，限制开发区和禁止开发区都是经济发展水平较低的山区林区，山地资源较丰富是他们最突出的优势，因此，充分利用山地资源发展现代林业是限制开发区、禁止开发区增强自身发展能力的必然选择。但是，虚拟林业免税削弱了这两类功能区地方政府从本地重要生产资源中筹集自我发展资金的能力，挫伤地方政府发展生态林业的积极性，不利于国家主体功能区建设目标的实现。

## 四、新常态下，完善林业税收体系的建议

(一)加快税制改革步伐，完善林业税收政策

1、要根据新常态下林业存在实体与虚拟之分的特点，从国家中央级的顶层税收制度上明确规定实体林业才能享受税收优惠政策，并且具体列明能够享受税收优惠的种类、形情，避免被不法分子钻政策空子，消除基层林业税收征管实践的执法风险避。

实体林业税收优惠政策应做到同工同惠，除了林业企业职工从事林业生产的工资薪金应按规定征收

个人所得税以外,农民个人或其他个人不管以承包名义还是以提供劳务名义直接从事实体林业生产劳动取得的报酬,实质上都是从事林业生产所得,不应再区分是生产经营所得还是提供劳务所得征免个人所得税,而应按实质重于形式的原则,统一规定凡是个人直接从事实体林业生产劳动取得的劳动报酬所得一律免征个人所得税。

2、要明确虚拟林业不能享受林业税收优惠政策。首先,以林权为依托的虚拟林业是市场的产物,就像市场经济一样存在正反两方面的作用,当前形势下对虚拟林业免税弊大于利。其次,林权与股权一样是一种无形的权益资产而非有形的实物资产,林权或股权转让都已经脱离实际的林业生产过程,如果转让林权所得可以享受林业税收优惠政策,那么,转让林业企业的股权所得也应该可以享受林业税收优惠政策。第三,林地和城镇建设用地一样属于稀缺有限的国家资源,随着社会经济的发展,林地和城镇建设用地的供需矛盾都一样日趋突出,同样需要国家依法进行调控和管理,过多地对转让林地使用权免税,即破坏两类土地使用权转让行为税负的公平,也不利于林地生产能力充分发挥作用。为了促进林业的健康发展,无论从减少虚拟林业的负面影响出发,还是从公平林权与股权、林地与建设用地的税负出发,国家都应该统一规定对虚拟林业按转让无形资产征税,并且要明确列举对虚拟林业征税的具体范围和办法。

对虚拟林业征税还要注意解决林地、林木所在地地方政府财源建设的问题。要规定对虚拟林业征收的流转税和个人所得税一律在林木所在地缴纳入库,对跨地区外来企业从事虚拟林业取得的所得征收企业所得税时,要按跨地区经营企业所得税管理办法在企业所在地与林地、林木所在地之间进行分配。只有充分调动地方政府发展实体林业的积极性和主动性,才能确保林业全面、健康、持续发展。

(二)认清形势,改变观念

要充分认识集体林权制度改革的重要意义和深远影响,深刻领会改革的方向、目标、任务和措施,深入调查了解林业改革实践,认清林业改革的发展形势,增强税收服务林业改革发展的紧迫感和责任感,积极主动为林业发展提供方便快捷的纳税服务。

(三)加强学习培训,提高综合素质

要结合税收业务工作实际,有针对性地加强一线税收管理人员在林业方面专业知识的学习培训,使他们了解国家林业大政方针政策,拓宽视野,掌握基本的林业生产经营管理知识,增加知识储备,提高综合素质。为加强林业税收管理服务打好基础。

(四)营造良好的林权税收管理社会环境

要加大农村改革力度,按照2015年中央1号文件《关于加大改革创新力度加快农业现代化建设的若干意见》的要求,大力推进农村集体产权制度改革,加快林权确权登记及发证工作,制定和完善流转规程和管理制度,搭建和规范林权流转平台,加强宣传,引导林权进入平台合法有序流转,挤压民间无序流转生存空间,要严格监督管理,严厉打击非法流转行为,为加强林权税收管理创造良好的社会环境。

(五)加大综合治税工作力度

要认真贯彻落实《广西壮族自治区税收保障办法》,积极主动向地方政府汇报反映林权税收管理存在的问题和遇到的困难,争取各级政府的支持和帮助,强化林权确权登记工作,完善林权信息资料,建立部门工作联动机制,畅通信息共享渠道,及时获取准确的林权信息资料,建立动态的林权信息台账。为加强林权税收管理工作打好基础。

(作者单位:广西百色市地方税务局)

# 新形势下地税系统<br>办税服务厅功能转换探索与研究

浙江省地方税务局课题组

办税服务厅是“便民、惠民”第一线，也是纳税人满意度实体感受的第一站。建设优质、高效、专业、温馨的办税服务厅是增进征纳关系的重要桥梁和纽带，很多征纳矛盾发生在办税服务厅，也可以化解在办税服务厅。随着“营改增”政策全面扩围和“互联网＋”概念不断深入，对办税服务厅传统的服务模式带来一定冲击，以“新常态、新税风”为导向的办税模式和办税服务厅建设面临新的机遇和挑战。

## 一、当前办税服务厅现状

近年来，全省地税系统办税服务厅以浙江地税视觉识别系统为硬件建设标准，以《纳税服务规范》为业务操作规程，内外兼修，不断推进办税服务标准化、规范化建设。一是服务制度化。省局制定出台《办税服务厅服务规范化管理办法(试行)》，明确了办税服务厅工作职责、理念、目标和纪律，并对办税服务厅服务制度、服务行为和服务环境设置等进行了规范，统一了全省办税服务厅办税公开、全程服务、导税服务等17项制度规定，为全省办税服务厅的标准化、规范化建设提供了制度保障。二是管理信息化。全面建成办税服务厅综合管理系统。全省办税服务厅综合管理系统自2012年建成以来，在进一步规范办税服务厅服务行为，强化办税服务绩效考核，提升办税服务水平和工作效率以及保护征纳双方权益等方面取得了显著成效。三是业务规范化。全面应用实施《纳税服务规范》，明确业务概述，报送资料、业务流程和服务规范，进一步精简资料、减少环节、缩短时限，切实提高办税效率，减轻纳税人办税负担，真正实现了“服务一把尺子、办税一个标准”，纳税服务开始迈向“车同轨、书同文”的规范新时代。

目前，全省共有标准化办税服务厅256个，办税服务窗口2120个。全省办税服务窗口普遍实行“一窗式服务”，窗口设置主要为“综合服务”或“综合服务＋发票管理”两种模式。“综合服务”窗口主要负责设立登记、税种认定、变更、停复业、注销等税务登记事项的受理和办理；纳税人资格认定申请的受理、传递和出件；延期申报、延期缴纳税款以及减免(退)税、相关税收优惠政策申请的受理、传递和出件；行政许可事项的受理、转办；按规定和权限对本窗口业务范围内纳税人税务违法违章行为实施简易处罚；办理其他相关事项。“发票管理”窗口主要负责纳税人发票票种核定，《发票领用簿》发放；发票领用、验旧领新、核销、缴销；代开发票及开票采集录入、核对相关信息；办理普通发票兑奖；按规定程序和权限对本窗口业务范围内纳税人税务违法违章行为实施简易处罚等事项。根据办税服务厅综合管理系统统计，2015年1—11月底，全省办税服务厅办理业务量为648万笔，平均办理时间为2.1分钟，平均等候时间为4.3分钟。从业务类型来看，发票管理和申报征收业务占据办税服务厅日常业务的主要份额，其中发票管理业务共221万笔，占34％，申报征收业务共206万笔，占32％。

## 二、新形势下面临的新问题和新需求

近年来，全省地税系统办税服务厅业务逐渐发生变化，主要表现在办税服务厅业务量下降、各个办税服务厅之间业务量不平衡、窗口工作人员管理缺乏激励机制等。

（一）"营改增"政策进一步扩围，地税窗口业务明显缩减

随着税制体制改革的不断深入，"营改增"改革成为当前税制改革的重头戏和未来推进配套改革的重要契机，这一改革的实施给不少行业带来了利好，而同时，对地税收入的影响也在逐步显现，最直观的改变就是地税窗口的业务量明显萎缩。《外管证》开具、缴销，外来经营户税务登记、报验、发票开具、税款征收、缴销等，发票的发售、缴销，建筑业企业自开票纳税人资格申请和税务机关代开统一发票等涉税业务都将不再属于地税办税服务厅的办理业务范围。另外，税费优惠类业务、税务行政许可、税收证明类文书也会有一定量的减少。

通过办税服务厅综合管理系统查询，对2014年与"营改增"相关的窗口业务量统计如下：

**2014年全省办税服务厅与"营改增"相关业务统计表**

| 业务名称 | 2014年业务量(笔) |
|---|---|
| 发票领购资格确认 | 252 |
| 发票用票量种类调整 | 34641 |
| 发票领用 | 549762 |
| 发票缴销 | 667414 |
| 企业具名发票印制审批 | 305 |
| 发票丢失被盗报告 | 751 |
| 普通发票代开 | 1159885 |
| 外管证发放 | 131869 |
| 外管证缴销 | 77539 |
| 外出经营活动税收管理证明 | 209250 |
| 建筑业项目登记变更 | 4376 |
| 安置随军家属就业的企业营业税优惠审批 | 3379 |
| 高校后勤服务的营业税优惠 | 13553 |
| 合计 | 2852976 |

全面"营改增"后，发票、外经证等业务将不复存在，由代开发票带来的上门申报和开票税单也会随之减少(门征申报、缴税业务量144万)，涉及营业税减免的文书也将消失，仅按表中所列业务统计，办税服务厅业务将从720万笔下降到291万笔，下降59.6%。根据测算，全面"营改增"后全省各地办税服务厅的业务普遍减少60%左右。

（二）社会化征收模式多样，部分业务得到分流

针对地域差异、纳税人分散、户数多等因素，我省诸多市县采取社会化征收或延伸申报点等形式，解决纳税人离办税服务厅远的问题，同时也分流了办税服务厅部分门征业务。以德清县地方税务局为例，该县设有个体税收社会化征收办公室及其延伸点共12个，协助税务部门负责对辖区个体工商户税款征收、日常催报催缴、漏征漏管户清理及代开普通发票等工作。2014年，12个社会化征收办公室及其延伸点共办理代开发票业务41935份，占全县代开发票的65%，有效缓解了办税服务厅业务量。

（三）网上办税业务拓展，实体窗口业务模式不断转变

随着网络时代的迅速发展和自媒体通讯的日益普及，纳税人对办税服务模式、政策传播方式、信息对接渠道等都提出了新的要求，科学化、信息化、智能化、简便化是纳税人追求信息共享与体验的基本要求，

网上办税、微信传播、APP应用等"互联网+"和移动互联技术越来越被广大纳税人接受和欢迎。截止2015年10月底,全省共有101万户企业类纳税人使用《网税系统》,网上申报比例为98.1%,2015年1至10月,网上缴纳税费金额2793亿元,网上受理文书8.7万份。但从"信息管税"的方向来看,网上办税、信息交互、互联网应用等方面还有较大空间有待开发和拓展,《税友龙版》中的很多模块也未得到充分应用。明年,我省乘《税友龙版》切换总局金税三期优化版推广应用,会重新更新《网税系统》,其功能还会强大,网上办税业务量还会大量增加,实体办税服务厅业务量还会逐步减少,让纳税人真实感受"无纸化"办税和办税"如影随形"。

(四)窗口人员管理压力增大,缺乏有效的激励机制

随着窗口工作量的明显减少,窗口工作人员的需求将变得更加多样化,传统的管理方式不能很好地激发窗口工作人员的工作积极性。从办税服务厅人员配置来看,以聘用的协税员为主,有的地方占到人员总数的80%以上,协税员薪资水平较低,且岗位长期未变动,易产生工作惰性,从而造成办税服务厅难管理、难约束,在学习动力、工作效率、服务态度等方面存在差距,缺乏有效的激励机制。从执法规定来看,协税员不具备执法资格,在业务量下降的情况下,又无法承担优惠事项办理、涉税审批前移等执法类事项,无形中造成忙闲不均的工作局面。从晋升空间来看,协税员基本不存在岗位晋升,在编干部大多不乐意从事办税服务厅窗口服务工作,形成了协税员基本动不了,在编干部流动性大的人员结构,缺乏有效的激励及管理机制。

## 三、新形势下办税服务厅功能转换的建议

(一)优化资源,合理设置办税服务岗位

全面实施"营改增"以后,办税服务厅业务量下降,各类业务的办理量占比也出现变化,相应的岗位设置应根据业务需要进行调整,按照实际业务量进行窗口调整和数量精简。一是减少或撤并发票和门征专窗设置。根据办税服务厅综合管理系统工作量分析,合理布局办税服务厅窗口设置,适当减少或撤并发票和门征等办理类窗口,防止窗口人员闲置或忙闲不均的现象。二是后台业务前置。通过将部分业务职能和审核权限下放到办税服务厅,办税服务厅可以利用纳税申报信息、第三方信息对纳税人的日常涉税情况进行归集整理,加强数据分析,强化风险识别,深化信息管税水平,逐步由纳税服务的"办理员"成为涉税业务的"管理员"。三是增加导税员设置。目前各地办税服务厅设置导税员的目的主要是引导纳税人取号,起到分流纳税人的作用。应进一步发挥导税员的作用,增加导税员数量,使导税员成为办税服务厅主要工作人员,统筹、引导、解决纳税人的各类问题,主要承担起政策辅导、资料审核、引导办理、协调解决的职能。四是大力推行办税服务厅弹性工作制。按照办税业务量合理设置办税窗口数量,优化人力资源配置,平衡前后台业务量,提高窗口工作效率,达到缓解前台工作人员压力,提高办税服务厅管理水平,提升纳税人满意度的目的。

(二)多管齐下,拓展办税服务平台

一是优化办税服务厅设置。由于地域差别,各地办税服务厅之间存在不平衡现象,特别是推出"同城通办"业务以后,城区分局的集聚效应更加明显。以德清县地税局为例,该县城区武康税务分局窗口业务量占到全县68%左右,截至2015年11月底,武康税务分局7个窗口共办理业务30553件,新市分局4个窗口共办理业务6358件,单个窗口的工作量存在较大差距。因此,可以开拓思路,创新改革,打破目前按照税务分局对应设置办税服务厅的模式,探索办税服务厅实体化管理,实行税源管理与办税服务相分离,以纳税人需求为导向设置办税服务厅,实行办税服务厅扁平化管理。二是优化网上办税功能。贯彻落实

《"互联网+税务"行动计划》,围绕办税服务"热点"、"堵点"和"痛点"问题,积极探索创新互联网税务应用,拓展网上办税,真正实现涉税事项网上申请、网上受理、网上审批、网上提醒和网上反馈五大功能。三是适当减少或撤并延伸申报点。随着"营改增"扩围到位,一些以代开发票、门征缴税为主的延伸申报点可以减少或撤并;同时,要加大力度,大力推广同城通办、免填单业务范围,引导纳税人办税业务向城区发展,切实减轻纳税人和基层税务部门办税负担。当然,对城区办税服务厅减少或撤并要慎重,因为新的地方税体系还未健全,税制改革还会出台新税种,地方税新税种征税对象为自然人肯定存在,纳税人会大量增加,征管方式、征收难度现在还难以估计,所以当前不拟减少或撤并基层税务分局,撤掉容易,新建更难。

(三)技术升级,提升自助办税功能

整合现有网税系统、个人所得税申报和查询系统、不动产建筑业开票软件、私房出租管理软件等纳税人应用,在办税服务厅设置专门的纳税人自助办税区,拓展和延伸自助办税服务内容,使纳税人一站式解决各种办税需求,缓解纳税人排队等候的麻烦,与办税窗口形成互补。在自助办税区配置传统的填单区、办公用品、办公设备,满足纳税人自助申报、自助申购发票等自助办税需求。利用微信、支付宝等平台,实现移动缴税、互联网缴税等多元化自助缴税方式。

(四)拓宽外延,建设体验式服务厅

依托互联网和大数据应用,注重纳税人的直观体验,打造移动网络与固定网络相融合的移动互联纳税服务平台,建设掌上税务局、微信税务局等自媒体服务。结合 PC 端的网络办税服务厅,开发功能完善的手机 APP,开放办税导航、预约服务、信息查询、实时互动、申报缴税、12 万元个人所得税申报等多项业务功能及操作指示;手机 APP 实现与"12366"知识库无缝对接,方便纳税人及时接收最新政策;开发更多互动功能,如为纳税人提供"画像"服务等。为纳税人打造具有科技感和智能化的办税服务厅,在办税服务厅提供便捷、安全的网络和信息服务,将更多的"互联网+纳税服务"引入办税服务厅,让纳税人体验"互联网+"和大数据带来的智能与便利。

(五)部门协助,深化联合办税模式

"营改增"后,地税部门失去"以票管税"这一重要抓手,随同增值税征收的个税、城建税及教育费附加,地税机关将无法全面管控,但涉及的地方税种仍由地税机关负责征收管理。因此,必须加强国地税合作,积极开展联合办税、驻点合征、委托代征等,也可尝试业务人员外派国税窗口轮岗,互补国地税人力资源的盈缺不足。同时,可充分利用信息技术平台建立有效的信息传递机制,定期进行数据交接更新、信息比对交流,实现信息联动,在运用金税三期的基础上,通过国地税协作规范,实现国地税联网运行、信息共享、协作办税,提高征管质效。涉税信息协作共享,使办税服务厅工作人员在受理业务时根据实时数据共享进行比对和审核,及时发现问题进行处理,进一步实现资源整合,降低征管成本,堵塞征管漏洞,做到应收尽收。

(六)强化宣传,提升财税文化建设

随着"互联网+"概念不断深入和业务的大量减少,传统办税服务厅与纳税人的联系将逐渐减弱。办税服务厅的功能应更多地向税收宣传、文化建设等方面转化,办税服务厅的作用应不局限于业务办理,而要兼具文化宣传、政策传播、品牌建设、文明创建、业务培训等诸多功能,让纳税人体验一个内容更加丰富的办税服务厅。一是建设形象展示区。在醒目的位置安装可播放视频的高清电子屏,实时播放形象宣传片、文化推广片、税收动漫、公益广告等,建设和传播财税文化。把基层文明单位、青年文明号、巾帼文明岗等文明创建的成果和内容通过形象展示区进行宣传,提高税务人荣誉感,提升纳税人满意度。二是建设政策宣传区。通过电子屏、公告栏等形式，实时更新财税政策法规、税收优惠政策、工作指南、信息公开等内容。配备信息查询系统和政策学习平台，开通网络纳税人学堂，使纳税人能全面了解到所需要的财税信息，获取必要的税收知识。三是建设休息等候区。该区域主要用于纳税人休息等候，除了基本配备外，适当增加等候时的互动项目，如提供无线网络热点供纳税人使用，为纳税人提供良好的等候体验，缓解纳税人对等候时间的厌烦心理。

随着财税体制改革的深入，以及党中央、国务院关于"互联网＋"行动的战略部署，税务系统也将迎来全新变革，地税系统办税服务厅功能转换势在必行，合理优化办税服务厅人员设置，充分发挥大数据优势，提升信息化水平，形成办税服务厅导税员主动引导、纳税人自助办理的办税模式，强化税收宣传与文化建设，丰富纳税人在办税服务厅的视觉体验和智能办税体验，进一步完善"互联网＋税务"的服务功能，持续推进"便民办税春风行动"，不断提升纳税人满意度。

课题组组　长：丁　丹
副组长：徐　建　唐光权
成　员：楼利燕　金华东
执笔人：陈世亮　胡雅云

# 新形势下税源管理存在的问题和对策

陈北岭

税源管理是整个税收征管工作的基础和核心，是反映税收征管水平的重要方面，也是落实科学化、精细化管理的最终落脚点。为进一步抓住税收征管的核心，摸清实际税源底数，不断强化税收专业化管理，现对基层税源管理工作中存在的问题和对策作以粗浅分析，以助于更好地推进基层税源管理工作。

## 一、当前新形势下税源管理存在的问题

目前，东明县地税局共管辖纳税人 6997 户，其中企业纳税人 2024 户，个体纳税人 4973 户。主要分布在化工、批发零售、服务业、木材加工、建筑、房地产、金融、电信等行业。东明县地税收入主要来源于化工、房地产、建筑、金融等行业，其中化工行业缴纳地税收入占总收入的 33.23%，房地产、建筑行业占 38.58%，金融保险业占 10.18%，上述三大类行业收入占比达到 81.99%。全县年纳税在 100 万元以上的企业 97 户，年纳税 500 万元以上的企业 38 户，年纳税 1000 万元以上的企业 17 户。近年来，全面推行了“重点税源重点管、一般税源行业管、小型税源属地管”点线面立体式专业化税源管理模式，税源专业化管理取得了一定成效，但是税源管理工作中还存在着一些问题和不足。

(一)税源管理不精

对办证户和新开业户的管理不平衡，在日常工作中重视办证户管理、轻视新开业户管理，导致一些纳税户开业后长期不办证，造成税源流失。日常工作中重视起征点以上纳税人管理、轻视起征点以下纳税人管理，户籍巡查不够，税源变动情况不明，造成不应有的漏征漏管等问题。重视单个税源情况掌握、轻视整体税源的综合分析，“一户式”管理不到位，信息利用率不高，导致发生对纳税人的纳税信息资料掌握不及时，对税源的变动情况掌握不全面的问题。

(二)下户巡查不勤

税收管理员主要忙于事务性管理，应付填表、报表、统计、考核等日常性工作，没有足够时间对纳税人实施实地管理，由于管户人员紧缺，管户较多，并且大多不在管户所在地办公，导致征管监控不力，管户流于形式，管事不能到位，对个体纳税户定税不准，对纳税户做假账、做两本账以及零申报、少申报等异常现象不能及时发现和处理。对纳税人管理乏力，致使税源管理力度削弱，导致税源不清、申报不实、责任不明，出现了税源管理断层。今年，在税收征管清查活动中共清理漏征漏管户 147 户，补征税款 5.23 万元，罚款 0.93 万元，完善个体户税收档案 489 份，调增起征点以上的纳税人 36 户，增收税款 16.98 万元。

(三)管理职责不明

随着征、管、查分离和计算机技术的广泛运用，税收管理员的职能发生了变化，由“管户”为主逐渐过渡到以“管事”为主，在一定程度上防止了“人情税”和“关系税”，有利于税务系统的廉政建设。但是，也出现了“两少一多”现象，税收管理员下户调查研究的少了，对纳税人的经营情况、缴税情况及税收结构进行认真分析的少了，依靠纳税户自行申报来掌握税源、指导征收的多了。因此，造成对辖区内的税源底数不清，户籍不明，大户管不细、小户漏管多，“疏于管理、责任淡化”的问题凸现。

(四)纳税评估和风险应对不实

从目前实际情况看，税收管理员取得的稽核资料仅包括纳税人纳税申报表及其附报资料、企业财务会计报表，且均为纳税人向税务机关提供。鉴于纳税人会计核算水平和某些主观故意，向税务机关提供不真实、不准确的财报表和纳税申报表等涉税资料，隐匿或少报收入。因此，对其提供有限的纳税资料进行评估和风险应对，效果并不明显。

（五）部门配合不力

工商、质检、银行、地税等部门没有进行有效的信息传递和信息共享。信息资源利用率低下，有的企业办理了工商营业执照而没有及时办理税务登记证，有的企业注销了税务登记不及时注销营业执照等。在内部信息传递不畅，征、管、查脱节，造成税源管理不力。只有及时、准确地掌握税源，加强税源监控管理，才能保证税收成为有源之水、有本之木。

## 二、当前加强税源管理的几点建议

加强基层税源管理按照实事求是、因地制宜、突出重点、职责到位的原则，认真落实税源专业化管理各项制度，积极探索建立税收预测分析、企业纳税评估、税源监控和税务稽查之间协作配合的良性互动机制。

（一）严格落实制度，加强税源基础管理

一要管户管事到位。要结合实际，择优配备企业和个体税收管理员，细化税收管理员的工作规程、岗位职责，制定具体的税收管理员巡查记录制度和量化目标，规范税收管理员的执法行为，形成执法有记录、过程可监控、结果可核查、绩效可管理的良性循环机制，真正做到管户到人，管事到位。二要纳税辅导到位。税收管理员要经常深入企业进行纳税辅导，切实掌握纳税人的生产经营情况，防止做假账、做两本账以及零申报、少申报等现象的发生。对个体纳税户要加强巡查，除熟悉正常经营户的情况外，还要加强对非正常户、新开业户起征点以下纳税户的管理，防止假注销、假歇业、假失踪、漏征漏管现象的发生。三要分析预测到位。建立税收统计分析与预测制度，制定科学的税收预测和税源走势分析办法，收入核算部门要根据纳税人纳税情况，及时将新增的重点税源和纳税大户纳入收入核算，通过对税收结构和走势的分析，及时掌握税源的变动趋势，为税收的管理决策提供依据。四要部门配合到位。要积极向当地政府主要领导汇报信息比对交换存在的问题，取得政府领导的支持理解，建立健全以政府主抓，地税与工商、国税、质检、房产、银行、公安交管等部门的信息交换机制，定期交换信息，加强税源监控。对内，加强各单位、各科室之间的信息比对，把各科室掌握的信息变成整个税务部门的共同信息资源，提高信息的综合应用水平。同时，要加强与金融部门信息联网，以利于账户查询、冻结存款、扣缴税款、加快代扣代缴、申报划转税款等各项税务管理业务的有效开展。五要管理重点到位。要制定税收管理员日、月、季、年重点工作制度，通过分析、预警、监控、风险应对、筛选、异常信息处理、台帐、工作总结等模块，解决税收管理员“管什么”、“怎么管”、“管没管”的问题，提高税收管理员工作的实效性和针对性，有效地加强税源管理，做到税源清、管户清、入库清，无漏征户、无漏管户、无欠税户，申报全、资料全、档案全。

（二）围绕关键环节，堵塞税收漏洞

一是风险应对打基础。要充分运用纳税人申报纳税资料、计算机存储的各种信息和第三方信息，综合分析行业总体税收状况和纳税个体纳税情况，探索规律，建立风险应对指标体系，加大计算机风险分析力度。并充分运用纳税人申报的财务会计相关信息数据，具体分析企业相关税种纳税情况与其销售收入、实现利润等指标的对应关系，发现问题。结合行业平均利润率和平均税负等评估指标，建立科学、实用的风险应对模型，确定科学的税负率差异幅度、销售额变动率，分行业实行风险应对，对于异常情况，税务机关必须密切关注，并进行深入分析，查找原因，制定解决措施。二是行业管理抓关键。根据风险应对结果，制定行业税负，加强行业管理。在同一行业纳税人，分户测定纳税人税负值，作为管户人员管理的参考值，如果纳税人的申报税款低于参考值的合理幅度，税收管理员要入户查明原因，写出书面情况报告。同时，税收管理员要经常深入纳税户加强企业生产经营和财务管理的监督，及时了解其生产经营和资金运作情况，切实做到心中有数。三是实地巡查确保障。要针对个体税收起征点上调后出现的新情况和新问题，采取新对策，扎实抓好户籍管理。实行户籍巡查登记制度，建立巡查登记簿，个体税收管理员要对所管辖的纳税户每月至少巡查 1 次，每次按要求在巡查登记簿上如实登记，掌握纳税人的生产经营及户籍变化情况，及时调整定额。对起征点以上的纳税户要从定税、税额调整、申报缴税等方面严格把关，严密监控，严防流失。对达不到起征点的，要办理税务登记，实行动态管理，督促纳税人按要求进行申报，做到免征不免管。

（三）把握税源重点，实现税源精细化管理

一要强化重点监控。对重点税源企业、减免税企业、年纳税额 100 万元以上的企业、零申报户、低税负户、亏损户的生产经营、财务核算、申报纳税、行业税负等指标纳入动态分析，重点监控，堵塞税收漏洞。二要强化实地调查。管理员要定期到纳税人生产经营场所实地了解情况，掌握其产品、原料、库存等生产经营和销售、成本、价格、利润等财务情况，及时取得动态监控数据，找出影响税负变化的主要因素，增强税源管理和组织征收的针对性。三要强化重点稽查。要树立“重点稽查”意识，对一些税收秩序比较混乱、征管基础比较薄弱的行业，有针对性地开展专项税收治理，加大对涉税违法行为的查处和打击力度，对查处的案件特别是典型案件要进行分析解剖，研究发案规律、作案特点和手段，及时发现税收政策和管理上的漏洞，力争做到检查一个行业，规范一个行业的税收秩序。四要开展岗位培训。要按照“干什么、学什么，缺什么、补什么”的原则，结合岗位专业特点和管理的难易程度，进行“金三”操作技能、征管业务、财务知识、统计预测分析方面的培训，有针对性地加强税收管理员知识更新，切实提高税收管理员的综合素质和业务能力。五是要建立健全岗责体系。按照先企业后个体，工作难易程度和税收管理员的能力差异分配任务，做到以能定级，按级定岗，以岗定责，明确职能定位和工作重点，减少日常的应付性事务工作，确保税收管理员有时间、有精力从事税源管理工作。六是要严格考核。要充分发挥绩效管理的作用，对税收管理员税源管理情况定期或不定期进行抽查，定期评估通报每一位税收管理员对税源的管理情况，严格奖惩，对责任意识淡薄，疏于管理的要追究责任，切实做到人人肩上有责任、户户税源有人管。

（作者单位：山东省东明县地方税务局）

# 信息化建设成为税收发展的强劲助推器

张宝宏　李丽霞

税收管理活动实质上也是信息的采集、传输、处理和应用的过程。信息技术已逐渐成为税收管理的重要工具，成为税收管理领域的重要生产力。信息技术为税收管理服务的同时，又不仅仅依附于现有的管理方法和流程，它力图使现有的管理方法和流程朝着更能充分利用信息技术的方向发展。因此，信息技术既为税收征管服务，又推动税收管理本身发生变革。

纵观税收信息化建设的过程，我们认为，信息技术在推动税收管理创新上，主要体现在以下几个方面：

## 一、增强了对征管模式的影响力

在现代科技日益发展的情况下，税收征管必须积极采用现代化的科技手段，以利提高税收征管的质量和水平。科技加管理，已成为税务系统的共识。为此，近年税收信息化建设的总体有了新的目标，即根据一体化原则，建立一个基于统一规范的应用系统平台，依托税务系统计算机广域网，信息处理高度集中、功能覆盖各级税务机关行政管理、税收业务、决策支持、外部信息应用等所有职能的功能齐全、协调高效、信息共享、监控严密、安全稳定的税务管理信息系统。税收征管模式从依靠纸介质的手工操作，逐步向依托信息技术和网络的计算机操作方向转变。

## 二、增强了税收征管力度和刚性

税务信息系统的应用对征管力度与刚性的影响也是深刻的。实行计算机管理之后，大量税收管理的政策都固化在软件系统中，并通过软件的使用达到实时的监控制约，大大减少了征收管理的随意性。另外，通过利用信息技术，税务部门能够与工商、财政、银行等相关执法单位或信息拥有部门联网，大量采集纳税人的涉税信息，将税收征管与国民经济信息通过网络集中起来，确保税务机关准确地把握经济动态，实施税源分析与监控。

## 三、增强了税务机关自上而下的监控能力和管理力度

税务信息系统建设与征管改革，促进了税收征管业务和行政管理的规范化，提高了层级监控的能力，以信息管理为基础的管理制度已经初步形成；信息不再因地域的关系而被阻隔，管理层面将趋于扁平化；从总局到基层税务机关，税收征管的各个环节均分解到各个岗位，相互之间的制约变得容易操作了。税务管理信息系统在一定程度上规范了税务管理行政执法和行政管理行为，初步形成了对内监督和对外监控的制约机制，提高了层级监控的能力。

信息技术也有助于加强税收管理力度。在信息技术的支持下，税收管理执法权由集中于一人变成了分流程管理，税收征管流程由集中于一局而分解到各局，有相当一批人将被剥夺一部分权力，而被赋予更大的责任。对于一户企业的税收问题不再能够一个人说了算，对于维护税法的严肃性，公平税负，较好地避免执法不严和违法违纪问题的发生起到了十分积极的作用。

## 四、税务行政管理开始改变

税务信息系统的建立，给各级税务机关行政管理流程也带来了深刻的变革。听汇报、做调研、看报表是税务机关管理人员决策的主要的信息来源，间接的渠道使信息的传递无法做到及时与准确。在信息技术的支持下，数据将成为决策的主要依据，客观性与及时性得到了有效的保证，税务管理已由被动管理变为主动管理。

## 五、纳税服务方式发生变化

税务信息系统的建立对纳税人服务体系产生了深刻的变革。在早期，对纳税企业实行的是“保姆式”服务，后来改由税务机关在纳税服务大厅坐等纳税人，纳税人上门申报。现在随着多元化纳税申报方式特别是电子申报方式的推行，纳税人可以不再为繁琐的现场纳税程序所困扰，也不再局限于地域与时间的限制，纳税行为将变得更加轻松和有序。这种自助式的纳税服务正在逐步成为纳税服务体系的主要内容。

## 六、税收征管效率发生重大变化

由于信息技术的引入，税务部门的工作效率和整个税收管理的效率正在大幅度提高。原来的一份公文从制定到下发到各地执行，需要很长时间。这几年，税务机关普遍使用了网络化的公文处理系统，不但办文过程中实现了无纸化，而且通过网络传输公文，可以使上级机关的要求更快地贯彻到下级税务机关，下级税务机关的情况也能够更快地被上级税务机关掌握。在信息系统内部自动进行对审，减少了人为干预。

## 七、对征纳双方的思想观念产生了积极影响

一方面，各级税收管理者对信息技术以及在税收管理中的作用的认识有了一个质的飞跃。从初期的不了解，甚至抵触情绪，到主动地用信息技术替代手工提高工作效率，现在已经发展到对信息技术的知识普遍了解，对信息技术的作用普遍认同的阶段。大家开始认识到，仅仅利用信息技术模仿手工是远远不够的，要充分发挥信息技术的作用，必须充分利用信息技术来改造税收管理工作，而且上上下下都有很高的积极性。

另一方面，纳税人已经意识到，税收管理的信息化已经给他们的纳税环境带来了一定的变化。纳税服务好了是一方面，而且少数纳税人想钻空子偷逃税的机会也变得越来越少。税收环境趋于公平。

（作者单位：内蒙古鄂尔多斯市地方税务局涉外税收分局）

# 应对跨境数字产品交易的税收政策研究

陈咏升　潘国忠　王文来

数字经济是在计算机和现代通讯技术基础上，通过信息化和网络化环境实施的一种经济模式。要将数字经济和互联网经济、新经济、信息经济、电子商务这些熟悉的概念做出区分是非常困难的，应该说数字经济涵盖更广泛的商业模式和交易类型，包括网上交易支付、在线广告、应用软件商店、云计算、参与式网络平台等广泛的商业活动，给传统税收带来了巨大挑战。目前，我国正积极地参与由G20推动的"税基侵蚀和利润转移的行动计划"，并在数字经济工作小组中发挥了重要作用，将对我国未来数字经济领域的税收政策产生深远影响。

## 一、数字经济的特征

尽管有相当数量的数字经济模式依旧存在于目前传统的商业模式中，但信息和通讯技术的进步使得在更大平台，更远距离开展多项经济活动成为可能，使得商品生产者、组织者和消费者可能都存在于不同地理区域和税收管辖区。

总结而言，数字经济的特征包括：

### (一)无形资产的流动性大大增加

无形资产的开发和利用是数字经济的一个重要特征。在数字经济环境下，知识产权与无形资产对价值的创造有着重要的贡献，并且知识产权与无形资产在电子商务中具有可流动性。无形资产自身以及在现行税制下出于税收目的而衍生的无形资产的高度流动，共同在直接税领域产生了巨大的税基侵蚀效应。

### (二)交易大量缺少物理存在

由于多层商业模式的采用，使得交易双方可以在拥有不同管辖权的区域间，甚至无任何管辖权的区域间交易成为可能。一方面，电子商务使得实体货物流动性大大增强，从而减少了对传统库房的依赖；另一方面，就连服务本身也变得缺少物理存在。

### (三)数据价值大大增加

计算能力和存贮容量的提高以及数据存贮费用的降低促进了数据的大量使用，数据信息的价值得以充分体现，相应地，数据价值的估值以及相应的经济与财务影响也变得较之前更为复杂。数字经济当中，用户免费提供的信息是否有价值、以及如何对价值进行评估是目前国际税收界的难题之一。目前国际经济学界对数据的估值研究也非常少。虽然数据可以买卖，但是类似的数据在不同的交易中价格差别悬殊，且没有现成的定价规则可以遵循。无论是数据的价值以及相应价值在各个环节中分配，都会影响各国对税基确定的判断。反过来说，正是因为数据具有的价值，也同时导致了通过交易定性改变征税权的情况不断发生，比如将数据服务界定为特许权使用费的征税方式在发展中国家就被多次运用。

### (四)供需共同作用以完成交易

数字经济支持着多层面商业模式的扩展，虽然是多组不同群体通过一定的中间平台相互作用，每个群体的决定可能通过外部效应对其他群体的结果决定产生一定的影响，但数字经济本质上讲是需要供需共同作用以完成交易的。

数字化产品的价值创造主要为交易性无形资产和营销性无形资产的形成过程。对数字化产品及其运营模式涉及的生产商、运营商和消费者分别进行辨别和探讨，有利于了解数字化产品的价值创造和增值的过程，对数字化产品和运营模式产生的收入份额进行合理归属，对收入类型进行正确的区分。

## 二、数字经济的价值创造模式

根据《OECD 无形资产转让定价指南》，如果企业要某一项无形资产主张全部或大部分收益权，不能仅仅看它是否是这项无形资产的法律形式所有人，更要看它是否通过自己的员工在这项无形资产的开发、提升、维护和保护的过程中执行了重要功能活动，而且正是这些功能活动明显地创造了无形资产的价值。如果这些重要功能活动被外包给关联方执行，则该关联方需要被合理地补偿。

数字内容产品的产业链中，根据不同参与者的功能，能够将参与者分为内容商和内容分发商两部分。内容商包括数字内容创作者、版权服务商和数字内容服务商、应用服务提供商。内容分发商包括网络公司、互联网运营公司、通信公司、网络媒体等。

影响数字内容的产业链的因素包括分工程度，交易水平和价值增值程度。在数字化产品产业链的形成和发展过程中，参与者如果无法获得预期报酬，这些参与者将会脱离产业链环节。产业链充分合作时是参与者获得最大报酬的时候，此时产业的增值程度也最高。分工专业化使得产业链中各国企业的角色都无法缺失，紧密依存。

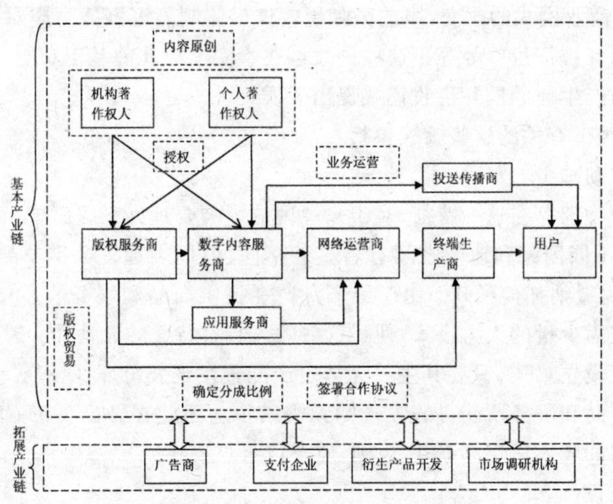


图一　数字内容产业链分布图

下面以云计算为例进行分析。云计算是新型的数字经济模式，具有按需获取、远程服务、可交互等特征。例如：AmazonEC2 的网站空间和百度云等服务，用户可以把资料存储于远程的一个或多个服务器里，服务商也可随时更新数据或服务软件。云计算改变了以往的计算机硬件服务模式，不仅从产品的空间、时间、数量的方面突破了以往的在线技术限制，还对企业的组织架构、客户关系、员工效率产生了深远的影响。无论是个人还是企业云服务，其价值创造的过程都值得我们去分析和探讨。

云服务不但为数字化产品交易提供了在线空间和平台，还为企业的管理提供了软件即时服务，所以对云服务的征税所得的类型可以通过其不同的服务模式的价值创造过程的不同进行区分和定义。

（一）云计算对数字内容产品的价值创造

云计算分为三种服务模式，包括基础设施即服务、平台即服务和软件即服务。其中，基础设施即服务主要的服务内容是信息技术基础设施，即网络通讯平台、处理计算程序和数据存储空间和共享等，平台即服务能够提供软件开发所需的资源，软件即服务则为企业和个人提供应用服务。

用户可以通过云服务获取数字内容产品，包括音乐、书籍、游戏等，与传统的电子商务模式不同，云服务提供了统一的平台，用户可以按需付费但不能自行复制平台上的产品，这样有利于进行所有权和使用权的区分，因此可以通过实际消费的时候考虑进行征税。

(二)云计算对企业运营管理的价值创造

云计算使企业能够有效地利用内部资源，实现价值创造。云计算使用户可以方便地接入所有资源共存的云端，整合了企业 IT 基础设施资源，有效地促进了信息共享。企业减轻了大量和硬件设备、服务器维护的负担，能够快速根据市场需求的变化更新和开发新业务，提高了企业对市场快速反应能力。

云计算能够让企业更有效地与外部合作，促进与客户以及合作伙伴间的交流，了解更多的外部信息，实现价值创造。云计算能通过信息共享有效的促进企业内员工之间以及企业和客户之间的合作，使得企业能够通过更广泛的信息来源制定创新性的行动的策略。云计算服务平台使得在不同地点的用户实现合作和共享信息资源，使得沟通更加顺畅和准确，提高合作的效率，方便企业对外部关系的管理。

## 三、数字经济对现行税收规则的影响

数字经济对政策制定者带来了更广泛的税收挑战。同时，这些挑战也引发了更多关于当前国际税收框架的体制问题，对于商业模式的改变，当前国际税收框架体制能否有能力应对？利润在经济活动发生地和价值创造地能否保证被征税？等等。这些挑战也在事实上对此前基于功能、资产和风险分析而确定经济活动发生地和价值产生地的国际税收模式提出了质疑。

具体而言，与数字经济有关的这些挑战包括：

(一)来源国税收权利减少

由于数字经济缺少物理存在这一特征，对于来源国的影响要远大于居民国。以受控外国公司(CFC)规则为例，CFC 规则在不同国家和地区之间有着显著不同，但提供远程数字产品和服务取得的收入，根据现行 CFC 规定则不需缴纳任何税款。由于无形资产在提供商品和服务的过程中占据较大比例，同时也因为线上销售活动仅需少量的人力投入，使得这些收入具有特殊的流动性。因此，在数字经济中，如果跨国公司在低税率地区设立 CFC，只要其主要无形资产配置在该公司，即使不从事相关经济活动，通过这些无形资产销售数字产品和服务所获得的收入则无需纳税。因此在做出关于 CFC 规则设计的建议时，对于在数字经济中获取的收入适用的 CFC 规则，应予以重点关注。

(二)大量双重不征税

数字经济的发展给现有的税收规则不断施压。例如，关于常设机构概念，原本是指企业在来源国拥有固定的经营场所，但是现在已经几乎不需要应税存在(如实际的物理存在或非独立代理人)就可以在另一个国家进行大量的经济活动，或者通过网络和另一个国家的顾客做生意。这就可能带来双重不征税——在关税及流转税方面存在双重不征税的问题。

(三)既要解决双重不征税也要研究税权问题

在数字经济领域，双重不征税现象大量存在。因此，当前的主要要务是研究数字经济的税基侵蚀与利润转移问题并力争加以解决。需要按直接税、间接税充分进行研究，这实际上是在把蛋糕做大；另一方面，也需要研究税权划分的问题，研究在居民国、来源国之间的税权划分。

(四)数字经济问题的解决需要其他税收规则的调整

数字经济的一个突出的问题是跨国公司可能利用网络交易方式，避免设立实体经营场所，从而达到在全球范围内规避纳税义务的目的。数字经济因为对各经济行业广泛渗透、并且对无形资产高度依赖，从而成为了税基侵蚀与利润转移的重灾区。正因为如此，很难单独针对数字经济制定税收政策，需要通过转让定价、防止协定滥用、受控外国公司制度等其他行动计划，以及相互协调的跨境交易增值税政策等措施，来协调数字经济的税基侵蚀与利润转移问题的。

## 四、一些国家及国际组织对数字经济的特殊税收规定

(一)一些国家有关数字经济的特别规定

欧盟增值税指令(2006/112)对数字交易方面有一些特别规定。最通用的是第98.2(2)文，其中规定，降低增值税税率的政策不适用于以电子方式提供的服务方面。因为许多的电子商务是与其他的商品或服务交叉供应的，不同的税率可能与欧盟的中性原则发生冲突。

2010年，法国政府在收到多家法国媒体公司关于互联网巨头在法国获取巨额利润却几乎不用缴税的投诉后，启动了调查小组，提出向谷歌等企业的在线广告及网络服务提供商进行征税，并将所得的税款用于扶持音乐等创意产业，保护文化工作者的知识产权。2013年12月，意大利参议院通过了与法国类似的提案，规定互联网跨国公司必须通过意大利本土公司购买网络广告，再由政府向这些公司征税(意大利将这种税收称为“数字经济服务税”，即 Taxation of digital economy services)。虽然这两个国家的提案最后都未获得成功，但引起了其他欧盟国家对数字化产品征税的尝试。

2013年，德国下议院通过法案授权出版商对搜索引擎收费，允许新闻媒体等网上内容提供商向使用其新闻产品的搜索引擎网站收取内容使用费。这种做法虽然不是通过税收的形式，但也是一种对于数字经济服务价值的政府认可。与此相类似的是，西班牙最近也通过一项关于知识产权的法律规定，新闻聚合网站哪怕只是显示西班牙新闻机构的新闻摘要，也必须向这些机构支付费用。这项法案自2015年1月开始生效，违反者将受到最高60万欧元的罚款。

(二)经合组织的观点

1、增加价值链考察的无形资产定义规则。2013年底，OECD在讨论后采纳了大多数国家的意见，更少地强调法律所有权，更宽泛地定义无形资产。无形资产的定义范围变广，使得一些以往情况下容易被忽视、但对集团价值链产生贡献的因素，例如子公司对母公司的技术的改进和应用会形成无形资产，且和原始技术一样，对价值链产生了贡献。《OECD转让定价指南(2010)》列举的无形资产包含：专利、技术诀窍和商业秘密、商号、品牌和商标、特许权或类似权利、合同权利和政府执照许可、商誉和持续价值、跨国公司集团协同力、特殊市场本质。从中可以看出，新增的跨国公司集团协同力和特殊市场本质反映了母子公司协同发展带来的潜在收益，和选址节约带来的成本降低也成为了跨国企业无形资产，对价值创造的过程的贡献因素进行了更加全面的考虑。

2、应对数字经济税收挑战的改革方案。税基侵蚀与利润转移行动计划之《数字经济的税收挑战》的成果中，对数字经济下的税收改革提出了指导原则和具体方案。在指导原则方面，首先重申了之前OECD在电子商务报告中所提出的几项原则，即中性、效率、确定与简化、有效及公平和灵活适应。

改革的方案包括：一是修改常设机构的范围和认定标准，规定如果某些活动构成了企业的核心业务，则不得认为是附属或准备工作而排除在常设机构的概念之外，二是对于完全从事虚拟数字活动的企业，如果在另一个国家具有显著的数字化存在，则构成一种新的连接要素；三是以实质性存在代替常设机构标准，为了反映数字经济下更紧密、更具互动性的客户关系对价值的贡献，规定满足特定标准的情形则认为具有实质性存在，来源地国据此享有优先征税权；四是实施预提税，即一国境内的消费者因购买数字产品或服务而向境外企业付款时，前者所在国家征收预提税。

与电子商务税收方案相比，税基侵蚀与利润转移数字经济报告的发展主要在于提出了“实质性存在”

这一概念，包括数字化或其他形式的实质性存在，以此来代替常设机构标准。应该说，这一进步契合了数字经济的虚拟性特征，为数字经济环境下来源地国行使税收管辖权找到了新的连接因素。

## 五、应对数字经济的税改方案

(一)细化数字经济服务所得分类，重视交易实质

目前，尽管我国数字经济迅速发展，但是《企业所得税法》中关于所得的性质与分类，仍然采用列举式的模式，难以涵盖所有的收入类型。应该在《企业所得税法》及其实施细则的基础上，进一步明确销售利润、劳务报酬和特许权使用费的概念，扩大特许权使用费所得的范围，明确特许权使用费认定的标准，建议修订《企业所得税法》第六条关于所得分类的规定，本着实质重于形式的原则，从特许权使用费的概念本质出发，明确特许权使用费的本质——使用或有权使用某项权利或财产形成的报酬所得，丰富特许权使用费的内容，将技术服务费以及科学设备租赁所得纳入特许权使用费的范围，细化特许权使用费认定的规则。通过坚持既有的所得定性原则，并根据数字经济的蓬勃发展及时调整以适应不断产生的新问题，确保税法使用的稳定性、连续性，才能尽可能避免国际双重征税，不断推动我国经济发展水平。

(二)根据价值创造理论来分配利润和各国的征税权

除了传统要素的价值贡献之外，应充分重视消费市场对价值创造和价值提升的重要作用。数字经济环境下，由于企业与客户的交互性特征，市场不再只是数据价值的实现地，也是数据价值的形成地，企业通过消费者在消费过程中收集到的海量数据，然后通过对数据的加工分析来改进产品或服务，或者开发出新的产品和服务。除了作为数据收集地的市场之外，与数据相关的还有数据保存地和加工地等，但保存地和加工地的偶然性和随意性大，与数据价值不存在实质性的关联，而数据的收集地则不同，它作为数据的源泉是可以确定的，与数据价值具有与生俱来的实质关联。

(三)合理划分逆向课税机制和税务登记制度的适用范围

根据OECD数字经济研究报告的建议，逆向课税机制主要适用于B2B交易，而非居民企业税务登记制度则更适用于B2C交易。应当说，目前的这种征税方式更符合当下数字化产品的特征。具体而言，我国可采纳OECD的建议，一方面将逆向课税机制运用于B2B交易中，境内企业向境外企业支付相关数字化产品或服务的款项时，承担收缴和支付增值税的义务。另一方面将税务登记运用于B2C交易中，可以采用由境外非居民企业在中国境内办理税务登记，并且可以通过简化登记程序，代征税款，定期办理国际支付转移的方式减少境外供应者的遵从成本。此外，还可以设立一定的免税门槛。

(作者单位：江苏省常州地方税务局稽查局)

# 税务稽查

# 现代税收管理中税务稽查职能探究

浙江省地方税务局课题组

在全面深化改革，推进国家治理体系和治理能力现代化的大背景下，国家税务总局明确提出到2020年基本实现税收现代化。税务稽查担负着维护税收秩序、引导纳税遵从的重要职责，是税收事后监管的重要手段之一，也是税收行政执法的“最后一道防线”。本文结合现代税收管理改革目标，分析了我国税务稽查发展历程、国外典型国家税务稽查模式、当前税收执法管理中存在的问题，提出了现代税收管理体系建设中税务稽查的职能定位及实现其职能的路径及建议，以更好发挥税务稽查在现代税收管理中的职能作用。

## 一、我国税务稽查的发展沿革和职能变迁

(一)我国税务稽查的发展沿革

我国税务稽查的发展与税收征管制度的改革完善基本同步进行。

从建国初期到80年代为税务稽查的萌芽期，在这段时期还未成立正式的税务稽查部门，但税务稽查的概念和指导思想已在五四宪法中有所体现。1950年初各地税务机关迅速建立起检查组、查账组等机构。同年5月，财政部税务总局颁布了第一个关于税务稽查的规范性文件——《各地税务机关稽查工作规则》，形成了征管查合一的税收管理格局。在建国初期对私改造、文化大革命的背景下，稽查在当时实际充当了“阶级斗争工具”，依据各类“红头文件”、“领导讲话”开展工作，带有强烈的政治色彩。

80年代中到90年代初为税务稽查的初创期，为加强打击偷税漏税，国务院税务总局制定了“征收、监管、检查”三分离的管理制度，各级税务机关成立税务稽查机构来专门开展税务稽查。因为80年代初期的税改是以增加税收收入为动机，经济体制还是浓重的计划经济色彩，这时的税务稽查也是围绕着收入做文章。

90年代初至2000年末为税务稽查的发展期。1994年，我国实行了分税制改革，国家税务总局设立了国家税务总局稽查局，并就税务稽查的作用和地位作了阐述：“今后税收工作重点是征管，征管的重点是稽查，因此稽查是‘重中之重’”。在1995年召开的全国税务工作会议上，下发了《国家税务稽查工作管理办法》，第一次在正式官方文件中明确了税务稽查的任务目标与基本功能，标志着我国税务稽查上一个新的台阶。

2001年初至今为税务稽查的成熟期，2001年《税收征管法》和《征管法实施细则》进一步划分了征管与稽查的职责界限，确立了省以下稽查局的执法主体地位，这是税务稽查发展的一次飞跃。随后，2009年国家税务总局制定了修订版的《税务稽查工作规程》，新规程在税务管辖权、执法权与保护涉税纳税人合法权益等方面，进行了清晰、全面的定位，并在此基础上探索建立“一级稽查”模式和“分类分级检查”机制，极大推动了税务稽查工作的发展。

从新中国成立后的税务稽查发展来看，税务稽查部门是税务体制改革的产物。随着税制改革的不断推进和完善，税务稽查的定位逐步清晰，从阶级斗争工具，到组织收入的辅助手段，再到专司偷逃抗骗，是一个逐步发展和明晰的过程，与所处的法治、经济环境、税收秩序紧密结合。

（二）当前税务稽查职能作用

各级稽查局按照税收征管法规定的“专司偷税、逃避追缴欠税、骗税、抗税案件的查处”的法定职责，通过行业税收专项检查、区域税收专项整治、发票违法行为专项整治、重点税源企业专项检查等各类专项工作，经风险评估后推送的高风险纳税人税收缴纳情况检查，以及税收违法检举事项、上级或相关部门交办与督办案件等特殊案源的专案检查等工作，对纳税人“偷逃抗骗”涉税违法行为进行组织查处，以保障税收的强制性，彰显税收执法刚性，促进提升纳税人的税收遵从。同时，还承担对税收违法行为中涉嫌税收违法犯罪行为人的移送工作，依法移交到公安、检察机关进行侦查、审查，最终进入刑事司法环节的职责。

依照税收征管法授权，省及以下税务局稽查局具有行政执法主体资格，并严格按照“选案、检查、审理、执行”四环节相互分离的工作机制及法定程序履行上述职责，对纳税人、扣缴义务人及相关当事人的税收违法行为作出税务行政处理、处罚。

## 二、当前税务稽查工作面临的问题和挑战——以浙江地税为例

（一）多重领导对执法独立性的掣肘

各级稽查局是同级税务局的直属机构，业务上又同时受上级稽查局管理与指导。由于各市、县财政局是本级地方政府一个职能部门，财税合一管理体制下的地税局实质上还要受地方政府的领导。管理上的多重性使得各级地税局稽查局工作同时要受本级地税局、上级地税局稽查局、本级政府的工作目标与任务的牵引，稽查独立性难以得到保证。比如，我省有不少地税稽查局对于上级布置的检查任务（尤其是重点企业检查任务），进点检查前都需报当地纪委、效能办、纠风办或党委政府主要领导审核备案，各地要自行选择重点税源企业开展检查，更是举步维艰。

（二）职能定位认识偏差弱化稽查作用

《税收征管法》明确“稽查局专司偷逃抗骗”，由于未有进一步的解释，导致在界定税务稽查与相关管理部门职责边界时出现有不同理解，有关部门（尤其是税务机关内部相关职能部门）以此法条为由，认为稽查应当等待相关职能部门将涉嫌“偷逃抗骗”行为移送后再组织查处，为此还重新打造一支以通过检查手段“发现”“偷逃抗骗”行为为职责的税收执法管理队伍。这种认识割裂了查处“偷逃抗骗”行为的过程与结果、手段与目的，由此造成税务稽查、纳税评估、风险管理、税务审计等执法管理工作职责交叉、重复，导致因实施部门不同导致相同性质的少缴税款行为产生不同的法律后果，以及纳税人对税收执法管理手段的选择性诉求等问题，最终弱化了税收执法的刚性。

（三）违法惩戒程度不高

一是罚款率偏低。2014 年全国偷税案件的罚款收入占查补税款的比例为 62%，我省地税稽查 2010—2014 年罚款率每年均在 50%以下。有违法情形认定不一带来的法律适用问题、有缺乏明确裁量标准问题，更为主要的是对税收违法行为危害认识不足或担心影响征纳关系而采取的按最低比例罚款，甚至存在少数“以补代罚”。二是惩罚形式单一。经济惩戒为主，针对纳税人的名誉惩戒、信用惩戒、消费限制等尚在探索阶段。三是涉嫌犯罪移送率低。《刑事诉讼法》修订后对案件移送标准尚未进一步明确等，使得部分纳税人在巨大偷税利益诱惑与较低惩处成本博弈中选择后者。

（四）稽查人力资源配备不足、层级配置不合理

目前，全省地税系统共有稽查人员 1686 名，占地税干部总人数的 12%，低于总局要求的 15%的全国平均水平，一线检查人员比例更低，仅只占稽查干部的 43%，真正能独立从事检查工作的专家型人才占全部税务人员的比重极低。1668 名稽查人员分布在省、市、县三级，比例分别为 1%、28%、71%，省市县三级稽查局机构数量比为 2:10:58，即 71%的稽查人员分散在 58 个县级稽查局，而我省税源集中度较

高，重点税源主要集中在中心城市，稽查人员层级配置与重点税源企业分步不相适应。

（五）执法手段有限

《税收征管法》规定税务机关执法手段有限，也未对稽查部门进行特别授权，缺乏强制检查权等执法手段，难以应对日新月异，特别是高度隐蔽性、高科技的违法手段。多数稽查案件的深入查处要借助公安的强制手段进行调查取证，但由于税务行政执法与刑事执法衔接机制立法的相对滞后，配合程度往往取决于当地长期的合作关系和公安警力调配状况，直接影响了稽查执法深度和刚性。

（六）信息化建设滞后

目前我省稽查部门信息化建设的不足主要表现在信息处理能力偏低和信息共享机制薄弱两个方面。首先，数据准确性有待提高，税务部门信息系统中数据缺少校验机制。其次，信息系统缺少高效的数据查询分析平台，税务地税部门本身掌握的数据大多处在“沉睡”状态。第三，税务稽查专属的信息平台尚未建立，缺乏科学的案源管理系统。第四，国地税部门之间、税务部门与其他部门间的信息共享机制刚刚建立，如何深化应用有待研究。

（七）队伍专业性不强

目前我省稽查队伍人员专业化水平不高，缺乏独挡一面的专家型人才，难以适应稽查业务的需要。全省地税稽查系统干部平均年龄46.1岁，45岁以上的占60%左右。全省稽查干部具备注册会计师、注册税务师或高级会计师资格的仅81人，占总人数的5%，而江苏地税这一比例达到26%，发达国家普遍在50%左右。

## 三、国外税务稽查模式的借鉴与启示

发展至今，大多数发达国家已形成了“服务＋执法＝纳税遵从”理念为指导的执法服务型征管模式。一方面以税务机关和中介机构提供的纳税服务引导纳税人自觉遵守税法；另一方面，以国家强制力为后盾，赋予稽查部门行政执法权以及刑事调查权限，对税收违法行为形成有力监督和震慑。稽查部门和纳税服务部门相互独立，职责不交叉，稽查只负责执法。

（一）国外典型税务稽查模式介绍

1、美国税务稽查模式。在美国，联邦、州、地方三级政府的国内收入局分成投资管理局、工资局、企业人事管理局、中型企业管理局与政府机构管理局四个主要业务部门。在上述的业务部门中，分别设置了税务征收、管理、纳税服务与审计等部门。审计部门负责税务行政执法检查，同时国内收入局下面单独成立了刑事案件侦察局，专门负责处理涉税犯罪案件，与美国FBI具有相同的执法权。审计部门和刑事案件侦查局的人员比重占国内收入局的三分之一。检查人员实行评级制度，共设14级，9级以下为新手，只有14级检查人员才能检查重点税源企业。

2、德国税务稽查模式。在德国，税务部门行使征收、稽查、违法犯罪案件调查三大职能。在机构设置上，税务征收局所设的检查局与税务稽查局、违法犯罪案件调查局都具备税务稽查职能，但在检查的深度广度、检查权限和处罚方式上存在差别。税务征收局进行日常的管理型检查，方式主要是信函、案头，约谈，结果是单纯补税。税务稽查局负责大型企业检查和征收局移交的案件，可以调查银行信息以及对纳税人全部生产经营场所进行检查，结果除补税之外，还要缴纳滞纳金和罚款。涉税违法犯罪局专门查处涉税违法犯罪行为，结果除补税、滞纳金、罚款外，还要进行司法处理。

人员选拔上，州税务总局面向全社会招收大学生，进入税务征收局工作；同时征收局中选拔优秀员工，通过税务总局审批之后再调到税务稽查局工作；税法违法犯罪案件调查局的工作人员则是通过财政部统一招聘。目前德国稽查局人员和税务调查局人员的工资待遇高于其他部门税务官员。

3、日本税务稽查模式。在日本，国税厅下设调查课、查察课、国际调查管理官办公室，分别行使行政检查、刑事侦查和涉外税收检查职能，稽查系列人员占总人数的31%。日本设税务警察，虽然属于所属各级税务部门编制，但在业务上直接受国税厅的查察部来统一管理，保证执法的独立性，极大提高了税收管理的行政效率，税收征收成本仅为2%，在全球200多个国家中处于一流水平。

(二)国外税务稽查经验借鉴

1、稽查职能定位清晰。国外发达国家基于“服务＋执法”的征管理念，税务稽查职能是比较清晰的。税务机关的主要工作就是纳税服务和税务检查，不管稽查部门的名称如何设定，服务归口征收管理。检查归口稽查管理。

2、稽查机构运作科学。

(1)组织机构扁平化，保证了税源和稽查力量的匹配。多数国家稽查机构层级较少，许多国家设立以跨行政区域为基础的大区总部，经济发达和经济活动频繁地区设置多级税务稽查部门，反之就减少稽查部门甚至不设稽查部门。较少的稽查层级，促进了稽查资源配置的集中，也使得稽查部门的执法独立性更强。

(2)税务稽查针对性强，提高了稽查的效率。西方发达国家稽查工作的重心基本都放在了大企业和高收入阶层的监控上。如美国，每年检查面大约1%左右，而对重点税源企业的稽查比率始终保持在10%左右。法国对企业纳税人的检查面不足1.7%，但也以对大企业的稽查为主；韩国对大企业检查面为17.81%，查补税款占对法人企业总查补税款的75.28%；巴西的检查面为1.7%，其中大企业检查比例为34%，企业高管及律师等高收入者检查比例达到约50%。

(3)稽查力量配备充足。一方面，多数西方发达国家的稽查人员比例都在30%以上。另一方面设置了准入条件(如德国)或评级制度(如美国)，保证了稽查人员的专业水平。

3、税务稽查权利保障充分，行政执法与刑事侦查集中。在大多发达国家，税务机关具有独立行使刑事侦查权的权利。通过行政执法与刑事调查集中，提升了税务稽查威慑力，也有利于执法者全面完整地掌握税法，统一把握执法尺度。

4、稽查信息化程度高。多数发达国家利用信息化手段保障稽查工作的有效开展。一方面，税务稽查利用因特网实现与海关、银行的信息共享，便捷、及时地获取纳税人的全部信息。二是在稽查部门设立信息化部门，提高获取信息及处理信息的能力。三是实现分析、选案、检查在较高的程度上通过计算机实施，如美国90%以上的案件是通过计算机分析涉税信息筛选出来的。

## 四、完善现代税收管理中税务稽查职能作用的建议

随着我国市场经济呈现出逐步成熟的态势，国家治理体系与治理能力现代化的推进，我国现代税收管理模式国际化趋势已基本确立，管理理念上遵循“服务＋执法＝纳税遵从”、管理主体上多元化、管理手段上信息化已成为必然要求。近日，中共中央办公厅、国务院办公厅印发的《深化国税、地税征管体制改革方案》对深化税务稽查改革提出了明确要求。据此，亟需从以下四个方面完善与强化现代税务稽查管理体系。

(一)准确定位税务稽查在现代税收管理中的职权

1、厘清税务稽查与相关税务管理主体的职责边界。当前，税收执法管理过程中所谓职责不清主要是体现在实地核查环节。纳税评估、税务审计与税务稽查一样都可以对纳税人税收缴纳情况全面进行核查，只是提法不同、法律后果不同，程序与手段基本一致。这是导致广受诟病的“多头执法”、“重复检查”的根本所在，也是迫切需要解决的问题之一。解决方案有二：方案一是维持目前做法，在总局相关文件规定没有调整之前，各职能主体在职责上以“并行不悖”为原则，各自依照上级规定对纳税人税收缴纳开展全面实地核查；在具体执法对象选择上以“错行不悖”为原则，以解决对同一对象多头、重复执法问题。方

案二是纳税评估、风险管理以案头分析形式开展，实地核查(不包括单一涉税项目实地核查，即所谓“日常检查”)归口稽查局统一实施。从发展方向来看，方案二更符合《深化国税、地税征管体制改革方案》中提出的“2016 年普遍推行先开展案头风险分析评估查找高风险纳税人再开展定向稽查的模式”要求。

2、强化税务稽查案源管理。有观点认为稽查局不应该拥有选案权，还有观点认为稽查对象只能由风险管理推送。这些观点不但违背税收征管法赋予稽查局的法定职责，而且在对税务稽查案源的认识上存在偏颇。稽查是征管最后一道防线其本意应当是稽查是税务行政管理最具刚性的执法手段，而非最后的执法环节。稽查局履行“四个环节”的法定职责并不代表独立于税务局之外。税务稽查案源也并不是稽查局的案源。无论税务分局日常征收管理、各部门疑点分析中发现的涉嫌“偷逃抗骗”的都应当纳入税务局稽查案源管理，并由稽查局依法组织查处。当前，要加强税务稽查案源管理，首先要解决“拍脑袋”选案、单一主体选案问题。我省地税系统从 2007 年左右开始实施选案委员会集体选案的综合选案机制，税政、征管、税务分局、稽查局等在各自职责范围内分别提出税务稽查案源，经“选案办”报选案委员会审定后下达稽查任务，是解决上述问题的有益实践，取得了明显成效。应当继续坚持并完善这一综合选案机制。然后要尽快建立规范、统一的税务稽查案源管理系统，各部门各司其职，协同配合，通过搜集、监控、分析海量数据信息，提高选案的精准度，并进行分级分类处理。

(二)重点发挥税务稽查“管理型”职能作用

随着简政放权的推进，政府部门应加强对市场的监管，借鉴国外成熟市场经济国家的做法，并结合我国近年来的稽查实践，税务稽查应坚持围绕促进税收遵从规范提升和打击重大涉税违法行为双重目标，分别采取不同方式，积极发挥职能作用。前者重在以管理促规范，后者重在以打击震慑违法。从地税角度而言，税收违法定罪较轻，并以行政处罚为先，因此，前者是地税稽查的主要任务。《深化国税、地税征管体制改革方案》在深化税务稽查改革中提出的首要任务是“建立健全随机抽查制度和案源管理制度，合理确定抽查比例，对重点税源企业每 5 年轮查一遍”。可见，税务稽查作为税务行政执法手段亟需回归“管理型”本质。今后，各级税务局稽查工作的重点是研究建立一套公平、合理的随机抽查办法，对重点税源企业以随机的方式开展轮查，这是一种常规性的例行检查，并且通过稽查局检查前责成企业自查这一制度安排，敦促企业自我发现问题、自查自纠、自我提高税收遵从。

当然，税收违法行为根据其性质和情节可能构成犯罪。税务稽查部门还承担着发现并依法移送公安部门，对税收犯罪行为追究刑事责任的职责。对于这些重大税收违法行为，且又拒不接受行政处理的，稽查部门应当配合公安部门，坚决依法予以打击，并通过税收违法“黑名单”制度实施联合惩戒，让违法犯罪者承担应有的法律后果和社会后果。

(三)优化完善税务稽查组织运行体系

1、建立多层级的税务稽查法律制度体系。一是加快修订《税收征管法》，赋予稽查局强制检查权，进一步增强税收执法的威慑力；二是以《税务稽查工作规程》为基础修订形成《税务检查办法》，先进行部门立法，适时提升为行政法规，提升税务稽查执法规范的立法层次；三是强化税务稽查规范性文件制定工作，税务总局应加快出台税务稽查案源管理办法、国地税稽查联合检查办法、税务稽查定向检查办法、信息化稽查工作规范、电子息数据取证规范、自由裁量权实施办法等；四是加强税务稽查业务指引体系建设，省级局应依据税务稽查相关法律法规规范性文件，结合当地税务管理工作水平，细分税务稽查工作流程，形成标准化的税务稽查业务指引，指导各市(县)规范开展稽查工作。

2、调整优化税务稽查机构管理机制。从长期趋势来看，税务稽查机构应当跨区域设置，并对税收违法案件实行分类分级管理。当前，调整优化税务稽查机构管理机制的重点是“改革属地稽查方式，提升税务稽查管理层级，增强税务稽查的独立性，避免执法干扰”，具体可采取以下措施：

(1)减少管理层级实行扁平化管理。对部分规模较小、管辖税源不多、稽查力量不足的县(市)，上收县级稽查局的职能，由市级税务局稽查局直接负责当地企业的税务稽查工作，并统一调配县级稽查局现有稽查人力资源。

(2)提升省级稽查局查办案件的实力。进一步充实省局稽查局力量，做实省级稽查局，重点强化组织、指挥各市县开展税收违法案件查处的能力与水平；对市县局检查有困难的重大税收违法案件、跨区域税收违法案件和当地重点企业检查，可以收至上级税务局稽查局检查或由省局稽查局直接检查。

(3)做大市级稽查局加大下查一级力度。市局稽查局应当设置专门的检查科室，根据稽查工作任务需要，主动抽选所属县(市)稽查案源开展下查一级，发挥稽查整体合力，为县(市)稽查局减轻检查压力。

(4)强化省市县三级稽查联动。企业跨区域集团化经营、连锁经营，财务核算集中化、电算化，按行政区划设置稽查局的管辖权，各稽查局单独对成员单位实施检查难以发现深层次问题，因此，对此类企业应当通过省市县三级稽查局联动开展检查，将稽查模式由“单兵作战”转向“集团作战”。

(5)探索开展联合检查。对于敏感案件的检查，可以由省局稽查局从异地抽调人员组成检查组，派往主管稽查局开展联合检查。

(6)探索建立专业化稽查机构。在省级或市级稽查局内可探索成立专业化的稽查机构，培养专门针对某一个行业或行为的检查队伍，如地税稽查部门可建立专门承担土地增值税检查、非居民个人所得税检查、行业企业所得税检查等稽查队伍，打造一支行业稽查“精兵”，统一调配使用。

3、加强稽查专业化队伍建设。(1)制定稽查人才培养战略。各级税务局应制定长期的税务稽查人才培养战略规划，分层次、分梯队地培养专业人才。总体来说，省局稽查局需注重培养一批具有战略思维、精于业务、善于管理的综合性人才；省以下稽查局需着重培养业务型的专业人才，包括行业稽查专家、网络交易专家、计算机应用与数据分析专家、国际会计准则与税收协定专家、外语专家等，在案源管理、重大案件、重点行业检查等方面能够独挡一面。(2)强化职业道德建设。“打铁还需自身硬”，要时刻保持稽查干部的职业道德。首先，道德培养要与业务培养同步进行，加强各类廉政教育。其次，探索在稽查局设立纪检组(监察室)，配备专职的纪检组长及监察干部。第三，在重大案件检查中，落实“一案双查”制度。(3)建立稽查人员准入制度。一方面在新录用公务员时专门设置稽查岗位和相应的资格条件；另一方面在内部人员调配应设置准入门槛，进行业务水平测试；第三，探索建立检查、审理等人员的业务资格分级评定制度，根据稽查人员的不同等级赋予不同的检查、审理资格，以适应对大、中、小企业分类实施稽查的需要。(4)改革完善人才激励措施。加快实施职务和职级并行的工资制度，打破职务决定待遇的格局。稽查局作为税务部门专业部门，按职称和专业技术资格作为职级晋升的条件比较合适，既能通过权威证书来衡量专业技术水平，又能督促稽查人员保持学习常态。在工资改革未实施前，可探索先对稽查人员实行按合理标准划分能级，按能级晋升非领导职务办法。同时，进一步加大对稽查人员的记功嘉奖力度。(5)健全外聘专家机制。稽查部门可建立合法合规的机制，外聘财会专家、审计专家、法律专家、计算机专家及各类行业专业人士，协助对重大案件、复杂疑难案件的检查。

(四)建立健全税务稽查信息应用体系

计算机、信息技术的发展与行业、市场、生活的高度融合，带领经济进入“互联网＋”的新时代。“互联网＋”衍生出许多新的商业模式，产生海量的数据信息。税务稽查应密切关注形势变化，成为发现新型涉税违法风险点的“排雷兵”。

1、建立稽查业务信息系统。一是深入挖掘自有数据形成有效稽查信息。税收征管信息系统、防伪税控系统以及各类专业系统存有大量数据，很多处于沉睡状态，应深入开展数据分析加工形成有效的疑点信息应用于税务稽查；二是国税与地税间以及区域之间有关被查对象数据信息的实时传递、分析、加工；三是与第三方间的数据协作。稽查应在同各部门形成合作机制的同时，积极推动数据的互通共享；四是与企业数据的对接。电子商务、第三方支付是税收监管的难点，对于某些比较大的平台型企业可建立数据对接窗口，实时获取有关数据，及时发现涉税风险点；五是从互联网获取企业相关业务数据、宣传数据；六是各稽查局间的信息交互，包括案件信息、优秀案例、稽查经验共享，实现网络化协作。

2、提升信息化选案能力。稽查对数据的利用应重点放在案源管理环节，应建立案源管理库，采集纳税人的基本信息、申报情况、发票开具、真伪自动查询、重点税源、黑名单、经营异常风险值等各类与稽查活动有关的数据。以计算机分析为主，人工分析为辅，实时进行数据分析管理，计算机分析结果应每日自动形成报告，人工分析每月生成报告。在此基础上，搭建行业选案模型，结合风控部门的风险排序和稽查案源管理报告，对各类企业进行精确选案。选案应形成书面报告，将疑点分析过程、结果、检查要求和选案名单一起下发给本级检查部门或各级稽查局进行检查。

3、提升稽查电子管控能力。稽查部四大环节操作和衔接均应纳入信息系统，确保每一工作步骤均留下痕迹，能系统自动防范的风险均应电子化实现。

4、推广电子查账软件的应用。顺应现代企业电子记账和生产经营过程电子化管理特点，进一步增强税务稽查查账软件调取电子财务数据和生产经营相关涉税数据的能力，并全力推广使用查账软件。

5、研发移动稽查工具。随着移动终端APP的在人们日常生活中的普及，税务稽查也应及时更新工作方法，如开发发票查询APP、政策查询APP、案件管理APP，应用移动终端实现现场口供录音、执法文书制作、电子证据即时采集、执法过程记录等。

课题组组长：王　平

成员：边宏庆　张雄伟　贝　加　张夏琴
陈争红　何建芳　詹锡根　邱　瑾
王贤芳　谢永仁　吴　蔚

执笔：翁旭东　陆　静

# 大数据在税务稽查实践中的应用与思考

上海市国家(地方)税务局第四稽查局课题组

"大数据"是目前最炙手可热的新概念,"大数据"背后的海量数据和云概念所蕴含的价值正在逐渐被深入挖掘。本文立足于大数据的概念及基本原理,全面分析大数据背景下税务稽查面临的机遇和挑战,深入剖析了大数据在税务稽查中的初步实践情况,在充分借鉴国内外先进经验的基础上,探讨大数据在税务稽查中的深化应用,并据此提出可行性建议与措施,对大数据在未来税务稽查中的发展前景进行了全方位的展望。

## 一、大数据概述

(一)大数据释义

1980年,著名未来学家阿尔文·托夫勒便在《第三次浪潮》一书中,将大数据热情赞颂为"第三次浪潮的华彩乐章"。但截至目前,学术界尚未给出"大数据"一词的确切定义。大数据可以理解为"需要新处理模式才能具有更强决策力、洞察发现力和流程优化能力的海量、高增长和多样化的信息资产。"具体说来,大数据具有四个基本特征,即4V:数据规模大(Volume)、数据类型多样化(Velocity)、数据处理快速化(Variety)、数据价值密度低(Value)。

"大数据"一词的重点其实已经不仅在于数据规模的定义,它更代表着信息技术发展进入了一个新的时代,代表着大数据处理所需新的技术和方法,也代表着大数据分析和应用所带来的新发明、新服务和新的发展机遇。

(二)大数据的基本原理

1、从"随机采样"到分析"全体数据"的转变。"随机采样"是信息处理受限的时代的产物。如今,数据处理技术的进步使得人类可以处理和某个特别现象相关的几乎全部数据,我们的方法和思维也应由此改变,不再需要依靠随机采样,而是需要所有数据,即"样本=总体",称之为全数据模式。"大数据是指不用随机分析法这样的捷径,而采用所有数据的方法。"

2、从执迷于"精确性"到接受"混杂性"的转变。混杂性是作为数据质量的一个考量,即数据混有杂质的特性。随着人类存储量的增长,只有5%的数据是结构化且能适用于传统数据库的。如果不接受混乱,剩下95%的非结构化数据都无法被利用,一旦接受了不可避免的混杂性,就可以利用这些混杂性数据快速获得事物的全貌。

3、从寻求"因果关系"到运用"相关关系分析法"的转变。最初人类是通过因果关系了解世界的,即"为什么"。而大数据为我们提供了更准确、更快,且不易受偏见影响的分析法——相关关系分析法,即"是什么"。

大数据立足于数据分析的全数据模式,通过相关关系分析法实现了对混杂性数据利用,获得有巨大价值的产品和服务,或深刻的洞见,开启了一次重大的时代转型。

## 二、大数据在税务稽查中的应用现状及存在问题

近年来,税务稽查部门在开展信息化稽查的基础上,逐步开始探索大数据的稽查思路。一是拓展了

数据来源渠道。尝试从工商部门、房地产交易中心、第三方支付公司及互联网公开信息等渠道收集企业相关涉税信息。二是搭建了数据信息平台。开发信息化选案系统、搭建数据平台，将以往散落在各个管理系统中的数据加以整合，为后续数据分析奠定基础。三是强化了数据分析建模。通过设置指标、构建模型、筛选涉税疑点线索，并结合案头分析实现精确选案。从目前大数据运用实际来看，第三方数据的引入和建模使稽查选案更加有的放矢，数据整合和深入分析在一线稽查中也成效显著，但与此同时，在具体应用环节，仍存在着一些问题：

(一)数据来源不足

随着增值税专用发票系统升级版以及“金税三期”优化版的全面推广应用，税务稽查部门能获取的数据不仅是企业的基本情况和纳税信息，也包涵了发票的全票面实时开具信息以及相关的财务信息；但实际上，要实施税务“大数据”稽查，这些数据还远远不够。房地产交易中心登记备案的房产企业的交易信息、工商部门登记备案的企业的股权交易信息，海关登记备案的出口退税企业的相关货物出运信息，“支付宝”等第三方支付平台公司所储存的电子商务企业的资金往来信息等等，这些数据都是税务稽查大数据分析的基础。

(二)数据整合度不高

随着近年来税务稽查信息化建设发展，税务部门在内部建立了如综合征管软件、税收风险管理系统、金税工程各子系统、退税审核系统等业务系统等一系列的信息管理平台，在外部初步拓展了与工商、金融、产权等部门的信息交换渠道和平台。但在实践中，一方面税务机关内部平台的涉税数据，由于地区间存在着权限壁垒，海量的涉税数据不能充分利用，造成了跨地区涉税犯罪案件查处在选案、取证等诸环节的瓶颈问题；另一方面数据平台隶属于不同的部门管理应用，各个平台之间相互联系、数据互通尚处于起步阶段，整合程度低，共享性不足，缺乏深层次的数据整合和集中，使用效率低下。

(三)深度利用不够

数据分析是决策过程中的决定性因素，也是发挥数据价值的最关键环节。但现阶段，由于对数据分析不够深入，即使我们通过多渠道搜集了充分的稽查数据，也不能将其潜在的价值挖掘出来。一是缺少综合性的数据分析模型，特别是在对非结构数据(即传真、照片、视频、各种文字和文本的数据集)的分析处理上还面临一些难题；二是税务稽查软件功能不强，目前只能进行简单的分析比对功能，复杂模型的构建亦需时日；三是税务稽查人员数据分析技能有待进一步提升，特别是在数据库分析、技术解密和第三方数据获取等专业领域尚缺乏专家型人才。

(四)安全保障不够

一是涉税电子数据安全法律法规层级过低，效力不够。税务总局在 2014 年印发了《税务电子数据安全保护总体技术框架》，许多省市也出台了相关的规范性文件，极大的推动了涉税电子数据安全机制的建立。但是由于这些规范性文件法律层级都相对较低，还无法对大数据稽查提供充分的信息安全保障。二是税务部门内部虽然建立了一套较为完备的电子数据保密机制，但在执行上还不够到位。虽然大多数稽查局都建立了专门的稽查数据库，加密保存采集的电子数据资料，并统一使用专网内的网络版稽查分析软件实施数据分析，但仍有少数稽查干部的数据安全意识和风险意识不强，有些不严谨的操作方式也存在安全隐患。

## 三、大数据在税务稽查中深化应用的对策

随着税务系统信息技术水平的提升，在初步应用大数据的基础上，建议从数据来源、数据整合、数据分析以及数据保护等方面全面提升税务稽查的数据化水平。

(一)多元获取数据是前提：提升收集技术，扩展数据来源

1、开发面向更多应用及数据类型的采集系统。增加采集系统的可采集的数据段，扩展相应的采集手段，实现对文本、图像、影像等多种数据形式的收集，全面采集涉及企业经营管理的明细数据，提升内部业务系统的数据容量和质量。

2、完善第三方信息数据采集机制。如工商注册管理部门、海关、社保部门、银行或贸易管理部门、土地或地产管理部门、城市建设和交通部门、外汇管理部门、福利管理、商品检验、邮政电讯、新闻部门等，还可以包括从举报人、会计师等处获得的信息。这些都是大数据选案的重要信息来源。

3、构建企业经营数据实时获取渠道。通过立法，明确纳税人的经营信息报送义务，确定信息报送标准，逐步实现与重点税源户（大企业）相关经营管理系统联网，将大企业在运行中发生的各类经济行为、数据及时通过网络推送至税务机关，使税务机关及时掌握企业运行状态。

（二）数据使用效率是关键：整合集中数据，确保真实完整

大数据稽查效力的提升得益于数据的进一步聚合，比如实现网络数据分析和涉税信息分析的完全衔接，以及各个平台之间的信息共享。搭建基础数据统一平台能更高提升数据使用效率。

1、纵向层面，建立总局级税务数据统一平台，实现跨地区稽查部门之间情报传递、线索推送、特定纳税人信息查询反馈等功能，拓展稽查办案的深度和广度。目前，由于增值税专用发票系统、“金税三期”优化版的全面应用，在总局层面开放各省市数据查询权限的条件也基本成熟。

2、横向层面，加快国家或地区级的政府数据统一平台的建立和开放。国务院发布的《促进大数据发展行动纲要》中明确，2018 年底前建成国家政府数据统一开放平台。在此平台建设的基础上，应尽快向税务稽查部门开放数据查询端口，使稽查部门在充分调取相关涉税数据的基础上，实现风险管理智能化及“征、管、查”信息一体化。

（三）挖掘数据价值是核心：强化模型分析，深化数据挖掘

1、建立税务数据分析云计算中心。稽查大数据分析，特别是基于电子（网络）发票明细数据的分析，以及来自第三方、互联网的海量业务数据的分析，对于整体计算存储及计算能力提出了更高的要求。通过应用云计算技术，可以整合税务系统内部在地理上分散的计算存储资源，还可以实现按需从公共云计算平台中采购相应的计算能力，或根据稽查业务需要扩展订购、更换更加适合的应用系统服务。

2、充分利用数据挖掘技术。大数据稽查将面对量大而价值密度低的数据，数据挖掘技术能通过对大量的数据进行分析，寻找隐藏在大量数据中不易被人识别和发现的规律，用以对决策进行支持。常用的数据挖掘技术有关联分析、分类分析、预测分析、聚类分析、序列模式分析以及回归分析等。例如，通过聚类分析，按照企业可疑程度和风险高低，确定出具有较高风险的疑点企业范围，然后再在此范围内开展税务稽查选案，可以提高选案工作效率和准确率。

（四）加强信息安全是保障：构建保障框架，防范数据风险

1、推进涉税数据安全保护立法进程。完备的信息安全立法体系是确保信息安全的基础。一是在国家层面应尽快出台有关公共部门基础数据取得、存储、传输、使用的相关法律；二是对涉税数据信息安全应有更高位阶的专门法律予以约束；三是各省市应通过各地不同的实际情况，以规范性文件的形式规范大数据取得、储存以及加工的全过程。

2、健全涉税数据安全标准体系和评估体系。即运用系统工程的方法，对各种税务稽查大数据信息系统的安全防护措施、管理机制以及二者结合所产生的客观效果，制定统一的、规范的安全等级标准及评估标准，并做出是否安全的结论。安全标准及评价体系应涵盖实体与环境安全、组织管理与安全制度、安全技术措施保障、网络通信安全、软件与信息安全等内容。

3、强化数据安全保护技术支撑。加强数据安全保护关键技术手段建设，一方面是信息系统安全防护体系建设，即对信息系统防火墙、数据加密技术的应用，防范恶意入侵和数据泄漏；另一方面是提升对纳

税人商业秘密信息、涉税敏感数据泄露、违法跨境数据等安全隐患的发现与快速处置技术，尽可能减少负面危害。

## 四、大数据税务稽查的思考与展望

当前，国家层面开始建立顶层数据库，各层级相应的数据库也即将筹建，税务稽查将发生革命性的变化，大数据的浪潮将有力推动税务稽查迈向现代化。未来的大数据税务稽查将呈现如下特点：

（一）从“数字稽查”到“数据稽查”

数字化是一个把模拟数据转换成0和1表示的二进制码过程，而数据化是将所有的事物和现象转变为制表分析的量化形式的过程。“数字稽查”只是通过计算机提升了对传统结果数据的处理能力，而“数据稽查”的处理对象不仅涵盖了适用于传统数据库的结构数据，也涵盖了大量传统数据库无法处理的视频、音频、图片等非结构数据，“数据稽查”关注的重点不再是处理技术，而是信息本身。“数据稽查”立足于涉税数据分析的全数据模式，实现对多形式、多渠道混杂性数据的利用，将开启税务稽查的重大转型。

（二）从“抽样稽查”到“全面监控”

大数据的核心就是建立在相关关系分析法基础上的预测，即将数学算法运用到海量数据分析上，以此来预测事情发生的可能性。大数据稽查将打破传统的运动式“抽样稽查”模式，打破征、管、查的界限，立足相关关系分析，实现风险管理智能化，通过专业监控识别纳税人的遵从风险，对纳税人遵从行为进行预测，并及时提出应对策略。最后，通过直接将高风险对象及风险点推送稽查部门，实现征、管、查的信息一体化。

（三）从“单一应用”到“开放共享”

区别于传统工作的流程化、标准化，大数据应用关注的是基于数据的管理决策整体效能的提升。基于大数据、云计算等技术，通过常态化的与第三方共享数据，再加上税企沟通的深化，稽查工作将更加透明，相关数据更加公开。在稽查内部，现有的稽查选案、检查、审理、执行四环节，在职责清晰的基础上，也将因内部数据的互通共享，彼此间更加开放、更多互动，促进整体稽查效能提升。

课题组成员：刘洪波　水启裕　蔡　毅　严新军
颜　朝　胡　欢　刘　薇　梁文恬

# 优化环节流程　整合资源力量

## ——广州地税推进稽查“大执行”改革的思考

钟晓山　刘学华　蓝　山　蒋劲锋

2014年，广州地税全面推进稽查专业化改革，实施分行业、跨区域稽查，稽查工作质效明显提升。2015年，广州地税继续深入推进稽查专业化改革，重点查找当前环节衔接配合不畅的问题，计划开展“大执行”改革，以提高执行工作效率，提升稽查整体工作绩效。

### 一、执行工作面临的主要问题分析

按照广东省地税局稽查局通报的积案数量，截至2014年年底，广州地税稽查系列未执结积案占所有未办结积案的88.4%。执行积案普遍办理年限长，从立案时间起算，超过5年的案件占总数的85%；执行难度大，欠税人无财产可供执行和无法联系的案件合计占比近八成，大部分积案已无法执行。执行积案的产生，有内外部、主客观诸多因素。其中，税务机关内部、主观因素带来的问题主要有以下几方面。

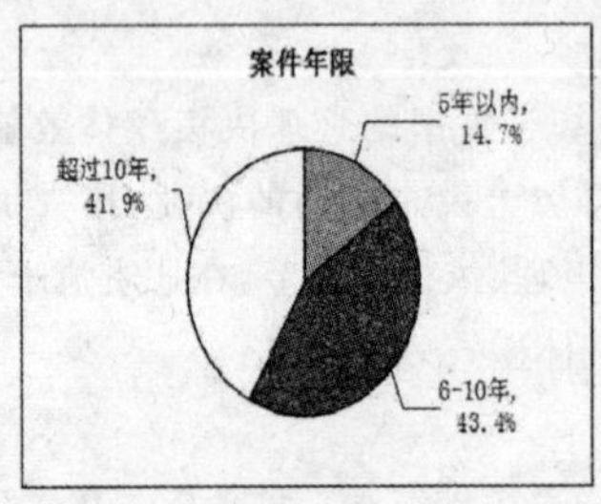


图一　执行积案年限图

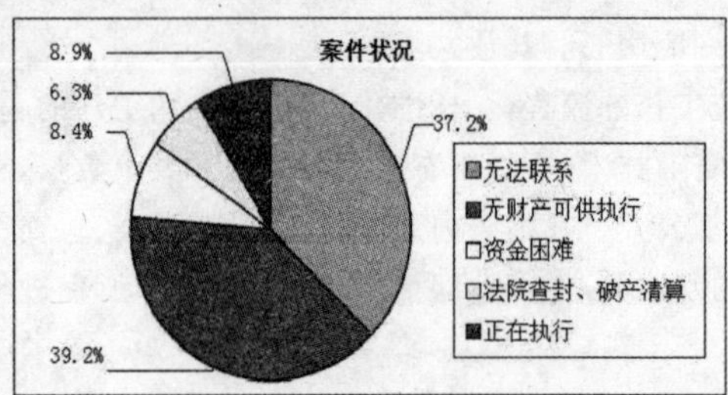


图二　欠税人状况图

(一)检查环节错失执行“战机”

执行提前介入，掌握纳税人财产状况，对企图逃避纳税义务的纳税人及时采取税收保全措施，对保障税款执行入库至关重要。但稽执分离模式下，稽查人员只注重检查发现问题，通常不会考虑后续执行入库工作，对被查对象可供执行财产、债权债务及经营状况变化等与执行密切相关的情况，缺乏关注的压力与动力，对于被查对象转移、隐匿财产的迹象和行为，缺乏敏感性和采取措施的积极性。如目前虽然规定检查环节须要求纳税人填报银行账号、财产和债权债务，但实际执行并不到位。多年来，全系列在检查环节从未对纳税人采取过税收保全措施。错失时机使欠税追缴处于被动局面。据统计，2011年以来，因欠税人唯一财产或主要财产出于民事债务纠纷被人民法院控制并处理，稽查系列共向人民法院提出申请参与财产分配案件24宗，虽立法规定了税收优先权，但税务机关仅6宗案件成功获得分配款1979万元，分别占提出申请案件数的25%和总查补金额的7.34%。如果税务机关能尽早掌握纳税人财产并采取保全、强制执行措施，其中相当大比例的案件税务机关本可先于人民法院控制并独立处置纳税人财产。此外，检查环节只关注发现问题，不少案件查处时间过长，形成积案：有些企业本来可以配合尽早补缴税款，但时间一长企业经营状况变化，到执行环节时已无资产可供执行；有些企业本就存心逃避缴纳义务，查处时间长为其从容“善后”或转移、隐匿财产提供了时间上的便利，最后人去楼空，案件无法执行。

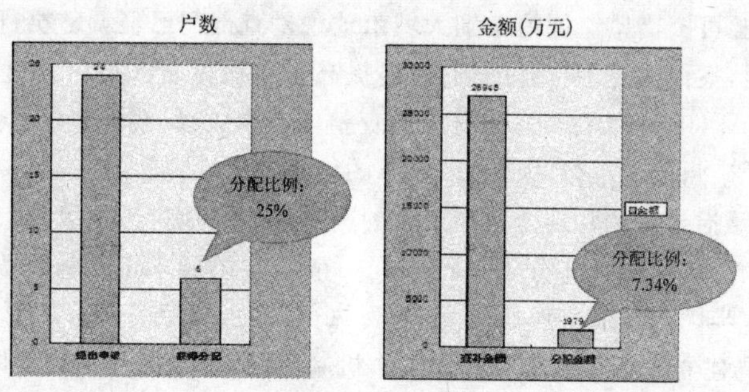


图三　2011 年以来全系列向法院申请财产分配情况

(二)案件衔接影响执行工作效率

执行环节与审理、检查环节交接案件工作比较繁琐。一是执行部门大量的时间精力用于从稽查人员取得纳税人联系方式、了解纳税人情况、与纳税人建立联系等工作，案件衔接的事务性工作量大，挤占了有效追缴工作时间，降低了工作效率。二是执行人员向纳税人询问了解有关情况，可能与稽查人员形成重复，对纳税人是一种不必要的干扰。三是执行人员对案件检查、处理情况不可能全面深入地了解，面对纳税人的一些疑问，难以针对性地解答、说服，不利于执行工作顺利开展。

(三)执行手段未能充分运用

近几年，追缴欠税主要通过责令限期缴纳、停供发票等一般性措施，扣缴税款、拍卖变卖等强制执行措施和移送公安追究逃避缴纳税款、逃避追缴欠税等刑事责任案件的数量较少，而纳税担保、阻止出境、代位权、撤销权等法律手段极少运用(2012 年—2014 年全系列采取追缴措施统计数据详见表)。个案执行没有形成完整“套路”，未能全面调查、分析欠税人情况后，穷尽各种可行措施。问题的主要成因：一是实施相关措施知识技能要求高、专业性强、工作量大，各稽查局执行部门按照目前人力配置，想要面面俱到，确实力有不逮；二是涉及的协税护税部门多、协调难，市稽查局虽已加大牵头协调力度，但尚未形成全系列各稽查局步调统一、分工协作、资源共享的格局，部门协助共治力度有限；三是各稽查局执行环节的信息共享、协作互助力度不足，未能整合资源，形成合力。

**表一　2012 年—2014 年全系列执行措施运用情况表**

金额：万元

| 冻结存款 | | 查封扣押 | | 扣缴税款 | | 拍卖变卖 | | 纳税担保 | | 阻止出境 | 停供发票 | 移送公安 |
|---|---|---|---|---|---|---|---|---|---|---|---|---|
| 户数 | 金额 | 户数 | 金额 | 户数 | 金额 | 户数 | 金额 | 户数 | 金额 | 户数 | 户数 | 户数 |
| 19 | 1204 | 4 | 7091 | 20 | 2787 | 4 | 375 | 1 | 59 | 0 | 106 | 6 |

## 二、推进“大执行”改革的路径探索

(一)改革思路

前述问题的解决，可从推动执行工作专业化、集约化、扁平化着手。改革的思路有二：一是环节流程优化，实施“执行前移”，取消执行科，实行“谁检查、谁执行”，压缩案件环节间衔接时间，通过稽执捆绑联动，推动对被查对象财产的全程监控，提升执行效率；二是整合、优化全市地税执行力量与资源，成立执行专业小组，建立疑难案件会诊制度，充分运用执行法律手段，提高执法能力，强化执行刚性。

（二）改革可行性

1、兄弟单位改革经验可资借鉴。国内个别大城市地税稽查部门已经调整执行科，由稽查科同时负责案件执行，改革成效明显，案件执行工作开展顺畅，还提高了一线稽查人员占比（已经调整执行科的某两市地税稽查为74％和70％，广州为53％），提升了稽查整体工作成效，案件查处数量显著增加。兄弟单位的成功实践经验，增强了广州地税推行“大执行”改革的信心和决心。

2、市稽查局具有统筹指导协调管理全系列工作的职能。广州地税市本级设市稽查局、第一至第五稽查局，中心城区以外的六个区地税局亦分别设稽查局。市局党组要求市稽查局发挥在整个稽查系列的“领头羊”作用，可从进一步优化环节流程，整合全系列执行人力、资源着手，以更好解决执行环节面临的问题。2014年，市稽查局建立执行环节集中查询工作机制，打破各局案件主管界限，专业分工协作，集中查询欠税人财产，取得了很好的效果，得到了各稽查局的肯定和欢迎，也为进一步整合执行资源力量积累了有益经验。

3、改革的障碍和负面效应可化解。改革主要面临以下障碍和问题：一是对由稽查员负责案件执行，是否与稽查“四分离”原则相容，稽查干部已习惯于负责单一环节工作的模式，对由稽查员承担执行工作存在一定的抵触心理和畏难情绪；二是稽执合一，环节相互制约效应有所弱化，存在稽查人员为避免难以执行入库，在检查时浅尝辄止的风险。相对而言，执行环节与检查环节相互独立、相互制约对于保证案件公平、公正及防范廉政风险的必要性并非特别重要。此外，采取以下措施可化解上述问题：一是制定清晰的执法指引，对稽查员开展培训，使稽查员明晰职责，迅速掌握执行基本知识；二是在出台疑难案件会诊和执行专业小组管理制度时，明确各稽查局作为执法主体对案件执行承担执法责任，科学设定各方职责边界；三是完善绩效考核，科学设置考核指标，在把执行入库率纳入稽查科考核指标的同时，加大对查补达到一定金额案件的考核激励力度，以形成对稽查员的正向引导；四是落实好稽查底稿制度，加强案件督查，对案件经复查有新查补额的，作绩效扣分处理，以加强稽查过程和事后监督，保证案件查处质量。

（三）改革措施

1、执行前移、稽执联动。实施“执行前移”，取消执行科，实行“谁检查、谁执行”，由稽查员负责案件执行工作，执行与稽查工作捆绑考核。2015年先行试点，选择2个稽查局取消执行科，试点取得成功后，再推广到其他三个稽查局。试点期间，鼓励非试点单位将新派案件的执行工作交由稽查科负责，对超过15天正常缴款期仍未执行完毕的案件，再交由执行科负责后续追缴工作。加强稽执联动，落实稽查员在检查环节查实纳税人银行账户资金、财产、债权债务及采取税收保全措施的职责；稽查员在检查环节需要执行业务帮助的，可申请执行专业小组协助。

2、成立执行专业小组。制定《稽查系列案件执行专业小组工作制度》，成立若干专业小组，分别主攻所属专业及与相关部门协调沟通。在坚持各稽查局作为执行案件执法主体、承担执法责任的前提下，执行专业小组打破行政主体归属关系，协助各稽查局办理案件。2015年试行成立金融、行政强制、司法协助3个小组，由没有开展试点的3个稽查局分别牵头1个小组，市稽查局执行科分别选定人员担任专业小组联系人，协调专业小组开展工作。今后，如第一至第五稽查局均取消执行科，则由市稽查局整合人员力量，组成资产查询、强制措施、法务综合3个专业小组，协助各稽查局查询财产、实施税收保全措施和办理执行案件。

3、建立疑难案件会诊制度。出台《广州市地方税务局稽查系列疑难执行案件会诊制度实施办法》。市稽查局牵头定期组织召开疑难案件分析会（有特别重大或时效性强的案件可临时召开），各专业小组派员参加会议，各稽查局将本局疑难案件提交会议研讨，确定执行方案后形成会议记录，案件主管稽查局落实，执行专业小组提供协助。市稽查局负责综合协调与督办，并定期通报案件执行进展情况。

4、调整业务归属。取消执行科，涉及原执行科负责业务归属的调整，主要有3个方面：一是各类统计报表的填制，调整由案源管理科负责；二是执行案件的统一归口管理工作，亦由案源管理科负责，包括本局执行案件提交疑难案件会诊、提请专业小组协助等，均由各稽查科提交案源管理科，经统筹把关后向市稽查局报送；三是全面清理执行科原未执结案件，综合考虑案件原检查科室、当前执行经办人去向、该案件类型（中止案件、往年陈欠、新欠等）和各稽查科工作量平衡等因素，确定负责继续执行的稽查科室。

5、强化强制执行业务支撑。发挥市稽查局在强制执行业务方面的指导协调职能，为各稽查局甚至征收局追缴欠税采取强制执行措施提供支持协助。一是进一步完善集中查询资产工作机制，理顺与银行房地产管理等部门的关系，为相关执法单位掌握欠税人资产提供更顺畅更高效的查询渠道；二是快捷流转欠税人员信息，适时统一联系公安部门集中查询欠税企业法定代表人的出入境等情况，加强地税系统内办理阻止出境业务的指导协调；三是健全强制拍卖变卖委托工作平台，扩大已经建立的统一招标中介服务商库的服务范围，与强制执行中的评估、拍卖及相关工程项目造价审核"无缝对接"，促进执法采购社会专业服务，打造稽查和征管系列共享的执行工作"助力器"。

（作者单位：广东省广州市地方税务局稽查局）

# 对稽查人员实行"云管理"的若干思考

## ——以重点税源检查工作为例

浙江省地方税务局直属稽查分局课题组

近些年来，根据总局省局的统一部署，直属稽查分局深入开展了重点税源企业稽查工作，采取抽调人员、省市县联合检查等方式，其核心是进一步充分利用现有的稽查力量，有效地开展重点税源检查工作，取得了明显的成效。受此启发，为适应新时期重点税源检查工作，针对稽查人员存在的一些问题和重点税源检查人员素质的要求，我们提出对稽查人员实行"云管理"的模式，即打破稽查人员的部门限制，对稽查人员实行虚拟管理，统一进行分配、使用、评价，以解决稽查力量受部门约束、力量不均、知识结构不合理、复合型人才难以发挥优势等方面的问题，全面提升稽查工作质效的管理方式，为进一步做好重点税源企业检查工作提供方向指引。

### 一、存在的问题

重点税源企业税收专项检查，普遍采用属地管辖模式，由重点税源企业所在地税务稽查部门负责检查处理，这种形式的优势在于当地稽查部门熟悉本地企业情况，有利于与征管、税政等部门进行沟通交流，及时解决问题。但这种模式的最大弊病就是由于当前稽查队伍存在的一些问题，不能保证全部检查人员的业务能力符合重点税源企业专项检查的要求。

(一)专业结构不合理

现在稽查普遍存在人员缺少，在现有的稽查人员中，更多的是从事税务财经类专业，但由于重点税源企业会计电算核算化程度很高，以及依法行政的要求等，现有尤其是法律专业、计算机专业等与重点税源企业稽查相适应的专业人才不足，呈现出专业人才比重偏低的问题，从而导致重点税源企业检查需求的专家型、创新型等复合型稽查人才短缺的情况。

(二)年龄结构老化

稽查年龄结构失衡，老龄化日益显现，队伍年龄整体偏大。很多稽查人员是从其他部门调任，虽然他们有丰富的工作经验，但普遍存在年龄偏大的问题，缺乏创新力，观念和思路跟不上时代，如果不能及时补充新生力量，年龄结构断层问题将愈加突出。另一方面，有的稽查人员是新录入的人员，对稽查工作而言还是一名新手，还不能立即适应从事重点税源这些比较大型企业的税收检查工作。

(三)业务培训不足

我们现在业务培训更多针对的是税收业务培应，对于重点税源企业的经营特点、财务核算体系等培训较少。而税务稽查则涉及到企业经营、内部管理、财务核算等各个环节，这就要求税务稽查人员除了熟悉税收业务知识外，还要了解不同企事业单位的经营管理等知识，掌握生产经营过程及核算体系，从而了解税收变化等情况，做到知已知彼，这有助于正确核定纳税申报、掌握税源和企事业单位的生产营销核算等，了解可能存在的涉税问题，为重点税源企业检查掌握第一手资料。

(四)稽查手段不够丰富

重点税源企业往往核算复杂，一方面在检查时与检查对象存在信息不对称，从而影响了稽查对税收违法行为的针对性;另一方面由于税务稽查部门本身信息化程度和税收政策的局限性,缺乏切实可行的查账软件及操作人员,稽查人员面对智能化、电算化较高的重点税源企业,基本上还是靠繁琐的手工操作,有些案件未能查深查透,即使查处时间较长,取得的效果也不明显,这些都需要进一步创新稽查方式。

## 二、人员素质的要求

重点税源企业的财务部门人员普遍学历较高,有条件的重点税源企业还专门应对税务部门内设机构,聘请中介机构作为税务顾问,同时电算化程度应用也很高,财务核算体系复杂,有的单位甚至开研自有核算软件,这些因素对重点税源检查人员的素质也提出了更高的要求。

(一)要有扎实的税收知识

作为一名税务稽查人员,特别是重点税源企业检查人员,更应熟练掌握税收法律法规、规章、规范性文件等具体税收业务知识,领会、熟记和掌握这些税收知识,并不断更新和熟练运用。只有这样,在实际的税务稽查工作中才能娴熟、准确地应用这些税收知识,检查发现涉税违法问题,减少稽查工作中的差错,最大限度地整顿规范税收秩序,创造良好的税收环境。

(二)要有高超的查账水平

重点税源企业,其相对应的纳税意识较高,存在的涉税问题也可能更隐蔽一些,掌握查账技巧往往能够事半功倍,查账效果较好,工作效率也较高。但若不掌握查账技巧,就往往容易出现查不深看不透等问题,甚至纳税人有税收违法情况,也查不出什么问题。因此,掌握高超的查账技巧,即对会计报表、会计帐簿、会计凭证、生产经营情况等有机地结合起来进行审查和综合分析的技能,从而找出疑点,有的放矢明确稽查重点,提高稽查的效率和质量是基本要求。

(三)要有良好的法律知识

重点税源企业对稽查违法事实的认定及处罚非常敏感,税务稽查往往涉及到补税、加收滞纳金和行政处罚等,是一项专业性、法律性很强的工作,如果搞得不好,就对外而言往往会给纳税人造成经济上的损失,甚至发生行政复议或行政诉讼,税务机关成为被告。对内也容易造成工作上的失误或使国家税款造成损失。因此,作为国家执法机关的主体,特别是税务稽查工作人员,应熟悉和掌握相关的法律知识。

(四)要有熟练的电脑技能

随着社会信息化的不断发展,重点税源企业的信息化程度也很高,这就对税务稽查人员提出了更高的要求。一方面要了解企事业单位会计电算化软件及其特点,熟练掌握会计电算化的操作运用,以及会计电算化财务数据资料的审查分析,为应对会计电算化单位进行检查打下良好基础。另一方面要学会掌握电脑的操作和税务稽查软件的运用,只有这样,我们稽查工作的效率和质量才能得到进一步的提高,才能紧跟社会信息化的步伐。

## 三、对实施云管理的几点思考

针对现有人员存在的问题,以及检查业务素质的基本要求,借助云管理中的云信息,云智库和云评价三个模块搭建平台,即通过人的专业特长建立云信息,在开展工作时发布专业需求取得专业支持的云智库,同时对人员使用过程进行考核的云评价制度,进一步整合稽查人员资源,充分发挥稽查的质效。

(一)建立稽查人员的云信息

云信息模块主要是集合各类人才进行虚拟管理。税务稽查最根本的最关键的还是人的因素,建立一支由精通法律、税务、计算机的专家和具有丰富实践经验的专业化人才组成的高素质的税务稽查队伍,首先必须吸引优秀人才加入稽查队伍,营造一种有专业特长的人才自愿从事税务稽查工作的氛围。要根据队伍的现状,有针对性的开展业务培训,全面提高稽查干部的专业技能,以适应稽查工作的新要求。要盘活稽查人力资源，实行稽查干部的动态管理和调配使用，集中稽查资源优势，采取交叉检查、联合检查、抽调人员协助检查等方式，降低税收成本，以提高稽查质效。

(二)建立稽查人员的云智库

云智库模块主要发挥集体智慧力量，对掌握的信息加以分析和共享。一是查账软件团队。重点税源企业税务稽查在未来将进一步依托信息化手段，一方面稽查人员要学会有效运用企业财务系统，实现电子替代手工查账的目标，通过提高计算机应用能力，有效地利用企业财务软件的各项功能，利用财务软件自身的各项功能进行证、账、表的检查和核对，以取得税务稽查线索。另一方面，稽查部门还要通过引进有关财务软件供应商，丰富和发展税务信息化手段，逐步开发具有与企业财务软件对接的数据采集软件和查账软件，通过两类软件完成不同语言环境下数据转换为标准电子文档和加工处理、检查分析、挖掘线索的工作任务，以更好地为稽查服务。二是后台分析团队。税务稽查要做好充分的查前准备，其中最重点的一点就是做好查前分析工作，后台分析团队由专业的人才组成，仔细分析案源下达的任务要求，广泛收集纳税人的原始信息，选取会计科目进行归集分类、分析对比，比较历年各月或各季各科目的波动情况，审核纳税人报送的纳税资料和申报数据的真实性和可靠性，有效地分析纳税人的经营状况、经营成果及资金运营情况，全面了解各经济变量间的互动关系，从中通过数据比对找出偷税疑点，列出异常、重大异常等可能的涉税问题，通过查前分析，把涉税疑点发送给检查人员，以提高稽查效率和针对性

(三)建立稽查人员的云评价

云评价模块主要是根据云信息、云智库的应用情况，对稽查人员使用情况进行评价，按照优先、良好、合格、较差四个等次予以确认并合理评价，每年根据日常评价和项目评价的综合结果，采取多种措施对云信息各成员进行激励。首先，对年终评价较好的云成员，在评选优秀和先进时给予相应的荣誉激励。其次根据云信息各成员的年终评价情况，分层次给予相应的教育培训机会和物质、文化、信任等项目激励，在不断拓宽云信息各成员知识面、提高云信息各成员能力素质的同时，更能充分发挥其工作的主观能动性，增强其工作的原动力。

课题组组长：徐世颖
成员：何建芳　王行军　陈　岚　王　敏　沈利铭
执笔：缪仁禹

# 风险管理导向下的税务稽查信息化建设之浅见

重庆市地方税务局第四稽查局课题组

在 2015 年的全国税务稽查工作会上，王军局长作出重要批示，希望各级税务稽查部门在新的一年里，大力加强风险管理导向下的税务稽查工作，进一步提升稽查打击的准确性和震慑力。目前，重庆地税已对主城区稽查体制进行了大范围调整，将稽查职能从主城区局剥离，组建了 5 个跨区直属稽查局，跨区稽查体制优势显现，5 个跨区稽查局 2014 年查补收入达到 14.7 亿元，同比增长 33%，征管重点领域和薄弱环节税收检查措施有力，扩大了稽查的打击和震慑效应，堵漏增收、规范秩序作用明显。2014 年度，重庆地税出台了《重庆市地方税务局税收风险管理办法(试行)》，标志着以风险管理为导向的征管改革也已经开始启动，也就意味着稽查工作面临的形势和环境正在发了重大变化，对稽查工作提出了全新的要求。

## 一、税收风险管理理论及在我国的发展

要做好风险管理导向下的税务稽查信息化建设，必须首先统一对风险管理的认识，并客观、清晰地认识到风险管理与稽查的关系和现阶段风险管理的实际状况。

### (一)什么是风险管理

风险管理起源于上世纪 30 年代的美国，是一门是研究风险发生规律，对风险进行防范和控制的现代管理科学，通过对风险进行分析识别、风险程度衡量、风险评价和应对处理等优化组合各种风险管理技术和方法，以实现对风险进行有效防范和控制的管理目标。上个世纪 50 年代，风险管理发展成为一门学科，70 年代以后逐渐掀起了全球性的风险管理运动，风险管理在经济组织和活动中已经得到广泛和深入的应用，同时也积累了丰富的经验。

### (二)什么是税收风险管理

关于税收风险管理，曾经存在诸多不同诠释，2014 年，国家税务总局在《关于加强税收风险管理工作的意见》中做了目前为止最权威和规范的定义：税收风险管理贯穿于税收工作的全过程，是税务机关运用风险管理理论和方法，在全面分析纳税人税法遵从状况的基础上，针对纳税人不同类型不同等级的税收风险，合理配置税收管理资源，通过风险提醒、纳税评估、税务审计、反避税调查、税务稽查等风险应对手段，防控税收风险，提高纳税人的税法遵从度，提升税务机关管理水平的税收管理活动。

税收风险管理流程包括目标规划、信息采集、风险识别、等级排序及任务推送、风险应对、监督和反馈六个环节。

### (三)税收风险管理的发展进程

国际税收届对税收风险问题的关注，最早起源于美国对“地下经济”所引起税收流失风险的关注。鉴于纳税遵从税收风险分析研究具有的很大的潜在价值，许多国家和国际组织开始该领域的研究和探索。经济合作与发展组织(OECD)在 1997 年发布了关于税收风险管理的一般指导原则，首次将风险管理理论与方法引入税收征管实践，2002 年研究建立了中小企业税收遵从风险管理的指导文献。欧盟在 2006 年发布了《欧盟税收风险管理指导意见》。2008 年，OECD 税收风险管理论坛第四次会议，研究和讨论了大企业税收风险管理有关问题。至今，OECD 和世界货币基金组织很多成员国已经推行和实施了税收风

险管理，取得了很多值得借鉴的经验和成效，税收风险管理体系逐步完善和形成。

我国一些经济发达地区在2008年左右开始积极引入税收风险管理理念，并在实质上以此为重点开始了深化征管改革的尝试和探索，得到了国家税务总局的肯定和推广，在探索、创新、扬弃的基础上，逐步提高，明晰了未来征管改革的发展道路，统一到了以风险管理为导向的改革指导思想。

2014年9月，总局成立了以国家税务总局党组书记、局长王军任组长的税收风险管理工作领导小组，加强领导，统筹协调总局税收风险管理工作。

(四)重庆地税风险管理建设进展

在税源专业化管理改革试点积累的基础上，重庆地税以金税三期上线为契机，按照总局的统一部署和要求，积极实践。2014年出台了《重庆市地方税务局税收风险管理办法(试行)》，建立了市、区县两级风险管理领导小组，在试点基础上，自2015年5月在全市全面推广应用了金税三期风险管理系统。目前，在金税三期风险管理系统支撑下，在强化数据体系建设的基础上，重庆地税税收风险管理体系建设大幅提速，常规遵从类、日常税收流失类、专项税收流失类和重点税源综合风险类四大体系风险建设规划和设想正在逐步实施，依托于总局金税三期风险管理系统的风险管理信息化建设框架基本明朗。

## 二、稽查信息化建设与风险管理体系关系定位思考

在当前的形势和环境下，研究稽查信息化建设必须首先搞清楚稽查信息化内涵及在未来现代化税收风险管理体系中的关系定位，从而才能系统的在税务信息化建设中去做好稽查的信息化建设。

(一)稽查信息化内涵

信息化的概念起源于上世纪60年代的日本，自70年代后期，“信息社会”和“信息化”的概念开始在西方社会普遍使用。目前，对信息化的普遍认识是指培养、发展以计算机为主的智能化工具为代表的新生产力，并使之造福于社会的历史过程，其中的智能化工具又称为信息化的生产工具，它包含了信息获取、信息传递、信息处理、信息再生、信息利用等功能。笔者认为税务稽查信息化应包含以下内涵：

1、税务稽查信息化的关键在于有效利用信息资源。通过建立信息应用平台，广泛采集和积累信息，迅速流通和加工信息，有效利用和繁衍信息。

2、税务稽查信息化是强化管理的过程。通过税务稽查与信息技术运用的相互结合和互相促进，达到对内强化执法监控，对外提高稽查执法水平与质量的目的。

(二)稽查信息化建设在税收现代化建设进程中的定位

税务稽查信息化是税务机关利用信息技术，实现稽查相关数据的采集、处理、应用，提高执法水平，强化稽查管理的过程。

作为税务信息化建设“一个平台，两级处理，三个覆盖，四个系统”的必不可少的组成部份，税务稽查信息化经历了从模拟手工操作的电子化阶段到目前涵盖税务稽查全面管理的信息化阶段。

新时期的稽查信息化建设必须紧紧围绕和服从于征管改革总体设计，在风险管理导向下尤其是要高度重视总局提出的“按照推行税收风险管理的统一路径”的要求去认识和开展工作。

(三)稽查信息化建设在风险管理体系中不同环节的关系和定位

目前我市的税收风险管理的流程主要包括目标规划、信息采集、风险识别、等级排序及任务推送、风险应对、监督和反馈六个环节。六个不同环节有不同的工作要求和特点，稽查信息化建设在风险管理统一导向下做应该发挥的职能作用与信息化建设的规划及实施也应有所区别、侧重。

笔者认为，稽查信息化建设在风险管理体系中除了总体的积极主动参与，将稽查的信息化建设纳入风险管理信息化统一建设外，也应在某些具体环节和工作中注意保持稽查的独立性和特点，以充分发挥稽查职能作用。具体来说，在风险管理六个环节中的作用和地位应大致如下：

1、稽查目标和计划要纳入风险管理总体目标规划统筹制定和实现,体现稽查整体工作的前瞻性和整体观。

2、信息数据采集系统以风险管理一体化统一信息采集为主,稽查特殊性、个别性、针对性补充采集为辅。避免稽查信息采集特定化、单一化、滞后性的弱点,扩大信息获取和应用的范围,从而在风险管理统一框架下极大的提高稽查信息效率及信息化应用的水平。稽查不单独大面积采集和获取信息,不依赖和建立以完全独立的信息获取系统及软件为主,看上去可能放弃了独立性、封闭性,却反而会在风险管理统一框架下极大的提高稽查信息及其信息系统的范围和可用性,实则推动稽查信息化建设进程。

3、在风险识别环节,充分吸收、借鉴和发挥风险管理在分析、查找、确定和量化风险方面的长处,兼顾稽查的系统性、全面性、对象选择特殊性等特点。

4、根据稽查职能和实际工作需要,参与合理确定风险方案等级排序规则和标准,积极应用风险分析结果,承接高风险任务,同时通过特征库补充判定,进一步提高任务推送的有效性,既不能消极对待,也不能仅做风险任务推送简单的承接者,努力实现科学精准选案,实现定点打击。

5、履行好风险管理体系框架下,稽查承担的高风险专职应对的职责,同时注意到稽查工作的特殊性和风险管理的时效性之间的矛盾,通过信息化手段予以解决。

6、按照风险管理的要求,改造稽查过程监控和结果考评工作方式。

## 三、现阶段在风险管理导向下稽查信息化建设中易出现的几个偏向问题

(一)过分强调稽查独立性,自成一体进行稽查信息化建设的思路,导致在整体税务系统信息化建设过程中稽查的边缘化

稽查的信息化建设必须紧紧围绕风险管理导向下的稽查建设这根主线,纳入税收现代化建设的总体框架开展工作。目前稽查的信息化建设实质上更强调其独立性,基本游离于风险管理信息化建设以外。这不仅不符合加强风险管理导向下稽查建设的核心思想,与税务系统信息化建设的主体要求也是背离的。总局提出的金税系统信息化建设"一二三四"的总体思路里面,明确提出了覆盖所有工作环节,稽查显然不能置身事外。从金税三期系统设计功能定位来看,决策二包－风险管理与核心征管－税务稽查显然不仅仅是并列关系,核心征管中的税务稽查仅仅覆盖了稽查的检查、审理和执行环节,选案更多的还是要依赖于决策二包的风险管理系统。

风险管理是整个税务系统税收征管的风险管理,必然包括稽查在内,要主动将稽查纳入风险管理体系,并在其中找好定位,划清界限和领域,发挥好自己的作用,而不是被动接受,过分强调独立性。独立构建稽查信息系统不仅会造成浪费和效率低下,实际上也阻止了风险管理系统有效成果的最大限度有效应用,再考虑到对核心征管等内部信息和外部信息的应用,构建功能齐备、完全独立稽查系统实质上是限制了稽查的视野和职能发挥,得不偿失。应积极主动参与风险管理及其信息化建设,充分发挥稽查职能作用,实现稽查述求。

(二)完全依赖风险管理,忽视稽查的独立性和特殊性

必须看到,稽查的职能所具有的特殊性与当前阶段风险管理的局限性。根据征管法的规定,稽查是专司偷、逃、抗、骗案件查处的专职机构。风险管理所针对的税收风险是指因纳税人未能按照规定履行税务登记、纳税申报、税款缴纳以及其它涉税义务,而可能导致的税收违法风险。风险管理不管从最初的风险识别到最后的质效评价,不管从底层的指标模型建设还是风险登记排序任务生成都要服从于这个定性和目标,不可能专门为稽查偷逃抗骗进行指标模型的定义、流程调整和过程控制,从目标规划到实现都不能完全满足稽查的特殊性需求。

因此,在服从风险管理导向的同时,一定要注意稽查的特殊性,尤其是防止一边倒,从不重视风险管

理一头导向完全依赖风险管理,简单的把风险管理任务推送作为稽查的唯一的选案案源,简单化地把稽查定义为风险管理体系下的一种应对手段,从总体理论上这样讲有其合理性,但是从实践上看,这样的认识未免有些脱离实际。要从风险管理导向下稽查职能发挥的角度,主动作为,履行好稽查职责,掌握好稽查话语权,将稽查的经验和需求更好地主动融入到风险管理总体体系中去,促进风险管理体系的不断科学化、现代化。

(三)信息数据采集、数据模型的建立稽查参与度低,缺乏主动性

就我市而言,目前的风险管理及其信息系统基本上都是在各地征管部门牵头统筹下构建的,有关指标模型建立也都是征管、税政等职能部门在牵头建立,稽查部门基本没有介入。这样建立的指标模型,其普遍适用性和基础适用性较好,但是除了极少数信息比对类指标模型以外,这些指标模型并不能支撑从风险识别环节较为精确锁定涉嫌偷、逃、抗、骗行为及纳税人的稽查工作需求。如果一味的接受按照这种方式建立的指标模型及风险方案扫描的结果,来判定高风险,从而作为稽查任务的主要来源,其对涉嫌偷、逃、抗、骗行为及纳税人的命中度不会很高,也就不能实现王军局长提出的“深入贯彻李克强总理提出的实行‘科学的抽查制度’要求,按照推行税收风险管理的统一路径,运用税收风险分析成果,针对高风险纳税人开展定向稽查,提高税务稽查打击的准确性和震慑力”的工作要求。稽查工作依旧会限于全面性检查结算的误区,无法回归征管法赋予的本位职责,也是对稽查力量的一种极大浪费。

(四)信息应用和分析上重外轻内,三方信息应用缺乏统一思路

目前的稽查信息化建设其实也是按照采集信息、分析识别的方式在开展,但是除了上述原因以外,还有一个问题,笔者认为应当引起高度重视,那就是在信息应用方面重外轻内,三方信息应用缺乏统一思路的问题。

现有的稽查软件只能从单个的纳税人提取财务帐套信息,并建立最基础的财务数据指标模型进行分析,从而发现疑点,指引稽查实际工作。事实上,这种方式更多的是发现的是单个纳税人账务处理的合规性和结构性问题,掌握和判断存在着很大的局限性,也没有充分应用已经掌握的各种信息,很难得出全面的准确的判断和定性。而税务机关的各类内部信息,如企业所得税和个人所得税申报明细信息、发票信息,这些信息不管从真实性、法定性还是应用的有效性对稽查准确分析判定都非常重要,而目前只能通过人工查询比对方式,工作的效率很低。同时,在风险管理中非常重要的三方信息基本上也没有在查账软件中作出设计,预留接口和数据处理架构。

税务稽查软件的信息化建设至少应保证稽查系统能够有效使用三个方面的数据和信息来源,一是税务机关各种软件系统已经采集和产生的各种数据信息;二是稽查部门从纳税人补充提取和采集的财务核算等数据信息;三是与稽查对象有关的三方涉税数据信息。软件开发和建设中一定要注意应该是确保有效使用而不是占有并使用,否则这一目标完全无法实现。

(五)重选不重评,导致过程监控和质效考评弱化

稽查信息化建设目前还主要聚焦于选案,并且以单机版为主,对过程监控和选案指标本身的准确性的判定实际上还没有涉及,与已经建立的其他税收管理信息化系统比较,稽查信息化建设总体水平还是比较偏低。

稽查信息化建设不仅仅应着眼于如何实现科学选案,还要同时关注如何通过实践验证选案结果;不仅仅局限于笼统的对具体户的选择是否准确,还要记录、提炼和固化对稽查风险特征的识别指标和标准,从而准确的判断真实的选案准确性,从而不断积累内部成果共享,形成标准化的稽查风险特征库。

## 四、加强风险管理导向下稽查信息化建设的建议

(一)在争取外部法律环境得到完善的情况下,尽快研究和转变必须占用才能应用的传统思维和固化

的信息化建设理解,真正融入和应用互联网+新思维

认真研究和关注现代信息技术和管理发展的方向和趋势,认真领会转变政府职能、提升国家治理能力、互联网+的深刻内涵,尽早启动税务管理、稽查信息化建设方向的研究,正视传统思维必先占有获取、而后才能应用的缺陷和不可持续性,充分应用大数据、云计算、物联网等现代信息经济发展的成果,将信息渠道转变为依法获取(我想要的)泛化风险运算结果和检查处理过程中的定向具体化对象化证据信息化的自动化采集。在法律支撑下,通过建立接口,依托外部信息系统本身运算我们制定的指标和规则,从而获取和传递汇总式、清单式成果。同时在工作进展中,对需要证据化的信息资料再通过需求性指向性明确的对象获取,并在法律支撑下形成有法律效力的证据,从而降低税务机关外部信息获取的法律障碍、打消信息占用方的商业性顾虑,提高效率。真正实现,有用社会信息皆为我所用。从立法上完善,从技术上保障,通过电子签章等手段实现数据拥有方提取、传递电子数据的合法性,允许其作为合法证据,从而在电子商务不断蓬勃发展的今天,真正应用信息化手段,大幅度提高证据提取的效率和准确性,将大量的稽查有效力量从繁琐和低效率的证据固化和提取工作中解放出来。

(二)积极主动参与风险管理目标规划中去,增强稽查工作的规划、计划和目标性,使稽查工作的计划和安排主动的、提前的纳入到总体风险管理战略规划、计划和方案中去,从而实现总体的系统性和有效性,要在规划环节就尽量解决稽查与纳税评估、日常检查等其他征管方式交叉的矛盾,实现关注领域和对象界明晰,避免管理资源的浪费。

(三)建立稽查与风险管理系统信息共用接口,以补充采集的定位,提升稽查信息采集的效率,减少重复劳动;实现信息化、自动化、标准化信息应用,大面积提高稽查信息的可用性。

1、对通用性外部信息的采集,应由风险管理系统统一采集,内部共享,不宜再开发和研究一般通用性外部信息的采集及系统开发。

2、转变重外部轻内部的做法,通过信息化手段加强内部信息的整理和应用,改变内部信息应用以查询为主,以个人能力和个人应用为主的现状,使其统一化、标准化、规范化。

3、根据稽查的特点和工作需要,加强特殊性(指仅供稽查使用,需要遵守保密规定等非风险管理通用性外部信息,如具体稽查对象的会计核算、账套资料等)、补充信息采集和使用的信息化建设,提升稽查工作的科学化、现代化水平。

4、注意内外部、通用性和特殊性信息采集工作信息化建设的不同差异。建议在内部信息和外部通用性信息上以开发应用型信息化建设为主,不做数据库建设,不以稽查独立的获取、占有为前提,从而减少重复投资,提高稽查信息化建设效率,加快进度;在外部特殊性、补充信息采集应用的信息化建设中,建议按照近期获取、占有和应用的功能开展信息化建设,独立构架系统。

(四)全面加强稽查风险特征库建设,积极参与风险管理系统指标模型建设,充分应用风险管理系统成果,同时通过稽查特征库发挥过滤、筛选作用,准确指引,定向稽查

稽查应逐步摒弃轮查、无实际指向和依据以及预设稽查对象开展人工分析的非精准型抽查为主的工作方式,努力实现案件来源的科学化、信息化、自动化和现代化。笔者建议将稽查选案系统整合或者加载在风险管理系统之上,通过两种方式加快稽查选案信息化建设。

在目前的条件下,可以考虑通过融合过滤式和架构来源式两种方式在风险识别环节实现风险导向下的稽查科学选案,在发挥风险管理综合性门诊和体检的作用,注重充分发挥稽查专科类疑难病症检查处理的专长。

融合过滤式即稽查部门应积极参与到风险管理系统模型指标建设工作,在指标模型建设中合理体现稽查对风险识别、等级认定的看法。在风险方案建立时根据稽查对指标模型的掌握程度,合理调整、添加风险登记排序时特定高风险识别指标,使风险分析结果中高风险的认定符合稽查对案源选择的认定标

准,而不仅仅是盲目接受分析结果。在稽查高风险标准确定的前提下,反向确定中低等风险分类标准,从而确保高风险认定的有效性,避免风险管理统一体系下出现新问题。

架构来源式即明确风险管理分析识别等级不直接应用于稽查结果,仅作为稽查案源选择,然后在风险管理推送高风险案源选择的基础上建立稽查选案系统,再进行账套资料采集等稽查针对性工作,并根据补充微观分析结果确定稽查对象,剩余的案源退回做中等风险任务处理。从而使稽查与风险管理信息系统结合,既充分利用风险管理分析结果,同时也提高效率,使稽查的分析更精准有效。

此外,笔者认为根据稽查工作自身特点,除应建立常规税收风险特征库外,可建立对企业纳税能力的定性评估模型,也就是说通过对纳税人经营综合状况的分析,在确定查处税款的同时确定纳税人实际偿付税款能力,提前预判执行环节风险点。在客观、充分的纳税能力评估基础上,可有针对性地对执行环节实施税收保全、强制执行等有效措施。

(五)推广网络版稽查软件,打通稽查软件与税务系统其它软件尤其是风险管理系统的关联,实现风险疑点持续推送、稽查工作网络化监管,成果共享

我市已经全面应用总局金税三期风险管理平台开展工作,实现了全流程网络化运行和监管。按照总局部署,该系统将在全国逐步推广。全市稽查软件也必须尽快升级为网络版,并且打通与各软件系统尤其是风险管理软件的实时关联。

风险管理系统承担的外部信息、内部信息管理、综合性分析的职责是稽查信息化系统目前比较欠缺的。持续的、动态的信息利用和疑点指引对稽查也是必要的,保持动态的信息沟通是有益无害的,并且这种信息共享和沟通必须和只能通过信息化手段才能有效实现。

建议将稽查的述求在风险管理信息建设中予以体现,建立稽查系统与风险管理系统的互联互通。通过信息化手段对于稽查立案以后的稽查对象在保持风险管理系统分析和识别功能的同时,产生的风险不再纳入风险管理统一排序和任务推动,而是在稽查结案以前持续推送稽查进行处理。

(六)利用信息化手段,改进精准化绩效考评

要实现稽查科学选案,精准打击,有两个关键点,一个是选案,一个是结案评价。加强风险管理导向下的稽查建设就应该按照风险管理的理念和方法对稽查工作进行改造和提升。目前稽查的事后评价,如准确率主要集中的以户为单位的评判上,实际上忽视了以户为单位与分析指引的相关性。由于纳税人遵从度的普遍实际情况,甚至可能导致个别单位和人员忽视和轻视扎扎实实作分析选案的做法,以事后的查补和定性反向验证选案的准确性。这与风险管理和稽查精准打击的目标实际上是背离的。稽查的精确打击要实现对能够准确判断特性的严重不遵从行为及时发现并运用稽查手段打击,从而威慑同类不遵从行为者,以实现提高纳税遵从和征管质效的效果。让纳税人认同偷税可能会被打击泛化意识的同时,逐渐明晰和树立某些行为一定做不得,做了就会很快被定位、发现和打击的具体化行为红线才能真正发挥稽查打击一批,威慑一片的作用,否则我们会让自己陷于不遵从行为的汪洋大海,纳税人总是持有可能抽不到、查不到我的侥幸心理,稽查部门四面出击、年年打击,管理环节大量人力物力重复劳动、纳税人遵从度不升反降的怪圈。

如建筑企业外出经营收入不纳入机构地核算的问题,如果稽查能明确的建立了该项风险特征库,能够持续的、及时发现和定点打击同类行为,整个建筑业都会引起反应,不仅仅对同类偷税行为进行了处理,纠正了该类不遵从行为,甚至可以在纳税人遵从度明显提高的基础上逐步弱化管理环节工作职责,只有做到这一步,管理资源才可能被有效配置和调度到最急需的环节和领域。

因此,笔者建议建立结果认定和评价子系统。对分析时采用的指标、模型和信息可用性作出评价,对经过稽查确认和新发现的特征信息进行完善,甚至反向推动风险管理,不断优化和调整风险特征库,从而实现指标模型和特征库的动态化管理,不断提高精准度。

# 关于建立"以查促管"机制的思考

吴中来

新一轮财税改革是一场关系国家治理体系和治理能力现代化的深刻变革,是以改革和完善税收治理体系和治理能力现代化的制度创新;这种变革既要整合资源,实现"一体化"管理要求,又要统筹处理好横向专业化分工协作关系,做到左右一致、内部协调。综观现行的税收征管模式,虽然建立了征管与稽查既相对独立、各有分工,又相互联系、相互制约的机制;但是由于各种原因,当前征管与稽查工作存在信息传导不畅、协调配合弱化的局面,各自的成果不能互相共享和促进;加上部分纳税人受利益的驱动,纳税自己纳报的资料很难做到真实准确。如何有效地建立"以查促管"机制,促进税收工作科学化、规范化、精细化管理,是深化税收改革工作中需要解决的问题。

## 一、提高认识,进一步明确"以查促管"对税收工作的意义

"以查促管"是指通过案件的查处,将专项检查、日常检查、专案检查等工作中发现的税收政策、税收征管中存在的漏洞与不足,进行搜集、分析、归纳和整理,提出工作意见和建议,并按照有关规定,通过一定的程序,进行整改和责任追究,以此促进税收征管质量和水平的提高,规范纳税人依法纳税行为。

(一)建立"以查促管"机制是深化税收征管改革的需要

现行"征、管、查"三分离模式,业务办理的专业化分工显著增强,但征管与稽查互动方面存在弱化的局面,加上许多税务事项前置审批制度取消以后,更多地转向事中服务和事后监督,更加凸现出协作配合的重要性。以查促管机制能够有效形成管查联动,密切各相关单位的联系,解决税收工作中涉税信息不能及时有效地转化税源的问题,杜绝工作中互相扯皮的现象,增强查管互动意识,逐步实现稽查与征管信息交换由被动型向主动型转变;进一步强化部门配合、协作,保证税务系统征管与稽查专业化分工有序、协调,提升税务治理体系和治理能力现代化水平。

(二)增强纳税人的纳税意识,提高纳税人对税法的遵从度的需要

稽查不仅是通过对涉税违法案件的打击,促进纳税人依法自觉纳税;而且还可以通过其反面震慑作用,起到查处一个、规范一个行业,净化一方税收秩序的作用。这也是以查促管最基本的体现。"以查促管机制"有利于提高纳税人的法制意识,提高纳税人的纳税遵从度,促进纳税人公平竞争和健康发展。

(三)建立"以查促管"机制是加强征管,提高税收征管质量的需要

稽查部门通过开展税收专项检查、日常检查和专案检查,发挥稽查的职能作用,从加强税源管理的角度出发,对检查企业、行业提出的稽查建议,并及时向征管部门反馈税收稽查中存在的问题,发现日常征管中难以发现的苗头性、倾向性问题,是延伸执法监督的广度及深度,是对税收征管问题的提前预警;有利于促进征管部门有针对性地加强税收征管,保证征管部门各项征管措施和征管行为更加规范、更加严密、更加有效。

## 二、当前"以查促管"工作中存在的问题

税收征收、管理、稽查是一个有机整体,通过密切配合、信息共享和良性互动,既相互促进,又相互制

约,促使税收工作有序、高效地开展。然而在实践工作中,由于种种原因,征管、稽查之间缺乏密切配合,尤其信息资源不能充分共享,直接影响了税收工作整体效能的发挥。主要表现以下几个方面:

(一)稽查“以查促管”的职能作用没有完全发挥

一方面,稽查工作脱离征收与管理,将大量的精力花在专项检查和完成稽查考核任务上,同时,还要受理大量举报案件的专案查处,难有时间进行日常检查和重点税源企业的稽查,很难通过稽查密切配合,促进企业正常申报和规范税收征管。另一方面,“以查促管”的机制还没有真正建立起来,就案查案,不注重查后纠错;信息交流共享的层次不高,税务稽查仅满足税务处理、处罚,查后提出税收管理建议不多,即使提出也难以落实,征收管理部门也很少直接利用稽查工作中第一手资料切实强化税源税基控管,不断提高税收的征管质量和效率。

(二)税收征管模式存在的局限性

当前,税收征管模式由管户变为管事,基层征管人员与纳税户之间的直接接触大大减少,基础管理工作比较薄弱,基本上处于被动受理状态,只是依据纳税人申报的资料进行审核征税,很大一部分处在企业申报什么就受理什么,申报多少受理多少,税源监控管理乏力,纳税人申报的基础资料是否完整和准确很少核实,审核评税常流于形式,对纳税人的控管难以到位,从而导致零申报、失踪户、漏管户增多。同时,随着纳税服务的地位日趋重要,部分地方没有处理好纳税服务与税务执法的关系,在强调为纳税人服务的同时,忽略了对纳税户的日常管理,有些纳税服务承诺在一定程度上甚至以牺牲管理为代价的。

(三)“以查促管”具体操作机制未建立,监督落实弱化

稽查和征管之间缺乏一套有效的协作制度和完整的电子化“以查促管”系统平台,使信息沟通效率低、信息处理随意性大;“以查促管”建议难以落实和征管共享信息资料得不到有效利用,从而使稽查和征管形成了“两张皮”,没有形成完整的工作链条。同时,对于如何落实“以查促管,缺乏相应的监督机制,没有强有力的保障机制,双方都存在着一定的随意性,“以查促管”作用难以发挥。

## 三、创新“以查促管”新机制,构建“以查促管”新格局

税收稽查、征收、管理三大环节是有机整体,稽查是手段,目的是营造良好的税收发展环境,提高纳税人的纳税遵从度,促进税收征管质量的提高。针对上述“以查促管”存在的问题,建议以搭建“以查促管”新机制入手,明确各自责任,密切稽查和征管部门的配合、协调,构建“以查促管”新格局。

(一)建立和完善税务稽查案件分析和稽查建议制度

稽查部门对行业性专项检查、典型性案件及重大案件查处以后,组织人员要及时分析、研究;对行业性专项检查后,提出该行业税收征管中存在的漏洞与不足以及改进的建议及措施,立足反映突出问题,努力挖掘潜在的问题,及时暴露个性问题,重在归纳共性问题;对于典型性案件和重大案件,要分析案件的成因、特点,作案手法及税收违法活动的规律,总结归纳查处办法,研究征管日常管理应对措施和建议;并通过一定的程序和平台以《税务稽查建议书》形式传递给征管部门。为贯彻落实“以查促管”,堵塞税收漏洞提供可靠的依据。

(二)建立“以查促管”行政平台,解决“以查促管”保障问题

建立稽查与征管的行政平台是保证“以查促管”的组织保障;在征管与稽查相对独立、相互制约的格局下,要实现两者的互动,必须为二者提供组织保障,否则只流于形式;建立稽查与征管的行政平台,重点是解决“以查促管”过程中的组织领导问题,这是实现“以查促管”的关键;要成立以局长为组长,各分管局工为副组长,相关单位为成员的“以查促管”领导小组,领导小组下设办公室,负责办理以查促管的日常工作。以查促管工作领导小组成员部门在组长、副组长的领导下,按照各自工作权限和职责开展工作。以查促管领导小组负责受理稽查部门提交的《税务稽查建议书》;协调、组织各有关部门开展以查促管工作;

研究、解决《稽查建议书》中反映的问题，研究加强税收征管，完善税收政策的办法；决定对内部相关责任人的处理办法；制定以查促管工作制度、工作内容、工作要求和责任追究，明确以查促管各项工作责任单位和责任人；并定期或不定期召开会议，督促、检查各成员单位按其工作职责落实会议精神和要求情况。

（三）搭建以查促管工作平台，解决促管的运行机制问题

1、建立信息资料传递制度。以税收稽查建议制度为纽带，加强征管、稽查信息链接，提升"以查促管"水平。为使稽查建议制度在工作中具有操作性和时效性，一是明确规定税务稽查建议必须在稽查工作结束后的规定时间内形成，稽查采用电子传输形式向征管部门传递工作中发现的关于征管部门管理漏洞和纳税人有关涉税问题，"以查促管"领导小组办公室人员要及时归纳、汇总，形成整改落实意见。二是税务稽查建议的实施主体为稽查局下设的稽查和审理部门。稽查人员在工作中发现纳税人涉税问题应及时整理向审理部门传递，审理部门根据情况审核报备后，制作电子《税务稽查建议书》，经过一定的程序，向征管部门和纳税人反馈。三是税务稽查建议事项应分对外建议和对内建议。对外建议是针对纳税人、扣缴义务人在财务管理、会计核算、税款缴纳和发票管理方面存在的问题及整改建议；对内建议主要是对应的征管部门在政策法规执行、税收征管、纳税核定、发票管理等方面存在的问题及工作建议。四是制定税务稽查建议工作流程制度，设定标准统一的文档格式 和形成时限，以及传输和存档备案管理制度。通过上述工作，使税务稽查建议制度逐步完善。

2、加强督查落实。"以查促管"领导小组在分析、归纳、整理稽查局建议信息的基础上，分别提出明确的整改意见，督促相关单位在一定的期限内落实，超过期限，发现仍未整改的，严格按照执法责任制度落实责任追究。

（四）建立信息化处理平台，解决"以查促管"高效的监控考核体系

整合现有信息化资源，建设区域（省或市）税收体制内高效率数字化链接信息工程平台。依靠科技进步提升税收事业发展，发挥计算机管理系统客观、实时、高效的优势，提高税收管理的规范化、精细化水平，对促进"以查促管"工作的开展有着无限的前景。目前，税务稽查与征管在具体工作中尚未能真正完全融合纳入一个完整高效的操作系统，交流共享平台亟须加以开发、搭建、完善。鉴于目前税收工作实际，依托"金税三期"系统建立区域（省或市）税收体制内新型征管、稽查互动高效率数字化链接信息工程平台是可行的。在现有基础上整合充实强大的新型功能模块，可以做到事半功倍。增加稽查建议即时收发功能，稽查线索反映移交功能等，并对内部的各个子系统进行科学设计、实现征管、稽查数字化链接信息系统自动报警、提示、查询、共享、传输、回馈功能，及时智能处理征管、稽查信息并做出评估、预测、评价、判断、意见。同时，税收征管、稽查信息交接和监控功能应纳入上级信息化管理平台，实施计算机系统客观、公正管理，减少非正常的人工干预。通过税收执法责任系统实时监控和自动考评，规范征管、稽查税收执法行为，从而不断提高税收工作的质量和效率。

（五）推进稽查现代化，改进稽查工作方法

按照有利于强化税源专业监控和提高税务稽查执法效能的原则，积极推行分类分级稽查。以稽查执法权力运行为主线，以执法风险点排查和评估为基础，落实风险管理措施。按照税源专业化管理要求，实现稽查工作与征收工作同步管理，相互促进，检查范围从大规模的行业检查逐步转向重点税源检查，保证税源大户处于征收和稽查部门的监管中。突出稽查执法重点环节和部位，借鉴审计式稽查工作底稿模式，加强痕迹管理，强化过程引导和控制。注重稽查成果应用，认真梳理总结、分析企业偷逃税款的易发环节和偷逃手段及特点，真正发挥以查促管职能作用。

（作者单位：浙江省台州市地方税务局直属分局）

# 关于税务稽查审理工作的思考

江　燕

税务稽查审理是税务稽查工作中继税务稽查实施后的又一个重要环节,是查处税务违法案件的必经程序,是一项对税务稽查案件进行事实核准、审查鉴别证据、分析认定案件性质的工作,对于保证税务稽查机构依法行使职权,保证税收违法案件的查处质量,确保对各类税收违法案件处理的公正、公平,保护纳税人的合法权益等都具有十分重要的意义。但是从实际情况来看,税务稽查审理还存在一些问题,本文主要针对税务稽查审理存在的问题,从有效提升税务稽查工作质量、提高税务执法办案效率、规范税务稽查具体行政行为,避免、减少行政复议、诉讼等情况发生的角度,对如何加强税务稽查审理工作进行探讨和分析。

## 一、税务稽查审理工作中存在的问题及相关分析

(一)审理方式的案头局限性,影响案件定性的准确性

按税务稽查审理工作固有的思维模式,税务稽查案件一般只有在税务稽查实施环节的工作全部结束后才能进行审理,税务审理人员通常对税务稽查人员提交的纸质报告和相关证据资料进行案头审理,范围也仅限于税务稽查报告中所列举的违法事实及所附的案卷资料,这种审理方式目的性、针对性强,但由于税务稽查审理人员并未直接接触纳税人相关财务资料,缺乏与纳税人的直接沟通,难于掌握税务稽查案件的全面情况,只能依据税务稽查实施环节取得的涉案资料凭审理人员个人的经验、业务水平对案件进行判断分析,加之税务稽查实施人员对案件的理解存在个体差异,对案情的描述、资料的取证等方面也会有所不同,这就会造成税务稽查审理案头材料的局限性,从而影响税务稽查审理定性工作的准确性。

(二)税收政策法规的理解偏差,一定程度上制约了税务稽查审理工作的开展

由于立法的原则性与具体执法的复杂性,在日常的审理过程中,经常会遇到一些法律边缘性的问题,特别随着经济活动的日益频繁,纳税人偷逃税手段趋于多样化、复杂化,新问题不断出现,人们的知识结构不同,对事物的理解把握程度也不同,对同一问题的看法、意见难以统一,往往对问题的定性难以达成共识,使得税务稽查审理过程中的争议时有发生,造成稽查、审理工作之间的矛盾,加之目前没有相应的解决机制,不同程度上制约了税务稽查案件审理工作的开展,甚至由于对一些政策规定模糊的问题和边缘性问题,因理解把握的不统一造成定性上的偏差,导致税务行政复议及行政诉讼的时有发生。

(三)审理工作中存在重违法事实的审查,轻程序合规性审查

在税务案件审理过程中,一些税务稽查审理人员往往侧重于对违法事实、适用法律法规及证据的审查,对检查实施过程中的程序合法性、合规性审查不够重视。有的案件尽管事实清楚、证据确凿,但税务检查人员在实施检查过程中由于程序错误、手续不完整、超出规定时限等原因,仍存在行政复议变更或诉讼败诉的风险。

(四)审理报告格式化程序化,不能完整反映审理的往复过程,规范指导作用不够

实际税务稽查审理工作中,稽查案件往往要经过“送审－退回补正－再送审－通过或退回”几个步骤,而税务稽查审理报告的固定格式,对于经过几次反复最终通过的案件,税务稽查审理部门只能用“经

对案卷审理认为,《税务稽查报告》中所反映的涉税问题,违法事实清楚,收集证据确凿,适用法律、法规正确,符合法定程序,检查部门拟定处理意见恰当。”等格式化语言在税务稽查审理报告中体现税务稽查审理结果,同时税务稽查审理对于税务稽查案件的把关意识较重,审理人员将过多的精力集中在个案审理上,而对于税务稽查审理往复过程中涉及到的某类案件稽查建议及初审中发现的征管漏洞,缺乏归纳、总结、分析,税务稽查审理意见或建议难以反映,税务稽查审理的规范指导作用没有得到充分发挥。

(五)稽查案件审理时间过长,影响稽查工作的整体进度

案件审理时间过长的原因,既有现行的稽查模式下,检查实施环节同税务稽查审理环节相对分离,在案件审理过程中,由于检查实施环节取得的案件证据资料不全或有误差需要由检查人员补充取证,从而使的案件审理周期相应延长;也有现行税务稽查审理体制下的原因,特别是重大税务案件审理存在弊端,牺牲税务稽查效率,现行重大税务案件审理实行由上级局和稽查局两级机关进行审核,两级机关均设立有重大税务案件审理委员会,对达到涉案数额标准的重大税务案件经本级审理委员会审理后,报上级审理委员会审理,自报送上级审理委员会办公室开始,到审理委员会集体会审,往往要间隔一段较长时间,出现审理周期长,失去了税务稽查执行的有利时机,甚至出现纳税人走逃而无法执行的现象。

(六)取证制度的不完备,造成稽查取证资料不规范、不统一

为规范税务稽查案件调查取证,上级税务稽查部门虽也制定过相关税务稽查案件调查取证办法或制度,对保证调查取证的合法性、规范性、有效性,提高税务稽查办案质量和效率起到一定作用,但原则性强,由于实际情况千变万化,缺乏可操作性,如查出有问题的案件需要哪些证据材料,无问题的又需要提供哪些证据材料,专项检查需要哪些证据材料,专案检查、发票协查需要哪些证据材料,流转税检查、地方税检查、所得税检查需要哪些证据材料及如何取行之有效证据等等,都缺少具体明确的要求,造成税务检查、审理虽有“法”却不可依。

## 二、提高稽查审理质量的几点建议

(一)案头审理与实地审理相结合,保证案件处理的准确性

案头审理与实地审理相结合就是税务稽查审理人员在对检查人员提供的书面资料进行审理时,对发现的有异议及有疑问之处,可以延伸至企业进行调查或与纳税人直接沟通,就相关疑问听取被查单位的陈述、申辩,必要时可配合税务检查人员进行实地审查,加深对案情的直观了解,提高税务稽查审理工作的针对性,对事实不清、证据不足的案件及时纠正和调整,这样既可保护纳税人的合法权益,又可保证案件处理的准确性。

(二)在不影响检查审理两环节相互分离和制约的前提下,根据案情需要提前介入审理

税务稽查审理提前介入就是在稽查案件实施过程中税务稽查审理环节先行介入,对实施检查环节进行业务指导,特别是对于一些有争议的问题,组织相关人员召开案情分析会,通过检查人员分析介绍了解有关案件的查处情况,就证据资料的取得、违法事实的认定同检查人员进行有效沟通,共同研究讨论,提出可行性办法,使得税务稽查审理工作与检查工作同步,税务稽查审理人员在案件取证和定性等问题上,及时和检查组沟通,提出自己的意见,实现动态跟踪和指导,打破了案件检查与审理之间传统的文书传递方式,通过现场审理查错纠偏,使案件调查与审理的前期工作有机结合起来,彼此之间相互联系、相互沟通、相互促进,强化了对检查环节的监督,规范了检查环节的执法行为,充分发挥了税务稽查审理人员在政策把握、法律法规运用、程序合法性界定、案件定性准确等方面的优势,是以人为本、和谐理念在税务稽查环节的具体体现,使税务稽查案件的质量进一步提高。

(三)对案件行政程序执行情况逐项审查,确保行政程序合法

行政程序合法是检验税务稽查部门是否依法行政的试金石。没有程序上合法,就没有真正的公正可

言。近年来,国家税务总局出台了新的《税务稽查工作规程》,对持证上岗、亮证执法。受理、调查、告知、听证、决定、执行等环节的行政程序、期限等作出了明确的规定,税务稽查审理人员在实际工作中要重点关注三个方面的问题:一是加强程序合法性审核,首先要审查确定税务稽查对象的程序是否合法,特别是对一个单位有多个经营实体或核算机构,有多个税务申报码的,要注意审查是否存在选案环节确定的检查对象与实际检查对象不一致、违法事实与经营实体不对应、查出的税款与"大集中"系统中的案件编码和检查对象的税务申报码不对应等问题。其次要审查税务稽查实施环节是否符合规定程序,各要件是否有效完备,是否存在缺少材料、文书、清单。有无未取证就定性或定性在前,取证在后的情形。二是审查法定手续。要通过税务稽查审理,保证各项应办理的手续都能符合规定。三是审理程序的时效性。主要是审查税务稽查实施过程中是否按照法定时限完成相关事项,看调取以前年度账簿及有关资料超出三个月未完整退还,调取当年度的账簿及有关资料须在30日内退还的情形。

(四)建立审理协调机制,统一税收政策法规的理解

税务审理协调机制的成立,有助于统一执法尺度。税务审理协调机制由审理部门牵头成立,成员由选案、检查、审理、执行、监督部门的骨干人员组成。税务审理协调机制的职责主要是对选案、检查、审理、执行四环节中存在的政策规定模糊的问题和边缘性问题的理解把握进行统一、达成共识,减少税务审理过程中的争议,缓解税务稽查、审理工作之间的矛盾,有利于税务稽查案件审理工作的开展,进一步提高税务稽查工作效率。税务审理协调机制还能有效地避免或减少因对一些政策规定模糊的问题和边缘性问题理解偏差的税务行政复议及行政诉讼。

(五)建立审理信息反馈机制,实现征管查一体化

税务审理人员通过调查、审理税务稽查案件时,对发现的案卷资料存在的各类问题,取得的与税务稽查相关的各种信息,通过汇总、归纳,形成税务稽查工作建议及征管建议等审理信息,建立起完善的审理信息采集机制,在形成信息采集机制的基础上,建立健全审理信息反馈机制,审理人员应将采集到的稽查工作建议及征管建议等审理信息,按程序进行反馈,如以审理建议书的形式在税务稽查机构内部进行发布,解决案件规范指导作用不够的问题;以征管建议书形式定期反馈给相关征管部门,实现以查促管,提高税务机关整体协作能力;以加强财务管理建议书的形式,对被查单位在法律法规等方面及时辅导,把执法与服务进行有机结合,作到在执法中服务,在服务中执法。

(六)完备调查取证制度,保证证据的准确完整规范统一

进一步修改完善现有调查取证制度,通过制订分税种与分行业相结合的调查取证制度,细化调查取证的内容和要求。建立起一整套科学的具有可具体操作性的取证制度和内部工作指引,使检查人员在税务稽查案件调查取证中,切实全面收集与被查对象税收违法事实相关的、真实合法的证据,确保案件审理质量。

(七)建立完善税务稽查审理工作底稿制度,明确岗位责任

针对税务稽查审理报告格式化所带来的不足,应建立和完善税务稽查审理工作底稿制度,落实税务稽查审理责任,优化税务稽查审理流程,实施规范化税务稽查审理,对税务稽查审理工作过程及检查人员对某项事项的解释、说明进行详细记录,这样既有利于案卷使用者了解案件的整个处理过程,又有利于明确各环节、各岗位的工作责任。

(八)改变以涉案金额确定重大案件审理报审标准,进一步提高审理效率

改变目前各级案件审理委员会采取的对本级稽查局查处的税务案件以案件查补税数额为量化标准确定大要案件报审标准的办法,以案件性质确定审理标准,这样做的原因是,现在的分类方法在实际工作中存在明显的不足:一是补税数额较大的案件并非一定是案情复杂、审理争议较多的案件,同样,一些查补税款少的案件可能是性质恶劣、案情复杂、影响较坏,甚至干扰因素多、税务稽查部门自审定性阻力

大、困难多,需要上级审委会介入并认真强化审理严肃查处的;二是量化标准的没有统一规定,各单位确定标准存在较大的主观随意性,可能会发生用标准来取舍对象的问题;建议可以借鉴税收专项检查的办法,每年年初按案件性质确定当年税务稽查审理的重点,辅之以适当的达到较大追缴税款数额标准、又在初次税务稽查审理过程中争议较大的案件,既能保证真正重大复杂案件的审理质量,又提高案件审理效率。

(九)加大培训力度,建立健全内部岗位轮换制度

税务稽查审理工作承前启后,税务稽查审理工作的好坏直接关系到税务稽查机关最后执行税务处理决定是否准确合法,这就要求税务稽查审理人员熟悉实际税务稽查工作程序,掌握税务稽查工作技能,做到严格执法、规范执法,为此应加大税务稽查业务培训,既要重视岗前的基础培训,使税务稽查审理人员了解掌握税务稽查审理工作程序、掌握审案的方法、技巧及税务稽查审理文书的制作,以尽快适应税务稽查审理工作;更要加强上岗后的专业培训,特别是税法、行政处罚法、行政诉讼法等相关法律法规及财务会计制度的定期培训,不断更新税务稽查审理人员的知识,增强税务稽查审理人员敏锐的税收洞察力及科学分析问题的能力,以适应难度日益加大,日益繁重的税务稽查审理工作的需要。同时建立内部岗位轮换制度,让所有的税务稽查执法人员都能亲身感受各个岗位的执法难度和岗位间的差异,取长补短,提高税务稽查办案人员的实际操作能力,以提高办案的准确性和公正性,从而提升税务稽查工作质量。

(作者单位:广西自治区地方税务局南宁稽查局)

# 浅谈如何完善大连国地税联合稽查

王　鹏　周　洁

《国家税务局地方税务局合作工作规范(2.0版)》在2016年1月1日正式实施,由此各地国地税稽查合作进入了新的历史时期。作为实践部门之一的大连市国税局、地税局稽查部门,合作工作已开展数月,如何进一步提升国地税稽查合作质效,减轻纳税人负担,成为当前稽查工作者最为关心的问题之一。本文以笔者所在大连市地税局第四稽查局为例,重点关注此次稽查合作以来发现的突出问题,并就其展开讨论,最后提出完善建议。

## 一、国地税稽查合作的必要性

在国地税分立稽查后,各地国地税所辖稽查机构往往各自运行互不沟通,导致实践中出现众多问题:一是,国税稽查出增值税、消费税时,不能向地税反馈有关企业查补的增值税、消费税情况,造成地税的企业所得税及城建税、教育费附加流失;二是,地税稽查出的税款牵涉到国税的增值税、消费税时不能及时反馈到国税,从而也会造成国税的增值税、消费税及地税的城建税、教育费附加一定的流失;三是,由于地税干部不完全熟悉国税的增值税业务,造成稽查出的增值税销售额、价外费用等不能还原为不含税收入,直接并入所得额征收企业所得税,造成企业所得税计算不准确,同时又因增值税未实缴,造成城建税、教育费附加不能开票征收,在计算企业所得税时,城建税和教育费附加有可能不能调减应纳税所得额,又一次造成企业所得税计算不准确以及城建税、教育费附加的流失;四是,国地税稽查部门分别稽查,导致一个企业被税务部门重复检查,给企业造成不必要的负担;五是,在衡量偷税案件是否移送时,偷税数额及次数不能正确合计。

将上述问题归纳后,希望通过国地税稽查合作最终实现两大目标:一是,实现涉税信息高效互通,提高稽查质效;二是,实现检查时间大幅缩短,进而减轻纳税人负担。

## 二、国地税稽查合作的政策背景

2008年国家税务总局下发了《关于进一步加强国家税务局、地方税务局稽查工作协作的意见》(国税函[2008]741号),对各地各级国地税稽查局协作工作提出具体要求。2013年国家税务总局下发《国家税务总局职能转变工作方案》(税总办发[2013]61号)明确提出要切实解决“多头检查”、“重复检查”问题,并作为群众路线教育活动中的专项整改内容加以落实。2014年3月《国家税务总局关于做好清理进户执法项目工作的通知》(国税函[2014]12号)从高度重视、全面清理、切实规范、加强宣传四个方面对省级以下税务机关做好清理进户执法项目工作提出要求。目的就是规范基层税务局进户执法,减轻纳税人负担。2015年国家税务总局制定了《国家税务局地方税务局合作工作规范(1.0版)》(税总办发[2015]82号),随后,为了推动国税局、地税局在更深层次、更广范围加强合作,税务总局又在2015年底制定了《国家税务局地方税务局合作工作规范(2.0版)》(税总办发[2015]159号,以下简称《合作规范2.0版》),其中由税务稽查部门牵头的第二十九至三十四条对国地税稽查局合作工作提出了更明晰的要求。

## 三、大连国地税稽查合作开展情况

2016 年 3 月 18 日，大连市国税局、地税局在联合检查对象抽取仪式上使用计算机软件程序随机从 120 户备选户中抽取了 60 户联合稽查目标企业（以下简称 3.18 国地税联合检查户），至此，以《合作规范 2.0 版》为依托的大连国地税联合稽查大幕正式拉开。

（一）当前大连国地税联合稽查的特点

选案环节：大连国地税相关部门共同确定备选户，经联合抽取后在各自系统内部以双随机方式确定检查组。

检查环节：大连国地税检查人员一起下户，纳税人同时收到国地税的立案检查通知书、调账通知书及回证等。随后，国地税检查组分头实施检查，并协调账簿资料等的使用时间。纳税人分别到国地税稽查局进行约谈、提供证据资料、制作笔录等。国地税分别完成检查后，通过相互交换涉税问题，补充完善各自的《税务稽查报告》。

审理环节：大连国地税稽查局完成检查后进入各自的案件审理、执委会、移送等流程。

执行环节：大连国地税稽查局分别完成税款、罚款、滞纳金的执行入库，并最终形成归档案卷。

（二）大连国地税联合稽查的初步成效

大连国地税联合稽查的最显著成效是：通过国地税联合检查，最终实现了双方检查结果共享。最大限度避免了企业所得税、增值税、消费税、城建税、教育费附加等的流失，为国家挽回了税款。

其次，通过国地税联合稽查，纳税人可以在一个集中时间段内为国地税提供相关涉税资料，解答相关问题，一定程度上减轻了纳税人的负担。

## 四、当前大连国地税联合稽查中存在的问题

大连市地方税务局第四稽查局负责 3.18 国地税联合检查户中 13 户企业的联合稽查任务。虽然户数不多，开展联合稽查工作时间不足 2 月，但稽查过程中发现的问题却具有一定的代表性，对国地税下一步联合稽查具有较好的借鉴作用。下面就以大连市地方税务局第四稽查局为例，从一个侧面讨论当前大连国地税联合稽查中存在的问题。

（一）未正常联合稽查户占比较高

截至 5 月上旬，大连地税第四稽查局 13 户联合稽查户中有 2 户联合检查中止，3 户未（尚未）联合进户检查，未正常联合稽查户占比较高，接近 4 成。

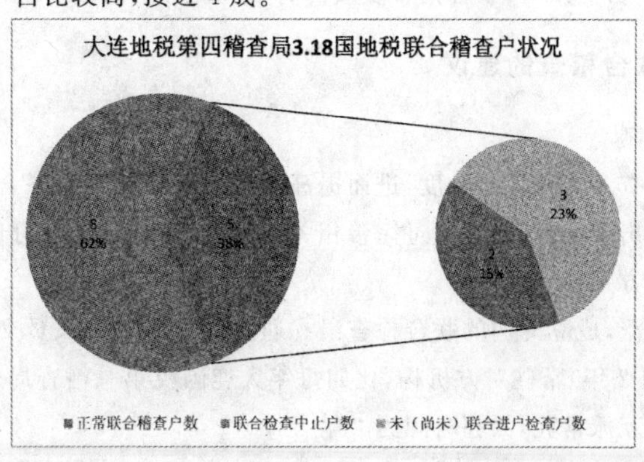

1、联合检查暂停的原因。国税相关检查人员在联合检查过程中被抽调办理国税发票大案，致使国税对联合检查户的检查中止。此时，地税检查组即使完成《税务稽查报告》，仍需等待国税检查工作完毕并确认国税检查结果对地税《税务稽查报告》无影响后方可进入后续稽查环节。

2、未(尚未)联合进户的原因。一是国税提前进户，未及时联系地税检查组同步进户；二是地税因失误将前期已单独下户企业再次放入3.18国地税联合检查户备选库；三是国税主查休假，联合进户检查延后。

(二)国地税稽查局互相影响进度

通常意义上讲，税务稽查从实施检查开始直到审理环节结束，纳税人都需要派专人负责与税务部门接洽，随时准备提供各类资料。纳税人人力、物力等的被占用都对纳税人正常生产经营活动构成了潜在影响。假设国地税对某户企业的影响各是10工时，合计20个工时，那么在双方不存在需要交换涉税疑点的情况下，国地税联合稽查的目标之一就是将对企业的影响降到20个工时以内。

但实际工作中考虑到国地税任何一方的检查结果都可能导致另一方进一步完善己方检查结果，双方必须都确认对方检查结果不再对己方检查结果产生影响后方可正式启动《税务稽查报告》的审批、送交审理等步骤，所以任何一方在检查环节因延误产生的影响都将传导给对方，从而放大成对纳税人的潜在影响。由此可见国地税联合稽查中双方需格外重视检查时效。

(三)重复检查难以避免

由于国地税稽查局人员分别检查所管税种，导致重复检查情况极易发生。比如对一户所得税在国税的企业开展联合稽查时，双方可能都要检查发票，相关内容被重复检查。

## 五、对大连国地税联合稽查中所存在问题的分析

(一)人为技术性失误

大连国地税联合稽查刚刚起步，难免出现各种失误。这种失误往往是由于检查人员对联合稽查流程不熟悉、双方稽查系统各自独立、手工操作等因素导致，随着联合稽查制度流程的完善、信息化技术的提高以及人员对业务的熟悉，类似失误必定可以减少甚至避免。

(二)稽查体制制约

虽然国地税开展联合稽查，但由于双方人员仍隶属不同单位，在工作、学习、生活等方面安排不尽相同，联合进户检查时间难以实现最优，同时双方沟通上也不及同单位、同科室、同检查组的成员便利，致使信息交换仍存在一定障碍，目前来看，联合稽查质效仍有很大提升空间。

## 六、对完善国地税联合稽查的建议

(一)创新税务稽查体制

通过体制改革提高稽查人力资源整合度，进而提高质效。由于国地税联合稽查人员隶属不同单位，导致工作调度不可避免的出现问题，除了通过完善相关制度外，笔者认为还可以通过体制改革创新来实现。归纳起来有以下三种方案：

1、国地税稽查人员互派，成立专门的联合检查组。通过国地税稽查人员交流，使部分国地税检查科人员在一段时期内(1年或2年)常驻对方机构，比如每年大连国税第一稽查局选择1个检查科与大连地税第一稽查局1个检查科互派常驻，派驻时间为2年。

派驻期间，人事关系不变，派驻科室架构、人员不变，派驻人员与对方单位部分检查人员混编成联合

检查小组。

全系统联合检查小组参与联合稽查目标企业的双随机选案；以联合检查小组为单位共同进户检查；《税务稽查报告》由国地税检查人员分别完成，并通过信息系统提交给原单位审理，执委会定期回原单位或定期以网络会议的形式召开；执行环节仍以联合检查小组为单位开展。

优点：纳税人负担减轻，国地税检查人员沟通、协调快速高效，有助双方业务学习交流。

缺点：由于脱离原有单位，派驻人员在获取、学习、掌握原单位新政策法规等方面可能存在一定滞后性；为加盖公章和完成环节内其他工作，需频繁往返原有单位；人员变动频繁，管理和考核较麻烦。

2、国地税稽查局合署办公。该方案将国地税集中一处办公，或将对口稽查局分别集中一处办公。主要目的是在不改变各自组织架构的前提下缩短国地税联合检查人员的工作距离。

优点：人员合作更加便利，自身业务所受影响较小。

缺点：前期联合办公地点选择及入住较复杂。

3、成立单独的国地税联合稽查局。相较于前两种方案，本方案考虑到稽查工作的特殊性，建议成立单独的国地税联合稽查局，该局专司国地税联合检查，人员由国地税稽查局从各自单位抽调组成。稽查过程彻底联合，单一检查人员可承担国地税全部税种的检查工作，从下达稽查指令到案卷归档，各种资料只需制作一份，无需按国地税分别制作。

优点：人员结构稳定，可避免重复检查，稽查效率高，纳税人负担降低；稽查工作更独立，受地方政府影响小。

缺点：前期人事关系处理复杂；违背当前国地税只合作不合并原则；对人员素质要求高，前期人才培养任务重，需要出台配套政策法规。

(二)完善相关制度流程

《合作规范 2.0 版》中，对稽查四大环节：选案、检查、审理、执行等都做了要求，总体目标是通过国地税合作提升稽查质效、减轻纳税人负担。但要真正做好国地税联合稽查，不流于形式，详尽的联合稽查制度流程必不可少。只有出台统一完善详尽的制度，才能将国地税联合稽查标准化、规范化。比如，从制度上要求国地税稽查人员第一时间反馈可能对对方工作有帮助的涉税疑点，而不是在案件检查后期才沟通。

(三)提高信息化水平

通过提高信息化水平，可以减少国地税稽查工作中不必要的人为失误，减少资料传递用时，实现稽查工作效率提升。利用信息技术可以将国地税联合稽查统一在一个信息平台下，从而实现部分国地税稽查文书的统一；实现国地税稽查涉税疑点、工作进度的共享；实现涉税数据直接传递、直接生成相应的查补税款；利用电子签章等新技术省去返回原单位盖章的过程。

随着金三系统在国地税的推广，以及后续功能的不断完善，信息技术将成为国地税联合开展稽查的强力武器。

(四)增加新的稽查考核指标

联合稽查的目的是提升国地税稽查合作质效，降低纳税人负担，二者必须作为新的考核指标，从而进一步激发检查人员的工作热情。可以考虑增加“协助查补税款额”指标，用来衡量一方对另一方查补税款的贡献额度，额度越大说明已方发现涉税问题对对方查补税款贡献越大……

(五)出台政策法规支持

国地税联合稽查势必在工作方式、流程上发生变化，而这种变化很可能是违背现有法律法规的。现行的税收征管法律只赋予了国、地税机关根据各自职能分别进行征收管理和做出行政处罚的权限，受此限制，联合稽查双方在稽查取证、案卷制作、共同执行等方面受到种种制约，无法真正形成统一，且承担了不可预料的执法风险。因此，有必要出台新的政策法规，突破现有税收法律的条框限制，补充、修订和完善相关税收政策。

## 七、总结

《合作规范 2.0 版》下的国地税联合稽查刚刚起步，难免存在这样那样的问题，期望本文可以对今后的国地税联合稽查工作起到借鉴作用。也相信，随着各项工作的不断完善，国地税联合稽查效率会越来越高，纳税人负担也会越来越轻。

（作者单位：辽宁省大连市地方税务局第四稽查局）

# 税收执法应当重点把握七个要点

李增文

税收执法是国家行政机关重要的执法活动之一，它是指税务机关及其工作人员依照法定职权和程序，将国家税收法律适用于纳税人及其他管理对象的一种具体行为。规范税收执法行为，降低税收执法风险，是税务机关一道永恒的课题。

目前各地税务机关及其工作人员在履行税收管理职责实施税收执法行为时不同程度存在着以下几个问题：业务素质偏低，防范风险意识差；重实体，轻程序；执法随意，选择性执法；证据取得不全，执法文书不规范。笔者认为，税务机关在作出税收执法行为时应重点从以下七个方面进行把握，避免违法或不当的税收执法行为的发生，切实提高依法治税水平。

## 一、执法主体要法定

作出税收执法行为的税务机关是否具备执法主体资格，须有法律法规的明确规定，如果税务机关在作出税收执法行为时不具备行政执法主体资格，必然导致败诉。根据有关法律规定，行政执法主体需要具备下述条件：(1)行政执法主体必须是组织而不是自然人。(2)行政执法主体的成立必须有合法的依据。(3)行政执法主体必须具有明确的职责范围。(4)行政执法主体必须能以自己的名义作出具体行政行为并承担相应的执法责任。以上四项条件相互依存，缺一不可，任何组织作为行政执法主体都必须同时具备以上四项条件。此外，在实际工作中，还存在委托执法的形式。应当认为，委托执法只是一种职务活动，是行政执法主体自身作出的活动。委托的执法权必须是委托机关本身固有的权力，其他机关的执法权不能予以委托，委托机关要承担相应的责任，而不是由被委托组织承担。通过委托，被委托组织虽然获得了一定行政执法权，但却是代表委托机关来行使的。按照《税收征管法》第七十四条规定，本法规定的行政处罚，罚款额在二千元以下的，可以由税务所决定。《税收征管法实施细则》第九条规定，税收征管法第十四条所称按照国务院规定设立的并向社会公告的税务机构，是指省以下税务局的稽查局。稽查局专司偷税、逃避追缴欠税、骗税、抗税案件的查处。国家税务总局应当明确划分税务局和稽查局的职责，避免职责交叉。这就是说，凡事涉嫌偷税、逃避追缴欠税、骗税、抗税案件的查处主体，只能是稽查局，而不能是税务局。而各地撤所合并成立的征收分局，《税收征管法》中没有明确规定其具体有行政处罚主体资格，当这些分局在对辖区内的税收违法行为实施行政处罚时要以县级税务机关的名义作出，使用县级税务机关盖章的税务文书，否则，将会在应诉中因无行政处罚执法主体而败诉。

## 二、执法权限不可越

税务机关作出的税收执法行为是否在其职权范围内，有无超越法律法规授予的执法权限。超越职权是指行政机关在实施税收执法行为的过程中，行使了法律没有赋予的权利，或者是在法律规定范围外行使了权利。税务机关应在法律明确授权的职权范围内依法行政，不得越权行事。超越职权又包括管辖越权、横向越权和纵向越权三种：甲地的税务机关行使了乙地的税收执法权征收税款，属于管辖越权；税务所未经县局批准而采取税收保全措施，属于纵向越权；如果税务机关行使了工商部门的权利，作出责令纳税人停产停业的决定，属于横向越权。

## 三、执法目的要正确

税务机关作出的税收执法行为的目的要正确，不允许出现以权谋私、打击报复等滥用职权行为。如果税务机关在作出行政处罚时的目的不正确，行政处罚畸轻畸重，对不同的情况相同处理或对相同的情况不同处理，都有可能被认为是显失公正，人民法院可以判决变更。

## 四、执法程序要合法

税务机关作出税收执法行为时要遵循法律法规的行政程序。行政程序由步骤、形式、时限、顺序等组成，税务机关缺少某一法定步骤或形式、超越法定期限、颠倒法定程序的行为，都是违法的。税务机关在作出行政处罚决定之前而向当事人告知有关事项的税收执法行为，就属于违反法定程序，按照《行政处罚法》第 31 条规定，税务机关作出的行政处罚决定无效。

## 五、执法证据要充分

税务机关所举证据要足够证明税收执法行为的事实、理由、依据。证据包括人证、物证、书证等。合法有效的证据必须具有客观性、关联性和合法性，税务机关在作出税收执法行为时要注重各种证据材料的取得、保管，取得的证据要能够充分证明税收执法行为的事实情况和实施步骤。

## 六、执法依据要准确

税务机关作出的税收执法行为适用的法律规范要准确无误。就税法而言，有税收法律、税收行政法规和地方性法规、税收行政规章和税收地方规章等不同阶的税收法律规范，其法律效力也是依次递减的，下一位阶的法律规范不得与上一位阶的法律规范相抵触。一是要注意法律规范的使用范围，包括时间范围、空间范围和对象范围；二是要注意引用的法律规范的合法有效性，引用了不合法的法律规范，税收执法行为仍会被撤销。税务机关作出一项税收执法行为引用的法律法规要准确，不但引用到条，而且要指明那一款，更不能混淆条款。一些税务机关的"查封(扣押)证"设计就不够严密。文字的表达不够规范，如"按照《税收征管法》第三十八条、第四十条规定……"这样的表述就不规范，到底采取的是税收保全措施还是强制执行措施，容易给当事人造成误解。

## 七、执法文书要规范

税务文书承载着税收执法的具体内容，反映执法程序的每个步骤，是界定征纳双方法律义务履行情况的重要凭证。税务文书的选用要与执法行为、程序、事实相符，不可混淆；文书制作要严谨，项目填写要齐全，内容表述要准确，逻辑关系要对应起来；文书送达要合法，针对不同情况选择送达方式，签收人要符合规定，回证内容齐全。

(作者单位：山东省莒南县地方税务局)

# 税务稽查行政执法风险的研究及对策

高天宇

税务稽查执法风险就是一种机关风险,税务稽查执法风险是税务稽查部门及其工作人员因执法行为失当,损害国家利益或侵害管理相对人合法权益并造成一定后果,从而被追究相应行政责任或法律责任的可能性。税务稽查作为税务部门专门查处偷税、逃避追缴欠税、骗税、抗税案件的执法部门,其执法风险无处不在、无时不有,客观存在于税务稽查执法的全过程。

## 一、税务稽查执法风险的现状

(一) 选案风险

一是随意选案。由于现阶段税务稽查选案主要以人工选案为主,缺乏科学、严密的选案指标,加之选案所需信息资料来源有限,致使选案的主观随意性较大,较易发生误选、漏选、选人情案或报复案,随意扩大或缩小检查对象和频率等涉险行为。二是侵犯举报人合法权益。常因举报管理流程不清、落实不力、监督不严等,导致举报人无从举报案件、举报后无法获知查处结果、不能及时足额领取举报奖励金、遭受被举报人打击报复等。

(二) 检查风险

一是程序违法。如稽查人员检查中应回避未回避、未按规定出示检查证和检查通知书、违反程序调取账簿资料等。二是滥用职权。如稽查人员执法任性,未按规定程序采取税收保全措施或强制执行措施,致使纳税人合法利益遭受重大损失等。三是互相勾结。如稽查人员与纳税人、扣缴义务人相互勾结,唆使甚至协助纳税人和扣缴义务人偷税、逃避追缴欠税和骗税。四是谋取私利。如稽查人员在办案过程中进行权力勾兑,借机收受甚至主动索取纳税人或扣缴义务人财物或者谋取其他不正当利益。五是玩忽职守。如稽查人员对纳税人明显存在的涉税违法行为,基于情面等,故意视而不见或未能发现查处。

(三) 审理风险

一是不按程序进行审理。如本应集体审理的案件绕过集体审理,或是超过移送标准的大案要案不移送上级机关案件审理委员会审理。二是把关不严。如对事实不清、证据不足、资料不全的案件未能坚持原则,要求检查人员进行补正,即认定处理,草率定案。三是案件定性不准确,处理处罚依据不充分或政策依据引用错误。四是违反税务稽查处罚程序。如拟作出税务稽查处罚决定时,未告知行政管理相对人听证、陈述和申辩等权利等。五是自由裁量权行使不规范。如对同一类案件税务处理处罚标准不统一等,从而造成多征或少征税款、多处或少处罚款等不公平现象。六是以补代罚、以罚代刑,对应当依法移送司法机关追究刑事责任的案件,拖延移送或不移送。

(四)执行风险

一是违反程序。如不按照《征管法实施细则》的规定,直接送达税务文书时,未交由法定人员签收或见证,或者送达回证上未注明签收或送达日期和时间等。二是超越法定权限。如采取强制执行措施时,查封、扣押纳税人及其所抚养家属维持生活必需的住房和生活用品,或非法扣押、变卖或损毁财物,给当事人造成经济损失。三是行政不作为。如当事人逾期拒不履行处理处罚决定缴纳税款、罚款,未及时采取措施，导致税款等流失等。

（五）共性风险

主要是在税务稽查4个环节中普遍存在的风险，如文书使用不规范、泄露案情、未按规定为纳税人、扣缴义务人、检举人保守秘密等。

## 二、税务稽查执法风险产生原因

（一）主观原因

1、念还未与时俱进。当前，一些税务人员和稽查人员，甚至有的税务部门领导依法行政、依法稽查的理念还不够牢固，仍然存在一些陈旧观念，而这正是稽查执法风险潜伏的源头。个别稽查人员在执法过程中一味强调纳税人义务而忽视纳税人权利，在执法关系上存在优越意识，主观意识中认为纳税人都会存在或多或少的税收违法问题，把纳税人作为打击对象，漠视纳税人的权利，甚至发生滥用职权的行为。

2、缺乏有力的监督制约机制。近年来，随着税务稽查体制、机制建设的持续推进，各项内部制度正在日趋完备，但在防范税务稽查执法风险方面尚缺乏有力的监督制约机制和行之有效的具体措施。特别是对检查环节实施监控不够严密，有的稽查人员执法过于任性，导致弄虚作假、查而不实、查多报少、避重就轻、徇私舞弊等现象时有出现，收人情税、以税谋私等违纪违法现象尚未杜绝，而外部监督往往鞭长莫及，税务稽查执法风险有防不胜防的态势。

3、稽查干部队伍素质不能完全适应执法需要。人性具有某种缺陷，税务稽查人员也不例外。加之税务稽查执法对稽查人员的业务素质和政治素质都有较高要求，既需要熟悉税收政策、法律法规、财务会计、计算机等业务知识，又要了解纳税人生产经营特点、会计软件、商业模式和盈利模式，更需要较高的政治素质和敬业精神。目前，稽查队伍高素质、专家型、复合型人才仍较为匮乏，实际工作中有的稽查人员业务不熟，对税收政策法规的理解存在片面性，对新业态、新产品、新商业模式不关注，导致稽查执法质量不高、效率低下，甚至滥用职权和违反程序，税务稽查执法风险沉疴难除。

4、税法与税收政策的滞后性和局限性。由于法律的局限性，税务稽查相关法律、政策的制定上，不可避免地会存在一些漏洞，加之我国经济进入新常态后，税制改革和税收政策调整不断加快，随之必然带来税收违法形式、手段、特点的不断变化，对不断涌现的新情况、新问题，既有的税收法律、政策无法全部涵盖和解决，税务稽查人员在实际办案过程中有时难以把握，一定程度上承担了法律和政策缺陷带来的执法风险。

（二）客观原因

1、涉税违法手段日趋多元化、复杂化、智能化。随着经济全球化加速发展，纳税人的组织架构和经营模式日趋多元化、复杂化，跨国境、跨地区、跨领域经营的大企业集团不断涌现，跨国税基侵蚀和利润转移现象频发，给税务稽查有效实施税源监控带来新的挑战；随着信息技术的发展和国际业务的拓展，云计算、大数据、移动互联网等新兴业态渐趋普遍，企业特别是大型企业越来越多地实行业务和财务数据信息化管理，西方会计制度和外文记账方式也越来越普遍，给税务稽查方式方法带来新的挑战；税收违法活动形势依然严峻，各种重大税收违法案件屡见不鲜，不法分子作案手法日趋智能化、集团化，给税务稽查发现和固定证据带来新的挑战。稽查人员稽查过程中，必须凭借丰富的业务知识和多年积累的办案经验，稍一疏忽很容易被假象迷惑而造成失误，增大了稽查执法风险。

2、纳税人自身方面的原因。一方面，社会诚信体系建设客观环境尚未成熟，虽然当前国家出台了对纳税人违法行为相应的法规政策，并不具有强制力和约束力，其对违法纳税人的震慑作用有限。另一方面，随着社会法治环境日趋改善，税收管理相对人的法律观念、自我维权意识不断增强，在税法遵从度有所提高的同时，对税务稽查的抵触、防范意识也不断增大，税务行政复议、税务行政诉讼案件频繁出现，税收执法风险日趋加大。

3、外部环境有待优化。目前在我国，有的地方党政领导以保护当地招商引资环境为理由或出于私利，干预税务稽查执法，甚至插手具体案件处理的现象屡禁不绝，导致税收稽查无法形成对税收违法行为的有效打击力。个别行政、司法、执纪部门和金融机构协税护税意识不强，对税务稽查执法存在不支持和配合现象，造成被查处的对象往往没有得到重罚，较易形成执法风险。

## 三、防范税务稽查执法风险的对策及措施

(一)提高税收立法质量，完善税收体制，做到有法可依

由于税务稽查执法风险具有全程性，客观存在于稽查执法工作的各个环节，因而对其控制也是一个全过程的系统工程。

一是完善税收法律体系。借鉴国外实行税收基本法的成功经验，以我国《宪法》为依据，结合税收工作实践经验和客观规律，制定出真正符合中国国情的税收法律体系，按照税务稽查执法专业化发展要求，重视和加强税务稽查法制调研工作，为税收执法工作的顺利开展提供了强有力的法律保障。二是提升税收立法层次。遵循“依法治税”的原则，提升税收立法层次，以税收基本法为统率，增强税收立法的稳定性和严肃性，降低实施细则和暂行条例的比重，减少税收法律法规的变动频率，杜绝自立章法、变通政策的行为，保持税法的统一与刚性，从根本上防范和降低税务稽查执法风险。三是规范税收执法依据。建立强有力的规范机制，从根本上杜绝自立章法、变通政策的行为。四是确立司法保障体系。借先进经验，建立税务警察制度，为税务稽查执法权的行使提供可靠的司法保障，已经成为深化我国税务稽查体制改革的重要内容。在法律上赋予税务稽查部门相应的司法强制权力，扩大税务稽查执法权限，使稽查执法更具刚性，从而有效的震慑违法分子，一定程度上遏制税收违法案件的发生。

(二)端正税收执法理念，优化执法环境，做到有法必依

以税收法律法规和其他相关法律法规规范稽查执法行为，将所有执法细节都落实到执法行为守则上，倡导文明执法，杜绝野蛮和不规范执法行为，端正税收执法理念。

1、处理好稽查执法与服务地方经济的关系。税务稽查执法部门，必须要坚持履行职责，依法办案。强化政治意识和大局观念，注重兼顾稽查执法的法律效果和社会效果，正确处理好稽查执法与服务地方经济的关系，在执法中体现服务，在服务中规范执法，同时，要在税收立法上明确政府部门任何单位和个人阻挠和干预税务稽查部门行政执法所应承担的法律责任，从而有效的规范政府行为，防范执法风险。

2、处理好稽查执法与实现收入任务的关系。在考核税务稽查工作成果时，要将稽查选案的准确率，实施检查的查结率，复议、诉讼案件所占比例列为重要指标，不能将税收收入任务作为硬性指标加以规定，要充分发挥税务稽查的职能作用，提高稽查发现案件的敏锐力、提高稽查查处案件的打击力、提高稽查审理案件的公信力和提高曝光案件的影响力。

3、处理好稽查执法与保障纳税人合法权益的关系。在稽查执法过程中，总是一味的要求纳税人履行相应的义务，而忽视了对纳税人权利的保护，最终激化了征纳双方的矛盾，增加了执法风险。因此，我们必须正确的处理稽查执法与优化纳税服务的关系，在执法中体现服务，在服务中规范执法。

(三)提高稽查执法水平，规范执法行为，做到执法必严

建立健全风险预警机制，加强稽查人员的教育和培训，提高人员素质是减少风险的有力保障。

1、以强化素质为前提。提高税务稽查人员的综合素质是防范和规避税务稽查风险的关键，将依法行政理念自觉地融入到稽查执法实践中去，正确地履行好稽查部门的权利和义务。就一定要加强思想政治工作，提高风险意识，强化业务素质，改善用人机制。

2、以改革体制为保障。在确立税务稽查完备、独立的执法主体资格的同时，通过借鉴和引入“扁平

化、集约化”等与现代化稽查执法相适应的先进管理理念，持续优化稽查执法部门的组织结构、行政职能、管理流程和执法规程等，使稽查执法手段刚性化。

3、以完善制度为根本。为防止权力滥用，税务稽查人员在行使权力的过程中必须严格依法进行，根据相关法律法规及相关税收政策的要求，严格按照统一的规范标准运行权力作用的内容和对象、方式和方法以及程序等，以规避执法风险。明确分工，科学设置岗位；明确职责，提高执法质量；依托信息网络，实现全程控管。

(四)强化稽查执法监督，健全防范机制，做到违法必究

依法行政是规范权力运行和防治腐败的治本之策，各级税务稽查部门应该通过完善和落实稽查内控机制、案件复查制度、“一案双查双报告”制度等，进一步加强对执法行为的监督，加大对权力的制约力度，切实维护纳税人的合法权益和促进廉洁从政。

一要建立风险预警机制，每个税务稽查干部都要强化风险防范意识，规范执法行为，树立忧患意识，正确的对待风险、评估风险，努力防范执法风险。二要实行风险补救机制，及时发现并且纠正税务稽查执法部门作出的不恰当的行政执法行为的能力即为风险补救机制。一方面是在执法过程中纠正偏差，另一方面是在行政复议过程中纠正偏差。三要强化执法监督机制，为确保稽查工作的顺利开展，执法职权的有效运行，税务稽查部门应该摆正心态，端正姿态，主动接受来自税务系统内部和社会外部的监督，强化制约机制。四要健全协税护税机制，要保证协税护税工作依法进行，在法律上明确各政府部门之间的权力义务，充分发挥各部门的组织协调作用。

(作者单位：辽宁省大连市地方税务局第二稽查局)

# 税务稽查证据问题研究

赵东辉

## 一、当前稽查证据收集的现状

证据是指能够证明案件真实情况的有关事实或材料。税务稽查证据是指证明税收违法案件有关情况真实的事实或材料。证据具有关联性、真实性和合法性三个特征：

关联性指证据必须是与案件有客观联系的事实。作为稽查的证据，必须与税收违法行为存在着紧密联系，能够反映纳税人是否存在税收违法行为。在确认证据是否具有关联性时，要运用逻辑推理和生活经验，进行全面、客观和公正地分析判断。

真实性指证据必须是客观存在的事实。任何一种税收违法行为的发生、发展和结果，必然要在客观外界留下痕迹和映象，它是客观存在的事实，而非猜测和虚构的东西。如所有与案件有关的账册资料、购销记录、文件等实物证据，以及涉案当事人、证人的言词证据都必须是确定的事实，是客观存在的东西。反之，任何猜测、幻想和虚构，都不是客观事实，均不能作为合法证据使用。

合法性是指证据的收集主体、收集程序和证据形式合法。在审查证据的合法性时，应从证据是否符合法定形式，证据的取得是否符合法律、法规、司法解释和规章的要求，是否有影响证据效力的其他违法情形等方面进行审查。

总体上看，当前税务稽查证据收集的整体质量不高，主要表现在以下方面：

(一)收集证据时程序不规范

证据由谁收集、收集证据要遵守什么样的程序等等，关系到证据的效力，是行政执法合法性的生命。目前税务稽查收集证据的程序主要依据《中华人民共和国税收征管法》及其实施细则、《税务稽查规程》等规定。但在税务稽查收集证据时，程序不规范甚至不合法的现象仍时有发生。如《中华人民共和国税收征管法》第十二条规定了回避制度，有的执法人员应当回避而未回避。《中华人民共和国税收征管法》第五十四条规定税务机关可以采取询问的方式实施检查，有的执法人员在询问前未下达《询问通知书》、未出示税务检查证，有的虽已出示但却不作出已出示税务检查证的记录.制作询问笔录时，有的不表明询问人身份及被询问人的权利和义务；有的漠视被查对象的陈述、申辩权等等。

(二)收集证据采取的方法有限

《中华人民共和国税收征管法》第五十四条规定了税务机关有六种检查的权限，但实际运用时以账薄检查这一种方法为主，以询问、实地盘库等方法为辅，到车站、码头、机场、邮政企业检查、查询存款账户、外调检查等方法，运用的较少。《中华人民共和国税收征管法》第五十八条规定了税务机关调查税务违法案件时，对与案件有关的情况和资料，可以记录、录音、录像、照相和复制，目前记录和复制运用的较多，录音、录像、照相的方法运用极少。

(三)收集的证据种类较少

根据我国《行政诉讼法》第 31 条第 1 款的规定，行政案件证据包括以下七种：①书证；②物证；③视听资料;④证人证言;⑤当事人的陈述;⑥鉴定结论;⑦勘验笔录、现场笔录。但在实际税务稽查中,除了有关书证、询问笔录外,其他种类的证据几乎没有。很多案卷中认定违法事实仅以几张稽查底稿和相关证照复印件作为全部证据;有的认定违法事实以孤立的询问笔录为证据。

(四)收集的证据证明力较低

证据的证明力是指证据对案件事实证明的程度和能力,即证据的可靠性、可信性和可采性。《最高人民法院关于行政诉讼证据若干问题的规定》第六十三条规定:证明同一事实的数个证据,其证明效力一般可以按照下列情形分别认定:(1)国家机关以及其他职能部门依职权制作的公文文书优于其他书证;(2)鉴定结论、现场笔录、勘验笔录、档案材料以及经过公证或者登记的书证优于其他书证、视听资料和证人证言;(3)原件、原物优于复制件、复制品;(4)法定鉴定部门的鉴定结论优于其他鉴定部门的鉴定结论;(5)法庭主持勘验所制作的勘验笔录优于其他部门主持勘验所制作的勘验笔录;(6)原始证据优于传来证据;(7)其他证人证言优于与当事人有亲属关系或者其他密切关系的证人提供的对该当事人有利的证言;(8)出庭作证的证人证言优于未出庭作证的证人证言;(9)数个种类不同、内容一致的证据优于一个孤立的证据。以上可以看出,实际税务稽查中收集的复印件、孤立的询问笔录、税务稽查底稿等常用证据的证明力较低,证明力较高证据收集的极少,如鉴定结论、经过公证的书证、原始证据等。

(五)收集的证据目的性不强

根据《行政诉讼法》第 61 条规定,行政诉讼的证明标准是"事实清楚、证据确实充分"。一般认为"事实清楚、证据确实充"分可以作以下理解:(1)据以定案的证据均已查证属实。(2)案件事实均有必要的证据予以证明。(3)证据之间、证据与案件事实之间的矛盾得到合理的排除。(4)对案件事实的证明结论是唯一的,排除其他的可能性。以上四点必须同时具备,才能认为定案件达到了事实清楚、证据确实充分的标准。证据并非越多越好,如果不符合上述标准,则不能达到证明的效果,相反,如果符合上述标准,三五个证据也可以定案。因此,有目的地收集证据有利于提高办案质量,提升办案层次,但是在税务稽查据收集时,有的执法人员不顾证明对象与证明效率,盲目收集,糊乱堆积,造成证据与结论之间逻辑性不强。有的案卷中需用的证据缺乏,不需用的复制品成堆;有的证据之间相互矛盾,画蛇添足的材料反而否认了有用证据真实性;有的关键证据缺乏,造成定性不准。有的案件引用《中华人民共和国税收对征管法》第六十三条应定性为偷税,但缺乏采取何种手段的关键证据,在处理决定中只能含糊以"虚假的纳税申报"来表达。

## 二、成因分析

导致税务稽查案件证据收集整体质量不高的原因是多方面的,试从以下四个方面进行分析:

(一)从市场经济发展环境方面分析

1、市场准入机制不规范。规范的市场准入机制是市场经济公平竞争的必要前提,也是具体明确各种经济主体在社会经济生活中的法律关系的基本要件。在某些地区、某些行业市场准人机制的不规范,税收管理上纳税主体模糊不清,致使稽查人员难以取证。如我局去年受理群众举报的某房地产开发公司某项目部偷悦案,该开发项目是负责人以个人名义在取得一块国有土地使用权后,挂靠该房地产开发公司经营,该公司仅仅收取了一点管理费,没有项目的开发经营权,项目部实际上是个人的经营行为。稽查人员无法收集到证明该项目的纳税主体究竟是个人还是被挂靠的公司,使得整个案件难以定性和处理。

2、会计制度执行和金融运行监管不力。我国会汁法、会计准则、会计制度等在具体执行中缺少有效的监督和保障,特别是私营企业,财务处理的随意性大,会计信息严重失真。金融机构对各类经济组织的现金收支和使用没有起到应有的监管作用，致使多头开户和大量现金交易存在，给取证增加了难度。

(二)从被查对象经营管理状况方面分析

企业的经营方式、管理水平都影响着稽查证据收集工作。随着市场经济体制改革的不断深化和企业改组、改制的深入推进，纳税主体日趋多元化、经营方式日趋多样化、财务管理日趋复杂化－在一个内部管理制度健全、会计核算规范的企业中，各项财物收付、生产经营业务的各个环节实施了监控，货币收支、货物收发办理了相应的手续，税收违法行为发生时就能“有据可查”，证据收集难度相对较小。反之则难，如有的纳税人运用了计算机系统进行内部管理，无书面手续，稽查人员只有在具备相应信息化知识的前提下，才能收集到证据；有的纳税人内部管理制度不健全，财务管理不规范，相应的生产、经营业务发生时手续不完整或没有手续，证据就难以取得。特别是对定期定额纳税户的检查，一直是税务检查的难点，所查案件难以突破，原因往往就是无帐无证、手续不全、现金交易，导致无证可取。

(三)从税务机关行政执法方面分析

1、缺乏明晰的证据标准。《行政诉讼法》和《最高人民法院关于行政诉讼证据若干问题的规定》适用的范围为涉及行政诉讼的案件，是用来证明行政机关所作出的具体行政行为的正确性。而使用行政执法证据的目的是把国家法律、法规、规章正确的实施于相对人，之所以要调查、运用证据，是为了国家机关行使其法定的管理权力。因此，行政诉讼中适用的证据标准和行政执法适用的证据标准应该有所区别，不能照搬照套。目前税务行政执法中除了依照《中华人民共和国税收征收管理法》及有关工作规定外，无对证据方面专门的规定和明晰的标准，对于不同类别的税务行政案件应当收集哪些证据、证明到何种程度等基本问题，没有制定统一的标准和规范。检查人员对行政执法取证和司法取证要求的区别、违法事实和犯罪事实对证据要求的区别认识模糊，工作中存在困惑。以致对同一类违法行为调取证据时，不同的税务检查部门，有着不同的标准；同一部门，不同时期、不同检查人员，标准也不一样。具体表现在认定案件事实的证据数量、证据的证明力和法律文书的使用上。如案卷中最常用的稽查底稿上摘录的是被查对象的会计资料，是否还需要将有关帐册、凭证复印件收集，需要将哪些资料复印件收集等问题没有一个明确的标准，各地的做法也不一。这些问题不仅影响了税务处理决定的准确性，还可能引发行政复议或诉讼.同时也降低了税务机关的执法权威。

2、收集证据的手段有限。与公安机关的行政执法权相比，税务稽查执法缺乏强制传唤权、勘验、鉴定、检测权、对与违法行为有关的场所、物品、人身的检查权。税务稽查的取证方法以查账为主，即使开展外调检查、询问、函查等方式一般也是建立在账簿、资料检查的基础上。税务检查的方式也仅仅是对账簿、资料检查情况的核实，难以突破账面这一框框，稽查难以深入。税务检查的场所仅限于纳税人的生产、经营场所和货物存放地，有些私营企业主的生产经营场所和住宅没有明确区分，税务稽查人员明知有关的账簿、凭证、资料存放在该处，因受不能进入民宅的法定限制而不能进入收集。有限的手段束缚了税务稽查人员收集证据的手脚，一些证明力较强的物证、鉴定、检测等资料在税务稽查中往往难以收集。

3、缺乏证据保全的措施。证据保全是指为了防止特定证据的自然灭失、人为毁灭或者以后难以取得，因而在收集时、诉讼前或诉讼中用一定的形式将证据固定下来，加以妥善保管的一种措施。税务案件中有的证据稍纵即逝，需要及时进行保全。公安司法等机关在办案时有法定的证据保全措施，如扣押、冻结、查封等。而税务稽查却缺乏类似措施，《中华人民共和国税收征管法》规定的税收保全措施目的是保证税款不流失，不是固定证据。因此，在税务稽查实践中被查对象对定案关键的书证、物证等进行转移或毁损时，税务执法人员却无法制止。

4、经费投入有限。运用公证、鉴定、外调取证等都需要经费保障，办案经费投入不足，制约着稽查职能的发挥。另外,由于缺少购置经费,特别是中西部地区的税务稽查部门现代化的取证工具如缩微拍照、全息拍照等摄影、摄像工具、便携式复印机、扫描仪等配置极少,影响取证效率。

(四)从税务行政执法人员方面分析

1、证据意识不强。证据是整个税务检查的基础和核心,所谓"以事实为根据"实质就是以证据为依据。有的执法人员的证据意识不强,对证据的重要性认识不够。如把税务案件的查处等同于日常的税款汇算,仅在底稿上层现了税款的计算过程,采取了"算大帐"的方式,看不出稽查过程,不收集有效证据;对涉嫌犯罪的税务案件,兼顾司法执行的意识不强,不了解司法取证和诉讼过程中对证据的要求,使得证据缺乏,无说服力。

2、专业知识不精。证据收集是法律性、知识性、专业性较强的工作,稽查人员没有取证的专业技能,势必影响到税务稽查取证的效率,也使得所取证据的效力存在瑕疵,证明力不强。如:有的执法人员错过收集证据的时机,给被查对象删除电脑记录、转移和毁灭帐册的机会,使案件的查处陷人僵局;有的执法人员在询问时问的不深,没有问到要害处、实质处,问的不细,没有具体到时间、地点、行为、对象、情节等,使有的证明对象不能得到证实,形不成完整的证据链。

3、高科技手段不会。目前纳税人偷逃税收的方式向隐蔽化、智能化、高科技化发展,纳税人广泛运用的电子记账和运用计算机系统进行内部管理,许多证据单靠传统方法是无法收集的,必须依靠高科技手段。而能够运用高科技手段收集证据的检查人员极少;能够熟练应用财务软件,会从被查对象的电脑收款系统中取数的检查人员更是凤毛麟角。

## 三、对策和建议

分析上述现状及成因,为改变目前税务稽查收集证据质量不高的局面,税务机关首先要从规范自身的执法行为做起,丰富收集证据的手段,提高稽查人员的办案能力。其次要以案释法、强化宣传,努力营造有利于稽查收集证据的外部环境。双管齐下,着力提高稽查案件收集证据的工作质量,把案件办成铁案,充分发挥以查促管、以查促查的作用。

(一)规范税务机关执法行为

1、制定税务行政执法的证据标准。没有规矩,不成方圆。建议制定税务行政执法证据标准的规定,将税务行政执法与行政诉讼案件的证据标准相区别。将税务稽查案件根据案件来源、涉案金额、处罚数额、是否涉嫌犯罪等因素进行分类,对于案情简单、案值较小、不涉嫌犯罪的案件证据标准制定的相对简单.只须收集具体的事实和材料,这些材料能够令税务机关和执法人员作出一定的具体行政行为即可;对于案情复杂、案值较大,涉嫌犯罪的稽查案件的证据标准制定的相对复杂,要兼顾行政诉讼的要求,注意证据间的一一对映关系,形成一个完整的证据链。如在行政执法程序中稽查底稿经被查对象审核确认,可作为作出具体行政行为的依据,但兼顾行政诉讼的要求,还要对收集其他的证据与其对映.证据之间要相互映证。

2、建立专门的程序规定。首先明确取证程序。将税务行政执法的证据类型、稽查人员收集证据时的权利和义务、收集证据的权限、时限等内容以专门文件的形式确定下来,作为税务人员依法收集证据的程序依据,减少程序不当导致的执法过错。如明确收集鉴定、公证的证据需遵循的程序,提高该证据的使用效力。其次是赋予税务机关在特殊情况下更大的执法权,如:证据保全。在不侵犯公民基本人权的前提下的紧急情况强制检查权等,防止证据的流失和毁灭。

3、制定分类证据的规范。今年国家税务总局将税务文书进行了统一规范,但本课题组认为还应对稽查底稿等常用的证据资料进行规范。各级税务机关制作的税务稽查底稿是目前定性的主要依据,但尚未有一个规范的样本。建议对稽查底稿的样式、基本项目、关键数据所需其他证据材料的种类、数量等内容进行规范。对询问笔录中必须记录的内容、收取的证据资料复印件上必须要注明的内容等出台明晰的、操作性强的规范标准等等。

4、加大对稽查办案的经费投入。设备和工具的配备对税务稽查取证工作的影响有的是直接的,有的是长期的。及时更新提高稽查办案的科技化水平,增加经费投入,确保办案需要。

(二)提高稽查人员的办案能力

好的制度要靠人来执行,税务稽查人员在收集证据时要拓展工作思路,创新工作方式,不断提高办案能力。

1、增强证据意识。充分认识收集证据对税务稽查的基础和核心作用,增强证据意识,熟悉税收相关的法律、法规,依照法定程序,围绕证据的合法性、客观性和关联性,科学取证。

2、掌握收集证据的要求。一是依法定程序。要严格按法定的权限、期限和时限取证,提高证据的质量、减少错案比例。二是主动、及时。主动及时收集证据既可以减少取证成本、提高取证效率,也可以提高证据的可靠程度。否则,由于自然条件变化、人为因素影响或其他原因,有些证据可能灭失或难以查找,直接关系到案件的定性。三是全面客观。围绕证明对象,全面收集证据,避免遗漏,本证、反证都是收集的对象。四是深入、细致。证据的存在形式一般比较隐蔽,税务稽查时一定要做到深入、细致。有时仅仅凭帐册上的记载很难发现涉税违法问题,要将与案情有关的帐册、凭证、合同、银行对帐单等资料仔细审查才能突破。如某市在检查一家超市时,采取"先从账簿找凭证,再由凭证对账簿"的比对方法,逐年逐月进行比对,陆续发现有的凭证号重复、有的凭证号在账簿上未反映,终于在该公司成堆的凭证中梳理出隐匿其间的账外账凭证40多册。又如我局今年在查某建材生产企业时,发现有张工资表每月金额基本相同,且都是一个人签字,这与该公司生产人员工资实行计件工资的事实不符,检查人员顺藤摸瓜,一查到底,查实了其虚列工资、套取现金,进行帐外分红的违法事实。五是运用高科技手段。以高科技的检查手段来应对智能化的税收违法手段。运用紫外线检验法判断被检查物的发光性能,恢复被掩盖或消退的文字,辨别真假证券、票证,鉴别肉眼看不清的印迹、被洗掉或刮掉的文字等,还可以用紫外线摄影来收集、固定这些证据。

3、充分运用税收征管法赋予的权力。《中华人民共和国税收征管法》赋予税务机关六项检查权。在税务稽查时,稽查人员要充分运用法律赋予的权力,不能一概地就帐查帐,而要针对纳税人的生产经营特点、财务管理水平等情况采取不同的方式。如今年我市在查处一个小私人木材加工厂时,发现该厂收购木材和销售成品都没有记录,生产经营过程的各个环节基本处于一种无据可查的状态。我局通过综合运用询问、外调、函查等方式,成功地找到了突破口。

4、善于借助外力、形成合力。一是联合稽查、资源共享。开展地税、国税联合检查,发挥各自优势,做到资源共享。如国税系统在对增值税纳税人存货的检查相对便捷、全面,地税部门在检查企业所得税时富有经验,联合检查可以提高检查取证的质量和效率。二是系统协查、形成合力。发挥全国税务系统"一盘棋"的作用,转变一家税务机关的"单打独斗"的思维定式,发挥系统协查优势,通过对企业上游产品和下游产品的物资流、资金流的检查,全面、动态地掌握企业的生产经营情况,起到稽查"透视"作用。如我局对某冶化公司检查时,其"应付账款"余额过大,但账面检查没有发现问题,而通过其原材料供应商所在地税务机关发出的12封协查函,揭开了真相,回函证实其利用虚假的对帐单虚增成本的事实。三是税警联手、强化手段。公安部门比税务部门有更多的检查权,对于可能达到涉税罪的案件或税务机关难以调查取证的案件可以采取联合办案的方式。如我局今年在查处某房地产开发公司偷税案中,采取了税警联手、联合办案的方式,端出了该公司存放在外省老家的帐外帐,查处了其多列支出的偷税事实,突破了税务部门一家检查时明知偷税却无法取证的局面。四是部门配合、社会支持。一些有价值的线索往往来自于知情者和人民群众;一些证明力较高的证据取决于相关部门的提供、公证和鉴定,因而税务稽查工作离不开广大人民群众的支持、配合,离不开金融、运输、公证和鉴定等有关部门的支持、协助。强化税法宣传.提高全社会对税法的"知晓度"、"遵从度",不断改善稽查取证的社会配合度。

(三)努力营造有利的外部环境

1、建议加强会计监督和金融监管。建议会计监督部门和金融监管部门加强对企业的监督,将会计信息的真实性作为一项重要内容纳人信用体系。按国务院《现金管理暂行条例》的规定,对达到结算标准款项支付的要通过银行转帐,减少大量的现金支付,共同管好企业资金的真实流向。

2、加强管理、优化服务。一是做好纳税人的建账建证工作,对于具备建帐条件的纳税人要鼓励和帮助他们建帐建证。二是做好日常税务征收管理的基础工作,要求、督促、帮助纳税人在生产经营业务的各个主要环节健全相应的手续,如货物采购入库进仓单或验收单、产品销售出仓单或发货单,现金收付款手续等。三是实施精细化管理。在税务日常管理中应当制订一个企业会计核算和财务管理评价标准,按标准对纳税人进行分类,对不同类别的纳税人有针对性地实行不同的税务管理方法和税务稽查方式。

(作者单位:辽宁省大连保税区地方税务局)

# 完善重大税务案件审理工作的几点思考

姚占君

重大税务案件审理是指县级以上税务局对所属检查机构调查终结且符合一定标准的案件进行集体审议并做出决定的过程,是对税务稽查四环节之一审理环节的进一步延伸和规范。通过对重大税务案件审理执法程序、核准案件事实、审理鉴别证据、分析认定案件性质和对案件作出处理、处罚意见,进而实现重大案件审理工作的科学化、规范化和法制化。依法科学地开展重大税务案件审理工作,对进一步提高税务稽查执法水平,强化对税务稽查权的约束和监督,保护纳税人的合法权益,促进税务机关依法行政,具有重要的现实意义。

## 一、重大税务案件审理工作,促进了税收法制化建设

自 2001 年国家税务总局制定《重大税务案件审理办法》以来,各级税务局按照总局要求,设立了重大税务案件审理委员会,负责重大税务案件的审理工作,并逐步形成了稽查局和主管税务局二级税务案件审理机制。2015 年 2 月 1 日,新修订的《重大税务案件审理办法》正式实施,进一步规范了民主决策程序,有力地促进了大要案查处工作,提高了税务稽查办案质量,提升了稽查人员办案能力,有效地避免了行政复议撤销及行政诉讼败诉情况的发生,在维护国家利益和纳税人合法权益等方面发挥了积极作用,取得了明显成效。

(一)切实发挥监督的作用,有效防范了执法风险

重大税务案件审理委员会主任由局长或者主管法制工作的局长担任,成员汇集了政策法规、税政业务、税务稽查、征管科技、督察内审等部门的负责人,都具有较高的政治素质和业务素质,对稽查部门提请的重大税务案件,能够从违法事实、证据采集、执法程序、税收政策以及法律适用等各方面严格把关,对事实不清、证据不足的,及时退回稽查部门补充稽查;对稽查部门拟处理意见不当的,依法改变拟处理意见。经过初审、会审,到最终做出审理决定,都是集体审理,集思广议,最大限度的避免了错误案件的发生,将稽查风险消灭在审理环节,保证了案件的查办质量,规避了稽查执法风险。

(二)通过建立判例机制,促进了公平公正执法

对重大税务案件审理中涉及到的一些容易产生争议的问题,引入了判例机制。在符合法律法规规定的前提下,经过审理委员会充分讨论后形成决议,作为指导稽查部门开展稽查工作的参考依据和处理问题的标准,这样既解决了政策操作上的一些难题,又使得在某些重大税务案件审理时有例可循,减少由于缺乏经验、缺少判断而带来的不必要的差错,特别是在规范税收行政处罚自由裁量权方面,取得了良好的效果,使整个稽查工作更趋统一、规范,保证了对相同涉税事项处理的前后一致性。

(三)以审促查,提高了稽查部门的办案能力

由于重大税务案件由上级主管税务机关审理,在一定程度上给稽查部门带来了压力,一旦提交审理的重大税务案件的违法事实、调查取证程序、案件定性处理等方面存在问题,稽查部门将被追究税收执法过错责任。而所有这些必然促使稽查部门不断提高自身的业务素质,增强工作责任心,创新工作方法,提高办案水平。从目前情况来看,稽查报告质量的稳步提高就是最好的证明。

## 二、重大税务案件审理工作存在的问题

从运行效果来看，重大税务案件审理制度取得了明显成效，但在认识层面和执行层面上来看还存在一些亟待解决的问题。突出表现在：

(一)对重大税务案件审理工作的必要性认识不足

长期以来，税务机关尤其是基层税务机关缺乏对行政法理的学习和研究，对《重大税务案件审理办法》的制定依据和背景不甚了解，只是简单地认为重大税务案件审理制度只是一个内部监督程序而已，可有可无，思想上不重视，工作开展得不均衡，没有充分认识到“重大税务案件审理制度”是国家税务总局根据《行政处罚法》第三十八条规定，创设的重要的税收规范性文件，属于税收程序法范畴。该制度在司法审判实践中已经被视为法定程序，任何一级税务机关违反本程序，应提请本级重大税务案件审理委员会审理的案件而未提请，其税务行政处理(罚)决定在税务行政诉讼中将面临着被司法机关判决败诉的风险。

(二)书面审理方式影响审理工作的准确性

目前的重大案件审理工作大部分是拘泥于对纸质报告进行审理，仅依据稽查部门提交的检查资料和取得的证据资料进行判断、定性，由于缺乏与纳税人直接沟通，对于整个案情难于做到全面掌握，而检查部门人员对案件的理解以及工作水平存在个体差异，因而对案情的描述、资料的取证等方面也会有所不同，这就会造成审理案头材料的局限性，使重大案件审理工作处于被动状态，制约审理工作有效开展，从而影响审理工作的准确性。

(三)信息化程度低影响审理工作效率

目前重大税务案件审理基本上是依靠手工操作，一个案件的审理须将审议资料复印若干份分发给各审理委员会成员进行会审，既消耗了时间又增大了工作量，而当审委会成员需要查阅某些案卷资料时，由于各种原因也要花费大量的时间和精力，这样就造成时间和人力资源的大量浪费。

(四)重大税务案件审理决定执行情况不好

凡是经过重大税务案件审理的案件一般都是查补税款额度上达到一定标准或者是在实体法或程序法的执行上存在疑难问题的案件，且通常都有查补税款、滞纳金和罚款，数额较大。由于各种原因，执行入库的情况不好，从各地执行的情况来看，绝大多数是正税已入库，而滞纳金及罚款入库难度较大、执行难的问题不同程度的存在。

## 三、完善重大税务案件审理工作的建议

(一)书面审理与实地审理相结合，确保审理工作的准确性

对一些案情比较复杂的案件，审委会应预先向检查人员和纳税人就有关情况进行调查核实，必要时，可深入企业实地审理，客观地了解案情，听取纳税人的陈述、申辩。对证据不充分的或定性处理不准确的，应退回稽查部门并要求进行补充证据或重新提出处理意见；对涉税事实清楚、证据确凿，但适用依据和定性处理意见不一致或纳税人有重大异议而无法确定的案件，应及时向上级法规部门或税政业务职能部门请示报告，以确保审理工作的准确性，维护国家税收利益和纳税人的合法权益。

(二)实行网上审理，提高审理工作效率

一是扩大审委会成员知情权。将所有与案件相关的证据资料登录上网，使每位审委会成员都能方便的查阅，深入了解案情，做出客观、公正的判断。二是提升案件审理工作效率。每位审委会成员只要在自己的办公桌前，就可以阅卷自主发表意见，为高效审理提供了现实基础。三是降低税收成本。网上审理使“无纸化审理”变成现实，节省了时间，节约了资源，减少了人力浪费，完成了重大税务案件审理形式由

单一到多元化的转变。

(三)强化监督,提高税务机关的执行力

在审委会作出决策后,审委会办公室要监督审委会决策的执行情况,定期进行检查和督促,落实重大案件执行情况反馈制度。对执行未能到位的,审理委员会办公室要进行跟踪督查,帮助分析原因,提出合理建议,加大执行力度,推动案件执行。必要时还应当指定人员进行协调或协助执行,对不执行、拖延执行和擅自变更决策的稽查部门和人员负责进行调查,将调查结果向审委会报告,并提出处理意见,以增强审委会决策的权威性,充公发挥审委会的职能作用。

(四)加强绩效考核,严格责任追究

在重大税务案件审理及执行过程中,对存在程序不合法、文书不规范、取证资料不完整以及拟处理意见显失公正而发生退回或补证的情形以及执行不力的情况,均应依照规定进行绩效考核,落实责任追究。从而进一步强化对重大税务案件全过程的监督,增强稽查人员执法意识,切实提高重大税务案件查办质量。

(五)提高思想认识,强化业务培训

税务干部特别是各级税务机关领导干部要提高对重大税务案件审理制度必要性的认识,把该制度作为处理重大税务案件的必经程序,严格按照制度的要求履行职责,公平公正执法,防止公权滥用,维护纳税人的合法权益,有效防范税收执法风险。同时,要加大对税务干部的业务培训力度与广度,特别是对与税收法律法规相关的行政法的学习,提高其综合业务素质和工作责任心,克服行政执法的随意性和盲目性,把重大税务案件审理制度贯彻落实到位,体现依法治税的宗旨。

(作者单位:辽宁省大连市地方税务局第二稽查局)

# 涉外税收

# 国际间税收竞争新趋势下的中国对策思考

冯　聪　汪　凯

## 一、国际间税收竞争及其发展趋势

(一)经济全球化引发国际间税收竞争

在生产力发展,特别是在科技进步的推动下,全球经济形成一个不可分割的有机整体的过程和趋势被视作经济全球化。经济全球化既为世界各国带来了发展的优势,使其能充分调动各种经济资源,但是也导致了国际经济资源竞争趋势的加剧。经济全球化使得国际大市场的形成,税收国际化成为必然,研究表明:“各国间的税基、税率和税收监察等方面的差异不可避免的对国际间税收收益、税收公平制度产生影响,从而产生了各个国家间的税收博弈,各国间的税制调整演变为税收的竞争。”

(二)国际间税收竞争的发展新趋势

税收竞争自产生起就不断发展、充实、繁衍、扩散。由于经济全球化进程加快,面对国际经济动荡和激烈竞争,各国尤其是经济发达国家为了提高本国竞争力,相继实行降低国内税收负担政策,掀起一波又一波世界减税浪潮,使得税收竞争在全球范围内铺开。税收竞争面临两条发展轨迹选择,有学者将其称为“自然趋势”和“理性趋势”。

“自然趋势”观点认为,如市场价格竞争一样,无休止地大打价格战,无疑会造成双方或多方的效率共同损失。经济全球化的不断加深进一步推动了贸易自由化、资本自由化、人员跨境流动频繁化,通过税收竞争已经获得全球化利益的国家总想保住胜势扩大优势,在首先稳住本国经济资源的同时,想方设法提升税收竞争力去吸引他国流动资源;而在竞争中处于劣势的国家和地区想方设法采取更进一步的竞争措施,争取扭转局势。这样税收竞争的范围越来越广、程度愈来愈深,终将导致正面效应被其负面效应逐渐蚕食和代替,税收冲突与对抗难以避免。

“理性趋势”观点认为,税收竞争是经济全球化下国际税收关系的阶段性产物。为了避免过度恶性税收竞争的出现,理性的各国政府将携手合作,寻求共同利益最大化,经过磋商与协调,合作会取代恶性竞争,沿着“适度有序的税收竞争—税收协调—税收一体化”之路走下去。

事实表明国际税收竞争正沿着“理性趋势”发展。自世界减税浪潮后,随着税收竞争方式由对抗性竞争转向柔性竞争,各国进入税收协调阶段,而区域经济一体化进一步促使了区域性的税收一体化,当前,处于后一体化阶段的国际税收竞争呈现区域性税收合作和区域间组团式竞争的新趋势。

## 二、新趋势对中国经济的影响

(一)有助于我国经济结构性调整

区域税收一体化可以使区域内各合作国之间资源流动的障碍有所减少甚至是达到消除的状态,使合作国的福利增加,更好促使区域经济共同体的实现。合作国之间的贸易壁垒以及其他障碍的消减,扩大了区域市场规模,有利于利用有限资源提升要素供给质量,在更大的市场范围内解决我国国内供给与需求长期失衡的矛盾。

(二)助力我国开放型经济升级

“引进来”和“走出去”是中国发展开放型经济的双引擎。改革开放以来,我国长期坚持“引进来”发展战略,但始终处于被动地位,受到国际竞争的诸多限制。当前,区域经济一体化为我国“走出去”战略的实施提供了广阔舞台,“一带一路”战略的实施更是我国开放型经济升级的重要体现。它将中国技术、产能、资金优势转化为市场与合作优势,改变沿线新兴经济体和发展中国家基础设施落后、体制政策缺失、经济发展水平总体较低的局面,引发潜力,整合结构,使之“错位发展”、自主发展,并对外输出优势资源或产品,实现整体加速与提升。

(三)税收竞争传统性影响仍然存在

与区域性合作并存的则是区域间组团式竞争,与传统的国家间竞争相比其影响的实质不变。一是继续影响我国资本市场。直接的影响表现在:“国际税收竞争优化了国际市场环境,以此来吸引大量的外来投资商,自然而然的带活了国内经济的发展”;而间接的表现在他改变了我国的产业结构,推动了我国基础产业的升级,使我国的产业结构朝着环境友好型经济发展的方向发展。二是对我国产业结构的影响。表现在“国际税收竞争积极地促进我国基础设施的建设,在税收方面国家给予适当的降低,减轻赋税负担,通过引导使国家的产业结构变得复杂,而一个复杂的产业结构会使国家的经济发展更加综合、更为容易,同时很多必要的基础产业也会在税收政策的调控下积极发展,形成一个良性的循环。”三是对我国公共财政支出以及劳动力市场的影响。国家为了营造良好的经济坏境而才采取的一系列如降税的优惠政策,会给国家的财政收入产生一定的影响,表现在:“国家可能为了优化经济环境而举外债来弥补由于降税而损失的财政收入,最终会造成国家的财政赤字。但由于降低了税收,许多国内人才、企业愿意留在国内发展,同时还可以吸引大量的外国人才,为国家的发展补充足够的生力军。不仅如此,大量的外来投资产业进驻中国市场,创造了很多就业机会,有效地减轻了民众的就业压力,满足了民众就业的需求,并且外来的投资产业也会带给国民很多有价值的信息和先进技术,无形中提高了我们国家就业者的综合素质,最终也会带动经济的发展。”

## 三、新趋势对中国税收的影响

(一)给现行税收体制带来挑战

自改革开放以来,为适应经济全球化以及国际税收竞争的需要,我国不断学习借鉴外国税收立法和管理经验,税收制度不断与国际接轨,形成了当前的税收制度体系。随着区域一体化趋势的发展,要求对国内税收体制在优化资源配置、消除跨境投资障碍、维护区域内整体市场的统一和税负公平方面承担更加重要的职能。例如当前在国际税收工作中暴露出税收优惠政策导向性弱、税收服务跟不上企业“走出去”步伐等问题。

(二)影响国内税收政策制定方向

在新趋势影响下,中国既要提升参与国际税收竞争的竞争力,也要不可避免地对国内税收政策进行调整,从结构上改革以适应国内市场和区域市场的统一。在供给侧经济改革中,根据“拉弗曲线”所揭示的供给学派减税政策,进行了营业税改征增值税改革等一系列结构性调整,同时促进了我国涉外税收优惠制度的不断完善,更加注重税收优惠政策的适度原则和效益原则,使其既符合国际惯例又符合同周边国家引资竞争和国家产业发展的需要。

## 四、应对国际税收竞争新趋势的思考

(一)在新趋势下的战略定位问题

区域经济一体化的迅猛发展,促使世界上主要经济体如欧盟、北美自贸组织、APEC纷纷加紧行动,尽力构筑自身发展的地区依托，期望能够达到最大限度地获得经济全球化过程中的好处，同时又能规避掉经济全球化给本国带来的伤害。不论是主动的还是被动的选择，中国都应该在亚太区域扮演更加重要的角色，充分利用优势互补，取长补短的原则，共同发展、共同富裕，主导亚太区域经济一体化进程，提升区域竞争力。

(二)税制改革与税收环境营造

税制改革方面，统筹国内外资本发展需要有相应的税收制度与政策。税收是否应该做到中性以及如何实现相应的目标，一国视角与国际视角的差异，“引进来”与“走出去”对税收需求的差异，资本输出后国家税收权益的保障，都是税收制度与政策选择必须解决的难题。

环境营造方面，可以利用财税政策进一步激活民间投资活力，拓宽民间投资渠道，引导民间资本回归实体经济。同时，还要加快金融体制改革，让金融回归为实体经济服务的本位，构建与企业构成相匹配的多层次金融体系，打造竞争有序的金融生态。

(三)打造税收协调合作升级版

1、在区域税收协调进程与区域经济一体化进程的匹配上应具备前瞻性。一般说来，税收一体化要滞后于经济一体化，例如一些学者认为：“现阶段对于直接税和间接税税制的协调，受制于区域经济一体化的阶段，目前还无法对核心税制内容进行全面的协调，若是不顾区域经济一体化尚处于自由贸易区阶段的事实，将税收协调的阶段目标定得过高、推进过快，既无法达成税收协调的目的，也会影响当前税收协调的重点”，主张税收协调不超越区域经济一体化阶段。但如果站在前文所谈的战略定位角度，中国有必要对国内税制改革的同时前瞻性地加强区域税收一体化的引导和协调。

2、优化法律与组织方面的保障措施。当前，中国对区域税收协调主要是通过成员国政府运用外交手段推进的，缺乏像欧盟《罗马条约》一样的税收协调基本法律框架，不利于税收协调的全面可持续进行，而欧盟税收协调取得的成就正是在法律的保障下实现的，因而需要建立税收协调的法律保障措施。当前中国亟待建立统一的税收合作研究机构对税收合作进行专业的研究，可以在区域内聘请税收专家组成税收合作的研究机构，并将研究成果提供给各成员国参考，为区域税收合作的发展提供建议。同时还要逐步健全税收合作的执行机构，实现整个组织体系的整合，为区域税收一体化的发展提供组织保障。

3、建立协调利益补偿机制。中国与亚太周边国家在经济、政治和文化等方面存在着很大的差异，各国受税收协调的具体影响不同，有些国家在协调中获益较大，而有些国家获益较少、甚至出现税收利益的损失，因而，为了实现税收协调的顺利推进，就必须学习欧盟，建立成员国之间的税收协调补偿机制，补偿在税收协调中为了区域整体利益而造成自身损失的成员国，以便实现税收协调的共赢，保障税收协调的顺利实施。可以通过建立共同发展基金，给在税收协调中出现税收利益损失的国家提供补偿，同时还可以通过共同发展基金和各国的优惠贷款支持区域内的落后地区发展经济，以便为税收协调的进行扫除经济障碍、奠定经济基础。在实践中，税收补偿的方式应该是多种多样的，各种补偿方式的不断完善构成税收协调的补偿机制，从而为税收一体化的长远发展铺平道路。

4、加强政治文化的沟通。中国与区域各国之间在政治制度和民族文化方面存在着较大的差异，同时区域内还存在领土争端、资源争夺等问题，致使各国在政治上存在一定的矛盾、文化上存在一些隔阂，都影响着区域内的经济合作和政策协调。因此，区域税收协调的进行离不开区域的和平稳定和互信互利，各国应加强在政治和文化领域的沟通与合作，创建和睦的区域政治环境和融洽的文化交流氛围，为区域内的经济合作营造良好的政治和文化环境，为区域税收协调的发展奠定政治和文化基础。

(作者单位：四川省高县国家税务局)

# 基于无形资产转让定价制度的国际逃避税问题研究

罗　斌　李洪进　杨丽丽

## 一、美国及 OECD 范本的素材参考

在素材参考方面，本文主要借鉴的是美国国会立法，财政部规章，相关判例以及 OECD 的转让定价指南和系列的相关报告。之所以选取美国和 OECD 的无形资产转让定价制度作为研究对象的规范，是因为美国是当今世界头号经济强国，并一直处于跨境受控交易的最前沿。OECD 发布的转让定价指南和系列报告所反映的规则，被认为是同时为成员国和大量非成员国所接受的“国际标准”。

(一)美国转让定价税制的评价

1、美国转让定价反避税制度的发展历程。美国在全球最早制定转让定价制度，其转让定价制度的条文见于 1917 年。多年来随着陆续的补充和完善已经形成了一套系统的转让定价调整法律体系。

**表一　美国转让定价反避税制度的发展历程**

| 时间 | 法规 | 主要内容 |
|---|---|---|
| 1917 年 | 在战时收入法案中首次制定转让定价法规 | 准许国内收入署对关联企业的所得额和扣除额进行调整。 |
| 1921 年 | 美国国会授权 | 美国国会授权国内收入署署长决定关联企业和合伙公司间的应税项目是否合并申报。 |
| 1928 年 | 国内收入法典第 45 节 | 将汇总申报纳税条款以收入法令第 45 节独立分类。 |
| 1954 年 | 美国第二部《国内收入法典》 | 第 482 节授权税务部门在反避税斗争中可以在关联企业之间调整逃税企业的收入和费用，但当时这些只是原则性的规定。 |
| 1963 年 | 美围财政部内部章程 | 规定了有关如何计算转让定价下计算第三者价格的方法等。 |
| 1968 年 | 美国财政部颁布新法规 | 允许税务部门按三种方法(可比非受控价格法、再销售价格法、成本加利润法)来确定有形资产销售的转让价格。对无形资产的转让按可比非受控交易来确定公平交易价格。 |
| 1986 年 | 美国国会通过《税收改革法案》 | 在 482 节中增加了“超级使用费条款”，防止美国母公司以低价向海外子公司转让无形资产，逃避缴纳美围税款。 |
| 1988 年 | 美国财政部发表题为《公司间定价研究》的白皮书 | 要求公司之间无形资产的转让必须有沿革的定价文件，并建议对无形资产的转让或许可采取一些新的转让定价调整方法。 |
| 1991 年 | 美国首创预约定价协议 | 提山将转让定价的事后调整变为事先确认。 |
| 1992 年 | 美国财政部发表了涉及无形资产的法规草案 | 允许采用三种定价方法，但在使用中三种方法不能颠倒顺序。 |
| 1993 年 | 美国财政部发布了第 482 节的临时性法规 | 取消各种定价方法的严格排序，采用了所谓“最佳方法规则”，废除了 92 年法规草案中要求的强制性可比利润区间检查。对于无形资产的转让，允许使用可比非受控交易法，可比利润法以及其他适合的方法。 |
| 1994 年 | 美国税务局《国内收入法典》第 482 节规定的最终规定 | 对 1993 年临时忤法规进行了多项修改，但是仍然十分强调调整中的可比性和灵活性。提出了三条强制性的指导原则：公平交易标准，最佳方法规则，可比性分析。 |

2、美国转让定价制度的特点。自美国转让定价制度建立以来，跨国关联企业之间的内部交易，应按独立核算企业之间的正常交易原则进行。关联企业的认定不单纯看股权比例或者控制和亲属关系，而是遵循“实质重于形式”的原则。其制度的具体特点有：

(1)法律法规体系健全。这体现在立法体系较全面，内容详尽，在转让定价税制的立法中既有基本原则的规定，又有具体的案例分析，以供实施转让定价调整时参照。

(2)适用性强。美国转让定价制度适应范围广，灵活性大，只要实际上存在控制关系的企业就适用。在方法上并不固定，针对每种方法进行可比性分析时，注意可比性的弹性处理，提高转让定价税务管理的灵活性。

(3)信息化程度高。美国税务当局非常重视对转让定价的信息处理，要求纳税人在关联交易前向税务当局报告拟采用的定价方法，在交易发生时报告具体的交易信息，并通过一定的程序筛选不合理的转让定价行为进行事后审计。

(4)监管严厉。美国对转让定价的税收监管比较严厉，力争用各种各样的方法调整转让定价，在举证上也赋予纳税人更大的责任。

(二)OECD转让定价税制的评价

1、OECD转让定价税制的发展过程。经济合作与发展组织，简称OECD，于1960年成立。OECD的转让定价定价报告对发展中国家和发达国家制定转让定价法规均产生了较大的影响。

2、OECD转让定价税制的特点。1995年OECD转让定价的最后准则的主要目标是“帮助税务当局和企业寻找到令双方都满意的方法，以避免高额成本的诉讼程序”。多年来，OECD引领着国际税收领域的共识。其发布的税收协定范本及其注释对其成员国乃至非成员国的国际税收实践，发挥着至关重要的协调和引导作用。

**表二　OECD　转让定价税制的发展过程**

| 时间 | 法规 | 主要内容 |
|---|---|---|
| 1963年 | 《关于对所得和资本避免双重征税的协定范本》，简称《OECD范本》 | 其本旨在于避免国际间重复征税，消除税收差别待遇。 |
| 1977年 | 对1933年《OECD范本》的第九款的修订 | 确定正常交易原则，相应调整原则。 |
| 1979年 | OECD第一份转让定价报告《转让定价与跨国公司》 | 明确规定有形资产、资金、劳务、无形资产等方面正常交易价格的确定，内容收到美国《国内收入法典》第482节内容影响较大。 |
| 1984年 | OECD第二份转让定价报告《转让定价与跨国企业：三个税收问题》 | 第一个报告：转让定价中相应调整问题以及相互同意程序。第二个报告：跨国银行的税收问题。第三个报告：中心机构的管理和劳务费用的分配。 |
| 1995年 | 《跨国企业和税务部门转让定价准则》(简称转让定价最后准则) | 对1979年和1984年转让定价报告的修改和编纂。加入了成本贡献安排、无形资产和集团内服务的特殊考虑。 |
| 1999年 | 转让定价最后准则的修订版 | 在补充修订的基础上，增加一条新内容“关于预约定价协议的相互协商程序准则。” |

OECD转让定价税制的特点是：

(1)居于主导地位。OECD将正常交易原则作为转让定价调整的唯一原则，并在世界范围内积极的推广。一些非成员国在制定转让定价税制时都会借鉴OECD准则。

(2)内容体系完整。OECD自从1979年发布第一份报告以来，几乎每年都会对其范本进行修改完善，定期或者不定期发布修改报告。从内容上，已经形成比较完善，系统规范并具有可操作性的转让定价指导性文件。

(3)鼓励双(多)边机制。OECD通过做出各种努力，力争至少在OECD成员国范围内提高纳税人和税务当局对有关转让定价问题的共识,以减少转让定价问题的争议。

(4)不具有法律约束力。OECD是一个国际性的经济组织,其转让定价准则对其成员国只有指导作用,对非成员国可起借鉴作用,而并不是具有法律效应。

## 二、我国无形资产转让定价制度的现状及问题

我国关于转让定价的立法沿革和现行规定。

表三 我国关于转让定价的立法沿革

| 时间 | 关于转让定价的政策名称 | 相关说明 |
|---|---|---|
| 1991年4月 | 《中华人民共和国外商投资企业和外国企业所得税法》(现已失效) | 我国关于转让定价的首次立法,第13条规定了转让定价的对象,基本原则,措施。 |
| 1991年6月 | 中华人民共和国外商投资企业和外国企业所得税法实施细则》(现已失效) | 该法第52—58条对关联企业的税收处理作了具体规定。界定了关联企业,规定了转让定价方法。 |
| 1992年9月 | 《中华人民共和国税收征收管理法》 | 该法第24条将转让定价调整的对象从外商投资企业和外国企业扩大到国内的内资企业。 |
| 1992年10月 | 《关联企业间业务往来税务管理实施办法》(现已失效) | 在91年《细则》基础上,对转让定价做了更具体明确的规定,如关联企业的认定更具体准确。 |
| 1993年8月 | 《税收征收管理法实施细则》(现已失效) | 该法第36条—第41条针对《中华人民共和国税收征收管理法》第24条,进行了深入阐释。 |
| 1998年4月 | 《关联企业间业务往来税务管理规程(试行)》(现已失效) | 具体内容包括:关联企业认定,业务往来的申报,关联交易额的认定,企业举证和税务机关对举证的核实和调整方法等。第48条规定企业可以采用预约定价的办法。这是我国首次提出利用预约定价方法来解决转让定价问题。 |
| 2001年4月 | 《Lfl华人民共和国税收征收管理法》修订 | 以法律形式规定,第35、36条反映了税务机关对转让定价的调整权力。 |
| 2002年9月 | 《税收征收管理法实施细则》修订 | 在《《中华人民共和国税收征收管理法》》的基础上,进行了详细具体的规定。该法对关联企业之间的预约定价办法作出规定,第53条明确规定纳税人可以申请采用预约定价方法,将预约定价南解决转让定价的一种方法上升为一种制度。 |
| 2004年10月 | 《关联企业问业务往来税务管理规程》修订 | 对1998年《关联企业见业务往来税务管理规程》进一步修订,对转让定价的原则、方法、征管程序和预约定价制度做了更为详细的规定,更加符合国际转让定价规则。 |
| 2007年3月 | 《中华人民共和国企业所得税法》、《中华人民共和国企业所得税法实施条例》 | 专门单独设立"特别纳税调整"一章对转让定价问题进行规定,是我国转让定价税制历史性的突破。具体包括:首次引入了"独立交易原则","成本分摊协议","同期资料"等词,与OECD指南所使用的相关术语相吻合,提高了"利润法"的地位,要求企业准备关联企业的同期资料等。 |
| 2009年1月 | 《特别纳税调整实施办法(试行)》 | 该法是目前为止,我国关于无形资产转让定价税制最新最全面的规定。 |

表四 我国对无形资产转让定价的现行规定

| 主要内容 | 法律规定原文 |
|---|---|
| 无形资产的界定 | 《特别纳税调整实施办法(试行)》第十条:无形资产的转让和使用,包括土地使用权、版权(著作权)、专利、商标、客户名单、营销渠道、牌号、商业秘密和专有技术等特许权,以及工业品外观设计或实用新型等工业产权的所有权转让和使用权的提供业务。 |
| 转让定价调整原则 | 《企业所得税法》第41条:企业与其关联方之间的业务往来,不符合独立交易原则而减少企业或者其关联方应纳税收入或者所得额的,税务机关有权按照合理方法调整。《实施条例》第110条:企业所得税法第41条所称独立交易原则,是指没有关联关系的交易各方,按照公平价格和营业常规进行业务往来遵循的原则。 |

| | |
|---|---|
| 转让定价方法 | 《实施条例》第111条明确规定了我国对转让定价的调整方法包括:可比非受控价格法、再销售价格法、成本加成法、交易净利润法、利润分割法和其他符合独立交易原则的方法。并且明确规定无形资产转让定价调整方法的是可比非受控价格法和交易净利润法。同时,认可了成本分摊协议对于共同开发、受让无形资产的适用。 |
| 处罚条款 | 《企业所得税法》第48条:"税务机关依照木章规定作出纳税调整,需要补征税款的,应当补征税款并按照国务院规定加收利息。《实施条例》第122条对此做了进一步的规定:"企业所得税法第48条所称利息,应当按照税款所属、纳税年度中国人民银行公布的与补税期间同期的人民币贷款基准利率加5个百分点计算。 |
| 追溯时限 | 《实施条例》第123条:"企业与其关联方之间的业务往来,不符合独立交易原则,或者企业实施其他不具有合理商业目的的安排的,税务机关有权在该业务发生的纳税年度起10年内,进行纳税调整。 |
| 成本分摊协议 | 《特别纳税调整实施办法(试行)》第七章,规定交易双方共同开发使用无形资产所签订的成本摊销协议应符合成本与收益相当的原则。对具体的管理提出了规定要求。 |

总的来说,随着《中华人民共和国企业所得税法》、《中华人民共和国企业所得税法实施条例》和《特别纳税调整实施办法(试行)》的相继出台,我国形成了较完整的转让定价制度。然而,这些法律法规中对无形资产的特殊规定却比较少见,相关规定过于笼统,通常是在一般规定的基础上捎带提及到了无形资产的情况,不能应对无形资产的特点,使无形资产转移定价调整的实践操作性大大降低。具体而言,我国无形资产转让定价制度存在着以下问题:

(一)对无形资产的界定不明确细致

我国对于转让定价领域的无形资产定义不是明确和完整的。与OECD指南将无形资产按类型分类的做法不同,我国采用的是正列举外延的形式。随着科学技术的日新月异地进步,无形资产的种类和内容也在不断更新,显然这种不全面的列举方式难以满足时代发展要求。虽然美国I.R.C中对无形资产也采用了着这种间接列举的方式,但是美国遵从的是英美法系的判例法,法官可以根据案件的审理结果造法,及时地适应经济和社会的变化,解决实践中遇到的问题,这是我国的司法系统不能实现的。我国的国税函〔2011〕167号文提出了"营销型无形资产"这一新概念,但目前没有规定如何具体判定营销活动是否创建了新的无形资产,或者增加了某种已有无形资产的价值,并量化该价值。

(二)未对无形资产转让定价规定特别条款

虽然现有的《企业所得税法》、《实施办法》对转让定价税制做出了阐述,但对于无形资产的部分没有细化,未得到足够的重视。特别纳税调整的对象包括有形资产、无形资产、劳务和融通资金。但是无形资产与其他三类相比有着很大的区别,尤其是与有形资产的差异更显著。显然这种将各类对象杂糅的混合规定,不能为无形资产转让定价提供严谨详尽的遵从标准,也不能适应实务中各种复杂情况。

(三)无形资产转让定价的调整不完全适用独立交易原则

目前的转让定价调整法规都以独立交易原则为基础,该原则要求关联交易中的转让价格要能反映可比非受控交易中使用的价格。但是这是适应一般资产转让定价的原则,尤其是针对有形资产和劳务方面,并不能很好地适用于无形资产转让定价方面。因为,一方面由于无形资产的独占性及特殊性,在市场中很难找到可比的非受控交易对象;另一方面,对于集团内关联企业联合开发并拥有的无形资产,关联的企业构成利益共同体,追求整体利益最大化,他们不是市场交易中的独立企业。因此,独立交易原则在适用于无形资产转让定价方面受到了挑战,基于该原则的传统转让定价调整方法也存在着实施困难。因此应进一步扩展适应无形资产交易特点的调整原则和方法。

(四)未单独规定无形资产转让定价调整的方法

目前我国规定了以下五种转让定价方法:可比非受控价格法、再销售价格法、成本加成法、交易净利润法、利润分割法。但这五种方法并没有完全的针对性,只是特别指出适用于无形资产的有可比非受控价格法和交易净利润法。这种一揽子规定的做法只会造成实务中操作的困难性。

与此同时，现行规定对基于价格的调整方法的应用进行了相对详细的说明和公式演绎，但对于基于利润调整方法的阐述偏于原则性，规范过于粗略。对于受到国际较为推崇的利润分割法，我国的现行规定只是介绍了定义和可比分析的因素，并没有针对无形资产的特殊性展开详细讨论。

(五)对取得可比数据及价值评估信息的投入不足

我国税务机关目前获得可比数据的主要来源是BVD数据库，但是其只能提供全球上市公司的财务数据，涵盖的公司数量有限，限制了其应用的广度。而且，该数据库不包括无形资产交易协议的披露信息，造成税务部门寻找可比信息时，在关于合同条款的可比分析方面找不到可以利用的信息。跨国企业利用转让定价避税行为需要国内外的协查，但是税务机关通过该手段获取可比无形资产交易协议的信息时，会面临协查时间长，或由于对方国家非我国税收协定缔约国提供的信息不全面等问题。

(六)预约定价安排的应用有局限性

截至2012年12月31日，中国税务机关累计已签署56个单边预约定价安排和29个双边预约定价安排。尽管预约定价安排在各国受到越来越多的肯定推广，但对于无形资产的预约定价安排，还是有着显著缺点的。由《征管法实施细则》第53条、《企业所得税法》第42条、《企业所得税法实施条例》第113条及《特别纳税调整实施办法(试行)》规定，可知企业必须同时满足三个条件才可申请预约定价安排：年度发生关联交易金额在4000万元人民币以上；依法履行关联申报义务；按规定准备、保存和提供同期资料。所以，由于适用对象的局限性，以及预约定价协议的评审程序繁多复杂，成本高等缺点，只有那些大中型资金雄厚的，管理相对完善的跨国公司才有可能对无形资产采用预约定价安排。

(七)未制定无形资产转让定价的事后回查制度

相比美国规定的无形资产转让定价的定期回查制度，而我国却处于空白状态。因为无形资产超额收益是预估值，这就会存在着估值与实际值不一致的情况。两者差距过大时，就会造成税负的滞后性或不公平。因为无形资产的特殊性，其价值在其年限内可能会因外界环境或报酬条件的变化而发生变化，若没有事后回查制度，无形资产的价格会偏离最初核定的价格，这将无法保证无形资产转让定价的长期准确性，也无法保证国家的财政经济利益和企业的公平竞争不受到影响。

## 三、完善我国无形资产转让定价制度的建议

(一)准确界定无形资产的范围

建议参考OECD的分类做法，将无形资产划分两大类，即贸易性无形资产和营销性无形资产。除了定义方面，还应对两类无形资产的外延确切的范围进行列示，尤其是在怎样的条件下可以形成营销型无形资产，如何判定其归属等问题上给予明确的指引。例如，境外公司A许可境内的关联公司B适用某项商标，那么B从事的营销推广活动可能使该商标增值，对此这些营销活动在什么条件下能够形成境内本地的营销型无形资产，以及归属的定性，我国相关法规应该予以确认。对于多种类资捆绑交易的问题，我国还可以借鉴OECD的建议，按照无形资产的明确规定的范围，要将不同要素分离开来，并分别对其价值评估。

(二)对无形资产进行转让定价规定特别条款

伴随着经济全球化和知识爆炸时代的发展，越来越多的无形资产将以新的种类和形式出现，我国税务当局必须重视无形资产本身的独特性和变化性，改变将有形资产和无形资产杂糅一起作为规定适用对象的形式，将无形资产的部分单独加以规定，提高针对性的同时也增加了其立法层次及权威性。建议采用单独立法的形式，或在现行的《实施办法》中特设一章，规定无形资产转让定价的相关内容。并按照无形资产的分类，对贸易型和营销型无形资产分别制定有针对性的条款。通过加以案例解释说明，提高税

务机关工作人员在实务中应用的熟练度和操作性。

（三）拓展无形资产转让定价的调整原则

1、补充功能、风险和收益配比原则。首先，应通过对关联交易的双方承担的功能和风险分析，确定其各自应该获得无形资产价值的份额，然后按照该比例分配无形资产产生的日后收益。承担功能和风险低的而取得高实际收益一方应向拥有价值比例高反而实际收益低的一方支付转让差额。这个差额应该处于是一值域之中，若超出这个值域范围，税务当局有权进行调整定价。

2、补充总利润原则。虽然总利润原则曾经一度受到 OECD 的批评，但考虑到中国国情，我国外商投资企业数量众多，跨国关联企业交易频繁，若遵从独立交易原则对每笔交易价格逐项审核，巨大的工作量对税务机关是不小的挑战。建议具体做法：关联企业交易次数较少的企业，适用独立交易原则；对与关联交易频繁且难以确定某些交易是否合理时，或前两种原则难以应用时，可采用总利润原则，要求企业提供境内外关联各方的有关资料，并协商合理的分配标准将总利润重新分配给关联各方，然后据此征税。

（四）针对不同交易模式适用无形资产转让定价方法

1、直接许可模式。被许可的生产商使用被许可的贸易对象，支付特许权使用费。因为该类无形资产，如知识产权的价值难以通过成本量化，后续的价值变化更加复杂，但又为了使调整基本原则实现，推荐运用可比非受控价格法。对于营销型无形资产，建议灵活地运用剩余利润分割法。

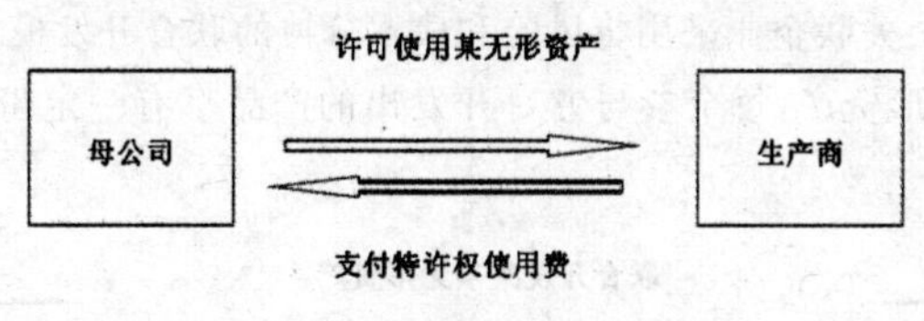


图一　直接许可模式

可比非受控价格法应用中的关键就在于受控交易和非受控交易是否具有可比性。通过判断两者的可比因素，并确定造成价格差异的可比因素，调整消除差异。根据无形资产的特点，需要重点比较以下可比因素：(1)无形资产的属性，如用途；(2)转让条款，包括所授予的开发权、权利的排他性状况，使用限制或地域限制等；(3)升级、更改的权利；(4)资产的独特性；(5)被许可方将承担的经济和产品责任风险；(6)对被许可方生产商品的限制或出口限制等。如果许可的对象涉及专利，还应考虑到专利的性质，国家对其保护程度和期限，适用的生产流程以及生产流程对最终产品的价值贡献等。

2、R&D 合同模式。母公司与研发中心签订 R&D 合同，委托关联的研发企业进行技术开发，研发中心向母公司收取一定的费用，母公司承担研究任务失败的所有风险，最终研发成果的知识产权及应用后带来的利益归属于母公司。由于两者的关联关系，所以技术开发中的成本承担问题是判断转让定价的关键。所以在该模式下，以成本加成法来确定转移价格较为合理。

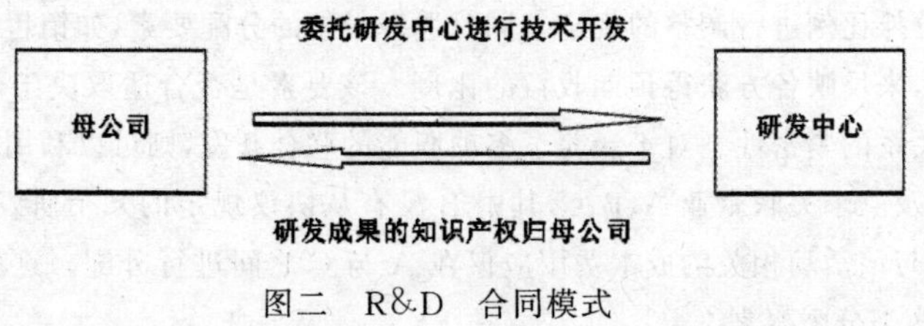


图二　R&D　合同模式

应用的公式如下：

转让定价=成本+成本X成本利润率

成本利润率=(可比销售收入-可比成本)/可比成本

该方法的核心问题是确定准确的成本数据和可比的成本利润率。

成本确定的步骤如下：

第一步：确定直接研发成本；

第二步：将沉淀成本，固定成本(机器设备折旧等)在不同的研发项目之间合理分摊；

第三步：调整预算成本与实际成本之间的差异。因为研发活动的周期长，未来的盈利性和增长趋势都具有一定的不确定性。因此确定成本时应该以过去类似成本利润率的确定，即确定可比待定因素。此时需要进行可比分析中的功能分析，即对两者各自的职能、风险的分析，以寻找可比利润率。

根据以上可比分析的结果，在市场上寻找可比的R&D合同研发交易，以其成本利润率作为该受控交易的成本利润率，结合研发中心的成本，得出合理的转让定价。

值得注意的是可比的成本利润率是一个范围，不是一个准确数字。假设可比的成本利润率的范围为5%～10%，需要结合R&D合同的具体规定，对各类风险赋予权重，进行量化，匡算各方的风险指数。例如，若总风险指数是100，母公司承担的风险是30，研发中心承担的风险指数是70，则成本利润率可以取5%+(10%-5%)*70%=8.5%。

3、联合开发模式。当两个关联企业采用将风险和成本分摊的联合开发模式进行研发无形资产时，关联企业A和B联合开发某无形资产，每个参与方对开发出的产品享有一定份额的权利。建议推广成本分摊协议方式进行事前调整。

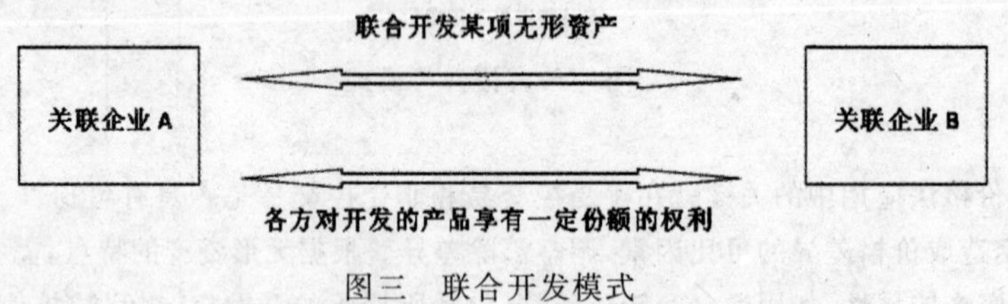


图三　联合开发模式

这里，如果满足正常交易原则，各方分摊的成本应该与一个独立企业在相同情况下同意分摊的数额相同，各方分摊的份额也应该与预期得到的利益份额相同。成本分摊的关键是对出资比例或各方获得预期利润比例的确定，为此需要展开可比分析。该模式与R&D合同模式的交易内容类似，多为技术研发，所以可比分析也主要强调功能分析。关联企业A和B共同履行制定研发战略与技术开发职能，共同承担战略风险、研发风险。据此寻找可比的联合开发交易，将可比对象的分摊比例作为可比出资比例。

由于各方的职责和风险会因为研发项目的长期性，外界因素的影响而变化。建议在协议中规定日后可以对分摊数额与分摊比例进行调整的规定。同时选择最佳的分配要素，如销售单位，雇员数量，投入资金数额，经营利润等，来反映各方获得预期收益的比例。该要素是否合适取决于研发项目的性质以及分配要素与利润之间关系的紧密性。对于涵盖了多项职能的联合开发，则可以利用多种分配要素计算。例如，如果成本分摊涉及三个关联企业A、B、C，其中B没有从协议规定的某个研发活动中受益，那么在无出资抵消的情况下，与该活动相关的成本费用应仅在A与C之间进行分配。这就可能会涉及分别针对ABC和AC参与的两类分配要素。

(五)建立可比数据资源库，加强国际情报交换与合作

今后，我国各地的税务机关应该根据本地企业的实际情况，积极利用所得税汇算清缴数据，互联网信

息以及其他评估机构或特色数据库的信息，拓宽信息渠道，开发报分析软件，建立自己的转让定价信息数据库，对我国的转让定价进行指导，实现数据管税。为谨防无形资产利用转让定价避税，我国可以继续购买能够获取立国内的数据库，为税务机关提供可以获得可比的无形资产交易协议和数据的查询平台。此外，我国应鼓励像世界品牌实验室这样专业的研究评估机构的建立，培养专业的经济，数理分析人才，建立品牌数据库，为无形资产转让定价调整提供数据信息。

2010 年我国核查外来税务机关申请的专项情报 391 余份，发出情报审核申请 108 份。我国通过使用外来情报查补的税款、加收滞纳金和罚款共计 6.9 亿元。可见，利用国际税收征管的协助力量，强化国际税收信息保障具有必要性。基层税务机关要对跨国公司与避税地企业的交易保持警惕，积极与税收协定缔约国建立情报交换机制，拓宽信息获取渠道，来查处国际避税行为。

(六)推广事前调整制度并调整其门槛问题

我国也应该顺应潮流，推广事前调整制度。对于各类无形资产的关联交易，税务机关应鼓励纳税人与税务机关进行预约定价谈判。可以借鉴美国做法，只要不违反国家法律法规和协定规定，可以调整预约定价的相关要求，如时间限制等。推广成本分摊协议在中国的应用，可以规定，若成本分摊安排中的任一方在规定时期内获得的实际收益未偏离预期收益的 20%，则无需调整。否则，不仅按照实际收益份额进行调整，还对以往交易具有相应的追溯力。

对于国内企业反映的预约定价协议的门槛过高问题，可以参考美国的做法，推出一系列措施来简化预约定价程序，降低门槛。第一，区分企业不同行业，不同情况，以适应不同程序，以合理分配税务机关工作人员和相关资源，提高工作效率。第二，对中小企业规定特别条款，对符合标准的中小企业降低其申请费用、压缩资料要求。第三，针对无形资产转让定价问题，降低关联交易额度要求，缩短谈签时间，增强预约定价的灵活性，以提高企业进行预约定价的积极性。

(七)对无形资产转让价格进行事后回查调整

鉴于中国目前税收征管力度薄弱，用于征管的人力物力有限的现状，不可能在每个纳税年度都对以往的无形资产转让定价进行核定。我国可以建立定期调整的事后回查制度，延长调整期限，针对不同行业或不同交易数额的大小，每隔三年或五年核定调整一次。推行定期评估制度，及时地评估营销性无形资产的实际价值，及新型无形资产产生的增值，避免个别跨国公司以此转移利润，逃避纳税义务。同时补充地实行不定期抽查调整的方法，当税务当局发现企业实际情况与原先核定的数额与有较大偏离时立即调整。

(作者单位：江苏省南京市江宁地方税务局)

# 借鉴国际经验提升“走出去”企业税收征管能力

任 虎

随着全球化的不断推进和我国经济实力的快速攀升，越来越多的企业开始放眼世界，“走出去”到境外投资，在世界范围内配置和利用资源。中国正逐步从资本主要输入国转变为日益重要的资本输出国。中国境外投资在世界FDI(外国直接投资)中所占的比重在显著增加，由此带来的税源也必将在我国税源中占据日益重要的地位。如何适应这种新形势的变化，提升“走出去”企业税收征管能力就成为税务部门的一项新课题。

## 一、我国境外投资情况介绍与我国“走出去”企业税收征管现状

(一)初步建立了较完备的法律、法规制度体系，为“走出去”企业税收监管提供了基本的法律支持。我国《企业所得税法》第二条、第三条及《企业所得税法实施条例》第三条、第四条对居民企业及其纳税义务进行了界定，确立了以注册地标准与管理机构所在地标准相结合的居民企业认定标准；《企业所得税法》第二十三条、第二十四条和《企业所得税法实施条例第七十七条至第八十一条及《财政部 国家税务总局关于企业境外所得税收抵免有关问题的通知》确立了分国不分类抵免、限额抵免为基础的居民企业境外投资所得税抵免制度；《企业所得税法》第六章及《企业所得税法实施条例》第六章和后续的《特别纳税调整实施办法(试行)》对关联企业转让定价调整、预约定价安排、反资本弱化、受控外国公司保留盈余处理、一般性反避税进行了规范和细化。

(二)对“走出去”企业的认识不够全面，相应的税收制度设计出现一定偏跛。了解企业“走出去”到境外投资的动机是做好“走出去”企业税收管理的一个重要前提。从国际经验看，企业“走出去”到境外投资的动机比较复杂，因国别和行业有较大差异，但主要集中于开辟市场和提高营销技术、降低成本、对第三国输出和收集情报等，利用当地廉价劳动力、税收优惠、资本外逃等并不是主要动机。可以认为企业跨国投资主因是追逐利润、单纯为了避税而投资不是主因，但对于高税国是例外。这一点从我国对外直接投资特点五“国企和有限公司是对外投资主体，其中国企占69.6%；在非金融类对外投资中央企和单位占81.3%，居主导地位。”可得到印证，理由是这些国企、央企在现行体制下出于避税而“走出去”的动机不强。因此对于“走出去”企业到境外投资我们应当秉持的一个基本税收管理观点是：我们应当假定企业是出于正常逐利目的而对外投资从而制订相关的税收政策并进而进行相应的税收征管，对于企业避税目的和行为应做为例外来处理。而我国《企业所得税法》及其实施条例包括后续的《特别纳税调整实施办法(试行)》恰恰是基于企业境外投资主要是出于避税这个基本判断而制定的，因此反避税有余，对国际通行的对境外投资的扶持基本上是空白。

(三)对“走出去”企业税收征管重视程度不够。近年来对“走出去”企业税收征管学界有研究较多，但税务部门普遍热情不高。一个可资对比的例子是：商务部网站有“对外投资国别(地区)指南”专栏对世界各国的政治、经济、风土人情、法律(包括基本的税收法规)乃至于如何与政府、议会、工会、居民打交道都有详实的介绍；其“各国法规”专栏世界各国的主要法律(包括税法)都有分国别的陈列；对外投资的基础

数据如投资存量、实现销售收入等更新很及时。反观国家税务总局网站，你会发现在首页上找不到我国企业境外投资专门栏目，查不到任何关于境外投资的数据，比如投资存量、投资企业实现销售(营业)收入数据、汇回利润数据、境外投资所得查补税款数据等。从地方来看，只有少数的单位在从事境外投资税收征管的研究与管理工作，比如广东深圳等地。当然这与我国正处于资本净输入国向资本净输出国转变初期、各部门思维仍然处于招商引资而不是紧盯境外投资有关。

(四)境外投资税收管理体制不顺，境外投资税收管理基本处于真空状态。境外投资税收管理走在前例的美国，其国内收入局内部机构设置是以服务对象主要标准而不是以方便自身管理而以征管节点为主要标准来划分。在美国，其境外投资企业监管主要归口于大中型企业管理局下设的国际司负责，国际司下设税收协定部、境外运作部和其他直属机构具体实施。

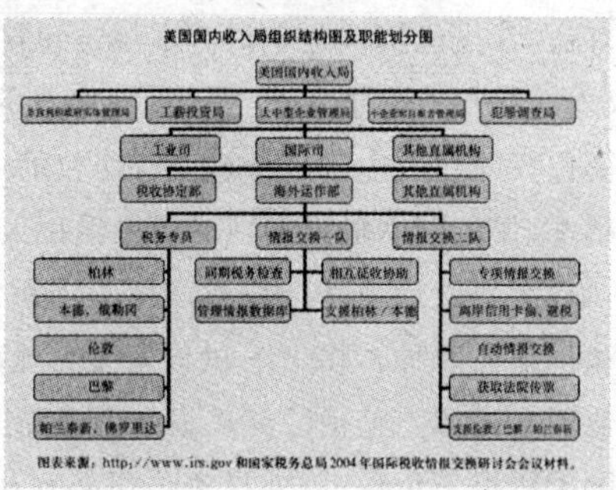

图表来源：http://www.irs.gov 和国家税务总局2004年国际税收情报交换研讨会会议材料。

我国征管体制下总局国际司主要职责是起草、拟订有关涉及境外投资的规章制度、税收协定、部门规章及规范性文件，具体的征管工作和各税种政策由其他司局负责。总的来看，从上到下各级国际税务司处科主要相当于一个税政部门，并不抓具体的征管工作。因此我国“走出去”企业税收征管实际上是由征管口把握主动权。而各级征管部门完成全年税收任务是头等大事，对于这种需要长期投入、收效不大且回报周期长的境外投资税收管理普遍不是束之高阁就是没工夫去做。用从事国内转让定价管理岗位的同志的话来讲就是：搞关联企业转让定价调整就够焦头烂额了，谁有闲心去搞它。结果造成一方面相关税收法律、法规、规章和配套文件要求将“走出去”企业境外投资情况纳入正常税收征管查环节，另一方面事实上基本处于无人管理，主要靠企业自我约束的尴尬局面。

(五)缺少境外投资税收管理相关的基本数据库。巧妇难为无米之炊，现在我国境外投资税收管理缺少的正是米—税源管理数据库。该数据库应当涵盖诸如境外投资企业名称、数量、投资存量、投资企业实现销售(营业)收入数据、汇回利润数据等在内的覆盖税收管理、税款申报征收、纳税检查环节在内的全方位税源管理数据库。这一点从境外投资税收管理搞得好的国家都有基本的税源管理数据库上可以得到印证。

(六)建立境外投资税收管理所必须的部门协作缺少制度性的规定和规范化运作。建立境外投资税收管理基本数据库和常态化管理离不开部门协作。实际上境外投资牵涉到商务、外汇、工商行政管理、发改委、办理进出口业务的商业银行、从事境外投资审计的会计师事务所、律师事务所等多个外部部门，这些部门定期向税务部门提供境外投资信息是建立和维护境外投资税收管理基本数据库的重要前提。就目前情况来看，中国还缺少这方面制度性规定，往往是出于为搞好部门间关系而提供一些相关的信息，这种信息提供方式不具有稳定性和及时有效性，这种情形下单靠税务部门自身努力要建立基本数据库难度很大。

(七)税务机关对“走出去”企业税收监管整体能力欠佳、专业岗位人才急待补充。同资本输出大国相比，我国的"走出去"企业境外投资税收征管才刚起步，不论是制度框架还是实践操作差距是显而易见的，许多工作还处在初步探索阶段。国内从事关联企业税收转让定价调整工作的人员本身就少，从事专职境外投资税收监管的就更少。这类岗位一般具有本身连贯性强、所需知识面广、对外语要求高、不容易出成绩、晋升机会相对较少等特点，往往是一沾上就脱不开身。有限的岗位人才经过一段时间后走失较多，待补充人才储备少。

## 二、关于"走出去"企业税收征管的国际借鉴

(一)基于正常投资目的假设的制度性规定

1、《经合组织范本》对资本输出国利益的有效维护。伴随中国资本输出国地位的提高，其某些规定是值得我们借鉴的。相关规定主要有：在常设机构认定上该范本规定建筑工地或安装工程的施工期连续达到12个月以上。在船运和空运收入征税权方面主张由国际运输企业的管理机构所在国征税，对于航运大国十分有利。在特许权使用费征税权问题上主张仅由提供特许权的一方征税。

2、通行境外税收抵免和饶让制度，保持资本输出中性。居民纳税人境外投资所得往往由于资本输出国与输入国同时采用居民税收管辖权和地域管理管辖权而产生国际重复征税。消除国际双重征税的方法主要有扣除法、减免法、免税法和抵免法四种。扣除法和减免法只能减轻而不能消除双重征税而且不利于资本的国际流动因而只有少数国家采用。免税法能从根本上消除国际重复征税，其适用往往附加一定条件如来源于不征或税率很低国家所得不免税、境外投资公司必须从事制造业等实际经营活动等，一般实行累进免税法的国家较多。从世界经济效率角度考虑，实行外国税收抵免是最具有资本输出中性的一种避免国际重复征税的方法。对征税权保护最严格的美国实行区分不同各类综合限额抵免、并采用计算复杂的间接抵免制度并允许亏损向后结转等较完备的外国税收抵免制度。同时为鼓励其境外投资利润汇回国内，美国《创造就业法》对按规定时间汇回国境外所得实行5.25%税率征税，远低于其35%的一般税率。为鼓励正常的资本输出，资本输出国往往还对本国纳税人从所得来源国得到的税收减免退税等优惠在合并纳税时视同已缴予以饶让。

(二)防范境外投资企业进行国际避税的制度性规定

1、对付避税地的法规。美国做法最具有代表性，美国于1962年颁布法案对那些极易被利用作为避税工具的设在避税地的受控外国公司(controlled foreign company，简称CFC)的某些所得(列入美国国内收入法典F分部)不再适用延迟课税。其他国家纷纷效仿，至今已有20余国立法对付利用避税地逃税行为。对付避税地的法规所适用的纳税人除少数国家如英国、法国、丹麦只适用于法人外，通常都包括自然人。对于CFC一般应符合三个条件才能适用：条件一是本国居民在该外国公司中直接或间接拥有股份或选举松不得低于一定比例。美国规定为50%，英国、澳大利亚、新西兰40%，瑞典和意大利为10%；条件二是本国每一居民股东在该外国公司中直接或间接拥有的也应达到一定比例。丹麦、西班牙高达50%，日本只需5%。条件三是CFC所在国税负水平应较低。税率不是唯一考虑因素，英国、澳大利亚采用直接列举不适用国家做法、而日本采用直接列举避税地国名单做法、瑞典则采用税率加名单做法。对于受控外国公司应分未分利润即所谓的保留利润是否需要适用对付避税地法规而合并申报纳税各国有所差异，美国、丹麦等主要限于消极所得，如股息、利息、特许权使用费、租金、资本利得或其他不具有实质性经营所得；但也的国家如英、法、日等国不区分积极所得和消极所得全部适用。

2、防止滥用税收协定。主要做法有：运用国内立法对滥用税收协定行为加以防范。代表国家是瑞士。瑞士是发达国家常被当作避税地的国家，在美国压力下立法对股息、利息、特许权使用费支付进行限

制;多数国家是在双边税收协定中加入反滥用条款,综合运用排除法、真实法、纳税义务法、受益所有人法、渠道法、禁止法等方法,如美国、英国、荷兰等。严格对协定受益人资格审查是防止滥用税收协定的又一武器,如美国要求非居民如果要就其来源于美国的所得享受预提税减免须先申请鉴定鉴定其缔约国居民身份。

3、反资本弱化法规。一般来说,反资本弱化法规只适用于本国的法人实体,但是本国居民企业在境外设立两重甚至多重管理公司回过头来采用借款给母公司并取得超过常规的利息收入等方式掏空母公司的现象在理论上和现实中都是存在的。从这个意义上说反资本弱化法规也适用于对"走出去"企业的税收监管。比如澳大利亚反资本弱化法规就特别指出适用于控制外国企业的澳大利亚企业及通过境外机构经营的澳大利亚企业。通常该类法规规定本国公司支付给非居民贷款人的超过所谓"债务/股本比例"部分的利息不得在税前扣除。

4、限制避税性移居。部分发达国家特别是高税国立法限制本国自然人或居民法人出于避税动机而移居国外。比如德国规定,凡移居到避税地的前德国公民,如果被认为与德国保持有实质经济联系将在未来 10 年来仍被视为国内税收居民。美国《国内收入法典》规定,本国居民公司若要在清理后并入外国居民公司,必须在 183 天内向税务局证明其没有规避税收的意图。

5、通过国内立法对不符合独立交易原则的转让定价行为进行特别纳税调整。自 1915 年英国颁布转让定价法规后,世界各国相继跟进,纷纷立法对关联企业认定标准、转让定价审核和调整的原则与方法进行了规范,形成了可比非受控价格法、再销售价格法、成本加成法等标准调整方法和可比利润法、利润分割法、交易净利润法等所谓第四种调整方法;为了平衡税收征收方与纳税人利益,1991 美国首先采用预约定价协议,尽管有缺陷但因有利于建立征纳双方互信、减少双方工作量及不必要的诉讼程序等优势而逐渐流行。

6、国际税收情报交换。通过国际双边合作建立国际税收情报交换是对境外投资正常税收监管和打击避税的有力手段。主要有以下几种形式:根据要求交换,即根据缔约国提出的税收情报交换的具体要求向其提供本国掌握的税收情报。自动交换,主要适用于股息、利息等所谓消极所得的情报交换。比如美国就规定其居民向缔约国支付股息、利息时必须逐个填写 10425 表,其复印件由美国主动寄送缔约国税务部门。自发交换,即一国税务部门查获某些自认为对缔约国有利的税收情报时主动提供给对方当局。同时检查,即两国税务部门同时开展对同一跨国纳税人的税务检查。

从征管层面看,与中国具有一定相似性的韩国的居民企业境外投资管理方式借得借鉴,其做法主要有:

(一)税收管理方面的做法

一是注重基础信息采集。韩国政府规定,韩国居民个人、企业设立境外投资企业、分支机构及常设机构或境外企业清算、停业的,必须在 3 个月内向各外汇银行申报;外汇银行及时向进出口银行提供境外企业投资及停业等有关资料;外汇银行、进出口银行定期以指定形式向国税厅报送。不及时、准确、全面提供资料的,由监察部门予以处罚。对收集到的所有资料建立数据库,包括投资者名称、注册日期、设立国、注册资本、停业与否、经营情况、从业人数等。

二是对境外投资企业进行特定代码管理。韩国国税厅向所有境外企业赋予 9 位数税务代码,由投资国家代码、企业类型(或个体户、分支机构、代表处)和投资国税务登记证号组成。韩国国税厅根据韩国进出口银行提供的资料下发有关企业名单,由税务署企业所得税科、个人所得税科具体办理税务登记。被赋予税务登记号码的境外企业,必须输入该号码才能申报纳税。

三是境外投资企业信息档案化管理。韩国税厅规定，境外投资者在企业(个人)所得税申报时必须提供境外企业明细单、财务报表、分支机构明细单等资料，及时提供停业、清算及股权转让等生产经营变动情况资料。未及时提供者必须依法补报。每年申报期前2—3个月对境外投资企业"一户式"档案进行升级。纳税申报方面注意宽严相济：对所在国税率小于15%、韩国居民持股不低于50%或实际控制的境外子公司少缴税收的，其差额部分按红股息、红利所得补缴。境外企业已向投资国缴纳的所得税予以直接抵免、税收协定国给予韩国境外企业的减免税在合并纳税时视同已缴予以饶让。办理境外税收抵免时居民(企业)须提供来源于投资国收入明细单、纳税明细单等资料以防止虚假申报。

(二)纳税服务方面的做法

一是组织境外投资企业税收政策说明会。包括国内巡回说明会(向有FDI项目或投资意向企业专题介绍外国税收政策、纳税服务相关渠道、办法)与境外企业说明会(到境外企业所在地介绍其所在国税收政策、税收协调、援助方法等)两种形式。

二是培养地域性税收专家。韩国目前有213人能较熟练地处理34个国家的境外投资企业税收业务。定期举行企业、中介人员参加的外国税收知识大赛并组织企业人员到俄罗斯、越南、印尼等主要投资地培训。

三是出版外国税收业务指导书并提供电子版本在税务网站上供浏览和免费下载。

四是提供多种形式的税收服务。包括开设境外投资企业专用咨询窗口、在国税厅网站开设国际税收信息栏目、在6个驻外使馆网站上开通E—mail方式提供所在国税收政策。

## 三、提升税务部门"走出去"企业税收监管能力的政策建议

(一)制度层面的政策建议

1、加快与投资目的国的双边税收协定商签工作，注重加强对我国征税权的正当保护。加快与投资目的国的双边税收协定商签工作，既有利于保护境外投资的正当权益又有利于加强对其的税务监管，为国聚财。为了保护我国应有的征税权，在今后与其他发展中国家的税收协定商签或修订中应当更多地借鉴《OECD范本》而不能总把自己置于急于招商引资的发展中国家地位，尤其是在常设机构的认定、航运收入征税权归属、特许权使用费征税权归属问题上更应当从资本输出国角度加以考虑。

2、进一步完善涉及境外投资的税收法律、法规体系。应当通过完善的税收抵免制度使得正常的资本国际流动不因税制原因而改变，即保持资本流动的税收中性。对可能的各种形式的避税行为又要有最低限度的防范。规定应当详尽具体可具有操作性。

我国目前的涉外税收法律、法规体系还有一些制度性的修订和完善工作要作：首先，有限度的承认境外亏损。现行制度规定境外的亏损只能由在该国以后5个年度的利润进行抵补，不得由境内盈利弥补也不得由设在其他国家的企业的盈利抵补。这样的制度是建立在我国税务部门对境外企业生产经营情况掌握不足和严格防范避税基础之上的，问题是这种规定有些矫枉过正。现假定一家中资企业在A、B、C三国分别设有甲、乙、丙三家全资子公司，假定这三家子公司自成立起均分别亏损，现在全部要清算注销，其累计的亏损按现行制度将得不到抵补。这明显有违税收中性原则不利于资本输出。其次，《特别纳税调整办法(试行)》中规定税务机关可对存在滥用税收优惠、滥用税收协定、滥用公司组织形式、利用避税港避税的企业，在层报国家税务总局批准后启动一般反避税调查。问题是"存在滥用税收优惠、滥用税收协定、滥用公司组织形式、利用避税港避税"等行为只是国际税收研究领域中的术语，具体运用到税收实务中如何界定应当明确，否则基层税务机关根本无法执行。第三，对避税性移居的规制措施欠缺应当考

虑加以弥补。应该说近年来部分民营企业或者部分先富起来的人在法律意义上移居境外但主要生产、生活地仍然在中国的现象并不少见,从经济角度看对这种明显带有避税动机偏向的“假”移居应当引起足够重视并加以制约。第四,对受控外国公司(CFC)的认定上标准和处理上还需进一步考量其有效性。根据现行税法及《特别纳税调整办法(试行)》的规定,我国把设在税率在12.5%及以下的国家(地区)的控股企业视为受控外国公司,同时凡设在总局指定的美、英、法等12个税率高于中国的外国企业或者是年度利润总额低于500万元人民币的外国企业免于将外国企业不作分配或减少分配的利润视同股息分配额,计入中国居民企业股东的当期所得。如果居民企业有很强的避税动机又在技术上采取一系列复杂隐蔽的避税措施完全可以规避上述规定实现将利润留在税率介于12.5%与25%之间的国家或地区,从而逃避现行税法的规制。

3、对居民企业境外投资的税收监管所需的部门协作与分工通过立法加以制度性规范。前文谈到我国的居民企业境外投资税收监管不只是税务部门一家的事,需要各级商务、外汇、工商行政管理、发改委等行政部门和办理进出口业务的商业银行、从事境外投资审计的会计师事务所、律师事务所等多个外部部门的协作才能完成。国家应当从战略意义的高度看待和处理这个问题,通过立法,最低限度是通过部门协商后共同出台相关文件对相互间的分工与协作进行制度性规范和约束,建立常态化的居民企业境外投资涉税信息交流机制。

(二)征管层面的政策建议

1、以事务管理为标准整合现行内部机构设置,建立以大企业管理局为中心的居民企业境外投资专门管理机构。我国现行的居民企业境外投资管理实际上是国际税务司(处)与所得税司(处)负责政策制订与解释,征管司(处)具体负责所属征管机构抓管理的格局。由于各自工作重心不同,很难协同作战,形成多头管理等于没人管理的局面。建议效仿美国国内收入局内设机构模式,在对现有机构不做大的变动情况下,由大企业管理局来扎口统一抓居民企业的境外投资税收监管。理由是能够“走出去”到境外投资的企业绝大部分都是大企业,而且我国目前对外投资主体中国企占近70%,央企占全部对外投资主体的81.3%,大企业管理局对这些企业征管情况比较熟悉,增加一块境外投资监管工作相对不会有大的难度,而且抓住了这些央企就等于抓住了中国居民企业境外投资的主体,意义重大。

2、培养专业化的境外投资税收管理人才。人是第一位的因素,抓好境外投资税收管理必须依赖于一支熟悉境外投资业务、能够综合运用国际经贸领、会计、税收、法律领域知识和投资国语言处理实际业务的专门化队伍。考虑采取制度性选拔并加以有针对性的境内外集训,注重以案代训,辅之以相对优厚的待遇等措施快速有效补充队伍。应当针对中国对外投资的特点,特别注意培养熟悉中国香港、开曼群岛、英属维尔群岛、澳大利亚、新加坡、南非、美国、俄罗斯、中国澳门等国家(地区)的区域性税收专家、税收协定的谈判和运用专家等专业性人才。

3、强化税源监管,建立统一、有限开放的“一户式”境外投资税收管理基本数据库。通过与各级商务、外汇、工商行政管理、发改委和办理进出口业务的商业银行、从事境外投资审计的会计师事务所、律师事务所等部门的定期、不定期的信息交换机制,加上国际情报交换,广泛获取居民企业境外投资的涉税信息,建立基本税源信息数据库。同时不断补充根据日常征管掌握的税收申报缴纳、处理处罚等环节的信息,最终形成一个统一、有限开放、上下级互动、内外联动、定期更新的“一户式”境外投资税收管理基本数据库。通过该数据库,授权税务系统内部人员自由查询并对外部相关部门特定岗位有限开放。该数据库应当涵盖以下主要内容:在境外投资的中国居民企业名称、住所、主管税务部门、所有制性质、境外投资企业国别、投资额度、设立日期、停业与否、销售(营业)数据、实现利润数据、在所在国税收缴纳数据、利润分配数据、境内申报纳税数据、涉及处理处罚类数据等。

4、注重对居民企业境外投资的日常管理。首先,注重技术性管理。借鉴韩国经验,对有境外投资的居民企业赋予特殊的税务登记代码,该代码包括投资国家代码、企业类型代码和投资国税务登记代码;同时在现有税务登记代码基础上前缀字母F。凡带F字母开头的居民企业必须同时输入其特殊税务登记代码才能正常申报纳税。具体操作上,由总局汇总居民企业境外投资信息后下发给各级国、地税局大企业管理局(或相当机构)负责办理其特殊税务登记代码。其次,注重对居民企业境外投资信息提供的管理。严格贯彻总局特别纳税调整办法(试行)》对居民企业的资料报送要求,对不如期提供法定的《对外投资情况表》、境外企业财务报表、年度审计报告等资料以及企业年度关联业务往来报告表,或者未保存同期资料或其他相关资料的行为严格依法惩处。第三,充分发挥国际情报交换的同时检查功能,对有重大逃税嫌疑的境外投资企业商相关国家税务主管当局同时展开税务检查往往能收到奇效。

5、注重对境外投资企业的纳税服务。管理与服务并重是国际通行做法,也是我国税务部门正在致力做的日常工作。第一,开辟网上境外投资纳税专栏,介绍境外办税制度、税收协调及援助,国内相关的税收政策、办税流程等专门规定;编辑整理各主要投资目的国的税收法律、法规并上网免费共享。第二,组织熟悉外国税收业务的专家在线服务、在境外投资较多的城市开设专用咨询窗口提供境外投资涉税咨询。第三,强化对主要投资目的国的税收政策研究,对重点境外投资中国居民企业及其境外控股机构实行定期上门服务,政策到家、倾听企业的需求,有针对性搞好相关服务。

(作者单位:江苏省连云港地方税务局)

# 境外上市企业税收风险分析

陶向武　韩　云　樊　成

根据江苏省商务厅统计数据显示:"十二五"以来,江苏企业"走出去"步伐明显加快,发展势头迅猛,企业国际化程度得到明显提高。2014年前11个月,新增对外投资项目674个,对外投资中方协议额67.2亿美元,项目平均规模超过1000万美元。截至2013年底,我省实有境外企业1840家,中方实际投资额累计111.6亿美元,居全国第六位。其中,正常开展经营的企业1095家,海外资产总额296亿美元,2013年实现营业收入总额229亿美元。

随着我国经济的迅速发展,越来越多的企业对金融市场的融入不断加深,上市成为众多企业的选择,境外上市已经成为不少企业的重要策略,国际化的资本流动不仅有利于融资和生产要素的国际化流动,也有利于企业建立科学的现代企业治理结构,更有利于公司声誉的提高。正是针对这种经济形势,探索建立并完善对境外上市公司"信息采集—数据分析—风险应对—动态监控"链条式管理,努力构建境外上市企业的常态化管理机制显得尤为重要。

## 一、境外上市企业主要风险点

(一)股权激励计划涉税风险

股权激励计划是境外上市企业根据业绩情况面向高管、员工制定的激励政策,发生时点可能涵盖上市全过程。一般体现为面向董事、高管的股权激励计划和面向部分雇员的购股权计划。此类计划的行权价格一般为零或远低于市场价,行权期跨度从一年至十年不等。董事高管及雇员是否就其依据股权激励计划取得的收益足额纳税,便是需要调查的重点。部分境外上市企业由于没有达到行权条件或行权期限,暂未发生相关纳税义务。我们通过境外上市企业年报披露的信息,查阅企业的股票期权计划或实施方案、股票期权协议书、授权通知书等资料,发现有企业存在未足额申报纳税的情况。主要原因一般是企业对股权激励政策不了解,认为接受股权方没有卖出,没有获利,不需要缴纳个人所得税。

(二)股权转让涉税风险

股权转让包括直接持有上市公司的股权转让和通过SPV公司间接持有上市公司的股权转让。境外上市企业在上市过程中,对股权架构进行调整,涉及最多的手段就是股权转让,企业上市后,大股东减持境外上市股份的情况也屡屡发生。这种情况下,如果出让方是我国居民个人或企业,是否足额缴纳股权转让税款值得关注。根据调查情况显示,境外上市企业,特别是间接上市情况下,实际控制人多通过离岸公司对上市公司进行控制。在英属维尔金群岛上设立的SPV公司,在通过这些离岸公司进行股权转让的情况屡见不鲜。由于我们难以取得离岸公司相关交易情况和财务报表,对转让收益是否进一步分配难以确定,存在税源流失风险。

(三)董事高管薪酬涉税风险

上市公司高管是高薪职业已经成为社会的共识。企业实现境外上市后,在引进外国投资者实现资金募集和企业规模扩张的同时,也进一步规范企业运作,引进现代化管理人才,建立先进的企业治理制度。同时企业也需要面向企业经营管理者制定优厚的绩效工资、业绩分红等薪酬政策。而董事高管是否就其取得的各类名目的薪酬汇总缴纳个人所得税，也是我们调查的重要事项。境外上市企业董事（含独立董事）、高管一般为中国公民或长期在中国境内居住经营管理企业的外籍个人，其税收管辖权在中国。我们通过比对境外上市企业年报披露的薪酬与个人所得税明细申报信息，发现在调查名单中有企业未足额申报纳税的情况以及未将境外发放的应税收入申报纳税。

（四）股息红利涉税风险

股息红利是企业经营成果的重要体现，也是上市公司对投资者的有力回报。上市模式的不同，针对股息红利的涉税风险关注点也不一样。如境外上市企业采取直接上市形式，企业股息分红是否扣缴非居民企业所得税便是值得关注的问题。而在间接上市的情况下，上市前是否对直接持股股东进行分配，以及上市后对间接持股股东所获得的股息是否缴纳个人所得税则是关键。由于我省主要上市模式是间接上市，受益人往往是间接持有股份的股东，股息分配至实际收益人的离岸公司后，有没有进一步进行分配往往成为调查难点。

（五）关联方及关联交易涉税风险

境外上市企业集团内部成员之间，由于生产、制造、销售、研发、管理、投资等不同的环节和功能彼此相对独立，带来利润归属、承担的风险各不相同。一些关联企业为了达到整体税负最轻的目的，往往利用各地区税收政策的不同，采取有别于市场价格的定价办法或人为改变费用分摊标准及收取特许权使用费等手段，将利润转移到税负较低的地区。我们将关联企业及关联交易作为调查的关注点之一。

对于企业所得税在地税的情形，我们对关联企业间是否遵循独立交易原则，集团内部企业的利润归属是否与独立企业在类似功能风险承担情况下所获取的利润大致相符做了专门的核查，从中发现了一些关联交易的疑点。

## 二、境外上市企业管理重难点

（一）信息搜集难——建立涉税风险库

涉税信息是加强境外上市企业税收征管的关键。按照总局“摸清底数、完善政策、优化服务、加强管理”的要求，全面掌握境外上市企业投资、经营、所得和纳税等情况，建立基本信息档案和涉税风险库，为后续做好税收服务与管理打好基础。通过各种渠道广泛获取相关涉税信息，建立基本税源信息数据库，最终形成“一户式”税收信息基本档案；完善部门协调配合机制，加强与商务、外经、外管、公安等部门之间沟通协调，构建信息共享平台，及时掌握境外上市企业的有效信息；利用上市公司信息披露比较充分、及时的特点，依托信息化手段，通过网络、报纸等媒体，抓取境外上市企业的组织架构、股权变动、股息红利派发和董事高管薪酬等相关信息，对收集到的信息进行归类分析，将内、外部信息进行有效的整合比对，排查出可靠的风险点，建立境外上市企业涉税风险库。

（二）后续管理难——完善管理链条

境外上市企业税收管理是动态的、长期的过程，需要构建长效管理机制，实行常态化管理。要在建立境外上市企业涉税风险库的基础上，对企业的涉税信息进行日常更新，及时关注企业涉税风险点，形成完善的管理链条。应当制定境外上市企业税收管理办法，完善各项征管措施，加强税源控管，引导企业自觉遵守税收法律法规，防范税法遵从风险；建立境外上市企业涉税信息报告制度，规范同期资料管理，对企业发生的资产重组、股权变更、股息分配、关联企业交易等特殊经营事项，要求在规定时限内办理备案手续，开发境外上市企业涉税信息管理平台强化日常管理。

（三）政策理解难——加强纳税宣传辅导

企业由于境内境外双重架构以及法律法规的不匹配带来了极大的税收不确定性。这就要求税务部门应当将优化服务与强化管理有机融合，构建境外上市企业税收一体化服务与管理机制，前移服务端口，充分利用网站、报纸、刊物、“12366”税收服务热线、办税服务厅等载体，拓宽税收宣传和涉税提醒的发布途径，更好地为企业境外上市提供全方位、多领域的税收政策指引，做好企业境外上市之前的政策辅导和宣传、关注上市后企业股权变更、薪酬激励、股息分红等各项信息变更，及时做好相关税收服务。建立有效的境外上市企业涉税问题信息反馈机制，提高税收服务的针对性和实效性。

## 三、境外上市企业管理建议

(一)完善政策立法

借鉴国际先进经验，立法形式打造税收监控体系，增强监管力度，堵塞税收漏洞。如：美国《海外账户税收遵从法案》(FATCA 法案)使得美国有能力在全球范围内收集纳税人的海外账户信息，核心内容包括要求美国纳税人个人或机构持有的海外金融资产总价值达到一定标准(目前的申报标准为个人 5 万美元，机构 25 万美元)，该纳税人将有义务向美国国税局进行资产申报。

(二)建立健全部门间信息交换机制

改变目前尚无法律强制性涉税信息交换的现状，借鉴发达国家的通行做法，尽快完善税收行政协助立法，以法律形式确立税务机关从有关各方获取信息的权力，对相互间的分工与协作进行制度性规范和约束，使相关部门掌握的我国企业境外投资信息能够及时、主动地传递到税务机关。提高合作效率。

(三)完善和明确相关税收政策

借鉴国际经验，综合考虑我国目前的征管水平和对境外上市企业的税收管理支持，对不明确的税收政策予以细化、不合理的予以优化，采取严厉措施来解决税基侵蚀与利润转移的现象。如：个人所得税当前政策缺少完善的反避税体系，实际征管中自然人大股东境外通过 SPV 公司间接持股，取得股权转让或股息红利等所得，只要不向个人直接分配，即可无限期递延纳税时间；更甚者如果是股权等作为对价，可能根本不存在向下资金流，税务部门没有类似受控外国企业规则的政策支持，工作无法推进，修订自然人监管相关法规成为当务之急。

(作者单位：江苏省南京市江宁地方税务局)

# 居民个人境外所得税收实践与思考

刘　莉

近年来，随着经济全球化的深入发展，以及我国“走出去”发展战略的实施，“一带一路”政策的落实，资本流动、技术交流、人员往来等跨境交易活动日益频繁。如何加强跨境税源管理，规范“走出去”个人境外所得的管理，尤其是如何做好担任境外上市公司高管的“金领”阶层及“裸商”阶层跨境所得的监管，切实维护我国税收权益，确保我国税基不受侵蚀，已成为目前国际税收管理所面临的新课题和新挑战。

## 一、居民个人“走出去”表现形式及涉税业务分析

### (一)“走出去”表现形式

近年来，中国居民的“走出去”经历了由“传统型”的简单劳务类到“现代型”的技术投资类的转变。传统型主要有：劳务输出、劳务派遣、承包工程，留学、讲学、演出等文体交流；现代型主要有：直接境外投资、间接境外投资、担任境外上市企业董事高管、兼任境内实体境外上市企业的高管等高级“金领”，以及主要家庭成员已移民境外频繁往来于境内外的“裸商”阶层。现代型劳务是当前我们面临的主要涉税问题。

### (二)涉税业务分析

对“走出去”个人的各项跨境所得我国是否具有征税权，如何判定境内境外所得、如何计算应纳税额、应该怎样纳入税收征管，这既要结合国际法税收协定有关条款，又要参考国内法具体规定认真地做好纳税人身份、纳税主体、所得性质与所得归属等各项工作的税收判定。

1、纳税人及纳税义务判定：正确判定“走出去”个人是否具有我国税收居民身份，是对其实施税收管辖权的前提。一是中国税收居民标准。根据我国《个人所得税法》及其实施条例的规定，按照住所和居住时间两个标准，将个人所得税的纳税人分为居民纳税人和非居民纳税人。居民纳税人负有无限纳税义务，必须就来源于我国境内、外全部所得缴纳个人所得税；非居民纳税人只负有限纳税义务，仅就来源于我国境内的所得缴纳个人所得税。并且《〈中华人民共和国政府和新加坡共和国政府关于对所得避免双重征税和防止偷漏税的协定〉及议定书条文解释》(国税发[2010]75 号)进一步明确：“中国税收居民个人是指在中国境内有住所的中国公民和外国侨民。但不包括虽有中国国籍，却并未在中国大陆定居，而是在海外的华侨和居住在香港、澳门、台湾的同胞。以及在中国境内居住，且在一个纳税年度内，一次离境不超过 30 天，或多次离境累计不超过 90 天的外国人、海外侨民和港澳台同胞”。二是双重居民判定。由于各国所得税制的不同，“走出去”个人极易被我国或他国同时判定为税收居民，成为双重居民。为了协调各国税权避免双重征税，OECD 范本和我国对外签订的税收协定设置了一个“加比规则”，即按照永久性住所—重要利益中心—习惯性居所—国籍的顺序判定居民标准。如我市“走出去”个人甲某，持有中国护照，自 2008 年起担任香港上市公司执行董事，同时又是境内实体公司的董事长，平时主要在境内实体公司工作，每年大约有 50－80 天的时间去香港处理事务，自 2010 年起通过申请香港优才计划取得香港临时居民证明，对该甲某税收居民身份的判定就需要引入“加比规则”。

2、所得类型。根据“走出去”居民个人在境外担任职务(如董事、高管、股东)、投资方式等不同，其所得可以划分为：固定收入和机会收入。固定收入，是指工资奖金类、投资收益类、财产转让类等。以我市

某居民个人在香港上市公司担任董事为例，在其任职期间收入构成有董事袍金（工资、奖金、住房津贴）退休金计划款及其它实物利益。担任公司高层管理人员的所得包括薪酬、花红及其它医疗、工伤、失业等福利；机会收入，是指股权激励等不确定收入。目前许多跨国公司为了提高员工生产力，增强员工忠诚度，专门拿出部分股权用以激励成绩突出的高管或技术骨干，所形成的一种薪金激励机制。收入的支付者主要有境外上市公司、境内实体企业和上市关联公司。如我市五名居个人系境外投资香港上市公司的大股东，取得董事袍金、花红、及股票行权后累计入库缴纳个人所得税 5500 多万元。

3、所得性质判定。根据我国《个人所得税法实施条例》第五条规定，因任职、受雇、履约等而在中国境内提供劳务取得的所得不论支付地点是否在中国境内，均为来源于中国境内的所得。《境外所得个人所得税征收管理暂行办法》（国税发[1998]126 号）规定因任职、受雇、履约等而在中国境外提供劳务取得的所得不论支付地点是否在中国境外，均为来源于中国境外的所得。这说明我国对工资薪金这类非独立个人劳务所得采用的是劳务发生地原则，即以劳务活动所在地为工资薪金所得的发生地，由劳务活动所在地决定了所得性质是来源于中国境内还是境外，而不以支付地点为准。因此，对于“走出去”个人存在跨国非独立个人劳务行为时，出现境外发生劳务活动，境内、境外同时支付工资薪金所得的情况其所得性质的判定应严格按照劳务发生地原则。

## 二、“走出去”居民个人税收管理中存在的问题

近年来，从我市对“走出去”个人活动轨迹的跟踪调查发现，收入形式隐蔽、数额巨大，但纳税意识淡薄、税收管理薄弱的主要集中在担任境外上市公司董事、高管的“现代型”走出去人群中。

（一）境外所得个税政策滞后，造成易漏难管现状

目前我国对居民企业境外所得的管理已构建起了较为完备的税收法律法规体系，但对居民个人境外所得的政策仅有 1998 年下发的《境外所得个人所得税征收管理暂行办法》（国税发[1998]126 号）。该文件仅着重规范了传统型的劳务派遣人群境外所得、纳税义务、征收管理等基本事项，其中部分条款已明显滞后于经济发展，尤其是对于近年来出现的居民个人境外直接投资如境外设立壳公司股息分红，境外间接投资如委托信托公司代持境外股份分红等事项的税收管理，没有清晰的政策管理规定。这给基层税务人员的执法带来了极大的障碍和风险，也逐步演变成为税收管理的难点和盲点。如：我市某居民个人通过在避税地设立壳公司，并控股或参股境内实体企业，该居民个人对壳公司取得的投资收益以未进行二次分配为由拒不申报缴纳个人所得税，对这种避税行为能否适用受控外国企业和实际受益所有人原则无明确依据。

（二）境外收入形式隐蔽，税收流失现象严重

“走出去”个人境外所得项目多、数额大，所得支付者众多，有境外上市公司、境内实体企业、上市关联公司等，支付形式多样如现金、股权等，其境外收入的隐蔽性颇有“狡兔三窟”之特性。按照国税发[1998]126 号文的规定，取得境外所得没有扣缴义务人的，应在年度终了后 30 日内自行申报缴纳个人所得税。对于那些纳税意识淡薄的纳税人境外所得不申报或延迟申报的现象普遍存在，如果税务机关对该境外所得信息掌握不及时，就极易造成我国税收的大量流失。如我市担任香港上市公司执行董事的甲某，同时兼任境内实体企业的董事长，其收入构成主要有境外上市公司支付的董事袍金、花红、股息分红；境内实体企业支付的工资奖金、股息分红；境外关联公司支付的工资薪酬、董事费。从他的收入来看，仅工资薪金类所得就有三处，然而自 2009 年起该个人仅就境内实体企业支付的工薪申报缴纳了个人所得税，其余收入均未履行申报义务，2013 年通过基层税务部门的不断努力最终甲某补缴个人所得税 230 万元。

（三）境外所得涉税信息缺乏，造成税收监管缺位

“走出去”个人所任职的境外上市公司，多选在典型的避税地注册，利用多层控股，形成错综复杂的组

织架构和股权结构,特别是在境内实体企业不予配合的情况下,诸如股权转让、高管薪酬奖励等涉税信息的获取比较难。虽然有上市公司公开披露信息,但是除香港外,其他上市地的信息披露一般使用英语或其他语言。基层缺少专业的外语人才,要及时获取有效信息,也非常困难。如我市某公司在境内三地设立公司,在香港、新加坡、开曼群岛、维尔京群岛等地以公司、高管个人或其亲属名义设立控股公司,控股结构多达五、六层,涉及境内外关联公司 16 家,形成了错综交织的股权安排,给纳税人身份认定、纳税主体判定、所得性质与所得归属认定、股权计价确定等增加了困难和不确定性。

## 三、加强"走出去"居民个人税收管理的建议

从对我市"走出去"个人的跟踪调查情况看,"走出去"人群境外所得数额巨大,是潜在的税收增长点,是下一步应该深入研究并逐步规范的重要税收领域。

(一)进一步加快境外所得个税的立法进程

建议国家立法机关进一步加强"走出去"个人境外所得调研,对我国目前"走出去"人群分类、境外所得形式以及税收管辖权、日常管理等基础事项深入分析研究,尤其是对居民个人境外直接投资如境外设立壳公司股息分红,境外间接投资如委托信托公司代持境外股份分红,以及主要家庭成员已移民境外频繁往来于境内外的"裸商"人群涉税事项的税收管理,以尽快修订完善"走出去"自然人境内外所得的税收法律法规体系。让基层税收管理人员真正做到有法可依,有章可循,进一步堵塞税收管理漏洞,巩固税基,捍卫我国税收权益。

(二)努力提升国际税收素养,增强实战能力

对"走出去"个人境外所得的判定既要执行国内个人所得税法,又要参照国际税收协定的有关条款,适用政策存在国内法与国际法交叉的现象,政策复杂、专业性强。只有加强业务培训,提升基层税务干部的综合业务能力及国际税收素养,才能增强管理跨境税源的敏税性。在培训中除税收政策外,还应注重税收协定知识,金融、证券、投资等相关知识以及税收约谈技巧的培训。还要加强案例引导,对已有的典型案例进行整理编写,通过案例来解读政策、指出路径、告知方法,充分发挥案例的示范、带动作用,增强税务干部的实战能力。

(三)敏锐捕捉涉税信息,提高纳税人税法遵从度

不断拓宽渠道及时掌握"走出去"个人的涉税信息,加强跟踪管理,努力提高纳税人的税法遵从度。一是从证监、商务、外汇管理等部门获取审批、管理等情况,掌握走出去企业、个人基础信息。利用证券之星、凤凰财经等财经网站和境外证券交易所、境内企业网站了解上市企业股份变动、股息红利派发、董事及其高管人员的薪酬收入等信息。二是加强境内实体企业管理,及时掌控境外上市公司高管活动动态。目前很多境外上市公司大都是由境内企业、企业高管或其亲属设在境外低税率地区或避税地控股公司。境内企业的高管同时也是上市企业的高管,要进一步加强境内实体企业的涉税高管的跟踪管理,充分掌握上市公司组织架构、股权结构、股息红利派发、董事与高管人员薪酬等信息,以确保取得事半功倍的效果。三是充分利用税收情报交换渠道,对国(境)内难以获取的纳税人相关信息,要求国(境)外税务部门予以协助。我市通过近年来坚持不懈地对"走出去"个人境外所得税收政策的宣传、报道,取得了显著的效果。2013 年某居民个人在行使美国上市公司股权激励计划时,主动申报缴纳了股票期权所得个人所得税 225 万元;2015 年通过情报交换某居民个人取得境外代理所得,申报个人所得税 9.8 万元。

(作者单位:山东省淄博市地方税务局)

# 跨境无形资产转移国际避税对策研究

罗与洪 王雄武 黎晓斌 谢 毅
何剑锋 卢艳青 邵 伟 陈东莉

无形资产是指在商业活动中可被拥有或控制的,且在类似环境中独立企业之间会就其使用或转移支付费用的非实物资产或金融资产。随着对外经济联系日益紧密,国际贸易中新型避税手段不断出现,在传统购销交易避税空间日渐萎缩的情况下,利用无形资产国际转移成为了反避关注的新领域。

## 一、跨境无形资产转移国际避税的主要方式

(一)无形资产的类别

无形资产可分为营销性无形资产和贸易型无形资产:前者包括商标、商号和品牌、商誉、客户名单、分销渠道、政府特许权利等;后者包括专利权、专有技术和商业秘密等。

(二)无形资产使用和转让的交易形式类型

无形资产使用和转让的交易形式类型主要分为两类,即无形资产相关权利的交易和无形资产相关商品销售或劳务交易。

1、无形资产及相关权利的交易。无形资产及相关权利交易主要可分为两种。一种是转让所有权,指的是企业将对其无形资产享有的占有、使用、受益和处分的权力转让给另一方,如通过公司合并取得商誉等;另一种是让渡使用权,指企业在保留其无形资产所有权的同时,允许其他企业使用该无形资产并索取经济补偿,如收取商标权使用费、收取专有技术使用费等。

2、无形资产相关商品销售或劳务交易。即使没有发生无形资产相关权利的转让,集团企业在关联购销和提供劳务中仍可能涉及无形资产的使用,例如汽车生产商 A 使用了有价值的专利,且将其生产的汽车销售给关联分销商 B,那么该项专利对提高 A 生产汽车效率和提升 B 销售汽车竞争力均有重要贡献,但在全过程中专利本身却并未被转让。

(三)通过无形资产交易实现避税的方式

国际转让定价行为实现避税目标的途径,往往是利用各地征收税率和抵扣政策的差异,以偏离独立交易原则的成交价格,在不同地区关联方之间低进高出或高进低出,以此在低税率地区确认收入和高税率地区抵扣成本,从而降低集团整体税负。

分析无形资产交易与传统购销等交易在实现避税方式上的区别,需要重点关注该类交易价格的形成过程,并结合无形资产交易类型特点进行分析:无形资产所有权转让,通常以确定价格进行一次性交易,交易价格与其实际价值的差异形成避税空间;无形资产使用权让渡和依附商品、劳务交易的无形资产交易,由使用方向无形资产持有方支付一定比例的费用补偿,以特定无形资产为交易对象,通过“计提费用=基数×比例”的公式确定数额,按年度或按次计提,关联交易方往往通过模糊计提对象范围,扩大基数和提高比例等途径,使支付金额偏离独立交易价格。具体包括以下几种形式:

1、交易价格偏离实际价值。商品价格围绕商品价值上下浮动是自由市场交易的基本规律。在无形资产转移避税案例中,交易价格偏离实际价值的情况,常常发生在无形资产所有权转让过程中,其中以滥

用商誉进行避税最为常见。

商誉表现为企业长期以来建立的品牌知名度、消费者认知度等。由于商誉的存在需要以持续经营的企业作为载体,即其不能脱离企业而单独存在,也不能和企业分开而单独出售,因此利用商誉避税往往会发生在关联企业并购或转让环节,是无形资产所有权转让的典型形式。

独立企业之间为转让运营业务的部分或全部资产所支付的部分或全部补偿中,高于或低于交易资产账面价值的数额就是商誉,但由于缺乏对商誉的客观估值标准,因此商誉容易在转让定价中被高估或低估。以G集团企业内部并购为例,其深圳公司因并购了广州公司成衣生产线,在极短的时间内跳过了新企业需经历的开拓阶段,而直接进入了稳定发展阶段并获得利润,正是随同并购业务转移的客户关系、销售渠道、优秀员工和生产经验等商誉价值,使其达到如此效果。但广州公司收取的并购价格仅包含了转让原材料和设备的价格,商誉却未体现在交易价格中。

2、模糊使用费的计提对象范围。无形资产需要以明确计提对象为首要基础,通常以受益的商品或行为作为计提对象。无形资产转移避税往往通过扩大或缩小计提对象范围,对未真正受益对象也同样计提使用费。

以日本某知名家电生产商S集团为例,在对该集团空调压缩机生产公司进行转让定价调查中发现,S集团以其掌握世界领先生产工艺,有无使用其品牌的压缩机将对商品价值产生显著影响为理由,按照销售给关联和非关联下游空调企业的收入按比例收取商标使用费。由于S品牌商标价值集中体现在空调终端消费市场,而压缩机作为中间产品,只能供给空调生产商使用。对非关联销售来说,在空调中使用S品牌压缩机能够带动销量,商标附加价值得以体现,对其收取商标费合理;但对于关联销售来说,消费者往往默认S品牌空调指定使用S品牌压缩机,商标受益关系不明显,因此作为商标费计提对象不合理。

3、扩大使用费的计提基数。在无形资产使用权让渡和依附商品、劳务交易的无形资产交易中,使用费的基数通常以使用无形资产而带来的超额利润,或使用无形资产对应的成本范围来确定。

然而在该类案例中,关联交易双方往往通过将未使用无形资产的收入或成本也纳入了基数范围。例如内地某零售商使用香港某知名休闲品牌B的销售服装,对应的销售额本应单独作为基数,而其将未贴B品牌的销售所得也纳入商标使用费计提范围,就扩大了基数;再如国内某汽车制造商在发动机生产中使用了国外关联方专有技术,本应就发动机成本占整车价值的部分作为基数,而其对整车价值进行计提时,把未使用专有技术的仪表盘、车轮等成本也作为基数计提。

4、提高使用费的计提比例。相比起使用费的计提对象和计提基数,计提比例具有更多的主观性和不确定性,然而这并不意味着该比例可以随意制定,而应在独立交易市场行情的范围内,客观评价无形资产功能效用而确定。

在该类避税案例中,关联交易方计提的比例不合理,除了表现为明显高于独立交易水平外,还体现在无形资产持有人实际获利明显高于约定比例,这部分额外收益源于使用者对无形资产增值的贡献。

以商标为例进行说明。商标价值并非一成不改变,而其市场影响力的获得往往依赖于密集、持续的广告推广,然而关联企业签订商标使用权协议时,往往忽略了被许可人对商标的维护和品牌的推广的付出,如香港某知名休闲服装B品牌在进入内地并逐渐占领休闲服装市场的过程中,内地关联服装零售商通过聘请明星代言等形式不断扩大品牌知名度,而商标实现增值部分并未以降低费率的形式得以抵扣或返还,与可比非关联交易相比明显偏高。

## 二、应对跨境无形资产税基侵蚀和利润转移的挑战和机遇

2008年金融危机以来,多数欧美资本输出国因财政困难,开始加强对其母公司的管理,要求其母公司向海外公司分摊费用,此举使得包括我国在内的资本输入国的所得税税基受到威胁。2013年2月,

OECD为G20财长会议提供了《应对税基侵蚀和利润转移》报告，该报告指出，“相比执行某些功能，转移资产的风险和所有权一般更加容易。许多公司税收结构集中于将无形资产的风险和价值转移到低税国，在那里他们的回报将受益于更加优惠的税制。这些安排将产生或者导致税基侵蚀和利润转移。”在跨国公司全球税收筹划的背景下，作为世界第二大经济体，我国境内企业受让境外关联企业无形资产所有权和接受使用权的业务时有发生，对外支付费用占企业利润比例较高，费用支出与利益流入不匹配。借用无形资产价值的独占性和不可比性支付高额对价，实现境外投资方加快回收投资及降低税收成本的安排，从而侵蚀居民企业所得税税基，危害我国税收权益。

（一）挑战

1、拘泥无形资产定义，对转让定价分析带来困难。由于我国尚未制定针对无形资产转让的专门性法律法规，尽管《特别纳税调整实施办法（施行）》（国税发〔2009〕2号）对无形资产的定义进行了扩展，在进一步肯定专利、商标、商业名称和知识产权等通俗概念的无形资产外，也将客户名单、营销渠道、商业秘密等纳入无形资产的定义范围，但对于日新月异的无形资产避税形式仍显捉襟见肘。由于法律的完善和修改具有时间滞后性，反避税人员在面对新型无形资产避税手段时，或未能识别通过无形资产转移避税的意图，或因无法律依据进而带来进行转让定价分析的困难。例如，商誉和持续经营利益，在商业和财务领域，一直未有明确的定义或者描述。但是在实际工作中，一家企业的产品以高质量闻名业内，这家企业产品的价值肯定比没有声誉企业的产品价值要高。那么，在转让定价确定独立交易价格时，就应予以考虑。因为缺乏商誉的明确定义，税务机关和纳税人必须考虑可比环境下独立企业是否会为类似无形资产提供补偿。

2、无形资产价值评定缺乏可比性，很难有统一标准。

(1)受会计处理规则影响，无形资产价值难以反映真实经济价值。在某些情况下，开发无形资产而发生的内部支出在会计上作为当期费用而非资本化，因此其产生的经济效益无法在会计上通过资产可摊销额进行判定；在某些情况下，某些无形资产需组合使用才可以产生一定的经济效益，而对于其中某项资产价值判定也无法在会计上加以确认。因此，会计确认的无形资产价值只能作为参考，而不能作为评定依据，使税务机关需付出更多征管成本。

(2)受不同市场环境影响，影响独立交易价格的确定。在某些情况下，不同地方的市场规模，市场竞争程度等因素决定了无形资产在不同地方的创造收益均有不同，因此，会影响特定项目转让定价的确定；又或者，在特定的区域，某些无形资产受某种形式的保护，可能会影响无形资产的创造价值。

(3)关联企业之间的无形资产交易与独立企业之间的交易缺乏可比性。我国现行的关联方披露准则对企业做出了要求，企业财务报告应对关联方、关联关系、关联方交易等相关关系进行披露，但是在实际工作中，许多跨境企业集团在设计和申报无形资产交易时避重就轻、故意遮掩，没有对关联方交易价格定价依据或者方法进行说明，或者说明缺乏可比性和可理解性。特别是对于跨国企业集团内部不同成员之间开展的无形资产相关活动，因若干个成员可能均对无形资产的开发、提升、维护、保护和利用进行相关的活动，其方式和整合程度往往难以在独立企业之间观察到。

同时，关联方之间无形资产交易所需的证据比独立交易企业之间要多很多，企业对其关联交易记录做了合法化的处理，税务人员难以取得充分适当的证据，另外，关联方之间的交易价格是否公允是确定其是否符合独立交易原则的关键，因此，税务人员需对其进行综合判定。

3、与无形资产的开发、提升、维护、保护以及利用相关的受控交易企业之间难以量化其创造的贡献。

(1)跨境集团关联企业缺乏合同安排，难以找出在无形资产开发、提升、维护、保护以及使用的过程中执行职能、使用资产并承担风险的企业。

在进行功能分析时，法定权利和合同安排往往是对无形资产交易进行转让定价分析的第一步，但是在实际工作中，往往存在缺乏书面条款或者合同条款不清晰的情况，致使无法取证分析关联企业之间所承担的与无形资产相关的责任和权利，以及无形资产开发资金来源、研发、维护、保护来源等信息。例如，对一项自行开发的无形资产，仅在合同中明确无形资产的法定所有人，但是实际上，该法定所有人既没有执行相关职能或者使用资产，也没有承担对应的风险，那么该法定所有人不能享有跨国集团利用无形资产而获得的任何补偿。作为税务机关，在进行功能分析时，因缺乏合同安排，确认集团中哪些成员参与无形资产开发、提升、维护、保护以及使用将存在一定的难度。

(2)难以定量分析各方执行的职能、使用的资产和承担的风险所创造的贡献相符合的独立交易价格。对无形资产的开发、提升、维护、保护和利用所作出的贡献的相关价值往往需要个案分析，在进行无形资产相关的职能、资产和风险相关功能分析的过程中，我们重在判断企业是否有能力控制并执行控制职能、提供资金和承担风险是否有必然关联、对收益享有权利的集团成员有无在相关风险发生时实际承担发生的费用等，这些分析难以形成定量因素，难以确定与实际相符的独立交易价格。

(二)机遇

2013 年 7 月，在 G20 财长莫斯科会议上，OECD 正式发布了 BEPS 的 15 项行动计划。2013 年 9 月，G20 峰会启动了 BEPS 行动计划。该计划的实施，对于税务机关应对跨境无形资产转移国际避税具有很大的参考和指导作用，这主要表现在以下三方面：一是第 8 项行动计划的工作成果中，对无形资产采用了更为广泛的定义，以避免某些不具有实体形态的特定资产被排除在定义范围之外；二是第 9 项行动计划的功能、风险和资产分析对识别无形资产及其受测交易的价值创造和划分有着十分重要的指导意义。三是第 13 项行动计划大量增加了跨境企业在全球范围内的业务信息披露要求，纳税人需提供全球范围的转让定价政策和相关的财务信息，提高了信息透明度，便于税务机关在执行转让定价工作中掌握更多有用的信息资源，提高工作的主动性。

## 三、应对跨境无形资产转移国际避税的对策建议

结合本文第一部分对无形资产跨境转移避税的实现方式的介绍，笔者认为无论是使用“交易价格偏离实际价值”、“模糊使用费计提对象范围”、“扩大使用费计提基数”或“提高使用费计提比例”等四种方法的任何一种，无不是通过使成交价格偏离独立交易价格实现避税目的。下面，本文将结合机遇与挑战部分提及的实践困难和有利因素，对如何在 BEPS 行动计划框架下，有效应对跨境无形资产转移国际避税提出切实可行的对策建议。

(一)加强相关领域立法，丰富无形资产反避税管理的工作依据

1、完善无形资产在法律上的定义。由于无形资产与有形资产的转让定价方式存在很大差异，笔者建议，在法律对无形资产的定义上，应不拘泥于对种类的描述，或对无形资产所有权的定义，应从其是否被拥有或控制，是否用于商业活动，是否可独立转让，是否在独立企业间可比情形下对其使用或转让会支付对价等方面进行规定，由此为反避税人员应对新型无形资产避税形式预留充足的执法律空间。

2、规范特许权使用费的税前列支和补偿返还。在法律层面规范向避税地支付特许权使用费的限制条件，对境外关联方不承担功能风险，或只承担简单风险的“空壳公司”，不允许税前列支；境内企业对无形资产价值的维护和增值的贡献，应要求特许权所有人给以补偿返还，或在收取的特许权使用费中予以抵销。

3、增加无形资产避税处罚条款。在完善无形资产避税相关法律法规的同时，也应适当通过强化处罚力度以增强震慑力。参照国际上一些先进国家对违反转让定价原则的处罚措施，对避税行为除了加收利息外，还应处以滞纳金和罚款，以此提高通过无形资产转移国际避税的法律成本。

(二)建立多方合作机制，拓宽无形资产独立交易价格信息来源

1、建立与外部机构的多方合作及信息共享制度。加强与外贸、工商、海关、商检、银行等部门，及时交换企业并购或转让、对外支付特许权使用费等信息。

2、积极参与国际反避税合作，争取国际税收话语权。积极参与到G20、BEPS行动计划、《多边税收征管公约》及《自动情报交换统一新标准》等国际反避税规则的制定，解决反避税工作中信息不对称问题，积极改变发展中国家在国际税收权益斗争中的弱势地位。

3、加大专业型数据库投入，充分挖掘数据分析潜力。一方面在购买BVD公司数据库和美国标准普尔数据库的基础上，购买专门的无形资产数据库，拓宽数据采集的渠道；另一方面不断尝试整合税务机关内部和国内各部门的数据，如结合本地实际情况和调查对象，积极利用所得税汇算清缴数据、进出口退税数据、国家统计局信息库、互联网信息和其他特色数据库等信息，扩大信息资料的来源，增大可比信息的选择范围和优化空间，增强可比性。

(三)优化转让定价方法，推动建立符合公平原则的价格评估机制

在无形资产转让定价方法中，"销售价格法"和"交易净利润法"并非直接评估无形资产价值的可靠方法，这在反避税实践中已经成为共识。我国在今年发布的国家税务总局第16号公告中，明确规定："企业使用境外关联方提供的无形资产需支付特许权使用费的，应当考虑关联各方对该无形资产价值创造的贡献程度，确定各自应当享有的经济利益。企业向仅拥有无形资产法律所有权而未对其价值创造做出贡献的关联方支付特许权使用费，不符合独立交易原则的，在计算企业应纳税所得额时不得扣除"，实质上强调了无形资产价值创造因素的重要性。对此，"利润分割法"因其以各方功能风险作为参考，对整体利润进行划分的方法，更切合OECD原则及我国税法的要求，因此成为无形资产避税领域的最佳分析方法。

广州市国家税务局于2006年在全国率先使用利润分割法对某企业实施反避税调整，调增应纳税所得额2.53亿元，补征税款8300多万元，成为当时全国在商业销售无形资产领域进行转让定价调整查补入库税额最大的案件。其后几年，广州市国税局继续扩大对无形资产避税的研究，深化利润分割法的使用，连续对多家企业利用无形资产转移国际避税的行为进行了查处，又分别调增了两起调整税款为6，000万元的大案，在全国反避税界引起较大影响，也成为我国无形资产反避税的典型案例。

尽管利润分割法的运用取得了令人满意的成效，但在实践过程中发现，利润分割法本身存在着局限性：由于利润分割要以关联企业间交易所产生的最终利润为标的，因此需要企业提供较多的关联交易资料，如在销售价格、职能分工和对无形资产的贡献等，这些资料在实际中要获得并不容易。对此，本文将在第四个对策中进行进一步的优化建议。

(四)搭建风险量化模型，以功能风险分析为依据提高利润分割的合理性

针对第三部分对策所提及的利润分割法的局限性问题，本部分将从优化利润分割结果的合理性和公平性出发，尝试对搭建风险量化模型的步骤和变量设计进行探索。

第一步：充分搜集功能风险信息。通过多种渠道获取各方企业在无形资产交易过程中的功能风险：一是开展问卷调查，对不同类型的无形资产应有不同的关注点，如对自主开发的无形资产，应关注研发费用由谁支出，研发由谁主导，失败风险由谁承担等；二是对企业人员进行访谈，以点带面，从各方企业职能部门承担的职能，推理各方企业在无形资产交易中扮演的角色，适当的时候可以要求企业提供相关证明资料；三是结合互联网信息或情报交换信息，进一步了解除被调查企业以外的其他参与方的相关情况，继续印证问卷调查结果，并对相关情况进行修正。

第二步：细致分析功能风险特点。在信息收集的基础上，应详细分析无形资产各参与方执行的职能和承担的风险。为了便于阐述，特以商标特许权使用费为例，作如下假设：现有国内某企业A和境外关联企业B，其中B为某著名休闲服饰商标的持有者。A每年向B支付一定比例的商标权使用费，并销售贴有B商标的休闲服饰。由于A支付商标权使用费的计提标准与同行业相比明显偏高，且营业利润率

明显低于同类独立交易水平，由此税务机关认为A支付给B的商标权使用费可能存在不符合独立交易原则的情况，故对其开展转让定价调查，并收集到A、B在品牌从开发、维护和提升阶段的职能和投入信息。

| 阶段 | A公司<br>（被调查企业） | B公司<br>（境外关联方） |
| --- | --- | --- |
| 推广阶段 | 没有参与 | 品牌注册费：100万元<br>广告宣传费：100万元（包括商标设计，品牌定位和进驻国内一线城市商场，提高商标知名度，为B品牌进入内地市场打下基础） |
| 维护阶段 | 广告宣传费：50万元（包括在本市范围内的电视、电台和广告栏等媒体进行宣传，巩固B前期广告宣传成效） | 培训咨询费：50万元（由于A成立初期，在休闲服饰店面的装修设计，运营管理和销售培训方面经验不足，B向A提供营销过程中必要的技能培训和业务咨询，以帮助A尽快进入正常经营状态） |
| 提升阶段 | 广告宣传费：100万元（A为了扩大市场占有率，提高品牌定位，聘请了深受国内消费者喜爱的明星为代言人，使B品牌时尚，舒适的形象深入人心）<br>培训咨询费：100万元（由于A在B的培训咨询帮助下，逐渐培养了一批专业销售人员，并积累了休闲服饰营销经验，除了能自主实现现有店面顺利运营外，还负责为新加盟店面购置物料费用、提供培训、经营指导等） | 没有参与 |

从以上分析我们可以了解到以下三点信息：一是尽管B是品牌的所有者，但是A在使用B品牌的过程中，也对B品牌的增值作出了贡献，并在这个过程中投入资源和承担风险，根据谁承担风险谁受益的原则，A也应该分享由使用B品牌创造的利润；二是B在品牌推广前期付出较多，而A则在品牌提升后期贡献较大；三是A和B在品牌成长过程中，所支付的总额均为250万元，但由于推广、维护和提升三个阶段，对品牌价值形成的重要性并不相同，因此不能单纯以金额判断各方对品牌的贡献。

第三步：初步搭建风险量化模型。

假设由于B商标的市场品牌效应，贴有B商标的休闲服饰得以以高于市场平均价格出售，并由此创造了高于同类行业的利润水平，现在需要确定的是A和B的利润分割比例。

利润分割法的两个关注点分别是待分割利润和分割比例。需要说明的是，广义上的利润分割法包括贡献分析法和剩余利润分析法，为了简化分析过程，我们使用贡献分析法进行讨论，以下所述的利润分割法均为贡献分析法。一方面，要确定待分割利润，应在对比同类独立交易企业在没有使用该商标时的利润水平，与A使用了该商标而获得的利润水平两者间差额的基础上，排除干扰因素而确定。这里涉及的独立交易价格，应以第三方数据库公布的价格水平为参考。另一方面，要确定分割比例，由于比例分割方法具有相对的主观性和灵活性，笔者在此尝试通过比较A、B双方在品牌价值形成过程中的贡献比例，并以此作为A、B分享由品牌创造利润比例的基础，这符合谁承担风险谁分享利润的原则。

假设在品牌推广、维护和提升的三个阶段，对品牌价值形成的重要性均不相同，经过具有可靠来源的第三方数据分析，确定三个阶段的重要性权重分别为50%、20%和30%，则分别计算A和B的利润分割比例如下：

| 阶段 | A公司（被调查企业） | B公司（境外关联方） |
| --- | --- | --- |
| 推广阶段50% | 0 | 200万 |
| 维护阶段20% | 50万 | 50万 |

| 提升阶段30% | 200万 | 0 |
|---|---|---|

A利润分割比例$=\frac{50\%\times 0}{200}+\frac{20\%\times 50}{50+50}+\frac{30\%\times 200}{200}=40\%$

B利润分割比例$=\frac{50\%\times 200}{200}+\frac{20\%\times 50}{50+50}+\frac{30\%\times 0}{200}=60\%$

在极端理想的状态下，A和B应该分别按照40%和60%的比例分享利润。但在实际操作中，应考虑其他情况的影响，并结合实际的情况给予调整系数的考虑。例如，若市场中消费者对某种产品存在特殊的偏好，则市场推广费用投入产出比则会受到影响，主要体现为销售业绩拉动效果不明显，这种情况下则应对执行此职能的权重作出修正。

（五）在无形资产利润分配中引入市场溢价理念

市场溢价(Market Premium)是指跨国集团在某一地域因其产品或服务的独特品质，其市场购买力增强而获得的额外利润，溢价部分即为交易价格高于实际价值的部分。在国内市场欠成熟、消费者偏好和市场准入政策等因素的共同作用下，市场溢价在国内经济生活领域随处可见，尤其多见于奢侈品腕表、皮包和化妆品消费领域。

跨国公司集团在中国运营所产生的，由于占用资源和市场特点而带来超额利润，本应留存在当地企业。然而国际集团往往使用成本加成统一比例作为利润的定价方法，有意忽视了超额利润分配。中国作为通常是资本技术等无形资产输入国的发展中国家，在这种传统利润分配规则之下，超额利润往往被通过关联交易转移至境外。

在无形资产利润分配中引入市场溢价理念，不仅是税基侵蚀和利润转移(BEPS)的热点话题，也是独立交易原则的延伸和深层次体现，通过采取有效措施确保利润合理地在各方分配，使转让定价安排与价值创造更匹配，对防止税基侵蚀和利润转移有重要意义。但由于市场溢价理念目前仍处于探索阶段，全国还没有成功的实践案例可供学习。国家税务总局曾提出对“选址优势”使用“四步骤法”衡量地域性特殊优势，由此笔者建议，可适当修改并形成更适用于衡量市场溢价的“四步骤法”：

第一步：衡量是否存在市场溢价。市场溢价是由定价权的垄断获得的，相同的技术或品牌在一个特定的市场能创造的超额利润，在另一个市场是无法获得的。因此衡量市场溢价是否存在，需要在宏观层面结合国内市场特殊性，如市场成熟程度、消费心理偏好和市场准入政策等，尤其要立足于发展中国家多为无形资产输入国的实际，综合考虑各方因素对市场溢价的影响程度。

第二步：衡量市场溢价是否创造了额外利润。由于市场溢价是由于市场自身供求特点而产生，而不是原料成本、人工成本等外部因素的作用结果，这是“市场溢价”与“选址优势”的最大区别，因此在衡量市场溢价是否创造了额外利润方面，需要大量数据的支撑：通过获取企业境外数据，横向对比该集团相同产品、专利技术或商标商誉等，在全球各地不同市场创造利润的差异程度；纵向参考香港、日本和韩国等市场发展经历高速发展，现在进入成熟阶段的国家或地区，回溯“历史时间轴”了解其处于我国市场现发展阶段时，同类无形资产的定价水平和供求状况等，探索市场溢价因素发挥作用的历史规律。

第三步：定量化计算来自于市场溢价而产生的额外利润。根据市场溢价的特点搭建计量量化模型，衡量在排除金融危机、通货膨胀和汇率变动等外部因素的影响后，市场规模、消费倾向、市场准入等自身特性因素对市场溢价发挥作用的影响程度系数，并估算由市场溢价带来的额外利润的规模。但由于市场自身因素难以量化，且难以完全排除外部因素对市场供求关系的影响，计量模型仅在理论上可行，如何准确计算超额利润仍需要在实践中不断探索。

第四步：确定市场溢价所形成的超额利润应如何分配。我国的市场规模是其他任何国家无可比拟的，企业在我国获得的市场溢价在其他国家或地区是无法复制的，而且市场溢价所带来的超额利润是中国市场供求关系的作用结果，这部分收益应归属中国。但是在实践中多数企业会以其他因素，如品牌广告投入、技术研发成本和议价能力等因素来强调贡献程度对超额利润的影响。这需要反避税人员在实践中不断积累谈判经验，并引入博弈理论和定量分析等分析工具，进一步丰富调整方法途径，确保利润合理地在各方分配。

（作者单位：广东省广州市国际税收研究会）

# “互联网＋出口退税”管理的实践与探索

曾昭孔

国家税务总局在《“互联网＋税务”行动计划》中提出“互联网＋便捷退税”的理念，让互联网的创新成果与出口退税工作深度融合，满足纳税人、税务人不断增长的互联网税收服务与管理需求，拓展信息化应用领域，推动效率提升和管理变革，全面实现出口退税现代化管理。广州国税作为全国首批出口退（免）税无纸化管理试点单位，积极利用互联网技术创新管理手段优化退税服务，取得一定的成效。本文结合试点实践情况进行分析，探索“互联网＋出口退税”的发展方向。

## 一、“互联网＋出口退税”的先行先试

一直以来出口退税有“三多”，环节多，办理资料多，证明材料多。为紧跟互联网应用的发展，广州国税主动作为，积极适应纳税人需求，借全国首批出口退（免）税无纸化管理试点的契机，在“互联网＋出口退税”工作中先行先试，以互联网理念改造退税流程，打造集网上申报、审核辅助、在线服务、税银库一体化的“互联网＋”线上平台，打通外部申请与内部审批流程的衔接，实现退税业务办理电子化、一站式办结、网上申请，单证审核和业务办理进度的跟踪查询，“机控”替代“人控”等特点的审核模式，避免纸质资料在跨部门流转中可能出现的错误，使资金准确退至出口企业账户，降低执法风险。无纸化试点实施以来，退税速度大大加快，退税款到账时间较原有模式缩短近一周，有效缓解企业的资金压力。

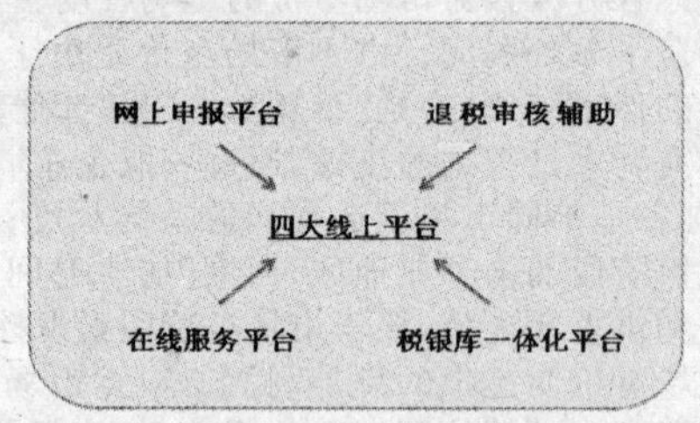


（一）24 小时网上申报平台全天候服务

出口退税网上申报平台，涵盖出口退税预申报、证明类预申报、出口退税正式申报、证明类正式申报和审核结果反馈等五大功能。无纸化试点企业可以足不出户通过互联网广州国税网上办税大厅接入该平台，将预申报数据报送至税务局端，在线下载预审结果反馈信息，根据反馈信息调整后正式申报。网上申报平台一是引入电子表证单书和数字签名，有效解决了网上正式申报数据的保密性和法律效力问题；二是将部分审核内容前置到上受理环节时自动校验，自动审核和拦截逾期申报数据、业务类型错误数据、资格标识不匹配数据等；三是实现自动检索、批量标准化处理，审核时效和准确率大幅提高。目前，已成功为试点企业办理退（免）税 33.89 亿元。

（二）出口退税审核辅助平台智能快速

不断打造和完善出口退税审核辅助平台，将事项流程化管理引入出口退税审核机制，突出六大功能：一是流程化推送，实现审核留痕，对审核环节实时监控。二是申报数据入口预警，对异常数据、敏感疑点

等提示或拦截。三是审核数据跨系统自动比对,过程自动逻辑校验。四是出口退税函调管理智能化,系统自动触发发函疑点、推送暂扣提示、启动黑名单管理流程。五是建立出口退税证明类业务资料影像库,取消纸质资料。六是使用电子文书和电子公章,实现证明类业务文书网上电子发放。出口退税审核辅助平台实现了出口退税审核审批事项由多年的结果式录入到工作流推送的巨大转变,解决了出口退税证明类业务无纸化管理“最后一公里”的问题。

(三)在线服务平台多元全面

打造在线服务平台,开拓全方位、多元化的出口退税信息服务,成效突出。一是出口退税提醒内容囊括所有环节。“出口退税率文库升级、通过核准的明细数据、退库办理情况、退税政策调整”等18类信息都能及时通过短信告知出口企业。二是网络查询数据涵盖内容广泛。出口企业通过在线平台可以查询到出口退税审核系统生成的审核反馈数据,需发函的数据、核查结果、出口企业管理类别等信息。三是网上信息服务渠道丰富多元。出口企业通过广州市国税局门户网站、网上办税大厅、官方微博、微信、电子邮件、网络远程交互等渠道获取信息,做好风险应对,有利于提高出口退税工作的透明度,增强税企沟通,改善税企关系。

(四)税银库一体化平台无缝对接

打造“税银库一体化平台”实现了税局和国库电子化运作的无缝对接,使退税信息在两个部门间传递以秒计算,共同携手实现联网退税,有效地降低了执法风险,打通退税全程信息化的“最后一公里”。2015年全市办理出口退(免)税440亿元,同比增长10%,其中退税周期在10个工作日完成的占比65%,切实做到应审尽审、应退尽退,加快了企业退税资金回笼。

## 二、“互联网+出口退税”值得关注的领域

“互联网+税务”的核心是“互联网+体验”,基础是“互联网+合作”,前提是“互联网+信任”,需求是“互联网+数据”,定位是“互联网+便捷”。随着在全国推广增值税发票系统升级版,增值税专用发票不再认证、稽核,海关总署取消纸质报关单,出口退税无纸化是必然的趋势。我们在前期的试点中感到,出口退税管理在“互联网+”时代需要适应和调整甚至重新构建,管理中要重点关注以下方面:

(一)以“痛点”为导向

在互联网领域中,如果产品的创意和需求不与用户所面临的业务“痛点”和管理“痛点”直接挂钩,则无法产生市场价值。以往基于互联网的应用探索过程中,税务机关提供的需求多是关注“税务机关要管什么”、“税务部门认为纳税人需要什么”。在“互联网+”的环境之下,纳税人的互联网渗透率可能要高于税务机关,因此税务机关要更多关注“税务机关如何管理”和“纳税人需要什么”,直面税务机关和纳税人的“痛点”所在,引导纳税人参与税务机关规范管理和提供公共服务产品的设计、生产、提供及决策的全过程。

(二)以“体验”为中心

互联网领域内创新传播和需求传导非常快,也就意味着同质竞争激烈,这种竞争环境要求服务和产品的设计必须将用户体验放在第一位,并且快速响应和迭代优化。当前纳税服务多元化、个性化需求非常突出,传统的办税服务厅、传统的办税模式都已经不能满足纳税人的需要,要充分运用大数据、物联网、云计算、移动互联网等新一代技术发展所带来的移动泛在化环境,超越时间、空间、形式等诸多限制,为纳税人提供随时随地的服务新体验,实现虚拟与现实融合的用户体验。

(三)以“数据”为基础

在互联网领域中大数据是基础。出口退税数据主要来源于5个部分,一是出口退税审核系统的申报原始数据;二是征管系统的纳税申报数据和发票数据;三是海关报关出口的数据;四是外管局、银行、公安

等政府部门数据；五是出口企业利用电商平台出口和货代出口的物流订单、运输数据。目前税务系统对这些数据的运用不够，大部分的数据仍处于“沉睡”状态，如何利用数据使各平台数据互通共享，丰富出口退税管理数据资源，提升数据资源深度加工，规范退税管理，对提高纳税人的监管、加强退税风险防控等有着积极的作用。

（四）以“风控”为保障

随着国务院取消行政审批事项逐步推进，尤其是商事制度改革，从事出口贸易“零门槛”，纳税人数量呈井喷式增长，传统审核制度已经不能适应新形势发展。在“互联网＋出口退税”的建设中，税务机关应具备及时发现纳税人出现异常经营行为或提交异常数据等涉税风险的能力，并将绝大多数涉税风险消灭在萌芽状态。除退税风险外，还要重视网络信息安全，一旦相关涉税信息被窃取或篡改，将会造成严重的后果。

（五）以“人才”为核心

干部队伍对“互联网＋”的获取、认知、运用以及创造能力素养直接影响着“互联网＋出口退税”的建设质量和水平。干部队伍中蕴藏着无穷的创造力，万千“人才”是创新的主体，因此要把人才因素作为第一资源，有计划、有步骤地培养一批既懂税收业务又懂互联网技术的跨界融合型人才，充分调动征退评查部门的税务干部参与到协同创新过程之中，搭建有利于创造、创新的平台，让一切创新的热情都充分焕发，为“互联网＋出口退税”注入新的思路和新的动力。

## 三、“互联网＋出口退税”的探索

结合“互联网＋出口退税”目前存在的问题和发展潜力，我们要充分运用互联网思维，引入云计算技术，发挥大数据优势，激发创新活力，变革税收管理方式，强化风险防控能力，推进互联网与出口退税工作深度融合。从社会协助、便捷退税、增值服务、规范管理、风险防控、综合治理等六方面打造“互联网＋出口退税”品牌，解决纳税人办税过程感受到的难点、痛点和堵点，打通“最初一公里”和“最后一公里”，提升税收管理和退税服务水平，提升风险防控和税法遵从，为税收服务国家治理提供强劲支撑。

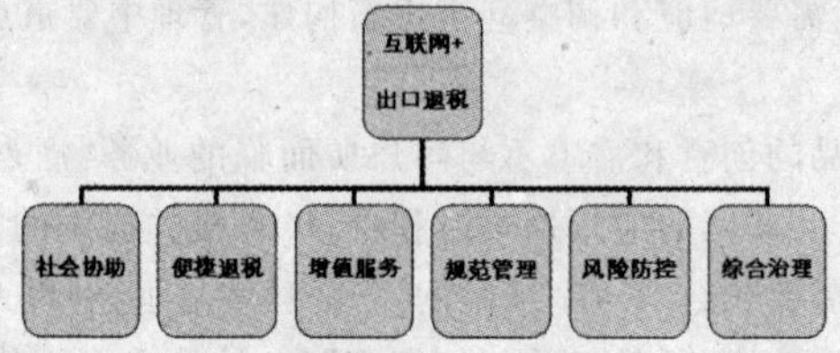


（一）社会协助

“互联网＋出口退税”建设要强调纳税人的参与和社会协助，注重纳税人与税务机关的沟通交流，重视发挥纳税人在税务管理创新中的作用。通过购买社会服务的方式，最大限度调动社会公众和纳税人积极参与“互联网＋”行动。

1、建立出口咨询交流平台。通过交流平台引导纳税人自愿参与，相互解答涉税问题，同时也鼓励税务干部个人积极参与，不断提升业务能力。交流平台可以采取税务机关自建，可以借助百度、搜狗等平台建立税务专区，或者依托QQ、微信等第三方公共社交平台建立特点用户群。交流平台由税务机关主导，设置专门管理员，维护、维持平台秩序，对疑难问题提供权威解答。

2、提供出口退税创意空间。创新是创意的延伸，好的创意可以改善现有的管理理念，为退好税添加燃动力。税务机关可以依托网站、微信等渠道建立特定栏目，作为交流退税创意、展示退税创新成果的平台，充分吸纳纳税人的创意，以其作为创新的主体，以开放、包容的姿态接纳各种渠道对改进出口退税工作的创意点子和创新项目，为创新成果转化为实际生产力营造良好意识理念氛围。

3、打造出口退税维基百科。互联网公司的创新动力来源于创新团队、专业化敏捷化的创新机制、全网全社会用户的创新反馈等。维基百科通过维基思想的"开放、对等、共享"的机制完善自身的产品。我们可以汇集纳税人、代理中介和税务人中业务强、思维广、创新强的精英，采取维基思维，将出口退税的业务进行归类、汇总和总结，为外贸市场提供创新公共服务产品，也为税源管理体制机制注入新的思路和新的动力。

(二)便捷退税

"便捷退税"的核心是"出口退税办税方式的灵活快捷"，目的是让办税不再受场地、网络、设备、时间等因素制约，方便纳税人随时随地进行移动办税。

1、试点掌上办税。手机APP办税软件要将出口退税审核系统、综合征管软件申报功能和网上办税大厅功能打包融合，分别设置纳税人手机客户端和税务人管理端，将出口退税预申报、证明类预申报、出口退税正式申报和审核结果反馈等功能镶嵌到APP功能中，纳税人、税务人可随时随地查询到数据审核校对结果、证明办理情况以及政策咨询，同时税务部门通过大数据分析实现个性化按需推送，实现"掌上办税"、服务"如影随行"。

2、拓展预约办税。开发WEB版纳税人网页，后台通过挖掘海关报关单、综合征管软件、出口退税审核系统、外汇管理局等部门有关信息，分析筛选后将开放的信息应用到个性化的网页中供纳税人使用。开设出口退(免)税凭证无相关电子信息备案、出口退(免)税延期申报、《自查表》受理、一类企业绿色通道等预约服务模块，实现服务资源双向调流，高效不等待。

3、推广二维码技术。顺应简政放权、放管结合和优化服务要求，简化纳税人申报资料，完善出口企业免填单办税业务，拓展免填单功能。必须填报的资料，可使用二维码扫描技术调用税务部门系统中已有的数据，实现信息共享，简化资料报送，使各业务部门能便捷地获取内部数据，避免纳税人多头重复报送资料，减轻纳税人和基层办税压力。

(三)增值服务

在出口退税管理实践中我们感受到企业不仅对于出口退税申报便利、办理快捷有着越来越高的诉求，对出口退税政策内容、办理进度、暂缓或不予退税情况、风险商品等信息有着更丰富、细致的需求。因此有必要运用信息技术，打造载体丰富、功能完善的在线服务平台，帮助出口企业减少因为不熟悉政策带来的经济损失，帮助出口企业及时掌握本企业的各类情况、做好风险应对。

1、建立软件应用广场。建立纳税人出口退税相关软件应用广场，为各区税务机关和社会力量开发的纳税人软件提供官方发布渠道和展示平台。通过应用广场，税务机关将提供丰富多样的涉税软件工具，免费提供纳税人选择使用。在应用广场中，设置"小助手"软件，实现纳税人WEB版和手机APP版软件同步下载。

2、推动信息网络公开。税务机关要不断丰富信息公开渠道、内容和形式，为纳税人提供及时权威、形式生动、操作便捷的信息公开、税收宣传、涉税信息查询服务。同时，税务机关可以依程序向社会公开出口退(免)税企业分类情况、黑名单、稽查案件等信息，透明执法程序，拉近税务机关与纳税人的距离。开展民意调查和意见征集，建立贯通线上线下的纳税人满意度评价系统，及时了解纳税人办税习惯和办税需求。

3、应用"云"技术。积极引入"微观云"+"宏观云"技术，搭建自己的私有云平台，利用"云"技术，在不同层面对数据资源进行共享整合，最大限度提升资源利用效率，实现增值应用。工作中，可将出口退税审核系统、海关数据传输系统、出口货物函调系统等资源整合起来，形成一个个的"微观云"。同时，要把一定范围内(如广州市、广东省、全国)的设备和资源进行有效整合，形成包含无数云团的"宏观云"，通过

“云”技术让信息设备的功能和应用等不断拓展升级、换代更新。

(四)规范管理

随着“互联网＋”的推进，传统的纸质凭证载体逐步取消，管理方式和管理要求要与时俱进，规范管理更是基础。

1、统一操作标准。基于纳税人和税务人的操作习惯、互联网发展趋势，及时推动与实际工作不相适应的操作标准的修订，优化、统一操作标准，改良业务流程，创新业务模式，全面提高出口退(免)税管理效率。在统一操作标准时，要做到依法合规、操作简便、风险可控。

2、强化数据安全。在互联网时代，大量数据通过网络传输、存储，数据安全不可忽视。一是强化使用者的安全意识，加强使用者身份认证，限制访问权限；二是强化数据传输的安全性，使用加密技术防止数据被非法截留、篡改或破化；三是确保出口申报数据合法性，使用数字签名等验证数据的不可抵赖性。此外，还要强化对纳税人数据的保密意识，维护纳税人的合法权益。

3、建立痕迹管理。随着纸质载体的逐步取消，“操作有痕”的重要性日益凸显。我们建立痕迹管理制度，减少结果录入的情况，使我们的管理有迹可循，分析监控有依有据。在设计各项操作时，要及时了解纳税人和税务人的操作需求、操作原因和操作背景，提升税务机关的治税能力，促进简政放权，实现大数据的价值红利，也为实现税收征管科学化、数据分析精细化、风险管控清晰化、信用管理体系化奠定坚实的基础。

(五)风险防控

2015年，全国税务部门共检查出口企业47136户，其中立案检查出口企业5054户，结案3082户，全年共挽回国家税款损失共计91.42亿元，是2014年的2.54倍，与公安机关联合查办和移送案件244起，抓捕犯罪嫌疑人310人，出口骗税违法行为仍然是多发、频发，出口防骗工作面临着巨大的挑战。“互联网＋出口退税”工作逐步推进后，出口退税办理速度大大提升，信息公开透明度越来越高，出口退税风险防控的要求和难度不断加大。

1、依托大数据完善风险防控体系。适应互联网时代出口企业经营方式、交易类型日趋复杂化的新要求，强化大数据思维，加强风险应对，通过完善与融合海关、外管、银行、货代、电商等外部门数据，及时获取出口企业经营、报关、物流和资金流数据。通过“唤醒”睡眠数据，提升数据资源加工能力，重构、完善、拓展省级退税评估监控系统、市级审核辅助系统、税收执法风险防御系统(RED)、税源风险管理系统等现有系统，对多方信息进行整理归纳，深度发掘数据信息，通过数据纵向比对和横向比较，重构和还原出口交易数据痕迹，智能化“扫雷”筛选疑点和拦截问题数据，做到疑点早确定、问题早发现、预警早布控。

2、搭建征退评查协作平台。“互联网＋出口退税”对征退评查四部门联合风险防控提出了新要求，税务机关内部要优化配置税收管理资源，加强征退评查四部门横向和纵向的协调配合，搭建“征退评查”平台。通过建立各类信息交换和共享制度，借助信息化手段实现不同来源信息的按户归集，有效共享和利用，解决税务机关内部各部门之间、征纳双方之间信息不对称带来的税源管理风险，实现以管助查、以查促管的良性互动，有效防范出口骗税案件的发生。

3、构建供货企业监控系统。供货企业与出口企业交易真实性是出口防骗风险防控的重点环节之一，将供货企业纳入出口退税风险防控的链条具有重要意义。将供货企业行业性质进行分类，依托产能数据建立各行业供货生产企业产能监控系统，按照业务的规范性、交易的真实性、管理的合法性、原材料构成、税负高低等分成风险1－4类，对风险级别高的供货企业从严管理，涉及的出口交易货物从严审核；对风险级别低的供货企业加强提示提醒，提升监控分析和预警评估工作的质效。

(六)综合治理

1、保障网络信息安全。互联网是把“双刃剑”，在给纳税人带来便利，为税收工作提质增效的同时，也增加了税务系统的网络安全风险，税务网络与信息系统作为税务信息化正常运行的重要基础，一旦出现重大问题，将直接影响国家税收安全。因此“互联网＋出口退税”推进过程中需高度重视网络信息安全。在“互联网＋”成果应用前，必须指定接入标准，规范第三方应用平台安全接入，做好数据分级保护，落实数据传输安全、储蓄安全，加强实施安全防护，实现应用和安全保障同步规划、同步建设和同步运行。

2、培养复合型人才。实现“互联网＋出口退税”的深度融合，需要一批具有互联网思维和现代化视野，既掌握税收信息化技术又充满活力能打硬仗的复合型人才。一是要注重专业技能的培养。要制定系统的培养计划，开展“互联网＋出口退税”的针对性培训，形成有利于吸引人才的激励和保障机制；二是要注重创新能力的培养。互联网技术日新月异，我们要注重培养队伍敢于创新、善于突破的精神，突破目前一些已经固化的工作方法工作手段，创造性地开展“互联网＋”工作；三是注重团队精神的培养。积极创造条件搭建平台相互交流、相互学习，经验交流，不断增强专业队伍的实战能力。

3、推进税务代理服务。税务机关要更新理念，面对越来越复杂的对外贸易环境，仅靠一家之力和传统的管理方法已难以达到提高税收遵从度的效果。税务机关要充分发挥税务代理机构在促进企业进一步提高申报质量、规范管理的积极作用，在出口退税管理中引进税务代理，利用其优势引导纳税人规范经营的理念，强化纳税人风险防控意识，监督纳税人依法办税的效果，提高纳税人的遵从度，避免企业管理风险。

（作者单位：广东省广州市国家税务局）

# 税收法制建设

# 试论落实税收法定原则的战略路径

陈连书

党的十八届四中、五中全会，作出了全面推进依法治国和全面深化改革的决定，提出了建设社会主义法治体系和法治国家的总目标，提出了坚持法治国家、法治政府、法治社会一体建设总要求。

依法治税是依法行政和建设法治政府的重要内容，也是实现税收现代化的基本要旨。落实税收法定原则，是税收法治建设的重大目标。按照上述指导思想和理论基础，本文试图就落实税收法定原则进行一些研究分析，从中找到实现这个目标的战略路径，以便推进税收法治进程，提升税收法治化水平，开创税收治理现代化新局面。

## 一、税收法定原则的内涵

税收法定原则，又称税收法律主义、租税法律主义、税捐法定主义，是指由立法者决定全部税收问题的税法基本原则。没有相应法律作依据，国家则不能征税，公民也没有纳税的义务；税务主体必须依且仅依法律的规定征税；纳税主体必须依且仅依法律的规定纳税。

税收法定原则最早肇事于英国。1215 的年英国大宪章规定："一切盾金或援助金，如不基于朕之王国的评议会的决定，则在朕之王国内不允许课征"。1689 年英国的《权利法案》规定："凡未经国会准许，借口国王特权，为国王而征收，或供国王使用而征收金钱，超出国会准许之时限或方法者，皆为非法"。至此，英国确立了"无代表则无税"的税收法定主义原则。之后，这一原则在 1787 年的美国宪法和 1791 年法国宪法中得到了更进一步的完善与发展。到目前为止，税收法定原则精神在全世界绝大多数国家的宪法或税法中得以体现。

税收法定原则至少包含着以下几方面内容：一是课税要素法定原则。对于课税的重要事项，包括纳税主体、征税对象、税基、税率以及税收的增减等，均应由法律明确规定，否则即违反课税要素法定原则，且属狭义上的"法律"。二是课税要素明确原则。凡构成课税要素的规定及征收程序的规定，都应当尽量地明确，避免出现歧义，以保证税法能被准确地理解和执行，防止税法中出现过于含混模糊的概念和条款，减少因税法解释被滥用而发生侵害纳税人权益的可能性。同时，对行政机关的自由裁量权给予有效限制，防止税务自由裁量权被滥用而产生不良后果。三是课税行为合法原则。指税收行政机关必须严格依据法律的规定征税，而无权变动法定课税要素和法定征收程序。四是禁止溯及既往和类推适用。法律制度一般是适用将来的，溯及既往与现代法治社会公认的基本准则——法无明文不处罚不符，且将破坏税收法定原则内在机能的实现。禁止类推乃模拟刑法罪名法定原则，若不禁止类推适用，可能导致税务机关超越税法规定的课税界限。五是税收的立法权在权力机关。世界各国确定税收立法权由议会(人大)行使，旨在以此体现赋税平等的法律原则，使议会(人大)作为社会成员的代表对国家能否征税得以充分行使决定权，其实质所要解决的是税收立法权的归属问题，课税的实体要素和程序要素都必须由民意代表机关制定，没有法律的规定，政府无权向人民征税。

税收的强制性、无偿性和固定性三大形式特征是税收法定原则的内在要求。税收的强制性就是国家凭借其政治权力，以法律的形式确定税收征纳双方的权利和义务关系，并颁布法律强制实施。但是税收的强制性并不代表国家可以随意征税，必须在人民经济承受能力和社会经济发展的许可范围之内征税，让税收在法律的轨道上进行。税收的无偿性是指作为社会最高代表的国家不需要对单个具体纳税人付出任何代价而占有和支配其一部分资源，但纳税人会关注自己无偿纳税的法律依据是什么，是否合理、是否合法。税收的固定性是指税收制度是相对固定的，纳税人在一定期限内要缴纳的税额是可以预计的，计征方法是相对固定的。国家通过法律规定来保障部分社会资源的占有，并同时以法律来限制国家的征税行为，以保证企业和公民个人的合法财产不被国家随意征收。

在我国，社会主义社会的税收法定原则反映的是人民的意志，它的存在体现的是社会主义税收“取之于民、用之于民”的分配关系。因此，我国税收法定原则的基本涵义应当是：经过全国人大及其常委会的同意以及纳税人的立法参与，控制国家征税权，并借助税收法律的安定性、规范性和可预测性，保障纳税人的财产权、生存权、发展权、生产经营自主权、和人生规划自由权等。

## 二、我国税收法定原则的实施现状

建国初期，我国的税种较多，后来学习前苏联模式，实行计划经济，按照“社会主义国家不应该向自己的企业征税”的理念，几乎把所有的税种都取消了。从上世纪五十年代中期开始，除保留极少数税种外，实行以“利”代“税”，以国有企业和集体企业上缴利润为主。到 1973 年，对国营企业只征收一种“工商税”，对集体企业只征收“工商税”和“所得税”。在那个时代，我们把少征税或不征税作为社会主义制度的优越性大加宣扬，所以到 1978 年 12 月中共十一届三中全会决定改革的时候，我国的税种只有“工商税”和“所得税”，且还不是由国家法律来确定。

改革开放以来，我国的税收法治加速建设，初步构建起适合我国国情和较为完整的税法体系。1982 年宪法规定：“中华人民共和国公民有依照法律纳税的义务。”但当时官方考虑到中国法治建设尚处于起步阶段，建立现代税制的经验和条件都不够，就由全国人大授权国务院拥有税收设置的权力，成为当时最为可行、又不违反基本法律的一项“解决方案”。到目前为止，这个授权并没有收回。因此，国务院用条例的方式进行税制改革及执行这些税制，被视为是合法的。

1992 年全国人大制定的《税收征收管理法》规定：“税收的开征、停征以及减税、免税、退税、补税，依照法律的规定执行；法律授权国务院规定的，依照国务院制定的行政法规的规定执行。任何机关、单位和个人不得违反法律、行政法规的规定，擅自作出税收开征、停征以及减税、免税、退税、补税的决定。”这一规定，成为税收法定原则的雏形。2001 年修订后的《税收征收管理法》，继续重申了这一规定。

目前我国共设立了 18 个税种，只有 3 个税种是通过全国人大立法征收的，分别是 2007 年 3 月 16 日第十届全国人民代表大会第五次会议通过的《中国人民共和国企业所得法》，2011 年 2 月 25 日第十一届全国人民代表大会常务委员会第十九次会议通过的《中华人民共和国车船税法》，2011 年 6 月 30 日第十一届全国人大常委会第二十一次会议表决修订的《中国人民共和国个人所得税法》。其他 15 个税种均依照国务院制订的税收条例或暂行条例征收的。

党的十八届三中全会首次提出要“落实税收法定原则”。党的十八届四中、五中全会作出的关于全面推进依法治国、全面深化改革的决定，彰显出中央对税收立法和税制建设的高度关注，同时，这也为进一步推动税收法治建设带来良好契机。

近年来，要求税收立法权回归全国人大的呼声越来越高。顺应民众呼声，2015 年 3 月 15 日，十二届全国人大三次会议通过了关于修改《立法法》的决定。修改后的《立法法》将“税收法定”的专属立法权单列，并规定“税种的开征、停征和税收征收管理的基本制度”只能制定法律，这意味着，今后政府收什么税、向谁收、收多少、怎么收等问题，都要通过全国人民代表大会及其常委会立法决定。

## 三、我国实施税收法定原则存在的问题

改革开放以来,尽管我国的税收法定原则不断完善,初步构建起适合现阶段我国国情的税法体系,但目前税收法治化程度还不高,税法体系还不全,课税要素法定、课税要素明确与课税行为合法原则没有很好地实现,税收立法层次低,税收执法随意性大,税收司法协调性差。在实践层面上,2007 年印花税“半夜鸡叫”导致“5.30”大跌、2011 年沪渝两市房产税改革试点、2014 年财政部连续三度上调成品油消费税单位税额等任性加税事件,引发了全社会普遍关于税收政策正当性和合法性质疑,其症结就在于真正意义上的税收法定原则缺失。在笔者看来,现阶段,我国实施税收法定原则存在以下几个方面的突出问题。

### (一)税收法定原则在《宪法》中规定不明确

我国《宪法》既未对财税制度作专门规定,也未对税收立法权作专门规定,仅规定“中华人民共和国公民有依照法律纳税的义务。”有人认为,这一规定隐含了税收法定原则的寓意。其依据是:既然《宪法》明文规定我国公民依照“法律”纳税,那么就排除了依照其他文件纳税的可能性,这是税收法定原则的表达方式。但笔者认为此观点未免牵强附会。因为该规定仅说明公民的纳税义务要依照法律产生和履行,而没有解决税收构成要件由哪个机关立法的问题,也没有规定征税主体应依照法律实施征税,这就很难说是对税收立法权的限制,更无法体现税收法定原则的精神。因此,该条款不足以成为税收法定原则的宪法依据。

从世界范围来看,目前除朝鲜、古巴等极少数国家外,绝大多数国家都在宪法中对税收法定原则作了直接的、明确的规定。日本《宪法》规定:“新课租税或变更现行规定,必须有法律或法律规定之条件作依据。”埃及《宪法》规定:“只有通过法律才能设置、修改或取消公共税捐;除法律规定的情况以外,任何人均不得免交税捐;只有在法律规定的范围内,才可责成人们交纳其他形式的赋税。”新加坡《宪法》规定:“除经法律或根据法律批准者外,不得由新加坡或为新加坡之用,征收任何国家税和地方税”;西班牙《宪法》规定:“规定税赋之原始权利为国家所专有,通过法律行使之。”秘鲁《宪法》规定:“捐税的设立、修改或取消,免税和其他税收方面的好处的给予只能根据专门法律进行。”等等。由此可见,税收法定原则入宪入法,已成为各国通行的做法。

### (二)人大授权国务院制定税规严重影响了税收立法的权威性

亚当.斯密认为,税收是“人民须拿出自己的一部分私收入,给君主或国家,作为一笔公共收入”。塞里根曼认为,“税收是政府对于人民的一种强制性征收,用以支付谋取公共利益所需的费用”。马克思认为,“税收是政府机器的经济基础”。从以上对税收定义的理解不难看出,政府与公民在税收上是存在相互依存但又是此消彼长的关系。政府因为向人民提供了公共产品和公共服务,理应得到相应的回报。但是人民应该向政府支付多少报酬、怎样支付以及按什么程序支付等,不应该由政府来决定,而应由最高权力机关全国人民代表大会制定税收实体法和程序法来确定,以彰显对人民的尊重,这样才能更好地保护人民的合法财产不受公权力的影响。全国人民代表大会立法制定的税收法律,从法制体系上看仅次于《宪法》的法律,与政府制定的行政法规、部门规章、条例等相比具有更高的权威和效力。国务院运用授权制定的大量税收条例直接导致我国税收立法级次不高,稳定性差,给税法的权威性和税务部门的执法带来许多不利的影响,同时也冲击了立法民主的原则,影响了立法程序的公正性和法律规范内容的科学性。政府在动用行政权力制定税收规章条例时,往往也难以避免为扩大政府收入而加大人民税负的可能性。尤其是在市场经济体制中,各地政府为了能出政绩,在招商引资方面争相出台各种税收优惠政策,税收成为一些地方政府在招商引资过程中开打“价格战”的有力武器,这样就造成了各地税制不统一,影响了市场经济的自由竞争,阻碍了我国法治社会的建设,这都与当前缺乏层级、效力、遵从度较高的法律不无关系。

(三)课税要素法定原则在税收立法中基本没有实现

课税要素法定原则的核心内容是对其中“法律”的理解。课税要素法定原则要求课税纳税主体、征税对象、税基、税率以及税收的加重、减免等重要事项均应以法律来规定。而我国现行18个税种中,90%的税种纳税义务的构成要素是由全国人大授权国务院设定的,这严重违反课税要素法定原则所要求的法律保留原则。全国人大将多数税种立法权以“空白支票”的形式授权给国务院,国务院又把部分受委托的立法权委托给了自己的部门。这种本属于全国人民代表大会的立法权经过两次授权,赋予了国务院的相关部门,这与法律保留原则和不得再授权规定相悖,也使得法律的权威性大打折扣。在现行税制下,税收的减免权基本上控制在财政部、国家税务总局和海关总署等行政部门,执法随意性大,同时其发布的有些部门规章与法律、法规相冲突。如2007年12月国务院发布的《国务院关于实施企业所得税过渡优惠政策的通知》中规定:“自2008年1月1日起,原享受企业所得税‘两免三减半’、‘五免五减半’等定期减免税优惠的企业,新税法施行后继续按原规定享受至期满为止,但因未获利而尚未享受税收优惠的,其优惠期限从2008年度起计算”。这一行政机关的规章实际上改变了《中华人民共和国企业所得税法》的适用范围,违反了课税要件法定原则所要求的法律优位原则。过去若干年间,税务系统内部一直存在的税收收入计划任务,导致一些经济税源充裕地区“藏富于民”,而另一些经济欠发达地区却“竭泽而渔”,这都与课税要素法定原则不符。

(四)课税要素明确原则在税收立法中基本处于空白

课税要素明确原则是运用在当“形式”(外观)与“实质”(事实)不一致的时候,根据“实质”,而非“形式”,判断一行为是否符合课税要素,进而适用税法进行课税。这一原则要求创设纳税义务的法律或规定的内容、标的、目的以及范围必须确定,使纳税义务人可以预测其纳税义务。课税要素不仅包括纳税人、征税对象、税率、税收优惠,而且还应包括征税基本程序和税务争议的解决办法等。课税要素法定原则的实现是课税要素明确原则的前提。由于前者要素在税收立法实践中基本上没有实现,因此后者要素在立法实践中也就基本是个空白。比如《中华人民共和国企业所得税法》第1条第1款中的“企业”是一个非常不明确的概念。一般而言,“企业”是指以盈利为目的,按照一定的组织规律,运用各种生产要素(土地、资本、劳动力、技术和企业家才能等),向市场提供商品或服务,换取收入,实行自主经营、自负盈亏、独立核算的法人或其他社会经济组织。而《企业所得税法》中的“企业”是指按国家规定注册、登记的企业,以及有生产经营所得和其他所得的其他组织。这一模糊概念违背了课税要件明确原则,致使现行税制下的个人独资企业和自然人合伙企业被排除在企业所得税纳税人之外。

(五)现行税务管理机构不适应税收法定原则

当前我国税收管理体制存在诸多问题,税收管理工作欠规范,与税收法定原则不相适应。主要体现在:一是分税制财政体制的弊端日益显露。我国于1994年实行分税制财政体制改革,通过以事权划分为基础,界定中央与地方的支出范围,按税种的归属划分中央与地方的收入范围,分设国家税务局与地方税务局机构,以法律法规形式对中央与地方政府的事权、财权加以明确界定和划分。分税制财政管理体制运行20多年来,基本适应了社会主义市场经济体制的内在要求,对于统一税法、公平税负,增强中央政府的宏观调控能力,推动产业结构的调整和资源配置的优化,增强地方政府加强收支管理的主动性和自主性,都起到了积极作用。但随着时间的推移,其弊端也逐步显现:各级政府事权维持不甚明确,存在越位与错位的现象,导致财政支出范围的错位与越位;部分财政收入没有严格划分为中央税、地方税、共享税并依此确定应属何级财政收入,存在按企业隶属关系划分企业所得税的不规范做法;省以下各级政府间较少实行按事权划分财政收支的分权式财政管理体制;机构重叠,征税成本大。据了解,美国的税收征收成本占税收收入总额的0.58%,日本为1.13%,而我国已接近8%;随着“营改增”工作的不断推进,国税部门的工作量相对增加,地税部门的工作量相对萎缩。二是实行“省管县”体制改革的地区,税务机构没有随之跟进改革，与地方政府其他机构不匹配。三是税务机构内设层次多且变化过于频繁。自实行分税制财政体制以来，各级税务机关内设机构经历了多次变更。以省级国税机关为例，其内设机关由 1994 年的 18 个增加到目前的 25 个左右。基层管理局和稽查局的机构也多次调整。内设机构过于多、职责分工过于细，造成相互争管理权，相互制约、相互推诿扯皮，造成工作效率低下。同时，每次机构调整改革后，人员思想、工作流程、行政管理需要一段时间的磨合和完善。当磨合、完善并探索了一套适应其设置的管理方式后，新一轮机构改革又开始了，使较为成熟的管理模式再被推倒，人员思想和工作流程等又进入新一轮的磨合、完善期，这样不利于基层税务机关工作持续发展和巩固提高。

## 四、落实税收法定原则的战略路径

"税收法定原则"与"罪名法定原则"共同构成公民财产权和人身权保护的两大基石。落实税收法定原则，是税收的最高原则，是税收法治建设的重大目标。党的十八届四中全会为我们描绘了建设社会主义法治国家的宏伟蓝图，各项立法工作都在紧锣密鼓的进行当中。而作为保障国家财政收入、保护纳税人财产利益、指导税务机关征税工作的税收立法与修订工作也在有条不紊地展开。新修订的《立法法》，对税收法定原则作出了明确规定，环境保护税法、增值税法、资源税法、房地产税法、船舶吨税法、耕地占用税法等税法制定提上了国家立法的议事日程，这必将深刻和长远地影响我国的依法治国进程。在新的法治环境里，我们应该借此东风，在推进国家治理能力和治理体系现代化进程中，加快推进税收法定原则的落实。

### (一)在《宪法》中确立税收法定原则

习近平同志指出："依法治国首先是依宪治国，依法执政首先要依宪执政。"税收与《宪法》反映的是公权力与私权利的关系，而税收法定原则必须成为《宪法》所规范的重要内容。加强税收法治建设，落实税收法定原则，就应首先完善《宪法》，补充和完善《宪法》中的税收条款，明确纳税人的权利，从而使政府的财政收入和支出均受民选代表的实际审议、约束和批准。当前，可以采取以下步骤实施：一是将税收法定原则直接写入《宪法》。可以将《立法法》中关于"税种的设立、税率的确定和税收征收管理等税收基本制度"的规定移植其中，并进一步加以完善；二是根据我国 1994 年以来实行的分税制财政管理体制的实践，按照中央《关于深化国地税征管体制改革方案》的要求，在新一轮财税体制改革中，规定不同层级的税收立法权，理顺中央和地方政府之间、各级地方政府之间的税收分配关系；全面规定自然人、法人和其他组织依法纳税的义务和可以依法享有的权利，增强全社会依法纳税的意识，保障纳税人的合法权益；同时设立相关的配套措施，建立合理、规范、公开的预算体制和科学严密的审计制度等。

### (二)在废止不合理授权立法的同时规范授权立法

税收征收行为涉及纳税人财产的减损，通常情况下属于国家法律的保留事项。也就是说，只有全国人大才是税收立法的合法机关。1985 年全国人大通过的《关于授权国务院在经济体制改革和对外开放方面可以制定暂行的规定或者条例的决定》把税收立法权一揽子授出，其最直接结果是现行的大多数税收法规都是行政机关制定的，属于政府主导的"税收立法行政化"模式。这种模式在特殊的历史时期曾经起到了积极的作用，但随之便出现了政府既当运动员又当裁判员的情况。在当下立法主体多样化的格局之下，税收征收随意性有所凸显。全国人大 2015 年 3 月 15 日通过的《立法法》中有这样的规定："税种的设立、税率的确定和税收征收管理等税收基本制度只能制定法律"。当这部法律墨迹未干时，5 月 8 日，财政部、国家税务总局决定，自 5 月 10 日起，卷烟批发环节从价税税率由 5%提高至 11%，并按 0.005 元/支加征从量税。好不容易《立法法》刚明确了税收法定原则，不到两个月，烟草消费税的提高就违背了这个原则，不禁使人大跌眼镜。这种名曰"控烟"、实为"抢劫"的做法，引起了舆论一片哗然。如果靠香烟涨价能控制吸烟，那么，用"限号行驶"和摇号的方法解决首都北京堵车问题就是多余的，把油价多涨几次不就万事大吉了吗?

从战略角度说,随着我国民主法治建设的不断推进,人大立法制度已经基本完善,因此,全国人大收回给予政府的税收立法授权已经恰逢其时。一些被实践证明行之有效的税种条例,配合税制改革进程,适时由全国人大讨论,先行上升为正式的法律,并相应废止有关税收条例。对于一些涉及面广、情况复杂的税种改革,可在先试点的基础上先修改相关税收条例,然后再将条例上升为法律。

人大收回税收立法权,其目的只有一个,便是让税收更加公平、正义,让纳税人的意愿更加充分地表达。当前,我国正处在税制改革的特定时期,想一蹴而就地落实税收法定原则是不现实的。因此,应以优化所得税制、提升流转税、资源税改革,推行房地产税、环境保护税立法的相关工作,逐步完善我国的税收法制体系。近年来,通过"营改增",已经极大地改变了我国的税制结构。因此,要落实税收法定原则须尽快完成"营改增",并在此基础上将增值税、消费税、关税等重要税种由条例上升到法律层面,因为这三个税种上升为法律的条件业已成熟,这样可形成主体税种的法定原则率先在形式上体现,使政府的财政收入来源变得更加具有法律依据。房产税、土地使用税、印花税、资源税等税种由于其影响面有限,承担的经济社会任务相对稳定,可在适当时期上升为法律。在税收立法的过程中,不是简单地将条例上升为法律,而是要完善税收立法的程序,使纳税人的代表和社会公众都能充分参与。同时,还要增强立法程序的公开度,广泛征求社会各界的意见,并及时向社会公布,让公众知道提了哪些意见,被采纳意见所占比例,并及时回应修改意见,这样民众的表达权才能得到真正落实。

(三)税收立法中应体现课税要素法定原则

课税要素法定原则,即课税要素必须由法律直接规定。课税要素不仅包括纳税人、征税对象、税率、税收优惠,而且还应包括征税基本程序和税务争议的解决办法等。课税要素法定原则是对税收法定原则的补充和完善,是对行政机关权力的进一步限制。课税要素的基本内容应由法律直接规定,实施细则等仅是补充。税收优惠政策也应统一由专门税收法律法规规定。新的《立法法》修订并颁布实施后,《税收征管法》的修订已经提上议事日程。新的《税收征管法》中应当规定,以行政立法形式通过的税收法规、规章,如果没有税收法律作为依据或者违反了税收法律的规定都是无效的。

(四)税收立法中应体现课税要素明确原则

亚当·斯密曾说过:"完纳的日期、方式和数额都应当让一切纳税者及其他人了解得十分清楚。否则,每个纳税人就会或多或少地为税吏的权力所左右;税吏会乘机向任何讨厌的纳税者加重赋税,或者以加重赋税为恐吓,勒索赠物或贿赂。赋税的不确定会纵容专横与腐化,即使那些税吏原本不是专横和腐化的人"。亚当·斯密还认为,"根据一切国家的经验看,赋税如果不平等,其对纳税者的危害尚小,而赋税一旦不确定,则会产生相当大的危害"([英]亚当·斯密:《国富论》,唐日松等译,华夏出版社 2005 年版,第 589 页)。课税要素明确原则要求课税要素、征纳程序不仅在法律中规定,还应明确,避免出现漏洞和歧义。

课税要件明确性原则是税收法定原则的重要组成部分,至少包括下列含义:一是课税要件化,即对于课税的法律概念特征予以要件化;二是课税要件明确性,即当课税法律概念要件化之后,还要求其应具有足够之明确性,以资遵循;三是税负明确化,征税机关不仅应遵守法律的规定,对于设定纳税义务的法律规定,其内容、对象、目的、范围,亦应充分明确,使纳税人得以预见并评估其税收负担,从而安排自我负责的生活方式;四是在法律中必须使用不确定概念时,这些不确定概念的含义应当在法律的其他条款里予以明确,从而整体上达到"具有法律明确性的要求"。

(五)建立和完善适应税收法定原则的税务管理机构和社会环境

完善税收法律体系,提升行政法规级次,规范立法授权,是落实税收法定原则的上层建筑层面的制度设计,或者说是顶层设计。但税收法定原则的关键和生命力在于落实已形成的法律法规,俗话说,天上的难事,不在于立法,而在于有法必行。而落实的主体归根结底要靠科学有效的机构和高素质的工作者。从我国国情出发,借鉴发达国家经验,当务之急在以下四个方面:

1、改革征管体制,理顺管理职能,建立科学稳定的税务机构。按照中央"关于深化国税、地税征管体制改革方案"的要求和深化财税体制改革的进程,结合建立健全地方税费收入体系,厘清国税与地税、地税与其他部门的税费征管职责,着力解决国税、地税征管职责交叉和不清的问题。1994 年我国推行分税制,当时建立国、地税两套机构是必要的,且发挥了历史性作用。现今,随着现代化进程的加快和经济结构的调整,随着财税体制特别是预算机制的完善,尤其是"营改增"步伐的加大和"依法治国"战略的实施,两套机构在行政审批上层层叠叠,在税务稽查上重复往返,在征管环节上繁琐复杂,在征管过程中你来我往,不仅加大了纳税人负担,也增加了政府运行成本和税收成本,所以,要按照"服务深度融合、执法适度整合、信息高度聚合"的思想,努力建成与国家治理体系和治理能力现代化相匹配的现代税收征管体制,降低征纳成本,提高征管效率,增强税法遵从度和纳税人满意度,确保税收职能作用有效发挥,促进经济健康发展和社会公平主义。与征管体制改革相配套,最大限度地简政放权,将一些行政审批事宜或取消、或下放,还权于纳税人。同时精简压缩总局和省局机关的工作人员,将业务属性基本相同的内设机构进行减并。借鉴公安机关做法,在总局和省局机关设立政治部,统管党的建设、组织人事、宣传教育、思想文化、群团组织等工作。借鉴审计机关做法,打破省、市界限,建立跨区域性的税务稽查和巡视、督察内审等机构,实行非隶属监督检查。充实县级局的征管力量,实行"扁平化"管理,努力去"机关化"。

2、与"省管县"对应,在税务管理上也实行"省直接管县"。税务系统现行五级组织架构中,只有县级局和分局(所)直接组织收税,上面三级都是管理局,形成"头大身子小",不仅在服务、管理和信息流等方面日益显现出其效能低下的弊端,而且五级管理层,层层都有审批权,层层都不愿意放权,因此,同样有必要借鉴一些国家的经验,在实行省管县试点的地区,同步进行税务机构改革,由过去的"省局—市局—县局"管理模式,改为"省局—市(县)局"管理模式,设区的市级税务局不在管理县税务局,由省级局直接管理,建立健全与试点地区经济社会管理相匹配的税收管理运行机制,将来最终实现全国税务系统四级组织架构,以减少执法环节和成本,提高执法效能。

3、优化税收治理的内外部环境。推进国家治理体系和治理能力现代化,体现在税收领域,就是要求税务机关牢固树立征纳双方法律地位平等的理念,切实推进职能转变,改变"管住纳税人"的思想,优化纳税服务,促进征纳和谐,推进税收治理体系和提高税收治理能力。首先,要按照"筹集财政收入、调节收入分配、促进结构优化"的顺序调整税收职能作用,淡化税收调节经济结构功能,规范税收优惠,改变税收计划下达方式,有多少税源收多少税;其次,要改革征管模式,实行严格意义上的征、管、查分离,强化税收权力监督制约,规范税务检查和税收自由裁量权,改变既当运动员、又当裁判员现状,同时变"任务"稽查为"执法"稽查;再次,建立由政府主导、税务主责、部门合作、社会协同、公众参与的税收共治格局,完善风险管理体系,着力解决税收环境不优、信用意识不强等问题,逐渐由传统的"管理"思维向"治理"思维转变。

4、健全税收司法保障机制。按照十八届四中全会关于完善司法管理体制的精神和中央关于《深化国税、地税征管体制改革方案》要求,借鉴一些国家做法,健全各级公安机关派驻税务机关联络机制,设立专门的经济法院,专司以涉税案件为主的经济案件审理。

总之,落实税收法定原则,不仅要"有法可依、有法必依",更要"执法必严、违法必究"。最终目的是:法定职责必须为,法无授权不可为,法无禁止皆可为。

(作者单位:宁夏回族自治区国家税务局)

# 关于我国环境税立法几个关键问题的思考

金志雄

党的十八届三中全会明确提出，要推动环境保护费改税。自此，关于环境税的立法问题便成为社会各界关注的焦点。毫无疑问，开征环境税对我国的环境保护有着极为重要的意义。但是，对于环境税的立法，社会上的争论却一直没有消失过。在我国目前较为稳定的税制体系下，要开征一个新的税种、为环境税立法，必然需要考虑一些关键问题。要为环境税立法，首先需要解决上述几个关键问题。

## 一、"排污费"还是"环境税"

### (一)环境保护的"税费之争"

尽管环境税立法的意义已经为大多数人所接受，但是，关于环境保护的"税费之争"却一直没有停止过。

一种观点认为，税收比收费更加规范，便利管理，因此，应尽快实施环境保护的"费改税"。从税与费的形式特征看，二者都具有强制性和无偿性，都可以促进环境的保护。但是，从管理角度看，政府的收费行为往往难以规范，一着不慎，便可能演化成"乱收费"，加重人民的负担；而征税则相对规范，既规范了税务机关的行为，又保障了纳税人的权利。我国一直以来实施的"清理乱收费"、"费改税"等政策和改革根源正在于此。在这种观点看来，在环境保护领域，不仅存在标准偏低、范围狭窄以及刚性不足等问题，"乱收费"的现象也是一个屡禁不止的大难题。我国污染源众多且较为分散，在一些尚未采取措施(收费或征税)的领域，如果采用收费的方法遏制污染的话，则这一政策很有可能演变成新的"乱收费"，尤其在地方政府层面和相关部门层面上，这种情况就更加难以避免。从这个角度来看，将"排污费"改为"环境税"是非常有必要的。

另一种观点则认为，由于污染测量技术条件、税收征管等多方面条件的限制，目前不宜实施环境保护的"费改税"。在目前的技术条件下，并不是所有的"污染行为"及其污染程度都可以得到精确地计量。现实中，污染源、污染的种类很多，有相当一部分在现有技术条件下，很难以征税的形式进行矫正——不便于进行征收管理。从征管角度看，由于缺乏系统、全面的制度设计，很容易形成"部分征税、部分未征"的局面，使税制丧失公平，甚至影响经济的发展。此外，也应该看到，"税"往往会给纳税人带来更重的心理负担，复税制体系下过多的税种极易使纳税人产生反感心理和抵触情绪，从而形成预料之外的结果。环境保护的"费改税"很可能加重人们对税收的抵触心理。在这种情况下，环境保护的"费改税"不利反害。因此，至少在目前情况下，这一改革不宜实施。

### (二)"税费权衡"下的环境税征税对象

由于收费和征税的方式各有利弊，在环境税立法过程中，要去弊趋利，合理选择征税对象，由难到易，逐步推开。在这一过程中，征税对象的选择非常重要。这是因为，环境税的立法既需要利用征税的优点(这需要对尽可能大范围的污染行为实施"费改税")，又需要克服征税的缺点(在现代技术可以准确解决"污染"计量问题的领域，应尽可能实施"费改税")。根据这一思路，从我国目前的技术手段来看，环境税的立法的第一步需要将征税对象锁定为四大类：大气污染、水污染、固体废弃物污染和噪音污染。这主要是考虑到，这四类污染的规模和程度可以通过现有的技术手段进行大致精确的衡量。

例如，大气污染中的二氧化硫和氮氧化物排放量都可以通过现代技术进行较为精确的衡量。它们也都是形成酸雨的主要物质，造成了非常严重的污染后果。在具体的税基选择上，也可以采用两种供选择的方案：一是依据二氧化硫实际排放量征税——这种方案直接体现了“谁污染、谁付费”的原则，能够有效调节纳税人的污染行为；二是依据化石燃料中的含硫量征税。这种方案在生产链起始环节征收，覆盖面广，操作性强，征管简单易行。

除了合理选择环境税的征税对象外，也应该看到，“税”往往会给纳税人带来更重的心理负担，复税制体系下过多的税种极易使纳税人产生反感心理和抵触情绪，从而形成预料之外的结果。因此，在环境保护“费改税”的过程中，不仅要将那些“没有污染”的企业和个人排除在征税范围之外，而且要做好政策的宣传工作，让社会充分理解环境税的意义。

## 二、我国环境税应采取哪种模式

### (一)西方国家环境税制的三种模式

第一种模式——融入型环境税模式。这种模式是指不设立专门的环境税税种，而是将环境保护的理念融入到相关的税种当中。融入型环境税不需要对整个税制做大的改动，操作起来简便，也不需要像独立型环境税一样要与原来税种之间协调，也不会增加新的征税成本。但是融入型环境税模式比独立型环境税模式对税收扭曲的矫正功能弱，也不利于筹集专项收入治理环境污染。因此，这种环境税模式适合于在整个社会的税收体系还未理顺的情况下实施。

第二种模式——税费并存型环境税模式。这种模式是指在开征环境税的时候，并不将原来的环境污染收费全部改为环境税，而是在设计的时候综合考虑各方面的因素，在各种项目上对“税”和“费”形式的选择做出判断，将原来的收费中的一部分改为征税，另一部分继续保留环境收费的制度。对于征收对象相对稳定，征收较容易的，采用征税的形式；而对于征税对象不太稳定，征收难度较大，则采取收费形式。发达国家通常在环境税的征税对象难以明确，征收水平相对较低的阶段采用这种税费并存型环境税模式。

第三种模式——独立型环境税模式。这种模式是在现行税制体系的框架下，根据污染者付费和使用者付费原则，以筹集环保资金，促进环境保护为目的而独立征收的税。其主要优点体现在：根据污染者付费或使用者付费原则，可以有针对性地设计征税对象、纳税人和计税标准，具有较强的针对性。但是，独立型环境税模式需要解决一系列问题。如需要协调与现存税制之间的关系、协调和权衡有关收益与成本在不同利益集团等等。因此，独立型环境税模式适合于在社会经济利益关系已经理顺，整体税制体系比较完善，税收管理水平较高的条件下实施。

### (二)我国环境税制的模式选择

西方国家环境税制的三种模式各有特点，可以为我国环境税的立法提供非常有益的借鉴。

从融入型模式来看，将环境税融入消费税、增值税，所得税等税种中，固然是一种省事、省力的做法，但是，这种方法的对于“排污行为”的矫正作用相对较弱，对税收征管的技术要求也比较低。尽管如此，在广义的环境税体系中，仍有一些税种适合采用融入型模式，比如，对资源类产品的征税——将其融入消费税具有先天的便利条件：随着销售收入的实现，与消费税一同征收，非常容易实现。通过调整这些资源类产品的税率，就可以实现“环境税”的作用。事实上，我国目前对燃油征收的消费税以及现行资源税就属于广义环境税的范畴。

从税费并存模式来看，其通常适用于征税对象不太稳定、征收难度较大的情形。从我国目前的税收征管技术来讲，其目前仍不足以实现对所有的“排污行为”进行合理的、准确的征税。在这种情况下，对一些污染行为保留一部分“污染费”仍是必要的。尽管如此，由于“费”所存在的种种弊端，其决不能成为环境税的主体。因此，在目前状况下，我国更适宜建立一个“以税为主、以费为辅”的环境税体系。

从独立型模式来看，其往往适用于税制比较成熟和完善、征管技术比较先进的情形。按照我国目前的技术条件，对一部分征税对象明确、污染程度较容易测度的“排污行为”征收直接污染税，便属于独立型模式的范畴。这也是我国目前开征环境税的重点。但是，开征独立的直接污染税税种需要注意其与现行税制的协调与配合，这对于税种要素的设计有着比较高的要求。同时，还需要注意协调税务部门与其他政府部门（如环保部）、纳税人之间的利益。

综上所述，我国的环境税制更宜采用混合型模式：将资源型产品税融入消费税、资源税等税种中，对直接污染行为征收独立的环境税，对征管较为困难的征税对象仍采用收费的形式——待技术条件完善后，再征收独立的环保税。这样，就初步形成了一个比较完善的环境税体系。目前，我们要做的重点是对直接污染行为开征独立的环境税，即将对一部分排污行为由收费的形式改为征税。

## 三、环境税收入应该归于中央还是地方

在我国现行的分税制财政体制下，所有的税种都被划分为中央税、地方税、中央与地方共享税。因此，环境税立法也面临着税收收入的归属问题。

一方面，将环境税划归地方税，既有优点又有缺点。其优点主要有：(1)有助于完善地方税收体系，增强地方财政实力。(2)由于环境税征收时需要地方环保部门确定污染物排放量、污染程度等指标，以便确定税基、税率等因素，因此将环境税划归地方税，可以调动地方政府督促地方环保部门对环境税征管的积极性。(3)环境污染通常发生在一定区域内，地方政府身处污染事件发生地，对环境信息掌握更为明确，处理环境危机更具及时性。(4)具有良好的制度基础。我国目前实行的排污费制度采取的属地征收原则。我国开征的环境税是由排污费改税承袭而来，而地方政府征收管理排污费三十年来积累了较为丰富的经验，如果将环境税划归地方税具有良好的制度基础。同时，将环境税划归地方税也具有一些明显的缺点：(1)一般而言，地方税应具有非流动性，且分布较为均匀，不具有宏观调控和再分配性质，但是环境污染具有扩散性，环境保护具有外溢性，环境税对整个宏观经济和产业发展将产生影响，因此不宜作为地方税。(2)地方政府之间为了竞争税源，可能放松环境管制规则，并将其作为区域间财税竞争的手段，争夺资本与劳动力等流动性较强的要素，追求当地 GDP 的增长，即地方政府可能陷入不惜以环境换取经济增长的恶性竞争中，从而很难实现环境税保护环境的预期目标。

另一方面，将环境税划归中央税，也有些明显的优点和缺点：由中央统筹解决环境问题，不会带来地方竞争问题；但是，我国地区辽阔，各地区的自然条件差距很大，不同地区的环境问题具有不同的特点，因此环境税还应考虑地方特殊的环境状况。

综合上述两方面的优缺点，环境税更宜采取中央与地方共享机制。一方面，由中央集中部分收入解决跨地区、跨流域污染，从整体上控制全国环境质量，发挥中央的宏观调控职能。另一方面，增强地方政府治理区域性污染的能力和调动地方积极性，使地方有计划、有重点的利用环境税收入实施重要的环境保护工程。

## 四、如何避免纳税人负担的普遍增加

环境税的开征势必会导致部分纳税人税负的增加，无论企业因其排污行为所承担的成本是否发生变化，在人们心目中，“税负增加”却是一种更为直观的认识。人们的担忧无外乎两点：一是排污企业税负的增加最终会转嫁到消费者身上，从而导致其实际负担的增加；二是以环境税之名普遍调增纳税人的税负。要解除这种担忧，使我国的环境税顺利开征，并使之真正发挥促进环境保护的作用，需要在以下几个方面

多下功夫。

首先，环境税的制度设计要切实将那些没有发生排污行为的纳税人排除在征税范围之外，消除纳税人“普遍增税”的担忧。

其次，环境税的要素设计应坚持“惩罚性”与“激励性”并存的原则。在对污染行为征税的同时，对于主动使用绿色、环保产品的企业给予税收优惠、财政补贴等激励。

最后，在适当的时机，可以考虑将一部分环境税收入以适宜的形式返给民众，增进民众福利，或解决特殊群体民众的生活困难。这不仅是因为环境税的征收有可能通过税负转嫁提高普通民众的实际负担，而且还因为环境税往往承担着环境保护和民众福利的“双重红利”目标。

尽管上述分析有助于解决环境税立法的前提和基础性问题，但是，关于这些关键问题的争议仍在继续，社会对环境税的担忧依然存在。这实际上给了我们一种启示：环境税的开征应充分听取各方意见，其决策应慎之又慎。尽管环境税的立法已在筹划之中，但这并不意味着它的完美无缺。只有在采纳各方意见的基础上，统筹考虑，对各种税制要素进行精心的设计，才能真正推动立法进程，使之发挥保护环境的作用。

（作者单位：北京市丰台区地方税务局）

# 关于现代税收法治建设的研究

李宏为

税收本身既是经济范畴，也是法律范畴，它是财政收入的主要来源，是一国发展的基础。自1994年以来，我国已经初步建立了适应社会主义市场经济发展要求的现代税收制度。但税收法制建设仍然落后，还存在着税收宪法依据不足、法律体系不健全、税收基本法缺失、司法不完善等问题。可以说，我国的现代税收法制建设不仅时间紧迫，而且任务繁重。党的十八届四中全会通过了《中共中央关于全面推进依法治国若干重大问题的决定》，该决定是完善国家治理体系和提高治理能力现代化的保障，也为完善税收法治体系、提高税收治理能力现代化指明了方向和路径。作为典型的"政府主导型"的新税收法制改革，必须从"重税收政策"转为"重税收法律"，并严格落实税收法定原则。可以说从法治角度看，我国的税制建设还远未达到税收法定原则要求，整个税法体系还存在很多欠缺。因此，对2014年及未来新税改最基本的法治期待就是落实税收法定原则，它既是中国税制是否"现代"最基本的标志，也是中国税收法治现代化进程中最重要的界碑。以2014年开启的新一轮税制改革为起点，应继承既往经验，正视现实问题，坚守基本价值，以推进税收法治和国家整体治理体系的现代化。

## 一、现代税收法制的涵义

### (一)税收法治的涵义

税收法治是法治原则在税收领域的具体体现，依据税收法定主义原则，通过税收立法、税收执法、税收司法、税收法律监督等一系列制度，使国家与纳税主体的税收行为纳入现代法治轨道，形成社会秩序的良好状态。历史上一国如何征税往往是国家权力与公民权利争夺的关键点与矛盾点。现代法治国家依靠税收法治处理这种矛盾：在保证国家行使其税收权力的同时，通过法律限制国家的任意征税权，有效保障公民的财产权利。税收法治最基本的原则就是税收法定主义。现代税收法治存在的基础和前提是市场经济和宪政民主制度，它与依法治税是有区别的，依法治税只是实现税收法制这一目标与状态运用的具体法律手段。税收法治对一国政治安定、经济繁荣、社会团结影响巨大，对一国的整体法治建设也具有标志性的意义。在推进依法治国的进程中，须解决影响税收法治的各类突出问题，其中最为急迫和首要的，是真正落实税收法定原则。

### (二)税收法治现代化的涵义

税收法治现代化从静态角度看是一国法治系统的组成部分；从动态角度看是一个不断变革的过程，受历史、社会、经济、现实条件等多种因素的制约，具有阶段性发展的特点。可以说现代税收法治的核心是人的现代化，培养征税人和纳税人的法律至上的现代法治观念。根据现阶段我国税收法治运行的状况，建设现代税收法治的基本目标应至少囊括现代化法律意识、现代化税法体系、现代化法律职能机构、以及现代化税法程序等方面。

## 二、我国现代税收法治建设存在的问题

我国现有的税收法制曾经在计划经济向市场经济转型中发挥了重要的作用，随着改革的不断深入，

税收法制在立法、执法、司法方面贯彻税收法定原则的矛盾日益凸显，目前我国的税收法制建设还很不完善，在一定程度上制约税收功能的发挥。

(一) 税收立法

1、税收基本法缺位。收税基本法作为税法领域内的宪法性法律，是税法体系的核心与基础，用于约束和指导单行税法。但在我国的宪法中有关税收的只有第 56 条第 1 款："中华人民共和国公民有依照法律纳税的义务"，该条款的重心仅仅在于强调公民的纳税义务，这种以国家本位为出发点对纳税义务的片面强调，将国家和纳税人置于一种不对等的关系中。这与当时国家仍在实行高度集中的计划经济体制有关，当时税收在社会经济生活中的地位不够重要。

2、税收立法程序有失严密、级次结构不合理。税收法律级次结构是指在税收法律体系中不同级次税收法律所占的比重。我国现行的税法以行政机关立法为主，层次偏低。立法权力机关即全国人大及其常委会制定税法占的比重太少(仅占 9.1%)，授权立法机关即国务院(占 72.7%)、国务院各部委(占 18.2%)等制定的广义税法的比重太多，在 2013 年与 2014 年两年期间的"两会"上已有多次提案要求全国人大常委会上收授权立法以调整税收法律法规的这种有悖税收法定原则的结构。大部分法律规范以"规定"、"条例"为主，法律效应相对低下，在暂行条例实施期间又会辅以大量的行政文件做说明，缺乏税法严肃性和持续性，给税收执法造成混乱，且这种税收法规条例由行政部门制定会涉及到各个行政部门自身的利益，影响立法公正，进而影响税法的实效。此外，现行税法内容也有不完备的地方，制度与措施还不够规范，且税法之间偶然存在着矛盾，较少考虑到关联税法的衔接。

(二)税收执法

1、执法随意性强，重实体轻程序。税务机关在执法过程中往往偏重税收条例和实施细则，往往忽视《税收征管法》、《行政处罚法》等程序法，导致法律效力偏低。存在着重权力轻责任、重习惯轻法律，把税收征收管理的公共权力当作公民的私权随意处置。且目前相关立法存在技术粗糙、自由裁量过大、可操作性差的问题，严重影响税收执法的权威性、正当性及实效性。

2、执法制约机制不完备。我国基层税务部门各项税款的征收实行专管人员征收制，即从办理税务登记开始，到申领发票、办理各种税务的纳税申报、纳税辅导、纳税检查和违章处理等环节的执法行为，基本上是由专管人员一人办理，而目前税务机关对专管人员的监督较为薄弱，内部执法责任制和执法督查制等监控制度不够完善，在一定程度上导致了执法过程中的随意性和主观性。易于滋生税务干部违法违纪的现象。

(三)税收司法

税收司法首先表现在缺乏独立性，我国宪法虽然赋予了人民法院独立行使审判权的主体地位，但地方政府在某些方面却干涉司法机关，由于司法机关在经费来源等方面会依赖于地方政府，这就不可避免的存在着涉税案件审理受到当地行政机关的干涉，在某些国有企业偷漏税等问题上表现较为明显，行政机关认为国有企业生存能力较差，应予以保护，加之若对国有企业偷税逃税等问题进行判罚，各级财政免不了为其"买单"，基于这些考虑，各级行政机关在税收司法活动中都会主动或被动地干预税收司法案件审理。其次，大多由不同的司法机关在司法程序中的不同阶段分别行使税收司法权。只有对税务行政诉讼案件和税务机关的强制执行申请是由人民法院单独行使税收司法权。而对于偷税骗税等案件，公安机关、人民检察院和人民法院分别行使税收司法权、对税务机关和税务人员的职务犯罪案件，由人民检察院和人民法院分别行使税收司法权。这种不同的机关在司法程序中的不同阶段分别行使税收司法权会导致司法掣肘，由于信息的不对称的原因，税务机关对涉税案件是否移送将严重影响税收法律的效用。

(四)构建现代税收法制的途径

在关注税收法治现状的同时，也应看到 2014 年我国开始的新税改是在加强现代国家治理体系建设、全面推进法治的背景下展开的，因而有许多不同于之前改革的特殊性。税收法制建设要与国家的整体治理体系的完善和治理能力的提升相关联，并且与财政改革相配套，与诸多的社会改革相衔接。构建现代税收法制应从立法、执法、司法等方面确立税收法定主义原则，更加注重税收立法的合法性，使程序合法与实体公正并存。

1、继续完善分税制、逐步确立基本原则。确保地方政府财权和事权相对应，形成相对稳定的地方主体税种。适当授予地方税收立法权。只有建立合理的分税制，才不会影响“法定”的进程。如“营改增”未能及时推出，这与当时地方政府的税收利益考虑有关。而分税制领域的法定缺失，不仅会导致税种收益归属的频繁变动，更会直接影响地方税制度体系的建设。事实上，我国 2014 年之后的税收法制建设仍需继续既往未成的事业。如继续完成 1994 年就提出但至今仍未完成的“公平税负、简化税制、合理分权”的目标和 2004 年税改中尚未完成的“宽税基、低税率”和“结构性减税”的改制目标。税收法制的建设总是需要不断地体现公平与效率原则，这不仅仅是“改革决定”或“改革方案”的要求，更是确保税制合理性与合法性、提升税收法治现代化水平的要求。

2、提高税收立法层次、健全税法体系。在税收法治体系中，税收立法应当处于“引领”地位并发挥“推动”作用。所谓“引领”和“推动”指税收立法是税收执法、税收司法的前提与基础，立法质量直接决定了其他环节运行效率。依据税收的法律保留原则，各税种法必须由立法机关以法律的形式加以确定。然而我国的授权立法占大多数，立法层次较低，导致税法缺乏应有的权威性和规范性以及稳定性，在实际执行中会受到很多方面的干扰。所以应健全全国人大、省级人大及其常委会的税收立法机构，以国家立法机关立法为主，逐步缩小授权立法的范围直至取消授权立法。

在此基础上，全面建立税收法律体系，完善的税收法律体系应该呈金字塔结构，最高端是宪法，其次是税收基本法，第三层是程序法与实体法，第四层是法规，第五层是法规的解释和实施细则等相关文件，最后一层是地方性法规和规定。在目标与路径方面，要结合国家整体治理体系的现代化。2014 年 6 月 30 日，中共中央政治局审议通过了《深化财税体制改革总体方案》，强调财税改革的目标是建立“统一完整、法治规范、公开透明、运行高效”的“现代财政制度”，“统一完整、法治规范”作为新税改的重要目标，体现了对统一的税收法治体系的需要，特别值得强调。因此我国的“2014 税改”应着力于税法体系的全面完善，基于对市场经济、税法原理、法治实践的较为充分的认识，继续提升税收法治体系的系统性和完整性，立足现实，构建合理的税法体系，通过进一步“完善立法与改革税制”以及“落实税收法定原则”，来推进税收法治现代化的进程。在现有的税法体系中，除了《税收征收管理法》和所得税领域的税法属国家法律外，其他很多都还停留在条例或者暂行条例的行政法规层次上。应尽快制订税收法律法规的母法《税收基本法》。要明确规定国家税收的法律关系，让其对国家所有税收法规具有统领和约束作用，并为单项税收立法提供基本依据，协调税法与其他部门法的关系，协调税收立法权、行政权和司法权。从这个目的看，《税收基本法》应作为宪法规范的补充，若仅作为税收行政法层次，显然难以起到这种统帅协调作用。在《税收基本法》的指导下，对于税收行政与司法协调中的问题，也要通过立法予以规范；积极创造条件，有步骤地将主要税种采取国家立法形式，其他税种逐步完成立法程序；随着暂行条例的不断完善，抓住机遇使其上升为法律法规；加快税费改革步伐，进一步修订个人所得税法，研究制定社会保障税法、遗产税法等新税法填补目前税收法律的空白点；须制定与税收征管法相配套的税收程序法，规范税收征纳行为。按照简化和透明的原则，逐步构建一个程序法与实体法并重、不同税法相协调、不同法律相配套的规范的税收法制体系。

3、完善税收立宪、奠定税收法制根基。即使制定了《税收基本法》，由于缺乏宪法依据，依然难以奠定税收法制根基。因此要在宪法中规定税收基本制度，专门规定税收立法权、规定税权分配及限制，奠定税收法律关系的最基本规范。世界许多国家的宪法中都有明确的税的条款，其内容涉及以下几个方面：

一是明确税收法定主义精神;二是明确划分税权,许多国家都在宪法上规定了税权的分配问题;三是禁止性条款的规定。在宪法中设置禁止性条款是为了防止行政权力的扩张和滥用,保证重要税收的立法权由代议机关行使,进而保护国内经济自由。我们可以从以下几个方面进行完善:首先,确定税收法定主义。在宪法中明确提出税收立法权属于人民代表大会及其常委会,主要的税收法律如税收基本法、所得税法、征管法等只能由全国人民代表大会制定、省级人大可以掌握地方性税收立法权。其次,纳税人权利得到保护。应在宪法中明确公民有亲自或通过其代表参与决定税收立法的权利,有寻求税收司法保护的权利。第三,设立禁止性税条款。我国 2004 年宪法修正案加入了对私有财产权承认的条款,第十三条规定:"公民合法的私有财产不受侵犯,国家依照法律规定保护公民的私有财产权和继承权"。这就要求税的征收要受到财产权保护的限制,禁止性税条款的规定可以约束国家税收权力的行使。综上,我国现代税收法治模式采取的是"宪法+税收基本法+单行税法"模式。

4、进一步完善各税种法结构和功能。税收法定原则的贯彻会直接影响现有税制的结构变化。在结构与功能方面,授权立法时期形成的大量"税收暂行条例"将逐步上升为法律;实践条件还不成熟需要先行先试的,应当按照法定程序授权立法,如遗产税可以采取授权立法形式在经济发达地区先行先试,当然授权立法要明确规定授权范围与时限,避免永久授权;有些税种法将要合并,如将房产税和相关土地税制度合并为房地产税法;有些税种法将得到新生,如环境税法;有些税种法将得到扩展,如消费税法。1994 年税改时设计的消费税制是根据当时的消费水平、消费政策和财政需要确定的,选择征税的 11 种消费品,基本上符合当时的社会经济条件和税收环境。随着社会经济条件的巨大变化,必须对征税项目进行调整,有些已经不适合作为奢侈品征税的商品应取消征税,未来对消费税制调整要有减有增,更重要的是"增",即"扩大税基"要本着"量能课税"的原则重新确定消费税的征税项目,以体现税收公平原则和产业政策、消费政策导向;有些税种法将消失,如通过"营改增",营业税制度将不复存在,在"营改增"的同时应当修改现行法规,随着 2015 年增值税的全覆盖,及时废止现行的《营业税暂行条例》。此外,如何调整税法制度中的课税要素,土地税、资源税、消费税、个税等制度如何完善,依然悬而未决。无论是上述的税种"法定",还是课税要素"法定",都要加强税收立法的系统性和协调性,在未来的税收法治建设中,我们需要深入研究并慎重对待新税种的开征问题。上述调整都将导致税制结构的重要变化,并促进税法体系的完善。同时,税法保障收入分配和宏观调控的功能将被进一步强化,这对于现代税收法治的建设具有重要意义。

(五)规范税收执法,加强税收执法监督

《中共中央关于全面推进依法治国若干重大问题的决定》中将"完善行政组织和行政程序法律制度"作为"深入推进依法行政,加快建设法治政府"的首要任务,可见执法程序是法治实施的生命线。首先,细化税收执法程序的规定。通过修改《税收征收管理法》及其配套法制完善税收执行程序的细节,范围应覆盖税收核定程序、税收检查程序、税款征收程序、税务强制执行、税务行政处罚、税务行政复议程序等。这是健全税收执法制度、强化依法治税的基础;其次,建立完善的执法工作机制。税务机关在行驶权利时不能夹杂主观性,保证税法的严肃性。与此同时建立"税务警察"和"税务法庭"等专业性执法队伍,使税务执法有坚强的后盾,从而保证对违法行为有足够的震慑力;第三,结合税收征管的改革,不断明确税务机关和执法岗位的职责范围,实现执法权的上收和分解;第四,在改进管理手段的同时也要加强信息化建设。通过信息的网络化共享达到对执法机构的直接监督;最后,使政府税收行为不仅受到人民代表大会的监督,还要接受审计部门、新闻媒体、人民群众的监督,加强税务管理的民主化和公开化进程。

(六)强化税收司法保障

众所周知,税收立法、执法和司法是税收法治建设不可或缺的三个组成部分,税收司法是依法治税的最后环节。税收司法权是指司法机关在宪法和法律规定的职权范围内,按照法定程序处理有关税务刑事诉讼案件和税务行政诉讼案件的权力。税收司法权的顺利行使是确保国家财政收入、维护纳税人合法权益的重要手段之一。自改革开放以来，我国的税收法制建设主要集中在税收立法和执法，对司法的保障提及很少，目前的涉税案件中，除了税务犯罪案件可以顺利进入司法程序外，其他税务纠纷基本都会止步于行政机关。在今后的税收法治建设中，应将目光尽可能多的集中在税收司法制度的构建上：首先要从制度层面上完善税收司法体系，为涉税案件的司法保障提供依据。西方国家很多都建立了两个层次的税收司法审查制度，其一是税收违法审查，即由法院对包含抽象税收行政行为在内的税收行政行为进行审查和裁决，其二是税收违宪审查，对税收违法审查无法提供适当救济的税收立法和税收行政行为是否违反本国宪法进行审查和裁决。正是因为拥有两个层面的司法审查制度，税收权力才得以有效控制，保证了纳税人的合法权益；其次要注重税收执法与税收司法的衔接。《中共中央关于全面推进依法治国若干重大问题的决定》中关于"健全行政执法与刑事司法衔接机制"时特别强调"完善案件移送标准和程序，建立行政执法机关、公安机关、检查机关、审判机关信息共享、案情通报、案件移送制度，坚决克服有案不移、有案难移、以罚代刑现象，实现行政处罚和刑事处罚无缝对接。"税收执法与税收司法的衔接主要体现在税收案件的移送。实践中由于部门之间缺乏合作，常导致税务机关怠于移送，以行政执法代替刑事司法，也有公安机关、检察机关拒绝移送或移送后不积极侦查或起诉，导致税收司法程序难以启动。需要设计出有效制度形成诸方之间的相互配合与制约机制；第三要建立税收司法专业机构。税收司法具有很强的专业性特点，在人民法院内部单独设立税务法庭，统一负责税务刑事、行政、民事案件的审理。这样有利于税收行政程序与三大诉讼程序的衔接协调，也有利于税收司法职业群体的形成，提高案件审理质量。此外，有针对性的研究个案解决方案，不断积累个案经验；最后，建立纳税人诉讼制度，赋予纳税人广泛的诉讼权。诉讼权可以在最大范围内保护纳税人的税收同意权、税收监督权等税收民主权利，也有利于促进税收法治水平的提高。结合我国的国情，纳税人诉讼制度可以从宪法中寻求合法性支持。因为我国《宪法》明确规定："中华人民共和国公民对任何国家机关和国家工作人员的违法失职行为，有向国家机关提出申诉、控告和检举的权利。"

（作者单位：辽宁省沈阳市地方税务局）

# 关于供给侧结构性改革下完善与修订税收征管法的思考与建议

江苏省淮安市淮阴地方税务局课题组

## 一、我国《税收征管法》的概况和演变历程

税收征管法是指调整税收征收与管理过程中所发生的社会关系的法律规范的总称，包括国家权力机关制定的税收征管法律、国家权力机关授权行政机关制定的税收征管行政法规和有关税收征管的规章制度等。目前我国已基本形成了以税收征管法为核心，以《税收征管法实施细则》为辅助，以国务院、国家税务总局制定的行政法规、规章和规范性文件为补充的税收征管法律体系。

实践证明，税收征管法是调整税收征纳关系、做好税收工作的基本法律，对于规范征纳双方行为，保障国家和纳税人合法权益，发挥了非常重要的作用。一方面，税收征管法的实施，统一了税收征管制度，规范了税收执法行为，增强了纳税人的纳税意识和守法意识，纳税遵从度大大提高，促进了和谐税收征纳关系的形成，极大地提高了税收征管的效率和质量。另一方面，税务机关认真贯彻税收征管法，加强了对纳税人财务管理、票证使用以及经营行为的监督，严厉打击税收违法犯罪，纠正损害市场经济公平竞争的行为，维护了社会经济秩序。

税收征管法作为程序性法律制度，与我国经济体制、税收征管模式的发展过程存在着密不可分的关系。随着新中国的建立和改革开放的深入，税收征管法经历了从无到有，漫长探索并逐步趋于完善的过程。

(一)《税收征管法》的颁布实施

上世纪80年代初期，为了配合税制改革，针对税收征管工作中出现的新情况，1985年5月在安徽省歙县召开了全国第一次征管工作会议，拉开了我国税收征管改革的序幕。这次会议确定了建立科学严密征管体系的战略目标，修改了《工商税收征管条例(草案)》和《税务专管员守则》。随后，1986年4月21日，国务院发布了税收征收管理暂行条例，条例自当年7月1日起施行。该条例的颁布，使税收征管有了统一、规范的标准和方法，为加强税收征收管理的法制建设奠定了基础，对推动我国税收管理的法制化、规范化起到了积极作用。但征管条例毕竟只是一部行政法规，而且是该领域初次立法，本身存在一些不完善的地方，再加上社会经济的不断发展变化，其弱点便逐渐显现出来。因此，从1989年开始，当时的国家税务局便着手研究通过立法解决税收征管中存在的问题。经过几年的准备工作，国家税务局于1992年提请全国人大常委会审议并通过了税收征管法。税收征管法的颁布实施是我国税收程序法制建设的里程碑，使税收征管工作在更高的层次上运行。税收征管法的颁布是中国税收法制建设的重大突破，标志着依法治税前进了一大步，这对于更好地发挥税收的作用，促进改革开放和经济建设具有重要的意义。

(二)《税收征管法》的逐步完善

根据建立社会主义市场经济体制的客观要求，1993年我国制定了全面改革工商税制的总体方案、各项具体措施，从1994年起全面实施新的税收制度。税收制度的重大改革，如开征增值税，推行分税制，税务机构分设，再加上外部环境的变化，使《税收征管法》又出现了新的不适应。具体表现在：纳税人的权益保障难以落实，税务机关和税务人员的执法行为不够规范，税源难以控制，部门协税不力，税务执法手段落后、刚性不足，每年仍有大量税款流失。这都需要对税收征管法进行修订。

1995年在对原税收征管法中个别条款进行修订后，从1996年下半年起，修订税收征管法的调研工作开始进行。历时近5年，经过反复论证、修改，最后于2001年4月在第九届全国人大常委会第二十一次会议通过，也就是目前正在使用的税收征管法。此次修订后的税收征管法从1992年的62条增加到94条，文字增加了约50.9%。在内容上有五大变化：一是增加了加强征管、堵塞漏洞的税源管理措施；二是进一步明确了税务机关执法主体的地位，强化了执法手段和措施；三是增加了防范涉税违法行为的措施，加大了打击偷逃骗税的力度；四是大量增加了保护纳税人合法权益和纳税人依法享有权利的内容和条款；五是进一步规范税务机关的执法行为，明确了税务机关和税务人员违法行为的法律责任。

此后，多年未修订，税收征管法在许多方面滞后于社会经济的发展。由于财税体制改革的深化，特别是纳税人权益保护意识的不断增加，修改税收征管法的呼声越来越强。2007年国家税务总局开始征集税收征管法修订建议。2008年税收征管法修改列入十一届全国人大常委会立法规划后，税务总局及多次召开专家专题论证会和修法研讨会，借鉴国外先进经验，广泛征求各方面意见，几易其稿，2013年5月形成税收征管法修订案（送审稿）上报国务院，6月份国务院法制办开始征求相关部委及社会各界的意见建议。2014年1月28日，税务总局将《关于报送税收征管法补充修订内容的函》报送国务院法制办，建议在送审稿的基础上增加相关修订内容。2014年7月，税收征管法修正案下到各省税务系统，广泛征求意见。2014年8月，国家税务总局召开专家座谈会，听取专家学者的意见，此次修订稿调整内容较多，在原来基础上新增47条，修改67条，总计十一章141条。

（三）最新修订过程推进缓慢

2015年1月5日，国务院法制办公开了由国税总局、财政部起草的《中华人民共和国税收征收管理法修订草案（征求意见稿）》。征求意见稿关注并修改了现行法中的部分问题，给纳税人带来了深远的影响。其一，此次征求意见稿侧重于协调税收征收管理法与《刑法》、《行政强制法》等法律间的冲突，使“逃避缴纳税款”、“税款滞纳金”等条文表述与其他法律相衔接，促进了法律体系的统一。其二，将税收保全、强制执行的范围由“从事生产经营的纳税人”扩展到包括自然人在内的全体纳税人，并规定可以对个人取得收入单位与纳税相关的账簿和资料进行税务检查，从而有力地壮大了税务机关的征管力量，增强了敦促纳税人依法纳税的威慑力。其三，要求个人办理税务登记、建立纳税人识别号制度、明确银行和其他金融机构的涉税信息报告义务等新增条款，对税收征管体制的长远、系统构建亦是大有裨益的，为个人所得税、房产税等单个税种改革乃至朝向以直接税为主体的税制整体改革提供了铺垫。

尽管征求意见稿取得了一定的进步，但它在一些重大、核心制度上未能回应学界和社会的关切，其实质反映了纳税人权利保护的理念仍未融贯于税收征收管理法之中，纳税人的程序性、实体性、救济性权利还很薄弱和不周全，税收征纳关系没有妥善处理好，主要的不足包括，纳税义务没有专门设置章节予以明确；滞纳金制度不够完善；税务救济缴税前置制度仍然保留；罚款幅度过高等等。

因此，自2015年1月5日公开征求意见以来，已将近一年半左右的时间，社会各界提出了很多不同的修改意见，没有完全达成共识，给税收征管法的进一步修订带来了很多的挑战。目前，税收征管法修订草案的征求意见稿依然还是停留在国务院法制办的层面，一直未取得实质性的进展。

## 二、供给侧结构性改革框架下修订税收征管法的必要性

（一）正确理解供给侧结构性改革

在2015年中共中央财经领导小组第11次会议上，习近平总书记首次提出了“供给侧改革”的概念，所谓“供给侧改革”就是从供给、生产端入手，通过解放生产力，提升竞争力，进而推动经济的快速发展。中央经济工作会议对2016年的经济工作进行了全面的部署，特别是对供给侧结构性改革作了重点推进，明确了2016年及今后一个时期，要在适度扩大总需求的同时，着力加强供给侧结构性改革。“供给侧改

革”，短期上是为了应对当下的严峻挑战，长期上追求的正是一个“供需相匹配”的新经济结构。目前，我国经济主要矛盾发生变化，“投资出口占比太大，消费占比太小”的时代正在远去，而“供给跟不上需求”正凸显经济增长的重要障碍。“供需不匹配”，是理解“供给侧改革”最基本的背景。由于目前中国供需关系正面临着不可忽视的结构性失衡。“供需错位”已成为阻挡中国经济持续增长的最大路障。因此，新常态下，结构调整是一种大逻辑、大格局、大趋势，是中国无法回避、必须进行的一场变革。

（二）供给侧结构性改革下税改势在必行

“供给侧”改革可以说是中国改革开放以来最深刻的一次政府功能转变。经济结构调整，产业结构调整，就是要求政府在公共政策的制定和执行上，进一步降低对中国经济的供给约束，使产业、企业的自然活力非受限于作为公共政策供给方的政府约束。这对政府来讲，就是采用包括简政放权、放松管制、金融改革、财税改革、国企改革、土地改革等方式，理顺市场供需关系，引导市场发挥应有效用，提高全要素生产率。其中，从财税改革角度来看，税收是财政之源、发展之基、民生之本，税制改革将承担起支撑供给侧改革的重任。

早在 2014 年 6 月 30 日，中央政治局发布的深化财税体制改革总体方案中就指出，围绕“六税一法”进行调整，具体来说，“六税”改革主要包括：全面推开营改增改革；积极推进综合与分类相结合的个人所得税改革，加快建立健全个人收入和财产信息系统；完善消费税制度，调整部分品目征税范围、征收环节和税率；全面实施资源税从价计征改革，清理相关收费基金；在部分地区开展水资源费改税试点，加快推进环境保护税立法；积极做好耕地占用税立法工作，完善地方税体系等。“一法”是税收征管法，最终目标是要构建一个科学发展、社会公平、市场统一的税收制度体系。在中国改革转向供给侧需求的当下，2016 年成为推进结构性改革的攻坚之年，将加大财税、金融、国企、社保等重点领域和关键环节改革力度，在适度扩大总需求的同时，着力加强供给侧结构性改革，推进结构调整，以提高全要素生产率为核心，促进发展动力顺利转换。当前，去产能、去库存、去杠杆、降成本、补短板，是我国供给侧结构的五大任务。“六税”改革也是供给侧改革的应有之义，在此背景下，在围绕供给侧开展税制改革的同时，“六税一法”也将被列入改革日程表，将会实施更具体的改革内容。

按照税制改革的要求，增值税、资源税、消费税、环境保护税、房产税、个税这“六税”以及《税收征管法》这“一法”改革需要有节奏、有步骤的逐步推进。就“六税”而言，目前，只有增值税改革在实施层面有实质性进展，其他大多还处在方案论证和研究阶段。但改革的目标是要增加直接税比重，降低间接税比重，建立科学合理的税制结构是必然趋势。就“一法”而言，完善税收征管法是推进国家治理体系和治理能力现代化的重要内容，随着改革开放和财税体制改革的不断深化，税收环境发生了深刻变化，作为税制改革支撑的税收征管法亟需进一步修订，以更好地适应经济形势和社会环境发展要求。

## 三、对完善税收征管法修订草案的探索与思考

（一）增设专章明确“纳税义务”

“没有无权利的义务，也没有无义务的权利”。纳税人的权利和义务是均衡的，依照宪法、税收法律和行政法规的规定，纳税人在纳税过程中必须履行向国家缴纳一定税款的责任。根据我国《税收征管法》有关规定，纳税人应当履行的主要义务有：按期进行纳税申报，按时缴纳税款的义务；代扣、代收税款的义务；依法办理、变更或注销税务登记的义务；依法进行账簿、凭证管理的义务；按规定开具、使用、取得发票的义务；按规定安装、使用税控装置的义务；接受税务检查的义务；执行税务机关的行政处罚决定，按照规定缴纳滞纳金和罚款的义务；国家法律、行政法规规定的其他义务。

目前，国际上税收征管法律在立法架构上主要规定了三部分内容：一是总则，规定税收的基本概念、税法基本原则、管辖、税收征管体制、税法解释等；二是纳税义务，规定纳税义务成立的要件、时间、变更、

终止;三是税收征纳程序,规定税收确定程序、税收征收程序、税收检查程序、税收争议救济程序、税收处罚等。同时,国际上税收征管法律关于纳税义务的规定的法理,是以税收债务关系说为基础的税收债法,主要规定各实体税种法涉及的纳税义务的构成要件(税收要素)以及纳税义务的变动(成立、变更、消灭)等,有利于解决各税种采取"一税一法"立法模式所涉及的共同实体税法问题。如《韩国国税基本法》第三章"纳税义务"规定了纳税义务的成立和确定、纳税义务的承继、连带纳税义务、纳税义务的消灭、纳税担保等共13条。

目前,从我国《税收征管法》修订草案结构来看,第一章是总则性内容,第二章是税务管理、第三章是税款征收、第四章是税务检查、第五章是法律责任、第六章是附则,除了总则之外,其他各章主要是程序性内容,与各国税收征管法律相比,缺少了有关实体纳税义务的通则性规定的章节。因此,建议在《税收征管法》修订草案中,可以借鉴韩国等国家的立法,专门增设"纳税义务"这一章,对纳税义务的核心问题作出基本规定。具体内容如,新增规定"各税种法通过规定纳税人、征税对象、计税依据、税率等税收构成要件(税收要素)确定纳税义务",明确关于各税种法税收要素的一般性规定;规定"纳税义务在法律规定的税收构成要件实现时成立",明确关于纳税义务成立(发生)的一般性规定;新增规定"纳税义务成立时,应当依照本法第五章和第六章规定的程序,确定其应纳税款,但在纳税义务成立的同时无须经过特别程序应纳税款即确定的除外",对纳税义务确定程序的一般性规定,对修订草案第五章和第六章所调整的税款确定程序进行总括性规定。另外,将修订草案第七章"税款追征"中第78条、第79条、第80条有关连带纳税义务、第二次纳税义务的条文,调整到"纳税义务"这一章。

(二)建立以税收评定为中心的税额确认制度

我国现行《税收征管法》缺乏应纳税额的确定制度,也即税收评定制度。实际上,应纳税税额的确定制度对税收征管制度具有重大影响,现代税收征管流程至少应该包括自我评定、税款确认、税款征收、税务稽查和争议救济等基本程序。各税种的计算中必须有纳税评定环节,因为,税收客体的量化是计算纳税义务的前提。

其实,我国税收征管实践中已经存在税收评定程序。比如,土地增值税的清算程序就属于税收评定程序。税收评定程序是一个独立的、不可或缺的、确定纳税人义务的税收行政确认程序,税收评定确定或改变了纳税人的权利义务状态,税收评定产生确定纳税人的应纳税额的税法后果,故具有行政法上的可诉性。税收评定,既可以涵盖现行纳税评估的事后评估职能,即评定纳税人纳税申报准确性,又涵盖事前评定纳税义务,是一个全新的程序性规则。

税收评定对应纳税人的自我评定。自我评定,意味着征管法赋予纳税人自我评定其应纳税额的职责和举证义务,由纳税人承担申报真实、准确、合法的义务,通过明确框定举证责任,可减轻税务人员在申报审核环节的执法风险。纳税申报时,纳税人对申报的真实性、准确性和完整性应承担举证责任;发现申报错误之后允许自我修正申报;税务机关发现填报错误也可要求纳税人修正申报。

(三)完善涉税信息情报制度

现行税收征管程序中,存在诸多严重"失衡"问题。涉税信息情报管理与税收交易、税基侵蚀、转让定价、成本分担的复杂化、国际化和高智能化的失衡。因此,构筑涉税信息情报收集管理和协助制度,完善涉税信息情报的法律保障制度,成为新一轮修法的重点。税收治理能力不足,与涉税信息情报管理制度欠缺有关,现行《税收征管法》涉税信息制度不适应直接税征管。涉税信息情报管理,是现代税收管理的抓手和突破口,在西方发达国家,涉税信息情报管理已有完善的法律配套体系,使得税收管理体系有效运转。没有涉税情报收集、分析、归纳和提炼基础,税源专业化管理、以风险管理为导、以提高纳税遵从度为目标的现代税收管理改革,将成为无源之水。涉税风险识别、风险分类、风险推送、风险应对和绩效评价等管理活动,将成为无本之木。

由此，普遍的涉税信息提供义务、涉税信息提供豁免例外与健全的涉税信息保密制度，是涉税信息情报管理制度不可或缺的三个维度和支撑点，《税收征管法》修订时，应该予以全面考虑，综合采纳。比如，税务机关工作人员在获得与使用纳税人、第三方提供的涉税信息时，要有严格的程序、权限，要严格遵守保密的规定，否则要承担相应的民事、行政和刑事责任。目前，《修订草案》关于保密的条款显得薄弱，有待细化并改进。

(四)完善滞纳金制度

目前，世界各国追究欠税经济责任一般包括税收利息、滞纳金、罚款这三种形式。其中，税收利息，是为了补偿因纳税人推迟缴纳税款而使国家税款的货币时间价值所受到的损失，其利息率一般为银行同期存款或贷款的利率。美国税法典规定，如果不能及时向国税递交报税单，无论是什么原因，根据欠税额增加5%的利息，并且持续增加利息比例直至25%。滞纳金，是针对不按纳税期限缴纳税款或者不按还款期限归还贷款，按滞纳天数加收滞纳款项一定比例的金额，它是税务机关或者债权人对逾期当事人给予经济制裁的一种措施。罚款，是税务机关对违反国家税法和税务管理制度的纳税人所强制征收的一定数量货币，这是对违反税收有关规定纳税人的一种经济制裁措施。

在此次《税收征管法》修订草案中，引入了税收利息制度，将税收滞纳金拆分为税收利息与滞纳金。无疑，这一修订模式能够最好地解决税收滞纳金与行政强制法中的滞纳金的规定的衔接问题。当然，如何衔接目前的《税收征管法》与《行政强制法》中的滞纳金规定仍然是一个无法回避的问题。因此，要尽快完善税收征管法修订草案关于滞纳金的具体规定，才能彻底解决这一问题。建议对修订草案第六十七条关于滞纳金的规定作出如下修改：

1、降低滞纳金征收标准。修订草案第六十七条规定，“纳税人逾期不履行税务机关依法作出的征收税款决定的，自期限届满之日起，按照税款的千分之五按日加收滞纳金。”这一条款，在现行《税收征管法》的基础上，将按日加收标准从万分之五(相当于年利率18.25%)提高至千分之五(相当于年利率182.5%)，征收比率偏高。从各国相关规定来看，美国滞纳金的平均比率为年11.88%，德国为年12%，日本甚至没有规定滞纳金。因此，建议将修订草案规定的按日加收千分之五的滞纳金比率，修改为按日加收万分之五。

2、设置滞纳金的“封顶”条款。税收利息是税款的货币时间价值，作为补偿性措施不应当有数额上限的规定，但滞纳金作为强制执行措施应当遵循谦抑原则，例如美国滞纳金的上限为未缴税款的47.5%，我国台湾地区为不超过未缴税款的18.25%。本文认为，有条件的适用封顶条款适当限制滞纳金的数额更符合维护纳税人合法权益的原则，同时也会在一定程度上缓解纳税人与税务机关之间的争议和纠纷。因此建议增加规定“加处滞纳金不得超过未缴税款的50%”。

3、设置阶梯式滞纳金征收比率。行政法设立遵循的比例原则是公法学上最重要的原则之一，要求行政行为在目的和手段上，充分考虑行政目标的实现和行政相对人权益的保障，采取适当的手段使行政相对人权益的侵害得以避免或降到最低程度。《税收征管法》作为新政法律的一种，滞纳金比率的设置应该遵循这一原则。但是，现有税收滞纳金征收比率设定没有考虑纳税人具体因素，采用滞纳时间长短“一刀切”的标准。实际上，纳税人滞纳税款极有可能是由于本身对税法不够了解而无意导致的，也有可能是由于第三方原因造成的，在这种情况下，应该在适当范围内给予考虑和照顾，尽可能减少对纳税人利益的损害。目前，税收滞纳金制度比较完善的国家有，德国《租税通则》第240条第1款规定明确：“租税于清偿日届满时，未经缴纳之租税金额舍弃不足一马克之尾数，每开始一月加征百分之一滞纳金。租税或租税退给之核定经废弃或变更者，已征收之滞纳金不受影响。对租税之附带给付，不成立滞纳金。在五日以内之滞纳金，不征收滞纳金。”采取阶梯式设置的做法，更能凸显人性化管理的原则，保护纳税人依法纳税的积极性和主动性，建议在修订草案中予以借鉴和运用。

4、规定滞纳金免除制度。作为一个国家税收体制完善和人性化表现的重要内容，税收赦免应该在《税收征管法》修订草案中予以体现。目前，美国、德国、印度和我国台湾地区都在税法上明确规定了免除制度，日本的《国税通则法》也有此类规定。当然，我国目前全面实施税收赦免时机尚未成熟，建议在修订草案中，增加对滞纳金免除的规定，对欠税人主动补缴税款行为，以及还没有被税务机关发现但主动前来坦白的逃避税者在补缴税款的前提下，给予税收滞纳金部分或全部减免，同时，必须严格合理的设置审查制度，以防发生权力寻租，便于税务机关防范执法风险。

（五）合理设置和规范税收及基金附加的违章处罚

有效的税收处罚制度追求的是“严而不厉”，表现为处罚的宽严适度和执法的严格公正。在《税收征管法》中，我国目前适用的是0.5倍至5倍的罚款，处罚严厉程度和处罚裁量幅度都过大。各国税收罚款一般都不超过少缴税款的1倍，并区分情形作出不同的处罚。例如，法国对于故意实施的违法行为，处以未缴税款40%的罚款；对于通过欺诈手段实施违法行为的，处以未缴税款80%的罚款。并且值得注意的是，国外税收处罚标准还有逐步降低的趋势。因此，建议将修订草案中的罚款由不缴或少缴税款的0.5倍以上3倍以下，修改为不缴或少缴税款的0.1倍以上1倍以下。

此外，为适应未来税制改革需要，应该增加征收附加税费、代征基金等非税收入条款，实践中，已经遭遇受托征收“费”如何处罚、是否加收滞纳金、是否有法律依据等税法困惑，税与费的征收，应一体适用《税收征管法》。《税收征管法》应与其他部门法相协调，特别是与行政法比如《行政强制法》、《行政处罚法》和民商法规则比如《合同法》、《物权法》、《破产法》等相衔接，以实现法际整合与协调。应解决“无限期追征”等税收时效问题包括确认时效、征收时效、追征时效、拍卖时效等。在账簿凭证及其现代载体的立法方面要予以完善，界定一些税法术语的基本概念，比如单位、支付、所得、收入等基本概念。

（六）取消税务救济缴税前置的规定

“有权利必有救济”是权利的核心要素。救济权是《宪法》和法律保障的公民的基本权利。当前我国建立开放、公正、权威的税收法律救济制度，包括税务行政复议、税务行政诉讼和税务行政赔偿等。现行《税收征管法》有复议和诉讼前先行缴纳款税的规定，修订草案虽然允许纳税人不缴纳税款就可以申请行政复议，但依然保留了提起行政诉讼前必须缴纳税款的规定。虽然这样规定的主要原因是防止纳税人会滥用诉讼权，保护国家税款及时入库。但是，缴纳税款才能提起救济，将极大地限制救济权的行使。缴税前置无异于“拿钱买诉权”，而诉权是基本人权，公民有获得迅速公正接受司法审判的权利。取消复议前置条款、取消诉讼缴税前置程序，其理由如下：第一，绝大多数国家都没有要求申请税务行政复议或者提起税务行政诉讼需要先行缴纳税款。比如日本“不服国税裁判所”系独立于日本国税厅的独立复议机构，美国IRS的复议机构也独立于其征收机构，我国的复议机构下设于税务机关，无独立性可言。第二，全面营改增后，相关税法规则不断调整补充完善，由于税务机关垄断税法解释权，纳税人的税收救济权也应予以充分考量，复议诉讼前应无须缴税。第三，我国最新立法趋势也是保护行政相对人的诉权，取消复议前置。比如新的《海关法》、《治安管理处罚法》等。

因此，建议本次修订《税收征管法》彻底废除缴税前置规定，无论是申请行政复议还是提起行政诉讼，都不需要先行缴纳税款，以发挥税收司法保护纳税人权益、监督税务机关依法征税、推进税收法治发展的润滑剂等重要作用，更加全面地保护纳税人的合法权益。

课题组组长：黄卫东　周立刚

成员：姜伯明　尹　峰　陈仲云

刘　芳　王正会　徐　淮

# 拓展方式　创新应用　畅通税务行政执法“最后一公里”

## ——浅议税务行政执法文书送达

姜　锋

2015年12月，中共中央、国务院印发了《法治政府建设实施纲要(2015—2020)》，确定了到2020年基本建成法治政府的总体目标。这对全面推进依法治税指明了前进方向，也提出了更高的要求。税务行政执法作为依法治税重要组成部分，维系着征纳双方的根本合法权益。税务行政执法文书是税务执法行为的主要表现形式和重要结果，法律地位突出；而执法文书的送达则是整个税收执法行为最终着力点，是关乎税务行政执法结果在法律层面能否真正生效的重要环节，应当引起各级税务机关的足够重视。

但是当前，由于税务行政执法文书送达不规范而导致的税务行政行为出现偏差或者失效，甚至导致行政诉讼败诉的现实案例却屡屡发生。如2003年广东省某市发生的一起偷逃税案件，涉案金额达百万之多，前期检查、取证、定性和执行等环节都严谨规范。然而，就是因为在税务处理决定书和税务处罚告知书的送达环节存在瑕疵(由被查单位出纳员签收)，造成了前期检查和取证环节失效，并直接导致了后期行政诉讼败诉严重后果。

### 一、文书送达的相关法律法规

各级司法和行政机关对执法文书送达做出了许多具体规定和解释，特别是人民法院针对不同相对人分别进行了具体的规范，突显了执法文书送达在法律层面的重要地位。在送达对象、送达方式等方面，司法与行政有关规范有着高度的相似性，因此一定程度上可以对税收行政执法文书的送达起到了重要的参考和启示作用。

(一)司法文书送达

相关法律、司法解释和有关文件对执法文书送达的规定不仅明晰表述了司法判定原则和要求，更是进入诉讼庭审阶段影响法官裁决的重要依据。涉及司法文书送达规定的法律法规主要有以下部分：

1、民事诉讼法。《中华人民共和国民事诉讼法》第七章第八十四条至九十二条对诉讼文书送达的方式、对象、时限等有着详尽的表述。

2、刑事诉讼法。《中华人民共和国刑事诉讼法》第八章第一百零五条对诉讼文书送达的方式、对象等进行了规定。

3、最高法院司法解释。《最高人民法院关于执行<中华人民共和国刑事诉讼法>若干问题的解释》(法释〔1998〕23号)、《最高人民法院关于以法院专递方式邮寄送达民事诉讼文书的若干规定》(法释〔2004〕13号)、《最高人民法院关于涉外民事或商事案件司法文书送达问题若干规定》(法释〔2006〕5号)、《最高人民法院关于涉台民事诉讼文书送达的若干规定》(法释〔2008〕4号)、《最高法院关于调整司法解释等文件中引用<中华人民共和国民事诉讼法>条文序号的决定》(法释〔2008〕18号)按照对象的不同分别对诉讼文书送达的文书种类、受送达人、送达方式(特别是传真和电子邮件形式)等方面做出了具体解释。

4、公安部令。《公安机关办理行政案件程序规定》(公安部令第88号)第二十九条对简易处罚和其他处罚等行政处理决定的文书送达要求、送达方式、公告期限等进行了具体规定。

(二)税务行政执法文书送达

作为指导税务机关开展税务行政执法工作的"母法"——《中华人民共和国税收征收管理法》(以下简称征管法)及其实施细则以及其他散见于各种文件中的相关规定,对税务行政执法文书送达做出了一定的规范和要求。

1、税收征收管理法实施细则。对于税务文书送达,《征管法》实施细则第八章第一百零一条至一百零七条专门用了一个章节七大条款对税务文书送达进行规定:受送达人包括公民本人、同住成年家属、法定代表人、主要负责人、财务负责人、负责收件人或代理人。送达方式包括直接送达(第一百零一条)、委托送达和邮寄送达(第一百零四条)、留置送达(第一百零三条)和公告送达(第一百零六条)五种送达方式。

2、需要使用文书送达回执的税务执法文书。文书送达回执是税务行政执法文书送"达"的直接证据。工作中,并非所有的税务执法文书都需要配套使用文书送达回执。需要使用文书送达回执的税务行政执法文书主要分为两大类。一是对税务行政行为相对人(纳税人)使用的税务行政执法文书,包括:对外执法相关文书中对行政当事人送达的通知书(如税务事项通知书)、告知书(如税务处罚告知书)、决定书(如税务处理决定书)、结论(如税务检查结论)等。二是为了保障税收行政执法工作顺利开展而需要争取外部单位和部门协作所使用的税务行政执法文书,包括:外部协作文书中的通知书(如冻结存款通知书)、许可证明(如检查存款账户许可证明)、移送书(如涉嫌犯罪案件移送书)等。

## 二、税务行政执法文书送达实操困境

在实际税收管理活动和税收执法工作中,在税务行政执法文书送达的实际操作层面存在大量不尽明确或难以执行的情况,导致税务工作人员产生迷茫,致使税务行政行为存在一定的系统性风险,为税收行政执法带来隐患。

(一)"人"的层面

1、税务人员。作为税务行政执法文书送达主体,税务人员的职业素养、工作规范程度和责任心直接关系到税务行政执法文书送达结果。由于税务干部业务水平和工作能力良莠不齐,难免会出现诸如不具备执法资格的人员进行税务文书送达、单独一人送达文书、错误选择文书送达方式、文书填写不规范、文书送达回证审核把关不严等主观问题。

2、行政相对人(纳税人)。出于各种目的,个别税务行政相对人(纳税人)作为税务行政执法文书送达的对象,经常出现经营地址和联系方式登记错误或者变更后不及时向税务机关备案、躲避税务执法人员拒不接受税务行政执法文书、故意混淆文件签收人、代理人委托授权手续不明确或缺失等问题。

3、其他机关、单位和个人。税务机关在税务行政执法文书送达过程中,由于主客观原因所致,往往需要相关机关、单位和个人配合工作(如委托送达和留置送达),转交文书或作为见证证人。但作为税务行政执法文书送达的第三方,相关机关、单位和个人由于怕麻烦或不了解税务执法工作程序等原因,偶尔会出现不予配合和代签回证等问题。由于税务机关没有相应的权限和标准对第三方进行硬性要求,导致在税务行政执法文书送达过程中第三方所发挥作用极为有限,很大程度上限定了税务行政执法文书送达应用方式的选择面。

(二)送达方式的层面

具体到税务文书送达方式的选择,五种送达方式都存在一定程度的实操问题:

1、直接送达。《征管法》实施细则规定"受送达人是个人的,为本人或同住成年家属;是法人或其他组织的,为法定代表人、主要负责人、财务负责人、负责收件人和代理人"。首先,作为同住成年家属的表述不甚清晰。家属的范围、判定同住家属真正成年的依据以及履行判定的工作程序需要进一步明确。其次，判定企业的法人、主要负责人、财务负责人和负责收件人履行的工作程序以及必备的证据要件(尤其是负责收件人)需要进一步明确。最后，作为代理人，要求提供能其证明身份和资格的相关资料具体明细、其提供的授权委托书相关事项以及规范表述需要进一步规范。同时，上述一系列问题实际上已经明显超出了税务人员有效工作职能范围，很难把握。

2、委托送达。《征管法》实施细则规定“直接送达税务文书有困难的，可以委托其他有关机关或者其他单位代为送达”。但是，其他机关或单位的范围、委托送达的工作程序、确认送达的证据材料明细以及如果发生有关机关或单位拒绝配合情况下的进一步处理方式不甚清楚。

3、邮寄送达。《征管法》实施细则规定“邮寄送达的，以挂号函件回执上注明的收件日期为送达日期，并视为送达”。但是，挂号函件如果被拒收的后续处理、拒签是否可以推定为送达以及决定书类型的执法文书能否使用邮寄送达方式需要进一步明确。

4、留置送达。《征管法》实施细则规定“受送达人拒绝签收税务文书的，送达人应当在送达回证上记明拒收理由和日期，并由送达人和见证人签名或者盖章，将税务文书留在受送达人处，即视为送达”。但是，见证人具体范围以及进入诉讼阶段后如何能够保证见证人到场或提供证明的有效手段没有明确规定。

5、公告送达。《征管法》实施细则规定“同一送达事项的受送达人众多或其他送达方式无法送达的，税务机关可以公告送达”。但是，公告送达的第二种情况下其他送达方式无法送达的有关证据、规范的公告送达内容以及发布公告有效、合理的媒介范围没有明确规定。

## 三、解决思路与工作方向

《法治政府建设实施纲要(2015－2020)》中强调：“要进一步完善行政执法程序。建立执法全过程记录制度，制定行政执法程序规范，明确具体操作流程，健全行政执法调查取证、告知等制度”。如何进一步规范税收执法行为，切实提高税务行政执法水平，理顺税收执法程序，维护国家税收秩序，保证税收法律尊严，保障和维护纳税人和税务机关双方合法权益，减少征纳双方纳税争议，提高纳税人税收法律遵从度，提升纳税服务整体工作形象，防范税收执法风险，是摆在各级税务机关当前的重要课题。税务执法文书送达是全面推进依法行政、依法治税的关键环节和根本保障，可谓是“牵一发而动全身”。

执法文书送达，关键点分别着落在“送”与“达”。“送”是方式，是过程，是手段；“达”是证明，是结果，是保障。完善税务执法文书送达工作，应当从“夯实基础、拓展方式、创新应用、保证效果”四大方面着力推进。

(一)夯实基础，固“本”

1、修订和完善相关法律法规和文件。根据社会经济发展情况和新的税收征管形势，及时调整、修订、补充和完善各种相关法律法规和税收文件，补齐税务行政执法文书送达法律依据和政策规定的短板，避免“制度陷阱”的存在，从根本上防范税收执法风险。

2、强化税务人员专项培训。加强专项培训力度，归集案例实证，实景式教学，有针对性地授课，不断强化一线税务人员责任意识和风险意识，进一步提高业务水平和工作素养，从税收执法水平上提升文书送达能力。

3、加强纳税人基础信息管理。全面规范纳税人基础信息采集和录入，纳税人变更基础信息后应当及时申报备案，维持经营地址、联系方式、法人代表、财务负责人等重点信息准确性和有效性，并进一步推广使用传真、电子邮件送达等电子化送达方式纳税人事前书面认可制度，同时加大对纳税人信息不实的抽检频次和处罚力度，从各个层面上约束纳税人自觉履行相关税收法律义务。

(二)拓展方式,强"送"

1、综合应用多种方式。税务行政执法文书送达原则上应当以直接送达为主要方式,以邮寄送达、委托送达和留置送达为辅助方式,以公告送达为特殊方式和补充方式。在工作中,为了保证"使命必达",可以结合实际情况综合运用多种方式同时进行送达,充分发挥不同送达方式的各自特点和优势,主辅并用,互为补充,穷尽能够使用的有效手段,切实保障实际效果,产生过程与结果的互证效应。

2、建立文书送达工作标准化模板。制定和规范各种送达方式的具体工作流程、工作规范和资料明细,统一制定工作模板(如公告送达方式中的公告内容),固化税务文书送达工作方法,让税务工作人员有法可依的同时有章可循。

3、加强外部沟通协作。根据委托送达和留置送达的具体工作内容,由上级机关出面争取相关机关和单位的理解和支持,强化地方税收保障体制和机制建设,不断扩大税务机关工作影响力,有效借助外力促进工作,形成各部门齐抓共管的税收管理社会大格局。

(三)创新应用,履"新"

1、提速电子税务局建设。抓住"智慧税务"信息化建设工作有利契机,适时搭建电子税务局工作平台,建立纳税人客户端,完善电子签名法律保障和制度建设,形成"鼠标一点即到"的电子化、一对多、有痕迹的税务执法电子文书送达新模式,体现出简化人工、提高效能、方便快捷的文书送达新特色。

2、借鉴其他执法部门成熟经验和做法。法院系统许多执法文书送达新办法和新手段的运用已经非常成熟了,如邮寄送达有"法院专递",公告送达有"路街展示电子大屏幕"等。可以充分借鉴上述成熟的文书送达方法,与邮政系统联合,建立"税务专邮",降低送达成本,保证送达效果,减少执法对抗;利用公共投影电子大屏幕,实施公告送达,拓展公告媒介,形成社会舆论压力,震慑违法违规纳税人。

3、探索微博、微信等新载体。当今信息技术飞速发展,各种信息交互方式层出不穷。应当紧跟科技发展,适应公众新需要,适当通过微博、微信公众号等新载体、新形式拓展纳税新服务,作为执法文书送达方式方法的有力补充,贴近新受众,高效地完成税务行政执法文书送达工作任务。

(四)保证效果,促"达"

1、推广使用执法记录仪。执法记录仪是指具有录像、照相、录音等功能,用于记录税务稽查人员执法办案过程的便携式设备。使用执法记录仪全程记录文书送达工作过程,留存声音和影像证据,监督税务人员工作,保护征纳双方合法权益,为以后可能发生的涉税争议和行政救济预留电子证据资料,全面提升税务行政执法工作效果。

2、加强证据收集和档案管理。留存文书送达工作过程中行政相对人身份证件复印件、委托授权书、文书送达地点照片等书证,及时做好相关资料的专项整理归档,为以后可能发生的涉税争议和行政救济预留书面证据资料,提高文书送达证据层级,把握行政救济先机,充分掌握工作主动权。

3、提升纳税人信用管理。真实记录纳税人税务行政执法文书送达状况,对阻挠执法、故意回避和采取其他手段妨害税务行政执法文书顺利送达的纳税人,根据情节轻重,分门别类,建档立卷,并将相关结论与其他税收违法行为一并,统一纳入纳税人信用管理体系,直接评估并影响其税收待遇等级。同时,适时联动其他社会征信体系,形成规模效应,引导纳税人主动接受税务行政执法文书送达,真正提高税法遵从度。

(作者单位:辽宁省大连市地方税务局政策法规处)

# 崇良法行善治　全面推进依法治税

宋宏伟

党的十八大，明确提出了依法治国是治理国家的基本方式，十八届四中全会更是以依法治国为主题，对全面推进依法治国作出战略部署。依法治国落实到税收工作中，就是要坚持依法治税。十八届四中全会通过的《中共中央关于全面推进依法治国若干重大问题的决定》标志着依法治国进入新常态，税务系统要在新常态下做到崇良法行善治，全面推进依法治税。

## 一、全面推进依法治税，科学立法是前提

《中共中央关于全面推进依法治国若干重大问题的决定》明确指出："法律是治国之重器，良法是善治之前提。"依法治国乃至于依法治税，首先要有法可依，更要有良法可依。没有法律，特别是没有良法，善治就等于空谈。

（一）落实税收法定原则，推进税收法定早日入宪

立法工作是依法治国的基础与前提，必须坚持民主立法，科学立法，依宪立法的立法原则。宪法是我国的根本大法，是治国安邦的总章程，任何法律的制定，必须依据宪法，只有这样才能确保法制统一，才能确保法律的社会主义本质。

当前，我国宪法涉及税收的规定仅有 56 条一条，"中华人民共和国公民有依照法律纳税的义务"，这样的简单规定，在税收法治化的实践中面临诸多问题。一是按照《中华人民共和国国籍法》规定，中华人民共和国公民是具有中国国籍的人，不包括不具有中国国籍的外国人和无国籍人；二是宪法第 56 条所称公民应当是自然人，不包括企业、其它组织等法人和非法人组织机构。因此，不论从提升纳税义务的全面性、表述准确性、适应当前经济发展形势的需要，以及提升税收法律层级高度的要求，都有必要对我国法律效力最高、一切法律的母法——《宪法》，就税收这一关乎国计民生的"大事"予以明确定位、准确表述。

（二）健全税收法律体系，推动税收法规普遍立法

当前，我国税收法律体系不健全，现行税收法律层级较低。到目前为止，尚未形成系统的税收法典，没有《税收基本法》、《税务机关组织法》等基本税收法规。同时，各税种的征收管理由全国人大授权国务院以税收暂行条例的行政法规为主，而本应由全国人大立法并对以征收管理的税法却成了少数的本末倒置状态。我国现行 18 个税种仅有《企业所得税法》、《个人所得税法》、《车船税法》3 个税种，以及《税收征收管理法》是经由全国人大立法，其它 15 个税种均以税收暂行条例的行政法规形式予以征收管理，如《增值税暂行条例》、《营业税暂行条例》等等。

税收立法少，使得税种的征收管理以国务院制订的行政法规乃至于财政部、国家税务总局制定下发的部门规章，甚至于规范性文件为主。由于税收法律体系总体层级较低，权威性差，税务机关在执法过程中适用的大多数是部门规章或者规范性文件，法律层级就更低。一旦发生执法纠纷，进入司法程序，法院在审理行政案件时，部门规章或者规范性文件仅仅是参照规章，这就在客观上造成税务机关执法过程中适用的执法依据在司法程序得不到认可。

（三）提升税收法律可操作性，推动税收立法科学性

在税收方面，要加强税收立法，健全税收法律体系，建立以税收基本法为母法，实现税收实体法、税收程序法相互配套的税收法律体系。一是尽快制定税收基本法，明确税收立法权限。目前我国所有税种的立法权、解释权，以及税目、税率的确定权一律集中在中央，不利于财权与事权的统一，尤其我国实行的分税制的财政体制，不利于调动地方的积极性，应适当赋予省级人大一定的税收立法权，特别是对有地域特色、优势、潜力的资源税的地方立法。二是尽快健全税收法律体系，提高税法可操作性。单行税收法律的制定要以科学合理设立税种为基础，并与我国现实经济发展水平和社会承受能力相适应，同时兼顾其他涉税法律的规定，增强可操作性、一致性。三是尽快修订完善征管法，协调税法与其他法律关系。只有正确处理《税收征管法》与其他法律的衔接配套问题，避免出现法律之间出现抵触、脱节、歧义等现象，才能保障税收征管制度的顺利运行，进而确保税收法律法规的贯彻执行。

## 二、全面推进依法治税，严格执法是关键

在依法治税全过程中，全体税务干部牢记“法律红线不可逾越，法律底线不可触碰”的执法理念；坚守“法无授权不可为”的行政法治原则；遵循“依法治税是税收工作的灵魂，依法行政是税收工作的生命线”。

### (一)严格执行税收法律，突出税收执法刚性

国家税收是通过税法贯彻执行的，而税收又关乎国计民生，事关重大，各级税务机关在执行国家税收法律法规时，就要充分尊重和维护税法权威，不允许有丝毫的偏差，更容不得徇私枉法。

1、牢记法律核心价值，维护税收法律法规神圣性。组织税收收入是税务机关的中心工作，但执行国家法律法规更税务机关的神圣使命。前一时期，不论是税务机关，还是各级政府存在唯税收收入是论，只注重、强调“组织税收收入”这一税收中心工作，认为只要完成收入任务就胜利完成全部工作任务的错误思想。要知道税务机关作为国家行政部门、执法单位，严格执行国家法律法规才是第一要务，这是税务机关的神圣使命。

2、贯彻执行税收政策，维护税收法律法规权威性。各级税务机关、每名税务干部要不断强化法律意识、责任意识和使命意识，履职尽责，以严格执行国家税收法律法规，维护国家税法权威性。税务机关要严格执行国家税收法律法规，打击各种偷逃国家税款的行为，不仅实现组织税收收入、筹集财政资金的政府经济职能部门作用，更要起到激浊扬清、以儆效尤的作用。

3、公开公平公正执法，维护税收法律法规严肃性。建立健全税收执法工作体系，明确工作流程，确立岗位职责，建立责任追究制度，健全政务公开机制，推行权力清单制度，消除权力设租寻租空间，做到执法必严、违法必纠，努力克服有案不移、以罚代刑的现象。深化政务公开，提高税收执法工作的透明度，保证税收执法的公开透明，保障纳税人的合法权益。实现公开公平公正执法，就是最大，也是最好的政府服务。

### (二)注重执法工作细节，强化税收执法程序

细节决定成败。过去税务部门只重视税收执法结果，而忽略执法过程，不重视执法程序，在当今依法治国的大形势、新常态下是不可以的。一是依法治国、依法行政要求一切执法行为注重细节，强调程序，税收执法概莫如此；二是税收执法不仅要求纳税人要依法纳税，执法者更要依法行政；三是注重税收执法工作细节，强调执法程序，是对纳税人的尊重，也是纳税人合法权益的要求；四是不注重工作细节、程序，发生涉税行政诉讼、行政复议等法律纠纷，将致使税务机关败诉。

### (三)落实税收执法责任，加强税收执法监督

各级税务机关要建立岗责体系，严格按照不同部门、不同岗位的执法责任，完善责任追究机制，严防不作为、乱作为、失职、渎职和腐败行为的发生。建立重大决策终身责任追究制度以及责任倒查机制。一是岗责严明，执法到位，做到履职尽责；二是制度完善，监督到位，做到防患于未然；二是体系健全，追究到

位，做到不敢以身试法。

## 三、全面推进依法治税，公正司法是保障

公正是法治的生命线。公正司法是全面深入推进依法治税的保障。一方面，保证国家税收不受损失；另一方面，保障纳税人的合法权益不受损害。

（一）设立税务法院

出于专业司法裁量、保护纳税人权益、司法独立、税收司法统一等方面考量，建议我国应当设立跨区域的专司税收争议的税务法院，更有利于维护税收司法公正。

1、设立税务法院更有利于税收司法案件的处理。可以选定若干个涉税案件相对较多的区域，设立一定数量、合理审级的税务法院，相对集中地解决涉税诉讼，并逐步推广税务法院的设立，进而构建完整的税务法院系统。

2、设立税务法院更有利于纳税人权利的保护。设立一定数量的税务法院，集中专业人才，法院的专业性就有了一定保障，纳税人权利的司法保护也就有了保障。

3、设立税务法院更有利于税收司法独立的保障。税务机关在面临纳税人起诉的情况下，往往为了所谓的“行政权威”，甚至有地方领导，对法院的审判进行干预，这也是税务行政诉讼案件起诉率少、撤诉率高的一项重要原因。如果单独设立税务法院，则可能较好地实现税收司法独立。

4、设立税务法院更有利于全国税收司法的统一。设立独立的税务法院，并将税务法院系统直接纳入最高法院的管辖之下，则可有效地避免地方法规、内部规章、规范性文件的适用，对行政部门“自定章法自己执行”、任意行政的现象进行有效监督。

（二）组建税务警察

由于税务机关属于行政执法部门，如果查办的涉税案件涉及刑事犯罪，则税务机关由于自身执法权限所限，在调查、取证、检查、处理等方面工作存在执法资质和效力问题，就需要借助公安部门的协助与配合。目前，涉及刑事案件移交公安部门的经侦支队办理，或在税务稽查部门由公安经侦部门派警察联合办案。由于派驻警察人数少数，又是两个独立部门、系统，指挥、管理存在较多问题，不利涉税刑事案件的查处。因此，建立专司涉税刑事犯罪行为的税务警察制度极为必要，具有重要的现实意义。而且，从国际惯例来看，意大利、俄罗斯、美国、德国、日本、荷兰、法国等国也都设有各种类型的税务督察。比较简单可行的办法是对当前警察制度不作大的改变，只是把公安机关现有的经济警察“切”一块出来，与税务机关的稽查局合并成一个单设机构，归税务机关垂直领导，在业务上由公安部指导。

（三）设置公职律师

公职律师是专门为政府提供服务，“吃国家财政饭”，相当于准公务员，主要作用是为政府宏观决策提供法律分析和意见，并且承担部分法律援助义务。各级党政机关和人民团体，包括税务系统，普遍设立公职律师，有利于提高政府依法行政、依法治税水平。税务部门在作出决策、起草文件时必须有公职律师参与，这样才能发现所有决策、法律文件是否存在违反宪法和法律的问题，是否符合依法行政的要求。提高税务部门依法行政水平，提升依法治税质量的同时，也是对纳税人合法权益的保护。

## 四、全面推进依法治税，全民守法是基础

党的十八届四中全会指出：“法律的权威源自人民的内心拥护和真诚信仰”。

（一）对内加强教育培训，提升税务干部法治素质

1、教育培训常态化。税务机关是行政执法单位，每名税务干部都要应具有税收执法资格，都要具有税收执法能力。自身建设加强了，业务能力、法治素质必然提升，执法水平自然提高。

2、教育培训系统化。一是建立日常培训制度;二是建立激励机制;三是建立“三师”管理体系。通过教育培训提高税务干部业务能力,进而提高税收执法质量。

3、惩防建设制度化。加强惩治和预防腐败教育,并建立健全惩罚体系,使之常态化。通过学习教育,提升干部的税收执法风险意识,令税务干部秉公执法,做到“不敢腐,不能腐,不想腐”。

(二)对外加强宣传辅导,提高纳税人税法遵从度

税收法律法规制订公布后,税务机关要采取多种方式,加大力度,广泛宣传出去,使得纳税人知法、懂法、守法,进而正确履行纳税义务,这是促使纳税人遵从守法的前提。

1、建立健全宣传辅导机制。当前,税务机关宣传辅导工作基本上是从税务机关角度考虑,对纳税人就新税收政策的把握、处理等宣传辅导不及时,按需辅导的机制尚未建立,纳税人掌握了解税收政策有一定难度,以至于不能较好履行纳税义务。

2、开发创新宣传辅导载体。要充分利用现代化电子信息媒体,打造服务型信息化平台,建立微信、微博、短信等多渠道互动平台,以案例、视频等生动简洁的形式及时普及税收法律法规。

3、充分保护纳税人合法权益。一是提高税收信息透明度,保障纳税人的知情权;二是建立纳税服务机制,提升纳税人的满意度;三是建立信用保障机制,维护纳税人切实权益。

(三)对上加强解释沟通,获得地方政府支持理解

税务机关是政府行政部门,更是国家行政执法单位;不仅对各级政府负责,更要严格执行国家法律法规,对国家法律负责。因此,面对有些地方政府的干扰,要主动沟通,积极报告,获得地方政府领导的支持与理解,把税收法律法规灌输到有关领导的思想里,落实到工作中,使之认识到税收法律法规的严肃性与权威性,变税收执法的障碍,为依法治税的坚强后盾。

依法治税是依法治国、依法行政在税收工作中的具体体现,是税收工作的指导原则,更是税收工作的灵魂。税务机关作为政府组成单位、行政执法部门,要依法行政,履行政府行政主体职责和行政执法责任;要依法治税,充分发挥税收职能作用,推动国家健康发展,促进社会和谐进步。新时期新常态赋予依法治税崭新的内涵,税务机关要崇良法行善治,全面推进依法治税。

(作者单位:吉林省四平市国家税务局税务学会)

# 从"善意取得"观点探讨虚开增值税专用发票的成本列支问题

梁建辉　吴瑞坚　黄泳生

## 一、一宗败诉案件引起的思考

国家税务总局于今年年初发布《国家税务总局关于全面推进依法治税的指导意见》(税总发[2015]32号),将我国依法治税水平提升至新的台阶。作为税务基层机关,在推进依法治税工作的过程中,面临着各种各样的挑战,集中体现在纳税人权益意识日益崛起的今天,税务机关面临着日益增多的行政诉讼风险。尤其在善意取得虚开增值税专用发票的成本列支问题上,税务机关作出的不允许税前扣除的处理正经受严峻挑战,甚至是败诉的风险。

事实上针对税务机关作出的善意取得虚开增值税专用发票涉及的成本不允许税前扣除的处理,江苏省淮安市中级人民法院曾在今年作出判决,一审及二审皆判税务机关败诉。现援引《金湖盛锦铜业有限公司与淮安市国家税务局稽查局行政处罚二审行政判决书》(江苏省淮安市中级人民法院行政判决书[2014]淮中行终字第0139号)的判决陈述:"本院认为,2011年9月,被上诉人从案外人凌源万运金属有限公司购买废铜,善意取得该公司虚开的27份增值税发票,税额3,095,936.62元,该款项电汇给案外人,并通过国家税务机关认证,抵扣税款,当年全部进入生产成本。该27份增值税发票为案外人虚开,依法不得作为增值税合法有效的扣税凭证抵扣进项税额,但对企业所产生的成本等是否可以作为所得税税前列支没有规定,上诉人处理决定要求被上诉人补缴企业所得税并加收滞纳金的法律依据不足,原审依法予以撤销并无不当。"

从上述终审判决可以看出,法院认为善意取得虚开增值税专用发票涉及成本能否作为所得税税前列支,事实上并没有明文规定,因此法院不支持税务机关的请求。

这宗败诉案件引起税务机关高度重视,因此这是首次在法律层面上明确否定善意取得虚开增值税专用发票涉及成本不允许税前扣除的税务处理,具有明显的指标意义。为了更好理解该问题,下面先对善意取得虚开增值税专用发票的相关政策进行梳理。

## 二、"善意取得"现行政策使用情况

### (一)"善意取得"的基本概念

善意取得虚开增值税专用发票,是指购货方与销售方存在真实的交易,销售方使用的是其所在省(自治区、直辖市和计划单列市)的专用发票,专用发票注明的销售方名称、印章、货物数量、金额及税额等全部内容与实际相符,且没有证据表明购货方知道销售方提供的专用发票是以非法手段获得的。

### (二)主要文件使用现状

目前,《中华人民共和国增值税暂行条例》及其实施细则并未对善意取得虚开增值税专用发票作出规定,而是由国家税务总局以规范性法律文件确认了善意取得虚开增值税专用发票的基本规定,这些规范性法律文件主要涉及几份文件:1.《国家税务总局关于纳税人取得虚开的增值税专用发票处理问题的通知》(国税发[1997]134 号);2.《国家税务总局关于〈国家税务总局关于纳税人取得虚开的增值税专用发票处理问题的通知〉的补充通知》(国税发[2000]182 号);3.《国家税务总局关于纳税人善意取得虚开的增值税专用发票处理问题的通知》(国税发[2000]187 号);4.《国家税务总局关于纳税人善意取得虚开增值税专用发票已抵扣税款加收滞纳金问题的批复》(国税函[2007]1240 号);5.《国家税务总局关于纳税人虚开增值税专用发票征补税款问题的公告》(国家税务总局公告 2012 年第 33 号);6.《国家税务总局关于纳税人对外开具增值税专用发票有关问题的公告》(国家税务总局公告 2014 年第 39 号)。

上述规范性法律文件在不同层面上规定善意取得虚开增值税专用发票以及非善意取得虚开的增值税专用发票的认定、法律后果等。

(三)税务处理

1、增值税处理。善意取得虚开增值税专用发票的,对购货方不以偷税或者骗取出口退税论处,但应按有关法规不予抵扣进项税款或者不予出口、退税,购货方已经抵扣的进项税款或者取得的出口退税,应依法追缴。

纳税人善意取得虚开的增值税专用发票,如能重新取得合法、有效的专用发票,准许其抵扣进项税款;如不能重新取得合法、有效的专用发票,不准其抵扣进项税款或追缴其已抵扣的进项税款。

2、滞纳金处理。纳税人善意取得虚开的增值税专用发票被依法追缴已抵扣税款的,不属于税收征收管理法第三十二条“纳税人未按照规定期限缴纳税款”的情形,不适用该条“税务机关除责令限期缴纳外,从滞纳税款之日起,按日加收滞纳税款万分之五的滞纳金”的规定。

3、所得税处理。在税收稽查实践中,善意取得虚开增值税专用发票面临的最大争议问题是企业所得税成本列支问题,即纳税人善意取得虚开增值税专用发票,在进项税额不得抵扣的情况下,其成本能否进行税前列支,同时其不得抵扣的进项税额能否计入成本进行列支。

回顾上述几份的规范性法律文件,并未明确其成本列支问题。下面针对该问题从广州市的税务实践及全国各地的税务实践进行探讨。

## 三、“善意取得”处理成本列支问题的实践与存在问题

(一)广州市税务机关的实践

目前广州市对善意取得虚开增值税专用发票涉及的成本列支问题原则上作不允许税前扣除的处理。在新企业所得税法实施后,广州市税务机关主要根据以下几份文件的条款进行处理:

1、《中华人民共和国税收征收管理法》第十九条“纳税人、扣缴义务人按照有关法律、行政法规和国务院财政、税务主管部门的规定设置帐簿,根据合法、有效凭证记账,进行核算。”

2、1993 年颁布的《中华人民共和国发票管理办法》第二十二条“不符合规定的发票,不得作为财务报销凭证,任何单位和个人有权拒收。”及 2010 年修订的《中华人民共和国发票管理办法》第二十一条“不符合规定的发票,不得作为财务报销凭证,任何单位和个人有权拒收。”

3、《国家税务总局关于加强企业所得税管理的意见》(国税发[2008]88 号)中“加强发票核实工作,不符合规定的发票不得作为税前扣除凭据。”

上述处理依据在实践中也会产生争论,主要集中在两方面:

1、虚开增值税专用发票是否为不符合规定的发票,特别是新修订的《中华人民共和国发票管理办法实施细则》取消了原实施细则对于不符合规定的发票的阐述;

2、合法有效凭证是否仅限定于发票。这也是争论最大的一点,纳税人认为根据《中华人民共和国会计法》第十四条规定“会计凭证包括原始凭证和记账凭证。”,因此发票仅仅是凭证的其中一种,比如进出仓单、运输单据、购销合同等其他资料也应该作为合法有效凭证证实业务发生的真实性。

(二)国内其他地区的税务实践及问题

从全国层面看,各地税务机关在稽查实践中针对善意取得虚开增值税专用发票涉及的成本列支问题的处理存在尺度不一的情况。

1、允许税前扣除的规定。

(1)《浙江省地方税务局关于企业所得税若干政策问题的通知》(浙地税二[2001]3号)中表示"按照国家税务总局国税发[2000]187号文件规定,企业在生产经营过程中,善意取得虚开的增值税专用发票,其购入商品实际支付的不含税价款,在结转成本时,准予税前扣除。"

(2)《北京市地方税务局关于企业因善意取得虚开增值税专用发票有关企业所得税处理问题的批复》(京地税企[2003]114号)中表示"凡企业属于善意取得虚开增值税专用发票的,在企业所得税有关存货的计税成本方面,允许纳税人因善意取得虚开增值税专用发票而不能抵扣的进项税额增大其存货成本。"

在上述规定中,各地税务机关不仅认为善意取得虚开增值税专用发票涉及的成本可以税前列支,而且其不得抵扣的进项税额也可以计入成本进行列支,但税务机关并未从法理上对允许税前扣除的理据进行具体阐述。

2、不允许税前扣除的规定。

(1)《国家税务总局关于外商投资企业和外国企业通过虚开增值税专用发票购进的货物所得税处理问题的批复》(国税函[2003]112号)中表示"根据《中华人民共和国外商投资企业和外国企业所得税法》第十七条的规定,企业各项会计记录必须完整准确,有合法凭证作为记帐依据。因此,如果企业不能依照规定取得合法购货发票,无法确定其支付货款的真实性和准确性,其购进货物所支付的货款,在计算企业应纳税所得额时,不得作为成本费用扣除;根据财政部《关于增值税会计处理的规定》(〔93〕财会字第83号),企业缴纳的增值税(包括因取得虚开增值税专用发票而被查补的增值税)在计算企业应纳税所得额时,也不得作为成本费用扣除。"

(2)《江苏省国家税务局关于纳税人善意取得虚开的增值税专用发票有关问题的批复》(苏国税函[2003]37号)中表示"关于纳税人善意取得虚开的增值税专用发票所支付的货款可否在企业所得税税前扣除的问题。依据《国家税务总局关于印发〈企业所得税税前扣除办法〉的通知》(国税发[2000]84号)第三条规定:"纳税人申报的扣除要真实、合法",而虚开的增值税专用发票不符合上述要求。因此,在计算应纳税所得额时,其购进货物所支付的货款不得税前扣除。"

(3)《江苏省国家税务局关于纳税人善意取得虚开的增值税抵扣凭证能否作为企业所得税税前列支依据问题的批复》(苏国税函[2006]70号)中表示"《国家税务总局关于印发〈企业所得税税前扣除办法〉的通知》(国税发[2000]84号)第三条规定:"纳税人申报的扣除要真实、合法",而虚开的增值税抵扣凭证(包括运输发票、废旧物资发票、农产品发票等)不符合上述要求。因此,纳税人善意取得虚开的增值税抵扣凭证所记载的金额不能在企业所得税税前扣除。"

由于《中华人民共和国外商投资企业和外国企业所得税法》及《国家税务总局关于印发〈企业所得税税前扣除办法〉的通知》(国税发[2000]84号)已经全文废止,因此上述的规定也随之作废。通过对比上述三份文件可以得知,各地税务机关对善意取得虚开增值税专用发票的成本不允许税前扣除的主要理由有两点:一是虚开增值税专用发票不是合法凭证,进而无法确定其成本真实准确;二是虚开增值税专用发票不符合所得税申报扣除的真实合法原则。

## 四、现行其他法律对"善意取得"的规定

什么是"善意取得"?回顾现行的税收主要法律,包括《中华人民共和国税收征收管理法》及其实施细则、《中华人民共和国企业所得税》及其实施细则、《中华人民共和国增值税暂行条例》及其实施细则等,上

述法律并未对什么是“善意取得”作出具体阐释。因此本文试图从民法及物权法的角度来阐释“善意取得”的内涵。

(一)民法的“善意取得”

《最高人民法院关于贯彻执行<中华人民共和国民法通则>若干问题的意见(试行)》第89条规定“共同共有人对共有财产享有共同的权利,承担共同的义务。在共同共有关系存续期间,部分共有人擅自处分共有财产的,一般认定无效。但第三人善意、有偿取得该财产的,应当维护第三人的合法权益,对其他共有人的损失,由擅自处分共有财产的人赔偿。”

从民法的角度看,第三人善意、有偿取得财产的,其合法权益应当受到法律保护。

(二)物权法的“善意取得”

《中华人民共和国物权法》第一百零六条规定“无处分权人将不动产或者动产转让给受让人的,所有权人有权追回;除法律另有规定外,符合下列情形的,受让人取得该不动产或者动产的所有权:(一)受让人受让该不动产或者动产时是善意的;(二)以合理的价格转让;(三)转让的不动产或者动产依照法律规定应当登记的已经登记,不需要登记的已经交付给受让人。受让人依照前款规定取得不动产或者动产的所有权的,原所有权人有权向无处分权人请求赔偿损失。当事人善意取得其他物权的,参照前两款规定。”

从物权法的角度看,受让人善意取得不动产或动产的,其合法权益也应当受到法律保护。

(三)税法的“善意取得”对比

参照物权法“善意取得”的三个条件,我们将税法意义的“善意取得”进行对比。一是受让人受让该不动产或者动产时是善意的。从税法的角度而言,即没有证据表明购货方知道销售方提供的专用发票是以非法手段获得的;二是以合理的价格转让。从税法的角度而言,即购货方已按发票上面的金额支付销售方相应的货款;三是转让的不动产或者动产依照法律规定应当登记的已经登记,不需要登记的已经交付给受让人。从税法的角度而言,即销售方在税务机关对开具的发票进行纳税申报,购货方在税务机关通过发票的扫描认证。

因此,从民法及物权法的角度看,对善意取得虚开增值税专用发票涉及的成本不予税前列支,实际上侵害了购货方的合法权益。

## 五、完善善意取得虚开增值税专用发票成本列支问题的建议

结合司法实践,借鉴其他法律关于“善意取得”的视角,本文认为善意取得虚开增值税专用发票涉及的成本应该准予税前扣除,且其不得抵扣的进项税额应也应计入成本进行扣除,并提出以下建议:

(一)加强立法,从法律层面解决无法可依问题

目前困扰基层税务机关最大的问题不是调查取证的难度,而是无法可依的尴尬局面。特别是2015年5月1日起开始实施新《新行政诉讼法》,对税务机关依法行政、依法治税提出了更高的要求,面临着日益增多的行政诉讼案件,基层税务机关承担了更严峻的败诉风险。面对各地执法尺度不一的情况,建议国家税务总局应该从长远出发,对善意取得虚开增值税专用发票涉及的相关规范性法律文件进行彻底梳理,特别是结合“营改增”后面临的新情况、新问题,统一各地税务机关的执法尺度,明确善意取得虚开增值税专用发票的成本列支及不得抵扣进项税额计入成本列支问题。

(二)坚持善意取得制度,切实保护纳税人合法权益

借鉴民法及物权法关于善意取得制度的设定,可以发现善意取得制度是平衡所有权人和善意第三人利益的一项制度,当所有权人与善意第三人发生利益冲突时,法律会侧重保护善意第三人的利益,而对在某种程度上限制原所有权人的权力。这种机制的设定,本质上是为了保证市场经济秩序的正常运行,保

护了交易信任及交易安全，较低交易成本，符合我国培养诚信公民、构建诚信社会的目标。因此当税务机关认可购货方系善意取得时，而又不准其列支成本，事实上违背善意取得制度的初衷，不利于保护纳税人的合法权益，不利于维护市场交易的信任秩序。因此本着相信纳税人、有利于纳税人的原则，在认可购货方善意取得的情况下，应准许其列支成本。

（三）回归企业所得税法，正确理解税前扣除原则

2008年施行的《中华人民共和国企业所得税法》第八条规定“企业实际发生的与取得收入有关的、合理的支出，包括成本、费用、税金、损失和其他支出，准予在计算应纳税所得额时扣除。”以及《中华人民共和国企业所得税法实施条例》第二十七条规定“企业所得税法第八条所称有关的支出，是指与取得收入直接相关的支出。所称合理的支出，是指符合生产经营活动常规，应当计入当期损益或者有关资产成本的必要和正常的支出。”

从立法的角度看，新企业所得税税前扣除强调的三个基本原则是实际发生、相关性及合理性。当税务机关认可购货方系善意取得时，实际上已满足上述三个原则，即购货方已支付货款取得货物，业务已经实际发生；购货方购进的货物用于企业的生产管理或者对外销售，都是与取得收入直接相关；购货方在收入实现时将其计入成本结转损益，也符合生产经营活动的常规。新企业所得税不再强调凭证的合法性，因此只要是真实发生的，就应该允许其成本作税前扣除。

（四）强化稽查手段，判别业务真实性

发票可以证明支出的实际发生、相关性及合理性，但不能以此判定证明支出的有效性仅限于发票，比如进出仓单、运输单据、购销合同等也可作为支出真实合理性的证明。税务机关可责令纳税人提供相关资料，通过甄别分析，予以采信。同时，由于存在增值链条，税务机关可以对购货方的下游企业进行调查取证，通过对购进货物的跟踪，判别纳税人业务的真实性。

（作者单位：广东省广州市国家税务局中区稽查局）

# 从现行税收不确定性研究落实税收法定原则

李　强　闫远见

税收是国家为提供社会公共服务需要，依照法律规定和法定程序向居民或非居民进行的金钱或实物课征。税收作为财政收入的基本形式，既是国家治理体系的基础和物质保障，也是国家治理的重要手段。同时，税收应来之于民、用之于民，税种的设立、税款的征收、收入的使用，直接关系纳税人的切身利益，关系人民的福祉，应由代表人民行使国家权力的立法机关以法律的形式予以规范，税法要体现为法律这一规范形式是税收制度的核心内容，应当说，税收法定原则是民主法治理念在税收领域的具体表现，是现代国家通行的税法基本原则。然而在我国税收实践中，税收法定原则并未得到严格的遵守，还衍生出“税收不确定性”，长期随影而行。这种税收法定落实不到位及其带来的税收不确定性，不仅不利于纳税人税法遵从，也让税务机关无所适从，带来较大执法风险，更与落实依法治国宏伟蓝图，建设社会主义法治国家的大政方针不相适应。

## 一、现行税收不确定性的突出表现

### (一)从立法层面上看

1、税收法律的供给明显不足，授权立法随意性大，稳定性不高。在我国现行 18 个税种的法律渊源中，只有个人所得税、企业所得税和车船税 3 部法律，其他均是国务院制定的条例或暂行条例，由此可见，国家行政机关几乎包揽了税收立法权。这一现象的产生，来源于 1984 年全国人大的授权决定。1984 年 9 月 18 日全国人大常委会通过《关于授权国务院改革工商税制发布有关税收条例草案试行的决定》：“决定授权国务院在实施国营企业利改税和改革工商税制的过程中，拟定有关税收条例，以草案形式发布试行，再根据试行的经验，加以修订，提请全国人民代表大会常务委员会审议。国务院发布试行的以上税收条例，不适用中外合资经营企业和外国企业。”不难看出，这是一份无期限的空白授权书，因这一纸授权书，造成了行政立法逐渐蚕食立法机关立法权的局面，导致我国现行税收法律规范的法律级次总体较低，影响税法的效力。由于行政机关立法程序比较简单，立法随意性大，稳定性差。加之我国封建文化底蕴浓厚，这种文化底蕴将自觉或不自觉地影响人们的行为及思维方式。在这种情况下，极易产生长官意识而导致随意立法，从而使所立之法稳定性差，且很难博得社会的认同，增加了执法的难度和成本。特别是实践中财政部和国家税务总局的以“通知”形式立法，集税收立法、税收执法和税金的使用者为一体，这就决定了其关注更多的只能是自身职能的需要和税收法律规范的秩序价值。2007 年印花税“半夜鸡叫”、2011 年沪渝两市房产税改革试点、2014 年连续三度上调成品油消费税等税收事件，引发了社会普遍对行政机关任性调税正当性和合法性的质疑，其症结就在于真正意义上税收法定原则的缺失。

2、税收立法技术不高，税制要素不全，可操作性不强。我国现行税法特别是实体法大多是抽象宽松的原则性规定，存在兜底条款多，普遍存在表述不清及概念模糊等现象，造成如果没有相应补充或解释，一些税种几乎无法执行的尴尬局面，于是乎立法机关干脆直接将有的税种空白授权给财税部门规定。以印花税为例，全国人大及其常委会把印花税立法事项委托给了国务院，国务院于 1988 年制定了《印花税暂行条例》，但该条例内容过于简略，只有区区的 16 条。在第十五条中规定该条例“由财政部负责解释；

施行细则由财政部制定”,事实上将“税收法定”原则中最具有核心意义的印花税税率的决定权转授权给了财政部。自1988年实施以来,这个条款疏漏、缺陷甚为明显的条例迄今已“暂行”了近26年。

部分税种税制要素不全。如《城市维护建设税暂行条例》没有独立的计税依据,而是以增值税、消费税和营业税三税税额为依据,随三税同时缴纳,由于三税有免抵退等不同情形,故城建税纳税义务发生时间和纳税期限模糊不清。

不同税种纳税期限时间不一。对于按期纳税的,不同税种有不同规定,容易使人产生混乱。如,增值税、营业税、消费税、城建税、企业所得税、个人所得税等税种为15日内,资源税为10日内,契税为10日加上不超过20日的核定期限内,后又调整为不得超过权属登记日,耕地占用税为30日内,车船税的纳税期限分为两种,一是扣缴义务人代收的,为纳税人购买交强险之前,二是纳税人自行申报的,为每年的12月31日之前。

法律之间存在冲突。各税收法律规定之间不统一,政策之间相互打架现象时有发生。以行政强制为例,行政强制法第二十三条规定查封扣押限于涉案的场所、设施或者财物,不得查封、扣押与违法行为无关的场所、设施或者财物。而征管法第三十八条和第四十条的规定的扣押、查封范围是价值相当于应纳税款的商品、货物或者其他财产,范围明显大于行政强制法的规定。行政强制法实施后,税务机关采取强制执行措施的范围该如何把握存在疑惑。行政强制法第四十二条规定当事人采取补救措施的,可以减免加处的罚款或者滞纳金。第四十五条规定,加处罚款和滞纳金的数额不得超过金钱给付义务的数额。税收滞纳金加收是否可以超过税款本金,是否可以减免,而作为加收税收滞纳金法律渊源的征管法中都没有涉及,需要立法机关更进一步明确。

3、税法的复杂性给纳税人的预期带来不确定性。税收的确定性对企业财务核算和税务部门征管都具有重要影响。随着企业会计准则和财务制度的逐步健全和完善,企业财务管理的许多精力都集中在对涉税问题的处理上,企业经营者特别是财务管理部门对税收的敏感度不断增强。通常情况下,税收作为企业生产经营中相对固定的常量体现在企业的财务核算中,如果税收作为一个变数或变量出现,就难以使企业的经营成果有一个真实的体现,也无法准确核算经营者或投资者的经营利益,从而使企业的经营成果陷入一种不确定性状态,这会对企业正确履行纳税义务带来重大影响。

由于经济发展的方式、形式多变,新生事物层出不穷,而税法的修订又不能与经济发展同步,导致频频用规范性文件来打补丁,这也给纳税人造成税负的不确定性。例如,《企业所得税法》自2008年开始实施,但有些配套措施却是在几年后才出台;土地增值税、契税等税种本身不完善导致企业的一些税务处理无法可循,同时税法的追溯调整也让企业无所适从,更为甚者,还要承担补缴税款后的滞纳金处罚,企业权益受到了较大的损害。

此外,我国尚缺乏统一的行政程序法和税收基本法。

(二)从执法层面上看

1、税法执行状况不佳。税收机关应严格按照税法规定征收各项税收。税收征纳从税务登记、纳税申报、应纳税额的确定,税款缴纳到纳税检查都必须有严格而明确的法定程序,税收机关无权变动法定征收程序,无权擅自决定开征、停征、减免、退补税收。然而在实际的征管过程中,税务机关行政执法的缺位、越位,滥用职权、执法不公、徇私舞弊、失职渎职等不依法治税的现象,屡禁不止。加上税务部门频繁的征管改革、职能调整演变,更加将税收不确定性推向高潮。

各级政府给税务部门下达“税收任务”本身违反了税收法定原则,导致实践中出现诸多问题:例如经济税源丰厚的地区,只以完成税收计划为工作目标,人为的留税不征,而经济税源较为贫乏,完成税收任务难度大的地区,税务部门却征收“过头税”,这种现象的存在损害了税法的严肃性。也导致部分地方存在拉引税、虚收空转、有税不征等现象,层出不穷,屡禁不止,甚至愈演愈烈。

在税收优惠措施方面，目前优惠政策非常复杂、随意，对企业的优惠不一，乱、多、碎，并且在执行中走样。各地政府官员为了自己的政绩，千方百计将税收事项作为招商引资的重要筹码，采用文件、协议、备忘录、会议或会谈纪要以及“一事一议”等形式，任意减免税收、变相返还税收，侵蚀税基、转移利润，造成无序竞争，从不同方面侵害了国家的权益和纳税人的利益，造成新的不公平，也使市场主体对税法实施情况难以提前预料。此外，地方政府过多的介入经济，与企业的利益缠绕在一起，经常利用税收优惠手段为企业服务。例如，自2008年下半年以来，南京、西安、重庆、杭州、上海、石家庄等地方政府纷纷出台拯救楼市的各种政策，其内容包括免除购房契税，甚至财政上给予购房者补贴，这种政府救市行为显然违背了市场中立原则，有失公平正义。

2、对税法的理解因人而异造成不同的执法结果。由于税法表述的不清楚或有歧义，往往同一政策条款能从不同角度解读出不同的结果，加之不同的税务机关、不同的税务人员的知识结构、工作经验、个人素质、站的立场的不同，对同一项涉税行为的理解和处理因不同税务机关甚至不同税务人员会有不同的结果。如，在企业所得税、个人所得税、土地增值税的计算上，由于每个人计算方式和方法的不同以及对税收政策、其他相关政策的理解不同，从而计算出来的应缴税款也不同。何况税法还有自由裁量权方面的内容，各人理解、掌握和处理的结果就更是各异了，这也产生了征纳双方、税务机关内部之间产生了争议，让纳税人对税法产生不确定性的表象认识，更增加了税法落实的难度。

## 二、落实税收法定是解决税收不确定性的必然选择

纳税是对人民财产权的“依法剥夺”，因此必须严格依据法律进行，在宪法和税收基本法上表现为税收法定原则。税收法定原则作为税法基本原则之一，内容包括课税要素法定、课税要素明确、征税程序合法等内容。在税收法定的前提下，通过依法确定税收要素，避免出现漏洞和歧义，税务机关依法征税，将税收政策不确定性的内容最小化，并在实施过程中努力通过法律的修订程序不断消除不确定的影响，在相对的时间和空间中保证税法的确定性，以最大化的可能按照有法可依的方式去实现公正的纳税遵从。法律的确定性是一种排除朝令夕改的规则体系，意味着一旦法律设定了一种权利义务关系，人们在行为之前可预料法律对自己行为的态度，从而根据法律规定，趋利避害地设计自己的行为，法律本身也尽可能避免不断的修改和破坏，以免丧失权威性和信用。正是这种确定性使法律具有客观性、可预见性和稳定性，从而成为法治的魅力所在。

(一)落实课税要素法定可以从根本上减少税收不确定性

现行税收法律中，无论是授权立法的税收条例，还是正式税种立法，课税要件和征管制度大多是抽象宽松的原则性规定，缺乏必要的定义性条款，甚至是直接空白授权给国务院或财税主管部门规定，造成很难具体执行，同时也为税法行政解释提供了过大的空间，税法解释原本是为了正确适用税收法律所作的具体说明，但在实践中，这些“通知”“公告”“批复”却取代了被解释对象，成为了实际上直接发挥效力的依据，甚至有时还突破了税法规定的可能文义，成了变相立法。这不仅不符合税收法定主义关于课税要素应由法律明定之规定，也不利于税法的贯彻执行。给广大纳税人带来遵从上的困惑，也容易产生执法裁量权滥用或执法不到位等执法风险。

从税收法定角度来讲，修改后的《立法法》明确了税收法定原则，规定“税种的设立、税率的确定和税收征收管理等税收基本制度”只能制订法律，今后所有税种的征收和税收程序立法都要遵循宪法和《立法法》规定，依立法程序使之上升为法律，提升税法级次。落实税收法定原则并不是要求一切税收问题都必须制定法律，而是强调税收行为必须满足合法性要件，必须获得法律的明确许可或立法机关的专门授权。也就是说，税收的开征、停征、课税对象、税率等基本要素必须由全国人大及其常委会制定法律，特别是新《立法法》把税率法定明确后，一方面它预示着即使政府需要根据实际情况提出调整税率，也必须先经过

全国人大决定后再调整，避免今后调整税率的随意性；同时也堵住了今后执行中因规定不清晰而可能出现的漏洞。当然国务院仍可以根据授权或为了执行法律而制定税收行政法规，财税主管部门也可以出台具体的解释与执行细则。不过，这些法规、规章与规范性文件应当符合法律的精神、原则，并限定在其效力范围内发挥作用，仅对上位法进行补充和解释，而不能超越上位法来创制规则。

（二）落实课税要素明确可以从源头上减少税收不确定性

税收必须是确定的，“税率应当固定。每一个公民应当确实知道。任意征税是压迫和营私舞弊的根源，它给偏私、妒忌、报复、贪婪及其他私欲提供了自由活动的场所”。考虑到法在执行之时的具体情况，为实现公平税负，使用不确定的概念在一定程度上是不可避免的，有时甚至是很必要的。使用这些不确定概念的条件是，这些法律概念的含义可以根据法律里的其他规定予以明确，从而整体上达到“具有法律明确性的要求”，如果达不到这一要求，那么这样的规定就属于所谓的空白文句，并因违反税法关于法律明确性的要求而属无效规定。

实践中，我国税收法律一直秉持“宜粗不宜细”的立法风格，如《个人所得税法》几经修订，才 15 条，2700 余字；《企业所得税法》60 条，5300 余字，规定既不细致更不明确，几乎不具有可操作性。对于所得税制度中一些核心的内容，只能授权行政机关决定。可以说，在《个人所得税法》、《企业所得税法》上所体现的税收立法权其实是不完整的。立法不明确，国务院制定的实施条例也没规定，财税部门每年不得不通过制定大量规范性文件来予以明确。表面上看，好象税收的各要素都已经法定了，而实际上，由于税收法律概念的模糊性、不确定性，这些税收法律概念还要依赖于行政法规、规章甚至规范性文件的规定，而这些下位法的规定有时甚至还具有至关重要的作用，对纳税人的财产权具有重要的甚至是决定意义的影响。例如，个人所得税“财产转让所得”税目中“股权转让所得”是否应当纳税？税率是多少？“限售股转让所得”是否应当纳税？计税依据如何确定？《个人所得税法》是不明确的，而是由财税部门的规范性文件来明确。如果说税收是对纳税人财产的一种无偿转移或“依法剥夺”，那么这种通过间接授权立法来剥夺纳税人财产显然在“合法性”上存在缺位。面对这样的现实，必须改变“宜粗不宜细”的立法风格，在税收领域尤需如此。税收法律做到了尽量明确、最大限度避免模糊，真正做到了的税收法定，税收的不确定性问题也就迎刃而解了。

（三）落实征税程序合法可以在执行中减少税收不确定性

税收不确定性很大程度上来自税收政策执行中的不确定性，税法实施过程就是税收政策从不确定走向确定的过程，是执法者根据个案的具体情况适用抽象的法律条文以实现法律的确定性和正义理念的过程，因此税务机关规范执法，公平执法无疑将将大大减少税收执行中的不确定。同样税法不确定性也对各级税务机关特别是省以下税务机关提出了更高的要求，建立健全税收政策确定性管理机制、税收政策反馈机制和事先裁定制度显得犹为必要和迫切。

探索税收政策确定性管理机制。上下联动，及时反馈，上级税务机关要提高对税收政策非确定性问题重要性的认识，加强税收政策的研究与制定，保证税收政策的完整与连续。同时，基层税务机关要将实际工作中遇到的政策非确定性问题及时向上级部门反馈，提出政策完善的意见和建议。完善征纳双方之间和税务机关内部建立健全政策执行反馈机制，畅通反馈渠道，搭建反馈平台，强化反馈内容的真实和完整，为上级科学决策提供依据，增强税收政策的科学性、合理性和可操作性。建立健全税务事先裁定制度，事先裁定是税务机关就纳税人所提交的待定事项该如何适用税法所进行的解释。其在效力上表现为，对税务机关有单方面的约束力，纳税人遵从答复而出现未缴或少缴税款的，免除其缴纳责任。纳税人也可以不遵从，但不可以对税务机关的裁定提出不服上诉。税务事先裁定制度类似于我国税收管理中的个案批复制度，但属于事先批复，不是事后的批复。事先裁定带给纳税人的最大好处就是可以极大地提高纳税人税收政策适用的确定性。

## 三、落实税收法定原则的若干建议

(一)完善税收制度与税收立法同步推进,统筹落实税收法定原则

要贯彻落实税收法定原则,制度保障必不可少,其中至关重要的一环就是在立法程序上明确包括税种的设立、税率的确定和税收征收管理在内的税收基本制度只能制定法律,这也是2015年《立法法》修订的关键内容之一。从我国当前的实际情况看,18个税种,只有3个是最高立法机关审议通过的法律,其余15个税种全部是国务院制定的条例,将这些税种由条例上升为法律、落实税收法定的任务非常重,争议阻力也非常大。而《立法法》确定的"税种的设立、税率和确定和税收征收管理等税收基本制度"只能制定法律,越发显得非常必要而重要。自新的《立法法》生效之日起,税收的基本制度只能通过最高立法机关来制定,可以说,这是我国贯彻落实税收法定原则的"第一步",也是非常关键一步,具有里程碑式的意义。按照中央全面深化改革领导小组的统一部署,党中央审议通过了由全国人大常委会法工委牵头起草的《贯彻落实税收法定原则的实施意见》(以下简称《实施意见》)。《实施意见》从全面落实依法治国基本方略,加快建设社会主义法治国家的高度,全面部署了实现税收法定的时间表和路线图,明确开征新税的,应当通过全国人大及其常委会制定相应的税收法律,同时对现行15个税收条例修改上升为法律或者废止的时间作出了安排。虽然目前《实施意见》的具体内容尚未全部公开,但从2015年3月25日,全国人大常委会法工委负责人就《实施意见》答新华社记者问中,明确提到要按照实施意见的要求,落实税收法定原则的改革任务,力争在2020年前完成落实税收法定原则的改革任务,将税收暂行条例上升为法律或者废止,并相应废止《全国人民代表大会关于授权国务院在经济体制改革和对外开放方面可以制定暂行的规定或者条例的决定》。除了明确2020年的时间节点,《实施意见》还分类对税收暂行条例上升为法律作出了路径安排。首先,《实施意见》明确不再出台新的税收条例,如果需要开征的新税种,需要同步起草相关的法律草案。这一条就明确意味着,颇受关注的房地产税等,需要先经过立法程序才能实施。此外,《实施意见》将现行税收暂行条例分为两种,明确不涉及税制改革的税种,可以将税收条例平移上升为法律。而对于与税制改革相关、情况复杂的税种,可以继续由国务院进行税收暂行条例的修改,再由条例上升为法律。全国人大常委会将根据上述安排,在每年的立法工作计划中安排相应的税收立法项目。

(二)提高立法技术,以精确的法律语言,推进税法由形式法定向实质法定转变

提升立法技术,建立健全立法听证、专家论证、政策评估等制度,提高立法透明度。对税法所要调整的社会关系,要科学而精致地调查研究,使法律充分体现民意,与社会生活尽量相一致,符合社会和经济发展的客观规律,防止立法中渗入局部利益或部门利益而影响法律的全面、公正和完整。在什么环节征税、征多少税以及减免税等重大问题上,都应充分征求广大公民意见,确保民众对立法事项的了解和立法过程的参与;同时税收立法的内容要朝着更加具体明确的方向努力,增强可操作性,针对税法具有专业性极强的特征,在税法草案初步形成之后,应组织具有专业知识的专家学者对草案进行论证和补充,使税法真正具有操作性强、逻辑严密、结构完整。税收立法充分而科学地评估实现税收政策的经济目标、政治目标、社会目标所需要的各方面条件和因素,从而科学研判这些目标是否能实现以及能够实现到什么程度,充分考虑税收政策的复杂程度和相关因素,充分估计可能会带来的风险和隐患,充分判断税收政策制定实施的充分性、必要性和可行性,最大限度地降低其不确定性。

从理论上讲,税收法定分为形式层面的法定和实质层面的法定。实质法定既强调税法制度的合理正当性,需要通过实际征收的检验,还要求税法制度不能过于原则、抽象。一方面税法的各种规定的出台,要通过听证、论证、评估等方式,既要确保其框架和基本原则的规范一致性,又要避免针对同一类问题的规定相互矛盾、相互冲突现象。另一方面税法的规定尽可能明确,在法律中应将纳税人、征税对象、计税依据、税率、税收优惠、缴纳程序等基本税收要素尽可能规定明确、详细,不能出现漏洞和歧义。针对城建

税没有独立的计税依据、税种纳税期限不一致等税制要素不统一的问题，立法部门在制定法律的时候，应统筹兼顾，确保每个税种的税制要素名称的一致性，要素的范围的一致性，按期纳税的纳税期限时间的一致性，这样便于征纳双方遵守和执行。

（三）增强法治意识，规范税收执法，推进税收法定全面实现

法律的确定性仅靠法律本身是不够的，需要用法治原则的相对稳定性来弥补，需要通过以法治原则规范法律执行，税法实施过程也是如此。税收法定，其制定和修订需要经过法定的程序，过程比较繁杂，税法就能相对稳定，更多的时候，税法原则将会发挥重要作用。税法基本原则以及法律适用原则都是税法原则，包括税收法定、税收公平、税收效率及实质课税原则，包括法律优位原则、法律不溯及既往原则、新法优于旧法原则、特别法优于普通法、实体从旧、程序从新以及程序优于实体原则等等，都是贯穿税法的立法、执法、司法和守法全过程的具有普遍性指导意义的法律准则，构成法律规范的基本要素和税收法律制度的理论基础，税法原则将在法律的内容有明显漏洞、缺失或模糊时，以补漏或明晰的方式直接产生法律效力。比如企业所得税税前扣除项目繁多，税收政策不可能穷尽，但只要掌握“与生产经营收入有关”这一基本原则，许多现实问题即可解决。

实现税收法定，不仅需要法律自身的构建，同时需要积极提升执法者的法治理念，调动人的主观能动性，特别是税务机关和税务干部的能动性。“徒法不足以自行”，规范执法是确保法律和政策得以正确执行并达到立法目的的关键环节。基层税务部门作为落实税收法定原则的直接践行者，尤其要严格按税收实体法和程序法办事，完善机构设置，优化人员配备，规范执法行为，强化纳税服务平台建设和提高服务有效性，自觉维护纳税人合法权益，以规范执法带动纳税人自觉遵从税法，促进税收法定原则的早日落实和实现。

（作者单位：江苏省徐州地方税务局）

# 地方税收执法风险浅议

李凤庆

党的十八届四中全会审议通过了《中共中央关于全面推进依法治国若干重大问题的决定》，为法治中国建设绘就了新的蓝图。这是中国法治发展历程中具有里程碑意义的事件，必将推动中国法治跨越到更高的水平和层次。地税部门作为国家行政执法主体的重要部门之一，承担着为国聚财、依法治税的重任，伴随着税收法治化进程的加快，政务公开力度的加速，外部监督力量的强化，纳税人维权意识的增强，地税部门的税收执法风险也日益增加。

税收执法风险，是指税务机关及其执法人员在行使税收执法权过程中潜在的、因执法主体的作为和不作为可能使税收管理职能失效，或在行使权力或履行职责过程中，因故意或过失，侵犯了国家或税务行政管理相对人的合法权益，从而引发法律后果，需要承担法律责任或行政、民事责任的各种危险因素的集合。

如何在日益复杂的税收工作环境中，规避和预防税收执法风险，增强风险防范意识和能力，已成为我们在履行职责过程中不容忽视的问题。

## 一、地方税收执法风险的表现形式

由于主客观等多种因素的影响，在实际执法过程中，地税部门执法风险的环节比较多，表现形式也多种多样。从近几年的执法检查、审计、司法判决、外部监督来看，地税部门的税收执法风险主要表现在以下几个方面：

（一）税款征收入库人为调节，违法违规，自行其是

主要表现在：很多基层单位迫于各方面的压力，通过政府融资平台、财政注入资金等方式虚收空转，导致虚增财政收入，从而将执法风险直接转移到地税部门；有的违背税款征期入库规定，关键月份集中突击入库，征期外大额税款入库，造成税款征收忽高忽低、大起大落；有的该收的不收，该罚的不罚，该加收滞纳金的不加收；有的为增加财政收入，采取改变和调整税种税目的方式，混级混库；有的为了拉引税款，非法代开发票，降低税率征收税款，甚至擅自出台税收优惠，不征少征税款。

（二）征管基础薄弱，日常管理松懈，重实体轻程序

主要表现在：临时户入库税款比例偏高，存在应列入正常登记管理而不列入，人为操作间接规避执法考核，或者为了完成收入任务而超区域代开发票；零申报比例偏高，日常管理较为松懈；代开发票抵扣、税款征收和发票缴销不规范，存在应征未征或转引税款；委托代征管理不到位，不按期报缴税款，人为延压税款；耕地占用税征收资料不齐全，程序不规范，入库混乱。

（三）法制意识淡薄，有法不依，执法不严，甚至执法犯法

主要表现在：有的地方税收优惠政策不能很好贯彻落实，税收调控作用发挥不力；人为调节收入进度，在银行设立税款过渡账户，截流延压税款，更有甚者将税款存入个人账户，使税款脱离正常监管程序，形成事实上的贪污、挪用税款。

## 二、地方税收执法风险的成因分析

新形势下税收执法风险增大，并不是一个孤立的社会现象，既有税务机关和税务人员自身因素，也有其深厚的社会经济体制机制根源。概括起来，执法风险产生的原因主要有以下几方面：

（一）从客观因素分析看，主要在于现行税收法律体系不完善，税务管理体制存在弊端

一是现行税法体系不健全，大量直接指导税收执法活动的规范性文件级次低、效力差，税收政策和管理措施繁复且相对滞后，不同文件之间表述口径不一致、前后逻辑不清晰的现象较为普遍，基层难以理解和衔接适用。二是税务管理体制存在弊端。地税系统在垂直管理后，干部管理在能上能下、能进能出方面缺乏制度安排，干部成长进步空间受限，特别是基层干部职工的职务晋升和工资涨幅受限，一定程度上影响了干部职工自我提升、追求发展的积极性。三是经费保障模式造成地税部门话语权弱化。经费的需求要通过协调地方政府来解决，而收入任务目标往往与经费拨付相挂钩，造成地税部门不惜违规征管。四是地方经济税源与税收收入计划存在不可调和的矛盾。财税指标是各级政府最为关注的政绩尺度，有的地方经济税源不足，而税收收入计划又相对较高，为了完成收入目标，政府在不断干预地税部门的执法管理活动，生拽硬拉完成税收计划。五是业务培训不能完全满足执法需要，培训广度、深度和针对性不能满足税收执法的刚性需求。

（二）从主观因素分析看

一是执法人员依法行政意识不强，存在根深蒂固的任务观念，不能很好地处理收入任务与依法治税的关系，片面配合税收收入的理想化增长。二是思想认识不足，不能牢固树立程序观念和责任意识，学习新法规新政策不主动不深入，对执法中出现的问题关注和重视不够，对执法行为不当可能引发的后果不能充分认识。三是部分执法人员还存在权大于法的思想，缺乏为纳税人优化服务的意识，执法能力不强、随意性严重，少数人员甚至突破道德和法律底线，利用职权谋取私利。四是责任追究不严肃，执法检查多，问题发现少，文件制发多，责任追究少。五是廉洁自律观念不强，个别干部职工法律意识淡薄，不能严于律己，有时为了满足一己之私，将税收执法权变成了自己谋取私利的工具，违规执法，徇私枉法，人情税、关系税现象以及索贿、受贿时有发生，形成了现实的执法风险。

## 三、地方税收执法风险的防范建议

为有效保护税务执法人员的执法安全，构建法治地税、平安地税和效能地税，我认为防范税收执法风险主要应从以下几个方面入手：

（一）完善税收法律体系，有效弥补法律缺陷

应尽快制订《税收基本法》，避免税收法律、法规、规章和规范性文件与相关法律、法规之间发生“摩擦”，提升税收法律层次，维护税法的尊严。要深入探讨税收收入计划制定的必要性、科学性和可行性，修订完善配套法律法规和办法，从制度上根除收入计划和经济税源的矛盾关系。

（二）加强税法宣传辅导，营造良好的法制环境

税法宣传辅导是推动税收事业进步和避免执法风险发生的基础性工作，要多形式多渠道地对纳税人进行税法宣传和辅导，对各级党政领导、纳税大户和与税收执法协税护税有关的单位也要进行大力宣传，通过宣传普及法律知识，增强社会各界的法律意识，使得法治建设与社会的法制观念逐步协调。这样，可以取得外部的理解和支持，有效减少税收行政执法中可能出现的不必要的矛盾和冲突。

（三）讲究税收执法策略，充分发挥税收执法的社会协同力量

在工作中，应多向地方党委、政府和上级领导汇报沟通，积极争取地方党委、政府和上级领导的重视、支持，自觉接受地方人大、政协等部门的监督。当地方党委、政府的行政命令与系统内部规定相冲突时，

应做好解释、沟通、宣传、协调工作，必要时向上级或相关部门反映情况。同时应加强与其他职能部门和相关单位的联系和沟通，以取得他们的配合和支持。比如，与司法部门搞好协调配合，形成执法合力；与执法监督部门加强信息互通，形成执法后盾，以此营造良好的税收执法环境，化解可能出现的执法风险。

(四)增强税务行政执法法律意识和风险意识，力争做到合法合理宽严有度

税收法律体系明确了征纳双方在税收分配活动中的权利和义务，但有些权利和义务明确的不是很具体，在税收执法实践工作中，我们应在深刻领会、“吃透”政策精神的前提下严格执法，不能一味钻无理的“牛角尖”，置纳税人的合法权益于不顾；要善于发现和研究问题，要对容易出现税收执法风险的敏感环节以及重点行业与企业的税收风险点进行系统分析，努力探索行之有效的管理措施，防范与化解执法风险。

(五)不断建立健全监控机制，提高税收执法水平

首先，在税务机关内部，要明确工作职责，定岗定责，构建环环相扣的岗位责任体系。要确定各执法环节的具体岗位及其职责，明确执法程序和工作规程、时限、形式、标准，并按照分解后的岗位职责，以书面形式明确每个执法人员的“权力清单”。其次，开展评议考核，要定期开展以税收执法质量为主要内容的内部考核和外部评议。

(六)完善内部管理制度，全面落实过错责任追究制

要健全管理制度，深入贯彻税收执法责任制，落实过错责任追究。对违反工作纪律、玩忽职守、滥用职权、以税谋私等行为，给国家或者纳税人的合法权益造成损失的坚决给予行政处分。构成犯罪的，依法移送司法机关追究其刑事责任。在税务行政诉讼中败诉，造成国家赔偿的，依法追究直接责任人员的追偿责任。

(作者单位：山东省临沂市地方税务局高新区分局)

# 关于《中华人民共和国税收征收管理法》修订的几点思考和建议

曲相斌

《中华人民共和国税收征收管理法》(下称《征管法》)已经进入修改程序,并开始征求意见,我们税务工作人员,作为《征管法》的具体实施和执行者,对《征管法》在工作实践中的运用,应该是最有发言权的,特别是对其存在的问题也是了解的最清楚的。

《征管法》作为涉税法律法规,是层级最高的四部法律之一(另外三部为《中华人民共和国企业所得税法》、《中华人民共和国个人所得税法》、《中华人民共和国车船使用税法》),由全国人民代表大会常务委员会依法通过。其有实体法和程序法的作用,属于行政法律中的特别法,即税收行政法。

《征管法》于1992年9月4日由全国人大常委会通过,分别于1995年2月28日和2001年4月28日进行了修改和修订。我们必须承认,一部法律的制定、修改、修订都会受到立法者个人(包括修改和修订者个人)知识范围,个人意识和观念,以及社会、经济发展的不同时期、阶段等因素的影响,同时许多法律是互为渊源的,而许多法律的制定、修改、修订又不能同时完成,有许多在时间上相差很长,因此,任何法律在执行过程的不断修改或修订,使其更加完善是必须的,而且是紧迫的,只有这样才能真正达到或实现依法行政、依法治国。

笔者做为一名基层税务工作人员,结合自身工作实践,对《征管法》的修订有一些思考和建议。

## 一、《征管法》修订稿第十八条

《征管法》修订稿第十八条是对原《征管法》第十五条的删改,并增加款项,应该讲是比较全面和周延的。但笔者认为法条的内容在未经通过已经出现问题。因为,国务院为了进一步深化行政审批和行政许可等,将工商营业执照、税务登记和组织机构代码证合并为“一证一码”,即“三证合一”(个体户暂未实行),许多地区已经由工商行政管理机关(许多基层已将工商局与技术监督局合并为一个局)统一办理,名称现仍为营业执照。这样,企业和个人取得营业执照之日就实际完成了税务登记和组织机构代码证的办理。因此,在《征管法》上规定企业和个人在取得营业执照三十日内到税务机关申报办理税务登记已没有必要,因为“三证合一”后,企业和个人的许多信息,可以也必须实现共享,所以,对初始办理营业执照及变更相关信息等,除税务机关有特别规定外,企业和个人无需到税务机关进行申报。也就说,对在“三证合一”办理时无法做到共同融合办理的事项如发票领购和使用种类、资产信息等等,要求企业和个人在领取营业执照后一定期内到税务机关办理是必须的。

该条第二款对事业单位和社会组织(非企业单位)设立的规定是应该的。但第一款、第二款均规定:“税务机关应于收到申报的当办理登记并发给税务登记证件。”是一种重复,应简并成一款,或将第三款取消,将相关内容列举并入第二款,这在立法技术(或文字表述上)是可以做到的。而且该规定应该是提高工作效率和方便百姓考虑,但客观上是难以做到的,至少是现在做不到的。因为,无论是工商机关,还是税务机关(或其他机关)办理的证照,均由县以上政府所属的行政机关办理(乡镇工商所可直接打印个体户、私营企业营业执照),基层派出机构如工商所、税务所及乡镇政府一般是先受理,当事人提交相关资料并审核后上报县局办理，这就需要一个往返时间，即使交通便利的地区，也需要一定的时间，而且每一份都需要及时送出，有时一天可能受理多份，而时间早晚不一，能做到每份都派人及时送出并办理后返回发到当事人手中吗？在一些交通不便的地区，即使有专车可能当日返回都很困难，所以这一规定没有现实意义，至少在当前是这样的。当然，如果当事人亲自到有关部门办理，另当别论，但这样又做不到便民利民，在各乡镇设立行政服务中心失去了意义。若将来国家将各种证照的办理权限下放到乡镇级或许可以做到。因此，建议将此内容进行修改，确定收到申报后若干个工作日办理并发放，较为符合现实。

**二、《征管法》的渊源及其他法律规定的引用**

法的渊源通俗地讲就是甲法律规定的违法行为达到一定程度将适用乙法律的规定处罚，而且处罚的机关也可能发生变化。这种情况下，甲乙两个法律互为渊源，这在许多法律中都有体现，这里不过多地加以阐述，仅就《征管法》关联较大或加以引用的法律进行讨论。

第一、逃避缴纳税款（原《征管法》第六十四条规定的偷税，修订稿拟为第九十七条，下同）行为。

《征管法》第六十四条规定的偷税行为，在《中华人民共和国刑法》（下称《刑法》）第 201 条规定有偷税罪，后经全国人大常委会于 2009 年 2 月 8 日通过的《刑法修正案（七）》更名为逃避缴纳税款罪，此次拟修订《征管法》将偷税行为改为逃避缴纳税款行为，这一修订不仅是不同法律对同一违法行为在名称上的统一和规范，也是法律互为渊源的体现。

笔者之所以要对逃避缴纳税款行为进行探讨，是因为在实践，我们有的税务人员对逃避缴纳税款行为的罪与非罪有误区。我们知道，逃避缴纳税款行为的罪与非罪的界限和标准或是追究刑事责任的标准在《刑法修正案（七）》第三条有明确规定，简单地讲可以分为如下几点：

一是数额差别——即数额较大（以司法解释为准）以上可能为罪，而以下肯定不为罪。

二是情节——五年内因逃避缴纳税款受过刑事处罚或被税务机关给予二次以上行政处罚，这种情况，数额不影响定罪。

三是追究刑事责任的标准（第二点除外）——补缴税款、缴纳滞纳金、已接受到行政处罚（实际上是缴纳罚款），不追究刑事责任。

从以上分析我们可以看出《征管法》和《刑法》对逃避缴纳税款的罪与非罪的界限是清楚地，而手段和方法应该是相同的，也就是说两个法律的规定是相同的，但有许多人认为《刑法》上的规定不适用于税收违法行为，这种观念是错误的，我们必须明确《刑法》关于逃避缴纳税款罪手段、方法等规定适用于税收违法行为，而且与之相关的最高人民法院和最高人民检察院的司法解释同样适用。这是法的渊源在立法和实践中的很好体现。

第二、关于优先受偿权、代位权和撤销权。

将上述三项权利直接引用到一部法律，应该说在我国的立法中并不多见，是一种较超前的立法技术，但笔者认为，立法上还不尽周延或不尽规范。

《征管法》第四十五条（修订稿拟为七十三条）规定的优先受偿权是一项民事法律设立的权利，是为了充分保护当事人的合法权益，虽然，当前我国民事法律不尽完善，没有民法典，但有《中华人民共和国民法通则》和《中华人民共和国民事诉讼法》，《征管法》将此权利引用进来，是为了更好保障国家的税款，但优先受偿权的行使应依法进行，因此在该条应增一款内容，即："优先受偿权的行使应依照《中华人民共和国民法通则》、《中华人民共和国民事诉讼法》及相关规定执行。"

第三、代位权和撤销权。

代位权和撤销权是《中华人民共和国合同法》设定的权利，其作用如前所述，《征管法》第五十条引入这两项权利，修订稿拟做为第八十四条，但内容完全相同。笔者认为该条规定不够严谨，主要是"合同法"

未使用全称。法律的内容应该是规范、严谨的，各种表述不能使用简称，而应准确使用全称，因此，建议在修订《征管法》时将“合同法”改为使用全称，即《中华人民共和国合同法》。

## 四、税款的追征时效

《征管法》第五十二条对税款追征时效进行了规定，修订稿对此进行了删改和补充，拟做为第八十六条，修订稿增加了“纳税人欠税超过二十年税务机关执行不能的，不再追征”做为第三款，笔者认为该款设置有不妥之处。

第一、拟八十六条第二款所列举的情形所形成的不缴或少缴税款，从广义上讲也是一种欠税，但是一种违法情节较重的行为，而第三款规定的欠税，从立法的原则和技术上看，不包括第二款列举的各种情形，否则第三款规定则无意义，而且后者较前者应是较轻的违法行为。

第二、该款所称欠税应该是纳税人已经进行了纳税申报，但由于各种原因没有资金缴纳税款，而形成欠缴税款，税务机关自开始就掌握纳税人欠缴税款，发生在征管环节，一般不进行处罚。而第二款所列各种行为发现较晚，一般是后续检查和稽查时发现并做出相应处罚。

第三、欠税应在立法时或在修订《征管法》实施细则时加以解释。

因此，笔者认为第三款所列追征时限不应设置为二十年而应少于第二款的十五年。

以上是个人对《征管法》修订时的一点建议，不妥之处请批评指正。

（作者单位：辽宁省大连市长海县地方税务局）

# 创建法治税务机关的实践与思考

李　国　侯景平

法治,是我们党在治国理政上的认识突破和手段创新,也是现代中国焕发治理智慧的标志。依法治国是坚持和发展中国特色社会主义的本质要求和重要保障,是实现国家治理体系和治理能力现代化的必然要求。我们税务系统要实现税务现代化,就必须首先实现税务法治化,那么创建法治税务机关就势在必行。近年来,鄂尔多斯市国家税务局在聚财为国、执法为民的工作实践中,秉承依法治税精神,砥砺前行,扎实开拓,不断进取,在全面创建法治税务机关工作中进行了积极富有成效的探索。

## 一、加强法制宣传与学习工作,不断强化依法治税理念

一直以来,鄂尔多斯国税局坚持围绕组织收入为中心,以人为本,服务大局,以构建平安、法制、和谐的鄂尔多斯为目标,以广大人民群众对税收法律知识的现实需求为导向,坚持解放思想,坚持法制教育与法制实践相结合、法制教育与道德教育相促进,努力践行聚财为国,执法为民的税务工作宗旨,在社会上全面普及税收法律知识,在广大税干中进一步增强学法、用法、守法的自觉性。使全市国税系统的依法行政,依法治税工作迈上了新台阶。

(一)坚持“四个到位”开展普法工作

一是组织领导到位。成立了由市局“一把手”任组长的普法领导小组,并设立了普法办公室,具体负责全市国税系统税收法制宣传教育工作的牵头和协调。各基层单位也都相应成立了领导小组,明确了办事机构,确定专人负责普法工作,保障了普法工作和依法治理工作的顺利开展。二是目标规划到位。按照年度国家法制建设进展和税法、税收政策调整情况,全市各级国税机关结合实际,层层制定普法规划和年度计划,确定年度普法重点。同时根据自治区局和市普法依法治理办公室确定的年度普法和依法治理工作要点,及时研究部署每个年度的普法工作重点。三是监督考核到位。始终把普法工作作为一项硬指标,列入到每一年度的绩效考核指标之中。进一步完善了法制宣传教育年度考评和五年综合性考评相结合的考核评估体系,强化对普法教育进行有效的检查监督。充分调动了全市各级国税机关抓普法的积极性和主动性,使普法工作逐步步入制度化、规范化的高起点、高标准轨道。四是经费投入到位。每年投入一部分普法经费,确保为开展各项普法工作提供有力的经费保障。

(二)以“三个面向”拓展普法层面

一是面向全系统干部职工开展普法工作。结合工作实际,明确培训教育目标。在统一组织师资培训的基础上,积极发挥各地区的优势,采取多种形式、多种渠道,扎扎实实地开展了培训活动,针对不同层面的公职人员的法制培训具体要求,建立并壮大普法和依法治理工作队伍。实行以考促学。每年聘请地方政法部门和知名律师、法学教授集中讲解有关法律知识。每年组织全体职工干部参加地方同级法制部门举办的各类普法培训和考试,都取得了较好的成绩,达到了以考促学、学以致用的目的。使全体职工干部不断提高依法治税的意识,及时、准确地掌握新的税收法律法规,公正执法,适应新时期税收事业发展的需要。领导干部带头学法。全市各级国税部门领导班子,都把法律知识的学习列入党组中心组重要学习内容,多次组织进行专题学习研讨。同时,各级领导干部还积极参加各类法制讲座、培训,结合学习体

会，亲自撰写文章和讲稿，宣传有关法律法规。有效地提高了领导干部学法、守法、用法的积极性、主动性和运用法律知识、法律手段加强税收管理工作的能力。二是面向纳税人开展普法工作。根据“按需施教、无偿辅导、自愿参加、远程互动”的原则，实施了《鄂尔多斯市国税局“同心桥纳税人学堂”教学计划实施方案》等方式，不断加大法制宣传、教育和培训的力度；每年在所辖纳税人中组织开展税收有关政策法规及其业务办理为主要内容的培训班，使纳税人了解最新的涉税法律法规，帮助企业解决涉税疑难问题。近5年以来，全市国税系统举办纳税人学堂190期，免费发放各类税收宣传资料20000余份，参训人员达1.9万余人次。开展“送税法到市场”、“送税法进企业、进学校”、评选表彰“依法诚信纳税先进单位”等活动；利用市广播电视台录制税收专题访谈节目，市局先后两任主要负责人与企业界人士、人大代表、政协委员共话税收，来自市国税系统的干部与工商企业界以及各行各业的群众代表200人面对面进行恳谈，心贴心进行交流，双方开诚布公，以需求为导向，开展宣传活动，听民声、顺民意，多方面扩大了税法宣传范围和力度，切实提高了纳税人的税法遵从意识。大力推行“阳光执法”，畅通监督渠道，进一步深化对税收执法权和行政管理权的监督制约。完善文明办税“八公开”制度，即对纳税人的权利与义务、税收政策法规、违法违章处罚标准等内容全面公开，保证纳税人更好地行使知情权、参与权、选择权和监督权。充分利用电台广播“行风热线”栏目，解答社会各界的咨询，解决纳税人关注的难点、热点、疑点等问题；各基层分局、办税服务厅通过设置电子触摸屏、公开办税专栏等形式实现了行政执法透明化。三是面向社会各界开展普法工作 。面向各级领导积极宣传税收法规政策，主动争取各级领导的关心支持。市局及各旗(区)局领导经常性的主动向市、旗(区)领导专题汇报国税系统贯彻依法治税的工作措施，为地方领导赠送涉税报刊，邀请各级领导、人大、政协委员视察国税工作，参加税法宣传，取得了社会各界特别是地方党政领导的大力支持，为形成依法治税的良好社会环境奠定了坚实的基础。重视青少年学生的普法教育，主动与各重点中学、中心小学联系，通过举办法律知识图片展、播放法制录像，组织公证、律师及其法律工作者在中小学举办法治报告会等方式，将学校法制教育溶入德育教育的全过程，促进了学校法制教育的全面开展，起到了教育学生、带动家庭、辐射社会的宣传作用，最终形成全社会诚信纳税的和谐氛围。

## 二、完善执法制度，规范执法行为

在深入广泛开展法制宣传教育工作的同时，不断总结法制工作经验，加强机关自身建设，提高工作效率，促进税收事业全面创新发展。进一步完善了执法人员持证上岗、双人上岗、回避制度，税务行政处罚告知制度、税务行政处罚听证制度、税务行政处罚案件案例分析制度、税收行政执法公示和公告、税法公告制度、税务行政审批制度、“两个终身制”等税收行政执法责任制度及其责任追究制等税收执法制度、办法。2011年－2015年，鄂尔多斯市国税局连续5年被市政府评为“依法行政优秀单位”。全面推行依法行政综合考核机制，加大税收执法权和行政管理权重要领域和关键环节的风险防控和监督制约，全系统税收执法正确率持续提升。及时开展税收规范性文件审查清理工作，确保了相关政策执行的准确性。深化税收执法督察和执法监察，严格落实执法责任过错追究制，2012－2015年共查出执法过错行为1719项次，追究责任人845人次。制定税收执法权力清单制度，公布执法权力事项87项，自觉接受社会监督。积极探索推行“黑名单”制度，促进社会信用体系建设。

## 三、严厉打击涉税违法犯罪活动，治理和整顿税收秩序

一是充分发挥系统各级稽查局打击涉税违法犯罪活动的职能，引导纳税人自觉遵守税收法律法规。通过对重大税务案件的查处，切实维护了税法的尊严，对不法行为起到了很大的威慑作用。二是坚持教育为主，处罚为辅的查补收入原则。要求重点纳税人开展税收自查，使纳税人自觉学习和遵守税法，诚信纳税，按时申报，足额缴纳税款；不做假帐，不虚开发票；积极协税护税，自觉维护国家利益。

## 四、依法治税结硕果，中心工作成绩显著

2012年以前，鄂尔多斯市国税收入处于高速增长期，收入数最高时占到全区总收入的43%。进入2012年以后，全市经济下行压力不断加大，主体税源煤炭行业价量齐跌，企业效益普遍下滑，全市国税组织收入工作遇到了前所未有的困难，收入总量逐年下降。面对严峻复杂的组织收入形势，在认真落实各项税收政策的同时，全市国税系统通过采取风险核查、纳税评估、规范清理优惠政策、稽查检查等措施，牢牢掌握了组织收入的主动权，实现了税收收入与地方经济协调增长。2012年至2015年，全市国税系统累计实现税收1345.6亿元，税收总量每年都位居全区国税系统首位，为鄂尔多斯和自治区经济社会发展提供了重要的财力保障。2016年以来，全市各级国税部门科学把握当前经济发展形势，认真研究落实堵漏增收措施，挖掘税收潜力，较好地发挥了组织收入、调控经济的职能作用。

## 五、法治税务机关建设中面临的困难及解决思路

一是税收执法风险进一步加大。近年来，受国际国内市场有效需求不足、煤炭等资源类产品价格下滑等多重因素影响，经济税收增速滑落，组织收入形势异常严峻，虽经多方努力，仍然不能遏制下滑势头。但同时，地方各级政府预算增长的刚性需求却仍然较大，国税部门面临着税源不足和预算增长的双重压力，税收执法风险也随之加大。二是高层次专业化的法律人才缺乏。鄂尔多斯市教育资源紧缺，国税系统高素质、专业化的法律人才严重不足，特别是能够胜任税收风险分析、纳税评估、反避税调查、防范执法风险等业务的高层次专业化人才匮乏，难以适应税收现代化的要求。三是税收违法“黑名单”联合惩戒工作机制有待加强。根据国家税务总局《重大税收违法案件信息公布办法(试行)》的规定，地市级以上税务机关应当通过门户网站定期向社会公布重大税收违法案件信息，同时可以根据本地区实际情况，通过税务机关公告栏、报纸、广播、电视、网络媒体等途径以及新闻发布会等形式向社会公布。现阶段该项工作的力度还不够，震慑惩处的作用还远未发挥出来，联合工作机制还没有完全形成。

根据上述工作中存在的问题与困难，结合当前依法治税工作实际笔者建议：一是系统上下要形成“依法征收、应收尽收、坚决不收过头税、严格执行减免税政策”的法治思维，加以坚决贯彻执行；要把这一原则作为高压线、紧箍咒，坚决守住这一底线，任何人任何单位坚决不能触碰；二是今后的公务员考录中增加法律专业人才的招录数量，并把这些专业人才分配到各个业务及行政部门中，不断培养提高他们的实践能力，引导全体税干养成法治思维、形成法治氛围，在全系统形成重视法律工作、尊重法律人才的风尚。三是加强国地税、工商以及金融部门的协作，进一步健全联合工作机制，进一步加大对纳税人涉税违法犯罪行为的曝光力度，在全社会形成依法治税的合力和对涉税违法行为的震慑力。

(作者单位：内蒙古自治区鄂尔多斯市国家税务局)

# 关于进一步提高我国税制质量的思考

李国锋

在现实社会中,“税收”是一个颇为敏感的词汇,在一些西方国家,税收制度的每一次调整,往往会引起激烈的社会争论,甚至导致政权的更迭和国家的兴衰。人类历史发展到今天,税收不但已成为“政府机器的经济基础”,更成为经济质量的“晴雨表”和现代市场经济的“调节器”,特别是税制质量,已成为国家治理体系和治理能力现代化的重要组成部分,在治国理政中日益发挥着基础性、支柱性和保障性作用,因而又引起全社会的特别关注。那么,如何评价税制质量?我国现阶段税制质量如何?又该如何提高呢?本文试图对此作一简单探讨。

## 一、税收原则是评价税制质量的根本标准

“质量”原本是一个物理学概念,是量度物体惯性大小的物理量,有时也指物体中所含物质的数量。随着经济社会的发展,其内涵也在不断变化,在《现代汉语词典》中,“质量”还指“产品或工作的优劣程度”,因而,本文所说的“税制质量”,是指税收制度的优劣程度。

(一)西方税收理论中关于税制质量的评价标准

截至目前,西方经济学界关于税制质量的专项研究并不多,大量的研究分散在不同经济学说或学术流派的枝节性论述中。仔细梳理西方税收理论与税制改革发展史,我们发现,西方经济学界关于税制质量的评价标准大体经历了以下两个阶段:

1、税收原则说。西方经济学家对税收原则的论述源远流长,一般认为,最早提出税收原则的是英国古典政治经济学派创始人威廉·配第,他在《赋税论》和《政治算术》中,提出了“公平”、“简便”、“节省费用”、“适度而且便利”等零散、粗略的税收原则。第一次系统阐述税收原则的是亚当·斯密,他在《国民财富的性质和原因的研究》一书中,提出了“平等、确实、便利、最小征收费”等四个精准而深刻的税收原则。而作为新历史学派的代表人物,德国经济学家瓦格纳提出了“财政政策、国民经济、公正赋税分配、税务行政”等四大原则。因此,从税收发展史看,虽然不同时期人们对税收原则的认识也不尽相同,但总的来看,将税收原则作为税收制度建立和运行状况的评价标准,已成为不同学派的共识。到了现代社会,西方经济学家在表述税收原则时,由于所研究的侧重点不同,不同学派之间的表述差异也很大,但从根本上看,都是在公平和效率之间进行权衡和取舍,所以,现代西方税收理论对税收原则的表述,都倾向于用“效率,公平”加以概括。一般而言,能够遵循税收原则建立起来的税制就是优良的税制,反之,则是不良的税制。

2、最优课税说。20世纪初,数学方法被引入经济学研究中,使人们开始突破文字性规范分析的框架,尝试用数学语言去研究最优课税问题,并形成了最优课税说。最优课税理论包括最优商品课税、最优所得课税以及直接税和间接税之间的搭配等,其核心内容是如何选择税收政策以最小化税收对经济带来的扭曲效应,使税制在效率与公平之间取得最佳结合点。最优商品课税以假设社会福利函数最大化为前提,提出了“逆弹性”命题,即对商品课税,如果商品之间的需求相互独立时,对某种商品征税的税率应与该商品的价格弹性成反比。最优所得课税运用个人效用函数和社会福利函数,通过构建数理模型,假定边际货币收入效用递减,提出了用税率累进程度比较平缓和较低边际税率实现收入再分配的政策主张。

到了现代，斯蒂格利茨(Stiglitz)提出了良好税制的五个特性，即经济效率、管理简化、税制富有弹性、政治透明度和公平。维托·坦兹(Vito Tanzi)也提出的衡量税制质量的集中性指标、分散性指标、侵蚀性指标、从量性指标等八个标准，一时间成为人们评价税制质量的重要参考。

仔细比较“税收原则说”和“最优课税说”两种理论，我们发现尽管两者表述的内容不尽一致，但追求的目标却是一致的，只不过，“税收原则说”起源时间更早，采用的是文字性规范表述方法，不像“最优课税说”那样理论化、模型化。对最优课税理论而言，尽管最优商品课税理论得出了“对商品课税的税率达到最优必须是逆弹性”的结论，但其假设条件是社会福利函数最大化，实质上与税收效率原则所追求的“额外税收负担最小化”具有异曲同工之妙；而最优所得课税理论的基本假设仍是公平条件下的社会福利最大化，其追求的也是在公平与效率之间的最大接合点。因此，我们可以这样说，西方经济学家对税收原则的研究，其实就是一种最优课税理论，两种学说既一脉相承又相互支撑，共同构成了税制质量的评价标准。

(二)我国的税收原则是评价税制质量的根本标准

截至目前，我国关于税制质量研究的论文多是引用维托·坦兹(Vito Tanzi)提出的衡量税制质量的八个标准来评价我国的税制质量，并得出了不尽相同的结论。或许是因为西方理论复杂而严苛的假设前提条件与我国国情完全不符，因此，这些论文多给人以生搬硬套或牵强附会之感，结论并不能令人信服。笔者认为，抛开繁杂的数理分析与推论不谈，从规范分析的角度，评价我国的税制质量，还必须从税收原则这一亘古不变的标杆去进行分析。

不同于西方各种学术流派众说纷纭的税收原则，我国社会主义税收原则虽然也经历了一个不断发展完善的过程，但时至今日，理论界的认识已比较一致，即从财政、社会、经济、管理四个方面考察，我国的税收原则应是“财政、公平、效率、法治”，这也构成我国税制质量的根本评价标准。

我国的税制质量应包含以下内涵：就税制本身而言，必须考虑财政需要与可能，在满足国家财政需要的基础上，以税收在经济社会中的功能定位、主体税种的选择、不同功能税种间的搭配、征管能力等为基础，提高立法质量，保护纳税人权利，实现依法治税；就税收与经济、社会的关系而言，必须以公平和效率为根本评价标准，各项税收制度的设计必须有助于社会经济水平的提高和社会福利的改善，并有利于实现共同富裕的社会主义目标。税收工作的一切出发点都必须以切实遵循税收原则、努力提高税制质量为标准，在对经济社会的不利影响减至最低的前提下，使税收职能作用得到最大程度的发挥。

## 二、我国现行税制质量分析

(一)从财政方面看

财政原则是指国家在税收制度建立和实施过程中，应兼顾需要与可能，即兼顾财政需要和经济承受能力，做到取之有度。其内容大体包括收入充裕、宏观税负和收入弹性等三个方面，据此分析我国目前的税收制度，我们可以做出以下三个评价：

1、聚财功能显著增强。我国自 1994 年实施新税制以来，税收收入快速增长。据《中国税务年鉴(2015)》提供的数据，1994—2013 年，我国税收收入由 5070.79 亿元增加到 119959.91 亿元，2013 年税收收入是 1994 年的 23.6 倍，年均增长 18%，税收收入占 GDP 的比重由 1994 年的 10.5%上升到 2013 年的 21.1%，税收成为各级政府的主要收入来源，为国家提供了充足、稳定、可靠的财政收入。

2、宏观税负还可提升。宏观税负通常与一国的经济社会发展水平密切相关，发达国家的税负率一般高于发展中国家，但同一发展水平的国家之间有时税负差别也很大，因此，它只有参照指标，没有最优标准。关于我国的宏观税负，国家税务总局税科所研究员付广军 2016 年 3 月 16 日在《中国税务报》发文称，据 IMF《政府收入年鉴(2012 年)》相关数据，2011 年经济合作与发展组织(OECD)扣除社会保险基金后的宏观税负为25.6%，而我国2013年的宏观税负只有21.1%，较OECD国家两年前的税负水平仍差4.5个百分点，尽管我们还属于发展中国家，但也说明我国目前的宏观税负水平仍然较低，还有一定提升空间。

3、税收弹性总体良好。税收弹性是指税收收入对经济增长的反应程度，即税收收入增长率与经济增长率之比，科学的税收制度具有税收收入随国家经济变化而自动伸缩的收入弹性。一般来讲，当经济过热、投资过旺时，税收弹性系数应超过1，以给经济降温；当经济不振、需求不足时，税收弹性系数应小于1，以刺激投资和需求，促进经济增长。我国1994—2013的20年间，税收收入年均增长18%，税收弹性系数接近于2，真实反映了我国新税制运行20年间的总体经济运行状况。但分阶段看，弹性系数差别又很大。在2008年国际金融危机爆发前，我国的税收弹性系数较高，如1994年为1.76，2007年达到2.83，但金融危机发生后，我国的宏观经济状况受到严重影响，到2013年，税收弹性系数降到1以下，只有0.96，这说明我国的税收制度一直在发挥"自动稳定器"作用，在熨平经济周期中功不可没。

（二）从公平方面看

我国现行的税制结构具有"流转税居于主导地位，所得税处于次要地位，财产税尚未有效建立"的特点，这样的税制结构在公平分配方面有三个不足：

1、以流转税为主体的税制结构不利于公平分配。现代税收理论已经证明，流转税与消费行为密切相关，最终都是产品价格的组成部分，根据边际消费倾向递减规律，纳税人的消费倾向会随着收入的增加而递减，因此，按比例税率计算的流转税会导致税负增长速度小于收入增长速度，穷人的税收负担率会高于富人，所以，以流转税为主体的税制体系实质上会扩大贫富差距，不利于税收公平目标的实现。另外，流转税占比过高，会抬高物价水平，抑制国内消费需求，导致大量消费外流，影响国内经济发展。

2、个人所得税无法有效发挥公平分配职能。个人所得税是发挥公平分配职能的最主要税种，但我国目前个人所得税制在公平分配方面至少存在两个不足：一是实行累进税率的应税项目只有3个，其他8个项目均实行比例税率。实施累进税率是公平分配的最主要手段，我国现行个税中累进税率项目偏少，无疑会大大淡化个人所得税的公平分配职能。二是个人所得税收入规模偏小。以2014年为例，个人所得税收入7376.6亿元，只占当年税收总收入的5.7%，较低的收入规模和比例，直接制约了其公平分配职能的发挥。

3、缺乏完整有效的财产税调控体系。财产税并非一个独立的税种，而是一个大的税类，具体包括房地产税、资本利得税、遗产与赠与税等，它只对财富存量而非对生产经营征收，税负不容易转嫁，有利于减少财产集中度，因而是现代税收的发展方向。但我国目前在财产税系配置方面，既未开征统一规范的房地产税、遗产与赠与税，也忽视对无形资产及其收益的税收调节，特别是遗产与赠与税，以其均衡贫富、缓解分配不公、引导公益捐赠等方面的功能而成为众所公认的优良税种，目前世界上有2/3以上的国家开征此税，我国在贫富差距如此之大的情况下仍未开征，确实令人遗憾。

（三）从效率方面看

税收效率原则包含两层含义：一是经济效率，就是税收制度应利于促进经济效率提高，或对经济效率的不利影响最小；二是行政效率，即在征收和缴纳过程中的成本耗费最低。

1、从经济效率看。我国目前已初步建成税政统一、税负公平、执法规范、政策透明的税收制度，形成了有利于公平竞争的税收环境，促进了经济效率的提高。税收调控经济的政策可以分为总量政策和结构政策，从总量政策看，国际金融危机爆发后，我国采取了结构性减税政策，努力降低外部环境变化对国内经济的不利影响，特别是近年来，面对"三期叠加"、经济下行压力加大的不利形势，国家通过全面推行"营改增"减轻企业税收负担、调整出口退税政策支持外贸增长、支持小微企业发展、鼓励创业创新等政策措施，对冲经济下行压力，各项经济指标稳中向好，在世界各大经济体中一枝独秀，进一步提高了我国的综合国力。从结构政策看，按照“相机抉择”原则，国家适时推出了一系列有利于“转方式，调结构”的税收制度，如调整成品油消费税政策以促进环境保护和节能减排，出台支持文化体制改革和文化产业发展的税收制度，制定支持西部大开发、东北老工业基地振兴、中部崛起和扶持集中连片贫困地区发展的税收制度等等，有力地促进了经济结构转型升级。

2、从行政效率方面看。税收行政效率要求税收行政成本占税收收入的比率最低。目前，国家并未公开每年的税务行政支出，更无法计算纳税人为缴税而耗费的成本，所以无法计算税务行政效率。但从理论上分析，降低征纳成本的关键，在于税收制度具有较高的科学化、信息化和现代化水平，税制及其征管模式与税源状况相适应，并能与科技创新相协同、与有关部门相配合，拥有强大的信息管税能力，能够精准实施税收风险监控，这样才能不断降低征纳成本。显然，我国现行的税收制度及征管模式与此还有较大差距，行政效率提升任重而道远。

(四)从法治方面看

我国目前的立法状况与税收法定原则明显不符，税收立法相对滞后，具体表现在以下三个方面：

1、缺乏《税收基本法》。《税收基本法》是税收领域的根本大法，对各实体税法和程序税法起着统帅和引领作用，从根本上规定着我国的税法原则、管理体制、立法司法、征管范围等内容，可以填补我国现行法律体系中宪法和单行税法之间的空白，有利于实现税法体系的系统化、规范化。由于没有《税收基本法》，我国现行的实体税法与程序税法之间缺乏约束与相互协调，不同法律之间关于同一税收内容的规定甚至严重冲突。如《税收征管法》和《行政强制法》都规定了加收滞纳金，但内容大相径庭，《税收征管法》规定从滞纳税款之日起，按日加收滞纳税款万分之五的滞纳金，可以说是上不封顶，但《行政强制法》规定加处罚款或者滞纳金的数额不得超出金钱给付义务的数额。迥然相异的法律规定，容易引起执法争议，影响税法的规范性、稳定性和统一性。

2、实体税法偏少。从实体税法方面看，我国目前的17个税种中，只有企业所得税、个人所得税和车船税等三个税种是由全国人大及其常委会立法，其余都以行政法规形式发布，明显有违《立法法》确定的“税收法定”原则，日常征管中更多的是执行“税收政策”等规范性文件，不利于提高税法遵从度和执法刚性。

3、程序税法修改滞后。作为税务机关开展征管工作的基本法律依据，《税收征管法》已有15年没作大的修改，在许多方面已严重滞后于经济社会发展形势。2015年1月，《税收征管法(修订草案)》曾由国务院法制办面向社会公开征求意见，但时过一年多，草案尚未提交全国人大常委会审议，一定程度上制约了税收征管质效的提升。

## 三、提高我国税制质量的现实选择

党的十八届五中全会提出了“建立税种科学、结构优化、法律健全、规范公平、征管高效的税收制度”的要求，这为我们进一步提高税制质量指明了方向。

(一)健全税种科学结构优化的税收制度

1、保持税收收入的充裕和适度。适度规模的税收收入是发挥税收职能作用的最重要因素之一，税收制度的落实程度、收收调控的广度和深度，最终都要反映到收入规模上。而要保持收入的充裕和适度，一要广开税源，在选择税种时要考虑课税对象能否提供丰裕税源，调整税目税率和制定减免税政策时，要充分考虑其对财政收入的影响。二要适当提高宏观税负率，根据我国经济社会发展水平，考虑到人民群众承受能力，逐步提高我国的宏观税负率，不断提升税收的聚财功能。三要进一步提高我国的税收收入弹性，使税收收入保持与国民生产总值的同步增长，也就是在我国经济形势总体企稳向好的情况下，税收弹性系数不能小于1。而要保持税收收入的较高弹性，推广累进税率的所得税制度就成为重要选择。

2、优化现行税制结构。不同的税制结构，其发挥调节作用的侧重点也有差别。一个国家对于税制结构的选择，固然与其生产力发展水平相关，但还取决于其对经济社会发展中公平与效率的权衡。当前我国流转税一体独大，所得税和财产税占比偏低，与国家提出的"初次分配和再分配都要注重公平，再分配更加注重公平"的目标任务不相适应，必须尽快改变。要在坚持结构性减税原则的前提下，按照"改革、整合、新设"的原则，对消费税、个人所得税等税种中已不适应经济社会发展形势的部分进行改革，对土地使用税、房产税、土地增值税等涉及房地产的财产类税种进行整合，并尽快开征遗产与赠与税、社会保障税等新税种。通过改革，逐步提高直接税比重，使我国建立起流转税和所得税同等并重、财产税制有效建立的科学税制结构。

(二)营造更加注重公平的税制体系

1、税收对公平分配的调节机理。国民收入的分配可划分为三个环节：一是初次分配，即通过市场进行的原始分配，这时起调节作用的主要是消费税和资源税等流转税。二是再分配，即政府为弥补市场分配不足而进行的第二次分配，这时发挥调节作用的主要是所得税和财产税。三是第三次分配，即单位和个人出于自愿的慈善、捐赠等，这时税收主要是通过减免税优惠，激发人们的慈善捐赠热情。

2、对现行税制体系进行改革。目前，我国"营改增"已全面完成、对资源税的从价计征改革也已全面启动，在此基础上，还要进行以下税制改革：一是改革消费税。要根据现在经济社会形势及时划分消费品档次，调整消费税征收范围、环节、税率，适当减少民生消费税收，增加奢侈消费税收。二是改革个人所得税。建立综合与分类相结合的个人所得税制，扩大征收范围，调整税率结构，适当降低最高边际税率，合理确定费用扣除标准，强化信息共享，最大限度减少税收流失。三是改革房地产税。对目前涉及土地、房产的近十个税种进行整合，把保有环节住房纳入征税范围，本着"低税率、严征管、有差别"的原则合理确定计税依据和税目税率，使之成为地方税收的主体税种，尽快弥补目前地税系统主体税种缺失的遗憾。四是开征社会保障税。将纳税人界定为境内所有城镇单位职工及自营人员，征税对象为工资薪金及自营人员的总收入额，在税目税率设计上，可比照目前的社会保险制度进行设计，并实行代扣代缴为主、自行申报为辅的征收方式。五是开征遗产与赠与税。结合我国实际，采取总遗产与赠与税制方式，科学设定起征点，健全我国的财产申报和财产评估制度，切实发挥好该税种的公平分配职能。六是通过增加准予税前扣除的范围、加大对慈善捐赠行为的所得税、契税优惠力度等方式，健全完善鼓励捐赠的税收优惠政策。

(三)使税收在供给侧结构性改革中发挥更大作用

1、税制质量直接影响着供给侧结构性改革的成效。"供给侧结构性改革"是进入我国政策话语体系不足一年的一个新词汇，与传统的需求侧管理依靠消费、投资、出口三驾马车不同，供给侧结构性改革的重点在于突出创新和制度供给。而税收制度的特点，使税收成为国家实施供给侧结构性改革的重要手段。一是税收具有的强制性、无偿性、固定性特征，使税收集经济手段、法律手段和行政手段为一体，可以将市场作用和政府作用有机结合在一起，更好引导市场主体的生产经营和投资消费选择，从而实现政策目标。二是现代复合税制的多税种、多环节、多层次征收特点，使税收政策的调节对象更加广泛，可以根据不同的政策目标，加强税收制度供给，从而精准实现调控目标。三是与其他调控工具相比，税收的政策作用更加灵活全面，可以通过增税和减税等措施，既发挥鼓励创新的引导作用，又可对某些组织或行为发挥限制作用。

2、充分发挥税收制度在促进创新方面的导向作用。前已述及，供给侧结构性改革的重点在于突出创新和制度供给，关于税收制度供给，本文在前面已多有论及，在此谈谈如何利用税收政策鼓励和引导创新。

可以说，我国目前已基本建立起覆盖主要创新主体和内容的税收制度优惠体系，并且取得了积极成效,但在政策设计和执行方面还存在一些不足,必须尽快加以完善。一要进一步构建支持创新的税收制度体系,推进"普惠性"税收政策支持力度,引导创新主体、要素和资源的合理流动,特别是要发挥好企业的创新主体作用,调动企业科技创新、体制机制创新和管理模式创新的积极性。二要完善对高新技术企业、科技企业孵化器、科技成果转化以及股权期权激励的税收优惠政策,对企业拥有自主知识产权的发明专利产品所取得的收入,减按80%计算应纳税所得额,这对于释放企业创新创业潜能,实现创新驱动发展战略将发挥重要作用。三要对长期科技投资,特别是集成创新研发、产学研结合等投资大、周期长、风险高的特殊创新行为要予以更多税收优惠,以降低企业研发风险,鼓励单位和个人积极创新。四要加大对高科技人才的个人所得税税前扣除额度和收入免税力度,完善股权激励税收优惠,扩大税收优惠面,进而不断吸引国内外优秀人才,形成集聚效应。五要加大对小微企业自主创新的支持力度。借鉴国际经验,允许小微企业计算和提取科技开发准备金,并纳入所得税税前扣除,进一步提高小微企业研发费用加计扣除比例,并对不足抵扣部分允许往以后年度结转。

(四)加快推进税收立法进程

2015年3月新修订的《立法法》对税收法定原则进行了如下规定:"税种的设立、税率的确定和税收征收管理等税收基本制度"只能由法律规定,国家也已明确提出2020年前基本实现税收法定的目标,这意味着我们必须区分轻重缓急,加快税收立法进程。要尽快制定《税收基本法》,从根本上明确税收的定义、基本原则、管理体制、征管权限等内容,增强税法与其他法律之间的协调,避免理解歧义,使税收工作有法可依、有章可循。要按照每年不少于3部实体税法的标准,提高实体税法立法速度,形成改革与立法的良性互动。要遵循"依法立法、民主立法、科学立法"的原则,坚持系统性、整体性、协调性,完善立法规划,加紧调研督导,尽快修订《税收征管法》,建立起科学完备的税收法律制度体系,使税收法律成为我们一切工作的准绳。

(作者单位:山东省莱芜市地方税务局)

# 规范税收执法提升纳税服务问题研究

王　迪

税收执法和纳税服务是税务机关工作职责的两大主题，两者互为支撑，相辅相成。优化纳税服务是规范税收执法行为的基础，是提高纳税满意度的重要保障；规范税收执法行为则是优化纳税服务的必然要求，是提高税法遵从度的根本途径。在全面推进依法治税的新时期，在深入开展"便民办税春风行动"的背景下，如何正确认识并处理好税收执法和纳税服务的关系就显得尤为重要。因此，从纳税人和税务人的实际需求出发，有效梳理双方关注的重点和难点，能够及时发现问题症结所在，真正做到在执法中服务，在服务中执法，在平等与双赢的基础上提升纳税服务水平，在理解与和谐的氛围中化解税收执法风险。

## 一、税收执法和纳税服务需求分析—基于两张调查问卷

为了掌握纳税人和税务机关工作人员平时最关注、与自身最密切相关的问题，我们分别制作了纳税人版和税务人版两版调查问卷，在辖区内纳税人和税务人员中进行发放和回收，旨在了解双方的真实需求，进而分析影响税收执法和纳税服务工作的因素。

### (一)纳税服务因素分析

从纳税人版问卷调查总体情况看，纳税人关注热点问题集中在发票管理、税收新政、纳税申报和办税流程等方面，尤以发票管理和税收新政最受关注。从具体内容看，发票领购和使用、小型微利企业优惠政策、增值税一般纳税人登记办理、纳税申报等问题几乎所有被调查企业均涉及到；其他例如减免税备案办理、固定资产加速折旧政策、"营改增"使用范围及发票使用等问题也是被纳税人普遍选择的热点问题。

通过分析可以看出，这些问题都是纳税人日常涉税业务中最常用项目，也是税务机关日常工作中工作量最大的重点项目；是影响纳税人满意度的关键因素，也是影响税务人辛苦度的关键因素。

**纳税人需求热点(根据调查问卷—纳税人版归纳)**

| | |
|---|---|
| 发票管理类 | 发票最高开票限额变更及用量调整 |
| | 发票开具和发票领用 |
| | "营改增"后发票使用 |
| | 代开增值税专用发票和普通发票 |
| | 增值税发票系统升级版 |
| | 发票查验真伪 |
| 税收新政类 | 小型微利企业所得税优惠政策 |
| | 固定资产加速折旧政策 |
| | 小微企业免征增值税政策 |
| | "营改增"适用范围及优惠政策 |
| | 增值税一般纳税人登记制度 |

| | |
|---|---|
| 纳税申报类 | 2014 版企业所得税年度申报表填报 |
| | 符合条件小微企业减免税填报 |
| | 一般纳税人销售使用过固定资产报表填报 |
| | 购买税控设备及发生服务费报表填报 |
| | 网上申报系统相关问题 |
| 办税流程类 | 增值税一般纳税人办理 |
| | 各税种减免税备案办理 |
| | 出口退(免)税办理 |
| | 税务登记办理 |
| | 其他退税类办理 |

(二)税收执法因素分析

从税务人员版问卷调查总体情况看,税务机关工作人员关注的执法重点主要集中在发票管理、登记备案、流转审批、资格认定、行政处罚及纳税检查等方面。从具体内容看,所有填报问卷人员都将发票管理作为税收执法的重点,主要是对纳税人发票情况进行的日常管理和检查;另外,增值税一般纳税人资格登记、各种减免税优惠的享受、对纳税人违法违章行为进行的行政处罚和纳税检查也是税务人员集中选择的项目。

通过归纳不难看出,这些项目是税务人员日常工作中容易产生执法风险的项目,也是纳税人容易发生违法行为的环节;是影响税务人风险度的重点项目,也是影响纳税人遵从度的重点项目。

**税务机关执法重点(调查问卷—税务人员版)**

| | |
|---|---|
| 发票类 | 对纳税人发票情况进行日常管理和检查,包括发票领用、开具、验旧、缴销 |
| | 对各类异常发票进行核查 |
| 登记备案类 | 增值税一般纳税人资格登记 |
| | 各种减免税备案 |
| 流转审批类 | 发票最高开票限额审批 |
| 资格认定类 | 对纳税人税务资格的认定,例如出口退(免)税资格、税收优惠资格等 |
| | 对纳税人征收方式的认定,例如增值税一般纳税人选择简易征收、变更纳税定额等 |
| 行政处罚类 | 对纳税人违法违章行为进行处罚 |
| 纳税检查类 | 对纳税人涉税行为的日常检查 |
| | 对纳税人违法行为进行检查 |

## 二、税收执法和纳税服务关系分析—基于两组指数的构建

根据对纳税人和税务人双方关注重点的统计分析,我们发现无论纳税人需求热点还是税务人员执法重点,二者在具体项目和环节上相关性和重合度较高,如发票管理、减免退税、登记备案等方面,这些既是税收执法的重点,也是纳税服务的核心,这也从一个侧面反映出税收执法和纳税服务两者互为支撑、互相制约的关系。基于以上分析,我们构建了两组指数,用以反映两者关系,以便更好的开展工作。

(一)纳税人满意指数—税务人辛苦指数

在日常工作中,发票领购和使用、增值税一般纳税人登记办理、减免税备案办理、纳税申报等问题是纳税人最关心、最常用项目,也是税务机关工作量最大的项目,这些是影响纳税人满意度和税务人辛苦度的核心,为此我们构建了第一组指数——纳税人满意指数—税务人辛苦指数。

从相互关系上看，二者基本上呈正相关性。税务机关工作人员日常从事的大量工作，为纳税人提供的良好服务，能够有效的带动纳税人满意度的提升，税务人辛苦指数越高，纳税人满意指数也随之增高。可以说，用税务人的“辛苦指数”换来纳税人的“满意指数”，是新时期做好纳税服务工作的基本方向。

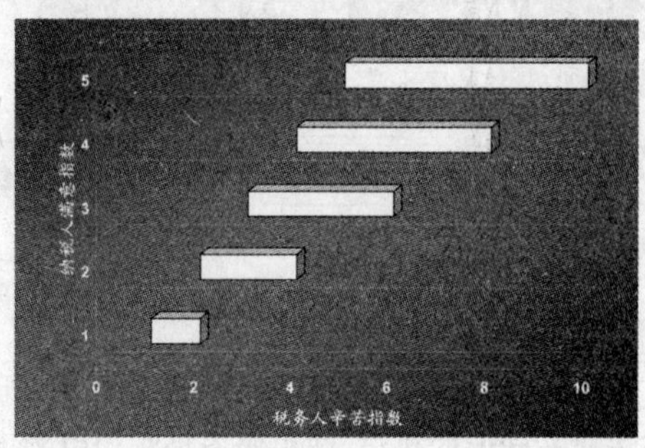


图一　税收执法—纳税服务指数

(二)纳税人遵从指数—税务人风险指数

由于体制、政策、环境、个人自身等原因，目前税务机关工作人员风险意识仍较薄弱，执法风险仍然存在，风险防控和应对效果不尽人意。而上述提到的发票管理、登记备案、流转审批、资格认定、行政处罚及纳税检查环节就是易引发税收执法风险的重要环节，也是纳税人违法违章行为滋生的高发点。为此我们构建了另一组指数——纳税人遵从指数—税务人风险指数。

二者大体上呈反比例关系。规范的税收执法行为，可以有助于纳税人准确理解税法及相关规定，从而避免纳税人无意识的税款流失，自然提高了纳税遵从度，同时也可以降低税收执法风险，纳税人遵从指数越高，税务人风险指数就会随之降低。

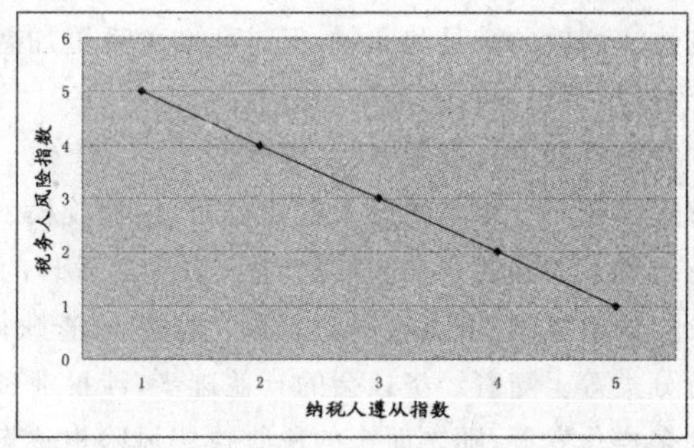


图二　税收执法—纳税服务指数

## 三、规范税收执法提升纳税服务建议

基于对两组不同指数的分析，我们可以得出这样的结论：征纳双方和谐共赢的理想模式即“纳税人满意指数的不断提高＋纳税人遵从指数的不断提高＋税务人风险指数的不断降低＋税务人辛苦指数的相对提高”。而这种和谐征纳关系的形成必须通过规范的税收执法和深入的纳税服务来实现。在新常态下打造税收执法和纳税服务有机统一的新模式，可以着重从“讲依法”、“会分类”、“提素质”、“重监督”四个方面入手：

(一)坚持依法治税，打造“依法管理＋依法服务”工作机制

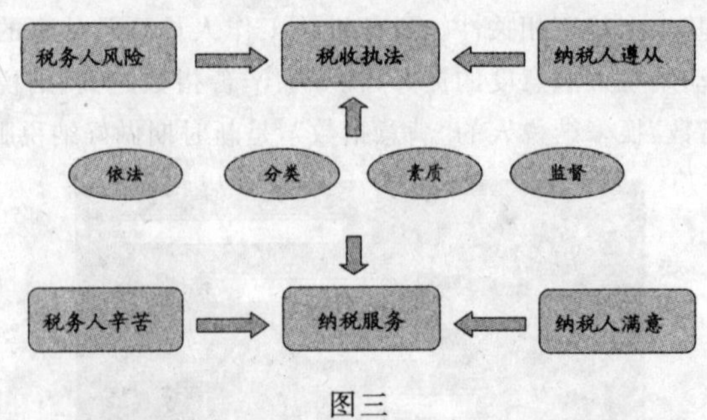


图三

在2015年初的税务工作会议上，总局王军局长指出坚持依法治税，既要坚持依法管理，也要坚持依法服务，这就意味着税收执法是法律基础上的执法，纳税服务是法治引领下的服务。

一方面，要将税收法定原则作为一切工作开展的前提，要在税收执法过程中，围绕依法这个核心，抓住规范这个关键，全面推进依法治税。在具体工作中，要按照税务行政执法流程，把税款征收、日常管理、税务检查等业务规程细化到每个执法岗位，确保每个环节的执法行为得以规范实施。同时各级税务机关工作人员要不断增强法治意识，特别是要增强税收执法风险意识，克服执法行为中的侥幸和麻痹心理，使自己的执法行为不偏离法律的轨迹，改变习惯的、传统的思维和工作方式，杜绝执法过程中的拖拉和随意性尽可能减少风险的发生。

另一方面，要认识到优化纳税服务是税务机关的一项长期工作，贯穿于税收执法的全过程，涵盖税收征收、管理、稽查等各个环节。优化纳税服务既是税务机关依法应履行的职责和义务，也是税收行政行为的有机组成部分，税务部门若在纳税服务上损害了纳税人的合法利益，也要承担相应的法律责任。因此，要在依法服务的基础上，要继续落实实施《全国县级税务机关纳税服务规范2.0版》，通过优化纳税服务使纳税人的合理需求能够得到快速高效的满足和回复，促进征纳关系更加融洽，推动税收执法行为更加规范，将纳税服务的内涵延伸到提醒纳税人自觉遵纪守法上。

（二）探索分类方法，打造“分类管理＋分类服务”工作模式

1、实施分类管理。分类管理是在充分考虑纳税人行业分布、税源规模、财务核算、纳税方式、发票使用、纳税信用等因素，综合分析纳税人的共性要求和特点，并对其实施管理的工作方法。习惯的分类方法通常是将纳税人按上述条件分为如下类型：重点税源企业和一般企业、查账征收企业和核定征收企业、以及按企业规模或所在行业进行分类等。随着经济社会的日益进步，涉税业务也不断更新，纳税人违法违章行为时有发生且呈规模化和多样化发展，随之而来的税收执法风险也逐渐增加。为此，在之前分类的基础上，建议可以将纳税人遵从度和税务机关执法风险作为分类标准。在实际工作中，可以按具体项目分别实行分类，如发票风险、行业风险、一般纳税人风险，也可以对所有项目综合排序，形成综合风险，针对不同特点相应采取不同的风险应对方法，真正实现管理模式的转变。

2、实施分类服务。不同的纳税人关注的侧重点不同，这与其实际经营情况密切相关。在为纳税人提供普遍服务的同时，可以实行分类服务的模式，将纳税人按照不同标准划分为不同的群体，如按规模划分为企业集团、大型企业、小型微型企业、个体工商户等；按行业划分为制造业、房地产业、服务业等；按业务划分为出口企业、“走出去”企业等，诸如此类实现对纳税人的细分，对不同群体的的各类需求和合理化建议进行归纳、整理，以纳税人需求和合理化建议为导向，使纳税服务成为个性化的“私人定制”服务。

（三）提升人员素质，打造“专业管理＋专业服务”工作方式

税收工作是一项专业性较强的工作，除了需要税务人员的工作热情和责任心外，更主要的是需要良

好的专业素养和过硬的业务知识。税务人员自身业务水平的高低，直接决定着其执法风险的高低。目前还存在少数税务人员因素质不高，业务能力不足，习惯于传统的工作思维和征管方式，导致税收执法风险的出现。由此可见，自觉提升自身素质，不断更新自身的专业理论和业务储备，在税收理念、服务意识、管理模式等方面时刻做到与时俱进，既是税务人员开展税收执法的必要条件，也是其防范执法风险的有效保障。

纳税服务贯穿于税收执法的全过程，就其内容而言，包括税收执法事前的为纳税人提供税收政策法规的宣传和辅导以及税收业务的咨询；税收执法过程中具体执法行为的诸如税款申报征收、涉税业务的受理、纳税评估、税务稽查等；税收执法事后的为纳税人实施法律救济提供的服务等。上述纳税服务工作的开展都离不开专业化的素质和能力，对纳税人而言，最好的纳税服务就是咨询税政问题时一个专业的建议，办理涉税业务时一句贴心的提醒，业务辅导时一份准确的回答。因此，提高税务人员素质也是优化纳税服务工作的关键环节，特别是在税收政策更新较快，涉税业务日趋复杂的形势下，专业化的纳税服务尤为重要。

（四）注重监督检查，打造“规范管理＋规范服务”工作流程

众所周知，再完善、科学的制度，如果缺乏检查监督，其效力就会大打折扣。为此，必须强化对税收执法行为和纳税服务行为的检查监督。一是在税收执法上，既要注重对日常执法行为的监督检查，又要重视各级各类税收执法督察工作。要提高信息化监控，充分依托税收征收管理信息系统等信息化手段开展税收执法活动，实现实时监督、控制和综合分析，做到权力行使的全过程可查可控，从而更加有效地规范税收执法行为。二是在纳税服务上，要进一步明确纳税服务的岗位职责，建立纳税服务岗位责任制、考核制和奖惩制，建立和完善以纳税人满意度等为内容的纳税服务考核指标体系，强化纳税人对税务机关纳税服务质量的评议、评价和监督，通过设立政务公开栏、网上举报箱、发放监督跟踪卡、召开纳税人监督员会议等方式，切实提高监督实效。

（作者单位：辽宁省沈阳市于洪区国家税务局）

# 基层国税机关依法治税问题探究

朱　勇　唐秀梅

《中共中央关于全面推进依法治国若干重大问题的决定》中指出:“推进基层治理法治化,发挥基层组织在全面推进依法治国中的战斗堡垒作用,建立重心下移、力量下沉的法治工作机制。”税收是国家命脉,依法治税自然是依法治国的核心环节。而基层税务机关既是依法治税基础的承担和实施者,又是依法治税问题研究的关键和核心。本文以江苏省泰州市姜堰区国税局为样本,阐述近年来该局依法治税方面的实践和经验,指出当前基层国税依法治税中的问题和困惑,分析影响基层依法治税的因素,对基层国税未来依法治税方向提出一些可行性建议供参考。

## 一、依法治税概述

依法治税是依法治国的有机组成部分,是指通过税收法制建设,使征税主体依法征税、纳税主体依法纳税,从而达到税收法治的状态。这一概念至少有以下基层含义:

(一)依法治税的前提是税收法制建设的完善

税收法制是国家税收法律原则、规范意识和各种制度的总称,包括立法、执法、司法、守法和法律监督等诸方面的法律制度。只有在税收法制不断完善的情况下,依法治税征途才会通畅。

(二)依法治税依赖于征纳双方权利义务的统一

税收法律关系体现国家与纳税人之间的债权债务关系性质:纳税人向国家让渡自身财产权利的一部分,是为了能够更好地享有其他的权利以及其权利受到侵犯时可以寻求国家公力救济;国家征税,是为了能够有效满足人们对国家的要求,这即是行政法领域的“契约精神”。这一关系所内涵的“契约精神”要求在调整纳税人与征税机关和国家之间的关系时必须贯彻和体现“公平价值”以及“平等原则”,权利义务相统一。

(三)依法治税强调征税主体依法征税在前

将“征税主体依法征税”强调在前,体现了“治权”理念。税收从一定程度上讲是国家权力对公民财产权力的“侵害”。尽管这种“侵害”是必要的,是公民获得公共产品和公共服务所付出的代价;但是,国家的这种强制性权力如果不受到有效控制,就可能会侵害公民的合法权利。

## 二、姜堰区国税局法治税务示范基地创建实践

近年来该局稳步推进法治税务建设工作,系统法治意识进一步强化,执法责任进一步落实,行政行为进一步规范,执法水平进一步提升,法治税务建设成效明显。2015 年被国家税务总局命名为“法治税务示范基地”。主要做法是:

(一)紧抓领导关键少数

成立依法行政工作领导小组,制定了《姜堰国税领导干部学法制度》,将法治学习列入党组中心组学习计划。经常邀请党校法律老师集中讲评当前法律热点、常见税务法律问题。同时,班子全体成员年终述评时,报告自身学习法律知识及依法行政情况。

（二）强化法制教育

制定年度法治教育计划，切实提高干部运用法治思维和法律手段解决问题的能力。2014年组织2期全员知识更新及依法治税素质提升培训，同时启动“青年干部成长计划”，面向全系统35周岁以下所有同志开设“青年干部培训班”；2015组织3批4轮300多人（次）集中轮训。坚持“训考结合”原则，两年来已组织行政强制法、行政复议法、相关税收法律法规知识等全员考试5次，人均年集中学习时间在7天以上。

（三）规范税收执法

遵循组织收入原则。严格按照法定权限和程序征税；加强减免税和缓缴税金审批管理，国家新出台的各项税收优惠政策特别是小微企业税收优惠政策落实兑现率100%。提高政策管理质量。制订《税收政策确定性管理办法》和《税收政策专家委员会工作规则》，组建13名同志构成的税收政策专家委员会，实现同一税收政策全系统理解和执行口径的统一。充分利用信息化优势，规范层级间、部门间任务传递协调，加强过程控制、痕迹管理。完善稽查执法程序。对近年来稽查案件进行采集、分类，对案件中的证据部分进行整理、归集，并对案件的调查取证全过程进行分析、提炼、归纳，形成稽查案件调查取证过程相对统一的方式方法，为今后同类案件的调查取证工作提供指导性意见。规范行政处罚裁量。建立、完善《税务行政处罚案例管理系统》平台，通过查询类似案例，执法人员在税务行政处罚中，获得可以参照的、相对统一的标准和尺度，对执法人员具有一定的约束作用，实现税收处罚“罚有所依、据有先例、标准统一、一视同仁”的目标。平台运用两年来，累计改变稽查局46起案件的处罚标准，涉及罚款276.55万元。该系统得到泰州市委市政府的充分肯定，在全市范围内予以推广，并荣获“江苏省法治实践优秀案例”。强化执法风险防控。安排专人对各岗位执法情况进行日常监督，每月月末对各类执法管理系统产生执法过错预警信息进行分析，对突出问题、共性问题及时通知各基层分局进行整改，并对整改情况进行跟踪。2014年共下发各类异常信息167条，2015年下发39条，各单位均在规定的时限内整改或反馈，有效提升了征管质量，降低了执法风险。

## 三、当前基层国税依法治税存在问题及影响因素

（一）立法的不完善给基层执法带来困惑

一是税收法律规范立法级次低。在众多的税收法律规范中仅有《征管法》《企业所得税法》《个人所得税法》《车船税法》为最高权力机关立法。相反，国务院逐渐成为我国税收法律法规的制定主体，形成了我国以税收行政法规为主、税收法律为辅的独特的税法体系。同时，税法的解释也不严肃和规范，税法的立法过程比较封闭，公开度和透明度不足。这种情况从根本上违反了税收法定主义原则，损害了税法权威，妨害了基层执法权的行使，降低了纳税人税法遵从度。二是税收法律体系不完整。重实体、轻程序现象突出；立法主体的多元化以及相互之间缺乏有效协调，使得税收法律规范名称各异，结构分散，规定不全面，甚至出现了下位法与上位法不一致、法律规范条文内容相互冲突的现象，从而使税务执法部门难以适从；随着互联网的兴起，电子商务、互联网金融的税收管理问题凸显等等。

（二）税收计划制度对基层税收执法造成影响

国税系统组织的收入中既有共享收入也有地方收入，因此，各级地方政府在编制预算时，也对国税局下达地方级收入预测计划。由于国税系统处在垂直管理序列，这一计划对国税部门来说是指导性计划。但在实际操作中，有的地方政府一般是年初根据往年基数，给国税部门设定一个增长百分比；计划编制往往跟真实税源情况相脱节，且将收入任务完成作为首要指标纳入政府绩效考核机制。指导性计划实质上成为了指令性计划，是刚性任务。因国税机关在党的建设、文明创建、党风廉政建设等方面属于地方管理，地方政府有一定领导权，这就造成很容易造成依法治税让位于税收计划的局面。

（三）基层国税行政机构设置有待完善

现行征管模式下，基础事项全部前移至纳税服务分局，税源管理分局从事风险应对。较之以前，减少了科室层级，实现了业务扁平化，减少了以往税管员制度的不规范现象，但也有新问题：纳税服务分局事项繁杂，加之营改增税制转换、纳税人数量剧增，纳税服务分局负荷过重，行政效率降低，难以实现基础事项有效管理；而税源管理分局承担的风险应对事项专业性较强，集聚了系统业务能手，能量却难有效发挥。如此，虽然还责还权于纳税人这一理念一定程度上得以落实，却使税法遵从度低的纳税人钻了空子，导致虚开、逃税现象有所增长。

（四）基层执法人员法律素质有待提升

"徒法不足以自行"，税法只有真正落到实处，才是实质意义上的依法治税。基层执法人员存在的问题主要有：一是法律依据适用错误。税收执法依据分散于种类繁多的法律、行政法规、部门规章和税收规范性文件中，广大基层税务干部有时难以理解立法或政策出台的背景意图，导致执行偏差。二是重实体轻程序现象时有发生。程序法的设置是为了保障实体正义，也是对基层人员执法的约束和保护。但是基层执法人员对程序法价值认识不足，甚至存在程序设置过于繁琐，影响了执法效率的思想。三是培训体系不健全影响法律素质提升。对于法理、涉税法规条文缺乏系统培训，依法治税某种程度上是停留在文本格式，不是运行模式，法治理念没有深入人心，一线执法人员法律意识比较淡薄，造成执法过程中有法不依和徇私舞弊现象产生。

（五）纳税人素质参差不齐影响税收法治环境

比如：风险应对方面，目前主要采取的是省级税务机关选案推送各基层应对模式，但是由于部分纳税人税法遵从度不高，造成省局推送的任务中因为纳税人当初提供给税务机关的信息即为不实信息，与实际经营状况不符合，通过大数据采集、分析也是基于虚假信息做进一步工作，应对效果大打折扣；纳税人申报方面：纳税人有按时、如实申报的义务，国税部门在对逾期未申报纳税人依法处罚时，有纳税人声称未接到提醒电话或者短信，拒绝接受处罚，却罔顾税务机关根本没有"电话、短信"通知义务；基层特服号接听方面，有企业财务人员甚至打电话直接要求税务人员帮助其申报、填写所有纳税申报表，却忘记作为财务人员的基本要求是什么，导致特服号接听任务繁重不堪。

## 四、关于基层国税依法治税的几点建议

（一）健全税收法律体系

一是出台税收基本法。制订税收基本法，在宪法或者税收基本法律中规定税收法定主义基本原则，对于重要的税收法律制度包括法律原则、法律概念和法律规则进行明确。二是规范授权立法制度。进一步完善授权立法的规定，明确授权立法的范围、时效，明确授权主体、受权主体以及授权条件，改革和完善授权立法的监督制度，逐步将授权立法控制在合理、合法的范围内。不能继续使授权立法成为税收的常态而制定法律反而成为一种例外。三是加大违法行为打击力度。国外对税务违法行为打击一般相当严厉。对税务违法行为，不仅仅要处以较大金额的经济处罚，还有严厉的刑事处罚。比如法国，偷税者在刑满释放之后的五年里在出现偷税情况的，将被监禁 4－10 年，剥夺公民权 5－10 年。更严重的问题是信用的丧失，使纳税人在社会上无法立足。我国法律存在违法成本过低问题，立法层面应考虑加大违法失信纳税人处罚力度。

（二）改进税收计划制度

轻言取消税收计划是行不通的。但是弱化税收计划在税收工作中的刚性，提升依法治税的地位，实现应收尽收、不收"过头税"的目标确是值得研究的改革方向。建议一是弱化税收计划指令性。随着税收征管质量提高和绩效考核指标体系的完善，探索征管质量与税收计划考核相结合机制，以考核征管质量

为主,使税收收入的稳定增长建立在经济的稳定增长上,税收执法建立在实事求是和依法办事的基础之上,强调依法治税刚性。二是允许适时调整计划。在维护税收计划严肃性的前提下,如果经济运行出现重大变化应允许对税收计划作相应调整。可以建立根据地区经济结构和税源结构分解税收指导性计划进行计划灵活增减调整的制度,使不同地区的税收收入与其他经济发展水平协调一致。

(三)强化基层法治培训

一是注重法理培训。江平先生说过,“要实现真正的法治,重要的是有法律理念。光有制度,缺乏理念是不行的。”因此培训内容设置上要改变以往单纯注重税法讲解的模式,而要首先从法理入手,使基层税务干部内心认同税收法治,进而才能维护程序正义、实现实体正义。二是实行分级分类培训。根据干部职工的岗位、职责,量身打造,将学习机会与其角色、水平以及从事的岗位相结合。提供与时俱进的学习方案,对职工进行学前评估从而了解其个人强处和发展需求,有针对性地帮助员工将法律知识应用于工作中,同时跟踪学习成果。三是建立网上学习平台。电子科技的发展便于随时随地学习,可考虑统一购买高校名师法律课程,开放提供虚拟教室学习和电子课程,让干部职工根据自己需求制定学习计划,在移动设备上进行自学。

(四)完善执法制约机制

内控约束方面。进一步完善岗责体系。充分运用计算机网络技术,实现对执法全过程的各环节的实时监控,对执法质量与效果进行自动考核,对每一个执法岗位、每一个执法人员的执法行为进行客观评价,从而发挥信息技术的监督作用。进一步完善执法责任制。细化执法责任考评指标,使考评结果与干部职工个人业绩、晋升挂钩。探索绩效奖金激励,对执法质量高、权力运行规范的执法主体采取激励;对执法权力运用不当的则实施责任追究和错案追究。外部监督方面。尤其要重视纳税人监督,因为往往权利制约权力最有效。应完善权力清单,公开透明执法,让纳税人权利得到保障,救济能够畅通。

(五)加强税收法治宣传

一是增强宣传实效性。从内容上来说,不仅仅要宣传税收知识、税收政策、流程等内容,还要宣传纳税人具有的权利,如何保护好自己的合法权益等内容;从形式上来说,要充分利用网络、电视、广播、报纸等媒介进行宣传,同时定期发放宣传资料,还可以通过举办税务学校,税务辅导班、座谈会等形式进行宣传。二是从小抓起,加强校园纳税意识灌输。可以借鉴国外做法,像日本大中小学都开设了税收课程,对学生普及税务教育。我们在这一块可以多下功夫,通过将税收知识编入教材、加强校园税收宣传,促进公民税收概念从小明晰、纳税意识从小养成。三是加强企业财务人员管理。主管部门应切实担负起对财务人员从业管理职责,强化其法治理念、职业道德、业务能力提升,从而使其维护财经纪律,降低依法治税成本。

(作者单位:江苏省泰州市姜堰区国家税务局)

# 关于加强税收强制执行举措、降低税收执法风险的建议

高世祥　龚　瑜

2014年，面对全市经济形势的严重下行，榆林市地方税务局攻坚克难，多措并举，圆满完成了省局下达的各项组织收入任务。在组织税收收入过程中，我局面对少数"难缠"的纳税人，采取税收保全措施冻结存款30户次、扣押和查封财产81户次、涉及金额1.35亿元；采取强制执行措施扣缴税款54户次，累计扣缴税款8290.86万元，有效提升了税收执法的刚性，进一步促进了纳税人的纳税遵从度。在这光鲜的成绩下面，笔者觉得，这些数字后面隐藏的问题更应该引起我们的关注。

## 一、为什么以前年度强制执行措施少

为什么以前年度强制执行措施少，2014年强制执行措施多？笔者认为，主要是以前年度我们的税务干部在应当采取强制执行措施时思想上存在"无需采取、不敢采取、不愿采取"三方面的原因造成的。

1、无需采取强制执行措施，主要是往年经济形势良好，税收任务容易完成。以往年度我市煤炭市场火爆，经济一路高歌，抓住了煤炭、就抓住了重点税源，税收任务就年年超收，遮盖了所有的管理漏洞。对于那些小型企业、一人公司、个体户等小税源则疏于管理，其中一小部分企业看到这一管理漏洞后以后，开始不按时申报，或者虚假申报，甚至逃避纳税义务。主管税务机关管理人员在任务好完成的情况下，面对这种情况，懒得管理，淡化责任，没有采取相应的税收执法手段，无形中助涨了这些纳税人的不良风气。

2、不敢采取强制执行措施，主要是片面强调纳税服务，担心引起税收争议。近年来，国家税务总局一直在要求提高纳税服务水平，这是我们工作努力的方向，是一种必然趋势，但是少数税务干部却片面理解了纳税服务，认为只要纳税人满意就是优化服务，面对少数纳税人的无理取闹、拖欠税款、甚至偷漏税款等现象，不敢采取正确的税收执法手段，担心引起税收争议，担心记者媒体的采访，只想多一事不如少一事，只要任务能够完成，就万事大吉，税收执法在无形中被"软化"，税收权威性逐渐被削弱。

3、不愿采取强制执行措施，主要是人情面情大于法律，协税商税代替执法。当前，人们的法律意识还十分淡薄，税务人员在执法时受到社会环境的影响比较多，说情现象严重，干扰执法现象时有发生。一方面执法人员面对亲戚同事、同学朋友的说情，在酒桌上的一顿豪饮，原则就被抛到了脑后，该收的、该补的、该强制执行的税款就商量着缴了一小部分、或者就不了了之，不再追究，化为乌有；另一方面当我们税务机关面对政府单位领导、部门领导、有关职能部门相关人员的说情，有时不能不听，不得不考虑，结果造成税务机关在执法时谁也不能得罪的被动局面，使税收执法难以实施。

## 二、降低税收强制执行措施执法风险的几点建议

从2014年大量的税收强制执行措施中，了解到我们税务机关在执法过程中存在些许瑕疵。笔者认为，下一步在实施税收强制执行措施时，注意以下三方面的问题可以减少这些瑕疵。

（一）树立法制理念，坚决贯彻依法治税

一是正确认识行使税收执法权是建立法治社会的必然。在新常态下，作为一名税务干部，必须认识

税务机关是国家赋予执行税法权力的部门，税收的权威性使税务部门在执法中有着不可侵犯和不可抗拒的威摄力量，正确行使国家赋予我们的权力，是建立法治社会的必然。二是正确认识纳税服务的深刻含义。要明白规范的税收执法，也是一种纳税服务，对于个别“钉子户”，采取强制执行措施，保障税款的及时入库，是法律赋予税务人员的职权，也是对该纳税人的保护。通过严格的税收法律手段对“钉子户”进行制裁，将其偷逃税款的想法直接扼杀于萌芽状态，可以降低其犯罪的风险，避免触犯刑事法律，造成犯罪的严重后果。从正面引导纳税人认真学习税法，通过耐心细致地说服劝导，来感化、打动纳税人的心，把对纳税人的税法宣传教育和采取强制执行措施有机地结合起来，使税法的柔性和刚性巧妙地统一起来，提高纳税人的遵从度，克服税务干部不敢采取强制执行措施的阴影，只有这样，才既能教育绝大多数纳税人遵从税法，又能震慑个别“钉子户”，尽而收到标本兼治、刚柔相济的效果。三是正确认识杜绝人情税是降低自身税收风险的保证。改变不愿强制执行的思想，直面当前的政治、经济形势和税收任务，要明白为了“亲戚同事、朋友同学、领导招呼”等原因，应当采取税收强制执行措施而不采取，那就是行政不作为，所有以后的风险责任就必须由自己来承担。所以，要坚决树立依法征税、严格执法的法制观念，进一步规范税收执法行为，提高税收执法的刚性，给纳税人造成威慑，促进纳税人的遵从度，积极配合税务机关的征收工作，主动完成其纳税义务，使我们的征管工作效率有效提升。

（二）找准执法对象，做好税收执法准备

税收强制执行措施的适用对象是从事生产、经营的纳税人、扣缴义务人、纳税担保人，不包括非从事生产、经营的纳税人。对于后者，税务机关可以申请人民法院强制执行。一是欠缴税款的纳税人。摸清欠税底册，实地调查核实，查明欠税形成原因，责成纳税人制定欠税清缴计划，如果没有按期缴纳欠税或者有意拖欠税款，应当责令其限期缴纳，对责令后仍不改正的，依法采取税收强制执行措施。二是漏征漏管的纳税人。加强户籍巡查，对省市推送的漏征漏管户信息逐户核实，根据《税收征收管理法》第 37 条规定：“对未按照规定办理税务登记的从事生产、经营的纳税人以及临时从事经营的纳税人，由税务机关核定其应纳税额，责令缴纳；不缴纳的，税务机关可以扣押其价值相当于应纳税款的商品、货物。扣押后缴纳应纳税款的，税务机关必须立即解除扣押，并归还所扣押的商品、货物；扣押后仍不缴纳应纳税款的，经县以上税务局（分局）局长批准，依法拍卖或者变卖所扣押的商品、货物，以拍卖或者变卖所得抵缴税款。”三是个别偷、逃、抗税的“钉子户”。对这部分纳税人，由税务机关必须严格执法，追缴其不缴或者少缴的税款、滞纳金，并处不缴或者少缴的税款百分之五十以上五倍以下的罚款，构成犯罪的，依法追究刑事责任。四是未按期解缴税款的扣缴义务人。《税收征收管理法》第 68 条规定，扣缴义务人在规定期限内不缴或者少缴应解缴的税款，经税务机关责令限期缴纳，逾期仍未缴纳的，税务机关除采取强制执行措施追缴其不缴或者少缴的税款外，可以处不缴或者少缴的税款百分之五十以上五倍以下的罚款。五是未按期缴纳税款的从事生产、经营的纳税人。根据《税收征收管理法》第 40 条规定，从事生产、经营的纳税人、未按照规定的期限缴纳税款，由税务机关责令限期缴纳，逾期仍未缴纳的，经县以上税务局（分局）局长批准，税务机关可以采取强制执行措施。六是对已采取税收保全措施的纳税人，限期内仍未履行纳税义务的。根据《税收征收管理法》第 40 条规定纳税担保人未按照规定的期限缴纳所担保的税款，由税务机关责令限期缴纳，逾期仍未缴纳的，经县以上税务局（分局）局长批准，税务机关可以采取强制执行措施。

（三）注意执法要点，提升税收执法能力

采取强制执行措施时应当注意以下三方面的执法要点，并使用《国家税务总局关于印发全国统一税收执法文书式样的通知》（国税发［2005］179 号）中的文书，可以有效提升税收执法能力，降低税收执法风险。

1、掌握税收强制执行措施的两种形式。一是书面通知其开户银行或者其他金融机构从其存款中扣缴税款。二是扣押、查封、依法拍卖或者变卖其价值相当于应纳税款的商品、货物或者其他财产，以拍卖或者变卖所得抵缴税款。这两种方式都是税务机关依法强制处分纳税人财产的行政措施。

2、明确税收强制执行过程中的要点。

(1)采取强制执行措施,必须告诫在先,使用《税务事项通知书》,责令缴纳或者解缴税款的最长期限不得超过15日。根据《国家税务总局关于印发全国统一税收执法文书式样的通知》(国税发[2005]179号),现行执法文书中已经没有《限期缴纳税款通知书》,必须使用《税务事项通知书》。

(2)在填制《税务事项通知书》时要注明当事人依法享有陈述权和申辩权,如果涉及滞纳金,纳税人也可以在三个月内依法向人民法院起诉。根据《中华人民共和国行政强制法》第35条:行政机关作出强制执行决定前,应当事先催告当事人履行义务并载明,当事人依法享有的陈述权和申辩权。

(3)强制执行措施必须发生在责令限期缴纳期满之后,经县以上局长审批,填制《税务行政执法审批表》后方可执行。责令限期内纳税人有逃避履行纳税义务迹象的,税务机关应采取的是税收保全措施。采取税收保全时必须使用《税收保全措施决定书》,由县以上局长审批,填制《税务行政执法审批表》后实施保全措施。

(4)冻结账户30日内应当做出决定,情况复杂延长不得超过30日。《中华人民共和国行政强制法》第32条规定:自冻结存款、汇款之日起三十日内,行政机关应当作出处理决定或者作出解除冻结决定;情况复杂的,经行政机关负责人批准,可以延长,但是延长期限不得超过三十日。法律另有规定的除外。本人认为上位法优于下位法,特别法优于一般法,新法优于旧法,从有利于税务行政相对人的角度考虑,应按照《中华人民共和国行政强制法》的规定执行。

(5)扣押、查封、保管的费用由纳税人承担转变为由税务机关承担。自2013年1月1日起实施的《国务院关于修改和废止部分行政法规的决定》(《中华人民共和国国务院令》第628号),将《税收征收管理法实施细则》第64条第2款、第69条第2款中"扣押、查封、保管"三项内容进行了删除,这三项的费用由纳税人承担转变为由税务机关承担,保护了纳税人合法权益,避免税务人员随意处理扣押、查封纳税人的财产。

(6)对未缴纳的滞纳金、罚款,在告知30日后,经催告后可以强制执行。《中华人民共和国行政强制法》第46条规定:行政机关加处罚款、滞纳金超过三十日,经催告当事人仍不履行的,行政机关可以强制执行。所以,滞纳金、罚款要在告知30日以后,经催告后强制执行。

(7)滞纳金的数额不得超出税款的数额。《中华人民共和国行政强制法》第45条规定:行政机关依法作出金钱给付义务的行政决定,当事人逾期不履行的,行政机关可以依法加处罚款或者滞纳金。加处罚款或者滞纳金的标准应当告知当事人。加处罚款或者滞纳金的数额不得超出金钱给付义务的数额。

(8)实施行政强制措施时应当制作现场笔录。《中华人民共和国行政强制法》第18条规定,行政机关实施行政强制措施应当遵守下列规定:听取当事人的陈述和申辩;制作现场笔录;现场笔录由当事人和行政执法人员签名或者盖章,当事人拒绝的,在笔录中予以注明。对制作现场笔录提出了明确的要求,所以在实施行政强制措施时应当制作现场笔录。

(9)先向金融机构出具《扣缴税收款项通知书》和《税收强制执行决定书》,扣缴税款后,再向被执行的纳税人送达《税收强制执行决定书》。根据《国家税务总局关于印发全国统一税收执法文书式样的通知》文书的使用说明,税务机关到金融机构扣缴税款的时候,要向金融机构出具《扣缴税收款项通知书》和《税收强制执行决定书》,款项扣缴以后,再向纳税人送达《税收强制执行决定书》,以防止纳税人知道情况后提前转移存款。

## 三、强制执行——银行扣款流程

(一)逾期未缴纳税款,银行扣缴税款强制执行流程

1、申报期过后向纳税人送达《税务事项通知书》，限期缴纳税款不超过 15 日，同时，告知当事人依法享有的陈述权和申辩权；

2、内部流转《税务行政执法审批表》，在此期间，可以同时持《检查存款帐户许可证明》核实纳税人的银行账户及金额；

3、带着《税务行政执法审批表》复印件，向银行或其他金融机构送达《税收强制执行决定书》、《扣缴税收款项通知书 》通知当事人到场，制作《陈述申辩笔录》，扣缴税款 ；

4、扣缴后向纳税人送达《税收强制执行决定书》。

(二)检查发现漏缴税款，银行扣缴税款强制执行流程

1、检查前向纳税人送达《税务检查通知书》，检查期间制作《询问(调查)笔录》，收集相关资料，最后向纳税人送达《税务处理决定书》，同时，告知当事人依法享有的陈述权和申辩权；

2、内部流转《税务行政执法申请表》，在此期间，可以同时持《检查存款帐户许可证明》核实纳税人的银行账户及金额；

3、带着《税务行政执法审批表》复印件，向银行或其他金融机构送达《税收强制执行决定书》、《扣缴税收款项通知书 》通知当事人到场，制作《陈述申辩笔录》，扣缴税款 ；

4、扣缴后向纳税人送达《税收强制执行决定书》。

(三)检查发现问题进行罚款，银行扣缴罚款强制执行流程

1、向纳税人送达《税务行政处罚事项告知书》，同时，告知当事人依法享有的陈述权和申辩权，到了文书约定时间后送达《税务行政处罚决定书》；

2、内部流转《税务行政执法申请表》，在此期间，可以同时持《检查存款帐户许可证明》核实纳税人的银行账户及金额；

3、《 行政强制法》第 46 条规定 30 日后，带着《税务行政执法审批表》复印件，向银行或其他金融机构送达《税收强制执行决定书》、《扣缴税收款项通知书 》通知当事人到场，制作《陈述申辩笔录》，扣缴税款 ；

4、扣缴后向纳税人送达《税收强制执行决定书》。

(作者单位：陕西省榆林市地方税务局)

# 建立社会综合治税长效机制的思考

黄静怡

社会化综合治税是一种具有创新性的税收征管方式，其主要内容是通过相关部门和社会各界全方位的联系，建立完善的税源管理立体交叉网络，实现治税信息的及时传递与交换。其目的是进一步加强税源控管提高税收管理质量，实现税款征收工作的法制化、规范化，对税源实施全方位、多层次的监督、管理和控制，最大限度地减少各种税收流失，确保财政收入稳步增长。随着社会经济环境日益复杂化，税收征管难度日益增加，当前要实现税收的财政职能、发挥其经济调控作用，仅仅依靠税务机关的力量是难以满足的。应确立税务机关作为唯一税收征税主体的地位，在此基础上，以建立社会多部门协作治税体系作为加强税收征收管理的重要措施。因此在当前形势下，以加强税收征管、堵漏增收、优化税收环境为目标，探寻如何构建一个政府组织领导、各部门密切合作、全社会共同参与的综合治税体系具有重大意义。

## 一、社会综合治税的内涵与现状

(一)社会综合治税的内涵

所谓社会综合治税，是指根据相关税收法律、法规，以加强税源管理为目标，以政府领导下的多个部门共同治税为主要特征，凝聚社会各界的力量，协力构建严密的税源控管体系，更好地堵塞税收管理漏洞、增加税收收入的一种税收管理方式。实行社会综合治税，就是在政府的统一组织、协调、指导下，以强化税源控管为核心，以营造法治、公平、有序的税收环境为目标，以建立税务信息网络平台为载体，逐步建立以“政府领导、税务主管、部门配合、司法保障、社会参与”为主要内容的社会综合治税体系，从根本上解决了税务部门涉税信息不畅、税收来源控管不严、征收征管不到位的问题。

(二)当前社会化综合治税工作取得的成绩

社会化综合治税逐步形成了“政府领导、税务主管、部门配合、社会参与、法制保障”的税源监控网络，实现了由过去的税务部门单独治税到如今由政府主导、多部门综合治税的改变，较好地解决了税源管理尤其是零散税源管理不足的问题，有力地促进了依法治税和税收收入增长，取得了显著的成效。多年来，我国的整体税收征管模式也在不断完善。

**表一　我国征管模式沿革一览表**

| 序号 | 年份 | 征管管理理念 | 征管管理内容 | 征管管理手段 | 机构设置人员分工 |
|---|---|---|---|---|---|
| 1 | 1986年前 | 省以下实施实施征管，因地制宜，侧重税务的“管” | 组织收入，减免税，入库税收 | 传统手工 | 市以上按税种设部门，基层按人分户 |
| 2 | 1986－1990 | 全国统一征管，侧重税务的“管” | 征管条例出台登记认定、申报征收等 | 引进了微机替代会计报表等手工劳动 | 仍存在专管员，新生稽查机机构的稽查员 |
| 3 | 1991－1993 | 税务部门之间的协调、协同 | 拓宽到应征税源、减免税、欠税等 | 依赖计算机单机和局域网应用于征管 | 仍存在专管员，新生稽查机机构的稽查员 |

| 4 | 1994－2003 | 全国统一征管流程和表证单书 | 登记认定、申报征收、税务稽查、行政复议 | 建立市局网络为依托的管理监控体系 | 省级以下两套机构，取消专管员，建立以征管功能为主的机构体系 |
|---|---|---|---|---|---|
| 5 | 2004－2008 | 引出服务意识，开始考虑纳税人满意度 | 扩展到注重申报后的纳税评估税源和执法检查 | 数据高度集中，全省联网更将依赖信息化 | 认为疏于管理，淡化责任，再设专管员 |
| 6 | 2009－2011 | 引进风险理念 | | 开始注重数据利用 | |

全面的社会综合治税，不仅有效控管了税源，改善了治税环境，而且顺应了税收征管改革的发展趋势，创新和发展了税收征管模式。其主要成效有以下四个方面：

1、实现了由单一治税到多部门协同治税的转变。实行税收综合治理前，有关部门对税务部门的支持、协助大都是个别性、单项性、临时性的，税务部门获取外部涉税信息能力有限、税源控管受到影响。实行税收综合治理后，建立起了一套有内容、有标准、有措施、有考核的税源控管机制，形成了全过程、全方位、立体化的税源控管大格局。

2、推动税收工作进一步实现了公平公正。征税公平是税收公平性的重要内容。通过实行税收综合治理，依托信息共享、代征税款、先税后征等措施，最大限度地堵塞税收"跑、冒、滴、漏"，促进了各项税收政策执行到位，更好地维护了税收的公平性。

3、促进了传统手段管税向信息化手段管税的转变。近年来，各级税务部门的信息化进程普遍加快，但是总体应用水平不高，特别是信息共享、数据集中、税源监控、决策分析等功能没有真正发挥出来。实行税收综合治理后，税务部门面对海量信息，加快转变了传统的"人海战术"思维，积极寻求现代信息技术的支持，从某种客观层面加快了信息化建设步伐。

4、推动社会治税环境有了明显改善。据统计，2014 年各成员单位向广西地税部门提供涉税信息 208.25 万条，地税部门利用有价值的涉税信息 87.12 万条。实行税收综合治理，由十几个至几十个部门和单位参与，由于各方面的参与配合，有效解决了涉税信息的不对称问题，税务部门对纳税人偷逃避税查处的成功率大大提高，在客观上促使了纳税人纳税意识的提高，社会各界对于税收齐抓共管的合力进一步增强。

## 二、税收综合治理工作目前存在的主要问题

随着经济的发展、社会的繁荣以及税收工作实践的深入，税收综合治理工作出现了一些发展中的问题。从目前全国一些地方实施情况看，影响税收综合治理深入开展、发挥更大成效的因素主要体现在法律、制度和技术操作层面。

（一）规则缺乏刚性

社会综合治税的法律基本依据是《中华人民共和国预算法》和《中华人民共和国税收征收管理法》，虽然其中作出"地方各级政府及其有关部门和单位应当支持、协助税务机关依法执行公务"的规定，但这些规定中并没有程序性的规定以及明确的操作流程、操作要求，并对哪些具体单位和部门有义务协助、应采取什么样的方式和程序来协助，等等具体问题均未涉及。另外，由于国家没有统一规定，各地税务部门在加强税收征管力度的同时，有可能对某领域的税源采取针对性的一些征管措施，形成社会综合治税的地区性差异。

表二　我国现行税收法律立法概况表

| 法律名称 | 制定时间 | 制定部门 |
|---|---|---|
| 《关于外商投资企业和外国企业适用增值税、消费税、营业税等税收条例的决定》 | 1993年 | 全国人大常委会 |
| 全国人大常委会《关于惩治虚开、伪造和非法出售增值税专用发票的决定》 | 1995年 | 全国人大常委会 |
| 《税收征收管理法》 | 2001年 | 全国人大常委会 |
| 《企业所得税法》 | 2007年 | 全国人大常委会 |
| 《个人所得税法》 | 2011年 | 全国人大常委会 |
| 《车船税法》 | 2011年 | 全国人大常委会 |

(二)部门协作不紧密,涉税信息难以满足税源管理的要求

社会综合治税实践中,诸多矛盾因素的存在往往会导致多部门配合协作的困难。一些部门单位对社会综合治税没有深刻的认识理解,认为综合治税不是一项必须的工作,缺乏协税护税意识,在执法联动中不够积极主动;一些部门单位认为综合治税是税务部门的事情,与自身本职工作关系不大,因此对综合治税工作应付了事。还有个别部门出于自身利益考虑,拒绝配合治税工作或消极协税不出力,甚至为综合治税工作设置阻力、影响治税工作。

(三)税源管理专业化程度较低,涉税信息缺乏深度加工

目前,信息化建设的统筹管理也不够完善,使税源管理专业化要求难以实现。部分信息系统建设缺乏统筹规划,存在程序复杂、标准不同、互不共享等问题,部分应用系统更新升级跟不上政策变动和基层实际需要,对税收分析、纳税评估、税务稽查等工作的技术支持明显不足。

(四)社会综合治税的管理有待完善

首先,在社会综合治税人员的选择上缺乏严格的标准,没有严格从政策理论、专业技能、廉政自律、统筹能力等方面建立高素质的社会综合治税人员队伍。其中最突出的问题是税务人员的业务能力不够专精,从我国的地方税收系统尤其是基层来看,较缺乏全能型人才和专业型人才,而又兼具管理方面经验的复合型人才更是少之又少。其次,虽然很多地方的税务人员都接受过税收征管部门的培训,但这些培训多数是流于形式,没有很多实质性的内容。无论是从加强税务工作者的服务意识还是专业水平来说,税务部门的工作都还存在提高的空间。

(五)社会综合治税氛围不够浓厚

以往的社会综合治税宣传方式主要穿插在在开会、标语、宣传板报等形式中,综合治税工作缺乏长期和统一的规划,很多时候是为了突击应对检查,导致综合治税氛围不够浓厚,综合治税理念尚未有效深入人心。这样一方面,造成了社会公众参与治税意识的匮乏,群众参与积极性不高,没有参与意识,不愿协助配合治税工作提供涉税信息,导致大量有用的涉税信息白白流失;另一方面,社会综合治税的漏洞使得部分纳税人诚信纳税意识缺失,不少企事业单位盲目追求自身利益最大化,故意指使财务人员做假账、偷税逃税漏税,铤而走险。

## 三、推进社会综合治税长效机制建设的措施

税收综合治理作为一项符合我国国情、符合税收发展规律、符合税收征管特别是地方税收征管实际需要的一套税源管控办法,要想发挥其最大作用,必须从法律、制度和手段等方面入手,建立确保税收综合治理运行的长效机制。以强化政府领导、增进部门配合、扩大社会参与、深化管理应用、加强信息化支撑为主要内容,形成完整、实时、动态的税源监控体系,最大限度地堵塞税收漏洞,增加税收收入。工作中,应把重点放在以下几个方面。

(一)完善社会综合治税的法律保障体系

提升立法级次、构建法律保障是税收综合治理长效机制建设的首要之举。法律保障机制主要包含国

家立法和地方立法两个层次。

1、国家立法。一方面借鉴国外经验，制定《国家行政程序法》，明确行政协助的内容，对行政协助的启动、条件、程序、费用、拒绝、争议、处理和协助机关的选择等做出明文规定，使税务部门寻求行政协助时有法定的程序可依据，既可以规范税收综合治理行为，又可以解决部门间的推诿扯皮。另一方面，修订《税收征管法》，对税收行政协助做出更具针对性和可操作性的规定，通过列举的方式明确行政协助和社会协助的事项、领域和协助主体，明确相关部门和单位协助配合税务机关的法定义务和法律责任，增强税收综合治理的法律刚性和权威性，解决当前税收综合治理工作中行政协助不作为和不到位问题。

2、地方立法。在现有地方政府规章和规范性文件基础上，制定地方性法规，明确政府、有关部门和单位在税收综合治理中的职责、义务和法律责任，为发展完善本地区的税收综合治理提供法律保障。

（二）构建社会综合治税组织体系

加大部门间的协调力，提高协作配合成效。与涉税相关部门的沟通协调，是构建一个长期税收综合管理机制的重要环节，工作量大、形势复杂、困难重重，需要投入大量时间精力。对此，税务部门应当克服畏难发愁、消极坐等、以逸待劳等思想，积极主动地与有关部门（单位）加强联系、沟通协调，通过定期召开部门协调会议，政策宣传、办法解释、通报信息、反馈情况等，增进相互理解，赢得支持与配合。通过研究制定相关制度、办法、签订税收协作协议，保障各项机制建设的可操作性和实效性。

（三）提高治税管理主体的信息处理能力

一是在原始涉税信息的采集环节。有针对性地根据不同单位和行业的情况，采取不同措施：针对具备较高信息化建设水平的部门，如税务、工商、金融等，要有计划地推进计算机联网，建立网络平台。二是在涉税信息整理加工环节。应根据社会化综合治税信息处理的实际需要，科学设计税收征管业务岗位和流程，明确了税收征管部门统一分析、分类、处理，并录入综合征管信息系统，各级税收征管部门和信息中心履行监督及指导职能。三是在涉税信息的落实和反馈环节。将涉税信息转化为计税依据后，各基层税务机关应马上组织征收或委托有关单位代征代扣，以实现将潜在税源变成实际收入。

（四）加强队伍建设，规范监督和激励机制

进一步提高税务干部的税收征管专业知识和能力。根据《税务行政法》的规定，设立专门的综合治税机构，确保有专人领导，专人负责。第一，要把重点放在信息采集人员的管理，编制《协护税简明业务手册》，以规范协、护税的标准、范围和权限，使各协税、护税单位有章可循。实施协税、护税人员持证上岗制，提高协税、护税人员的业务素质和执法水平。第二，保障人力资源的配备。酌情考虑在各级税务机关设置专门的税收宣传岗位，由专人专职负责宣传工作；同时将该项工作归于办公室、纳服、法规等部门共同主导，并由各征管、业务部门共同负责。第三，加强廉政教育，杜绝执法差错和违法行为的发生，确保协税、护税工作依法有序开展。

（五）加大宣传和引导力度，营造良好综合治税环境

税收综合治理长效机制的建立与推进，必须有正确的舆论支持和良好的社会环境。一是要不断完善宣传方式，改进宣传口号，要更加具有亲和力，让纳税人明白缴税与享受公共品的联系。要考虑纳税人的多方面需要，以多种渠道为纳税人提供包括信息咨询在内的便利、经济的服务。二是要进一步加大税收执法力度，严厉打击逃税、骗税、抗税等各种涉税违法犯罪行为，规范税收执法秩序。要适时选择一些典型的税收相关刑事案件，通过新闻媒体予以曝光，以案说法，提高纳税人依法纳税、自觉纳税的意识，大力表彰和奖励成绩突出的先进单位和优秀个人，宣传社会综合治税工作中的典型事迹，使社会综合治税观念家喻户晓，深入人心。

（作者单位：广西壮族自治区地方税务局）

# 建立税收执法责任追究终身制的思考

山东省日照市地方税务局山海天旅游度假区分局课题组

党的十八届四中全会审议通过了《中共中央关于全面推进依法治国若干重大问题的决定》，开启了全面推进依法治国的新篇章。税收是治国理政的重要手段，国家税务总局、山东省地方税务局先后下发了关于全面推进依法治税的意见。对此，山东省日照市地方税务局山海天旅游度假区分局针对基层税收执法过程中存在的问题，就建立税收执法责任追究终身制进行了探索与实践，并取得了良好的成效。

## 一、当前基层税收执法过程中存在的问题

(一)法纪意识有待增强

有的执法人员法治观念淡薄，法律知识缺乏，从历年的审计情况看，少征多征、提前征收、延缓征收以及虚收空转、转引税款等问题不同程度存在；有的地方当期税款催缴不力，产生欠税，损害了国家利益，这里面尽管有许多客观原因，但不排除个别干部失职渎职，甚至徇私枉法。例如，某年度征管质量审计报告反映，某局对2户企业延缓申报缴纳的1485万元税款未加收滞纳金，经调查，在当时已完成税收计划的基础上，经当地政府同意，对上述企业延缓征税，最终没有加收滞纳金，该行为违反了《中华人民共和国税收征收管理法》第三十二条关于加收滞纳金的规定，从法理上讲，不管什么客观原因，相关人员应该承担相应的责任。

(二)税收执法存在瑕疵

有的地方存在执法主体不合法、执法程序不规范、手续不完备等问题；有的地方在处理税收执法问题时，使用文书错漏百出，取得证据程序不符，判定事实依据不准，错用法律，违背程序，瑕疵案例屡见不鲜；有的执法人员越权执法、滥用权力的情况比较突出，特别是执法随意、不严格履行执法程序的现象比较普遍。例如，某农村商业银行对某地税稽查部门作出的行政强制措施提出了《陈述申辩书》，经审查，该稽查部门执法程序存在瑕疵，一是在采取行政强制措施前，稽查部门没有履行责令缴纳或催告义务程序；二是采取强制措施中，稽查部门没有及时送达当事人签收，最终撤销了原处罚决定，相关责任人应该承担相应的责任。

(三)责任追究落实不力

2012年，监察部、人力资源和社会保障部、国家税务总局发布了《税收违法违纪行为处分规定》，第二条规定，有税收违法违纪行为的单位，其负有责任的领导人员和直接责任人员，以及有税收违法违纪行为的个人，应当承担纪律责任。通过近年来系统内部审计、检查等发现的一些问题来看，有些地方内部监督制约流于形式、走了过场，客观上助长了一些干部的侥幸心理。例如，某税务机关对15户纳税人少征收当期税款6943万元，违反了《中华人民共和国税收征收管理法》第二十八条关于税务机关不得违反法律、行政法规的规定开征、停征、多征、少征、提前征收、延缓征收或者摊派税款的规定，但没有追究相关人员的纪律责任。

## 二、税收执法责任追究终身制的主要内容

(一)明确纪律责任

结合金三系统征管流程和《税收征管规范》和《纳税服务规范》，对 1098 项征管业务流程进行优化升级、节点设置，设置执法岗位 86 个，并通过《税收执法手册》的形式，明确了每一个岗位的职责要求及应承担的纪律责任，同时各岗位之间通过《业务衔接事项清单》进行衔接，相关人员签字确认，一旦发生税收违法违纪行为，能够准确定位到具体的责任人员，有效杜绝了因为人员不清、责任不明而无法追责的现象。目前，层层签订了《税收执法终身责任书》，签订率达到了 100%。例如，对违反法定权限、条件和程序办理注销税务登记的，对有关责任人员，给予警告或者记过处分；情节较重的，给予记大过或者降级处分；情节严重的，给予撤职处分。

（二）明确责任主体

单位有税收违法违纪行为的，其纪律责任承担主体是单位负有责任的领导人员和直接责任人员。直接责任人员是指直接实施了税收违法违纪行为、造成了损害后果的人员，负有责任的领导人员是指担任一定的领导职务、直接作出或者参与作出实施税收违法违纪行为的决策，或者疏于管理，对税收违法违纪行为造成的损害后果负有责任的人员。以注销税务登记为例，纳税人存在欠缴税金的，税务登记受理岗应当制作《税务事项通知书》，告知纳税人不予受理的原因；如果税务登记受理岗明知纳税人欠缴税金而受理了注销申请，注销了税务登记，导致税款流失，那么该受理人员及负有责任的领导人员就要承担相应的纪律责任。

（三）明确责任期限

对公务行为的责任追究不设期限，是一个基本的政治常识。地税部门的执法行为不能是即时行为、短期行为，必须经得起实践、时间和历史的检验，这就要求明确税收执法责任的时效为终身，即职务行为终身有效，对税收违法违纪行为责任人，不论经过多长时间，也不因其工作地域、岗位、身份的变动而消除，对案件责任实行终身负责，这样可以避免有些人员因职务行为的终结或转换而产生侥幸心理，有利于增强税务人员的法治意识和责任意识，无论从事哪一项具体的税收执法行为，都要严格按照法律法规及相关规章制度进行，规范自己的执法行为，履行自己的职责，不要发生违法违纪行为，不能留下执法隐患，而被责任追究。

（四）明确追责程序

成立税收执法终身责任追究领导小组，从监察、法规、组织人事等部门选拔政治过硬、责任心强的业务骨干 5 人成立税收执法终身责任追究领导小组办公室，对督察、审计发现的税收违法违纪行为以及受理的举报案件启动责任追究程序，对被查对象是否应该承担责任作出初步认定，提交责任追究领导小组予以确认、实施。同时，为克服和排除利益、人情等因素的干扰，引入外部监督制约机制，聘请人大代表、政协委员以及纳税人代表为执法监督员，通过座谈会的形式征集意见建议；建立责任追究回避制度，凡是与案件本身或执法人员有利害关系的，不得参与该案件的责任追究工作。目前已聘请执法监督员 12 人，征集意见建议 20 余条。

（五）明确追责方式

有税收违法违纪行为，应当给予行政处分的税收执法人员，分以下几种情况进行责任追究：一是仍在原工作岗位的，由责任认定单位将其责任认定情况向本单位税收执法终身责任追究领导小组进行汇报，按程序进行责任追究；二是已调系统内其他单位的，由责任认定单位将其责任认定情况向该人员现所在单位通报，由现所在单位根据相关规定予以追责；三是已调系统外其他单位的，由责任认定单位将其责任认定情况向该人员现所在单位通报，建议现所在单位根据有关规定予以追责；四是在作出处分决定前已经退休的，不再给予处分；但是，依法应当给予降级、撤职、开除处分的，应当按照规定相应降低或者取消其应享受的待遇。

## 三、取得的成效

(一)进一步强化了法纪意识

建立税收执法责任追究终身制,在基层执法人员思想上引起了强烈震撼,对法律法规党纪的敬畏意识普遍增强,特别是在执法程序、执法证据方面实现了新突破,实现了从重实体、轻程序到实体与程序并重的转变,从重文书、轻证据到文书与证据并重的转变。目前,该局税务行政复议、行政诉讼、投诉举报案件数均为零。

(二)进一步提升了执法素质

执法人员通过集中辅导与自学相结合的方式,普遍加强了对税收征管法以及各税种知识的学习,同时把学习范围扩大到税务行政复议、诉讼、处罚以及行政强制等法律法规。目前,执法资格证持有率达到100%;12 人次参加法律资格考试等自学培训,1 人通过了注册税务师资格考试,1 人获得全省地税系统税收管理能手称号。

(三)进一步防范了执法风险

推行税收执法责任追究终身制,促进了执法人员按时间、按程序、按权限履行法定职责,对于强化执法责任,防范税法风险,起到了积极推动作用。山东地税税收管理内控监管平台预警信息由原来的平均每月 27 条降到 2 条;准期申报率同比提高 3%,按期入库率同比提高 2%,滞纳金加收率达到了 100%,税收征管质量明显提高。

(四)进一步提高了收入质量

截至目前,累计组织各项收入 10995 万元,同比增长 15.07%,增收 1440 万元,增幅居全市第二位,高于全市地税平均增幅 8 个百分点;其中公共财政预算收入完成 10532 万元,同比增长 13.79%,增收 1277 万元,占区管委会确定全年收入目标的 46%,占地方财政收入的比重达 92%,比上年提高了 3 个百分点,增幅在全市居第一位。

课题组组长:刘吉文

成员:焦翠萍　高志华　宋华年

# 浅析执法文书“体外循环”存在的执法风险及防范对策

朱万宝

执法文书“体外循环”是指基层税务机关、税务人员对一些执法环节应出具的执法文书和应走的执法流程不通过“金税三期系统”运行，而采取系统外单独出具执法文书，通过“体外循环”的模式来走执法流程。

## 一、执法文书“体外循环”造成的原因及分析

一是因企业经营困难，资金紧张，税款难以追缴，基层税务机关为应对欠税考核需要，税收执法文书不走“金税三期系统”，逃避系统监控，导致系统中的欠税数据与纳税人的实际欠税不一致。

二是税务执法人员对执法文书、执法程序、执法流程不熟悉，为了省事，直接从“金税三期系统”外出具相关执法文书。

三是基层执法人员素质参差不齐，履职尽责不到位，个别税收执法人员存在执法随意性，造成执法文书“体外循环”。

在基层实际工作中，一些僵尸企业、商贸供企业、经营举步维艰及经营状况较差等企业实现的税款(含房产税、土地使用税)没有及时进行纳税申报，税务机关进行催报催缴后，纳税人仍然不进行申报纳税。纳税人应申报而未申报的行为属于《税收征管法》规定的偷税行为；对纳税人应申报缴纳而未申报缴纳税款的行为，税务机关履行执法程序后，税款仍未追缴入库，这种形式的未申报缴纳税款可以理解为“体外欠税”。对这些老大难企业基层税务机关只能通过“体外循环”的方式出具执法文书，有些甚至直接不走执法流程，未履行相关催报催缴手续，执法程序不规范。

## 二、执法文书“体外循环”存在的风险分析

(一)文书制作不规范、不完整隐含着较大的执法风险、执法隐患

执法文书“体外循环”游离于“金税三期系统”之外，执法文书不规范、不严谨，税务机关面临着极大的执法漏洞。如：文书送达时间拖延，税务文书送达回证的地点填写等不符合规定，一些项目应手工填写却微机打印，《处理决定书》中处理决定表述不准确，《证据复制单》中提供单位未填写日期，案件文书制作中有错别字等。再如：“税务文书送达回证”如果填写项目不齐全、填写错误等将导致税务机关在行政复议或行政诉讼案件中处于不利局面，甚至由于个别文书问题直接决定税务机关被裁定撤销具体行政行为或败诉。

(二)存在“体外欠税”的企业大都是公检法及银行等部门关注的重点或焦点

“体外欠税”企业往往由于往来款项或欠银行贷款面临较多的官司或债务纠纷。如果由于我们基层税务机关执法不规范、不严谨而在此类企业给公检法等部门留下税务机关的执法漏洞，将是基层税务人员面临的较大执法隐患。

(三)"体外欠税"企业的存在给税务机关带来较大的执法风险和执法漏洞

此问题应该引起足够的重视。如基层税务机关的执法程序不到位、不规范,如未履行催报催缴手续、未依法查询纳税人存款账户或资产状况、未依法采取税收保全或强制执行措施等,可能引发渎职失职的执法风险。同时,因执法文书体外循环,在执法人员岗位调整时容易造成管理脱节,造成执法不到位。

(四)违章事实不清,证据不充分

有的执法人员工作责任心差,不注重钻研业务,在平时执法过程中,不注意材料的收集,造成执法过程中事实不清,证据不确凿,数据计算不正确。其结果往往造成执法不公,甚至造成执法错误,在行政诉讼中,致使税务机关败诉。

(五)税务人员整体执法水平不高,自我保护、自我防范意识较差

税收执法工作专业性强,标准高,要求严,而部分税务人员又缺乏危机意识,平时不注意业务学习,不能及时适应新时期税收工作需要,从而造成执法时误解、曲解税法或忽视程序引起执法偏差。

## 三、防范执法文书"体外循环"的措施及对策

税务文书是税务机关为规范征纳双方税务法律行为和法律责任,依法制作的具有法律效力或法律意义的专用凭证和书面证明。作为一种具有法律效力的书面凭证,税务机关在税务行政执法中会大量地、频繁地使用,同时也最容易忽视细节,须从文书的设计、选用、制作、送达等诸环节加以规范。

(一)规范执法文书的使用,有效规避执法风险

1、文书设计要统一规范。文书设计要适应两种需要:一是从法治、规范、效率的原则出发,设计制定统一、规范的税收征管执法文书,以适应新的征管模式的需要,并及时加以补充修订。二是文书主要内容的设计,应充分应用税务代码,文书种类、使用概念和使用方式等方面的设计应适应信息化管理和不同行政处罚适用程序的需要。

2、文书选用要准确无误。税务文书的种类很多,选择使用文书必须准确、无误。文书选择必须与执法行为、执法程序、执法事实相符。《征管法实施细则》规定的税务文书主要有 9 种,加上《税务行政复议规则(暂行)》规定和税务行政许可等适用的文书有 30 多种。这些文书都有具体的法定适用对象、适用环节和适用情形,必须根据具体执法事实、情形,选择相应的、准确的税务文书,保持执法行为、程序、事实和税务文书的一致性。

3、文书制作要仔细严谨。文书制作直接反映税务机关和税务人员的执法水平。一是文字要严谨。制作填写式税务文书应首先熟悉、了解全部栏目以及各栏目中该填写的内容,不能漏填错填,摘要填写简明扼要、完整准确。制作叙述式税务文书,文字要规范、严谨,援引法律依据要正确、具体,做出的结论或意见要准确、明了,既要叙述事情的过程,又要分析判断,讲明道理。二是数据要准确。税务文书中的数据包括日期、税额、罚款以及相关数据间的逻辑关系等。制作税务文书的日期必须准确、无误,不得遗漏,有些文书还应当填写具体时间;按照法定程序制作的文书,其间隔日期还必须符合法定期限。各项目数额之间的逻辑关系必须吻合,大小写一致。数据书写应工整、规范、符合撰写要求。三是手续要完备。税务文书制作完毕经核对无误后,制作人、审批人须手写签名。只有各项内容齐全、手续完备的税务文书,才能送达。

4、文书送达要合法有效。送达税务文书必须按照法定方式、对象和手续进行。一是必须按法定方式送达。《征管法实施细则》法定的送达方式有 5 种,即:直接送达、留置送达、委托送达、邮寄送达和公告送达。在选择送达方式时,应视受送达人的具体情形,选择恰当、有效、快捷的方式。二是必须送给法定对

象。税务文书的送达人、受送达人必须是法定、特指的对象。按照有关规定，送达人必须具有税务行政执法资格，且须2人(含2人)以上负责送达；受送达人是公民的，应当由本人直接签收；本人不在的，交由其同住成年家属签收；受送达人是法人或者其他组织的，应当由法人的法人代表、其他组织的主要负责人或者该法人、组织的财务负责人、负责收件的人签收。受送达有代理人的，可以送交代理人签收。当法定代表人不在时，应该与财务负责人或负责收件的人取得联系，并由其签收文书，以此来保证文书送达的合法性。三是必须履行法定手续。送达税务文书必须使用《送达回证》，做到"一书一证"。《送达回证》由送达人写明送达文书名称、送达时间、送达地点并签名后，交由受送达人或规定的其他签收人签名或盖印并记明收到日期。当受送达人拒绝签收文书时，送达人应当邀请社区、居委会、村组等基层组织代表或其他人员到场，说明情况，在《送达回证》上注明拒收理由和日期后，交被邀请的见证人注明身份并签名或盖章，以明晰送达人、受送达人及见证人的责任，维护和保障税务文书的法律效力。

(二) 加大力度，规范和理顺"体外欠税"企业管理，有效规避执法隐患

1、完善措施，加强欠税管理。针对近年来欠税增加较快、欠税清理难度大及欠税清理政策流程不规范问题，建议制定《关于落实税收执法措施做好欠税清理工作的通知》，明晰清欠工作流程、操作要点，要求所有的欠税必须纳入"金税三期系统"统一管理。积极梳理与欠税管理有关的制度规定，制作《欠税清理执法业务工作规范简表》，内容涵盖执法措施、主要执法文书、责任部门、业务流转环节操作要点提示、相关法律法规等。

2、要加强执法风险教育，增强风险防范意识和防范能力。要让每个税务人员晓之以理，知其利弊，充分认清当前执法形势，理解和明白加强欠税和执法文书管理的重要性及紧迫性，规范欠税和执法文书管理是对他们的保护及提醒，要求税务人员必须履职尽责，严格履行执法程序和手续，绝不留下执法隐患。

(三)从税收执法机制上强化监督

一是实行执法权分离，各岗位相互制约。从执法权行使中问题较多或易发生问题的环节、岗位入手，从监督工作的薄弱环节、制约机制不健全的方面入手，进行重点监督。征收环节主要应对税款的征收、入库、上解、提退方面，管理环节主要应对注销登记、非正常户管理、催报管理、延期申报、核定征收、税款催缴、欠税管理、税收保全、税收强制执行、纳税担保等方面，稽查环节主要应对选案、检查、审理、执行等四个程序及税务行政处罚等进行重点监控。二是推行信息化，实行人和"机器"分离。依托信息管税，搭建监控平台，制定严密高效的监督考核办法，逐步建立统一的对税收执法行为各环节进行事前、事中、事后的日常监督机制，通过建立行政管理、税收业务、决策支持、外部信息应用等所有职能的功能齐全、信息共享、监控严密的税务管理信息系统，把税务管理的各个环节都纳入到统一的征管软件中，达到"机器管人"的目的。

(四)进一步加大过错追究力度，增强敬畏意识

严格实施过错追究是规范税收执法行为的有力保障。对在执法过程中不负责任、滥用权力、越权、放权行为，不履行责任和义务，侵害纳税人行为，法制观念淡薄，不依法办事，甚至以权压法，以言代法，在执法工作中管理不严，官僚主义、督促不办的还应承担连带责任，对上述行为表现，区分不同情况，加大过错追究力度，该给经济处罚的给予经济惩戒，该给行政处分的坚决处分，对造成严重后果的，影响极坏的，构成犯罪的移送司法机关追究刑事责任。

(五)进一步提高税务人员执法素质，强化自我防范意识

提高人员素质是提高行政执法水平的首要条件，税务机关代表国家执法，其执法行为的好坏，取决于执法工作者素质的高低。税务机关作为依法治税的主体，必须带头遵法、守法、执法，加大法制培训投入，

在培训的内容、形式、方法、手段、机制等方面，加强针对性、系统性、实效性。要重点抓好以下两个环节：一是推行岗位素质达标工程，督促广大税务人员重视和加强执法方面的自我教育，提高岗位技能，增强依法办税、严格执法的观念和能力；二是加快税收征管改革步伐，不断完善税收征管新模式，用规范化、程序化的管理来规范执法人员的行为。规范税务执法行为，强化税务干部的思想政治教育是前提，提高其法律、业务知识水平是关键。

（六）进一步加强税收日常执法督察

再科学的制度、缺乏检查监督，最后就会失去它的效力，为此，必须强化日常执法督察。各单位应选拔业务素质强，政治素质硬的人员，从事日常执法督察工作，同时建立执法督察人员责任制度，从而有效的促进执法水平提高和保证执法督察质量的提高。

（作者单位：山东省淄博市地方税务局）

# 试论税务行政处罚裁量权的行使与制约

张启晖

税务行政处罚裁量权，是指税务机关根据法律、法规和规章的规定，认定税收违法行为的事实、性质、情节及社会危害程度，自主选择处罚方式、种类和幅度并作出处罚决定的权力。目前，国家税务总局制定的《税务行政处罚裁量权适用规则》正在征求意见，大连市国地税统一的《税务行政处罚裁量基准》已经公告施行。“徒法无以自行”，如何准确理解和实践上述规定是摆在每个税务执法人员面前亟待解决的问题。本文试从理论与实践两个方面讨论一下税务行政处罚裁量权（以下简称“处罚裁量权”）的行使与制约。

## 一、准确理解规范行使处罚裁量权

（一）规范处罚裁量权的基础和目的

现行涉税法律、法规和规章对处罚裁量的规定是规范处罚裁量权的基础。换言之，也正是由于税务机关和执法人员被依法赋予了裁量空间，其才具有了选择罚与不罚、罚多还是罚少的权力，才有了对这种权力的规范和制约。

同时，现行涉税法律、法规和规章对处罚裁量的规定也是规范处罚裁量权的目的。有了裁量的空间和权力，难免会出现任性选择或滥用权力，对国家和当事人的合法权益造成侵害，这就需要对处罚裁量权进行规范和制约。

（二）准确理解规范处罚裁量权

准确理解规范处罚裁量权应当避免两种倾向，一是裁量权力是法律赋予的，应当自由行使，不受限制；二是自由裁量必然导致权力滥用，应当固化标准以最大化的限制裁量权的行使。

“没有绝对的自由”，“不受约束的权力就是暴力”。反对消灭裁量空间和权力不意味着对处罚裁量权的放任行使，规范处罚裁量权以更好地彰显法律的精神和原则，恰恰是为了保护执法机关和人员更好地行使权力，保护国家和当事人的合法权益不受非法侵害。

法律规范是相对稳定的，但其所面对和调整的社会关系是复杂多变的，相对于频繁修改法律条文以适应执法现实需要而言，赋予执法机关和人员一定的裁量空间和权力更具可操作性，也更有效率。那种通过固化裁量标准以消灭裁量空间和权力的做法无疑违背了法的精神和原则，也是以刻舟求剑的态度面对执法现实。

## 二、规范行使处罚裁量权应当遵循的原则

处罚裁量权首先是一种处罚权，因此它必须遵循税务行政处罚的基本原则。

1、合法原则。行使处罚裁量权，应当在法律、法规和规章规定的行政处罚种类和幅度内进行，裁量不能超越法定权限，必须证据充分，必须符合法定程序。

2、合理原则。“合理行政”原则相对于“合法行政”原则，不仅要合乎形式上的法律规定，而且还要合乎“理性”和“公正”之共同法理。行使处罚裁量权应当符合立法目的和法律原则，全面考虑相关事实因素

和法律因素，作出的处罚决定与违法行为的事实、性质、情节、社会危害程度相当，与违法行为发生地的经济发展水平相适应。

3、公正原则。行使处罚裁量权对事实、性质、情节及社会危害程度等因素基本相同的税收违法行为，所适用的处罚种类和幅度应当基本相同。

4、公开原则。行使处罚裁量权应当依法公开处罚依据，包括法律法规规章、处罚裁量权适用规则、处罚裁量基准等，未经公布的，不得作为行政处罚的依据。除涉及国家秘密和商业秘密、个人隐私外，应当依法公开处理结果。

5、程序正当原则。程序正当是行政行为正当的前提和保证，也是控制滥用自由裁量权最有较的手段，因此，行使处罚裁量权也必须严格遵守法定权限和程序，依法保障当事人的知情权、参与权和救济权等各项法定权利。

6、适度原则。税收执法可以采用多种方式实现执法目的的，应当避免采用损害纳税人权益的方式。因此，在行使处罚裁量权时应当特别注意，所采取的措施和手段应当必要、适当，实施的处罚必须与处罚裁量基准规定的幅度一致。

7、惩教结合原则。行使处罚裁量权应当坚持处罚与教育相结合，引导当事人自觉遵守法律，有效预防和纠正违法行为。裁量基准中对限改期限内改正的行为不予处罚或者施以较轻的处罚即是这一原则的集中体现。

同时，处罚裁量作为行政处罚的具体实现手段之一，它又有自身相对特殊的原则需要去遵循。

一是先例原则。税务机关在行使处罚裁量权时，对同一类税务违法行为的认定和处理要有一个相对统一的标准，应当保持标准的相对稳定性和连续性，处理前后要一致，不反复无常。这既是法律适用稳定性的要求，也是公正原则的具体体现。

二是统一原则。现实中，国地税机关都拥有进行处罚裁量的权力，这就要求二者应当遵循统一的标准，对各因素基本相同的违法行为采取的处罚种类和幅度应当基本相同，特别要注意遵守“一事不二罚”的规定。

## 三、如何规范行使处罚裁量权

（一）行使处罚裁量权应当注意的问题

1、适用从轻、减轻处罚和不予处罚。处罚法第二十七条第一款是对适用从轻或者减轻处罚情形的规定，第二款和征管法“违法行为五年内未被发现”是对适用不予处罚情形的规定。所有从轻、减轻处罚和不予处罚的决定都应当源自上述规定。

处罚裁量基准规定的“当事人首次违反且情节轻微并在税务机关发现前主动改正的或在税务机关责令限期改正的期限内改正的，不予行政处罚”，也就是通常所说的“首违不罚”，不是另设新规，而是具体地明确了不予处罚情形的一种表现形式。这种具体形式完全符合处罚法第二十七条第二款的规定。

我们可以得出这样的结论，无论是“首违不罚”还是其他情形，不管它们以何种形式表现出来，只要作出从轻、减轻处罚和不予处罚的决定，就必须符合法定条件，除此以外均不应当适用从轻、减轻处罚和不予处罚，以免有人避重就轻，利用该条款滥用处罚裁量权。

2、临界点处罚的把握。无论处罚裁量基准采取定额罚还是幅度罚的规定，在行使处罚裁量权的过程中都会面对如何把握临界点处罚的问题。所谓临界点处罚的适用，即在以时限、数量或者金额等要素划分处罚幅度的情况下，衔接上下两个幅度的数值会对应不同的罚款幅度，于是就产生了适用低幅度还是高幅度处罚的问题。抛开执法人员业务水平和判断能力不谈，只要领会了合理原则和公正原则的本质，临界点处罚适用的难题也就迎刃而解了，即时限、数量或者金额等要素数值越趋近于临界点，其对应的罚款金额应当越同向趋近于罚款幅度的限额，无论是上限还是下限。

3、处罚裁量权统一的内涵。有人主张在处罚裁量基准的幅度规定内再作固化的定额标准规定，理由是有利于基层执法人员掌握并提高工作效率，对当事人也公平。而笔者认为这种简单机械的方法恰恰是对处罚裁量公平、公正原则的破坏，以看似高效率的执法掩盖差异性处罚的现实需要。不能简单地说对A同样的违法行为先后罚款100元和200元就是不公平，正如不能说对A和B同样罚款100元就是公平的一样。

我们有必要厘清处罚裁量权统一的真正含义。首先，规范统一处罚裁量权不是为了消灭裁量权，裁量权是法定权力，应当更加规范地行使而非剥夺。处罚裁量基准把对从轻、减轻和情节严重情形交由执法人员判断，就是为了体现“裁量应当规范，规范下有裁量”这一宗旨。我们不反对定额处罚，因为即使是幅度罚的规定最终也是要明确具体的罚款金额的。我们反对的是在幅度罚内僵化的确定固定额度，以一成不变的罚款金额应对复杂多变的执法现实。

其次，也许有人会有疑问，既然不宜确定固定标准那如何体现统一呢？罚款不一样会不会引发执法风险呢？笔者以为，所谓处罚裁量权的统一不是简单地指罚款金额一致，而是对相同类型的违法行为在一个可以接受的幅度内选择适用罚款额度。比如罚款100元、200元甚至300元，都可以说是统一的处罚裁量结果。我们追求的不是处以相同金额的罚款，而是科学界定能够被普遍接受的处罚幅度，在这个幅度内即使罚款有差异也不会引起当事人的反弹，执法风险自然可控。

最后，处罚裁量权统一不只是执行处罚裁量基准那么简单，需要各方面因素综合作用，形成合力。如执法人员的能力、信息化手段的运用、制度的保障监督、各部门的协作等。本文只是试论税务行政处罚裁量权的行使与制约，其他方面也只能点到为止。

(二)强化对行使处罚裁量权的管理

1、实行文书说理制度。税务机关实施税务行政处罚，应当在执法文书中对证据采信、事实认定、法律适用和税务行政处罚裁量基准的适用等说明理由。这一点对于行使处罚裁量权尤为重要，一方面，要向当事人说明税务机关是如何在处罚幅度内选择适用罚款金额作出处罚决定的，以获得当事人的理解和认可；另一方面，在说理的过程中自我检视处罚裁量权的行使是否合法、恰当，这也是个自我监督的过程。当然，说理的范围和方式可以随着工作实际不断完善和规范。

2、探索建立典型案例指导制度。税务机关要积极探索建立典型案例指导制度，通过案例指导规范处罚裁量权。规，尺规；范，模具。规范处罚裁量权，总要有个成例可以借鉴参考。用俗话说，先打个样儿，才好依样而行。典型案例指导制度就是解决“同案不同罚”问题的有效途径之一。

指导工作可以先以科、局为单位，定期不定期的选择有代表性和指导意义的案例公布，引导和指导执法人员规范行使处罚裁量权。市局也可以对本系统办结的典型行政处罚案件进行收集、分类，时机成熟时可以建立指导性案例电子库，对违法行为的事实、性质、情节、社会危害程度相同或者基本相同的案例录入电子库。然后由系统内法律专业人员从实体和程序等方面进行严格的初选、审核，形成指导性案例，通过文件、工作内网、互联网等形式公布(案件涉及国家秘密、商业秘密、个人隐私等除外)，作为本系统今后一定时间对同类违法行为进行行政处罚的参考。参考指导性案例作出的行政处罚，在处罚的种类、幅度以及程序等方面与指导性案例一致或基本一致，实现同案同罚。最终实现“规范提供案例、案例促进规范”的良性互动，这比单纯地制定固定罚款标准更有效果、更有意义。

3、强化执法协作和信息化管理。地税机关内部、国地税机关之间应当强化执法协作，健全信息交换和执法合作机制。应当积极运用信息化手段加强处罚裁量权的管理，实现流程控制，规范裁量行为，减少执法风险。

4、自我提升和执法监督。执法人员应当积极主动地参与规范行使处罚裁量权的过程，如在加强国地税信息交流的同时，执法人员在实施处罚时主动询问当事人或要求当事人提供相关文书以避免重复处罚等。税务机关应当创造条件开展学习、培训、交流活动，不断提高执法人员对税务行政处罚和处罚裁量权的理解、运用能力和水平。

规范行使处罚裁量权是自发的过程，但未必是自觉的过程，外部监督制约不可或缺。要通过执法督察、案卷评查等方式，对规范处罚裁量权工作进行监督。出现问题要及时整改，发现过错应追究责任。

规范处罚裁量权不只是纸面上的条款项目，它是一个动态的不断发展的过程，如何把理论和实践结合起来，如何通过广大税务干部的实践使之日臻完善才是我们追求的目标，也是这篇文章探讨的应有之义。

（作者单位：辽宁省大连市地方税务局政策法规处）

# 税收强制执行问题研究

沈建华　徐　燕

税收强制执行措施，是税务机关对违反税收征收管理，拒不履行法定纳税义务的税务行政管理相对人，依法采取税收强制措施，迫使其遵守税收征管规定，履行纳税义务的行政执行行为。具体讲就是指税款、滞纳金、罚款限缴期限到期后仍不缴纳时，税务机关通知银行或其他金融机构扣缴当事人的存款或扣押、查封、拍卖或者变卖部分财产以抵缴税款、滞纳金，或申请人民法院强制执行税务行政处罚罚款的执法过程。作为国家调节经济的杠杆，税收处于各种利益分配矛盾的焦点上，一些纳税单位和个人为牟取非法利益，偷税甚至抗税的现象时有发生，在某些地方、某些税种上还相当严重。因此，赋予税务机关采取强制执行措施的权力，是十分必要的，同时也是国际上的普遍做法。但是在实际税收征管过程中，税务机关在采取税收强制执行措施时，则普遍反映存在执行难以及执行难以达到迫使纳税人履行义务的问题，其个中原因除了由于税务机关自身手段不硬之外，主要是由于法律规定的税收强制执行措施有限，执行条款原则性较强，导致税务机关对许多纳税人的欠税无法执行，涉税争端不断，纳税环境和纳税秩序恶化。因此如何进一步规范和完善我国的税收强制执行程序，制定比较完备的法律，解决涉税争端，正确维护纳税人的合法权益，是当前我国税制研究的重点课题所在。对此笔者根据近年来工作实践和相关税收法律制度，结合当前的理论研究，对当前税收强制执行程序中存在的若干问题做一些有益的法律探讨。

## 一、税收强制执行中存在的主要问题

（一）税收强制执行能否申请法院强制执行

《中华人民共和国税收征收管理法》（以下简称《征管法》）对强制执行区分为税收强制执行与行政处罚强制执行，对行政处罚的执行可以申请法院强制执行，这是毫无疑问的。但是对税收的强制执行是否可以申请法院强制执行呢？税收法律制度没有明确规定。有学者认为：无论在哪种情况下，人民法院都可以成为强制执行的主体。至于什么情况下强制执行，什么情况下申请人民法院强制执行，完全由税务机关酌情选择。这导致了一些税务机关为避免可能存在的执法责任危险，而对强制执行过分依赖于人民法院，也有些税务机关与地方人民法院共同强制执行，以至于划分不清哪些是行政职能，哪些是司法职能，这样不仅难以保障强制执行的公正与效率，而且也与人民法院专事司法、居中裁判的地位不符。

（二）税收强制执行适用前提不清

在实际执法中，对符合强制执行条件的纳税人、扣缴义务人和纳税担保人，是不是都要采取强制执行措施？《征管法》第四十条规定是“可以”执行。因此有学者认为，税收强制执行要根据有关行政强制执行适用的前提条件，对行政相对人的情况进行具体分析才能确定。根据有关法律的规定，采取税收强制执行必须同时具备以下三个要件：首先，相对人负有法定的纳税义务，这是采取强制执行措施的基础要件；其次，相对人具有履行义务的能力，这是采取强制执行措施的客观要件；第三，相对人有履行能力而故意逾期不履行或拖延履行义务，这是采取强制执行措施的主观要件；这三者缺一不可。同时还认为根据税收强制执行立法的精神，对确无履行纳税能力，又非主观故意逾期不履行纳税义务的纳税人，不应当采取强制执行措施。实际上对这些企业采取税收强制执行措施，既违背了行政强制执行立法的宗旨，又收不到好的社会效果，相反还会产生一些负面效应。

（三）税收强制执行扣缴税款的时效性不强

强制执行措施之一是税务机关书面通知其开户银行或者其他金融机构从其存款中扣缴税款。但在实际操作中由于纳税人的帐户资金具有流动性强的特点，在不同的时段存在不同的金额，而扣缴税款只存在于某一具体时段，因此采用扣缴税款的手段难以达到强制执行的目的。

(四)税收强制执行的财产价值难以准确把握

《征管法》明确规定扣押、查封、依法拍卖或者变卖其价值相当于应纳税款的商品、货物或者其他财产。《中华人民共和国税收征收管理法实施细则》(以下简称《实施细则》)中还具体包括滞纳金和扣押、查封、保管、拍卖、变卖所发生的费用。但是在具体的强制执行操作中，最难以判断的就是查封扣押财物的价值问题。如实施细则第五十九条第三款规定对单价五千元以下的生活用品，不采取强制执行措施，这里面五千元是原值，现值，还是公允价值？尽管《实施细则》第六十四条规定可以参照同类商品的市场价、出厂价或评估价估算.但具体按照哪一个方式没有明确规定，如纳税人的某生活用品(手机)市场价为六千元，但公允价值只有四千元(去掉折旧等因素)，税务部门能否扣押？

(五)税收强制执行财产能否优先执行

在具体操作中，税务人员往往在扣押查封时遇到该财产已被抵押等情况。《征管法》第四十五条规定欠税发生在抵押权、质权、留置权之前的，税收优先，那么税务部门能否可以对这类财产进行扣押、查封？如果欠税发生在之后的，但被扣押的财产尚有余额的，如财产公允价值五万，抵押四万债务，那么还有一万尚未抵押，税务部门是否可以扣押查封？

(六)税收强制执行财产的范围不明确

如实施细则第五十九条规定的其他财产包括纳税人的房地产、现金、有价证券等，但在执行过程中，如遇到企业财务人员刚从银行取回的企业职工人员的应付工资，是否可以扣押？如果纳税人是股份制企业或有限责任公司，是否包括企业负责人个人的房地产？《实施细则》第五十九条规定豪华住宅不属于纳税人及其亲属维持生活必需的住房.如果豪华住宅是纳税人及其亲属维持生活必需的唯一的住房，那么税务部门是否可以查封、拍卖或变卖？纳税人及其亲属维持生活的标准有哪些？

(七)税收强制执行场所存在法律空白

从《征管法》和《实施细则》的相关条款来看，税务机关对纳税人的价值超过五千元的生活用品是可以扣押查封的，但这里面存在一个问题，生活用品一般都在纳税人的居住场所，税务人员能否凭《查封扣押通知书》进入纳税人的居住场所进行扣押查封？是否侵犯纳税人的个人隐私权？

## 二、税收强制执行问题法理解析

虽然税务机关在税收管理中享有比其他行政部门更多的强制执行权，但是对纳税人拒不履行纳税义务的情况却往往力不从心，难以达到强制追缴的目的。产生上述问题的主要原因是：一是税收法律条款原则化，操作性不强。如对税收强制执行的适用条件、税收强制执行财产的价值、优先执行等问题。二是相关条款有一定的冲突，存在法律空白。如税收强制执行财产的范围和场所等问题。三是法律赋予税务机关权限有限。如税收强制扣缴的时效性等。对此笔者认为只有对上述问题进行深刻的法理分析和理论探讨，才能更好的规范税务机关的税收强制执行权，在保障国家税款及时足额入库的同时，能切实维护纳税人的权益。

1、申请法院强制执行的问题。笔者认为应根据《中华人民共和国行政诉讼法》第六十六条规定："公民、法人或者其他组织对具体行政行为在法定期间不提起诉讼又不履行的，行政机关可以申请人民法院强制执行，或者依法强制执行。"以及《中华人民共和国行政复议法》第三十三条规定："申请人逾期不起诉又不履行行政复议决定的，或者不履行最终裁决的行政复议决定的，按照下列规定分别处理：(一)维持具体行政行为的行政复议决定，由作出具体行政行为的行政机关依法强制执行，或者申请人民法院强制执行；(二)变更具体行政行为的行政复议决定，由行政复议机关依法强制执行，或者申请人民法院强制执行。”对经过复议或者诉讼的，税务机关可以选择依法申请人民法院强制执行，对没有经过复议或者诉讼，则应当由税务机关执行，不能向人民法院申请执行。但是这里面还存在一个法律漏洞问题，由于税务机关税收强制执行的对象是从事生产经营的纳税人，那么对于非生产经营的纳税人如行政机关欠税既不复议也不诉讼，税务机关该如何处理？对此笔者认为从目前的税收法律制度来看，税务机关难以采取积极有效的强制措施，税务机关一方面应根据国家税务总局《欠税公告办法》对欠税单位进行公告，另一方面对拒不缴纳税款的严格按照《征管法》第六十八条规定进行处罚，按《征管法》第八十八条规定申请法院强制执行。

2、税收强制执行的适用条件问题。按照上述理论观点，税务机关在执行强制执行前是不是都要对纳税人履行能力进行考察后，然后才能实施？笔者认为该学者的观点具有一定的片面性，存在理解上的误区。首先从《征管法》及其《实施细则》中并没有明确规定税收强制执行的对象一定需要有履行义务的能力。其次税务机关如果按照上述理论不能及时采取强制执行措施，极有可能导致纳税人转移有关资产或者存在侥幸心理，产生“死猪不怕开水烫”的想法，不积极或者更加变本加厉的不履行纳税义务，从而对整个纳税环境和纳税秩序产生不良影响。

3、扣缴时效性问题。笔者认为应参照税收保全措施，赋予税务机关在强制执行过程中冻结纳税人存款帐户的权限，在冻结期间对纳税人到帐资金进行扣缴。只有这样，才能彻底解决扣缴存在的时效性缺陷。

4、税收强制执行的财产价值问题。目前相关法律没有进一步予以明确，理论界也没有具体的相关研究，笔者建议应参照财务准则制度，出台有关规定，以财产的公允价值为宜，因为强制执行的目的是为了税收，而税收主要体现在金额上，公允价值最能够体现一样物品的价值，从而能够最大限度保证税收的实现。

5、税收强制执行是否优先执行的问题。笔者认为《征管法》第四十五条规定的意义是尊重了民事的债权债务关系的稳定，是对于税收之债的一种新的思维。因此，在处理时税务机关应注重民事程序，因为扣押不是担保，担保是对所有者对于所有财产处分的限制，而扣押则完全排除了所有者的处分权，同时，对于抵押权人权利的实现也限制了。

6、税收强制执行财产的范围问题。这一直是理论界讨论最多的话题，《实施细则》只是规定部分不得执行的财产，但没有进行具体的细化，对此笔者认为最高法院规定在民事案件中不得查封的几种财产，对税收执法有借鉴意义，应该引起税法制定者和执行者的注意。最高人民法院自 2005 年 1 月 1 日起公布施行了《关于人民法院民事执行中查封、扣押、冻结财产的规定》。这个司法解释规定，被执行人的 8 种财产人民法院不得查封、扣押、冻结。这 8 种财产包括：被执行人及其所扶养家属生活所必需的衣服、家具、炊具、餐具及其他家庭生活必需的物品；被执行人及其所扶养家属所必需的生活费用；当地有最低生活保障标准的，必需的生活费用依照该标准确定；被执行人及其所扶养家属完成义务教育所必需的物品；未公开的发明或者未发表的著作；被执行人及其所扶养家属用于身体缺陷所必需的辅助工具、医疗物品；被执行人所得的勋章及其他荣誉表彰的物品；根据《中华人民共和国缔结条约程序法》，以中华人民共和国、中华人民共和国政府或者中华人民共和国政府部门名义同外国、国际组织缔结的条约、协定和其他具有条约、协定性质的文件中规定免于查封、扣押、冻结的财产；法律或者司法解释规定的其他不得查封、扣押、冻结的财产。

7、纳税人居住场所财产的扣押问题。由于税务机关没有搜查权限，因此不能随意进入纳税人的居住场所进行财产扣押。对此笔者认为税务机关应进一步加强与公安部门的沟通和联系，依照法定职权和程序，完善进入纳税人居住场所进行扣押所需要相关的法律手续，如出具《搜查证》等，才能联合对纳税人采取税收强制执行措施。

## 三、完善税收强制执行法律的相关建议

(一)完善税收法律体系，强化税收执行手段

上面阐述的问题说明我国的税收强制执行程序方面存在诸多问题,有关部门应进一步健全与采取强制执行措施有关的法律规定,如《行政强制执行法》,尽快对税务机关强制执行的程序作出明确规定。同时,出台规范税务机关采取强制执行措施的单项规定,对行使强制行措施的对象、权限,法律责任进行进一步细化,对不及时采取强制执行措施导致欠税无法追缴的,或者没有按照法定程序采取强制执行措施,造成纳税人合法权益受损的税务人员要严格按照执法过错责任追究制的有关内容追究相应责任。对税务机关按照法律规定采取强制执行措施无效或无法采取强制执行措施的,笔者建议可以考虑由税务机关通过诉讼途径申请人民法院强制执行,以提高税收强制执行的刚性,维护税法的尊严。

(二)设立专门的税收司法组织,加大对涉税案件的打击力度

推进我国税收法治建设的一个必然结果就是税收司法领域中税务诉讼的增加以及专业税务法庭的设立。专业税务法庭的设立是应对税务案件大量性、复杂性的需要,也是更好地保护纳税人权利和维护国家税收债权的需要。世界上税收国家建设比较完善的国家大多都有专门处理税务案件税务法庭或税务法院。如美国、俄罗斯等国都设有独立的税务警察机构,专门负责税务案件的侦查;而德国、日本等国也都设立了独立的税务法院,专门负责税务案件的审判。独立的税收司法组织对税法的良好运行起着很重要的作用,我国应借鉴世界各国的经验,建立专门的税收司法组织。一方面税务部门要紧紧依公检法机关,加强联系,争取更多的支持。另一方面,要继续探索、巩固和发展专门的税收司法机构。在条件成熟的情况下,在全国成立专业税务警察,专司涉税案件的诉讼和起诉;设立税务法院,专司涉税案件的审理、判决与执行。

(三)税收强制执行要充分体现人性化管理,做到依法治税

税收的强制执行,是依照税法规定,对应履行纳税义务而未履行的纳税人,以国家的强制力迫使其履行。因此在强制执行程序中如何对待纳税人,避免征纳双方之间的矛盾,体现人性化管理显得尤为重要。对此笔者认为税务部门应做好强制执行的事前、事中、事后工作,如强制执行事前则适当给予纳税人一定滞纳犹豫期间,在此期间内要课以滞纳金并发出催缴通知书。如逾期仍不履行,即采取税收强制执行手段。以美国最为典型。美国的《催缴通知书》由税务服务中心统一发出,一般要连续四次发通知,每次间隔五周,每次措辞比上一次更加强烈,四次通知后纳税人仍不缴税的,服务中心将欠税名单转到自动电话催缴中心,开始进行强制征收。澳大利亚、新西兰等国一般发出三次"催缴通知书"。事中则应做好相关的解释工作,尽量排除被执行人的抵触情绪,在执行过程中做到合法合理有节。事后则应严格按照国家税务总局《抵税财物拍卖、变卖试行办法》的有关规定实施,尽可能维护纳税人的合法权益,真正做到依法治税。

(四)加强政府相关职能部门合作,形成齐抓共管态势

税收征收过程中遇到的问题不完全是税务部门单方面能够有效解决的事,尤其是企业及自然人欠税、抗税等问题,虽然已经具备了税法所规定的实施强制执行条件,但往往仅靠税务部门解决难度较大。在我国现行税收征管体制下,如果没有公、检、法、银行等部门的支持和配合,很难对欠税主体顺利实施税收强制执行。在当前经济形势不景气、企业及自然人欠税个案越来越多的情况下,在税务部门自身力量存在不足的情形下,首先建立一支由政府部门牵头和主导的税收强制执行工作小组成为当务之急,制定相应的联席会商制度、定期通报制度、措施保障机制十分必要,这样才能有效解决税收强制执行过程中遇到的阻力和问题;其次,建议税务部门要认真总结和研究在过去实施强制执行过程中碰到的一系列不利于执行的各环节中的问题,找到出现问题的所在对应部门,实行分工负责、任务分解、责任有主的工作模式;再次,国、地税两部门要加强沟通和联系,对企业和自然人的欠税情况实现信息共享,避免所欠税费在强制执行中遗漏现象发生。

(作者单位:江苏省常州地方税务局)

# 税务人员渎职犯罪原因分析及对策研究

周　密　钟　慧

税务机关作为国家重要的经济执法部门，税务干部也掌管着相应的行政管理权和税收执法权，其尽职与否，有无渎职，直接关系着经济税源能否健康发展、税收法制能否得到有效维护、国家财政能否充实，社会能否和谐发展。近年来，随着检察机关打击渎职侵权犯罪工作的深入，税务人员渎职犯罪的案件呈不断上升趋势，不仅损害了国家税收利益，同时对税务机关的声誉造成了一定的负面影响。作为国家执法部门的税务机关和广大税务人员，有必要深刻认识税务渎职犯罪的涵义及其具体表现形式。因此，研究税务人员渎职犯罪的特点、成因，有针对性地采取措施，防微杜渐，对于税务机关内部的反腐倡廉具有十分重要的意义。

## 一、税务人员渎职犯罪的特征及危害

根据渎职罪的法律含义和犯罪的特定主体，税务渎职犯罪是指税务人员这一特殊的主体在税收执法和行政管理过程中，滥用职权、玩忽职守、徇私舞弊等，妨害国家机关的正常管理秩序、活动秩序，致使公共财产、国家和人民利益遭受重大损失或者国家机关信誉遭受严重损害，依法应受刑事处罚的行为。税务渎职犯罪有以下五个特征：

第一是主体比较特殊。国家法律规定渎职犯罪的主体必须是国家机关工作人员，税务渎职犯罪的主体是税务机关工作人员。它包括各级税务局、税务分局和税务所以及财政农税机构和海关中，负有向纳税人征收税款义务、代表国家依法行使征收、管理和检查税款职权的人员。

第二是侵害的客体较具体。税务渎职犯罪侵害的客体是国家的税收征管制度和征税机关的正常管理活动。具体而言，涉税渎职犯罪往往直接侵犯国家或纳税人利益，造成国家税款流失或损害纳税人的合法权益，也侵害税务人员职务行为的廉洁性，妨害国家征税机关的正常管理活动和税收管理秩序。

第三是行为特征属于职务上的违法行为。税务渎职犯罪属于职务行为，而且是税务人员在履行职务过程中，也就是在代表国家行使税收征收、管理和检查职权过程中的一些违法行为，具体表现为滥用职权、玩忽职守或者徇私舞弊、以权谋私，致使国家利益和纳税人权益遭受重大损失的行为。

第四是渎职行为造成的后果严重。税务渎职犯罪行为造成的后果必须是使国家和纳税人的利益遭受重大损失或者其他严重后果，且达到刑法及其相关法律规定的标准。

第五是主观必须具备罪过形态。税务渎职犯罪的罪过形态既可由故意构成，也可以由过失构成，个别犯罪还包括故意和过失。不管是故意犯罪，还是过失犯罪，都是税务人员在履行职责中的乱作为或不作为，但不管其目的和动机如何，即使是好心做了坏事，也只能影响对其量刑却不会影响对其定罪。

税务人员的渎职犯罪具有很大的危害性，它直接给国家和人民的利益造成了重大损失，侵害了国家税收机关的征管秩序和正常征管活动，也扰乱了社会主义市场经济秩序，扰乱了人民的工作生活秩序，更为严重的是侵害了法律的尊严。税务人员的渎职犯罪也是党员干部腐败的一种表现，不仅损害了党和政府在群众中的形象和微信，损害了税务机关和税务干部的形象，对于犯罪的税务干部本人和其家庭来说也受到了打击。因此，渎职犯罪既危害国家，也危害社会，还危害家庭，要教育我们的干部远离渎职犯罪。

## 二、税务人员渎职犯罪的原因分析

通过对近期税务渎职犯罪案件的分析发现,税务人员渎职犯罪的原因是多方面的,既有微观层次上个人素质方面的因素,也有宏观层次上制度结构方面的因素。概括起来主要有如下几个方面:

(一)法制观念淡薄与责任心不强

税务渎职犯罪是税务人员在履行职责中的不作为或乱作为,与正常的税收执法行为同样发生在行使公务过程中,不仅有故意犯罪,也有过失犯罪,而且很多是所谓的因公做了坏事,或者是好心做了坏事。有些税务人员业务不精、能力不强,不思进取,得过且过,缺乏工作责任心,凭习惯、凭经验随意执法,凭意气、凭感情盲目执法,论关系、讲人情胡乱执法,在执法中经常出现履行工作程序不到位、制作税务文书不严谨、引用法律条文不正确等错误行为。对征管软件操作不熟悉,随意录入、修改数据,导致系统数据失真、效率低下,从而为渎职犯罪埋下了隐患。此外,还存在部分税务人员对渎职犯罪的社会危害性认识不足,往往不以为罪,不知为罪,容易将渎职看作工作失误,将渎职犯罪当作是一般的执法过错或违纪、违法行为,混淆渎职犯罪与工作失误的界限。

(二)价值错位与侥幸心理的存在

从思想根源来看,职务犯罪的滋生源于行为人价值观念的错位。受封建社会"官本位"思想、西方社会"个人至上""拜金主义"观念及社会上一些不良风气的影响,渎职税务人员往往出现价值错位并心存侥幸,产生贪权图利的思想。在被查处的税务人员玩忽职守、滥用职权犯罪的案件中,绝大多数都带有徇私情、私利的行为。这充分说明了税务系统内意志薄弱者可能经受不住物欲的引诱和考验,放松自身的思想道德修养,世界观、价值观、人生观发生扭曲,把公共权力视为私人特权,把自身职责与商品混为一谈,贪欲膨胀,心理失衡,产生投资回报心理、法不责众心理、侥幸过关心理等不正常心理,从而为物欲所迷,为私利所动,为侥幸所惑,利用税收执法权寻租,以权谋私,徇私舞弊,最终招致涉税渎职犯罪。如一些税务人员认为自己懂税收业务,外行人弄不懂,只要行为隐蔽、方法巧妙、手段高明、不露痕迹,监察、检察机关也奈我不何;就算案发,可以匿藏证据,订立攻守同盟,逃避检查,或自恃关系网密,保护伞厚,认为事情可以"摆平",自己可侥幸过关;而自己过去的犯罪事实未被发现又会进一步强化其侥幸心理。

(三)制度不健全和规定不合理

制度不健全和规定不合理是税务渎职犯罪的重要因素。一是税收法律制度复杂,多变,自由裁量权过大。税收法律法规数量繁复,不太适应经济发展形势和复杂多样的经营模式,与相关法的衔接困难。为了弥补漏洞,不得不以大量的税收规范性文件作解释,补充,使得税收法规体系更加数量浩大、内容繁多、更新频繁,给税务人员学习和掌握带来极大压力,容易犯适用文件不当的错误,产生失职渎职行为。此外,现行税收法律法规中对罚款或行政处罚的弹性过大,如征管法上"可以处二千元以下的罚款"、"五万元以下的罚款"的规定等,导致税收执法自由裁量权和随意性过大,为一些掌权者和直接执法人员以权谋私提供了可能。二是刑法中对职务犯罪立案标准中也缺乏可操作性。在此类标准中普遍以"情节严重","情节特别严重"等模糊词语规定,缺乏具体的据以执行量刑标准,使很多本该定罪判刑的却逃脱法网,本该重罚的却予以轻罚或以党纪、政纪予以代替,助长了犯罪分子的侥幸心理。三是高税赋、高财政政策并没有给国民带来高福利、高保障,说明财政税收政策在某些范围缺少公正性和合理性,客观上使得社会上偷税行为普遍存在。

(四)监督制约不力与不法分子拉拢腐蚀

近些年来,税务系统征、管、查的管理体制已建成,在内部也建立了很多规章制度,权力得到了一定的监督制衡,但在内部监督中仍存在上级"鞭长莫及"无法监督、下级怕"穿小鞋"不敢监督、同级之间怕得罪人不愿监督的问题,甚至流于形式。同时,对于税务部门内部发现税务人员渎职违法的处理,往往比较仁慈，惩罚过轻，难以引起一般违法者的警觉，也容易致使有些人员从一般违法走向渎职犯罪。在外部，由于社会各界对税收制度、法规等还不甚了解，无法实施有效监督，同时纳税人也常常因怕打击报复而不敢监督，造成外部监督制约乏力。这些都使监督机制没有完全发挥出来，于是，缺少制约的权力容易被滥用，失职渎职行为也就会随之发生。同时，纳税人作为市场主体，在经济利益驱动下为了追求利益最大化，特别是一些不法之徒希望通过偷、逃税这一捷径达到致富目的，常会以各种"糖衣炮弹"拉拢腐蚀税务干部，使得税收执法违法行为存在一定的"买方市场"，容易导致税收执法权力出租，构成渎职犯罪。此外，中国人重人情，讲面子，而人情化和关系网很容易使人丧失原则。部分税务人员正是在碍于情面，从不要伤了和气而帮点小忙的心态下开始，接受感恩，一直到难以拒绝对方的请求，而又继续帮忙。在这种"施恩—回报"的人之常情中，他们走向了犯罪的深渊。

## 三、税务人员渎职犯罪的对策

税务渎职犯罪严重危害税收征管秩序，侵害国家利益和纳税人合法权益，更会侵害税务机关税收执法活动的廉洁性、公正性，必须既要严厉打击，又要注重预防，多管齐下，标本兼治。

(一)强化教育预防，提高思想认识

一是加强税收人员的思想道德和职业道德教育。道德是居于法律之前预防违法违纪的第一道堤坝，通过树立正确的人生观、价值观、权力观，培养税务干部高尚的个人情操，增强拒腐防变的自觉性。要把开展理想信念、思想道德、法制纪律教育同社会公德、职业道德、家庭美德和个人品德教育结合起来，筑牢思想道德防线和党纪国法防线，做到慎独、慎微、慎权、慎欲，增强拒腐防变的自觉性。二是加强勤政、廉政责任教育，要把"聚财为国，执法为民"的税收工作宗旨教育和"对工作负责，为纳税人服务"的工作要求结合起来，努力使税收执法人员树立"责任重于泰山"的意识，防止工作不负责任、执法随意，出现不作为或乱作为的问题。三是加强渎职犯罪专题教育和普法教育。加强渎职犯罪法制教育，运用法律条文解读、正面典型示范引导和反面案例警示教育，起到释疑解惑以明理、典型引路以明志、警示教育以慎行的作用，使税务人员树立正确的行为准则，明白是非界线，及时纠正错误，杜绝行为的随意性，减少税务渎职犯罪发案的几率。同时，强化普及税法宣传教育，全面实施政务公开和阳光办税，积极引导和鼓励纳税人和社会公众对税收执法情况进行外部监督，及时发现和反馈税收执法中出现的问题，尽早纠正处理，达到预防涉税渎职犯罪的目的。

(二)税务人员要加强学习、提升素质

学习是进步的根基，是提高自身素质的根本途径。预防涉税渎职犯罪，关键在规范执法，而规范执法，必须学法懂法，提高业务素质和执法水平。因此，强化有关法律法规的学习，提升税收执法人员的业务素质，是最终达到减少或杜绝涉税失职渎职行为的基础。一是要加强税收业务学习，熟练掌握现行税收法律法规和政策规定。现行税收法律法规和政策规定是日常税收执法的依据和标准，每个税收执法人员应立足岗位职责，加强学习和岗位练兵，透彻掌握本岗位所需要的税收业务知识，努力提高业务能力和执法水平，避免因对税收法律法规和政策掌握不够、不深、不透和执法不到位造成玩忽职守，或者越权执法或违反规定形成滥用职权。二是要加强对执法过错及违规、违纪、违法行为处理相关规定的学习，规范自己的执法行为。执法过错及违规、违纪、违法行为处理相关规定是税收执法人员应努力避免触到的高压线。税务人员只有加强对执法过错及违规、违纪、违法行为处理相关规定的学习，在清楚明白哪些是必须做的、哪些是应该做的、哪些是不能做的以及如何做的基础上，熟知不规范执法带来的后果及其应负的相关责任，才能更加自觉地规范执法，有效减少涉税渎职犯罪的发生。

(三)切实加强制度建设，用制度去管理

预防税务渎职犯罪，从根本上说，还是要靠制度，用制度去管理体现的就是一种法制精神而不是人制。制度建设主要包括两个方面：一是加强反腐倡廉制度建设，必须把制度建设贯穿于反腐倡廉工作的各个环节，努力提高反腐倡廉的法制化水平，逐步健全拒腐防变教育长效机制、反腐倡廉制度体系、权力运行监控机制。当前和今后一个时期，要不断健全和完善以责任、教育、监督、惩治、预警和制度6个方面为框架的制度体系和运行机制，充分发挥责任机制的前提作用、教育机制的基础作用、监督机制的关键作用、惩治机制的威慑作用、预警机制的防范作用和制度机制的保障作用。二是完善现行税收管理制度。要按照“谁制定、谁清理”的原则，对现行税收管理制度进行一次全面审查和清理，找出制度建设方面的突出问题，对不属于税务部门职责和基层税务机关难以做到的制度规定，要予以废止；对不够严密和不便操作的制度规定，要进行修改完善；对缺失的制度，要抓紧建立。建立、健全和完善税收管理制度，要将“分权制衡、监督制约和公开透明”的原则贯穿于制度之中，注重把握好每项税收管理制度的针对性、可操作性和有效性，真正从制度上化解税收执法风险和防范涉税渎职犯罪。

(四)完善执法监督机制，强化监督检查

防范执法风险，预防渎职犯罪，要切实加大监督检查的力度。一是建立健全内部执法监督机制。要按照调整监督格局、整合监督资源、优化监督手段、提高监督效果的要求，进一步整合税务部门内部执法检查、班子考核、财务审计、行政监察和巡视检查等职能部门的监督资源，形成监督合力。二是要围绕税收执法权运行过程中易发、多发问题的部位和环节加强监督检查。要围绕税额核定、增值税一般纳税人认定和注销、增值税专用发票和其他发票管理、减免缓退税审批、所得税税前列支、税务稽查选案、检查和审理等重点环节，加强对税收执法的监督检查；围绕干部选拔任用、大额经费开支、大宗物品采购、基本建设、税控器具的推广、固定资产处置等人、财、物管理重点事项，加强对行政管理权的监督检查，落实责任追究，有效解决责任不落实、执法不到位、管理不规范的问题，防止违法行为屡查屡犯、屡禁不止，杜绝涉税渎职犯罪的产生，更好地保护我们的干部。三是要进一步推进政务公开工作。健全税务系统政务公开办法、指南和目录，进一步丰富公开内容，规范公开形式、完善公开程序，大力推进办税公开，完善外部监督，强化广大纳税人、新闻媒体和社会各界对税收执法行为的监督，从苗头上预防涉税渎职犯罪。

(作者单位：江苏省南京市江宁地方税务局)

# 通过税收征管案例分析探究税务行政强制执行的几点建议

曲德民

案例概要：关于对某机械（大连）有限公司采取税收保全和税收强制执行措施的案例分析

主要事实：某机械（大连）有限公司成立于2000年，为一家经营出口产品的私营有限责任公司，主要经营：生产汽车制动器总成、刹车盘、离合器压盘、刹车毂、刹车泵、五金制品和液压阀体泵类件等。2013年企业改制，现法人代表为慈元武。进入2014年，该公司经营效益一直不太好，从2014年1月1日起至10月31日一直未按规定时间缴纳税款，总计572,039.77元，其中：欠缴2014年度正税535,473.48元；滞纳金36,566.29元。我局税务所每月按时向该企业下达《欠税告知书》和《限期缴纳税款滞纳金通知书》，该公司仍未按期缴纳税款，经多次催缴，上门沟通无效后，永宁税务所决定将该纳税人的欠税情况上报征管科并提请局执委会拟决定根据《中华人民共和国税收征收管理法》（以下称《征管法》）第三十八条的规定，先依法对该纳税人采取税收税收保全措施，书面通知纳税人开户银行冻结纳税人的金额相当于应纳税款的存款。如果未按期缴纳，再按照《征管法》第四十条的规定，拟对该纳税人采取税收强制执行措施，书面通知纳税人开户银行从其存款中扣缴税款。

处理结果：我局先采取税收保全措施6个月，并于2014年11月19日向纳税人的开户银行（中国农业银行大连瓦房店支行）下达了《检查存款账户许可证明》（大地税瓦检账【2014】001号）、《冻结存款通知书》（大地税瓦冻通【2014】001号）、《税收保全措施决定书》（冻结存款适用）（大地税瓦保冻【2014】001号）等文书，书面通知纳税人开户银行冻结纳税人的金额相当于应纳税款的存款，共计535,473.48元，纳税人逾期未缴纳税款。根据纳税人在银行的账户余额情况以及金融系统的相关规定，我局于2015年5月15日依法对该纳税人采取税收强制执行措施，下达了《扣缴税收款项通知书》（大地税瓦扣通【2014】001号）及《税收强制执行决定书》（扣缴税收款项适用）（大地税瓦强扣【2014】001号）等文书，扣缴其银行存款，共计86,613.40元。

体会思考：通过这个税收强制执行案例，笔者对案例中涉及的法律适用、程序方法以及剖析错误过失、总结成功经验等基础上提出以下几点建议：

1、究竟应不应该走税收保全措施这一步？本案中，该纳税人欠税已达10个月之久，在这期间多次催缴，上户与法人代表约谈均无果。根据《征管法》第四十条规定：从事生产、经营的纳税人、扣缴义务人未按照规定的期限缴纳或者解缴税款，纳税担保人未按照规定的期限缴纳所担保的税款，由税务机关责令限期缴纳，逾期仍未缴纳的，经县以上税务局（分局）局长批准，税务机关可以采取强制执行措施。

从这一规定就可以看出，只要企业产生欠税，就可以依据《征管法》第四十条采取强制执行措施。那么我们为什么还要先采取税收保全措施呢？这可是与《征管法》第三十八条规定相抵触的，因为第三十八条规定：税务机关有根据认为从事生产、经营的纳税人有逃避纳税义务行为的，可以在规定的纳税期之前，责令限期缴纳应纳税款；在限期内发现纳税人有明显的转移、隐匿其应纳税的商品、货物以及其他财产或者应纳税的收入的迹象的，税务机关可以责成纳税人提供纳税担保。如果纳税人不能提供纳税担保，经县以上税务局（局长）批准，税务机关可以采取税收保全措施。很显然本案中的企业并不符合第三十八条这一条款。

本案中当时的实际情况是这样的。经税收管理员核实，该企业有两个账户，其中一个账户在瓦房店农业银行，这个账户是专门用于与国外客户进行交易往来的指定账户，国外客户收到产品后，都是通过这个账户汇款的。在了解到这个情况后，我们税务人员来到瓦房店农行核实这家企业的账户情况。果然如此，这家账户是该企业与国外交易往来的唯一账户，调查时，该企业账户余额上显示还有90多万，缴纳欠税绰绰有余。然而，事情远没有这么简单，这家企业欠账太多，已被多家企业或个人起诉至法院，账户里的90多万早已被查封并冻结，我们来晚了。但银行的工作人员告诉我们，这笔款法院是给冻结了，但不一定执行或者执行那么多，按照先来后到的原则，如果你们现在申请税收保全措施继续冻结该账户，等法院执行完毕，剩余款项再加上陆续从国外汇来的款就可以归你们税务局执行了。所以根据这一实际情况，经过局领导同意，我们决定对该企业先采取税收保全措施。所以如果一开始就采取税收强制执行措施，不但扣不着款，还会引起征纳双方的矛盾。希望新的《征管法》在修改第三十八条和第四十条的时候，将这一因素考虑进去。

2、关于冻结存款、汇款需不需要制作现场笔录？本案中，我们税务机关在执行税收保全措施实施冻结存款、汇款账户时没有采取"听取当事人的陈述和申辩以及制作现场笔录等 "行政强制措施。这是否违反了2012年1月1日开始实施的《中华人民共和国行政强制法》（以下称《行政强制法》）中的有关规定。如《行政强制法》第十八条、第十九条、第三十条等条款，都明确规定了实施行政强制措施和行政强制执行措施的必经法定程序，特别是《行政强制法》第三十条规定，实施冻结存款、汇款的，应当遵守一定的程序，包括：实施前须向行政机关负责人报告并经批准；由两名以上行政执法人员实施；出示执法身份证件；制作现场笔录等。对于"制作现场笔录"这一规定，《税收征管法》及其实施细则以及税务总局文件均没有明确规定。所以在修改《征管法》及实施细则当中，要结合《行政强制法》进一步完善工作流程，明确实施强制执行环节的程序，并应该明确在以后工作当中，是否要以两部法律相结合去处理问题，《税收征管法》没有明确规定的，是否需按《行政强制法》执行，只有这样，我们才能做到有法可依，有章可循。笔者认为税务机关应在实施《行政强制法》过程中，将法定程序及要件规定与税收执法实践紧密结合，细化行政强制流程，量化行政强制裁量标准，规范行政强制的实施程序，这样才能使税务机关实施税收强制执行更规范，更有说服力，从而有效地避免了更多行政复议的发生。

3、关于税收保全措施时间是否继续执行不超过6个月？本案中我们税务机关在银行冻结账户存款、汇款时间为差四 天就满6个月。这也与《行政强制法》中的有关规定相违背。《行政强制法》第三十二条规定，"自冻结存款、汇款之日起三十日内，行政机关应当作出处理决定或者作出解除冻结决定；情况复杂的，经行政机关负责人批准，可以延长，但是延长期限不得超过三十日。法律另有规定的除外"。《税收征管法实施细则》第八十八条规定，税务机关对从事生产、经营的纳税人采取税收保全措施的期限一般不得超过6个月；重大案件需要延长的，应当报税务总局批准。二者规定存在冲突。那么这里还有一句话，大家要注意，就是"法律另有规定的除外"。这是否在告诉我们，《行政强制法》规定有法律、行政法规除外事项的，应按现行《税收征管法》及其实施细则执行。但《行政强制法》第三十二条中，只强调"法律另有规定的除外"，这里需要注意的是"例外"条款当中，到底是"法律另有规定的除外"，还是"法律、行政法规另有规定的除外"，二者截然不同。如果是"法律另有规定的除外"，对我们来说指的说是《征管法》，而要是"法律、行政法规另有规定的除外"那么可以说还包括《征管法》实施细则。但是税务机关对从事生产、经营的纳税人采取税收保全措施的期限一般不得超过6个月，恰恰是在《税收征管法实施细则》第八十八条规定的，这又作何解释呢？还有《行政强制法》第三十三条规定，"行政机关逾期未作出处理决定或者解除冻结决定的，金融机构应当自冻结期满之日起解除冻结"。我们在执行这个案子时得知，现在金融系统对税务系统提出税收保全的冻结期限刚好是6个月，这一点与我们恰好一致。但如果金融系统执行了《行政强制法》中的第三十二条和第三十三条，那么在本案例中我们就不能在最长的6个月税收保全期限中只冻结一次就可以了。

（作者单位：辽宁省瓦房店市地方税务局）

# 完善我国环境保护税法研究

杨　静

2015年6月10日，国务院法制办公室网站公布了《中华人民共和国环境保护税法(征求意见稿)》(以下简称“环保税意见稿”)，这意味着一个旨在保护生态环境为目的的税种将成为我国税收体系一个独立的组成部分。然而“征求意见稿”在税制要素的确立、税收征管的确定等方面仍然存在完善的空间，本文将以《环境保护税法》的立法目的为基础，提出进一步完善我国环境保护税法的建议。

## 一、环境保护税概述

(一)环境税基本理论

至今为止，学术界对环境税没有一个统一的界定。环境税最早是英国现代经济学家、福利经济学的创始人阿瑟·庇古在《福利经济学》中提出的，他认为，在市场经济体制下，各种资源作为一种无形的资产而存在着，市场虽然作为配置资源的基础，但是市场经济本身的局限性决定了它不可能对经济运行中的主体在生产和消费过程中可能产生的一些副产品带来的环境破坏发生作用。根据庇古理论发展而来的环境税，主要税收的形式对私人成本和社会成本进行合理分配，体现了“谁污染谁治理、谁开发谁保护、谁破坏谁恢复、谁利用谁补偿、谁收益谁付费”的原则。发达国家在推行环境税制度方面起步较早，积累了丰富的经验，但对于环境税的称呼有各不相同，有的国家称为生态税、也有的称为环境保护税、还有的称为绿色税。笔者认为环境税是为了协调环境保护与经济发展之间的关系，对开发、利用资源环境的单位和个人，按照其开发、利用自然资源的程度或污染、破坏环境的程度所征收的一种税。

(二)我国现行环境税费政策

我国目前的环境税费政策可分为两类：一是与环境相关的税制，包括资源税、消费税、城市维护建设税、车船税、城镇土地使用税和耕地占用税，以及其他环保税收优惠政策等。二是环境费，包括排污收费收费、补偿收费和保证金等。

1、与环境相关的税制。

(1)资源税。资源税是我国目前体现环境公平利用、促进资源合理开发的重要税种。随着我国资源税改革进程的不断推进，资源税征税范围扩大至现有的7种。统计数据表明，2012年国家资源税税收达到904亿元，涨幅超过50%，三十年来，资源税在节约资源开发、提高资源使用率、保护生态环境方面，发挥了重要作用，这充分说明了环境税的最突出的一个功能，即防止污染保护生态的环保功能。

(2)消费税。消费税对于保护生态环境、调控能源消耗和提高产出效率方面具有积极的作用。与资源环境直接相关的成品油、小汽车、摩托车、汽车轮胎、鞭炮焰火、木制一次性筷子、实木地板等，都通过消费税来调整人们消费需求和配置社会资源。因此，消费税充分体现了环境税的环保功能、效率功能和公平功能。

(3)城市维护建设税。城市维护建设税作为环保设施建设的重要资金来源，对促进基础设施的建设，保障社会成员共享发展的成果具有重要作用。城市维护建设税作为地方税种，能够有效地发挥地方政府的自主性和积极性，且其以增值税、消费税和营业税的税额计税，收入相对稳定，能够为城市建设提供可靠的资金支持。据统计，近年来城市维护建设税用于环保支出占到环保支出总额的35%以上。

(4)车船税。车船税的征税对象正是与能源消耗、环境污染息息相关的车船，征收车船税对于保护环境同样具有积极的作用。车船税自2007年开征以来，对于缓解交通压力和污染效果明显。2012年我国施行了《中华人民共和国车船税法》、《车船税法实施条例》，将车船税暂行条例上升为法律。“对城市、农村公共交通车辆给予定期减免税，至2015年12月31日，城市公交企业购置的公交汽电车辆免征车船购置税。”由此看出，车船税税收政策的调整能够有效引导节能减排，对于保护环境产生导向作用。

此外，城镇土地使用税和耕地占用税对土地资源的保护和合理开发利用也起到积极的作用。

除了环境保护的税收政策，在关税、营业税、增值税、企业所得税等税收政策中不乏激励企业采用节能减排技术、减少排污保护环境、促进经济结构的升级的税收优惠政策，这些优惠政策都体现出了环境税具有防治污染保护生态的环保功能、促进发展提高产出的效率功能和公平竞争调节收入的公平功能。

2、现行环境费政策。

(1)排污收费。根据“污染者付费”的原则，我国目前主要实行排污收费的环境管理制度。排污收费主要包括排污费和污染处理费两种形式，排污者可以选择其中一种形式缴纳因排污产生的费用，避免重复交费。

(2)补偿收费。环境补偿费是向生态环境具有负面影响的开发者收取的费用，开发者缴纳补偿费，承担相应的经济责任。我国当前的环境补偿费可分为两类：一类是生态环境补偿费，如森林资源的生态环境补偿；另一类是资源补偿收费，如我国现有矿产资源补偿费、水资源费、矿区使用费、采矿权价款与使用费等，这类收费与环境保护密切相关，能对资源的开发和环境的污染进行补偿。

(3)保证金。保证金是开发者事先交缴纳一定押金，若能采取一些措施，恢复和补偿开发的生态环境，政府会返还押金，否则予以没收。交纳保证金，一方面落实了整治环境的资金，另一方面也能够增大对开采行为的约束力度。

## 二、环境保护税法的立法背景及意义

(一)立法背景

经过多年的高速增长，我国经济在取得举世瞩目的成绩背后，牺牲了生态环境的沉痛代价。全国大部分地区出现的雾霾天气、河流污染、土地资源退化等环境问题，正在逐步影响人们正常的工作和生活，严重威胁的人们的生命和健康。十六届五中全会就提出了要建设资源节约型、环境友好型的两型社会，并通过完善法律体系来保障两型社会建设，但是作为调节环境和经济的最重要的手段之一的环境税却迟迟没有出台。从2007年起，国家相关部门就提出了开征环境税的构想，并对其开征的必要性和可行性进行了论证，但却没有明确具体的制定方案。随着环境的持续恶化和人们对环境的诉求不断增加，社会各界普遍对环境税的出台给予了强烈的期望和关注。我国即将迈入“十三五”时期，人口的持续增长、工业化的快速推进、经济的稳定增长必然对环境和资源提出更高的要求，能源的消耗和污染物的排放将不可避免，生态环境的治理工作已经刻不容缓。此时国家出台《中华人民共和国环境保护税(征求意见稿)》可谓是一场及时雨。

(二)立法意义

开征环境保护税不仅对保护环境、治理污染具有重大意义，也对完善我国税收体系、更好的发挥税收作用具有重要的意义。

1、开征环境保护税是“费改税”的持续推进。。“清费立税”是我国税制改革的重要措施之一，从2001年开始，车辆购置税取代了原有的车辆购置附加费，首开“费改税”先河。2009年养路费被成品油消费税所取代。开征环境保护税，是“费改税”的又一次重要推进。

排污费制度在我国实行30多年来，对我国环境保护发挥了重要作用，据报道，2003年至2013年，中国累计征收排污费1700多亿元，征收对象涉及506万家企事业单位和个体工商户。然而，由于现行排污费制度存在征收窄、征收标准过低、征收力度不足、征收效率低以及不能按照法定用途使用等问题，导致违法成本低或守法成本高，从而难以为降低污染排放提供有效激励，不利于环境质量的明显改善。同时，现行排污收费制度未涉及危险废物、生活垃圾和生活废水。因此，对我国现行环境税费制度进行必要的改革，开征专门的环境税并取代原有的排污费，是“费改税”的延续和持续推进的一个重要方面。

2、环境保护税立法是落实税收法定原则的重要步骤。排污费改为环境保护税，表面上是名称的改变，实际上也是财税法治建设的重要步骤。党的十八届三中全会明确提出，“要适时推进环境费改税”。比对《环境保护税法(征求意见稿)》和《排污费征收使用管理条例》的相关规定，可以发现二者存在诸多差异：

(1)征收目的不同。《环境保护税法(征求意见稿)》第一条明确提出“为保护和改善环境，促进社会节能减排，推进生态文明建设，制定本法。”而《排污费征收使用管理条例》的制定目的只是“为了加强对排污费的征收、使用管理”。这反映出两者在立法宗旨方面的差异。

(2)制度要素的设计框架不同。《排污费征收使用管理条例》按照总则、污染物排放种类和数量的核定、排污费的征收、排污费的使用和罚则设计制度框架，突出了排污费的征收和使用管理；而《环境保护税法(征求意见稿)》按照总则、计税依据、应纳税额、税收优惠、征收管理和罚则为法律框架，突出了税收的实体要素规定而相应简化了征收管理程序性要素的内容。

(3)征收标准的明确性不同。现行《排污费征收使用管理条例》对排污费的收取标准只有原则性的规定而没有详细的标准，而《环境保护税法(征求意见稿)》不仅通过“计税依据”、“应纳税额”和“税收优惠”等专章作出明确而具体的规定，还通过“附表1:环境保护税税目税额表”和“附表2:应税污染物和当量值表”使征收标准清晰明了。因此，相对于《排污费征收使用管理条例》，《环境保护税法(征求意见稿)》更加凸显了纳税人、征税对象、计税依据和税率等制度要素必须法定的精神。

## 三、《环境保护税法(征求意见稿)》存在的争议问题

《环境保护税法(征求意见稿)》基本上按照税法的基本框架进行设计，但是在具体要素的确定方面还存在着一些不足，自征求意见稿发布之后，一直存在很大争议。

(一)新税种命名的争议

新税种的名称选择是环境税收立法中的一个基础性问题，也是我国环境税收立法首先要面对的问题。这不仅直接决定环境税收法律制度的适用范围，还会影响环境税收法律的实施效果。

新税种命名之争主要围绕明确其范围展开。目前，我国学界对环境税收的范围分为广义与狭义，广义的环境税收是指“为实现特定的环境保护目标、筹集环境保护资金而征收的具有与调节环境污染、资源利用等行为相关的各个税种及其相关税收特别措施的总称”，按照这一界定，与环境保护相关的税种都被归入环境税收的范畴；狭义的环境税收是指“以保护环境为目的，针对环境污染、生态破坏等行为而课征的独立税种，其征税范围涵盖各种不利于生态环境安全的行为如碳排放、能源消耗等。”笔者认为，广义的环境税收范围过于宽泛，将本来分散在各税种中的环境保护规定集中到一个新税种上，立法难度大且不合理。以狭义的环境税收来立法，虽然便于对具体内容的设计，但是其不符合我国税收立法的基本目的和要求。

纵观我国目前的税收立法，基本上以课税对象为依据对税种进行命名。而《环境保护税法(征求意见稿)》中的环境保护税主要从排污收费改造而来，征税对象为排放污染物，如果将新税种定为环境保护税，显然帽子太大，征税对象太小。

(二)新税种的征收机关之争

新税种征收管理机关的选择也是我国环境税收立法争议的焦点。由于环境税征收专业性较强,因此对征收机关要求较高,目前适合作为环境税征收机关的部门主要是环境保护部门和税务部门。二者各有优势,环境保护部门对环境污染情况更为了解,税务部门对税收管理更为熟悉。对于如何选择,学术界对此意见不一,多数学者倾向于由税务部门承担主要职责,环境保护部门予以配合。《环境保护税法(征求意见稿)》基本吸纳了这一观点,在第20条第2款规定,"重点监控(排污)纳税人排放应税污染物的种类、数量等申报情况,由主管税务机关自纳税期限届满之日起5日内提请环境保护主管部门审核,环境保护主管部门自收到申报资料之日起30日内向主管税务机关出具审核意见";第3款规定,"非重点监控(排污)纳税人的申报资料,由主管税务机关会同环境保护主管部门联合核定并公告。具体办法由省、自治区、直辖市人民政府规定"。然而,新税种的征收涉及到两个部门,如果不能在立法中明确两个部门有效的合作机制,可能不利于新税种的征收管理。

(三)新税种的性质之争

对于新税种的性质学术界也存在较大争论,有学者认为新税种属于中央税,也有学者认为属于地方税,还有学者认为是共享税。按照税种性质的划分标准,主要看该税种是否具有宏观调控、再分配方面来区分中央税与地方税。环境问题包括地域性问题和跨区域性问题,因此,笔者认为新税种应为中央与地方共享税,地方的税收收入用于治理区域性污染,中央的税收收入用于治理跨地区、跨流域污染。

在确定新税种征收的主管税务部门时,由于新税种税源相对分散,征收难度较大,由地方税务部门负责征收较为合适。

(四)新税种税收收入使用之争

新税种既应具有税收的筹集财政资金、调节收入分配等职能,又应体现有利于环境保护的特征。纵观世界各国,对环境税收资金都采取专款专用的原则,即要求环境税收入只用于环境保护,不能被截留或挪作他用。近年来,我国环境费在地方税收收入中所占比例越来越大,未来环境税可能成为地方税主体税种之一。而当前在地方政府事务繁多、债务形势严峻的情况下,如果不明确环境税收入专款专用原则,则该项资金存在被挪用的风险。在2014年8月修订的《预算法》已把环境保护支出纳入一般公共预算支出的范围,明确了环境保护资金的来源。而《环境保护税法(征求意见稿)》通篇没有强调环境税收入应专款专用,不得不说是立法的一大缺憾。

## 四、修改完善《环境保护税法》的建议

构建一个能够真正实现环境保护的税收制度,不能仅仅在税制的框架下对排污收费制度进行简单的平移,必须要立足于立法目的,精细设计税制要素,完善相关管理机制。针对《环境保护税(征求意见稿)》存在的争议与不足,本课题组提出以下完善建议:

(一)扩大环境保护税的征税范围

法律具有固定性,一旦《环境保护税法》正式出台,将不可能轻易修改,即使要进行修改,程序也相对复杂。因此,在《环境保护税法》正式出台前,应该充分考虑税法的前瞻性。目前的《环境保护税法(征求意见稿)》只是对排污收费制度的平移改造,征税范围过窄,随着环境问题的层出不穷,人们对环境保护诉求的逐渐增加,《环境保护税法(征求意见稿)》中的环境保护税可能不能满足环境保护的基本功能。因此,笔者建议适当扩大环境保护税的征税范围,细化税目列举,尽量减少税法执行的修补。扩大征税范围后,在具体执行过程中,可以考虑经济发展承受能力、负担水平、管理能力等因素,对某些征税对象暂缓征收环境保护税。

(二)合理划分环境保护税收入

目前，排污费收入纳入地方财政预算，属于地方公共财政收入。排污费改为环境保护税以后，税收收入可能成为中央与地方共享税，合理的划分环境保护税收入十分必要。中央和地方对环境保护税收入的归属也应该根据污染物的影响范围来确定：对于来自全国范围污染物的环保税收入（如大气污染和大江大海的污染），应该主要纳入中央财政专项用于此类污染的治理；而来自区域性的污染物的环保税收入（例如跨区域的湖泊），应该由相关区域的地方政府共同分享；对于来自地方性污染的环保税收入（如固体废物、噪音污染），应该归属地方政府。

（三）建立环境保护税收入专款专用制度

作为一种特定政策目的税，并非政府单纯的筹资手段，人们更多的关系税收收入的管理和使用是否合理和正当。因此，应该明确环境保护税收入真正用于环境污染的治理上，使其专款专用，以保障其征收目的和支出用途的一致性。《条例》第四章“排污费的使用”第十八条规定，排污费必须纳入财政预算，列入环境保护专项资金进行管理，主要用于下列项目的拨款补助或者贷款贴息：重点污染源防治，区域性污染防治，污染防治新技术、新工艺的开发、示范和应用，国务院规定的其他污染防治项目。而环保税意见稿并没有相应的支出使用范围的规定，仅在第六章“附则”第二十八条有“原由排污费安排的支出纳入财政预算安排”的补充说明。这就需要进一步明确环境保护税收入的支出用途。如果环境保护税收入没有用于环境保护这一特殊目的，其立法宗旨就会大打折扣，其正当性也就会受到质疑。

（四）构建税务部门与环境保护部门的协调机制

合理构建税务部门与环境保护部门的协调机制，才能保障二者在环境税征收管理中合作顺畅。首先，要建立环境税收信息共享机制，在技术上实现环境保护部门与税务部门计算机联网，保障数据信息实时共享，确保税务部门能够及时、准确地掌握与环境税收有关的信息。其次，要建立环境税收征管的沟通协调机制，定期处理经常性事务和征收管理工作中遇到的争议性问题，必要时由两个部门进行联合执法。

（作者单位：广西壮族自治区地方税务局）

# 现阶段我国建立税务警察的初步探讨

张明召

## 一、从世界范围看，部分国家建立税务警察的概况

从世界范围看，在部分国家里，为了维护税收征管秩序，提高税收征管效率，都建立了一支强有力的税务稽查队伍和税务警察。下面对有代表性的国家给予介绍。

德国的税务稽查人员是一支不带枪的税务警察队伍，机构设在各州财政局，他们拥有很大的税收征管稽查权力。例如拥有税务审核权，这是一般国家中税收征管队伍都有的，但下面的两个权力是一般国家的税收稽查队伍不具有的，那就是税收违法犯罪的侦查权和处以税收违法犯罪分子一年以下有期徒刑的权力，同时拥有无须进行税收犯罪起诉的权力。这样极大提高工作效率，大大降低税收征管成本。首先是税收稽查人员具有警察职能，具有税收违法犯罪的侦查权，在执法过程中如果发现纳税人有明显的偷税问题，他们直接可以进入司法侦查程序，不需要等待其他部门的审批程序。这样就避免了重复劳动，不必像我国税收征管部门必须寻求公检法部门的协助才能进入司法程序，这样就提高了工作效率，降低了税收征管成本。再就是税收稽查人员具有行政、司法双重权力，能保证税收征管人员执法的刚性，因为德国的税收稽查人员有权对税收违法的犯罪嫌疑人行使搜查、审问和限制人身自由的权力等。

美国的税务警察是由美国国家税务局管理，他们比其他警察享有更大的权力。这主要表现在他们无须事前告知，可以直接冻结纳税人的存款，封闭纳税人的个人私宅，或者收缴纳税人的财产，直到纳税人缴清应纳税款。

意大利有一支 6 万人的税务警察，隶属于国家财政部，其职责是专门负责海关关税的检查和偷漏税的调查，维护税收征管秩序。

由于税收大量流失，1993 年，俄罗斯也成立了税务警察，隶属于各级政府权力部门。成立后就取得了良好的效果，仅仅在 1993 和 1994 年两年的时间里就为俄罗斯挽回了 7 亿多美元的税款流失。

从以上的资料可以看出，这些国家的税务警察队伍的执法效率极高，对维护税收征管秩序，防止税款流失起到非常重要的作用。从机构的设置看，德国税务警察设在财政局，美国则设在国家税务局，意大利则设在国家财政部。从税务警察的权力看，德国和美国的税务警察权巨大权力，尤其是德国税务警察拥有侦查权和司法权，而美国税务警察在确保缴清应纳税款的绝对权力。这些政策对我国建立税务警察时都有很大的参考作用。

## 二、我国没有至今建立自己的税收警察队伍，这是我国现实国情的产物，严重影响着我国的税收征管和稽查效率

从我国的现实情况看，税务机关在税收征管方面权力太小，无法保障税收征管工作的顺利开展。首先表现在税务机关检查权过小，妨碍执法力度。《税收征管法》没有赋予税收检查人员搜查权力。结果造成税务机关难以处理纳税人偷税情况。如果税务机关怀疑纳税人有偷税问题，要求纳税人提供纳税资料，但是纳税人找借口不提供或者不承认有纳税资料，检查人员就无法取得证据对纳税人进行应有的处

罚。再就是税收司法程序复杂，涉税案件的查处涉及到各个司法相关部门。虽说在一定程度上能相互牵制，杜绝一个部门的徇私舞弊，滥用权力，但是缺陷也是明显的，那就是遇到问题相互扯皮，或者在几个部门工作办案期间，纳税人的情况又发生了变化，错过查案最好时机，造成查处涉税案件的效率不高。我国刑法明确规定进入司法程序的涉税案件标准。对于达到涉税案件标准的才能够移送公安部门立案侦查，对于达不到涉税案件标准的只能由税务机关进行查处，这就给税务机关带来难题。税务机关本身没有限制纳税人自由的权力，也就没有强制权力要求纳税人依法及时足额缴纳应缴的税款。即使是涉税大案超过了认定标准，进入司法程序，处理起来也困难重重。因为涉税犯罪认定条件复杂，同时税务机关没有限制纳税人人身自由的权力。

从纳税人方面说，纳税人的经营情况复杂多变，同时有的纳税人经营地点流动性很强。有的个体纳税户经营方式灵活多变，偷税一旦被查处，可以随时关门或者转让门店。有的经营户搞异地经营，纳税人在偷税或者漏税后一旦离开经营地点，税务机关难以继续查处。即使是大的涉税案件，处理起来程序繁杂，难度也很大，造成执法效率低下。因为涉税案件进入司法程序必须首先经过税务机关确定标准，公安机关进一步侦查，公安经侦查部门立案侦查后将结果送到国税局、地税局鉴定，然后移交检察院审查，最后由检察院向法院提起公诉，法院再进行审判判决。从上面的办案程序可以看出，涉税案件从税务机关到法院，经过多个行政机关，这个繁杂的程序给涉税案件的处理带来很大的难度。

由于上述原因，我国直到目前没有也建立自己的税务警察，造成严重的税收流失。近年来，随着我国个体、私营、股份合伙经济的不断发展壮大，偷、逃、骗税问题日益严重，避税手段同样更加高明。税务机关每年都要公布一批涉税大案要案，涉税数字触目惊心，严重影响我国税务执法质量，造成大量税款流失。

因此，建立有中国特色的税务警察队伍，可以提高执法力度，提高专业化水平，提高税务稽查效率，可以有效打击税收违法犯罪，把好税收执法的最后一道关。

## 三、我国海关缉私警察和地方税务警察试点工作对建立我国税务警察队伍的启示

从我国海关缉私警察和地方税务警察试点工作的成绩，我们可以考虑成立税务警察的可行性和必要性。我国成立海关缉私警察的背景是走私形势严峻，严重影响海关税的正常收入。海关缉私警察在1999年成立后侦破了一大批危害严重、影响恶劣的重大走私活动。截至2008年10月底，我国海关缉私警察共立案侦办各类走私犯罪案件12539起，案值1491.05亿余元，涉及税款541.67亿余元，对32189名走私犯罪嫌疑人采取了强制措施，有效遏制了大规模走私势头，保证了海关税收连年增长。

同时，我国一些地方税务警察试点工作也取得了很好的成效。如贵州省黔西南州成立的税务警察大队和石家庄市地税局和市公安局共同组建的石家庄地方税务警察室。贵州省黔西南州税务警察大队经州政府批准成立于1998年，隶属于西南州公安局，负责全州的涉税案件和一切危害税收征管的违法犯罪行为。成立一年多就查处多起抗税、偷税、欠税案件，补缴税款169818元，罚款59670元。在办案中体现了工作效率和执法力度，极大地震慑了当地的涉税案件的违法犯罪分子，税收环境得到了明显的好转。石家庄市地方税务警察室成立于1999年4月，成立至今运行良好，执法效率和执法刚性得到明显加强，维护了当地的税收秩序。

从以上的资料可以看出，不管是海关缉私警察还是地方税务警察试点工作，都对我国维护税收秩序，打击涉税犯罪，增加税收收入做出很大的贡献，对我国建立税务警察起到良好的示范作用。

## 四、建立我国税务警察队伍需要做好以下工作

借鉴世界部分国家税务警察建立和运行的经验，参考我国部分税务警察试点工作，考虑到我国的实

际情况,笔者认为我国应该参考海关缉私警察的机构设置。1999年1月,经国务院批准,组建了走私犯罪侦查局(公安部二十四局),设在海关总署,受海关总署和公安部双重领导,以海关总署领导为主。走私犯罪侦查局在广东分署、各直属海关及其分支机构设立了42个走私犯罪侦查分局和116个走私犯罪侦查支局。2001年,经国务院批准,海关总署广东分署、部分直属海关走私犯罪侦查分局列入所在省、自治区、直辖市公安厅(局)序列。与此相似,我国税务警察应由国家税务总局稽查局和公安部双重领导管理,因为总局稽查局领导和管理全国的税收稽查工作。税务警察的职责是税务稽查,处理涉税案件,总局稽查局管理税务警察属于其职责范围,地方各级税务警察则归各级税务局稽查局和各级公安部门双重管理,以税务部门管理为主。

税务警察做为一个新的警种,既要拥有一般警察的职能,又要拥有税务工作特点的职能。因此,要修改《税收征管法》的有关规定,以适满足税务警察履行其职能。笔者认为税务警察要拥有以下的权力:

(一)警械配置

税务警察对涉税案件和犯罪嫌疑人依法进行侦查、拘留、执行逮捕和预审工作,在履行职务过程中,依照以后要修订的《税收征管法》、《人民警察法》和《人民警察使用警械和武器条例》的规定,可以依法使用警械,使税务警察成为一支不带枪的警察队伍。

(二)侦查手段

1、依法传唤和询问犯罪嫌疑人。税务警察对不需要拘留逮捕的犯罪嫌疑人可以传唤到其所在市县的指定地点或其住处进行询问。

2、询问证人。税务警察可以依法询问证人。

3、勘验、检查。税务警察对于与涉税犯罪有关的场所、物品可以依法利用各种手段进行勘验或检查。

4、搜查。税务警察可以依法对涉税犯罪嫌疑人的物品、住处和其他有关的地方进行搜查。执行拘留、逮捕时遇到特殊紧急情况,不用《搜查证》也可以进行搜查。

5、扣押物证、书证。税务警察对侦查发现的可以证明犯罪嫌疑人有罪或无罪的物品和文件(包括邮件、电子邮件和电报)应当依法扣押。

6、查询、冻结存款、汇款。税务警察可以依照规定查询、冻结犯罪嫌疑人、犯罪嫌疑单位在金融机构或邮电部门与犯罪有关的存款、汇款。

7、鉴定。为了查明案情,解决案件中某些专门性问题,税务警察应当依法指派或者聘请具有鉴定资格的人进行鉴定。

8、辨认。为了查明案情,税务警察在必要时可以依法让犯罪嫌疑人、证人对与犯罪有关的物品、文件、场所或者犯罪嫌疑人进行辨认。

(三)强制措施

根据法律规定,税务警察有权对犯罪嫌疑人采取下列强制措施:

1、拘传。税务警察根据案件情况,对需要拘传的犯罪嫌疑人,或者经过传唤没有正当理由不到案的犯罪嫌疑人,可以依法拘传到其所在市、县内的指定地点进行讯问。拘传犯罪时应当初始《拘传证》。拘传过程中,可以依法使用约束性警械。

2、取保候审。税务警察可以按照法律规定对犯罪嫌疑人取保候审。

3、监视居住。税务警察依照法律规定可以对犯罪嫌疑人监视居住。

4、拘留。税务警察可以依照法律规定拘留犯罪嫌疑人。

5、逮捕。根据法律规定,经人民检察院批准后,税务警察可以依法逮捕犯罪嫌疑人。

与税务警察队伍建设相对应,条件成熟时可以设立税务诉讼特别管辖法院,即在坚持司法独立的前提下,在司法机关内部专设税务法院,专门处理税收纠纷、案件,处理税收法律中征纳主体之间的争议与纠纷。目前我国已有相关的森林法院、海事法院等专门法院。从保护征纳双方主体的权利,维护国家法律出发,设立税务法院是必要的、可行的。

在具体实施上,考虑到国家幅员辽阔,各地情况复杂,目前应先试点运行。要着眼发挥试点示范引领作用,牢牢把握试点工作的着力点和突破口,切实发挥"试验田"和"孵化器"作用。通过各地进行试点,既拿出统一的、管总的宏观政策,又实施个性化"量体裁衣",不简单地搞"一刀切"。各地税务警察在执法中遇到的问题随时向上级税务机关和各级稽查局反映,最后在总局形成汇总经验和建议,由总局向国务院和全国人大提出建章立制,将税务警察法制化。在法律或者规章规定税务警察的职能、权力、义务、工作规程等,将制度慢慢规范和成熟,促进税务稽查的事业更上一层楼,为我国税收事业的发展和壮大做出贡献。

(作者单位:山东省鄄城县地方税务局)

# 新时期基层国税部门推进依法行政的思考

孙长利　陈　军　范　伟

十八届四中全会是党的历史上第一次以法治为主题的全会，通过了我国历史上第一个关于加强法治建设的专门决定，具有重大的现实意义和深远的历史意义。全面推进依法治税，是依法治国基本方略在税收领域的集中体现，是党的主张和人民意志在税收工作中的全面贯彻。近年来，随着依法治国基本方略的持续推进和依法治税理念的不断深入，各级国税机关越来越重视依法行政工作，国税系统法治建设取得了较大的进展。但在推进税收法治建设的同时，国税机关尤其是基层国税部门依法行政工作还存在一些不容忽视的问题。因此，全面推进基层国税机关法治建设，提高基层国税干部依法行政的能力和水平，势在必行。

## 一、基层国税部门依法行政存在的问题

(一)依法行政工作体制机制运行不畅

一是国税系统自上而下呈"倒三角"的工作管理模式，上面千条线下面一根针，基层工作压力很大。而依法行政工作也体现出上强下弱的态势，这种状况势必影响全系统依法行政工作的有效开展。二是法制机构内部设置和人员结构不合理。在基层国税部门，没有全面单独设立政策法规科，同时也缺乏法律专业人才，部分人员还不能完全适应依法行政的要求。三是依法行政工作领导小组统筹协调工作机制没有实现规范化、常态化，内部协同推进依法治税的合力尚未形成，一些重要的依法治税制度机制有待建立和完善。

(二)依法行政意识不够强

在日常工作中，一些税务人员特别是少数领导干部法治观念淡薄、依法治税能力不强，对于什么是依法行政，为什么要依法行政，怎样才能依法行政，还存在模糊的，甚至是错误的认识和做法，认为只要收入任务完成了，队伍不出大的问题，依法行政就落实和执行得较好了；有的片面强调行政相对人应当服从行政机关的管理，重权利轻责任，重利益轻服务；有的以会议落实会议，以文件落实文件，导致依法行政缺乏具体实际的内容。

(三)税收执法风险不断加大

一是税收法律体系不健全，税法权威性不足。税收立法级次较低，我国现行的18个税种中，只有个人所得税、企业所得税和车船税这3个税种是经过全国人大立法，其他绝大多数税收事项都是依靠行政法规、规章及规范性文件来规定的。二是政策传递相对滞后。当今社会经济活动异常活跃，部分税收政策出台后，由于要层层传递逐级落实，使得一些政策真正落到实处的时候已相对滞后，难以适应复杂多变的经济活动的需要。有时会出现纳税人比执法人员先得到政策文件的内容，造成基层执法十分被动。三是部分制度的针对性、可操作性、确定性较差，不便于具体操作。一些税收实施办法和操作规定对可能产生的税收执法风险认识不够，缺乏对税务执法人员的必要保护，易引发税收执法风险。

(四)部分规范性文件不够规范

一是程序不规范。部分文件的制定、批复等仅由各自部门进行签发，却没有按规定经法规部门进行

合法性审查，给规范性文件制定工作造成了一定的混乱，给税收执法带来了隐患。二是内容不规范。部分文件内容空洞，官话套话多，缺乏可操作性，降低了规范性文件的权威；有的文字表述不规范，不准确，甚至出现法律常识性错误，致使规范性文件出现歧义，严重影响了规范性文件的正确执行。三是文件备案清理不及时。文件制定后没有及时统一进行备案，新文件制定后又未能及时清理旧文件，致使内容相悖、新旧文件同时执行，造成执法混乱。

（五）行政执法监督力度不够

一是执法监督作用不大。现有执法监督工作未形成系统化、制度化、经常化和全面化的执法监督格局，且监督大多碍于情面流于形式，很难起到实质作用。二是对执法监督认识不足。认为监督就是查错纠偏，往往忽视事前监督和事中监督，更偏重于事后监督，导致违法行为得不到有效预防和控制。三是执法监督力度偏软。日常工作中，对于违法行政行为，对事处理的多，对人处理的少，致使对相关责任人员并未起到警示和惩戒作用。

（六）违法行政问题依然存在

一是执法存在畏难情绪。部分税务干部认为事做的越多，承担的潜在风险也越大，应处罚的不处罚，对违法行为视而不见。二是执法程序存在"随意性"。有的在实施行政处罚过程中，不履行事先告知义务，剥夺了行政执法相对人的法律权利；有的颠倒程序，先罚款后定性；有的为了避免麻烦，将该适用一般处罚程序的改用简易程序进行处罚。三是基层执法人员素质良莠不齐。大多数执法人员没有受过法律专业教育，缺乏行政执法所必备的法律素质。四是税收法治环境不良。一些地方干预税收执法，脱离实际对收入任务层层加码，冲击税收法治建设的状况没有得到根本改变，同时政府部门协同治税、社会主体共同治税的制度体制机制尚未有效建立起来。

## 二、基层国税部门依法行政存在问题的原因探析

（一）"人治"思维仍然存在

在我国"人治"思维有着几千年的历史，其思想根深蒂固，官本位和官贵民轻思想依然存在。多数时候一谈到依法行政，首先想到的不是依法治"官"、依法治"权"，而是如何"治"民，可以说在依法行政中出现的以权压法、以情轻法、贪赃枉法等腐败问题，主要是根深蒂固的封建专制思想、人治思想在作怪。

（二）地方政府干预税收执法

一些地方政府为了树形象搞政绩，干预正常税收秩序，强行设定税收任务，并将完成情况作为政府部门的重要考核指标。有的还干扰税务部门对一些有违法行为的纳税人进行处罚，破坏了税收公平性的环境，损害了税法的尊严。

（三）执法监督制约机制不够完善

一是监督力度不够。内部监督发现的一些问题往往不了了之。而外部监督大都流于形式，很难起到应有的作用。二是行政管理相对人迫于政府机关的权威，不愿与行政部门形成对立，便很少有运用法律武器争取自身的权益，助张了执法问题的发生。三是部分规范性文件大多数是由行政执法部门起草的，容易出现强化部门权力和弱化监督制约机制的倾向。

（四）对法制机构的作用认识不够

有人认为法制工作是虚的，基层单位的法制机构可有可无，设与不设不会影响工作大局。有些领导在对问题做出决策时，不会事先征求法制机构的意见，等到问题难以解决，不可收拾时，再交由法制机构处理，并对问题的解决提出各种限制，使法制机构限入"两难"境地。

## 三、基层国税部门推进依法行政的建议及措施

(一)优化执法环境,营造良好氛围

对内,要积极开展法制教育培训,提高税务干部法律素养,领导要干部转变观念,清除官本位、特权思想的影响,牢固树立起法律至上、权力服从法律的观念。对外,要深入开展税法宣传工作,作好纳税人的法制宣传教育,使广大纳税人知法、懂法,更要能够运用法律来保护自身的合法权益。

(二)完善制度建设,夯实法制基础

没有规矩不成方圆,行政决策、执法、监督都要有规范的制度,只有将执法的每一个环节、步骤制度化,才能让税务干部有所遵循,才能避免执法的随意性。在新时期、新形势下,要逐步建立执法责任制度、过错责任追究制度、监督检查制度和考核评估等制度,以确保依法行政工作有效推进。

(三)规范执法行为,提高执法质量

完善执法程序,坚持实体与程序并重。规范税务行政裁量权,完善税务行政裁量权基准制度。坚持纳税服务与打击税收违法行为并重,不断提高税法遵从度。加强内部法治教育培训,加大外部税法宣传力度,最大限度的约束税务人,最大限度的保护纳税人。

(四)加强队伍建设,提升干部素质

健全税收法制机构,充实法律专业人才,并确保其集中精力从事税收法制工作。严格执法资格管理,实行税收执法人员持证上岗和资格管理制度,未经执法资格考试合格,不得授予执法资格,不得从事执法活动。建立公职律师团队,使之成为税务系统参与决策论证、提供法律意见、促进依法办事、防范法律风险的骨干力量,带动提升税收工作的整体法治水平。

(五)加大监督力度,严格责任追究

推进内控机制建设,明确执法权限和责任,进一步加强巡视、督察内审、督查、监察等方面监督的协调配合,做到各有侧重、资源共享、成果共用,努力实现制度化、有机化、协同化。健全纳税人监督机制,拓宽纳税人监督渠道,依法保障纳税人监督权利。拓宽政务公开领域和事项,自觉接受社会监督。坚持加强监督与责任追究相结合,做到有权必有责、用权受监督、违法必追究,坚决纠正有法不依、执法不严、违法不究行为。

(作者单位:吉林省四平市国家税务局)

# 新形势下加强税收执法监督的思考

马龙珠

## 一、税收执法监督概述

(一)含义

税收执法监督源于法律监督,具有法律监督的共同属性,又因税收工作的专业性、技术性、复杂性特点,税收执法监督也具有自身独特的性质。从完整的意义上来看,其含义涵盖三个方面的内容:

1、税收执法监督的主体分为国家监督和社会监督两类,其中国家监督是指国家机关的监督,包括国家权力机关、行政机关和司法机关的监督;社会监督泛指各种社会力量,如党的各级组织、各民主党派、社会组织、人民群众等对税收立法、执法、司法等涉税活动所进行的监督。

2、税收执法监督的内容覆盖了税收执法的全过程,包括对税收机关自由裁量权行使的监督、对具体税务执法管理行为合法性、合理性的监督、对抽象税务行政行为的监督和对执法主体在执法过程中因违反国家税法及其法律、法规、规章的处理情况的监督等。

3、税收执法监督的目的是实现规范税收执法,主要依据宪法、《中华人民共和国税收征收管理法》及其实施细则、《中华人民共和国增值税暂行条例》、《企业所得税法》等法律法规进行。

(二)重要意义

1、税收执法监督是实现依法行政的重要步骤。税收执法是税务机关代表国家执行法律、法规的行政行为,是保障法律、法规、规章得以正确实施的重要手段,是税收管理过程中不可缺少的环节。加强对行政机关及其工作人员的监督,彻底根除某些行政机关及其工作人员中存在的有法不依、执法不严等行政违法现象,从根本上解决行政监督的薄弱状况,促使行政机关及人员依法行政、依法管理。

2、税收执法监督是充分发挥税收职能的关键。税收执法监督、税收职能发挥两者相辅相成。一方面,发挥税收筹集收入和调控经济、调节分配职能作用的过程就是科学制定和认真贯彻执行国家税收法律法规的过程,也是健全监督体系、加强执法监督的全过程。另一方面,只有严格监督执行税收法律法规,依法组织税收收入,落实纳税服务措施,才能提高税法遵从度和纳税人满意度,保证税收收入持续稳定增长,为发挥税收职能作用奠定坚实的法制基础。

3、税收执法监督是优化纳税服务的有力保障。税收执法监督是监督税收征收部门及其工作人员依法遵守税收的强制性和无偿性,以确保履行税收的三大职能,同时严格地遵守税收的规范性,建立以纳税人需求为导向的服务理念,把尊重纳税人、服务纳税人、提高纳税人税法遵从度作为现代税收服务的重要内容。优化纳税服务不仅是纳税人的纳税需求,也是税务部门肩负的法律职责,更是现代税收征管的特点和发展趋势。

4、税收执法监督是防止违纪腐败的重要途径。我国当前的社会转型和税制改革,在一定程度上会产生如人治与法治、分权与集权、失控与严控等方面的矛盾,在这种状态下,就容易出现权力过于集中、权力行使过重的现象,从而诱发税务传统体制下的违纪腐败现象发生。解决腐败和制约权力的关键就在于要在税务系统内建立一个强有力的权力执法监督机制,对税务权力进行均衡和制约。

## 二、当前税收执法监督存在的不足

(一)税收执法监督机构不完善

目前税务系统县级及以下基层单位未设立专门的执法监督机构,部分监督职能归由政策法规部门负责。这样一来,法制机构既是监督者,又是被监督者;既是执法考核追究的实施者,又是执法考核追究的对象,由于职责交叉和大量的事务性工作,易使职能机构陷入职责交叉、角色错位的尴尬境地,使执法监督工作产生双重矛盾。

(二)税收执法监督立法制度不健全

国家税务总局于近年相继制定了《税收规范性文件制定管理办法》、《税收执法督察规则》、《重大税务案件审理办法》等制度,但还未涵盖所有的执法及监督环节。同时,监督制度在一定程度上可操作性还不强,监督内容的细化和量化还不够等,最根本的是缺乏一个统领性的税收执法监督制度。

(三)对税收执法的全过程监督重视不够

税收执法监督可划分为事前监督、事中监督和事后监督,在目前的税收执法监督工作中,注重事后监督较多,而对事前监督和事中监督重视不够;对具体行政行为和实体行政行为的监督比较重视,而对抽象行政行为和程序性行政行为的监督则相对不足;强调对基层税务机关及税务人员的监督,对税务决策机关(主要是市级以上)及其工作人员的监督相对淡化。

(四)日常监督途径的作用难以得到有效发挥

1、权力机关监督效果薄弱 。地方税务机关是行政机关,人大有权对其进行监督。但是,在实践中,由于人大上下级之间权力授受关系不明晰、人大监督政府权力的弱化和虚化、人大监督权缺少操作程序和专门的监督机构、公共财政管理体制出现错位等现象,人大及其常委会难以担负起维护执法监督的责任。

2、行政监督作用不明显 。行政监督具有两个方面,包括行政监察和审计监督两种。首先,在实际操作中,对地方税收执法的行政监察职能并没有得到充分发挥,还存在着诸如行政监察力度不够、缺乏权威性,监察过程缺乏科学性、监察缺乏应有独立性,监察相关法律法规不健全等问题。其次,审计监督由于受到体制和其他因素的客观影响,其职能并没有得到完全发挥,存在监督体制独立性有待提高、监督相关法律法规不完善等问题。

3、司法监督尚未发挥效能 。第一,地方司法权的发展带有行政化的倾向,加上本身缺乏司法独立的传统,从长远看来,司法监督权力的发挥缺乏基础,司法独立的原则还没有完全确立。第二,司法监督的内容不健全。司法监督是通过司法审查实现的,我国《行政诉讼法》中仅规定了具体行政行为和其合法性为司法审查的范围,而没有对具体行政行为、抽象行为的合理性、合法性进行详细的规定与说明,对税收执法行为进行司法审查的范围比较狭窄,不利于发挥司法监督的效力。

4、纳税人未能发挥有效的监督 。纳税人是地方税收执法监督的重要力量,其监督有利于促进税收执法的规范。但就纳税人监督的现状来看,纳税人更多地是遵从,较少通过举报或投诉的方式来维护自己的合法权益,忽视了监督权的使用。

5、舆论监督力量薄弱 。第一,舆论监督权力缺乏相对的独立性,出现如监督重点不突出、对重点领域的监督比重较小、监督对象以基层人员为主等问题。第二,舆论监督空间有限,社会公众对税收执法了解的方式和范围受到限制,知情度较低。第三,部分新闻工作者自身素质及主观意向原因等,削弱了舆论监督应该发挥的作用。

(五)税收执法监督的运行过程及结果缺乏透明度和公开性

政务公开即权力运作过程公开,是权力监督制约的前提,也是贯彻行政监督制约机制运行始终的一项基本原则。由于我国政治公开化程度较低,各级行政监督机构的运行过程及结果处于一种不公开或部分公开的状态,这种不公开或部分公开的状态在一定程度上会影响税务机关及人员的执法行为方式。

## 三、国外税收执法监督的实践与借鉴

(一)国外税收执法监督的特点与实践

1、美国税收执法监督制度。

(1)税收执法依据级次。美国是联邦制的三级政府体制,联邦、州、地方均设有各自的税务机构,联邦一级为国内收入局,州、地方分设相应的税务局。从税收管理级次来看,联邦税务机构包括国税局、关务署两大系统,专门负责联邦税收收入。美国州政府有各自的税务管理系统,税收立法、行政执法充分独立于国税局。美国联邦政府和州政府各自享有税收立法权,其税法可以分为联邦税法和州税法,不同级次的税务管理机构在税收执法中依据不同的税法。

(2)税务司法监督制度。税务司法监督主要涉及民事税务诉讼和对税务署或司法部税务人员的违法行为提出起诉。美国税务司法机关包括税务法院、地区法院和索赔法院,税务法院不设陪审团,管辖范围主要包括所得税、遗产与赠予税、消费税、申报之诉等;地区法院设立陪审团,在地区法院起诉要求先交纳全部有争议的税款,可以通过快捷程序在行政复议之前提起诉讼;索赔法院也不设陪审团,专业化程度介于税务法院和地区法院之间,主要受理针对政府部门的诉讼。

2、日本税收执法监督制度。

(1)税务行政公开制度。日本先后制定了《行政程序法》、《情报公开法》、《税理士》、《行政代执行法》等法律规范行政程序,提高税务行政执法活动的透明度和行政效率。在税收执法监督方面比较注重法律、政令(行政法规)、省令(部门规章)方面的制约,强调依法行政。

(2)行政救济法律制度。日本建立了比较完备的行政救济法律体系,主要包括《宪法》、《国家赔偿法》、《行政不服审查法》、《行政案件诉讼法》等。行政救济法律制度的建立,不仅加强对税收行政和执法行为的监督,同时也保障了民众的合法权益。

3、欧洲其他国家税收执法监督制度。

(1)立法和司法对税收执法的监督。欧洲各国普遍遵循没有法律授权不能征税的原则,各国政府必须等议会批准税收立法草案后才能征税。欧盟国家中最重要的法律是欧盟法及人权公约,如果纳税人认为税务机关的行为侵犯了其合法权益,既可以根据国内法来寻求保护,也可以根据人权公约直接到税务法院投诉本国政府。

(2)审计部门对税收执法的监督。从审计主体来看,分为税务部门负责的税务审计和国家审计机关负责的税务审计。德国的国家审计机关负责税务部门的执法审计,按照联邦税收基本法的规定,德国税收立法权和征管权限分为联邦和州两个级次。联邦和州只对各自的财政部门征管和税收进行审计;对共享的税收,联邦审计院和州审计院都有审计权。审计院的税务审计在强调对纳税人的纳税情况进行监管的同时,也确保纳税人的合法权益不受侵害,加强了税务机关公正执法。

(二)国外税收执法监督的借鉴

1、税收执法监督制度法制化。国外税收执法监督制度大都通过法律形式予以确认,并且将监督工作制度化、法制化,用制度或法律的形式将执法监督固定下来,主要有立法监督、行政监督和司法监督。同时,多数国家都设置专门的税务法庭。做到事前防范、过程监控、及时纠正,不仅加强了各级税务机关对税收执法行为控制和监督,而且规范了税收执法人员的行政行为,较好地保护了纳税人的合法权益。

2、税收执法监督机构专业化。为了对税收执法工作进行严格有效的监督检查,保证税务机关及其工作人员严格执法,确保税收及时入库,各国都设有专门的税收监督机构或监察机构,并且各个机构都有明确的职权职责分工。为了保证对税务执法行为的有效监督,各国注重发挥各种监督机构的优势,形成一个互补的监督体系,使整体优势得以充分发挥。

3、税收执法监督手段信息化。许多发达国家在税务监督过程中广泛运用现代信息技术和网络系统,一方面利用网络对纳税人和税源进行全过程的监控和管理分析,及时发现未缴纳税款的纳税人,并发出纳税警告。另一方面利用网络检查税务人员的执法质量,及时发现问题并纠正。

4、税收执法监督主体多元化 。从国外税收执法监督的实践和经验来看,多数国家不仅注重发挥社会中介机构、社会舆论在税收执法监督中的作用,而且也强调道德规范的约束作用。社会中介机构的监督一方面帮助纳税人提高自觉纳税意识,另一方面纠正税务机关执法中可能发生的偏差。国外新闻媒体介入税收执法监督,是不可忽视的社会监督力量。此外,多数国家还注重加强道德规范的约束作用。

## 四、加强税收执法监督的思考

(一)建立健全税收执法监督机构

执法监督体制的完善和健全,首先需要加强顶层设计,本着科学合理、精简高效的原则,统筹整合和优化监督资源,在省、市税务机关设置专门独立的监督机构,明确税收执法监督主体,把监督机构对税收执法的监督职能和其他职能严格区分开来,强化执法监督的独立性、统筹性和客观性。其次需充实高素质、专业化税收执法监督人员,赋予机构独立的税收执法监督权和对违法行为的处理建议权,使监督行为更加专业化。

(二)完善税收执法全程监督机制

1、把好入口关,强化事前预防。对抽象行政行为加强监督,强化源头控制,严格执行税收规范性文件的会签制度、地方性税收法规、规章的备查备案制度和执法程序、执法文书的归口管理制度。

2、找准风险点,强化事中控制。重在强化过程控制,认真执行重大税务案件集体审理、大额减免缓税的集体审核等制度,严格遵守审批权限、运行和完善税收执法预警防控系统、税收执法管理信息系统等,实行信息化控制、痕迹化管理,及时提醒和控制执法风险。

3、注重实效性,强化事后检查。突出执法监督日常化,发现问题并随时纠错整改、问责问效,严格执行税务行政复议制度,加强执法案卷评析,对执法监督结果进行分析反馈、定期通报。

(三)创新税收执法监督方式,畅通执法监督渠道

1、健全人民群众监督机制 。一是加强群众的信访举报工作,为群众监督提供畅通的多元化监督渠道,健全保密制度和举报奖励制度,鼓励支持他们对税收执法违法行为予以举报。二是深化政务公开,保障群众的知情权,选择地方税收执法重点环节和内容进行公开,突出税收执法监督的重点;加强对地方税收执法情况公开的监督和评价,将公开程度和效果纳入考评体系,为政务公开提供内部推力。

2、健全新闻舆论监督检查机制。首先要加强新闻立法,通过立法的形式,确定新闻工作者在地方税收执法监督工作中的报道监督权、批评建议权等内容,为新闻舆论监督提供基本的法律保障。其次要提高新闻媒体监督队伍的整体素质,完善舆论监督的信息反馈机制和责任追究机制。

3、健全行政监察和审计监督机制 。健全行政监察机制，首先可考虑通过修订《行政监察法》，改革行政监察部门现有的双重领导体制，促使其向垂直领导体制转变。其次要扩大行政监察职权，赋予其一定的经济处罚权、财产申报权等，保证其在税收执法过程中当涉及经济行为监督时，可以灵活处理。最后要完善监察主体、建立行政监察专员制度，健全保障机制、促进监督的规范性和可操作性。对于审计监督而言，最重要的就是加强审计全程监督，将事前预防、事中控制和事后审查结合起来，加强外部审计与内部审计的配合度，不断推进审计监督的经常性、广泛性，提高审计监督的层次性和独立性。

(四)推进税收执法监督信息化发展

开展信息化执法监督是一项事关税收征管质效提高、执法规范的工程，必须加强内外部相关部门的配合协调。对外要加强与工商、公安、金融、财政和统计等部门的联系，对内要加强法规与征管、计会、税政、监察和计算机等部门的协作。同时，积极利用现有的信息系统，探索进行远程电子监督，获取真实、完整的税收信息，进行重点和疑点数据筛选，有针对性地确定监督重点和突破口，实现监督方法和手段的多样化，同时通过“金税三期”工程建设和深化税收征管改革，优化业务流程，科学分解权力，将监督制约贯穿“金税三期”软件操作和税收执法权运行的全过程。

(作者单位:广西壮族自治区地方税务局)

# 依法有效治理欠税　切实维护税收成效

## ——浅谈对治理欠税工作的几点思考

刘　萍

长期以来，欠税一直是直接影响税收收入流失的重要现象，不仅损害了税法的严肃性、统一性和震慑力，也间接破坏了市场经济环境的公平竞争性，制约着税收宏观调控目标的有效实现；如何深刻剖析认识欠税成因，积极有效地采取措施治理欠税，切实维护国家税收收入的应收尽收，保证税收征管及稽查成效，亦成为各级税务机关在税收管理中不容忽视的难点和重点问题。现植根于多年基层税务稽查工作实践，浅谈对治理欠税工作的几点思考。

### 一、不容忽视的欠税现状

税收意义上的"欠税"概念，是指"纳税人、扣缴纳税人超过征收法律法规规定或税务机关依照税收法律、法规规定的纳税期限，未缴或少缴税款的行为"，也包括因欠缴税款形成的滞纳金和罚款。近年来，受经济下行和政策调整等多种因素的影响，尽管各地税务机关多措并举，大力开展治理欠税工作，努力实现存量税源的应收尽收，欠税清理取得了较为显著的成效。但是，受现行的经济体制、尚需完善的财税管理机制和亟待提升的依法治税的法制观念、执法环境等多种因素影响制约，欠税现象仍普遍存在。现以大连地税2年来欠税变化情况为例，说明如下：

（一）欠税总体情况

2015年，大连地税总体欠税形势依然不容乐观。全市地税系统征管欠税户数和金额居高不下：欠税累计户数由2014年的3566户增加到2015年的5391户，增加了51.18%；欠税余额由2014年的83782万元增长到2015年的106194万元，增长了26.75%。其中，往年滚存陈欠达75610万元，占全系统欠税总额的71.20%；当年新欠余额为30584万元，占全系统欠税总额的28.80%。另外，各稽查局查补欠税金额和户数亦较往年大幅增长。

（二）欠税主要特点

1、欠税类型多样。一是欠税纳税人的征管状态多样。常规欠税纳税人（即此部分纳税人、扣缴义务人生产经营基本正常，资金短缺造成欠税）共计2709户，占全系统欠税总户数的50.25%，涉及欠税101300万元，占全系统欠税总额的75.67%；非常规欠税（即关闭企业、空壳企业、停产企业及搬迁改造企业的欠税）、失踪纳税人欠税等共计2682户，占欠税户数的49.75%，涉及欠税32571万元，占欠税总额的24.33%。二是欠税纳税人经济类型多样。其中，私营经济、外商投资经济、国有经济和股份制经济类型企业欠税金额合计达121227万元，占全系统欠税总额的90.83%。

2、欠税规模不均。在2015年的欠税纳税人中，欠税100万元以上纳税人共有203户，占全系统欠税户数的3.77%，涉及欠税117110万元，占全系统欠税总额的87.48%；欠税50－100万元纳税人共有90户，占欠税户数的1.67%，涉及欠税6361万元，占欠税总额的4.75%；欠税10－50万元纳税人共有319户，占欠税户数的5.92%，涉及欠税7768万元，占欠税总额的5.80%。概括言之，即近13%的欠税户数占据近99%的欠税总额。

3、欠税行业广泛。当前欠税纳税人涉及制造业、房地产业、建筑业、租赁和商务服务业、住宿和餐饮业等20余个行业，分布广泛。其中，欠税金额分布较为集中的主要是房地产业、制造业、建筑业、租赁和商务服务业等行业，分别为44038万元、41866万元、17356万元和7552万元，合计110812万元，占全系统欠税总额的82.78％。

## 二、多方位深层次剖析认识欠税成因

“冰冻三尺，非一日之寒”。欠税问题成为影响市场经济和实际税负公平，困扰税收管理的重点难题由来已久，且一直未能得到有效地遏制和根治。综观剖析，导致欠税的深层次原因可归纳如下：

(一)仍然存在的政企不分和政资不分现象是造成欠税的经济体制因素

所谓“政企不分”，即政府、企业功能交叉错位。一方面政府直接或间接干预企业的微观经济活动，另一方面企业(特别是国有企业)依赖于政府的行政事务管理，仍由相关政府部门负责审批本应企业自主决策的重大事项，成为政府机构的延伸。“政资不分”，则是指由于国有资产管理体制的不完善导致大量的国有资产仍分散于多个政府部门管理，出资人职责和政府公共管理职能分离不到位。政企不分和政资不分现象，实际上属于计划经济体制下的产物，成为造成欠税的经济体制因素。

1、因政企、政资不分造成巨额欠税且清理欠税困难重重。改革至今，尽管国有企业的经营机制有了显著改变，但其长期以来的特殊性和复杂性，使政企分开的目标很难彻底实现，“政企不分”、“政资不分”的现象仍屡见不鲜。如：部分国有企业无实际的责任主体，承担投资风险的责任意识淡薄，导致大量的亏损项目、重建项目不断问世，造成巨额亏损，形成大量欠税。同时，当企业利益与国家利益产生矛盾时，受地方税收利益影响，地方政府往往会较多地考虑企业困难，从而加以地方保护，间接地给税务部门清理欠税设置了困难和障碍。

2、企业改制或资产重组过程中的形成的欠税现象严重。随着改革的不断深入，受“市场导向”影响，越来越多的国有企业开始改变原有国有企业的体制和经营方式，以顺应市场经济的发展要求。受“政企不分”制约，部分国企及其上级主管部门通常会利用企业改制的契机，通过多种形式来隐晦地甩掉多年的欠税“包袱”。如：企业改制过程中所取得的资金，除优先支付安置费用、职工经济补偿金之外，往往用以偿还银行贷款或成为政府财政收入或，而非用于缴纳欠税税款，企业欠税很容易不了了之。又如：企业在兼并联合或资产重组过程中，往往仍将欠税挂至原企业账上，却将资产转移至新企业账中，变相将陈欠变为死欠；或者，将资产与债务剥离，资产纳入新法人实体中，债务仍挂在名存实亡的原企业中，使欠税的清缴成为空谈；尽管部分改制企业在改制前有期末留抵税额和期初存货已征税款余额，并将此部分税额在改制前冲减其陈欠，但往往也只是杯水车薪。

3、因企业破产使大量欠税“合法”地变为难以清欠的“死欠”。一些破产企业，在依据相关法律规定支付职工拖欠工资、清算费用及法律概念模糊且弹性巨大的“安置费用”之后，基本已无力清偿“所欠税款”，从而使大量难以清理的欠税“合法”地变成“死欠”。

(二)仍然不合理的税收计划和税权治理缺位是造成欠税的财税机制因素

1、税收计划不尽合理。客观来说，我国的税收收入增长不仅仅与经济的实际增长相关，更大程度上亦取决于根据财政需要逐年下达的税收计划和任务。通常，我国各地的税收计划均为“税收指令性计划”，其编制以“上年实绩加本年增长率”的“基数法”为主，且税收任务有增无减逐年递增，并以此来考核各级税务机关的税收工作业绩。这种指令性税收计划，往往难以全面考虑实际的经济发展和宏观形势等特殊因素，所以税收收入增长与经济发展增速不相协调在所难免。当税收收入计划与实际经济税源产生差距时，欠税也就与“过头税”一起不可避免地产生并存了。

具体来说，当税收计划高于经济税源，即当本年度税收收入任务指标高于当年实际税源时，税务机关迫于任务压力在加强税收征管、税务稽查、加大清欠力度的同时，为完成指标会出现对部分经济效益较好、流动资金较充裕的企业进行预征税款，或该退税而缓退甚至不退的现象；在转至下一年度时，为给企业(尤其是资金周转出现困难的企业)以喘息之机，又只能以各种变相形式默许部分欠税，从而埋下欠税隐患。反之，当税收计划低于经济税源，即当本年度税收收入任务指标低于当年实际税源时，税务机关往往会对企业随意减免或缓税，或怠于催缴旧欠或把欠税作为调节器，有意压库形成新欠，以控制本年收入基数。其结果，势必造成经济形势好的年份形成的大量欠税，在经济形势欠佳的年份难以清理，最终成为陈欠，甚至死欠。

2、税权的纵向治理仍然缺位。长期以来，一些地方政府对税收执法的干预仍很严重。如各级地方政府有时会从平衡地方财政出发，在上级下达税收计划之外额外增加任务额度，这种层层或随意加码的行为，给税务机关造成很大的任务压力。或者，受地方利益驱动争夺税源，在税收之外寻求财源，违法出台一些区域性的税收优惠政策、随意越权减免缓税，也导致“欠税”清理不及时、“放水养鱼”、“寅吃卯粮”的现象屡禁不止。此外，部分地方政府出于地方保护主义等因素考虑，以政府行为干预企业的兼并、破产活动，往往以会议纪要或领导批示等形式给予一定的优惠承诺，包括允许对欠税实行挂账处理，或者对企业兼并后生产经营实现的税款准予缓缴等等，也使欠税企业以此为借口，对税务机关的清欠税催缴置之不理，加大了税务机关的清欠压力。

(三)仍然亟待完善的依法治税理念和管理是造成欠税的法制环境因素

1、纳税人的自身因素。

(1)各种原因导致的资金短缺是造成其欠税的直接原因和客观实际。部分企业或因历史包袱沉重，或因适应新形势新发展的能力不强，或因经营管理不善导致经济效益不佳等，造成欠税难以清缴；部分企业由于市场经济下企业间的竞争不断加剧，其产品的换代周期急速缩短，从而不得不加大投入用于技术改造，导致虽有大量资产却无法迅速变现而出现短期资金短缺，造成欠税；部分企业在销售产品或提供应税劳务后，因购货方拖欠货款或业务往来对象不及时支付款项导致其资金出现困难，造成欠税。

(2)诚信纳税意识依然淡薄是造成其欠税的主要原因和主观因素。从当前实际情况看，受传统利益意识和税收法制观念的制约，部分企业对欠税的认识仍存在误区：一方面，在企业利益机制的驱动下，部分企业存在“欠税有利”的思想，在银行银根紧缩造成贷款难度增大情况下，将欠税当作国家无息或低息贷款长期占用，宁可背负滞纳金罚款，利用欠税渡过资金难关，使欠税成为缓解资金不足的渠道；甚至一些欠税企业认为欠税不同于偷漏税或抗骗税，不属违法行为而进行恶意欠税。另一方面，受地方保护主义或政府干预影响，部分地区的税收减免税优惠政策过宽过滥，使“欠→缓→免”潜移默化地成为某种通用模式，使欠税企业难免会存在通过长期欠税最终得到事实上的税收减免的心理。

(3)部分企业财务核算及管理的不健全和对税法的认识不足是造成其欠税的又一重要原因。一是部分企业账务制度不健全、监管不到位，财务核算严重失真，导致税务机关征管汇算或税务稽查后的税款不能及时调整并足额入库，形成欠税。二是部分企业财务或办税人员业务素质良莠不齐，对税法和现行税收政策的理解掌握不全、不透，甚至滞后，造成对相关应税业务的纳税义务发生时间、计税依据、缴纳金额的把握与相关税法存在偏差，形成非主观故意上的欠税。

2、征税人(税务机关)的因素。

(1)欠税管理不到位。自新税制实施以来，征管组织机构处在不断地调整变化之中，以计算机网络为依托的电子商务税收征管模式亦在不断发展完善。但是，受征收管理点多面广，征管力量不足、信息共享不全等因素影响，税源管理监控仍不到位，对部分企业尤其是个体户以及零散户等生产经营纳税人的催缴、检查不及时，客观上形成欠税。此外，对现有欠税企业的管理不够严格，缺少实际的调查研究，不能准确掌握欠税企业动向和经营状态，对能否及时清欠缺少行之有效的计划和措施。

(2)清欠力度不够。尽管近年来,各地税务机关能够认真贯彻清缴欠税工作的重要指示,依据《征管法》、欠税管理办法、联合惩戒等不断出台的相关法律法规规定,加大了清欠力度,但仍未穷尽必要合法的执行措施和手段,对欠税企业的税收强制执行措施和税收保全措施执行不到位。对一些欠税企业税款虽然能够及时执行入库,但常年陈欠形成的巨额滞纳金或罚款往往难以执行,一定程度上也导致了欠税基数的加大。此外,前文提及的一些企业破产形成的"死欠"税款,按现行税收会计核算办法规定无权核销,只能反映在越累越大的欠税总额和越来越小的实际可清欠比例统计中,客观上影响了税务机关清理欠税的积极性。同时,清欠执法力度的不强,主观上不会使纳税人付出高昂的心理成本、社会成本和经济成本,客观上也影响了实际税负公平。

3、执法环境不利。正确的依法治税理念的树立和完善,实现治理欠税在内的税收各项工作的"内合外顺",严格公正的执法环境是必不可少的重要因素。当前,受社会人际关系束缚、公民纳税意识影响、征管模式限制、某些政府相关部门的干扰,以及部分税务执法人员的素质制约,依法治税的环境相对不够净化,造成了执法难度大、执法不公不规范的现状,也成为治理欠税工作的巨大阻力。

## 三、多措并举依法加大治理欠税力度

久治不愈居高不下的欠税现象,不仅导致了事实上的税负不公,扰乱了公平竞争的市场经济秩序,还阻碍着市场机制的良性发展,直接影响到税收宏观调控目标的有效实现。因此,推进依法治税,坚持规范执法,强化管理监督,建立并加强协作机制,多措并举地加大治理欠税力度,势在必行。

(一)做好税收计划管理,实现合理调控

新形势下的税收计划,必须顺应市场经济的发展要求,与依法治税的原则相适应。合理、科学的税收计划管理,是维护税源管理正常秩序、衡量包括治理欠税在内的税收各项工作质量的主要标志。因此,要进一步加强税收计划管理,做到依法征税、应收尽收,不征过头税,不搞预收税款;及时考核和量化分析税收收入进度,努力实现税收计划与经济发展相吻合,避免将财政风险转化为金融风险,使其真正发挥增强税收的宏观调控功能。

(二)做好税收征管工作,严格欠税管理

"为之于未有,治之于未乱"。欠税工作的治理,亦应防患于未然。税务征管部门应切实加强征纳双方的税款征缴责任,严格控制新欠,积极清理陈欠,最大限度地实现存量税源应收尽收,足额入库。具体措施如下:

1、建立欠税档案,进一步规范清欠文书和程序。进一步夯实欠缴税金基础数据,开展分类登记确认,对纳税人开展欠税档案式管理,将欠税单位、税种税额、欠税发生时间、滞纳罚等要素全部纳入明细台账管理,有利于核清欠税数额、欠税类型和清理进度。同时,进一步统一明确清欠程序、清欠措施和清欠文书,确保执法规范。

2、制定清欠计划,进一步细化清欠流程。各基层税务机关应制定有效可行的清理陈欠计划或年度集中清理欠税工作实施方案,明确清欠目标和范围、组织领导和职责,并落到实处。依据《行政强制法》和《税收征收管理法》规定的各项强制措施的实施程序,对强制执行对象、权限、程序、流程进行进一步细化,并要求税务执行人员熟练掌握和应用,使其成为清理欠税的利器。

3、加强基础管理,进一步提高税源登记质量。一是严格按照税收属地化原则,加强管户分配的监控,针对登记注册地址与实际生产经营地址不同的纳税人和迁移登记纳税人,及时开展管户调查和争议裁决,以确保税源登记的准确性;进行登记改革后税源管理、纳税人"活跃度"相关情况调查分析,进一步摸清征管潜力。二是进一步做好注销登记、清税证明并轨工作。制定并出台注销税务登记管理办法和工作规程,按照行业、税源等因素实行分类分级管理,加强注销过程中各项地方税收的征收管理,把好注销关口,防范欠缴税款流失。

4、强化数据管理,进一步确保信息共享畅通。立足“互联网+税务”和大数据应用,建设信息共享平台,采集核心征管欠税数据,并加强数据分析,实现分析结果的分类推送和应用,为清理欠税提供基础保障。

(三)做好执法措施监督,进一步加大清欠力度

1、应杜绝各级地方政府对税务部门税收执法工作的不当干预。各级政府部门不得以创造宽松投资环境和强化“服务企业”意识等理由,随意给予企业减免税待遇或违规进行预征税,避免企业以此为由向税务部门提出各种“通融”要求,堵住造成欠税等税收问题的源头和漏洞。

2、应加强对税务机关清理欠税工作的执行措施和监督管理。“法立,有犯而必施;令出,唯行而不返”。在不断提升执法水平和综合素质,秉公严肃执法的前提下,税务机关应综合运用法律、法规赋予的各项法律手段和权限,多措并举实施清欠。如按照征管法及其实施细则规定,积极采取限期缴纳、资产调查、银行账户查询、以票控欠、税收保全或强制执行、行使代位权、撤销权、移送司法机关处理和阻止出境等措施依法大力清欠。同时,将清欠工作纳入年度绩效考核之中。如对欠税纳税人延期缴纳税款实行严格审批把关,将入库率指标分为当年查补入库率和陈欠入库率,并将是否采取应尽执行措施和成效作为清理欠税绩效考核的重点等。

3、应加大对欠税纳税人的监督管理。一是对恶意欠税纳税人落实税收“黑名单”、联合惩戒制度及联合纳税信用评价。对依法采取必要措施仍无法清缴的恶意欠税欠税人,可申请法院强制执行,或将其列入法院惩戒“黑名单”,限制其消费行为。二是协调建立联合惩戒信息推送和反馈制度,及时向信用管理部门推送重大违法案件当事人及欠税纳税人信息,强化纳税信用与其他社会信用的联动管理,促进纳税人诚信自律,提高税法遵从度。三是加强欠税案件公告和宣传力度。依据相关税收法律法规,及时公布涉及欠税重大税收违法案件信息;加大对清理欠税工作开展情况、取得成效以及典型案例的宣传力度,进一步增强清理欠税工作的社会影响力和威慑力。

4、做好密切协作配合,进一步形成清欠合力。治理欠税工作难度之大、状况之复杂是显而易见的,仅仅依靠税务机关孤军奋战是难以达到预期效果的。应按照执法适度整合、信息高度聚合的原则,加强与公检商法、国土房管、金融财政等各职能部门的规范化、法制化沟通与协调,持续深化国地税合作,形成多方清欠合力。如:应加强与银行等金融部门沟通协调,使其坚持执行“税、贷、货、利”扣款原则,坚持先税后贷,优先保证国家税款及时足额入库;应紧密衔接检察院、法院、房土及财政等部门,联合开展信息交互,及时掌握欠税纳税人破产、处置大额资产行为、不动产所有状况、财政返还等相关信息,充分利用地方税收保障办法,对欠税企业大额资产权属转移做好限制,提高欠税强制执行效果……税务机关只有在各级政府支持下,按照行政分权制约原则,与各方建立密切合作机制,加大对欠税企业的制约和打击力度,方能切实有效地解决欠税久清不尽的顽疾。

(作者单位:辽宁省大连市地方税务局第一稽查局)

# 职工队伍建设

# 地税系统个人绩效考核问题与对策研究

浙江省地方税务局人事教育处课题组

## 一、引言

2015年，根据国家税务总局的部署和安排，全省地税系统已全面实施个人绩效考核工作(平时考核)。绩效考核是公务员管理制度中至关重要的内容(以下"绩效考核"均指公务员个人绩效考核)。美国联邦政府人事官员曾说，谁能解决绩效考核问题，谁就能获得"诺贝尔奖"。说法虽然有些夸张，但是如何对公务员特别基层公务员开展绩效考核，一直以来都是一个普遍性的难题，影响着广大基层公务员工作水平的提高和工作状态的改善。全省地税系统有80%以上的干部职工在基层，处于地税系统直接负责地方税收征收管理、税务稽查和为纳税人服务的第一线，是地税收入的组织者，税收政策的具体执行者，纳税服务的履行者，地位十分重要。因此，如何运用好绩效考核这个指挥棒，进一步激发基层税务干部和活力、提升整体工作水平，是我们绩效考核工作"横向到边、纵向到底"之后面临的重要课题。

## 二、当前各地绩效考核存在的问题

在个人绩效考核推广前，各级地税部门对税务干部绩效考核基本是每年一次，也就是年度考核。按照《公务员法》以及《公务员考核规定》对干部职工"德、能、勤、绩、廉"五个方面进行考核。由于绩效考核体系不够完善，考核效果还不够理想。

(一)考核目的不明，简单化，易敷衍

绩效考核的目的在于通过考核结果激励员工，改善员工的态度和行为，使得员工的工作积极性能够得到充分的发挥，并不是单纯通过考核来达到实施奖惩目的。目前，各地对于考核的目的并不明确，使考核简单化。大多数税务干部认为考核就是年终写工作总结、填写考核表，甚至是为了考核而考核，因此产生敷衍了事的态度，基本上达不到调动工作积极性和主动性的目的。

(二)考核内容空泛，难细化，不科学

同一个单位，不同的部门或层级，其工作任务和性质自然有差别，甚至差别巨大，进而对税务干部在专业素养、知识结构、主导能力、技能工具等方面都提出了不同的要求。但是，现行的考核指标却忽视这些差别，笼统地以德、能、勤、绩、廉五项一级指标来考核所有岗位的税务干部，过于空泛。结果是以相同的考核指标要求不同岗位干部，忽视主客观因素，使考核产生了事实上的不公平，效果打折。

(三)考核指标抽象，难把握，难量化

当前考核指标过于抽象和宏观，缺乏精确合理的量化刻度，很难体现水平差异。对德、能、勤、绩、廉一级指标描述简单，太抽象，难把握。省局对市县局领导班子领导干部考核有二级指标，但对基层公务员没有细化的二级指标，也没有具体的考核标准，缺少量化的定义。对每个指标评比标准里，"好、较好、一般，差"的含义模糊、不易操作。实践中除非税务干部发生严重错误或确有重大突出表现，否则，评选出的结果难以服众，要么大家轮流坐庄，一团和气，彼此的差距往往就在伯仲之间，只能靠考核者或考核领导小组的主观感觉去判断或简单以民主测评来排顺序，最终要么使被评为优秀失去了绩效考核的激励先进、帮助后进的意义，考核的结果难以反映被考核人的实际工作情况。考核指标缺乏针对性，不能根据各类、各层级公务员的具体岗位特征将这五项指标进行具体的分解和赋予不同的权重，很少有单位使用完整的三级指标评价，而代之以考勤和个人、领导、同事间的一般性的笼统的考绩评价。

（四）考核过程简单，凭印象，不全面

成功的绩效考核，离不开前期准备阶段资料和数据的搜集整理，但各地现行的绩效考核往往是到了年度考核时才着手搜集相关数据、材料，考核过程简单，定性和定量相结合不够，多以被考核者自己填报的个人总结为主，难以验证。多数单位对公务员的考核主要是年度考核，忽视了平时考核，造成年度考核的结果不能全面地反映公务员一年的绩效情况。同时，考核组人员往往是局机关人事、监察等部门人员，可能因客观原因缺乏与被考核者接触和了解的机会，被考核者也有可能因为自身原因不擅长展示，使得考核组人员在对下属进行考核时，缺乏平时工作业绩的数据支持，只能凭主观印象进行考核，不够全面。

（五）结果运用不足，走形式，作用小

许多单位只是在绩效考核结束后，简单地将最终考核结果以书面形式通知被考核者，使得被考核者对各方评价不甚了解，改进工作更是无从谈起。考核最终的结果一般都是绝大多数人称职，极个别优秀，几乎没有基本称职和不称职，无法客观公正地反映公务员的实际情况，不能成为奖勤罚懒、奖优罚劣、激励先进、鞭策后进的手段，考核与使用相脱节，形成两张皮。大部分公务员都认为考核结果由考核领导小组最终确定，自己只是写自我总结，最终结果让考核者签字确认，整个绩效考核过程并没有进行充分的沟通交流，考核结果较少涉及职务、级别的晋升或能力的提升，现有的考核奖励并不是公务员的核心需求，激励作用并不明显。

## 三、深化绩效考核的对策

从现代人力资源管理的角度来看，绩效管理是一种理念，是一套管理工具，而在任何一个组织中，包括在地税系统，推行绩效管理是需要一定的组织环境和组织文化。因此，深化个人绩效考核工作并发挥其作用，是一个漫长的过程。如美国政府从1883年开始实施公务员绩效考核，但直到1993年克林顿政府才使绩效考核走上正轨。当前，全省地税系统正在深化个人绩效考核工作，我们应抓住机遇，加强顶层设计，加快地税系统公务员个人绩效考核体系建设，发挥绩效考核的作用。

（一）突出岗位特点，加强绩效考核顶层设计

目前税务干部绩效考核存在的问题很大程度上是制度设计的问题，因此，对绩效考核的顶层设计至关重要，关键的要点在于通过制度刚性设计强化绩效考核的动力，用制度进行考核，发挥制度约束力作用。

1、体现个人岗位绩效与组织绩效目标一致性。在设定绩效目标时，要将个人岗位目标和组织上的战略目标紧密地结合。在设置公务员绩效考核指标是要注意三个结合，个人岗位绩效目标与单位工作绩效目标结合，重点工作与日常工作结合，工作效率与工作作风结合。将工作目标层层分解到各部门，分解到具体岗位，明确责任人。各项工作计划落实到位，才能为加强绩效考核的过程管理奠定基础。

2、体现岗位绩效考核内容有效性。《公务员法》以及《公务员考核规定》规定了绩效考核的内容与标准。但这是一个通用的考核准则，而不是针对各部门、各层级的公务员绩效考核内容，并且对于各个考核内容的具体评判标准未作定量规定，随意性比较大。这种不区分行业、工作性质、层级，千篇一律制定出来的考核指标得出的考核结果必然不科学，往往导致考核结果的失真，将损伤考核的有效性。只有将德、能、勤、绩、廉五个方面的内容，按照不同岗位特点，进一步细化、丰富，考核才具备可操作性。因此，可将以上五个方面分解成二级指标，对于有条件的部门、单位，甚至可以制定三级指标。例如，对于领导干部绩效考核，可以将“德”分解为政治态度、理想信念、政治纪律、大局意识、协作配合、思想道德品质；“能”分

解为工作思路、创新意识、依法行政和执行政策水平、组织协调、业务能力、心理素质等；“勤”分解为学习态度、敬业精神、工作作风等；“绩”分解为履行职责成效、解决矛盾和热点难点问题、基础工作等；“廉”分解为廉洁自律、公众形象等。

3、体现岗位绩效指标的针对性、协调性。根据具体工作岗位设置考核指标，实现做什么就考什么，充分调动被考核者的工作积极性、主动性和创造性。在目标值或具体标准的制定上，通过整体目标的层层分解、岗位目标的自我细化、上级审核批准等程序，确保绩效指标制定的切合实际，更具针对性。市县地税局局机关、基层单位可根据岗位所承担的工作责任的不同，在统一权衡的基础上，设置差异化的绩效目标，设计分类考评。注意绩效指标的协调性与创新性。在制定指标时要突出重点工作，鼓励工作创新，统筹协调各项指标的权重。各部门在体现通用共性的内容外，还可结合实际，提出自己的创新目标，从机制上促进计划的协调与创新。

4、体现绩效指标考评的可操作性。考核指标的拟定应要尽量做到细化、量化、简明、具有可操作性。除确定通用考核指标外，关键是设计出每个岗位的具体工作职责、工作内容和工作标准，根据设定的目标，采取定性与定量结合的办法，尽可能进行细化、量化、具体化，即对每一项工作任务提出数量、进度、标准等方面的要求。不能量化的，可在细化后提出明确的定性要求。对经过细化分解、责任到人的目标，要制定出切实可行的量化考核办法。为便于操作，要确定一个固定统一的基础分，作为完成目标任务的一般要求，完成目标任务，得基础分；超额完成任务、工作有创新或取得显著成绩的，根据考核办法给予加分；未按要求完成工作目标任务的，根据考核办法相应扣分。从而使考核工作有“事”可考、有“量”可核、有“绩”可估、有“效”可评。

(二)突出地税特色，完善绩效考核指标体系

考核指标体系是绩效考核中的核心内容，也是考核中的难点。之所以是难点，主要有两个原因，一是量化指标(即具体和可操作的指标)不容易确定。为了使考核结果具有客观性，通常采用量化的指标体系，但量化指标是比较难确定的，因为公务员所作的工作往往具有公共性、多元性和非盈利性，其收益很难转化为货币形式。二是即便某些工作可以量化，也难以对每一位公务员的工作成绩作出准确的测量，因为一些公共事务通常是若干位公务员在一起共同完成的，每一位公务员在其中到底做出了多大的贡献，是不容易确定的。如何结合地税工作实际，将“德能勤绩廉”进一步细化指标是当前地税系统绩效考核的工作重点。

1、明确指标设计原则。根据公务员绩效考核的要求和特点以及当前考核指标设计中存在的间题，考核指标体系的设定，首先要遵循全员参与原则，设计考核指标时要广泛征求考核对象的意见建议。其次是简便易行、灵活操作的原则，让绩效考核工作不要成为负担。第三是客观性原则，使考核指标能够真正地反映公务员所作的实际事情和实际行为，应尽量设定出勤率、工作数量等事实性指标，避免采用“忠诚度”、“待人友善”等主观性和抽象性过强的指标。第四是定量和定性相结合原则。尽可能多地采用定量指标是公务员绩效考核的重要发展趋势，定量指标和定性指标相结合，不但符合公务员绩效考核的实际情况，又能够对公务员的实绩作出客观和全面的衡量。第五是分类分级设定指标。不同岗位公务员的工作内容、工作方式和手段有很大的差别，在设计公务员绩效考核指标时，应根据不同岗位设定不同的考核指标。最后是突出地税特色。指标设计要围绕地税部门中心工作，体现地税业务特点、部门岗责体系，并结合基层税务干部岗责内容。

2、学习借鉴先进经验。发达国家的公务员绩效考核开展了较长时间，在指标体系设计方面有很多值得借鉴的经验。发达国家一般将考核指标分为两大部分：考勤和考绩。考勤，主要是围绕公务员的出勤问题和日常工作表现进行监督和考核。考绩，是对公务员工作成绩和综合能力的考评。美国是典型的采用工作标准考绩制的国家，其主要内容是依据工作性质，结合职位分类或职位分析，规定每个职位必须完

成的工作数量、质量、工作适应能力等，并据此来衡量公务员的工作情况。法国考绩因素包括身体的适应性、专门的知识、守时执勤情形、工作能力、合作精神、服务精神、积极性、工作速度、工作方法、洞察力、组织力、指挥监督力和考察力等。日本考绩称为“勤务评定”，考绩内容分为考核工作、性格、能力、适合力等四大项。发达国家注重对公务员出勤和工作成绩的考核是合理的，因为这两个方面最能够体现公务员的工作状况和成绩，这点值得借鉴。但也应该充分地注意到，国家间公务员管理体制存在巨大差异，因此在对地税系统公务员考核指标体系的设计上，可以借鉴一些好的做法和经验，但不能够照搬发达国家的做法。

3、构建科学指标体系。以德、能、勤、绩、廉作为一级指标，各个一级指标的二级指标与三级指标的设计分别如下表所示。“德”是指公务员在思想政治素质及职业道德、社会公德等方面的表现，其二级指标包括思想政治素养、道德品质两个。“能”是指公务员履行职责的业务素质和能力，其二级指标主要包括业务能力、处事能力、沟通能力三个。“勤”是指公务员的责任心、工作态度、工作作风等方面的表现，其二级指标包括出勤情况、勤奋程度两个。“廉”是指公务员廉洁自律等方面的表现，因为廉所包括的内容较少，所以没有设定二级指标，主要通过“是否做好个人廉政记录”、“是否因利用职权为亲人和熟人谋利被人举报过”等来衡量。“绩”是指公务员完成工作的数量、质量、效率和所产生的效益；由于“绩”指标根据岗位说明书来设定，岗位不同，那么绩的指标也有很大区别。设计考核指标体系，除了“绩”不能普遍适应所有岗位公务员外，德、能、勤、廉四项一级指标及其二级指标和三级指标具有通用性。但所谓的通用性，也决非是绝对的通用。首先，公务员岗位不同，那么不仅需要“绩”的考核指标体系有区别，德、能、勤、廉四项考核内容也应有所区别。例如，对于领导干部的考核，则应该注重廉的考核，廉的二级指标和三级指标要设计的更详细些，其权重也应更高些；而对一般没有领导职位的一般干部，则应该更注重勤和绩的考核，而不是廉的考核，勤和绩的权重应更高些。其次，考核目的不同，那么考核指标也应该有所区别。例如，针对领导干部的晋升考核，不仅要考核其德、能、勤、绩、廉，还要对性格进行考核，看其是否具备做领导人的性格。最后，征管改革的发展，考核指标体系也处于不断变化过程中，一些新的考核指标将会被纳人进来。如从严管理干部、“好干部”标准、“三严三实”的要求、纳税人的需求等变成具体考核指标。因此，以上所列考核指标体系只是个参考，可以结合本地区实际情况、考核类型、考核目的等，予以调整、优化，以便使考核指标体系具有更强的针对性和有效性。针对不同层级干部，我们设计了相应的绩效考核指标，详见附表一、二。各市县局可以结合各地的实际，对指标进行细化、优化，对各指标的权重或分值进行细化分配，提高考核准确性。

(三)突出科学有效，健全考核运行机制

建立科学有效的绩效考核运行机制，是确保绩效考核各项工作顺利开展的制度机制，也是形成常态化奖优罚劣的绩效考核长效机制的重要保障。

1、完善考评制度。要合理设定考核主体，建立以平时考评为基础，公开透明规范的考评工作机制。明确岗位目标，突出岗位绩效目标考核，强化平时考核，发挥平时考核的基础性作用.平时考核要在年度考核中占到不低于60%的权重，解决在考核中“平时不算账，年终凭印象”的问题。建立阳光平台，考核制度公开、岗位目标公开、评分标准公开、考核结果公开、有条件的将个人的岗位工作实绩公开。

2、加强过程管理。绩效考核最终目的在于绩效管理，这种管理应体现为过程管理，包括明确个人工作目标、及时了解个人的工作情况，肯定良好工作行为、帮助和推动工作等。做好绩效目标考评，对个人工作日志、季考核(互评)、年终绩效考核与评出等次、建立平时考核档案等关键环节的实施，实现绩效过程管理。通过建立内、外部信息监控系统，参与者都可根据权限随时查看绩效工作日志、考勤等，变事后考核、为事中监督，激发公务员的工作积极性。上级领导和管理部门也可以及时地全方位监控所管理部门的工作目标进展情况，以驾驭全局，增强工作指导性。

3、运用内外部评价。内部评价中采用多层次的评价方式,对公务员进行测评。按照“谁了解谁评议”的原则,制定出层次不同的、有针对性的、可操作的测评标准。在开展评议时,把个人工作情况定期放在单位局域网上“晒”,让大家在综合评比后进行背靠背打分,确保测评信息准确真实。外部评价时要扩大考核民主,要引进服务对象考评,特别是对于办税服务窗口岗位人员,要引入社会公众评价,积极建立纳税人参与监督机制。构建网上网下相结合的社会公众、服务对象、社会组织等测评体系,引入公众评价、百姓监督、不断完善外部评价的办法,提高党委政府和纳税人对地税干部工作的满意度。

4、强化结果运用。在实际操作中,应将考核结果与公务员晋升、晋级、岗位交流、培训等联系起来,协调一致地共同促进地税干部个人绩效以及单位整体绩效的改善。依据考核结果严格兑现奖惩,就会形成一个正确的用人导向和用人机制,进而促成建立更加灵敏高效的绩效管理机制。重视考核结果的运用,就是要与被考核人的“帽子”、“票子”、“面子”挂起钩来,建立目标考核奖制度,各等次之间明显拉开差距。特别是在干部选拔使用上,可以避免用管脱节、急拿现用,提高考察考核的科学性、全面性。除现行鼓励措施外,可以对连续三年被确定为优秀等次的公务员,在所任职务对应级别范围内晋升一个级别,列人后备干部推荐名单;连续两年以上获优秀等次的公务员,在晋职或竞争上岗时任职资格条件可适当放宽;参加各类表彰奖励的推荐人选近四年全年考核必须均在称职以上且至少有一次为优秀等次;建立考核结果和公务员休假时间、健康疗养挂钩制度,优秀公务员可在规定的年休假时间的基础上有所增加。在惩戒措施方面,可增加对公务员的处分方式,如调整岗位、停止晋升、扣薪停薪等,使公务员犯任何错误都能得到恰当但有力的处罚。

5、提高信息化水平。信息系统是推动公务员绩效考核工作的坚实基础。要依托信息化,运用已经成熟的信息化工具,开发有针对性的绩效考核管理系统,简化操作程序,规范考核流程,提高绩效考核的信息化程度。实现从考评指标的下达、计划、总结的填报,考评主体的打分,结果的公示,全部网上运行,实现考评工作的网络化和考评管理的信息化。要做好个人绩效管理与总局数字人事系统推广衔接工作,按照管理加服务、制度加科技、定性加定量、内部加外部的基本思路,创新干部管理理念方法,以信息管理系统为支撑,实现干部管理日常化、日常管理指标化、指标管理数字化、数字管理累积化、累积管理可比化、可比管理挂钩化、挂钩管理导向化。

6、加强指导监督。监督检查是推进绩效考核工作的重要保证。全省地税人教系统要采取督查、明察暗访、随机抽查等方式,了解各单位绩效考核工作开展情况,及时研究解决存在的突出问题。对于绩效考核不落实、走过场的单位,予以通报批评、限期改正。对于工作记录差、业绩差的公务员,及时予以通报批评,取消各项评优评先资格,确保绩效考核工作有序深入推进。加强工作调研,加强绩效考核工作的业务培训,适时总结、交流、推广各部门开展绩效考核工作的经验,确保地税系统公务员绩效考核工作走在前列。

课题组组长:林仕华

组员:陈　君　黄明东　张夏琴　张春生

郭海泉　徐　沁　张　璇　王桂玲

执笔:黄明东

# 关于营造良好干部成长环境的思考

王洪杰

习近平总书记在2013年召开的全国组织工作会议上提出"信念坚定、为民服务、勤政务实、敢于担当、清正廉洁"20字好干部标准，赋予新时期好干部以新的时代内涵。《党政领导干部选拔任用工作条例》，再次强调把"信念坚定、为民服务、勤政务实、敢于担当、清正廉洁"作为好干部标准，要求坚持群众公认原则，树立注重基层的导向。领导干部是实现全面依法治国的"关键少数"，同时也是实现"四个全面"的"关键少数"。这就迫切需要我们建设高素质的干部队伍，只有这样才能促进经济又好又快的发展。

好干部成长需要良好的政治生态，需要营造良好的干部成长环境，良好的干部成长环境是干部能够健康成长必不可少的外部条件，就像树木需要阳光、空气和土壤。只有这样，优秀干部才会被源源不断地培养出来，同时又为创造更加优秀的干部成长环境提供人才支持。习近平总书记也曾指出："环境好，则人才聚、事业兴；环境不好，则人才散、事业衰。"这里的环境也包括干部成长环境。

## 一、良好的干部成长环境

一般而言，干部成长环境主要是指影响干部成长和发展的一切外界情况和条件的总和。良好的干部成长环境一要有一个令行禁止的制度环境。每项工作、每件事情制度化、规范化之后，就是实操问题、到位问题、执行问题，好的制度需要落实和执行。决不允许"上有政策、下有对策"，决不允许在贯彻执行上级决策部署上打折扣、做选择、搞变通。二要有一个求真务实的作风环境。大力弘扬实干精神，下大力气干、下真功夫干、脚踏实地干、雷厉风行干、深入基层干，真正让实干的氛围热起来，把实干的形象树起来。坚决反对工作浮躁之风、好高骛远之风、急功近利之风。三要有一个干事创业的工作环境。制度完善，执行到位，潜规则得到消除，每位领导干部都能够把改革创新作为责任担当，让工作上干得好、干得多的人心无负担，得到组织的认可，真正形成"老实人不吃亏、有为的人有位"的干事创业导向。四要有一个风清气正的组织文化环境。每位干部都要常修为政之德、常怀律己之心，堂堂正正做人，干干净净做事。要严以律已，不听信妄言、不以公谢私、不取不义之财、不贪不义之利、不做不洁之事，营造风清气正的组织文化环境。

从目前干部成长环境来看，主流是积极向上的，但也存在一些问题，如个别干部有消极思想，不能很好地履职尽责，存在庸政懒政现象；服务意识不强，缺少敬业奉献精神；作风浮躁、急功近利，脱离工作实际，形式主义问题依然存在等等。

## 二、沈阳市地税系统改善干部成长环境的实践

近年来，沈阳市地税局党委高度重视改善干部成长环境工作，坚持从自身抓起，不断加强领导班子队伍建设，坚持以上率下，充分发挥示范引领作用，为改善干部成长环境提供组织保证。通过一系列的扎实举措，探索建立健全良好的学习环境、竞争机制、营造良好的工作氛围等，极大地改善了干部成长环境。

（一）多措并举，干部的综合素质和能力水平不断提升

干部的成长是发展、动态的过程，"组织培养"和"个人努力"是干部成长的两个必要条件，是两者相互

联动、优化组合、综合塑造的结果。

1、不断加强干部教育培训，提高干部队伍的理论素养和业务能力。沈阳市地税系统紧紧围绕建设学习型政党要求，结合地税系统干部队伍实际情况，在高层次人才培养、专项业务培训、基本理论培训等方面做了很多有效的探索和实践。制定了《辽宁省地税系统高层次人才培养方案》《沈阳市地税系统专项培训实施方案》，逐步建立了完备的人才培养制度体系，初步形成了比较明确的培养目标体系。如沈阳市地税系统为使业务培训更具针对性和实效性，一是开展深入的培训需求调研，全面把握岗位需求和干部实际水平，科学制定全系统年度专项业务培训计划，设置培训内容；二是创新培训方式方法。通过基层局开展岗位技能练兵活动和“每日一题”活动等，市局组织竞赛考试，搭建培训成果展示平台等方式，不断调动干部职工参与培训的积极性和主动性，提高培训的吸引力和感染力；三是依托高等学校，如东北财经大学，实施高层次人才培养计划。利用两年半的时间，针对综合管理、税收业务和信息化三个培养方向，通过知识强化、能力提升、交流总结3个阶段，培养高层次人才。目前沈阳市地税系统干部教育培训已基本形成长短结合、理论基础知识与业务技能培训相结合的干部教育培训体系。

2、加强挂职锻炼，提升干部队伍的实践能力。沈阳市地税系统非常注重实践锻炼，制定了《市局机关选派基层工作经验不满2年干部到基层局挂职锻炼工作方案》，有计划地安排缺乏基层工作经历的市局机关干部到基层局挂职锻炼，进一步丰富基层工作经历，丰富实践经验。从2015年开始，计划用3年的时间，机关干部中基层经历不足两年的人员全部完成挂职锻炼；制定《基层局副职后备干部到市局机关处长助理岗位挂职锻炼工作制度》，选派已列为基层局副职后备的年轻中层正职领导干部到市局机关挂职锻炼，让他们在新的环境、更高的层次、更广阔的舞台接受锻炼和考验，丰富阅历、开阔视野，在实践中增长后备干部的领导才干。从2012年起，至今已选派24名基层局副职后备干部进行上派挂职锻炼，极大地提高了后备干部队伍的综合素质和工作能力。

3、加强干部岗位交流，提升干部队伍的综合能力。实践出真知，经历长才干，一次经历就是一个“老师”，一个岗位就是一所“学校”，多一次经历就长一次才干，多一个岗位就多一份成熟。每位干部不仅应是单一专业性人才，更应成为熟悉多种业务，具备多种能力的“全才”和“通才”。沈阳市局按照《辽宁省地税系统领导干部交流工作规定》要求，积极推进沈阳市地税系统领导干部岗位交流。问卷调查显示，参加工作年限在11年以上的干部占总数的83%，岗位经历在5个以上的占总人数的49%，交流轮岗方式有业务与管理交流、机关与基层交流、党务与行政交流等多种方式。通过岗位交流进一步提高了税务系统干部的综合素质，激发了干部的工作活力，形成新的工作思路和工作思维，体现了税务系统“以人为本，培养人才，合理使用人才，做到人尽其才”的理念。

(二)以在全系统开展创先争优打擂台活动为载体，逐步构建了良好的干部竞争机制

在政府机关各项工作中，正确地倡导人与人之间比德、比才、比勤奋、比实绩，开展评比竞赛活动，鼓励干部之间开展适度、有序的竞争，以实绩求生存，以竞争求发展，有助于领导人才智慧、才能、人格得到充分发展和展现，也有利于德才兼备者脱颖而出并卓有成效的开展工作。

1、制定《关于在全系统开展创先争优打擂台活动的意见》，初步形成了良好的争创氛围。在争创活动中，坚持“五比五看”，即比思想，看境界；比状态，看激情；比学习，看素质；比工作，看责任；比作风，看服务，形成了良好的争创氛围。通过五年的实施，在全系统评选出120项优秀成果，500人次工作标兵，选树了一批先进典型，大力营造了争当精英团队的氛围和干事创业的环境，逐步建立了靠事业凝聚人，靠文化引领人，靠荣誉激励人，靠业绩选拔人的工作评价机制和合理有序的竞争机制。

2、深入开展“十佳评选”活动，选树了一批先进典型，在全系统形成了争当先进、争创一流的良好风气。制定了《沈阳市地方税务局十佳科所(长)十佳中层副职十佳个人评选管理暂行办法》，明确了评选条件和申报数量、评选程序和方法、评选奖励和激励等内容。十佳科所(长)即“领导作用佳、队伍素质佳、职

能作用佳、制度执行佳、整体形象佳”;十佳中层副职即“政治素质好、业务素质好、廉洁自律好、群众威信好”;十佳个人即“政治素质佳、工作业绩佳、职业道德佳、廉洁自律佳、文明服务佳”。通过开展“十佳评选”活动,地税系统在市局机关和基层局树立了一批先进典型,并通过内、外网和新闻媒体大力宣传典型的先进事迹和工作精神,在系统内营造了学先进、赶先进、当先进的浓厚氛围,形成了用典型导向、先进引路的良好工作环境,在社会上树立了良好的地税形象。

3、开展空缺领导职务竞争上岗工作。问卷调查显示,在干部的成长过程中,有68%的希望在“提供职务或职称晋升平等、公正的竞争机会”方面得到单位的支持。沈阳市地税系统通过不断的实践,制定《沈阳市地税系统2014年空缺领导职位竞争上岗工作实施方案》,坚持民主、公开、竞争、择优的原则,坚持考试与考察相结合的原则,坚持个人意愿与组织安排相结合的原则,有理有序开展空缺领导职务竞争上岗工作,为年轻的干部提供了平等、公正的职务晋升的竞争机会,极大地改善了竞争环境。

(三)以“三个叫响”为抓手,积极营造良好的干事创业氛围

沈阳市地税系统结合党的群众路线教育实践活动,组织在全市地税系统内开展叫响“我是领导,我给群众打个样”“我是共产党员,我给群众做表率”“我是地税人,我为地税树形象”“三个叫响”实践活动,充分发挥领导干部的带头示范作用、共产党员的先锋模范作用,激发地税人的敬业奉献精神,从领导干部、党员群众,自上而下,全员参与,通过示范引领、规范服务、转变作风,增强了干部队伍的凝聚力、向心力和战斗力。“三个叫响”活动以叫响“我是领导,我给群众打个样”为重点,坚持领导带头、上级带下级,主要领导带班子成员、领导干部带一般干部,一级做给一级看,一级带着一级干,层层抓落实。

通过组织学习,各级领导干部亮“领导干部标识牌”上岗,对照领导干部打样的基本标准,亮出承诺;非领导干部的共产党员亮“共产党员标识牌”上岗,并对照共产党员做表率的基本标准,承诺争做无私奉献、勤奋敬业和廉洁自律的表率;除领导干部、党员之外的参与活动人员亮“一般干部或窗口工作人员标识牌”上岗,并对照地税人形象的基本标准亮出承诺。查摆问题,并针对查摆问题和征求意见,有针对性的提出整改措施。

(四)以绩效考核为指挥棒,探索建立分级分类绩效考核评价机制

沈阳市地税系统围绕“在考准上想办法、在考实上下功夫”,考出了公正、考出了活力。组织绩效考核坚持定量考评与定性分析相结合,坚持激励与制约相结合,坚持网络考评与日常考评相结合,坚持精神鼓励与物质奖励相结合的原则,制定了《全市地税系统组织绩效考核管理(暂行)办法》。按照考核对象分类不同,依据县(市、区)局、稽查局、税务所(分局)的工作差异,科学设定考核指标体系,同时采取分级考核的原则,探索建立分级分类绩效考核评价机制。在指标体系设定上,分为常规性指标、否定性指标、加分性指标,实现了激励性指标与约束性指标相结合。在考核内容上,既突出共性指标,又强调个性差异指标,且共性指标权重比例根据实际情况不同而有所差异;既有相对固定的指标,又有根据实际及时调整的指标,根据新形势新任务,把“三个叫响”“十佳评选”等荣誉、竞赛等内容与绩效考核有机结合。在考核方式上,既注重网络考评和日常考评,也注重年终考评。

(五)以加强党风廉政建设为重点,逐步形成风清气正的从政环境

党风廉政建设作为从严治党的重要内容和反腐败工作的有效载体,是营造良好政治生态环境的关键内容。作为地税机关,肩负着聚财为国、执法为民的重任,更需要从全局的高度,切实加强党风廉政建设。沈阳市地税制定《落实党风廉政建设主体责任实施办法》,牢固树立“不抓党风廉政建设就是严重失职”的意识,认真履行选人用人责任、明纪纠风责任、预防监管责任、支持保障责任、管理示范责任。每个党员干部都常修为政之德、常怀律已之心,严格恪守“三严三实”“讲诚信、懂规矩、守纪律”,纯洁社交圈、净化生活圈、规范工作圈、管住活动圈,逐步形成了地税系统风清气正的从政环境。

通过这些举措,目前地税系统干部对当前干部成长环境整体满意,干部队伍凝聚力强,精神状态好,

在这样成长环境的熏陶和感染下，每位职工都迸发出极大的干事创业热情。但也存在一些困扰和问题。问卷调查显示，目前地税系统干部在工作中存在的主要困扰来自于职务晋升空间小，工作任务重、压力大，缺少培训学习的机会等等。近3年来，65%的被调查对象，参加脱产培训学习的次数在2次以下。在成长过程中，最希望在提供职务或职称晋升平等、公正的竞争机会，提供学习进修和参加培训的机会，提供实践与锻炼的机会以及针对个人成长和工作问题，得到领导的指导和关心等方面给予支持。从这个问题也反映出，良好的体制机制制度是营造良好干部成长环境的重要部分，加强人文关怀也是营造良好干部成长环境的重要部分。

## 三、营造良好的地税系统干部成长环境的建议

经过多年的实践，沈阳市地税系统在改善干部成长环境方面已经取得显著成效。结合沈阳市的实践探索，借鉴国内外的经验，总体而言，营造良好的地税系统干部成长环境，关键要进一步建立健全科学、有效的人才培养机制，建立健全合理、有序的竞争机制，建立健全公平、公正的干部选拔任用机制，建立健全科学、有效的考核评价机制，努力营造良好的干事创业氛围，加强人文关怀、强化干部队伍组织归属感等为具体着力点，积极营造良好的地税系统干部成长环境

(一)建立健全科学、有效的人才培养机制

良好的培养机制是人才发展和提高的前提。人才不会自然形成，只有在科学、有效、不懈培养提高的基础上，经评价选拔，才能使人才得以显现。

1、建立健全干部教育培训机制。一是要丰富培训内容。要把培训内容由业务型、普及型向综合型、提高型转变，从注重数量积累向注重质量和效益转变，由单一型干部培训向复合型干部培训转变，由显能培训向潜能培训转变。二是创新培训方式方法。可以采取领导干部带头讲课，带头走上讲台的形式，调动干部参与培训学习的积极性和主动性。采取开展研讨式、模拟式、案例式等培训方式，提高培训的针对性和实效性。三是加强实践锻炼。加强岗位技能培训，多开展岗位练兵和各种业务技能竞赛，制定“跨岗”及“AB岗”等制度，注重在职培训、在岗培训，做到工作学习化、学习工作化。四是科学运用培训成果，将培训学习的结果作为年度考核和晋升的重要依据之一。

2、形成有利于干部成长的岗位锻炼机制。历史和现实证明，实践不仅是人们获得知识和经验的主要源泉，而且是人们把所掌握的知识和经验内化成职业素质和工作技能的根本途径。干部岗位锻炼有四种不同形式：一是上派锻炼。选派机关干部到上级机关挂职锻炼，让他们在新的环境、更高的层次、更广阔的舞台接受锻炼和考验，有利于其开阔视野，更新观念，增长能力。二是外派锻炼。外派锻炼主要是选派干部到经济发达地区挂职锻炼，与其他学习形式最大的不同就在于，挂职锻炼更为具体、深入，是对经济发达地区先进理念、领导方式、工作方法、工作作风的全面学习体验。三是下派锻炼。由于长期生活在城市，对基层和税收第一线的情况不甚了解、缺乏基层经验。要把他们培养成为党的优秀领导干部，就必须让他们到实践中经受一段时间的磨练，充实自己。四是参与急难险重锻炼。只有在“急、难、险、苦”的环境中磨炼，才能炼就一身“硬功夫”。

(二)建立健全合理、有序的竞争机制

1、树立正确的竞争观。要让参与者正确认识竞争，妥善对待竞争，积极参与竞争，力争实现合作中竞争，竞争中合作，营造共赢的工作环境。在竞争目标上，要倡导“事业重于生命，奉献高于一切”的精神，在竞争方式上，要坚持依法、有序的进行，注重规则和程序。

2、完善竞争的规则要求。制定严明的竞争规则，规范竞争行为，是构建良性竞争秩序的重要保证。要体现“公开、平等”的精神，完善竞争基本规则、基本程序和配套措施，通过硬性约束，规范组织人事部门和竞争者的行为，形成竞争有序、人才辈出的人才发展态势。

3、建立制度化、常态化的竞争机制。从实践看,定期开展竞争、竞赛活动,有助于激发干部队伍活力,营造优秀人才脱颖而出的环境。为此,要建立制度化、常态化的竞争机制,要深入研究竞争竞赛活动的经验,并融入于日常工作中。

(三)建立健全公平、公正的干部选拔任用机制

1、明确的干部标准。正确的干部标准,具有时代的烙印,是根据时代的特点和社会发展的要求,确定的正确的选人用人路线和原则。“信念坚定、为民服务、勤政务实、敢于担当、清正廉洁”20字就是新时期好干部的标准。当前,地税系统的干部标准就是要坚持德才兼备、注重实绩、群众公认,坚持任人唯贤、公道正派,把那些政治上靠得住、工作上有本事、作风上过得硬的干部选拔出来,就是要继续旗帜鲜明地坚持把“信念坚定、为民服务、勤政务实、敢于担当、清正廉洁”作为选人用人基本导向。只有让好干部都感到有干头有奔头,才能引领广大党员干部群众共同为地税系统的事业贡献智慧和才干,才能最大限度地调动一切积极因素,形成强大的合力。

2、健全的制度体系。选人用人必须有制度作保证,坚持以制度为保证,以民主为基本原则,贯穿干部选拔任用全过程,只有这样才能逐步建立健全干部选拔任用制度体系。这需要我们建立科学规范的党政领导干部选拔任用制度,形成有效管用、简便易行、有利于优秀人才脱颖而出的选人用人机制,建立健全科学的荐举机制、测评机制、研决机制,逐步理顺关系,进而营造良好的干部选拔任用环境。

3、规范的选用程序。制定科学合理的选人用人程序,并切实按程序办事,是能否选拔出高素质人才的关键。建立规范的干部选任程序,一是科学制定目标,即确定在什么范围内选拔具备什么素质的人来担任什么样的职务;二是建立良好的选拔通道,扩大选拔范围,采用自荐、个别推荐、群众举荐等多种形式的结合,将符合条件的干部纳入考察范围,扩大干部任用的视野;三是深入进行调查,即对参加选拔的人选进行充分的调查,尤其是对其政治品德、领导才能等方面进行重点调查;四是分析评估,即对初步人选进行定性定量分析,不仅分析现状,而且预测未来的发展潜力;五是决策形成,即按照目标要求,根据调查分析得来的情况,确定最后的人选。

4、公开透明的监督机制。要严格按照规定的程序进行考察,每一个程序、每一项考察工作都要有详细的记录,每一个结论都要有具体事实依据,做到环环有人把关,事事有人负责。要建立和完善用人失察失误追究制。对干部选拔任用过程中的不正之风,要实行强制性的惩罚制度,对用人失察失误造成严重后果的,要依照有关党纪法规追究责任。组织人事部门要强化自觉接受监督意识,主动接受群众的监督,定期召开征求意见座谈会,形成科学有效的监督体系。

(四)建立健全科学、有效的考核评价机制

1、制定科学合理的指标体系。指标体系设定一要充分体现税务系统工作特点,体现沈阳地区特色和实际情况;二要避免一刀切,注重结合不同地区、不同部门、不同岗位的特点合理设定指标体系,要区别对待;三要更加注重服务质量和服务水平的考核,而不是唯数论成败;四要从干部的角度出发,让他们参与到指标体系制定过程的始终,由干部通过自己的思考和交流制定出考核自己的指标。

2、建立完善、有效的考核评价模式。考核评价一要注重当前和长远的结合,既要看指标的现实成果,又要看指标结果能否致力于税收事业的长远发展;二要注重对客观条件与主观努力程度的考核,既要看个人的主观努力、工作态度、创新精神等,同时也要结合外因条件来评定;三要大量引入群众评议、民主测评等因素。

3、科学运用考核结果。根据考核结果正确实施奖优罚劣,能鼓励优秀者,教育失误者,鞭策后进者,惩处违法乱纪者。将考核结果与领导班子和领导干部成员的评优评先、与干部的选拔使用、与干部职工的奖金挂钩。同时,进一步完善干部岗位目标责任制,使绩效考核运用措施具体化、规范化、制度化。

(五)努力营造良好的干事创业氛围

1、坚持问题导向，培养干部精准思维。精准思维是一种非常务实的思维方式，它强调具体和准确，要求动作精准到位、在一个个具体的点上解决问题，排斥大而化之、笼而统之地抓工作。培养和运用精准思维，一要有强烈的问题意识。问题是思维发展、思维创新的推动力量。抓住了问题就抓住了具体。无论是做决策、定方案，还是抓落实，都要紧紧抓住核心问题和关键问题不放，在问题的症结点和关键点上做文章、出实招。二要有实操意识。无论是谋划发展、制定战略，还是提出建议、指导工作，都要从实际情况出发、从可行性出发，不能照搬照抄别人的成功经验，或者套用几个“大概念”忽悠人，更不能把不着边际的天方夜谭当作宏伟蓝图来推进。三要有强烈的到位意识。当前许多工作都是因为管理不到位、操作不标准，造成质量不高、效率低下。有许多制度，因为执行不严格，总是搞下不为例、特殊情况，结果造成制度虚设、程序空转。这需要我们从细节处着手，严格标准、严格程序，认认真真把工作做细做实做到位。有了这种求真务实的干事创业氛围，良好的干部成长环境就形成了。

2、坚持从严治党，加强党风廉政建设。干部成长环境是党风廉政建设的风向标。坚决有效预防和惩治腐败是建设风清气正干部成长环境的有力保障。庸俗的“圈子”文化、潜规则大行其道，必将使干部成长环境变得更加恶劣，进而摧毁和腐蚀干部队伍。一要通过加强党风廉政建设，落实党要管党、从严治党责任，落实党委主体责任和纪委监督责任；二要领导干部作表率。作为一名领导干部要坚守正道、弘扬正气，坚持以信念、人格、实干立身；襟怀坦白、光明磊落，对上对下讲真话、实话；坚持原则、恪守规矩、严格按党纪国法办事；严肃纲纪、疾恶如仇，对一切不正之风敢于亮剑；艰苦奋斗、清正廉洁、正确行使权力，在各种诱惑面前经得起考验，这将为干部队伍树立标杆，树立典范，进而引领良好干部成长环境建设。

3、加强人文关怀、强化干部队伍组织归属感。通过调查显示，有53%的被调查对象认为，在成长的过程中，最希望单位能够针对个人成长和工作问题，得到领导的指导和关心。加强人文关怀，有助于干部在情感和心理上对组织产生归属和认同，使其形成组织归属感。组织归属感一旦形成，便具有一定的长久性，会产生强烈的组织责任感和自我约束力。一要建立有效的沟通及诉求表达机制。职工通过单位内部的有效沟通，既能够使各种不同的情感得到释放和表达，也能够实现信息共享，促使职工之间、职工与领导之间思维得到碰撞，产生意想不到的效果；二要为职工制定职业发展规划。职业发展规划的形成是个人与单位之间相互选择、相互支持的过程，有赖于组织的支持、培养和发展。一个单位只有积极的帮助职工进行正确的自我评估，使其认识到自身的优缺点，以及今后努力的方向，才能使职工做好自身的职业发展计划。

4、构建独特的地税系统组织文化。建立健全科学、有效的人才培养机制，形成科学、合理、有序的竞争机制，健全公平、公正的干部选拔任用机制，科学有效的考核评价机制，以及单位内部、领导与职工之间，职工与职工之间相互尊重，相互支持，彼此扶持的一种干事创业氛围，都是优秀的地税系统组织文化的体现，正是这种独特的组织文化，激励着干部队伍，感染着干部队伍，为干部队伍的健康成长提供了良好的生存土壤。

（作者单位：辽宁省沈阳市地方税务局）

# 强力推动基层党建工作科学发展的实践与思考

周元卫

党要管党,从严治党,是我们党一以贯之的优良传统和宝贵经验。近年来,南宁市国税局高度重视加强基层党建工作,在促进基层党建工作科学化、制度化和规范化方面,做了积极的探索,取得了较好的效果。本文结合南宁国税党建的工作实践,就如何进一步加强党建工作,促进党建工作科学发展,谈几点认识。

## 一、南宁市国税局基层党建工作实现综合协调发展

近年来,南宁市国税局的党建工作重点是通过抓"八大建设",增强党组织和党员干部的"八种能力"来开展。主要表现在以"五个围绕"创新党建活动载体。

(一)围绕服务大局创新载体

围绕服务产业园区建设、重点项目建设等,开展政策服务、税收分析和预测等工作,为企业服务,为地方政府服务,并组织党员积极参与党员奉献日、结对帮扶、美丽南宁·整洁畅通有序大行动等工作。围绕创新服务载体和拓展服务功能,开展和谐税收连万家、纳谏日、真诚服务看国税、便民办税春风行动等工作,加大对"全市通办"、24 小时自助办税终端等服务平台的建设,打造"电子国税",更好服务于税户,得到有关部门的充分肯定。2014 年,连续第 8 年荣获南宁市"窗口服务行业创城达标竞赛"第一名,连续 5 年荣获市直机关党建目标管理工作"十佳党委"、每年六县局党建工作都荣获县直工委的表彰。市局机关党建工作多次在市直机关工委党建会议上作典型经验介绍,并作为市直机关工委的参观示范点,在第 25 届全国城市机关党建工作经验交流会中作为唯一的基层党组织参观点。特别是在 2014 年 8 月召开的全市机关党建工作座谈会上,全市仅有青秀区党委和市局作典型经验介绍,机关党建工作再次得到市委的肯定。

(二)围绕思想建设创新载体

采取多种方法推进学习型党组织建设,各级党组织以落实中心组学习制度为重点,加强班子思想政治建设。突出抓好党的群众路线教育实践活动理论知识、社会主义核心价值观、中央纪委全会精神、各级国税工作会议精神等方面的专题学习。搭建了"第一个国税党校分校"、"绿城国税党建网站"、"网络学校和多媒体阅读数字图书馆管理系统"三大平台,实现党员干部教育多元化、经常化、及时化。以"三会一课"、支部书记上党课、上廉政大课、专题讨论会、观看爱国主义教育影片《焦裕禄》等方式,抓好党员干部的教育,使党员干部的政治修养、综合素质得到较大提高。

(三)围绕组织建设创新载体

成立党建工作领导小组,把党建工作纳入党组重要的议事日程。逐步形成党组指导机关党委、机关党委抓支部、支部抓小组的联动工作网络。构建以"地方为主,系统指导"的党建工作格局。各基层党组织既接受地方党委的领导,又接受系统党建的指导,将系统党建与机关基层党建整合,共抓共促。将党建工作列入市局绩效考核内容之一,与行政、业务工作同部署、同落实、同考核,为做好党建工作奠定了坚实的组织保障。

（四）围绕示范建设创新载体

始终坚持把“感动广西国税”、“先锋示范岗”等先锋模范人物作为标杆，加大学习宣传力度，以先进典型引导人、激励人、感染人，同时，积极开展创建“文明单位”、“文明行业”、争当“四个模范”、“我身边的好税官”、“青年标兵”等活动，逐步形成“凡奖必争，凡旗必夺”的氛围。深入开展“岗位党旗红”、“结对共建”、“十大先锋行·四走四促四满意”等主题活动，全力开展创建先锋示范城工作。打造税务先锋群，2012 年以来，获得市直工委命名表彰的先锋示范岗有 78 个、先锋示范点 3 个、先锋示范单位 7 个、先锋示范队伍 3 支；获得市委命名表彰的先锋示范岗有 40 个、先锋示范点 1 个、先锋示范单位 6 个、先锋示范队伍 1 支。

（五）围绕文化建设创新载体

持续推进文化建设，建成全区廉政文化进机关示范点、全国级“职工书屋”示范点、税务文化展馆、党员活动室等宣传教育阵地，潜移默化地提升党员干部综合素养。目前，全系统建成税务文化展馆、廉政教育室、党员活动室和职工书屋 22 个。以“道德讲堂”活动为试点，建立全市国税系统“道德讲堂”活动资料库，构建全系统资源共享的平台，全系统共设立“道德讲堂”专用会场 19 个，举办“道德讲堂”120 多期，参加人员 5000 多人次。

## 二、正确认识、主动适应基层党建工作面临的新常态

党的十八大以来，就机关党建工作，习近平总书记站在巩固党的执政地位、推进党的建设伟大事业的战略高度作出了一系列重要论述，系统阐述了机关党建的地位作用、总体要求、职责定位、工作布局、任务举措，深刻回答了机关党的建设应该做什么、怎么做、为谁做、靠谁做等一系列重大问题，为加强和改进新形势下机关党建工作指明了正确方向、提供了根本遵循。市局党组高度重视党建工作，认识到党建工作的力度必将不断加强，要求各级党组织在当前和今后一个时期，要以习近平总书记关于机关党建工作的重要论述和讲话精神为指引，全面提高新时期全局机关党建科学化水平。

（一）准确把握机关党的建设“走前头、作表率”的新要求

习近平总书记强调：“机关党建要走在党的基层组织建设的前头，各级机关党组织要努力作落实中央决策的表率、服务人民群众的表率、推动改革创新的表率、注重强基固本的表率、弘扬清风正气的表率。”这些重要论述，充分体现了中央对做好机关党建工作的更高更严要求。机关党员的政治素质、业务能力、作风状况如何，直接影响党的路线、方针、政策的贯彻落实，直接影响全局重大决策部署的组织实施。只有牢牢把握“走在前头”的主题，才能更加自觉、更加主动地把机关党建工作放到全局“四化建设”和服务科学发展、共建和谐税收的大背景中去谋划，放到推进全市国税事业加快发展的大目标中去定位，以求实创新精神加强机关党的建设。

（二）准确把握机关党建工作面临服务和推动国税事业加快发展的新任务

坚持把加快发展作为总基调，把抓大收入规模作为总目标，把抓好征管服务作为总任务，把抓强干部队伍作为总支撑，着力推进税收调控重点、税收收入增长方式、征管服务方式“三大转变”。这要求各级国税机关进一步加强机关党建工作，服务和推动全市国税事业加快发展。

（三）准确把握机关党建工作面临的加强党员干部队伍建设新挑战

随着经济社会发展，人们思想活动的独立性、选择性、多变性、差异性日益增强，以及各类改革深入推进、利益格局深刻调整，不可避免地会冲击和影响国税党员干部队伍，对加强机关党建工作提出新挑战。要增强紧迫感和责任感，提高机关党的建设科学化水平，使机关党建工作更富有时代气息、更富有实际成效。

（四）准确把握全市国税系统党建工作显现新特点和规律

党建工作不是口号党建，不是概念党建，不是盆景党建，而是带有泥土的芬芳，扎根基层，深入群众。全局党建工作，既有其他部门党建的共性要求，也有自身的特点和规律。一是处于密切联系党和人民群众、政府和纳税人的重要环节。税收工作关系广大纳税人，涉及千家万户，时刻与人民群众打交道，备受人民群众关注。可以说，税务部门党组织是党和政府的形象窗口。全市国税机关党建工作的质量，不仅关系到国税事业成败，也影响到党的执政水平和执政地位的巩固，影响到党和政府在人民群众中的形象和威信。二是具有专业性强、税收执法权集中、职业风险较高的部门特色。国税机关是政策性、专业性较强的业务部门，这就要求我们必须把加强业务能力建设、提高税收征管服务水平，作为提高党的执政能力的重要基础，作为加强国税机关党的建设的主要任务。同时，国税机关具有税收执法权，决定了税务职业廉政风险比较高，党员干部受腐蚀的几率比较大，这就要求我们必须坚持把反腐倡廉建设放在更加突出的位置，作为党建必须始终抓好的重大政治任务。三是实行条块结合、以块为主的管理模式。全市国税系统在行政上实行垂直管理，党建工作实行“条块结合、以块为主”模式，这就要求我们发挥两种体制并存、两种资源共用的优势，既要自觉接受地方工委等党建部门的领导，主动融入地方党建工作大格局，又要大力加强系统机关党建工作的指导，进一步增强机关党建工作动力与活力。

## 三、以高度的使命感和责任感全力推进基层党建工作科学发展

要围绕以党建引领税收中心工作这一思路，结合实际，以扎实的作风，务实的举措，切实提高基层党建工作水平。

(一)加强引导，形成合力

一是坚持机关基层党组织要紧紧围绕中心工作、牢固树立大局意识、创新拓宽工作领域、切实强化党建功能，充分利用各种宣传媒体，广泛开展机关党建工作的宣传教育，调动广大基层组织和党员干部参与机关党建工作的积极性和自觉性，为机关党建奠定坚实的思想基础。二是强化激励机制。应进一步明确专职党务干部的职级、政治、经济待遇，这对抓好党建工作有十分重要作用，对提升党务工作者有位有为更具有重要性。三是各级党员领导干部和党务人员，要强化自身建设，身体力行，认真钻研党建业务，深入基层，认真开展调查研究，摸清机关和基层党建工作的特点和规律，有针对性地提出改进工作的措施，集思广益，取长补短，突出特点，创出特色，抓出精品。四是机关基层党组织要切实增强做好工作的责任感、使命感，增强政治意识、大局意识、创新意识和服务意识，认真履行各项职责。五是加强协调沟通，注意发挥工、青、团、妇等群团组织的优势，努力形成机关党委统一领导，各部门依照各自的章程，形成合力，齐抓共管。

(二)完善机制，有序运行

一是要建立健全以市局机关党委为主导的党建工作指导小组等工作协调机构，统一领导或指导机关基层党建工作。二是工作机制建立，要紧紧围绕系统的中心工作、拓宽领域、强化功能为出发点和落脚点，以共同利益、共同需求、共同目标为纽带，以开展“推动发展能力强、服务群众能力强、凝聚人心能力强、促进和谐能力强”的“四强”基层党组织活动为载体，以目标管理为抓手，按照“共享、共建、共抓、共创”的组织理念和优势互补、双向服务的原则运行，形成机关党建工作的合力，做到党员教育联抓，思想工作联做，公益事业联办，文明创建联建，使机关基层党组织的创造力、凝聚力、战斗力和党员的先锋模范作用在共建活动中得到充分体现和发挥。三是责任机制建立，要在发挥机关基层党组织作用上，强化“两个意识”，即强化“属地管理”和“责任领导”意识。四是建立协调机制，要把机关党建与税收中心工作、发展地方经济、维护社会稳定、繁荣社会文化、强化服务能力相结合，虚功实做，促进党建工作和中心工作协调发展，协调运行。五是建立联动机制，机关基层党组织要充分履行职责，积极协调、检查、指导基层党建工作，对基层单位党组织和党员进行监督评议。在评选先进基层党组织和文明单位，评选优秀党员和先进

个人，以及发展党员、选拔任用干部，应注意征求机关党委的意见、建议，从而保证机关党组织有效发挥领导作用。

（三）强化组织，健全机制

各级党组和党员领导干部特别是党组书记要牢固树立“抓好党建是本职、不抓党建是失职、抓不好党建是不称职”的理念，全面落实党建工作责任制。党组书记要切实履行抓党建第一责任人的职责，其他党组成员要切实履行“一岗双责”，既抓业务又抓党建。各级党组每年至少听取一次机关党组织工作汇报，研究提出指导性意见，决定党建工作中的重要问题。要指导机关党组织认真履行职责，制定好党建规划，狠抓工作落实。指导机关党组织围绕中心任务开展工作，找准开展活动、发挥作用的结合点和着力点，实化、硬化党建工作任务。各级领导班子成员要以普通党员的身份参加支部活动，自觉接受机关党组织的教育、管理和监督。党组书记每年要为机关全体党员上党课，党组成员每年要为分管部门的党员上党课。要按照新修订的《中国共产党党和国家机关基层组织条例》的要求，优化基层党组织设置，按时完成换届选举，市局机关党委在人员调整全部到位后将进行换届选举，换届工作已经延迟差不多1年，同时，按时《条例》要求，成立机关纪委，且已得市直机关工委的批复，成立机关纪委工作与机关党委换届选举工作一并进行。六县局也要主动联系县直机关工委，成立机关纪委。积极探索党支部“双向”承诺制，也就是年初由党支部向机关党委承诺工作目标任务、向党支部党员群众承诺年内要办理的实事，年终组织党员代表进行检查评比。采取党支部联合、以强带弱的模式，探索建立互联党支部，整合组织资源，聚集发展力量。

（四）抓住龙头，提升素质

一是强力推行党建实行“一岗双责”的职责，部门一把手既是行政一把手，同时又是机关党建工作第一责任人，机关基层党建工作要纳入目标与部门职能业务工作同研究，同布置，同检查，同考核，同奖惩。同时要关心、支持党务干部的工作，切实帮助解决实际工作中的困难，做到三个保证：即保证有专职党务人员；保证有专门办公室；保证有开展工作的足额经费。二是以抓好国税文化活动为载体，进一步强化基层党支部建设。要以国税文化、廉政文化活动为载体，把党的活动转化为党员的自觉行动，通过开展各种形式多样、群众喜闻乐见的活动，让基层党支部真正动起来、活起来。三是以保证党员质量为前提，进一步抓好新党员发展工作。党员的质量问题是关系到执政党地位巩固、永葆党的先进性的重大问题。发展党员时要严格执行中央规定的“坚持标准、保证质量、改善结构、慎重发展”的方针，把好“入口关”，做到宁缺勿滥，从而纯洁党的队伍，保护党的先锋队性质。坚持按照党章办事，坚决杜绝“带病发展”，真正做到成熟一个，发展一个，决不搞“批发”。四是要建立一支数量充足、质量可靠、结构合理的入党积极分子队伍，壮大党员后备人才队伍，夯实发展基础。要注意吸收政治上要求上进、思想上开拓创新、工作上踏实肯干的优秀分子到入党积极分子的队伍中来，进行重点教育、跟踪培养和党性锻炼。五是各机关基层党组织要切实履行职能，积极把在政治上、思想上与党中央保持高度一致，工作上敢于开拓创新和勤政廉洁的党员干部培养成骨干、培养成领导，为巩固党的执政地位增添新鲜血液，为党的事业发展增添新生力量。

（五）以人为本，促进和谐

以人为本是我们党的根本宗旨和执政理念的体现。这就要求我们必须把实现好、维护好、发展好党建工作作为党务人员工作的出发点和落脚点。要深刻认识到世界在变化，形势在发展，中国特色社会主义实践在深入，不断学习、善于学习，努力掌握和运用一切科学的新思想、新知识、新经验，因此，要积极引领广大党员大兴学习之风，极力避免学习教育上的形式主义，要针对党员的不同特点，开展寓教于乐、寓教于情的党员教育活动，丰富党员教育内容，提高党员教育效果。要激活“三会一课”制度，坚持把党的最新理论成果作为党员理论武装工作的长效机制。在教育内容上，要侧重选择体现国税特点的新理论、新观念、新提法,使党员在学习上获得新知识,树立新理念。贴近党员的思想实际,重点抓好理想信念教育、形势任务教育、宗旨观念教育、反腐倡廉教育和法制观念教育。在教育方式上,要精心设计党员喜闻乐见、便于参与的活动载体,改进活动方法,增强活动实效。通过教育,使广大党员在工作中做到严于律已、清正廉洁,老老实实做人、干干净净做事。

(六)典型示范,深推创优

做好党建工作,必须充分发挥先进典型和领导班子的示范带头作用,进一步推进创先争优活动向纵深发展。一是充分发挥典型作用。榜样的力量是无穷的。通过考察思想觉悟、工作作风、工作业绩和广泛听取群众意见等方式评出真先进,选出真优秀,树立真典型,以身边人的事迹带动干部见贤思齐。同时要及时总结推广先进的经验和事迹,使先进典型成为全市系统的共同财富。二是充分发挥领导班子示范作用。“身教重于言教。”领导班子的自身形象就是无声的政治工作。一个班子的能力和作风影响着队伍的强弱,决定事业的成败。进一步优化党组织领导班子结构,形成年龄、专业、经验上的互补,提高整体功能。完善党组议事制度,落实党组中心组学习制度,坚持和改进民主生活会制度、领导干部双重组织生活制度、谈心谈话制度,促进领导班子内部的沟通与交流,维护和增强班子团结。贯彻税务系统领导班子和领导干部监督管理办法,落实领导干部个人重大事项报告、收入申报、述职述廉、诫勉谈话等制度,加强对领导班子和领导干部的监督管理。坚持慎独慎微,面对各种诱惑保持清醒头脑,珍重自己的人格,珍爱自己的声誉,珍惜自己的形象,不断增强辨别是非和抗拒诱惑的能力,始终保持共产党人的应有本色。三是深化文明创建工作。要以服务人民、奉献社会为根本要求,不断加强班子、文明单位、文明窗口、青年文明号、巾帼文明岗等精神文明建设,发挥精神文明创建在推动税收事业发展中的重要作用。

(作者单位:广西壮族自治区南宁市国家税务局)

# 把“严巡厚爱”作为国税系统巡视的新形态

胡学龙

把“严巡厚爱”作为国税系统巡视监督的新形态，是“严管厚爱”在国税系统巡视工作领域的具体化，是国税系统党风廉政建设和反腐败斗争新形势下，改进巡视工作、强化巡视监督的新理念和新要求。强调“严巡厚爱”，就要着眼于抓早抓小抓实，对被巡视对象存在的苗头性、倾向性问题，咬咬耳朵、扯扯袖子、敲敲警钟甚至当头棒喝，及时教育提醒，及时治病救人，及时把问题解决在萌芽状态，防止“小问题”变成“大问题”，避免“好同志”沦为“阶下囚”。巡视监督的这一新方略，既体现了巡视监督对税务系统党员领导干部的关心和爱护，也有利于从源头上防治腐败，变被动惩处为主动预防，达到无病防病、初病早治、小病快治、重病狠治的目的。

## 一、坚持严字当头，做到违纪必纠

俗话说，“严是爱，松是害，放任不管要变坏。”这虽是民间的大白话，但其中蕴含的智慧与哲理，就连目不识丁的田夫野老也无不奉若圭臬。用在巡视监督上，其道理也是一样的。正如习近平总书记所说：“从严是我们做好一切工作的重要保障，现在的主要倾向不是严了，而是失之于宽、失之于软，管党治党必须认认真真管、实实在在严，真管真严、敢管敢严、长管长严，就要严纪律、严规矩。”对国税系统党员领导干部而言，坚持“严”字当头，就要把纪律挺在前面，牢记“党纪”严于“国法”。

系统内外巡视发现的问题表明，一些党员领导干部出问题甚至是出大问题，往往都是从放松了纪律、规矩的约束开始的。此即“破国法”者必从“破党纪”始的普遍现象。从这一角度上说，“严巡”就必须从党员干部特别是党员领导干部是否以身作则遵章守纪巡起，把巡视的工作重心从“盯违法”转到“盯违纪”上来，促使系统各级党员干部自觉地把党规党纪挺在前面。挺纪在前、从严巡视党员干部执行纪律情况，就要把“纪严于法”的要求贯穿于巡视监督的始终。要围绕“四个必须”和“八条规范”，紧扣“六大纪律”，深化“四个着力”，深挖细查被巡视对象是否存在有令不行、有禁不止，妄议中央，阳奉阴违，拉帮结伙等问题；是否存在以权谋私、贪污贿赂、腐化堕落等问题；是否存在违规选人用人、拉票贿选、买官卖官等问题；是否存在“四风”方面的问题。要通过在纪律、规矩方面的严巡、严查、严处，引导系统各级党员干部真真正正把纪律和规矩挺在前面，把纪律严起来、立起来，做到有纪必依、违纪必纠，以在遵章守纪方面的“零容忍”态度，释放执纪必严、违纪必纠的明确信号，督促系统各级党员干部特别是党员领导干部时刻绷紧纪律和规矩这根弦，做到政治上讲忠诚、组织上讲服从、行动上讲纪律，自觉把严守党的纪律规矩作为自己的行为规范和从政准则。

## 二、坚持动辄得咎，做到露头就打

习近平总书记在十八届中纪委三次全会上强调：“要抓早抓小，有病就马上治，发现问题就及时处理，不能养痈遗患。”因此，对党员干部身上的问题，必须早打招呼，早敲警钟，早发现、早提醒、早纠正、早查处，露头就打，决不心慈手软，决不搞下不为例，防止有问题的干部越滑越远、越陷越深。这既是对党员干部的爱惜和保护，也是“严巡厚爱”的重要表现。

人们常说，“冰冻三尺非一日之寒”。西谚也说，“罗马不是一天建成的”。其实，贪污腐败分子绝非天生就带有贪腐的基因，少数党员干部从“好同志”沦为“阶下囚”，无一例外地都有一个从早到晚、从开始到结局、从量变到质变的过程。这从一些腐败分子落马后的忏悔就可以看出来。其中，安徽省原副省长倪发科落马后在接受组织调查时的感悟堪称经典。这位曾经的副省长说:"如果组织上早提醒或早处理我两年,我给国家造成的损失也不至于这么大,自己犯的错误也不至于这么严重。"另一位落马官员,黑龙江省绥化市原市委书记马德也如是说:"我在绥化市是'一把手',权力是至高无上的。我要定什么事情,没有定不下来的。如果我没有这么大的权力,或是有什么能对我实行点约束,我不会有那么大的胆子,收那么多钱,也就不会犯那么大的罪。"而一些"塌方式"的腐败问题,也与我们没有早发现、早提醒、早纠正、早查处有着直接的关系。除了触目惊心的"塌方式"腐败外,再有的就是某些贪腐官员长期的"边腐边升"。如 2015 年 4 月落马的广东省水利厅原厅长黄柏青,此人从 1992 年开始收受第一笔贿款起,到 2015 年 4 月 29 日落马,在长达 23 年的时间里,总共收受各种贿赂、礼金高达 2 亿多元。在此期间,"边腐边升"的黄柏青从未进过任何一级党校接受教育培训,也从未以普通党员身份参加过一次组织生活,就连党费都是由秘书代交的,等等。可让人感到讶异的是,如此肆无忌惮、为所欲为的黄柏青居然从未受到过任何形式的提醒或批评……据此而言,巡视工作立足于早抓、抓早,通过巡视,对被巡视单位、被巡视对象存在的苗头性、倾向性问题,及时咬咬耳朵、扯扯袖子、敲敲警钟,及时劝诫提醒甚至当头棒喝,露头就打,促使他们早日警醒、悬崖勒马,无论是对于当事人及其家人,还是对于党和国家的事业利益,都是善莫大焉的事。具体到我们国税系统,坚持"动辄得咎",就必须紧密结合税收工作中腐败问题易发、多发的领域和岗位,针对人、财、物、征、管、查、减、免、退、缓、票、罚以及资产处置、基建工程、政府采购、红顶中介等容易产生廉政风险的环节、岗位与人员,加大巡视监督力度,早发现、早提醒、早纠正、早查处,做到没有问题早预防、轻微问题早发现、一般问题早纠正、违纪问题早查处,让敢于以身试纪、试法的人动辄得咎,形成露头就打的高压态势,把问题遏制在初起之时,把问题解决在萌芽状态。只有做到了这一点,才是真正的"严巡厚爱",才是真正的关心干部、爱护干部、保护干部。反之,如果对问题干部采取"开眼闭眼"或者"放水养鱼"的做法,等到小问题变成大问题,或者年头不处理、年尾算总账,等猪养肥了才动刀,这不仅害了干部,也害了党和人民的事业。

## 三、坚持小题大作,做到防微杜渐

"慎微"是古人推崇的良好道德修为,故有"患生于所忽,衿发于细微"的告诫。放在今天也是如此。如果对党员干部的小问题、小腐败视而不见,麻木不仁,搞"灯下黑"、"睁眼瞎",就会诱使和纵容"小腐"变成"大腐","小猫"长成"老虎",造成"小洞不补、大洞难堵","千里之堤、溃于蚁穴"的惨痛后果。早在抗战胜利前夕,毛泽东同志曾语重心长地告诫全党:"房子是应该经常打扫的,不打扫就会积满了灰尘;脸是应该经常洗的,不洗也会灰尘满面。我们同志的思想,我们党的工作,也会沾染灰尘,也应该打扫和洗涤。"形象地说,巡视的过程,就是毛泽东同志所说的"打扫和洗涤"的过程。由此而论,对被巡视单位、被巡视领导班子及其成员存在的问题,"惩"固然是必要的。但是,"惩"并不是巡视的目的,"治"才是目的。这就要求巡视工作必须见微知著,从小处、小节、小事入手,在抓大的同时不放小,防止把小问题拖成大问题,把"小苍蝇"养成"大老虎"。这既是"严巡厚爱"的体现,也是防微杜渐的需要,同时更是巡视工作对党负责、对事业负责,避免造成更大损失的应有之责。

"不矜细行,终累大德"。实际上,许多"问题干部",大都是从吃一顿饭、拿一条烟、收一张卡开始的。因此,对待所谓的"小问题"、"小毛病",一定要紧盯不放,坚决阻断其量变的过程。从我们国税系统的情况看,从"小"入手抓巡视,就必须破除"小节无害论"的错误观念,收起"顾面子、讲人情"的菩萨心肠,坚持用望远镜查找问题、用放大镜搜寻问题、用显微镜分析问题、用透视镜扫描问题。对干部群众反映强烈的突出问题包括哪些所谓的"小问题"、"小毛病",都要及时跟进,刨根问底,决不允许姑息迁就、包庇袒护,或者搞大事化小、小事化了,欺上瞒下。要一把尺子量到底,丝毫不能放松。对那些"大错不犯,小错不断"的人,对那些发生在群众身边的"四风"问题和"小腐败"问题,都要有"小题大作"的意识,该提醒的要提醒,该教育的要教育,该批评的要批评,该查处的要坚决查处,该上纲上线的就要上纲上线,决不能"因小而忽视"、"因小而姑息"、"因小而放任"。只有这样,巡视部门、巡视干部才能真正当好发现问题的尖兵、纪律审查的前哨,也才能真正发挥"千里眼"和"顺风耳"的作用。

## 四、坚持惩前毖后，做到治病救人

巡视监督的任务和目的不是为了处理人。衡量巡视监督的成效也绝不是看它拍了多少“苍蝇”、打了多少“老虎”。实际上，对于有问题、犯错误的干部，党的方针历来是“惩前毖后，治病救人。”巡视工作也是如此。正如中纪委王岐山书记所指出的，处置一个党员干部，对党造成的损害要远远大于他本人付出的代价。同时反复强调：“党纪轻处分和组织处理要成为大多数；对严重违纪的重处分、作出重大职务调整应当是少数；严重违纪涉嫌违法立案审查的只能是极极少数。”

与其它执纪监督不同，巡视监督不履行执纪审查职责、不处理被巡视单位具体问题、对重大问题不做个人表态、不干预被巡视对象日常工作。这四个“不”，是巡视监督必须恪守的重要原则。那么，在这“四不原则”下，如何才能体现“严巡”下的“厚爱”呢？关键是要做到三点：一是要树立和强化在“严巡”的基础上讲“厚爱”、从“厚爱”的角度抓“严巡”的巡视理念。在巡视问题的把握上，坚决摒弃不合时宜的惯性思维，不能总想着处分人、开除人或者直接把人送上法庭，要坚持用纪律的尺子去衡量，切忌用违法犯罪的标准来判断，要让咬耳扯袖、红脸出汗成为巡视监督的常态。二是对于巡视中发现的一般性问题、苗头性、倾向性问题，要早打招呼、早敲警钟、早拉警报，及时提醒告诫，及时批评教育，“一巴掌”将其拍醒，使当事人悬崖勒马，不致“疽痈”缠身，以此达到抓早抓小，防止小错酿成大祸的目的。三是对在巡视后被处分的党员干部，不能“一棍子”打死。如何正确对待并合理安排使用这类受处分的党员干部，既十分现实，也至关重要。我认为，正确的做法应该是，对这类党员干部，不仅不能“一棍子”打死，而且还要本着“惩前毖后、治病救人”以及“宽严相济、区别对待”的方针，对他们多加帮助教育、关心爱护，并给予必要的心里疏导与人文关怀。对于那些知错能改而且效果显著、表现突出，符合制度规定的，应继续使用甚至提拔使用。这不仅是善加运用巡视成果的要求，也是“严巡厚爱”的真谛。

## 五、坚持实事求是，做到客观公正

这是针对巡视监督本身而言的。巡视监督作为反腐败的“尖兵”和“利剑”，作为上级党组监督下级党组的“千里眼”、“顺风耳”和“侦察兵”，其作用的有效发挥，既有赖于“严”，也有赖于“实”，两者缺一不可。其中，“严”是原则和要求；“实”是形式和内容。没有“实”，“严”也就失去了意义。从这一角度上说，巡视监督坚持实事求是，就必须防止形式主义、表面文章、弄虚作假，确保客观公正。否则，失真的巡视监督及其结论势必带来相反的效果。

从系统内外巡视的经验与实践看，要确保巡视监督及其结论的客观公正，就要做到两点：其一，必须实事求是地发现和判断问题。为此，巡视干部要树立强烈的发现问题的党性意识、政治意识和责任意识，以对党和人民高度负责的精神，敢于攻坚克难，勇于较真碰硬，不为利益、关系、人情、压力、权威所左右，在事关原则的问题上不让步，在大是大非的问题上不含糊，实事求是地看待每一件事、评价每一个人、判断每一个问题，反对因人而异，“看人下菜碟”。在给问题定性时，既要看到问题的表象，也要看到问题的实质；既要看到问题的现状，也要看到问题的发展；既要看到问题的次要方面，也要看到问题的主要方面；既要看到问题的外在损害，也要看到问题的根本危害；既要站在今天的立场上看问题，也要从历史的角度上看问题。唯此才是坚持了全面、客观、辩证、历史的立场和态度。其二，必须实事求是地反映和汇报问题。在这方面，巡视干部必须树立不怕权贵豪强、不怕威逼利诱、不怕投鼠忌器、不怕打击报复、不怕秋后算账、不怕“打棍子抓辫子戴帽子穿鞋子”这么一种勇气和精神，以对党和人民无限忠诚、对税收事业高度负责的态度，全面、准确、客观、真实地把巡视对象存在的问题全部抖露出来。否则，就是巡视组、巡视干部的失职和渎职，巡视组、巡视干部就要为此承担相应的责任。

（作者单位：广西壮族自治区国家税务局）

# 规范基层国税机关绩效管理运转的探讨

河南省国家税务局课题组

按照总局绩效管理"一年试运行,两年见成效,三年创品牌"的总体布局,各级国税机关积极主动地贯彻落实,建立了较为完整的指标体系,实践总结了不少经验方法,使绩效管理推动各项工作开展的抓手和指挥棒作用得到明显发挥。但在实际运作中,也存在诸多亟需改进的问题,尤其是在如何规范绩效管理运转、保证绩效管理效果方面还存在诸多欠缺。本文结合基层国税机关在绩效管理方面的实践,遵循"简便、易行、管用"的原则,探讨完善从源头指标设置到后期管理的规范化运行体系,以利于绩效管理的持续改进和不断优化。

## 一、当前基层国税机关绩效管理中存在的问题

绩效管理在基层国税机关势在必行,系统上下也在按照总局要求积极实践,但如何做到流程清晰、操作规范,简易实用是当前基层最为关注的问题。以此分析,绩效管理在实际运转中还主要存在以下问题:

(一)指标设置不尽合理

囿于管理力量的不足,基层对绩效管理理解不深、研究不透是种客观存在,很多基层人员无法掌握全貌,在绩效管理中处于被动应付的局面,了解整个绩效管理体系的人员较少,不同程度存在"绩效管理工作没有走出绩效办"的现象,亟需一套广为接受的指标体系,从这方面来看还存在以下不足:一是指标体系存在两级分化。要么过于简单,指标设置过粗,共性指标多,个性指标少,没有体现差别;要么过于复杂具体,指标体系庞大,落实起来难以操作,而且工作量大。二是考核设置上存在不公。易量化的岗位指标较细、较严,不易量化的岗位指标较松、较模糊,带来事实的不公平。尤其是加分因素权重过大,容易误导工作方向。三是指标考评方式不合理。定性考核指标与定量考核指标没有很好的结合,单一的强调定量分析或定性分析,使二者割裂开来,失去其互补性。

(二)过程管理力度不够

实际的考核中没有一套完备的、模板化的台账体系去记录日常考核,或者已经建立台账体系,但是较为粗浅和零散,普遍存在深度不够和系统性不强的问题,缺乏针对性和说服力,让珍贵的时实化记录流于形式,"过程留痕"的力度不够,考核结果一旦有异议无法提供有效的依据。具体表现:一是方式以手工为主。由于当前绩效管理机考体系还不成熟,缺乏统一的考核平台,大部分基础性考核都以手工考核为主,计算机考核为辅,不仅工作量很大,而且受人为因素影响大,主观色彩较浓。二是主体上过于单一。对绩效管理中的管理主体和客体分别定位在各级绩效办和部门绩效员,这种"一对多"的管理关系,在实际操作中容易导致管理上主次混淆、内容遗漏等情况。三是过程中群众参与度低。在开展绩效考核时大都采取以上级考核下级为主,围绕着上级的指挥棒转,在考核内容和指标设置上没有上下互动,致使基层部门和人员的参与积极性不高。

(三)考核实施不够科学

考核实施是整个绩效管理运转的关键环节,目前各级国税机关在考核手段和形式虽然不尽相同,但总体来看还比较单一,主要表现在:一是在考核层次上,对不同考核对象的差异管理不足。由于各个部门、不同级别的人员工作职责不一样,所担负的责任不一样,考核的内容也应不一样。但目前基本都采用

一样的标准进行考核,忽视了部门、层级、职务的差别,缺乏针对性。二是在考核设计上,外部参与力度不够。当前的绩效考核无论在指标设置上,还是在考核形式上,都以内部考核为主,缺少公众和纳税人的参与,考核结果不全面。三是在考核时效上,节点管理不到位。虽然也强调年度考核与平时考核相结合,年度考核应以平时考核为基础,但在实际操作中,往往过于重视年终的考评上,而忽视日常考核。

(四)绩效结果运用单一

绩效考核是否真正发挥作用,对税务人员是否真的起到了激励作用,考核结果的运用非常重要。就目前来看,囿于现有的人事、财务管理制度,绩效结果运用普遍存在手段不够、办法不多、方式单一的现象。主要表现在:一是反馈不到位。目前,在对税务人员反馈考核结果时,没有考虑被考核人的反应,被考核者仅仅作为一个被动的客体接受考核主体的单向评价。二是运用不充分。由于受公务员体制、薪酬制度、奖励资金等因素的约束,干部的工资、津贴待遇基本上是利益均等。目前的结果运用很难突破这些限制,不能充分体现努力与报酬、不努力与惩罚之间的关系。三是作用发挥不足。正因为考核结果没有得到很好的运用,所以它的激励作用也非常有限,不能对干部的贡献大小予以准确的评价,难以达到奖优罚劣的激励效果。

## 二、规范绩效管理运转的理论借鉴

(一)绩效管理应遵循的理念

绩效管理是管理学范畴,经过多年的丰富和发展已经成为现代管理学的核心。概括来说,绩效管理是指为实现组织的战略目标,通过管理者和员工持续地沟通,经过绩效计划、绩效实施、绩效考核和绩效反馈四个环节的不断循环,不断地改善员工的绩效,进而提高整个组织绩效的管理过程。目的是促进管理对象在绩效目标指引下自我管理,形成约束机制,不断提高工作效率,提高自我绩效,最后实现组织绩效目标。

绩效管理既是一种管理方式,也是一种管理理念。一般来讲,实施绩效管理应遵循以下几个理念:

1、目标导向的理念。绩效管理相对于组织整体战略目标而言,它只是一种重要的手段性工具,而非一种管理目标。绩效管理的目标不是绩效考核,而是整个组织整体战略目标的达成。绩效管理不能仅停留在考核和评估之上,而应发展到服务绩效改善,将绩效管理当作实现组织战略目标的重要工具,运用这个工具促成组织战略目标的实现。

2、过程管理的理念。绩效管理追求的不仅仅是前阶段的工作的业绩如何,更注重的是通过实施绩效管理来促进管理对象绩效的改进。影响绩效改进的因素是很多的,既包括客观因素,也包括主观因素。注重过程管理就是强调通过绩效管理实施过程中的各个环节,及时准确了解管理中存在的问题和对绩效管理制度进行监控,力争使绩效管理反馈的结果真实、准确、可靠。

3、公开透明的理念。绩效管理只是一种管理工具,是帮助组织和员工进行绩效提升的一种手段,对此一定要有正确认识,消除绩效管理的神秘感和恐惧感,既要避免出现提起绩效管理就战战兢兢、束手束脚的倾向,又要避免出现毫不关心、漠然处之的倾向。因此,在实施绩效管理时尤其要注意采取公开、公正、透明化的操作,坚持公开原则和广泛参与原则,让全体组织成员参与到绩效管理中来,揭除绩效管理的神秘面纱,才能真正意义上达到绩效管理的目的。

4、结果运用的理念。结果运用的绩效管理的目的所在、动力之源,实践表明,绩效管理能否持续并取得实效,评估结果运用是关键。科学的考核体系、科学的考评方法,最后只有落脚到运用好考核结果上,才能使绩效管理的激励达到最大化,真正发挥其激发活力、改进管理、推动事业发展的功能。

5、持续改进的理念。绩效管理是一项系统工程,不可能一蹴而就,一定是始于对绩效的预期和设定,终于对绩效的获取与评鉴,乃至新一轮的预期和设定、获取与评鉴的启动,是一个循环重复、螺旋上升的过程。总局设定“三步走、四部曲”的总布局,也蕴含着逐步完善、持续改进的目的,实现税务系统绩效管理工作质效的飞跃,是一项艰巨的任务,亟待各级税务部门的深入探讨和实践。

(二)绩效管理运转的理论借鉴

美国著名的质量管理专家戴明博士提出了“PDCA”质量管理循环模式,又称为“戴明环”。PDCA 的含义是:P(Plan)——计划,D(Do)——实施,C(Check)——检查,A(Action)——行动,对总结检查的结果进行处理,成功的经验加以肯定并适当推广、标准化,失败的教训加以总结,未解决的问题放到下一个 PDCA 循环里。以上四个过程不是运行一次就结束,而是周而复始地进行,一个循环完了,解决一些问题,未解决的问题进入下一个循环,实现阶梯式螺旋上升。PDCA 循环实际上是有效进行任何一项工作的合乎逻辑的工作程序,对我们当前正在实施的绩效管理尤其适用。

P——绩效计划,是整个绩效管理流程中的第一个环节,发生在新绩效期间的开始。依据单位的战略目标、年度工作规划和具体到每个人的岗位职责,将年度工作规划分解到部门和员工,制定出具体的指标体系和实施细则,做到目标明确、操作性强。

D——绩效沟通与辅导,关键绩效指标确定以后,就要强化过程管理,重点强调绩效过程管理中的沟通与辅导,依托绩效计划阶段所制定的绩效目标,建立各类绩效指标管理资料,从而有针对性的开展辅导,帮助下级在绩效管理的过程中得到提高,为下一绩效周期挑战更高的目标做好准备。

C——绩效考核与反馈,在绩效周期结束的时候,要依据预先制定好的绩效指标,对下级单位的绩效目标的完成情况进行考核。考核的依据就是绩效计划阶段确定的绩效指标和绩效沟通过程中所记录的业绩档案。同时,要做好对考核对象的沟通反馈,使其全面了解他们自己的绩效状况。

A——绩效诊断与提高,主要是指要做好绩效结果运用,做好绩效管理体系本身和管理对象两方面的分析、判断,得出结论,制定发展计划,放到下一个 PDCA 循环里加以改进,使绩效管理不断得到改善和提高。

## 三、规范完善基层国税机关绩效管理的制度设计

就河南基层国税机关绩效管理的实践探索来看,经历了平舆经验、质量管理、能级管理、目标管理等考核模式,基础稳固,起步良好,积累了一定的管理经验,起到了初步的导向作用。但要真正走向现代绩效管理模式,取得管理方式的新突破,则需要建立在实践基础上的进一步探索。按照指导工作、指导实践的思路,坚持“简便、易行、管用”的原则,遵循“PDCA”质量管理循环模式,分“绩效计划、过程管理、绩效考核、结果运用”四个环节,提出如下具体制度设计和设想:

(一)绩效计划环节

对应“戴明环”管理的“P”环节,此环节要充分认识到绩效管理是一项协作性活动,由工作执行者和管理者共同承担、共同参与,上下级之间需要对全年实现的绩效目标达成共识,在此基础上,每个被考核对象对自己所要达到的目标作出承诺。

1、把握的关键点。

(1)把握因地制宜原则,体现特色。在制定指标体系时,要在全面承接上级核心内容和要求的基础上进行整合、增减、优化。合理界定下移。按照不同指标的工作性质和内容,对照相应管理层级进行分解,该市局落实的分解到市局,确实该基层分局落实,再进一步分解到基层分局,避免一竿子插到底、上下一般粗。结合单位实际。按照本单位机构设置和部门职能,结合实际工作需要进行制定,杜绝简单照抄照搬,全盘模仿。突出协作配合。针对指标落实中涉及多部门工作的,明确牵头部门,对上牵头对应考评单位,对内设置考评配合部门的个性指标并实施考评。

(2)把握简约实用原则,便于操作。坚持量化优先,在指标设定过程中,能量化的尽可能量化,能机考

的尽可能机考，便于落实和操作。实施差异管理。突出问题管理导向，通过强制分档记分、基准记分法等，拉开被考评单位差异，确实便于发现问题。精简指标数量。对常规性、一般性、可考性不强的工作，整合简并考点，或不再纳入指标。突出提质增效。针对不同工作任务性质和目标，按照“跳一跳，够得着”的目标，从工作完成的数量、进度、幅度、效率、质量等方面设计标准维度，明确指标导向。

(3)把握分级分类原则，利于公平。根据考评对象的工作职能、内容、性质等不同，将考评对象分级分类，区别对待，分别设置考评指标体系，制定考评总分。灵活运用分值还原法，对不同特点的单位和部门年终考评时进行分值还原，既不局限于分值限制，根据实际进行调整，又能将结果按标准分值还原，便于比较。

(4)把握及时修订原则，动态调整。在指标考评实施过程中，因工作任务、工作内容发生变化，或发现指标设置不当，需进行绩效指标变更时，经本级绩效管理领导小组研究同意，可在考评年度内随时调整指标考评内容或新增、取消指标。指标变更的，要适当调整绩效管理分值。

(5)把握共同参与原则，分解责任。绩效计划的制定必须得到管理者和管理对象的共同认可，在年度绩效指标体系正式下发后，要迅速进行责任分解，在规定时间内明确绩效管理中各单位、部门和个人的职责任务和责任对接，抓好责任分解和指标落地。

2、具体制度设计。

在具体制度设计中，建议引入了岗位权重系数考核法，确定绩效考核单个指标项在整个指标体系中的重要程度，按照工作的难易程度、责任大小、对专业知识的要求高低设立不同的分值权重。主要是为了区分不同工作的难易程度的，防止为了得到较好的绩效考核成绩，人人都争做不容易出错，而且简单、压力较小、扣分较少的工作。

(1)在组织绩效方面：构建以“三策”分类管理、“五个架构”为主要内容的问题管理机制。坚持问题导向，全面分析查找绩效管理和税收工作中存在的短板，找准改进的措施，建立起“三策”分类管理机制，即：一个主管领导一策，班子成员结合分管工作，确定工作目标和对策；一局一策，机关部门结合考评情况，为基层局分别拟定详细改进对策和建议。基层局根据机关部门提出的问题建议，制定本单位工作目标和对策；一科一策，每个部门(科室)根据绩效考核中暴露的短板，制定改进措施和对策。同时，将组织收入、税收管理、优化服务、队伍建设、绩效管理等5项工作确定为全年重点工作，成立专项工作领导小组，分别制定详细方案、明确工作目标、主要责任和保障措施，融入绩效管理，对重点指标实施团队攻坚、项目管理，形成“五大架构”的工作推进机制。

(2)在个人绩效方面：采用将公务员业务能力、制度执行、民意指数和工作绩效等情况分别设置要素、分值、权重的方法进行量化考核，构建以“三类计分”为内容的个人绩效考评机制。引入工作积分法，体现干多干少不一样。机关部门月初下达工作计划时，根据工作量、难易程度等方面，为每一项工作设定一个考评分值；月中分派临时工作，也要设定分值之后进行分派。个人成绩为当月所有完成工作的累计分值。引入工作分档法，体现工作难易不一样。根据机关部门工作、临时工作的难易程度，要求将工作分为三个档次，为每个档次的工作设定大小不同的分值，档次越高、分值越高，制定分档标准和参考分值，部门根据实际情况自行判断、自行设定。引入标杆评分法，体现争先创优不一样。将机关部门季度累计积分排名第一的个人绩效成绩作为部门标杆，其他人员的累计积分与之换算，计算出个人绩效成绩，以此调动工作人员积极性，鼓励个人争做标杆。引入“一科一策”。要求机关部门(科室)可以根据工作实际情况，对个人工作测评、设定工作分档分值等情况，制定针对性强的方法和措施，鼓励一个科室、一项策略。理顺绩效办与其他部门的关系，日常过程监控，部门自我管理为主，绩效办不定期对部门执行情况进行督导通报，充分调动部门积极性。

(二)过程管理环节

对应“戴明环”管理的“D”环节，此环节要重点强调绩效过程管理中的沟通与辅导。其中关键的一项工作就要对被考核对象的绩效表现做出记录，建立业绩档案，这样即能做到公平、公正，有据可依，使被考核对象做到心服口服，又能使考核工作减少阻力，顺利进展。

1、把握的关键点。

(1)加大机考建设。充分利用信息技术效能，开发与公文处理系统、税收执法管理信息系统等应用业务系统相匹配的考核系统，搭建集部门责任明确、系统资源共享、流程化操作运转和绩效指标评估“四位一体”绩效管理信息化平台，实行管理信息的自动生成，使工作流程化、规范化、制度化。

(2)建立痕迹档案。按照全过程管理的要求，做好痕迹管理，及时整理绩效管理工作中的文件资料、数据台账等相关材料，建立分级分类档案，保证资料完整、数据真实，以备查验。

(3)拓宽信息面。税务部门面临是广大纳税人，对管理信息的采集只有上级、同级和下级的参与还不完整，还需引入纳税人等服务对象和外界部门的参与，听取他们的意见，将内部测评与外部意见相结合，保证信息的全面性。

2、具体制度设计。

(1)在全环节管理方面：树立无缝管理的理念，做好绩效管理的无缝化衔接，按照事前、事中、事后三个环节重点做好“预警、分析、记录”。

①依托三个平台，关注指标预警。一是依托绩效管理信息系统，实行即时派单。对绩效管理信息系统“日查看、即办理”，系统中出现预警提醒指标及待办事项后，一方面由绩效办向各部门发送即时派单，提醒按时填报；另一方面由部门绩效管理员实时监控，组织相关责任人员及时填报。二是依托“绩效考评指标时间节点提醒表”，实行按期派单。根据绩效考评指标时间节点提醒表，每月初由绩效办将本月度需报送、考评指标整理归类，发出工作派单。部门收到绩效办月度绩效工作派单后，组织填写部门工作派单，确保指标分解到岗，落实到人。三是依托各类数据分析结果，实行定向派单。根据各类会议总结通报、领导重要指示、数据分析结果、上级各类反馈信息等途径，发现风险指标和薄弱环节，由绩效办专项问题定向派单，限时整改，确保效果。

②坚持“三会三制”，关注指标分析。一是坚持每周工作例会，建立责任落实制度。每周定期协商，对照指标内容，划分工作责任，明确完成时限，提出目标要求，分析绩效问题，确保当期承担指标清晰到位，人员落实到位，工作效果到位。二是坚持月度分析会议，建立预警通报制度。对月度考评结果集中分析，自行督导，查漏补缺，边查边改。对分析中发现的薄弱环节、风险指标，由绩效办统一汇总分类，编发绩效管理分析通报，下发派单，专项督办。三是坚持季度推进会议，建立分析评价制度。每季度召开全系统绩效管理专项推进会，下发季度分析报告，做出综合评价，通报排名情况，针对重点任务指标完成效果、存在问题及原因进行分析评估，提出改进措施。

③建立“两帐一册”，关注数据采集。一是系统监控台账，实行“月通报”。由绩效办根据部门台账汇总、分析全市绩效指标运行情况，在每月绩效分析会上通报，建立全系统绩效管理指标监控台账。二是部门监控台账，实行“周登记”。由部门登记、分析每周承担指标执行情况，建立部门绩效管理指标监控台账。三是个人工作日志手册，实行“日记录”。由个人记录每天指标运行情况，建立个人工作日志监控台账。

(2)在档案留痕方面：按照过程管理的要求，建立“一总三分”档案，保证资料完整、数据真实。

①建立系统绩效管理总档案。由绩效办负责建立维护、收集整理和日常管理，内容上主要包括：指标制定类档案，包括上级、本级、下级单位当年度绩效管理实施细则及指标体系，各科室、各单位指标设定与分解情况；组织领导类档案，包括组织领导机构建立情况、绩效目标管理责任书、绩效管理决策推进情况等；重点工作类档案，包括年度、年中确立的各项重点工作管理的内容、进展及存在问题分析，整改情况。

绩效运转类档案，包括开展上下级组织绩效、个人绩效管理，实施日常考评、分析监控、督查通报等各个环节中的各类文件、台账、表格、文书。

②建立部门绩效管理档案。由部门负责建立维护、收集整理和日常管理，内容上主要包括：指标制定类档案，包括本部门承担的当年度绩效管理指标分值及具体内容，指标分解情况，即部门绩效指标责任分解及人员分工情况。组织领导档案，包括绩效目标管理责任书、绩效管理决策推进、绩效管理工作会议、人员培训等情况。临时重点工作管理档案，包括年度、年中确立的各项重点工作管理的内容、进展及存在问题分析，整改情况。组织绩效考评档案。开展上下级组织绩效日常考评、分析监控、督查通报等各个环节中的各类文件、台账、表格、文书分类存档。

③建立个人绩效管理档案。开展个人绩效日常考评、分析监控、督查通报等各个环节中的各类文件、台账、表格、文书分类存档。主要包括个人绩效管理实施细则、个人绩效季度考评情况统计、个人工作日志等。

(三)绩效考核环节

对应“戴明环”管理的“C”环节，此环节重在突出考核和反馈。需要强调的是，考核一定要本着公开、公平、公正的原则，站在第三者的角度，依据绩效过程管理中的业绩记录，做出客观评价。同时，对考核对象要及时进行沟通反馈，使其全面了解自身绩效状况，正确认识自己在这一绩效周期中优秀表现，正确认识还存在哪些不足和有待改进的弱项。

1、把握的关键点。

(1)考核主体力求多元。建立起职能分离、管理共担的立体绩效管理网络，不仅要将被考核者置于一个透明化的考核环境之中，也要将考核角度从局部转而成为了全部，彻底打破了原有的绩效管理主体单一的局面。

(2)考核方法力求科学。根据部门多、岗位职责不同的特点，要建立对各部门、各单位落实绩效管理的监督检查机制，常态化督导检查，督办核验绩效管理职责履行情况，提高考核质量，保证考核结果的客观公正。

(3)考核时效力求分散。要建立日常、季度和年度考核相结合的“一体化”考核模式，将日常考核、季度考核和年度考核三种考核方式分散进行，考核结果集中计算，从而减少一次性考核的弊端，增强考核的准确度和信服力。

2、具体制度设计。

(1)在考评实施方面：要规范考评步骤，实施标准化运作，实行“月考评、季分析，定期通报、及时反馈”的规范化运转，达到客观公正的目的。一是实行“月考评”，抓好三个重点：部门及时打分，各部门于月度结束后，要及时对承担的上级考评指标完成情况自查，对其他部门、基层单位考评指标打分情况及时传至绩效办汇总存档；绩效办及时通报，绩效办收到部门自查和打分情况后，及时进行统计汇总，将考评结果向绩效管理领导小组汇报，在月度绩效分析会上予以通报；基层单位及时备案，基层单位于月度结束后，及时对本单位月度绩效指标考评情况进行汇总，及时报送至上一级绩效办存档备案。二是实行“季分析”，做好四个步骤：部门认真总结，各部门于季度结束后，撰写《绩效运转及考评分析报告，传至绩效办汇总存档；绩效办汇总分析，收到部门季度绩效分析报告后，绩效办进行总结提炼，形成系统绩效运转及考评分析报告；领导小组及时推进，组织召开系统绩效管理季度推进会，通报绩效考评运转情况及考评结果，分析问题，查找不足，谋划对策，积极改进；基层单位积极跟进，于月度结束后，撰写本单位季度绩效运转及考评分析报告，报送至上一级绩效办汇总分析、存档备案。

(2)在督察督办方面：要建立监督检查机制，常态化督导检查，确保运转有力。一是规范方式方法，督察督办要实行定期与不定期相结合、案头分析与实地查验相结合，通过信息系统数据比对、资料调阅、实地查证、专项督查等方式常态进行。二是及时通报整改，督察督办结束后，绩效办整理情况、编发专项督查通报，根据绩效管理领导小组分析意见，向存在问题的被督查单位下达专项督查整改通知，限期整改。三是强化督办效果，把督察督办结果及整改情况作为推行绩效管理工作的重要指标，纳入对各部门、各单位的绩效考评，结合有关情况及加减分项目计入各单位考评得分。

(四)结果运用环节

对应"戴明环"管理的"A"环节，此环节重点强调对绩效考核的结果加以综合利用，拓展思路和视野，全方位激发考核对象的积极性，最终促进事业科学高位发展。同时，要做好结果反馈和诊断，对单位采用的绩效管理体系、管理方式和考核对象在本绩效周期内存在不足进行判断分析，得出结论，促进绩效管理整体水平的提高。

1、把握的关键点。

(1)建立健全监督和反馈机制，增强绩效管理的互动性。要进一步建立健全考核反馈机制，就反馈内容和反馈形式进行界定，在反馈内容上可重点考虑考核过程情况、整个考核结果情况及个人考核情况，听取被考核者的反馈意见，对考核工作进行跟踪和评估；同时大力推行政务公开，建立民意测验、考核问责制，把考核反馈延伸到对考核工作的事前、事中和事后监督之中，拓宽税务干部的参与渠道，提高他们的积极性。

(2)拓宽绩效考核的结果运用，提高干部职工参与的积极性。建立健全税务系统公务员绩效考核的结果运用制度，是绩效管理价值实现、行为推动的根本保障。要本着激发活力、增强动力的目的，构建更加科学合理地绩效结果利用办法，拓宽视野、广开渠道、综合利用、狠抓实效，大力推动绩效结果的有效运用，真正发挥推动事业发展的功能。

2、具体制度设计。

(1)在沟通反馈方面：各级绩效办、考评部门应要着眼增强绩效管理的透明度和公信力，畅通交流渠道，建立绩效沟通双向反馈机制，及时传递工作运行、指标考评等信息，协调解决绩效管理中的困难和问题。结合具体实践来看，要重点依托"一栏一群"，打造"两室两刊"。一是建立"一栏一群"。开辟内联网绩效管理专栏，编发工作动态，分类整理资料，通报指标进展；建立绩效管理微信群，即时通知提醒，指导工作，交流意见，互帮互助。二是打造"两室两刊"。打造"指挥作战室"，发挥集中办公优势，实现集中办公、制度上墙、档案入柜、资料存档、悬挂标语、营造氛围，方便统一指挥，上下联动。开辟"绩效大教室"，开展分类分层培训，根据绩效进展情况，针对不同人员，开展各种绩效知识、运转机制、操作技能培训。同时，要创办编发推行简报、专项督办单等"两个刊物"，通报做法，推动工作，交流经验。

(2)在结果利用方面：要立足实际，着眼长远，狠抓实效，注重综合发挥各方面的积极性，具体操作要做到"四个结合"：一是统一领导和分级管理相结合。实行本级党组统一领导，负责审核审定本单位绩效结果，讨论决定结果运用的范围、种类、额度等，跟踪指导本级结果运用的落实情况。二是精神奖励和物质奖励相结合。精神奖励设置先进单位、先进科室、先进个人等荣誉称号；物质奖励跟经费挂钩，给予适当额度的奖金和奖品等。对不同层级的先进，要注意拉开档次，做到付出和回报相一致。三是短期激励和长期发展相结合。要对在当前重点工作、急难险重任务中做出突出贡献的单位和个人，及时给与表彰；更要着眼长远，对表现优秀的个人做好职业生涯规划，在职位晋升、干部选拔、学习培训上综合体现，积极扩大正向激励的效果。四是正向激励和纠错整改相结合。在对先进和优秀进行表彰的同时，也让后进的单位和个人了解真实情况，给与一定处罚，促其找出问题和差距，改进工作，提高绩效。

课题组组长：杨晓楠

单位：鹤壁市国家税务局　郑州新区国家税务局

执笔：王青岩

# 强化税务系统基层“一把手”监督的初步思考

柏兆邦

习近平总书记强调:“要加强对一把手的监督,保证领导干部做到位高不擅权,权重不谋私”。多年来,县(区)级以下基层单位“一把手”违法违纪案件在税务干部刑事案件中所占比例居高不下,这表明基层单位“一把手”监督问题是税务干部工作的一个薄弱环节。为此,应加深对“一把手”监督工作现状的认识,正确评价“一把手”监督工作的成效与不足,在此基础上,找准解决问题的对策,增强对“一把手”监督工作的实效。

## 一、当前税务系统基层“一把手”监督的现状

基层税务部门是直接负责税收征管和服务纳税人的一线单位,是全部税收工作的具体执行者,在推动税收事业科学发展中发挥着极其重要的作用,全国百万税务大军70%以上在基层。作为税务战线的一线指挥员,基层“一把手”是“兵头将尾”,既要带好队,抓好队伍建设,又要收好税,依法组织收入,是事业发展的“关键少数”,地位重要,责任重大,必须严肃认真对待。

税务系统已经初步形成了对“一把手”包括基层“一把手”监督的制度体系和监督格局,具体表现为:以《全国税务系统领导班子和领导干部监督管理办法》及其实施细则为核心的制度体系,制定了以末位发言制、不分管人事财务基建等高风险权力、十年交流等具体办法;以纪检监察、督察内审、巡视为主的监督格局。经过一段时间探索,税务系统各级党组和纪检监察部门认真履行主体责任和监督责任,反腐倡廉工作取得一定成效,全系统对一把手监督问题重要性的认识不断提高,一把手的工作纳入到监督视野,监督力度不断加大,监督重点日益明确,相关监督制度规定逐渐完善,对一把手监督工作的规范化程度不断提高。

基层税务部门“一把手”办公地点分散、与纳税人距离较近,税收管理权集中,拥有一定的自由裁量权,权力能够转化为金钱、腐败行为难以被察觉,既是权力中枢,又是监督的难点、弱点所在。随着税源专业化管理的改革,行政审批权的下放,绝大部分税务管理职权已由基层税务机关行使,基层“一把手”手中的权力越来越大,伴随的廉政风险也越来越高。据统计,某省税务系统1999－2014年被追究刑事责任148人,其中基层单位“一把手”38人,占25.68%;2008－2014年受党纪政纪处分158人,其中基层单位“一把手”28人,占17.73%;2008－2014年被追究刑事责任62人,其中基层单位“一把手”16人,占25.81%。基层单位“一把手”成为税务系统违法违纪案件多发、频发、易发的群体,少数“一把手”玩忽职守或者徇私舞弊利用国家和人民赋予的权力牟取私利的行为,扰乱了税收法治秩序,造成国家税款流失,影响了征纳关系,败坏了单位风气,降低了群众对税务部门的信任度和满意度,阻碍了税收现代化进程。

## 二、当前税务系统基层“一把手”监督存在的问题

基层单位“一把手”掌握着税收执法权和一定的行政管理权,权力较大、比较集中,当领导干部价值观念稍有偏差,自已缺乏足够的防范意识和自律意识,再加之缺乏有效的监督,“一把手”很容易违纪违法。目前基层税务机关“一把手”监督工作还存在以下问题。

(一)对监督的重要性认识不充分

有些上级组织只注重监督检查基层“一把手”各项税务工作任务的完成情况,忽视对其思想作风、勤政廉洁情况的监督。有些上级组织往往认为只要完成各项税务工作就是好干部,考虑到单位的稳定和影响,对“一把手”存在的问题视而不见或者大事化小,避重就轻。有些同志对监督“一把手”信心不足,认为“一把手”地位特殊,无法监督,也不敢监督,即使监督,也是走过场。有些“一把手”对监督有抵触心理,认为监督自己丢面子,是组织对自己不信任。有些单位对监督工作搞场面应付,甚至袒护有问题的一把手,给基层“一把手”监督工作带来不利。

(二)监督的工作机制不给力

税务系统对“一把手”的监督形式相对完备,也制定了监督范围。但在“一把手”腐败现象面前,现行的监督机制并没有十分有效地遏制“一把手”违法违纪。目前税务系统对“一把手”的监督机制格局实际上是以内部监督为主,而内部监督根本无法约束“一把手”的权力行使,特别是纪检监察部门,在基层税务机关注重一般税务干部进行监督,而对“一把手”的监督难以发挥作用。“上级管不到,同级不好管,下级不敢管,群众管不了”成为“一把手”监督难的主因。一是上级监督远。在现行的干部管理体制下,上级组织的监督对“一把手”是最为有效的监督,其监督也最具有权威性。但是,在实际工作中,上级纪检监察部门的职能作用还发挥得不够。由于税务部门实行垂直领导,基层税务机关办公场所又比较分散,上级税务纪检监察机关由于受时间和空间的限制,无法及时全面地了解和掌握下级“一把手”活动的情况和问题,以致鞭长莫及而难以实施有效的监督,使得上级的监督并不具有很强的约束力。主要表现为“三多三少”,象征性监督多,有针对性和实质性处理意见少;事后监督多,监督具体工作少;监督违法违纪多,日常监督少。二是同级监督软。税务部门纪检监察机构属于内设机构,县级纪检监察干部和基层分局的监察人员都在“一把手”的直接领导之下,监督有时难以开展。某省虽对税务系统对纪检监察机构及职能管理进行了改革,将内设纪检组改成了上一级纪检监察派驻纪检组,实行上一级纪检组和同级党组双重领导,一定程度上落实了纪检监察工作“两个为主”、纪检监察机构“三转”的要求,对日常监督工作起到了促进作用。但在实际工作中,派驻纪检组的人事关系、工资关系、津补贴、医疗以及退休等事宜仍由驻在单位负责,享受驻在单位同职级干部待遇,派驻机构及人员的办公经费等后勤保障事项仍由驻在单位统一安排,派驻纪检组的权力和经济来源都受到监督对象的直接影响和制约,以致“吃人家的饭,难以砸人家的碗”,仍然存在监督环节上的“弱监”、“虚监”和不敢监督状态,即同级监督存在着“事前基本没有监督,事中基本难于监督,事后基本不能监督”的弊端。三是下级监督难。下级的检举监督往往会由于受制于个人岗位调整、单位变动、职位升迁的利害关系而“不敢直言”,这在现实中时常表现为下级的“沉默”。四是法纪监督晚。现行的监督大多是一种事后监督,而且大多是外部司法机关和纪检监察部门往往在“一把手”“出了事”后进行查处,内部自己及早发现并查处的不多。

(三)监督的制度执行不到位

税务系统有针对性的对“一把手”权力在规章制度上进行了监督约束,文件明确规定“主要负责人不直接分管人事、财务和基建工作”,“在集体讨论决定重大事项时,实行主要负责人末位发言制”,“各级税务机关主要负责人在同一地区任职满 10 年的,应当交流”等制度,但各项制度落实到基层“一把手”呈现出衰减效应,监督管理办法中规定的各项制度在基层未能得到全面贯彻落实,或者在贯彻落实时被曲解、异化。具体办法的操作空间太大,几乎起不到约束“一把手”的作用。如一些地方出台的基层领导干部个人重大事项报告制度,由于核实没有很好开展,在实践中很难有效实行,即使一把手不报告也没有人去追究责任。这就难免使制度流于形式,甚至陷于遵章守制者吃亏、违规犯纪者得利的尴尬局面。

(四)监督的内容和范围不具体

目前全系统对“一把手”的监督范围从廉洁自律方面,扩展到决策、组织人事,大额度资金的使用和项目的确立等方面，但是全系统在具体操作层面还存在监督内容比较笼统的问题，特别是对对基层“一把手”权力制约的规章制度比较零碎，缺乏相关配套措施，使得对基层“一把手”的监督出现了看起来很全面而实际上留下了大量空隙的状况。从县级党组局看，决策权、用人权、财务权和项目审批权，这几项权力最容易出现寻租，这方面的监督管理虽有规定，但由于目前的权力配置对“一把手”赋权过重，集人、财、物大权于一身，导致某些一把手常借用民主集中制原则下的领导班子或组织集体决定之名行使个人意志之实。从基层分局看，税收执法权范围广、自由裁量权大，监督难度大，要求不够具体，虽然各地开展了一些内控机制建设，但有时形式大于内容，对“一把手”也没有全面系统操作性强的监督办法，监督效果不明显。另一方面，对基层“一把手”的监督在某些方面还无章可依，如对“一把手”八小时之外的监督，就缺乏明确的制度，缺乏实质性、可操作性的措施和办法。

## 三、加强对税务系统基层“一把手”监督的想法

(一)加强廉洁从税思想教育

教育是提高基层“一把手”防范风险的根本举措。一是开展理想信念教育，使树立正确的世界观、人生观、价值观和权力观；开展为国聚财、为民收税教育，使“一把手”牢固树立权为民所用、利为民所谋的思想理念；开展宗旨教育，使“一把手”真正把实现好、维护好和发展好人民群众包括纳税人的利益作为工作的出发点和落脚点；通过开展勤政廉政教育，使“一把手”树立不勤政就是最大不廉政的思想意识，带头艰苦创业，带头攻坚克难，带头廉洁从税。教育要切合基层“一把手”的实际，增强针对性和实效性。

(二)出台专门的监督实施办法

办法应明确规范监督的职责范围、确定监督重点领域和重大事项，规范“一把手”的职权范围，通过出台加强对基层“一把手”监督的指导性文件来突出重点，确保监督到位和监督实效。一是明确监督重点。县级党组局将贯彻民主集中制、执行干部人事制度、财政性资金使用和单位财务管理、基本建设工程项目、廉洁自律等五个方面的情况作为监督“一把手”的重点，形成“副职分管、正职监管、集体领导、民主决策”的权力制衡机制。基层分局将税收执法、重大事项集体研究、为税清廉、作风建设等四个方面的情况作为监督“一把手”的重点，形成“依法履职、决策公开、相互监督、严格管理、”的权力运行机制；二是固化监督形式。对目前上级对领导干部特别是对基层“一把手”监督的规定进行整合，并总结提炼实践中对基层税务部门“一把手”有效适用的监督方法，对“一把手”接受组织、基层干部和社会监督作出具体明确规定。三是拓展监督范围。将监督视角从“八小时之内”向基层“一把手”的“八小时之外”延伸。

(三)聚合监督管理的各方力量

一是认真贯彻落实“两个责任”。强化市、县党组的主体责任和纪检监察部门的监督责任，厘清班子、“一把手”和班子成员以及纪检监察部门的责任，构建认识到位、责任明晰的主体责任落实体系和监督有力、制约有效的监督责任落实体系。二是进一步改革基层税务机关纪检监察体制。加大税务部门纪检监察体制机制改革力度，市、县税务部门继续实行垂直领导，但其纪检监察机构可实行属地派驻，由当地纪委监察局派驻纪检组监察室。以彻底解决“看到的管不到，管到的看不到”的问题和内设监督机构监督难的弊端，真正做到中央要求的派驻工作全覆盖，加大对税务基层“一把手”的监督力度。三是强化外部监督。要建立相应的保障制度，提高相应的知情权和监督权，让媒体、网络、群众等社会监督主体可以参与到税务征管决策和权力行使过程中，切实做到回应干部群众需求。属地党委政府、纪检机关和纳税人对基层税务部门勤政廉政情况最了解，要争取他们的支持，全方位监督基层税务部门的工作，以便及时把握基层“一把手”的党风廉政情况。四是建立相互协调的监督体系。明确纪检监察、督察内审、巡视检查、作风监督等主体间的职权，建立监督机构间的联络机制、综合协调机制和信息沟通渠道，做到信息共享、资源整合，分工协作、密切配合的和谐关系，形成对基层“一把手”有效的监督合力。

(四)健全监督管理的工作机制

一是要强化上级监督。要认真落实上级税务党组织负责同志与基层领导干部特别是“一把手”定期谈心制度、谈话诫勉制度、函询回复制度,使上级对下级的监督经常化、制度化。二是要强化班子内部监督。基层税务领导班子成员都要树立正确的监督意识,坚决克服班子成员之间不愿监督、不敢监督的现象。三是要强化党内监督。坚持和落实“三会一课”、党员领导干部民主生活会等党的组织生活制度,使基层税务部门“一把手”以一个普通党员的身份接受广大党员的监督。四是要强化群众监督。普通税务干部参与监督,发挥对“一把手”的监督作用,关键是要让群众享有一定程度的知情权。实行内部管理公开,接受干部监督,以公开保证公正。五是要强化财经监督。经济责任审计是对“一把手”进行监督的重要手段。目前税务部门的经济责任审计工作仅开展到县级党组局层面,应扩大到所有有执法权的基层单位“一把手”。六是强化内部专项考察。借鉴中央巡视工作的做法,省辖市税务局可定期组织对基层县级局和科级分局特别是单位“一把手”党风廉政情况的巡察工作,组成专门工作班子,通过个人汇报、群众访谈、社会评议、组织调查、接受质询等形式全面客观评价基层“一把手”的党风廉政建设情况,从而有针对性地加强对基层“一把手”的监督管理。扬州地税局这项工作已开展多年,效果明显。

(五)强化对违法违纪行为的惩处力度

要适应从严治党的新形势,加大对税务领导干部党风廉政问题的查处力度。建立健全惩戒制度,对那些长期群众意见大的基层“一把手”,上级部门要及时发出诫勉通知,限期改正。对那些没有改正甚至出现新问题的“一把手”要进行组织处理,该免职的要坚决免职。今年6月份实施的《关于推进领导干部能上能下的若干规定(试行)》指出,对政治上不守规矩、廉洁上不干净、工作上不作为不担当或能力不够、作风上不实在的领导干部要坚决调整,重点解决了“能下”的问题。权力就是责任,责任就要担当,上级税务机关及“一把手”要认真履行好党风廉政建设的主体责任和第一责任,强化对下一级机关“一把手”的管理。税务部门的纪检监察组织,要切实将监督责任扛在肩上,履行好执纪监督问责任,对违反党纪政纪的基层“一把手”纪检监察部门要严肃查处,涉嫌违法犯罪的坚决移送司法机关处理,使全面从严治党的在税务机关得到充分落实。

(作者单位:江苏省扬州地方税务局)

# 创建学习型、法制型、效能型和廉政型地税机关的探讨

王树江

近年来，经过各级税务机关的不懈努力，地税机关建设取得了长足进步，积累了宝贵经验，但与当前经济社会发展形势、税收现代化要求、纳税人和广大税务干部的期待相比，还存在一些亟待解决的问题。特别是党的十八大以来，地税机关建设面临着诸多前所未有的新情况、新问题和新挑战，税收执法风险和廉政风险不断加大。因此，创建学习型、法制型、效能型和廉政型地税机关（以下简称“四型”机关），成为新常态下新型地税机关建设的必然要求。

## 一、创建“四型”机关的时代背景和重要意义

（一）创建“四型”机关的时代背景

2016年是“十三五”的开局之年，“十三五”时期是全面建成小康社会的决定性阶段。当前，和平与发展的时代主题没有变，我国经济发展进入新常态，既面临大有作为的重大战略机遇期，也面临诸多矛盾相互叠加的严峻挑战。推动“十三五”时期中国经济社会发展，必须高举中国特色社会主义伟大旗帜，全面贯彻党的十八大和十八届四中、五中全会精神，以邓小平理论、“三个代表”重要思想、科学发展观为指导，深入贯彻习近平总书记系列重要讲话精神，坚持全面建成小康社会、全面深化改革、全面依法治国、全面从严治党的战略布局，坚持发展第一要务，全面推进经济建设、政治建设、文化建设、社会建设、生态文明建设和党的建设，确保如期全面建成小康社会，为实现第二个百年奋斗目标、实现中华民族伟大复兴的中国梦奠定更加坚实的基础。

“十三五”时期，中国发展的环境、条件、任务、要求等都发生了新的变化。认识新常态、适应新常态、引领新常态，保持经济社会持续健康发展，必须有新理念、新思路、新举措。发展理念是发展行动的先导，是发展思路、发展方向、发展着力点的集中体现。要认真总结经验、深入分析问题，把发展理念梳理好，以发展理念转变引领发展方式转变，以发展方式转变推动发展质量和效益提升，为“十三五”时期我国经济社会发展指好道、领好航。

（二）创建“四型”机关的重要意义

创建“四型”机关，是地税系统响应党的十八大提出的一系列新举措、新要求的客观需要，是落实总局和地方党委、政府各项重要部署的必然要求，对进一步强化地税机关的发展意识，进一步提高地税机关的建设创新水平，进一步做好新形势下的地方税收工作，具有重要而深远的现实意义。

1、创建“四型”机关是地税机关提升科学化管理水平的必然选择。当前，个别机关执行力、凝聚力和战斗力还不够强，一些税务干部思想观念、素质能力和工作作风还有待提高。创建“四型”机关，就是要将科学发展观贯穿到地税机关思想建设、法制建设、制度建设和反腐倡廉建设的始终，在新形势、新挑战的大背景下，正确面对新困难、新问题，不断强化队伍素质、优化和提高工作效率，完善法制机制建设、强化廉政风险监督，以改革创新精神全面推进地税机关建设。

2、创建“四型”机关是做好新形势下地税工作的现实需要。创建“四型”机关既是优化各项地税工作

的“硬件”，又是增强跨越式发展的“软实力”的重大举措。通过创建“四型”机关，能够动员各级地税机关高度重视并切实做好新形势下各项工作，深入实际调查研究、深入一线解决问题，积极探索与市场经济体制、发展形势需要、人民群众期望相适应的社会管理新机制，着力实现好、维护好、发展好广大人民群众的根本利益。

3、创建“四型”机关是强化地税干部发展意识的客观需要。近年来，随着经济建设的提速发展，以及作风建设、执行力建设、软环境建设等一系列重大举措的出台，全面建设小康社会的号角已经吹响，地税机关正面临着千载难逢的发展机遇。但是，机遇与挑战并存，部分地税机关和少数税务干部仍不适应税收发展新常态的现状，在一定程度上影响了地税工作的提速发展、赶超跨越。为此，通过创建“四型”机关，能够进一步强化地税干部抢抓发展机遇的意识，切实把思想和行动统一到中央和地方的发展思路上来，推动各项地税工作全面发展。

## 二、创建“四型”机关面临的问题

近年来，随着税制改革的持续深化和征管创新的不断推动，各级地税机关以激发干部队伍活力为重点，全面加强机关的思想、组织、法制、反腐倡廉和制度建设，干部队伍的素质和能力得到了全面提高。但是，无论是从服务地方经济社会发展的要求来看，还是从地税事业自身持续发展的需要来看，在创建“四型”机关仍存在若干问题需要解决。

（一）创建学习型地税机关面临的问题

1、对学习型机关的认识不深。对创建学习型机关的目的和主旨宣讲得还不够，没能使创建学习型地税机关成为干部的共识，少部分干部对学习型机关的深刻内涵还认识不到位，肤浅地把创建学习型地税机关看成一场“活动”，认为只要按时布置和传达上级的学习任务，及时组织学习文件、领导的讲话或业务方面的知识，定时开展一些读书、写论文、培训等活动就是学习型机关，从而忽视了“学习型机关”的本质特征：全员、全面、全过程学习，学习即工作、工作即学习、学习工作一体化。

2、在学习的导向上存在偏差。作为对业务性要求很高的部门，地税干部主动学习的意识也较强，但存在重视上级指示和文件传达，忽视政治基础理论学习；重视税收专业知识学习，忽视其他领域知识学习的问题。有的干部偏重追求业务知识的精和深，很少深入地学习政治理论知识，学习现代科学知识；有的干部对组织的非业务类学习，态度不积极，认为重在参与就好，导致学习的内容还不够全面，理论的理解还不够深入，直接影响综合素质的提高和工作质量的提升。

3、学习的形式还较为单一。一方面，由于对干部的现实需求把握还不够准确，学习内容上缺乏针对性，学习对象上缺乏层次性，学习形式上缺乏多样性，导致干部主动参与学习的积极性还不高；另一方面受观念和经费的制约，学习的方式上主要还是传统的“听、念、读、看、写”，即听听讲座、念念书报、读读文件、看看视频、写写体会等。“走出去”不多、“动起来”不够、“沉下去”不足，学习空气比较沉闷，致使少数干部参加学习的兴趣打了折扣。

4、学习的制度不够完善。各级机关虽然也制定了一些学习制度，但由于没有建立配套的考学、评学、督学、激学等相关机制，没有把学习成果当作评先评优、职级晋升、提拔使用的硬性要求，对那些以种种借口不参加学习、学习消极应付、的干部也没有严格的惩处措施，造成“学与不学一个样，真学假学一个样，学多学少一个样，学好学坏一个样”的现象，以致难以形成良好而稳定的学习习惯与学习氛围。

（二）创建法制型地税机关面临的问题

1、对依法行政和依法治税重视不够。个别税务干部对依法行政、依法治税工作重要性认识不足，思想上重视不够，甚至把依法行政、依法治税与组织收入和日常征管工作对立起来，对依法行政工作漠不关心，重人治轻法治，直接导致各项税收法律法规落不到实处，税务法制部门工作干劲不足，工作开展滞后。

2、机构编制和人员结构不合理。推进依法行政,必须有专门的执行机构和人员。税务机关依法行政工作应由税务机关内部的法制机构负责,但目前各级税务机关由于没有专门法制工作机构编制,而由税政部门实施。但税政部门作为一个税收执法部门同时又承但了监督职责,既不合法更不合理。再者,人员结构配置也存在不合理的地方。一是从事依法行政工作的人员不足,不少基层局从事法制工作和取得执法监督资格的人仅一两个人,难以有效开展工作;二是从事基层执法工作的干部大多没有受过系统专业的法律教育学习,在法学理论、法律理念和法律知识等方面还不能完全适应依法行政的要求;三是人员变动频繁,工作衔接难以承上启下,导致工作出现"断流"。

3、执法监督和问题追究力度不强。一是忽视事前、事中监督。大多执法监督仍停留在"亡羊补牢"的监督上,"防微杜渐"作用显现不足。执法检查、案件复查等均为事后监督,把监督等同于事后检查,忽视了事前监督和事中监督这两个最重要的环节。二是重内部轻外部监督。在开展内部监督的同时,外部监督没有引起足够重视,社会监督和纳税人监督形式欠缺,难以准确地反映出税务执法机关和执法人员的执法水平、执法效果。三是是重发现问题,轻解决问题和教育追究。每年税务机关均要开展不少检查,每次检查均能发现不少问题,但对问题是否解决和责任人员的教育追究,就显得不那么严格,不能从根本上解决问题。

4、执法中重实体轻程序的现象时有发生。个别干部不按规定使用税务文书,导致执法程序错误;部分税务文书没有《文书送达回证》,送达回证被送达人签收一栏为税务机关人员代签、补签;以口头、电话通知方式代替税务文书,或税务文书仅装进征管档案,未实际送达纳税人。在实施行政处罚过程中,忽视纳税人的陈述权、申辩权,不依法告知行政相对人应享有的权利;不重视取证,证据不足,资料不全。

(三)创建效能型地税机关面临的问题

1、主动作为动力不足。一是地税机关为了目标完成,需要工作能力较强的干部承担更多的工作任务,能力越强者岗位越多,事务性工作越繁杂,考核项目也相对较多。这就出现了能者多劳,多做多错、少做少错、不做不错的情况。二是岗位设置不合理,分工不明确,监督不到位,以效能与晋升挂钩的有效评价机制落实不到位,不利于调动干部职工的积极性和主动性等等问题,不能促进效能建设的持续发展。

2、工作能力有待提高。当前一部分干部安于现状,不思进取,创新意识不强,工作不求有功但求无过;一部分干部业务本领不强,不愿意学习,满足于一知半解;个别干部爱岗不敬业、作风懒散、纪律松懈,遇事拈轻怕重,缺乏大局意识、责任意识和奉献精神;缺乏熟练掌握税收政策、财务知识、计算机技能的复合型人才。

3、工作作风还需进一步转变。一些部门和单位抓工作落实仍然较差,具体表现在三个"度"的降低上。一是高度上,在落实决策方案的过程当中,标准渐渐降低;二是速度上,养成了"慢"工作的思维和行为方式,工作节奏慢、解决问题慢、应对速度慢;三是力度上,制定的政策在执行过程中力度越来越小。有的机关干部还习惯于"坐堂门诊",主动帮助服务对象解决问题还不够。有的机关干部"看人办事",对熟人办事便捷,对其他办事群众不周不到、效率低下。

4、服务水平还需进一步优化。目前全系统推行了"一窗式"纳税服务改革、首问责任制、一站式服务和多元化申报方式以及文明用语、限时服务等等,但这些项目尚不系统,服务的层次和标准还不统一,税前的公告咨询辅导、税中的高效征纳、税后的监督投诉等还不到位,一些服务表现在面上,"始于纳税人需求,终于纳税人满意"的理念还没有成为每个地税干部的共识。

(四)创建廉政型地税机关面临的问题

1、职业道德观念、法纪廉政观念有待进一步加强。一是受中国几千年传统观念的影响,征纳双方管理与被管理、主动与被动、遵从与被遵从深深地影响着每一个人的观念和行为。由此导致税务机关和税务人员"官本位"意识较强,行政管理意识较浓,片面将纳税人看作管理对象,而不是服务对象,给税务机关依法行政、依法治税带来很大阻力。二是个别地税干部法纪观念淡薄，没有充分认识到党中央将党风廉政建设和反腐败斗争进行到底的信心和决心，很多时候已经踩高压线了，还没有一定的警惕性。

2、政务公开存在一定的缺陷。一是政务公开的内容存在缺陷，表面的普通信息公开的多，实质上的信息公开的少；正面的信息公开的多，负面的信息公开的少，纳税人很多时候都是被动接受公开信息，缺乏主动性。二是政务公开的方式存在缺陷，大部分是依据部门的意愿和利益，通过新闻媒体等方式进行公布，而不是依据纳税人的需求和申请公开的，这样纳税人就不能很好的进行监督。三是政务公开规范存在缺陷，公开的信息内容缺乏完整性和实用性，有些信息的规范性程度不高，给群众获取信息带来了困扰，降低了信息的可检索性，从而给廉政建设效果带来了消极影响。

3、廉政文化建设效果不太理想。一是许多地税机关廉政文化建设工作的计划性和组织性不强，由于缺乏强有力的制度支持，陷入一种“进也困难，退更不行”的两难境地，变得极为被动，处于前进动力不足的状态。二是廉政文化建设通常由纪检监察部门作为最终承担责任的部门，但由于他们权力有限，只能在规定的范围内行使权力，缺乏以广大群众文化需要作为基础，造成了廉政文化建设缺乏主导力量和群众基础，没有形成建设合力。三是部分地税机关廉政文化建设工作仍处在初级阶段，并没有深入推进，因此取得的成效也只是初步和阶段性的。

4、新形势给反腐倡廉带来新挑战。当前，社会正处于转型期，各种矛盾交织、诱惑繁多，给腐败提供了新的滋生土壤，使腐败呈现出新特征，给地税机关反腐倡廉工作带来了新挑战。个别税务干部直接或间接帮助他人通过不公平的市场竞争，进行投机取巧活动，以自己掌握的权力为其保驾护航。还有的干部自己不直接参与腐败行为，在幕后充当推手和保护伞，为违法行为通风报信。由于腐败形式的多样化和腐败行为的隐蔽化、复杂化，使得当前反腐工作难度进一步加大。

## 三、创建“四型”机关的对策和建议

通过创建“四型”机关，可以引导广大地税干部牢固树立全心全意为人民服务的宗旨，队伍素质进一步提升，干事创业的责任感进一步增强，服务质量进一步优化，工作效率进一步提高，廉洁意识进一步强化，早日建成“行为规范、运转协调、公正透明、廉洁高效”的机关，为推进各项地税工作的全面发展提供有力保障。

创建“四型”机关的指导思想：高举中国特色社会主义伟大旗帜，以邓小平理论、“三个代表”重要思想和科学发展观为指导，深入学习贯彻习近平总书记系列重要讲话精神，牢记“为国聚财、为民收税”的使命，以加强基层党的建设和领导班子建设为抓手，全面推行素质能力建设、依法行政建设、提质增效建设和党风廉政建设，努力打造政治坚定、业务熟练、执法公正、监督严格、服务高效、管理有序、作风优良、清正廉洁的地方税务机关。

创建“四型”机关的基本原则

——提升站位、服务大局。始终把创建“四型”机关放到“四个全面”战略布局和社会主义市场经济发展大局中去谋划，跳出税收看税收，站在部门为全局，更好地服务党政中心工作，有效发挥税收职能作用。

——以人为本、激发活力。坚持以基层税务机关为创建核心，充分关心基层、尊重基层、相信基层、依靠基层，真正为基层排忧解难，不断促进基层干部全面发展，激发基层干部队伍的生机和活力。

——统筹兼顾、因地制宜。“四型”机关是一个相辅相成、密不可分的有机整体，建设“四型”机关是一项长期系统工程，必须整体推进，分类发展，提高针对性、保持连续性、讲求实效性。

——问题导向、务求实效。以解决突出问题为导向，通过抓责任落实、抓制度完善、抓绩效考核，形成一级抓一级、一级带一级、层层抓落实的工作局面，推动“四型”机关建设标准化、规范化、专业化。

（一）与时俱进，建设充满激情的学习型地税机关

1、领导带头、全员参与学，切实增强学习型地税机关建设的能动性。一是领导班子要率先垂范。各级领导班子要以身作则，建立和践行领导责任制，进一步明确领导责任，带头树立和推行全新的学习理念，把更多的时间和精力放在学习上，倡导真学、勤学，善学，深学的风气，以自身的表率作用影响和带动全局干部更好地加入到学习型地税机关的建设中来。二是强调人人学习、全员学习，团队学习。一支独秀不是春。创建学习型地税机关更需要全系统干部积极响应展现百花齐放。要从深化思想认识入手，加大对建设学习型地税机关目的、意义的宣传，引导干部认清新形势充分认识到学习的重要性、必要性和紧迫性，从而将学习转化为一种积极而主动的行为。

2、丰富载体、互动创新学，切实增强学习型地税机关建设的导向性。一是倡导牵引式学习。可以将全年的学习任务分为政治理论、政策法规、业务知识和综合知识等专题，按照不同专题确定并配发当年的必读书目和参考书籍，同时开展好书推荐、读书心得大家谈等活动，引导干部的学习兴趣，不断拓宽知识的层次。二是注重课题式研讨。采取集中辅导学、分组讨论学、高校提高学、外出考察学、讲坛互相学和创办学习专栏等形式，着重围绕实际工作中的热点、疑点、难点问题开展专题研讨，促使干部带着压力主动地学，带着思考深入地学，切实提升学习效果，促进学习成果转化。三是探索信息化学习平台。充分运用现代信息通讯手段，通过设立微信平台、QQ群、网上学习论坛等方式，让干部能就随时对工作中的重点和焦点在网上各抒己见，对实际工作中遇到的疑点和难点在网上寻求新思路新办法，实现学习交流的最大化和无障碍化。

3、联系实际、突出重点学，切实增强学习型机关建设的实效性。一是领导干部“走出去”。提高班子成员的学习能力，打造学习型领导班子，是学习型地税机关建设的基础和关键。各级班子成员应紧密联系工作实际，走进高校和基层、深入企业和一线，通过学习研讨、调查研究等方式，不断提高把握大局、破解难题的能力，成为具有战略眼光和创新精神的“领路人”。二是资深专家“请进来”。中层干部是地税工作的中坚骨干力量，但由于受思想认识和知识结构的限制，少部分中层干部对上级的精神理解不深不透，工作落实起来存在困难。对此，应邀请各方面资深专家对全体干部尤其是中层以上干部进行集中培训，拓宽中层干部的工作思路，提高工作中的执行能力，成为本职工作的行家里手。三是一线干部“上擂台”。要以培养懂法律、精业务、通电脑、会管理、能服务的一线干部为重点，广泛开展业务大培训、岗位大练兵，技能大比武等活动，不断提高一线干部的业务能力和服务水平。

4、学分管理、激励约束学，切实增强学习型机关建设的科学性。可以引入高校学分制模式，在系统内推行干部学分管理制度，将干部在年度内参加学习的情况和取得的学习成果折算成学分，并在年末对学分累计情况进行考核，使干部的学习目标具体化。一要科学设定学分标准。学分由必修分、选修分和奖励分组成，分值根据学习内容、学习量、学习难易度和学习成果等来设置，并划分为优秀、合格和不合格三个等级，把学习的“软任务”变成“硬约束”。二要灵活学分取得方式。干部既可以通过必须完成的学习任务取得必修学分，也可结合自身工作实际通过选修课程取得选修学分，还可以通过刊登调研文章、业务竞赛名次、获得资格证书等取得奖励学分，增强学习的能动性。三要严格学分管理和运用。人事教育部门统一负责建立干部学分档案，确定年度学习内容、培训项目及分值，以及干部学分登记、确认、考核和通报等工作。年度学分考核结果不但纳入绩效管理考核体系，还要与干部年终考核和评先评优挂钩，并作为干部选拔使用的重要依据，以此激发干部努力学习的热情，促进干部学习习惯的养成。

（二）依法治税，建设科学规范的法制型地税机关

1、转变思想观念，增强依法行政工作的主动性。各级税务机关和全体税务干部要从贯彻依法制国基本方略的高度充分认识搞好依法行政、依法治税工作的重要意义，统一思想，转变观念，把依法行政、依法治税工作摆上重要位置，加强组织领导，狠抓措施落实。进一步完善依法行政、依法治税工作制度，提高制度可操作性，加大制度落实力度。正确把握推进依法行政的主要目标和基本思路，将依法行政的基本

原则与依法治税的理念相结合，将依法行政的基本要求全面落实到各项税收执法工作中去。同时，要强化教育培训，深入开展“学法、尊法、守法、用法”活动，始终将法制培训教育工作抓严、抓实、抓细，努力提高税务干部依法行政的观念和能力，在系统内部形成了尊重法律、依法行政的良好氛围。

2、强化人才培养，提高干部队伍依法治税能力。在抓好全员法制培训的基础上，坚持执法资格考试与新录用公务员初任培训结合，执法人员严格实行持证上岗。提高面向法律专业高校毕业生招录公务员、面向基层遴选法律专业背景干部的比例，并直接安排的法制工作岗位上，充分发挥其专业作用。从熟悉税收专业知识且具有法律专业背景的人员中，选拔建立一支德才兼备的复合型、专家型税收法制人才队伍，组建各级法律人才库，发挥其在重大决策、前瞻课题研究、法制培训等方面的专业优势。各基层局政策法规部门至少有1名以上法律专业人才，并按要求组建法律顾问团队，负责重要法制问题的研究和咨询。

3、抓好制度落实，加强税务行政监督和执法监督。要认真落实各项行政监督和执法监督制度。加强事前、事中监督，防患于未然。税务纪检监察部门和执法监督部门要积极探索实践，将监督前置于行政管理和税收执法之前、之中，全程监督整个行政行为。要突出重点部位和重点环节的过程控制，通过税收规范性文件会签、执法监察、效能监察、重大案件审理、执法责任制考核评议、社会监督等多种形式，将税务行政管理和执法活动置于严密的监督之下。要落实党风廉政建设责任制，严肃党纪、政纪，严格执行过错责任追究，坚决杜绝“检查年年搞，同样错误年年有”的现象发生。

4、坚持依法行政，逐步提高依法治税水平。税务机关要进一步规范行政行为，规范行政程序，加强税收征管，不断提高干部队伍素质；要充分调动税务人员工作积极性、主动性，打消执法人员后顾之忧，使干部严格执法、敢于执法；要加强税务信息化建设，充分利用现代科技规范税务管理，加强与工商、国税、银行等部门协作，优化地税机关执法环境，实行信息共享，最大限度地满足各职能部门和纳税人的需要，推动税务法制化水平的提高。同时，要加强税收普法宣传教育，把法制作为“税收宣传月”的重要主题，主动做好互联网形势下的普法工作，利用微博、微信、12366、网站等平台，推送税法知识和涉税信息，向全社会普及税法知识，提升广大纳税人的法制观念。

(三)强化理念，建设高效节约的效能型地税机关

1、强化思想政治工作，全面提升思想道德素质。机关效能建设是一项长期性的系统工程，每一名干部职工必须增强提高机关效能的责任感、紧迫感和使命感，防止和克服被动应付、消极畏难和自我感觉良好等错误思想。一要紧密结合机关干部的思想实际，把做好干部职工思想工作与解决干部职工实际问题结合起来，既讲道理又办实事，切实把干部职工的积极性引导好、保护好、发挥好。二要引导干部职工树立“求真务实、勤政为民”的理念，开展尊重先进，学习先进，赶超先进活动，引导广大干部职工把正确的政绩观同正确的权力观统一起来，牢固树立人民利益至上的理念，提高为人民服务的质量和水平。三要结合单位实际，有的放矢地开展寓教于乐的职业道德教育活动，组织开展有益于干部职工身心健康的文娱活动，引导大家立足本职，从现在做起，从点滴做起，在本职工作岗位上有所作为。

2、注重培训教育，提高干部队伍综合素质。以建设“学习型”地税机关为抓手，从工作需要出发，从自身知识结构出发，按照“缺什么，补什么”、“需要什么，学习什么”的原则，把学习作为一种责任、一种习惯、一种境界、一种修养，做到学而不厌、学以致用，不断更新知识，全面提高素质，真正成为懂政治、懂税法、懂经济、懂业务、懂管理的复合型人才。引导干部职工树立终身学习的理念，在学习中工作，在工作中学习，努力提高自己的政治理论素养、业务工作能力和为纳税人服务的本领

3、狠抓制度落实，提高效能建设制度的长效性。良好的工作作风是推动地税事业进一步发展的前提条件，要进一步完善各项制度，坚持用好的制度管理干部、约束干部、规范干部。要加强整体的协作与配合，坚决杜绝推诿扯皮现象的发生，主动协调、沟通，高标准履行工作职责，提高工作效率。自觉做到层层

有人抓，事事有人管，件件有着落，项项见成效。要把责任目标落实到每一个人，每个岗位，使人人有责任，人人有压力。要真心实意地为纳税人解决各种矛盾和问题，切实把追求效率与坚持依法行政、依法办事结合起来，全面提高依法行政水平。进一步疏理和完善机关管理制度，强化机关日常内务管理，主动接受群众监督。

4、提高服务水平，从高效服务向优质服务延伸。正确处理优质服务与规范执法的关系，进一步完善集纳税申报、信息咨询、政策宣传、业务辅导于一体的服务体系，促进纳税服务便捷化，事务处理规范化。实行全程服务、延时服务等办税窗口纳税服务制度，在第一时间办理纳税人反映的各种急事、难事，以限时办结率和纳税人满意率为主要指标，对纳税服务工作进行考核管理。建立和完善纳税服务评价体系，不定期组织测评活动，适时召开行风监督员、纳税人代表座谈会，听取纳税人的意见和建议。要通过强化内部管理，拓宽服务领域，简化办事程序以效能建设为中心，廉政勤政一起抓，做到在参与中监督，在监督中服务。通过服务方式实现从热情服务向优质高效服务，从单项服务向全过程、全方位服务的转变，实践科学发展观以人为本的宗旨。

(四)强化管理，建设风清气正的廉政型地税机关

1、进一步强化思想道德、法纪廉政教育。加强教育，做好思想政治工作，是筑牢拒腐防变思想道德防线的重要前提。要针对地税干部的思想状况，把握做好新形势下思想政治工作的规律和特点，不断丰富教育内容，创新教育方式，保证教育覆盖面，使教育真正入耳入脑入心，切实提高针对性和实效性。要加强理想信念教育和宗旨教育，使广大地税干部牢固树立正确的世界观、人生观、价值观和科学发展观；要加强预防职务犯罪教育，使广大地税干部知法守法，依法行政，廉洁从政；要加强税务职业道德教育，重点抓好先进典型示范教育和典型案例警示教育；要抓住逢年过节、群众有意见、社会有反映以及本系统内发生的违纪违法案件的时机，有的放矢地开展反腐倡廉教育，使广大地税干部树立“以廉为荣、以贪为耻”的思想，进一步增强法纪观念、廉政意识、执法风险意识，筑牢拒腐防变的思想道德防线。

2、加快地方税务机关政务公开步伐。一是加快地税机关管理信息化建设。为适应现代信息化发展的需求，地税机关要积极引进先进的技术和相关人员，强化信息化平台和各信息子系统的管理和应用。通过信息公开网络，拉近广大民众与税务机关的距离，让普通百姓有机会了解税务机关，为更好的开展监督工作提供更多的信息支持。二是拓展政务公开内容。从仅仅公开部分政策性文件、规章制度等，扩展到公布资料的需求标准、相关政策的制定与执行过程、社会需要的不涉及国家机密和安全的公共信息等。机关内部召开会议时，应允许新闻媒体在场，允许对会议的内容和过程依照法律规定和程序进行报道，公开税收执法自由裁量权的具体标准、条件、依据和程序，满足群众知情权，防止税务工作主体暗箱操作。三是科学选择政务公开方式。社会公众的需求是首先要考虑的因素，要根据群众对信息的要求来公开，而且公开过程中要考虑信息的特征，涉及到国家和商业机密的信息不属于公开的范畴。在申请进行公共信息公开的方式上，可以考虑公共信息本身的特性，以及要做好政务信息公开所需要付出的成本、对税务机关工作所产生的影响等因素，然后再考虑要采取什么样的公开方式。

3、有效提高廉政文化建设水平。一是弘扬中华传统文化，树立德治与法制相结合的廉政观念。一定要继承、发展和弘扬中华传统廉政文化，取其精华，去其糟粕，从中华传统文化特点看，对于个人，传统文化强调个人修为；对于国家，传统文化强调“德治天下”。而社会主义社会是法制社会，社会主义市场经济是法制经济，法制大环境下的社会主义廉政文化要求“依法治国”和“以德治国”的和谐统一。所以地税机关廉政文化建设要树立“德治”和“法制”相结合的廉政观念。二是改造社会环境，清理陈规陋习。现在社会上的一些“潜规则”扰乱了正常的管理秩序，不利于正常税收征管工作的开展，破坏了社会风气，侵犯了大部分了利益，正在成为影响和毒害健康社会环境的“最强有力杀手”。基于此，应提高税务干部的思想认识，科学化和规范化行为标准，建立相应的潜规则预防和惩罚机制，使其失去发生和传播的途径，从而

形成良好的社会风尚，为廉政文化的发展塑造良好健康的社会环境。三是加强廉政文化理论研究。要发展廉政文化思想，创新廉政文化理论，努力构建一个包括廉政观念、廉政理论、廉政文学、廉政风尚等在内的廉政文化学科框架。搭建多层次、多种类的廉政文化建设平台，让税务干部沐浴在一种清正廉洁的文化氛围中，把廉洁作为一种自觉行为，一种生活习惯，逐步从根本上铲除滋生腐败的文化条件。

4、构建廉政评价预警机制应对新挑战。一是明确廉政评价预警机制建设的价值取向。地税机关廉政评价预警机制功能定位应该突出引导、防范和纠错。引导是预警机制的重要基础，就是晓人以理、示人以范、教人以行；防范是预警机制的基本属性，就是关口前移、提前预警、未雨绸缪；纠错是预警机制的基本目的，就是及时遏制、督促矫正、有过必究。这三项功能既是有机联系、相辅相成的，又是各有侧重的。二是夯实廉政评价预警机制建设的制度基础。要将风险管理理论等现代管理理念引入到地税机关预防腐败实践中，针对风险高发环节和高发领域，精心绘制职权目录和风险防范路线图，实施"黄橙红"三级风险评估预警，积极探索廉政预警的项目化管理，夯实廉政风险管理制度。要在党委统一领导下，发挥监察、人事、审计等多个部门工作合力，形成预警机制的整体联动效应，通过廉政预警联席会议制度，分析研判问题发生发展、变迁趋势和特殊规律，并及时提出预警防范和处理对策。三是实现廉政评价预警机制的科学运行。科学规范的预警机制运行路径应是由预警信息收集——预警信息分析——预警结果反馈等三大环节组成的系统流程，通过多元汇集、智能分析、有效反馈充分发挥廉政评价预警机制的最大功效，保证机制运行的规范、协调和高效。

创建"四型"机关是一项长期的任务，既不能一蹴而就、一劳永逸，也没有固定的模式可以借鉴，要求我们认真学习贯彻党的十八届五中全会精神和习近平总书记一系列重要讲话精神，紧紧围绕"服务中心，建设队伍"的总要求，不断总结规律，创新方式方法，组织动员广大地税干部积极投身到学习型、法制型、效能型、廉政型"四型"机关建设中，推动地税机关各项工作上台阶、上水平，全面完成各项工作任务，为全面建成小康社会作出新的更大的贡献！

（作者单位：辽宁省沈阳市地方税务局）

# 地税干部安全履职情况分析与建议

汤景流

在深化改革、管理转型，加快税收现代化建设进程中，地税系统所面临的外部环境、内生需求都发生很大变化，对干部队伍建设提出新的要求和挑战，特别是近年来地税系统税收执法风险、廉政风险呈现上升趋势，违法违纪案件发生增多，使得如何做好干部安全履职能问题成为摆在全省地税机关面前一个十分重要和现实的课题。

## 一、现阶段地税系统安全履职问题分析

江苏地税机构成立以来，深入践行“标本兼治、综合治理、惩防并举、注重预防”反腐倡廉工作方针，始终把党风廉政建设贯穿于税收工作大局，贯穿于税收政策法规制定、税收管理体制建设和改革的总体设计，贯穿于税收执法权和行政管理权运行的全过程，不断提高惩治和预防腐败的能力，全面促进了税收事业的健康发展。但近年来，随着经济社会转型和税收各项改革深化，全系统步入矛盾的凸显期、爆发期，违规执法和腐败案件一定程度上呈多发态势，安全履职形势不容乐观。

（一）从案件总量看，违纪违法案件数量长期高位运行，尚未出现明显下降的拐点

据省高检预防职务犯罪中心统计数据，税务系统年均被查处人数位居全省行政机关前五名，是腐败案件高发群体。近10年来，全省国税系统每年被查处人数普遍高于地税系统，但2011年以来国税系统被查税务干部人数呈下降趋势，而地税系统则呈上升趋势，2015年达到23人，约占干部人数总量的0.16%的峰值，总体看违纪违法数量没有明显下降趋势，平均每年约为10名左右税干被查处。

（二）从发案查处罪名看，涉及多类罪名，但重点集中在受贿罪和不征少征税款罪上

地税系统犯罪的高发点是受贿罪以及不征少征税款罪，其中受贿罪占比71.5%，高出全省行政机关平均数23个百分点。从2004年以来，全省国税系统受贿人员人均受贿数额15.6万，地税受贿人员人均受贿42.7万，50万以上重大案件，国税有2人，地税有14人。特别突出的是，地税系统违法不征少征税款的案件数是国税系统的4倍。

（三）从涉案岗位及群体分布看，主要集中在科职以下税务干部，特别是基层分局和税收管理员

2004年以来，全省地税各级中层以上领导干部涉案的有38人，占本系统涉案总数36.5%，低于全省平均水平。十分突出的是涉案人员为基层分局长或一般税收管理员的占比达到总量的89.4%，呈现出越向基层一线、越是一般税务干部，发案数量越多的逆向分布状态。这也充分反映税收管理权的分布特征。

（四）从犯罪年龄分析，35－45岁是犯罪的高风险集中区

这一阶段犯罪发生率占到绝大比例，并未存在所谓“55”、“59”现象。相反，年龄越大越不易犯罪。这也反映出这一年龄段的税务干部多为单位或部门业务骨干，权力也相对集中，从而更容易犯罪。

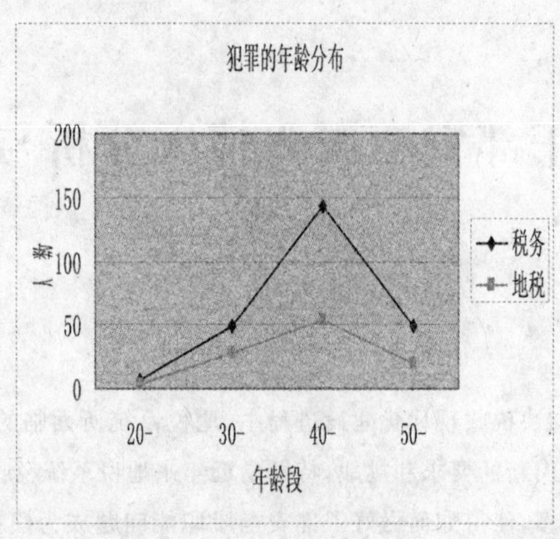


江苏地税系统犯罪年龄分布

(五)从腐败的危害后果看,地税系统对腐败关注度高与容忍度高并存

"廉荣贪耻"的文化底蕴不扎实,对腐败"零容忍"的价值观念还没有建立起来,甚至在某些税务干部身上形成贪腐"比坏"的心理,不是以清正廉洁的同志为标杆,而是竞相降低底线,即使有一天受到党政政纪处分也是认为不走运。

这些问题,说明系统滋生腐败的土壤仍然存在,反腐败形势依然严峻,抓安全履职的关键在于推进依法行政,核心是强化税收执法权与行政管理权的运行与监督。

## 二、安全履职问题根源分析

当前地税系统违法违纪行为仍然多发,既有干部自身思想蜕变、自律意识不强的原因,也与我们工作中体制机制不健全、管理监督不严格有关。

(一)政府职能转换不到位,权力寻租空间较大

税务部门作为重要的经济执法部门,掌握的行政管理资源较多,对企业损益和发展有很大影响。近年来,税务部门突出纳税服务职能、大幅减轻纳税人负担、压缩审批管理,取得很大进步,但职能转换还不到位:一是税务行政审批项目仍然过多,管制过重。目前,税务系统有87项税务行政审批事项,其中涉及减免、退税审批事项占到全部审批事项的近60%,行政审批事项数量相对较多。二是税收自由裁量权过大。税收处罚、征收方式鉴定、税收定额核定、应税所得率确定、基金费征收等方面存在较大自由裁量空间,极易导致权力寻租。

(二)体制机制不健全,权力运行缺乏有效监督

1、落实党风廉政建设责任制度有流于形式现象。有的单位一把手不敢担当,对歪风邪气和违法违纪行为不敢抓不敢管,对一些干部身上出现的"小错"特别是苗头性问题提醒不够,批评教育不力,导致小问题演变成大错误,甚至发展到违法犯罪。

2、内控机制建设需要深化。集风险评估、风险防控、风险跟踪、质量评价和持续改进为一体的内控管理平台,尚未建立。

3、上下联动、条块结合、共同参与的内控机制建设格局还未完全形成。对基层税务分局局长、征收、稽查、风险应对等重点风险岗位，有针对性的专项监察制度还没有建立，弱化了对安全履职情况的日常监督。此外，从体制上看，地税系统实行垂直管理，客观上存在当地纪检部门由于体制原因不便监督、上级鞭长莫及不易监督、同级之间碍于情面不愿监督、下级怕得罪上级不敢监督的问题。

(三)惩戒力度不够，没有形成不敢腐的保障机制

当前，税务系统失职渎职、为税不廉等案件仍呈多发态势，其原因复杂，但也与案件查办不到位、惩处力度不够大有很大关系。有的领导特别是主要领导认识上存在偏差，对案件查办工作重视不够，主动发现问题、查办案件的意识不强，担心查处案件会家丑外扬，影响部门形象、评先选优、行风评议以及干部福利，因而压问题、捂盖子。有的纪检监察部门担心查办案件得罪人、落埋怨、丢选票，对办案工作存在畏难情绪，不敢秉公办案。有些单位不主动发现和查处问题，往往在检察机关采取措施后才被迫行动，有的甚至还扮演“打捞队”、“消防员”的角色。只有把对腐败零容忍的要求变成税务系统惩治腐败铁的纪律，对胆敢以身试法的腐败分子，坚决做到发现一起严肃查处一起，绝不姑息，绝不手软，形成高压和威慑力，才能更好教育和保障税务干部安全履职。

(四)纪检监察体制机制制度创新滞后，反腐倡廉工作效能不高

从当前腐败案件“潜伏期”普遍比较长的情况看，权力监督的成效还不够好。一方面党风廉政建设“两个主体”责任落实还不到位。特别是还未建立落实党风廉政责任倒查和“一案双查”刚性制度。另一方面，纪检监察组织建设滞后，监督手段有限、渠道狭窄且职能宽泛，参与的非主业活动过多，对查办案件，严明政治纪律、组织纪律和财经纪律的监督执纪问责上投入精力不够。

## 三、完善安全履职管理的建议

安全履职管理是一个系统工程，需要哲学思维指导、以问题为导向、综合施策，围绕教育、制度、监督、改革各个环节工作统筹推进，把教育的感召力、制度的约束力、监督的制衡力、改革的推动力结合起来，织就严密网络，有效预防腐败行为的发生。

(一)持之以恒抓教育筑牢思想防线

持续加强反腐倡廉教育对于夯实税务干部廉洁从税的思想道德基础具有根本作用。实现廉政教育常态化。建立网上廉政教育基地，扩大廉政教育的覆盖面、受众面和即时性，在各类重要会议、各类专题培训班中安排廉洁从政教育内容，抓好平时学习教育。提高廉政教育针对性。坚持因人施教，认真分析领导干部和一般干部不同身份、业务工作和保障工作不同岗位、一线执法和后台操作不同职责、资深干部和年轻同志不同年龄发生腐败的不同主客观原因和特点，有的放矢地开展分级分类岗位教育。增强廉政教育实效性。不断创新廉政教育内容与方法，通过探索提炼和宣传税务核心价值观，弘扬传统优秀文化、传统伦理道德教育，实施干部心理援助工程，推进家风建设等，积极探索探讨安全履职教育的新途径，促进廉洁从税。

(二)坚持问题导向建立健全制度体系

反腐倡廉的核心是制约和监督权力，必须把权力关进制度的笼子里。坚持问题导向，针对税务系统腐败易发多发的领域、部位和环节，不断推进制度完善和创新，加快建立健全反腐败制度体系。持续深化内控机制建设。继续按照“制度＋科技”的思路持续完善内控机制，推进制度创新，依靠科技手段，把制度

镶嵌到软件中，做到流程监控、痕迹管理，实现廉政风险和执法风险的信息化防控。同时要加强税务廉政风险评估，认真查找和梳理风险点，形成风险清单，制定应对措施，从根本上规范税收执法，从源头上促进廉洁从税。在制度完善的基础上，切实提高制度执行力，既要各级领导带头执行制度、维护制度，引导干部自觉遵守制度，同时要坚决纠正和惩处违反制度踩“红线”的行为。

（三）强化执法执纪监督力度防范权力滥用

着力建设“阳光税务”，自觉接受各方面监督。实行税务行政审批事项目录清单制度，对现有审批项目逐项评估分析，形成目录清单向社会公开，并推行网上审批，最大限度压缩利用审批寻租的空间。实行税收执法权力清单制度，开展清权、确权、晒权活动，全面清理、逐项确认、分步明示，提高权力运行的透明度和公信力。有效整合监督资源，提高监督合力。整合纪检监察监督、巡视监督、干部监督、审计及执法督察监督等各方面监督资源，建立联动管理办法，实现监督资源共享、成果共享，减轻基层负担，提高监督实效。突出问题导向，深化专项督察监察。深入开展执法督察，及时发现和及早解决执法过程中不作为、乱作为等失职渎职行为。认真执行税务系统领导班子和领导干部监督管理办法及其实施细则，重点强化对一把手执行民主集中制、决策重大事项等方面的监督。同时，进一步加强和改进巡视工作，提高巡视质量，用好巡视成果，细化分类处置措施，形成有力震慑和遏制。

（四）协同深化征管改革完善权力监督制约机制

坚持用改革的办法解决腐败问题，从系统性、整体性、协同性上统筹推进征管改革和安全履职工作，堵塞可能出现的制度漏洞。建立制度廉洁性评估制度，出台规范性文件既要从业务需求、流程设置等方面体现和融入权力监督制约、廉政风险防控的理念，又要使各项制度规定做到环环相扣、互相制约、可操作性强。深化税收征管改革，打造税收征管模式升级版，完善团队式风险管理，强化风险应对复审监督，紧固相互联系相互制约的管理链条，有效防止不廉行为的发生。

（五）全面落实党风廉政建设和反腐败工作责任

严格落实党风廉政建设责任制，建立落实党风廉政责任制实施办法，明确党组、纪检反腐主体监督责任，实施“任务书工程”，纳入绩效管理、干部任免，形成责任分解、检查监督、倒查追究的完整链条，做到谁的任务谁认领，谁的责任谁担当，形成强大工作合力。不断深化系统纪检监察体制改革，加快“职能、方式、作风”的转变，突出监督和查办案件主业；同时，加强各级纪检监察部门建设，配齐配强纪检监察干部队伍，抓好纪检队伍自身建设，提高履职能力。

（作者单位：江苏省连云港地方税务局）

# 营改增后基层地税人员工作满意度典型性分析

桑　林　薛元声

当前，国地税征管改革全面推进。5月1日"营改增"实施后，作为地税部门主体税种的营业税将彻底退出；房地产税、环保税等地方税体系还在建立中；金税三期工程本年将在地税上线。地税干部有可能面临一段时间的"主业空挡和改革动荡期"。在此背景下，基层地税人员必然会产生很多思想波动。本文以工作满意度为落脚点，通过半结构化访谈的方式，对当前基层地税人员思想动态开展调研，为干部管理和征管改革提供一线资料。

## 一、国内外关于工作满意度研究的理论和成果

工作满意度(job satisfaction)是组织行为学、管理心理学、人力资源管理学的常用术语。1935年，Hoppock在其著作《工作满意度》中第一次提出了工作满意度概念。Hoppock指出，工作满意度可以定义为员工在生理、心理等两个方面都对其所处的工作环境感到满意，是员工对其所处的工作环境的一种主观反应。此后，工作满意度成为国内外学术界讨论的热点，但因研究角度、研究对象等不同，对工作满意度的定义有许多见解，但有一点共识，那就是工作满意度是主观概念。研究个体对工作满意度的高低，价值较低，但分析多数人的共识，对促进绩效激励，提升组织效益非常具有意义。

为便于本文的研究，笔者对工作满意度定义如下：工作满意度对个体来说，是主观的情感反应，是现实与期望之间的差异以及各项因素搭配后个体对工作的感受；但对于组织来说，工作满意度代表的是群体对各工作层面的整体感受评价，具有一定的客观性。

国外学者自提出工作满意度概念以来，成为组织管理学、人力资源学、心理学等诸多学科研究的热点，为此产生和总结的理论很多。

**表一　工作满意度研究理论类型**

| 工作满意度研究理论类型 | 理论代表 |
|---|---|
| 内容型激励理论 | 需求层次理论、双因素理论等 |
| 过程型激励理论 | 期望理论、公平理论等 |
| 行为改造型激励理论 | 强化理论等 |

另一方面，国内对工作满意度的研究也逐渐上升。笔者在中国知网CNKI上分别以"工作满意度"和"公务员工作满意度"为字段进行全文查询，工作满意度相关文献资料一直呈上升趋势，但对公务员工作满意度的研究只有5%左右。如白羽(2012)对某区公务员发放回收的235张调研问卷统计得出，基层公务员满意度最高的依次是同事合作、沟通、收入等；满意度较低的是福利、培训、管理制度等。对晋升的公平性题项满意度最低。2006—2015十年间，CNKI收录的有关"工作满意度"及"公务员工作满意度"文献对比。

2006-2015年CNKI 工作满意度相关文献数量

图表区 ■"工作满意度"相关文献 ■"公务员工作满意度"相关文献

图一 2006－2015 年 CNKI 工作满意度相关文献份数对比图

## 二、调研问卷设计

为保证样本分析的全面性,笔者对本单位老中青三代公务员进行典型访谈,采用半结构化访谈方式。访谈问题重在查找影响工作满意度的正负因素,主要围绕以下三项:

1、对于工作,您最期望哪些方面得到改善,原因是什么?

2、当前,您感觉压力最大的是什么,原因是什么?

3、对于单位和您个人今后的发展,您有何担忧和期盼呢?

访谈对象共选取了 15 名,分别为新录入年轻公务员 5 名(90 前后,入单位 1－2 年),中层股级干部 5 名(70 后),老干部 5 名(50＋,科员级)。工作岗位涵盖纳税服务、基础管理、风险应对、稽查和行政管理。

## 三、调研样本情况

(一)年轻公务员反馈的主要问题有:

1、工资低,购房压力大,有的个人问题暂时都未考虑。希望能赶上竞争上岗机会,职位升迁是次要,关键是待遇能提高。

2、工作事项太多,除本职工作外,还需兼任本部门其他杂事,参加单位各项活动,表现不好怕影响形象,付出很多。工作不好干,领导不好当,不如追求更充实的生活,更幸福的家庭。

3、对地税未来发展迷茫。因为地方税收体系改革,"营改增"很多业务划归国税,个人期望尽快确定地税今后业务模式,吃定心丸。

(二)中层干部反馈的主要问题有:

1、职务与职级并行获得感很高,但事业晋升积极性不高。中层大部分都享受到副科级的待遇,但领导岗位的实职名额有限,对事业的上进心降低,如部分干部近年来参加过两次竞争上岗未晋升的,现在只想做好本职工作即可。期望多一点晋升指标,多一点刺激。

2、地税征管改革不定型,期盼规范统一。前些年在推行专业化征管改革,现在又临近整个国地税征管体系改革,一直在改革,且年年有变化,作为改革的主要经历者和实践者,感觉到有些"散"、"乱"、"浮"、"累"。国地税征管改革后,主体业务划走,产生一定的失落感。

3、收入地位有所下降,期望是暂时的,今后稳中有升。"阳光工资"、规范津补贴、抓作风纪律,原本福利并不多,也一律取消了,感到有些失落。期望为基层涨薪。工作以来,考虑单位、工作的事远大于对个人或家庭的照顾,以后有时间了,可能会更"顾家"。

(三)老干部反馈的主要问题有:

1、征管改革变化快,岗位能力跟不上,期望培训,调整岗位。很多传统工作经验和方法"失灵"和"失效",期望培训跟得上。岗位调整要符合年龄实际,尽量安排到方便生活和照顾家庭的部门。

2、现在过分强调服务、和谐,税收执法刚性缺失。比如税收违法现象,可处罚的不能处罚,不是收了好处,而是上级考核不建议,造成部分纳税人无惧税法,甚至是恶意投诉。以前纳税人管理的服从性很强,所以对以前简单、直接的征管方式较怀念。

3、改革可能会造成地税业务缩减,担忧会不会提前空闲,待遇是否缩减,影响个人养老医疗等实际问题。期盼能在保持待遇稳定的前提下继续有事做。

## 四、调研样本分析

笔者对典型访谈的老中青三代反馈的问题做了一个简单归纳,为六个担忧与期盼,分别是对职位上升空间低的担忧,盼改革扩容;对收入地位下降的担忧,盼稳定有增;对单位前景发展不明朗的担忧,盼权威定论;对征管改革不定型的担忧,盼规范统一;对征纳关系不顺畅的担忧,盼合情合法;对适岗能力跟不上的担忧,盼培训支持。前三项担忧点具有跨部门的普遍性,后三项则与地税系统的现状相关。

为进一步分析以上为问题,笔者采用两个成熟的工作满意度研究理论进行分析。

(一)明尼苏达满意度短式量表(简称 MSQ)分析

MSQ 是国内外采用较多的成熟量表,可测量工作人员对 20 个工作方面的满意度,并分别归纳为外在满意度和内在满意度。其中,内在满意度可理解为与工作内容相关的因素,外在满意度可理解为工作内容以外的因素。

**表二 明尼苏达满意度短式量表外在满意度和内在满意度分类**

| 内在满意度方面 | 外在满意度方面 |
|---|---|
| 工作负荷、能力工作匹配、历练不同工作、社区地位、不违背良知、工作稳定性、服务他人、指导同事、发挥才能、用自己方法、自主判断 | 主管管人态度、主管决策能力、单位政策实施、薪酬、升迁、赞许奖励 |

笔者借鉴 MSQ 的分类办法,将典型访谈的结果分别按照内外满意度因素进行归纳。典型问题以项目编号表示,如"①-1)"代表年轻公务员反馈的第一个问题。

**表三 典型访谈反馈问题归类**

| 内在满意度方面 | 外在满意度方面 |
|---|---|
| ①-2);①-3);②-2);②-3)③-1);③-2);③-3); | ①-1);②-1);②-3);③-3) |
| 工作负荷、能力工作匹配、工作稳定性、社区地位等 | 薪酬、晋升、待遇等 |

当前地税干部内在满意度存在的问题比外在满意度多,可理解为内在满意度要低于外在满意度,这与笔者在 2014 年对地税干部工作满意度所做的调查结果恰恰相反。说明征管改革带来的影响,使得基层地税人员降低了对薪酬待遇等因素的关注,从而更加关心工作本身。其中,工作稳定性、社区地位等原本满意度较高的因素现在变成较低的因素,落差较大,值得关注。

(二)双因素理论分析

弗雷德里克·赫茨伯格(Fredrick Herzberg)的双因素理论认为,影响工作积极性的因素可分为两类:保健因素和激励因素。

**表四　双因素理论**

| 激励因素 | 保健因素 |
|---|---|
| 工作富有成就感,工作本身带有挑战性,工作的成绩能够得到社会的认可,以及职务上的责任感和职业上能够得到发展和成长等 | 单位政策、行政管理、监督、工作条件、薪水、地位、安全以及各种人事关系等 |

笔者认为,由于公务员工作的稳定性较强,在正常阶段,保健因素和激励因素区分不明显,但对当前税制改革特殊期,引入该理论则比较适合。按照双因素理论,笔者对典型访谈反馈问题进行再次分类。

**表五　典型访谈反馈问题归类**

| 激励因素 | 保健因素 |
|---|---|
| ①-2);①-3);②-1);②-2);②-3);③-1);③-2);③-3); | ①-1);②-3);③-2);③-3) |
| 工作成就,工作挑战,社会认可,职务责任,职业发展 | 薪水、地位、人事关系 |

双因素理论分析归类与MSQ内外满意度分析较为类似。其中,保健因素与外在满意度关联性强,激励因素与内在满意度关联性强。那为何引入双因素理论呢?原因就是,双因素理论明确告诉我们,薪水、地位、人事关系等保健因素是那些造成职工不满的因素,它们的改善能够解除职工的不满,但不能使职工感到满意并激发起职工的积极性。而工作成就,工作挑战,社会认可等激励因素对于员工的行为动机具有积极的促进作用,它的改善能使职工感到满意,激发工作积极性从而提高生产效率,这些是赫茨伯格通过数千个案例得出的论证。举个例子来说,双因素理论证明,加薪并不会直接提升工作积极性,挑战有成就、工作被认可、成长有空间才能真正激发积极性,提高满意度。

## 五、关于提升工作满意度的调研建议

"科学管理之父"泰勒提出的"要素有用原理",认为任何要素(人员)都是有用的,人力资源配置的根本目的是为任何人员找到和创造其发挥作用的条件。在本文MSQ测量中,内在满意度低于外在满意度的变化,告诉我们在当前,基层地税干部更注重工作本身,降低了对薪酬晋升等方面的关注,这就是一个信号。双因素理论分析则放大信号,更进一步地证明,要提升干部工作效率,提升工作满意度,应将重点放在工作内容和工作方法的改进上,让基层地税干部体现个人工作价值,产生工作获得感。至于工作条件,薪水等,在当前即使得到更多改善,也不能直接提升工作的积极性。税收主业是基础,俗语说,基础不牢,地动山摇。充实而有意义的工作,明确而有方向的目标,是基层地税干部当前最需要的因素,也是最值得地税部门思考的课题。笔者建议,应对当前问题,要把握三个要点,做好两个方面的工作。

三个要点:一是不回避,不等待。面对困境,各级地税部门应主动展现积极态度,工作有计划,措施有节奏;二是发挥集体智慧,紧扣税收主业,夯实优化现有税种管理和税收服务,大胆探索构建"营改增"后地方税体系,积极向上献言献策;三是更加注重干部管理。在思想政治教育、业务培训、税务文化、绩效管理等各方面,突出务实性和节奏性,抓大放小,将"业务空档期"变为"能量充电期",时刻做好应对新工作准备。

两个方面工作:一是提升人岗匹配性,挖掘工作价值。能岗匹配的核心要素是"最优的不一定是最匹配的，最匹配的才是最优选择”。基层公务员年龄断层严重，但对工作的技术要求和学历要求相比上级要低，大量的岗位并不需要特别专业的知识素质。要遵循“唯才是举，用人所长”的原则，扬长避短、优化组合。如有意识地把具有丰富管理职业经验、综合业务能力较强、学历水平较高的人员配置到业务复杂程度高、综合技术应用要求高的机构与岗位上，把具备一定业务和责任心的人员配置一般性的管理当中等，营造“老带新、强帮弱、先进带落后”的和谐工作局面。更加注重合理轮岗，有序流动，使每个人尽量在同一层级、不同岗位或同一岗位、不同层级上进行一定时间的锻炼，将当前改革期变为“练兵期”，努力使每一个基层干部都获取多岗位知识和经验。二是保持持续性激励，满足个体需求。维克托·弗鲁姆的“期望理论”提出“当人们预期到某一行为可以带来既定并具有吸引力的结果时，就会采取特定的行为，包括努力、绩效、吸引力三种手段”。“绩效促进”理念，就是通过有效的激励手段，促进基层公务员个体和整个部门快速、向好发展。绩效促进中既有工资、福利、工作条件等物质较多的东西，又有那些能带来积极态度、满意和激励作用的“激励因素”，包括褒奖成就、赏识才干、安排挑战性的工作、充分信任与授权，以及成长和发展的机会等，这是那些能满足个人自我实现需要的因素。本文调研也证明，不同年龄段对物质激励、事业激励、精神激励的需求不同，因此应划分老中青不同激励策略。如对青年干部不能一味增加任务而不及时兑现激励，防止年轻干部过早疲惫倦怠；对中年干部应加强人文关怀，帮助解决家庭负担，缓解两头压力；对老干部应关心身体健康，增加体检机会，建立健康档案等。通过组合多手段差异化激励方式，消除潜在不满，保障地税队伍健康稳定。

（作者单位：江苏省徐州市邳州地方税务局）

# 广州市地方税务系统腐败行为与相关文化关系研究

杨亚平　罗盛晖　张东林　张宁兵　林　琳　李兴达　龙　勇

自从公权产生以来，腐败便随之而生且难以根除，被称为“政治之癌”。人们心里抱怨腐败，然而不少人却在尽力适应它，不少人对腐败的态度，可以用“羡慕嫉妒恨”一词来形容。腐败现象已经逐渐演变成一种腐败文化，虽然这种腐败文化还没成为主流文化，但其消极效应不可小觑。从文化视角审视腐败行为，可以清楚地看到，反腐不仅是一场政治斗争，也是一场文化斗争，需要强有力的文化支撑。反腐败，光靠制度还不够，还要从文化熏陶入手，对腐败进行精神上的打击，洗涤腐败思想，消除腐败动机，使腐败没有市场。

## 一、近年来广州市地税系统腐败行为基本情况

关于腐败，在不同的政治制度、文化传统下有着不尽相同的含义。本文所说的腐败，仅仅是从权力角度、公共职责角度或者主体角度所定义的公职人员，只要是故意给自己或任何人带来不正当不合法利益、恩惠、好处，都可以定义为腐败。在广州地税事业全面发展道路上，少数干部有法不依、执法不严、执法随意的现象还没有完全遏制住；个别税务干部贪污、受贿、失职读职等违法犯罪行为还时有发生。

### （一）近年来广州市地税系统腐败主体分类情况

2008 年至 2015 年 6 月，广州地税系统共发生腐败犯罪案件 29 件，涉案人员 9 人被给予相应刑事处理。从腐败人员的行为看，都为受贿；从腐败人员的级别看，局级干部 1 人，处级干部 3 人，科级干部 19 人，科员 5 人，协税员 1 人；从腐败人员的性别看，男性 26 人，女性 3 人；从腐败人员的政治面貌看，党员 20 人，非党员 9 人。

### （二）近年来广州市地税系统腐败行为的易发环节

地税部门掌控且运用税收执法权和行政管理权，必然涉及人、财、物、税四个方面。其关键环节在税收执法中包括税负核定、发票发放、减免税审批、税务稽查、税务行政处罚等重要节点，以及在行政管理中包括基建工程、大宗物品采购、经费开支、干部人事管理等重要节点。

1、税收征收环节。税收征收是地税系统征收税款和纳税人缴纳税款的共同环节，是税务管理关键工作之一；它涉及到每一个纳税人，范围较广，涉税事宜较多。主要腐败行为涉及到纳税评估流于形式，征管资料收集不齐全，该催报的不催报，该审核的不认真审核，该比对的不认真比对；应征不征、高开低征，收人情税、关系税；设立过渡账户，滞留税款；混淆入库级次，截留、转引税款；违规批准税款延期缴纳，越权减免税，违规进行所得税税前扣除和出口退税审批等；在征收管理过程中侵犯纳税人利益，向纳税人乱摊派乱收费乱罚款，压价购买商品，借钱借物，强行指定税务代理到纳税人处报销应由个人承担的费用等。

2、税务管理环节。税务管理是税收工作的基础环节，权利的应用最多，主要涉及到税负核定、违章处罚、资格审查和认定等方面。虽然《中华人民共和国税收征收管理法》（以下简称《管理法》）明确规定税务机关有权对纳税人进行税负核定，但目前所采用的费用倒推法、行业税负比较法、地段税负分析等方法，

缺乏系统、科学、合理、合情的实务手段。由于税负核定的自由度较大、空间广阔，裁量权主要集中在管理人员手中，税负核定仍多是“一人说了算”。在违章处罚上，由于《管理法》的规定存在着较大的浮动比例，受少数地税干部知识水平和道德修养等方面的制约，违章处罚容易被少数干部私用或滥用。在行政审批上，也不乏有的管理人员借行政审批之机，经由直接向管理对象索钱要物来敛财。

3、税务稽查环节。税务稽查是税收征管体系的重要组成部分，在以纳税服务、税源管理、纳税评估、税务稽查为主线的新型税收征管体系中，税务稽查处于税收征管的最后一道防线。由于影响稽查案件查处质量的主要因素包括稽查组织体制是否科学、案件查处流程是否规范、稽查干部队伍是否精良、稽查工作装备是否齐备等多种因素，其中最核心也最直接的因素就在于稽查干部队伍的素质问题；因而最为易发职务犯罪的环节是选案与稽查。在选案与稽查上，由于“县官不如现管”，选案方式随意性较大，稽查环节人为因素较多，因而案件处罚大事化小，将应征、应补、应罚的税款或罚金不纳入检查或稽查结论中；不征、少征税款或不罚、少罚罚金；在涉税案件构成刑事犯罪时，不将案件移交给司法机关，而是和被检查对象“私了”乃至合谋侵吞税款等腐败现象，亦不鲜见。

4、行政管理环节。主要是在物资采购、建设投资、干部调整与任用等环节，具体表现在发包收受贿赂、采购收取回扣、贪污挪用私分公款、调入工作人员或提拔任用干部“买职卖官”等。尤其是基建工程招标发包过程中采取陪标、串标等手段发包工程，甚至直接通过贿赂方式以暗箱操作手段发包工程等等，成为职务犯罪的高发区和重灾区。此外，不乏少数领导干部利用职务或职权的影响，为其配偶、子女和亲属经商办企业提供便利条件、谋取非法利益等。

(三)近年来广州市地税系统腐败行为的主要特点

从近年来广州市地税系统和检察部门查处的一些职务犯罪案件来看，地税系统腐败行为呈现出涉案金额大、团伙作案突出、税收执法重点环节发案多、作案手段更加隐蔽、且案件多发生在基层等特点。

1、案件多发生在基层。由于基层税务人员直接面对以追求利润为主要目标的经营者，经常与纳税人密切接触，加上基层税务工作人员具体的执行税收管理行为，纳税人认为“税官”有权，纳税与否、纳税多少可以凭他们的一句话就能办妥，只要跟他们搞好关系，就能少交甚至不交税。因此基层税务人员面临职务犯罪的机会较多、可能性也较大。从近5年来的情况看，在税务系统腐败案件中，区局以下税务机关工作人员实施的案件占到96%以上。

2、税收执法重点环节发案多。从查处情况看，违法犯罪案件多发生在一般纳税人认定、专用发票发行发售、认证报税等重要执法环节。主要有：利用营业额、税额难以确定，处罚标准的弹性幅度和自由裁量权大的特点，徇私情私利，给予纳税人减免税收和减轻处罚；利用税收的某些优惠政策进行“移花接木”，使本不能享受优惠政策的征收对象少征或不征税款；将税款改以其他名义的“收费”收取，截留税款；对一些零散税款不开税票，个人侵吞；等等。

3、群体犯罪现象严重。呈现出涉案罪名多、涉案人员广的特征，甚至出现串案、窝案的倾向。例如简汝坚在担任第五稽查局局长期间，伙同多人利用职务便利收受贿赂，目前已经移送至市检察院立案调查。

4、作案手段更具隐蔽性和欺骗性。一方面，涉案的税务人员在懂法、懂业务、懂检查规程的情况下实施职务犯罪，具有一定的职业遮掩性；另一方面，涉案企业的反稽查经验也有所上升，很从近年来税务和检察部门查处的一些职务犯罪案件来看，税务系统职务犯罪中涉案企业不像以前那样简单地注册空壳公司后就直接骗税或虚开发票，越来越多的涉案企业会同时进行一小部分正常经营运行，掩盖作案事实。

## 二、文化视域下广州市地税系统腐败行为分析

目前还没有一个能放之四海而皆准的文化定义。本文研究的是文化与腐败之间的关系，是从纯主观的角度界定文化的含义，指人们的价值观、态度、信念、取向以及对一些事物普遍持有的见解。

（一）文化与腐败的关系

1、腐败行为滋生劣性文化。中国的历史有几千年，腐败的历史也与之不相上下。可见，腐败虽是一种消极的文化现象，却也是一路相随，直至今天。在这样的氛围下，会给人造成这样一种认知，掌握权力的目的就是为了给自己谋取利益，就是为了给家庭创造福利，就是为了给亲朋好友带来方便。并且，时间一长，人们对于腐败的态度也会由愤恨变为些许的羡慕，慢慢的，腐败被大家默许了，逐渐融入人们的生活中，融入了人们的价值观，成为人们日常中正常的一部分。以习总书记为核心的新一届中央领导集体非常注重整治腐败，效果虽是明显，但腐败现象并没有完全得到遏制，不管是体制内还是体制外，反腐的道路还很长，任务也很艰巨，这是我们必须要面对的客观现实。

2、文化的缺失和偏颇导致腐败现象蔓延。目前有很多学者的观点是腐败之所以能存在是因为制度不完善，然而他们忽略了文化的因素。有这样一句古话："法能刑人，而不能使人廉；能杀人，而不能使人仁。"说的就是制度只能约束人惩治人而不能从根源上精神上改变人。我们国家近几十年的现状就是主要受到外来文化不良影响，利益至上的思想冲击着人们的价值观，各种劣性的文化分子混合在一起，少数干部职工逐渐迷失了方向，不再追求远大的理想，只求利益，道德失衡，价值观产生了扭曲，权钱交易也蔓延至广州市地税系统。

3、腐败行为和劣质文化共存相生。无论是从各朝史书，还是当前的时事新闻、真实案例，都可以得到一个明显的结论，即从古至今，行政官员腐败行为与劣质文化盛行于市必定同时出现，这表明了行政官员腐败行为与劣质文化必然共存相生，存在一定的内在关系与相互作用。

（二）滋生腐败行为的文化原因分析

1、传统文化中促进腐败形成的因素。

（1）官本位特权意识。官本位特权意识可以说是具有中国特色的，几千年来，这种主张权力至上的观念一直活跃在人们的视野中。官本位特权意识意味着权力第一，可以凌驾于法治之上，遵循的原则也是用权力解决问题，用权力压制人，而"以理服人、依法办事"被视为空谈。在这种意识形态概念的影响下，权力成为社会行为的最高标准，制度、规则、法律都要听从于权力。被官本位特权意识长期熏陶下的人们，已经习惯了对权力的敬畏，而法律和制度则形同虚设，普遍存在的人情网也构成了人们行为的依靠，宁愿长期维持这种以利益为主的关系，也不愿遵循法律办事。

（2）潜规则。从主观上看，潜规则是长期以来人们形成的一种传统，影响它的主要是人情世故，所以能很自然的生存在制度的框架之中，没有名分但却却受到很多人的认可。究其原因，潜规则是在利益的驱使下产生的非正常规则，它能使人顺利达到不法目地，所以非常盛行。在潜规则的影响下，掌权的人觉得就应该用手中的权力换取一些好处，否则心理不平衡；而不掌权的人则通过潜规则贿赂掌权的人，为不法利益寻找可行性渠道。当个体发现与自己类似的或所属群体中的其他多数个体都采取"送礼"来维持密切关系的时候，这种群体行为对个体会产生心理压力并为个体提供了一种有效的行为参照，个体只有通过与群体行为保持一致才能消除心理压力。如果其他个体通过这种方式并且成功谋取到利益，那么个体则更趋向于采取同样的行为方式以谋取自身利益。

（3）关系网的盛行。提到"关系"一次，每个中国人都能瞬间明白它的含义，因为"关系网"是中国社会的特色。这种特色并不是现代中国社会的产物，"任人唯亲"、"宗亲家族"这些词语可以追溯到中国的古代。生活中，当人与人之间的关系都充斥着家族、同学、同乡等关系时，便意味着制度、规则、法律的实施都要大打折扣。在现代的社会中，充斥着浓厚的"关系"气息，人们忙于建立各种关系，为的是实现各种利益，甚至于老乡、同学、战友也成为谋求利益的工具。建立在"关系"之上的政治、经济，在出现问题时，人们的第一反应不是去解决问题，而是包庇或者装作不知道，因为怕破坏了关系，影响自己的利益，这会导致一个恶性循环，问题越来越多，到最后无法收拾。"关系网"的作怪，扭曲了人们的处事观。在正义与

“关系”之间变得踌躇,越来越多的人屈服于“关系网”,孰不知,这只会让社会变得越来越糟糕,腐败现象也会因此越来越猖獗。

2、社会转型期的政治文化因素分析。改革开放后,价值规律在整个社会的运转中起到越来越重要的地位。中国的文化规范与经济模式同步开始进行转型。文化规范的转型期存在四个方面的规范危象,即文化规范真空、文化规范冲突、文化规范不清和文化规范失效。文化大革命后,部分干部理想信念缺失,对共产主义价值观持怀疑态度,信仰存在一定程度的真空。与市场经济相伴随的一些西方文化直面中国传统文化,开始影响国人。在民众的思想中两种文化冲突、杂糅,必然会引起一定程度的混乱。部分领导干部未能坚持信仰,随波逐流。随着市场经济所遵循的竞争性、交换性和求利性等规则所折射的文化理念逐步渗透,重个体利益轻集体利益、重局部利益轻整体利益、重眼前利益轻长远利益的价值诉求不断被强化,个人主义、拜金主义、享乐主义成为部分人群的价值取向。权力寻租、权钱交易、权色交易在一些地方泛滥成灾。中西方文化中的消极元素促进了腐败的产生,并与制度、经济、政治等因素相结合,在一定的社会条件下,腐败与腐败文化互相作用,将会使腐败现象更加突出。腐败若不得到有效控制,将进一步导致腐败文化在社会上占据主导地位,将优秀文化、廉政文化排斥在主流之外,而这将更加恶化反腐败形势,最终对整个社会政治经济造成致命打击。因此,我们必须充分重视廉政文化建设,采取有效措施尽量降低中西方文化因素中消极因子对整个社会的影响,营造风清气正的社会文化氛围。

(三)当前广州市地税系统廉政文化建设基本情况和存在问题

1、廉政文化建设基本情况。广州市地税系统一直非常重视廉政文化建设,积极开展形式多样的廉政文化活动。主要呈现出以下三个特点:一是主题鲜明。市局机关及局属单位紧紧围绕党风廉政建设和反腐败工作这个中心主题,结合税务系统的实际特点,对税务实际工作可能存在的腐败行为进行深入剖析,通过廉政文化建设手段将廉政意识传递到每个税务干部。二是形式多样。全系统各单位勇于创新,充分利用讲座、板报、文艺演出、税纪检交流、廉政学习刊物等各种方式,对最新的中央精神、反腐败形势、典型案例等进行广泛宣传。其中,天河区局创建了“爱廉说”廉政文化品牌,形成税纪检三方保廉机制;白云区局以动漫形式宣传“加强作风纪律督导三十条”等。三是效果明显。通过持续加大廉政文化建设的力度,扩大廉政文化的影响,在广大税务干部中起到了很好的宣传和教育效果。广大税务干部及时了解反腐败的形势和动态,通过对典型案例的学习及参观廉政教育基地等活动,对腐败行为的后果有了更加清醒的认识。广大税务干部积极参与到党风廉政建设和反腐败工作中,共同营造风清气正的廉政文化氛围。

2、廉政文化建设存在的主要问题。一是部分领导及干部对廉政文化建设存在认识误区。有些领导干部对廉政文化建设缺乏主动性,没有把廉政文化建设放在应有的地位和高度。有些领导干部重视制度反腐而忽视文化反腐。将廉政文化建设与校园文化、社会文化及企业文化等混同。还有些领导干部过高估计廉政文化建设的反腐效果。二是廉政文化建设方式的实际效果有时难以达到预期。部分廉政教育活动的针对性不强,缺乏对不同受众的个性化宣传,没有很好的突出廉政文化教育的层次问题。部分廉政文化教育方法不够灵活,仍采用“灌输教育”,缺乏吸引力和时代感。部分廉政文化活动存在“形式主义”倾向。廉政文化建设的评价体系和方式有待完善。三是廉政文化建设传播的渠道有待进一步拓宽。目前,廉政文化建设传播的渠道主要是传统的媒介,如:开展讲座、板报、文艺演出、交流、廉政学习等。传统的方式及渠道相比新兴的传播媒介,如网络等,存在互动性不强、受时间空间的限制等不足。廉政文化建设需充分利用新媒介、新渠道。

## 三、遏制税务系统腐败文化的对策

《菜根谭》称:“德者,才之主;才者,德之奴。有才无德,如家无主而奴用事矣,几何不魍魉猖狂。”“以德为先”,既是古代圣贤对人才的一致要求,也是广大群众对官员的共同期望。因此,我党选用干部注重

“德才兼备”，否则有才无德将贻害无穷。

综观税务系统典型案例，道德失衡、官商勾结、权力寻租、权钱交易等腐败文化始终暗流涌动。为此，亟需大力弘扬先进文化，使之内化为税务人员的价值追求、生活方式和行为准则，在心灵深处搞建设、扬正气、立规矩、消“业障”。

（一）厘清制度反腐、过程反腐与文化反腐的关系

追本溯源，税务系统腐败行为得以滋生的要件有三，即权力资源、腐败动机和腐败机会，三者联合互动就形成腐败行为。于此，防治腐败行为的核心环节亦然有三：一是权力防线，合理限制税务系统干部职工掌握的公共资源，尽可能减少以权谋私的资本；二是动机防线，防止税务人员腐败动机的萌生和膨胀，尽可能约束以权谋私的欲望；三是机会防线，消除可能存在的各类腐败机会，尽可能阻断税务人员公权与私利互动的条件。可见，防治税务腐败行为是一项复杂的系统工程，既要“防”也要“治”，既要制度反腐、过程反腐，也要文化反腐。我们认为，制度是一种规范或规则，旨在于解决群体之间和谐共生的秩序和规则问题；文化是一种精神或理念，旨在解决人们的心灵诉求和自我确证问题。只有把制度反腐和文化反腐有机统一于过程防腐的实践中，制度的外在规制才能发挥应有的作用，文化的内在约束力才能焕发生机活力。只有制度反腐、过程防腐与文化反腐三维并举、协同治理，才能真正使税务干部不敢腐不能腐也不愿腐。“为税不廉”既与法治精神不彰和制度设计滞后有关，更与腐败文化弥漫和不正之风盛行相联。因此，必须同时高举制度反腐与文化反腐的大旗，方能营造廉洁从税的政治生态。

（二）以弘扬“三个文化”遏制腐败文化

腐败文化之猖獗势必助长个人主义、利己主义、拜金主义、享乐主义等腐朽的道德观念，使不正之风盛行、贪腐行为频发。为此，在严肃问责不敢腐、减政限权不能腐的前提下，大力弘扬“法治文化、廉政文化、红色文化”，有助于达成风清气正不愿腐的目标。

1、弘扬以“依法治税”为核心的法治文化。众所周知，与中国文化同根的新加坡以廉洁著称，缘于其拥有合乎国情的法律体系及深入人心的法治文化。随着税收法治建设提速，法治正从治税手段演化为税收治理的基本方式。因此，必须深刻认识经济发展新常态下税收工作的新特征，坚持法无授权不可为、法定职责必须为；科学划分征、管、查的职责与权限，形成个人执法权力相对弱化、部门执法权力相互制衡的宏观管理模式；构建以税收法律、法规为依据，以执法责任为核心，以执法考评为手段，以执法监督和责任追究为保障的完善的税收政策法规体系、规范的税收执法体系、有效的执法监督体系和健全的法制保障体系。

2、弘扬以“廉洁从税”为核心的廉政文化。文以载道，汇则兴邦。作为腐败文化的反制力量，廉政文化旨在潜移默化地润泽心灵、倡廉养德。大力弘扬以“廉洁从税”为核心的廉政文化，一是必须做好长期精心培育的准备，立足长期规划、中期谋划、短期运作、分步实施，坚持不懈地开展。二是必须积极探索廉政文化与税收工作的切入点，创新寻求廉政文化与反腐倡廉的结合点，在廉政文化建设的内容、载体、领域等方面进行大胆尝试，不断增强廉政文化的吸引力、号召力和感染力，使秉公执法、廉洁从税成为干部职工的共同价值理念。三是必须坚持正面宣传为主、反面教育为辅的原则，突出反腐倡廉成果，树立正面典型，弘扬时代强音，充分发挥其春风化雨、润物无声的作用，不断激发朝气、鼓舞人心。

3、弘扬以“群众路线”为核心的红色文化。无论法治建设还是廉政建设，无论监督纠偏还是制度惩戒，人民群众始终是举足轻重的力量。在文化反腐斗争中，党的“群众路线”等红色传统是重要法宝。惟有发动群众、依靠群众、贴近群众，不断夯实群众基础，方能赢取这场没有硝烟的战役。当前，党的群众路线教育实践活动已延展深化到“三严三实”专题教育，其既关乎立身处世之本，又切中干事创业之基，更直指为官从政之道。将纠正“四风”和树立新风相结合，有助于践行税务系统核心价值观、遏制消极文化。

（三）拓宽“三个文化”建设的途径

针对“教育月月抓、大案年年发”的怪现象，理应反思依法治税和廉洁从税宣教工作中存在的诸多问题，如认识偏差、参与面窄、形式呆板、手段陈旧和落实不力等。鉴于“三个文化”建设属系统工程，需要整合现有资源，开发潜在资源，借助各种载体或平台，齐抓共管，密切配合，尤其应在入情入理上花心思、入脑入心上下功夫，方能达到预期效果。

1、在方法上完善制度积累正气。应根据近年税务系统执法风险、廉政风险的规律及特点，适时调整法治文化建设和廉政文化建设的重点、难点，修改、补充和完善相关规章制度或实施细则。不言而喻，法治文化和廉政文化建设并不限于“工作圈”，也应涵盖“生活圈”、“朋友圈”、“娱乐圈”等，绝无“八小时外”和“八小时内”之分。监督权力仅是治标的被动之举，其侧重点在于“防”；限制权力方为治本的主动之策，其侧重点在于“攻”。税务系统既要坚持标本兼治，也要善于利用“监权”式的治标，为“限权”式的治本赢得时间，通过加快推进“先办后审”等简政放权类征管改革，不遗余力将权力关进制度的笼子，如此才会铲除违法乱纪赖以滋生的土壤。

2、在内容上以人为本凝聚人气。“以文化人”重在宣教内容的喜闻乐见，应继承和发展实践中总结出来的依法治税和廉洁从税方面的经验，创新反腐倡廉格局，结合行业特点，开展具有地税文化特色的法治文化建设和廉政文化建设。如开设“道德讲堂”，将廉政文化与道德建设相结合，通过“我听、我看、我讲”，传播凡人善举，推动亲身实践，汇聚道德力量，形成文明风尚。再如，广州越秀区地税局管理八科收集全科人员的“全家福”，设计出温馨的“最美时光”墙报，在办公室共享家庭时光与工作时光，将亲情、事业与廉政元素加以巧妙糅合。

3、在形式上创新载体广接地气。在弘扬“三个文化”的过程中，必须摒弃以会议落实会议、以文件落实文件等简单说教式做法，将搞形式、走过场、装样子的行为打入“冷宫”。一方面，要将提高干部职工的税务文化素养作为基础性工作来抓，坚持用科学的理论武装人、用文化的力量培育人，在抓学习上下功夫，争创学习型机关。另一方面，要以贴近时代、贴近生活、贴近群众的思想理念和丰富多彩的活动方式，用看得见、摸得着、涵盖广、有实效的文化活动为载体，创新开展法治文化建设和廉政文化建设。由此，逐步建立与法律法规相协调、与优良传统文化相传承、与当代优秀文化相融合的具有税务系统特色的“三个文化”建设体系。

（作者单位：广东省广州市地方税务局）

# 践行核心价值观，加强税务人员安全履职

宋云山

党的十八大报告强调指出："倡导富强、民主、文明、和谐，倡导自由、平等、公正、法治，倡导爱国、敬业、诚信、友善，积极培育和践行社会主义核心价值观。"这一重要论述是我们党立足社会主义核心价值体系建设实践作出的重大理论创新，反映了我们党对社会主义核心价值观问题的最新认识，体现了我们党高度的理论自觉和文化自觉。正确理解社会主义核心价值观的内涵和重要意义，在税务系统积极培育和践行社会主义核心价值观，对凝聚税收事业正能量、促进税务人员安全履职具有重要的实践意义。

## 一、对社会主义核心价值的理解

### (一)社会主义核心价值体系的性质

所谓价值体系即主体以其需求系统为基础，对主客体之间的价值关系进行整合而形成的观念形态，集中体现主体的愿望、要求、理想、需要、利益等。任何一个社会都会出于自己的需要，提出自己的核心价值体系。先秦时期《管子·牧民》就提出过"国之四维"：一曰礼，二曰义，三曰廉，四曰耻；后来，"礼义廉耻，国之四维"之说融入儒家礼教思想之中，成为中国封建社会的核心价值体系。今天，中国共产党领导的事业是中国特色社会主义现代化事业，当代中国的核心价值体系只能是社会主义核心价值体系，其基本内容包括四个方面：马克思主义指导思想、中国特色社会主义共同理想、以爱国主义为核心的民族精神和以改革创新为核心的时代精神、以"八荣八耻"为主要内容的社会主义荣辱观。

社会主义核心价值体系决定着中国特色社会主义的发展方向，必须赢得社会上大多数人的认同，才能充分发挥核心价值体系的作用。对社会主义核心价值体系的认同，本质上就是对社会主义意识形态的认同，也是对马克思主义的认同。因为当代中国的社会主义核心价值，既不能脱离社会主义形态的根本属性，又不能离开中国的文化传统和民族特色。作为社会主义核心价值体系，具有引领社会思潮和集中体现意识形态本质的价值规范，支配和主导整个社会中各个领域，包括经济、政治、文化、道德等方面，任何社会的核心价值本质和功能都应如此。

### (二)社会主义核心价值观的内涵

1、价值观。价值观是人们对周围客观事物的作用、意义的总体评价和看法。一定的价值观是处于一定经济关系之中的人们的利益和需要的反映，是决定人的行为心理基础，决定着人们的思想取向和行为选择。如果价值观混乱，就会导致社会底线和道德底线下行。

2、核心价值观。核心价值观是文化思想价值取向的核心，是主流价值，也可称之为中轴价值，因为它是支配和调节一切社会行为和制定法律的准绳。核心价值观就其来源是传统积淀、时代进步、社会发展共同作用的产物，这就决定了核心价值观确立，既要有传统底蕴又要有时代特征。核心价值观是在一个社会多样的价值体系中，总是一种处于主导、支配地位，反映现实生活和社会发展内在要求的基本价值。历史和现实表明如果没有核心价值观，一个国家、民族就没有统一的意志和行动，就没有凝聚力。

3、社会主义核心价值观。十八大报告用"三个倡导"凝炼了社会主义核心价值观的内容："倡导富强、民主、文明、和谐，倡导自由、平等、公正、法治，倡导爱国、敬业、诚信、友善，积极培育和践行社会核心价值

观。”这“24个字”的表述，分别从国家发展目标、社会环境氛围、个人道德风貌三个层面，对当今社会主义核心价值观进行了全面概括，体现了社会主义核心价值体系的本质要求，涵盖了最广大人民群众的普通愿望，而且易于大众理解，易于转化行动。“三个倡导”之间的关系是内在融贯的统一体，维护社会的和谐有序运行，哪一个层次的核心价值观都不可或缺。认同和践行社会主义核心价值观其产生的深远意义有：其一，培育和践行社会主义核心价值观是坚持和发展中国特色社会主义的内在要求；其二，培育和践行社会主义核心价值观是凝聚社会共认、实现团结和谐的基本途径；其三，培育和践行社会主义核心价值观是树立国家良好形象，提升国家文化软实力的迫切需要。“天下之至柔，驰骋天下之至坚。”在软实力中，最关键的就是核心价值观，它直接反映着民族的凝聚力和国家的核心竞争力。

4、社会主义核心价值观与社会主义核心价值体系的关系。在社会主义制度下，社会主义核心价值观是每个公民都必须遵循和维护的价值取向和行为准则，是社会主义核心价值体系的集中表现，是马克思主义意识形态本质属性的体现，是社会主义核心价值体系的理论概括。建设社会主义核心价值体系，就要积极培育社会主义核心价值观。社会主义核心价值体系是社会主义核心价值观的外在支撑，而社会主义核心价值观是社会主义核心价值体系的精神内核及其遵循的根本原则，是社会主义核心价值体系的精髓。只有认真学习研究社会主义核心价值体系，才能深刻领悟社会主义核心价值观的导向性。

(三)社会主义核心价值体系的作用

一个社会的核心价值观，决定了这个社会的发展方向和性质，它集中体现着人们关于个人、家庭、国家的终极理想，左右着人们在政治、社会、伦理、审美领域对于是非、善恶、美丑、正邪的基本判断。现阶段，我国正处在经济转轨社会转型的时期，随着经济体制、社会结构、利益格局的深刻变化和调整，各种思想文化交流、交融、交锋，人们思想观念的多变性、差异性、独立性和选择性进一步增强，社会思想更加多样、社会价值更加多元、社会思潮更加多变，迫切需要用社会主义核心价值体系，引领社会思潮、凝聚社会共识，提升社会思想意识的有序化、健康化水平。

因此，加强社会主义核心价值体系的建设，必将进一步筑牢全党全国人民共同思想基础，坚定走中国特色社会主义的信念，促进社会发展、社会和谐，是一项打地基、立支柱的“基础工程”。

## 二、社会主义核心价值观在税务部门的体现

社会主义核心价值观是指引我国未来发展方向的价值体系，这些价值目标的实现有赖于各项制度的保障，而税收制度作为重要制度之一，目前与社会主义核心价值观的要求之间还有一定差距，将来必将进行部分调整和完善。只有我国的税收事业严格按照社会主义核心价值观的要求，不断完善相关制度，才能为建设一个富强、民主、文明、和谐的社会主义强国奠定坚实的经济基础。

(一)从国家层面看

社会主义核心价值观中的富强强调的是国家整体的富强，而非政府的富有，强调的是持续稳定的富强，而非一时的富裕。税收在保障政府财力的同时，应确保国民的富裕，只有富民才能强国。政府在中间仅仅起到中介作用，不能本末倒置，政府很富，但老百姓不富，国家也不强，这不是富强的本意。中国税收制度将通过不断改革，以实现“藏富于民”的目标。民主在税收领域的体现就是税收法定，我国的税收立法将更多体现纳税人的意志，既“我的税收我做主”，让纳税人来参与税收如何设计、如何征收。文明在税收领域的要求就是依法征税。目前基层税务机关还存在一些“过头税”、“人情税”等与文明要求相悖的问题，这与我国税收征管中的“任务观”有联系，一旦没有了税收任务的压力，“过头税”的现象也将成为历史。“人情税”则与我国整体执法环境有关，随着我国法治建设的力度不断加大，特别是在反腐行动不断推进的大背景下，“人情税”的现象也将逐渐消失。和谐在税收领域的体现就是税企关系的融洽。税企关系的本质是政府与纳税人的关系，因此税企关系的和谐要求整个政府作出努力，而非税务机关一个主体

的职责。要实现和谐的税企关系必须建立一个总量适度、藏富于民的税收制度，税务机关应文明执法。

（二）从社会层面看

税收制度作为社会治理规则的组成部分，必须遵守“自由、平等、公正、法治”核心价值观取向。自由强调税收不要过分干预市场主体的决策，让价格杠杆在资源配置中起主体作用。税收作为宏观调控的手段之一，只在必要领域起辅助作用，动不动就要用税收手段来调节社会经济的计划经济观念将有所改变。平等强调纳税人与税务机关在法律地位上是平等的，在权利、义务上是对等的。纳税人既是纳税义务人，更是权利人。包括税务机关在内的整个政府的运作都是在为纳税人服务，纳税人的真正身份是主人。公正对税收执法提出了更高的要求，它要求不偏不倚、一视同仁。既不能优待国有企业而歧视民营企业，也不能优待大型企业而歧视中小企业，更不能优待与自己关系好的企业而歧视与自己没有关系的企业。法治是税收制度建设的最高目标，它有两个基本标准：一个标准是现行法律得到普遍遵循，另一个标准是大家所遵循的法律都是良法。目前我国的税企关系有时仍然像猫和老鼠的关系，老鼠不敢挑战猫，猫也不愿意让老鼠来挑战自己。而在法治比较健全的国家，纳税人起诉税务机关是家常便饭，税务机关也早已习以为常。税企双方都把诉讼视为解决争议和纠纷最正常的手段，丝毫不会认为是谁为难谁，谁和谁过不去。打完官司的税企仍然会像以前那样和谐。其实，诉讼的本质是将税企的分歧和矛盾转移给法院，如果法院的判决不公正，税企双方都不会怨恨对方，而只会责怪法院。我国税企关系的不和谐在很大程度上是因为没有正确认识税收诉讼转移矛盾和分歧的作用，税务机关自己包揽了绝大部分税企矛盾和分歧。将多数税企纠纷交由中立的第三方公开审判，这不仅是法治的要求，也是自由、平等、公正的税法的要求。

（三）从公民个人层面看

“爱国、敬业、诚信、友善”既是我们每一位个体的纳税人在纳税过程中应有的行为准则，也是每一位税务人员在征税过程中的工作准则。纳税人依法纳税是爱国的表现，税务人员依法征税是敬业的体现。纳税人纳税要讲诚信，不作虚假申报，不偷税逃税；税务人员对纳税人要友善，对纳税人作诚实推定，不轻易怀疑纳税人，把纳税人当成朋友。

## 三、践行社会主义核心价值观促进税务人员安全履职

促进税务人员安全履职，道德建设是内在因素。而践行社会主义核心价值观，正是提高税务人员道德素质的重要举措。国学大师季羡林先生说过：“能为国家、为人民、为他人着想，而遏制自己的本性的，就是有道德的人”。崇尚道德，离不开个人的立德修身或躬身践行，可以分成两个层面：一个是价值原则层面，它为人们道德修养确立了努力方向；另一个是实践层面，它要求人们按照社会认可的道德价值取向身体力行。道德从来不是那样高不可攀、难以企及，而体现于一言一行、一举一动，可以说模范践行道德，不仅沧海横流方显英雄本色，更需要细微之处彰显美德。具体到税务人员应主要注重以下几个方面：

（一）要勤奋学习

践行社会主义核心价值观是党的十八大提出的一项重大课题和战略任务，要真正做到使社会主义核心价值观入脑、入心，真正转化为人们的自觉行动，办法只有一个，就是学习、学习、再学习。用广博的知识武装自己的头脑，用科学的理论指导工作实践。学习是提高素质、增长才干的重要途径，也是做好工作、干好事业的重要基础。通过学习不断提高理论素养，拓展视野，开阔胸襟，积淀知识，增长才干；通过学习加强党性修养，坚定理想信念，讲原则、讲正义、讲正气，做到在各种诱惑面前不为所动，宁静致远、淡泊名利，严格守住法规防线和道德底线，在思想上、行动上自觉与党中央保持高度一致；通过学习净化心灵、陶冶情操，提高道德修养，提升精神境界。在读书学习中领悟人生真谛、体会人生价值、实践人生追求，从而摆脱愚昧与狭隘，培育理性思维，历练高尚品位，彰显非凡气质。牢固树立终身学习的理念，把读

书学习当成一种生活态度、一种工作责任、一种精神追求，以良好的精神风貌，力求在本职岗位上有所创造、有所建树、有所作为。

（二）要立德修身

每一位税务人员都应按照社会主义核心价值观的要求，自觉树立正确的人生观、价值观，自觉改造世界观。加强党性锤炼。用科学理论武装自己，用党纪政纪严格约束自己，做到在错综复杂的矛盾和各种风浪中明是非、辨真伪，旗帜鲜明、立场坚定、头脑清醒，达到“随心所欲而不逾矩”。加强人格修炼。良好的修养和品德不是与生俱来的，个人自修至关重要。因此，应多注意自己的言行，待人处世要讲原则、讲分寸、讲技巧，珍惜自己的名节，重视自己的形象，自觉做到时时自重、自省、自警、自励，处处慎独、慎微、慎权、慎欲，用自己的模范言行和人格力量引领社会风尚，引导整个社会广泛形成讲道德、重修养、尚清廉的良好氛围，推进全社会整体道德水平的提高。

（三）要爱岗敬业

坚守职业道德，做到爱岗敬业、公正执法、诚信服务、廉洁奉公。对于税务人员来讲，敬业总的来说就是要收好税，服好务，在新形势下，按照税收法律法规及其相关规定，在工作中不怕苦、不怕累，不拈轻怕重，集中精力做好税收征管工作；绝对不能心生懒惰，绝不能出工不出力、得过且过，绝不能当一天和尚撞一天钟。当前税收管理矛盾多、问题多、新情况多，应认真分析研究，探索对策，牢固树立税收“法治”思想，在工作中要做到敢于亮剑、敢于但当、敢于向偷税逃税骗税行为说“不”，切实承担起严格依法治税的神圣职责，以一流业绩回应党和人民群众的期盼。

（四）要遵纪守法

广大税务人员应认真执行“八项规定”，坚决纠正“四风”，严守各项纪律，持之以恒改进作风，自觉做到对党忠诚，从我做起，从现在做起，不仅要争做税收工作的尖兵，而且要争做作风建设的标兵，更要争做遵纪守法的表率。要心术正，大公无私，实事求是，严格按照党的原则和政策办事；要行为正，严格遵守党员的行为规范；要作风正，发扬党的优良传统，坚决防止和克服“四风”；要风清气正，做到头脑清醒，绝对不能犯糊涂，不能犯低级错误；要干净干事，以党纪国法约束和规范自己的言行，多一点正气、少一点邪气；要慎独慎微，注重培养健康高雅的生活情趣，保持高尚的精神追求，把好“欲望关”、“交友关”、“兴趣关”，坚决抵制各种腐朽落后思想文化的侵蚀。保持神清气爽、乐观开朗、昂扬向上的精神风貌。

（五）要服务大局

围绕实现“两个一百年”的奋斗目标和中华民族伟大复兴的中国梦，广大税务人员，应做服务经济发展大局的表率，牢固树立正确的税收“服务观”，增强服务大局的主动性和自觉性。寓管理于服务之中，正确处理被动服务与主动服务的关系，着重把纳税人关注的热点、敏感问题公开，作为主动服务的重点，尤其在税收政策信息传达方面，开辟与企业加强联系的多种渠道，增强税收政策透明度。树立管理就是服务的思想，将办税服务与日常税收管理有机结合起来，通过开展多种形式的服务，主动与纳税人面对面交流沟通，及时了解和掌握企业的基本情况、财务收支情况等综合信息，为组织税收收入工作提供决策依据。要正确处理执法与服务的关系，在执法环节上，牢固树立严格依法治税就是对纳税人最高层次服务的思想，坚持公开、公平、公正执法，最大限度保护纳税人利益，严格依法行政、办税，把优化服务体现到依法治税之中。

（作者单位：江苏省连云港地方税务局）

# 落实党风廉政主体责任的思考

李 锦

2013年11月12日,中国共产党十八届中央委员会第三次全体会议通过的《中共中央关于全面深化改革若干重大问题的决定》首次明确提出"落实党风廉政建设责任制,党委负主体责任,纪委负监督责任"。此后,《中国共产党第十八届中央纪律检查委员会第三次全体会议公报》再次重申"各级党委(党组)要切实担负党风廉政建设主体责任,各级纪委(纪检组)要承担监督责任。""两个责任"的重要性由此可见一斑。特别是其中"主体责任"的落实,对于加强党对党风廉政建设和反腐败工作的统一领导,健全惩治和预防腐败体系具有更加重大而深远的意义。如何落实好党风廉政建设"主体责任",营造风清气正的沈阳地税环境,为推进沈阳地税改革发展创新提供坚实的保障值得我们认真加以思考。

## 一、党风廉政建设主体责任的要义

按照《中共中央关于全面深化改革若干重大问题的决定》和习近平《在党的群众路线教育实践活动总结大会上的讲话》等中央一系列文件精神来看,党风廉政建设主体责任主要包括以下三个方面:

(一)主体意识必须突出

强化落实党风廉政建设的主体责任,首先要求各级党组要从思想上深刻认识落实主体责任的极端重要性,切实强化党要管党、从严治党的政治责任意识,强化敢于担当、勇于担责的历史使命意识,牢固树立不抓党风廉政建设就是失职的意识,把主体责任牢牢记在心上、扛在肩上、抓在手上,守好自己的"责任田"。这既是由党风廉政建设面临的严峻形势和紧迫任务决定的。也是由党风廉政建设的内在规律所决定的。各级党委承担党风廉政建设的主体责任,是共产党努力构建权力运行制约和监督体系的题中应有之义,是探索一条不靠"三权分立"、不搞多党竞争而实现权力制约的中国道路的唯一选择。

(二)主体责任必须明确

"责任"就是"职责和任务"。党委主体责任要到位,首先应当明确有哪些责任内容。习近平总书记在十八届中央纪委三次全会上指出:"党委的主体责任,主要是加强领导,选好用好干部,防止出现选人用人上的不正之风和腐败问题;坚决纠正损害群众利益的行为,强化对权力运行的制约和监督,从源头上防治腐败,领导和支持执纪执法机关查处违纪违法问题。党委主要负责同志要管好班子,带好队伍,管好自己,当好廉洁从政的表率。"总书记的讲话,一方面对党委的主体责任内容作了更加符合客观规律的提炼,即聚焦于"防止出现选人用人上的不正之风和腐败问题","强化对权力运行的制约和监督,从源头上防治腐败","领导和支持执纪执法机关查处违纪违法问题"等三个方面,另一方面对党委主要负责同志增加了新的责任内容,就是"管好自己,当好廉洁从政的表率"。

(三)主体失职必须问责

"责任"既是"职责和任务",也是"违反义务性规定而承担的不利后果"。在明确完党风廉政建设主体责任内容即"应当做什么"之后,"不这样做怎么办"的问题自然要有所界定。这就是"问责"。习近平总书记在党的群众路线教育实践活动总结大会上强调指出,坚持从严治党,必须落实从严治党责任,必须坚持思想建党和制度建党紧密结合。党委的主体意识到位,属于思想建党;突出责任制度、完善追究机制,有助于推进制度建党。其实对于追责的问题,早在中共中央、国务院于1998年制定、2010年修订的《关于实行党风廉政建设责任制的规定》第21、26条就有明确规定:领导干部有本规定第十九条所列情形,情节较轻的,给予批评教育、诫勉谈话、责令作出书面检查;情节较重的,给予通报批评;情节严重的,给予党纪政纪处分,或者给予调整职务、责令辞职、免职和降职等组织处理。涉嫌犯罪的,移送司法机关依法处理。实施责任追究不因领导干部工作岗位或者职务的变动而免予追究。已退休但按照本规定应当追究责任的,仍须进行相应的责任追究。

## 二、当前沈阳地税系统党风廉政建设主体责任落实的主要做法

沈阳市地税系统严格按照总局《税务系统各级党组落实党风廉政建设主体责任实施办法(试行)》的要求,充分认识落实党风廉政建设主体责任的重要性,坚持"严"字当头,"实"字为先,"设清单、促落实、强监督、抓实效"切实推动"主体责任"的贯彻落实。

(一)全面贯彻从严治党新要求,准确把握"主体责任"的基本内涵和具体要求

市局和各基层局党组、领导班子牢固树立"不抓党风廉政建设就是严重失职"的意识,充分认识落实主体责任的极端重要性,切实担当党风廉政建设的领导者、推动者和执行者,认真履行选人用人责任、明纪纠风责任、预防监管责任、支持保障责任、管理示范责任。"一把手"切实履行第一责任人的职责,做到对重要工作亲自部署、重大问题亲自过问、重点环节亲自协调、重要案件亲自督办。

(二)把党风廉政建设纳入全年总体工作,统一研究部署,统一组织实施,统一检查考核,确保主体责任落实到位

今年,市局将把履行"主体责任"情况作为绩效考评的重要指标,对党风廉政建设责任制落实不到位,以致在职责范围内发生重大腐败案件或严重违法违纪行为的单位或部门,既要追究当事人责任,又要倒查追究相关领导的责任,着力构建不想腐、不能腐、不敢腐的工作机制。此外,市局还深入组织开展了"主体责任"落实情况自查。期间,有关部门严格把关,密切协调配合,形成工作合力,确保自查自纠工作落到实处、发挥实效。

(三)全系统按照总局和省局要求,研究制定了我局落实主体责任实施办法,将责任具体化、清单化,并细化分解到各级党组、班子成员和每个部门,形成人人担责、齐抓共管的党风廉政建设新格局

同时要求各单位、各部门主要领导认真履行党风廉政建设第一责任人职责,要敢于负责,勇于担当,带头推动主体责任落实,做到"履行领导责任、管好班子带好队伍、支持查办案件、带头廉洁从政"。各基层局都相应制定了各自的实施办法。层层传导责任和压力,确保了各级党组主体责任真正落实到位。

(四)认真落实"一岗双责"

各级党组班子成员认真履行对分管范围的党风廉政建设负有的领导责任,把党风廉政建设融入到分管业务工作中,同步推进,同步落实,做到"落实分管职责、强化工作指导、加强日常监管、自觉接受监督"。

(五)严格进行责任追究

全系统各级党组对承担的党风廉政建设的主体责任都进行了"签字背书",并建立工作台帐。同时各单位严格执行党组定期向上级党组报告工作、述职述廉等制度。对党风廉政建设责任制落实不到位、责任不清,以致职责范围内发生违纪违法行为的;对发生重大腐败案件和严重违法违纪行为的部门和基层局,严格开展了"一案双查",既追究当事人责任,又倒查追究相关领导责任。

## 三、当前沈阳地税系统在落实党风廉政主体责任中存在的不足

虽然,全市地税系统在落实党风廉政"主体责任"上进行了一系列探索和实践,取得了一定成效,但按照中央党风廉政建设"两个责任"制的总要求还存在一些问题和不足:

(一)思想认识不到位

一些基层党委(党组)主要负责人仍然认为落实党风廉政建设责任制主要是纪委(纪检组)的工作,党组只需要提提要求、听听汇报即可。有些党组成员把党风廉政建设主体责任仅当做党组书记一人的责任,“一岗双责”仅仅理解为自己作为班子成员带头廉洁自律就行,对部下和分管的工作要求不严,造成党风廉政建设主体责任和地税中心工作脱节。导致在贯彻落实主体责任工作中只有党组书记和纪检组长“二人转”的现象。

(二)运行机制不清晰

党风廉政“主体责任”落实的决策机制就是党委(党组)的决策机制。但运行机制相对比较模糊。在市局层面,主要仍由纪检监察机构代为执行。很多基层单位的党组仍然认为党风廉政建设是纪检组的事,很多与反腐倡廉相关的事情,党组都喜欢交给纪检组全权代办,结果是党组该抓的事情没有用力抓,该由其他条线承办或多部门协办的事情难以到位,纪检监察一家之力想抓也很难抓好。

(三)制度落实不接地气

党风廉政建设主体责任是一项操作性较强的制度,对第一责任人、对分管领导及相关单位和部门都提出了明确的要求。但在基层,有些领导干部根本不了解《关于实行党风廉政建设责任制的规定》和“主体责任”,在具体工作中,往往只停留在一般号召和部署上;在责任制内容上,基本是上行下效,照搬照抄,缺乏针对性和可操作性,最终结果必然是使主体责任的落实只停留在表面上,成为了一句空话。

(四)考核评价不完善

按照目前全系统实行的绩效考核方案,对主体责任落实的评价还相对欠缺。目前的考核基本以“听和看”为主,细化、量化,考核分值设置的科学性、合理性还不够,可操作性和针对性还不强。此外,考评结果的运用大多停留在每年通报情况阶段,在对先进典型的宣传和对落实责任不力的惩处上力度还不够,没能真正将责任制考核结果运用到干部使用、单位工作评价、责任追究上来,在一定程度上影响了主体责任落实的积极性。

## 四、运用细化矩阵管理理论推进主体责任落实

“两个责任”的提出为进一步强化地税系统党风建设和反腐倡廉工作指明了方向。但市级地税系统党组“双重领导”、给“主体责任”的贯彻落实带来了极大的困难和挑战。而细化的矩阵管理模式,恰恰可以有效的解决上述问题。

(一)主体责任细化矩阵管理的基本思路

矩阵式管理也称系统式或多维式管理,是相对于那种传统的按照生产、财务、销售、工程等设置的一维式管理而言的。“矩阵”是借用数学上的概念。矩阵式管理主要是将管理部门分为两种,一种是传统的职能部门,另一种是为完成某一项专门任务而由各职能部门派人联合组成的专门小组,并指定专门负责人领导。而细化的矩阵管理,就是将“矩阵”中的各个元素进行明确和细分,从而获得权责明晰的高效率管理方式。

“主体责任”落实的责任主体——党组(委)、主要领导、及班子成员可以作为矩阵中的列。税收执法权和行政执法权可以作为矩阵的行。再辅以细化方法,最终就形成了纵横交错配合,既相互依存,相互交融,又权责清晰,分工明确的党风廉政责任管理体系。

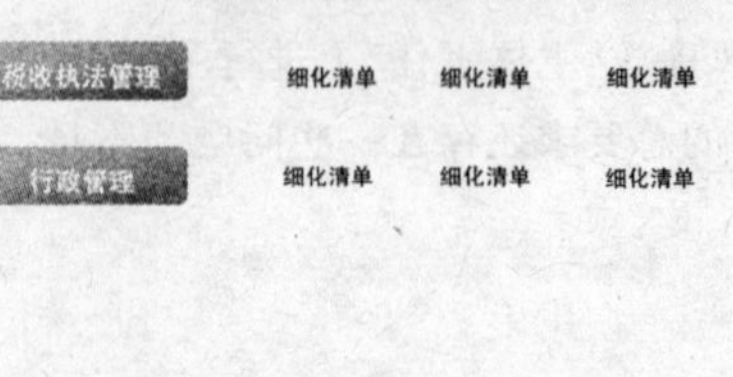

（二）主体责任细化矩阵管理的路径

在建立主体责任矩阵管理模型后，我们还要进一步明确矩阵中行、列、各元素的关系和内容。

首先是“主体责任”和“监督责任”的辩证关系。党委的主体责任主要是指党委在党风建设和反腐倡廉工作中的主体地位，它事关党风廉政工作的成效。纪委的监督责任主要是指在同级党委和上级纪委的领导下，协助党委做好各项党内监督职责，它在党风廉政工作中起承接、促进和保障作用。因此，在党风廉政矩阵管理中党委要真正负起党风廉政建设的领导责任，同时通过建立配套制度，保障纪委的监督地位，进而促进党委主体责任的有效履行。同时我们必须注意，虽然党委主体责任与纪委监督责任同属党风廉政建设责任制这一同一范畴内，但绝不能互相替代。党委领导班子的集体责任、党委主要负责人的第一责任、分管领导班子成员的领导责任之间也不能相互掩盖或替代。

其次要明确“主体责任”细化管理矩阵的基本内容，即“主体责任”基本内容。按照国家税务总局《税务系统各级党组落实党风廉政建设主体责任实施办法（试行）》（税总党组发〔2014〕142号）的要求，地税系统党风廉政建设主体责任主要包括组织领导责任、选人用人责任、严守纪律责任、作风建设责任、廉政教育责任、权力制约责任、支持保障责任、管理示范责任和考核追究责任等九大责任。

最后就要制定“游戏规则”，为主体责任的细化矩阵管的落实提供制度保证。要依据党风建设责任制对管理矩阵的元素进行细化。这些细化既包括税收执法权和行政管理权的两个责任清单，也应包括与其相配套的教育、承诺、检查、监督、约谈、考核、问责等相关制度。特别是要根据地税实际工作特点，对容易滋生腐败的重点部位和关键环节，进行全方位的监督和防范，坚决防止权力失控、行为失范。同时上级党委和纪委要加强对下级党委落实主体责任、同级党委对纪委的机制保障情况的日常监管。对发生的党风建设方面的问题，严格进行“一案双查”。既要追究当事者和相关领导的主体责任，也要追究相关纪委人员的监督责任。

（三）两个责任细化矩阵管理的细化

1、主体责任的细化。对于主体责任来说首先要细化主体责任所包含的内容或任务。按照国家税务总局《税务系统各级党组落实党风廉政建设主体责任实施办法（试行）》的内容，并结合地税工作实际，制定权力清单与责任清单，使主体责任的任务更加明晰。其次要细化对象。将“党委主体”细化为党委（党组）领导班子集体、党委（党组）主要负责人、党委（党组）其他班子成员等三个层次，并分别明确这三个层次的主体责任。这就要求党委（党组）主要负责同志必须切实承担起党风廉政建设和反腐败工作的组织领导之责、学习教育之责、监督管理之责、以上率下之责和为纪检监察机关撑腰壮胆之责。这样就可以有效避免以往把主体责任笼统地理解为党委（党组）集体责任而难以真正落实的状况。

2、工作机制的细化。

（1）细化主体责任的工作机制。其中包括决策机制和执行机制。决策机制就是党委（党组）的决策机制。但运行机制相对比较模糊。比如，在沈阳市，市、区级党委系统，主体责任的执行机构明确为党委办公室。而地税系统，由于体制机制所限，并没有明确党风廉政建设主体责任的具体工作究竟由什么机构和人员来执行。市局层面仍由纪检监察机构代为执行。县区级机关，除了和平等极少数局由办公室或机关党委（人事部门）执行外，其余均为纪检监察机构代为执行。这既不利于主体责任的真正落实，也不利于纪检监察工作者聚焦监督执纪主业，落实监督责任。因此，主体责任执行机制问题必须引起足够的注意。

（2）要细化主体责任落实的激励与约束机制。也就是要根据主体责任落实的情况进行考核，有奖有罚。这里面的考核既要有考核的执行主体、考核的具体对象、内容、标准、方法。也要有好和不好的激励和惩戒办法。以形成完整的执行闭环。

（四）主体责任细化矩阵管理需要注意的问题

虽然矩阵式管理具有较好的治理结构和行政效率,能够极好的促进两个责任的迅速落实。但由于这种管理方式的执行者通常是其责任大于权利,会影响组织效率和稳定性。我们必须从以下几个方面加以改进。

1、加强责任主体的领导力。党委落实主体责任是坚持党要管党、从严治党的重要举措。党风廉政建设必须在党委的统一领导下进行。党委必须承接领导主体、落实主体、工作主体、推进主体的责任。必须强化思想认识,必须明确工作机制。不能讲主体责任的落实全权委托纪委。党委主要领导必须树立不抓党风建设就是严重失职的意识。要带头履职,主动担责。以高度的历史责任感,不遗余力的推进两个责任的落实。

2、强化"主体责任"的聚合力。细化矩阵管理,就是要改变"单兵作战"局面。充分联合各方面力量,构建"责任明确、职能互补、资源共享、上下联动"的管理模式。齐心合力把落实党风建设责任制、构建惩防体系融入地税系统之内,把反腐倡廉要求体现到"两权"运行流程之中,共同推进党风建设和反腐倡廉工作。

3、提升落实"主体责任"的执行力。打铁还需自身硬。运用细化矩阵推进两个责任落实。要求党委必须强化自身的执行能力。带头讲党性、重品行、作表率。细化责任制内容,切实把权力关进制度的笼子。同时要知人善任,选调既懂税收业务,又懂党规党纪的中青年优秀人才充实党委工作人员队伍。努力打造一支高素质的政工队伍,确保"主体责任"高质量落实。

## 五、落实党风廉政主体责任的信息化实践

税务系统实行的是正金字塔式的垂直管理,机构多,责任链条长,权力监督任务重。对内要管人、管钱、管物,对外要行使税收执法权力。因此,在主体责任落实过程中常常出现偏离税收中心工作"避实就虚"和因责任链条过长而压力减弱的问题。要彻底解决税务系统在主体责任落实中出现的这些问题,就必须深入税收中心工作,提高压力传导质量和效率,建立直通末端的主体责任链,消灭主体责任落实"空白点"。按照总局《落实党风廉政建设主体责任实施办法(试行)》中第十一条"全面推进内控机制信息化升级版建设"要求,并参照细化矩阵模型,由沈阳市局承建的辽宁地税信息化内控系统,对解决上述问题提供了新的途径。

(一)建立责任链,用科技开启主体责任落实信息化之门

地税系统点多、面广、线长,业务复杂。在党风廉政两个责任落实中,很难对税收执法权和行政管理权进行全岗位、全流程的管理和控制。这不仅会引发失职、渎职行为,也是滋生腐败的土壤和温床。比如票证报结、发票开具、企业停废业这些看似普通得不能再普通的税收业务,也很可能演化成纳税人占便宜、干部拿好处的廉政问题。然而这些潜藏着巨大廉政风险的风险数据,常常被淹没于征管系统浩瀚的数据海洋之中,难以察觉。我们的纪检监察部门,查找这些潜伏的问题也如大海捞针,或是找不准切入点,或是发现问题以后也已成为"马后炮"。为了明确日常工作中党风廉政两个责任的主体,避免党风廉政建设两个责任落实与税收业务"两张皮",弥补党风廉政制度漏洞,让廉政风险信息简单、及时、明了地摆在主管领导和干部职工,特别是基层执法干部面前,切实防止失职、渎职和腐败现象的发生,最大程度地保护干部,我们研发了税务党风廉政内控信息化平台。努力建设一套权力运行到哪里、防范措施跟进到哪里、监督管理落实到哪里的源头防腐工作机制。尝试用科技手段促进党风廉政建设两个责任的落实。

平台是在全面排查税收征管和行政管理各流程、岗位和环节潜在风险点的基础上,预先设定预警参数和条件,定期扫描税收征管和行政管理各系统的回放数据,自动比对、分析、抓取风险数据,锁定廉政风险,自动提示预警信息给一线管理人员。同时通过廉政风险信息的智能化推送,形成了从管理员到科所长,再到综合业务部门、监察部门和主管局长、省市局责任处室的层层防控的党风廉政建设责任链。目前系统已

应用的责任控制点位为 23 个。基本可以覆盖征管、稽查、行政管理等地税系统重要和高风险节点。

（二）编织监督网，以信息化手段实现压力传导

我们研发的预警平台区别于现有其他预警形式的最明显区别在于我们完全按照党风廉政两个责任的落实主体，将风险信息直接推送给责任人员。也就是说在平台的流程设置上就明确了主体责任和监督责任。并将着眼点不单单放在预警信息本身，而是更多的放在风险的解除和监控上。同时保证风险信息能够在各责任主体间进行高效传导并得到及时有效的处理。真正实现了从管理员到科所长，再到综合业务部门、监察部门、基层局长、省市局责任处室的层层监控的廉政风险防控体系。比如征管类风险。我们通过每天扫描金三的回放数据，自动比对、分析、抓取风险数据，锁定产生风险数据的企业和对应的管理员，生成预警信息，发送给管理员。当管理员登陆防控平台时，预警信息会自动弹出。管理员只要在规定的时间内在征管系统中进行相应的操作或申请，预警信息就会解除。如在规定期限，管理员未作任何处理，预警信息在不断提示的同时，会发送给他的主管科所长，由科所长督促其改正。如在规定时限内科所长也没有进行及时处理，则预警信息会同时发送给主管局长、综合业务部门和监察科。由综合业务部门督促和帮助其改正。仍不及时采取措施的，则由监察部门按照相关规定进行处理。以此防止主体责任和监督责任不作为和失职、渎职风险。及时预防由此可能引发的廉政风险。

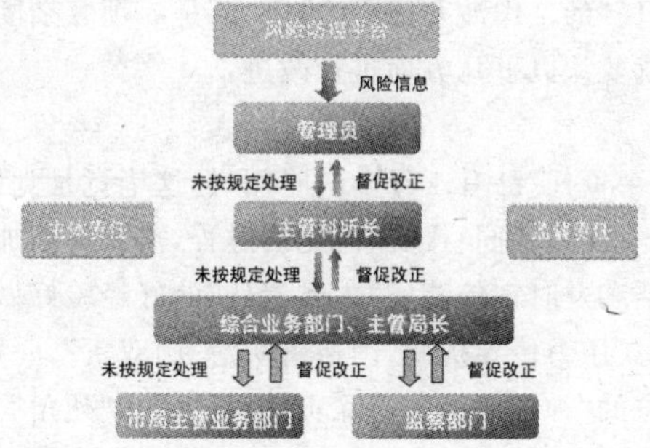


同时，由于平台将防控指标设计定位在可能导致地税干部被党政纪处分甚至被司法追究的廉政风险节点方面，避免了与税款征收、税源管理等业务部门工作的重复交叉，使防控目标更加明确、具体。同时数据模型是依照风险事项中法律禁止或限制的行为设置闸口和探针，因而平台的针对性更强，预警准确率更高，大大避免了一般抽样检查容易发生的无效劳动，大幅提高了两个责任落实的工作质量和效率。

（三）融合征管，为党风廉政两个责任落实提档升位

党风廉政风险内控信息化平台，是我们不断深化两个责任落实的不懈探索和实践，是将两个责任落实融合在税收征管和行政管理中的大胆创新。截至目前，平台已累计预警 20 余万条次。有效预防了失职渎职和廉政风险的发生，成效显著。

1、为党风廉政两个责任落实提供了有效抓手。比如，一些建安、服务和广告企业存在开具发票金额与纳税、缴费额度不匹配的问题。此前，针对此类问题要开展全面排查，往往要耗费大量的时间和人力。预警平台应用后，不匹配的风险数据被自动筛选并直接推送给管理员进行处理。按照软件提示，仅和平区局就已查处建安、劳务派遣、广告行业的问题企业 317 户，补缴税费、罚款 300 余万元。个别存在虚开发票行为和打算的劳务派遣和广告企业生存难以为继，已先后注销 33 户。不但及时避免了因纳税人不交、少交税费而引发的廉政风险，还堵塞了管理漏洞。

2、实现了党风廉政两个责任落实与税收业务工作的有机结合。比如，逾期未纳税未下达限缴通知、未申报未下达限改通知两个预警指标既是廉政风险防控指标同时也是征管质量考核指标。此前，每到征期结束都是由各基层局的综合科人工从征管系统中提取，经筛选后在内网发布。各税务所再根据这个名单手工分配给管理员进行处理。处理的进度和效果无论是科所长，还是综合业务都很难进行实时的监控

和考核。平台运行后，上述过程全部实现了自动化智能管理，并能做到实时监控。不但有效预防了失职、渎职的风险，还提高了征管质量和效率。

3、促进了税源管理质量的提升。在欠税清缴工作中，预警平台充分发挥自动化优势，实时将欠税信息通过平台发送至每一位管理员名下，进行实时监控。欠税一旦入库，风险预警就会立即解除。极大的提高了欠税清缴工作的效率。为区局全面掌控清欠情况，进行决策提供了及时准确的依据。2013 年以来，全市已累计入库陈欠税款 8.6 亿余元，成效显著。

4、提升了行政效能，提高了党风廉政两个责任落实工作的反应、监督和制约能力。以前，类似管户一个月买了多少发票？一年停业了几次？累计停业了多长时间？这样的问题，如不经主动查询可能管理员自己也无法说清，或者只有管理员自己说得清，存在风险隐患。平台运行后，将原来分散在金三系统中的风险数据进行集中和自动化分配，不但管理员一目了然，局长、科所长也全面掌握管理员的这些廉政廉政风险信息，进而采取有效的措施进行指导、监督、督办。解决了信息不对称、不完整，反应不及时的问题。最大程度的预防了廉政风险的发生。

## 六、深入推进沈阳地税系统主体责任落实的思考和建议

落实党风廉政建设“主体责任”的工作涉及面广、难度大，是一项复杂的系统工程。要想深入推动“主体责任”落实在地税落地生根，就要从以下几方面进行改进：

(一)进一步提升责任意识

从十八届三中全会提出“两个责任”已有 1 年多的时间，但这毕竟是党风廉政建设战略上的一次重大变革，各级党组在实际工作中还有一个认同、接受、内化的过程，需要不断加强宣传引导，促使责任意识得到强化和提升。同时要认真总结和及时宣传落实“主体责任”的好经验好做法好典型，营造良好的舆论氛围。充分发挥“一把手”作用，建立压力传导机制，严格落实“一岗双责”，一级抓一级，逐级传导责任压力，直至把工作责任传导到每个单位的“神经末梢”，消除责任“盲区”和“死角”。

(二)进一步完善责任链条

落实党风廉政建设主体责任，强化领导，健全机制是关键。一要健全责任体系。“两个责任”是一个责任体系，要着力构建起党委书记负总责、班子成员分工负责、纪委监督协调负责、部门各负其责、上级对下级负责，纵向到底、横向到边的责任网络。二要落实保障机制。要逐级制定主体责任细化清单，落实好党组主体责任报告制度、主体责任“签字背书”制度、巡查制度等。

(三)逐步完善监督考核

加强落实党风廉政建设主体责任制的日常监督和考核，是破解个别单位平时消极对待，年终积极应对现象的有效方式。一是建立定期汇报制。下级党组每年至少向上级党组汇报主体责任落实情况两次。二是完善经常性监督检查制度。充分发挥纪检组的职能作用，加强对重点领域、部门单位反腐倡廉重点工作进展情况及党风廉政建设“主体责任”落实情况的监督检查。三是构建全方位的监督网络。做到党内监督与民主监督、舆论监督和群众监督相结合，深化权力公开透明运行工作，加强党务、政务公开，全面保障党员群众的知情权、参与权、监督权。拓宽和畅通群众监督渠道，切实发挥广大人民群众的监督作用。四是进一步优化考核机制。建立定性与定量相结合的科学考核评价体系，坚决纠正考核工作的形式主义倾向。要进一步强化考核结果的运用，严格兑现奖惩，把考核结果作为领导班子和领导干部业务考核、提拔任用、评优评先的重要依据。

（作者单位：辽宁省沈阳市地方税务局）

# 借鉴"冰山模型",构建干部能力素质提升"12345 工程"

江苏省淮安市地方税务局课题组

打造一支能力和素质更适应发展新要求、更具现代化特征的税务铁军,是当前及今后一段时期各级地税部门的重要任务。近年来,江苏省淮安地税局借鉴"冰山模型"开展了干部能力素质提升工程,旨在探索一条提升干部能力素质的有效途径,为到2020年基本实现税收现代化奠定坚实的人才基础。

## 一、税务干部能力素质提升工作存在的不足

美国心理学家麦克利兰于1973年提出了一个著名的能力素质冰山模型,该模型将"人"能力素质的不同表现划分为显性的"海平面以上部分"和隐性的"海平面以下部分"。其中,技能知识等显性素质明显、突出,与工作绩效直接相关,容易在比较短的时间进行观察和衡量。而隐性素质包括角色定位、价值观、自我认知、品质、动机,虽然很难度量和准确表述,但却能对工作绩效产生更为深远、更为重要的影响。

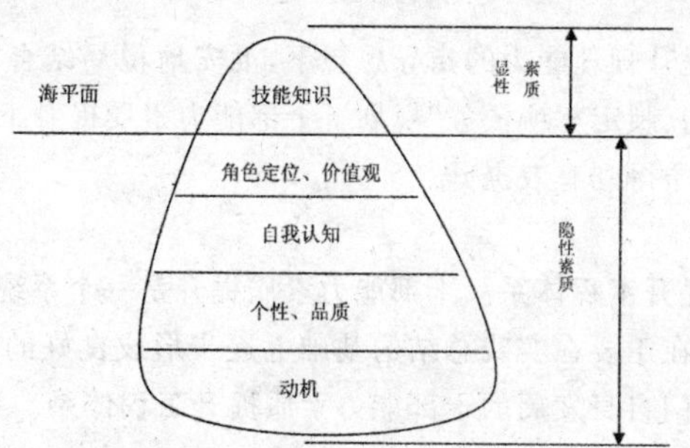


图一　能力素质冰山模型

能力素质"冰山模型"揭示了"人"能力素质发展的内在规律,借鉴"冰山模型"并结合淮安地税系统各层级干部的能力结构,勾勒了"淮安地税系统能力素质结构图"。

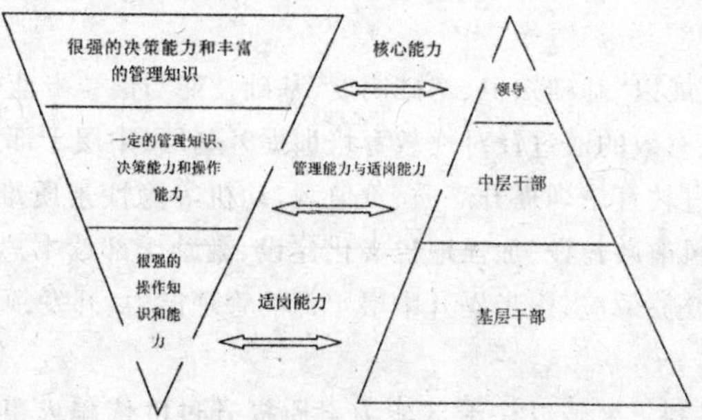


图二　淮安地税系统能力素质结构图

结构图比较直观的说明:处于系统领导、中层、基层不同的层级职位,对干部能力素质需求和要求差别都很大。据此,可以初步分析出为什么长期以来针对干部能力素质提升工作下的功夫不少,取得的成效却不是十分明显的原因。

一是观念比较传统。对"能力素质"尤其是影响干部成长成才的关键因素的理解较为偏颇,通常更习惯于关注各级干部的知识、技能等显性素质。结果发现,尽管干部的知识、技能水平不断提高.然而系统的整体工作绩效并不一定随之正向增长;很多有知识、有能力的员工,在系统内实际工作表现也往往与其自身显现的能力素质不相匹配。在具体工作中常常表现为抓工作措施不力,对上级的部署要求看似做了,实际上却是虚功多、实功少、效果差,效率不高,业绩不显。

二是方法相对单一。一般不外乎学历学位教育、技术技能培训、知识更新、岗位练兵、竞赛比武等常规做法。不可否认的是,经过长期的实践证明,这些常规做法本无可厚非,也仍然有效。只是这些比较单一的做法,如果仍然拘泥于传统一成不变,容易形成单位教育培训的针对性和实效性不强,统筹规划不够,工作抓手不实,在社会发展日新月异的新形势下,对干部能力素质的均衡、全面、有效提升效果有限。

三是管理欠缺合力。很多单位都能认识到干部能力素质对自身发展的重要意义。然而,口号喊的很响却在行动上缺乏执行,没有纳入日常的组织、计划、考核管理机制和领导班子议事日程。内部的职能部门也长期习惯"用人"、"选人"而不习惯"育人",激励约束机制不健全,缺乏管理制度和应有的方法,更多的是过于依赖人事部门,而未充分尽到自己的职责,不能形成协同一致的管理提升合力。

## 二、借鉴冰山模型规划干部能力素质提升工程的设想

在更新观念、改善方法、提升管理能力的指导思想下,淮安地税局结合工作实际和干部队伍现状,以"提出一个目标、明确两个导向、制定三项任务"规划了干部能力素质提升工程,以便较好地统筹显性素质和隐性素质,促使干部能力素质得到有效提升。

(一)提出"一个目标"

建立健全干部能力素质提升工程体系。干部能力素质提升是一个系统工程,体系建设是干部能力素质提升工程的核心命题,关键在于要在实践总结的基础上逐步形成良好的运行机制,不断完善相关的配套制度,最终建立适合地税部门自身发展的干部能力素质提升工程体系。

(二)明确"两个导向"

1、"按需提升"导向。针对基层、中层、领导干部三个层级干部的年龄结构、知识积累、岗位性质、工作内容、思维方式等方面的客观差别而导致的能力素质提升的需求差异,制定了对基层干部主要提升适岗能力、对中层干部提升适岗能力与管理能力并重、对领导干部主要开发核心能力的差异化能力素质提升目标,在全员常态开展干部能力素质提升工程的基础上,更加突出不同层次干部的针对性需求,有的放矢、按需提升。

2、"教有所法"导向。开展以"基础知识、基础制度、基础技能与岗位专业知识"为主要内容的"三基一专"专项教育培训,旨在快速有效的通过针对性教育培训提升基层、中层干部的适岗能力,提高技能、知识等显性素质。同时,面对通过教育培训提升品质、价值观、动机等隐性素质难度较大的客观现实,主要在加强思想政治教育、强化党风廉政建设、加强地税文化建设、激励干部读书思考等方面下功夫,寄望通过水滴石穿、积沙成塔的累加叠放效应,逐步提升中层干部的管理能力、开发领导干部的核心能力。

(三)完善"三项机制"

1、逐步完善组织管理机制。突破以往干部能力素质提升过度依赖人事部门的传统,制定相应的管理、考核和评估办法,把干部能力素质提升工程上升到全局中心工作的高度,在党组统一领导,人事部门归口协调,各职能处室、基层单位齐抓共管的基础上,形成上下联动、左右互动的工作格局,共同承担干部

能力素质提升应有的职责。

2、逐步优化激励约束机制。打破"大锅饭"思想，让爱学习、想学习、善学习的人有岗位、有地位、有所得。不断加大激励引导力度，将学习培训、考试竞赛、成果贡献等纳入学分制管理，直接应用于干部选拔任用、年度考核、个人绩效考核、评优评先、外出培训等各个方面，通过正面的激励引导，逐步营造讲学习、求进步、争培训、重提高的良好氛围。

3、逐步创新人才培育机制。"为治以知人为先"，准确的识别人才、正确的培养人才、科学的选拔人才，进而科学地培育人才是全系统长久稳定发展的基石。传统的人才培育机制比较明显的缺失是没有清晰界定各个岗位的具体能力素质结构和要求，也就无法建立一套系统、科学、稳定的培育标准和方法。对此，要逐步建立"以职系为基础，以职能为主线，以岗位为依归"的干部能力素质模型，真正将"有能力、有成绩、有激情，领导认可、群众认同"的人才发掘出来，加以培育。

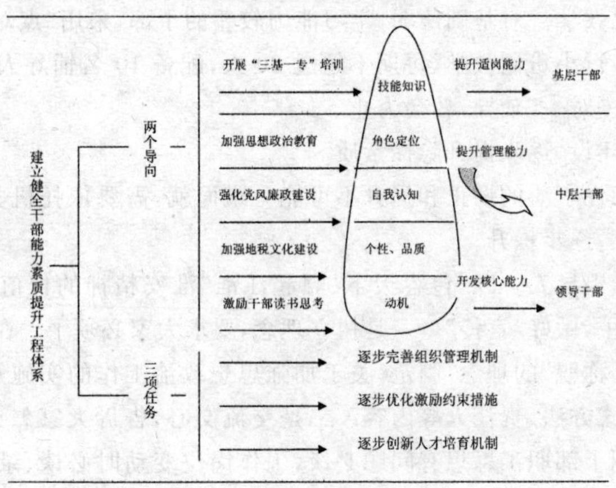


图三　干部能力素质提升工程

## 三、淮安地税实施"能力提升素质"工程的有益探索和实践运用

### (一)开展"三基一专"教育培训，提升显性素质

围绕"把单位带成学校、将岗位变成课堂、使同事处成同学"的淮安地税教育培训理念，在全系统开展以"基础知识、基础制度、基础技能与岗位专业知识"为主要内容的"三基一专"教育培训，目的是提高干部的基础业务水平，构建专业的知识构架，有效提升干部的适岗能力，解决干部知识、技能等显性素质的提升问题。

1、立足岗位需要强调培训的有效性。"三基一专"培训法坚持理论性和实用性相结合的培训思路，坚持以需求为导向，立足工作岗位实际，区分不同层次、不同岗位、不同年龄、不同能力人员的需求，因岗施教、因人施教，做到干什么练什么、缺什么补什么。重在使个人的业务技能、专业知识得以更新、完善和提高，从而契合个人岗位需求，满足岗位需要，逐步形成工作、学习和知识需求的有效结合。

2、从实际出发突出培训的实用性。注重教育培训的顶层设计和前瞻眼光，科学精准设计培训。一是组织全系统 30 名业务骨干编撰、修改、统稿和校核，编写了共计 84 万余字的自编教材。在突出自编教材实用性的前提下，更加强调教材的质量，多次召开编写组会议，邀请各层级干部参与讨论并提出修改意见。组织集中试讲，根据试讲的效果对教材的重点内容进行调整，实现了组织需求、岗位需求和干部需求的有机统一。二是为充分挖掘系统内精英骨干的智慧和经验，立足"以我为主"的思路，加强内部人才的挖掘,培养税收"业务骨干人才",并由系统内业务骨干授课的新型授课模式。市、县两级共组织99位骨干人员进行集中授课,授课内容主要依据"三基一专"自编教材,授课人员除讲解教材内容外,还重点传授了工作中经过实践验证的实用技巧与管用经验,通过知识与经验分享,帮助参训人员提高工作效率,减少操作失误,培养了一大批实战型人才。推动了理论与实践的有机结合。

3、分类区别教学提高培训的有效性。

(1)利用网络自主教学。对基础水平较高,学习主动性较强的干部,采取网络教学的方法,通过市局"网上税校"提供相关学习内容和课后练习,供其自主学习,提升了学习效率,化解了工学矛盾。

(2)开展面授集中教学。对基础水平一般,自主学习能力较差的干部,采用传统集中面授的教学方法,充分发挥人员相对集中、时间相对固定、氛围相对浓厚的优点,引导学员循序渐进,增强其学习的主动性和积极性。

(3)实施"一对一"特色教学。对基础薄弱,学习能力较差的干部,采用"点对点、手把手"的教学方法,组织零起点学习辅导班,实行小班制教学,每期不超过20人,配备10名辅导人员,参训学员学习中遇到困难的,由辅导人员实行"一对一"辅导,教会为止。

(二)依托团队和文化建设,逐步提升隐性素质

价值观、自我认知等隐性素质的矫正和提升不可能一蹴而就,需要依托机关文化的培育和组织团队的建设长期熏陶,潜移默化,逐步提升。

1、加强政治思想教育,引导人。以"包容天下、崛起江淮"淮安精神的价值理念来引领人们的思想。一方面以提升思想认识为主,做好"言传"。一是树立理念,要求大家必须干。在全系统树立"思想政治工作不抓是失职、抓不好是不称职"的理念,制定《关于加强思想政治工作的实施意见》,明确思想政治工作的目标任务、主要内容、方式方法、责任人等内容。二是交流交心,告诉大家怎么干。及时广泛的开展交流谈心工作,最大限度做到干部职工思想有问题必谈,工作岗位变动时必谈、录用新上岗人员必谈,违反工作纪律时必谈、同事之间产生矛盾时必谈、干部家庭生活变故必谈;干部职工遇到困难时必访、婚丧嫁娶时必访、发生家庭矛盾时必访、生病住院时必访、逢年过节必访。切实发挥思想政治工作提高干部职工思想认识,理顺情绪、化解思想疙瘩的作用。另一方面以解决实际问题为主,做好"身教"。把帮助干部职工解决实际问题作为加强思想政治工作的重要抓手,建立扶贫关爱机制,尊重干部职工的正常生存和生活需求,多做得人心、暖人心、稳人心的工作,力所能及地解决干部职工在工作调动、夫妻分居、子女上学以及大病就医方面面临的实际困难,把组织关怀的"阳光"照进那些需要温暖的家庭和个人,不断增强干部职工的认同感、亲情感和归属感。

2、强化党风廉政建设,塑造人。以"五抓五到位"的工作举措促进干部职工养成"在监督的环境下工作、在制度的约束中办事、在法治的轨道上用权"的习惯。

(1)抓教育,思想认识到位。坚持党风廉政要求逢会必讲,教育引导干部时刻绷紧安全履职、忠实履职之弦;常态化、多样化地开展党员党性教育活动,唤醒党员干部党章意识,教育引导党员干部争做信念坚定、为民服务、勤政务实、敢于担当、清正廉洁的好干部。

(2)抓领导,责任落实到位。制定《党组及其班子成员党风廉政建设主体责任清单》,制定下发党组主体责任6项、党组书记第一责任人责任11项、班子其他成员"一岗双责"责任24项。要求领导班子成员认真落实责任清单,详细记录履责纪实手册,进一步突出主业、主责。

(3)抓制度,权力制约到位。加强制度规范,用制度约束和规范征纳双方的思想和行为,寻求征纳双方的思想共识和心理认同。在制度建设和运行上坚持做到"两所有一提高",即所有权力都要有所制约、所有关键岗位都要定期轮换、提高工作透明度。先后制定完善《民主理财操作规程》、《中等风险应对操作指引》、《风险应对复审操作规程》、《中等风险应对质量过程控制实施方案》等制度。

(4)抓预防,风险排查到位。促进全系统着力增强风险防控意识,对干部职工存在的苗头性、倾向性问题做到早发现、早提醒、早纠正。要求各单位各部门在每月的局办会或处务会上,深入分析查找干部职工在税收执法、行政管理、思想动态等方面的风险,对干部职工经常咬咬耳朵、扯扯袖子,确保各类风险排查在早、化解在小。

(5)抓执行,监督问责到位。2015 年,执法督察发现各类问题 281 件,其中确认有执法过错的 43 件,追究责任人 37 人次。推进风险应对交叉复审,组织开展优秀案例、优秀卷宗等评选活动,不断提升风险应对规范化、法治化水平。加大信访查处力度,杜绝干部管理失之于宽、失之于软,查办信访件 7 件,办结 4 件,开展初核 3 件,给予党纪政纪处分 2 人、诫勉谈话 2 人。

3、加强地税文化建设,鼓舞人。适应现代社会的人性特点和思维特征,注重以文化建设方式改造人们的思想环境,从心灵深处教育和启迪税务干部的敬业精神、职业道德,激发工作潜能和创造力。着力打造"三观三力",即法治观、诚信观、责任观,增强凝聚力、执行力、创新力。

(1)向社会献爱心,凝聚正能量。以"党员干部进社区"、"无偿献血献爱心"、"扶贫济困送温暖"等活动为契机,发挥地税文化凝聚、引导、激励功能,以文化建设方式逐步让干部职工从思想深处去关爱人、影响人、鼓舞人,凝聚力量,激发潜能。

(2)多方位搭平台,营造好氛围。以"党员 E 家"、"道德讲堂"、"税苑讲坛"为平台,全方位营造深厚的文化氛围,将地税文化主旋律贯穿于各项工作之中,以无形的文化力量,推动基层地税机关创先争优,推动地税各项工作的顺利开展。

(3)丰富文体活动,培养好习惯。分类开展干部文化体育活动,注重培养干部健康向上的情趣爱好,整合党、团、工、青、妇组织资源,分层分类组建各类文体兴趣小组,在政策允许范围内,加大经费投入,进一步丰富干部的业余文化生活,促进干部身心健康和组织和谐。

4、激励干部读书思考,提升人。建立和完善激励鞭策机制,要求系统上下各级干部做到"白天走干讲、晚上读写想",再延伸拓展就是要求业务处室的同志下去能干、上来会讲,政工处室的同志站着会讲、坐下会写。通过激励干部读书思考,从书本中吸取营养,从实践中获取经验,在思考中取得提升。

(1)建立制度,提要求。建立《服务企业联系点制度》,要求市县两级中层以上干部每人至少联系一户企业,"没有调查,就没有发言权",把调查研究作为提升能力素质的重要前提。

(2)搭建队伍,压担子。建立松散型写作队伍和"智税"工作小组两支队伍,松散型写作队伍由办公室牵头组织,"智税"小组由综合处牵头组织,把有写作基础、有写作爱好、善于思考的干部职工组织起来,动员起来,发动起来,通过出题目、压担子、提要求来提高全系统整体读写水平和思考能力。

(3)组织评比,给激励。组织开展了半年工作总结、年度工作总结评比,评委主要从"市两办"聘请,内部干部职工包括市局班子成员不参与评比工作,从而保证评比结果的公信力。在读书活动方面,定期开展读书荐文活动,并要求积极撰写读后感。组织干部职工到江西财经大学学习培训,鼓励参训人员积极撰写培训心得体会。所有经过各级干部思考的文稿,均通过《淮安地税之窗》、《淮安地税简报》等不同载体展现给全体干部,积极营造读书思考的良好氛围。

## 四、进一步做好干部能力素质提升工程的思考

2015 年,通过"干部能力素质提升 123 工程"的逐步开展,淮安地税局各级干部在教育培训、学历学位深造、职业规划和发展空间、身体和心理健康保障等多方面受益良多,极大地激发了员工的责任感和创造力.初步形成了"冰山上"和"冰山下"统筹兼顾、显性素质和隐性素质相得益彰的期望局面。但是,干部能力素质提升工程是长期渐进的过程,必须循序渐进,需要不断完善优化。为此,在"干部能力素质提升工程"的基础上,今后一段时期,进一步增加"加强四个建设"和"实施五个工程"两方面内容,积极规划并

实施干部能力素质提升“12345 工程”。

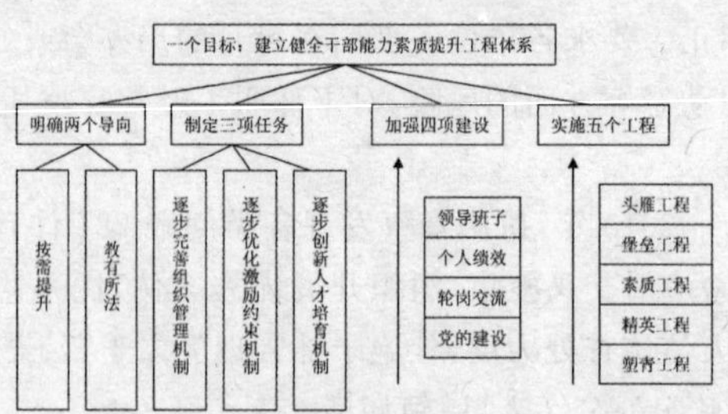

图四 干部能力素质提升“12345”工程

(一)加强“四项建设”

1、加强领导班子建设。领导班子是单位的核心和大脑,好的班子是事业之基,是发展之要,是前进之魂。坚持民主集中的原则,严格按照领导班子议事规则和决策机制办事;进一步健全党内生活制度,增进班子团结,发挥班子的整体效能;坚持中心组学习等制度,更好地解决班子成员工作中的突出矛盾和问题,解放思想、创新举措、努力开创工作新局面。

2、加强个人绩效考核体系建设。全市地税系统绩效考核体系已经初步建立,但是,绩效管理办法特别是个人绩效管理办法仍有进一步完善优化的空间。在调查研究的基础上,在省局绩效管理办法的框架内,实施符合局情,简单明了、易于操作的个人绩效考核办法,真正解决干多干少一个样,干好干坏一个样的问题。通过绩效考核,在全系统形成一套行之有效的内部科学、高效协调运转的管理机制,做到以绩效考核带动人、以绩效考核管理人、以绩效考核激励人。

3、加强干部轮岗交流制度建设。一方面,以强制性被动调整降低履职风险,提升队伍活力。原则上,明确同一个单位同一个岗位连续工作满五年,应分批交流轮岗;满十年必须交流轮岗;人、财、物管理或重点执法岗位,应适当缩短交流轮岗年限。另一方面,以组织性主动调整增强履职能力,提高工作效能。抓好改革热点、工作重点、矛盾集中点等方面的人才需求预测和组织实施工作,确保人才有序流动的最佳效益。鼓励业务骨干向重点岗位集中、一般干部向专业技术岗位进军,科学调整各类人才在机构层次、工作岗位、地区间的不平衡,促进人才分布趋向合理科学。

4、加强党的建设。紧紧围绕服务中心、建设队伍,以绩效管理为抓手,落实一岗双责机制,在抓好税收中心工作的同时,切实加强各级党的建设。一方面努力将业务工作与党建工作融为一体,党建、业务一起部署、一起落实、一起考核、一起总结。另一方面以基层单位为突破口,提升党的各级组织的战斗力,重点是紧扣组织建设和制度建设两大基础,坚持不懈狠抓学习、强化队伍,激发各级党组织的内在活力。

(二)实施“五项工程”

1、实施“头雁工程”,提升领导干部素质。

(1)开展“五个思维”教育。在各级领导班子中深入开展战略思维、辩证思维、创新思维、法治思维、底线思维教育,着力增强各级领导班子的统筹谋划能力、组织管理能力、团结奋进能力和依法治税能力。

(2)开设“局长讲堂”。依托各层级召开的局务会开设“局长讲堂”,市局局务会上各单位主要负责人必须讲,县(区)局、市区分局召开的局务会上单位班子成员轮流讲。

(3)开辟“局长专栏”。在《淮安地税简报》、《淮安地税之窗》开辟“局长专栏”,刊登各级领导班子成员在学习、工作、生活等方面的所做所思所想,继续引导各级领导干部做到“白天走干讲、晚上读写想”。

2、实施“堡垒工程”,提升中层干部素质。将工作重点放在提高中层干部“依法治税的能力”、“务实创新的能力”、“信息运用的能力”、“运筹协作的能力”、“推动落实的能力”等“五种能力”。使工作更具有精确“制导性”。

(1)交流轮岗添动力。推进县(区)局、市区分局中层干部交流轮岗制度化规范化,通过多岗位锻炼,不断完善中层干部的能力素质结构,特别是要研究解决好县(区)局副科职分局长轮岗交流问题,充分调动中层干部的工作热情。

(2)“上挂下派”强素质。建立健全“上挂下派”制度,有计划有选择性地选择部分优秀中层干部通过“上挂下派”进行岗位锻炼。

(3)组织展评求实效。将《履责纪实手册》的发放范围扩大至所有中层干部,要求中层干部如实记录,年底组织开展《履责纪实手册》展评活动。

3、实施“素质工程”,提升干部队伍素质。坚持以人为本,在推进工作的同时,高度重视并准确把握干部队伍思想脉搏和发展诉求,从解决实际问题入手开展有针对性的思想政治工作,关心善待干部,用科学理论武装人、用共同愿景鼓舞人、用先进理念引导人、用高尚精神塑造人、用正确方法激励人、用严格管理规范人,不断提高广大干部为国聚财的使命感、服务发展的责任心、尽职履责的自觉性。

(1)加强思想政治教育。深入开展“三学”活动,突出理念信念、纪律规矩教育,重点抓好关键岗位、关键人员的思想政治教育,引导干部职工正确把握好“不出事、过得去、过得硬”的三重境界。

(2)深入开展岗位练兵。要区分不同层次、不同年龄、不同岗位的实际情况,组织开展分级分类培训。要丰富培训形式,继续完善一对一、小班化、师徒结队等培训模式。

(3)开展优秀案例、优秀卷宗评比活动。定期组织优秀案例、优秀卷宗评比活动,将优秀案例、优秀卷宗汇编成册,发全系统学习观摩。

4、实施“精英工程”,提升业务骨干素质。贯彻落实总局、省局关于培养领军人才的战略部署,把建设高素质专业化干部队伍作为重中之重。

(1)优化“精英团队”。由人事部门牵头,相关部门配合,对现有“精英团队”成员工作绩效进行综合评价,建立退出机制,对“精英团队”成员实施动态管理。

(2)建立师资人才库。在“精英团队”基础上通过竞争产生师资库人选,组织师资人才库成员定期到县(区)局开展“实证教学”活动。

(3)开展学先争先活动。组织开展学习之星、业务标兵、岗位能手评比活动,营造学习先进、争当先进、赶超先进的氛围。

5、实施“塑青工程”,提升青年干部素质。树立人力资源是第一资源的观念,切实尊重人才、善于发现人才、大力培养人才、科学使用人才,确保人尽其才、才尽其用,为实现税收现代化提供强大的人才保障和智力支持。

(1)开设“青年学堂”。以市局机关、县(区)局、市区分局为单位开设“青年学堂”,定期组织青年干部进行集体研讨学习。

(2)启动“墩苗计划”。抽调市局机关、县局机关35周岁以下干部,到县(区)局、基层分局进行为期一个季度或半年的锻炼学习。

(3)大规模启动“跟班培训”。抽调基层35周岁以下干部,到市局处室或县(区)局处室进行跟班学习,年底由市局、县局处室对跟班人员综合素质、跟班期间工作表现等进行综合鉴定,对表现突出人员纳入“精英团队”预备人选。

课题组组长:朱红根

成员:王　波　王中明　杨向军

张　朋　姜伯明　夏　磊

# 关于税源专业化模式下完善税收督察复审制度的思考

江苏省淮安市地方税务局课题组

税收督察复审制度是税源专业化改革过程中产生的一项重要制度，对提高税收风险应对质量、防范执法风险、保障纳税人合法权益提供重要保证。但是目前税收督察复审制度存在机构不统一、人员力量、素质难以适应税收督察复审工作的需要、督察复审线索的分析确定制度不完善、缺少针对风险应对工作的执法责任追究制度、督察复审成果运用转化效果不好等问题。本文结合江苏省淮安地方税务局实际工作，对如何完善督察复审制度，提高督察复审成果运用的转化效果等方面进行了思考。

## 一、税收督察复审制度的概况

### （一）税收督察复审的定义

按照国家税务总局2013年第29令《税收执法督察规则》的规定，税收执法督察是指县以上（含县）各级税务机关对本级税务机关内设机构、直属机构、派出机构或者下级税务机关的税收执法行为实施检查和处理的行政监督。税收风险应对复审是指在税源专业化改革，实行征、管、评（风险应对）、查四分离基础上，由各级税务机关督察内审部门，对本级税务机关内设机构、直属机构、派出机构或者下级税务机关税收风险应对的结果，组织相关人员对其应对质量进行复核，并作出复审结论的工作过程。复审归属税收执法督察的范畴。

### （二）制度产生背景和研究意义

税收督察复审制度是个新生事物，它伴随着税源专业化改革而产生，是新的税源管理制度中一个重要环节，是提高税收风险应对质量、保障纳税人合法权益的重要保证。

税源专业化管理模式是国家税务总局遵从税收管理规律，顺应国际税收管理演进趋势，并基于中国国情及当前税收环境而推行的一种创新的税收征管模式，其主要内容就是加强税收风险管理。2010年10月18日，国家税务总局颁布的《关于开展税源专业化管理试点工作的指导意见》，意味着以加强税收风险管理为导向的税源专业化管理的实践正式启动。

税源专业化管理模式下，如何提升税收风险应对的质量和效率，实现税法遵从度和综合满意度“双提高”，是当前税务部门重点研究的课题之一。税源专业化管理改革以来，税务部门加大了专业管理人才和高级复合型人才的培养力度，风险应对能力得到明显提升，但还存在一些待完善的方面。尤其是风险应对操作流程需规范，税收风险管理实施以来，各项配套制度正在不断建立和完善，但在风险应对方面缺乏统一的、操作性较强的工作规范。应对人员根据各自对风险疑点的理解实施风险应对，在风险疑点消除、风险应对程度、涉税文书制作等方面做法不一，影响了风险应对的质量和效率。

税源专业化管理模式下，风险应对的质量和效率直接关系到整个征管质量的提升和纳税人权益的保障。为了更好地监管税收风险应对，督促应对人员合法有效的完成应对，复审制度便应运而生，成为税收执法督察的一项重要制度。通过抽取风险应对情况进行复审，可以监督风险应对人员，避免出现消极应对、应对法规适用错误等损害国家税收和纳税人权益的情况。长远来看，税收督察制度对进一步规范完善税收风险应对制度，深化税源专业化改革，有极大的促进作用。

目前，我国税收风险管理理论还处于最初阶段，各项制度还处于摸索阶段，需要与新模式相适应的理论来进一步指导实践。我们研究税收督察复审制度，结合淮安地税实际管理状况，积极探索税收督察复审的方法和途径，为上级税务机关制定税收风险管理决策提供参考，这是本文研究的意义所在。

（三）运行情况

2012 年，淮安市地方税务局发布了《关于印发＜江苏省淮安地方税务局税收风险管理暂行办法＞的通知》（淮地税发[2012]35 号），明确了建立风险应对复审制度，市局风险管理领导小组负责对应对任务的执行结果不定期抽查复审，前期复审工作由数据管理部门负责。

2014 年，淮安市地方税务局相继发布了《江苏省淮安地方税务局关于印发＜江苏省淮安地方税务局税收风险应对复审操作规范（试行）＞的通知》（淮地税函[2014]41 号）和《江苏省淮安地方税务局关于印发＜江苏省淮安地方税务局税收风险应对复审操作规程（试行）＞的通知》（淮地税发[2014]94 号），明确了复审工作由督察内审部门负责，对复审工作的组织机构与工作职责、复审实施程序与要求、纪律奖惩、文书规范作了明确规定。

2015 年，淮安市地方税务局又相继发布了《关于对＜江苏省淮安地方税务局税收风险应对复审操作规程（试行）＞的补充通知》（淮地税函[2015]39 号）和《关于印发＜江苏省淮安地方税务局中等风险应对与复审资料规范＞的通知》（淮地税发〔2015〕24 号），进一步明确了复审选户、复审人员组成、集体审议制度、中等风险应对复审转高等风险应对流程等制度规范，对复审工作涉及的文书资料和档案资料管理做出了进一步规范。

## 二、现行税收督察工作中存在的问题

（一）人员力量、素质难以适应税收督察工作的需要

新常态下，深化税收管理体制改革，构建专业化税收管理格局是实现税收管理现代化的必然要求，对督察工作提出了新任务和新挑战。督察内审作为致力于“查错纠弊、促进管理、防范风险、服务大局”的监督机构，是税务部门天然的“免疫系统”。只有强化内部监督，确保免疫作用的发挥，全面防范化解税收执法风险、财务收支风险和税款流失风险，才能平稳实现税收现代化。然而目前，督察人员力量和素质均较薄弱的现状桎梏了督察“免疫”功能的发挥。

从客观因素上说，人员编制较少，业务素质有待提高，以淮安市地税局为例，全市专职从事督察内审工作人员 20 人，仅占全市税务干部 1016 名的 1.97%，人数少，难以承担全方位督察的繁重工作量；人员平均年龄为 43.5 岁，年龄老化；取得“三师”资格的人员仅有 5 人，第一学历为本科以上（含）人员 8 名，高层次、复合型业务骨干不多，胜任重大案件督察、高等风险应对复审的力量不足，业务水平参差不齐；

从主观因素上说，部分督察人员对自身工作认识不足，未能真正认识到督察是对税收执法人员不犯错误、少犯错误起保护作用的“免疫系统”，在心理上仍存在“怕得罪同事”、“怕领导不高兴”的顾虑，甚至有“多一事不如少一事”的错误认识，不能积极主动履行督察职责，在税收执法责任制方面未能对责任单位和执法人员进行有效的责任追究。受主、客观因素影响督察人员的力量和素质整体偏弱，制约了督察的广度和深度。

（二）督察线索的分析确定制度尚待完善

督察对象的选择，依赖于疑点的科学生成、准确分析和有针对性的筛选，然而，现有的疑点线索分析确定制度仍有不足之处。督察复审的线索是由执法督察模块通过指标设定自动从系统内数据中比对、筛

选出疑点，复审的线索是源自于风险监控部门从大集中系统通过指标模型筛选风险应对疑点，这种专业化、信息化的数据处理极大地提高了督察的质量和效率，但也有缺陷：作为筛选基础的大集中系统现有数据来源单一，且准确程度有待提高，如财务报表的数据是由纳税人自行申报提供，不可避免地存在纳税人错误填报或是虚假申报的风险。而作为筛选基础和来源的数据不能达到客观准确，将直接导致疑点线索错误，督察的指导性和专业性受到质疑。优化督察复审选案机制，建立完善线索分析确定制度，是准确有效开展督察复审的前提，是我们亟需解决的问题。

(三)针对风险应对工作的执法责任追究制度尚需细化

总体来说，淮安督察复审的税收执法责任追究力度仍有待提高，2015 年 1－8 月，全系统执法督察检查各级单位 42 家，发现各类问题 273 件，其中确认有执法过错的 44 件，追究责任人 37 人次。针对风险应对过程中的执法责任追究同样薄弱，2015 年 1－8 月全市共完成风险应对复审 105 户，其中：因应对不恰当经复审退回重新应对 42 户、由中等风险应对转高等风险应对 1 户，经复审对风险应对人员进行执法责任追究 18 人次。

针对风险应对过程中的执法责任追究并非无法可依，在《江苏省地方税务局税收执法责任制实施办法(试行)》第三十六条第二十一款：未按规定的应对途径进行风险应对处理的，应当对其进行批评教育。第三十七条规定了三种情况：第十七款，逾期(未)进行风险应对的；第十八款，未按规定将纳税人涉嫌偷、逃、骗、抗风险移送稽查部门处理的；第十九款，风险应对结果明显不符合实际且无正当理由的，应当责令其作出书面检查。既然有明文规定，为何针对风险应对的责任追究力度不大呢？究其原因，可归纳为以下方面：

1、《税收执法责任制实施办法(试行)》虽然已做相应规定，但内容指向较为宽泛，尤其是第十九款的规定：“风险应对结果明显不符合实际且无正当理由”，如何定性为“明显不符合”？怎样视为“有正当理由”？在实际复审工作中追究责任较难操作。

2、实际复审中常发现这类问题：应对人员对系统自动生成的风险点已评估消除，但对经复审查出的风险点以外的各税问题未做应对。单就推送的风险应对而言，应对结果是符合系统推送要求的，但对于全面复审、提高征管成效的目的而言，被应对的企业仍存在系统未发现的税收少缴疑点，风险并未完全消除。对此类情况，复审该如何追究责任，存在较大争议。

3、省大集中系统的执法督察模块对执法过错进行责任追究时，模块中可选择的责任类型只有《江苏省地方税务局税收执法责任制实施办法(试行)》中明文列举的 79 项，其中风险应对追责占 4 项。但在日常税收执法中，业务不断更新，也相应会产生不在 79 项列举范围内的新的执法责任和问题，《税收执法责任制实施办法》特别规定了兜底条款，将未列举的责任通过性质轻微程度划分到批评教育、书面检查等追究方式中。但执法督察模块未将兜底条款列入责任类型选择项中，造成责任单位进行整改时无法准确选择对应的责任类型，以至于无法完成最后的责任追究流程。

综上所述，细化对风险应对执法行为追究的各项规定，优化大集中系统的执法督察模块追责类型，完善税收执法责任追究制度，刻不容缓。

(四)督察成果运用转化效果尚需提高

淮安市地税局局长孙长举同志曾说过：“在遇到困难时，拿建议、拿办法的能力要提高。在向市局党组、分管领导汇报工作时，只能出“选择题”，由决策领导选优和综合补充，而不能把“填空题”拿过来给领导做”。督察复审不能仅仅只是查找揭露问题，还应为领导提供多种解决方案的“选择题”，概括地说，就是促进督察复审成果的运用转化——针对工作中发现的税收征管和内部控制等问题，站在全局高度，深入研究寻求解决问题的方法，提出富有促进性的意见和改进方案，为税收征管各项政策的制定、实施提供建设性的决策依据。督察复审职能作用能否得到充分发挥,重点看工作成果运用转化的效果。然而目前,督察成果的运用转化效果还不明显:

1、上级部门尚未出台与督察复审结果运用相关的规范性文件,督察复审成果如何转化无依据和指导;

2、部分督察复审人员缺乏对成果主动运用的意识,抱着"多一事不如少一事"的错误心态,认为只要查找出问题,下达了处理意见书,就已经完成工作任务,直接导致辛苦督察审核得来的成果最后变成了几份存档的纸质资料,束之高阁,不能发挥其深化监督、促进征管优化的作用;

3、部分督察复审成果的质量不高,一方面受督察复审人员的业务素质影响,另一方面督察复审具有局限性,缺乏一定的高度和宏观意识,对督察事项以外其他工作的指导性和操作性不强。督察复审的质量短板,很大程度制约了督察复审结果的运用和转化。

## 三、如何完善税收督察复审制度

(一)配强配足督察人员

复审和风险应对是监督和管理的关系,复审是对中、高等风险应对人员的执法质量进行监督的一种手段,是税务机关内控机制重要组织部分。发挥督察复审"查错纠弊、提升风险应对质效"的功能,就必须建立、健全督察复审机构、配足配强督察复审人员。专职复审机构缺失会影响复审职能发挥,临时机构、临时人员只是工作上临时安排,具有不确定性和时效性。目前,督察复审机构设置还没有统一,对复审工作难以从人员、时间上予以保证,影响到复审质效,难以保证复审案件查深、查透、查准。建议从制度设计层面对督察复审机构进行统一设置,统一机构名称,统一人员编制,统一职能,统一标识,为督察复审工作提供组织保障。

随着税源专业化改革深入,税务组织结构处于动态调整中,涉及流程、规范调整较之以前变化频次多;在信息化管税环境下,大数据、云计算催生新的税源管理模式,从基础管理到无风险不应对,从风险应对贡献率降低反过来思考加强基础管理,省局逐步确立申报、纳服、基础税源管理、中高等风险应对、机关实体化为链条的税源管理模式。每次改革,对各部门、各岗位税务人员综合素质和业务水平提出更高要求,没有最好,只有更好。督察机构作为监督部门,更要求配备政治坚定、业务过硬、作风优良的人员。在改革取得成就的同时,各层级领导感觉硬件上去了,软件也更新优化了,税务管理效率却上不去;基层风险应对分局成立了,职级加强了,人数配足了,风险应对有效性上不去。每个部门都感觉人力资源配置不足,是纳税人原因?还是税务部门自身原因?税务部门除了人力配置原因,是否还有其他因素影响应对质效?税务部门在反思,考虑问题焦点开始从外变为向内,行政权力不受约束必然导致腐败,也是导致行政效率低下的重要原因。行政干预、人情税是税收执法风险源泉之一,成立专门督察复审机构,配足配强督察复审人员,从内部构建监控机制,规范风险应对执法行为,防范税收执法风险应是顺应改革的必然产物。

(二)建立健全督察复审线索的分析确定制度

1、建立联动机制,处理好管理与监督关系。随着税源专业化改革的层层推进,各种流程、规范处于不断优化之中,组织结构也处于优化调整之中,专业化分工决定了干好每项工作需要部门之间紧密配合,管理处于事前、事中环节,督察复审处于事后环节,管理是基础,督察复审是保证,因此做好督察复审工作,首先要处理好督察复审和管理之间关系,保证两者之间良性互动。其次,建立督察为主,各部门共同参与的联动机制,共同发力,才能做好督察复审线索的分析确定工作。

2、整合资源,发挥信息管税优势。在互联网时代,信息技术就是生产力,大数据时代来临,云计算技术日益成熟，税务部门的税源管理模式，税收风险应对方式随着信息化水平提高发生日新月异变化，信息管税重要性日益明显。复审作为风险应对的监督环节，势必也要整合资源，发挥信息管税优势。在提供复审线索过程中，各部门根据分工按照一定的技术标准、数据标准和业务规范为复审线索分析提供数据来源。

3、梳理数据来源，增加复审模块功能。复审是对风险应对质效的检查，中高等风险应对风险数据筛选、排序、推送、应对规范是复审工作必须熟知内容；中高等风险应对适用法律、法规、规范性文件是进行复审工作法律依据；中高等风险应对流程和规范是复审检验风险应对是否符合规范的标准，我们对复审需要的信息进行梳理，明确复审需要的数据，再对数据进行规范和固化，在此基础上提高数据采集广泛性，数据利用科学性，数据分析精准性，是做好复审工作的信息保障。

根据地税征管范围，建立各税种有效的风险应对模型，根据模型的需要确定需要采集的数据，现有大集中系统对风险应对需要的数据已经逐步规范、完善，对第三方数据利用日益重视，在此基础上，根据复审工作需要应该增加、完善复审模块功能，为复审线索分析、实施、审理提供相应数据支持。

4、建立分析确定制度。根据复审工作特点建立复审线索分析确定制度，有利于提高复审工作科学性和规范性，复审线索分析确定包含事前、事中、事后三个阶段。

事前阶段主要是确定复审对象，即根据复审选案规则进行选案，对已经结案的中高等风险户选取复审对象，因为复审工作与税收执法责任考核相关联，在绩效考核中与每位风险应对人员切身利益相关，公平、公正、公开选案是复审工作必然要求，必须依靠制度进行保证。复审选案采用“必须”、“有效”、“全面”原则进行，对重点税源行业、税种、税目采用必须原则选案；对零申报、零贡献、低贡献等异常户采用有效原则进行选案；对风险应对人员采用全面原则进行选案。根据营业收入、税收入库金额对应对户按行业、税种、税目进行排序确定选案区域，根据零申报、零贡献、低贡献等异常情况确定选案重点，根据循环不重复原则针对风险应对人员确定复审对象。

事中阶段的分析确定，根据风险应对情况对风险点进行案头分析，将包含风险应对贡献在内税负进行内部分析确定，与该户前期数据进行纵向对比；与同行业可类比数据进行横向比对看有无异常，主要结合申报数据进行静态分析；在复审延伸核实过程中，将申报数据与实地情况展开表与表、表与账、账与证、账与实比对进行动态分析；同时在有条件情况下，开展与第三方数据比对进行外部分析确定。根据内外部分析确定结果，在复审风险应对案件合法性、合规性的基础上得出复审结论，写出复审报告。在审理环节进行部门联动分析，争取支持。联动分析就是在审理环节，各业务部门对复审报告充分发表意见，对复审的科学、规范、有效进行分析确定。根据审理的复审结果，上报领导进行层级分析，争取肯定。领导眼界宽，思考问题全面，经过层级分析，能够发现工作中疏漏问题，有助于提高复审线索分析确定的准确性、全面性。

事后阶段的分析确定，就是将复审结果与适用法律、法规、规范性文件进行校验，与流程和规范进行校验，与风险应对模型进行校验。归纳出容易出现问题的环节和执法事项，作为以后确定督察复审对象的线索。

（三）完善风险应对工作的执法责任追究制度

税收执法责任制的工作目标是：以统一的岗位职责和工作规程为基础，以信息技术为支撑，对税收执法行为进行全过程的监控、规范与考核，严格责任追究，努力实现有法必依、执法必严、违法必究，全面提高依法治税水平。

随着信息技术发展，税源管理模式逐步改变，借助于计算机云计算，人们处理信息速度大大加快，引入风险管理理念后，税务机关管理效率迅速提高，从面、线管理引申为精确制导的点管理，通过建立风险模型，对风险点进行数据排序、筛选、推送，使税务机关将有限人力资源用在排除风险点上，无风险不应对，大大提高管理效率。成立专门风险应对机构，配备风险应对人员，完善风险应对岗、责体系，是新型税务机关依法行政的重要保证。在纳服、申报、基础税源管理、风险应对、机关实体化新的管理链条下，防范执法风险，推进税务人员依法行政，完善风险应对工作的执法责任追究制度显得尤其重要。

完善风险应对执法责任追究制度的几点思考：

1、完善岗位职责和工作规程。总局、省局加强了流程、规范制定，结合省局推广的征管规范和4.0大集中系统模块更新，根据本地实际情况，完善风险应对岗位职责和工作规程，做到有岗必有权，有权必有责。从实际出发，以事定岗、依法定责、权责相当、互不交叉重叠，具体到风险应对部门，应考虑工作量、执法人员等相关因素，根据实际情况科学、合理地设立岗位职责体系，在具体人员岗位职责中可采取设定岗位系数的办法，体现各工作岗位间工作量、工作难度、岗位技术含量、风险责任等因素上差异。在工作规程的设置上应避免一人多岗。

2、完善税收执法责任制度。国家税务总局制定了《税收执法过错责任追究办法(试行)》，省局制定了《江苏省地方税务局税收执法责任制实施办法(试行)》，目前，税收执法责任制缺少对顶层制度设计的完善，已经有的制度也落后税源专业化改革，并且，各地、各级税务机关内部对落实税收执法责任制的机构设置也不统一，极大影响了税收执法责任制的执行。从宏观看，提高立法等级，完善税收执法责任制是做好税收依法行政工作的制度保证；从微观看，统一税收执法责任制执行主体，统一税收执法责任制执行规范，统一税收执法责任制运行机制，是基层做好税收依法行政工作的体制保证。从本地实际看，省、市局税收执法责任制实施办法是新一轮税源专业化改革之前制定，对风险应对的追责条款制定较少，与新的税源管理事项清单、新的征收管理规范不相适应，省局应该增加相应条款，增加风险应对不符合征管规范的追责条款；增加风险应对不符合法律、法规的追责条款；增加不符合风险应对结论的追责条款。市县局应该按照纳服、申报、基础税源管理、中高等风险应对、机关实体化链条细化各部门在税收风险应对各环节的责任目录，便于基层操作执行。

3、加强风险应对执法责任制信息化建设。以计算机管理为依托，完善人机结合考核机制，开发应用税收执法责任制管理信息系统，实行计算机对税收执法信息的自动生成、自动考核，从而摆脱传统“人盯人”，“人管人”种种局限，避免人情内耗带来效率低下。充分应用信息化成果，通过省级大集中应用系统，将税收风险应对各个执法环节纳入计算机监控范围，依据岗位职责，授予风险应对人员不同的操作权限和口令，以便于对执法责任进行鉴别和考核。

4、严格责任追究制度。在完善的制度、清晰的岗职、科学的信息系统支撑下，坚持有法可依、有法必依，执法必严，违法必究。严格责任追究制度，对严重税收违法案件实行一案双查，以“真督察”倒逼税收执法和风险应对质量的“真提高”。

(四)提高督察复审成果运用转化效果

督察复审对风险应对案件的质量进行检验，查错纪弊，有利于提高风险应对人员执法水平。但如果仅仅停留在对具体案件的监督上，难以发挥督察复审整体效用。应该注重对复审成果的转化应用，结合实际应该做到以下几个方面。

1、对具体案件进行过错追究，提高风险应对人员依法行政意识。通过复审，对风险应对案件进行检查。对查出的执法过错进行行政问责和经济惩诫，可以提高风险应对人员依法行政意识。通过风险应对报告与复审结论进行对比，执法人员可以清晰发现应对中存在的不足和过错，从而产生要求进步的内生动力，通过加强学习，在实践中提高技能，不断提高风险应对水平，同时排除外来因素干扰，自觉抵制人情办案，牢固树立依法行政意识。

通过责任追究，对执法人员的执法质量进行考核评议，将责任追究结果与个人工作绩效、争先创优、职务晋升挂钩，从利益上激发税务人员提高执法水平，切实做到忠实履职、安全履职、高效履职。

2、注重复审案件数据转化运用，提高复审成果应用水平。复审风险应对结论合法性、规范性、准确性，税务机关可以对复审案件相关数据进行深化运用，针对督察复审中发现的问题，通过《督察内审建议》等形式，向局领导、本局其他部门或下级部门提出对纳税人基础信息进行维护，对征收方式、纳税鉴定、房土两税登记信息进行维护、对后续管理事项进行维护，对风险应对模型进行维护，对流程和规范进行维护，为风险应对提供案源线索，以案说法，丰富风险应对人员法律知识等的建议，起到以点带面、举一反三，改进工作、避免类似问题重复发生的目的。

3、开展优秀督察复审卷宗、案例、人员评比，促进督察复审工作质量的提高。定期开展优秀卷宗、案例、人员评比工作，可以相互交流，取长补短，总结经验。通过评比，对优秀卷宗、案例、人员进行表彰，给予单位和个人一定的物质和精神奖励，激发督察复审人员工作热情，同时对优秀督察复审人员给予工作绩效、争先创优、职务晋升方面特殊政策，可以稳定督察复审人员队伍，促进督察复审工作向更高层次迈进。

课题组组长：丁国洪

成员：孙晓峰　徐　斌　唐爱国

姚　雷　朱新华　朱　珉

# “阳光工资”下基层税务员工的激励机制与工作满意度

## ——以Y市A区地方税务局为研究对象

洪兆平　汤大鹏　马　岩

## 一、引言

近年来随着“阳光工资”以及相关配套政策的逐步推行，基层税务机关员工的激励机制受到很大约束：晋升空间狭窄、福利待遇缩水、职业荣誉感下降……；相比之下，上级税务机关和社会各界对基层税务员工的要求却越来越高。因此，部分基层税务机关出现了“税收专业人才流失，税务职业吸引力下降”的现象。那么，在阳光工资背景下，究竟哪些激励机制对基层税务员工发生作用？其中，影响员工满意度的最重要因素是什么？在不违反政策的前提下，管理者还可以从哪些方面来破解激励不足的困境？从理论上来探究这些难题，是激发基层活力、增强基层效能的必然要求。

长期以来，管理心理学和人力资源管理领域的研究者一直强调激励员工的重要性，以此提高员工满意度，进而促进组织绩效的提升。因为员工如果不喜欢他们的工作，就会出现工作倦怠、旷工、离职等现象，影响组织目标的实现。

20世纪70年代后期开始，随着“政府改革”浪潮的兴起，西方国家对公务员的激励机制进行大胆的探索。James等人(1998)在一项有意义的研究中指出，建立在新制度经济学基础之上的“新公共管理”运动，通过制度安排来改进政府部门绩效，其措施主要有：政府合同、财政分权、绩效预算。Petrie(2002)认为，1990年之后，OECD成员国普遍采用“公共部门绩效合同”，以此改进公共部门绩效，应对巨大的财政赤字和公众压力。在工资福利方面，美国政府机构甚至向企业学习，实施“宽带薪酬”改革。具体到税务机关的激励机制，美国国内收入署(IRS)的主要做法是：提出并实施“战略性人力资源计划”、注重人才的教育与培训、建立功绩晋升制、实施基于“平衡计分卡”的团队绩效管理。日本国税厅的主要做法是在录用、培训、任用和薪酬管理上有一整套的制度，同时采用针对个人和组织的绩效考核。最有趣的是巴西税务部门1989年对税务人员实行“罚款提成奖励”，即从逃税者缴纳的罚款中提取68%奖励给税务人员，旨在提高税收执法力度。通过面板数据进行实证分析的结果表明：戏剧性的变化发生了——此前每次检查的罚款基本是稳定的，而1989年的这项改革之后，在扣除经济增长以及同期进行的企业和个人所得税改革的效应之后，罚款增长了75%。这当然是个极端的例子，但对我们在特定的情境下设计激励机制富有启发意义。王平(2002)运用从浙江省国税局获得的调查数据，发现国税系统的激励模式包括常规激励、目标激励、声誉激励、参与与人群关系激励、约束激励等，激励模式特征影响公平性知觉，进而对激励效能产生影响。赵昌军(2013)分别从加强税务文化建设、完善薪酬制度、强化培训、完善考核制度、创新晋升机制等方面，探讨了优化太康县国税局激励机制的举措。

更多的学者研究激励机制与工作满意度的关系。所谓“工作满意度”，是指一个人对其工作的一般态度。对工作满意的人将对工作持积极的态度；反之则反。个人的工作满意度源于他(她)对工作和工作环境的认知。依据Hackman和Oldham 1975年提出的“工作特征模型”，这些工作和工作环境也可以分为内部激励和外部激励。内部激励包括技能的多样性、任务的重要性、任务的同一性、自主权和来自工作的反馈;外部激励包括工作条件、薪酬、晋升和监督。Mathis 和 Jackson(2001)认为,工作满意度包含以下维度:薪酬、被承认、与上下级的关系、成长的机会。每个维度都会引起人们对工作本身的满意体验,且不同的人对工作满意度有不同的认知。因此他们认为:一般来说,对工作满意度不存在单一的测量方法,关键是发现员工的期望与他们从工作中实际得到的结果之间的差异。众多的研究还发现人口统计学变量也许会影响工作满意度。Lotte(2010)进一步发现,公共部门员工的激励与"工作满意度"存在显著的正相关。就税务机关而言,我国台湾地区的谢传和(2010)通过对中区税务人员的问卷调查,发现"职位"在工作满意度上有显著差异,工作满意度与职业倦怠具有显著的负相关;黄信伟(2005)以湖南省地税局的289名基层干部为调查对象,结果显示:总体工作满意度和各维度的满意度均处于"基本满意"状态,对工作满意度总分影响最大的人口统计学变量是任职年限和性别。孙佳杉(2012)运用明尼苏达工作满意度短式量表和工作描述指数量表对两个县的税务干部进行调查,发现增加岗位晋升、完善培训制度、提高工资待遇能增加员工满意度。此外,满足女性、40 岁以上、本科学历以下 3 个条件之一的公务员满意率较低。

检视现有的文献资料,我们发现:前人在此领域进行了大量有益的探索,为本研究奠定了坚实的基础。同时,我们也发现大多数成果为西方情境下的激励机制及其效果,研究中国本土的论文相对较少;国内实证类论文,几乎没有涉及"阳光工资"实施后的新情况;此外在研究方法上,一些论文未取对数却对回归系数用弹性来解释,在计量结果上产生明显的失误。这些不足,都为本文的进一步研究提供了一定的创新空间。

## 二、研究框架

员工的工作满意度与其工作动机密切相关,工作动机决定员工投入多大精力来实现与工作有关的既定目标。当然,动机仅仅是影响员工满意度的一个因素,其他因素还包括外部环境中的约束条件(如时间、资金、组织要求)和个人能力等等。但一般观点是:员工目标的实现,能够增加其满意度,原因在于他们的心理需求得到了实现。从组织的角度看动机就是激励,因为激励就是引导员工的动机指向组织目标,并进行有效努力的心理过程,"动机"和"激励"在英语中有时是同一个词。因此,本文将集中讨论阳光工资背景下基层税务员工的激励机制由哪些方面构成、是如何影响工作满意度的。我们将主要涉及晋升、薪酬、绩效考核、奖惩、培训及参与管理等方面,除人口统计特征外影响员工满意度的其他因素暂不讨论。

晋升是将一个员工任命到更高的职位,意味着对其过去绩效的承认及未来前途的承诺。在一个组织中,晋升能够满足马斯洛在"需要层次论"中所说的"尊重的需要"和"自我实现的需要"。按照赫茨伯格的"双因素理论",晋升属于激励因素,能增强员工的责任心,使其不断地在工作中取得成就,得到上级和人们的赏识。麦克莱兰的"成就需要激励理论"也指出,晋升可以满足员工的权力需要和成就需要,从而使他们把工作做得更好。因此马斯洛(1943)和 ERG 理论的创始人阿尔德弗(1972)都认为,一个人如果长期得不到晋升,就会变得沮丧和消极,妨碍绩效的提升。近年来学者们的研究进一步证实和发展了这些结论。如 DeVaro(2007)运用 1992-1995 年"美国城市不公平"调查数据,发现非盈利部门的员工的晋升机会要比盈利部门少;同时,非盈利部门的晋升较少依赖于个人的工作绩效或功绩。Kosteas(2009)则根据 1996-2006 年的数据进行实证研究,结果显示:在过去两年中得到晋升的员工增加了工作满意度,预期今后两年会晋升的员工也具有较高的工作满意度;但既往的晋升对工作满意度有一个滞后且逐渐衰减的影响。在一般情况下,对阳光工资下的我国基层税务员工而言,晋升也会对他们产生激励作用。

因此,我们提出假设 1:阳光工资下的晋升制度与基层税务员工满意度显著正相关。

薪酬是员工因向所在的组织提供劳务而获得的各种形式的酬劳。狭义的薪酬指货币和可以转化为货币的报酬。广义的薪酬除了包括狭义的薪酬以外,还包括获得的各种非货币形式的满足。我们这里指的是狭义的薪酬,即:发放给员工的工资、奖金、津贴、补贴。薪酬与员工满意度之间存在密切的关系。因为薪酬不仅可以满足人们的生存需要、安全需要,而且代表着人们的无形价值,如:社会地位、个人成功(是组织评价个人价值的符号)、进步(期望个人收入随时间增长)。这种情况在发展中国家尤其普遍,因为人们大多贫穷,更易被金钱这类的外在激励所打动。但是人们对薪酬的满意度依赖于他们对金钱的偏好程度以及他们怎样和相关人员比较。因此,一个人如果过分看重金钱,会对金钱产生更高的欲望,导致他对薪酬的严重不满意,这就反过来降低了他的工作满意度。因为工作满意度由很多方面构成,而薪酬仅仅是其中一个方面。公务员在这方面也不例外。有研究表明美国公务员的薪酬与工作满意度正相关。对我国阳光工资后的基层税务员工而言,“同级同酬”拉平了同一地区各部门的工资水平,产生新的“大锅饭”,难以体现不同部门之间的工作量、责任、风险的大小;而且阳光工资后,科级以下大幅下降,处级基本持平,厅局级以上明显提高,这就让基层税务员工中成为最大的利益受损群体。因此,基层税务员工不免产生亚当斯所说的“不公平”感,进而对工作不满意。

因此,我们提出假设 2:阳光工资下的薪酬制度与基层税务员工满意度显著正相关。

不同的理论解释了绩效考核与员工满意度之间的关系。洛克的目标设置理论认为,可衡量的、富有挑战性的目标有助于员工提高个人的动机,使其更加努力地工作。因此,目标实现的程度与员工的工作满意度紧密相关。通常情况下,组织常常把目标实现与薪酬制度特别是绩效工资联系在一起。研究显示,绩效工资与高的总体满意度联系在一起。阳光工资后的基层税务机关如果能提供一个方法科学、程序透明的绩效考核制度,应当会增加员工的满意度。

因此,我们提出假设 3:阳光工资下的绩效考核制度与基层税务员工满意度显著正相关。

根据斯金纳的强化理论,奖励属于“积极强化”,会增加人们对行为结果的期望概率;而惩罚属于“消极强化”,可以防止某些不理想或不好的行为继续出现。定期、灵活的奖惩制度,是一个组织常用的外部激励手段。比如,著名的“泰罗制”就强调通过经济手段,来调节工人的行为。我们认为,在实行阳光工资后,如果基层税务机关的奖惩机制合理而完善,也会提高员工的满意度。

因此,我们提出假设 4:阳光工资下的奖惩制度与基层税务员工满意度显著正相关。

按照贝克尔的人力资本理论,培训是雇佣者对员工人力资本的投资,使其带来更高的劳动生产率和个人收入。一个组织如果想拥有美好的未来,必然依赖于具有竞争优势的人才队伍。而培训正是系统改变员工的知识、技能、态度和行为,从而提高绩效的有力工具。培训同时也能影响员工的工作满意度。因为工作满意度是对一个人工作的主观评价,当然不仅指经济收入,还包含对组织和个人更重要的非金钱回报。在赫茨伯格的“双因素理论”看来,培训既是公司的政策,属于“保健因素”;也属于能带来个人成就和进步的“激励因素”。无论“保健因素”、还是“激励因素”的缺少都会引起员工的不满,因为激励因素会使员工留下来,缺少保健因素会增加员工流失。按照阿尔德弗的 ERG 理论,培训能够满足个人的“成长需要”——个人发展的内部需要(包括马斯洛所言“尊重需要”的内在部分和“自我实现需要”的一些特征)。不难发现,从经典的激励理论来分析,培训将会促进员工的工作满意度。

麦克雷戈(1959)指出,人类行为最终指向需要的满足。阿吉里斯(1964)也认为:整合个人需要和组织需要是至关重要的。应当帮助个人变得更加独立、积极、平等,而“员工参与管理”恰恰能鼓励人的自主权的发展。全世界无论公私部门都流行“员工参与管理”,是因为所有组织的终极目标都是实现利益相关者需要的整合。在一个处处强调质量改进、劳动生产率和顾客满意度的时代,“员工参与管理”将使员工认识到自己的价值,增进工作满意度;同时还能实现“尊重的需要”,带着感情去工作,最终为组织创造价值。我们设想,阳光工资后假如基层税务机关能够在培训和员工参与管理方面有所作为,将促进员工的工作满意度。

因此,我们提出假设5:阳光工资下的培训及参与管理制度与基层税务员工满意度显著正相关。

综上所述,我们将本文第二部分讨论的研究框架归纳成图,下文将要提及的作为控制变量的人口统计学特征也一并列示。

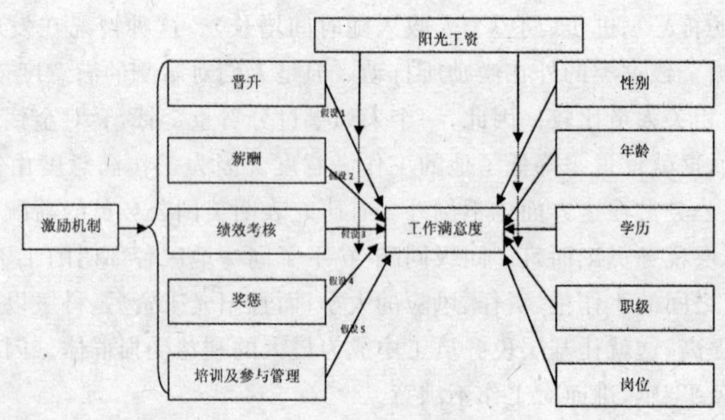


图一 本文的研究框架

## 三、调查与数据采集

(一)样本来源

考虑到经费、时间的限制,我们以2009年就已实施"阳光工资"的Y市地方税务局为研究对象。该局处于江苏省中部的一个地级市——Y市,下辖6个县(市、区)地方税务局,市区设1个征收分局(纳税服务局),1个风险监控局,3个管理分局,1个稽查局。现有干部职工1043人,其中市区221人。全系统大专以上学历人员达91%,党员占73%。具备"三师(注册会计师、注册税务师、律师)资格的人数达159人,占总人数的15.6%。

在大量查阅相关文献资料的基础上,我们于2014年9月初到Y市地方税务局举行"焦点小组讨论(focus group discussion)",形成了基于李克特五点量表("非常同意"=5;"非常不同意"=1)的调查问卷框架。按照分层抽样的原则,我们在2014年10月初—11月底正式发放问卷208份,实际回收190份,回收率91.35%;其中有效问卷141份、废卷49份,有效率74.21%。样本中,男性占69.6%,女性占30.4%;40岁以下占35.8%,41—50岁占53.3%,51—60岁占10.9%;本科以下(高中或中专、大专、本科)占88%,硕士占12%;办事员占13%,科员占77.2%,科级占9.8%;从事行政管理工作的占29.3%,从事税收业务工作的占70.7%。以上样本特征与作为总体的Y市地方税务局的人力资源特征一致,并无明显的偏误。

(二)变量的测量

因变量:一般来说,公共部门的绩效测量存在较大的难度,同时我国税务系统标准化的绩效管理刚刚推行,对绩效的定性考核和定量考核在精度方面还有待提高。因此,本文与多数研究类似,我们将因变量选取为"工作满意度",而不采用"绩效"。由于本文的研究目的是测量阳光工资下基层税务员工对激励机制的反应,根据我们的前期访谈结果,我们特意将"工作满意度"取为"相对满意度",并将其操作化为"与国税局相比后的激励满意度"、"与地方政府相比后的激励满意度"、"与省内其他地税局相比后的激励满意度"三个指标。以上三个指标的算术平均数,成为"工作满意度"的得分。在本研究中,因变量具有很高的克朗巴赫一致性系数($\alpha=0.902>0.7$),因此通过信度检验。此外,我们还设置了一个"总体满意度"指标，作为自编量表的效度指标。

自变量：我国基层税务机关是政府的一个组成部门，其成员依据2006年1月1日实施的《公务员法》进行管理。《公务员法》，规定了我国公务员的条件、义务与权利；考核制度；职务任免、升降制度；奖惩制度；培训制度；工资福利保险制度等。据此，我们在参考国外公务员“工作满意度”量表的基础上，在预试问卷中从以下六个维度来考察基层税务机关现有的激励机制，即：晋升制度、薪酬制度、绩效考核制度、奖惩制度、培训制度、职工参与管理制度。在自变量的每个维度下，我们都将概念操作化为几个指标。根据试测后的问卷数据，我们进行结构效度检验，也即：按照特征值＞1、每个维度中至少包含3个指标、总解释率＞30％的原则提取公因子，并对因子负荷＜0.4的指标进行删除，最终形成5个变量、20个指标的自变量量表。每个变量下各指标的算术平均数构成其得分。

第一个自变量是“晋升”，包括四个指标：委任晋升制度合理规范、竞争上岗合理规范、岗位交流合理规范、注重后备干部的培养。本变量的克朗巴赫一致性系数 $\alpha=0.901$。

第二个自变量是“薪酬”，包括四个指标：对职务工资感到满意、对级别工资感到满意、对津补贴感到满意、对奖金感到满意。本维度变量的克朗巴赫一致性系数 $\alpha=0.941$。

第三个自变量是“绩效考核”，包括三个指标：有具体的个人绩效考核目标、提供实现个人绩效目标的工作条件、考核方法科学而且程序透明。本变量的克朗巴赫一致性系数 $\alpha=0.886$。

第四个自变量是“奖惩”，包含四个指标：考核结果与奖惩挂钩、奖惩制度合理、廉政建设制度完善、奖惩制度的运行做到民主和公开。本变量的克朗巴赫一致性系数 $\alpha=0.85$。

第五个自变量是“培训及参与管理”，包括五个指标：为员工制定职业发展规划、开展在岗与外出培训、制定规章制度时广泛征求意见、合理化建议受重视、民主集中制的原则执行到位。本变量的克朗巴赫一致性系数 $\alpha=0.898$。

控制变量：除了自变量之外，其他某些因素也对因变量产生影响，这在回归分析时必须一同考虑，从而观察在某些因素已被“控制”的情况下自变量对因变量的因果关系。在本研究中，根据此前学者的研究，一些主要的人口统计学变量如性别、年龄、学历、职级、岗位等，可能对基层税务员工的“工作满意度”产生影响，因此我们有必要将其作为“控制变量”来处理。为此，我们设置如下虚拟变量：性别（男＝1，女＝0）；年龄以40岁以下设为参照组，设置2个虚拟变量——41岁－50岁、51岁－60岁；学历（以本科＝0，硕士＝1）；职级中以办事员为参照组，设置科员组、科级两个虚拟变量；岗位（行政管理1，税收业务＝0）。

## 四、实证结果

### （一）样本的描述统计量

**表一　样本的描述统计量（N＝141）**

| 变量名称 | 极小值 | 极大值 | 均值 | 标准差 |
|---|---|---|---|---|
| 人口统计学变量 | | | | |
| 男 | 0 | 1 | 0.7 | 0.46 |
| 41－50岁 | 0 | 1 | 0.53 | 0.5 |
| 51－60岁 | 0 | 1 | 0.11 | 0.31 |
| 硕士 | 0 | 1 | 0.12 | 0.33 |
| 科员 | 0 | 1 | 0.77 | 0.42 |
| 科级 | 0 | 1 | 0.1 | 0.3 |

| 行政管理 | 0 | 1 | 0.29 | 0.46 |
|---|---|---|---|---|
| 激励机制 | | | | |
| 晋升 | 1 | 5 | 3.07 | 0.86 |
| 薪酬 | 1 | 5 | 2.63 | 0.93 |
| 绩效考核 | 1 | 5 | 3.11 | 0.82 |
| 奖惩 | 1 | 5 | 3.24 | 0.77 |
| 培训与参与管理 | 1.4 | 5 | 3.27 | 0.82 |
| 工作满意度 | 1 | 5 | 2.99 | 0.83 |

(二)作为因变量的"工作满意度"与控制变量、自变量的回归分析

为消除异方差、同时增强结果的可解释性,本文对人口统计变量以外的所有变量均取自然对数进行处理。

本文的目的是检验激励机制对员工满意度的影响,因此我们进行多元线性回归,显示了回归分析的结果。在模型1中,以工作满意度ln(Y)为因变量、人口统计变量为自变量进行多元线性回归。在模型2中,我们同样以工作满意度ln(Y)为因变量,人口统计变量作为控制变量,再加入激励因素作为自变量,进行多元线性回归分析。

**表二 回归分析结果(N=141)**

| 变量 | 工作满意度ln(Y) | | | | | |
|---|---|---|---|---|---|---|
| | 模型1 | | | 模型2 | | |
| | 回归系数 | 标准误 | t值 | 回归系数 | 标准误 | t值 |
| (常量) | 1.02 | 0.107 | 9.526＊＊＊ | 0.441 | 0.158 | 2.787＊＊＊ |
| 人口统计学变量 | | | | | | |
| 男 | 0.083 | 0.07 | 1.196 | 0.112 | 0.064 | 1.748＊ |
| 41—50岁 | 0.012 | 0.072 | 0.171 | −0.058 | 0.065 | −0.898 |
| 51—60岁 | −0.05 | 0.114 | −0.457 | −0.144 | 0.104 | −1.387 |
| 硕士 | −0.124 | 0.105 | −1.182 | −0.07 | 0.094 | −0.745 |
| 科员 | −0.086 | 0.095 | −0.906 | −0.066 | 0.087 | −0.763 |
| 科级 | −0.006 | 0.141 | −0.047 | −0.06 | 0.125 | −0.482 |
| 行政管理 | 0.184 | 0.072 | 2.569＊＊ | 0.118 | 0.065 | 1.822＊ |
| 激励机制 | | | | | | |
| 晋升ln(X1) | | | | 0.045 | 0.115 | 0.394 |
| 薪酬ln(X2) | | | | 0.162 | 0.091 | 1.773＊ |
| 绩效考核ln(X3) | | | | −0.129 | 0.131 | −0.979 |
| 奖惩ln(X4) | | | | 0.072 | 0.171 | 0.422 |
| 培训及参与管理ln(X5) | | | | 0.414 | 0.13 | 3.195＊＊＊ |
| F检验 | 1.863＊ | | | 4.000＊＊＊ | | |
| $R^2$ | 0.134 | | | 0.378 | | |

总的来看,模型1和模型2的F值分别在10%和1%水平上通过统计检验,因而都是显著的,说明两

个模型的线性关系较强。在模型1中,税务员工的人口统计变量只解释了员工满意度13.4%的方差;只有一个虚拟变量(行政管理岗位)是显著的(P<0.05),而且其系数为正,说明“行政管理”岗位的员工相对于“税收业务”岗位的员工具有较高的工作满意度。在模型2中,由于增加了激励机制各变量的影响,因此显著地增加了模型的解释力,R2提高到了37.8%。但在五个有关激励机制的变量中,只有两个(薪酬、培训与参与管理)是显著的。根据弹性系数的大小,可见最具影响力的因素是“培训与参与管理”(B=3.195,P<0.01),说明“培训与参与管理”每增加1%,员工的“工作满意度”就增加3.195%。具有第二影响力的因素是“薪酬”(B=1.773,P<0.1),说明“薪酬”每增加1%,则员工的“工作满意度”就增加1.773%。在模型2中,两个人口统计变量(男性和行政管理岗位)在统计上也是显著的,而且回归系数都为正。这就说明:男性相比于女性“工作满意度”要高,行政管理岗位的人员相比于“税收业务岗位”的人员“工作满意度”要高。可能的原因是:女性员工较多分布于窗口部门,工作量超负荷;“税收业务”岗位的员工相对于“行政管理”岗位的员工,绩效考核容易量化,因而考核压力大。

从以上两个模型的比较中,我们可以看出:模型2由于考虑了更多因素的影响,更为稳健,因而其结论也更加可靠。

(三)“阳光工资”对激励机制影响的进一步分析

从上文的实证分析,我们可以看出:在控制住人口统计变量之后,影响Y市地方税务局员工“工作满意度”的因素主要有两个:一是“培训及参与管理”制度,二是“薪酬”制度。这里我们对后者略作展开。众所周知,税务机关是公务员队伍中收入较高的部门,因此,基层员工受“阳光工资”的冲击最大。这点,可从我们在本次调查中补充设计的问题(“对规范津补贴的反应”)的应答上得到进一步的证实。根据统计,“我对规范津补贴前的收入感到满意”的均值最高,为3.6;“规范津补贴影响了我的工作积极性”的均值次高,为3.46。

另外,我们还在问卷中设计了题项“规范津补贴后,您最关心哪几个方面的激励”,作为对上一个问题的引申。从统计结果看,70.6%的人选择“收入待遇问题”,占压倒性多数。另有11.9%及8.3%的人选择“工作压力问题”和“职位晋升问题”,这又从另一侧面佐证了我们从模型2中获得的实证结果。

(四)小结

由本文第三部分的实证结果可见,假设2、假设5得到验证,而假设1、假设3、假设4没有通过统计检验。

假设1被拒绝的原因可能是:由于受单位级别的限制,基层税务机关的晋升机会非常稀缺,晋升程序也不一定公正。这就导致绝大多数人感到没有盼头,因此“晋升”与基层税务员工的满意度不相关。假设3被拒绝的原因可能是:绩效考核在基层税务机关很大程度上流于形式,“优秀”等级固定于少数几个人,“不称职”等级属于犯了错误的人,绝大多数人都是“称职”等级。因此,员工基本不受绩效考核的影响,也就是说,“绩效考核”与员工满意度无关。假设4被拒绝的原因可能是:奖惩制度虚设,执行难以到位,员工感觉奖惩对自己没有吸引力和威慑力,因此“奖惩”与员工满意度无关。需要进一步指出的是,晋升、绩效考核和奖惩等制度在基层税务机关的实际执行情况,在阳光工资后并无根本改观,更加深了员工的淡漠感。

## 五、结论与建议

上述发现具有重要的理论和实践意义。首先,“阳光工资”下基层税务员工的满意度是多维度的。我们的研究仅仅证明员工满意度与激励机制、人口统计特征有关,但仅仅解释了不同公务员之间大约38%的“工作满意度”变化,达到先前同类研究的水平。这说明,仍有其他因素(比如:工作特征、工作保障、同事关系、组织环境等)没有纳入我们的研究范围,还有待进一步加以研究。

其次,"阳光工资"下基层税务机关公务员的"工作满意度",取决于两大驱动因素:培训及职工参与管理、薪酬。一方面,培训是员工职业发展的重要途径,职工参与管理则是现代民主管理的必然要求,作为知识含量较高的专业技术人员,基层税务员工提出"培训及参与管理"的要求,是符合时代发展的必然趋势。另一方面,"薪酬"作为第二大激励因素,说明基层税务机关公务员已经转而追求"金钱激励"。因为2009年地税系统在各地试行的"阳光工资",是根据2005年的基数确定的,在物价飞涨、晋升无望的形势下,职级较低的基层税务员工对此难免有不满情绪。这应当引起高层管理者的注意:在可能的条件下,可适当提高基层税务员工的薪酬。事实上,2015年1月12日国务院已经下发关于公务员加薪的文件,基层公务员的待遇将有较大幅度的提高

再次,就本研究的样本而言,税务机关不同岗位以及不同性别的人员之间的"工作满意度"存在差异。这就启发我们的管理者:对基层税务机关公务员的激励,除了期待国家的政策供给之外,能否主动采取差异化战略,以适应不同人群的不同需求,提高激励的针对性。在税务机关,我们可以称之为"分类激励",也即:针对不同类别的人群,采取不同的激励策略,才能取得良好的激励效果。

(作者单位:国家税务总局党校教研二部

江苏省扬州地方税务局)

# 广西地税系统财务管理会计人才培养研究

罗彩娥　陈同蓉　郑海燕　黄　婷

随着经济全球化的迅猛发展，行政单位会计准则由原先的与国际接轨逐步转向与国际趋同，这一重大变革使得地税部门财务管理工作面临着新的机遇和挑战。如何提高全区地税系统财务管理水平，打造一支高素质、多层次、复合型的管理会计人才队伍，从而更好地适应经济形势发展需要，更好地服务税收中心工作，更好地推动税收现代化进程，是亟待各级地税机关认真思考研究的重要课题。

## 一、管理会计人才培养总体情况

（一）管理会计人才培养的发展历程

2010年9月29日，《人民日报》刊发了《以新的思路加强政府会计人才培养》一文，首次提出了政府会计人才培养问题。

2011年3月5日，时任国务院总理温家宝在十一届人大四次会议政府工作报告中指出，要进一步深化公共财政体制与政府会计改革，加强政府会计人才建设。

2013年12月18日，财政部印发新修订的《行政单位会计制度》，明确“行政单位会计核算目标是向会计信息使用者提供与行政单位财务状况、预算执行情况等有关的会计信息，反映行政单位受托责任的履行情况，有助于会计信息使用者进行管理、监督和决策”。

2014年10月27日，财政部根据《会计改革与发展“十二五”规划纲要》，制定发布了《关于全面推进管理会计体系建设的指导意见》，明确了管理会计体系建设的指导思想和基本原则，提出了管理会计体系建设的总目标，并围绕该目标部署了相应的任务、具体措施和工作要求。此为我国管理会计体系建设的纲领性指南，奏响了管理会计发展的开篇序曲，在一定程度上标志着财务时代的转型。因此，2014年被称为我国管理会计“元年”。

（二）管理会计的深刻内涵

管理会计是会计的重要分支，主要服务于单位内部管理需要，是通过利用相关信息，有机融合财务与业务活动，在单位规划、决策、控制和评价等方面发挥重要作用的管理活动。

（三）管理会计与财务会计的区别

1、在服务对象方面。财务会计是指通过对单位已经完成的资金运动全面系统的核算与监督，以为外部提供经济信息为主要目标而进行的经济管理活动，依据是会计凭证，职能是进行会计核算和实施会计监督，成果是收集性、汇集性的资料，主要侧重于对外部相关单位和人员提供财务信息，属于“对外报告会计”；而管理会计是运用一系列专门的方式方法，通过确认、计量、归集、分析、编制、解释和传递等工作，为管理和决策提供信息，并参与单位运行管理，以提高经济效益为最终目的的会计信息处理系统活动，服务对象是单位内部管理者，主要侧重于强化单位内部运行管理、提高经济效益服务，属于“对内报告会计”。

2、在职能定位方面。财务会计的侧重点是“记录价值”，通过确认、计量、记录和报告等程序提供并解释历史信息；而管理会计的侧重点是“创造价值”，是解析过去、控制现在与筹划未来的有机结合。

3、在程序与方法方面。财务会计采用填制凭证、登记账簿、编制报表等一成不变的程序与方法；而管理会计采用的程序与方法灵活多样，具有较大的可选择性和可操作性。

（四）全区地税系统推进管理会计体系建设的重要意义

1、全面推进管理会计体系建设，是强化公共服务职能的迫切需要。当前，世界经济进入增速减缓、结构转型、竞争加剧的时期，我国经济正处于增长速度换档期、结构调整阵痛期和前期刺激政策消化期“三期”叠加阶段，只有加快行政单位职能转变，充分挖掘管理潜力，强化管理会计应用，优化社会公共服务，提高社会管理科学化、精细化、制度化水平，才能实现公共管理升级，进而促进经济转型升级，推动社会经济不断健康发展。

2、全面推进管理会计体系建设，是深化财税体制改革的内在要求。党的十八届三中全会对全面深化改革做出了总体部署，其中财税体制是深化改革的关键点和突破口。在财税会计领域贯彻落实全面深化改革要求，非常重要的一项内容就是大力加强管理会计工作。

管理会计重在利用财务信息参与决策、规划未来、控制和评价单位经济活动，有助于关注和重视单位管理中不同环节、不同岗位之间的相互衔接，加强规则制定、流程控制，提高管理效能；有助于推进各级预算单位加强预算绩效管理、决算分析和评价工作，推动建立与实现社会现代化相适应的现代财税制度。

3、全面推进管理会计体系建设，是提高财务管理水平的必由之路。一直以来，全区地税系统财务会计工作始终紧紧围绕服务税收中心大局，财务管理工作取得显著成绩：行政单位会计准则、单位内部控制规范、会计信息电算化等持续平稳有效实施；具有地方税收特色的财务会计理论体系初步形成；财务工作服务参谋水准不断提高。

但是，各级地税机关的会计基础规范、会计实务操作和会计学术研究，往往着眼于应对巡视监察、督查内审、外部审计和公众监督，而服务内部管理决策不够深入，管理会计发展相对滞后，为税收事业发展提供规划、决策、控制和评价等方面的作用未能得到充分有效发挥。

4、全面推进管理会计体系建设，是提高财政资金使用效益的有力保证。综合分析全区地税系统年度部门决算数据来看，财政资金使用效益仍然有待进一步提高。一是部分基层单位预算与决算存在一定差异，预算约束刚性不强；二是部分单位仍然存在结转结余资金沉淀，缺乏有效盘活措施；三是预算项目库不够健全完善，“钱等项目”、“敞口花钱”等问题仍有出现，资金使用管理各个环节仍然较为粗放。

管理会计重在利用财务信息预测前景、参与决策、规划未来、控制和评价经济活动，可以广泛运用于预算编制和执行过程，通过深入分析，对预算决算多环节、多流程、多方面的信息进行综合考量、比照分析、发现问题、规范管理，有助于提高预算编制水平，增强预算执行约束力，改变“重预算、轻决算，重分配、轻管理”的现状，切实增强财政资金使用效益。

由此可见，全面推进管理会计体系建设，是顺应会计科学发展的必然选择，是实现税务部门财务会计体系自我超越和自我完善的必然要求，是推动全系统财务会计工作转型升级的必要举措。

## 二、全区地税系统财务管理会计人才培养现状

根据全面推进管理会计体系建设的重要意义，要加强全系统管理会计工作，必须加大管理会计人才培养力度。2016 年 5 月，笔者研究制定了《广西地税系统财务管理部门会计人才培养现状调查表》，问卷下发至 183 个预算单位，共计回收 183 份，其中有效问卷 183 份，问卷有效率达 100%。对全区地税系统 551 名财务管理部门科级及以下会计人员培养现状进行了深入而全面的调研，汇总结果：

| 财务部门会计人员总数 | 持有会计从业资格证人数 | 入选区局十百千人才培养计划“百”层次人数 |
|---|---|---|

<table>
<tr><td colspan="2">551</td><td colspan="2">337</td><td colspan="2">5</td></tr>
<tr><td colspan="2">大专学历人数</td><td colspan="2">本科学历人数</td><td>双学士人数</td><td>研究生学历人数</td></tr>
<tr><td colspan="2">154</td><td colspan="2">361</td><td>9</td><td>27</td></tr>
<tr><td colspan="2">初级会计师人数</td><td colspan="2">中级会计师人数</td><td colspan="2">高级会计师人数</td></tr>
<tr><td colspan="2">37</td><td colspan="2">16</td><td colspan="2"></td></tr>
<tr><td colspan="2">律师人数</td><td colspan="2">注册税务师人数</td><td colspan="2">注册会计师人数</td></tr>
<tr><td colspan="2"></td><td colspan="2">2</td><td colspan="2">1</td></tr>
<tr><td>在《广西地税调研》发表文章人数</td><td>在《广西地税调研》发表文章篇数</td><td>在广西地税系统其他刊物发表文章人数</td><td>在广西地税系统其他刊物发表文章篇数</td><td>在省部级刊物发表文章人数</td><td>在省部级刊物发表文章篇数</td></tr>
<tr><td>9</td><td>12</td><td></td><td></td><td>3</td><td>3</td></tr>
</table>

(一)会计人员持证上岗情况

全区地税系统财务管理部门科级及以下会计人员共有551名，其中持有会计从业资格证人数为337名，占比61.16%。可见目前全系统会计人员持证上岗比例偏低，未能完全达到会计基础工作规范“从事会计工作的人员，必须取得会计从业资格证书”的要求。

(二)会计人员学历分布情况

全区地税系统财务管理部门科级及以下会计人员共有551名，其中大专学历人数154名，占比27.95%；本科学历人数361名，占比65.52%；双学士9名，占比1.63%；研究生学历人数27名，占比4.90%。可见目前全系统会计人员主要为本科及专科以下学历，研究生学历人数偏少。

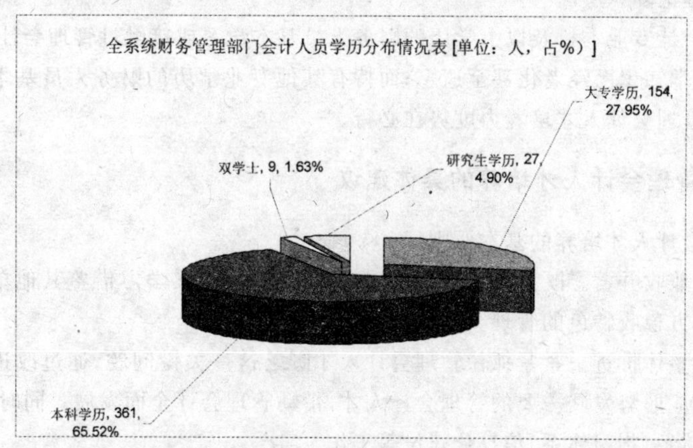


(三)会计人员高层次培养情况

全区地税系统财务管理部门科级及以下会计人员共有551名，其中初级会计师人数37名，占比6.72%；中级会计师人数16名，占比2.90%；入选区局十百千人才培养计划“百”层次人数5名，占比0.91%；注册税务师人数2名，占比0.36%；注册会计师人数1名，占比0.18%；律师及高级会计师人数均为零。可见目前全系统高级会计人才极为稀缺，有待加大力气强化财务人才队伍建设。

(四)会计人员学术科研情况

全区地税系统财务管理部门科级及以下会计人员共有551名，其中曾在《广西地税调研》发表文章人数9名，占比1.63%；曾在省部级刊物发表文章人数2名，占比0.36%。可见目前全系统会计人员学术科研实力相对薄弱，未能将财务管理经验提高上升到理论层次，进而指导完善工作实践。

因此，从全区地税系统财务管理部门会计人才培养现状调查结果来看，目前持证上岗比例偏低、高学历人才偏少、高层次复合型人才稀缺、学术科研能力偏弱，都在一定程度上制约了各级地税机关财务管理水平的进一步提高，制约了财务部门“理好财、当好家、参好谋”职能作用的进一步发挥，迫切需要加大财务管理会计人才培养力度，形势紧迫、任务艰巨、刻不容缓。

## 三、管理会计人才培养问题原因分析

(一)会计人才培养层面

税务部门对管理会计的重视程度不够，长期重财务会计而轻管理会计，缺乏完善的管理会计知识体系和人才培养机制，会计人员流动性较小、年龄层偏大，全区地税系统财务会计人才储备不足，个别单位甚至近似青黄不接。

(二)会计人才需求层面

一方面，全系统财务部门对管理会计的认识不足、应用较少，长期以来形成了似乎并不需要培养管理会计人才的假象；另一方面，由于管理会计的应用实质在于单位管理层面，不仅与各部门业务紧密结合，而且往往牵涉到组织制度优化等深层问题，因此管理会计人才培养单纯依靠财务部门的力量必定难以为继。

(三)财务人员管理观念层面

全区地税系统绝大部分财务人员思想仍然局限在财务会计领域，管理观念较为陈旧，缺乏对管理会计深刻内涵的充分理解，缺乏对管理会计理念方法的熟练掌握，缺乏服务单位发展大局的战略意识。

(四)财会人员理论知识层面

目前持有财务会计专业本科及以上学历的财务人员基本学习或接触过管理会计相关理论知识，但长期缺乏深入实践，所学知识已经老化甚至遗忘；而持有其他专业学历的财务人员基本不具备管理会计理论基础。因此加大管理会计人才培养力度势在必行。

## 四、加强财务管理会计人才培养的具体建议

(一)财务管理会计人才培养的基本原则

坚持立足实际，兼收并蓄。既系统总结自主创新和有益实践，又学习借鉴其他单位的先进理念和经验做法，形成具有地方税收特色的管理会计体系。

坚持人才带动，整体推进。紧紧抓住管理会计人才匮乏这一关键问题，通过改进和加强会计人才队伍建设，培养一批适应形势发展需要的管理会计人才，带动管理会计全面发展。同时，整体推进全区地税系统管理会计理论体系、指引体系、信息化建设等工作。

坚持创新机制，协调发展。注重管理会计改革的系统性、整体性、协同性，着力突出单位负责人在管理会计培养工作中的主体作用，重视财务部门在管理会计培养工作中的牵头作用，发挥各个相关部门在管理会计培养工作中的协同作用。

坚持因地制宜，分类指导。充分考虑各级地税机关不同区域、不同规模、不同发展阶段等因素，一切从实际出发，推动全区地税系统管理会计工作有序开展。

(二)财务管理会计人才培养的总体目标

建立健全与财税体制相适应的管理会计体系。争取5－8年内，在全区地税系统培养出一批管理会计人才；力争通过8－15年左右的努力，与地方税收工作紧密结合的管理会计理论体系基本形成，管理会计指引体系基本建成，管理会计人才队伍显著加强，管理会计信息化水平显著提高。

(三)财务管理会计人才培养的体系框架

管理会计体系是一个由理论体系、指引体系、人才体系、信息系统建设体系等各部分构成的有机整体。四大体系既各有侧重、自成一体,又相辅相成、相互促进。因此,全区地税系统管理会计体系建设必须坚持整体推进,寻求均衡发展,不可偏废其一。

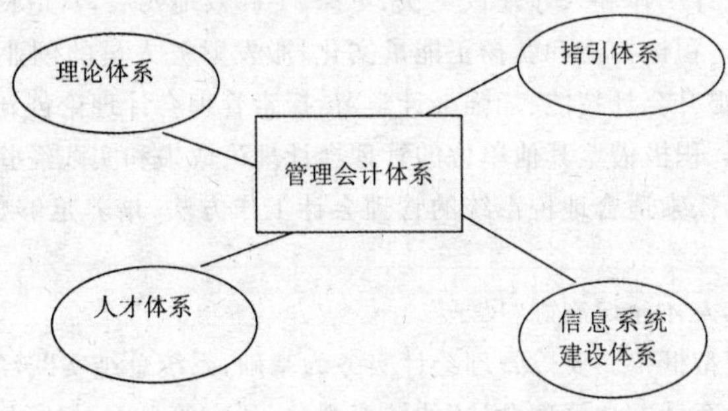


1、理论建设是基础。构建与时俱进、服务税收工作的现代管理会计理论体系,解决对管理会计认识程度不一、缺乏公认理论框架等问题,是全区地税系统管理会计体系建设的基础。

通过推进管理会计理论体系建设,强化理论创新和应用转化,能够有效引领和指导管理会计实践应用;能够推动对管理会计的基本概念、框架内容、工具方法要素等进行系统总结,为形成和丰富指引体系提供必要的参考;能够不断提供新的理念要点和知识内容,为管理会计人才培养提供知识储备,为设计管理会计决策服务方案提供系统的工具方法体系和先进理念支撑。

2、标准建设是保障。全区地税系统要加强管理会计标准建设,形成以管理会计基本指引为统领、以管理会计应用指引为指导、以管理会计案例示范为补充的管理会计指引体系,为各级地税机关管理会计人才培养工作提供有力的抓手,确保管理会计工具方法的应用效果,确保达到提升单位价值创造力的目标。

3、人才培养是关键。国以才立、政以才治、业以才兴。当前,税务部门正处于进一步深化改革发展的重要战略机遇期。时代呼唤人才、发展渴求人才、进步依托人才。会计人才是税收人才体系的重要组成部分,管理会计人才队伍作为管理会计体系中发挥主观能动性的核心,是体现"人才带动,整体推进"原则的重点。

各级地税机关要以提高单位持续价值创造力为导向,以提升管理会计实务能力为重点,研究完善管理会计人才能力框架;积极探索和优化管理会计人才的多种培养模式;加强管理会计人才培养交流与合作,打造更多契合需要的高端管理会计人才,为管理会计在地方税收工作的深入应用打下坚实的人才基础,为全区地税系统管理会计发展建立足够的人才储备。

4、信息化建设是支撑。全区地税系统要推进面向财务管理会计人才的信息化建设,建立面向管理会计的信息系统,以信息化手段为支撑,实现财务会计与业务活动的有机融合。

管理会计信息系统要以坚实的大数据为基础,充分利用信息技术优势,结合管理需要、经营业务和会计要求,灵活运用管理会计工具方法,加快会计职能从重核算向重管理、重决策的拓展,使得全面预算管理、资金规范使用、行政成本控制、绩效指标评价等工作能够更加高效顺畅地运行开展,有助于充分实现会计和业务的深度融合。

(四)管理会计人才培养的主要措施

1、思想重视,为管理会计人才建设搭好"台子"。

(1)加强学习,转变观念。认真组织学习《关于全面推进管理会计体系建设的指导意见》及相关系列解读文件,深刻认识管理会计工作对于加强单位管理、建立现代财税制度、推进税务部门管理体系和管理能力现代化的重要意义,提高对管理会计工作内涵的认识,增强对管理会计人才建设的重视。

(2)加强培训,构建氛围。积极推动贯彻落实文件精神,大力组织举办学习班,对单位领导和财务人员分别进行培训,推动管理会计工作和人才建设更快、更深、更高效地发展,营造良好的人才建设氛围。

(3)加强宣传,全面动员。积极构建和弘扬正能量文化,激发财务人员的创业热情,引导财务人员转变会计观念、更新会计知识、提升会计技能、加强会计学习、探索管理会计理论创新。

(4)加强借鉴,合理运用。积极借鉴其他单位的管理会计理论成果和实践经验,针对全区地税系统管理会计工作目标和任务特点,探索适合地税系统的管理会计工作方法,培养足够数量、足够素质、足够水平的管理会计人才。

2、合理评价,为管理会计人才建设制好"尺子"。

(1)构建管理会计人才模型框架。要以管理会计实务为基础,系统总结实践经验,构建科学的管理会计人才能力框架。经由"财务会计"向"管理会计"的转变视角,研究管理会计人才所需具备的能力条件,如会计核算能力、预算编制能力、信息分析能力、沟通协调能力、决策参与能力、风险管控能力等。

(2)完善管理会计人才评价体系。要加强同国内外权威管理会计人才模型框架的对比参照,并加以借鉴利用,因地制宜建立健全人才评价体系。明确全区地税系统管理会计目标,合理界定评价人员和评价内容,找准管理会计人才评价的"基点"。根据税务部门财务管理目标和业务实践需求,选择切实可行的人才评价方法。注重从多个维度、多个层面反映和评估管理会计人员的综合素质,构建全面、真实、系统的人才评估体系,并以此开发和改进管理会计人才评价系统。

全区地税系统财务管理会计人才评价平衡积分卡可参照下图设计:

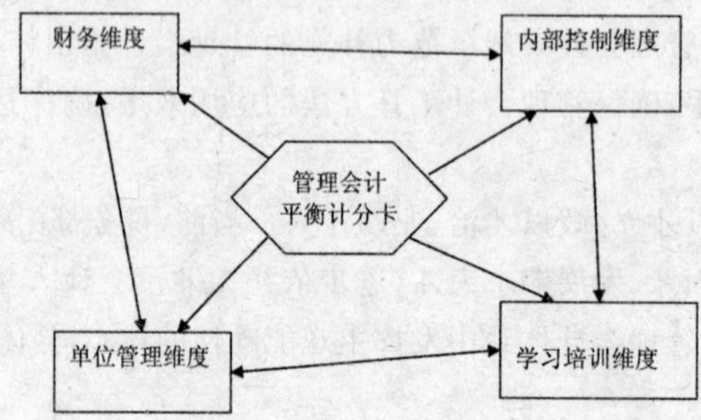


(3)制定管理会计人才选拔标准。在管理会计人才评价模型和体系的基础上,结合岗位需求分析,合理设定人才准入门槛,严把"入口关"。根据单位管理会计人才培养现状,看清形势、找准需求,制定全面科学的人才选拔标准和培养计划,明确选拔人员所需具备的工作经历、知识层次、科研成果等指标。

3、科学管理,为管理会计人才建设筑好"池子"。

(1)健全人才层级管理。要充分认识人才的多样性和层次性,探索全区地税系统管理会计人才分类、分层结构,建立健全人才管理体系,制定科学有效的人才层次发展机制,不断拓宽人才来源渠道。对于不具备管理会计理论基础的人员要重点加强知识普及,对于具备理论基础但缺乏操作实践的人员要重点加强知识更新和业务实训,以先学带动后学,共同提高管理会计知识技能掌握水平。

(2)开展高校联合培训。积极同高校加深合作,确定管理会计人才培养目标、培养方向和培养课程,与各大高校开展联合培训,集中培养管理会计人才,打造学习成绩优秀、综合能力出色的管理会计人才队伍。

(3)引进吸收高级人才。充分利用先进的宣传媒介工具,拓宽人才选拔范围,扩大人才选拔基数。在多层级人才体系的指导下,引进吸收高层次的管理会计专业人士。借鉴全国税务系统领军人才建设经验,健全专家型人才的选拔程序和选拔方式,以管辖区域为单位建立管理会计专家库,并加强不同区域之间专家库资源的交流共享。

(4)完善人才考核管理。深入推进全区地税系统财务制度改革,建立科学合理的人员流动机制,畅通财务人员交流渠道,构建起与单位管理需求相适应的人才激励与约束机制。

(5)加强日常业务管理。科学制定财务管理目标和财务管理制度,健全会计工作程序和规章制度,严格执行会计持证上岗制度,不断提高会计工作质量。

(6)强化会计监督审计。健全监察和内部审计机制,通过巡视、督查和离任审计等专项工作,定期或不定期对管理会计活动进行检查,倒逼管理会计人员提高专业能力,规范会计行为。

4、精心培养,为管理会计人才建设架好"梯子"。

(1)要科学制定培养计划。根据管理会计人员培养现状,结合单位财务工作实际,按照目标的难易程度分层级制定管理会计人才培养的近期、中期和长期计划,指导管理会计人才培养工作的开展。

(2)要合理设计培训内容。管理会计不同于财务会计,其培养要点注重面向未来、侧重实务,在培养内容设计上注重对会计人员信息分析、预测、决策、控制、规划等能力的教育,帮助会计人员提升财务分析、风险管控、预算编制、绩效评估、组织管理及决策分析的能力。

(3)要创新培训方式渠道。选择多样化、多层次的培训方式,充分利用现代信息技术和科技成果,例如组织网络培训、远程教育、视频学习等,鼓励会计人员不断自我提升。

(4)要健全培训效果考核。注重培训期间的情况反馈,通过问卷调查、个别访谈、开座谈会等方式搜集和整理培训效果反馈情况,及时调整改进培训方式、方法和内容,组织开展培训成果考核,合理设计考核形式,构建"点、线、面、体"的多维立体管理会计培训成果考核体系。

综上所述,要做好全区地税系统管理会计人才培养工作,必须从思想意识、评价标准、人员管理、培训教育等方面采取切实有效的措施,营造和谐的人才建设氛围,创新人才培训和管理机制,建设全方位、高水平、多层次的管理会计人才队伍,真正实现从"核算型财务"向"业务型财务"、"战略型财务"的完美转型,为早日实现税收现代化奠定坚实的人才基础。

(作者单位:广西壮族自治区地方税务局财务管理处)

# “学”上用真功“ 做”上见真章

王朝晖

“两学一做”是党中央在新的形势下加强思想政治教育重要举措，是落实党章关于加强党员教育管理要求。作为基层国税部门必须牢固树立“围绕税收抓党建、抓好党建促税收”的工作理念，要在求实效上做文章，在税收工作中，支部带队攻坚，党员冲锋在前，以上率下，引领示范，在“学”上用真功，在“做”上见真章。

## 一、用心学习，强化“准绳”意识

把思想建设放在首位，紧扣学习党章党规，教育引导党员尊崇党章、遵守党规，着力解决党员队伍在思想、组织、作风、纪律等方面存在的问题。进一步创新方式方法，通过建立党员互动园地，丰富微信公众号推广内容等形式，教育引导党员时刻铭记党员身份，在各项工作中走在前、作表率；着力强化政治意识、大局意识、核心意识、看齐意识，增强向党看齐、维护权威的政治自觉，坚定理想信念、保持对党忠诚、树立清风正气、勇于担当作为，教育引导广大党员履职尽责；创新开展专题讲座、红色教育、演讲比赛等载体，逐条学党章、逐句学讲话，做到党员树形象、支部有特色、系统创品牌，形成百花齐放、彰显特色的学习教育格局。选出在“营改增”、金税三期建设等工作中的先进典型，通过教育引导和示范带动，展现为国聚财、为民收税的良好形象。

## 二、用心感悟，强化“提升”意识

以学促做、知行合一，做好“两学一做”学习教育与全面推开营改增工作、深化国地税征管体制改革、组织收入等重点工作任务的统筹结合，做到全面抓、全促进。做政治上的明白人。对照“四讲四有”标准，争做合格共产党员，并将工作成效体现到促进国税工作发展上。全面推开营改增试点工作后期任务艰巨，情况复杂。在这个关键时刻，通过学习教育，提振党员干部的精气神，攻坚克难、争创佳绩；把“两学一做”落实到工作上。以推动税收工作为主线，确保教育实效。结合“两学一做”学习教育，实现学习教育与中心工作两促进、两不误。在“营改增”纳税人顺利开票的基础上，积极做好发票申领、减免优惠等工作，优化纳税服务，加强征收管理，确保试点纳税人顺利申报。扎实开展金税三期操作人员培训，在数据清理补录的基础上做好迁移，加强运行保障，确保金税三期系统顺利实现双轨运行、单轨上线。巩固拓展国地税合作的做法和模式，不断推动国地税深度合作，切实提升纳税服务水平。坚持组织收入原则，加强税收分析预测和动态监控，加强堵漏增收，奋力完成组织收入工作任务。开展党建主题活动和文明创建工作，持续开展干部教育学习培训，认真夯实“两个责任”，加强党员干部队伍建设，切实提升税收工作效能。

## 三、用心查摆，强化“标尺”意识

每一名党员要深入查找自己在理想信念、党员意识、宗旨观念、践行社会主义核心价值观等方面的问题；每一名党员领导干部要深入查找在带头坚定理想信念、严守政治纪律、带头落实全面从严治党责任等方面的问题。用好批评和自我批评这个武器，突出“准”字；把问题整改同“四风”问题整改、不严不实问题整改相结合，突出“真”字；通过边学边改堵塞漏洞，突出“长”字。以精准对焦问题为主线，切实完善整改。对标优秀党员的标准，全面查找党员干部在税收工作和生活中存在的问题不足，认真对照、深挖细查，切实把问题找准找实、有的放矢。针对自身问题边学边改、即知即改、知行合一，列出问题清单，明确整改时限，拿出具体措施，一项一项整改到位，把学习教育不断引向深入。通过学习教育推动每名党员保持昂扬向上的干劲韧劲，增强攻坚克难的意志品质，走在前列、干在实处，充分发挥党员先锋模范作用。

## 四、用心实践，强化“责任”意识

“两学一做”，基础在“学”，关键在“做”，目前国税肩负着“营改增”、征管体制改革和深化国地税合作等重任，面临着经济形势总体放缓的巨大压力。广大党员干部在“营改增”重大改革中，快速响应、全力以赴、履职尽责，发挥12366营改增“专线”、办税服务厅营改增“专窗”、税务网站、微博、微信营改增“专栏”的作用，持续扩大政策宣传覆盖面和知晓度，采取了多项便民服务机制，贴近需求“优服务”。根据前期走访调研纳税人的情况，结合纳税人的需求，不断创新纳税服务举措，在全面落实预约服务、延时服务、限时办结、导税服务、提醒服务以及首问责任制等各项便利措施的基础上，开辟“营改增”绿色办税通道、增设综合办税窗口、设立“营改增”咨询台、并将“营改增”办税流程分类打印，张贴在各个综合办税窗口，运用“互联网＋”思维，积极推广网上办税，开通国税微信公众平台、建立“营改增”纳税人微信群等，通过多元化、细微化、贴心化等方式，为纳税人提供更便利、更快捷的纳税服务。

（作者单位：河北省安国市国家税务局）

# 从国税干部犯罪案例分析其犯罪心理、原因及预防措施

王官金

习近平总书记在十八届中央纪委六次全会上强调,“着力解决群众身边的不正之风和腐败问题,推动全面从严治党向基层延伸,让群众更多感受到反腐倡廉的实际成果”。十八届中央纪委六次全会工作报告指出“党风廉政建设和反腐败斗争永远在路上,只有进行时”。这些论述,蕴含着深厚的民本情怀,彰显了鲜明的问题导向,必将为正风反腐带来新的强劲动力。也为国税干部正身肃已,在反腐倡廉中树立“不敢腐、不能腐、不想腐”的思想观念,带来极大的促进作用。

从《以案说法——税务人员职务犯罪案例选编》,预防职务犯罪警示教育读本、电教片和一些在媒体公开报道的国税干部经济犯罪案例中,近年来,国税干部经济犯罪发案现象屡禁不止,且有呈上升的趋势,这已经成为国税部门一个不容忽视的严重问题。这些犯罪人员中,虽然占国税干部的比例很小,但多数都是国税系统中的领导干部或业务精英,他们大多受党和国家培养教育多年,事业有成。为什么他们甘冒身败名裂的危险铤而走险去犯罪呢?经对这些犯罪人员的案例进行分析,我谈点自己的初浅认识。

## 一、透析国税干部经济犯罪的心理问题

(一)贪得无厌的心理

“贪婪是一切犯罪的根源”。个别人在市场经济大潮的猛烈冲击下,个人私欲极度膨胀,拜金主义、享乐主义思想极其严重,虽然他们手中并不缺钱,但他们对金钱的猎取却没有止境,甚至不惜以身试法。原广东省江门市国税局党组书记、局长郭茂荣,“本来有一个美好的家庭,一家人都有工作,经济方面也很宽裕,并不缺钱”,但他还是不满足,利用手中的权力换取金钱。其在任广东省恩平市国税局党组织书记、局长期间,不正确履行职责,指使下属工作人员擅自提高恩平市熊猫水泥股份有限公司生产水泥的耗电量,谋取私利,滥用权力,造成国家税款重大损失,最终因犯受贿罪、贪污罪、滥用职权罪被法院判处有期徒刑11年,并处没收个人财产人民币30万元。

(二)居功补偿的心理

有些人自认为对本单位或其他部门做出了一定的贡献,理应得到相应的补偿。张金荣在担任福建省永安市国税局槐南税务分局税收管理员期间,在日常纳税申报、纳税评估、纳税检查等方面给予企业关照,因此,当一些不法企业送钱送物给张金荣时,他却拿得心安理得。张金荣身为国税干部,却全然忘记了全心全意为人民服务是自己的神圣使命,随意利用自己的工作职权向他人收取个人好处,最终因犯徇私舞弊少征税款罪、受贿罪被判处有期徒刑1年3个月。

(三)以权谋私的心理

一些贪污受贿犯罪分子虽然并不缺钱,但由于他们认为“有权不用,过期作废”,自己的工作在一定程度上既然能够制约他人,就应该把税收征管上的公权力转化为个人的势力,以权谋私,以税谋私。原安徽省宣城市国税局副局长祝进,利用职权,玩忽职守,徇私舞弊,个人只得了5.6万元,却导致国家税款被骗,造成国家经济损失1200余万元,给国家带来重大损失。

(四)虚荣攀比的心理

国税干部由于经常和一些个私业主打交道,亲眼目睹了一些个私业主一掷千金、纸醉金迷的奢侈生活,使个别意志薄弱者心理产生了严重的失衡,于是权力在这些国税人员的手中被赋予了新的"作用"。北京市海淀国税分局税务一所的吴芝刚,是个刚刚毕业两年多的年轻人,他目睹了不法商贩陈学军开上了"宝马",购置了一套价值 330 万元的房子,投资股票出手大方后,羡慕不已。于是在陈学军的拉拢腐蚀下,吴芝刚先后从北京市海淀国税局领购增值税专用发票 10900 份,这些增值税发票通过陈学军的犯罪系统,为数百家企业虚开增值税专用发票 2800 余份,虚开税款共计人民币 3.93 亿余元,给国家造成 3.5 亿余元税款损失,吴芝刚被判处死刑。

(五)特权思想的心理

李真原为河北省国税局党组书记、局长,是正厅级领导干部,也是河北省委、国家税务总局"双料"后备干部,自认为"刑不上大夫",自己是有本事的"能人",有影响的"名人",有地位的"要人",有背景的"红人",有关系网和保护伞,没人敢查他。使他在短短的几年时间里收受贿赂近千万元,最终将自己送上了不归路。

(六)权钱交易的心理

在单位和部门,手握重权,或在人事变动、项目审批、工程招标、资金调度、增添设备等工作中,私心膨胀,心术不正,唯利是图,以权谋私,权钱交易,收受回扣,中饱私囊。原内蒙古国税局局长肖占武就是任职期间,在工程建设、设备采购、基建立项、干部提拔调动等问题上,为自己及其女儿牟取私利,接受数十人贿赂,受贿金额达 700 多万元,受到严厉查处。

(七)心存侥幸的心理

侥幸心理是犯罪人明知实施犯罪行为可能会受到惩处,而试图蒙混过关的一种心理体验。也有的犯罪人员认为,在一些公职人员中,有贪污受贿行为的人很多,自己不会那么倒霉,心存侥幸。从某种意义上说,侥幸心理具有自慰和自我欺骗性。这种心理是一切经济犯罪分子的共同特征,从国税干部经济犯罪案例中,几乎都具有这种心理状态。可以说犯罪人的侥幸心理,几乎在贪污贿赂犯罪行为的各个阶段都有所体现,甚至可以说,正是这种侥幸心理使其犯罪意图更趋坚定,犯罪欲望不断膨胀。

## 二、国税干部走上经济犯罪道路的原因分析

国税部门从上到下都非常重视党风廉政建设和反腐败斗争,绝大多数国税干部能够遵纪守法,遵守廉洁自律的各项规定。但是,从当前纪检监察部门和检察机关立案查处的案件来看,国税干部经济犯罪现象仍呈蔓延上升之势,大案要案不断被披露。为什么国税干部因经济犯罪问题频频被查处?究其原因大致有以下几方面:

(一)放松学习和政治思想素质的提高,放松世界观、人生观、价值观的改造

在经济犯罪的国税干部中,应当说他们中的绝大部分曾有过追求,有过奋斗,而且在事业上有所成就,有的还做出过比较突出的贡献,受到党和人民的肯定。然而,就在他们"功成名就"以后,由于放松了自身的学习和世界观的改造,背弃了理想信念,人生观、价值观、权力观严重错位,由政治上的蜕化变质而导致金钱上的贪得无厌和思想的堕落,最终成为历史的沉渣。李真是这些人最典型的代表。

(二)在经济体制转轨过程中,体制机制制度客观上不能同步衔接,造成了各种弊端,国税干部经济犯罪应时而生

改革过程中的许多税收政策措施具有过渡性,有的是不得已而为之,其本身就存在明显的缺陷和不足。李平安在担任河南省濮阳市中原油田国税局局长期间,帮助地方政府转引税款,以达到相关政府完成税收任务的目的,并收受贿赂折合人民币 305 万元。正是这一现象的存在,导致了李平安受贿犯罪的

发生。

（三）特权思想未能彻底根除，政治上、法律上都残存着“官本位”、“权本位”的思想和等级观念

国税干部由于在税收征管中，处于管理者的地位，个别人员存在“官在地位在，人走茶就凉”这种不健康的心理，自然驱使一部分人利用职权追逐名利，追逐金钱。正是因为如此，以钱换权，有权捞钱，以税谋私的现象便不足为怪，以上案例就是这方面的典型。

（四）市场经济的负效应和分配不公

市场经济竞争机制带来的不择手段，行贿受贿等使金钱成为经济活动的润滑剂；等价交换机制引发权钱交易使权力商品化；市场经济追求盈利、追求价值产生“一切向钱看”的观念。国税干部经常与个私业主打交道，看到一些先富起来的人挥金如土、一掷千金。与此形成鲜明对照的是，国税干部尽管有高学历，有一定的权力，但是手中却没有钱。虽然不是一贫如洗，但却囊中羞涩。这种反差不可避免地会刺激个别国税干部，诱发少数人的贪利心理，最后发展到进行权钱交易，贪污受贿。

（五）社会不正之风和“黄赌毒”现象对干部的腐蚀

由于客观存在的社会不正之风与种种腐败现象相互作用、相互助长，不正之风掩盖腐败犯罪，腐败犯罪又利用不正之风。不正之风盛行之时，正是贪污贿赂等腐败犯罪猖獗之日。不正之风横行之处，也正是贪污贿赂等腐败犯罪肆虐之地。同时，“黄赌毒”等社会丑恶现象的滋生蔓延，形成了一个对国税干部极具腐蚀性的环境。

## 三、预防国税干部经济犯罪的措施

面对利益的诱惑，个别国税干部还是会心动的。以上国税干部的经济犯罪，并不只是被处以刑罚的这几个人身上。无非是有的没有条件，有的没有机会，有的没有胆量，有的没有被发现罢了。因此，作为国税干部面对社会上形形色色的诱惑，面对“糖弹”的侵袭，应多进行理性的思考，用理性驾驭自己的欲望，做到慎独、慎初、慎权、慎微、慎友，明辨是非，认清“伸手”的后果，从这些活生生的案例中汲取深刻的教训。因此，遏制国税人员的经济犯罪现象已是刻不容缓，而要治理国税干部的经济犯罪问题，应从以下几个方面着手：

（一）加强思想教育，提高政治素质

深入开展“两学一做”学习教育，引导广大国税干部树立正确的从税观、利益观、权力观和价值观，自觉实践全心全意为人民服务的宗旨，普遍提高广大国税干部的思想政治素质，增强抵御各种腐朽思想的免疫力，让“不敢腐、不能腐、不想腐”的观念时刻记起，推进反腐倡廉要从现在做起，从我做起。

（二）加大监督力度，健全制约机制

一是要建立和完善纪检监察监督机构，对重大决策、大型设备采购、基建工程、大项经费开支等实行政务公开制，充分发挥纪检监察部门、社会各界、人大政协和新闻媒体的监督作用，进一步增强工作的透明度。二是要加大对领导干部的管理力度，落实好主体责任，进一步明确“职、权、利”，推行廉政责任制和责任追究制，只有这样，才能真正做到用制度管人，用制度堵塞漏洞，从根本上防止受贿犯罪的发生。三是要推行国税干部业余时间党风廉政监督检查制度。纪检监察人员可定期或不定期地深入到宾馆、酒楼、歌舞厅等高消费娱乐场所，开展公开检查，掌握国税干部有否出入高消费娱乐场所，甚至参与赌博嫖娼等违纪违法行为问题。一经发现，视情节轻重，对其进行戒免谈话、通报批评和纪律处分等。

（三）规范征管行为，推行阳光操作

充分利用“公开办税效能监控系统”、“税收执法监察子系统”和“内控促廉管理信息系统”规范税收征管工作。进一步实行文明办税“八公开”，对“办税程序”、“服务承诺”、“纳税人的权利与义务”、“工作职责”、“岗位流程”、“十五不准”、“定额及违章处罚公开”、“人员监督台、去向牌”等全部张贴上墙，并设置举

报箱,公布举报电话,将税收征管的各项工作完全置于纳税人的监督之下,扩大群众的知情权、参与权和监督权,增强国税工作的透明度。

(四)切实把好关口,推行廉政准入

贿赂现象无一例外地涉及受贿和行贿两方面。要减少贿赂现象,一方面在对受贿犯罪加大打击力度的同时,另一方面也应该对行贿行为也予以追究。要按照《最高人民检察院关于检察机关反贪污贿赂若干问题的决定》对有行贿等违法犯罪行为的单位和个人,建立不良记录档案,必要时在媒体上给予曝光。同时严格执行廉政准入规定,对上述有行贿等违法犯罪行为的单位和个人,要按照有关规定,给予严肃处理,决不姑息纵容,堵住贿赂的"源头",从而进一步起到规范"净化"的作用。

(五)定期轮换岗位,落实交流制度

干部长时期在同一岗位,容易滋生诸多不良因素,应让干部在不同岗位接受锻炼,增长才干。科学腾出空间,利于监督检查,使其不犯或少犯错误。

(六)拓展监管范围,加强事项报告

加强对国税干部配偶、子女的教育和管理,拓展对个人重大事项监管范围,强化个人重大事项报告制度。对于出国出境、婚丧嫁娶、乔迁之喜、子女升学、家庭财产、经商办企、投资入股等个人重大事宜,在向组织报告时要及时,要有费用开支和费用来源等主要说明内容及凭证依据。

正风反腐、标本兼治,亡羊补牢,犹未晚也。分析国税干部职务犯罪案例,其根本目的在于从中吸取他们的深刻教训,警醒我们的干部今后不致步前人的后辙,走上犯罪道路。因此,国税系统的纪检监察人员要从根本上预防国税干部经济犯罪产生的土壤,就应构建适合国税干部遵从的预防措施,通过综合治理,完善和巩固相关制度,才能进一步减少和消除国税干部职务犯罪行为的发生,促进国税事业健康发展。

(作者单位:福建省宁化县国家税务局)

# 导向引领　创新驱动
# 全力推进绩效管理在基层单位落地生根

邢　杰

近年来，德州市地税局按照总局、省局绩效管理推进要求，围绕绩效管理在基层的真正落地，以方向引领提动力，以结果应用促落实，在县（市、区）局全力营造“绩效为先”的文化氛围，有力推动了税收工作的基层落实，也带动了全市地税系统整体工作水平的快速提升，为更好地适应改革形势奠定了基础。

## 一、确立三个导向，让绩效思维在基层“活”起来

总局王军局长说过：希望大家一起努力，把绩效管理从顶层落实到“基层”。而绩效管理在基层落实的关键前提，是要在基层形成绩效共识。德州市局党组通过深入基层调研，敏锐地把握住“导向”这一关键，从解决基础性问题入手，逐步将“绩效先行”的共识根植入干部职工心中，激发基层干部职工参与、研究、探索绩效管理的积极性与主动性。

（一）确立绩效评价导向，明确绩效考评在业绩评价中的主体地位

将绩效与税务工作紧密结合，制发《德州市地方税务局绩效管理导向实施办法》，打造“工作项目化、项目指标化、指标责任化”的绩效工作链条，明确绩效类任务的优先落实和执行权，并以制度和办法的形式进一步将绩效成绩作为市局党组评判个人工作业绩的首要标准，进一步突出绩效管理在系统管理中的主体地位，引导基层干部职工重视系统绩效管理，全面参与到绩效管理制度办法和指标体系的制定和改进工作之中，形成绩效管理“以上率下、齐抓共管”的良好局面。

（二）树立选人用人导向，加强绩效考评结果运用力度

以一段时期内的绩效考评成绩作为选人用人、评先树优的“准入门槛”，切实避免工作业绩和评先树优、干部使用“两张皮”的现象。比如，明确基层单位主要负责人岗位交流以绩效成绩确定选择顺序，组织绩效成绩直接决定其公务员考评等次，绩效成绩长期落后的调整至非领导岗位等，切实提高主要领导这一“关键少数”对绩效管理的重视程度。同时，明确绩效考评成绩与基层职级并行，与教育培训，先进评选挂钩办法，规定基层单位内设科室在全市地税系统纵向排名靠后的，其负责人不得评为公务员优秀等次，取消评优资格，将绩效压力层层传导，全面激发基层干部职工参与绩效管理的主动性。按此原则，2016年度，全市地税系统748名干部职工失去评先资格，12个县（市、区）局主要负责人根据2014至2015年两年绩效成绩进行了岗位交流，44名基层干部根据绩效考评成绩被直接确定为公务员年度考评优秀等次，在基层干部职工中引发了很大反响。

（三）树立危机管理导向，形成全系统良性绩效互动

建立危机亮牌的管理机制，将绩效任务转化为工作标准和质量要求，通过明确相关规矩纪律，加强惩戒力度，进一步传导压力，切实解决因基层懒政怠政导致执行不力、作风涣散、执法不严、能力下降等苗头性问题和风险隐患，真正将基层干部职工特别是领导干部的思想认识统一到上级的决策部署上来，形成绩效管理的良性互动。比如，针对基层绩效管理任务承接不到位、反馈问题无整改，基层绩效办法与实际工作结合不紧、未全面覆盖等问题，明确通报批评、停职检查、免职或降职等惩戒措施，情节严重的延伸追

究单位分管和主要负责人，逐一对应，即时兑现，进一步加强对基层单位的绩效约束。通过明确三个导向，较好解决了基层对绩效管理的认识问题，真正增强了干部职工主动参与、积极落实的活力和动力。

通过树立三个导向，绩效管理与县(市、区)局每名干部职工的切身利益紧密联系在一起，干部职工对绩效管理制度和指标体系科学性的关注程度明显提升，参与绩效沟通的主动性切实增强。截至3月底，市局绩效办收到基层绩效反馈意见320余件(次)，同比提升77.2%。

## 二、规范三项机制，让绩效责任在基层“担”起来

导向明确后，努力将基层干部职工的参与绩效管理的热情以机制制度的形式固化下来，进一步树规矩、给压力、强支撑，确保绩效管理工作规范开展。

(一)规范绩效分析讲评机制，逐级强化领导班子绩效责任

明确要求县(市、区)局按季度召开绩效分析讲评会议，由基层科室主要负责人逐项汇报承接上级指标、本单位特色指标的完成情况，工作差距和下一步的努力方向，并对科室每位干部职工的绩效完成情况进行点评，会议情况和决议事项以会议纪要的形式抄报市局绩效办。市局绩效办根据县(市、区)局讲评工作开展情况，每年度邀请3至5个县(市、区)局主要负责人向市局党组做绩效工作汇报，计入考评成绩；市局主要负责同志每年参加4次县(市、区)局绩效考评会议，给予现场指导和讲评。通过建立绩效分析讲评制度，进一步压实了各级各单位主要负责人绩效管理工作的第一责任，研究绩效、运用绩效的氛围已然形成。

(二)规范绩效沟通互动机制，引导基层自我加压和提升

结合绩效成绩反馈，收集整理基层在工作落实中遇到的困难问题，按月对基层工作推进中需要市局领导决策、协调或需集体研究解决的有关事项进行梳理，定期通过专题决策会议的形式加以研究解决，为基层突破关键环节、解决关键问题、加快工作推进提供保障。同时，分单位召开基层绩效管理自我承诺座谈会，系统总结绩效管理中的问题经验，各项工作结合情况，对今后的绩效管理突破点自我展望，绩效成绩自我承诺，市局主要负责同志进行点评并与基层签订任务承诺书，进一步增强基层工作压力，推动工作质效提升。截至2016年3月底，德州市局已在5个县(市、区)局召开了承诺座谈会，确定绩效重点突破工作7项，具体落实到23名责任领导和工作人员，进一步完善压实了内在责任机制。

(三)规范绩效人员配备机制，充分发挥绩效核心枢纽作用

把各级绩效办人员配备提到党组重要议事日程，以市局党组会议纪要的形式，明确要求基层绩效办必须配备3名工作人员，其中1人为专职，兼职人员实行AB角互补，绩效办集中办公，确保绩效任务有承接、工作有人做。同时，明确绩效办负责人需列席本单位党组会、局长办公会，参加局务会议，全面掌握单位工作动态，便于绩效管理工作开展。今年，有重点的选调基层绩效办人到市局跟班学习，近距离教学，工作中提升，重点培养绩效管理骨干和中坚力量，以点带面促进工作提升。截至2016年3月底，市局绩效办已选调3个县(市、区)局4名绩效工作人员到市局以干代训。

在市局的带动下，绩效管理获得了基层干部职工普遍认可，同时，随着基层绩效管理骨干力量的不断培养，基层单位也快速具备了绩效规范运转和创新能力。2016年，全市13个县(市、区)局有4个单位提出了绩效管理创新突破思路，部分已完成思路论证工作。

## 三、创新三项措施，让绩效考评在基层“实”起来

责任明确后，通过压力传导逐步将绩效理念渗透至基层工作各个层面，切实解决基层存在的“绩效与税收工作两张皮”、“绩效管理止于程序”、“个人绩效考评流于形式”等问题。

(一)探索试行标准化绩效模板管理

全面梳理绩效管理流程，实行基层绩效管理标准模板化管理模式，对绩效管理中的各环节推动方式、资料档案留存标准、绩效节点工作要求建立标准模板。通过梳理，分绩效办和机关科室两个层面确定了绩效管理办法制定、系统运行、日常运转、年终考评、其他工作5大类34项具体工作，存档资料126类，并逐一确定了模板材料，要求基层严格参照执行。通过对绩效管理实行模板化管理，引导县(市、区)局绩效管理工作逐步进入规范化轨道，培养基层单位尽快形成绩效意识和绩效习惯。

(二)建立以质量评价为主的绩效指标体系

明确绩效指标以省、市局重点工作为整体框架，各指标逐一明确推进路径、工作措施和考评标准，考评标准以工作质量及效率为主，并充分运用“执法360”等软件系统开展基层工作质效大排名，同时在指标内给予工作创新一定程度的幅度加分，用以弥补其他扣分或作为优秀档次评选资格，以此激励基层干事创业的热情和激情。特别是将所有考评基层资料报送的指标汇集为一个“资料数据报送及质量”指标(30分)，切实减轻了基层单位的精神压力和工作负担。通过对绩效指标体系进一步完善，绩效管理指标的导向性更加明确，引领作用更加明显。聚集全体干部职工智慧形成的新绩效管理体系，有效提升了绩效指标质量，理顺了绩效考评工作机制，消除了干部职工顾虑，得到了大家普遍认可，绩效管理推进中的阻力明显减少。截至目前，德州市局绩效管理指标已全部落地，市局各科室收到县(市、区)局主动性进度反馈39件(次)。

(三)全面推行绩效考评双排名机制

充分考量基层科室间的工作差异，除开展传统的科室间绩效成绩排名外，要求市局机关按年度将基层对应科室按绩效成绩进行系统内横向排名，排名前3名的，建议县(市、区)局直接将该科室列入绩效考评优秀等次；排名后2名的，作为县(市、区)局机关绩效考评的否优条件，真正将工作有创新、执行力强的基层科室考出来，将垂直管理从考评上体现出来，在全系统起到示范带动作用。从2015年考评结果看，通过市局机关纵向排名，有7个县(市、区)局12个科室直接跃升至本单位优秀档次，3个县局4个科室因市局机关纵向排名靠后被本单位否优，切实发挥了双排名机制“以考促干”的指挥棒作用，增强了基层单位的垂管意识。随着新考评机制的深入运行，排名压力也增强了基层单位推进工作、创新发展的紧迫感，各单位提炼工作经验，推动工作取得新突破的热情进一步高涨，营造了良好的工作氛围。

德州市地税局通过以上多种措施，牢牢抓住绩效管理县(市、区)局落地难的关键，真正解决问题，提供支撑，在全市地税系统营造了浓郁的绩效氛围，绩效管理“导向引领、防错纠偏、科学评价、激励促进”四个方面作用在基层工作中更加突出，实现了绩效管理在县(市、区)局的全面融入。

(作者单位：山东省德州市地方税务局)

# 地税部门开展社会主义核心价值观教育要接“地气”

于洪雷王

地税部门肩负着为国聚财、为民收税，服务纳税人、服务经济发展的重要职责，地税干部队伍能否坚守正确的价值观，直接影响着地方税收事业的发展。当前，随着经济全球化和信息技术的迅猛发展，世界范围内的各种思想文化相互碰撞，鱼目混杂、泥沙俱下，一些急功近利、唯利是图、自私自利、个性乖张的负能量，对我国优良的传统美德、职业道德和个人品德形成巨大冲击，人们的价值观念呈现出多元、多样、多变的特点，对地税干部队伍也形成了严峻考验。

## 一、社会主义核心价值观的重大意义

党的十八大提出以三个倡导为主要内容的社会主义核心价值观，国家层面倡导“富强、民主、文明、和谐”，社会层面倡导“自由、平等、公正、法治”，个人层面倡导“爱国、敬业、诚信、友善”。社会主义核心价值观的提出，为人们在纷繁复杂的思想文化大潮中区分善恶、荣辱提供了标准，它是我国传统文化和社会主义实践理论的继承，是统领人们价值观念的一面旗帜，是全国人民共同的价值追求目标。只有提倡社会主义核心价值观，才能团结全国人民，以共同的理想和价值目标开展社会主义建设，确保中国特色社会主义发展的正确方向。如何在地税部门有效地开展社会主义核心价值观教育，形成人人遵循、人人践行、人人追求的良好氛围，实现社会主义核心价值观理论成果向实践成果的转化，是当前地税干部队伍建设的一项重要课题。

## 二、社会主义核心价值观教育的现状和存在的问题

党的十八大以来，社会主义核心价值观教育在全社会各个领域全面实施。社会主义核心价值观的主要内容以宣传口号、图片、动漫等形式，在报刊、电视节目、网络、公益广告牌等载体进行展示宣传，营造了人人知晓的浓厚社会氛围。地税部门也通过办税服务厅电子屏、公示板，机关走廊文化板，以及读书征文等多种形式广泛开展了学习教育活动，虽然能使地税干部背下核心价值观的字面内容，但离自觉践行的目标还有很大差距，存在重形式轻效果的现象，究其原因，主要存在两个方面问题。一方面是思想认识问题。有的人认为社会主义核心价值观的学习就是记下24个字，知道就行了；有的人认为价值观是虚的东西，看不到摸不着，没有检验标准，观念很难量化，无法检验教育成果，不用搞得太认真；有的人认为价值观的养成很难，不是一朝一夕的事情，不急于当下，以后慢慢来，自有后人来管这事。另一方面是工作方法问题。有的部门只是侧重社会主义核心价值观的理论学习，对三个层面的内容采取了讲座、研讨、考试等多种教育形式，虽然理论教育的内容全面，形式轰轰烈烈，但却与实践脱节，只是纸上谈兵；有的部门强调领导带头、以上率下，但往往只是喊口号，为了创新而创新，停留于表面，实际效果不佳。

## 三、地税部门如何开展社会主义核心价值观教育

“爱国、敬业、诚信、友善”是每位公民辨别、衡量和追求价值的标准，是每个人身体力行的个人价值准则，它是实现社会和国家层面价值的必要条件，是社会主义核心价值观的基础。地税部门开展社会主义

核心价值观教育，必须要抓住个人价值准则这一重点，要接“地气”，要找准与地方税收工作的结合点。就地税部门而言，“爱国”就是要拥护党，服从党的领导，坚决贯彻执行党的方针政策；“敬业”就是要热爱税收事业，坚持聚财为国、执法为民的宗旨，立足本职岗位，踏踏实实，认认真真地完成好每一项工作任务；“诚信”就是要依法治税，应收尽收，公平税负、公开定额、落实税收优惠政策、打击偷逃税行为，建立依法诚信的税收环境；“友善”就是要优化纳税服务，简化审批流程、丰富缴税方式、美化办税环境，服务纳税人、服务社会发展。

地税部门开展社会主义核心价值观教育，在对核心价值观内容进行宣传教育的同时，要让干部在日常工作中践行社会主义核心价值观，通过实际行动倒逼核心价值观的养成，重点要做好以下几个方面工作。

（一）以学习教育为引领

一方面要抓思想教育。地税部门要开展经常性的政治理论学习，学习党的理论、方针、政策，提高干部的政治理论水平。要重点开展以学习习近平总书记系列重要讲话为首要内容的学习教育活动，要结合“三严三实”教育，巩固和深化党的群众路线教育实践活动成果，使地税干部更加坚定理想信念，在思想上始终与党中央保持一致。另一方面要抓岗位技能教育。在坚持分级分类教育的原则下，加大资金投入力度，开展税收业务知识的学习教育。重点开展对新录用人员的税收基本知识教育，各岗位人员的能力提高教育，新提拔干部的岗前教育等，进一步提高干部税收执政能力。

（二）以地税文化为引领

在税收工作实践中，地税部门形成了以税收物质文化、行为文化、制度文化和精神文化为主要内容的地税文化。地税部门要进一步巩固和深化地税文化建设，要将社会主义核心价值观融入到地税文化中，形成具有时代、地域和行业特点的文化品牌。

1、加强物质文化建设。一是以信息化建设为抓手，实行多元化申报和缴税方式，提高税收数据应用水平，实现税收管理信息化。二是建设好活动室、阅览室和小食堂等；组建书法、绘画、摄影、体育等文体活动兴趣小组，为干部提供文化活动平台。三是加强办税服务厅和办公环境标准化建设，营造健康向上的人文环境。四是加强组织税费收入工作，挖潜增收，确保税费收入与经济增长同步。

2、加强行为文化建设。一是深入推进依法行政，从税收文件规范化管理入手，加强税收行政审批管理，加大执法检查和监察力度，规范税收执法行为，全面提升依法治税水平。二是全面推行纳税服务规范工作，加强办税服务厅管理，采取“一窗式”服务、阳光服务、预约服务、微笑服务等措施，为纳税人提供更加切实有效的纳税服务，维护纳税人合法权益。三是积极参加政风行风热线和行风测评活动，树立地税部门良好的社会形象。四是以干部喜闻乐见的形式，开展各类文体活动，为干部提供展示才华的舞台，培养健康情趣，强健体魄，增强团队意识和集体观念。

3、加强制度文化建设。“无规矩不成方圆”，地税部门要按照于法周延、于事简便的原则，进一步建立健全各项工作制度，减少自由裁量权，避免工作的随意性，让各项工作有章可循。在制度建设上，要紧密结合工作实际，坚持制度创新，坚持与时俱进，形成规范、严谨、先进的制度体系。

4、加强精神文化建设。一方面地税部门要提炼自己的核心价值观，要结合地域文化和社会主义核心价值观，形成符合自身特点的核心价值理念。另一方面要积极开展争创省级、国家级“文明单位”、“青年文明号”和“巾帼文明示范岗”等创建活动，形成唯旗帜誓夺的良好氛围，从而提高全员争先创优意识和文明意识。

（三）建立典型宣传机制

地税部门要积极开展先进典型宣传活动，在学习宣传革命英雄和时代先锋等社会上公认的典型人物以外，更要深入挖掘税收一线平凡岗位上的不平凡业绩，不断培养和挖掘地税干部队伍中的先进典型。

要广泛开展“我身边的好税官”评选、推荐、学习活动，用身边人的先进事迹感召人，营造学习先进、崇尚先进、争当先进的浓厚氛围。

（四）建立心理疏导机制

地税部门要切实关心干部身心健康，要倾情带队，形成一套有效的干部心理疏导机制。要经常举办心理健康辅导和讲座，普及心理健康知识，提高干部应对心理问题的能力；在干部出现精神焦虑，重大疾病，家庭困难等情况时，要及时走访慰问，缓解干部精神压力，让干部感受到集体的温暖，增强归属感。

（五）建立价值引导机制

地税部门要充分发挥人趋利避害的本性，坚持价值引导。在符合财经纪律的前提下，要积极探索建立与绩效管理配套的奖惩机制，奖励可以从两个方面实施，一方面采取物质奖励，给与先进一定标准的现金或实物鼓励；另一方面，采取政策奖励，给与先进提拔任用、培训疗养、荣誉称号等鼓励。处罚也可以根据情节轻重从两个方面实施，一方面对工作成绩差或违反工作纪律的干部，要采取警告、诫勉谈话、调离岗位、行政降职等措施予以处罚；另一方面对于违规、违纪，甚至违法的干部，坚决予以查处，达到标准的要移送司法机关。通过有效的奖惩措施，引导干部爱岗敬业、遵纪守法，调动干部的工作热情，带动地税各项工作的全面进步。

（作者单位：辽宁省丹东市地方税务局）

# 地税系统落实党建工作要求的现状及思考

王冠凯

2015年国家税务总局出台的《关于全面推进依法治税的指导意见》里指出，全面推进依法治税，是依法治国基本方略在税收领域的集中体现，是党的主张和人民意志在税收工作中的全面贯彻。地税系统坚持党建工作与税收中心工作同谋划、同部署、同推进、同考核，夯实工作基础，创新工作机制，保证党建各项任务的落实，不断促进党建工作水平提升，但在工作的过程中如何规避"重税收、轻党建"的风险，切实完成党建工作"服务中心，建设队伍"的核心任务，仍需要进一步研究和思考。

## 一、明确定位，坚持抓好新形势下机关党建工作

目前，改革进入深水区、发展进入攻坚期，要求党建工作必须在服务中心、建设队伍上要有新的作为。地税系统认真贯彻落实中组部全国机关党建工作座谈会精神及市委组织部工作部署，不断深化拓展党建成果，普遍建立了几项行之有效的工作机制。

(一)领导班子成员身先士卒

1、加强领导班子思想建设。领导班子成员自觉在工作中认真贯彻执行党的路线、方针、政策和各项税收政策，坚持政治理论学习，不断提高认识问题、分析问题和解决各种复杂问题的能力。以党组理论中心组学习为抓手，认真制定年度学习计划，组织进行理想信念、廉政建设、法治建设等为主题的专题教育，深入开展马克思主义群众观点教育，学习贯彻习近平总书记系列重要讲话精神。

2、健全和坚持民主集中制。着重加强班子成员与基层的沟通联系，深入基层切实了解各项工作的开展情况及存在问题，有针对性地指导日常工作。在重大问题决策上充分发扬民主，广泛听取意见，全面论证评估，严格合法审查，充分集体讨论，并做到"四不决策"，即未经调研不决策、未经咨询论证不决策、未经审查评估不决策、未经党组会议集体讨论不决策，确保各项决策部署符合实际、科学可行。

3、贯彻"三严三实"要求。深学、细照、笃行焦裕禄精神，努力做焦裕禄式的好干部。依照《党政领导干部选拔任用条例》，坚持德才兼备、以德为先原则，选拔任用干部，做到以严的标准要求干部、以严的措施管理干部、以严的纪律约束干部。班子成员自觉学法、守法，带头遵纪守法。

(二)高度重视制度建设

1、严肃党内政治生活。认真贯彻执行相关党内法规，严格按照规定落实要求。以制度落实作为贯彻群众路线教育实践活动长效机制的有力手段，抓细抓实整改任务落实、推进专项整治工作，严肃党内政治生活，坚持"三会一课"制度。

2、做好党务公开工作。切实承接好上级出台的各项规章制度，对一些与实际不相适应的政策规定，及时修订完善。建立并公布权力清单，完善"三重一大"决策集体研究和咨询制度，进一步健全党务公开、政务公开和办事公开制度。按照《中国共产党党内监督条例》的规定，及时向党员通报相关情况，组织重要文件学习，公布党内信息，利用《支部动态》《党员教育参考资料》及内网党建信息平台加强沟通交流，各党支部定期公开情况，落实机关党员对基层党组织事务的知情权、参与权、选举权和监督权。

3、实行党风廉政建设责任制。在"谁主管，谁负责"的原则下，形成一把手负总责，分管领导共同负

责，纪检监察组织协调，部门各负其责的格局。明确各自的责任，做到认识到位、措施到位，把党风廉政建设工作责任制真正落到实处。成立党风廉政建设领导小组，局党组书记挂帅，与各基层单位签订党风廉政建设责任书，按照责任书的各项要求，逐级实行风险抵押，将奖惩与责任挂钩，层层落实，促使党风廉政建设和反腐败工作提高到一个新水平。

4、切实改进工作作风。继续推行文明办税制度，进一步规范税收执法行为，发挥办税服务厅的示范窗口作用，细化量化服务标准。通过聘请监察员、听取公众意见等多种途径强化社会监督。坚持正风肃纪要求，定期在全体中层会议上通报党风廉政建设情况。

（三）切实开展党员教育

1、夯实理想信念根基。每年"七一"，北京地税系统各级单位都会组织系列庆祝活动，强化党员荣誉感和责任意识；由局党组主要负责人给全局党员讲党课，统一思想、提高认识，为完成税收中心工作提供强大的思想保障和精神支撑。

2、加强正反两方面的典型教育。定期组织干部学习中央和北京市廉政建设要求，以支部为单位开展法治专题教育，自觉地从思想上、政治上与党中央保持高度一致，增强干部职工遵纪守法的自觉性。参加预防职务犯罪知识和廉政条例知识竞赛活动，开展"公仆与形象"教育，在思想上明确有所为、有所不为的界限。

3、加强思想作风教育。强化内部管理，从源头上扼制税务人员可能出现的问题。积极组织全员培训，并在培训过程中融入作风教育相关内容。刊发各级各类学习辅导资料和宣传刊物，组织支部主题党日活动，注重把作风教育融入到党员干部日常教育管理中，落实"从严从实"的工作要求。

4、培育健康向上的机关文化氛围。积极培育和践行社会主义核心价值观，以学习型、服务型、创新型党组织建设为抓手，组织党员参观教育基地并交流发言。在党员干部中开展形式多样的志愿服务活动，通过共产党员献爱心、义务植树、捐资助学等形式，创造互助友善的机关文化氛围，充分发挥先进文化的引领示范作用。

## 二、认清形势，正视党建工作中亟待解决的问题

目前，全国地税系统正在认真贯彻落实依法理财、依法治税的指示精神，党建工作"走前头、作表率"的性质更加凸显。从党建工作自身来看，既取得了明显成效，也存在一些问题，特别是一些重点难点问题还未从根本上解决。主要表现在：

（一）对党建工作重要性认识不到位

对党建的重要意义缺乏足够认识，没有把基层党组织建设摆到应有位置，学习的自觉性、经常性不够，在平时税收工作中存在重税收业务、轻党建的问题有的领导认为抓税收任务的完成是务实，抓党建是务虚，把党建责任落实当成额外负担。工作中存在形式主义，有的干部安于现状，不深入实际，不贴近群众，思想上有畏难情绪。一些单位更倾向于将能力素质较高的干部配备在业务部门，对于专职党务工作者的配备和培养长期忽视。

（二）责任制督促检查不够科学

个别基层单位对于党建工作责任制考核检查的方式、方法过于简单，考核指标体系不够科学，平时很少督促检查，到了年终搞突击，应付了事，致使党建责任制未能真正落实到税务工作制度建设中，未能在实际工作中发挥应有效果。对干部监督不力，疏于管理，制度落实不够、监督不到位的问题仍然存在，致使个别税务干部的党纪政纪观念淡薄，廉洁自律意识不强，客观上助长了以税谋私现象的发生。

（三）责任追究不够严格

习近平总书记强调，在党建工作中不明确责任、不落实责任、不追究责任，责任就会落空，就会转空。

从现实情况看,有些抓党建工作出现了一些问题,但是上级党组织不了解,或者即使了解了也不当一回事,不管不问。这样下去好的不激励、差的不追究,党建责任就有落空的危险。有的一旦出现问题本着保护干部群众的原则,千方百计进行内部处理消化,大事化小,小事化了,失之于宽、失之于软,既损害了党建工作的严肃性和权威性,也导致税收中心工作不能很好地开展。

(四)工作主动性和创新性不够强

面对党建工作临时性任务较多的现实,一些单位在实际工作中经常停留在被动完成上级布置的任务,工作的创新性和灵活性还需加强。有些基层党组织党建工作要求落实不到位、执行不坚决,对党员的思想状况了解掌握得不够具体、不够深入,党组织"服务中心、建设队伍"的向心力不强。对一些基础性工作,基层党组织被动应对的更为普遍。同时,领导干部到基层党支部调查研究,直接参与党支部各项工作的次数较少,倾听基层和一线的意见、建议和困惑不够,开展党建工作缺乏针对性。

## 三、发挥作用,推动党建工作在地税系统落地生根

坚持党要管党从严治党,首先要落实管党治党责任。党组是不是真管党建,党组书记是不是真抓党建,班子成员是不是履行党建责任,是关系到地税系统能不能管好党治好党的关键问题,地税部门应当着力开展以下几项工作。

(一)以党组为核心打造党建工作格局

党组要始终将党建思想政治工作放在突出位置,列入议事日程,纳入述职评议考核内容,提出加强机关党建工作的指导性意见;机关党委负责宣传和执行党的路线方针政策,要着力抓好党员学习,对党员进行经常性的教育、管理和服务,督促履行党员义务;基层党支部要注重发挥战斗堡垒作用,加强党员日常管理,定期收集党员对机关党建的意见建议,努力为税收中心工作提供组织和思想保障。

(二)以学习为中心促进服务理念提升

以抓好党组学习为龙头,认真组织好党员干部的政治理论、党纪党规、法律法规的学习。坚持真学严学,以高度的政治自觉性,落实各项学习制度,在提升中心组和第一党支部学习成效的同时抓好基层科所的政治理论和税收业务学习,利用集中培训、以会代训的方式,有目的地提高基层领导班子的知识储备,以适应党建要求。坚持学懂学透,通过自学、集中学习、交流讨论等方式开展对理论知识的学习,不断提高应对复杂局面、解决复杂问题和攻坚克难的能力和水平,为纳税人提供规范、全面、便捷、经济的服务。

(三)以责任制考核为重点推动任务落实

把每年党建工作任务逐项分解到各单位和职能部门。各级领导班子"一把手"对党建工作负总责,而且要做到重要工作亲自部署、重大问题亲自研究、重点环节亲自协调、重要案件亲自督办。其他班子成员要抓好分管部门的党建工作,出了问题要追究直接领导责任。把党建工作责任分解到每个部门,将日常考核和年度考核相结合。另外,监督的主体要明确,要明确专门机构或者指定具体人员进行监督检查,促使党建责任真正落到实处。

(四)以执纪监督为手段推进依法治税

在贯彻《关于全面推进依法治税的指导意见》的同时,认真抓好税收执法责任制和税收执法过错追究制的落实。在进一步分解、明确执法责任的基础上,通过定期考核及日常执法检查、税务稽查行为、专项检查、群众举报等途径,及时发现税务人员的执法过错行为。严格追究过错责任,最大限度地弱化行政权力的影响,克服执法随意性,大力推进依法治税的进程。对税务干部进行经常性的廉政监督,促使领导干部教育管理家庭成员和身边工作人员遵守反腐倡廉各项政策规定的情况。必须坚持定性考核与定量考核相结合。对能够量化的考核内容尽量量化,对不能量化的内容,要认真听取群众意见,最好是通过民主测评等方式来进行评判,以减少主观随意性。定期将考核结果进行透明公示,并作为提拔任用和奖惩的

重要依据。

（五）以政务公开塑造文明办税新风貌

以基层单位为重点，推行政务公开、文明办税、预约服务、信息服务，切实改进工作作风。及时解决群众反映强烈的热点、难点问题，彻底杜绝“门难进、脸难看、事难办”的现象。进一步深入贯彻落实中央八项规定精神，坚决切实纠正“四风”问题，继续巩固以“三清三察、三审三治”为重点的专项整治和“六项集中整治”成果，落实目标要求，建立健全改进作风长效机制。严肃查处不正之风和违法违纪行为等专项整治工作，明确责任部门和责任人，在党组会上及时通报情况。

（六）以创新活动形式拓展党建工作外延

组织形式多样的学习活动，将党员教育渗透到日常工作和生活，注重利用北京丰富的文化政治资源，在组织学习活动时有意识地注重提高党员干部的政治敏感性和鉴别力。充分利用各种资源，坚持“走出去，请进来”，适时邀请北京市委讲师团成员或知名党建专家学者解答党的创新理论及热点难点问题，促进理论的理解和吸收，提升学习效果。根据北京市地税局关于进一步加强和改进干部在线学习工作的有关要求，依托“北京干部教育网”，积极搞好网络在线学习。注重把深入基层调查研究作为学习的第一站，每年设定一个课题，与基层一线群众近距离接触，了解基层群众所思所想所盼所求，接地气，做实功，使理论学习与工作实际互为补充，相得益彰。更加注重将机关文化建设的导向、凝聚与塑造作用，把机关文化建设水平体现在提升服务纳税人的能力与水平上，通过加强走访服务，改善服务硬件、加大政策宣传力度，切实为纳税人办实事、办好事。

（作者单位：北京市丰台区地方税务局）

# 地税系统青年干部队伍建设研究

周　欣

## 一、地税系统青年干部队伍建设

青年,青年概念正式确立于 19 世纪。在我国 1919 年五四运动后,“青年”一词在中国逐渐被广泛使用。但青年一词的含义在全世界不同的社会中是不同的,而青年的定义随着政治经济和社会文化环境的变幻一直在变化。本文结合单位实际和公务员考试中对考生的年龄限制,给出的青年的界定是 35 岁以下的人。干部队伍是指在党和国家机关、军队、人民团体、科学、文化等部门和企事业单位中担任一定公职的人员都称为干部,干部的群体称为干部队伍。地税系统青年干部队伍建设是指运用教育培训、政治工作、岗位锻炼、激励奖惩等各种手段,不断提高地税系统青年干部队伍的思想政治素质、业务能力水平、领导协调能力,不断优化干部队伍的年龄结构、知识结构、性别结构、气质结构,锻造一支“政治素质过硬、业务技能精湛、服务意识优良、品德情操高尚”的地税青年干部队伍,从而为地税事业的又好又快发展提供坚强的组织保障和人才支持。

## 二、地税系统青年干部队伍的特点及其建设要求

(一)特点

地税系统青年干部绝大多数为 80 后,他们出生成长于我国社会主义改革开放时期,这个时代社会经济蓬勃发展,物质生活逐步富裕,学术科学百花齐放,国家更加重视对青少年的基础教育和技能培养并有选择性的让年轻人接收外来自由开放的人文思潮洗礼。因此,这个群体,不可避免的打上了时代的烙印,呈现出以下一些特点:

思想活跃,善于思考,但理想信念淡薄。他们基本上出生成长于我国社会主义改革开放年代,国内和世界经济快速发展,信息技术日新月异,各种文化交融渗透。他们除在学校接受正统的社会主义主流价值观教导以外,还能通过电视、电台吸收西方文化,性格自由开放、多渠道兼容并包,中西合璧。书本和网络等媒介学习因此他们思想、思维活跃,包容性强,善于独立思考,对整个世界的认知更加全面、清晰。对待事物有自己的独立见解但在接受新鲜事物的同时,大量娱乐化、现实化甚至庸俗化的宣传和媒体围绕着青年干部成长。

(二)地税系统青年干部队伍建设的要求

1、系统性。青年干部属于人生心智经验的完善成熟期和成长成才的学习黄金期。加强青年干部队伍建设尤其应该注重队伍整体综合素质的不断提高,就必须要做到统筹协调,不偏不倚,从德能勤绩廉全方位的进行锻炼培养。同时也应该清醒的看到,队伍建设是一个系统的长期的复杂的工程,不可能一日而成,一蹴而就。因此队伍建设必须要有系统性、全面性和连续性。

2、针对性。地税系统既是一个业务部门,也是一个综合部门。地税工作的推动,需要有各种各样各类型的人才各尽其责、各司其职。青年干部由于岗位特点、专业涉猎、性格气质、年龄性别等不同而存在个体差异和需求差异。对他们的培养和锻炼,要注意投其所好、按其所需,不能一概而论,要力求做到缺什么补什么,要有针对性和区别性。

3、多样性。这是一个科技日新月异的时代,是一个“网”不光用来打渔的时代,是一个微博、微信的微

时代。我们要充分利用科技教育水平越来越高,高学历、高能力的人才就业压力都越来越大,考证、充电已经成为年轻人的时尚。而税收工作相对来说专业含量较高、青年干部对比起其他行业的同龄人容易产生“知识恐慌”,有部分的青年干部认为存在职业危机,绝大部分青年干部认为当前最迫切的需要是“学习业务知识”。但与此同时,部分青年干部耽于较为优越和安逸的生活环境,一边制定学习知识、自我提高的计划,一边克服不了享乐思想,对需要刻苦努力的学习实践难以坚持到底,存在“三天打鱼、两天晒网”的现象,每年报考“注册税务师”的青年干部中,有为数不少的甚至没有参加考试。科学的手段,不断创新学习培养方式方法,因为培养锻炼方法的多样单一会直接决定干部队伍质量的好坏。我们必须坚持理论结合实际的原则,让青年干部既能在课堂上学知识,也能在实战中增才干;既能在政治学习中坚定信念,也能在集体活动中学会协作;既能在被领导中观察领导艺术,也能在独立负责中学会领导方法;既能在现实中与同事面对面讨论问题,也能在虚拟网络上与素不相识的人交流心得。

税务干部队伍建设事关国家税收事业的成败。近年来,党中央对税务干部队伍建设工作非常重视,多次强调要大力加强税收工作和税务干部队伍建设。新时期全面加强税务干部队伍建设提出的总要求,具有十分丰富的内涵和深远的意义。实现这一目标,要坚持与时俱进,努力实现管理观念、管理体制、管理手段的创新,以改革的精神建设一支高素质的税务干部队伍。

## 三、进一步加强地税系统青年干部队伍建设的措施对策

(一)深化干部人事制度改革,加快税务干部队伍建设增强干部队伍的活力

增强青年干部的竞争意识,形成正确的用人导向。我们系统全面推行竞争上岗,初步形成选贤任能的用人机制。目前,竞争上岗的程序逐步规范,竞争上岗的层次也不断延伸,大胆进行竞争上岗、公开选拔的尝试。由于引入竞争激励机制,增强了组织人事工作的规范性和透明度,拓宽了使用干部的视野,一批优秀青年干部脱颖而出,为税务工作的顺利开展提供了有力保证。新时期的税务干部,不仅需要“专才”,更需要“全才”。为适应新形势给税收工作带来的新挑战。培养选拔优秀年轻干部的工作是一项十分紧迫的工作。

(二)强化青年干部工作的长期和系统规划

要进一步规范其工作目标、工作职责、工作内容,全面促进青年干部工作的深入开展。系统分析今后一段时期青年干部队伍建设的工作需求,结合当前整个地税队伍的年龄、学历、职务层级结构,在青年干部招录、培养、选拔、使用方面确定大的方向目标,制定青年干部工作的规划,全面明确全系统青年干部工作的工作目标、工作内容、工作机制、工作措施、工作步骤,通过提高工作的前瞻性、针对性,努力形成青年干部逐级培养、梯次使用的格局,确保青年干部队伍建设与地税事业发展在目标上相协调、结构上相衔接、制度上相配套。

(三)加强工作和岗位实践锻炼

1、要推行“以师带徒”,着力培养实用型人才。针对有时教育培训重知识灌输,轻能力培养,重书本知识,轻实践锻炼的不足,大力推行“以师带徒”的人才培养方式,着力提升青年干部的实际操作技能。“以师带徒”一对一的帮学对子之间最好能有一个3－5年的长期培养规划,并有明确的培训目标、培训内容、培训安排、考核标准、奖励措施等。

2、要加强轮岗交流,着力培养复合型人才。青年干部如果在一个岗位呆的时间太长,知识会局限化,思维会模式化,在对青年干部的培养上,要尽可能不断地通过多岗位历练,积累经验,提升能力,促进他们自身素质的提高,适应岗位能力的增强。要通过交流轮岗,着力培养一专多能的复合型、创新型、接班型青年干部队伍。同时通过定期轮换,有序流动、多岗锻炼,提高青年干部的综合业务能力。

(作者单位:辽宁省大连市地方税务局直属局)

# 对地税干部安全履职问题的思考

万素林

“风险社会”是德国著名社会学家贝克首次系统提出来的理解现代性社会的核心概念，“风险社会”理论认为现代意义的“风险”主要体现在两点：一是风险的“人化”，即随着人类活动频率的增多、活动范围的扩大，其决策和行动对自然和人类社会本身的影响力也大大增强，从而风险结构从自然风险占主导逐渐演变成人为的不确定性占主导；二是风险的“制度化”和“制度化”的风险。人类具有冒险的天性，但也有寻求安全的本能，由此人们建立各种制度来人类的安全提供保护，但这同时也带来了另外一种风险，即运转失灵的风险，从而使风险的“制度化”转变成“制度化”风险。

从风险社会理论出发，当前随着税收征管改革、管理转型以及税收现代化建设进程的加快，地税系统所面临的外部环境、内生需求都发生很大变化，一方面各种税收规范，行政执法制度法规、廉政纪律制度等的出台，对保障干部安全履职起到了积极的作用，但另一方面干部各种履职行为将引带来另一种“制度化”的风险。特别是近年来，地税干部履职风险问题在地税系统内引起了越来越广泛的关注，如何提高地税干部安全履职能力也成为摆在各级地税领导干部面临的一个重要课题。本文旨在从风险社会理论角度，通过对地税干部安全履职管理内涵、干部履职风险问题类型、形成原因等的分析，探索提高地税干部安全履职能力的对策。

## 一、地税干部安全履职管理的内涵及意义

(一)安全履职的涵义

“安全履职”最初源于企业生产中的“安全生产”概念，从一般意义上讲，是指在社会生产活动中，通过人、机、物料、环境、方法的和谐运作，使生产过程中潜在的各种事故风险和伤害因素始终处于有效控制状态，切实保护劳动者的生命安全和身体健康。安全是生产的前提条件，没有安全就无法生产。从这一概念出发，来定义安全履职，就是指税务干部在税务管理和服务等公务活动和非公务活动中，潜在的各种事故风险和伤害因素始终处于有效控制的状态。本文重点是狭义角度，即从税务管理服务公务活动中来看待安全履职。

(二)加强安全履职管理的重要意义

安全履职是忠实履职的前提条件，安全出了问题，对干部本人及家庭以及地税事业影响巨大，加强安全履职管理，管控好干部履职风险，有着重要的意义。

1、加强干部安全履职管理，是促进地税职能转型的现实需要。自开展税源专业化改革以来，全省地税系统积极推进征管流程再造，推进地税职能转型，取得了良好成效，但在深化税收征管改革过程中，我们系统内还存在这样那样的突出问题，这些问题有相当一部分是内部流程不够畅通或行政行为不够规范方面的问题，不仅阻碍了改革的全面推进，而且极易引发廉政风险和监管执法风险。加强干部安全履职管理，把规范行政行为融入到税收业务工作全过程中，充分考虑职责设定、流程设计、制度安排、权力配置等要素，通过“确责、履责、问责”，明确干部岗位职能规范和要求，完善税收工作各项流程和机制，这既是促进地税职能转型的现实需要，更是构建现代化税务征管体系的坚实保障。

2、加强干部安全履职管理，是关心和爱护干部的具体体现。地税部门是政府的重要经济职能部门，社会关注度非常高，加上现行税收征管体制还未完全科学、职能划分还存在交叉、监管存在漏洞，地税部门履行职责时会面临诸多实际困难和问题。尤其是部分干部主观上的放松、能力上的不适应等因素也可能产生履职风险。近几年发现在我们系统内统干部履职风险事件，更是让大家深有触动。因此，面对新形势新任务，全面加强干部安全履职管理，保证干部履职安全，是对干部的最大关心和爱护。

3、加强干部安全履职管理，是深化党风廉政建设的必然要求。加强干部安全履职管理，防范履职风险是我们开展党风廉政建设工作的延伸和深化。加强安全履职管理根本目的在于依法规范行政行为，促进忠实履职、高效履职。只有将安全履职管理的具体要求融入到各项业务工作中，融入到惩防体系的构建中，体现到权力结构和权力运行各个环节中，进一步制约和规范权力运行，有效推动防范廉政风险、监管风险、执法风险工作深入开展，才能切实解决党风廉政建设与履行职能工作“两张皮”的问题，真正实现党风廉政建设与业务建设的紧密结合，协调发展。

## 二、地税干部履职风险的类型及成因分析

### (一)地税干部履职风险类型

地税干部在履职过程存在着诸多风险，比如履职过程中的渎职行为带来的风险、怠政行为带来的责任风险、越权行为带来的法律风险；因贪污受贿等腐败带来的违法风险；因违法经济活动等非公务行为中的法律风险等等。我们认为大致有以下几种类型：

1、依据干部履职态度，可分为作为风险和不作为风险。作为风险表现在干部行政执法中的积极作为、乱作为等行为带来的风险，比如改革管理转型中过于激进，改革步伐太大，而违背事物发展规律或对现有实际分析估计不足带来问题矛盾集聚，对干部履职所造成的风险，以税收征管改革为例，在取消税收管理员之初，由于宣传还不够到位以及后续配套流程尚未完善，纳税人还习惯于有事找管理员的办税模式，导致在新征管模式实施之初，纳税人办理相关涉税业务不知找谁办理，引发了一些纳税人投诉，对基层管理分局人员造成了一定履职风险。不作为风险表现在干部不作为导致无法满足纳税人需求造成的风险。

2、依据干部个体情况，可分为能力风险、道德风险。能力风险表现在干部个人能力不足无法满足现行税务管理需求所带来的风险，比如对新出台税收政策理解不深，学习不透，在执行时出现偏差造成的履职风险。道德风险表现在干部品德修养等方面的问题，比如作风问题、奢侈浪费等。

3、依据风险成因，可分为责任型风险、岗位型风险和制度型风险。责任型风险表现在与领导职务、重要岗位相对应，干部所担负的责任越大，那么与之相应的兑现越是严厉，责任型履职风险也越加突出，比如，基层分局主要负责人所承担的履职风险要远高于其他岗位。岗位型风险主要是由工作岗位的内容和履职所决定的，比如如稽查、征管等执法岗位自身带来的风险。制度型风险一方面表现在对违反各类制度比如廉政纪律等带来的风险，同时一些干部利用制度的不完善，打擦边球的行为，必然也会产生制度型风险。另一方面表现为制度运转失灵的风险，如流程化税收征管模式避免了税收管理员的权力过于集中带来的风险，但另一方面每个税务人员只负责1—2个流程，他们一般仅对自己所负责的流程负责，而整个流程的征管质量控制缺乏有效的责任体制，带来了新的履职风险。

4、从风险的表现来看，可分为必发型风险和偶发型风险。必发型风险是矛盾积累突破临界点必然产生的风险，是事物发展到一定程度可以预期的变化。比如，税收水分问题，非正常入库税收不断抬高税收基数，随着这一基数的提高必然带来的风险。偶发型风险由一些偶然性事件所导致，比如涉税网络舆情案件带来的风险。

### (二)地税干部履职风险成因分析

1、政府职能转换尚不到位,为权力寻租滋生提供了空间。在我国计划经济向市场经济转换过程中,政府主导型经济方式在建立市场经济体制过程中发挥了重要作用,但同时也给政府自身建设带来十分突出的问题,深度介入微观经济活动为权力寻租等腐败现象提供了滋生的土壤。从税务部门来看,在税收法律关系中,征税主体与纳税主体权力与义务不完全对等。由于税法不能面面俱到,总会留下一定空间让税务机关根据实际情况自由裁量,比如税收行政处罚幅度等。如果代表税务机关行使执法权利的税务人员,能通过违法违规干预给予纳税人优惠待遇或差别待遇,也就有了权力寻租的空间,腐败空间也随之产生。

2、权力配置不合理,权力运行缺乏有效监督。长期以来的税收管理员制度,使许多涉税事宜的办理都集中在基层一线管理人员,这种业务上的直接联系,往往使纳税人产生一种"错觉",那就是"税官"有权,只要与他们搞好关系,就能办事易、办事快、少交税甚至不交税。一旦这些执法权力没有得到有效监督时,税务人员若自身放松廉政意识、责任意识、服务意识的,片面追求物质享乐,以手中的税收执法权待价而沽,经不起"租金"利诱,损害国家利益换取个人利益回报,必然会产生履职风险,甚至是违法犯罪。

3、廉政制度建设尚不完善或滞后。著名历史学家钱穆在分析中国历史时指出,中国政治制度演绎的传统是,一个制度出了毛病,再定一个制度来防止它,相沿日久,一天天地繁密化,于是有些却变成了病上加病。越来越繁密的制度积累,往往造成前后矛盾。这一点在税务反腐制度也有体现,廉政制度创新远跟不上税收体制改革的步伐,很多情况下都是跟着赶,留下一段“时间差”,而且反腐败的效率跟不上腐败的效率,或者说监督税收执法的效率跟随不上执法的效率。制度滞后的问题,对于从根本上防范干部履职风险长期以来是老大难问题。

## 三、加强地税干部安全履职管理的建议

安全履职是推进税务管理现代化必须遵循的底线,有效防范执法风险和廉政风险,引导干部形成更加良好的履职状态是关键。因此,建议从三个层面加强安全履职管理。

一是源头预防层面,完善安全履职管理体系建设。把安全履职问题作为一个系统工程,放在地税系统工作中进行合理规划、开发、运行、管理及保障,与各项工作“一体化”推进。要建立履职风险评判机制,围绕地税履职基本点,排查履职风险点,特别是要结合现行税收征管改革实际,全面排查税收执法过程中存在的廉政风险环节,规范安全履职管理工作流程,对每项权力运行的廉政风险关键节点、对各个执法岗位的风险点及时完善制约机制,逐步建立和完善履职体系。

二是制度管理层面,完善推进惩治和预防腐败体系建设。坚持标本兼治、综合治理、惩防并举、注重预防,扎实推进惩防体系建设落实。要加快构建现代化税收征管条件下的廉政风险防范和税收执法风险防范机制。突出科技防腐以及政务公开和纳税人群众监督为主。要构建作风建设的长效机制。持之以恒抓“八项规定”、“纠四风”,完善相关制度。特别是不断完善相应配套机制建设,如进一步深化税收征管改革,强化权力运行监督;创新监督机制,有重点、常态化开展专项治理;加大纪检监察体制机制改革力度,提高反腐倡廉能力。

三是文化引领层面,提高干部安全履职水平。要加强干部理想道德教育,挖掘身边勤政廉政典型人物,通过宣传道德模范事迹,积聚释放正能量,从而形成崇尚廉洁的地税良好氛围。要不断丰富干部职工文体生活。充分发挥党、工、团、妇协作作用,组织文艺汇演、户外拓展、廉政书画摄影等系列活动,全局上下积极参与,寓教于乐,干部职工凝聚力、向心力进一步提升,营造了风清气正、和谐向上的工作氛围。要加强廉政文化建设,通过营造勤政廉政文化氛围,引领干部忠实履职、安全履职水平。

(作者单位:江苏省连云港地方税务局)

# 对基层地税机关开展绩效工作的思考

马劲松

党的十八届三中全会明确提出，要严格绩效管理，突出责任落实，确保权责一致。中央全面深化改革领导小组将“提出党政机关及事业单位绩效管理、责任落实、权责一致改革的初步思路”列入2015年工作要点。国务委员兼国务院秘书长杨晶同志在总局王军局长呈报的《关于税务部门推行绩效管理情况的报告》上作出重要批示，指出：“税务系统创新工作机制、推行绩效管理的做法很好，成效明显，值得肯定。望继续加以完善，使考评指标更科学，机制运行更顺畅，推动税收管理创新和税收工作提质增效，确保党中央、国务院各项重大决策部署落地生效，为经济社会发展作出更大贡献”。所以2015年绩效管理工作在税务系统全面推行。如何让绩效管理成为地税部打造一支现代、科学、文明、高效、规范的干部队伍的有效手段，需要广大地税干部职工在实际工作中不断探索，不断完善。

## 一、实施绩效管理需要明确的问题

（一）随着新的税收管理体制和管理模式的建立，对地税部门和地税人员工作的考评也由过去的单纯考评收入任务转向收入任务和征管质量、纳税服务等工作并重的考评。从上个世纪九十年代开始推行的七率考评到前几年的目标责任制考评再到现在的绩效考评，可以说基本上体现了税务系统近几十年工作管理的发展历程。一步一步走来，大家也应该清醒的看到这些考评无论过程怎么变，其最终目的都不是为了“追究人”，而是为了“塑造人”。当前推行的绩效管理，更是要在整个税务系统不断前进，不断发展的新形势下引导、帮助、激励广大税务干部不断提高自身素质，不断创新工作方法，不断挖掘工作潜能，不断增强工作责任心，不断创造更优、更好的工作业绩，进而提升行业整体素质更好地服务于社会。

（二）绩效管理工作既是一种有效的现代管理手段，也是推动工作落实的“指挥棒”，是激发队伍活力的有效抓手，是目前管理方式上的一次重大变革，是新常态下建设法治型、创新型、廉洁型政府的大势所趋，更是贯彻落实党中央、国务院、国家总局、省局党组要求的具体体现，其意义非常重要。作为基层地税部门，必须要以高度的责任心和使命感，认真抓好具体的推广、落实和运用，确保通过绩效考评对税务干部的德、能、勤、绩、廉作出客观公正的评价，为干部的奖惩、晋升等提供依据，通过考评者与被考评者的有效沟通，来激发每位干部的工作热情和创新精神，推动干部的能力发展和潜能开发，实现税务机关的组织目标。

（三）绩效考评通过目标的设定与实现目标的计划过程，对各项工作任务有效地进行分解、监控并分时段对完成情况或结果进行评价。绩效管理在基层地税部门分为整体绩效目标和个体绩效目标，整体绩效目标应该是围绕：执法规范、服务文明、社会满意和征管高效的宗旨，而个体绩效目标，因部门岗位不同也又会所区别，但都必须共同服从、服务于整体绩效目标。具体地讲，机关各部门应该以及时足额组织税费收入、建立完善制度、不断提高自身素质为目标；而办税服务大厅应该以办税规范文明、服务优质高效为目标；税源管理部门应该以执法规范严明、管理科学精细为目标。所有个体目标都应该在整体目标的框架内相辅相成、相互协调、互相支撑。

## 二、当前基层部门绩效管理突出的问题

首先，从绩效管理推行近一年来的情况看，面对这一新任务，基层地税部门由于缺乏系统的学习和培训，各部门和个人对如何开展好工作没有进行深刻思考，按照对口管控这一原则，基本上都认为绩效管理就是绩效办的事，错误地将绩效办定位为开展绩效管理工作的主要部门，而忽视了绩效工作是全系统所有工作的综合，忽视了主要领导、部门负责人和部门人员的综合推动力。以致在绩效管理过程中，领导与部门间，部门与部门之间缺乏有效的沟通，不能起到有力支持和有效监督绩效管理工作的作用；一些部门负责人只专注于本部门的业务工作，而把绩效工作中的指标制定、绩效记录、考评反馈等当成是额外的负担和浪费时间、精力的无用功；部门人员基本属于被动接受管理，对整个绩效管理工作缺乏有效的参与，有的甚至置身于绩效管理之外，也就谈不上主动担当和协调配合等意识，这些都或多或少地影响了绩效管理作用的充分发挥。

其次是近年来，国家税务总局提出了税收管理科学化、精细化的目标。所谓科学化管理，就是要运用现代管理方法和信息化手段，提高管理的实效性。但基层地税部门人员老龄化是一个不得不面对也不得不提的问题，这些比重较大的老龄化干部职工中知识结构参差不齐，文化素养高低不同。因此，当一个地方老龄化职工比重大到一定程度的时候，整体工作水平不能说与运用现代管理方法和信息化手段等这些现代税收技术格格不入，但最起码和一定区域内的整体工作发展水平相比会显得相对滞后一些。这部分上年纪的老同志和那些爱岗不敬业，出工不出力，工作作风漂浮的职工有着根本的区别，他们不仅要克服反应能力的逐年下降和文化知识的日显陈旧的不利因素还要和从小就接受现代信息技术熏陶，而且是通过公务员考试等层层选拔出来的年轻一代税务工作者同台竞技，两者运用现代的税收技术水平肯定不能同日而语，再把这些不同文化层次，不同年龄结构的干部职工共同纳入一个的绩效管理模式，可想而知所产生的效率也肯定不会一样。这也是造成一些职工对绩效管理工作不甚关心的潜在因素，需要在实施绩效管理过程中引起重视，并在具体的考评时加以制衡或解决。

## 三、实施绩效考评过程中需把握的问题

(一)绩效考评指标是进行绩效考评的基本要素，科学合理的考评指标是考评取得成功的保证。在实际工作中为避免考评的主观性容易陷入把指标全部量化的误区，但量化并非适用于所有的指标，对一些既不能具体量化，但又能较好体现工作成绩的指标，就必须进行科学的设计。比如："按要求，认真贯彻实施《全国税务机关纳税服务规范》，落实不到位的扣分"这一类的指标，落实到位与否，其实很难量化，但《全国税务机关纳税服务规范》又是基层税务工作者必须学习和遵循的，只要经过科学的设置，就能达到考评的目的。所以说只有通过在实际工作中验证可行的考评指标才能真正起到考评作用的指标。其次考评要抓住重点，不同时段的考评侧重点可以不同，若考评一律"大而全"容易使广大职工抓不住关键，感觉无所适从，效率反而会下降。所以基层在指标承接的过程中，既要做到承接上级指标、保证指标落地、完成规定任务，又要结合本地实际进行指标再造，尽量突出绩效指标的导向性、实效性、简便性，合理分解绩效指标，使每项指标都与责任主体相匹配，科学合理安排考评的侧重点，防止主体错位，保证责任落实，真正形成分类科学、内容具体、标准明确、要求合理的绩效指标体系。再次是考评模式不应该一成不变。每个区域、每个单位的环境、人员、文化等都不尽相同，对同一事物的理解、看法也就会不一样，基层地税部门应该在上级部门绩效考评的整体框架或办法内，针对本部门现阶段工作实际需求和自身所处区域的文化特点对考评模式作些微调，让大多数干部职工认同，确保整个绩效考评工作的可操作性、可执行性，这样才能使绩效管理工作落实到位。

(二)绩效考评绝对不仅仅是对考评指标内容的完成情况进行打分这么简单，而是包含以什么样的方

式确定考评指标,考评指标的具体内容是什么,怎么衡量,多长时间衡量一次,考评部门与被考评部门之间,上级部门与下级部门之间应该保持什么样的沟通方式,部门绩效与个人绩效怎样有机结合,考评结果怎样与激励机制相互制衡,可以说,激励机制少考评效果相对就会变小,被考评的个体就容易抱着无所谓的态度,激励机制过多又可能会由于相关配套方案的不完善、不健全而致使被考评个体产生抵触情绪并努力寻找其中的一些漏洞来投机取巧,结果也会导致考评失效……,这一系列的问题,也是需要在考评工作中不断的加以总结、提升和完善。

(三)行之有效的个人绩效管理是整体绩效管理的关键。随着税收管理科学化、精细化进程的推进,大多数基层地税部门人力资源供需矛盾也日益突出。以鲁甸县局为例,从 1994 年分税制改革到 2015 年,地方税费收入规模已从 145 万元攀升到了 3.29 亿元,而正式职工总人数近 20 年来却基本没有大的变化。地方税与国税相比,税种小而多,且税源零星分散、隐蔽性强,征收管理的难度大,此外还要担负社保费、残保金,工会费等其他征收任务,可以说所有这些目标任务最终都层层分解到基层各个岗位上的每一位税务干部身上。我们知道,全局的整体绩效目标是由个体绩效目标来支撑的,也就是由每一个干部职工来支撑的。因此地税部门这些工作目标的实现,都依赖于每位干部职工工作积极性的不断提高,要做到这些,就必须有一个合理、科学的个人绩效考评机制,使每个岗位的工作任务都有具体量化的标准,并对完成情况、完成质量及时进行客观、公正的评价。这样,广大地税干部职工的主动性、积极性才能得到有效的发挥。

总的说来,与以往的考评方式相比较,绩效管理的方法更科学、可信度更高,税务部门作为重要的经济杠杆部门,承担着组织财政收入、调控经济等重要任务,绩效管理工作也理所当然地走在了前列,但地税部门属于一个具有较强管理性的税收执法职能部门,其工作人员具有岗位多、工作面广、层级繁杂的特点,对其进行绩效考评难度也相对大一些。对基层地税部门来说要做好绩效管理这项新任务,必须要有一个循序渐进的过程,不可能一蹴而就。因此,广大基层干部职工必须高度重视、群策群力、集思广益、不断优化业务工作考评指标,均衡岗位间工作考评力度,共同构建一个适合地税管理实际的科学绩效考评体系,逐渐烘托出绩效文化的氛围,以此来提升地税管理水平和工作效率,实现组织目标,进而达到促进广大税务干部转变作风、主动作为、激情创业、奋勇争先的良性互动,最终在地税系统形成人人想干事、人人争干事、人人能干事的优良格局。

(作者单位:云南省鲁甸县地方税务局)

# 关于提高基层地税干部工作积极性的思考

匡 洪

当前的地税工作面临前所未有的压力和挑战,收入计划与依法治税的矛盾、收入增速放缓与财政需求旺盛的矛盾、落实各项优惠政策与完成税收任务的矛盾、税收现代化要求越来越高与现有人才素质难以适应的矛盾等越来越突出。在这种形势下,再按原来那种老的管理模式,就工作而抓工作,就任务去布置任务,已经很难负重前行。在现有人员难以大幅度变动的情况下,要实现地税事业的发展升级,研究人的问题、激发人的活力就成为当前地税部门亟需解决的问题。

## 一、目前基层地税干部队伍的现状及存在的问题

当前,基层地税干部职工中存在工作“人员短缺”、“积极性不高”、“技能欠缺”等问题,较大地影响了地税工作效率和地税部门的形象。

(一)在人才来源方面,存在“人员短缺”的问题

1、干部队伍年龄老化现象越来越严重。以新余市地税局某下属局为例,目前该局定编为 104 人,而实际在职在岗的干部职工只有 69 人,编制与人员不匹配;该局在职在岗干部职工平均年龄 43 岁,其中 45 岁以上占比一半以上,重要岗位、一线岗位上的干部年龄老化现象严重;此外,新进人员比较少,新进人员中年轻的人比较少,新进来能留得下来的更少,从 2005 年—2015 年,该局通过公务员考试、事业编干部招录、军转干部接收、财政部门交通部门改制划入等形式先后流入人员 53 人,但同时也流出人员 51 人,其中含流入的 38 人。

2、基层干部向中心城市流动现象越来越多。一方面基层相对市级、省级城市来说条件更加艰苦,福利待遇也更低,同时有的干部职工在城市里成家生了小孩,需要照顾家庭,一些有这样需求的干部职工千方百计调入城区;另一方面基层地税部门职数少,晋升机会少,一些优秀的干部通过调入、考入等形式争相进入上级机关。

3、出现了年轻的基层干部向外系统流动的现象。新进的年轻干部特别是考入的公务员,思想活跃、眼界宽泛,他们感觉基层地税部门事务多、规矩多、考核多、施展才能的空间窄,于是再通过各种考试考入其他岗位或者以直接辞职的方式流出了地税部门。

(二)在思想意识方面,存在“积极性不高”的问题

1、价值观的多元化。一方面少数干部以职务晋升作为实现自身价值的唯一标准,而由于地税部门实行省级以下垂直管理体制,干部的提拔、轮岗、交流仅限于系统内,干部职务的晋升基本上走的是一座“独木桥”。以新余市地税局某下属局为例,很大部分的任职时间较长的干部由于职数限制职务得不到晋升,很大一部分干部到退休时甚至还是科员;少数年轻干部感到政治上进步的机会少、路子窄,觉得个人抱负和自身价值难以实现,出现了“不平衡心理”和“攀比心理”,工作积极性不高,淡化了应有的理想信念。另一方面,基层地税部门给干部提供实现自身价值、理想抱负的平台不多,对干部职工形成良好价值观念的引导还不多,导致部分干部理想懈怠。

2、考核机制还不尽完善。一方面,对单位而言,现有的绩效管理体系设计不是很科学,考核过程较为

单一,考核指标也不尽完善。另一方面,对个人而言,现有的个人绩效考核还存在诸多的不合理性,目前基层地税部门绝大部分工作都是分局长、股长等中层干部及新进的年轻干部在承担,而考核只对每项工作的对错进行考核,而没有对有按照工作量进行考核,工作越积极,工作量越大的人员过错机会越大,被处罚的机会越大,而对得过且过、悠闲度日的人员没有采取有效的处罚措施,未能很好地起到鼓励先进,鞭策后进的作用。

3、执法风险越来越大。一方面随着纳税人法律意识的觉醒,越来越多的纳税人善于、敢于监督税收执法行为,对税收执法提出了更高的要求;另一方面,依法治国、依法治税成为了新常态,干部管理也越来越规范,执法监督越来越严格,税收执法面临纪委、司法、审计、新闻媒体等各方面的监督,导致执法风险越来越大。在这样的情况,少数基层地税干部选择了明哲保身的态度,部分干部职工不愿意从事一线的税收执法工作,有的申请调入非执法岗位工作,甚至有个别在执法岗位上的干部职工采取消极的态度应对,能不做的事情就不做,一定要做的事情拖着做。

(三)在工作能力方面,存在“技能欠缺”的问题

1、综合素质还不高。当前基层地税干部职工的理论素质与其工作能力不成正比,真正具备学历高、素质高、能力高的人员较少。以分宜县地税局为例,具有注册税务师、律师、注册会计师资格的人员占比不到3%;受到综合性会计、财税、审计、法律等专业培养的人员占比不到20%。

2、实际操作能力还不强。一方面随着信息化的高速发展,税收征管对象发生了天翻地覆的变化,外部层出不穷的新知识、新信息、新技能,对地税干部职工提出了新的挑战。另一方面,随着金税三期工程的运行,税收信息高度集中,税收工作向着精细化、科学化、专业化方向发展,对地税干部职工的素质也提出了新的更高的要求。而在现实中,基层地税干部职工存在两个方面的问题,一是工作年限较长而年龄偏大的人员经验丰富但有懒散懈怠、得过且过的思想,不愿意学习、不愿意接受新的培训,依靠老经验办事,难以适应当前的工作需要;二是年轻的地税干部职工接受能力快素质较高但经验不足,实际操作能力严重缺乏,能入企业查得清账、找得出问题的干部非常少。

## 二、提高基层地税干部工作积极性的建议

要解决基层地税部门上述问题,一个重要的的手段就是激发广大基层地税干部职工的工作热情,发挥他们的主观能动性,激发整个干部队伍的工作活力。

(一)建立合理的流转机制,解决“人员短缺”的问题

1、建立合理的新老更替计划。多渠道解决人才流入的问题,一是从省局层面争取多招录公务员、事业编干部进入系统,并严格执行新进人员必须到基层工作的制度和在基层工作五年才可以调动制度,合理有序的补充新鲜血液;二是有效激发年龄较大人员的活力。对工作年限较长的人员根据实际调配好岗位,发挥各自的特长和优势,让他们人人有担子,且愿意担担子;三是实施机关与基层轮岗制度,合理排好序次,形成机关和基层分局干部有序轮动的良性机制,从制度上公平的解决岗位挑剔的问题,让基层干部静下心来安心工作。

2、建立合理的城乡流动机制。这里的城乡流动是指省局、市局或其所在城市的地税局从基层通过调入、借调等方式流动。一是建立公平的流动机制,如可以规定凡是调入城区的干部职工必须通过公开竞争的方式调入,或者是设定调入的标准,如对税收工作有重大贡献的人员、取得“三师”的人员等等。二是严格执行编制制度,城区的地税部门如果没有编制不得调入甚至是借用、借调基层的干部职工,以此解决正式干部不做事,借用干部帮做事的问题。

3、建立公平的职务晋升机制。在基层地税部门,职位资源的配置显得极为稀缺,晋升渠道单一、空间十分狭小,许多基层地税干部职工觉得自身的能力和价值无法体现,带来“晋升恐慌”。因此,应建立公平

的职务晋升机制，将工作实绩、工作能力作为晋升的重要依据，一方面，对工作成绩突出、德才兼备的人员，给予提拔；另一方面，对那些平庸和不能胜任本职工作的予以免职或降职，使他们产生危机感、紧迫感，造成一个争上游、求进步的人才成长氛围。重点抓好年轻干部的培养和使用这个关键，同时在非领导职务上更倾向于年老的同志，使年老的不松懈、年轻的有奔头。此外，省级、市级地税机关要加大对基层的支持力度，在编制方面严格执行相关制度，不要占用基层的编制，最好是予以倾斜。

（二）构建公平和谐的工作环境，解决"积极性不高"的问题

1、引导干部职工多渠道实现自身价值。"立志做大事，不是做大官"这是孙中山先生的名言。据此加强基层干部职工的思想教育，了解、关注他们的想法和追求，把握干部职工的思想脉搏，结合省局的"扬清风正气树地税形象"主题活动，在广大基层地税干部中有针对性的开展思想教育工作，增强干部的"爱岗敬业"、"公仆"以及"为纳税人服务"等崇高意识，使大家逐步树立正确的世界观、人生观、价值观，安心、用心做好自己的每项工作；注重感恩教育，教育地税干部职工善待自己、善待他人、善待组织，珍惜家庭、珍惜人生，爱岗更敬业，以强烈的事业心和责任感投入到税收事业中去；倡导知足常乐，引导广大地税干部职工建立正确的人生比较坐标，找准位置，摆正心态，正确对待名利、对待升迁、对待岗位，在工作、学习、创新和服务中获得满足和快乐；引导追求高层次的需要，加强地税文化建设，大力开展形式多样的文体活动，培养、树立一批先进典型，把踏实肯干、甘于奉献、严于律己、清正廉洁的干部推出来，成为大家的学习榜样，增强基层地税队伍的凝聚力。

2、建立完善公平合理的绩效考评体系。建全绩效考核体系，科学设立共性指标和个性指标，坚持平时考核与集中考核相结合、定性考核与定量考核相结合、组织评价与群众评价相结合、正激励与负激励相结合、人管与机控相结合的方式，科学开展绩效考核工作。严格过程管理，强化考核结果的运用，将考核结果与干部的提拔使用、评优评先、岗位调整等挂钩，最终形成以工作业绩决定单位、个人荣誉、前途的竞争氛围，真正使大家感受到创业有舞台、干事有天地、发展有空间。

3、着力防范税收执法风险。从上级部门层面来说，要提高执法依据建设质量，尽量提高税收执法依据的法律层级，加快推进税收立法的进程；制定的制度、规范性文件要具有可操作性，防止脱离实际或超出执法人员的承受能力；强化对规范性文件的清理，及时修改或废止相关文件。对基层地税部门来说，要进一步提高税收执法的水平，严格执行税收法律、法规规定，熟练掌握履行管理职责所必需的法律依据、执法权限、范围、幅度、程序、步骤、方式方法、时限等内容，全面、准确、适当地实施执法活动，依法履行管理职责；转变管理理念和管理方式，优化办税流程，简化办税程序，减轻纳税人的办税负担，保护纳税人的合法权益。

4、加强监督制约。对内，建立完善廉洁自律的制度防线和监督制约机制，加强警示教育和事前防范，将隐患消除在萌芽状态；强化事中监督，将监督制约贯穿于地税业务各流程中；强化事后监督，认真执行"一案双查"制度，严格执法责任追究，认真组织开展明察暗访，严厉查处违法违纪行为。对外，推进简政放权，公开权力清单，让权力在阳光下运行；主动接受新闻媒体、社会各界的监督，努力构造内外结合的立体式监督网络。

5、加强廉政教育。创新形式，让廉政教育工作化虚为实，如到监狱、纪委廉政教育基地进行警示教育；邀请了纪委、检察院干部开廉政讲座，用身边的案例警示人教育人等等。注重实效，让廉政教育工作取得实质成效，如通过主要领导亲自带头讲廉政党课等形式，发挥带头示范作用。通过实行常规化制度化的教育，让廉洁成为一种生活方式和工作方式，营造浓厚的"以廉为荣，以贪为耻"的廉政氛围。

（三）加大人才的培养力度，解决"技能欠缺"的问题

1、把好入口关，招录高素质人才。根据编制情况，摸清底数，争取上级部门的支持，合理有序的招录会计、财税、法律、审计等方面的人才充实基层地税干部队伍。

2、分类培训，提高实务操作能力。推行分类、分岗位、分层次的培训，结合重点工作和薄弱环节，以提高实际操作能力为目标，制定既满足不同岗位、层次干部职工的需要，又着眼于更新知识、适应地税发展要求的培训计划，提高培训的针对性和有效性，如开办专门的稽查、会计等业务培训班；在教学手段上，要课堂教学与实际操作相结合，以提高操作能力为重点，不断增强教育培训效果，提高教育培训质量；积极开展形式多样、内容丰富的知识竞赛活动、各种业务大比武活动，寓学习于工作之中，寓教育于活动之中，不断提升业务技能。

3、交流锻炼，多岗位培养人才。建立岗位交流制度，业务岗位与政务岗位实施定期交流，不同业务岗位之间也定期进行交流；以跟班学习、上挂下派、挂职锻炼等方式强化机关与基层岗位定期进行交流。通过实施大规模的岗位交流培养精通各项地税业务、具有较宽视界的综合型干部。

4、注重激励，形成良性竞争氛围。建立成果激励机制引导地税干部不断提升自己，大幅度的提高创先争优的奖励标准，对在学历学位、竞赛比赛等方面取得的成果给予精神和物质奖励，激发干部职工的创先争优热情，促进良好工作氛围的形成。

（作者单位：江西省分宜县地方税务局）

# 改变基层国税机关人力资源现状的研究

朱宝智

人力资源是各种生产力要素中最具有活力的部分。随着我国步入老龄社会步伐的加快，国税系统的人口老龄化问题也越来越凸显。据资料统计：截至2014年底，我国60岁以上老年人口已经达到2.12亿，占总人口的5.5%，预测到本世纪中叶，老年人口数量将达到峰值，超过4亿。伊通县局在职干部平均年龄已从2005年的42岁提高到现在的47岁，人力资源年龄老化是县级以下基层国税机关面临的严峻现实，已经构成了影响国税事业未来发展的大问题，改善基层国税机关人力资源配置已成为当务之急。

## 一、当前基层国税机关人力资源现状分析(仅以伊通县局为例)

广义上的人力资源是指劳动力资源或劳动力，是指能够推动经济和社会发展、具有劳动能力的人口总和。包括数量和质量两个方面，数量是指具有劳动能力的人口数量，质量是指这些劳动力人口具有的体质、文化知识和劳动技能水平等。本文所说的基层国税系统的人力资源，主要是指分布在基层国税机关的在职人员情况，即包括在职人员的数量，也包括在职人员的文化水平、职业技能和知识结构。

(一)人力资源数量锐减

自2005年至2015年10年间，伊通县局在职人员总数从117人减少到99人，其中离开工作岗位退休的26人，国税系统内调出13人，10年累计新录用公务员18人，但现在仍在伊通县局工作的只有6人，这些都是导致10年间人员锐减的重要原因。我局现有人员99人，未来10年(剔除未来10年新录用公务员和延缓退休政策两个因素)，我局将有49人离开现有工作岗位加入退休干部队伍的行列，即使按照现有的年度平均每年招录2名(实际1.8人)公务员，也只能维持在70人的水平，已经远远不能满足实际税收工作需要，人员减少和税收工作量增加形成了基层国税机关人员严重紧张的现状。

表一　伊通县局2005－2025人员减少情况(2015－2025为预测数)

| 时间 | | 增加 | | 减少 | | | 净增减 | 总数 |
|---|---|---|---|---|---|---|---|---|
| | | 录用 | 调入 | 调出 | 退休 | 死亡 | | |
| 2005－2014 | 2005 | | 1 | | 2 | | －1 | 117 |
| | 2006 | 1 | 1 | | | | 2 | 119 |
| | 2007 | | | | 1 | | －1 | 118 |
| | 2008 | | | | 2 | | －2 | 116 |
| | 2009 | 4 | | 2 | 2 | | 0 | 116 |
| | 2010 | 2 | | 5 | 5 | | －8 | 108 |
| | 2011 | 1 | 1 | 1 | 1 | | 0 | 108 |
| | 2012 | 2 | | 1 | 3 | 2 | －4 | 104 |
| | 2013 | 4 | | 1 | 2 | | 1 | 105 |
| | 2014 | 2 | 1 | 1 | 4 | | －2 | 103 |

| | | | | | | | | |
|---|---|---|---|---|---|---|---|---|
| | 2015 | 2 | | 2 | 4 | | −4 | 99 |
| | 小计 | 18 | 4 | 13 | 26 | 2 | −19 | |
| 2015—2025 | 预计 | 20(年均1.8) | | | 49 | | −29 | 70 |

(二)年龄老化严重

人口老化表现在两个方面，其一是在职人员平均年龄不断增高，已经从2005年的42.43岁提高到现在的47.01岁；其二是结构不合理，截至到2014年底统计，40岁以下人员17人，只占人员总数的16.5%，和56—59岁人员数量相当，绝大多数都集中在46岁—55岁之间，已经占到干部总数的51%，这种畸形的年龄结构告诉我们在未来5—10年干部平均年龄还将呈继续增长的势头，而靠每年寥寥无几的新录用人员很难改变这种现状。其三是退休人员与在职干部的占比不断提升。离退休人员总数已从2005年的40人增加到现在的47人，绝对增长不是很多，但相对数即离退休人员占全体干部的比例已从2005年的34.19%提高到47.47%，而且还呈继续递增态势。在现有财政体制和社会养老制度下，人口老龄化将会使基层国税部门背上沉重的养老负担。

**表二　2014年末伊通县国税局干部年龄结构表**

| 年龄段 | 40岁及以下 | | | | 41—59周岁 | | | | |
|---|---|---|---|---|---|---|---|---|---|
| | 30岁及以下 | 31—35 | 36—40 | 合计 | 41—45 | 46—50 | 51—55 | 56—59 | 合计 |
| 人数 | 9 | 2 | 6 | 17 | 18 | 25 | 26 | 17 | 86 |
| 占干部比例(%) | 8.74 | 1.94 | 5.83 | 16.5 | 17.5 | 24.3 | 25.2 | 16.5 | 83.5 |

(三)职业技能低下

在人力资源质的方面，学历结构偏低，大学本科以上的有57人，占55.34%，专科学历的有35人，占33.98%，但获得本科学士学位和研究生硕士学位的只有10人，说明绝大多数本科生都是通过在职函授取得的文凭，其实难符。从工作技能上看，有相当一部分干部大约有五分之一的人员(大多集中在税源管理科和基层分局)不适应税收信息化管理的新要求，不能独自完成自己的份内本职工作，一些税源管理岗的日常工作需要依赖本科室的综合业务岗来完成。

**表三　伊通县局2014年末在职干部学历情况统计表**

| 学历 | 研究生 | | 本科 | | 专科 | 中专及以下 | 合计 |
|---|---|---|---|---|---|---|---|
| | 学历 | 硕士 | 学历 | 学士 | | | |
| 人数 | 3 | 3 | 54 | 5 | 35 | 11 | 103 |
| 占比(%) | 2.9 | 2.9 | 52.43 | 4.85 | 33.98 | 10.68 | 100 |

(四)硬性约束缺乏

由于受规范津补贴政策的影响，自2014年以来，在相继取消了办税服务厅补助、年度奖金、小指标奖和各种带有岗位性质的津贴补贴之后，又将干部的津补贴标准实行了“属地原则”下的“同城同待遇”，干部职工的工资收入较过去明显减少，职工收入只涨不落的传统惯性思维已被打破，一些干部在思想上和心理上难以接受这样的现实，在干部的基本生活水平呈下降态势(物价上涨与收入下滑并行)的情况下，干部的思想波动较大，导致基层单位对干部的管理从过去的行政手段和经济手段相结合转变为现在单一的行政手段，缺乏必要的经济惩戒措施，而且对一些轻微的违反工作纪律的行为没有更为有效的制裁措施，对干部的硬性约束越来越少，队伍整体的上进心、进取意识较差，消极懈怠情绪滋生蔓延。

(五)干部情绪低落

工资改革滞后严重影响干部工作的积极性，国税系统自2005年以来就没有调整过工资，而是靠年度奖金或小指标奖等维系干部职工的工薪收入水平不至低于地方，自2014年实施规范津补贴以来，不仅取消了年度奖金和小指标奖，而且按照属地原则的津补贴也较以前下降了较大的幅度，广大干部对国务院统一调整国家公务员工资和推进公车改革实行“车补”的愿望非常迫切，但一直在利好的等待中煎熬着，干部的心态和思想受到较大冲击，对干部的工作积极性带来了非常不利的影响。

## 二、改变基层国税机关人力资源现状的对策

改善基层国税机关人力资源现状，必须从人力资源的基本特性入手，在保证数量和提高质量两个方面找准突破口。

(一)要保证人力资源数量的相对稳定

保证一个单位人力资源数量的相对稳定是满足实际工作需要的重要前提，尽管随着社会生产力发展水平的提高，税收信息化建设步伐在加快，税收管理手段的科技含量日益提升，传统的管户制被打破，基层国税机关对人力资源的数量需求相对下降，但对基本岗位设置的人员数量需求必须得到满足。试想，如果原来4个人干的工作现在仍然由4个人或者由多于4个人来完成，干部的心理会欣然的接受，如果现在分配给3个人或2个人来完成，干部在心理上就会不情愿，特别是在现在取消各种奖金发放后，基层局对干部失去了必要的激励措施，在多劳不能多得的情况下，谁也不愿意多劳。必须保持一定数量的人力资源并相对稳定，满足所有岗位的人力资源需求，确保所有的岗位都有对应的人力资源做保证。

1、把好入口，适当赋予基层国税机关的录用选拔考察权限。现在国家公务员法中对国家公务员的录用有了明确的规定，基层国税机关新录用公务员一律参加国家统一招录公务员考试，对规范公务员的入口起到了一定的作用。大体程序是：由上级局按照国家局下达的录用人员计划下达指标，基层局在规定的指标数量内进行申报，包括学历、专业等，最终经过全国统一组织的笔试、面试、考察等程序，看似较为严格，但没有赋予基层直接用人单位足够的选择权。建议给直接的用人单位以更多的参与、决策权力。一是赋予选人的地域选择权限，对艰苦边远地区尽可能地多招录本地域户籍人员，一旦录用能够较长时间在本地工作，防止少数人利用公务员招考做“跳板”，即通过到艰苦边远地区“考公”，先走进公务员的大门，之后利用各种社会关系再离开本单位到所要去的地区工作。二是实行自下而上的招录人员申请，即先由各基层单位根据干部队伍结构和实际工作需要，提出拟招录人员的申请，包括人数、条件等，逐级上报后再汇总，上级局要充分满足基层单位的用人要求。三是基层用人单位应参与拟录用人员的考核考察，对不便于异地工作的人员在考察环节就拒之门外，免得录用后以各种家庭生活的不便申请工作调动。

2、严格出口，严格执行新录用公务员服务年限的规定。现在基层单位新招录人员调动的比较频繁，有的工作一二年，有的工作三四年，大多都没有达到最低服务年限5年的要求，有的虽然调不到新的单位，但也以临时抽调、借用等名义不在所招录的单位工作。仅以伊通县局为例，自2006年至2014年，共新招录16名公务员，截止到2014年末，仍然在伊通县局工作的只有8人，而且这8人中还有2人被上级局长期抽调，调动的10人中工作时间最长的也不足5年。人员调动得太频，其主要原因就是各级局特别是上级局没有严格执行新录用人员的最低服务年限的规定，不但上级领导机关自身不执行，还给基层局施加压力，在上级局已经同意人员调动时，还象征性地要求基层局要先上报请示，造成是基层局主动提出人员调动的假象，把责任全部推给基层局，使基层局处于“两难”的境地。作为新录用的公务员，占用了基层局的名额，花费了基层局的精力来培养，刚能走上工作岗位独立承担工作任务，又被一纸调令调到了上级机关，造成了基层局可用之人的高度匮乏。建议各级税务机关严格执行新录用公务员在录用单位的最

低服务年限的规定，因为本科毕业生基本年龄都在 24 周岁左右，在基层如果能够服务满 5 年，期间正好是成家的最佳年龄，如果能在工作地建立了自己的家庭，也就能够安下心来工作了，因为再调动将会涉及爱人家属的工作，较为困难，迫使他们一心一意的服务在基层，这样能够达到基层局招录公务员的调整年龄、知识结构、补充人员不足的目的，有利于基层干部队伍的整体稳定。

3、保持稳定，干部调整交流要充分考虑基层局的实际情况。近 10 年来除了新录用人员工作调整之外，对其它干部的调整交流也比较频繁，仅我局 2005 年以来就调整调出干部 9 人，也是造成现有人力资源不足的一个重要原因，建议对其它干部的调整交流也必须充分考虑调出单位的实际情况，以不影响基层单位日常工作的正常开展为底线。

(二)建立奖惩机制，提高基层国税机关人力资源的质效

合理的人力资源结构应该是量和质的统一，足够的人力资源数量仅仅是使各项工作的正常开展成为一种可能，更为关键的还是如何提升基层税务人员的工作技能，使人的积极性、主动性和创造性充分发挥出来，通过制度机制使现有的人力资源效力得到最大发挥。

1、树立基层班子在干部管理方面的权威。随着津补贴的规范和各种性质奖励的取消，基层领导对干部管理的强制性措施越来越少，经济型手段的制裁已经没有出路，一些年龄偏大的同志本着上进无望、不贪不占、大错不犯的心理，以极不正常的心态对待改革中的不合理问题，把对上级政策的不满迁怒到本单位的领导干部身上，基层领导干部为了稳定大局，不得不在一些具体问题的处理上做出些让步，基层领导的权威性越来越差。建议赋予基层局对干部管理的经济制约措施，重树基层领导的权威，即允许在资金来源合法的前提下，每年按照上级局对本单位的绩效考核结果发放一定额度的奖金，在奖金额度内基层单位可以制定一些经济惩戒措施，使干部有一种敬畏之心，通过这种经济手段提高基层班子对干部管理的权威，使干部不敢懈怠。

2、建立正常的职业培训制度，提高人力资源的整体素质。干部的职业技能水平决定着基层国税机关的税收执法水平和纳税服务水平，而干部的职业技能即来自于税收工作的实践，更来自于各级税务机关开展的职业技能培训，因此开展职业技能培训是提高基层人力资源整体素质的必由之路。职业技能培训要突出主业，围绕税收核心工作，税务部门的核心工作就是税收管理，在管理中的过程中依法为纳税人提供涉税服务，在管理的过程中严格实施依法行政，在管理的过程中推行便民办税，提高行政效能。任何时候不能脱离税务机关的主业而本末倒置，在人力资源建设上也要突出税收主业，以提高税收工作专业技能为核心，增强服务中心工作的能力。要更多地发挥各级税务培训中心的作用，建议上级局能够承担主要培训任务，既有雄厚的师资，又有专门的职能部门，通过搞集中培训还能够统一标准，减少本地培训过程中来自家庭、单位等各方面的干扰，使干部能够集中精力静下心来学习，提高综合素质。基层局主要借助网络教学资源，开展岗位练功式的培训，缺啥补啥，提高专业技能；

3、加强社会监督，使干部能够严格自律。尽管各单位都有内部的管理制度规定，但不一定都执行的很到位，主要原因就是我们的制度规定不能对干部的经济利益造成过多的剥夺，如对干部的各种经济惩戒是没有相关的法律规定的，即使有也只能局限于基本工资和津补贴之外的奖金类项目上，在目前取消了各种奖金发放之后，制度规定的严格性更是很难落实，而相反如果是来自于社会的监督，如公众监督、舆论监督、纪检监察机关的执纪执法监督，迫使我们不得不对违反工作纪律的行为作出必要的处理。所以应该克服各级领导干部对干部队伍怕丑护短的心理，拓宽公众监督渠道，强化社会监督，迫使干部能够严格自律。

(作者单位：吉林省四平市伊通县国家税务局)

# 构建以人为本绩效管理体系的几点思考

章 春 沈 咏 高 煜

党的十八大报告明确提出:“创新行政管理方式,提高政府公信力和执行力,推进政府绩效管理”。十八届三中全会对优化政府组织结构提出:“严格绩效管理,突出责任落实,确保权责一致”。国家税务总局响应党中央、国务院的要求,从2014年开始,在全国税务系统推行了绩效管理。作为基层税务机关必须明确绩效导向,结合自身实际,抓好贯彻落实。

## 一、绩效管理推进过程中存在的主要问题

推进绩效管理是大势所趋,是转变职能、创新管理的必然要求。经过系统上下积极探索和深入实践,绩效管理在系统上下的“指挥棒”作用、杠杆撬动作用逐步显现。但在绩效管理具体推进实践中,还存在一些问题值得重视。

(一)在组织认识上

一些单位和部门认识不同,推行不一。其中有两种认识倾向比较明显,一种认为绩效管理作用不大,不能涵盖所有工作,大量无法量化的工作无法考核,增加了负担;另一种认为绩效管理就是“军令状”,唯考核指标是举,自上而下分任务,白纸黑字说清楚,层层加码,加重考核,全力围绕考核指标转。

(二)在考核推进上

在具体的考核过程中,有的单位和部门受绩效主体目标取向的影响,绩效在设计上就具有明显的倾向性,一票否决、一鸣惊人、一锤定音、干的多错的多扣的多,系统化的绩效管理被肢解成各类指标,有的缺乏沟通与监控,忽视干部职工的参与,遭到干部职工心理上的排斥和抵制,背离了绩效管理的初衷。

(三)在流程设计上

有的绩效计划简单分解,或绩效目标和指标制定不科学、不合理;有的绩效管理与战略目标脱节,个人、部门与组织目标不一致;有的绩效指标设置、运用不科学、抓不住重点,助长急功近利和短期投机行为;有的评价方法选择不当,过分追求考核工具和测评方法而忽视适用性和操作性,考核周期设置不合理,测评程序缺乏科学性。

(四)在基层实践上

有的绩效管理的制度执行不够有力,选择性执行的问题时有发生,导向引领作用不突出;有的单位消极懈怠,推进力度不够大,绩效管理工作滞后;有的单位绩效管理比较粗放,在一些工作环节上缺乏具体措施,承接和分解落实上级指标职责不匹配;有的单位绩效管理与日常工作的深度融合不够,制定指标照抄照搬,存在“两张皮”现象。

通过现象看本质,这些绩效管理问题的存在,主要源于管理者对绩效管理功能的认识偏差,认为考核什么就能得到什么,致力于对“事”的考核,把绩效管理仅仅当成工作推进的工具。这种建立在以“事”为中心基础上的绩效管理,对于生产企业来说具有一定的指导意义,但对税收管理来说,不是靠流水线性的作业标准就能达到目标的。这种以“事”为核心的考核要满足公平的需要,理论上必须要制定严格明晰穷尽的考核指标和考核要求,以便囊括所有工作任务和工作要求。如此往复,必然陷入封闭的内循环,这个

内循环像黑洞一般消耗干部职工和地税机关的精力，最后必然陷入为了考核而考核的形式主义窠臼。

## 二、绩效管理应把握的管理重点

绩效管理是税务机关的组织目标与干部职工个体成员之间的一条纽带，理应从“事”和“人”两个角度来找联系点。特别是在充满变化的信息时代，绩效管理更应从以“人”为中心的考核方面做调整，构建以人为本，提高人的素质形成发展动力，依靠人的力量推动事业发展。各级税务机关在事业推进中应当充分发挥人的主体作用，充分尊重人的主体地位，尊重干部职工的主体性，激发人的主动性，把干部职工的积极性充分的调动起来，科学的组织起来，通过改善和发挥干部职工的作用，增强税务组织的凝聚力、竞争力和创造力，达到组织目标的最终实现。

(一)科学确定绩效导向

干部职工是地税事业发展的根本，能否最大限度地发挥干部职工的主体作用，直接关系到绩效管理的成败。绩效管理只有树立以人为本的管理思想，充分开发干部职工的潜能，激发活力，调动积极性，发挥好每个干部职工的积极因素，才能求得组织与个人的共同发展。在实施绩效管理过程中，很多单位把精力花在方法选择、流程建立、指标设定、表证单书设计上，而对绩效管理的导向考虑的比较少。结果是绩效管理制度一变再变，考核方法一换再换，考核指标越来越多，考核程序越来越烦，但绩效管理不仅没有收到预期效果，反而招来怨声一片。绩效考核是一种管理手段，要确定它的目的是激励、是推动，是面向未来帮助人，而不是纠结历史整治人，以营造良好的绩效管理氛围。所以绩效管理不能为了考核而考核，要正确看待考评结果。无论是单位还是个人，要通过考评，看到差距，取长补短，共同提高，相得益彰。各级组织要通过绩效管理，体现对干部职工个体的尊重和激励，把绩效考核与干部职工能力素质、情感事业、未来发展结合起来。

(二)着力培养绩效精神

所谓绩效精神，是指一种主动追求、勤于创新的精神，是一种勇于尝试、不怕牺牲的精神。通过推行绩效管理，使绩效精神成为干部职工的工作生活习惯，内化于心，外践于行，从而推进税务机关组织目标的最终实现。培养绩效精神，一方面需要地税机关作为组织层面要鼓励每位干部职工都能充分发挥长处，强调主动性和创造性；另一方面，也要有容忍错误与包容失败的胸怀，一旦发现问题，管理层首先要从自身找原因，鼓励干部职工放下思想包袱，敢于主动尝试，使个人与组织更为融合，从而能够保证地税组织的活性和活力。

(三)重点提升绩效能力

当前，面对新情况新问题，一些干部职工总感觉到过去的老办法不管用，新办法不会用，软办法不顶用，硬办法不敢用，这就是能力不够的危机。组织目标最终要落实到人的身上，一切责任最终要有人去履行，干部职工是否具有实现目标的能力素质至关重要。能力建设得到了省局领导的高度重视，去年 7 月 20 日，省局专门召开了“干部能力素质提升工程暨大数据治税工程推进会”，江建平局长提出“紧紧围绕税收现代化战略布局，把握严管善待主基调，以能力素质提升为核心，以加强思想政治建设、业务技能培训、岗位实践锻炼为抓手，全力打造‘忠实履职、安全履职’的地税干部队伍。”这就要求基层地税机关必须强化岗位能力培训，有效的帮助干部职工清楚了解自己应该干什么、应该怎么干、应该干到什么样，有针对性的提高干部职工的知识化、专业化水平，增强履职尽责的素质和能力。

## 三、推进以人为本绩效管理体系的建议

总局绩效管理 4.0 版制度办法和指标体系已经下发，作为基层税务机关，就是要充分发挥绩效管理的指挥棒和激励约束作用，充分尊重人、激励人，把人放在更加突出位置，推动工作落实和提质增效。

(一)注重绩效管理的价值引导和顶层设计

绩效管理是大势所趋,系统上下必须加强实践、注重宣传引导。一是增强信念。各级组织对绩效考核的高度重视已成为考核工作最可依赖的重要优势,系统上下要对绩效管理理念、推行绩效管理的决心有更清醒的认识,消除思想顾虑,克服畏难情绪,增强信心。要把干部职工视为管理的主要对象和组织最重要的资源,将分散的个人目标和价值观培训引导到税务组织的发展战略上来。二是形成氛围。绩效管理不能唱独角戏,其自身的科学性、合理性并不能保证就能够有效地运行绩效管理,必须与本单位税务机关的战略规划、组织文化相融合,形成领导推动、全员参与的绩效管理氛围。要积极引导基层学习规则、适应规则、运用规则。要强化持续的绩效沟通培训,在系统上下形成一个人人学绩效、人人懂绩效、人人想实施绩效管理的氛围。三是务实求效。绩效计划的前期制定中要充分吸纳被考核单位和干部职工的意见建议,并全程追踪计划进展情况,及时排除障碍和修订计划,提高绩效管理的满意度。要充分考虑基层的实际,抓重点、出效果,为基层减负。要完善规章制度和奖惩制度,创造一种公平考核的环境,使每位干部职工处于主动运转状态。

(二)突出考评指标的科学性与合理性

按照绩效管理工作的规律,优化指标体系、操作规则,做到考核指标可量化、可观测、易理解和可得性。一是处理好各指标之间的关系。要确保考核标准科学,规程明确,方法合理,具有可操作性。绩效管理的目的与内容、方式与方法、过程与程序、管理与结果应用等要明文规定,保障绩效管理的严肃性和规范性。特别是在指标设置方面,要抓重点,不能面面俱到,要突出制约税务发展、影响措施落实、妨碍中心工作完成的核心指标,引导基层内涵式发展。二是指标设计要张弛有度。对于上级整体目标分解出的指标,实现的是绩效管理的“牵引作用”,是落实上级考核目标的基础和保证,体现的是一种责任和担当,没有讨论的空间,需要系统上下严格限定条件,不折不扣地执行。另外,结合本地实际要制定自身发展指标,这类指标鼓励自下而上的争取和创新,目的是激发绩效精神,实现绩效管理的“激励功能”,体现的是一种鼓励和倡导。三是注重个人指标的特殊性设计。个人绩效是建立在组织绩效之上的,组织绩效最终要靠人来实现,两者是内在统一和深度融合的,不能是两张皮。所以,在制定个人绩效时,在结合组织目标基础上充分考虑个体的特殊性,倡导信任、尊重、平等、共赢的价值观念,关注部分群体知识能力的特殊性和岗位的针对性,通过个性化的与岗位需求相适应的岗位绩效指标,激发其内在的成就感和创造力,从而促进组织目标和个人价值双赢。

(三)在绩效落实上实行项目化管理

绩效管理虽然涉及到全局工作的方方面面,但绩效管理本身也是一项工作,要寻找绩效管理工作自身的规律性,实施项目化管理应对办法,明确工作目标、找准着力点。一是考核流程明确规范。要建立绩效台账、制度,加强引导、调度,强化督查督办。考核周期保持常态性,让干部职工将绩效考核视为工作的一部分,时刻关注工作好坏与绩效的关联性,改进工作态度和工作方法。根据不同组织和干部职工岗位、需求的不同,设计出与其相适应的考评制度,鼓励基层单位和干部职工运用数据、事实来自我评价。二是管理职能标准要高。使制度和考评指标设计努力做到“目标明确、任务量化、节点清晰、过程可控、结果可考”,进一步营造人人担当、人人争先的良好氛围。要强化节点管理,对重点绩效任务,细化工作目标、进度、措施、责任,加强对进度与质量的控制与检测,及时发现和纠正绩效管理过程中的不足和偏差,推动工作持续改进提升。三是在棘手问题上下功夫。绩效管理必须迎难而上,如收入质量问题、改革质效问题、干部队伍活力动力问题,等等,力求在解决难点棘手问题中推进地税事业的发展。要着力抓好固强补弱的工作,对工作中存在的问题和差距,进行认真的分析梳理,制定切实可行的措施,对一个个弱项工作抓整改,把弱项变成强项,促使税收工作的整体推进和全面提高。

(四)切实发挥持续改进的作用

式确定考评指标，考评指标的具体内容是什么，怎么衡量，多长时间衡量一次，考评部门与被考评部门之间，上级部门与下级部门之间应该保持什么样的沟通方式，部门绩效与个人绩效怎样有机结合，考评结果怎样与激励机制相互制衡，可以说，激励机制少考评效果相对就会变小，被考评的个体就容易抱着无所谓的态度，激励机制过多又可能会由于相关配套方案的不完善、不健全而致使被考评个体产生抵触情绪并努力寻找其中的一些漏洞来投机取巧，结果也会导致考评失效……，这一系列的问题，也是需要在考评工作中不断的加以总结、提升和完善。

（三）行之有效的个人绩效管理是整体绩效管理的关键。随着税收管理科学化、精细化进程的推进，大多数基层地税部门人力资源供需矛盾也日益突出。以鲁甸县局为例，从 1994 年分税制改革到 2015 年，地方税费收入规模已从 145 万元攀升到了 3.29 亿元，而正式职工总人数近 20 年来却基本没有大的变化。地方税与国税相比，税种小而多，且税源零星分散、隐蔽性强，征收管理的难度大，此外还要担负社保费、残保金，工会费等其他征收任务，可以说所有这些目标任务最终都层层分解到基层各个岗位上的每一位税务干部身上。我们知道，全局的整体绩效目标是由个体绩效目标来支撑的，也就是由每一个干部职工来支撑的。因此地税部门这些工作目标的实现，都依赖于每位干部职工工作积极性的不断提高，要做到这些，就必须有一个合理、科学的个人绩效考评机制，使每个岗位的工作任务都有具体量化的标准，并对完成情况、完成质量及时进行客观、公正的评价。这样，广大地税干部职工的主动性、积极性才能得到有效的发挥。

总的说来，与以往的考评方式相比较，绩效管理的方法更科学、可信度更高，税务部门作为重要的经济杠杆部门，承担着组织财政收入、调控经济等重要任务，绩效管理工作也理所当然地走在了前列，但地税部门属于一个具有较强管理性的税收执法职能部门，其工作人员具有岗位多、工作面广、层级繁杂的特点，对其进行绩效考评难度也相对大一些。对基层地税部门来说要做好绩效管理这项新任务，必须要有一个循序渐进的过程，不可能一蹴而就。因此，广大基层干部职工必须高度重视、群策群力、集思广益、不断优化业务工作考评指标，均衡岗位间工作考评力度，共同构建一个适合地税管理实际的科学绩效考评体系，逐渐烘托出绩效文化的氛围，以此来提升地税管理水平和工作效率，实现组织目标，进而达到促进广大税务干部转变作风、主动作为、激情创业、奋勇争先的良性互动，最终在地税系统形成人人想干事、人人争干事、人人能干事的优良格局。

（作者单位：云南省鲁甸县地方税务局）

# 关于提高基层地税干部工作积极性的思考

匡　洪

当前的地税工作面临前所未有的压力和挑战，收入计划与依法治税的矛盾、收入增速放缓与财政需求旺盛的矛盾、落实各项优惠政策与完成税收任务的矛盾、税收现代化要求越来越高与现有人才素质难以适应的矛盾等越来越突出。在这种形势下，再按原来那种老的管理模式，就工作而抓工作，就任务去布置任务，已经很难负重前行。在现有人员难以大幅度变动的情况下，要实现地税事业的发展升级，研究人的问题、激发人的活力就成为当前地税部门亟需解决的问题。

## 一、目前基层地税干部队伍的现状及存在的问题

当前，基层地税干部职工中存在工作“人员短缺”、“积极性不高”、“技能欠缺”等问题，较大地影响了地税工作效率和地税部门的形象。

(一)在人才来源方面，存在“人员短缺”的问题

1、干部队伍年龄老化现象越来越严重。以新余市地税局某下属局为例，目前该局定编为104人，而实际在职在岗的干部职工只有69人，编制与人员不匹配；该局在职在岗干部职工平均年龄43岁，其中45岁以上占比一半以上，重要岗位、一线岗位上的干部年龄老化现象严重；此外，新进人员比较少，新进人员中年轻的人比较少，新进来能留得下来的更少，从2005年－2015年，该局通过公务员考试、事业编干部招录、军转干部接收、财政部门交通部门改制划入等形式先后流入人员53人，但同时也流出人员51人，其中含流入的38人。

2、基层干部向中心城市流动现象越来越多。一方面基层相对市级、省级城市来说条件更加艰苦，福利待遇也更低，同时有的干部职工在城市里成家生了小孩，需要照顾家庭，一些有这样需求的干部职工千方百计调入城区；另一方面基层地税部门职数少，晋升机会少，一些优秀的干部通过调入、考入等形式争相进入上级机关。

3、出现了年轻的基层干部向外系统流动的现象。新进的年轻干部特别是考入的公务员，思想活跃、眼界宽泛，他们感觉基层地税部门事务多、规矩多、考核多、施展才能的空间窄，于是再通过各种考试考入其他岗位或者以直接辞职的方式流出了地税部门。

(二)在思想意识方面，存在“积极性不高”的问题

1、价值观的多元化。一方面少数干部以职务晋升作为实现自身价值的唯一标准，而由于地税部门实行省级以下垂直管理体制，干部的提拔、轮岗、交流仅限于系统内，干部职务的晋升基本上走的是一座“独木桥”。以新余市地税局某下属局为例，很大部分的任职时间较长的干部由于职数限制职务得不到晋升，很大一部分干部到退休时甚至还是科员；少数年轻干部感到政治上进步的机会少、路子窄，觉得个人抱负和自身价值难以实现，出现了“不平衡心理”和“攀比心理”，工作积极性不高，淡化了应有的理想信念。另一方面，基层地税部门给干部提供实现自身价值、理想抱负的平台不多，对干部职工形成良好价值观念的引导还不多，导致部分干部理想懈怠。

2、考核机制还不尽完善。一方面，对单位而言，现有的绩效管理体系设计不是很科学，考核过程较为

结果运用是绩效管理的重要一环,不能把绩效管理等同于打分排名,要从帮助基层组织和干部职工的角度出发,通过考核发现问题查找不足并加以改进,才能真正发挥实效。一是积极做好绩效运行中的问题改善。要从干部职工最关心、最直接、最现实的问题入手,最大限度满足干部职工的合理需求;要积极帮助基层和干部职工清除工作过程中的障碍,并提供必要的指导、支持和帮助,形成推动组织战略目标落实、绩效导向的文化氛围。要结合形势,认真研究考评结果运用,保证绩效管理的实用性和可持续,最大限度地放大绩效管理在评价、纠偏和奖优罚劣方面的正能量,充分发挥绩效管理的旗帜和带动效应。二是做好绩效评价结果反馈。审视地税系统在人力资源管理方面的不足,强化绩效管理过程中的人文关怀,帮助上级机关和领导寻求组织发展和干部职工个人发展的共同点,使组织的绩效管理更具生命力。要制定改进计划,着力提升干部职工的绩效,找到干部职工行为或工作方式和组织目标不一致的地方,探讨问题根源及解决对策,督促和指导改进。三是引导考核向更加公平方向发展。通过奖励那些实现绩效目标一致的单位和干部职工,使其成为表率和标杆。保证考核过程公开、结果公正,每一条考核指标和监控指标,都要明确考核标准、时限、流程和办法,结果要及时公开,保证考核结果的公信力,最大限度地减少基层对考评结果的杂音,切实得到基层对考核结果的认同,保护基层单位争先创优的积极性。

(作者单位:江苏省徐州地方税务局)

# 关于税务廉政文化建设路径选择的探讨

安晶秋　赵明云

廉政文化是伴随着从政行为和道德文化的演变、发展而诞生的，它是一个国家中的阶级、民族和其他社会团体以及团体中的成员，在一定的生产方式基础上和在一定的经济、政治、文化背景与现实环境中所形成的，关于廉政方面的思想道德、精神品位、价值观念和与之相适应的工作方式、生活行为方式、社会评价方式的集合，是廉洁从政行为在文化和观念上的反映，是抵制腐败没落文化的基础和力量。具体到税务廉政文化，指的就是各级税务机关在长期的党风廉政建设和反腐倡廉实践中逐渐形成的，具有税收特征并得到了全体税务干部职工共同遵循的价值观念、思维模式、行为准则、治税思想、行业精神、廉政意识等，以及与之相关联的物质载体的总和，是税务系统廉政建设与文化建设相结合的产物。

加强税务廉政文化建设是消除滋生腐败的文化土壤，深入推进党风廉政建设的迫切需要，是提高税务行政效率和全体税务人员政治素质和文化修养的有效途径。应该说，研究如何培育和开展好税务廉政文化建设，是摆在各级税务机关和全体税务工作者面前的一项重大的政治课题。

## 一、当前税务廉政文化建设实践中存在的问题

近年来，随着全党党风廉政建设步伐的不断深入和全民廉政文化意识的普遍提高，各级税务机关加强税务廉政文化建设的积极性和主动意识不断增强。在国家税务总局的统一部署下，各地税务部门都将廉政文化建设纳入到了新时期税收工作的重要议事日程，纳入了反腐倡廉的重点工作任务之一，并积极制定廉政文化建设实施方案，探索了开展廉政文化建设的有效途径。但由于抓廉政文化还处于摸索阶段，在管理上的不到位以及实践经验上的缺失等原因，致使税务廉政文化建设中还存在着许多薄弱环节，特别在市以下基层单位，有些共性的问题尚亟待解决。

（一）对税务廉政文化建设的认识存在偏差。税务廉政文化建设应当是党风廉政建设的重要组成部分，而由于宣传工作不到位等诸多因素，使相当一部分干部，特别是个别领导干部对建设廉政文化缺乏足够的重视，认为廉政文化建设是税收工作的“陪衬”，抓多抓少和抓好抓差不会影响中心工作任务的完成，因而态度消极，热情不高。另外还有一部分人对税务廉政文化建设的内涵模糊不清，不知道该抓些什么，干些什么，怎么干，廉政文化建设往往是停留在会上、纸上和墙上。有的人对如何抓廉政文化的理解不全面，一说到廉政文化，首先想到的是“上大课、做报告、树典型”；一提到责任，就自然地认为是纪检监察部门的事，与自己关系不大。理解上的偏差，造成了税务廉政文化工作发展上的不平衡。

（二）把税务廉政文化建设当成了“面子工程”。有些人认为，税务廉政文化建设往往是用来装饰税务机关党风廉政建设门面的，这些年好多事都要与文化沾边，比如酒文化、食文化、茶文化等等，搭上“文化”的便车做事才显得有味道，有内涵。所以，美观大方的反映税务廉政文化内容的宣传品公布了出去，楼里楼外也贴满了税务廉政文化的字画图版，而实际工作却仍然停留在写写计划，报报总结的层面上，税务廉政文化成了装饰品。

（三）税务廉政文化建设被人为拔高。有相当一部分人认为，税务廉政文化建设是纯理论性的东西，是学者、专家和上级机关应该研究的事，广大的干部职工不具备那样的理论基础，基层抓廉政文化建设是

盲人摸大象，搞不出什么名堂。他们对税务廉政文化是由税务系统党风廉政建设工作从实践上升到理论的一种总结，是对税务系统党风廉政建设实践的高度概括和提炼，并反过来指导系统党风廉政建设工作的道理没有正确的理解和认识，在工作实践中消极保守、不敢担当，即束缚了自己的手脚，又影响了其他人的工作干劲和热情，即便照着别的单位的样子抓一抓，也是"邯郸学步"，一事无成。

(四)抓税务廉政文化建设形式单一。主要是：与税务工作结合不紧密。有的单位开展廉政活动不能贴近税收工作内容，使廉政文化建设与税收工作变成了两张皮；忽视与法治文化建设相交融。税务廉政文化建设不能与当前涉税法律法规工作有效结合，涉税法律法规工作也不能利用廉政文化建设载体进行宣传，使预期的工作效果大打折扣；参与主体成分有偏疏。从开展活动的实际情况来看，廉政文化建设下紧上松，参与主体大多以下级机关和群众为主，即本身并不掌握公共权力的人在积极参与廉政文化建设，而他们在外围所做的种种努力，很难，也不太可能对掌握着公共权力的机关和人员的思想行为产生直接影响。

## 二、产生问题的原因分析

一是思想上不重视，理解上有误区。部分单位和部门的领导只注重集中精力抓税收收入，抓征管主业，认为只要多干实事，廉政文化建设抓多抓少没啥两样，能应付了事，喊喊口号，做做样子就可以了，而且基层经费紧张，不应把钱和精力花费在建设与群众工作生活联系不够直接的廉政文化上，因此缺乏自觉参与廉政文化建设工作的积极性和主动性。还有相当一部分人把廉政文化等同于廉政教育，认为廉政文化建设就是集体"上上党课、听听故事，作作报告、树树典型"等简单枯燥的说教式活动，有的甚至把廉政文化建设看成与已无关，是"领导生病，给群众吃药打针"。

二是廉政文化宣传形式过于单一。廉政文化宣传主要靠传达文件、开会学习宣教，导致税收廉政文化建设的吸引力不强。宣传教育方式的呆板陈旧，难以被不同年龄阶段、不同文化层次的人员接受和认同，使廉政文化建设没有产生其应有的号召力和感染力。

三是廉政文化建设的思路窄，机制不健全。同抓其它工作相比较，抓廉政文化建设尚处于摸索阶段，还没有一套全面系统可行的工作经验和模式，不少单位或部门的领导干部，特别是基层的干部感到工作无从下手，导致廉政文化建设方法少、步子小、效果差。各有关单位和部门抓廉政文化建设的分工合作责任机制尚不完善，廉政文化建设的投入机制、廉政文化教育机制，廉政文化考核检查机制不配套、不规范、不完善，致使个别部门没有真正把廉政文化建设作为自己应尽的责任和义务去实践，去落实。

四是廉政文化产品创作乏力。从宏观上说，制作切合基层实际，并具有感染力的廉政文化作品较少，尤其是群众易学、易记、易传、富有渗透力的廉政文化歌曲、民谣、格言、广告、标语等的创作显得乏力，相对于其他流行文化，廉政文化的声音还很微弱，吸引力和渗透力还有待于提高。

## 三、加强税务廉政文化建设的路径选择

### (一)要高度重视，浓厚氛围

廉政文化建设是新时期推进党风廉政建设和反腐倡廉建设的必由之路，是引导广大税务工作者树立正确的世界观、人生观、价值观和正确的地位观、权力观、利益观，形成以廉为荣、以贪为耻良好氛围的有效途径，因此在工作实践中必须坚持做好以下工作。

1、要加大廉政文化建设的组织宣传力度。主要领导要重视抓好廉政文化建设工作，把廉政文化建设当作反腐倡廉的重要内容摆上议事日程，做到廉政文化建设与加强领导班子思想建设、精神文明建设齐头并进。要充分发挥党、团、工、青、妇等组织和人事、监察、教育部门的作用，构建党风廉政大宣教格局。要把廉政文化工作与税务管理部门相关业务工作统一规划，统一实施，拓展廉政文化建设领域，增强廉政

文化教育的渗透力。要充分利用各种宣传媒体,广泛宣传廉政文化建设的重要意义,努力在全社会营造崇廉倡廉良好氛围。

2、要健全廉政文化建设的责任制度。廉政文化建设是一项系统工程,要研究和建立持续性开展廉政文化教育活动的责任制度。要形成一级抓一级,层层抓落实的责任体系,并建立责任追究制度,为廉政文化建设提供有力的组织保障。

(二)要丰富载体,灵活形式

开展丰富多彩的文化活动,能张显廉政文化的魅力,并能极大地促进干部职工精神状态和行为方式的积极转变。

1、组建廉政文化活动小组,负责各类活动组织开展。如组建文学创作组、书画摄影组、文体活动组等,积极开展各类廉政文化活动。

2、完善廉政文化设施,搭建活动平台。如设立廉政警示教育展室和廉政文艺作品展示场所,完善廉政文化活动场地和设备、设施,开辟网上廉政学习、教育专栏或论坛等。

3、制订系统的税务廉政文化活动计划,确保税务廉政文化活动经常有序的开展。通过组织干部职工参与融思想性、知识性、趣味性于一体的各种活动,让干部职工在轻松愉悦的气氛中增长见识、提升品位、凝聚力量,形成和谐向上的良好氛围。

4、组织开展各种形式的理论研讨活动。税务廉政文化建设要坚持理论指导与实践探索相结合,立足于税收工作实际,增强工作的前瞻性、预见性、针对性和系统性,使广大干部职工在理论探讨中长知识、受教育,筑牢思想道德防线,增强自我防范意识,提高抵卸风险的能力。

(三)要建章立制,形成规范

一个良好的廉政文化运行机制,能够保证廉政文化建设规范有序和促进工作常抓常新。

1、整合各项管理制度,进行分类造册,确保廉政文化活动的严肃性和一贯性,进而形成科学的廉政文化建设制度体系。

2、健全民主管理机制。充分反映民情、广泛集中民智、全面凝聚力量,激发干部职工的主体意识,激活群众在税收事业发展中争作贡献的热情和信心。众人拾材火焰高,人人关心和热爱廉政文化,个个尽心出力,税务廉政文化建设就会事半功倍。

3、建立科学完备的保障体系,在人员、经费和活动组织等方面给予坚定的支持,以夯实税务廉政文化建设的工作基础。

4、建立健全廉政文化建设的目标管理、考核评价和激励机制。将廉政文化工作纳入年度工作目标考核,对廉政文化建设成绩突出的单位和个人给予物质和精神奖励,对工作不力的给予通报批评,努力营造科学规范、健康有序、充满活力的税务廉政文化建设的组织氛围。

加强税务廉政文化建设,是遏制腐败现象滋生蔓延的"土壤改良工程"。在工作实践中,要时刻坚持以满足系统广大干部职工的文化需求,丰富人们的精神生活,提高人们的道德修养为出发点和落脚点,并注重在浓厚氛围、丰富载体和建章立制上狠下功夫。而这些基础性的工作做好了,廉政文化工作就能产生足够的感召力和亲和力,就能调动起广大干部职工的积极性和创造性,并有效整合各方面的廉政文化资源,提高廉政文化建设的整体水平,推动税收事业健康发展。

(作者单位:吉林省长春市国家税务局)

# 关于建设专业化税收干部队伍的思考

于美娜

税收要发展，教育要先行。学习是发展进步的基础，是提高能力的关键。学而优则存，学而优则进，学而优则胜，这是被实践反复证明了的真理。面对当前复杂多变的国内国际税收环境和前所未有的税收改革发展挑战，如何建设一支政治素质高、业务能力强的专业化税务干部队伍，确保税务机关忠实履行党和国家赋予的税收基本职能，在推进税收和谐进程中发挥积极作用，这是时代赋予税务干部教育培训工作的光荣而又艰巨的使命。

## 一、税收事业需要什么就发展什么

培养造就一支政治坚定、业务精湛、作风优良、勤政廉洁、团结和谐的高素质专业化税务干部队伍，为税收事业科学发展提供坚强的政治思想组织保证和人才支持，是税务干部教育培训工作发展的目标，也是税务干部教育培训工作的神圣使命。《规划》把"坚持围绕中心、服务大局"作为税务干部教育培训工作的首要原则，提出了"坚持税收事业科学发展需要什么就培训什么，确保干部教育培训工作与税收中心工作贴得更紧"的明确要求。这个原则，是贯彻落实税务总局党组人才强税战略的具体举措，是确保税务干部教育培训工作针对性和实效性的关键所在。

作为建设高素质税务干部队伍的先导性、基础性、战略性工程，税务干部教育培训必须转变就培训抓培训、为培训而培训的观念，超前谋划、改革创新、及时跟进、主动作为，把组织需求、岗位需求和干部本人的需求有机结合起来，牢固树立按需培训的理念，以提高干部队伍素质能力为重心，从提高队伍政治素质、业务技能、管理能力入手，本着理论与实践相结合、更新知识与实际应用相结合、近期需求与长远目标相结合、干部的岗位适应能力与将来的组织管理能力提高相结合的原则，及时更新培训内容，根据培训对象的不同基础设置不同课程，真正做到"干什么学什么"、"缺什么补什么"。

税务干部教育培训工作必须坚持围绕税收工作中心，服务科学发展大局，适应税收专业化、信息化管理方式转变，在发挥税收职能作用，提升税收服务发展、服务民生、服务纳税人的能力上有所作为。随着经济全球化、国际化、市场化和我国工业化、信息化、城镇化的深入发展，企业经济性质、组织形式、经营方式不断异化，跨国家、跨地区、跨行业的大型企业集团日益增多，电子商务迅猛发展，业务创新层出不穷，纳税人数量与日俱增，税源流动性显著增强，征纳信息严重不对称，税收管理形势错综复杂，既对税收事业科学发展提出了新的挑战，也对税务干部的素质和能力提出了新的更高要求。我们必须以提高胜任能力为重点，根据经济发展和纳税人的变化，加强现代税收业务知识培训，提高干部运用信息技术防范税收风险、强化税源管理、提高纳税遵从的能力，逐步建立起一支适应税源专业化管理需要的综合素质高、专业技能强的税务干部队伍。在这个方面，要坚持立足当前与着眼长远并重，既要重视发挥培训的基础性作用，提高干部解决现实工作问题的能力，又要重视发挥培训的先导性作用，坚持面向现代化、面向世界、面向未来，提高干部研究制约加快转变经济发展方式和促进社会和谐的税收前沿问题的能力，用教育培训引领税收事业发展，而不是被动地跟进，疲于应付。

同时，还要坚持治税与治队同步。通过大规模、多层次、分类别的教育培训，全面提高干部的综合素质,激发活力,创新管理,积极推进高素质干部队伍建设。要深刻分析经济社会环境的深刻变化对税务干部队伍建设带来的冲击和影响,增强教育培训的针对性,提高干部的政治素质、法纪意识和道德修养。要根据税收工作不同侧面的不同需要,组织形式多样、不拘一格的教育培训,为坚持依法治税、深化税制改革、优化纳税服务、加强科技管理、推进队伍建设、强化廉政建设服务。培养高素质税务干部队伍,政治上靠得住、工作上有本事、作风上过得硬、人民群众信得过、善于治国理政,这五点相辅相成、缺一不可。

加强教育培训基础保障建设,促进培训资源的合理整合和有效利用,是教育培训基础保障更加有力的保证。坚持特色立校、质量兴校、改革强校,构建分工明确、优势互补、布局合理、特色鲜明的干部教育培训机构体系。一是着眼发展,牢固确立"质量第一"理念,树立"五个一流"的指导思想,将质量理念贯穿和落实到教育培训的全过程。二是夯实基础,大力加强特色培训项目建设。高水平有特色的培训项目是实施高质量教育培训的基础。税务干部院校要合理定位,各展所长,充分发挥学校所在地丰富的教育培训资源和师资结构特点,按照"适应需要、瞄准前沿、综合布局、突出特色"的建设思路,积极开发特色项目和建设特色课程,不断优化培训项目体系,增强服务税收中心工作的能力。三是创新机制,建立培训创新评估办法和推行培训项目管理制度,鼓励教职员工积极参与培训创新和培训管理工作,为教育培训工作的创新发展提供动力和保障。

## 二、大力推进教育培训

一是首次提出了改革培训计划生成机制,实现组织需求、岗位需求和干部需求的统一。要求各级税务机关必须把需求调研作为培训计划生成的必经环节,开展深入细致的需求调研,紧密结合税收发展的新趋势、管理变革的新要求和干部关注的新问题,根据干部不同阶段、不同岗位的成长特点和需求,有针对性地开发培训项目,科学制定课程计划,使干部教育培训工作的内涵随着时代的发展和实践的深化不断更新和丰富。二是健全培训内容更新机制,保持教育培训与税收事业科学发展同步。着眼于提高干部素质和能力,建立以培训需求为导向的培训内容更新机制,不断完善理论教育、知识教育、党性教育体系。其中,理论教育要把中国特色社会主义理论体系特别是科学发展观作为中心内容,着力用马克思主义中国化的最新成果武装干部;知识教育要向能力培训转化,重在依法行政和税收专业技能培训,提高干部服务科学发展、共建和谐税收能力;党性教育重在培养干部忠于党和人民、尽职尽责干工作、高尚的道德情操和提高增强拒腐防变的能力。三是改革完善培训组织方式,实现"要我学"和"我要学"的结合。坚持组织调训与自主选学相结合,突出按干部类别开展培训,倡导挂职培训、分段式培训、巡回培训、业务讲学和关键岗位跟班培训等灵活多样的培训方式,鼓励干部在职自学。四是改进培训教学方法,增强教学的吸引力、感染力和实效性。根据当代干部的特点和教育培训的经验,改变以教师知识传授式为主的教学方式,转向以学员为本的案例教学、研究式教学和体验式教学的教学方式。五是推进网络培训,适应干部个性的学习需要,扩大教育培训的覆盖面。充分发挥信息网络、视频传输等技术载体共享性好、成本低廉的优势,积极推进网络培训和在线学习。

## 三、完善激励约束机制

完善考核评估机制,强化对于部教育培训的激励与约束,是增强干部参加教育培训内在动力的根本途径,也是调动干部教育培训各部门工作积极性的有效举措。一是加强了对学员参加教育培训情况的考评。要求干部教育培训主管部门必须对干部参加教育培训的学习成绩、在校纪律、政治表现、思想品德等情况做出的鉴定,并存入干部档案,作为干部考核、评先评优、任职晋升的重要依据,坚决杜绝不培训就上岗、不培训就提拔的现象发生。对取得相关资格的人员,税务机关也要在岗位安排等方面给予一定的倾斜。二是加强了对税务机关的考评。税务总局将进一步修改完善税务系统干部教育培训考评办法,加强各级税务机关开展干部教育培训工作情况的考评。三是加强了对教育培训机构的考评。要求围绕组织领导、等方面，定期对干部教育培训机构开展评估，并将评估结果作为院校承担培训任务、深化教学改革的重要依据。四是加强了对培训师资的考评。要求推行培训教学质量评估制度，加强对教师的思想表现、教学工作量、教学效果、科研工作进行量化考核，并组织学员对授课教师的工作质量进行评价，将考核结果作为竞争上岗、职务聘任、年度考核评优和收入分配的主要依据。4 个不同层次的考评，将进一步整合、统筹教育培训资源，巩固和完善上下协调、部门联动、齐抓共管的“大教育、大培训”格局。

## 四、创造良好工作环境

首先找准党支部工作的切入点。从三个方面入手，一是党支部自身工作主动抓。凡是党的思想建设、作风建设、组织建设和各项活动，都能按计划、按要求，有条不紊地做好，不等不靠不推。二是中心工作积极抓。凡部署的中心工作，要求党支部层层发动，党员带头加班加点，带病坚持工作，就是典型范例。三是其他工作配合抓。对税收征管、纪检、人事、教育和行政管理等项工作，凡需要党支部配合的，都能及时出面，主动协调，做好每一项工作。

二是找准工作结合点。这个结合点就是“围绕税收抓党建，抓好党建促税收”。克服就党建抓党建的单纯党建观念，努力发挥党的思想工作、政治工作和组织工作的优势，把握工作方向，明确工作任务，突出工作重点，拓展工作空间，找准工作结合点，打好主动仗，真正把党建工作同税收业务工作有机结合起来，改变党建工作仅限于传达上级会议精神、过组织生活、学文件等传统的工作方式，实现党组织对税收工作的领导，增强党支部工作的凝聚力、吸引力和感召力，使群众信任党组织，拥护党组织。

三是把握工作的主动权。一是主动思考。党支部对工作该做什么，怎么做，及早考虑，主动把握，做到任期有目标、年度有计划、年中有检查、年终有评比，使各项工作既符合上级要求，又符合客观要求。二是主动工作。按照高标准、严要求、细管理的方法，坚持做到“四性”即：提高主动性、树立全局性、防止空洞性、注重群众性，积极主动、创造性地完成上级党组织的各项工作任务。三是主动配合。凡是与工作有关系的事，都主动参与，出谋献策，群策群力，不计名利，一件一件地做好。

最后要处理好方方面面的关系。一是自觉接受党组的领导。党支部的主要工作每半年向党组汇报一次，其主要工作事项及时向党组书记报告，以取得党组在工作、人员、经费等方面的支持。二是确立上下级之间的领导和指导关系。把自己的工作自觉地容入市局机关党委的工作范围，把党组织的指导纳入自己的工作内容，列入目标管理考核，坚持三个同步，即：同步考核内容、同步考核要求、同步考核标准。三是自觉接受地方党委的领导。争取地方党委对党支部工作的支持与帮助，积极参加地方党委和市局机关党委开展的各项活动，并取得好成绩。

实践证明，找准党建工作的结合点。有利于解决对单位党建工作无从着手的问题；有利于改变传统的活动方式；有利于增强地税党组织的吸引力和凝聚力，使工作部署到哪里，党支部的工作就参与到哪里，服务到哪里，为各项工作注入强劲动力，提供有力保证、发挥重要作用。

（作者单位：辽宁省大连市普兰店区地方税务局）

# 关于税务机关践行党的群众路线的若干思考

王锦俊

群众路线是我党的根本路线，也是党所有工作的生命线，贯彻落实党的群众路线，对提高基层党组织牢固树立宗旨意识和马克思主义群众观点，赢得人民群众的信任和拥护，具有十分重大而深远的意义。当前，以"为民、务实、清廉"为主要内容的党的群众路线教育实践活动在全国范围内轰轰烈烈展开，税务系统各级党组织要充分认清大兴密切联系群众对加强和改进税收工作的重要性和现实紧迫性，特别是班子成员要把贯彻落实群众路线作为头等大事抓紧抓实，密切同人民群众的血肉联系。在新的历史时期，作为税务部门基层党组织，如何用实际行动践行党的群众路线，进一步密切党群干群关系，这是摆在我们面前的重要课题。

## 一、强化学习教育"固根基、强素质"，努力提升践行党的群众路线的综合能力

学习教育是提高素质、增强能力的有效平台，为了深化贯彻党的群众路线教育实践活动，领导班子成员必须在强化"三个教育"、养成"三种习惯"上下功夫，不断汇集正能量，努力提升践行党的群众路线的综合能力。

（一）强化"三个教育"

1、要强化党的路线方针政策教育。党的路线、方针、政策是提高贯彻落实群众路线的行动指南，对于加强党的领导、提高服务标准、促进社会主义精神文明和物质文明建设具有重要现实意义。在新的历史时期，各级党组织要注重深入开展中国特色社会主义实现中国梦、十八大及十八届三中全会精神、习近平总书记的系列重要讲话、税收相关政策等时事政策教育，通过教育，促使广大党员干部进一步打牢思想基础，切实从思想上和行动上与党中央保持高度一致。

2、要强化理想信念教育。习近平总书记在全国组织工作会议上强调"理想信念坚定，是好干部第一位的标准，理想信念坚定，骨头就硬，理想信念动摇是最危险的动摇，理想信念滑坡是最危险的滑坡"。只有对马克思主义有真诚信仰，对社会主义和共产主义有坚定信念，树立正确的人生价值观，才能经受各种风浪的打击，抵制各种腐朽的诱惑，真正保持昂扬向上的精神状态，才能切实把党的群众路线落到实处。

3、要强化道德规范教育。加强品德建设、提高道德修养，是保持党的先进性和纯洁性的基础性工作，更是贯彻落实党的群众路线的重要内容。要不断运用焦裕禄精神提高大家的道德情操，全面提升班子成员的品德修为，引导大家积极培育社会主义核心价值观、模范践行社会主义荣辱观，增强宗旨意识、公仆意识，切实做社会主义道德的示范者、诚信风尚的引领者、公平正义的维护者，以实际行动彰显共产党人的人格力量。

（二）养成"三个习惯"

1、要养成终身学习的习惯。学习是提高个人能力素质的重要途径，是增强党性、提高本领、做好工作的有效平台，也是人生永恒的主题。当前，我们正处在知识创新时代，面对新形势、新问题，班子成员要养成爱读书、好学习的习惯，要有紧迫感和危机感，树立终身学习的理念，坚持在学习中完善自我、提升自我、超越自我，真正肩负起党和人民赋予我们聚财为国、执法为民的神圣使命。

2、要养成学以致用的习惯。俗话说："学而不思则罔，思而不学则殆"，只有在思考的基础上，才能把感性的东西变为理性的，才能灵活运用到实际工作中去，学习关键是要坚持理论联系实际，做到学以致用，以用促学，学用相长，真正把所学理论用于指导工作上，切实做到勇于实践，敢于创新，不断提高实际工作能力和水平。

3、要养成刻苦钻研的习惯。钻研不是凭空想象、标新立异，而是走进矛盾、破解难题、推动发展。一个学习力强的班集体应善于刻苦钻研，并让刻苦钻研成为一种风气和良好习惯。领导班子成员要带着问题深入调研，做到身到、心到、问到、看到、解决到，遇事多思考、平时常思考，引领干部职工用创新的理念、敏捷的思维开展工作，切实把刻苦钻研的精神贯穿始终，只有这样，才能使自己在密切联系群众中走在前列。

## 二、发挥模范作用"树形象、作表率"，努力营造践行党的群众路线的良好氛围

火车跑得快，全靠车头带。领导班子的模范作用是做好新时期税收工作的基本保证，是践行群众路线的"风向标"，因此，班子成员要主动在当好"三种人"、抓好"三个环节"上下功夫，努力营造践行党的群众路线的良好氛围。

(一)当好"三种人"

1、要当好"带头人"。班子成员要牢固树立大局意识、全局观念，要以身作则，带头服从党的指挥，带头维护上级党组织的领导，带头落实"三严三实"和"八项规定"，坚决反对"四风"。要能够出实招、办实事、求实效、创实绩，以勇于负责、开拓进取的实干精神带动大家高标准完成各项税收工作任务。

2、要当好"领跑人"。作为班子成员要敢于向所属干部职工喊"向我看齐"、"跟我来"的口号，在大是大非面前，敢于一马当先、冲锋陷阵，当好先锋官。凡事不但要有宏观决策，还要从小处着手，把问题想全想细，切实当好排头兵。在矛盾面前敢抓敢管、敢于碰硬，最重要的是敢于面对难事、棘手的事，善于处理各种复杂的问题。

3、要当好"服务人"。税务人是执法人，更是拉车人。班子成员要时刻把所属干部职工和纳税人的冷暖放在心上，及时准确了解他们的所思、所盼、所忧、所急，真正把工作做实、做深、做细、做透，时刻为做人民群众的公仆准备着，切实把为民服务的宗旨落到实处。

(二)抓好"三个环节"

1、要抓好治税环节。税务部门作为税收执法的主体部门，要想做到执好法、服好务，就必须在严格依法治税上下功夫，深入贯彻执行税收执法责任制，认真落实岗位职责和工作规程，保证公正、公开、公平执法。在坚持依法治税的同时，大力开展依法诚信纳税的宣传力度，突出税收执法的刚性，维护税法的威严，提高税法遵从度。

2、要抓好廉政环节。廉政建设是搞好税收工作的基础建设，要想把廉政建设落到实处，必须把廉政建设和反腐败工作纳入到领导班子目标管理当中，逐级签订责任状，严格落实"一岗双责"，建立廉政报告和述廉制度，定期开展廉政知识测试、竞赛和廉政考核，考核结果作为单位和干部评先提升的重要依据。针对违法违纪现象，要坚决查处，老虎、苍蝇一起打，坚决做到权为民所用、情为民所系、利为民所谋。

3、要抓好落实环节。常言说，税收无小事，每一项工作都关系着国家的财政收入，班子成员要能够保持一盘棋，在抓好末端落实上下功夫，做到有的放矢抓重点，齐心协办抓难点，审时度势抓热点，带领全体干部职工扎实开展日常工作，全力做好重点工作，迅速破解难点工作，圆满解决热点工作，形成主要领导亲自抓、分管领导具体抓、科室分工合力抓的格局，做到人人有压力，人人有责任，确保各项工作顺利完成。

## 三、健全长效机制“接地气、惠民生”，努力创新践行党的群众路线的方法手段

做好群众工作，必须依靠科学合理的规章制度和长效机制，同时要把创新方法手段做为提高工作质量的有效措施，针对税务部门来说，必须在健全“三种机制”、创新“三种手段”上下功夫，切实把“接地气、惠民生”工作落实到位，实现群众工作的制度化、规范化和常态化。

（一）健全“三种机制”

1、要健全监督检查机制。结合本单位的工作实际，要健全完善监督检查管理制度、监督检查会审制度、监督检查报告制度、监督检查实施制度等，从检查目的、形式、对象、内容、程序、责任等各方面进行规范，进一步提高为民办事效率。同时，要在党员干部当中广泛开展亮身份、亮承诺、树形象等活动，公开接受群众的监督，增强工作的开放度和透明度，树立良好的党员干部形象。

2、要健全责任追究机制。在依照暂行规定严肃问责的同时，坚持严格要求、实事求是、权责一致、惩教结合的原则，健全本单位的责任追究制度，增强班子成员的责任意识和大局意识，进一步完善班子成员的行业规范，形成按制度办事、靠制度管人的有效机制，努力提高为民服务的宗旨意识。

3、要健全绩效考核机制。科学的绩效考核，是促进各项税收工作目标实现的重要手段，结合实际情况，要细化考核项目、深化考核力度、公正考核规则，突出求绩效考核之真，务任务完成之实，健全各项绩效考核机制和办法，形成税收任务完成与地方经济发展同步提高。

（二）创新“三种手段”

1、要创新管理手段。深化管理方式、创新管理手段，是搞好税收工作的有效载体。在管理过程中，要按照专业、地域、环节、内容、性质等不同情况，积极创新探索切实可行的管理办法，坚持做到制度化管理向人性化管理转变、教条式管理向规模式管理转变，单一化管理向多元化管理转变，实现目标式管理、层次化管理、等级式管理多措并举的管理办法，进一步增强管理的针对性和可操作性。

2、要创新服务手段。手中的权利是党和人民赋予的，要坚决把这种权利用在“为民服务”上，为民服务不能只停留于表面现象，要提升服务理念、创新服务模式、优化服务措施，向更高的服务领域延伸。要通过建立绿色办税平台、个性化服务平台、短信服务平台、网上申报平台等服务项目，树立想纳税人之所想、急纳税人之所急、办纳税人之所需的服务理念。

3、要创新宣传手段。春风化雨千山绿，润物无声暖人心。要充分贯彻落实国家税务总局开展的“便民办税春风行动”围绕税收、发展、民生的宣传主题，创新宣传机制、宣传手段、宣传方式、宣传理念，打破传统思维定势，由“要我宣传”变为“我要宣传”，大力宣传税收政策，营造良好的税收环境。

## 四、提高工作标准“促和谐、谋发展”，努力构筑践行党的群众路线的崭新格局

提升服务促和谐，凝心聚力谋发展是践行党的群众路线的出发点和落脚点，班子成员要想带领大家走好群众路线，必须在创新“三种理念”、提高“三个主动”上下功夫，努力构筑践行群众路线新格局。

（一）创新“三种理念”

1、要创新发展理念。践行群众路线是与时俱进的马克思主义发展观，班子成员要善于把握发展规律、转变发展方式、破解发展难题，在发展道路、模式、战略、动力、目的、要求等方面能够提出新观点、新论断，贯彻落实到践行群众路线的方方面面，进一步改善民生条件，提升生活水平，推进社会进步。

2、要创新作风理念。认真贯彻落实中央和国家税务总局、地方党委政府关于改进工作作风的各项规定，坚持求真务实，改进调查研究，精简会议活动，规范干部培训，推进从严管理，厉行勤俭节约，以饱满的热情、负责的态度、科学的措施、扎实的工作，进一步提升工作水平，确保圆满完成各项工作任务。

3、要创新用人理念。在选人用人上，必须全面贯彻十八大和十八届三中全会精神，坚持以习近平总

书记系列重要讲话为指导，提高选人用人公信度，要建立健全选人用人导向机制、选拔任用工作机制、群众评价反馈机制等，坚决整治用人上的不正之风，要从根本上入手、从根源上解决，把握住有必纠、查必果的原则，不断提高选拔任用工作的科学化、民主化、制度化水平，切实增强公开度和透明度。

（二）提高“三个主动”

1、要主动承诺践诺。为全面推进税务事业健康发展，确保人民群众满意度，班子成员要带头提出承诺事项，制定践诺措施，围绕个人的工作实际，将涉税业务、办税规定、廉政从税等相关内容对纳税人进行承诺，针对已确定的承诺目标，要及时通过党务公开栏、宣传栏、网络系统等进行公开，主动接受干部群众的监督，坚持做到有责必诺、有诺必践，确保承诺事项件件有着落、事事有回音，进一步提高领导班子的战斗力和凝聚力。

2、要主动沟通交流。在践行群众路线过程中，要坚决做好“为民”这篇大文章，要主动深入基层，畅通税情民意沟通渠道，与干部群众交心谈心，面对面地听取他们的心声，突出快办实办，现场协调解决问题。只有时时刻刻想着“为民”，才能为人民获得美好生活创造更加良好条件，从而得到人民群众的支持和爱戴。

3、要主动承担责任。“顺境逆境看襟度，大事难事看担当”，担当是一种高尚的道德品质，一种崇高的精神境界，一种催人奋进的力量，一种不辱使命的气概。班子成员要敢于担当、勤于担当、善于担当，要以踏石留印、抓铁有痕的劲头做到接受工作不走样，执行任务不打折，困难面前不低头，问题面前不推诿，要勇于负责，坚决克服“碰到问题就躲、见到困难就推、遇到矛盾就绕”的不良倾向。

（作者单位：辽宁省大连市旅顺口区地方税务局）

# 关于新常态下严管善待干部的思考

邢博生

干部队伍是地税事业发展最宝贵的财富。面对新形势新任务新要求，需要我们拥有一支高素质、有活力、专业化的干部队伍，需要我们把严管抓得更紧，把善待做得更好。

## 一、严管善待的重要性

在经济和作风建设新常态下，以下三个方面的矛盾对加强地税系统干部队伍建设有着重要影响。特别是监督之弦越绷越紧，制度之网越织越密，问责之剑越磨越亮，倒逼我们必须加强内部管理，以更高要求严管善待干部。

(一)组织收入任务重与执法风险大的矛盾

一方面，收入压力大。近年来各级政府民生支出项目逐年增加，因而对地税收入的需求不断加大。但受经济形势下滑、“营改增”全面到位、传统税源萎缩等因素影响，地税收入增长空间越来越小，组织收入压力非常大。另一方面，税收风险大。从外部看，纳税人维权意识日益增强，纪检检察机关对地税部门的监督力度不断加大。有的干部由于责任心差、工作失职被追究责任，更有个别干部因理想信念缺失、价值观扭曲而违法犯罪。从内部看，面对上级部门一年多次的审计和检查，基层干部怕检查、怕出错，诚惶诚恐、如履薄冰，精神压力和心理负担越来越重。在经济和税收新常态下，税收职能作用发挥面临更多挑战，必须加快税收工作法治化、规范化，对干部队伍的严管责任更重、善待要求更高。

(二)干部素质要求高与职务晋升窄的矛盾

一方面，干部年龄结构、素质能力与地税事业持续发展和实现税收现代化的要求不相适应。目前干部队伍的主体力量仍然是机构分设时期的那一批人员，招干、聘干、调入人员占到相当比例，从专业结构看，第一学历为财税、会计专业的人员较少，加之年龄加大，工作激情、工作能力难以适应新时期税收工作的需要。另一方面，地税部门作为垂直部门，县以下基层单位领导职数少、交流渠道窄、职务晋升慢，大家为税收事业奉献了一辈子，大多数人到退休时还是科员。多数干部到了一定年龄一旦升职无望就会丧失动力，工作主动性和责任心都会弱化，产生了混日子的想法。在这种情况下，更需要强化正面引导，关心干部成长进步，将干部的成长同税收事业发展融为一体，最大限度激发干部正能量。

(三)工作任务繁重与激励手段缺乏的矛盾

一方面，作为基层单位，不仅要落实好上级机关的工作部署，还要完成当地党委、政府、人大、政协的工作安排，工作忙乱的问题比较突出。比如，县地税局的法规税政科对应市局的5个科室、省局的7个处室以及县政府的多个部门，日常工作中，大多数是一项工作还没有完成，另一项新工作又来了，工作应接不暇。另一方面，现行干部激励措施大多是精神鼓励，在职务、岗位、经济待遇等方面的激励比较欠缺，缺乏多种激励手段的综合运用，尚未形成科学的激励机制。干与不干一个样、干多干少一个样，干的事多出的错多、得到负面评价也越多的思想充斥在队伍里面。在作风和纪律建设新常态下，如何将解决思想问题与解决实际问题给合起来，将严管与善待结合起来，更好调动干部职工积极性主动性面临新的挑战。

## 二、坚持问题导向,严管塑作风

治税必先治队,治队务必从严。坚持“严管就是厚爱”的带队理念,把从严治党的要求贯穿到干部队伍建设之中,坚持以严的标准要求干部、以严的措施管理干部、以严的纪律约束干部,努力打造一支政治坚定、纪律严明、作风优良、敢于担当的地税干部队伍。

(一)强化思想引导,着力解决“总开关”问题

充分利用“三会一课”、党组书记上党课等形式,持续不断地加强马克思列宁主义、毛泽东思想,邓小平理论、“三个代表”重要思想、科学发展观的学习教育,加强习近平总书记系列重要讲话的学习,持续深入地开展中国特色社会主义和中国梦宣传教育,扎实践行“忠诚担当、法治公平、和谐文明”的山东地税核心价值理念,努力让核心价值观抢占干部思想主阵地。高度关注各年龄段、各职级干部职工的思想动态,加强对新录用公务员和青年干部职工的理想信念和职业道德教育,筑牢思想根基。通过开展经常性思想教育,培育税务精神,凝聚税务力量,凝聚起干事创业的强大正能量。

(二)强化纪律建设,着力解决“庸懒散”问题

持之以恒加强纪律建设,持续增强广大地税干部的纪律意识、风险意识和廉洁意识,使地税干部真正从内心深处产生对纪律和规矩的敬畏感,让守纪律、讲规矩成为干部职工的思想自觉和行为习惯。紧盯中央和省市重大决策部署落实,真刀实枪整治庸懒散拖、吃拿卡要、特权作风等影响机关效能、损害地税形象、侵害纳税人利益的不正之风。继续实行机关作风效能“积分警示制”和常态化明察暗访制度,对干部作风注重抓早抓小,防止小错变大错。高度重视干部作风日常养成和日常教育监督,对有不良倾向的干部,敢于断喝一声,及时扯袖子、亮黄牌、敲警钟,使其警醒,避免滑向深渊。

(三)强化绩效管理,着力解决“责任心不强”问题

扎实推进组织绩效和个人绩效管理,对省市局重点工作任务逐一细化分解,明确人员、责任、时限、标准,做到事事有人管,事事有考核,事事有落实。加强考核结果运用,完善激励机制,真正将工作落实情况、政纪法规执行情况与个人评先树优、干部提拔任用、外出学习培训等直接挂钩。尤其要通过考核发现先进、鞭策落后,大力宣传、褒奖、使用工作成绩突出、作出重大贡献的干部,充分发挥先进典型的示范引领作用,扬清风、树正气、促和谐。

## 三、健全工作机制,善待增活力

带队抓人心,工作靠精神。干部职工对美好生活的期待,就是党组工作的努力方向。新的形势、新的任务、新的要求,需要班子投入感情、真情、热情,投入时间和精力,切实解决干部职工最关心、最直接、最现实的利益问题,通过善待来激发干部的活力动力。

(一)建立教育培训机制,提升素质能力

培训是最大的福利,学习是最好的待遇。按照“人人都有机会、人人皆可成才”的理念,建立以干部需求为导向的教育培训长效机制。要真正掌握干部职工在新形势下需要什么,想知道什么,通过培训能解决什么,科学制定培训规划,及时组织更新知识、业务提升培训,使税务干部有能力、有底气应对相对复杂的税收工作形势。建立学习教育激励机制,鼓励大家乐于学习、勤于学习,形成良好的学习氛围和习惯。利用好内部师资力量,多组织开展“短、平、快”的培训项目,提升培训的针对性。

(二)建立成长激励机制,激发队伍活力

用人是最好的引导机制,树立正确的用人导向是引导干部干事创业的核心问题。按照“干部培养重在使用”的原则,把德才兼备、实绩突出、群众公认的优秀干部充实到中层领导岗。尤其要重视工作实绩突出的干部、重视各个年龄层次的干部、重视在平凡岗位上勤奋敬业、任劳任怨、躬身尽职的干部的培养

和使用，让他们得到尊重和实惠。用足用好县以下机关公务员职务与职级并行制度，在公务员年度考核工作中，注重老中青优秀名额的合理分配，切实将好政策落实好。

（三）建立轮岗交流机制，增强干部动力

公务员交流制度是公务员法的重要组成部分。要完善人员调配机制，按照人尽其才、才尽其用的原则，及时把不同特长的干部调整到更加合适的部门和岗位，促进人岗相适、用当其时、人尽其才。要实行全员轮岗交流，保证绝大部分干部职工 3－5 年内调动一次工作岗位，有效规避长期定岗带来的各种风险和弊端，历练干部职工综合素质。要建立基层与县局之间的流动机制，加大行政岗位与业务岗位、机关岗位与基层岗位、管理岗位与征收岗位的交流力度，使干部职工处于“流动”状态，有效激发内生动力。

（四）建立关爱帮扶机制，提升团队凝聚力

一是以境育人，用优美环境愉悦人心。着力加强基层制度文化和环境文化等软实力建设，从县局到基层单位都建立健全党员活动室、阅览室、健身房等文化活动阵地，优化美化亮化干部的工作生活学习环境，构建舒心、顺心、暖心的地税大家庭。二是以情感人，用实事好事温暖人心。时刻牢记“职工利益无小事”，为职工服务坚持做到“六不”，即：宁多不少、宁快不慢、宁高不低、宁宽不严、宁早不晚、宁好不差。在严格执行规范津贴补贴政策的前提下，紧紧依靠省、市局和地方党委政府，竭尽所能为干部办实事、解难题，千方百计维护干部利益，体现组织的关怀和温暖。多层次开展常态化的“谈心谈话”活动，及时把握干部的思想脉搏和心理状态，帮助其解开心结。县局牵头成立“红白理事会”，帮助干部及其家人操办婚丧嫁娶事宜，切实为职工排忧解难。三是以和聚人，用载体活动激励人心。高度重视干部职工身心健康，每年至少集中组织一次健康查体，查体项目尽可能多安排些，力求满足职工需求，对患有重大或疑难疾病的干部及时跟踪救援措施。充分利用“三八”、“七一”、“十一”等重大节日，组织开展拓展训练、健步行、登山、趣味运动会等有益于干部身心健康的健身活动，引导大家快乐工作、幸福生活。

（作者单位：山东省桓台县地方税务局）

# 合理设置指标　统筹配比分数<br>实现绩效管理工作“本土化”

唐殿良

自2014年全省地税系统绩效管理工作开展以来，莒县地税局在推进过程中注重抓好与本局实际工作情况的有机结合，通过合理设置指标体系，并注重考核分数的统筹配比和分值的合理设定，杜绝了指标上下一般粗、甚至层层加码、加重基层负担的现象，实现了指标分值与工作量以及难易程度的匹配，体现了县局党组的工作导向和目标要求，形成了自己的工作特色，实现了绩效管理工作与莒县地税实际情况相融合的“本土化”，充分发挥了绩效管理考核“指挥棒”的作用，以绩效管理推动了整体工作提质增效。

## 一、在指标设置和分数配比中遇到的问题

（一）年初设定的绩效指标不能覆盖全面工作的问题

绩效指标是年初制定，绩效考核的成绩是对一个单位全年工作的综合评价。但是，在具体工作中，年初制定的考核指标并不能完全涵盖全年的整体工作。有很多的重点工作是在年中产生并需很好的贯彻落实的，年初制定工作目标时不能够预见；有些年初制定的工作目标也可能随着工作的推进产生了变化或者不再需要、不能够落实。所以，用年初制定的考核指标的执行情况评价一个单位全年的整体工作不太客观，许多重点工作并不在年初设定的绩效指标分数的考核范围之内。

（二）机关个性指标难于考核的问题

在县局机关绩效考核工作中，个性指标参照上级指标由相关业务科室拟定，业务性强，县局绩效办考核时很难准确把握。特别是有些分档考核指标，只有市局对口科室的考核才具有权威性，县局绩效办很难对具体业务工作的质量进行评价。同时，对于机关科室来说，一项指标由市局进行考核，需按照要求推进工作、上报资料；县局绩效办再考核一次，按照要求也要报送有关资料，增加了一倍的工作量，还存在市局评价与县局评价不一致的问题。

（三）三级指标分值设定和扣分标准高低不均的问题

一级、二级绩效考核指标的分值由绩效办统筹分配后，三级指标的分值设定和扣分标准由各责任科室自行分配，并设置扣分标准。在2014年试点推进的过程中，曾因有些科室对工作指标要求不一致，出现单项工作指标扣分高低悬殊过大的问题。有的指标1项工作未完成扣0.1分，有的指标1项工作未完成则扣2分，甚至还有些分档指标因分值设置过低，出现“优秀”与“较好”两档之间的分差仅有0.04分，指标之间扣分分值悬殊过大，影响了考核成绩的公正。

（四）特别加分门槛过高以及与考核指标分值配比不合理的问题

从省市局规定的特别加分项目来看，多数是中央级荣誉或省以上主要领导批示才能够加分，对于基层地税部门来说，门槛过高，很难争取。立足县级地税部门，从树立地税形象的需要出发，将县级以上荣誉以及宣传信息工作纳入特别加分项目非常必要。另外，省市局特别加分的分值与正常业务指标的分值相比，从难易程度来看，特别加分的分值设置过低。这样做虽然能够引导大家抓好主业，但也不利于激发大家争取各级荣誉的积极性。

## 二、指标设置和分数配比的主要做法

(一)立足工作实际,设置指标体系

对市局的绩效考核指标,分解到科室后,在制定系统考核指标时,需要各基层中心所落实的,详细制定对基层中心所的绩效指标,确保落实到位;县局科室能够承担的工作,不再对基层征收单位考核。我局共承接市局三级指标63项,其中46项需基层中心所落实,我局新增12项三级指标,对中心所的三级考核指标共58项。需要基层中心所落实的市局三级指标在具体考核内容上我们结合实际情况进行了修订。

(二)设置"日常重点工作督导"二级指标

对于年初不能预见的重点工作,在系统指标和机关指标中分别单独设置"日常重点工作督导"二级指标,分值为200分。在年中发生需纳入绩效考核的重点工作时,由相关科室提交绩效考核委员会研究,通过后纳入"日常重点工作督导"下设三级指标进行考核,这样使得绩效考核指标更接近工作实际,更有弹性。实际操作中一般在每季度一次的现场集中督导考核前,由各科室经分管局长把关后提报年初未纳入绩效考核的工作指标,经研究通过后纳入绩效考核,并进行现场集中督导考核。

(三)机关个性指标直接利用市局考核结果

在制定县局机关各科室个性指标时,除设置"日常重点工作督导"二级指标对县局安排的重点工作进行考核外,其余个性指标直接以市局对区县局的考核指标为依据,并直接利用市局的绩效考核结果作为县局绩效考核的依据。这样既保证了机关个性指标考核的准确性和权威性,又减轻了机关科室的工作量。同时,为最大程度保证省市局工作部署落实到位,市局在绩效考核中由于我局有关科室工作落实不到位扣分的,在县局对科室的绩效考核中加倍扣分。

(四)统筹分配分数,合理设定指标分值

在制定指标体系时,先组织各责任科室参照省市局的指标制定系统考核指标以及机关个性指标体系,不予分配分值。待制定完成并进行汇总后,由绩效办根据七大指标体系中指标多少、工作重要程度,在各指标体系和一级、二级指标中统筹分配分数,然后组织各责任科室设定三级指标的分数和扣分标准。为保证分值设定的合理性,要求各科室设定扣分标准时,尽量采用数量减分法,扣分分值一般在0.5分至1分之间(因省市局绩效考核扣分予以加倍扣分的除外);同一项工作每月都设置节点考评的,最低每次扣0.1分。采用分档评分法的,两档之间的分差参照上述标准。各责任科室设置完成三级指标的分值和扣分标准后,由绩效办把关,对分值设置不合理的指标提出修改意见,保持单项指标扣分分值整体上的合理和平衡。

(五)拓展特别加分项目,寻求业务工作和形象建设的均衡发展

不断提高税收业务水平是"内强素质"的需要,而荣誉争创和信息宣传工作则是"外树形象"的主要手段。为进一步树立良好地税形象,在制定特别加分项目时,除了对省市局规定的特别加分项目予以大幅度加分进行鼓励外,还对荣誉争创和信息宣传工作分别制定了考核制度,经测算配比后,按照信息工作40分、荣誉争创30分、宣传工作30分的标准计入特别加分,年终汇总计入绩效考核总分,以鼓励各单位加强荣誉争创和信息宣传工作。在设置特别加分项目分值时,充分考虑特别加分项目的难易程度和业务工作分值之间的配比,力求分值的设定相对合理。例如:规定争创省级文明单位加分为8分,根据往年经验,一般荣誉得分最高为60分左右,荣誉加分按照30分计入绩效考核,那么一个省级文明单位在绩效考核中的实际加分约为4分,按照这个比例,我们认为这个加分幅度是合理的(目前为止全市地税系统只有1个中心所为省级文明单位)。

同时,为了避免特别加分项目对于绩效考核成绩影响过大,在年终确定绩效考核优秀单位时,对于基

层中心所，要求按照“总分前六名和业务考核(不包括特别加分)前五名”交叉确定；对于机关科室，要求按照“总分前五名和业务考核(不包括特别加分)前三名”交叉确定。此项规定旨在引导各单位既要抓好业务工作，又要注重荣誉争创和信息宣传工作，但以抓好业务工作为主。

## 三、取得的成效

(一)绩效考核体系更加完备

通过对绩效考核指标体系的完善和对相应考核分数的合理配比和设置，对特别加分项目体系的拓展和对分值的合理设定，使绩效考核体系更加合理和完备，能够体现莒县地税局党组的工作导向和目标要求，成为推进地税事业的“指挥棒”和总抓手，在全市地税工作会议上，县局获得了“日照市地方税务局绩效管理优秀单位”。

(二)提升了地税形象

对于特别加分项目的设定，使全局的荣誉争创和宣传信息工作连年取得丰硕成果，促进了地税形象的提升。2016 年初，县局被省人力资源和社会保障厅、省公务员局、省地方税务局联合表彰为“全省地税系统先进集体”；在全市地税系统党风廉政建设会议上，被表彰为“落实两个责任”先进单位；连续多年被市局表彰为“信息工作先进单位”“宣传工作先进单位”；在县委县政府的综合考核中连续多年名列前茅，在行评中连续五年列县执法部门第一名。

(三)促进了组织收入工作的高质量开展

对绩效指标的认真落实和严格考核，促进了组织收入工作的高质量开展，连年高质量完成市局和县委县政府安排的组织收入工作计划，在历年以来省审计厅、市县审计局的审计中，组织收入工作质量都受到较高评价。1—4 月份，全县地税系统共组织各项收入 4.45 亿元，占年计划的 38.65%，同比增长 10.77%，增收 4323.7 万元。其中：地方级完成 4.05 亿元，占年计划的 37.7%，同比增长 8.79%，增收 3268.5 万元。

(作者单位：山东省莒县地方税务局)

# 基层地税系统纪检机构派驻模式的问题及建议

陈继红

目前县级地税机关普遍实行纪检监察派驻机构管理模式，但在实践工作中还存在如下问题，需要研究解决。

## 一、纪检机构派驻存在的问题

(一)人员配置方面的问题

目前县局的纪检监察部门的人员配置权仍然在该县局，人选确定后仅需向上报备。而纪检组长虽然是上级党组确定的，但同时是县局的党组成员，这时，纪检组的角色既是裁判员又是运动员。此外，纪检监察部门人数配备也在3人左右，大多数是由一名纪检组长、一名监察室主任和一名监察室科员组成，纪检监察力量偏少。

(二)人员关系方面的问题

基层的纪检组虽说是上级局派驻，但主要还是受同级党组的领导，而且工资待遇、工作考核、职务等还是依靠被派驻单位，在实际工作中还是侧重于考虑被派驻单位的整体氛围，容易形成同级监督失之于宽的现象。

(三)工作机制方面的问题

对纪检监察工作没有完善一整套的工作机制，任务下达、评价、考核浮于表面，没有硬性的指标参数。有的党组及其成员对同级纪检监督观念上有所认识，但实际工作起来就不太情愿接受，因此布置任务就少。导致纪检人员对监督工作嘴上说一说，会上大原则讲一讲，但一有实际问题，受到重重阻力时，就难以开展工作。

## 二、对策建议

(一)明确具体职责

地税系统纪检监察机构实行派驻模式，目的是促进“两个责任”的有效落实，所以必须明确各责任主体的具体要求，否则，“两个责任”没有落脚点，很难贯彻落实。

1、明确工作任务。要加强顶层设计，从体制机制建设上下功夫，从根源上铲除滋生腐败的土壤。可以通过制作工作任务书的形式，把责任分解成具体的任务，明确党组、职能部门和纪检监察部门的职责，切实增强系统上下的主体意识、落实意识、执行意识，推动“两个责任”真正落地。当前，要在制度设计、工作流程和岗位职责等方面全面融入权力监督制约和廉政风险防控的理念和要求，把党风廉政建设贯穿于税收管理始终。

2、强化职权行使。职能部门设计每一项制度、出台每一项政策、推出每一项管理举措，都要充分考虑后续可能发生的执法风险和廉政风险，要按照任务书分配的任务，对税收执法权和行政管理权行使过程中的日常重大事项，做好事前、事中的监督和过程控制，并与纪检监察部门及时沟通，传递信息，做好协调防控。

3、加强重点监督。纪检部门在执纪监督的过程中，应当重点突出对上级重大决策部署落实、坚持组织收入原则、作风建设以及干部选拔任用、政府采购、基建工程、重大税收执法事项等重点领域和关键环节的监督，并且要明确具体的监督内容和监督程序、监督方法，既要坚持有所为有所不为，不包办代替，也不能以主体责任推卸监督责任，做到不越位、不缺位、不错位。

（二）把握工作关系

派驻机构有着一定的独立性，但是工作目标与驻在部门是一致的，就是加强驻在部门及所属系统党风廉政建设和反腐败工作，所以派驻机构的各项工作都要围绕这一目标思考和把握。

1、把握好监督与协助的关系。对纪检监察机构实行垂直管理，并不意味着党组和派驻机构在廉政工作上的相互割裂，而是通过合理科学地分解责任，使责任主体更加鲜明、职责界限更加清晰。党组是党风廉政建设的领导者、组织者，直接指挥，居于主导地位。派驻机构既要在党组的领导下，协助抓好党风廉政建设和惩治腐败，又要切实抓好主业主责，把包括党组在内的各个责任主体监督到位，实现党组主体责任与纪检监察部门监督责任的一体化和系统化。

2、处理好监督与参与的关系。实际工作中，派驻机构人员在监督与参与工作的问题上要把握好度，区分好监督与参与、参与和承担的界限。要把监督放在首位，有利于监督的就参与，不利的就不参与。不能因为参与具体工作过多而分散精力，甚至于由裁判员变成运动员，形成角色错位；也不能因为参与过少而对驻在部门工作一知半解，甚至被边缘化，形成两张皮。

3、处理好监督与被监督的关系。监督面前没有特殊群体，监督者更要带头接受监督。派驻机构在严格监督执纪问责的同时，必须更加自觉、主动、严格地把自身置于监督之下。要制定派驻机构监督管理办法，通过诫勉谈话制度、重大事项报告制度、办案回避制度、问责制度等，严格规范派驻干部的行为。对不适合在派驻机构工作的人员，特别是纪律不严、公私不分、作风不正的干部，坚决予以调离和处罚，严防“灯下黑”，切实打造一支政治强、业务精、作风硬的纪检监察干部队伍。

（三）健全工作机制

要从加强规范化管理和监督指导入手，进一步健全完善地税系统纪检监察派驻机构内部管理各项规章制度，使派驻机构更加有效的履行职责。

1、厘清日常管理制度。建立派驻机构汇报工作制度、工作例会制度、监督检查制度、责任追究制度等，使派驻机构的日常管理和业务工作开展做到有章可循、有规可依。

2、强化日常工作评估。对各纪检派驻机构的重点工作，如贯彻落实中央八项规定精神，持之以恒纠正“四风”情况、党风廉政建设和反腐败工作开展情况、工作效能、政风行风建设情况等，可以采取联组的方式，进行日常评估分析，加强过程控制。

3、加大责任追究力度。对在日常评估中发现有苗头性、倾向性问题的，及时打招呼提醒或提出书面整改建议；对存在轻微违纪问题的，采用告诫书、意见书的形式予以警示或进行初步调查核实；对存在严重违纪违规问题的，及时向上级局报告。

（作者单位：江苏省扬州市宝应地方税务局）

# 关于基层国税机关加强后备干部选拔培养的思考

骆　雄　李立新

双牌县国税局现有干部职工76人，班子成员4人(缺位1人，交流2人)，中层正职14人，副职23人，平均年龄40.23岁。其中中层干部50岁以上的3人，40至50岁29人，40岁以下的9人，党员38人，均拥有大学文化。这一群体，他们思想活跃，思维敏捷，接受新事物较快，组织意识和集体意识比较强；他们竞争意识、业务能力和综合素养都比较强，并有严格的党性锤炼和基层工作经验；他们朝气蓬勃，踏实做人，有较强的生活自立能力，社会阅历比较多。如何发挥好这一群体的作用，帮助他们更好更快更全面的发展，让后备干部脱颖而出，这就需要我们在工作中加以引导和培养，在生活中多加关心和爱护。

## 一、双牌县国税局加强后备干部选拔与培养的主要措施

近几年，该局一批表现优秀的后备干部在重要部门和重要岗位担当大任，在国税系统内外发挥了重要的作用。其中晋升为中层正职的8人，向市局、兄弟县区局直接输送青年人才11人，有1人被提拔为正科级领导干部，2人提拔到领导班子成员，后备干部正为国税事业的发展注入新的动力。该局的主要做法是：

(一)选拔干部的主要做法

在后备干部选拔工作中，我们按照“民主推荐人围，公开选拔人选”的思路，努力扩大群众参与度，增强公开透明度，积极引人竞争淘汰机制。

1、公开选拔。在选拔后备干部时，我们组织符合基本条件的年青干部参加统一笔试，对通过笔试的人员再进行认真考察，全面考察建议人选的德、能、勤、绩、廉，注重考察工作实绩、发展潜力，注意了解其熟悉领域和主要专长，最后由县局党组会议讨论决定，并向市局汇报。

2、民主推考。平时我们主要通过民主推荐－组织考察－民主测评的方式将优秀年青干部及时吸收进后备干部队伍。同时要求符合条件的年青干部要及时参加省市局组织的公开选拔考试，让有能力的后备干部通过考试尽快成长起来。

3、竞争上岗。中层职位实行竞争上岗，通过竞争上岗，对一名干部的能力素养、群众基础等能有一个较全面、客观的评价，是了解干部的极佳平台。因此，我们组织干部参加市局选调干部和外单位选调干部的竞争，既做好指导又能及时发现优秀人才，补充年青后备干部队伍。

4、调整充实。近两年，在干部调整中，一批后备干部脱颖而出，被选拔到领导岗位和中层正职。近期，对于比较优秀的、可列为近期培养目标的人选，在年龄、学历、级别等方面做了适当放宽，使后备干部队伍保持了充足的数量、合理的结构和较高的素质。目前，我局中层干部李立新、杨笑河、何文章、卢莉等同志多个岗位锻炼，已经完全符合后备干部的条件，真正达到了“挖掘一批、掌握一批、储备一批”的目的。

(二)在干部培养上的主要做法

1、多岗位轮换，培养高素质复合型人才。近几年，该局根据后备干部所学专业和特长，根据岗位工作特点，分别组织他们到大专院校学习和培训，完善他们的综合素质。同时，将他们分别放在办税大厅、征收管理科、税源管理科、办公室等各个科室学习培养和锻炼一段时间，定期进行岗位轮换，力争把他们培

养成既精通税收业务，又有较强文字综合和沟通协调能力的复合型人才。我们每年派出一定数量的干部到市局跟班学习、培训，帮助其开阔思路，增强才干，使他们的领导能力在实际工作中得到了锻炼和提高。

2、加强交流沟通，切实解决后备干部的困难。2013 年 3 月，该局新一届领导班子组建以来，先后多次以青年后备干部座谈会、单独谈话、走访住所等形式与青年后备干部进行交流，听取他们的意见和建议，了解他们工作和生活中的困难并切实想办法解决，为青年后备干部创造一个安定、舒适、和谐的工作和生活环境。该局党组高度重视培养选拔优秀青年后备干部工作，把它作为国税事业的战略任务来抓。明确科室中配备后备干部的人数及比例，为优秀的后备干部提供中层领导岗位，以刚性措施来保证目标的实现。

3、开展文化体育活动，丰富他们的业余生活。该局积极组织年青后备干部加入篮球队，参与各单位交流比赛。同时广泛参与系统内组织的羽毛球、气排球、乒乓球和象棋比赛等各类文体活动，获得了比较好的名次。这既强健了青年干部的体魄，又丰富了他们的精神文化生活。该局通过工会活动，按兴趣爱好组织了各类体育、棋牌、摄影等兴趣小组，使每位青年干部都能找到与自己兴趣爱好相符的文体项目，丰富他们的业余生活。

## 二、后备干部选拔和培养存在的问题分析

最近，该局对青年后备干部的思想、工作、学习、生活等方面的问题和培养成长的意见共 22 个方面进行了问卷调查，发现青年后备干部对培养机制和用人机制有较正面的认识，各项机制对青年后备干部的引导发挥了较好的作用。

(一)价值观与组织需求整体匹配

有 81.12％的青年干部认为“从选择税务工作第一天起，就准备将税务工作作为自己一生的事业来追求”。超过一半的人认为自己努力工作的动力大多来源于“实现人生价值和意义，体现个人能力”。有 73.32％的青年干部表示对国税下达的各项任务“关心、关注，并积极协调自己的观念意识与组织发展的要求一致”，可见他们对组织的认同感较强。由于受职数所限，青年后备干部从年龄、资历等方面受到限制，竞争上岗犹如“千军万马过独木桥”，一批德才兼备、年轻有为的青年后备干部得不到及时晋升。

(二)岗位锻炼的培养机制有待细化

有 68.56％的人认为轮岗“可以尝试不同的岗位，学习不同的知识”。当被问及“针对青年后备干部培训采取哪种方式更合理”时，有 72.45％的人选择了“跨岗位、跨部门交流的在岗学习”，目前，青年后备干部的培养机制缺乏明确、细化的指引，针对性不强、随意性教大、岗位学习时间较短，不利于青年后备干部的长远发展。系统内公开选拔领导干部制度还不太成熟，推出的职位有限。后备干部竞聘上岗，也仅局限于小范围，青年后备干部脱颖而出的氛围尚未真正形成。

(三)培养与引导的针对性需要加强

受调查人员，他们独立意识和自主能力比较强，对竞争接受程度高。管理者访谈和青年问卷统计都认为，他们的优势是头脑灵活，学习和创新能力较好，而最大的劣势是抗挫折、分析判断能力和责任意识需加强。虽然近两年在学习培训时，让成功者亲身讲授经验已经有所作用，但与青年后备干部需求还存在很大的距离。尽管我们采取种种措施，“让出、腾出、空出”了一些位子，但与需培养选拔青年后备干部的数量比还是比较少的，总体上“出口”渠道尚未疏通，致使该使用的优秀后备干部因为“位子”原因，一搁几年的事情时有发生，再等到有“位子”时提拔，已“人老珠黄”。

(四)任务分配中压力与难度不相协调

受调查中 75.16％的人感觉到有工作压力，11％的人认为不清楚，13％的人认为无压力。而选择工作压力中，仅有 4.4％的人员认为是因工作难度。压力大多来自工作责任重，担心出差错和工作目标模糊，

这说明在工作中,分工不均衡、工作指导不足,工作责任和执法风险产生的压力远大于工作难度,这些工作压力,如果得不到适当的指导、关心以及定期排解,对于青年后备干部的成长是不利的。近年来,国税部门实施科学化、专业化、精细化管理,使国税干部感到前所未有的工作压力,责任意识、风险意识、自我保护意识增强的同时,惧怕心理、埋怨心理、逃避心理在基层征管一线不同程度地产生,部分后备干部担心工作中被责任追究,更有些人担心会“丢饭碗”,因而患得患失。

(五)竞争激励机制有待深化与完善

对于“在您的职业生涯发展道路上,您最关注的是以下哪些机制的健全与完善”,有50.16%的人选择了“职务/能级晋升机制”,25.18%选择了“专业化人才培养机制”。这其中只有59%的选择全情投入。座谈中也反映出,青年后备干部富有激情,希望通过竞争来证明自己的能力。目前中层正职管理层中40岁以下的人员仍然偏少,只要条件成熟,可以让优秀年青的后备干部进入管理层,但要注意防止急功近利、浮躁和投机取巧的人员。随着国税系统公务员津贴、补贴及奖金的清理和规范,国税干部多年工资、奖金原封不动,总体收入水平实际在下降,而房价和物价不断上升,青年后备干部的生活压力加大。

## 三、加强后备干部培养和选拔的几点建议

国税部门要培养和选拔后备干部,努力造就一大批能担当重任的优秀领导人才,是摆在国税部门党组织面前的一项紧迫而又艰巨的任务。从实践中我们感到,传统的选人用人观念仍是培养和选拔年青后备干部的主要障碍。对此,必须解放思想,更新观念,把培养和选拔年青后备干部作为一项长期战略任务,进一步抓紧抓好,为建设税收现代化提供人才保证。当前,我们认为国税部门加强后备干部选拔和培养需要在以下几个方面下功夫。

(一)建立各类人才库,在后备干部入列上下功夫

我们必须从战略的高度,有意识、有计划、有组织、全方位地进行选拔和培养后备干部。一是科学预测,合理规划。要根据后备干部培养的要求,对各层次中层干部队伍逐一排队分析,调查预测,确定后备干部总数,建立一支以不同层次、不同年龄的后备干部为主线,以不同类别的专业人才为补充的后备干部队伍。二是建立后备干部人才库。在门类构成中,既有业务类人才,又有政工管理类人才;在层次构成中,既要有科级后备人才,还要有股级以下初级后备人才;在梯次构成中,既有近期即可顶上去的较为成熟的“应用型”领导人才,又有面向远期的“储备型”人才。三是及时补充,保证质量。为了使后备干部队伍起点高、质量好,必须定期对后备干部进行筛选,有进有出,滚动管理,使后备干部队伍始终保持数量足、结构好、活力强。

(二)引入竞争机制,在后备干部用人环境上下功夫

扩大选人视野,拓宽选人渠道,引入竞争机制,形成有利于优秀后备干部脱颖而出的社会环境,是新形势下改革干部人事制度的一项重要内容。要做到实行民主,必须搞好两个结合:一是组织选拔与群众推荐相结合。要坚持群众路线,推荐后备干部生活在群众之中,是否德才兼备,有无政绩或政绩大小,群众最清楚、最客观、最直接。因此,坚持群众推荐,可以避免经验主义和局限性带来的弊端。二是推荐与自荐相结合。培养选拔后备干部,需要党组织和社会各界的推荐,同时也应提倡青年干部毛遂自荐,激发干部的主观能动性,使推荐和自荐有机结合起来。

(三)注重按绩选人,在后备干部走向成熟上下功夫

后备干部尽快成长起来、成熟起来,就要把他们安排到比较艰苦、比较重要的岗位上去,让他们在实践中品味酸甜苦辣,磨炼他们的意志;我们要给位子、压担子,放手让他们去干、去闯,使他们在实践中探索工作方法,积累成功经验,提高领导能力,全面增长才干。通过安排一定领导岗位、干部交流或岗位轮换等方法,使后备干部熟悉各种工作规程,掌握工作规律,积累工作经验。本着缺什么补什么的原则,把

长期在领导机关缺乏基层工作经验的后备干部交流到基层锻炼;把长期在基层工作的后备干部交流到上级机关锻炼培养;把长期在业务部门工作的后备干部交流到综合部门锻炼;把预提拔为主职的干部放在辅助性领导岗位轮岗培养等等。把是否经过多岗位锻炼,是否在几个岗位上都能取得明显的工作实绩作为考察任用的重要依据。

(四)坚持因人制宜,在后备干部施展才干上下功夫

在新形势下,勇于改革、敢于创新的人,往往会因种种原因而引起争议,我们要敢用有争议的能人,客观公正地去衡量,根据政绩来评鉴,看主流,看发展方向,不求全责备,不以偏概全。只要没有原则和本质问题,就要大胆启用,尤其对那些才能和缺点都比较突出的"两头冒尖"的干部,应当使"长有所用,短有所制。"让这些青年后备干部在开拓进取中逐步老练、成熟起来。坚持因人制宜、有计划有步骤地实施定向培养。根据每位年轻后备干部的特点、特长,因势利导,对其特长进行不断强化,直至其成为某一工作领域的专家、权威。

(五)强化跟踪考察,在后备干部梯次推进上下功夫

一是创新培训方式。坚持专题培训与委托大专院校培训相结合,课堂教学与实践考察相结合,积极选派后备干部到上级机关进行各种形式的学习锻炼。在培训内容上,既要有政治理论方面的专家授课,又要有思想、作风、廉政方面的专题讲座,还要有优秀干部的典型经验介绍,并设计座谈、辩论、写作、演讲等形式,锻炼后备干部的组织、应变、语言和文字表达等方面的能力。二是建立跟踪考察制。在学习培训或挂职锻炼结束后,进行重点考察,结合年终考察领导班子和领导干部同步考察后备干部,让群众来衡量,是否符合后备干部的条件,从而增强干部的自我锻炼意识和自律意识。三是建立能上能下的优胜劣汰机制。对表现差、不胜任现职的进行果断调整,真正使能上能下形成制度,实现能者上、平庸者下,相形见绌者让。四是建立思想工作汇报制。要求后备干部定期形成书面材料向所在单位党组织汇报自己的思想、工作和学习情况。五是建立后备干部的导师辅导制度。导师的主要职责是日常工作的"传、帮、带"。导师要不定期地汇报后备干部的学习情况,并且把导师的工作作为其工作考核内容,作为其晋升的重要依据。

(作者单位:湖南省双牌县国家税务局)

# 基层国税机关推进绩效管理工作的实践与思考

卢华君　罗家义

自2014年1月1日全国税务系统全面推行绩效管理以来，南宁市国税局根据总局和区局的统一部署，把绩效管理作为“一把手”工程来抓，对国税工作发展的撬动促进作用日益突显，有效提升了首府国税首位度。2014年，在南宁市窗口服务行业创城达标竞赛中勇夺八连冠，获得“十佳单位”。市局获得全区“六五”普法中期工作先进集体、广西廉政文化建设示范点、全区国税系统信息宣传标兵单位、第一批廉政文化示范单位、全市党委信息工作先进单位、全市政务信息先进单位、南宁市直机关党建目标管理工作十佳党委等荣誉称号。12月21日，西乡塘区国税局作为全区推荐的第四届“全国文明单位”，已获自治区文明委公示。

## 一、南宁市国税局绩效管理的主要做法

南宁市国税局结合实际，采取“宣传动员，调研讨论，建章立制、搭建框架、全面推进”5步走举措，强力推进绩效管理。

(一)坚持“三个结合”，搭建绩效考核指标体系

一是结合总局、区局的指标体系，征求基层单位的意见建议，细化、量化具体考核指标，确保每一考核项可操作，可计量，可评价，确保上级考评指标落实到位；二是结合年度立项督办的重点工作，充实完善绩效考核指标；三是结合年度工作目标，明确绩效考核的重点环节。

(二)实施“三级管理”，实现绩效全员参与

将考核对象分类为三层，市局机关负责对各基层单位考核，各基层单位负责对各股室考核、各股室负责对个人进行考核，通过一级目标(组织目标)、二级目标(部门目标)、三级目标(岗位目标)的层层分解，建立三级管理模式，从而实现绩效管理的全员覆盖。

(三)研发“两大系统”，提高考评效率

一是研发绩效管理工作标准化工作辅助模版。绩效考评的月度、季度、半年、全年总结、分析报告，通过标准化的工作模版进行报送，提高工作效率。二是研发绩效考核数据统计软件，方便考评人员及时做好绩效考核指标数据的收集整理、统计和评估工作。

(四)建立“五个机制”，力促科学规范

先后建立了项目负责、协调联动、双向评议、预警通报、考核激励等5个配套制度。

(五)突出“三化”考评，实现过程监控预警

一是监控全程化。定期对各项指标的进度及完成情况进行通报，对各项考核指标的运行质量进行过程监控，及时预警，提出改进措施。二是考核精细化。以报表、数据、图片、资料等形式进行工作留痕，通过细化的考核指标，精确节点的考核，使考核更精细更能准确的评价工作绩效。三是突出考评多元化。考评方法除了直接以结果定分的方法外，还采取明察暗访、突击检查、实地督查等多种形式，对各单位(部门)工作落实情况进行检查催办，检查催办情况作为考评的重要依据。

## 二、当前绩效管理工作存在的主要问题

（一）思想认识不到位

主要表现在：个别单位（部门）对做好绩效管理工作的重要性和紧迫性认识还不够，少数领导对考核指标心中无数；部分干部职工仍然对绩效管理冷眼旁观，置身事外；少数单位和个人把绩效管理混同于以往的绩效考核，没有真正理解绩效管理系统的真实含义，而是将绩效管理简化为对考核表格的设计、填报和认定工作，没有充分认识到推进绩效管理是大势所趋，是转变职能、创新管理的必然要求。在绩效管理过程中，不主动作为，而是被动应付，甚至把工作责任向上级推诿，过于强调客观因素的制约。

（二）人员机构不匹配

有的单位在机构设置上没有进行详细周全的考虑，部分县（区）局负责绩效管理工作的人员不足，责任心不强，素质不高，兼职兼岗过多，工作仅停留在维护绩效管理考评系统和报送相关材料上，没有结合本单位、本部门实际，创造性地开展绩效管理工作。

（三）绩效管理知识不扎实

由于新的绩效管理办法与原有的绩效管理模式有较大的出入，新的绩效管理体系工作内容涵盖广，工作程序繁杂，工作制度较多，部分从事绩效管理岗位的工作人员缺乏绩效管理相关知识，对一些具体指标和操作要求掌握不够、领会不透，影响工作开展。

（四）工作监控和考评标准不尽科学合理

1、绩效计划不大切合实际。当前推行的绩效计划是以“顶层设计”为主，其优点是规范统一，便于考核。但是由于基层部门税源状况不同，人员素质迥异，地方政府管理方式多样，对基层的绩效计划“一刀切”，针对性不强，不利于调动基层的积极性和创造性，甚至出现等待、依赖上级具体部署的现象。2、目标量化标准和考评时间节点不一，有的过粗，有的过细，有的复杂，有的简单，有按工作日、月度、季度、半年、全年等不同的考评节点，不利于具体操作实施。3、指标分解方式方法单一，没有真正区分岗位差异，业务基础目标与行政管理目标“权重”不对称，形成绩效考核“两张皮”，执行、考核出现“重此轻彼”或“顾此失彼”的现象，实际的操作中大多采用一些无准确定义的指标来考核干部，导致绩效管理流于形式，出现苦乐不均，甚至“鞭打快牛”的现象。

（五）考核结果未起到应有的作用，未能实现绩效管理作用最大化

由于受公务员体制、薪酬制度、奖金等因素的约束，绩效考核结果与考核奖惩挂钩的形式单一、力度薄弱，对干部的待遇、职级等格局相对影响不大。对于国税干部来说，个人的绩效表现不能完全与其工作职务、待遇匹配，与干部的职务调整、非领导职务、轮岗、培训再教育等，还存在脱节现象。考核结果很多时候被认为只是一种“摆设”，大家往往认为绩效考核的结束就是绩效管理的结束，并不对考核结果进行分析并作出改进。

## 三、进一步推进绩效管理的思考

针对存在的问题，按照总局、区局的工作思路和要求，要结合自身实际，遵循“全面覆盖、定量定性相结合、分类考评、绩酬挂钩”的原则，努力建立较为完备、具有特色、充满活力、个人绩效与组织绩效有机结合的绩效管理体系。

（一）推行绩效管理必须抓好的3项基础性工作

1、统一思想、达成共识是前提。绩效管理工作是总局党组部署的、总局王军局长亲自抓的重点工作。绩效管理工作不存在搞不搞的问题，只存在怎么搞和怎么搞好的问题，这是总局和区局党组的坚决态度。搞好绩效管理工作既是工作责任，也是政治责任。绩效考核是组织目标管理的重要措施，是激发广大干

部职工干事创业积极性的有效办法，是完善考核评价机制、客观量化考评工作的重要手段。各单位各部门要认真组织学习总局绩效管理的有关文件精神，包括组织绩效和个人绩效的内容，特别要组织大家认真学习总局近期下发的《税务系统个人绩效管理办法(试行)》及其实施细则，把广大干部职工的思想行动高度统一到总局的决策部署上来，做到组织绩效与个人绩效相结合，为进一步深入推进绩效管理工作做好思想准备和组织准备。

2、文化渗透、观念引领是基础。绩效文化是推进绩效管理的基础。首先要让各级各部门理解绩效管理的基本价值取向，引导其自觉提高工作绩效，避免过分关注"打分排名"的考评导向，让绩效管理真正成为发现问题、改进问题、提高绩效、改善服务的有效方式，促进全员对绩效管理的高度重视与广泛参与，从而实现公众由"被动的有限参与"向"主动的完全参与"转变。

3、强化领导、落实责任是关键。各级领导要将绩效管理工作纳入系统工作全局统筹考虑，把开展绩效管理工作与落实区局各项决策部署、确保政令畅通结合起来，与推动职能转变和管理创新、加强自身建设结合起来，与加强政风行风建设、优化纳税服务结合起来，切实做到围绕大局抓绩效、抓好绩效促发展。在统筹考虑绩效管理工作推进的同时，对年初计划确定、年中评估分析、年底考核评比亲自过问，在指标研究、查找问题、整改提高环节全程参与，着力形成领导示范、上行下效的生动局面；加强对绩效办及考评指标所涉及岗位的人员充实和调整。对不适合绩效管理岗位的人员必须及时调整，对人手紧缺的岗位必须及时充实；绩效考评领导小组要加强对基层单位的指导和帮助。对基层工作中存在的问题要及时指出并督促整改，对基层反映的困难和问题，要想方设法、热心帮助解决，对解决不了的，要说明情况，争取基层的理解和支持。

(二)推进绩效管理工作的"四个关键"

1、完善考评指标体系。一是考评指标应切合实际。鉴于各地实际情况的差异，对基层的绩效计划不应"一竿子插到底"，而应"求大同，存小异"，既要考虑统一规范，又要兼顾各地实际。在评价指标结构及体系中，以符合绩效内涵、纵向对应、方便操作为原则，各地可自主选择，以追求总体绩效最大化为评价目的，充分调动被考评单位的自主性、能动性与选择性。二是考评体系应简便有效。若考评"大而全"大家容易无所适从，疲于应付，效率反而下降。要突出重点，涵盖税收主体工作，减少一般性工作指标和不可量化的指标，防止面面俱到、层层加码、过于繁琐。绩效考核表单的数量适可而止，同时要提高表单的柔性；绩效考核流程的路线清晰明了，重点控制考核流程的关键环节。要将管理过程的复杂问题简单化，让干部职工从繁杂的绩效表单、形式主义中解脱出来，提高绩效管理的可操作性。

2、注重全程监控。一是拓宽绩效管理沟通的渠道。绩效沟通是绩效管理的灵魂和核心。除了运用绩效管理综合系统以外，还可以通过召开绩效管理专题会、下发绩效管理提醒通知书、建立绩效管理档案等多种形式，提升被考核者对绩效管理的关注度和支持度。二是对照考核指标，建立"覆盖全面、监控到位、预警提早、纠错及时"的防控机制，强化风险管理。三是建立健全过错责任追究机制。按照总局确定的考核指标和各级各单位各部门的责任分解、工作落实情况，对出现工作过错的单位、部门及其分管局领导、部门领导、直接岗位责任人员进行严格问责。四是严防发生"一票否决"的问题。总局对绩效考核"一票否决"的问题作了明确规定，各单位各部门必须采取有力措施进行防控，严防发生此类问题。对发生此类问题的单位、部门和个人要从重从严追责。

3、积极探索个人绩效管理方面的新方法新途径。在全岗定责、全员参与、全程监控、全方位推进的绩效管理思路下，以岗位职责为核心，按照有人必有岗、有岗必有责的管理思路，重点抓好3个基本关键点。一是以"三册"实现全岗定责。编写行政岗责体系和业务岗责体系两类清册，将所有行政和业务工作全部涵盖其中。同时，依据岗责体系和组织绩效任务，生成个人岗位绩效指标清册，明确每个税务人员应履行的岗位工作职责。二是以"三表"实现全员参与。个人成绩表，个人绩效指标的完成情况体现在成绩汇总表上并自动排名。工作改进表,定期对岗位工作落实情况进行评估,分析存在问题,制定改进措施。综合评价表,对全员的年度工作数量、工作质量、工作进度、工作态度等方面进行全面评价。三是以“三单”实现全程监控。工作任务单实现节点控制,根据岗位绩效考评指标生成工作任务单,被考评人员按照工作任务单上的工作节点按时完成工作。审核评分单界定工作质量,部门主要负责人对工作任务单进行审核,并对被考评人员岗位绩效任务完成情况进行打分。督查督办单强化工作监督,通过绩效系统实时跟踪监控各项工作进度,对未按照工作节点时限完成工作任务的,系统自动生成督查督办单,提醒相关人员按时保质完成工作。

4、注重结果运用,发挥绩效管理“指挥棒”作用。一是将考评结果与干部年度考评挂钩。将评价结果直接转化为干部年度考核等次,避免综合考核与年度考核“两张皮”的现象。二是将考评结果与干部提拔任用挂钩。三是将考评结果与干部教育培训挂钩。针对干部在考核中发现的问题和不足,按照缺什么补什么的原则,有针对性地培养教育。四是将考评结果与干部奖惩挂钩。对成绩突出、排名靠前的干部进行通报表彰、予以精神或物质奖励。对连续两年不达标的单位主要负责人和有关人员给予诫勉谈话。通过考核结果的运用,倡导真抓实干、务实创新的良好风尚,不断激发队伍干事创业活力。

(作者单位:广西壮族自治区南宁市国家税务局)

# 纪检适应新常态 护航意识需加强

郑其林

党的十八大以来,经济发展进入新常态,党风廉政建设和反腐败斗争也呈现出新特征。党风廉政建设的新常态,成为抓作风反腐败的主旋律。作为税务部门的纪检监察工作,如何熟悉掌握"新常态"、强化纪检监察职能、适应新变化,不断开拓创新纪检监察工作,须找准切入点、抓住关键点、做实着力点,为国税事业的健康发展保驾护航。

立足新常态,找准切入点。党风廉政建设和反腐败斗争只有进行时,没有完成时。纪检监察工作必须主动适应形势任务的发展变化,大力弘扬开拓创新精神,积极探寻提高工作水平的方法路径,找准纪检工作切入点。一要在完善制度上下功夫。着眼党的纪律检查体制改革发展方向,围绕推进党中央关于党风廉政建设"两个责任"、"两个为主"和纪检监察机关"三转"等要求的贯彻落实,深化反腐败体制机制改革。作为国税部门,要健全各级纪检监察机关的管理机制、工作制度和议事规则,不断提高纪检监察工作的法治化科学化水平。二要在建强队伍上求实效。加强对纪检监察干部的教育培养,锤炼忠诚于党的政治品格,培育秉公执纪的职业操守,练就堪当大任的过硬本领,树立清廉自守的作风形象。三要突出抓好执纪办案业务能力建设。培养一批查办案件的行家里手;强化管理监督,用铁的纪律打造一支忠诚、干净、勇于担当的国税纪检监察干部队伍。四要在改进工作上创新路。解放思想、更新观念,加强新形势下纪检监察工作的特点规律研究,针对当前群众反映问题线索增多的实际,坚持快查快办,缩短办案周期;针对腐败行为日益复杂化隐蔽化的特征,丰富技术手段,扩大调查取证渠道;针对党员干部身上的倾向性苗头性问题,坚持抓早抓小,防患于未然;针对纪检工作点多面广线长的实际,明确职能定位,聚焦主责主业,不断增强纪检监察人员的业务能力,同心协力开创国税纪检监察工作新局面。

适应新常态,紧盯着力点。时刻牢记习近平总书记"作风建设永远在路上"和王岐山书记"反腐败永远在路上"的要求,时刻紧绷作风建设这根弦,要把作风建设新常态认识到位、抓细做实。一要紧盯存在的突出问题。一个节点一个节点抓,一个问题一个问题解决,善作善成。通过狠刹各种不正之风,重药治疗"手足口"病,使其"不敢为"。二要创新查管方式。采取定期或不定期检查、全面自查与重点抽查、明察暗访与走访调查相结合的方式,加大作风建设监督检查密度和力度,密织监督网,筑牢防火墙,严肃惩戒,持续威慑,使其"不能为"。三要扎紧织密制度笼子。要紧紧盯住党风廉政建设和反腐败斗争中出现的新情况新问题,严明纪律,完善制度,使建章立制工作跟得上、管得住、见实效。这就要求我们的制度密而不疏,切实做到标准从严、措施从严、纪律从严。加快权力清单、监管清单、责任清单制度建设,进一步织密权力运行监督制度,把权力关进制度的笼子。对监管失职的,比照责任清单对号入座,照单倒查追责,让每个党员干部都能感到身边有一把戒尺。四要坚持从严执纪。要强化制度的执行力和刚性约束,坚决纠正有令不行、有禁不止的行为,不因问题小而姑息,不搞法不责众,不搞下不为例,让制度真正成为带电的"高压线"。坚持制度面前人人平等,执行制度没有例外,不留"暗门",不开"天窗"。要通过严格的纪律制度约束,让干部心有所畏、言有所戒、行有所止。

把握新常态,抓住关键点。国税部门是重要经济职能部门,是税收政策的落实者和税收执法权的执行者,又是面向社会面向纳税人的服务者。税务干部掌握着一定的行政管理权和税收执法权,经常与金钱、企业、货物打交道，在人们的思想观念与价值取向日趋复杂化、多元化、个性化环境中，会受到一些自由主义、拜金主义、享乐主义和极端个人主义等错误思想冲击，意志不坚、自律意识不强的人，价值目标和价值取向会出现偏差，这就要求在加强廉政建设工作中，充分发挥政治思想的感染力、规章制度的约束力和外部监督的威慑力，防患于未然：一要抓好干部职工的思想教育工作，时常掌握好干部职工的思想动态，使用善意的提醒和引导。税收工作与人民切身利益息息相关，必须严守国家法律法规，严守党的纪律规矩，处理好局部与全局、个人与集体的关系，绝不能自行其是，以私废公，养成纪律规矩自觉，更严更实地守住为人、做事的基准和底线。纪检监察部门肩负起这个重任，学会从发现的普遍性、倾向性、苗头性问题中，及时找原因、究根源。二要始终把纪律和规矩挺在日常工作的前面，用纪律的尺子去衡量，紧扣“六大纪律”，盯住重点领域，提高发现问题的精准度。三要进一步完善党风廉政责任制考核办法。严格执行责任追究，把平时掌握的情况与党风廉政建设阶段性考核结合起来，对于检查中出现的问题，要严格督促落实整改；对工作不力导致不正之风滋生蔓延，或者屡次出现问题而不制止、不解决的，既要追究当事人的责任，也要倒查追究相关领导的责任；加大案件的查处力度，牢固树立“对党风廉政问题该发现没有发现是失职，发现问题匿情不报、不处理是渎职”的观念，对违纪行为从严追责问责，做到违纪必究，执纪必严。通过严格的追责问责，不断激发党员干部干事创业的热情，让“清廉为税、事业有为”成为新常态。

（作者单位：河北省保定市国家税务局）

# 纪律行动促"效能风暴"

王燕波

2015 年，面对严峻的经济形势和巨大的税收压力，莱山分局以 24.9 亿元的区级收入和同比增长 18.6%的增幅，为全区地税工作划上了圆满的句号；2016 年一季度，地税分局又以 5.2 亿元的区级收入和同比增长 30.1%的增幅，顺利实现首季“开门红”。在这组令人振奋的数字背后，是莱山分局近年来以纪律行动为抓手，以“两个责任”为保障，以固本攻坚和典型引领为载体掀起的全方位提质增效的“效能风暴”。

## 一、建章立制，完善管理“军规”

2016 年以来，一方面我局严格按照省、市局工作部署，召开纪律行动动员部署会议，制订活动方案和配档表，成立领导小组，建立工作台帐，围绕“学什么、怎么学”召开纪律学习教育讨论会，并严格按照配档表组织全体干部职工深刻学习领会习总书记系列讲话，开展“两学一做”活动，坚持领导带头，以上率下，扎实抓好基层党支部建设，坚持“三会一课”、党员活动日制度，充分发挥好党组织政治引领作用，不断增强干部职工政治意识、大局意识、核心意识、看齐意识，提高干部职工对纪律行动的理解力，明白“高压线”在哪，底线在哪，牢记纪在法前，纪比法严，真正把规矩内化于心、外化于行。另一方面，没有规矩不成方圆。我局始终把制度建设作为队伍建设的头等大事来抓，年初，在去年建章立制的基础上，结合今年实际工作，重新梳理修订完善了近 20 项规章制度，涵盖税收任务、绩效考核、两个责任、税容风纪、卫生值班、出勤及请销假、公车使用、网络安全等内容，让“制度军规”更加完善。法治纪律方面规范清理执法文件，推行执法权力清单化，自由裁量权基准化，全面落实《税收征管规范》、《纳税服务规范》、《国地税合作工作规范》，构建规范严谨的税收执法机制。并重新规范了各征管单位和稽查局的检查职责，制定了《关于规范稽查局和征管单位检查职责的通知》，明确了各自的检查对象、范围、时间、数额等内容，为堵塞征管漏洞、提升征管质效奠定了坚实的基础。

## 二、严格执纪，切实把纪律和规矩挺在前面

(一)以规范日常小节为切入点，肃纪风正税风

小事见形象，小节关大节。对个别干部存在上班上网购物、收快递等现象，大部分干部在思想上不以为然。以前对这种“小节”问题只是口头提醒，似乎够不上处罚级别。2015 年年初，局党组认识到，纪律规范整顿必须从看得见、摸得着的小事抓起，于是将日常小节也纳入纪律范畴，如开会时不允许带手机，工作时间不允许收发快递，窗口工作人员实施手机统一保管，严肃上班着装纪律，做到仪表整洁，举止端庄。通过对小节的约束监督，形成了税容严整，举止文明、纪律严明的良好作风。

(二)“令行禁止”严执纪，对待违纪零容忍

坚持以“铁的手腕执行铁的纪律”，纪律面前无小事，对违反纪律的发现一起查处一起，绝不包庇袒护，更不搞“下不为例”，做到零容忍，有错即处，有责必问，决不放任自流。制度执行以来，先后有三名同志因上班迟到早退，一名同志上班收快递在系统内进行了通报批评并分别处 200 元罚款；另外，我局还加大考勤力度，对干部工作日时间请假的，一律按规定扣发工资，2015 年全年共扣发工资 1.6 万元。这种

“小题大做”动真格的做法引起全局震撼。我局还进一步推出了25项“一票否决制”禁令，涵盖所有税收工作和廉洁自律，上至局长下至一般干部，无论是谁，一旦违反相关规定一律实行“一票否”，同时取消该分局、科室及个人的当年评先树优资格。不一般的威慑力带来不一般的效果，以前散漫的工作态度不见了，取而代之的是实现了服务态度“零推诿”、办案办事“零投诉”，群众满意度达到100%。

(三)强化法治地税，执法力求零风险

近年来，加强对税收规范性文件的整理汇编，过期条款依规及时终止，新税收政策迅速推进，提高了执法的时效性和准确性。从规范每一份税收执法文书、规范每一起税收执法流程做起，狠抓执法制度的落实和执行。守着规矩不作为，抛开规矩乱作为的现象没有了，依法治税的力度进一步加大，税收执法风险大大减少。2015年以来共检查企业321户，查补入库税款及罚款、滞纳金3984万；通过土地使用税清查，对核查出的已拿地未申报、多占少报、跨区占地的156户企业进行约谈核实，查补土地使用税1900多万元。每起涉税案件都做到程序规范、执法严明，做到了执法零投诉。

## 三、以落实“两个责任”为保障，切实加强党风廉政建设

一是以上率下，引领示范。始终把党风廉政工作作为“一把手”重点工程，积极制订“四个层面”工作清单及主体责任工作任务分解表，明确领导班子、党组书记、其他班子成员和纪检监察部门责任。坚持把党风廉政建设贯穿于税收工作大局之中，与税收工作同部署、同落实、同考核、同奖惩。领导班子以忠实履职为原则，把廉洁自律作为领导干部为官从政的底线，叫响“从我做起，向我看齐，对我监督”的口号，自觉为基层干部职工做好表率。二是进一步查找廉政风险点，有针对性地完善风险防控措施，促进行政行为、执法行为进一步规范。三是聚焦“四风”，不断加大对执行中央“八项规定”的整改检查力度，促进作风进一步转变。五是注重防微杜渐，坚持“谈心”制度，对党员干部的作风、纪律问题做到早发现、早提醒、早纠正、早查处。

## 四、固本攻坚，以重点工作清单制为基础，全方位为税收管理提质增效，挖潜增收

(一)依托数据管理，夯实征管基础，提高数据增值效能

以深化落实省、市局加强税收征管工作为重点，以风险管理为导向，加强三证合一户籍管理，完善调查巡查制度，确保征管源头数据真实。深入开展税收征管状况分析，从征管流程、制度规范、数据管理等查找组织收入过程中存在的问题和薄弱环节，研究落实整改措施。加强工商、国税、国土第三方数据比对分析利用，提高数据增值效能。2016年以来已补录、清理信息600多条次，查补税款900多万元。

(二)以“营改增”清查为契机，不断推动各项工作提质增效

1、年初以重点工作清单制形式制订全局计划，限时限量限质。“营改增”清查以大局为重，成立工作领导小组，制定《方案》，主动向区委、区政府做好工作汇报，与财政、国税部门加强合作，除利用广播电台、税企QQ群、微信群等渠道外，还联合莱山区国税局、莱山广播电视台共同制作了以“聚焦营改增试点助力供给侧改革”为主题的胶东文化广场大型税法宣传活动，广泛向全社会开展税法宣传，营造良好社会氛围。全局各部门凝聚共识，各负其责，形成清查合力。

2、建立责任清单，统筹推进。在时间紧、范围广、任务重的情况下，要求全局上下以强烈的责任感、使命感，攻坚克难，打好营改增最后这一战。针对营业税四大行业分类整理出营业税清理要点，辅导营业税纳税人进行自查。建立清查台帐，实行税管员、征收分局长二级签字制，责任到人。严格发票检查，对房地产、建筑业已缴税未开发票的及时督促开票，让营改增不留尾巴。

3、严格执法，清理欠税不留死角。在营业税清查过程中，严格清查纪律，严格落实税收执法责任制，加大内部执法督察力度，严格规范税务文书使用和按规定流程催缴欠税。对于涉及强制执行的，由相关

业务科室督查执行，进一步规避执法风险。

4、突出实干精神，凝聚共识，攻坚克难，挖潜增收。一方面坚持全面清查，在突出“营业税”清查基础上，对其他税种一并组织纳税人开展自查，根据系统数据比对，排查其他税种风险疑点并进行重点检查。另一方面，组织骨干力量对符合清算的房地产企业进行土地增值税清算，及时开展案例分析，围绕收入、成本、费用审核及涉税风险点评估进行总结剖析并全局推广，不断挖掘新税收增长点。一季度完成土地增值税清算 3 户，清算入库土地增值税 3235 万元。

(三)办税服务厅加班加点，做好营改增平稳过度工作

1、领导带头，率先垂范。面对任务繁重的最后一个月，从局长到基层税务所所长，实行“领导带班制度”，在现场第一时间解决疑难问题，并充分发挥党员领导干部带头作用，到办税服务厅现场督导加班，五一假期也不例外，形成了“领导带头、上下同心”的良好示范效应。

2、倒排工期，分工协作。内部加强各科室之间合作，制定详细周密的《营改增倒排期工作计划》，职责、时间分工到人。外部强化与财政、国税部门的沟通、配合，多次召开现场联席会议，及时联系解决系统安装、测试、培训问题，顺利实现营改增平稳过渡，并且在国税窗口派驻人员，增设附加税征收窗口。

3、加班测试，熟练操作。办税服务厅为熟练操作营改增后新业务，在繁忙的日常工作之外，利用下班后、节假日加班加点练习，实现了全体人员都能够准确理解政策，熟练操作业务。

## 五、典型引领，大力促学，全面提升履职能力

党纪国法是纪律是规矩，税收法制、规范文件也是纪律是规矩，为提升干部职工履职能力，我局从强化干部终身学习的理念出发，建立完善了一系列干部教育培训激励机制，把干部的学习测试成绩和技能水平高低作为轮岗、提拔、评先的重要依据。每年制定并严格执行素质业务培训计划，全年职工脱岗培训不少于 14 天。建立并完善全局集体学习日制度，由班子成员和科室负责人轮流进行业务宣讲。深入开展“每日一题、每周一学”活动；选派业务骨干参加市局组织的分岗培训；不定期开展业务技能比武等活动。实行“逢学必考、逢训必考”，基层单位每季组织一次业务考试，全局每年组织两次全员业务统考，考试结果予以通报，并纳入全年绩效考核，为高效率、快节奏开展工作打下坚实的理论和业务基础。

着眼于典型引领，业务骨干带头攻关，大力弘扬争先创优、积极向上主旋律，不断推进各项工作“干在实处、走向前列”。近年我局涌现出全省地税系统十佳党员先锋岗林晓、烟台市职工职业道德建设先进个人王传波、全市见义勇为模范王冬等先进典型，在爱岗敬业、道德建设方面为全局树立了看齐的旗帜，带动、感染、激励全局职工不断向前。在房地产营改增清理中、土地增值税清算中，充分发挥党员先锋示范岗、业务骨干带头攻关优势，极大鼓舞了士气，进一步促进我局各方面工作的提质增效。

（作者单位：山东省烟台市地方税务局莱山分局）

# 建立定量考评体系 推进定性综合评估

## ——乌鲁木齐县国税局个人绩效管理试点调研报告

席吉军 马晏君

近年来，随着推进国家治理体系和治理能力现代化的不断深化，税务人员参与税务现代化建设所具备的能力有了更新更高的目标。优化个人能力结构，促进工作提质增效，实现组织发展和个人成长相结合成为当前税务机关面临的一个重要课题。新疆乌鲁木齐县国税局结合组织发展和个人成长同步创新需求，建立“创新技术管理方法，实现定量定性综合评估”个人绩效管理模式，实现了全员全岗位工作量化评价，有效促进了税务人员高效履职。

### 一、个人绩效管理面临的问题

一是组织目标和个人履职不对称。税务机关绩效管理形式多以目标项目化、部门主体化为主，传导形成的工作方法往往侧重于单位和部门团队整体考评结果，对个人的绩效管理往往局限于承接上级指标的对应分解，没有把履行岗位职责作为评价个人绩效的目标依据和尺度规范，组织目标与岗位职责脱节，导致考核结果“失真”、绩效导向“失灵”。

二是能力付出和个人价值不匹配。由于在工作分配上没有建立对应工作与个人价值相匹配的评估衡量机制，普遍形成了“能力强的干部承担工作多、能力弱的干部承担工作少”的工作分配机制，“能者多劳、鞭打快牛”的情况突出，个人在团队中无法体现“干多干少、干难干易、干好干坏”的等量价值，粗放的日常管理和考核结果难以让人满意服气，无法激发干部主动找差距、自觉优化个人能力结构的动力，实施个人绩效管理没有符合条件的公平“起跑线”。

三是考评方法和管理需求不一致。绩效指标考评使用的减分方法引导干部过多的关注考评结果，负向管理的消极影响比较明显，个人绩效考评与部门、个人的目标、工作职责、实际工作项目和流程结合不紧，缺少日常工作质效的过程积累。正向激励的积分累积方法使用不够，缺少个人自我管理、自我完善过程，为了考核而考核，容易挫伤个人的积极性和创新性。

四是技术支撑和信息渠道不通畅。综合征管系统、防伪税控系统等大量已有的信息化管理工具不能整合利用，数据集成化程度不高，缺乏统一的支撑平台。目标制定、责任分解、管理痕迹、执行报告、民主测评、考核汇总、通报反馈均是手工操作，不仅消耗大量的人力物力，而且由于信息不对称、公开渠道不畅、反馈不及时等问题严重影响考核管理效果，干部的抵触情绪较大，容易流于形式。

### 二、主要做法

乌鲁木齐县国税局按照国家税务总局“任务到岗、责任到人”推进目标、“干多干少、干难干易、干好干坏”评估尺度、“可积累、可比较、可衡量”技术标准，积极探索实践，建立了定量积分和定性评估相结合的个人绩效体系，管理数据和成效评估结果验证了组织和个人绩效管理预期目标，形成了持续发展的绩效文化氛围。

(一)明确定位、厘清责任固基础

自2012年起，乌鲁木齐县国税局针对干部责任感缺失、工作成效不突出、实现目标有短板的现象，将个人绩效目标从单纯承接上级指标，调整为以履行岗位职责为主、以指定工作为辅的管理模式。从强化岗位责任意识入手，围绕"做什么、怎么做、做到什么程度、做不到怎么办"等四个问题，依据上级"三定"方案，利用两年半时间完成了全局41个岗位和255项个人考核指标梳理定型工作，统一编制了全员"岗位责任说明书"，每项工作得到了细化明确和有效衔接，形成了责任环环相扣、工作无缝衔接的管理链条。在关联岗位上，形成了相互配合，相互补位的AB角工作机制。"岗位责任说明书"成为了指导全局个人履行岗位职责的"指挥员"和评判工作质效的"裁判员"，为试点个人绩效管理建立指标体系打好了基础。

(二)充分沟通、民主管理是保障

通过多层面全方位沟通交流，广泛征求干部需求，不断改进设计方案、共同确定绩效目标，全局干部对实施个人绩效的意义、方法、措施和结果运用有了深刻认识，对组织发展和个人成长的目标趋同性高度认同。通过全体干部参与制定个性化绩效目标、绩效制度，干部主动参与民主管理的意识不断加强，不仅消除了税务干部对绩效管理的抵触情绪，而且有效提高了工作效率。在个人绩效管理引入新方法中，全员运用德菲尔"专家法"参与工效时间与工作量化尺度和转换标准的讨论酝酿、初拟测试、修改定型等过程，形成了共同认可的价值文化，确保个人绩效管理顺利实施。

(三)标杆管理，积分量化立尺度

1、积分量化实现同台比较。引入现代人力资源管理标准工时管理制度，根据不同部门和岗位在工作量、工作强度上存在的客观差异，对个人工作负荷、工作效率、付出时间进行精细测算和双向沟通，确定"工效时间"为共性统一尺度，统一工作量的换算标准和积分考核方式，解决个人工作"干多干少"无法衡量的问题。日常管理实践中，设置横向、纵向两个技术分析维度：横向比较以同类管理单元一定时期动态平均值为统一尺度，客观度量每个人"干多干少"，找出规律差距，实现定量基础上的定性评估。纵向比较以历史数据为基础，通过递进或递减式比较，用数据衡量个人工作量增减变化情况，分析查找客观变化原因，引导个人提高工作效率。

2、难易尺度引导能力优化。运用海氏(Hay Group)三要素评估法，区分各岗位所需知识技能、实际能力、风险责任，按"综合性工作、一般性工作、协助性工作"等三档，使用工作难度系数修正工作量积分，解决"干难干易"不一样问题。日常管理实践中，难度系数体现了不同的个人价值，直观反映了个人的工作能力和岗位重要性，引导干部盯住上限找差距，主动提高工作能力、主动优化能力结构、主动承担重要工作。

3、质量评价分出工作优劣。采取主管评价的方式，由部门负责人逐项进行工作事项真实性审核和工作质量评价打分，一方面提高了部门负责人综合管理能力，工作积极性和执行力得到加强。另一方面通过实时评价，督促承担工作的个人不断提高工作质效，解决了"干好干坏"不一样的问题。日常管理实践中，质量评价提高了中层干部行使管理职能的主动性和水平，执行力得到提升。同时，公开公平的评价环境，促使干部围绕差距找原因，自我约束自我管理的能力得到加强。

(四)目标挂钩，管理责任可追溯

优化人员能力结构是开展个人绩效管理的核心目的。乌鲁木齐县国税局将个人绩效结果与部门绩效结果进行捆绑挂钩，采取分级管理、分类管理、计划管理相结合的方法，划定局领导、科室正职、科室副职、普通人员(业务人员前台、业务人员后台、综合人员)4个绩效计分模型。主管局领导得分来自于分管部门的平均分，部门正职得分20%来自于部门考评得分，部门副职得分20%来自于部门考评得分，20%来自于分管工作考评得分，一般干部得分20%来自于部门考评得分。为确保绩效管理责任到位，以工作流程(SOP)为依据，部门负责人可将部门计划分解到内部人员，并进行跟踪督导、考评和验收。根据流程各节点的作业时间、技能要求、承担责任大小确定每个流程的标准分值。将全员共性职责、岗位共性职责、岗位个性职责纳入平时考核监督范畴。通过层层挂钩、责任共担，实现了全员绩效战略目标的一致性。

(五)发挥内因，促进能力有提升

乌鲁木齐县国税局在个人绩效管理体系中全程运用工作量积分制度、多维度评价制度、重点工作跟踪问效制度、全局一体责任共担制度，在建立全局绩效战略目标一致性、强化团队凝聚力，培养树立特色价值理念等方面发挥了重要作用。清晰的目标责任体系，促使干部自加压力、自我提升、积极成长，对个人成长规划有了清晰定位，工作的主动性、能动性明显增强，有效激发了干事创业、争先创优的积极性。中层干部认真落实权责对等原则，通过加大日常工作的管理、审核、评估力度，“主管”责任得以充分体现，强化了在部门管理中的主导作用，有效激发了中层干部管理的积极性。

(六)借助平台，实现数据常积累

海量的绩效管理运行数据、日常工作量化积累、多维度评价、全过程监管，必须由后台强大、操作简便的信息化平台支撑。乌鲁木齐县国税局借助信息化平台，实现工作事项数据采集自动提取和人工录入，记录每个人的工作痕迹。通过建立“日清”制度，对于不能从信息系统中采集的工作，由本人在每个工作日结束后在绩效管理系统中进行人工勾选登记，部门负责人进行审核。通过建立“事结”制度，部门负责人派发和验收工作任务，通过工作量对工作效率进行考核。

(七)结果运用，力求“一举多得”

持续改进是绩效管理的核心理念，考评结果运用是持续改进的重要手段。乌鲁木齐县国税局强化绩效结果运用，增强税务部门和个人自我评价、自我改进和自我提升的内生动力，依据每月测评、日常监控，对排名靠后的个人进行谈话，督促整改纠偏，并将整改情况列入下一季度的考评内容，形成“考评—整改—提升”良性循环，把年度绩效考评结果作为评价税务人员工作实绩、评先评优、晋级定等的重要依据。对创新项目得到上级部门认可的，视实际投入情况给予一定的经费奖励。同时对考核结果突出、群众公认的干部给予参与部门管理的职能，体现个人价值。

## 三、工作成效和主要体会

一是干部队伍工作效能得到催化。在个人绩效管理试点过程中，全员的观念、思维得到启发和催化，岗位责任意识得到深化，工作效能得到提高。从片面到全面，从抵触到投入，实现了从“要我工作”向“我要工作”，从被动应付到主动而为的转变。

二是干部队伍工作能力得到提升。个人绩效管理机制为干部搭建了科学公开的综合评价平台，激发了青年干部主动优化个人能力结构的热情。目前，具有“三师”资格的干部有5名，占全局总人数的11%。部分工作年限较长的干部针对自身“短板”主动改进，主动参加各类学习培训，主动要求认领工作。

三是干部队伍创新力得到驱动。建立以正面激励导向为主的考核机制，充分体现了目标化管理、人性化管理的思维，干部的积极性得到充分调动，在党组支持下，利用信息化平台先后研发了减免税小软件、增值税价税分离器、廉政开机系统等，这些成果激发了干部的进取精神。

主要体会：

一是理念创新是关键。基层税务局的工作纷繁复杂，人员、岗位千差万别，单一的绩效管理方法不能解决个人绩效中的突出问题。在传统的目标管理、岗位管理、民主测评的基础上，我们大量尝试了引进了工时管理、项目管理、分管目标考核等方法，有效解决了事务性工作不好量化、工作人员不好考核等问题，同时实现了考人与考事相结合、将传统人事考核的事后监督转变为事前指导、事中监督。

二是信息化是基础。基层税务局绩效管理涉及绩效计划、绩效计量、绩效评估、绩效反馈等多个环节，涉及单位、部门、个人等多个层次，涉及年度目标、税务工作流程、常规工作项目、部门工作计划、服务满意度测评等业务和管理领域。如果没有设计合理、操作简便、运行高效的信息系统，基本不可能实现。

三是持续改进是保障。乌鲁木齐县国税局通过实践摸索和试点运行，新型的个人绩效管理体系得到了全面检验。但由于运行时间不长、收集数据不多，各类积分标准、综合评价方案是否合理还需要进一步测试、验证和改进。尤其是如何通过个人绩效管理方法促进税收工作现代化、法治化、规范化建设，实现与现代人事管理制度对接，还需要进一步探讨和实际。

## 四、探索完善

在行政机关及其工作人员中引入绩效管理，创新行政管理方式、优化政府组织结构的必由之路。税务工作专业性强，岗位事项复杂繁多，如何确保绩效管理组织发展和个人成长互促互进，需要持续实践优化，最大限度地激发税务机关个人的积极性、主动性和创造性。

(一)以目标导向为主，建立广泛认同的文化氛围

推进绩效管理必须以人为本，最终实现个人能力最优化、工作效能最大化。要实现这个终极目标，就需要在确立单位愿景的基础上，大力培养干部队伍的绩效核心价值、形成全员一体的文化氛围，通过使用科学的管理方法、规范的尺度标准，促进个人积极适应过程控制和主动管理，实现提升能力和改善心力的有机统一，从而达成组织目标认同基础上的行为遵从，形成催人向上，强化干部内生动力。

(二)以提升能力为主，搭建科学评估的互动平台

利用现有条件，搭建工作业绩、通用能力素质、个人成长性综合评估平台，形成“问题短板－学习提升－持续改进－正向反馈”个人成长机制，实现综合素质与既定标准的准确定位和价值挂钩。

(三)以科学发展为主，开展关联性互动研究

结合个人绩效管理发展形势，积极开展公务员职务与职级并行制度适用性调研，按照分级对等、分层对待的方式，探索适用、可用的绩效管理结果运用形式，丰富个人价值的体现载体。

(作者单位：新疆乌鲁木齐市天山区国家税务局
新疆乌鲁木齐县国家税务局)

# 践行"两学一做 "助力"营改增"

张忠义

保定市望都县国税局党组认真贯彻总局王军局长对"两学一做"学习教育工作的指示精神，牢固树立"围绕税收抓党建、抓好党建促税收"的工作理念，在"学"上用真功，在"做"上见真章，聚焦"营改增"，支部带队攻坚，党员冲锋在前，以上率下，引领示范，凝聚起全市国税系统干部职工勇挑重担、团结拼搏的正能量。

## 一、坚持"一盘棋"，组织领导到位

望都县国税局党组站在讲政治、顾大局、守纪律的高度，重视，以"两学一做"学习教育为先导，在开展"学党章明党纪"活动的同时，注重将营改增内容列入学习的"必选动作"，县局党组在营改增工作谋划、推动、落实等方面，承担着主体责任。坚持想在前、动在前、落实在前。按照总局、省市局安排部署，不折不扣地抓好落实。一是迅速传达。接到推行全面营改增相关文件后，县局党组立即召开专题会议，组织学习文件精神，研究贯彻落实意见，使全体干部充分认识到改革既是减轻企业负担、推动经济转型的重要举措，又是党中央国务院赋予税务系统的一项重要政治任务，增强责任感、使命感、紧迫感，为改革顺利推进提供强大的思想保障。二是健全组织。迅速成立党组书记、局长任组长的领导小组，召开"营改增"试点工作领导小组工作会议，在优秀党员中选出8名业务骨干任各工作组组长，加班加点制定实施方案和任务分解表，并按照改革时限倒排工期，进一步明确改革时间表、任务书和路线图，逐项确定责任领导，分解任务到部门、到岗、到人，确保各项改革任务扎实高效有序推进。三是全体动员。及时召开推开营改增试点动员大会，认真部署营改增工作。同时发起倡议书，号召全体党员干部发挥先锋模范作用，争当营改增业务尖兵。县局班子成员带头学习新知识，提高新本领，带头落实大厅值班长制度，严守工作岗位，及时解决工作中出现的新情况、新问题，为全面夺取营改增攻坚战的胜利而努力拼搏。

## 二、发布"倡议书"，思想发动有力

召开营改增工作动员部署会，充分发挥基层党组织的思想引导和组织保障作用，向全体党员发出"投身营改增、打好攻坚战"的倡议，号召党员干部立足改革第一线，冲锋在前，勇于担当，争做服务改革的带头人。全体党员以实际行动积极响应，承诺争做改革尖兵，坚定信心，苦练内功，攻坚克难，无私奉献，用对党的忠诚和信念托起税收事业的光荣与梦想，全力以赴打赢"营改增"攻坚战。

## 三、组建"突击队"，党员作用凸显

组建"营改增党员突击队"，党员干部争当急先锋，带头加班加点、忘我工作，确保改革政策红利落地。在党员的带动下，广大干部群众也积极投身营改增工作，真诚服务纳税人。此次营改增涉及的户数多、类型复杂，给推行工作带来了前所未有的压力。望都县局党组认真分析，统筹协调，将基础信息核实、政策培训、发票管理等作为重点难点，要求各分局亮职责、做表率，发挥基层党组织的战斗堡垒作用，全体党员干部亮承诺，树形象，发挥党员先锋模范作用，在全面推开营改增试点各环节中攻坚克难，锐意进取，确保圆满完成营改增推行工作。一是信息核实到位。严格按照省、市局工作要求，县局党组为保证核查信息准、速度快，针对377户营改增纳税人的基础信息核查工作，成立了8支党员先锋队，逐户上门走访，采集、核实每一户纳税人的相关涉税信息。先锋队队员积极作为、自我加压，主动牺牲休息时间，发扬“5+2”、“白加黑”的连续作战精神，对一次找不到的户，我们取得当地公安机关户籍部门的配合，通过户籍本上的信息，找到纳税人面对面核实，在最短的时间内高质量的完成了营改增试点纳税人户籍信息核查工作。二是宣传培训到位。根据营改增纳税人的不同行业、不同规模、不同层次，县局广泛征求意见，分类宣传培训，确保不漏一户、不落一人。针对不同类型的纳税人进行定向培训，由党员业务骨干分类型备课、授课、解答，切实增强了培训的针对性和实效性。全体党员利用节假日时间，在办税厅营改增专区、绿色窗口、微信、热线电话等平台为纳税人解难答疑，非工作日累计送政策、送信息超过1000余条。同时，组织党员志愿者上门培训或远程教学，因地制宜、因需施教。分行业建立微信群，明确专人整理营改增政策及解读，通过微信给纳税人送政策，做到新政策发放不过夜，实现政策培训无缝隙、全覆盖。截止目前，共组织不同类型纳税人培训6场次，上门服务57户次，远程培训13户次。三是发票管理到位。为保证营改增纳税人5月1日后正常开出发票，县局分层次、分批次对使用发票的纳税人进行了手把手、面对面的培训，同时组织党员业务骨干和纳税人结对子，开展送政策、送技术、送发票上门活动，确保5月1日后所有纳税人均能开出发票。截至目前，所有党员业务骨干共开展送政策、送技术、送发票上门活动269户次，为纳税人送票1100余份。党员干部带头站好岗、尽好责，克服困难，连续作战，成为营改增工作前线的一面面旗帜。

## 四、严明纪律，明确责任，以最佳状态抓好工作落实

打赢全面推开营改增试点战役，必须有严明的纪律、最佳的状态，严格按照既定的时间节点抓好落实。一是提高思想认识水平。及时召开营改增工作推进会，传达学习总局王军局长在保定望都督导调研营改增工作重要讲话精神，使全体干部充分认识当前营改增工作面临的新形势和新任务，引领全体干部充分发扬履职尽责、勇于担当的拼搏精神，以最佳状态抓好各项工作落实。二是加大督导检查力度。督导的重点放到支部，不间断开展明查暗访，发现问题，责令整改，有效传导压力、激发动力。强化工作调度，推进工作落实，对工作不力，出现严重问题的要全局通报，约谈问责，以严的措施保证营改增工作落到实处。三是明确绩效考核目标。细化营改增专项绩效考评指标，将营改增工作细化为30项具体工作，逐项落实到人。结合“两学一做”学习教育活动，将各支部、先锋队落实营改增情况列入年度考核目标，作为评选“两优一先”的重要依据，衡量党性强不强的重要标准，“两学一做”学习教育成效的重要检验，让党员干部在试点纳税人中展现出国税部门的良好精神风貌，在全社会树立起良好的国税形象。

望都国税全体党员干部职工，以高度的政治责任感、饱满的工作热情、优良的工作作风，奋战在“营改增”工作第一线，以实际行动践行“两学一做”精神，打通政策落地“最后一公里”，助推供给侧改革。

（作者单位：河北省望都县国家税务局）

# 践行"两学一做" 创新国税工作

马丽艳

"两学一做"是党中央在新的形势下加强思想政治教育重要举措，是落实党章关于加强党员教育管理要求。每名党员要从政治和全局的高度，充分认识党中央开展"两学一做"学习教育的重大意义，切实增强责任感和紧迫感。作为基层国税部门必须牢固树立"围绕税收抓党建、抓好党建促税收"的工作理念，做到四要：要以"两学"巩固基础、要抓住"做"这个关键、要突出"改"这个重点、要结合岗位做贡献。把开展"两学一做"与创新国税工作有机结合，支部带队攻坚，党员冲锋在前，以上率下，引领示范，在"学"上用真功，在"做"上见真章。

## 一、要以"两学"巩固基础

把思想建设放在首位，紧扣学习党章党规，教育引导党员尊崇党章、遵守党规，着力解决党员队伍在思想、组织、作风、纪律等方面存在的问题。进一步创新方式方法，通过建立党员互动园地，丰富微信公众号推广内容等形式，教育引导党员时刻铭记党员身份，在各项工作中走在前、作表率；着力强化政治意识、大局意识、核心意识、看齐意识，增强向党看齐、维护权威的政治自觉，坚定理想信念、保持对党忠诚、树立清风正气、勇于担当作为，教育引导广大党员履职尽责；创新开展专题讲座、红色教育、演讲比赛等载体，逐条学党章、逐句学讲话，做到党员树形象、支部有特色、系统创品牌，形成百花齐放、彰显特色的学习教育格局。选出在"营改增"、金税三期建设等工作中的先进典型，通过教育引导和示范带动，展现为国聚财、为民收税的良好形象。

## 二、要抓住"做"这个关键

以学促做、知行合一，做好"两学一做"学习教育与全面推开营改增工作、深化国地税征管体制改革、组织收入等重点工作任务的统筹结合，做到全面抓、全促进。做政治上的明白人。对照"四讲四有"标准，争做合格共产党员，并将工作成效体现到促进国税工作发展上。全面推开营改增试点工作后期任务艰巨，情况复杂。在这个关键时刻，通过学习教育，提振党员干部的精气神，攻坚克难、争创佳绩；把"两学一做"落实到工作上。以推动税收工作为主线，确保教育实效。结合"两学一做"学习教育，实现学习教育与中心工作两促进、两不误。在"营改增"纳税人顺利开票的基础上，积极做好发票申领、减免优惠等工作，优化纳税服务，加强征收管理，确保试点纳税人顺利申报。扎实开展金税三期操作人员培训，在数据清理补录的基础上做好迁移，加强运行保障，确保金税三期系统顺利实现双轨运行、单轨上线。巩固拓展国地税合作的做法和模式，不断推动国地税深度合作，切实提升纳税服务水平。坚持组织收入原则，加强税收分析预测和动态监控，加强堵漏增收，奋力完成组织收入工作任务。开展党建主题活动和文明创建工作，持续开展干部教育学习培训，认真夯实"两个责任"，加强党员干部队伍建设，切实提升税收工作效能。

## 三、要突出"改"这个重点

每一名党员要深入查找自己在理想信念、党员意识、宗旨观念、践行社会主义核心价值观等方面的问题;每一名党员领导干部要深入查找在带头坚定理想信念、严守政治纪律、带头落实全面从严治党责任等方面的问题。用好批评和自我批评这个武器,突出“准”字;把问题整改同“四风”问题整改、不严不实问题整改相结合,突出“真”字;通过边学边改堵塞漏洞,突出“长”字。以精准对焦问题为主线,切实完善整改。对标优秀党员的标准,全面查找党员干部在税收工作和生活中存在的问题不足,认真对照、深挖细查,切实把问题找准找实、有的放矢。针对自身问题边学边改、即知即改、知行合一,列出问题清单,明确整改时限,拿出具体措施,一项一项整改到位,把学习教育不断引向深入。通过学习教育推动每名党员保持昂扬向上的干劲韧劲,增强攻坚克难的意志品质,走在前列、干在实处,充分发挥党员先锋模范作用。

## 四、要结合岗位做贡献

“两学一做”,基础在“学”,关键在“做”,目前国税肩负着“营改增”、征管体制改革和深化国地税合作等重任,面临着经济形势总体放缓的巨大压力。广大党员干部在“营改增”重大改革中,快速响应、全力以赴、履职尽责,发挥12366营改增“专线”、办税服务厅营改增“专窗”、税务网站、微博、微信营改增“专栏”的作用,持续扩大政策宣传覆盖面和知晓度,采取了多项便民服务机制,深化国地税常态化合作,健全纳税服务投诉机制,充分发扬勇挑重担、敢于担当精神,主动承担税务部门的社会管理责任,最大限度地减少营改增给纳税人带来的负担,尽力做到让纳税人满意,使社会各界认同。

(作者单位:河北省雄县国家税务局)

# 精准扶贫须在"实"字上给力

张宏亮

精准扶贫是一项惠民工程，是当前的一项政治任务。作为基层国税部门在认真履行"为国聚财、为民收税"使命的同时，积极落实"精准扶贫"的决策部署，将精准扶贫作为践行"两学一做"的主战场，笔者认为：精准扶贫重在实效，关键是在"实"字上给力。

## 一、摸准"实情"

精准扶贫是政治任务，必须坚决完成，这就要我们勇于担当责任，作为上不能来"花架子"，更不能"花拳绣腿"，要雷厉风行，快速作为。打通责任传导链条，层层压实责任。将精准扶贫工作作为落实中央扶贫攻坚任务的决胜性战役对待，分类型分区域下达脱贫目标，层层签订责任书，层层压实脱贫责任，层层晾出扶贫承诺，层层实行军事化管理，挂图作战。一是下沉到村、扶持到户，建立台账，注重跟踪，"精该扶的一个不能少、不该扶的一个不能多"；二是问计于民、问需于民，找准扶贫的突破口，"精准落实帮扶项目"，或开发特色项目、或定额奖补自主创业、或提供工作岗位，"一村一品、一业一社"，整合资源、一村一策、"点穴"撬动，而不是"捡进篮子都是菜"。

## 二、掏出"实心"

扶贫既精准"扶户"，又精准"扶村"、实现帮扶责任人、帮扶项目和奖补全覆盖，党员干部以高度的担当精神和责任意识，主动到一线察真情、看真贫，忧百姓之所忧、急百姓之所急，把贫困人口的安危、冷暖时刻挂在心头，对贫困户、贫困地区既"授之以鱼"，又"授之以渔"。党员干部的工作作风直接影响扶贫工作的成效，如今，"贫困之冰"已结成，"破冰"需用扎实的作风持续"浇灌"。党员干部要秉承勤奋、细致的理念，切实转变工作作风，对拈轻怕重、磨洋工、讨价还价的态度说"不"，要像"钉子"一样认准目标使劲钻，坚定信心、凝心聚力打好扶贫攻坚战。"授人以鱼，不如授人以渔。"抓好精准扶贫工作要在"实"字上狠下工夫，党员干部要深入基层倾听群众的心声，通过坚定贫困地区人们的致富信心、提高他们的文化素质、发展壮大村级产业等措施，让村民掌握致富的本领，将扶贫这项"输血工程"转变为"造血工程"。

## 三、崇尚"实干"

扶贫基数大、任务重的实际，决定了扶贫开发只会是一场又一场的攻坚战。国税的党员干部风雨同舟、凝心聚力，立足现实、着眼长远，进行"国税扶贫"探索，以"精准＋服务"阻隔贫困传承，坚定不移挖潜力、持之以恒抓扶贫，把工作往深里做、往细里做，不喊口号、不图虚名、不赶时髦，用真抓实干为群众夯实了脱贫致富根基。注重积小胜为大胜，人人分解责任。将精准扶贫情况纳入目标考核，全员心沉一线，县局党组"科室包户、干部包人"，有扶贫任务的其他税务分局同时上马扶贫目标，人人坐热板凳，实打实帮扶，实打实施策，堵住贫困因子"外溢"缺口，全员合力推进，集小胜为大胜，使得走稳步子，干到实处，一步一步扎实脱贫。"心系群众鱼得水，背离群众树断根"。精准扶贫是民生工程、更是民心工程。笔者相信：有了党和政府"严"的约束、有了党员干部"实"的担当，国税精准扶贫在"实"字上给力见实成效。

（作者单位：河北省顺平县国家税务局）

# 浅论新常态下税收绩效管理

于宝骏　高树青

2014年起，国家税务总局在全国税务系统推行绩效管理，这是税务机关适应新常态的一项重大举措。但由于长期以来形成的旧行政管理理念和思维定式，以及公务员管理本身存在的一些不可回避的矛盾，导致税收绩效管理在取得成效的同时，也不断遇到一些突出问题。这些问题严重制约着绩效管理适应新常态和继续发展的能力。本文试图通过对新常态下各方利益需求的分析，正视人本因素，充分提取问题实例，探究其原因，找出症结，并广泛吸纳一线工作人员的合理化建议，立足于对现有绩效管理体系的梳理、分析和改良，探索提出一套可行的解决方案，供决策者参考。并把研究重点定位于解决当前阶段存在的两个最主要问题：1."干与不干一个样、干多干少一个样"问题，即绩效"治庸"问题；2.新常态推动政府职能转变后，如何兼顾公务员正当利益、激发主观能动性问题。

## 一、新常态下绩效管理面临的挑战

(一)绩效"治庸"的迫切需要

当前国税系统实行的绩效管理，促进国税工作的效果比较明显，但也非常突出地存在着"不治庸"的隐患。

表现之一：分配失衡，"干多干少一个样"。

由于每名国税干部承担的业务指标无论是从数量上、难度上，还是指标分值上，都有极大的差别，但在物质利益和政治利益的回报上却没有足够的考虑，形成"干多干少一个样，干与不干一个样"的问题。

表现之二：罚勤养懒，干得越多扣分风险越大。

由于绩效考核过多使用扣分制，造成一种不合理现象：承担指标越多、职责越重要的人，面临的扣分风险越多。而那些承担较容易完成指标的人，却因之受益，扣分机会少，反倒极易在绩效考评中胜出，形成"罚勤养懒"现象。

(二)激励手段创新与新常态适应期呈胶着状态，制约绩效管理推进

众所周知，公务员的工作性质不同于企业员工，不是简单计件、计时、计成本就能衡量的。公务员的工作最需要主观能动性，而主观能动性既称之为"主观"，自然就不是强令能做到的。当前，各领域内对管理激励机制的创新尚无大的突破。规范津补贴和福利后，单位所掌握的货币化奖惩工具少之又少，而同时，部分群众和媒体更多地替打压公务员者发声，随意曝光公务员隐私，渲染少数公务员的不良行为……各种观点的博弈中，公务员不但利益空间被压缩，而且几乎成为恶势力的代名词，工作自豪感、社会认同感空前低落，导致其主观能动性降低。

(三)"大而全"的指标体系不是政府绩效管理的最优选择

在国税系统内部，既有专业性很强的税收征管、稽查等业务工作，又有党群、政工等思想工作，而这些政工类指标的完成方式具有极大的变幻性，很难说清什么是"绩"，什么是"效"。此时强求其"大而全"地列入绩效考评，则产生一些较为棘手的具体问题。另如，有些评价性指标未考虑执法管理的特殊性，在一定程度上束缚了干部的手脚，造成投鼠忌器，不敢严格执法。如有基层稽查局反映因"纳税人满意度"指

标考核造成办案中束手束脚;基层征管部门由于担心"运维单退回率"考核扣分,遇到信息化系统错误和疑难问题不敢处理等等。

(四)"胶皮饭碗"现象与"新常态"在一定时期内共存

新常态下,斩断隐性利益,强化工作纪律固然重要,但规范理顺公务员薪酬待遇工作尚处于破冰阶段,多数公务员的经济利益、心理舒适度上升空间不大。可以说,过去公务员是"铁饭碗",改革开放后曾一度变成"金饭碗",十八大以后隐性福利减少,执法风险加大,已脆化为易碎的"瓷饭碗",而当前,随着权力价值观降温,有相当一部分人搞消极适应,在原则和体制内不碰红线,贴边混日子,搞"不违纪、不主动、不努力、不离开"的"四不"对策,将岗位变成不值钱却很结实的"胶皮饭碗",对社会的贡献率严重不足。

(五)"破窗效应"的风险

从2014年税务系统绩效管理框架搭建开始,仅一年时间,其指标体系就从1.0升级到3.0版本,系统应用软件也经历了多次大的调整,时间紧,任务叠加,前令未毕,后令又至,基层的工作压力不断加大。从基层调研反映的情况来看,我们担心,如果不适当平衡舒缓压力,会出现"破窗效应":一部分基层人员破罐子破摔,反正指标完不成了,索性不干。而一旦出现群体的不配合,"唱衰"绩效管理,就会将这项事业推向深渊。

## 二、解决问题的对策和建议

(一)正视人性需求,对现有正向激励方式进行明确与改良

1、实奖法。在基层调研中,绝大多数税务人员都不同程度地表现出对设立绩效奖金、实现多劳多得的期待。我们建议,当前阶段可以利用现有的公务员年度评先奖金,结合绩效考评成绩统筹使用。不再只对少数优秀公务员发奖,而改为科学确定奖励基数,建立与绩效分值挂钩的奖金分配办法,将优秀公务员奖金做成一个"大蛋糕",让每个人凭借绩效成绩"割"回自己应得的那一部分,从而实现"多劳多得、少劳少得"。具体操作上,我们有如下几点建议供参考:

(1)以个人绩效考评达标分(如70分)为得奖数轴的零坐标,设定绩效基础奖金为0,低于达标分为"不称职";科学测定一个得奖坐标系数(如+10分),在达标分——"达标分+10分"阶段内的人员,绩效奖金仍为0,但公务员考评结论为"基本称职";超出"达标分+10分"阶段的人员,按照预先测算的奖金数量单位分配绩效奖金,公务员考评结论为"称职"或"优秀"。例如:设定达标分(坐标原点)为70分,得奖坐标为+10分,则80分得1个数量单位的绩效奖金,81分得2个数量单位的奖金,依次类推。

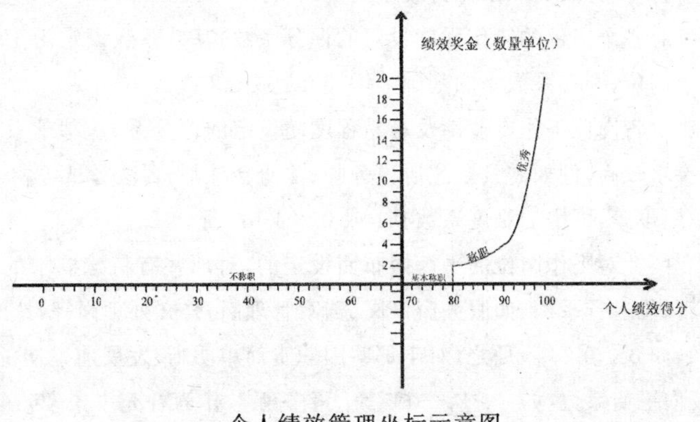


个人绩效管理坐标示意图

(2)对参与并赢得绩效加分项目或工作中有重要贡献者，由绩效领导小组评定颁发特别奖。同时，对一票否决者取消绩效奖金资格。

(3)绩效奖金与优秀公务员等荣誉称号合并使用。按照绩效得分从高到低顺序，根据本单位优秀公务员评定名额，直接产生优秀公务员荣誉获得者，使能干的人实现荣誉、经济双丰收。

2、职级挂钩法。2015年初，国家已经确立了县以下机关公务员管理实行“职务与职级并行”的制度，而职级晋升的主要条件就是依据任职年限和级别，并且规定年度考核为优秀等次可以折抵年限。该制度付诸实施后，公务员年度考核等次将会成为影响县以下公务员职级晋升的一个重要砝码。因此，让个人绩效管理与公务员年度考核合一，从而间接实现个人绩效与职级晋升挂钩，这是新常态下税收绩效管理尤其是基层局绩效管理的重要突破点。

3、积分法。实行个人绩效积分存档制度。在经济激励的同时，实行个人绩效积分制度，并逐年将绩效得分记入干部档案，形成绩效积分，结合数字人事工作的开展，在竞争上岗、选拔任用方面，针对具体情况采取不同方式令个人绩效积分发挥作用。

(二)科学评定绩效，建立对个体工作量的考评机制

1、分值评定法。绩效管理的成功与否，关键在于指标的科学性。所谓指标分值评定机制，改变当前这种照搬平移的粗放模式，由考评职能部门根据工作实际提出分值建议，由绩效管理领导小组平衡各种因素拟定，并经过一定范围的公示、置疑、申辩及人事部门复核等程序后正式决定。同时要实行相对稳定、个别可调的半动态管理模式，根据执行中的具体情况，以半年或季度为单位允许微调，以保证分值设定的科学合理性。

在对系统指标的分值评定过程中，必须将“扣分制”和“加分制”充分结合，使个人绩效指标分值有“增”和“减”双向变化的空间，这样可以使能干的人有机会用“多干活”来弥补偶然失误造成的绩效得分损失，实现总体公平。

对于政工类指标，要充分评估其绩效价值及实现方式，科学慎重地设定指标，努力保证政工类与业务类指标具有分值可比性，绝不能出现抄一篇字迹工整的学习笔记就胜过完成一件专案稽查的情况。对于思想道德类指标实在不方便量化考核的，可以回避单项考评，而采取分类打捆综合评分的办法单独组织打分，并赋予一定绩效分值，从而确保工作与绩效相符。

2、系数法。建议实行“三种系数”，以保持绩效奖励与实际工作的平衡。

“强度系数”是指针对各个岗位的工作强度设定的评分系数，基础系数设定为1。如某工作岗位劳动强度远远大于其它普通岗位，则在系数1的基础上增加0.1或0.2或0.3等；

“难度系数”是指针对各岗位工作专业性及难易程度而设定的评分系数，基础系数亦设定为1。如某岗位对专业技术能力要求较高，例如需具备注册税务师、注册会计师、司法考试等相应水平方能胜任的岗位、信息系统后台管理岗位等，可增加难度系数0.1或0.2或0.3等；

“平衡系数”则是专门针对工作岗位的平衡摆布而设定的，对那些有特殊要求的岗位，或虽然简单但无人愿干的单调、枯燥岗位进行平衡，如服务窗口岗、档案管理岗、公文处理岗等，按照岗位整体统筹的需要，设定正向平衡系数，如0.1,0.2等；反之，对于那些因职责简单明晰、发展前景佳、待遇优厚而令人趋之若鹜的岗位，可设定反向平衡系数，如－0.1，－0.2等。平衡系数作为补充手段，与强度、难度系数结合使用，并根据实际情况进行动态调整，以解决岗位统筹、公平评价等一系列难题。

(三)科学设定岗责标准，形成岗责体系与岗位分配方式

1、标准化法。即科学建立起评价人员能力和岗位工作要求的明确标准。包括人员能力标准和岗位工作标准。

人员能力标准，是将人员能力分为综合能力、业务能力、管理能力等几个分项，由人事管理部门结合干部学历、工作经验、公务员年度考核业绩、日常评价、综合业务考试成绩等因素，分别对每个人的各种能力分项进行百分制或十分制打分，并建立干部能力标准档案。

岗位能力标准，是在深入开展岗位分析，科学设置岗位的前提下，按照精干高效、满足工作需要的原则对具体岗位工作进行梳理，量化、细化岗位工作所需达到的能力标准，也对应分为综合能力、业务能力、管理能力等几个分项。按照岗位类型的不同，在能力要求上各有侧重。

2、双向选择法。双向选择的前提是能力标准适配，设定标准时“就低不就高”，用人原则上“就高不就低”。假如经岗位能力标准认定后，A、B、C 三个岗位所需能力标准根据各分项能力标准累加后分别为 21 分、18 分、15 分，而工作人员张甲的个人能力标准经评定为 20 分，那么他就可以在 B、C 两个岗位间选择和申请，但不可以申请 A 岗位；工作人员赵乙的个人能力标准为 18.5 分，虽然也同时达到了 B、C 岗位所需的总分条件，但因为 B 岗位同时设定业务能力 7 分的要求，则赵乙因业务能力未达标准，便不可以选择申请 B 岗位。同理，从部门负责人的角度，在选择岗位人员时，原则上也不可以选择赵乙。

| 岗位人员 \ 能力分项 | | 综合能力 | 业务能力 | 管理能力 | 总分 |
|---|---|---|---|---|---|
| 岗位能力标准 | A | 7 | 7 | 7 | 21 |
| | B | 5 | 7 | 6 | 18 |
| | C | 5 | 5 | 5 | 15 |
| 人员能力评估 | 张甲 | 6 | 8 | 6 | 20 |
| | 赵乙 | 6 | 6.5 | 6 | 18.5 |

岗位与人员能力标准对照示意图

双向选择需要打破岗位终身制，实现定期岗位流转。

(四)以人为本，重塑公务员的社会认可度

1、重提奉献精神。要通过典型教育、宗旨意识教育、党员示范带头等方式，面向全体公务员实实在在地重提奉献精神，重建人生信念。倡导一种“不假、不大、不空”的真正“正能量”，逼退庸俗的价值观，让公务员找到存在感和工作自豪感，提高整体战斗力。

2、建立公务员职业道德秩序。应建立起一整套健康有效的公务员职业道德标准，号召大家去主动遵循。在公务员培训、新老传承、选人用人等方面都注重遵守这些导向性标准，树立风清气正、健康向上的工作氛围和良好的公务员道德秩序。

3、治理权力寻租和不作为。继续深化政府职能转变，继续梳理精简行政审批事项，清理不必要的行政限制性规定，不给新型权力寻租和不作为者钻空子的机会，切实保护纳税人的利益。在机关内部管理中，要做到唯实唯绩，运用好个人绩效管理中的“三项系数”；运用好岗责体系，严格定岗定责，不能鞭打快牛；工作考勤的同时重视考察实际工作成果，不能让那些多干工作、敢于创新的人吃亏。

4、摆正处理涉税舆情问题的基本态度。要保护好公务人员的工作积极性和主观能动性，重点是改变仇官仇公的不健康舆论导向，防止人为制造阶级，搞官民分层割裂社会。如在办税服务大厅出现税企纠纷时建立第三方调查处理机制；在出现涉税舆情时，要实事求是地调查处理，充分给予各方申诉辩解权利，不能将正常的涉税舆情作为绩效一票否决事项，不能搞不问皂白先下岗后处理的野蛮粗暴方式，要让公务员也有“娘家”，也有处讲理，从而保护正常干事业的积极性，维护国税系统执法权威，使税收管理走上更加健康有序的道路。

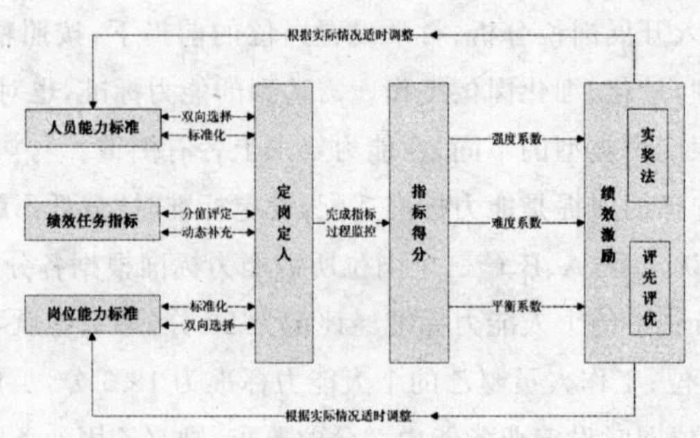


绩效管理流程示意图

（作者单位：辽宁省丹东市国家税务局）

# 浅谈落实首问责任制的必要性

母国英

自一九九八年税务总局首次提出要在办税服务厅推行首问责任制以来，各地税务机关积极探索和推广，切实提高了办税效率，得到纳税人和税务干部的广泛认同。因此首问责任制这个词汇对我们大家来说并不陌生。今天我们再次将这个课题提到议程上来，可见推行首问责任制的重要性。全面推行首问责任制，是税务系统深入开展“便民办税春风行动”，最大限度规范税务人、最大限度便利纳税人的又一重要举措。是全面提升税务机关的纳税服务水平和办事效率，降低征纳成本，构建和谐征纳关系的又一管理创新。

推行首问责任制，明确了我们税务机关的责任，增强了我们的服务意识，提高我们的工作积极性；改善我们税务机关和纳税人之间的征纳关系，树立了我们地税人的良好形象。推行首问责任制势在必行，但是要处理好日常工作中的首问责任制工作，还亟待需要认识一些问题。

## 一、落实首问责任制必须深刻理解该制度的内涵

首问责任制是针对群众对机关内设机构职责分工和办事程序不了解、不熟悉的实际问题，而采取的一项便民工作制度。该制度规定群众来访时，机关在岗被询问的工作人员即为首问责任人。要求首问责任人对群众提出的问题或要求，无论是否是自己职责（权）范围内的事，都要给群众一个满意的答复。对职责（权）范围内的事，若手续完备，首问责任人要在规定的时限内予以办结；若手续不完备，应一次性告之其办事机关的全部办理要求和所需的文书材料，不要让群众跑第三趟。对非自己职责（权）范围内的事，首问责任人也要热情接待，并根据群众来访事由，负责引导该人到相应部门，让来访群众方便，快捷地找到经办人员并及时办事。对不遵守首问责任，造成不良影响的，要给予相应处理。首问责任制要求首问必答、首问必释、首问必果。

首问责任制第一次把方便群众提到了制度的高度。方便群众不只是一种热情，而是一种规范的制度要求。首问责任制把群众求我办事从根本上改为了我要为群众办事。公务员也好，公仆、人民的勤务员也好，都姓公，都是为人民群众办事的。张口“不知道”，闭口“不清楚”，就是摆错了位置，颠倒了关系，把我为群众办事，变成了群众求你办事，凌驾于群众之上，怎会有好面孔、好态度呢？

首问责任制第一次把“门难进、脸难看、事难办”列入了责任追究的范围，谁说“不知道”追究谁的责任。对广大群众来说，这确实是一项好制度。长期以来，“门难进、脸难看、事难办”，是群众最反感的衙门作风之一；张嘴就说“不知道”，又是群众最不愿听到的一句话，因为这等于关了大门，大老远白来了。是真不知道吗？身在机关总比群众了解情况吧，多数情况下恐怕是因为事不关己，高高挂起，不愿意多管事，对群众的疾苦漠不关心。

首问责任制是一个全方位的、全员参与的一项便民措施，不仅限于一线工作人员对群众的要求，而且也包括二线、三线的各级领导对一线工作人员工作的各种保障，各级领导干部既是首问责任制的倡导者，也应该是首问责任制的先行者、实践者。

## 二、落实首问责任制必须靠机制来保证

毋庸置疑，首问责任制是当前形势下一项便民利民的一项好制度，但实行起来并不是说落实就落实的了的，必须要有一系列机制保证它的落实。

第一、要在工作流程上保证。如果机关工作流程设计不科学，虽然首问责任制挂在了墙上，那只能是一种虚假的摆设。接待人民群众和基层工作人员是一种权力，只有将这一权力交给机关的每一个工作人员，才能让这一制度发挥实效。

第二、要有日常监督机制。一项制度的实施并不是每个工作人员的自觉行动，如果一项制度规定的行为是工作人员的自觉行为，制度就没有设定的必要。正因为文明接待群众还不是机关工作人员的自觉行为，就必须设立日常的监督机制保证这一好制度的实施。目前各个机关的党政主要领导和纪检监察机关要担负起监督检查的责任，要对制度实施情况进行定期和不定期的检查。如果有条件的可以在重要的接待场所设置网络监视设备，由专门工作人员对前台接待人员的接待质量进行全程监督。

第三、要有科学投诉受理机制。各机关要公布投诉举报受理机关的名称和举报电话，承诺反馈查办结果的期限。

## 三、落实首问责任制必须靠责任追究做监督

首问责任制的核心在于责任。当执行首问责任制好的时候理应受表彰和奖励。当发生违反首问责任制度的行为，也应该实行责任追究。责任追究应该从几个方面来实施。

第一、对党政主要领导和纪检监察机关日常监督中发现违反首问责任制的行为，党政主要领导和纪检监察机关要及时提出严肃批评和给予纠正。

第二、对机关工作人员违反首问责任制给群众造成误工损失的。有关机关主要负责人和纪检监察机关要责成有关责任人员赔偿群众的误工损失。

第三、要把首问责任制的落实情况纳入文明考核内容予以考核。对不能落实首问责任制的单位，不能被评为文明机关，相关工作人员不能被评定为优秀，对多次违反首问责任制的要给予纪律处分。

第四、对涉及人民群众生产、生活等切身利益的问题能解决而不解决的。造成巨大损失或者恶劣影响的，对有关责任者，要给予加重处分。”

## 四、税务机关在落实首问责任制过程中应注意的问题

第一、提高认识，加强领导。各级税务机关要提高对推行首问责任制重要性和必要性的认识，切实加强组织领导，各级税务机关纳税服务部门要统筹负责推行工作，务求将首问责任制抓好、抓实。

第二、细化措施，稳步推进。推行首问责任制涉及人员多，业务类型广，各级税务机关要结合本地实际情况，按照符合工作规律、提高服务效率、加强部门配合的原则，制定细化方案，形成立得住、行得通、管得好的首问责任推行、管理、考核和督促机制。

第三、狠抓落实，注重长效。各级税务机关要通过纳税人意见征集、明察暗访、绩效考核等方式，加强对首问责任制落实情况的督促检查，确保首问责任制落实到位，取得实效，使首问责任成为税务系统的一种工作常态、行为习惯和行业风尚。

（作者单位：辽宁省沈阳市地方税务局东陵区局）

# 浅析绩效管理在税务干部激励模型中的功能及应用

王周飞　徐　瑶

近年来，由于受连续的税制改革、机构调整、待遇变化和长期高强度的工作压力影响，在税务干部队伍中出现了个体健康状况下降、情绪低迷、心态不平、疏离感强、进取意识减弱和成就感降低等职业倦怠现象。针对这一情况，2013 年 12 月 10 日，总局专门印发关于实施绩效管理的意见，在税务系统全面推行绩效管理工作，希望以此激发干部队伍动力和活力。因此，如何有效发挥绩效管理的激励作用，进一步调动工作人员主观能动性，切实提升行政效率，成为当前税务机关面临的一个十分重要的课题。

## 一、绩效管理的核心在于激励功能的实现

目前，学界对"公务员激励"有了较为统一的概念界定，即：公务员激励是指创设满足公务员需要的条件，激发其动机，使之产生实现组织目标的特定行为的过程。而实施绩效管理的目的在于引导工作人员将行为取向与政府目标保持一致，激发其工作积极性和创造性。因此，可以说绩效管理的基本功能和核心价值就在于它的激励作用。

（一）过程激励。过程激励主要是从引导税务干部的心理期望入手，在绩效管理的计划、生成和实施等阶段，通过参与激励、目标激励、职责激励、自我实现激励等手段，提高工作人员的工作积极性和主动性。具体来说，在绩效计划阶段，要充分征询基层一线工作人员的意见和建议，力求建立共同愿景。同时要强调工作人员在对组织目标充分认同理解的基础上确定个人绩效目标，满足其注重和自我实现的心理需求。在绩效管理实施过程中，要通过适当授权给具体工作人员充分的发挥空间，促使其围绕绩效目标更加主动地开展工作。在开展绩效考核时，要通过科学的评价体系，对被考核者在一定时期内的工作进行全面考量，包括其努力程度和价值取向等综合因素，进一步满足工作人员的物质需要和精神需要，以此确保绩效管理持续发挥作用。

（二）结果激励。这是绩效管理作用集中体现的环节。主要包含薪酬激励、权力激励、荣誉激励、负激励等，通过工资调节、职务晋升、评选先进、对口培训等方式，直接体现绩效管理的激励功能，使绩效管理对象能够更加切身地感受到绩效管理对自身利益的影响，从而推动下一轮绩效管理活动的开展。

## 二、现阶段绩效管理的激励功能尚未完全实现

绩效管理的根本目的是充分调动税务干部的工作积极性，以更好地实现部门职能目标。从现阶段税务机关的队伍精神状态来看，绩效管理的激励效应并未充分释放。主要表现在：

一是绩效管理流于形式，缺乏事前控制与事后救济机制。目前很多部门仍然将绩效管理和绩效考核混为一谈，忽略了绩效管理中其他环节的激励功能。有些部门在制定当期考核目标时，直接将上级部门的任务指标分解到人，很少征求个人的意见，忽视了个人的参与。在工作过程中，基层工作人员也缺乏与上级的有效沟通，往往是为了考核而工作，甚至出现了一些为达目的不择手段的短视行为，没有将绩效管理当作是提升工作效率和个人能力的管理工具和手段。此外，尽管各地税务部门结合各自实际都出台并实施了一系列完整的绩效管理办法，但在考核结果的兑现环节上还缺乏力度，惩罚不明显。有些基层部门对绩效管理结果采取"轮流坐庄"或"大家平摊"的方式，表面上稳定了队伍的整体情绪，但实际上使得"干好干坏一个样，干与不干一个样"的现象更加凸显，绩效管理也相应地失去了严肃性，整个队伍内部缺

乏创新、上进和争先的动力和活力。

二是考核标准和指标过于笼统,缺乏科学性和针对性。由于我们的绩效管理制度刚刚起步,且受到传统干部人事制度的影响,因此,绩效管理整体的标准和指标还很笼统。而由于工作性质、工作特点差异大,各部门之间、被考核者之间缺乏实际的可比性。在基层实践中,有大量基础性的、重复性、需要占用大量时间和劳力的工作未能在绩效考评体系中得以体现,而其他一些务虚类的指标却占据了大量的考核尤其是加分份额,从而导致踏踏实实干好本职工作的人得不到相应的认可,整个部门人浮于事,投机取巧,另辟蹊径的现象层出不穷。

三是考核方式单一,形式主义现象频发。组织绩效方面,由于我们税务机关是直属部门,当前绩效考核的模式仍然是主要由上级专门的部门(综合处或绩效办)对下级业务指导部门的绩效作出评判,考核主体和评估方式十分单一,必然会导致考核者掌握对被考核者的绝对判决权,从而滋长官僚主义,导致不公正和腐败的滋生。个人绩效也是如此:部分基层单位负责人没有意识到绩效管理的重要性,反而将其视为税收本职工作之外的一项多余工作,待到上级要求时,匆匆地补充一下资料上报,敷衍了事。甚至有些部门按关系亲疏、领导意图来进行个人绩效考评,严重挫伤了个人的工作积极性。

四是绩效结果运用有限,未能充分发挥其效能。绩效结果运用作为激励的重要组成部分,本应有着多种形式。但实际操作中,过于重视物质激励,而忽视了精神激励,甚至将奖金作为调动工作人员积极性的唯一选择,随着工资改革的推进,奖金必将逐步取消,绩效结果将更无用武之地,逐步沦为一纸空文。同时,由于职务晋升与绩效管理之间缺乏明确具体的衡量标准,使得绩效结果充其量只能作为一项参考,难以起到决定性因素。而荣誉表彰过于泛滥,负激励执行力度不够,同样也使绩效结果运用流于形式。此外,当前的绩效管理模式,不能直接指出税务干部在工作中的问题和不足,导致其无法得知自己需要改进的地方,也无法参加针对性培训,使绩效管理的成长激励和尊重激励不能得到充分的发挥。

## 三、改进绩效管理激励功能实现的相关举措

通常认为,绩效管理是一个学习过程、改进过程和控制过程,绩效管理的实质不仅仅是为了得到一个公正的考评结果,而是在于通过持续的、动态的、双向的沟通,达到真正提高组织和个人的绩效,实现组织目标和组织成员自身发展的目的。因此,绩效管理应以发挥激励功能为根本目的,通过考核发现问题,提出改进方法,从而提升个人的工作能力,提高政府部门工作绩效。

### (一)优化绩效管理顶层设计,建立共同愿景

为了更好的使绩效管理顺利开展,首先要对管理者思维方式进行根本转变,革新绩效管理理念,树立正确的考核目的,立足个体、着眼整体,实现个人与集体的协同发展。一是坚持以人为本的原则。改变以往"完成指标"和"应付考核"为主的绩效管理思想,按照精简节约、不层层加码、不增加基层负担的宗旨,变被动为主动地设计绩效管理方案体系,以关心人、尊重人、理解人、信任人、激励人为导向,在潜移默化中凝聚人心。二是坚持领导带头的原则。要求领导干部必须亲自调研,摸透实情,科学谋划和安排绩效管理各项工作;时刻想着为职工办实事、办真事,以职工满意不满意为目标,时时换位思考,加强沟通,所有工作都必须全程参与其中,以自身的精神状态、思想业务水平和工作作风成为无声的命令和榜样。三是坚持标本兼治的原则。在充分调研税务干部心理需求的基础上,把组织对个体的期望与个体对组织的期望充分融合,并通过激励的手段体现在绩效管理全过程之中,从而充分调动个人的积极能动性,促使税务干部发自内心地自愿工作,激发他们努力去达到组织和自己的共同目标,提高干部个体满意度和组织整体满意度,达到双赢的状态。

### (二)构建科学、合理、针对性强的绩效考核标准和指标体系

科学合理的绩效考核制度既能保证激励过程的有效性,也是完善公务员激励机制的核心内容。一是要在部门差异的基础上设立指标。对每个部门、每个岗位进行全方位分析,明确每个职位的具体职责,然

后再结合该部门的战略目标设计评估标准和指标体系。二是要分类别确立不同的评估标准和指标体系。要充分考虑税收业务类与综合事务类岗位之间的本质差异和管理需求差异。税收业务类岗位从事着微观层面的税源管理工作,应当侧重工作效率、政策执行力、工作态度等维度的考察。而综合事务类岗位的绩效则主要以督察督办成果、创先争优业绩等为核心,同时要充分考虑到基层税收业务类岗位居多的特点,改变"以结果论英雄"的考核体系。三是要建构定量分析和定性分析相结合的绩效评估体系。绩效指标的设立应实事求是,能予以量化的,均用数量化表示,不能的则采用描述表示。此外,一切实践活动都处在动态过程中,绩效管理工作也不例外。因此,制定的考核标准和指标应适合发展的需求,总方向、总目标可作为一种相对稳定的标准加以确定,具体细则应及时根据具体情况加以设计。

(三)提高对过程激励的重视程度,有效实施绩效管理过程

要将激励融入绩效管理实施的全过程,进一步挖掘过程激励的方式方法,在无形中突破激励实现障碍。一是提升个人在绩效管理中的参与度。在绩效制定阶段,领导干部和一线工作人员都要共同参与投入,要充分征集基层的意见和建议,并认真研究,及时给予解释和答复,确保不走过场。同时还要加强构建绩效管理沟通反馈机制,使双方都能够准确理解绩效信息,共同应对绩效结果,帮助上下级之间增强理解尊重和情感,为绩效管理实施营造良好的氛围。二是优化多元化的考核主体结构,建立健全多重考核体制。为了减少单一考核主体对考核结果的负面影响,应选择多元考核主体,在自身、上级、同事相互考核的同时,还应增加社会公众、独立第三方评估机构的考核。此举可有效增强被考核者的公平感,从而调动他们的积极性。三是规范考核流程,加强对绩效管理全过程的监督。建立行之有效的监督机制才能保证绩效考评的公平、公正和准确,才能最大程度地发挥对个人的激励作用。应通过建章立制使绩效管理走上规范化、制度化的道路,绩效管理各项行为的公开透明。同时,对于绩效考核结果的申诉与复议,也应当通过建立相应的制度加以保障,使绩效管理真正形成环环相扣的闭环链条。

(四)强化绩效结果运用,坚持激励方式的多样化

考核结果的使用是绩效考核工作中的重要一环,关系到考核工作的质量与效果,要将绩效结果作为被考核者薪酬分配、职务升降、再教育的主要依据,让绩效管理激励作用看得见、摸得着。一是物质激励与精神激励相结合。在我国当前的社会条件下,物质激励虽然必不可少,但精神激励的作用仍不容忽视。可以通过道德激励、责任激励、文化激励、工作满意度激励等多种形式,提升整体队伍的思想修养,增强为国收税、为民聚财的责任感,并通过对其工作内容的改善以及工作行为的认同,使每一位工作人员都能对自己的工作产生满足感和成就感,这些都是有效的激励形式。同时,要进一步加强税收文化建设,打造具有地税特色的行为方式和价值观,并内化为每一位税务干部自己的行为方式和价值观,逐步引导公务员实施自我激励。二是为个人拓展职业发展空间提供平台。一方面,要在开展大规模教育培训的基础上,根据各人的绩效考核结果,深入寻找能力短板和知识缺陷,开展差别化培训,增强教育培训的针对性和实效性。同时,注重在实践中锻炼人才,推进分岗位专业化递进培训,提高基层一线地税干部的综合素质和岗位胜任能力。另一方面,要按照《公务员法》和《党政领导干部选拔任用工作条例》的要求,坚定不移地深化干部人事制度改革。要将绩效考核结果作为干部选拔任用的首要参考标准,尽量建立一套可量化的转化指标,切实增强干部的竞争意识和进取意识,真正把那些"政治上靠得住、工作上有本事、作风上过得硬、人民群众信得过"的干部选拔到各级领导岗位,形成人才辈出、人尽其才的良好格局。此外,还要积极探索分途发展的干部成长模式,全面激发干部的内在动力。三是有效运用正强化激励,合理运用负强化。在通过各种荣誉表彰对个人进行激励的同时,也要重视负激励对个人行为的约束力。负强化在我国公务员管理中虽有规定,但流于形式化,其约束激励功能很少得到发挥。在实践中,应适当加大负强化的执行力度,合理使用负强化,惩罚与教育相结合,通过行为矫正来实现激励的目的和反作用。

(作者单位:江苏省扬州市仪征地方税务局)

# 浅析如何提高机关政务运行的质量和效率

宋 娟 徐 洁 张连生

## 一、提高机关政务运行的必要性

我党为了全面建设小康社会，开创中国特色社会主义新局面，实现中华民族伟大复兴的中国梦，要求政府转换职能，构建服务型政府。

服务型政府，其主要思想是牢固树立"全心全意为人民服务"这一党的宗旨，转变政府工作方式。政府机构作为为人民服务的机关，提高政务运行的质量和效率则是构建服务型政府的必然要求。

政府机关作为各级国家权力机关的执行机关，它政务运行的质量、政务执行的效率，直接与广大人民群众的根本利益相关联，因此会受到人民群众的广泛关注。而人民群众对政府满意程度的多少直接影响着党和政府各项事业的发展。所以提高政务运行的质量和效率刻不容缓、势在必行。而要提高政务运行的质量和效率就是要政府机关改进管理方式，简政放权，提速工作过程，提高服务质量，只有真正做到以人为本、执政为民，事事处处站在百姓的角度多考虑，构建真正的服务型政府，才会使人民对政府满意，党和国家的事业才会蓬勃发展。

但如何提高机关政务运行的质量和效率，笔者认为应从以下几个方面来进行。

## 二、如何提高机关政务运行的质量和效率

(一)政府机关做好简政放权、深化作风建设

简政放权不是政府机关简单地把权力一放了之，而是要依据法律为前提和基础，以服务人民群众根本利益和服务社会经济发展为目标，梳理解决好政府机关在某些地方存在的职能错位、越位、缺位问题，把该放的权力放掉的同时要把该管的事务管好，以简政放权为突破口加快推进政府机关职能转变以适应社会主义市场经济发展的要求，从而提高社会主义市场经济条件下的机关政务运行的质量和效率。

作风是一个组织或个人长期形成的习惯性的思想态度和工作方式。我党一贯重视以密切党群关系为核心的作风建设。现如今党中央把贯彻落实八项规定作为加强干部作风建设的切入点和突破口，并以此推动作风方面深层次问题的解决。政府机关以此为契机树立群众观念，增强服务意识，树立良好的机关工作作风。深入基层，深入实际，调查研究，了解民情，体察民意，集中民智，讲求工作的实效性，不断提高工作效率，努力以机关作风的转变和服务质量的提高赢得人民群众的理解、支持和拥护。深化作风建设促进了党风政风转变，明显提高了党在人民群众中的威信。

(二)规范和健全各项规章制度

1、规范和健全岗位责任制。机关要制定每一个工作岗位的工作职责、工作标准，做到分工明确、责任清晰。工作人员各负其责、各尽其职，前后环节衔接得当，确保工作高效有序完成。

要严格追究损害机关形象或造成了服务对象损失的有关人员的责任，促使其及时改正错误，促进政府政务运行的质量和效率。

2、规范和健全各项规章制度。制度更带有根本性、全局性、稳定性和长期性。只有建立科学系统和

行之有效的制度体系，并且扎扎实实的严格执行，才能锻炼出高素质的队伍，才能有效的提高政务运行的质量和效率，要以规范性管理为目的，以为企业和群众服务为目标，根据业务工作的不同来分门别类的规范和健全各类规章制度。如：首问责任制、限时办结制、过错追究制、超时默认制等制度。坚持制度面前人人平等、执行制度没有特权，坚持违规就要问责，就要付出代价。

3、规范和健全行为规范制度。要以构建服务型政府为目的，以提高政务运行的质量和效率为核心，建立公务人员的行为规范制度。主要包括职业道德规范、文明服务规范等内容。通过制度规范行为，切实使工作做到服务好、效率高、质量佳、效率快。

4、规范和健全监察制度。各机关纪检监察部门负责本单位的监督检查工作，通过日常的监督考核，督促各项制度措施切实实行。纪检监察部门要采取明察暗访、处理投诉等多种方式针对制度的实行情况进行监督监察。同时扩展行政效能监督途径，强化公民监督。一是加强舆论监督，发挥舆论监督的作用。随着传播技术的蓬勃发展，各种媒体所发挥得舆论监督作用已深入社会生活的各个层面，对于提高政府机关政务运行的质量和效率有着极其重要的作用。二是加强公民的监督力度。现如今随着智能手机的广泛普及致使网民数量的急剧增加，用微博和微信曝光各类违法事件成为公民随手拈来的“指尖监督”。公民作为群体庞大、无所不在的监督力量，是外部监督最有效的方式。应规范和健全有关的新闻媒体和公民监督方面的法律法规，指引新闻监督和公民监督合法合规，提高监督意识，发挥出监督的最大效能。规范和健全监察制度，使各监督主体统筹协调，互相配合，形成合力，建立监督整改运行机制，实现监察情况收集反馈、相关单位整改落实、落实信息报送反馈的完整运行机制，最大限度的发挥监督的整体功能，保障权力的合理运行，促进机关提升政务运行的质量和效率。

(三)做好人才培养机制、不断提高公务员素质

人是政务运行的质量和效率的关键，干部队伍的素质高低决定着政府机关政务运行的质量和效率的高低。必须通过加强教育，做好人才培养机制，使机关工作人员提高对加强机关政务运行的质量和效率的重要性和必要性的认识，增强他们的责任感和紧迫感，使其能自觉执行政府机关的相关规定。通过加强教育，提高公务员的素质，调整其知识结构，不断掌握新的工作技能方法和手段，提升其驾驭全局的能力，着力打造一支政治过硬、业务突出、作风优良的高素质公务员队伍。

1、强思想。突出思想教育，不断提升机关领导班子和工作人员的政治思想水平，使他们能够坚定理想信念，以饱满的工作热情和精神状态积极投身到自身工作中去，不畏艰难，乐于奉献，心系群众。

2、重立德。不断加大职业道德教育力度，使机关提高政务运行的质量和效率建设的相关规定能充分被广大机关工作人员了解和理解，做严于自律的表率。

3、抓学习。个人素质的提升是政务运行质量和效率提升的基础。通过学习，一方面提升政治素质，确保在工作道路上不误入歧途，偏离轨道；另一方面提升业务素质，不断补充更新知识，使其适应社会发展和岗位职责的变化，确保在工作中驾轻就熟、游刃有余。做到多思多考，提高创新能力，把有限的时间和精力用到强化素质、提高能力上来，有效地提升政务运行的质量和效率。

4、促服务。全心全意为人民服务，是我党的根本宗旨，也是对公务员的根本要求。在工作中，要始终遵循实事求是，一切从实际出发的工作原则，要深入基层，深入群众，根据群众的意愿和要求为群众提供服务。围绕群众最关心、最现实、最直接的事情做起。在工作中干实事、求实效，不做表面文章，事事以群众为中心，把满足群众需要作为工作的目标，以群众满意为标准，真正的把群众工作做实、做好，为群众提供优质、高效服务。使政府完成从“官本位”向“民本位”的转变。

牢固树立群众工作无小事的理念，认真做好每一项工作。工作前要提前谋划，制定方案，对可能出现的意外情况考虑到为，做到虑事周全。注重工作细节，认真细致的做好工作的每一个环节，对可能出现问题的一些小漏洞及时发现、妥善解决，有效降低甚至杜绝错误的发生，促进政务运行的质量和效率的提

高。

5、勇担责。要杜绝推诿责任的现象，推诿塞责影响的不仅是机关政务运行的质量和效率，更甚会增长办事拖拉、互相扯皮的风气。机关工作人员要做到在其位谋其政，牢固树立“为人民群众办事责任重于泰山”的信念、忠于职守、爱岗敬业，端正态度，认真负责，尽职尽责，一抓到底。要有迎难而上的勇气，敢于挑重担，出色高效的完成工作任务。

6、高效率。每一名工作人员都要坚持案无积卷，事不过夜，处理问题要有时间观念，效率观念，办事做到雷厉风行，不搞文山会海，不打人海战术，力争在最短的时间内以最快的速度完成各项工作。

(四)加强党风廉政建设、规范权力运作方式

加强党风廉政建设，规范权力运作方式，有效约束了机关工作人员的行为，提高了行政过程的透明度，将权力实施的全过程置于公众的监督之下，从而减少了“暗箱操作”的可能性，减少了腐败产生的土壤和条件，从而有利于促进和提高机关政务运行的质量和效率。

总之，提高政务运行的质量和效率是一个系统工程，要随着社会经济的发展，不断适应、加强和改变，切实解决阻碍和影响政务运行质量和效率的一切不良因素，使政府机关在服务质量和服务意识上取得根本的改变，在办事效率上有本质的提升，使人民群众对党和政府的满意度不断提高，营造出良好的社会经济发展的软环境，逐步并最终实现中华民族伟大复兴的中国梦。

(作者单位：辽宁省大连市地方税务局第四稽查局)

# 浅析如何提升地税绩效管理质效

杨 青

价值工程是西方国家用于控制成本、改善功能、提高效益的有效方法。在组织机构(政府或公司)中应用价值工程,能有效地确保及提供经济、安全、均衡、高效、环保及可持续发展的系统。十多年前,江泽民同志就曾挥毫题词"价值工程常用常新",亲自倡导价值工程的应用与研究。1996年,美国总统克林顿签署了两项经国会通过的"价值工程系统法"和"价值工程改善交通法",要求联邦政府各管理机构,在各项工作中都要坚持应用价值工程,尽可能地节省开支。价值工程在美国已从单纯着眼于降低产品成本、提高企业效益的层次,拓展到提高政府工作效率、降低行政成本、建设节约型、知识型、服务型政府体系的层次上来。

作为行政职能部门,如何从价值工程的管理理念中汲取适合自身管理需要的精华,充分加以运用,进一步提升地税管理效能,是很有意义、又颇具创新性的一个课题。笔者尝试从价值工程的基本思想着眼,结合连云港地税管理实际,探寻两者结合的有效路径。

## 一、价值工程的基本思想

价值工程(VE)起源于美国,是20世纪40年代以后发展起来的一种现代管理方法。价值工程是通过各相关领域的协作,对所研究对象的功能和费用进行系统分析,不断创新,旨在提高研究对象价值的思想方法和管理技术。

价值工程中的价值是对象所具有的功能与形成功能的费用之比,是衡量一个对象经济效益高低的尺度。价值工程以消费者的功能需求为出发点;价值工程对所研究的对象进行功能分析;系统研究功能与成本之间的关系;价值工程致力于提高价值的创造。

功能分析和价值评估是价值工程的核心。功能分析就是把价值工程所研究的对象的功能进行抽象而简明的定性描述,并将其分类、整理和系统化的过程。功能分析包括价值工程对象的功能定义、功能分类和功能整理三个步骤。价值评估又称功能价值评价,是定量地确定必要功能的价值,即找出可靠地实现必要功能的最低费用,并把这最低费用作为该功能的目标费用,同时找出实现该功能的现实费用,将目标费用与现实费用相比较,求出分析对象的功能价值及其改善期望值,然后选出功能价值低、改善期望值大的功能作为价值工程的重点研究对象,并采取适当措施加以改进,提高其价值。

价值工程的精髓在于目标的创新,即经过功能价值分析,确定出创新的目标,而后寻求达到这一目标的有效途径。创造性贯穿于价值工程研析过程的始终,更集中体现在它的创意思考和方案创新,从而形成较完善的价值改进方案。总之,价值工程就是企业站在消费者的立场上,通过功能分析和功能价值评估,不断创新,以最低的成本来满足和提高顾客追求的价值的管理思想和方法。

## 二、连云港地税系统绩效管理现状分析

### (一)连云港地税绩效管理概况及成效

实施绩效管理是党的十八大、十八届三中全会作出的重要部署,是创新政府管理方式的重要举措。

国家税务总局从去年开始，在全国税务系统范围内部署了绩效管理“一年试运行，两年见成效，三年创品牌”的总布局。在今年年初总局召开的全国税务系统绩效管理工作会议上，王军局长强调 2015 年是绩效管理推进年，全国税务系统要实现组织和个人绩效管理的全覆盖，实现绩效考评结果的实质性运用，推动绩效管理体系更加完善、机制更加科学、运转更加顺畅、成效更加明显。

连云港地税绩效管理起步较早，早在 2009 年便开始在全系统摸索推行，到现在，已基本形成了以地税文化为引领、绩效考评为核心、信息技术为支撑的较为成熟的现代绩效管理模式。在考核思路上，紧贴税收征管改革实际，按照工作责任落实到人、工作任务分解到人、工作业绩衡量到人的基本思路，制定绩效考核办法，建立考核评价体系，采取人机结合、内外结合方式实施绩效考核。在考核方式上，坚持因事设岗、依岗考核的原则，建立科学合理的绩效考核个性指标体系，实施分层管理、分级考核。同时依托信息技术，开发绩效管理软件，以岗责系统流程为依据，以大集中系统数据为支撑，实现大部分考核指标的智能考评，确保考核结果的客观、公正、公平。在结果运用上，将考核结果作为绩效工资发放、干部任用奖惩的重要依据，使其成为激发干部活力、提升全局工作面貌的重要一环。

目前，该局正深入贯彻总局组织绩效和个人绩效全面推进的总体要求，探索推行个人绩效管理，在多年实践的基础上，全面承接落实总局绩效指标，进一步发挥绩效管理对组织、对个人的最大推动作用。

（二）存在问题分析

在这么多年的推行过程中，我们也发现，目前的绩效管理模式存在一些问题，主要表现在以下方面。

1、将绩效管理简单定义为考核奖惩。绩效管理包括绩效指标与目标设定、绩效监控和指导、绩效考核与反馈、绩效结果应用等四大方面，绩效考核只是其中一个核心内容和中心环节。但在实际执行过程中，许多单位容易忽视除绩效考核以外的其他环节，绩效管理通常变成了依据考核指标例行公事。为力求面面俱到，制定考核办法的部门往往花费大量的时间和精力关注考评细节，致使绩效指标过多过杂。面对几十条甚至上百条的考核指标，被考核者易产生反感与抵触情绪。由于缺乏统一的认知理念和正确的管理目标，导致大家对绩效管理的真正目的一片茫然，盲目设定考核指标，忙于追求短期利益，绩效管理真正要达成的不断总结和改善，提升组织和个人绩效，最终实现战略目标的效果却难以实现。

2、管理体系流程设计不够合理。考核目标不够准确，设定得过多过杂，不能找出驱动价值创造的最重要的绩效目标；考核标准和权重不够科学，难以做到根据层次区别和个性差异细化考核标准，考核指标权重和分值的制定靠拍脑袋，缺乏科学有效的方法和广泛的沟通交流。

3、在绩效管理中掺杂过多人为因素。由于绩效管理是一项与人的关系极为密切的工作，因此考核中的人为因素不可避免。在执行过程中，有些管理者谨小慎微，不愿得罪人，采取平均主义；另外一些则把绩效管理作为控制下属的手段，甚至变考核为秋后算账，让被考核者心生恐惧，使团队的凝聚力下降。

## 三、价值工程理念在地税绩效管理中的创新与运用

（一）借助价值导向理念，确定提升地税系统绩效管理质效的切入点

价值工程最早运用于企业，其出发点就是要搞清楚企业是目的什么。按照国际上著名的管理学家，被誉为“管理大师”的彼得·德鲁克的说法：企业是社会的一分子，因此企业的目的也必须在社会之中。所以德鲁克界定的企业的目的只有一个，即创造顾客。价值工程的出发点就是站在顾客的立场上不断满足顾客的需求，从而创造更多的顾客。顾客是企业的基石，是企业存活的命脉，企业只有不断地创造顾客才能有长远的发展。

地税作为政府职能部门，要想取得长足性、不间歇的发展，拥有一个共同的价值观非常重要，即要让全系统税务干部对我们的事业发展达成一个共识，形成统一的价值导向。这一点落实到我们的绩效管理上，就是要逐步培育统一的绩效文化。绩效文化是组织基于长远发展的方向和愿景，通过对战略、人力资

源、财务、团队建设等一系列有效的整合与绩效评价、考核体系的建立与完善，让组织成员逐步确立起组织所倡导的共同价值观，形成以追求优质绩效为核心的组织文化。绩效文化对绩效管理的组织成员起着根本性的渗透、引导和激励作用。在当前绩效管理困难重重的形势下，为统一认知理念，明确组织目标和策略，构建科学的管理机制和体制，确保绩效管理顺利运行和长远发展，亟需在组织中培育绩效文化。

培育绩效文化可采取以下做法：一是使绩效价值观在全体干部职工中形成相对统一的认知理念；二是清晰地向干部职工传递目标和策略，告诉他们什么是成功，以及如何成功，使大家的工作更加有效和积极；三是使干部职工有较强的参与意识和主动性，对单位的满意度较高；四是注重对干部职工进行培训，以促进个人成长与发展；五是鼓励创新并能有效管理创新，规避盲目创新的风险；六是建立畅通的沟通渠道，提倡团队精神，塑造具有较高凝聚力的团队。

(二)借助价值链分析，持续优化绩效考评路径

绩效管理的核心价值是实现组织的战略目标。全国税务系统当前的战略目标是2020年实现税收现代化，具体内容是推进"六大体系"建设。下一步的绩效管理，就是要围绕总局的"六大体系"建设，根据绩效管理的成熟度，不断优化统筹项目化运作，形成"决策下达、执行实施、绩效考评、持续改进"的价值链闭环流程，特别是对于国家税务总局布置的牵一发而动全身、社会关注度高的重要任务，最大程度上疏通绩效管理的脉络。

具体来说，就是在岗责设定方面，以"项目化"运作为核心，建立网格化管理责任。注意区分项目的类别，对于承接部门能独立完成的指标，根据岗责分工，建立部门内部责任网格；对于需要多部门协调的工作，则赋予承接部门统筹管理权限，建立部门外部责任网格；对于具有重要责任的协调部门，硬化相应考评指标，在机关处室层面，形成横向主导的责任项目，在基层局层面，形成纵向主导的责任项目。

在考核标准和权重制定方面，应合理、客观、易于操作，最容易执行和考量的标准模式是，由组织与个人共同制定标准，并在年中按照实际状况对标准作出相应调整；要采用科学有效的方法制定指标权重和分值，如工作分析法、访谈法、问卷调查法、经验总结法等；在制定指标的前、中、后三个阶段，都要在考核者与被考核者之间建立起完备的沟通渠道，使大家在制定指标前做好心理上和知识上的准备，在制定指标过程中积极参与和达成共识，在制定指标后提出合理化建议和意见，消除心理障碍，增强对绩效管理工作的认可性。

在考核反馈和运用方面，要用恰当的反馈方式，不仅让被考核者知道考核结果，更要让他们理解考核结果是如何得出的，为什么是这样的结果，依据是什么，并进一步探讨产生不良考核结果的原因及改进的方式等问题；考核结果的应用除了作为奖金分配和薪酬调整和评先评优的主要依据外，还可用于职位调整和晋升、培训教育、个人职业发展等许多方面，关键是要提出切实可行的做法，使考核运用落到实处。

(三)借助价值工程的创新功能，实现个人绩效与组织绩效有机融合

创新是价值工程的精髓，贯穿于价值工程始终，尤其是价值工程中的创意思考和创新方案更需要创新。只有创新，才能创造更多的顾客，企业才能更好地发展。

总局绩效管理的重要目标就是将个人工作纳入绩效管理体系，让组织绩效和个人绩效逐级转起来，考评实战逐步展开，指挥棒作用越来越有效。这就需要各级税务系统依据自身的实际条件，创新驱动、久久为功，打造适合自身发展的绩效管理新模式。

个人绩效管理的难点主要在两个方面，一是不同岗位的人员如何考核，怎样增加考核的可比性；二是如何实现个人绩效与组织绩效的对接。

在增加考核可比性上，可以根据目前岗位职能，将人员分为纳税服务窗口人员、纳税服务综合管理人员、税收风险应对人员、稽查人员、行政人员、机关业务人员个序列，对同一序列的人员采用相同的考评指标，对不同序列的人员设定相同指标权重，有效地解决岗位之间考核的可比性问题。同时，在此基础上，

综合运用目标管理、平衡计分卡、关键绩效指标、年度评价等管理办法,建立了各序列人员的考评指标库。如首先运用目标管理法,将目标层层分解到各分局、各部门和各岗位,使组织目标与个人目标有机结合。然后运用平衡计分卡理论,从税收职能角度、纳税服务角度、内部管理角度、自身发展角度四个维度对个人目标进行细分,保证指标之间的均衡性。在此基础上,运用关键绩效指标将目标和权重具体化,防止指标过多使干部顾此失彼,突出不了重点。最后,设立年度评价指标对各岗位的绩效进行评估,使绩效管理结果更加公正、客观和全面。

在实现个人绩效与组织绩效的对接融合上,可以探索开发个人绩效管理信息系统,设置涵盖各序列人员考评指标库、绩效计划发布与反馈、各期间绩效评价、沟通反馈和申诉、考评底稿制作、考评评分、考评指标应用度分析、个人绩效管理档案查询等绩效管理的所有环节的功能模块,使个人绩效既能自动运算、自动生成结果,又能让每个干部随时查得到、看得见。同时,将个人绩效管理信息系统与现有的组织绩效管理信息系统进行对接,二者按不同权重有所侧重,使组织绩效、部门绩效、个人绩效有机融合,依托绩效实施激发税收现代化组织活力,努力加快推进税收现代化建设进程。

(作者单位:江苏省连云港地方税务局)

# 浅析新时期“互联网＋党务”的创新与发展

山东省济宁市地方税务局市中分局党务创新课题组

2015 年 3 月 5 日，第十二届全国人民代表大会第三次会议上，李克强总理提出制定“互联网＋”行动计划，使得“互联网＋”成为近期热门的话题。由此也引出了对党建工作的思考：

作为党员或者党务工作者我们不能不思考在“互联网＋”时代党务工作如何开展？“互联网＋”对党务工作有那些影响？党务工作要不要与“互联网＋”进行融合？党务工作如何引用“互联网＋”？“互联网＋”时代廉政工作如何开展？“互联网＋”时代“八项规定”、“四风”建设、“三严三实”如何落实到实处？如何扎好权力的笼子？是我们每个共产党员、特别是党务工作者应当进行深入的思考和研究的问题。

## 一、“互联网＋”初步融入党务工作

目前“互联网＋”与党建工作的融合主要是通过静态网站、微信、QQ 群、微信群、微博、手机客户端软件进行结合，以实现宣传教育为主要功能。

### (一)党务网站建设普及面广泛

党务网站类建设起步比较早，波及面比较广，从中央到乡镇党委都建立了党务类网站或者在政务网站中设立党务专栏。

到目前为止，全国党的各级地方委员会网站 3218 个。其中，省级地方党委网站 31 个、市级地方党委网站 397 个、县级地方党委网站 2790 个。

全国共有省级地方党委纪委网站 31 个，市级地方党委纪委网站 397 个。

全国 32756 个乡镇、7567 个城市街道建立的政务类网站中设置了党务专栏。

可见党建工作已经深入到互联网之中，充分利用网络优势进行党的宣传教育工作。

在党建类网站中以党建网、中国共产党新闻网、中纪委网站、人民网、党建联盟为突出代表，这也是党建工作在一定程度上搭上了“互联网＋”的快车。

特别是以中纪委网站为首全国 350 多个省、市(地区)纪委网站很受国人的喜爱。中纪委网站中的网上举报专栏让网站的更具有实用性和互动性，这也是纪委高层利用互联网进行反腐的新举措。

而中纪委开发的手机反腐 APP 更是把反腐举报推广到极致。只要是拥有一部智能手机，下载安装中纪网站手机客户端，就可以随时举报或者反应党员干部的违纪、违规问题。让人民群众方便、及时对党员干部进行监督。

### (二)微信类即时软件走进党务

2014 年 4 月 29 日共产党员微信上线试运行。这是继共产党员网、共产党员电视栏目、共产党员手机报、全国党员干部远程教育网之后的又一个党员教育新媒体平台。让大家从另一个视角了解共产党员，让共产党员直通高层，倾听中央声音，了解最新党的咨询，紧跟中央。

(三)腾讯 QQ 群助力党务工作

腾讯 QQ 是人们熟知也最常用的一款即时交流软件，它突破时空，随时随地传递人们想要传递的信息。

从网络中检索发现，部分党的机构利用 QQ 的各项功能成立了党建平台、党员 QQ 群、支部生活群等。

以山东省为例，全省 17 地市拥有党员群 2054 个、党支部群 2234 个。党员群成员 80000 多人。从党员群规模来看，100 人成员以上的群 75 个、99 人至 10 人群 1360 个、10 人以下群 619 个。从群名称上看，有大学生党员群、企业党员群、社区党员群、预备党员群、发展党员群、党员培训群、流动党员群等。

在 2234 个党支部群中，有社区党支部群、大学中系党支部群、国企党支部群、街道党支部群等。

**山东省各地市党建类 QQ 群统计表**

| 城市名称 | 党员群(个) | | | | 党支部群(个) | | | |
|---|---|---|---|---|---|---|---|---|
| | 100 人以上 | 99—10 人 | 10 人以下 | 小计 | 100 人以上 | 99—10 人 | 10 人以下 | 小计 |
| 济南市 | 31 | 239 | 66 | 336 | 5 | 318 | 60 | 383 |
| 济宁市 | 3 | 69 | 54 | 126 | 3 | 51 | 50 | 104 |
| 青岛市 | 7 | 246 | 42 | 295 | 6 | 332 | 68 | 406 |
| 淄博市 | 5 | 71 | 35 | 111 | | 96 | 49 | 145 |
| 泰安市 | 4 | 76 | 19 | 99 | | 53 | 28 | 81 |
| 莱芜市 | | 15 | 13 | 28 | 2 | 16 | 9 | 27 |
| 菏泽市 | 1 | 23 | 11 | 35 | 1 | 33 | 22 | 56 |
| 聊城市 | | 47 | 18 | 65 | 1 | 37 | 18 | 56 |
| 德州市 | | 19 | 17 | 36 | 1 | 32 | 11 | 44 |
| 东营市 | 2 | 65 | 11 | 78 | 2 | 92 | 50 | 144 |
| 烟台市 | 6 | 112 | 75 | 193 | 5 | 144 | 61 | 210 |
| 潍坊市 | 1 | 86 | 47 | 134 | 1 | 116 | 47 | 164 |
| 枣庄市 | 1 | 30 | 16 | 47 | | 21 | 19 | 40 |
| 威海市 | 7 | 125 | 63 | 195 | 1 | 62 | 45 | 108 |
| 临沂市 | | 72 | 88 | 160 | 1 | 90 | 65 | 156 |
| 滨州市 | 1 | 29 | 17 | 47 | 1 | 36 | 18 | 55 |
| 日照市 | 6 | 36 | 27 | 69 | 1 | 34 | 20 | 55 |
| 合计 | 75 | 1360 | 619 | 2054 | 31 | 1563 | 640 | 2234 |

腾讯 QQ 群应用于党建是党建工作的一个创新，是把 QQ 群功能中的聊天交流、文件、邮件收发、视频会议用于党员之间的交流，上级文件通过群共享或者邮件的形式分发到下级党组织。使党务工作快速、高效的得到落实，让党的宣传教育即时传递到每个党员。

（四）党员信息管理系统全国上线

中国共产党党员信息管理系统分不同的版本在全国上线运行，不同级别的党务工作者可以运用该系统进行权限范围内的工作。系统功能主要包括四个方面：人员信息管理、组织管理、党费管理、用户信息管理。

通过该系统可以对党员的基本信息进行录入、修改、统计、查询等一系列的工作，方便了党务机关工作人员。

## 二、"互联网＋"环境下党务工作需要改革和创新

目前，党务工作虽然部分融入了"互联网＋"，其主要是功能还是宣传教育为主，以统计汇总为主，交互性不足，离实际工作需要还有相当的差距，需要改革与创新的地方还有很多，创新潜力很大。笔者结合实际工作遇到的具体问题归纳如下：

1、党员组织关系管理与工作调整不协调。因工作需要会被调整工作岗位的党员，其组织关系应当同时转移到新岗位所在的党组织。但是，往往人走了数月甚至更久其组织关系依旧在原地，这样对党员的组织生活、党费缴纳、党员考评等管理工作都带来不利影响。

2016年一季度进行的党员组织关系集中排查就发现好多类似问题，从而造成支部、党委所属党员统计上的不准确，管理上的不到位。

2、组织关系接转方式繁琐，环节多效率低。以党员在同一组织部的不同党委间的甲支部到乙支部为例：党员个人到甲支部开介绍信———到甲支部上级党委换介绍信———到上级组织部换介绍信———到乙支部上级党委———最后乙支部落实组织关系。简单一件事要跑五个组织部门，费时费力。

3、信息管理系统的党员参与度不够。主要体现在党员个人资料查询很不方便。比如，我们每个党员都有过这样的经历，在填写相关的表格时，很多的事件、时间节点、人证等都想不起来，或者衔接不上。除非个人保留相关的数据信息。而上线运行的全国党员信息管理系统又不对党员个人开放，无法通过信息管理系统取得一致的个人信息。

而党员信息管理系统在应用上把基层党支部工作人员及8700万党员个人排除在外，使得信息管理系统的党员参与度不够，不能发挥党员信息管理系统的最大功用。

4、党费收缴管理方面略显不足。主要在如下问题：一是在党费收缴上方式或者手段单一，只能靠党委办组织员进行事后录入。对流动党员、不方便现场缴纳的党员或者远离支部的党员来说缺少其他缴费手段，比如网上支付、银行转帐、网银转帐、手机缴费等方式。二是不能对不按时缴纳党费的党员进行比对，缺少必要的提醒或者敬告手段。三是对调整工作岗位脱离原支部的党员没有进行党费收缴上的有效衔接等造成个别党员长期不缴纳党费。四是不能导入本级党员工资性收入数据、自动测算应纳党费金额，造成同区域或者同系统党员的党费存在差别。

5、党员民主选举、评议中还有形式主义存在。党员选举评议是党务工作中关注度最高的一项活动，而选举评议的过程和结果是否及时而真实的公开显得尤为重要。不可否认，有些机关在进行民主测评时只进行了过程，没有当场公开结果，有走过场或者有暗箱操作的可能，让民主测评成了党务工作中的形式主义。

6、基层组织生活形式单一缺少时代特色。基层组织生活形式主要是各类会议，就活动行为本身来说，也很难得到保障，基层支部的组织生活难以落实，并且形式比较单一，缺少时代特色。

7、党建考核内容和手段缺少新意。从已知的党建类考核内容看，主要是各类表、证、记录等，就考核手段来说还是人工现场查看，不能及时、快速查看各基层组织的党建情况，不能即时对下级党组织进行活动监控，不能自动对各级党建工作进行自动评判。并且考核内容有可能被突击整理、造假等。不能真实的反映各级党组织的建设情况。

8、党员监督管理缺少必要的技术含量。在党员日常监督管理中，制度制定的相当完善，措施也比较

齐全，只是落实上缺少力度，达不到应有的监督作用，致使不少党员违反纪律或者规定、甚至违法犯罪，其根本原因是制度不能主动监督，让部分党员把条文式的制度放到一边，再完善的规定制度也是形同虚设。

9、党的纪律检查缺少前置意识，"事中"监督力度不够。党的纪律检查工作是党的工作的一部分，更是党建工作的一个重点。纪委检查工作不能独立于其他工作之外，纪委检查工作要贯穿到工作事件的全过程，做到事前有预防、事中有监督、事后有评价。但是，工作事件过程中的监督管理缺少力度，确切的说是缺少方法，往往是事后进行审计发现问题，造成巨大损失后才进行事件和人员处理。

10、党建类网站人气不足，很难达到应用的宣传教育作用。一是网站人气不足，从中央级到乡镇级党建类网站绝对多数没有浏览统计，看不到人气指数，更不知道有多少党员浏览过相应的网站。二是网站内容更新不及时，很多网站是死网站。

## 三、完善和发展"互联网＋"党务的有利条件

"互联网＋"时代，没有做不到，只有想不到。创新党务工作离不开"互联网＋"，"互联网＋"助力党务创新。

（一）实现"互联网＋"党务的具备了良好大环境

2015 年 5 月，习近平在给国际教育信息化大会的贺信中说，"当今世界，科技进步日新月异，互联网、云计算、大数据等现代信息技术深刻改变着人类的思维、生产、生活、学习方式，深刻展示了世界发展的前景。"

国务院 2015 年 7 月 4 日印发了《关于积极推进"互联网＋"行动的指导意见》（简称"意见"）。意见指出，积极发挥我国互联网已经形成的比较优势，把握机遇，增强信心，加快推进"互联网＋"发展，有利于重塑创新体系、激发创新活力……公共服务"双引擎"，主动适应和引领经济发展新常态，形成经济发展新动能，实现中国经济提质增效升级具有重要意义。作为经济基础的"互联网＋"走在前面了，那么上层建筑的党务工作也要立足于"互联网＋"。

高层决策给中国"互联网＋"发展提供了政策支持和发展动力。

（二）实现"互联网＋"党务已经拥有完备的硬件环境

"互联网＋"党务离不开发达并且普及的硬件设备。目前来说条件比较成熟：

1、我们已经拥有了发达的网络。互联网无处不在，不论在家或是在工作单位有线、无线网络无不存在，工作在一线的党员能随时上线。

2、我们已经拥有了足够数量和配置的办公电脑。电脑微机已经是办公标准配置了，并且是联接到专用办公网络或者互联网。

3、智能手机已经普及。有资料显示，半数老年人都用上智能手机了，何况其他人呢。用智能手机可以和电脑一样安装我们需要的党务类软件。

4、公众无线站点免费开放。不论是车站还是其他人员聚集的地点，无线网络免费开放，为各类用户提供了方便。

5、党员远程教育网络已经联通全国农村基层党支部，并配置了电脑等设备。

（三）党务工作者互联网应用水平有所提高

一是党务工作者中年轻人、学历高者占大多数，学习和接触互联网应用比较多。在中年以上的工作人员中，应用电脑和网络也比较多，多数都能熟练应用现代办公软件。二是党员本身文化水平、职业水平都比较高，工作中更是离不开电脑和网络。

在全党 8779.3 万名中，45 岁及以下的党员 4027.1 万名，占党员总数的 45.9%；这部分党员文化水平高，接触互联网多，学习和接受新事物快。而随着时间的推移和互联网的发展，将来党员会百分百的应用和依赖互联网。

（四）党务工作应用信息技术积累了经验、夯实了基础

在党务工作实践中，各级党组织缘分开通了党建类网站和纪委专业网站，部分基层组织开设了党建QQ群、微信群、微博等，还有部分党组织开发了党建类办公软件等。这些好的做法不仅提供了工作效率，重要的是为党务工作信息化应用培养了人才、积累了经验、开阔了视野。

（五）我们拥有完善的组织体系

全国共有党的各级地方委员会3218个。其中，省级党委31个，市级党委397个，县级党委2790个、基层党委（乡镇街道级）20.9万个、基层支部415.1万个。这是一个上下联动的、完整的组织体系，这是全国8779万党员的家，这是我们党做好全部工作的强有力的组织保障。

## 四、"互联网＋"党务把握的几个问题

当前"互联网＋"是一个热门的话题，也是刺激经济的新热点、重点，各级党政领导非常注重"互联网＋"环境下的各项工作，"互联网＋"党务也先有提及，初步的研究文章也有不少，说明部分党务党建工作者已经认识到党务党建工作在"互联网＋"环境下应当更上一层楼，应当走在政务和经济建设的前边。

1、实现党务领域的"互联网＋"领导重视是关键。领导因素是党务领域中特有的特征，是做好一切争先创优工作的重点。因为一个合格的领导具备常人所没有的能力：一是领导者个人比一般党员拥有创新意识、要有敢想敢为的勇气及创造性工作的能力；二是领导者支配或调配着有创新能力的人力资源；三是领导者有支配创新所需经费的能力；四是领导者善于接收新事物、应用新技术的能力；五是领导者会用超前的思维方式和精准的评估能力发现并创造新的工作亮点。

可以说，一个用心工作的领导者如果把"心"用在"互联网＋"党务上，相信党务工作一定会完全搭上"互联网＋"的快车。

2、党务工作者应当破除传统思维定势。党务工作者长期从事党务工作，接触的都是传统的工作方式方法，与时代需要有些差距。因此党务工作者要打破传统思想定势，多学、多看、多接触时代信息，紧跟时代，把传统工作与时代特色结合起来，让信息技术支撑党务工作，提高党务工作的科技含量，提高党务工作的效率和质量。

党务工作者的思维方式决定着"互联网＋"与党务的溶合程度，只有负有主体责任的党务工作者从思想上溶入了"互联网＋"时代，党务工作才会走进"互联网＋"。

3、完善党的内设机构，增设信息技术人员。在传统的党内机构设置中从来没有主管信息技术和安全的岗位，现在已经进入"互联网＋"时代，党内信息技术的应用越来越多，信息技术岗位在党务工作中有着重要的作用，设立信息技术岗位很有必要，即是应用的需要，也是党内信息安全的重要保障。

设立信息技术岗位后，一是可以利于内部信息技术的推广应用；二是有利于内部网络的安全保障；三是可以对内进行监控、检查；四是可以进行内部的在线考核。

4、党费开支项目应当向党务技术领域进行倾斜。"互联网＋"党务工作中信息技术项目经费开支数量大、经常性维护费用多，很有必要单独设立党务信息技术开发（创新）费用，弥补行政经费的不足，提高"互联网＋"环境下党务工作水平。

5、党建考核方式和手段要有新突破。目前的党建类考核手段和方式是几十年一贯制，缺少时代气息，考核质量和效率低下，不能满足工作需要，必须打破常规。"互联网＋"给党建工作提供了技术上的支持，党政机关网络硬件条件已经实现了上下左右的互联互通，只要各级领导重视，建立依托"互联网＋"环境的党建考核系统，使党建考核实现自动、实时考核，把各级党组织的日常工作纳入在线考核体系，做到党建工作真实、准确，提高基层党建工作务实性。

6、"互联网＋"党务应当提高基层组织和广大党员的参与度。党务工作不仅是党务工作者自已的事，而是全体党员的事。党务工作者的工作对象是区域内的全体党员，在"互联网＋"环境下，不论是党建网站、党员信息管理系统还是党建微信都要让有条件的基层组织和党员参与进来，用"互联网＋"党务建设全体党员的家，把党员中的大多数联系在一起，把党的全部工作（保密规定外）归纳到统一的平台，用党员

的身份证号码作为唯一的识别和登录的号码，参与到党务工作之中，除浏览宣传类内容外，利用平台处理党建学习、提交笔记、民主评议、网上教学、网上选举、党员管理等支部活动内容。各级党组织除保密规定外的活动内容统一利用平台来完成，便于上级考核、查看、评比。

7、建立网络纪委，加强党员监督管理。党的十八届三中全会通过的《中共中央关于全面深化改革若干重大问题的决定》第 36 个问题“加强反腐败体制机制创新和制度保障。改革党的纪律检查体制，健全反腐败领导体制和工作机制。加强党对党风廉政建设和反腐败工作统一领导。改革和完善各级反腐败协调小组职能”。是我们进行廉政建设和反腐败工作机制创新的理论和政策依据。

让党员不敢腐、不能腐、不想腐任务艰巨。以县级党委为例，通常要管辖近百个部门、行业的党组，几百个支部上万名党员，以本级纪委系统有限的工作人员很难对本区域的全体党员进行有效的监管。

当前社会条件下，用传统的管理方式很难对党员进行有效监督管理，以致出现那么多违纪现象。中纪委公布的八项规定以来(2013 年 11 月至 2016 年 2 月)全国发现并查处的违纪问题 98627 起，处理违纪人员 133566 人；党纪政纪处理 64971 人。处理县及以下公务人员 132718 人，占违纪人数的 99.37%。公款消费类处理 28667 人(包括吃喝、旅游、发放补贴津贴)，占处理人数的 21.46%；公车使用违规处理 20311 人、占总数的 15.21%；两项合计占全部违纪问题的 36.67%。这些只是被查到的问题和人员，那么还有多少未被发现的事件和党员呢？

**全国查处违反中央八项规定精神问题汇总统计表**

**(根据中纪委公布统计)**

| 项目 | 年度 | 小计 | 级别 | | | | 违规类别 | | | | | | | | | |
|---|---|---|---|---|---|---|---|---|---|---|---|---|---|---|---|---|
| | | | 省部级 | 地厅级 | 县处级 | 乡科级 | 公款吃喝 | 公款国内游 | 公款境外游 | 公车使用 | 楼堂馆所 | 发放补津贴 | 收受礼品金 | 大办婚丧事 | 违反工作纪律 | 其它 |
| 查处问题数 | 2013 | 6425 | 0 | 38 | 321 | 6066 | 167 | 196 | 18 | 838 | 23 | 0 | 0 | 415 | | 4768 |
| | 2014 | 49118 | 2 | 115 | 1888 | 47113 | 833 | 819 | 66 | 6373 | 203 | 0 | 925 | 2717 | 27953 | 9229 |
| | 2015 | 36876 | 9 | 385 | 3183 | 33299 | 4767 | 1924 | 222 | 8651 | 670 | 7487 | 5362 | 5118 | | 2675 |
| | 2016 | 6208 | 1 | 98 | 623 | 5486 | 779 | 361 | 38 | 1152 | 68 | 1586 | 1151 | 768 | 0 | 305 |
| | 合计 | 98627 | 12 | 636 | 6015 | 91964 | 6546 | 3300 | 344 | 17014 | 964 | 9073 | 7438 | 9018 | 27953 | 16977 |
| 处理人数 | 2013 | 9064 | 0 | 38 | 378 | 8648 | 209 | 307 | 24 | 931 | 31 | 0 | 0 | 459 | | 7103 |
| | 2014 | 66400 | 2 | 162 | 2483 | 63753 | 1438 | 1425 | 161 | 7206 | 295 | 0 | 1172 | 3075 | 39114 | 12531 |
| | 2015 | 49463 | 10 | 506 | 4302 | 44645 | 6513 | 3453 | 331 | 10715 | 857 | 10538 | 6842 | 5962 | | 4063 |
| | 2016 | 8639 | 3 | 127 | 849 | 7660 | 1152 | 662 | 75 | 1479 | 112 | 2379 | 1451 | 862 | 0 | 479 |
| | 合计 | 133566 | 15 | 833 | 8012 | 124706 | 9312 | 5847 | 591 | 20331 | 1295 | 12917 | 9465 | 10358 | 39114 | 24176 |
| 党纪政纪处理人数 | 2013 | 2779 | 0 | 18 | 164 | 2597 | 86 | 146 | 20 | 324 | 15 | 0 | 0 | 257 | | 1931 |
| | 2014 | 21503 | 2 | 88 | 1099 | 20314 | 761 | 906 | 111 | 2603 | 168 | 0 | 841 | 2058 | 12423 | 4577 |
| | 2015 | 33923 | 8 | 404 | 2763 | 30748 | 4687 | 2623 | 231 | 5388 | 530 | 8193 | 5463 | 4117 | | 2391 |
| | 2016 | 6766 | 3 | 104 | 632 | 6027 | 972 | 548 | 61 | 857 | 83 | 2015 | 1205 | 695 | 0 | 342 |
| | 合计 | 64971 | 13 | 614 | 4658 | 59686 | 6506 | 4223 | 423 | 9172 | 796 | 10208 | 7509 | 7127 | 12423 | 9241 |
| 说明 | 1、2013 年为 11、12 二个月数据；2016 为 1、2 二个月数据. | | | | | | | | | | | | | | | |

大量的违规违纪违法事件的发生，除违纪党员干部党性不强，最根本的原因是没有有效的管理手段。也就是说人管人管不好，因为有人情和面子。不如电脑管人更科学、更有效、更公平、更公正。利用“互联网＋”党务建立网络纪委用电脑代替人脑，把公款管好，把公车看好，把公权监督好，把党员管理好。建立

网络纪委是做好党员监督管理、党建考核、廉政建设、公款使用、公物管理、公权监督等最有力的武器。

8、健全和完善公务人员、党员数据库。在党员基本信息采集的基础上，完善党员数据库。同时完善行政人员和财政供养人员数据信息，采集全部党员和财政供养人员的指纹信息、人脸信息，并身份证信息对接。便于身份比对、工作考勤，更主要的是便于核实身份信息，防止假冒身份行骗，防止身份造假、防止一人多证、防止考勤虚假、防止假护照出国叛逃。

## 五、互联网＋党务创新前景很美好

“互联网＋”党务是新时期党务工作的创新，是一级党组织的亮点、重点工作，利用互联网技术建立党务工作办公平台是即是工作创新，更是管好党员、管好公物、管好权力最有效的手段。假如实现了“互联网＋”党务办公平台，党务工作将会发生根本性变化：

1、党员信息查询更加方便快捷。如果想，任何一个上级党务工作者都可以查询到权限内的任何一个党员信息，党员本人也可查询自己相应的内容。党的高层可以查看每一个党员的全部信息。

2、组织关系管理更快速和真实。党员因工作变动需要改变组织关系时，轻点鼠标变更到新工作单位所在党组织，同时生成组织关系变动通知，提醒党员到新的组织对接。

3、支部生活更生动真实。运行党务办公平台后，各级党组织的各类活动会及时传递服务器存储，方便考核和查询、评比，更主要的是把支部生活落实到实处，防止编制虚假的支部生活信息欺骗上级、应付检查。分散在外地的党员即可以参加远程支部生活，也可以参加临时支部会议，不论何种方式参加支部生活，系统都会自动记录其活动。支部活动内容即可横向比较，也可垂直查看。

4、让党内民主更加真实可信。通过党务办公平台进行党员民主评议、先进党员（支部）评议、民意推荐、选举等事项时，使事件过程公开、统计快速、结果真实可信，评议结果远程集中保存方便备查。

5、党建考核更加快速真实。通过党务办公平台使用各级党建工作一目了然，考核自动生成，自动排名，排除一切人为因素，使考核结果真实准确，杜绝一切形式的造假、欺骗行为。

6、党费管理更加真实准确。通过党务办公平台党费管理功能可以轻松的对党费收支使用情况进行统计、查询、分析、汇总、考核等；可以对党费核定、缴纳进行比对，对未缴纳党费人员进行提醒或通报；通过与各级财务部门数据分享，精准核定党费基数并生成精确的党费金额。与银行、淘宝等合作进行网上党费缴纳，让党费缴纳多样化，方便流动党员自主网上缴纳党费。

7、流动党员管理更科学。在当前社会条件下，流动党员越来越多，流动的范围越来越广，外驻时间也比较长。流动党员使用智能手机运行党务办公平台客户端远程参加党的组织生活、汇报思想、接受教育，实现流动党员的管理和监督。

8、党员监管更有全面有效。运行党务办公平台对党员个人的一切公私事务进行全文方位的监管。党员个人重大事项报备、家庭财产申报、参加公务活动礼品登记、工作考勤、党政教育、思想汇报、读书学习、在线教育考试等纳入管理，对党员个人进行全面的考核和监管。

9、内部监督更加及时。党务办公平台与政务、事务、法律部门办公平台对接，置入到相关部门工作流程之中，纪委岗位人员对涉及公款、公物、人事、采购、公车、招标、招生等容易腐败的事项进行事前、事中监督，建立不能腐的防火墙。

“互联网＋”来了，党务工作思想应该转变了，党务工作改革与创新应当跟上了。时代需要有担当、敢创新、敢为人先的开拓者。从严治党需要“互联网＋”，“互联网＋”党务是遏制腐败的最有效手段，“互联网＋”党务监督公权、看好公款、管好公物，从而达到不能腐，建立廉洁高效的干部党员队伍。

课题组组长：张建民

撰稿：韦保民

党务：于　桥　王良文

技术：王　茜

# 浅议基层地税党组织落实党风廉政建设主体责任存在的问题及对策

马春胜

党的十八届三中全会指出,"落实党风廉政建设责任制,党委负主体责任,纪委负监督责任"。习近平总书记在中纪委十八届三次全会上强调,"党委能否落实好主体责任,直接关系到党风廉政建设的成效"。近年来,山西省地税系统基层党组(支部)在省、市局党组指导下,有效落实党风廉政建设主体责任,为圆满完成税收任务提供了坚强政治保证。但是,通过问卷调查、座谈调研、专题访谈,感到基层地税党组(支部)落实主体责任不力的问题不同程度存在。鉴于此,我们结合工作实际,就基层党组(支部)如何落实党风廉政建设主体责任进行了探索,形成了一些粗浅看法。

## 一、清醒认识基层地税党组(支部)落实主体责任存在的问题

从对调研情况分析看,基层地税党组(支部)落实党风廉政建设主体责任存在的问题,主要表现在不尽心、不得法、不到效几个方面:

(一)担当意识不强,落实主体责任不尽心

有的基层党组(支部)认为,税收收入是"硬任务",党风廉政建设是"软指标",存在重税收征管、轻党风廉政建设的现象;有的认为,党风廉政建设是纪检监察部门和纪检干部的事,党组(支部)是领导主体而不是工作主体,存在"只挂帅,不出征"的现象;有的认为,基层地税点多线长面广,税管员多是独自为战,存在对部属管理失之于宽、失之于软的现象;有的认为,对个别违纪违规问题抓住不放、严肃惩处,在税收任务压力大的情况下,挫伤税管员的工作积极性,影响税收任务的完成,存在"睁只眼,闭只眼"或"大事化小,小事化了"的现象。

(二)素质能力不高,落实主体责任不得法

有的基层党组(支部)特别是一把手,对主体责任的内涵要求学习不够、理解不深、把握不准,致使落实主体责任缺位错位,该抓的没抓住,该管的没管住;有的"两手抓,两手硬"的统筹协调能力不强,致使税收工作与党风廉政建设顾此失彼、左支右绌,不能做到"双赢"、"两不误";有的一把手是因税收业务好提拔的业务型领导,抓党风廉政建设方法呆板、招式不活、措施不力;有的政治、党建理论功底不厚,连一堂廉政课也备不了、备不好,只能让他人代备或在网上随意嫁接,上廉政课只是照本宣科念稿子、读文件,不能结合实际动之以情、晓之以理,致使廉政教育缺乏感染力、说服力;有的重行政手段、轻组织手段,召开党的会议、组织党的活动时,准备不充分,组织不严密,落实不严肃,影响了党组织活动的质量和效果。

(三)工作作风不实,落实主体责任不到效

个别一把手落实主体责任搞形式主义,该研究的工作不研究,该召开的会议不召开,该组织的活动不组织,甚至以"造工作"、补记录来代替;有的缺乏抓廉政工作的主动性、创造性,上级让干什么就干什么、让怎么干就怎么干,等靠依赖思想严重;有的应付差事、得过且过,认为只要会议开过了、文件传达了、规定学习了、承诺书签订了就算完事,缺乏按照方法步骤、时间节点、标准要求扎实抓好全过程,导致一些工作流于形式、走了过场、打了水漂;有的好人主义思想严重,缺乏敢抓敢管的担当精神,对存在问题的人和

事不真管、不严管、不狠管，丧失与不良现象作斗争的原则性、战斗性；有的班子成员表率作用不好，工作不力，党风廉政建设"一责"形同虚设，讲在会上，喊在嘴上，落不到行动上。

## 二、准确把握党风廉政建设主体责任的基本内涵和落实要求

主体责任，简单地说就是主要责任。习近平总书记在中纪委十八届三次全会上对党委要履行的主体责任讲得很清楚：一是加强领导，选好用好干部，防止出现选人用人上的不正之风和腐败问题；二是坚决纠正损害群众利益的行为；三是强化对权力运行的制约和监督，在源头上防止腐败；四是领导要支持执纪执法机关查处违纪违法问题；五是党委主要负责同志要抓好班子、带好队伍、管好自己，当好廉洁从政的表率。这五个方面既是对党风廉政建设主体责任内容的细化，也是落实党风廉政建设主体责任的总体要求，为党委（党组）落实党风廉政建设主体责任指明了工作重点和努力方向。基层地税党组（支部）要深刻认识，准确领会。

（一）主体责任是政治责任

党要管党，从严治党，管什么，怎么治？落实党风廉政建设主体责任是重要举措，抓住了管党治党的"关键少数"，牵住了管党治党的"牛鼻子"，揪住了管党治党的"衣领子"，击中了管党治党的"命门子"。基层地税党组（支部）要从讲政治、讲党性的高度，深刻认识落实党风廉政建设主体责任的极端重要性、现实必要性，切实增强忧患意识、使命意识，坚持权责一致，坚守责任担当，决不能只重税收工作而不抓党纪党风，只重任务指标而不抓廉政建设，真正从维护地税形象、赢得纳税人遵从信赖、为税收任务完成提供坚强政治保证的高度，来认识主体责任，担当主体责任。

（二）主体责任是分内责任

抓党风廉政建设是党组（支部）工作的重要内容，是地税系统各级党组织应尽的职责，是确保税务清正、税风清明、税干清廉，更好地完成税收任务的根本保证。因此，必须牢固树立抓党风廉政建设是本职、不抓党风廉政建设是失职、抓不好党风廉政建设是渎职的理念，自觉把党风廉政建设主体责任铭记在心头、勇扛在肩头、常抓在手头，贯穿到日常生活的各个方面、涉税工作的各个环节，从而让执法公正、为税清廉在地税系统蔚然成风。

（三）主体责任是领导责任

抓党风廉政建设是党组（支部）领导工作的应有要义。基层地税党组（支部）要妥善处理抓税收业务与抓党风廉政建设的关系，不能只做业务领导、不做党建领导，只抓税收任务、不抓党纪党风。要把党风廉政建设摆上重要议事日程，常议常抓、真谋实抓、持久长抓。党组（支部）成员要认真履行"一岗双责"，既要抓好分管科（所）的税收工作，又要对涉税工作中的廉政建设加强指导监督，对税管员工作生活中出现的问题苗头，要敏锐发现、坚决纠正，切实做到守土有责、守土负责、守土尽责。

## 三、自觉强化落实党风廉政建设主体责任的政治行动

（一）强化认识，自觉担当主体责任

食其禄，忠其事。在其位，谋其政。基层地税党组（支部）要充分认识党风廉政建设面临形势的严峻性、岗位职责的重要性、担当主体责任的严肃性，切实消除模糊认知，深刻汲取有关教训，自觉把党风廉政建设纳入工作体系，与税收工作一起研究部署、一起督导检查、一起总结讲评，确保党风廉政建设不挂空档、不沦配角、不被旁落。党组（支部）主要领导要定期听取工作汇报，了解掌握本单位党风廉政建设基本形势，特别是违纪违法问题的举报、信访、案件线索和查处情况，与分管领导和有关人员研究制定加强党风廉政建设的具体措施，做到重要工作亲自部署、重大问题亲自过问、重要环节亲自协调、重大案件亲自督办，确保对单位党风廉政建设情况头脑清醒、底数清楚、思路清晰、举措清新。班子其他成员对党风廉

政建设工作要积极建言献策，不当旁观者，不做局外人，按照“一岗双责”要求，做到工作职责到哪里，党风廉政建设的职责就延伸到哪里。

(二)聚集主业，悉心落实主体责任

着眼为税收工作提供坚强有力政治保证，把党风廉政建设主体责任落细落实。加强思想领导。灵活教育方法，拓展教育手段，创新教育载体，丰富教育内容，把握教育时机，增强廉政教育的时代感、针对性、有效性，帮助干部职工坚定理想信念，补足精神之“钙”，优化思想品质，纯洁道德情操，筑牢防腐堤坝。严格组织管理。认真落实民主生活会、组织生活会、民主评议等党内组织生活制度，使咬耳扯袖、红脸出汗、廉政“体检”成为常态，把党员干部的思想和行动置于党内监督之下、党组织管理之中。运用谈心谈话、约谈谈话、劝勉谈话、组织谈话等手段，挺纪在前，抓早抓小，下好毛毛雨，打好清醒剂，敲好警示钟，防止小错变成大错、小祸酿成大祸、“破纪”演成“破法”。强化日常监督。拓展监督平台，畅通监督渠道，发挥廉政监督员、新闻媒体、社会群众，特别是纳税人的“耳目”、“喉舌”作用。严肃执纪问责。用好问责利器，对违纪违法的人和事，有苗头就查，露头就打，从严执纪，快速查处，不护犊子、捂盖子，做到保持高压不放松、严厉惩治不手软，从而把纪律挺起来，把规矩严起来，把红线标出来，使干部职工习惯戴着镣铐跳舞，戴着手铐做事。

(三)凝聚力量，形成落实主体责任合力

落实党风廉政建设主体责任，不是书记唱独角戏、跳光杆舞，应是领导干部的协奏曲，各级干部的大合唱。列明履责“清单”。科学界定书记、班子成员、科(所)长的责任内容，推动各级责任类别化、项目化、时段化、目标化，使之成为看得见、摸得着、量化可控的具体任务，确保廉政工作内容明晰、层层有责，从而避免“上层九级风浪，下层纹丝不动”、“上面着急上火，下面无动于衷”的现象。立好履责“军令状”。班子成员向一把手、科(所)长向分管领导、党小组长向党组(支部)书记逐级签订落实主体责任承诺书，并以适当方式公开承诺，在醒目场所张榜公布，以舆论压力、监督压力倒逼责任落实，形成各级责任主体主动作为、各尽其责局面。建立履责“明细账”。利用述责、汇报、督办等方式，定期组织各级责任主体与“清单”对账、跟承诺销账、向群众交账，并将履责情况记录在案，作为考评、讲评依据，让层级责任在基层地税局、科(所)落地生根。严格“一案双查”。发生问题不仅查处当事人的责任，而且自下而上逐级查处责任主体的责任，从而增强责任落实的刚性。

(四)以身作则，树立落实主体责任榜样

落实党风廉政建设主体责任，党组(支部)书记是第一责任人。俗话说，表态不如表率，榜样是最好的示范。要带头履行主体责任，做给下级看，带着下级干，不能只是会上讲讲、嘴上说说，干打雷不下雨、放空炮玩虚假，也不能马列主义手电筒—只照别人不照自己，而是该管的必须较真碰硬，该干的必须真抓实干。要带头落实党纪条规，奉公守法，廉洁从税，充分发挥“关键少数”的“领头雁”作用，以实际行动凝聚上行下效的正能量。要带头增强维护党纪条规的原则性、战斗性，坚决同违纪违规违法行为作斗争，以浩然正气、无畏勇气、昂扬锐气推动单位政治生态不断优化。

(五)建章立制，确保落实主体责任常态长效

机制不仅具有系统性、程序性、约束性，而且应当具有具体性、可行性、操作性。党组(支部)特别是一把手，不但必须落实主体责任，而且要精于总结工作实践的好做法，善于借鉴兄弟单位的好经验，制定符合时代要求、具有地税特色、贴近单位实际，推动落实主体责任常态长效的制度体系。建立机制时，要注意把握几个关系：一是“上”与“下”的关系。《八项规定》本是为中央政治局定的，但正是这种示范效应，让各省(区)、市、县闻风而动。因此，机制的建立，应体现上行下效、上下互促的联动功能。定制度、立规矩要着眼严下先严上、正人先正己，确保“上”做在先、做标杆，不能制度都是给下级定，上级不受约束；严“上”不能忽略“下”，建章立制还要确保“下”能跟上“上”的步伐，不落伍、不掉队，这样的机制才能让上下

齐心。二是“早”与“晚”的关系。建章立制目的在于防范问题。应本着惩前毖后、治病救人的原则,赶“早”不赶“晚”,重在打基础,重在抓预防,坚持教在诛前,下好先手棋,打好主动仗,确保责任早明确、工作早开展、苗头早发现、隐患早解决,不能等出现问题才去补“牢”,说“马后炮”的话,做“悔已晚”的事。三是“大”与“小”的关系。从大处着眼,从小处入手,从小事抓起,确保工作落细落小,贯穿在日常税收工作的各个方面、各个环节,实现机制的细致化、具体化,防止假大空、高大全,不求放之四海皆准,只求在本单位适用有效。四是“轻”与“重”的关系。建立机制要着眼于对轻微违纪问题经常性提醒、敲打。善用监督执纪“四种形态”,防止干部由“破纪”滑向“破法”。当然也要有严厉的惩处措施,以便对严重违纪违法问题的处理不论在“重”上还是“快”上都能得到体现。

## 四、上级党组要加强对基层落实党风廉政建设主体责任的指导检查

帮助指导、检查督促基层地税党组(支部)落实党风廉政建设主体责任,上级党组责任重大、作用重要。

(一)发挥提高素质能力的“孵化器”作用

上级党组要加强对基层地税党组(支部)班子成员特别是一把手抓党风廉政建设工作能力的培训。利用集中短学、专题讲学、经验传学、讨论互学、跟进帮学等手段,使基层地税党组(支部)班子成员开阔视野、掌握方法、积累经验、借梯增高,努力解决“不会干”、“干不好”的问题,为有效落实主体责任提供能力支撑。

(二)发挥检查督促的“助推器”作用

信任不能代替监督。落实主体责任,一靠本级自觉,二靠上级督促。上级党组要综合运用明察暗访、座谈走访、随机查访、工作专访等形式,不打招呼、不定期对所属各基层地税党组(支部)落实主体责任情况进行全方位检查,多手段、多途径采集落实主体责任方面的信息,“透视”落实主体责任不力的问题或失责线索,明晰原因,明确界限,并与基层党组(支部)研究改进对策,指导督促主体责任有效落实。必要时杀杀“回马枪”,炒炒“回锅饭”,搞搞“回头看”。

(三)发挥述责评责的“聚光灯”作用

群众的眼睛是雪亮的,感觉是真切的。将落实主体责任情况作为述职述责、评先评优的重要内容,定期组织所属各单位干部群众听取党组(支部)书记、班子成员、科(所)长的述职述责,把责任主体落实主体责任情况置于群众评议的“聚光灯”下,从群众的评议中了解掌握基层党组(支部)落实主体责任情况。并将群众评议情况综合归纳,及时向各单位反馈。

(四)发挥奖惩激励的“震动器”作用

奖要使人感动,罚要使人惧怕。把基层党组(支部)落实主体责任情况,作为班子和一把手评先评优的重要条件,科学划定等级,分类排队排序,对落实不好的,不但取消评先评优资格,而且对不作为、慢作为、软作为的,坚持失责必问、失职必究、渎职必惩,特别是要动真碰硬,不包容,不迁就。要大造问责声势,大张追责声威,努力在所辖范围内形成强大震慑,在科(所)长以上干部中形成强烈震撼,从而激发在位履责、履责尽心的内动力。

(作者单位:太原市地方税务局直属三分局)

# "儒风地税"文化品牌文化意义研究

高　杰　屈　伟　单长品　侯子君

## 一、形成背景

(一)党中央对于传统文化的重视

党的十八大以来,对于传统文化的重视日趋增强,意识形态领域传统文化的地位有了很大的提升。党的新一代领导集体,充分抓住中华传统文化的精髓,使优秀的传统文化成为中华民族伟大复兴的支撑,为"中国梦"的实现提供助力。以习近平为核心的党的新一代领导集体,将中华传统文化的作用提高到前所未有的高度,充分说明了传统的巨大作用。

习近平指出,中华传统文化是我们最深厚的软实力。在十二届全国人大一次会议闭幕会上,习近平总书记指出:"中华民族具有5000多年连绵不断的文明历史,创造了博大精深的中华文化,为人类文明进步作出了不可磨灭的贡献。经过几千年的沧桑岁月,把我国56个民族、13亿多人紧紧凝聚在一起的,是我们共同经历的非凡奋斗,是我们共同创造的美好家园,是我们共同培育的民族精神,而贯穿其中的、最重要的是我们共同坚守的理想信念。"在2013年的全国宣传思想工作会议上,习近平指出:"讲清楚中华文化积淀着中华民族最深沉的精神追求,是中华民族生生不息、发展壮大的丰厚滋养;中华民族创造了源远流长的中华文化,中华民族也一定能够创造出中华文化新的辉煌。"中央的高度重视,促进了传统文化的复兴与发展。

(二)济宁地区自身的文化优势

济宁作为孔孟之乡,运河之都,具有丰厚的文化底蕴,文化建设方面有着得天独厚的资源。济宁地区本身有着丰富的文化资源,并长期受到儒家文化的影响。济宁地区诞生过孔子、孟子等儒家思想的创立者,儒家思想从这里诞生,并逐渐走向全国。到了汉代,儒家思想成为正统,历代帝王都来到这里祭祀孔子。济宁地区本身深厚的儒家文化底蕴,决定了其文化优势。经过长期的工作实践,济宁地税已经逐步形成了具有鲜明税务特色的办税设施、行为规范、管理制度、价值观念、职业道德和业务特征,形成了一套具有济宁地区特色的、有着儒家文化特征的一套工作方法。

## 二、"儒风地税"文化品牌的内容

"儒风地税"文化品牌的主要内容由宗旨使命、核心理念、组织愿景和独具济宁特色的弘扬八种儒风等组成。这样既有利于济宁地税上下统一理念,凝聚力量,以形成共同的行为模式,也有利于指导不同层面的各项工作。

(一)宗旨使命

宗旨使命是一个组织存在的价值和使命。有使命感的税务组织应该提出高于满足一般成员需求的目标,应该把地方和人民的利益放在高于一切、大于一切、重于一切的位置上。

"为国聚财、为民收税",充分反映了税务机关的本质,即国家和人民至上的价值取向,是税务机关价值目标的升华。它是整个税收工作的出发点和落脚点,是新时期税务工作的使命,在税务价值目标中处于统领的地位,是税务精神文化的核心体现。它涵盖了税务工作的方方面面,广大税务人员始终如一地坚持这一使命,必将发挥其巨大的主导和引领作用。因此,济宁地税要始终坚持以科学发展观统揽税收工作全局，强化"为国聚财、为民收税"的税收工作使命，不断创新工作方法，提高征管质量和工作效率，为建设首善济宁，维护社会稳定，发展地方经济，推动社会全面、协调、可持续发展作出贡献。

(二)核心理念

核心理念即组织核心价值观："遵法崇德、履职创优"是济宁地税树立的核心价值观，主张在奉公执法、崇尚道德的基础上，尽职尽责、追求卓越。"遵法崇德、履职创优"既是对济宁地税历史文化的继承和总结，又是在新的发展时期对国家税务总局提出的"忠诚、敬业、守法、廉洁、创新"税务精神的弘扬和升华，同时也是济宁地税实现最高使命和组织愿景的基石，体现了济宁地税人特有的"忠于职守、甘于奉献、勇于拼搏、敢于创新、勤于学习"的精神风貌。

(三)目标愿景

即：建设法治地税————执道循理敬德明法，建设服务地税————税济儒乡征纳共盈，建设务实地税————讷言敏行创新求实建设清廉地税————知荣明耻风清气正。愿景是全体税务人员所共同持有、共同分享的理想，是可望且可及的奋斗目标和共同追求，是激发和调动税务人员积极性、主动性和创造性，增强凝聚力的源泉。建设法治、服务、务实、清廉"四型"地税是济宁地税落实上级的部署要求，着眼于地税工作的长远发展做出的重要决策，必将推动全市地税工作再上新的台阶。

(四)弘扬八种儒风

即：修身为本的尚德之风，雅致养正的明礼之风，学而不怠的乐学之风，忠信笃敬的精业之风，坚韧弘毅的担当之风，日新日高的进取之风，讲诚修睦的仁合之风，吾日三省的自律之风。儒家文化蕴含着丰富的人生智慧、价值观念、道德理念、人生追求、情操境界以及对世界感知的方法，为我们提供了丰富的精神文化资源。八种儒风是济宁地税按照古为今用的原则，推陈出新总结提炼出来的，已经成为济宁地税全体干部职工的共识。

## 三、"儒风地税"文化品牌的特点

(一)行业性

税法是税收至高无上的法律，税务部门执行税法代表了国家的意志，因此，税务部门的税收管理以及与之相关形成的税务文化便具备极强的政治性，税务文化是在税务部门组织收入、服务经济建设中形成的精神财富和物质财富，要以维护国家利益，执行党和国家的方针政策为第一任务。脱离税务中心工作，"儒风地税"文化品牌便失去了属于自己独特的活力。

(二)地域性

税务文化主要是围绕税收工作形成，其针对性和目的性较为明显；各单位的具体情况和人员状况又有所不同，因此表现出来的文化形式也各具特色。税务文化是扎根于税收实际的产物，因为当地经济发展状况不同、税源结构不同必然会形成各具地域特色的税务文化。

(三)时代性

税务文化建设应当不仅体现传统税务文化，更应该与时代发展同步、与经济发展同步、与国际先进税务文化发展同步，不断吸纳先进因素，达到不断发展的目的。税务文化建设必须保持旺盛的活力，与时俱进，体现时代前进方向、体现创新精神，符合时代特征。

## 四、"儒风地税"文化品牌的经验总结

(一)思想文化方面

1、充分认识税务文化建设对于整个税收工作的统领作用。税务文化建设是整个税收管理工作中物质财富和精神财富的总和，精神文化建设、制度文化建设、行为文化建设和物态文化建设都是税务文化建设的组成部分，精神文化建设是税务文化建设的精神和灵魂，制度文化建设是税务文化建设的精髓和核

心，行为文化建设是税务文化建设的表现和外观，物态文化建设是税务文化建设的基础和支撑。而在制度文化建设中，税收制度（包括税收管理制度）、税收执法、纳税服务、行政管理和廉政建设成为其主要内容，这也正是整个税收管理工作的核心所在。因此，税务文化建设对于整个税务工作具有统领作用，不是务虚工作，也不是税收中心工作之外的附属产品。

2、要以税收工作为中心全力打造属于自身品牌的文化建设。税收中心工作的核心就是税务文化建设的核心，税收征管水平的提高、税收征管质量的提高，执法水平的提高，管理质量的提高就是税务文化建设精髓的所在。因此，任何脱离税收中心工作的表面文章和花架子都是与税务文化建设背道而驰的，只有围绕税收中心工作的税务文化建设才是属于自身品牌的真正税务文化。

（二）健全体制方面

1、要建立有效机制加强税务文化建设。以有效的管理机制、竞争机制、激励机制、考核机制应用于税务文化建设的方方面面，使全面塑造灵魂，提高管理水平，行为示范带头、文化物质基础各个方面得到机制保障，以机制推动税务文化建设，以机制提升税务文化建设，以机制保障税务文化建设。

2、要加强制度建设规范税务文化建设。从加强税务文化建设的顶层制度建设入手，完成四大体系中各个体系的不同的制度，使税务文化建设制度成为整个税务文化建设的规范，确立税务文化建设的短期目标、长远规划和整体思路，确保税务文化建设每一步都扎扎实实，富有成果。

（三）具体措施方面

1、积极鼓励各种人才健康成长。要制定相关措施，将税收管理人才、税收业务人才、税收科技人才、税收文艺人才等一切在税收实际工作发挥重要作用的人才放在平等的税收文化人才范围内，积极鼓励各类人才在各自领域中出智慧、出业绩、出功绩，重视和提高税务文化人才的精神需求，加强导向作用和引领作用，打造税务干部积极昂扬、不断奋进的价值取向和精神追求，全面提高税务文化建设的内涵和质量。

2、认真总结税务文化建设的经验。要认真回顾和总结税务文化建设的成功经验和成功做法，将属于自己的独一无二的税务文化精华，如内控促廉管理经验、税收征管分析和风险管理经验、网络普通发票管理经验、重点税源监控管理经验、煤炭生产企业增值税监控管理经验、大企业税收风险管理经验、企业所得税纳税评估管理经验、干部教育管理经验等进行认真梳理和总结，使之成为陕西税务文化建设的精髓和独特文化魅力。

3、在实际工作中加强税务文化建设。要走出税务文化建设的瓶颈区，充分认识到税收管理工作中的每一个成绩、每一项智慧都是税务文化建设的重要组成部分和重要内容，税务文化建设存在于税收实际工作的每一个环节，潜在于税收实际工作中的每一天。完善管理措施、完善征管措施、完善执法措施、完善纳税服务、完善廉政措施、完善行为规范、完善基础设施，使各项工作上台阶，使各项工作出成绩，使所有干部都朝着一个目标扎实奋进，就已经完成了整个税务文化建设的提升过程。因此，制定切实措施，脚踏实地投入税收工作就是税务文化建设丰硕的内在本质。

中华传统文化作为中华民族的宝贵财富，日益显现出它的巨大作用。而儒家文化作为中华传统文化的主流，其作用更应该受到重视。十八大以来，习近平总书记多次提出中华传统文化的巨大作用，提出中华传统文化是我们最深厚的软实力，重视传统文化的作用。济宁地税系统通过多年的实践与学习，逐步形成了“儒风地税”文化品牌，这是儒家文明与现代政府部门实践的一次成功结合，对于济宁地区的地税文化建设有着重要的意义。

（作者单位：山东省济宁市地方税务局）

# 税收工作在惩防体系框架下的实践与思考

姜 萍

建立健全教育、制度、监督并重的惩治和预防腐败体系，是贯彻落实党中央反腐倡廉重大战略决策的重要措施，是关系税收事业兴衰成败的一项紧迫而长期的任务。近年来，大连市地税局始终坚持以科学发展观为指引，以预防预警为先导，紧紧围绕地税系统中心工作，深入推进惩防体系建设，努力从源头上预防和治理腐败，为地税事业健康发展提供坚强的政治和纪律保障。

## 一、推进税务机关惩防体系建设的具体实践

(一)注重文化引领，为税收执法"铸魂"

廉政文化是反腐倡廉教育的重要内容，在建立健全惩防腐败体系、加强源头治腐工作和构建和谐地税中起着至关重要的作用。

1、打造精神文化平台，为反腐倡廉立标定向。构建精神文化平台，就是运用教育的方式，通过座谈、征文、演讲、讲座、事迹报告等形式，将"忠诚于国家，忠诚于法律，忠诚于纳税人"为核心的地税文化理念潜移默化地渗透到税务人员的学习、工作和生活，让地税文化理念入心入脑，成为税务干部的精神支柱，引导税务人员树立正确的思想道德、理想信念和职业操守，增强依法行政、秉公执法的自觉性。我局利用书法、摄影、绘画、文艺创作、歌咏比赛等群众喜闻乐见的文化活动形式，赋予反腐倡廉内容，把个人爱好与廉政文化融合在一起，使每个税务干部在工作之余，都能够找到属于自已的文化天地，在享受文化艺术乐趣的同时，受到廉政文化的熏陶，提升思想境界，树立清廉品格和高尚情操。

2、打造行为文化平台，为反腐倡廉凝心聚力。构建行为文化平台，就是以多种有形的文化形式和手段，形成浓厚的地税文化氛围，起到潜移默化、润物无声的教育作用，使税务人员养成文明、健康、和谐的行为方式和行为习惯。为提升税务干部的思想境界，把廉政水平、执法水平、服务水平提高到新的档次。近年来，我局全面实施了廉政文化的"入心"工程：把廉政文化融进亲情教育，通过与干部家属签定家庭助廉责任书，召开家庭助廉座谈会、开展家庭助廉和亲情劝廉等活动，情理交融，用廉政文化温暖人心；树立和弘扬廉政典型，将廉政典型事迹汇编成册，并在地税网站和媒体上广泛进行宣传报道，弘扬正气，用廉政文化感召人心；将廉政文化上微机、上长廊、上舞台。此外，我局还利用近年来本系统发生的税务干部违法违纪案件进行警示教育，教育税务干部引以为戒，做到"四要"、"四不要"：即要做学习的表率，不要为声色所迷。要做廉洁的表率，不要为钱物所惑。要做接受监督的表率，不要为权力所蚀。要做公正执法的表率，不要为人情所误。

3、打造制度文化平台，为反腐倡廉立规设防。2001 年以来，我局不断强化制度建设，构建了完备的制度体系，完善了决策权、执行权、监督权既相互制约又相互协调的权力运行机制，形成了崇尚规则、讲求规则、遵守规则、善用规则的制度文化。为防止以权谋私、以税谋私现象的发生，制定了 21 项内部监督制约制度，覆盖了两级领导班子和领导干部权力运行的全过程及所有环节，用制度规范执法行为。围绕税收执法权和行政管理权监督，先后制定了 300 余项管理制度，涵盖了税收业务管理、党务政务管理、财产物资管理、班子队伍建设、党风廉政建设、干部人事管理等 8 个方面，每个方面的制度都制定了监督管理

的办法和措施，形成时时、事事、处处有监督有制约的格局，使全局各项工作都在规范的制度体系下有序运行，促进了依法治税、为税清廉。我局廉政文化建设做法和经验先后在市纪委、国家税务总局、省地税局，推广与交流。2012 年 6 月，又被授予"大连市直机关廉政文化建设示范单位"称号。

（二）完善监督体系，为税收执法"夯基"

实践告诉我们，权力失去监督就容易产生腐败。近年来，我局坚持预防为主、标本兼治，逐步建立起执法有据、操作有序、过程监督、责任追究的"两权"监督制约机制，保障了税收各项工作持续稳步健康发展。

1、做好"五个盯紧"，增强税收监督"执行力"。我局在构建体系完整、相互配套、相互补充、相互制约的监督机制的同时，对容易产生腐败行为的重要部门、关键岗位和薄弱环节，实行重点防控，做好"五个盯紧"。一是盯紧各级领导干部和领导班子。防止权力运行出现问题，凡涉及行使"两权"的大事，都要集体讨论、民主决策、逐级审批。二是盯紧有征收管理、检查、处罚权的部门和个人。对税务人员下户实行事前、事中、事后全过程控制。三是盯紧预算外资金、专项资金的使用管理。对全系统的经费纳入全额反映、全额核算、全额管理、全额监督，严格财经纪律，强化资金管理。四是盯紧大宗物品采购等项目。我局成立了大宗物品采购工作委员会，凡重大采购等事项，都要实行公开招标，由采购工作委员会审查，报局长办公会议讨论审批。五是盯紧干部选拔任用。在机构人事调整工作中，严格按领导干部公开选拔和竞争上岗的程序进行。实行竞争上岗制度，整个过程操作严格，程序公正，杜绝了用人上的不正之风。我局"五个盯紧"的做法得到了市纪委主要领导的高度评价。

2、实行"一案双查"，增强监督机制"创新力"。在"两权"监督实践过程中，我局针对税务部门出现违纪违法案件多发生在税收执法环节、多与涉税案件有关这一问题，不断创新监督手段和方法，2007 年 8 月起，我局建立实施了涉税案件"一案双查"制度，把查处税收违法案件与规范税务人员执法、强化税收征管、预防职务犯罪结合起来，制定了《涉税案件一案双查试行办法》，与《税务稽查信息反馈管理办法》和《重大税收违法案件管理办法》相配套，形成了一套完整的"一案双查"工作机制，《试行办法》从内容、范围、程序、方法、责任追究和行政处理等多个方面，明确了"一案双查"的组织分工、部门责任和具体落实措施。截止 2012 年底，我局通过实施"一案双查"制度，调查涉税案件 150 多件，责令说明情况 18 件，提出整改建议 31 项，实施责任追究 19 人次，较好地发挥了"以查促管、以查促廉"的作用，促进了惩防体系建设，为税收事业的发展提供了有力保证。"一案双查"的经验和做法，先后在国家税务总局和省地税局总结和推广。

（三）强化预警防范，为税收执法"护航"

税务机关是重要的执法机关。强化预警防范，健全监督制约机制，是构建地税系统惩治和预防腐败体系的关键。近年来，我局着力构建"结构合理、配置科学、程序严密、制约有效"的权力运行监督机制，通过关口前移、过程监控，充分发挥监督在惩治和预防腐败工作中的关键作用。

1、科学实施廉政风险控制，强化内控机制建设。2009 年以来，我局对税务部门容易滋生不廉行为的税收执法环节进行了全面梳理，将 21 项内部监督制度与 130 余项税收管理制度进行整合，从税收管理环节的 8 个方面确定了 252 个执法风险点。在排查风险的同时，对税收管理、税收执法和行政管理中可能引发廉政风险的各种信息进行鉴别评估，根据不同的风险度和风险成因，采取相应的风险应对策略和措施，优化权力运行流程，简化办事程序和环节。

2、构建税收执法预警防范平台，实现网上权力监控。2009 年，我局依托"数据大集中"税收管理系统，构建了"税收执法预警防范平台"，对应税收权力运行"风险点"，设置了"征收管理"、"税务稽查"、"行政审批"等九个模块，对廉政风险进行事前提醒。通过数据信息的分析比对，能够及时发现和追究违规违纪问题，从而将权力行使过程变为信息处理过程，弱化人为因素，实现廉政监控由人控为主变为人机结合、机控为主,做到网上留痕,可查可控,全程制约。

3、坚持以人为本理念,深入推进政风行风建设。结合税收工作实际,采取“走出去、请进来”等方式,面向社会各届广泛征求政风行风建设方面的意见和建议。充分发挥特邀监察员的监督作用,组织开展明查暗访,查找基层纳税服务中的深层次问题。通过设在各办税服务厅的举报投诉箱、意见簿等标准化服务设施,收集整理纳税人的意见和建议。今年以来,以全市开展软环境建设年活动为依托,把其作为我局继去年开展纳税服务年活动之后,进一步优化纳税服务、构建和谐征纳关系的一次良好契机,认真查找软环境建设方面存在的突出问题和薄弱环节,落实行之有效的整改措施。在全系统的共同努力下,我局政风行风建设工作成绩显著,2011 年实现大连市政府执法类部门民主评议六连冠,连续多年被评为大连市政风行风建设优胜单位。

## 二、构建税务机关惩防体系的思考

按照《工作规划》要求,我局在惩防体系建设方面取得了长足的进展,在惩治和预防腐败工作中发挥了重要的作用,但我们也清醒认识到税务机关在实施税收执法和税务管理活动中由于没有准确按照法律、行政法规或者规章规定的内容与程序履行职责,出现违法、不当行为或者不作为而被追究执法过错责任、受到行政处分甚至承担刑事责任的事件时有发生,税收执法风险日益增大。如何有效防范和化解腐败之风,已成为新形势下各级税务机关必须高度重视并亟待解决的问题。因此,探索如何建立和完善科学有效的惩防体系,对于加强税务机关反腐倡廉建设,保证国家税收稳定增长、建设高素质的税务干部队伍具有十分重要的意义。

思考之一:在制度建立环节,存在调研不够,内容、程序、配套措施不科学、针对性不强等问题,使制度在产生之时就有先天性缺陷,无法发挥其作用。要围绕地税系统惩防体系建设要求,科学规划,突出重点,逐步完善。

税务机关要发挥制度的管理作用,建好制度是基础,要以制约和监督权力为核心,加强整体规划,抓紧重点突破,逐步建成内容科学、程序严密、配套完备、有效管用的反腐倡廉制度体系。一是保证制度的实用性。制定制度,要通盘考虑它的适应性、操作性,一个制度的出台必须从工作实际出发,要经过一段时间的实践检验,检验它的适应性、操作性。制度规范的内容要科学、程序要严密、配套要完整,要包括执行、监督、考核、奖惩的全部过程,制度所规范的内容要明确,该做什么,做到什么标准,不该做什么,做了会产生什么后果,这样才具备可操作性,才能顺利执行。二是保证制度的针对性。加强反腐倡廉制度建设,必须在全面加强教育、监督、预防、惩治各项制度建设的同时,针对一些重点领域和关键环节,率先在制度建设上取得突破。目前,结合地税系统实际要规范权力运行程序,从征、管、查、减、免、罚、人、财、物“九个节点”人手,实行决策权、执行权、监督权既相互协调又相互制约,形成用制度管人、管权、管事的良好机制;要提高应对风险的能力,围绕重大决策、审批审核、干部任用、经费管理等权力比较集中的关键环节、重要岗位,全面排查风险点,通过风险识别、分类、评估等方法,形成风险管理机制。三是保证制度的创新性。近年来,地税系统围绕惩防体系建设工作,适应优化社会发展环境的需要,进行一系列制度的健全和创新。运用“制度+科技”的模式,利用科技手段推进制度设计和制度创新,如预警信息的收集和分析制度、执法风险排查和防范制度等,使惩防体系制度管理更超前一步,制度监督更先进一步。

思考之二:在廉政教育环节,存在形式单一、基层教育设施有限等问题,使廉政教育范围不够广泛。要以扩大教育形式多元化为抓手,构建廉政文化教育新格局。

随着税收征管的国际化、税收环境的复杂化,对税务人员自身素质的要求越来越高,对思想风险防控的难度也越来越大。因此,要在实践中注意总结经验,不断完善教育防控体系,构建廉政文化建设新格局,在廉政教育内容上,要与时俱进,高扬主旋律。要更加贴近社会生活、贴近税收工作、贴近税务人员的思想实际。美国联邦政府1978年设立了道德署,并颁布实施了《政府道德法》,美国重视公务员道德立法和教育的做法给我们启示,希望组织起草专门的税务人员行为道德准则,并通过教育培训使之真正入脑入心。在廉政教育形式上,要不断推陈出新、不拘一格,要把阵地建设作为重要载体,阵地集中组织开展群众喜闻乐见的廉政文化活动,通过多途径、多渠道、多手段,进行全方位、多层次的廉政文化建设。在廉政教育机制上,既要注重说理性传统教育形式,更要注重网络化现代教育方法。使廉政教育具有更广阔的空间和舞台,要充分发挥现代科技传媒便捷互动的优势,让税务人员有更多表达意愿、交流思想的场所和机会。在廉政教育制度上,要健全教育长效机制。坚持经常性教育与专题教育相结合,分层分类教育与共同教育相结合,不断提高教育的针对性和有效性。组织党员干部系统学习《廉政准则》、《国家行政机关公务员行政处分条例》等党纪政纪条规,在认真开展学习教育的基础上,组织党员干部交流学习体会,加强理性思考。

思考之三:在监督机制环节,整体合力不够,责任不清,奖惩不明。要做到每项制度都有明确的监督执行责任部门,使承担监督责任者无法推卸责任。

腐败行为之所以屡禁不止,与风险防范意识不强、廉政监督制约不力有直接关系。新加坡、香港地区在经济起飞阶段都有过腐败盛行的时期,官员贪渎不法,政府效率低下,影响了社会稳定和经济发展。政府意识到,要维护政府的权威,确保法令畅通和社会稳定,形成良好的经济发展环境,必须强化监督制约、严惩腐败,建立廉洁高效的政府。新加坡1965年独立后,颁布了《反贪污法》,设立了直接对总理负责的贪污调查局。上世纪70年代初,香港立法会制定并通过了《防止贿赂条例》,1974年成立了廉政公署。我们相互之间虽然有着社会制度和历史传统文化的差异,但他们在廉政监督方面确实有很多经验值得借鉴。一是建立和完善公开透明的监督机制,保障监督。实行税务机关党务、政务信息公开制度,除需保密事项之外,能够或者应该披露的事项一定公开;进一步明确监督主体的权力、责任和行为规范,不断建立和完善监督制度、办法、措施。二是充分运用现代科技手段,强化监督。充分运用信息化建设成果,把监督制约融入到税收权力运行全过程。当前要积极推进电子政务和电子监察工作,控制人为因素,减少滋生腐败环节,实现税收"两权"事前、事中、事后的全程监控。三是拓宽监督渠道,构建立体化监督网。廉政监督仅靠纪检监察部门的力量不行,要积极发挥税务各职能部门、干部职工和社会力量的监督合力作用,因为他们能及时发现腐败问题,能有效遏制腐败行为。新加坡等国利用传媒、广告、互联网、通讯、公告栏等多种形式,提醒社会民众关注腐败问题,及时与反贪机构保持联系。借鉴他们经验,我们保持现有的信访投诉渠道畅通的同时,可以利用现有信息网络资源,比如借助税务机关局域网开设网络举报平台,延伸监督的视角。

(作者单位:辽宁省大连市地方税务局监察室)

# 税务机关深化学习型组织建设的理论思考与实践探索

李方园

## 一、建立学习型组织的理论内涵

(一)学习型组织的概念

彼得·圣吉在畅销经典《第五项修炼》一书中明确指出:"所谓学习型组织,是指通过培养弥漫于整个组织的学习气氛、充分发挥员工的创造性思维能力而建立起来的一种有机的、高度柔性的、扁平的、符合人性的、能持续发展的组织。这种组织具有持续学习的能力,具有高于个人绩效总和的综合绩效。"学习型组织是一个不断创新、不断进步的组织,"在其中,大家得以不断突破自己的能力上限,创造真心向往的结果,培养全新、前瞻而开阔的思考方式,全力实现共同的抱负,以及不断一起学习如何共同学习。"与传统机关管理模式相比,学习型机关更侧重于依靠机关成员的自主性,依赖机关内部相对稳定的运行机制,而不是主要依附领导意志和行政命令。在学习型组织中,学习是一种能力培养过程,并与工作相结合,达到增长知识、转变观念、改进工作,强化整个组织的生存能力、竞争能力和创新能力的目的。

(二)学习型组织的五个特征

彼得·圣吉在《第五项修炼》中提出学习型组织需要开展五项修炼:即自我超越、改善心智模式、建立共同愿望、团队学习和系统思考。学习型组织的最终目标是使组织作为一个整体系统能够不断适应环境变化,获得生存和发展的一种新型组织机制,短期目标是实现组织的共同愿景;基础是包括信息反馈、工作反思和交流共享的团队学习;核心是改善组织成员的心智模式、实现自我超越基础上的学习力;方法是系统思考,并不断反思、创新。

## 二、税务机关深化学习型组织建设的意义

现阶段,深入开展学习型机关建设能否给税务部门带来更有益的帮助,答案是肯定的。应把学习作为一种政治责任、一种精神追求,在不断学习中掌握新知识、开阔新境界、增长新本领,以全新姿态去迎接当前经济社会对税收工作带来的新挑战。

(一)开展学习型机关建设是构建现代税务机关的必然要求

推动科学发展、促进社会和谐是时代赋予税务部门的重要使命。税务机关,作为社会的基本构成单元,既是社会建设和管理的主体,也是构建和谐社会的重要组成部分,不仅要履行依法治税、聚财为国的职责、最大限度地整合和协调社会资源,而且还要紧紧围绕服务科学发展、共建和谐税收的主题,做到法治公平、规范高效、文明和谐、勤政廉洁,努力建设依法行政、行为规范、诚信友爱、服务高效、环境优美、充满活力的新型机关。尽管近年来税务系统组织收入连创新高,科学化、专业化、精细化管理水平不断提高,公共形象和社会地位稳步提升,但一些深层次问题也是十分突出的。一是干部年龄结构老化,出现断层。二是管理、考核方法尚不够科学、合理,机关的工作难以量化和评价,正面激励手段不多,干部工作积极性难以调动。三是缺乏高素质复合型人才。四是经费紧张、提职加薪机会减少。这些长期解决不了的

难点和问题，需要税务机关从内部找原因，从机制上寻求解决问题的方法，通过开展学习型机关建设，在学习中不断反思，在反思中不断创新，在创新中解决难题。

(二)开展学习型机关建设是税务干部个人价值的需要

美国著名社会心理学家亚伯拉罕·马斯洛在1943年发表的《人类动机的理论》一书中提出了需要层次论。把人的需求依次由较低层次到较高层次分成生理需求、安全需求、社会(感情)需求、尊重需求和自我实现需求等五类。马斯洛需要层次理论认为：人的其它需要可以得到满足，但自我实现不会满足。

作为一名税务干部，属于温饱阶段的生理需求和安全需求应该都能满足。属于小康阶段的社会(感情)需求和尊重需求，其中社会(感情)需求包括友爱的需要和归属的需要两方面的内容；尊重需求则是指人人都希望自己有稳定的社会地位，要求个人的能力和成就得到社会的承认。对绝大部分税务干部来说，虽然岗位不一样，但都能够胜任本职工作，也都被同事、组织和纳税人所认同，都能得到感情和尊重需求上的满足。对这些税务干部来说，在此基础上，通过自己设定目标，在平凡的工作岗位能够发挥自己的潜能，开拓性的开展工作，展示自己的风采，就是自我实现。如邮差费雷德，就是把平凡的工作做得与众不同。而追求最高层次的自我实现，实现个人理想、抱负，发挥个人的能力到最大程度，努力实现自己的潜力，则需要我们不断学习，不断提升自己的能力。我们每个人身上都潜藏着巨大的能量，只要主动地、有效地进行开发，而不是被动地、消极地观望等待，就能够实现新的飞跃，从而得到自我实现。

实践证明，在经济全球化不断发展和科技进步突飞猛进，税收工作面临新机遇、新挑战和新任务的今天，开展学习型机关建设，对税务机关落实科学发展观，紧跟时代发展，激发工作动力，提高工作本领，强化管理，提升工作效能，建设高素质干部队伍，推进各项税收工作的可持续发展，是一项十分有益且有效的举措。

## 三、税务机关深化学习型组织建设的途径

建立学习型税务组织是一项系统工程，它包括目标、原则、机制等一系列内容，贯穿于队伍管理的始终，它是一个从低层次向高层次、从不完善到逐步完善的发展过程。

(一)树立明确的创建目标

建立学习型税务组织的核心目标应是形成以人力资源为核心，以持续创新为特征，创业个性化与团队奋斗紧密结合，不断保持优势竞争力和持久发展动力的税务组织。树立明确的目标包括素质建设目标、资源整合目标和管理创新目标。

1、素质建设目标。素质建设目标应明确三个重点、区分三个层次、把握三个原则。三个重点是：学历水平，即通过引进高学历人才、鼓励自学成材、开展远程教育等措施，逐步提高队伍整体学历水平；岗位技能，即通过开展岗位培训、评选岗位标兵，在工作中学习，在学习中工作，使税务人员能完全适应岗位工作；综合素质，即通过开展对税收、财会、计算机、法制等知识的学习，逐步提高税务人员的综合素质，培养一批具备多学科知识的复合型人才。三个层次是：具有较高理论素养和驾驭复杂局面能力的领导干部队伍层次；具有综合业务素质和独挡一面工作能力的业务骨干层次；具有一定业务能力和操作水平、能够适应本职工作需要的一般工作人员层次。四个原则是：学习、工作、生活互融互动；以信息交流反馈为特点，注重团体效应；学习以变革为归宿，学习的速度大于变革的速度；学以致用，不断创新，促进发展。

2、资源整合目标。完善岗位责任体系，实行双向交流，做到个人特长与工作岗位的合理匹配，用人所长，人尽其才，实现人力资源的最佳配置；定期开展轮岗、换岗，丰富税务人员的工作经验，多方面挖掘和培养工作能力；建立竞争上岗和辞退、待岗、淘汰等机制，激励税务人员加强自身学习，提高个人素质。

3、管理创新目标。以建立学习型税务机关为契机，重新审视和改造现行队伍管理模式，建立符合现代管理科学发展趋向和税收工作实际需要的科学管理模式。重点是树立三个战略。一是人力资源第一

的战略。真正树立人力资源第一的管理理念，把充分调动每一位税务人员积极性、能动性作为队伍管理的目标。二是改变人力资源的评价方式。从传统的上级凭印象评价下级转变为通过科学量化标准客观评价每一位税务人员的工作能力和业绩。三是调整人力资源管理制度、政策和规章。通过推行能级管理、扁平化管理等模式，使队伍管理机制与学习型组织创建紧密结合，互为促进。

（二）建立广覆盖、多层次、立体式的教育网络体系

能否建立广覆盖、多层次、立体式的教育网络体系是衡量学习型组织创建程度和水平的重要依据。一是要构筑全方位的教育体系。要构筑以全员培训为特色的终身教育体系，既注重对税务人员进行潜能开发、心理素质培养、道德修养锤炼、文化素质培训等职业技能训练，又要全面提升税务人员的学习、创造、竞争、协作、抗挫折能力，着力建设一支学习型团队。二是要构建多元化教育体系，着眼于培养一批符合时代要求的人才群。三是要打造立体式教育体系。从各级税务机关领导到基层一线税务人员都应被纳入教育对象。同时，建立起覆盖广、多层次、立体式的教育培训体系，满足各种层次人员学习的需求，形成崇尚学习的良好风气，促使每一名税务人员都成为胜任本职工作的合格人才。四是要构建知识共享与交换平台。平台可分为硬件与软件两部分，硬件主要是以 IT 技术为基础的知识管理平台，它可以大大提高知识积累与共享的效率；软件主要以各种沟通会、研讨会、学习会等形式为基础，大到年初系统工作会，小到科室工作总结会，都可以成为知识共享的平台。从职能的不同划分，教育网络体系中的组织机构可以分为指导策划机构、组织承办机构、学习组织机构。创建学习型组织事关全局，必须靠强有力的领导体制作保证。

要建立“一把手”负总责、有关部门紧密配合的学习型组织领导小组，对学习型组织建立的目标、原则进行规划，对有关方案审核把关，协调调动各方面的积极因素，监督各阶段工作目标的落实情况并对学习型组织建立的最终成果进行评价。组织承办机构主要为各级税务机关的人事教育部门，也可成立专门的创建机构，主要负责对全系统人员情况的摸底调查、具体实施方案的草拟、教材教具的选购、师资力量的集中、税务人员的培训、各阶段工作的总结以及有关奖惩机制的具体落实。在学习各种相关知识的基础上，按照职位、级别、岗位、学历层次的不同，分别确定不同的学习重点，提高学习的针对性和目的性。

从评价效果的标志上看，学习型组织的学习重点表现在五个方面：第一，提升学习力。学习力是学习的总量、质量、流量和增量的综合效应。学习总量表明学习内容来源的宽广程度，体现组织和个人的开放程度；学习质量表明学习者的综合能力素质以及学习的效率和品质；学习流量表明学习的速度和载体的流通效率；学习增量表明学习成果的创新程度和对未来的价值。第二，增强思考力。思考力是思考问题的能力，如系统思考、辩论思考、逻辑思考、换位思考等。思考力的增强来源于思维方式的改善、各类知识的贯通、长期学习的积累以及清晰的思维、准确的分析判断、严密的逻辑论证、科学的决策。第三，捕获信息力。要主动出击，捕获信息，以便使组织的学习充满活力，同时利用这些信息为本单位的生存和发展服务，实现学习型组织内部的信息共享、知识共享。第四，拓展结合力。通过税务机关学习型组织的学习，把学到的各种知识运用到自己的工作实践中去。这就需要在理论与实践的结合上下功夫，提高学习型组织每个成员的结合力，拓展社会实践知识面。第五，强化组织力。搞好税务学习型组织的建设，关键在领导者对学习的组织能力。组织力的强弱，直接关系到学习型组织的学习成效。要强化组织力，领导者首先自己要成为学习型领导，树立终身学习的理念。

（三）构建系统、规范、长效的保障机制

系统、完善的长效机制是确保学习型组织顺利运转的基本保障。将“学习工作化、工作学习化”形成一种制度，把工作的过程看作是学习的过程，将学习与工作一样要求，一样对待，把工作和学习紧密结合在一起。保证全体干部在工作的同时不断学习，同时将学习贯穿于整个工作过程当中，真正把学习落到实处，扎实推进学习型税务机关的健康发展。采取多层次、多渠道、多途径、多形式的方法，努力创建良好

的学习环境和条件，同时更要善于健全完善学习的有效机制，以充分调动全员学习的主动性和积极性，进而真正形成一种"学习工作化、工作学习化"的制度。

税务机关在创建学习型组织过程中，要着力建立五个机制。1、舆论引导机制。学习型组织需要学习型文化。要确定学习的理念和价值观，把学习与创新作为税务机关的核心理念进行塑造；要通过大力开展税收文化活动，提炼共同遵循的价值理念和奋斗目标。税务系统各级领导干部要改变过去的管理风格，多与税务人员进行沟通和交流；要坚持人人学习、随时随地学习、终身学习的舆论导向，引导所有税务人员由"要我学"向"我要学"转化，实现学习意识普遍化、学习行为终身化、学习体系合理化、学习方式科学化，全面提高税务人员的学习能力和创新能力。2、载体创新机制。要通过创新载体，吸引税务干部职工广泛参与学习，不断增强学习型组织创建活动的群众性和吸引力。如依托信息网络开展在线学习，打造网上学习平台，组织专家讲座、高层论坛、理论研讨、学术报告等，变传统的集中"灌输式"教育为日常"积极自学式"教育，改变传统的枯燥无味、行政加压的教育体制，营造寓教于乐、轻松自然的学习氛围，充分激发税务人员自觉学习的动力和热情。3、良性运转机制。良好的内部沟通机制可以极大地提高学习的效果。要建立和完善联席会议、协调督办、学习培训、人事管理等规章制度，将学习型组织的创建活动纳入严格有序的管理范围内，确保组织运转顺畅。如定期向税务人员推荐、印制或者购买学习资料，组织有关部门就其内容进行研讨；对人员进行工作流动和岗位轮换，结合工作实践进行充分交流；设立记事牌、电子公告牌，及时公布单位的发展规划、重大事件、岗位需求、热点问题，提高税务人员的参与程度，让知识得到增值。4、考核激励机制。建立相应的激励和约束机制，将税务人员的学习绩效纳入年度目标考核和岗位责任制考核中，把学习作为一项工作任务，与考核和薪酬结合起来，多方面激发人的潜能，实现学习效能的最大化。全面开展全员素质达标活动，对税务人员素质实行目标管理和能级评定，促使大家由被动学习转变为主动学习。通过设定学习目标，引导、支持税务人员学习部门内外先进的管理经验并在税收工作实践中加以合理分配使用，实现管理知识、经验、技术的不断更新与提升。5、投入保障机制。在年初经费预算中安排合理的专项经费，切实保证建设学习型税务机关的必要投入。在现有条件下，要合理使用财力，确保学习型组织的培育和形成、完善，真正推动学习型税务机关的创新与发展。

（作者单位：辽宁省大连市地方税务局税收科研资料中心）

# 税务人员退休准备教育的研究

韦　艺　钟春年　袁理兵　罗晓阳　韦健华

在我国逐步进入老龄化社会的时候,退休后的老年群体已引起社会的日渐关爱,但相对而言,那些处于临退休的“准老年”群体却往往被忽视而缺乏社会的关注,税务部门超过五十岁的干部职工也不断增多,上世纪80年代初参加工作的同志基本步入了五十岁行列,离60岁的退休年龄越来越近,加上《中华人民共和国公务法》第八十八条规定的“工作年限满三十年的和距国家规定的退休年龄不足五年,且工作年限满二十年的可申请提前退休”,临近退休的人数就更多,如广西地税系统目前有干部职工9691人,50岁以上的有2791人,占干部职工总数的28.80%,超过四分之一,工龄满30年(符合公务员申请提前退休规定)有3075人,占干部职工总数的31.73%,接近三分之一;退休前的准备教育就愈加重要,更加迫切,如何搞好对临退休的“准老年”干部职工这一群体的退休准备教育,以期能稳定他们本职工作的胜任力,提升他们面临角色转换的心理调适力,进而促进其退休后生涯发展的规划力,这是税务部门很值得、也是迫在眉睫、必须加以研究的问题。

## 一、退休准备教育的内涵与理论依据

(一)退休准备教育的内涵

退休准备教育也称退休前培训教育,是通过对临退休的在职人员进行教育、培训和指导,来稳定其职业生涯后期的胜任能力,提升其对于角色转换的心理调适能力,进一步促进其退休后的发展规划力,最终实现从工作到退休的顺利过渡。退休准备教育发端于20世纪40年代的美国,并在60年代得到迅速发展。公务员退休准备教育主要包括三个方面的内容:退职准备型教育、生活设计型教育和生涯设计型教育。

(二)退休准备教育的理论依据

退休准备教育的理论依据有职业生涯理论、积极心理学理论、社会角色理论,这些理论依据都表明了退休准备教育的重要性、必要性和可行性,为退休准备教育的实践提供了方向指引。

1、职业生涯理论。职业生涯是指一个人职业能力的获得、职业准备、职业选择、职业发展、职业调整,直到退出职业活动的完整的职业发展过程。在个人漫长的职业生涯中,每个人的职业生涯都要经历许多阶段,只有了解了不同阶段的特征、知识水平要求和各种职业偏好,才能更好地促进个人的职业生涯发展。

萨柏将职业生涯分成五个主要阶段,每个阶段有其独特的发展任务:成长阶段属于认知阶段;探索阶段属于学习打基础阶段;确立阶段属于选择、安置阶段;维持阶段属于专精和升迁阶段;衰退阶段属于退休阶段。萨柏认为,临近退休,人的健康状况和工作能力逐步衰退,即将退出工作,结束职业生涯,因此要学会接受权力和责任的减少,学习接受一种新的角色,以适应退休生活。

施恩根据人的生命周期的特点及不同年龄段所面临的问题和职业工作的主要任务,将职业生涯划分为九个阶段:成长、幻想、探索阶段(0—21岁);进入工作世界(16—25岁);基础培训(16—25岁);早期职业的正式成员资格(17—30岁);职业中期(25岁以上);职业中期危险阶段(35—45岁);职业后期(从40岁以后直到退休),衰退和离职阶段(在40岁之后到退休期间);退休。施恩认为,衰退和离职阶段的主要任务是:学会接地位的下降;基于竞争力和进取心受权力、责任、下降,要学会接受和发展新的角色;培养新的工作以外的兴趣、爱好，寻找新的满足源；评估自己的职业生涯，着手退休。格林豪斯根据人生不同年龄段职业生涯发展所面临的主要任务，将职业生涯发展划分为五个阶段：职业准备阶段；进入组织阶段；职业生涯初期；职业生涯中期；职业生涯后期。格林豪斯认为，职业生涯后期的主要任务是：继续保持已有的职业成就，成为一名良师，对他人承担责任，维护自尊，准备隐退。

职业生涯理论表明：职业生涯涵盖人生整体发展的各个层面，它是一个不断成长发展的过程，是个人和他人、个人和组织、个人与社会之间的互动结果。职业生涯跨越人生中精力最充沛、知识经验日臻丰富和完善的几十年，职业成为大多数人生活的重要组成部分。职业不仅提供了个人谋生的手段，而且创造了迎接挑战、实现自我价值的大好机会和广阔空间。随着社会的不断进步，职业生涯的概念日益深入人心。但是从现实的社会实践来看，职业衰退期的开发与设计往往处于真空的断层状态，导致职业衰退期和退休期无法顺畅过渡和有效衔接。对临退休公务员进行退休准备教育，既体现了足够的人文关怀，也有助于公务员队伍新老交替的平稳过渡。

2、积极心理学理论。积极心理学是心理学界正在兴起的一个新的研究领域。1998 年，心理学界著名的"艾库玛尔会议"确定了积极心理学研究的三大支柱：第一大研究支柱是积极情感体验，主要以主观幸福感为中心，着重研究人针对过去、现在和将来的积极情感体验的特征及产生机制。第二大研究支柱是积极人格，关键是制定积极人格的分类，只有对积极人格进行了正确的分类和界定，才有可能为测量、编制量表等提供基础。第三大支柱是积极的社会组织系统，确定如何使社会、家庭、学校、单位等有利于一个人形成积极的人格，并产生积极情感。

2000 年 1 月，塞里格曼和西卡森特米哈伊在世界著名的心理学杂志《美国心理学家》上共同发表了"积极心理学导论"一文，具体介绍了积极心理学兴起的主要原因、主要研究内容以及将来的发展方向，标志着积极心理学的正式确立。此后，越来越多的心理学家投入到此领域的研究中。美国当代著名的心理学家谢尔顿和劳拉金，道出了积极心理学的本质特点"积极心理学是致力于研究人的发展潜力和美德等积极品质的一门科学"积极心理学把自己的研究重点放在人。自身的积极因素方面，主张心理学要以人固有的实际的潜在的具有建设性的力量、美德和善端为出发点，提倡用一种积极的心态来对人的许多心理现象做出新的解读，从而激发人自身内在的积极力量和优秀品质，并利用这些积极力量和优秀品质来帮助有问题的人、普通人或具有一定天赋的人最大限度地挖掘自己的潜力并获得良好生活。虽然积极心理学的历史极其短暂，但是它的影响却日益增强，已经超出美国，波及世界各国的心理学界，成为一场名副其实、声势浩大的心理学运动。积极心理学要求实现从"问题导向"、"健康到的转变，更注重培养人们的积极心理品质关注"为临退休公务员退休准备教育提出了新的诉求不论从年龄维度还是从职业维度看，临退休公务员都有一定的特殊性。当前我国对临退休公务员的心理健康重视和支持还十分欠缺，退休准备教育的机制、内容、方式还都没有建立起来。公务员即将退休的身份认同适应心理与退休准备教育缺失的矛盾，导致有些公务员在临退休时表现出一系列较为典型的心理特征，如紧张、疲惫、焦虑、失落、排斥、恐慌、职业倦怠等等。这些心理健康问题不仅影响公务员自身的工作状态和服务质量甚至还给整个公务员队伍带来负面能量，影响政府的行政效能。对临退休公务员进行退休准备教育，有助于公务员减小或转移潜在的压力源，实现退休前心理的积极应对。

3、社会角色理论。"角色"原是戏剧中的名词，指演员扮演的剧中人物。从 20 世纪 20 年代开始，美国芝加哥学派开始系统地运用"社会角色"这个概念，并把它发展为社会学的基本理论之一。一般认为，社会角色是指与人们的某种社会地位、身份相一致的义务的规范与行为模式，一整套权利、它是人们对具有特定身份的人的行为期望，构成社会群体或组织的基础。个人是各种角色的总和，并且在社会生活中总是在扮演一定的角色。个体在扮演社会角色时，并不总是一帆风顺的，遇到障碍，甚至失败，而是经常会产生矛盾、这些就是角色失调。角色失调包括以下几种情况：一是角色冲突，即在社会角色的扮演中，角色之间对立或抵触，或角色内部发生了矛盾、妨碍了角色扮演的顺利进行。二是角色不清，即社会大众或角色扮演者对于该角色的行为规范认识不清楚。三是角色中断，指处在某一角色地位的人，由于主观或客观的原因，不能将该角色扮演到底而出现的中途间断的现象。它的发生可能是由于人们在承担角色的前一阶段没有为后一阶段所要履行的角色做好充分准备；或者是因为角色前一阶段的一套行为规范与后一阶段所要求的行为规范直接冲突，由于客观情况的变化，不能继续充当原来的角色。四是角色失败，指角色承担着被证明已不可能继续承担或履行该角色的权利和义务，不得不中途退出舞台，放弃原来角色的一种现象。

在社会生活中，角色失调是一种必然会有的客观现象。角色失调的产生与发展，轻则使角色扮演者个体产生痛苦与烦恼，重则影响社会生活的正常交往，造成社会生活的混乱。及时地调整角色失调，使其得以消除或缓解，有利于消除与减少社会矛盾，保持社会和群体的稳定协调发展。当然，要完全消除角色失调是不可能的，但是预先的调适与防范，可以使某些本来可能产生的角色失调不再出现；当角色失调已经出现的时候，采取措施并加以时候的调适，也可以适当减轻角色失调的程度，甚至使角色失调从根本上得到缓解。临退休公务员即将面临角色的剧烈转变：社会职能、社会地位、生活内容、生活节奏、人际关系等都发生了很大变化，从单位的脱离走向社区的回归，从"社会大舞台"走进"家庭小圈子"，时间变长了，空间变小了，每天没有固定的任务必须完成再加上昔日"门庭若市"而今"门庭冷落"，以往给予自身荣誉感和价值感的角色特征逐渐丧失，对个人产生了一种"边际人"效应。与此同时，临退休公务员个体的自我调适又比较匮乏，导致角色适应问题逐渐凸显。对临退休公务员进行退休准备教育，有助于公务员做好角色调适，从而避免角色失调，实现角色转变的软着陆。

## 二、税务部门搞好退休准备教育重要意义与必要性

### （一）是实现税务工作现代化管理的需要

国家税务总局提出了实现税收现代化的目标，税务现代化目标任务主要是实现人员、技术、流程三个要素的现代化；现代化的核心标志就是人员的现代化。税务人员的现代化是税务现代化的前提和核心，包括观念的现代化、素质的现代化、行为的现代化、机制的现代化等。人员现代化重点要提高人的综合素质，促进人的全面发展。除了要建立起比较规范的人员选拔制度，实现人员优化配置和合理有序流动，比较稳定的福利保障制度，比较公开公正地的考核监督制度外，还要有及时更新知识的教育培训机制，更新知识的教育培训就应该包括退休前准备教育培训。实现税收现代化就需要有力的人才支撑，必须要充分发挥税收管理人员的潜能，必须在提升干部队伍素质、激发干部队伍的活力上下功夫，这些都绕不开有丰富实践经验与较强工作能力的临退休人员。要实现税收现代化必须提高临退休人员的综合素质，必须激发临退休人员的活力。临退休的税务人员通常都担任着不同层次的领导职务，他们的状态直接关系到所在部门的行政效能、组织内部的团结和年轻税务人员的成长。因此说，搞好退休准备教育是实现税务工作现代化管理的需要。

### （二）是搞好税务队伍建设的需要

搞好退休准备教育有利于增强税务队伍的建设，临退休的税务人员是税务队伍的一部分，甚至是重要组织部分，搞好临退休的税务人员的退休准备教育是搞好税务干部队伍建设的一项重要工作。退休准备教育有助于减少临退休的税务人员职业生涯发展将终结带来的巨大心理冲击，维护其税务工作生涯后期的胜任力，做好社会角色转变的心理调适，从而使临退休的税务人员能够以积极的心态和稳定的状态站好最后一班岗。同时，临退休的税务人员通常都担任着不同层次的领导职务，他们的状态直接关系到所在单位组织内部的团结和年轻人的成长。退休准备教育有助于临退休的税务人员加深对自身责任担当的认识，以健康的心态传递出更多的正能量，从而推动整个税务队伍的建设，提高税务队伍的整体素

质。

退休准备教育也是实现税务部门人力资源的二次开发的重要手段，经过长期的税务干部队伍建设，全区税务人员的学历层次和知识水平乃至整体素质都有了很大提高，临退休的税务人员长期从事税务工作，有着丰富的经验和知识存量，较强的宏观把握能力和广泛的社会资源，在诸多方面仍然具有不容忽视的能力；其自身也有着一定的价值追求和自我实现的强烈意愿；不论从客观状况还是从主观需要看，临退休的税务人员群体都具有很大的可开发性，充分开发利用好这一群体蕴含的丰富资源，退休准备教育都显得十分重要。退休准备教育有助于临退休的税务人员实现人生规划与人生价值的重新确认，有助于实现临退休的税务人员队伍人力资源的二次开发，为促进经济发展和应对老龄化社会提供力量支持。税务人员队伍目前还包括着退休的税务人员，退休准备教育也对税务退休人员退休后税务队伍素质的提高产生重要作用。

(三)是促进税务部门廉政建设的需要

退休准备教育有助于克服“五九现象”和“退休综合症”。“五九现象”指一些领导干部在临近退休时，感觉权力时日无多并放纵自己违法违纪，因贪污腐败等罪行而纷纷落马。“五九现象”在临退休的税务人员中占有的比例非常小，但是对税务队伍与税务事业的破坏力却是极大的，这当然有监督约束不力的因素，但心理失衡才是内在直接的原因。退休综合症是指离退休后不能适应新的社会角色而出现一系列消极情绪，或因此产生偏离常态的行为，以致影响到退休生活及身体健康。这种现象主要是没有做好充分的退休准备而导致角色失调所致。退休准备教育有助于临退休的税务人员树立正确的世界观、人生观、价值观，逐步适应社会角色的转变，提高心理健康水平，从而克服“五九现象”和“退休综合症”。

(四)是提升税务部门社会形象的需要

退休准备教育能有效地帮助临退休的税务人员正确地树立世界观、人生观、价值观，维护其税务工作生涯后期的胜任力，从而使临退休的税务人员能够以积极的心态和稳定的状态站好最后一班岗，不出现消极倦怠，作风不整，违纪违规，甚至触犯法律的行为，向社会展示税务系统临退休人员的良好精神风貌。退休准备教育对税务人员退休后减少其职业生涯发展终结带来的巨大心理冲击，做好社会角色转变，使税务退休人员以积极健康的心态投入到社区活动、文体活动，在社会上发挥出积极作用，在社会上展示出税务部门准备教育的有效成果，进一步提升税务部门的社会形象。

## 三、目前税务部门退休准备教育的现状与原因分析

(一)现状

1、观念尚未形成。虽然，退休准备教育在国内越来越得到关注，退休准备教育的作用与意义受到了越来越多的人重视，一些部门与单位已逐步开展退休准备教育工作；但是，作为忙于税收中心工作的税务执法部门没有充分认识到退休准备教育的作用与意义，对退休准备教育的重要性认识不够，甚至还没有这种意识。另外，少数领导虽说有这方面的意识，但没有真正地把这一工作开展起来，使自己在退休准备教育这一现代管理意识没有转换成现代管理的实际。

2、尚未建立退休准备教育体系。税务系统绝大多数单位还没有建立起专门的退休准备教育的制度，就是在税务人员的教育培训制度中也没有退休准备教育的内容；没有制定退休准备教育的计划，更别说长远规划；没有专门开发与研究退休准备教育的课程；没有专门负责实施退休准备教育的部门，没明确是基层工作科还是离退休干部科负责这一工作，更没有专人负责组织开展这一工作；没有将退休准备教育列入绩效管理范围，更没有专门的退休准备教育考核或激励办法；没有组织开展退休准备教育的检查考核工作；没有组织人员对退休准备教育工作进行调研，以有效地探索更好的退休准备教育方式。

3、没有有效组织开展这一工作。税务系统尤其是基层单位绝大多数仍没组织开展退休准备教育工

作，除没有计划、机构、制度外，也没有针对年纪稍大一点的同志进行专门的教育培训，更没有针对年纪大的同志确定培训内容，教育培训也是所有年龄段的税务人员同一培训内容；如心理学教育培训，对年轻人与年老者进行一样的教育，没有针对临退休的税务人员的心理进行培训；更没有对临退休税务人员进行如太极拳(剑)、老年广场舞之类的特色培训；即使开展一些书法、摄影、绘画培训多是让年轻与中年人参加。也没举办过临退休税务人员书法、摄影、绘画、太极拳(剑)、老年广场舞、门球之类的比赛，以促进临退休人员退休准备教育的开展。

4、一些临退休人员出现了茫然心理。或从领导岗位退下来，或从离开了重要岗位，或者因年龄原因失去了晋升机会，有的临退休人员有时失去了工作动力，有的不知道如何摆正自己的位子，有的存在着失落感，有的出现了悲观情绪，有的出现了工作倦怠，有的甚至出现了趁还没退休或在退下来捞一把名和利的错误思想。

5、不善于借助社会力量。有极少数单位虽然认识到了退休准备教育的重要性，但由于上级没有统一布置，或缺少师资与教材等方面的原因，难以有效组织开展临退休税务人员的退休准备教育工作，但更不会有效借助社区、群众团体、文化体育部门的力量搞好临退休人员的退休准备教育工作。现在，一些社区和工会、妇联、老龄委、书法家协会、摄影家协会、美术家协会等社会团体，以及文化体育部门，还有离退休专家讲授团等经常性的组织开展一些涉及临退休人员的退休准备教育工作的心理健康教育辅导、生命教育、文学艺术讲座与讲坛，税务部门没有很多好地利用这些社会力量开展自己的退休准备教育。

(二)原因分析

1、现代管理意识薄弱。退休准备教育是一种较为先进、人性化的现代管理方式，我们一些人却没有认识这种管理方式的先进性、重要意义与重大作用。退休准备教育20世纪四十年代在美国开展，并于20世纪六十年代成熟；亚洲的日本也于20世纪九十年代开展了退休准备教育；上个世纪以来，世界上许多发达国家都相继开展了退休准备教育。我们税务部门一些同志学习先进管理办法的意识不强，不善于学习、借鉴这些先进的管理办法来开展我们的税务管理工作。

2、主动创新能力不强。除了学习先进的管理办法的意识不强外，我们一些基层税务部门的创新能力也不强，没有在工作中观察、调查、研究，创造出退休准备教育之类的管理方法；在进行干部培训时没有注意到临退休这年龄段的税务人员的知识需求；没有向临退休人员了解他们的精神、知识需求；有的注意到了这方面的问题却没有深入调研，制定办法，组织开展。有的基层领导虽然有了退休准备教育这方面的意识，却不敢大胆创新施行，而是等上级部门统一开展。

3、迫切感不够。一些税务部门没有意识到税务系统临退休人员的数量在不断增加，临退休税务人员队伍不断“庞大”，达人员总额的四分之一到三分之一之间了；也没认识到临退休人员心理上的茫然对临退休人员本身的工作状态、身体状态产生的不良影响，以及对年轻税务人员的成长与税务队伍建设的影响，对退休准备教育的迫切感不够。

## 四、国外退休准备教育的借鉴

(一)美国的实践

美国退休准备教育始于20世纪四十年代，迅速发展于六十年代。在美国，实行退休制度的大企业和公司为了让面临退休的工作人员从心理上接受退休，并且能够在退休后顺利地适应退休生活，专门实施了退休准备教育计划，也就是迎接退休的个人指导制度。通过退休准备教育，使那些将要离开自己工作岗位的老年人提前适应退休，并且学会设计和规划退休以后的生活，进而能顺利地转换自己的角色，迎接自己的老年生活。

美国的学界非常重视退休准备教育的理论研究和实践探讨。美国著名经济学家舒尔茨列举了人们在系统准备退休计划时将要遇到的具体问题。比如：不能精确地知道未来退休后收入多少；不了解退休的基本需求是什么或者退休后自己最喜欢什么样的生活方式；不知道退休的确切年龄；不能够确定自己什么时候死亡；不能轻易地预测未来经济市场通货膨胀率，以及通货膨胀率可能影响退休人员相对于工作人员的经济状况。因而，他提出做好退休准备计划的建议：利用退休前教育，充实个人有关退休的知识信息量，比如退休后的生理和心理调适，健康保养、住房选择、闲暇娱乐、退休后的再就业等，增加各种退休培训项目的开展，同时，提高其活动的质量；鼓励人们在退休前及早为退休做好相应的准备。

在美国，实施退休准备教育计划活动比较有代表性的就是举办研讨会。美国有些民间组织"退休准备"针对54岁以上的员工及其配偶或家属，经常举办一些相当正规的退休准备研讨会。这类活动一般是在员工临退休前的三到五年间开始进行，而在退休前的一年半内则主要进行退休生活设计指导，在指导过程中提供一些个人退休生活设计的专门帮助或者心理辅导。此外，还有些企业和组织每年固定地进行三次左右的关于退休问题的研讨活动，活动内容涉及经济、法律、心理健康，社会保障、医疗、保险、生活习惯、兴趣爱好及退休后未来选择等。通过这些教育活动，使那些即将退休的员工能够意识到退休以后他们将会遇到什么问题，该用什么样的方法去克服或解决这些困难。一些企业和组织还借助于民间的组织力量，比如美国退休者学习协会等来帮助他们进行员工的退休准备教育。美国退休者学习协会本身就是由一些已经退休的企业人员和一些即将退休的人员组成。他们通过制定退休准备教育计划，教授退休职工一些大学院校的必修课程，自己组织举办一系列的学习活动来帮助一些企业和组织，对他们的员工进行退休准备教育。

（二）日本的实践

日本的退休准备教育是在借鉴美国退休准备教育的基础上发展起来的。昭和五十年代初期日本开始引进美国的退休准备计划，经过一段时期的磨合和适应，到了昭和五十年代后半期才以民间的大企业和公司为中心，20世纪九十年代真正的开展普及起来。日本的学者认为，准备退休适应性培训是以即将面临退休的人员为对象而进行的培训活动，培训的实质是针对临近退休的员工因为担心退休以后的生活，从而会对企业的员工忠诚度、生产力状况和劳动关系、企业的整体环境气氛等产生不利的影响。准备退休生活计划培训开设的课程内容应主要是以临近退休人员所关心的问题为主，包括称之为的"银色计划"退休展望标准课程、"金色计划"的退休精神准备课程以及"灰色计划"50岁左右年龄层课程等。退休适用的性培训是一种对退休以后生活和生活方式的指导、规划与设计，这种培训的目的是使即将退休的人员能够在在职期间也就是退休预备期间，能够从身体和心理两个方面做好准备，用积极的态度来应对他们退休以生活后的生活。培训的类型大致有退休准备型教育、设计型教育、生涯设计型教育。内容包括了人生的设计与人生价值的重新确认、能力再开发、健康、家庭问题、再职准备等。其中，退休准备教育是以应该怎样适应退休生活为主题，通过集中教育和培训的方式来启发即将退休者对退休后的问题进行自我规划和自我设计，从而使他们能够迅速的适应退休生活。日本的退休准备教育也被称为"企业内的中老年教育"从狭义的角度来讲，它就是以临近退休的人员为对象，以退休准备为目的，主要的教育内容包括：1.使将要退休者深刻地理解和认识随着退休而产生的权利和义务，比如说退休所要办理的一些退休手续、退休养老金、退休津贴等的具体内容；2.预先给将要退休者介绍退休以后即将会遇到的一些关于经济法律方面的知识；3.随着退休所引起的生理和心理的落差变化，围绕寿命的延长和心理适应问题，提前进行预备心理辅导和健康保健知识传授；4.指导临退休者对退休后的生活提出设想和建议，比如规划家庭开支和资产的应运，如何安排自己的空余时间，参加社区活动，还有重新就业的问题；5.国家和相关的地方自治团体对退休后的老年人所提供和给予的社会福利待遇，社会医疗服务等其他的福利待遇，提供这些机构相应的信息给临退休者。日本的退休准备教育还扩大了年龄层次，年龄从40岁到50岁前半期，值得说明的是，日本在开展退休准备教育讲授退休计划的同时，还打破了临退休者的"临退休工作的松弛感”，提高他们的工作积极性，使临退休者积极投身于工作，直到退休为止。

后来，日本以法规的形式确定了退休准备教育，即昭和六十一年“老年人雇佣安定法”。在这部法规里规定必须采取一定的措施，帮助老年人做好退休准备，各大企业的负责和管理人员必须把退休准备教育日本的退休准备教育在普及的过程中提到日程中，逐渐形成了一种教育计划，这种教育计划被称之为“终生生活设计计划”。它是以退休准备教育为基础，同步普及中老年其他方面的生活及健康教育。

(三)美日退休准备教育的借鉴价值

目前，我国对退休准备教育的讨论和研究仍然比较少。个别学者的研究仅限于在我国实施退休准备教育的概念界定和意义，并没有成为学界研究的热点和重点，更没有进入实施阶段。这种状况与我国提前进入老龄化社会，与老年人的健康状况、生活质量、幸福指数，与建成小康社会的要求极不相称。美国、日本的经验有四方面值得我们借鉴。

1、高度重视，制定制度，逐步推行。首先，各级领导应该重视退休准备教育，加大对退休准备教育资金的投入力度，注重退休准备教育科研团队的建设。2014年度，我国财政性教育经费支出总额超过2万亿元，占GDP的比例超过了4%。但是，这些经费投入到退休准备教育方面资金微乎其微。很多单位不实施退休准备教育是因为这项教育活动会增加支出，耗费一定的人力物力，这是制约开展退休准备教育的关键因素。针对这种情况，需要与各有关部门协定，加大对退休准备教育的专项资金投入，对企业将退休准备教育经费纳入企业的不缴纳税费中，通过教育经费的有效保障来促进退休准备教育的实施。其次，要建立、健全相应的制度。终身学习是从摇篮到坟墓的学习，退休准备教育作为其中的一个学习阶段，应该纳入其相应的教育培训当中，丰富和完善终身教育和成人教育，临退休人员的退休准备教育和退休准备活动的实施才更加有切实的保障。第三，建立一些试点单位，以点带面，以面带体，逐步推行，最后让退休准备教育覆盖全系统。

2、单位积极发挥退休准备教育的引领作用。首先，单位把退休准备教育纳入本单位的财政管理和人事培训管理日程中，重视临退休职工为单位曾做过的贡献和价值，以及临退休干部职工多年的工作影响力。其次，单位可以开办多种形式的退休准备教育，在企业内定期举办退休准备研讨会或讲座，或与高校进行合作，请一些高校的心理学、管理学、教育学专家或志愿教师来企业进行专业授课。第三，单位开展丰富多样的退休准备教育内容，如身心健康教育辅导、生命教育；退休规划设计教育；退休后的社会保障、经济法律方面知识的普及掌握；再就业的培训。根据课程内容的不同制定不同的教学方法和配套的实践活动。还可以充分利用现代化的网络教学课程和电子影音书籍，使临退休人员从各层次接受补充信息，从而能顺利地适应退休后的生活。

3、加强社区与退休教育的协调互动。社区是连接个人、单位和社会的重要纽带。社区教育在教育对象上具有全员性、广泛性的特点。退休准备教育可以充分利用社区教育的众多特点，以社区为载体，通过社区和企业、社会的有机结合，提供给临退休人员各种形式的临退休心理辅导、退休后的生命教育、再就业、生活设计指导、闲暇技艺培训等。通过专题讲座、研讨、座谈等形式活动，在社区里大力宣传推广退休准备教育知识和举办形式多样的活动。

4、强化自我调适能力。退休准备教育面对的是在岗位上奋斗了多年的劳动者。要使他们适应从心理、工作和生活各种角色的转换———从领导到非领导、从中坚力量到边缘人物、从整天忙碌到无所事事。教育不及时或者转换不好、不到位，就会造成极大地反差、失落，甚至会抑郁、焦躁。这就需要加强自我心理和生理的调适，平衡各种落差，积极地应对职业和生活的转换。临退休人员应该积极响应中国梦的口号，突破自身角色转换所带来的不适和局限，实现自己的“黄金老年梦”。树立正确的人生观和生命观，积极参与退休准备教育、老年教育和终生学习等教育活动，勇敢面对退休后的生活转变，跟随时代的潮流，积极乐观地生活。培养和发展自己的兴趣爱好，将自己的工作经验知识授与分享给他人，使自己得退休生活丰富多彩,谱写美丽而完美的人生篇章。

## 五、税务部门开展退休准备教育的做法

(一)领导高度重视,加强意识培育

税务部门各级领导要充分认识到退休准备教育不仅是税务干部教育培训的一部分,是干部队伍建设的重要手段,是推动勤政廉政建设的重要方式,是税务队伍整体素质的重要组成部分;是增进人性化管理,增强内部合力的重要举措;是一种比较先进的现代管理手段,更是实现税收现代化的重要环节;对于税务事业的全面、科学发展有着十分重要的作用。各级领导要充分认识到开展退休教育对于税务部门的发展和税务事业的成败的重大作用和重要意义,高度重视这一工作,在全系统有效地组织开展这一工作。

各级领导不仅要充分认识到开展退休准备教育的重要性并高度重视、认真组织开展这一工作,更是要在全系统内加强干部职工的退休准备教育意识的培育,增强全系统干部职工积极参与退休准备教育的意识,让退休准备教育的理念渗透到全体干部职工的脑子里,为全系统内有效开展这一工作打下牢固的思想基础。

(二)建立科学完善的退休准备教育体系

退休准备教育是一项科学的系统工程,需要各级税务部门认真分析临退休税务人员的群体特征和学习需求,逐步建立和完善退休准备教育体系。

1、建立与健全组织体系。税务部门各级机关应站在科学发展与税务事业现代化的高度加强退休准备教育的领导机构、组织机构的建设,建立与健全退休准备教育的组织体系。一是要建立与健全组织开展这一工作的领导机构,各级领导班子要有一名成员负责这一工作,领导机构的人员中要包括负责干部教育培训的科室、老干部管理科、办公室、财务科、工会、妇委会的领导,有负责这一工作的科室中要有专人抓这项工作。各单位要有一个健全的考评组织。

2、建立与完善制度体系。为保障退休准备教育的有效开展,各级税务机关应制定要将退休准备教育列人各级领导班子的绩效管理范围和各单位的绩效考核范围,要加大在干部教育培训中的扣分比例,要制定单独退休准备教育的考核办法,制定奖惩措施。

3、建立与健全工作体系。要有建立健全一套完整的工作体系,制定退休准备教育的指导思想、工作方针、发展目标,对退休准备教育要有长远、中期、短期的规划与目标,在组织开展对这一工作的调研,以有效地形成调研成果,供领导班子组织开展这一工作参考;对退休准备教育的课程安排科学筹划,还要健全总结提高机制,每年要组织开展考评表彰,要对这一工作进行总结以推动提高。

4、建立与完善保障体系。各单位要建立与完善退休准备教育的保障体系,在财力、人力、师资方面给予保障,每年在有这方面的专门经费,在现化信息化方面要给予倾斜,车辆等后勤保障方面要优先处理。以确保退休准备教育能顺利开展。

(三)科学开展退休准备教育工作

退休准备教育是一项系统工程,涉及很多方面,如师资队伍、教材、教学课程、教学模式等。这些都要通过精心策划,提高退休准备教育的工作统筹性,也是注重开发内容丰富、针对性和实用性强的退休准备教育课程。可以考虑将退休准备教育课程划分为三个部分:退职准备型教育、生活设计型教育和生涯设计型教育。退职准备型教育的主要内容包括:退休相关政策、价值观与荣誉感的调整、角色转换的心理适应、新老交替的责任担当、退休前后的环境改变等。生活设计型教育是以退休后日常生活内容的设计为中心,主要包括身心两方面内容,如心理调适、生理保健、急救知识、政法家政、应用技术、投资理财、文史艺术等等。生涯设计型教育以个体的职业经历开发为中心,通过评估过去的职业经历、知识存量和理解力,根据个体的职业倾向确立日后理想的工作模式与目标,主要内容包括人生价值的重新确认、能力再开

发、再就业的准备等。在具体操作上，要指导个体如何按照年龄时间分类、能力时间分类，确立退休后的生涯发展目标，以及如何整合个人资源、家庭资源和社会资源，从而做出更加科学合理地规划。

(四)强化退休准备教育的师资建设

强大的师资队伍、高质量的教材、多元的教学模式是退休准备教育顺利开展的重要基础和保证。一要抓好师资队伍建设。在聘请师资时，应选择那些既熟悉课程内容，又了解税务人员特征和心理特点，并有较高理论水平和实际工作经验的专家、学者。二要抓好教材建设。通过与国家教育、科研、出版、文艺单位的协调，要抓紧组织专家和学者，开发具有针对性、互动性、高质量退休准备教育的影、音、图、文、数字化培训软件、网络课程、书籍和相关影视作品。三要抓好教学模式创新。在教学中应注重探索多元化的教学模式，引入行为科学理念和情景教学法，吸引临退休税务人员的积极参与。四要注重借助现代网络技术。网络是信息社会人们获取知识的重要途径。通过建立网络平台，推进临退休税务人员在线学习，不仅可以降低成本、解决工学矛盾，还能够提高教学的便捷性、扩大培训覆盖面。

(五)临退休的税务人员进行有效自我调适

自我调适是指个体对冲突情境加以适应的状态或过程。自我调适对于增进个体积极情绪，缓解心理紧张，促进心理平衡具有重要作用。一是要做好角色调适，退休是社会生活中的正常新陈代谢，临退休税务人员要正确认识和接纳退休即将带来的角色转变，正视退休并积极迎接它的到来，不断提高自己的心理承受力，减轻因退休而产生的挫折感。二要做好生活调适，逐步将自己的人生重心由工作单位转移到社区，加强锻炼延缓衰老，培养或发展兴趣爱好，扩大社交范围，充实和丰富生活内容。三要做好价值调适，正确认识权力、责任和地位带给自己的荣誉感和价值感。四要做好生涯调适，根据个体情况制定新的生涯规划，重新找准自己在社会生活中的定位，运用自己的知识存量和丰富经验为社会发挥余热。

(六)借助社会力量地多渠道开展

借助现在社区和工会、妇联、老龄委、书法家协会、摄影家协会、美术家协会等社会团体，以及文化体育部门，还有离退休专家讲授团这些社会力量开展一些涉及临退休人员的退休准备教育的心理健康教育辅导、生命教育、文学艺术讲座与讲坛，来推动我们税务部门的退休准备教育工作；尤其是借助社区在教育对象上具有的全员性、广泛性，通过社区和单位、社会的有机结合，给临退休人员提供各种形式的临退休心理辅导、退休后的生命教育、再就业、生活设计指导、闲暇技艺培训等。借助社会力量推进税务人员的退休准备教育有利于解决税务部门退休准备教育师资不足的问题，使退休准备教育的内容更全面，更能使临退休人员退休后更快的转换角色、融入社会，也能在一定程度上解决资金不足的问题或花更少的钱办更多的事，这样能使税务系统的退休准备教育取得更好的效果。

(作者单位：广西桂林市地方税务局)

# 关于"三单"工作制度与绩效管理考核在基层运行的思考

李东亮　李振柱　张鹤飞

2014年7月2日，辽宁省国家税务局印发了《辽宁省国家税务局"三单"工作制度(试行)》，该制度第四条具体阐述了"三单"工作制度的实施与督查督办、绩效管理工作的关系。同时，省局领导在全省国税系统推进"三单"工作制度落实现场会上指出，"三单"涉及到每个人的工作任务，而督查督办是领导抓落实的重要手段，绩效管理则是考核"三单"工作制度执行情况的主要依据。

其中就"三单"工作制度与绩效管理考核的关系明确为"三单"工作制度是推进绩效管理的重要抓手；绩效管理是考核"三单"工作制度执行情况的主要依据。目前，绩效管理考核和"三单"工作制度作为考核税收工作完成情况的主要工具在基层不断探索运行。

为了真实地反映绩效管理考核和"三单"工作制度1年来的施行情况，客观地分析它们在施行中发现的问题，有效地提出针对性较强的改进意见，有必要对两种制度并列分析。因为从制度设计思路上看，两个制度都是先制定工作任务(考评指标)、再进行过程管理(绩效管理)、最后明确结果运用(绩效考核)。从制度实际落实情况看：一方面三单制度第五条明确指出，绩效考核任务(主要是全省国税系统绩效管理指标体系中的各项指标任务。)纳入工作任务清单中的重点任务，同时绩效评估分析发现的问题也被作为重点问题列入工作问题清单，进入下一轮运行流程；另一方面三单制度运行情况作为个人绩效管理中个性任务(个人工作任务由个性任务和共性任务组成)的重要组成内容。这样，绩效管理制度和"三单"工作制度便形成了你中有我、我中有你、相辅相成、相互补位的关系。

## 一、两种工作制度在基层的运行情况

### (一)"三单"工作制度与绩效管理考核各自构成一个良性闭环机制

"三单"工作制度的运行流程明确规定，①根据任务源，确定重点任务，形成工作任务清单。②按照工作任务清单，有计划地组织执行，实施动态监控、评估分析。③在任务执行中，发现问题的，形成工作问题清单，转化为新的任务源，形成新的工作任务清单；未发现问题的，形成工作结果清单。④对工作结果进行总结分析，发现问题的，形成工作问题清单，转化为工作任务清单；未发现问题的，总结经验，完善制度，强化执行，成为新的任务源，形成工作任务清单。同时规定，各部门年度(季度)的清单任务完成情况要纳入绩效管理，作为单位和个人评先评优等的重要依据。这样，"三单"工作制度在顶层设计之初便和绩效管理建立了双向互动的可能。"三单"工作制度在1年的施行中，通过4个周期工作的开展实践，其运行流程的优越性不仅体现在督促各项任务的完成，更深入到对任务完成情况的理性分析，分析结果无论得失均作为新的任务源，形成新的工作任务清单，进入新的运行程序。这样的机制再加上与绩效管理这根指挥棒的互动，对转变工作作风、提高工作质量和效率、促进重大决策部署贯彻落实无疑是非常优秀和睿智的制度创新。

同样,绩效管理考核实施方案中规定:绩效管理实施包括:绩效内容－考评指标－日常监控－考评通报－申辩复议－绩效档案－结果使用－绩效分析－绩效改进等 9 个环节。与绩效管理一般模型包括 4 个步骤(指定标准－记录绩效－根据标准进行反馈－结果应用。)相比,更加细化,更具可操作性,在 1 年的施行中,绩效管理考核按照预设的 9 个环节运行,经过一个完整周期的自评考评、改进升级,由最初只有系统绩效管理的 1.0 版,升级到包含系统绩效管理、机关绩效管理、个人绩效管理等模块的 3.0 版本。同时,将"三单"工作制度与绩效管理考核双相挂钩,一定程度上实现了"纵向到底、横向到边"的目标,做到了"人人肩上有指标"。实践显示:绩效管理考核的运行轨迹构成了——实践－学习改进－实践这样一个公认的良性循环的闭环。

(二)"三单"工作制度与绩效管理考核相互有效地弥补了各自的考核盲区

绩效管理考核是一项可以将工作任务具体量化的考核机制,但是工作中不是所有的东西都是可以量化的,譬如:工作态度、积极性、服从性等,最起码是不可能直接量化的。如何解决绩效管理考核中类似这样的管理盲区,很多企业和学者都做了尝试,最终结果要么是增加管理成本、要么是牺牲绩效考核的客观性,有的甚至让管理者丧失了对绩效管理考核的信心。

在这里,我们必须明确,绩效管理考核不是万能的,它无法包打天下。凡制度有它的优势就有它的局限,绩效管理考核不例外,"三单"工作制度也不例外。在绩效管理考核试行半年之后,辽宁省国家税务局适时推出了"三单"工作制度,工作任务清单除了包括绩效考核任务,还涵盖了上级部署、人大政协提案、内外部相关部门要求回复或协办的事项、部门或个人自行安排等方面的工作。虽然"三单"工作制度在弥补绩效管理考核局限的同时,也增加了内部的管理成本,但从全局来看,有效地督促了绩效考核任务之外的工作落实,提高了行政效率。同样,仅仅依靠"三单"工作制度这种偏重定性考核的手段来评价一个岗位、一个部门、一个单位的全部工作,不仅在制度上留下了诸多人为干扰评价结果的漏洞,更无法从自身改进中寻求突破局限的可能,最终只能绊倒在自身无法克服的漏洞中,再无站起来的机会。只有将工作中定量的内容交给绩效管理考核,将定性的内容倚重"三单"工作制度考核,一手理性、一手感性,一半理法、一半情,既符合我国情理法思维的实际,也可以拓展从制度外寻求制度创新和改进的管理思路。

(三)"三单"工作制度和绩效管理考核都可以做到踏石留印

很多人都有这样的感觉:一年到头天天忙忙碌碌,但在写总结做汇报的时候却怎么也想不起来都做过些什么工作。这个问题或许不是太重要,却限制了局外人的了解维度,妨碍其做出客观公正的评价。税务系统绩效管理考核在制度设计之初便将绩效档案作为工作运行的一个必要环节。无论是绩效内容、考评指标、日常监控、考评通报、申辩复议,还是结果使用、绩效分析、绩效改进等环节形成了资料全部归档,以备查考。"三单"工作制度每个运行周期的工作任务清单、工作结果清单、工作问题清单之间天然形成了一种销号制度,丝丝入里、环环紧扣,每个环节都有迹可循、有据可查。为了达到工作抓铁有痕、踏石留印的目的,只有将绩效管理考核和"三单"工作制度相互配合、主辅应用。否则,单纯应用某一项制度,都难以达到预期的目的。

## 二、两种工作制度在基层运行中存在的问题

(一)"三单"工作制度与绩效管理考核存在诸多重叠

"三单"工作制度在推行之初便和绩效管理考核结成了千丝万缕的联系。他们两者的关系被表述为:"三单"工作制度是推进绩效管理的重要抓手;绩效管理是考核"三单"工作制度执行情况的主要依据。在

工作施行中，这两种制度在不同部门中确有主辅之分，但地位却旗鼓相当、同等重要。形成了“三单”工作制度是绩效管理考核(个人绩效)的组成部分，绩效管理(系统绩效管理)是“三单”工作制度中工作任务清单的重要内容，还有“三单”工作制度中清单任务完成情况纳入绩效考评考核这样一种格局。模型本来就复杂，加之两个制度都重要，这就有难理解、无重点之嫌。每一项工作等于有两个牵头部门主导考核，单考核的工作量就已经翻倍，针对“千线一针”的基层来说，也造成了管理成本的重复浪费和无谓增加。

(二)“三单”工作制度难以根除绩效管理考核的诸多弊端

1、目标设置有待改进。“三单”工作制度任务工作清单既包括了系统绩效任务，还包括了其他任务。但在制定工作任务清单时，其他任务可以在考核者与被考核者之间博弈，系统绩效任务只能全盘承接，但由于机关级别、机关职能、人员配置等实际差异，单纯用几项指标纵横考核很难全面客观评价一个具体单位。例如：2015 年系统绩效考核有这样一条指标，宣传工作(三级指标、2 分)这样要求：在中国税务报(中缝稿除外)、中国税务杂志、国际税收杂志或辽宁日报要闻版(一、二版)、辽宁广播电视台辽宁卫视频道辽宁新闻栏目上刊(播)发新闻，市内五区局上下半年各不少于 1 篇稿件，每少一篇扣 1 分；其他区局全年不少于 1 篇稿件，完成得满分，没完成不得分。这条指标看似很平常，我这里有一组数据可以将这条指标背后的难度系数大约量化。

2015 年 5 月 25 日－29 日《中国税务报》刊发信息情况统计

| | 总局级 | 省局迹 | 市局级 | 区局级(含中缝) | 区局级(不含中缝) |
|---|---|---|---|---|---|
| 周一 | 3 | 17 | 36 | 11 | 8 |
| 周三 | 8 | 12 | 38 | 20 | 15 |
| 周五 | 11 | 18 | 35 | 33 | 28 |
| 合计 | 22 | 47 | 109 | 64 | 51 |
| 2015 年 5 月 25 日－29 日刊共发信息 242 篇 | | | | | |

分析：我国有 23 个省、4 个直辖市、5 个自治区、2 个特别行政区。按照实际情况，除去 2 个特别行政区和台湾省，我国还有 31 个省市自治区，按照 1 个省 10 个市、一个市 10 个县估算，我国单县级国税机关 3100 多个、市级国税机关 310 个、省级国税机关 31 个；加上地税机关，合计约 7000 多个。

在此周 3 期报纸刊发的信息中，总局发稿的概率为 9.09％，61 个省局发稿的概率为 19.42％，620 个市局发稿的概率为 45.04％，6200 个基层局发稿的概率为 26.45％(含中缝)、21.07％(不含中缝)。所以，平均每个省局发稿概率为 0.32％，市局为 0.07％，基层局(含中缝)0.004％、(不含中缝)0.003％。

由于此项指标中的媒体虽然级别不一，但由于并列举出，可见发稿难度基本相当。试问这样的指标设置合理吗？合理，因为它是上级安排的任务；科学吗？不科学，上述数据足以说明。如果就用这条指标衡量一个单位的宣传工作，我认为是不全面的、不客观的。

2、过程管理尚不到位。考核过程中的事中沟通就是绩效管理。绩效考核是对被考核人所做结果的评价，绩效管理是一个系统，它强调的是过程管理，它关注过程而不是只关注结果。能不能把绩效考核进行到底，就在于做绩效的管理而不单是要做绩效的考核。因为考核中考核者对被考核者能否做出客观公正的评价，往往收很多因素的影响，比如：像我、晕轮效应、政治压力、马太效应、近期行为偏见、从众心理、趋中趋势、个人偏见的定势等等。这些影响对于指标定量的绩效管理考核来说，或许还好些；但对于诸多指标定性的“三单”工作制度来说，确是深刻的。所以，仅仅关注考核结果而忽视过程管理无异于舍本逐末。

3、结果应用缺少激励。绩效管理考核将考核结果与干部的评优评先和职务晋升挂钩，在一定程度上可以激励被考核者的工作热情和积极性；然而，“三单”管理制度笼统地将各部门年度（季度）的清单任务完成情况要纳入绩效管理，作为单位和个人评先评优等的重要依据。既没有说明具体如何纳入？与绩效管理考核相比占比多少？等等。这样看来，“三单”工作制度的结果应用较之绩效管理考核无论是激励性还是操作性都不是很强。

（三）“三单”工作制度与绩效管理考核的结果分歧管理机制缺失

既然“三单”工作制度与绩效管理考核是两个独立的评价体系，同时又存在着诸多关联。那么，针对两套体系评价结果可能存在分歧的可能性，在两者之间建立一种分歧管控机制十分必要。因为例如，张三在 2015 年完成了自身承担的全部绩效考核指标，理应为优；但是其他未列入绩效管理考核中而归“三单”工作制度考核的指标没有完成，理应不能为优。还比如：李四在 2015 年未完成自身承担的全部绩效考核指标，理应不能为优；但是其他未列入绩效管理考核中而归“三单”工作制度考核的指标却完成的很出色，在“三单”工作制度框架下应该给李四优。请问：在 2015 年的考核中，张三与李四谁更优秀？在目前的考评体系下很难给出答案，因为我们犯了一个常见的毛病——双重标准。在不改变现有体系的前提下，想要有效地解决这些问题，只能在两种考核制度之间建立一种分歧管控机制，但这无疑又增加了管理成本。

## 三、两种工作制度在基层运行的改进思路

（一）必须厘清两个制度之间的考核界限

绩效是被考核者在完成工作过程中表现的一系列行为特征，诸如工作能力、工作态度、协作意识等。通常概括为德能勤效四个方面：德能勤绩，德就是品质，能就是行为，勤事实上也是品质，绩就是结果。所有的考核指标都离不开这三个维度，要么结果，要么行为，要么品质。其实绩效管理考核制度的优势就在于对能定量维度指标的管理分析，短板就是很难对一些行为、品质类的维度指标进行客观全面的评价。有时人为强求列入考核，不但达不到预期的设想，还有可能事与愿违。相比，“三单”工作制度在对行为、品质类的维度指标考核方面具有这制度先天优势。因为任务源的多样性、指标的共定性、运行流程的可控性、考核结果的阶段性都能从技术上尽可能的接近被考核者的行为真实。所以，要深刻认识两种制度间的长短优劣、用长避短，厘清应考核任务所属维度，尽可能减少重复考核的覆盖面，节约管理成本。

（二）建立统一评价机制

作为两个部门牵头负责的两套考核评价系统，无论联系多紧密，都无法摆脱评价结果离散的弊端。要想在解决这个问题，最彻底的方法就是选择一个、放弃另一个，然而，这样的解决途径断然走不通。在两套考核评价系统都保留的前提下，要缓解这个问题，就只能牺牲一个系统的主体地位。在全国推行绩效管理考核的大背景下，适当降低“三单”管理制度的主体地位既是无奈之举也是必然选择。当然，在确立了制度地位效力之后，还有必要建立考评结果仲裁机构，确保制度设计意外分歧的解决。

（三）应该凸显考核结果的应用

无论是绩效管理考核还是“三单”工作制度，如果离开考核这个环节，所有的努力等于没有任何意义。所以考核很重要，因为考核的结果和所有被考核者的切身利益挂钩。但是，如果简单地将考核结果用作干部评优评先、职务晋升，未免有些暴殄天物、大材小用。在机关，绩效目前无法与干部的奖金、福利挂钩

(因为没有),那么就单单评先评优、职务晋升就能满足被考核者对考核目标的期许吗?我想很难。因为目前的考核制度受马太效应影响很难激发大家的热情,职务晋升更是受诸多因素影响难以短期实现。这种状况下推行绩效管理考核和“三单”工作制度本身就是一件困难重重的任务。但是按照马斯诺需求层次理论,人的需求不仅仅包括生理需要(衣、食、住)、安全需要(人身安全、健康保护)、社会需要(归属意识、友情、爱情)、尊重德需要(自尊、承认、地位),还包括自我实现的需要(自我发展和实现)。显然针对性强的教育培训可以作为考核结果应用的一个方面。因为按照考核结果制定的培训计划对个人的自我发展和实现大有裨益,而个人的发展进步又会促进下一年度的考核结果趋好。这样,佐以评先评优、职务晋升才会有效地激起被考核者的工作热情,同时也能将考核机制导入一种良性循环状态。

各项税收工作任务的高质量完成,有赖于绩效管理考核和“三单”工作制度的不断完善和改进。慢慢地一个以核心工作任务为体,绩效管理考核和“三单”工作制度为翼的“一体两翼”工作运行模式将振翅高飞。

(作者单位:辽宁省沈阳市蒲河新城国家税务局

沈阳市国家税务局)

# 关于推进地方税务系统绩效管理的思考

邓粤雄

政府绩效管理是提高政府机关效能，解决机关干部“吃大锅饭”等弊端问题的重要手段。近年来，广东省政府和国家税务总局都在引入绩效管理手段。国家税务总局还提出了“一年试运行，两年见成效，三年创品牌”的总布局。广东地税作为省政府和全国税务系统的“双料”试点单位，在推进绩效管理工作中取得了一定成绩与经验，也突显出了不少亟待解决的问题，值得各级领导和广大机关干部重视。

## 一、当前广东地税推进绩效管理的基本情况

绩效管理其核心是对组织和个人绩效的管理控制，其本质是对绩效信息的获取、分析和应用过程，都应遵循管理控制的一般规律。通过几年推进绩效管理工作，管理成效在地税系统不断突显。

（一）全系统上下重视绩效管理，主动参与绩效管理形成共识

绩效试点之初，基层干部职工对绩效的认真不足，推进速度偏慢。在 2015 年将绩效考核结果与干部职工的切身利益挂钩后，重视程度大幅提升。2016 年，各级地税机关通过信息简报和层层动员、督导会议等形式，广泛开展宣传教育活动。全体在职人员置身于绩效考核之中，参与学习培训和操作实践，普遍对绩效管理的认识有了质的提升，绩效管理是提高行政效能的重要工具渐成共识。

（二）建立健全了绩效管理制度，确保管理与考核有章可循、有据可依

通过几年的探索与完善，建立健全了《地税系统绩效考核管理办法》、机关和个人绩效管理办法及其细则等；出台了讲评分析会议制度、督导调研制度、学习培训制度、人才库管理制度、结果运用办法等，实现每一项工作都用制度来管理。同时各级地税机关也结合自己的实际制定了一些管理制度，如工作考勤制、内控监督制度等，使整个考核工作更科学、更公平、更切合实际，干部职工的日常行政行为更规范、更高效。

（三）建立健全了统一考核指标，绝大部分日常工作均纳入了管理范畴

绩效管理的目的是促进税收工作，关键是要有一套科学合理的考核指标。各级地税部门结合自身工作实际，在科学分解上级考核指标和调研论证的基础上，设定共同认可的绩效指标，使系统指标、组织指标和个人指标更好地与重点工作、与日常工作相结合，做到了定性与定量指标相结合、横向与纵向指标相结合、共性与个性指标相结合，指标设置的科学性与操作性不断提升。

（四）绩效考核结果得到了大力运用，绩效管理的影响力不断增强

自 2015 年起，绩效考核结果切切实实运用到干部晋升、年度考核、评优评先、奖励等方面。通过触动干部职工的实际“利益”，增进广大干部职工对绩效管理与考核的重视和落实的积极性。

## 二、地税系统推进绩效管理存在的主要问题及原因

通过近三年从上自下的全力推进，绩效管理在税务部门运行的总体良好，但是在管理体系和具体操作上仍然还存在一些亟待解决的问题，主要表现在以下方面。

（一）因人员素质差异导或岗位分工不同，导致岗位人员绩效成绩不平衡

由于各种原因同在一个部门的人员因岗位职责不同，绩效得分自然不同，导致能力相近的人员在绩效指标承接上意见不一。另一方面一部分能力较差，尤其是年纪较大的同志觉得绩效考核不公，他们认为自己年轻时条件艰苦但贡献不少，现在年纪大了，个人能力跟不上新形势的要求，却要通过绩效管理扣他的奖金，致使老同志的工作积极难调动。

(二)因部门职责差异导致部门间绩效成绩不平衡，影响工作协调性

部门的工作职责是在机构编制方案中确定的，自然有些部门因职责多而接的指标就多，在各个部门都能顺利完成各自任务的情况下，本身指标较多的部门，其绩效得分则有"先天优势"，从而引起指标较少的"劣势"部门甚至是分管理领导的不满。久而久之，干部职工不愿去"劣势"部门工作，领导也不愿分管。

(三)因上级考核指标时效滞后性，导致基层各级税务机关年初被动启动考核，影响工作的完整性

现行的绩效管理模式是年初在明确了上级税务的考核指标后，下级税务机关才结合自身工作制定本地区的承接指标及对下级的考核指标。由于指标需层层制定下发，导致基层单位等待承接指标周期过长，以致基层税务机关发起绩效考核工作与时间要求不匹配，影响了基层绩效考核的质量，不利于全年考核的完整性和科学性。

(四)因行政工作性质特殊，指标量化这个关键问题一时难以解决

绩效考核指标设置非常关键，由于一部分机关行政工作是务虚的，很难以指标的方式体现出来，就算勉强体现，却又很难去量化和细化。要么导致指标设置过粗，共性指标多，个性指标少，没有体现差别，易使考核流于形式，难以发挥激励作用；要么过于复杂具体，指标体系庞大，落实起来难以操作，而且工作量大。

(五)因考核方式信息化程度底，影响了考核的公正性与效率

目前税务系统的绩效考核在手段和形式虽然不尽相同，但总体来看还比较单一。一是在考核手段上，以人工考核为主，信息系统自动考核比例低。这样不仅工作量很大，而且受人为因素影响大，主观色彩较浓，不利于客观评价。二是一般注重内部考核，缺少外部参与。没有公众和纳税人的参与，考核结果不全面。

## 三、全面推进地税绩效管理的几点思考

针对以上几个操作性问题，结合当前绩效运行实际，可从以下几方面加以完善和改进。

(一)要建立团队意识，突出个人在团队中的作用

在一个单位中、一个团队里，个人能力不平衡、年纪有差距且相对的老同志多等现象普遍存在。如何调动个人积极性，发挥团队作用，确保各项工作顺利完成，才是绩效管理的最终目标。因此，要在单位中树立团队协作意识，要求个人服从于团队，团队带动全局。如能力差、年纪大的同志可多安排一些事务性工作，而且同志间应互相帮助；能力相当的同志，岗位设置要注意平衡与竞争相结合，既突出个人专长，又有竞争氛围。在团队内形成能力强者干新活、干技术活；能力弱者干规范性、事务性的活，营造个个有活干、事事有竞争、人人顾大局的良好局面。在体现个体差异的同时，以达到团队整体平衡

(二)加强本地指标设置，平衡部门间指标分配

上级考核指标只是考核内容的一部分，本单位或本地区的重点工作或日常规范性的工作都要列入考核范围，设立考核指标。这就给平衡部门间指标有多、有少而导致指标分配失衡提供了思路。对于承接上级指标较多的部门，本单位或本地区的指标可适当减少；而承接上级指标或没有上级指标可承接的部门，可多安排本级指标。如办公室承接上级指标较多，那么如扶贫、慰问等工作可安排给工会等部门，通过指标的主动调整达到部门工作量趋于平衡。当然达到绝对平衡是不可能的，但可减少部门绩效分差，促进整体和谐。

(三)建立管理模板或指标库,提升基层税务机关启动绩效考核的时效性和质量

现行的考核模式在工作证实效果明显,应在现有的考核模板基础上,提炼出各级管理模板,如管理办法和细则的固定模板、二级考核模板、考核标准设置条件等。另外,对现有行之有效的考核指标,尤其是三级指标进行提炼分析,对各级地税机关用得多、效果好的指标指导它固定下来,形成指标库,以便于基层单位可及时设置指标,启用考核。此外,要注重指标设置定性与定量的结合。定性的评价标准是难以用数字衡量,只能用状态表达的指标。如及时性、可行性、创新性、实用性、可操作性等,也可以是一种行为导致的结果,例如:完成、批准、同意、通过等。定量的评价标准最直观:如收入进度、任务完成率、税费入库率、登记率、申报率、处罚率、结案率、差错率、投诉率、满意度等。并针对不同时期的工作要求,增减库入指标,建立指标库动态管理机制。

(四)不断完善信化息应用水平,提高机考比例

绩效管理考核要公正就需要采集大量的数据来支持。要对每一个工作岗位完成工作目标情况进行全面的监督,仅靠人工操作是难以完成且成效不佳的,只有通过各套系统的数据采集与分析利用,才能进行有效的监控和评价。因此,一要尽快开发或引进先进的绩效管理考核系统,使之有效地兼融现有的征管信息平台和各个系统,从而实现更高层次的自动化、科学化和精细化绩效管理考核。二要充分利用现有的系统,如大集中系统、金税三期系统、税源管理平台、和 OA 系统,暂时通过人工数据交换实现初级机考目标。三要树立考核信息化、简便化意识,解决考核指标多、操作难等问题。

(五)将纳税人满意度纳入绩效管理范畴,扩大基层评价范围

注重纳税人的心声与工作反馈,指导纳税人的需求作为工作调整的方向。编制绩效指标时,一要坚持"纳税人利益无小事"的原则,可设立一些纳税人参与的指标,如满意度、申报准确率等,来提升纳税人的参与度,从而加强纳税服务管理与提升服务水平。二要畅通纳税人投诉渠道,公布举报电话,设立意见箱,广泛征询纳税人和社会各界的意见和建议。对纳税人的投诉举报案件要高度重视,认真调查核实,并在绩效考核中予以反映,以便全方位提升服务质量和效率。

(六)推行差别"加分制",解决加分与指标完成质量不相关联问题

要解决不区分指标完成难易而平行加分导致的不公平问题,应改革完善现有的"加分制"。把简单的承接指标加分改为根据其因难度而设置的不同分值来分段加分,如指标本身分值为 10 分以下的加 0.1 分,分值加 10 分至 20 分的加 0.2 分,20 分以上的可加 0.3 分等;根据其考核方式的难度分别设置加分,如分档考核的指标可加 0.3 分,比例计分的指标可加 0.2 分,直接考核的指标可加 0.1 分等,通过双向分段加分实现差别加分,使指标承接更科学、便合理。实行"加分制"的绩效管理考核不但注重工作实效,更注重工作环节、工作过程,是对岗位工作发起、实施、结果、成效全过程的监控和考核,更有利于鼓励和引导干部积极主动地多做工作,做好工作,争取最高的岗位效能和最好的工作质量。

(作者单位:广东省乳源瑶族自治县地方税务局)

# 完善税务系统绩效管理的国际借鉴及实践思考

南京市国家税务局课题组

## 一、我国税务系统绩效管理现状及成效

（一）绩效管理工作开展情况概述

按照总局绩效管理工作“一年试运行、两年见成效、三年创品牌”的总体思路和要求，各级税务机关牢牢把握“提升站位、依法治税、深化改革、倾情带队”的主线，依照“纵向到底、横向到边”的要求，坚持“突出重点、宁缺勿滥”的原则，着力推进绩效管理工作，重点发挥“指挥棒”和“紧箍咒”作用，为税收工作提档升级打下坚实基础。在推进过程中具体落实了以下几项工作：

1、优化组织架构，突出绩效职能。各级税务机关成立了绩效管理领导小组及其工作机构，主要领导高度关注并亲自抓绩效管理工作，分管领导负责日常工作的牵头抓总，绩效办专司绩效管理工作，负责制度制定和具体工作协调落实，其他部门各司其职做好绩效指标的制定和具体考评工作。

2、加强制度建设，完善考评体系。根据税务总局《全国税务系统绩效管理办法》和《国家税务总局对省税务局绩效管理实施细则》及其相关考评指标内容要求，各级税务机关结合本地税收业务特点相应出台了组织绩效和个人绩效管理办法和实施细则以及考评指标，如南京市国家税务局根据业务处室和行政处室的岗位职责以及基层单位中属地局、直属局、稽查局的职能要求不同，制定不同的绩效考评指标体系，实施分类考评，旨在将办法落在实处，指标考在痛处。

3、注重过程管理，保障闭环运行。实施中，各级税务机关通过强化过程控制，兼顾税收中心工作、重点工作调整变化，结合各基层单位所承担的职能，及时掌握工作开展中的问题和建议，适时完善考评办法，调整考评指标体系，进一步优化了各考评指标的分值权重和考评标准，更加贴近基层实际工作，充分体现税收工作的核心职责。

（二）绩效管理取得成效

1、凸显了国税部门的核心业务。在绩效管理办法和绩效考评指标的制定过程中，在兼顾税收全面工作的同时，更加凸显了国税部门纳税服务和税收征管两项核心业务，引导系统上下更加聚焦主业。

2、突出了国税重点工作。根据不同阶段国税工作的重点制定相应的绩效管理考评指标，使各级国税机关和国税干部把主要精力放在重点工作上，确保重点工作项目能够顺利完成，发挥了绩效管理指挥棒的作用。

3、注重了工作过程的控制。以往的目标责任制考核注重的是结果，往往忽视了过程。绩效管理则是过程和结果双注重，通过对工作完成进度、完成质量等过程的把控提升工作质效。

4、强化了绩效管理结果的运用。绩效管理考评的结果不仅作为工作评价的重要依据，还直接作为评价各级领导班子、领导班子成员的工作业绩的重要依据，同时，将绩效管理考评的结果作为评选系统先进集体的主要依据。

5、激发了干部创业做事的热情。从 2014 年度组织绩效管理考评的结果来看，绩效管理考评先进单位的结构发生了较大的变化，一些在传统考核方式下一直是先进的单位和部门不再是“老先进”，反之，一

些长期与先进无缘的单位和部门绩效管理考评成绩靠前，真刀实枪开展考评对干部有很大触动，积极性得到极大的提高，形成了你追我赶、比学赶帮的良好氛围。

## 二、现阶段绩效管理的相关问题

在税务系统绩效管理的不断摸索中，一方面取得了可喜的成果，组织架构、制度保障和指标体系等都在不断优化中，另一方面部分干部对绩效管理的理解和运用有所不足，主要表现在以下几个方面：

（一）对绩效管理的认知和理解有待进一步深入

1、绩效管理工作的定位有待进一步明确。部分管理者对绩效管理的作用内涵理解不够深入，仅仅认为绩效管理是一项新增工作，和其他工作的关联度不大，没有把绩效管理作为抓落实的有效手段，导致绩效管理与其他税务工作之间相对独立。

2、对政府机关绩效管理目的的认识不全面。在绩效管理工作推进过程中我们发现，部分干部在接触绩效管理时往往会和社会上的商业机构特别是外企的绩效管理相对比，认为绩效管理的根本是绩效工资，即个人利益和工作结果的直接挂钩，所以认为政府机关的绩效管理只是学到了“面子”而忽视了“里子”。

3、绩效管理闭环运行机制有待进一步加强。在绩效管理的具体实践中，部分管理者和一般干部简单地认为绩效管理就是“设指标”和“算分数”，忽视了前期的绩效计划和后期绩效改进等环节，产生了唯“分数论”的片面绩效管理，长期性、持续性和循环性的思想没有得到很好的体现。

（二）绩效指标的设计思路有待进一步优化

目前，绩效指标呈现了体系大、数量多、考察细等特点，扣分项目精确到了相关工作的具体流程、不同节点，在实际操作过程中存在如下问题：

1、指标来源单一，绩效办管理职能弱化。传统的指标设计中，是按处室口径分配考评分值，设置考核指标，考核时，是按条管部门进行对口管理。绩效办在实际过程中不是指标设置和考评的实际主体，日常工作仅仅是引导和督促，对涉及考评细节、扣分尺度、突发状况等情况的干预能力较弱。另，指标来源较为单一，日常督察、综合监督检查以及第三方机构信息等渠道反映的问题不能纳入到绩效考核当中，背离了绩效管理及时性、客观性等原则。

2、关键性指标和一般性指标的区分度不高。现行指标体系中，大多数绩效指标是检验组织和个人能否按照岗位制度要求，在规定的时限内完成相应工作，缺乏对单位年度发展目标、重点工作推进情况等事项进行关键性指标设计，忽视了关键指标对组织长期发展战略导向作用和对干部成长引领作用。

3、“全面细致”陷阱的产生。指标设计过程中，设计者的初衷是希望考评标准清晰，考点明确，可以涵盖实际工作的方方面面，但各级税务机关分解时都不同程度存在“层层加码”“上下一般粗”“简单平移”等问题，导致绩效办在日常工作中陷入加减分计算的泥潭，各基层单位纠结于得分的多寡，被减分的单位会形成消极防御状态，不能主动作为，脱离绩效管理的本意。

4、加减分项目单一，激励作用不足。在现阶段的加减分项目中，加分难度较高，脱离实际，如将受到党中央、国务院表彰或同级领导表扬性批示等列入基层局加分事项。各单位在新闻宣传中得分普遍较高，与税收主业相关的加分项目偏少，同时，加减分项目对组织和个人的激励效果不明显。

（三）组织绩效和个人绩效的衔接有待进一步加强

目前，组织绩效指标主要分为改革发展、依法行政、税务形象和满意服务四类一级指标，同时包括三类加分项目和四类减分项目。个人绩效的内容主要包括组织绩效成绩、个人工作任务、工作努力程度以及加减分项目。在组织绩效和个人绩效的衔接过程中，主要存在以下几点问题：

1、两者的衔接纽带单一，融合度不够。当前两者的挂钩简单来说是通过干部职级的不同按相应权重进行分数换算，对组织战略目标和个人工作计划的有效分解衔接等环节关注度不够，组织绩效和个人绩效的计划、成果、反馈等项目体现不足，贴合度不够。

2、评价过程中客观理性稍显不足。在基层调研时发现，大部分干部认为管理者在对干部个人工作任务和工作努力程度等方面评价时，主观感性的多，客观理性的少。根本问题在于针对岗位、人员和工作量这三个变量，还没有较为科学量化方法进行对比分析，管理者在评价时只有凭借对干部平时表现的主观印象来打分。

## 三、美国政府绩效管理相关理论和实践经验

（一）美国政府绩效管理相关理论

1、绩效管理六环节概述。绩效管理是一个识别、评价和提升个人、团队和组织绩效，并根据组织战略目标进行调整的持续过程。依照赫尔曼·阿基尼斯的观点，绩效管理是一个连续、循环的过程，包括先决条件、绩效计划、绩效执行、绩效考评、绩效回顾和绩效契约的更新与重建六个环节，简要概述如下：

(1)先决条件。包括宏观层面的组织使命和战略目标和微观层面的具体职能与岗位职责。

(2)绩效计划。是考评者与被考评对象间对应实现工作目标的协商和确认。绩效计划是从组织最高层开始，逐级分解目标，落实到人，是组织战略目标在短期管理中的体现和落实，是上下级之间的一种承诺和责任。

(3)绩效执行。绩效执行是达成绩效计划的关键，一般干部和领导干部分别承担着不同的角色。一方面，一般干部需做好绩效计划、绩效交流、主动寻求绩效指导等工作；另一方面，领导干部需抓好日常工作状况记录、绩效计划调整、提供指导和支持以及相关激励。

(4)绩效考评。是对组织和个人考核周期内的绩效状况进行整体性评价。通过年初绩效考核指标的设置、结果过程监管和定期反馈交流，不断修正组织和个人发展方向，检验组织和个人绩效成果。

(5)绩效回顾。是对干部个人、部门、组织绩效考评周期内的绩效状况进行回顾，通过反思工作得失、收集干部对考评结果反馈和申诉、引导干部自身成长、绩效计划再造等方式形成上下共识、循序渐进的沟通、协调管理机制。

(6)绩效契约的更新与重建。在整个绩效管理的循环过程中，绩效契约的更新与重建既是最后一环，也是下一个绩效管理流程的开始，其内容涵盖了对上个绩效管理周期内所有信息的考量，以及在上下级共同认可的基础上形成新的绩效计划。

2、正确认识 KPI 和 CPI 的辩证关系。KPI，即关键绩效指标，指的是结合年度工作计划的内容，选取最能衡量组织是否完成计划内容的代表性指标，从而使员工的工作更有重点和方向。一般绩效指标 CPI 指的是考察干部是否按照岗位制度要求，通过规范的流程，完成相应的岗位职责。从两者的性质来看，KPI 是基于组织发展战略的指标，而 CPI 是基于组织和个人基本职责的指标，CPI 是 KPI 得以实现的基础，KPI 又是检验 CPI 履行成效的方法。

（二）美国政府绩效管理相关实践成果及启示

美国政府早在 1906 年就开始了绩效评估的实践，至今已有上百年的历史，期间经历了不同的阶段，现行的绩效管理模式是以 1993 年美国政府颁布的《政府绩效和结果法案》为基础，结合各州政府以此为指导结合职能特点加以创新、不断完善的结果。从组织和个人绩效的角度来分析，其借鉴和启示有以下几点：

1、绩效管理与组织发展目标结合紧密。美国政府的绩效管理不同于单纯的绩效评估，除了对政府绩效信息的收集评价之外，还会涉及战略规划、年度计划和财政预算等问题，根本核心是帮助组织实现发展目标，是结合相关机构的组织使命、核心战略、年度计划等进行指标设计、考评、成果反馈、个人成长的一

整套政府运行机制。

2、关键指标设计理念成熟。美国政府充分发挥了关键指标战略可操作性强和检测调控效率高的特点，将组织战略与绩效评估指标有效结合，促进绩效评估的客观公正，有利于提高组织效率，实现组织战略。关键指标的优越性在于：(1)指标设计与组织战略挂钩，有助于追踪目标实现状况；(2)将组织目标和个人目标结合，实现双赢；(3)指标设计统筹财务与非财务、短期目标和长远战略。例如：IRS(美国联邦税务局)的战略规划中，将改进纳税服务和加强税收执法作为战略目标，并据此设计关键绩效指标，分别是：纳税服务：自愿遵从度、客户满意度指数、电子申报率和服务方式满意度；税收执法：税收执法质量、非收入型税收执法质量、个人所得税未申报人数和执法公正度。

3、灵活运用各种管理工具。美国各州和地方政府借助企业管理经验，再结合自身职能特点，自主开发出了不少行之有效的管理工具，如平衡计分卡、标杆管理等，不仅能客观反映政府绩效表现，也为后续改进提供了参考。如1996年美国夏洛特市政府设计出了政府机关范畴的第一份平衡计分卡，从战略性、平衡性和决策因果链等方面全面开展绩效管理，取得良好成果。再如美国纽约市警察局创新性开发使用计算机比较统计数据系统(Compstat)，主要通过数据统计、辖区简报、犯罪对策等三块内容，找出热点地区热点问题，提前预防犯罪发生，后逐渐成为全美警察系统广泛应用的绩效管理模式。

4、个人考核与组织成长关系紧密。美国人事管理总局制定的公务员考核体系指导方案包括以下几点内容：(1)计划：制定组织和个人通过努力可以实现的工作期望目标，公务员参与计划过程并了解组织和个人的工作目标；(2)检测：掌握组织和个人的工作情况，收集服务对象的反馈信息；(3)提高：通过培训和考评意见反馈，帮助员工提高；(4)评定：对监测情况进行比较，确定个人工作业绩；(5)奖励：表彰优秀员工为单位做出的贡献。

## 四、对进一步完善组织绩效和个人绩效衔接的意见建议

(一)整合资源，充实绩效管理内容

绩效管理不是推陈出新，更不是另起炉灶，而是整合现有优势资源，形成互助的、更大功效的协同管理运行机制。在绩效日常管理中，应充分统筹考虑各部门现有工作安排，对开展的工作进行有效整合，将绩效管理作为检验工作完成情况的有效抓手。如现阶段教育处开展的系统中层培训、各类税收知识和管理类培训等等，以及各基层单位自行开展的各项培训从本质上讲是绩效指导的一种体现，通过相关培训，不断提高干部综合素质，引领干部成长，一方面体现了组织对个人的带动作用，另一方面个人成长的最终结果也对组织成长有着相得益彰的作用。所以在现有的管理框架和内容下，把握绩效管理重要思想，将现有的管理工具有效运用于绩效管理过程中去显得尤为重要，现结合南京市国税局青年干部培养导师制案例予以阐释。

南京国税导师制是应用于培养新进大学生的一整套管理制度，对每一位新入职的大学生，用人单位会结合工作岗位需要以及个人意愿为他们配备两名导师：发展导师和技能导师，导师资格是经过单位层层选拔后确认的。之后，导师和新入职公务员和签订导师协议，明确发展方面、学习内容、成长目标等内容，新人在入职第一年里会领到一本成长记录本，记录四个季度的工作内容、所思所想、导师建议等内容，年终单位会组织每位新人进行一次汇报，新人可以运用PPT、视频等形式将一年的情况进行交流，从而获得不断的成长。从上述过程中我们可以看出绩效管理整个过程的雏形，大体为计划、指导、考评、反馈交流和成长几个环节。所以笔者认为在现行的众多管理工具中，本身已经带有绩效管理的潜在思想，我们要做的不仅是创新管理手段，也要做好现有管理方法和绩效管理的对接工作，即要会创新，更要会整合，既要让绩效管理的亮点释放，也要让现行管理的优点持续，从而形成一整套协同管理的绩效运行机制。

（二）齐头并进，完善绩效闭环运行

结合税务总局领导关于绩效管理的讲话，"积极构建绩效管理闭环运行机制，从指标设置、过程管理、绩效分析、绩效考评等方面加强组织协调，运行逐步规范绩效管理"，结合基层单位情况，我们认为，针对当前重分数、轻过程的情况，应着重做好绩效计划的拟定、绩效指导与执行、绩效回顾与成长等三个环节，具体如下：

1、绩效计划拟定。从组织绩效的角度来说，绩效计划是指每年年度终了时，绩效办根据当年工作完成情况报告的内容总结本年度绩效情况，并根据下一年度重点工作安排的具体内容拟定组织绩效的工作要点，并对要点进行分解确认，初步拟定关键指标内容，经各处室讨论后上报绩效管理领导小组确认，为个人绩效的计划制定做好指导性工作。从个人绩效上来看，干部在清楚组织绩效计划内容后，根据自身岗位要求、工作能力、业务能力等进行年度绩效计划的拟定，明确自己在接下来的一年中应当做些什么，需要在哪方面进行提高，对自身的成长发展有一个初步的计划。

在具体实施过程中，税务机关可以依托国家税务总局最新开发运行的"数字人事"税务干部综合管理信息系统开展绩效计划的制定工作，在该系统中，确定工作任务、个人工作纪实、领导审核评鉴等是日常绩效模块的重要组成部分，在实际运用过程中，基层单位通过上级机关处室公布的每月重点工作项目制定本单位重点工作项目，单位各科室负责人借助"数字人事"信息系统，根据干部岗位职责将任务进行分解下发，每位干部对自身工作有了及时准确的了解，工作进度、完成情况等内容可以在系统中进行录入，有利于管理者全方面了解部门、单位工作开展情况。

2、绩效执行与指导。总的来说这个环节是一个信息交换的环节，组织和个人在工作过程中往往会受到主观和客观因素的影响，上级领导、相关同事及时的指导和帮助十分重要。在日常工作中，建立定期工作完成情况汇报交流制度，增加各层级干部间的交流机会，及时听取一线干部工作进展情况以及困难，有利于让上级领导站在组织绩效的层面来分析工作的得失，提出改进意见，帮助干部不断调整工作方法，提升工作完成的质效，保障组织绩效计划的最终实现。同时，对干部的工作思路、积极性等方面做好相关记录，分析干部的特点，对其工作胜任力做初步评估，为将来岗位调整提供有效的参考材料。

3、绩效回顾与成长。该环节是一个承上启下的过程。笔者认为，该环节应结合干部年度考核表的相关内容进行，避免不必要的重复劳动，以往的干部年度考核表工作情况的填写一般为完成工作情况以及不足。在绩效管理的背景下，干部年度考核表的填写可以更有针对性，工作情况的填写可以和绩效回顾相结合，将绩效计划、完成情况、待改进内容融入其中，格式上体现每条计划和落实情况一一对应的关系，更客观、清晰、真实地将一年工作呈现在年度考核表中，分管领导在审阅考核表时，也应对干部年度工作完成情况提出具体的绩效指导意见，并与相关干部及时开展谈心谈话，了解干部思想动态，为下一年度的组织战略计划的实施和干部自身成长夯实基础。

（三）缩减指标，提升关键指标效能

1、完善指标库构建，凸显绩效办管理职能。一是构建绩效指标库。打破按处室口径分配考评分值、设置考核指标的传统做法，由绩效办根据上级绩效管理指标要求先行发布指标制定模版，各处室根据相应要求制定考核指标，经审核无误后，加入指标库，绩效办再根据本局年度重点工作在指标库中选取20个左右的考核指标作为关键指标进行考核。除此之外，绩效办可以适当从督查办、综合监督检查等工作结果、第三方机构评价以及新闻媒体报道中选取一些有代表性强、操作性强、可以反映国税工作情况的数据，设置相应考评指标。二是不再按条管部门进行对口管理考核计分，所有扣分事项统一通过绩效办进行上传下达，具体责任落实由被考评单位的绩效办根据工作实质进行进一步分解定责，切实扫清扣分推诿现象。

2、突出关键指标，服务组织战略目标。各级税务机关在现行的绩效考评指标中，将有关制度执行、操作规范等带有 CPI 性质的指标分离出来，对考评指标进行瘦身，合理运用相关性指标反映工作开展状况，如职称获得情况反映业务能力提升情况，行政复议、行政诉讼案件数量反映税收法治质量，干部职务犯罪案件数反映廉政情况等等，进一步突出代表税收主业的关键性指标，紧密结合现阶段税收现代化相关工作，突显当前税收改革的关键性内容。

3、健全一般指标，保障职能正常运行。在突出关键指标的同时，做好一般绩效指标的构建，如江苏省国税局发布的岗位职责清单，南京市国税局搭建的全面质量管理平台等，一方面为干部了解其岗位工作流程、相关制度以及岗位职责提供了“一本谱”，使每个干部了解应该做什么，怎样做好它以及怎么做不会错；另一方面也是为考评部门检验干部是否保质保量完成工作提供了“一杆秤”，强化工作落实，明确职责划分，为组织战略目标的实现打好基础，化解“干多干少一个样，干好干坏一个样”的困局。

（四）循序渐进，用活数字人事平台

兴税之基，重在育人。个人绩效的目的在于激发干部创业动力与自身潜力从而达到组织目标和个人成长的双赢。今年，我国税务系统推行“数字人事”管理信息系统，坚持以人为本、科学考评、数字管理和科学引领的指导思想，通过全面、及时、准确地记录和科学运用税务干部“德、能、勤、绩、廉、评、基”（评：公认评价；基：职业基础。）等各方面数据信息，对税务干部进行全员、全程、全面管理，将组织绩效分解融入到个人绩效当中去，使个人愿景与组织目标有机结合起来，将对于促进税收事业科学发展和税务干部全面发展，具有重要意义。

在日常工作中，税务部门应结合个人绩效管理相关思路，科学规划，循序渐进用好用活“数字人事”平台，一是要明确工作责任，加强督导检查，跟踪问效，确保工作制度、机制和信息系统的有效运行，对工作不力的单位和个人严格追究责任；二是要用好基础信息，强化培训提升，实行多岗位轮换锻炼和针对性培养，增强干部职业荣誉感和归属感，帮助干部制定科学的职业发展规划，为干部成长打牢基础；三是狠抓日常落实，强化过程管理。通过挂钩得分、评鉴得分、加减分的方式，对每一名税务干部进行日常量化考核，实现对日常绩效的全过程管理。同时关注干部的沟通协作、团结共事的情商，以及适应岗位变化、角色转变的潜质，科学评价税务干部，促进税务干部扬长补短，人尽其才；四是注重平时考核结果使用，为各级税务机关安排工作、调配人员以及教育培养、管理监督、选拔使用和奖惩干部提供重要参考；五是强化综合数据应用，准确把握干部的基本情况、素质能力、工作业绩、学习情况、特长不足等，结合工作需要，加强干部队伍发展的战略规划设计，优化人力资源配置。

课题组成员：许庭新　舒安仁　王学根　沈　彤

# 新常态下地税干部思想的新动向分析及思想工作方法

陆耀炳　邓　华　沈明光　王　皓　刘小倩

新常态作为治国理政新理念首次见诸报端，是2014年5月习近平总书记在考察河南时提出："我国发展仍处于重要战略机遇期，我们要增强信心，从当前我国经济发展的阶段性特征出发，适应新常态，保持战略上的平常心态。"7月在与党外人士的座谈会上，习近平又重申了上述观点。党中央以新常态来判断当前中国经济的特征，并将之上升到战略高度，表明了决策层对当前中国经济增长阶段变化规律有了更为深刻的认识，同时也决定了未来中国宏观经济政策的选择基调，而能不能适应新常态，能不能让新常态逐渐走向成熟，关键就在于全面深化改革的力度。

2015年全国税务工作会议上，王军局长指出："依法治国的全面推进、从严治党的深入推进、纳税人的法律意识和维权意识不断增强、舆论监督的无处不在等，是税务干部队伍管理面临的新常态。"这是对税务系统当前面临的新常态的最明确阐述。本文主要从新常态角度，通过对广州地税干部职工思想状况的调查，了解地税干部职工思想动态的总体情况，分析地税干部思想上存在的新动向、新问题，并提出相应的意见建议，以完善思想政治工作的方法，激发地税干部的潜能，调动地税干部的主动性，促进地税队伍的健康成长，为推进税收现代化贡献正能量。

## 一、广州地税干部队伍的整体思想状况和现价段的新动向

为更好地掌握广州地税系统整体思想动向，我们从2007年开始每半年对全系统干部职工思想状况进行一次全面调查和动态分析；从2014年开始，增加为每季度进行一次。与此同时，还通过不定期开展座谈会、开展问卷调查、民主生活会征求意见等途径，了解掌握干部职工思想动态的情况。从整体来看，地税干部职工思想有两个比较明显的特点：职业满意度较高。在长期的调研了解中得知，地税干部认为从事的工作，与其他部门相比，待遇地位等方面综合来说居于中等偏上的水平，大部分人比较满意自己的就业选择；组织归属感较强。"工作稳定"、"工作环境好"和"社会地位较高"，让大部分干部职工有较强的组织归属感，认可工作的氛围和组织的形象。

但随着大环境的变化，各种新情况新问题不断涌现，也正悄然影响着干部职工的心态。

(一)新常态下干部面临的各种压力

1、改革带来的压力。党的十八大以来，全面深化改革的步伐不断加快，财税体制改革、行政审批制度改革、广东自贸区获批等一系列与地税部门密切相关的重大改革举措陆续推出，改革创新将成为相当长一段时期的新常态和主旋律。总局、省局对"营改增"扩围、地方税制改革绩效管理推行等作出了明确部署，干部职工尤其是基层干部职工的压力较大。"金三"上线期间，征收前台面临较大的工作压力，加班加点，"白加黑"、"五加二"现象普遍出现，精神和体力都出现透支；金三上线之后，业务内容操作方法等有大量变动，同时同城通办的实施，业务量大幅增加，干部职工需要花较大精力进行学习。与此同时，又缺乏有针对性的学习内容和具体明确的操作指引，基层干部职工学习缺乏方向感，学习效果不尽如人意，感觉"茫然"、"没有头绪"。

2、工作任务带来的压力。我国经济发展进入新常态，支撑税收高速增长的宏观经济基础发生变化，经济增速逐渐放缓，受结构调整阵痛持续、前期刺激政策逐渐消化、房地产市场调控等因素的影响，组织收入的增速将逐渐放缓。而且今年经济形势可能更为复杂，增收空间越来越小，促收难度也越来越大，组织收入将面临严峻挑战，直接给税收工作带来了新压力，干部职工尤其是基层的同志普遍感觉到压力大。

3、舆论监督带来的压力。当前群众的维权意识、公共监督意识日趋强大，社会舆论越来越多地渗透到工作生活的方方面面，有些甚至对机关部门、对公务员个体的不足之处起了无限放大的作用。无论八小时之内还是八小时之外，以往微不足道的小问题，都有可能随时暴露在群众视野中成为众矢之的，为个人形象乃至部门形象造成较大的影响。反"四风"、整治"中梗阻"和"慵懒散"，社会监督力量无形之中为带有公务员身份的个人增添了许多压力。

4、廉政建设带来的压力。近年来国家反腐力度之大、效率之高震慑全国，从老虎到苍蝇都不放过，作为"社会人"，我们对中央的重拳举措拍手称快，但同时也考虑到自身不到位的地方，如同学间的婚嫁宴请等人情客往的"平常小事"是否受到税务人员身份限制，会否会触碰廉政这条红线，如今的形势下都意识到问题的严重性，开始重新评估行为的性质及其后果。

5、规范津补贴带来的压力。近几年机关事业单位所享受的"福利"已经越来越少，干部职工尤其是公务员的待遇越来越透明化，"规范津补贴"已成大势所趋，但是面对高房价、高医疗、子女求学及基本生活成本的支出，那些之前看来"不起眼"的职工福利一旦减少或取消，突然而来的差异甚至让人感到"釜底抽薪"，尤其是刚参加工作的年轻公务员，面临着买房、结婚等高消费，不得不被动成为"啃老族"。

（二）由此萌生的思想新动向

1、思想消极。较难适应改革及新形势、新常态，部分同志开始出现了消极思想的现象，少数同志向往提前离岗制，希望2001年离岗退养的机会重现，但又正逢"延迟退休"政策的推行，这种碰撞让部分干部职工有点无所适从，所以有的出现离退休年龄还早就滋生"二线"心态。

2、畏难不前。当前，基层工作压力大，部分人员在思想上产生了厌倦情绪，甚至畏手畏脚。主要表现在：一是畏执法。近年来，随着法制的不断完善、纳税人法制意识和维权意识的不断增强，对执法和服务的标准与诉求不断提高，特别是纪检、检察部门监督力度不断加大，地税部门处于各种利益分配的焦点，多重矛盾集于一身，日益成为监督的重点，一线执法人员倍感税务执法风险高，时常有如履薄冰之感，部分干部始终处于对个人能力、责任、地位甚至工作岗位的担心和焦虑当中，造成在执法过程中缩手缩脚，不愿管、不敢管、甚至推诿扯皮。二是畏考核。对于现行的绩效管理理解不足，害怕能力强、干得多被追究的机率越大，能力差、干得少被追究的可能越小的状况，陷入"谁干活多，谁就受批评多、扣分多"的怪圈，部分人员萌生出"少做工作，就能少担责任、少被考核、少被处罚"的消极心理。三是畏工作。基层处于"上面千条线，下面一根针"的位置，组织收入任务重、管理事务杂、工作业务量大，上级的所有政策规定和工作要求，大多由基层人员承担，部分同志疲于应付。四是畏改革。近年来，征管改革加速推进，信息化建设日新月异。由于改革过于频繁，基层人员忙于适应新模式、新岗位、新体系，每一次改革无疑是对干部职工心理承受能力的一次挑战。五是畏学习。因为改革项目多，学习要求较高，部分人员感觉疲于应付，工作中遇到困难就习惯求助于他人。

以上所列是较为共性的压力。此外，一些关乎切身利益的具体问题，使得干部职工的需求具有一定倾向性的个性化特征。比如，年纪稍大的老年一辈税务干部最希望得到组织更多的照顾，50岁以上的干部普遍已经在为财税系统服务了30年以上，是最信任和依赖组织的一群。他们集中关注个人级别待遇和解决子女就业，大多希望组织能在一定程度上给予他们适当照顾；中年税务干部最希望能获得与努力相匹配的待遇，35—50岁以上的干部是目前地税事业的中坚力量，基本上活跃在是各条线上的骨干精英基本上属于这一年龄区间，他们特别关注目前实施的考核制度，能否切实把待遇和个人的努力及付出的努力紧密联系起来;青年税务干部最关注个人成长的机会和空间,35岁以下的青年税务干部干部所占比例越来越大,他们是地税事业的新生力量,相对而言他们学历普遍比较高,有热情、有抱负,普遍希望得到更多的引导和更多的锻炼机会,渴望被关注,渴望机会,渴望成功;编外合同工和协税员最关注的则是"身份问题",以及由此带来的比较压力和对前途的顾虑。

## 二、新常态给思想政治工作带来的新机遇和新挑战

王军局长在2015年全国税务工作会议中,对新形势下思想政治工作的重要性做了深刻阐述:"监督之弦越绷越紧,制度之网越织越密,问责之剑越磨越亮,将倒逼我们加强内部管理。税务干部思想多元化趋势较为明显,加强教育引导的难度加大、责任加大;严肃财经纪律,传统的物质激励手段不能再用,对我们做好干部思想政治工作提出新的课题。"这是当前思想政治工作面临的新机遇也是新挑战。

(一)积极把握新常态给思想政治工作带来的机遇

一方面,在新常态下对"质"的提升极为重视,这就要为我们科学筹划、组织和实施思想政治工作。在新常态下,不仅改变着思想政治工作的决策指导方式和组织实施方法,而且使思想政治工作效能也向精确、高效转变。另一方面,在新常态下地税部门全面深化改革,干部职工思想更加多元化,工作的压力、生活的烦恼,使他们的心态调整出现了问题,为我们的思想政治工作提供了新的课题和广阔的空间。

(二)客观认识新常态给思想政治工作提出的挑战

新常态既是经济转型的过程,也是风险释放的过程,新常态给干部职工带来的影响是全方位的,这就给思想政治工作增添了难度。一是重业务轻思想政治工作的思想愈加突出。在市场经济的冲击及前段经济高速增长的形势下,在地税这个职能部门,政工人员人员少、任务重、要求高,给新常态下思想政治工作的开展增加了困难。二是干部职工的世界观和价值观发生了改变,利益观更趋于现实,关注税制改革的发展前景,担心个人的绩效考核与福利待遇会有较大波动,干部职工思想的多元化,也给新常态下的思想政治工作增加了困难。

## 三、相关对策

"严管善待"是总局对队伍管理提出的新的指导性意见。中央"八项规定"颁布以后,从严要求、从严管理,严抓严管,税务干部队伍的纪律作风建设从一定程度上得到了明显的改进。与严管相比,"善待"工作则有待于更进一步,关心基层建设,为基层多办实事;重视基层意见,倾听群众心声;贴近基层生活,多为群众着想等等都还有努力的空间、多有作为的平台,要做到人财物真正向基层倾斜。

(一)不断更新开展思想工作的观念

主动适应税收新常态,关键是思想观念要跟上,以良好的心态和观念,不断树立做好思政工作的新理念,充分发挥好思想政治工作的"润物细无声"的作用。

1、新常态理念。新常态,是变化之态,要有求变之心。"明者因时而变,知者随事而制。"面对新变化,不能因循守旧、墨守成规,要用变革的思维看待变化、适应变化,大胆冲破传统观念的束缚,打破惯性思维,形成与新常态相适应的思维方式、行为习惯。

2、以人为本理念。思想政治工作的对象是人,因此,做好思想政治工作必须坚持以人为本,把尊重人、关心人、使用人、爱护人始终作为其出发点和归宿。

3、平等对待理念。尊重工作对象,要摒弃"官"念、放下架子、沉下身子,以平等的态度、讨论的方式、商量的口气与对方交流。

(二)促进思想政治工作"接地气"

1、与中心工作相结合。破除思想政治工作与中心工作"两张皮"的现象,探索思政工作与税收中心工

作有机结合的长效机制，把思想政治工作融入到各项重点、难点工作中，如要求全系统办税服务厅的党员和团员在工作时间统一佩戴党徽、团徽，公开党员和团员身份，增强身份意识；在改革攻坚中，开展“争当稽查行家里手”、“青年突击队”等活动，实现与税收中心工作有机结合和有效促进。通过加强这些创新项目的深化、完善与推广，使思想政治工作务实性更强，接地气更多，生命力更强。

2、与干部职工需求相结合。探索鼓励组织部门建立干部职工家庭情况和实际困难专门档案，了解干部职工所想所需所求，以为干部职工做实事为突破口，帮助解决他们最关心的困难，真正把思想政治工作做实，做成让干部职工欢迎的工作。

3、与干部职工的特点相结合。关注各年龄段、各职级干部职工思想动态，及时进行思想教育，提高思想政治工作的针对性。如对年轻干部重点加强对职业规划、事业发展方面的指导，对年龄较大特别是即将退休的同志重点是帮助解决待遇、子女就业等实际问题；加强对新录用公务员和青年干部职工的理想信念和职业道德教育。

（三）强化思想政治工作的引导作用

思想的沟通是双方的沟通，要立足实际、丰富载体，通过开展传统教育加上先进典型引路、深入开展文化建设等，正确引导、潜移默化，增强思想政治工作的针对性、实效性和生动性。

1、教育引导。开展传统教育，将地税部门放到社会大环境下横向比较，引导大家树立正确的世界观、人生观、价值观，促使大家摆正心态、淡泊物质追求。以先烈的事迹激励鞭策干部职工尽职尽责，促使大家更加爱岗敬业。开展“换位思考”、“换位体验”等活动，比企业工作人员，看自己的工作强度；比普通劳动者，看自己的工作环境；比大多数其他部门，看自己的工资待遇”，促使大家珍惜自己的工作，增强自豪感、归属感。

2、典型引导。身边的典型是最看得见、摸得着，也是最实在、最有效的榜样力量。揭晔局长就多次作出指示，要求树立各类先进典型，充分发挥其辐射、模范带头作用，凝聚正能量。在日常工作中，思政工作者要注重挖掘、提炼、推出各类先进事迹和先进人物，并多视角关注、多终端呈现，发出地税好声音，树立地税好形象。通过宣传、学习先进，引发“典型就在身边，人人可学可做”的强烈共鸣，引导干部职工消除“等、靠”思想，克服“惰、浮”作风，用成绩、用贡献来诠释人生意义，展示人生价值，

3、文化引导。在全国税务工作会议上，王军局长称“文化引领，是新常态下推进税收现代化的精神感召”。好的文化一旦形成，就会起到“不令而自行、不禁而自止”的效果。要以文化熏陶人，大力推进地税文化和职业道德建设，打造地税干部守望相助的心灵家园，厚植地税事业长远发展的丰饶沃土，创造富有时代气息和税务特色的文化精品，真正让税务文化活跃起来、舞动起来，持久发挥春风化雨、润物无声的重要作用。

（四）真正把“连心桥”连到干部职工的心里去

2011年我局积极落实省局的开展连心桥活动的精神，把连心桥活动迅速开展起来，并对这项活动如何开展提出了符合我局自身特点的、接地气的措施，经验和做法被推广到全省地税系统。经过几年的摸索和实施，我局已经形成一套较为完整的开展连心桥活动的方式方法。

1、完善谈心制度。即健全完善谈心、交流制度，搭建沟通平台，增强思想政治工作的说服力。把心的沟通作为开启思想政治工作的钥匙，一是完善心理疏导机制。对于一线人员的执法畏难情绪，在强化培训、提高执法水平的基础上，注重心理疏导，从思想上消除胆怯心理。加强思想教育，引导大家把执法的本领用到正路上、正地方，杜绝以税谋私，为捞取好处而增加执法风险。对于成就感低、进取心有所淡化的，做好心理疏导：在现实条件下，要成批解决个人进步问题不现实，基层工作人员只有加强自身修炼，从工作、学习、能力等方面全面提高，才能为个人发展创造条件和机会；过分追求晋升，只会增大自身压力，影响思想情绪、影响同志关系、影响日常工作。二是进一步推行干部谈心谈话制度。采取主动约谈、上门

访谈等方式，早提醒、早纠正，及时发现干部身上出现的苗头性、倾向性问题，使干部不出问题、少出问题、不出大问题。三是建立思想沟通制度。根据工作需要，不定期召开不同层次、不同范围的座谈会，广泛听取在职人员、提前离岗人员、离退休干部的意见和建议，不断改进工作，增强对干部职工的感情。

2、提升干部职工信心。提升干部职工工作、生活的信心，增强思想政治工作的感染力。由于领导职位所限，对部分优秀人员可采取灵活的做法，适当利用党组织和团、工会、妇委会等群团组织中的职务对其进行鼓励，使他们的追求有盼头、工作有劲头。对领导干部而言，自身要提高科学民主依法决策的能力，学习新知识、掌握新本领，自觉把税收置于国家治理的大格局中去思考和谋划，了解大势、把握大局，有效应对复杂局面，确保各项工作顺利开展；强化教育培训，开展有针对性、多元化、个性化的培训，提高大家的岗位业务水平和实战能力；作风上坚持求真务实，工作中深入征管一线与同志们一道克难攻坚，生活中体贴和关心同志们，促进大家提升对工作的信心。对广大干部职工而言，强化学习，提高税收风险管理能力，主动适应税源状况日益复杂的变化趋势，牢固树立风险导向，不断提高岗位适应性和多岗关联协调性能力，有效堵塞管理漏洞，减少税收流失；提高纳税服务能力，主动适应自然人不断增多的情况，既能坚持依法征税，又能营造和谐的征纳关系；提高执行力，主动适应上上下下狠抓落实的新常态，把各项工作抓出成效。

3、营造舒心的工作氛围。使干部职工舒心工作、健康生活，增强思想政治工作的渗透力。随着税收管理科学化、现代化的不断深入，地税工作强度日益增大，大多同志的身体和心理都承受着巨大的压力，处于亚健康、不快乐状态。应开展各种健康向上的文化娱乐活动，增强大家的参与兴趣，把良好的心态带到单位、带到工作中，形成乐观向上的集体文化，调整不良情绪和心理情感。通过文化搭台、协会唱戏，开展踏青、登山、“关爱女性”体检、演讲、征文等活动，举办趣味运动会、拓展训练，培养广大干部职工的竞争意识和团队精神，提升大家的幸福指数。

4、创造安心的工作环境。解决实际问题，让大家安心工作，增强思想政治工作的实效力。思想政治工作的作用就是解决问题、化解矛盾，调动积极性。问题分思想问题和实际问题，思想问题与实际问题紧密相连，有的思想问题本身就是实际问题引起的。因此，要解决思想问题，就必须从解决实际问题入手。而工作、生活环境的好坏直接影响人的情绪与心理，好的生活环境不仅可以激发人员的自豪感和凝聚力，增强工作责任感和珍惜感，而且可以直接影响人员的工作效率。要想群众所想、急群众所急，帮助其解决后顾之忧，安心工作；要加强基层规范化建设，为基层创造优良、舒心、安全的工作、生活环境，提高基层工作、生活质量，让同志们安心基层，扎根基层，为税收事业建功立业。

（作者单位：广东省广州市地方税务局）

# 新时期税务干部队伍建设的思考与研究

谢京顺

谈起税收,我们就知道它在我国经济社会发展中有着不可或缺的地位,且发挥着日益重要的支撑作用,尤其是在以“营改增”为切入点的税务改革攻坚期和转型期,上至党中央、国务院,下至广大人民群众,都对税收工作给予了很大的关注和期待。税务改革是目前经济方面的一个热门话题,然而,改革工作计划再完善无缺,若无高素质专业化的税务人员实践实施,也无异于纸上谈兵,所以税务干部队伍建设显得尤为重要。因此,加强税务干部队伍建设,努力培养出一支高素养标准化的税务干部队伍,全面提高管理和服务效能,不仅是税务部门依法履行职能、服务科学发展的重要基础和保障,也将为我国的经济建设作出巨大的贡献。

目前我国的税务干部队伍在税务系统建设过程中存在以下几个问题,一是忽视政治理论和税收业务知识的学习。表现在精神麻木,没有理想,整天忙于应付日常事务,思维滞后或反常,观念陈旧或低俗,缺乏理论知识的储备与更新,政治常识贫乏,税收业务差,综合素质低,难以适应工作的需要。二是一些税务干部在工作中进取心不强,责任意识差。在日常工作中不求精细,只求过得去,导致工作方法简单,效率低下。在税制改革中没有开拓创新意识,依赖思想严重,只等上级决策,没有主动性,面对问题时存在畏难情绪,有“等一等、缓一缓、拖一拖”的想法。三是在服务态度、服务质量和服务效率方面存在一定的问题。有的税务干部对纳税人到税务机关办事,该办的或能办的不给办,有的态度蛮横,说话态度冷硬横,有的税务干部对纳税人不冷不热,没有真正关心纳税人想什么、盼什么、急什么、要什么,更没有和纳税人打成一片,缺乏全心全意为人民服务的宗旨意识。四是出于贪心和私欲,有的税务干部还存在着理想信念不够坚定,自律意识不强等问题。从近期中纪委通报税务干部违反中央八项规定精神典型问题来看,我们的税务干部特别是税务领导干部确实程度不同的存在着一些问题。主要表现在“舌尖上的腐败”、“车轮上的腐败”、“会员卡腐败”等“四风”问题。

以下我将对税务干部队伍建设提出几点思考:

## 一、在学习中获取真知,在实践中获取经验

当前经济社会瞬息万变,对税务干部队伍的驾驭能力、改革创新能力、公共服务能力和快速应对处理复杂矛盾的能力提出了更高要求,对税务干部队伍的思想观念、体制机制、素质能力提出了全方位挑战。所以税务干部队伍要高度重视理论学习,要把学习当成一种觉悟,一种修养,一种境界,一种责任,当成一种政治行为和政治需求。有计划地多读点书,养成勤奋学习和深入思考的习惯,在学好政治理论的同时,也要重视历史、经济、法律、税收业务、计算机等各方面知识的学习。纸上得来终觉浅,绝知此事要躬行,所以更要坚持理论联系实际,学以致用,做到学用结合,才不会在没思路、方法少、缺措施等低层次上徘徊,才能在变化中抓住命脉,掌握真知,迅速解决问题并获取经验。

## 二、增强职业道德素养,优化人力资源结构

税务干部正确履职尽责的基本前提是职业道德素养,它决定了整个税收队伍的的标准化和专业化。

从进入税务部门的第一时间就要把爱岗敬业、公正执法、诚信服务、廉洁奉公、创新进取、团结向上作为必须遵守的职业道德理念。在日常工作中，通过培养先进典型、发挥引领示范作用，营造尊重和崇尚先进、以先进典范为师的团队文化。在此基础上，针对不同类别的专业化人才，确立更加具体的职业道德要求，如对具有一定裁量权的执法类岗位要强调法治公平、严谨合理，对直接面向纳税人的服务类岗位强调客户至上、文明高效，对廉政和执法风险较为集中的岗位则要强调廉洁守法、防患于未然。

优化人力资源结构也是税务队伍改革的一个重要内容。在增加数量、提升质量的同时，注重优化人力资源结构，改善人力资源配置。不仅要优化税收业务人员与行政管理人员之间的结构，还要以税收业务为主，大力提高税收业务人员比重，把人力资源向核心业务倾斜，向优化纳税服务和促进纳税遵从倾斜，同时还要优化各类税收专业化人员之间的结构。要按照贯彻征管改革的要求，按照风险管理和信息管税的需要，科学设置各类税收业务工作人员比重，优化一般人员与高端人才之间的结构。在保证质量的前提下，加大高端人才培养力度，提高高端人才比重，发挥高端人才的领军和骨干作用，提升干部队伍的整体素质。

## 三、加强税务干部队伍作风建设

成事在天谋事在人，以往的税务工作实践已充分证明，要推进税务事业全面科学发展，不仅取决于干部队伍能力和素质的高低，更取决于干部队伍作风的好坏。随着社会经济结构、文化形态、人们的思想观念、价值取向、生产与生活方式等都发生了深刻的转变，同时面对社会阶层利益潜在矛盾加剧，民主法治进程日益加快的新发展形势，加强税务干部队伍作风建设，显得至为重要，迫在眉睫。这不仅是全面贯彻落实科学发展观的必然要求，更是我们在税收工作实际中践行科学发展观的一个具体体现。

加强作风建设是反腐倡廉建设的根本举措。良好的作风是抵御消极腐败现象和保持清正廉洁的重要保障，及早发现和解决作风方面存在的苗头性问题，才能有效防止和减少腐败现象的发生。同时，加强作风建设还是当前构建和谐地税的重要内容。只有不断加强作风建设，教育和引导全体税务干部树立正确世界观、人生观，价值观，树立敬业爱岗，为民服务、忘我奉献的精神，弘扬求真务实，艰苦奋斗之风，才能实现征纳和谐，促进政风行风的进一步好转。强化自律意识，提升廉洁奉公、拒腐防变的能力，因此，税务干部必须模范遵守党纪国法和规章制度，自觉接受纪检监察和人民群众的监督。法规和制度的制约是必要的，更重要的是自我警省，自我约束，真正使廉洁自律铭刻于头脑，落实于日常繁杂的工作中。

在现实生活中，来自各个方面的影响会不期而遇，因此，在对税务干部优良作风的培养上做到四点：一是要以思想教育为基点，树立八种新风尚。二是要加强党性教育，坚持以党的先进理论来武装党员干部的头脑。三是要加强职业道德与法制教育，在干部队伍中大力倡导干一行，爱一行，热爱税收事业，热爱本职岗位，敬业奉献的良好职业操守，树立遵纪守法行为意识，自觉在工作中去依法治税，依法行政，规范执法。四是要加强党风廉政教育，坚持结合开展正反两个方面的典型教育，通过正面典型的示范作用，弘扬正气，廉洁说到底属于人生观的范畴。观念的形成及变化，处于一个漫长的发展过程中。税务干部要始终坚定不移地抵制、抗拒各种诱惑，坚守廉洁自律的警戒线，做到警钟常鸣，防微杜渐，不断增强拒腐防变的能力。

## 四、转变思想观念，提高综合素质

思想是行动的先导。目前税收队伍中一些问题的存在，归根结底，是干部的思想不够解放，观念还没有及时转变过来。为此，首要解决的是干部队伍的思想问题。要大力加强思想政治建设，积极开展正确的思维方式教育和形势教育。要在干部队伍中开展正确的思维方式的教育，提倡学习马克思主义的思想方法论，善于运用马克思主义的立场、观点、方法去分析、处理遇到的问题，提高干部认识、实践的能力。

要结合当前形势和地税工作实际，大力开展形势教育，引导干部职工深刻剖析错误思想、保守思想和模糊认识的巨大危害性，提高思想改造的自觉性。从而自我加压，增强紧迫感和危机感。引导干部职工理性分析队伍的现状和管理模式，让干部职工认识到深化机构、人事制度改革，建立更为严谨、科学的考核、激励机制是大势所趋，以此进一步增强竞争意识和绩效观念。

其次，要努力提高税收干部队伍的综合素质。建立完善制度，落实学习、教育、培训等各方面措施。围绕学习、教育开展了一系列活动，如思想、道德、作风、纪律教育，文明礼仪教育、社会主义荣辱观教育等，实践证明，坚持学习、教育的制度化、系统化，不断创新教育培训的方式、方法，形成一种良好的教育培训机制，应是我们努力的方向。不形成一种良好的教育培训机制，就永远也无法实现我们所追求的理想效果。大力开展岗位技能竞赛比武，以赛促学，以考促学。要大力开展岗位练兵活动，由人事部门牵头，全体工作人员配合，分线组织，提高地税系统整体的税收业务应用技能。还要组织规范化的考试验收。没有压力就没有动力，要把组织规范化的考试验收作为落实教育培训的重要工作来干。确保教育培训工作不走过场，取得实效。根据地税系统干部的工作特点和岗位要求，设计科学、合理的全员考试验收方案。并将考试成绩作为干部年度考评、晋级提拔的重要依据。

## 五、调动工作积极性，在稳定中努力创新

积极探索建立健全有效的竞争激励机制，大力营造积极进取、奋发向上的氛围。首先建立健全绩效考核制度，完善考核办法，对干部职工的“德、能、勤、绩、廉”五大考核指标量化、细化。其次要积极推行竞争上岗，激发干部的学习热情和工作激情，促进人力资源的开发和优化配置，搭建优秀人才脱颖而出、施展才华的平台，大力营造愿意干事、能干成事的良好环境，不搞年龄上的教条主义。实现思想理念与党的群众路线教育实践活动的有机统一，增强全体人员的职业荣誉感和集体归属感，增强队伍的凝聚力、向心力和战斗力，实现地税系统健康、有序、和谐发展。

创新是一个民族进步的灵魂，是一个国家兴旺发达的不竭动力，也是税收队伍生生不息的源泉。创新的目的是为了税收工作长期的稳定，因此，做好新形势下税收干部队伍建设工作，必须在继承和发扬成功经验和优良传统的基础上，大力推进有关建设税收队伍理论创新、方法创新。创新的过程，是解放思想的过程，是在寻找和把握客观规律的过程中不断突破内在局限和外在局限的过程。打破传统思维定势，树立新型思维方式，按照时代的要求，树立效率观念、服务观念、竞争观念和法治观念等现代化观念，从多方位、多角度、多途径思考问题。

总之，税务干部队伍建设是一项长期的任务，任重而道远，但只要我们持之以恒，常抓不懈，就一定能够成功。现阶段我们要以“两学一做”教育活动为切入点，与“纪律行动”紧密结合起来，牢固树立为纳税人服务意识和纪律意识，不断规范执法行为，自觉做到依法办税、廉洁从税、文明服务。把全系统税务干部打造成一支令行禁止、高效廉洁、素质过硬的合格队伍。

（作者单位：山东省烟台市地方税务局莱山分局）

# 新形势下加强干部培训工作的研究

谢　锋

全面推进税务系统干部培训，是落实人才强国战略、实现人才兴税的重要举措。2016年是全面推进营改增试点工作的开局之年，也是实现税收现代化的关键之年。国家税务总局局长王军同志到北京地税考察工作时要求我们在已有成果的基础上，借改革工作的东风，再加一把劲，再努一把力，在实现税收现代化的建设方面走在全国的前列。在当前新形势下税务干部的培训工作要抓住重要战略机遇期，在前进中赢得主动，实施人才兴税战略，努力培养和造就一支高素质的税务干部队伍，以适应税收现代化的需要。

当前地税干部队伍仍存在着税务工作需求迫切与人才匮乏的矛盾，税务人员素质参差不齐，专业人才和复合型高级人才短缺。本文通过分析教育培训工作现状和问题，就如何加强税务干部教育培训工作进行了剖析，并提出了相关建议。

## 一、加强税务干部培训的重要意义

(一)加强和改进干部培训工作是适应新形势新任务的需要

随着加快推进首都地方税收现代化建设的提出，税收工作面临的形势和任务发生着深刻的变化。征管改革不断深入推进，税收执法和科学管理愈加严格规范，纳税人数量迅猛增长，其组织形式、经营方式、经营业务不断创新，法律意识和维权观念不断增强，服务需求日益拓展，税收管理事项纷繁复杂。这些变化对干部的综合素质和岗位能力提出了新的更高的要求。税务干部尤其是基层税务干部处在税收改革发展第一线，是税收法规政策的具体执行者，是税收征管和纳税服务的实施者。抓好税务干部教育培训工作，是新形势新任务对地税工作的必然要求。

(二)加强和改进干部培训工作是推动地税事业科学发展的需要

当前，首都功能调整、产业疏解、控制人口、节约资源、防止大气污染势在必行，推动京津冀协同发展方向明确。在全方位改革任务形势下，充分发挥税收职能作用，服务首都经济社会发展大局，将实现干部的全面发展同推动地税事业科学发展紧密结合起来，始终把干部教育培训作为先导性、基础性、战略性工程，紧密围绕税收中心工作，分级分类组织干部培训，培养造就一支政治过硬、业务熟练、作风优良的高素质专业化税务干部队伍，是推动北京地税事业科学发展的必然要求。

(三)加强和改进干部培训工作是税务干部自身发展的需要

税收现代化对税务干部的综合素质要求越来越高，作为新时代的税务干部，仅精通本职业务知识是远远不够的，还须具备全面的综合知识、熟练的专业技能、过硬的政治素质、强烈的事业心和高度的责任感，才能保证税收管理与国家经济同步发展。“学习”已经成为目前税务干部开展税收执法不可或缺的“必需品”，因此加强和改进干部培训工作是税务干部自身发展的必然要求。

## 二、税务干部培训工作的现状及存在的问题

(一)丰台地税干部培训工作的现状

1、局领导高度重视，各部门全力配合。为适应首都地方税收现代化建设需要，加快实施人才兴税、人才强税战略，根据《2014年一2018年北京市地税系统干部教育培训规划》，北京地税系统开展了全方位的干部培训工作。丰台局领导高度重视，始终将教育培训工作作为全局的重点工作，结合业务执法工作实

际，注重培训与业务工作的紧密性，努力实现学以致用。局党组从人力、物力、财力方面为培训工作提供全方位保障，全局上下共同努力，各方积极出谋献策，保障培训的顺利开展。

2、开展多层次培训，全面提高干部综合素质。一是注重提高领导能力，加强科级领导培训。在领导干部培训方面，组织科级领导干部的培训，特别加强对基层的税务所长、稽查科长的培训工作；与市区两级组织部门协调配合，开展新任科级领导职务人员任职培训工作，注重提高新任科级领导思想教育和廉政教育方面培训。二是抓好带头人作用，加强业务骨干培训。在专业骨干人才培训方面，丰台局积极配合上级，做好领军人才培养对象的选拔和推荐；鼓励干部参加与税收工作相关的专业资格考试，通过网络培训与集中授课相结合的方式开展"三师"、职称的培训工作，全面提高业务骨干人才的综合素质。三是加强普及性全员培训，提高干部队伍整体素质。丰台地税局按照市局的统一部署，结合实际情况开展岗位大练兵活动。每年有针对性地开展业务培训，如财务会计培训、小企业会计培训、税收业务知识库等培训，促进整体业务水平的提高。

3、采取多种方式培训，增强培训效果。在"三师"、职称培训工作方面，丰台地税局制定了切合实际的教学计划，主要采取集中网校培训和聘请高校老师两种方式相结合。培训中期聘请专业教师进行面授课程，讲解课程知识要点，提升干部学习效率。临近考试组织集中串讲，有针对性的梳理考试要点难点，提高考试通过率。在考前三天，为考试人员提供自习室，创造良好的学习环境，激发大家学习热情。

4、教育培训工作取得一定成效。通过近三年的努力，全局干部学习的积极性有了很大提高，领导干部带头学，有效调动了整体的学习积极性。一是通过中层培训，干部领导力方面得以明显提高。2015 年全局共选拔任用科级职务干部 9 名，提拔任用科级正职 3 人，平级交流科级正职 2 人、科级副职 4 人，启动晋升科级非领导职务工作，优化了科级领导干部队伍的素质结构，调动了基层干部的工作积极性。二是全员培训方面，通过组织财务会计、小企业会计和业务知识题库等学习，在市局统考中取得较好成绩，全局干部业务素质也有了很大提高。三是通过组织专业骨干培训，三年来，全局干部积极报考"三师"资格考试和技术职称考试，学习积极性明显提高。截止目前，已有 10 人持有注册税务师证书，2 人持有注册会计师证书，4 人持有律师资格证书，20 人取得中级经济师职称，3 人取得了高级经济师职称。全局的学习氛围有了较大改善，干部的整体素质有了明显提高。

（二）税务干部培训工作存在的主要问题

1、税务干部自身存在一些制约因素。第一，队伍人员结构老化，缺乏现代复合型人才。丰台地税局 46 岁以上的干部占到总人数的近一半，36—45 岁的干部占到 28.67%，35 岁以下的干部仅占 19.6%。46 岁以上的干部普遍对计算机、网络等现代工具使用不够娴熟，对使用信息系统处理税收业务的水平有待提高。第二，学历层次方面，有一小部分干部的学历层次偏低。丰台地税局本科及以上学历的干部占比达到近 80%，与此同时，中专、高中及以下的干部占比也有 4.2%。第三，从人员来源看，干部来源多元化。军转干部占比达到 27.69%，学生考入占 23.52%，调入等其他来源 48.77%。人员来源多元化也致使干部业务水平有高有低，部分干部专业知识相对缺乏。

**表一　丰台地税局人员构成情况（截至 2016 年 5 月 31 日）**

| 单位及分类 | | 丰台地税局 |
|---|---|---|
| 总人数 | | 408 人 |
| 现岗位时间 | 10 年以上（含 10 年） | 95 人 |
| | 占比 | 23% |
| | 5—10 年（含 5 年） | 72 人 |
| | 占比 | 18.9% |
| | 5 年以下 | 241 人 |
| | 占比 | 59.0% |

| | | |
|---|---|---|
| 男女比例 | 男 | 231 人 |
| | 占比 | 56.6% |
| | 女 | 177 人 |
| | 占比 | 43.38% |
| 年龄结构 | 35 岁以下 | 80 人 |
| | 占比 | 19.6% |
| | 36——45 岁 | 117 人 |
| | 占比 | 28.67% |
| | 46 岁以上 | 211 人 |
| | 占比 | 51.71% |
| 学历情况 | 本科以上 | 44 人 |
| | 占比 | 10.78% |
| | 本科 | 287 人 |
| | 占比 | 70% |
| | 大专 | 60 人 |
| | 占比 | 14.7% |
| | 中专、高中及以下 | 17 人 |
| | 占比 | 4.2% |
| 人员来源 | 军转 | 113 人 |
| | 占比 | 27.69% |
| | 学生 | 96 人 |
| | 占比 | 23.52% |
| | 其他 | 199 人 |
| | 占比 | 48.77% |

2、工学矛盾较为突出。一方面，由于税收征管改革全面推进、税收现代化建设加快等原因，税收征管面临新的挑战，税源分级分类管理、税收科学化精细化管理要求越来越高，税务干部急需新知识、新政策、新技能的补充和更新。另一方面，税收日常业务繁重与干部年龄偏大等问题凸显，税务干部常忙于应付日常工作，很难保证有充足时间参加培训学习，工学矛盾越发突出。

3、培训内容安排要不断完善。由于征管改革的不断推进，税收业务分工更加细化，培训的全面性还需加强，课程设置的科学性、实用性、有效性方面还需探索。从培训组织者方面来看，培训课程设置、培训方式、培训激励手段、参训人员年龄结构划分等方面要从实际出发，进行合理规划。同时也要注意营造良好的学习氛围，提高干部学习的积极性，借鉴先进的培训方式，满足干部的需求。

4、培训对象对培训工作的思想认识不高。第一，部分干部认识不到教育培训是提升素质能力的重要途径，缺乏更新知识、终生学习的理念。第二，部分干部缺乏主动学习的尽头，学习态度不端正、不用心，把学习当成“苦差事”。还有些干部存在“学得越多会得越多、会得越多干得越多、干得越多出错机会越多”的偏激思想，因此满足现状、进取精神不足。第三，一些干部在培训过程中还存在着“重交际，轻学习”的不正确心理。

## 三、全面加强和完善税务干部培训工作的建议

(一)进一步端正培训动机

要让广大干部充分认识到加强干部培训教育工作是新税收形势的需要，是加强干部队伍建设和提高干部素质能力的需要，是促进税收事业发展和做好地税各项工作的需要。增强干部的紧迫感、危机感和责任感，把学习培训当作一种精神追求，以积极负责的态度参加培训学习。优化学习培训的风气。引导干部正确认识培训的重要性，实现从"要我学"到"我要学"。在培训管理上，不做表面文章，紧密联系实际，加强管理，形成正向的学习风气。

（二）科学设定培训计划

1、把握培训需求。坚持分级分类的原则，将需求调研作为培训计划生成的必经环节，开展深入细致的需求调研，准确把握组织需求、岗位需求和干部需求，以此为依据设计培训项目，安排培训课程。在培训项目实施过程中，形成培训前听取意见、培训中按需施教、培训后跟踪问效的培训需求动态反馈机制。

2、科学设定施教内容。建立以培训需求为导向的培训内容更新机制，围绕推进马克思主义学习型政党建设，遵循干部成长规律和教育培训规律，根据首都经济社会发展和北京地税中心工作需要，按照不同类别、不同层次、不同岗位干部的素质能力要求，以政治理论、政策法规、业务知识、岗位技能、文化素养和心理健康知识作为基本培训内容，不断提升系统干部履职能力、执法水平和服务大局水平，促进其素质和能力的全面提高。

3、提升按需施教能力。努力增强培训施教的科技含量，在培训施教的思想性、实效性上下工夫，在吸引力、感染力、影响力上做文章，在用新颖的方式方法反映新思想、新观点、新道理上求实效。努力采取互动式教学、案例教学、对策研究等现代教育培训方法，体现培训教学的形象化。努力用通俗易懂、深入浅出的形式，施教科学的理论、实现培训教学的通俗化。努力以事说理、以理通事，把抽象的理论具体化。努力做到教学活动准备充分、目标明确、重点突出、方法灵活，更好地增强干部教育培训活动的有效性。

（三）做好培训管理工作

1、切实加强对教育培训工作的领导。要把加强领导具体落实到对干部教育培训工作的指导、协调、督促、检查、评估活动中去，加大跟踪问效管理的力度，及时发现和解决培训活动中的薄弱环节与存在问题，适时总结推广好的做法和先进经验，协调人、财、物有关部门科室，形成联动机制，营造良好环境，促进工作落实。

2、完善教育培训的经费保障长效机制。严格执行《全国税务系统培训费管理办法》（税总发〔2014〕37号）和《北京市市级党政机关事业单位培训费管理办法》（京财预〔2014〕148号）规定的培训经费开支标准，严格培训项目审核、专款专用，确保经费及时到位、合理有效、规范使用。与此同时，建立教育培训经费保障和使用长效机制，为干部培训工作提供有效支撑。

3、建立健全考核激励机制。将学习态度、学习能力作为干部考核任用的重要依据，激发干部自主学习的内生动力。将领军人才、税务专业硕士、取得高级职称和"三师"资格的干部充实到重点岗位，同等条件的在选拔任用中给予优先考虑。将各类全局性业务考试成绩纳入选拔任用、遴选工作的综合评价指标，对在全局性业务考试中不及格人员在当年度的公务员考核中不得评为优秀，学习态度明显不端正的，年度考核评定为不称职。建立健全干部教育培训档案，如实记载基层干部参训情况和考核结果。

（四）充分发挥培训实效作用

要做到不断总结先进经验和不断从实践中提新方法，不断研究新情况和解决新问题，将培训工作严格落到实处。通过丰富培训方式方法，如集中辅导与自学相结合、理论学习与工作实践相结合、教师讲授与交流探讨相结合等多种方式方法，努力提升培训效果。要促使参训干部不只是停留在学了什么、而是致力于学会什么，不只是需要明确学习什么、更应当知道怎样学，真正把应学到的知识学到手，转化为实际的税收工作能力。

（作者单位：北京市丰台区地方税务局）

# 新常态下如何做好基层国税思想政治工作探析

——以雄县国税局为例

霍会来

税务部门思想政治工作，主要是以理想信念教育为核心内容，进行系统性政治理论教育和经常性思想工作，目的是建立一支有理想、有道德、有文化、有纪律的税务干部队伍，保证各项税收工作任务的全面完成。当前，作为基层税务部门，面临着财税改革进入"新常态"、经济增速成为"新常态"，依法治国迈入"新常态"，作风建设趋于"新常态"的考验洗礼，广大税务干部职工思想活动的独立性、选择性、多变性和差异性日益增强，这都不可避免地给思想政治工作提出了新的考验。面对新形势的考验，如何增强思想政治工作的现实感和说服力，调动每个税务干部的主观能动性和积极性，是当前税务部门思想政治工作的迫切课题。

思想政治工作是税收工作的生命线。面对错综复杂的新形势，如何把握新变化、新特点、新规律，探索加强和改进基层国税部门思想政治工作的有效途径，做好新常态下的思想政治工作显得尤为重要。本文结合雄县国税部门思想政治工作实际，从以下方面进行探析：

## 一、当前思想政治工作面临的新问题

（一）财税改革的新变化，使队伍素质问题日益突出

一是征管改革带来的新变化。2014 年以来推行的税收征管改革，实现了税收团队化、专业化管理，税收征管模式发生了重大变革，2015 年金税三期的上线运行，税收管理规范的推行，绩效管理考核的试行，增值税发票升级版的开展等等，这些改革既涉及到征管方式的改变、机构职能的调整，又涉及到管理理念，管理手段，管理软件，管理流程的重大变革等，直接为基层税务干部带来的是对适应新岗位、新标准、新方法的压力。对于那些已形成工作习惯的惯性、年龄较长的干部来说，存在适应的压力。二是税制改革带来的新变化。自 2016 年 5 月 1 日，"营改增"工作开始全面推行，大量的"营改增"纳税人并入国税部门管理，在系统人员没有增加，管理业务突飞增长的形势下，对我们在管理和规范上都提出了挑战，从税法宣传指导、征收范围的划分、财务规范管理、执法风险规避、收入任务完成等方面，对干部的理解力、学习力、执行力等方面都形成了巨大压力，队伍素质的需求和不适与财税改革的矛盾更加明显。

（二）作风建设的新形势，使为政不为现象日益突出

党中央狠抓作风建设，中央"八项规定"精神等规定相继出台，内设"高压线"、外念"紧箍咒"。社会舆论对机关部门、对公务员个体的不足之处起了无限放大的影响，无论八小时之内还是八小时之外，以往微不足道的小问题，都有可能随时暴露在群众视野中成为众矢之的，社会监督力量无形之中为带有公务员身份的个人增添了许多压力，在干部队伍中产生了一些消极波动。

（三）法制建设的新态势，使责任担当缺失日益突出

一是执法风险让部分人员不敢担当。在经济发展的新常态下，面对不够乐观的经济态式、日渐丰富的生产形式，以及国家为缓解企业压力而出台的系列优惠政策等，如何在追求收入数量的同时抓好收入质量，合法合规的落实好税收优惠，同时，依法治税方面，税收执法由重实体、轻程序向实体与程序并重、

风险导向、全程监控转变，这一切，都要求税务干部所有工作必须经得起社会监督部门的指正与检查，种种执法风险让部分税务干部明哲保身，担当意识缺失；二是廉政建设让少数人员不愿担当。当今，国家反腐力度之大、效率之高震慑全国，我们一方面拍手称快之时，也有极个别干部在现有形势下，政治觉悟低下，觉得现在干工作，没有一点实惠，还得承担很大的责任，所以不愿担当的思想比较严重。

（四）实际利益的新情况，使队伍难带趋势日益突出

随着市场经济的发展，促使人们在价值取向上，更加注重经济效益和物质利益，这些大环境的影响必然波及到一些干部身上。部分干部受条件限制，晋升空间小；津补贴规范以及中央“八项规定”精神以后，工资待遇有所下降，面对高房价、高医疗、子女求学及基本生活成本的支出，加上较之以往明显的“福利”差异，让很多同志感到“压力山大”，对工作、生活条件不满意，发牢骚、讲怪话增多；对职务晋升不如意，讲不觉悟话的多了，再加上队伍老化问题严重，少数干部出现了讲条件、要利益、讲享受、搞攀比等不良习气，队伍不好带的趋势越来越显现出来。

（五）意识形态的新走向，使思想工作滞后问题日趋突出

今天的社会环境从封闭到高度开放，社会舆论从单一化到多元化，由此带来人的思想多元易变。但是在思想政治工作上，仍然存在照抄、照搬、走过场、做表面文章等形式主义问题，对广大干部职工多层次、多样性、多方面的思想文化需求不给力；与热点难点问题的纵深结合不到位，与新常态下干部职工的思维、眼界、知识储备的感知认知的要求不同步，与税收工作的新思路、新方法不融合。还有一部分基层干部在带队伍的过程中，只重视业务，不重视思想政治工作，只叫苦，不想办法，思想政治工作是税收工作的生命线这一重要的治队治税理念没有在税收工作的实践中有效的发挥作用，呈现滞后性。

## 二、产生问题的原因分析

（一）教育培训缺位

当前，征管改革、税制改革、税收管理系统改革齐头并进，多头绪并行，因为涉及人员和岗位较多，培训工作中，一方面缺少培训学习的机会，在有限的机会中，往往又是大范围的全员培训，培训效率太低，另一方面，缺少针对性分岗位的培训，对一般同志的培训，缺乏针对性，特别是缺少那种符合人员素质基础与岗位相适度的培训，如信息技术、公文写作，纳税评估，基础会计知识、征管信息系统的操作等的分岗位分层次分管理对象的培训，培训效果欠佳，因此出现了部分干部职工能力恐慌与人岗不适的问题。

（二）价值观念缺失

客观变化使一些干部认知跟不上形势，过去公务员职业是一种“铁饭碗”，现在，随着公务员待遇透明化、管理严格化，干部队伍中出现了一些不适应、不习惯的问题，少数干部职工价值取向和职业道德问题日益凸显，讲经济利益，讲政治利益，必然淡化无私奉献，全心全意为人民的意识。

（三）责任意识缺乏

一些干部宗旨意识不强，心理还没有回归到从严从实的常态，缺乏担当精神，对工作任务，有的还停留在观望期，不能为大局而谋，缺乏干事创业的使命感，这些责任意识的淡泊，在新常态新变化面前只能产生“避责性”和“被动性”的后果。

（四）机制体制缺憾

思想教育走形式多，真正触及灵魂、贴近实际的教育少，让干部切实感受到有出路、有盼头、有作为的思想教育愿景和效果反应不突出；干部考核指标相对比较笼统，共性指标多、个性指标少，难以体现岗位特征、努力程度和实际业绩。对不作为造成严重后果的，问不到实处，责不到痛处。

## 三、对加强和改进思想政治工作的几点思考

鉴于上述现状和问题，结合税务部门工作特点，如何用思想政治工作的优势，分析研究解决干部职工的思想问题，调动和激励国税广大干部职工为完成党和国家赋予的各项税收工作任务，实现当前和长远的目标而努力工作。笔者认为：需从以下方面进一步加强和改进。

(一)以精神驱动增强思想政治工作的创造力

一是领导带头引领。依托领导班子民主生活会、党组中心组学习会等载体，在领导班子中树立正确的价值观、群众观，叫响"责任担当好不好，主要看领导"的口号。以领导干部的使命感、责任感和示范性，引导干部职工攻坚克难、化解矛盾、破解难题、直面挑战。二是作风建设推进。依托"两学一做"以及作风整治等载体，整治精神不振的不作为问题，明确无功即是过，以治庸提能力、治懒激活力、治散正风气、治拖提效率。在收入形势十分严峻的情况下，始终绷紧责任之弦、清廉之弦、作风之弦。三是绩效考核保证。按照"高点定位、适当加压、鼓励创新"的原则，科学设置绩效考核单位指标及个人指标，以定量定性考核来加压负重倒逼干部实际作为。教育干部重振敢于作为、敢于创新、敢打硬仗的决心和勇气，敢于破解难题的责任感，发扬担当精神，落实担当责任，真正做到思想不松、标准不降、干劲不减。

(二)以文化推动增强思想政治工作的渗透力

一要善于运用文化活动载体。把思想政治工作融入物态文化、行为文化、制度文化和精神文化的建设中去。通过税务文化格言，廉政文化格言，廉政文化基地建设，让核心价值观内容看得见、记得牢、入眼入耳；通过对先进人物先进事迹的学习，结合不同时期的政治主题开展教育，培育正确的价值取向，消除思想上的疑惑，让理想信念入心入脑；通过开设道德讲堂，廉政教育课堂以及开展形式多样、内容丰富的文体娱乐和公益活动，在潜移默化中引导教育干部爱岗敬业、公正执法、诚信服务、廉洁奉公，让职业道德入言入行，进而筑牢"为政有为"的行动基础。二要善于利用网络载体。充分发挥内联网的优势，开辟县局党建、创先争优等思想政治工作专栏，丰富工作内容，拓展服务功能，利用微信、微博、12366 纳税服务平台等渠道，传输正能量的文化信息，增强互动性，提高工作效率，形成网上思想政治工作强势。

(三)以倾情带队增强思想政治工作的凝聚力

一是要理解人。领导干部要经常深入基层、谈心交流，了解干部思想动态，掌握干部基本诉求，准确把握广大干部职工的所思所想，对同志们发的牢骚，提的意见，摆的难处，注重换位思考，多一份理解，多一份包容，多一点谆谆善诱，少一点空洞学教，才会消除基层干部思想中的消极因素，从而加快思想的认同和行为优化的步伐。二是要关心人。通过人性化管理，注重人文关爱，从解决干部职工工作、生活、学习等方方面面的现实问题入手，对涉及大家切身利益的问题，如生病住院、家庭困难、子女入学及就业等问题，及时送去关爱和帮助，把解决思想问题与解决实际问题有机结合，使干部职工处处感受到组织的关怀和集体的温暖，用解决实际问题来化解思想问题。三是要尊重人。尊重同志们的思想、人格、个性以及创造性，分配工作时不强加于人，做到量才适用，合理分工，工作方法讲究多样化，不能简单粗暴。只有这样才能使干部职工产生归属感和认同感，从而实现思想政治工作凝聚人的作用。

(四)以机制联动增强思想政治工作的生命力

一是完善领导责任制。明确思想政治工作的第一责任人，形成主要领导亲自抓，分管领导具体抓，职能部门认真抓，一级抓一级的工作格局。二是健全政治理论学习制度，中心组学习制度、廉政学习制度、党小组学习制度，强化岗责体系的考核约束，形成由过去的"领导管人"向现在的"制度管人"的转变，逐步形成以规章管人、以制度管事的新格局；三是建立科学的考核激励机制。要明确规定各级干部的思想政治工作的责任标准，把思想政治工作作为干部业绩考核的重要内容，逐步从以开展活动数量和形式为主要内容的评价考核体系，向重点考核工作成效转变，引导广大干部把精力放在做好本职工作和提高职业

道德修养上来。真正发挥思想政治工作的引领作用。

(五)以素质拉动增强思想政治工作的战斗力

一是要坚持经常性学习教育。要以能力建设为突破口,以素质教育和岗位培训为重点,利用上党课、举办培训班等形式,实现由"灌输型"向"启发型"的转变,力争使人岗相适,人尽其才。二是要内外结合,形成合力。坚持政治学习制度和组织生活制度,定期研究分析思想状况,开展批评与自我批评,筑牢思想上的铜墙铁壁。定期召开人大代表、政协委员及特邀监察员座谈会,走访纳税人,充分利用外部资源,协同做好思想政治工作。三是要坚持正、反面典型教育。注重发挥好正面典型的引导作用,通过学身边的人、讲身边的事,让大家学有榜样,赶有目标。积极发挥反面案例的警醒作用,提高党员干部党性修养,打牢思想政治工作的基础,增强有效性。用"鲶鱼效应"的方式对干部进行教育,树立干部的竞争意识,使干部职工产生"赶、比、超"的思想,切实增强队伍的战斗力。真正实现思想政治工作与税收工作的深度融合。

(六)加强思想政治工作干部队伍建设

建设一支政治强、业务精、纪律严、作风正的思想政治工作干部队伍,是做好思想政治工作的组织保证。局党组要切实重视思想政治工作队伍建设,要把政治素质高、业务能力强、会做和善做思想政治工作的干部充实到政工部门,切实加强政工部门的力量。要从政治上爱护、工作上支持、生活上关心政工干部,为他们的成长进步创造良好条件。要加强政工干部和业务干部的交流,增强不同岗位的实践锻炼,使单纯政工型干部成长为复合型人才。政工干部要不断加强自身建设,不仅要掌握一套行之有效的方法,成为思想政治工作的行家里手,也要认真学习政治、经济、管理和税收业务知识,成为税收工作的内行,不断提高自身执行能力,切实把思想政治工作各项任务落到实处,确保思想政治工作取得实效。

(作者单位:河北省雄县国家税务局)

# 新形势下推进地税廉政文化建设的思考

全玉秀

反对腐败、建设廉洁政治，是党一贯坚持的鲜明政治立场，是人民关注的重大政治问题。各级地税部门按照中央和总局、省局的部署和相关精神，深入推进反腐倡廉和党风廉政建设，取得了巨大成就。但是，从近年查办案件的情况看，仍有少数地税机关及其地税干部利用手中税收执法权谋取不正当利益。究其根源，除了体制弊端和监督漏洞之外，一个重要原因，就是存在着滋生腐败的文化土壤，廉政文化建设相对滞后和缺失。可见，在当前党中央狠抓党风廉政建设，并把反腐败斗争不断引向深入的大背景下，加强地税部门的廉政文化建设仍然迫切而重要。

## 一、充分认识廉政文化的内涵

廉政文化是以廉政为思想内涵、以文化为表现形式的一种文化，是廉政建设与文化建设相结合的产物。廉政建设需要以文化为载体，文化建设应包括廉政内容，廉政与文化相辅相成，不可或缺。廉政文化是以先进的廉政制度为基础，以先进的廉政理论为统领，以先进的廉政思想为核心，以先进的廉政文学艺术为载体，具有深厚的历史渊源、广博的文化知识和丰富的社会实践。社会主义廉政文化是中国先进文化的重要内容，是社会主义精神文明、政治文明建设的重要组成部分。它作为一种无形的、潜在的力量，为反腐倡廉提供智力支持和思想保证，对党风廉政建设作用巨大，其感染力、感召力、感化力是其他教育形式难以比拟的。

## 二、推进地税廉政文化建设的重要意义

推进地税廉政文化建设，对营造地税系统崇廉氛围、预防和治理腐败、树立地税“为民、务实、清廉、高效”良好形象具有极其重要的意义。

### (一)推进地税廉政文化建设是推进反腐倡廉的现实需要

党的十八大以来，党中央如火如荼地推进党风廉政建设和反腐败工作，不断完善明确构建惩防体系的指导思想、工作目标，无疑对地税系统从源头上防治腐败提出了新的要求。虽然地税系统在落实党风廉政建设上取得了一定的成效。但是也必须清醒地看到，由于受封建糟粕文化的影响，固有的习惯势力和思维模式往往在适宜的条件下萌发抬头，体现出腐败的反复性、长期性、蔓延性的特征。地税部门担负着为国聚财、为民收税的重任，能否正确用权，为税清廉，这关系着党和政府的形象。这就要求地税党员干部必须认真学习廉政知识，从严执行廉政规范，真正做到为民、务实、清廉，以自己的人格魅力，让征纳双方都能从内心激发起一种积极向上的正能量。

### (二)推进地税廉政文化建设是依法治税的时代要求

地税的发展取得了令人瞩目的成绩，组织收入高基数、高增长的压力下，团结一致，奋力拼搏，确保了各项任务的完成，受到了社会各界的肯定与好评。就依法组织税收收入看，地税系统面临的矛盾更为艰巨，受经济下行压力增大、结构调整力度加大、营改增等税制改革和结构性减税规模增大等因素影响，组织收入工作遇面临的不小的挑战和困难，增税的难度越来越大，任务却越来越高；就带好地税干部队伍来说，群众对执法水平的提升更加迫切，干部适应新形势的压力越来越大；就做好纳税服务来谈，纳税人对其权力更加重视，纳税服务规范、征管规范的出台实施等对纳税服务的要求越来越高，一系列的问题都更

加需要我们营造一个良好的文化氛围，通过开展廉政文化活动，激发广大地税干部依法治税的积极性，引导地税干部心往一处想，劲往一处使，创造性地开展工作，使这支队伍成为文明执法、热情服务的好队伍。

（三）推进地税廉政文化建设是强化地税干部作风的有效途径

地税干部特别是直接面对纳税人的基层地税干部，大多掌管着一定权力和资源，不同程度地面临诱惑和考验，而且掌管的权力越大、资源越多，受腐蚀的风险就越大。近年来，少数税务干部相继出现腐败问题，在社会和群众中造成了恶劣影响。事实一再警示我们，能否保持干部队伍的清正廉洁，始终是我们面临的历史性考验。廉政文化建设能为广大地税干部的人生观、世界观、价值观提供思想明灯，让一些行走在法律边缘的人思想上及时受到警醒，将能力和精力从欲望的深渊中自拔出来，投入到税收工作中去，投入到为人民服务中去，做端正党风和税风的表率。

## 三、当前地税廉政文化建设存在的问题

近些年来，各级地税部门在深入推进反腐倡廉工作、打造廉政文化方面取得了一定的成绩，地税廉政文化教育活动层出不穷，并取得一定成效。在正视廉政文化建设成绩的同时，我们也看到，由于受到各种因素的影响，在地税廉政文化建设过程中也出现了不少问题。

（一）对廉政文化建设的认识存在一定偏差

一些人认为通过廉政文化建设遏制腐败，只是纸上谈兵，廉政文化没有强制性和震慑力。虽然“两手抓”，但现实中更倾向于业务，廉政建设工作仅满足于干部不出“大问题”。有的干部职工心目中的廉政文化建设就是集体“上上党课、听听故事，抄抄笔记、写写心得，作作报告、树树典型”等形式；有的干部职工认为抓廉政文化建设是领导层、纪检监察部门的事，认为廉政文化建设就是防止领导出问题，与己无关，只要做好自己的本职工作就行，因此对于廉政文化教育活动呈应付状态，流于形式；还有的干部职工认为，廉政文化建设是一项很抽象的工作，难以看到成绩，尽管廉政教育年年抓、经常抓，但在现实中仍然不能根本杜绝有人以身试法。

（二）廉政文化建设主题不突出、特色不明显

一些单位缺乏整体的、长期的、全面的规划和思考，不能因地制宜地总结、挖掘、提炼符合自身实际的廉政文化主题，在开展廉政文化建设时，主题的选取随意性很大，年年都不同，使得干部职工难以接受，无法深入人心。同时，廉政文化建设缺乏厚重感，在挖掘历史文化底蕴、彰显地方特色上还需要进一步加强。

（三）廉政文化建设氛围不够浓厚

在现实中，有的干部职工基于缺乏对地税廉政文化的科学定位和全面理解，以及面对枯燥、乏味的教育方式，难以充分保持参与地税廉政文化建设的热情，导致廉政文化建设整体氛围较淡，潜移默化影响地税干部职工的作用较弱，大大降低了廉政文化建设效果。

（四）廉政文化建设的载体形式不够丰富

在实际工作中，廉政文化建设主要停留于读文件、定制度、开会议、贴标语、抄笔记或写心得体会等传统的学习教育方式，缺乏紧扣税收工作的针对性、有效性的互动交流，缺乏形式多样、内容丰富的文化活动载体。

（五）时间坚持不够长久

有的单位为了迎合廉政建设这一社会热点，花费大量人力、财力、精力和时间开展声势较大的廉政文化建设活动，炒作短期聚集，赚取眼前业绩考核，待效果一出，便悄无声息，声势不再。这种廉政文化建设的短期性行为，较大地影响了地税廉政文化建设的感召力和生命力。

## 四、新形势下推进地税廉政文化建设的思考

地税廉政文化建设是一项系统工程，是一项必须长期坚持的基础性工作。但如何立足地税实际，如何提高地税廉政文化建设的效果，充分发挥其教育、凝聚、导向、监督的作用，引导地税干部职工树立正确

的世界观、人生观、价值观，是我们需要认真思考的问题。

（一）要注重强化责任，使廉政文化从抽象到具体

廉政建设是“一把手”工程，廉政文化建设要深入推进，收到实效，必须要单位领导班子特别是主要领导进行总体部署并直接带头参与，组建廉政文化建设领导机构，实行主要领导亲自抓，分管领导具体抓，其他领导协同抓，一级抓一级、一级带一级的办法，持续保障廉政文化建设的人力、物力、财力需求。要切实把廉政文化建设纳入地税工作的总体规划，统一部署，统一谋划，做到廉政文化建设与其他工作开展相得益彰。同时也要与当前各项主题活动相结合，形成既抓地税业务，又抓党风廉政建设，上下联动、齐抓共管的局面，为干部职工勤政廉政戴上“紧箍咒”，将软任务变成硬指标。

（二）要注重思想渗透，使廉政文化入耳更入心

理论是行动的先导，没有理论的思考，工作方向就会出现偏差。要把坚定理想信念、增强宗旨观念作为廉政教育的核心内容，引导广大地税干部职工树立正确的世界观、人生观、权力观、价值观；深入开展党性党风党纪和示范警示教育，使干部职工自觉加强党性修养，切实做到勤政为民，廉洁从税；要坚持用科学的理论武装人，用文化的力量培育人，通过开展形式多样的主题教育活动，让干部职工在分析对比中得出正确的判断，在亲身体验中接受地税廉政文化的熏陶，从而自觉提高思想政治素质和税收业务素质，筑牢拒腐防变的思想道德防线。

（三）要注重立足实际，使廉政文化彰显地税工作特色

地税工作实践是地税廉政文化建设的全部基础，要紧密结合地税工作实际，全面分析地税执法中的廉政风险，深入推进廉政风险防范机制，从思想道德风险、制度机制风险、岗位职责风险等方面入手，对税收执法、行政管理权力运行过程中的重点环节、重点事项、重点岗位和重点人员进行认真梳理，排查出容易滋生腐败的廉政风险点，使地税干部职工明白自身工作所处的风险区域、风险等级和相应承担的风险责任，提高预警能力。同时加强廉政警示，每逢中秋国庆和元旦春节等重大节庆日前，要通过内网、专题会议等形式发布廉政预警，警示广大干部职工要遵纪守法。同时还要建立节前廉政预警机制，在廉政问题易发时期，及时从正反两方面定期向广大地税干部职工宣传在廉政作风上好的典型的光荣事迹和违反法律贪污受贿的下场，通过经常性的宣传和教育，经常性地提醒地税干部职工近朱避墨，促使干部职工牢固树立拒腐防变的思想堡垒，做到警钟常鸣。

（四）要注重载体创新，努力营造浓厚廉政文化氛围

充分利用局域网，开设廉政宣传教育、理论调研、心得体会等栏目，抢占地税干部思想阵地。完善廉政活动室、廉政教育室等教育基地功能，用历史廉政名人、现代廉政楷模激励干部廉洁从政。定期开展廉政文化征文、书画比赛、摄影比赛、专题展览、辅导讲座等形式，丰富廉政文化活动内容，努力营造浓厚廉政文化氛围。坚持关口前移，采取提醒谈话、信访谈话、诫勉谈话、任前谈话等多种形式，提高反腐倡廉实效性。坚持述职述廉制度，接受党组织和群众的评议，增强干部廉洁自律意识。定期走访地方党政领导、特邀监察员、纳税人，全面了解地税干部廉政情况，引导干部职工树立地税部门良好形象。

（五）要注重全面规划，健全廉政文化建设长效机制

完善考核机制，把廉政文化建设列入机关和系统绩效考核内容，实行党风廉政建设与干部队伍建设、税收业务建设同部署、同考核，综合运用教育激励、晋升激励等多种激励方法，充分调动廉政文化建设的自觉性。建立制度保障机制，完善单位、家庭、社会“三位一体”的护廉网络，全面推行个人重大事项报告制度等，用制度约束干部行为，让廉洁从政成为一种行动自觉。建立责任追究机制，把廉政文化建设作为党风廉政建设的重头戏进行安排部署，把廉政文化建设任务量化分解，对责任范围、责任目标等逐一作出明确规定，层层签订党风廉政建设责任书，形成一级抓一级，层层负责的工作格局，确保廉政文化建设取得实效。

（作者单位：山东省武城县地方税务局）

# 徐州地税“共赢”文化建设的实践与思考

黄纬东

党的十八大指出“文化是民族的血脉，是人民的精神家园。全面建成小康社会，实现中华民族伟大复兴，必须推动社会主义文化大发展大繁荣，兴起社会主义文化建设新高潮。”如何从政府公共服务部门的定位来界定文化建设的主要内容和特性功能，以便从文化的高度和深度来审视指导税收工作，使共赢文化更加贴近工作实际，发挥其应有的作用，是研究和探讨共赢文化建设的核心要义。

## 一、开展“共赢”文化建设的重要性

徐州地税系统承担着“为国聚财、为民收税”的神圣使命，面对当前政治经济新常态，征管改革的新推进，干部职工的价值新取向，必须以共赢文化来审视当前徐州地税组织和个体的价值目标，在多元中立主导，在多样中谋共识，有效激发干部干事创业的激情和动力。为此，加强共赢文化建设，已成为徐州地税全面推进税收事业发展的必然选择。

(一)实现税务部门创新发展的客观要求

随着改革的不断深入，公民作为纳税人的权利意识逐渐增强，社会监督氛围和机制逐步形成，对干部队伍的规范执法、服务意识、廉洁从政提出了更高的要求。税务部门要适应社会发展的变化，在新常态下求得生存和发展的空间，就必须提高税务部门自身的凝聚力和外部的竞争力，必须树立和培养创新精神。只有不断推进税务文化建设的理论研究，推动实践创新，使税务文化建设的理论和实践体现鲜明的时代性，才能使税务部门具备取之不尽、用之不竭的力量源泉及奋发向上的精神动力。

(二)提升税务干部队伍素质的必要手段

当前，受社会各种思潮的冲击和影响，税务人员的思维方式、价值取向、目标追求发生了变化，部门之间、条线之间、单位之间协作不好，本位意识比较强，干部队伍中存在精神不振、工作标准低、团队意识淡薄等问题，严重制约了各项税收工作任务的有效落实。要从根源上解决这些问题，必须坚持先进的文化导向，把共赢思维融入税务工作各领域，坚持不懈、全面细致地教育引导干部职工从大局出发，激发“地税兴我荣、地税衰我耻”的集体荣誉感，自觉把干部职工职业规划统一到发展地税事业的总体目标之中，强化干部职工的归属感、认同感和幸福感，推动组织和干部职工共同成长。

(三)树立税务部门良好形象的必然选择

近年来，虽然地税事业取得了长足的进步，但部门与部门之间、条线与条线之间、单位与单位之间、干部与干部之间协作不好，本位意识比较强，干部队伍中也存在着精神不振奋、工作标准低，服务不到位、执行力偏弱等问题，严重制约了各项税收工作任务的有效落实。为此，通过开展以“团结合作、携手共赢”为核心理念的税务文化建设，在系统上下树立共同的价值观，提高岗位人员素质、提升岗位文明程度，实现干部职工与地税事业的和谐共振、相互促进、共同发展，在经济社会发展大局中赢忠诚、赢信任、赢执行、赢质效、赢形象、赢发展，树立税务部门良好形象。

## 二、徐州地税“共赢”文化建设的初步实践

2015年以来，徐州地税局围绕“忠实履职、安全履职”，全面构建“共赢”文化体系，着力解决个人成长

与组织进步的动力问题、严格管理和倾情带队的目标问题、规范执法与优化服务的协作问题，促进“地税与地方、征管与服务、干部与组织、税务人与纳税人”多方共赢。

（一）实施“铸魂”工程，塑造充满活力的精神文化

1、构建核心价值体系。从地税20年发展历程挖掘提炼干部队伍中蕴含的正能量，围绕“爱岗敬业、公正执法、诚信服务、廉洁奉公”的税务职业道德准则，坚持“四要四不”（责任要担当，不推诿扯皮；执行要有力，不敷衍塞责；协作要融洽，不争功推过；作风要务实，不庸懒散奢）行为准则，提出了“团结合作，携手共赢”、“层级管理，各司其责”、“问题导向，务求实效”、“四个统筹”等科学管理理念，制定“共赢”文化建设三年规划和主题活动方案，形成系统完善的共赢文化体系，达到干部职工与组织发展的高度统一。

2、促进文化理念传播。精心设计“共赢”文化形象标识，充分体现地税“为国聚财、为民收税”的行业特征和徐州汉文化地域特征，成为引导干部职工提升共赢意识，推动工作实践的鲜明旗帜。举办“共赢”文化主题签名活动，鼓励干部职工发挥文化建设主体作用，推动共赢理念广泛传播，凝聚对共赢核心价值观的理解。向全系统发出“共赢文化”建设倡议书，将共赢思维融人到工作、家庭和社会行为中，自觉遵守道德约束。开展“团结合作、携手共赢”税企对话，了解企业当前和未来的服务需求，促进征纳诚信体系建设。依托道德讲堂、内外网站、思想政治工作网络等途径，加强共赢文化的内育外宣。依托宣传媒体，加大系统内先进典型、优秀事迹的宣传，展示队伍面貌，通过干部职工的身体力行、自觉传播，将“共赢”打造成徐州地税的人文品牌、精神指引。

3、搭建文化工作平台。开展全员自编格言征集，促进干部职工主动思考个人在共赢文化建设中的定位，以个性化自编格言自警自励。邀请专家学者开展“共赢文化建设”专题讲座，剖析徐州地税共赢文化的内涵和外延，引导干部职工自觉把个人职业规划统一到发展地税事业的总体目标之中。在全系统举办共赢文化大讨论活动，解决或采纳了来自基层的上百条意见和建议。局主要负责人以“共赢文化”之执行力为题举办专题讲课，通过互动交流，在思想碰撞的中深化对“共赢文化”的认同。实施暖心工程，对干部职工工作生活中遇到的问题给予及时指导，开展生日祝福、生病探望、困难帮扶等活动，整合现有职工福利渠道，用足用好用活符合规定的福利方式，使干部职工成为文化建设的最大受益者。

（二）实施“建制”工程，构建科学规范的制度文化

1、突出制度统筹。制度出台前充分调研，对必要性和可行性进行论证，广泛听取基层的意见和建议，摸清基层实际情况，尊重干部职工的首创精神。全面确立“层级管理是原则，越级管理是例外”的指导思想，实行工作责任化、清单化，让各个层级的干部明白自身职能定位和岗位职责。抓好制度建设的连贯性，实现规章制度修订的动态化、制度化，切实做到在规范的环境中让权力进笼子、制度进筐子、利益进袋子，为严格管理、确保所有的权力在规范的制度范围内行使、打牢人文关怀的基础提供制度前提。

2、完善制度规范。遵循共赢文化核心价值理念的要求，加强工作实绩过程管理和成果评价，按达标类、突破类、创新类把全局工作科学分类，明晰轻重缓急，有序推进；按照“于法周延、于事简便”的原则，完善内控机制建设，重点对税收执法与行政管理岗责流程、绩效管理及考核体系、队伍管理及廉政、作风规章制度、纳税服务优化举措、税收共治等进行规范。让干部职工知行知止。依据岗位基本职责、政策规范、工作流程，修订和完善了机关政务、后勤保障、队伍管理及税收业务的各种管理制度和工作程序在内的制度体系，在全局形成严格按制度、按程序办事的工作氛围。

3、强化制度执行。制定目标管理计划，健全工作责任，定期组织形势分析和成果展示，确保各项工作落到实处。强化对执行制度情况的监督检查，形成制度化、常态化的督查管理机制。把共赢文化建设纳入绩效考评，加强过程管理和成果评价，作为衡量领导班子和领导干部工作业绩的重要依据。按达标类、突破类、创新类把全局工作科学分类，明晰轻重缓急，做到有序推进。通过科学管理理念的思想指导，绩效考核和督促检查的硬手段落实，持续提升绩效管理水平。

(三)实施"塑形"工程,培育文明规范的行为文化

1、发挥领导表率作用。推进领导班子作风、民主集中制和反腐倡廉建设,明确行为标准,引导领导干部正确处理好上下级关系、正副职关系以及人际关系,将决策、指挥、检查、协调、激励等领导行为上升到文化层面。开展"我的认识、我的带动"讨论会,各级领导班子成员探讨在共赢文化中应承担的角色和发挥的作用,形成上下联动的共赢理念网络传导网络。强化领导干部对共赢文化的深刻认同,将领导干部作为共赢文化推行的主力军,形成一级抓一级,一级带一级的良好局面。

2、引导干部职工行为。制定"共赢"文化行为准则,引导干部职工说话、做事主动以共赢理念作为出发点,确保核心价值理念融入各项工作。开展"共则赢、赢则兴"文化案例展示活动,在全体干部中起到潜移默化的导向作用。通过推行岗位竞聘、绩效考核、荣誉激励、"三师"优培等多种手段,激发干部职工干事创业热情。编印《岗位专业技能培训系列手册》,实施分类管理,通过岗位培训、技能竞赛等形式,提升干部职工的业务技能。通过召开家庭助廉座谈会、观看反腐倡廉警示片、签订廉洁家庭承诺、赠送廉政文化书籍、发送廉政提醒短信等方式,将廉政文化阵地延伸到家庭,拓展到八小时之外。

3、塑树先进典型示范。重视先进典型的示范导向作用,选树践行共赢理念的先进人物事迹、典型事例,评选"共赢班子"、"共赢之星",用身边的事例引发共鸣,树立正面导向。通过"共赢在地税"系列活动,组织共赢实践活动评比,启发、引导干部职工,激发首创精神和内在潜力,自觉践行良好的行为方式。

(四)实施"亮点"工程,打造彰显特色的物态文化

以"一套标识(形象识别体系)、两本手册(文化教育手册、文化宣传手册)、三项载体(地税网站、文化展室、办税场所)、四个阵地(道德讲堂、俱乐部、职工之家、文化论坛)"为主线,建立完善徐州地税视觉识别系统和行为识别系统,在LOGO设计与应用、文化手册制作、宣传资料张贴、办公物件设置等方面实现规范统一,加强办税场所、办公场所、活动场所文化氛围营造,提高干部职工、纳税人及社会各界对共赢文化的知晓度、认同度。依托文化阵地经常性组织文体活动、先进典型事迹巡讲、共赢内涵探讨交流等活动,提升干部职工道德情操,培养健康积极的生活情趣,促进"共赢"文化的思想、理念、观点等植根于干部职工的灵魂深处,并转化为自觉行动。经费投入向基层、向征管一线倾斜,全面落实《全国县级税务机关纳税服务规范》,不断满足基层、税收征管和纳税人的需求。

## 三、扎实推进"共赢"文化建设的几点思考

税务部门在构建现代税收治理体系的过程中,将更加依赖于政府、企业和社会的多方合作、合力共赢;更加依赖于全社会多元主体的广泛参与、协商共进;更加依赖于全体公民的积极创新、共建共享。为此,要扎实推进"共赢"文化建设就必须做好以下几个方面。

(一)"共赢"文化建设要与构建现代税收治理体系相结合

国税总局局长王军指出,要树立善治理念,弘扬法治理念,增强共治理念,实现从税收管理向税收治理的转型。在"共赢"文化建设中要牢固树立"为国聚财、为民收税"的工作宗旨,紧扣税收中心工作,充分发挥税收职能作用,圆满完成各项工作任务。要以提供优质服务、提高遵从度体现与纳税人共赢,以征纳双方法律地位平等为前提,快速响应纳税人多元化、深层次需求,使纳税服务更加贴近纳税人的需要、符合纳税人的期盼。要坚决贯彻依法行政要求,规范税收执法行为,严厉打击税收违法行为,为诚实守信纳税人营造公平公正的税收法治环境。要主动加强与其他社会主体的配合和沟通,提交所需求涉税数据的内容、格式、时间,完成大数据的分析、整理、归集和利用,持续推进税收共治。

(二)"共赢"文化建设要与弘扬传统优秀文化相结合

"共赢"文化建设必须继承和发扬传统优秀文化的精髓,使中华优秀传统文化成为推动共赢文化建设的的重要源泉。要聚焦"收好税、带好队"主业,以优异的工作业绩和良好的行风作风,促进组织、干部个

人、纳税人、地方政府间的和谐共进，树立税务部门的良好形象。要树立规则意识，对所建立的一整套制度存在价值认同感，通过建立和完善制度来规范提高安全履职、忠诚履职、高效履职的能力和水平，做到严而有序、严而有据。要坚持以人为本，尊重基层的首创精神，让每位干部职工感受到自身价值。通过推行“暖心”工程，“成长”文化，让干部在竞岗、晋升、经济待遇、困难帮扶等方面切实受益，以解决实际问题赢得思想认同。要在充分继承我国优秀文化传统、重视吸收传统价值观精髓的基础上提炼整合，吸取“仁义礼智信”的合理因子，帮助干部职工和纳税人心理上树立起对于共同道德信念的权威感和归属感。要通过构建核心价值体系、促进文化理念传播、搭建文化工作平台、建设楼宇文化等，形成浓厚的文化氛围。同时，作为一个地域的精神文化标记，共赢文化要根植乡土，结合地域文化特点，积极从地方文化的优秀特点上汲取智慧营养，通过“循序渐进，良性循环，产生实效”的推进，努力使共赢文化得到更好发展。

（三）“共赢”文化建设要与徐州地税的管理实践相结合

共赢文化所塑造的共同价值观念、共同意识、共同行为准则落实到税收的管理实践中，形成团结向上、改革创新、事争一流、无私奉献的良好氛围。要进一步提高税收服务水平，主动寻找服务经济发展的结合点和切入点，充分发挥税收调节经济发展职能。加大对重点领域违法涉税案件的查处力度，促进税收秩序持续向好，为诚实守信纳税人营造公平公正的税收法治环境。要通过关心干部、爱护干部、引导干部、激励干部，加强理想信念教育、爱岗敬业教育、遵纪守法教育、文明礼貌教育、党风廉政教育，激发干部工作的积极性主动性，形成组织凝聚力和向心力。要建立健全思想政治工作领导机制，加强过程管理与考核评价；全面落实谈心谈话随访制度，畅通干部交流沟通渠道；建立经常性思想动态分析机制和干部职工心理关怀机制，准确把握干部的思想脉搏，引导干部正确自我认知，塑造阳光心态。要坚持把党组主体责任和纪检监察部门监督责任有机结合，建立“横向到边、纵向到底”的责任网络。以“廉政文化系列活动”为载体，引导广大机关干部特别是领导干部常怀律己之心，严格遵守廉洁自律各项规定，培养良好的生活作风和情趣，自觉抵制腐朽思想侵蚀，切实筑牢思想道德防线。

（作者单位：江苏省徐州地方税务局）

# 用供给侧结构性改革的思维创新和加强税务干部队伍建设

唐　晖

供给侧结构性改革，是当前我国经济领域的热点改革主题，它是指从供给侧入手，以提高供给质量为着眼点，围绕结构调整这一核心，以改革的办法矫正要素配置扭曲，扩大有效供给，提高供给结构对需求变化的适应性。这是以习近平同志为总书记的党中央按照“五位一体”的总体布局和“四个全面”的战略布局，全面推进我国经济转型升级的重大举措。然而，笔者认为：经济范畴的供给侧改革最终还是要回归到创新与人力资本驱动，高品质产品与服务的背后是高素质与高效能的人才供给。因此，加强人力资源范畴供给侧的优化配置和改革创新，是一项立足当前、着眼长远的根本举措。当然，税务系统也不例外。

## 一、供给侧改革思维下我国人力资源优化配置的方向

供给侧改革的核心是：致力于提高供给端全要素效率与提高供给端产品与服务的品质。基于以上认识，笔者认为，人力资源供给侧改革的本质是：全面提升人力资源供给系统全要素的投入效率和品质，核心是要提高人力资本投资效率与效能，提高人力资本对经济发展的贡献率，提高人均劳动生产率。它至少包含以下8个方面的内容。

(一)从盲目选人用人，到精准选人用人，提高选人与用人的正确性。

(二)关注人的潜能开发，依据人的潜能特征进行个性化人才开发。

(三)以价值创造者和奋斗者为本，使懒人、庸人、混日子不作为的人，不创造价值的人难以在组织中生存。

(四)简化组织，削减中间层，回归科学管理与职业化，让员工有价值的工作，让每个人成为价值创造者。

(五)集约式平台化管理，分布式自主经营与管理，减少内部交易与管控成本。

(六)建立平台化与大数据(HR)人力资源管理系统，实现人力资源的数据化决策与计量管理。

(七)创新人才能力发展，利用互联网推动人才价值创造能力的提升。

(八)建立人才价值创造与价值评价体系，建立人力资源效能评价指标体系，提升人力资源效能管理绩效。

## 二、税务系统在人力资源配置方面存在的主要问题

为什么经济领域的改革要从需求端转向供给端？因为过去我们的供给端只追求量的供给，忽视了质的供给；只顾短期供给，忽视了长期可持续供给；只顾供给要素投入，忽视了要素投入效率，最终导致供给与需求失衡，经济发展难以持续。同样道理，税务系统人才需求和人才资源配置如果不相匹配，必然导致人才的缺失或者浪费，如果失衡，必然破坏正常的税收征管秩序，阻碍税收事业的可持续发展。因此，如何破解人力资源供给侧改革中的难题，是我们税务系统优化和创新人才资源配置的目标和方向。目前，税务系统人才资源配置中的问题较多，归纳起来，有4种表现：

（一）干部综合素质与新常态下业务需求不相匹配

目前，各级税务系统普遍存在掌握税收专业知识的人员比较多，但精通财务会计、法律法规、文秘写作、党务工作和计算机专业知识的人员比较匮乏；一般人才基本满足工作需要，但特殊业务人才尤其是复合型人才稀缺。大多数税务机关注重了“按需施教”、“缺啥补啥”的短期应急专项培训，忽略了全方位、多层次的人才长期综合培训，导致人才结构“碎片化”的格局。另外，现有人员的素质不能完全适应现代化税收管理的需要。当前，办公自动化、综合征管软件以及各类小型应用软件在税务系统得到了广泛应用，但科技高含量、应用低水平的突出矛盾，越来越成为制约税收信息化进一步发展的瓶颈。由于供给端存在参差不齐的干部素质和教育理念的“短视”行为，出现了需求端的“用工荒”，在有些税务机关，一些领域的专业人才捉襟见肘，甚至程度不同地出现了断层。

（二）干部的层次结构与新常态下人才需求不相匹配

目前，各级税务系统严格落实“凡进必考”的公务员招录模式，为税务系统注入了一大批新鲜血液。然而，由于垂直管理体制的限制，干部“入口”太窄、“出口”不畅的严峻现实，导致了税务系统陷入了队伍整体数量和复合型人才不成正比增长的被动局面。另外，受机构和编制的限制，在机构设置上，由于对各单位的实际情况考虑不够，人力资源的配置与税源分布状况不相协调。在人员配置上，存在平均主义，部门之间干部管理水平参差不齐。由于老、中、青的干部梯次结构不完善或者没有形成，各层级的人才潜能没有得到应有发挥，“传帮带”作用不明显，导致了新手入行慢、中层拼命干、老手靠边站的突出问题。

（三）干部的工作作风与“三严三实”的标准不相适应

当前，各级税务机关45岁左右的干部居多，他们工作经验比较丰富，在各个领域发挥着中流砥柱的作用。但客观上存在着缺乏创新意识、知识更新滞后、工作循规蹈矩、对新的征管模式、征管手段和人事制度改革不接受、不支持等方面的问题，唯恐改革创新会损害了自身的利益而止步不前。其次，年龄较小的干部群体，尽管接受新生事物的能力很强，但吃苦精神普遍不强，少有危机感，缺乏责任心，好多人存在着不愿学、不虚心、随波逐流的浮躁心态，工作中推诿扯皮、敷衍应付的现象时有发生，与“严”、“实”的工作作风相去甚远。

（四）干部管理方式与现代激励制约机制不相匹配

当前，各级税务系统按照上级要求陆续规范了津补贴发放，过去一些和绩效挂钩的津补贴全面停发，现有的激励机制仍然以职务激励为主，受职数限制，用晋升非领导职务的激励方式大多是按年龄论资排辈，而且空间非常有限，大多数年龄偏大的同志熬到上一级非领导职务的时候，就形成了“待遇到手，热情到头”的现实，无形中造成了人力资源的浪费。另外，由于队伍轮岗机制没有得到有效落实，现有的绩效考核管理机制不尽合理，人少事多，一人兼任数岗数职，多干事的人担子重，责任大，容易出现做多错多，极易追责的现象，对那些工作消极、甚至不能胜任本职工作的“南郭型”税务干部，不能做到有效的处罚，由于激励制约机制的不完善，极大地挫伤了担当重任干部的拼搏精神和斗志，“干与不干一个样，干多干少一个样”的价值取向在一些基层税务机关普遍蔓延。

## 三、实现人力资源与税收征管资源相匹配的基本思路

着眼于税收事业长远和科学发展，按照推进人才供给侧改革的总体要求，以深化干部人事制度改革为切入点，坚持人才兴税、人才强税战略，大力倡导“以人为本”的管理理念，努力实现人力资源与税收征管资源相匹配，促进人员配置逐步合理，结构逐步优化，不断推进税务系统领导班子和干部队伍建设，为推进税收现代化提供强有力的组织保证和智力支持。重点要做到“四个注重”：

——注重正确用人导向。认真贯彻党管干部原则，严格落实《党政领导干部选拔任用工作条例》，坚持民主、公开、竞争、择优的要求，严格选拔标准，注重组织培养，实行人才引领，打造领军人才，大力培养

选拔税收事业需要的好干部。坚持领导信任、群众公认、业务过硬导向，充分体现“注重实绩、群众公认”原则，大力整治用人上的不正之风，努力把优秀人才集聚到税收事业发展中来。

——注重人才梯级开发。要以提高干部综合素质和业务能力为目标，加大人力资源梯级开发力度，积极推进内容全面、形式多样的教育培训，形成上下协调、部门联动、齐抓共管的教育局面，培养和造就一支政治素质高、业务能力强的专业化队伍。

——注重整合征管资源。按照管理力量与担负任务相匹配、管理效能最大化的原则，整合征管机构，精简业务流程，提高集约化程度；合理归并一些业务部门，大幅压缩行政管理人员比例；建立科学的考核机制，建立以信息化和专业化为核心的现代化税收征管体系。

——注重轮岗交流。要合理搭配业务岗位人才，建立双项选择交流机制，根据干部的年龄层次、知识层次、专业水平和个人特长，加大岗位轮换和交流力度，促进人员的合理流动和自我选择、自我淘汰，保持机制的活力和对人员的压力；引进竞争激励机制，充分调动税务人员的工作积极性。

## 四、推进税务系统人力资源供给侧改革的措施建议

实现人力资源与税收征管资源相匹配，是实现税收成本最小化、管理效益最大化的有效途径。笔者认为：加快创新推进税务系统人才资源供给侧改革步伐，应以人才选拔为重点，以人才使用为目的，创新创优人才工作机制，不断调整和优化人才队伍结构，深入实施“人才强税”战略。重点要健全和完善“六个机制”。

### （一）优化人才培养机制

制定科学的人才培训计划，采取集中脱产培训、网络培训、专题进修、业务研讨、课题调研、学术交流等多种培训形式，开展多层次、多渠道、大规模教育培训。针对干部素质“两极分化”的现状，借力“互联网+”，打造网络学习平台，在抓好骨干培训的同时，强化对少数人的“补短板”集训，从根本上解决干部业务参差不齐的问题；全力拓宽干部成才途径，探索联合办学方式提升人才学历层次，积极创造条件提高系统各类人才的整体素质；有计划、有步骤、有目的地选派有培养前途的干部到高校进修深造，既要注重复合型“将才”的培养，也要注重税收管理、纳税服务、稽查评估、税收分析、公文写作、行政管理、信息技术等方面“专才”的培育，努力培养一支复合型人才；同时，更要注重在实践中锻炼培养人才，安排人才进行纵向、横向、内外三种方式岗位交流实践，提高各类干部胜任本职的能力。

### （二）优化人才引进机制

积极拓展资源，引进符合中长期人才队伍发展方向和阶段性急需人才，尤其是要有计划地引进一批税务电子稽查、计算机运用、反避税、公共管理、会计、法律、数量经济分析管理、税收基础理论和应用理论研究、应用写作等中高级人才，以补充各类紧缺人才。科学制定和落实年度公务员招录计划，建立健全公务员、事业单位人员公开招考招聘办法，严格标准和程序、严肃工作纪律，确保新进人员质量。

### （三）优化人才选拔机制

分批次建立各类人才库，健全人才库管理办法，把综合素质高、工作能力强、发展潜力大的业务尖子选拔进人才库，把各方面优秀人才集聚到税收事业中来；树立正确的选人用人导向，真正做到让能者上、平者让、庸者下，将德才兼备的干部选拔到领导岗位上来；进一步完善干部岗位交流和竞争机制，落实好中层干部全员竞争上岗和一般干部的双向选择机制，加大干部交流力度，形成干部能上能下的良性机制。

### （四）优化人才使用机制

认真落实干部人事制度改革，以岗责管理为基础，把合适的人才配置到合适的岗位，努力使各类人才用当其时，用当其所，发挥人才资源更大效用；打破人才流动壁垒，合理配置资源，进一步精简机构，落实岗位限时轮换的干部循环交流机制，将人员向基层倾斜，通过缩短城乡差别，提高农村待遇，增强干部管

理的灵活机动性；建立健全人才交流、轮岗、易地任职、挂职锻炼等制度，畅通专业人才与领导人才选拔通道，引导人才合理流动，进一步优化领导班子结构；把工作需要和发挥干部个人特长相结合，干部工作能力与岗位职责相匹配，能力强的和能力比较弱的相互搭配使用，做到人尽其才，使每个干部都能够在合适的岗位上发挥自己的作用。

（五）优化人才评价机制

建立健全以工作实绩为重点，综合品德、知识、能力等要素的人才考核评价体系，多视角、全方位对人才进行考核评价，不唯学历、不唯职称、不唯资历、不唯身份，注重在工作实践中评价和检验人才，形成自我发展和组织培养相结合、上下联动的人才考评体系；深化“电子税务局”建设和数字人事工作，创新绩效考核新举措，将公务员年度考核与干部考评融为一体，通过采取自我测评、理论测试、同事评价、社会评议和组织评定等多种形式，客观公正地评定每个干部的德、能、勤、绩、廉，实现干部人事管理的数字化、累积化和可比化，将考察识别干部功夫下在平时，进而树立干部人事管理的正确导向，为有能力、有行动的干部成就实现梦想的平台。

（六）优化人才激励机制

优化人力资源配置，构建包括职务任免、职务升降、工资福利、交流转任等税务系统行政执法类公务员职位管理体制，建立专业化人才激励机制和专业等级、职位晋升的评价系统；坚持人才优先的用人导向，在选拔补充领导（后备）干部及非领导职务人员时，优先使用优秀人才，破格任用表现特别突出的人才。积极推进税务系统公务员分类管理，拓展基层公务员职业发展空间，增强人才队伍活力。

（作者单位：甘肃省平凉市地方税务局）

# 以人为本　文化引领<br>实现绩效管理向绩效文化的提升转变

潘荣文

绩效文化是绩效管理的理论深化，是绩效管理经验持续积累、持续提高、持续升华的过程，是绩效管理由量到质的嬗变。自去年全面推进绩效管理以来，东营市局注重人本，坚持以人为本，立足绩效文化养成和引领作用发挥，提炼绩效文化内涵，提升绩效管理层次，持续做好引导人、培育人、提升人的文章，有力地调动了干部职工的能动性和积极性，形成了自主自觉自发的绩效文化氛围。

## 一、绩效文化的内涵与外延

文化是一种积淀，是一致认同的信念与认知。绩效文化是税务部门在推行绩效管理进程中，把绩效管理的正确思想、成功模式、有效途径等内化为共同信念和认知，构筑起绩效管理的精神支柱和灵魂，为实现组织目标和使命责任铸就思想指引，是绩效管理由浅入深、由表及里、由实践到理论的固化过程。东营市局在实践中认识到：绩效管理通过绩效计划、绩效管理、绩效考评和绩效应用四个环节的不断循环，用科学的方法对税收工作及干部职工的业绩、效率和效益做出客观评价，是管理创新的具体体现和有效应用。把“有目标、有过程、有考核、有奖惩，在不断循环中螺旋式提高管理水平”固化为机制体制，并逐渐养成为组织成员的个人自觉，就是绩效文化的养成进程。对此，将绩效文化的内涵初步确定为“科学定责、客观考评、有效改进、不断提升”，绩效文化养成的核心在于管理理念的转变，根本目标在于组织和个人的全面发展。

同时，坚持“以绩效引领目标，以督查落实绩效”的工作方向，把绩效文化的外延涵盖了税收工作的全方位、全过程和全天候，贯穿税收工作的方方面面，使绩效管理理念融入税收工作的各个领域、各个阶段，从年初工作目标确定、任务分解、岗责匹配，到全年节点控制、督导检查、整改提升，再到年底综合考核、奖惩兑现，始终以绩效管理的“指挥棒”引领税收工作。

## 二、绩效文化的作用

优秀的文化是组织发展的牵引力、推动力和创造力。东营市局立足于以文化人，用绩效文化理念引领发挥干部职工的积极性、主动性和创造性，实现税务部门和干部职工的全面发展。

（一）行为导向作用

文化对人的影响力在于潜移默化，这种无形的影响力能够使每个人的一言一行，都在不知不觉中遵照遵从。东营市局通过绩效管理体系，一方面通过设定绩效标准，为税收工作年度目标和长远目标设定统一方向；为各个岗位的工作设定具体标准，对干部职工的行为进行正确引导；另一方面，通过强化绩效考核结果运用，将是否达成或符合预先设定的绩效标准直接与每名干部职工的切身利益挂钩，引导干部职工主动达成预定绩效标准和绩效目标，促成了“对优良行为进行激励，对影响组织发展的行为进行惩罚”的行为导向的形成。绩效文化的行为导向作用有效发挥，使税务组织的绩效价值观在干部职工中形成了统一的认知理念，使大家知道了倡导什么、奖励什么、惩罚什么、反对什么，实现了行为“他律”向“自律"转变。

(二)情感激励作用

干部职工对绩效管理的认同的深度和参与的热情,决定着绩效管理水平的高低。东营市局既注重税务组织战略目标的实现,更注重培养干部职工良好的合作意识与团队精神,搭建起相互信任、相互关心、相互支持、团结融洽的团队氛围和人际关系。在确定绩效指标、实施绩效管理、运用绩效考评结果、进行绩效改进提升等各个环节,改变传统管理中重督促检查轻指导沟通、重考核结果轻推进过程的弊端,建立健全了机关内部横向沟通和系统上下纵向沟通的良好机制,使上级对下级经常指导、提供帮助、创造成功条件,下级对上级信任、尊重、支持配合,形成合作双赢的良性互动关系,保障了绩效管理各环节往复循环,绩效改进思想得以贯穿始终。

(三)鼓励创新作用

创新既体现在思想观念层面的战略创新,也体现在工作措施步骤层面的细节创新。东营市局将创新理念融入绩效文化养成,鼓励人人参与创新、事事皆能创新,注重引导系统上下立足岗位,结合绩效指标,深挖细节。在组织绩效管理方面,要求市局机关和基层深入研究本单位、本地区的特色工作、亮点工作,各自提出"创新项目"纳入考评。在个人绩效方面,从个人工作任务、工作努力程度、个人民主测评、加减分项目以及组织绩效完成度等,设置考评指标,着力推动项目创新、重点工作任务完成和组织业绩提升,从而使各个单位部门都有自己的创新品牌和创新举措,使每名税务人员都成为创新活动的参与者、推动者,全系统始终保持了蓬勃朝气和旺盛活力。

(四)持续发展作用

税收事业与干部职工的同步成长、持续发展是绩效文化的生命力。东营市局把学习培训和习惯培养作为绩效文化的重要内容,根据教育培训规划,细化年度培训计划,安排好学习任务,为每名干部职工提供技能素质提升的机会与平台。以绩效管理的四环节循环为载体,从根本上改善固有的行为模式,培养起良好的工作态度和工作习惯。以绩效考核成果作为干部职工奖惩的重要依据,使干部职工的成长与绩效成果直接挂钩,形成事业发展与个人成长的责任共担和发展互动,激发干部职工自我培养提高能力素质,进而实现个人与单位同步成长、持续发展的目标。

## 三、绩效文化养成的实践探索

(一)提高思想认识,营造人人参与的浓厚绩效文化氛围

东营市局将"解决好认识问题"作为绩效管理改革创新的第一步,坚持把领导带头示范效应贯彻工作始终,全面实施"一把手"工程,做到"三个坚持":一是坚持系统各个单位主要负责人为绩效管理第一责任人,二是坚持绩效管理全部的文件制度、重大事项必须提交党组会审核,三是各类各级绩效专题会议包括调度会、讲评会、培训会各单位分管领导,部门主要负责人必须参加。1 月 27 日,党组书记、局长潘荣文主持召开了全市地税系统绩效管理工作会议,全面部署了绩效工作。调整了领导小组及办公室组织人员,成立了绩效考评委员会。进一步充实市局绩效办人力资源,专职人员达到 5 人。突出了"培训"和"沟通"两个关键点。"培训"更加着重系统干部职工基层普及和专题培训。年初开展了"知规守纪、崇真重质"集中教育活动,将绩效管理文件精神列入必学内容,实现了对系统全员的绩效知识普及。2 月以来,已累计组织专题绩效培训 4 次,受训 200 多人次。注重层级之间、人员之间、事项之间的多渠道、多方式沟通,实现了绩效交流"无障碍","绩效沟通"成为绩效氛围营造的亮点特色。系统内围绕绩效自我加压、争先创优、奋力赶超的氛围日益浓厚,广大税务干部的思想意识、价值观念、行为方式逐步引向了优秀绩效文化的主流。

(二)健全制度机制,完善绩效文化养成的有力保障体系

绩效文化必须以制度机制为基础。东营市局以建立系统各单位和全体干部职工适用高效的行为规范为目标，完善健全绩效管理制度机制，进一步巩固和推进绩效价值理念，推进绩效文化的发展。在绩效管理4.0版制度机制构建中，告别了制度规范"一锅烩"、一套文件出具的大锅饭形式，按照规范化的工作指导和具体操作规则进行了精细化划分，将整体制度机制拆分成制度体系和指标体系。其中，系统、机关、个人、系统班子成员4个"绩效办法"构建了绩效管理制度体系；考评规则、加减分项目、考评指标、标准细则按照机关、系统两部分形成8个实施规则构成绩效管理指标体系。各单位结合实际相继制定出台了"绩效考评结果运用办法"，完成了绩效成果落地的制度要求，实现了"决策下发—执行实施—绩效考评—持续改进"整个绩效链条有据可查、有法可依的文件体系。始终坚持"标准向上看起，执行操作以下为准"的原则，经过汇总意见—制度修改—征求意见—修改完善等步骤的反复运行，确保充分吸取各方面的意见要求，最大限度修复不足，各项内容清晰明确、表述规范、要素完整。各级绩效办建立了工作汇报制度，每周向领导小组汇报工作进展情况，及时反馈工作推进的意见建议。一系列制度机制的建立完善，构建起了完整的绩效文化制度体系，使绩效管理始终做到有章可循、有规可依，为构筑绩效文化体系提供了坚实的保障。

(三)细化指标体系，实现绩效文化与税收业务有机融合

绩效指标设置在绩效文化的建设中起着举足轻重的地位和作用。东营市局在绩效指标体系建立中确定了两个标准，一是指标设计是否科学合理，是否充分表达出了市局党组创新发展的愿景规范；二是指标编制的导向性能否鲜明，是否真正将全系统的战略目标清晰的传达到每一名干部职工。要求机关单位对上"接住"省局的、本级突出"特色"的、对下"精简"基层指标体系，彻底消除了指标"层层加码"和"照抄照搬"的问题。将系统考评指标设置为81项三级指标，与去年114项相比减少了33项。机关指标设置三级指标159项，比去年新增19项。通过一增一减，切实避免了指标过度传达，有效减轻了基层工作压力。实行了指标台账管理，将各项指标任务以及对下的指标指导汇成条目式指标台账，统一印制了纸质版，方便随时记录。依托市局"数据信息管理平台"，将指标工作台账纳入平台，开发了"绩效助手"提醒功能，探索实现了指标过程控管的"全程信息化"，达到了提醒、督办的高效快捷。绩效指标的编制修订，践行了从过程中改进、从改进中创新的循环模式，以指标为指引，带动各单位崇真重质，精益求精，使各项工作都践行着绩效文化的新理念。

(四)深化督查督办，实现对绩效文化养成的全过程控制

督查督办是推进绩效管理，促进绩效文化养成的重要手段，东营市局坚持落实"绩效＋督查"的工作模式，确保省市局重大决策部署落地见效。一是严格督查抓立项。对省市局确定的重点工作事项及时修订、细化、确定为考评项目和指标，按照"一事一项"的原则，立项督查，编制督查台账，实行动态管理。二是无缝隙跟踪抓督办。对督查事项进行跟踪问效，在完成时限前进行催办提醒，并采取按季督查、书面督查、现场督查相结合的方式对完成情况进行督查调度。三是反馈落实抓质效。建立督查督办工作反馈机制，严把督查事项完成质量关，对反馈结果及时通报，保证绩效考评每项工作有督导、有整改、有落实。今年已下发督查通知及通报12期，有12项重点工作已办结，17项仍在推进中。督查督办的深入推进，使绩效管理各项要求都落到实处，见到实效，对绩效文化的养成起到了巨大的推动作用。

(五)注重结果应用，真正发挥绩效文化的指导引领作用

绩效文化必须与组织的价值评价体系和价值分配体系形成有机的联系，将绩效结果与人事决策、培训体系相结合，才能实现多元激励。东营市局以绩效考评成绩为依据，使绩效成果与干部提拔、重用、交流等直接挂钩。在干部任用方面，对考评成绩前两名的县区局局长进行了提拔和重用。推荐重用绩效考评中列第一名的市局稽查局局长到市直部门任职。提拔和重用了在省局绩效考评中位列第一序列的六个科室主要负责人。各县区局也根据绩效考评成绩，对14名中心所所长进行了交流，交流比例达45%。

评先树优方面，推荐绩效考评优秀单位和个人荣获2015年度省级荣誉8项。在单位考核层面，确定系统绩效考评成绩前三名的县区局、前二名的市局分局、前七名市局机关科室为优秀单位。在个人考评层面，按照40%优秀的比例，确定绩效管理"优秀"个人193名。绩效结果的全面运用，在全市地税系统内树立清晰的价值判断，明确什么是倡导的，什么是摒弃的，干部职工逐渐树立起了正确的价值观、业绩观和成长观，自我成长、自我发展、自我激励成为了干部职工的自觉行为和主动行为，争先创优、不甘落后、积极作为的干事创业氛围更加浓厚，绩效文化正在全市地税系统发挥着越来越重要的引领、引导和激励作用。

绩效文化的养成是一个长期的、循序渐进的艰难过程，需要从领导到基层、从制度到落实、从思想到实践等各个方面作出综合建构和积极努力。东营市局将在今后的工作中，继续坚持以人为本，立足地税事业与干部职工的共同发展、全面发展、和谐发展，深入探索，积极实践，使绩效文化在基层绽放出更加璀璨的光彩，结出更加丰硕的果实。

（作者单位：山东省东营市地方税务局）

# 运用“风雨雷电”守好党风廉政建设“责任田”

李　达

习近平总书记在十八届中央纪委五次会议上指出，反腐败斗争形势依然严峻复杂，党风廉政建设和反腐败斗争永远在路上，要不断强化党风廉政建设主体责任和监督责任，形成全党动手一起抓的局面。主体责任是前提，监督责任是保障，落实党风廉政建设应紧抓责任落实“牛鼻子”，常刮教育之风，下透管理之雨，打响监督之雷，充足制度之电，才能守好党风廉政建设“责任田”，在党风廉政建设和反腐败这场持久性的斗争中取得新的胜利。

常刮教育之风，打牢思想基础。党风廉政建设重在预防，而预防的关键之一，就是要加强思想教育，从源头上治理腐败。首先，应把握风向，抬高风口。思想是行动的先导。全体党员特别是党员领导干部应认清反腐倡廉形势的严峻性和复杂性，搞好理想信念教育、宗旨教育和党性教育，率先从学习党章、尊崇党章、维护党章做起，深化廉洁自律准则和纪律处分条例的学习，深刻领会习近平总书记系列讲话精神，加强对法律法规和纪律规矩的学习掌握，补足精神之钙，筑牢廉政根基。其次，应递进风级，驰而不息。落实八项规定精神、纠正“四风”、防治腐败，必须一步一个脚印地抓，由浅入深、由易到难，循序渐进、驰而不息。应抓住重点，抓好人、财、物管理的薄弱环节，强化关键岗位人员的廉政思想教育，提高执法风险防范能力，远离职务犯罪。应抓住关键，充分发挥领导干部“关键少数”的示范作用，领导干部带头抓廉政，保持高尚情操，培养健康情趣，自觉净化社交圈和生活圈，带头坚持群众路线，全心全意为群众做好事、办实事、解难事，使善作为、能作为、好作为成为习惯。应抓好全员，涵盖所有基层党组织和全体党员，教育党员干部守纪律讲规矩，守住底线，不越红线，筑牢防线，融入日常，抓在经常，塑造清风拂面的良好政治生态。第三，应加大风力，越刮越劲。廉政教育必须注重实效，推动形成不敢腐、不能腐、不想腐的政治氛围。应重视家风教育，将“廉洁齐家，自觉带头树立良好家风”列为党员领导干部廉洁自律规范的重要内容之一，以良好的家风带动民风、政风、党风的好转，进而推动全社会形成风清气正的良好氛围。应做好结合文章，围绕干部提拔任用节点，进行提醒式教育；围绕特殊时间节点，进行告诫式教育；围绕典型案件结案节点，进行警示式教育。应整合教育资源，通过开展廉政文化创建，打造廉政文化示范点，主要领导上廉政党课，重温入党誓词，开展廉政测试、廉政承诺等形式，形成廉政教育全覆盖。

下透管理之雨，压实廉政责任。党风廉政建设贵在坚持，应从细处着眼，常抓不懈，如同春风化雨，润物无声，起到防患于未然的作用。首先，应下好“及时雨”。千里之堤溃于蚁穴，事物的发展变化存在从量变到质变两种基本形态，抓好党风廉政建设，应坚持防微杜渐。各级党组织要落实好主体责任，运用好监督执纪“四种形态”，把管党治党落实到日常工作中，把功夫下在平时，随时了解干部情况，多问多听多看，出现苗头性、倾向性问题或者违纪发端之时就及时开展提醒警示、批评教育，让咬耳扯袖、红脸出汗成为常态，及早发现、及时处理，切断违纪到违法的通道，绝不放任党员干部的错误行为发生质变。其次，应下好“连绵雨”。党风廉政建设和反腐败工作是一项长期而艰苦的工作，作风问题容易出现反复。抓党风廉政建设，就要久久为功，步步深入，抓住作风建设这条主线，持之以恒落实中央八项规定精神，认真执行各项廉洁自律规定，咬住“常”、“长”二字，经常抓、深入抓、持久抓，用连绵细雨的情怀，一点一滴地下，连绵不绝地下，才能下得长久，下得透实，起到成之于思、立之于行的功效，达到知行合一的目的。第三，应下好“暴风雨”。要突出问题导向，以“两学一做”学习教育为抓手，加强对群众路线教育实践活动、“三严三实”专题教育中突出问题的整改，开展“回头看”，让反腐暴雨吸收过后再下一场，一场接着一场不留死角；惩治腐败紧抓不放，坚持无禁区、全覆盖、零容忍，从严管理监督干部，以疾风暴雨之势清除积弊；强化整改措施，推进不作为、慢作为“两为”整治，开展行政效率不高、行政执法不公、行政监管不严、行政服务不优“四不专项整治”。

打响监督之雷，编好廉洁屏障。抓好权力监督制约，是防范腐败行为的重要举措，只有强化监督手段，划清廉政“雷区”，才能使心存歪念者不敢越雷池一步。一方面，应常响监督“雷声”。纪检监察部门应切实履行监督职责，把党内监督同民主监督、纪检监察监督、审计监督、群众监督、舆论监督等协调起来，构建全方位、立体化的监督网络，形成监督合力。应加强事前、事中、事后监督，严格遵循“集体领导、民主集中、个别酝酿、会议决定”的原则，重大决策、重要干部任免、重大项目安排和大额资金使用，必须集体研究决定，不能个人或少数人说了算。应把监督向基层延伸，探索搭建“互联网＋监督”平台，引入绩效管理体制，实行过程控制，推动形成上下联动、左右协同、齐抓共管的工作格局，时时处处在党员干部耳边响起警示“雷声”。另一方面，应设置廉政“雷区”。强化监督执纪问责，必须坚持惩前毖后、治病救人的方针，要把纪律挺在前面，为廉洁从政行为设置警示，杜绝党员干部踩“红线”、闯“雷区”现象的发生。在政策落实、税收执法、税收征管、财务管理、基建工程、行政管理等重点环节和部位设置廉政警示“雷区”，进行执法风险点和廉政风险点提示，切实保护好党员干部。

充足制度之电，用好反腐利剑。“不以规矩，不成方圆”，党纪党规是党员遵守的基本纪律约束，制度是各项事务运行的基本工作准则，应构建制度“电网”，通上“高压电”，让有私心杂念的党员干部不敢心存侥幸，形成“莫伸手，伸手必被捉”的共识。首先，要布上“高压线”。新颁布实施的《中国共产党廉洁自律准则》和《中国共产党纪律处分条例》，明确了党员追求和管党治党的正负清单。在抓好学习的基础上，应以党章为根本遵循，健全完善各项党风廉政建设制度，建立完善党组织和领导班子议事规则、“三重一大”决策执行、财务管理、人事管理、内部审计、“一案双查”、责任追究等制度体系，大力推进规范和制约权力运行的制度建设，筑牢党风政纪“防火墙”。其次，要通上“高压电”。制度之所以能发挥作用，关键在于执行力。要维护制度执行的刚性与权威，防止制度形同虚设，成为应付敷衍的空头文件、表面文章，就要为党风廉政“高压线”通上“高压电”。无论哪一级组织、哪一级党员领导干部以及普通党员，只要违犯了党规党纪，就要受到党纪的严肃追究，真正做到党纪面前人人平等，人人敬畏党的纪律，用纪律建设统领党风廉政建设和反腐败工作。第三，要坚持“不断电”。健全完善督查工作反馈机制，不定期进行明察暗访，对督查发现的问题线索分类处置，一查到底，做到件件有着落，事事有回音。推进党风廉政建设问责常态化，聚焦发现问题，要运用好监督执纪的“四种形态”，坚持经常抓、抓经常，抓出习惯，使全体党员始终心存敬畏，切实守住“总闸门”，确保监督“不断电”。

作为党风廉政建设的责任主体，只有切实履职尽责，发挥职能作用，运用“风雨雷电”的手段，抓好教育、管理、监督和制度各个环节，种好党风廉政建设“责任田”，才能在社会的转型期、时代的变革期，不负众望，不辱使命，筑牢党的执政根基，推动各项事业发展。

（作者单位：山东省泰安市地方税务局）

# 做好新形势下的思想政治工作

杨利剑

新形势下,如何加强和改进思想政治工作,是税务部门面临的亟待解决的重大问题。近年来,莱阳市地税局积极落实以人为本的科学发展观,全面加强思想政治建设,发挥思想政治工作的激励、教育和导向功能,探索出一条思想政治工作虚功实做的新路子,为实现“定好位、收好税、带好队”的总体目标提供了强有力的思想保证和精神动力。

## 一、转变思想认识,找准工作的切入点

近年来,随着税收工作形势的变化,在干部队伍中,对思想政治工作产生了种种模糊认识:有的认为,学习理论没有多大用处,可学可不学,对理论学习认识不到位;由于受"硬业务软政工"观点的影响,加之上级部门对下级的考核,往往以业务工作完成情况为主要依据,有的同志片面地认为,税收业务工作是实的,税收工作做好了,成绩就出来了等错误倾向;部分干部政治上要求进步迫切,鉴于地税系统干部职位调整渠道单一,职务晋升难度大,极个别人员工作情绪低落,思想不够稳定;部分干部考虑个人“自由”多了一些。只要组织照顾,不要组织纪律。怕工作有压力,怕干吃苦工作,怕做繁杂工作,怕自己担责任,工作应付,得过且过。这些问题的存在,究其根本原因,是部分干部不能及时适应新的地税工作形势的要求,但我们的各级组织和领导忽视干部思想政治工作也是一个重要原因。

为此,我局把提高思想认识作为做好思想政治工作的切入点。多次召开专题会议,搞好教育引导,明确思想导向,在系统内开展了“新形势下应如何定位思想政治工作”的大讨论,挖根源、谈感受,使大家真正认识到:强有力的思想政治工作是做好税收工作的重要保证,越是在税收任务重、改革压力大的形势下,越要加强思想政治工作,在全系统上下形成了人心思进,人心思上,团结拚搏的氛围。

## 二、建立激励机制,找准工作的着力点

在思想政治工作中,我局着重抓好三个机制建设,坚持以制度建设促管理,以监督考核促落实,实现了思想政治工作的规范化、程序化、系统化,达到了机制约束与激发干群热情的和谐统一。

(一)科学的工作机制

成立了以局长为组长的思想政治工作领导小组,建立健全了理论学习、思想教育、检查督导、干部沟通、管理办法等6项规章制度,并做到了制度上墙,分工明确。每个分局都有一位政治强、业务精、纪律严的兼职人员负责思想政治工作,形成了上下联动、齐抓共管的格局。党组一班人率先垂范,身体力行,自觉做到政治理论学在前,一线工作干在前,工作作风走在前,廉洁自律做在前,局领导建立了调研制度和基层联系点制度,党组成员每月下基层不少于7天,定期与同志们谈心交流,了解、关注干部职工在“想什么”、在“干什么”、在“追求什么”,及时把握干部职工的思想脉搏。

(二)严格的考核机制

我局把思想政治工作的各项内容分解成具体指标,纳入目标考核管理,真正做到思想政治工作与其他业务工作同部署、同落实、同检查、同考核,并把做好思想政治工作的具体要求、工作安排、落实情况、总结情况作为考核评价每个单位或干部工作政绩的一项重要内容和标准,做到了思想政治工作软任务硬化、软意识强化、虚指标量化。

(三)严密的激励机制

以日常考核为依据,把思想政治工作与干部提拔任用、记功嘉奖、福利分配等挂钩,充分体现先进优先的原则,做到优者得其位、优者得其利、优者得其所。"鼓励干事创业的,教育不会干事的,鞭策不干事的"形成了全体干部职工的共识。

## 三、提高队伍素质,找准工作的关键点

近年来,我局在提高队伍素质方面,重点做好四方面的工作,即:理论学习抓灌输、正反教育看典型、专业知识搞培训、验收效果靠制度,收到了良好效果。

(一)理论灌输持之以恒

市场经济体制下,经济利益的多样化必然导致思想观念、价值取向的多元化,讲福利、攀待遇、拜金主义、享乐主义在部分干部职工中程度不同地存在。为此,我局从加强"三观"入手,采取集中读书、领导授课、专家辅导、专题讨论等方式,深入开展了十八大精神、群众路线教育活动为主要内容的理论学习活动。在此基础上,我们结合行业特点和干部职工思想实际,组织开展了执法与服务、权力与义务、"五个珍惜"等专题教育活动,帮助干部算好政治帐、经济帐,引导干部树立正确的人生观,树立团结进取、勇于奉献的地税精神。全系统讲团结、比贡献的人少了,闹意见、谈索取的人少了;钻业务的人多了,不思进取的人少了。

(二)正反教育常抓不懈

坚持典型引路,通过开展学习先进集体、先进人物的事迹产生强大的感染力和教育力量,潜移默化的影响着人们的思想和行为,使同志们学有榜样,赶有目标,我局提出了远学劳模,近学标标兵,在全局形成了一个"比、学、赶、帮、超"的良好氛围。坚持警示教育,组织干部观看警示教育片、到烟台监狱实地参观,请劳教人员现身说法,从中汲取教训,做到防微杜渐,警钟长鸣,筑牢了思想道德防线。坚持换位思考,组织干部到帮扶村走访贫困户,到企业与工人一起劳动等,使大家更加珍惜现在的工作岗位和手中的权力,增强爱岗敬业意识,自觉抵制和制止不廉行为的发生。

(三)分类施教搞好培训

我局根据地税工作的发展变化的需要,对干部进行了新知识、新政策、新技能等方面的学习培训,按照不同岗位工作人员分层次,确定不同的培训方式、方法和培训内容。各科室年初制定专业岗位培训,政工科汇总各科室岗位培训计划,制定下发年度学习计划,每月实施一次专业培训,同时依托网络学院及上级局培训平台,认真学习相关法律知识。开展岗位练兵、技能竞赛等活动,对干部职工的税收政策、财会制度、相关法律等知识进行培训和锻炼,使大家在精通自身岗位技能的同时,通晓其他岗位业务。

(四)制度措施落实到位

近年来,我局先后制定了《学习制度》、《政治、业务考试管理办法》、《干部职工自学奖励办法》等一系列规章制度,对学习的计划、内容,考试的时间、考场纪律以及奖惩等有关问题,做出了明确规定,真正把教育培训工作纳入了制度化、规范化的轨道,并狠抓了制度落实。日常考试中,局党组成员亲自监考,每次考试完毕按成绩分个人和单位进行通报。考试成绩前十名的人员给予一定的物质奖励,并对进入省局人才库、通过注册税务师、注册会计师资格考试的人员,均给予重奖。

## 四、增强载体效果,找准工作的支撑点

为增强思想政治工作的针对性和实效性,我局注重载体的运用,使思想政治工作渗透到工作各个环节,发挥了巨大威力。

(一)以有益活动鼓舞人

通过开展各种有益的活动,陶冶了干部职工的情操,激发了大家奋发向上的团队精神。广泛开展丰

富多彩的文体活动，实行文体活动制度化，规定每年至少组织一次文体活动，近年来先后开展了趣味运动会、书画展览、户外拓展等多种形式的文体活动，干部自身文化素质得到了显著提高，思想认识得到了全面升华，在全系统营造了一种心情舒畅、其乐融融的良好氛围，进一步增强了队伍的凝聚力、向心力。

（二）以争先创优活动振奋人

培养和树立先进典型、以点带面，是思想政治工作的基本内容和重要手段，也是激发干部职工立足本职、勇争上游的有效途径。我们按照这个思路，大力开展评先树优和文明创建活动，在系统内开展了以文明单位、青年文明号、巾帼文明示范岗、先进党支部等主要内容的创建活动，做到了层层有典型、级级有亮点，把干部的工作热情引向"争一流、夺金牌"，使全局目标明确、上下同心，始终保持了永争一流的精神状态和奉献精神。

（三）以义务奉献升华人

我们引导干部职工破除部门为上思想，树立社会观念，共建和谐社会，以"爱心回报社会"为纽带，先后开展了"扶贫帮困"、"爱心助残"、"爱心助学"、"送温暖、献爱心"、"捐助贫困母亲"等活动，受到社会各界的高度评价。这些工作的开展，不仅升华了地税干部的价值观，而且提升了地税局在人民群众心目中的地位，增加了地税工作的社会效应。

## 五、解决实际问题，找准工作的关注点

思想问题大多由实际问题引发的，为此，我们把解决思想问题与解决实际问题有机结合起来，既讲道理又办实事，既以理服人又以情感人，增强了思想政治工作的实际效果。

（一）建立民主议事制度，倾听群众心声

我局成立了民主议事小组。议事小组每月召开一次由不同部门各个层次干部职工参加的座谈会，通过谈心交流、问卷调查等方式，给群众"参与权"，充分掌握了干部的意愿和需求，今年以来，共收到合理化建议上百条，议事小组进行规纳分类，建立了领导分工台帐，明确了责任人和落实时限，并将处理结果在局域网上进行公开，畅通了系统内部意见反馈渠道，发挥了较好的纽带作用。

（二）以真诚关爱凝聚人

一方面，努力为干部提供施展才华的广阔空间，只要有利于依法治税、有利于提高征管质量、有利于地税形象，就鼓励引导大家大胆地试、大胆地闯，使大家敢想、敢做、敢为。另一方面，注重以情感人，做到政治上关心、生活上关怀、工作上支持，真正把组织的温暖送到干部职工的心坎上。我们本着"向基层倾斜、向征管一线倾斜"的原则，集中有限财力为基层办实事。我们还在干部家属、子女就业等方面提供力所能及的帮助，解除干部的后顾之忧，增强了他们的工作主动性，形成了单位关爱职工、职工关爱单位这样一种双向互动的良性局面。

（三）重心前移抓苗头，把问题解决在萌芽状态

在全局推行了"三个延伸"制度，将干部队伍管理在时间上由八小时之内向八小时之外延伸，在空间上由单位向社会和家庭延伸，把干部的生活圈和社交圈全部纳入监督管理的范围，拓展思想政治工作的时间和空间。从社会上聘请了 20 名特邀监督员，广泛了解地税人员执行税风税纪和文明办税情况。向纳税人发放征求意见卡，开展纳税人公开评议办税人员等形式，听取系统内外对加强和改进地税工作的意见和建议，发现问题及时解决，连续多年在行风评议中名列前茅，在社会上树立了良好的部门形象。

通过开展卓有成效的思想政治工作，我局上下风正、心齐、气顺、劲足，大局意识、责任意识明显增强，促进了各项工作的开展。

（作者单位：山东省莱阳市地方税务局直属征收局）